人を想う、
優しさと教養を

Kokushikan

国士舘中学校

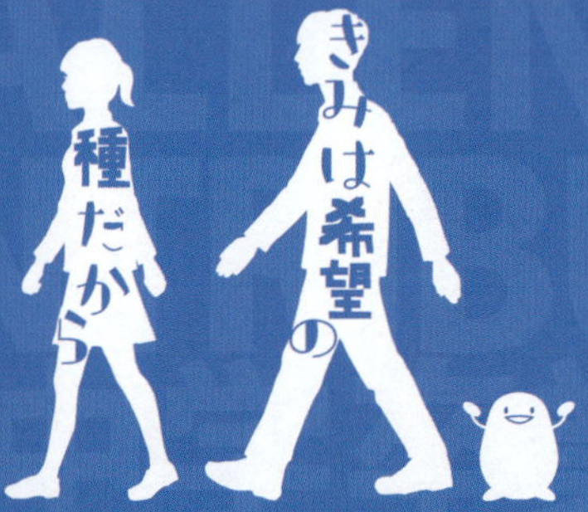

青稜中学校・高等学校
2023－2024

目的は、「幸せ」です。

なんのための中学入試？

人生に、教育に、受験に ウェルビーイングを

気軽に本番対策！ Webでの簡易判定も

2022年度 合判模試過去問題集

2月中旬より販売開始！

小6 **4,180円**（税込） 小5 **3,630円**（税込）

各回模試の受験者に最新号を配布

教育情報誌

各号 **1,200円**（税込）

2022年度のバックナンバーもご購入いただけます。

《購入方法》

Amazon
Rakuten
しゅともしCLUB
都内・神奈川県の一部書店

新時代の学びをきちんと理解！

shuTOMO 「合判模試」受験生向け

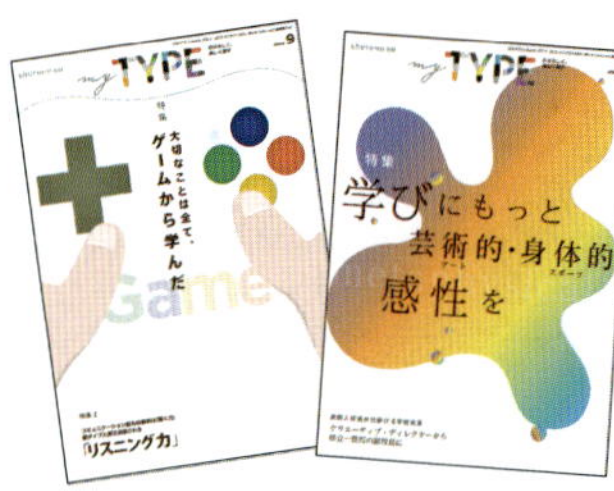

myTYPE 「適性検査型模試」受験生向け

中学受験 合判模試		第1回（日）	第2回（日）	第3回（日）	第4回（日）	第5回（金祝）	第6回（日）
	小6	4/16	7/2	9/3	10/1	11/3	12/3

	第1回（日）	第2回（日）	第3回（日）	第4回（日）	第5回（月祝）
小5	7/2	9/3	10/1	12/3	2024 1/8

	第1回（月祝）
小4	2024 1/8

中学受験 適性検査型模試		第1回（日）	第2回（月祝）	第3回（日）
	小6	7/9	9/18	11/19

	第1回（日）
小5	11/19

中学受験 スタート模試			
	小3・4・5 協賛塾内にて実施	6/17（土）・18（日）	12/9（土）・10（日）

好評発売中

今だから出会ってほしい本がある――――

中高生に寄り添うブックガイド

青春の本棚

高見京子 編著

学校図書館の現場から生まれた、先生と中高生のためのブックガイドです。読書会の生徒たちの反応、選書の醍醐味、子どもたちに本を手渡す状況、委員会活動の様子などが伝わる本の紹介のほか、中高生も自分たちの言葉でおすすめの本を語っています。

装画　中村ユミ

A５判・176ｐ
定価　1,980円（税込）
ISBN978-4-7933-0100-1

- ◆司書教諭、学校司書12名が執筆
- ◆YA向きの図書約130冊を収載
- ◆読書活動のヒントが満載
- ◆中高生が紹介するおすすめ本も

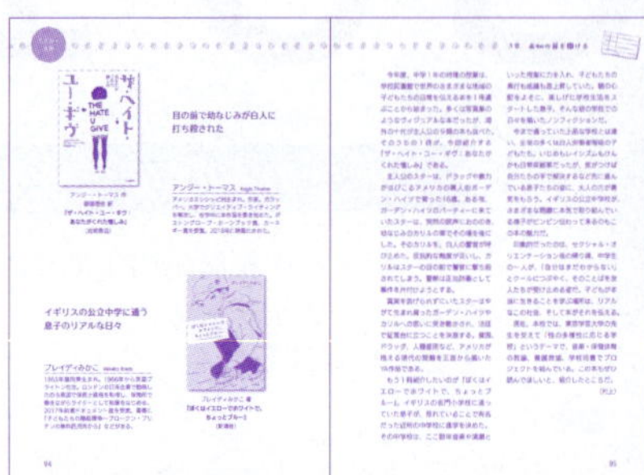

内 容

１ 章　心に寄り添う	コラム　YAの担い手たち
２ 章　本の世界へいざなう	コラム　YA読書のいま
３ 章　未知の扉を開ける	著者索引
４ 章　中高生にも絵本を	
５ 章　中高生がすすめる	
エッセイ　一冊の本から始まる（小手鞠るい）	

☆小手鞠るいさん書きおろしのエッセイが若者たちの背中を押してくれます！

〒112-0003 東京都文京区春日2-2-7
Tel 03-3814-4317(代)　Fax 03-3814-1790
全国学校図書館協議会　SLA School Library Association
https://www.j-sla.or.jp

巻頭特集

新しい時代にふさわしい教育へ
教育理念が支える普遍性（ユニバーサル）

私学の ユニバーサル教育

ボーダーレスの未来に向け，“その人らしさ”を育む！

今，教育現場では「その人らしく生きていくために必要な力」を育むことの重要性が高まっています。国境，性差，子どもと大人，人間とロボット，時代性など，さまざまな概念（ボーダー）を超え，新たな価値を生みだしていくための教育です。本書では，その教育を“ユニバーサル教育”と表現しています。ユニバーサル教育の視点で，学校に新たなスポットを当ててみましょう。

晶文社『中学受験案内』が重視する

ユニバーサル教育 4つのコンセプト

21世紀型教育

ICTを活用しながら，基礎学力，思考力，創造力を伸ばし，他者と協働してよりよい社会づくりを実践していく力を育む教育。

人間力

人間とは何かを問い続け，人としてのあり方，人間の普遍的な価値を大切にする教育。

国際教育

世界基準の価値観と発想を身につけ，多様性を認め合いながらコミュニケートするための教育。

キャリア教育

自ら課題を発見し，他者と協働しながら社会や人々に役立つ新たな価値を提供する力を育てる教育。

1 世界の潮流は Well-being

教育におけるウェルビーイング（Well-being）が世界的にも注目されています。ウェルビーイングとは，単に自分が幸せ（happiness）になるのではなく，自分を取り巻く友人やクラス，学校や地域や社会，そして世界が幸せであることを意識する利他性や公共性が伴うものです。ゆるスポーツ，分身ロボットカフェなど，障がい者と健常者との共通の場が増えてきたこともウェルビーイングと深い関わりがあります。

運動が脳に及ぼす効果など身体と脳の関係性も見直され，学校教育でも身体を使った活動や遊びを通じた学びが実践されています。コロナ禍でオンライン授業が普及しましたが，対面教育は，言葉や視覚・聴覚だけでは伝わらないこと（例えば“空気を読む”）を学ぶ大切な場であると，改めてその重要性が見直されました。こうした学力だけでは測ることのできない「非認知能力」といわれる能力を高める教育を重視することが，世界的な潮流となっています。

2 ワクワクからの学びが子どもを伸ばす

子どものさまざまな能力を伸ばすには，「内的欲求」を高めることがなにより大切なことです。「内的欲求」とは簡単にいえば「ワクワク」です。無理矢理に知識を詰め込ませず余白を残す，これまでに味わったことのない体験をさせる，そうした生徒のワクワクを大切にして好奇心を刺激する教育で，新しい考え，共感力や想像力を育むのです。

しかし，だからといって「知識や技能」をないがしろにはできません。そこで，限られたカリキュラムや時間の中で効率よく学ぶために活用されているのが AI・デジタル教材です。デジタル技術の発展により，学校は皆が集まるからこそできる“学び合い”の場へと変わりつつあります。先生は一方的に教えるだけの人からファシリテーター，つまり，積極的な発言を促す進行役や，学びや気づきへの誘導役となります。

生徒の内的欲求が高まれば，自らが学習プランを立て，自律して学ぶ習慣が身につきます。皆が満遍なく一定レベルになることが到達点ではありません。一人ひとりの「好き」や得意を伸ばすことで，より高いレベルをめざして学びはさらに発展していくのです。

私学ではすでに実施されてきたことですが，知識習得型から課題解決型の学び合いへと学校は変化しているのです。

3 国際基準の教養を身につけるグローバル教育

グローバル化の負の作用を私たちに否応なく突きつけてきたのがコロナ禍でありロシアのウクライナ侵攻です。ウイルスは変異を繰り返し，あっという間に世界中に感染拡大しました。また，産業面では，サプライチェーンは途切れ，世界でも日本でもあちこちで工場が止まり，人々は必要なモノが手に入らないといった状況に直面。今後の不安へと一層駆り立てられています。

そして，ヨーロッパの東側で起きている悲惨で理不尽な状況は，インターネットやマスコミを通じて私たちの目にも飛び込み，私たちは，平和だと思い込んでいた自分たちの生活も，実はこうした危機と隣り合わせであることを思い知らされています。

これらのことが示しているのは，今まで進められてきた“グローバル化”とは何だったのか，これからめざすべき世界と人としてのあり方はどうあるべきなのかという問いかけです。それらの問いには「正解」はなく，世界の人々とコミュニケートしながら，模索し続けていく必要があります。だからこそ，単に外国語を学ぶのではなく，異なる言語や文化や考えを理解し，幅広い教養を身につけ，発信力やコミュニケーション力を育むグローバル教育が今最も必要とされているのです。

佼成学園女子中学校

所在地：東京都世田谷区
創立年：1955年　女子校

本文 p.138へ

キャリアデザイン

たくさんの出合いから 自分の関心を掘り下げ，社会と結び付ける

世界の問題について，
自分には何ができるか
考えるようになりました

中１の校外学習で市ヶ谷のJICA地球ひろばを訪問。開発途上国における日本の国際協力活動について学び，その後，調べ学習を進めてプレゼンテーションデイで発表します。

大学や社会とつながるプログラム

ロンドン大，京都大，大阪大，慶應大，青山学院大，東京都市大といった大学や，大手広告代理店をはじめとする企業・団体との連協事業を展開しています。キャリアを考えるきっかけとなったり，興味・関心を深めたりする場を多く用意。中高の枠を超えて参加できるプログラムもあります。公開講座を自ら見つけて受講する生徒もいます。

生徒が自分のキャリアについてじっくり考えるべき時期として「17歳」に着目。中学から，身近な課題に対する探究学習を始め，高2で本格的に取り組みます。社会の課題を見つけ，解決方法を探究していく上で不可欠な“シティズンシップ”を学ぶ社会科目「公共」も高2に設定。2022年度からは，高校の3コース（国際，特進，進学）のうち，特進と進学では新科目「キャリアデザイン」がスタート。

この授業は週1回，2時間連続。何を学ぶか，自分で考えて計画書を作成し，生徒それぞれが興味に合わせた講座を受講した後，レポート作成や発表を行います。学校が協定を結んだ大学の講義を受けたり，各大学が設定した高校生対象の講座に参加したり，海外や地方の大学によるオンライン講座を視聴したりと，様々なプログラムがあります。

佼成学園女子の「キャリアデザイン」は，よく見られる“キャリア教育”のような，既存の職業を調べて，そこに自分を当てはめるものではありません。自分の関心を追求し，社会と関連付けていくもの。多様な選択肢の中から，主体的に自分の生き方を選び取り，社会の変化にも柔軟に対応できる力を培う，本校ならではのユニバーサル教育なのです。

この「キャリアデザイン」の土台は中学から築かれます。豊かな人間力を育む学校生活や，キャリアの幅を広げる確かな英語力，各教科学習，探究活動，普段の授業内でのプレゼンテーション，研究成果を発表する学年末のプレゼンテーションデイ，英語スピーチコンテストなど，全ての活動がつながります。

大学や企業との連携教育プログラムは，日々提示されます。生徒達は積極的に挑戦できる環境にあり，中学生が活躍することも少なくありません。

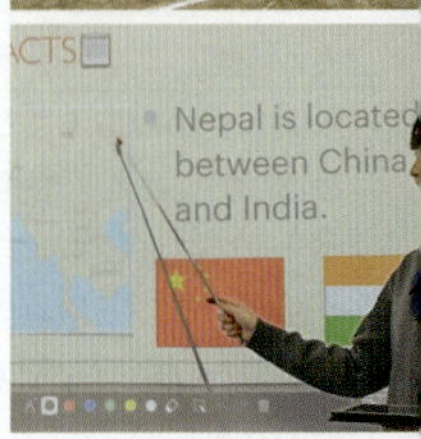

キャリアを支える英語力を身につける

佼成学園女子中学校のカリキュラムは，英語が公立中学校の2.5倍。「総合的な学習の時間」も英語に関する内容で，探究学習ベースの英会話を行います。音楽と美術の授業はネイティヴの先生が英語で進めるほか，校内の英語標示，朝の英語スピーチ，英語新聞の発行など，学校生活の隅々まで英語が浸透するイマージョン教育を実施。リスニング力や英語によるコミュニケーションスキルが鍛えられ，外国の文化や習慣に触れる機会にもなっています。

英語検定にも力を入れ，6月と10月には「英検まつり」を開催。受検1週間前から，「毎朝25分の英単語チャレンジ」や放課後の「級別対策講座」「二次面接個別対策」などで，合格に向けてしっかりフォローします。

「総合的な学習の時間」は，SDGsなどをテーマに英語の文献にもアクセス。視野が大きく広がります。中3では英語プレゼンテーションにも挑戦します。

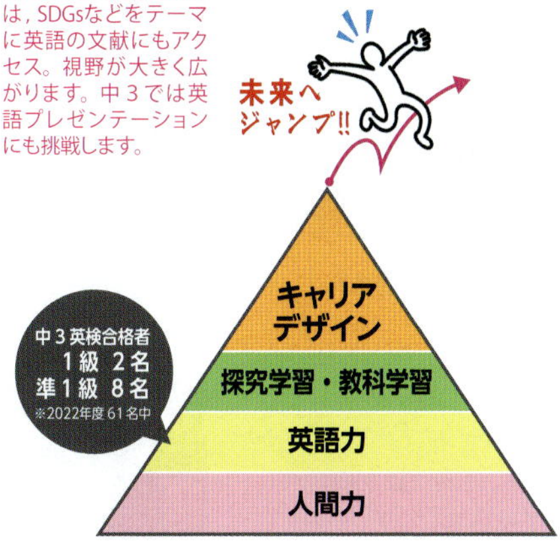

卒業生チューターのサポートが心強い

約30名の卒業生が，現役大学生チューターを務めています。校内予備校で学習指導に当たるほか，自身の受験体験や大学生活を踏まえて面談も実施。同じ場所で中高時代を過ごした経験を活かし，ベストなアドバイスができる心強い存在です。

憧れの先輩からのアドバイスはモチベーションの維持やアップに。身近な先輩は，将来を考えるうえでの良きロールモデルにもなっています。

中3全員参加のニュージーランド修学旅行では，2名のペアでファームステイも体験。希望者はそのまま2カ月間の中期留学として続けることができます。

高校のグローバル研修プログラム

▶国際コース：留学クラス(SA)
ニュージーランド1年留学(高1～高2)，
オーストラリア・シドニー大学研修(高2)

▶国際コース：スーパーグローバルクラス(SG)
タイ・フィールドワーク(高2)，イギリス・ロンドン大学研修(高3)

▶特進コース(SH)・進学コース(SC)
日本スリランカ青少年交流(高1希望者)，
イギリス修学旅行(高2)，イギリス短期留学(高2希望者)

スコレータイムでアクティブラーニングを深める

社会の変化やそれに伴う大学入試改革を見据えて多面的な新評価システムを導入。知識量だけでなく，アクティブラーニングも含めた全体の活動から評価することで，「主体的な学びと表現力の養成」を実現します。さらに，新たな時間割には「スコレータイム」を組み込みました。“スコレー”とは，学問や芸術に専念し，幸福を実現するための自由で満ち足りた時間を表すギリシャ語で，スクールの語源でもあります。

本校では，水曜日の2時間目と3時間目の間に25分間，水曜日以外は朝のHRと続けて35分間のスコレータイムを設定。この余白の時間にプレゼンテーションの打ち合わせや練習を行ったり，小テストの勉強をしたりと，主体的な学びと協働的な学びに活用しています。

スコレータイムはグループワークに最適！ 体育のダンスの創作に活用することも。

タブレット端末で，小テストの準備に励んだり…。

高2のタイ・フィールドワークでカレン族を調査したTさん。高3のロンドン大学研修でカレン文字の資料を発見し，SGH全国高校生フォーラムで文部科学大臣賞を受賞。卒業後はチューターとして後輩をサポートし，インドからの帰国生を早稲田大学国際教養学部への合格に導きました。

学校HPはこちらから

足立学園中学校

所在地：東京都足立区
創立年：1929年　男子校

本文 p.222へ

未来をひらく志共育

志(ゆめ)なきものに成功なし “志”を世のために活かせる男子を育成

マサイ族との
ジャンプ対決！
軍配はどちらに!?

現地の子どもと一緒にダンスしたり，家庭料理を振る舞ってもらったり，多くの方々と交流。伝統工芸の彫刻にも挑戦し，背景や歴史なども学びました。

一期一会の体験でどんどん積極的に

2022年度に始まったアフリカスタディーツアー。渡航先はタンザニアで，大使館での事前学習なども行い，万全の体制で臨みました。大自然を体感しつつ，バナナ農園やコーヒー農園，マサイ族の集落，学校などを訪問。ホテルのほか，キャンプ場にも滞在した盛りだくさんの９日間は，中３～高２の参加者９名にとって得難い経験となりました。

野生の象やキリン，
ヌー，シマウマetc.
大迫力の動物達

「自ら学び 心ゆたかに たくましく」を教育目標とする足立学園。世のため，人のために活躍できる人財（人材）となるべく“志”を立て，その実現に向けて，学び成長することをめざしています。

「“志”を自覚し，それを叶えるために何を学び，どう振る舞っていけばいいかを自分で考え，自発的に努力してほしいと生徒達に伝え続けてきました」と校長の井上実先生は話します。

「志共育」の主な柱は，共育・体験・探究・グローバルの4つ。「共育」とは，生徒も先生も学び続けて共に育つという意味合いです。先生も研修を受けて徹底的に自分を振り返り，生徒と同じように“志”を立てます。

「志共育」の意義は，与えられた機会をものにした瞬間に，大きく成長するところにあります。足立学園では様々な体験の場を用意。

グローバルプログラムは著しい成長を遂げるものの一つ。「アフリカスタディーツアー」は，未来を担う生徒達に，今後の発展が見込まれるアフリカに目を向けてほしいとの想いから企画されました。ツアーの目的に，「社会状況や経済状況，環境問題などの理解を深め，自分の言葉で説明できるようになる」というのがあります。体験活動だけでなく探究活動も実施しており，生徒それぞれが自分の研究テーマを持って参加し，帰国後に報告書をまとめて発表します。体験するだけでも多くの学びを得ますが，探究によって“志”は成熟。進路を決定づけることもあります。

“志”がすぐに定まらなくても，途中で変わっても大丈夫。行事や授業，体験学習，海外研修，クラブ活動といった学校生活の中で“志”は芽生え，先生が寄り添い，共に育てていきます。

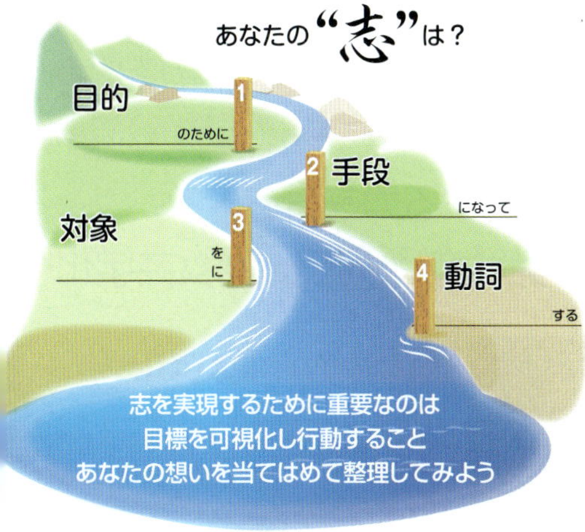
あなたの"志"は？
目的
のために
手段
になって
対象
を
に
動詞
する
志を実現するために重要なのは
目標を可視化し行動すること
あなたの想いを当てはめて整理してみよう

「企業インターン」終了後には発表会を行います。企業の皆さんから講評をいただき，次の学習へとつなげていきます。

50名以上の「アダガクアンバサダー」とは

本校受験生対象の学校説明会を企画・運営し，司会，学校説明・校内案内役などとして活躍する生徒達がいます。実際の学校生活を伝えたいと講習を受け，認定証を付与された「アダガクアンバサダー」です。この活動を通じて，学校を深く知り，大好きになる在校生が増加中。人前で話すことが苦手だった生徒も挑戦し，だんだん上手になって自信がつき，自己肯定感が高まっています。「わが子があのようになると期待できる」と保護者にも好評です。

足立学園の
ダメはこれだ！
受験生を前に，学校生活が赤裸々に語られます。「学校の主役は生徒達」という学園生活が理解できます。

感謝できる存在に気づく紳士教育

周りの人々への感謝の気持ちや思いやりの心は，"志"を支える土台となります。中2・中3を対象とした特別講座「いのちの授業」では，助産院の先生を迎え，神秘に満ちた命の誕生について学びます。高校では「デートDV講座」なども実施。自分がどれだけ喜びに包まれて生まれてきたのか，生きることの意味を考えさせられる講演や授業が行われています。

男子だけだから，恥ずかしがらず真剣に聞ける雰囲気があります。

"志"を見つけ，育み，伸ばすプログラム

中1・中2は，自らのことを知り，"志"に対する基礎を固める時期。中3では，企業インターンなどを通じて自分の強みや適性を発見し，将来の目標を見定めながら，自らの"志"を深めていきます。

高校では「総合的な探究の時間」の授業で「課題探究」と「進路探究」を軸に，答えのない課題に挑み，探究力や課題解決力を養います。探究した経験を生かし，総合型選抜に挑戦する生徒も増えてきています。

海外研修制度も充実。参加した生徒達は逞しい経験を積み，ひと回りもふた回りも大きく成長して帰国します。

探究での学びや海外経験を得た者の中には，イリノイ大やユタ大，ドリュー大といった海外名門大学へ進学する生徒も。本校はUPAA（海外協定大学推薦制度），UPAS（海外大学進学協定校推薦入試制度）に加盟。国内外を問わず，進路の選択肢が豊富です。

生徒達は視野を広げてより主体的になり，社会に何を還元できるか，追求。"志"のビジョンを鮮明にして進路を切りひらき，夢の実現へと進んでいきます。

"志"グローバルプログラム

- Tokyo Global Gateway（中1。国内留学）
- オーストラリアスタディーツアー（中1～高2）
- オーストラリアターム留学（高1）
- オックスフォード大学短期留学（16歳以上）
- 海外修学旅行（高2。北海道・沖縄との選択制）
- ラオススタディーツアー（高1・高2）
- アフリカスタディーツアー（中3～高2）

先輩にスポットライト

アフリカスタディーツアーで志が明確になった生徒達。アフリカの医療に興味を持った生徒，アフリカの研究をしようと関連する学科のある大学を総合型選抜でめざす生徒。元々昆虫好きだった生徒はタンザニアの大きな虫を観察し，昆虫研究の道に進もうと決めました。

学校HPはこちらから

日本学園中学校

所在地：東京都世田谷区
創立年：1885年　男子校

本文 p.262へ

創発学

創造する力，発信する力を育む
2026年から明治大学系列校・男女共学化へ

6年間の学びの始まりは体験から

「創発学」の出発点は，入学後間もなく行われる林業体験。フィールドワークで木の匂いを嗅いだり，リスの食痕を見つけたりしながら，グループごとに1本の木を伐ります。中1・中2で漁業と農業も体験。3つの第一次産業の現場に立つことで，それらが自分達の生活と密接に関係していること，影響し合っていることを肌で感じ取ります。

第一次産業が，加工・流通販売を経て，農村・山村・漁村の活性化，「6次産業化」につながることも知ります。
壁新聞には，将来のキャリアにも活きる取材力とプレゼン力が反映されます。

「創発学」とは，2003年から20年続く本校オリジナルのプログラムで，現在の教育のトレンドである「探究学習」の先駆け的な存在です。フィールドワーク，プレゼンテーション，キャリアエデュケーションの３つの柱で構成されます。

各プログラムの流れは，フィールドワークに向けた事前学習→現地での調査・取材→体験から生まれた疑問・課題の解消・解決のための研究→まとめ→発表，となっています。中でも「調査研究」で大切にしているのは，身体を通して得られる豊かな「体験」です。複数の取り組みを行ってこの流れを繰り返すことで「学びのサイクル」が回り，体験は経験へと昇華。生徒達の知的好奇心が向上していきます。

「創発学」の大元には，「人は得意な道で成長すればよい」という，創立者杉浦重剛先生の言葉が息づいています。性別に関係なく，また国境にも，さらには障碍の有無にも関係のない，まさしくユニバーサルな教育方針です。好きなことを見つけ，得意にして伸ばすところに，各生徒自らが主体的に学び始める秘密が隠されています。

「創発学」をきっかけに進路を見出す生徒は多くいます。「創発学」で養われるのはけっして単なる学力ではなく，「生涯揺るがない学びのスタイルとブレることなく学び続ける力」（水野重均校長）です。数値化できない非認知能力を高めると，認知能力も上がると言われるように，「創発学」で培われた力は大学進学でも大いに発揮され，確かな学力は合格実績にも結び付きます。そして，「創発学」で「自分を知り，他人を知り，社会を知ること」を体得した生徒達は，世界に向けて自己発信し，新しいことを創造できる「人材」となっていくのです。

「創発学」のキャリアエデュケーション

「創発学」における3つの柱の一つ，キャリアエデュケーションでは，学びのサイクルで習得した取材スキルを利用し，今度は自らの進路について調べたり，まとめたり，発表したりできるよう，段階的に鍛えていきます。

中2後半より外部の方に取材し，中3で「15年後の自分」という研究論文を完成させます。中2の取材は，様々な職業の人に話を聞く「あつき恵み教室」。その仕事に就くために何をするか，どんな仕事内容か，といったことを聞き取ります。研究論文執筆の際も取材が必須。生徒自身が実際の職業人にアポイントを取ってインタビューをし，疑問点を発見したり，解決したりして，まとめていきます。

このように，職業を知り，研究して発表することで，大学の学部選びや将来の目標・職業につなげる生徒もいます。「創発学」での発表を重ねるうちに，自己肯定感もプレゼンテーション力もアップ。入学当初は恥ずかしがり屋でしたが，だんだんと自信をつけ，研究論文発表会で高い評価を得た生徒もいます。

研究論文発表会は中3の1月。テーマは，医学，ロボット工学，学芸員，アプリ開発など多種多様。「BRICS」を取り上げた生徒は商社マンに取材し，その後，高1でブラジルに留学，立命館アジア太平洋大学を経て現在，大手商社に勤務。

明治大学の系列校となり，共学化，新校舎建設，グランドデザインがさらに充実

2026年4月1日から明治大学の系列となり，同時に共学化されて校名も「明治大学付属世田谷中学校・高等学校」に変わります。卒業生の7割（約200名）以上が推薦入試により明治大学に進学できる教育体制をめざしています。

他の系列校と同様，英語検定2級以上などの推薦条件を超える生徒を送り出すため，基礎学力と共に，特に英語や理数の学力をつけることを主眼とします。また，「創発学」や留学などにより，数値化できない学力の充実化にも力を入れます。

2025年までには，敷地内に新校舎の建設が予定されています。新しい学校における教育のグランドデザインが徐々に明らかになっていくので，目が離せません。

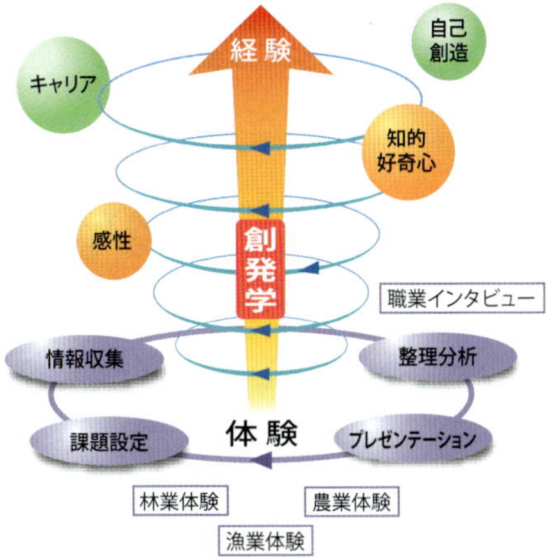

NGP・・・英語で「創発」できることが最終目標

「NGP」とは「にちがくグローカルプログラム」の略称。グローカルは，global（世界）とlocal（日本・地域）を合わせた言葉で，自らの文化を理解し，世界に発信できる力の育成をめざしています。

中2のブリティッシュヒルズ語学研修（国内留学体験）を経て，中3全員がオーストラリア・アデレードで約2週間のホームステイを体験します。高1の希望者には，同じ場所で3カ月の短期留学も用意。

帰国後，TOEICのスコアが200から400近くにまで伸びる生徒も見られ，より主体的に学ぶ姿勢が備わったことが実感できます。

カリフォルニア大学サンタクルーズ校に在学中のOBは，「留学する気持ちになれたのは，中高で『創発学』をやっていたから」と言います。

英語で伝えられるようになること・「創発」できることを最終目標に，帰国後の授業では動画や写真などを用い，英語でプレゼンテーションを行います。

国内留学体験は
次へのステップ
Welcome
Nihon Gakuen JHS
Students

英語のコミュニケーションに物怖じしなくなるなど，海外経験を機に生徒は大きく成長。

先輩にスポットライト

国立大学に現役で合格した2名（医学部・理学部）のOBの共通点は，第一次産業体験を通じて取材・発表のスキルを身につけ，徐々に進路を見つけていったこと。プレゼンの全国大会に選出され，英語検定2級も取得。非認知能力と基礎学力の相乗効果が生んだ結果でした。

学校HPはこちらから

駒込中学校

所在地：東京都文京区
創立年：1926年　共学校

本文 p.308へ

立体型人間教育

仏教をベースに体験的な学びを重ねて，一人ひとりを立体的・重層的に育てていく

泥だらけになって，
農家さんの
大変さを実感！

中２の校外学習では田植えと農作物の収穫を体験します。毎日，何気なく食べているお米や野菜がどれだけの苦労のもとで作られているかを知ると，食に対する姿勢が変わります。

「食育」を柱に据え，人間力を養成

「食べることは生き物の命をいただくこと」と意識し，また，作り手をはじめとした他者への感謝の気持ちを育むため，食育を人間教育の柱の一つに据えています。日々の給食の前後に合掌してお経を唱えると共に，中1の農村体験，中2の田植え体験など，食に関わる様々な経験を積み，中2秋の日光山研修では精進料理の食事作法も学びます。

精進料理は，
一切音を立てずに
いただきます

建学の理念は，天台宗の教えである「一隅を照らす」と「忘己利他（もうこりた）」。「自分の置かれたその場所で，自らが光となり，周りを，そして世の中を明るく照らすような人」，また，「自らの労を惜しまず，他者を敬い，他者のために努力できる人」に育ってほしいという願いが，駒込中学校の教育のベースです。

中学は「国際先進コース」の1コース制。未来に活きる国際性と先進性を培いながら，それぞれの専門性を高めて希望の進路実現をめざします。基礎学力の形成と定着は当然ながら，世界に飛び出して生きた語学と文化・歴史を学ぶグローバル教育や，オンライン授業を含む豊かな学びの場を提供する先進的なICT教育を推進しています。STEAM教育，プログラミング講座といったバラエティに富んだ取り組みも実施。仏教主義に基づく非日常的な研修や行事，部活動など，体験的な学びと合わせ，立体的・重層的に人間力を高める独自のユニバーサル教育を展開しています。

中でも，すべての学びの土台となる仏教行事は，多様性あふれるこの時代だからこそ，より意味のある大切な情操教育として実践しています。日々の生活においても，朝礼で坐禅を組んだり，授業の開始前に合掌と黙想をしたりと，心を落ち着け，己と向き合う機会は多くあります。その集大成とも言えるのが，中2秋の「日光山研修」です。これは日光山輪王寺で行われる本格的な修行体験で，集中力が必要な「坐禅止観」「写仏」「写経」を通じて自己を見つめ直す時間を過ごします。精進料理をいただく食事作法の厳しさに驚き，慣れない環境でたいへんな思いをしながらも，やり切った達成感は大きく，次の目標に向かう節目の行事になっています。

積極的に世界に飛び出す力をつける

世界で活躍する力と日本を世界に発信する力を養う本校のグローバル教育。ネイティヴ教員が常駐する環境で，クラスを2分割した少人数制の英会話の授業や，すべて英語で学ぶイマージョン授業を展開。入学時に英語検定準２級以上の生徒は英語の取り出し授業を別室で行い，さらにレベルアップを図ります。年度末の英語スピーチコンテスト優秀者は，全国の私立中学生と競い合うハイレベルな英語レシテーションコンテストに参加して，例年，優れた成績を収めています。

中高希望者が参加する９日間のハワイセミナーや中３希望者が参加する７日間のセブ島語学研修は大人気。「生きた英語」を学び，異文化に触れる経験が将来につながります。

林間学校で，火起こしに挑戦。食に関わる最初の儀式でもありますが，なかなかうまくいかず，仲間と苦労しながら火を起こします。

中高合同の文化祭「玉蘭祭」は，１年で最も盛り上がる行事です。みんなの力を結集して取り組み，絆も深まります。

興味を引き出し，教養の幅を広げる独自のSTEAM教育

STEAM教育とは，科学・技術・工学・芸術・数学を融合した教科横断型の教育です。

駒込中学校では，１人１台所持しているタブレット端末を最大限に活用し，理数系教育の一環としてSTEAM講座を充実させています。同時に，理科の授業では，実験・観察が３年間で100回以上！ 単元として必修の実験の後には，関連性のある楽しい実験を取り入れるなど，工夫を凝らして，理科好きの生徒を育てます。

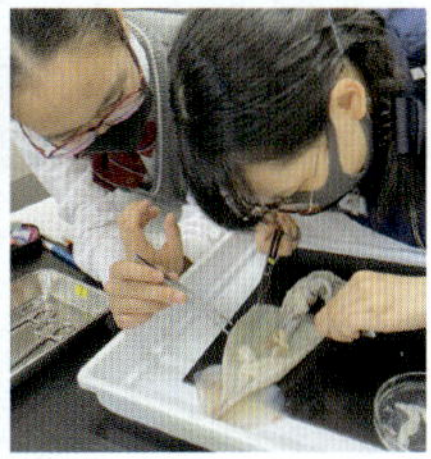

さらに，中学全学年の希望者を対象に，週１回，プログラミング講座を放課後に実施しています。1人1台のパソコンとわかりやすい教材でレッスンします。使い方の指導を受けたら自由に進めるスタイルで，迷路やシューティングゲームを作ったり，音楽を奏でたり，遊び感覚でスキルを身につけ，独創性や発想力も磨きます。生徒のレベルアップに合わせて，より難度の高いプログラムにも挑戦していきます。

STEAM教育の一つとして，全生徒対象でゼミ形式の授業を検討中。ドローンの操縦，eスポーツ，百人一首，囲碁将棋など，教員の特技を活かして幅広い分野の講座をそろえる予定です。

● 特待入試（国語１科）を新設

受験生の才能を見出すために，２科型・４科型入試のほか，「英語入試」「適性検査型入試」「プログラミング入試」「自己表現入試」「特待入試」を実施しています。2023年度より，今まで算数１科のみだった「特待入試」に，国語１科を新設。高い読解力のある生徒の入学を期待しています。

先輩にスポットライト

中学からラグビー部と美術部に所属するＹくん（高２）。正反対と言える活動にバランスよく励みます。美術部では，仏像に影響を受けたアート作品を多く制作。高１で「学展 全国学生アート&デザインアワード」に入賞。将来はクリエイティブチームの主宰を考えています。

学校HPはこちらから

青稜中学校

所在地：東京都品川区
創立年：1938年　共学校

本文 p.350へ

挑戦し続ける力

失敗なんてない！“不成功”を楽しみ チャレンジングなハートを育む「3C」の精神

大勢の前で
緊張の発表！

ビブリオバトルで鍛える発信力

中1・中2で2月に実施するビブリオバトルは，各クラス内で予選を経た代表者が練習を重ね，3分間の発表に臨みます。代表以外の生徒も聞く力をつけ，質疑応答で建設的な質問ができる力を養う，成長の機会となっています。なお，2022年度の優勝者が紹介した本は『教室が，ひとりになるまで』（浅倉秋成，角川書店）です。

推しの1冊を
アピール！

ビブリオバトルのキャッチコピーは「人を通して本を知る。本を通して人を知る」。
本を介して，目の前の他者，本の中の他者，そして自己への理解を深めます。

青稜中学校の生徒達はとにかく学校が楽しそう。「学校は生徒達が安心できる場所でありたい」と募集広報部主任の谷田貴之先生は話します。「やってみたい！」という姿勢を応援し，自己肯定感を育成。生徒達の成長や発達段階を見守りながら，自発性に委ねる環境を整えることが学校の役割だとしています。

「Challenge（挑戦）」，「Change（変化）」，「Contribution（貢献）」の「3C」の精神を生徒に説いています。まずはチャレンジしてトライアンドエラーを繰り返し，“不成功”を楽しんでもらいたいと考えます。大切なのは結果よりもプロセスです。「貢献」とは，独りよがりにならず，誰かのために考えて行動すること。どうしたら実現できるか，論理的思考のもとに進めなければ，無謀な挑戦となります。例えば，以前は携帯電話の校内持ち込みが禁止でしたが，生徒会の生徒が近隣の公衆電話の数を調べ，災害時の必要性を訴えた結果，校則が変更されました。この3Cの精神を実践するには，変化を恐れない心と発信力が必要です。

生徒達はこれから，変化する社会，多様な世界を生き，種々の問題にチャレンジしていきますが，そこで重要なのは他者理解。本校では帰国生やインターナショナルスクール出身者が増えており，約35名の1クラスに5名程度が在籍しています。様々なバックグラウンドを持つ仲間と共に過ごすことで色々な価値観に触れ，理解していくことができます。

非認知能力の中で特に磨こうとしているのは発信力。自分の意見を臆することなく述べられる“心理的安全性”を確保し，独自の取り組みを通して発信力を育てています。生徒を中心に学校は活性化しており，社会貢献に向けて，生徒の挑戦は卒業後も続きます。

思考を深め，社会参加を促すゼミナール

学校は正解を教えるのではなく，模索する場として捉える本校らしい授業がゼミです。中2・中3合同で実施され，成績や結果に左右されない学びを展開。先生自身も教科の枠や授業スタイルにとらわれずに挑戦ができ，生徒と共に探究しています。幅広い学問に触れてほしいという思いから，中2と中3では別のゼミに所属してもらいます。

例えば「多様なメディアによる『物語』を読み解く」では，最新・話題の映画や漫画，アニメーション，絵画や写真から，人物の心理描写や関係性，時代考察など，多角的に背景を読み解きます。

現在準備中のゼミが金融です。投資について学ぶなど，生活に密接したお金について考えます。クラウドファンディングでクラブの活動資金を集める計画も練っています。支援を得られるような表現の仕方や，支援者へ還元する責任も合わせて学びます。当たり前に享受している環境を見直し，お金の流れや大切さを知る機会です。

ゼミ1期生は現高3生。彼らがどんな進路を選択し，掴み取るのかも楽しみです。

SDGsに取り組む「2030～未来への挑戦～」では「スキンケア＝女性のもの」という観念を払拭し，男子も堂々とスキンケアができるように考える時間も。

ゼミナール抜粋

- 西洋音楽史入門
- プログラムをつくろう
- 変態学～メタモルフォーゼへの誘い～
- 文化教養ゼミ
- 芥川賞を読む・j-POP を読む
- BADMINTON
- 英語と日本語を通して新しい自分と出会う
- QUEST - 私達にできること～
- 思考力養成講座
- 目指せ！お天気お姉さん（お兄さん）！
- 美術ゼミ

青稜の3C

読書で未知なる他者・自己と出会う

読書が苦手だった生徒も次第に集中力が持続できるようになり，習慣化。

時代や時空を飛び越えて知らない価値観に接する読書を重視しています。中学3年間は朝読書を毎日10分間実施。中1では，毎週火曜日の1時間目を読書の時間とし，45分間じっくりと自分の好きな本を読みます。

友達の読む本が気になったり，生徒同士で薦め合ったりして，自分が選ばないような本への広がりを持ちます。また，読書は個々の内面に関わることなので，その本を読んでいた他者を理解することにもつながります。ビブリオバトルはもはや日常です。

拡がるクラブ活動

ゼミナールから発展したクラブがあります。課外でも，高校進学後も探究。活動の幅が広がりました。

「2030 ～ミライへの挑戦～」よりSDGs部が誕生。SDGsの開発目標に関連した班に分かれて積極的に活動しています。

「多様なメディアによる『物語』を読み解く」からは青稜アニメーションが生まれました。2023年度文化祭でのアニメーション公開をめざし，脚本を制作中。

元々あった自然科学部にも探究心溢れる活動が。飼育していたイグアナが永眠した際，命を尊みつつ，自分達で作り方を調べて剥製にしました。

自然科学部でかわいがられていたイグアナ。理科室で会えます。

SDGs部：海岸でプラスチックごみの調査をした海洋汚染調査班。ほか，ジェンダー問題に取り組む班，食品ロスに取り組む班，ロシアのウクライナ侵攻が勃発した際，すぐに募金活動を始めた班 etc.

先輩にスポットライト

連日，卒業生が訪れ，進路講演に立ってくれることも。在学中に文化祭を取り仕切った経験から，大学進学後は何万人規模の学園祭を統括した人。東南アジアで日本語教師をしている人。ヨーロッパでインテリアデザイナーとして活動する人 etc.　活躍の場は世界規模！

学校HPはこちらから

帝京大学中学校

所在地：東京都八王子市
創立年：1983年　共学校

本文 p.364へ

確かな人間関係

努力がすべての基
共に学び，共に挑み，自ら道を選ぶ

帝京大学経済学部の小島寛之教授の講座では，本来は定義するだけでも膨大な時間を要する「ゲーム理論」のエッセンスを日常に落とし込み，中学生向けに解説。そのユニークな語り口も相まって，教室が爆笑に包まれます。

中高大連携教養講座が進路の指針に

中学，高校で身につけた基礎的な知識や技能を，大学でどう活用し研究につなげていくか。帝京大学や，近隣の東京都立大学の教授から「ロケット工学」や「微生物研究」，「卒業論文と卒業研究」など，専門的な話を直接聞きます。学問の奥深さに触れることが，中3時に行う卒業論文のテーマ選定や，進路選択の指針になる生徒も多くいると言います。

1クラス約30名，1学年約120名という生徒に対し，各学年を担当する教員は8名。学校全体で一人ひとりの生徒を見守り，保護者とも協力し合う体制です。先生と生徒の距離が近く，丁寧な指導が受けられるのも特徴で，授業時間以外の質問も活発。職員室前や共有スペースのホワイトボードを使って課外にミニ講習が始まり，校内あちこちに置かれた机ではいつでも自習が可能。学校全体が学習の場となっています。

建学の精神に示される「努力をすべての基とし」という考え方は，朝の取り組みにも表れています。週3回，始業前に英単語，計算，漢字の読み書きの小テストを実施。30分から1時間程度予習すれば，ほぼ満点が取れる内容になっているため，“やればできる”という感覚が自ずと身につきます。入試広報部主任の竹之内毅先生は「この日々の小さな達成感が，学習習慣の確立につながります」と話します。

「勉強は学校で」というモットーを実践するように，夏期講習は全て無料で受けられ，全体の9割の生徒が活用しています。高3になると約90もの講座が設けられていますが，高2までの講座数は抑え目で，中1は11講座。「部活も楽しんでほしいし，夏休みの課題や夏期講習の復習など，自分で計画を立てて消化してもらうために，時間を空けています」（竹之内先生）。

手厚い個別指導の一つに添削指導があります。高3の志望校対策として実施。学校にいる間だけでなく，帰宅後にメールで依頼する生徒も多いとか。各大学の過去問題の解答に対し，先生は赤字をビッシリと書き込みます。それらを踏まえた面談により，生徒とのコミュニケーションも強化されます。

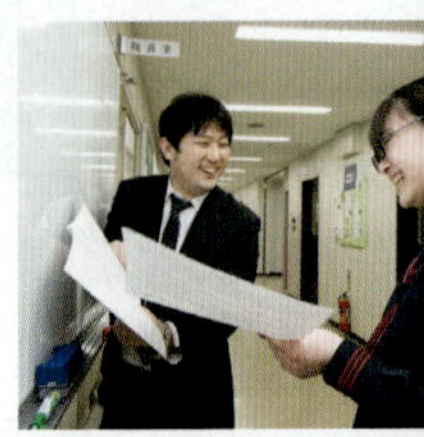

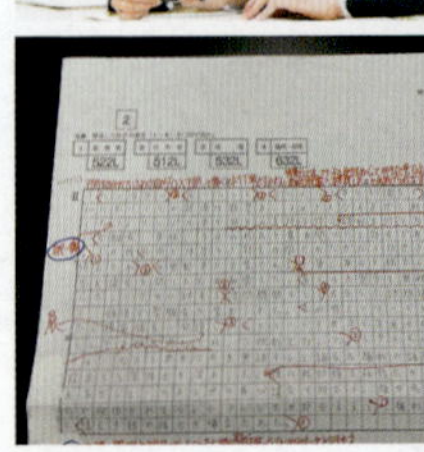

異文化に触れる多彩な体験学習

ブリティッシュヒルズ語学研修（中2）

福島県にある，イギリス文化を体験できる宿泊施設「ブリティッシュヒルズ」で，オールイングリッシュの3日間を過ごします。高1で行くニュージーランド語学研修の予行練習とも言えるプログラムです。

一度会話が通じると，英語で話すことが楽しくなり，英語力に自信が持てるように。

沖縄修学旅行（中3）

3泊4日のうち1泊は，第2次世界大戦で爆撃を受けた伊江島を訪れます。民泊して，沖縄の家庭で異文化に接したり，戦争体験を聞いたりと，ホテルでは味わえない体験です。

平和についてグループで事前研修をし，現地で学びを深めます。

乗馬やカヌー，海・山などの自然体験といったアクティビティも楽しみます。

ニュージーランド語学研修（高1希望者）

30年以上の実績を持ち，例年約9割もの生徒が参加する人気のプログラム。クライストチャーチという町にホームステイ形式で3週間滞在しながら，現地の学校で英語を学びます。先住民であるマオリ族の文化を知る機会もあり，多文化を理解するための貴重な体験となっています。

その他の体験学習

- 宿泊研修（中1）
- 林間学校（中1）
- アジア地域への修学旅行（高2）
  <2023年度はベトナムへの訪問を予定>

学校の裏山でタケノコ掘りも！

月に一度の多様な行事が生徒の成長を促します。

教科学習以外の学びも目標への動機づけに

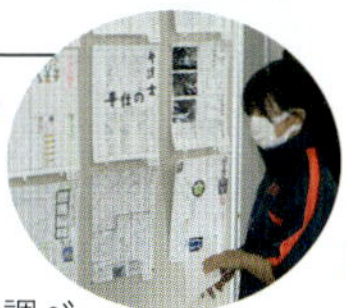

職業調べ（中2）

自分の興味のある仕事について調べるために，生徒自ら，お店や企業にアポイントを取って訪問。訪問先は知人のツテで決まることもあり，町のペットショップ，レコード会社，霞ヶ関の省庁など，多岐にわたります。調査内容を新聞形式でまとめ，文化祭で展示。将来を考えるきっかけとなり，勉強への姿勢にも変化が生まれます。

部活動

部・同好会を合わせて29団体が活動しています。南米音楽部，マジック部，木工同好会など，ユニークなものもラインナップ。

木工同好会のある生徒は，明石海峡大橋のレプリカ制作を思い立ち，手を尽くして設計図を入手。完成させて学校に展示すると，たまたま本校を訪れていた東京都立大学の先生の目に留まり，東京都立大学を受験するよう勧められます。そして見事合格。好きなことが進路に結び付きました。

中学卒業論文（中3）

本校では，高校に進学する前に卒業論文を提出します。テーマは自由で，4,000字程度を執筆し，冊子化。個々の生徒に担当教員が付いてサポートします。

卒業論文を通して自分の興味・関心を知り，考えを文字化して客観的に捉えることで自己理解が深まります。自己理解はキャリア教育の大事なポイント。将来の目標の糸口となることもあります。

先輩にスポットライト

南米音楽部の出身者で，東京大学文科三類に入学し，南米へ留学するほどに究めていった生徒がいました。部の顧問も同じ東京大学文科三類だったとのことで，南米音楽との出合いだけでなく，人との繋がりや縁にも導かれたのかもしれません。

学校HPはこちらから

東星学園中学校

所在地：東京都清瀬市
創立年：1947年　共学校

本文 p.386へ

Being

「何かができるから」(Doing)ではなく，「あなただから」(Being)大切だと感じられる教育

幼稚園から高校まで
みんな一緒に
働きます！
おにぎり
・メンチ
・ポテ
200円

自分達で“家”をつくる東星バザー

「東星バザー」は，1959年に台風で破損した校舎の屋根の修繕資金を得るため，創立者ヨゼフ・フロジャク神父の発案でスタート。今も「自分達で“家”をつくる」ことをテーマに，売り上げは学園の整備費用に充てられます。例えば中2の総合的な学習の時間では，校内で収穫した梅で梅干しを作り，バザーで販売。売り上げは壁の塗装費などに使われるとか。

手作りの梅干し
ちょっとすっぱい?!

2022年度は3年ぶりに東星バザーを開催。初めての生徒も多い中，美術部などの生徒作品，家庭から持ち寄った物，東日本大震災被災地の物産などが並び，おにぎりやメンチカツ，カップ麺といった食品販売も。

キリスト教カトリックの教えに基づき，「あなたは何ができるから」「褒められることがあるから」(Doing)ではなく，「あなたは，あなただから」(Being)大切な存在だと実感することをユニバーサル教育の原点とする東星学園。

すべての先生がすべての生徒の名前と性格を知っているだけでなく，「今，何に困っているか」「自分との折り合いがつかずに悩んでいるのではないか」といった思春期ならではの揺れ動く心の状態まで理解するように努めています。先生方の会議では必ず生徒について報告する時間があります。悩みを抱える生徒がいれば，担任，生活指導部長，校長，教頭，さらには養護教諭や4名の専門カウンセラーがそろって話し合い，時には保護者も含めた「チーム会議」を開いて，本人が壁を乗り越えるにはどのようにサポートしたらいいかを考えます。「一人の子どもを育てるには一つの村が必要だ」というアフリカの古いことわざがあるように，一人の生徒を周りにいるすべての大人が見守り，育んでいくのです。

それと共に東星学園では，生徒が自分の内面と向き合う時間も重視しています。毎日，昼休みになると，担当の先生が心に響くような短いお話を放送で流し，その後は全員，沈黙して掃除をします。誰もが何かに熱中している時は思わず無言になるように，沈黙こそ最も積極的な成長の場であり，深い気づきにつながる時間になると考え，大切に続けられている取り組みです。また，授業の始まりと終わりにはアヴェマリアのチャイムが45秒鳴らされますが，そこでも静かに自分を振り返ります。このチャイムは入学式の最初と卒業式の最後にも流され，学園生活を象徴する一曲にもなっています。

キリスト教の価値観で生き方を考える

毎日の朝礼と終礼でお祈りをするほか，毎週月曜日の「聖書朝礼」では講堂に全生徒が集まり，聖書朗読と校長先生の解説に耳を傾けます。

創立記念日やクリスマスなどにはカトリックで最高の祈りの時間とされるミサを実施。学校で行われるだけでなく，教会のミサに参加することもあります。イエス・キリストの復活を再体験することで，古い自分から新しい自分に生まれ変わり，力強く生きていくきっかけとしています。

学び多き「援助者となる体験学習」

老人ホームや幼稚園を訪問し，社会の中ではか弱い存在とされる方達を援助する活動を行っています。

高校では希望者が東日本大震災被災地ボランティアとして福島県南相馬市に赴き，学校に戻ってから，「祈りの集い」で一人ひとりの活動を報告します。

どの活動も，「こちらからしてあげたことよりも，相手にいただくことの方が多い」と感じる体験となり，成長の源となっています。先輩の報告に感動した中学生が，高校生になって活動に参加することも少なくありません。

教室の外に広がる英語教育

通常の授業だけでなく，オンライン英会話，英語検定対策，GTECの全員受験，語学研修など，積極的な英語指導を展開し，英語5技能（読む・書く・聞く・話す・コミュニケーション）の力を育成します。

中2の4月には全編英語の英語劇に挑戦。企画委員を中心に，役者だけでなく，台本，衣装，大道具，小道具，照明，ナレーションなどすべて生徒が担います。

高校の希望者には3カ月間の海外留学を実施。実際に異文化社会に身を置いて多様な価値観に触れ，幅広い視野を身につけます。

2023年度入学生より，TOKYO GLOBAL GATEWAY GREEN SPRINGS（立川）での校外学習には中1，福島県のブリティッシュヒルズでの研修には中2の全員が参加。

英語劇に取り組むことで英語学習へのモチベーションを高めると共に，みんなで一つのものを創り上げる経験を通して自分や他者と折り合う力を培います。

テーマ別に設けられた班それぞれが，善光寺や松本城，アルプス公園，時計工房，味噌蔵などを訪れ，文化や歴史を学びました（2022年度）。

すべて生徒が創る学習旅行

中3と高2の学習旅行は，行き先から内容まですべて生徒が自分達で決める伝統行事。企画委員を中心に，プレゼンテーションをしたり，議論したりしながら，オリジナルの旅を創り上げます。事前の交渉や予約，現地での会計も生徒がこなし，ハプニングにもできる限り自分達で対応します。こうした活動の過程で，生徒達は自己主張と受容，対立と解決を経験し，思考力，判断力，表現力を高めていくのです。

万全のサポート体制で希望の進路を実現

東星学園の学習指導の中心は何といっても授業です。先生方が工夫を凝らし，生徒の興味を捉えながら，しっかりと学力をつけていきます。さらに毎週金曜日の放課後には，高2の選抜者を対象とした特別講義「Akademeia」と，中高の希望者が自主的に勉強に取り組む「Studium」を設定し，実力アップを図ります。

進路指導は，進路指導部長が生徒全員と個人面談をし，担任や教科担当と共に，個々の特性や希望を把握してきめ細やかに展開。総合型選抜に向けての面接練習はもちろん，小論文対策は1名ずつ担当の先生が付いて指導します。大学合格実績も堅調で，特に上智大学にはカトリック高等学校対象の特別推薦枠があり，合格率の高さが目を引きます。

先輩にスポットライト

茨城大学大学院生のYさんは，東星学園の先生方が，学校生活で悩みを抱える友達に親身に関わっているのを見て，「自分もそういう存在になりたい」と教員になることを決意。生徒に寄り添い，生徒が力強く生きる力を培う教員をめざして，学びを続けています。

学校HPはこちらから

八王子実践中学校

所在地：東京都八王子市
創立年：1926年　共学校

本文 p.406へ

Diversity 輝く才能

自分らしさを確立し，新時代を生きる日本人としてのアイデンティティを養う

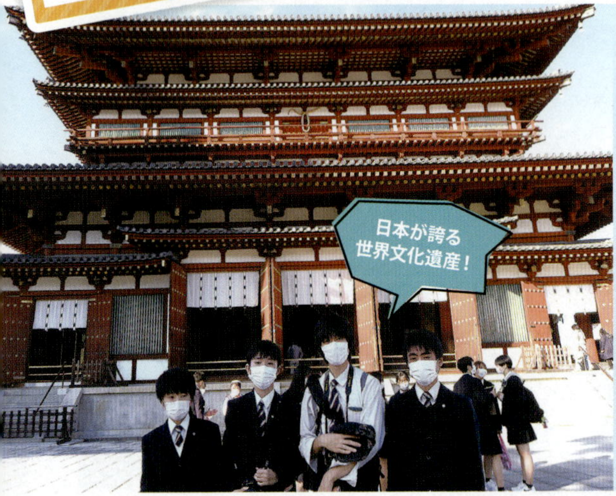

日本が誇る世界文化遺産！

真の国際理解教育で真の国際人に

本当の意味での異文化理解には，まず自分の国の歴史や文化への理解をしっかり深めることが重要。たくさんの校外学習で“自”文化を学びます。自国についてきちんと紹介できる知識は，新時代の国際人として必要不可欠です。“自”文化への誇りは，自身の軸となるでしょう。

校外学習は現地集合が原則！

校外学習は，学校周辺の史跡や自然，博物館に始まり，東京の下町，鎌倉なども訪問。関西への修学旅行（中３）では，世界文化遺産が多く集まる京都・奈良などの古都を巡ります。

八王子実践のユニバーサル教育の大きな特色は，中学入試から始まっている点です。個性を見出すための４つの入試制度で，受験生が持つ「得意」や「好き」を評価し，入学後も一層輝く可能性を秘めた原石を受け入れます。

入学後，生徒達は皆それぞれに才能があることを知り，ありのままの自分を見せ，尊重し合い，刺激し合って学校生活を送ります。先生達は，生徒一人ひとりの才能や適性を把握しており，様々な場面ごとに，それに応じた生徒の特性を照らし出します。

中学3年間は少人数を活かし，学年を超えた協働学習など，学力だけでなく，コミュニケーション力やプレゼンテーション能力を高める探究学習にも力が入れられます。学び合うことで生まれるクラス・学年・全校の一体感。その中で自分を認められた生徒達は自信を得て，失敗を恐れず物事に当たり，自分の力で乗り越えて自立していきます。

さらに，入学前からの習い事や活動をさらに伸ばす環境があり，プログラミングに関するプログラムも用意されています。

グローバル社会で通用する英語力も習得していきますが，「まずは日本を知ること」を重視。なぜなら，語学力はあくまで道具であり，重要なのは話すべき内容を自分自身の中にしっかり持っていることだからです。英語学習以外の体験で得たことが力となります。

豊かな取り組みのベースにある独自の少人数教育が，本校のユニバーサル教育を個性的で魅力的なものにしています。2026年に創立100周年を迎える八王子実践。新時代を生きる生徒達の“輝く才能”が，高校でもより光を放つことが期待されます。

3学年合同の校外学習でプレゼン力を

探究学習として取り組む校外学習。そこで育みたいのは,「自ら考え,工夫し,学ぶ力」です。3学年混合のグループに分かれ,上級生が下級生をリード。ミッションも自分達で決めます。

2022年度は,八王子城址や高尾山での「郷土探究」,浅草や秩父・長瀞での「歴史・地理探究」,JAXA宇宙科学研究所での「先進科学探究」などを実施。幅広いジャンルにわたり,充実しています。

生徒達の才能が最も活かされるのが「振り返り」のプレゼンテーションです。写真や動画の活用,グループ間の情報の連携に活躍するタブレット端末が威力を表します。「見ている人が飽きない,おもしろいものを作る」が目標。ICTを駆使した発表は先生達も舌を巻くほどの出来栄えです。

八王子城址の見学。八王子は豊かな自然,歴史と文化など日本の風土が実感できる環境です。

併設高校での主役になってほしい

中学では,1学年 1クラス(約25名)という少人数制で個性を活かした学びを実現してきました。一方,八王子実践高等学校は高校受験での入学者が多い大規模な進学校。生徒数は3学年で1,500名を超えます。

「多様性の中で“輝く才能”を磨いた中学生達には,高校でもその力を発揮し,中心となる存在として活躍してほしい」と中学の先生達は考えています。そのために,高校の授業見学や,高校生との交流・協働の機会などを増やし,高校との結びつきを深めていきます。

プレゼンテーションは,テキストや写真だけでなく,動画を編集して発表するグループも目立ってきました。

自分に自信を持って堂々と!

本校の入試制度は4つ。「適性検査」のほか,「自己表現型入試」「英語型入試」「プログラミング型入試」の3つのプレゼンテーション入試から選べます。「得意」「好き」なことがある受験生に,入学後もそれを強みにしてほしいとの願いが込められています。「そのことならあの子に任せよう」と仲間が自然に認めるような“輝く才能”を発見する入試でもあります。

これまで挑戦してきた実績を賞状や盾で証明することも交え,アピールしました。

例えば,バレーボールでエントリーした生徒は,自分の家系図を作り,祖父母の代から各人の身長や運動暦などを書き入れ,自分にはこれだけ成長の可能性があるとプレゼンテーションしました。

自己表現型入試は,実技だけでなく,私の夢,挑戦したいこと,得意なことなど,科学的・学術的な発表内容も増え,多彩になっています。小学6年で自分の魅力を認識して表現するのは難しいことです。でも,「自分にしかできない」という強い自己肯定感を備えた新入生達が,本校の多様性をより豊かにしていくことは間違いないでしょう。

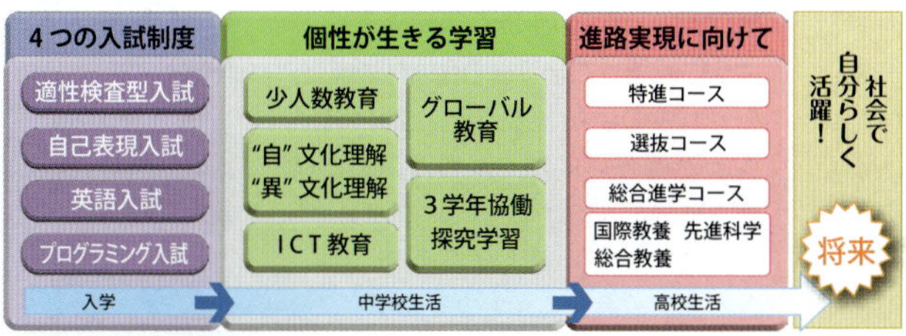

強豪校として有名な女子バレーボール部は2022年度,中高共に全国ベスト8。中高合同で練習することも。

3学年協働学習ではグループワークも。

先輩にスポットライト

小学校で不登校の経験があった生徒。得意の書道に光を当てるなど,自分に自信をつけてくれた先生にあこがれ,教師になりたいと高校を主席で卒業後,都留文科大学教育学部に入学。教育実習は母校で行い,国語の教師をめざしてがんばっています。

学校HPはこちらから

広尾学園小石川中学校

所在地：東京都文京区
創立年：2021年
共学校

本文 p.410へ

International Education

本物に出会い，本質を追求する本物のインターナショナル

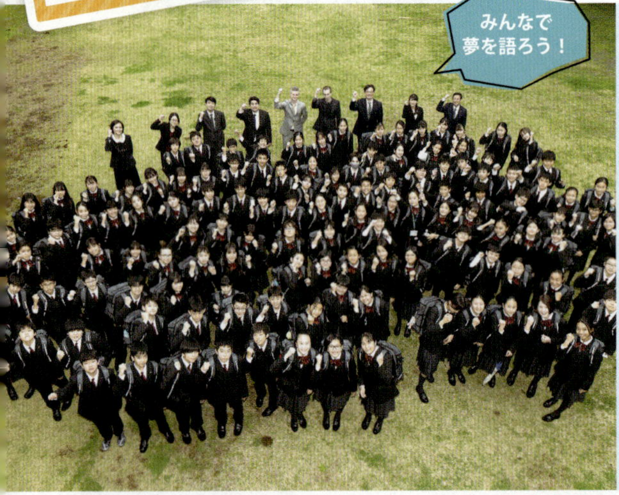
みんなで
夢を語ろう！

個として磨かれ，自律した仲間との共生

「自律と共生」は，広尾学園（東京都港区）と共通の教育理念。自分をしっかりコントロールできるよう，磨かれた個の集合体が，お互いを認めて共に在るのが理想です。入学するとすぐにオリエンテーションに参加し，クラスメイトの前で自分の夢を発表します。中高6年間の生活は，自分の夢と仲間の夢を共有することからスタートするのです。

理想のクラスを
つくるには？

オリエンテーションでペアワークやグループワークを通し，質問や意見を交わすうちに自分の夢を自覚し，仲間のことも知って関係が築かれていきます。クラス目標も皆で考え，最終日にプレゼンテーションします。

3つの大きな行事は，学年やクラスが一つにまとまっていくために用意されたプログラムと言えそうです。5月の「スポーツフェスティバル」は，中高の学年縦割りの8チームに分かれた対抗戦。協働の精神が芽生え，先輩と後輩の絆も深まります。9月の「いちょう祭」（文化祭）では，興味・関心に基づくテーマで1人ずつプレゼンテーションをし，他の人が何に関心を持っているのかを知ります。そして2月に開かれる音楽会。学年末が近づくこの時期に，個が集まって生まれた団結力が共生を実現し，感動を呼びます。

本校は本科コースとインターナショナルコースの2コース制。さらにインターナショナルコースは，帰国生など英語が堪能で，英語で授業が受けられる生徒が対象のアドバンストグループ（AG）と，主に英語をゼロからスタートする生徒が対象のスタンダードグループ（SG）に分かれます。ただし，クラスはAGとSGの生徒が半々で構成され，外国人と日本人のダブル担任。席はAGとSGの生徒が隣同士になるように配置されます。こうした環境で，AG，SGの生徒が交流し，助け合うことで視野が広がり，教育効果が向上。複数の文化が交流しながら，「自律と共生」が育っていくのです。

インターナショナルコースが2クラスの編成に対し，本科クラスは1クラス。本科生も，国際的な雰囲気や教育環境を共有することができます。

夢を抱くと人は前進します。夢を持ち続け実現するための教育活動と環境が本校には整っています。外国人の先生の英語や専門家の講演をはじめ，本物との出会いが生徒の心を動かし，物事の本質に迫る学びへと駆り立てます。

インターナショナルな環境と日々の積み重ね

インターナショナルコースの特性から，外国人の先生は多く，多様な生徒達が在籍しています。英語が当たり前に聞こえる中で，幅広い教育活動を展開。コース・グループを問わず，多角的な視点が養われます。

ICTの面では，ノートPCを1人1台所持。授業やプレゼンテーション準備で使い，連絡手段にもなっています。ICT環境を整えることで，生徒達は主体的に数々の場面で活用していきます。

学習活動で最も重視するのは毎日の学習です。「0限」も貴重な学びの時間。朝礼前の10分間，内容は学年やコース・グループによりますが，英会話や自由英作文を行ったり，新聞記事を読んだり，要約したりと，短時間でも学力向上につながります。

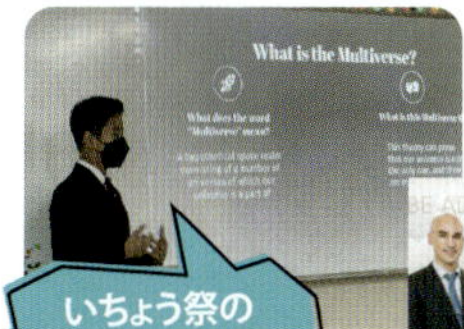

いちょう祭のプレゼンはSGの生徒も英語で！

本物に触れ，本物になる

「本物に触れ，本物をめざす」キャリア教育を実践。

近隣にある公益財団法人東洋文庫と博学教育連携を結び，ミュージアムの見学で知識を深めるだけでなく，日本の伝統文化を学ぶ意味から，英語による狂言ワークショップにも参加しています。

また，各界のプロフェッショナルを招く特別講演会，つくばサイエンスツアー，ロボット講座，プログラミングを体験する「広学 Tech Camp」など，年間を通じて，キャリア教育講座が充実しています。

「広学スーパーアカデミア」は，最前線で活躍する研究者から，最先端の研究について聞ける超一流の講座。広尾学園で30講座以上が開講されます。生徒にとって，生涯の貴重な財産となるでしょう。

広学スーパーアカデミア抜粋（敬称略）

◆林信行（ITジャーナリスト）
AI全盛時代に備える
◆田名部元成（横浜国立大学教授　学長補佐）
「ビジネスゲームで学ぶ経営学」
◆藤曲隆哉（藤白彫刻研究所代表）
「文化財（彫刻）修復のいろは」

東洋文庫にて

『ざんねん』じゃなかった古生物たち 2022！ 古生物の生存戦略について話す恐竜学研究所の芝原暁彦先生の講演。

約１週間の海外大学見学ツアーで訪れる大学数は15校近くにも及びます。

海外から帰ってくると生徒は英語や勉強に対する姿勢ががらりと変わり，先生が驚くほど。

広尾学園の教育資産を活かせる強み

広尾学園と様々な教育連携を行っており，広尾学園で経験を積んだ先生達のノウハウが開校当初から活かされているのが何よりの強み。

オーストラリア短期留学，海外大学を含む進路指導や多彩なキャリア教育も行われています。海外大学説明会では，広尾学園の卒業生から海外での生活が伝えられ，詳しい話も聞けます。海外大学見学ツアーではマサチューセッツ工科大学やハーバード大学などを訪問。広尾学園の卒業生が同じ学園の先輩として説明してくれることも。

海外大学説明会

海外大学進学に向けた新情報として，広尾学園小石川は2023年5月に，アメリカの大学出願に必要なSAT（大学進学適性検査）の試験会場となる予定。

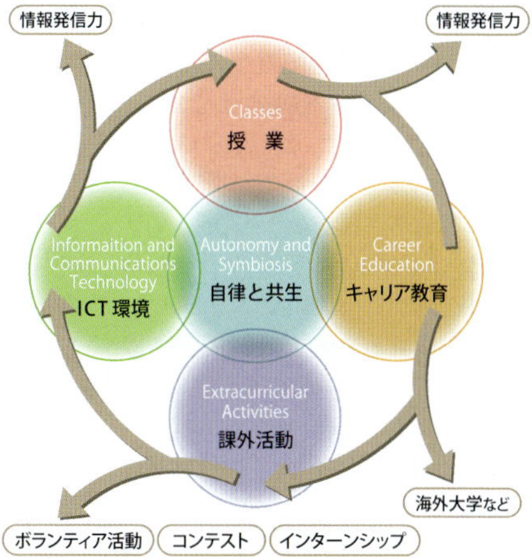

先輩にスポットライト

SGグループで英語が初心者だった生徒達。担任は外国人，隣はAGグループの生徒という環境から刺激を受け，英語へのモチベーションがどんどんアップ。英語検定の取得も早めで，中1で2級取得者がいます。進路の選択肢を広く考え，海外大学進学をめざす生徒も。

学校HPはこちらから

コロンビアインターナショナルスクール中学部

所在地：埼玉県所沢市
創立年：1988年
共学校

Global Citizenship

“カナダ・オンタリオ州のカリキュラム”と“英語圏での評価の受け方”２つの標準(スタンダード)で育つ世界市民

世界基準のマインドが身につきます！

世界中の大学への入学資格

世界で高評価を受ける，カナダ・オンタリオ州のカリキュラムに基づいた教育を実施。アメリカ西部や東海岸の学校を評価する機関「WASC」の認可も得ており，併設の高等課程を修了すると，カナダはもちろん，アメリカ，そして日本でも高校卒業と同等と認められ，大学の進路選択は世界に広がります。

海外留学や海外大学進学が目標！

“英語を教える学校”ではなく，全教科，英語で授業を行っている学校。英語漬けの生活を送ることで，英語初心者も中３までにネイティヴの生徒と一緒に学べるようになります。

1988年，英語を母国語としない日本人生徒に，海外留学を前提としたトレーニングを行う学校として創設されたインターナショナルスクールで，幼稚部から専修学校高等課程までの一貫校。中学部では，1学年20～25名の少人数教育を行っています。教師はカナダのほか，アメリカ，イギリスなどの教員免許を取得していて，英語が母国語でない生徒に英語で教えた経験を持っています。

本校の教育の特徴は，日本とは異なるコミュニケーションのとり方や評価の受け方，問題解決の仕方といった，英語圏における“コツ”や“クセ”のトレーニングを学校生活の中で繰り返し，心身に染み込ませていくこと。中学部はもとより，幼稚部から高等課程まで，かしこく学ぶ生徒になるための心構えである「Learning Skills（ラーニング・スキル）」と，国際市民をめざす生徒の人格形成に必要なポイント「Pillars of Character（ピラー・オブ・キャラクター）」を，すべての活動において意識し，“学びを自分のものにする”ための習慣作りに取り組みます。この２つのコンセプトのもと，欧米的な勉強との向き合い方やマインドを身につけ，日本の教育とのギャップを埋めることが，海外の大学への進学だけでなく，グローバルに活躍できる人材となるために非常に役立ちます。

また，カナダはICT（情報通信技術）教育先進国とも言われ，本校でも，20年以上前から１人１台のノートPCを生徒に持ち込んでもらい使用。調べ物はもちろんのこと，デジタル教科書の導入，関数・計算，プレゼンソフトによる資料作成など，使用例は多岐にわたるため，学校活動になくてはならないツールとして，ICTを高度に使いこなせるようになります。

どんな生徒が学んでいるの?

およそ6割が日本人。次いで，中華圏の生徒が約1割。その他，多国籍の在日外国人生徒や留学生，帰国生なども通っています。「米英的な価値観に捉われるのではなく，将来の活躍の場を，世界中に広げて考えている人が多い印象です」（**広報担当の森亦哲也先生**）

インターナショナルスクールならではのイベント!

毎年10月下旬に行われるハロウィンパーティー。生徒も先生も，コスチュームに着替えて校舎内をパレード！ ほかにも，ドアデコレーションをしたり，パンプキンカービングをしたり，本場さながらに楽しみます。最後は，体育館のステージでコスチュームコンテストを開催します。

その他イベント

- ジャパナダデーパーティー（7月上旬）
- サマースクール（7月・希望者）
- クリスマスフィエスタ（12月中旬）

コロンビアインターナショナルスクール中学部の基本情報

- 〒359-0027 埼玉県所沢市松郷 153
- アクセス：JR ― 東所沢から 10 分
- 電話：04-2946-1911
- 募集数：4 月生 15 名
- 選抜方法：書類審査後，日時指定で面接，エッセイ／作文

サイエンスフェアのテーマは自由。ハチミツの固まりやすさについて調べたり，洗剤を題材にしてみたり，日常の疑問から生まれる研究が多く見られます。

サイエンスフェアで英語力と思考力を磨く!

Gr.4（小4）からGr.9（中3）までの生徒が対象のイベント。小学生はグループ，中学生は個人で研究のテーマを決め，プロジェクトを進めます。実験結果は英語でまとめ，3枚のパネルで展示。フェア当日は先生や保護者に向け，自身の研究について英語でプレゼンテーションを行います。質問にも応じ，説明することで研究内容の理解度も，英語力も高められます。

英語初級者もOK！入試で英語力は問いません

レベル別の2クラスで英語力アップ！

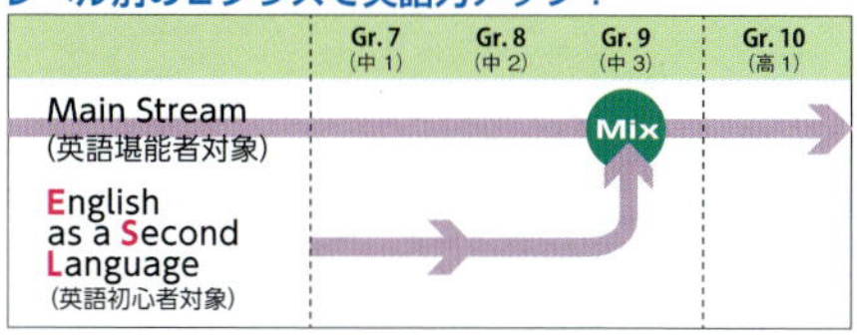

英語圏を背景に持つ生徒や，小学部からの内部進学生などは「Main Stream」，英語に不安がある生徒は「ESL（English as a Second Language）」に分かれて学びます。「ESL」は，指導力の高い外国人教師のサポートを受け，基本の英語力を磨いた後，「Main Stream」に合流。多様な仲間と交流し，努力を続ける中で，英語力が着実に育ちます。

世界に羽ばたく，生徒達の進路

高等課程修了後の選択肢は，海外の大学や国内難関大学など，実に多彩。入学時期に合わせて3・6・12月の卒業が可能で，それぞれのスケジュールで全員が大学進学をめざします。「近年は，コロナの影響もあって，立命館アジア太平洋大学のように，国内でも英語だけで授業を行う大学への進学を希望する生徒も少なくありません」（森亦先生）

先輩にスポットライト

在学中，カナダ式の教育になかなか馴染めなかったA君。ブリティッシュコロンビア大学に進学しますが，経験したことのないような難題に直面。同期の多くが挫ける中，彼は一切投げ出すことなく完遂。本校で培われたマインドの偉大さを，身をもって実感したと言います。

学校HPはこちらから

教育研究・プログラム指定校＆国際機関認定・加盟校一覧

SSH
スーパーサイエンスハイスクール

※指定期間は５年間

地域	区分		学校名	指定年度
東京	国立	女子	お茶の水女子大学附属高等学校	2019
		共学	東京学芸大学附属国際中等教育学校	2019
	都立	共学	小石川中等教育学校	2022
			富士高等学校・附属中学校	2021
神奈川	公立	共学	横浜市立横浜サイエンスフロンティア高等学校	2020/2022
千葉	私立	共学	市川高等学校・市川中学校	2019
埼玉	公立	共学	川口市立高等学校	2022
茨城	私立	共学	清真学園高等学校・中学校	2022
	公立	共学	県立並木中等教育学校	2022
			県立日立第一高等学校・附属中学校	2022
			県立竜ヶ崎第一高等学校	2019
			北杜市立甲陵高等学校	2022

IB
国際バカロレア認定校

※2022年12月31日現在

地域	区分		学校名	認定プログラム
東京	私立	共学	開智日本橋学園中学・高等学校	MYP，DP
			玉川学園中学部・高等部	MYP，DP
			武蔵野大学附属千代田高等学院	DP
	国立	共学	東京学芸大学附属国際中等教育学校	MYP，DP
埼玉	私立	共学	昌平中学校・高等学校	MYP，DP
	公立	共学	さいたま市立大宮国際中等教育学校	MYP，DP
茨城	私立	共学	開智望中等教育学校	MYP
			茗溪学園高等学校	DP
山梨	私立	共学	山梨学院高等学校	DP

UNESCO
ユネスコスクール加盟校

※2023年１月時点
＊はキャンディデート校
（国内認定校，ユネスコ本部申請中）

地域	区分		学校名
東京	私立	女子	大妻中野中学校・高等学校
			晃華学園中学校・高等学校
			麹町学園女子中学校・高等学校
			実践女子学園中学校高等学校
			淑徳 SC 中等部・高等部
			昭和女子大学附属昭和中学校・高等学校
			田園調布学園中等部・高等部
			東京女学館中学校・高等学校＊
			トキワ松学園中学校高等学校
			雙葉中学校・高等学校
			文京学院大学女子中学校高等学校
			立教女学院中学校・高等学校
		共学	桜美林中学校・高等学校
			桜丘中学・高等学校
			渋谷教育学園渋谷高等学校
			成蹊学園（成蹊中学・高等学校）
			聖徳学園中学・高等学校
			創価高等学校＊
			東京都市大学等々力中学校・高等学校
			東京立正中学校・高等学校
			新渡戸文化学園（新渡戸文化中学校・高等学校）＊
			八王子学園八王子中学・高等学校
			明星中学校・高等学校＊
東京	国立	男子	筑波大学附属駒場高等学校
		共学	東京学芸大学附属国際中等教育学校
神奈川	私立	女子	鎌倉女子大学中等部・高等部
			北鎌倉女子学園中学校高等学校
			横浜女学院中学校高等学校＊
		男子	慶應義塾高等学校
		共学	湘南学園中学校・高等学校
	国立	共学	横浜国立大学教育学部附属鎌倉中学校
千葉	私立	共学	市川中学校・高等学校
			渋谷教育学園幕張中学・高等学校
			秀明大学学校教師学部附属秀明八千代中学校・高等学校＊
			麗澤中学・高等学校
埼玉	私立	共学	国際学院中学校高等学校
			自由の森学園中学校・高等学校
茨城	私立	共学	茨城キリスト教学園中学校高等学校
	公立	共学	県立並木中等教育学校
栃木	私立	共学	佐野日本大学中等教育学校
群馬	私立	共学	新島学園中学校・高等学校
	公立	共学	伊勢崎市立四ツ葉学園中等教育学校＊
山梨	私立	女子	山梨英和中学校・高等学校

毎日着るもの
だからやっぱり
こだわりたい！

自分好みの制服発見BOOK

年表で見る制服
P.26 ～ 27

制服タイプ別紹介
P.28 ～ 29

デザイン＆オプション選びの注目ポイント
P.30 ～ 32

手のひらサイズの
スマホ de「制服コレクション」！

左の2次元コードから首都圏191校の制服がデジタルブックで見られます！

年表で見る制服

社会と制服の移り変わり

1980年頃
変形学生服が流行

1985年頃
ブレザー制服にタータン
チェックスカートが登場

大学入試
センター試験
開始

国公立
幼稚園〜高校まで
週五日制開始

1990年頃
デザイン性の高い
特長的なシルエット

DCブランド
制服が流行

モデルチェンジが
増加

1990

1992

アメリカントラッドを基調
としたゆったりシルエット

エコ素材の
制服が増加

1975年頃
スーツスタイルの
ブレザー制服が増加

1981 …… この頃、校内暴力が大きな社会問題に

1980 …… 公立小・中学校で1クラスの上限人数が
45人から40人に / ゆとり教育の開始

再び制服採用の動きが活発に

1974 …… 高校進学率90%突破

1972 …… 大学進学率20%突破

自由服の学校が増えてくる

制服を廃止する学校が出現

ブレザー制服が登場

1965 …… 高校進学率70%突破

1960年頃 男子は詰襟,
女子はセーラー服が主流

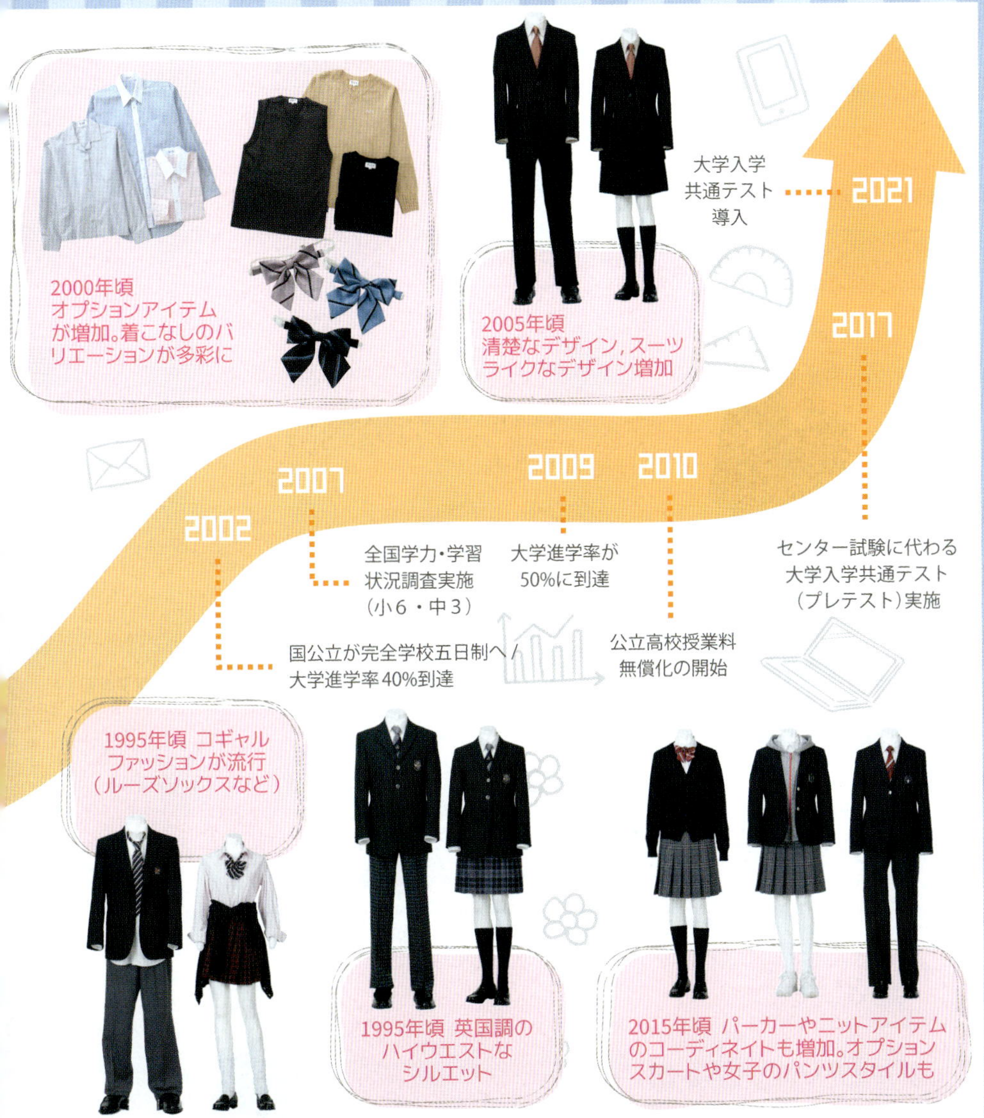

Q．女子の洋装の制服はいつからできたの？

A．1885 年です。東京師範学校女子部で洋装を導入しました。ヨーロッパの文化を積極的に導入する動きが高まる時代になり，女子も洋装を導入する学校がありました。

参考：学生服の歴史｜カンコー博物館　https://kanko-gakuseifuku.co.jp/museum/history_uniform

Q．「 標準服」や「 基準服」ってなに？

A．着用が義務付けられている制服に対して「着用が望ましいとされる学校指定の服装のことです。式典など学校の指定日に着用する服装を指す場合と，学校制服をして制定しているが，購入や着用が自由な服装を指す場合などがあり，学校により規定に幅があります。

制服タイプ別紹介

セーラー

校成学園女子 P.138

セーラー服の仕組み

主に襟とジャケットが一体のものと，セーラーカラーのブラウスの上にジャケットを羽織るものがあります

襟元にもバリエーション

襟の中に隠れている留め具で着脱できるリボンやネクタイのほか，パータイや三角スカーフなどのスカーフタイプもあります

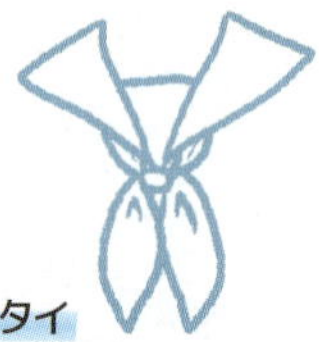

パータイ

自分でスカーフを結べるので好みのカタチにアレンジ可能

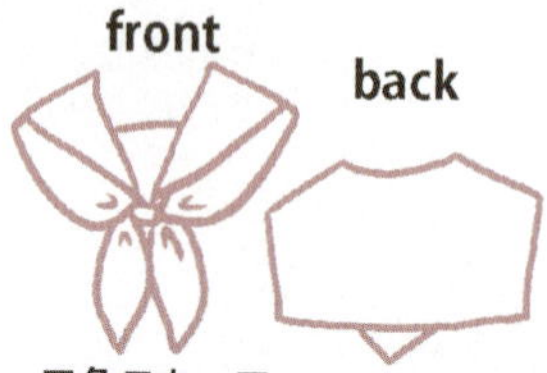

三角スカーフ

襟の左右や後ろにスカーフを出すアレンジも

ジャケットに留め具

ジャケットに留め具がついており，そこにスカーフを入れるタイプの制服

ネクタイ

詰襟

こだわりが詰まった襟

襟の部分には，パイピングが施されているものがあります。校章や学年カラーのバッジなどを着けることも

ボタンで差をつけて

校章などがあしらわれたボタンにも個性が表れています。詰襟によっては，ボタンを隠すようなつくりになっているものや，第一ボタンだけ見せるデザインのものも。どちらもシンプルでスタイリッシュな着こなしが可能です

紺地や黒地などがメジャー

生地の色は一見似たような色でも学校によって少しずつ違いがあります。各校のこだわりを垣間見ることができる場所です

足立学園 P.222

ブレザー

武蔵野

P.424

ブレザーに校章やエンブレム

ボタンはシングル？ ダブル？

ボタンが２列に
なっているタイプの
ジャケット

ポケットにも種類が

雨や埃を防ぐフラップ付きのポケットや，フラップがないポケット，ジャケットの外からポケットが縫い付けられているポケットなどがあります

ジャケットの襟にも注目！

あなたは制服派？服装自由派？

制服がある学校とない学校があります。制服と服装自由，それぞれの良いところを見ていきましょう

制服の良いところ

- 学生としての品位を保ちやすい
- 服装に悩まなくて済む
- 結果的に服装自由よりも低コストになることもある
- 冠婚葬祭などの公の場で着用ができる

服装自由の良いところ

- 好きな服を着られる
- TPO に合わせた服装を選ぶ力が付く
- 個性を表現できる、個性を伸ばせる

近年は制服のバリエーションが増えた学校も多く，制服の中で自由にコーディネイトが出来ます。普段は自分らしく過ごしつつ，式典では制定された正装を着用するなど，制服があることでメリハリがつけられるといったよさがありますね。

制服のない学校なら自由に服が選べるので，通学しやすい格好ができたり，自分の個性を服装で表現できたりと，主体性を持ってより自分らしい学校生活を送ることができます。あなたはどちら派ですか？

本誌掲載校の制服タイプ別 採用率

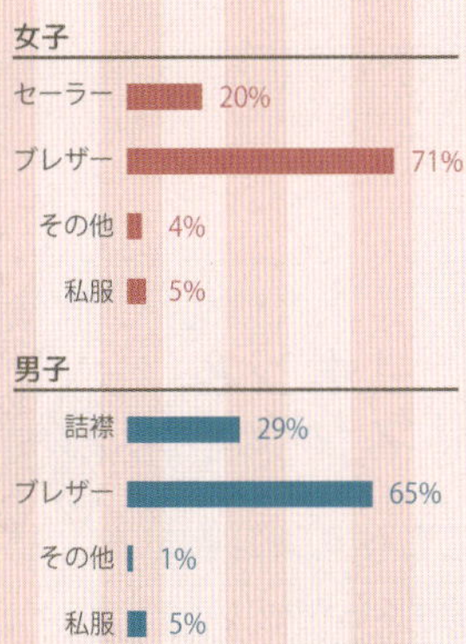

（編集部調べ）

デザイン＆オプション選びの注目ポイント

制服でコーディネイト

ジャケット

襟の形やボタンの数・位置，エンブレム，ポケット，生地や裏地の色まで，各校のこだわりでできています

ボトムス

カーブベルト　飾りベルト　飾りボタン×尾錠　スラックス

スカートの折り曲げ防止ベルトなど，着崩し防止デザインもおしゃれ。また近年は女子用スラックスを導入する学校も増えています

リボン＆ネクタイ

様々な色や柄のリボンやネクタイ。学年ごとに色を変えている学校や，バリエーションがある学校も多く，胸元からオシャレを楽しめます

オプション

オプションを使って，制服をより自分らしく着こなそう

カーディガン

セーター

ベスト

ポロシャツ

コート＆ブルゾン

掲載協力：
大妻多摩，川村，京華，
麹町学園女子，品川翔英，十文字，
東京電機大学，文化学園大学杉並，
武蔵野，目黒日本大学

夏服・冬服だけじゃない！
より快適な学校生活を
送るための

盛夏服と合服

盛夏服

盛夏服は，7月頃から9月頃までの暑い時期に着用する制服。女子はワンピースタイプを用意している学校もあり，涼しげで清潔感のある印象を与えます

合服（中間服）は，冬服から夏服，夏服から冬服の間の時期に着る制服のこと。長袖であるものが多く，主に春や秋の着用に向いています

合服

各校のこだわりポイント！

タータンチェック×ブレザー

タータンチェックとブレザーの組み合わせは，1982年に頌栄女子学院で採用されたのが始まりだそうです。タータンチェックはすべての柄がスコットランドタータン登記所で管理されており，自分でチェック柄を作ったとしても勝手にタータンを名乗ることは出来ません。

頌栄女子学院

富士見丘

修徳

参考：制服紹介 | 学院の生活 | 頌栄女子学院中学校・高等学校
https://www.shoei.ed.jp/school_life/uniform.html
ガイダンス - スコットランドタータン登録簿
https://www.tartanregister.gov.uk/FAQ#general0

毎日のお手入れ

学校から帰ってからすること

上衣は厚みのあるハンガーに，スラックスやスカートは，はさめるタイプのハンガーに掛け，布目に沿って軽くブラッシングします。形を整えて，風通しのよい場所につるします。

雨に濡れたときの対処

ハンガーにつるして乾いたタオルで水気をとり，少し離した位置からドライヤーをかけて乾かします。泥はねは，完全に乾いてからブラシで落とします。それでも落ちない場合は，中性洗剤を薄く溶かしたぬるま湯にタオルをつけて絞り，そのタオルでやさしく拭き取ります。

ウォッシャブルタイプの扱い方

かならずケアラベル（洗濯表示のタグ）に従って洗いましょう。ケアラベルが見当たらない場合は，ポケットの中も確認してください。制服の汚れは1カ月経つと急激に目立ってくるという実験結果もあり，制服は月に一度洗濯ができると清潔に着用できます。

参考：カンコー学生服「毎日のお手入れ方法」
https://kanko-gakuseifuku.co.jp/care/dailycare.html
実はこんなに汚れている?! 制服お洗濯のタイミングを解説！
https://kanko-gakuseifuku.co.jp/media/parents/1452

'23年春の試験日別 私立・国公立中学
首都圏中学模試センター 学力段階表 東京

女子

偏差値	2月4日以降	偏差値
70～	[77]渋谷教育渋谷③2/5 [76]豊島岡女子③2/4 [75]広尾学園(一般③ＩＳＧ)2/5 [73]広尾学園(一般③本科)2/5 [71]広尾学園小石川⑤ＳＧ2/4PM [70]東京農大一③2/4 頌栄女子②2/5	70～
69	中大附属②2/4 広尾学園小石川⑤本科2/4PM 三田国際④ＩＳ2/4PM 法政大学③2/5	69
68	成蹊②2/4 大妻④2/5	68
67	**開智日本橋④２科４科2/4** 芝浦工大③2/4 広尾学園小石川ＡＧ2/4PM	67
66	国学院久我山ＳＴ③2/5 淑徳(東大③)2/5PM	66
65	東洋大京北(一般④)2/4 明大八王子Ｂ2/5PM	65
64	品川女子(表現力_総合)2/4 田園調布③2/4 普連土学園③2/4 目黒日本大学④２科2/4PM	64
63	山脇学園(一般Ｃ)2/4	63
62	都市大等々力ＡＬ2/4 安田学園⑥2/4	62
61	山脇学園(英語Ｃ)2/4 ドルトン東京③2/4PM	61
60	郁文館(適性③ｉＰ選抜)2/4	60
59	多摩大目黒(特待･特進④)2/4	59
58	東洋大京北(哲学)2/4 日大一(２科②)2/5	58
57	穎明館④総合2/4 明治学院③2/4 順天③多面的2/4PM **跡見学園(特待④)2/5** 芝国際(本科⑤Ⅱ類)2/5PM 多摩大目黒(特待･特進⑤)2/6	57
56	淑徳巣鴨(一般③)2/4 実践女子(一般⑥)2/4PM	56
55	跡見学園(特待③思考力)2/4 宝仙学園(公立一貫③)2/4	55
54	大妻多摩(総合進学③)2/4 光塩女子③2/4 東京成徳大③特待2/4 東京電機大④2/4PM 東京純心女子(江角特待生)2/5	54
53		53
52	駒込⑤2/4 **文教大付⑤2/4**	52
51	大妻中野(新思考力)2/4 武蔵野東Ｃ午前(２科①特待)2/4 **佼成女子(Ｓ特待④)2/5**	51
50	跡見学園(特待③英語)2/4 文京学院女子2/4PM 八雲学園(未来発見)2/5 芝国際(本科⑤Ⅰ類)2/5PM 工学院大附④2/6PM	50
49	武蔵野東Ｃ午前(ＥＥ②)2/4 明星(特別選抜④)2/4PM	49
48	東京家政大附⑥(特進Ｅ)2/4 多摩大聖ヶ丘④2/4PM 宝仙学園(プレゼン②リベラル)2/4PM 宝仙学園(プレゼン②読書)2/4PM 東海大高輪台③2/5 日大豊山女子(２科③)2/5PM 十文字(特別)2/6 **日本工大駒場(特別選抜)2/7**	48
47	東海大菅生(医学難関③)2/4 文化学園杉並⑥2/4 宝仙学園(プレゼン②ＡＡＡ)2/4PM 宝仙学園(プレゼン②グローバル)2/4PM 武蔵野大学(アドベンチャー)2/4PM 武蔵野東Ｃ午後(適性③)2/4PM 郁文館(総合⑤)2/5 東海大菅生(医学難関④)2/6 **立正大立正④2/7** 和光③2/13PM	47
46	**郁文館(総合④)2/4** **京華女子(特待特別)2/4** 千代田国際⑤2/4PM サレジアン国際(21世紀_インター)2/5 **多摩大聖ヶ丘⑤2/5** 工学院大附(適性ＭＴ②)2/6PM 武蔵野東Ｄ(２科②)2/11	46
45	多摩大聖ヶ丘(リスニング)2/4 サレジアン国際(21世紀_本科)2/5 千代田国際(思考力)2/5PM 聖徳学園ＡＭ②2/11	45
44	上野学園③特待チャ2/4 **帝京(一貫特進③)2/4** 東京家政大附⑥(進学ｉ)2/4 東京立正③午前2/4 **品川翔英⑥2/5** **日本工大駒場⑥2/5** 和洋九段⑥(グローバル)2/5 **帝京(一貫特進④)2/7**	44
43	共立女子二③2/4 品川翔英⑤2/4PM 女子聖学院⑤2/4PM 明星学園Ｄ2/4PM 東京家政学院④2/10 聖ドミニコ(後期)2/11	43
42	**桜丘⑤2/4** 成立学園④2/4 サレジアン世田谷④(インター)2/5 中村(エクスプレス②)2/5 和洋九段⑥(本科)2/5 **中村(一般_２科４科②)2/5PM** **城西大城西③2/7**	42
41	川村(セレクト③)2/4 共栄学園④2/4 実践学園(特別)2/4 白梅清修④2/4 **帝京(一貫進学③)2/4** 明星(総合④)2/4PM 川村(セレクト④)2/5 **麹町女子(一般④)2/5** サレジアン世田谷④(本科)2/5 白梅清修⑤2/6 共栄学園⑤2/7 **帝京(一貫進学④)2/7** 白梅清修⑥2/11	41
40	啓明学園(一般③)2/4 **富士見丘(一般⑤)2/4** 富士見丘(英語資格⑤)2/4 藤村女子(一般⑤)2/4 神田女学園⑤新思考力2/4PM 神田女学園⑤２科選択2/4PM 藤村女子(一般⑥)2/4PM 国士舘④2/5 東京家政学院③2/5 神田女学園⑥得意科目2/5PM 実践学園(Ⅱ期)2/10 国立音大附③演奏2/10PM 国立音大附③総合2/10PM 東京立正④2/14	40
39	上野学園③得意科目１科2/4 上野学園③２科音楽2/4 佼成女子(一般③)2/4 八王子実践(適性③)2/5 目黒学院④2/5 帝京八王子③Ｂ2/5PM 八王子実践(プレゼン②)2/5PM 上野学園④２科2/6	39
38	佼成女子(適性④)2/4PM 東京立正③午後2/4PM 新渡戸文化④2/4PM 帝京八王子③Ａ2/5 国本女子④2/5PM 駒沢女子③午前(一般)2/6 帝京八王子④2/7	38
37	駿台学園(新型③)2/4 瀧野川女子③2/4 東海大菅生(一貫進学③)2/4 武蔵野④2/4 修徳⑥2/4PM **東京女子学院③午前2/5** **東京女子学院③午後2/5PM** 東海大菅生(一貫進学④)2/6 修徳⑦2/6PM 駿台学園(新型④)2/8 瀧野川女子④2/8 帝京八王子(２次)2/12 **東京女子学院④午前2/13** 東京女子学院④午後2/13PM **東京女子学院⑤午前2/25** 東京女子学院⑤午後2/25PM	37
～36	淑徳ＳＣ②2/4 成女学園⑤2/4PM 淑徳ＳＣ③2/5 貞静学園(２科④)2/5 貞静学園(１科④)2/5 貞静学園(適性②)2/5 淑徳ＳＣ④2/7 貞静学園(２科⑤)2/10 貞静学園(１科⑤)2/10 成女学園⑥2/11	～36

この一覧表は，2022年11月3日現在の首都圏模試センター予測による偏差値を表したもので，学校差を示すものではありません。

●学力段階の基準になっている偏差値は、**合格可能性80％**の偏差値です。
●**太字**は２教科または４教科（３教科）選択校で２教科判定校
●他２教科校、１教科校、ほか
●**赤字**は４教科判定校

'23年春の試験日別（私立・国公立中学）
首都圏中学模試センター　学力段階表　神奈川

女子

偏差値	2月1日 午前	2月1日 午後	偏差値
70~	[74]洗足学園①　フェリス女学院	[71]神奈川大附①　[70]山手学院（特待選抜）	70~
69	中大附横浜①		69
68			68
67	青学横浜英和Ａ		67
66	横浜共立Ａ	湘南白百合（算数）　湘南白百合（国語）	66
65	横浜雙葉	清泉女学院②２科　日本大学Ａ②_ＧＬ 横浜女学院（特別奨学Ｉ）	65
64	山手学院Ａ　横浜雙葉	桐蔭中等①	64
63	公文国際Ａ　日本大学Ａ①_ＧＬ	日本大学Ａ②_ＡＦ	63
62	日本女子大附①　森村学園①	関東学院①Ｂ	62
61	日本大学Ａ①_ＡＦ		61
60	湘南学園Ａ　桐蔭中等①	聖セシリアＢスカラ	60
59			59
58	関東学院①Ａ　日本大学（適性_ＧＬ）	神奈川学園Ａ　カリタス女子②	58
57	清泉女学院①４科　日大藤沢①	湘南学園ＥＳＤ	57
56	カリタス女子①　日本大学（適性_ＡＦ）		56
55	桐光学園①	自修館中等Ａ②	55
54		聖園女学院①Ｂ２科	54
53	自修館中等Ａ①探究　自修館中等Ａ①２科４科		53
52	横浜女学院Ａ－１	聖園女学院①Ｂ総合力　横浜女学院Ｂ－１ 横浜女学院Ｂ－２	52
51	聖セシリアＡ①　聖園女学院①Ａ		51
50	神奈川学園Ａ	捜真女学校（スカラ１）	50
49			49
48	横浜女学院Ａ－２		48
47	横須賀学院①Ａ	聖和学院（特待①）	47
46		鶴見大附（難関進学①）　横浜創英②サイエンス	46
45		横須賀学院①Ｂ　横浜創英②本科	45
44	横須賀学院（適性）	鎌倉女子大（国際②）　鎌倉女子大（国際_適性②） 関東六浦Ａ②　聖ヨゼフ（総合）	44
43	相模女子大①　相模女子大（適性）　鶴見大附（適性検査） 横浜創英①サイエンス　横浜富士見丘① 横浜富士見丘（適性）	横浜富士見丘②	43
42	鎌倉女子大（国際①）　鎌倉女子大（国際_適性①）　関東六浦Ａ① 北鎌倉女子（先進_２科①）　相模女子大（プログラミング①）　聖ヨゼフ① 聖和学院①　東海大相模Ａ　横浜翠陵①　横浜創英①本科	北鎌倉女子（先進_国語①）　相模女子大② 横浜隼人（適性_公立一貫）	42
41	鎌倉女子大（プログレス①）　横浜翠陵（適性）	鎌倉女子大（プログレス②）　函嶺白百合② 北鎌倉女子（先進_４科総合）	41
40	函嶺白百合①　北鎌倉女子（音楽）　捜真女学校Ａ　相洋①Ａ 鶴見大附（進学①）　横浜翠陵（英語資格2/1）　横浜隼人①	相洋①Ｂ　横浜翠陵②	40
39	アレセイア湘南①　アレセイア湘南（ポテ①） アレセイア湘南（グローバル）	アレセイア湘南①	39
38			38
37	緑ヶ丘女子①	緑ヶ丘女子①	37
~36	大西学園Ａ	大西学園Ｂ	~36

この一覧表は，2022年11月3日現在の首都圏模試センター予測による偏差値を表したもので，学校差を示すものではありません。

偏差値	2月2日 午前	2月2日 午後	偏差値
70～	[76]慶應湘南藤沢（４科） [75]洗足学園② [73]慶應湘南藤沢（国算英） [70]法政二①	[70]中大附横浜②	70～
69		青学横浜英和Ｂ	69
68			68
67	神奈川大附②		67
66		桐蔭中等②特奨	66
65		清泉女学院ＳＰ 日本大学Ｂ_ＧＬ	65
64		日大藤沢②	64
63	鎌倉女学院①	日本大学Ｂ_ＡＦ	63
62	**森村学園②**		62
61			61
60	湘南白百合（４教科） 湘南白百合（英語資格）		60
59	**湘南学園Ｂ**	カリタス女子③	59
58			58
57			57
56			56
55			55
54	桐光学園②		54
53			53
52		**聖セシリアＡ② 横浜女学院Ｄ－１**	52
51	**神奈川学園Ｂ 横浜女学院Ｃ－１**	自修館中等Ｂ②	51
50	**自修館中等Ｂ① 捜真女学校（スカラ２） 聖園女学院②Ａ 横浜女学院Ｃ－２**	聖園女学院②Ｂ **横浜女学院Ｄ－２**	50
49			49
48		**鶴見大附（難関進学②）**	48
47		**聖和学院（特待②）** 捜真女学校Ｂ	47
46	**横浜創英③サイエンス**		46
45	**横浜創英③本科 横浜富士見丘③**	横須賀学院②	45
44	聖ヨゼフ②	横須賀学院（英語資格） 横浜富士見丘④	44
43	**関東六浦Ｂ① 鶴見大附（進学②）**	鎌倉女子大（国際④）	43
42	鎌倉女子大（プログレス③） 聖和学院②		42
41	鎌倉女子大（国際③） 鎌倉女子大（国際_適性③） **横浜翠陵③** 横浜隼人②	鎌倉女子大（プログレス④） 関東六浦Ｂ② 横浜隼人（適性_自己アピール）	41
40	函嶺白百合③ 北鎌倉女子（先進_２科②） 北鎌倉女子（先進_日本語４技能） **相洋②Ａ** 横浜翠陵（英語資格2/2）	北鎌倉女子（先進_エッセイ①） **相模女子大③** 相洋②Ｂ	40
39	アレセイア湘南（ポテ②）	アレセイア湘南②	39
38	アレセイア湘南②		38
37	緑ヶ丘女子②		37
～36	大西学園Ｃ		～36

●学力段階の基準になっている偏差値は、**合格可能性80％**の偏差値です。 ●**赤字**は４教科判定校 ●**太字**は２教科または４教科（３教科）選択校で２教科判定校 ●他２教科校、１教科校、ほか

この一覧表は，2022年11月3日現在の首都圏模試センター予測による偏差値を表したもので，学校差を示すものではありません。

'23年春の試験日別（私立・国公立中学）
首都圏中学模試センター　学力段階表　神奈川

女子

偏差値	2月3日	2月4日以降	偏差値
70~	[72]横浜共立B　市立横浜サイエンス　[71]市立南高附 [70]青学横浜英和CPM	[76]洗足学園③2/5　[70]法政二②2/4	70~
69	県立相模原中等		69
68			68
67		神奈川大附③2/4	67
66	**山手学院B**	**山手学院(後期)2/6**	66
65	県立平塚中等　横浜女学院(特別奨学Ⅱ)PM		65
64		**桐蔭中等③2/5**　日本大学C_GL2/5 関東学院②2/5PM	64
63	公文国際B　日本女子大附②	鎌倉女学院②2/4　**森村学園③2/4**	63
62		日本大学C_AF2/5	62
61	横浜国大横浜　市立川崎高附	湘南学園D2/5	61
60	関東学院①C		60
59	湘南学園C　清泉女学院③4科PM	日大藤沢③2/4　清泉女学院AP2/5	59
58	清泉女学院③3科PM		58
57	カリタス女子④　横浜国大鎌倉		57
56			56
55			55
54	桐光学園③A		54
53		横浜創英⑤サイエンス2/6	53
52	桐光学園③B_英語資格　**横浜女学院E－1PM**	横浜創英⑤本科2/6	52
51			51
50	桐光学園③B_T&M　聖園女学院③ **横浜女学院E－2PM**	**神奈川学園C2/4　自修館中等D2/5**	50
49			49
48	自修館中等CPM	鶴見大附(難関進学③)2/4　聖園女学院④2/4PM	48
47		聖和学院(特待③)2/4PM　捜真女学校C2/4PM	47
46	**東海大相模B**	東海大相模C2/4	46
45	聖セシリアA③PM　横須賀学院③PM		45
44	聖ヨゼフ③	関東六浦C2/4　**横浜富士見丘⑥2/5**	44
43	捜真女学校(対話学力)　**横浜富士見丘⑤**　横浜翠陵④PM	相模女子大④2/5	43
42	鎌倉女子大(プログレス⑤)PM　関東六浦(自己アピール)PM	北鎌倉女子(先進_算数)2/4PM 北鎌倉女子(先進_国語②)2/5　**横浜翠陵⑤2/5** 相模女子大(プログラミング②)2/13	42
41	鎌倉女子大(国際⑤)PM　聖和学院③PM	鎌倉女子大(国際⑥)2/4　鎌倉女子大(国際⑦)2/5 聖和学院(特別①)2/6PM　聖和学院(特別②)2/11PM	41
40		アレセイア湘南(特待生)2/4　**相洋③2/4** 北鎌倉女子(先進_エッセイ②)2/5PM　横浜隼人③2/6	40
39		アレセイア湘南③午前2/4	39
38		アレセイア湘南③午後2/4PM	38
37		緑ヶ丘女子③2/4	37
~36			~36

この一覧表は，2022年11月3日現在の首都圏模試センター予測による偏差値を表したもので，学校差を示すものではありません。

'23年春の試験日別（私立・国公立中学）

首都圏中学模試センター　学力段階表　千葉

女子

偏差値	12月	1月	2月	偏差値
70~	[73]東邦大東邦（推薦）12/1 [72]県立千葉12/10PM [71]県立東葛飾12/10PM	[77]渋谷教育幕張①1/22　[75]市川①1/20 [73]昭和秀英（午後特別）1/20PM [72]東邦大東邦（前期）1/21　昭和秀英①1/22	[77]渋谷教育幕張②2/2　[76]市川②2/4 [73]東邦大東邦（後期）2/3 [72]昭和秀英②2/2	70~
69		芝浦工大柏②ＧＳ1/27		69
68	千葉大附12/24	芝浦工大柏①ＧＳ1/23		68
67		芝浦工大柏②一般1/27	芝浦工大柏（課題作文）2/4	67
66		専大松戸①1/20　芝浦工大柏①一般1/23 専大松戸②1/26	専大松戸③2/3	66
65		麗澤①ＡＥ1/21	麗澤④ＡＥ2/1PM	65
64		麗澤③ＡＥ1/18PM　麗澤③ＡＥ1/28PM 国府台女子①1/21　麗澤②ＡＥ1/25		64
63	市立稲毛国際中等12/10	千葉日大一②1/26		63
62			麗澤④ＥＥ2/1PM	62
61		**麗澤①ＥＥ1/21　麗澤②ＥＥ1/25**		61
60		麗澤③ＥＥ1/28PM	国府台女子②2/5	60
59				59
58	国府台女子（推薦）12/1	**昭和学院（一般_アド）1/24**		58
57		光英VERITAS（理数）1/20PM　成田高付（一般）1/25		57
56	成田高付（第一志望）12/1	昭和学院（一般_国語１科）1/20 **光英VERITAS（特待選抜）1/22**		56
55		昭和学院（一般_算数１科）1/20PM 昭和学院（一般_算数オンライン）1/20PM		55
54		**日出学園①1/20**　千葉日大一①1/21　**日出学園②1/23**	八千代松陰（一般５日）2/5	54
53				53
52		**二松学舎柏（グローバル特待①）1/20PM** **二松学舎柏（グローバル特待②）1/22**		52
51	千葉日大一（自己推薦）12/1			51
50		昭和学院（一般_適性）1/22　**東海大浦安Ｂ1/24**		50
49		東海大浦安Ａ1/20　八千代松陰（一般20日）1/20 流経大柏①1/22　流経大柏③1/26PM		49
48	日出学園（推薦）12/1	**八千代松陰（一般21日）1/21** 流経大柏②1/26	流経大柏④2/4	48
47				47
46	流経大柏（第一志望）12/1	**光英VERITAS①1/20**		46
45		**和洋国府台①1/20　光英VERITAS②1/24**	光英ＶＥＲＩＴＡＳ③2/4	45
44	八千代松陰（推薦_学科）12/2	昭和学院（一般_マイプレ②）1/20 西武台千葉（１科目）1/22PM　**和洋国府台②1/24**		44
43	昭和学院（推薦_２科）12/1	光英VERITAS（英語）1/20　千葉明徳（適性）1/20 **二松学舎柏（総合②）1/24　千葉明徳②1/25**	二松学舎柏（２月全コース）2/5	43
42	二松学舎柏（第一志望）12/1 和洋国府台（推薦）12/1	**二松学舎柏（総合①）1/20** 暁星国際（Ⅰ期Ａ２）1/20PM	翔凜（特別）2/3	42
41	昭和学院（推薦_マイプレ①）12/1 千葉明徳（第一志望）12/1 東海大浦安（推薦）12/1	暁星国際（Ⅰ期Ａ）1/20　**千葉明徳①1/21** 暁星国際（Ⅰ期Ｂ特色）1/23　**千葉明徳③1/28**		41
40	**光英ＶＥＲＩＴＡＳ（第一志望）12/1**	**志学館Ａ1/20　志学館Ｂ1/28**	**千葉明徳④2/4** 暁星国際（Ⅱ期）2/18	40
39		秀明八千代（一般Ａ）1/20　**西武台千葉①1/20** 秀明八千代（一般Ｂ）1/28	**西武台千葉②2/4**　志学館Ｃ2/11	39
38	**西武台千葉（第一志望）12/4**	翔凜（一般）1/22	秀明八千代（一般Ｃ）2/5	38
37	秀明八千代（専願）12/1 翔凜（推薦）12/1			37
~36				~36

●学力段階の基準になっている偏差値は、**合格可能性80％**の偏差値です。
●赤字は４教科判定校
●**太字**は２教科または４教科（３教科）選択校で２教科判定校
●他２教科校、１教科校、ほか

この一覧表は，2022年11月3日現在の首都圏模試センター予測による偏差値を表したもので，学校差を示すものではありません。

'23年春の試験日別（私立・国公立中学）
首都圏中学模試センター　学力段階表　埼玉

女子

偏差値	12月・1月10・11日	1月12日以降	偏差値
70~	[72]栄東A1/10　開智（先端特待）1/11　栄東A1/11	[75]栄東（東大Ⅰ）1/12　[74]浦和明の星①1/14 栄東（東大Ⅱ）1/18　[73]開智（算数特待）1/12PM [72]浦和明の星②2/4　[71]栄東B1/16　[70]淑徳与野①1/13	70~
69		大宮開成（特待）1/12　開智（先端A）1/12	69
68		淑徳与野②2/4	68
67	開智（先端1）1/10	市立浦和1/14	67
66	青学浦和ルーテル①1/10　大宮開成①1/10	青学浦和ルーテル②1/14	66
65		大宮開成②1/14	65
64	細田学園（特待生①）1/10PM　昌平T②算数1/11PM	細田学園（特待生②）1/12　開智（先端2）1/15	64
63		川口市立高附1/14　市立大宮国際1/15	63
62	埼玉栄②医学1/10PM　埼玉栄②難関大1/10PM　星野学園（理数選抜①）1/10PM　埼玉栄④医学1/11PM		62
61	西武文理（特待①）1/10PM　星野学園（理数選抜②）1/11　埼玉栄④難関大1/11PM	埼玉大附2/1	61
60		西武文理（特待②）1/14	60
59		昌平T③4科1/12　埼玉栄⑤医学1/13　県立伊奈学園1/14	59
58		埼玉栄⑤難関大1/13　星野学園（総合選抜）1/14	58
57	埼玉栄①医学1/10　昌平T①4科1/10PM　埼玉栄③医学1/11　開智未来（T未来）1/11PM		57
56	埼玉栄①難関大1/10　埼玉栄③難関大1/11 星野学園（進学②）1/11PM	開智未来（算数1科）1/12PM	56
55	星野学園（進学①）1/10　大妻嵐山（大妻奨学）1/11 西武台新座（特待）1/11PM	埼玉栄⑤進学1/13	55
54	浦和実業①午前_特待1/10　埼玉栄①進学1/10　埼玉栄③進学1/11　春日部共栄（IT②午後特待）1/11PM		54
53	浦和実業①午後_特待1/10PM　開智未来①1/10PM　獨協埼玉①1/11　春日部共栄（政経②午後特待）1/11PM	細田学園（一般②）1/12　開智未来（開智併願）1/15	53
52	昌平（一般②）1/11	浦和実業②午前_特待1/12　浦和実業②午後_特待1/12PM 昌平（一般③）1/13　昌平（一般④）2/5	52
51	西武台新座①特進選抜1/10PM	獨協埼玉②1/12　春日部共栄（IT④特チャ）1/15	51
50	西武文理①1/10　細田学園（一般①）1/10 昌平（グローバル②）1/11	春日部共栄（政経④特チャ）1/15　獨協埼玉③1/17	50
49	春日部共栄（IT①午後）1/10PM　東京農大三②特待1/10PM	開智未来②1/14　狭山ヶ丘高付③1/14 西武文理（適性）1/14	49
48	開智未来（探究①）1/10　狭山ヶ丘高付①1/10　昌平（一般①）1/10 昌平（グローバル①）1/10　春日部共栄（政経①午後）1/10PM　開智未来（探究②）1/11	狭山ヶ丘高付②1/12	48
47	春日部共栄（IT①午前）1/10　西武台新座①特進1/10　東京農大三①特待1/10 細田学園（dots_適性）1/10　春日部共栄（IT②午前）1/11	西武文理②1/12　春日部共栄（IT③）1/13PM　西武台新座②特進選抜1/14PM 西武文理③1/23　西武台新座（チャレンジ）1/25　細田学園（一般③）2/4	47
46	春日部共栄（政経①午前）1/10　大妻嵐山①一般1/10PM 春日部共栄（政経②午前）1/11　西武台新座②特進1/11　大妻嵐山②一般1/11PM	春日部共栄（政経③）1/13PM	46
45	秀明（専願）12/4　大妻嵐山（まなび力）1/10　大妻嵐山（まなび力_エキスパート）1/10 武南①午前1/10　武南①午後1/10PM　東京農大三③1/11	東京農大三④1/28	45
44		西武台新座（適性）1/14　狭山ヶ丘高付④2/6	44
43	本庄東高附①1/10　浦和実業①適性1/11　聖望学園②適性1/11	武南②1/12　本庄東高附②1/13　浦和実業②適性1/19 武南③1/21　本庄東高附③1/21　大妻嵐山③一般1/23 浦和実業③1/25　武南④1/28　武南⑤2/4	43
42	東京成徳深谷①1/10　国際学院②特待1/10PM 国際学院④特待1/11PM		42
41	東京成徳深谷②1/11　本庄一②一般1/11	東京成徳深谷③1/14　東京成徳深谷④1/28 本庄一③一般1/29　聖望学園⑤2/4	41
40	国際学院①専願1/10　国際学院①一般1/10　国際学院①適性1/10 聖望学園①1/10　本庄一①単願1/10　国際学院②英語1/10PM 国際学院③一般1/11	埼玉平成1科選択①1/12　聖望学園③1/12PM 国際学院⑤一般1/14　聖望学園④1/18 埼玉平成1科選択②1/21	40
39	埼玉平成①1/10　秀明（一般①）1/10	埼玉平成STEM1/12PM　埼玉平成②1/14 国際学院⑥一般2/4　秀明（一般②）2/4　埼玉平成③2/6	39
38		自由の森C①1/22	38
37		自由の森A1/14　自由の森B1/14　自由の森X1/23 自由の森C②2/4　自由の森C③2/23	37
~36			~36

この一覧表は，2022年11月3日現在の首都圏模試センター予測による偏差値を表したもので，学校差を示すものではありません。

'23年春の試験日別（私立・国公立中学） 茨城・栃木・群馬・山梨
首都圏中学模試センター　学力段階表

女子

偏差値	11・12月	1・2月	偏差値
70~		[70]江戸川取手①東大1/17	70~
69	江戸川取手（適性_東大）12/17	県立土浦一高附1/7　江戸川取手①医科1/17	69
68	江戸川取手（適性_医科）12/17	県立水戸一高附1/7　江戸川取手②東大1/25　江戸川取手②医科1/25	68
67		江戸川取手①難関大1/17　江戸川取手③東大2/5　江戸川取手③医科2/5	67
66	江戸川取手（適性_難関大）12/17	茗溪学園（ＡＣ③_一般）1/21	66
65		茗溪学園（ＡＣ②_一般）1/8	65
64	茗溪学園（ＡＣ①_推薦）12/17	県立並木中等1/7　江戸川取手②難関大1/25 江戸川取手③難関大2/5	64
63			63
62			62
61		茗溪学園（ＭＧ③_一般）1/21	61
60		茗溪学園（ＭＧ②_一般）1/8	60
59			59
58	茗溪学園（ＭＧ①_推薦）12/17	県立竜ヶ崎一高附1/7	58
57			57
56		県立日立一高附1/7	56
55	土浦日大中等（ＣＳＡＴ）11/26	茨城大附1/8	55
54			54
53		常総学院①ＡＤ1/7　県立下妻一高附1/7　県立水海道一高附1/7	53
52		県立下館一高附1/7　土浦日大中等（ＫＢＴ特待）1/23	52
51		県立勝田中等1/7	51
50	土浦日大中等（ＩＳＡＴ）12/10	県立古河中等1/7	50
49		県立太田一高附1/7　**常総学院②ＡＤ1/26**	49
48		県立鉾田一高附1/7	48
47	常総学院（適性）ＡＤ12/3 常総学院（推薦・専願）ＡＤ12/10	県立鹿島高附1/7	47
46		清真学園（前期）1/6　清真学園（後期）2/4	46
45	水戸英宏②一般Ｂ11/27	土浦日大中等（ＫＢＴ）1/6	45
44		水戸英宏③一般Ｃ1/4　常総学院①ＳＴ1/7 **常総学院②ＳＴ1/26**　水戸英宏④一般Ｄ1/28	44
43	水戸英宏①一般Ａ11/19　**佐野日大中等①11/20** **國學院栃木①一般11/26　國學院栃木②一般12/10** 國學院栃木②英語12/10　**佐野日大中等②12/11**	**國學院栃木③一般1/21**　東洋大牛久②一般1/22	43
42	國學院栃木②適性検査12/10	開智望中等（開智併願）1/15　**開智望中等①1/17** 佐野日大中等③1/22　佐野日大中等④2/5	42
41	東洋大牛久（適性）11/20　常総学院（適性）ＳＴ12/3 東洋大牛久（専願）12/3 常総学院（推薦・専願）ＳＴ12/10 開智望中等（適性）12/17	東洋大牛久①一般1/5　**開智望中等②2/5**	41
40	東洋大牛久（英語特別）11/20PM 土浦日大中等（ＩＣＬ）12/3　開智望中等（専願）12/10	東洋大牛久（総合）2/9	40
39			39
38			38
37			37
~36			~36

●学力段階の基準になっている偏差値は、**合格可能性80%**の偏差値です。
●**赤字**は4教科判定校
●**太字**は2教科または4教科（3教科）選択校で2教科判定校
●他2教科校、1教科校、ほか

この一覧表は，2022年11月3日現在の首都圏模試センター予測による偏差値を表したもので，学校差を示すものではありません。

'23年春の試験日別 (私立・国公立中学)

首都圏中学模試センター　学力段階表　神奈川

男子

偏差値	2月1日午前	2月1日午後	2月2日午前	偏差値
70~	[74]慶應普通部　[70]サレジオ学院A	[71]鎌倉学園(算数) [70]山手学院(特待選抜)	[78]聖光学院①　[76]栄光学園 [74]慶應湘南藤沢(4科) [72]慶應湘南藤沢(国算英)	70~
69	逗子開成①	神奈川大附①	法政二①	69
68	中大附横浜①			68
67			神奈川大附②　鎌倉学園②	67
66	青学横浜英和A			66
65	鎌倉学園①	日本大学A②_GL		65
64	山手学院A	桐蔭中等①		64
63	公文国際A　日本大学A①_GL 森村学園①	日本大学A②_AF		63
62	桐光学園①		桐光学園②	62
61	日本大学A①_AF	関東学院①B	森村学園②	61
60			湘南学園B	60
59	湘南学園A　桐蔭中等①午前	湘南学園ESD		59
58	日本大学(適性_GL)　日大藤沢①			58
57	関東学院①A			57
56	日本大学(適性_AF)			56
55		自修館中等A②		55
54				54
53	自修館中等A①探究　自修館中等A①2科4科			53
52				52
51				51
50			自修館中等B①	50
49		藤嶺藤沢(2科)		49
48				48
47	横須賀学院①A	鶴見大附(難関進学①)		47
46		横浜創英②サイエンス	横浜創英③サイエンス	46
45	藤嶺藤沢(2科4科①)	関東六浦A②　横須賀学院①B 横浜創英②本科	横浜創英③本科　横浜富士見丘③	45
44	横須賀学院(適性)	聖ヨゼフ(総合)	聖ヨゼフ②	44
43	鶴見大附(適性検査) 横浜創英①サイエンス　横浜富士見丘① 横浜富士見丘(適性)	横浜富士見丘②	関東六浦B①　鶴見大附(進学②)	43
42	関東六浦A①　聖ヨゼフ①　東海大相模A 横浜翠陵①　横浜創英①本科	横浜隼人(適性_公立一貫)		42
41	横浜①　横浜翠陵(適性)		横浜翠陵③　横浜隼人②	41
40	相洋①A　鶴見大附(進学①) 横浜翠陵(英語資格2/1)　横浜隼人①	相洋①B　武相②　横浜翠陵②	相洋②A　横浜翠陵(英語資格2/2)	40
39	アレセイア湘南①　アレセイア湘南(ポテ①) アレセイア湘南(グローバル)　武相①	アレセイア湘南①	アレセイア湘南(ポテ②)　武相③	39
38			アレセイア湘南②	38
37				37
~36	大西学園A	大西学園B	大西学園C	~36

この一覧表は，2022年11月3日現在の首都圏模試センター予測による偏差値を表したもので，学校差を示すものではありません。

偏差値	2月2日午後	2月3日	2月4日以降	偏差値
70～		[74]浅野　[70]逗子開成②	[78]聖光学院②2/4 [72]サレジオ学院B2/4 [71]逗子開成③2/5	70～
69	中大附横浜②	市立横浜サイエンス　青学横浜英和CPM	法政二②2/4	69
68	青学横浜英和B	県立相模原中等　市立南高附		68
67			神奈川大附③2/4	67
66	桐蔭中等②特奨		鎌倉学園③2/4　**山手学院(後期)2/6**	66
65		**山手学院B**	**桐蔭中等③2/5**	65
64	日本大学B_GL	県立平塚中等	日本大学C_GL2/5 関東学院②2/5PM	64
63	日大藤沢②	公文国際B	湘南学園D2/5	63
62	日本大学B_AF		**森村学園③2/4**　日本大学C_AF2/5	62
61		横浜国大横浜　市立川崎高附		61
60		関東学院①C　桐光学園③A	日大藤沢③2/4	60
59		湘南学園C		59
58				58
57		横浜国大鎌倉		57
56				56
55		桐光学園③B_英語資格 桐光学園③B_T&M		55
54				54
53			横浜創英⑤サイエンス2/6	53
52			横浜創英⑤本科2/6	52
51	自修館中等B②			51
50			**自修館中等D2/5**	50
49	藤嶺藤沢(得意2科A)			49
48	**鶴見大附(難関進学②)**	自修館中等CPM	**鶴見大附(難関進学③)2/4** 東海大相模C2/4	48
47		**藤嶺藤沢(2科4科②)**		47
46		**東海大相模B**		46
45				45
44	横須賀学院②　横須賀学院(英語資格) 横浜富士見丘④	聖ヨゼフ③　横須賀学院③PM	関東六浦C2/4　藤嶺藤沢(得意2科B)2/5 **横浜富士見丘⑥2/5**	44
43		**横浜富士見丘⑤**		43
42		関東六浦(自己アピール)PM	**横浜翠陵⑤2/5**	42
41	関東六浦B②　**横浜②** 横浜隼人(適性_自己アピール)	**横浜③PM**　横浜翠陵④PM		41
40	相洋②B　武相④		アレセイア湘南(特待生)2/4 **相洋③2/4**　横浜隼人③2/6	40
39	アレセイア湘南②		アレセイア湘南③2/4　武相⑤2/4	39
38			アレセイア湘南③2/4PM	38
37				37
～36				～36

●学力段階の基準になっている偏差値は、**合格可能性80％**の偏差値です。●赤字は4教科判定校

●**太字**は2教科または4教科（3教科）選択校で2教科判定校　●他2教科校、1教科校、ほか

この一覧表は，2022年11月3日現在の首都圏模試センター予測による偏差値を表したもので，学校差を示すものではありません。

'23年春の試験日別 (私立・国公立中学)

首都圏中学模試センター 学力段階表 千葉

男子

偏差値	12月	1月	2月	偏差値
70~	[72]東邦大東邦(推薦)12/1 [71]県立千葉12/10PM [70]県立東葛飾12/10PM	[77]渋谷教育幕張①1/22 [74]市川①1/20 [72]昭和秀英(特別)1/20PM [72]東邦大東邦(前期)1/21 [71]昭和秀英①1/22	[77]渋谷教育幕張②2/2 [75]市川②2/4 [73]東邦大東邦(後期)2/3 [72]昭和秀英②2/2	70~
69		芝浦工大柏②ＧＳ1/27		69
68	千葉大附12/24	芝浦工大柏①ＧＳ1/23	芝浦工大柏(課題作文)2/4	68
67		芝浦工大柏②一般1/27		67
66		専大松戸①1/20 芝浦工大柏①一般1/23 専大松戸②1/26	専大松戸③2/3	66
65		麗澤①ＡＥ1/21		65
64		麗澤②ＡＥ1/25 麗澤③ＡＥ1/28PM	麗澤④ＡＥ2/1PM	64
63		千葉日大一②1/26		63
62	市立稲毛国際中等12/10		麗澤④ＥＥ2/1PM	62
61		麗澤①ＥＥ1/21 麗澤②ＥＥ1/25 麗澤③ＥＥ1/28PM		61
60				60
59				59
58		光英VERITAS(理数)1/20PM 昭和学院(一般_アド)1/24		58
57		成田高付(一般)1/25		57
56	成田高付(第一志望)12/1	光英VERITAS(特待選抜)1/22		56
55		昭和学院(一般_国語１科)1/20 昭和学院(一般_算数１科)1/20PM 昭和学院(一般_算数オンライン)1/20PM		55
54		日出学園①1/20 千葉日大一①1/21 日出学園②1/23	八千代松陰(一般５日)2/5	54
53				53
52	千葉日大一(自己推薦)12/1	二松学舎柏(グローバル特待①)1/20PM 二松学舎柏(グローバル特待②)1/22		52
51				51
50		昭和学院(一般_適性)1/22 東海大浦安Ｂ1/24		50
49		東海大浦安Ａ1/20 八千代松陰(一般20日)1/20 流経大柏①1/22 流経大柏③1/26PM		49
48	日出学園(推薦)12/1	八千代松陰(一般21日)1/21 流経大柏②1/26	流経大柏④2/4	48
47				47
46	流経大柏(第一志望)12/1			46
45		光英VERITAS①1/20 光英VERITAS②1/24	光英ＶＥＲＩＴＡＳ③2/4	45
44	八千代松陰(推薦_学科)12/2	昭和学院(一般_マイプレ②)1/20 西武台千葉(１科目)1/22PM		44
43	昭和学院(推薦_２科)12/1	光英ＶＥＲＩＴＡＳ(英語)1/20 千葉明徳(適性)1/20 二松学舎柏(総合②)1/24 千葉明徳②1/25	二松学舎柏(２月全コース)2/5	43
42	二松学舎柏(第一志望)12/1	二松学舎柏(総合①)1/20 暁星国際(Ⅰ期Ａ２)1/20PM	翔凜(特別)2/3	42
41	昭和学院(推薦_マイプレ①)12/1 千葉明徳(第一志望)12/1 東海大浦安(推薦)12/1	暁星国際(Ⅰ期Ａ)1/20 千葉明徳①1/21 暁星国際(Ⅰ期Ｂ特色)1/23 千葉明徳③1/28		41
40	光英VERITAS(第一志望)12/1	志学館Ａ1/20 志学館Ｂ1/28	千葉明徳④2/4 暁星国際(Ⅱ期)2/18	40
39		秀明八千代(一般Ａ)1/20 西武台千葉①1/20 秀明八千代(一般Ｂ)1/28	西武台千葉②2/4 志学館Ｃ2/11	39
38	翔凜(推薦)12/1 西武台千葉(第一志望)12/4	翔凜(一般)1/22	秀明八千代(一般Ｃ)2/5	38
37	秀明八千代(専願)12/1			37
~36				~36

この一覧表は、2022年11月3日現在の首都圏模試センター予測による偏差値を表したもので、学校差を示すものではありません。

'23年春の試験日別（私立・国公立中学）
首都圏中学模試センター　学力段階表　埼玉

男子

偏差値	12月・1月10・11日	1月12日以降	偏差値
70~	[72]栄東A_10日1/10　[72]開智(先端特待)1/11 [72]栄東A_11日1/11	[75]栄東(東大Ⅰ)1/12　[74]栄東(東大Ⅱ)1/18 [72]開智(算数特待)1/12PM　[71]栄東B1/16 [71]立教新座(一般①)1/25　立教新座(一般②)2/3	70~
69		大宮開成(特待)1/12	69
68		開智(先端A)1/12	68
67	開智(先端1)1/10		67
66	大宮開成①1/10	市立浦和1/14	66
65	青学浦和ルーテル①1/10	青学浦和ルーテル②1/14　大宮開成②1/14	65
64	**細田学園(特待生①)1/10PM**　昌平T②算数1/11PM	細田学園(特待生②)1/12　開智(先端2)1/15	64
63	城北埼玉特待1/10PM	川口市立高附1/14　市立大宮国際1/15	63
62	埼玉栄②医学1/10PM　埼玉栄②難関大1/10PM　星野学園(理数選抜①)1/10PM　埼玉栄④医学1/11PM		62
61	星野学園(理数選抜②)1/11　埼玉栄④難関大1/11PM		61
60	西武文理(特待①)1/10PM	西武文理(特待②)1/14　埼玉大附2/1	60
59		昌平T③4科1/12　埼玉栄⑤医学1/13　県立伊奈学園1/14	59
58		埼玉栄⑤難関大1/13　**星野学園(総合選抜)1/14**	58
57	埼玉栄①医学1/10　昌平T①4科1/10PM　埼玉栄③医学1/11		57
56	埼玉栄①難関大1/10　城西川越(特別選抜①)1/10PM　埼玉栄③難関大1/11 開智未来(T未来)1/11PM　星野学園(進学②)1/11PM	開智未来(算数1科)1/12PM	56
55	星野学園(進学①)1/10　**西武台新座(特待)1/11PM**	埼玉栄⑤進学1/13	55
54	浦和実業①特待1/10　埼玉栄①進学1/10　埼玉栄③進学1/11　**春日部共栄(IT②特待)1/11PM**		54
53	城北埼玉①1/10　浦和実業①特待1/10PM　開智未来①1/10PM　城西川越(特別選抜②)1/11　**城北埼玉②1/11**　獨協埼玉①1/11　**春日部共栄(政経②特待)1/11PM**	**城北埼玉③1/12**　**細田学園(一般②)1/12**　開智未来(開智併願)1/15	53
52	**昌平(一般②)1/11**	浦和実業②特待1/12　浦和実業②特待1/12PM **昌平(一般③)1/13**　**昌平(一般④)2/5**	52
51	**西武台新座①特進選抜1/10PM**	獨協埼玉②1/12　春日部共栄(IT④特チャ)1/15	51
50	西武文理①1/10　細田学園(一般①)1/10 昌平(グローバル②)1/11	春日部共栄(政経④特チャ)1/15　獨協埼玉③1/17	50
49	**春日部共栄(IT①)1/10PM**　東京農大三②特待1/10PM	**開智未来②1/14**　**狭山ヶ丘高付③1/14** 西武文理(適性)1/14	49
48	開智未来(探究①)1/10　**狭山ヶ丘高付①1/10**　**昌平(一般①)1/10** 昌平(グローバル①)1/10　**春日部共栄(政経①)1/10PM**　開智未来(探究②)1/11	**狭山ヶ丘高付②1/12**	48
47	春日部共栄(IT①)1/10　**西武台新座①特進1/10**　**東京農大三①特待1/10** 細田学園(dots_適性)1/10　春日部共栄(IT②)1/11	西武文理②1/12　春日部共栄(IT③)1/13PM　**西武台新座②特進選抜1/14PM** 西武文理③1/23　**西武台新座(チャレンジ)1/25**　細田学園(一般③)2/4	47
46	春日部共栄(政経①)1/10　春日部共栄(政経②)1/11 **西武台新座②特進1/11**	春日部共栄(政経③)1/13PM　城北埼玉④1/18 城北埼玉⑤2/4	46
45	秀明(専願)12/4　**武南①午前1/10**　**武南①午後1/10PM** **東京農大三③1/11**	東京農大三④1/18	45
44		西武台新座(適性)1/14　**狭山ヶ丘高付④2/6**	44
43	**城西川越(総合一貫①)1/10**　**本庄東高附①1/10** 浦和実業①適性1/11　聖望学園②適性1/11	**武南②1/12**　**本庄東高附②1/13** 浦和実業②適性1/19　**武南③1/21**　**本庄東高附③1/21** 浦和実業③1/25　武南④1/28　武南⑤2/4	43
42	**東京成徳深谷①1/10**　**国際学院②特待1/10PM** **国際学院④特待1/11PM**	城西川越(総合一貫④)2/5	42
41	**東京成徳深谷②1/11**　**本庄一②一般1/11**	**城西川越(総合一貫③)1/14**　**東京成徳深谷③1/14** 東京成徳深谷④1/18　本庄一③一般1/29 **聖望学園⑤2/4**	41
40	国際学院①専願1/10　**国際学院①一般1/10** 国際学院①適性1/10　**聖望学園①1/10**　本庄一①単願1/10 国際学院②英語1/10PM　**国際学院③一般1/11** 城西川越(総合一貫②)1/11PM	埼玉平成1科選択①1/12　**聖望学園③1/12PM** **国際学院⑤一般1/14**　**聖望学園④1/18** 埼玉平成1科選択②1/21	40
39	**埼玉平成①1/10**　秀明(一般①)1/10	埼玉平成STEM1/12PM　**埼玉平成②1/14** 国際学院⑥一般2/4　秀明(一般②)2/4　埼玉平成③2/6	39
38		自由の森C①1/22	38
37		自由の森A1/14　自由の森B1/14　自由の森X1/23 自由の森C②2/4　自由の森C③2/23	37
~36			~36

この一覧表は，2022年11月3日現在の首都圏模試センター予測による偏差値を表したもので，学校差を示すものではありません。

●学力段階の基準になっている偏差値は、**合格可能性80％**の偏差値です。
●**太字**は2教科または4教科（3教科）選択校で2教科判定校　●他2教科校、1教科校、ほか
●**赤字**は4教科判定校

'23年春の試験日別（私立・国公立中学）
首都圏中学模試センター 学力段階表 茨城・栃木・群馬・山梨

男子

●学力段階の基準になっている偏差値は、**合格可能性80％**の偏差値です。
●**太字**は2教科または4教科（3教科）選択校で2教科判定校 ●他2教科校、1教科校、ほか
●赤字は4教科判定校

偏差値	11・12月	1・2月	偏差値
70~		[70]江戸川取手①東大1/17	70~
69	江戸川取手（適性_東大）12/17	県立土浦一高附1/7 江戸川取手①医科1/17	69
68	江戸川取手（適性_医科）12/17	県立水戸一高附1/7 江戸川取手②東大1/25 江戸川取手②医科1/25	68
67		江戸川取手①難関大1/17 江戸川取手③東大2/5 江戸川取手③医科2/5	67
66	江戸川取手（適性_難関大）12/17	茗溪学園（ＡＣ③_一般）1/21	66
65		茗溪学園（ＡＣ②_一般）1/8	65
64	茗溪学園（ＡＣ①_推薦）12/17	江戸川取手②難関大1/25 江戸川取手③難関大2/5	64
63		県立並木中等1/7	63
62			62
61		茗溪学園（ＭＧ③_一般）1/21	61
60		茗溪学園（ＭＧ②_一般）1/8	60
59			59
58	茗溪学園（ＭＧ①_推薦）12/17	県立竜ヶ崎一高附1/7	58
57			57
56		県立日立一高附1/7	56
55	土浦日大中等（ＣＳＡＴ）11/26	茨城大附1/8	55
54			54
53		常総学院①ＡＤ1/7 県立下妻一高附1/7 県立水海道一高附1/7	53
52		県立下館一高附1/7 土浦日大中等（ＫＢＴ特待）1/23	52
51		県立勝田中等1/7	51
50	土浦日大中等（ＩＳＡＴ）12/10	県立古河中等1/7	50
49		県立太田一高附1/7 **常総学院②ＡＤ1/26**	49
48		県立鉾田一高附1/7	48
47	常総学院（適性）ＡＤ12/3 常総学院（推薦・専願）ＡＤ12/10	県立鹿島高附1/7	47
46		清真学園（前期）1/6 清真学園（後期）2/4	46
45	水戸英宏②一般Ｂ11/27	土浦日大中等（ＫＢＴ）1/6	45
44		水戸英宏③一般Ｃ1/4 常総学院①ＳＴ1/7 **常総学院②ＳＴ1/26** 水戸英宏④一般Ｄ1/28	44
43	水戸英宏①一般Ａ11/19 **佐野日大中等①11/20** **國學院栃木①一般11/26** **國學院栃木②一般12/10** 國學院栃木②英語12/10 **佐野日大中等②12/11**	**國學院栃木③一般1/21** 東洋大牛久②一般1/22	43
42	國學院栃木②適性検査12/10	開智望中等（開智併願）1/15 **開智望中等①1/17** 佐野日大中等③1/22 佐野日大中等④2/5	42
41	東洋大牛久（適性）11/20 常総学院（適性）ＳＴ12/3 東洋大牛久（専願）12/3 常総学院（推薦・専願）ＳＴ12/10 開智望中等（適性）12/17	東洋大牛久①一般1/5 **開智望中等②2/5**	41
40	東洋大牛久（英語特別）11/20PM 土浦日大中等（ＩＣＬ）12/3 開智望中等（専願）12/10	東洋大牛久（総合）2/9	40
39			39
38			38
37			37
~36			~36

この一覧表は，2022年11月3日現在の首都圏模試センター予測による偏差値を表したもので，学校差を示すものではありません。

中学受験案内 2024

首都圏

東京　神奈川　千葉　埼玉
茨城　栃木　群馬　山梨

晶文社

目次

学校案内（あいうえお順）

東京都 私立中学校

神奈川県 私立中学校

千葉県 私立中学校

埼玉県 私立中学校

その他の地区 私立中学校

国公立中学校

晶文社『中学受験案内』公式サイト・SNS

公式サイト
shobunsha-juniorhigh.jp/

facebook

Twitter

Instagram

晶 文 社　shobunsha.co.jp/

読者特典　2024年度入試日程にも対応！ 入試本番まで1年間サポート

School Guide 受験案内 2023-2024

受験生応援アプリを活用しよう！

● QRコードから利用する

❶ スマートフォンで右のQRコードを読みこむと，「学校種別選択画面」が表示されます。

❷「中学」をタップしてください。端末から初回利用時のみ簡単なアンケートが表示されます。

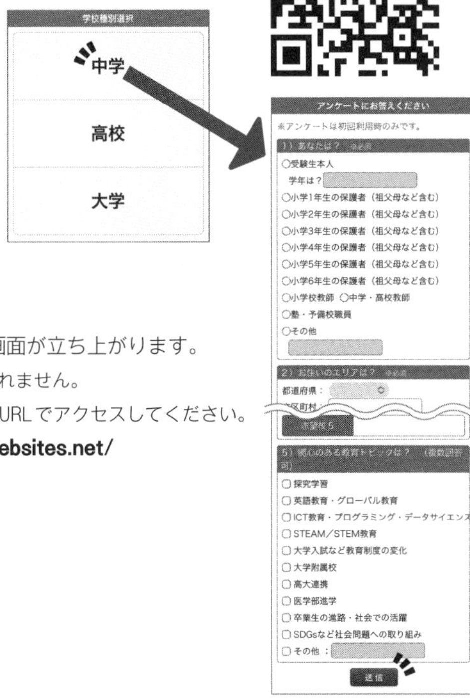

❸ アンケートを送信するとホーム画面が立ち上がります。

※２回目以降，アンケートは表示されません。

※パソコンで利用する場合は，下記URLでアクセスしてください。

➡ **https://jukenguide.azurewebsites.net/**

● アプリをダウンロードして利用する

❶ App Store / Google playで「晶文社の受験案内」を検索し，アプリをダウンロード。

School Guide 受験案内 2023-2024　**このアイコンで確認！**

❷ アプリを起動すると「学校種別選択画面」が表示されます。

❸ 以降は，「QRコードから利用する」の❷～の手順と同じです。

ホーム

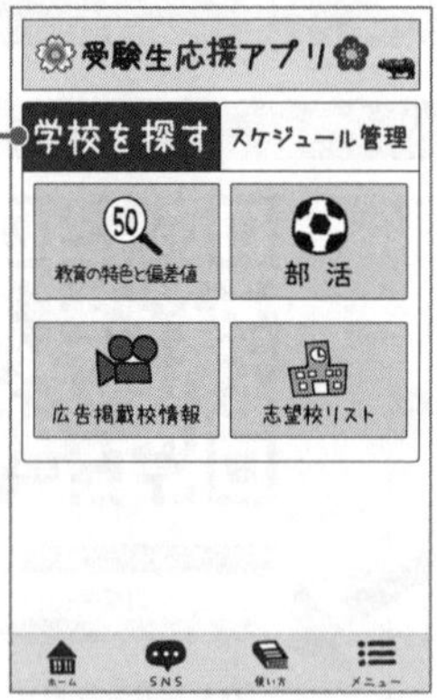

※表示画面は変更となることがあります。

❶ホーム画面では「学校を探す」と「スケジュール管理」の2つのメニューを切り替えて利用します。

❷「学校を探す」メニューでは，「教育の特色と偏差値」「地図」「部活」の3つの条件から，本書に掲載されている学校を検索したり，調べたりすることができます。

❸「教育の特色と偏差値」で検索した学校は「志望校リスト」に登録しておくことができます。

メニューは「学校を探す」「スケジュール管理」の2つのカテゴリーに分かれています。タップして切り替えます。

❹「スケジュール管理」メニューでは，2024年度入試の日程を調べることができます。2023年10月以降にご利用いただけます。

❺受験したい学校の入試日程は「Myカレンダー」に登録しておきましょう。自分オリジナルの受験カレンダーができあがります。

自分だけの“受験カレンダー”が簡単にできる！

※機能やデザインは一部変更になることがあります。

学校を探す

50 教育の特色と偏差値で探す

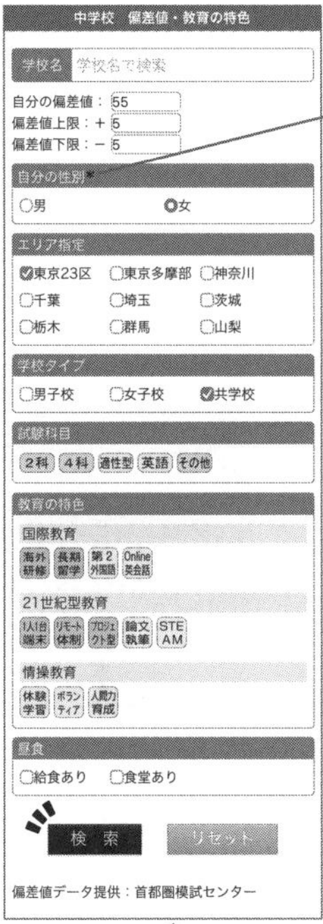

❶ホーム画面で「教育の特色と偏差値」をタップすると，検索条件の入力画面が立ち上がります。

＊

❷＊は，必須入力項目です。偏差値を入力し，性別を選択します。

❸自分の偏差値を基準に，調べたい偏差値範囲を数値で入力します。

❹エリア指定，学校タイプを選択します。

❺任意で，受験したい試験科目を選択します。

※試験科目は，2023年度入試の情報を元に作成しています。2024年度入試では変更となる場合がありますので，受験の際は必ず2024年度の入試要項をご確認ください。

❻「教育の特色」は，本誌の各学校ページに掲載しているアイコンと連動しています。

❼「給食」「食堂」がある学校を検索することができます。

❽希望する内容を入力したら，「検索」ボタンをタップします。

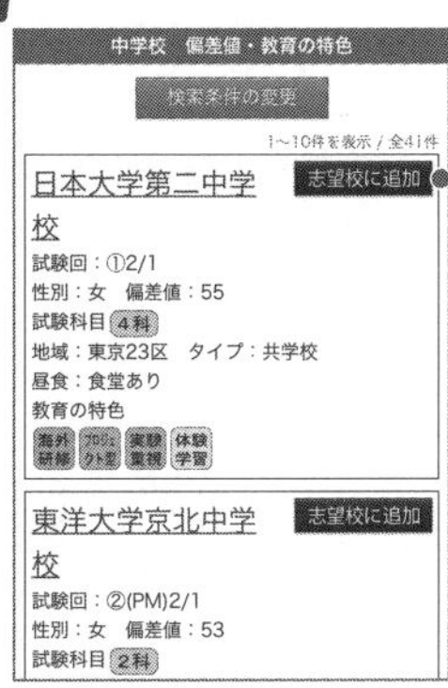

検索結果の「志望校に追加」で，「志望校リスト」に登録できます。

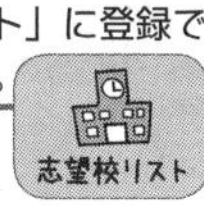

学校を探す つづき

部活で探す

❶“○○部のある中学校”を検索することができます。

❷「クラブ名」の右端にある「＋」ボタンをタップすると，部活動がジャンル別に表示されるので，その中から探したいものを選択していきます。

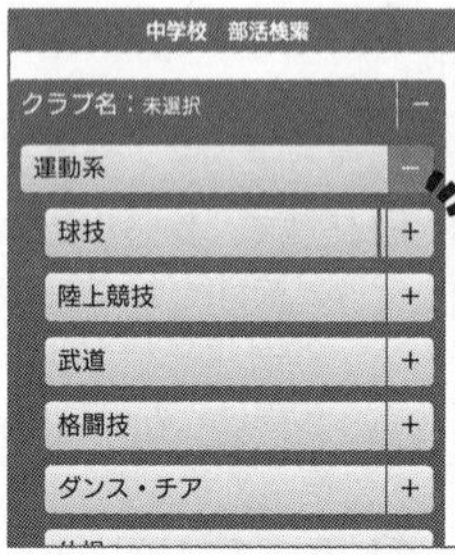

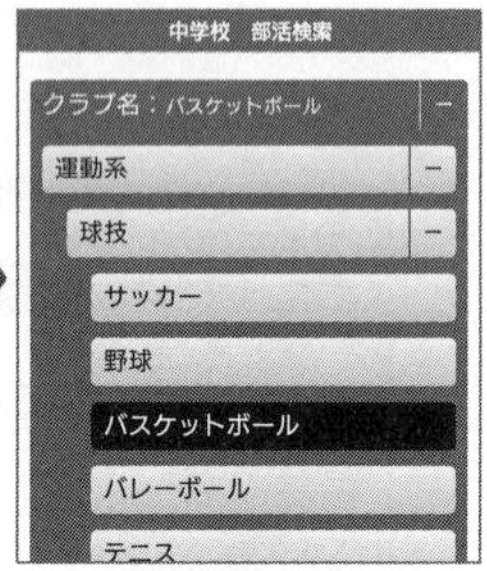

地域や「私立」「共学校」などの条件で絞り込みができます。

❸最後に検索ボタンをタップすると，その部活のある学校が表示されます。

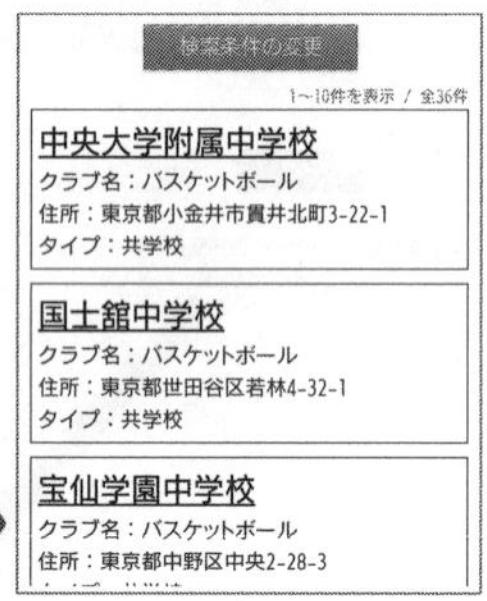

学校名をタップすると，学校ホームページが開きます。

その他のメニュー

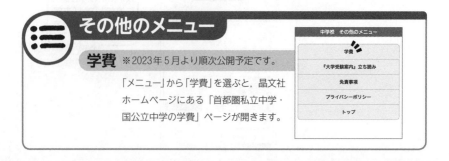

学費 ※2023年5月より順次公開予定です。

「メニュー」から「学費」を選ぶと，晶文社ホームページにある「首都圏私立中学・国公立中学の学費」ページが開きます。

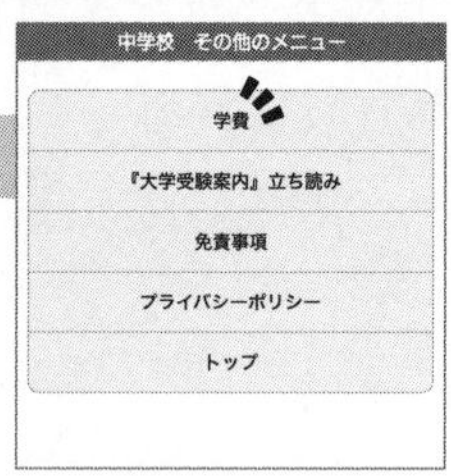

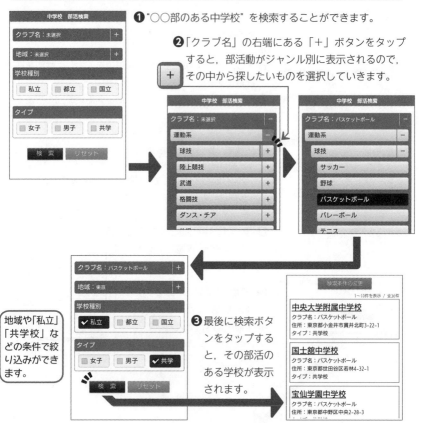

スケジュールを管理する

入試日程を管理する

※2024年度入試の日程です。
2023年10月以降にご利用いただけます。

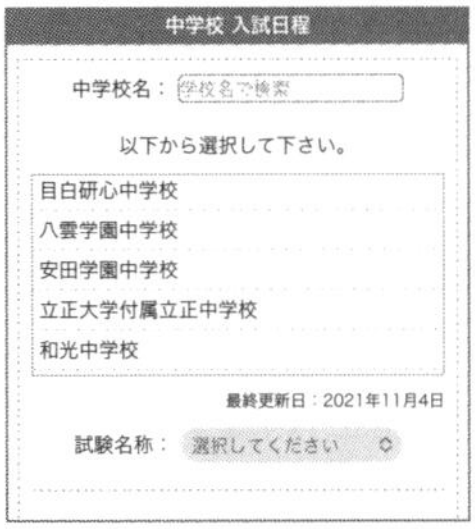

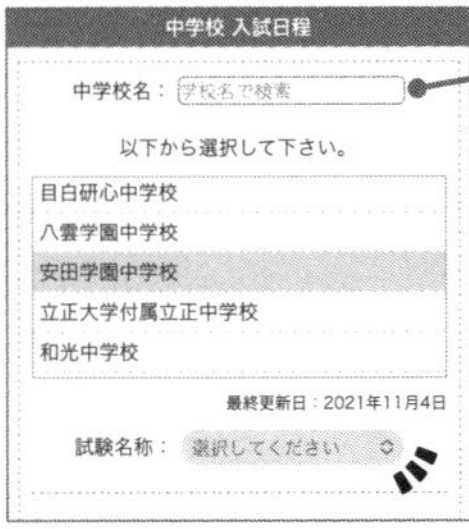

学校名を直接入力して検索することもできます。

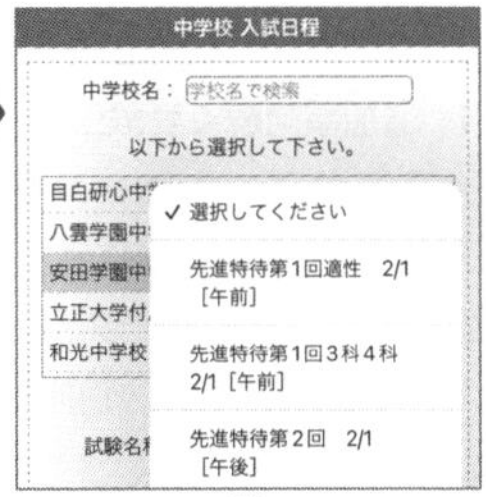

❶ホーム画面「スケジュール管理」で「入試日程」をタップすると，学校選択画面が立ち上がります。

❷学校を選択し，「試験名称」をタップすると，試験名称の選択画面が表示されます。

お手持ちのGoogle カレンダーと同期させることもできます。

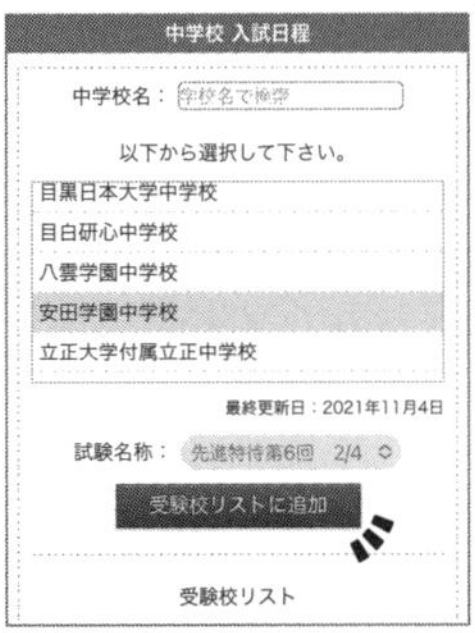

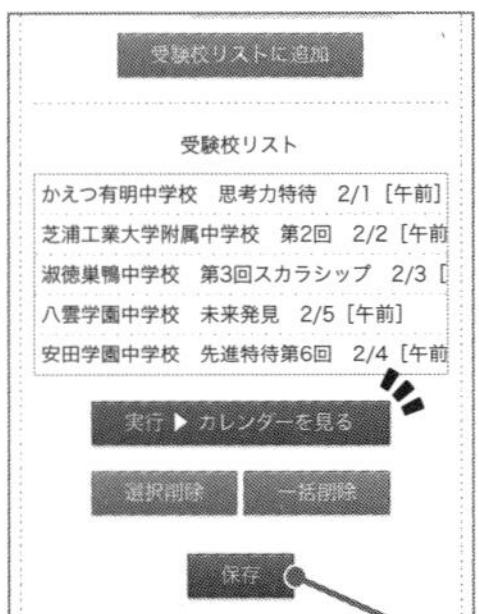

❸試験名称を選択し，「受験校リストに追加」をタップすると，受験校リストに追加されます。

❹「実行▶カレンダーを見る」をタップすると，リストアップした試験が並べて表示されます。横スクロールして，スケジュールを確認することができます。

「登録」をタップすると「Myカレンダー」に登録されます。

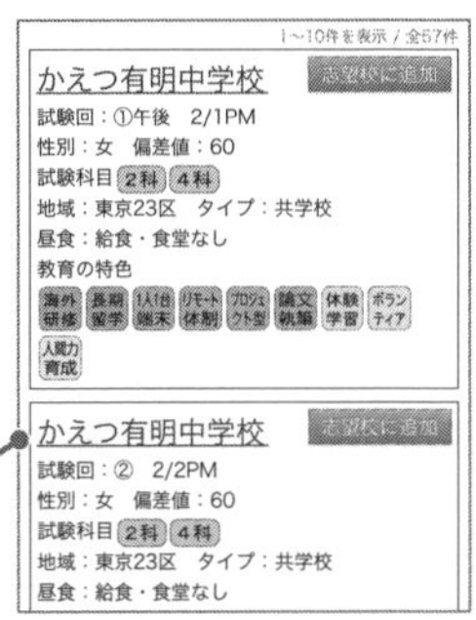

必ず「保存」をタップしてください。

手続に延納制度がある場合「延納」アイコンが表示され，アイコンをタップすると詳細がわかります。

2023年度入試まとめと2024年度入試展望

解説：高橋真実（森上教育研究所アソシエイト）

過去最高の受験率となった2023年度首都圏中学入試。受験率を押し上げたのは，コロナ禍の学校教育，保護者の価値観・世代の変化，教育・大学入試改革です。

2023年度入試に見られた特徴

1. 増加傾向続く受験生

景気動向の影響が懸念されましたが，2016年以来続く受験者数・受験率の増加傾向は継続しました。森上教育研究所のまとめによると，2月1日午前の1都3県の受験者は43,000人を超え，受験率は過去最高の15%に達しました。1都3県すべてで受験生が増加し，埼玉・千葉県では，教育内容が充実し，進学実績も向上している学校への進学がさらに増えました。茨城県では公立中高一貫校が増えたことによって中等教育や中学受験に対する関心が高まり，私立中学の受験生増加につながっています。地域別では，東京湾岸や武蔵小杉のような人口増加エリアや隣接するエリアの学校が受験生を集めています。

2. コロナ禍が変えた中学入試

受験生増加の最大の要因は，コロナ禍中の学校の対応にあると考えられています。2020年3月からの休校期間中，多くの私学は，オンライン授業やWebコンテンツの活用によって「学びを止めない」対応を早々にスタート。オンラインでホームルームや個人面談を行った学校も多数あり，私学らしい「面倒見のよさ」の表れた取り組みが受験生・保護者の支持を集めました。コロナ禍によってリモートワークとなった保護者も多く，小学校が配布した課題や一部で始まったオンライン授業の様子を見て，あらためて教育の質について考えたという声が聞かれました。結果として，中学入試に目を向けていなかった保護者層が関心を持つようになったことも受験生増加を牽引しました。

コロナ禍による制約のなか，オンラインでの説明会の実施，ホームページやSNSによる情報発信といった柔軟な広報活動で受験生や保護者に寄り添い，不安を解消してきたことも私学支持の要因となっています。

3. 保護者世代の変化による別学志向

昨年話題となった「伝統女子校復活」も継続しました。これは，SNSを積極的に活用することで学校の「見える化」が進んだことや，ジェンダーギャップが話題となるなか，女子校だからこそ育まれる女子のリーダーシップについて積極的に発信するようになったことによるものとの指摘があります。また，理系の進学実績の伸びや，指定校推薦の枠を伴った高大連携など，多様な進路に対応する学校の取り組みも受験生・保護者に響いています。

今年は男子校の受験生も増えましたが，こうした別学志向には，自らが中学受験経験者である保護者が増えたことで，当時の人気校に再び注目が集まったことが背景にあるのではないかと思われます。

4. 志望校選択の多様化

2023年度より女子校から共学化することで，学校説明会で多くの参加者を集めて注目された芝国際（旧・東京女子学園）やサレジアン国際学園世田谷（旧・目黒星美学園）には，予想通り多くの受験生がチャレンジしました。これらの学校の教育に共通するキーワードは“国際×理数×探究”。グローバル教育に対するニーズとともに，データサイエンスなどのSTEAM教育や探究学習といった，新たな教育の潮流に対する受験生・保護者の関心と期待の高さがうかがえる結果となりました。

大学附属校人気は沈静化の方向にありますが，安定した人気は続き，系属化後初の卒業生を出した青山学院横浜英和や2026年に明治大学系列化・共学化が決まっている日本学園が多くの受験生を集めました。

これらの動向からは，偏差値だけではなく，子どもの将来の展望を考え，教育のビジョンや内容をしっかりと見極めて志望校を選択するケースが増えていることがうかがえました。

5. 入試の多様化

2023年度入試において英語入試は実施校数・受験者数ともに減少。受験生の負担を考慮して英語を入試科目として課すことにはまだまだ慎重な学校が多く，英検の取得級を点数化・加算するなどの試行錯誤が続いています。一方，英検の取得級を出願条件とする英語入試を実施し，高い英語力の受験生を積極的に迎えようとする学校もあります。

４教科の入試では，大学入学共通テストと傾向を一にする，様々なデータを読み込んで解答する問題や思考力を問う問題，教科横断的な問題が今年さらに増えました。こうした傾向はさらに広がると考えられます。

2024年度入試へのアドバイス

1. 教育の変化への対応がポイント

2020年からの３年間は，学習指導要領の改訂，ICT教育の進展など，教育の大きな変革期となりました。コロナ禍中のオンライン授業をきっかけに一気に進んだICT教育は，学習の個別最適化にも広がりつつあります。また，新学習指導要領が謳う「学力の３要素」*を育成するために様々な探究学習への取り組みも進んでいます。

一方，大学入試は大学入学共通テストの導入や総合型選抜の拡大といった変化の真っただ中にあり，その変化に俊敏に対応していく私学への期待感も受験生増加の一因となっています。

グローバル教育は，コロナ禍で中止となった海外研修や海外留学の代わりにオンラインでの交流や国内大学の留学生との交流を実施することで，新しいかたちも見えてきました。研修・留学が徐々に再開するなか，体験型など，海外研修や留学のプログラムの多様化はますます進むと思われます。

こうした様々な変化を知り，学校選びのポイントとして活かしていきましょう。

教育改革・大学入試改革は，新学習指導要領に即した2025年大学入試でひとつの到達点を迎えます。大学入学共通テストでは情報Ⅰが課せられるようになります。一方，私立中学・高校では，大学でのデータサイエンス系学部の増加やデジタル系の仕事のニーズの拡大に対応して，STEAM教育の拡充を進める学校が少なくありません。こうした社会や大学の変化の趨勢に，学校がどのように対応しているのかを押さえておくことも，志望校選択において大切です。

2. 学校選択の軸を決めることが大事

中学入試は「１回目の授業」と言われています。英語入試や思考力入試は，実は入学してからの教育との一貫性を持ったものが多く見られます。武蔵が伝統的に行っている探究的な学びを反映させた入試問題を理科で出題しているように，学校での学び方や価値観が反映されている問題も数多く見られます。受験対策として過去問を解くだけでなく，ご家族で過去問から学校のアドミッション・ポリシーを読み取ることも，学校の教育理念を理解する一助となるのではないでしょうか。

社会や大学，教育の様々な変化に対応して，アップデートし，多様化し続ける私学。家族で何を大切にするのか「選択の軸」をよく話し合い，学校に足を運んでその教育をよく見て志望校を決めることが重要です。また，学力はもちろん，人として成長する10代の大切な６年間を過ごす学校ですから，環境や校風などもしっかりと見極めて選びましょう。

*学力の３要素＝「知識・技能」「思考力・判断力・表現力」「主体性を持って多様な人々と協働して学ぶ態度」

学力偏差値よりも教育力・マッチング重視で選ぶ時代

学校選び，新・時代

首都圏 中学受験ガイドブック

中学受験がどのようなものか，何をしたらよいのか，どのような視点をもったらよいのかを次の３ステップで考えていきます。

Step 1 中学受験の選択肢……選択肢を知り，中学受験を志す理由を考えます。

Step 2 中学受験ToDo………学校情報集めから，出願などの手続きなど，学力育成以外でするべきことを押さえます。

Step 3 相性のよい学校選び…学校選びのアングルと学校「タグ付け」例を参考にしながら，志望校を絞り込んでいきましょう。

ガイド／市川理香（首都圏中学受験アドバイザー）

Step 1 中学受験の選択肢

「ますますグローバル化する社会で活躍できるよう，英語力と国際感覚を身につけさせたい」「最先端の設備が整う環境で学びたい」「切磋琢磨できる校風が魅力」「高校受験がなく，探究型学習にじっくり取り組めそう」「小学校のお友だちとはうまくいかなかったから，新しい環境で学びたい」……など，中学受験を決めた動機や背景は，様々あると思います。

右図は，日本におけるおもな学校制度（小学校～高等学校）を簡単にまとめたものです。「受験」「受検」のマークがあるところが，中学受験の対象校です。「中学受験」としてまとめられても，学校のタイプは様々。さらに，私立中高一貫校は，とても個性豊かです。中学受験は，「この学校で学びたい」という受験生と「こんな生徒に来て欲しい」という学校側との“相性”をみるために行われるのですね。ですから，自分たちと相性のよい学校選びが，とても大切です。

中学受験の対象校の種類を押さえたところで，あらためて中学受験を志す理由を考えてみましょう。自分たちの希望を言葉にすることをおすすめします。

●中学受験をする理由の“言語化”が大切

中学受験をスタートする時点で

志望校はまだ決まっていない

めざす将来像や，望んでいる学びのスタイルなどから，志望校を固めていく

中学受験を志す理由を言語化

将来の夢　学びたいこと
教育システム　環境や設備への希望
アクセス・立地も重視

志望校が決まっている

第一志望を軸に受験を組み立て

その志望校を志す理由を言語化

校風　環境や設備
教育システム　授業スタイル
学校行事　……

追い追いそれぞれの要素を，さらに分析・細分化

「併願校選びで大切な要素となる「志望校と出題が似ている学校」選びには“思考コード”（74ページ参照）をご活用ください」

相性のよい学校にであい，納得する中学受験をするために，中学受験を志す理由を“言語化”することがとても大切。言語化するためのヒントとして，本書では「タグ付け」を提案しています。

68ページへ

●日本の小・中・高学校制度

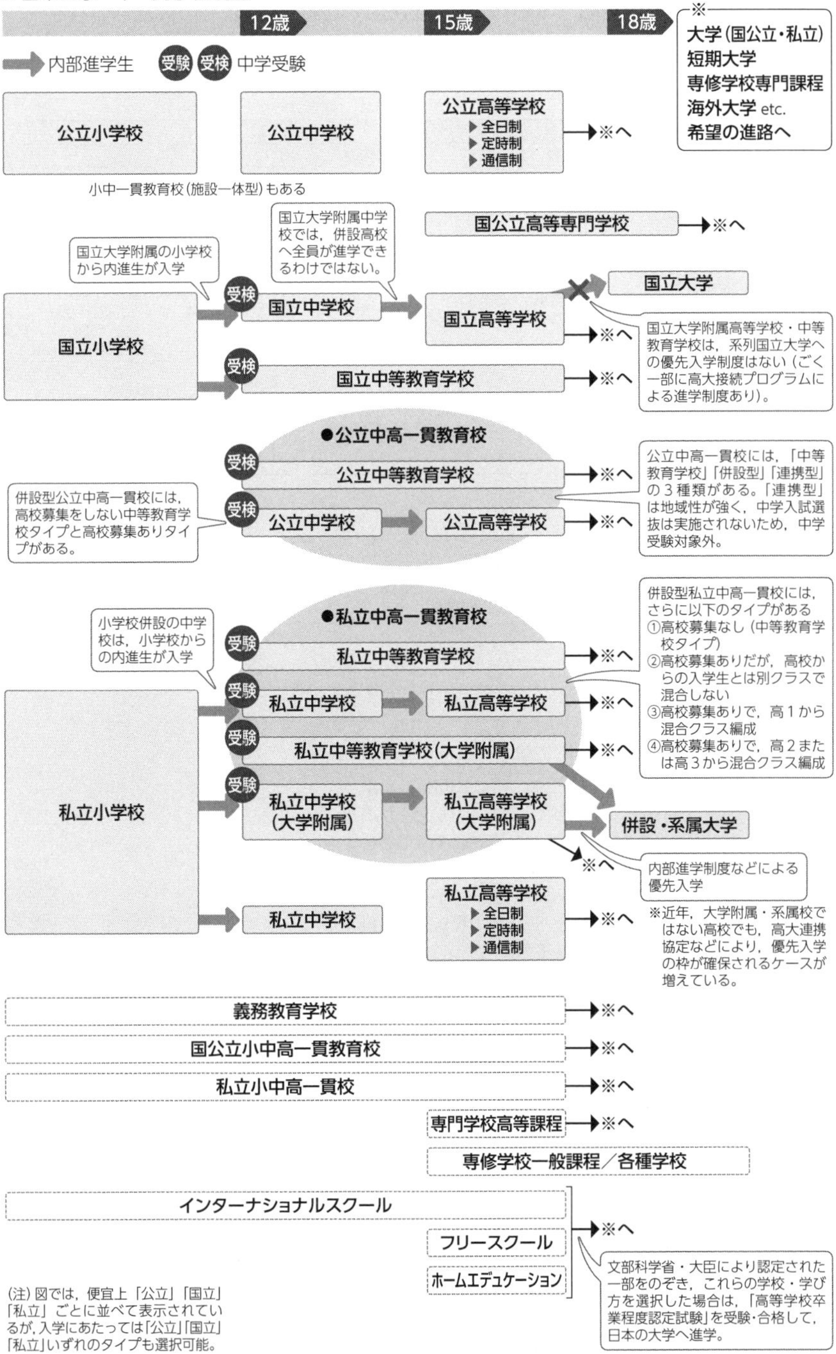

(注) 図では，便宜上「公立」「国立」「私立」ごとに並べて表示されているが，入学にあたっては「公立」「国立」「私立」いずれのタイプも選択可能。

Step 2 中学受験ToDo

●中学受験を決めてから，入学までの大きな流れをチェック！

●首都圏中学受験カレンダー

		5年生まで	6年 6年春	6年 夏前	6年 夏休み	6年 9月	6年 10月・11月	6年 10月・11月
ToDo 情報・学習		← 情報収集・学力育成						
			← 健康管理・体調管理					
	学校	**学校説明会や個別相談会，合同説明会，学校見学会，オープンキャンパス**などを開催。			公立一貫校の学校説明会等開催。	学校説明会が本格化する。	入試要項が確定するにつれて，説明会の内容が徐々に**入試説明会**へ変わってくる。**入試体験会，入試問題解説会**も増えてくる。	
	受験生・保護者	学校募集イベントや公開行事に参加し，情報を収集。オンライン式や対面式など，予約に注意。			受験校を具体的に絞り込む。塾では夏期講習。	志望順位の高い学校の**過去問**購入。10月くらいから取り組む。	インフルエンザ等予防接種（2回接種できるようタイミングを計る）。10月後半から塾の受験相談始まる。	
ToDo 入試							← 出願に向けて準備	
	首都圏 全体または共通			入試要項変更が徐々に伝えられ始める。		入試要項が決定。	**入試要項**を入手する。出願用の写真撮影。出願に必要な提出書類を準備する。帰国生入試は，この頃始まる。	
	東京							
	神奈川							
	千葉							提出書類準備。推薦出願開始。公立一貫校の出願受付
	埼玉							WEB出願登録開始
	その他						茨城・栃木：提出書類準備，出願	茨城・栃木：専願入試始まる
模擬試験		模擬試験で学習の到達度を計りましょう	模擬試験は継続的に受けて，結果を学力を定着させるために活用しよう。多くの塾では夏前までに受験カリキュラムを終え，夏期講習では総復習をします。到達度を測るのに有効です。			9月は学習内容の定着度を確認します。	10月以降は，志望校登録の枠をフルに活用して，受験作戦のシミュレーションをしていきましょう。	

６年生の秋以降，特に10月は，小学校の行事も多く，せわしない日々が続きます。入試に向けても，塾での学習も本番に向かって仕上げモードに入り，ご家庭では入試要項の入手や，提出書類の準備，WEB出願の登録，受験料の振り込み，冬場に向かっての健康管理など，やっておくべきことが多くあります。６年生の夏前までに学校説明会などでの情報収集を心がけておきましょう。その時，偏差値は学校の価値を決めるものではないことを忘れずに取り組みましょう。

学校教育に望むことを再確認し，中学受験をすることを決めたら，合格・入学に向けてするべきToDoを把握しておきましょう。

下の表にまとめてみましたので，参考になさってください。

12月	1月	2月
	入試直前説明会もチェックしよう。	
入試直前に，入試当日の内容，追試（感染症対応など），控室の有無などに変更がないか，最新情報を確認する。		
出願・受験本番へ		
出願・受験・合格発表・入学手続き。		
受験校を最終決定。 WEB出願は登録開始	出願開始（東京は1月10日） ※WEB出願は受験票の印刷が可能になる 国公立出願受付	2月1日，入試スタート 国公立は2月3日（一部例外あり）
出願開始。 推薦入試スタート。 県立一貫校の一次試験	1月20日千葉一般入試スタート。 県立一貫校の二次試験（市立稲毛は1月のみ）	
出願開始。 県立・川口市立の出願	1月10日，埼玉入試スタート 国立・さいたま市立の出願	
茨城・栃木：公立一貫校出願	1月初旬，茨城・栃木の入試スタート	

●合格したら入学までにすること

合格発表：合否の確認

※WEB発表がほとんどになったが，学校掲示の確認を原則とする学校や，郵送もある。

↓

入学手続：入学の意志を学校に伝える

- 入学手続書類の受取。
- 入学手続金の納入。

※以下のように，学校ごとに異なるので，入試要項であらかじめ確認しておく。

①入学手続金の納入をもって，手続完了（WEB上で完了）。手続書類はダウンロードまたは郵送される。

②入学手続金を納入し（ネットバンクや銀行振込など），学校窓口で手続し，書類受取。

③窓口で書類を受取後，入学手続金の納入。その後，再度窓口手続が必要なケースもある。

④入学金がない国公立中学校・中等教育学校は入学意志確認書などの提出。

※入学手続金も，一括と分納のケースがある。期日はよく確認を。

※公立校などとの併願の場合，延納制度を設けている学校もある。出願時に延納手続が必要な場合と，合格後に延納手続する場合などあるので，入試要項で確認を。

↓

入学者登校日：学校に出向き，入学までの準備を整える

- 入学に必要な書類の提出。
- 制服採寸。
- 学校指定品の購入（入学後の場合もある）。

※学校指定の日に参加。本人の出席が必要な場合と，保護者のみでよい場合などある。

※内容ごと，複数回設定している学校もある。

※入学までに，第1期分の授業料等学納金の納入をする学校もある。

入学辞退の場合

- 入学辞退の旨を速やかに学校に連絡。
- 一部の学校で，手続をすれば納入済みの入学手続金が返還される。全額，施設費のみなど，学校ごとに対応は異なる。返還可能な期限が設けられているので，確認を。

Step 2 中学受験ToDo ●学校情報・受験情報を集める

情報収集の方法と利用Point

- 様々な機会が用意されているので，対面式とオンラインを上手に利用して，気になる学校をチェック。
- 学校説明会には必ず参加する。学校に足を運んでその学校の文化を感じて！
- 学校説明会は，開催時期やテーマごとに内容が異なる場合があるので，受験校は複数回参加がおすすめ。
- より深く知りたい場合は，個別相談会を利用。また，個別申し込みもOKな学校も多い。
- SNSで受験校の情報をいち早くキャッチする。

中学受験の“情報”とは?

未来と地続きの中高６年間の教育環境を検討する際に，情報収集がとても大切なことはいうまでもありません。「中学受験をする」ことを選択したら，どのような視点で，どのような情報を集めればよいのでしょうか。また情報は，どこにあるのでしょう。

情報収集の機会（対面やオンライン，動画）

本誌では「学校基礎情報」「教育内容」「学費」「入試」「進路」などの項目ごとに各校の特色を総合的に紹介しています。それらについてさらに詳しく知り，“今日”の学校と向き合えるのが説明会や公開イベントです。かつての学校の姿とは大きく様変わりしている今，子どもとの相性のよい学校を見つけるために，保護者（親や祖父母世代）の価値観や常識を一旦リセットできるよい機会です。

国公立，私立を問わず，ほとんどの学校で「学校説明会」が開催されます。コロナ禍によって，オンライン説明会も定着しました。状況が回復して増えている対面式と使い分けるなど，「チャンス」を上手に活用しましょう。また「個別相談会」のような機会も増えています。

説明会のタイプは，対面かオンラインかだけではなく，説明する先生のほかに卒業生や在校生，保護者が登壇するなど各校の工夫が見られる，校内（施設）見学の有無，大人数か少人数かなど多様です。最近では，早いところでは２月の入試本番直後から次年度の受験生対象に「入試報告会」を開催する学校もあります。また，説明会は（秋のみという学校もありますが）概ね夏までと秋以降では内容が異なります。夏までは，入試結果と教育の具体的な取り組みを説明され，入試要項が決まれば，その情報が加わります。秋に入ると，入試要項（前年度入試からの変更があれば，その狙いなどの説明）や出題方針など，より受験に近い内容に変わっていきます。ただ，学校の教育理念などは，教育の根幹をなす部分ですから，時期によらず盛り込まれることが多いといえます。

説明会に限らず，学校パンフレットや入試要項，願書（出願）も，WEB化（学校サイ

こんなことを聞いてみよう!

- 盛り上がる学校行事は何ですか。
- 教育方針がよく現れている授業や，特徴のある授業を教えてください。
- どんな部活動がありますか。
- 家庭と学校はどのように連携していますか。
- 特別講座などはありますか。

などなど。

※68ページからの「相性のよい学校選び」のキーワードも参考にしてください。

●学校説明会やイベント　学校を知る，様々な機会と特徴

イベント	場所	主催	オススメポイント
学校説明会	学校 オンライン	学校など	その学校を知るために必ず参加したい。学校概要説明など基本的な内容のほか，施設見学の有無，学年別，帰国生対象など，回毎にテーマが設定されることもある。生徒が企画し運営する説明会も増えてきた。
合同説明会・相談会	学校 オンライン ●イベント会場	私学協会やエリアの学校，塾，出版社など	一度に複数の学校の情報を得られる。複数学校の生徒有志が学校公認で開催するものもある。
個別相談会	学校 オンライン	各校	特に詳しく聞きたい点を掘り下げることができ，個人的な相談がしやすい。
オープンキャンパス	学校 オンライン	各校	授業や部活などの体験型イベント。生徒の雰囲気や実際の授業の様子などをイメージしやすい。
入試体験会	学校	各校	入試本番に近い形で入試を体験できる。オンラインで行われることもあるが，多くは対面型。
教育講演会	学校 オンライン ●イベント会場	学校，塾，マスコミなど	子育て，日本の教育や世界の課題など，さまざまなテーマで行われる。家庭の教育方針の確認や，価値観，教育観をアップデートするきっかけにもなる。
各種コンクール，コンテスト	学校 オンライン	NPO，国際機関，マスコミ，大学，企業など	さまざまなコンクールやコンテストのオンラインでのLIVE配信，アーカイブでの動画公開などが格段に増えている。中高生の活躍を目と耳，心で感じることで，学校への関心，受験生自身の興味が覚醒することもある。
動画	オンライン	学校公式チャンネルなど	学校生活や生徒の様子，学校説明会を動画にして公開している学校が大変多い。何を聞けばよいかわからない時などは，動画を観ると参考になる。動画のなかで特に興味をもった点が学校選びの手がかりになる。

コロナウイルス感染予防の観点から，会の規模や主催者によらず，対面とオンライン形式のハイブリットが一般的になりました。感染拡大が落ち着いても，時間と地域の制限がないことから，オンラインが情報収集の機会として，まったくなくなることは当面ないと思われます。動画のコンテンツも驚くほど多くなりました。コロナウィルス感染状況に左右されながらも対面での機会を大切に考える学校は多く，少人数定員で開催回数を増やして対応するなど学校の努力が続いています。

トからのダウンロードやデジタルブック化）が進んでいますが，学校に足を運べば，それぞれの学校の雰囲気や文化を感じることができます。何よりその学校に通う生徒の姿に我が子の姿を重ね合わせられるか，親の感覚がものをいう時です。また帰宅したら，その日に感じたこと，心に残ったことを記録して残しておきましょう。

SNSも積極的に活用しよう

コロナ禍が後押ししたともいえますが，学校の公式サイトでの発信はもちろん，SNSを活用した広報活動が盛んです。公式SNSでの発信も増えていますので，学校発信の情報を直接受け取れるようになってきました。説明会やイベントは予約が必要なケースが大変多いので，開催日情報だけでなく，いつから予約が開始かという情報をいち早くキャッチするためにも，気になる学校を登録（フォロー）しておきましょう。

部活動や，文化祭などの公式行事ごとのアカウントもあるので，チェックしてみましょう。普段着で等身大の生徒の様子が手にとるように伝わってきます。

Step 2 中学受験ToDo ●受験スケジュールを立てる

受験スケジュールPoint

- 「何を」「いつまでに」を明確にするため受験カレンダーを作成する。
- 早い段階で受験校と志望順位は固める。固めることで，柔軟な対応が可能となる。
- 出願方法は，とくに細かい点が学校ごとに異なるのでよく確認する。
- 受験当日のトラブルを想定して，事前準備・対策をしておく。
- 合格後，入学手続きは学校ごとに異なるので，念入りに確認して着実に行う。

「何を」「いつまでに」が大切

受験する学校の入試日程を募集要項で確認し，カレンダーにしてみましょう。寒い季節，緊張の連続ですから，こんな時こそ，家族でスケジュールを共有して協力態勢が取れるように，カレンダーアプリなどをフルに活用するのがおすすめです。目に見えるところでのアナログな方法を加えるとモチベーションのアップや見落とし防止の効果もあります。カレンダーを作成しながら，合否の結果によって翌日以降の受験プランが変動することもシミュレーションしておきましょう。

では，次から受験校決定→出願→受験（受検）→合格発表→入学手続きという大まかな流れに沿ってみていきます。

受験校の決定

- 早い段階で受験校と志望順位を決める。
- あらゆる受験パターンを組み立てておく。

受験校とその志望順位まで固まると，入試日程で優先すべき受験校が見えてきます。早い日程で志望順位の高い学校に合格するために，受験スケジュールを組み立てる際には，模擬試験の志望校判定や過去問の手応えも参考にします。ある程度固まったら，出願締切日や合格発表日時，入学手続き締切の日時なども書き加えてみましょう。A校の合格発表前にB校にチャレンジするか，C校で手堅く合格を取りに行くかには，受験する学校が何回入試を行なっているかも影響します。首都圏私学の98％がWEB出願を導入しているので，本番と同時進行で学校窓口まで出願に走る必要はほとんどなくなりました。反面，結果をみながら出願できる環境が整ったことで直前出願が増え，結果的に後の日程で受験率が上がり難化するのが，近年の傾向です。

それでも受験する機会がある限り最後まで諦めないことが，満足度の高い受験に繋がり，進学するしないにかかわらず，達成感を残します。

出願

- 同じWEB出願システム利用でも，学校ごとに出願方法が異なる。
- 出願方法によらず決められた出願期間内に出願できるように準備を。

WEB出願は，11月・12月に出願専用サイトから出願登録を行い，受験料は，振込，クレジットカード，ペイジーなど指定の方法で期日までに支払いを済ませます。顔写真はアップロードすることになるのでデータを用意しましょう。受験票は，各都県の出願開始日から各家庭で印刷します。出願後に通知表のコピーやスキャン，小学校に依頼する報告書，志望理由書や各種検定の資格証，活動歴を示す書類などの提出が必要な場合は，郵送や窓口提出，当日持参など提出方法も学校ごとに異なりますので，あらかじめ準備を進めておきます。

学校窓口での出願や郵送による出願も健在です。いずれの場合も，受験料支払い期限や窓口の受付時間，郵送の場合は必着か消印有効か，インターネットバンキングを利用していない場合，金融機関の窓口やATMの営業時間なども併せて確認しておきましょう。

受験（受検）

- 受験（受検）はトラブルを想定して備える。
- 当日の保護者の役割・行動もあらかじめ決めておく。

入試前日，持ち物は，受験生本人と一緒にチェックしましょう。延伸などで交通が便利になった反面，遅延の影響を受けがちです。また入試時期は雪などの影響を受けることもあります。複数の交通ルートを確認しておきましょう。普段乗り慣れない路線や交通手段（バスなど）があれば，秋以降の余裕のある時に，集合時間に合わせて移動ルートを確かめておくと安心です。

入試当日は，午前入試の場合は，朝早い電車での移動になります。集合時刻の30分前を目安に学校へ着くとよいでしょう。控え室や試験会場で一息つくこともできますし，電車の遅延があっても慌てずに行動できます。公共交通機関の遅れは多くの受験生に関わることですので，何らかの対応が取られます。落ち着いて学校へ向かいましょう。試験会場は暖房が効いているので，体温の調整しやすい服装がおすすめです。

付き添いの保護者控室については，コロナ禍では感染防止のため準備されないケースも少なくありませんでした。状況が改善されれば，控室が用意されることが多いと思ってよいでしょう。学校説明会が開催されたり，試験問題の掲示があったりしますが，ひたすら静かに待つという学校もあります。自分なりに工夫して時間を過ごしましょう。最近では，保護者１人ではなく，通勤途中の見送りと，待機や終了時のお迎えを分担というケースも見受けられます。

合格発表

- 入学手続き書類は必ず期間内に受け取る。
- 発表はWEBでも，学校に出向く必要があるケースに注意。

合格発表も，掲示発表を併用する学校もありますが，一気にWEB化が進みました。入学手続きに関する詳細は，合格発表時に伝えられることもあります。入学手続き書類は必ず期間内に受け取りましょう。受け取らない＝入学辞退となりますので注意が必要です。

合格の陰には，不合格という現実もあります。結果を受け止めながら受験期間を完走する覚悟が必要なことは念頭においておきましょう。

入学手続き

- 入学手続き完了の方法をしっかり確認しておく。
- １つ１つの手続きを着実に進める。

発表から入学手続きまでWEB上で一連の流れになっていることもあれば，別の方法で手続きを行うこともあります。入試要項など

●出願➡受験(受検)➡合格発表➡入学手続きまで

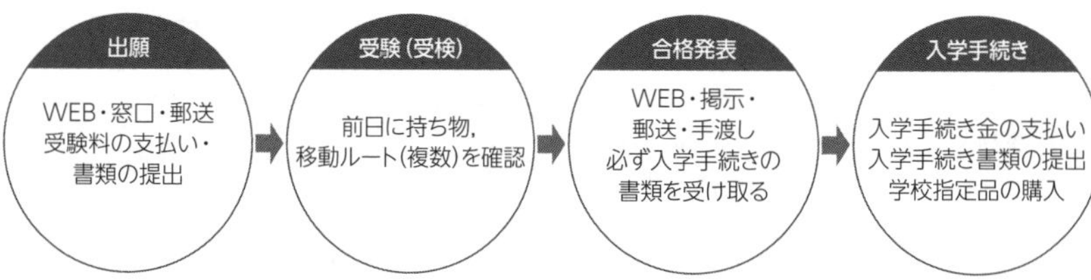

でしっかり確認しておきましょう。入学手続き金は，入学金，施設設備費，授業料など段階的に納入期限が設定されていたり，公立中高一貫校を併願する場合はその結果が出るまで延納できるなどの配慮も見られます。

手続き期限の勘違いや書類の不備がないように，一つ一つの手続きを確実に進めます。また，制服採寸や学校指定の備品購入，入学者説明会など，合格後に設けられる登校日がいくつかあります。欠席すると入学取消となることもありますので，合格後もタスク・スケジュール管理は欠かせません。

補欠合格・繰り上げ合格

- 受験校へ入学意志の有無は明確にしておく。
- 入学辞退する場合は，速やかに連絡する。

補欠合格，繰り上げ合格の連絡については，期間を限定している学校もありますが，手続き状況を見ながら随時行う学校の方が圧倒的に多いようです。連絡の際に入学の意志を確認されますので，受験校を話し合う際に，シミュレーションしておくのも一手です。

入学手続き後に別の学校に進学を決めた場合は，必ず辞退する学校に，その旨，連絡を入れましょう。学校は入学者を確保したいですし，補欠合格や繰り上げ合格を待っている受験生がいるかもしれないことにも想いを寄せてください。補欠合格でも繰り上げ合格でも，それは立派な合格です。胸を張って学校生活を送りましょう。

Message

中学受験をするかしないか。「選択は親のエゴではないか」と，ふと考えてしまった経験をもつ方は少なくないのではないでしょうか。

「学校とその先の未来は地続き」という視点で中学受験を考えることは，決して親のエゴではないと思います。ただ大切なのは，親の夢や成功体験，旧来の価値観を押し付けず，受験しないという選択肢も排除しない，フラットな構えから始めることです。中学受験，そして学校選びに際して，まずご家族で，中高時代や，その先の未来について考えてみましょう。漠然とでも，中高でどう過ごしたいのか，どんなことを学びたいのか，どんな環境を望むのかをイメージします。今現在，お子様が「好きなこと」や「得意なこと」を見つめ直すよいチャンスです。将来なりたい職業や具体的な夢がなくても大丈夫。10代には様々な体験があり，それまでとは違うことにひょっこり興味が湧いたり関心が移ったりするものです。中高時代に学ぶことが視野を広げてくれ，大人になったときに初めてムダなことはないと思えることもあります。また失敗しても，支え，次に向かうよう背中を押してくれる友人や恩師が側にいます。

学校や仕事のみならず，日常生活でも，国や国籍，性別などに縛られず生きていく時代。多様な価値観の人と協創していく先に自らの幸福を見出していく土台は，中高時代に培われます。「なぜ学ぶのか」，それは「自分自身の目で世界を見るため」「心を震わせるものと出会うため」ではないでしょうか。お子様の目に映る世界を変えるものは何か。そこと向き合うことから始めていきましょう。

市川理香▶出版社勤務を経て大手中学受験塾に入社。学校と受験生，教室現場をつなぐ情報部門で，「受験は愛」とする創業者の理念を情報面から支えてきた。現在はフリーの首都圏中学受験のスペシャリストとして，首都圏中学模試センター，NettyLand，私学妙案研究所などの社外スタッフとして広く活動。

Step 3 相性のよい学校選び ●学校選びのポイント

学校選びに際しては，既存のイメージで「線をひかない」ことが大切です。8つのポイントを確認しながら，「古い当たり前」をアップデートしていきましょう。

Point 1 教育理念・校風

- 教育理念は，時代が変わっても変化しない各校の道標。
- “校風”は体現された教育理念。

教育理念は，在籍する生徒をどのような人に育てるかという，各学校の根底に流れる考え方です。時代によって求められる力が変わり，ツールが進化するのに応じて教育プログラムも変化しますが，教育理念は変わらず各校の道標となり，学校の校風を形作ります。教育理念や校訓は言葉で表現され，校風はそこにいる人たちが醸し出すもの，体現するものといえます。

Point 2 教育プログラム

- 教育目標によって異なる体制の考え方や狙いに注目。

教育理念に則って，学校ごとに独自の教育プログラムが組まれています。6年間を発達過程に応じて区分し，たとえば中1・中2を「基礎期」，中2・高1を「成長期」，高2・高3を「習熟期」とする「2・2・2」と分ける考え方や，中1，中2・中3，高1・高2，高3で「1・2・2・1」と分ける考え方などがあります。また，コース制を敷く学校も少なくありません。近年は，「特進」「進学」など進路（主に大学受験）に応じたコース制以外に，「サイエンス」，「インターナショナル（国際）」など教育内容にフォーカスしたコースが多くなっています。

Point 3 カリキュラム

- 教育目標の実施方針で，各校の特色が出やすい。

各学校には，教育目標とディプロマ・ポリシー（卒業認定の方針）に基づく，教育課程の編成や実施の方針であるカリキュラム・ポリシーがあります。単位時間数や学校設定科目の実施などは，この方針に基づいており，学校の特色が現れやすい点です。

時間割や時間数だけではなく，授業が「主体的」・「対話的」で「深い」学びであるかどうかが大切です。授業中に生徒がどれだけ発言しているか，教師がいかに教えていないかに注目しましょう。

Point 4 探究学習

- 社会の課題に「自分ごと」として向き合う学び。

2022年度から実施された高等学校の新学習指導要領では「探究」が重要なポイントになっています。すでに多くの学校で，自ら問いを立て，解決に進んでいく力の育成をめざして探究学習に取り組んでいますが，中学の総合的な学習の時間と連動した高校での探究活動（授業），委員会活動，課外活動，自主研究などで，レポート提出，プレゼンテーションにも取り組みます。獲得した知識をもとに，社会の課題に「自分ごと」として向き合う学びです。

Point 5 ICT教育

- デジタルツールは文房具の1つ。

コロナ禍による休校期間中，元々進んでいた学校では迅速かつ質量ともに豊富な対応がなされましたが，遅れ気味だった学校でもICT化が大きく前進しました。海外交流もオンラインで行われました。タブレットなどのツールは，今の中高生にとって文房具の一つです。動画の作成からプレゼンテーションの資料作成まで，授業の中で行います。

Point 6 グローバル教育

- **異なる文化の価値観を理解し協働する力の育成。**

これから中学受験を迎える小学生は，すでに小学校でSDGsを学んでいます。日本だけでなく，地球，さらには宇宙まで，生きるフィールドが広がっていることを多かれ少なかれ感じていることでしょう。SDGsに示される地球規模の課題は，一つの国や地域のものでもなければ，一つを解決すれば丸く収まるものでもありません。また，グローバル教育は，英語（外国語）をうまく話せることではありません。異なる文化，価値観を理解し協働していく力を育てようとしているかという点にこそ真価が現れるでしょう。

Point 7 開放性（オープン度）・行事

- **生徒の自主性尊重・家庭との信頼関係の鍵。**

学校と家庭との信頼関係，生徒会活動や学校行事など生徒の自主性を尊重する姿勢には，図らずも学校の開放性が垣間見えるものです。学校行事の予算管理，生徒会が校則や制服を見直すなどの活動の背景には，生徒が失敗を恐れず安心して挑戦できる環境があるともいえるでしょう。また学校行事には一般公開されるものと非公開のものがあります。その是非ではなく，なぜその学校がそうした判断をしているかという理由に目を向けることも大切です。

Point 8 入試タイプ・ねらい

- **入試は子どもの可能性の鏡。**

学校選びにおいては，「入試タイプ」も重要です。学校は多様な才能・能力，多様な価値観をもった集団を構成するために行うもの，受験生にとっては「自分の個性・可能性」を見出してくれるもの，それが入試だからです。

（最近の特徴）

- 教科型が最も多い入試型だが，問題は変化している
- 教科以外の方法で受験生の可能性を見出す入試が増えている

入試は，1回きりの学校は首都圏には22校のみで，多くの学校が複数回（日程）行なっています。科目のバリエーションも多彩で，

●受験生の可能性を広げる多彩な入試

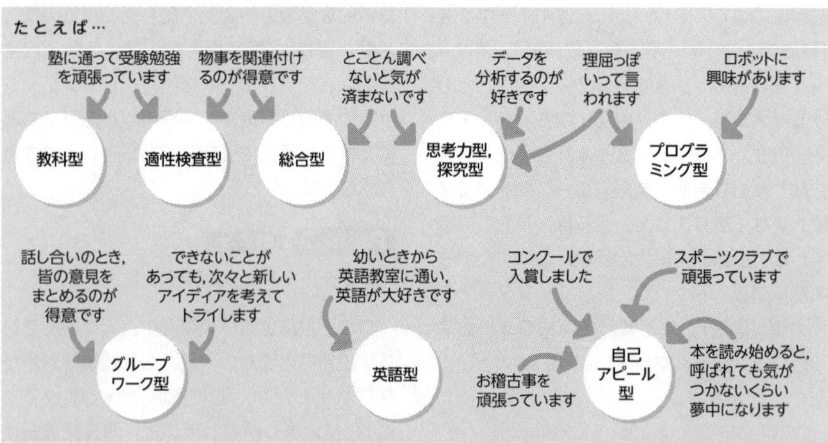

４科目（国語，算数，社会，理科），または２科目（国語，算数）で行われる入試が最も多く，全入試の60%強です。しかし近年，表に示すような様々なタイプの入試が行われています。また，教科型でも覚えてきた知識やスキルで答える問題だけでなく，示された課題について理解し自分の言葉で表現できるかといった思考力を問うなど，出題のバリエーションが多彩になっています。

受験勉強はもちろん，スポーツクラブやお稽古事，植物や動物の観察，星，読書，お話作り，発明など，好きなこと，頑張っていることを見直すと，入試の選択肢が広がります。

どのような入試タイプで入学しても，基礎学力や学ぶ意欲は欠かせませんが，可能性に光を当ててくれるのが中学受験の魅力の一つです。

●中学入試タイプ

入試科目または入試タイプ	概　要
教科型	現在の入試の主な形態。国語・算数の2科，それに社会と理科を加えた4科，2・4科選択や，組み合わせによる3科，任意の得意科目選択などもあり，実は多様。配点や時間も様々。STEAM教育に力を入れる学校には，算数・理科２科目（国語を加えた３科目）の入試もある。算数または国語１科などは午後入試で行われることが多い。答えまでの過程や，自分の考えの記述を求める出題のように，科目の枠に収まりきらない問題の増加が顕著。
総合型	あるテーマについて総合的に考え，自分の考えや解答を導き出す，教科の枠にはまらない入試。「教科横断型」「合科型」「記述・論述型」などがある。設問や資料の読解，正確な知識の定着，表現力などが求められる。
グループワーク型，口頭試問型	当日に振り分けられた少人数のグループで，話し合いや共同で作業を行い，発表する入試。これからの社会に必要とされる協働する力を見る。模擬授業と個別の口頭試問，理科実験を行いレポートにまとめる，といった入試もある。音声リスニングや動画視聴ののち，設問に答える形式を取り入れる学校もある。
プログラミング型	与えられた条件に応じてプログラムを作り，実際に動かし成果を発表する。KOOV，マインクラフト，Spheroなど学校により様々で，授業などに取り入れている内容で行われる。個人の発表ののち，受験生同士による意見交換を組み合わせて，プレゼンテーション力，聞く力を求める入試もある。
適性検査型	知識の量や正確さだけではなく，問題文中に提示された情報や図，表，グラフ，地図などの情報を読み解き，自分の知識と結びつけて，その場で考え，自分の言葉で表現する力が問われる入試。公立一貫校は適性検査での受検となる。私学，さらには国立大学附属にも導入が広がっている。
思考力型，探究型	既習の知識を問うことにとどまらず，そこから踏み込んで，提示された課題に対して，問いを立て論理的に考える力や，発想力，創造力までを問う入試。筆答形式ではなく，ブロックで作った作品を言葉で説明したり，タブレットを用いてグループで課題解決に取り組んだりする入試もある。女子校には，実験・観察をして，その結果から考察するサイエンス系の入試もある。
英語型	帰国生に限らず，学び身につけてきた英語力で挑戦できる入試。国語や算数と組み合わせた筆記試験で行われる選択型が多いが，英語インタビューなどの会話形式のものや，ダンスなどを組み合わせた表現型もある。英検３～４級の内容から，英検１級レベルの入試まで幅広い。英検等の資格試験の取得級やスコアに応じた加点措置や筆記試験免除なども見られる。公立中高一貫校にも，英語の要素を含む問題を出題する学校がある。なお国立大学附属や公立中高一貫校は，報告書（点）に英語の評価を含めている。
自己アピール型，プレゼンテーション型	事前に提示された課題などについて調べて準備した上で発表するものや，受験生本人が，小学生時代に打ち込んできた習い事やスポーツ，芸術，研究・観察の成果などの活動歴や学習歴，入学後に頑張りたいこと，人におすすめしたい本などを，自分の言葉と表現方法でアピールする入試。継続したこと，意志力，集中力なども評価される。「プレゼンテーション入試」「表現力入試」「ビブリオバトル入試」など形態は多彩だ。

Step 3 相性のよい学校選び

●学校情報はタグ付けで管理して，受験校を絞り込む

学校をタグ付けする

新型コロナウイルス感染症の拡大，気候変動，地球環境の変化は，これまでの生活様式や意識，制度の変革を私たちに迫っています。また，JAXAが，履修した学問分や実務経験の分野，さらには学歴さえも不問で宇宙飛行士を募集し選出。東京工業大学には「リベラルアーツ研究教育院」がある。各地の大学でデータサイエンス学部が増加。早稲田大学政経学部の入試は数学が必須。女子大にも工学部が誕生。そんなニュースが心に残っている方もいらっしゃるでしょう。大学入試においては，総合推薦型に募集の比重が移っています。文系，理系の線を引くのではなく，既存の枠にとらわれない発想を求める声も大きくなっています。

受験生の皆さんも，知名度や偏差値だけで学校を選ぶということはなくなりつつあるでしょう。しかし，このように価値観が多様化してくると，学校教育に何を求めるかもわかりにくくなっているのではないでしょうか。これから中学に進学する子どもたちが，SDG s のゴール目標である2030年に，どのような20代として育っていて欲しいかを考えるとき，中高6年間の教育に「ここが気になる」「これは譲れない」といった項目をカテゴライズして「タグ」にし，各学校をタグ付けしてみましょう。自分たちが何を重視して学校選びをしたいのか“私たちの学校選び”の軸がはっきりし，学校の知名度や偏差値とは異なる視点が持てるでしょう。

ここでは，「タグ」の参考となる項目をピックアップしてみました。ひとつのタグは単体では成立せず，相互に関連し合い，影響し合っています。また，すべての要素が明確に揃う環境はありません。自分たちが望む教育環境とはどのようなものかの“本質”を見極めていきましょう。また，例えどの学校に行っても，その学校での過ごし方が「自分たちが望む教育」が身につくかどうかの鍵となることは言うまでもありません。

Words

タグの用語解説はこちらの
QRコードサイトをご覧ください。

中学受験に関する用語の解説サイトです。

大タグ 外国語教育

●この大タグを考える視点

英語の学習方法にも，語学の習得にフォーカスするか，ツールとして活用することを重視する学習方法を採用するか，テキストの選択と同様に学校の特徴が現れる。また英語以外の外国語の習得や，英語力の民間検定試験への挑戦と成果にも注目したい。

小タグ 英語，ネイティヴティーチャー，ESL，CLIL，イマージョン，第２外国語，複言語，CEFR，GTEC，TOEIC，TOEFL，IELTS，TEAP，ケンブリッジ英語検定

大タグ 募集・外部からの刺激

●この大タグを考える視点

中高一貫校・中等教育学校では，中高６年間を見通したプログラムで教育が行われる。高校募集のある学校では，一貫生と高入生は別クラス（コース）とする学校が多い。帰国生（国際生）の積極的な別枠募集や多様な入試形態には，多様性を実現する意図がある。

小タグ 中高一貫・中等教育学校，高校募集の有無
帰国生別枠募集，附属小学校からの内進

大タグ 伝統・理念

●この大タグを考える視点

それぞれの学校の教育を精神的に支えるもの。教育に情熱をかけた先人，女性の自立を願った人々の創った学校。外国人宣教師の作った学校を起源とする学校。新しい時代を切り拓く人材育成を求め創られた学校など，どのような時代に，誰のために学校が創立されたか，学校の歴史を紐解けば，変わりゆく時代に合わせてどう変化してきたか，何を変えなかったかがわかる。

小タグ 創立者，教育理念，伝統
ノブレス・オブリージュ，哲学

大タグ 学び方・学び

●この大タグを考える視点

教育とテクノロジーの融合，現在進行形の地球規模の課題などは，教育現場に影響を与え，学び方も大きく変える。学習者が中心となり能動的に学ぶ双方向型の授業や学習活動が行われているか，生徒は多角的な視点を獲得しているか，ICTをどう活用しているか，体験的な学びがあるかなど，教育プログラムを知る視点は多数ある。何を，どのように学んでいるかの説明に際して，教育法や，思考や行動を認識する（定義する）言葉が用いられることもあるが，説明に納得できるか（共感できるか），借り物でなく学校の言葉で語られているか，どのように“実践”されているか，を見極めたい。その際，知識の獲得をないがしろにしていないかにも注意したい。

小タグ AL（Active Learning），PBL（Problem Based Learning g/Project Based Learning），探究学習，総合学習，フィールドワーク，プロジェクト活動，食育，リベラルアーツ，STEAM，ICT，EdTech，BYOD，プログラミング，データサイエンス，クリティカルシンキング，ロジカルシンキング，クリエイティブシンキング，デザイン思考，メタ認知，非認知能力

大タグ 宗教・心の教育

●この大タグを考える視点

キリスト教や仏教など，宗教を基盤に創立された学校は，教育理念にその世界観が反映される。多くのカトリック校は教団が直接・間接的に運営するが，それだけに団結すれば強く，国内外の姉妹校との連携が強み。プロテスタント校は礼拝を大切にしており，日曜日に教会にいくことを奨励する学校もあり，入試日が日曜日にあたれば日程を移動する。仏教系の学校も，心の教育に定評がある。いずれも信仰の有無によらず入学が可能で入信は求めない。宗教の世界観は，他者と自己を見つめる際のよりどころにもなる。

生徒に寄り添うカンセラーの存在は，コロナ禍で改めてクローズアップされた。

小タグ キリスト教系(カトリック校・プロテスタント校)，仏教系
スクールカウンセラー

大タグ 進学指導・進路指導・キャリア教育

●この大タグを考える視点

大学進学のための進学指導と，どのような進路を選ぶかという進路指導とは異なる。卒業生や社会人，第一線で活躍する人たちの講演会や，先輩の話を聞くなど，生き方や将来を考える機会の提供や，より強力に導き応援してくれるメンターとの接点も学校の力の一つ。海外大学推薦制度への加盟で，海外大学進学への道を開く学校が増えてきた。指定校推薦は卒業生の活躍で見込まれて得られるものだが，半永久的にあるものではない点に注意。

小タグ 進学指導，進路指導，
キャリアデザイン
指定校推薦，併設大学進学率，他大進学，
海外大学推薦制度 (UPAS，UPAA)
メンター，ロールモデル

大タグ　留学・国際交流・グローバル教育・外との繋がり

●この大タグを考える視点

グローバル教育への積極度は外国語への取り組みにとどまらず，多様性の理解，留学制度や国際交流プログラムにも現れる。世界や国内の機関が作る教育機関への加盟や，文部科学省の教育施策プログラムへの参加（採択），高等教育機関（主に大学）との連携，国内外の学校とのネットワークや企業とのタイアップなどは挑戦する環境を整えるアクションといえる。

小タグ　ユネスコスクール，
ESD（Education for Sustainable Development），
ラウンドスクエア，WLSA，
COLIBLI，海外姉妹校
SSH，高大連携，教育提携

大タグ　教育システム・評価

●この大タグを考える視点

国際的な教育機関による認定や，海外の学校との連携により世界標準の教育プログラムを実践するシステムを導入する学校もある。国際（インターナショナル），サイエンスといったクラスやコースは，教育内容が特化される。

定期テストや通知表のない学校，ルーブリックを示し到達度を測る評価方法，学年団として学年をグループで担任する学校など，生徒とどのように向き合っているかを知る手がかりになる。放課後の補習，補講は，指名制か希望制かなど，何のために行われているかが大切。

小タグ　IB（国際バカロレア），ルーブリック，ダブルディプロマプログラム／デュアルディプロマプログラム／ダブルディグリープログラム，コース・クラス，中間テスト，期末テスト，通知表，グループ担任，補習，補講

大タグ　規模

●この大タグを考える視点

大きな規模（生徒数の多い）の学校は，多様な個性が集まるともいえる。小規模の学校は家庭的な暖かさが魅力。中１では１クラスを少人数にするなど学年により人数を変える学校もある。

小タグ　大人数・少人数

大タグ　制服・服装

●この大タグを考える視点

制服にも学校の理念が反映されている。アイテムが豊富な学校では，TPOに応じた装いが身につけられる，季節や気候，その日の気分にマッチした服装を選ぶことができるといったメリットがある。ユニセックス，カジュアルなデザインのアイテムの導入も進んでいる。制服がない学校では，より個性が尊重され，その日にふさわしい装いを考え，服装で自己表現することができる。

小タグ　ブレザー，セーラー服，詰め襟，
オリジナルデザイン，女子スラックス有，
ユニセックス，夏服長袖有，カジュアル有，
アイテム豊富，洗濯可
制服なし

大タグ　自治・自由・行事

●この大タグを考える視点

学校に管理されるのではなく，自主的に活動しているか，生徒会活動や校則などに注目したい。自治活動から，自由や自主自律の真の意味を考え行動する力や，自分たちの利益だけでなく，学校と社会を考える力が磨かれる。学校行事の運営に生徒がどれだけ関われるかも学校の胆力を示す。

小タグ　生徒会，校則，自治，行事

大タグ 施設・設備

●この大タグを考える視点

理科実験設備や，特別教室，AL型の授業を行う教室など「どのような授業を行うための施設か」という視点から見てみたい。図書室もメディアセンター的役割に進化。グラウンドやプールなどの運動施設，食堂・カフェテリアなど憩いの空間にも注目する。災害に備えた備蓄や防災設備，耐震構造，外部からの不審者の侵入を防ぐセキュリティなども大切だ。

小タグ 特別教室，ホームベース方式，
図書室，3Dプリンタ
各種の体育施設，食堂，カフェテリア，居場所
防災・災害対策，セキュリティ

大タグ 学費・奨学金制度

●この大タグを考える視点

校納金（学費）には，入学金，授業料，施設設備費，生徒会費，積立金，生徒会費，後援会費などの名目がある。タブレットもしくはノートPCの購入も視野に入れておきたい。成績優秀者を特待生として授業料等を免除する制度や，在学中の家計急変に対する独自の奨学金制度をもつ学校もある。私立高校学費負担軽減制度，授業料等軽減制度など，国や自治体による補助制度もあるので，確認しておくとよいだろう。

小タグ 奨学金・特待生

大タグ 時代性・先進性

●この大タグを考える視点

時代が求めるものをなおざりにしては，「未来の担い手」は育てられない。目新しい言葉に触れたら，学校の革新性と覚悟がそこに感じられるか，ぜひご自身の目で確かめてほしい。挑戦を後押しする気風をもつ学校，失敗してもそこから学べる胆力を育てる学校は，どんな時代にも強い。

小タグ SDGs，ダイバーシティ，
インクルーシブ
リーダーシップ，イノベーション，
アントレプレナーシップ，エンパワーメント

大タグ 部活動・課外活動

●この大タグを考える視点

学校では，授業だけでなく，部活動で先輩や後輩など学年の異なる仲間とともに活動することも大切な時間。資格試験や検定試験で学習の成果を試したり，コンテストなどのいわゆる他流試合で他校生と交流したりすることで，より広い視野を得ることも，他者を理解する一歩になる。

小タグ 部活動，運動部，文化部，参加率，
活動日
資格・検定試験，コンテスト，コンクール

大タグ 設置者・区分

●この大タグを考える視点

設置者（機関や団体・法人）により，独立性や学費などが異なる。男子校・女子校・共学校は在学する生徒の性別などによる便宜上の分類だが，男女の成長差，日本のジェンダーの現状などと併せて考えたい。

小タグ 国立・公立(都立・県立・市立)・
私立 女子校・男子校・共学校(別学校)

大タグ 通学方法

●この大タグを考える視点

交通網は首都圏を一体化するほどにつながっており，通学時間に制限のある学校は少ない。しかし，適度な通学時間や満員電車での登下校になることなども考慮したい。電車以外のバスルートが便利なこともある。

小タグ 通学時間，自転車，スクールバス，
始業時刻，終業時刻，下校時刻

合格の可能性を示す指標

偏差値を上手に活用しましょう

ガイド：中学受験鉄人会

偏差値って何?

合格できる学力があるか判断しやすいように数値化したものです。模試の結果でわかります。模試の平均点を50として，その模試の全受験生のなかでの位置を数値で示したものです。実得点ではテストの難易度によって変動しますが，偏差値なら安定して成績の推移を測ることができます。

◆偏差値で全受験生のなかでの位置がわかる

試験の難易度は平均点だけでなく，受験者全体の得点のバラツキを知ることで正確に把握できます。偏差値は，そのバラツキを数値化したものです。例えば，同じ100点満点のテストA，テストBで平均点が同じく50点だったとして，それぞれの得点分布が下の図のようになったとします。2つのテストで同じく60点をとった場合，テストAよりもテストBの方が，60点以上の人数が多いため，偏差値としてはテストAの方が高くなるのです。

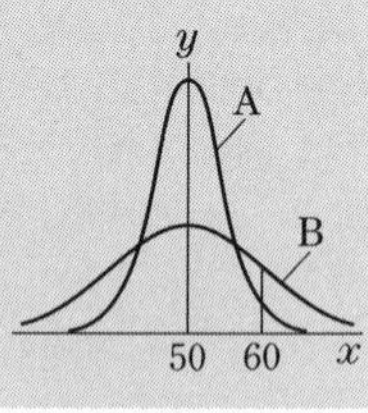

なぜ，同じ学校でも試験回によって合格見込の偏差値が違うの?

複数回入試を実施する学校では，回によって応募者数，合格者数が変わってきます。同じ難易度のテストでも，応募者数が多ければ，厳しい戦いのなかで平均点が上がることで合格基準が上がり，結果として偏差値が上がることになります。また受験者のレベルによっても変わってきます。

模試にはどんなものがあるの?

首都圏には，俗に「四大模試」と呼ばれる模試があります（右ページ参照）。受験者のレベルや受験者数が異なりますので，どの模試を受け，どう活用するかを考えて選びます。

◆模試の活用方法

- どれかを続けて受験して，成績の伸び具合を把握する。
- 複数の模試を受けるなら，模試ごとにデータを整理するとよい。
- 大きく成績が下がっても焦らないことが大切。体調が悪いのか，苦手な問題（分野・設問の長さ・出題のされ方）なのかなどの原因を調べて，対策を立てる。

◆2024年度入試用模試日程

四谷大塚

テスト名	対象学年	回数	日にち
合不合判定テスト	小6	第1回	2023. 4. 9
		第2回	2023. 7. 9
		第3回	2023. 9.10
		第4回	2023.10. 8
		第5回	2023.11. 5
		第6回	2023.12.10
公立中高一貫校対策実力判定テスト	小6	第1回	2023.10. 1
		第2回	2023.11.19
志望校判定テスト	小5	第1回	2023. 9.18
		第2回	2024. 1.14

首都圏中学模試センター

テスト名	対象学年	回数	日にち
合判模試	小6	第1回	2023. 4.16
		第2回	2023. 7. 2
		第3回	2023. 9. 3
		第4回	2023.10. 1
		第5回	2023.11. 3
		第6回	2023.12. 3
適性検査型模試	小6	第1回	2023. 7. 9
		第2回	2023. 9.18
		第3回	2023.11.19
合判模試	小5	第1回	2023. 7. 2
		第2回	2023. 9. 3
		第3回	2023.10. 1
		第4回	2023.12. 3
		第5回	2024. 1. 8
適性検査型模試	小5		2023.11.19
合判模試	小4		2024. 1. 8

◆首都圏中学受験：四大模試の特徴

名称	合不合判定テスト	合判模試	全国公開模試	合格力判定サピックスオープン
開催者	四谷大塚	首都圏模試センター	日能研	サピックス
特徴	長い歴史をもつ，中学受験模試の代表格。6年生を対象に，4月から12月まで全6回実施される。各科目とも出題範囲が広いので，志望校判定だけでなく，苦手分野の発見にも効果を発揮する。偏差値40以下から70以上の受験者が，実力通りに分布されるように，問題も基本から応用まで幅広いレベルで構成されている。受験者数の偏差値が幅広く，学校を問わず信頼できる判定が出る。	塾が母体ではないが，大手塾で比較的多くの生徒が利用している。中堅校を第1志望とする受験者が多い。2018年度より解説に「思考コード」「思考スキル」が記載されている。問題のタイプと求められる力が一目にわかり，受験者が強化すべき力を把握できるようになっている。全得点に対する基本問題の得点の割合が高い。2020年度より「統一合判」→「合判模試」と模試の名称が変更。	他塾からの参加者が少なく，塾内テストに近いが，最大規模を誇る日能研の模試なので，受験者数では他の模試に引けを取らない。算数ではやさしい問題と難しい問題の差が大きく，その中間にあたる問題が比較的少ない傾向にある。また，式や考え方を書かせる問題が出される。国語では抜き出し問題が多く出される。合不合判定テストと同じく受験者の偏差値の幅が広い。	受験者全体の上位層の割合が高く，他の模試よりも偏差値が低く算出される。超難問はないが，問題の大半が上位難関校で合否を左右するレベルで構成されている。特に算数の文章題小問集合に難問が多い。上位難関校の合格可能性のデータで信憑性が高い。上位難関校を志望する場合には，この模試と学校別サピックスオープンの結果を合わせて，志望校判定を進めることが多い。
偏差値	開成……71 桜蔭……71 早稲田中……64 広尾学園……61 吉祥女子……63	開成……78 桜蔭……77 早稲田中……74 広尾学園……72 吉祥女子……72	開成……72 桜蔭……67 早稲田中……65 広尾学園……62 吉祥女子……62	開成……67 桜蔭……62 早稲田中……58 広尾学園……56 吉祥女子……54

◆四大模試・偏差値差

※偏差値は各模試の2022年度入試の80%結果偏差値による。
複数回入試がある学校は第1回の数値とする。
広尾学園（第1回）は男子と女子の平均値とする。

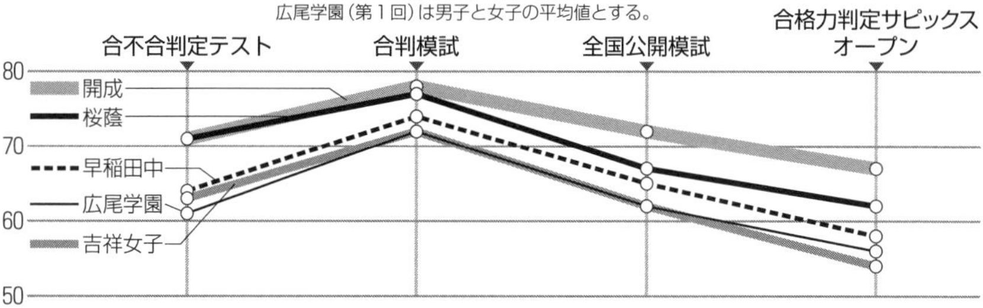

◆その他の模試

■**公立中高一貫校適性検査対策模試**

大手塾が実施する模試もありますが，代表格になるのが日本教材出版による「公立中高一貫校適性検査対策模試（通称：公中検模試）」です。2006年から開催で，受験者数は年間のべ50,000名以上と全国最大規模です。公中検模試で出題された問題と類似する問題が実際の入試で出題されたこともあり，作問の精度が高いことでも定評があります。フォローアップ問題集が成績データと合わせて配布され，模試で出題された分野を補強することができるようになっています。

■**全国統一小学生テスト**

四谷大塚主催で全国の小学生対象に無料で実施されるテストです。6年生のテストでは，教科書内容からの問題と，中学入試の内容に準じた問題の両方が出ます。教科書内容からの問題が多くなるので，このテストの結果を中学受験の合格指標にはできないことに注意が必要です。

中学受験鉄人会　https://www.chugakujuken.net/
中学受験専門のプロ家庭教師会。『合格100%』を胸に刻み受験指導にあたる。業界最大級のメールマガジンを運営し，レアでタイムリーな受験情報を無料で配信している。

思考力・表現力・創造力のレベルを可視化し，総合力を伸ばす

「思考コード」活用のすすめ

「考える力」は，どう伸ばせばよいのでしょうか？
その指標となるのが首都圏中学模試センター開発による「思考コード」です。
どのようなものかを知って，あなたの中学受験にご活用ください！

「思考コード」とは

課題が求める思考力レベルの指標。「思考力」を伸ばすのに役立つ

これからの教育では，知識の再現，問題を解くスキルだけではなく，考える力（思考力）を伸ばすことが重視されます。そのような時代の変化に対応し，中学受験では，従来の教科型入試だけではなく，思考力や想像力，表現力を見る入試を採用する学校が増えてきました。それらの入試や，公立中高一貫校の適性検査型入試は，従来の評価基準では，到達度の判断が困難です。

そこで，首都圏中学模試センター（以下，首都圏模試）が開発した新しい評価基準が，この「思考コード」です。

頭の使い方を「覚える」「まとめる」「つくる」の３つに分類し，それぞれのレベルを３段階で示しています。９つの領域で表すことにより，問題や課題に取り組む際に，どんな頭の使い方をしたらよいのか，どのレベルの問題なのかが，判断できます。「思考コード」は，思考力のランクづけというよりも，自分がどの段階にあり，「思考力を次にどう伸ばしたらよいか」の道筋を示すという点で，画期的です。

「思考コード」は頭の使い方（思考力）**を示したものです。**

9つの領域で

縦軸では，考える内容の複雑さを3段階で表示

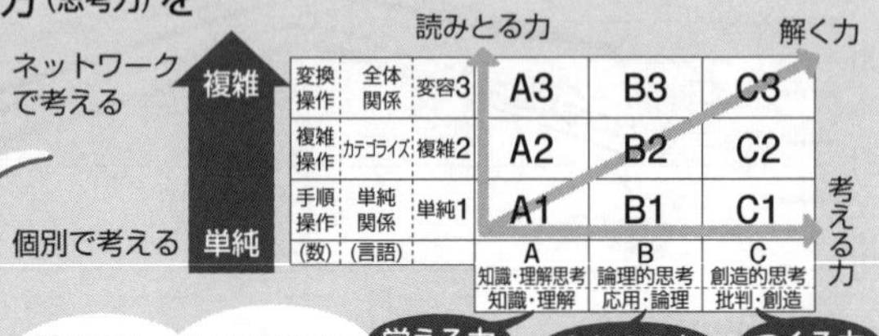

横軸では，頭の使い方を，「覚える」「まとめる」「つくる」の3つに分けているんだよ。

■縦軸は思考力のレベルを示す

縦軸では，思考力のレベルを，1単純→2複雑→3変容の3段階で示しています。単独で知っている（レベル1）から，関連する事柄を踏まえてネットワーク化して理解（レベル2）し，さらに背景となる事柄も踏まえ，より複雑な領域へと発展していきます（レベル3）。

■横軸は頭の使い方（思考力）を3タイプに分類

横軸は，思考する際の頭の使い方を，次の3つに分類しています。

A＝覚える力 〈正しい記憶・理解〉
　知識を覚える，正しく認識・理解するという頭の使い方です。

B＝まとめる力 〈事実に基づく理解・表現〉
　情報を正しく読み取り，整理し，わかりやすく説明するという頭の使い方です。

C＝つくる力 〈自分の考えに基づく表現〉
　得た情報を元に検証し，それに対して意見を持つ，あるいは新しいものを生み出し，表現するという頭の使い方です。

ザビエルと一緒に理解する　中学受験で問われる力と学び方のポイント

首都圏模試では，「ザビエル」をテーマとして「思考コード」を解説しています。それを例に，中学受験では，各領域の力がどう問われるのか，出題される問題の性質と，それに回答するための思考力を育成するポイントをみていきましょう。

(数)	(言語)		A	B	C
変換操作	全体関係	変容 3	ザビエルがしたこととして正しい選択肢をすべて選び年代の古い順に並べなさい。	キリスト教の日本伝来は，当時の日本にどのような影響を及ぼしたのか，200字以内で説明しなさい。	もしあなたが，ザビエルのように知らない土地に行って，その土地の人々に何かを広めようとする場合，どのようなことをしますか？　600字以内で答えなさい。
複雑操作	カテゴライズ	複雑 2	ザビエルがしたこととして正しい選択肢をすべて選びなさい。	キリスト教を容認した大名をひとりあげ，その大名が行ったこと，その目的を100字以内で説明しなさい。	もしあなたが，ザビエルだとしたら，布教のために何をしますか。具体的な根拠と共に400字以内で説明しなさい。
手順操作	単純関係	単純 1	(ザビエルの写真を見て) この人物の名前を答えなさい。	ザビエルが日本に来た目的は何ですか？　50字以内で書きなさい。	もしあなたが，ザビエルの布教活動をサポートするとしたら，ザビエルに対してどのようなサポートをしますか。200字以内で説明しなさい。
			A 知識・理解思考	B 論理的思考	C 創造的思考
			知識・理解	応用・論理	批判・創造

A 知識・理解思考　問われる力　知識を正しく認識・理解し，正確にアウトプットできるか

知識・理解思考の問題では，「知識の正しい獲得ができているかどうか」「獲得した知識を正しく理解しているかどうか」が問われます。言いかえると，**知識が獲得できていないと答えることができない問題**となります。

「A1」(単純な知識・理解) →「A2」(複雑な知識・理解) →「A3」(変容的な知識・理解) と知識レベルが上がっていきます。たとえば，A1「□にあてはまる名称を答えなさい。」という穴埋め問題→ A2「次の選択肢の中から一つ選びなさい。」という選択肢の問題→ A3「次の選択肢のうち正しいものをすべて選び，年代の新しい順番に並べなさい。」という選択した後に並べ替える問題といった具合です。知識がいくつも重なる問題(A2)，知識のつながりまで知っていないと答えられない問題 (A3) は難度が上がります。難関校は特に「A2」「A3」の問題が出ますので，知識を獲得する段階で工夫して覚える必要があります。

ザビエルがしたこととして正しい選択肢をすべて選び年代の古い順に並べなさい。	A3	ツリー構造やネットワークで把握
ザビエルがしたこととして正しい選択肢をすべて選びなさい。	A2	各知識を関連づけて理解
(ザビエルの写真を見て) この人物の名前を答えなさい。	A1	単純な知識・理解
A 知識・理解思考		
知識・理解		

レベル1の「ザビエルそのものを知っている」から，知識がいくつも重なる(レベル2)，その時代との関係も含めて理解している(レベル3)ことを確認する問いとなっています。

学び方のポイント

知識をネットワーク化する

覚えたいことを丸暗記してしまうこともひとつの方法ですが，特にA2やA3の「複合的な知識を問う問題」では，知識と知識のつながりを確認して，知識と知識をたがいに関連づけ合い，大きくネットワーク化して覚えていくことが大切です。

B 論理的思考

問われる力

論理的に思考し，事実に基づいて的確に表現できるか

論理的思考の問題では，「獲得した知識を応用できているかどうか」「論理的思考があるかどうか」が問われます。「A」の知識・理解思考で求められる力とは異なり，**論理的に思考し，事実に基づいて的確な言葉で記述して表現する力が必要**となります。

「B1」（単純な応用・論理）→「B2」（複雑な応用・論理）→「B3」（変容的な応用・論理）と問題のレベルと必要な表現力が上がっていきます。問題形式は「その理由を答えなさい」「説明しなさい」など記述で答える形式が多く見られますが，その背景にある事柄に目を向けることも必要となります（B1）。原因・結果の関係をとらえているかどうか（B2），さらにはそのプロセスを自分の言葉で論理的に説明できるかどうか（B3）が問われます。最近では統計資料やグラフ，対話文を読み取り，その場で獲得した知識を活用して自分の言葉で説明する問題も増えており，様々なデータや文章を読み取り，比較し，共通点や差異をとらえる力も必要となります。

問題例	レベル	
キリスト教の日本伝来は，当時の日本にどのような影響を及ぼしたのか，200字以内で説明しなさい。	B3	プロセスを自分の言葉で説明する
キリスト教を容認した大名をひとりあげ，その大名が行ったこと，その目的を100字以内で説明しなさい。	B2	原因・結果の関係性を捉える
ザビエルが日本に来た目的は何ですか？　50字以内で書きなさい。	B1	背景にも目を向ける
B 論理的思考 / 応用・論理		

レベル１の「何をした人か」から，関わった人との関係性を踏まえ（レベル２），社会的背景との関係性の中で位置づけ（レベル３），それぞれ正しく述べられるかどうかを問うています。

学び方のポイント

日常的に，出来事の原因と理由を考える
様々なデータに触れ，共通点・差異を見る

「○○○という出来事が起こった原因は何だろう？」「同じような出来事ってあるかな？」などの疑問を持ち，その原因，理由をさかのぼって考える習慣をつけるとよいでしょう。筋道立てて考えることや，問題に対する具体的な解決策を提示する力を養うことにつながります。

■本誌掲載　各校の首都圏模試「思考コード」の見方

〈　〉は試験回を示す

試験科目

首都圏模試　思考コード（単位：%）

読み取る力 ＼ 考える力	〈第１回〉国語 A	国語 B	国語 C	算数 A	算数 B	算数 C	〈適性検査〉思考力表現 A	思考力表現 B	思考力表現 C	数的処理 A	数的処理 B	数的処理 C
複雑 3				5								
2	10	8		45	10		8	12			5	
単純 1		82			40			66	14		87	8

■試験科目ごとのデータ
9つの領域の合計を100%とし，試験問題が各領域を占める割合を数字で表示。数値がない領域は出題なし。

〈第１回〉
国語
A2＝10%
B1＝82%，B2＝8%
算数
A2＝45%，A3＝5%
B1＝40%，B2＝10%

〈適性検査〉
思考力表現
A2＝8%
B1＝66%，B2＝12%
C1＝14%
数的処理
B1＝87%，B2＝5%
C1＝8%

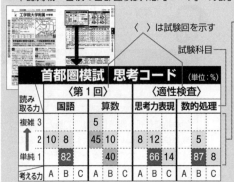

C 創造的思考　問われる力　批判的な考え・創造的な考えを論理的に表現できるか

創造的思考の問題では，「批判的な考えを論理的に表現できるかどうか」「創造的な考えを他者に伝わるように表現できるかどうか」が問われます。「B」の論理的思考の場合は，事実に基づいて表現しなければなりませんでしたが，「C」の創造的思考の場合は，**自分の考えに基づいて表現しなければなりません。**

「C1」（単純な批判・創造）→「C2」（複雑な批判・創造）→「C3」（変容的な批判・創造）と問題のレベルと必要な表現力が上がっていきます。問題形式は「あなたならどうする？」という問いで，答えは一つに限られません。「何を」「どのような理由で」が述べられているかを確認した上で，自分の立場が明確に示されているか，意見・アイデアに独自性があるか，他者の考えを的確に批判したり許容したりしているか，他者との共生を含めた世界規模の広い視点で意見を展開しているか，で解答が評価されます。

問題	レベル	
もしあなたが，ザビエルのように知らない土地に行って，その土地の人々に何かを広めようとする場合，どのようなことをしますか？600字以内で答えなさい。	C3	ザビエルのような境遇を自分なりに想定して，どうするか
もしあなたが，ザビエルだとしたら，布教のために何をしますか。具体的な根拠と共に400字以内で説明しなさい。	C2	自分がザビエルの立場だったらどうするか
もしあなたが，ザビエルの布教活動をサポートするとしたら，ザビエルに対してどのようなサポートをしますか。200字以内で説明しなさい。	C1	ザビエルに対して，自分ができること
C 創造的思考 批判・創造		

自分ならどうするかを，自分の立場で何をするか（レベル１），当事者の立場だったら何をするか（レベル２），別のシチュエーションを想定して何をするか（レベル３）を，自分の考えに基づいて表現することを求めています。

学び方のポイント

話題となる様々なテーマに目を向け，自分ならどうするか考える

複数の解答が考えられるため，想定されることがらを多角的に考えながら，「自分はどうするのか」「自分はどう考えるのか」といった自分自身の立ち位置を明確にしつつ，問題に対する自分なりの意見や解決策などを示すことが必要となります。

「あらかじめ１つの解答に決まっている」，「必要な要素を解答に盛り込めばよい」といった問題ではないため，問題に対してハードルの高さを感じる人がいるかもしれません。

世間で話題になっているテーマや問題を取り上げ「自分がこの問題に取り組むとしたら」といった仮定の状況をイメージしてみましょう。考えるために必要な情報を集め，考えをまとめることで，自分なりの立ち位置や意見を明確にできます。日頃から，様々なことに目を向け，自分ならどうするかを考えることを習慣づけましょう。

「思考コード」の活用方法
志望校が求める力を知り，自分が強化すべき思考力を鍛えよう

活用のポイント

❶ 志望校が求める力を知り，合格に向け強化するべき点を押さえる。
❷ 自分の考え方の癖，得意なことと克服するべきことを明らかにする。
❸ 思考のフレームワークとして，「日頃から考える」ことに役立てる。

首都圏模試の模試では，各問題に「思考コード」が示されています。模試の結果に，思考コード別正答率も出されますので，自分の考え方の癖や得意不得意を知ることができます。本誌に掲載されている志望校の「思考コード」と照らし合わせることで，合格するために強化すべき力が判断できます。

首都圏模試センターの模試は，各問題に「思考コード」が示されています。

■各問題の「思考コード」を確認
問題一つひとつに，「思考コード」があり，模試の「解答・解説」にて確認できます。自分が得意な問題，苦手な問題についてそれぞれの思考コードを確認すると，自分の得意・不得意の傾向が見えてきます。

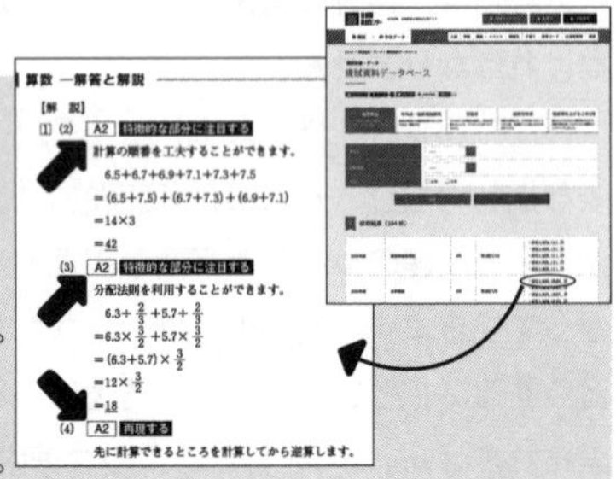

首都圏模試の成績表は，皆さんの正答率が「思考コード」別に出されます。

成績表の見方は，首都圏模試のWebサイト，動画「成績表の見方」をご覧くださいね。

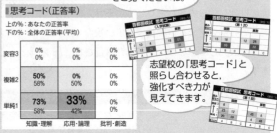

■「思考コード」別正答率を確認
成績表は，皆さんの正答率が「思考コード」別に出されます。本誌に掲載されている志望校の「思考コード」と照らし合わせることで，どんな力を，どう鍛えていったらよいかを知ることができます。

■思考コード(正答率)
上の%：あなたの正答率
下の%：全体の正答率(平均)

	知識・理解	応用・論理	批判・創造
変容3	0% 0%	0% 0%	0% 0%
複雑2	**50%** 58%	**0%** 50%	0% 0%
単純1	**73%** 58%	**33%** 42%	0% 0%

志望校の「思考コード」と照らし合わせると，強化すべき力が見えてきます。

「思考コード」は思考のフレームワークとして，活用することができます。適性検査型入試の対策として，「日頃から考えることが大切」とよくいわれますが，でも，どうしたらよいかわかりませんよね？　そんなときに「思考コード」を使うと，考える道筋がつきます。たとえば，「パイナップル」ならA1パイナップルの名前，A2特徴，A3仲間，B1栽培されている地域，栄養，楽しみ方，B2栽培されている国や地域はどんなところ，B3パイナップルの栄養が持つ効果やそれを活かした調理方法は？　C1自分で栽培するならどうしたらよい，C2パイナップルを使ったデザートのお店をつくるとしたら，どんなお店にする？　C3日本がパイナップルを輸入している国のパイナップル農家だったら，どうする？　などと考えることができます。それが各領域にぴったり一致しているかどうかにこだわらず，当てはめるとどうなるのかな？　ということを考えてみましょう。パイナップルひとつにしても，社会科，理科あるいは家庭科など視点を変えることで，様々な問いが立てられますね。

「思考コード」を使って，問いを立てて，調べたり，議論したりすることを楽しんでください。

「思考コード」から見えてくる首都圏中学入試の傾向

出題傾向を知り，自分に適した学校・入試タイプを見つけよう

「思考コード」で分析すると，これまでの点数評価だけでは見えてこなかった「各校が求める思考のレベル」がみえてきます。中学受験でスタンダードなのは，A1～B2の出題です。いわゆる難関校と呼ばれる学校では，ものごとの関係性の理解力や論理力を問う問題が多いようです。適性検査型入試では，資料を正確に理解する力（領域B）とともに，自分の考えを述べる力（領域C）が求められます。出題傾向の特徴が特に表れているのが新タイプ入試で，創造的思考（領域C）を重視していることがわかります。なお，新タイプ入試を実施している学校は，知識の領域とともに，これま

（次ページに続く）

■中学受験スタンダード

A1・A2，B1・B2での出題が多くみられます。基礎基本をしっかりと押さえておくことが大切です。

また，領域Bの論理的思考はどの学校でも出題比率は高めなようです。

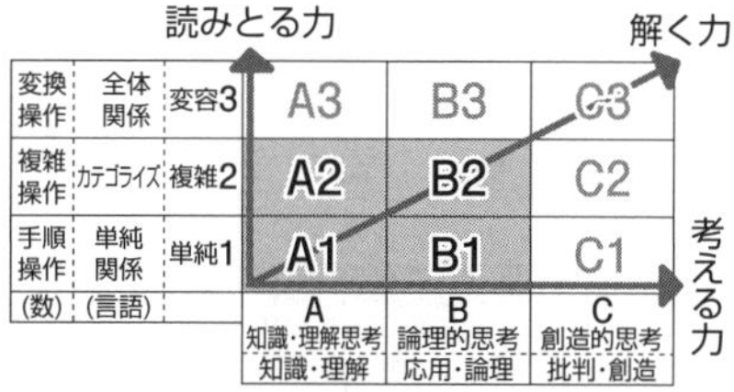

首都圏模試　思考コード（単位：%）〈入学試験〉

読み取る力	国語 A	国語 B	国語 C	算数 A	算数 B	算数 C
複雑 3						
2	10	4		18	51	
単純 1	12	74			31	

首都圏模試　思考コード（単位：%）〈第１次〉

読み取る力	国語 A	国語 B	国語 C	算数 A	算数 B	算数 C
複雑 3						
2	15	16		12	28	
単純 1		69			60	

首都圏模試　思考コード（単位：%）〈第１回〉

読み取る力	国語 A	国語 B	国語 C	算数 A	算数 B	算数 C
複雑 3	6					
2	23	12		45	5	
単純 1	20	39		4	46	

■難関校

A2・A3，B2・B3での出題比重が高く，難関校と言われる学校ではレベル３領域での出題傾向があります。学校によってはC3レベルまで踏みこむこともあるようです。また，特に入試で測らなくてもC3領域での議論ができる文化があり，それが各校の魅力となっています。個別の知識の正確さよりも，全体像や関係性を正しく理解していることが求められます。

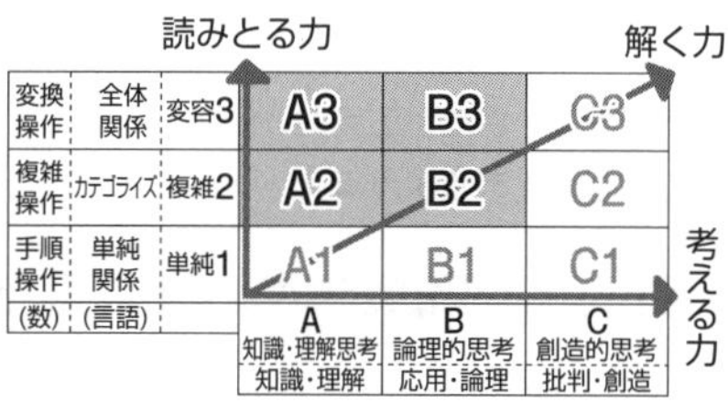

首都圏模試　思考コード（単位：%）〈入学試験〉

読み取る力	国語 A	国語 B	国語 C	算数 A	算数 B	算数 C	社会 A	社会 B	社会 C	理科 A	理科 B	理科 C
複雑 3		47		5	25		13					
2	13	26			55		47	23		18	25	
単純 1		14			15		17			5	52	

首都圏模試　思考コード（単位：%）〈入学試験〉

読み取る力	国語 A	国語 B	国語 C	算数 A	算数 B	算数 C	社会 A	社会 B	社会 C	理科 A	理科 B	理科 C
複雑 3		43		5	15		12	55			17	
2	12	37		5	43		3	8	15	17	51	
単純 1		8		10	22		7			3	12	

首都圏模試　思考コード（単位：%）〈入学試験〉

読み取る力	国語 A	国語 B	国語 C	算数 A	算数 B	算数 C	社会 A	社会 B	社会 C	理科 A	理科 B	理科 C
複雑 3		9			27		20	8			12	
2	6	34		7	42		26	14			72	
単純 1	21	30			24		18		14		16	

での２科４科の入試だけでは判断できない発想力豊かな子どもたちにも注目しています。このような学校では，様々なタイプの生徒たちが刺激し合い，互いに伸ばし合う授業をめざしているのです。

■公立中高一貫校・適性検査型

求められる知識のレベルは小学校で学ぶ範囲ですが，「あなたの考えを述べなさい」といったＣの領域に踏みこむ問いが必ずあります。また，提示された資料や文章を正しく読みとり，条件の拾い出しができるかがポイントとなってきます。

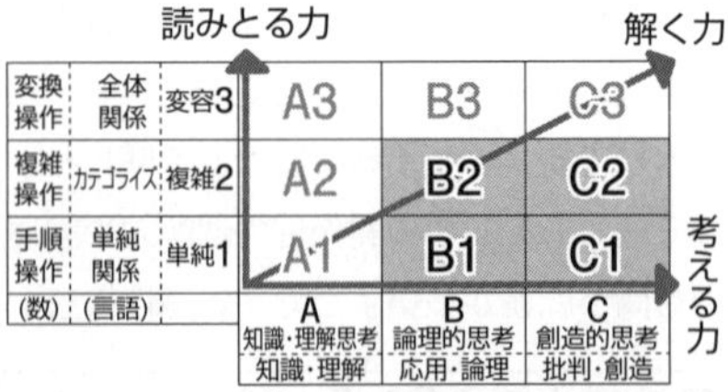

首都圏模試　思考コード（単位：%）

読み取る力	〈適性検査〉					
	I			II		
複雑 3					4	
2		20			36	
単純 1		10	70		42	18
考える力	A	B	C	A	B	C

首都圏模試　思考コード（単位：%）

読み取る力	〈適性検査〉								
	I			II			III		
複雑 3									
2			70		30			43	
単純 1		30			52	18		22	35
考える力	A	B	C	A	B	C	A	B	C

首都圏模試　思考コード（単位：%）

読み取る力	〈適性検査〉											
	1-1			1-2			2-1			2-2		
複雑 3								12				
2		10		4	37			28			15	45
単純 1		74	16		59			60			40	
考える力	A	B	C	A	B	C	A	B	C	A	B	C

首都圏模試　思考コード（単位：%）

読み取る力	〈A入試〉						〈論理的思考力・発想力〉					
	算数			国語			言語			理数		
複雑 3												
2	10	7		30	12		2	26			10	45
単純 1	20	56	7	5	53		3	69			28	17
考える力	A	B	C	A	B	C	A	B	C	A	B	C

首都圏模試　思考コード（単位：%）

読み取る力	〈第１回〉						〈適性検査〉					
	国語			算数			思考力表現			数的処理		
複雑 3				5								
2	10	8		45	10		8	12			5	
単純 1		82			40			66	14		87	8
考える力	A	B	C	A	B	C	A	B	C	A	B	C

首都圏模試　思考コード（単位：%）

読み取る力	〈総合学力評価〉								
	理系			文系			読解表現		
複雑 3					16				
2		8			46			25	67
単純 1		92			30	8		8	
考える力	A	B	C	A	B	C	A	B	C

■特色入試・新タイプ入試

Ａの領域からの出題がなかったり，Ｃの領域のみの出題であったりと，その入試の個性が表れ，その学校が生徒に求める力を示しています。Ｃの領域からの出題が多い学校では，自分の意見を持たせる授業を展開しているといった傾向があるようです。

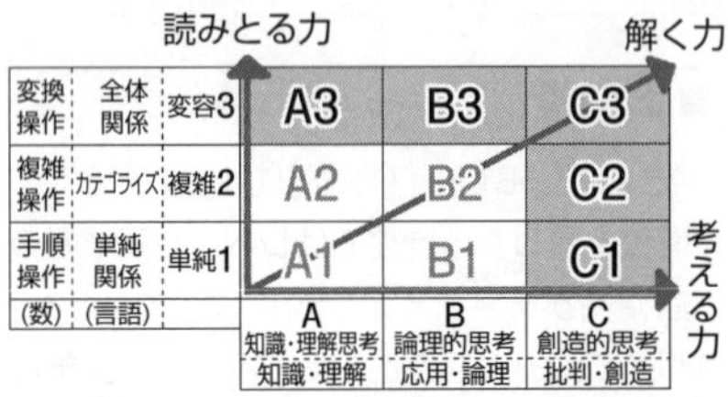

首都圏模試　思考コード（単位：%）

読み取る力	〈第１回アドバンスト〉						〈新思考力〉					
	国語			算数			I			II		
複雑 3	4			5								100
2	21	10		50	5		23	7				
単純 1	18	43	4	15	20	5	3	57	10			
考える力	A	B	C	A	B	C	A	B	C	A	B	C

首都圏模試　思考コード（単位：%）

読み取る力	〈第１回A〉						〈①思考力テスト〉		
	国語			算数			思考力		
複雑 3									
2	16			57	6				20
単純 1	30	54		7	30				80
考える力	A	B	C	A	B	C	A	B	C

首都圏模試　思考コード（単位：%）

読み取る力	〈第１回〉						〈哲学教育〉		
	国語			算数			哲学的思考力		
複雑 3				4					85
2	6			39	4				
単純 1	24	60	10	16	37				15
考える力	A	B	C	A	B	C	A	B	C

首都圏模試　思考コード（単位：%）

読み取る力	〈2/1〉						〈合科型〉		
	国語			算数					
複雑 3				4					
2	11			40	5			10	
単純 1	16	73		4	47		5	35	50
考える力	A	B	C	A	B	C	A	B	C

首都圏模試　思考コード（単位：%）

読み取る力	〈２月１日午前〉						〈①思考力型〉					
	国語			算数			筆記			グループワーク・記述		
複雑 3												
2	5			36	6		9					
単純 1	5	70	20	4	54		3	81	7			100
考える力	A	B	C	A	B	C	A	B	C	A	B	C

首都圏模試　思考コード（単位：%）

読み取る力	〈第一次〉						〈B方式〉		
	国語			算数					
複雑 3									
2	8	14		56				20	80
単純 1	10	68		16	28				
考える力	A	B	C	A	B	C	A	B	C

本書を活用いただくために

本書は，中学受験を考えている方を対象にした，首都圏にある中学校の学校紹介と受験ガイドの総合本です。「どのような学校があるのか」「相性がよさそうな学校はどこか」を，様々な視点から検討してもらえるように編集しています。2022年９月に各校に実施したアンケート調査に基づいています。

各校の入試要項は，2022年秋に発行または公表された入試要項に基づく内容で掲載しています。秋以降に変更された事項は原則反映していません。2023年度は新型コロナウィルス感染症への対応として例年と異なる入試を行う学校が多くありましたので，注意してください。例えば，以下のような措置が見られました。

- 感染症等で試験当日に受験できない人のための追試験を設定する。
- 面接を取りやめる。あるいは面接のみオンラインで実施，課題（作文等）で代用する。
- １回の試験を複数回に分割，時差開始。

本書の入試要項は参考として，必ず学校発表の2024年度入試要項を確認してください。なお，デジタル化が進み，冊子での学校案内パンフレットや入試要項の発行を取りやめた学校もあります。入試要項の発行・公表後も変更・更新される可能性がありますので，志望校のウェブサイトはこまめに確認し，最新情報を入手するようにしてください。

2024年度の入試日程は，晶文社の「受験生応援アプリ」で2023年10月より順次公開予定ですので，そちらも参考にしてください。

学校の配列

東京都，神奈川県，千葉県，埼玉県，茨城県，栃木県，群馬県，山梨県の各都県ごとに女子校，男子校，共学校（別学校を含む）に分類し，アイウエオ順に配列しました（中等教育学校を含む）。

巻頭　試験日別偏差値表

- 四谷大塚《'23年春の試験日別私立・国公立中学偏差値表》
- 首都圏中学模試センター《'23年春の試験日別私立・国公立中学学力段階表》
  東京：巻頭折込み，神奈川・千葉・埼玉・茨城・栃木・群馬・山梨：p.33～

2023年春に行われた入試で男女別にまとめたものです。併願校を考える際などに役立ててください。巻頭折込みの首都圏模試センター東京版には，切り取り線を入れました。切り取って，他の県と照らし合わせて利用することができます。

なお，一覧表の偏差値は，四谷大塚が2022年11月実施の「合不合判定テスト（第５回）」の結果に基づく予測偏差値，首都圏中学模試センターが2022年11月３日現在の予測による偏差値を示したもので，学校差を示すものではありません。

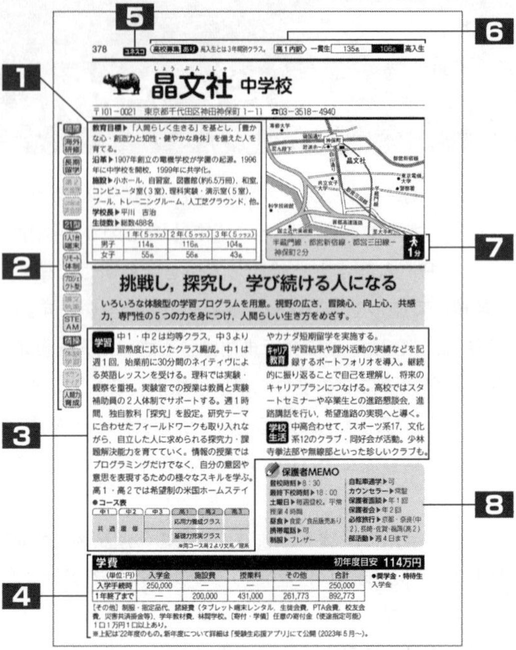

1 学校基礎情報

教育理念：各校が理想とする教育のあり方を示しています。学校によっては「建学の精神」「教育方針」「教育目標」などとなっています。

沿革：各校の特色が伝わるよう，可能な限りルーツがわかるような記述に努めました。

施設：おもなものを紹介しています。なお，単に「プール」とあるのは屋外プールです。

学校長：2022年９月の調査時の情報です。公立校には記載していません。2023年４月からの学校長は異動の場合があります。

生徒数：2022年９月の調査時の情報です。

2 教育の特色（中高６年間）

将来必要とされる力を養う教育として注目される国際教育，21世紀型教育，情操教育について，設備や制度の情報をアイコンで示しました。アイコンの色が濃いものは「あり」を，薄いものは「なし」を表します。併設高校がある学校については，中学校と高校を合わせた情報です。中学校ではなくても，高校ではあてはまる場合は「あり」としています。

▶国際教育……………………………

海外研修：全員参加，希望制，希望選抜制に関わらず，制度があれば「あり」としています。学校での名称が「留学」でも，３カ月未満のものや，現地の学校に在籍しないものは「海外研修」に分類しています。

長期留学：その学校独自の制度で，原則３カ月以上の期間，現地の学校に在籍するもの。

第２外国語：第２外国語の履修がある学校を「あり」としています。

Online英会話：海外とインターネットを通じて英会話を学ぶレッスンを実施している場合に「あり」としています。

▶21世紀型教育…………………………

21世紀型教育とは，これからの社会に必要とされる，問題解決能力や情報リテラシーなどの能力を養う教育です。コンピュータなどを活用した情報収集とそれらをまとめる思考力・表現力，考えの異なる人たちと協働作業するコミュニケーション能力などを伸ばすことを目的として行われます。なお，理数教育に関する取り組みもこの分類に含めました。

１人１台端末：原則１人１台タブレット端末またはノートPCを所持している学校を「あ

り」としました。

リモート体制：双方向性オンライン授業が実施できる体制がある，あるいは2023年度より導入予定の学校を「あり」としました。あらかじめ録画された動画視聴（リアルタイムではないもの）のみの場合は原則含まれません。

プロジェクト型：集団で一定期間をかけてある課題に取り組み，課題研究・発表などを行う協働学習。グループディスカッションやディベートは含みません。

論文執筆：探究学習の集大成として，生徒自らがテーマを見つけ，調査して長文の論文にまとめる取り組みを実施している場合に「あり」としています。

STEAM：STEAM教育への取り組みを示しています。STEAM教育とは，科学（Science），技術（Technology），工学（Engineering），アート（Art），数学（Mathematics）の５つの領域を示す単語の頭文字を組み合わせた言葉で，理数教育に創造・表現教育を加えた学びのことをいいます。本書ではアートを含まないSTEM教育（理数教育）実施校も「あり」としています。

▶情操教育 ……………………………

体験学習：実際に体を動かして直接体験をするもの。農業体験やアスレチックなど。単なる見学やスキー教室などは原則として含みません。

ボランティア：学校の授業や行事で取り組むなど，ボランティア活動がその学校の特色となっている学校を「あり」としました。

人間力育成：ESD教育，エゴグラム診断，プロジェクト・アドベンチャー，宗教・哲学教育，自分史執筆を含むキャリア教育など，人間関係や人間のあり方，命について考えるプログラムを実施している学校や，全生徒対象とした芸術実技授業を実施している学校を「あり」としています。

3 学校紹介

学習：教育システム，カリキュラム，授業の特徴，各教科の取り組み，学習体制，補講・補習，自習室情報，情操教育，海外研修，進学指導などについて，中学校の内容を中心に，一部併設高校での取り組みも紹介しています。

キャリア教育：生徒が将来どんな職業に就きたいか，社会の一員としてどのような役割を果たすかを具体的に考えさせる取り組みのことです。一部進路指導も含みます。

併設高校：１ページ掲載校（国立中学校，中等教育学校を除く）で，併設高校のクラス編成，卒業生の進路情報などを紹介しています。

学校生活：その学校の特色となっている取り組み，宗教活動，学校行事，クラブ活動，安全対策などについて，紹介しています。

コース表／１週間の授業時間数：中高一貫生を対象とした６年間のコース・クラス編成を示しました。併設高校がない中学校は，５科目の１週間の授業時間数を掲載しています。いずれも新年度は変更になる場合があります。

4 学費

各校の2022年度の金額（一部2023年度予定）を掲載しています。「その他」に含まれる項目は表下に示しました。学校ごとに含まれる項目が異なることと，ここで示した項目のほかにも費用がかかる場合がありますので，注意してください。「初年度目安」は，入学手続時と１年終了までにかかる金額の合計です。「受験生応援アプリ」でも学費の情報を公開しています。

奨学金・特待生：原則として，中学入試において選抜される「奨学生」「特待生」に適用される学費免除の項目と金額，期間を示しました。「支給」のものも，実質的には免除に当たるとして含めています。入学後に，成績優秀者や，家庭の経済的な事情で支払い困難となった場合に適用される免除，給付，貸与などはここでは含まれません。

5 指定校・加盟校

SSH：スーパーサイエンスハイスクール指定校。

IB：国際バカロレアの認定校。

ユネスコ：ユネスコスクール加盟校。

いずれも2023年２月現在。SSHは2019年度以降の指定校。

6 高校募集　高１内訳

高校募集の有無を示し，高校募集がある場合には高入生と混合する時期を示しました。

「高１内訳」は2022年度高１生の人数です。

7 アクセス

各路線の最寄り駅またはバスの停留所からの徒歩による所要時間を示しました。なお，大きく記載した所要時間は，最寄駅または最も利用者が多い駅から校門までの所要時間の目安です。「人」マークは徒歩での時間，「バス」マークはバスの乗車時間と徒歩時間の合算です。

8 保護者MEMO

日常生活や家庭と学校との関わり方についての情報をまとめています。中学校を対象とした学校情報ですが，特記すべき情報がある場合には一部高校の内容が含まれています。

最終下校時刻：課外活動が終わった後の時刻を原則とし，中学生の標準時間（夏時間）を記載しています。

昼食：中学生の昼食についての情報です。以下の内容で示しています。

- 給食―全員が給食の学校です。毎日ではないなど条件がある場合は，（　）で補足しています。
- 食堂―調理スタッフがいる食堂。昼食で利用できるものとし，喫茶のみのものは含みません。高校生から利用できるなど食堂の利用に制限がある場合は，その条件を（　）で補足しました。
- 弁当―給食・食堂がない学校は，原則弁当としています。
- 食品販売―弁当やパンなどの食品を購入できる学校は「食品販売あり」と表示しました。

携帯電話：学内に携帯電話の持ち込みが「可」か「不可」かを示しました。原則不可だが届け出や申請をすれば可の学校は「許可制」としています。「可」「許可制」には，校内では使用禁止（電源オフや預けるなど）の学校も含まれます。

制服：制服のタイプを記載しました。男女ともにブレザーの場合は「ブレザー」，男女で制服タイプが異なる場合は，男子，女子の順に「詰襟，セーラー」「詰襟，ブレザー」「ブレザー，ボレロ」などとしています。制服がない，服装自由の学校は「なし」としました。

自転車通学：自転車通学について，中学生から許可される場合は「可」，高校生から許可される場合は「中学不可」，中高ともに許可されない場合は「不可」としています。

カウンセラー：設置状況を記載しました。

保護者面談：１年間に開催される回数です。三者面談も含みます。学年や状況に応じて変更される場合があります。

保護者会：１年間に開催される回数です。学年や状況に応じて変更の場合があります。

必修旅行：原則中学校の修学旅行を取り上げ，一部高校の修学旅行にも触れています。（　）で対象学年を示しました。オリエンテーションや郊外宿泊学習，スキー教室などは原則含みません。本書で掲載しているのは，2022年度に予定されていた内容です。年度途中で中止となったり，行き先や実施時期・期間が変更されたりした事項は反映していません。

部活動：部活動の活動日について記載しています。学則などにより活動日が制限されている場合は「水曜日は休部日」などとその決まりごとを紹介。「活動日は部による」場合は，学則による制限はなく，各部ごとに活動日が設定されている学校です。

9 合格の基準

■首都圏模試　思考コード

首都圏中学模試センター作成の思考コードです。各校の2022年春実施の入試問題による分析に基づきます。「思考コード」の解説，活用方法については，「『思考コード』活用のすすめ」(p.74) をご覧ください。

■合格の基準（模試の偏差値）

模試の結果偏差値を３段階の合格の可能性で示しています。〈　〉は試験回数・名称，コース名などです。原則として午前入試を表し，午後入試の場合は「午後」と記載。四谷大塚と首都圏模試では，受験者の学力レベルに違いがあり，同じ学校であっても数値に違いが生じます（p.72参照）。

合格の可能性は，以下の通りです。

- ほぼ確実80%以上
- 見込みあり50～79%
- やや見込みあり20～49%

首都圏模試　思考コード（単位：%）

〈第１回〉

読み取る力	国語 A	国語 B	国語 C	算数 A	算数 B	算数 C
複雑 3						
2	8	13		90		
単純 1	26	43	10		10	

考える力：A＝知識・理解思考　B＝論理的思考　C＝創造的思考

2024年度入試　合格の基準

		首都圏模試 ほぼ確実	首都圏模試 見込あり	首都圏模試 やや見込あり	四谷大塚 ほぼ確実	四谷大塚 見込あり	四谷大塚 やや見込あり
男子	①	52	48	44	42	38	34
女子	①	49	45	41	41	37	33

ほぼ確実＝80%～／見込あり＝50～79%／やや見込あり＝20～49%

入試要項　2023年度参考　新年度日程はアプリへGO!　2科　4科　他

試験名	試験日 ◎午後入試	出願締切 Web	発表 Web	手続 Web	2科	4科	適	英	他	面接	特待	募集数		応募数	受験数	合格数	実質倍率	偏差値
①	2/1	1/31	当日	2/2	●	●						50	男	171	150	63	2.4	52
													女	38	32	21	1.5	49
②	2/1 ◎	1/31	当日	2/9					*1		●	50	男	403	382	141	2.7	58
													女	114	113	76	1.5	55
③	2/2	当日	当日	2/9	●	●					●	20	男	234	118	18	6.6	60
													女	64	25	20	1.3	56
④	2/4 ◎	当日	当日	2/9	*2				*2			30	男	368	229	37	6.2	58
													女	104	41	17	2.4	54

*1　国算のうち１教科を当日選択　*2　国算理社のうち２教科を当日選択
※重複受験で加点措置あり

【出願方法】Web出願　【手続方法】Web納入。合格後，通知表コピー提出
【受験料】23,000円（同時出願は２回35,000円，３回以上47,000円）未受験分は入学後返金

【帰国生入試】－

中学受験のプロがおすすめ！　**併願校の例**

特色	男 理数教育	男 探究型学習	男 フィールドワーク	女 理数教育	女 探究型学習	女 フィールドワーク
♠男子校 ♥女子校 ♣共学・別学校	♣日大二	♣ドルトン東京	♣穎明館	♣日大二	♣ドルトン東京	♣穎明館
	♣宝仙学園	♣工学院大付	♣八王子学園	♣宝仙学園	♣工学院大付	♣八王子学園
	♣多摩大聖ヶ丘	♣聖徳学園	♣明星学園	♣多摩大聖ヶ丘	♣聖徳学園	♣明星学園

併設高校の進路情報　四年制大学進学率87.5%　文系25／理系75／その他０（%）　医歯薬31名合格

内部推薦▶東京電機大学へ61名（工14，システムデザイン工17，未来科18，理工11，二部１）が内部推薦で進学した。
指定校推薦▶利用状況は早稲田大１，上智大１，東京理科大６，学習院大１，明治大４，青山学院大３，中央大５，法政大１，日本大３，成蹊大２，成城大１，明治学院大１，芝浦工大５，東京女子大１，武蔵大１，玉川大１，工学院大２など。
海外大学合格状況▶Monash University Malaysia，他。

'22年３月卒業生：255名　大学223名／短大１名／専門７名／就職１名／他23名

主な大学合格状況　'23年春については主要大学のみ巻末一覧に記載

大学名	'22	'21	'20	大学名	'22	'21	'20	大学名	'22	'21	'20
◇東工大	0	0	1	慶應大	4	1	0	東洋大	14	15	26
◇千葉大	0	0	2	上智大	3	1	2	専修大	8	8	11
◇埼玉大	0	1	0	東京理科大	10	8	19	東海大	8	8	8
◇北海道大	1	0	0	学習院大	4	7	6	帝京大	15	15	10
◇東京農工大	4	2	0	明治大	10	12	18	成蹊大	13	9	10
◇東京学芸大	0	1	3	青山学院大	4	1	10	芝浦工大	5	11	19
◇都立大	3	2	3	立教大	13	4	6	東京電機大	69	65	68
◇電通大	1	0	4	中央大	20	14	14	東京女子大	4	5	4
◇山梨大	0	1	0	法政大	18	13	15	工学院大	15	8	8
早稲田大	3	1	2	日本大	41	33	37	東京都市大	8	3	13

※各大学合格数は既卒生との合計。

見学ガイド　文化祭／説明会／オープンスクール／授業見学ツアー

10 入試要項（2023年度参考）

2023年春に行われた入試について，2022年秋の時点で調査してまとめたものです。2024年度入試については，各学校の入試要項で確認してください。また，公表後も変更される可能性がありますので，各校発表はこまめに確認してください。

「２科」「４科」「適性型」「英」「その他」で入試科目をアイコン表記しました。「適性型」には，適性検査型入試のほか，４科総合テスト，思考力テスト，発想力入試なども含まれます。「英」の表示は，受験科目に英語が含まれる，英語を選択できる，英語資格で受験できる入試です。

出願締切：最終締切の日付を掲載しています。インターネット出願が可能な学校は項目タイトルを「Web」とし，窓口受付や郵送受付もできる場合は，表下に【出願方法】で補足しています。また，Web出願でも，書類を郵送する必要がある場合には注釈を入れています。

発表：もっとも早い発表と考えられるWeb発表の日付を優先的に掲載しています。郵送発表の場合は，発送日となっています。

手続：その手続をしないと入学辞退とみなされる手続の締切日を表記しており，多くは入学手続時納入金の納入締切日です。インターネット決済で納入可能な場合は項目タイトルを「Web」としました。「窓口」は窓口での納入や手続き，「振込」は銀行など金融機関での振込による納入です。入学金の納入が必要ない国立・公立の中学校・中等教育学校は，入学手続書類の提出日です。

選抜方法：入試科目を「２科」「４科」「適性型」「英語／英語選択」「他」に分け，該当する欄に「●」で示しました。試験科目が選択できる入試や，新タイプの入試などには，「＊」を入れ，下の欄で試験内容や受験条件などを示しています。「面接」が実施される入試にも「＊」を入れ，下の欄に，個人面接（受験生本人のみ），グループ面接（複数の受験生が同時に面接），保護者同伴面接（受験生と保護者の面接）など面接形態を示しました。

特待：特待生選抜が実施される入試回を「●」

で示しました。

偏差値：首都圏中学模試センターの2022年11月3日現在の予測による，合格の可能性がほぼ確実（80%以上）の数値です。

受験料：1回あたりの金額です。同時出願や複数回受験で割引などの措置がとられる場合は，金額の後に記載しました。

受験情報：一部の学校について，首都圏模試「思考コード」から読み取れる，学校が受験生に求める力について，解説しています。

11 併願校の例 ［作成：首都圏中学模試センター］

そのページで紹介されている学校を第1志望の学校とした場合の併願校の例です。校風や教育内容など各校の特色や個性を分類し，グループにしています。「受けたい教育」から学校選びをする参考としてください。

大学附属校：大学附属の学校のうち，併設大学（系列大学を含む）への内部推薦制度がある学校。条件を満たした希望者は推薦で系列大学に進学できます。

半附属校：大学附属校のうち，併設大学への内部推薦進学者が半数以下の学校。併設大学への推薦枠を確保しながらも，国立大学や難関大学への進学をめざす生徒が多いのが特徴で，半進学校とも呼ばれます。

優先入学制度：大学附属校ではないが，系列大学への内部推薦制度がある学校。

留学制度：1カ月程度の留学制度があれば，このグループに加えています。

ダイバーシティ：多様な個性を持つ生徒が共存・共生する新たな創造的教育環境をつくる，というコンセプトを打ち出している学校。

リベラル：自由な校風の学校。

リベラルアーツ：教養教育を大事にする学校。

ICT教育：デジタル技術を活用した学習や教育活動を推進している学校。

チューター制度：大学生や大学院生などが生徒の学習サポートをする制度がある学校。

アクセス：その学校と最寄り駅の路線が同じなど立地条件が近い学校。

12 併設高校・卒業生の進路情報

2022年3月卒業生：併設高校または中等教育学校卒業生の進路状況を大学，短大，専門（専門学校），就職，他に分けてグラフ化しました。留学と大学校進学は「大学」に，進学準備は「その他」に含みます。欄の上に四年制大学への進学率と，四年制大学進学者の文系・理系割合，医学部・歯学部・薬学部の現役合格数を示しました。

内部推薦：併設および系列の上級学校への内部推薦入学について，進学者数（一部合格者数）を掲載しました。2022年3月卒業生の進路状況を原則としました。なお，国立大学の附属中学校は，併設高校がなかったり，併設高校があっても大学への内部推薦制度がないなど，私立の大学附属校とは性質が異なることに注意しましょう。

指定校推薦：指定校推薦制度を利用して進学した大学と人数を可能な限り掲載しました。2022年3月卒業生の進路状況を原則としています。大学名のみのものは，利用者の有無に関わらず，その併設高校を推薦入学の指定校にしている大学です。

海外大学合格状況：合格した大学名を記載しています。国や地域名は（　）内に略称等で示し，1つの国や地域に複数合格校がある場合は，最後の学校名の後に記載しました。原則四年制大学を対象としましたが，短大やコミュニティカレッジ，予備校，専門学校を記載している場合もあります。

主な大学合格状況 ［資料提供：大学通信］：併設高校における，2020～2022年春の実績です。原則として現役・進学準備の合計数となっています。また，巻末資料「主要大学への合格状況」（p.847～）では，2023年春の合格状況を掲載しました。併設高校のない学校は，高校への進学状況や卒業後の進路状況を，可能な限り掲載しました。

13 併設校・学園規模

小学校から大学までのうち，併設しているもの（系列校や姉妹校も含む）を示しました。文字色が濃いものは「あり」，薄いものは「なし」を表しています。

14 見学ガイド

外部の人にも公開される体育祭，文化祭，受験生やその保護者を対象とした説明会，体験授業，個別相談会などを掲載しました。

東京都
私立中学校

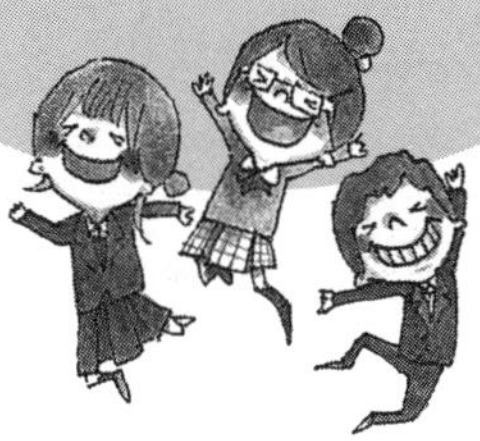

東京都西部 私立・国公立中学校略地図（女子）

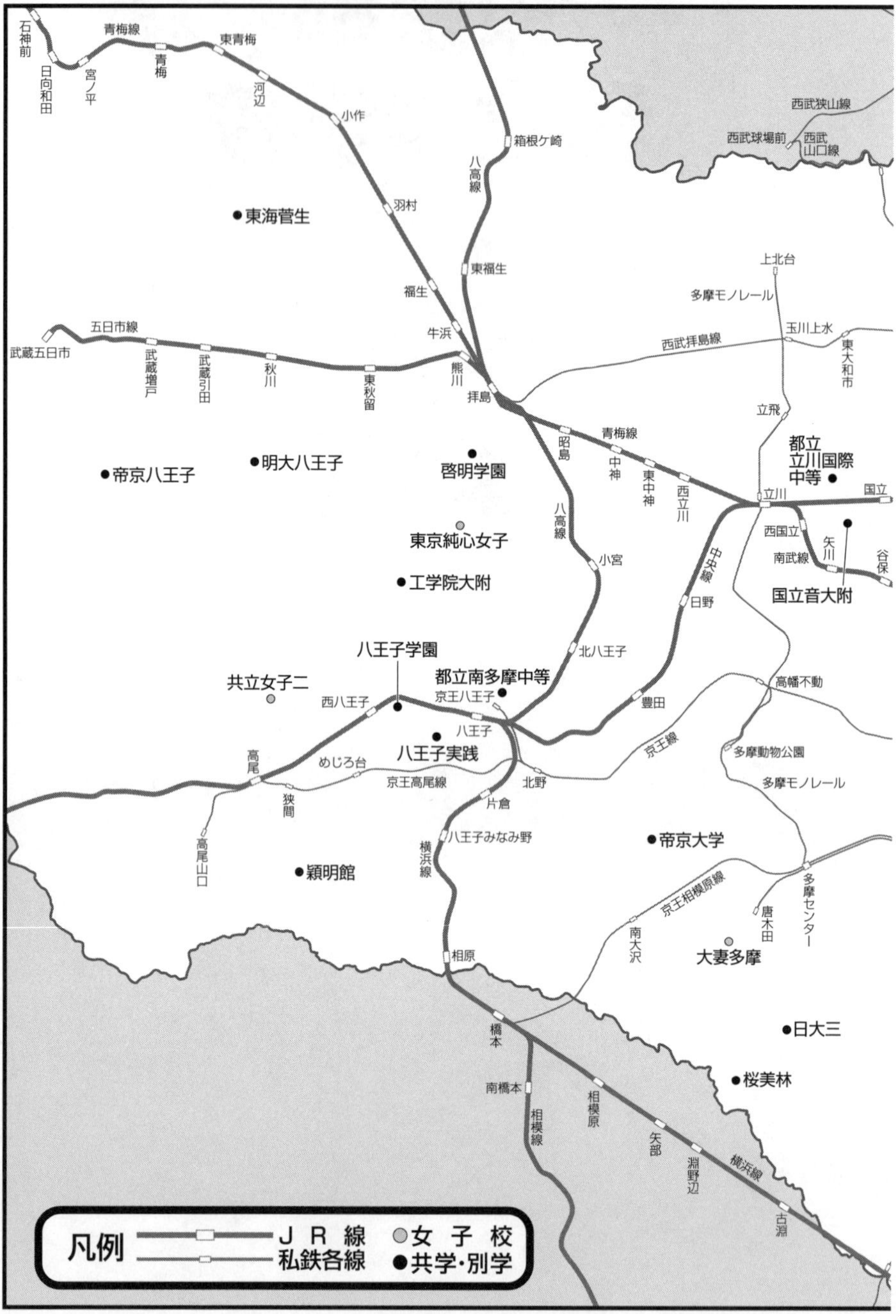

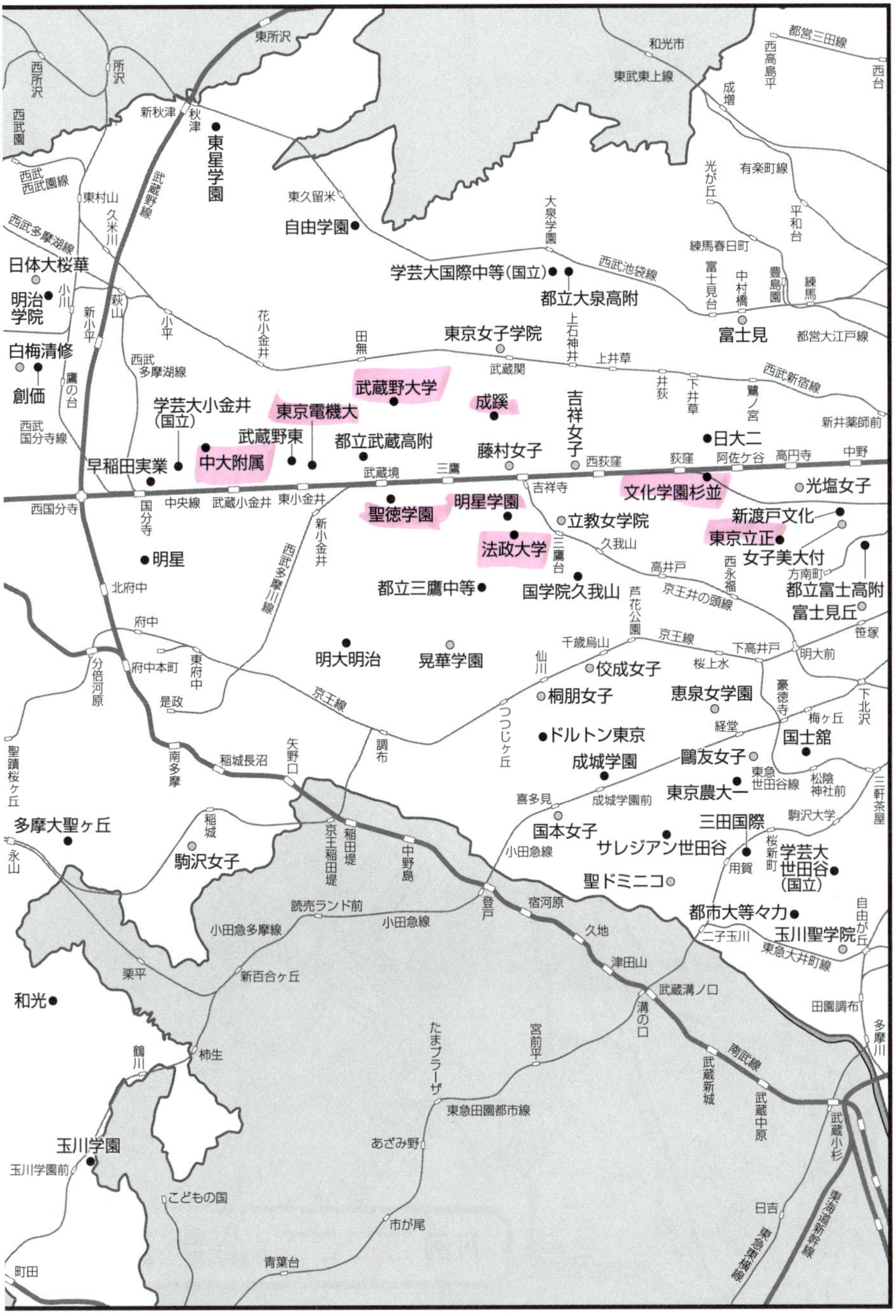
東所沢
和光市
都営三田線
西高島平
西台
西所沢
所沢
東武東上線
成増
西武園
新秋津
秋津
東星学園
西武
西武園線
光が丘
有楽町線
東村山
武蔵野線
東久留米
大泉学園
平和台
久米川
自由学園
西武多摩湖線
練馬春日町
日体大桜華
学芸大国際中等(国立)
西武池袋線
富士見台
中村橋
豊島園
練馬
明治学院
小川
萩山
都立大泉高附
新小平
小平
花小金井
上石神井
富士見
都営大江戸線
白梅清修
創価
田無
東京女子学院
武蔵関
上井草
鷹の台
西武多摩湖線
武蔵野大学
井荻
下井草
鷺ノ宮
西武新宿線
学芸大小金井(国立)
東京電機大
成蹊
吉祥女子
西武国分寺線
新井薬師前
武蔵野東
都立武蔵高附
日大二
早稲田実業
中大附属
藤村女子
西荻窪
荻窪
阿佐ケ谷
高円寺
中野
武蔵境
三鷹
吉祥寺
文化学園杉並
光塩女子
西国分寺
国分寺
中央線
武蔵小金井
東小金井
聖徳学園
明星学園
新渡戸文化
立教女学院
東京立正
新小金井
法政大学
久我山
女子美大付
明星
西武多摩川線
三鷹台
高井戸
西永福
方南町
都立富士高附
北府中
都立三鷹中等
国学院久我山
京王井の頭線
富士見丘
芦花公園
府中
千歳烏山
京王線
下高井戸
笹塚
明大明治
晃華学園
仙川
桜上水
明大前
分倍河原
府中本町
東府中
佼成女子
豪徳寺
下北沢
京王線
桐朋女子
恵泉女学園
是政
つつじヶ丘
梅ヶ丘
ドルトン東京
経堂
国士舘
聖蹟桜ヶ丘
南多摩
稲城長沼
矢野口
調布
成城学園
鷗友女子
東急世田谷線
松陰神社前
三軒茶屋
喜多見
成城学園前
東京農大一
多摩大聖ヶ丘
稲城
京王稲田堤
稲田堤
中野島
国本女子
三田国際
駒沢大学
小田急線
サレジアン世田谷
桜新町
永山
駒沢女子
用賀
学芸大世田谷(国立)
聖ドミニコ
読売ランド前
登戸
宿河原
小田急多摩線
小田急線
都市大等々力
久地
自由が丘
二子玉川
玉川聖学院
東急大井町線
栗平
新百合ヶ丘
津田山
和光
武蔵溝ノ口
溝の口
田園調布
宮前平
多摩川
たまプラーザ
南武線
鶴川
柿生
武蔵新城
武蔵中原
東急田園都市線
武蔵小杉
玉川学園
あざみ野
玉川学園前
東海道新幹線
こどもの国
日吉
市が尾
東急東横線
青葉台
町田

東京都東部 私立・国公立中学校略地図（女子）

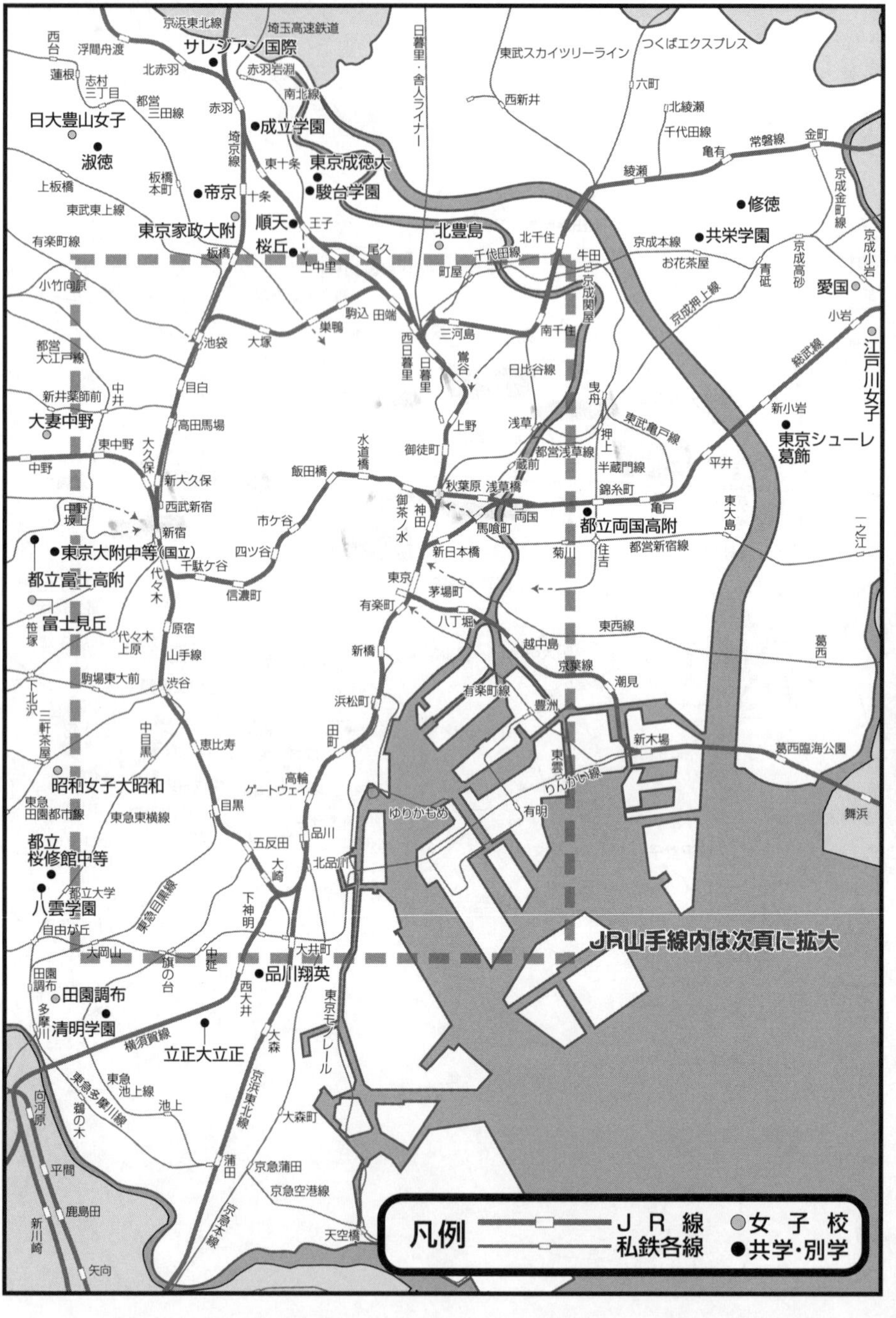

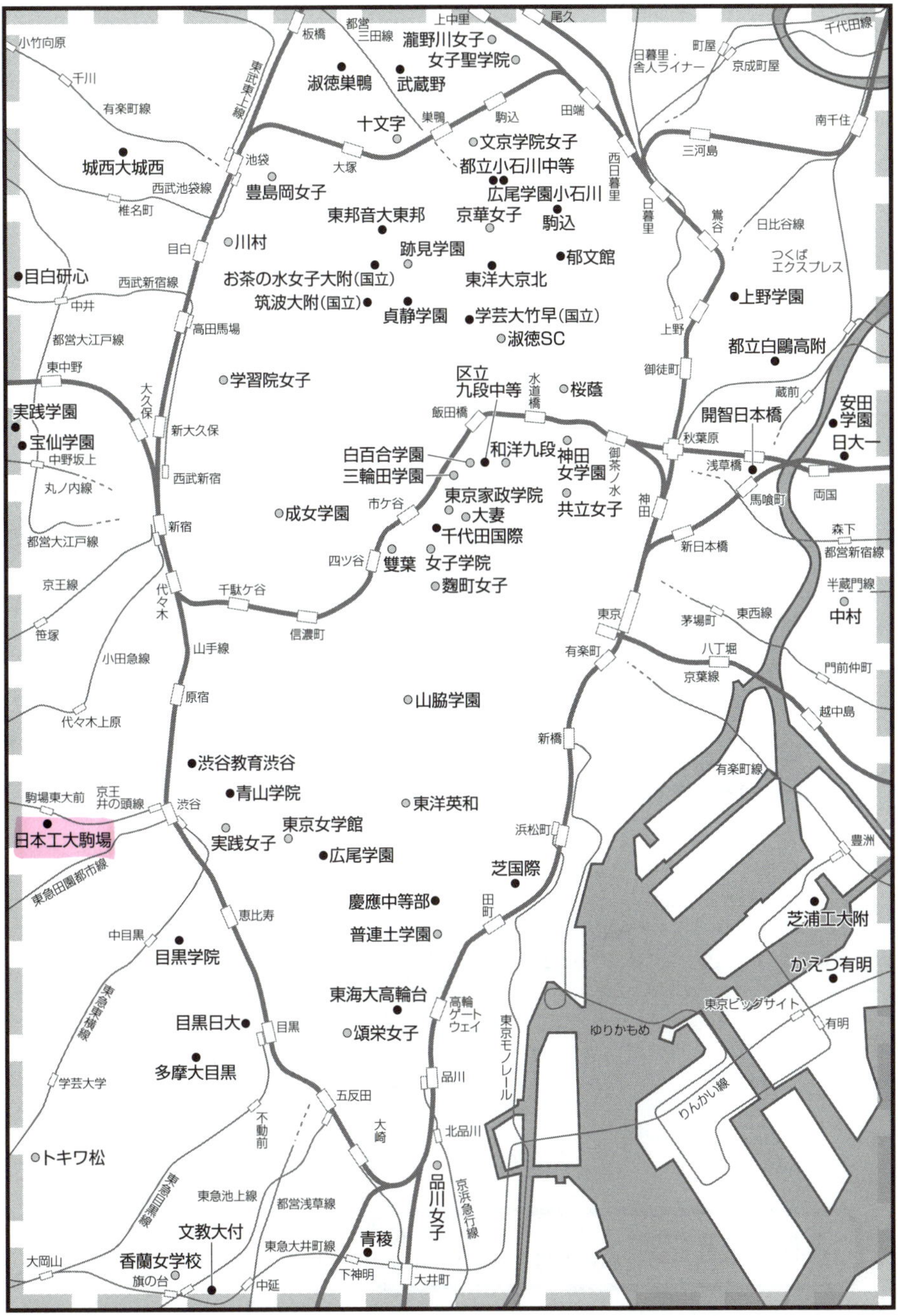
小竹向原
板橋
都営三田線
上中里
尾久
千代田線
瀧野川女子
女子聖学院
日暮里・舎人ライナー
町屋
京成町屋
千川
東武東上線
淑徳巣鴨
武蔵野
有楽町線
田端
南千住
十文字
巣鴨
駒込
城西大城西
池袋
大塚
文京学院女子
都立小石川中等
西日暮里
三河島
西武池袋線
豊島岡女子
広尾学園小石川
椎名町
東邦音大東邦
京華女子
駒込
日暮里
鶯谷
日比谷線
目白
川村
跡見学園
郁文館
つくばエクスプレス
目白研心
西武新宿線
お茶の水女子大附(国立)
東洋大京北
上野学園
中井
筑波大附(国立)
貞静学園
学芸大竹早(国立)
高田馬場
上野
淑徳SC
都営大江戸線
都立白鷗高附
東中野
御徒町
学習院女子
区立九段中等
水道橋
桜蔭
大久保
蔵前
実践学園
飯田橋
開智日本橋
安田学園
新大久保
宝仙学園
秋葉原
日大一
中野坂上
白百合学園
和洋九段
神田女学園
御茶ノ水
浅草橋
三輪田学園
西武新宿
丸ノ内線
東京家政学院
神田
馬喰町
両国
市ケ谷
共立女子
成女学園
大妻
新宿
千代田国際
都営大江戸線
新日本橋
森下
都営新宿線
四ツ谷
雙葉
女子学院
麴町女子
京王線
代々木
千駄ケ谷
半蔵門線
中村
茅場町
東西線
笹塚
信濃町
東京
有楽町
山手線
八丁堀
小田急線
京葉線
門前仲町
原宿
山脇学園
代々木上原
越中島
新橋
渋谷教育渋谷
有楽町線
駒場東大前
京王井の頭線
青山学院
渋谷
東洋英和
日本工大駒場
実践女子
東京女学館
浜松町
豊洲
広尾学園
東急田園都市線
芝国際
慶應中等部
田町
恵比寿
芝浦工大附
中目黒
普連土学園
目黒学院
かえつ有明
東海大高輪台
高輪ゲートウェイ
東京ビッグサイト
東急東横線
目黒日大
頌栄女子
ゆりかもめ
有明
目黒
東京モノレール
多摩大目黒
品川
学芸大学
五反田
りんかい線
大崎
不動前
北品川
トキワ松
品川女子
京浜急行線
東急目黒線
東急池上線
都営浅草線
文教大付
青稜
東急大井町線
大岡山
香蘭女学校
下神明
大井町
旗の台
中延

東京都西部 私立・国公立中学校略地図（男子）

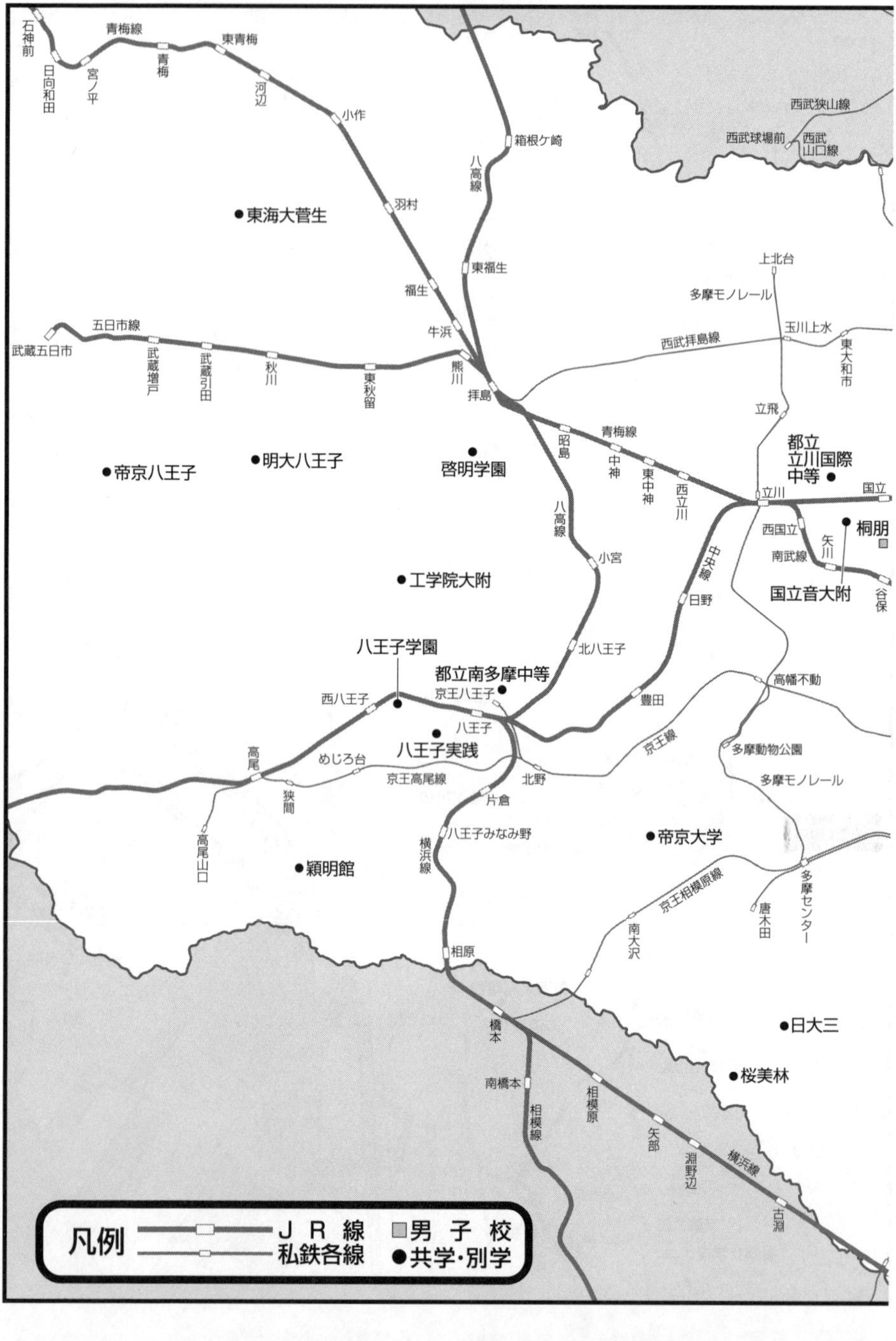

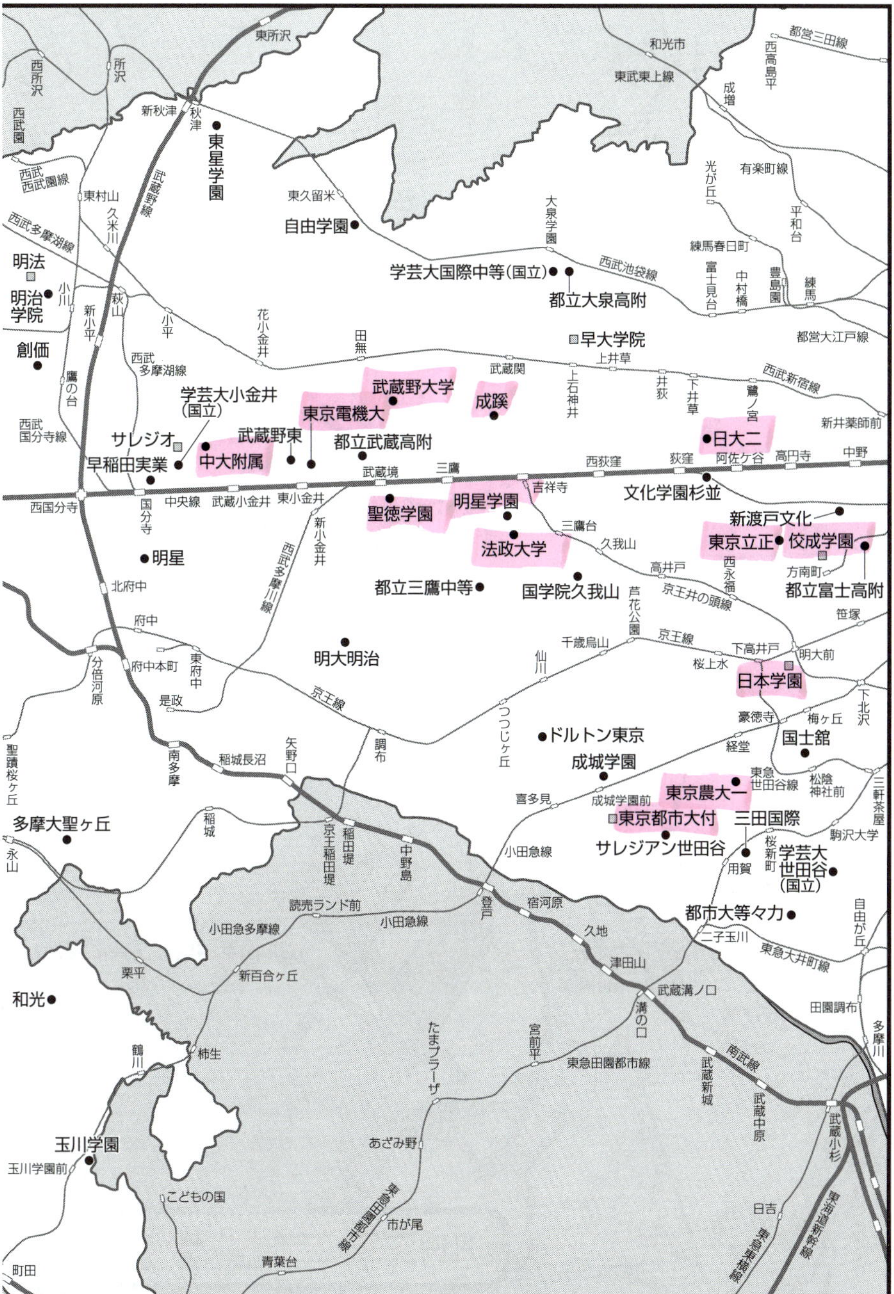
東所沢
和光市
都営三田線
西高島平
西所沢
所沢
東武東上線
成増
西武園
新秋津
秋津
東星学園
西武西武園線
武蔵野線
光が丘
有楽町線
東村山
東久留米
久米川
自由学園
大泉学園
平和台
西武多摩湖線
練馬春日町
明法
学芸大国際中等(国立)
西武池袋線
富士見台
中村橋
豊島園
練馬
明治学院
小川
萩山
都立大泉高附
新小平
小平
花小金井
都営大江戸線
創価
田無
早大学院
西武多摩湖線
上井草
鷹の台
武蔵関
上石神井
井荻
下井草
西武新宿線
武蔵野大学
学芸大小金井(国立)
成蹊
鷺ノ宮
東京電機大
西武国分寺線
新井薬師前
サレジオ
武蔵野東
日大二
都立武蔵高附
中大附属
早稲田実業
武蔵境
三鷹
西荻窪
荻窪
阿佐ケ谷
高円寺
中野
吉祥寺
文化学園杉並
西国分寺
中央線
武蔵小金井
東小金井
国分寺
聖徳学園
明星学園
新渡戸文化
新小金井
三鷹台
東京立正
佼成学園
法政大学
久我山
明星
西武多摩川線
西永福
方南町
都立富士高附
高井戸
都立三鷹中等
国学院久我山
芦花公園
京王井の頭線
北府中
笹塚
府中
京王線
千歳烏山
下高井戸
明大前
明大明治
仙川
桜上水
分倍河原
府中本町
東府中
日本学園
下北沢
是政
京王線
豪徳寺
梅ヶ丘
つつじヶ丘
ドルトン東京
国士館
矢野口
調布
経堂
聖蹟桜ヶ丘
南多摩
稲城長沼
成城学園
東急世田谷線
松陰神社前
三軒茶屋
東京農大一
喜多見
成城学園前
東京都市大付
三田国際
多摩大聖ヶ丘
稲城
京王稲田堤
稲田堤
中野島
駒沢大学
永山
小田急線
サレジアン世田谷
桜新町
用賀
学芸大世田谷(国立)
登戸
宿河原
読売ランド前
小田急線
都市大等々力
小田急多摩線
久地
二子玉川
自由が丘
東急大井町線
栗平
新百合ヶ丘
津田山
武蔵溝ノ口
和光
溝の口
田園調布
多摩川
たまプラーザ
宮前平
鶴川
柿生
東急田園都市線
南武線
武蔵新城
武蔵中原
武蔵小杉
あざみ野
玉川学園
玉川学園前
こどもの国
東急田園都市線
市が尾
日吉
東海道新幹線
東急東横線
青葉台
町田

東京都東部 私立・国公立中学校略地図（男子）

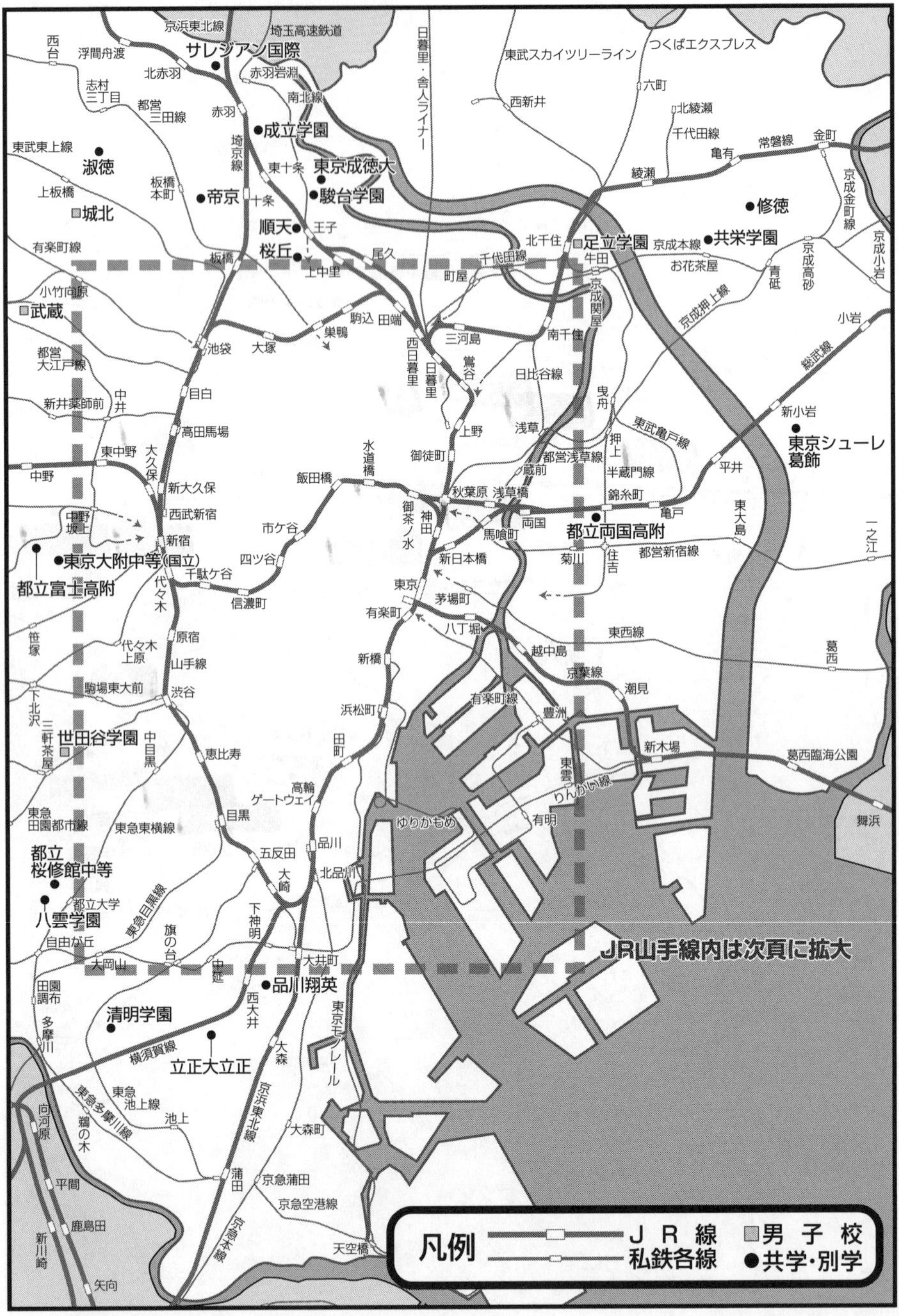

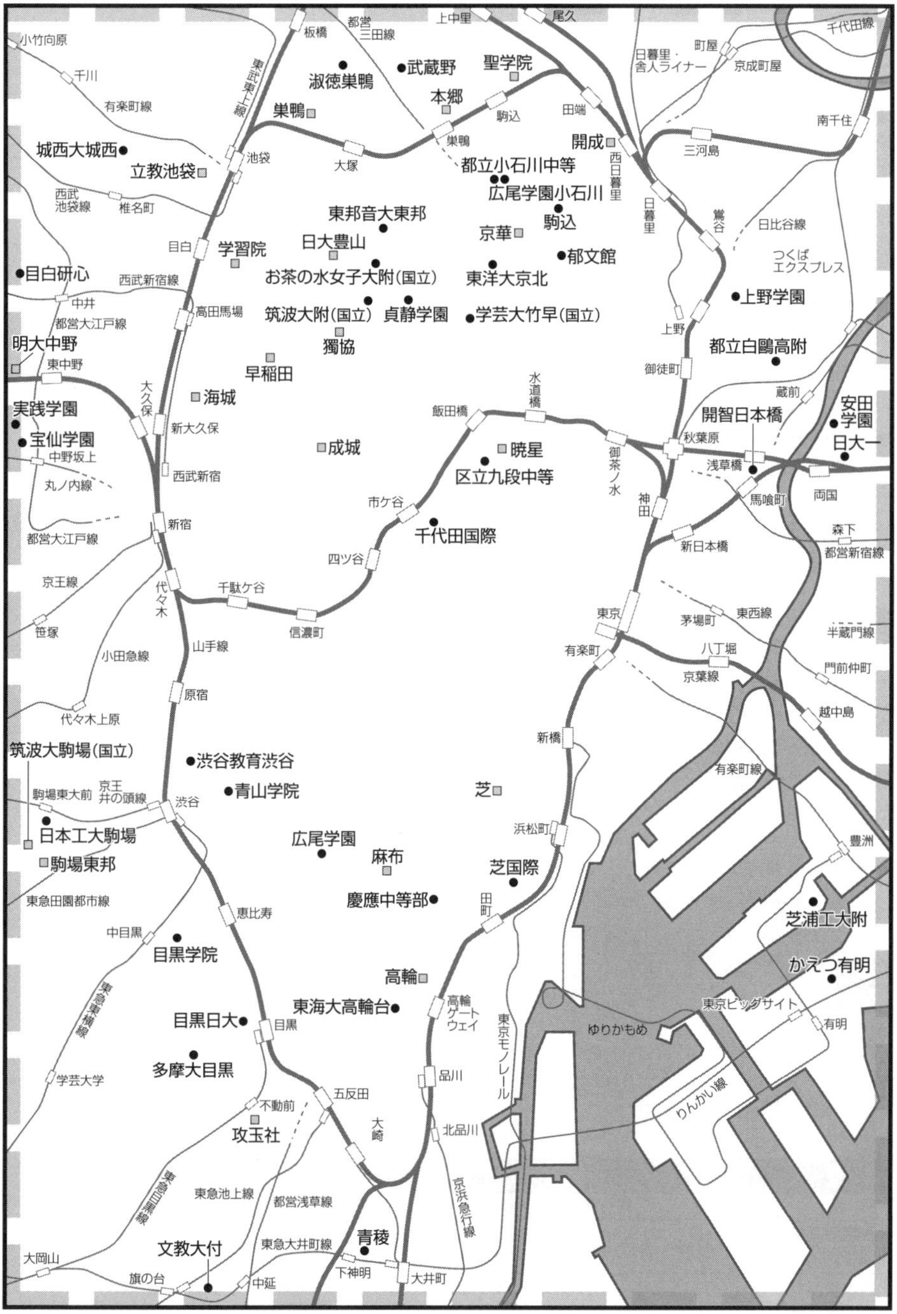

小竹向原
板橋
都営三田線
上中里
尾久
千代田線
千川
東武東上線
淑徳巣鴨
武蔵野
聖学院
日暮里・舎人ライナー
町屋
京成町屋
有楽町線
巣鴨
本郷
駒込
田端
南千住
城西大城西
池袋
大塚
巣鴨
開成
西日暮里
三河島
立教池袋
都立小石川中等
広尾学園小石川
西武池袋線
椎名町
東邦音大東邦
駒込
日暮里
鶯谷
日比谷線
京華
目白
学習院
日大豊山
郁文館
つくばエクスプレス
目白研心
西武新宿線
お茶の水女子大附(国立)
東洋大京北
上野学園
中井
高田馬場
筑波大附(国立)
貞静学園
学芸大竹早(国立)
都営大江戸線
獨協
上野
明大中野
都立白鷗高附
東中野
早稲田
御徒町
水道橋
蔵前
大久保
海城
安田学園
実践学園
飯田橋
開智日本橋
新大久保
宝仙学園
成城
暁星
御茶ノ水
秋葉原
日大一
中野坂上
区立九段中等
浅草橋
西武新宿
丸ノ内線
市ケ谷
神田
馬喰町
両国
新宿
千代田国際
森下
都営大江戸線
新日本橋
都営新宿線
四ツ谷
京王線
代々木
千駄ケ谷
東京
茅場町
東西線
笹塚
信濃町
半蔵門線
山手線
有楽町
八丁堀
小田急線
京葉線
門前仲町
原宿
越中島
代々木上原
新橋
筑波大駒場(国立)
渋谷教育渋谷
有楽町線
駒場東大前
京王井の頭線
渋谷
青山学院
芝
日本工大駒場
浜松町
豊洲
広尾学園
麻布
駒場東邦
芝国際
東急田園都市線
慶應中等部
田町
芝浦工大附
恵比寿
中目黒
目黒学院
かえつ有明
高輪
東急東横線
東海大高輪台
高輪ゲートウェイ
東京ビッグサイト
目黒日大
目黒
東京モノレール
ゆりかもめ
有明
多摩大目黒
学芸大学
品川
りんかい線
五反田
不動前
大崎
攻玉社
北品川
東急目黒線
東急池上線
都営浅草線
京浜急行線
青稜
文教大付
東急大井町線
大岡山
下神明
大井町
旗の台
中延

高校募集 あり 高1より全体が混合。 高1内訳 一貫生 10名 112名 高入生

愛国中学校

〒133−8585　東京都江戸川区西小岩 5−7−1　☎03−3658−4111

国際 / 海外研修 / 長期留学 / 第2外国語 / online英会話 / 21型 / 1人1台端末 / リモート体制 / プロジェクト型 / 論文執筆 / STEAM / 情操 / 体験学習 / ボランティア / 人間力育成

建学の精神▶社会人としては経済的に独立し，家庭人としては美しい情操と強い奉仕心とをもって一家幸福の源泉となる、健全な精神と身体とを備えた女子の育成を目的とする。

沿革▶1939年，出版業をしていた織田小三郎・淑子により愛国女子商業学校として開校。

施設▶講堂，茶室，調理実習室，看護実習室，生徒銀行，広報室，プール，グラウンド，他。

学校長▶織田　奈美

生徒数▶総数35名

	1年（1クラス）	2年（1クラス）	3年（1クラス）
女子	14名	10名	11名

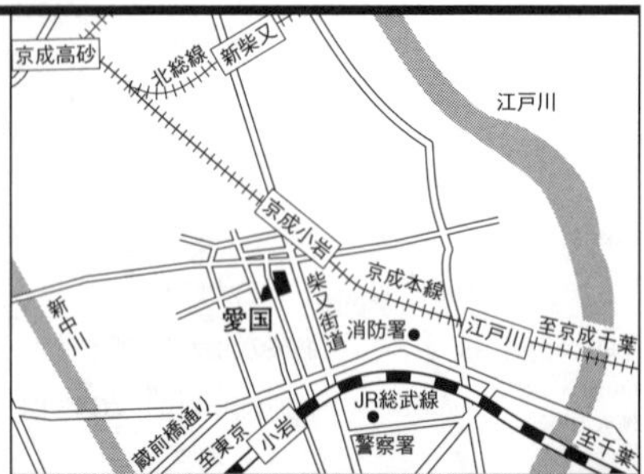

京成本線—京成小岩３分
JR—小岩10分　北総線—新柴又13分
3分

女子校らしい穏やかで落ち着いた雰囲気

校訓である「親切正直」に基づいた道徳教育を実践。少人数制により一人ひとりの力を伸ばす，きめ細かな指導を行う。高校では職業教育に力を入れている。

学習 中高一貫教育を生かしたカリキュラムを実践。中学校で基礎学力を修得し，高校から普通科（一般教養・進学コース）・商業科（会計・情報処理コース）・家政科・衛生看護科の４つの学科で専門的に学習する。英会話の授業は週１時間で，英検にも積極的にチャレンジ。技術・家庭ではコンピュータの授業が３年間必修で，高校の情報処理コースの教員が指導する。中３と高３の希望者を対象にホームステイや観光を体験するアメリカ研修旅行を実施。

キャリア教育 普通科の高１は，商業科と共通履修で簿記を勉強し，３級取得をめざす。

● **コース表**

中1	中2	中3	高1	高2	高3
共	通	履	修		
			普通科〈一般教養／進学〉 商業科〈会計／情報処理〉 家政科 衛生看護科		

商業科では，貯蓄教育の場として伝統ある「生徒銀行」で，実際に生徒から預かった貯金で銀行業務を行う。家政科では卒業と同時に調理師の免許を取得できる。衛生看護科では，卒業時に准看護師試験の受験資格が与えられ，毎年全員が合格している。

学校生活 「生徒銀行祭」では講演会や標語コンクールの発表などが開催される。部活動は，バトン・合気道・箏曲・なぎなた・調理などが中高合同で活動中。

保護者MEMO

登校時刻▶８：30
最終下校時刻▶18：30
土曜日▶隔週登校。登校日は平常授業４時間
昼食▶食堂/食品販売あり
携帯電話▶許可制
制服▶セーラー
自転車通学▶可
カウンセラー▶なし
保護者面談▶年２回
保護者会▶年２回
必修旅行▶奈良・京都・大阪（中２），他
部活動▶活動日は部による

学費　　初年度目安 105万円

（単位：円）	入学金	施設費	授業料	その他	合計
入学手続時	250,000	—	—	—	250,000
1年終了まで	—	100,000	300,000	400,000	800,000

［その他］制服・指定品代，実習費・諸経費，教科書代・教材費，修学旅行費等積立金，学友会・母師会費。
［寄付・学債］なし。
※上記は'22年度のもの。新年度について詳細は「受験生応援アプリ」にて公開（2023年５月〜）。

●**奨学金・特待生**
入学金

首都圏模試　思考コード （単位：%）

読み取る力						
複雑 3 / 2 / 単純 1	データなし					
考える力	A	B	C	A	B	C

A=知識・理解思考　B=論理的思考　C=創造的思考

2024年度入試　合格の基準

	首都圏模試 ほぼ確実	首都圏模試 見込あり	四谷大塚 ほぼ確実	四谷大塚 見込あり
女子〈①〉	37	30	—	—
		やや見込あり 25		やや見込あり —

ほぼ確実＝80%～／見込あり＝50～79%／やや見込あり＝20～49%

入試要項　2023年度参考　新年度日程はアプリへGO!　2科

試験名	試験日 ◎午後入試	出願締切 Web	発表 Web	手続 振・窓	選抜方法 2科	4科	適	英	他	面接	特待	募集数	応募数	受験数	合格数	実質倍率	偏差値
①	2/1	1/31	当日	2/2	●					＊	●	40	33	30	20	1.5	37
②	2/2	2/1	当日	2/3	●					＊	●	10					37
③	2/3	2/2	当日	2/4	●					＊	●	10					37

＊保護者同伴面接

【出願方法】 Web出願
【手続方法】 振込のうえ，窓口手続
【受験料】 20,000円

【帰国生入試】 —

中学受験のプロがおすすめ！　併願校の例

特色	キャリア教育	ボランティア活動	礼儀・マナー	実学重視
♠男子校 ♥女子校 ♣共学・別学校	♥中村	♥女子聖学院	♥和洋国府台	♥東京家政学院
	♥京華女子	♥神田女学園	♥和洋九段	♥北豊島
	♥淑徳SC	♥川村	♥瀧野川女子	♥成女学園

併設高校の進路情報

四年制大学進学率10.8%
文系・理系割合 非公表

内部推薦▶愛国学園大学へ２名（人間文化），愛国学園短期大学へ21名，愛国学園保育専門学校へ12名，愛国高等学校衛生看護専攻科へ34名が内部推薦で進学した。

'22年３月卒業生：120名

大学13名　短大22名　専門77名　就職５名　他３名

主な大学合格状況　'23年春については主要大学のみ巻末一覧に記載

大学名	'22	'21	'20	大学名	'22	'21	'20	大学名	'22	'21	'20
共立女子大	0	0	1	東京未来大	1	1	1				
東京工科大	0	0	1	横浜創英大	0	1	0				
文京学院大	0	0	2	愛国学園大	2	3	3				
女子美大	1	0	0	川村学園女子大	0	0	1				
和洋女子大	0	0	6	千葉経済大	0	0	1				
千葉商大	2	3	4	明海大	0	1	0				
聖徳大	0	1	0	日本保健医療大	0	0	2				
十文字学園女子大	0	0	1	平成国際大	1	0	0				
東京医療学院大	0	0	1								
東京聖栄大	0	0	1								

※各大学合格数は既卒生との合計。

見学ガイド　体育祭／文化祭／説明会／個別見学対応

跡見学園(あとみがくえん)中学校

〒112－8629　東京都文京区大塚１－５－９　☎03－3941－8167（代表）·9548（入試広報室）

国際 / 海外研修 / 長期留学 / 第２外国語 / online英会話 / 21型 / 1人1台端末 / リモート体制 / プロジェクト型 / 論文執筆 / STEAM / 情操 / 体験学習 / ボランティア / 人間力育成

教育理念▶学問や芸術を通じて豊かな情操を育み，高い知性と幅広い教養を養う。自律し自立した女性を育成する。
沿革▶1875年，跡見花蹊が前身となる跡見学校を開校。1947年跡見学園中学部を設立。
施設▶記念講堂，作法室（和室），パソコン実習室，理科実験室，図書館（８万冊），カウンセリング室，屋内プール，グラウンド，他。
学校長▶松井　真佐美
生徒数▶総数738名

	1年（7クラス）	2年（7クラス）	3年（6クラス）
女子	253名	240名	245名

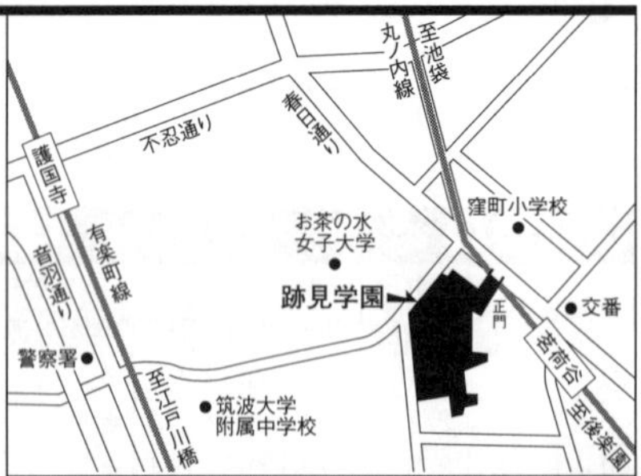

丸ノ内線―茗荷谷２分
有楽町線―護国寺８分
🚶2分

「しなやかで凜とした女性」を育てる

本物に触れながら高い学力と豊かな情操を育み，コミュニケーション能力を向上。きめ細やかな学習指導を通して，一人ひとりの希望に応える教育を実践する。

学習 週６コマの英語の授業で４技能をバランスよく学ぶ。オンライン英会話も導入して実践的なコミュニケーション能力を伸ばす。一定レベルの英語力をもつ生徒は取り出し授業で発展的学習を行う。「本物に触れる学び」として様々な探究型創造学習を用意。中１から戦争・平和についての学習を行い，その一環として生徒自身が興味のあるSDGsテーマに合わせて広島・九州・沖縄から選択する探究旅行を中３で実施する。希望制で中学はニュージーランド体験留学，高校ではオーストラリアへの語学研修とターム留学がある。

●コース表

中1	中2	中3	高1	高2	高3
		選抜クラス	選抜クラス	理系	理系
共通履修	共通履修	共通履修	共通履修	文系	文系

※高２に難関大学受験クラスを設置

キャリア教育 ６年間の成長に合わせた段階的な指導で，各自の希望進路実現をめざす。手帳で自己管理力を育成。中３で職業調べを行ってレポートを作成し，高１で発表する。社会で活躍する卒業生の講演も行う。

学校生活 人間関係の築き方を学ぶ機会としてソーシャルスキルワーク実習を導入。書道の授業では，創始者の書「跡見流」を学ぶ。放課後プログラムでは茶道，華道，箏曲を専門家から習うことができる。

保護者MEMO

登校時刻▶8：10
最終下校時刻▶17：30
土曜日▶毎週登校。平常授業４時間
昼食▶弁当/食品販売あり
携帯電話▶可
制服▶ブレザー
自転車通学▶不可
カウンセラー▶週５日
保護者面談▶年１回
保護者会▶年２～３回
必修旅行▶京都·奈良（高２）
部活動▶活動日は部による

学費　初年度目安 150万円

（単位:円）	入学金	施設費	授業料	その他	合計
入学手続時	250,000	―	―	―	250,000
1年終了まで	―	200,000	550,000	503,411	1,253,411

●奨学金・特待生
入学年度授業料半額（進級時再審査）

［その他］制服・指定品代，教育充実費，模試・教材費，学年行事費，サイエンス探究教室費，PTA会費，校友会費，後援会費，生徒会費。
［寄付・学債］任意の寄付金１口15万円以上，跡見さくら咲く募金１口１万円以上あり。
※上記は'22年度のもの。新年度について詳細は「受験生応援アプリ」にて公開（2023年５月～）。

首都圏模試 思考コード （単位：%）

〈一般第１回〉

読み取る力 ＼ 考える力	国語 A	国語 B	国語 C	算数 A	算数 B	算数 C
複雑 3						
2	8	8		75		
単純 1	20	64		15	10	

A=知識・理解思考　B=論理的思考　C=創造的思考

2024年度入試 合格の基準

	首都圏模試 ほぼ確実	首都圏模試 見込あり	首都圏模試 やや見込あり	四谷大塚 ほぼ確実	四谷大塚 見込あり	四谷大塚 やや見込あり
女子〈一般①〉	50	46	43	42	39	35

ほぼ確実＝80%～／見込あり＝50～79%／やや見込あり＝20～49%

入試要項 2023年度参考　新年度日程はアプリへGO!

2科　4科　適性型　英　他

試験名		試験日 ◎午後入試	出願締切 Web	発表 Web	手続 Web	2科	4科	適	英	他	面接	特待	募集数	応募数	受験数	合格数	実質倍率	偏差値
一般	①	2/1	1/30	当日	2/6延	●	●						70	203	189	96	2.0	50
一般	②	2/2	2/1	当日	2/6延	●	●						60	342	217	82	2.6	50
特待	①	2/1 ◎	1/30	当日	2/6延	●						●	50	325	304	155	2.0	60
特待	②	2/2 ◎	2/1	当日	2/6延	●						●	40	307	217	90	2.4	60
特待	③ 思考力	2/4	2/3	当日	2/6延			＊1				●	20	125	83	37	2.2	55
特待	③ 英語	2/4	2/3	当日	2/6延				＊2	＊2	＊2	●	20	21	15	9	1.7	50
特待	④	2/5	2/4	当日	2/6延	●	●					●	20	342	188	91	2.1	57

＊1　思考力入試：漢字力・計算力＋思考力　＊2　英語コミュニケーションスキル入試：漢字力・計算力＋英語筆記＋英語面接（個人）
※特待②は国語重視型入試

【出願方法】 Web出願
【手続方法】 書類受取のうえ，Web納入。書類提出時に通知表コピーを提出。都立中高一貫校受検者は2/9まで延納可
【受験料】 25,000円（同時出願は２回35,000円，３回45,000円，４回50,000円，５回55,000円，６回60,000円）

【帰国生入試】 12/19（10名募集）

中学受験のプロがおすすめ！ 併願校の例

特色	伝統文化教育	ICT教育	STEAM教育	英語（選択）入試
♠男子校 ♥女子校 ♣共学・別学校	♥大妻中野	♥光塩女子	♥江戸川女子	♥山脇学園
	♥十文字	♥三輪田学園	♥実践女子	♥女子聖学院
	♥京華女子	♥和洋九段	♥和洋国府台	♥神田女学園

併設高校の進路情報

四年制大学進学率91.8%
文系78／理系22／その他０（%）　医歯薬16名合格

内部推薦▶跡見学園女子大学へ39名（文９，マネジメント16，観光コミュニティ８，心理６）が内部推薦で合格した。

指定校推薦▶利用状況は慶應大１，上智大２，東京理科大２，学習院大７，明治大１，青山学院大４，立教大３，中央大２，法政大１，成蹊大１，成城大１，明治学院大２，東京女子大２，北里大１，東京薬科大１など。ほかに日本大など推薦枠あり。

海外大学合格状況▶King's College London（英），他。

'22年３月卒業生：220名

大学202名　短大３名　専門３名　就職０名　他12名

主な大学合格状況　'23年春については主要大学のみ巻末一覧に記載

大学名	'22	'21	'20	大学名	'22	'21	'20	大学名	'22	'21	'20
◇千葉大	0	0	1	明治大	11	7	7	明治学院大	5	14	8
◇筑波大	0	0	1	青山学院大	11	7	7	獨協大	18	10	3
◇東京医歯大	0	1	0	立教大	16	27	10	津田塾大	3	3	4
◇滋賀大	1	0	0	中央大	8	6	4	東京女子大	15	10	11
◇埼玉県立大	0	1	0	法政大	10	6	2	日本女子大	16	17	14
早稲田大	1	9	4	日本大	16	23	25	共立女子大	15	13	28
慶應大	2	2	1	東洋大	23	41	34	白百合女子大	5	11	9
上智大	4	17	3	専修大	6	15	6	杏林大	2	8	9
東京理科大	2	2	2	帝京大	6	15	12	昭和女子大	30	15	11
学習院大	15	9	8	成城大	6	6	9	跡見学園女子大	55	43	53

※各大学合格数は既卒生との合計。

見学ガイド 文化祭／説明会／見学会

江戸川女子（えどがわじょし）中学校

〒133－8552　東京都江戸川区東小岩 5－22－1　☎03－3659－1241

国際 / 海外研修 / 長期留学 / 第2外国語 / online英会話 / 21型 / 1人1台端末 / リモート体制 / プロジェクト型 / 論文執筆 / STEAM / 情操 / 体験学習 / ボランティア / 人間力育成

教育理念▶誠実・明朗・喜働を3つの柱に，自立できる，教養ある堅実な女性の育成をめざす。
沿革▶1931年創立。中学校は1987年に開校。2022年新校舎（高3専用棟）完成。
施設▶大ホール，和室，自習室，図書室（2.7万冊），アリーナ，庭園，グラウンド，武道場，他。
学校長▶菊池　今次
生徒数▶総数543名

	1年（5クラス）	2年（6クラス）	3年（5クラス）
女子	174名	190名	179名

JR―小岩10分
京成本線―江戸川15分
10分

より豊かな女性としての品性と理性の涵養に力を注ぐ

2022年度は新校舎が完成し，制服もリニューアル。快適に過ごせるように整備された環境のもと，生徒と先生が共に敬愛し合い，人間的向上を図る。

学習 45分1コマの細分化授業と，45分2コマの連続展開授業を使いわけ，集中力と実践力をつける。6年間を通して英語教育に重点をおき，使える英語と受験英語の両方をしっかりと習得する。国際コースでは，国際社会に通ずるコミュニケーション力，グローバルに対応できる柔軟な思考力を育成する。少人数・レベル別授業を行い，音楽・美術はネイティヴ教員とのティームティーチング指導を実践。中学3年間，情操教育の一環として華道・茶道・箏曲・弦楽を学ぶ。タブレット端末も導入し，課題提出や発表で有効に活用する。

●**コース表**

中1	中2	中3	高1	高2	高3
一般		一般		希望進路に応じた選択制	
		選抜			
国際		国際			

キャリア教育 「生徒の夢を実現する」を基本スタンスに，画一的ではない指導を実施。中1・中2で「自分史」の作成・発表や職業研究，中3・高1では大学訪問，大学研究，進路新聞の作成・発表を行う。また中3では自ら設定したテーマをもとに3,000字の論文を作成し，一冊の本にまとめる。

学校生活 文科系，体育系を合わせて35のクラブがあり，陸上部，モダンダンス部，バトン部などが全国大会へ出場。

保護者MEMO

登校時刻▶8：30
最終下校時刻▶18：00
土曜日▶毎週登校。平常授業4時間
昼食▶食堂/食品販売あり
携帯電話▶許可制
制服▶ブレザー
自転車通学▶可
カウンセラー▶週4回
保護者面談▶年1回
保護者会▶年2回
必修旅行▶奈良・京都（中3），他。
部活動▶中学は週4回

学費　初年度目安 140万円

（単位:円）	入学金	施設費	授業料	その他	合計
入学手続時	300,000	―	―	―	300,000
1年終了まで	―	72,000	468,000	558,501	1,098,501

●**奨学金・特待生**
A：入学金，授業料1年間／B：入学金

［その他］制服・指定品代，修学旅行費，維持費，諸経費，タブレットPC，生徒会費，後援会費。
※授業料：上記は一般。国際（Standard Class）49.2万円，（Advanced Class)52.8万円。
［寄付・学債］なし。
※上記は'22年度のもの。新年度について詳細は「受験生応援アプリ」にて公開（2023年5月～）。

首都圏模試　思考コード　(単位：%)

読み取る力＼考える力	〈第1回〉国語 A	国語 B	国語 C	算数 A	算数 B	算数 C
複雑 3						
2	4	4		45	15	
単純 1	20	72			40	

A=知識・理解思考　B=論理的思考　C=創造的思考

2024年度入試　合格の基準

		首都圏模試 ほぼ確実	首都圏模試 見込あり	四谷大塚 ほぼ確実	四谷大塚 見込あり
女子	〈4科①〉	54	50	42	39
			やや見込あり 45		やや見込あり 35

ほぼ確実＝80%～／見込あり＝50～79%／やや見込あり＝20～49%

入試要項　2023年度参考　新年度日程は アプリへGO!　2科　4科　英

試験名		試験日 ◎午後入試	出願締切 Web	発表 Web	手続 Web	選抜方法 2科	4科	適	英	他	面接	特待	募集数	応募数	受験数	合格数	実質倍率	偏差値
4科	①	2/1	1/31	当日	2/7		●					●	200	136	132	80	1.7	54
	②	2/2	2/1	当日	2/7		●					●		74	61	33	1.8	52
	③	2/3	2/2	当日	2/7		●					●		53	37	18	2.1	54
AO		2/1 ◎	1/31	当日	2/7	＊1			＊1			●		168	162	99	1.6	56
一般英語特化型		2/2	2/1	当日	2/7				＊2		＊2	●		7	7	7	1.0	—
2科		2/2 ◎	2/1	当日	2/7	●						●		89	71	44	1.6	56
帰国生英語特化型		11/23	11/22	当日	1/28				＊2		＊2	●		18	16	14	1.1	—
帰国生基礎学力型		11/23 ◎	11/22	当日	1/28	＊1			＊1			●		20	19	16	1.2	—

＊1　国算基礎学力の2科，または英語（リスニング含む。英検3級程度）＋国算基礎学力の3科
＊2　国際コース対象。英語筆記（Reading,Grammar&Vocrabulary＋Listening&Writng　英検2級レベル）。日本語と英語による面接
※通知表のコピー。外部団体の学力データを示す資料（コピー）を提出できる場合は得点優遇あり

【出願方法】 Web出願後，書類を当日持参
【手続方法】 Web納入。国公立一貫校受検者のみ延納可
【受験料】 23,000円

【帰国生入試】 上記に記載

中学受験のプロがおすすめ！ 併願校の例

特色	国際コース	芸術教育(音楽)	論文(自由研究)	留学制度
♠男子校 ♥女子校 ♣共学・別学校	♥山脇学園	♥共立女子	♣安田学園	♣かえつ有明
	♥大妻中野	♥跡見学園	♥三輪田学園	♥実践女子
	♥麴町女子	♥中村	♥和洋国府台	♥十文字

併設高校の進路情報

四年制大学進学率92.1%
文系67／理系32／その他1（%）　医歯薬33名合格

内部推薦▶江戸川大学への推薦制度があるが，例年利用者なし。

指定校推薦▶利用状況は早稲田大3，慶應大1，上智大4，東京理科大1，学習院大1，明治大2，青山学院大3，立教大5，中央大1，法政大1，明治学院大2，津田塾大1，東京女子大1，武蔵大1，東京経済大1，聖心女子大1，白百合女子大1，東京慈恵会医大1，北里大1，東邦大3，昭和女子大1など。

'22年3月卒業生：305名　大学281名　短大0名　専門2名　就職2名　他20名

主な大学合格状況　'23年春については主要大学のみ巻末一覧に記載

大学名	'22	'21	'20	大学名	'22	'21	'20	大学名	'22	'21	'20
◇東京大	0	1	0	早稲田大	21	4	24	日本大	27	28	50
◇東工大	0	0	1	慶應大	12	5	6	東洋大	35	12	30
◇一橋大	1	1	0	上智大	27	19	16	成城大	8	7	19
◇千葉大	13	13	6	東京理科大	17	19	29	明治学院大	17	11	13
◇筑波大	4	5	3	学習院大	19	12	21	津田塾大	14	5	10
◇東京外大	4	2	4	明治大	38	17	39	東京女子大	26	17	22
◇埼玉大	2	1	1	青山学院大	11	13	22	日本女子大	43	20	42
◇北海道大	2	2	0	立教大	40	23	44	共立女子大	19	27	38
◇東京医歯大	1	1	1	中央大	17	11	15	北里大	8	7	18
◇茨城大	3	1	2	法政大	27	23	30	東邦大	36	28	34

※各大学合格数は既卒生との合計。

見学ガイド　文化祭／学校説明会／オープンキャンパス／個別見学対応

桜蔭中学校

〒113−0033　東京都文京区本郷1−5−25　☎03−3811−0147

国際 海外研修 長期留学 第2外国語 online英会話 21型 1人1台端末 リモート体制 プロジェクト型 論文執筆 STEAM 情操 体験学習 ボランティア 人間力育成

教育理念▶時代に適応した学習と道徳の指導を行い，建学の精神である「礼と学び」の心を養い，品性と学識を備えた人間形成をする。

沿革▶1924年，桜蔭会（お茶の水女子大学の前身である東京女子高等師範学校の同窓会）により創立。2023年に東館建替完成予定。

施設▶講堂，礼法室，図書室，体育館，天体観測ドーム，屋内プール，グラウンド，浅間山荘，他。

学校長▶齊藤　由紀子

生徒数▶総数704名

	1年（5クラス）	2年（5クラス）	3年（5クラス）
女子	235名	237名	232名

都営三田線―水道橋5分　JR―水道橋7分
丸ノ内線・都営大江戸線―本郷三丁目8分　5分

責任を重んじる「よき社会人」を育てる

「勤勉・温雅・聡明であれ」「責任を重んじ，礼儀を厚くし，よき社会人であれ」という校訓のもと，寛容さをもった女性となるよう何ごとにも真摯に取り組む。

学習 読書や友人との議論，実験など，自ら学習を深めていく体験を大切にする。英語はオンライン英会話，スキットなどを取り入れ,積極的に話す機会を設ける。中2の6・10月には，毎週土曜日に校外にあるひばりが丘運動場で体を鍛える。中3で自由研究に取り組む。日頃興味を持っていることや不思議に思っていることをテーマに，資料・文献を集めて実験・調査し，8,000～16,000字の論文を作成。校内で全作品の展示や代表の発表を行い，全員の研究の要約が1冊の本にまとめられる。中1・高1は2泊3日の浅間山荘合宿を行い自然観察や歴史文化について学ぶ。

キャリア教育 様々な分野で活躍する卒業生を招き，キャリア教育講演会を実施。進路を決定するヒントを得る機会としている。また，大学や企業との連携など，広く学び，経験を広げる機会も設けている。

学校生活 中学では礼法の授業があり，周囲への思いやりと優雅な立ち居振る舞いを身につける。クラブ活動への参加は必修で中1～高2まで共に活動している。

●コース表

中1	中2	中3	高1	高2	高3
共通履修				文系・理系 各進路に応じた 科目選択制	

保護者MEMO

登校時刻▶8：20
最終下校時刻▶17：00
土曜日▶毎週登校。平常授業4時間
昼食▶弁当/食品販売あり
携帯電話▶許可制
制服▶ブレザー
自転車通学▶不可
カウンセラー▶週5日
保護者面談▶年1回
保護者会▶年3回
必修旅行▶東北（中3），京都・奈良（高2）
部活動▶活動日は部による

学費

初年度目安　126万円

（単位:円）	入学金	施設費・教育充実費	授業料	その他	合計
入学手続時	380,000	—	—	—	380,000
1年終了まで	—	192,000	447,600	239,450	879,050

●奨学金・特待生
なし

［その他］制服・指定品代，端末購入・保守費，生徒会費，PTA会費，PTA入会金。※別途修学旅行費等あり。

［寄付・学債］任意の寄付金1口10万円2口以上，東館建替資金募金1口1万円2口以上あり。

※上記は'22年度のもの。新年度について詳細は「受験生応援アプリ」にて公開（2023年5月～）。

首都圏模試 思考コード (単位:%)

〈入学試験〉

読み取る力 \ 考える力	国語 A	国語 B	国語 C	算数 A	算数 B	算数 C	理科 A	理科 B	理科 C	社会 A	社会 B	社会 C
複雑 3		24		5	31		20			2		
2	20	50		6	31		32			33	15	
単純 1		6			27		16	32		50		

A=知識・理解思考　B=論理的思考　C=創造的思考

2024年度入試 合格の基準

	首都圏模試 ほぼ確実	首都圏模試 見込あり	首都圏模試 やや見込あり	四谷大塚 ほぼ確実	四谷大塚 見込あり	四谷大塚 やや見込あり
女子〈入学試験〉	77	74	71	71	67	62

ほぼ確実=80%～／見込あり=50～79%／やや見込あり=20～49%

入試要項 2023年度参考　新年度日程は アプリへGO!　4科

試験名	試験日 ◎午後入試	出願締切 Web	発表 Web	手続 Web	選抜方法 2科	4科	適	英	他	面接	特待	募集数	応募数	受験数	合格数	実質倍率	偏差値
入学試験	2/1	1/16	2/2	2/3		●				＊		235	629	607	290	2.1	77

＊グループ面接　※通知表コピー

【出願方法】 Web出願
【手続方法】 Web納入後，合格者保護者会に出席すること
【受験料】 25,000円

【帰国生入試】 —

受験情報

国語，算数では，Bの問題が8割以上を占めます。特にB2，B3が多いため，高度な論理的思考力が求められます。一方，理科，社会ではAの問題が中心となるため，知識や技術の正確な再現力が必要となります。

年度	募集数	応募数	受験数	合格数	実質倍率	偏差値
'22	235	557	534	282	1.9	77
'21	235	581	561	283	2.0	77
'20	235	555	532	283	1.9	77

中学受験のプロがおすすめ! 併願校の例

特色	礼儀・マナー	論文(自由研究)	高校募集なし	進学先(医学部)
♠男子校	♥浦和明の星	♣渋谷教育幕張	♣渋谷教育渋谷	♥豊島岡女子
♥女子校	♥東洋英和	♣広尾学園	♥洗足学園	♣東邦大東邦
♣共学・別学校	♥学習院女子	♥頌栄女子	♥鷗友女子	♥白百合学園

併設高校の進路情報

四年制大学進学率74.6%
文系31／理系68／その他1(%)　医歯薬137名合格

指定校推薦▶利用状況は早稲田大2など。ほかに慶應大，東京理科大，学習院大，中央大，国際基督教大，獨協大，芝浦工大，東京都市大，東洋英和女学院大など推薦枠あり。

海外大学合格状況▶University of London(英)，他。

'22年3月卒業生：228名　大学170名　他58名
短大0名　専門0名　就職0名

主な大学合格状況　'23年春については主要大学のみ巻末一覧に記載

大学名	'22	'21	'20	大学名	'22	'21	'20	大学名	'22	'21	'20
◇東京大	77	71	85	◇防衛医大	12	12	3	立教大	15	15	17
◇京都大	2	4	2	◇東京農工大	1	6	3	中央大	29	27	39
◇東工大	2	3	6	◇お茶の水女子大	6	7	6	法政大	12	4	16
◇一橋大	2	5	5	◇横浜市大	1	6	5	日本大	11	9	24
◇千葉大	8	10	11	早稲田大	126	147	156	津田塾大	4	1	7
◇筑波大	2	3	7	慶應大	111	91	99	東京女子大	5	2	3
◇横浜国大	3	4	3	上智大	47	59	48	東京慈恵会医大	15	23	20
◇北海道大	2	3	0	東京理科大	74	49	86	日本医大	19	24	12
◇東北大	4	2	3	明治大	42	48	80	国際医療福祉大	14	13	17
◇東京医歯大	11	18	10	青山学院大	14	13	8	順天堂大	15	24	24

※各大学合格数は既卒生との合計。

見学ガイド 文化祭／説明会

鷗友学園女子中学校

おうゆうがくえんじょし

〒156－8551　東京都世田谷区宮坂１－５－30　☎03－3420－0136

国際　海外研修　長期留学　第２外国語　online英会話　21型　1人1台端末　リモート体制　プロジェクト型　論文執筆　STEAM　情操　体験学習　ボランティア　人間力育成

教育理念▶「慈愛と誠実と創造」を校訓とし，他者と共に成長する力，意欲を持って学ぶ力，新しいものを生み出す力を育てる。

沿革▶1935年，東京府立第一高等女学校同窓会により，同校校長であった教育者・市川源三の教えを実現させるため設立。

施設▶階段教室，ホール，和室，図書館，園芸実習園，プール，実験室，グラウンド，他。

学校長▶大井　正智

生徒数▶総数775名

	1年（8クラス）	2年（7クラス）	3年（7クラス）
女子	242名	268名	265名

東急世田谷線－宮の坂４分
小田急線－経堂８分
4分

先鋭的女子教育の伝統を受け継ぎ，発展する

「女性である前にまず一人の人間であれ」と唱えた女子教育の先覚者・市川源三の姿勢を受け継ぎ，独自の取り組みを時代に合わせて実践。

学習 英語の授業は子ども向けの本などを教材に，中１の最初から英語で行われ，日本語を介さずに英語を理解する。また，多読を取り入れ，中学３年間で100万語以上読むことをめざす。国語は本１冊をまるごと教材にしたり，POP作りなどをしながら，読む・書く・聞く・話す力を段階的に獲得する。中学で15,000字の論文執筆に取り組む。理科は科目ごとにオリジナル実験書を用意し，独自の授業を展開。中１と高１では園芸の授業が必修。国際理解教育プログラムの一環として，希望制でディベート講習会（中３以上），エンパワーメントプログラム（中３以上）などがある。

キャリア教育 「福祉」「職業」「平和」などをテーマに体験学習やディスカッションなどを通して学びを深め，自ら課題を見つけ，解決するための土台を築く。中１で自分レポートを作成し，自分の生き方を考える。

学校生活 キリスト教精神による全人教育を行う。週１時間，聖書の時間がある。アサーショントレーニングを通して相手の考えを理解し，よりよい対人関係を築く。

●コース表

中1	中2	中3	高1	高2	高3
共通履修				文系 芸術系 理系	文系 理系

保護者MEMO

登校時刻▶8：30
最終下校時刻▶17：30
土曜日▶毎週登校。平常授業４時間
昼食▶弁当/食品販売あり
携帯電話▶可
制服▶ブレザー
自転車通学▶可
カウンセラー▶常駐
保護者面談▶年１回
保護者会▶年３回
必修旅行▶沖縄（中３），奈良・京都（高２）
部活動▶最大週５日まで

学費　　初年度目安 139万円

（単位:円）	入学金	施設費	授業料	その他	合計
入学手続時	250,000	—	—	136,381	386,381
1年終了まで	—	183,000	576,000	242,000	1,001,000

●奨学金・特待生
なし

［その他］制服・指定品代，教育振興費，教材費，旅行等積立金，PTA会費，校友会費。
［寄付・学債］任意の寄付金（鷗友学園事業拡充資金募金）１口５万円１口以上あり。
※上記は'22年度のもの。新年度について詳細は「受験生応援アプリ」にて公開（2023年５月～）。

首都圏模試　思考コード（単位：%）

〈第１回〉

読み取る力 ＼ 考える力	国語 A	国語 B	国語 C	算数 A	算数 B	算数 C	理科 A	理科 B	理科 C	社会 A	社会 B	社会 C
複雑 3		36		9	9		12				11	
2		54			40		38			40	17	
単純 1	10				42		23	27		28	4	

A=知識・理解思考　B=論理的思考　C=創造的思考

2024年度入試　合格の基準

		首都圏模試 ほぼ確実	首都圏模試 見込あり	四谷大塚 ほぼ確実	四谷大塚 見込あり
女子	①	70	67	62	58
			やや見込あり 64		やや見込あり 54

ほぼ確実＝80％～／見込あり＝50～79％／やや見込あり＝20～49％

入試要項　2023年度参考　新年度日程はアプリへGO!　4科

試験名	試験日 ◎午後入試	出願締切 Web	発表 Web	手続 W・窓	2科	4科	適	英	他	面接	特待	募集数	応募数	受験数	合格数	実質倍率	偏差値
①	2/1	1/29	2/2	2/3		●						180	573	551	200	2.8	70
②	2/3	2/2	2/4	2/7		●						40	754	527	106	5.0	72

※自己申告書

【出願方法】 Web出願のうえ，書類を当日持参　**【手続方法】** 窓口にて書類受取のうえ，Web納入。2/11までの入学辞退者には返還。入学説明会で書類提出　**【受験料】** 25,000円（同時出願は40,000円。追加出願は，新たに25,000円が必要）

【帰国生入試】 —

受験情報

国語ではB2，B3が９割程，算数ではB2，B3が５割程を占め，高度な論理的思考力が求められます。理科，社会ではＢも３割程を占めるため，知識の正確な獲得と共に，論理的思考力も必要となります。

年度	試験名	募集数	応募数	受験数	合格数	実質倍率	偏差値
'22	①	180	603	573	207	2.8	70
	②	40	714	482	100	4.8	72
'21	①	180	618	577	243	2.4	69
	②	40	709	454	92	4.9	72

中学受験のプロがおすすめ!　併願校の例

特色	プロテスタント系	英語４技能育成	理数教育	キャリア教育
♠男子校	♥女子学院	♥豊島岡女子	♥吉祥女子	♥洗足学園
♥女子校	♥頌栄女子	♣三田国際	♣東京農大一	♥東洋英和
♣共学・別学校	♥恵泉女学園	♣国学院久我山	♥晃華学園	♥香蘭女学校

併設高校の進路情報

四年制大学進学率83.4%
文系49／理系47／その他４（%）　医歯薬44名合格

指定校推薦▶利用状況は早稲田大５，明治薬科大１など。ほかに慶應大，東京理科大，学習院大，明治大，青山学院大，中央大，日本大，国際基督教大，成城大，芝浦工大，津田塾大，東京女子大，日本女子大，立命館大，東京都市大，聖心女子大，北里大，清泉女子大，フェリス女学院大，東洋英和女学院大など推薦枠あり。

海外大学合格状況▶DePauw University，Beloit College（米），他。

'22年３月卒業生：229名
大学191名　短大０名　専門１名　就職０名　他37名

主な大学合格状況　'23年春については主要大学のみ巻末一覧に記載

大学名	'22	'21	'20	大学名	'22	'21	'20	大学名	'22	'21	'20
◇東京大	9	5	7	◇お茶の水女子大	6	7	4	中央大	60	44	68
◇京都大	1	1	3	◇都立大	3	7	4	法政大	44	44	59
◇東工大	6	3	6	早稲田大	67	94	80	日本大	19	19	40
◇一橋大	7	8	6	慶應大	55	52	48	国際基督教大	7	6	11
◇千葉大	2	3	4	上智大	59	71	52	成蹊大	7	15	9
◇筑波大	3	6	2	東京理科大	76	73	55	明治学院大	27	18	18
◇東京外大	4	7	7	学習院大	8	12	12	芝浦工大	21	19	22
◇横浜国大	4	2	6	明治大	120	150	112	津田塾大	5	13	22
◇北海道大	5	4	4	青山学院大	51	55	46	東京女子大	36	49	46
◇東京農工大	3	11	4	立教大	103	84	75	日本女子大	31	44	60

※各大学合格数は既卒生との合計。

見学ガイド　文化祭／学校説明会／学校見学

高1内訳 一貫生 269名

大妻（おおつま）中学校

〒102－8357 東京都千代田区三番町 12 ☎03－5275－6002（入試関係）

国際 / 海外研修 / 長期留学 / 第2外国語 / online英会話 / 21型 / 1人1台端末 / リモート体制 / プロジェクト型 / 論文執筆 / STEAM / 情操 / 体験学習 / ボランティア / 人間力育成

教育方針▶自分を律し，良心に恥じない行いをしなさい，という意味が込められた校訓「恥を知れ」を人間教育の根幹とし，自律・自立の精神と協働の心を備えた人材を育成する。
沿革▶1908年に大妻コタカの開いた和裁手芸の家塾から発展。
施設▶アリーナ，和室，ラウンジ，CALL教室，図書室（4.3万冊），カフェテリア，テニスコート，他。
学校長▶梶取　弘昌
生徒数▶総数861名

	1年（7クラス）	2年（7クラス）	3年（7クラス）
女子	288名	284名	289名

半蔵門線―半蔵門5分　JR・有楽町線・南北線・都営新宿線―市ヶ谷10分　5分

伝統を守りつつ，未来へ向かって進化し続ける

グローバル化した世界に羽ばたき，社会で50年活躍できる女性を育成。自主性・共創・リーダーシップを養い，21世紀的スキルと教養を身につける。

学習 授業の受け方からテストの見直し，学習計画の立て方まできめ細かい指導で自主学習習慣を確立。全教科をバランスよく学び，高2から国公立・私立系それぞれ文理に分かれる。1人1台タブレット端末を持ち，日常的に活用。中1～高2の希望者はプログラミングが学べる（高1は必須）。グローバル教育では，国際社会に通ずるコミュニケーション力育成を掲げ，校内での英会話レッスン，海外研修・ターム留学，中国語講座（希望者）などを実施。

キャリア教育 中3から進路学習を行いステップを踏みながら将来を具体化していく。高1のオリエンテーション合宿では進路に関するディスカッションや夢を語り合う場を設け，互いに向上心を高める。また，研究者やアーティストなど各界の著名人を招いた「大妻特別講座」や,「医療系探究講座」も実施。

●コース表

中1	中2	中3	高1	高2	高3
共通履修				文系① 文系② 理系① 理系②	文系Ⅰ 文系Ⅱ 理系Ⅰ 理系Ⅱ

学校生活 文化祭，体育祭など学校行事は生徒主体で取り組む。全国大会で活躍するバトントワリング部，マンドリン部のほか，ダンス部や卓球部，書道部などがある。

保護者MEMO

登校時刻▶8：25
最終下校時刻▶18：00
土曜日▶毎週登校。平常授業4時間
昼食▶弁当/食品販売あり
携帯電話▶許可制
制服▶セーラー
自転車通学▶不可
カウンセラー▶あり
保護者面談▶年2回
保護者会▶年2回
必修旅行▶京都·奈良(中3)，九州(高2)
部活動▶週1日は休み

学費　初年度目安 149万円

(単位:円)	入学金	施設費	授業料	その他	合計
入学手続時	250,000	―	―	―	250,000
1年終了まで	―	300,000	491,000	445,310	1,236,310

●奨学金・特待生
なし

［その他］制服・指定品代，積立金，父母の会会費，生徒会費，保健衛生費，災害共済掛金。
［寄付・学債］なし。
※上記は'22年度のもの。新年度について詳細は「受験生応援アプリ」にて公開（2023年5月～）。

首都圏模試　思考コード　(単位：%)

〈第１回〉

読み取る力＼考える力	国語 A	国語 B	国語 C	算数 A	算数 B	算数 C
複雑 3						
2	9	6		36	20	
単純 1	8	77			44	

A=知識・理解思考　B=論理的思考　C=創造的思考

2024年度入試　合格の基準

	首都圏模試 ほぼ確実	首都圏模試 見込あり	四谷大塚 ほぼ確実	四谷大塚 見込あり
女子〈①〉	66	63 / やや見込あり 59	54	50 / やや見込あり 46

ほぼ確実＝80%～／見込あり＝50～79%／やや見込あり＝20～49%

入試要項　2023年度参考　新年度日程はアプリへGO!　4科

試験名	試験日 ◎午後入試	出願締切 Web	発表 Web	手続 Web	2科	4科	適	英	他	面接	特待	募集数	応募数	受験数	合格数	実質倍率	偏差値
①	2/1	1/30	当日	2/5		●						100	260	239	115	2.1	66
②	2/2	2/1	当日	2/5		●						100	603	497	247	2.0	67
③	2/3	2/2	当日	2/5		●						40	345	257	85	3.0	67
④	2/5	2/4	当日	2/6		●						40	326	237	59	4.0	68

【出願方法】 Web出願
【手続方法】 Web納入。通知表コピーを提出（提出日等は合格後Webで通知）
【受験料】 22,000円　※複数回出願に限り，入学手続き者の合格後未受験回分は返還

【帰国生入試】 12/9（若干名募集）

中学受験のプロがおすすめ!　併願校の例

特色	留学制度	論文(自由研究)	礼儀・マナー	ＩＣＴ教育
♠男子校 ♥女子校 ♣共学・別学校	♥東洋英和	♥鷗友女子	♥白百合学園	♥香蘭女学校
	♥恵泉女学園	♣開智日本橋	♥共立女子	♥品川女子
	♥江戸川女子	♥普連土学園	♥大妻中野	♥山脇学園

併設高校の進路情報

四年制大学進学率86.6%
文系66／理系31／その他３(%)　医歯薬37名合格

内部推薦▶大妻女子大学へ４名（社会情報３，人間関係１）が内部推薦で進学。同短期大学部へも制度あり。
指定校推薦▶利用状況は早稲田大３，慶應大３，学習院大１，明治大１，立教大１，中央大１，国際基督教大１，成蹊大１，津田塾大１，東京女子大１，東京慈恵会医大１，日本歯大１など。ほかに上智大など推薦枠あり。
海外大学合格状況▶The University of Melbourne，The University of Sydney，The University of Queensland（豪），他。

'22年３月卒業生：254名
大学220名　短大０名　専門１名　就職０名　他33名

主な大学合格状況　'23年春については主要大学のみ巻末一覧に記載

大学名	'22	'21	'20	大学名	'22	'21	'20	大学名	'22	'21	'20
◇京都大	0	1	1	◇都立大	2	2	1	法政大	54	58	54
◇東工大	1	1	0	早稲田大	42	40	26	日本大	57	76	61
◇一橋大	0	0	1	慶應大	16	15	22	東洋大	76	79	90
◇千葉大	4	5	3	上智大	31	30	32	専修大	23	30	14
◇筑波大	2	2	1	東京理科大	23	29	24	成城大	28	24	17
◇東京外大	4	1	0	学習院大	25	20	23	明治学院大	22	19	15
◇埼玉大	3	1	0	明治大	80	66	68	芝浦工大	17	39	13
◇北海道大	3	1	0	青山学院大	22	35	22	東京女子大	29	33	41
◇東京農工大	4	2	2	立教大	63	63	63	日本女子大	46	49	45
◇お茶の水女子大	2	2	2	中央大	33	38	23	大妻女子大	42	26	36

※各大学合格数は既卒生との合計。

見学ガイド　体育祭／文化祭／学校説明会／オープンスクール

大妻多摩（おおつまたま）中学校

〒206−8540　東京都多摩市唐木田 2−7−1　☎042−372−9113

国際　海外研修　長期留学　第2外国語　online英会話　21型　1人1台端末　リモート体制　プロジェクト型　論文執筆　STEAM　情操　体験学習　ボランティア　人間力育成

教育理念▶「自立自存」「寛容と共生」「地球感覚」を教育理念に，社会で活躍できる女性を育成。
沿革▶1908年に大妻コタカにより創立された大妻学院の併設校として，1994年に設立。2021年，クラウンホール2階体育室の改修完了。
施設▶クラウンホール，図書室（4万冊），理科実験室，和室，自習室，テニスコート，グラウンド，他。
学校長▶熊谷　昌子
生徒数▶総数477名

	1年（4クラス）	2年（4クラス）	3年（5クラス）
女子	132名	164名	181名

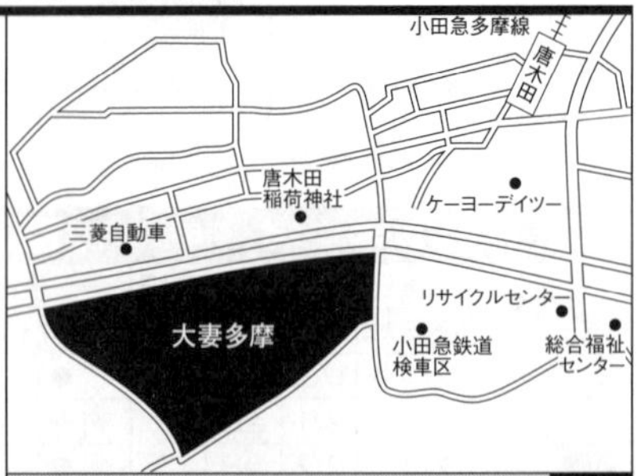

小田急多摩線—唐木田7分　7分

合言葉「わたしの力を，未来のために」で飛翔する伝統校

独自の教育プログラム「Tsumatama SGL（Science,Global,Liberal Arts）」を実践し，予測困難な未来社会で活躍できる力を涵養する。

学習 Science（理数教育）では実生活と理数のつながりを知り，問題解決力を育む。多摩地域の自然豊かな周辺環境を生かしたフィールドワークや実験を行う。Global（国際教育）としてキャリア教育の要素を含んだ英語力強化カリキュラムを実践。中1から習熟度別・少人数制の分割授業を展開する。一定基準の成績を収めた生徒には，中2から国際進学クラスを設置し，英語の授業数の半分をネイティヴ教員によるオールイングリッシュで行う。様々な海外研修や国際プログラムを通して，積極性やコミュニケーション力を伸ばす。

●**コース表**

中1	中2	中3	高1	高2	高3
共通履修	国際進学			文系	
	総合進学			理系	

キャリア教育 Liberal Arts（教養教育）の一環として自分史の作成や適性検査を行い，自己を理解する。ハンディキャップ体験や人間関係スキル講座，高校でのマナー講座で社会に貢献する力を身につける。また，職業調べや各種講演会，ガイダンスなどで様々な職業を理解し，キャリアを考える。

学校生活 学校生活を通じて社会生活上のマナーや礼儀を教える。全国大会出場のラクロス部など25団体が活動中。

保護者MEMO

登校時刻▶8：25
最終下校時刻▶17：30
土曜日▶毎週登校。平常授業4時間
昼食▶食堂/食品販売あり
携帯電話▶許可制
制服▶セーラー
自転車通学▶可
カウンセラー▶週4日
保護者面談▶年3回
保護者会▶年1回
必修旅行▶オーストラリア（中2）
部活動▶活動日は部による

学費　初年度目安 164万円

（単位:円）	入学金	施設費	授業料	その他	合計
入学手続時	250,000	—	—	—	250,000
1年終了まで	—	300,000	491,000	595,685	1,386,685

●**奨学金・特待生**
入学金

［その他］制服・指定品代，積立金，後援会会費，生徒会会費，保健衛生費，災害共済掛金。
［寄付・学債］なし。
※上記は'22年度のもの。新年度について詳細は「受験生応援アプリ」にて公開（2023年5月〜）。

首都圏模試　思考コード（単位：%）

〈総合進学第１回〉

読み取る力	国語 A	国語 B	国語 C	算数 A	算数 B	算数 C
複雑 3						
2	2	4		53		
単純 1	15	55	24		47	
考える力	A	B	C	A	B	C

A=知識・理解思考　B=論理的思考　C=創造的思考

2024年度入試　合格の基準

		首都圏模試 ほぼ確実	首都圏模試 見込あり	四谷大塚 ほぼ確実	四谷大塚 見込あり
女子	〈総合進学①〉	52	48	40	36
			やや見込あり 42		やや見込あり 32

ほぼ確実＝80%～／見込あり＝50～79%／やや見込あり＝20～49%

入試要項　2023年度参考　新年度日程は アプリへGO!

2科　4科　適性型　英

試験名		試験日 ◎午後入試	出願締切 Web	発表 Web	手続 Web	2科	4科	適	英	他	面接	特待	募集数	応募数	受験数	合格数	実質倍率	偏差値
総合進学	①	2/1	1/31	当日	2/10		●					●	40	96	87	48	1.8	52
	適性型思考力	2/1	1/31	当日	2/10			＊1				●	10	28	28	21	1.3	52
	午後	2/1 ◎	1/31	当日	2/10	●						●	20	219	210	143	1.5	58
	②	2/2	2/1	当日	2/10		●					●	35	177	103	55	1.9	51
	③	2/4	2/3	当日	2/10		●					●	15	173	71	33	2.2	54
国際進学	①	2/1	1/31	当日	2/10				＊2			●	10	7	7	5	1.4	52
	午後	2/1 ◎	1/31	当日	2/10				＊3			●	5	15	14	9	1.6	52
	②	2/2	2/1	当日	2/10				＊2			●	5	8	4	3	1.3	52

＊1　読解表現（作文）＋合科適性　＊2　国算＋英語リスニング
＊3　国算。英検３級以上取得者に限る。英検準２級以上取得者は加点優遇措置あり
※午後の試験時間は14：30，15：10より当日選択

【出願方法】 Web出願。国際進学入試午後の出願者は英検３級以上の合格証書のコピーを当日持参
【手続方法】 Web納入
【受験料】 ①～③，適性型思考力22,000円（同時出願は２回35,000円，３回45,000円）　午後17,000円
※複数回出願の入学手続後の未受験回分は返還

【帰国生入試】 11/20（募集定員特に定めず）
※2024年度入試より2/2午前入試を2/2午後入試に変更予定。

中学受験のプロがおすすめ！　併願校の例

特色	国際コース	理数教育	進学校的系列校	キャリア教育
♠男子校 ♥女子校 ♣共学・別学校	♥山脇学園	♥晃華学園	♣桜美林	♥光塩女子
	♥昭和女子大昭和	♣東京電機大学	♥大妻中野	♥聖セシリア
	♣文化学園杉並	♣工学院大附	♥東京純心	♥相模女子大

併設高校の進路情報

四年制大学進学率87.8%
文系65／理系31／その他４（%）　医歯薬25名合格

内部推薦▶大妻女子大学へ６名（社会情報４，家政１，比較文化１），同短期大学部へ１名が内部推薦で進学。

指定校推薦▶利用状況は早稲田大３，慶應大２，上智大２，東京理科大１，学習院大１，明治大２，青山学院大１，立教大１，中央大７，成蹊大３，成城大１，東京女子大１，日本女子大２，北里大１，東京薬科大１，昭和薬科大１など。ほかに法政大，日本大，東洋大，芝浦工大，津田塾大，立命館大，工学院大，東京都市大，聖心女子大など推薦枠あり。

'22年３月卒業生：148名

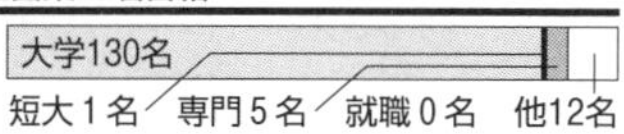

主な大学合格状況

'23年春については主要大学のみ巻末一覧に記載

大学名	'22	'21	'20	大学名	'22	'21	'20	大学名	'22	'21	'20
◇東京大	1	0	0	慶應大	10	6	3	東洋大	31	16	23
◇一橋大	0	1	0	上智大	14	16	8	専修大	16	17	22
◇千葉大	0	1	1	東京理科大	4	10	6	東海大	19	13	11
◇筑波大	2	0	0	学習院大	4	8	10	成蹊大	13	5	10
◇東京外大	2	1	1	明治大	36	16	24	明治学院大	13	6	3
◇東京医歯大	1	1	0	青山学院大	5	6	10	津田塾大	2	7	3
◇東京農工大	1	3	1	立教大	42	16	14	東京女子大	13	11	17
◇東京学芸大	1	1	1	中央大	30	22	33	日本女子大	12	11	10
◇都立大	5	1	3	法政大	22	16	15	大妻女子大	17	12	6
早稲田大	24	12	12	日本大	19	17	23	東京農大	27	14	11

※各大学合格数は既卒生との合計。

見学ガイド　体育祭／文化祭／学校説明会／中学生活体験

国際 / 海外研修 / 長期留学 / 第2外国語 / online英会話 / 21型 / 1人1台端末 / リモート体制 / プロジェクト型 / 論文執筆 / STEAM / 情操 / 体験学習 / ボランティア / 人間力育成

大妻中野（おおつまなかの）中学校

〒164－0002 東京都中野区上高田 2－3－7 ☎03－3389－7211

教育理念▶建学の精神「学芸を修めて人類のために」を掲げ，「生きる力」を育む教育で社会のために貢献できる自律した女性の育成をめざす。

沿革▶1941年創立の大妻中野高等学校の併設中学校として，1995年創立。2013年，新校舎完成。

施設▶和室，EMセンター，学習室，英語室，テニスコート，アリーナ，武道場，他。

学校長▶野﨑　裕二

生徒数▶総数719名

	1年（6クラス）	2年（6クラス）	3年（7クラス）
女子	242名	221名	256名

JR・東西線―中野10分
西武新宿線―新井薬師前８分
10分

確かな学力を創り，豊かな心を育む教育を実践

建学の精神を教育の土台に，多様性を尊重する広い視野を養う。国内外の教育機関や企業との多彩なコラボプログラムで，優れたグローバル・リーダーの育成を推進。

学習 中３以降にコース移動ができる２コース制。アドバンストコースは発展的な学習で高度な学力を養う。英数理は中３で高１の範囲に踏み込む。グローバルリーダーズコースはHRでも英語を多用する空間で自然な国際感覚を養う。フランス語を必修科目として学ぶ。希望制で，中２はカナダ，中３はニュージーランド・フランスへの短期留学など，海外校と連携し短・中・長期の留学プログラムを整える。数学は反転授業を実施。生徒が事前に予習を行い，授業ではその予習内容の演習を中心に行うことで学ぶ姿勢や考える力を養う。

●コース表

中1	中2	中3	高1	高2	高3
アドバンストコース				文理	系系
グローバルリーダーズコース				文理	系系

※中３よりコース間の移動が可能

キャリア教育 中学では学習記録帳を用いて，学習習慣と計画力を身につける。国内外の企業・大学の協力のもと，講演会やフィールドワークなどでの体験を通じて，現代社会が抱える問題と，課題解決のための実践方法を学ぶ。

学校生活 カウンセラーの指導のもと，定期的に，人間関係や自分を見つめるプログラム「ピア・サポート」を実施。情操教育として礼法や華道，茶道も学ぶ。

保護者MEMO

登校時刻▶8：30
最終下校時刻▶17：00
土曜日▶毎週登校。平常授業を行う
昼食▶弁当/食品販売あり
携帯電話▶許可制
制服▶セーラー
自転車通学▶不可
カウンセラー▶常駐
保護者面談▶年１回
保護者会▶年３回
必修旅行▶広島（中３），他
部活動▶週２日以上休む

学費　初年度目安 140万円

（単位:円）	入学金	施設費	授業料	その他	合計
入学手続時	250,000	―	―	―	250,000
1年終了まで	―	250,000	471,000	433,109	1,154,109

●奨学金・特待生
授業料１年間（２年次以降再審査）

［その他］制服・指定品代，積立金，父母後援会費，父母後援会入会金，生徒会費。
［寄付・学債］なし。
※上記は'22年度のもの。新年度について詳細は「受験生応援アプリ」にて公開（2023年５月～）。

首都圏模試 思考コード（単位：%）

〈第１回アドバンス〉

読み取る力＼考える力	国語 A	国語 B	国語 C	算数 A	算数 B	算数 C
複雑 3						
2	12	10		70		
単純 1	36	42		5	25	

A＝知識・理解思考　B＝論理的思考　C＝創造的思考

2024年度入試 合格の基準

	首都圏模試 ほぼ確実	首都圏模試 見込あり	首都圏模試 やや見込あり	四谷大塚 ほぼ確実	四谷大塚 見込あり	四谷大塚 やや見込あり
女子〈アド①〉	56	53	47	48	44	40

ほぼ確実＝80%～／見込あり＝50～79%／やや見込あり＝20～49%

入試要項 2023年度参考　新年度日程は アプリへGO!　2科 4科 適性型 英

試験名		試験日 ◎午後入試	出願締切 Web	発表 Web	手続 Web	2科	4科	適	英	他	面接	特待	募集数	応募数	受験数	合格数	実質倍率	偏差値
アドバンスト	①	2/1	1/31	当日	2/6	●	●					●	50	167	144	51	2.8	56
	②	2/1 ◎	1/31	当日	2/6	●						●	50	429	396	245	1.6	61
	③	2/2 ◎	2/1	当日	2/6	●						●	45	402	247	164	1.5	59
	④	2/3	2/2	当日	2/6	●	●					●	25	297	140	82	1.7	56
新思考力		2/4	2/3	当日	2/6			＊1				●	15	141	50	32	1.6	51
グローバル	①	2/1	1/31	当日	2/6				＊2		＊2	●	36	17	15	13	1.2	52
	②	2/3	2/2	当日	2/6				＊2		＊2	●		14	5	2	2.5	52

＊1　総合ⅠⅡⅢ（Ⅰは国理社，Ⅱは記述，Ⅲは算）　＊2　国算英（英語はスピーキング）。
※グローバルの受験者で，英検２級程度・TOEIC L&R600点以上・TOEFI Junior745点以上・IELT4.0以上の取得者は筆記試験を免除し，保護者同伴面接（英語，日本語）で選考

【出願方法】Web出願。他にアドバンスト③④，新思考力，グローバル②は試験当日まで窓口も可。グローバル①②の該当者は 英語資格証明書のコピーを送付
【手続方法】Web納入。国公立校受験者は延納手続きにより2/9まで延納可
【受験料】22,000円（同時出願は２回35,000円，３回以上45,000円）　※複数回出願の入学手続後の未受験回分は返還

【帰国生入試】11/5，12/22（募集数はグローバルに含む）

中学受験のプロがおすすめ！ 併願校の例

♠男子校 ♥女子校 ♣共学・別学校

特色	フィールドワーク	イマージョン教育	ICT教育	英語（選択）入試
	♥光塩女子	♥品川女子	♥大妻	♥共立女子
	♣宝仙学園	♥昭和女子大昭和	♣目黒日大	♥江戸川女子
	♥桐朋女子	♥実践女子	♥三輪田	♥跡見学園

併設高校の進路情報

四年制大学進学率87.9%
文系67／理系17／その他16（%）　医歯薬23名合格

内部推薦▶大妻女子大学へ21名（文３，社会情報８，人間関係３，比較文化３，家政４）が内部推薦で進学。同短期大学部への内部推薦制度もある。
指定校推薦▶上智大，東京理科大，学習院大，明治大，青山学院大，立教大，中央大，法政大，日本大，東洋大，成蹊大，成城大，明治学院大，獨協大，芝浦工大，津田塾大，東京女子大，日本女子大，東京都市大，聖心女子大，白百合女子大，清泉女子大，フェリス女学院大，東洋英和女学院大など推薦枠あり。

'22年３月卒業生：257名
大学226名　短大２名　専門４名　就職０名　他25名

主な大学合格状況　'23年春については主要大学のみ巻末一覧に記載

大学名	'22	'21	'20	大学名	'22	'21	'20	大学名	'22	'21	'20
◇東京大	0	1	0	東京理科大	9	4	1	専修大	22	13	7
◇千葉大	1	0	1	学習院大	12	2	4	成蹊大	12	12	7
◇筑波大	1	0	0	明治大	30	8	14	成城大	15	15	11
◇東京外大	1	2	0	青山学院大	20	9	9	明治学院大	17	6	7
◇東京医歯大	0	1	0	立教大	38	24	12	津田塾大	8	1	3
◇お茶の水女子大	0	1	1	中央大	30	9	11	東京女子大	25	20	7
◇都立大	2	1	0	法政大	26	16	18	日本女子大	23	11	12
早稲田大	17	1	9	日本大	37	22	21	共立女子大	10	18	3
慶應大	7	7	3	東洋大	38	30	24	大妻女子大	38	51	51
上智大	9	9	7	駒澤大	19	7	5	白百合女子大	9	8	7

※各大学合格数は既卒生との合計。

見学ガイド　文化祭／説明会／オープンデイ／入試問題説明会／土曜日見学

高1内訳 一貫生 194名

学習院女子 中等科

（がくしゅういんじょし）

〒162−8656　東京都新宿区戸山 3−20−1　☎03−3203−1901

国際 / 海外研修 / 長期留学 / 第2外国語 / online英会話 / 21型 / 1人1台端末 / リモート体制 / プロジェクト型 / 論文執筆 / STEAM / 情操 / 体験学習 / ボランティア / 人間力育成

教育方針▶開校以来「その時代に生きる女性にふさわしい品性と知性を身につけること」を掲げる。

沿革▶1885年，四谷に創立された華族女学校が前身。1946年，現在地に移転。2017年９月，総合体育館完成。

施設▶小講堂，生徒ホール，和室，中庭，理科教室（８室），図書館（13万冊），屋内プール，アリーナ，テニスコート，グラウンド，他。

科長▶増渕　哲夫

生徒数▶総数612名　併設小からの進学者を含む。

	1年（5クラス）	2年（5クラス）	3年（5クラス）
女子	206名	206名	200名
内進生内数	—	64名	68名

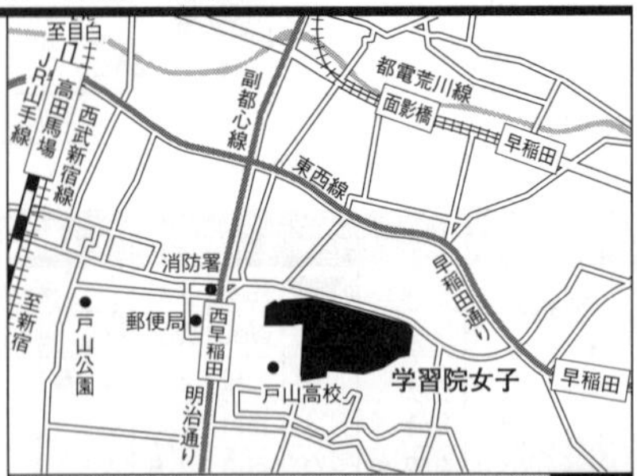

副都心線—西早稲田３分　東西線—早稲田10分　JR·西武新宿線—高田馬場20分　3分

おおらかで闊達な校風につつまれた，歴史ある伝統校

自然に恵まれた広いキャンパスでのびのびと学校生活を送る。ひろい視野，たくましい創造力，ゆたかな感受性をもつ優れた人材の育成をめざす。

学習 授業は実験や実習など実体験を重視し，生徒の主体性を育む。国数などで少人数編成授業を実施。英語は生徒の経験に応じた分割授業を取り入れ，細やかな指導を行う。外国人講師の授業やスキット（寸劇）などを取り入れ，自己表現の楽しさに気づかせる。高１よりドイツ語，フランス語が選択できる。理科では観察・実験レポートの作成に取り組み，論理的思考・科学的に説明する力を身につける。中３〜高２対象に海外研修を希望制で実施。

キャリア教育 中３で職業調べとプレゼンテーションを行い，職業への関心を育む。高校では本校出身の大学生や社会人との交流を通じて，将来への展望を深める。また，自分に最適な学部学科を選択できるよう，学習院大学の出張講義や授業の聴講を実施。高３では講義に参加し，単位修得も可能。

学校生活 中１全員がお茶会を体験し，もてなしの心と作法を学ぶ。日舞部や能を舞う仕舞部などもあり，伝統文化が身近な環境。中２・中３の希望者を対象に臨海学校とスキー教室がある。

●コース表

中1	中2	中3	高1	高2	高3
共通履修				文系 理系	

保護者MEMO

登校時刻▶８：20
最終下校時刻▶17：30
土曜日▶毎週登校。平常授業４時間（中１は３時間）
昼食▶弁当/食品販売あり
携帯電話▶許可制
制服▶セーラー
自転車通学▶不可
カウンセラー▶常駐
保護者面談▶随時
保護者会▶年３回
必修旅行▶山陽方面（中３），奈良・京都（高２）
部活動▶週４日以内

学費　初年度目安 156万円

(単位:円)	入学金	施設費	授業料	その他	合計
入学手続時	300,000	—	—	—	300,000
1年終了まで	—	282,000	698,000	283,000	1,263,000

●奨学金・特待生
なし

［その他］制服・指定品代，修学旅行費，学年費，宿泊行事費，父母会費，輔仁会費。※積立金は副教材費，実力テスト，オリエンテーション，行事費など。ほかにタブレット代あり。
［寄付・学債］任意の寄付金１口10万円３口以上あり。
※上記は'22年度のもの。新年度について詳細は「受験生応援アプリ」にて公開（2023年５月〜）。

首都圏模試　思考コード　(単位：%)

読み取る力	〈A〉国語 A	国語 B	国語 C	算数 A	算数 B	算数 C
複雑 3		8		10		
2		56		30	10	
単純 1	20	16			50	
考える力	A	B	C	A	B	C

A=知識・理解思考　B=論理的思考　C=創造的思考

2024年度入試　合格の基準

	首都圏模試 ほぼ確実	首都圏模試 見込あり	四谷大塚 ほぼ確実	四谷大塚 見込あり
女子〈A〉	69	66	57	54
		やや見込あり 63		やや見込あり 50

ほぼ確実＝80%～／見込あり＝50～79%／やや見込あり＝20～49%

入試要項　2023年度参考　新年度日程はアプリへGO!　4科

試験名	試験日 ◎午後入試	出願締切 Web	発表 Web	手続 W・窓	2科	4科	適	英	他	面接	特待	募集数	応募数	受験数	合格数	実質倍率	偏差値
A	2/1	1/25	2/2	2/3		●				＊2		90	255	224	104	2.2	69
B	2/3	1/25	2/4	2/5		●				＊2		40	416	181	49	3.7	70
帰国生	1/21	12/5	1/24	1/25	＊1				＊1	＊2		15	43	23	15	1.5	—

＊1　国算＋作文　＊2　保護者同伴面接
※通知表コピー，志願者資料シート

【出願方法】 Web出願のうえ，書類郵送　**【手続方法】** Web納入のうえ，窓口にて手続
【受験料】 30,000円　※入学手続き後の未受験回分は返還

【帰国生入試】 上に記載

年度	試験名	募集数	応募数	受験数	合格数	実質倍率	偏差値
'22	①	90	302	271	104	2.6	68
	②	40	486	267	45	5.9	69
'21	①	90	293	261	108	2.4	68
	②	40	455	243	40	6.1	69
'20	①	90	289	251	100	2.5	68
	②	40	487	258	40	6.5	68

中学受験のプロがおすすめ！　併願校の例

特色	リベラル	ダイバーシティ	伝統文化教育	第２外国語
♠男子校	♥女子学院	♥白百合学園	♥吉祥女子	♥雙葉
♥女子校	♥鷗友女子	♥頌栄女子	♥大妻	♥共立女子
♣共学・別学校	♥日本女子大附	♥山脇学園	♥富士見	♥田園調布

併設高校の進路情報

四年制大学進学率92.1%
文系78／理系19／その他３(%)　医歯薬19名合格

内部推薦▶学習院大学へ105名（法24，文20，経済30，理８，国際社会23）が内部推薦で進学した。学習院女子大学への内部推薦制度もある。

指定校推薦▶利用状況は早稲田大４，慶應大２，上智大４，東京理科大２，芝浦工大１，東京薬科大１など。ほかに中央大，法政大，日本大，津田塾大，日本女子大，東京都市大，東京女子医大，北里大，聖マリアンナ医大，昭和薬科大など推薦枠あり。

海外大学合格状況▶DePaul University（米），他。

'22年３月卒業生：191名　大学176名　短大１名　専門０名　就職０名　他14名

主な大学合格状況　'23年春については主要大学のみ巻末一覧に記載

大学名	'22	'21	'20	大学名	'22	'21	'20	大学名	'22	'21	'20
◇東京大	0	3	2	早稲田大	22	9	25	日本大	6	10	3
◇千葉大	0	1	0	慶應大	21	18	21	東洋大	5	3	0
◇筑波大	1	0	0	上智大	20	28	48	明治学院大	3	2	0
◇東京外大	3	1	0	東京理科大	7	5	8	東京女子大	3	2	3
◇埼玉大	2	0	0	学習院大	107	130	113	昭和大	4	1	2
◇東北大	1	0	0	明治大	15	11	11	杏林大	3	2	2
◇防衛医大	0	1	0	青山学院大	5	4	10	北里大	5	3	6
◇東京藝術大	0	1	1	立教大	7	13	14	東邦大	2	2	5
◇秋田大	1	0	0	中央大	19	13	9	星薬科大	4	2	3
◇京都府立医大	0	1	0	法政大	6	1	2	学習院女子大	0	0	2

※各大学合格数は既卒生との合計。

見学ガイド　学校説明会／オープンスクール

高校募集 あり 高1より全体が混合。 高1内訳 一貫生 50名 37名 高入生

川村（かわむら）中学校

〒171－0031　東京都豊島区目白2－22－3　☎03－3984－8321(代)・7707(入試広報室)

国際 / 海外研修 / 長期留学 / 第2外国語 / online英会話 / 21型 / 1人1台端末 / リモート体制 / プロジェクト型 / 論文執筆 / STEAM / 情操 / 体験学習 / ボランティア / 人間力育成

教育目標▶「感謝の心」を基盤に，豊かな感性と品格，自覚と責任，やさしさと思いやりを持つ女性を育てる。
沿革▶1924年，関東大震災からの復興のために女子教育の必要性を唱えた川村文子により創設。
施設▶大講堂，作法室，調理実習室，ラウンジ，屋内プール，人工芝グラウンド，他。
学校長▶寺本　明子
生徒数▶総数173名　併設小からの進学者を含む。

	1年(2クラス)	2年(2クラス)	3年(2クラス)
女子	63名	55名	55名
内進生内数	46名	37名	46名

JR―目白1分
副都心線―雑司が谷7分
1分

3羽の鶴が象徴する学園精神に基づく教育

校章には崇高さを表す鶴を3羽配し，中央が生徒，左右は家庭と学園を意味する。伸びゆく生徒を三位一体となって支え，豊かな人間性や品格をもつ女性を育てる。

学習 二学期制と土曜授業により，授業時間数をしっかり確保。全学年において英語と数学は習熟度別授業を行う。ICT環境を整え，オンラインによるテーマ別補習・指名制補習を実施。生徒一人ひとりの自ら学ぶ力を伸ばす。英検・数学検定の対策講座も開く。「生きる力」を養い，豊かな人間性を育てる学習として，各学年テーマを設けて校外での体験学習を行う。事後学習では自分なりの考えをまとめてプレゼンテーションする。中1は「地球環境」をテーマにした自然体験，中2では「国際理解・国際交流」をテーマに，生きた英語を学び異文化への興味関心を高める。

●コース表

中1	中2	中3	高1	高2	高3
共通履修				文系コース 理系コース	

キャリア教育 中3の総合的な学習のテーマを「自覚」とし，職業体験などのキャリアガイダンスを実施。高1のテーマは「探究」。企業へのインターンシップを教室で体験する「職業探究プログラム」を行う。

学校生活 「会食」と呼ばれる給食が創立以来の伝統。テーブルマナー教室も開催している。学校行事は鶴友祭（文化祭）や芸術鑑賞会のほか，奉仕活動などもある。

保護者MEMO

登校時刻▶8：10
最終下校時刻▶17：45
土曜日▶月2回休校。登校日は平常授業4時間
昼食▶給食/食品販売あり
携帯電話▶許可制
制服▶セーラー
自転車通学▶可
カウンセラー▶状況に応じて
保護者面談▶年2回
保護者会▶年2回
必修旅行▶広島・倉敷・姫路（中3），他
部活動▶活動日は部による

学費　　初年度目安 136万円

(単位:円)	入学金	施設費	授業料	その他	合計
入学手続時	250,000	―	―	―	250,000
1年終了まで	―	72,000	474,000	561,030	1,107,030

●奨学金・特待生
授業料1年間

[その他] 制服・指定品代，修学旅行費，維持費，冷暖房費，諸会費，給食費。
[寄付・学債] 任意の寄付金1口5千円，創立100周年記念事業寄付金1口5千円あり。
※上記は'22年度のもの。新年度について詳細は「受験生応援アプリ」にて公開（2023年5月～）。

首都圏模試　思考コード　(単位：%)

読み取る力						
複雑 3						
2			データなし			
単純 1						
考える力	A	B	C	A	B	C

A=知識・理解思考　B=論理的思考　C=創造的思考

2024年度入試　合格の基準

		首都圏模試		四谷大塚	
		ほぼ確実	見込あり	ほぼ確実	見込あり
女子	〈プレミアム〉	40	36	30	25
			やや見込あり 29		やや見込あり 20

ほぼ確実＝80％～／見込あり＝50～79％／やや見込あり＝20～49％

入試要項　2023年度参考　新年度日程はアプリへGO!　2科 英 他

試験名		試験日 ◎午後入試	出願締切 Web	発表 Web	手続 Web	2科	4科	適	英	他	面接	特待	募集数	応募数	受験数	合格数	実質倍率	偏差値
プレミアム		2/1	1/31	当日	2/2	＊1			＊1	＊1		●	25	26	20	16	1.3	40
セレクト	①	2/1 ◎	1/31	当日	2/6	＊2			＊2	＊3		※	25	25	10	7	1.4	41
	②	2/2	2/1	当日	2/6	＊2			＊2	＊3		※		30	10	6	1.7	41
	③	2/4	2/3	当日	2/6	＊2			＊2	＊3		※		38	7	5	1.4	41
	④	2/5	2/4	当日	2/6	＊2			＊2	＊3		※		37	3	2	1.5	41

＊1　国語・算数・英語・自己表現から２科選択。自己表現は自己表現エントリーシートを事前に提出
＊2　国語・算数・英語から２科選択。
＊3　国語・算数・英語から１科選択　※特待は２科目選択のみ
※英語を選択し，英検３級以上取得者は，学科試験免除。出願時にWeb上で取得級を入力のうえ，合格証明書コピーを当日の受付時までに提出

【出願方法】 Web出願
【手続方法】 Web納入
【受験料】 25,000円（複数回受験可）

【帰国生入試】 —

中学受験のプロがおすすめ！　併願校の例

特色	フィールドワーク	給食制度	英検取得	ICT教育
♠男子校 ♥女子校 ♣共学・別学校	♥跡見学園	♥東京家政大附	♥女子聖学院	♥十文字
	♥麴町女子	♥文京学院女子	♥佼成女子	♥神田女学園
	♥淑徳SC	♣上野学園	♥京華女子	♥瀧野川女子

併設高校の進路情報

四年制大学進学率76.7%
文系70／理系25／その他５（%）　医歯薬５名合格

内部推薦▶川村学園女子大学へ11名（文３，教育３，生活創造５）が内部推薦で進学した。

指定校推薦▶利用状況は東京理科大１，学習院大４，成城大１，聖心女子大２，フェリス女学院大１など。ほかに日本大，東洋大，専修大，大東文化大，亜細亜大，帝京大，成蹊大，獨協大，東京電機大，立命館大，東京都市大，白百合女子大，北里大，東京農大，学習院女子大，清泉女子大，女子美大など推薦枠あり。

'22年３月卒業生：73名
大学56名　短大２名　専門９名　就職０名　他６名

主な大学合格状況　'23年春については主要大学のみ巻末一覧に記載

大学名	'22	'21	'20	大学名	'22	'21	'20	大学名	'22	'21	'20
早稲田大	0	0	1	東洋大	2	0	0	共立女子大	2	2	1
上智大	1	1	0	駒澤大	0	2	0	大妻女子大	6	1	1
東京理科大	2	0	0	帝京大	2	1	2	聖心女子大	3	2	6
学習院大	4	5	4	成蹊大	1	3	3	白百合女子大	2	0	0
明治大	0	1	0	成城大	2	0	0	順天堂大	1	0	2
青山学院大	0	0	1	東京女子大	2	0	0	杏林大	2	2	1
立教大	0	0	2	日本女子大	0	1	3	日本薬科大	2	0	0
中央大	0	0	1	武蔵大	1	0	2	日本歯大	1	0	1
法政大	0	0	2	玉川大	1	0	3	同志社女子大	2	0	0
日本大	3	1	3	桜美林大	3	0	0	川村学園女子大	12	12	11

※各大学合格数は既卒生との合計。

見学ガイド　文化祭／説明会／学習セミナー／個別見学対応

神田女学園（かんだじょがくえん） 中学校

〒101－0064 東京都千代田区神田猿楽町 2－3－6 ☎03－6383－3751

国際 / 海外研修 / 長期留学 / 第2外国語 / online英会話 / 21型 / 1人1台端末 / リモート体制 / プロジェクト型 / 論文執筆 / STEAM / 情操 / 体験学習 / ボランティア / 人間力育成

教育目標▶長い伝統に育まれた品格教育とトリリンガル教育で，深い知識と広い教養を備えた品格ある個人を育てる。
沿革▶1890年，女子教育の先駆者のひとりであった竹澤里により，神田高等女学校として設立。1951年，現校名に改称。
施設▶講堂，和室・茶道室，K-SALC（英語学習スペース），K-SAMT（学習サポートスペース），カウンセリングルーム，ラウンジ，礼法・武道館，他。
学校長▶芦澤　康弘
生徒数▶総数128名

	1年（2クラス）	2年（2クラス）	3年（2クラス）
女子	39名	45名	44名

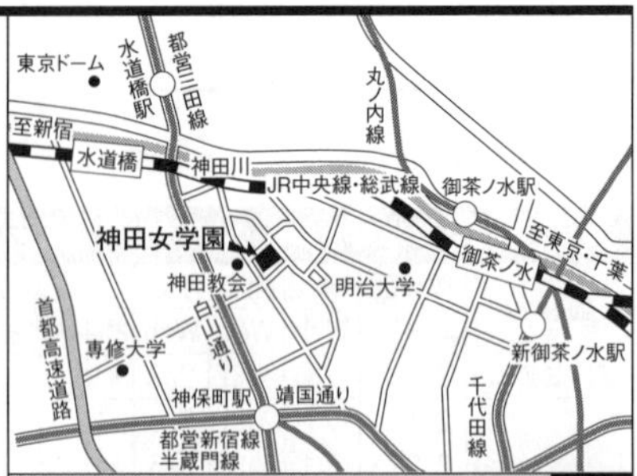

JR・都営三田線―水道橋5分　半蔵門線・都営三田線・都営新宿線―神保町5分　5分

革新的女子教育を行う創立132年の伝統校

深い知識と広い教養を身につけるリベラルアーツ，英語と第2外国語を学ぶトリリンガル，主体性を養う教育を実践。ダブルディプロマ実施校。

学習 中学では国数英の3教科で圧倒的な基礎学力を身につけ，独自のトリリンガル教育で母語･英語･第二外国語の「言語運用能力」を高める。中1からオールイングリッシュ授業，中2からはイマージョン授業を行い，中3からは第二外国語として中国語・韓国語・仏語より選択，さらに教科や言語の枠を超えたマルチ・イマージョン授業を行う。自然・文化・生命に関わるテーマで，自ら見つけた課題について調べ，レポートを作成する協働探究型の「ニコルプロジェクト」も展開。リベラルアーツ教育として「教養理数分野」も重視する。高校の国際教養コースでは世界五カ国の学校と「ダブルディプロマプログラム」を実施，現地校の卒業資格が得られる。

●コース表

中1	中2	中3	高1	高2	高3
グローバルコース			国際教養〈DDP／LSP〉		
			高度教養〈MT／LA〉		
			総合教養〈FD／DP〉		

キャリア教育 自分を見つめ，見つけ出す「進路指導」と，具体的な夢の実現を支援する「進学指導」に分けて実践。企業見学や大学体験講座などフィールドワーク・ワークショップ型のプログラムが特徴。

学校生活 ソフトボール部，ダンス部，韓国同好会など計27の部が活動中。

保護者MEMO

登校時刻▶8：20
最終下校時刻▶18：00
土曜日▶毎週登校。平常授業4時間
昼食▶弁当/食品販売あり
携帯電話▶可
制服▶ブレザー
自転車通学▶不可
カウンセラー▶週2回
保護者面談▶年2回
保護者会▶年2回
必修旅行▶ニュージーランド（中3），他
部活動▶週1～3日

学費　　初年度目安 140万円

(単位:円)	入学金	施設費	授業料	その他	合計
入学手続時	250,000	50,000	―	―	300,000
1年終了まで	―	150,000	456,000	492,000	1,098,000

［その他］制服・指定品代，修学旅行費，海外研修費，積立金，教材関連諸費用，オリエンテーション合宿費，父母の会費，生徒会費。※別途K-SAMT(年間6万円）あり。［寄付・学債］なし。
※上記は'22年度のもの。新年度について詳細は「受験生応援アプリ」にて公開（2023年5月～）。

●**奨学金・特待生**
入学金とS：授業料3年，支援金30万円／Ⅰ：授業料1年，支援金10万円／Ⅱ：授業料1年／Ⅲ：入学金のみ

DDP＝ダブルディプロマプログラム，LSP＝ロングステイプログラム，MT＝メディカルテクノロジー，LA＝ランゲージアーツ，FD＝フューチャーデザイン，DP＝ディプロマ

首都圏模試　思考コード　(単位：%)

読み取る力	A	B	C	A	B	C
複雑 3						
2			データなし			
単純 1						
考える力	A	B	C	A	B	C

A=知識・理解思考　B=論理的思考　C=創造的思考

2024年度入試　合格の基準

		首都圏模試		四谷大塚	
		ほぼ確実	見込あり	ほぼ確実	見込あり
女子	〈①2科選択〉	40	34	35	30
			やや見込あり 30		やや見込あり 25

ほぼ確実＝80%～／見込あり＝50～79%／やや見込あり＝20～49%

入試要項　2023年度参考　新年度日程は アプリへGO!

2科　4科　適性型　英　他

試験名		試験日 ◎午後入試	出願締切 Web	発表 Web	手続 Web	選抜方法 2科	4科	適	英	他	面接	特待	募集数	応募数	受験数	合格数	実質倍率	偏差値
①	2科選択	2/1	1/31	当日	2/10	＊1			＊1				30	34	22	22	1.0	40
	適性検査							＊2						6	5	5	1.0	40
②特待	2科選択	2/1 ◎	当日	当日	2/10	＊1			＊1			●	20	38	22	11	2.0	45
	適性検査							＊2				●		18	18	15	1.2	45
③特待	2科選択	2/2	当日	当日	2/10	＊1			＊1			●	10	35	15	12	1.3	46
	4科必修						●					●		5	3	3	1.0	45
④	2科選択	2/2 ◎	当日	当日	2/10	＊1			＊1				20	34	6	6	1.0	40
	得意科目								＊3	＊3				15	3	3	1.0	40
⑤	2科選択	2/3 ◎	当日	当日	2/10	＊1			＊1				10	52	10	10	1.0	40
	新思考力									＊4				8	4	3	1.3	40
⑥	得意科目	2/5 ◎	当日	当日	2/10				＊3	＊3			10	50	7	7	1.0	40

＊1　国語・算数・英語より2科を選択　＊2　適性検査ⅠⅡⅢ（Ⅰ読解・記述，Ⅱ科目横断型，Ⅲ理数総合）
＊3　国語・算数・英語より1科を選択　＊4　資料をもとに，自分の考えなどを文章化する問題

【出願方法】 Web出願　**【手続方法】** Web納入　**【受験料】** 20,000円（すべての受験可）。適性検査のみ5,000円（2回受験可）。得意科目・新思考力は，1回5,000円（2回以上20,000円）。

【帰国生入試】 11/12，12/10（募集人数は不定）

中学受験のプロがおすすめ！　併願校の例

特色	ダブルディプロマ	礼儀・マナー	第2外国語	フィールドワーク
♠男子校 ♥女子校 ♣共学・別学校	♣文化学園杉並	♥跡見学園	♥実践女子	♥日大豊山女子
	♥麴町女子	♥和洋九段	♥京華女子	♥文京学院女子
	♥国本女子	♥愛国	♥東京女子学院	♥淑徳SC

併設高校の進路情報

四年制大学進学率79.8%
文系83／理系15／その他2（%）　医歯薬1名合格

指定校推薦▶利用状況は日本大1，東洋大1，駒澤大1，千葉工大1，共立女子大1，順天堂大1，神田外語大1，亀田医療大1，女子栄養大1など。ほかに大東文化大，東海大，亜細亜大，帝京大，國學院大，神奈川大，立命館大，立正大，国士舘大，大妻女子大，杏林大，国際医療福祉大，武蔵野大，東京農大など推薦枠あり。

'22年3月卒業生：129名

大学103名　短大6名　専門17名　就職0名　他3名

主な大学合格状況　'23年春については主要大学のみ巻末一覧に記載

大学名	'22	'21	'20	大学名	'22	'21	'20	大学名	'22	'21	'20
◇都留文科大	1	0	0	中央大	2	1	0	日本女子大	6	1	2
長野県立大	1	0	0	法政大	2	0	0	国士舘大	1	1	0
早稲田大	1	0	1	日本大	10	0	2	桜美林大	3	3	0
慶應大	1	0	0	東洋大	6	4	3	武蔵野大	4	1	2
上智大	2	1	1	駒澤大	1	0	1	順天堂大	1	0	2
東京理科大	1	0	0	専修大	1	4	2	実践女子大	5	3	0
学習院大	1	0	2	大東文化大	2	0	1	昭和女子大	4	1	2
明治大	1	0	0	帝京大	3	2	2	神田外語大	1	10	2
青山学院大	6	0	0	獨協大	5	0	2	大正大	2	5	2
立教大	2	0	1	東京女子大	2	1	2	帝京科学大	7	1	1

※各大学合格数は既卒生との合計。

見学ガイド　文化祭／説明会／授業体験会／個別見学対応

KITATOSHIMA

北豊島（きたとしま）中学校

〒116－8555　東京都荒川区東尾久 6－34－24　☎03－3895－4490

教育目標▶校訓「和敬」「誠實」「温雅」に基づいて長所を伸ばし，社会で活躍できる女性を育成する。
沿革▶1926年，秋上ハルが「北豊島女学校」として開校。2016年２月新校舎完成。
施設▶特別教室，茶道室，コモンスペース，生徒相談室，グラウンド，オープン進路指導エリア，他。
学校長▶河村　恵子
生徒数▶総数53名

	１年（１クラス）	２年（１クラス）	３年（１クラス）
女子	21名	14名	18名

京成本線・千代田線━町屋15分　都電，日暮里・舎人ライナー━熊野前５分　15分

知的好奇心を広げる，リベラルアーツ教育を推進

リベラルアーツ教育と英語教育に力を入れる。自分の考え方をもちながら他人の意見に傾聴し，考えの異なる人と協働協業できる女性の育成をめざす。

学習　１クラス20名前後という徹底した少人数制教育を行う。高校は特進・総合・国際英語コースのいずれかを選択する。英語は週８（うちネイティヴ教員による授業３）時間を設定。コミュニケーション重視の“使える英語力”を身につけ，さらにEnglish Challenge Seminarや異文化体験で語学力を磨く。様々な教科で，枠を超えたクロスカリキュラムを取り入れ，参加型・対話型の授業を展開。多くの気付きを得ながら考える力を鍛えることで，学び続ける力を養う。豊富なプレゼンテーションの機会で伝え方・聴き方・魅せ方を学び，パブリックスピーキングの力を伸ばす。

●コース表

中1	中2	中3	高1	高2	高3
共	通	履	修 特進	第Ⅰ類／第Ⅱ類	
			総合	文系／理系	
			国際英語		

キャリア教育　中１は仕事調べ・職場体験，中２で企業や大学の方から学ぶ活動を行い，その結果を学年全員の前で発表する。大学訪問や分野別説明会，卒業生による講演会を通じて，自己の適性を考える。

学校生活　必修のギター（中１～中３），華道（中１・中２），茶道（中３）で豊かな情操を養う。18のクラブがある。運動部・文化部ともに中高合同で活動。

保護者MEMO

登校時刻▶8：00
最終下校時刻▶18：00
土曜日▶毎週登校。平常授業４時間
昼食▶食堂/食品販売あり
携帯電話▶可
制服▶ブレザー
自転車通学▶可
カウンセラー▶週２回
保護者面談▶年２回
保護者会▶年４～５回
必修旅行▶京都・奈良（中２），九州（高２）
部活動▶活動日は部による

学費　　初年度目安 108万円

（単位:円）	入学金	施設費	授業料	その他	合計
入学手続時	210,000	120,000	―	8,000	338,000
1年終了まで	―	―	360,000	381,235	741,235

［その他］制服・指定品代，空調衛生費，実習費，ICT関連費用，華道代，積立金，生徒会・PTA会費。※別途教材費あり。
［寄付・学債］なし。
※上記は'22年度のもの。新年度について詳細は「受験生応援アプリ」にて公開（2023年５月～）。

●奨学金・特待生
A：入学金，授業料３年間／B：入学金，授業料１年間／C：入学金

首都圏模試　思考コード　(単位：%)

読み取る力 ＼ 考える力	A	B	C	A	B	C
複雑 3						
2			データなし			
単純 1						

A=知識・理解思考　B=論理的思考　C=創造的思考

2024年度入試　合格の基準

	首都圏模試 ほぼ確実	首都圏模試 見込あり	四谷大塚 ほぼ確実	四谷大塚 見込あり
女子〈一般〉	40	34	33	28
やや見込あり		28		23

ほぼ確実＝80%～／見込あり＝50～79%／やや見込あり＝20～49%

入試要項　2023年度参考　新年度日程はアプリへGO!

2科　4科　適性型　英

試験名	試験日 ◎午後入試	出願締切 窓口	発表 Web	手続 振・窓	2科	4科	適	英	他	面接	特待	募集数	応募数	受験数	合格数	実質倍率	偏差値
一般	2/1	当日	当日	2/11	●					＊3	●	50	41	34	28(3)	1.2	40
英語	2/1 ◎	当日	当日	2/11				＊1		＊3	●	10	6	4	3(1)	1.3	—
適性検査型	2/1 ◎	当日	2/2	2/11			＊2			＊3	●	10	4	4	4(1)	1.0	40
特待 ①	2/1 ◎	当日	当日	2/11	●					＊3	●	10	31	21	4〈11〉	5.3	45
特待 ②	2/2 ◎	当日	当日	2/11	●	●				＊3	●	20	43	14	5〈3〉	2.8	45
特待 ③	2/3 ◎	当日	当日	2/11	●					＊3	●	20	41	10	2	5.0	45

＊1　英語（リスニングあり）＋英会話（ネイティヴ含む）　＊2　適性検査ⅠⅡ（Ⅰ読解・記述，Ⅱ分析・思考）
＊3　個人面接。希望者は1/31までに事前面接も可

【出願方法】 窓口受付
【合格発表】 一般は手渡し。新規合格者と特待認定者のみWeb発表
【手続方法】 2/6までに書類受取，2/11までに郵便局振込またはインターネットバンキング振込のうえ，窓口手続。インターネットバンキングの場合，振込完了画面（スクリーンショット等）を準備する
【受験料】 20,000円（同時出願は複数回受験可）

【帰国生入試】 10/29，12/20（募集人数は定めず）
（注）（　）は特待合格で内数。〈　〉は一般合格で外数。

中学受験のプロがおすすめ！　併願校の例

特色	ネイティヴ常駐	伝統文化教育	近代的校舎	リベラルアーツ
♠男子校 ♥女子校 ♣共学・別学校	♥女子聖学院	♥文京学院女子	♥江戸川女子	♥跡見学園
	♥麴町女子	♥京華女子	♥十文字	♥神田女学園
	♥神田女学園	♥愛国	♣郁文館	♥淑徳SC

併設高校の進路情報

四年制大学進学率75%
文系72／理系13／その他15(%)

指定校推薦▶法政大，日本大，東洋大，帝京大，成蹊大，獨協大，東京電機大，日本女子大，立命館大，武蔵大，国士舘大，大妻女子大，白百合女子大，東邦大など推薦枠あり。

海外大学合格状況▶The University of Manchester，University of Exeter，University of East Anglia（英），The University of Alabama at Birmingham，University of South Florida（米），The University of Newcastle（豪），他。海外協定大学推薦制度（UPAA）あり。

'22年3月卒業生：72名
大学54名　短大1名／専門15名／就職2名／他0名

主な大学合格状況　'23年春については主要大学のみ巻末一覧に記載

大学名	'22	'21	'20	大学名	'22	'21	'20	大学名	'22	'21	'20
◇埼玉大	0	0	1	亜細亜大	3	1	1	杏林大	2	1	0
◇防衛医大	0	1	0	帝京大	4	4	3	国際医療福祉大	1	1	1
明治大	1	0	0	成蹊大	1	0	1	昭和女子大	3	2	3
青山学院大	0	1	0	明治学院大	4	0	0	大正大	3	2	4
立教大	4	0	0	獨協大	4	2	1	清泉女子大	2	2	2
法政大	1	0	1	東京電機大	1	1	1	目白大	1	3	4
日本大	1	0	1	日本女子大	0	1	2	文京学院大	3	3	1
東洋大	5	2	1	武蔵大	2	0	1	武蔵野美大	3	1	0
駒澤大	0	2	0	玉川大	6	0	0	女子美大	2	3	1
専修大	1	3	0	大妻女子大	6	1	4	跡見学園女子大	3	1	4

※各大学合格数は既卒生との合計。

見学ガイド 文化祭／学校説明会／特別奨学生セミナー／授業見学(随時)

吉祥女子中学校
（きちじょうじょし）

〒180－0002　東京都武蔵野市吉祥寺東町 4－12－20　☎0422－22－8117

国際 / 海外研修 / 長期留学 / 第2外国語 / online英会話 / 21型 / 1人1台端末 / リモート体制 / プロジェクト型 / 論文執筆 / STEAM / 情操 / 体験学習 / ボランティア / 人間力育成

教育目標▶「社会に貢献する自立した女性の育成」を建学の精神に，自分の言葉と行動に責任を持ち，互いの価値観を尊重しながら知的探究心を育む。
沿革▶地理学者・守屋荒美雄と長男で数学者の美賀雄が1938年に設立した帝国第一高等女学校が前身。2018年に新校舎が完成。
施設▶ホール，ICTルーム，和室，図書館（8.2万冊），プール，グリーンコート，八王子キャンパス，他。
学校長▶赤沼　一弘
生徒数▶総数743名

	1年（6クラス）	2年（6クラス）	3年（6クラス）
女子	248名	242名	253名

JR―西荻窪８分　西武新宿線―上石神井よりバス地蔵坂上８分　8分

主体的に学び，知的探究心を育むカリキュラム

独自の教材や指導法により，生徒の知識欲と柔軟な発想力を育て伸ばす。多様な独自カリキュラムで文系・理系・芸術系（美術）へ進路選択の幅を広げる。

学習 外国語は英語・英会話，国語は現代文・古典など，主要５教科はそれぞれ複数科目に分割し，きめ細かく指導する。中１よりICT教育・情報モラル，図書館教育に力を入れ，課題解決の手法や発表の仕方を学ぶ。海外の姉妹校・友好校などとのつながりを活かした国際交流が盛ん。高１でのカナダ語学体験ツアーは2023年秋に再開予定。コロナ禍ではオンラインでの国際交流の機会を充実させている。高校では１年留学が可能で，条件を満たせば元の学年への復学が可能。理系・文系と合わせて芸術系（美術）も選択できる。

●コース表

中1	中2	中3	高1	高2	高3
共通履修				文系 芸術系 理系	私文系 国文系 芸術系 理系

キャリア教育 「進路プログラム」を組み，学年ごとのテーマに基づく講演会やディスカッション，レポート作成を通して，自身の生き方を探り将来について考える。中３の探究プログラムでは「平和と国際理解」をテーマに各自が個人探究を行い，レポートや論文にまとめ発表する。

学校生活 希望者にピアノ，声楽，茶道，着付，バレエなどの課外授業を実施。秋の運動会は八王子キャンパスで開催。

保護者MEMO

登校時刻▶8：30
最終下校時刻▶18：00（中１は17：00）
土曜日▶毎週登校。平常授業４時間
昼食▶食堂/食品販売あり
携帯電話▶可
制服▶ブレザー
自転車通学▶可
カウンセラー▶常駐
保護者面談▶年１回
保護者会▶年３回
必修旅行▶京都・奈良（高２）
部活動▶活動日は部による

学費　初年度目安 119万円

（単位:円）	入学金	施設費	授業料	その他	合計
入学手続時	250,000	70,000	―	―	320,000
1年終了まで	―	132,000	472,200	260,807	865,007

●奨学金・特待生
なし

［その他］制服・指定品代，諸経費，教材費，校外学習費，祥美会（PTA）会費，祥美会特別後援費，生徒会費。
［寄付・学債］任意の寄付金１口５万円以上あり。
※上記は'22年度のもの。新年度について詳細は「受験生応援アプリ」にて公開（2023年５月～）。

首都圏模試 思考コード (単位：%)

〈第1回〉

読み取る力	国語 A	国語 B	国語 C	算数 A	算数 B	算数 C	理科 A	理科 B	理科 C	社会 A	社会 B	社会 C
複雑 3				4	12		14			9		
2	9	15		17	34		62			63		
単純 1	12	56	8		33		15	9		22	6	

考える力：A=知識・理解思考 B=論理的思考 C=創造的思考

2024年度入試 合格の基準

	首都圏模試 ほぼ確実	首都圏模試 見込あり	四谷大塚 ほぼ確実	四谷大塚 見込あり
女子 ①	72	69	63	59
		やや見込あり 66		やや見込あり 55

ほぼ確実＝80％～／見込あり＝50～79％／やや見込あり＝20～49％

入試要項 2023年度参考 新年度日程はアプリへGO! 4科

試験名	試験日 ◎午後入試	出願締切 Web	発表 Web	手続 Web	2科	4科	適	英	他	面接	特待	募集数	応募数	受験数	合格数	実質倍率	偏差値
①	2/1	1/30	当日	2/7		●						134	626	581	190	3.1	72
②	2/2	1/30	当日	2/7		●						100	1,006	738	220	3.4	73

【出願方法】 Web出願
【手続方法】 Web納入。2/14までの入学辞退者には一部返還
【受験料】 25,000円

【帰国生入試】 —

受験情報

国語では，論理的思考力が求められるBの問題を中心に，創造的な思考力が必要なCの問題も見られます。算数では，8割程がBの問題です。理科，社会では，Aが9割程を占めており，知識や技術の正確な再現力が求められる問題が中心です。

年度	試験名	募集数	応募数	受験数	合格数	実質倍率	偏差値
'22	①	134	606	565	202	2.8	71
	②	100	977	696	227	3.1	73
'21	①	134	576	530	206	2.6	71
	②	100	906	616	210	2.9	73
'20	①	114	581	555	206	2.7	69
	②	90	959	680	208	3.3	71
	③	30	603	443	43	10.3	70

中学受験のプロがおすすめ! 併願校の例

特色	芸術教育	キャリア教育	留学制度	進学先(早慶上理)
♠男子校 ♥女子校 ♣共学・別学校	♥洗足学園	♥浦和明の星	♥豊島岡女子	♣早稲田実業
	♥白百合学園	♥頌栄女子	♥立教女学院	♥鷗友女子
	♥東洋英和	♥普連土学園	♥大妻	♥学習院女子

併設高校の進路情報

四年制大学進学率84.7%
文系55／理系42／その他3(%) 医歯薬77名合格

指定校推薦▶利用状況は早稲田大7，慶應大3，明治大1，立命館大1，北里大1など。ほかに東京理科大，学習院大，青山学院大，立教大，中央大，法政大，日本大，国際基督教大，成蹊大，成城大，芝浦工大，津田塾大，東京女子大，日本女子大，同志社大，武蔵大，東京都市大，聖心女子大，東邦大，東京薬科大，明治薬科大，昭和薬科大，東京歯大，関西学院大，フェリス女学院大，東洋英和女学院大，武蔵野美大，桐朋学園大，国立音大など推薦枠あり。

'22年3月卒業生：248名

大学210名 短大0名 専門0名 就職0名 他38名

主な大学合格状況

'23年春については主要大学のみ巻末一覧に記載

大学名	'22	'21	'20	大学名	'22	'21	'20	大学名	'22	'21	'20
◇東京大	3	2	4	◇東京農工大	5	8	8	立教大	93	90	52
◇京都大	1	3	2	◇お茶の水女子大	4	3	1	中央大	81	87	96
◇東工大	3	2	3	◇都立大	2	5	6	法政大	86	89	70
◇一橋大	8	7	3	早稲田大	82	80	88	日本大	55	76	45
◇千葉大	1	5	7	慶應大	62	44	58	東洋大	54	54	40
◇筑波大	3	6	5	上智大	46	45	42	芝浦工大	34	36	34
◇東京外大	5	3	3	東京理科大	49	66	58	津田塾大	24	12	15
◇横浜国大	3	5	3	学習院大	12	14	13	東京女子大	60	58	65
◇北海道大	8	7	1	明治大	111	104	123	日本女子大	43	47	39
◇東京医歯大	2	1	5	青山学院大	59	40	23	武蔵野美大	6	28	23

※各大学合格数は既卒生との合計。

見学ガイド 文化祭／説明会／オープンキャンパス／オンライン個別相談会

高1内訳 一貫生 306名

共立女子中学校（きょうりつじょし）

〒101－8433　東京都千代田区一ツ橋 2－2－1　☎03－3237－2744

国際 / 海外研修 / 長期留学 / 第2外国語 / online英会話 / 21型 / 1人1台端末 / リモート体制 / プロジェクト型 / 論文執筆 / STEAM / 情操 / 体験学習 / ボランティア / 人間力育成

教育目標▶「誠実・勤勉・友愛」の校訓のもと，時代を超えて"輝き，翔ばたく女性"を育成する。
沿革▶1886年，女性の就職と自立をめざす教育界の先覚者34名により，共立女子職業学校として設立。
施設▶講堂，礼法室・茶道室，カウンセリングルーム，図書室（8万冊），ランゲージスクエア，グラウンド，テニスコート，食堂，他。
学校長▶前田　好子
生徒数▶総数984名

	1年（8クラス）	2年（8クラス）	3年（8クラス）
女子	328名	327名	329名

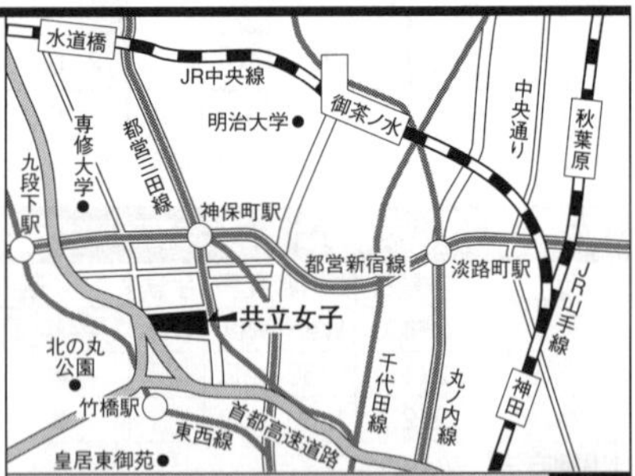

半蔵門線・都営三田線・都営新宿線―神保町3分　東西線―竹橋5分　3分

興味関心を拡げる多様な学びで主体性を引き出す

最初の4年間を土台づくりと定め，主体的な学習姿勢と習慣をつける。また，美術や礼法などの教養教育を大切にする。後半の2年間で進路の実現をめざす。

学習　6年間を「基礎力を磨く」4年間と，「実践力をつける」2年間に分けたカリキュラム。英語は「聞く」「話す」に重点をおいたグローバル教育を展開。中1から，自宅学習として全員にオンライン英会話を課し，希望者を対象に校内で英語漬けの3日間を過ごすイングリッシュシャワーを実施。また，6カ国9都市から選べる留学・語学研修プログラムを用意。中学3年間，週1時間の国語表現の授業を設け，少人数による小論文執筆や詩歌の創作を通して思考力と表現力を身につける。豊かな創造力と感性を育むために実技系科目では鑑賞，創作活動に力を入れる。

●コース表

中1	中2	中3	高1	高2	高3
共通履修				文系 理系	国公立文系 私立文系 理系

キャリア教育　探究学習を通して，質問力や論理的思考などのスキルを身につけ，権限に頼らない「共立リーダーシップ」を常に発揮できることをめざす。高校では表現力育成・自己啓発プログラムを実施。

学校生活　道徳の授業で礼法が，課外講座で華道と中国語が学べる。外国語や異文化に親しむ場として「ランゲージスクエア」を設置。放課後に様々なイベントを開く。

保護者MEMO

登校時刻▶8：15
最終下校時刻▶17：45
土曜日▶毎週登校。平常授業4時間
昼食▶弁当/食品販売あり
携帯電話▶許可制
制服▶セーラー
自転車通学▶不可
カウンセラー▶週3日
保護者面談▶年1～2回
保護者会▶年2～3回
必修旅行▶関西（中3），九州（高2）
部活動▶活動日は部による

学費　初年度目安 137万円

（単位:円）	入学金	施設費	授業料	その他	合計
入学手続時	300,000	―	―	―	300,000
1年終了まで	―	220,000	500,000	348,335	1,068,335

●奨学金・特待生
なし

[その他] 制服・指定品代，諸経費，後援会費。
[寄付・学債] 任意の寄付金（教育施設拡充資金）1口10万円2口以上あり。
※上記は'22年度のもの。新年度について詳細は「受験生応援アプリ」にて公開（2023年5月～）。

首都圏模試　思考コード　(単位：%)

読み取る力	〈2月1日〉国語 A	B	C	算数 A	B	C	〈2/3合科型〉算数 A	B	C	合科型論述 A	B	C
複雑 3												
2		24		66	5		40					
単純 1	26	50			29			60		11	39	50

考える力：A B C

A=知識・理解思考　B=論理的思考　C=創造的思考

2024年度入試　合格の基準

	首都圏模試 ほぼ確実	首都圏模試 見込あり	四谷大塚 ほぼ確実	四谷大塚 見込あり
女子 ①	63	56	52	48
		やや見込あり 53		やや見込あり 43

ほぼ確実＝80%～／見込あり＝50～79%／やや見込あり＝20～49%

入試要項　2023年度参考　新年度日程はアプリへGO!

4科　適性型　英

試験名	試験日 ◎午後入試	出願締切 Web	発表 Web	手続 W・窓	2科	4科	適	英	他	面接	特待	募集数	応募数	受験数	合格数	実質倍率	偏差値
①	2/1	1/30	当日	2/4		●						130	368	346	154	2.2	63
②	2/2	2/1	当日	2/4		●						110	643	459	199	2.3	64
英語4技能	2/3 ◎	2/2	2/4	2/10				＊1				15	26	20	15	1.3	59
合科型	2/3 ◎	2/2	2/4	2/10			＊2					40	356	213	68	3.1	63
海外帰国生	11/27	11/25	当日	2/4	＊3			＊3				25	103	97	63	1.5	—

＊1　算数＋英語4技能テスト　＊2　合科型論述テスト＋算数　＊3　国語または英語＋算数

【出願方法】Web出願
【手続方法】Web納入のうえ，窓口手続。英語4技能・合科型の窓口手続は2/5または2/10
【受験料】25,000円（同時出願は2回40,000円，3回50,000円）　※複数同時出願で合格者は入学手続き後に未受験回分を返還

【帰国生入試】上に記載

中学受験のプロがおすすめ！　併願校の例

特色	礼儀・マナー	キャリア教育	オンライン英会話	大規模校
♠男子校 ♥女子校 ♣共学・別学校	♥淑徳与野	♥東洋英和	♥香蘭女学校	♥吉祥女子
	♥品川女子学院	♥東京女学館	♥山脇学園	♥大妻
	♥国府台女子	♥三輪田学園	♥大妻中野	♥富士見

併設高校の進路情報

四年制大学進学率91.3%
文系66／理系32／その他2（%）　医歯薬49名合格

内部推薦▶共立女子大学へ43名（文芸14，国際6，看護4，家政9，ビジネス10），共立女子短期大学へ2名が内部推薦で進学した。

指定校推薦▶利用状況は早稲田大7，慶應大4，東京理科大6，学習院大4，明治大2，青山学院大2，立教大6，中央大4，法政大1，日本大1，国際基督教大1，芝浦工大1，津田塾大1，東京女子大4，聖心女子大1，北里大4，東邦大1，東京薬科大1，東京歯大1など。ほかに上智大，成蹊大など推薦枠あり。

'22年3月卒業生：311名

大学284名　短大2名　専門1名　就職0名　他24名

主な大学合格状況　'23年春については主要大学のみ巻末一覧に記載

大学名	'22	'21	'20	大学名	'22	'21	'20	大学名	'22	'21	'20
◇東工大	0	4	0	◇都立大	1	1	3	法政大	41	27	41
◇一橋大	0	1	0	早稲田大	51	32	24	日本大	42	35	45
◇千葉大	2	4	5	慶應大	15	13	8	東洋大	50	34	25
◇筑波大	2	0	4	上智大	21	16	14	成城大	22	5	14
◇東京外大	1	2	2	東京理科大	22	34	35	明治学院大	16	13	17
◇横浜国大	0	1	1	学習院大	20	13	24	芝浦工大	15	11	28
◇北海道大	1	1	1	明治大	44	35	51	津田塾大	9	8	15
◇東京医歯大	2	0	0	青山学院大	36	19	22	東京女子大	41	29	39
◇防衛医大	2	0	1	立教大	74	53	56	日本女子大	55	41	36
◇東京学芸大	3	1	0	中央大	20	21	17	共立女子大	146	119	168

※各大学合格数は既卒生との合計。

見学ガイド　文化祭／学校説明会／オープンキャンパス／個別見学対応

共立女子第二中学校（きょうりつじょしだいに）

〒193−8666　東京都八王子市元八王子町1−710　☎042−661−9952

国際／海外研修／長期留学／第2外国語／online英会話／21型／1人1台端末／リモート体制／プロジェクト型／論文執筆／STEAM／情操／体験学習／ボランティア／人間力育成

教育目標▶「誠実・勤勉・友愛」を校訓に，将来自立して社会で活躍するための全人的な教育を行う。
沿革▶1886年女性の社会的自立の必要性を説く先覚者をめざす34名により，共立女子職業学校設立。1970年共立女子第二高等学校，1984年中学校開校。
施設▶図書館（6万冊），グローバルランゲージスクエア，理科実験室，グラウンド，テニスコート（9面），ゴルフ練習場，校内無線LAN，他。
学校長▶晴山　誠也
生徒数▶総数242名

	1年（3クラス）	2年（3クラス）	3年（2クラス）
女子	80名	88名	74名

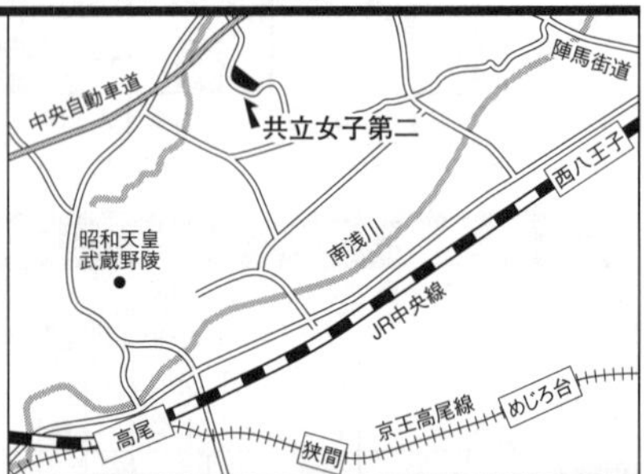

JR・京王高尾線一高尾，JR一八王子よりスクールバス　20分

セルフリーダーシップを発揮して社会貢献できる女性を育成

時代の変化に対応した英語・国際理解・探究の3つの教育活動，体験を重視した学びを通して自立の土台をつくり，早期よりキャリア形成の意識を高める。

学習 中1・中2は基礎学力の理解と定着を図り，中3では主要3教科の授業の一部でグレード別の少人数授業を行う。英語は音読を中心とした反復トレーニングやオンライン英会話などを取り入れ，4技能すべてを使用し，バランスの取れた英語力の向上をめざす。高校の英語コースは，英検準1級の取得を目標とし，ニュージーランドへのターム留学が必須。東京ドーム5個分の広さを誇るキャンパスの中には畑（ポタジュガーデン）があり，理科教育として野菜を育て，調理実習や食育などで使用している。充実の学習環境をフルに活用して体験・実験重視型の授業を展開する。

キャリア教育 6年間を通して段階的に将来への意識を高める「針路プログラム」を実施。中学では多くの行事を通し，自分と社会について考えるきっかけをつくる。中3で職場体験も行い，社会観を形成する。

学校生活 道徳の一環として礼法を学ぶほか，高2では華道・茶道・装道を全員で学ぶ。主張大会やレシテーションコンテストなど，発信力を育む行事が充実している。

●コース表

中1	中2	中3	高1	高2	高3
共通履修			特別進学	※高2より私文／国文／理系	
			総合進学	総合進学／共立進学（文系）	
			英語コース		

※総合進学は高2より文系／文理系／芸術系

保護者MEMO
登校時刻▶8：40
最終下校時刻▶17：50
土曜日▶毎週登校。平常授業4時間
昼食▶弁当／食堂／食品販売あり
携帯電話▶可
制服▶ブレザー
自転車通学▶中学不可
カウンセラー▶週3回
保護者面談▶年1回
保護者会▶年3回
必修旅行▶京都・奈良（中3）
部活動▶原則最大週4日

学費　初年度目安 111万円

(単位:円)	入学金	施設費	授業料	その他	合計
入学手続時	250,000	—	—	—	250,000
1年終了まで	—	210,000	500,000	145,980	855,980

［その他］制服・指定品代，年度諸経費，後援会会費，学生保険。
［寄付・学債］任意の寄付金（教育施設拡充金）1口10万円（できれば）2口以上あり。
※上記は'22年度のもの。新年度について詳細は「受験生応援アプリ」にて公開（2023年5月〜）。

●奨学金・特待生
S：入学金，授業料・施設費3年間／A：入学金，授業料・施設費1年間

首都圏模試　思考コード（単位：%）

読み取る力						
複雑 3						
2	データなし					
単純 1						
考える力	A	B	C	A	B	C

A=知識・理解思考　B=論理的思考　C=創造的思考

2024年度入試　合格の基準

		首都圏模試		四谷大塚	
		ほぼ確実	見込あり	ほぼ確実	見込あり
女子	〈①午前2科4科〉	41	38	35	30
			やや見込あり 34		やや見込あり 25

ほぼ確実＝80%～／見込あり＝50～79%／やや見込あり＝20～49%

入試要項　2023年度参考　新年度日程は アプリへGO!　2科　4科　適性型　英

試験名		試験日 ◎午後入試	出願締切 Web	発表 Web	手続 Web	2科	4科	適	英	他	面接	特待	募集数	応募数	受験数	合格数	実質倍率	偏差値
①午前	2科・4科型	2/1	1/30	当日	2/5	●						●	50	35	32	25	1.3	41
		2/1	1/30	当日	2/5		●					●		28	24	21	1.1	
	適性検査型	2/1	1/30	当日	2/10			＊1				●	20	27	27	27	1.0	41
①午後	2科型	2/1 ◎	1/30	当日	2/5	●						●	40	109	103	86	1.2	41
	英語	2/1 ◎	1/30	当日	2/5				＊2		＊2		10	4	4	4	1.0	—
②午前		2/2	2/1	当日	2/5	●						●	20	84	13	9	1.4	44
②午後		2/2 ◎	2/1	当日	2/5	●						●	10	101	17	13	1.3	44
③		2/4	2/3	当日	2/5	●							5	84	5	4	1.3	43

＊1　適性検査ⅠⅡ（Ⅰ国，Ⅱ算理社）　＊2　英語＋日本語作文＋英語面接（Speaking Test）。英検準2級以上の取得者は英語と英語面接を免除

【出願方法】 Web出願。該当者は英検合格証書のコピーを当日持参
【手続方法】 Web納入
【受験料】 25,000円（複数回受験可。適性検査型のみは15,000円）

【帰国生入試】 1/8（5名募集）

中学受験のプロがおすすめ!　併願校の例

特色	国際理解教育	フィールドワーク	特待生制度	適性検査型入試
♠男子校	♥桐朋女子	♥大妻多摩	♣多摩大聖ヶ丘	♣都立南多摩中等
♥女子校	♥富士見丘	♣和光	♥相模女子大	♥東京純心女子
♣共学・別学校	♣帝京八王子	♥日体大桜華	♥駒沢女子	♥白梅清修

併設高校の進路情報

四年制大学進学率88.8%
文系75／理系25／その他0（%）　医歯薬3名合格

内部推薦▶共立女子大学へ70名（文芸19，家政15，国際12，看護11，ビジネス13），共立女子短期大学へ4人が内部推薦で進学した。

指定校推薦▶学習院大，青山学院大，中央大，法政大，日本大，東海大，帝京大，成蹊大，成城大，明治学院大，神奈川大，東京電機大，東京女子大，日本女子大，東京都市大，白百合女子大，清泉女子大，フェリス女学院大，東洋英和女学院大など推薦枠あり。

'22年3月卒業生：170名

大学151名　短大8名／専門7名／就職0名　他4名

主な大学合格状況　'23年春については主要大学のみ巻末一覧に記載

大学名	'22	'21	'20	大学名	'22	'21	'20	大学名	'22	'21	'20
◇東京外大	1	0	0	学習院大	1	3	5	帝京大	2	4	4
◇防衛医大	1	0	0	明治大	3	3	0	成蹊大	5	6	4
◇都立大	2	0	0	青山学院大	5	2	4	成城大	7	9	0
◇茨城大	0	0	1	立教大	11	2	0	明治学院大	4	3	5
◇国立看護大	1	0	0	中央大	10	8	7	津田塾大	3	2	1
◇富山大	0	1	0	法政大	7	3	7	東京女子大	10	8	5
早稲田大	5	4	0	日本大	7	4	1	日本女子大	9	7	5
慶應大	1	0	0	東洋大	3	2	5	玉川大	1	1	4
上智大	4	0	0	専修大	4	8	2	共立女子大	88	85	94
東京理科大	0	1	0	東海大	2	10	3	杏林大	1	5	3

※各大学合格数は既卒生との合計。

見学ガイド　文化祭／説明会／オープンキャンパス／理科体験授業

国本女子中学校（くにもとじょし）

〒157－0067　東京都世田谷区喜多見 8－15－33　☎03－3416－4722・4723（入試広報部）

国際 / 海外研修 / 長期留学 / 第2外国語 / online英会話 / 21型 / 1人1台端末 / リモート体制 / プロジェクト型 / 論文執筆 / STEAM / 情操 / 体験学習 / ボランティア / 人間力育成

建学の精神▶「眞心の発揮，自然に対する素直さの涵養，恩を知り恩に報ゆる心の育成」を校訓に，豊かな人格と，誠実に他者に尽くせる心を育成する。
沿革▶1942年，津田英学塾に学んだ有木春来により国本高等女学校として設立。
施設▶ホール，茶道室，自習室，ラウンジ，理科室，コンピュータールーム，図書室，English Lab，他。
学校長▶豊田　ひろ子
生徒数▶総数28名　併設小からの進学者を含む。

	1年（2クラス）	2年（2クラス）	3年（2クラス）
女子	5名	10名	13名
内進生内数	—	2名	2名

小田急線―喜多見2分　JR―渋谷，東急田園都市線―二子玉川よりバス二の橋2分　2分

しなやかで賢明な女性を育てる新時代の女子教育

歴史・文化・環境の異なる日本とカナダの教育を融合して双方のよさを生かしたプログラムで，変化し続ける社会に柔軟に対応できる力を育てる。

学習 体系的に知識を積み重ねる日本の教育と，カナダ・北米型の体験・自主性を大切にする教育を融合させたカリキュラムで，学びの土台を築く。基礎を築くことにより，理解が広がり，勉強自体に前向きに取り組んでいくことが可能となる。できないところをできないままにせず，やり直して身につけ，やればできることを一人ひとりが実感できるように指導。また，英語教育については，実践的なコミュニケーション力の育成をめざしている。高校からは日本とカナダの高校の卒業資格の取得が可能となるダブルディプロマ（DD）と総合進学の2コース制となる。

●コース表

中1	中2	中3	高1	高2	高3
共通履修			DDコース 総合進学コース		

キャリア教育 学習や部活，委員会などの活動を通して，将来のキャリアをイメージし，専門性を見出すアシストをする独自のキャリア教育プログラムを実施。各界で活躍するスペシャリストとの交流会も行う。

学校生活 中学では行事や特別活動の多くは学年の枠を超えた縦割り班で行う。ソフトテニス，バスケット，吹奏楽部は全国レベル。フットサルやラクロス部もある。

保護者MEMO

登校時刻▶8：35
最終下校時刻▶18：30
土曜日▶毎週登校。平常授業4時間
昼食▶弁当/食品販売あり
携帯電話▶可
制服▶ブレザー
自転車通学▶可
カウンセラー▶週2日
保護者面談▶年2回
保護者会▶年3回
必修旅行▶カナダ（中3），沖縄（高2）
部活動▶活動日は部による

学費　初年度目安 141万円

（単位:円）	入学金	施設費	授業料	その他	合計
入学手続時	200,000	120,000	—	—	320,000
1年終了まで	—	—	432,000	447,200	1,085,200

●奨学金・特待生
なし

［その他］制服・指定品代，維持費，教育充実費，保護者の会会費，生徒会費。※別途海外研修費等あり。
［寄付・学債］なし。
※上記は'23年度予定。詳細は「受験生応援アプリ」にて公開（2023年5月～）。

首都圏模試 思考コード (単位:%)

	A	B	C	A	B	C
読み取る力						
複雑 3						
2			データなし			
単純 1						

考える力

A=知識・理解思考 B=論理的思考 C=創造的思考

2024年度入試 合格の基準

	首都圏模試 ほぼ確実	首都圏模試 見込あり	四谷大塚 ほぼ確実	四谷大塚 見込あり
女子〈①〉	38	32	30	25
		やや見込あり 26		やや見込あり 20

ほぼ確実＝80%～／見込あり＝50～79%／やや見込あり＝20～49%

入試要項 2023年度参考 新年度日程は アプリへGO! 2科 英

試験名	試験日 ◎午後入試	出願締切 Web	発表 Web	手続 Web	2科	4科	適	英	他	面接	特待	募集数	応募数	受験数	合格数	実質倍率	偏差値
①	2/1	1/31	当日	2/10延	＊1			＊1		＊2	●	30	6	6	4	1.5	38
②	2/1 ◎	当日	当日	2/10延	＊1			＊1		＊2	●		7	6	4	1.5	38
③	2/3	2/2	当日	2/10延	＊1			＊1		＊2	●		5	1	1	1.0	38
④	2/5 ◎	当日	当日	2/10延	＊1			＊1		＊2	●		7	1	0	—	38

＊1 国算または国英（リスニング含む）。 ＊2 個人面接
※英検3級以上取得者は優遇措置あり。国算選択者は英検換算点を含めた3教科のうち高得点2教科で判定。英検以外の英語資格試験の場合はCEFRのスコア表に準じて判定
※第一志望は優遇措置あり

【出願方法】Web出願のうえ，該当者は英検合格証明書等をスキャンしてメールに添付，またはコピーを郵送，窓口提出も可
【手続方法】Weba納入のうえ書類を郵送。公立中高一貫校受検者は合格発表の翌日まで延納可
【受験料】20,000円。複数回同時出願は25,000円

【帰国生入試】10/15，11/19（募集数は不定）

中学受験のプロがおすすめ! 併願校の例

特色	ダブルディプロマ	道徳教育	キャリア教育	英語(選択)入試
♠男子校 ♥女子校 ♣共学・別学校	♣文化学園杉並	♥聖ドミニコ	♥玉川聖学院	♥桐朋女子
	♥麴町女子	♥トキワ松	♥淑徳SC	♥佼成女子
	♥神田女学園	♥駒沢女子	♥成女学園	♥富士見丘

併設高校の進路情報

四年制大学進学率63.5%
文系48／理系25／その他27(%) 医歯薬2名合格

指定校推薦▶利用状況は玉川大2，桜美林大1，フェリス女学院大2など。ほかに日本大，専修大，帝京大，日本女子大，立命館大，大妻女子大，白百合女子大，武蔵野大，東京農大，昭和女子大，明星大，帝京平成大，城西大，麻布大，東洋英和女学院大，女子美大，昭和音大，東京家政大，東京女子体育大など推薦枠あり。

'22年3月卒業生：63名
大学40名 短大7名 専門15名 就職0名 他1名

主な大学合格状況 '23年春については主要大学のみ巻末一覧に記載

大学名	'22	'21	'20	大学名	'22	'21	'20	大学名	'22	'21	'20
◇東京藝術大	0	0	1	神奈川大	0	1	0	明星大	1	2	4
上智大	0	1	0	東京女子大	1	0	0	文教大	1	0	0
青山学院大	0	0	1	玉川大	2	0	0	帝京平成大	4	1	3
日本大	0	1	2	国士舘大	2	1	0	女子美大	1	0	1
東洋大	1	0	3	東京経済大	0	1	1	洗足学園音大	1	0	0
駒澤大	0	0	1	桜美林大	4	2	2	昭和音大	0	2	2
専修大	0	1	1	大妻女子大	0	3	2	東京女子体育大	1	3	2
大東文化大	0	1	0	東京薬科大	1	0	0	フェリス女学院大	3	1	2
東海大	5	3	2	武蔵野大	2	3	1	相模女子大	2	0	1
帝京大	2	3	2	昭和女子大	2	2	0	東洋英和女学院大	1	2	0

※各大学合格数は既卒生との合計。

見学ガイド 文化祭／学校説明会／個別見学対応

京華女子（けいかじょし）中学校

〒112−8613 東京都文京区白山5−13−5 ☎03−3946−4434 03−3941−6493(広報室)

国際 / 海外研修 / 長期留学 / 第2外国語 / online英会話 / 21型 / 1人1台端末 / リモート体制 / プロジェクト型 / 論文執筆 / STEAM / 情操 / 体験学習 / ボランティア / 人間力育成

教育目標▶女子教育の伝統を受け継ぎつつ，現代にふさわしい深い知識と豊かな心を育む。
沿革▶1909年，教育者・磯江潤により創立された京華高等女学校を前身とする。2024年，京華中学校・高等学校の敷地内に移転予定。
施設▶講堂，和室，マルチメディアラボ，ラウンジ，テニスコート，武道場，グラウンド，他。
学校長▶塩谷　耕
生徒数▶総数129名

	1年(2クラス)	2年(2クラス)	3年(2クラス)
女子	41名	44名	44名

都営三田線—千石5分，白山7分　南北線—本駒込8分　千代田線—千駄木18分　5分

21世紀型の「賢い女性」の育成をめざす

「共感力を育てる」「グローバル力を磨く」「学力を高める」の3つの教育方針で，知識を活かし，人の気持ちに立った判断や行動ができる女性を育てる。

学習 中1は共通授業，中2・中3は英数国（古典）において習熟度別授業を実施。少人数クラスの細やかな指導で，基礎学力を完成させる。国際理解教育に力を入れており，通常よりも時間数を増やしたカリキュラム編成。英検受験に全員が取り組み，中学修了時までに準2級取得をめざす。また，イングリッシュキャンプ（中1）と海外研修（中3）を必修で行い，英語力を伸ばすとともに異文化理解を深める。第二外国語も必修で，中国語または仏語を週1回学ぶ。全教室に電子黒板を設置，1人1台タブレット端末を用意してICTを活用した授業を展開。アクティブ・ラーニングやプレゼンテーションを行うことで，積極的な学習姿勢や自ら考え行動する力を養う。

キャリア教育 充実した体験プログラムで柔軟な心と自己表現力を磨く。ボランティアや宿泊農業体験のほか，箏曲・茶道などの伝統文化に触れる。体験発表の機会もある。

学校生活 全国大会出場のクラブも多数活動中。マーチングバンド部や吹奏楽部をはじめ，25の団体がある。

●コース表

中1	中2	中3	高1	高2	高3
共通履修			特進 進学	S特進クラス 進学クラス	

※高2よりそれぞれ文系・理系を選択

保護者MEMO

登校時刻▶8：25
最終下校時刻▶18：00
土曜日▶毎週登校。平常授業4時間
昼食▶弁当/食品販売あり
携帯電話▶許可制
制服▶ブレザー
自転車通学▶不可
カウンセラー▶常駐
保護者面談▶年2回
保護者会▶年4回
必修旅行▶シンガポール・マレーシア（中3）
部活動▶活動日は部による

学費　初年度目安 127万円

(単位:円)	入学金	施設費	授業料	その他	合計
入学手続時	250,000	60,000	—	5,000	315,000
1年終了まで	—	180,000	438,000	333,530	951,530

[その他] 制服・指定品代，修学旅行費，副教材，テスト・講習費，行事関係費，PTA会費，生徒会費，事務関係費。
[寄付・学債] 任意の寄付金1口5万円中学2口・高校1口以上と任意のネバーダイ募金あり。
※上記は'22年度のもの。新年度について詳細は「受験生応援アプリ」にて公開（2023年5月～）。

●奨学金・特待生
入学金とS：施設拡充費，授業料・施設維持費1年間／1：授業料1年間／2：授業料半額1年間，他

首都圏模試　思考コード（単位：%）

読み取る力＼考える力	〈第１回午前〉国語 A	国語 B	国語 C	算数 A	算数 B	算数 C	〈適性検査型〉Ⅰ A	Ⅰ B	Ⅰ C	Ⅱ A	Ⅱ B	Ⅱ C
複雑 3												
2	6	19		45				40	60	27	21	
単純 1	30	45		35	20					3	44	5

A=知識・理解思考　B=論理的思考　C=創造的思考

2024年度入試　合格の基準

		首都圏模試 ほぼ確実	首都圏模試 見込あり	四谷大塚 ほぼ確実	四谷大塚 見込あり
女子	〈①午前2科4科一般〉	41	34	31	26
			やや見込あり 29		やや見込あり 21

ほぼ確実＝80%～／見込あり＝50～79%／やや見込あり＝20～49%

入試要項　2023年度参考　新年度日程はアプリへGO!

2科　4科　適性型　英

試験名	試験日 ◎午後入試	出願締切 Web	発表 Web	手続 Web	2科	4科	適	英	他	面接	特待	募集数	応募数	受験数	合格数	実質倍率	偏差値
① 適性検査	2/1	1/31	当日	2/3延			＊1				●	15	32	32	24	1.3	般40特43
① 午前	2/1	1/31	当日	2/3延	●	●				＊2	●	35	114	102	54	1.9	般41特45
① 午後	2/1 ◎	1/31	当日	2/3延	●	●				＊2	●		130	111	31	3.6	般40特46
② 午前	2/2	2/1	当日	2/4延	●			＊3		＊2	●	15	72	35	13	2.7	般40特45
② 午後	2/2 ◎	2/1	当日	2/4延	●	●				＊2	●		144	50	9	5.6	般40特46
③	2/3 ◎	2/2	当日	2/5延	＊4					＊2	●	5	162	45	10	4.5	般40特46
特待特別	2/4	2/3	当日	2/6延	●	●				＊2	●	5	82	16	3	5.3	46

＊1　適性検査ⅠⅡまたは適性検査ⅠⅡⅢ　＊2　個人面接　＊3　英検利用ベスト2入試（英検資格点・国・算のうち得点の高い2科目を採用）。事前に個別相談，英検合格証明書を出願前に提出。英検資格点は，5級55点，4級65点，3級75点，準2級90点，2級以上100点　＊4　得意科目重視型

【出願方法】 Web出願
【手続方法】 Web納入。第二志望者は2/10。2/14までの入学辞退者には一部返還
【受験料】 21,000円（同時出願で複数回受験可）

【帰国生入試】 10/25～29（オンライン），12/2（計5名募集）。①②に帰国生含む

中学受験のプロがおすすめ!　併願校の例

特色	アクティブラーニング	国際理解教育	ICT教育	適性検査型入試
♠男子校 ♥女子校 ♣共学・別学校	♥跡見学園	♥女子聖学院	♥十文字	♣区立九段中等
	♥富士見丘	♥北豊島	♥日大豊山女子	♥麴町女子
	♥瀧野川女子	♥神田女学園	♣武蔵野	♥淑徳ＳＣ

併設高校の進路情報

四年制大学進学率82.6%
文系59／理系22／その他19（%）　医歯薬2名合格

指定校推薦▶利用状況は法政大2，東洋大3，大東文化大1，帝京大1，芝浦工大1，東京電機大1，武蔵大1，立正大3，共立女子大4，大妻女子大7，白百合女子大1，杏林大1，実践女子大2，学習院女子大1，二松學舎大1，清泉女子大2，目白大1，東京福祉大1，東洋英和女学院大1，洗足学園音大1，東京家政大4など。ほかに日本大，東海大，亜細亜大，獨協大，東京女子大，立命館大，工学院大など推薦枠あり。

'22年3月卒業生：121名　大学100名　短大4名　専門13名　就職0名　他4名

主な大学合格状況　'23年春については主要大学のみ巻末一覧に記載

大学名	'22	'21	'20	大学名	'22	'21	'20	大学名	'22	'21	'20
◇国際教養大	0	1	0	東京理科大	1	0	1	専修大	7	14	1
◇都立大	1	0	0	学習院大	3	2	2	東海大	2	3	3
◇信州大	0	1	0	明治大	3	2	2	明治学院大	5	2	1
◇都留文科大	1	4	3	青山学院大	0	2	0	獨協大	3	3	3
◇山梨県立大	1	0	0	立教大	3	6	1	津田塾大	6	5	0
◇長野県立大	0	6	0	中央大	1	2	0	東京女子大	4	7	4
◇釧路公立大	3	0	2	法政大	3	5	5	日本女子大	12	7	4
早稲田大	2	3	0	日本大	4	2	5	立正大	4	7	4
慶應大	0	2	0	東洋大	14	9	18	共立女子大	11	3	6
上智大	1	3	0	駒澤大	10	10	5	大妻女子大	12	11	9

※各大学合格数は既卒生との合計。

見学ガイド　体育祭／文化祭／説明会／オープンキャンパス

恵泉女学園 中学校

（けいせんじょがくえん）

〒156−8520　東京都世田谷区船橋 5−8−1　☎03−3303−2115

国際　海外研修　長期留学　第2外国語　online英会話　21型　1人1台端末　リモート体制　プロジェクト型　論文執筆　STEAM　情操　体験学習　ボランティア　人間力育成

教育目標▶世界に目を向け，平和を実現する女性になるために，自ら考え，発信する力を養う。

沿革▶第1次世界大戦後「広く世界に向かって心の開かれた女性を育てなければ戦争はなくならない」と考えたクリスチャン河井道により，1929年創立。

施設▶ホール，LL教室，園芸畑，メディアセンター，理科特別教室，数学学習室，自習室，日本間，グラウンド，テニスコート，他。

学校長▶本山　早苗

生徒数▶総数590名

	1年（5クラス）	2年（5クラス）	3年（5クラス）
女子	200名	196名	194名

小田急線—経堂・千歳船橋12分　京王線—八幡山よりバス桜上水二丁目2分　12分

自ら考え，発信する力を養う

創立当初から続く「いのち」の尊さを知る園芸教育と，学びに対する主体性と多様な価値観を育てる教育をさらに発展。メディアセンターの蔵書数は9万冊。

学習 中学では少人数授業，直しノート，指名補習などで基礎力を培う。英語では，ネイティヴ教員による英会話や多読，暗唱などを通して4技能をバランスよく伸ばす。高1・高2を対象にGTECを実施。高2の平均スコアは949.9(全国平均776)。年間6冊以上の本を読んで感想をまとめるオリジナル教材「読書ノート」を作成。「園芸」では，野菜や花を栽培。中2で酪農を体験する。オーストラリア・アメリカへの短・中・長期留学がある。コロナ禍での代替プログラムも充実。2022年度，オーストラリアへの中期留学を再開した。

●コース表

中1	中2	中3	高1	高2	高3
共通履修				進路に応じた科目選択制	

キャリア教育 各学年で，社会や大学で活躍する卒業生や上級生など，6年間で100名を超えるロールモデルの話を聞き，自身に合った生き方を探る。中3で職業体験，高1・高2では大学研究室訪問なども実施。

学校生活 礼拝の中で，自分が思っていることを文章にして述べる「感話」では，書く・話す・聞く力を養い，生き方を考える。課外活動に，継続的な実験や研究ができるサイエンスアドベンチャーがある。

保護者MEMO

登校時刻▶8：15
最終下校時刻▶17：30
土曜日▶休校。行事・クラブ・講座補習などを行う
昼食▶食堂（中2の2学期から）/食品販売あり
携帯電話▶許可制
制服▶なし。基準服あり
自転車通学▶中学不可
カウンセラー▶週5日
保護者面談▶年1回
保護者会▶年4回
必修旅行▶京都・奈良(高2)
部活動▶活動日は部による

学費　初年度目安 116万円

(単位:円)	入学金	施設費	授業料	その他	合計
入学手続時	300,000	—	—	—	300,000
1年終了まで	—	70,000	492,000	296,676	858,676

●奨学金・特待生
なし

［その他］指定品，施設維持費，教育充実費，行事教材費積立金，副教材費，恵泉会費。
［寄付・学債］任意の寄付金（教育充実特別寄付金）1口5万円3口以上あり。
※上記は'22年度のもの。新年度について詳細は「受験生応援アプリ」にて公開（2023年5月〜）。

首都圏模試 思考コード (単位：%)

〈第２回〉

読み取る力	国語 A	国語 B	国語 C	算数 A	算数 B	算数 C
複雑 3						
2	3	50		44	20	
単純 1	15	32			36	
考える力	A	B	C	A	B	C

A=知識・理解思考　B=論理的思考　C=創造的思考

2024年度入試 合格の基準

	首都圏模試 ほぼ確実	首都圏模試 見込あり	首都圏模試 やや見込あり	四谷大塚 ほぼ確実	四谷大塚 見込あり	四谷大塚 やや見込あり
女子〈①〉	65	61	55	55	52	47

ほぼ確実＝80％～／見込あり＝50～79％／やや見込あり＝20～49％

入試要項 2023年度参考　新年度日程はアプリへGO!　2科 4科

試験名	試験日 ◎午後入試	出願締切 Web	発表 Web	手続 Web	2科	4科	適	英	他	面接	特待	募集数	応募数	受験数	合格数	実質倍率	偏差値
①	2/1 ◎	1/30	当日	2/3	●							80	505	477	239	2.0	65
②	2/2	2/1	当日	2/4		●						70	574	401	179	2.2	61
③	2/3 ◎	2/2	当日	2/6	●							30	540	291	66	4.4	65

【出願方法】Web出願
【手続方法】Web納入。入学者説明会で通知表コピーを提出
【受験料】22,000円（1/30までの同時出願は２回35,000円，３回45,000円）

【帰国生入試】—

年度	試験名	募集数	応募数	受験数	合格数	実質倍率	偏差値
'22	①	80	453	427	204	2.1	65
	②	70	557	398	178	2.2	61
	③	30	504	276	66	4.2	64
'21	①	80	542	522	223	2.3	64
	②	70	515	368	154	2.4	61
	③	30	519	298	73	4.1	63

中学受験のプロがおすすめ! 併願校の例

特色	プロテスタント系	労作・園芸活動	留学制度	理数教育
♠男子校 ♥女子校 ♣共学・別学校	♥東洋英和	♥鷗友女子	♥立教女学院	♥吉祥女子
	♥普連土学園	♥香蘭女学校	♥品川女子	♥日本女子大附
	♥横浜女学院	♥昭和女子大昭和	♥田園調布	♥山脇学園

併設高校の進路情報

四年制大学進学率89.3%
文系59／理系32／その他９（%）　医歯薬11名合格

内部推薦▶恵泉女学園大学への内部推薦がある。

指定校推薦▶利用状況は上智大１，明治大２，青山学院大４，立教大２，法政大１，明治学院大２，東京女子大２など。ほかに東京理科大，学習院大，中央大，国際基督教大，成城大，津田塾大，日本女子大など推薦枠あり。

海外大学合格状況▶University of Nebraska at Kearney（米），他。

'22年３月卒業生：178名

大学159名　短大２名／専門２名／就職０名　他15名

主な大学合格状況　'23年春については主要大学のみ巻末一覧に記載

大学名	'22	'21	'20	大学名	'22	'21	'20	大学名	'22	'21	'20
◇東京大	1	0	0	東京理科大	4	9	6	明治学院大	31	24	15
◇千葉大	0	0	1	学習院大	10	5	7	津田塾大	26	14	7
◇筑波大	0	1	1	明治大	22	33	18	東京女子大	25	19	26
◇東京外大	1	0	5	青山学院大	20	16	23	日本女子大	18	28	31
◇北海道大	0	1	0	立教大	32	20	25	共立女子大	15	14	16
◇防衛医大	1	0	0	中央大	27	8	14	白百合女子大	12	6	10
◇都立大	0	2	1	法政大	13	23	11	東京農大	9	11	28
早稲田大	9	5	12	日本大	32	25	19	昭和女子大	24	20	15
慶應大	6	9	6	東洋大	34	24	14	恵泉女学園大	4	5	11
上智大	18	9	17	成城大	20	14	14	多摩美大	5	7	8

※各大学合格数は既卒生との合計。

見学ガイド 文化祭／学校説明会／オープンスクール／授業見学会

光塩女子学院 中等科

〒166－0003　東京都杉並区高円寺南 2－33－28　☎03－3315－1911

国際 海外研修 長期留学 第2外国語 online英会話 21型 1人1台端末 リモート体制 プロジェクト型 論文執筆 STEAM 情操 体験学習 ボランティア 人間力育成

建学の精神▶校名は「世の光，地の塩」という聖書の一節に由来。自分もまわりの人も“かけがえのない存在”であることを知り，互いに尊重し，支え合いながら，共に成長することができる女性をめざす。
沿革▶1931年，ベリス・メルセス宣教修道女会により光塩高等女学校として設立。
施設▶ホール，聖堂，マルチメディアルーム，図書室，茶室，グラウンド，他。
学校長▶烏田　信二
生徒数▶総数481名　併設小からの進学者を含む。

	1年（4クラス）	2年（4クラス）	3年（4クラス）
女子	173名	156名	152名
内進生内数	69名	59名	66名

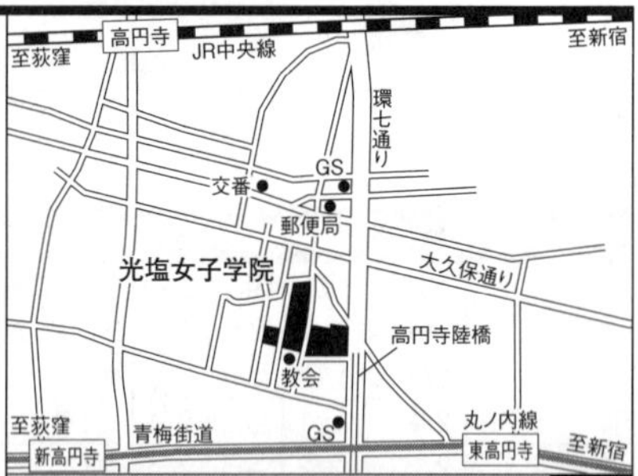

JR―高円寺12分，丸ノ内線―東高円寺7分，新高円寺10分　12分

「そのままのあなたがすばらしい」を軸とする教育

他者と自己のかけがえのなさを知ることを大切にする。6～7名の教員が学年全体を受け持つ，独自の「共同担任制」を採用。多角的視点で生徒の個性を伸ばす。

学習 中1から高3まで学年目標を掲げ，教養と知性を高める。中学3年間は英数，高校は英数理で習熟度別授業を行う。英語は4技能をバランスよく伸ばすため，スピーキングテスト，ネイティヴ教員との英会話に取り組む。英語キャンプやエンパワーメントプログラム（希望制）を実施し，実践的な英語力を身につける。毎週水曜日の6限目に特別講座を設け，授業とは違った多彩な講座を用意。生徒の知的好奇心を引き出し，クリティカルな思考や探究心を育む。倫理では「自分との出会い」「現代社会」をテーマとした学びを通して集団の中での役割を見出す。

●コース表

中1	中2	中3	高1	高2	高3
共通履修				文系	国立文系／文系／芸術系
				理系	

キャリア教育 中1から人生設計も含めて将来を見据えた進路指導を実施。社会で活躍する女性による講演会や卒業生による進路ガイダンスなど多くの行事を行っている。

学校生活 朝終礼のお祈りや学期ごとのミサ，クリスマス会，社会奉仕活動などを通じてカトリックの精神に触れる。クラブ活動はダンス部，水泳部，アンサンブル部，人形劇部など19の団体が活動。

保護者MEMO

登校時刻▶8：00
最終下校時刻▶17：00
土曜日▶毎週登校。平常授業4時間
昼食▶弁当/食品販売あり
携帯電話▶可
制服▶ブレザー
自転車通学▶不可
カウンセラー▶週3回
保護者面談▶年2回
保護者会▶年2回
必修旅行▶東北地方（中3），京都・奈良（高2）
部活動▶週2回

学費　初年度目安 104万円

（単位:円）	入学金	施設費	授業料	その他	合計
入学手続時	300,000	50,000	—	—	350,000
1年終了まで	—	—	480,000	212,600	692,600

●奨学金・特待生
なし

［その他］教育充実費，実験実習料，旅行積立金，校友会会費，後援会会費。※別途指定品・制服代・教材費・諸費用等あり。
［寄付・学債］任意の寄付金1口5万円2口以上，任意の学債1口5万円2口以上あり。
※上記は'22年度のもの。新年度について詳細は「受験生応援アプリ」にて公開（2023年5月～）。

首都圏模試　思考コード （単位：%）

読み取る力＼考える力	〈第２回〉国語 A	国語 B	国語 C	算数 A	算数 B	算数 C	〈第１回〉算数基礎 A	算数基礎 B	算数基礎 C	総合 A	総合 B	総合 C
複雑 3				6								
2	11	12		31	14		74				35	12
単純 1		67	10	6	43		6	20			31	22

A=知識・理解思考　B=論理的思考　C=創造的思考

2024年度入試　合格の基準

	首都圏模試 ほぼ確実	首都圏模試 見込あり	首都圏模試 やや見込あり	四谷大塚 ほぼ確実	四谷大塚 見込あり	四谷大塚 やや見込あり
女子〈①〉	56	51	48	45	40	35

ほぼ確実＝80％～／見込あり＝50～79％／やや見込あり＝20～49％

入試要項　2023年度参考　新年度日程はアプリへGO!　4科　適性型

試験名	試験日 ◎午後入試	出願締切 Web	発表 Web	手続 Web	選抜方法 2科	4科	適	英	他	面接	特待	募集数	応募数	受験数	合格数	実質倍率	偏差値
①	**2/1**	1/28	当日	2/9			＊1					30	89	88	60	1.5	56
②	**2/2**	1/28	当日	2/6		●				＊2		50	137	76	54	1.4	56
③	**2/4**	2/3	当日	2/6		●				＊2		15	126	50	28	1.8	54

＊1　総合＋国・算基礎　＊2　保護者同伴面接
※通知表コピーまたは報告書

【出願方法】Web出願のうえ，書類郵送。③のみ当日に持参可
【手続方法】Web納入のうえ，2/14までに書類郵送。入学辞退者には一部返還
【受験料】23,000円（同時出願は２回40,000円，３回55,000円）

【帰国生入試】—

中学受験のプロがおすすめ！　併願校の例

特色	カトリック系	キャリア教育	国際教育	総合・合科型入試
♠男子校 ♥女子校 ♣共学・別学校	♥晃華学園	♣国学院久我山	♥恵泉女学園	♥共立女子
	♥カリタス女子	♥江戸川女子	♥大妻中野	♥大妻多摩
	♥東京純心女子	♥跡見学園	♥三輪田学園	♥十文字

併設高校の進路情報

四年制大学進学率82.7%
文系49／理系45／その他６（%）　医歯薬41名合格

指定校推薦▶利用状況は早稲田大２，慶應大３，上智大１，東京理科大１，学習院大１，明治大１，青山学院大１，国際基督教大１，芝浦工大１，津田塾大１，東京女子大２，工学院大１，聖心女子大２，東京女子医大１，北里大１，東京歯大１，日本歯大１など。ほかに中央大，東京都市大，白百合女子大，聖マリアンナ医大，東邦大，東京薬科大，明治薬科大，武蔵野音大など推薦枠あり。

'22年３月卒業生：127名　大学105名　他22名
短大０名　専門０名　就職０名

主な大学合格状況　'23年春については主要大学のみ巻末一覧に記載

大学名	'22	'21	'20	大学名	'22	'21	'20	大学名	'22	'21	'20
◇東京大	2	0	1	◇お茶の水女子大	0	4	1	法政大	13	25	12
◇京都大	0	2	0	早稲田大	15	18	21	日本大	9	19	19
◇東工大	1	0	2	慶應大	15	21	20	東洋大	13	16	10
◇一橋大	1	1	2	上智大	27	22	19	成蹊大	5	6	4
◇千葉大	1	2	1	東京理科大	7	10	10	成城大	7	13	10
◇筑波大	0	0	1	学習院大	4	9	5	芝浦工大	3	3	10
◇東京外大	2	3	2	明治大	20	28	30	津田塾大	8	13	16
◇防衛医大	2	1	0	青山学院大	7	9	16	東京女子大	19	19	20
◇東京藝術大	2	0	0	立教大	14	33	11	日本女子大	16	21	11
◇東京農工大	1	1	3	中央大	5	28	20	東京女子医大	4	7	5

※各大学合格数は既卒生との合計。

見学ガイド　文化祭／説明会／過去問説明会／校内見学会／オープンスクール

 高1内訳 一貫生 149名

晃華学園（こうかがくえん） 中学校

〒182－8550　東京都調布市佐須町 5－28－1　☎042－482－8952

国際 海外研修 長期留学 第2外国語 online英会話 21型 1人1台端末 リモート体制 プロジェクト型 論文執筆 STEAM 情操 体験学習 ボランティア 人間力育成

教育目標▶キリスト教的人間観による全人教育で，与えられた個性・能力を最大限に伸ばし，知性と品格を磨き「人のために人と共に生きる」女性となる。
沿革▶1961年，暁星学園より晃華学園として分離独立。1963年中学校・高等学校開校。
施設▶ホール，聖堂，理科教室，図書情報センター，ラウンジ，多目的コート，グラウンド，他。
学校長▶西山　恵子
生徒数▶総数481名　併設小からの進学者を含む。

	1年（4クラス）	2年（4クラス）	3年（4クラス）
女子	163名	162名	156名
内進生内数	50名	53名	41名

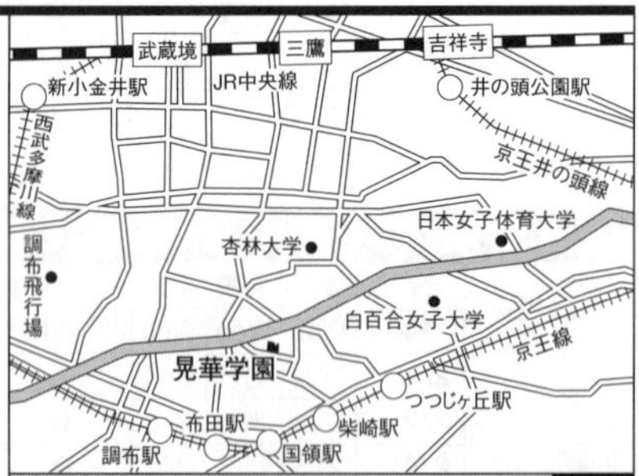

京王線―国領，JR―武蔵境よりスクールバス
京王線―つつじヶ丘よりバス晃華学園5分　10分

人のために人と共に生きる「光り輝く華」に

「Noblesse Oblige」の精神を培う宗教授業や，ライフガイダンス，探究的な学習などが特色。多文化共生社会で他者のために能力を発揮できる女性を育てる。

学習 主要教科はもちろん，芸術・体育・家庭科なども同様に重視し，知性と感性をバランスよく育成。コミュニケーションツールとしての英語力を身につけるため洋書の多読，外国人教員による授業を実践。また，英語と社会科を組み合わせるなど「コラボ授業」を行い，知識活用の場を広げる。1人1台タブレット端末を用いたグループ学習，プレゼンテーションにも力を入れる。中学卒業時には自身の興味・関心に沿った論文を作成。主体的に調査，研究を進め新たな発見や視点を見いだす。高1の希望者にはイギリス語学研修がある。

●**コース表**

中1	中2	中3	高1	高2	高3
共通履修				文・芸系 理系	希望進路に応じた選択制

キャリア教育 「ライフガイダンス」と名付け，6年間をかけて自らの価値観を育み，将来を創造する進路学習指導を実施。職業研究，進路学習合宿などを行う。様々な活動に挑戦しながら，他者のためにも力を発揮したいという思いも育む。

学校生活 週1回の宗教の授業では，話し合いや体験を積み重ねて，大切なものを見極める心を育む。9の運動系，19の文化系クラブが活発に活動中。

保護者MEMO

登校時刻▶8：30
最終下校時刻▶17：45
土曜日▶毎週登校。平常授業2時間とLHRを行う
昼食▶弁当/食品販売あり
携帯電話▶許可制
制服▶ブレザー
自転車通学▶可
カウンセラー▶個別に対応
保護者面談▶年1回
保護者会▶年3回
必修旅行▶京都・奈良（中2），沖縄（高2）
部活動▶週1～4日

学費　初年度目安 126万円

（単位:円）	入学金	施設費	授業料	その他	合計
入学手続時	250,000	—	—	—	250,000
1年終了まで	—	114,000	504,000	392,515	1,010,515

●**奨学金・特待生**
なし

［その他］制服・指定品代，維持費，冷暖房費，タブレット端末設定費，実験実習費，加算費用，合宿費，愛晃会費。
［寄付・学債］任意の寄付金（入学時寄付金）1口10万円1口以上あり。
※上記は'22年度のもの。新年度について詳細は「受験生応援アプリ」にて公開（2023年5月～）。

首都圏模試　思考コード　(単位：%)

読み取る力＼考える力	国語 A	国語 B	国語 C	算数 A	算数 B	算数 C
	〈第1回〉					
複雑 3						
2	8			30	6	
単純 1	12	80			64	

A=知識・理解思考　B=論理的思考　C=創造的思考

2024年度入試　合格の基準

		首都圏模試 ほぼ確実	首都圏模試 見込あり	首都圏模試 やや見込あり	四谷大塚 ほぼ確実	四谷大塚 見込あり	四谷大塚 やや見込あり
女子	〈①〉	60	55	52	50	45	40

ほぼ確実＝80%～／見込あり＝50～79%／やや見込あり＝20～49%

入試要項　2023年度参考　新年度日程はアプリへGO!　2科　4科

試験名	試験日 ◎午後入試	出願締切 Web	発表 Web	手続 Web	2科	4科	適	英	他	面接	特待	募集数	応募数	受験数	合格数	実質倍率	偏差値
①	2/1	1/31	当日	2/6		●						50	122	113	63	1.8	60
②	2/1 ◎	1/31	当日	2/6	●							35	277	263	173	1.5	66
③	2/3	当日	当日	2/6		●						25	155	88	33	2.7	62

【出願方法】Web出願　**【手続方法】**Web納入。入学前説明会で通知表コピーを提出
【受験料】25,000円（同時出願は2回40,000円，3回50,000円）

【帰国生入試】—

年度	試験名	募集数	応募数	受験数	合格数	実質倍率	偏差値
'22	①	50	127	120	59	2.0	59
	②	35	256	245	145	1.7	66
	③	25	148	87	33	2.6	62
'21	①	50	135	127	56	2.3	59
	②	35	311	305	156	2.0	65
	③	25	219	128	26	4.9	61

中学受験のプロがおすすめ！　併願校の例

特色	カトリック系	国際理解教育	理数教育	キャリア教育
♠男子校	♥白百合学園	♣国学院久我山	♥恵泉女学園	♥立教女学院
♥女子校	♥光塩女子	♥田園調布	♥昭和女子大昭和	♥日本女子大附
♣共学・別学校	♥東京純心女子	♣桜美林	♣東京電機大学	♥カリタス女子

併設高校の進路情報

四年制大学進学率87.7%
文系57／理系40／その他3（%）　医歯薬52名合格

指定校推薦▶利用状況は早稲田大7，慶應大4，上智大1，東京理科大2，立教大1，中央大3，国際基督教大1，成蹊大1，津田塾大2など。ほかに学習院大，専修大，明治学院大，芝浦工大，東京女子大，日本女子大，東京都市大，聖心女子大，白百合女子大，清泉女子大，フェリス女学院大，東洋英和女学院大など推薦枠あり。

海外大学合格状況▶Medical University in Hungary（ハンガリー），他。

'22年3月卒業生：146名
大学128名　短大0名　専門1名　就職0名　他17名

主な大学合格状況　'23年春については主要大学のみ巻末一覧に記載

大学名	'22	'21	'20	大学名	'22	'21	'20	大学名	'22	'21	'20
◇東京大	3	1	2	早稲田大	26	26	30	日本大	24	18	24
◇京都大	0	0	1	慶應大	16	18	18	成蹊大	8	6	4
◇一橋大	1	2	1	上智大	24	23	28	成城大	11	4	7
◇千葉大	1	1	0	東京理科大	14	8	10	芝浦工大	11	6	6
◇東京外大	1	3	4	学習院大	4	12	9	津田塾大	7	8	15
◇横浜国大	2	1	0	明治大	19	25	26	東京女子大	20	37	17
◇東京医歯大	1	1	0	青山学院大	22	14	10	日本女子大	14	15	19
◇防衛医大	4	0	0	立教大	11	49	16	杏林大	16	10	9
◇東京農工大	2	1	0	中央大	30	30	25	星薬科大	6	6	4
◇都立大	3	2	2	法政大	24	19	16	東京薬科大	6	6	5

※各大学合格数は既卒生との合計。

見学ガイド　体育祭／文化祭／説明会／見学会／オープンスクール

ユネスコ　高校募集 あり　高入生とは3年間別クラス。　高1内訳　一貫生 63名　75名 高入生

麹町学園女子（こうじまちがくえんじょし） 中学校

〒102−0083　東京都千代田区麹町 3−8　☎03−3263−3011

国際　海外研修　長期留学　第2外国語　online英会話　21型　1人1台端末　リモート体制　プロジェクト型　論文執筆　STEAM　情操　体験学習　ボランティア　人間力育成

教育理念▶「聡明・端正」を校訓に，豊かな人生を自らデザインできる自立した女性の育成をめざす。
沿革▶1905年，女性の地位向上をめざした大築佛郎により麹町女学校として創立。2017年より併設高校に東洋大学グローバルコースを設置し，募集を開始。
施設▶大築アリーナ，作法室，カフェ，屋内プール，スカイスタジオ，グラウンド，他。
学校長▶堀口　千秋
生徒数▶総数341名

	1年（4クラス）	2年（3クラス）	3年（4クラス）
女子	123名	98名	120名

有楽町線―麹町1分　半蔵門線―半蔵門2分　JR・南北線―市ヶ谷10分　🚶1分

“しなやかで，たくましい”女性を育てる

独自の教育メソッド「アクティブイングリッシュ」や「アクティブサイエンス」，ICT活用の思考型授業，探究型キャリア教育「みらい科」で，未来型学力を磨く。

学習 活動型英語学習法「アクティブイングリッシュ」で4技能を着実に習得。独自の4技能試験も取り入れる。理科は実験・観察を繰り返し，プロセスを考える能力を養う。1人1台のタブレット端末を各教科で活用するほか，学習状況の記録や課題提出などにも利用する。大学入試に備え，6年間で徐々に段階を上げながら考えて書く力を伸ばす「小論文対策」も実施する。中学は週2回の自習室利用日を設定し，学習習慣の定着を図る。海外提携校に留学することで現地の高校卒業資格を得られるダブルディプロマプログラムを導入している。

●**コース表**

<table>
<tr><th>中1</th><th>中2</th><th>中3</th><th>高1</th><th>高2</th><th>高3</th></tr>
<tr><td colspan="3" rowspan="3">グローバルコース
スタンダードコース</td><td rowspan="2">GA・SAコース</td><td colspan="2">GAコース文系</td></tr>
<tr><td colspan="2">SAコース理系</td></tr>
<tr><td colspan="3">Aコース文系／理系</td></tr>
</table>

キャリア教育 自己肯定感を育み，自分の生き方の基盤を作る「みらい科」を実施。中学では多彩なフィールドワークを通して社会の諸問題に対応する力を育成。中3で職業インタビュー・職業体験を行う。東洋大，成城大，東京女子大，日本女子大，共立女子大，女子栄養大と高大連携を締結。

学校生活 中学では授業に華道と茶道を取り入れており，放課後にはピアノや琴などの課外授業を受けられる。

保護者MEMO

登校時刻▶8：20
最終下校時刻▶18：00
土曜日▶毎週登校。平常授業4時間
昼食▶弁当/食品販売あり
携帯電話▶許可制
制服▶ブレザー
自転車通学▶不可
カウンセラー▶週3日
保護者面談▶年1回
保護者会▶年3～4回
必修旅行▶アイルランド（中3），他
部活動▶活動日は部による

学費　初年度目安 123万円

（単位:円）	入学金	施設費	授業料	その他	合計
入学手続時	220,000	—	—	—	220,000
1年終了まで	—	166,800	432,000	411,160	1,009,960

●**奨学金・特待生**
A：入学金，授業料1年間／B：入学金

［その他］教育充実費，環境衛生費，その他，PTA会費。
［寄付・学債］なし。
※上記は'22年度のもの。新年度について詳細は「受験生応援アプリ」にて公開（2023年5月～）。

首都圏模試 思考コード (単位：%)

読み取る力	〈2/1午前〉国語 A	国語 B	国語 C	算数 A	算数 B	算数 C
複雑 3						
2	16	11		75		
単純 1	30	43		15	10	

考える力：A=知識・理解思考　B=論理的思考　C=創造的思考

2024年度入試 合格の基準

	首都圏模試 ほぼ確実	首都圏模試 見込あり	四谷大塚 ほぼ確実	四谷大塚 見込あり
女子〈一般①〉	41	38	37	34
やや見込あり		33		31

ほぼ確実＝80%～／見込あり＝50～79%／やや見込あり＝20～49%

入試要項 2023年度参考　新年度日程はアプリへGO!

2科 4科 英

試験名		試験日 ◎午後入試	出願締切 Web	発表 Web	手続 Web	2科	4科	適	英	他	面接	特待	募集数	応募数	受験数	合格数	実質倍率	偏差値
一般①	2科4科	2/1	当日	当日	2/11	●	●						50	113	78	68	1.1	41
一般①	英語	2/1	当日	当日	2/11				＊1		＊1		20	23	22	20	1.1	41
一般②	2科4科	2/2	当日	当日	2/11	●	●						10	160	42	26	1.6	40
一般③	2科4科	2/3	当日	当日	2/11	●	●						15	220	61	39	1.6	41
一般④	2科4科	2/5	当日	当日	2/11	●	●						10	238	46	31	1.5	41
特待①	2科4科	2/1 ◎	当日	当日	2/11	●	●					●	10	131	102	73	1.4	48
特待①	英語資格	2/1 ◎	当日	当日	2/11				＊2			●		45	39	37	1.1	46
特待②	2科4科	2/2 ◎	当日	当日	2/11	●	●					●	5	158	41	22	1.9	48

＊1　国・算基礎＋英語（リスニング・リーディング・簡単な英作文）＋面接（英語と日本語）
＊2　英検4級以上の英語資格＋算国
※英語は英検4級レベル
※特待は一般へのスライド合格あり

【出願方法】 Web出願。英語資格型は英検等合格証のコピーを事前に郵送（1/31必着）
【手続方法】 Web納入。2/10までの入学辞退者には返還
【受験料】 20,000円（複数回受験可）

【帰国生入試】 10/29（オンライン型），11/3　どちらも若干名募集

中学受験のプロがおすすめ! 併願校の例

特色	ダブルディプロマ	アクティブラーニング	礼儀・マナー	論文(自由研究)
♠男子校 ♥女子校 ♣共学・別学校	♣文化学園杉並	♥大妻中野	♥三輪田学園	♥江戸川女子
	♥神田女学園	♥京華女子	♥和洋九段	♥東京家政学院
	♥国本女子	♥瀧野川女子	♥成女学園	♥川村

併設高校の進路情報

四年制大学進学率92.4%
文系86／理系14／その他0（%）

内部推薦▶東洋大学へ58名（文11，法7，理工1，食環境科1，経済8，社会12，国際6，国際観光5，総合情報3，ライフデザイン4）が学校間教育連携協定による推薦で進学。

指定校推薦▶利用状況は中央大1，神奈川大1，芝浦工大1，日本女子大1，共立女子大2，大妻女子大2，聖心女子大1，東京農大1，昭和女子大2，東京工科大1，清泉女子大2，東洋英和女学院大1など。ほかに日本大，成蹊大など推薦枠あり。

'22年3月卒業生：131名　大学121名／短大2名／専門6名／就職0名／他2名

主な大学合格状況　'23年春については主要大学のみ巻末一覧に記載

大学名	'22	'21	'20	大学名	'22	'21	'20	大学名	'22	'21	'20
◇千葉大	0	1	0	中央大	3	0	2	共立女子大	5	2	2
◇東京外大	1	0	0	法政大	4	0	1	大妻女子大	2	1	1
◇高知大	0	1	0	日本大	4	0	6	杏林大	1	4	2
◇琉球大	1	0	0	東洋大	61	29	43	武蔵野大	3	5	1
早稲田大	1	0	0	成蹊大	2	1	1	昭和女子大	3	5	2
慶應大	0	0	1	成城大	3	2	7	目白大	1	7	2
上智大	1	0	0	獨協大	2	0	4	多摩美大	1	2	1
明治大	1	0	7	神奈川大	4	1	1	女子美大	3	1	1
青山学院大	1	0	1	東京女子大	2	1	0	東京医療保健大	2	2	1
立教大	1	0	4	日本女子大	1	2	2	跡見学園女子大	4	3	3

※各大学合格数は既卒生との合計。

見学ガイド 体育祭／文化祭／説明会／体験イベント

佼成学園女子 中学校

（こうせいがくえんじょし）

〒157－0064　東京都世田谷区給田 2－1－1　☎03－3300－2351

国際 / 海外研修 / 長期留学 / 第2外国語 / online英会話 / 21型 / 1人1台端末 / リモート体制 / プロジェクト型 / 論文執筆 / STEAM / 情操 / 体験学習 / ボランティア / 人間力育成

教育目標▶人との交流の中で心を鍛え，国際社会で平和構築に貢献できる人材を育成する。
沿革▶1954年，宗教法人立正佼成会を設立母体として「佼成学園」創立。1955年開校。
施設▶カフェテリア，講堂，グローバルセンター，マルチメディア教室，図書室，進路閲覧室，茶道和室，体育館，ダンス場，剣道場，プール，グラウンド，他。
学校長▶榎並　紳吉
生徒数▶総数225名

	1年（3クラス）	2年（3クラス）	3年（2クラス）
女子	84名	80名	61名

京王線―千歳烏山5分
小田急線―千歳船橋よりバス南水無3分
5分

他者の生きる力となれる女性をめざして

グローバルリーダーの資質として求められる高い「人間力」・グローバルな舞台で活躍できる「英語力」の2つを軸に，国際社会で活躍する女性を育成する。

学習 中学では複数の担任で学年全体を見る「チーム担任制」を導入し，きめ細やかな指導を展開。習熟度に合わせて，サポート講習（補習）も実施しながらたしかな学力を身につける。英語は習熟度別授業や英会話のほかに美術や音楽の実技科目を外国人教師から学ぶイマージョン授業などユニークなプログラムもある。年2回全校で英検にチャレンジ。週1時間英検対策の授業を設け，二次試験の対策も受験級に応じて個別に対応している。中期留学には中3から参加が可能。1人1台のタブレット端末を授業や学校生活全般で活用する。

●コース表

中1	中2	中3	高1	高2	高3
共	通	履　修	国際コース	留学クラス(SA) / スーパーグローバルクラス(SG)	
			特進コース(SH)		
			進学コース(SC)		

キャリア教育 探究学習（ゼミ·企業探究クエスト）を通じて強みを伸ばし，将来へつなげる。中学では身近な課題に対して，自ら学び考える学習を始める。中3では進路講演会を開催。校内予備校システムや卒業生チューター制度で大学受験をサポートする。

学校生活 入学後のオリエンテーションに始まり，スポーツフェスタ，文化祭など多彩な行事を通して一人ひとりが個性を磨き、仲間との交流を深め人間関係を学ぶ。

保護者MEMO

登校時刻▶8：25
最終下校時刻▶18：00
土曜日▶毎週登校。平常授業4時間
昼食▶食堂/食品販売あり
携帯電話▶可
制服▶セーラー
自転車通学▶可
カウンセラー▶常駐
保護者面談▶年1回
保護者会▶年3回
必修旅行▶ニュージーランド（中3），他
部活動▶活動日は部による

学費　初年度目安 119万円

(単位:円)	入学金	施設費	授業料	その他	合計
入学手続時	255,000	60,000	—	—	315,000
1年終了まで	—	—	420,000	450,725	870,725

［その他］制服・指定品代，教育充実費，教材費，後援会費，生徒会費。
［寄付・学債］任意の寄付金1口5万円1口以上あり。
※上記は'22年度のもの。新年度について詳細は「受験生応援アプリ」にて公開（2023年5月～）。

●奨学金・特待生
S：入学金，授業料最長6年間可（年次更新）／A：入学金，授業料1年間／B：入学金

首都圏模試 思考コード (単位:%)

読み取る力	〈第1回〉国語 A	B	C	算数 A	B	C	〈1回適性検査(三鷹型)〉 I A	B	C	II A	B	C
複雑 3												
2	11	14		60					60	3	22	
単純 1	30	45		15	25			40			67	8

考える力 A=知識・理解思考 B=論理的思考 C=創造的思考

2024年度入試 合格の基準

	首都圏模試 ほぼ確実	首都圏模試 見込あり	四谷大塚 ほぼ確実	四谷大塚 見込あり
女子〈一般①〉	38	32 / やや見込あり 27	36	31 / やや見込あり 26

ほぼ確実=80%~/見込あり=50~79%/やや見込あり=20~49%

入試要項 2023年度参考 新年度日程はアプリへGO!

2科 4科 適性型 英 他

試験名		試験日 ◎午後入試	出願締切 Web	発表 Web	手続 Web	2科	4科	適	英	他	面接	特待	募集数	応募数	受験数	合格数	実質倍率	偏差値
一般	①	2/1	1/31	当日	2/10	●	●					●	30	28	25	21	1.2	38
	②	2/3	2/2	当日	2/10	●						●	5	51	22	17	1.3	38
	③	2/4	2/3	当日	2/10	●	●					●	5	65	27	23	1.2	39
適性	①	2/1	1/31	当日	2/10			＊1				●	20	93	91	90	1.0	38
	②	2/1 ◎	1/31	当日	2/10			＊1				●	10	30	27	27	1.0	39
	③	2/2	2/1	当日	2/10			＊2				●	5	42	32	31	1.0	38
	④	2/4 ◎	2/3	当日	2/10			＊3				●	5	22	10	9	1.1	38
S特待	①	2/1 ◎	1/31	当日	2/10	●						●	5	42	37	2	18.5	51
	②	2/2	2/1	当日	2/10	●	●					●	5	38	21	3	7.0	51
	③	2/2 ◎	2/1	当日	2/10	●						●	5	47	27	1	27.0	51
	④	2/5	2/4	当日	2/10	●	●					●	5	59	19	2	9.5	51
英語	①	2/1 ◎	1/31	当日	2/10				＊4		＊4	●	不定	2	2	2	1.0	—
	②	2/4	2/3	当日	2/10				＊4		＊4	●	不定	2	2	2	1.0	—
プレゼン		2/3 ◎	2/2	当日	2/10					＊5		●	不定	6	4	4	1.0	40

＊1 三鷹型・立川国際型・共同作成型問題(南多摩・富士・武蔵など)より選択 ＊2 三鷹型 ＊3 共同作成型 ＊4 ライティング+スピーキング(英語インタビュー)英検3級~2級レベル ＊5 プレゼンテーション・質疑応答+口頭試問(テーマは事前に要相談)
※第一志望者,英検などの各種資格保有者は加点措置あり

【出願方法】Web出願 **【手続方法】**Web納入。入学辞退者には一部返還 **【受験料】**25,000円(複数回受験可)。適性検査型のみ10,000円

【帰国生入試】11/2,12/9,1/10(募集人数は不定) ※海外在住者はオンライン受験可

中学受験のプロがおすすめ! 併願校の例

特色	イマージョン教育	伝統文化教育	ICT教育	英語(選択)入試
♠男子校 ♥女子校 ♣共学・別学校	♥実践女子	♥跡見学園	♥東京純心女子	♥桐朋女子
	♥富士見丘	♥東京家政学院	♥白梅清修	♥和洋九段
	♥神田女学園	♥駒沢女子	♥藤村女子	♥国本女子

併設高校の進路情報

四年制大学進学率82.7%
文系85/理系15/その他0(%) 医歯薬1名合格

'22年3月卒業生:150名 大学124名 短大1名 専門11名 就職0名 他14名

指定校推薦▶利用状況は上智大1,青山学院大3,立教大1,中央大5,法政大2,日本大1,東洋大1,駒澤大2,専修大2,成蹊大1,成城大1,日本女子大5,東京都市大1など。ほかに学習院大,亜細亜大,帝京大,神奈川大,芝浦工大,東京電機大,津田塾大,東京女子大,立命館大,武蔵大,立命館アジア太平洋大など推薦枠あり。

海外大学合格状況▶The University of Manchester, University of Exeter, University of Sussex(英),他。

主な大学合格状況 '23年春については主要大学のみ巻末一覧に記載

大学名	'22	'21	'20	大学名	'22	'21	'20	大学名	'22	'21	'20
◇筑波大	0	1	0	東京理科大	0	2	3	専修大	2	7	3
◇東京外大	0	1	0	学習院大	2	1	3	帝京大	5	7	6
◇横浜市大	0	1	5	明治大	2	2	1	成城大	3	4	3
◇山梨大	0	2	1	青山学院大	7	7	8	芝浦工大	4	4	2
◇国立看護大	2	0	1	立教大	6	7	9	津田塾大	1	1	6
◇鳥取大	1	0	0	中央大	11	11	17	東京女子大	2	4	15
◇高崎経済大	1	0	0	法政大	9	7	9	日本女子大	5	6	16
早稲田大	5	5	7	日本大	4	4	4	武蔵大	3	3	1
慶應大	3	3	6	東洋大	6	8	7	桜美林大	9	6	3
上智大	20	2	20	駒澤大	5	3	2	共立女子大	8	1	4

※各大学合格数は既卒生との合計。

見学ガイド 体育祭/文化祭/説明会/オープンスクール

 高校募集 なし　高１内訳 一貫生 170名

香蘭女学校 中等科

（こうらんじょがっこう）

〒142－0064　東京都品川区旗の台 6－22－21　☎03－3786－1136

国際 / 海外研修 / 長期留学 / 第２外国語 / online英会話 / 21型 / 1人1台端末 / リモート体制 / プロジェクト型 / 論文執筆 / STEAM / 情操 / 体験学習 / ボランティア / 人間力育成

教育目標▶日本女性固有の徳性をキリスト教倫理によって，深く豊かなものとし，品位と思いやりのある女性を育てることが建学の願い。

沿革▶1888年，イギリス国教会宣教師のエドワード・ビカステス主教により創立。

施設▶礼拝堂，ホール，和室，図書室（7万冊），戸建て茶室，テニスコート，山荘（軽井沢），他。

学校長▶鈴木　弘

生徒数▶総数525名

	1年（4クラス）	2年（4クラス）	3年（4クラス）
女子	176名	175名	174名

東急池上線・東急大井町線一旗の台５分　5分

来たりて学べ，出でて仕えよ　Come in to Learn, Go out to Serve.

自然豊かなキャンパスで，キリスト教教育を基に「賜物」の存在に気づき，一生をかけて大切に磨き，社会や人のために役立てていくことができる人物を育む。

学習「体験×教養」「多様性×共感力」「ライフデザイン×賜物」の３つの柱で構成された教育プログラムを展開。英語教育は，バランスよく４技能を身につけることをめざし，多読や外国人講師とのマンツーマンオンライン英会話などを取り入れている。希望者対象の英国，カナダ語学研修も実施している。各自タブレット端末を所持し，調べ学習やプレゼンテーション，自宅学習，課外活動，高等科の論文制作などで活用している。

キャリア教育それぞれの学年で「探究」や教科，郊外活動とも連動したキャリア教育を行う。中等科ではインタビューや発表・発信の方法も学ぶ。立教大学，聖路加国際大学へは指定校推薦での進学が可能。学部別説明会や大学生と協働学習を行う高大連携プログラムがある。

学校生活ヒルダ祭（文化祭）やバザーでは，同学年との横のつながりだけでなく学年の垣根を越えた縦のつながりを経験する。ガールスカウト部と聖歌隊（クワイヤー）は100年の伝統をもつ。

●コース表

中1	中2	中3	高1	高2	高3
共通履修				文系	
				理系	理系Ⅰ / 理系Ⅱ

保護者MEMO

登校時刻▶8：10
最終下校時刻▶17：30
土曜日▶毎週登校。平常授業４時間
昼食▶弁当/食品販売あり
携帯電話▶許可制
制服▶ブレザー
自転車通学▶不可
カウンセラー▶常駐
保護者面談▶年１回
保護者会▶年５回
必修旅行▶東北・北海道（中３），関西（高２）
部活動▶活動日は部による

学費　初年度目安 139万円

(単位:円)	入学金	施設費	授業料	その他	合計
入学手続時	300,000	―	―	―	300,000
1年終了まで	―	200,000	476,000	417,200	1,093,200

●奨学金・特待生
なし

[その他] 制服・指定品代，教育推進費，旅行等積立金，生徒活動費，父母の会費。
[寄付・学債] 任意の寄付金（校舎建築資金）1口10万円2口以上あり。
※上記は'22年度のもの。新年度について詳細は「受験生応援アプリ」にて公開（2023年5月〜）。

首都圏模試　思考コード（単位：%）

〈第１回〉

読み取る力＼考える力	国語 A	国語 B	国語 C	算数 A	算数 B	算数 C
複雑 3				4		
2	24	25		38	10	
単純 1		51		8	40	

A=知識・理解思考　B=論理的思考　C=創造的思考

2024年度入試　合格の基準

		首都圏模試 ほぼ確実	首都圏模試 見込あり	四谷大塚 ほぼ確実	四谷大塚 見込あり
女子	〈①〉	67	63	58	54
			やや見込あり 59		やや見込あり 49

ほぼ確実＝80％～／見込あり＝50～79％／やや見込あり＝20～49％

入試要項　2023年度参考　新年度日程はアプリへGO!　2科　4科

試験名	試験日 ◎午後入試	出願締切 Web	発表 Web	手続 W・窓	2科	4科	適	英	他	面接	特待	募集数	応募数	受験数	合格数	実質倍率	偏差値
①	2/1	1/27	当日	2/2	●							100	21	20	1	20.0	67
						●							391	370	133	2.8	
②	2/2 ◎	当日	2/3	2/3	●							60	769	577	127	4.5	69

【出願方法】 Web出願　**【手続方法】** Web納入のうえ，2/4窓口手続，書類郵送2/9まで
【受験料】 25,000円（両日程同時出願は40,000円）

【帰国生入試】 各回の募集数に帰国生含む
※2024年度入試より，2/1の入試科目は４科目のみになる予定。

年度	試験名		募集数	応募数	受験数	合格数	実質倍率	偏差値
'22	①	2科	100	23	23	2	11.5	67
		4科		365	340	115	3.0	
	②		60	652	472	121	3.9	70
'21	①	2科	100	38	36	2	18.0	65
		4科		368	343	113	3.0	
	②		60	753	561	122	5.0	68

中学受験のプロがおすすめ!　併願校の例

特色	プロテスタント系	優先入学制度	伝統文化教育	留学制度
♠男子校	♥女子学院	♥立教女学院	♥白百合学園	♥洗足学園
♥女子校	♥東洋英和	♥学習院女子	♥共立女子	♥恵泉女学園
♣共学・別学校	♥普連土学園	♣青学横浜英和	♥東京女学館	♥山脇学園

併設高校の進路情報

四年制大学進学率93.5%
文系82／理系15／その他３（%）　医歯薬６名合格

内部推薦▶立教大学へ97名（法18，文16，経済20，社会15，経営12，観光６，コミュニティ福祉２，現代心理３，異文化コミュニケーション５）が内部推薦で進学した。

指定校推薦▶利用状況は東京理科大１，日本大１，東洋大１，国際基督教大１，成城大１，明治学院大１，東京女子大１，昭和薬科大１，聖路加国際大２など。ほかに学習院大，青山学院大，中央大，芝浦工大，津田塾大，日本女子大，立命館大，東京都市大など推薦枠あり。

'22年３月卒業生：168名　大学157名
短大０名　専門０名　就職０名　他11名

主な大学合格状況　'23年春については主要大学のみ巻末一覧に記載

大学名	'22	'21	'20	大学名	'22	'21	'20	大学名	'22	'21	'20
◇横浜国大	1	0	0	学習院大	1	2	9	成城大	1	5	14
◇北海道大	0	1	0	明治大	3	4	23	明治学院大	2	5	14
◇防衛医大	0	1	0	青山学院大	4	5	10	神奈川大	2	1	7
◇東京藝術大	0	2	0	立教大	97	97	93	芝浦工大	4	3	14
◇お茶の水女子大	0	1	1	中央大	3	8	8	津田塾大	0	6	1
◇都立大	1	0	0	法政大	2	1	8	東京女子大	2	8	6
早稲田大	4	3	16	日本大	12	9	14	日本女子大	0	5	11
慶應大	7	1	10	東洋大	7	11	5	武蔵大	5	6	3
上智大	8	2	11	東海大	1	3	1	白百合女子大	4	3	4
東京理科大	5	2	4	国際基督教大	1	2	2	東京農大	6	8	15

※各大学合格数は既卒生との合計。

見学ガイド　文化祭／学校説明会／見学会

高校募集 あり 高１より全体が混合。　高１内訳 一貫生 12名 182名 高入生

駒沢学園女子（こまざわがくえんじょし） 中学校

〒206－8511　東京都稲城市坂浜 238　☎042－350－7123

国際 海外研修 長期留学 第２外国語 online英会話 21型 1人1台端末 リモート体制 プロジェクト型 論文執筆 STEAM 情操 体験学習 ボランティア 人間力育成

教育目標▶禅の教え「正念・行学一如」を建学の精神とする。共生・創造のキーワードのもと，自己肯定感を持ち，人と共に成長できる生徒を育む。
沿革▶1927年駒澤学園発足。1947年中学校を開設。1989年に世田谷から現在地に移転。
施設▶講堂，坐禅堂，作法室，図書館，グラウンド，テニスコート，プール，弓道場，他。
学校長▶土屋　登美恵
生徒数▶総数53名

	1年（1クラス）	2年（1クラス）	3年（1クラス）
女子	25名	12名	16名

京王線稲城よりバス７分，JR稲城長沼・田園都市線あざみ野よりスクールバス　7分

グローバル社会で「自分」を積極的に発信できる力を養う

仏教を礎とした人間教育，学力をより高める教育，国際英語教育を柱に世界で自分らしく輝く女性を育てる。学校行事を通してリーダーシップを育てる。

学習 少人数制を生かしたきめ細かいサポートが充実。ネイティヴ教員が副担任を務め，朝学習では英語のリスニングとスピーキングを実施。日常生活の中で英会話が飛び交う環境を用意する。ネイティヴスピーカーとのティームティーチング，オンライン英会話で４技能５領域の力をバランスよく養う。国内英語研修施設を訪れるほか，希望者はニュージーランドなどでの研修，派遣留学に参加できる。中学では国際交流や体験を通じて視野を広げる探究型学習に取り組む。韓国語・中国語・仏語・日本文化・プログラミングから好きな講座を選び，学年を超えて協力し合いながら学ぶ。毎日の朝礼や終礼，週１回の「宗教」での坐禅で自己を見つめる。

キャリア教育 学年別のテーマに沿って段階的に進められる。中１でキャリア講演会，中２で職場体験，中３では社会福祉施設を訪問し，社会への関心を深めていく。

学校生活 学校行事は縦割りで行い，協調性や責任感を身につける。全国レベルのバトン部など28のクラブが活動中。

●コース表

中1	中2	中3	高1	高2	高3
共	通 履	修	特進 進学	希望進路に応じた選択制	

※2024年度より高校に英語クラスを設置予定

保護者MEMO

登校時刻▶8：25
最終下校時刻▶18：30
土曜日▶毎週登校。平常授業３時間
昼食▶食堂/食品販売あり
携帯電話▶可
制服▶ブレザー
自転車通学▶可
カウンセラー▶週２回
保護者面談▶年３回
保護者会▶年２回
必修旅行▶広島(中３)，他
部活動▶平日は週１日，土日どちらか休み

学費　初年度目安 119万円

（単位:円）	入学金	施設費	授業料	その他	合計
入学手続時	250,000	—	—	—	250,000
1年終了まで	—	162,000	420,000	353,024	935,024

●奨学金・特待生
授業料１年間の全額または半額（成績により継続可）

［その他］制服・指定品代，ipad代，学習諸経費，校外研修費，父母の会会費，父母の会入会金，後援会会費，校友会会費，明星会入会金。
［寄付・学債］なし。
※上記は'22年度のもの。新年度について詳細は「受験生応援アプリ」にて公開（2023年５月〜）。

首都圏模試　思考コード（単位：％）

〈第１回午前一般〉

読み取る力＼考える力	国語 A	国語 B	国語 C	算数 A	算数 B	算数 C
複雑 3						
2	38	8		44		
単純 1		54		48	8	

A＝知識・理解思考　B＝論理的思考　C＝創造的思考

2024年度入試　合格の基準

	首都圏模試 ほぼ確実	首都圏模試 見込あり	四谷大塚 ほぼ確実	四谷大塚 見込あり
女子〈①午前一般〉	37	34	30	25
やや見込あり		28		20

ほぼ確実＝80％～／見込あり＝50～79％／やや見込あり＝20～49％

入試要項　2023年度参考　新年度日程はアプリへGO!

2科　4科　英　他

	試験名	試験日 ◎午後入試	出願締切 Web	発表 Web	手続 Web	2科	4科	適	英	他	面接	特待	募集数	応募数	受験数	合格数	実質倍率	偏差値
①	一般	2/1	1/30	当日	2/3	●	＊1		＊1			●	25	21	16	16	1.0	37
	英語	2/1	1/30	当日	2/3				＊2		＊2		10	3	3	3	1.0	—
	プレゼンテーション	2/1	1/30	当日	2/3					＊3			5	4	4	3	1.3	—
	1科目選択 午前	2/1	1/30	当日	2/3					＊4			5	8	5	5	1.0	38
	1科 午後	2/1 ◎	1/30	当日	2/3					＊4		●	5	36	11	9	1.2	38
②	一般	2/2	2/1	当日	2/4	●							10	24	3	2	1.5	38
	英語	2/2	2/1	当日	2/4				＊2		＊2		5	1	0	0	—	—
	1科目選択 午前	2/2	2/1	当日	2/4				＊4				5	11	3	3	1.0	38
	1科 午後	2/2 ◎	2/1	当日	2/4				＊4			●	5	31	2	1	2.0	38
③	一般	2/6	2/4	当日	2/7	●							5	42	3	3	1.0	38

＊1　国語・算数・社会・理科・英語（リスニング含む）から４科選択　＊２　英語（リスニング含む）＋面接　＊３　自己アピール＋プレゼンテーション　＊４　国語または算数より選択　※1科目選択午前は有資格者対象で，英検５級以上・漢検５級以上・数学検定６級以上など出願条件あり。事前の個別相談と証明書コピーなどが必要　※①②午前の１科目選択型の集合時間は国語８：30，算数９：30

【出願方法】Web出願のうえ，①②1科目選択午前は証明書を郵送。プレゼンテーションは自己アピールシートを郵送　**【手続方法】**Web納入のうえ，①は2/7，②は2/8，③は2/10までに書類を郵送　**【受験料】**20,000円（同時出願は複数回受験可）

【帰国生入試】10/1～2/28までの期間随時実施。海外在住者はオンラインも可（若干名募集）

中学受験のプロがおすすめ！ 併願校の例

特色	ICT教育	読書指導充実	キャリア教育	プレゼン・表現型入試
♠男子校 ♥女子校 ♣共学・別学校	♣八王子学園	♥共立女子二	♥桐朋女子	♥白梅清修
	♥聖ドミニコ	♣八王子実践	♥玉川聖学院	♥佼成女子
	♥相模女子大学	♥国本女子	♣東星学園	♥日体大桜華

併設高校の進路情報

四年制大学進学率62.4%
文系57／理系35／その他８（％）　医歯薬５名合格

'22年３月卒業生：173名　大学108名　短大22名　専門39名　就職２名　他２名

内部推薦▶駒沢女子大学へ35名（人間総合23，看護８，人間健康４），駒沢女子短期大学へ12名が内部推薦で進学した。

指定校推薦▶利用状況は中央大１，成城大２，昭和女子大３など。ほかに日本大，駒澤大，専修大，帝京大，國學院大，日本女子大，玉川大，桜美林大，大妻女子大，東京農大，東洋英和女学院大など推薦枠あり。

主な大学合格状況　'23年春については主要大学のみ巻末一覧に記載

大学名	'22	'21	'20	大学名	'22	'21	'20	大学名	'22	'21	'20
上智大	1	0	0	玉川大	2	1	1	駒沢女子大	36	19	20
中央大	1	1	1	工学院大	0	1	1	恵泉女学園大	2	1	1
日本大	1	1	1	東京都市大	1	0	1	日本女子体育大	2	1	0
駒澤大	3	2	5	国士舘大	0	1	1	横浜薬科大	1	1	1
専修大	1	1	1	桜美林大	3	1	1	相模女子大	4	3	4
東海大	2	0	2	大妻女子大	2	1	3	東洋英和女学院大	4	4	1
亜細亜大	0	2	0	杏林大	1	1	1	鎌倉女子大	1	1	4
帝京大	3	2	0	東京薬科大	1	0	0	桐蔭横浜大	2	1	2
成城大	2	2	2	昭和女子大	3	2	3	東京医療学院大	2	2	0
日本女子大	1	1	1	明星大	2	1	1	ヤマザキ動物看護大	0	3	1

※各大学合格数は既卒生との合計。

見学ガイド　体育祭／文化祭／説明会／学校見学会

高校募集 なし　　高1内訳 一貫生 203名

実践女子学園 中学校

（じっせんじょしがくえん）

〒150－0011　東京都渋谷区東 1－1－11　☎03－3409－1771

国際 / 海外研修 / 長期留学 / 第2外国語 / online英会話 / 21型 / 1人1台端末 / リモート体制 / プロジェクト型 / 論文執筆 / STEAM / 情操 / 体験学習 / ボランティア / 人間力育成

教育目標▶堅実にして質素，しかも品格ある女性の育成を掲げる。生徒は良識を養い，実践を尚(たっと)び，責任を重んずることを日常の心がけとする。

沿革▶華族女学校学監であった下田歌子が欧米女子教育の視察後，一般女子のため1899年に創設。

施設▶講堂，グラウンド（テニスコート6面），図書館（8.5万冊），カフェテリア・ラウンジ，理科室（6室），他。

学校長▶湯浅　茂雄

生徒数▶総数764名

	1年（9クラス）	2年（6クラス）	3年（7クラス）
女子	273名	240名	251名

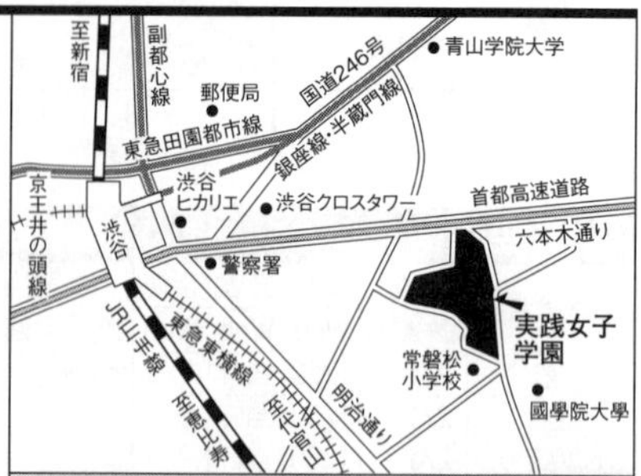

JR・銀座線・半蔵門線・副都心線・京王井の頭線・東急東横線渋谷―10分　10分

多様な学びをきっかけに，自分と向き合う6年間

未来につながる力「実践力」を身につける学びを推進。独自の探究授業や企業・併設大学・地域との連携授業を実施するほか，感性表現教育行事も豊富。

学習 生徒の成長段階に合わせたカリキュラムを設定している。中1は1クラス30名学級で，きめ細やかな指導を行う。中2より到達度別クラス編成，高校からは生徒が自らの志望に合わせてコースを選択するコース制を敷いている。英語の授業は，中1からレベル別少人数制指導を実施し，個々の英語力を伸ばしていく。英語を使った校内講座や海外研修も充実している。また，独自の探究授業「未来デザイン」での教科横断型な学習をはじめ，渋谷という好立地をいかした企業や併設大学，地域との連携授業も実施。多様な学びをきっかけに，自らの興味関心の方向性を探り，6年間じっくりと自分と向き合う。

キャリア教育 各種ガイダンスや企業連携等を通して，学ぶことや社会で生きていくことを考えていく。実践女子大学や國學院大學との連携もあり，中高の時期から大学での学びを身近に感じることができる。

学校生活 学校行事や委員会活動，クラブ活動，放課後講座など体験を通して学び，社会性を身につけることを大切にしている。

●コース表

中1	中2	中3	高1	高2	高3
共通履修			発展	文系 / 理系	
			総合	教養コース / 文理コース	

保護者MEMO

登校時刻▶8：15
最終下校時刻▶17：30
土曜日▶毎週登校。平常授業4時間
昼食▶食堂（中学は条件あり）/食品販売あり
携帯電話▶可
制服▶セーラー
自転車通学▶不可
カウンセラー▶週2回
保護者面談▶年1回
保護者会▶年3回
必修旅行▶選択制（高1）
部活動▶活動日は部による

学費　　初年度目安 123万円

（単位:円）	入学金	施設費	授業料	その他	合計
入学手続時	230,000	—	—	—	230,000
1年終了まで	—	171,000	502,000	324,400	997,400

●奨学金・特待生
授業料1年間

［その他］指定品，教育充実費，積立金，日本文化実習費，父母の会費，校友会費。
［寄付・学債］任意の寄付金（教育振興協力資金）1口10万円1口以上あり。
※上記は'22年度のもの。新年度について詳細は「受験生応援アプリ」にて公開（2023年5月～）。

首都圏模試　思考コード（単位：%）

〈第１回〉

読み取る力＼考える力	国語 A	国語 B	国語 C	算数 A	算数 B	算数 C
複雑 3						
2		11		52	7	
単純 1	40	49		13	28	

A=知識・理解思考　B=論理的思考　C=創造的思考

2024年度入試　合格の基準

		首都圏模試 ほぼ確実	首都圏模試 見込あり	四谷大塚 ほぼ確実	四谷大塚 見込あり
女子	〈一般①〉	53	49	43	39
			やや見込あり 45		やや見込あり 35

ほぼ確実＝80％～／見込あり＝50～79％／やや見込あり＝20～49％

入試要項　2023年度参考　新年度日程はアプリへGO!

2科　4科　英　他

試験名		試験日 ◎午後入試	出願締切 Web	発表 Web	手続 Web	選抜方法 2科	4科	適	英	他	面接	特待	募集数	応募数	受験数	合格数	実質倍率	偏差値
一般	①	2/1	1/31	当日	2/3	●	●					●	45	203	188	60	3.1	53
	②	2/1 ◎	1/31	当日	2/6	●						●	40	378	346	104	3.3	55
	③	2/2	2/1	当日	2/6	●	●						40	378	284	88	3.2	54
	④	2/2 ◎	2/1	当日	2/6	●							30	447	314	80	3.9	56
	⑤	2/3 ◎	2/2	当日	2/6	●							20	491	308	55	5.6	59
	⑥	2/4 ◎	2/3	当日	2/6	●							20	528	319	81	3.9	56
思考表現		2/1	1/24	当日	2/3					＊1			10	7	7	6	1.2	49
英語資格	①	2/1 ◎	1/28	当日	2/6				＊2				15	67	64	32	2.0	51
	②	2/2 ◎	1/28	当日	2/6				＊2				10	73	40	15	2.7	51

＊1　身近なものごとをテーマに出題。自分の考えを記述し口頭で説明　＊2　英検４級以上などの資格＋国または算

【出願方法】 Web出願。英語資格は合格証明書または公式認定書のコピーを郵送
【手続方法】 Web納入。入学説明会時に通知表コピーを提出
【受験料】 22,000円（同時出願に限り，２回以降分は各10,000円に割引）

【帰国生入試】 11/3，12/17（合計10名募集）　※オンライン型の受験も可

中学受験のプロがおすすめ！　併願校の例

特色	国際理解教育	探究型学習	ICT教育	STEAM教育
♠男子校 ♥女子校 ♣共学・別学校	♥普連土学園	♥田園調布	♥品川女子	♥山脇学園
	♣八雲学園	♥日大豊山女子	♥十文字	♥跡見学園
	♥玉川聖学院	♥トキワ松	♥和洋九段	♥麴町女子

併設高校の進路情報

四年制大学進学率85.5%
文系68／理系22／その他10（%）　医歯薬５名合格

内部推薦▶実践女子大学へ42名（文9，人間社会25，生活科８），同短期大学部へ３名が内部推薦で進学。
指定校推薦▶利用状況は東京理科大2，学習院大７，明治大２，青山学院大６，立教大２，中央大２，法政大３，成城大２，明治学院大２，津田塾大１，東京女子大５，日本女子大１，東京都市大１，共立女子大１，大妻女子大１，聖心女子大１，白百合女子大１，北里大２，東京薬科大１，明治薬科大１，東京農大１など。ほかに日本大など推薦枠あり。

'22年３月卒業生：214名

大学183名　短大４名　専門７名　就職０名　他20名

主な大学合格状況　'23年春については主要大学のみ巻末一覧に記載

大学名	'22	'21	'20	大学名	'22	'21	'20	大学名	'22	'21	'20
◇東京外大	0	0	2	立教大	16	17	11	明治学院大	14	8	12
◇お茶の水女子大	0	0	1	中央大	7	10	6	津田塾大	7	3	1
◇富山大	0	1	0	法政大	5	10	10	東京女子大	11	9	7
早稲田大	0	6	8	日本大	9	16	14	日本女子大	15	14	14
慶應大	7	4	6	東洋大	28	11	30	桜美林大	12	15	8
上智大	7	17	9	駒澤大	9	3	5	共立女子大	4	10	10
東京理科大	4	4	7	専修大	5	6	8	聖心女子大	5	8	4
学習院大	14	9	5	帝京大	3	8	10	白百合女子大	3	7	10
明治大	12	12	5	成蹊大	5	7	8	北里大	8	5	2
青山学院大	11	16	9	成城大	8	11	12	実践女子大	55	70	103

※各大学合格数は既卒生との合計。

見学ガイド　体育祭／文化祭／学校説明会／オープンスクール／個別見学対応

品川女子学院（しながわじょしがくいん） 中等部

〒140－8707　東京都品川区北品川 3－3－12　☎03－3474－4048

国際　海外研修　長期留学　第2外国語　online英会話　21型　1人1台端末　リモート体制　プロジェクト型　論文執筆　STEAM　情操　体験学習　ボランティア　人間力育成

教育目標▶世界をこころに，能動的に人生を創る日本女性の教養を高め，才能を伸ばし，夢を育てる。
沿革▶関東大震災の救援にあたった婦人会をもとに，1925年に設立された荏原女学校が前身。1991年現校名に改称。2025年９月新校舎完成予定。
施設▶作法室，図書室（4.2万冊），進路指導室，CAI教室，弓道場，屋上，体育館，他。
学校長▶神谷　岳
生徒数▶総数659名

	1年（6クラス）	2年（6クラス）	3年（5クラス）
女子	220名	223名	216名

京浜急行本線―北品川４分
JR・京浜急行本線―品川12分
4分

諦めずに努力を続け，成し遂げる力を養う

28歳の自分をイメージし，それを実現させるための進路を探る「28project」で成果をあげている。座学と体験を組み合わせたエネルギッシュな学びを展開。

学習 中１と中２は１学級34～38名におさえたクラス編成。選抜クラスは設けず，理解不足な生徒には指名補習を実施する。英語は積み重ねを重視し，小テストを細かく行い，英検で英語能力の定着を確認する。全員がタブレット端末を持ちオンライン授業など学習ツールとして活用する。中学で「デザイン思考」や「国語演習」を設定。コミュニケーションやプレゼンテーションの基礎を身につけ，様々な発表活動に活かす。総合学習では「起業体験プログラム」を実施。生徒自らアポイントを取るなど，社会的なスキルを養う。

●コース表

中1	中2	中3	高1	高2	高3
共通履修				文系 理系	

キャリア教育 28projectとして，28歳の自分から逆算して将来を模索する。中１では身の周り，中２では日本の伝統文化や社会との関わりを通して自分を知る。中３では起業体験プログラムや修学旅行を通して異文化や仕事という未知の世界を探究する。

学校生活 文化祭，体育祭，合唱祭は生徒中心で運営。38のクラブがあり，中高一緒に活動する。全体で約90%の生徒が参加。ダンス部員は200名を超える。

保護者MEMO

登校時刻▶8：20
最終下校時刻▶17：50
土曜日▶毎週登校。平常授業４時間
昼食▶弁当/食品販売あり
携帯電話▶可
制服▶ブレザー
自転車通学▶不可
カウンセラー▶常駐
保護者面談▶年２回
保護者会▶年１～２回
必修旅行▶ニュージーランド（中３）
部活動▶週１～４日

学費　　初年度目安 132万円

(単位:円)	入学金	施設費	授業料	その他	合計
入学手続時	250,000	―	―	―	250,000
1年終了まで	―	96,000	480,000	489,540	1,065,540

●奨学金・特待生
なし

[その他] 制服・指定品代，施設維持費，副教材予納金，タブレット代・管理費，PTA会費，後援会費，生徒会費。
[寄付・学債] なし。
※上記は'23年度予定。詳細は「受験生応援アプリ」にて公開（2023年５月～）。

首都圏模試 思考コード（単位：%）

読み取る力	〈第１回〉国語 A	B	C	算数 A	B	C	〈表現力・総合型〉4科目総合 A	B	C	読解・論述 A	B	C
複雑 3				5								
2		36		51	12		18	29			25	75
単純 1	20	44		6	26			53				

A=知識・理解思考　B=論理的思考　C=創造的思考

2024年度入試 合格の基準

	首都圏模試 ほぼ確実	見込あり	四谷大塚 ほぼ確実	見込あり
女子〈①〉	62	57	52	47
		やや見込あり 51		やや見込あり 42

ほぼ確実＝80%～／見込あり＝50～79%／やや見込あり＝20～49%

入試要項 2023年度参考　新年度日程はアプリへGO!　4科　適性型　他

試験名	試験日（◎午後入試）	出願締切 Web	発表 Web	手続 Web	2科	4科	適	英	他	面接	特待	募集数	応募数	受験数	合格数	実質倍率	偏差値
①	2/1	1/31	当日	2/4		●						90	329	315	122	2.6	62
算数１教科	2/1 ◎	1/31	当日	2/4					＊1			20	320	301	132	2.3	67
②	2/2	2/1	当日	2/4		●						60	506	369	118	3.1	63
表現力・総合	2/4	2/3	当日	2/6			＊2					30	265	224	31	7.2	64

＊１　算数　＊２　４科目総合＋読解・論述
※①②表現力・総合で英検３級以上取得者は加点あり

【出願方法】 Web出願。①②表現力・総合の該当者は英語資格証明書の画像をアップロード
【手続方法】 Web納入。2/13までの辞退者には返還　**【受験料】** 22,000円（算数１教科は11,000円）

【帰国生入試】 11/13（募集数は不定。検定料：25,000円）

年度	試験名	募集数	応募数	受験数	合格数	実質倍率	偏差値
'22	①	90	256	248	106	2.3	62
	算数１教科	20	239	218	106	2.1	67
	②	60	408	305	119	2.6	63
	表現力・総合	30	228	173	42	4.1	64
'21	①	90	280	272	108	2.5	62
	算数１教科	20	220	210	101	2.1	67
	②	60	390	279	118	2.4	63
	表現力・総合	30	235	168	43	3.9	64

中学受験のプロがおすすめ! 併願校の例

特色	ICT教育	キャリア教育	留学制度	伝統文化教育
♠男子校	♣青学横浜英和	♥香蘭女学校	♣三田国際学園	♥学習院女子
♥女子校	♥恵泉女学園	♥普連土学園	♥東京女学館	♥山脇学園
♣共学・別学校	♥神奈川学園	♥昭和女子大昭和	♥実践女子学園	♥江戸川女子

併設高校の進路情報

四年制大学進学率91.8%
文系80／理系20／その他０（%）　医歯薬18名合格

指定校推薦▶利用状況は早稲田大１，慶應大１，上智大１，学習院大２，明治大２，青山学院大４，中央大２，成城大１，明治学院大４，日本女子大１，立正大１，武蔵野大１，昭和女子大１，文化学園大１など。ほかに東京理科大，立教大，法政大，日本大，東洋大，駒澤大，専修大，国際基督教大，成蹊大，獨協大，芝浦工大，津田塾大，東京女子大，東京都市大，聖心女子大など推薦枠あり。
海外大学合格状況▶Juniata College（米），他。

'22年３月卒業生：208名

大学191名
短大１名／専門０名　就職２名／他14名

主な大学合格状況　'23年春については主要大学のみ巻末一覧に記載

大学名	'22	'21	'20	大学名	'22	'21	'20	大学名	'22	'21	'20
◇東京大	1	0	0	◇都立大	0	2	3	法政大	36	41	25
◇東工大	0	1	0	早稲田大	41	18	7	日本大	38	50	27
◇一橋大	1	0	0	慶應大	12	9	9	東洋大	52	44	20
◇千葉大	1	1	1	上智大	29	14	11	専修大	19	8	13
◇筑波大	0	1	1	東京理科大	6	9	12	成城大	17	22	11
◇東京外大	1	0	2	学習院大	7	10	10	明治学院大	45	32	18
◇横浜国大	0	3	3	明治大	40	52	20	東京女子大	12	24	14
◇北海道大	1	1	0	青山学院大	28	18	15	日本女子大	25	33	13
◇東京医歯大	0	1	1	立教大	58	89	21	昭和女子大	40	39	33
◇東京藝術大	1	1	0	中央大	23	18	20	東洋英和女学院大	13	16	8

※各大学合格数は既卒生との合計。

見学ガイド　文化祭／説明会／オープンキャンパス

高校募集 あり 特選コース以外高校1より混合。 高1内訳 一貫生 169名 67名 高入生

十文字（じゅうもんじ）中学校

〒170－0004　東京都豊島区北大塚 1－10－33　☎03－3918－3977（入試広報部）

国際
海外研修
長期留学
第2外国語
online英会話
21型
1人1台端末
リモート体制
プロジェクト型
論文執筆
STEAM
情操
体験学習
ボランティア
人間力育成

教育方針▶「学力の向上」「情操教育」「健康教育」の３つを基盤とし，心身を鍛え，社会で自立して役立つグローバルな人材を育成する。

沿革▶1922年，十文字ことらにより創設された文華高等女学校が前身。1947年に中学校開設。2014年新校舎完成。

施設▶ホール，和室，図書館（7.7万冊），調理室，サイエンスパーク，プール，カフェテリア，他。

学校長▶横尾　康治

生徒数▶総数587名

	1年（6クラス）	2年（6クラス）	3年（5クラス）
女子	199名	211名	177名

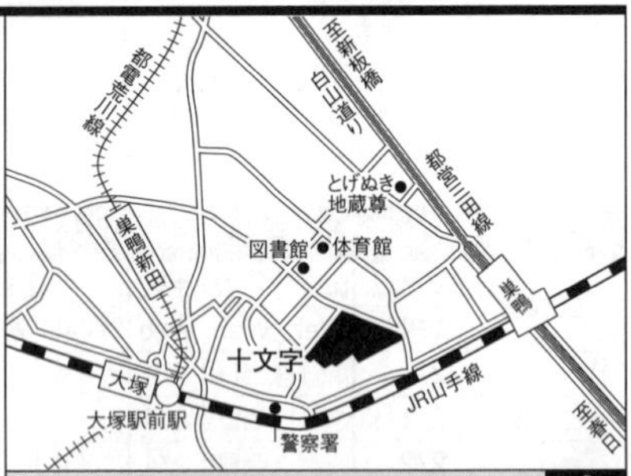

JR—大塚５分，巣鴨５分　都営三田線—巣鴨５分　都電—大塚駅前５分　5分

生徒の主体性を伸ばし，先の見えない社会を自分で切り拓く力を育成

2022年に創立100周年を迎えた伝統校。「主体性の伸長」「基礎学力の徹底」「社会性の涵養」を教育目標に「自立した，社会で活躍できる女性」の育成をめざす。

学習 グローバル教育・探究学習・理数教育を教育の３本柱に，自ら考え協働，主体的に行動できる人材を育てる。英語は７人のネイティヴ教員による指導のもと，会話やプレゼンテーションを通じて実践的な英語力を身につける。中３からのオーストラリア海外研修やホームステイなどに参加が可能。探究学習では自ら問いを立て，研究して発表する主体的な学びを，教科の垣根を越えて行う。ICTを活用した教育でプログラミングスキルや情報活用能力を高め，論理的思考力を育む。校内のサイエンスパークや学外との連携を通して実物に触れ，自然科学の楽しさを学び，分析力や思考力を養う。得意不得意の差が出やすい数学は，独自の個別最適学習プログラムで丁寧なサポートを行う。

●コース表

中1	中2	中3	高1	高2	高3
共通履修			リベラルアーツコース 特選コース─人文／理数 自己発信コース		

キャリア教育 中１の自分史作成，中２の職業調べ，中３の進路講演会を通して段階的に自分の将来を考えていくプログラムを導入。

学校生活 毎朝，創立以来の伝統「自彊術（じきょうじゅつ）体操」で心身を整える。サッカー，マンドリン，水泳は全国レベル。

保護者MEMO

登校時刻▶8：15
最終下校時刻▶18：00
土曜日▶毎週登校。平常授業４時間
昼食▶食堂/食品販売あり
携帯電話▶可
制服▶セーラー
自転車通学▶不可
カウンセラー▶週５日
保護者面談▶年２回
保護者会▶年３回
必修旅行▶京都・奈良（中３），沖縄（高２）
部活動▶活動日は部による

学費　初年度目安 134万円

（単位:円）	入学金	施設費	授業料	その他	合計
入学手続時	200,000	50,000	—	—	250,000
1年終了まで	—	120,000	456,000	513,890	1,089,890

［その他］制服・指定品代，教育充実費，図書費，積立金，PTA会費，生徒会費。
［寄付・学債］なし。
※上記は'22年度のもの。新年度について詳細は「受験生応援アプリ」にて公開（2023年５月～）。

●奨学金・特待生
S3：入学金，入学時施設費，授業料３年間／S1：入学金，入学時施設費，授業料１年間／Sn：入学金

首都圏模試 思考コード (単位:%)

読み取る力	〈第1回〉国語 A	国語 B	国語 C	算数 A	算数 B	算数 C	〈思考力型〉理科 A	理科 B	理科 C	社会 A	社会 B	社会 C
複雑 3												
2	12			72			10	33				
単純 1	20	68		10	18			57				100

考える力 A=知識・理解思考 B=論理的思考 C=創造的思考

2024年度入試 合格の基準

	首都圏模試 ほぼ確実	首都圏模試 見込あり	四谷大塚 ほぼ確実	四谷大塚 見込あり
女子〈①〉	45	40	41	37
		やや見込あり 36		やや見込あり 32

ほぼ確実=80%～／見込あり=50～79%／やや見込あり=20～49%

入試要項 2023年度参考 新年度日程はアプリへGO!

2科 4科 英 他

試験名	試験日 ◎午後入試	出願締切 Web	発表 Web	手続 Web	選抜方法 2科	4科	適	英	他	面接	特待	募集数	応募数	受験数	合格数	実質倍率	偏差値
①	2/1	1/31	当日	2/5	●	●					●	50	154	144	112	1.3	45
思考力型	2/1	1/31	当日	2/9					＊1		●	10	16	16	13	1.2	44
②	2/1 ◎	当日	当日	2/5	●						●	60	271	255	131	1.9	49
③	2/2	当日	当日	2/6	●	●					●	20	175	93	45	2.1	44
④	2/2 ◎	当日	当日	2/6	●						●	20	207	110	49	2.2	45
得意型	2/3 ◎	当日	当日	2/7	＊2			＊2	＊2		＊3	10	217	105	45	2.3	49
特別	2/6	当日	当日	2/9	●						●	若干	45	40	23	1.7	48

＊1 理科系・社会系記述式総合問題 ＊2 国算英より1科あるいは2科選択 ＊3 2科選択者対象

【出願方法】 Web出願
【手続方法】 Web納入。2/11までの辞退者には一部返還
【受験料】 20,000円（複数回同時出願は2回35,000円，3回40,000円，4回45,000円，5回50,000円）

【帰国生入試】 11/20（10名募集）

中学受験のプロがおすすめ! 併願校の例

特色	表現力育成	近代的校舎	オンライン英会話	理数教育
♠男子校 ♥女子校 ♣共学・別学校	♥跡見学園	♥江戸川女子	♥三輪田学園	♥大妻中野
	♥東京家政大附	♥和洋九段	♥女子聖学院	♥日大豊山女子
	♥京華女子	♥川村	♥神田女学園	♥文京学院女子

併設高校の進路情報

四年制大学進学率91.4%
文系68／理系26／その他6（%） 医歯薬5名合格

内部推薦▶十文字学園女子大学に11名（人間生活1，教育人文7，社会情報デザイン3）が内部推薦で進学した。

指定校推薦▶利用状況は東京理科大2，学習院大1，明治大1，青山学院大1，立教大4，中央大1，法政大1，日本大2，成蹊大1，成城大3，明治学院大4，獨協大1，芝浦工大2，東京女子大4，日本女子大4，聖心女子大4など。

海外大学合格状況▶Davis & Elkins College（米），他。

'22年3月卒業生：233名
大学213名 短大1名 専門6名 就職0名 他13名

主な大学合格状況 '23年春については主要大学のみ巻末一覧に記載

大学名	'22	'21	'20	大学名	'22	'21	'20	大学名	'22	'21	'20
◇千葉大	0	2	1	早稲田大	14	6	5	日本大	24	23	38
◇筑波大	2	1	1	慶應大	4	0	4	東洋大	39	23	39
◇東京外大	1	0	1	上智大	2	6	4	帝京大	7	7	14
◇横浜国大	2	0	0	東京理科大	4	9	8	成城大	11	12	8
◇埼玉大	0	0	3	学習院大	9	6	10	明治学院大	10	9	17
◇東京医歯大	0	0	2	明治大	21	9	21	東京女子大	14	16	20
◇防衛医大	1	0	1	青山学院大	3	3	16	日本女子大	21	18	29
◇東京藝術大	0	2	0	立教大	19	7	18	共立女子大	21	11	14
◇都立大	1	1	3	中央大	11	2	13	大妻女子大	14	10	8
◇電通大	1	1	0	法政大	17	12	18	十文字学園女子大	43	65	89

※各大学合格数は既卒生との合計。

見学ガイド 体育祭／文化祭／説明会／オープンスクール

淑徳SC 中等部

（しゅくとく）

〒112−0002 東京都文京区小石川 3−14−3 ☎03−3811−0237・03−5840−6301(生徒募集専用ダイヤル)

国際 / 海外研修 / 長期留学 / 第2外国語 / online英会話 / 21型 / 1人1台端末 / リモート体制 / プロジェクト型 / 論文執筆 / STEAM / 情操 / 体験学習 / ボランティア / 人間力育成

校名の由来▶「淑徳」は淑やかな女性の美徳,「SC」はSuccessful Careerの略で「女性の人生の成功」という思いがこめられている。

沿革▶1892年に浄土宗の尼僧・輪島聞声が小石川の伝通院で女子のために開設した「淑徳女学校」が前身。1947年に中等部設置。2008年より現校名。

施設▶セミナーホール,メディアセンター,日本間,自習室,体育館,グラウンド,他。

学校長▶麻生 諦善

生徒数▶総数38名

	1年(1クラス)	2年(1クラス)	3年(1クラス)
女子	21名	8名	9名

都営三田線・都営大江戸線─春日8分
丸ノ内線・南北線─後楽園8分
8分

多様な社会を見据えた独自のキャリア教育を実践

独自のグローバルキャリアプログラム,教科連携カリキュラムを柱に,思考力・ビジョン創出力・分析能力・表現力を育む。2023年度より中国語型入試を導入。

学習 力を入れている英語教育は6年間を「手探り期」「発展・安定期」「飛翔期」の3つのステージに分け,独自の教材を活用しながら読み書き,表現の技術を効果的に高めていく。英語と他教科との連携プロジェクト学習では英語によるレポート作成,発表に取り組む。中3〜高2の希望者対象に海外語学研修を実施。環境教育では,高大連携による特別授業や校内でのブルーベリー栽培を通して多角的な視点を養う。高校は個々の希望進路に合わせ,豊富な自由選択を用意したオーダーメイドカリキュラムを設定。様々な学習活動でICTを積極的に取り入れている。

●コース表

中1	中2	中3	高1	高2	高3
中高一貫コース(GSC) 共通履修				希望進路に応じた選択制	

キャリア教育 中学では段階的に「自己理解」「他者理解」「自己形成」について考え,高1で自己実現に向けてのキャリアデザインを作成する。高2より卒業生による分野別講演会や進路ガイダンスを行う。

学校生活 「日本学」という授業では,茶道や華道を通して立ち居振る舞いや日本の歴史・伝統文化について学ぶ。情操教育の一環として年4回の仏教行事がある。

保護者MEMO

登校時刻▶8:30
最終下校時刻▶18:00
土曜日▶毎週登校。平常授業4時間
昼食▶弁当/食品販売あり
携帯電話▶可
制服▶ブレザー
自転車通学▶不可
カウンセラー▶週1日
保護者面談▶年1回
保護者会▶年2回
必修旅行▶京都(中3),沖縄(高2)
部活動▶活動日は部による

学費 初年度目安 139万円

(単位:円)	入学金	施設費	授業料	その他	合計
入学手続時	250,000	―	―	―	250,000
1年終了まで	―	249,200	444,000	449,749	1,142,949

[その他] 制服・指定品代,修学旅行費,実習費,教材費・副教材費,購入品,検定費,校外学習・宿泊費,PTA会費,後援会会費,生徒会会費,同窓会会費。
[寄付・学債] なし。
※上記は'22年度のもの。新年度について詳細は「受験生応援アプリ」にて公開(2023年5月〜)。

●奨学金・特待生
S:入学金,授業料1年間/A:授業料1年間/B:入学金

首都圏模試　思考コード　(単位：%)

読み取る力						
複雑 3						
2			データなし			
単純 1						
考える力	A	B	C	A	B	C

A=知識・理解思考　B=論理的思考　C=創造的思考

2024年度入試　合格の基準

	首都圏模試 ほぼ確実	首都圏模試 見込あり	四谷大塚 ほぼ確実	四谷大塚 見込あり
女子〈①〉	35	30	—	—
		やや見込あり 25		やや見込あり —

ほぼ確実＝80％～／見込あり＝50～79％／やや見込あり＝20～49％

入試要項　2023年度参考　新年度日程はアプリへGO!　2科　英　他

試験名	試験日 ◎午後入試	出願締切 Web	発表 Web	手続 W・窓	選抜方法 2科	4科	適	英	他	面接	特待	募集数	応募数	受験数	合格数	実質倍率	偏差値
① 2科型	2/1	1/30	当日	2/2	●					＊3	●	15	15	14	14	1.0	35
① 英語型	2/1	1/30	当日	2/2				＊1		＊3			—	—	—	—	
① 中国語型	2/1	1/30	当日	2/2					＊2	＊3			—	—	—	—	
特別	2/2	1/30	当日	2/3	●					＊3	●	5	6	1	0	—	41
② 2科型	2/4	1/30	当日	2/5	●					＊3	●	5	8	2	0	—	36
② 英語型	2/4	1/30	当日	2/5				＊1		＊3			2	1	1	1.0	
② 中国語型	2/4	1/30	当日	2/5					＊2	＊3							
③	2/5	当日	当日	2/6	●					＊3	●	5	10	2	2	1.0	35
④	2/7	当日	当日	2/8	●					＊3	●	若干	11	0	0	—	35

＊1　国語基礎，算数基礎，英語（リスニング，リーディング。英検5級レベル）
＊2　国語基礎，算数基礎，中国語（中文日訳，リーディング。中国語検定4級レベル）
＊3　個人面接。英語型は英語と日本語，中国語型は中国語と日本語で実施
※一芸一能に秀でた受験生は，大会・コンクール等の実績を加味する（要相談）
※特待生入試は一般へのスライド合格あり

【出願方法】 Web出願
【手続方法】 Web納入後，窓口手続
【受験料】 20,000円（複数回受験可）

【帰国生入試】 —

中学受験のプロがおすすめ！　併願校の例

特色	ICT教育	伝統文化教育	キャリア教育	食育
♠男子校	♥中村	♥実践女子	♥十文字	♥東京家政大附
♥女子校	♥神田女学園	♥京華女子	♥佼成女子	♥川村
♣共学・別学校	♥瀧野川女子	♥成女学園	♥愛国	♥東京家政学院

併設高校の進路情報

四年制大学進学率60.9%
文系・理系の割合　未集計

指定校推薦▶東洋大，大東文化大，立正大，関東学院大，大妻女子大，実践女子大，東京工科大，大正大，駒沢女子大，城西大，目白大，帝京科学大，日本獣医生命科学大，東京福祉大，多摩大，ものつくり大，高千穂大，麻布大，東洋英和女学院大，鎌倉女子大，城西国際大，淑徳大，麗澤大，和洋女子大，秀明大，聖徳大，中央学院大，江戸川大，川村学園女子大，十文字学園女子大，跡見学園女子大など推薦枠あり。

'22年3月卒業生：46名

大学28名　短大2名　専門10名　就職1名　他5名

主な大学合格状況　'23年春については主要大学のみ巻末一覧に記載

大学名	'22	'21	'20	大学名	'22	'21	'20	大学名	'22	'21	'20
上智大	1	0	2	玉川大	0	1	0	駒沢女子大	0	2	0
学習院大	0	1	0	国士舘大	1	0	2	東京福祉大	1	1	0
中央大	1	0	0	大妻女子大	1	1	1	文京学院大	4	3	2
日本大	1	0	1	聖心女子大	1	1	0	横浜美大	1	1	0
東洋大	5	0	1	順天堂大	0	1	1	聖徳大	1	2	0
駒澤大	0	1	0	東京医大	0	1	0	東京成徳大	2	1	0
大東文化大	0	1	0	武蔵野大	0	1	1	十文字学園女子大	0	1	5
帝京大	1	0	0	実践女子大	0	1	1	こども教育宝仙大	0	1	2
獨協大	0	1	0	帝京平成大	3	2	0	東京未来大	0	3	1
東京女子大	0	1	0	大正大	1	1	1	東洋学園大	1	2	1

※各大学合格数は既卒生との合計。

見学ガイド　文化祭／説明会／部活動体験／個別見学対応

高校募集 なし　　高1内訳 一貫生 210名

頌栄女子学院（しょうえいじょしがくいん） 中学校

〒108－0071　東京都港区白金台 2－26－5　☎03－3441－2005・8009

国際
海外研修
長期留学
第2外国語
online英会話
21型
1人1台端末
リモート体制
プロジェクト型
論文執筆
STEAM
情操
体験学習
ボランティア
人間力育成

教育方針▶聖書の教えを徳育の基礎とし，高雅な品性や豊かな国際感覚の涵養，社会のために貢献奉仕できる女性の育成をめざす。

沿革▶1884年，岡見清致により創立された頌栄学校が前身。1964年に現校名へ改称。

施設▶ホール，LL教室，礼拝室，礼法室，図書館，体育館，武道場，プール，グラウンド，他。

学校長▶岡見　清明

生徒数▶総数649名

	1年（5クラス）	2年（5クラス）	3年（5クラス）
女子	229名	200名	220名

都営浅草線―高輪台1分　JR・東急池上線―五反田10分　南北線―白金台10分　1分

聖書の教えを基礎に，女性らしい教養を培う

「頌栄」とは神の栄光をほめたたえるという意味。キリスト教の精神を守り，学力の向上はもとより，生き方の土台となる自己理解，他者を受容する心を育む。

学習 二期制を採用し,定期考査は年5回実施する。学習の基礎を授業におき，教科に対する知的探求心を育て，主体的に学ぶ姿勢を身につける。英語は中1より分割授業，高2からは習熟度別授業を行う。またイングリッシュ・ライブラリーを利用して英語の原書を読むことを義務づけている。希望者にはカナダ語学研修（中3）やイギリス語学研修（高校）がある。「考える力」を育てる教育の一環として，個別に教員の指導を受けながら，中3で6,000字の卒業論文に取り組む。情報活用能力の育成とともに，情報モラル教育も行う。

●コース表

中1	中2	中3	高1	高2	高3
共通履修				文科	
				理科	理科A／理科B

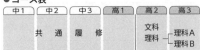

キャリア教育 職業調べや「卒業生の職業経験から学ぶ会」などを通して，将来何をしたいのか，どう社会貢献したいのかを考え，それぞれの進路を具体化していく。

学校生活 毎朝の礼拝に加え，毎週水曜日の合同礼拝や聖書の授業もある。日曜日は教会での礼拝を奨励している。道徳的・美的情操教育を重視し，言動や身だしなみも丁寧に指導。30以上あるクラブは活発で，中学生のほぼ全員が所属する。

保護者MEMO

登校時刻▶8：10
最終下校時刻▶17：30
土曜日▶休校
昼食▶食堂（高校から利用可）/食品販売あり
携帯電話▶可
制服▶ブレザー
自転車通学▶不可
カウンセラー▶週1回
保護者面談▶年1回
保護者会▶年2回
必修旅行▶飛騨高山（中2），広島・山口（中3）
部活動▶活動日は部による

学費　　初年度目安 124万円

(単位:円)	入学金	施設費	授業料	その他	合計
入学手続時	450,000	―	―	―	450,000
1年終了まで	―	148,800	396,000	247,822	792,622

●奨学金・特待生
なし

[その他] 制服・指定品代，教材費，後援会費，生徒会費。※別途修学旅行積立金あり。
[寄付・学債] なし。
※上記は'22年度のもの。新年度について詳細は「受験生応援アプリ」にて公開（2023年5月～）。

首都圏模試 思考コード (単位:%)

〈第1回〉

読み取る力＼考える力	国語 A	国語 B	国語 C	算数 A	算数 B	算数 C
複雑 3						
2	9	34		28	22	
単純 1	10	39	8	7	43	

A=知識・理解思考 B=論理的思考 C=創造的思考

2024年度入試 合格の基準

		首都圏模試 ほぼ確実	首都圏模試 見込あり	四谷大塚 ほぼ確実	四谷大塚 見込あり
女子	①	70	65	61	57
			やや見込あり 60		やや見込あり 52

ほぼ確実＝80%～／見込あり＝50～79%／やや見込あり＝20～49%

入試要項 2023年度参考 新年度日程はアプリへGO! 4科

試験名	試験日 ◎午後入試	出願締切 Web	発表 Web	手続 Web	2科	4科	適	英	他	面接	特待	募集数	応募数	受験数	合格数	実質倍率	偏差値
①	2/1	1/26	2/2	2/3		●				*		100	276	230	109	2.1	70
②	2/5	2/4	2/6	2/7		●				*		100	437	341	124	2.8	70

＊保護者同伴
※確認書

【出願方法】Web出願。確認書を当日持参 **【手続方法】**Web納入
【受験料】25,000円

【帰国生入試】12/10, 2/1（募集数は未定）

年度	試験名	募集数	応募数	受験数	合格数	実質倍率	偏差値
'22	①	100	292	252	110	2.3	68
	②	100	570	461	123	3.7	70
'21	①	100	269	228	105	2.2	68
	②	100	640	446	116	3.8	70
'20	①	100	273	241	104	2.3	68
	②	100	535	385	117	3.3	70

中学受験のプロがおすすめ! 併願校の例

特色	プロテスタント系	ダイバーシティ	論文(自由研究)	進学先(早慶上理)
♠男子校 ♥女子校 ♣共学・別学校	♥女子学院	♣広尾学園	♣渋谷教育渋谷	♥洗足学園
	♥香蘭女学校	♣三田国際学園	♥学習院女子	♥吉祥女子
	♥普連土学園	♥東京女学館	♥大妻	♥東洋英和

併設高校の進路情報

四年制大学進学率91.5%
文系71／理系29／その他0(%) 医歯薬44名合格

指定校推薦▶利用状況は慶應大1など。ほかに早稲田大，東京理科大，学習院大，明治大，青山学院大，立教大，中央大，日本大，国際基督教大，成城大，芝浦工大，津田塾大，東京女子大，日本女子大，東京都市大，聖心女子大，白百合女子大，北里大，清泉女子大，フェリス女学院大，東洋英和女学院大，鶴見大など推薦枠あり。

海外大学合格状況▶系列校にWinchester Shoei College（英）がある（要受験）。

'22年3月卒業生：212名 大学194名
短大0名 専門0名 就職0名 他18名

主な大学合格状況 '23年春については主要大学のみ巻末一覧に記載

大学名	'22	'21	'20	大学名	'22	'21	'20	大学名	'22	'21	'20
◇東京大	1	3	4	◇お茶の水女子大	1	3	8	法政大	50	38	43
◇東工大	2	4	1	早稲田大	106	115	98	日本大	23	35	36
◇一橋大	8	6	6	慶應大	98	107	72	国際基督教大	8	4	7
◇千葉大	3	1	4	上智大	151	138	63	明治学院大	11	31	14
◇筑波大	3	3	5	東京理科大	38	31	29	芝浦工大	14	8	19
◇東京外大	11	9	8	学習院大	16	21	10	津田塾大	10	14	21
◇横浜国大	4	3	3	明治大	137	129	96	東京女子大	57	75	45
◇北海道大	5	5	1	青山学院大	68	47	50	日本女子大	53	59	34
◇東京医歯大	4	0	3	立教大	105	155	62	北里大	11	7	12
◇東京農工大	4	3	2	中央大	24	53	29	東京農大	6	5	18

※各大学合格数は既卒生との合計。

見学ガイド 学校見学会／学校説明会／研究発表会

昭和女子大学附属昭和（しょうわじょしだいがくふぞくしょうわ） 中学校

〒154－8533　東京都世田谷区太子堂1－7－57　☎03－3411－5115

国際 / 海外研修 / 長期留学 / 第2外国語 / online英会話 / 21型 / 1人1台端末 / リモート体制 / プロジェクト型 / 論文執筆 / STEAM / 情操 / 体験学習 / ボランティア / 人間力育成

教育理念▶建学の精神「世の光となろう」のもと，校訓である「清き気品」「篤き至誠」「高き識見」を備えた人格的にも高い力量のある女性を育成する。
沿革▶1920年創立の日本女子高等学院が発祥。1945年に現校地へ移転，1963年に現校名へ改称。2019年9月に体育館・温水プール完成。
施設▶講堂，ホール，和室，図書室（5万冊），屋内プール，ゴルフ練習場，グラウンド，他。
学校長▶真下　峯子
生徒数▶総数631名　併設小からの進学者を含む。

	1年（6クラス）	2年（6クラス）	3年（6クラス）
女子	226名	193名	212名
内進生内数	—	78名	63名

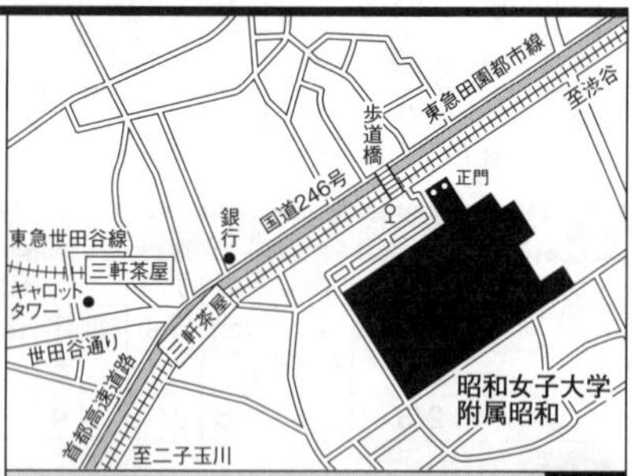

東急田園都市線―三軒茶屋7分
JR―渋谷よりバス昭和女子大　7分

「得意」を磨いて「なりたい自分」に近づく

2020年に100周年を迎えた。本科，グローバル留学とスーパーサイエンスの3コースという幅広い進学制度で，一人ひとりの希望の進路を実現する。

学習 本科コースでは英語力を高める習熟度別分割授業を行い，日本文化を体験するプログラムも充実。幅広い進路に対応する総合力を養う。グローバル留学コースは，英語4技能を高める授業のほか，国際教養をテーマにした探究活動を通してグローバルな思考を育む。高1必修のカナダ留学では，1人1家庭ホームステイを体験する。スーパーサイエンスコースでは実験や実習，フィールドワークを多く取り入れ，専門性の高い知識と研究力を養う。全コース共通でボストン研修がある。中1から事前学習，中2で現地交流を行い，帰国後はパワーポイントで発表する。

●コース表

中1 中2 中3 高1 高2 高3
スーパーサイエンス(SS)コース
グローバル留学(G)コース
本科(R)コース ――――――――― 文系／理系

キャリア教育 卒業後の自分を明確にイメージして進学先を選べるように，中学から企業経営者の方や卒業生の講演会，昭和女子大学の体験授業に参加するなどキャリアデザインの育成を進める。特別指定校の昭和大学の教授による特別講演や体験授業などの高大連携プログラムも設置。

学校生活 朝礼の時間は読書や感話，英語などに充てる。クラブ参加率は9割。

保護者MEMO

登校時刻▶8：00
最終下校時刻▶17：20
土曜日▶毎週登校。平常授業4時間
昼食▶弁当/食品販売あり
携帯電話▶許可制
制服▶セーラー
自転車通学▶不可
カウンセラー▶週3日
保護者面談▶年1回
保護者会▶年3回
必修旅行▶京都・奈良（R中3），屋久島（SS中3）
部活動▶活動日は部による

学費　初年度目安 140万円

（単位:円）	入学金	施設費	授業料	その他	合計
入学手続時	250,000	—	—	—	250,000
1年終了まで	—	180,000	499,200	468,530	1,147,730

●奨学金・特待生
なし

［その他］制服・指定品代，海外研修費，教材費（上記は本科。コースにより異なる），生徒会費。
［寄付・学債］なし。
※上記は'22年度のもの。新年度について詳細は「受験生応援アプリ」にて公開（2023年5月～）。

首都圏模試　思考コード　（単位：%）

〈本科AA〉

読み取る力＼考える力	国語 A	国語 B	国語 C	算数 A	算数 B	算数 C
複雑 3						
2		9		59	9	
単純 1	34	47	10		32	

A=知識・理解思考　B=論理的思考　C=創造的思考

2024年度入試　合格の基準

		首都圏模試 ほぼ確実	首都圏模試 見込あり	四谷大塚 ほぼ確実	四谷大塚 見込あり
女子	〈本科AA〉	59	55	46	43
			やや見込あり 50		やや見込あり 40

ほぼ確実＝80%～／見込あり＝50～79%／やや見込あり＝20～49%

入試要項　2023年度参考　新年度日程は アプリへGO!

2科　4科　英　他

試験名		試験日 ◎午後入試	出願締切 Web	発表 Web	手続 Web	2科	4科	適	英	他	面接	特待	募集数	応募数	受験数	合格数	実質倍率	偏差値
本科	AA	**2/1**	1/30	当日	2/5	●	●		＊1				40	146	136	47	2.9	59
	B	**2/2**	2/1	当日	2/5	●	●		＊1				30	204	133	46	2.9	61
	C	**2/3**	2/2	当日	2/5	●	●		＊1				20	243	156	37	4.2	62
	AP	**2/1** ◎	1/30	当日	2/5	●							30	121	110	55	2.0	64
グローバル	GA	**2/1**	1/30	当日	2/5	●	●		＊1				10	32	29	10	2.9	62
	GB	**2/2**	2/1	当日	2/5	●	●		＊1				10	49	32	11	2.9	62
サイエンス	SA	**2/1** ◎	1/30	当日	2/5	●							10	69	66	28	2.4	61
	SB	**2/2**	2/1	当日	2/5					＊2			10	47	33	19	1.7	61

＊1　国算英。英語は英検３級レベル。２級相当以上は英語試験免除
＊2　国算理

【出願方法】 Web出願。該当者は英検２級相当以上の合格証明書のコピーをアップロード
【手続方法】 Web納入
【受験料】 各20,000円（複数回受験は２回30,000円，３回40,000円，４回50,000円）

【帰国生入試】 11/19，12/23（オンライン）（募集数は定めず）

中学受験のプロがおすすめ！　併願校の例

特色	半附属校	ボランティア活動	理数教育	ICT教育
♠男子校	♣成城学園	♥東京女学館	♥恵泉女学園	♥香蘭女学校
♥女子校	♣東京大学京北	♥光塩女子	♥山脇学園	♥田園調布
♣共学・別学校	♥日大豊山女子	♥女子聖学院	♥跡見学園	♥和洋九段

併設高校の進路情報

四年制大学進学率93.1%
文系66／理系29／その他５（%）　医歯薬16名合格

内部推薦▶昭和女子大学へ61名（人間文化４，人間社会13，食健康科８，グローバルビジネス６，国際14，環境デザイン16）が内部推薦で進学。
指定校推薦▶利用状況は上智大６，東京理科大２，学習院大１，明治大１，法政大１，成蹊大５，成城大１，明治学院大１，芝浦工大１，津田塾大１，フェリス女学院大１など。ほかに青山学院大，東洋大，獨協大，東京女子大，東京都市大，聖心女子大，白百合女子大，東洋英和女学院大など推薦枠あり。

'22年３月卒業生：189名　大学176名
短大０名　専門３名　就職０名　他10名

主な大学合格状況　'23年春については主要大学のみ巻末一覧に記載

大学名	'22	'21	'20	大学名	'22	'21	'20	大学名	'22	'21	'20
◇千葉大	1	0	0	学習院大	2	2	5	帝京大	6	9	7
◇東京外大	1	0	0	明治大	6	2	3	国際基督教大	1	1	3
◇横浜国大	0	0	2	青山学院大	3	8	5	成蹊大	8	7	6
◇東京藝術大	0	1	0	立教大	8	10	5	明治学院大	8	2	6
◇東京農工大	1	0	0	中央大	4	3	2	津田塾大	2	4	2
◇東京学芸大	0	1	0	法政大	4	6	4	昭和大	10	6	7
早稲田大	4	1	4	日本大	10	9	5	北里大	1	2	2
慶應大	4	4	0	東洋大	4	1	1	東邦大	3	4	1
上智大	12	10	11	専修大	1	2	2	東京薬科大	2	1	3
東京理科大	2	2	3	東海大	3	3	2	昭和女子大	98	115	106

※各大学合格数は既卒生との合計。

見学ガイド　学校説明会／体験授業・体験クラブ

高校募集 なし　　高1内訳 一貫生 237名

女子学院（じょしがくいん）中学校

〒102－0082　東京都千代田区一番町 22－10　☎03－3263－1711

教育理念▶バランスのとれた知的水準の高い教育を通じ，自主自律した心豊かな女性の育成をめざす。
沿革▶1870年創設のＡ六番女学校を前身とした新栄女学校が，1890年に桜井女学校と合併。矢嶋楫子を初代院長として女子学院が発足。
施設▶講堂，LL教室，理科教室（６室），天文ドーム，体育館（大・小），パイプオルガン，他。
院長▶鵜﨑　創
生徒数▶総数676名

	１年（５クラス）	２年（５クラス）	３年（５クラス）
女子	227名	227名	222名

有楽町線―麴町３分　半蔵門線―半蔵門６分　JR・都営新宿線―市ケ谷８分　3分

国際／海外研修／長期留学／第2外国語／online英会話／21型／1人1台端末／リモート体制／プロジェクト型／論文執筆／STEAM／情操／体験学習／ボランティア／人間力育成

神と人に仕える自立した女性を育てる

自由が尊重されるためには，自らを治める力と，他者と互いに人格を認め合うことが大切であるという考えを根底に持ち，自ら賜物を磨き社会に活かしていく。

学習 中高一貫の利点を生かし，単元の組み換えや教科の重複を整理して効率のよい授業を行っている。中学では全科目を共通に学ぶ。実験・観察，レポート，作品制作などにも時間をかける。高校では高２まで文理に分けず，一人ひとりの進路に応じた学習を行う。英語はネイティヴ教員による少人数・習熟度別クラスの授業があり，コミュニケーション能力も備えた総合的な英語スキルの習得をめざす。家庭科は中１と高１で少人数授業を行う。きめ細やかな指導で，机上学習だけでは得られない自立のための生活技術を学ぶ。

●**コース表**

中1	中2	中3	高1	高2	高3
共通履修					科目選択制

キャリア教育 中３から進路選択を視野に入れた指導を展開。高１と高２で卒業生や大学生の話を聞く会を開催。幅広い分野で活躍する先輩の話を聞くことで，将来への意識を育て，希望実現への一助とする。

学校生活 チャイムの合図で黙祷をささげる毎朝の礼拝から一日が始まる。生徒会やクラブ活動も盛ん。中１から高３まで協力し合い，共に活動している。夏休みには学校所有の御殿場寮などで合宿を行う。

保護者MEMO

登校時刻▶８：10
最終下校時刻▶17：30
土曜日▶休校
昼食▶弁当/食品販売あり
携帯電話▶許可制
制服▶なし
自転車通学▶不可
カウンセラー▶週２回
保護者面談▶年１回
保護者会▶年２回
必修旅行▶東北（中３），奈良・京都（高３）
部活動▶活動日は部による

学費　　初年度目安 113万円

（単位:円）	入学金	施設費	授業料	その他	合計
入学手続時	380,000	—	—	—	380,000
1年終了まで	—	180,000	492,000	75,020	747,020

●**奨学金・特待生**
なし

［その他］修学旅行費，冷暖房費，クラス費，JG会費，生徒会費，防災費。
［寄付・学債］任意の寄付金１口10万円３口以上あり。
※上記は'22年度のもの。新年度について詳細は「受験生応援アプリ」にて公開（2023年５月～）。

首都圏模試 思考コード (単位：%)

〈入学試験〉

読み取る力	国語 A	国語 B	国語 C	算数 A	算数 B	算数 C	理科 A	理科 B	理科 C	社会 A	社会 B	社会 C
複雑 3				3	4		23			9		
2	24	18		30	51		43	4		72	10	
単純 1	8	50			12		14	16			9	
考える力	A	B	C	A	B	C	A	B	C	A	B	C

A=知識・理解思考 B=論理的思考 C=創造的思考

2024年度入試 合格の基準

		首都圏模試 ほぼ確実	首都圏模試 見込あり	四谷大塚 ほぼ確実	四谷大塚 見込あり
女子	〈入学試験〉	76	73	69	65
			やや見込あり 68		やや見込あり 61

ほぼ確実＝80%～／見込あり＝50～79%／やや見込あり＝20～49%

入試要項 2023年度参考 新年度日程はアプリへGO! 4科

試験名	試験日 ◎午後入試	出願締切 Web	発表 Web	手続 Web	選抜方法 2科	4科	適	英	他	面接	特待	募集数	応募数	受験数	合格数	実質倍率	偏差値
入学試験	2/1	1/14	2/2	2/3		●				＊		240	700	645	275	2.3	76

＊グループ面接
※報告書

【出願方法】 Web出願のうえ，書類郵送
【手続方法】 Web手続
【受験料】 25,000円

受験情報

国語，算数ではBが6割程となるため，論理的思考力が必要となる問題が中心となります。社会，理科ではAの問題が中心となりますが，理科ではA3の問題も出題されるため，知識や技術の正確な再現力が求められます。

年度	募集数	応募数	受験数	合格数	実質倍率	偏差値
'22	240	769	709	276	2.6	76
'21	240	723	664	274	2.4	76
'20	240	798	746	274	2.7	76

中学受験のプロがおすすめ! 併願校の例

特色	プロテスタント系	高校募集なし	リベラル	進学先(国公立)
♠男子校 ♥女子校 ♣共学・別学校	♥鷗友女子	♥豊島岡女子	♣慶應中等部	♣筑波大附
	♥頌栄女子	♥吉祥女子	♥浦和明の星	♥洗足学園
	♥東洋英和	♥立教女学院	♥学習院女子	♥白百合学園

併設高校の進路情報

四年制大学進学率81.1%
文系53／理系45／その他2(%) 医歯薬85名合格

指定校推薦▶利用状況は早稲田大3，慶應大3など。ほかに東京理科大，学習院大，青山学院大，中央大，国際基督教大，芝浦工大，津田塾大，東京女子大，聖心女子大，東京女子医大，北里大，聖マリアンナ医大，東京薬科大，明治薬科大，日本歯大，東洋英和女学院大など推薦枠あり。

'22年3月卒業生：222名
大学180名 他41名
短大0名 専門1名 就職0名

主な大学合格状況 '23年春については主要大学のみ巻末一覧に記載

大学名	'22	'21	'20	大学名	'22	'21	'20	大学名	'22	'21	'20
◇東京大	31	22	33	◇防衛医大	2	2	2	立教大	56	61	64
◇京都大	11	5	6	◇東京農工大	4	2	3	中央大	26	45	51
◇東工大	4	7	4	◇お茶の水女子大	9	5	4	法政大	38	25	35
◇一橋大	11	7	6	早稲田大	176	125	149	日本大	21	13	30
◇千葉大	5	4	9	慶應大	108	75	72	国際基督教大	5	9	15
◇筑波大	2	2	5	上智大	90	61	51	津田塾大	9	3	14
◇東京外大	1	3	8	東京理科大	81	54	44	東京女子大	23	14	23
◇横浜国大	6	5	0	学習院大	11	7	5	日本女子大	11	17	15
◇北海道大	1	4	6	明治大	101	96	97	東京慈恵会医大	5	4	7
◇東京医歯大	5	5	6	青山学院大	31	28	25	日本医大	6	8	10

※各大学合格数は既卒生との合計。

見学ガイド 文化祭／学校説明会／校舎見学会

高1内訳 一貫生 114名

女子聖学院（じょしせいがくいん） 中学校

〒114－8574　東京都北区中里 3－12－2　☎03－3917－2277・5377（広報室直通）

国際 / 海外研修 / 長期留学 / 第2外国語 / online英会話 / 21型 / 1人1台端末 / リモート体制 / プロジェクト型 / 論文執筆 / STEAM / 情操 / 体験学習 / ボランティア / 人間力育成

教育目標▶「神を仰ぎ人に仕う」をモットーに，これからの国際社会に貢献できる女性を育てる。
沿革▶1905年，バーサ・クローソンにより神学校として創立される。1966年に現校名へ改称。
施設▶クローソンホール，チャペル，図書室（5.2万冊），和室，体育館，フューチャールーム，イングリッシュラウンジ，グラウンド，他。
学校長▶安藤　守
生徒数▶総数344名　併設小からの進学者を含む。

	1年（4クラス）	2年（4クラス）	3年（4クラス）
女子	119名	114名	111名
内進生内数	18名	28名	26名

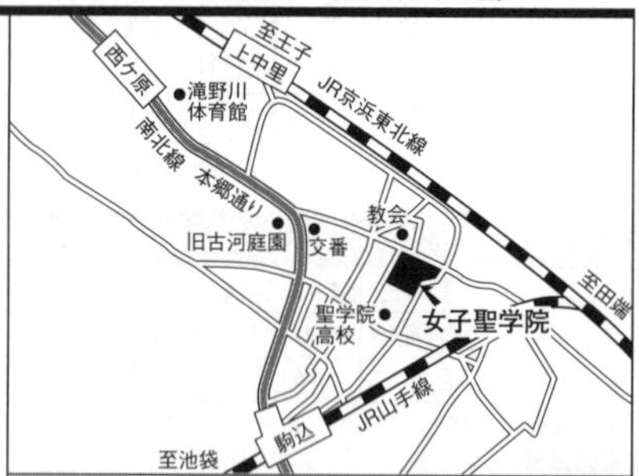

JR―駒込7分　南北線―駒込8分
JR―上中里10分
7分

共に生き，自分のことばで発信する教育

歴史あるキリスト教主義の学院。自分の思考を表し，他者の理解を深めるツールとして英語も日本語もしっかり学ぶ。学院全体で生徒たちをあたたかく見守る。

学習 中学は学習習慣と基礎学力の充実をめざし少人数のクラス編成となる。個々の学力をフォローアップする指導や，学年ごとに通年で基本から発展的内容を扱うJSG講座を実施。自習室は中1は18時まで，中2からは，19時まで利用できる。発信力を磨く教育を重視。国語では取材・原稿作成・発表を取り入れた「聞く・話す」授業がある。英語はスピーチ，プレゼンテーション，ディベートなど，4技能を使ったアクティブな授業を展開。英検3級までは満点合格を目標としている。英語でのスピーチコンテストや希望制の海外研修を行う。

●コース表

中1	中2	中3	高1	高2	高3
共通履修				文系 理系	

キャリア教育 講演会や職業研究を通して，社会の成り立ちと人とのかかわりについて考えていく。中3のライフプランニング授業では人生設計の考え方の基礎を学ぶ。

学校生活 キリスト教教育として，毎朝の礼拝や週1時間の聖書科の授業があり，ボランティアの日には介助タオルやおむつを縫い，福祉施設へ届ける。中1では体験学習をベースとした探究型教育プログラム「アドベンチャーキャンプ」を行う。

保護者MEMO

登校時刻▶8：10
最終下校時刻▶17：30
土曜日▶毎週登校。平常授業4時間
昼食▶食品/食品販売あり
携帯電話▶許可制
制服▶セーラー
自転車通学▶不可
カウンセラー▶週5回
保護者面談▶年2回
保護者会▶年3回
必修旅行▶北海道（中3），北九州（高2）
部活動▶活動日は部による

学費　初年度目安 137万円

（単位:円）	入学金	施設費	授業料	その他	合計
入学手続時	280,000	―	―	―	280,000
1年終了まで	―	160,800	468,000	461,000	1,089,800

●奨学金・特待生
なし

［その他］制服・指定品代，修学旅行費，教材費，PTA父母会費，後援会費。
［寄付・学債］任意の寄付金（聖学院教育振興資金）1口10万円2口以上，(ASF募金)1口1万円以上あり。
※上記は'22年度のもの。新年度について詳細は「受験生応援アプリ」にて公開（2023年5月～）。

首都圏模試　思考コード（単位：%）

〈第１回〉

読み取る力	国語 A	国語 B	国語 C	算数 A	算数 B	算数 C
複雑 3						
2	1			56		
単純 1	25	74		18	26	
考える力	A	B	C	A	B	C

A=知識・理解思考　B=論理的思考　C=創造的思考

2024年度入試　合格の基準

		首都圏模試 ほぼ確実	首都圏模試 見込あり	四谷大塚 ほぼ確実	四谷大塚 見込あり
女子	〈①〉	48	45	40	36
			やや見込あり 42		やや見込あり 31

ほぼ確実＝80％～／見込あり＝50～79％／やや見込あり＝20～49％

入試要項　2023年度参考　新年度日程はアプリへGO!

2科　4科　英　他

試験名	試験日 ◎午後入試	出願締切 Web	発表 Web	手続 W・窓	2科	4科	適	英	他	面接	特待	募集数	応募数	受験数	合格数	実質倍率	偏差値
①	2/1	1/31	当日	2/6延	●	●					●	50	67	60	27	2.2	48
スカラシップ	2/1 ◎	1/31	当日	2/6延	●						●	30	92	81	32(5)	2.5	55
②	2/2 ◎	2/1	当日	2/6延	●							20	123	79	47	1.7	51
③	2/3	2/2	当日	2/6延	●	●					●	10	116	57	35(1)	1.6	46
英語表現力	2/3 ◎	2/1	当日	2/6延				＊1	＊1	＊1		10	9	3	2	1.5	45
BaM表現力	2/3 ◎	2/1	当日	2/6延	＊2				＊2	＊2		10	4	2	1	2.0	45
④	2/3 ◎	2/2	当日	2/6延	●							10	110	45	34	1.3	45
⑤	2/4 ◎	2/3	当日	2/6延	●							10	127	34	24	1.4	43

＊1　英語リスニング（英検３級程度）・課題文暗誦・自己紹介（英語）＋算数基礎＋面接（日本語）＋保護者同伴面接　＊2　国語基礎＋算数基礎＋自己紹介（日本語）＋面接（日本語）＋保護者同伴面接
※英語表現力・BaM入試は各種検定合格者に加点制度あり

【出願方法】 Web出願後，英語表現力・BaMは通知表，各種検定の合格証のコピーを郵送またはメール送付　**【手続方法】** 試験日翌日の掲示発表時間内に書類受取のうえ，Web決済または銀行振込にて手続。公立中高一貫校受検者は2/10まで延納可　**【受験料】** １～２回まで25,000円，３～４回まで30,000円，５～６回まで35,000円。追加出願する場合は１試験につき5,000円

【帰国生入試】 8/27（オンライン），11/30（若干名募集）
(注)（　）はスカラシップ合格で内数。

中学受験のプロがおすすめ!　併願校の例

特色	国際理解教育	ボランティア活動	学習サポート	表現力育成
♠男子校	♥大妻中野	♥光塩女子	♥三輪田学園	♥江戸川女子
♥女子校	♥文京学院女子	♣サレジアン国際	♥跡見学園	♥十文字
♣共学・別学校	♥神田女学園	♥京華女子	♥和洋九段	♥川村

併設高校の進路情報

四年制大学進学率80.6%
文系・理系の割合 未集計　医歯薬３名合格

内部推薦▶聖学院大学へ１名（人文）が内部推薦で進学した。

指定校推薦▶学習院大，青山学院大，立教大，法政大，日本大，東洋大，国際基督教大，成蹊大，成城大，明治学院大，獨協大，芝浦工大，津田塾大，東京女子大，東京都市大，聖心女子大，白百合女子大，清泉女子大，フェリス女学院大，東洋英和女学院大など推薦枠あり。

'22年３月卒業生：98名

大学79名　短大３名　専門２名　就職１名　他13名

主な大学合格状況　'23年春については主要大学のみ巻末一覧に記載

大学名	'22	'21	'20	大学名	'22	'21	'20	大学名	'22	'21	'20
◇北海道大	0	0	1	立教大	8	8	4	東京電機大	2	3	2
◇東京藝術大	1	0	0	中央大	0	0	3	東京女子大	2	5	13
◇東京農工大	0	0	1	法政大	5	5	2	日本女子大	3	9	0
早稲田大	2	0	0	日本大	4	12	8	共立女子大	8	7	6
慶應大	1	0	0	東洋大	10	13	4	聖心女子大	6	5	3
上智大	2	3	3	東海大	1	5	0	白百合女子大	3	6	3
東京理科大	0	0	2	帝京大	3	4	7	昭和女子大	4	6	5
学習院大	2	2	0	成城大	3	4	0	東邦大	2	4	3
明治大	4	2	4	明治学院大	2	6	3	跡見学園女子大	7	6	12
青山学院大	3	5	5	獨協大	5	1	2	聖学院大	2	4	12

※各大学合格数は既卒生との合計。

見学ガイド　文化祭／学校説明会／校内見学会

高校募集 あり 高1より全体が混合。 高1内訳 一貫生 127名 83名 高入生

美 女子美術大学付属(じょしびじゅつだいがくふぞく) 中学校

〒166－8538 東京都杉並区和田1－49－8 ☎03－5340－4541

国際 / 海外研修 / 長期留学 / 第2外国語 / online英会話 / 21型 / 1人1台端末 / リモート体制 / プロジェクト型 / 論文執筆 / STEAM / 情操 / 体験学習 / ボランティア / 人間力育成

教育方針▶「智の美」「芸(わざ)の美」「心の美」を柱とし，我が国の文化に貢献する有能な女性を育成する。

沿革▶1901年に開校した女子美術学校の附属高等女学校として，佐藤志津により1915年設立。2015年，創立100周年を迎えた。

施設▶ギャラリー，デザイン室，デッサン室，共通工房，絵画室，作法室，グラウンド，他。

学校長▶石川　康子

生徒数▶総数428名

	1年（4クラス）	2年（4クラス）	3年（4クラス）
女子	144名	141名	143名

丸ノ内線―東高円寺8分 8分

美術系私学で最も長い歴史を持つ伝統校

女子のための美術教育の場として設立されて以来，「女子の新しい生き方を示す」という伝統を受け継ぐ。大学との中高大連携によるキャリア教育も魅力。

学習 全教員が中高両方の免許を持ち，6年一貫の細やかな指導を行う。学習面を重視しながら美術の授業を週4時間確保するカリキュラムを実践している。英語ではArt Englishという独特の科目で美術と関連付けた教科横断型授業を導入。美術用語や表現などを英語で学び体得する。中2まではデザインと絵画の枠を取り除き，豊かな感性と旺盛な制作意欲を育てる。中3は基礎課程と位置づけ，高校に備える。高2から絵画，デザイン，工芸・立体の3コースに分かれ，より専門性を高める。希望者を対象にフランスやイタリアへの美術研修旅行やオーストラリア語学研修旅行を実施。土曜日には希望者対象の語学講座（仏・中・伊）も開校している。

●コース表

中1	中2	中3	高1	高2	高3
共通履修				絵画コース デザインコース 工芸・立体コース	

キャリア教育 女子美術大学との連携により，中学から大学主催のキャリア支援企画に参加。高3では大学の講義を履修でき，試験や評価により単位取得も可能。

学校生活 中学・高校・大学同時開催の文化祭「女子美祭」では，生徒が日頃取り組んでいる課題作品の展示などを行う。

保護者MEMO

登校時刻▶8：20
最終下校時刻▶18：00
土曜日▶毎週登校。平常授業4時間
昼食▶食堂（土のみ）/食品販売あり
携帯電話▶許可制
制服▶ブレザー
自転車通学▶可
カウンセラー▶2名常駐
保護者面談▶年1回
保護者会▶年5回
必修旅行▶広島(中3)，他
部活動▶活動日は部による

学費　初年度目安 133万円

（単位:円）	入学金	施設費	授業料	その他	合計
入学手続時	232,000	120,000	―	2,000	354,000
1年終了まで	―	―	569,000	403,700	972,700

●奨学金・特待生
年間授業料半額

[その他] 制服・指定品代，預り金，実習費，旅行積立金，PTA会費，生徒会費。
[寄付・学債] 任意の寄付金あり。
※上記は'23年度予定。詳細は「受験生応援アプリ」にて公開（2023年5月～）。

首都圏模試　思考コード （単位：%）

〈第１回〉

読み取る力	国語 A	国語 B	国語 C	算数 A	算数 B	算数 C
複雑 3	12			5		
2	14	27		42	7	
単純 1		47		22	24	

考える力：A=知識・理解思考　B=論理的思考　C=創造的思考

2024年度入試　合格の基準

	首都圏模試 ほぼ確実	首都圏模試 見込あり	首都圏模試 やや見込あり	四谷大塚 ほぼ確実	四谷大塚 見込あり	四谷大塚 やや見込あり
女子〈①〉	52	48	42	42	39	36

ほぼ確実＝80%〜／見込あり＝50〜79%／やや見込あり＝20〜49%

入試要項　2023年度参考　新年度日程は アプリへGO!　2科 4科 他

試験名	試験日（◎午後入試）	出願締切 Web	発表 Web	手続 Web	選抜方法 2科	4科	適	英	他	面接	特待	募集数	応募数	受験数	合格数	実質倍率	偏差値
①２科４科	2/1	1/29	当日	2/2	●	●				＊1	●	110	309	307	119	2.6	52
②自己表現	2/2 ◎	1/29	当日	2/3					＊2	＊1		10	170	105	8	13.1	61
③２科	2/3	1/29	当日	2/4	●					＊1		15	306	162	17	9.5	61

＊1　個人面接　＊2　記述　※報告書

【出願方法】Web出願後，書類を原則郵送（1/30必着）。やむを得ず窓口持参の場合，①1/31，②1/31，2/1，③1/31，2/1，2/2に受付。
【手続方法】Web納入。2/6までの入学辞退者には一部返還あり
【受験料】22,000円（②は11,000円。①と③併願の場合は１回分免除）

【帰国生入試】①に含む

中学受験のプロがおすすめ！　併願校の例

特色	STEAM教育	キャリア教育	第２外国語	プレゼン・表現型入試
♠男子校 ♥女子校 ♣共学・別学校	♥光塩女子	♥昭和女子大昭和	♥田園調布	♥大妻多摩
	♥三輪田学園	♥跡見学園	♥大妻中野	♣宝仙学園
	♣聖徳学園	♥藤村女子	♥桐朋女子	♥佼成女子

併設高校の進路情報

四年制大学進学率87.5%
文系５／理系０／その他95（%）

内部推薦▶女子美術大学へ157名（芸術），女子美術大学短期大学部へ５名が内部推薦で進学した。

指定校推薦▶利用状況は実践女子大１，東京造形大１など。ほかに日本大，関東学院大，大妻女子大，武蔵野大，東京農大，明星大，文教大，城西大，麻布大，淑徳大，跡見学園女子大，東京工芸大，横浜美大，東京家政大，文化学園大，日本映画大など推薦枠あり。

'22年３月卒業生：208名
大学182名　短大５名　専門７名　就職０名　他14名

主な大学合格状況　'23年春については主要大学のみ巻末一覧に記載

大学名	'22	'21	'20	大学名	'22	'21	'20	大学名	'22	'21	'20
◇筑波大	0	0	1	日本大	0	1	1	立命館大	1	0	0
◇東京藝術大	5	3	1	東洋大	2	0	2	玉川大	3	0	0
◇東京学芸大	0	1	0	帝京大	0	1	0	桜美林大	1	0	2
◇都立大	1	0	0	國學院大	1	1	0	白百合女子大	0	1	1
◇金沢美術工芸大	1	0	0	国際基督教大	1	0	0	東京薬科大	1	1	0
慶應大	1	0	1	成蹊大	1	1	0	昭和女子大	0	1	1
学習院大	1	3	1	成城大	0	1	0	多摩美大	6	22	11
明治大	0	0	1	神奈川大	1	0	0	武蔵野美大	8	8	15
青山学院大	2	3	0	東京女子大	0	1	1	東京造形大	1	1	1
立教大	1	0	0	同志社大	0	1	0	女子美大	159	149	129

※各大学合格数は既卒生との合計。

見学ガイド　体育祭／文化祭／説明会／体験学習

白梅学園清修（しらうめがくえんせいしゅう） 中学校 （中高一貫部）

SEISHU

〒187－8570 東京都小平市小川町1－830 ☎042－346－5129

教育理念▶ヒューマニズムの精神の下，気品とフロンティア精神を兼ね備えた女性を育てる。

沿革▶1942年に東京家庭学園として発足した白梅学園により2006年開校。2014年に新校舎が完成。

施設▶アトリウム（職員室と一体型）・ラウンジ，自習室，中庭，テニスコート，他。

学校長▶山田　裕

生徒数▶総数122名

	1年（2クラス）	2年（2クラス）	3年（2クラス）
女子	55名	44名	23名

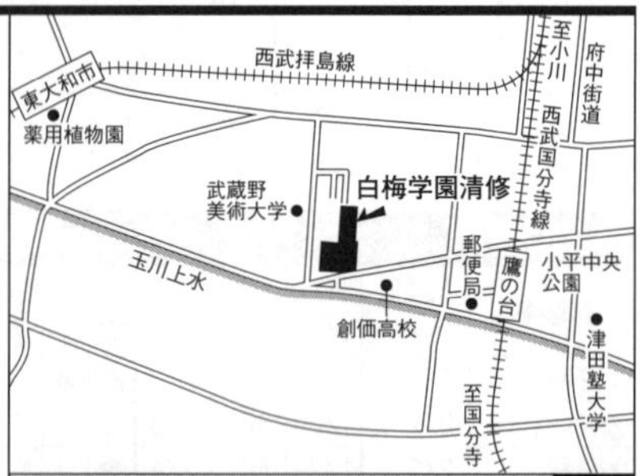

西武国分寺線―鷹の台13分
JR―国分寺よりバス白梅学園前
13分

自分らしく，つよく，のびのびと　未来を描く力を身につける

一人ひとりありのままの個性を発揮させ，可能性を引き出し，自発的に考えて動ける力をのばす。「対話的な学び」でコミュニケーション能力が高まる。

学習 中学では基本的な学ぶ姿勢や知識に対する興味関心を高める。毎朝25分間，基本学力アップやICTスキルを磨く「朝学習」を実施。高1では1年かけて「5000字論文」の執筆を行う。授業は協働や対話を通じて自己の考えを広げたり深めたりする「対話的な学び」を取り入れ，なかでも週5時間あるネイティヴスピーカーの授業は，楽しみながら学べる授業構成。その他，英語に触れる機会が多く，中2で英語国内研修，高1で2週間の海外研修を実施。文化や価値観の違いを体感し，国際的な意識を芽生えさせる。

●**コース表**

中1	中2	中3	高1	高2	高3
共通履修				文系 理系	

キャリア教育 中学より職業調べや職業インタビュー，OG講演会，オープンキャンパスなど「なりたい自分」を思い描くための数多くのプログラムが設けられている。高校では早い段階から具体的なプランを作成。全教員でサポートする体制が整う。

学校生活 穏やかな生徒が多いのでマイペースで過ごせ，自分に自信が持てない生徒でも輝ける場所がある。プロに学ぶ課外活動「エリアコラボレーション」を展開。

保護者MEMO

登校時刻▶8：10
最終下校時刻▶17：00
土曜日▶毎週登校。平常授業4時間
昼食▶食堂（中3より可）/食品販売あり
携帯電話▶可
制服▶ブレザー
自転車通学▶可
カウンセラー▶週1日
保護者面談▶年2回
保護者会▶年3回
必修旅行▶カナダ（高1）
部活動▶週1日

学費　初年度目安 129万円

（単位:円）	入学金	施設費	授業料	その他	合計
入学手続時	230,000	—	—	3,000	233,000
1年終了まで	—	100,000	440,000	518,000	1,058,000

［その他］制服・指定品代，海外研修費，教育充実費，PTA入会金。
［寄付・学債］非公表。
※上記は'22年度のもの。新年度について詳細は「受験生応援アプリ」にて公開（2023年5月～）。

●**奨学金・特待生**
S：授業料全額／A：授業料半額（毎年度末に選抜），他

首都圏模試 思考コード (単位：%)

読み取る力						
複雑 3						
2			データなし			
単純 1						
考える力	A	B	C	A	B	C

A=知識・理解思考 B=論理的思考 C=創造的思考

2024年度入試 合格の基準

	首都圏模試 ほぼ確実	首都圏模試 見込あり	首都圏模試 やや見込あり	四谷大塚 ほぼ確実	四谷大塚 見込あり	四谷大塚 やや見込あり
女子 〈①午前2科4科〉	41	36	30	31	26	21

ほぼ確実＝80％～／見込あり＝50～79％／やや見込あり＝20～49％

入試要項 2023年度参考 新年度日程はアプリへGO!

2科 4科 適性型 英 他

試験名	試験日 ◎午後入試	出願締切 Web	発表 Web	手続 Web	選抜方法 2科	4科	適	英	他	面接	特待	募集数	応募数	受験数	合格数	実質倍率	偏差値
① 午前	2/1	1/30	当日	2/3延	●	●					●	25	43	34	24	1.4	41
① 英語(午前)	2/1	1/30	当日	2/3延				＊1		＊1	●		1	1	1	1.0	—
① 適性検査	2/1	1/30	当日	2/6延			＊2				●		60	59	54	1.1	41
① 午後	2/1 ◎	1/30	当日	2/6延	＊3				＊3		●	10	44	35	28	1.3	41
① 英語(午後)	2/1 ◎	1/30	当日	2/6延				＊1		＊1	●		1	0	0	—	—
① 自己表現力	2/1 ◎	1/30	当日	2/6延					＊4	＊4			14	14	9	1.6	40
②	2/2	2/1	当日	2/6延	＊5			＊5	＊5		●	5	55	20	14	1.4	41
③	2/3	2/2	当日	2/6延	●						●	5	54	14	9	1.6	41
④	2/4	2/3	当日	2/6延	●						●	5	61	11	6	1.8	41
⑤	2/6	2/5	当日	2/8延	＊3				＊3		●	5	65	6	4	1.5	41
⑥ 適性検査	2/11	2/10	当日	2/12			＊2				●	5	24	0	0	—	41

＊1 筆記試験（英検3・4級レベル）＋面接（日本語および英語，15分） ＊2 適性検査ⅠⅡ（立川国際対応） ＊3 国算理社より2科選択。ただし理社の組み合わせは除く ＊4 国算＋プレゼンテーション・面接（1人約15分） ＊5 国算理社英より2科選択。ただし理社の組み合わせは除く ※各種資格取得者は加点措置あり

【出願方法】 Web出願。各種資格取得者は合格証コピーを当日提出
【手続方法】 Web納入のうえ，書類郵送。公立中高一貫校受検者は2/12まで延納可
【受験料】 22,000円（同時出願で複数回受験可）

【帰国生入試】 1/21（若干名）

中学受験のプロがおすすめ！ 併願校の例

特色	キャリア教育	ネイティヴ常駐	表現力育成	適性検査型入試
♠男子校 ♥女子校 ♣共学・別学校	♥東京純心女子	♥大妻中野	♥桐朋女子	♣都立武蔵
	♥富士見丘	♥共立女子二	♣啓明学園	♣都立立川国際中等
	♥東京女子学院	♥国本女子	♥駒沢女子	♣八王子実践

併設高校の進路情報

四年制大学進学率91.7%
文系77／理系23／その他0（%）

内部推薦▶白梅学園大学へ1名（子ども）が内部推薦で進学した。白梅学園短期大学への内部推薦制度もある。

'22年3月卒業生：24名（中高一貫部）
大学22名 短大0名 専門0名 就職1名 他1名

主な大学合格状況

'23年春については主要大学のみ巻末一覧に記載

大学名	'22	'21	'20	大学名	'22	'21	'20	大学名	'22	'21	'20
◇筑波大	1	0	0	法政大	0	1	0	桜美林大	2	1	0
◇お茶の水女子大	0	1	0	日本大	4	3	1	共立女子大	3	1	0
◇鳥取環境大	1	0	0	東洋大	1	0	2	杏林大	7	4	0
上智大	1	0	0	駒澤大	0	1	0	東京女子医大	1	0	0
東京理科大	0	0	2	専修大	1	1	0	武蔵野大	6	4	0
学習院大	0	3	0	大東文化大	2	0	0	東京農大	1	2	1
明治大	1	1	1	亜細亜大	2	1	0	実践女子大	5	0	0
青山学院大	0	1	0	帝京大	0	2	0	昭和女子大	5	3	0
立教大	1	0	0	立正大	1	2	0	明星大	3	0	0
中央大	0	2	3	東京経済大	2	2	0	恵泉女学園大	4	2	2

※各大学合格数は既卒生との合計。

見学ガイド 文化祭／説明会

高校募集 なし　　高１内訳 一貫生 175名

白百合学園中学校

（しらゆりがくえん）

〒102－8185　東京都千代田区九段北２－４－１　☎03－3234－6661

国際 / 海外研修 / 長期留学 / 第２外国語 / online英会話 / 21型 / 1人1台端末 / リモート体制 / プロジェクト型 / 論文執筆 / STEAM / 情操 / 体験学習 / ボランティア / 人間力育成

教育理念▶「キリストの愛の教え」に基づく全人教育を通し，人々が必要としていることに気づき，人々の幸せのために奉仕できる女性を育成する。
沿革▶1881年にシャルトル聖パウロ修道女会が開いた学校を前身とする。1947年中学校設立。
施設▶講堂，多目的ホール，作法室（和室），グラウンド，体育館，他。
学校長▶青木　タマキ
生徒数▶総数544名　併設小からの進学者を含む。

	1年（4クラス）	2年（4クラス）	3年（4クラス）
女子	178名	194名	172名
内進生内数	—	116名	110名

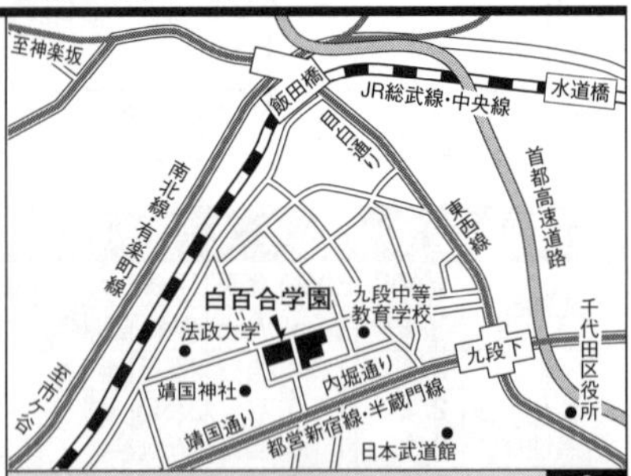

東西線・半蔵門線・都営新宿線―九段下10分　JR・有楽町線・南北線―飯田橋10分　10分

かけがえのない個性と能力を豊かに伸ばす

校訓は「従順・愛徳・勤勉」。周囲の人々の想いに気づき自ら実践できること，互いに大切にしあうこと，能力を磨いて役立てる喜びを知ることを目標とする。

学習 高１までの４年間は基礎学力の養成と定着に重点をおく。各クラスを正副２名の担任できめ細かくサポートする。中学では全員が英語とフランス語を少人数クラスで並行学習。高校進学時に第一外国語を選択する。中１から高２まで学年ごとに外国語発表会で英語とフランス語の学習成果を発表する。中３の希望者対象にニュージーランド研修を実施。理科では中学３年間４分野を均等に学ぶ。実験と観察を積み重ね，実物を目にすることで理解を深めていく。６月の合唱祭ではクラスでひとつの曲を作り上げる。また，「戴冠ミサ曲」などの宗教音楽にも力を入れる。

キャリア教育 中学ではコミュニケーション能力を高めるワークショップや職業体験を行い，協働して問題解決できる力を育む。高校では大学訪問や模擬講義，講演会などを通して，より具体的な進路目標を立てる。

学校生活 毎日の朝礼・終礼，週１時間の宗教の授業のほか，ミサや神父指導の修養会などの行事がある。クラブは30以上。レザークラフト部などユニークな部も。

●コース表

中１	中２	中３	高１	高２	高３
共通履修				進路に合わせた科目選択制	

保護者MEMO

登校時刻▶8：15
最終下校時刻▶17：30
土曜日▶月１～２回程度登校。行事やクラブ活動を行う
昼食▶弁当/食品販売あり
携帯電話▶可
制服▶セーラー
自転車通学▶不可
カウンセラー▶常駐
保護者面談▶年１回
保護者会▶年２～３回
修学旅行▶金沢（中３），他
部活動▶原則週３日。水曜日は休部日

学費　　初年度目安 140万円

（単位:円）	入学金	施設費	授業料	その他	合計
入学手続時	300,000	—	—	—	300,000
1年終了まで	—	336,000	468,000	296,230	1,100,230

［その他］制服・指定品代，生徒預り金。
［寄付・学債］任意の寄付金検討中。
※上記は'22年度のもの。新年度について詳細は「受験生応援アプリ」にて公開（2023年５月～）。

●奨学金・特待生
なし

首都圏模試　思考コード（単位：%）

〈入学試験〉

読み取る力	国語 A	国語 B	国語 C	算数 A	算数 B	算数 C
複雑 3					7	
2	20	44		7	60	
単純 1		36			26	

考える力：A=知識・理解思考　B=論理的思考　C=創造的思考

2024年度入試　合格の基準

	首都圏模試 ほぼ確実	首都圏模試 見込あり	首都圏模試 やや見込あり	四谷大塚 ほぼ確実	四谷大塚 見込あり	四谷大塚 やや見込あり
女子〈入学試験〉	73	70	67	64	61	57

ほぼ確実＝80%～／見込あり＝50～79%／やや見込あり＝20～49%

入試要項　2023年度参考　新年度日程は アプリへGO!　4科

試験名	試験日 ◎午後入試	出願締切 Web	発表 Web	手続 W・窓	2科	4科	適	英	他	面接	特待	募集数	応募数	受験数	合格数	実質倍率	偏差値
一般入試	2/2	1/25	当日	2/4		●				＊		60	306	264	126	2.1	73

＊保護者同伴面接

【出願方法】 Web出願　**【手続方法】** Web納入のうえ，窓口手続　**【受験料】** 25,000円

【帰国生入試】 1/8（15名募集）

年度	募集数	応募数	受験数	合格数	実質倍率	偏差値
'22	60	332	294	117	2.5	72
'21	60	335	292	124	2.4	72
'20	60	373	312	110	2.8	70

中学受験のプロがおすすめ！　併願校の例

特色	カトリック系	進学先(医学部)	第２外国語	キャリア教育
♠男子校 ♥女子校 ♣共学・別学校	♥雙葉	♥桜蔭	♣慶應中等部	♥洗足学園
	♥浦和明の星	♥豊島岡女子	♥学習院女子	♥頌栄女子
	♥晃華学園	♥吉祥女子	♥横浜雙葉	♥香蘭女学校

併設高校の進路情報

四年制大学進学率82.9%
文系58／理系38／その他４（%）　医歯薬81名合格

指定校推薦▶利用状況は早稲田大５，慶應大４，上智大１，国際基督教大１，白百合女子大１，昭和大１，東京女子医大１，北里大２，聖マリアンナ医大１，東京歯大１，聖路加国際大１など。ほかに東京理科大，学習院大，青山学院大，立教大，中央大，日本大，成蹊大など推薦枠あり。

海外大学合格状況▶Minerva University，Carleton College，Rice University，Macalester College，Mount Holyoke College（米），SIM-University of London(ｼﾝｶﾞﾎﾟｰﾙ)，他。

'22年３月卒業生：164名

大学136名　短大１名　専門０名　就職０名　他27名

主な大学合格状況　'23年春については主要大学のみ巻末一覧に記載

大学名	'22	'21	'20	大学名	'22	'21	'20	大学名	'22	'21	'20
◇東京大	9	7	7	早稲田大	53	40	54	日本大	18	26	24
◇京都大	1	0	0	慶應大	45	40	36	明治学院大	11	17	5
◇東工大	2	0	0	上智大	69	50	39	津田塾大	15	12	14
◇一橋大	0	1	2	東京理科大	17	17	11	東京女子大	23	18	15
◇千葉大	3	3	2	学習院大	14	9	7	日本女子大	19	15	17
◇筑波大	3	3	3	明治大	27	36	45	白百合女子大	15	23	30
◇東京外大	0	3	3	青山学院大	21	32	22	昭和大	10	19	13
◇東北大	2	1	1	立教大	36	50	51	日本医大	6	13	5
◇東京医歯大	0	1	3	中央大	22	26	23	東京女子医大	6	14	9
◇お茶の水女子大	2	2	0	法政大	10	11	13	北里大	17	17	12

※各大学合格数は既卒生との合計。

見学ガイド　文化祭／学校説明会／授業見学会

高校募集 あり 高1より全体が混合。　**高1内訳** 非公表

成女学園（せいじょがくえん） 中学校

〒162－0067　東京都新宿区富久町7－30　☎03－3351－2330

国際 海外研修 長期留学 第2外国語 online英会話 21型 1人1台端末 リモート体制 プロジェクト型 論文執筆 STEAM 情操 体験学習 ボランティア 人間力育成

教育方針▶女性としての品格を備え，家庭を担い，社会で活躍できる自律・自立した人材を育成する。
沿革▶1899年創立の成女学校が母体となり，1947年の学制改革に伴い中学校を開設。2018年夏に新教室完成。
施設▶日本間，被服室，調理室，体育館，テニスコート，自習室，PC教室，千歳烏山施設（世田谷区），他。
学校長▶小泉　潤
生徒数▶非公表

	1年(—クラス)	2年(—クラス)	3年(—クラス)
女子	—	—	—

都営新宿線―曙橋5分
丸ノ内線―四谷三丁目8分
5分

教養と表現力を培い，将来を切り拓いていく

「表現教育」「リーダー教育」「キャリア教育」を柱に，社会で活躍できる自律・自立した女性の育成を掲げる。通年の表現プログラムが特徴。

学習 一人ひとりに目を配り，きめ細かな指導を行う。毎朝10分間の継続的な学習時間を設定し，学習習慣の定着を図る。中学は英単語や時事問題，計算ドリルなどに取り組む。進路に応じた受験講習や，苦手克服のための補習が充実。英検や漢検，色彩検定，硬筆書写検定など，社会に即応できる資格取得に向けた講座を用意。ゼミ形式で行う「自主研究」の授業では生徒が自らテーマを設定し，成果は文化祭で展示発表する。「表現教育」に注力，ダンス・コーラス・フォト・トークなど7つのコースを開講し，専門講師から指導を受ける。生徒一人ひとりの五感を刺激させ，感性を磨く。全学年全員がタブレット端末を所持し，あらゆる授業で活用する。

●コース表

中1	中2	中3	高1	高2	高3
共通履修				進路に応じた選択制	

キャリア教育 個々の得意分野や興味関心をもとに進路を考えていく。自己分析，ワークショップ（職業理解），大学受験を終えた高3による合格体験談などを実施。

学校生活 校則や行事など，学校生活に関わることは生徒が主体となって運営し，自立・自律の精神を養う。

保護者MEMO

登校時刻▶8：20
最終下校時刻▶17：00（中学は16：30）
土曜日▶休校
昼食▶弁当/食品販売なし
携帯電話▶可
制服▶セーラー
自転車通学▶不可
カウンセラー▶なし
保護者面談・保護者会▶合わせて年3回
必修旅行▶奈良・京都(中3)，沖縄(高3)
部活動▶活動日は部による

学費　初年度目安 112万円

(単位:円)	入学金	施設費	授業料	その他	合計
入学手続時	220,000	160,000	—	5,000	385,000
1年終了まで	—	—	408,000	324,290	732,290

●奨学金・特待生
なし

［その他］制服・指定品代，修学旅行費，副教材費，PTA会費，生徒会費，学校保険。
［寄付・学債］なし。
※上記は'22年度のもの。新年度について詳細は「受験生応援アプリ」にて公開（2023年5月～）。

首都圏模試 思考コード (単位：%)

読み取る力 / 考える力	A	B	C	A	B	C
複雑 3						
2			データなし			
単純 1						

A=知識・理解思考　B=論理的思考　C=創造的思考

2024年度入試 合格の基準

		首都圏模試		四谷大塚	
		ほぼ確実	見込あり	ほぼ確実	見込あり
女子	〈①〉	35	30	—	—
			やや見込あり 24		やや見込あり —

ほぼ確実＝80%～／見込あり＝50～79%／やや見込あり＝20～49%

入試要項 2023年度参考　新年度日程はアプリへGO!

2科 英 他

試験名	試験日 ◎午後入試	出願締切 窓口	発表 Web	手続 振・窓	選抜方法 2科	4科	適	英	他	面接	特待	募集数	応募数	受験数	合格数	実質倍率	偏差値
①	2/1	1/31	当日	2/3	＊1			＊1	＊1	＊2		20	—	—	—	—	35
②	2/1 ◎	1/31	2/2	2/4	＊1			＊1	＊1	＊2			—	—	—	—	35
③	2/2	2/1	当日	2/4	＊1			＊1	＊1	＊2			—	—	—	—	35
④	2/2 ◎	2/1	2/3	2/6	＊1			＊1	＊1	＊2			—	—	—	—	35
⑤	2/4 ◎	2/3	2/6	2/8	＊1			＊1	＊1	＊2			—	—	—	—	35
⑥	2/11	2/10	2/13	2/15	＊1			＊1	＊1	＊2			—	—	—	—	35

＊1　3種類から選択。2科目入試：国語（小作文含む）+算数または英語，資格活用入試：国語（小作文含む）+英検4級または数検4級，専願入試（①のみ）：作文+国語または算数または英語。英語，算数は4級所持で免除可能　＊2　保護者同伴面接

【出願方法】窓口受付。出願前に学校説明会で個別面談を受ける必要あり
【手続方法】銀行振込のうえ，窓口手続
【受験料】20,000円

【帰国生入試】—

中学受験のプロがおすすめ! 併願校の例

特色	表現力育成	体験重視	キャリア教育	礼儀・マナー
♠男子校 ♥女子校 ♣共学・別学校	♥日大豊山女子	♥文京学院女子	♥富士見丘	♥麴町女子
	♥女子聖学院	♥川村	♥国本女子	♥東京家政学院
	♥瀧野川女子	♥東京女子学院	♥淑徳SC	♥愛国

併設高校の進路情報

四年制大学進学率62.5%
文系80／理系20／その他0（%）

指定校推薦▶利用状況は日本薬科大1，実践女子大1，洗足学園音大1，こども教育宝仙大1，宝塚大1など。ほかに杏林大，東京農大，日本獣医生命科学大，聖徳大，女子美大，昭和音大，女子栄養大，IPUニュージーランドなど推薦枠あり。

'22年3月卒業生：24名
（成女高等学校）

大学15名　短大1名　専門4名　就職1名　他3名

主な大学合格状況　'23年春については主要大学のみ巻末一覧に記載

大学名	'22	'21	'20	大学名	'22	'21	'20	大学名	'22	'21	'20
大東文化大	0	1	1	実践女子大	1	1	0	こども教育宝仙大	1	1	0
亜細亜大	0	1	1	目白大	0	1	1	東京富士大	0	1	0
玉川大	0	1	1	東京福祉大	0	1	0	東京未来大	0	1	0
千葉工大	0	1	0	恵泉女学園大	1	2	1	川村学園女子大	0	1	0
桜美林大	2	0	0	横浜美大	0	1	1	埼玉学園大	1	0	0
共立女子大	1	0	0	洗足学園音大	1	1	0				
白百合女子大	1	1	0	文化学園大	1	2	0				
日本薬科大	1	0	0	淑徳大	1	0	0				
武蔵野大	0	1	1	聖徳大	1	1	1				
東京農大	0	1	1	十文字学園女子大	2	1	1				

※各大学合格数は既卒生との合計。

見学ガイド　文化祭／説明会／オープンスクール／学校見学

高校募集 なし　　高1内訳 一貫生 49名

聖ドミニコ学園（せいドミニコがくえん）中学校

〒157−0076　東京都世田谷区岡本 1−10−1　☎03−3700−0017

国際 / 海外研修 / 長期留学 / 第2外国語 / online英会話 / 21型 / 1人1台端末 / リモート体制 / プロジェクト型 / 論文執筆 / STEAM / 情操 / 体験学習 / ボランティア / 人間力育成

教育目標▶他者の自由，権利を認めることを知り，愛と誠を持って社会の中で貢献する女性を育てる。
沿革▶1931年，仙台に創立された修道院が学園の源流。1962年に中学校・高等学校を開校。
施設▶聖堂，図書室センター，CALL教室，ICC教室，屋内プール，体育館，テニスコート，グラウンド，他。
学校長▶高橋　幸子
生徒数▶総数167名　併設小からの進学者を含む。

	1年（3クラス）	2年（3クラス）	3年（3クラス）
女子	56名	56名	55名
内進生内数	—	48名	43名

東急田園都市線一用賀15分　田園都市線一二子玉川よりバス岡本もみじが丘2分　15分

ドミニコ学で思考を育て，宗教教育で心を育てる21世紀型教育

Sustainability（持続可能性）・Design（デザイン力）・Connect（つながる）の3つを土台にあらゆる科目や行事を行い，21世紀を生き抜く力を身につける。

学習 キリスト教の価値観に基づく質の高い学習を少人数制で実践。インターナショナルとアカデミックの2コース制。インターナショナルコースは中1から英語・数学・理科の授業をネイティヴ教員と日本人教員のティームティーチングで実施。CEFRのC1レベルをめざす。どちらのコースもPBL(Project Based Learning)を導入し，仲間と協働して正解のない問いに切り込む力を養う。フランス語を中学全員が週2時間学ぶ（高校では選択科目）。中3でのニュージーランド中期留学（3カ月）をはじめ，フランスへの交換留学制度などがある。探究プログラム「ドミニコ学」では情報収集と分析，思考の整理，発表を積み重ね，汎用的な力を身につける。

●コース表

中1	中2	中3	高1	高2	高3
インターナショナルコース					
アカデミックコース					

注）高1より必修選択科目，高3より自由選択科目を設置

キャリア教育 個々の志望を叶えるために，担任や教科担当だけでなく部活動の顧問なども加わり，チームで取り組む。

学校生活 毎日の朝礼と終礼で祈りを捧げる。朝礼では聖歌の合唱も行う。全20のクラブが活動中。中学校ではめずらしいラクロス部や，フランス語部もある。

保護者MEMO

登校時刻▶8：25
最終下校時刻▶18：00
土曜日▶休校。行事・クラブ活動・補習を行う
昼食▶弁当/食品販売あり
携帯電話▶許可制
制服▶ブレザー
自転車通学▶可
カウンセラー▶週1日
保護者面談▶年1回
保護者会▶年2回
必修旅行▶京都（中2），沖縄（高1）
部活動▶週3日以内

学費　　初年度目安 143万円

（単位:円）	入学金	施設費	授業料	その他	合計
入学手続時	250,000	150,000	—	—	400,000
1年終了まで	—	120,000	468,000	438,570	1,026,570

●奨学金・特待生
なし

［その他］制服・指定品代，教材費等，図書費，後援会費，生徒会費，災害費。※インターナショナルコース：入学金30万円，授業料年間50.4万円，教材費(中1)18.7万。
［寄付・学債］なし。
※上記は'22年度のもの。新年度について詳細は「受験生応援アプリ」にて公開（2023年5月〜）。

首都圏模試　思考コード　(単位:%)

読み取る力＼考える力	〈第1回〉国語 A	国語 B	国語 C	算数 A	算数 B	算数 C
複雑 3						
2	3	4		85		
単純 1	28	52	13		15	

A=知識・理解思考　B=論理的思考　C=創造的思考

2024年度入試　合格の基準

		首都圏模試 ほぼ確実	首都圏模試 見込あり	四谷大塚 ほぼ確実	四谷大塚 見込あり
女子	①	43	39	31	26
			やや見込あり 34		やや見込あり 21

ほぼ確実=80%～／見込あり=50～79%／やや見込あり=20～49%

入試要項　2023年度参考　新年度日程はアプリへGO!　2科　英　他

試験名		試験日 ◎午後入試	出願締切 Web	発表 Web	手続 W・窓	2科	4科	適	英	他	面接	特待	募集数	応募数	受験数	合格数	実質倍率	偏差値
①	アカデミック	2/1	1/31	当日	2/13	●							20	11	9	9	1.0	43
	インター	2/1	1/31	当日	2/13	＊1			＊1		＊1							
②	アカデミック	2/1 ◎	1/31	当日	2/13	＊2				＊2			10	13	7	6	1.2	43
	インター	2/1 ◎	1/31	当日	2/13	＊2				＊2								
③	アカデミック	2/2	2/1	当日	2/13					＊3			10	14	5	5	1.0	42
	インター	2/2	2/1	当日	2/13				＊4		＊4							
④	アカデミック	2/3 ◎	2/2	当日	2/13					＊5			5	3	2	2	1.0	43
後期	アカデミック	2/11	2/10	当日	2/13	＊6				＊6			5	—	—	—	—	43
	インター	2/11	2/10	当日	2/13				＊4		＊4							

＊1　国算または英語〈筆記（リスニングを含む）＋スピーキング・面接〉　＊2　選択2科（国算，国理，国社，算理，算社）　＊3　思考力（作文。小問＋大問600字程度）　＊4　英語〈筆記（リスニングを含む）＋スピーキング・面接〉＊5　国語または算数　＊6　国算または思考力（作文。小問＋大問600字程度）

【出願方法】 Web出願　**【手続方法】** Web納入のうえ，窓口手続。入学辞退者には一部返還
【受験料】 25,000円（①～④の同一コースに限り，同時出願可）

【帰国生入試】 11/27（募集数は不定）

中学受験のプロがおすすめ!　併願校の例

特色	カトリック系	ICT教育	第2外国語	英語(選択)入試
♠男子校	♥聖セシリア	♥実践女子	♥カリタス女子	♥横浜女学院
♥女子校	♣サレジアン世田谷	♥東京家政学院	♥京華女子	♥玉川聖学院
♣共学・別学校	♣聖ヨゼフ	♥駒沢女子	♥神田女学園	♥佼成女子

併設高校の進路情報

四年制大学進学率80.3%
文系90／理系10／その他0（%）　医歯薬5名合格

指定校推薦▶上智大，明治大，青山学院大，立教大，中央大，成城大，明治学院大，東京電機大，玉川大，関東学院大，聖心女子大，白百合女子大，聖マリアンナ医大，日本歯大，清泉女子大，東洋英和女学院大，神奈川工科大など推薦枠あり。

'22年3月卒業生：66名

大学53名　短大2名　専門5名　就職0名　他6名

主な大学合格状況　'23年春については主要大学のみ巻末一覧に記載

大学名	'22	'21	'20	大学名	'22	'21	'20	大学名	'22	'21	'20
◇東京外大	0	0	1	青山学院大	2	1	7	明治学院大	10	5	13
◇横浜国大	0	0	1	立教大	7	5	13	日本女子大	2	0	6
◇東京藝術大	0	1	0	中央大	3	1	5	桜美林大	7	2	1
◇奈良女子大	1	0	0	法政大	8	2	7	大妻女子大	2	2	0
早稲田大	6	1	14	日本大	5	3	6	聖心女子大	5	2	1
慶應大	1	1	6	駒澤大	4	2	4	白百合女子大	2	7	4
上智大	2	5	9	専修大	1	1	1	日本歯大	0	1	1
東京理科大	1	1	1	國學院大	2	2	1	昭和女子大	5	8	0
学習院大	3	1	2	成蹊大	1	3	10	多摩美大	2	3	1
明治大	13	3	11	成城大	7	4	5	東洋英和女学院大	3	2	11

※各大学合格数は既卒生との合計。

見学ガイド　文化祭／説明会／オープンスクール＆公開授業／個別見学対応

瀧野川女子学園 中学校

（たきのがわじょしがくえん）

〒114－0016　東京都北区上中里1－27－7　☎03－3910－6315

国際 / 海外研修 / 長期留学 / 第2外国語 / online英会話 / 21型 / 1人1台端末 / リモート体制 / プロジェクト型 / 論文執筆 / STEAM / 情操 / 体験学習 / ボランティア / 人間力育成

教育理念▶「剛く，正しく，明るく」を校訓とし，実社会に役立つ知識と技能を持った女子を育成する。
沿革▶1926年，山口さとるにより創立。1934年に現校地へ移転，1958年に現校名へ改称。
施設▶和室，Macルーム（4K映像制作に対応），実験室・創造性工房，カフェテリア，他。
学校長▶山口　治子
生徒数▶総数31名

	1年（1クラス）	2年（1クラス）	3年（1クラス）
女子	18名	6名	7名

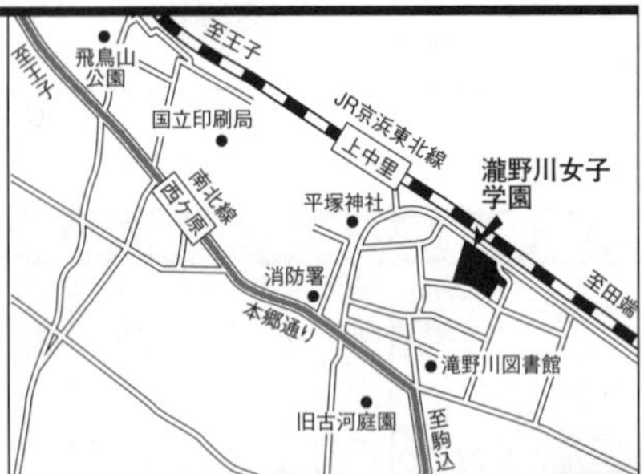

JR―上中里2分，駒込12分
南北線―西ヶ原8分
2分

起業家精神を育む先端教育で，望む人生実現へ

起業家精神を育む「創造性教育」，100％ICT化した「黒板のない教室」，「毎日留学」で培う力で，新しい大学入試制度での合格実績が飛躍的にアップ。

学習 授業はすべてICT化し，1人1台タブレット端末を使用して学習を効率化。リアルタイム・双方向型の授業で，生徒の理解度を確認しながら授業を行う。英語は，9名のネイティヴ講師主体で「話す」「書く」「考える」力を育むオールイングリッシュの授業を展開。国際社会で活躍できる生きた英語力を身につける。中学から参加できる米姉妹校語学研修やカナダ語学研修などのプログラムも用意。独自の情報教育でコンピュータを理解し，プレゼンテーション能力，表現力，プログラミング能力などを養う。また，日本人としての心遣いを学ぶ礼法，茶道，華道が6年間必修。

キャリア教育 創造性と起業家精神を育む「創造性教育」や，専門性の高い学びを行う「ゼミ制度」で，大学入試や実社会に繋がる力を身につける。高2ではチームでオリジナル商品を開発。学園祭やハワイ諸島修学旅行でのチャリティバザーで販売する。

学校生活 クラブは大半が中高一緒に活動。美術，書道，ダンス部などが活躍。カフェテリアが充実し，食育にも注力。

●コース表

中1	中2	中3	高1	高2	高3
共通履修				文系／理系	

保護者MEMO

登校時刻▶8：15
最終下校時刻▶17：30
土曜日▶毎週登校。平常授業3時間
昼食▶食堂/食品販売あり
携帯電話▶許可制
制服▶ボレロ
自転車通学▶不可
カウンセラー▶週2日
保護者面談▶年2回
保護者会▶年1回
必修旅行▶奄美（中2），伊勢（中3），他
部活動▶活動日は部による

学費　　初年度目安 120万円

（単位:円）	入学金	施設費	授業料	その他	合計
入学手続時	180,000	30,000	―	―	210,000
1年終了まで	―	164,400	456,000	373,920	994,320

［その他］制服・指定品代，ipad運用費，積立金，PTA会費，生徒会会費。※別途学用品・教材費あり。
［寄付・学債］なし。
※上記は'22年度のもの。新年度について詳細は「受験生応援アプリ」にて公開（2023年5月～）。

●**奨学金・特待生**
S：3年間総額144万円／1：48万円給付1年間／2：30万円給付1年間

首都圏模試 思考コード (単位:%)

読み取る力						
複雑 3						
2			データなし			
単純 1						
考える力	A	B	C	A	B	C

A=知識・理解思考 B=論理的思考 C=創造的思考

2024年度入試 合格の基準

	首都圏模試 ほぼ確実	首都圏模試 見込あり	四谷大塚 ほぼ確実	四谷大塚 見込あり
女子 ①	37	32	−	−
		やや見込あり 27		やや見込あり −

ほぼ確実=80%〜/見込あり=50〜79%/やや見込あり=20〜49%

入試要項 2023年度参考 新年度日程はアプリへGO!

2科 4科 他

試験名		試験日 ◎午後入試	出願締切 Web	発表 Web	手続 Web	2科	4科	適	英	他	面接	特待	募集数	応募数	受験数	合格数	実質倍率	偏差値
①	2科	2/1	1/31	当日	2/2延	●					＊2	●	40	16	16	12	1.3	37
	4科						●				＊2	●		3	2	1	2.0	
	授業評価型									＊1	＊2	●		—	—	—	—	
②	2科	2/2	2/1	当日	2/3延	●					＊2	●	10	15	5	3	1.7	37
	4科						●				＊2	●		2	2	0	—	
③	2科	2/4	2/3	当日	2/5延	●					＊2	●	10	12	3	1	3.0	37
④	2科	2/8	2/7	当日	2/9延	●					＊2	●	10	8	4	2	2.0	37

＊1 国語・算数(各授業+授業に関するテスト) ＊2 個人面接
※各種検定保持者は奨学給付生対象(要相談)

【出願方法】 Web出願 **【手続方法】** Web納入。公立中高一貫校受検者は発表の翌日まで延納可
【受験料】 23,000円(2回まで受験可)

【帰国生入試】 —

中学受験のプロがおすすめ! 併願校の例

特色	ネイティヴ常駐	ICT教育	フィールドワーク	伝統文化教育
♠男子校 ♥女子校 ♣共学・別学校	♥女子聖学院	♣武南	♥文京学院女子	♥十文字
	♥麴町女子	♥和洋九段	♥京華女子	♥東京家政学院
	♥神田女学園	♣新渡戸文化	♥川村	♥淑徳SC

併設高校の進路情報

四年制大学進学率64.3%
文系78/理系22/その他0(%)

指定校推薦▶利用状況は獨協大1,日本女子大1など。ほかに日本大,東洋大,大東文化大,成蹊大,東京電機大,国士舘大,杏林大,東京農大,学習院女子大,二松學舍大,清泉女子大,フェリス女学院大,女子美大,女子栄養大など推薦枠あり。

'22年3月卒業生:112名 大学72名 短大9名 専門28名 就職0名 他3名

主な大学合格状況 '23年春については主要大学のみ巻末一覧に記載

大学名	'22	'21	'20	大学名	'22	'21	'20	大学名	'22	'21	'20
◇筑波大	0	1	1	東洋大	3	1	3	大妻女子大	2	5	4
◇埼玉大	1	0	0	専修大	0	0	2	順天堂大	1	3	0
◇宇都宮大	0	1	0	大東文化大	4	4	3	東京薬科大	1	1	3
上智大	1	2	0	帝京大	4	13	0	実践女子大	1	1	2
東京理科大	0	1	0	成蹊大	0	1	1	学習院女子大	2	2	2
学習院大	0	2	0	獨協大	3	1	0	清泉女子大	1	1	2
青山学院大	2	0	0	東京女子大	0	1	1	目白大	3	1	0
立教大	1	0	0	日本女子大	0	6	1	東京家政大	4	4	2
法政大	0	2	0	桜美林大	1	2	1	十文字学園女子大	1	6	2
日本大	1	1	3	共立女子大	1	2	1	跡見学園女子大	1	4	3

※各大学合格数は既卒生との合計。

見学ガイド 文化祭/説明会/見学会

高校募集 あり 高1より全体が混合。 高1内訳 一貫生 76名 105名 高入生

玉川聖学院（たまがわせいがくいん） 中等部

〒158－0083 東京都世田谷区奥沢 7－11－22 ☎03－3702－4141

国際 / 海外研修 / 長期留学 / 第2外国語 / online英会話 / 21型 / 1人1台端末 / リモート体制 / プロジェクト型 / 論文執筆 / STEAM / 情操 / 体験学習 / ボランティア / 人間力育成

教育理念▶神に造られた一人ひとりのすばらしい価値と可能性を信じ，お互いの違いを楽しみ，世界をつなげるために自分に与えられた使命を見出す。
沿革▶1950年に谷口茂壽牧師が米国のプロテスタント系キリスト教会の協力によって自由が丘に創設。
施設▶大ホール，情報センター（図書館4.6万冊），自習室，English Lounge，学習センター，他。
中高等部長▶櫛田　真実
生徒数▶総数373名

	1年（4クラス）	2年（4クラス）	3年（3クラス）
女子	126名	130名	117名

東急大井町線—九品仏３分
東急東横線—自由が丘６分
3分

世界をつなげる心を育てる女子教育

「信仰，希望，愛」をモットーに，毎朝の礼拝，授業と行事を貫く体験的異文化学習が，世界の課題に取り組む洞察力と，人と人とをつなげる心を養う。

学習 中学では自学自習習慣の確立をめざす。個別指導による補習で弱点を克服する。中３の年度末には５教科のまとめテストを実施。得た知識を自分の言葉で表現する能力の育成を重視。そのため総合学習として「情報センター」での調べ学習，まとめ，発表に取り組む。自分で研究テーマを決め，中３の１年間かけて修了論文を執筆し，中学全員の前でプレゼンテーションも行う。オーストラリア修学旅行に向け，10数カ国の外国人と英語で交流するInternational Dayを設ける。高校は早期より文・理コースに分かれ、丁寧な受験指導で個々の進学意識を高める。

●コース表

中1	中2	中3	高1	高2	高3
共	通	履修	文系 —— 私立文系		
			文理系 — 私立看護／国立文系／私立薬学部		
			理系 —— 私立／国立		

キャリア教育 職業体験や，職業人として活躍する卒業生の進路講演会，上級生から進路学習の取り組みを聞く会を実施。高１と高２の「総合科・人間学」では自分と人間，命について深く考察する。

学校生活 毎朝礼拝を行う。クラスごとの終礼は，自分の思いをスピーチして共感し合う貴重な時間。クラブ活動のほかに校内でできる習い事「教室」がある。

保護者MEMO

登校時刻▶８：10
最終下校時刻▶18:00(中１は17:30)
土曜日▶休校。クラブ活動，補習講講を行う
昼食▶弁当/食品販売あり
携帯電話▶許可制
制服▶ブレザー
自転車通学▶不可
カウンセラー▶常駐
保護者面談▶年１回
保護者会▶年４回
必修旅行▶韓国（高２）
部活動▶日曜日は休部日

学費　初年度目安 125万円

(単位:円)	入学金	施設費	授業料	その他	合計
入学手続時	290,000	—	—	—	290,000
1年終了まで	—	82,000	468,000	405,619	955,619

●奨学金・特待生
授業料１年間

[その他] 制服・指定品代，修学旅行費，教育充実費，学年積立金，PTA会費，生徒会入会費。
[寄付・学債] なし。
※上記は'22年度のもの。新年度について詳細は「受験生応援アプリ」にて公開（2023年５月～）。

首都圏模試　思考コード（単位：%）

読み取る力＼考える力	〈第１回〉国語 A	国語 B	国語 C	算数 A	算数 B	算数 C
複雑 3						
2	9	18		40	10	
単純 1	21	42	10	24	26	

A=知識・理解思考　B=論理的思考　C=創造的思考

2024年度入試　合格の基準

	首都圏模試 ほぼ確実	首都圏模試 見込あり	四谷大塚 ほぼ確実	四谷大塚 見込あり
女子〈一般①〉	44	40 / やや見込あり 36	35	30 / やや見込あり 25

ほぼ確実＝80％～／見込あり＝50～79％／やや見込あり＝20～49％

入試要項　2023年度参考　新年度日程はアプリへGO!

2科　4科　適性型　英

試験名		試験日 ◎午後入試	出願締切 Web	発表 Web	手続 W・窓	選抜方法 2科	4科	適	英	他	面接	特待	募集数	応募数	受験数	合格数	実質倍率	偏差値
一般	①	2/1	1/31	当日	2/3	●	●				＊1	●	35	120	107	46	2.3	44
	②	2/1 ◎	1/31	当日	2/5	●					＊1	●	35	201	191	106	1.8	45
	③	2/2	当日	当日	2/6	●	●				＊1	●	20	169	92	46	2.0	42
	④	2/3 ◎	当日	当日	2/11	●					＊1	●	10	197	97	50	1.9	41
適性検査型		2/1	1/31	当日	2/11			＊2				●	不定	8	8	5	1.6	41
多文化共生		2/1 ◎	1/27	当日	2/3	＊3			＊3		＊3	●	不定	14	13	11	1.2	41

＊1　グループ面接
＊2　適性検査Ⅰ（作文）・Ⅱ
＊3　国算または算英＋個別またはグループ面接（英語面接も可）
※多文化共生のみ調査書，資格証明書

【出願方法】Web出願。多文化共生は出願後，書類郵送　**【手続方法】**Web納入のうえ，一般①～③・多文化共生は2/6，一般④・適性検査型は2/13に窓口手続　**【受験料】**20,000円（複数日出願は5,000円増）。適性検査型10,000円

【帰国生入試】12/17（若干名募集），多文化共生に含む

中学受験のプロがおすすめ！　併願校の例

特色	プロテスタント系	論文(自由研究)	国際理解教育	適性検査型入試
♠男子校	♣桜美林	♥昭和女子大昭和	♣八雲学園	♣都立桜修館中等
♥女子校	♥横浜女学院	♣玉川学園	♥富士見丘	♥トキワ松
♣共学・別学校	♥捜真女学校	♥麴町女子	♥国本女子	♥佼成学園女子

併設高校の進路情報

四年制大学進学率82.6%
文系80／理系14／その他６（%）　医歯薬１名合格

指定校推薦▶利用状況は学習院大１，青山学院大３，法政大３，國學院大１，国際基督教大１，成蹊大４，成城大１，明治学院大13，芝浦工大１，津田塾大１，東京女子大10，日本女子大２，武蔵大１，関東学院大３，聖心女子大６，東京農大１，昭和女子大３，清泉女子大２，フェリス女学院大３，東洋英和女学院大10など。

'22年３月卒業生：190名
大学157名　短大13名　専門11名　就職０名　他９名

主な大学合格状況　'23年春については主要大学のみ巻末一覧に記載

大学名	'22	'21	'20	大学名	'22	'21	'20	大学名	'22	'21	'20
◇東京学芸大	0	1	0	国際基督教大	1	1	1	桜美林大	7	13	5
◇都留文科大	0	1	0	成蹊大	6	6	5	大妻女子大	4	3	2
◇川崎市立看護大	1	0	0	明治学院大	14	11	9	聖心女子大	9	7	2
上智大	3	3	2	神奈川大	2	1	1	白百合女子大	1	5	2
学習院大	1	1	1	津田塾大	3	1	2	杏林大	1	1	2
青山学院大	6	8	10	東京女子大	10	8	4	昭和女子大	4	2	4
法政大	2	3	3	日本女子大	4	6	2	東京家政大	5	2	4
日本大	1	1	4	武蔵大	1	2	1	フェリス女学院大	5	6	8
東海大	3	3	2	玉川大	7	1	2	東洋英和女学院大	11	18	14
國學院大	3	2	4	東京都市大	2	2	1	東京医療保健大	4	6	3

※各大学合格数は既卒生との合計。

見学ガイド　文化祭／学校説明会／オープンスクール／個別見学対応

高1内訳 一貫生 200名

田園調布学園（でんえんちょうふがくえん） 中等部

〒158－8512 東京都世田谷区東玉川 2－21－8 ☎03－3727－6121

教育方針▶建学の精神「捨我精進」を実践。新しい時代にふさわしい教養と豊かな国際性を備えた女性を社会に送り出すことをめざす。

沿革▶1926年に調布女学校として創立。2004年に現校名へ改称，2014年に併設型中高一貫校へ移行。2018年９月に第二校舎創造探究棟が完成。

施設▶講堂，図書館（3.6万冊），和作法室，テニスコート，グラウンド，他。

学校長▶清水　豊

生徒数▶総数617名

	1年（5クラス）	2年（5クラス）	3年（5クラス）
女子	209名	205名	203名

東急東横線・東急目黒線―田園調布８分
東急池上線―雪が谷大塚10分
8分

豊かな人生を歩める人になるために

体験を重視した教育活動を通して知性，感性，創造性を伸ばす。学内の活動にとどまらず，外の世界へも積極的に踏み出していくよう後押しする。

学習 平常授業は週５日制，50分授業（32コマ)。加えて土曜日には約170の講座から興味・関心に応じて選択する「土曜プログラム」を実施。専門性の高い多彩な講座で，ワークショップやディスカッションなどの体験を通し，視野を広げることを目的としている。分野の垣根を超えた学び「教科横断型授業」では，一つの事象を多角的・重層的に見る姿勢を養う。美術×数学や音楽×理科などの授業で知的好奇心を刺激する。中１～高２で週１コマの探究の時間を設置。中学では「デザイン思考」の基礎を学びながら課題解決スキルを身につける。ICT・情報教育も充実。

●コース表

中1	中2	中3	高1	高2	高3
共通履修				文系 理系	

キャリア教育 中２で自分史作成，中３で職業研究に取り組む。高校では大学の先生やOGによる講演会を開催。理系大学による連携プログラムへの参加などで大学進学の意識を高め，将来像を描くきっかけとする。

学校生活 毎朝8：30，校内に「精進の鐘」の音が響き渡り，静かに黙想を行う。クラブ活動のほか，希望者対象の専門講師による箏曲・茶道などの課外授業もある。

保護者MEMO

登校時刻▶８：25
最終下校時刻▶18：00
土曜日▶休校。土曜プログラムを行う
昼食▶弁当/食品販売あり
携帯電話▶可
制服▶セーラー
自転車通学▶不可
カウンセラー▶週４日
保護者面談▶年１～２回
保護者会▶年４回
必修旅行▶京都・奈良（中３），西九州（高１）
部活動▶週３日（中学）

学費

初年度目安 125万円

(単位:円)	入学金	施設費	授業料	その他	合計
入学手続時	250,000	—	—	—	250,000
1年終了まで	—	96,000	468,000	437,860	1,001,860

●奨学金・特待生
なし

[その他] 制服・指定品代，教育充実費，学年費，後援会費，生徒会費。
[寄付・学債] なし。
※上記は'22年度のもの。新年度について詳細は「受験生応援アプリ」にて公開（2023年５月～）。

首都圏模試 思考コード (単位:%)

〈第1回〉

読み取る力＼考える力	国語 A	国語 B	国語 C	算数 A	算数 B	算数 C
複雑 3				3		
2	16	14		30	16	
単純 1		57	13		51	

A=知識・理解思考　B=論理的思考　C=創造的思考

2024年度入試 合格の基準

	首都圏模試 ほぼ確実	首都圏模試 見込あり	四谷大塚 ほぼ確実	四谷大塚 見込あり
女子〈①〉	61	57	52	48
		やや見込あり 53		やや見込あり 43

ほぼ確実＝80%～／見込あり＝50～79%／やや見込あり＝20～49%

入試要項 2023年度参考　新年度日程はアプリへGO!

4科 他

試験名	試験日 ◎午後入試	出願締切 Web	発表 Web	手続 W・窓	2科	4科	適	英	他	面接	特待	募集数	応募数	受験数	合格数	実質倍率	偏差値
①	2/1	1/31	当日	2/3延		●						80	265	255	93	2.7	61
午後	2/1 ◎	1/31	当日	2/3延					＊1			20	217	205	114	1.8	68
②	2/2	2/1	当日	2/4延		●						70	514	390	189	2.1	63
③	2/4	2/3	当日	2/5延		●						30	390	259	67	3.9	64

＊1　算数

【出願方法】Web出願　**【手続方法】**合格発表日翌日までに書類受取のうえ，Web納入。2/9まで延納可
【受験料】22,000円（午後は10,000円）

【帰国生入試】12/4（オンライン入試あり。若干名募集）

年度	試験名	募集数	応募数	受験数	合格数	実質倍率	偏差値
'22	①	80	191	183	86	2.1	61
	午後	20	201	192	129	1.5	68
	②	70	439	318	188	1.7	61
	③	30	277	184	64	2.9	63
'21	①	80	160	150	81	1.9	61
	午後	20	220	211	117	1.8	67
	②	70	449	340	195	1.7	62
	③	30	291	192	63	3.0	62

中学受験のプロがおすすめ! 併願校の例

特色	表現力育成	オンライン英会話	フィールドワーク	STEAM教育
♠男子校 ♥女子校 ♣共学・別学校	♣青学横浜英和	♥東京女学館	♥日本女子大附	♥香蘭女学校
	♥共立女子	♥昭和女子大昭和	♥山脇学園	♥恵泉女学園
	♥カリタス女子	♥大妻中野	♥神奈川学園	♥横浜女学院

併設高校の進路情報

四年制大学進学率93.6%
文系56／理系42／その他2（%）　医歯薬27名合格

指定校推薦▶利用状況は横浜市大3，早稲田大2，慶應大4，東京理科大7，学習院大1，明治大2，青山学院大2，立教大2，中央大4，日本大1，成蹊大1，明治学院大3，芝浦工大1，北里大2，東京農大2，日本赤十字看護大1など。ほかに法政大，成城大，神奈川大，東京電機大，立命館大，東京都市大，立命館アジア太平洋大など推薦枠あり。

海外大学合格状況▶Asia Pacific University of Technology & Innovation（マレーシア），他。

'22年3月卒業生：188名　大学176名
短大0名　専門0名　就職0名　他12名

主な大学合格状況　'23年春については主要大学のみ巻末一覧に記載

大学名	'22	'21	'20	大学名	'22	'21	'20	大学名	'22	'21	'20
◇東京大	2	0	0	◇電通大	1	3	1	法政大	23	22	32
◇東工大	0	1	1	早稲田大	10	18	13	日本大	53	25	27
◇一橋大	0	0	1	慶應大	13	13	10	東洋大	15	24	33
◇千葉大	0	4	0	上智大	15	13	29	専修大	14	11	14
◇東京外大	1	1	1	東京理科大	32	15	29	成城大	7	10	24
◇横浜国大	2	0	2	学習院大	17	5	9	明治学院大	36	14	19
◇北海道大	1	0	2	明治大	44	36	37	神奈川大	15	14	11
◇東京農工大	1	1	3	青山学院大	20	15	27	東京女子大	12	17	21
◇都立大	2	2	1	立教大	29	20	32	日本女子大	13	10	24
◇横浜市大	4	6	4	中央大	37	16	25	東京都市大	22	11	7

※各大学合格数は既卒生との合計。

見学ガイド　体育祭／文化祭／学校説明会／土曜プログラム見学会

東京家政学院（とうきょうかせいがくいん） 中学校

〒102－8341 東京都千代田区三番町 22 ☎03－3262－2559（入試事務室）

国際 海外研修 長期留学 第2外国語 online英会話 21型 1人1台端末 リモート体制 プロジェクト型 論文執筆 STEAM 情操 体験学習 ボランティア 人間力育成

教育理念▶創立者・大江スミが理想とした「知識の啓発」「徳性の涵養」「技術の錬磨」を受け継ぎ，社会で活躍する自立した女性を育成する。
沿革▶1923年に創設された家政研究所が前身。1947年の学制改革により，中学校を設置。
施設▶ホール，和室，LL教室，図書館（7.3万冊），体育館・アリーナ，グラウンド，ラウンジ，他。
学校長▶佐野　金吾
生徒数▶総数84名

	1年（2クラス）	2年（1クラス）	3年（2クラス）
女子	37名	25名	22名

JR・有楽町・南北・都営新宿線ー市ヶ谷8分
東西線ー九段下10分　半蔵門線ー半蔵門8分
8分

相手を気遣う想像力と思いやりの心をもつ，自立した女性の育成

少人数制による多彩なコースを設置。生徒一人ひとりに合わせた「学びの場」を提供する。知識を高め，徳性を養い，技を磨くことで自立の心を育てる。

学習 中1・中2では基礎学力を定着させ得意を伸ばす。英数で習熟度別授業を行い，学習内容の確実な理解をめざす。中3進級時にコース選択を行い，高2進級時に再度コース選択をする。リベラルアーツコースでは幅広い分野に対応する基礎学力を習得。アドバンストコースは週7時間以上の英語の授業（高1から）など，大学入試「一般選抜」突破を視野に入れたカリキュラムを設置する。ほかに家政系・児童系に関する知識・技術を深め活用するコースと，管理栄養系学部進学をめざすコースがある。花道，茶道，テーブルマナー講習を必修とし，美しい心と品位を養う。

●コース表

中1	中2	中3	高1	高2	高3
共通履修		リベラルアーツ アドバンスト		リベラルアーツ〈文/理〉 家政・児童進学 管理栄養進学 アドバンスト〈文/理〉	

キャリア教育 中1から高2までSDGsを探究テーマとして活動する。学年が進むごとに学校から地域へと活動フィールドを広げていく。中1と中2合同で近隣の企業や社会人を取材してポスターを作成するなど，社会や大人とのつながりを通じて社会で必要とされる能力や資質を育む。

学校生活 中学では13のクラブが活動中。バドミントン部は関東大会に出場。

保護者MEMO

登校時刻▶8：25
最終下校時刻▶18：00
土曜日▶毎週登校。平常授業4時間
昼食▶食堂（条件により可）/食品販売あり
携帯電話▶可
制服▶ブレザー
自転車通学▶不可
カウンセラー▶週3日
保護者面談▶年3回
保護者会▶年1回
必修旅行▶京都・奈良（中3）
部活動▶活動日は部による

学費　初年度目安 135万円

（単位:円）	入学金	施設費	授業料	その他	合計
入学手続時	200,000	—	—	—	200,000
1年終了まで	—	120,000	450,000	575,055	1,145,055

［その他］制服・指定品代，修学旅行費，環境整備費，図書会費，学年行事費，PTA会費，生徒会費。
［寄付・学債］任意の寄付金（東京家政学院創立100周年記念募金）1口3千円以上あり。
※上記は'22年度のもの。新年度について詳細は「受験生応援アプリ」にて公開（2023年5月〜）。

●奨学金・特待生
入学金半額とSS：授業料6年間／S：授業料3年間／A：授業料1年間／B：授業料半額1年間，他

首都圏模試 思考コード (単位：%)

〈2/1午前〉

読み取る力 ＼ 考える力	国語 A	国語 B	国語 C	算数 A	算数 B	算数 C
複雑 3						
2	11	14		57	4	
単純 1	33	42		27	12	

A=知識・理解思考　B=論理的思考　C=創造的思考

2024年度入試 合格の基準

	首都圏模試 ほぼ確実	首都圏模試 見込あり	首都圏模試 やや見込あり	四谷大塚 ほぼ確実	四谷大塚 見込あり	四谷大塚 やや見込あり
女子 〈①午前〉	40	35	30	30	25	20

ほぼ確実＝80%～／見込あり＝50～79%／やや見込あり＝20～49%

入試要項 2023年度参考 新年度日程はアプリへGO!

2科 4科 適性型 英 他

	試験名	試験日 ◎午後入試	出願締切 Web	発表 Web	手続 Web	2科	4科	適	英	他	面接	特待	募集数	応募数	受験数	合格数	実質倍率	偏差値
①	得意2・4科	2/1	当日	当日	2/6	＊1	●		＊1			●	40	31	30	28	1.1	40
	プレゼン	2/1	当日	当日	2/6					＊2		●		6	6	6	1.0	
	適性検査	2/1	当日	当日	2/13			＊3				●		55	55	55	1.0	
	2科	2/1 ◎	当日	当日	2/6	●						●	20	28	8	6	1.3	40
	英語資格A	2/1 ◎	当日	当日	2/6				＊4	＊4		●		6	4	4	1.0	
	フードデザイン	2/1 ◎	当日	当日	2/6					＊5		●		5	1	1	1.0	
②	得意2科	2/2	当日	当日	2/6	＊6				＊6		●	15	32	7	4	1.8	40
	英語資格A	2/2	当日	当日	2/6				＊4	＊4		●		4	2	2	1.0	
	得意1科	2/2 ◎	当日	当日	2/6					＊7		●	15	34	7	5	1.4	43
	英語資格B	2/2 ◎	当日	当日	2/6				＊8		＊8	●		5	3	3	1.0	
③	得意1科	2/5	当日	当日	2/6					＊7		●	若干	41	6	6	1.0	40
	英語資格B	2/5	当日	当日	2/6				＊8		＊8	●		4	0	0	—	
④	得意1科	2/10	当日	当日	2/11					＊7		●	若干	41	3	3	1.0	43
	SDGs	2/10	当日	当日	2/11					＊9		●		3	1	1	1.0	

＊1　国（必須）＋算理社英より１科目選択。英語は筆記と面接（英検３級以上は免除，４・５級は優遇措置あり）　＊2　国または算＋プレゼンテーション　＊3　適性検査ⅠⅡⅢ（区立準拠）　＊4　国＋英検５級以上の資格　＊5　家庭科の授業を受け，振り返りと発表を行う　＊6　国＋算理社から１科目選択　＊7　国または算　＊8　英語面接+英検５級以上の資格　＊9　SDGsの17のテーマを題材にしたアクティブラーニング形式の授業を受け，振り返りと発表を行う
※プレゼンは活動報告書を郵送。２・４科選択の英語選択者（資格取得者），英語資格Ａ・Ｂは英検合格証明書のコピーを当日提出

【出願方法】 Web出願　**【手続方法】** Web納入。①は2/2 12：00までの納入で優遇措置あり
【受験料】 20,000円（複数回受験可。優遇制度あり）。適性検査のみは10,000円

【帰国生入試】 —

中学受験のプロがおすすめ! 併願校の例

♠男子校 ♥女子校 ♣共学・別学校

特色	キャリア教育	ICT教育	伝統文化教育	適性検査型入試
	♥日大豊山女子	♥三輪田学園	♥跡見学園	♣区立九段中等
	♥中村	♥和洋九段	♥麹町女子	♣宝仙学園
	♥淑徳ＳＣ	♥瀧野川女子	♥成女学園	♥神田女学園

併設高校の進路情報

四年制大学進学率93%
文系68／理系30／その他２(%)　医歯薬４名合格

内部推薦▶東京家政学院大学へ11名（人間栄養５，現代生活６）が内部推薦で進学した。

指定校推薦▶利用状況は法政大１，駒澤大１，成蹊大３，日本女子大３，立命館大１，共立女子大１，大妻女子大３，学習院女子大１，城西大１，清泉女子大１，東洋英和女学院大１，十文字学園女子大１，女子栄養大２など。ほかに日本大，大東文化大，亜細亜大など推薦枠あり。

'22年３月卒業生：57名

大学53名　短大０名　専門２名　就職０名　他２名

主な大学合格状況

'23年春については主要大学のみ巻末一覧に記載

大学名	'22	'21	'20	大学名	'22	'21	'20	大学名	'22	'21	'20
東京理科大	0	1	0	東京女子大	3	0	1	日本薬科大	1	1	1
明治大	0	1	0	日本女子大	4	4	5	実践女子大	1	2	1
青山学院大	0	1	0	立命館大	1	0	0	昭和女子大	2	3	1
中央大	2	0	0	立正大	0	1	0	学習院女子大	2	1	1
法政大	2	1	1	国士舘大	0	5	0	帝京平成大	1	2	2
日本大	0	0	3	桜美林大	1	1	1	駒沢女子大	1	1	1
駒澤大	2	0	0	共立女子大	3	3	3	清泉女子大	1	4	4
専修大	2	0	1	大妻女子大	4	3	9	女子美大	1	2	0
成蹊大	3	1	2	白百合女子大	2	1	3	東京家政大	3	1	0
明治学院大	0	1	0	杏林大	0	1	0	東京家政学院大	25	23	14

※各大学合格数は既卒生との合計。

見学ガイド 体育祭／文化祭／説明会／個別見学対応

東京家政大学附属女子 中学校
(とうきょうかせいだいがくふぞくじょし)

〒173－8602 東京都板橋区加賀1－18－1 ☎03－3961－0748（入試・広報部）

国際 / 海外研修 / 長期留学 / 第2外国語 / online英会話 / 21型 / 1人1台端末 / リモート体制 / プロジェクト型 / 論文執筆 / STEAM / 情操 / 体験学習 / ボランティア / 人間力育成

教育方針▶建学の精神「自主自律」のもと，未来を拓くしなやかな女性を育てる。
沿革▶1881年創立の和洋裁縫伝習所が前身。併設大学の開校に伴い，1949年に現校名へ改称。
施設▶大・小ホール（大学と共有），自習室，ビオトープ，図書室，ラーニングコモンズ，体育館，屋内プール，テニスコート，グラウンド，他。
学校長▶賞雅　技子
生徒数▶総数224名

	1年（3クラス）	2年（3クラス）	3年（3クラス）
女子	87名	67名	70名

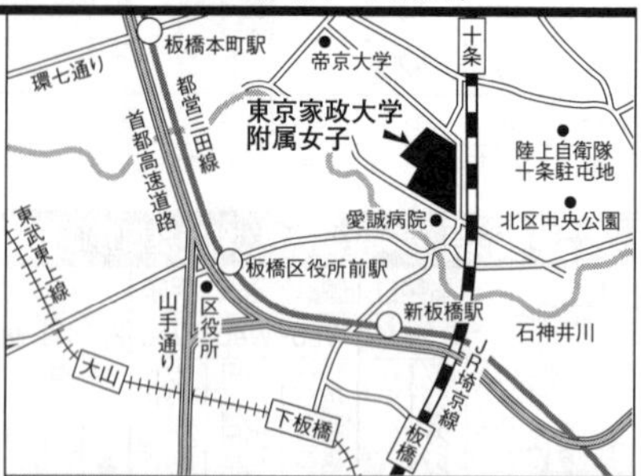

JR―十条5分　都営三田線―新板橋12分　東武東上線―下板橋15分　5分

「KASEI」から「SEKAI」へ

インターナショナルスタンダードに基づく，世界に通用する輝きある女性を育成。MYP（国際バカロレア中等教育プログラム）の候補校。

学習 自ら考え，主体的に学び続ける力の育成をめざす。とくに総合探究の時間では，建学の精神「自主自律」を実現する学びを構築。自ら「問い」を立て，調査やフィールドワークを通じて学びのスキルを習得。探究の成果はポスターセッション発表で共有する。英語では4技能5領域の力を伸ばす指導を重点にOxford Big Readへの取り組みやALTとのプライベートレッスンなどを通して，英語発信力を磨く。学力向上のために全学年で模擬試験を受験。特進クラスを中心に進学特別講座や補習指導，学年ごとの進路指導を実施している。

●コース表

中1	中2	中3	高1	高2	高3
	特進（E）クラス 進学（i）クラス				文系 理系

キャリア教育 自分の理想の25才像の実現をめざす独自のプログラム「ヴァンサンカン・プラン」を中心に学習指導と進路指導を行う。エゴグラム診断・キャリアガイダンス・学部学科研究などに取り組む。併設大学，他大学への進学をサポートする。

学校生活 朝や放課後に自習を推奨。中学対象の部活動はドリルチーム（チアダンス）やソフトテニス部など16の部がある。食育としてスクールランチを実施。

保護者MEMO

登校時刻▶8：20
最終下校時刻▶18：00
土曜日▶毎週登校。平常授業4時間
昼食▶給食（中学のみ）/食堂/食品販売あり
携帯電話▶可
制服▶ブレザー（夏セーラー）
自転車通学▶可
カウンセラー▶週1.5日
保護者面談▶年1回
保護者会▶年3回
必修旅行▶シンガポール（中3）
部活動▶週4日

学費　初年度目安 142万円

（単位:円）	入学金	施設費	授業料	その他	合計
入学手続時	280,000	—	—	—	280,000
1年終了まで	—	240,000	468,000	427,204	1,135,204

●奨学金・特待生
入学金・年間12万円

［その他］制服・指定品代，副教材費，PTA会費，生徒会費，災害共済掛金，給食費。※別途修学旅行費等あり。
［寄付・学債］なし。
※上記は'22年度のもの。新年度について詳細は「受験生応援アプリ」にて公開（2023年5月～）。

首都圏模試 思考コード （単位：%）

読み取る力	〈第2回〉国語 A	B	C	算数 A	B	C	〈④適性検査型〉I A	B	C	II A	B	C
複雑 3												
2	10	16		55				30	60		25	
単純 1	20	49	5	30	15			10			65	10

考える力 A=知識・理解思考 B=論理的思考 C=創造的思考

2024年度入試 合格の基準

		首都圏模試 ほぼ確実	見込あり	四谷大塚 ほぼ確実	見込あり
女子	〈①セレクト進学〉	43	37	35	30
			やや見込あり 34		やや見込あり 25

ほぼ確実＝80%～／見込あり＝50～79%／やや見込あり＝20～49%

入試要項 2023年度参考 新年度日程はアプリへGO!

2科 4科 適性型 英 他

試験名		試験日 ◎午後入試	出願締切 Web	発表 Web	手続 Web	2科	4科	適	英	他	面接	特待	募集数	応募数	受験数	合格数	実質倍率	偏差値
特進(E)	①	2/1	1/31	当日	2/5	＊1			＊1				10	57	45	14〈24〉	3.2	48
		2/1	1/31	当日	2/10			＊2				●	10	5	2	2	1.0	47
	②	2/1 ◎	1/31	当日	2/5	●	●					●	15	72	61	17〈39〉	3.6	50
	③	2/2	当日	当日	2/5	●	●					●	10	68	38	17〈20〉	2.2	48
	④	2/2 ◎	当日	当日	2/5					＊3		●	10	51	29	4〈11〉	7.3	47
	⑤	2/3 ◎	当日	当日	2/10					＊4		●	5	75	29	9〈10〉	3.2	47
	⑥	2/4	当日	当日	2/5	●						●	若干	80	32	12〈19〉	2.7	48
進学(i)	①	2/1	1/31	当日	2/5	＊1			＊1				25	24	18	10	1.8	43
		2/1	1/31	当日	2/10			＊2				●	10	0	0	0	—	46
	②	2/1 ◎	1/31	当日	2/5	●	●					●	20	33	28	18	1.6	47
	③	2/2	当日	当日	2/5	●	●					●	10	38	19	17	1.1	44
	④	2/2 ◎	当日	当日	2/5					＊3		●	10	21	8	3	2.7	44
	⑤	2/3 ◎	当日	当日	2/10					＊4		●	10	34	12	7	1.7	44
	⑥	2/4	当日	当日	2/5	●						●	5	40	11	9	1.2	44

＊1 国語・算数・英語（面接を含む）より2科目選択 ＊2 適性検査型 I II ＊3 算数 ＊4 国語

【出願方法】Web出願 **【手続方法】**Web納入 **【受験料】**20,000円（複数回受験可）

【帰国生入試】12/25（若干名募集） （注）〈 〉は進学合格で外数。

中学受験のプロがおすすめ! 併願校の例

特色	半附属校	キャリア教育	給食制度	探究型学習
♠男子校 ♥女子校 ♣共学・別学校	♣東洋大京北	♥三輪田学園	♣駒込	♥大妻中野
	♥日大豊山女子	♥十文字	♥文京学院女子	♥実践女子
	♣帝京	♥瀧野川女子	♣桜丘	♥神田女学園

併設高校の進路情報

四年制大学進学率86%
文系53／理系40／その他7（%） 医歯薬5名合格

内部推薦▶東京家政大学へ72名（家政23，人文11，子ども7，健康科4，栄養27），東京家政大学短期大学部へ4名が内部推薦で進学した。

指定校推薦▶東京理科大，学習院大，青山学院大，立教大，日本大，東洋大，大東文化大，亜細亜大，成蹊大，東京電機大，日本女子大，立命館大，武蔵大，東京都市大，共立女子大，大妻女子大，白百合女子大，東京女子医大，日本薬科大，東京農大，昭和女子大など推薦枠あり。

'22年3月卒業生：221名

大学190名 短大10名 専門16名 就職0名 他5名

主な大学合格状況 '23年春については主要大学のみ巻末一覧に記載

大学名	'22	'21	'20	大学名	'22	'21	'20	大学名	'22	'21	'20
◇千葉大	1	0	0	青山学院大	1	2	1	成城大	0	5	1
◇埼玉大	0	1	0	立教大	10	1	4	日本女子大	8	12	11
◇東京学芸大	1	0	0	中央大	1	1	2	共立女子大	4	5	4
◇東京海洋大	1	0	0	法政大	1	5	0	大妻女子大	2	3	5
◇国立看護大	1	0	0	日本大	6	8	5	白百合女子大	1	5	0
早稲田大	0	0	1	東洋大	2	10	6	杏林大	2	2	4
慶應大	0	0	1	駒澤大	1	4	0	昭和女子大	3	9	4
上智大	1	0	1	大東文化大	4	2	8	東京工科大	4	4	3
学習院大	3	0	1	帝京大	3	4	8	東京家政大	84	54	92
明治大	0	3	0	成蹊大	6	3	2	日本体育大	3	3	4

※各大学合格数は既卒生との合計。

見学ガイド 文化祭／説明会／オープンスクール／個別見学対応

高校募集 あり 高1より全体が混合。　高1内訳 一貫生 43名 39名 高入生

東京純心女子（とうきょうじゅんしんじょし）中学校

〒192−0011　東京都八王子市滝山町2−600　☎042−691−1345

国際 / 海外研修 / 長期留学 / 第2外国語 / online英会話 / 21型 / 1人1台端末 / リモート体制 / プロジェクト型 / 論文執筆 / STEAM / 情操 / 体験学習 / ボランティア / 人間力育成

教育目標▶「叡智・真心・貢献」を3つの柱とし，何事にも誠実に向き合い，他者を真に思いやる心を持ち，世の光となる人材を育成する。

沿革▶1934年設立の純心聖母会を母体に学校法人東京純心女子学園が創立され，1986年中学校開校。

施設▶講堂，聖堂，作法室，English Room，図書館，Puzzle Room，グラウンド，テニスコート（硬式・4面），他。

学校長▶森　扶二子

生徒数▶総数97名

	1年（2クラス）	2年（2クラス）	3年（2クラス）
女子	32名	31名	34名

JR―八王子・拝島・秋川，京王線―京王八王子よりバス純心女子学園　10分

正課授業は午前で終わり，午後は使命を見出す体験を

2023年度から「FYM（Find Your Mission）プロジェクト」が始動。デジタル教材やICTを駆使して効率のよい「学び」を実践する。

学習　午前中は「FYMラーニング」とし，1コマ45分×5コマの正課授業をICT活用による個別最適な学習で行う。午後は「FYMアクティビティ」として，自らの使命を見出すきっかけとなる体験的活動を幅広く行う。英語のまま理解する「英語の回路」の構築をめざし，4技能のバランスがとれたトレーニング型の授業を展開。高2からは国公立・私立大学をめざす特進と，看護医療系・芸術系など多様な進路に対応するセレクトデザインの2コース制。

キャリア教育　中1では著名な女性たちの人生から生き方を研究し学ぶ。中2でNPO法人へのインタビューや，保護者による職業ガイダンスなどを実施。高校では進路研修や大学講義体験などを行う。

学校生活　「いのちと向き合う」教育の一環として「労作」を導入。土に触れ，自然の営みを体感し，生命の大切さを学ぶ。毎日の朝礼では聖歌を歌い聖書を読む。週1回，宗教の授業もある。施設訪問，募金活動や物資の援助などボランティア活動が盛ん。ボランティア活動部「つくし部」も。

●コース表

中1	中2	中3	高1	高2	高3
共通履修				特進プログラム / セレクトデザイン	

保護者MEMO

登校時刻▶8：40
最終下校時刻▶17：00
土曜日▶毎週登校。平常授業4時間
昼食▶食堂/食品販売あり
携帯電話▶可
制服▶ボレロ
自転車通学▶可
カウンセラー▶週2日
保護者面談▶年2回
保護者会▶年3回
必修旅行▶長崎（高2）
部活動▶活動日は部による
水曜日は休部日

学費　　初年度目安 109万円

（単位:円）	入学金	施設費	授業料	その他	合計
入学手続時	250,000	—	—	—	250,000
1年終了まで	—	—	444,000	395,995	839,995

［その他］教育充実費，特別教育積立金，教材費，模擬試験料，実験実習費，父母の会費，生徒会費。
［寄付・学債］—
※上記は'22年度のもの。新年度について詳細は「受験生応援アプリ」にて公開（2023年5月〜）。

●奨学金・特待生
Sr.江角ヤス特待：授業料3年間／特待：授業料1年間（2年次以降再度選抜）

首都圏模試 思考コード （単位：%）

読み取る力＼考える力	〈1回私立型〉国語 A	国語 B	国語 C	算数 A	算数 B	算数 C	〈適性検査型〉Ⅰ A	Ⅰ B	Ⅰ C	Ⅱ A	Ⅱ B	Ⅱ C
複雑 3												
2	18	10		60	10			30	70	10	39	
単純 1		72			30						41	10

A=知識・理解思考　B=論理的思考　C=創造的思考

2024年度入試 合格の基準

		首都圏模試 ほぼ確実	首都圏模試 見込あり	四谷大塚 ほぼ確実	四谷大塚 見込あり
女子	〈私立①〉	45	42 / やや見込あり 39	35	30 / やや見込あり 25

ほぼ確実＝80%～／見込あり＝50～79%／やや見込あり＝20～49%

入試要項 2023年度参考　新年度日程はアプリへGO!

2科 4科 適性型 他

試験名		試験日 ◎午後入試	出願締切 Web	発表 Web	手続 W・窓	2科	4科	適	英	他	面接	特待	募集数	応募数	受験数	合格数	実質倍率	偏差値
私立型	①	2/1	1/30	当日	2/6	●	●					●	20	19	17	12	1.4	45
	②	2/1 ◎	1/30	当日	2/6	●						●	15	22	17	13	1.3	41
	③	2/2	2/1	当日	2/6	●	●					●	20	26	14	8	1.8	44
適性検査型		2/1	1/30	当日	2/10			＊1				●	20	8	8	6	1.3	46
数的処理型		2/2 ◎	2/1	当日	2/6					＊2		●	15	20	13	10	1.3	47
江角ヤス特待生		2/5	2/4	当日	2/10		＊3	＊3				●	10	18	11	0〈9〉	—	54

＊1　適性検査型ⅠⅡ（南多摩型）　＊2　算（計算・図形などの基本問題）　＊3　4科または適性検査型ⅠⅡ
※2/1・2で合格した受験生も，合格を保持したまま江角ヤス特待生入試受験可

【出願方法】 Web出願
【手続方法】 2/6までに入学手続き申請書を提出し書類受取のうえ，Web納入
【受験料】 20,000円（複数回受験可）

【帰国生入試】 —
（注）〈　〉は一般合格で外数。

中学受験のプロがおすすめ! 併願校の例

♠男子校 ♥女子校 ♣共学・別学校

特色	カトリック系	礼儀・マナー	留学制度	適性検査型入試
	♥光塩女子	♥大妻多摩	♥大妻中野	♣都立南多摩
	♥聖セシリア	♥共立女子二	♣工学院大附	♣都立立川国際中等
	♥聖ドミニコ	♥藤村女子	♥富士見丘	♥白梅清修

併設高校の進路情報

四年制大学進学率97.2%
文系58／理系33／その他9（%）　医歯薬17名合格

内部推薦▶東京純心大学へ2名（看護）が内部推薦で進学した。

指定校推薦▶利用状況は明治大1，青山学院大2，中央大4，法政大1，津田塾大1，東京女子大3，北里大1，東京薬科大1など。ほかに東京理科大，学習院大，立教大，日本大，東洋大，駒澤大，専修大，大東文化大，東海大，亜細亜大，帝京大，國學院大，成蹊大，成城大，明治学院大，獨協大など推薦枠あり。

海外大学合格状況▶University of Waikato（ﾆｭｰｼﾞｰﾗﾝﾄﾞ），他。

'22年3月卒業生：71名
大学69名
短大0名　専門0名　就職0名　他2名

主な大学合格状況　'23年春については主要大学のみ巻末一覧に記載

大学名	'22	'21	'20	大学名	'22	'21	'20	大学名	'22	'21	'20
◇千葉大	0	1	0	青山学院大	4	1	3	日本女子大	3	17	1
◇東京外大	1	0	1	立教大	16	10	8	玉川大	3	4	2
◇防衛医大	1	0	0	中央大	12	12	8	工学院大	10	1	3
◇広島大	0	1	0	法政大	6	4	4	桜美林大	2	2	3
早稲田大	1	0	6	日本大	5	4	6	白百合女子大	4	6	2
慶應大	3	0	0	東洋大	3	6	2	杏林大	6	6	1
上智大	2	2	3	専修大	1	1	2	北里大	3	6	6
東京理科大	2	1	1	帝京大	5	2	5	武蔵野大	11	3	13
学習院大	1	0	1	津田塾大	8	12	6	多摩美大	4	5	7
明治大	3	5	4	東京女子大	11	10	10	東京純心大	4	1	5

※各大学合格数は既卒生との合計。

見学ガイド 文化祭／説明会／オープンキャンパス／個別見学対応

 高1内訳 一貫生 231名

東京女学館(とうきょうじょがっかん) 中学校

〒150－0012 東京都渋谷区広尾 3－7－16 ☎03－3400－0867

教育目標▶「高い品性を備え，人と社会に貢献する女性の育成」を基に，深い教養と知性，国際的な広い視野を養い，自己形成を支える。
沿革▶1888年，女子教育奨励会を母体に東京女学館開校。
施設▶講堂，作法室，アクティブラーニングルーム，カウンセリング室，図書館（6万冊），テニスコート，屋内プール，人工芝グラウンド，ビオトープ，他。
学校長▶渡部　さなえ
生徒数▶総数690名　併設小からの進学者を含む。

	1年（6クラス）	2年（6クラス）	3年（6クラス）
女子	237名	227名	226名
内進生内数	66名	72名	75名

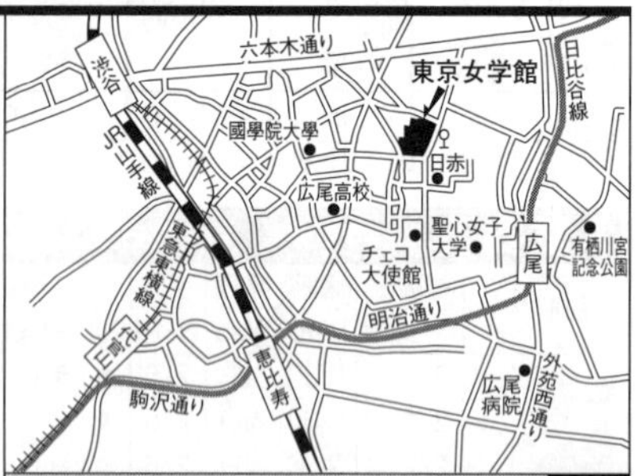

日比谷線―広尾12分　JR―渋谷・恵比寿よりバス東京女学館前　12分

国際　海外研修　長期留学　第2外国語　online英会話　21型　1人1台端末　リモート体制　プロジェクト型　論文執筆　STEAM　情操　体験学習　ボランティア　人間力育成

国際社会で広く活躍できる女性リーダーを育成

主体的に課題を共有し，協働しながら問題解決に向けて集団全体を高めていく力「インクルーシブ・リーダーシップ」を育む教育を推進。

学習 一般学級のほかに，英語教育に特化した国際学級を設置。欧米式のグループワーク・プレゼンテーションや協働学習を行うほか，美術の授業も英語で行われる。一般学級の英語は習熟度別の授業を実施。多読・発表・ライティングなどを通して4技能をバランスよく伸ばす。中3～高2の希望者を対象に，東南アジア文化研修を実施。高校からは米国や英国などへの研修・留学制度も整う。社会科では社会的なものの見方や問題意識を養う。高1・高2の総合的な探究の時間では出張講義などを通して視野を広げ，各自設定したテーマについて3,000字以上の小論文を書き上げる。

キャリア教育 キャリアガイダンスの一環として，社会人から仕事の話を聞く「15歳のハローワーク」を実施。また，学校行事の企画運営を生徒自らが行うことで，人と協調し，互いの能力を引き出し合う「インクルーシブ・リーダーシップ」の育成をめざす。

学校生活 毎朝，黙想と10分間の読書時間が設けられている。剣道部や映画制作部，サッカー研究など計34のクラブが活動。

●コース表

中1	中2	中3	高1	高2	高3
一般学級（高校より一般コース）				文系／理系	
国際学級			国際コース（文系）		

保護者MEMO

登校時刻▶8：25
最終下校時刻▶17：40
土曜日▶毎週登校。平常授業4時間
昼食▶食堂/食品販売あり
携帯電話▶許可制
制服▶セーラー
自転車通学▶不可
カウンセラー▶常駐
保護者面談▶年1回
保護者会▶年3回
必修旅行▶沖縄（中3），京都・奈良（高2），他
部活動▶週3日まで

学費　初年度目安 186万円

（単位:円）	入学金	施設費	授業料	その他	合計
入学手続時	290,000	―	―	―	290,000
1年終了まで	―	160,000	582,000	823,000	1,565,000

●奨学金・特待生
なし

［その他］制服・指定品代，施設運営費，教材費，旅行費，父母の会費，地震対策費。※国際学級：授業料81.6万円,その他68.3万円（海外研修費10万円等）［寄付・学債］任意の寄付金（教育充実募金1口20万円1口以上，教育振興募金1口2万円2口以上あり。
※上記は'22年度のもの。新年度について詳細は「受験生応援アプリ」にて公開（2023年5月～）。

首都圏模試　思考コード　（単位：%）

読み取る力＼考える力	〈第１回〉国語 A	国語 B	国語 C	算数 A	算数 B	算数 C
複雑 3				5		
2	5	12		43	8	
単純 1	20	63			44	

A=知識・理解思考　B=論理的思考　C=創造的思考

2024年度入試　合格の基準

	首都圏模試 ほぼ確実	首都圏模試 見込あり	四谷大塚 ほぼ確実	四谷大塚 見込あり
女子〈一般学級①〉	60	55	50	47
		やや見込あり 52		やや見込あり 43

ほぼ確実＝80％～／見込あり＝50～79％／やや見込あり＝20～49％

入試要項　2023年度参考　新年度日程はアプリへGO!　2科　4科

試験名		試験日 ◎午後入試	出願締切 Web	発表 Web	手続 W・窓	選抜方法 2科	4科	適	英	他	面接	特待	募集数	応募数	受験数	合格数	実質倍率	偏差値
一般学級	①	2/1	1/31	当日	2/6		●						35	104	85	40	2.1	60
	②	2/1 ◎	1/31	当日	2/6	●							35	319	280	146	1.9	65
	③	2/2 ◎	当日	当日	2/6	●							35	347	203	106	1.9	63
	④	2/3	当日	当日	2/6		●						25	324	166	82	2.0	61
国際学級		2/2 ◎	当日	当日	2/6	●							20	70	56	28	2.0	59

※通知表コピー

【出願方法】Web出願後，通知表コピーと，国際学級入試の該当者は海外在留証明書を郵送または当日に持参
【手続方法】書類受取のうえ，Web納入。2/9までの入学辞退者には入学金を返金
【受験料】25,000円（複数回受験は２回30,000円，３回35,000円，４回40,000円）

【帰国生入試】11/26（オンライン・若干名募集），12/4（18名募集）

中学受験のプロがおすすめ！　併願校の例

特色	留学制度	伝統文化教育	論文（自由研究）	キャリア教育
♠男子校 ♥女子校 ♣共学・別学校	♥恵泉女学園	♥共立女子	♥香蘭女学校	♥横浜共立
	♥山脇学園	♥田園調布	♥普連土学園	♥品川女子
	♥実践女子	♥跡見学園	♥昭和女子大昭和	♥三輪田学園

併設高校の進路情報

四年制大学進学率86.4%
文系69／理系31／その他０（%）　医歯薬55名合格

指定校推薦▶利用状況は早稲田大４，慶應大２，学習院大１，明治大１，青山学院大１，立教大３，中央大１，芝浦工大１，立命館大１，大妻女子大１，聖心女子大１，東京女子医大１，北里大１，東邦大１，明治薬科大１，東京農大１など。ほかに上智大，東京理科大，法政大，日本大，成蹊大，成城大，獨協大，津田塾大，東京女子大，日本女子大，武蔵大，玉川大，東京都市大，杏林大，聖マリアンナ医大，東京薬科大，昭和薬科大，日本薬科大など推薦枠あり。

'22年３月卒業生：220名
大学190名　短大１名　専門１名　就職０名　他28名

主な大学合格状況　'23年春については主要大学のみ巻末一覧に記載

大学名	'22	'21	'20	大学名	'22	'21	'20	大学名	'22	'21	'20
◇東京大	1	0	0	上智大	23	16	12	成蹊大	14	8	3
◇東工大	1	0	1	東京理科大	10	13	7	成城大	28	17	10
◇一橋大	0	0	1	学習院大	15	11	8	明治学院大	34	25	13
◇千葉大	1	1	2	明治大	36	33	19	津田塾大	12	14	15
◇筑波大	1	2	0	青山学院大	41	23	15	東京女子大	40	31	16
◇横浜国大	0	1	1	立教大	46	44	26	日本女子大	29	42	26
◇埼玉大	1	1	0	中央大	22	20	15	聖心女子大	20	18	15
◇東京医歯大	1	0	0	法政大	19	20	21	白百合女子大	15	16	12
早稲田大	24	18	16	日本大	32	28	35	昭和女子大	33	24	16
慶應大	24	16	12	東洋大	18	9	21	東洋英和女学院大	22	26	20

※各大学合格数は既卒生との合計。

見学ガイド　文化祭／学校説明会／オープンスクール

東京女子学院 中学校

（とうきょうじょしがくいん）

〒177−0051　東京都練馬区関町北 4−16−11　☎03−5903−9559（入試広報室）

国際　海外研修　長期留学　第2外国語　online英会話　21型　1人1台端末　リモート体制　プロジェクト型　論文執筆　STEAM　情操　体験学習　ボランティア　人間力育成

教育目標▶校訓「正しい姿 明るい心」を身につけた，健全な社会を構成する気品ある女性の育成をめざす。
沿革▶芙蓉女学校として1936年創立。1947年の学制改革に伴い中学校を設立，1949年現校名へ改称。
施設▶講堂，礼法室，自習室，図書室，ギャラリー（美術館），キッチンスタジオ，ダンススタジオ，体育館，屋内温水プール，テニスコート，グラウンド（人工芝），食堂（カフェテリア），他。
学校長▶野口　潔人
生徒数▶総数108名

	1年（2クラス）	2年（2クラス）	3年（1クラス）
女子	45名	39名	24名

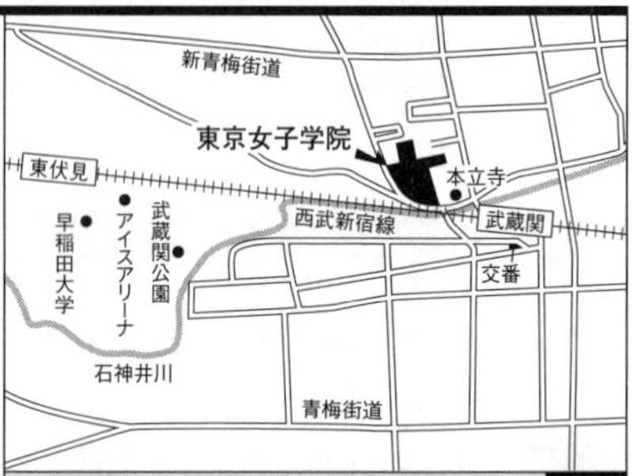

西武新宿線―武蔵関3分　JR―吉祥寺，西武池袋線―大泉学園よりバス　3分

「Be a Global Citizen」を合言葉に，国際社会に貢献できる女性へ

交換留学制度を整え，体験型国際教育に注力。グローバル社会に欠かせない資質を育む時間として，伝統的に行ってきた情操教育も大切にしている。

学習 中学3年間はグローバルスキルの基礎となる教養とコミュニケーション力を身につける。高校では希望者全員が留学できるスタディアブロード，志望校に合わせて文理を選択するセレクトラーニング，食を通して世界を見るフードカルチャーの3コースより選択。英語は4技能をしっかり習得し，着実に使える言語力を養う。高2から仏語または中国語を必修選択として学ぶ。中3～高2の希望者は英国語学研修に参加できる。毎朝30分間，苦手科目の克服や定期テストに向けて，主要5教科のプリント学習に取り組む（希望制）。

●コース表

中1	中2	中3	高1	高2	高3
共通履修			Study Abroad (SA) コース		
			Select Learning (SL) コース		
			Food Culture (FC) コース		

※SLコースは高2で文理選択

キャリア教育 職業調べや職業体験，ボランティア活動，キャリアガイダンスを通して，自分を知り，自分の適性に合った将来像を模索する。また，早い時期から大学模擬授業やオープンキャンパスに参加し，志望大学を明確にして対策に取り組む。

学校生活 創立以来，情操教育に力を入れる。礼法と華道を学び，女性としての気品を身につける。クラブは24団体が活動し，ほとんどの生徒が参加している。

保護者MEMO

登校時刻▶8：20
最終下校時刻▶18：00
土曜日▶毎週登校。平常授業4時間
昼食▶食堂/食品販売あり
携帯電話▶可
制服▶ブレザー
自転車通学▶可
カウンセラー▶週3日
保護者面談▶年1回
保護者会▶年3回
必修旅行▶京都·奈良（中3），他
部活動▶活動日は部による

学費　初年度目安 127万円

（単位:円）	入学金	施設費	授業料	その他	合計
入学手続時	220,000	100,000	―	―	320,000
1年終了まで	―	―	450,000	498,433	948,433

［その他］制服·指定品代，維持費，実習費，副教材費，タブレット購入費，旅行積立金，PTA·後援会·生徒会費，口座振替手数料。
［寄付·学債］任意の寄付金1口5千円2口以上あり。
※上記は'22年度のもの。新年度について詳細は「受験生応援アプリ」にて公開（2023年5月～）。

●奨学金・特待生
入学金，施設設備費・授業料3年間

首都圏模試 思考コード (単位:%)

考える力	A	B	C	A	B	C
読み取る力						
複雑 3						
2	データなし					
単純 1						

A=知識・理解思考　B=論理的思考　C=創造的思考

2024年度入試 合格の基準

	首都圏模試 ほぼ確実	首都圏模試 見込あり	四谷大塚 ほぼ確実	四谷大塚 見込あり
女子〈①午前〉	37	33 / やや見込あり 27	30	25 / やや見込あり 20

ほぼ確実=80%～/見込あり=50～79%/やや見込あり=20～49%

入試要項 2023年度参考　新年度日程は アプリへGO!

2科　4科　適性型　英　他

	試験名	試験日 ◎午後入試	出願締切 Web	発表 手渡	手続 振込	2科	4科	適	英	他	面接	特待	募集数	応募数	受験数	合格数	実質倍率	偏差値
①	午前	2/1	1/31	当日	2/2	●	●		＊2	＊4 ＊5			50	42	41	41	1.0	37
	午後	2/1 ◎	1/31	当日	2/2	●			＊2	＊3 ＊4 ＊5				19	10	10	1.0	37
	適性検査	2/1	1/31	当日	2/10			＊1				●		8	8	8	1.0	37
	特待生	2/1 ◎	1/31	当日	2/10		●				＊6	●		0	0	0	—	37
②	午前	2/2	2/1	当日	2/10	●	●		＊2	＊4 ＊5			30	19	4	4	1.0	37
	午後	2/2 ◎	2/1	当日	2/10	●			＊2	＊3 ＊4 ＊5				15	2	2	1.0	37
	特待生	2/2 ◎	2/1	当日	2/10		●				＊6	●		0	0	0	—	37
③	午前	2/5	2/4	当日	2/10	●	●		＊2	＊4 ＊5			20	26	3	3	1.0	37
	午後	2/5 ◎	2/4	当日	2/10	●			＊2	＊3 ＊4 ＊5				22	2	2	1.0	37
	特待生	2/5 ◎	2/4	当日	2/10		●				＊6	●		1	1	1	1.0	37
④	午前	2/13	2/12	当日	2/14	●	●				＊6		10	—	—	—	—	37
	午後	2/13 ◎	2/12	当日	2/14	●					＊6			—	—	—	—	37
⑤	午前	2/25	2/24	当日	2/27	●	●				＊6		10	—	—	—	—	37
	午後	2/25 ◎	2/24	当日	2/27	●					＊6			—	—	—	—	37

＊1　適性検査ⅠⅡ（都立中学校入試対応）　＊2　英語筆記（英検3級レベル）とアクティビティ（英会話）　＊3　国語または算数　＊4　芸能・スポーツ・特技・特別入試。エントリーシートに基づく面談　＊5　課題解決型入試。プレゼンテーションシート+シート関連質問　＊6　個人面接

【出願方法】 Web出願。該当者は書類を郵送　**【手続方法】** 振込納入　**【受験料】** 20,000円（①～③は複数回受験可）。適性検査のみ5,000円。④⑤は各20,000円

【帰国生入試】 11/19，12/10，1/7，上記に含む（若干名募集）

中学受験のプロがおすすめ! 併願校の例

特色	留学制度	学習サポート	伝統文化教育	適性検査型入試
♠男子校 ♥女子校 ♣共学・別学校	♥和洋九段	♥東京純心女子	♥十文字	♣都立武蔵高校附
	♥佼成女子	♣目白研心	♥東京家政学院	♣都立大泉高校附
	♥神田女学園	♥藤村女子	♥淑徳SC	♥白梅清修

併設高校の進路情報

四年制大学進学率69.4%
文系93／理系7／その他0（%）

指定校推薦▶利用状況は中央大1，成城大1，玉川大1，立正大1，大妻女子大1，昭和女子大3，学習院女子大1，目白大1，恵泉女学園大2，女子栄養大2，東京家政大1など。ほかに大東文化大，工学院大，東京都市大，東邦大，国際医療福祉大，東京農大，実践女子大，駒沢女子大，城西大，日本獣医生命科学大，麻布大，東洋英和女学院大，淑徳大，和洋女子大，聖徳大，跡見学園女子大，女子美大など推薦枠あり。

'22年3月卒業生：62名

大学43名　短大4名　専門11名　就職0名　他4名

主な大学合格状況　'23年春については主要大学のみ巻末一覧に記載

大学名	'22	'21	'20	大学名	'22	'21	'20	大学名	'22	'21	'20
◇群馬大	0	0	1	玉川大	1	2	2	駒沢女子大	1	1	0
中央大	1	1	2	立正大	3	0	0	清泉女子大	2	1	0
日本大	0	1	2	桜美林大	0	1	1	目白大	1	2	2
東洋大	1	1	2	大妻女子大	2	2	2	恵泉女学園大	2	4	0
専修大	1	0	0	聖心女子大	0	2	0	多摩美大	0	1	0
大東文化大	0	2	1	順天堂大	1	1	0	武蔵野美大	0	2	0
亜細亜大	2	1	0	実践女子大	2	1	0	東京工芸大	1	1	1
帝京大	1	0	2	昭和女子大	3	3	3	東京家政大	1	2	3
國學院大	0	1	0	学習院女子大	1	1	1	東京医療保健大	0	2	1
成城大	2	1	1	帝京平成大	0	2	0	跡見学園女子大	4	1	3

※各大学合格数は既卒生との合計。

見学ガイド 文化祭／説明会／オープンスクール

高校募集 あり 高１より全体が混合。 高１内訳 一貫生 146名 25名 高入生

桐朋女子中学校

（とうほうじょし）

〒182−8510 東京都調布市若葉町１−41−１ ☎03−3300−2111・2116（教務直通）

国際 / 海外研修 / 長期留学 / 第２外国語 / online英会話 / 21型 / 1人1台端末 / リモート体制 / プロジェクト型 / 論文執筆 / STEAM / 情操 / 体験学習 / ボランティア / 人間力育成

教育目標▶「自分で考え，選択し，行動する」を実践し，生きる力を持った創造的な人間を育成。

沿革▶1941年創立の山水高等女学校が前身。1948年に現校名へ改称，現在に至る。

施設▶ホール，ラウンジ，自習室，化学実験室，地学教室，図書館（９万冊），天体ドーム，屋内プール，グラウンド，八ヶ岳高原寮，他。

学校長▶今野　淳一

生徒数▶総数484名　併設小からの進学者を含む。

	１年（５クラス）	２年（５クラス）	３年（５クラス）
女子	156名	166名	162名
内進生内数	59名	—	—

京王線―仙川５分　小田急線―成城学園前よりバス仙川駅入口１分　5分

主体的に人生を切り拓く力を養う

「言葉」を論理的に学び，誰にでも伝わる表現力を培う授業が特徴。「ことばの力」を土台に，主体的・協働的な学びを通して，豊かな創造力を養う。

学習 中高のスムーズな接続を考え，２年ごとに区切る３ブロック制を採用。英数においては少人数，習熟度別クラス授業（中２以降）を展開。「ことばの力」をもとにした論理的な思考力を身につけるため「本物に触れる・考えを深める・互いに高め合う」ことを重視した学習活動が特徴的。実験･実習などの体験，フィールドワーク，レポート作成や発表に取り組む。教員と生徒との「対話」を大切にし，成績は面談で伝えられる。全校で92名の帰国生が在籍し，サポート体制が充実している。異文化理解教育として希望制の海外研修（高１）やターム留学（高２）を実施。

キャリア教育 目標は主体的に将来を切り拓く人間を育成すること。中３・高１では職業人による講演会や職業理解セミナー，卒業生に聞く会を行うなど，発達段階に応じた進路指導が実践されている。

学校生活 合唱班と音楽班に分かれる音楽部をはじめ，新体操部やダンス部なども精力的に活動。放課後，中高対象にネイティヴの先生による英会話教室を開く。

●コース表

中１	中２	中３	高１	高２	高３
共通履修				進路に合わせた科目選択制	

保護者MEMO

登校時刻▶８：25
最終下校時刻▶17：00
土曜日▶毎週登校。平常授業４時間
昼食▶食堂/食品販売あり
携帯電話▶許可制
制服▶ブレザー
自転車通学▶可
カウンセラー▶常駐
保護者面談▶年１～２回
保護者会▶年３回
修学旅行▶東北地方（中３），京都・奈良（高２）
部活動▶活動日は部による

学費

初年度目安 **117万円**

（単位:円）	入学金	施設費	授業料	その他	合計
入学手続時	270,000	100,000	—	—	370,000
1年終了まで	—	150,000	518,400	129,540	797,940

●奨学金・特待生
なし

［その他］修学旅行費，生徒諸料，予納金，PTA会費，生徒会費，身体検査料。
［寄付・学債］任意の寄付金（教育環境整備寄付金１口10万円２口以上，特別教育活動基金１口５千円１口以上あり。
※上記は'22年度のもの。新年度について詳細は「受験生応援アプリ」にて公開（2023年５月～）。

首都圏模試 思考コード (単位:%)

読み取る力＼考える力	〈論理的思考力&発想力〉 言語分野 A	B	C	理数分野 A	B	C
複雑 3						
2		10	55		10	
単純 1		20	15	10	70	10

A=知識・理解思考　B=論理的思考　C=創造的思考

2024年度入試 合格の基準

	首都圏模試 ほぼ確実	見込あり	四谷大塚 ほぼ確実	見込あり
女子〈A〉	44	40	37	32
		やや見込あり 37		やや見込あり 27

ほぼ確実=80%～／見込あり=50～79%／やや見込あり=20～49%

入試要項 2023年度参考　新年度日程は アプリへGO!　2科 4科 適性型 英

試験名	試験日 ◎午後入試	出願締切 Web	発表 Web	手続 Web	選抜方法 2科	4科	適	英	他	面接	特待	募集数	応募数	受験数	合格数	実質倍率	偏差値
A	2/1	1/26	当日	2/6	＊1					＊1		130	110	104	95	1.1	44
Creative English	2/1 ◎	1/26	当日	2/6				＊2				10	7	7	3	2.3	—
論理的思考･発想力	2/2	2/1	当日	2/6延			＊3					40	39	34	26	1.3	45
B	2/2 ◎	2/1	当日	2/6	●	●						40	156	74	61	1.2	48

＊1　国算＋口頭試問（準備＋試問）　＊2　準備課題＋インタビュー（面接官とのやり取りは英語）
＊3　論理的思考力＆発想力入試。記述型（言語分野＋理数分野）

【出願方法】 Web出願
【手続方法】 Web納入。公立中高一貫校受検者は2/10まで延納可。2/10までの入学辞退者には一部返還
【受験料】 23,000円（複数回同時出願は30,000円）

【帰国生入試】 12/4，1/22（計20名募集）

中学受験のプロがおすすめ! 併願校の例

特色	表現力育成	フィールドワーク	第2外国語	思考力型入試
♠男子校 ♥女子校 ♣共学・別学校	♥実践女子	♥大妻中野	♥カリタス女子	♥跡見学園
	♥白梅清修	♣多摩大聖ヶ丘	♥聖ドミニコ	♥十文字
	♥駒沢女子	♥共立女子二	♥京華女子	♥佼成女子

併設高校の進路情報

四年制大学進学率82.3%
文系61／理系24／その他15(%)　医歯薬6名合格

内部推薦▶桐朋学園大学へ2名（音楽），桐朋学園芸術短期大学へ1名が内部推薦で進学した。

指定校推薦▶早稲田大，慶應大，上智大，東京理科大，学習院大，明治大，青山学院大，立教大，中央大，法政大，日本大，東洋大，駒澤大，専修大，大東文化大，東海大，亜細亜大，帝京大，國學院大，国際基督教大，成蹊大など推薦枠あり。

'22年3月卒業生：158名（普通科）
大学130名　短大2名　専門1名　就職0名　他25名

主な大学合格状況　'23年春については主要大学のみ巻末一覧に記載

大学名	'22	'21	'20	大学名	'22	'21	'20	大学名	'22	'21	'20
◇東京外大	2	0	1	東京理科大	2	3	2	国際基督教大	2	1	3
◇横浜国大	2	0	0	学習院大	6	8	8	成城大	5	4	5
◇埼玉大	1	0	0	明治大	9	12	6	明治学院大	6	5	2
◇東京医歯大	1	0	0	青山学院大	11	9	6	津田塾大	11	2	7
◇東京藝術大	0	1	1	立教大	18	7	6	東京女子大	20	9	4
◇東京農工大	1	0	0	中央大	7	14	16	日本女子大	8	4	2
◇都立大	1	2	5	法政大	7	8	7	同志社大	5	0	2
早稲田大	5	5	9	日本大	9	14	11	立命館大	5	1	4
慶應大	3	3	5	東洋大	4	13	7	杏林大	7	7	4
上智大	5	4	10	帝京大	9	6	6	桐朋学園大	47	49	56

※各大学合格数は既卒生との合計。音楽科含む。

見学ガイド 体育祭／文化祭／説明会／オープンキャンパス

東洋英和女学院（とうようえいわじょがくいん） 中学部

〒106－8507　東京都港区六本木 5－14－40　☎03－3583－0696

教育目標▶「敬神奉仕」の教えを柱に心と知性を養い，他者のために自分を生かす女性を育てる。

沿革▶1884年，マーサ・J・カートメルにより東洋英和女学校として創立。1947年現校名に改称。

施設▶大講堂，チャペル，和室，相談室，自習室，理科室，マルチラーニングルーム，社会科教室，集会室，テニスコート，グラウンド，軽井沢追分寮，野尻キャンプサイト，他。

中学部長▶石澤　友康

生徒数▶総数593名　併設小からの進学者を含む。

	1年（5クラス）	2年（5クラス）	3年（5クラス）
女子	200名	196名	197名
内進生内数	74名	74名	74名

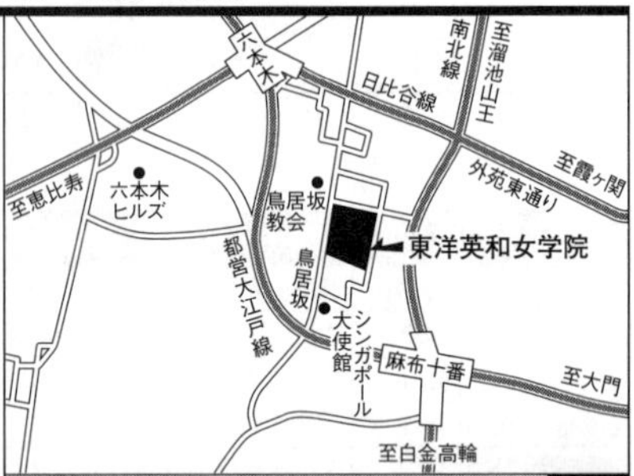

都営大江戸線―麻布十番5分　南北線―麻布十番7分　日比谷線―六本木7分　5分

キリスト教教育を基に国際的な教養を身につける

豊かな心を育む人間教育を軸に，長年実績ある中高一貫体制による教育で，生徒の成長をサポート。英語4技能をバランスよく身につけ，英語での発信力を養う。

学習　中2までは生徒自身が考え学ぶことを習慣づけ，学力の基礎を固める。中3からは一部の教科で習熟度別，先取り学習を取り入れ，学力向上を図る。高2・高3では進路に合わせた科目を選択し，より深い知識を学ぶ。英語では劇や詩の暗唱，スピーチコンテストなどを通じて発信力を培う。英会話は全学年でオリジナルテキストを使用し，ネイティヴ教師が授業を行う。希望者を対象に中3～高2でカナダ，オーストラリアへの研修を実施。宿泊研修が盛んで，とくに野尻湖で共同生活を体験する野外教育は，伝統的に行われている。

●コース表

中1	中2	中3	高1	高2	高3
共通履修				進路別科目選択制	

キャリア教育　中2から将来をみすえたプログラムを始める。高1では卒業生講演会などを行う。学年に応じて段階的に将来の目標を明確にしていく。

学校生活　毎朝の朝礼や聖書の授業を通して心の支えとなるものを見つける。また様々な奉仕活動を体験し，共に生きることを学ぶ。プロの講師による課外教室（器楽科，日本舞踊教室など）も特徴のひとつ。28の文化系・スポーツ系クラブがある。

保護者MEMO

登校時刻▶8：00
最終下校時刻▶17：30
土曜日▶休校。行事，クラブ活動などを行う
昼食▶弁当/食品販売あり
携帯電話▶許可制
制服▶セーラー
自転車通学▶不可
カウンセラー▶常駐
保護者面談▶年1回
保護者会▶年3回
必修旅行▶長崎（高2）
部活動▶活動日は部による

学費　初年度目安 158万円

（単位:円）	入学金	施設費	授業料	その他	合計
入学手続時	300,000	―	―	―	300,000
1年終了まで	―	250,000	510,000	518,400	1,278,400

［その他］制服・指定品代，教育充実費，個人費（教材・鑑賞行事・総合学習・学校生活用品等），積立金（学年関連行事等），母の会費，後援会費，生徒会費，個人PC代。
［寄付・学債］任意の寄付金1口10万円2口以上あり。
※上記は'22年度のもの。新年度について詳細は「受験生応援アプリ」にて公開（2023年5月～）。

●奨学金・特待生
経済的事由者対象の村岡花子基金奨学生（入学金・学費免除）制度有（出願前申請。応募多数は抽選）

首都圏模試 思考コード (単位：%)

〈A日程〉

読み取る力 ＼ 考える力	国語 A	国語 B	国語 C	算数 A	算数 B	算数 C
複雑 3						
2	24			30	20	
単純 1		67	9	10	40	

A=知識・理解思考　B=論理的思考　C=創造的思考

2024年度入試 合格の基準

	首都圏模試 ほぼ確実	首都圏模試 見込あり	四谷大塚 ほぼ確実	四谷大塚 見込あり
女子〈A〉	68	63	60	56
		やや見込あり 58		やや見込あり 52

ほぼ確実=80%～／見込あり=50～79%／やや見込あり=20～49%

入試要項 2023年度参考　新年度日程は アプリへGO!　4科

試験名	試験日 ◎午後入試	出願締切 Web	発表 Web	手続 Web	2科	4科	適	英	他	面接	特待	募集数	応募数	受験数	合格数	実質倍率	偏差値
A	2/1	1/25	当日	2/3		●				＊		80	262	224	97	2.3	68
B	2/3	1/25	当日	2/4		●				＊		30	567	261	57	4.6	70

＊個人面接

【出願方法】Web出願　**【手続方法】**Web納入。制服採寸日（2/11）に通知表コピーを提出
【受験料】25,000円（同時出願は40,000円）
※入学手続き者の未受験回数分を返還

【帰国生入試】2/1（若干名募集）

年度	試験名	募集数	応募数	受験数	合格数	実質倍率	偏差値
'22	A	80	229	205	96	2.1	68
	B	30	480	216	61	3.5	70
'21	A	80	253	217	97	2.2	68
	B	30	537	266	61	4.4	70
'20	A	80	294	262	98	2.7	67
	B	30	531	246	53	4.6	69

中学受験のプロがおすすめ! 併願校の例

特色	プロテスタント系	ネイティヴ常駐	ボランティア活動	芸術教育(音楽)
♠男子校 ♥女子校 ♣共学・別学校	♥女子学院	♥豊島岡女子	♥雙葉	♥洗足学園
	♥頌栄女子	♥香蘭女学校	♥鷗友女子	♥吉祥女子
	♥普連土学園	♥品川女子	♥東京女学館	♥日本女子大附

併設高校の進路情報

四年制大学進学率85.5%
文系・理系の割合 未集計　医歯薬49名合格

内部推薦▶東洋英和女学院大学へ3名（国際社会1，人間科学2）が内部推薦で進学した。
指定校推薦▶利用状況は早稲田大2，慶應大6，学習院大1，明治大1，青山学院大3，立教大1，中央大1，法政大1，芝浦工大1，津田塾大1，東京女子医大1，北里大4，明治薬科大1など。ほかに上智大，東京理科大，国際基督教大，成城大，明治学院大，立命館大など推薦枠あり。
海外大学合格状況▶梨花女子大学校，成均館大学校（韓），他。

'22年3月卒業生：186名
大学159名　短大0名　専門3名　就職0名　他24名

主な大学合格状況　'23年春については主要大学のみ巻末一覧に記載

大学名	'22	'21	'20	大学名	'22	'21	'20	大学名	'22	'21	'20
◇東京大	1	0	1	早稲田大	48	40	17	日本大	23	24	22
◇京都大	1	0	1	慶應大	56	25	28	成城大	19	10	15
◇東工大	1	0	0	上智大	57	52	21	明治学院大	25	22	17
◇一橋大	0	1	1	東京理科大	12	13	11	津田塾大	17	12	5
◇筑波大	0	2	1	学習院大	14	15	12	東京女子大	38	20	23
◇東京外大	2	3	2	明治大	48	32	21	日本女子大	24	18	20
◇横浜国大	2	0	0	青山学院大	37	28	24	昭和大	14	3	11
◇東京医歯大	0	1	2	立教大	62	40	31	東京女子医大	4	6	6
◇防衛医大	3	1	1	中央大	18	20	9	北里大	15	11	10
◇お茶の水女子大	3	2	0	法政大	24	17	17	東洋英和女学院大	14	24	25

※各大学合格数は既卒生との合計。

見学ガイド 文化祭／学校説明会／オープンスクール

 ユネスコ 高校募集あり 高1より全体が混合。 高1内訳 一貫生 40名 90名 高入生

トキワ松(まつ)学(がく)園(えん) 中学校

〒152−0003 東京都目黒区碑文谷 4−17−16 ☎03−3713−8161

国際 / 海外研修 / 長期留学 / 第2外国語 / online英会話 / 21型 / 1人1台端末 / リモート体制 / プロジェクト型 / 論文執筆 / STEAM / 情操 / 体験学習 / ボランティア / 人間力育成

教育目標▶グローバルな視野を持ち，未来の社会を創造する探究女子を育てる。
沿革▶1916年，三角錫子が常磐松女学校を設立。1947年に中学校を設置。1951年現校名となる。
施設▶ホール，和室，アトリエ（美術自習室），カフェテリア，自習室，イングリッシュルーム，体育館（ボルダリング），屋内（温水）プール，グラウンド，他。
学校長▶田村　直宏
生徒数▶総数211名　併設小からの進学者を含む。

	1年（3クラス）	2年（3クラス）	3年（2クラス）
女子	77名	82名	52名
内進生内数	11名	7名	6名

東急東横線—都立大学8分，学芸大学12分
JR—目黒よりバス碑文谷警察署1分
8分

自立し，未来を創造する「探究女子」を育成

「鋼鉄に一輪のすみれの花を添えて」が建学の精神。思考力教育・国際力教育・美の教育を軸に，芯が強くやさしい女性を育てる。ユネスコスクール加盟校。

学習 充実した図書室で行うオリジナル授業「思考と表現」を展開。学びの土台となる論理的思考力やコミュニケーション力を養う。様々な出身国の外国人ゲストに英語でインタビューしたり，希望制による海外研修やオーストラリアへのターム留学など国際教育が充実。心を育てる教育として，約400種類のアクティビティからなるプロジェクト・アドベンチャーを導入。数学は中1，英語は中3から習熟度別授業を展開し生徒一人ひとりの理解度に合わせた指導を行う。高1から文理探究コースと，美大への進学をめざす美術デザインコースに分かれる。

●コース表

中1	中2	中3	高1	高2	高3
共	通	履	修	文理探究コース	
			美術デザイン	アートコース	
				デザインコース	

キャリア教育 中学では職場見学や進路講演会，高校では志望校に合格した高3生による受験体験発表会，キャリアガイダンスなどの機会を計画的に設けて，各自が目標を見つけ，実現できるよう細かな指導を実施。

学校生活 日本文化を学ぶ講座（華道・茶道・礼法など）や，企業と連携し商品開発を行う授業など「探究女子」を育てるための多彩なプログラムを用意している。

保護者MEMO

登校時刻▶8：25
最終下校時刻▶17：45
土曜日▶毎週登校。平常授業4時間
昼食▶弁当/食品販売あり
携帯電話▶許可制
制服▶ブレザー
自転車通学▶不可
カウンセラー▶週1日
保護者面談▶年1回
保護者会▶年4回
必修旅行▶山陽・中国地方（高2）
部活動▶日曜日は休部日

学費　初年度目安 114万円

(単位:円)	入学金	施設費	授業料	その他	合計
入学手続時	220,000	150,000	—	—	370,000
1年終了まで	—	—	483,000	291,600	774,600

●奨学金・特待生
A：授業料6年間／一般：授業料1年間

［その他］制服・指定品代，維持費，学級費，学年諸費，ICT機器維持費，学園会費，生徒会費。
［寄付・学債］任意の寄付金（施設設備整備寄付）1口5万円2口以上あり。
※上記は'22年度のもの。新年度について詳細は「受験生応援アプリ」にて公開（2023年5月～）。

首都圏模試　思考コード（単位：%）

読み取る力	〈第1回一般〉国語 A	国語 B	国語 C	算数 A	算数 B	算数 C	〈適性検査型〉I A A	I A B	I A C	II A	II B	II C
複雑 3												
2	10	16		62					60		18	
単純 1	20	54		28	10				40	4	72	6
考える力	A	B	C	A	B	C	A	B	C	A	B	C

A=知識・理解思考　B=論理的思考　C=創造的思考

2024年度入試　合格の基準

	首都圏模試 ほぼ確実	首都圏模試 見込あり	四谷大塚 ほぼ確実	四谷大塚 見込あり
女子 ①	40	36	33	28
		やや見込あり 32		やや見込あり 23

ほぼ確実＝80％〜／見込あり＝50〜79％／やや見込あり＝20〜49％

入試要項　2023年度参考　新年度日程はアプリへGO!

2科　4科　適性型　英

試験名		試験日 ◎午後入試	出願締切 Web	発表 Web	手続 Web	選抜方法 2科	4科	適	英	他	面接	特待	募集数	応募数	受験数	合格数	実質倍率	偏差値
①	2科	2/1	1/31	当日	2/7	●						●	40	45	36	34	1.1	40
	4科						●							18	13	11	1.2	
②	2科	2/1 ◎	当日	当日	2/7	●						●	特待10 一般30	75	66	64	1.0	44
	4科						●							42	40	37	1.1	
③		2/2 ◎	当日	当日	2/7	●						●	特待 5 一般10	112	48	45	1.1	45
④		2/3 ◎	当日	当日	2/7	●						●	10	130	30	28	1.1	42
適性検査型		2/1	1/31	当日	2/10			＊1				●	特待 5 一般15	IA 102	102	97	1.1	40
														IB 40	40	40	1.0	
英語コミュ		2/1 ◎	当日	当日	2/7				＊2			●	特待 5 一般10	19	18	17	1.1	42

＊1　適性検査ⅠA・ⅡまたはⅠB・Ⅱ（ⅠA：資料読解して700字程度の作文，ⅠB：複数の文章を読む読解問題10問程度〈400字程度の作文を含む〉，Ⅱ：思考力を問う問題）　＊2　国英または算英　※英はリスニング＋英会話（英検4～5級程度）で，英検3級以上取得者は免除

【出願方法】Web出願。該当者は英検の合格証明書のコピーを当日提出　**【手続方法】**Web納入　**【受験料】**①～④，英語コミュは20,000円（最大4回まで受験可）。適性検査型のみは10,000円，（他入試との同時出願は20,000円）

【帰国生入試】 12/17，2/1（募集数は不定）

中学受験のプロがおすすめ!　併願校の例

♠男子校　♥女子校　♣共学・別学校

特色	探究学習	理数教育	留学制度	適性検査型入試
	♥実践女子	♥神奈川学園	♣八雲学園	♣都立桜修館中等
	♣品川翔英	♣サレジアン世田谷	♥桐朋女子	♥聖ドミニコ
	♥麴町女子	♣東海大高輪台	♥佼成女子	♣目黒学院

併設高校の進路情報

四年制大学進学率79.2%
文系90／理系10／その他0（%）　医歯薬1名合格

内部推薦▶横浜美術大学へ10名（美術）が内部推薦で進学した。

指定校推薦▶利用状況は成蹊大1，日本女子大1，聖心女子大9，フェリス女学院大2など。ほかに立命館大，東京都市大，白百合女子大，清泉女子大，東洋英和女学院大，東京造形大，女子美大など推薦枠あり。

海外大学合格状況▶慶熙大学校，ソウル科学技術大学校，釜山大学校（韓国），他。

'22年3月卒業生：130名

大学103名　短大5名　専門12名　就職0名　他10名

主な大学合格状況　'23年春については主要大学のみ巻末一覧に記載

大学名	'22	'21	'20	大学名	'22	'21	'20	大学名	'22	'21	'20
◇東京医歯大	1	0	0	青山学院大	0	1	1	神奈川大	1	2	4
◇東京藝術大	1	0	2	立教大	1	1	2	玉川大	1	2	3
◇東京学芸大	0	1	0	中央大	2	2	2	聖心女子大	9	6	10
◇琉球大	1	0	0	法政大	0	3	2	昭和女子大	8	5	4
◇県立保健福祉大	0	1	0	日本大	1	1	1	多摩美大	2	5	9
早稲田大	0	1	0	駒澤大	0	5	5	武蔵野美大	1	7	4
上智大	2	2	1	専修大	2	3	0	東京造形大	0	7	9
東京理科大	0	0	1	帝京大	2	2	2	女子美大	12	2	10
学習院大	1	3	1	成城大	0	6	1	東京工芸大	11	5	6
明治大	3	2	2	明治学院大	3	5	3	横浜美大	10	4	13

※各大学合格数は既卒生との合計。

見学ガイド　体育祭／文化祭／説明会・体験授業／個別見学対応

高1内訳 一貫生 257名

豊島岡女子学園（としまがおかじょしがくえん） 中学校

〒170－0013 東京都豊島区東池袋 1－25－22 ☎03－3983－8261

国際 海外研修 長期留学 第2外国語 online英会話 21型 1人1台端末 リモート体制 プロジェクト型 論文執筆 STEAM 情操 体験学習 ボランティア 人間力育成

教育方針▶第4代校長・二木謙三による「道義実践・勤勉努力・一能専念」を継承，実践する。

沿革▶1892年に女子裁縫専門学校として設立。1948年に現在地へ移転，現校名へ改称。2022年度より高校募集停止。

施設▶講堂，茶室，作法室，合奏室，自習室，Creative Learning Room（3教室），プール，トレーニング室，入間総合グラウンド（校外），他。

学校長▶竹鼻 志乃

生徒数▶総数797名

	1年（6クラス）	2年（6クラス）	3年（6クラス）
女子	268名	267名	262名

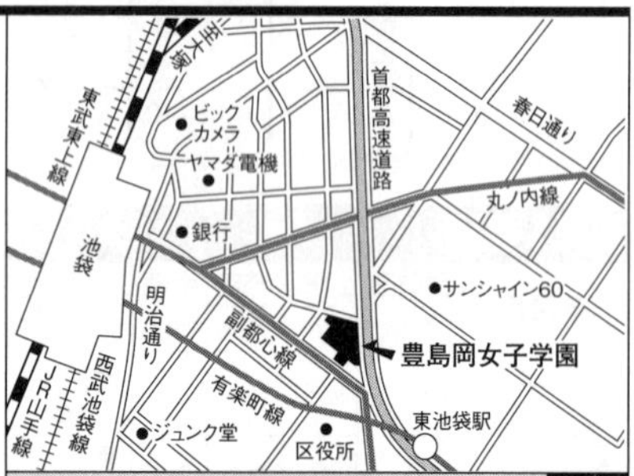

JR・丸ノ内線・西武池袋線・東武東上線―池袋7分 有楽町線―東池袋5分 徒歩7分

しなやかに，たくましく，自分らしく

「志力をもって未来を創る女性」の育成をめざし，科学的思考で問題を解決できる力，挑戦する力，世界で活躍できる力を育てる。努力を積み重ねることを大切にする。

学習 主要5教科に授業時間を多く充て基礎学力の充実に努める。英語は会話授業を少人数で行い，中1・中2で国内英語研修施設を訪れて異文化を体験。集大成として中学は弁論大会，高校はディベート大会を開く。中3希望者のSTEAM英語では，理科や数学を英語で学び，プレゼンテーションを行う。LHRの時間に，他者との関係を考え社会への関心を高める様々な学習活動を行い，議論，考察，発表の能力を身につける。中3で研究に取り組み始め，高1でポスター，高2ではA4用紙6枚にまとめる。高校はSSHに指定されており，学校全体で探究学習に力を入れている。

キャリア教育 卒業生インタビュー（中2）に取り組み，夢を具体的な職業に結びつけ，実現させるまでの道のりについて考える。また，大学の先生による分野別模擬授業を実施予定。

学校生活 毎朝5分間の運針を行い，集中力を高める。部活動は全員参加。ダンス部，コーラス部，桃李連（阿波踊り）など約50の部があり，活発に活動している。

●コース表

中1	中2	中3	高1	高2	高3
共通履修				文系 理系	

保護者MEMO

登校時刻▶8：10
最終下校時刻▶17：20
土曜日▶毎週登校。平常授業4時間
昼食▶食堂/食品販売あり
携帯電話▶可
制服▶セーラー
自転車通学▶不可
カウンセラー▶週1日
保護者面談▶年2回
保護者会▶年2回
必修旅行▶京都・奈良（中3）
部活動▶平日に週1日以上は休みを設ける

学費

初年度目安 137万円

（単位:円）	入学金	施設費	授業料	その他	合計
入学手続時	280,000	―	―	―	280,000
1年終了まで	―	200,000	444,000	448,541	1,092,541

●奨学金・特待生
なし（入学後奨学金制度あり）

［その他］制服・指定品代，修学旅行費，教育充実費，教材費，林間学校参加費，校外宿泊研修費，父母の会費，生徒会費。※教材費・林間学校参加費・指定品・制服代・修学諸侯費・校外宿泊研修費・卒業諸経費は目安。［寄付・学債］なし。

※上記は'22年度のもの。新年度について詳細は「受験生応援アプリ」にて公開（2023年5月～）。

首都圏模試 思考コード (単位：%)

〈第１回〉

読み取る力＼考える力	国語 A	国語 B	国語 C	算数 A	算数 B	算数 C	理科 A	理科 B	理科 C	社会 A	社会 B	社会 C
複雑 3					17		24			12		
2	9	34		15	52		36	6		56		
単純 1		57			16		12	22		28	4	

A=知識・理解思考　B=論理的思考　C=創造的思考

2024年度入試 合格の基準

		首都圏模試 ほぼ確実	首都圏模試 見込あり	四谷大塚 ほぼ確実	四谷大塚 見込あり
女子	〈①〉	76	73	69	65
			やや見込あり 68		やや見込あり 61

ほぼ確実＝80％～／見込あり＝50～79％／やや見込あり＝20～49％

入試要項 2023年度参考　新年度日程はアプリへGO!　4科

試験名	試験日 ◎午後入試	出願締切 Web	発表 Web	手続 W･窓	2科	4科	適	英	他	面接	特待	募集数	応募数	受験数	合格数	実質倍率	偏差値
①	**2/2**	1/31	当日	2/3		●						160	1,060	964	404	2.4	76
②	**2/3**	2/2	当日	2/4		●						40	951	509	64	8.0	76
③	**2/4**	2/3	当日	2/5		●						40	712	518	71	7.3	76

【出願方法】Web出願　**【手続方法】**Web納入のうえ，窓口手続（通知表コピーの提出）
【受験料】25,000円

【帰国生入試】各回の募集数に帰国生を含む。優遇措置あり

受験情報

国語，算数では，Bの問題が中心となります。特に算数ではB2，B3が６割以上となるため，高度な論理的思考力が求められます。一方，社会ではAが９割程，理科ではAが７割程となり，知識や技術の正確な再現力が必要です。

年度	試験名	募集数	応募数	受験数	合格数	実質倍率	偏差値
'22	①	160	1,102	999	414	2.4	76
	②	40	966	513	52	9.9	76
	③	40	768	557	54	10.3	76
'21	①	160	1,109	1,006	410	2.5	76
	②	40	931	514	71	7.2	76
	③	40	779	558	75	7.4	76

中学受験のプロがおすすめ! 併願校の例

特色	礼儀・マナー	留学制度	理数教育	論文(自由研究)
♠男子校	♥雙葉	♥洗足学園	♥女子学院	♥桜蔭
♥女子校	♥頌栄女子	♥吉祥女子	♥白百合学園	♥鷗友女子
♣共学・別学校	♥学習院女子	♥立教女学院	♥大妻	♥頌栄女子

併設高校の進路情報

四年制大学進学率79.1%
文系44／理系56／その他０(%)　医歯薬192名合格

指定校推薦▶非公表。

'22年３月卒業生：339名　大学268名　他70名
短大０名　専門１名　就職０名

主な大学合格状況　'23年春については主要大学のみ巻末一覧に記載

大学名	'22	'21	'20	大学名	'22	'21	'20	大学名	'22	'21	'20
◇東京大	14	21	29	◇防衛医大	7	9	4	中央大	64	49	62
◇京都大	2	7	4	◇お茶の水女子大	6	8	6	法政大	48	51	50
◇東工大	12	12	7	早稲田大	133	123	146	日本大	43	27	32
◇一橋大	11	6	9	慶應大	100	81	109	芝浦工大	41	32	23
◇千葉大	12	15	14	上智大	71	69	73	津田塾大	8	20	16
◇筑波大	7	14	6	東京理科大	121	106	123	東京女子大	28	15	16
◇東京外大	5	8	2	学習院大	30	18	8	日本女子大	20	14	24
◇横浜国大	6	7	7	明治大	111	112	136	東京慈恵会医大	10	12	9
◇東北大	3	10	6	青山学院大	25	23	37	順天堂大	18	24	13
◇東京医歯大	10	6	9	立教大	67	51	69	昭和大	13	17	20

※各大学合格数は既卒生との合計。

見学ガイド　文化祭／学校説明会／豊島岡生による学校紹介

中村（なかむら）中学校

〒135－8404　東京都江東区清澄 2－3－15　☎03－3642－8041

国際　海外研修　長期留学　第2外国語　online英会話　21型　1人1台端末　リモート体制　プロジェクト型　論文執筆　STEAM　情操　体験学習　ボランティア　人間力育成

教育方針▶建学の精神「機に応じて活動できる女性の育成」，校訓「清く，直く，明るく」に基づき，100年ライフを豊かにできる女性の育成をめざす。

沿革▶1903年，中村清蔵により設立された深川女子技芸学校が前身。1909年中村高等女学校設立。

施設▶本館：コリドール（図書室），ホール，和室，ロビー，体育館　新館LADY：進路相談室，カフェテリア，オープンテラス　グラウンド，他。

学校長▶藤村　富士男

生徒数▶総数199名

	1年（4クラス）	2年（4クラス）	3年（3クラス）
女子	80名	64名	55名

半蔵門線・都営大江戸線一清澄白河 3分　3分

「機に応じて活動できる女性」の育成をめざす

「認知型学力」はもちろんのこと，これからの社会で必携とされる主体性・行動力・表現力・協働性といった「非認知型智力」を身につける。

学習 学習伸長はもちろん，これからの時代に必須な力，協働性や表現力，行動力など数値化しにくい「非認知型智力」の習得をめざす。思考を文字化する100本表現や主体性を育む学校行事などその機会は多い。英語は課外授業など様々なプログラムを通し4技能の土台をつくる。中2で深川の地を外国人に紹介する国内サマープログラム，中2・中3の希望者には11日間の海外サマースクール（米国）がある。高校は希望進路に合わせてコースを選択。文理バランスよく学習する先進コース，課題解決スキルを高める探究コース，留学を必須とする国際コースの3つを展開する。

●コース表

中1	中2	中3	高1	高2	高3
共通履修			先進コース 探究コース 国際コース		

キャリア教育 成長段階に合わせたキャリア教育を行う。自己理解や職業研究，学部・学科研究，卒業生を囲んで「生の声」を聴く機会などを通じて，社会に貢献し，社会を創造しようとする姿勢を養っていく。

学校生活 放課後学習システムを導入し，20時まで校内で学習が可能。中1の研修合宿では，様々なアクティビティに挑戦し，協働で課題を解決していく。

保護者MEMO

登校時刻▶8：25
最終下校時刻▶17：30
土曜日▶毎週登校。平常授業4時間
昼食▶食堂/食品販売あり
携帯電話▶許可制
制服▶ブレザー
自転車通学▶可
カウンセラー▶常駐
保護者面談▶年1回
保護者会▶年2回
必修旅行▶京都・奈良・広島（中3）
部活動▶活動日は部による

学費　初年度目安 134万円

（単位:円）	入学金	施設費	授業料	その他	合計
入学手続時	250,000	—	—	143,000	393,000
1年終了まで	—	192,000	456,000	296,400	944,400

［その他］制服・指定品代，校外指導等積立金，放課後学習システム，後援会費，PTA会費，校友会費。※別途iPad,フルート代などあり。

［寄付・学債］なし。

※上記は'22年度のもの。新年度について詳細は「受験生応援アプリ」にて公開（2023年5月～）。

●奨学金・特待生
S：授業料3年間／A：授業料1年間／B：授業料半年間

首都圏模試　思考コード （単位:%）

読み取る力＼考える力	〈2/1午前〉国語 A	国語 B	国語 C	算数 A	算数 B	算数 C	〈適性検査型〉Ⅰ A	Ⅰ B	Ⅰ C	Ⅱ A	Ⅱ B	Ⅱ C
複雑 3												
2	8	14		52					70		47	
単純 1	20	48	10	15	33			30			39	14

A=知識・理解思考　B=論理的思考　C=創造的思考

2024年度入試　合格の基準

	首都圏模試 ほぼ確実	首都圏模試 見込あり	四谷大塚 ほぼ確実	四谷大塚 見込あり
女子〈一般2科4科①〉	42	38	35	30
		やや見込あり 35		やや見込あり 25

ほぼ確実＝80％～／見込あり＝50～79％／やや見込あり＝20～49％

入試要項　2023年度参考　新年度日程は アプリへGO!　2科 4科 適性型 英 他

試験名	試験日 ◎午後入試	出願締切 Web	発表 Web	手続 Web	2科	4科	適	英	他	面接	特待	募集数	応募数	受験数	合格数	実質倍率	偏差値
一般 2科4科①	2/1	当日	当日	2/9	●	●					●	70	84	65	51	1.3	42
一般 2科4科②	2/5 ◎	当日	当日	2/9	●	●					●		132	43	24	1.8	42
一般 国算基礎	2/2	当日	当日	2/9	●						●		100	44	24	1.8	42
特待生 2科4科①	2/1 ◎	当日	当日	2/9	●	●					●	25	105	82	47(19)	1.7	49
特待生 2科4科②	2/2 ◎	当日	当日	2/9	●	●					●		106	67	19(6)	3.5	49
適性検査型	2/1	当日	当日	2/9			＊1				●	15	56	55	49	1.1	42
エクスプレス①	2/3	当日	当日	2/9				＊2	＊2		●	10	52	9	8	1.1	42
エクスプレス②	2/5	当日	当日	2/9				＊2	＊2		●		60	15	8	1.9	42
ポテンシャル	2/3	当日	当日	2/9					＊3	＊3	●	4	10	4	4	1.0	42

＊1　適性検査ⅠⅡⅢ（両国・白鷗型）　＊2　国算理社英から1科目選択。問いを「観て」「聴いて」，自分の言葉で表現（エクスプレス）する力を問う　＊3　活動アピール型（作文＋志願書＋活動報告書＋個人面接〈活動アピール含む〉）またはポスターセッション型（作文＋志願書＋個人面接に加え，SDGs17の目標から1つを選択し，目標達成のための提案や考えを模造紙1枚にまとめて発表）
※エクスプレスとポテンシャルはA～Cの3段階で評価
※一般の2科4科型と特待生受験者で英検有資格者は優遇制度あり

【出願方法】Web出願。該当者は書類を当日提出　**【手続方法】**Web納入　**【受験料】**22,000円（同時出願に限り，複数受験可）。適性検査型のみは12,000円

【帰国生入試】12/3（若干名募集）　　（注）（　）は一般合格で内数。

中学受験のプロがおすすめ！ 併願校の例

特色	芸術教育(音楽)	近代的校舎	キャリア教育	留学制度
♠男子校 ♥女子校 ♣共学・別学校	♥江戸川女子	♣かえつ有明	♥三輪田学園	♥女子聖学院
	♥北豊島	♥和洋九段	♥和洋国府台	♥麴町女子
	♣上野学園	♥北豊島	♥京華女子	♥神田女学園

併設高校の進路情報

四年制大学進学率77.6%
文系64／理系36／その他0（%）

指定校推薦▶利用状況は青山学院大1，立教大1，成蹊大1，東京女子大1，立命館大1など。ほかに法政大，日本大，東洋大，駒澤大，獨協大，芝浦工大，東京電機大，東京都市大，白百合女子大，東邦大，立命館アジア太平洋大，武蔵野大，東京農大，昭和女子大，学習院女子大，清泉女子大，フェリス女学院大，東洋英和女学院大など推薦枠あり。

'22年3月卒業生：76名

大学59名　短大3名　専門5名　就職0名　他9名

主な大学合格状況　'23年春については主要大学のみ巻末一覧に記載

大学名	'22	'21	'20	大学名	'22	'21	'20	大学名	'22	'21	'20
◇東京大	1	0	0	中央大	1	0	0	東京女子大	1	2	1
◇千葉大	0	1	0	法政大	4	2	3	日本女子大	2	1	1
◇都立大	1	1	1	日本大	4	3	3	立命館大	1	0	7
◇東京海洋大	0	1	1	東洋大	0	5	16	立正大	2	2	0
早稲田大	0	1	1	駒澤大	0	7	1	国士舘大	1	4	1
上智大	2	3	2	専修大	0	0	9	大妻女子大	1	4	5
学習院大	2	1	0	東海大	1	2	5	武蔵野大	4	1	3
明治大	1	2	4	帝京大	3	2	0	昭和女子大	3	4	5
青山学院大	5	2	3	成蹊大	1	0	1	東京工科大	2	1	3
立教大	3	2	2	成城大	1	2	1	和洋女子大	3	3	5

※各大学合格数は既卒生との合計。

見学ガイド　体育祭／文化祭／説明会／オープンキャンパス／個別見学対応

日本体育大学桜華（にっぽんたいいくだいがくおうか） 中学校

〒189－0024　東京都東村山市富士見町 2－5－1　☎042－391－4133

国際　海外研修　長期留学　第2外国語　online英会話　21型　1人1台端末　リモート体制　プロジェクト型　論文執筆　STEAM　情操　体験学習　ボランティア　人間力育成

教育目標▶建学の精神「健康・努力・敬愛」のもとに，学力と人間力を高め，国際社会で活躍する女性の育成に努める。
沿革▶日体桜華高等学校の併設中学校として1994年創立。2018年，桜華女学院より併設高校と共に現校名に改称。2018年秋に第3体育館完成。
施設▶剣道場，レスリング場，ダンス専用スタジオ，弓道場，アーチェリー場，器械体操場，生徒寮，他。
学校長▶渡邊　健
生徒数▶総数47名

	1年（1クラス）	2年（1クラス）	3年（1クラス）
女子	13名	18名	16名

西武拝島線・西武国分寺線一小川15分
西武新宿線久米川よりバス明法学院前3分　15分

少人数の桜華だからこそできるきめ細かい教育

1クラス20名前後の少人数・個別指導で，子どもの細微な変化にも細やかに対応。スポーツ教育を重視し，全国レベルのアスリートも多数在籍。

学習 少人数授業や個別指導により，確実に学力を伸ばす丁寧な指導を展開する。英語は4技能の向上はもちろん，英語の資格取得を目的とした授業も行う。希望者を対象に，カナダ語学研修を実施。海外の学生を学校に招くなどの国際交流の場を設け，グローバルな視野を養う。ICT教育を重視した学習活動を実践。1人1台タブレット端末を導入し，オンライン授業や協働学習のほか，アプリで英語の発音チェックやリスニングなど家庭学習でも活用する。校内塾を設置し，教師と塾講師が連携して学習支援を行う。高1よりアドバンスト，総合進学，スポーツの3コースに分かれる。

●コース表

中1	中2	中3	高1	高2	高3
共通履修			アドバンスト（特別進学）コース		
			総合進学コース		
			スポーツコース（総合スポーツ専攻/ダンスパフォーマンス専攻）		

キャリア教育 仲間とともに考え，調べ，話し合い，まとめ，発表するサイクルを繰り返す学びをもとに，自らの力で進路実現を図る能力を体得する。高校から面談や進路相談会，大学キャンパス訪問や模擬授業体験を行い，進路選択に役立てる。

学校生活 スポーツを通して協調性と礼節を重んじる心を育む。部活動は運動部だけでなく文化部も活発に活動中。

保護者MEMO

登校時刻▶8：20
最終下校時刻▶19：00
土曜日▶休校。クラブ活動や補習を行う
昼食▶食堂/食品販売あり
携帯電話▶可
制服▶ブレザー
自転車通学▶可
カウンセラー▶あり
保護者面談▶年2回
保護者会▶年1回
必修旅行▶京都・奈良・大阪（中3），他
部活動▶活動日は部による

学費　初年度目安 113万円

（単位:円）	入学金	施設費	授業料	その他	合計
入学手続時	200,000	180,000	—	—	380,000
1年終了まで	—	—	360,000	386,400	746,400

［その他］制服・指定品代，修学旅行費，教育充実費，特別施設賛助金，副教材費，学年費，保護者の会会費，生徒会費。
［寄付・学債］なし。
※上記は'22年度のもの。新年度について詳細は「受験生応援アプリ」にて公開（2023年5月～）。

●奨学金・特待生
〈部活動特待〉A：入学金，授業料1年間／B：入学金・授業料・施設充実費各半額／C：入学金

首都圏模試　思考コード（単位：%）

読み取る力						
複雑 3						
2			データなし			
単純 1						
考える力	A	B	C	A	B	C

A=知識・理解思考　B=論理的思考　C=創造的思考

2024年度入試　合格の基準

		首都圏模試		四谷大塚	
		ほぼ確実	見込あり	ほぼ確実	見込あり
女子	〈①〉	—	—	—	—
			やや見込あり		やや見込あり
			—		—

ほぼ確実＝80%～／見込あり＝50～79%／やや見込あり＝20～49%

入試要項　2023年度参考　新年度日程はアプリへGO!　2科

試験名		試験日 ◎午後入試	出願締切 Web	発表 Web	手続 振込	2科	4科	適	英	他	面接	特待	募集数	応募数	受験数	合格数	実質倍率	偏差値
①	一般	2/1	1/27	当日	2/3	●					＊1		25	—	—	—	—	36
	AO	2/1	1/27	当日	2/3						＊2			—	—	—	—	
②	一般	2/2	1/30	当日	2/6	●					＊1		10	—	—	—	—	36
	AO	2/2	1/30	当日	2/6						＊2			—	—	—	—	
③	一般	2/3	1/31	当日	2/7	●					＊1		5	—	—	—	—	35
	AO	2/3	1/31	当日	2/7						＊2			—	—	—	—	

＊1　保護者同伴面接。中学校生活についての抱負などについて　＊2　保護者同伴面接。中学校生活についての抱負，クラブ活動や習い事など得意な分野について
※通知表コピー　※部活動特待制度あり（部活動顧問と要相談）

【出願方法】 Web出願後，書類郵送　**【手続方法】** 銀行振込　**【受験料】** 20,000円（同時出願は複数回受験可）

【帰国生入試】 —

中学受験のプロがおすすめ!　併願校の例

特色	大学系列校	キャリア教育	ICT教育	少人数制
♠男子校 ♥女子校 ♣共学・別学校	♣武蔵野大学	♣文化学園杉並	♣聖徳学園	♥富士見丘
	♣帝京八王子	♥白梅清修	♥藤村女子	♥東京女子学院
	♣東海大菅生	♥駒沢女子	♥成女学園	♥国本女子

併設高校の進路情報

四年制大学進学率54.1%
文系53／理系20／その他27（%）

内部推薦▶日本体育大学へ31名（体育13，児童スポーツ教育6，保健医療5，スポーツマネジメント7）が内部推薦で進学した。日本体育大学医療専門学校への推薦制度もある。

指定校推薦▶亜細亜大，帝京大，東京女子大，東京経済大，桜美林大，大妻女子大，明星大，二松學舎大，駒沢女子大，城西大，帝京科学大，日本獣医生命科学大，恵泉女学園大，東洋英和女学院大など推薦枠あり。

'22年3月卒業生：185名　大学100名／短大6名／専門59名／就職10名／他10名

主な大学合格状況　'23年春については主要大学のみ巻末一覧に記載

大学名	'22	'21	'20	大学名	'22	'21	'20	大学名	'22	'21	'20
早稲田大	0	0	1	大妻女子大	1	3	1	東京女子体育大	3	1	5
青山学院大	1	1	0	杏林大	0	2	0	聖徳大	4	0	1
東洋大	0	2	2	東京歯大	0	7	0	十文字学園女子大	4	7	2
駒澤大	0	0	1	明星大	1	0	1	日本医療科学大	2	1	0
大東文化大	1	0	1	帝京平成大	4	1	2	こども教育宝仙大	2	4	2
亜細亜大	4	2	2	駒沢女子大	2	1	0	白梅学園大	2	2	0
帝京大	5	3	2	帝京科学大	2	3	3	東京医療学院大	1	3	1
國學院大	0	1	0	文京学院大	2	3	5	東京純心大	4	1	3
国士舘大	1	1	1	恵泉女学園大	0	5	1	尚美学園大	1	2	5
桜美林大	2	3	4	日本体育大	31	20	28	西武文理大	1	6	0

※各大学合格数は既卒生との合計。

見学ガイド　体育祭／文化祭／部活動体験／説明会／オープンキャンパス／個別見学対応

日本大学豊山女子中学校

（にほんだいがくぶざんじょし）

〒174−0064　東京都板橋区中台 3−15−1　☎03−3934−2341

国際 / 海外研修 / 長期留学 / 第2外国語 / online英会話 / 21型 / 1人1台端末 / リモート体制 / プロジェクト型 / 論文執筆 / STEAM / 情操 / 体験学習 / ボランティア / 人間力育成

教育目標▶日本大学建学の精神「自主創造」に基づき，心身共に健康で明るく，闊達な生徒を育成する。

沿革▶1966年，日本大学豊山女子高等学校設立。1986年に中学校を開校。

施設▶多目的ホール，作法室，理科実験室，リーディングルーム，カウンセリング室，生徒ラウンジ，ラーニングコモンズ，人工芝グラウンド，他。

学校長▶柳澤　一恵

生徒数▶総数403名

	1年（4クラス）	2年（4クラス）	3年（4クラス）
女子	129名	131名	143名

東武東上線―上板橋15分　西武池袋線―練馬，JR―赤羽よりスクールバス　15分

「知性と敬愛」を校訓に，進化を続ける学校

世界にcontribute（貢献）できるためのアントレプレナーシップ（起業家精神）を育成。日本大学付属のメリットを生かしつつ，伝統ある女子教育も大切にする。

学習　各教科で調べ学習やフィールドワーク，ICTを活用したグループワークなど知識を深める授業を展開。1人1台タブレット端末を持ちプレゼンテ　ション授業も行う。国際交流教育ではネイティヴと楽しむ林間学校や国内留学などがあり，生きた英語に触れ，発信する力を身につける。中高の希望者を対象とした短期留学，ターム留学（約3～4カ月）もある。高校からは国公立・難関私立大学をめざすA特進，日本大学進学を中心としたN進学，理数分野のスペシャリストを育成する理数Sの3コースに分かれる。

●コース表

中1	中2	中3	高1	高2	高3
共	通	履修	A特進クラス / N進学クラス / 理数Sクラス		

キャリア教育　日本大学学部体験や企業見学などを行い，将来について考えられるようサポートしている。次世代型キャリア教育教材ENAGEEDを用いた学習を導入。課題解決力と発信力を伸ばしていく。

学校生活　創設以来，ノーチャイム制を採用。各自で時間を意識することで時間の大切さを理解する。日頃から挨拶や立ち居振る舞い，マナーを指導。茶道の授業や芸術鑑賞など情操教育も充実している。

保護者MEMO

登校時刻▶8：20
最終下校時刻▶18：30
土曜日▶毎週登校。平常授業4時間
昼食▶弁当/食品販売あり
携帯電話▶可
制服▶セーラー
自転車通学▶可
カウンセラー▶週2日
保護者面談▶年2回
保護者会▶年3回
必修旅行▶沖縄（中3），他
部活動▶活動日は部による

学費　初年度目安 137万円

（単位:円）	入学金	施設費	授業料	その他	合計
入学手続時	230,000	—	—	—	230,000
1年終了まで	—	190,000	474,000	476,358	1,140,358

［その他］制服・指定品代，厚生費，補助教材・行事等関係費，図書費，実験実習費，後援会費，生徒会費，手数料。
［寄付・学債］なし。
※上記は'22年度のもの。新年度について詳細は「受験生応援アプリ」にて公開（2023年5月～）。

●奨学金・特待生
A：授業料1年間／B：入学金

首都圏模試 思考コード （単位：%）

〈第１回〉

読み取る力 ＼ 考える力	国語 A	国語 B	国語 C	算数 A	算数 B	算数 C
複雑 3						
2	20	10		71		
単純 1	14	56			29	

A=知識・理解思考 B=論理的思考 C=創造的思考

2024年度入試 合格の基準

	首都圏模試 ほぼ確実	首都圏模試 見込あり	四谷大塚 ほぼ確実	四谷大塚 見込あり
女子〈4科・2科〉	46	41	35	30
やや見込あり		37		25

ほぼ確実＝80%～／見込あり＝50～79%／やや見込あり＝20～49%

入試要項 2023年度参考 新年度日程はアプリへGO!

2科 4科 適性型 英 他

試験名	試験日（◎午後入試）	出願締切 Web	発表 Web	手続 Web	選抜方法 2科	4科	適	英	他	面接	特待	募集数	応募数	受験数	合格数	実質倍率	偏差値
4科・2科	2/1	1/30	当日	2/6		●						40	42	32	17	1.9	46
					●								50	46	25	1.8	
適性検査	2/1	1/30	2/2	2/10			＊1				●	10	31	30	21	1.4	44
算数1科	2/1 ◎	1/30	当日	2/6					＊2		●	5	5	5	4	1.3	50
2科 ①	2/1 ◎	1/30	当日	2/6	●						●	25	158	147	93	1.6	48
2科 ②	2/2 ◎	当日	当日	2/6	●						●	15	158	91	62	1.5	48
2科 ③	2/5 ◎	当日	当日	2/6	●						●	5	176	69	39	1.8	48
2科目選択	2/2	当日	当日	2/6	＊3				＊3			20	112	58	22	2.6	46
英語インタビュー	2/2	1/28	当日	2/6				＊4		＊4		5	21	15	15	1.0	—
プレゼン(課題解決)	2/2 ◎	1/30	当日	2/6					＊5			5	19	13	8	1.6	44

＊1 適性検査ⅠⅡⅢまたはⅠⅡ ＊2 算数 ＊3 国算理社より2科を選択 ＊4 英語面接（10分程度）。英検3級以上取得またはそれに準ずる能力を有する者に限る。英検3級以上取得者は優遇措置あり
＊5 プレゼン＋質疑応答。〈プレゼンのテーマ：SDGs17の目標の中で，16番「平和と公正をすべての人に」について，その目標の実現に向けてどのような取り組みをするか〉
※プレゼンはプレゼンテーションに使用するもの（PC，タブレット，手作り作品等），英語インタビューは英語資格試験の合格証コピーを当日持参

【出願方法】 Web出願 **【手続方法】** Web納入 **【受験料】** 20,000円（2回25,000円，3回30,000円，4回以上35,000円）

【帰国生入試】 12/19（若干名募集）

中学受験のプロがおすすめ！ 併願校の例

特色	国際理解教育	半附属校	ICT教育	キャリア教育
♠男子校 ♥女子校 ♣共学・別学校	♥大妻中野	♥昭和女子大昭和	♣宝仙学園	♥三輪田学園
	♥女子聖学院	♥東京家政大附	♥跡見学園	♥十文字
	♥川村	♣帝京	♥瀧野川女子	♥京華女子

併設高校の進路情報

四年制大学進学率94.6%
文系58／理系34／その他8（%） 医歯薬9名合格

内部推薦▶日本大学へ145名（法25，文理25，経済27，商11，芸術11，国際関係1，理工16，生産工2，工1，危機管理2，生物資源科17，薬1，二部6），日本大学短期大学部へ1名，日本大学医学部附属看護専門学校へ3名が付属推薦で進学した。

指定校推薦▶利用状況は青山学院大6，立教大1，法政大1，成蹊大2，成城大4，日本女子大2，白百合女子大5，東邦大1，東京薬科大2，昭和薬科大1，東京歯大1，学習院女子大2など。

'22年3月卒業生：240名

大学227名 短大1名 専門6名 就職0名 他6名

主な大学合格状況 '23年春については主要大学のみ巻末一覧に記載

大学名	'22	'21	'20	大学名	'22	'21	'20	大学名	'22	'21	'20
◇埼玉大	1	0	1	中央大	1	0	2	東京女子大	1	3	2
◇東京藝術大	0	1	0	法政大	2	4	2	日本女子大	5	5	5
◇埼玉県立大	1	0	1	日本大	197	219	150	玉川大	7	3	1
慶應大	0	2	1	東洋大	2	5	3	共立女子大	3	3	2
上智大	0	0	3	駒澤大	2	2	0	白百合女子大	1	1	4
東京理科大	0	1	2	帝京大	2	2	6	東京薬科大	2	2	2
学習院大	0	4	0	成蹊大	2	4	3	日本薬科大	3	1	3
明治大	0	2	0	成城大	4	3	4	学習院女子大	2	2	2
青山学院大	6	8	8	獨協大	0	1	3	東京工科大	7	2	3
立教大	2	1	1	芝浦工大	0	3	1	埼玉医大	0	1	2

※各大学合格数は既卒生との合計。

見学ガイド 体育祭／文化祭／学校説明会／土曜見学会

富士見(ふじみ)中学校

〒176−0023 東京都練馬区中村北 4−8−26 ☎03−3999−2136

国際 / 海外研修 / 長期留学 / 第2外国語 / online英会話 / 21型 / 1人1台端末 / リモート体制 / プロジェクト型 / 論文執筆 / STEAM / 情操 / 体験学習 / ボランティア / 人間力育成

教育目標▶建学の精神は「純真・勤勉・着実」。社会に貢献できる自立した女性の育成をめざす。
沿革▶1924年発足の富士見高等女学校を母体に，1947年設立。2015年５月に新本館，2017年２月に西館，2018年８月に別棟の図書館完成。
施設▶講堂，和室，センターホール，コモンスペース，屋内プール，人工芝グラウンド，他。
学校長▶佐藤　真樹
生徒数▶総数748名

	１年（７クラス）	２年（６クラス）	３年（６クラス）
女子	258名	246名	244名

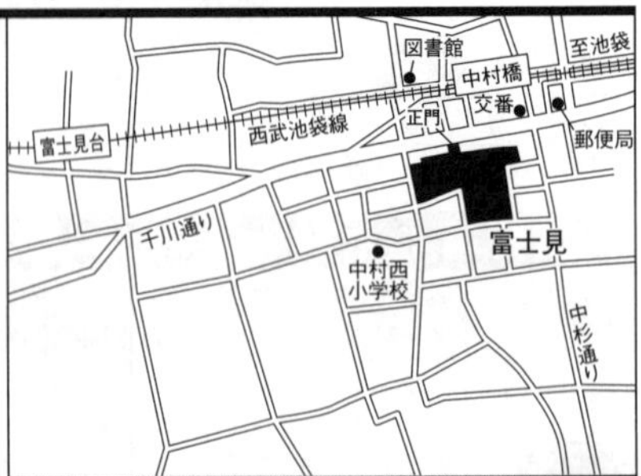

西武池袋線―中村橋３分
JR―阿佐ヶ谷，荻窪よりバス中村橋２分
3分

学校生活のすべてにおいて“生徒が主役”を実践

教育目標である「社会に貢献できる自立した女性」となるために必要な力を「17の力」と定め，様々な教育活動のなかで意識し，振り返ることで育んでいく。

学習 “Learning Hub”（図書館）を活用した探究学習に特色があり，成長段階に合わせた探究プログラムに中高６年間を通して取り組む。中学３年間で「問う・調べる・伝える」スキルを身につけ，高１からはSDGsをテーマにグループで実施，社会課題に目を向け，貢献できることについて深く考える。専門スタッフが常駐するグローバルセンターを中心に，希望制の海外研修や短期・長期留学，留学生の受け入れ，国内での多文化交流など，世界を肌で感じる機会を多数用意。海外大学進学を希望する生徒のサポートも充実している。

●コース表

中1	中2	中3	高1	高2	高3
共通履修				文系コース 理系コース	

キャリア教育 生徒たちの発達段階に応じて，学年ごとに目標が定められたプログラムをもとに，大きなビジョンを描き，現実化するための実力を獲得できるように指導。保護者による講演会，卒業生シンポジウムなどを通して進路実現のためにやるべきこと，自分の生き方を考える。

学校生活 クラブへの入部率は高く，勉強と活動を両立させながら活躍中。全国大会に出場するクラブもある。

保護者MEMO

登校時刻▶８：25
最終下校時刻▶17：30
土曜日▶毎週登校。平常授業４時間
昼食▶弁当/食品販売あり
携帯電話▶許可制
制服▶セーラー
自転車通学▶可
カウンセラー▶常駐
保護者面談▶年１回
保護者会▶年３回
必修旅行▶京都・奈良（中３），沖縄（高２）
部活動▶週４日以内

学費　初年度目安 143万円

(単位:円)	入学金	設備費	授業料	その他	合計
入学手続時	245,000	50,000	—	2,000	297,000
1年終了まで	—	—	480,000	655,565	1,135,565

●奨学金・特待生
入学金，設備費・授業料１年間

[その他] 制服・指定品代，教育充実費，学年費・積立金，PTA会費，生徒会費。
[寄付・学債] 任意の寄付金（山崎学園教育施設拡充維持資金寄付金１口10万円１口以上，ふじみ未来の蕾募金１口３千円以上あり。
※上記は'22年度のもの。新年度について詳細は「受験生応援アプリ」にて公開（2023年５月〜）。

首都圏模試　思考コード (単位:%)

〈第1回〉

読み取る力＼考える力	国語 A	国語 B	国語 C	算数 A	算数 B	算数 C
複雑 3				5	4	
2	2	14		33	12	
単純 1	20	64		5	41	

A=知識・理解思考　B=論理的思考　C=創造的思考

2024年度入試　合格の基準

	首都圏模試 ほぼ確実	首都圏模試 見込あり	四谷大塚 ほぼ確実	四谷大塚 見込あり
女子〈①〉	61	57	48	45
		やや見込あり 51		やや見込あり 42

ほぼ確実＝80%～／見込あり＝50～79%／やや見込あり＝20～49%

入試要項　2023年度参考　新年度日程はアプリへGO!　4科　他

試験名	試験日 ◎午後入試	出願締切 Web	発表 Web	手続 W・窓	2科	4科	適	英	他	面接	特待	募集数	応募数	受験数	合格数	実質倍率	偏差値
①	2/1	1/31	当日	2/6		●					●	100	308	302	115	2.6	61
②	2/2	2/1	当日	2/6		●					●	80	441	348	139	2.5	62
③	2/3	2/2	当日	2/6		●					●	40	312	207	59	3.5	63
算数1科	2/2 ◎	2/1	当日	2/6					＊		●	20	216	158	67	2.4	68

＊算数
※①受験生は「第一志望者」とみなし，複数回受験した場合（算数1科は除く）に得点優遇措置あり

【出願方法】Web出願　**【手続方法】**Web納入のうえ，窓口手続
【受験料】①②③各23,000円（複数回同時出願に限り，入学手続後の未受験回分は返還）
算数1科10,000円

【帰国生入試】2/1・2・3（募集数は不定）

中学受験のプロがおすすめ!　併願校の例

特色	留学制度	読書指導充実	伝統文化教育	共通履修(コースなし)
♠男子校 ♥女子校 ♣共学・別学校	♥淑徳与野	♥学習院女子	♣国学院久我山	♥立教女学院
	♥東京女学館	♥共立女子	♥大妻中野	♥大妻
	♥江戸川女子	♥三輪田学園	♥跡見学園	♥恵泉女学園

併設高校の進路情報

四年制大学進学率91.9%
文系60／理系40／その他0（%）　医歯薬50名合格

指定校推薦▶非公表。

'22年3月卒業生：222名
大学204名
短大0名　専門0名　就職0名　他18名

主な大学合格状況　'23年春については主要大学のみ巻末一覧に記載

大学名	'22	'21	'20	大学名	'22	'21	'20	大学名	'22	'21	'20
◇東京大	0	1	1	◇国立看護大	1	1	1	法政大	54	91	43
◇一橋大	2	0	3	早稲田大	35	48	23	日本大	47	80	39
◇筑波大	3	1	0	慶應大	7	18	6	東洋大	117	105	61
◇東京外大	2	3	2	上智大	32	14	18	成蹊大	33	26	25
◇埼玉大	1	1	2	東京理科大	21	21	17	成城大	13	20	9
◇東京医歯大	0	1	1	学習院大	18	6	15	芝浦工大	29	38	24
◇防衛医大	0	3	3	明治大	68	80	41	津田塾大	11	11	18
◇東京農工大	4	5	5	青山学院大	24	26	17	東京女子大	43	42	37
◇お茶の水女子大	2	1	1	立教大	98	78	55	日本女子大	27	39	48
◇都立大	7	8	4	中央大	32	50	35	昭和女子大	17	30	22

※各大学合格数は既卒生との合計。

見学ガイド　文化祭／説明会／オープンキャンパス／個別見学対応

高校募集 あり 高1より全体が混合。　高1内訳 一貫生 25名 113名 高入生

富士見丘(ふじみがおか) 中学校

〒151－0073　東京都渋谷区笹塚 3－19－9　☎03－3376－1481

国際 / 海外研修 / 長期留学 / 第2外国語 / online英会話 / 21型 / 1人1台端末 / リモート体制 / プロジェクト型 / 論文執筆 / STEAM / 情操 / 体験学習 / ボランティア / 人間力育成

教育目標▶「国際性豊かな若き淑女の育成」を掲げる。

沿革▶1940年設立の昭和商業実践女学校が前身。1948年現校名に改称。

施設▶メインアリーナ，茶室，カウンセリング室，ラウンジ，自習室，テニスコート，グラウンド，他。

学校長▶吉田　晋

生徒数▶総数179名

	1年（3クラス）	2年（3クラス）	3年（3クラス）
女子	57名	57名	65名

京王線・都営新宿線―笹塚５分　JR―渋谷・中野・新宿よりバス笹塚中学３分　5分

グローバルに活躍するための21世紀型スキルを育てる

グローバル化が進み複雑化する社会で必要とされる総合的な能力や未知の問題に取り組む粘り強さを養う。文科省指定WWLカリキュラム開発拠点校、SGH実績校。

学習 一般と英語特別の２コース制。英語は４技能を意識したアクティブ・ラーニング型中心の授業で，英語力に応じた少人数指導により英語スキルとコミュニケーション力を伸ばす。必修の海外修学旅行では姉妹校を訪問し異文化交流を体験する。中高大連携による協働学習に特色があり，中学では生徒がキュレーターとなる美術展，高校ではSDGsをテーマに課題発見から解決までの探究学習に取り組む。中１から高２は研究の時間「自主研究５×２」にて，日々の学びと個々の興味関心を結び，掘り下げる。その過程を通して，探究の楽しさと自分のオリジナリティを発見する。スポーツやバレエが得意な入学者には，国際的な舞台をめざすための制度を用意。

●コース表

中1	中2	中3	高1	高2	高3
一般コース			グローバルコース(一般)		
英語特別コースA/B			アドバンストコースA/B(英語特進)		
英語特別コース・インター			アドバンストコース・インター		
	グローバルアスリートコース				

キャリア教育 ６年間に遂行するプログラムは「自己理解，進路の設計，自己実現に向けた努力」の３ステップで，段階ごとに取り組む。職業体験，先輩や受験生を囲む座談会，大学キャンパス研究などを行う。

学校生活 部活動は中学全員がいずれかに所属する。高校での加入率は90%。

保護者MEMO

登校時刻▶８：25
最終下校時刻▶18：00
土曜日▶休校。行事，クラブ，特別講座を行う
昼食▶弁当/食品販売あり
携帯電話▶可
制服▶ブレザー
自転車通学▶不可
カウンセラー▶常駐
保護者面談▶年１～２回
保護者会▶年３～４回
必修旅行▶オーストラリア（中３），米国（高２）
部活動▶活動日は部による

学費　初年度目安 117万円

（単位:円）	入学金	施設費	授業料	その他	合計
入学手続時	250,000	—	—	—	250,000
1年終了まで	—	120,000	504,000	298,000	922,000

●奨学金・特待生
入学金，施設費／入学金

［その他］制服・指定品代，教育充実費，生徒会費。
［寄付・学債］なし。
※上記は'22年度のもの。新年度について詳細は「受験生応援アプリ」にて公開（2023年５月～）。

首都圏模試　思考コード（単位：%）

	A	B	C	A	B	C
読み取る力						
複雑 3						
2			データなし			
単純 1						

考える力：A=知識・理解思考　B=論理的思考　C=創造的思考

2024年度入試　合格の基準

		首都圏模試 ほぼ確実	首都圏模試 見込あり	四谷大塚 ほぼ確実	四谷大塚 見込あり
女子	〈一般①〉	43	40	31	26
			やや見込あり 37		やや見込あり 21

ほぼ確実＝80%～／見込あり＝50～79%／やや見込あり＝20～49%

入試要項　2023年度参考　新年度日程はアプリへGO!

2科　適性型　英　他

試験名		試験日 ◎午後入試	出願締切 Web	発表 Web	手続 振・窓	選抜方法 2科	4科	適	英	他	面接	特待	募集数	応募数	受験数	合格数	実質倍率	偏差値
WILL	一般	2/1	1/31	当日	2/2	●					＊6	●	30	47	40	38	1.1	41
	英語特別	2/1	1/31	当日	2/2				＊1		＊6	●						
一般	①	2/1 ◎	1/31	当日	2/10	＊2				＊2		●	30	68	53	48	1.1	43
	②	2/2	2/1	当日	2/10	＊2				＊2		●		59	14	10	1.4	40
	③	2/2 ◎	2/1	当日	2/10	＊2				＊2		●		50	8	7	1.1	43
	④	2/3 ◎	2/2	当日	2/10	＊2				＊2		●		70	17	12	1.4	42
	⑤	2/4	2/3	当日	2/10	＊2				＊2		●		71	14	11	1.3	40
英語資格	①	2/1 ◎	1/31	当日	2/10				＊1			●	30	18	16	16	1.0	43
	②	2/2	2/1	当日	2/10				＊1			●		15	2	2	1.0	42
	③	2/2 ◎	2/1	当日	2/10				＊1			●		12	1	1	1.0	42
	④	2/3 ◎	2/2	当日	2/10				＊1			●		18	5	5	1.0	41
	⑤	2/4	2/3	当日	2/10				＊1			●		21	5	5	1.0	40
グローバル・アスリート	一般	2/1	1/31	当日	2/10					＊3	＊6		10	7	6	6	1.0	40
	英語特別	2/1	1/31	当日	2/10				＊5	＊5	＊6							
適性型思考力		2/1 ◎	1/31	当日	2/10			＊4				●	10	13	13	13	1.0	41

＊1　国算より1科目+英語資格（コースB，インター出願者は英語口頭試問）　＊2　2科（国算）または3科（国算理または国算社）　＊3　国算より1科目+作文　＊4　読解問題+融合問題　＊5　英語資格（コースB，インター出願者は英語口頭試問）+作文　＊6　保護者同伴面接（グローバルアスリートは競技成績資料を面接時に提出）　※英語特別コースは英語資格（英検では4級以上）取得者が対象

【出願方法】他に当日窓口可。英語特別コースは英語資格証明書のコピーを提出　**【手続方法】**銀行振込のうえ，窓口手続　**【受験料】**23,000円（複数回受験可）。適性検査型思考力のみは10,000円

【帰国生入試】11/5，1/12（計20名募集）

中学受験のプロがおすすめ!　併願校の例

特色	オンライン英会話	アクティブラーニング	STEAM教育	英語（選択）入試
♠男子校 ♥女子校 ♣共学・別学校	♥桐朋女子	♥大妻中野	♥三輪田学園	♥実践女子
	♥白梅清修	♥東京家政大附	♥和洋九段	♥麴町女子
	♥駒沢女子	♥京華女子	♥国本女子	♥神田女学園

併設高校の進路情報

四年制大学進学率96.7%
文系90／理系10／その他0（%）　医歯薬1名合格

指定校推薦▶利用状況は上智大1，学習院大1，中央大2，法政大2，駒澤大1，成蹊大3，成城大2，明治学院大2，津田塾大1，東京女子大4，日本女子大1，フェリス女学院大1など。ほかに日本大，東洋大，亜細亜大，帝京大，國學院大，獨協大，東京電機大，同志社大，立命館大，武蔵大，東京都市大，白百合女子大，関西大など推薦枠あり。

海外大学合格状況▶King's College London（英），The University of Queensland（豪）など推薦制度あり。

'22年3月卒業生：91名

大学88名　短大0名　専門2名　就職0名　他1名

主な大学合格状況　'23年春については主要大学のみ巻末一覧に記載

大学名	'22	'21	'20	大学名	'22	'21	'20	大学名	'22	'21	'20
◇筑波大	0	0	1	青山学院大	5	7	6	明治学院大	3	3	2
◇東京外大	0	2	3	立教大	7	18	10	獨協大	9	9	6
◇埼玉大	0	1	0	中央大	7	6	13	津田塾大	2	3	2
◇東京藝術大	1	0	0	法政大	7	4	10	東京女子大	13	7	7
◇都立大	0	1	0	日本大	2	2	3	日本女子大	11	16	8
早稲田大	2	2	14	東洋大	4	1	10	共立女子大	6	9	8
慶應大	1	1	0	駒澤大	2	0	2	大妻女子大	2	3	2
上智大	6	13	10	国際基督教大	1	3	1	白百合女子大	6	7	15
学習院大	1	6	4	成蹊大	4	4	5	武蔵野大	6	3	3
明治大	2	1	5	成城大	3	3	3	恵泉女学園大	9	4	8

※各大学合格数は既卒生との合計。

見学ガイド　文化祭／説明会／見学会／オープンスクール／個別見学対応

藤村女子（ふじむらじょし）中学校

〒180－8505　東京都武蔵野市吉祥寺本町２－16－３　☎0422－22－1266

国際
海外研修
長期留学
第２外国語
online英会話
21型
1人1台端末
リモート体制
プロジェクト型
論文執筆
STEAM
情操
体験学習
ボランティア
人間力育成

教育目標▶心身共に健全にして「知・徳・体」を兼ね備えた個性豊かな女性の育成をめざす。
沿革▶藤村トヨにより，1932年井之頭学園女学部創立。1948年中学校を設置。
施設▶茶道室，図書室（３万冊），カフェテリア，学習センター，屋内プール，テニスコート，トレーニング室，体育館（３），他。
学校長▶廣瀬　真奈美
生徒数▶総数64名

	１年（２クラス）	２年（２クラス）	３年（２クラス）
女子	22名	17名	25名

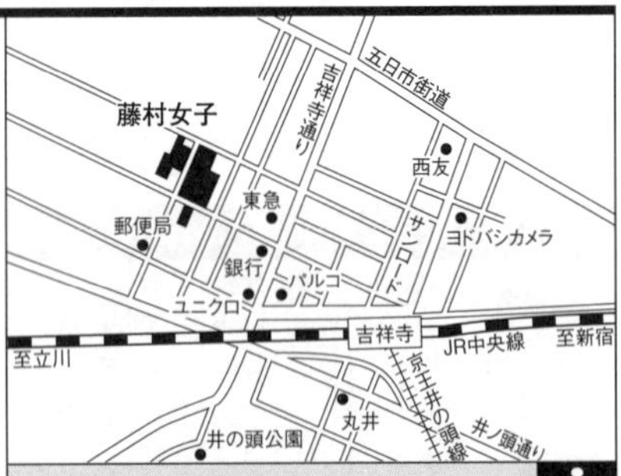

JR・京王井の頭線―吉祥寺５分

5分

建学の精神「知・徳・体」に基づく人間教育

近隣地域との交流や職場体験，フィールドワークなど多彩な活動を通し，自ら学び考える力，豊かなコミュニケーションスキル，発信力を養う。

学習 未来のための力を育む３つのオリジナル授業を展開。「自己表現（プレゼンテーション）」ではタブレット端末を使用して資料を作成し，自分の思いを聞き手に的確に伝える発表をめざす。「自己探求」では世の中のコンテンツについて，消費者・経営者の双方の視点から研究し，仕組みを理解する。「自己研鑽」として，各種検定に挑戦。英検・漢検は中学在学中に３級合格をめざす。学年縦断型のフィールドワークを地域で実施。吉祥寺シアターのWebパンフレット作成，井の頭公園の動植物調査，乳幼児との交流，地域探究活動などの６つのテーマすべてに３年間かけて取り組む。調べ学習や実践実習，研究発表を通して，主体的に学ぶ姿勢を育む。

キャリア教育 中２は職場インタビュー，中３では職場体験を実施する。全生徒を対象にキャリアガイダンスも行う。

学校生活 全国レベルの新体操部，水球部などの運動部・文化部計23が活動。校内の学習センターは大学生が常駐し20時半（土曜日は20時）まで利用可能。

●コース表

中１	中２	中３	高１	高２	高３
共	通	履	修	アカデミッククエストコース キャリアデザインコース スポーツウェルネスコース	

保護者MEMO

登校時刻▶８：20
最終下校時刻▶19：00
土曜日▶毎週登校。平常授業４時間
昼食▶弁当/食品販売あり
携帯電話▶可
制服▶ブレザー
自転車通学▶可
カウンセラー▶月２日
保護者面談▶年３回
保護者会▶年３～４回
必修旅行▶米国（中３）
部活動▶活動日は部による

学費　　初年度目安 107万円

（単位：円）	入学金	施設費	授業料	その他	合計
入学手続時	230,000	—	—	—	230,000
１年終了まで	—	80,000	420,000	335,600	835,600

［その他］制服・指定品代，教育充実費，教材費，PTA会費。
［寄付・学債］任意の寄付金１口３万円１口以上あり。
※上記は'22年度のもの。新年度について詳細は「受験生応援アプリ」にて公開（2023年５月～）。

●奨学金・特待生
学業奨励金等を，Ｓ：３年間計130万円支給他／Ａ：30万円他1年間／Ｂ：10万円支給等１年間

首都圏模試 思考コード（単位：%）

〈一般①〉

読み取る力	国語 A	国語 B	国語 C	算数 A	算数 B	算数 C
複雑 3						
2		3		60		
単純 1	20	67	10	40		
考える力	A	B	C	A	B	C

A=知識・理解思考　B=論理的思考　C=創造的思考

2024年度入試 合格の基準

		首都圏模試 ほぼ確実	首都圏模試 見込あり	四谷大塚 ほぼ確実	四谷大塚 見込あり
女子	〈一般①〉	40	35	30	25
			やや見込あり 29		やや見込あり 20

ほぼ確実＝80%～／見込あり＝50～79%／やや見込あり＝20～49%

入試要項 2023年度参考　新年度日程はアプリへGO!

2科　4科　適性型　英　他

試験名		試験日 ◎午後入試	出願締切 Web	発表 Web	手続 Web	2科	4科	適	英	他	面接	特待	募集数	応募数	受験数	合格数	実質倍率	偏差値
1日	一般①	2/1	1/31	当日	2/6	●	●		＊2			●	15	17	17	16	1.1	40
	適性検査	2/1	1/31	当日	2/10			＊1				●	15	4	4	4	1.0	38
	表現力	2/1 ◎	1/31	当日	2/6					＊3		●	10	3	3	3	1.0	40
	ナゾ解き	2/1 ◎	1/31	当日	2/6					＊4		●	若干	11	10	10	1.0	38
2日	一般②	2/2	1/31	当日	2/6	●	●					●	20	7	6	5	1.2	40
	一般③	2/2 ◎	1/31	当日	2/6	●						●		5	4	3	1.3	40
3日	一般④	2/3 ◎	1/31	当日	2/6	●						●		4	3	3	1.0	40
4日	一般⑤	2/4	1/31	当日	2/6	●						●		6	3	2	1.5	40
	一般⑥	2/4 ◎	1/31	当日	2/6	●						●		3	2	1	2.0	40

＊1　適性検査ⅠⅡ　＊2　国算または国英または国算理社　＊3　国語1科目表現力入試。日本語リスニング・200字程度の作文等　＊4　謎検型・脱出型
※ナゾ解きは出願シート

【出願方法】Web出願後，ナゾ解きは書類郵送　**【手続方法】**Web納入　**【受験料】**20,000円（複数回受験可）。適性検査のみは10,000円

【帰国生入試】—

中学受験のプロがおすすめ! 併願校の例

♠男子校 ♥女子校 ♣共学・別学校

特色	体験重視	チューター制度	特待生制度	適性検査型入試
	♥文京学院女子	♥麹町女子	♥東京純心女子	♣都立武蔵高校附
	♥富士見丘	♣目白研心	♥佼成女子	♣武蔵野大学
	♥日体大桜華	♥東京女子学院	♥淑徳SC	♥白梅清修

併設高校の進路情報

四年制大学進学率72.6%
文系88／理系12／その他0（%）　医歯薬3名合格

内部推薦▶東京女子体育大学へ4名（体育），東京女子体育短期大学へ2名が推薦で進学した。

指定校推薦▶利用状況は東海大1，亜細亜大3，成蹊大1，武蔵大1，玉川大2，共立女子大3，帝京平成大1，目白大1，文京学院大3，東洋英和女学院大1，白梅学園大1など。ほかに大東文化大，帝京大，立命館大，桜美林大，大妻女子大，杏林大，武蔵野大，明星大，日本獣医生命科学大など推薦枠あり。

'22年3月卒業生：179名

大学130名　短大7名　専門32名　就職1名　他9名

主な大学合格状況　'23年春については主要大学のみ巻末一覧に記載

大学名	'22	'21	'20	大学名	'22	'21	'20	大学名	'22	'21	'20
◇東京学芸大	1	1	0	東海大	3	2	0	大妻女子大	1	8	2
◇防衛大	1	0	0	亜細亜大	5	2	3	杏林大	2	3	3
早稲田大	0	1	1	帝京大	5	2	4	武蔵野大	4	2	3
青山学院大	0	1	0	成蹊大	1	1	2	明星大	1	3	4
立教大	2	0	0	武蔵大	1	1	1	帝京平成大	8	0	11
中央大	1	0	1	立正大	0	2	3	大正大	1	2	2
法政大	1	2	2	国士舘大	3	2	1	東京工芸大	3	1	2
日本大	2	2	2	東京経済大	3	2	1	洗足学園音大	2	1	3
東洋大	2	2	1	桜美林大	7	3	5	日本女子体育大	7	3	0
専修大	0	2	0	共立女子大	3	21	2	東京女子体育大	6	5	4

※各大学合格数は既卒生との合計。

見学ガイド　文化祭／説明会／オープンキャンパス

雙（ふた）葉（ば）中学校

〒102－0085　東京都千代田区六番町 14－1　☎03－3261－0821

国際／海外研修／長期留学／第２外国語／online英会話／21型／1人1台端末／リモート体制／プロジェクト型／論文執筆／STEAM／情操／体験学習／ボランティア／人間力育成

教育方針▶「徳においては純真に　義務においては堅実に」を校訓とし，カトリック精神に基づく全人教育をめざす。

沿革▶1909年雙葉高等女学校創設。1947年雙葉中学校となる。

施設▶講堂，聖堂，理科室（物理・化学・生物・地学），英語LL室，仏語LL室，屋上庭園，グラウンド，他。

学校長▶日下部　和子

生徒数▶総数556名　併設小からの進学者を含む。

	1年（4クラス）	2年（4クラス）	3年（4クラス）
女子	190名	183名	183名
内進生内数	83名	85名	81名

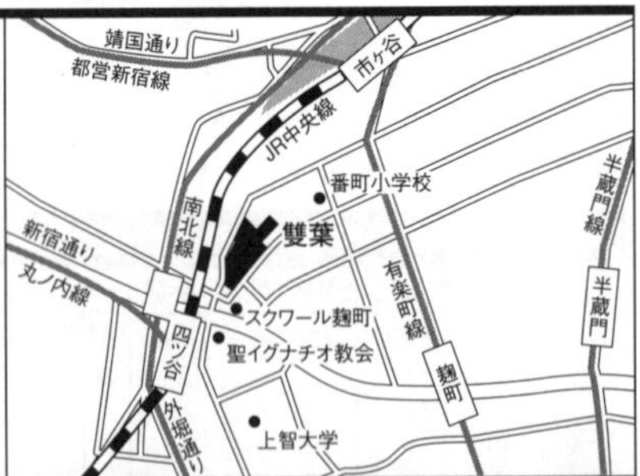

JR・丸ノ内線・南北線―四ツ谷２分　2分

カトリック精神のもと，困難をのりこえる人に

自ら考え，自らの判断で行動し，その結果に責任を持つ人間，人としてすべきことを最後までやり通す強さを備えた人間を育成。外国語教育にも伝統がある。

学習　６年間の連続性あるカリキュラムで，段階的に知識を広げ思考力を深めていく。充実した外国語教育が特色。英会話は中１からネイティヴ教員による少人数授業を行う。中３ではフランス語が必修，高校では第１外国語として英語とフランス語どちらかを選択する。中３で平和スピーチに取り組む。実験・観察，実習など本物に触れる機会を多く設定し，「なぜ？」を自ら考えていくことを大切にしている。

キャリア教育　生徒の自主性を尊重する。中学では職業調べや修学旅行にちなんだ学習を通して，自分を取り巻く社会や世界に目を向ける。高校では「卒業生の話を聞く会」を実施。大学生や社会人などの話を聞くことで，具体的に自分の進路を考えていく。

学校生活　各学年週１時間の宗教の授業や年数回行われる宗教行事を通して，人を大切にする心を育て，カトリックへの理解を深める。募金活動や施設訪問などのボランティア活動も盛ん。クラブは全員参加。卓球，ダンス，天文，美術など約40の部・班・会があり，高校生と一緒に活動する。

●コース表

中１	中２	中３	高１	高２	高３
共通履修			選択科目を設置		

保護者MEMO

登校時刻▶８：05
最終下校時刻▶17：00
土曜日▶毎週登校。平常授業４時間
昼食▶弁当/食品販売あり
携帯電話▶許可制
制服▶セーラー
自転車通学▶不可
カウンセラー▶週５日
保護者面談▶年１～２回
保護者会▶年１～２回
必修旅行▶広島・宮島（中３），京都・奈良（高２）
部活動▶活動日は部による

学費　初年度目安 116万円

（単位:円）	入学金	施設費	授業料	その他	合計
入学手続時	240,000	—	—	—	240,000
1年終了まで	—	171,600	529,200	224,000	924,800

●奨学金・特待生
なし

［その他］制服・指定品代，夏期学校，後援会費。
［寄付・学債］任意の寄付金（賛助寄付金）１口５万円以上あり。
※上記は'22年度のもの。新年度について詳細は「受験生応援アプリ」にて公開（2023年５月～）。

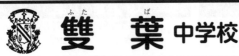

首都圏模試　思考コード　(単位：%)

〈入学試験〉

読み取る力	国語 A	国語 B	国語 C	算数 A	算数 B	算数 C	理科 A	理科 B	理科 C	社会 A	社会 B	社会 C
複雑 3				8	9		12			4		
2	4	27		24	42		48	4		50	12	
単純 1	20	49			17		8	28		26	8	

考える力：A=知識・理解思考　B=論理的思考　C=創造的思考

2024年度入試　合格の基準

	首都圏模試 ほぼ確実	首都圏模試 見込あり	首都圏模試 やや見込あり	四谷大塚 ほぼ確実	四谷大塚 見込あり	四谷大塚 やや見込あり
女子〈入学試験〉	75	72	69	67	63	58

ほぼ確実＝80%～／見込あり＝50～79%／やや見込あり＝20～49%

入試要項　2023年度参考　新年度日程は アプリへGO!　4科

試験名	試験日 ◎午後入試	出願締切 Web	発表 Web	手続 W・窓	2科	4科	適	英	他	面接	特待	募集数	応募数	受験数	合格数	実質倍率	偏差値
入学試験	2/1	1/17	2/2	2/3		●				＊		100	401	355	122	2.9	75

＊個人面接　※通知表コピーまたは報告書

【出願方法】 Web出願のうえ，1/19までに書類郵送　**【手続方法】** 合格発表当日に書類受取のうえ，Web納入後，書類提出
【受験料】 25,000円

【帰国生入試】 ―
※2023年度入試では面接は中止

受験情報

国語，算数ではBの問題が，理科，社会ではAの問題が中心となります。国語ではB1，算数ではB2が4割以上となるため，論理的思考力が求められます。理科，社会ではA2が5割程となり，知識や技術の正確な再現力が必要です。

年度	募集数	応募数	受験数	合格数	実質倍率	偏差値
'22	100	381	346	121	2.9	75
'21	100	385	357	115	3.1	74
'20	100	419	391	118	3.3	73

中学受験のプロがおすすめ！ 併願校の例

特色	カトリック系	論文(自由研究)	第2外国語	進学先(医学部)
♠男子校	♥浦和明の星	♣渋谷教育渋谷	♥洗足学園	♥豊島岡女子
♥女子校	♥横浜雙葉	♥頌栄女子	♥白百合学園	♥吉祥女子
♣共学・別学校	♥光塩女子	♥大妻	♥学習院女子	♥東洋英和

併設高校の進路情報

四年制大学進学率75.4%
文系53／理系42／その他5（%）　医歯薬60名合格

指定校推薦▶利用状況は早稲田大7，慶應大6，学習院大1，中央大1，国際基督教大1，東京女子医大1，北里大3など。ほかに上智大，東京理科大，明治大，芝浦工大，津田塾大，東京女子大，千葉工大，聖心女子大，白百合女子大，昭和大，聖マリアンナ医大，明治薬科大，日本薬科大，東京歯大，日本歯大，東京農大，清泉女子大，フェリス女学院大，東洋英和女学院大，武蔵野美大，武蔵野音大，洗足学園音大など推薦枠あり。

'22年3月卒業生：175名　大学132名　他42名
短大1名　専門0名　就職0名

主な大学合格状況　'23年春については主要大学のみ巻末一覧に記載

大学名	'22	'21	'20	大学名	'22	'21	'20	大学名	'22	'21	'20
◇東京大	9	8	10	◇防衛医大	3	1	1	中央大	25	29	42
◇京都大	3	1	0	◇お茶の水女子大	2	4	1	法政大	13	17	20
◇東工大	1	5	1	早稲田大	60	57	77	日本大	14	19	14
◇一橋大	2	6	6	慶應大	74	57	47	津田塾大	6	7	4
◇千葉大	3	6	4	上智大	42	33	28	東京女子大	25	16	13
◇筑波大	2	3	3	東京理科大	43	32	27	日本女子大	18	20	18
◇東京外大	1	1	2	学習院大	8	12	10	東京慈恵会医大	8	6	3
◇横浜国大	4	2	0	明治大	37	54	55	日本医大	11	12	4
◇北海道大	3	2	1	青山学院大	22	18	15	東京女子医大	4	4	4
◇東京医歯大	4	4	2	立教大	32	57	40	北里大	12	9	2

※各大学合格数は既卒生との合計。

見学ガイド　文化祭／説明会／見学会

普連土学園(ふれんどがくえん) 中学校

〒108－0073 東京都港区三田4－14－16 ☎03－3451－4616

教育理念▶それぞれに与えられた可能性を信じて，すべての人を敬い，世の役に立つ女性を育てる。
沿革▶1887年,アメリカ・フィラデルフィアのキリスト教フレンド派に属する婦人伝道会により創立。
施設▶100周年記念館，多目的ホール，大教室，和室，工芸棟（陶芸窯），自習室，静黙室，ラウンジ，テニスコート，グラウンド，屋上庭園，他。
学校長▶青木　直人
生徒数▶総数402名

	1年（3クラス）	2年（3クラス）	3年（3クラス）
女子	133名	135名	134名

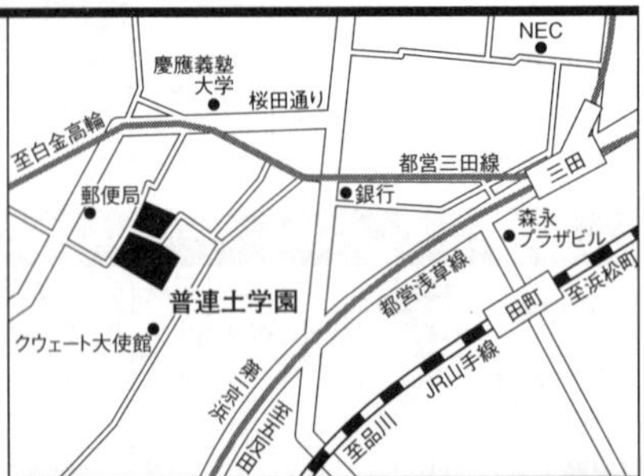

都営三田線・浅草線―三田7分
JR―田町8分　南北線―白金高輪10分
7分

国際 / 海外研修 / 長期留学 / 第2外国語 / online英会話 / 21型 / 1人1台端末 / リモート体制 / プロジェクト型 / 論文執筆 / STEAM / 情操 / 体験学習 / ボランティア / 人間力育成

沈黙の時間で自己を見つめ直して成長する

創立以来，少人数での教育を大切にし，家庭的な校風を受け継ぐ。自己も他者も尊ぶべき存在として思いやり，共に生き，共に活動する心を育てる。

学習 中学は英数で分割クラス，ティームティーチングによる授業を実施。英語は体全体を使って生きた英語を吸収できるよう，劇やゲームを取り入れ，タブレット端末を用いた英語スキット作製なども行う。国語はスピーチやディベートを通して論理的思考力を育成。また，様々なジャンルの古典作品に触れて感性を磨く。理科では自然科学の基礎や素養，探究心を培う。中1では年間約50回，高1では約30回の実験・観察を行い，レポートの書き方も丁寧に指導する。アクティブ・ラーニングをはじめ，ICTを活用した学びを展開。オンライン学習支援システムも導入している。

●コース表

中1	中2	中3	高1	高2	高3
共通履修				科目選択制授業	

キャリア教育 学年ごとに課題を設定し，研究・論文作成・発表することで，自ら考える力，表現し人に伝える力を養う。高2では全員が「研究論文」を執筆する。

学校生活 毎朝20分間の「礼拝」を通して自己の内面に向き合う。学年ごとのテーマに沿ったボランティア活動も実施。クラブ活動は吹奏楽部，囲碁部，バドミントン部，フォークダンス部など22団体がある。

保護者MEMO

登校時刻▶8：00
最終下校時刻▶17：50
土曜日▶休校。補習補講，特別講座などを行う
昼食▶弁当/食品販売あり
携帯電話▶許可制
制服▶ブレザー
自転車通学▶不可
カウンセラー▶常駐
保護者面談▶年1回
保護者会▶年2回
必修旅行▶東北地方(中3)
部活動▶平日は週2日，土曜日は月3回まで

学費　初年度目安 132万円

（単位:円）	入学金	教育充実費	授業料	その他	合計
入学手続時	300,000	—	—	—	300,000
1年終了まで	—	200,000	459,600	357,060	1,016,660

●奨学金・特待生
なし

［その他］制服・指定品代，修学旅行費，学年費，後援会費。
［寄付・学債］任意の寄付金1口10万円3口以上，1口1万円以上あり。
※上記は'22年度のもの。新年度について詳細は「受験生応援アプリ」にて公開（2023年5月～）。

首都圏模試　思考コード　(単位:%)

〈1日午前4科〉

読み取る力＼考える力	国語 A	国語 B	国語 C	算数 A	算数 B	算数 C
複雑 3				16		
2		25		36	8	
単純 1	25	50		8	32	

A=知識・理解思考　B=論理的思考　C=創造的思考

2024年度入試　合格の基準

		首都圏模試 ほぼ確実	首都圏模試 見込あり	四谷大塚 ほぼ確実	四谷大塚 見込あり
女子	〈①午前4科〉	61	57	48	45
			やや見込あり 54		やや見込あり 41

ほぼ確実＝80%～／見込あり＝50～79%／やや見込あり＝20～49%

入試要項　2023年度参考　新年度日程はアプリへGO!

2科　4科　他

試験名		試験日 ◎午後入試	出願締切 Web	発表 Web	手続 Web	2科	4科	適	英	他	面接	特待	募集数	応募数	受験数	合格数	実質倍率	偏差値
①	午前	2/1	1/31	当日	2/4		●						50	99	90	61	1.5	61
	午後	2/1 ◎	1/31	当日	2/4					＊1			20	266	247	188	1.3	68
②		2/2 ◎	2/1	2/3	2/6	●							30	226	107	71	1.5	66
③		2/4	2/3	当日	2/6		●						20	168	75	54	1.4	64

＊1　算数（計算問題と1行文章問題）

【出願方法】Web出願　**【手続方法】**Web納入。入学者面談（保護者同伴）を実施。通知表コピー提出。一部納入により，残額を2/8まで延納可　**【受験料】**①午前・②・③25,000円（同時出願は2回40,000円，3回55,000円）①午後10,000円

【帰国生入試】2/1，2/4（各若干名募集）

中学受験のプロがおすすめ! 併願校の例

特色	プロテスタント系	理数教育	表現力育成	論文(自由研究)
♠男子校	♥東洋英和	♥鷗友女子	♣青学横浜英和	♥学習院女子
♥女子校	♥恵泉女学園	♥山脇学園	♥田園調布	♥富士見
♣共学・別学校	♥横浜女学院	♥大妻中野	♥昭和女子大昭和	♥カリタス女子

併設高校の進路情報

四年制大学進学率91.7%
文系52／理系42／その他6（%）　医歯薬8名合格

指定校推薦▶利用状況は都立大1，早稲田大2，慶應大5，東京理科大4，学習院大4，立教大1，中央大1，法政大1，国際基督教大1，芝浦工大1，東京女子大2，東京薬科大1，聖路加国際大1，日本赤十字看護大1など。ほかに明治学院大，津田塾大，日本女子大，共立女子大，大妻女子大，聖心女子大，白百合女子大，杏林大，東邦大，明治薬科大，東京歯大，東京農大など推薦枠あり。

海外大学合格状況▶Beloit College, Earlham College, Knox College(米), 他。

'22年3月卒業生：121名　大学111名
短大0名　専門0名　就職0名　他10名

主な大学合格状況　'23年春については主要大学のみ巻末一覧に記載

大学名	'22	'21	'20	大学名	'22	'21	'20	大学名	'22	'21	'20
◇東京大	0	1	1	慶應大	13	13	15	東洋大	11	9	12
◇千葉大	1	2	1	上智大	11	11	2	専修大	9	7	5
◇筑波大	0	1	2	東京理科大	9	10	6	成蹊大	6	8	4
◇東京外大	1	0	2	学習院大	13	11	13	明治学院大	18	12	18
◇防衛医大	1	3	0	明治大	28	17	13	津田塾大	4	4	3
◇東京藝術大	1	0	1	青山学院大	8	8	11	東京女子大	23	8	17
◇東京農工大	0	2	0	立教大	26	32	20	日本女子大	23	14	23
◇お茶の水女子大	2	1	0	中央大	10	7	9	北里大	6	5	3
◇都立大	1	1	1	法政大	17	7	10	東京農大	9	20	31
早稲田大	20	6	13	日本大	28	23	23	昭和女子大	18	13	11

※各大学合格数は既卒生との合計。

見学ガイド　文化祭／説明会／学校体験日

ユネスコ　高校募集 あり　高１より全体が混合。　高１内訳　一貫生 74名 134名 高入生

文京学院大学女子 中学校

（ぶんきょうがくいんだいがくじょし）

〒113－8667　東京都文京区本駒込６－18－３　☎03－3946－5301

国際　海外研修　長期留学　第２外国語　online英会話　21型　1人1台端末　リモート体制　プロジェクト型　論文執筆　STEAM　情操　体験学習　ボランティア　人間力育成

教育方針▶「自立と共生」を教育理念とし，世界から必要とされる人材の育成をめざす。

沿革▶1924年「女性の自立」を掲げて開学。2020年インターナショナルスクールと教育提携を開始し，2022年４月文京キャンパスが敷地内に開校。

施設▶図書館（5.4万冊），アクティブラーニングスタジオ，礼法室，生物室・化学室（中高別に計４つ），テニスコート（４面），カフェテリア，他。

学校長▶清水　直樹

生徒数▶総数293名

	１年（３クラス）	２年（３クラス）	３年（３クラス）
女子	102名	98名	93名

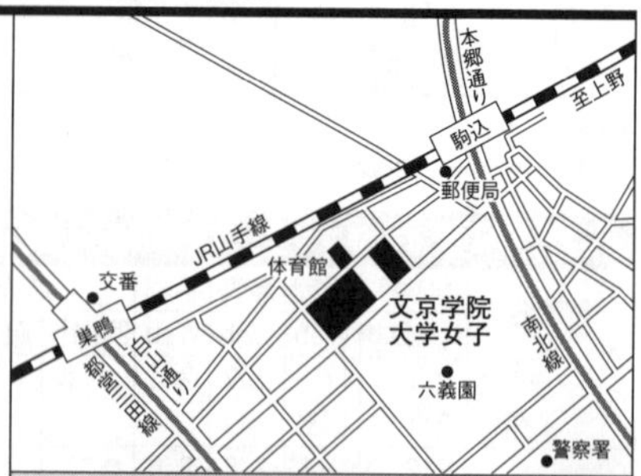

JR・南北線―駒込５分
JR・都営三田線―巣鴨５分
5分

グローバル×探究　～多様化する世界で生きる力を育む

IB認定を受けたインターナショナルスクールと教育連携し，英語が日常にある環境を実現。英語力と探究活動で培う力と合わせて希望進路を実現する。

学習　数学，社会など英語以外の教科でもネイティヴ教員の専門性を生かして日本人教員と行うコラボ授業，ゼミ形式の課外授業・国際塾，隣接するインターナショナルスクールへのOne Day留学など「英語が日常にある」環境を実現。また仮説・検証を繰り返しながら，調査・研究・ポスター作成でプレゼン力を育む探究活動は，総合型選抜入試への対応力も培い，成果をあげている。基礎学力の育成と学習習慣確立のために，小テストごとに随時補習を行うほか，長期休暇中は進学講座を実施している。放課後は，個別指導を受けられる自習室も設置している。

●**コース表**

中１	中２	中３	高１	高２	高３
共通履修	グローバルスタディーズ		特進 進学	特進 スーパーイングリッシュ 進学	
	アドバンストサイエンス		特進 進学		
	スポーツサイエンス				

キャリア教育　総合学習の時間を活用して３コースに分かれて学ぶことで，自身の適性や得意とするものを見出し，進路選択に繋げる。コースは学年ごとに再選択する。

学校生活　伝統教育として全校で「運針」「ペン習字」に取り組む。正規授業内に礼法（茶道・華道）の時間も設置。強豪バレーボール部ほか，チアダンス，サッカー，新体操，書道など，約30の部が活動中。

保護者MEMO

登校時刻▶８：35
最終下校時刻▶18：00
土曜日▶毎週登校。平常授業４時間
昼食▶給食（中学のみ）/食堂/食品販売あり
携帯電話▶可
制服▶夏セーラー，冬ブレザー
自転車通学▶不可
カウンセラー▶常駐
保護者面談▶年１回
保護者会▶年３～４回
必修旅行▶関西（中３）
部活動▶活動日は部による

学費　　初年度目安 121万円

（単位:円）	入学金	施設費	授業料	その他	合計
入学手続時	250,000	―	―	―	250,000
1年終了まで	―	114,000	409,200	438,083	961,283

［その他］制服・指定品代，修学旅行費，教育充実費，教材費，後援会費，生徒会費，給食費。
［寄付・学債］なし。
※上記は'22年度のもの。新年度について詳細は「受験生応援アプリ」にて公開（2023年５月～）。

●**奨学金・特待生**
S：入学金，教育充実費／D：入学金／B：教育充実費（2・3年次は審査により授業料全額）

首都圏模試　思考コード（単位：%）

〈ポテンシャル１〉

読み取る力＼考える力	国語 A	国語 B	国語 C	算数 A	算数 B	算数 C
複雑 3	2					
2	10	14		60		
単純 1	14	60		35	5	

A=知識・理解思考　B=論理的思考　C=創造的思考

2024年度入試　合格の基準

		首都圏模試 ほぼ確実	首都圏模試 見込あり	四谷大塚 ほぼ確実	四谷大塚 見込あり
女子	〈ポテ①〉	41	36	39	36
			やや見込あり 31		やや見込あり 32

ほぼ確実＝80%～／見込あり＝50～79%／やや見込あり＝20～49%

入試要項　2023年度参考　新年度日程は アプリへGO!

2科　4科　適性型　英　他

試験名	試験日 ◎午後入試	出願締切 Web	発表 Web	手続 Web	2科	4科	適	英	他	面接	特待	募集数	応募数	受験数	合格数	実質倍率	偏差値
ポテンシャル ①	2/1	1/31	当日	2/2	●			＊1	＊1		●	60	92	84	73	1.2	41
ポテンシャル ②得意２科	2/1 ◎	1/31	当日	2/6	●						●	15	105	87	35	2.5	48
ポテンシャル ③	2/2 ◎	当日	当日	2/6	●			＊1	＊1		●	10	107	22	15	1.5	42
ポテンシャル ④	2/3 ◎	当日	当日	2/6	●			＊1	＊1		●	5	114	13	10	1.3	44
特待チャレンジ	2/4 ◎	当日	当日	2/6		●					●	若干	66	13	8	1.6	50
適性検査型	2/1	1/31	当日	2/6延			＊2				●	15	3	3	3	1.0	42
探究プレゼン	2/1 ◎	1/31	当日	2/6延					＊3		●		1	1	0	—	42
英語インタラクティブ	2/1 ◎	1/31	当日	2/6延				＊4			●		8	8	6	1.3	—

＊1　２科（国算）＋選択（理社英各２題の計６題から２題以上を選択）　＊２　適性検査ⅠⅡ　＊３　科学実験後レポートを作成し，それに基づきプレゼンテーションを行う　＊４　ネイティヴスピーカーとグループによる英語活動　※英検取得者は，取得級に応じて考慮事項あり　※ポテンシャル②得意２科は，国算どちらか高いほうを２倍にした得点で判定。　2/3までの合格者で入学手続きした受験生は特待チャレンジ再受験可

【出願方法】Web出願。英検合格証明書は試験当日までに郵送または持参　**【手続方法】**Web納入。公立一貫校受検者は2/10まで延納可　**【受験料】**23,000円（全入試対象。複数回受験可）　13,000円（適性検査型・探究プレゼン型・英語インタラクティブのみ受験の場合。３入試は複数回受験可）

【帰国生入試】12/4，12/25，2/2（募集数は不定）

中学受験のプロがおすすめ！　併願校の例

特色	理数教育	給食制度	伝統文化教育	留学制度
♠男子校	♥跡見学園	♥東京家政大附	♥江戸川女子	♥三輪田学園
♥女子校	♥十文字	♣駒込	♥京華女子	♥和洋九段
♣共学・別学校	♣成立学園	♥川村	♥瀧野川女子	♥神田女学園

併設高校の進路情報

四年制大学進学率81.9%
文系70／理系30／その他０（%）　医歯薬２名合格

内部推薦▶文京学院大学へ31名（保健医療技術11，経営７，人間８，外国語５）が内部推薦で進学した。

指定校推薦▶利用状況は学習院大２，立教大１，日本大２，東洋大３，國學院大２，成蹊大４，成城大３，明治学院大１，獨協大４，東京女子大２，工学院大１，共立女子大１，大妻女子大２，聖心女子大２，白百合女子大１，実践女子大２，昭和女子大３など。

海外大学合格状況▶北京大学（中），他。

'22年３月卒業生：210名

大学172名　短大４名　専門13名　就職１名　他20名

主な大学合格状況　'23年春については主要大学のみ巻末一覧に記載

大学名	'22	'21	'20	大学名	'22	'21	'20	大学名	'22	'21	'20
◇千葉大	0	1	0	立教大	7	5	2	國學院大	6	3	2
◇お茶の水女子大	1	0	0	中央大	0	8	3	成蹊大	6	6	6
◇都立大	0	1	0	法政大	6	4	0	成城大	3	3	3
早稲田大	0	0	2	日本大	5	11	8	明治学院大	3	5	4
慶應大	0	1	1	東洋大	13	6	7	獨協大	8	3	2
上智大	1	3	1	駒澤大	2	4	5	東京女子大	2	1	2
東京理科大	0	1	0	専修大	1	5	5	日本女子大	7	2	3
学習院大	2	4	3	大東文化大	1	9	7	共立女子大	4	6	5
明治大	2	3	4	東海大	1	2	6	大妻女子大	4	7	5
青山学院大	3	4	1	帝京大	4	4	7	文京学院大	62	67	81

※各大学合格数は既卒生との合計。

見学ガイド　文化祭／説明会／入試体験

三輪田学園（みわだがくえん）中学校

〒102－0073 東京都千代田区九段北 3－3－15 ☎03－3263－7801

国際 / 海外研修 / 長期留学 / 第2外国語 / online英会話 / 21型 / 1人1台端末 / リモート体制 / プロジェクト型 / 論文執筆 / STEAM / 情操 / 体験学習 / ボランティア / 人間力育成

教育理念▶高い知性と豊かな人間性を育成する教育を実践し，徳才兼備な女性を育てる。
沿革▶1887年，翠松学舎として開校。1947年，現校名となる。
施設▶講堂，談話室，和室，理科実験室，プラネタリウム，図書館（5.5万冊），English Lounge，クリエイティブルーム，屋内プール，グラウンド，他。
学校長▶塩見　牧雄
生徒数▶総数551名

	1年（5クラス）	2年（5クラス）	3年（4クラス）
女子	197名	182名	172名

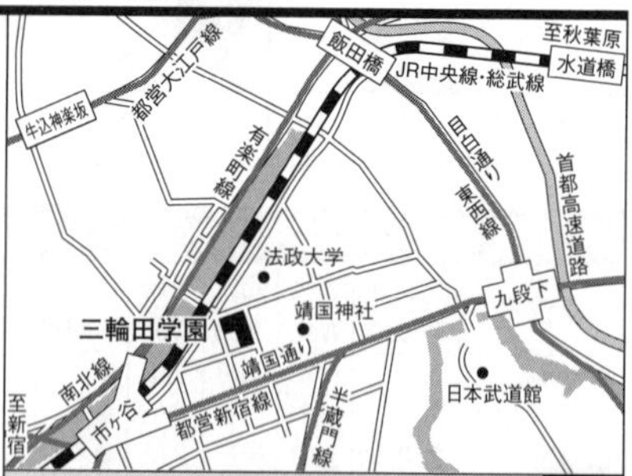

JR・有楽町線・南北線―市ヶ谷7分，飯田橋8分　徒歩7分

誠実さを行動基軸におく生き方を学ぶ

校訓は「誠のほかに道はなし」。誠実で，他者とつながりながら，自らの人生を切り拓いて生きる，逞しくしなやかな女性を育てる。

学習 英語は中1から，数学は中2から習熟度別，分割授業で基礎学力と応用力を身につける。英語ではタブレット端末を活用したリスニング・音読練習，ネイティヴ教員による英作文の添削指導に力を入れ，4技能をバランスよく伸ばす。国内外での語学研修プログラムも多彩。理科は自ら考察する姿勢，論理的思考力を養う。中学3年間で100回の実験に取り組むなど実物に触れる機会を設ける。40年以上続く読書教育では中1より読書の時間を設け，ブックトークなどに取り組む。中3は社会科分野で中学の集大成として5,000字以上の卒業論文を書き，考察力を磨く。中2からは探究ゼミ「MIWADA-HUB」が始まり，主体的なプロジェクト学習に取り組む。

キャリア教育 大学受験を見据えた「進学指導」と自分の人生そのものの進路を考えていく「進路指導」を2本柱とし，キャリアアップ・プログラムに取り組む。

学校生活 オペラ・邦楽・芸術鑑賞教室，希望制の歌舞伎・文楽教室を開催。日本文化を楽しむ長唄や箏曲など27の部がある。

●コース表

中1	中2	中3	高1	高2	高3
共	通	履	修 Super Academic Super English	文系 理系	

保護者MEMO

登校時刻▶8：10
最終下校時刻▶17：30
土曜日▶毎週登校。平常授業4時間
昼食▶弁当/食品販売あり
携帯電話▶許可制
制服▶ブレザー
自転車通学▶不可
カウンセラー▶常駐
保護者面談▶年1～3回
保護者会▶年5回
必修旅行▶広島・宮島（中3），関西（高2）
部活動▶週4日まで

学費　初年度目安 130万円

（単位:円）	入学金	施設費	授業料	その他	合計
入学手続時	300,000	—	—	—	300,000
1年終了まで	—	150,000	444,000	404,960	998,960

●奨学金・特待生
なし

［その他］制服・指定品代，実験実習費，学年積立金，ipad購入費，父母の会会費。
［寄付・学債］任意の寄付金1口10万円2口以上あり。
※上記は'22年度のもの。新年度について詳細は「受験生応援アプリ」にて公開（2023年5月～）。

首都圏模試　思考コード　(単位：%)

〈第１回午前〉

読み取る力＼考える力	国語 A	国語 B	国語 C	算数 A	算数 B	算数 C
複雑 3						
2	8	7		68		
単純 1	15	70		4	28	

A=知識・理解思考　B=論理的思考　C=創造的思考

2024年度入試　合格の基準

	首都圏模試 ほぼ確実	首都圏模試 見込あり	首都圏模試 やや見込あり	四谷大塚 ほぼ確実	四谷大塚 見込あり	四谷大塚 やや見込あり
女子〈①午前2科4科〉	52	48	44	44	41	37

ほぼ確実＝80%～／見込あり＝50～79%／やや見込あり＝20～49%

入試要項　2023年度参考　新年度日程は アプリへGO!　2科　4科　英

試験名		試験日（◎午後入試）	出願締切 Web	発表 Web	手続 Web	2科	4科	適	英	他	面接	特待	募集数	応募数	受験数	合格数	実質倍率	偏差値
①	2科・4科	2/1	1/31	当日	2/6	●							70	46	43	13	3.3	52
		2/1	1/31	当日	2/6		●							213	188	80	2.4	
	英検利用	2/1	1/31	当日	2/6	＊			＊				10	34	31	27	1.5	48
	午後	2/1 ◎	1/31	当日	2/6	●							25	440	389	195	2.0	57
②	2科・4科	2/2	当日	当日	2/6	●							35	71	53	13	4.1	55
							●							335	222	70	3.2	
	英検利用	2/2	当日	当日	2/6	＊			＊				10	57	31	23	1.3	48
③	午前	2/3	当日	当日	2/6	●							20	82	50	9	5.6	53
							●							391	243	52	4.7	

＊英検資格（英検４級かつCSEスコア1,000点以上）＋国算。英検級によるみなし点と，国または算の得点の高い方の合計点で判定

【出願方法】 Web出願。①と②の英検利用は英検合格証書のコピーを当日持参
【手続方法】 Web納入。入学準備説明会に通知表コピーを提出
【受験料】 22,000円（同時出願のみ２回40,000円，３回50,000円，４回55,000円）

【帰国生入試】 11/19（若干名募集）

中学受験のプロがおすすめ！　併願校の例

特色	キャリア教育	論文(自由研究)	留学制度	ICT教育
♠男子校 ♥女子校 ♣共学・別学校	♥共立女子	♥江戸川女子	♥大妻中野	♥山脇学園
	♥跡見学園	♣淑徳巣鴨	♥神奈川学園	♣駒込
	♥京華女子	♥十文字	♥女子聖学院	♥和洋九段

併設高校の進路情報

四年制大学進学率90.1%
文系62／理系33／その他５（%）　医歯薬13名合格

指定校推薦▶利用状況は東京理科大２，学習院大１，明治大１，立教大１，法政大２，明治学院大２，芝浦工大１，東京女子大１，共立女子大１，大妻女子大１，北里大１，東京薬科大１，明治薬科大１，東洋英和女学院大１など。ほかに日本大，成蹊大，成城大，獨協大，津田塾大，日本女子大，立命館大，玉川大，東京都市大，聖心女子大，昭和大，東京歯大，日本歯大など推薦枠あり。

海外大学合格状況▶University of East Anglia（英），他。

'22年３月卒業生：151名　大学136名
短大０名　専門０名　就職０名　他15名

主な大学合格状況　'23年春については主要大学のみ巻末一覧に記載

大学名	'22	'21	'20	大学名	'22	'21	'20	大学名	'22	'21	'20
◇千葉大	0	1	0	上智大	0	1	3	駒澤大	4	8	2
◇筑波大	0	1	0	東京理科大	4	5	2	専修大	9	5	16
◇埼玉大	1	0	0	学習院大	3	2	2	帝京大	6	8	16
◇東京農工大	1	0	0	明治大	4	9	10	成城大	10	2	7
◇お茶の水女子大	0	1	0	青山学院大	1	4	3	明治学院大	3	10	4
◇東京学芸大	1	0	2	立教大	7	26	8	津田塾大	2	1	2
◇都立大	1	0	0	中央大	7	2	1	東京女子大	10	3	7
◇信州大	1	0	0	法政大	7	8	12	日本女子大	6	11	9
早稲田大	1	9	1	日本大	23	24	19	共立女子大	11	11	15
慶應大	4	2	2	東洋大	33	30	31	昭和女子大	11	11	8

※各大学合格数は既卒生との合計。

見学ガイド　文化祭／説明会／オープンスクール／個別見学対応

山脇学園（やまわきがくえん）中学校

〒107－8371 東京都港区赤坂 4－10－36 ☎03－3585－3911～3

国際 / 海外研修 / 長期留学 / 第2外国語 / online英会話 / 21型 / 1人1台端末 / リモート体制 / プロジェクト型 / 論文執筆 / STEAM / 情操 / 体験学習 / ボランティア / 人間力育成

建学の精神▶高い教養とマナーを身につけた女性の育成をめざす。
沿革▶1903年に山脇玄・房子夫妻により女子實脩学校として設立。2016年全館リニューアル工事完了。
施設▶講堂，EIシアター，ラウンジ，自習室，リベラルアーツランド，イングリッシュアイランド，サイエンスアイランド，屋外実験場，多目的日本間，グラウンド，他。
学校長▶西川　史子
生徒数▶総数837名

	1年（8クラス）	2年（8クラス）	3年（7クラス）
女子	304名	273名	260名

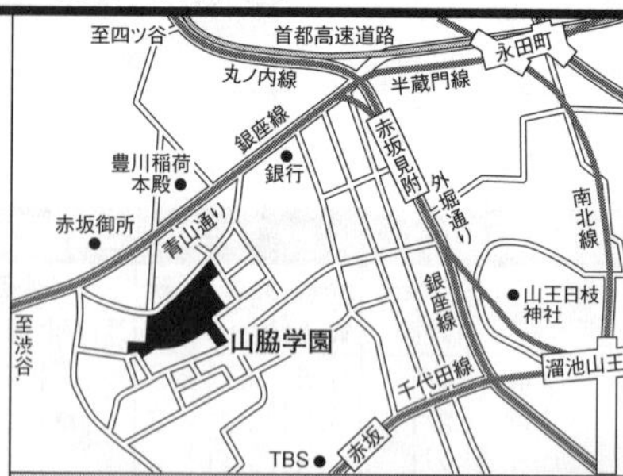

銀座線・丸ノ内線―赤坂見附5分　千代田線―赤坂7分　銀座線―青山一丁目7分　5分

志のある生き生きとした女性を育成

英語と科学の教育を軸に生徒一人ひとりの「志」をより深め，社会にはばたく女性リーダーを育成。専門的な技術と知識を習得する環境にこだわった施設が魅力。

学習 校内にイングリッシュ（EI），サイエンス（SI），2つのアイランドに加えて，図書・自習・プレゼンテーションエリアを備えたLearning Forestが完成。EIでのコミュニケーションは英語が原則。SIでは理科の授業とは別に週1時間の「サイエンティストの時間」で基本的な実験操作の習得と考察力・表現力を磨く探究型のプログラムを実施。中3の希望者は英語，科学研究チャレンジプログラムの選択が可能。英語では3月に1年間の総仕上げとして参加者全員が英国語学研修に赴く。科学研修参加者はロボット・パソコン・生物の各研究グループに分かれて研究活動を行う。サイエンスクラスを選択すると高校でも継続研究・開発を行うことができる。

キャリア教育 自然・人文・社会科学の知識を結集した「総合知」育成プログラムで一人ひとりの「志」を育てる。高校からは海外大学進学に向けてのサポートも充実。

学校生活 体育祭は60年間続く伝統のダンスがある。琴・礼法・華道は必修。部・同好会は約40団体設置。

●コース表

中1	中2	中3	高1	高2	高3
共	通	履修	スタンダードクラス	文系	国立文系／私立文系
				理系	国立理系／私立理系
			サイエンスクラス		

保護者MEMO

登校時刻▶8：15
最終下校時刻▶17：30
土曜日▶毎週登校。平常授業4時間
昼食▶食堂（中学は週1回給食）／食品販売あり
携帯電話▶可
制服▶ブレザー
自転車通学▶不可
カウンセラー▶常駐
保護者面談▶年1～2回
保護者会▶年2～3回
必修旅行▶京都・奈良(中3)，他
部活動▶水曜日は休部日

学費　初年度目安 145万円

（単位:円）	入学金	施設費	授業料	その他	合計
入学手続時	250,000	100,000	―	―	350,000
1年終了まで	―	171,000	513,000	411,710	1,095,710

●奨学金・特待生
なし

［その他］制服・指定品代，特別校費，生徒活動費，教材費，iPad，オリエンテーション合宿，父母の会会費，災害共済掛金。※給食費週1回2,000円/月あり。
［寄付・学債］なし。
※上記は'22年度のもの。新年度について詳細は「受験生応援アプリ」にて公開（2023年5月～）。

首都圏模試 思考コード (単位：%)

〈A日程〉

読み取る力	国語 A	国語 B	国語 C	算数 A	算数 B	算数 C
複雑 3						
2	16	23		40	20	
単純 1	10	45	6	5	35	
考える力	A	B	C	A	B	C

A=知識・理解思考　B=論理的思考　C=創造的思考

2024年度入試 合格の基準

	首都圏模試 ほぼ確実	首都圏模試 見込あり	首都圏模試 やや見込あり	四谷大塚 ほぼ確実	四谷大塚 見込あり	四谷大塚 やや見込あり
女子〈一般A〉	62	59	56	52	48	44

ほぼ確実＝80%～／見込あり＝50～79%／やや見込あり＝20～49%

入試要項 2023年度参考　新年度日程はアプリへGO!

2科 4科 英 他

試験名		試験日 ◎午後入試	出願締切 Web	発表 Web	手続 Web	2科	4科	適	英	他	面接	特待	募集数	応募数	受験数	合格数	実質倍率	偏差値
一般	A	2/1	当日	当日	2/4		●						65	328	310	72	4.3	62
	B	2/2 ◎	当日	当日	2/4	●							50	702	571	134	4.3	65
	C	2/4	当日	当日	2/5		●						40	592	444	64	6.9	63
英語	A	2/1	当日	当日	2/4	＊1			＊1				55	51	47	15	3.1	60
	B	2/2 ◎	当日	当日	2/4	＊1			＊1					88	61	14	4.4	61
	C	2/4	当日	当日	2/5	＊1			＊1					74	43	9	4.8	61
	AL/A	2/1 ◎	当日	当日	2/4				＊2	＊2				74	64	15	4.3	62
	AL/B	2/3 ◎	当日	当日	2/5				＊2	＊2								62
1科		2/1 ◎	当日	当日	2/4					＊3			60	国474	451	134	3.4	68
														算306	292	125	2.3	67
探究サイエンス		2/3 ◎	当日	当日	2/5					＊4			10	77	67	10	6.7	65

＊1　国算。英検３級相当以上の資格取得者対象　＊2　算数（①基本問題　②論理的に考えて記述する問題）。英語AL入試説明・ALアプリ体験動画を視聴し，英検３級相当以上資格者と認められた者対象　＊3　国または算　＊4　理科＋課題研究
※一般で英検４級相当以上取得者と，英語受験者（英検３級相当以上）は合格証コピー
※１科の集合時間は15：00か15：45

【出願方法】Web出願のうえ，該当者は書類を当日持参　**【手続方法】**Web納入にて，上記期日までに入学金を，2/5までに残金を納入。2/5までの入学辞退者には一部返還　**【受験料】**一般・英語25,000円（同時出願は2回40,000円，３回50,000円）英語AL35,000円（A・B同時出願は50,000円），１科・探究サイエンス15,000円

【帰国生入試】11/26，2/1，2/2，2/4（募集数は英語ABCに含む）

中学受験のプロがおすすめ！ 併願校の例

特色	イングリッシュルーム	伝統文化教育	理数教育	算数(選択)入試
♠男子校	♥共立女子	♥大妻	♥恵泉女学園	♣都市大等々力
♥女子校	♥田園調布	♥東京女学館	♥昭和女子大昭和	♥品川女子
♣共学・別学校	♥女子聖学院	♥実践女子	♥跡見学園	♣八雲学園

併設高校の進路情報

四年制大学進学率91.1%
文系63／理系36／その他１（%）　医歯薬19名合格

指定校推薦▶利用状況は東京理科大３，学習院大３，明治大１，青山学院大１，立教大２，中央大１，法政大１，成蹊大１，北里大１，東邦大１，東京歯大１，日本歯大１，東京農大１，女子栄養大１など。ほかに上智大，日本大，東洋大，東海大，成城大，明治学院大，獨協大，芝浦工大，東京電機大，津田塾大，東京女子大，日本女子大，工学院大，東京都市大，千葉工大など推薦枠あり。

海外大学合格状況▶Knox College（米），Langara College（ｶﾅﾀﾞ），他。

'22年３月卒業生：257名
大学234名　短大１名　専門１名　就職０名　他21名

主な大学合格状況　'23年春については主要大学のみ巻末一覧に記載

大学名	'22	'21	'20	大学名	'22	'21	'20	大学名	'22	'21	'20
◇東工大	0	1	0	上智大	19	34	14	専修大	11	14	10
◇一橋大	0	1	0	東京理科大	13	9	5	東海大	20	12	17
◇千葉大	0	0	1	学習院大	17	10	11	成城大	29	23	25
◇東京外大	0	1	0	明治大	81	49	50	明治学院大	26	25	18
◇東京医歯大	1	1	0	青山学院大	33	28	16	東京女子大	29	22	23
◇防衛医大	2	0	0	立教大	96	66	49	日本女子大	42	27	24
◇都立大	3	1	0	中央大	29	32	20	共立女子大	29	35	23
◇東京海洋大	1	1	0	法政大	49	39	24	白百合女子大	21	13	15
早稲田大	25	29	13	日本大	42	44	52	北里大	11	7	10
慶應大	21	12	10	東洋大	44	48	45	昭和女子大	35	52	16

※各大学合格数は既卒生との合計。

見学ガイド　説明会／オープンキャンパス

立教女学院（りっきょうじょがくいん）中学校

〒168−8616　東京都杉並区久我山 4−29−60　☎03−3334−5103

国際 / 海外研修 / 長期留学 / 第2外国語 / online英会話 / 21型 / 1人1台端末 / リモート体制 / プロジェクト型 / 論文執筆 / STEAM / 情操 / 体験学習 / ボランティア / 人間力育成

教育目標▶キリスト教（プロテスタント）精神に基づく人間教育により，知的で品格があり，世の中に流されない凛とした女性を育てる。
沿革▶1877年，宣教師ウィリアムズが立教女学校を創立。2014年，総合体育館と屋内プールが完成。
施設▶講堂，ホール，和室，図書館（7.5万冊），礼拝堂，テニスコート，グラウンド，ヘイウッド・ライブラリー（自習室），ラーニングセンター，他。
学校長▶田部井　善郎
生徒数▶総数595名　併設小からの進学者を含む。

	1年（5クラス）	2年（5クラス）	3年（5クラス）
女子	200名	197名	198名
内進生内数	72名	69名	69名

京王井の頭線―三鷹台 1 分
JR―荻窪・西荻窪よりバス立教女学院　1分

真の自由と豊かな人間性を求め続ける人格の育成

毎日の礼拝や奉仕活動を通して，他者のために考え，判断し，行動することを学ぶ。自主自立の精神を尊重する校風のなか，生徒は何事にも積極的に取り組んでいる。

学習　人間性を豊かに養う教育活動として，礼拝・奉仕・平和を柱にした「土曜集会」を行う。30年以上続くプログラムで，広い視野と主体的に生きる力を育む。英語は習熟度別少人数のクラス編成。正しい発音から身につけることを重視する。8月に中1・中2の希望者は外国人講師によるスピーキングのトレーニングを積む。また，校内でスピーチおよびレシテーションコンテストを開催。フィリピン，アメリカ，ニュージーランドへの短・長期交換留学を実施。理科では，大学の研究室訪問や，企業と連携したプロジェクトへの取り組みなどで，科学への興味関心を高める。

キャリア教育　自らの問い（Ask）を調べ（Research），まとめ，発表（Express）する「ARE学習」で将来の基礎力を養い，社会に貢献できる人間をめざす。学習の集大成として，高校で卒業論文作成に取り組む。

学校生活　日々の礼拝を通して自己を見つめる。平和憲章を制定するなど，平和学習を積極的に推進。土曜日や夏休みに，自由参加のボランティア活動を実施。

●コース表

中1	中2	中3	高1	高2	高3
共通履修				理系コース 文Ⅰコース 文Ⅱコース	

保護者MEMO

登校時刻▶8：05
最終下校時刻▶17：45
土曜日▶休校。年10回程度特別プログラムを行う
昼食▶食堂（中1は5月から利用可）／食品販売あり
携帯電話▶許可制
制服▶なし
自転車通学▶可
カウンセラー▶常駐
保護者面談▶年1回
保護者会▶年4回
必修旅行▶平戸・長崎（中3）
部活動▶日曜日は休部日

学費　初年度目安 116万円

（単位:円）	入学金	施設費	授業料	その他	合計
入学手続時	250,000	—	—	—	250,000
1年終了まで	—	—	600,000	307,600	907,600

●奨学金・特待生
なし

［その他］教育充実費，生徒費，旅行積立金，藤の会費，藤の会入会費，生徒会費，同窓会費。
［寄付・学債］任意の寄付金（教育環境改善資金）1口10万円2口以上あり。
※上記は'22年度のもの。新年度について詳細は「受験生応援アプリ」にて公開（2023年5月〜）。

首都圏模試　思考コード　(単位：%)

読み取る力＼考える力	〈入学試験〉国語 A	国語 B	国語 C	算数 A	算数 B	算数 C
複雑 3				9		
2	23	31		15	17	
単純 1		46		10	49	

A=知識・理解思考　B=論理的思考　C=創造的思考

2024年度入試　合格の基準

	首都圏模試 ほぼ確実	首都圏模試 見込あり	首都圏模試 やや見込あり	四谷大塚 ほぼ確実	四谷大塚 見込あり	四谷大塚 やや見込あり
女子〈入学試験〉	69	66	63	60	55	50

ほぼ確実＝80%～／見込あり＝50～79%／やや見込あり＝20～49%

入試要項　2023年度参考　新年度日程はアプリへGO!　4科

試験名	試験日 ◎午後入試	出願締切 Web	発表 Web	手続 W・窓	選抜方法 2科	4科	適	英	他	面接	特待	募集数	応募数	受験数	合格数	実質倍率	偏差値
一般	面接1/28 筆記2/1	1/23	当日	2/2		●				＊2		110	353	334	136	2.5	69
帰国生	**12/22**	12/3	当日	12/23					＊1	＊2		若干	44	40	21	1.9	—

＊1　国算＋日本語の作文　＊2　保護者同伴面接
※志望理由書，通知表コピー

【出願方法】 Web出願後，書類郵送。帰国生は海外在留証明書，海外帰国生調査票を提出
【手続方法】 Web納入のうえ，窓口にて手続　**【受験料】** 30,000円

【帰国生入試】 上記に記載

年度	募集数	応募数	受験数	合格数	実質倍率	偏差値
'22	110	300	277	129	2.1	69
'21	110	347	319	134	2.4	69
'20	110	358	332	131	2.5	68

中学受験のプロがおすすめ!　併願校の例

特色	プロテスタント系	自主自立	系列大推薦あり	留学制度
♠男子校	♥東洋英和	♥吉祥女子	♣明大明治	♥洗足学園
♥女子校	♥恵泉女学園	♣中大附属	♥香蘭女学校	♣成蹊
♣共学・別学校	♥普連土学園	♥大妻	♣国学院久我山	♥共立女子

併設高校の進路情報

四年制大学進学率94%
文系85／理系14／その他1（%）　医歯薬15名合格

内部推薦▶立教大学へ127名（文17，異文化コミュニケーション6，経済30，経営15，理1，社会24，法23，観光3，コミュニティ福祉1，現代心理6，GLAP 1）が内部推薦で進学した。

指定校推薦▶利用状況は早稲田大2，慶應大4，上智大2，国際基督教大1，東京女子医大1，昭和薬科大1など。

海外大学合格状況▶University of California, Los Angeles（米），他。

'22年3月卒業生：183名　大学172名
短大0名　専門0名　就職0名　他11名

主な大学合格状況　'23年春については主要大学のみ巻末一覧に記載

大学名	'22	'21	'20	大学名	'22	'21	'20	大学名	'22	'21	'20
◇東京大	1	0	2	慶應大	12	22	16	国際基督教大	2	1	2
◇東工大	0	0	1	上智大	6	8	16	成城大	2	5	0
◇一橋大	1	0	0	東京理科大	11	10	8	芝浦工大	2	5	6
◇筑波大	0	0	2	学習院大	0	3	1	津田塾大	2	3	6
◇東京外大	1	2	2	明治大	12	14	13	東京女子大	0	3	6
◇横浜国大	1	2	0	青山学院大	6	14	11	昭和大	1	1	8
◇北海道大	1	2	0	立教大	131	123	107	東京女子医大	3	4	4
◇東京農工大	0	1	1	中央大	9	13	8	北里大	3	4	5
◇都立大	0	0	3	法政大	2	7	20	星薬科大	6	0	3
早稲田大	13	16	17	日本大	6	7	10	昭和女子大	5	2	4

※各大学合格数は既卒生との合計。

見学ガイド　文化祭／説明会／見学会

和洋九段女子中学校

(わようくだんじょし)

〒102－0073　東京都千代田区九段北 1－12－12　☎03－3262－4161

国際 / 海外研修 / 長期留学 / 第2外国語 / online英会話 / 21型 / 1人1台端末 / リモート体制 / プロジェクト型 / 論文執筆 / STEAM / 情操 / 体験学習 / ボランティア / 人間力育成

教育目標▶校訓「先を見て齊(ととの)える」のもと，グローバル化の奔流の中にあっても，輝きながら活躍する女性を育てる。

沿革▶1897年創立された和洋裁縫女学院が母体。1992年現校名に改称。2018年度よりグローバルコースのみ高校募集開始。

施設▶講堂，和室，図書室，PC教室，フューチャールーム，ダンス室，自習室，屋内プール，テニスコート，他。

学校長▶中込　真

生徒数▶総数260名

	1年（4クラス）	2年（4クラス）	3年（3クラス）
女子	81名	103名	76名

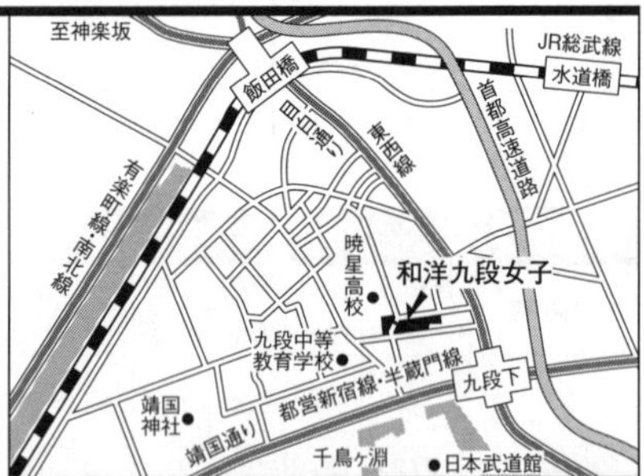

東西線・半蔵門線・都営新宿線―九段下3分　JR・有楽町線―飯田橋駅8分　3分

「解なき問い」に挑戦し自分で自分を育てる

21世紀型教育推進校として，PBL型授業や最先端のICTツールを活用した学習活動など国際標準の教育を実践。教員がファシリテーターとして生徒を導く。

学習 中学は2クラス制。本科クラスではPBL型の双方向対話型授業を軸に学力を伸ばす。伝統的価値観に基づく女子教育と21世紀型教育を融合した独自の教育を実践する。グローバルクラスは海外大学への進学も視野に入れ，ネイティヴ教員による英語教育を基本とした，世界標準型の教育をめざす。学習意欲やグローバル感覚を養うため語学研修や留学プランを豊富に揃える。1人1台のタブレット端末を用いた授業を通してこれからの時代に必須のICTスキルを身につける。成績は独自のルーブリックで目標達成度を評価する。

●コース表

中1	中2	中3	高1	高2	高3
本科クラス グローバルコース			グローバルクラス 本科コース サイエンスコース		

キャリア教育 自分を知り，社会を知り，将来を見据えることができる色々なプログラムで夢の実現をサポート。中学では自分の適性を理解し，職業と学問の関連性を具体的に調べる。高校では先輩の話を聞く会や学部・学科ガイダンス，模擬授業体験を通して志望校を決定し，学習につなげていく。

学校生活 中1の道徳では礼法，中2では日本文化を学ぶ。部活動後，ブース型自習室は20：00まで利用できる。

保護者MEMO

登校時刻▶8：30
最終下校時刻▶18：00
土曜日▶毎週登校。平常授業4時間
昼食▶食堂/食品販売あり
携帯電話▶許可制
制服▶ブレザー
自転車通学▶不可
カウンセラー▶週2日
保護者面談▶年2回
保護者会▶年2回
必修旅行▶シンガポール（中3），他
部活動▶週4日以内

学費　初年度目安 120万円

（単位:円）	入学金	施設費	授業料	その他	合計
入学手続時	300,000	―	―	―	300,000
1年終了まで	―	150,000	400,000	349,755	899,755

●奨学金・特待生
A：授業料半額／B：授業料全額（年度更新）

[その他] 制服・指定品代，校費，諸費積立金，後援会費，生徒会費。
[寄付・学債] 任意の寄付金（和洋学園寄付金1口3千円1口以上，和洋学園創立125周年記念事業寄付金1口1万円1口以上あり。
※上記は'22年度のもの。新年度について詳細は「受験生応援アプリ」にて公開（2023年5月～）。

首都圏模試　思考コード　（単位：%）

読み取る力						
複雑 3						
2			データなし			
単純 1						
考える力	A	B	C	A	B	C

A=知識・理解思考　B=論理的思考　C=創造的思考

2024年度入試　合格の基準

	首都圏模試 ほぼ確実	首都圏模試 見込あり	四谷大塚 ほぼ確実	四谷大塚 見込あり
女子〈①本科〉	41	37	35	30
		やや見込あり 30		やや見込あり 25

ほぼ確実＝80%～／見込あり＝50～79%／やや見込あり＝20～49%

入試要項　2023年度参考　新年度日程は アプリへGO!　2科 4科 英 他

試験名	試験日 ◎午後入試	出願締切 Web	発表 Web	手続 W・窓	2科	4科	適	英	他	面接	特待	募集数	応募数	受験数	合格数	実質倍率	偏差値
① 2科4科	2/1	当日	当日	2/6	●	●						40	48	30	27	1.1	本41 G42
① 英語								＊2			●		10	10	10	1.0	
① PBL									＊3		●		4	3	3	1.0	
② 得意２科	2/1 ◎	当日	当日	2/6	＊1				＊1			40	105	84	74	1.1	本41 G42
② 英語								＊2					4	4	4	1.0	
② PBL									＊4				6	5	5	1.0	
③ 2科4科	2/2	当日	当日	2/6	●	●			＊5		●	20	84	21	17	1.2	44
④ 得意２科	2/2 ◎	当日	当日	2/6	＊1				＊1			20	103	27	19	1.4	本41 G42
④ 英語								＊2					5	2	2	1.0	
⑤ 2科4科	2/3 ◎	当日	当日	2/6	●	●					●	10	120	43	36	1.2	46
⑥ 到達度	2/5	当日	当日	2/6					＊5			若干	119	15	12	1.3	本42 G44
⑥ 英語								＊2			●		13	3	3	1.0	

＊1　国算，算理または国社　＊2　英語（リスニング含む）+ネイティヴによるスピーキング基礎力　＊3　PBL型授業における総合力評価　＊4　SDGsを題材に，個人で行う課題解決型試験　＊5　国算（本校作成『A軸問題集』からの出題を中心とした試験
※英検等スコア申請により優遇措置あり

【出願方法】Web出願のうえ，該当者は合格証のコピーを郵送または当日持参　**【手続方法】**Web納入のうえ，窓口にて書類受取。ほかに窓口手続も可
【受験料】25,000円（同時出願に限り，複数回受験可）

【帰国生入試】11/5，12/22（オンラインのみ）（人数定めず）
（注）PBL（Problem Based Learning）=問題提起型の学び。

中学受験のプロがおすすめ！ 併願校の例

特色	ICT教育	近代的校舎	STEAM教育	英語(選択)入試
♠男子校	♥大妻中野	♥三輪田学園	♥光塩女子	♥跡見学園
♥女子校	♥東京家政学院	♥十文字	♥文京学院女子	♥実践女子
♣共学・別学校	♥瀧野川女子	♥川村	♥佼成女子	♥神田女学園

併設高校の進路情報

四年制大学進学率84.4%
文系73／理系27／その他０(%)

'22年3月卒業生：90名

大学76名　短大３名　専門５名　就職０名　他６名

内部推薦▶和洋女子大学に１名（看護）が内部推薦で進学した。

指定校推薦▶利用状況は上智大１，学習院大２，青山学院大１，法政大３，日本大１，駒澤大１，成蹊大３，成城大３，東京女子大３，日本女子大３，聖心女子大２，白百合女子大１など。ほかに中央大，東洋大，専修大，大東文化大，東海大，亜細亜大，帝京大，國學院大，明治学院大，獨協大，東京都市大など推薦枠あり。

海外大学合格状況▶海外協定大学推薦制度あり。

主な大学合格状況　'23年春については主要大学のみ巻末一覧に記載

大学名	'22	'21	'20	大学名	'22	'21	'20	大学名	'22	'21	'20
◇防衛大	0	0	1	駒澤大	6	0	1	国士舘大	2	2	1
早稲田大	1	0	0	大東文化大	0	2	0	桜美林大	4	0	3
上智大	1	0	5	成蹊大	3	2	2	共立女子大	6	3	3
学習院大	3	1	3	成城大	3	2	1	大妻女子大	1	2	0
青山学院大	1	2	2	明治学院大	4	0	0	聖心女子大	2	1	4
立教大	2	0	0	津田塾大	1	0	4	白百合女子大	2	0	5
中央大	0	0	1	東京女子大	3	2	1	順天堂大	2	1	0
法政大	3	2	3	日本女子大	4	0	4	東京女子医大	3	1	2
日本大	4	1	1	武蔵大	1	2	0	武蔵野大	1	2	1
東洋大	0	3	0	玉川大	1	1	1	和洋女子大	1	5	5

※各大学合格数は既卒生との合計。

見学ガイド　文化祭／説明会／見学会

麻布中学校

（あざぶ）

〒106－0046 東京都港区元麻布 2－3－29 ☎03－3446－6541

国際 海外研修 長期留学 第2外国語 online英会話 21型 1人1台端末 リモート体制 プロジェクト型 論文執筆 STEAM 情操 体験学習 ボランティア 人間力育成

校風▶明文化された校則を持たない自由な校風のもと，あらゆる生徒が居場所をもち存在を発揮する。
沿革▶1895年，江原素六により麻布尋常中学校として東洋英和学校内に創立。1899年現校名に改称。
施設▶講堂，記念館，特別教室，理科実験室（6室），プール，テニスコート，柔道場，剣道場，グラウンド，他。
学校長▶平　秀明
生徒数▶総数918名

	1年（7クラス）	2年（7クラス）	3年（7クラス）
男子	307名	302名	309名

日比谷線―広尾10分　都営大江戸線―麻布十番12分　南北線―麻布十番15分　10分

生徒の可能性を信じ，未来の扉を開く人材に

自主自立の精神が息づく創立128年の伝統は，個性豊かな生徒たちが継承。制服や校則のない学校生活を通し，真理を愛す心と物事の本質を見極める力を養う。

学習 英語は週1回，外国人講師の指導を受ける。中2・中3では少人数制も導入。数学は独自教材を用い，数学の美しさ，楽しさに触れながら基礎力をつける。中3からは高校の内容を学ぶ。国語はオリジナルの教科書などを用いて，感性と論理的思考力を育む。中3で卒業共同論文を作成する。漢文は中3から高2まで必修。中1・中2の理科は自然現象の観察と基礎的な実験を通し，科学的なものの見方ができるよう指導。中1の社会は地理と歴史を統合した独自の科目「世界」，中2は東アジアを視野に入れた「日本史」「地理」の2科目を学ぶ。中国，韓国，カナダ，イタリアの中学や高校との交流（希望制），韓国からの長期留学生の受け入れなどを行っている。

●コース表

中1	中2	中3	高1	高2	高3
共通履修				進路に応じた選択制	

キャリア教育 高1・高2では既成のカリキュラムや学年の枠を超えて学ぶ教養総合の授業を導入。自らの興味に即したテーマに取り組むことで，学習への積極性や自発性を高めていく。テーマは学期ごとに選択。

学校生活 文化祭や運動会は，自主活動の一環として，生徒自身が企画・運営。

保護者MEMO

登校時刻▶8：00
最終下校時刻▶18：00
土曜日▶毎週登校。平常授業3時間(中3は4時間)
昼食▶食堂（原則弁当持参）／食品販売あり
携帯電話▶可
制服▶なし
自転車通学▶可
カウンセラー▶週4日
保護者面談▶なし
保護者会▶年3回
必修旅行▶中3，高2
部活動▶活動日は部による

学費　初年度目安 108万円

(単位:円)	入学金	施設費	授業料	その他	合計
入学手続時	300,000	―	―	―	300,000
1年終了まで	―	102,000	494,400	183,800	780,200

●奨学金・特待生
なし

[その他] 維持費，生徒活動費，実験実習費，PTA会費。※別途学年費あり。
[寄付・学債] 任意の寄付金(教育施設維持改善) 1口1万円20口以上あり。
※上記は'22年度のもの。新年度について詳細は「受験生応援アプリ」にて公開（2023年5月～）。

首都圏模試 思考コード (単位：%)

〈入学試験〉

読み取る力	国語 A	国語 B	国語 C	算数 A	算数 B	算数 C	理科 A	理科 B	理科 C	社会 A	社会 B	社会 C
複雑 3		22			27		13			5	10	
2	13	25			40		37			30	20	12
単純 1		40			33			50		8	15	

A=知識・理解思考　B=論理的思考　C=創造的思考

2023年度入試 合格の基準

	首都圏模試 ほぼ確実	首都圏模試 見込あり	四谷大塚 ほぼ確実	四谷大塚 見込あり
男子〈入学試験〉	76	72 / やや見込あり 69	68	64 / やや見込あり 59

ほぼ確実＝80％～／見込あり＝50～79％／やや見込あり＝20～49％

入試要項 2023年度参考　新年度日程は アプリへGO!　4科

試験名	試験日 ◎午後入試	出願締切 Web	発表 Web	手続 W・窓	選抜方法 2科	4科	適	英	他	面接	特待	募集数	応募数	受験数	合格数	実質倍率	偏差値
入学試験	2/1	1/17	2/3	2/4		●						300	918	880	365	2.4	76

【出願方法】 Web出願
【手続方法】 発表当日窓口にて書類受取，Web納入または銀行振込のうえ，窓口手続
【受験料】 30,000円

【帰国生入試】 —

受験情報

国語，算数では，B2，B3が中心となり，高い論理的思考力が求められます。理科，社会でも，Bが５割程を占め，国語，算数と同様に論理的思考力が必要です。また，社会ではCの出題もあり，創造的な思考力も欠かせません。

年度	募集数	応募数	受験数	合格数	実質倍率	偏差値
'22	300	934	—	371	2.5	76
'21	300	881	844	377	2.2	76
'20	300	1,016	971	383	2.5	75

中学受験のプロがおすすめ！ 併願校の例

特色	自由闊達	体験重視	論文(自由研究)	進学先(国公立)
♠男子校 ♥女子校 ♣共学・別学校	♠筑波大駒場	♠聖光学院	♣渋谷教育幕張	♠栄光学園
	♣慶應中等部	♠早稲田	♠海城	♣渋谷教育渋谷
	♠芝	♠攻玉社	♠本郷	♠浅野

併設高校の進路情報

四年制大学進学率 非公表
文系・理系割合 ほぼ１：１　医歯薬31名合格

指定校推薦▶非公表。
海外大学合格状況▶Hungarian Medical Universities (ハンガリー)，Czech Medical Universities (チェコ)，他。

'22年３月卒業生：卒業生数，進路内訳は非公表

主な大学合格状況　'23年春については主要大学のみ巻末一覧に記載

大学名	'22	'21	'20	大学名	'22	'21	'20	大学名	'22	'21	'20
◇東京大	64	86	65	◇東京医歯大	2	3	1	青山学院大	20	11	6
◇京都大	16	10	12	◇防衛医大	3	2	1	立教大	11	17	11
◇東工大	10	13	9	◇横浜市大	3	2	3	中央大	38	26	57
◇一橋大	10	14	12	◇電通大	5	2	0	法政大	33	12	24
◇千葉大	12	14	5	早稲田大	108	156	136	日本大	26	31	34
◇筑波大	3	2	3	慶應大	136	145	112	芝浦工大	22	34	23
◇横浜国大	4	17	9	上智大	28	17	14	立命館大	12	6	15
◇埼玉大	1	2	1	東京理科大	79	82	68	東京慈恵会医大	4	6	10
◇北海道大	10	4	7	学習院大	4	2	4	日本医大	5	7	7
◇東北大	6	4	2	明治大	77	91	39	順天堂大	5	6	3

※各大学合格数は既卒生との合計。

見学ガイド 体育祭／文化祭／説明会／見学会

高校募集 あり　高２より全体が混合。　高１内訳＞ 一貫生 181名 95名 高入生

足立学園（あだちがくえん）中学校

〒120－0026　東京都足立区千住旭町 40－24　☎03－3888－5331

国際 / 海外研修 / 長期留学 / 第２外国語 / online英会話 / 21型 / 1人1台端末 / リモート体制 / プロジェクト型 / 論文執筆 / STEAM / 情操 / 体験学習 / ボランティア / 人間力育成

教育目標▶「自ら学び，心ゆたかに，たくましく」の精神のもと，志を持って自ら将来を切り拓ける人材（人財）を育てる
沿革▶1929年，南足立中学校・南足立商業学校として設立。1993年より現校名。
施設▶講堂，自習室，PC教室，食堂，テニスコート，柔道場，剣道場，卓球場，レスリング場，ゴルフ練習場，トレーニングルーム，他。
学校長▶井上　実
生徒数▶総数525名

	１年（５クラス）	２年（５クラス）	３年（４クラス）
男子	159名	185名	181名

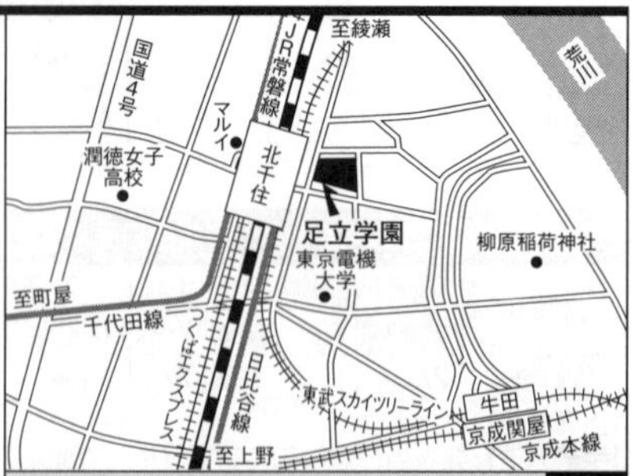

JR・東武線・日比谷線・千代田線・TX―北千住１分　京成本線―京成関屋７分　1分

志を持ち，自ら将来を切り拓いていける全人教育

日々の学校生活で様々な経験を積み，自尊心，自信，自負心，自己肯定感を高めていく。東日本で初めてMicrosoft Showcase Schoolに認定されたICT先進校。

学習 中学は，特別クラスと一般クラスに分かれて学力別に，高校は探究・文理・総合の３コース制で大学進学の目的に合わせて学ぶ。毎年入れ替えのチャンスがある。「守・破・離」の段階に応じたプログラムの「志共育」で，世のため人のために活躍できる人財をめざす。高校の探究総合の授業では主体性や課題解決能力を身につける。海外研修は７種類があり，なかでも16歳以上で参加可能なオックスフォード大学（ハートフォード・カレッジ）の特別留学と，アフリカスタディーツアーは，日本の中高で唯一のもの。伝統を守りつつも，コロナ禍の休校時にもいち早くオンラインでの学習支援を始めるなど，常に革新的な取り組みで，生徒をサポートし続ける。

キャリア教育 高校の「進路探究」では，将来への意識づけを行うため，キャリアデザイン講演会や職業レディネステストなどを実施。進路選択の考え方や勉強法を聞く，社会人OB，現役大学生OBとの懇談会も。

学校生活 ４月の強歩大会は約33kmを歩く名物行事。中高で34のクラブが活動。

●コース表

中１	中２	中３	高１	高２	高３
特別クラス			探究コース		
一般クラス			文理〈選抜・一般〉	文系〈選抜・一般〉	
				理系〈選抜・一般〉	
			総合コース	文系	
				理系	

保護者MEMO

登校時刻▶８：25
最終下校時刻▶18：00
土曜日▶毎週登校。平常授業４時間
昼食▶食堂／食品販売あり
携帯電話▶可
制服▶詰襟
自転車通学▶可
カウンセラー▶週３日
保護者面談▶年１回以上
保護者会▶年３回
必修旅行▶京都・奈良（中３），他
部活動▶平日は週３日

学費　初年度目安 109万円

（単位:円）	入学金	施設費	授業料	その他	合計
入学手続時	230,000	100,000	―	―	330,000
1年終了まで	―	―	408,000	355,280	763,280

●**奨学金・特待生**
入学時納入金，授業料・教育充実費（年次審査）

［その他］制服・指定品代，修学旅行費，教育充実費，学年費，後援会費，PTA会費，生徒会費。
［寄付・学債］なし。
※上記は'22年度のもの。新年度について詳細は「受験生応援アプリ」にて公開（2023年５月～）。

首都圏模試　思考コード（単位：%）

〈第２回一般〉

読み取る力＼考える力	国語 A	国語 B	国語 C	算数 A	算数 B	算数 C
複雑 3						
2				45		
単純 1	20	80		25	30	

A=知識・理解思考　B=論理的思考　C=創造的思考

2024年度入試　合格の基準

	首都圏模試 ほぼ確実	首都圏模試 見込あり	首都圏模試 やや見込あり	四谷大塚 ほぼ確実	四谷大塚 見込あり	四谷大塚 やや見込あり
男子〈一般①志〉	39	34	30	36	33	28

ほぼ確実＝80%～／見込あり＝50～79%／やや見込あり＝20～49%

入試要項　2023年度参考　新年度日程はアプリへGO!

2科　4科　適性型　他

試験名		試験日 ◎午後入試	出願締切 Web	発表 Web	手続 Web	選抜方法 2科	4科	適	英	他	面接	特待	募集数	応募数	受験数	合格数	実質倍率	偏差値
一般	①(志入試)	2/1	1/25	当日	2/6	＊1				＊1	＊1		50	140	133	125	1.1	39
一般	①	2/1	1/30	当日	2/6延	●	●						20	55	41	27	1.5	44
一般	②	2/2	2/1	当日	2/6延	●	●						20	191	81	22	3.7	45
一般	③	2/3	2/2	当日	2/6延	●	●						5	179	52	16	3.3	47
一般	④	2/4	2/3	当日	2/6延	●	●						5	191	46	12	3.8	47
特別奨学生	①	2/1 ◎	1/30	当日	2/6延		●	＊2				●	15	161	142	15〈90〉	9.5	57
特別奨学生	②	2/2 ◎	2/1	当日	2/6延		●					●	5	144	85	5〈60〉	17.0	58
特別奨学生	③	2/3 ◎	2/2	当日	2/6延		●					●	5	162	74	5〈57〉	14.8	58
特別奨学生	④	2/4 ◎	2/3	当日	2/6延		●	＊2				●	10	206	104	10〈48〉	10.4	58
特別奨学生	⑤	2/5 ◎	2/4	当日	2/6延		●					●	5	183	71	5〈57〉	14.2	58

＊1　２科＋エントリーシート＋通知表のコピー＋保護者同伴面接。第一志望者のみ　＊2　適性検査ⅠⅡⅢ
※特別奨学生は一般へのスライド合格あり　※必要に応じて保健面接を実施

【出願方法】Web出願後，一般①(志)は書類を郵送または窓口持参　**【手続方法】**Web納入。併願者は2/9まで延納可　**【受験料】**25,000円（一般のみまたは特別奨学生のみの同時出願は25,000円，一般と特別奨学生への同時出願は40,000円）

【帰国生入試】―

（注）〈　〉は一般合格で外数

中学受験のプロがおすすめ！ 併願校の例

特色	ICT教育	留学制度	探究型学習	適性検査型入試
♠男子校 ♥女子校 ♣共学・別学校	♠日大豊山	♠獨協	♣安田学園	♣都立白鷗高校附
	♣桜丘	♣駒込	♠聖学院	♣宝仙学園
	♠京華	♣郁文館	♣二松学舎柏	♣共栄学園

併設高校の進路情報

四年制大学進学率78.1%
文系55／理系41／その他０（%）　医歯薬12名合格

指定校推薦▶利用状況は慶應大１，上智大１，東京理科大５，明治大１，青山学院大１，中央大５，日本大５，東洋大５，成蹊大５，成城大１，明治学院大４，獨協大６，芝浦工大６，東京電機大２，東京都市大１など。ほかに学習院大，駒澤大，大東文化大，帝京大，同志社大，工学院大，立正大，東京経済大，千葉工大，桜美林大，関東学院大，杏林大，東京薬科大など推薦枠あり。

海外大学合格状況▶University of Illinois at Urbana-Champaign（米），他。

'22年３月卒業生：365名

大学285名　短大２名／専門15名／就職２名／他61名

主な大学合格状況　'23年春については主要大学のみ巻末一覧に記載

大学名	'22	'21	'20	大学名	'22	'21	'20	大学名	'22	'21	'20
◇東京大	1	0	1	慶應大	7	9	3	東洋大	40	35	25
◇東工大	2	1	1	上智大	4	1	3	駒澤大	9	11	9
◇一橋大	0	1	0	東京理科大	15	13	10	専修大	21	9	9
◇千葉大	0	2	4	学習院大	5	17	9	大東文化大	22	13	3
◇筑波大	1	1	3	明治大	28	24	25	帝京大	13	15	16
◇東京外大	1	0	0	青山学院大	3	8	8	成蹊大	13	9	7
◇埼玉大	1	1	2	立教大	13	5	8	明治学院大	14	7	4
◇防衛大	1	2	1	中央大	21	19	10	獨協大	39	15	21
◇茨城大	1	1	5	法政大	19	17	17	芝浦工大	17	6	14
早稲田大	15	11	7	日本大	93	58	67	東京電機大	20	15	13

※各大学合格数は既卒生との合計。

見学ガイド　体育祭／文化祭／説明会／オープンキャンパス

海城（かいじょう）中学校

〒169−0072　東京都新宿区大久保 3−6−1　☎03−3209−5880

国際　海外研修　長期留学　第2外国語　online英会話　21型　1人1台端末　リモート体制　プロジェクト型　論文執筆　STEAM　情操　体験学習　ボランティア　人間力育成

教育目標▶リベラルでフェアーな精神をもった「新しい紳士」を育成する。

沿革▶1891年，海軍少佐・古賀喜三郎が創立した海軍予備校が前身。1947年に現校名となる。2021年9月，新理科館完成。

施設▶講堂，カウンセリングルーム，プール，テニスコート，柔道場，剣道場，グラウンド，カフェテリア，他。

学校長▶柴田　澄雄

生徒数▶総数987名

	1年（8クラス）	2年（8クラス）	3年（8クラス）
男子	332名	328名	327名

JR―新大久保5分，大久保10分
副都心線―西早稲田8分
5分

新しい学力，新しい人間力を育成する

生徒参加型授業を積極的に導入し問題を解決する能力を，体験型の学びを通じて共生・協働の力を養う。時代が求めるグローバル社会の真のリーダーを育成。

学習 中1～高1は知識や教養をしっかり習得する。英語はネイティヴ教師の授業を週1回行う。希望制で，中3の春に米国でホームステイ，高1と高2は夏に英国でミニ留学を行う。理科では実際の体験を重視し，授業で多くの観察や実験を行う。社会では問題解決能力を養う総合学習を導入。自らテーマを設定し，取材や文献調査，議論を行い，中3で集大成として卒業論文を作成する。また中1と中2ではグループで課題を解決する「プロジェクト・アドベンチャー」を行い，人間関係を構築する能力を身につける。中2と中3では演劇的手法を用いて人間関係力や創造性を養う。

●コース表

中1	中2	中3	高1	高2	高3
共通履修				文系コース	
				理系コース	

キャリア教育 担任だけでなく教科担当の教師との面談を何度も行う。学習や進学の悩みは専門のカウンセラーに相談できる。高2以上の医学部志望者を対象に小論文・面接講座を実施。文系・理系の教員が連携し，志望動機の明確化など特別指導を行う。

学校生活 中1の夏に全員参加で2泊3日の合宿を行い，集団生活を通じて協調性や協力の精神を養う。

保護者MEMO

登校時刻▶8：15
最終下校時刻▶17：00
土曜日▶毎週登校。平常授業4時間
昼食▶食堂／食品販売あり
携帯電話▶可
制服▶詰襟
自転車通学▶可
カウンセラー▶週4日
保護者面談▶なし
保護者会▶年1回
必修旅行▶関西（中3），他
部活動▶活動日は部による

学費　初年度目安 125万円

（単位:円）	入学金	施設費	授業料	その他	合計
入学手続時	300,000	―	―	―	300,000
1年終了まで	―	180,000	492,000	274,160	946,160

●奨学金・特待生
なし

［その他］教育充実費，生徒積立金，諸会費。
［寄付・学債］任意の寄付金1口10万円2口以上あり。
※上記は'22年度のもの。新年度について詳細は「受験生応援アプリ」にて公開（2023年5月～）。

首都圏模試 思考コード (単位:%)

〈第1回〉

読み取る力	国語 A	国語 B	国語 C	算数 A	算数 B	算数 C	理科 A	理科 B	理科 C	社会 A	社会 B	社会 C
複雑 3					12		19				60	
2	8	23		15	47		25	8		25		
単純 1		69			26		22	26		15		

考える力:A=知識・理解思考 B=論理的思考 C=創造的思考

2024年度入試 合格の基準

		首都圏模試 ほぼ確実	首都圏模試 見込あり	四谷大塚 ほぼ確実	四谷大塚 見込あり
男子	〈一般①〉	73	70	64	61
			やや見込あり 67		やや見込あり 57

ほぼ確実=80%~/見込あり=50~79%/やや見込あり=20~49%

入試要項 2023年度参考 新年度日程はアプリへGO! 4科

試験名		試験日 ◎午後入試	出願締切 Web	発表 Web	手続 Web	選抜方法 2科	4科	適	英	他	面接	特待	募集数	応募数	受験数	合格数	実質倍率	偏差値
一般	①	2/1	1/25	2/2	2/2		●						145	602	545	160	3.4	73
	②	2/3	1/25	2/4	2/4		●						145	1,418	1,076	304	3.5	75
帰国生		1/7	12/15	1/8	1/8	*			*		*		30	205	193	54	3.6	—

＊A方式(国語・算数・個人面接)またはB方式(国語・算数・英語・個人面接)を選択。B方式の英語は自由記述の作文問題。面接は日本語スピーチ含む)
※一般は通知表コピー,帰国生は海外生活証明書・面接カード

【出願方法】 Web出願後,書類を郵送で一般は1/27,帰国生は12/16まで
【手続方法】 Web納入。一般①2/2・4,②2/4・5,帰国生は1/8・9書類受取 **【受験料】** 25,000円

【帰国生入試】 上記に記載

受験情報

国語では,B1が7割近くを占めています。算数ではB2とB3,社会ではB3がいずれも6割程を占め,高度な論理的思考力が求められます。理科ではBが3割程を占めており,知識の正確な獲得と共に,論理的思考力も必要となります。

年度	試験名	募集数	応募数	受験数	合格数	実質倍率	偏差値
'22	①	145	545	489	163	3.0	73
	②	145	1,315	1,006	305	3.3	75
'21	①	145	552	481	165	2.9	73
	②	145	1,277	957	294	3.3	75
'20	①	145	539	472	167	2.8	73
	②	145	1,276	921	290	3.2	75

中学受験のプロがおすすめ! 併願校の例

特色	国際理解教育	論文(自由研究)	体験重視	進学先(国公立)
♠男子校 ♥女子校 ♣共学・別学校	♣渋谷教育幕張	♠武蔵	♠麻布	♠開成
	♠芝	♣広尾学園	♠早大学院	♣渋谷教育渋谷
	♠暁星	♠立教池袋	♠本郷	♠桐朋

併設高校の進路情報

四年制大学進学率非公表
文系29/理系71/その他0(%) 医歯薬76名合格

'22年3月卒業生:312名 内訳非公表

指定校推薦▶非公表。

海外大学合格状況▶California Institute of the Technology, Cornell University, DePauw University, Lawrence University, Middlebury College, Minerva Schools at KGI, University of California, San Diego, University of Illinois at Urbana-Champaign, University of Michigan, University of Pennsylvania, University of Washington, University of Wisconsin-Madison, Williams College(米), University of Toronto(カナダ),他。

主な大学合格状況 '23年春については主要大学のみ巻末一覧に記載

大学名	'22	'21	'20	大学名	'22	'21	'20	大学名	'22	'21	'20
◇東京大	57	47	59	◇東北大	9	13	4	青山学院大	11	19	17
◇京都大	8	15	9	◇東京医歯大	1	2	1	立教大	18	31	17
◇東工大	10	14	13	◇防衛医大	6	7	5	中央大	43	57	58
◇一橋大	11	13	7	◇東京農工大	8	5	5	法政大	30	36	32
◇千葉大	15	18	10	◇電通大	2	5	3	日本大	27	27	38
◇筑波大	5	6	8	早稲田大	167	150	146	芝浦工大	57	36	24
◇横浜国大	10	11	9	慶應大	154	116	118	東京慈恵会医大	8	6	8
◇埼玉大	1	3	2	上智大	43	40	24	昭和大	10	8	10
◇大阪大	2	2	3	東京理科大	136	116	112	日本医大	9	11	6
◇北海道大	9	10	12	明治大	99	120	96	順天堂大	9	17	12

※各大学合格数は既卒生との合計。

見学ガイド 文化祭/説明会/オンライン個別相談

開成（かいせい）中学校

〒116－0013　東京都荒川区西日暮里 4－2－4　☎03－3822－0741

国際 / 海外研修 / 長期留学 / 第2外国語 / online英会話 / 21型 / 1人1台端末 / リモート体制 / プロジェクト型 / 論文執筆 / STEAM / 情操 / 体験学習 / ボランティア / 人間力育成

教育理念▶「進取の気性と自由の精神」を教育の基本に据え，社会と世界の発展に貢献する学問・人格ともに優れた人材を養成する。
沿革▶欧米の教育を視察した幕末の知識人・佐野鼎により1871年共立（きょうりゅう）学校として設立された。初代校長は高橋是清。1895年より現校名。2021年に創立150周年を迎えた。2023年7月に高校校舎竣工予定。
施設▶小講堂，天体観測ドーム，グラウンド，他。
学校長▶野水　勉
生徒数▶総数910名

	1年(7クラス)	2年(7クラス)	3年(7クラス)
男子	305名	302名	303名

JR・千代田線―西日暮里1分　1分

個性をのばし，世界に通用するリーダーを育成

最先端の教育を実践。伝統の教育方針である「質実剛健・自主自律・ペンは剣よりも強し・開物成務」の精神を体得した人材を育てる。

学習 カリキュラムは基礎学力を重視。総合的な学習の時間を通じ基礎的学力を含む総合的な学力の充実を図る。英語は自主教材なども使った授業に加え，国際理解を目的にした総合学習の授業として，週1回外国人講師による少人数制のプログラム（英会話）が行われる。数学は式・計算と図形の2分野（数学A，数学B）を並行して学ぶ。中3では高校の内容を扱いながら，2分野を融合させる。国語は教科書と自主教材を併用。中2から文語文法，古文を学ぶ。理科は物理·化学·生物·地学に分け，それぞれ専門の教員が担当。教科書にとらわれない，創意工夫した授業を展開する。

キャリア教育 中学の家庭科では「人生すごろく」を作成し，自由な発想で人生設計を考える。高校では社会の第一線で活躍する卒業生の講演会「ようこそ先輩」を開催。

学校生活 校則は必要最低限。自覚と責任を持った人間として育つよう「自分で考える」ことを基本にしている。文化祭や運動会は生徒たちが自主的に企画・運営。クラブ活動は同好会を含め約70ある。

●コース表

中1	中2	中3	高1	高2	高3
共通履修					進路に応じた選択制

保護者MEMO

登校時刻▶8：10
最終下校時刻▶17：00
土曜日▶毎週登校。平常授業4時間
昼食▶食堂／食品販売あり
携帯電話▶可
制服▶詰襟
自転車通学▶可(中2～)
カウンセラー▶週2日
保護者面談▶状況に応ず
保護者会▶状況に応ず
必修旅行▶奈良·京都(中3)，他
部活動▶活動日は部による

学費　初年度目安 123万円

(単位:円)	入学金	施設費	授業料	その他	合計
入学手続時	320,000	120,000	—	—	440,000
1年終了まで	—	72,000	492,000	227,200	791,200

[その他] 実験実習料，学級費，父母と先生の会会費，生徒会会費。※別途指定品・制服代あり。
[寄付・学債] 任意の寄付金（中1・高1）1口10万円1～2口あり。
※上記は'22年度のもの。新年度について詳細は「受験生応援アプリ」にて公開（2023年5月～）。

●奨学金・特待生
経済的事由者対象の開成会道灌山奨学金(入学金·学費免除）制度有。出願前に相談・申請，応募多数は抽選

首都圏模試　思考コード　（単位：%）

〈入学試験〉

読み取る力＼考える力	国語 A	国語 B	国語 C	算数 A	算数 B	算数 C	理科 A	理科 B	理科 C	社会 A	社会 B	社会 C
複雑 3		42			18		3			13		
2	14	44		9	41		36	4		39	3	
単純 1					32		43	14		39	6	

A=知識・理解思考　B=論理的思考　C=創造的思考

2024年度入試　合格の基準

	首都圏模試 ほぼ確実	首都圏模試 見込あり	首都圏模試 やや見込あり	四谷大塚 ほぼ確実	四谷大塚 見込あり	四谷大塚 やや見込あり
男子〈入学試験〉	78	75	72	71	67	62

ほぼ確実＝80%～／見込あり＝50～79%／やや見込あり＝20～49%

入試要項　2023年度参考　新年度日程はアプリへGO!　4科

試験名	試験日 ◎午後入試	出願締切 Web	発表 Web	手続 Web	選抜方法 2科	4科	適	英	他	面接	特待	募集数	応募数	受験数	合格数	実質倍率	偏差値
入学試験	2/1	1/22	2/3	2/4		●						300	1,289	1,193	419	2.8	78

【出願方法】Web出願。受験票印刷は2/1まで可　**【手続方法】**発表当日窓口にて書類受取のうえ，Web納入または銀行振込。2/28までの入学辞退者には一部返還。2/11の合格者説明会に必ず出席すること
【受験料】28,000円

【帰国生入試】—

受験情報

国語ではB2，B3，算数ではB1，B2の割合が高く，高度な論理的思考力が求められます。また，理科，社会では，A1，A2の出題割合が高く，知識や技術の正確な再現力が求められる問題が中心となります。

年度	募集数	応募数	受験数	合格数	実質倍率	偏差値
'22	300	1,206	1,050	416	2.5	78
'21	300	1,243	1,051	398	2.6	78
'20	300	1,266	1,188	397	3.0	78

中学受験のプロがおすすめ！　併願校の例

特色	質実剛健	アカデミック	オリジナルテキスト	進学先（医学部）
♠男子校 ♥女子校 ♣共学・別学校	♠海城	♠筑波大駒場	♠聖光学院	♣渋谷教育幕張
	♠攻玉社	♣筑波大附	♠芝	♣広尾学園
	♠巣鴨	♠桐朋	♠学習院	♠暁星

併設高校の進路情報

四年制大学進学率 67.7%
文系29／理系70／その他１（%）　医学部66名合格

指定校推薦▶非公表。
海外大学合格状況▶Columbia University, Duke University, Hobart and William Smith Colleges, Kalamazoo College, Ohio Wesleyan University, Princeton University, The University of the South, Stanford University, The College of Wooster, University of California_Davis/Merced/Riverside/San Diego/Santa Cruz, University of Pittsburgh, Williams College, Yale University（米），University of Cambridge（英），他。

'22年３月卒業生：405名　大学274名　他131名

主な大学合格状況　'23年春については主要大学のみ巻末一覧に記載

大学名	'22	'21	'20	大学名	'22	'21	'20	大学名	'22	'21	'20
◇東京大	193	146	185	◇東京医歯大	14	10	6	青山学院大	11	7	7
◇京都大	22	10	13	◇防衛医大	16	11	11	立教大	14	10	12
◇東工大	16	10	11	◇東京農工大	2	2	3	中央大	38	28	24
◇一橋大	9	10	10	◇横浜市大	1	3	4	法政大	15	9	20
◇千葉大	22	21	22	◇山梨大	2	3	4	日本大	14	5	22
◇筑波大	7	4	7	早稲田大	261	231	238	芝浦工大	29	8	6
◇横浜国大	11	10	7	慶應大	218	180	174	東京慈恵会医大	8	14	16
◇大阪大	3	1	2	上智大	34	32	18	昭和大	3	4	3
◇北海道大	7	9	6	東京理科大	89	106	103	日本医大	14	7	11
◇東北大	7	6	5	明治大	97	46	55	順天堂大	6	17	13

※各大学合格数は既卒生との合計。

見学ガイド　体育祭／文化祭／説明会

学習院（がくしゅういん） 中等科

〒171－0031 東京都豊島区目白1－5－1 ☎03－5992－1032

国際 / 海外研修 / 長期留学 / 第2外国語 / online英会話 / 21型 / 1人1台端末 / リモート体制 / プロジェクト型 / 論文執筆 / STEAM / 情操 / 体験学習 / ボランティア / 人間力育成

教育目標▶生徒一人ひとりに個性の芽を見つけ，育て，その開花の手伝いをする。

沿革▶1847年，孝明天皇が京都に設立した公家の教育機関が前身。1877年，華族学校として創立。1947年に私立学校として新発足。

施設▶理科教室（8室），図書室（約11万冊），標本保管室，テニスコート，屋内プール，武道場，グラウンド，他。

科長▶高城　彰吾

生徒数▶総数591名　併設小からの進学者を含む。

	1年（5クラス）	2年（5クラス）	3年（5クラス）
男子	200名	195名	196名
内進生内数	—	53名	—

JR—目白5分　副都心線—雑司が谷5分　🚶5分

伝統の中でおおらかに豊かな個性を育む

学習院全体の目標である「ひろい視野」「たくましい創造力」「ゆたかな感受性」の3つの力を身につけ，社会の各方面で大いに活躍できる生徒を育てる。

学習 高等教育を見据え，知識だけに偏らない基礎学力の養成に力を注ぐ。英語は全学年，数学は中3で習熟度別に分割した少人数制の授業を実施し，きめ細かい指導を心がけている。国語と数学では学校独自のテキストを併用，英語は英米で出版された教材なども使用する。英会話は20名前後のクラスを2名の教員が担当する。理科は分野ごとに専門の教員が，専用の施設で実験重視の授業を展開。中2の希望者を対象に10日間のニュージーランド短期研修を実施。高等科ではアメリカの協定校への留学制度があり，さらに選択科目では独・仏・中国語を学ぶことができる。

キャリア教育 社会で活躍する卒業生の講演会（OBと語る会）を開催。高等科では文系・理系のクラス分けはせず，少人数で行われる豊富な選択科目の中から各自が進路や希望に沿ってカリキュラムを組む。

学校生活 夏と春に学年を超えたクラス対抗の球技会を開催。中1は林間学校，中2は長距離歩行，中3は修学旅行，全学年対象で希望制の臨海学校など実施。

●コース表

中1	中2	中3	高1	高2	高3
共通履修				進路に応じた選択制	

保護者MEMO

登校時刻▶8：30
最終下校時刻▶18：00
土曜日▶毎週登校。平常授業4時間
昼食▶弁当／食品販売あり
携帯電話▶不可
制服▶詰襟
自転車通学▶不可
カウンセラー▶週4日
保護者面談▶年2回
保護者会▶年2回
必修旅行▶不定(中3)，他
部活動▶週4日まで，日曜は原則休み

学費　初年度目安 153万円

(単位:円)	入学金	維持費	授業料	その他	合計
入学手続時	300,000	—	—	—	300,000
1年終了まで	—	282,000	698,000	249,355	1,229,355

●奨学金・特待生
なし

[その他] 予納金，PC代金，1年行事費，父母会費，輔仁会，中等科目白会。※別途制服・指定品代あり。

[寄付・学債] 任意の寄付金（入学時募金）1口10万円3口以上あり。

※上記は'22年度のもの。新年度について詳細は「受験生応援アプリ」にて公開（2023年5月～）。

首都圏模試　思考コード　（単位：%）

〈第1回〉

読み取る力＼考える力	国語 A	国語 B	国語 C	算数 A	算数 B	算数 C
複雑 3				10		
2		24		45	18	
単純 1	20	56			27	

A＝知識・理解思考　B＝論理的思考　C＝創造的思考

2024年度入試　合格の基準

		首都圏模試 ほぼ確実	首都圏模試 見込あり	四谷大塚 ほぼ確実	四谷大塚 見込あり
男子	〈一般①〉	66	63	56	52
			やや見込あり 59		やや見込あり 47

ほぼ確実＝80%～／見込あり＝50～79%／やや見込あり＝20～49%

入試要項　2023年度参考　新年度日程はアプリへGO!　4科

試験名	試験日 ◎午後入試	出願締切 Web	発表 Web	手続 Web	2科	4科	適	英	他	面接	特待	募集数	応募数	受験数	合格数	実質倍率	偏差値
一般①	2/2	1/31	当日	2/3		●						75	389	305	142	2.1	66
一般②	2/3	2/2	2/4	2/5		●						50	426	220	65	3.4	66
帰国子弟	12/4	11/15	12/5	12/6	*			*		*		15	83	81	46	1.8	—

＊国語（作文含む）＋算数＋グループ面接（A英語の能力を見る面接，B海外経験を問う面接より選択），および保護者面接（合否に含まず）　※帰国子弟は海外生活期間証明書，海外での通知表コピー

【出願方法】Web出願，帰国子弟は書類郵送　**【手続方法】**Web納入のうえ，一般①は2/3，一般②は2/5に窓口手続，帰国子弟は12/6までに窓口手続　**【受験料】**30,000円（一般①②に出願の場合，①の合格者には②の検定料を返還）

【帰国生入試】上記に記載

年度	試験名	募集数	応募数	受験数	合格数	実質倍率	偏差値
'22	①	75	471	387	137	2.8	64
	②	50	514	289	62	4.7	66
'21	①	70	484	411	148	2.8	64
	②	55	505	287	57	5.0	65
'20	①	70	486	421	168	2.5	63
	②	55	536	308	55	5.6	64

中学受験のプロがおすすめ！　併願校の例

特色	アカデミック	半附属校	実験重視	留学制度
♠男子校	♠桐朋	♠早稲田	♣広尾学園	♠立教新座
♥女子校	♠暁星	♠明大中野	♠城北	♠立教池袋
♣共学・別学校	♣成蹊	♣東洋大京北	♣淑徳	♣順天

併設高校の進路情報

四年制大学進学率82.8%
文系82／理系16／その他2（%）　医歯薬13名合格

内部推薦▶学習院大学へ118名（法41，経済32，文14，理9，国際社会科22）が内部推薦で進学した。

指定校推薦▶利用状況は早稲田大3，慶應大6，上智大3，中央大2，北里大1，日本歯大1など。ほかに東京理科大，日本大，芝浦工大，東京歯大，獨協医大など推薦枠あり。

海外大学合格状況▶Grinnell College（米），他。

'22年3月卒業生：204名

大学169名

短大0名　専門0名　就職1名　他34名

主な大学合格状況　'23年春については主要大学のみ巻末一覧に記載

大学名	'22	'21	'20	大学名	'22	'21	'20	大学名	'22	'21	'20
◇東京大	3	3	2	◇防衛医大	0	2	0	法政大	20	8	8
◇京都大	0	0	1	早稲田大	18	27	26	日本大	28	17	16
◇東工大	1	1	2	慶應大	27	38	21	成城大	2	5	2
◇一橋大	0	0	2	上智大	13	19	10	芝浦工大	15	7	9
◇千葉大	1	5	5	東京理科大	23	21	19	東京電機大	2	3	3
◇筑波大	2	3	1	学習院大	121	110	122	同志社大	1	1	2
◇東京外大	1	3	2	明治大	17	12	13	東京都市大	6	6	1
◇横浜国大	3	0	0	青山学院大	4	12	8	昭和大	4	4	1
◇大阪大	1	0	0	立教大	8	18	8	日本医大	4	2	1
◇東京医歯大	1	0	0	中央大	15	26	21	国際医療福祉大	3	5	2

※各大学合格数は既卒生との合計。

見学ガイド　体育祭／文化祭／説明会／クラブ体験会

暁星中学校（ぎょうせい）

〒102－8133　東京都千代田区富士見1－2－5　☎03－3262－3291

国際 / 海外研修 / 長期留学 / 第2外国語 / online英会話 / 21型 / 1人1台端末 / リモート体制 / プロジェクト型 / 論文執筆 / STEAM / 情操 / 体験学習 / ボランティア / 人間力育成

教育理念▶学校生活を通じて他者との関わりを学び，社会の核として人々の幸福のために指導的役割を果たせる人材を育成する。

沿革▶1888年，フランスとアメリカから来日したカトリック・マリア会の宣教師5名によって設立。2022年に新学園聖堂・修道院完成。

施設▶ホール，聖堂，マリア館（多目的棟），プール，柔道場，剣道場，人工芝グラウンド，他。

学校長▶髙田　裕和

生徒数▶総数509名　併設小からの進学者を含む。

	1年（4クラス）	2年（4クラス）	3年（4クラス）
男子	175名	174名	160名
内進生内数	102名	99名	100名

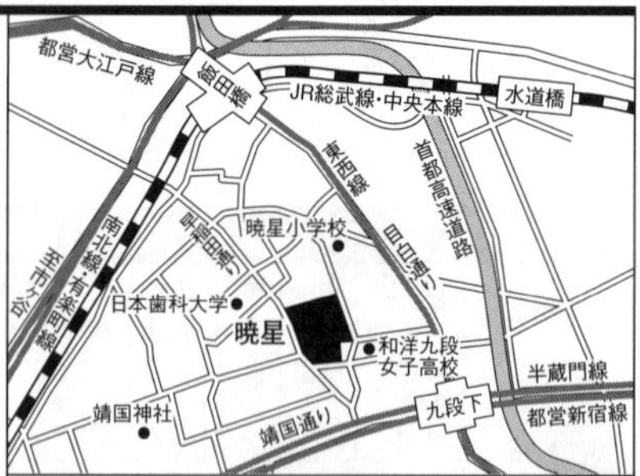

東西線・半蔵門線・都営新宿線―九段下5分　JR・有楽町線・南北線―飯田橋7分　5分

家庭的な雰囲気のもとで重んじる「人格形成」

創立以来，キリスト教に基づく人格教育と多言語・多文化教育を実践。生徒一人ひとりの個性を尊重し，広い視野や奉仕の精神を併せもつ人材を育てる。

学習 国際理解のために語学教育を重視し，英語とフランス語の2カ国語が必修。英語は中1から，数学は中3からグレード別授業を実施する。高校ではネイティヴ教員による英文エッセイ指導がある。同時にフランス語の学習を進め，他教科の内容をフランス語で学ぶ試みも取り入れて異文化理解を進める。希望者対象で高1の夏に海外語学研修を実施。行先はフィリピンかフランスを選択する。理科は基礎的な実験に重点をおいた授業。大学レベルの内容も取り上げる。宗教の授業では聖書を通じて「祈るとは」「生きるとは」をテーマに学ぶ。

●コース表

中1	中2	中3	高1	高2	高3
共通履修				理科系	国公立／私立
				文科系	国公立／私立

キャリア教育 高2で，卒業生による講演等のキャリアプログラムを実施。学びの延長線上にあるキャリアを意識し，学習の意義を見つめ直すきっかけとする。ほかに，卒業生の協力による職場訪問も行う。

学校生活 家庭的な雰囲気を大切にする校風で生徒同士の絆が強く，生徒と教員との距離も近い。ボランティア活動やクラブ活動が盛ん。クラブは競技かるた部，合唱部，陸上部など約30。

保護者MEMO

登校時刻▶8：15
最終下校時刻▶18：00
土曜日▶毎週登校。平常授業4時間
昼食▶食堂
携帯電話▶可
制服▶詰襟
自転車通学▶可
カウンセラー▶週4日
保護者面談▶年1回
保護者会▶年3回
必修旅行▶広島（中3），他
部活動▶活動日は部による

学費　初年度目安 119万円

（単位:円）	入学金	施設費	授業料	その他	合計
入学手続時	300,000	―	―	―	300,000
1年終了まで	―	125,000	480,000	286,400	891,400

●奨学金・特待生
なし

［その他］維持費，実験実習費，後援会費，校友会費。
［寄付・学債］任意の寄付金1口10万円3口以上あり。
※上記は'22年度のもの。新年度について詳細は「受験生応援アプリ」にて公開（2023年5月～）。

首都圏模試　思考コード　(単位：%)

〈第１回〉

読み取る力＼考える力	国語 A	国語 B	国語 C	算数 A	算数 B	算数 C
複雑 3	6				16	
2	14	26		12	24	
単純 1		34	20		48	

A=知識・理解思考　B=論理的思考　C=創造的思考

2024年度入試　合格の基準

		首都圏模試 ほぼ確実	首都圏模試 見込あり	四谷大塚 ほぼ確実	四谷大塚 見込あり
男子	〈①〉	66	62	56	53
			やや見込あり 58		やや見込あり 49

ほぼ確実＝80%～／見込あり＝50～79%／やや見込あり＝20～49%

入試要項　2023年度参考　新年度日程はアプリへGO!　2科 4科

試験名	試験日 ◎午後入試	出願締切 Web	発表 Web	手続 Web	2科	4科	適	英	他	面接	特待	募集数	応募数	受験数	合格数	実質倍率	偏差値
①	2/2	1/31	当日	2/3		●						65	246	196	115	1.7	66
②	2/3 ◎	2/2	当日	2/4	●							10	239	105	17	6.2	69

【出願方法】 Web出願
【手続方法】 Web納入のうえ，2/7までに書類受取
【受験料】 25,000円（同時出願は40,000円）

【帰国生入試】 12/5（若干名募集）

年度	試験名	募集数	応募数	受験数	合格数	実質倍率	偏差値
'22	①	65	290	239	86	2.8	64
	②	10	291	172	14	12.3	68
'21	①	65	219	165	100	1.7	65
	②	10	232	122	20	6.1	68
'20	①	65	258	191	89	2.1	65
	②	10	322	200	33	6.1	66

中学受験のプロがおすすめ！　併願校の例

特色	進学先(医歯薬系)	ボランティア活動	第２外国語	理数教育
♠男子校 ♥女子校 ♣共学・別学校	♣広尾学園	♣青山学院	♠武蔵	♠芝
	♠巣鴨	♠立教池袋	♠学習院	♠世田谷学園
	♠獨協	♠高輪	♣成城学園	♣順天

併設高校の進路情報

四年制大学進学率66.9%
文系48／理系48／その他４(%)　医歯薬74名合格

指定校推薦▶利用状況は早稲田大３，慶應大３，学習院大１，中央大１，同志社大２，東京歯大１，日本歯大１など。ほかに東京理科大，芝浦工大，聖マリアンナ医大，獨協医大など推薦枠あり。

海外大学合格状況▶上海大（中），他。

'22年３月卒業生：157名　大学105名　他52名
短大０名　専門０名　就職０名

主な大学合格状況　'23年春については主要大学のみ巻末一覧に記載

大学名	'22	'21	'20	大学名	'22	'21	'20	大学名	'22	'21	'20
◇東京大	9	9	6	◇都立大	0	3	2	立教大	12	20	8
◇東工大	3	1	2	◇横浜市大	1	1	2	中央大	30	63	19
◇一橋大	2	2	4	◇信州大	3	0	1	法政大	22	22	17
◇千葉大	4	3	2	早稲田大	51	43	49	日本大	33	41	25
◇筑波大	2	6	2	慶應大	43	42	42	芝浦工大	30	12	15
◇横浜国大	1	2	3	上智大	17	18	30	東京慈恵会医大	7	4	9
◇北海道大	1	3	4	東京理科大	34	31	25	昭和大	9	9	10
◇東北大	3	1	1	学習院大	6	6	5	日本医大	6	6	15
◇東京医歯大	1	0	2	明治大	56	44	38	東京医大	4	14	8
◇防衛医大	3	2	4	青山学院大	11	18	9	聖マリアンナ医大	13	8	6

※各大学合格数は既卒生との合計。

見学ガイド　文化祭／説明会／学校見学会／入試問題解説会

京華（けいか）中学校

〒112－8612 東京都文京区白山5－6－6 ☎03－3946－4451

建学の精神▶校訓「ネバー・ダイ」「ヤング・ジェントルマン」のもと,グローバル社会のリーダーに必要な実行力を身につける「英才教育」を実践。
沿革▶1897年，教育者・磯江潤により創立。2024年1月，新校舎完成予定。
施設▶講堂，図書室，化学実験室，柔道場・剣道場，体育館，グラウンド，他。
学校長▶町田　英幸
生徒数▶総数621名

	1年(7クラス)	2年(6クラス)	3年(5クラス)
男子	245名	204名	172名

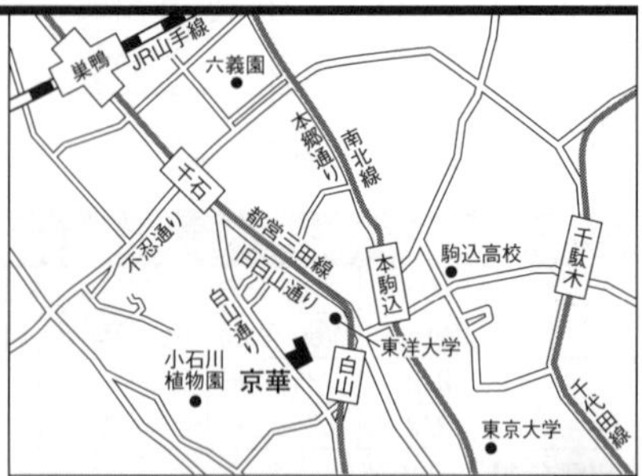

都営三田線―白山3分　南北線―本駒込8分　千代田線―千駄木18分　3分

国際　海外研修　長期留学　第2外国語　online英会話　21型　1人1台端末　リモート体制　プロジェクト型　論文執筆　STEAM　情操　体験学習　ボランティア　人間力育成

基礎から発展，受験まで効率よい実践授業

将来の夢や希望の実現を可能にする幅広い進路教育を行う。多様化するグローバル社会に対応し，世界を舞台に活躍するたくましい男子を育成。

学習 中1では発展的問題にチャレンジする「特別選抜」と反復学習を重視する「中高一貫」の2コース，中2・中3ではAll Englishの授業を拡大し，英語4技能を徹底的に伸ばす「国際先進クラス」を加えた3コース，高校では難関国公立大学を中心にめざす「S特進」，国公立・難関私立大学をめざす「特進」，有名私立大学をめざす「進学」の3コース編成。さらに6年間を2年ごとに基礎・発展・受験対策に分けた学習プログラムを展開する。全学年でタブレット端末を活用したアクティブ・ラーニング型の授業を展開。ディスカッション，人前でのプレゼンテーションの機会も取り入れている。希望制で中2～高2は2週間のオーストラリア夏季海外研修を実施。

●**コース表**

中1	中2	中3	高1	高2	高3
特別選抜	特別選抜			S特進	
			特進	特進文系	
	国際先進			特進理系	
中	高	一　貫	進学	進学文系	
				進学理系	

キャリア教育 各自が興味のあるテーマについて調べ学習や体験を重ねる「探究科」を3年間実施。教科の枠を超えた実践的な学びを通して社会への問題意識を深め，将来の職業について考えるきっかけを作る。

学校生活 校外学習が充実し，クラブは32団体。学園祭は学園3校との合同開催。

保護者MEMO

登校時刻▶8：10
最終下校時刻▶18：00
土曜日▶毎週登校。平常授業4時間
昼食▶食堂（中学生は土曜日のみ）／食品販売あり
携帯電話▶可
制服▶ブレザー
自転車通学▶可(中2～)
カウンセラー▶常駐
保護者面談▶年2回
保護者会▶年6～7回
必修旅行▶シンガポール
部活動▶活動日は部による

学費　初年度目安 129万円

(単位:円)	入学金	施設費	授業料	その他	合計
入学手続時	250,000	60,000	—	5,000	315,000
1年終了まで	—	180,000	438,000	354,870	972,870

［その他］制服・指定品代，積立金（副教材費・校外行事・海外研修旅行等），PTA会費，生徒会費。
［寄付・学債］任意の寄付金1口5万円2口以上，ネバーダイ募金，新校舎建築募金あり。
※上記は'22年度のもの。新年度について詳細は「受験生応援アプリ」にて公開（2023年5月～）。

●**奨学金・特待生**
入学金とS：施設拡充費，授業料・施設維持費／1：授業料／2：授業料半額／3：入学金·授業料半額，他

首都圏模試 思考コード (単位：%)

読み取る力	〈第１回午前〉国語 A	B	C	算数 A	B	C	〈適性検査型〉Ⅰ A	B	C	Ⅱ A	B	C
複雑 3				4								
2		24		52				50	40		40	
単純 1	20	56		20	24		10				30	30
考える力	A	B	C	A	B	C	A	B	C	A	B	C

A=知識・理解思考　B=論理的思考　C=創造的思考

2024年度入試 合格の基準

	首都圏模試 ほぼ確実	首都圏模試 見込あり	首都圏模試 やや見込あり	四谷大塚 ほぼ確実	四谷大塚 見込あり	四谷大塚 やや見込あり
男子 〈中高一貫①〉	41	35	31	38	33	28

ほぼ確実＝80％～／見込あり＝50～79％／やや見込あり＝20～49％

入試要項 2023年度参考　新年度日程はアプリへGO!

2科　4科　適性型　英　他

試験名		試験日 ◎午後入試	出願締切 Web	発表 Web	手続 Web	2科	4科	適	英	他	面接	特待	募集数	応募数	受験数	合格数	実質倍率	偏差値
中高一貫	①	2/1	1/31	当日	2/3	●							50	71	66	14	4.7	41
							●							99	76	47	1.6	
	②	2/2 ◎	2/1	当日	2/4	●							20	101	70	15	4.7	45
							●							248	153	95	1.6	
	③	2/3	2/2	当日	2/5	●							10	90	53	12	4.4	45
							●							237	80	36	2.2	
特別選抜	適性検査	2/1	1/31	当日	2/3			＊1				●	10	22	21	10	2.1	43
	①午前	2/1	1/31	当日	2/3		●					●	60	32	23	14	1.6	43
	①午後 英	2/1 ◎	1/31	当日	2/3				＊2	＊2		●		7	6	0	—	53
	①午後 4科						●							268	230	76	3.0	
	②	2/2 ◎	2/1	当日	2/4		●					●	20	127	67	35	1.9	53
	③	2/3	2/2	当日	2/5		●					●	10	112	33	7	4.7	52

＊1　適性検査ⅠⅡⅢ　＊2　英語・算数

【出願方法】Web出願　**【手続方法】**Web納入。第２志望者は2/8（適性検査は2/10）まで。2/14までの辞退者には一部返還　**【受験料】**21,000円(同時出願は複数回受験可)

【帰国生入試】12/7（５名募集），2/1・2(募集人員は特別選抜①，中高一貫②に含む)

中学受験のプロがおすすめ! 併願校の例

特色	面倒見	アクティブラーニング	コース制	適性検査型入試
♠男子校 ♥女子校 ♣共学・別学校	♠聖学院	♠佼成学園	♠足立学園	♣区立九段中等
	♣成立学園	♣桜丘	♣駒込	♣宝仙学園
	♣新渡戸文化	♣貞静学園	♣郁文館	♣共栄学園

併設高校の進路情報

四年制大学進学率69.3%
文系60／理系40／その他０（%）　医歯薬５名合格

指定校推薦▶利用状況は法政大１，日本大４，亜細亜大１，國學院大２，成蹊大２，明治学院大２，獨協大３，芝浦工大３，東京電機大３，武蔵大１，工学院大２，立正大１，国士舘大１，東京経済大１，千葉工大１，東京薬科大１，武蔵野大１，明星大１，二松學舍大１，帝京平成大１，中央学院大１，明海大１など。ほかに東京理科大，学習院大，東洋大，専修大，大東文化大，神奈川大，東京都市大など推薦枠あり。

'22年３月卒業生：309名　大学214名　他88名
短大０名　専門７名　就職０名

主な大学合格状況　'23年春については主要大学のみ巻末一覧に記載

大学名	'22	'21	'20	大学名	'22	'21	'20	大学名	'22	'21	'20
◇東工大	0	0	1	早稲田大	6	6	1	日本大	85	88	61
◇一橋大	0	3	0	慶應大	5	8	1	東洋大	98	76	33
◇千葉大	3	2	2	上智大	2	0	5	専修大	22	29	20
◇筑波大	0	2	1	東京理科大	4	7	6	大東文化大	20	18	9
◇横浜国大	0	2	0	学習院大	11	2	3	東海大	23	32	10
◇埼玉大	1	1	2	明治大	13	20	13	帝京大	37	33	22
◇名古屋大	1	0	0	青山学院大	6	2	7	成蹊大	11	14	11
◇東北大	1	0	2	立教大	24	24	8	獨協大	16	23	11
◇都立大	3	4	1	中央大	31	43	15	芝浦工大	19	10	8
◇茨城大	2	1	1	法政大	18	27	13	東京電機大	18	11	9

※各大学合格数は既卒生との合計。

見学ガイド　文化祭／説明会／学習・クラブ等体験／個別見学対応

男 攻玉社(こうぎょくしゃ) 中学校

〒141−0031 東京都品川区西五反田 5−14−2 ☎03−3493−0331･3495−8160(広報企画)

国際 海外研修 長期留学 第2外国語 online英会話 21型 1人1台端末 リモート体制 プロジェクト型 論文執筆 STEAM 情操 体験学習 ボランティア 人間力育成

教育理念▶「誠意，礼譲，質実剛健」の校訓のもと，道徳教育を基礎に据え，生徒の自主性や自由な創造活動を重視した教育を行う。
沿革▶1863年に近藤真琴が開いた蘭学塾が源流。2012年度より併設高校の募集を休止。
施設▶講堂，生徒ホール，自習室，カウンセリングルーム，屋内プール，柔道場，剣道場，卓球場，トレーニングルーム，屋内運動場，グラウンド，他。
学校長▶岡田 貴之
生徒数▶総数734名

	1年(6クラス)	2年(6クラス)	3年(6クラス)
男子	249名	238名	247名

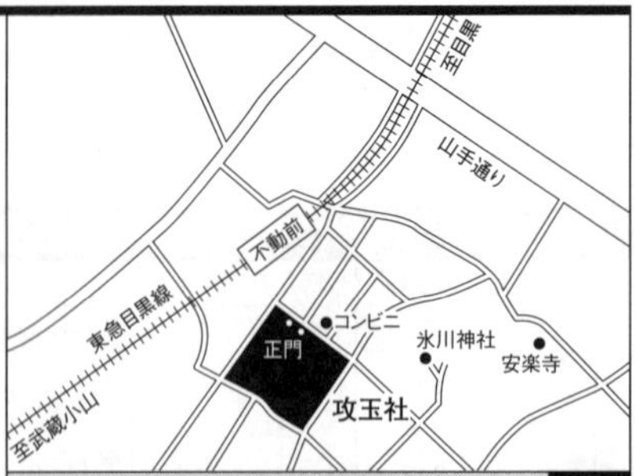

東急目黒線―不動前1分 🚶1分

大学進学は通過点。その先まで見つめる学び

時代の変化に適応して自らも変化し，次代を変革できる人材を育成する。多様性の中で切磋琢磨し，自分の潜在能力を引き出す力をつける教育を提供する。

学習 2年ずつ3つのステージに分け，ステージごとに異なる独自のクラス編成や指導で，生徒の可能性を最大限に引き出す。中3と高1では選抜学級を設け，進級時に入れ替えを行う。高2からは私立文系・理系，国公立文系・理系に分かれる。海外帰国生で編成される国際学級では，英数国はレベル別の分割授業を行い，高1で一般学級と統合。中1・中2の英会話はクラスを分割してネイティヴ教員が担当。英数国では意欲のある生徒に対し，中1から特別講習を実施。同様に努力不足の生徒には補習授業を課す。夏期休業中にも中1〜高1で指名制補習，全学年で希望制の特別講習がある。中3・高1の希望者より選抜で2週間のオーストラリア語学研修を開催。

●コース表

中1	中2	中3	高1	高2	高3
		選抜学級		私立文系	
一般学級				国公立文系	
				私立理系	
	国際学級			国公立理系	

キャリア教育 中3と高1を対象に，社会の中堅として活躍するOBを招いたキャリアガイダンス講演会を開催。高2・高3を対象に，大学先輩に聞く会も行われる。

学校生活 中高合同の部活動は盛ん。ガンダム研究部などユニークな部も。林間・臨海学校やスキー教室など行事も多彩。

保護者MEMO
登校時刻▶8：20
最終下校時刻▶18：00
土曜日▶毎週登校。平常授業4時間
昼食▶食堂／食品販売あり
携帯電話▶不可
制服▶詰襟
自転車通学▶不可
カウンセラー▶週2回
保護者面談▶年1回
保護者会▶年4回
必修旅行▶関西（高1）
部活動▶活動日は部による

学費 初年度目安 107万円

(単位:円)	入学金	施設費	授業料	その他	合計
入学手続時	250,000	—	—	—	250,000
1年終了まで	—	150,000	420,000	247,970	817,970

［その他］制服・指定品代，維持費，冷暖房費，学級費，PTA会費，学友会会費。※別途校外授業費あり。国際学級は，別途国際学級指導費12万円あり。
［寄付・学債］任意の寄付金1口10万円2口以上あり。
※上記は'22年度のもの。新年度について詳細は「受験生応援アプリ」にて公開（2023年5月〜）。

●**奨学金・特待生**
入学金，授業料1年間または2年間（入学後も成績上位の者。中3以降は年次選考）

首都圏模試 思考コード (単位:%)

〈第1回〉

読み取る力 \ 考える力	国語 A	国語 B	国語 C	算数 A	算数 B	算数 C
複雑 3	14			5		
2	3	10		20	20	
単純 1	16	57			55	

A=知識・理解思考 B=論理的思考 C=創造的思考

2024年度入試 合格の基準

	首都圏模試 ほぼ確実	首都圏模試 見込あり	首都圏模試 やや見込あり	四谷大塚 ほぼ確実	四谷大塚 見込あり	四谷大塚 やや見込あり
男子 〈①〉	66	62	58	55	51	47

ほぼ確実=80%～／見込あり=50～79%／やや見込あり=20～49%

入試要項 2023年度参考 新年度日程はアプリへGO!

2科 4科 英 他

試験名		試験日 ◎午後入試	出願締切 Web	発表 Web	手続 Web	2科	4科	適	英	他	面接	特待	募集数	応募数	受験数	合格数	実質倍率	偏差値
一般学級	①	2/1	1/29	当日	2/5		●					●	100	380	341	174	2.0	66
一般学級	②	2/2	2/1	当日	2/5		●					●	80	594	344	177	1.9	68
一般学級	特別選抜	2/5	2/4	当日	2/6					＊1			20	124	86	25	3.4	72
国際学級	2科	1/12	12/12	当日	1/13	●					＊3	●	20	102	66	45	1.5	—
国際学級	英	1/12	12/12	当日	1/13				＊2		＊3	●	20	42	26	20	1.3	—

＊1 算数 ＊2 英語 ＊3 保護者同伴面接
※国際学級は海外在住経験者が対象で，ほかに作文，海外生活証明書，身上書

【出願方法】 Web出願のうえ，国際学級のみ書類郵送
【手続方法】 Web納入
【受験料】 ①②24,000円（同時出願は36,000円）；国際学級24,000円，特別選抜12,000円

【帰国生入試】 上に記載（国際学級入試）

中学受験のプロがおすすめ! 併願校の例

特色	質実剛健	ダイバーシティ	進学先(早慶上理)	算数(選択)入試
♠男子校	♠本郷	♠海城	♠芝	♠世田谷学園
♥女子校	♣中大附属	♣三田国際学園	♣東京農大一	♣都市大等々力
♣共学・別学校	♠巣鴨	♣かえつ有明	♠成城	♠高輪

併設高校の進路情報

四年制大学進学率73.9%
文系51／理系49／その他0(%) 医歯薬35名合格

指定校推薦▶利用状況は早稲田大4，東京理科大1など。ほかに慶應大，学習院大，明治大，中央大，日本大，明治学院大，芝浦工大，東京都市大など推薦枠あり。

'22年3月卒業生：222名

大学164名	他58名

短大0名 専門0名 就職0名

主な大学合格状況 '23年春については主要大学のみ巻末一覧に記載

大学名	'22	'21	'20	大学名	'22	'21	'20	大学名	'22	'21	'20
◇東京大	12	17	11	◇防衛医大	1	2	1	青山学院大	31	39	30
◇京都大	1	3	1	◇東京農工大	4	6	2	立教大	33	28	43
◇東工大	12	10	7	◇都立大	2	4	5	中央大	41	73	47
◇一橋大	2	6	5	◇防衛大	0	2	4	法政大	40	46	40
◇千葉大	2	5	4	早稲田大	101	122	77	日本大	54	53	52
◇筑波大	2	4	3	慶應大	78	123	76	東洋大	16	11	12
◇横浜国大	5	10	7	上智大	29	51	35	芝浦工大	32	28	36
◇大阪大	1	3	3	東京理科大	96	94	69	立命館大	7	8	2
◇北海道大	4	4	4	学習院大	5	5	11	東京都市大	22	21	30
◇東北大	5	1	1	明治大	122	123	135	北里大	10	9	4

※各大学合格数は既卒生との合計。

見学ガイド 文化祭／オープンスクール／説明会

佼成学園（こうせいがくえん）中学校

〒166－0012 東京都杉並区和田 2－6－29 ☎03－3381－7227

国際 / 海外研修 / 長期留学 / 第2外国語 / online英会話 / 21型 / 1人1台端末 / リモート体制 / プロジェクト型 / 論文執筆 / STEAM / 情操 / 体験学習 / ボランティア / 人間力育成

建学の精神▶豊かな情操をもって健全な心と体を育み，平和な社会の繁栄に役立つ若者を育成する。
沿革▶宗教法人立正佼成会による社会事業の一環として，1956年に高等学校とともに開設。
施設▶図書室，学びの森（多目的学習スペース），LL教室，自習室，室内競技場，グラウンド，野球場，他。
学校長▶榎並　紳吉
生徒数▶総数462名

	1年（5クラス）	2年（5クラス）	3年（4クラス）
男子	153名	151名	158名

丸ノ内線―方南町 8 分
京王線―笹塚よりバス和田堀橋 2 分
5分

最先端の教育で「行学二道」の学びを体現

少人数制の男子校で，生徒はのびのびとした学校生活を送っている。2021年度に開設された「グローバルコース」では，国際的に活躍するリーダーを育成。

学習 個々のレベルに応じた3コース制。マスタリークラスは基礎的な学習内容を中心に，アドバンストクラスは発展・応用的な内容を扱う。英語は習熟度別の少人数制，数学は最大4つの習熟度レベルに分けて学力を伸ばす。グローバルコースは英語4技能の育成を徹底しながら，国際交流活動を通じてグローバルリーダーの資質・能力を培う。中学3年間でアジア4カ国を訪問，高校ではベトナムでアントレプレナーシップ研修などを行う。最新のICT機器を導入。タブレット端末を授業・自主学習・日常生活・部活動で活用する。大学受験を踏まえ，各種検定の対策，科目別・レベル別の講習を実施。自習室にはOBのチューターが常駐し後輩をサポートする。

●コース表

中1	中2	中3	高1	高2	高3
グローバルコース			グローバルコース		文系 理系
アドバンストクラス			難関国公立	文系 理系	
マスタリークラス			総合進学	文系 理系	

キャリア教育 中1からの探究プログラムで社会を生き抜くための人間力を身につける。高校からはより専門的な課題研究を深め，自分の将来へとつなげていく。

学校生活 15の運動部と11の文化部が活動，アメリカンフットボール部は強豪。中学の宿泊行事は自然教室や学習合宿がある。

保護者MEMO

登校時刻▶8：20
最終下校時刻▶18：00
土曜日▶毎週登校。平常授業4時間
昼食▶食堂／食品販売あり
携帯電話▶可
制服▶詰襟
自転車通学▶可
カウンセラー▶週1日
保護者面談▶年1回
保護者会▶年3回
必修旅行▶アジア(中3)，他
部活動▶活動日は部による

学費　初年度目安 132万円

(単位:円)	入学金	施設費	授業料	その他	合計
入学手続時	255,000	90,000	—	—	345,000
1年終了まで	—	—	444,000	529,500	973,500

［その他］制服・指定品代，修学旅行費，教育維持費，副教材費，自然教室費，後援会費，生徒会費。
［寄付・学債］任意の寄付金1口5万円2口以上あり。
※上記は'22年度のもの。新年度について詳細は「受験生応援アプリ」にて公開（2023年5月～）。

●奨学金・特待生
特奨：入学金，授業料（成績により3年間継続可）／特待：入学金

首都圏模試 思考コード (単位:%)

読み取る力＼考える力	〈第１回〉国語 A	国語 B	国語 C	算数 A	算数 B	算数 C
複雑 3	1					
2	6			60	5	
単純 1	23	61	9	5	30	

A=知識・理解思考　B=論理的思考　C=創造的思考

2024年度入試 合格の基準

	首都圏模試 ほぼ確実	首都圏模試 見込あり	四谷大塚 ほぼ確実	四谷大塚 見込あり
男子〈一般①〉	47	43	37	33
		やや見込あり 38		やや見込あり 28

ほぼ確実＝80%～／見込あり＝50～79%／やや見込あり＝20～49%

入試要項 2023年度参考　新年度日程はアプリへGO!

2科　4科　適性型　英

試験名	試験日 ◎午後入試	出願締切 Web	発表 Web	手続 Web	2科	4科	適	英	他	面接	特待	募集数	応募数	受験数	合格数	実質倍率	偏差値
一般①	2/1	1/31	当日	2/7	●	●					●	40	184	96	41 (10)	2.3	47
グローバル	2/1	1/31	当日	2/7	●	●					●	10					
一般②	2/2	2/1	当日	2/7	●	●					●	30	247	137	41	3.3	49
一般③	2/3	2/2	当日	2/7	●	●					●	15	309	124	58	2.1	48
特別奨学生①	2/1 ◎	1/31	当日	2/7	●						●	10	271	204	11〈54〉	18.5	60
特別奨学生②	2/5	2/4	当日	2/7	●						●	10	350	123	10〈74〉	12.3	58
グローバル奨学生	2/2 ◎	2/1	当日	2/7	●						●	15	271	144	15〈31〉	9.6	57
適性検査特奨	2/1	1/31	当日	2/10			＊1				●	10	61	60	10〈37〉	6.0	57
Super English(SE)	2/3	2/2	当日	2/7				＊2		＊2	●	10	2	2	2	1.0	—

＊1　適性検査ⅠⅡまたはⅠⅡⅢ　＊2　個人面接（英語・日本語）。英検準２級～２級程度もしくはそれ以上の英語力がある者に限る。検定試験等による証明が難しい場合は要相談
※SEは英検準２級以上の合格証のコピーまたはそれに代わるもの。通知表コピーまたは学業成績を証明する書類

【出願方法】 Web出願後，SEは書類郵送
【手続方法】 Web納入。入学辞退者には一部返還
【受験料】 一般・特別奨学生25,000円（同時出願で複数回受験可）。適性検査型・SE10,000円

【帰国生入試】 10/15，11/12，12/10，1/14（合計30名募集）にオンラインで開催
（注）（　）はグローバル合格で内数
〈　〉は一般合格で外数

中学受験のプロがおすすめ! 併願校の例

特色	国際理解教育	ICT教育	チューター制度	適性検査型入試
♠男子校	♣穎明館	♣宝仙学園	♠獨協	♣都立富士高校附
♥女子校	♣文化学園杉並	♣聖徳学園	♣八王子学園	♣都立三鷹中等
♣共学・別学校	♠京華	♣実践学園	♣目白研心	♠明法

併設高校の進路情報

四年制大学進学率72.7%
文系・理系の割合 未集計

指定校推薦▶都立大，上智大，東京理科大，学習院大，明治大，青山学院大，立教大，中央大，日本大，東洋大，専修大，東海大，亜細亜大，帝京大，國學院大，成蹊大，成城大，明治学院大，獨協大，芝浦工大，東京電機大，北里大など推薦枠あり。

'22年３月卒業生：256名　大学186名　他69名
短大１名　専門０名　就職０名

主な大学合格状況　'23年春については主要大学のみ巻末一覧に記載

大学名	'22	'21	'20	大学名	'22	'21	'20	大学名	'22	'21	'20
◇京都大	1	0	0	早稲田大	16	1	8	日本大	34	53	39
◇東工大	1	0	0	慶應大	10	3	5	東洋大	17	20	22
◇一橋大	0	1	0	上智大	17	7	9	専修大	11	29	13
◇千葉大	0	1	0	東京理科大	23	9	20	東海大	11	11	15
◇筑波大	2	0	0	学習院大	1	5	9	帝京大	14	11	10
◇横浜国大	0	1	1	明治大	31	18	22	成城大	4	6	7
◇埼玉大	1	1	1	青山学院大	16	14	11	明治学院大	8	9	7
◇東北大	1	0	1	立教大	17	9	6	獨協大	5	7	9
◇都立大	3	1	4	中央大	27	17	25	芝浦工大	22	8	19
◇信州大	1	3	1	法政大	27	18	12	工学院大	8	13	18

※各大学合格数は既卒生との合計。

見学ガイド 説明会／オープンスクール／個別相談／文化祭

高1内訳 一貫生 235名

駒場東邦（こまばとうほう）中学校

〒154－0001　東京都世田谷区池尻 4－5－1　☎03－3466－8221

国際 / 海外研修 / 長期留学 / 第2外国語 / online英会話 / 21型 / 1人1台端末 / リモート体制 / プロジェクト型 / 論文執筆 / STEAM / 情操 / 体験学習 / ボランティア / 人間力育成

教育目標▶豊かな知性と科学的教養を身につけた，健康で実践力に富む有為な人材の育成。
沿革▶東邦大学を母体として1957年開校。
施設▶大教室，講堂，CALL教室，理科実験室（9室），図書室（7.3万冊），屋内プール，柔道場，剣道場，グラウンド，トレーニング室，他。
学校長▶小家　一彦
生徒数▶総数723名

	1年（6クラス）	2年（6クラス）	3年（6クラス）
男子	246名	239名	238名

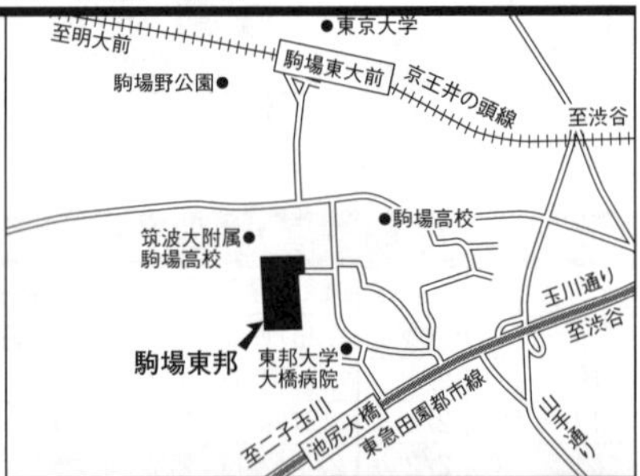

京王井の頭線―駒場東大前10分
東急田園都市線―池尻大橋10分
徒歩10分

生徒・教員・家庭が連携し有為な人材を育てる

Fighting spirit・Fair play・Friendshipを合言葉に自主独立の気概と科学的精神をもつ次代のリーダーを育成。独自カリキュラムで実践的な授業を展開。

学習 中高6年間の独自カリキュラムに沿って学習。入学当初からレポート作成の課題も多く，自ら考え物事を探求していく姿勢を養う。英数理技の授業では1クラスを2分割した少人数教育を取り入れ，工夫をこらした学習スタイルを導入。高2までは文理分けをせず，各教科でバランスのとれた能力を身につけることを第一としている。中1と中2の林間学校や鎌倉見学などの校外学習では事前学習，現地での調査，事後学習により自分の掲げたテーマについての考察を深め，自分の考え，答えをまとめ上げていく。多様な体験学習も実施。

●コース表

中1	中2	中3	高1	高2	高3
共通履修					文系
					理系

キャリア教育 将来の職業まで見据えた指導を実施。中学からキャリア教育を始め，職場・研究室訪問などを行う。また同窓会の基金を元に，外部講師による授業や各界で活躍する卒業生を招いた講演会も。

学校生活 体育祭，体育大会（球技・武道），マラソン大会，武道寒稽古（中2）など，心身を鍛える行事も多い。生徒主導の文化祭も充実している。約50の多彩なクラブがあり，課外活動も活発。

保護者MEMO

登校時刻▶8：25
最終下校時刻▶17：30
土曜日▶毎週登校。平常授業4時間
昼食▶食堂／食品販売あり
携帯電話▶可
制服▶詰襟
自転車通学▶不可
カウンセラー▶常駐
保護者面談▶年1回
保護者会▶年2～3回
必修旅行▶学年ごとに決定（高2）
部活動▶活動日は部による

学費　初年度目安 118万円

（単位：円）	入学金	施設費	授業料	その他	合計
入学手続時	300,000	―	―	―	300,000
1年終了まで	―	24,000	480,000	373,000	877,000

●奨学金・特待生
在校生の授業料相当額貸与の奨学金制度有

［その他］制服・指定品代，修学旅行費，学年費，後援会費，PTA会費，生徒会費。
［寄付・学債］任意の寄付金（教育充実寄付金）1口30万円1口以上あり。
※上記は'22年度のもの。新年度について詳細は「受験生応援アプリ」にて公開（2023年5月～）。

首都圏模試 思考コード (単位：%)

〈入学試験〉

読み取る力	国語 A	国語 B	国語 C	算数 A	算数 B	算数 C	理科 A	理科 B	理科 C	社会 A	社会 B	社会 C
複雑 3		13		5	40		10			5	10	
2	32	32			50		31			36	20	
単純 1		23			5		26	33		24	5	

A=知識・理解思考 B=論理的思考 C=創造的思考

2024年度入試 合格の基準

	首都圏模試 ほぼ確実	首都圏模試 見込あり	首都圏模試 やや見込あり	四谷大塚 ほぼ確実	四谷大塚 見込あり	四谷大塚 やや見込あり
男子〈入学試験〉	74	71	68	66	62	57

ほぼ確実＝80％～／見込あり＝50～79％／やや見込あり＝20～49％

入試要項 2023年度参考 新年度日程はアプリへGO! 4科

試験名	試験日 ◎午後入試	出願締切 Web	発表 Web	手続 Web	2科	4科	適	英	他	面接	特待	募集数	応募数	受験数	合格数	実質倍率	偏差値
入学試験	2/1	1/26	2/2	2/2		●						240	611	586	304	1.9	74

【出願方法】 Web出願
【手続方法】 Web納入
【受験料】 25,000円

【帰国生入試】 —

受験情報

国語では，Bを中心としてAが3割程見られます。算数では，B2，B3が9割程を占め，高度な論理的思考力が求められます。理科，社会では，Bも3割程を占めるため，知識の正確な獲得と共に，論理的思考力も必要となります。

年度	募集数	応募数	受験数	合格数	実質倍率	偏差値
'22	240	565	555	292	1.9	74
'21	240	645	623	285	2.2	74
'20	240	605	576	290	2.0	74

中学受験のプロがおすすめ! 併願校の例

特色	理数教育	論文(自由研究)	体験重視	進学先(医歯薬系)
♠男子校 ♥女子校 ♣共学・別学校	♠聖光学院	♣筑波大附属	♣渋谷教育幕張	♠筑波大駒場
	♠芝	♣広尾学園	♠海城	♣広尾学園
	♠東京都市大付	♠本郷	♠世田谷学園	♠暁星

併設高校の進路情報

四年制大学進学率58.8%
文系31／理系68／その他1（%） 医歯薬59名合格

内部推薦▶東邦大学へ1名（医）が内部推薦で進学した。

指定校推薦▶早稲田大，東京理科大など推薦枠あり。

'22年3月卒業生：226名 大学133名 他93名
短大0名 専門0名 就職0名

主な大学合格状況 '23年春については主要大学のみ巻末一覧に記載

大学名	'22	'21	'20	大学名	'22	'21	'20	大学名	'22	'21	'20
◇東京大	60	56	63	◇東京医歯大	6	1	4	立教大	11	24	8
◇京都大	6	6	11	◇防衛医大	1	9	4	中央大	32	31	44
◇東工大	6	9	7	◇東京農工大	6	2	4	法政大	17	13	16
◇一橋大	5	12	6	◇都立大	2	2	3	日本大	17	5	27
◇千葉大	8	9	4	早稲田大	101	110	89	芝浦工大	10	17	18
◇筑波大	5	3	2	慶應大	99	111	104	東京慈恵会医大	4	8	7
◇横浜国大	4	23	6	上智大	19	25	14	日本医大	5	8	6
◇大阪大	3	1	1	東京理科大	86	63	78	東京医大	6	1	5
◇北海道大	5	5	3	明治大	68	48	53	東邦大	6	6	3
◇東北大	6	4	1	青山学院大	11	10	9	順天堂大	9	5	7

※各大学合格数は既卒生との合計。

見学ガイド 体育祭／文化祭／説明会

[S] サレジオ中学校

〒187－0021　東京都小平市上水南町 4－7－1　☎042－321－0312

国際
海外研修
長期留学
第２外国語
online英会話
21型
1人1台端末
リモート体制
プロジェクト型
論文執筆
STEAM
情操
体験学習
ボランティア
人間力育成

教育理念▶「愛情」「道理」「宗教」を３つの柱とし，深い人間性を求める教育をめざす。
沿革▶1948年開校の東京サレジオ学園中学校が，1963年に学校法人育英学院と合併し現校名へ改称。
施設▶講堂，セミナールーム，コンピュータ室，図書コーナー，予備教室，美術室，技術室，スタジオ，宗教，司牧室，食堂，プール，グラウンド，広場，他。
学校長▶北川　純二
生徒数▶総数69名　併設小からの進学者を含む。

	1年（1クラス）	2年（1クラス）	3年（1クラス）
男子	26名	21名	22名
内進生内数	—	5名	2名

JR―国分寺20分またはバス学芸大学１分　5分

知を伸ばし，感性を磨き，深い人間性を育成する

生徒一人ひとりに伝わる愛情を持って接し，神の前で誠実に生きることを軸にした「予防的教育法」で，「謙虚で」「強く」「たくましい」人を育てる。

学習 1クラス30名弱という少人数制の特色を生かし，自ら考え想像し，工夫する学習を実践。個性豊かな人間を育成する。偏差値だけにこだわらず，社会で自立した人になることをめざし基礎学力と教養を身につける。国語では読む，書く，伝えるスキルを培うため，意見発表会の開催や年間誌「木犀」の執筆に取り組む。芸術科目では個々の感性と創造意欲を高める。体育は個人・チームプレーをバランスよく取り入れ身体調整力を養う。年に数回，英検・漢検・数学検定を実施。希望制だが多くの生徒が積極的に受検している。

●１週間の授業時間数

		英	数	国	理	社	合計
1コマ50分×1日6時限	中1	4	4	4	4	4	20
	中2	4	4	4	4	4	20
	中3	5	4	4	4	4	21

キャリア教育 倫理の授業では「自分をみつめる大切さ」「他者との関わり」をテーマに，将来の生き方につながる学習を進める。一人ひとりの個性を尊重した親身な指導を実施。姉妹校への推薦制度がある。

学校生活 サレジオ修道会の創立者ヨハネ・ボスコの教えを通してキリスト教への理解を深める。クリスマスの集いや記念ミサなども行う。原則全員が部活に所属。充実した放課後を過ごしている。

保護者MEMO

登校時刻▶8：20
最終下校時刻▶18：30
土曜日▶休校
昼食▶食堂
携帯電話▶可
制服▶ブレザー
自転車通学▶可
カウンセラー▶週１回
保護者面談▶年１回
保護者会▶なし
必修旅行▶長崎（中３）
部活動▶活動日は部による

学費　初年度目安 79万円

（単位:円）	入学金	施設費	授業料	その他	合計
入学手続時	80,000	—	—	—	80,000
1年終了まで	—	120,000	408,000	184,420	712,420

●奨学金・特待生
なし

［その他］制服・指定品代，学力テスト代，修学旅行積立金，保護者会費，記念写真代，災害共済掛金。※2023年度より施設費150,000円予定。
［寄付・学債］任意の寄付金あり。
※上記は'22年度のもの。新年度について詳細は「受験生応援アプリ」にて公開（2023年５月～）。

首都圏模試　思考コード　(単位：%)

	A	B	C	A	B	C
読み取る力						
複雑 3						
2			データなし			
単純 1						

A=知識・理解思考　B=論理的思考　C=創造的思考

2024年度入試　合格の基準

		首都圏模試		四谷大塚	
		ほぼ確実	見込あり	ほぼ確実	見込あり
男子	〈入学試験〉	36	32	−	−
			やや見込あり 25		やや見込あり −

ほぼ確実＝80%〜／見込あり＝50〜79%／やや見込あり＝20〜49%

入試要項　2023年度参考　新年度日程はアプリへGO!　2科

試験名	試験日 ◎午後入試	出願締切 窓口	発表 郵送	手続 振込	選抜方法 2科	4科	適	英	他	面接	特待	募集数	応募数	受験数	合格数	実質倍率	偏差値
①	2/2	1/12	2/3	2/7	＊1					＊2		30	25	23	23	1.0	36
②	2/10	2/8	2/13	2/14	＊1					＊2							

＊1　国語は作文　＊2　自己PR，保護者同伴面接

【出願方法】 他に①のみ1/20まで郵送
【手続方法】 銀行振込のうえ，窓口手続
【受験料】 10,000円

【帰国生入試】 —

中学受験のプロがおすすめ！ 併願校の例

特色	面倒見	芸術教育(音楽)	自然環境	文武両道
♠男子校 ♥女子校 ♣共学・別学校	♣日本工大駒場	♠明法	♣帝京八王子	♣実践学園
	♣明星	♣明星学園	♣東海大菅生	♣八王子実践
	♣新渡戸文化	♣国立音大附	♣東星学園	♣東京立正

卒業生の進路情報

(2022年３月卒業生)

公立高校＝深沢，小平，駒場，小平南，府中工業

私立高校＝東京電機大学附属，専修大学附属，東亜学園，明治学院東村山，国立音楽大学附属，新渡戸文化，聖パウロ学園，早稲田実業，明星学園，駿台学園，日本学園，武蔵野大学，東洋，明法，東京実業，他

内部推薦▶姉妹校のサレジオ工業高等専門学校（五年制）に内部推薦制度がある。

姉妹校の大学進学状況＝サレジオ工業高等専門学校卒業生は，併設の専攻科へ進学するほか，東京農工大，山梨大，秋田大，島根大，長岡技術科学大，北見工大，岩手県立大，東京理科大，日本大，東京電機大，立命館大，工学院大，東京工科大，東京造形大，湘南工科大，東北芸術工科大などの３年次へ編入学している。

見学ガイド　体育祭／文化祭／説明会

芝（しば）中学校

〒105－0011　東京都港区芝公園 3－5－37　☎03－3431－2629

国際　海外研修　長期留学　第2外国語　online英会話　21型　1人1台端末　リモート体制　プロジェクト型　論文執筆　STEAM　情操　体験学習　ボランティア　人間力育成

教育理念▶仏教精神の「共生（ともいき）」のこころと校訓「遵法自治（じゅんぽうじち）」に基づき，永遠の真理に従うことで自己が輝き，自らをより所とする真の自立をめざす。
沿革▶1887年に設置された浄土宗学東京支校を前身とする。1906年に芝中学校として開校。
施設▶講堂，理科実験室，図書室（4.8万冊），マルチメディア教室，相談室，ふれあいコーナー，グラウンド，芝ミュージアム，他。
学校長▶武藤　道郎
生徒数▶総数910名

	1年（7クラス）	2年（7クラス）	3年（7クラス）
男子	312名	305名	293名

日比谷線―神谷町5分　都営三田線―御成門7分　🚶5分

生徒の自主性を重んじた教育と進路サポート

わかりやすい授業と，きめ細かな指導で一人ひとりの個性を発揮させる。思考力・判断力・表現力に磨きをかけ，豊かな人生を送るための生きる力を育む。

学習 「わかりやすい授業」と「きめ細かい指導」の徹底により，落ち着いた雰囲気で集中して学習に取り組める環境を実現。英数国は受験を考慮し先取り授業を実施。理社では実験・実習での学びを重視している。英語は文法理解や語彙力の強化，読解練習を中心に小テストの機会を多く設け，復習を徹底する。中2・中3ではネイティヴスピーカーによる少人数制の授業で会話の力もつける。すべてが主要教科という認識のもと，創造力・情操面を高める芸術や家庭科などにも注力。希望制で，中3・高1はニュージーランドへ。ホームステイをしながら語学研修プログラムに参加する。

●コース表

中1	中2	中3	高1	高2	高3
共通履修				文系系1（国公立）	
				文系系2（国公私立）	
				理科系1（国公立）	
				理科系2（国公私立）	

キャリア教育 中学での自分とは何かを考える「自分探し」や職業調べ，高校で行う先輩の話を聞く会や大学授業・研究室見学会などを通して，進路を考え，詰めていく。

学校生活 磯の生物観察や化石採集，動物園での脊椎動物の観察など，学びの好奇心を引き出すユニークな校外学習がある。クラブ・委員会活動には8割以上の生徒が参加。勉強との両立を実践している。

保護者MEMO

登校時刻▶8：00
最終下校時刻▶18：00
土曜日▶毎週登校。平常授業4時間
昼食▶弁当／食品販売あり
携帯電話▶可
制服▶詰襟
自転車通学▶不可
カウンセラー▶常駐
保護者面談▶年2回
保護者会▶年2回
必修旅行▶京都・奈良（中3），他
部活動▶週5日まで

学費　初年度目安 121万円

（単位:円）	入学金	施設費	授業料	その他	合計
入学手続時	300,000	—	—	—	300,000
1年終了まで	—	192,000	486,000	227,493	905,493

●奨学金・特待生
なし

［その他］制服・指定品代，修学旅行費，教育充実費，教材費等預り金，後援会費，PTA会費，生徒会費，口座引落手数料，「ウェブでお知らせ」利用料。
［寄付・学債］任意の寄付金（施設寄付金）1口25万円以上あり。
※上記は'22年度のもの。新年度について詳細は「受験生応援アプリ」にて公開（2023年5月～）。

首都圏模試　思考コード　(単位：%)

〈第１回〉

読み取る力＼考える力	国語 A	国語 B	国語 C	算数 A	算数 B	算数 C	理科 A	理科 B	理科 C	社会 A	社会 B	社会 C
複雑 3		28		12			28			5	11	
2	20	39			64		33			53		
単純 1		13			24		19	20		31		

A=知識・理解思考　B=論理的思考　C=創造的思考

2024年度入試　合格の基準

		首都圏模試 ほぼ確実	首都圏模試 見込あり	四谷大塚 ほぼ確実	四谷大塚 見込あり
男子	①	70	67	61	58
			やや見込あり 64		やや見込あり 53

ほぼ確実＝80%～／見込あり＝50～79%／やや見込あり＝20～49%

入試要項　2023年度参考　新年度日程はアプリへGO!　4科

試験名	試験日 ◎午後入試	出願締切 Web	発表 Web	手続 Web	選抜方法 2科	4科	適	英	他	面接	特待	募集数	応募数	受験数	合格数	実質倍率	偏差値
①	2/1	1/26	当日	2/3		●						150	564	489	193	2.5	70
②	2/4	2/3	当日	2/6		●						130	1,231	867	258	3.4	73

【出願方法】Web出願
【手続方法】Web納入
【受験料】30,000円

【帰国生入試】—

受験情報

国語ではB2，B3，算数ではB2がいずれも６割程を占め，高度な論理的思考力が求められます。理科，社会では，Aの問題が中心ですが，理科ではBが２割程を占めており，社会ではB3が１割程出題されるため，論理的思考力も必要となります。

年度	試験名	募集数	応募数	受験数	合格数	実質倍率	偏差値
'22	①	150	525	428	193	2.5	70
	②	130	1,092	757	282	2.7	72
'21	①	150	491	445	187	2.4	70
	②	130	1,114	715	293	2.4	72
'20	①	150	488	432	188	2.3	70
	②	130	1,229	756	268	2.8	72

中学受験のプロがおすすめ!　併願校の例

特色	自主自立	キャリア教育	進学先(早慶上理)	高校募集なし
♠男子校	♠麻布	♠駒場東邦	♠海城	♠早稲田
♥女子校	♠桐朋	♠本郷	♠世田谷学園	♠東京都市大付
♣共学・別学校	♠学習院	♠城北	♠攻玉社	♠高輪

併設高校の進路情報

四年制大学進学率69.6%
文系47／理系52／その他１(%)　医歯薬65名合格

指定校推薦▶利用状況は早稲田大６，慶應大４，東京理科大１，立教大１など。ほかに学習院大，明治大，中央大，法政大，東海大，芝浦工大，東京電機大，玉川大，東京都市大，千葉工大，昭和大，北里大，東邦大，東京薬科大，明治薬科大，東京歯大，日本歯大，南山大，立命館アジア太平洋大，武蔵野大，東京農大，東京工科大，城西大，日本工大，ものつくり大，横浜薬科大，神奈川工科大，千葉科学大，山梨学院大，東京工芸大，横浜美大，など推薦枠あり。

'22年３月卒業生：286名　大学199名　他86名
短大０名　専門１名　就職０名

主な大学合格状況　'23年春については主要大学のみ巻末一覧に記載

大学名	'22	'21	'20	大学名	'22	'21	'20	大学名	'22	'21	'20
◇東京大	14	12	14	◇東北大	9	4	5	明治大	129	143	94
◇京都大	3	4	7	◇防衛医大	6	3	0	青山学院大	21	30	22
◇東工大	10	7	7	◇東京農工大	5	4	4	立教大	33	26	12
◇一橋大	11	4	4	◇都立大	3	3	4	中央大	70	92	32
◇千葉大	4	7	4	◇電通大	4	5	8	法政大	55	54	28
◇筑波大	6	11	4	早稲田大	89	115	110	日本大	74	73	65
◇東京外大	1	1	1	慶應大	100	113	66	東洋大	36	22	27
◇横浜国大	7	14	6	上智大	50	44	24	芝浦工大	44	64	54
◇埼玉大	1	2	1	東京理科大	125	126	108	立命館大	14	10	13
◇北海道大	13	6	9	学習院大	10	9	7	東京慈恵会医大	6	4	7

※各大学合格数は既卒生との合計。

見学ガイド　体育祭／文化祭／説明会

城北（じょうほく）中学校

〒174−8711　東京都板橋区東新町 2−28−1　☎03−3956−3157

国際 海外研修 長期留学 第2外国語 online英会話 21型 1人1台端末 リモート体制 プロジェクト型 論文執筆 STEAM 情操 体験学習 ボランティア 人間力育成

教育目標▶校訓「着実・勤勉・自主」を行動の規範に位置づけ，「人間形成と大学進学」を目標とする。
沿革▶現在の都立戸山高校の前身となった旧・私立城北中学校の再興を目的として，1941年に開校。1943年に現校地へ移転。
施設▶講堂，書道室（和室），自習室，屋内プール，テニスコート，柔道場，剣道場，弓道場，グラウンド（人工芝），トレーニングルーム，校外施設，他。
学校長▶小俣　力
生徒数▶総数825名

	1年（7クラス）	2年（7クラス）	3年（7クラス）
男子	286名	270名	269名

東武東上線—上板橋10分
有楽町線・副都心線—小竹向原20分
徒歩 10分

困難な場面でこそ力を発揮できる人間力を育む

自由と規律のバランスが取れた校風。生徒の発達段階に応じた教育目標を定めた3期体制による独自の教育プログラムで，自分の未来を自分で切り拓く力を養う。

学習 中高6年間を2年ごとに「基礎期」「錬成期」「習熟期」の3期に分けて連携させる「3期体制」を構築。英数国理では効率的なカリキュラムを設定し，中3より高校の内容に入る。中3以降は選抜クラスが設置され，毎年入れ替えがある。英語は発信力を鍛えるため，外国人講師のティームティーチングによる授業を実践する。定期試験のほか，校内実力試験を実施。日々の学習の成果を確かめるとともに応用力を伸ばす。ICT機器を活用して，これからの社会で必要な思考力・判断力・発信力を育成する。中1～高1の希望者を対象に3日間のイングリッシュ・シャワーを実施。また希望制で，中3と高1では15日間のオーストラリア語学研修がある。

●コース表

中1	中2	中3	高1	高2	高3
		選抜クラス		文系	私立／国公立
一般クラス				理系	私立／国公立

キャリア教育 生徒に寄り添った進学指導を行う。中3と高1の時期に卒業生や保護者たちが自らの体験を語る，キャリアについての意識づけを目的とした講演会を開催。

学校生活 目を閉じて姿勢を正す「静座」を毎回授業の開始前に行い，集中力を高めて学習に臨む。47のクラブが活動中。

保護者MEMO

登校時刻▶8：10
最終下校時刻▶17：30
土曜日▶毎週登校。平常授業4時間
昼食▶食堂／食品販売あり
携帯電話▶許可制
制服▶詰襟
自転車通学▶可
カウンセラー▶週2回
保護者面談▶年1回
保護者会▶年2回
必修旅行▶京都・奈良（中3），他
部活動▶活動日は部による

学費　初年度目安 116万円

（単位:円）	入学金	施設費	授業料	その他	合計
入学手続時	270,000	—	—	—	270,000
1年終了まで	—	238,000	456,000	191,580	885,580

［その他］制服・指定品代，補助教材費，オリエンテーション，PTA会費，生徒会費。
［寄付・学債］任意の寄付金1口10万円1口以上あり。
※上記は'22年度のもの。新年度について詳細は「受験生応援アプリ」にて公開（2023年5月～）。

●奨学金・特待生
なし。入学後の年間成績により，次年度授業料一部（20万円），維持費免除の制度有

首都圏模試 思考コード (単位:%)

読み取る力 ＼ 考える力	国語 A	国語 B	国語 C	算数 A	算数 B	算数 C
複雑 3						
2		45		38	18	
単純 1	10	45			44	

〈第1回〉

A=知識・理解思考　B=論理的思考　C=創造的思考

2024年度入試 合格の基準

	首都圏模試 ほぼ確実	首都圏模試 見込あり	首都圏模試 やや見込あり	四谷大塚 ほぼ確実	四谷大塚 見込あり	四谷大塚 やや見込あり
男子 〈②〉	68	65	62	58	54	49

ほぼ確実＝80%〜／見込あり＝50〜79%／やや見込あり＝20〜49%

入試要項 2023年度参考 新年度日程はアプリへGO! 4科

試験名	試験日 ◎午後入試	出願締切 Web	発表 Web	手続 Web	選抜方法 2科	4科	適	英	他	面接	特待	募集数	応募数	受験数	合格数	実質倍率	偏差値
①	2/1	1/30	当日	2/4		●						115	425	390	139	2.8	67
②	2/2	2/1	当日	2/4		●						125	810	645	295	2.2	68
③	2/4	2/3	当日	2/5		●						30	428	299	50	6.0	69

※複数回受験生がいずれも合格点に近い得点だった場合，優遇して正規合格とする

【出願方法】Web出願　**【手続方法】**Web納入　**【受験料】**25,000円（複数回出願者の合格後の未受験回分は入学手続き後の納入金に充当）

【帰国生入試】上記試験回に含む。優遇措置あり

年度	試験名	募集数	応募数	受験数	合格数	実質倍率	偏差値
'22	①	115	389	359	135	2.7	66
	②	125	746	582	305	1.9	67
	③	30	388	270	31	8.7	68
'21	①	115	436	403	134	3.0	65
	②	125	723	572	311	1.8	67
	③	30	433	270	36	7.5	68

中学受験のプロがおすすめ! 併願校の例

特色	文武両道	ICT教育	理数教育	STEAM教育
♠男子校 ♥女子校 ♣共学・別学校	♠本郷	♠海城	♠芝	♠駒場東邦
	♠成城	♠世田谷学園	♠暁星	♠立教池袋
	♠城北埼玉	♣芝浦工大	♣淑徳	♠学習院

併設高校の進路情報

四年制大学進学率68.4%
文系45／理系54／その他1（%）　医歯薬45名合格

指定校推薦▶利用状況は都立大，早稲田大7，慶應大3，上智大1，東京理科大3，立教大1，中央大2，日本大1，国際基督教大1，東京都市大1，北里大1，日本歯大1，関西学院大1など。ほかに学習院大，明治学院大，芝浦工大，東京電機大，同志社大，工学院大，聖マリアンナ医大，東邦大，東京薬科大，明治薬科大，昭和薬科大，東京歯大，東京農大，獨協医大など推薦枠あり。

海外大学合格状況▶セントカミルス国際保健医療科大，他。

'22年3月卒業生：329名　大学225名　他103名
短大0名　専門1名　就職0名

主な大学合格状況　'23年春については主要大学のみ巻末一覧に記載

大学名	'22	'21	'20	大学名	'22	'21	'20	大学名	'22	'21	'20
◇東京大	9	9	8	◇北海道大	9	4	6	明治大	160	159	181
◇京都大	4	3	9	◇東北大	6	10	9	青山学院大	33	25	26
◇東工大	3	9	8	◇防衛医大	6	2	2	立教大	60	37	53
◇一橋大	5	9	5	◇東京農工大	16	12	9	中央大	79	87	64
◇千葉大	6	2	3	◇電通大	4	2	5	法政大	77	64	69
◇筑波大	4	4	3	早稲田大	106	117	132	日本大	132	132	131
◇東京外大	3	1	4	慶應大	66	85	85	東洋大	35	33	35
◇横浜国大	3	8	2	上智大	33	25	18	成蹊大	12	16	11
◇埼玉大	2	3	6	東京理科大	144	150	114	芝浦工大	53	101	136
◇大阪大	7	3	1	学習院大	29	24	28	東京電機大	19	23	24

※各大学合格数は既卒生との合計。

見学ガイド　体育祭／文化祭／説明会／体験授業／見学会

巣鴨（すがも）中学校

〒170−0012 東京都豊島区上池袋 1−21−1 ☎03−3918−5311

教育理念▶親心に基づいた家庭的温情と家庭的厳格さで「努力し続ける精神」を育む「硬教育」を実践。
沿革▶1922年開校。1947年の学制改革により新制巣鴨中学校となる。
施設▶講堂，図書館，茶室，カフェテリア，テニスコート，剣道場，柔道場，人工芝グラウンド，他。
学校長▶堀内 不二夫
生徒数▶総数706名

	１年（５クラス）	２年（６クラス）	３年（５クラス）
男子	220名	233名	253名

JR─大塚10分，池袋15分 東武東上線─北池袋10分 都営三田線─西巣鴨15分 10分

国際 海外研修 長期留学 第２外国語 online英会話 21型 1人1台端末 リモート体制 プロジェクト型 論文執筆 STEAM 情操 体験学習 ボランティア 人間力育成

100年の伝統が創る最先端のグローバル教育

フレンドシップアグリーメントや英イートン校での学習など，100年の歴史ある巣鴨にしかできない国際教育を展開。世界で力強く活躍する真のエリートを育成。

学習 ６年間を綿密なカリキュラムにより実践する「英才早教育」を実施。無理なく段階的に学び，高い学力を身につける。中３・高１で数学の成績によって編成される選抜クラスを設置。英語はネイティヴ教員とのティームティーチングやオンライン英会話を取り入れ，４技能をバランスよく習得する。海外体験学習制度が充実。都内の男子校で唯一，英国の名門イートン校で，同校が作成したプログラムに沿って授業を受け，英国の歴史と文化を体験するサマースクールを実施。国内で合宿し，一流の英国人講師に学ぶ巣鴨サマースクールを開校。米国，カナダ・オーストラリア・英国から行き先を選択できるターム留学も。また，英国の名門校へ長期留学も可能で，オックスフォード大学への進学者も輩出。

●コース表

中１	中２	中３	高１	高２	高３
共通履修		一般クラス		文数系	志望大学に合わせた選択制
		選抜クラス		理数系	

キャリア教育 各分野で活躍するOBを講師として招き，現在取り組んでいる仕事について話を聞く講演会を開催。OBによるキャンパスツアーや受験対策講座なども実施。

学校生活 クラブ活動も盛ん。冷暖房完備の体育館など各種施設も充実している。

保護者MEMO

登校時刻▶７：50
最終下校時刻▶18：00
土曜日▶毎週登校。平常授業４時間
昼食▶食堂（高校から利用可）／食品販売あり
携帯電話▶許可制
制服▶詰襟
自転車通学▶可
カウンセラー▶週１回
保護者面談▶年２回
保護者会▶年２回
必修旅行▶関西（中３），他
部活動▶週３日まで

学費 初年度目安 120万円

(単位:円)	入学金	施設費	授業料	その他	合計
入学手続時	330,000	―	―	―	330,000
１年終了まで	―	200,000	480,000	189,280	869,280

●奨学金・特待生
なし

［その他］制服代，図書費，勉強合宿費，館山水泳学校費，大菩薩強歩大会，巣園会費，生徒会費。※別途予納金約10万円，中１次指定品代約20万円あり。
［寄付・学債］任意の寄付金１口10万円１口以上あり。
※上記は'22年度のもの。新年度について詳細は「受験生応援アプリ」にて公開（2023年５月〜）。

首都圏模試　思考コード （単位：%）

〈第Ⅰ期〉

読み取る力＼考える力	国語 A	国語 B	国語 C	算数 A	算数 B	算数 C
複雑 3						
2	6	7		7	35	
単純 1	20	67			58	

A=知識・理解思考　B=論理的思考　C=創造的思考

2024年度入試　合格の基準

		首都圏模試 ほぼ確実	首都圏模試 見込あり	四谷大塚 ほぼ確実	四谷大塚 見込あり
男子	〈②〉	68	64	58	54
			やや見込あり 60		やや見込あり 49

ほぼ確実＝80%～／見込あり＝50～79%／やや見込あり＝20～49%

入試要項　2023年度参考　新年度日程はアプリへGO!　4科　他

試験名	試験日 ◎午後入試	出願締切 Web	発表 Web	手続 Web	2科	4科	適	英	他	面接	特待	募集数	応募数	受験数	合格数	実質倍率	偏差値
Ⅰ	2/1	1/31	当日	2/2延		●						80	309	281	98	2.9	66
算数選抜	2/1 ◎	1/31	当日	2/2延					＊			20	606	556	272	2.0	73
Ⅱ	2/2	2/1	当日	2/3延		●						100	588	420	201	2.1	68
Ⅲ	2/4	2/3	当日	2/5延		●						40	367	242	66	3.7	67

＊算数

【出願方法】Web出願　**【手続方法】**Web納入。2/6まで延納可（延納なしの場合，および算数選抜を含む複数回の実受験者は試験成績が合否判定ライン上の優遇あり）　**【受験料】**25,000円（算数選抜は10,000円）。算数選抜を含む複数回出願は，合格回以降の未受験分を入学後返還

【帰国生入試】上記に含む。ⅠⅡⅢに優遇措置あり。（合計点に10点加算）

年度	試験名	募集数	応募数	受験数	合格数	実質倍率	偏差値
'22	Ⅰ	80	309	291	105	2.8	66
	算数選抜	20	591	561	249	2.3	72
	Ⅱ	100	485	357	167	2.1	68
	Ⅲ	40	342	224	62	3.6	68
'21	Ⅰ	80	366	325	86	3.8	65
	算数選抜	20	638	597	231	2.6	72
	Ⅱ	100	593	462	168	2.8	66
	Ⅲ	40	469	336	51	6.6	67

中学受験のプロがおすすめ！　併願校の例

特色	質実剛健	留学制度	近代的校舎	進学先（医歯薬系）
♠男子校 ♥女子校 ♣共学・別学校	♠本郷	♠海城	♠立教池袋	♣広尾学園
	♠攻玉社	♠学習院	♠成城	♠暁星
	♠城北	♣淑徳	♣東洋大京北	♠高輪

併設高校の進路情報

四年制大学進学率53%
文系32／理系68／その他0（%）　医歯薬76名合格

指定校推薦▶利用状況は早稲田大2，北里大2，関西学院大1など。ほかに東京理科大，学習院大，日本大，東海大，芝浦工大，東京都市大，聖マリアンナ医大，東京薬科大，昭和薬科大，日本歯大，東京農大，城西大，獨協医大など推薦枠あり。

'22年3月卒業生：266名　大学141名　他125名
短大0名　専門0名　就職0名

主な大学合格状況　'23年春については主要大学のみ巻末一覧に記載

大学名	'22	'21	'20	大学名	'22	'21	'20	大学名	'22	'21	'20
◇東京大	8	8	12	◇防衛医大	5	3	5	立教大	27	9	12
◇京都大	3	1	1	◇群馬大	3	2	2	中央大	49	40	44
◇東工大	2	2	2	◇防衛大	9	4	5	法政大	43	50	27
◇一橋大	1	3	3	早稲田大	42	43	48	日本大	85	65	46
◇千葉大	5	2	11	慶應大	35	52	41	東洋大	20	16	21
◇筑波大	4	2	4	上智大	14	13	10	東海大	10	8	4
◇横浜国大	4	2	3	東京理科大	52	48	44	芝浦工大	59	25	21
◇埼玉大	1	2	3	学習院大	7	6	5	東京慈恵会医大	5	4	8
◇北海道大	3	4	4	明治大	65	68	59	順天堂大	8	2	6
◇東北大	2	4	5	青山学院大	13	18	13	昭和大	10	5	7

※各大学合格数は既卒生との合計。

見学ガイド　体育祭／文化祭／説明会／見学会

高校募集 **あり** Global Innovation Classのみ募集。高1より混合。　高1内訳 一貫生 135名 5名 高入生

聖学院（せいがくいん）中学校

〒114－8502　東京都北区中里 3－12－1　☎03－3917－1121

国際 / 海外研修 / 長期留学 / 第2外国語 / online英会話 / 21型 / 1人1台端末 / リモート体制 / プロジェクト型 / 論文執筆 / STEAM / 情操 / 体験学習 / ボランティア / 人間力育成

教育理念▶キリスト教精神に基づくOnly Oneの「自分らしさ」を尊重すると同時に，for Others「他者のために」の精神を対とした理念を柱に教育を行う。

沿革▶1903年にH・H・ガイ博士が設立した聖学院神学校を母体として，1906年に創立。

施設▶ホール，講堂，理科実験室・講義室，ファブラボ，図書館（4.3万冊），フューチャーセンター，グラウンド，防災備蓄倉庫，他。

学校長▶伊藤　大輔

生徒数▶総数505名　併設小からの進学者を含む。

	1年（5クラス）	2年（5クラス）	3年（5クラス）
男子	180名	175名	150名
内進生内数	15名	15名	11名

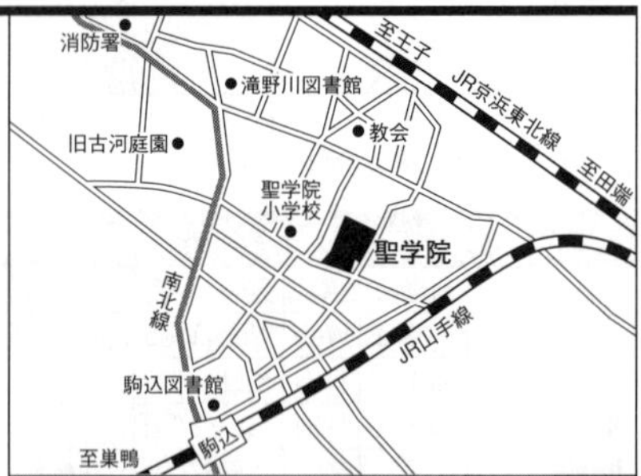

JR―駒込5分
南北線―駒込7分
5分

世界のために貢献できる人間へ

オンリーワン教育，探究・PBL型教育，STEAM教育，グローバル教育を教育の柱に据え，問題解決力など，未来の社会を舵取りできるスキルを磨く。

学習 中学は学習理解度に応じた2クラス編成。英語教育では習熟度別授業や，教材に海外のニュース記事などを導入。4技能をバランスよく鍛えるとともに，社会とつながるツールとしての英語を学ぶ。タイやカンボジアでのPBL型，英語圏ホームステイ型など多彩な海外研修プログラムも用意。中1の独自科目「理科探究」では自ら考え，試行錯誤することに重点をおき，テーマ性重視の実験・観察を行う。命の大切さや人間関係の構築を学ぶ「L.L.T(Learn Live Together)」を実施。2021年度より，高校にGlobal Innovation Classを設置。

●コース表

中1	中2	中3	高1	高2	高3
Advanced Class			Advanced Class		
			Regular Class		
Regular Class			Global Innovation Class		

キャリア教育 「内なるタラント」を発見し，将来を見据えたキャリアデザインが行えるように指導。自分・社会・スキルを軸に多彩な経験を積む。学力や社会で求められる汎用的能力を測る仕組みや，OBによる学習・進路サポートも充実。

学校生活 毎朝15分間の全校礼拝や地域での福祉活動がある。中3の糸魚川農村体験学習は，37年続く伝統行事。ホームステイしながら植林や田植えなどを行う。

保護者MEMO

登校時刻▶8：15
最終下校時刻▶18：30
土曜日▶毎週登校。平常授業4時間
昼食▶食堂／食品販売あり
携帯電話▶可
制服▶スーツ
自転車通学▶不可
カウンセラー▶常駐
保護者面談▶年2～3回
保護者会▶年4～6回
必修旅行▶沖縄（高2），他
部活動▶活動日は部による

学費　　初年度目安 119万円

(単位:円)	入学金	施設費	授業料	その他	合計
入学手続時	250,000	125,000	—	—	375,000
1年終了まで	—	48,000	444,000	322,461	814,461

●奨学金・特待生
授業料1年間（年次審査）

［その他］制服・指定品代，生徒学年費積立金（預り金），PTA会費，PTA会費特別会費，後援会費，生徒会費。
［寄付・学債］任意の寄付金（聖学院教育振興資金）1口10万円2口以上あり。
※上記は'22年度のもの。新年度について詳細は「受験生応援アプリ」にて公開（2023年5月～）。

首都圏模試　思考コード（単位：%）

〈第１回一般〉

読み取る力	国語 A	国語 B	国語 C	算数 A	算数 B	算数 C
複雑 3						
2	17			47		
単純 1	20	63		45	8	
考える力	A	B	C	A	B	C

A=知識・理解思考　B=論理的思考　C=創造的思考

2024年度入試　合格の基準

	首都圏模試 ほぼ確実	首都圏模試 見込あり	首都圏模試 やや見込あり	四谷大塚 ほぼ確実	四谷大塚 見込あり	四谷大塚 やや見込あり
男子〈一般①〉	47	43	40	36	32	27

ほぼ確実=80%〜／見込あり=50〜79%／やや見込あり=20〜49%

入試要項　2023年度参考　新年度日程はアプリへGO!

2科　4科　英　他

試験名		試験日 ◎午後入試	出願締切 Web	発表 Web	手続 Web	2科	4科	適	英	他	面接	特待	募集数	応募数	受験数	合格数	実質倍率	偏差値
英語特別		2/1	1/31	当日	2/6				＊1		＊1		5	12	11	6	1.8	—
一般	①	2/1	1/31	当日	2/6	●	●						60	158	139	72	1.9	47
一般	②	2/2	2/1	当日	2/6	●	●						20	236	137	45	3.0	47
アドバンスト	①	2/1 ◎	1/31	当日	2/6	●	●						30	238	213	76	2.8	53
アドバンスト	②	2/2 ◎	2/1	当日	2/6	●	●						20	200	94	28	3.4	55
アドバンスト	③	2/3 ◎	当日	当日	2/6	●	●						10	217	71	25	2.8	59
思考力	ものづくり	2/1 ◎	1/31	2/2	2/10					＊2			15	50	49	22	2.2	49
思考力	デザイン	2/2 ◎	2/1	当日	2/10					＊2			10	33	24	11(4)	2.2	50
思考力	グローバル	2/4	2/3	当日	2/10					＊2	＊3	●	5	18	10	6(4)	1.7	60
特待生		2/2 ◎	2/1	当日	2/6	●					＊3	●	5	14	10	1	10.0	60
オンリーワン		2/4	2/3	当日	2/10					＊4			5	37	19	9	2.1	—

＊1　英語筆記（英検３級程度）＋個人面接（日本語，英語。英語のコミュニケーション能力を測る内容で，英検３級の難易度）。英検４級以上の取得者に限る。英検準２級以上，TOEFL Junior670点以上の取得者は筆記試験免除　＊2　思考力＋協働振り返り　＊3　個人面接　＊4　グループプレゼン＋協働振り返り
※英語特別は英検合格書またはスコアレポート（特待生合格希望者のみ）

【出願方法】Web出願。英語特別は書類を郵送またはメール　**【手続方法】**Web納入。2/6（思考力・オンリーワンは2/10）までの辞退者には一部返還　**【受験料】**25,000円（３回まで受験可。追加は1回につき5,000円）

【帰国生入試】11/5　※オンライン方式，12/3（あわせて10名募集）
（注）（　）はアドバンスト合格で内数

中学受験のプロがおすすめ！ 併願校の例

特色	国際教育	STEAM教育	ICT教育	思考力型入試
♠男子校	♠日大豊山	♣獨協埼玉	♠獨協	♣かえつ有明
♥女子校	♣東京成徳大学	♠足立学園	♣駒込	♣淑徳巣鴨
♣共学・別学校	♠京華	♣成立学園	♣郁文館	♣サレジアン国際

併設高校の進路情報

四年制大学進学率75.7%
文系69／理系31／その他０（%）　医歯薬12名合格

内部推薦▶聖学院大学へ２名（政治経済１，人文１）が内部推薦で進学した。

指定校推薦▶利用状況は東京理科大１，学習院大１，青山学院大３，立教大１，國學院大１，国際基督教大１，成蹊大１，明治学院大１，東京都市大１など。ほかに日本大，東洋大，大東文化大，東海大，帝京大，成城大，獨協大など推薦枠あり。

海外大学合格状況▶海外協定大学推薦制度（UPAA）があり，多数合格・進学している。

'22年３月卒業生：136名
大学103名　短大０名　専門８名　就職０名　他25名

主な大学合格状況

'23年春については主要大学のみ巻末一覧に記載

大学名	'22	'21	'20	大学名	'22	'21	'20	大学名	'22	'21	'20
◇京都大	0	1	0	東京理科大	4	5	2	専修大	14	15	11
◇千葉大	0	1	0	学習院大	8	4	6	大東文化大	10	6	3
◇東京外大	0	1	1	明治大	14	18	6	東海大	13	18	11
◇埼玉大	0	1	0	青山学院大	16	7	10	帝京大	19	15	17
◇防衛大	0	1	2	立教大	14	11	11	成蹊大	2	10	2
◇秋田大	1	0	0	中央大	9	13	5	成城大	12	7	5
◇高知工科大	1	0	0	法政大	15	29	5	明治学院大	14	10	12
早稲田大	3	13	0	日本大	34	37	23	獨協大	22	5	5
慶應大	5	2	4	東洋大	14	16	28	玉川大	4	9	7
上智大	5	3	5	駒澤大	5	6	8	聖学院大	325	169	109

※各大学合格数は既卒生との合計。

見学ガイド　文化祭／説明会／授業体験会／見学会

成城（せいじょう）中学校

〒162－8670　東京都新宿区原町３－87　☎03－3341－6141

国際　海外研修　長期留学　第２外国語　online英会話　21型　1人1台端末　リモート体制　プロジェクト型　論文執筆　STEAM　情操　体験学習　ボランティア　人間力育成

教育目標▶文武両道の実践を通して,「知・仁・勇」を備えたグローバル・リーダーの育成をめざす。
沿革▶1885年に日高藤吉郎が文武講習館を創立し,翌年,成城学校と改称。2020年に創立135年を迎えた。2021年からは中高完全一貫校となった。
施設▶講堂,イングリッシュ・ルーム,実験室（物理・化学・生物),自習室,カウンセリング室,プール,テニスコート,柔道場,剣道場,グラウンド,他。
学校長▶岩本　正
生徒数▶総数815名

	1年（7クラス）	2年（7クラス）	3年（7クラス）
男子	275名	272名	268名

都営大江戸線―牛込柳町１分　1分

伝統を守りながら次世代のリーダーを育成

校内外での各種の研修プログラムを通じたグローバル教育により,自己の確立を促す。高い人間力とやりぬく力を兼ね備えた,社会に有為な人材を育成。

学習 中学は学力均等のクラス分け授業で,生徒主体の「自ら学ぶ」姿勢を身につける。理解度に応じて高校の内容を取り入れる「単元別先取り授業」を実施。情報化社会への対応や表現力を伸ばす独自授業を設置。中１の数学統計では,ビッグデータ処理に不可欠な統計学の基礎と情報リテラシーを学ぶ。学びへのモチベーションを高めるため,各教科に探究型学習を導入。オンライン体制を構築させGoogle Classroomを利用した課題や動画配信を行う。カリフォルニア大学と連携して行う校内研修「エンパワーメント・プログラム」,海外グローバルリーダー研修を実施する。

キャリア教育 独自の課題「未来の履歴書」の作成を通してキャリア・デザインを行う。就職に必要な学歴・資格・経験を考え,高２の文理選択につなげる。卒業生や外部講師を招いて多種多様な講演会を実施。

学校生活 遠泳に挑戦する臨海学校,農村に民泊し林業を体験する林間学校などを実施。約40のクラブが活動。中学生の多くが参加し,文武両道を実践している。

●コース表

中1	中2	中3	高1	高2	高3
共通履修				理系クラス	
				文系クラス	

保護者MEMO
登校時刻▶８：30
最終下校時刻▶18：30
土曜日▶毎週登校。平常授業４時間
昼食▶食堂／食品販売あり
携帯電話▶不可
制服▶詰襟
自転車通学▶可
カウンセラー▶週４日
保護者面談▶年１回
保護者会▶年２回
必修旅行▶不定（中３),他
部活動▶週５日まで

学費　初年度目安 119万円

（単位:円）	入学金	施設費	授業料	その他	合計
入学手続時	280,000	—	—	—	280,000
1年終了まで	—	200,000	450,000	261,615	911,615

●奨学金・特待生
なし

[その他] 制服・指定品代,教材費等,臨海学校費用,師親会費,生徒会費。
[寄付・学債] なし。
※上記は'22年度のもの。新年度について詳細は「受験生応援アプリ」にて公開（2023年５月～)。

首都圏模試　思考コード　(単位：%)

読み取る力 ＼ 考える力	〈第1回〉国語 A	国語 B	国語 C	算数 A	算数 B	算数 C
複雑 3						
2	3	28		28	22	
単純 1	14	55		3	47	

A=知識・理解思考　B=論理的思考　C=創造的思考

2024年度入試　合格の基準

		首都圏模試 ほぼ確実	首都圏模試 見込あり	四谷大塚 ほぼ確実	四谷大塚 見込あり
男子	〈②〉	65	59	55	51
			やや見込あり 55		やや見込あり 46

ほぼ確実=80%〜／見込あり=50〜79%／やや見込あり=20〜49%

入試要項　2023年度参考　新年度日程はアプリへGO!　4科

試験名	試験日 ◎午後入試	出願締切 Web	発表 Web	手続 Web	2科	4科	適	英	他	面接	特待	募集数	応募数	受験数	合格数	実質倍率	偏差値
①	**2/1**	1/31	当日	2/5		●						100	396	362	134	2.7	64
②	**2/3**	2/2	当日	2/5		●						140	1,056	685	228	3.0	65
③	**2/5**	2/4	当日	2/6		●						40	809	457	70	6.5	66

【出願方法】 Web出願
【手続方法】 Web納入
【受験料】 25,000円（同時出願は1回ごとに10,000円増）

【帰国生入試】 —

年度	試験名	募集数	応募数	受験数	合格数	実質倍率	偏差値
'22	①	100	416	367	137	2.7	64
	②	140	1,111	735	222	3.3	65
	③	40	822	472	75	6.3	65
'21	①	100	396	365	133	2.7	64
	②	140	1,023	686	218	3.1	65
	③	40	744	436	70	6.2	65

中学受験のプロがおすすめ!　併願校の例

特色	文武両道	国際理解教育	キャリア教育	探究型学習
♠男子校	♠本郷	♠暁星	♠世田谷学園	♠東京都市大付
♥女子校	♠城北	♠高輪	♠暁星	♣開智日本橋
♣共学・別学校	♠城北埼玉	♣順天	♣淑徳	♣かえつ有明

併設高校の進路情報

四年制大学進学率80%
文系46／理系54／その他0（%）　医歯薬11名合格

指定校推薦▶利用状況は早稲田大5，慶應大1，上智大3，東京理科大1，明治大2，青山学院大2，立教大1，中央大4，法政大1，北里大1，東京歯大1など。ほかに学習院大，日本大，東洋大，成城大，獨協大，芝浦工大，東京都市大，聖マリアンナ医大，東京薬科大，明治薬科大，昭和薬科大，日本薬科大，日本歯大，神奈川歯大，武蔵野大，帝京平成大，城西大，横浜薬科大，鶴見大，城西国際大，千葉科学大，獨協医大など推薦枠あり。

'22年3月卒業生：260名　大学208名　他52名
短大0名　専門0名　就職0名

主な大学合格状況　'23年春については主要大学のみ巻末一覧に記載

大学名	'22	'21	'20	大学名	'22	'21	'20	大学名	'22	'21	'20
◇東京大	1	1	0	早稲田大	34	33	28	日本大	119	85	115
◇東工大	4	1	2	慶應大	23	14	12	東洋大	69	49	57
◇一橋大	0	0	1	上智大	22	28	20	専修大	19	17	25
◇千葉大	2	5	0	東京理科大	54	50	22	東海大	25	26	13
◇筑波大	3	2	3	学習院大	12	7	11	成蹊大	15	20	23
◇横浜国大	6	2	0	明治大	81	84	58	芝浦工大	60	44	16
◇埼玉大	1	1	2	青山学院大	21	23	17	東京電機大	27	15	25
◇東北大	3	1	1	立教大	40	46	26	立命館大	12	12	6
◇東京学芸大	1	1	1	中央大	66	49	51	東京都市大	14	17	8
◇都立大	3	2	2	法政大	57	42	49	北里大	15	11	5

※各大学合格数は既卒生との合計。

見学ガイド　文化祭／説明会／見学会

高校募集 あり　スポーツ推薦・仏教専修科のみ。高入生とは3年間別クラス。
高1内訳　一貫生 208名　39名 高入生

世田谷学園（せたがやがくえん） 中学校

〒154−0005　東京都世田谷区三宿 1−16−31　☎03−3411−8661

国際　海外研修　長期留学　第2外国語　online英会話　21型　1人1台端末　リモート体制　プロジェクト型　論文執筆　STEAM　情操　体験学習　ボランティア　人間力育成

教育目標▶「明日を見つめて，今をひたすらに」「違いを認め合って，思いやりの心を」がモットー。

沿革▶1592年に創設された曹洞宗の学寮「旃檀林（せんだんりん）（後の駒澤大学）」を発祥とする。1913年に現在地へ移転，1983年に現校名へ改称。

施設▶ホール，カウンセリングルーム，禅堂，屋内プール，テニスコート，武道場（柔道・剣道・空手道場），卓球場，グラウンド，他。

学校長▶山本　慈訓

生徒数▶総数670名

	1年（5クラス）	2年（5クラス）	3年（6クラス）
男子	216名	217名	237名

東急田園都市線・東急世田谷線―三軒茶屋10分　京王井の頭線―池ノ上20分　10分

地球的視野を持ったグローバル・リーダーを育成

一人ひとりが自らの「かけがえのない価値」を信じ，自立心や積極性を養いながら，地球規模の多様性を認め合い，人を思いやる心を育てていく。

学習 2021年度より2コース制。本科コースはじっくりと幅広く学ぶ。中3から一般と特進に分かれ，高2からは理系，文系を選択。理数コースでは実体験を重視したプログラムでサイエンスの基本を身につけ，専門性を深める。中学では稲作体験，土壌やリサイクルを考える環境学習など校外学習にも積極的に取り組む。高校は医学・薬学・看護学を中心としたゼミを開く。全員対象の授業外の講習が充実。英数国の補習やハイレベルな講習のほか，教養講座や探究講座もある。異文化理解を深め，国際的視野を養うため，希望制のシンガポール研修（中2），国内英語研修などを用意。

●コース表

中1	中2	中3	高1	高2	高3
本科コース共通履修		一般クラス		文系	国公立・私立
				理系	国公立・私立
		特進クラス		文系・理系	
理数コース					

キャリア教育 6年間を通して「生き方」の授業を実施。先人の生涯や教えを学び，自分の生き方を見つめ，自らの可能性を追究する。坐禅や写経も授業の一環として行う。

学校生活 中2で永平寺，高3で總持寺（そうじじ）と2つの曹洞宗大本山で一泊参禅。12月には「臘八摂心（ろうはつせっしん）」と呼ばれる早朝坐禅会を開催，例年500名ほどの有志が参加する。36のクラブがあり，生徒の8割以上が所属。

保護者MEMO

登校時刻▶8：30
最終下校時刻▶18：30
土曜日▶毎週登校。特別授業4時間（本科中2まで）
昼食▶食堂／食品販売あり
携帯電話▶可
制服▶詰襟
自転車通学▶可
カウンセラー▶常駐
保護者面談▶年1～2回
保護者会▶年4回
必修旅行▶沖縄（中3），他
部活動▶週4日を目安

学費

初年度目安 **137万円**

（単位:円）	入学金	施設費	授業料	その他	合計
入学手続時	260,000	—	—	—	260,000
1年終了まで	—	132,000	432,000	545,550	1,109,550

［その他］制服・指定品代，教育充実費，冷暖房費，副教材費 ICT，図書費，模擬試験費用，オリエンテーション，サマースクール，修学旅行積立金，諸会費。※理数コースは初年度目安142万円。　［寄付・学債］なし。

※上記は'22年度のもの。新年度について詳細は「受験生応援アプリ」にて公開（2023年5月～）。

●**奨学金・特待生**
入学金，授業料・施設設備費・教育充実費・図書費1年間（2年目以降は成績により再審査）

首都圏模試　思考コード（単位：%）

〈第１次〉

読み取る力＼考える力	国語 A	国語 B	国語 C	算数 A	算数 B	算数 C
複雑 3						
2	15	21		25	14	
単純 1		52	12		61	

A=知識・理解思考　B=論理的思考　C=創造的思考

2024年度入試　合格の基準

	首都圏模試 ほぼ確実	首都圏模試 見込あり	四谷大塚 ほぼ確実	四谷大塚 見込あり
男子〈②本科〉	68	64	55	51
		やや見込あり 58		やや見込あり 47

ほぼ確実＝80％～／見込あり＝50～79％／やや見込あり＝20～49％

入試要項　2023年度参考　新年度日程はアプリへGO!

4科　他

試験名	試験日 ◎午後入試	出願締切 Web	発表 Web	手続 Web	2科	4科	適	英	他	面接	特待	募集数	応募数	受験数	合格数	実質倍率	偏差値
①	2/1	1/31	当日	2/6		●					●	本科55	190	168	80	2.1	67
												理数 5	135	120	6	20.0	69
算数特選	2/1 ◎	1/31	当日	2/6					＊		●	本科15	448	405	202	2.0	72
												理数15	396	359	79	4.5	73
②	2/2	2/1	当日	2/6		●					●	本科65	594	422	202	2.1	68
												理数15	433	304	54	5.6	70
③	2/4	2/3	当日	2/6		●						本科25	380	207	47	4.4	69
												理数 5	278	149	7	21.3	71

＊算数
※出願時に本科コースまたは理数コースを選択。理数コース希望者は自動的に本科コースにも出願したことになる

【出願方法】 Web出願
【手続方法】 Web納入
【受験料】 24,000円（同時出願は１回ごとに12,000円増。算数特選のみは10,000円）

【帰国生入試】 上記記載に含む。優遇措置あり

中学受験のプロがおすすめ!　併願校の例

特色	理数教育	キャリア教育	留学制度	進学先（医歯薬系）
♠男子校	♠駒場東邦	♠浅野	♠海城	♣広尾学園
♥女子校	♠東京都市大付	♠学習院	♣東京農大一	♠巣鴨
♣共学・別学校	♣日本大学	♠成城	♣成城学園	♠暁星

併設高校の進路情報

四年制大学進学率58.2%
文系52／理系48／その他０（%）　医歯薬49名合格（高入生含む）

指定校推薦▶利用状況は早稲田大６，慶應大１，明治薬科大１，日本歯大１など。

'22年３月卒業生：213名（中高一貫生）

大学124名	他89名

短大０名　専門０名　就職０名

主な大学合格状況　'23年春については主要大学のみ巻末一覧に記載

大学名	'22	'21	'20	大学名	'22	'21	'20	大学名	'22	'21	'20
◇東京大	3	5	11	◇東京農工大	3	2	1	青山学院大	39	26	28
◇京都大	2	2	0	◇都立大	1	6	4	立教大	32	31	31
◇東工大	4	5	11	◇防衛大	6	4	4	中央大	73	53	67
◇一橋大	4	3	8	◇電通大	3	5	7	法政大	50	46	42
◇千葉大	3	1	0	早稲田大	52	69	88	日本大	71	54	50
◇筑波大	3	2	1	慶應大	63	51	81	東洋大	14	15	12
◇横浜国大	3	5	6	上智大	26	24	49	駒澤大	27	13	29
◇北海道大	4	2	4	東京理科大	91	78	96	成城大	13	10	11
◇東北大	4	2	3	学習院大	18	4	5	芝浦工大	38	55	69
◇防衛医大	5	2	4	明治大	86	92	105	東京都市大	18	18	19

※各大学合格数は既卒生との合計。

見学ガイド　文化祭／説明会／オープンキャンパス／個別見学対応あり

高輪（たかなわ）中学校

〒108−0074　東京都港区高輪 2−1−32　☎03−3441−7201

国際 / 海外研修 / 長期留学 / 第2外国語 / online英会話 / 21型 / 1人1台端末 / リモート体制 / プロジェクト型 / 論文執筆 / STEAM / 情操 / 体験学習 / ボランティア / 人間力育成

教育理念▶大きな隣人愛をもって自己の実現と社会の発展に尽くしていく人間の育成をめざす。
沿革▶1885年，西本願寺によって京都に創立された普通教校が起源。1901年に高輪へ移転し，1906年に仏教との関係を離れ現校名へ改称。2014年度より高校募集停止。
施設▶講堂，百周年記念館，図書室，英語教室，理科実験室，クラブハウス，グラウンド，他。
学校長▶平野　豊
生徒数▶総数718名

	1年（6クラス）	2年（6クラス）	3年（6クラス）
男子	236名	240名	242名

都営浅草線・京急本線─泉岳寺3分　南北線・都営三田線─白金高輪5分　JR─高輪ゲートウェイ6分　3分

自らの意志で真理・価値を探究する人間を育てる

大学へ進学させるための指導と，人を育てる指導を2本柱とする。学習意欲の高揚と学力の向上と共に，人間関係を好ましく築いていける豊かな人間性も育てる。

学習 進学目標を見据えた中高一貫の継続的教育を実践。6年間を2年ずつ3期に分けて目標の具現化をめざす。中3から選抜クラスを設置，高2からは文系・理系別のクラス編成となる。数学は中2の2学期で中学課程を修了し，3学期から高校の内容を学ぶ。理科も高校の物理基礎・化学基礎・生物基礎の一部内容を中3で学習。中学の英語は週7時間。総合・演習・ネイティヴの会話の授業を交えながら，「聞く・話す・読む・書く」ことを通してコミュニケーション能力を総合的に育成する。希望制で，中3は米国で10日間のホームステイを実施。ほかに英国でのサマースクールも。

キャリア教育 学校行事に自然体験学習や農工芸体験学習など「智力の探究」を取り入れ，豊かな人間性を育む。また学習行事として学年ごとの進学講演会，資格取得など「知力の探究」を導入し，目標へのチャレンジやレベルアップを図る機会を設けている。

学校生活 野球部や模型部など全38のクラブ・同好会が活動し，中1は89%の生徒が加入。複数掛け持ち所属の生徒もいる。

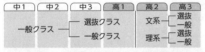

●コース表

中1	中2	中3	高1	高2	高3
一般クラス		選抜クラス		文系	選抜 / 一般
		一般クラス		理系	選抜 / 一般

保護者MEMO

登校時刻▶8：20
最終下校時刻▶18：45
土曜日▶毎週登校。平常授業4時間
昼食▶食堂／食品販売あり
携帯電話▶可
制服▶ブレザー
自転車通学▶不可
カウンセラー▶週2日
保護者面談▶年2回
保護者会▶年2回
必修旅行▶西日本（中3），他
部活動▶活動日は部による

学費　　初年度目安 117万円

（単位：円）	入学金	施設費	授業料	その他	合計
入学手続時	250,000	—	—	—	250,000
1年終了まで	—	65,000	468,000	382,310	915,310

●奨学金・特待生
なし。在学中の成績優秀者対象の特待生制度有

［その他］制服・指定品代，教育充実費，設備維持費，冷暖房費，学年学級費，父母の会費，生徒会費。
［寄付・学債］任意の寄付金（高輪学園教育環境整備協力資金）1口20万円以上あり。
※上記は'22年度のもの。新年度について詳細は「受験生応援アプリ」にて公開（2023年5月〜）。

首都圏模試 思考コード (単位:%)

読み取る力	〈A〉国語 A	国語 B	国語 C	算数 A	算数 B	算数 C
複雑 3	1					
2	4	22		32	18	
単純 1	19	54			50	
考える力	A	B	C	A	B	C

A=知識・理解思考　B=論理的思考　C=創造的思考

2024年度入試 合格の基準

		首都圏模試 ほぼ確実	首都圏模試 見込あり	四谷大塚 ほぼ確実	四谷大塚 見込あり
男子	〈A〉	64	60	52	48
			やや見込あり 54		やや見込あり 44

ほぼ確実=80%～／見込あり=50～79%／やや見込あり=20～49%

入試要項 2023年度参考 新年度日程は アプリへGO!

4科 他

試験名	試験日 ◎午後入試	出願締切 Web	発表 Web	手続 Web	2科	4科	適	英	他	面接	特待	募集数	応募数	受験数	合格数	実質倍率	偏差値
A	2/1	1/31	当日	2/4		●						70	341	306	111	2.8	64
B	2/2	2/1	当日	2/4		●						70	622	451	142	3.2	65
C	2/4	2/3	当日	2/6		●						30	592	383	82	4.7	70
算数	2/2 ◎	当日	当日	2/4					*			20	399	320	88(6)	3.6	64

*算数

【出願方法】 Web出願
【手続方法】 Web納入
【受験料】 ABC25,000円（同時出願は2回35,000円，3回45,000円），算数10,000円

【帰国生入試】 1/12（10名募集）

（注）（ ）はBとの重複合格で内数

中学受験のプロがおすすめ! 併願校の例

特色	留学制度	フィールドワーク	高校募集なし	算数(選択)入試
♠男子校 ♥女子校 ♣共学・別学校	♠世田谷学園	♠芝	♠浅野	♠攻玉社
	♣三田国際学園	♣開智日本橋	♠成城	♠巣鴨
	♣かえつ有明	♣青稜	♠獨協	♣桜美林

併設高校の進路情報

四年制大学進学率82.5%
文系48／理系51／その他1（%） 医歯薬28名合格

指定校推薦▶利用状況は早稲田大3，上智大3，東京理科大4，学習院大1，明治大2，青山学院大1，立教大2，中央大2，日本大1，芝浦工大2，東京電機大1，工学院大1，東京薬科大1など。ほかに法政大，東洋大，成城大，明治学院大，東京都市大など推薦枠あり。

海外大学合格状況▶Illinois Institute of Technology（米），他。

'22年3月卒業生：212名　大学175名
短大0名　専門0名　就職0名　他37名

主な大学合格状況 '23年春については主要大学のみ巻末一覧に記載

大学名	'22	'21	'20	大学名	'22	'21	'20	大学名	'22	'21	'20
◇東京大	1	1	0	◇都立大	6	4	1	中央大	47	59	33
◇京都大	1	0	0	◇電通大	3	3	3	法政大	56	57	36
◇東工大	5	2	1	早稲田大	58	28	25	日本大	43	75	87
◇一橋大	3	2	2	慶應大	25	13	21	東洋大	36	33	40
◇千葉大	4	6	3	上智大	42	21	26	専修大	19	14	30
◇筑波大	4	2	5	東京理科大	55	52	35	明治学院大	19	14	21
◇東京外大	1	1	1	学習院大	6	13	9	芝浦工大	18	33	51
◇横浜国大	5	11	3	明治大	91	69	51	東京都市大	12	17	31
◇北海道大	2	3	2	青山学院大	33	21	23	関東学院大	17	6	8
◇東京医歯大	1	1	0	立教大	51	33	28	近畿大	16	6	2

※各大学合格数は既卒生との合計。

見学ガイド 文化祭／説明会／オープンキャンパス／見学会

高校募集 なし　　高1内訳 一貫生 265名

東京都市大学付属（とうきょうとしだいがくふぞく）中学校

〒157−8560　東京都世田谷区成城 1−13−1　☎03−3415−0104

国際　海外研修　長期留学　第2外国語　online英会話　21型　1人1台端末　リモート体制　プロジェクト型　論文執筆　STEAM　情操　体験学習　ボランティア　人間力育成

教育目標▶「誠実・遵法・自主・協調」を校訓に，高い次元で国際社会に貢献できる人間力を培い，生徒が自己実現を図れる教育を行う。

沿革▶1956年武蔵工業大学の付属校として開校。1964年現在地に移転。2009年現校名に改称。

施設▶ホール，メディアセンター，実験室（6室），PC教室，カフェテリア，照明付き人工芝グラウンド，総合グラウンド（校外），他。

学校長▶篠塚　弘康

生徒数▶総数759名　併設小からの進学者を含む。

	1年（7クラス）	2年（6クラス）	3年（6クラス）
男子	269名	248名	242名
内進生内数	14名	9名	13名

小田急線―成城学園前10分　東急田園都市線―二子玉川よりバス付属中高前　10分

自ら探究し，発見する学びで，未来を切り拓く

「BE THE NEXT ONE」をモットーに，「開拓力・成長力・国際力」「主体的に学ぶ姿勢」を養う教育プログラムにより，生徒の未来を全力でサポート。

学習 最難関国公立大学をめざすⅡ類と，難関国公立・私立大学に対応するⅠ類の2コース制。進級の成績により転類も。中3で高1相当の内容をすべて学ぶことができる。理科の授業以外に科学実験の授業を行う。中学3年間で約60テーマの実験に向き合い，少人数制クラスでレポート提出を重ねて，科学的分析力や思考力を養う。中1・中2でプレゼンテーション力を磨くため弁論大会を実施。全員が発表を行うクラス予選を経て，代表者による本選が行われる。論理的思考力と記述力を高めることを目的に，高1で中期修了論文（4,000字以上）に取り組む。中3を対象に希望制のマレーシア異文化体験プログラムや，ニュージーランド3か月ターム留学を実施。

●コース表

中1	中2	中3	高1	高2	高3
Ⅱ類クラス		Ⅱ類αクラス		Ⅱ類理系（α・β）	最難関国公立（文・理）
		Ⅱ類βクラス		Ⅱ類文系（α・β）	難関国公立（文・理）
Ⅰ類クラス		Ⅰ類クラス		Ⅰ類理系 Ⅰ類文系	難関私立（文・理）

キャリア教育 中3ではほぼ1年をかけて，自分を知り，職業を知るプログラム「キャリア・スタディ」を実施。夏休みには実際に企業研修を体験。集大成の発表会も行う。

学校生活 定期的に地域清掃のボランティア活動を実施。文化祭は生徒が主体。学年の枠を超えて共に協力し，つくり上げる。

保護者MEMO

登校時刻▶8：30
最終下校時刻▶18：00
土曜日▶毎週登校。平常授業4コマ
昼食▶食堂／食品販売あり
携帯電話▶可
制服▶詰襟
自転車通学▶可
カウンセラー▶週2日
保護者面談▶年1回
保護者会▶年2回
必修旅行▶京都・奈良（中3）
部活動▶週3日以内

学費　　初年度目安 128万円

（単位:円）	入学金	施設費	授業料	その他	合計
入学手続時	50,000	—	—	—	50,000
1年終了まで	200,000	150,000	516,000	365,120	1,231,120

［その他］制服・指定品代，維持料，図書費，学年費，中1林間学校参加費，中2体験旅行積立金，生徒会費・PTA会費，災害共済掛金，災害備蓄用品費。

［寄付・学債］なし。

※上記は'22年度のもの。新年度について詳細は「受験生応援アプリ」にて公開（2023年5月～）。

●奨学金・特待生
入学金，施設設備料・維持料・授業料をA：全額3年間／B：半額3年間（ともに年度末審査有）

首都圏模試　思考コード（単位：%）

〈第１回〉

読み取る力＼考える力	国語 A	国語 B	国語 C	算数 A	算数 B	算数 C
複雑 3				5		
2	35	7		26	36	
単純 1		58			33	

A=知識・理解思考　B=論理的思考　C=創造的思考

2024年度入試　合格の基準

	首都圏模試 ほぼ確実	首都圏模試 見込あり	首都圏模試 やや見込あり	四谷大塚 ほぼ確実	四谷大塚 見込あり	四谷大塚 やや見込あり
男子〈①Ⅰ類〉	67	63	59	52	48	44

ほぼ確実＝80%～／見込あり＝50～79%／やや見込あり＝20～49%

入試要項　2023年度参考　新年度日程は アプリへGO!

2科　4科　英　他

試験名		試験日 ◎午後入試	出願締切 Web	発表 Web	手続 Web	選抜方法 2科	4科	適	英	他	面接	特待	募集数	応募数	受験数	合格数	実質倍率	偏差値
Ⅱ類	①	2/1	当日	当日	2/7		●					●	10	138	93	8〈28〉	11.6	70
	②	2/1 ◎	当日	当日	2/7	●						●	40	707	612	157〈223〉	3.9	71
	③	2/3	当日	当日	2/7		●					●	20	355	133	19〈41〉	7.0	70
	④	2/5	当日	当日	2/7		●					●	10	529	175	32〈38〉	5.5	70
	グローバル	2/3	当日	当日	2/7				＊	＊		●	若干	25	20	2〈13〉	10.0	65
Ⅰ類	①	2/1	当日	当日	2/7		●					●	40	200	149	45(4)	3.3	67
	②	2/1 ◎	当日	当日	2/7	●						●	60	578	501	197(69)	2.5	69
	③	2/3	当日	当日	2/7		●					●	40	413	227	48(11)	4.7	67
	④	2/5	当日	当日	2/7		●					●	20	484	216	22(6)	9.8	67
	グローバル	2/3	当日	当日	2/7				＊	＊		●	若干	32	30	6(0)	5.0	62

＊英語＋算数＋作文（日本語）
※Ⅰ類は複数回受験者に優遇措置あり

【出願方法】 Web出願
【手続方法】 Web納入
【受験料】 25,000円（複数回受験可）

【帰国生入試】 1/6（若干名募集）
(注)（　）はⅡ類合格で内数，〈　〉はⅠ類合格で外数

中学受験のプロがおすすめ！ 併願校の例

♠男子校　♥女子校　♣共学・別学校

特色	自主自立	論文(自由研究)	理数教育	キャリア教育
	♠芝	♣渋谷教育渋谷	♣広尾学園	♠浅野
	♠桐朋	♣東京農大一	♠世田谷学園	♠成城
	♣成城学園	♣青稜	♣芝浦工大	♣桐光学園

併設高校の進路情報

四年制大学進学率83.2%
文系・理系の割合 未集計　医学部29名合格

内部推薦▶東京都市大学への内部推薦制度がある。

指定校推薦▶利用状況は横浜市大１，早稲田大４，上智大３，東京理科大３，明治大３，青山学院大１，中央大２，法政大１，同志社大１，工学院大２など。

海外大学合格状況▶Charles University，Masaryk University（ﾁｪｺ），University of Szeged，Semmelweis University，Semmelweis University（ﾊﾝｶﾞﾘｰ），他。

'22年３月卒業生：232名

大学193名　短大０名　専門１名　就職０名　他38名

主な大学合格状況　'23年春については主要大学のみ巻末一覧に記載

大学名	'22	'21	'20	大学名	'22	'21	'20	大学名	'22	'21	'20
◇東京大	12	7	5	◇東北大	5	5	6	明治大	122	209	135
◇京都大	4	3	2	◇東京医歯大	2	0	1	青山学院大	35	60	30
◇東工大	7	4	6	◇東京農工大	3	4	3	立教大	53	57	45
◇一橋大	7	5	6	◇都立大	2	8	7	中央大	54	111	69
◇筑波大	2	1	1	◇電通大	1	7	6	法政大	58	52	73
◇東京外大	3	1	3	早稲田大	96	101	73	日本大	54	92	81
◇横浜国大	11	11	7	慶應大	55	72	44	専修大	12	22	20
◇埼玉大	1	2	0	上智大	19	34	19	芝浦工大	27	41	29
◇大阪大	2	2	2	東京理科大	83	98	76	工学院大	14	16	11
◇北海道大	8	17	12	学習院大	7	4	8	東京都市大	12	31	44

※各大学合格数は既卒生との合計。

見学ガイド　文化祭／説明会／授業見学／個別相談会

桐朋(とうほう)中学校

〒186－0004 東京都国立市中3－1－10 ☎042－577－2171

国際 海外研修 長期留学 第2外国語 online英会話 21型 1人1台端末 リモート体制 プロジェクト型 論文執筆 STEAM 情操 体験学習 ボランティア 人間力育成

教育目標▶「自主・敬愛・勤労」を掲げ，生徒自らが考え，動き，学びを実らせる自律的な学習者の育成をめざす。

沿革▶1941年に第一山水中学校として創立。1948年現校名となる。

施設▶ホール，多目的ラウンジ，理科教室（9室），CALL教室，プラネタリウム，プール，テニスコート，野球場，サッカー場，他。

学校長▶原口　大助

生徒数▶総数806名　併設小からの進学者を含む。

	1年（6クラス）	2年（6クラス）	3年（6クラス）
男子	277名	258名	271名
内進生内数	70名	68名	68名

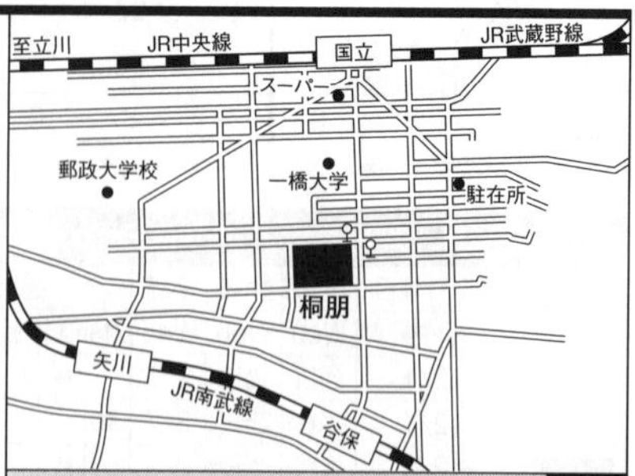

JR一国立15分，谷保15分またはバス桐朋3分　15分

自主性を尊重し，時代を拓く自律的な学習者を育てる

緑豊かなキャンパス。一人ひとりの好奇心に応える最新施設を活用して創造的学習に取り組むことで，生涯にわたって役立つ豊かな教養と高い知性を身につける。

学習 独自のカリキュラムに基づき，多くの教科でオリジナル教材を使用。基礎学力の定着と，学問的な体系を重視した授業を行う。英語は，音読練習やリスニング活動による音声面，辞書指導を重視。自己表現や討論ができる力までを身につけ，受験英語に留まらない英語力の完成をめざす。数学は独自の教科書や，数学科の教員が執筆した問題集を用い，高校では段階別授業も導入している。国語では生徒主導の読解を積み重ね，表現する力をつける。理科は実験・実習を重視し，4分野ごとに専用の実験室を活用。中3～高2ではイギリスへの語学研修を実施（希望制）。

●コース表

中1	中2	中3	高1	高2	高3
共通履修				希望進路に応じた選択制	

キャリア教育 生徒自らが将来を能動的に考えられるよう，幅広いプログラムで支援。高1・高2で在校生・卒業生懇談会を開き，高1ではその内容を踏まえて「私の将来」と題した作文を書き，冊子にまとめる。

学校生活 19の運動部，17の文化部，5つの同好会が自主的に活動。また生徒の自主性を重視し，学内行事やホームルーム活動も生徒たちが主体となって運営する。

保護者MEMO

登校時刻▶8：30
最終下校時刻▶17：30
土曜日▶毎週登校。平常授業4時間
昼食▶食堂／食品販売あり
携帯電話▶許可制
制服▶詰襟（高校なし）
自転車通学▶可
カウンセラー▶常駐
保護者面談▶年2回
保護者会▶年2～3回
必修旅行▶東北(中3)，他
部活動▶活動日は部による

学費　初年度目安 111万円

（単位:円）	入学金	施設費	授業料	その他	合計
入学手続時	270,000	130,000	—	—	400,000
1年終了まで	—	120,000	494,400	95,300	709,700

●奨学金・特待生
なし

［その他］生徒諸費，林間積立，PTA会費，生徒会費。
［寄付・学債］寄付金なし。学園債1口10万円1口以上あり。
※上記は'22年度のもの。新年度について詳細は「受験生応援アプリ」にて公開（2023年5月～）。

首都圏模試　思考コード（単位：%）

〈第1回〉

読み取る力＼考える力	国語 A	国語 B	国語 C	算数 A	算数 B	算数 C	理科 A	理科 B	理科 C	社会 A	社会 B	社会 C
複雑 3		18			6		17			8		
2	12	28		21	18		20	3		39	10	
単純 1		42		10	45		37	23		33	10	

A=知識・理解思考　B=論理的思考　C=創造的思考

2024年度入試　合格の基準

	首都圏模試 ほぼ確実	首都圏模試 見込あり	首都圏模試 やや見込あり	四谷大塚 ほぼ確実	四谷大塚 見込あり	四谷大塚 やや見込あり
男子〈①〉	67	63	60	57	54	50

ほぼ確実＝80%～／見込あり＝50～79%／やや見込あり＝20～49%

入試要項　2023年度参考　新年度日程はアプリへGO!　4科

試験名	試験日 ◎午後入試	出願締切 Web	発表 Web	手続 Web	選抜方法 2科	4科	適	英	他	面接	特待	募集数	応募数	受験数	合格数	実質倍率	偏差値
①	2/1	1/29	当日	2/4		●						120	380	—	144	2.6	67
②	2/2	2/1	2/3	2/4		●						60	597	—	216	2.8	71

【出願方法】Web出願
【手続方法】Web納入。2/10までの辞退者には一部返還
【受験料】25,000円（同時出願は38,000円）

【帰国生入試】—

（注）実質倍率＝応募数÷合格数

受験情報

国語では，B2，B3が5割程を占め，高度な論理的思考力が求められます。算数では，7割程がBの問題です。理科，社会では，Bも2割程を占めるため，知識の正確な獲得と共に，論理的思考力も必要となります。

年度	試験名	募集数	応募数	受験数	合格数	実質倍率	偏差値
'22	①	120	371	299	150	2.0	67
	②	60	512	394	231	1.7	71
'21	①	120	412	367	148	2.5	67
	②	60	646	458	247	1.9	72
'20	①	120	411	366	159	2.3	66
	②	60	674	472	247	1.9	71

中学受験のプロがおすすめ！　併願校の例

特色	アカデミック	理数教育	オリジナルテキスト	自主自立
♠男子校	♠武蔵	♣明大明治	♠浅野	♠海城
♥女子校	♠暁星	♣東京農大一	♠芝	♣中大附属
♣共学・別学校	♣成蹊	♣帝京大学	♠学習院	♣穎明館

併設高校の進路情報

四年制大学進学率55.8%
文系50／理系48／その他2(%)　医歯薬37名合格

指定校推薦▶利用状況は早稲田大6，慶應大4，中央大1，日本大1，東京歯大1，武蔵野美大1など。ほかに上智大，東京理科大，学習院大，芝浦工大，東京電機大，武蔵大，玉川大，工学院大，東京都市大，立正大，東京経済大，千葉工大，杏林大，北里大，聖マリアンナ医大，東邦大，東京薬科大，明治薬科大，日本薬科大，日本歯大など推薦枠あり。

海外大学合格状況▶Charles University，Masaryk University（ﾁｪｺ）など推薦制度あり。

'22年3月卒業生：308名　大学172名　他136名
短大0名　専門0名　就職0名

主な大学合格状況　'23年春については主要大学のみ巻末一覧に記載

大学名	'22	'21	'20	大学名	'22	'21	'20	大学名	'22	'21	'20
◇東京大	11	9	7	◇東北大	11	11	3	明治大	130	117	73
◇京都大	6	4	2	◇防衛医大	2	3	2	青山学院大	47	32	27
◇東工大	6	10	8	◇東京農工大	12	10	2	立教大	48	40	27
◇一橋大	14	8	9	◇都立大	6	6	8	中央大	97	122	65
◇千葉大	3	6	8	◇電通大	5	4	4	法政大	74	82	48
◇筑波大	2	4	2	早稲田大	101	68	68	日本大	81	81	68
◇東京外大	2	3	1	慶應大	73	74	56	成蹊大	21	11	20
◇横浜国大	13	3	4	上智大	36	21	30	芝浦工大	27	37	39
◇大阪大	2	3	1	東京理科大	85	98	61	立命館大	6	18	2
◇北海道大	13	9	8	学習院大	19	5	10	順天堂大	7	5	3

※各大学合格数は既卒生との合計。

見学ガイド　体育祭／文化祭／説明会／自由研究

獨協（どっきょう）中学校

〒112－0014　東京都文京区関口 3－8－1　☎03－3943－3651

国際 / 海外研修 / 長期留学 / 第2外国語 / online英会話 / 21型 / 1人1台端末 / リモート体制 / プロジェクト型 / 論文執筆 / STEAM / 情操 / 体験学習 / ボランティア / 人間力育成

教育方針▶心構えは正しく，身体は健康，知性に照らされた善意志とゆたかな情操とをもつ，上品な人間を育てる。

沿革▶1883年に獨逸学協会が創立した獨逸学協会学校が前身。

施設▶講堂，図書館（約８万冊），アクティブラーニングルーム，自習室，ビオトープ，屋上生態園，柔道場，グラウンド，他。

学校長▶上田　善彦

生徒数▶総数643名

	1年（6クラス）	2年（6クラス）	3年（5クラス）
男子	210名	226名	207名

有楽町線―護国寺８分，江戸川橋10分
副都心線―雑司が谷16分
8分

未来を担う「社会の優等生」を育てる

創立140年を迎える中高一貫男子伝統校。様々な学びや体験を通して幅広い知識と視野，柔らかな感性，豊かな人間性を育てる。

学習　６年間を２年ごとに分けて，基礎学力養成から学力完成へと，各成長段階に応じたカリキュラムを編成。中３からより深く学ぶ選抜クラスを設置。英語は音声練習を重視しながら，４技能をバランスよく習得する。英語を学ぶ楽しさを知る，また日頃の英語学習の成果を試す機会として，学内研修から海外研修まで多彩なプログラムを用意。ビオトープ作りや屋上緑化など，未来を見据え，環境への取り組みを教育の一環として実践。知的好奇心を育み，新たな自分を発見するため，中３では１年間をかけて約10,000字の研究論文に取り組む。３月には発表会が行われる。

●コース表

中1	中2	中3	高1	高2	高3
共通履修		選抜クラス		文系選抜	文系国公立
				文系一般	文系難関私大
					文系私大
		一般クラス		理系選抜	理系国公立
				理系一般	理系難関私大
					理系私大

キャリア教育　自分自身について考えたことを「自分発見ノート」に記させ，中学段階から将来の進路を見極めさせる。早慶などの大学見学会や希望制の職場体験も実施。系列の獨協医科大学との連携を強化しており，2022年に推薦枠が新設。

学校生活　図書館のPC教室をリニューアルし，ICT器機を備えた「TEC Lab」を開設。ラグビー・演劇など32の部・同好会がある。

保護者MEMO

登校時刻▶８：30
最終下校時刻▶18：00
土曜日▶毎週登校。平常授業４時間
昼食▶弁当／食品販売あり
携帯電話▶許可制
制服▶詰襟
自転車通学▶不可
カウンセラー▶なし
保護者面談▶年１回
保護者会▶年３回
必修旅行▶奈良・京都（中３），他
部活動▶活動日は部による

学費　　初年度目安 130万円

（単位:円）	入学金	施設費	授業料	その他	合計
入学手続時	250,000	―	―	―	250,000
1年終了まで	―	120,000	471,000	459,100	1,050,100

●奨学金・特待生
なし

［その他］制服・指定品代，維持費，教材費，臨海学校費，学友会費，PTA会費，同窓会費。
［寄付・学債］任意の寄付金１口5万円４口以上あり。
※上記は'22年度のもの。新年度について詳細は「受験生応援アプリ」にて公開（2023年５月～）。

首都圏模試　思考コード　(単位:%)

〈第１回〉

読み取る力	国語 A	国語 B	国語 C	算数 A	算数 B	算数 C
複雑 3						
2		25		47	11	
単純 1	20	55		30	12	

考える力　A=知識・理解思考　B=論理的思考　C=創造的思考

2024年度入試　合格の基準

		首都圏模試 ほぼ確実	首都圏模試 見込あり	四谷大塚 ほぼ確実	四谷大塚 見込あり
男子	〈①〉	56	52	45	41
			やや見込あり 49		やや見込あり 37

ほぼ確実＝80%～／見込あり＝50～79%／やや見込あり＝20～49%

入試要項　2023年度参考　新年度日程はアプリへGO!　2科　4科

試験名	試験日 ◎午後入試	出願締切 Web	発表 Web	手続 Web	2科	4科	適	英	他	面接	特待	募集数	応募数	受験数	合格数	実質倍率	偏差値
①	2/1	1/31	当日	2/5		●						80	341	309	99	3.1	56
②	2/1 ◎	1/31	当日	2/5	●							20	648	603	231	2.6	62
③	2/2	2/1	当日	2/5		●						70	490	343	93	3.7	60
④	2/4	2/3	当日	2/7		●						30	474	308	47	6.6	61

【出願方法】 Web出願
【手続方法】 Web納入
【受験料】 25,000円（②を除く同時出願は2回40,000円，3回50,000円）。②のみ10,000円

【帰国生入試】 各回に含む。優遇措置あり

中学受験のプロがおすすめ！ 併願校の例

特色	留学制度	論文(自由研究)	進学校的系列校	キャリア教育
♠男子校 ♥女子校 ♣共学・別学校	♣かえつ有明	♣順天	♣淑徳	♣東洋大京北
	♣目黒日大	♠城北埼玉	♣淑徳巣鴨	♠日大豊山
	♠足立学園	♣獨協埼玉	♠聖学院	♠佼成学園

併設高校の進路情報

四年制大学進学率63.2%
文系54／理系43／その他１（%）　医歯薬25名合格

内部推薦▶獨協大学へ11名（法１，経済10），獨協医科大へ６名（医）が内部推薦で進学した。

指定校推薦▶利用状況は早稲田大２，上智大２，東京理科大３，学習院大２，青山学院大２，中央大１，法政大２，成蹊大１，芝浦工大２など。

海外大学合格状況▶University of California, University of Washington, Indiana University Bloomington, Lehigh University, University of Rochester, Kalamazoo College, Wheaton College－Massachusetts（米）他。

'22年３月卒業生：190名　大学120名　他70名
短大０名　専門０名　就職０名

主な大学合格状況　'23年春については主要大学のみ巻末一覧に記載

大学名	'22	'21	'20	大学名	'22	'21	'20	大学名	'22	'21	'20
◇京都大	0	1	0	早稲田大	7	6	7	日本大	96	79	70
◇東工大	0	1	1	慶應大	7	5	6	東洋大	33	17	24
◇一橋大	0	0	1	上智大	7	7	16	東海大	13	15	19
◇千葉大	1	3	3	東京理科大	7	21	14	帝京大	21	25	11
◇筑波大	1	0	1	学習院大	12	5	8	成蹊大	9	8	6
◇埼玉大	1	0	2	明治大	26	24	21	明治学院大	5	13	2
◇北海道大	0	1	0	青山学院大	7	8	12	獨協大	27	20	13
◇東京農工大	2	1	1	立教大	5	18	11	芝浦工大	18	17	31
◇東京学芸大	1	0	0	中央大	24	21	26	東京電機大	18	13	24
◇東京海洋大	1	0	2	法政大	17	21	14	獨協医大	7	6	5

※各大学合格数は既卒生との合計。

見学ガイド　文化祭／説明会／体験会（部活動・授業）／入試問題説明会

高校募集 あり 高1より全体が混合。　高1内訳 一貫生 18名 145名 高入生

日本学園 中学校

〒156－0043　東京都世田谷区松原 2－7－34　☎03－3322－6331

国際 / 海外研修 / 長期留学 / 第2外国語 / online英会話 / 21型 / 1人1台端末 / リモート体制 / プロジェクト型 / 論文執筆 / STEAM / 情操 / 体験学習 / ボランティア / 人間力育成

建学の精神▶社会に貢献する人材を育てたいと説いた校祖の言葉「人は得意な道で成長すればよい」を礎に，＜人間の形成こそ教育の本分＞＜自己の得意を伸ばす＞の教えを今日まで受け継ぐ。

沿革▶1885年に杉浦重剛が創設した東京英語学校が前身。2026年度より明治大学の系列校となり，明治大学付属世田谷中学校に校名変更·共学化予定。

施設▶講堂，自習室，木工室，図書室，プール，テニスコート，柔道場，グラウンド，他。

学校長▶水野　重均

生徒数▶総数106名

	1年（2クラス）	2年（2クラス）	3年（1クラス）
男子	56名	33名	17名

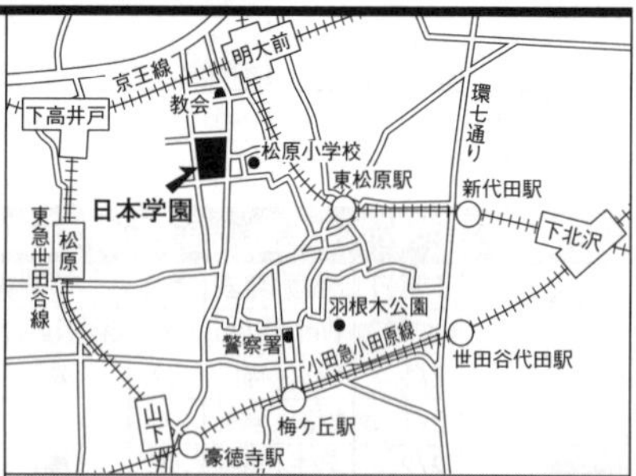

京王線・井の頭線━明大前5分　京王線━下高井戸10分　小田急線━豪徳寺15分　5分

独自のプログラム「創発学」で個の力を伸ばす

仲間と共生する過程を通して，知的好奇心を高め，学ぶ楽しさを発見する。豊富な体験プログラムにより感性を磨き，豊かな創造力と発信力を養う。

学習 集団活動の基本を理解することから自分の進路実現に向けて行動するまで，6年間を通して豊かな人間力と共にしっかりとした思考力，判断力，表現力を育む教育を行う。自学自習プログラム「にちがく講座」で自分に合わせた学習課題に取り組み，「デイリーレッスンノート」で語学力と学習習慣を身につけるなど，日々の習慣から確かな学力を築く。国際理解教育として，「にちがくグローカルプログラム（NGP）」では，2週間のホームステイや英語漬けの生活を送る中3の海外研修などを実施。日本や他国の文化を理解し，世界に発信できる力の育成をめざす。

キャリア教育「創発学」の一環として，中1・中2で第一次産業を体験。また，中1で自分新聞の制作・発表，中2で「あつぎ恵み教室（職業講話）」を行い，中3では研究論文「15年後の自分」をまとめ発表する。

学校生活 体育祭にマラソン大会，球技大会など，スポーツ系の行事が充実。野球，トライアスロン，鉄道研究など30の部・同好会があり，ほとんどの生徒が所属。

●コース表

中1	中2	中3	高1	高2	高3
共通履修			特別進学コース		
			進学コース		
			スポーツコース		

保護者MEMO

登校時刻▶8：20
最終下校時刻▶18：00
土曜日▶毎週登校。平常授業4時間
昼食▶食堂（中学生は弁当購入可）／食品販売あり
携帯電話▶可
制服▶ブレザー
自転車通学▶可
カウンセラー▶週4日
保護者面談▶年2回
保護者会▶年3回
必修旅行▶オーストラリア
部活動▶活動日は部による

学費　初年度目安 129万円

（単位:円）	入学金	施設費	授業料	その他	合計
入学手続時	250,000	80,000	—	—	330,000
1年終了まで	—	—	465,600	489,600	955,200

●奨学金・特待生
—

［その他］制服・指定品代，修学旅行費，教育充実費，学年経費，タブレットリース料，PTA・同窓会費，生徒会費。
［寄付・学債］任意の寄付金（教育振興資金）1口5万円3口以上あり。
※上記は'23年度予定。詳細は「受験生応援アプリ」にて公開（2023年5月～）。

首都圏模試　思考コード (単位:%)

読み取る力	〈第1回〉国語 A	B	C	算数 A	B	C	〈適性検査〉I A	B	C	II A	B	C
複雑 3												
2	6	16		48	5				70	5	28	
単純 1	10	68		8	39			30			45	22

A=知識・理解思考　B=論理的思考　C=創造的思考

2024年度入試　合格の基準

		首都圏模試 ほぼ確実	首都圏模試 見込あり	四谷大塚 ほぼ確実	四谷大塚 見込あり
男子	〈①〉	56	52	48	43
			やや見込あり 47		やや見込あり 38

ほぼ確実＝80%〜／見込あり＝50〜79%／やや見込あり＝20〜49%

入試要項　2023年度参考　新年度日程は アプリへGO!　2科　4科

試験名	試験日 ◎午後入試	出願締切 Web	発表 Web	手続 Web	選抜方法 2科	4科	適	英	他	面接	特待	募集数	応募数	受験数	合格数	実質倍率	偏差値
①	2/1	1/28	当日	2/4	●	●					●	70	418	388	83	4.7	56
②	2/4	2/2	当日	2/6	●	●					●	30	491	381	30	12.7	58
③	2/5	2/4	当日	2/6	●	●					●	20	413	319	28	11.4	60

【出願方法】Web出願
【手続方法】Web納入
【受験料】23,000円

【帰国生入試】—

中学受験のプロがおすすめ!　併願校の例

特色	体験重視	国際理解教育	論文(自由研究)	系列大推薦あり
♠男子校 ♥女子校 ♣共学・別学校	♠成城	♣三田国際学園	♣国学院久我山	♣明大中野八王子
	♠日大豊山	♣東洋大京北	♣穎明館	♣成城学園
	♣多摩大聖ヶ丘	♠聖学院	♠佼成学園	♣目黒日本大学

併設高校の進路情報

四年制大学進学率79.8%
文系・理系の割合 未集計

指定校推薦▶日本大，東洋大，駒澤大，専修大，大東文化大，東海大，亜細亜大，帝京大，國學院大，獨協大，神奈川大，芝浦工大，東京電機大，玉川大，工学院大，立正大，国士舘大，東京経済大，桜美林大，杏林大，武蔵野大，明星大，拓殖大など推薦枠あり。

'22年3月卒業生：183名　大学146名　短大0名　専門20名　就職1名　他16名

主な大学合格状況　'23年春については主要大学のみ巻末一覧に記載

大学名	'22	'21	'20	大学名	'22	'21	'20	大学名	'22	'21	'20
◇東京外大	1	0	0	明治大	12	12	5	東海大	2	4	10
◇北海道大	1	0	0	青山学院大	3	3	5	亜細亜大	5	7	5
◇都立大	1	0	0	立教大	4	4	1	帝京大	28	23	19
◇岐阜大	1	0	0	中央大	8	0	5	成城大	1	3	3
◇高崎経済大	1	0	0	法政大	8	6	8	神奈川大	5	3	4
早稲田大	8	1	3	日本大	15	16	22	東京電機大	4	4	4
慶應大	0	0	1	東洋大	9	10	9	東京都市大	8	6	1
上智大	1	3	2	駒澤大	8	7	7	国士舘大	9	12	8
東京理科大	0	1	1	専修大	7	18	18	桜美林大	11	9	3
学習院大	0	4	0	大東文化大	5	4	2	明星大	7	15	14

※各大学合格数は既卒生との合計。

見学ガイド　体育祭／文化祭／説明会／オープンキャンパス

高校募集 あり　特進は高１，進学は高２より混合。　高１内訳　一貫生 235名　250名 高入生

日本大学豊山 中学校

（にほんだいがくぶざん）

〒112－0012　東京都文京区大塚 5－40－10　☎03－3943－2161

国際　海外研修　長期留学　第２外国語　online英会話　21型　1人1台端末　リモート体制　プロジェクト型　論文執筆　STEAM　情操　体験学習　ボランティア　人間力育成

教育目標▶校訓「強く　正しく　大らかに」のもと，日本大学の教育理念「自主創造」の精神を有し，自ら学び，考え，道をひらくことのできる生徒を育成する。

沿革▶1903年創立。1954年現校名となる。

施設▶多目的ホール，生徒ホール，図書室，自習室，アリーナ，屋内プール，校庭，剣道場，柔道場，トレーニング室，グラウンド（校外），他。

学校長▶松井　靖

生徒数▶総数725名

	１年（６クラス）	２年（６クラス）	３年（６クラス）
男子	241名	239名	245名

有楽町線―護国寺１分　徒歩1分

中･高･大の連携教育で広い選択肢の未来を提供

日本大学唯一の付属男子校。スケールメリットを活かした教育環境で，日大のみならず他大学も含め高い進学率を誇り，各分野で活躍する卒業生を輩出。

学習 中３で基礎学力を固める「進学クラス」と，難関大学をめざす「特進クラス」に分かれる。きめ細かな指導を大切にし，数学演習は習熟度別授業，英会話や，一部学年の体育や技術ではティームティーチング指導を行う。PDCAサイクルの手法を教育システムに取り入れ，朝の小テストやOBによる学習支援などにより学習習慣と学力の定着を図る。授業や学校行事でICTを活用。さらに2021年度より中学にスタディサプリを導入し，自学自習の充実を図る。中２～高２の希望者対象で，カナダで17日間の語学研修ホームステイを実施。

●コース表

中1	中2	中3	高1	高2	高3
共通履修		進学	進学	文系／理系	
			特進	文系／理系	
		特進	スポーツコース		

キャリア教育 中学では職業インタビューや職場訪問で職業観を鮮明にし，併設大学の学部見学も実施。高校では各分野で活躍する方々が講義を行う社会人セミナーや，卒業生を招いての講演会などがある。

学校生活 部活動に所属することが奨励されており，10の体育部と11の学芸部が活動。水泳部は中高ともに全国大会優勝の実績を持つ。４月のオリエンテーションから３月のスキー教室まで様々な行事がある。

保護者MEMO

登校時刻▶８：10
最終下校時刻▶17：30
土曜日▶毎週登校。平常授業４時間
昼食▶弁当／食品販売あり
携帯電話▶可
制服▶詰襟
自転車通学▶不可
カウンセラー▶週３日
保護者面談▶年１～２回
保護者会▶年２回
必修旅行▶米国（高２），他
部活動▶活動日は部による

学費　　初年度目安 116万円

(単位:円)	入学金	施設費	授業料	その他	合計
入学手続時	230,000	―	―	―	230,000
1年終了まで	―	192,000	480,000	261,900	933,900

●奨学金・特待生
授業料１年分相当

［その他］実験実習料，図書費，厚生費，補助教材費，スキー教室，体験学習費，後援会費，生徒会費。
［寄付・学債］任意の寄付金（日本大学創立130周年記念事業募金）１口１万円３口以上あり。
※上記は'22年度のもの。新年度について詳細は「受験生応援アプリ」にて公開（2023年５月～）。

首都圏模試 思考コード (単位:%)

〈第1回〉

読み取る力＼考える力	国語 A	国語 B	国語 C	算数 A	算数 B	算数 C
複雑 3				4		
2	7	12		59		
単純 1	18	63		7	30	

A=知識・理解思考　B=論理的思考　C=創造的思考

2024年度入試 合格の基準

		首都圏模試 ほぼ確実	首都圏模試 見込あり	四谷大塚 ほぼ確実	四谷大塚 見込あり
男子	〈①〉	58	54	46	42
			やや見込あり 49		やや見込あり 38

ほぼ確実＝80%～／見込あり＝50～79%／やや見込あり＝20～49%

入試要項 2023年度参考 新年度日程はアプリへGO!

2科 4科

試験名	試験日 ◎午後入試	出願締切 Web	発表 Web	手続 Web	2科	4科	適	英	他	面接	特待	募集数	応募数	受験数	合格数	実質倍率	偏差値
①	2/1	1/31	当日	2/3		●						100	408	382	119	3.2	58
②	2/2 ◎	当日	当日	2/3	●							50	671	517	102	5.1	62
③	2/3	2/2	当日	2/4		●						42	620	375	89	4.2	60
④	2/3 ◎	当日	当日	2/4	●							30	674	464	83	5.6	62

(選抜方法: 2科／4科／適／英／他／面接)

【出願方法】Web出願
【手続方法】Web納入
【受験料】25,000円（1/31までの複数回出願に限り2回目以降1回15,000円）

【帰国生入試】—

中学受験のプロがおすすめ! 併願校の例

特色	大学附属校	ネイティヴ常駐	チューター制度	近代的校舎
♠男子校 ♥女子校 ♣共学・別学校	♣日大二	♣順天	♠成城	♣安田学園
	♣目黒日大	♠足立学園	♠獨協	♣東洋大京北
	♣日大一	♠聖学院	♠佼成学園	♣郁文館

併設高校の進路情報

四年制大学進学率93.9%
文系54／理系46／その他0（%） 医歯薬9名合格

'22年3月卒業生：490名　大学460名　短大5名／専門4名／就職0名　他21名

内部推薦▶日本大学へ352名（法40，文理30，経済50，商17，理工90，芸術11，国際関係4，危機管理8，スポーツ科7，生産工32，工3，松戸歯3，生物資源科41，薬1，二部15），日本大学短期大学部へ5名が内部推薦で進学した。

指定校推薦▶利用状況は上智大4，東京理科大8，学習院大1，明治大2，立教大1，中央大1，法政大1，明治学院大1，芝浦工大2，東京電機大1，東京都市大1，東京経済大2，千葉工大1，北里大1など。

主な大学合格状況 '23年春については主要大学のみ巻末一覧に記載

大学名	'22	'21	'20	大学名	'22	'21	'20	大学名	'22	'21	'20
◇筑波大	0	1	1	上智大	4	4	6	専修大	2	5	1
◇北海道大	0	1	0	東京理科大	11	9	10	帝京大	2	3	4
◇名古屋大	1	0	0	学習院大	5	3	3	國學院大	0	6	4
◇東京学芸大	0	1	0	明治大	7	7	10	成城大	1	1	2
◇防衛大	1	0	0	青山学院大	3	3	6	明治学院大	3	1	2
◇茨城大	1	0	0	立教大	8	5	4	獨協大	1	3	2
◇電通大	1	0	0	中央大	9	7	7	芝浦工大	5	4	9
◇名古屋市大	1	0	0	法政大	4	5	8	東京電機大	1	4	3
早稲田大	5	2	2	日本大	483	410	411	東京経済大	3	2	2
慶應大	4	0	4	東洋大	5	16	6	東京薬科大	4	3	2

※各大学合格数は既卒生との合計。

見学ガイド 文化祭／説明会／クラブフェア／見学会

本郷（ほんごう）中学校

〒170−0003　東京都豊島区駒込 4−11−1　☎03−3917−1456

国際　海外研修　長期留学　第2外国語　online英会話　21型　1人1台端末　リモート体制　プロジェクト型　論文執筆　STEAM　情操　体験学習　ボランティア　人間力育成

教育目標▶「強健・厳正・勤勉」を目標に，個性尊重の教育を通して，国家に有為な人材を育成する。
沿革▶1922年，旧高松藩主・松平頼壽により創立。2021年4月より高校募集停止。2022年，創立100周年を迎えた。
施設▶講堂，自習室，多目的ホール，理科実験室（4室），理科講義室，ラーニング・コモンズ，テニスコート，柔・剣道場，人工芝グラウンド，他。
学校長▶佐久間　昭浩
生徒数▶総数892名

	1年（7クラス）	2年（7クラス）	3年（7クラス）
男子	294名	301名	297名

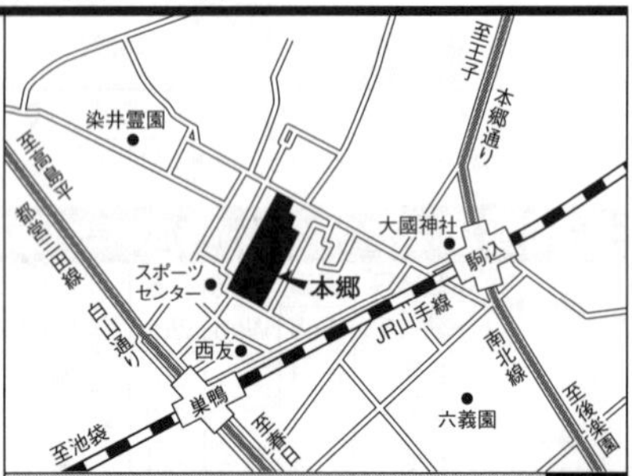

JR・都営三田線—巣鴨3分
JR・南北線—駒込7分
3分

仲間と共に切磋琢磨する次世代のリーダーを育成

勉強と部活の両立をめざす「文武両道」と，質の高い授業による「自学自習」の取り組みを通し，自律した「生活習慣の確立」を会得するたくましい心身を育む。

学習 中学は学力均等のクラス編成。基礎学力の定着を図り，英数国は中2で中学課程の内容をほぼ修了する。中1〜高1の英会話は，ネイティヴ教員による少人数授業で発言の機会を増やし，運用能力を高める。さらに中3・高1ではオンライン英会話で会話力を磨いていく。理科は自ら探究する意欲を養うため，観察・実験を重視。中2が中1に教える合同授業を年に数回実施。数学の学習のほか，勉強の仕方や部活と両立させる方法などを質問することもできる。中3で卒業論文を執筆。解のない問いに対して自分なりの見解をまとめる。

●コース表

中1	中2	中3	高1	高2	高3
共通履修			特進コース	特進コース〈文科／理科〉	
			進学コース	進学コース〈文科／理科〉	

中3と高1の希望者を対象に，カナダやオーストラリアでの研修を実施。オンラインでのバーチャルホームステイも。

キャリア教育 職業研究（中3）や，OBの現役大学生による講演やグループワークを行う難関大進学セミナーを通して，将来について自分で考えられるようサポート。

学校生活 読書の習慣づけと心を整えて一日を始めるため，毎日10分間の朝読書を実施。中1は全員がクラブ活動に所属する。

保護者MEMO

登校時刻▶8：20
最終下校時刻▶18：00
土曜日▶毎週登校。平常事業4時間
昼食▶食堂（中3〜）／食品販売あり
携帯電話▶可
制服▶詰襟
自転車通学▶可
カウンセラー▶週3日
保護者面談▶年1回
保護者会▶年4回
必修旅行▶関西（中3），他
部活動▶中学は週3日まで

学費　初年度目安 114万円

（単位：円）	入学金	施設費	授業料	その他	合計
入学手続時	260,000	—	—	—	260,000
1年終了まで	—	170,000	402,000	309,600	881,600

●奨学金・特待生
なし

［その他］制服・指定品代，教育充実費，クラス運営費，オリエンテーション費，父母の会費，生徒会費。※別途Chromebook代あり。
［寄付・学債］任意の寄付金（教育振興資金寄付金）あり。
※上記は'22年度のもの。新年度について詳細は「受験生応援アプリ」にて公開（2023年5月〜）。

首都圏模試　思考コード（単位：%）

〈第１回〉

読み取る力 ＼ 考える力	国語 A	国語 B	国語 C	算数 A	算数 B	算数 C	理科 A	理科 B	理科 C	社会 A	社会 B	社会 C
複雑 3				5			17			1		
2	3	16		17	48		56			63		
単純 1	10	71			30		19	8		36		

A＝知識・理解思考　B＝論理的思考　C＝創造的思考

2024年度入試　合格の基準

		首都圏模試 ほぼ確実	首都圏模試 見込あり	四谷大塚 ほぼ確実	四谷大塚 見込あり
男子	②	72	67	63	60
			やや見込あり 64		やや見込あり 56

ほぼ確実＝80%～／見込あり＝50～79%／やや見込あり＝20～49%

入試要項　2023年度参考　新年度日程はアプリへGO!　4科

試験名	試験日 ◎午後入試	出願締切 Web	発表 Web	手続 Web	2科	4科	適	英	他	面接	特待	募集数	応募数	受験数	合格数	実質倍率	偏差値
①	2/1	1/31	当日	2/2		●						100	603	564	163	3.5	69
②	2/2	2/1	当日	2/5		●						140	1,385	1,202	522	2.3	72
③	2/5	2/4	当日	2/6		●						40	602	469	44	10.7	73

【出願方法】 Web出願
【手続方法】 Web納入のうえ，書類ダウンロード，入学予定説明会で提出
【受験料】 25,000円（複数回出願し入学手続した場合はそれ以降の未受験分を返還）

【帰国生入試】 各回に帰国生含む。優遇制度あり（４科合計に10点加点）

受験情報

国語，算数ではBの問題が中心となります。算数では，B2が５割程を占め，高度な論理的思考力が求められます。また，理科，社会ではA1，A2の出題割合が高く，知識や技術の正確な再現力が求められる問題が中心となります。

年度	試験名	募集数	応募数	受験数	合格数	実質倍率	偏差値
'22	①	100	522	483	167	2.9	69
	②	140	1,165	1,001	503	2.0	72
	③	40	544	428	42	10.2	73
'21	①	100	533	497	181	2.7	69
	②	140	1,045	889	482	1.8	72
	③	40	560	426	44	9.7	72

中学受験のプロがおすすめ！　併願校の例

特色	質実剛健	理数教育	近代的校舎	進学先（早慶上理）
♠男子校	♠開成	♣都立小石川中等	♠海城	♠芝
♥女子校	♠攻玉社	♣広尾学園	♣青山学院	♠世田谷学園
♣共学・別学校	♠城北	♠暁星	♠巣鴨	♠成城

併設高校の進路情報

四年制大学進学率70.5%
文系47／理系53／その他０（%）　医歯薬61名合格

指定校推薦▶利用状況は早稲田大８，慶應大３，上智大１，東京理科大２，北里大１など。ほかに都立大，学習院大，青山学院大，日本大，成城大，芝浦工大，東京都市大，東邦大，東京農大など推薦枠あり。

'22年３月卒業生：305名　大学215名　他89名
短大０名　専門１名　就職０名

主な大学合格状況　'23年春については主要大学のみ巻末一覧に記載

大学名	'22	'21	'20	大学名	'22	'21	'20	大学名	'22	'21	'20
◇東京大	13	9	8	◇東北大	7	8	4	中央大	50	103	60
◇京都大	2	4	2	◇東京農工大	3	3	3	法政大	70	73	70
◇東工大	5	13	4	早稲田大	110	121	136	日本大	106	104	111
◇一橋大	5	8	4	慶應大	93	83	74	東洋大	46	43	38
◇千葉大	6	11	7	上智大	22	30	28	駒澤大	17	15	20
◇筑波大	8	8	3	東京理科大	135	132	136	専修大	22	17	14
◇横浜国大	1	8	5	学習院大	12	9	15	成城大	14	13	13
◇埼玉大	6	2	2	明治大	162	159	150	明治学院大	13	9	19
◇大阪大	1	3	2	青山学院大	22	25	16	芝浦工大	80	61	62
◇北海道大	4	7	4	立教大	38	35	60	立命館大	15	15	9

※各大学合格数は既卒生との合計。

見学ガイド　体育祭／文化祭／説明会／オープンキャンパス／見学会

武蔵（むさし）中学校

〒176－8535　東京都練馬区豊玉上１－26－１　☎03－5984－3741

国際　海外研修　長期留学　第2外国語　online英会話　21型　1人1台端末　リモート体制　プロジェクト型　論文執筆　STEAM　情操　体験学習　ボランティア　人間力育成

建学の精神▶「東西文化融合」「世界に雄飛」「自調自考」が三理想。それらをなし得る人物を育成する。

沿革▶実業家・根津嘉一郎により，1922年に武蔵高等学校が創立。1949年，中学校が発足。2019年３月に新校舎整備が完了。2022年，創立100周年を迎えた。

施設▶講堂，多目的教室（和室），大教室，語学演習室，天体観測室，剣道場，屋内・屋外プール，テニスコート，野球場，農園，校外施設，他。

学校長▶杉山　剛士

生徒数▶総数527名

	１年（４クラス）	２年（４クラス）	３年（４クラス）
男子	176名	176名	175名

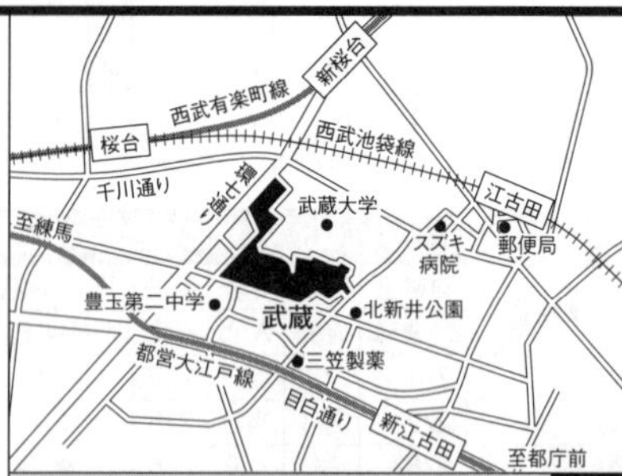

西武池袋線―江古田６分　有楽町線―新桜台５分　都営大江戸線―新江古田７分　6分

独創的で柔軟な真のリーダーの育成をかかげる

教育のミッションは「世界をつなげる自調自考のエンジン」を身につけさせること。学問を学びの芯に，キャリア・グローバル市民・リーダーシップ教育を推進する。

学習　中１から英語，理科を中心に分割授業を実施。英語は基礎を図りながら，ネイティヴ教員の指導による英語劇やプレゼンテーションなども行い，表現力を養う。また独自の英語課外プログラム，提携校との国際交流により異文化を受け入れる心を育む。さらに言語を入り口に世界の文化を幅広く学ぶため，中３で第二外国語（独・仏・中国・韓国朝鮮語から選択）を必須科目として設定。理科は様々な実験・観察を行い，科学的なものの捉え方を身につける。天文実習や地学巡検など野外学習も。教科の枠や授業の形にとらわれず，生徒や教員の希望で行われる特別編成の授業もある。

キャリア教育　中３以上を対象に，社会で活躍している卒業生を招き，キャリアガイダンスを行う。また，高校では大学在学中の卒業生による進学ガイダンスも実施。

学校生活　３泊４日で，中１は山上学校（赤城山），中２は民泊実習（みなかみ町）を実施。人とつながり，自然と向き合いながら，協調性や行動力を育む。記念祭や強歩大会など伝統行事は生徒が企画・実行。

●コース表

中1	中2	中3	高1	高2	高3
共通履修			選択授業		

保護者MEMO

登校時刻▶８：20
最終下校時刻▶18：00
土曜日▶毎週登校。平常授業４時間
昼食▶食堂／食品販売あり
携帯電話▶可
制服▶なし
自転車通学▶許可制
カウンセラー▶週４日
保護者面談▶年１回
保護者会▶年２回
必修旅行▶なし
部活動▶活動日は部による

学費　初年度目安 136万円

（単位:円）	入学金	施設費	授業料	その他	合計
入学手続時	370,000	―	―	―	370,000
1年終了まで	―	300,000	520,000	169,130	989,130

●奨学金・特待生
なし

［その他］指定品，預け金，校友会費，保護者会費，特別保護者会費。
［寄付・学債］任意の寄付金１口10万円３口以上あり。
※上記は'22年度のもの。新年度について詳細は「受験生応援アプリ」にて公開（2023年５月～）。

首都圏模試　思考コード（単位：%）

〈入学試験〉

読み取る力	国語 A	国語 B	国語 C	算数 A	算数 B	算数 C	理科 A	理科 B	理科 C	社会 A	社会 B	社会 C
複雑 3		28			10		46			7	13	
2		28		10	50		21	16		15	27	
単純 1	16	28			30			17		8	30	

考える力：A=知識・理解思考　B=論理的思考　C=創造的思考

2024年度入試　合格の基準

	首都圏模試 ほぼ確実	首都圏模試 見込あり / やや見込あり	四谷大塚 ほぼ確実	四谷大塚 見込あり / やや見込あり
男子〈入学試験〉	74	71 / 68	65	61 / 57

ほぼ確実＝80％～／見込あり＝50～79％／やや見込あり＝20～49％

入試要項　2023年度参考　新年度日程はアプリへGO!　4科

試験名	試験日 ◎午後入試	出願締切 Web	発表 Web	手続 Web	2科	4科	適	英	他	面接	特待	募集数	応募数	受験数	合格数	実質倍率	偏差値
入学試験	2/1	1/21	2/3	2/4		●						160	601	579	186	3.1	74

【出願方法】 Web出願
【手続方法】 Web納入
【受験料】 30,000円

【帰国生入試】 —

受験情報

国語，算数，社会では，Bの出題が8割以上となります。B2，B3の出題もあり，高度な論理的思考力が求められます。理科ではBの問題と共にA3の出題があります。論理的思考力と共に知識や技術の正確な再現力が必要です。

年度	募集数	応募数	受験数	合格数	実質倍率	偏差値
'22	160	640	626	178	3.5	74
'21	160	584	574	183	3.1	74
'20	160	601	580	188	3.1	73

中学受験のプロがおすすめ！　併願校の例

特色	アカデミック	第2外国語	論文（自由研究）	進学先（国公立）
♠男子校 ♥女子校 ♣共学・別学校	♠聖光学院	♣渋谷教育渋谷	♣渋谷教育幕張	♠筑波大駒場
	♣筑波大附属	♠立教池袋	♠海城	♠世田谷学園
	♠桐朋	♠暁星	♠本郷	♠巣鴨

併設高校の進路情報

四年制大学進学率49.1%
文系・理系の割合 未集計

内部推薦▶武蔵大学への内部推薦制度がある。

指定校推薦▶早稲田大，慶應大，東京理科大，学習院大，北里大，明治薬科大など推薦枠あり。

海外大学合格状況▶Purdue University，University of Southern California，University of Michigan（米），他。

'22年3月卒業生：167名　大学82名　他85名
短大0名　専門0名　就職0名

主な大学合格状況　'23年春については主要大学のみ巻末一覧に記載

大学名	'22	'21	'20	大学名	'22	'21	'20	大学名	'22	'21	'20
◇東京大	19	28	21	◇東京医歯大	2	1	0	明治大	44	43	51
◇京都大	6	14	6	◇防衛医大	2	4	1	青山学院大	9	4	7
◇東工大	3	5	7	◇東京農工大	2	4	1	立教大	10	4	24
◇一橋大	4	8	12	◇都立大	5	1	2	中央大	24	33	46
◇千葉大	4	7	5	◇電通大	1	3	2	法政大	22	21	18
◇筑波大	5	2	4	早稲田大	43	92	61	日本大	17	28	20
◇横浜国大	3	3	3	慶應大	41	53	45	東洋大	12	6	9
◇北海道大	4	4	8	上智大	9	23	15	成蹊大	6	7	7
◇東北大	6	4	5	東京理科大	50	60	51	芝浦工大	13	40	14
◇九州大	1	1	3	学習院大	10	5	5	武蔵大	7	5	4

※各大学合格数は既卒生との合計。

見学ガイド　体育祭／文化祭／説明会／見学会

高校募集 あり 高１より全体が混合。 高１内訳 一貫生 246名 174名 高入生

明治大学付属中野中学校

(めいじだいがくふぞくなかの)

〒164－0003 東京都中野区東中野 3－3－4 ☎03－3362－8704

国際 / 海外研修 / 長期留学 / 第２外国語 / online英会話 / 21型 / 1人1台端末 / リモート体制 / プロジェクト型 / 論文執筆 / STEAM / 情操 / 体験学習 / ボランティア / 人間力育成

教育方針▶「質実剛毅・協同自治」を校訓とし，学力を身につけながら，強い身体と精神力を養い，バランス感覚を備えた人材の育成をめざす。

沿革▶1929年に私立中野中学校として創立。1949年に明治大学付属校となる。

施設▶ホール，特別教室，屋内プール，剣道場，柔道場，射撃場，卓球室，トレーニングルーム，グラウンド，校外施設（長野県），他。

学校長▶清水 孝

生徒数▶総数751名

	１年（６クラス）	２年（６クラス）	３年（６クラス）
男子	251名	251名	249名

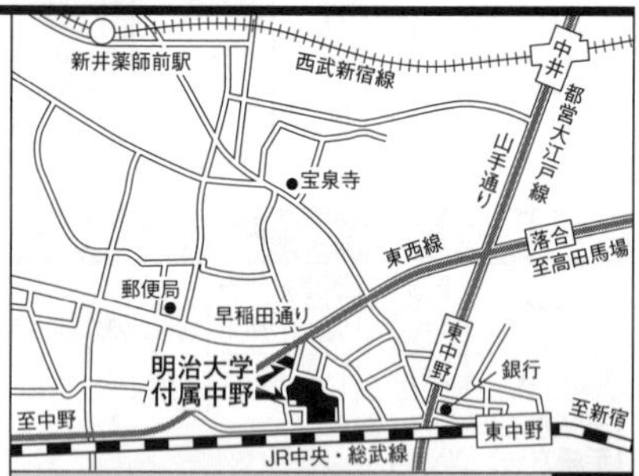

JR・都営大江戸線―東中野５分
東西線―落合10分
5分

知・徳・体を尊重し，学び続ける姿勢を養う

進学を目標とすることに終始せず，日々努力を重ね，知識や技能を活用して自ら課題を解決できる資質・能力を涵養する，たくましい生徒を育てる。

学習 勉強だけでなく，学校生活全般において文武両道を実現。先取り学習は行わず反復学習を通して基礎を固め，５教科の学力をバランスよく伸ばす。英語は，基礎力養成のため中１で少人数制授業を導入し，きめ細かく指導。外国人講師の授業やオンライン英会話も実施。数学は家庭学習プリントの課題を設けている。国語では読解力と表現力を高めるため，スピーチやディベートを取り入れている。理科では実験・観察を通じて問題解決能力を養う。中３でニュージーランド語学研修（希望者）を実施。また2023年度以降，高１でカナダへのターム留学（希望選抜制）を予定。

●コース表

中１	中２	中３	高１	高２	高３
共通履修				文系コース	
				理系コース	

キャリア教育 明治大学の付属校として連携体制が整い，各学部教員による「特別進学講座」で目標に合う学部を探せるほか，キャリア教育支援NPO「16歳の仕事塾」と連携し，進路セミナーを実施している。また資格や検定取得目的の各種講座を開催。

学校生活 総合学習の一環として学校行事が多い。移動教室では農林体験を行う。柔道部をはじめ，好成績のクラブが多数。

保護者MEMO

登校時刻▶８：20
最終下校時刻▶18：30
土曜日▶毎週登校。平常授業４時間
昼食▶食堂（中学は土曜日のみ利用可）／食品販売あり
携帯電話▶可
制服▶詰襟
自転車通学▶可（高校）
カウンセラー▶週２回
保護者面談▶年６回
保護者会▶年６回
必修旅行▶関西（中３），他
部活動▶活動日は部による

学費 初年度目安 129万円

（単位：円）	入学金	施設費	授業料	その他	合計
入学手続時	280,000	—	—	—	280,000
１年終了まで	—	240,000	570,000	199,065	1,009,065

●奨学金・特待生
なし

［その他］制服・指定品代，教材費，学級費，諸検査，学力テスト，諸会費，災害共済掛金，生徒証代。［寄付・学債］任意の寄付金（教育環境整備協力資金１口５万円２口以上，中野学園記念協力資金１口３千円１口以上，他）あり。

※上記は'22年度のもの。新年度について詳細は「受験生応援アプリ」にて公開（2023年５月〜）。

首都圏模試　思考コード（単位：%）

〈第１回〉

読み取る力 ＼ 考える力	国語 A	国語 B	国語 C	算数 A	算数 B	算数 C
複雑 3						
2				25	12	
単純 1	40	60			63	

A=知識・理解思考　B=論理的思考　C=創造的思考

2024年度入試　合格の基準

	首都圏模試 ほぼ確実	首都圏模試 見込あり	首都圏模試 やや見込あり	四谷大塚 ほぼ確実	四谷大塚 見込あり	四谷大塚 やや見込あり
男子〈①〉	66	63	60	56	52	47

ほぼ確実＝80％～／見込あり＝50～79％／やや見込あり＝20～49％

入試要項　2023年度参考　新年度日程はアプリへGO!　4科

試験名	試験日 ◎午後入試	出願締切 Web	発表 Web	手続 Web	2科	4科	適	英	他	面接	特待	募集数	応募数	受験数	合格数	実質倍率	偏差値
①	2/2	1/30	当日	2/4		●						160	886	766	273	2.8	66
②	2/4	2/3	当日	2/6		●						80	673	530	120	4.4	68

【出願方法】Web出願
【手続方法】Web納入のうえ，①は2/5，②は2/7に書類受取，2/17までに郵送または窓口提出
【受験料】30,000円

【帰国生入試】—

年度	試験名	募集数	応募数	受験数	合格数	実質倍率	偏差値
'22	①	160	1,042	890	270	3.3	66
	②	80	747	610	118	5.2	68
'21	①	160	1,050	881	261	3.4	66
	②	80	819	669	112	6.0	67
'20	①	160	1,001	868	257	3.4	65
	②	80	727	615	128	4.8	67

中学受験のプロがおすすめ！ 併願校の例

特色	大学附属校	スポーツ強豪校	近代的校舎	キャリア教育
♠男子校	♣明大明治	♣早稲田実業	♠海城	♠東京都市大付
♥女子校	♣中大附属	♣国学院久我山	♠立教池袋	♠城北
♣共学・別学校	♣明大中野八王子	♠日大豊山	♣日大二	♠成城

併設高校の進路情報

四年制大学進学率95.2%
文系77／理系23／その他0（%）　医歯薬7名合格

内部推薦▶明治大学へ339名（法57，商64，政治経済60，文24，理工38，農16，経営38，情報コミュニケーション20，国際日本10，総合数理12）が内部推薦で合格した。

指定校推薦▶利用状況は慶應大3，東京理科大2，日本大3など。ほかに学習院大，青山学院大，成蹊大，芝浦工大，東京都市大など推薦枠あり。

'22年3月卒業生：414名　大学394名
短大0名　専門1名　就職0名　他19名

主な大学合格状況　'23年春については主要大学のみ巻末一覧に記載

大学名	'22	'21	'20	大学名	'22	'21	'20	大学名	'22	'21	'20
◇東京大	0	2	2	早稲田大	11	8	10	日本大	25	12	19
◇東工大	1	1	0	慶應大	8	10	14	東洋大	7	2	7
◇一橋大	0	1	2	上智大	2	1	9	専修大	3	6	8
◇筑波大	0	0	2	東京理科大	22	18	12	東海大	1	3	6
◇横浜国大	0	1	1	学習院大	1	1	1	亜細亜大	1	1	1
◇埼玉大	1	0	0	明治大	347	336	338	帝京大	5	3	4
◇大阪大	1	0	0	青山学院大	3	4	4	成蹊大	1	2	4
◇北海道大	1	1	0	立教大	3	3	1	芝浦工大	5	2	0
◇東北大	0	1	1	中央大	8	5	10	東京電機大	1	2	1
◇東京藝術大	1	0	0	法政大	6	11	7	立命館大	2	3	1

※各大学合格数は既卒生との合計。

見学ガイド　文化祭／説明会／オープンスクール

高校募集 あり 高校は共学。高１より全体が混合。

高１内訳 一貫生 27名 198名 高入生

明法（めいほう）中学校

〒189−0024　東京都東村山市富士見町２−４−12　☎042−393−5611

国際 海外研修 長期留学 第２外国語 online英会話 21型 1人1台端末 リモート体制 プロジェクト型 論文執筆 STEAM 情操 体験学習 ボランティア 人間力育成

建学の精神▶この世に生を受けたことに感謝し，知性を磨き，よい習慣を身につけ，社会のため，国家のため，人類のために役立ち，世界平和に貢献できる人間を育成する。

沿革▶1964年創立。2019年度より高校を共学化。

施設▶講堂，英会話教室，理科専門棟，学習道場，音楽棟，AL教室，カウンセラー室，テニスコート，柔道場，剣道場，グラウンド，宿泊施設，他。

学校長▶畠山　武

生徒数▶総数94名

	１年（２クラス）	２年（２クラス）	３年（２クラス）
男子	32名	35名	27名

西武国分寺線・西武拝島線―小川18分　西武新宿線―久米川よりバス明法学院前１分　18分

生徒一人ひとりの目線に立ち，“今”と“未来”を支援する

少人数教育と「本物に触れる教育」で社会に貢献できる人材を育成。サイエンスGEプログラムは論理的思考力・問題解決力を体験的に身につける先進的なもの。

学習 少人数クラス編成で，きめ細かい指導を展開。日々の学習リズムをつくる時刻管理や自学自習時間，週末課題や週明けテストで学習への姿勢や基礎学力を養成。プロジェクト・アドベンチャーで協働する力も育てる。さらに，理科専門棟で豊富な実験・観察を行う理科授業や，全員がオーケストラの楽器を練習し文化祭で披露する器楽の授業など，「本物に触れる」教育を大切にしている。また，週２時間プラスαの講座でロボットプログラミングなどを学びながら，論理的思考力や，試行錯誤し問題を解決する力をつけるサイエンスGEは，これからの時代に必要な能力を体験的に身につけられる先進的プログラムである。

●コース表

中1	中2	中3	高1	高2	高3
共通履修			特別進学	国公立大（文系） 国公立大（理系）	
			総合進学	私大（文系） 私大（理系）	
サイエンスGEプログラム			グローバル・スタディーズ・プログラム		

キャリア教育 中２で職業ガイダンス，中３で卒業生の講演会，高１で職業・学問の課題設定を行う。高２の秋からは大学現役合格に向けた400日プランがスタートする。

学校生活 中高で16の部と14の同好会が充実した施設を舞台に活動。ソフトテニス部はインターハイに連続出場している強豪。

保護者MEMO

登校時刻▶８：55
最終下校時刻▶18：00
土曜日▶毎週登校。平常授業４時間
昼食▶食堂／食品販売あり
携帯電話▶許可制
制服▶詰襟
自転車通学▶可
カウンセラー▶週４日
保護者面談▶年２回
保護者会▶年３回
必修旅行▶京都・奈良（中３），他
部活動▶活動日は部による

学費　初年度目安 120万円

（単位:円）	入学金	施設費	授業料	その他	合計
入学手続時	300,000	―	―	―	300,000
1年終了まで	―	96,000	468,000	335,200	899,200

［その他］制服・指定品代，教育充実費，冷暖房費，副教材費，積立金，父母の会費，生徒会費。※サイエンスGE：授業料552,000円，その他987,600円。

［寄付・学債］なし。

※上記は'22年度のもの。新年度について詳細は「受験生応援アプリ」にて公開（2023年５月〜）。

●奨学金・特待生
100万円支給，他／世帯年収による入学時特例授業料全額支給制度有（年次更新，受験前に要相談）

首都圏模試 思考コード (単位：%)

	A	B	C	A	B	C
読み取る力						
複雑 3						
2			データなし			
単純 1						

考える力
A=知識・理解思考　B=論理的思考　C=創造的思考

2024年度入試 合格の基準

	首都圏模試 ほぼ確実	首都圏模試 見込あり	四谷大塚 ほぼ確実	四谷大塚 見込あり
男子〈①午前〉	43	38	36	31
		やや見込あり 34		やや見込あり 26

ほぼ確実＝80%～／見込あり＝50～79%／やや見込あり＝20～49%

入試要項 2023年度参考　新年度日程はアプリへGO!

2科　4科　適性型　他

試験名		試験日 ◎午後入試	出願締切 Web	発表 Web	手続 Web	2科	4科	適	英	他	面接	特待	募集数	応募数	受験数	合格数	実質倍率	偏差値
① 午前	2科·4科	2/1	1/30	当日	2/3	●	●						72	32	29	14	2.1	43
	適性検査				2/10			＊1				●		22	21	19	1.1	45
① 午後	2科	2/1 ◎	1/30	当日	2/10	●						●		32	30	19	1.6	46
	算数1科									＊2				7	7	3	2.3	
② 午前	2科·4科	2/2	2/1	当日	2/10	●	●						30	40	21	11	1.9	41
② 午後	2科	2/2 ◎	当日	当日	2/10	●						●		40	22	15	1.5	46
	算数1科									＊2				6	3	1	3.0	
③	2科	2/4	2/3	当日	2/10	●						●	6	10	7	4	1.8	46
	算数1科									＊2				4	4	1	4.0	

＊1　適性検査ⅠⅡ　＊2　算数
※各入試回でサイエンスGEプログラム，数学アドバンスクラスの選考あり。文化スポーツ優遇制度（要事前相談），英検優遇制度，ソフトテニス部を対象とした部活動特待制度あり
※通知表コピー，英検優遇制度利用は英検4級以上の合格証明書コピー

【出願方法】 Web出願のうえ，書類郵送（②③は当日窓口持参可）
【手続方法】 Web納入のうえ，窓口手続
【受験料】 23,000円（同時出願は2回28,000円，3・4回32,000円。ただし，③は割引外）

【帰国生入試】 1/22（若干名）

中学受験のプロがおすすめ! 併願校の例

特色	少人数制	ICT教育	理数教育	適性検査型入試
♠男子校	♠佼成学園	♣工学院大附	♣東京電機大	♣都立大泉高校附
♥女子校	♣西武台新座	♣聖徳学園	♣武蔵野東	♣都立立川国際中等
♣共学・別学校	♣新渡戸文化	♣啓明学園	♣明星	♣国立音大附

併設高校の進路情報

四年制大学進学率82.8%
文系58／理系42／その他0（%）　医歯薬7名合格

指定校推薦▶利用状況は東京理科大3，中央大1，日本大4，東洋大1，國學院大1，成蹊大2，成城大1，獨協大1，芝浦工大1，玉川大1，工学院大6，東京都市大1，東京経済大1，東京農大1，埼玉医大1など。ほかに法政大，大東文化大，亜細亜大，帝京大，神奈川大，東京電機大，東京薬科大，武蔵野大，明星大，東京工科大など推薦枠あり。

'22年3月卒業生：256名（高校共学，女子含む）
大学212名　短大0名　専門18名　就職0名　他26名

主な大学合格状況　'23年春については主要大学のみ巻末一覧に記載

大学名	'22	'21	'20	大学名	'22	'21	'20	大学名	'22	'21	'20
◇千葉大	1	0	0	東京理科大	4	8	3	専修大	21	3	1
◇筑波大	1	2	0	学習院大	7	3	3	大東文化大	11	8	3
◇東京外大	1	1	0	明治大	17	5	8	東海大	5	5	5
◇埼玉大	0	1	0	青山学院大	5	4	4	亜細亜大	15	3	3
◇東北大	1	1	0	立教大	16	7	3	帝京大	31	15	12
◇都立大	6	0	1	中央大	12	15	9	國學院大	6	9	2
◇信州大	0	1	1	法政大	12	12	5	成蹊大	10	6	3
早稲田大	4	1	3	日本大	37	20	12	獨協大	10	8	1
慶應大	3	3	2	東洋大	34	13	8	東京経済大	26	5	4
上智大	1	2	2	駒澤大	5	6	2	東京農大	16	18	2

※各大学合格数は既卒生との合計。

見学ガイド 体育祭／文化祭／体験会・説明会

立教池袋中学校

りっきょういけぶくろ

〒171－0021　東京都豊島区西池袋 5－16－5　☎03－3985－2707

国際
海外研修
長期留学
第2外国語
online英会話
21型
1人1台端末
リモート体制
プロジェクト型
論文執筆
STEAM
情操
体験学習
ボランティア
人間力育成

教育目標▶キリスト教に基づく人間教育により，各々の生徒を大切な存在として「テーマを持って真理を探究する力」と「共に生きる力」を育てる。
沿革▶1896年設立。2000年に現校名へ改称。
施設▶多目的ホール，英語専用教室（10室），カフェテリア（売店併設），屋内プール，テニスコート，室内練習場，グラウンド，他。
学校長▶豊田　由貴夫
生徒数▶総数453名　併設小からの進学者を含む。

	1年（4クラス）	2年（4クラス）	3年（4クラス）
男子	152名	151名	150名
内進生内数	62名	62名	59名

JR・丸ノ内線・西武池袋線・東武東上線―池袋10分　有楽町線・副都心線―要町5分　10分

生き方にテーマのある，主体的な人間を育成

生徒自身が考え学びを深める機会や国際交流，聖書の授業を取り入れ，個性を磨き多様性を受け入れる人間性を培い，将来の可能性を広げる。

学習 大学までを視野にいれた一貫教育で，生徒が自らの個性や興味を見極め、徹底的に追究できる環境を整える。英語は週7時間。英語専用教室での少人数授業や，ネイティヴ教員の授業を取り入れ，生きた英語を使う能力を育む。希望制で，中2～高1のアメリカキャンプ，中2の短期留学（各約2週間）なども行う。総合の時間に選修教科を設置。興味や学習到達度に合わせて講座を選択できるため，興味ある分野はさらに伸ばし，苦手な部分は補うことが可能。校外学習は「何を学習するためにどこに行くのか」を1年かけて考え，行き先を選択。研究テーマを設定して現地学習を行い，レポートを作成する。

●コース表

中1	中2	中3	高1	高2	高3
共通履修					興味や進路に合わせた選択授業

キャリア教育 高1で「キャリア学習」を実施。職業について事前に調べ学習を行い，実際に働く人々へインタビューをし，仕事に対する理解を深める。そのほか高3では，立教大学特別聴講生制度がある。

学校生活 「礼拝」「聖書」の授業のほか，朝礼や各行事などで祈りの時間を設置。様々なボランティア活動も行っている。

保護者MEMO

登校時刻▶8：20
最終下校時刻▶17：50
土曜日▶毎週登校。平常授業4時間
昼食▶弁当／食品販売あり
携帯電話▶許可制
制服▶ブレザー
自転車通学▶一部可
カウンセラー▶常駐
保護者面談▶随時
保護者会▶年1～2回
必修旅行▶選択（中3），他
部活動▶水曜日は休み，日曜午前は学内活動禁止

学費　初年度目安 136万円

（単位:円）	入学金	施設費	授業料	その他	合計
入学手続時	300,000	—	—	100,000	400,000
1年終了まで	—	—	624,000	338,000	962,000

●奨学金・特待生
なし

［その他］維持資金，PTA会費，学友会会費。
［寄付・学債］任意の寄付金1口10万円3口以上あり。
※上記は'22年度のもの。新年度について詳細は「受験生応援アプリ」にて公開（2023年5月～）。

首都圏模試 思考コード (単位：%)

読み取る力＼考える力	国語 A	国語 B	国語 C	算数 A	算数 B	算数 C
複雑 3						
2				35	15	
単純 1	18	82			50	

〈第1回〉

A=知識・理解思考　B=論理的思考　C=創造的思考

2024年度入試 合格の基準

	首都圏模試 ほぼ確実	首都圏模試 見込あり	四谷大塚 ほぼ確実	四谷大塚 見込あり
男子〈一般①〉	67	63	56	52
		やや見込あり 59		やや見込あり 48

ほぼ確実＝80%～／見込あり＝50～79%／やや見込あり＝20～49%

入試要項 2023年度参考　新年度日程はアプリへGO!　2科 4科

試験名	試験日 ◎午後入試	出願締切 Web	発表 Web	手続 Web	選抜方法 2科	4科	適	英	他	面接	特待	募集数	応募数	受験数	合格数	実質倍率	偏差値
①	2/2	1/31	2/3	2/3		●						50	343	301	96	3.1	67
②	2/5	2/4	2/6	2/6	●					＊1		20	225	192	20	9.6	68
帰国児童	12/3	11/18	12/5	12/5	●					＊2		20	83	78	31	2.5	—

＊1　個人，自己アピール面接。自己アピール申請書に貼付した各種証明書の原本持参
＊2　個人面接。英語（外国語）力は，希望者のみ面接時に口頭で実施
※②は自己アピール申請書，帰国児童は海外在留証明書，帰国児童報告書

【出願方法】Web出願後，②は書類郵送または窓口持参，帰国児童は書類郵送　**【手続方法】**Web納入のうえ，合格者保護者会（2/7）で書類受取・提出。2/6までの辞退者は一部返還　**【受験料】**30,000円

【帰国生入試】上に記載

年度	試験名	募集数	応募数	受験数	合格数	実質倍率	偏差値
'22	①	50	293	250	93	2.7	67
	②	20	206	183	20	9.2	68
'21	①	50	309	272	87	3.1	67
	②	20	241	210	20	10.5	66
'20	①	50	393	343	95	3.6	66
	②	20	230	189	20	9.5	65

中学受験のプロがおすすめ! 併願校の例

特色	大学附属校	第2外国語	論文(自由研究)	留学制度
♠男子校	♣明大明治	♠早大学院	♠海城	♣渋谷教育渋谷
♥女子校	♠立教新座	♠暁星	♣成蹊	♣法政大学
♣共学・別学校	♣中央大附	♠学習院	♣順天	♠日本学園

併設高校の進路情報

四年制大学進学率94.6%
文系92／理系8／その他0（%）　医歯薬6名合格

内部推薦▶立教大学へ127名（現代心理7，法23，観光4，コミュニティ福祉4，経営16，経済27，文17，理4，社会18，異文化コミュニケーション6，GLAP 1）が内部推薦で進学した。

指定校推薦▶利用状況は慶應大1，国際基督教大1，北里大1，明治薬科大1など。ほかに日本大，東京電機大，工学院大，聖マリアンナ医大，東京歯大など推薦枠あり。

海外大学合格状況▶Semmelweis University（ハンガリー），他。

'22年3月卒業生：148名　大学140名　短大0名　専門1名　就職0名　他7名

主な大学合格状況　'23年春については主要大学のみ巻末一覧に記載

大学名	'22	'21	'20	大学名	'22	'21	'20	大学名	'22	'21	'20
◇東京外大	1	0	0	専修大	2	0	0	昭和大	0	3	1
早稲田大	3	1	0	東海大	1	0	0	杏林大	1	0	0
慶應大	8	2	3	帝京大	1	0	1	北里大	2	1	2
上智大	1	0	1	国際基督教大	3	1	1	星薬科大	0	1	0
明治大	2	0	0	明治学院大	1	0	0	明治薬科大	1	0	0
青山学院大	2	0	0	芝浦工大	5	0	0	東京歯大	1	0	0
立教大	127	128	132	工学院大	3	0	0	日本歯大	0	1	0
中央大	3	0	0	東京都市大	1	0	0	神奈川歯大	1	0	0
法政大	2	0	0	千葉工大	2	0	0	東邦大	1	1	0
日本大	5	3	2	東京慈恵会医大	3	0	0	明海大	1	0	0

※各大学合格数は既卒生との合計。

見学ガイド　文化祭／説明会／見学会／部活動体験／個別面談

早稲田（わせだ）中学校

〒162－8654　東京都新宿区馬場下町 62　☎03－3202－7674

国際 海外研修 長期留学 第２外国語 online英会話 21型 1人1台端末 リモート体制 プロジェクト型 論文執筆 STEAM 情操 体験学習 ボランティア 人間力育成

教育目標▶誠を基本とする人格の養成に努め，個性を伸張して，国家社会に貢献し得る人材を育成する。
沿革▶1895年，大隈重信の理念に基づき，坪内逍遥らを中心に創立。1979年より早稲田大学系属校となる。2020年に創立125周年を迎えた。2023年２月に新校舎完成。
施設▶理科実験棟，談話室，相談室，屋内プール，人工芝グラウンド，防災倉庫，校外施設，他。
学校長▶川口　浩
生徒数▶総数957名

	1年（7クラス）	2年（7クラス）	3年（7クラス）
男子	313名	322名	322名

東西線―早稲田１分
副都心線―西早稲田15分
1分

「誠」の精神を基本に自立心を育てる

建学の精神は「人格の独立」。自らを信じ，自立心を持って，逆境にあってもくじけず逞しく立ち向かうことができる，心身共にバランスのとれた人材を育成。

学習 英会話は中２～高２で週１時間，ネイティブ教員による少人数分割授業を実施。数学は中３で高１の内容をほぼ終わり，高２で教科書の内容がすべて終わる。理社では本物に触れる体験学習を重視。中１で１学年を60グループに分けて鎌倉研修を，中３で秩父盆地をフィールドにして地層や化石を調査する地学実習を行う。情報では表計算やプレゼンテーションソフトなどの基本技能の習得や，各種リテラシーを学ぶなど主要教科以外にも力を注ぐ。国際的視野を養うため，高１の希望者を対象にオーストラリアの姉妹校との短期交換留学を実施している。

キャリア教育 推薦入学制度を利用して約半数の生徒が早稲田大学へ進学するが，医学部や国公立などの他大学へも進学が可能。個々の生徒の希望を尊重した学習指導・進路指導を行う。高１・高２対象に早稲田大学による学部説明会や模擬講義を実施。

学校生活 利根川歩行は50年以上続く伝統行事。６年間かけて150km超を歩く。ボランティア活動として学校近隣の清掃を実施。

●コース表

中1	中2	中3	高1	高2	高3
共通履修				文系	
				理系	

保護者MEMO

登校時刻▶８：10
最終下校時刻▶18：00
土曜日▶毎週登校。平常授業４時間
昼食▶食堂／食品販売あり
携帯電話▶可
制服▶詰襟
自転車通学▶不可
カウンセラー▶週２日
保護者面談▶随時
保護者会▶年３回
必修旅行▶関西（高２）
部活動▶週４日まで

学費　初年度目安 112万円

（単位：円）	入学金	施設費	授業料	その他	合計
入学手続時	300,000	63,000	185,000	98,000	646,000
1年終了まで	―	88,200	259,000	125,000	472,200

●奨学金・特待生
なし

［その他］指定品，維持費，教材費，林間学校費，PTA会費，生徒会費。
［寄付・学債］任意の寄付金（教育振興協力基金１口10万円２口以上，早稲田中学校・高等学校創立125周年記念事業募金１口５万円以上あり。
※上記は'22年度のもの。新年度について詳細は「受験生応援アプリ」にて公開（2023年５月～）。

首都圏模試 思考コード (単位：%)

〈第１回〉

読み取る力	国語 A	国語 B	国語 C	算数 A	算数 B	算数 C	理科 A	理科 B	理科 C	社会 A	社会 B	社会 C
複雑 3	10				20		15			8		
2	5				55		57			52		
単純 1		85			25		18	10		35	5	

考える力：A=知識・理解思考　B=論理的思考　C=創造的思考

2024年度入試 合格の基準

	首都圏模試 ほぼ確実	首都圏模試 見込あり	四谷大塚 ほぼ確実	四谷大塚 見込あり
男子〈①〉	74	71	64	61
		やや見込あり 68		やや見込あり 56

ほぼ確実＝80%～／見込あり＝50～79%／やや見込あり＝20～49%

入試要項 2023年度参考 新年度日程は アプリへGO! 4科

試験名	試験日 ◎午後入試	出願締切 Web	発表 Web	手続 Web	2科	4科	適	英	他	面接	特待	募集数	応募数	受験数	合格数	実質倍率	偏差値
①	**2/1**	1/23	2/2	2/6		●						200	830	723	257	2.8	74
②	**2/3**	1/23	2/4	2/6		●						100	1,391	963	228	4.2	75

【出願方法】Web出願　**【手続方法】**Web納入のうえ，2/11に書類授受。辞退者には一部返還
【受験料】27,000円（①②出願の場合，①の入学手続者には②の検定料を返還）

【帰国生入試】各回に含む（各若干名）。2024年度より募集停止。
（注）合格数には追加合格者を含む。

受験情報

国語では，８割程がB1の問題です。算数では，すべてBの問題が出題され，B2の割合が高く，高度な論理的思考力が求められます。理科では，Bが２割程を占めているため，論理的思考力も必要となります。社会では，A1，A2の問題が中心です。

年度	試験名	募集数	応募数	受験数	合格数	実質倍率	偏差値
'22	①	200	756	662	261	2.5	74
	②	100	1,318	911	270	3.4	75
'21	①	200	798	706	259	2.7	74
	②	100	1,278	847	256	3.3	75
'20	①	200	864	763	241	3.2	73
	②	100	1,395	966	226	4.3	74

中学受験のプロがおすすめ! 併願校の例

特色	フィールドワーク	リベラル	理数教育	高校募集なし
♠男子校	♠聖光学院	♣慶應中等部	♣東邦大東邦	♣渋谷教育渋谷
♥女子校	♠海城	♠芝	♣広尾学園	♠本郷
♣共学・別学校	♣法政大学	♠立教池袋	♠世田谷学園	♠桐朋

併設高校の進路情報

四年制大学進学率82.7%
文系49／理系51／その他０（%）　医歯薬41名合格

内部推薦▶早稲田大学へ159名（政治経済20,法13, 商15, 文９, 文化構想11,教育20,社会科15, 基幹理工15, 創造理工14, 先進理工16,国際教養４, スポーツ科学１,人間科学６）が内部推薦で進学した。

指定校推薦▶利用状況は慶應大３など。ほか東京理科大など推薦枠あり。

海外大学合格状況▶University of Toronto, The University of British Columbia, Queen's University, McMaster University, University of Western Ontario（カナダ），他。

'22年３月卒業生：306名　大学253名
短大０名　専門０名　就職０名　他53名

主な大学合格状況 '23年春については主要大学のみ巻末一覧に記載

大学名	'22	'21	'20	大学名	'22	'21	'20	大学名	'22	'21	'20
◇東京大	29	33	27	◇東京医歯大	2	1	5	青山学院大	1	9	6
◇京都大	2	5	5	◇防衛医大	3	4	1	立教大	3	5	3
◇東工大	2	10	9	◇東京農工大	5	2	3	中央大	23	31	9
◇一橋大	2	5	5	◇東京海洋大	2	2	1	法政大	11	9	7
◇千葉大	8	6	4	早稲田大	239	237	248	日本大	13	14	12
◇筑波大	6	4	3	慶應大	53	53	59	芝浦工大	20	11	13
◇横浜国大	2	4	2	上智大	12	25	12	東京都市大	4	4	3
◇大阪大	1	1	1	東京理科大	57	56	46	東京慈恵会医大	4	3	7
◇北海道大	4	6	3	学習院大	2	0	3	順天堂大	4	2	10
◇東北大	1	2	2	明治大	63	36	38	日本医大	3	5	8

※各大学合格数は既卒生との合計。

見学ガイド 文化祭／説明会／見学会／相談会

早稲田大学高等学院 中学部

わせだだいがくこうとうがくいん

〒177－0044 東京都練馬区上石神井 3－31－1 ☎03－5991－4156

国際 / 海外研修 / 長期留学 / 第2外国語 / online英会話 / 21型 / 1人1台端末 / リモート体制 / プロジェクト型 / 論文執筆 / STEAM / 情操 / 体験学習 / ボランティア / 人間力育成

教育目標▶早稲田大学の建学理念に基づく一貫教育により，高い知性と豊かな感性を育み，社会に有為な人材を育成する。

沿革▶1920年，旧制早稲田大学早稲田高等学院として創立。2010年に中学部を併設。

施設▶講堂，図書室（12万冊），CALL教室，ラウンジ，武道場，ゴルフ練習場，フィットネスルーム，テニスコート，人工芝グラウンド，他。

学院長▶武沢 護

生徒数▶総数365名

	1年（4クラス）	2年（4クラス）	3年（4クラス）
男子	120名	121名	124名

西武新宿線－上石神井7分 7分

早稲田スピリッツのもと，知的好奇心と探究力を育む

知的好奇心を旺盛にして自ら学び，その学びを活かし，勇気を持って課題解決に挑戦できる人，自らが犠牲になることをいとわず世界に貢献できる人を育てる。

学習 英語は聞く・読む・話す（やりとり・発表）・書くための基礎力を総合的に培う。数学では「なぜ」を大切にし，自ら問題点や課題を発見し，仮説から結論を導く思考力を育む。理科は創立以来の伝統で実験と観察を重視し，科学的に考える力を養う。社会では，現代社会のもつ諸問題に対して主体的に取り組むための批判的思考力の育成をめざす。総合的な学習の時間aでは，教科の枠を超えた課題について調査・研究し，成果をまとめて発表する。また，bではクラスを2分割した少人数制で，ネイティブ教員によるコミュニケーションの授業を実施。中3の選択教科bでは，高校で学習する諸外国語（独語・仏語など）圏の文化・歴史・言語などを学ぶ。中2・中3で希望制のオーストラリア研修を実施。

キャリア教育 将来の早稲田大学進学を見据え，各学年で早稲田大学の3キャンパスツアーを実施。施設見学のほか，各学部の説明や研究室の紹介もある。

学校生活 各学年の宿泊研修中の発見や感動などの成果は学習発表会で発表する。

●コース表

中1	中2	中3	高1	高2	高3
共通履修				文系	
				理系	

保護者MEMO

登校時刻▶8：30
最終下校時刻▶17：30
土曜日▶毎週登校。平常授業4時間
昼食▶食堂（中学生は曜日制）／食品販売あり
携帯電話▶可
制服▶詰襟
自転車通学▶不可
カウンセラー▶週3日
保護者面談▶年3回
保護者会▶年3回
必修旅行▶奈良(中1)，他
部活動▶週3日まで

学費 　初年度目安 142万円

(単位:円)	入学金	施設費	授業料	その他	合計
入学手続時	260,000	—	427,500	157,000	844,500
1年終了まで	—	—	427,500	149,500	577,000

●奨学金・特待生
なし

［その他］教育環境整備費，実験実習料，生徒会費，災害共済掛金。※別途運動着代，教材費，PC代，宿泊研修費等あり。
［寄付・学債］任意の寄付金（教育振興資金）1口10万円2口以上あり。
※上記は'22年度のもの。新年度について詳細は「受験生応援アプリ」にて公開（2023年5月～）。

首都圏模試　思考コード　(単位:%)

〈入学試験〉

読み取る力	国語 A	国語 B	国語 C	算数 A	算数 B	算数 C	理科 A	理科 B	理科 C	社会 A	社会 B	社会 C
複雑 3				5	18		4					
2	24	16			35		61			40	6	
単純 1		60			42		27	8		44	10	

考える力　A=知識・理解思考　B=論理的思考　C=創造的思考

2024年度入試　合格の基準

	首都圏模試 ほぼ確実	首都圏模試 見込あり	首都圏模試 やや見込あり	四谷大塚 ほぼ確実	四谷大塚 見込あり	四谷大塚 やや見込あり
男子〈入学試験〉	73	70	67	64	61	57

ほぼ確実＝80%～／見込あり＝50～79%／やや見込あり＝20～49%

入試要項　2023年度参考　新年度日程はアプリへGO!　4科

試験名	試験日 ◎午後入試	出願締切 Web	発表 Web	手続 振込	2科	4科	適	英	他	面接	特待	募集数	応募数	受験数	合格数	実質倍率	偏差値
入学試験	2/1	1/19	2/3	2/4		●				＊		120	465	433	131	3.3	73

＊グループ面接
※報告書
※入学後に保護者のもとから通学できる者に限る

【出願方法】 Web出願後，書類郵送　**【手続方法】** 2/3書類受取，銀行振込のうえ，窓口手続。後日，Webによる入学手続・出力書類提出あり。辞退者には一部返還　**【受験料】** 30,000円

【帰国生入試】 —

受験情報

国語，算数では，Bの出題が中心となります。特に算数では，B2，B3の出題が5割程となるため，高度な論理的思考力が求められます。一方，理科，社会では，A1，A2が8割程となり，知識や技術の正確な再現力が必要となります。

年度	募集数	応募数	受験数	合格数	実質倍率	偏差値
'22	120	470	438	133	3.3	72
'21	120	448	407	134	3.0	72
'20	120	460	430	137	3.1	71

中学受験のプロがおすすめ！　併願校の例

特色	自主自立	第2外国語	実験重視	大学附属
♠男子校 ♥女子校 ♣共学・別学校	♠早稲田	♣渋谷教育渋谷	♣早稲田実業	♣慶應中等部
	♠立教新座	♠立教池袋	♠芝	♣明大明治
	♣青山学院	♠学習院	♠城北	♣中央大附

併設高校の進路情報

四年制大学進学率－%
文系・理系の割合 非公表

内部推薦▶ 早稲田大学へ474名（政治経済110，法76，文化構想22，文12，教育13，商45，基幹理工56，創造理工58，先進理工32，社会科30，スポーツ科2，国際教養15，人間科3）が内部推薦で進学した。

'22年3月卒業生　卒業生数，進路内訳 非公表

主な大学合格状況　'23年春については主要大学のみ巻末一覧に記載

大学名	'22	'21	'20	大学名	'22	'21	'20	大学名	'22	'21	'20
◇鳥取大	0	1	0	武蔵大	2	0	0	東邦大	1	0	0
早稲田大	474	479	466	東京都市大	0	8	0				
慶應大	0	0	2	昭和大	1	0	0				
東京理科大	1	0	0	杏林大	1	0	0				
明治大	1	0	0	国際医療福祉大	1	0	0				
立教大	0	0	2	関西学院大	1	0	0				
中央大	1	0	0	文教大	2	1	0				
日本大	0	1	2	東京工科大	0	3	0				
東洋大	1	0	0	日本工大	0	0	1				
専修大	1	0	0	多摩美大	0	0	3				

※各大学合格数は既卒生との合計。

見学ガイド　文化祭／学習発表会／説明会／学校見学

青山学院(あおやまがくいん) 中等部

〒150−8366　東京都渋谷区渋谷 4−4−25　☎03−3407−7463

国際 / 海外研修 / 長期留学 / 第2外国語 / online英会話 / 21型 / 1人1台端末 / リモート体制 / プロジェクト型 / 論文執筆 / STEAM / 情操 / 体験学習 / ボランティア / 人間力育成

教育方針▶キリスト教信仰にもとづく教育をめざす。愛と奉仕の精神をもって，すべての人と社会とに対する責任を進んで果たす人間の形成を目的とする。
沿革▶1874年にアメリカから来日した宣教師たちが青山学院の母体を創立。1947年中等部開設。2019年９月新校舎完成。
施設▶人工芝グラウンド，屋内プール，他。
中等部部長▶上野　亮
生徒数▶総数765名　併設小からの進学者を含む。

	1年（8クラス）	2年（8クラス）	3年（8クラス）
男子	127名	128名	134名
女子	128名	123名	125名
内進生内数	男61名 女61名	男57名 女62名	男一名 女一名

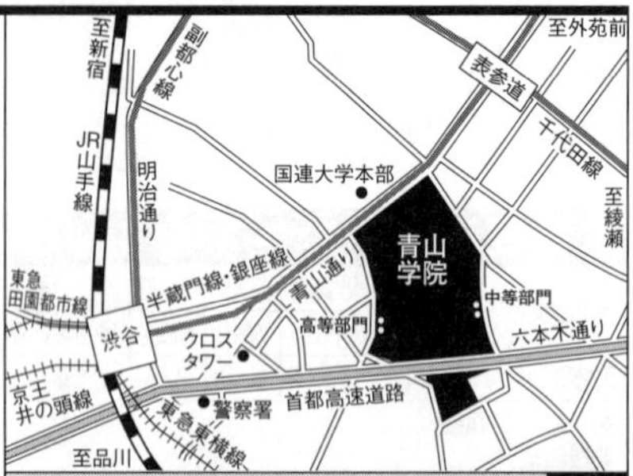

銀座線・千代田線・半蔵門線―表参道7分　JR・私鉄―渋谷13分　7分

自分の力を他者のためにも用い，社会に貢献する人に

約150年の歴史を持つ伝統校。キリスト教にもとづいて一人ひとりの生徒の人格を育み，自己実現を支える。平和な社会に貢献する人間の育成をめざす。

学習 各学年１時間ずつ，道徳の振替科目である「聖書科」を設置。抵抗なく読書できるよう身近に英語の本を用意し，英語技能の基礎となる読解力を養う。国語では，３年間で最低30冊の本を読み，読書ノートを作成する。個々がもつ興味関心を深めていくため，中３で週２時間の選択授業を実施。高度な実験や工作を行う理科，暗号とその数理を学ぶ数学のほか，第２外国語として中国語・韓国語も学べる。希望者対象で，夏にオーストラリアホームステイ，春にフィリピン・韓国訪問(隔年)する国際交流プログラムがある。高校では英国とイタリアの学校と短期交換留学を行う。

キャリア教育 高校では大学生を招いて体験談やアドバイスを聞く進学指導会を実施。青山学院大学の教授らによる「学問入門講座」で，学問の面白さや奥深さを知る。

学校生活 毎日15分間の礼拝を行う。充実した校内外の奉仕活動で，思いやりの心を育てる。クラブ・同好会は40近くあるなど充実。本校舎は，教科ごとに専用教室に移動して授業を受ける教科センター方式。

●コース表

中1	中2	中3	高1	高2	高3
共	通	履修	希望進路に応じた選択制		

保護者MEMO

登校時刻▶8：10
最終下校時刻▶17：30
土曜日▶休校。クラブ活動を行う
昼食▶食堂（高校より利用可）／食品販売あり
携帯電話▶不可
自転車通学▶不可
カウンセラー▶常駐
保護者面談▶必要に応じて
保護者会▶年３回
必修旅行▶沖縄（中３），他
部活動▶活動日は部による

学費　初年度目安 160万円

(単位:円)	入学金	施設費	授業料	その他	合計
入学手続時	320,000	―	―	―	320,000
1年終了まで	―	362,000	570,000	349,000	1,281,000

●奨学金・特待生
なし

［その他］制服・指定品代，冷暖房料，教材費，旅行積立金，学友会費，後援会費，保健料。
［寄付・学債］任意の寄付金(教育充実資金) １口10万円２口以上あり。
※上記は'22年度のもの。新年度について詳細は「受験生応援アプリ」にて公開（2023年５月～）。

首都圏模試 思考コード (単位:%)

〈入学試験〉

読み取る力	国語 A	国語 B	国語 C	算数 A	算数 B	算数 C
複雑 3	2			6		
2	6	32		18	32	
単純 1	10	50			44	
考える力	A	B	C	A	B	C

A=知識・理解思考 B=論理的思考 C=創造的思考

2024年度入試 合格の基準

		首都圏模試 ほぼ確実	首都圏模試 見込あり	四谷大塚 ほぼ確実	四谷大塚 見込あり
男子	〈入学試験〉	70	見込あり 66 / やや見込あり 63	59	見込あり 55 / やや見込あり 51
女子	〈入学試験〉	74	見込あり 70 / やや見込あり 65	65	見込あり 61 / やや見込あり 56

ほぼ確実=80%~/見込あり=50~79%/やや見込あり=20~49%

入試要項 2023年度参考 新年度日程はアプリへGO! 4科

試験名	試験日 ◎午後入試	出願締切 Web	発表 Web	手続 Web	2科	4科	適	英	他	面接	特待	募集数	応募数	受験数	合格数	実質倍率	偏差値
入学試験	2/2	1/30	2/3	2/3		●						140	男 410	362	111	3.3	70
													女 563	481	86	5.6	74

【出願方法】Web出願 **【手続方法】**窓口で書類受取，Web納入のうえ，窓口手続
【受験料】30,000円

【帰国生入試】—

年度	募集数	応募数	受験数	合格数	実質倍率	偏差値
'22	約140	男 408	360	112	3.2	69
		女 546	464	93	5.0	73
'21	約140	男 417	353	118	3.0	69
		女 621	546	90	6.1	72
'20	約140	男 519	396	119	3.3	69
		女 619	489	90	5.4	71

中学受験のプロがおすすめ! 併願校の例

特色	男 大学付属校	男 近代的校舎	男 国際理解教育	女 大学付属校	女 近代的校舎	女 国際理解教育
♠男子校 ♥女子校 ♣共学・別学校	♣早稲田実業	♠海城	♣渋谷教育渋谷	♣早稲田実業	♥洗足学園	♣渋谷教育渋谷
	♣法政大学	♣法政二	♣広尾学園	♣法政大学	♣法政二	♣広尾学園
	♣日本大学	♣都市大等々力	♣青学横浜英和	♣日本大学	♣都市大等々力	♣青学横浜英和

併設高校の進路情報

四年制大学進学率96.1%
文系・理系の割合 未集計 医歯薬17名合格

内部推薦▶青山学院大学へ361名（教育人間科30，文35，経済44，法36，経営85，国際政治経済60，総合文化政策47，理工11，社会情報10，地球社会共生2，コミュニティ人間科1）が内部推薦で進学した。
指定校推薦▶利用状況は慶應大1，東京理科大2，国際基督教大1，聖マリアンナ医大1，日本歯大1など。

'22年3月卒業生：414名　大学398名　短大0名　専門1名　就職0名　他15名

主な大学合格状況　'23年春については主要大学のみ巻末一覧に記載

大学名	'22	'21	'20	大学名	'22	'21	'20	大学名	'22	'21	'20
◇東京大	0	1	0	上智大	9	7	7	明治学院大	3	5	3
◇京都大	1	0	0	東京理科大	12	6	9	芝浦工大	16	9	0
◇東工大	0	1	0	学習院大	1	1	1	昭和大	7	6	2
◇一橋大	1	1	0	明治大	13	12	5	東京医大	1	4	2
◇千葉大	1	0	1	青山学院大	369	347	343	北里大	3	5	1
◇横浜国大	0	3	0	立教大	7	5	4	東邦大	1	4	1
◇埼玉大	1	0	0	中央大	15	2	5	聖マリアンナ医大	1	6	1
◇東京藝術大	0	2	1	法政大	3	9	6	日本歯大	1	3	1
早稲田大	16	13	6	日本大	9	18	7	関西大	2	3	0
慶應大	18	20	7	帝京大	3	6	2	多摩美大	3	2	3

※各大学合格数は既卒生との合計。

見学ガイド 文化祭／説明会／見学会

郁文館(いくぶんかん) 中学校

〒113－0023　東京都文京区向丘 2－19－1　☎03－3828－2206

国際　海外研修　長期留学　第2外国語　online英会話　21型　1人1台端末　リモート体制　プロジェクト型　論文執筆　STEAM　情操　体験学習　ボランティア　人間力育成

教育目標▶子どもたちに夢を持たせ，夢を追わせ，夢を叶えさせる「夢教育」を実践し人間性を向上する。
沿革▶1889年，漢学者・棚橋一郎により創立。2006年，郁文館国際高等学校を郁文館グローバル高等学校に改称。2010年より共学化。
施設▶多目的講堂，図書室（3万冊），フューチャー・ラボ，食堂，屋上菜園，人工芝グラウンド，鴻夢館（校外研修センター），男子学生寮，他。
学校長▶渡邉　美樹
生徒数▶総数505名

	1年（7クラス）	2年（7クラス）	3年（5クラス）
男子	113名	110名	82名
女子	74名	68名	58名

南北線―東大前5分　千代田線―根津10分，千駄木10分　都営三田線―白山10分　5分

生徒の幸せ日本一をめざす「夢教育」

夢を叶えるための，「学力・グローバル力・人間力」を鍛える。2021年度にはiP classが新設され，自分のスタイルに合わせて4つのクラスから選択可能となった。

学習　iP classは圧倒的な学習量・環境でトップ大学合格をめざす学力を養う。グローバルリーダー（GL）特進クラスは郁文館グローバル高校との一貫教育で日本人とネイティヴ教員のダブル担任制を採用している。「夢の実現」にこだわる進路指導が特徴。「夢手帳」を用いて，夢を見つけ，目標を立て実行し，自身で状況を確認し改善することで成長していく。科目横断型の実践科目「論究科」では校内外での協働やディスカッションなどを通して自ら問題を設定。解決のために探究し，行動する実践力を身につける。各教科の授業内容をSDGsと関連付けて学べるようにシラバスを作成。デジタル教材やICT機器も効果的に活用しオーダーメイドの教育を実現。

●コース表

中1	中2	中3	高1	高2	高3
進学クラス 特進クラス グローバルリーダー特進クラス iP class			郁文館高校〈5クラス〉 郁文館グローバル高校〈2 Track〉 ID学園高校〈通信制6コース〉		

キャリア教育　外部講師による「夢達人ライヴ」などをきっかけとして「夢」について考え，夢をテーマにした卒業論文に取り組むことで実現に向けた行動につなげる。資産運用などを学ぶ「お金科」を開講。

学校生活　18の運動系・文化系クラブ，10の研究会・同好会，7の委員会が活動中。

保護者MEMO

登校時刻▶8：10
最終下校時刻▶18：00
土曜日▶毎週登校。平常授業4時間
昼食▶食堂／食品販売あり
携帯電話▶可
制服▶ブレザー
自転車通学▶可
カウンセラー▶常駐
保護者面談▶年1回
保護者会▶年3回
必修旅行▶北海道（中2），8地域から選択（高2）
部活動▶活動日は部による

学費　初年度目安 121万円

（単位：円）	入学金	施設費	授業料	その他	合計
入学手続時	250,000	—	—	—	250,000
1年終了まで	—	75,000	387,600	497,400	960,000

［その他］制服代，国際交流費，教育充実費，ICT機器購入費，生徒活動費，夢合宿費，修学旅行積立金，後援会費，事務管理費，災害共済掛金。※別途学年運営費あり。　※GL特進：授業料483,600円。　［寄付・学債］任意の寄付金1口千円1口以上あり。
※上記は'22年度のもの。新年度について詳細は「受験生応援アプリ」にて公開（2023年5月～）。

●奨学金・特待生
特待：入学金，授業料（審査で最大3年）／スカラシップ：入学金／iP class：入学金，授業料6年

首都圏模試　思考コード（単位：%）

〈第１回総合〉

読み取る力＼考える力	国語 A	国語 B	国語 C	算数 A	算数 B	算数 C
複雑 3						
2	15	20		74	6	
単純 1		65			20	

A=知識・理解思考　B=論理的思考　C=創造的思考

2024年度入試　合格の基準

		首都圏模試 ほぼ確実	首都圏模試 見込あり	首都圏模試 やや見込あり	四谷大塚 ほぼ確実	四谷大塚 見込あり	四谷大塚 やや見込あり
男子	〈総合①〉	46	41	36	40	36	32
女子	〈総合①〉	46	41	36	40	36	32

ほぼ確実＝80%～／見込あり＝50～79%／やや見込あり＝20～49%

入試要項　2023年度参考　新年度日程はアプリへGO!　2科 4科 適性型 英 他

試験名		試験日 ◎午後入試	出願締切 Web	発表 Web	手続 振込	選抜方法 2科	4科	適	英	他	面接	特待	募集数	応募数	受験数	合格数	実質倍率	偏差値
総合	①	2/1	1/31	当日	2/4	＊1			＊1			●	50	117	105	64	1.6	46
	②	2/2	2/1	当日	2/4	＊1			＊1				50	134	83	67	1.2	46
	③	2/3	2/2	当日	2/5	●	●					●	20	151	79	66	1.2	46
	④	2/4	2/3	当日	2/6	●	●					●	20	174	60	46	1.3	46
	⑤	2/5	2/4	当日	2/6	●						●	10	181	57	39	1.5	47
iP class	①	2/1 ◎	1/31	当日	2/4	●						●	10	58	56	3	18.7	60
	②	2/3 ◎	2/2	当日	2/5	●						●	10	60	41	5	8.2	59
GL特進選抜		2/2 ◎	2/1	当日	2/4				＊2		＊2	●	30	23	18	11	1.6	—
未来力		2/2 ◎	2/1	当日	2/4					＊3		●	若干	24	17	14	1.2	42
適性検査	①	2/1	1/31	当日	2/11			＊4				●	10	195	178	158	1.1	42
	②	2/2	2/1	当日	2/11			＊4				●	10	152	114	98	1.2	42
	③	2/4	2/3	当日	2/10			＊5				●	10	117	83	15	5.5	60

＊1　国算英より２科　＊2　英語+面接（日本語）　＊3　報告書作成+プレゼンテーション･Q&A　＊4　適性検査ⅠⅡⅢ　＊5　適性検査（国語型･算数型）
※英検３級以上取得者は優遇制度あり　※総合，未来力，適性検査①②は特進，GL特進，進学で募集
※適性検査③はiP class選抜入試。適性検査①②でiP class繰り上げ審査あり（入学希望者は2/10までに手続）

【出願方法】Web出願　**【手続方法】**振込のうえ，窓口手続　**【受験料】**23,000円（試験により同一金額で複数受験可）。適性検査は10,000円（複数受検可）

【帰国生入試】12/10（若干名募集）　（注）偏差値は男女同数値

中学受験のプロがおすすめ！ 併願校の例

♠男子校　♥女子校　♣共学・別学校

男 コース制	男 留学制度	男 ICT教育	女 コース制	女 留学制度	女 ICT教育
♣淑徳巣鴨	♠獨協	♣宝仙学園	♣淑徳巣鴨	♥江戸川女子	♣宝仙学園
♣共栄学園	♣駒込	♣品川翔英	♣共栄学園	♣駒込	♣品川翔英
♣上野学園	♣新渡戸文化	♣成立学園	♣上野学園	♣新渡戸文化	♣成立学園

併設高校の進路情報

四年制大学進学率76.1%
文系・理系の割合 未集計

指定校推薦▶【郁文館】利用状況は東京理科大１，学習院大２，中央大１，法政大１，日本大３など。【郁文館グローバル】利用状況は上智大３，青山学院大１など。

海外大学合格状況▶【郁文館】The University of Manchester（英），Simon Fraser University（ｶﾅﾀﾞ），Monash University（豪），国立清華大学（台湾），他。【郁文館グローバル】The University of Arizona（米），University of York（英），Asia Pacific University（ﾏﾚｰｼｱ）他。

見学ガイド　説明会／スクールツアー

'22年３月卒業生：305名（２校の合計）

大学232名　短大０名　専門23名　就職２名　他48名

主な大学合格状況　'23年春については主要大学のみ巻末一覧に記載

大学名	'22	'21	'20	大学名	'22	'21	'20	大学名	'22	'21	'20
（郁文館高校）				東京理科大	3	16	8	（郁文館グローバル高校）			
◇東工大	0	0	1	学習院大	2	4	6	◇東工大	1	0	0
◇千葉大	2	1	0	明治大	14	13	14	◇お茶の水女子大	1	0	0
◇筑波大	0	0	2	青山学院大	2	1	4	◇防衛大	1	0	0
◇埼玉大	1	0	0	立教大	9	6	6	早稲田大	2	3	2
◇群馬大	1	0	1	中央大	6	16	11	慶應大	7	0	3
◇防衛大	4	1	2	法政大	7	10	12	上智大	5	7	11
早稲田大	4	4	6	日本大	39	31	49	東京理科大	2	1	0
慶應大	3	1	4	東洋大	15	16	31	明治大	4	2	4
上智大	3	2	2	駒澤大	9	7	3	青山学院大	5	2	2

※各大学合格数は既卒生との合計。

上野学園（うえのがくえん）中学校

〒110－8642　東京都台東区東上野４－24－12　☎03－3847－2201

国際 / 海外研修 / 長期留学 / 第２外国語 / online英会話 / 21型 / 1人1台端末 / リモート体制 / プロジェクト型 / 論文執筆 / STEAM / 情操 / 体験学習 / ボランティア / 人間力育成

教育目標▶人間としての「自覚」を持つことを建学の精神とし，個性を見出し，自らを高める人間を育てる。

沿革▶女性教育の先駆者・石橋藏五郎により，1904年上野女学校として創立。1949年，日本で初めて高校に音楽科を設置。2007年共学制へ移行。

施設▶ホール，多目的ホール，アンサンブル室，課外室（和室），自習室，被服室，他。

学校長▶吉田　亘

生徒数▶総数148名

	1年（3クラス）	2年（3クラス）	3年（2クラス）
男子	32名	30名	18名
女子	17名	28名	23名

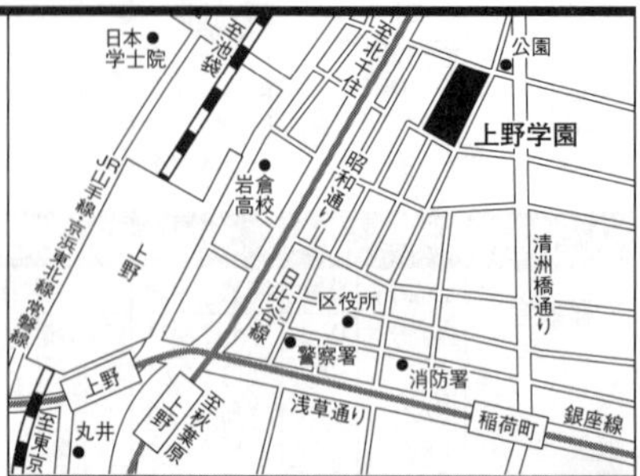

JR・日比谷線・銀座線―上野８分
つくばEX.―浅草12分
8分

自覚を育み，調和を創造できる人へ

「基礎学力・思考力・人間力の育成」を教育の柱に，グローバル社会で活躍する人材を育成。大学受験に向けた学習強化に加え，音楽を専門に学ぶ教育課程も用意。

学習 社会で活躍する力を身につけ，国公立・難関私立大学への進学を実現する。普通科の特別進学コースは少数精鋭で予備校講師による講習なども実施。高校で音楽科に進学し高水準の音楽専門教育を受けることもできる。グローバル教育にも注力。中１・中２ではオーラルコミュニケーションの授業実践の場として，浅草で外国人にインタビューするTrip to Asakusaを実施。また，中２で国内英語研修を，中３でイングリッシュキャンプを行い，英語力を高めていく。「主体的に学び，考える力を鍛える」ため，中１・中２で上野を舞台にフィールドワークを展開する。中３ではその成果を発表するプレゼンテーションや，論文の作成・卒業研究を行う。

キャリア教育 中２のソーシャルプログラムでは，地域社会と関わるなかで自分たちには何ができるのか考え，行動・提案する。

学校生活 各自が１つの楽器を選び，３年間専門の講師から指導を受ける。中３では全員でアンサンブル演奏を実施。26の運動・文化部のほか，５つの課外活動がある。

●**コース表**　高校上段普通科，下段音楽科

中1	中2	中3	高1	高2	高3
普通科希望			特別進学コース 総合進学コース	※両コース高２より文系／理系	
音楽コース			演奏家コース 器楽・声楽コース		

保護者MEMO

登校時刻▶8:20
最終下校時刻▶18：00
土曜日▶毎週登校。平常授業４時間
昼食▶給食（中学のみ）／食堂／食品販売あり
携帯電話▶可
制服▶ブレザー
自転車通学▶可
カウンセラー▶週２日
保護者面談▶年３回
保護者会▶年２回
必修旅行▶京都，奈良(中3)，他
部活動▶活動日は部による

学費　初年度目安 123万円

（単位:円）	入学金	施設費	授業料	その他	合計
入学手続時	200,000	150,000	—	—	350,000
1年終了まで	—	—	432,600	443,040	875,640

［その他］制服・指定品代，一般維持費，旅行積立金・副教材費等，図書費，諸会費，昼食費。
※音楽コースは，別途特別音楽教育費14.4万円あり。
［寄付・学債］任意の寄付金(協力金）１口５万円１口以上あり。
※上記は'22年度のもの。新年度について詳細は「受験生応援アプリ」にて公開（2023年５月～）。

●**奨学金・特待生**
S：入学金，施設設備資金，40万円支給／A：入学金，30万円支給／B：20万円支給／C：入学金

首都圏模試　思考コード　(単位：%)

読み取る力						
複雑 3						
2			データなし			
単純 1						
考える力	A	B	C	A	B	C

A＝知識・理解思考　B＝論理的思考　C＝創造的思考

2024年度入試　合格の基準

		首都圏模試 ほぼ確実	首都圏模試 見込あり	四谷大塚 ほぼ確実	四谷大塚 見込あり
男子	〈首都①2科・四谷①4科〉	38	34 / やや見込あり 28	31	26 / やや見込あり 21
女子	〈首都①2科・四谷①4科〉	38	34 / やや見込あり 28	31	26 / やや見込あり 21

ほぼ確実＝80%～／見込あり＝50～79%／やや見込あり＝20～49%

入試要項　2023年度参考　新年度日程はアプリへGO!

2科　4科　適性型　英　他

試験名	試験日 ◎午後入試	出願締切 Web	発表 Web	手続 振込	2科	4科	適	英	他	面接	特待	募集数	応募数	受験数	合格数	実質倍率	偏差値
① 2科 一般	2/1	1/30	当日	2/10	●						●	40	24	22	17	1.3	男38 女38
① 2科 音楽	2/1	1/24	当日	2/10	＊1				＊1	＊1	●						—
① 4科	2/1	1/30	当日	2/10		●					●		3	3	3	1.0	男37 女37
① 4科理社得意	2/1	1/30	当日	2/10		＊2					●		2	2	2	1.0	男38 女38
① 適性検査	2/1	1/30	当日	2/10			＊3				●		86	85	84	1.0	男38 女38
① 2科	2/1 ◎	1/30	当日	2/10	●						●		33	31	26	1.2	男38 女38
② 得意2科	2/2	1/30	当日	2/10	＊4			＊4			●	25	32	9	7	1.3	男38 女38
③ 得意科目	2/4	2/2	当日	2/10					＊5			12	40	11	7	1.6	男39 女39
③ 2科 音楽	2/4	1/31	当日	2/10	＊1				＊1	＊1	●		3	0	0	—	男38 女38
③ 特待チャレンジ	2/4	2/2	当日	2/10		●					●		10	7	2	3.5	男44 女44
④ 2科	2/6	2/4	当日	2/10	●						●	3	47	13	9	1.4	男39 女39

＊1　国算＋ソルフェージュ＋専門実技＋個人および保護者面接　＊2　国算理社。理社は高得点1科を採用
＊3　適性検査ⅠⅡⅢ（Ⅲは2種類から選択）　＊4　国算英より2科　＊5　国算理社より1科
※特待生希望者は事前に個別相談を受けること
※音楽コースは，曲目票，声楽専門はほかに伴奏楽譜

【出願方法】Web出願。該当者は書類等郵送　**【手続方法】**銀行振込　**【受験料】**20,000円（複数回同時出願は25,000円。①適性検査と③得意科目は10,000円）

【帰国生入試】—

中学受験のプロがおすすめ！ 併願校の例

特色	男 コース制	男 フィールドワーク	男 留学制度	女 コース制	女 フィールドワーク	女 留学制度
♠男子校 ♥女子校 ♣共学・別学校	♣郁文館	♠聖学院	♣多摩大目黒	♣淑徳巣鴨	♥麹町女子	♣多摩大目黒
	♣共栄学園	♣修徳	♣成立学園	♣郁文館	♣修徳	♣成立学園
	♣駿台学園	♣武蔵野	♣貞静学園	♣駿台学園	♣武蔵野	♣貞静学園

併設高校の進路情報

四年制大学進学率81.1%
文系59／理系29／その他12(%)　医歯薬4名合格

内部推薦▶上野学園大学短期大学部へ2名が内部推薦で進学した。

指定校推薦▶日本大，東洋大，専修大，大東文化大，亜細亜大，帝京大など推薦枠あり。

'22年3月卒業生：180名
大学146名　短大3名　専門24名　就職0名　他7名

主な大学合格状況　'23年春については主要大学のみ巻末一覧に記載

大学名	'22	'21	'20	大学名	'22	'21	'20	大学名	'22	'21	'20
◇東京藝術大	0	1	0	法政大	1	1	3	玉川大	4	6	2
◇信州大	1	0	1	日本大	9	10	14	立正大	1	3	1
◇東京海洋大	1	0	0	東洋大	10	5	15	国士舘大	4	2	5
◇群馬県立女子大	1	0	0	駒澤大	3	2	2	東京工科大	2	6	2
東京理科大	1	1	1	専修大	1	3	8	日本獣医生命科学大	1	5	2
学習院大	1	0	0	大東文化大	3	1	0	東京工芸大	2	2	4
明治大	0	1	0	東海大	1	3	4	桐朋学園大	2	1	0
青山学院大	0	2	1	亜細亜大	1	2	5	東京音大	1	2	4
立教大	0	4	1	帝京大	14	13	7	武蔵野音大	1	1	0
中央大	1	4	2	東京電機大	14	4	6	洗足学園音大	2	6	2

※各大学合格数は既卒生との合計。

見学ガイド　文化祭／説明会／オープンキャンパス／入試体験／音楽講習会

穎明館（えいめいかん）中学校

〒193－0944　東京都八王子市館町 2600　☎042－664－6000

国際 / 海外研修 / 長期留学 / 第2外国語 / online英会話 / 21型 / 1人1台端末 / リモート体制 / プロジェクト型 / 論文執筆 / STEAM / 情操 / 体験学習 / ボランティア / 人間力育成

教育目標▶経験，道徳，知識を教育の柱に，多方面で活躍できる魅力あるグローバルな人材を育てる。
沿革▶イギリスのパブリックスクール・イートン校を範として堀越克明により創立。1985年に高校，1987年に中学校開校，2007年より高校募集停止。
施設▶ホール，EMK未来館（自習室），天文ドーム，武道場，テニスコート，屋内温水プール，トレーニングルーム，人工芝グラウンド，野球場，他。
学校長▶橋本　好広
生徒数▶総数567名

	1年（5クラス）	2年（5クラス）	3年（5クラス）
男子	120名	107名	121名
女子	69名	77名	73名

JR・京王高尾線─高尾より直行バス　JR・京王相模原線─橋本よりスクールバス　10分

学校革新を生徒の躍進へ。「EMK未来プロジェクト」実施中

建学の精神のもと国際社会で活躍するリーダーを育成。進学指導の進化，放課後学習支援の強化，国際教育の活性化などを柱に，学校改革に取り組んでいる。

学習　「進学指導の進化」「放課後学習支援の強化」「グローバル教育の活性化」「ICT教育の充実化」「探究学習の整備」を5本の柱とする「EMK未来プロジェクト」を推進。中2までに中学の学習内容を終え，中3から高校課程に入る。中3～高1で上位1クラスが難関大学進学を見据えたアドバンストクラスとなる。放課後学習支援システム「EMK未来サポート」も導入。海外での体験学習やサマースクールのほか，オンライン英会話も実施。中1から1人1台のタブレット端末をもたせ，授業や探究学習で活用する。

●**コース表**

中1	中2	中3	高1	高2	高3
共通履修				文系	私立 / 国公立
				理系	私立 / 国公立

キャリア教育　6年間を通じ，学年のテーマに応じた内容で学習を積み上げていく。中1は「自分を磨く」，中2では「自分を探る」をテーマに，学校行事や読書，趣味など自分の可能性を広げる場にも挑戦し，中3で各自のテーマで発表を行う。

学校生活　文化祭や体育祭など様々な行事は生徒が企画・運営し，主体的に作り上げる。体育系14，文化系15のクラブ・同好会があり，生徒の約90%が所属している。

保護者MEMO

登校時刻▶8：20
最終下校時刻▶19：00
土曜日▶毎週登校。平常授業4時間
昼食▶給食／食堂／食品販売あり
携帯電話▶可
制服▶ブレザー
自転車通学▶可
カウンセラー▶月4日
保護者面談▶年1回
保護者会▶年1回
必修旅行▶広島（中2）
部活動▶活動日は部による

学費　初年度目安 126万円

（単位:円）	入学金	施設費	授業料	その他	合計
入学手続時	300,000	―	―	―	300,000
1年終了まで	―	100,000	480,000	378,211	958,211

［その他］制服・指定品代，副教材費，諸費。※別途修学旅行費等あり。給食利用者137,500円，スクールバス利用者100,800円あり。
［寄付・学債］任意の寄付金(穎明館育成基金）1口1万円以上あり。
※上記は'22年度のもの。新年度について詳細は「受験生応援アプリ」にて公開（2023年5月～）。

●**奨学金・特待生**
初年度授業料（2年目以降は学年1名授業料免除制度有）

首都圏模試　思考コード（単位：%）

〈第１回〉

読み取る力＼考える力	国語 A	国語 B	国語 C	算数 A	算数 B	算数 C
複雑 3				6		
2	11	44		45	14	
単純 1	10	35		5	30	

A=知識・理解思考　B=論理的思考　C=創造的思考

2024年度入試　合格の基準

		首都圏模試 ほぼ確実	首都圏模試 見込あり	首都圏模試 やや見込あり	四谷大塚 ほぼ確実	四谷大塚 見込あり	四谷大塚 やや見込あり
男子	〈②一般〉	56	53	48	45	40	35
女子	〈②一般〉	57	54	49	46	41	36

ほぼ確実＝80%～／見込あり＝50～79%／やや見込あり＝20～49%

入試要項　2023年度参考　新年度日程はアプリへGO!　2科　4科　英

試験名	試験日 ◎午後入試	出願締切 Web	発表 Web	手続 振込	選抜方法 2科	4科	適	英	他	面接	特待	募集数	応募数	受験数	合格数	実質倍率	偏差値
① 一般	2/1	1/31	当日	2/10		●					●	50	134	130	63	2.1	男55 女56
① グローバル	2/1	1/31	当日	2/10	＊1			＊1			●		4	4	1	4.0	男54 女54
② 一般	2/2	2/1	当日	2/10		●					●	60	211	151	104	1.5	男56 女57
③ 一般	2/2 ◎	2/1	当日	2/10	●						●	30	286	150	100	1.5	男61 女61
④ 総合	2/4	2/3	当日	2/10		＊2					●	30	187	86	39	2.2	男56 女57

＊1　国語＋算数＋英語
＊2　総合Ⅰ Ⅱ（Ⅰ国語・社会，Ⅱ算数・理科）

【出願方法】 Web出願
【手続方法】 振込納入
【受験料】 25,000円（同時出願は２回30,000円，３回35,000円，４回40,000円）

【帰国生入試】 1/5（10名募集）

中学受験のプロがおすすめ！　併願校の例

特色	男 留学制度	男 論文（自由研究）	男 ICT教育	女 留学制度	女 論文（自由研究）	女 ICT教育
♠男子校 ♥女子校 ♣共学・別学校	♣成城学園	♣桐光学園	♣桐蔭学園	♣成城学園	♣桐光学園	♣桐蔭学園
	♣八王子学園	♣日大二	♣ドルトン東京	♣八王子学園	♣日大二	♣ドルトン東京
	♣工学院大附	♣日大三	♣東京電機大	♣工学院大附	♣日大三	♣東京電機大

併設高校の進路情報

四年制大学進学率67.4%
文系61／理系39／その他０（%）　医歯薬31名合格

指定校推薦▶非公表。

'22年３月卒業生：184名
大学124名　他58名
短大１名　専門１名　就職０名

主な大学合格状況　'23年春については主要大学のみ巻末一覧に記載

大学名	'22	'21	'20	大学名	'22	'21	'20	大学名	'22	'21	'20
◇東京大	2	0	2	◇東京農工大	3	6	4	中央大	41	47	35
◇京都大	1	1	1	◇都立大	6	11	7	法政大	38	50	38
◇東工大	0	1	1	早稲田大	15	30	23	日本大	57	52	67
◇一橋大	1	2	0	慶應大	13	16	21	東洋大	33	22	32
◇千葉大	1	3	2	上智大	7	20	10	専修大	21	13	20
◇筑波大	1	0	2	東京理科大	30	24	18	東海大	9	17	24
◇東京外大	1	3	0	学習院大	3	12	7	成蹊大	4	16	7
◇横浜国大	1	2	1	明治大	40	73	43	芝浦工大	20	16	22
◇埼玉大	2	2	0	青山学院大	24	29	17	北里大	11	12	13
◇東北大	3	1	3	立教大	21	20	8	東京薬科大	6	6	6

※各大学合格数は既卒生との合計。

見学ガイド　体育祭／文化祭／説明会／オープンキャンパス

桜美林（おうびりん） 中学校

〒194－0294 東京都町田市常盤町 3758 ☎042－797－2668

国際
海外研修
長期留学
第２外国語
online英会話
21型
1人1台端末
リモート体制
プロジェクト型
論文執筆
STEAM
情操
体験学習
ボランティア
人間力育成

教育目標▶「学而事人（がくじじじん）」をモットーに，キリスト教精神に基づいた教育によって，国際人を育成する。
沿革▶牧師・清水安三が中国，朝鮮，日本の子どもたちの職業教育のため，1921年に北京で設立した崇貞学園が前身。1947年中学校設立。2021年３月新グラウンド竣工。
施設▶チャペル，図書館，テニスコート，人工芝グラウンド，野球場，武道場，他。
学校長▶堂本　陽子
生徒数▶総数458名

	１年（４クラス）	２年（４クラス）	３年（４クラス）
男子	83名	66名	103名
女子	74名	64名	68名

JR―淵野辺よりスクールバス，または徒歩20分，他 8分

グローバル社会で新たな価値を創る人間を育成

「学而事人」は学んだことを人と社会のために活かすという精神。国際交流に積極的に取り組み，異なる文化や価値観を体験して視野を広げることも重視している。

学習 基礎学力の定着と自学自習の確立を目標に，中１では家庭学習，予習，復習の仕方などを丁寧に指導。英数は発言しやすい環境を整えて，将来に向けた学習の土台を作る。理科は実験中心の授業を展開。夏休みには各自で実験し，その成果をレポートにまとめる「探求課題」に取り組む。中３から第２外国語として中国語またはコリア語を選択できる。国際交流がさかん。中３の海外研修では４泊のファームステイを中心に異文化を体験する。ほかに英語圏への短・中・長期留学制度がある。また，オーストラリア・中国・韓国の３カ国に姉妹校を持ち相互交流を実施。中１～高２で年５回，漢字・計算・単語等のコンテストを行い，優秀者を表彰する。

キャリア教育 中学からキャリアガイダンスを開催。興味のある職業の調査や学習をした上で，保護者や卒業生による講座に参加したり，講演を聴いたりする。

学校生活 毎朝の「礼拝」のほかに，週１回の「聖書」と「礼拝」の時間がある。東北復興支援などのボランティア活動も。

●コース表

中１	中２	中３	高１	高２	高３
共通履修			特別進学コース		
			進学コース		
			国公立コース		

※全コース高２より文系／理系

保護者MEMO

登校時刻▶8：30
最終下校時刻▶18：00
土曜日▶毎週登校。平常授業４時間
昼食▶食堂／食品販売あり
携帯電話▶可
制服▶詰襟，ブレザー
自転車通学▶可
カウンセラー▶週４日
保護者面談▶年１回
保護者会▶年３回
必修旅行▶オーストラリア（中３），他
部活動▶活動日は部による

学費　初年度目安 118万円

（単位:円）	入学金	施設費	授業料	その他	合計
入学手続時	100,000	84,500	157,000	35,000	376,500
１年終了まで	―	169,000	314,000	316,000	799,000

●奨学金・特待生
なし

［その他］制服・指定品代，教育充実費，生徒諸費，学年諸経費，タブレットPC，宿泊研修，林間学校，PTA会費，クラブ後援会費，生徒会費。
［寄付・学債］任意の寄付金１口５万円１口以上，任意の桜美林学債１口10万円１口以上あり。
※上記は'22年度のもの。新年度について詳細は「受験生応援アプリ」にて公開（2023年５月～）。

首都圏模試 思考コード （単位：%）

読み取る力／考える力	〈2/1午前〉国語 A	B	C	算数 A	B	C	〈総合学力評価①〉理系総合 A	B	C	文系総合 A	B	C
複雑 3				5								
2	8	8		75				30			10	
単純 1	20	64		5	15			70			61	29

A=知識・理解思考　B=論理的思考　C=創造的思考

2024年度入試 合格の基準

		首都圏模試 ほぼ確実	見込あり	四谷大塚 ほぼ確実	見込あり
男子	〈①午後〉	60	54	47	44
			やや見込あり 48		やや見込あり 40
女子		61	55	48	45
			やや見込あり 49		やや見込あり 41

ほぼ確実＝80%～／見込あり＝50～79%／やや見込あり＝20～49%

入試要項 2023年度参考　新年度日程はアプリへGO!

2科　4科　適性型　他

試験名		試験日 ◎午後入試	出願締切 Web	発表 Web	手続 Web	選抜方法 2科	4科	適	英	他	面接	特待	募集数	応募数	受験数	合格数	実質倍率	偏差値
①	午前	2/1	1/30	当日	2/6延	●	●						30	男 55	46	17	2.7	57
														女 54	49	18	2.7	57
	午後	2/1 ◎	1/30	当日	2/6延	●							45	男 200	192	112	1.7	60
														女 109	108	67	1.6	61
②		2/2 ◎	当日	当日	2/6延	●							25	男 172	106	46	2.3	60
														女 113	64	25	2.6	61
③		2/3 ◎	当日	当日	2/6延					＊1			10	男 117	54	8	6.8	62
														女 59	23	5	4.6	64
総合学力評価	①	2/1	1/30	当日	2/12			＊2					25	男 101	100	69	1.4	54
														女 93	91	52	1.8	54
	②	2/2 ◎	1/30	当日	2/12			＊2					25	男 45	43	30	1.4	56
														女 71	71	42	1.7	56

＊1　算数　＊2　文系総合・理系総合

【出願方法】Web出願　**【手続方法】**Web納入のうえ，書類受取。①～③は2/8まで一部延納可。3月末日までの辞退者には一部返還　**【受験料】**25,000円（複数回出願は30,000円）

【帰国生入試】12/17（若干名募集）

中学受験のプロがおすすめ! 併願校の例

♠男子校　♥女子校　♣共学・別学校

特色	男 国際理解教育	ICT教育	論文（自由研究）	女 国際理解教育	ICT教育	論文（自由研究）
	♣森村学園	♣桐蔭学園	♣桐光学園	♣森村学園	♣桐蔭学園	♣桐光学園
	♣穎明館	♣ドルトン東京	♣日大二	♣穎明館	♣ドルトン東京	♣日大二
	♣東海大相模	♣自修館中等	♣日大三	♣東海大相模	♣自修館中等	♣日大三

併設高校の進路情報

四年制大学進学率89.4%
文系69／理系30／その他1（%）　医歯薬32名合格

内部推薦▶桜美林大学へ22名（リベラル5，ビジネス7，健康福祉5，芸術文化1，グローバル2，航空2）が内部推薦で進学した。

指定校推薦▶利用状況は都立大1，慶應大1，東京理科大1，学習院大2，明治大4，青山学院大7，立教大3，中央大5，法政大3など。

海外大学合格状況▶Oregon State University，University of South Florida（米），University of East Anglia，University of Exeter，The University of Manchester（英），他。

'22年3月卒業生：405名
大学362名　短大1名／専門5名／就職2名／他35名

主な大学合格状況　'23年春については主要大学のみ巻末一覧に記載

大学名	'22	'21	'20	大学名	'22	'21	'20	大学名	'22	'21	'20
◇京都大	0	1	0	慶應大	3	5	2	東洋大	39	33	40
◇東工大	0	1	1	上智大	16	17	12	駒澤大	30	21	12
◇筑波大	1	0	0	東京理科大	11	15	5	専修大	111	75	70
◇東京外大	3	2	1	学習院大	10	6	7	東海大	50	28	47
◇横浜国大	4	5	3	明治大	50	31	28	成蹊大	24	14	16
◇埼玉大	2	1	0	青山学院大	29	30	44	成城大	25	18	20
◇東京学芸大	4	2	1	立教大	24	22	36	明治学院大	43	39	28
◇都立大	6	7	3	中央大	75	43	47	神奈川大	44	33	45
◇横浜市大	1	2	0	法政大	61	44	47	日本女子大	20	15	9
早稲田大	7	10	7	日本大	72	46	76	桜美林大	116	117	106

※各大学合格数は既卒生との合計。

見学ガイド　体育祭／文化祭／説明会／クリスマスキャロリング

 高校募集 なし 編入生のみ募集。　高1内訳〉一貫生 150名

開智日本橋学園（かいちにほんばしがくえん） 中学校

KNG KAICHI NIHONBASHI GAKUEN JUNIOR and SENIOR HIGH SCHOOL 1906

〒103−8384　東京都中央区日本橋馬喰町 2−7−6　☎03−3662−2507

国際 海外研修 長期留学 第2外国語 online英会話 21型 1人1台端末 リモート体制 プロジェクト型 論文執筆 STEAM 情操 体験学習 ボランティア 人間力育成

教育理念▶世界中の人々や文化を尊敬し，平和で豊かな国際社会の実現に貢献するリーダーの育成。
沿革▶1905年開校の日本橋女学校が学園の起源。2015年に男女共学化し，現校名にて新規開校。
施設▶多目的ホール，ライブラリ（2万冊），ラウンジ，屋上運動場，他。
学校長▶一円　尚
生徒数▶総数495名　併設小からの進学者を含む。

	1年（6クラス）	2年（6クラス）	3年（6クラス）
男子	67名	69名	70名
女子	100名	90名	99名
内進生内数	男—名 女—名	男—名 女—名	男—名 女—名

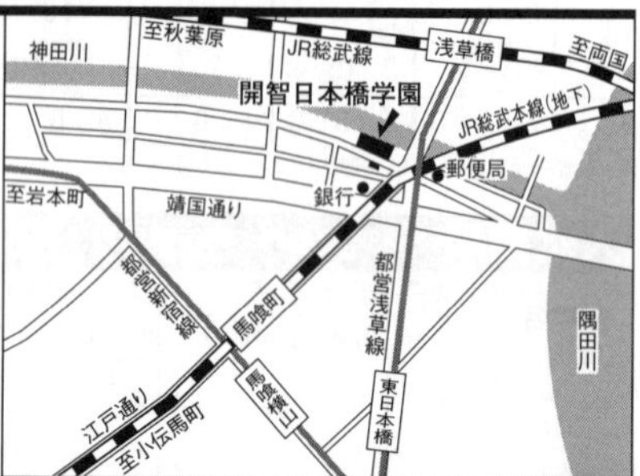

JR・都営浅草線—浅草橋3分　JR—馬喰町3分　都営新宿線—馬喰横山7分　3分

国内・海外難関大学進学。6年あるから夢じゃない!!

国際バカロレア教育（IB）のノウハウを取り入れた探究型の学びを推進。6年間かけて主体的に学び，能動的な学習ができる生徒を育てていく。

学習 リーディングコースでは中1・中2は日本語で探究型の学びを行い，中3では実技科目を英語で学ぶ。デュアルランゲージコースは日本語・英語の両方で探究型の学びを実践。グローバル・リーディングコースは帰国生など英語力の高い生徒が対象で，数国理以外を英語で学ぶ。教科教育と並ぶ教育の柱として，探究テーマ活動・フィールドワークも重視。疑問を基に仮説を立て，調査・実験・検証・考察を繰り返すことで，思考力と課題解決能力を培う。高2では集大成として，英国のケンブリッジ大学寮に宿泊し，探究テーマについて英語でプレゼンテーション，ディスカッションをする。IBのMYP（中等教育プログラム），DP（高等教育プログラム）の認定校。

●コース表

中1	中2	中3	高1	高2	高3
リーディングコース				私立系クラス 国立文系クラス 国立理系クラス 医学系クラス DPクラス	
デュアルランゲージコース					
グローバル・リーディングコース					

キャリア教育 答えのない問いに対して考える「哲学対話」を実施。他者の意見を受け止める態度，粘り強く考え抜く姿勢を育む。海外大学進学者によるワークショップも。

学校生活 学校行事は生徒が中心となって企画から運営までを行う。約40ある部活動も生徒が自主的に計画し活動・運営する。

保護者MEMO

登校時刻▶8：10
最終下校時刻▶18：00
土曜日▶毎週登校。平常授業4時間
昼食▶弁当／食品販売あり
携帯電話▶許可制
制服▶ブレザー
自転車通学▶不可
カウンセラー▶〓〓
保護者面談▶年2～3回
保護者会▶年1～2回
必修旅行▶イギリス(中2)
部活動▶週4日まで

学費　初年度目安 117万円

（単位:円）	入学金	施設費	授業料	その他	合計
入学手続時	100,000	—	—	—	100,000
1年終了まで	—	—	480,000	588,600	1,068,600

［その他］制服・指定品代，教育充実費，国際教育推進費，積立金，諸会費。※GLC・DLCクラス入学者は，別途国際教育推進費6万円あり。
［寄付・学債］任意の寄付金1口5万円4口以上あり。
※上記は'22年度のもの。新年度について詳細は「受験生応援アプリ」にて公開（2023年5月～）。

●奨学金・特待生
S：教育支援金（入学金，授業料，教育充実費分）給付（2年以降は審査により継続，新規選考有）

首都圏模試　思考コード（単位：%）

読み取る力＼考える力	〈第1回〉国語 A	国語 B	国語 C	算数 A	算数 B	算数 C	〈適性検査〉Ⅰ A	Ⅰ B	Ⅰ C	Ⅱ A	Ⅱ B	Ⅱ C
複雑 3				20								
2	4	38		10	27			30	70	15	17	
単純 1	10	40	8		43					8	60	

A=知識・理解思考　B=論理的思考　C=創造的思考

2024年度入試　合格の基準

		首都圏模試 ほぼ確実	首都圏模試 見込あり	首都圏模試 やや見込あり	四谷大塚 ほぼ確実	四谷大塚 見込あり	四谷大塚 やや見込あり
男子	〈①2科4科〉	65	61	57	53	50	46
女子	〈①2科4科〉	66	62	58	55	52	48

ほぼ確実＝80%～／見込あり＝50～79%／やや見込あり＝20～49%

入試要項　2023年度参考　新年度日程はアプリへGO!

2科　4科　適性型　英　他

試験名		試験日 ◎午後入試	出願締切 Web	発表 Web	手続 Web	選抜方法 2科	4科	適	英	他	面接	特待	募集数	応募数	受験数	合格数	実質倍率	偏差値
①	2科	2/1	当日	当日	2/10	●						●	25	20	18	2	6.0	男65 女66
	4科						●					●		294	220	73	3.0	
	GLC								＊1	＊1	＊1	●		20	17	4	4.3	—
適性検査		2/1	当日	当日	2/10			＊2				●	10	117	111	25	4.4	男62 女63
特待	4科	2/1※◎	当日	当日	2/10		●					●	30	257	159	49	3.2	男69 女70
	算数									＊3		●		92	77	18	4.3	
②	2科	2/2※◎	当日	当日	2/10	●						●	25	77	46	5	9.2	男65 女66
	4科						●					●		469	261	50	5.0	
③	2科	2/3※◎	当日	当日	2/10	●						●	20	90	53	4	13.2	男66 女67
	4科						●					●		523	261	34	7.7	
④	2科	2/4	当日	当日	2/10	●						●	20	79	48	2	24	男66 女67
	4科						●					●		468	205	29	7.1	

＊1　国語＋算数+英語（エッセイライティング）＋口頭試問＋面接（英語・日本語）　＊2　適性検査ⅠⅡ
＊3　算数ⅠⅡ
※受付時間により開始時間が異なる

【出願方法】 Web出願　**【手続方法】** Web納入。3/3までに第1期分納入あり。3/31までの辞退者には一部返還　**【受験料】** 20,000円（複数回受験可。適性検査のみは5,000円）
※開智中学校，開智未来中学校，開智望中等教育学校との併願は30,000円（全回受験可）

【帰国生入試】 11/23，12/16（GLCのみ一般と合わせて20名募集）

中学受験のプロがおすすめ！　併願校の例

♠男子校　♥女子校　♣共学・別学校

特色	男 アクティブラーニング	男 国際理解教育	男 適性検査型入試	女 アクティブラーニング	女 国際理解教育	女 適性検査型入試
	♣広尾学園	♣三田国際学園	♣都立両国高校附	♣広尾学園	♣三田国際学園	♣都立両国高校附
	♠城北	♠成城	♣区立九段中等	♥大妻	♥共立女子	♣区立九段中等
	♣順天	♣かえつ有明	♣安田学園	♣順天	♣かえつ有明	♣安田学園

併設高校の進路情報

四年制大学進学率85.1%
文系64／理系30／その他6（%）　医歯薬11名合格

内部推薦▶開智国際大学へ2名（国際教養）が内部推薦で進学した。

海外大学合格状況▶George Mason University（米），Coventry University，University of Exeter，University of Leeds（英），The University of British Columbia，Simon Fraser University（ｶﾅﾀﾞ），The University of Melbourne，Queensland University，Monash University，University of New South Wales（豪），Auckland University of Technology,University of Otago（NZ），他。

'22年3月卒業生：168名

大学143名　短大1名　専門2名　就職0名　他22名

主な大学合格状況　'23年春については主要大学のみ巻末一覧に記載

大学名	'22	'21	'20	大学名	'22	'21	'20	大学名	'22	'21	'20
◇東京大	0	1	-	慶應大	5	7	-	東洋大	42	17	-
◇東工大	1	1	-	上智大	8	4	-	駒澤大	6	5	-
◇千葉大	1	3	-	東京理科大	22	13	-	専修大	10	9	-
◇横浜国大	1	2	-	学習院大	2	6	-	帝京大	3	5	-
◇埼玉大	4	0	-	明治大	28	11	-	明治学院大	8	5	-
◇東京農工大	0	2	-	青山学院大	15	5	-	芝浦工大	4	16	-
◇東京学芸大	0	2	-	立教大	25	9	-	桜美林大	9	15	-
◇都立大	3	3	-	中央大	20	14	-	順天堂大	2	3	-
◇横浜市大	2	0	-	法政大	18	15	-	東邦大	5	4	-
早稲田大	10	15	-	日本大	25	11	-	開智国際大	10	6	-

※各大学合格数は既卒生との合計。

見学ガイド　文化祭／説明会

高校募集 あり 新クラスのみ高1より混合。 高1内訳 一貫生 184名 18名 高入生

かえつ有明（ありあけ）中学校

〒135−8711　東京都江東区東雲 2−16−1　☎0120−881−512（入試相談窓口）

国際 / 海外研修 / 長期留学 / 第2外国語 / online英会話 / 21型 / 1人1台端末 / リモート体制 / プロジェクト型 / 論文執筆 / STEAM / 情操 / 体験学習 / ボランティア / 人間力育成

教育理念▶一人ひとりが持つ個性と才能を生かし，より良い世界を創りだすために主体的に行動できる人間へと成長できる基盤を育成する。
沿革▶1903年に女子商業学校設立。2006年に現校名へ改称，男女共学化。
施設▶和室，情報センター（5万冊），ラウンジ，カウンセリングルーム，テニスコート，サッカー場，トレーニングルーム，屋上庭園，他。
学校長▶前嶋　正秀
生徒数▶総数637名

	1年（6クラス）	2年（6クラス）	3年（7クラス）
男子	111名	114名	130名
女子	96名	89名	97名

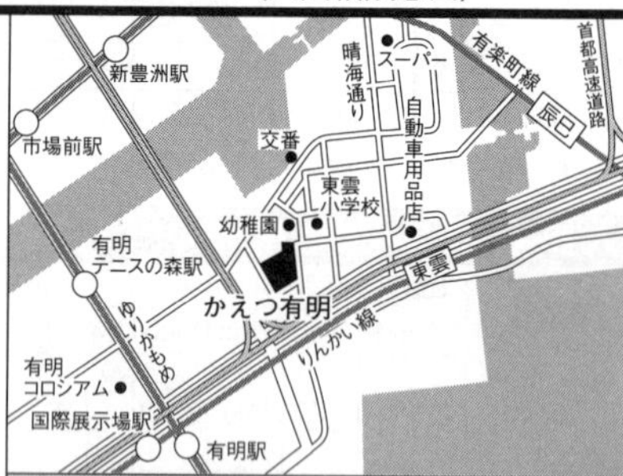

りんかい線―東雲8分　徒歩8分

個性と才能を生かして主体的に行動できる人に

アクティブ・ラーニングの先にある，広く深い学び「ディープラーニング」を実践。帰国生や留学生も多く，国際的な学校生活を通し多様性を認めあう。

学習　1人でも「アクティブ」に能動的・創造的に学ぶ「ディープラーニング」をすべての教科・学習活動で実践する。生徒が身につけるべき知識，資質，能力を学年別，教科別に明確化した「モデル・コア・カリキュラム」を設定。独自の教科横断型授業「サイエンス科」では，情報収集・整理・分析・発表を繰り返しながら学びの土台となる力を培う。英語の授業はレベル別に3クラスに分かれて行う。週6時間のうち4時間は，音読や読解，グループワークなどを通して総合的な英語力を鍛える。中3で希望制の，行先が選択可能な1学期にわたるセメスター留学がある。

キャリア教育　中学では実社会と接する「リベラルデー」や「キャリアの日」を設定し，講演会やワークショップが行われる。海外大学進学のための推薦制度も充実している。学習支援センターでは現役大学生や大学院生からアドバイスを受けられる。

学校生活　部活動は運動部・文化部・同好会合わせて27団体が活動している。帰国生は中高全学年で約350名。

●コース表

中1	中2	中3	高1	高2	高3
共通履修			高校新クラス		
			オーセンティッククラス		
			トラディショナルクラス		

※全コース高2より文系／理系

保護者MEMO

登校時刻▶8：15
最終下校時刻▶18：00
土曜日▶毎週登校。平常授業4時間
昼食▶弁当／食品販売あり
携帯電話▶可
制服／ブレザー
自転車通学▶可（40分以内）
カウンセラー▶常駐
保護者面談▶年2回
保護者会▶年1回
必修旅行▶京都・奈良（中3），他
部活動▶活動日は部による

学費　初年度目安 126万円

（単位:円）	入学金	施設費	授業料	その他	合計
入学手続時	250,000	—	—	25,000	275,000
1年終了まで	—	228,000	492,000	263,380	983,380

［その他］制服・指定品代，入学諸費，修学旅行費用積立金，後援会会費，後援会入会金，生徒会会費。
［寄付・学債］任意の寄付金1口10万円1口以上あり。
※上記は'22年度のもの。新年度について詳細は「受験生応援アプリ」にて公開（2023年5月〜）。

●奨学金・特待生
Ⅰ：入学金，授業料3年間（年次更新）／Ⅱ：入学金

首都圏模試　思考コード　(単位：%)

読み取る力＼考える力	〈2/1午後〉国語 A	国語 B	国語 C	算数 A	算数 B	算数 C
複雑 3				15		
2	30	20		40		
単純 1		50			45	

A=知識・理解思考　B=論理的思考　C=創造的思考

2024年度入試　合格の基準

		首都圏模試 ほぼ確実	首都圏模試 見込あり	首都圏模試 やや見込あり	四谷大塚 ほぼ確実	四谷大塚 見込あり	四谷大塚 やや見込あり
男子	〈2科4科①午前〉	59	56	53	46	42	38
女子	〈2科4科①午前〉	60	57	54	47	43	39

ほぼ確実=80%～／見込あり=50～79%／やや見込あり=20～49%

入試要項　2023年度参考　新年度日程はアプリへGO!

2科　4科　英　他

試験名		試験日 ◎午後入試	出願締切 Web	発表 Web	手続 Web	選抜方法 2科	4科	適	英	他	面接	特待	募集数	応募数	受験数	合格数	実質倍率	偏差値
2科・4科 ①	午前	2/1	1/30	当日	2/8延	●	●						40	396	296	64	4.6	男59 女60
2科・4科 ①	午後	2/1 ◎	1/30	当日	2/8延	●	●					●	30	511	387	84(14)	4.8	男62 女63
2科・4科 ②		2/2 ◎	2/1	当日	2/8延	●	●					●	25	576	340	66(10)	5.2	男62 女63
2科・4科 ③		2/3 ◎	2/2	当日	2/8延	●	●					●	15	566	302	60(10)	5.0	男62 女63
思考力特待		2/1	1/30	当日	2/8延					＊1		●	10	26	24	1〈4〉	24.0	男67 女67
AL思考力特待		2/3 ◎	2/2	当日	2/8延					＊2		●	10	84	75	0〈11〉	—	男67 女67
国際生H/A		2/2	1/25	当日	2/8延				＊3		＊3	●	10	27	26	9	2.9	男62 女62

＊1　個人探究ⅠⅡ＋ふりかえり
＊2　グループワーク
＊3　英語作文+英語筆記+日本語作文＋英語面接
※国際生Honors/Advancedは志望理由書・通知表のコピー
※①午後・②③の特待は４科のみ

【出願方法】 Web出願後，該当者は書類郵送
【手続方法】 Web納入。公立中高一貫校受検者は2/10まで延納可
【受験料】 25,000円（複数回受験可）

【帰国生入試】 11/20，12/5（計40名募集）　12/8に海外オンライン選考あり
（注）(　) 内は特待合格で内数　〈　〉内は一般合格で外数

中学受験のプロがおすすめ!　併願校の例

特色	男 グローバル教育	男 チューター制度	男 ICT教育	女 グローバル教育	女 チューター制度	女 ICT教育
♠男子校 ♥女子校 ♣共学・別学校	♣開智日本橋	♣芝浦工大	♣芝浦工大	♣開智日本橋	♣芝浦工大	♣芝浦工大
	♣順天	♠獨協	♣目黒日大	♣順天	♥三輪田学園	♣目黒日大
	♣八雲学園	♣淑徳巣鴨	♠聖学院	♣八雲学園	♣淑徳巣鴨	♥女子聖学院

併設高校の進路情報

四年制大学進学率82.2%
文系65／理系29／その他６（%）　医歯薬10名合格

'22年３月卒業生：174名
大学143名　短大１名　専門４名　就職０名　他26名

内部推薦▶嘉悦大学への推薦制度がある。

指定校推薦▶利用状況は東京理科大５，法政大12，日本大２，東洋大５，駒澤大１，國學院大２，成蹊大１，武蔵大１，工学院大１，日本歯大１，昭和女子大２，学習院女子大１など。ほかに獨協大など推薦枠あり。

海外大学合格状況▶Arkansas State University（米），The University of Edinburgh，University of Southampton，University of Exeter（英），The University of Queensland（豪），他。

主な大学合格状況　'23年春については主要大学のみ巻末一覧に記載

大学名	'22	'21	'20	大学名	'22	'21	'20	大学名	'22	'21	'20
◇東京大	0	0	1	早稲田大	14	10	22	日本大	14	37	41
◇京都大	0	1	0	慶應大	11	20	21	東洋大	21	51	30
◇東工大	2	0	0	上智大	16	20	14	駒澤大	6	7	7
◇一橋大	0	1	1	東京理科大	16	11	21	東海大	3	10	7
◇千葉大	4	1	1	学習院大	5	6	8	帝京大	9	12	17
◇筑波大	1	1	0	明治大	18	19	22	成蹊大	5	9	4
◇横浜国大	0	1	0	青山学院大	10	13	15	成城大	3	9	11
◇北海道大	0	1	0	立教大	23	21	16	明治学院大	7	5	13
◇お茶の水女子大	1	0	0	中央大	14	10	12	芝浦工大	11	14	31
◇防衛大	1	2	1	法政大	23	29	24	立命館大	4	17	8

※各大学合格数は既卒生との合計。

見学ガイド　体育祭／文化祭／説明会／オープンキャンパス／入試体験

高校募集 あり 高1より全体が混合。 高1内訳 一貫生 49名 214名 高入生

共栄学園（きょうえいがくえん） 中学校

〒124−0003 東京都葛飾区お花茶屋 2−6−1 0120−713601

国際 海外研修 長期留学 第2外国語 online英会話 21型 1人1台端末 リモート体制 プロジェクト型 論文執筆 STEAM 情操 体験学習 ボランティア 人間力育成

教育理念▶「文武両道」を信条とし，協調性や社会性に富んだ創造性豊かな生徒を育てる。
沿革▶1938年創立の本田裁縫女子学校を母体に1947年設立。2001年共学化，現在に至る。
施設▶講堂，図書室（4万冊），マルチメディアルーム，Q&Aコーナー，スカイラウンジ，他。
学校長▶御宿　重夫
生徒数▶総数203名

	1年（3クラス）	2年（3クラス）	3年（3クラス）
男子	27名	14名	25名
女子	46名	44名	47名

京成本線一お花茶屋3分　JR・千代田線一亀有よりバス共栄学園　3分

文武両道のもと誠を貫く生き方をめざす

建学の精神は「至誠一貫」。文と武は互いに高め合う関係にあるという理念のもと，「知・徳・体」をバランスよく伸ばす全人的な教育をめざす。

学習 特進・進学両クラスで授業進度をそろえつつ，特進クラスでは発展的な問題研究，進学クラスでは基礎学力の定着に主眼をおき授業を行う。進級時に進学クラスから特進クラスへの移行が可能。英語のオーラルコミュニケーションの授業はネイティヴ教員が担当。オンライン英会話も導入し，「話す力」を鍛える。数学は先取り授業を行う。全クラスに電子黒板を設置し，すべての教科で活用。楽しみながら，より深く学べる授業をめざす。中1は尾瀬，中2では国内イングリッシュキャンプ「K-sep」，中3は北海道など，自然環境学習や英語を使った国際教育を実施。3年間で様々な体験をしながら創造性と自立性を育む。希望制のカナダ語学研修もある。

●コース表

中1	中2	中3	高1	高2	高3
特進クラス			特進コース	理系／文系	
進学クラス			進学コース	理系／文系	

キャリア教育 様々な分野の専門家などによる講演会を開催。中学では「社会の中で生きる自分を発見する」「将来の自分の生き方を考える」をテーマに指導を行う。

学校生活 30の部が活動。バレーボール部，バトン部は全国大会，少林寺拳法部は関東大会で活躍。

保護者MEMO

登校時刻▶8：20
最終下校時刻▶18：30
土曜日▶毎週登校。平常授業3時間
昼食▶弁当／食堂（高校より利用可）／食品販売あり
携帯電話▶可
制服▶ブレザー
自転車通学▶可
カウンセラー▶週5日
保護者面談▶年1回
保護者会▶年2回
必修旅行▶北海道（中3），他
部活動▶活動日は部による

学費　　初年度目安 119万円

（単位:円）	入学金	施設費	授業料	その他	合計
入学手続時	250,000	80,000	—	—	330,000
1年終了まで	—	78,000	408,000	378,390	864,390

［その他］制服代，修学旅行費，副教材費，英会話教育積立，タブレット通信費，後援会費，生徒会費。
［寄付・学債］なし。
※上記は'22年度のもの。新年度について詳細は「受験生応援アプリ」にて公開（2023年5月〜）。

●奨学金・特待生
1・3・6ヶ年特待：入学金，施設費，授業料・施設維持費を指定年数（継続審査有）／準特待：入学金，施設費

首都圏模試　思考コード　(単位：%)

読み取る力＼考える力	〈第1回〉国語 A	国語 B	国語 C	算数 A	算数 B	算数 C	〈1回適性検査〉Ⅰ A	Ⅰ B	Ⅰ C	Ⅱ A	Ⅱ B	Ⅱ C
複雑 3											10	
2	40	8		60					60		31	
単純 1		52		15	25			40			40	19

A=知識・理解思考　B=論理的思考　C=創造的思考

2024年度入試　合格の基準

		首都圏模試 ほぼ確実	首都圏模試 見込あり	首都圏模試 やや見込あり	四谷大塚 ほぼ確実	四谷大塚 見込あり	四谷大塚 やや見込あり
男子	〈①〉	41	37	34	31	26	21
女子	〈①〉	41	37	34	31	26	21

ほぼ確実＝80%～／見込あり＝50～79%／やや見込あり＝20～49%

入試要項　2023年度参考　新年度日程はアプリへGO!

2科　適性型　英　他

試験名	試験日 ◎午後入試	出願締切 Web	発表 Web	手続 振込	2科	4科	適	英	他	面接	特待	募集数	応募数	受験数	合格数	実質倍率	偏差値
① A 2科	2/1	当日	当日	2/8延	●					＊1	●	特20 進50	53	52	52	1.0	男41 女41
① B 4科	2/1	当日	当日	2/8延		●				＊1	●		4	4	4	1.0	
① C適性	2/1	当日	当日	2/8延			＊2			＊1	●		3	3	3	1.0	
② 2科	2/1 ◎	当日	2/2	2/8延						＊1	●	特20	57	53	50	1.1	男42 女42
③ 1科	2/2	当日	当日	2/8延					＊3	＊1	●	特10	50	35	33	1.1	男42 女42
④ 2科	2/4	当日	当日	2/8延						＊1	●	特5進5	52	25	23	1.1	男41 女41
⑤ A 2科	2/7	当日	当日	2/8延	●					＊1		特 5 進 5	54	24	23	1.0	男41 女41
⑤ B適性	2/7	当日	当日	2/8延			＊4			＊1	●		4	4	4	1.0	

＊1　個人面接　＊2　適性検査ⅠⅡⅢ　＊3　国語または算数　＊4　適性検査ⅠⅡ
※適性検査Ⅰ：文章表現，Ⅱ：教科横断型問題，Ⅲ：理数分野
※面接は初回受験生のみ
※②③に進学へのスライド合格あり

【出願方法】 Web出願
【手続方法】 振込。公立一貫校受検者は10日まで延納可
【受験料】 20,000円（複数回受験可）

【帰国生入試】 ―

中学受験のプロがおすすめ！ 併願校の例

特色	男 文武両道	男 コース制	男 オンライン英会話	女 文武両道	女 コース制	女 オンライン英会話
♠男子校	♣春日部共栄	♣駒込	♣淑徳巣鴨	♣春日部共栄	♣駒込	♣淑徳巣鴨
♥女子校	♣日大一	♣郁文館	♣桜丘	♣日大一	♣郁文館	♣桜丘
♣共学・別学校	♣修徳	♣上野学園	♣新渡戸文化	♣修徳	♣上野学園	♣新渡戸文化

併設高校の進路情報

四年制大学進学率68.6%
文系70／理系28／その他2（%）　医歯薬3名合格

内部推薦▶共栄大学へ16名（国際経営15，教育1）が内部推薦で進学。

指定校推薦▶利用状況は東京理科大1，学習院大1，日本大8，東洋大1，専修大1，大東文化大1，國學院大1，成蹊大1，獨協大3，東京電機大4，玉川大3，東京都市大2，立正大3，東京経済大2，千葉工大2，共立女子大3，大妻女子大2，杏林大1，武蔵野大1，文教大2，二松學舍大1，帝京平成大1，拓殖大1，産業能率大1，清泉女子大3など。

'22年3月卒業生：334名

大学229名　短大5名／専門73名／就職5名／他22名

主な大学合格状況　'23年春については主要大学のみ巻末一覧に記載

大学名	'22	'21	'20	大学名	'22	'21	'20	大学名	'22	'21	'20
◇千葉大	0	1	1	明治大	3	4	5	東海大	2	3	6
◇筑波大	2	0	0	青山学院大	1	1	2	國學院大	5	4	6
◇北海道大	0	1	0	立教大	6	1	4	成蹊大	2	2	8
◇東京農工大	0	1	0	中央大	1	2	2	獨協大	10	7	5
◇都立大	1	0	0	法政大	5	8	8	芝浦工大	3	4	2
早稲田大	1	1	0	日本大	31	14	19	東京電機大	7	6	5
慶應大	1	0	0	東洋大	5	16	18	玉川大	5	5	2
上智大	0	0	3	駒澤大	3	2	5	立正大	10	4	3
東京理科大	2	5	9	専修大	8	1	4	大妻女子大	3	6	4
学習院大	4	3	4	大東文化大	2	4	3	共栄大	18	12	5

※各大学合格数は既卒生との合計。

見学ガイド 文化祭／説明会／見学会／模擬入試体験会

国立音楽大学附属 中学校

（くにたちおんがくだいがくふぞく）

〒186−0005 東京都国立市西2−12−19 ☎042−572−4111

国際 / 海外研修 / 長期留学 / 第2外国語 / online英会話 / 21型 / 1人1台端末 / リモート体制 / プロジェクト型 / 論文執筆 / STEAM / 情操 / 体験学習 / ボランティア / 人間力育成

教育理念▶コミュニケーション力，課題解決力などを培い，社会に貢献できる人材の育成をめざす。
沿革▶1926年創立の東京高等音楽学院（現在の国立音楽大学）を母体として，1949年設立。2022年冬，新校舎完成。
施設▶生徒ホール，スタジオ，多目的室，レッスン室，打楽器室，視聴室，視聴覚室，図書室，他。
学校長▶大友　太郎
生徒数▶総数161名　併設小からの進学者を含む。

	1年（2クラス）	2年（2クラス）	3年（2クラス）
男子	11名	10名	7名
女子	43名	41名	49名
内進生内数	男2名 女20名	男7名 女14名	男1名 女14名

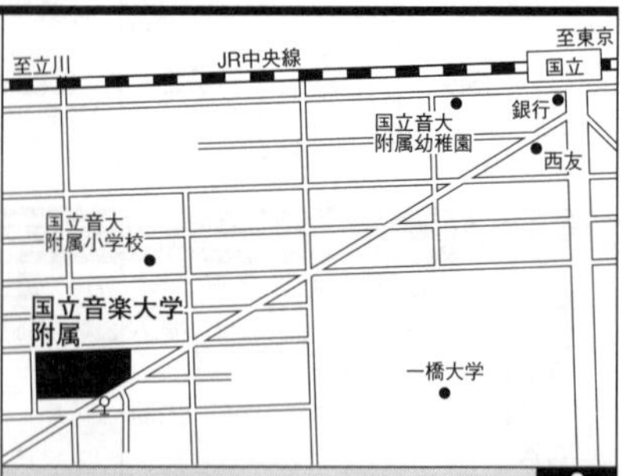

JR―国立13分・矢川13分またはバス音高　13分

音楽にあふれた環境で「自由・自主・自律」を育む

専門的な音楽の基礎教育を行う演奏・創作コースと，思考力や表現力を育む統合表現コースがある。コース変更が可能な学習環境で，将来をじっくり考える。

学習 演奏・創作コースは，一般教科のほかに音楽を基礎から学び，探究する。週50分の「個人レッスン」に加え，中3では合唱曲を作詞・作曲する「創作」と習熟度別の「ソルフェージュ」の授業がある。総合表現コースは，自主性や表現力，課題解決能力などを養う。英語での表現力をつける「英語表現」，様々な音楽や楽器を鑑賞・体験する「音楽・器楽」などの授業がある。クラスは両コース混合で編成され，一部の授業を除いて同じカリキュラムで学ぶ。様々な可能性に対応し，各学年末にコースや楽器の変更ができる。高校音楽科では第二外国語としてドイツ語やイタリア語の選択も可能。希望制のカナダ（2019年実績）短期研修旅行もある。

●コース表

中1	中2	中3	高1	高2	高3
演奏・創作コース			[音楽科] 演奏・創作コース／総合音楽コース		
総合表現コース			[普通科] 特別進学コース／総合進学コース		

※普通科は高2より文系／理系

キャリア教育 高校の音楽科では国内外から著名な演奏家を招いての学内公開レッスンを年数回実施。高大連携プログラムとして国立音楽大学の特別聴講生制度もある。

学校生活 音楽系のクラブだけでなく，家庭科部や，フットサル・テニス・バドミントンなどの体育系のクラブもある。

保護者MEMO

登校時刻▶8：50
最終下校時刻▶17：15
土曜日▶休校
昼食▶弁当／食品販売あり
携帯電話▶可
制服▶なし
自転車通学▶可
カウンセラー▶常駐
保護者面談▶年1回
保護者会▶年2回
必修旅行▶北海道（中3）
部活動▶活動日は部による

学費　初年度目安 106万円

(単位:円)	入学金	施設費	授業料	その他	合計
入学手続時	260,000	179,000	165,000	61,600	665,600
1年終了まで	―	38,000	330,000	30,000	398,000

●奨学金・特待生
なし

[その他] 修学旅行費，図書費，教材費，PTA会費，生徒会費。
[寄付・学債] 任意の寄付金あり。
※上記は'22年度のもの。新年度について詳細は「受験生応援アプリ」にて公開（2023年5月～）。

首都圏模試 思考コード (単位:%)

	A	B	C	A	B	C
読み取る力						
複雑 3						
2			データなし			
単純 1						
考える力	A	B	C	A	B	C

A=知識・理解思考　B=論理的思考　C=創造的思考

2024年度入試 合格の基準

		首都圏模試			四谷大塚	
		ほぼ確実	見込あり	やや見込あり	ほぼ確実	見込あり
男子	〈①総合〉	40	35	30	–	– / やや見込あり –
女子	〈①総合〉	40	35	30	–	– / やや見込あり –

ほぼ確実=80%～／見込あり=50～79%／やや見込あり=20～49%

入試要項 2023年度参考　新年度日程は アプリへGO!　2科 適性型 他

試験名		試験日 ◎午後入試	出願締切 Web	発表 Web	手続 Web	2科	4科	適	英	他	面接	特待	募集数	応募数	受験数	合格数	実質倍率	偏差値
①	演奏 創作	2/1・2	1/20	2/2	2/3	＊1				＊1	＊2		45	16	16	14	1.1	40
①	総合 プレ	2/1	1/26	当日	2/2	●					＊3			2	2	2	1.0	40
②	総合 2科	2/3	2/2	2/3	2/6	●					＊2			5	2	2	1.0	40
③	演奏 創作	2/10 ◎	2/8	当日	2/13	＊1				＊1	＊2			4	4	2	2.0	40
③	総合 2科	2/10 ◎	2/8	当日	2/13	●					＊2			4	4	1	4.0	40

＊1　国算＋視唱＋演奏実技　＊2　グループ面接　＊3　国算＋作文（試験前に提出）やプレゼンテーション
※通知表コピー

【出願方法】 Web出願後，書類郵送（②の2/2出願者は当日持参）
【手続方法】 Web納入のうえ，書類郵送。2/15までの辞退者には一部返還
【受験料】 21,000円（①③の演奏・創作コースは26,000円。2回目以降は各10,000円）

【帰国生入試】 —　　　　（注）偏差値は男女同数値

中学受験のプロがおすすめ! 併願校の例

特色	男 芸術教育(音楽)	面倒見	適性検査型入試	女 芸術教育(音楽)	面倒見	適性検査型入試
♠男子校 ♥女子校 ♣共学・別学校	♠明法	♣明星	♣都立立川国際中等	♥東京女子学院	♣明星	♣都立立川国際中等
	♣上野学園	♣啓明学園	♣聖徳学園	♣上野学園	♣啓明学園	♣聖徳学園
	♣東邦音大東邦	♣東星学園	♣帝京八王子	♣東邦音大東邦	♣東星学園	♣帝京八王子

併設高校の進路情報

四年制大学進学率92.4%
文系34／理系7／その他59(%)

内部推薦▶国立音楽大学へ55名（音楽）が内部推薦で進学した。

指定校推薦▶中央大，東海大，成蹊大，成城大，獨協大，神奈川大，東京電機大，津田塾大，東京女子大，武蔵大，玉川大，工学院大，大妻女子大，白百合女子大，杏林大，昭和薬科大，日本歯大，武蔵野大，実践女子大，東京工科大，フェリス女学院大，横浜薬科大など推薦枠あり。

'22年3月卒業生：144名　大学133名　短大2名　専門1名　就職1名　他7名

主な大学合格状況　'23年春については主要大学のみ巻末一覧に記載

大学名	'22	'21	'20	大学名	'22	'21	'20	大学名	'22	'21	'20
◇東京藝術大	1	1	1	青山学院大	0	1	1	東京女子大	4	1	0
◇東京学芸大	1	0	1	立教大	4	4	0	玉川大	4	2	1
◇都立大	0	0	1	中央大	1	8	4	桜美林大	6	8	1
◇都留文科大	1	0	0	法政大	3	1	2	大妻女子大	2	2	2
早稲田大	3	0	1	日本大	3	9	4	杏林大	5	0	1
慶應大	0	0	1	東洋大	4	15	1	明星大	4	3	7
上智大	0	5	1	帝京大	2	1	1	桐朋学園大	3	2	1
東京理科大	0	0	1	成蹊大	2	2	3	国立音大	59	81	71
学習院大	2	2	1	成城大	3	1	3	東京音大	7	6	2
明治大	1	3	0	神奈川大	0	3	2	洗足学園音大	4	3	4

※各大学合格数は既卒生との合計。

見学ガイド 文化祭／説明会／受験準備講習会(有料)／音中KUNION講座

高校募集 あり 高１より全体が混合。

高１内訳 慶應女子　内進生94名，高入生102名
慶應義塾　内進生403名，高入生361名
（内進生に普通部からの進学者を含む）

慶應義塾（けいおうぎじゅく） 中等部

〒108－0073　東京都港区三田 2－17－10　☎03－5427－1677

国際 / 海外研修 / 長期留学 / 第2外国語 / online英会話 / 21型 / 1人1台端末 / リモート体制 / プロジェクト型 / 論文執筆 / STEAM / 情操 / 体験学習 / ボランティア / 人間力育成

教育目標▶自ら考え，自ら判断し，自ら行動して，その結果に責任を持てる自立した人物を育てる。

沿革▶1947年の学制改革に伴い，慶應義塾の男女共学校として同年開校。現在に至る。2021年度入学生より慶應義塾湘南藤沢高等部への進学不可に。

施設▶大教室，和室，CAV室，セミナールーム，多目的コート，プール，グラウンド，他。

部長▶井上　逸兵

生徒数▶総数742名　併設小からの進学者を含む。

	1年（6クラス）	2年（6クラス）	3年（6クラス）
男子	144名	155名	155名
女子	97名	95名	96名
内進生内数	男39名 女45名	男31名 女43名	男18名 女46名

都営浅草線・都営三田線―三田，JR―田町，南北線―麻布十番各15分　15分

独立自尊の精神を信条に，平等な立場で学び合う

自立した個人を育む自由な教育を行うこと，生徒と教員は対等な関係にあることを理念とし，自分で考え，判断，行動して責任を持つことを徹底している。

学習 偏らない知識を得，幅広い経験を積むことが目標。中１・中２の国語演習，中２・中３の数学演習をはじめ，習字，技術・家庭で少人数授業を実施。英語は各学年週１時間が習熟度別少人数授業。さらに週２時間，ネイティヴ教員とのティームティーチングを行い，より実践的な英語運用能力を高める。中３では週２時間の選択授業を開講。フランス語入門やいのちの法律学など，各自の興味に合わせて選択できる。希望者を対象に，夏期・春期に英国研修，夏期にハワイ研修を実施する。**卒業生の進路**　塾内の高校へは推薦で進学可。2022年３月卒業生253名の進学状況＝慶應義塾女子99名，慶應義塾147名，慶應義塾湘南藤沢１名*，慶應義塾志木８名，慶應義塾ニューヨーク学院高等部２名，他校１名。

●**コース表**　慶應義塾高校進学の場合

中1	中2	中3	高1	高2	高3
共通履修					

※高３に選択授業あり

キャリア教育 毎年１月に，さまざまな分野・業界で活躍する卒業生を講師として招く「キャリア講座」を開催している。

学校生活 クラブ活動は校友会として組織され，学業と並ぶ大切なものとされる。古典芸能鑑賞会や音楽会などの行事がある。

保護者MEMO

登校時刻▶8：10
最終下校時刻▶17：30
土曜日▶毎週登校。平常授業４時間
昼食▶弁当／食品販売あり
携帯電話▶許可制
制服▶基準服（ブレザー）
自転車通学▶不可
カウンセラー▶週2日
保護者面談▶適宜
保護者会▶年4～5回
必修旅行▶北九州（中３）
部活動▶月～土の週３日以内

学費　初年度目安 160万円

（単位:円）	入学金	施設費	授業料	その他	合計
入学手続時	340,000	200,000	870,000	15,000	1,425,000
1年終了まで	―	―	―	170,038	170,038

●**奨学金・特待生**
なし

［その他］指定品，積立金，林間学校費用，諸会費。［寄付・学債］任意の寄付金（教育振興資金）１口３万円２口以上，慶應義塾債１口10万円３口以上等あり。
※上記は'22年度のもの。新年度について詳細は「受験生応援アプリ」にて公開（2023年５月～）。
＊2021年中等部入学生からは慶應義塾湘南藤沢高等部へは進学できない。

首都圏模試　思考コード　(単位：%)

〈入学試験〉

読み取る力	国語 A	国語 B	国語 C	算数 A	算数 B	算数 C	理科 A	理科 B	理科 C	社会 A	社会 B	社会 C
複雑 3	2			5	10		16			4		
2		3		30	20		24			64	8	
単純 1	58	37			35		52	8		16	8	
考える力	A	B	C	A	B	C	A	B	C	A	B	C

A=知識・理解思考　B=論理的思考　C=創造的思考

2024年度入試　合格の基準

		首都圏模試 ほぼ確実	首都圏模試 見込あり	首都圏模試 やや見込あり	四谷大塚 ほぼ確実	四谷大塚 見込あり	四谷大塚 やや見込あり
男子	〈入学試験〉	74	71	68	64	60	55
女子	〈入学試験〉	77	74	71	70	67	63

ほぼ確実＝80%～／見込あり＝50～79%／やや見込あり＝20～49%

入試要項　2023年度参考　新年度日程はアプリへGO!　4科　他

試験名	試験日 ◎午後入試	出願締切 Web	発表 Web	手続 窓口	選抜方法 2科	4科	適	英	他	面接	特待	募集数	応募数	1次受験数	1次合格数	2次受験数	合格数	実質倍率	偏差値
1次	**2/3**	1/11	2/4	—		●						男120	856	697	289	250	135	5.2	74
2次	**2/5**	—	2/6	2/7					＊	＊		女 50	448	352	110	104	58	6.1	77

＊体育実技＋保護者同伴面接　※入学志願書，報告書。2次は1次合格者のみ

【出願方法】Web出願後、書類郵送　**【手続方法】**書類受取のうえ，窓口手続。分納可。2/28までの辞退者には一部返還　**【受験料】**30,000円

【帰国生入試】—

(注) 実質倍率＝1次受験数÷2次合格数

受験情報

国語，理科，社会では，Aを中心とした出題となるため，知識や技術の正確な再現力が求められます。一方，算数では，Bを中心とした出題となります。中にはB3の出題も見られるため，論理的思考力が必須となります。

年度	募集数	応募数	1次受験数	1次合格数	2次受験数	合格数	実質倍率	偏差値
'22	男140	1,021	891	304	217	140	6.4	74
	女 50	475	372	115	110	60	6.2	77
'21	男140	1,026	891	312	212	158	5.6	75
	女 50	496	395	117	108	62	6.4	77
'20	男140	956	835	334	246	171	4.9	74
	女 50	458	351	129	121	58	6.1	77

中学受験のプロがおすすめ!　併願校の例

特色	男 大学付属校	男 リベラル	男 第2外国語	女 大学付属校	女 リベラル	女 第2外国語
♠男子校 ♥女子校 ♣共学・別学校	♣早稲田実業	♠麻布	♣渋谷教育幕張	♣早稲田実業	♥女子学院	♣渋谷教育幕張
	♣慶應湘南藤沢	♣渋谷教育渋谷	♠早大学院	♣慶應湘南藤沢	♣渋谷教育渋谷	♥雙葉
	♣明大明治	♣青山学院	♠立教池袋	♣明大明治	♣青山学院	♥学習院女子

併設高校の進路情報

慶應大学進学率：慶應義塾女子 95%，慶應義塾98%
文系・理系割合 非公表

'22年3月卒業生：慶應女子199名　慶應大学189名　他10名
慶應義塾706名　慶應大学699名　他7名

内部推薦▶慶應女子▷慶應義塾大学へ189名（文15，経済55，法54，商25，医5，理工9，総合政策7，環境情報11，薬8）が内部推薦で進学。**慶應義塾**▷慶應義塾大学へ699名（法224，経済211，商93，文12，理工102，医22，総合政策11，環境情報21，薬3）が内部推薦で進学。

指定校推薦▶慶應女子▷北里大など推薦枠あり。

主な大学合格状況　'23年春については主要大学のみ巻末一覧に記載

大学名	'22	'21	'20	大学名	'22	'21	'20	大学名	'22	'21	'20
(慶應義塾女子高校)				東京慈恵会医大	0	1	1	慶應大	700	727	798
◇東京大	1	0	0	順天堂大	1	0	0	東京理科大	1	4	1
◇千葉大	0	0	1	昭和大	0	2	2	明治大	1	1	0
◇東京医歯大	1	0	0	杏林大	0	1	1	青山学院大	0	1	0
◇防衛医大	0	0	1	北里大	0	1	1	法政大	0	1	3
慶應大	189	202	209	(慶應義塾高校)				日本大	1	2	3
学習院大	0	1	1	◇千葉大	1	0	1	東京慈恵会医大	1	0	1
明治大	0	1	1	◇筑波大	1	0	0	日本医大	2	2	2
日本大	1	0	0	◇横浜市大	0	1	0	杏林大	3	2	3
東洋大	0	2	0	早稲田大	1	1	0	北里大	1	1	1

※各大学合格数は既卒生との合計。

見学ガイド　体育祭／文化祭／説明会

啓明学園（けいめいがくえん）中学校

〒196－0002 東京都昭島市拝島町５－11－15 ☎042－541－1003

国際 / 海外研修 / 長期留学 / 第２外国語 / online英会話 / 21型 / 1人1台端末 / リモート体制 / プロジェクト型 / 論文執筆 / STEAM / 情操 / 体験学習 / ボランティア / 人間力育成

教育理念▶広い視野のもと，豊かな人間性と独自の見識を持ち，世界を心に入れた人を育てる。
沿革▶1940年，帰国子女教育を目的に創立された啓明学園小学校が1941年に中学部を設置。
施設▶大教室，多目的ホール，大体育館・小体育館，日本庭園，テニスコート，野球場，グラウンド（第１～第３），農園，自然観察林，北泉寮，他。
学校長▶大坪　隆明
生徒数▶総数198名　併設小からの進学者を含む。

	１年（２クラス）	２年（３クラス）	３年（２クラス）
男子	31名	34名	28名
女子	29名	37名	39名
内進生内数	男9名 女13名	男11名 女23名	男11名 女13名

JR・西武拝島線一拝島，JR一八王子，京王線一京王八王子よりスクールバス 6分

国際生と共に世界をつなぎ，未来に輝く

「Peacemaker（平和を築く人）」プログラムを展開。日常生活で一般生と国際生が関わる環境がある。国際的な私立学校同盟「ラウンドスクエア」加盟校。

学習 中学・高校共に約３割が帰国生・外国籍生・留学生などの「国際生」で，一般生と同じHRクラスに在籍し，必要に応じて国際学級として提供される取り出し授業を受ける。中１・中２で基礎学力の定着を図り，高１では学力上位者による選抜クラスを編成。英語は中１から，数学は中３から習熟度別授業を行う。国語では思考力・文章力・発信力を養うため，「表現」の授業を週１時間設ける。中３からの教科横断型学習「Peacemaking Project」では，世界の諸問題について学び，平和構築に向け自ら課題を見つけ，その解決方法を探る。数学と他教科を組み合わせた探究授業「マスクエスト」を展開。数学的な考え方を深め，科学的思考力も育成する。

キャリア教育 中学では，卒業生体験談などから将来につながるヒントを見出す。また職場訪問で，社会を知る。高校では学問系統別ガイダンス，大学模擬講義などを開催。

学校生活 週１時間の「聖書」や，年数回の礼拝行事を設置。カンボジア裁縫プロジェクトなどボランティア活動も実践。

●コース表

中１	中２	中３	高１	高２	高３
共通履修（高２で理系と文系にわかれる）					
国際学級					

保護者MEMO

登校時刻▶8：30
最終下校時刻▶18：00
土曜日▶毎週登校。平常授業４時間
昼食▶食堂（中１は弁当の期間あり）／食品販売あり
携帯電話▶可
制服▶詰襟，ブレザー
自転車通学▶可
カウンセラー▶週数日
保護者面談▶年１回
保護者会▶年２回
必修旅行▶北海道（中３）
部活動▶週５日以内

学費　初年度目安 124万円

(単位:円)	入学金	施設費	授業料	その他	合計
入学手続時	260,000	―	―	―	260,000
１年終了まで	―	150,000	456,000	371,098	977,098

［その他］制服・指定品代，修学旅行費，教育充実費，冷暖房費，学年諸費，親の会会費，生徒会費。
［寄付・学債］なし。
※上記は'22年度のもの。新年度について詳細は「受験生応援アプリ」にて公開（2023年５月～）。

●奨学金・特待生
一般・適性：入学金／算数特待：入学金，授業料１年間（継続審査有）

首都圏模試　思考コード（単位：%）

	A	B	C	A	B	C
読み取る力						
複雑 3						
2			データなし			
単純 1						
考える力	A	B	C	A	B	C

A=知識・理解思考　B=論理的思考　C=創造的思考

2024年度入試　合格の基準

		首都圏模試 ほぼ確実	首都圏模試 見込あり	四谷大塚 ほぼ確実	四谷大塚 見込あり
男子	〈一般①〉	40	35 / やや見込あり 30	32	27 / やや見込あり 22
女子	〈一般①〉	40	35 / やや見込あり 30	32	27 / やや見込あり 22

ほぼ確実＝80％～／見込あり＝50～79％／やや見込あり＝20～49％

入試要項　2023年度参考　新年度日程はアプリへGO!

2科　適性型　英　他

試験名	試験日 ◎午後入試	出願締切 Web	発表 Web	手続 Web	選抜方法 2科	4科	適	英	他	面接	特待	募集数	応募数	受験数	合格数	実質倍率	偏差値
一般　①	2/1	1/31	当日	2/3	＊1			＊1			●	50	15	14	13	1.1	男40 女40
適性検査	2/1	1/31	当日	2/10			＊2				●		11	11	8	1.4	男40 女40
得意科目　算	2/1 ◎	1/31	当日	2/10					＊3		●		6	6	0	—	男48 女48
得意科目　英	2/1 ◎	1/31	当日	2/10				＊4					3	3	3	1.0	—
得意科目　国	2/1 ◎	1/31	当日	2/10					＊5				2	2	2	1.0	男41 女41
一般　②	2/2	2/1	当日	2/10	＊6			＊6			●	10	17	4	3	1.3	男40 女40
プレゼン	2/2 ◎	2/1	当日	2/10					＊7				1	0	0	—	—
一般　③	2/4	2/3	当日	2/10	＊1			＊1			●	10	20	3	1	3.0	男40 女40

＊1　国算または国算英　＊2　適性検査ⅠⅡ
＊3　算数特待。算数1科　＊4　英語特化　＊5　国語四技能　＊6　国算または国英
＊7　プレゼンテーション（事前提示テーマ　発表5分以内，質疑応答10分程度）

【出願方法】 Web出願
【手続方法】 Web納入。得意科目算数特待の一般合格者の手続きは2/3まで
【受験料】 一般（2科・3科）23,000円（複数回受験可）　適性・得意科目・プレゼンテーション10,000円（複数回受験可）

【帰国生入試】 12/22（募集数は一般①に含む）　※12/21にオンライン国際入試あり
※一般合格も含む

中学受験のプロがおすすめ！ 併願校の例

特色	男 留学制度	男 プロテスタント系	男 表現力育成	女 留学制度	女 プロテスタント系	女 表現力育成
♠男子校	♠明法	♣玉川学園	♣八王子学園	♥東京純心女子	♣玉川学園	♣八王子学園
♥女子校	♣聖徳学園	♣聖望学園	♣明星学園	♣聖徳学園	♣聖望学園	♣明星学園
♣共学・別学校	♣帝京八王子	♣自由学園	♣八王子実践	♣帝京八王子	♣自由学園	♣八王子実践

併設高校の進路情報

四年制大学進学率77.3%
文系79／理系17／その他4（%）　医歯薬1名合格

指定校推薦▶利用状況は上智大2，学習院大2，青山学院大2，立教大2，法政大2，東洋大1，国際基督教大1，成蹊大2，明治学院大2，獨協大2，東京女子大2など。ほかに東京理科大，亜細亜大，芝浦工大，東京電機大，武蔵大，玉川大，工学院大，東京経済大，桜美林大，順天堂大，日本薬科大など推薦枠あり。

海外大学合格状況▶Indiana University，Washington State University（米），University of Toronto，McGill University（カナダ），他。

'22年3月卒業生：132名
大学102名　短大3名　専門10名　就職1名　他16名

主な大学合格状況　'23年春については主要大学のみ巻末一覧に記載

大学名	'22	'21	'20	大学名	'22	'21	'20	大学名	'22	'21	'20
◇筑波大	0	1	0	明治大	2	3	1	成蹊大	3	1	2
◇東京外大	0	1	0	青山学院大	5	4	4	明治学院大	4	3	2
◇横浜国大	0	0	1	立教大	9	1	1	獨協大	2	2	2
◇東京学芸大	1	0	0	中央大	4	2	1	立命館大	3	4	0
◇公立はこだて未来大	1	0	0	法政大	4	3	2	玉川大	7	4	3
早稲田大	7	3	2	日本大	4	7	4	国士舘大	2	3	2
慶應大	1	0	0	東洋大	3	8	7	桜美林大	2	4	11
上智大	6	7	3	亜細亜大	2	2	2	杏林大	1	8	1
東京理科大	1	0	3	帝京大	4	10	9	明星大	18	12	7
学習院大	3	1	4	国際基督教大	3	1	2	麻布大	6	3	1

※各大学合格数は既卒生との合計。

見学ガイド　文化祭／説明会／授業体験会／入試体験／学校見学会

 高校募集 あり 高１より全体が混合。 高１内訳 一貫生 68名 209名 高入生

工学院大学附属（こうがくいんだいがくふぞく） 中学校

〒192－8622 東京都八王子市中野町 2647－2 ☎042－628－4914（入試広報部）

国際 / 海外研修 / 長期留学 / 第２外国語 / online英会話 / 21型 / 1人1台端末 / リモート体制 / プロジェクト型 / 論文執筆 / STEAM / 情操 / 体験学習 / ボランティア / 人間力育成

教育目標▶「挑戦・創造・貢献」を校訓に，変容するグローバル社会で活躍できる人材を育む。
沿革▶帝国大学初代総長・渡辺洪基により1888年に設立された工手学校を前身とする。工学院大学の附属校として1996年に開校。2002年より共学化。
施設▶多目的教室，MAKE ROOM，電子図書＆Fabスペース，天文台，プール，屋内練習場，テニスコート，グラウンド，人工芝サッカー場，他。
学校長▶中野　由章
生徒数▶総数326名

	1年（4クラス）	2年（4クラス）	3年（4クラス）
男子	94名	86名	77名
女子	23名	20名	26名

JR―新宿，八王子，拝島，京王線―京王八王子，南大沢などよりスクールバス 20分

独自の先進的教育K-STEAMを推進

グローバル・リベラルアーツと数理情報工学を融合した，挑戦・創造・貢献する「先進的な教育」を推進する。Cambridge International School認定校。

学習 インターナショナルクラスは海外の教材を活用し，CEFRのC1英語をめざす。英語で少人数・習熟度別授業を実施。数学と理科でイマージョン授業を行う。先進クラスは文理を問わず幅広い科目をバランスよく学ぶ。数学は先取り教育を行う。課題解決型のアクティブ・ラーニングを実現するためにICTを活用した学習環境を整備。学びのあらゆる場面でICTツールを活用し，現代社会に必要なリテラシーを養う。また，グループワークを中心とした参加型のプロジェクトを通じて理論的かつ創造的な思考力や協働性も身につける。英語は４技能をバランスよく習得。ケンブリッジ英語検定を中１から全員が受検。グローバル社会で通用する本物の英語力を養う。

キャリア教育 中学は週１時間「デザイン思考」の授業を行い，アイデアを形にする過程を学ぶ。高大連携による講座，講演，授業もある。工学院大学のほか，電気通信大学など４大学とも連携教育を行う。

学校生活 中学の部・同好会は約20。ダンス部やサイエンス部，自動車部が活躍。

●**コース表**

中1	中2	中3	高1	高2	高3
	先進		先進文理 ─ 文系 / 理系 / スーパーサイエンス		
			文理		
インターナショナル			インターナショナル		

※文理・インターとも高２より文系／理系

保護者MEMO

登校時刻▶8：45
最終下校時刻▶18：00
土曜日▶毎週登校。平常授業４時間
昼食▶食堂／食品販売あり
携帯電話▶可
制服▶ブレザー
自転車通学▶可（条件あり）
カウンセラー▶週３日
保護者面談▶年１回
保護者会▶年３回
必修旅行▶アメリカかオーストラリア（中３）
部活動▶活動日は部による

学費 　初年度目安 123万円

（単位:円）	入学金	施設費	授業料	その他	合計
入学手続時	240,000	50,000	―	―	290,000
１年終了まで	―	188,000	480,000	275,980	943,980

●**奨学金・特待生**
授業料１年間

［その他］制服・指定品代，海外研修費，PTA会費，生徒会費，災害共済掛金。※別途教材行事費等あり。※インターナショナルは，授業料576,000円，別途教育充実費60,000円あり。
［寄付・学債］なし。
※上記は'23年度予定。詳細は「受験生応援アプリ」にて公開（2023年５月～）。

首都圏模試 思考コード （単位：%）

読み取る力＼考える力	〈第1回A〉国語 A	B	C	算数 A	B	C	〈適性検査型MT①〉I A	B	C	II A	B	C
複雑 3												
2	19	12		58				40	60		24	
単純 1		49	20	8	34						64	12

A=知識・理解思考　B=論理的思考　C=創造的思考

2024年度入試 合格の基準

		首都圏模試 ほぼ確実	見込あり	四谷大塚 ほぼ確実	見込あり
男子	〈①A〉	49	45	39	34
			やや見込あり 40		やや見込あり 29
女子	〈①A〉	49	45	40	35
			やや見込あり 40		やや見込あり 30

ほぼ確実＝80%～／見込あり＝50～79%／やや見込あり＝20～49%

入試要項 2023年度参考　新年度日程はアプリへGO!

2科　4科　適性型　英

試験名		試験日 ◎午後入試	出願締切 Web	発表 Web	手続 Web	選抜方法 2科	4科	適	英	他	面接	特待	募集数	応募数	受験数	合格数	実質倍率	偏差値
①	A	2/1	1/31	当日	2/5	●	●		＊2			●	30	103	99	42	2.4	49
	適性MT①	2/1	1/31	2/2	2/9延			＊1				●		16	16	10	1.6	46
	B特待	2/1 ◎	1/31	当日	2/5	●			＊2			●	30	155	147	58	2.5	56
②	A	2/2	2/1	当日	2/5	●	●		＊2			●	10	126	77	29	2.7	49
	B	2/2 ◎	当日	当日	2/5	●			＊2			●	15	160	107	32	3.3	50
③		2/3 ◎	当日	当日	2/5	●			＊2			●	10	184	82	22	3.7	50
④		2/6 ◎	当日	当日	2/9	●			＊2			●	10	159	63	11	5.7	50
適性MT②		2/6 ◎	当日	当日	2/9延			＊1				●		14	6	4	1.5	46

＊1　適性検査型ＩⅡ　＊2　英算か英国
※インターナショナルクラスは英検準２級（CEFR対照表A2レベル）以上が対象。試験科目で英語を選択しない場合は英検２級以上（CEFR対照表B1レベル）の合格証のコピーを試験当日に提出

【出願方法】Web出願　**【手続方法】**Web納入。適性検査型MT受検者で神奈川県公立中高一貫校と併願する場合は2/10まで延納可。2/28までの入学辞退者には一部返還　**【受験料】**30,000円（同時出願は３回まで受験可。４回目以降は１回につき10,000円追加）

【帰国生入試】10/30，12/5，1/7（計35名募集）　（注）偏差値は男女同数値
（注）男女合わせて先進クラス70名，インターナショナルクラス35名を募集

中学受験のプロがおすすめ！ 併願校の例

特色	男 半付属校	ICT教育	留学制度	女 半付属校	ICT教育	留学制度
♠男子校 ♥女子校 ♣共学・別学校	♣東京電機大	♣桐蔭学園	♣ドルトン東京	♣東京電機大	♣桐蔭学園	♣ドルトン東京
	♣日大三	♣八王子学園	♣文化学園杉並	♣日大三	♣八王子学園	♣文化学園杉並
	♣玉川学園	♣東海大相模	♣聖徳学園	♣玉川学園	♣東海大相模	♣聖徳学園

併設高校の進路情報

四年制大学進学率88.9%
文系43／理系57／その他0（%）

'22年３月卒業生：234名
大学208名　短大１名　専門７名　就職１名　他17名

内部推薦▶工学院大学へ63名（先進工16，工11，建築23，情報13）が内部推薦で進学した。

指定校推薦▶利用状況は上智大２，明治大２，法政大１，専修大１，成蹊大１，武蔵大２，玉川大２，東京都市大１，東京薬科大３，東京農大２など。

海外大学合格状況▶The University of Manchester，University of Exeter，University of East Anglia，The University of Stirling（英），University of South Florida，George Mason University（米），他。

主な大学合格状況　'23年春については主要大学のみ巻末一覧に記載

大学名	'22	'21	'20	大学名	'22	'21	'20	大学名	'22	'21	'20
◇東工大	1	0	0	明治大	11	6	6	帝京大	14	19	13
◇千葉大	1	0	0	青山学院大	7	5	4	成蹊大	4	6	5
◇北海道大	2	0	0	立教大	15	4	8	神奈川大	2	4	5
◇東京医歯大	1	0	0	中央大	10	11	2	芝浦工大	7	3	10
◇都立大	4	4	4	法政大	10	14	16	工学院大	71	69	68
早稲田大	4	2	2	日本大	15	16	17	桜美林大	7	7	20
慶應大	12	4	0	東洋大	7	11	12	杏林大	6	3	3
上智大	12	7	7	駒澤大	2	5	5	北里大	7	9	7
東京理科大	8	1	2	専修大	9	15	13	東京薬科大	8	9	11
学習院大	2	0	1	東海大	18	4	14	明星大	16	15	15

※各大学合格数は既卒生との合計。

見学ガイド　体育祭／文化祭／説明会／見学会

国学院大学久我山 中学校 【男女別学】

〒168－0082 東京都杉並区久我山１－９－１ ☎03－3334－1151

国際 海外研修 長期留学 第２外国語 online英会話 21型 1人1台端末 リモート体制 プロジェクト型 論文執筆 STEAM 情操 体験学習 ボランティア 人間力育成

教育目標▶先人たちの叡知を大切に，明るく，たくましく，明日の日本を担う青少年を育成する。

沿革▶実業家・岩崎清一により1944年に設立された岩崎学園久我山中学校が前身。1952年，建学の精神の合致する國學院大學と合併，現校名に改称。

施設▶学習センター（CALL教室，自習室等），理科会館（実験室，階段教室，小講堂，天体望遠鏡ドーム等），柔・剣道場，グラウンド，備蓄倉庫，他。

学校長▶國清　英明

生徒数▶総数966名

	１年（８クラス）	２年（９クラス）	３年（８クラス）
男子	188名	204名	198名
女子	115名	144名	117名

京王井の頭線―久我山12分
京王線―千歳烏山よりバス国学院前すぐ
12分

「きちんと青春」で将来の社会を生き抜く力を

都内では希少な男女別学校。男女それぞれの環境で学びながら、「共働」の名の下に，互いに尊重し合う。地域探訪など教科を越えた体験型学習の機会も豊富。

学習 STクラスは最難関国公立大学の現役合格をめざす。他クラスとは授業の進度と深め方が異なる。女子部のCCクラスは日本の文化・伝統を学び世界に発信できる人を育成。男子一般クラスの英数は中３で習熟度別授業を行う。英会話は中１からティームティーチングを展開。世界の多様な価値観を英語で学ぶ「グローバル・プログラム」も用意している。数学では計算力診断テストを実施。中学で全項目合格をめざす。理科は３年間で約90の実験を行う。社会と国語を融合させた「地域探訪」では学校周辺のフィールドワークを通じ，地理・歴史・文化・自然について総合的理解を深める。

キャリア教育 男子は中３で職業調べ、女子は中２で職場訪問などを行い，働くことの大切さを知る。男子は中１から武道，中２の男子特別講座「能楽教室」で謡と舞の稽古を実施。女子は中１からの特別講座で日本の伝統文化から日本の心と作法を学ぶ。

学校生活 授業は男女別だが，クラブ，学校行事は共に活動するものもある。陸上競技・サッカーなど全国レベルの部も多い。

●**コース表** 男子部・女子部の別学制

中１	中２	中３	高１	高２	高３
ST（特別進学）クラス〈男子部／女子部〉					
			成績上位者クラス		
一般〈男子部〉／CC〈女子部〉クラス					

※全クラス高２より文系／理系

保護者MEMO

登校時刻▶8：20
最終下校時刻▶17：50
土曜日▶毎週登校。平常授業４時間
昼食▶食堂／食品販売あり
携帯電話▶可
制服▶詰襟，セーラー
自転車通学▶許可制
カウンセラー▶週２日
保護者面談▶年２回
保護者会▶年１回
必修旅行▶北海道(中３)，他
部活動▶週４日以内

学費　　初年度目安 123万円

（単位:円）	入学金	施設費	授業料	その他	合計
入学手続時	250,000	―	―	―	250,000
1年終了まで	―	132,000	420,000	424,249	976,249

［その他］制服・指定品代，教育充実費，実験実習費，諸雑費，自然体験教室，父母の会費，部活動後援会費，生徒会費。
［寄付・学債］なし。
※上記は'22年度のもの。新年度について詳細は「受験生応援アプリ」にて公開（2023年５月～）。

●**奨学金・特待生**
なし。中学在学中の成績により高１授業料免除制度等有

首都圏模試　思考コード（単位：%）

〈第１回〉

読み取る力＼考える力	国語 A	国語 B	国語 C	算数 A	算数 B	算数 C
複雑 3				5		
2	3	10		41	18	
単純 1	27	60		11	25	

A=知識・理解思考　B=論理的思考　C=創造的思考

2024年度入試　合格の基準

		首都圏模試 ほぼ確実	首都圏模試 見込あり	首都圏模試 やや見込あり	四谷大塚 ほぼ確実	四谷大塚 見込あり	四谷大塚 やや見込あり
男子	〈一般②〉	64	59	53	52	48	44
女子	〈一般②〉	62	57	51	48	44	40

ほぼ確実＝80%～／見込あり＝50～79%／やや見込あり＝20～49%

入試要項　2023年度参考　新年度日程は アプリへGO!　2科　4科

試験名			試験日 ◎午後入試	出願締切 Web	発表 Web	手続 Web	選抜方法 2科	4科	適	英	他	面接	特待	募集数	応募数	受験数	合格数	実質倍率	偏差値
男子	一般	①	2/1	1/30	当日	2/6		●						45	199	185	59	3.1	63
男子	一般	②	2/2	1/30	当日	2/6		●						75	479	310	92	3.4	64
男子	ST	①	2/1 ◎	1/30	当日	2/6	●							40	516	491	130	3.8	68
男子	ST	②	2/3 ◎	当日	当日	2/6	●							25	371	323	46	7.0	68
男子	ST	③	2/5	2/4	当日	2/6		●						15	216	192	27	7.1	66
女子	CC	①	2/1	1/30	当日	2/6		●						25	94	89	31	2.9	61
女子	CC	②	2/2	1/30	当日	2/6		●						35	267	179	83	2.2	62
女子	ST	①	2/1 ◎	1/30	当日	2/6	●							25	180	171	50	3.4	68
女子	ST	②	2/3 ◎	当日	当日	2/6	●							25	163	145	27	5.4	68
女子	ST	③	2/5	2/4	当日	2/6		●						10	102	88	15	5.9	66

＊ST①②の集合時間はA 15：00／B 15：30

【出願方法】Web出願　**【手続方法】**Web納入　**【受験料】**22,000円

【帰国生入試】1/8（若干名募集）

中学受験のプロがおすすめ！ 併願校の例

特色	男 進学校的附属校	男 オンライン英会話	男 フィールドワーク	女 進学校的附属校	女 オンライン英会話	女 フィールドワーク
♠男子校 ♥女子校 ♣共学・別学校	♣東京農大一	♠明大中野	♣中大附属	♣東京農大一	♥鷗友女子	♣中大附属
	♣帝京大学	♣明大八王子	♣成蹊	♣帝京大学	♣明大八王子	♣成蹊
	♣桜美林	♣穎明館	♣日大二	♣桜美林	♣穎明館	♣日大二

併設高校の進路情報

四年制大学進学率70.2%
文系59／理系41／その他０（%）　医歯薬54名合格

'22年３月卒業生：439名　大学308名　短大０名　専門２名　就職１名　他128名

内部推薦▶國學院大學へ27名（法14，文１，経済５，人間開発６，観光まちづくり１）が内部推薦で進学した。同北海道短期大学部，同栃木短期大学への優先入学制度もある。

指定校推薦▶都立大，早稲田大，慶應大，上智大，東京理科大，学習院大，明治大，青山学院大，立教大，中央大，法政大など推薦枠あり。

海外大学合格状況▶Berklee College of Music（米），University of Sussex，University of London（英），University of Auckland（ﾆｭｰｼﾞｰﾗﾝﾄﾞ），他。

主な大学合格状況　'23年春については主要大学のみ巻末一覧に記載

大学名	'22	'21	'20	大学名	'22	'21	'20	大学名	'22	'21	'20
◇東京大	2	3	2	◇東京医歯大	1	0	1	立教大	64	50	68
◇京都大	1	2	1	◇東京農工大	2	7	4	中央大	75	108	90
◇東工大	3	0	3	◇都立大	10	8	12	法政大	91	68	107
◇一橋大	3	2	5	早稲田大	62	59	81	日本大	80	115	121
◇千葉大	6	5	4	慶應大	46	45	47	東洋大	39	47	45
◇筑波大	6	2	7	上智大	25	37	42	専修大	33	30	23
◇東京外大	3	6	1	東京理科大	50	41	61	國學院大	62	62	96
◇横浜国大	3	2	3	学習院大	20	21	22	成蹊大	21	17	13
◇北海道大	1	2	2	明治大	100	137	126	芝浦工大	40	43	41
◇東北大	2	5	3	青山学院大	45	44	47	日本女子大	10	17	21

※各大学合格数は既卒生との合計。

見学ガイド　体育祭／文化祭／説明会／オープンキャンパス／授業体験

 高校募集 あり 高1より全体が混合。 高1内訳 一貫生 27名 319名 高入生

国士舘(こくしかん) 中学校

〒154−8553 東京都世田谷区若林 4−32−1 ☎03−5481−3135（入試係）

国際 海外研修 長期留学 第2外国語 online英会話 21型 1人1台端末 リモート体制 プロジェクト型 論文執筆 STEAM 情操 体験学習 ボランティア 人間力育成

教育目標▶「誠意・勤労・見識・気魄」を重視し，物事を正しく判断する力を身につける。
沿革▶1917年，柴田徳次郎により私塾「國士舘」創設。1947年中学校（新制）設置。1994年共学化。
施設▶メイプルセンチュリーホール，大講堂，書道教室，体育・武道館，屋内温水プール，フィットネス，屋上テニスコート，人工芝グラウンド，他。
学校長▶岩渕　公一
生徒数▶総数132名

	1年（2クラス）	2年（2クラス）	3年（2クラス）
男子	45名	30名	30名
女子	10名	6名	11名

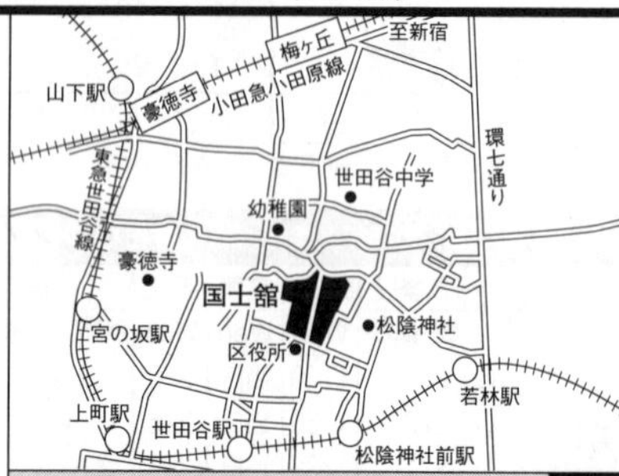

東急世田谷線—松陰神社前6分
小田急線—梅ヶ丘13分
6分

「心学」と「活学」を柱に，生きる力を育む

「心学＝道徳心や思いやりなど心の学び」と，「活学＝社会の先頭で活躍する力を身につける教育」の実現のために，読書・体験・反省を実践する。

学習 始業前の朝テストと放課後に教員のサポートの下，全校生徒で取り組む放課後学習を毎日実施する。英検の全員受験と，そのための対策学習も授業内外で行う。中2では国内2泊3日の英語語学研修を実施，中高の希望者で夏休み期間にオーストラリアでのホームステイを中心とした海外語学研修を行っている。一方で，武道・書道を通じて礼節を身につけ，日本文化の理解を深めるなどして，英語力の向上だけでないバランスの取れた国際感覚を養う。中3の下田移動教室では漁村体験やマリンスポーツに挑戦するなど体験学習も重視。また，防災学習を中・高・大の連携した取り組みとして実践している。

●コース表

中1	中2	中3	高1	高2	高3
共通履修	選抜コース		選抜	理系	
				文系Ⅰ類	
	進学コース		進学	文系Ⅱ類	
				文系Ⅲ類	

キャリア教育 年2回，「エゴグラム」診断を実施。自分の性格を知ることで，基本的な生活習慣やコミュニケーション能力の獲得と，短所の改善などに役立てる。

学校生活 16のクラブがあり，柔道部・剣道部・書道部が全国レベルで活躍。1月には全校で寒稽古や武道大会実施。秋に近隣の神社が主催する「幕末維新祭」に参加。

保護者MEMO

登校時刻▶8：20
最終下校時刻▶18：30
土曜日▶毎週登校。平常授業4時間
昼食▶食堂／食品販売あり
携帯電話▶許可制
制服▶ブレザー
自転車通学▶可
カウンセラー▶週2日
保護者面談▶年1～2回
保護者会▶年1～2回
必修旅行▶静岡（中3），他
部活動▶活動日は部による

学費　初年度目安 119万円

（単位:円）	入学金	施設費	授業料	その他	合計
入学手続時	200,000	144,000	—	—	344,000
1年終了まで	—	—	438,000	407,414	845,414

●**奨学金・特待生**
授業料・施設費（進級時に継続審査）

［その他］制服・指定品代，修学旅行費，冷暖房費，教育運営費。
［寄付・学債］なし。
※上記は'22年度のもの。新年度について詳細は「受験生応援アプリ」にて公開（2023年5月～）。

首都圏模試　思考コード　(単位：%)

〈第２回〉

読み取る力＼考える力	国語 A	国語 B	国語 C	算数 A	算数 B	算数 C
複雑 3						
2	7	7		50		
単純 1	29	47	10	35	15	

A＝知識・理解思考　B＝論理的思考　C＝創造的思考

2024年度入試　合格の基準

		首都圏模試 ほぼ確実	首都圏模試 見込あり	首都圏模試 やや見込あり	四谷大塚 ほぼ確実	四谷大塚 見込あり	四谷大塚 やや見込あり
男子	①	39	35	31	32	27	22
女子	①	39	35	31	32	27	22

ほぼ確実＝80％～／見込あり＝50～79％／やや見込あり＝20～49％

入試要項　2023年度参考　新年度日程は アプリへGO!　2科

試験名	試験日 ◎午後入試	出願締切 Web	発表 Web	手続 Web	選抜方法 2科	4科	適	英	他	面接	特待	募集数	応募数	受験数	合格数	実質倍率	偏差値
①	**2/1**	1/31	当日	2/5	●					＊	●	40	56	46	36	1.3	39
②	**2/2**	2/1	当日	2/6	●					＊	●	20	27	14	9	1.6	40
③	**2/3**	2/2	当日	2/7	●					＊		20	26	15	10	1.5	40
④	**2/5**	2/4	当日	2/8	●					＊		若干	21	8	5	1.6	40

＊個人面接

【出願方法】 Web出願
【手続方法】 Web納入
【受験料】 25,000円（同時出願は複数回受験可）

【帰国生入試】 上記に含む

（注）偏差値は男女同数値

中学受験のプロがおすすめ！ 併願校の例

特色	男 半付属校	男 礼儀・マナー	男 キャリア教育	女 半付属校	女 礼儀・マナー	女 キャリア教育
♠男子校 ♥女子校 ♣共学・別学校	♣日大三	♣東海大高輪台	♣品川翔英	♣日大三	♣東海大高輪台	♣品川翔英
	♣立正大立正	♣東京立正	♣実践学園	♣立正大立正	♣東京立正	♣実践学園
	♣日本工大駒場	♣貞静学園	♣目黒学院	♣日本工大駒場	♣貞静学園	♣目黒学院

併設高校の進路情報

四年制大学進学率90%
文系65／理系13／その他22（%）　医歯薬２名合格

内部推薦▶国士舘大学へ163名（政経44，経営20，法34，理工19，文10，体育19，21世紀アジア17）が内部推薦で進学した。

指定校推薦▶利用状況は法政大１，日本大１，東洋大１，駒澤大１，専修大３，東京都市大５，桜美林大２，大妻女子大１，帝京平成大２，産業能率大１など。ほかに亜細亜大，帝京大，神奈川大，東京電機大，玉川大，工学院大など推薦枠あり。

'22年３月卒業生：370名

大学333名　短大１名／専門15名／就職４名／他17名

主な大学合格状況

'23年春については主要大学のみ巻末一覧に記載

大学名	'22	'21	'20	大学名	'22	'21	'20	大学名	'22	'21	'20
◇国際教養大	0	0	1	日本大	25	7	10	玉川大	2	4	3
◇防衛大	0	0	1	東洋大	7	5	7	東京都市大	7	3	3
早稲田大	0	0	1	駒澤大	1	4	3	立正大	2	2	2
東京理科大	1	0	0	専修大	5	8	8	国士舘大	182	173	174
学習院大	1	1	0	東海大	7	3	1	東京経済大	3	2	2
明治大	4	1	2	帝京大	15	6	9	関東学院大	4	1	1
青山学院大	2	2	1	國學院大	2	1	1	杏林大	4	1	6
立教大	1	0	1	明治学院大	6	1	0	明星大	4	4	3
中央大	6	2	1	獨協大	3	3	1	帝京平成大	8	2	4
法政大	6	2	3	神奈川大	6	5	5	東京医療保健大	7	7	4

※各大学合格数は既卒生との合計。

見学ガイド　説明会／入試相談会

駒込（こまごめ）中学校

〒113－0022　東京都文京区千駄木 5－6－25　☎03－3828－4141

建学の精神▶天台宗の開祖・最澄の言葉「一隅を照らす」(今いる場所で精一杯の努力を重ね輝くこと）の尊さを時代を超えて継承し，全人的な教育を行う。
沿革▶1682年，了翁禅師が上野に設立した「勧学講院」に始まり，1926年に開校。
施設▶勧学ホール，仏間ホール，止観堂，自習室，図書室（4.5万冊），物理・化学・生物専用実験室，テニスコート，柔道場，人工芝グラウンド，他。
学校長▶河合　孝允
生徒数▶総数436名

	1年（4クラス）	2年（4クラス）	3年（5クラス）
男子	81名	82名	106名
女子	52名	49名	66名

南北線―本駒込５分　千代田線―千駄木７分　都営三田線―白山７分　7分

フロンティア精神で未来を創る

仏教主義による人間教育に加え，ICTの活用やグローバル教育などで最先端のプログラムを導入し，未来社会に必要とされる人材を育成していく。

学習 中学では幅広い分野をバランスよく学びながら適性を見つけ，高校では国公立・難関私立大学をめざす特Ｓ・Ｓ，海外大学や国際関係学部が充実した大学をめざす国際教養，理工医薬農系大学への進学をめざす理系先進の3コースにわかれる。英会話は中１からクラスを２分割してネイティヴ教員とのティームティーチング，中２からはオンライン英会話を実施。英検準２級相当以上の生徒にはイングリッシュαクラスを設定。希望別の語学研修もある。授業でICT機器を活用，電子黒板と生徒のタブレット端末を連携させた指導を展開。毎日放課後３時間の学習サポートも導入。

●**コース表**

中1	中2	中3	高1	高2	高3
Sクラス			特S・S─理系／文系		
			国際教養(文系)		
Aクラス			理系先進(理系)		

キャリア教育 授業アンケートや個別面談，日常的なコミュニケーションの中で，生徒主体の指導を行う。高１の先輩や社会人の方，各大学の関係者の話を聞く会も開催。

学校生活 仏教教育の一環として中２は日光山，高１は比叡山での修行体験を実施。また，農村体験や田植え体験，毎日の給食を通して，食の大切さを学ぶ。

保護者MEMO

登校時刻▶8：20
最終下校時刻▶17：30
土曜日▶毎週登校。平常授業４時間
昼食▶給食／食堂・食品販売あり（中学は土曜のみ）
携帯電話▶可
制服▶ブレザー
自転車通学▶可
カウンセラー▶週３日
保護者面談▶年２回
保護者会▶年３回
必修旅行▶京都方面(中3)，他
部活動▶活動日は部による

学費　　初年度目安 140万円

(単位:円)	入学金	施設費	授業料	その他	合計
入学手続時	350,000	―	―	―	350,000
1年終了まで	―	―	438,000	610,200	1,048,200

［その他］制服・指定品代，維持費，積立金，PTA会費，生徒会費。※別途給食費（1.6万円/月）あり。
［寄付・学債］任意の寄付金１口10万円2口以上あり。
※上記は'22年度のもの。新年度について詳細は「受験生応援アプリ」にて公開（2023年５月～）。

●**奨学金・特待生**
SS：授業料３年／S：入学金，授業料／Ⅰ：入学金，12万円／Ⅱ：入学金／Ⅲ：入学金半額／Ⅳ：12万円他

首都圏模試　思考コード（単位：%）

読み取る力＼考える力	〈第1回〉国語 A	国語 B	国語 C	算数 A	算数 B	算数 C	〈適性検査型A〉Ⅰ A	Ⅰ B	Ⅰ C	Ⅱ A	Ⅱ B	Ⅱ C
複雑 3												
2	10	14		80					80		48	
単純 1		76			20			20		4	48	

A=知識・理解思考　B=論理的思考　C=創造的思考

2024年度入試　合格の基準

		首都圏模試 ほぼ確実	首都圏模試 見込あり	首都圏模試 やや見込あり	四谷大塚 ほぼ確実	四谷大塚 見込あり	四谷大塚 やや見込あり
男子	①	50	46	42	41	37	33
女子	①	50	46	42	42	38	34

ほぼ確実＝80%～／見込あり＝50～79%／やや見込あり＝20～49%

入試要項　2023年度参考　新年度日程はアプリへGO!

2科　4科　適性型　英　他

	試験名	試験日 ◎午後入試	出願締切 Web	発表 Web	手続 Web	2科	4科	適	英	他	面接	特待	募集数	応募数	受験数	合格数	実質倍率	偏差値
①	2科4科	2/1	1/31	当日	2/6延	●	●					●	30	154	126	41	3.1	男50 女50
	適性検査	2/1	1/31	当日	2/6延			＊1				●	20	236	230	110	2.1	
②	2科	2/1 ◎	1/31	当日	2/6延	●						●	25	262	228	56	4.1	男53 女52
③	2科4科	2/2	2/1	当日	2/6延	●	●					●	15	233	155	57	2.7	男53 女51
	プログラミング	2/2	1/26	当日	2/6延					＊2		●	10	14	11	2	5.5	
	自己表現	2/2	1/26	当日	2/6延					＊3		●		4	4	1	4.0	
	英語	2/2	1/26	当日	2/6延				＊4			●		27	23	13	1.8	
④	3ヵ年特待	2/2 ◎	2/1	当日	2/6延					＊5		●	10	192	134	21	6.4	男63 女63
⑤	2科	2/4	2/3	当日	2/6延	●						●	10	257	123	43	2.9	男53 女52

＊1　適性検査型A（Ⅰ国語的思考力，Ⅱ大問①算数的思考力・②社会的思考力・③理科的思考力，Ⅲ算数的+理科的思考力）または適性検査型B（1思考表現，2数的処理，3理社総合）　＊2　算数＋プログラミング　＊3　クリエイティブ型　＊4　国数英（筆記+インタビュー）英検取得者は準2級以上で英語試験免除，3級は加点あり。英検取得者制度利用の場合は要事前個別相談・英検証書コピー提出　＊5　算数

【出願方法】Web出願　**【手続方法】**Web納入。公立中高一貫校の受検者は合格発表の翌日まで延納可
【受験料】20,000円（同日の午前・午後の連続受験可。2回以上は10,000円追加）

【帰国生入試】12/10，2/4（各若干名募集）

中学受験のプロがおすすめ!　併願校の例

特色	男 留学制度	男 ICT教育	男 STEM教育	女 留学制度	女 ICT教育	女 STEM教育
♠男子校 ♥女子校 ♣共学・別学校	♣かえつ有明	♣宝仙学園	♣目黒日大	♣かえつ有明	♣宝仙学園	♣目黒日大
	♣東京成徳大学	♠足立学園	♣淑徳巣鴨	♣東京成徳大学	♥十文字	♣淑徳巣鴨
	♣城西大城西	♣桜丘	♣郁文館	♣城西大城西	♣桜丘	♣郁文館

併設高校の進路情報

四年制大学進学率87.7%
文系・理系割合 未集計　医歯薬18名合格

指定校推薦▶上智大，東京理科大，学習院大，明治大，青山学院大，立教大，中央大，法政大，日本大，東洋大，駒澤大，専修大，大東文化大，東海大，亜細亜大，帝京大，國學院大，成蹊大，明治学院大，獨協大，神奈川大，芝浦工大，東京電機大，東京女子大，日本女子大，武蔵大，北里大，東邦大，東京薬科大，日本薬科大，日本歯大など推薦枠あり。

海外大学合格状況▶Citrus College（米），北京大学，上海交通大学（中），他。

'22年3月卒業生：351名
大学308名　短大2名　専門7名　就職1名　他33名

主な大学合格状況　'23年春については主要大学のみ巻末一覧に記載

大学名	'22	'21	'20	大学名	'22	'21	'20	大学名	'22	'21	'20
◇東京大	1	0	0	上智大	4	7	9	駒澤大	16	22	12
◇東工大	1	0	0	東京理科大	24	27	26	専修大	30	28	31
◇千葉大	2	2	2	学習院大	8	9	8	大東文化大	11	10	28
◇筑波大	0	2	3	明治大	23	33	32	東海大	19	12	20
◇埼玉大	0	3	2	青山学院大	23	11	16	帝京大	17	21	30
◇北海道大	2	0	0	立教大	39	35	21	成蹊大	22	11	8
◇防衛医大	0	1	1	中央大	36	25	29	明治学院大	31	20	8
◇都立大	2	7	2	法政大	54	49	42	獨協大	31	23	37
早稲田大	16	11	17	日本大	88	87	71	芝浦工大	15	23	49
慶應大	7	8	4	東洋大	93	59	73	東京電機大	8	22	34

※各大学合格数は既卒生との合計。

見学ガイド　説明会／体験会／個別相談会

桜丘（さくらがおか）中学校

〒114－8554　東京都北区滝野川1－51－12　☎03－3910－6161

国際　海外研修　長期留学　第2外国語　online英会話　21型　1人1台端末　リモート体制　プロジェクト型　論文執筆　STEAM　情操　体験学習　ボランティア　人間力育成

校訓▶「勤労」と「創造」を掲げ，生徒がたゆまぬ努力と創意工夫で，新しい自分を作ることをめざす。
沿革▶1924年，稲毛多喜が設立した職業学校が前身。1996年桜丘女子中学校再開。2004年現校名に改称，男女共学化。
施設▶体育館兼講堂，多目的室，進学総合情報センター，自習室，選択室，カウンセラー室，カフェテライブラリー，カフェテリア，グラウンド，他。
学校長▶髙橋　知仁
生徒数▶総数461名

	1年（7クラス）	2年（4クラス）	3年（3クラス）
男子	118名	74名	62名
女子	106名	59名	42名

JR・南北線―王子7分　都電―滝野川一丁目1分　都営三田線―西巣鴨8分　7分

誰も知らない未来を創れるヒトに

校訓である「勤労と創造」のもと自立した個人の育成をめざす。学校生活のあらゆる場面で，未来に求められる創意工夫と的確な判断力を養う体制が整う。

学習 宿題のほかに生徒自らが学習課題を決めて取り組む「家庭学習帳」と，計画や反省を記録する「SSノート」で，安定した学びの習慣，自主的な姿勢を育む。英語は週7時間のうち5時間をネイティヴ教員が担当，豊かな英語環境が整う。ICT教育にも重点をおき，1人1台タブレット端末を活用している。中学では幅広く学びながら適性を見極め，高校では大学進学をめざすスーパーアカデミック，アカデミック，グローバル探究学習を行うグローバルスタディーズ，企業インターンシップにも参加するキャリアデザインの4コース編成で，得意分野を伸ばし進路の実現に向かう。

●コース表

中1	中2	中3	高1	高2	高3
共通履修			スーパーアカデミック		
			アカデミック		
			グローバルスタディーズ（文系）		
			キャリアデザイン（文系）		

※スーパーアカデミック，アカデミックは高2より文系／理系

キャリア教育 早い段階から大学への意識を高めるために，中学で大学体感プログラム（大学見学）を実施。高校では進路講演会，グローバルキャリア教育講演会も開催する。

学校生活 人間教育の一環として男女共に茶道と手話を学ぶ。日直が1日クラスのリーダーとなる「MC制度」，学年をまたいだチームで行事などに取り組む「ハウス制」を導入，リーダー・チーム力を伸ばす。

保護者MEMO

登校時刻▶8：15
最終下校時刻▶18：00
土曜日▶毎週登校。平常授業4時間
昼食▶給食（週3回）／食堂・食品販売あり
携帯電話▶可
制服▶ブレザー
自転車通学▶中学不可
カウンセラー▶週4日
保護者面談▶年1回
保護者会▶年3回
必修旅行▶広島（中2），他
部活動▶活動日は部による

学費　初年度目安 141万円

（単位:円）	入学金	施設費	授業料	その他	合計
入学手続時	250,000	100,000	―	―	350,000
1年終了まで	―	―	444,000	620,959	1,064,959

［その他］制服・指定品代，教育環境整備費等，教材費，旅行積立金，PTA会費，生徒会費，給食費。
［寄付・学債］なし。
※上記は'22年度のもの。新年度について詳細は「受験生応援アプリ」にて公開（2023年5月～）。

●奨学金・特待生
S：入学金，施設費，授業料・教育環境整備費等3年／A：授業料3年／B：授業料半額1年，C：入学金半額

首都圏模試　思考コード（単位：%）

〈第1回〉

読み取る力＼考える力	国語 A	国語 B	国語 C	算数 A	算数 B	算数 C
複雑 3						
2	22	18		85		
単純 1		60		5	10	

A=知識・理解思考　B=論理的思考　C=創造的思考

2024年度入試　合格の基準

		首都圏模試 ほぼ確実	首都圏模試 見込あり	首都圏模試 やや見込あり	四谷大塚 ほぼ確実	四谷大塚 見込あり	四谷大塚 やや見込あり
男子	①	42	38	34	36	31	26
女子	①	42	38	34	36	31	26

ほぼ確実＝80%～／見込あり＝50～79%／やや見込あり＝20～49%

入試要項　2023年度参考　新年度日程は アプリへGO!

2科　4科　適性型　英

回	試験名	試験日（◎午後入試）	出願締切 Web	発表 Web	手続 窓口	2科	4科	適	英	他	面接	特待	募集数	応募数	受験数	合格数	実質倍率	偏差値
①	適性検査	2/1	1/31	当日	2/10			＊1				●	40	133	120	86	1.4	男42 女42
	2科					●						●		95	81	34	2.4	
	4科						●					●		87	63	24	2.6	
②	3年特待チャレンジ	2/1 ◎	1/31	当日	2/10	●						●		142	114	20	5.7	男38 女38
							●					●		106	85	8	10.6	
③	英検利用	2/2	2/1	当日	2/10				＊2			●	15	38	32	19	1.7	男42 女42
	適性検査							＊1				●		136	104	66	1.6	
	2科					●						●		106	75	19	3.9	
	4科						●					●		104	69	18	3.8	
④	3年特待チャレンジ	2/2 ◎	当日	当日	2/10	●						●	15	144	82	7	11.7	男48 女48
							●					●		123	66	5	13.2	
⑤	2科	2/4	2/3	当日	2/10	●						●	10	166	90	17	5.3	男43 女42
	4科						●					●		142	76	14	5.4	

＊1　適性検査ⅠⅡⅢ　＊2　算数+英検による保証点。英検合格証書のコピー
※通知表コピー

【出願方法】Web出願。書類郵送も可。直前出願は当日持参も可　**【手続方法】**納入方法は合格発表時に連絡。窓口手続きあり　**【受験料】**23,000円（複数回受験可）

【帰国生入試】12/12（若干名募集）

中学受験のプロがおすすめ！ 併願校の例

特色	男 ICT教育	男 生活・学習ノート	男 特待生制度	女 ICT教育	女 生活・学習ノート	女 特待生制度
♠男子校 ♥女子校 ♣共学・別学校	♠足立学園	♣淑徳巣鴨	♣駒込	♥十文字	♣淑徳巣鴨	♣駒込
	♣成立学園	♣郁文館	♠聖学院	♣成立学園	♣郁文館	♥日大豊山女子
	♣武蔵野	♣実践学園	♣駿台学園	♣武蔵野	♣実践学園	♣駿台学園

併設高校の進路情報

四年制大学進学率90.4%
文系68／理系32／その他0（%）

指定校推薦▶利用状況は東京理科大3，明治大1，立教大2，中央大1，法政大3，日本大2，東洋大5，専修大1，國學院大5，成蹊大1，成城大2，明治学院大2，獨協大4，芝浦工大2，東京都市大2など。ほかに学習院大，駒澤大，大東文化大，帝京大，東京電機大など推薦枠あり。

海外大学合格状況▶The University of Alabama at Birmingham，University of South Florida（米），The University of Manchester，University of East Anglia（英），他。

'22年3月卒業生：353名

大学319名　短大1名　専門5名　就職0名　他28名

主な大学合格状況　'23年春については主要大学のみ巻末一覧に記載

大学名	'22	'21	'20	大学名	'22	'21	'20	大学名	'22	'21	'20
◇一橋大	0	0	1	早稲田大	12	8	0	日本大	88	59	44
◇千葉大	3	0	1	慶應大	2	2	0	東洋大	140	117	102
◇筑波大	1	0	2	上智大	7	3	0	駒澤大	36	21	22
◇東京外大	1	1	0	東京理科大	12	13	10	専修大	43	34	18
◇埼玉大	1	7	3	学習院大	22	6	5	大東文化大	28	29	10
◇北海道大	1	0	1	明治大	30	17	20	帝京大	47	37	26
◇都立大	4	3	0	青山学院大	18	5	12	國學院大	33	16	12
◇都留文科大	7	5	1	立教大	30	25	9	成城大	33	21	7
◇高崎経済大	0	2	3	中央大	29	28	18	明治学院大	27	12	14
◇釧路公立大	4	2	1	法政大	69	38	32	獨協大	76	26	29

※各大学合格数は既卒生との合計。

見学ガイド　説明会／入試体験／個別見学対応

高校募集 あり 高１より全体が混合。 高１内訳 一貫生 51名 28名 高入生

サレジアン国際学園（こくさいがくえん）中学校

〒115－8524 東京都北区赤羽台 4－2－14 ☎03－3906－7551 旧・星美学園中学校

国際 / 海外研修 / 長期留学 / 第２外国語 / online英会話 / 21型 / 1人1台端末 / リモート体制 / プロジェクト型 / 論文執筆 / STEAM / 情操 / 体験学習 / ボランティア / 人間力育成

教育理念▶宗教・理性・慈愛に基づく全人間教育を礎に，主体的に自他を大切にできるように導く。
沿革▶キリスト教カトリックの女子修道会であるサレジアン・シスターズにより1947年設立。2022年度より共学化，サレジアン国際学園中学校に校名変更。
施設▶聖堂，和室，自習室，宗教室，サイエンスラボ，体育館，テニスコート，グラウンド，他。
学校長▶森下　愛弓
生徒数▶総数199名　併設小からの進学者を含む。

	1年（4クラス）	2年（2クラス）	3年（2クラス）
男子	54名	—	—
女子	66名	42名	37名
内進生内数	男7名 女25名	女34名	女24名

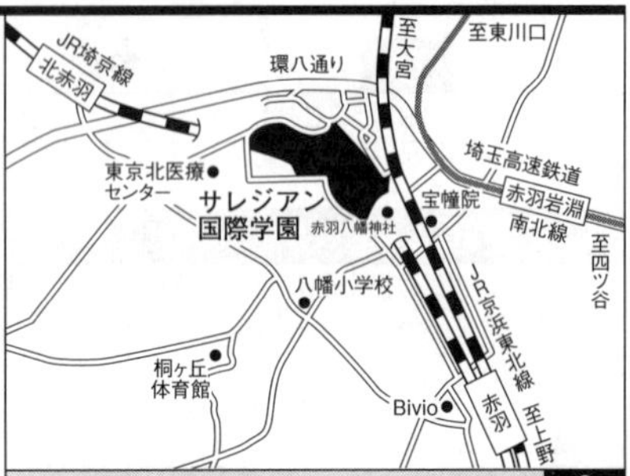

JR─赤羽10分　南北線・埼玉高速鉄道─赤羽岩淵８分　10分

21世紀に活躍できる「世界市民」の育成

誰もが自由で対等に活躍できる社会に向け2022年４月より共学化。本科とインターナショナルの２コース制を導入し，課題を自ら発見し解決する力を養う。

学習 本科クラスは問題解決型授業を軸に，基礎学力の定着をめざす。興味関心のあるゼミを選択して探究活動を行う「個人研究」を週３時間実施する。週８時間の英語授業で言語活用力を伸ばす。理数・ICT教育にも注力し，数学・科学リテラシーを身につける。理科は大学の研究室並みの設備で知的好奇心や創造性を引き出す。インターナショナルクラスは英語習熟度別にAdvancedとStandardの２グループを設置（ホームルームは両者が混在する形で編成）。英語授業は週10時間。Advancedでは英数理社をネイティヴ教員によるオールイングリッシュで行う。

キャリア教育 中学では大学や企業などさまざまな分野で活躍する方々を招いて講演会やワークショップを開催。また３～５日間の職場体験を行い，将来の実社会で求められるスキルや働くことについて考える。

学校生活 部活動はPBL型授業で身につけた力を発揮する場ととらえ，活動目標の設定や練習内容など，生徒同士が考え話し合いながら運営していく。

●コース表

中1	中2	中3	高1	高2	高3
本科クラス				理系／文系	
インターナショナルクラス（ADVANCED）					
インターナショナルクラス（STANDARD）					

保護者MEMO

登校時刻▶8：15
最終下校時刻▶18：30
土曜日▶毎週登校。平常授業４時間
昼食▶弁当／食品販売あり
携帯電話▶可
制服▶ブレザー
自転車通学▶不可
カウンセラー▶週2～3日
保護者面談▶年２回
保護者会▶年３回
必修旅行▶関西（中３），長崎（高２）
部活動▶週３日まで

学費　初年度目安 132万円

（単位:円）	入学金	施設費	授業料	その他	合計
入学手続時	280,000	—	—	—	280,000
1年終了まで	—	120,000	450,000	468,000	1,038,000

［その他］制服・指定品代，教育充実費，預り金，ICT関連費。
［寄付・学債］なし。
※上記は'22年度のもの。新年度について詳細は「受験生応援アプリ」にて公開（2023年５月～）。

●奨学金・特待生
A：入学金，授業料１年間／B：入学金／C：入学金半額

首都圏模試 思考コード (単位:%)

〈第1回〉

読み取る力＼考える力	国語 A	国語 B	国語 C	算数 A	算数 B	算数 C
複雑 3				4		
2		21		45	21	
単純 1	6	70	3		30	

A=知識・理解思考　B=論理的思考　C=創造的思考

2024年度入試 合格の基準

		首都圏模試 ほぼ確実	首都圏模試 見込あり	首都圏模試 やや見込あり	四谷大塚 ほぼ確実	四谷大塚 見込あり	四谷大塚 やや見込あり
男子	〈①本科〉	42	37	33	39	34	29
女子	〈①本科〉	42	37	33	39	34	29

ほぼ確実=80%～／見込あり=50～79%／やや見込あり=20～49%

入試要項 2023年度参考　新年度日程はアプリへGO!

2科 4科 適性型 英 他

試験名		試験日 ◎午後入試	出願締切 Web	発表 Web	手続 Web	選抜方法 2科	4科	適	英	他	面接	特待	募集数	応募数	受験数	合格数	実質倍率	偏差値
①	本科	2/1	1/31	当日	2/10	●	●						25	24	21	18	1.2	男42 女42
	インター SG・AG		1/31	当日	2/10	●	●		＊2		＊2		10	39	32	23(2)	1.4	男43 女43
自由選択①	本科	2/1 ◎	1/31	当日	2/10					＊1			25	36	28	20	1.4	男43 女43
	インター SG		1/31	当日	2/10					＊1			10	33	22	17	1.3	男44 女44
②	本科	2/2	2/1	当日	2/10	●	●						15	31	11	9	1.2	男42 女42
	インター SG・AG		2/1	当日	2/10	●	●		＊2		＊2		10	51	25	23(2)	1.1	男43 女43
自由選択②	本科	2/2 ◎	2/1	当日	2/10					＊1			20	40	13	9	1.4	男43 女43
	インター SG		2/1	当日	2/10					＊1			10	33	12	8	1.5	男44 女44
③スカラ	本科	2/3 ◎	2/2	当日	2/10	●	●					●	10	42	23	8	2.9	男45 女45
	インター SG・AG		2/2	当日	2/10	●	●		＊2		＊2	●	10	65	33	22(1)	1.5	男46 女46
21世紀型	本科	2/5	2/4	当日	2/10					＊3			5	46	14	11	1.3	男45 女45
	インター SG		2/4	当日	2/10					＊3				52	11	8	1.4	男46 女46

＊1　国算理社から2科選択　＊2　Standardは2科または4科，Advancedは英語（CEFR B1 以上は免除で満点扱い）+英語エッセイ+英語面接　＊3　21世紀型（国算理社から2科選択または思考力問題）
※　インターナショナルAdvancedの対象者は合格証のコピー

【出願方法】Web出願後，対象者は書類郵送　**【手続方法】**Web納入　**【受験料】**25,000円（複数回受験可）

【帰国生入試】11/6，12/11，1/9（若干名募集）
（注）（　）内はAG・SGの合格者数で内数

中学受験のプロがおすすめ! 併願校の例

特色	男 ICT教育	男 国際理解教育	男 論文(自由研究)	女 ICT教育	女 国際理解教育	女 論文(自由研究)
♠男子校 ♥女子校 ♣共学・別学校	♣宝仙学園	♣駒込	♠獨協	♣宝仙学園	♣駒込	♥三輪田学園
	♠足立学園	♠聖学院	♣駒込	♥十文字	♥女子聖学院	♣駒込
	♣武南	♣目白研心	♣実践学園	♣武南	♣目白研心	♣実践学園

併設高校の進路情報

四年制大学進学率88.4%
文系・理系の割合 非公表

内部推薦▶星美学園短期大学への推薦制度がある。進学状況は非公表。

指定校推薦▶上智大，学習院大，青山学院大，立教大，成蹊大，成城大，芝浦工大，東京電機大，日本女子大，立命館大，玉川大，工学院大，東京都市大，大妻女子大，聖心女子大，白百合女子大，日本薬科大，日本歯大，南山大，東京農大，学習院女子大，拓殖大など推薦枠あり。

'22年3月卒業生：69名（女子のみ）

大学61名　短大2名　専門2名　就職0名　他4名

主な大学合格状況　'23年春については主要大学のみ巻末一覧に記載

大学名	'22	'21	'20	大学名	'22	'21	'20	大学名	'22	'21	'20
◇東京外大	1	0	0	法政大	1	2	0	東京女子大	2	0	4
◇埼玉県立大	0	0	2	日本大	4	3	7	日本女子大	2	0	4
早稲田大	1	0	2	東洋大	8	0	1	桜美林大	8	2	0
上智大	9	5	8	駒澤大	0	0	2	共立女子大	1	1	1
東京理科大	2	0	0	専修大	3	0	2	聖心女子大	6	8	8
学習院大	2	0	0	大東文化大	1	2	2	白百合女子大	4	3	2
明治大	4	0	0	帝京大	2	3	1	実践女子大	3	2	1
青山学院大	1	1	3	成蹊大	2	2	3	清泉女子大	1	5	2
立教大	6	3	5	成城大	2	0	1	目白大	2	1	1
中央大	5	0	0	明治学院大	3	0	3	女子栄養大	3	0	3

※各大学合格数は既卒生との合計。

見学ガイド 文化祭／説明会／授業体験会

高校募集 なし　　高1内訳 一貫生 64名

サレジアン国際学園世田谷中学校（新校名）

（こくさいがくえんせたがや）

〒157－0074　東京都世田谷区大蔵 2－8－1　☎03－3416－1150　旧・目黒星美学園中学校

国際　海外研修　長期留学　第2外国語　online英会話　21型　1人1台端末　リモート体制　プロジェクト型　論文執筆　STEAM　情操　体験学習　ボランティア　人間力育成

教育理念▶大転換期である21世紀の急激な変化に適応できる「世界市民力」を身につけた人を育てる。
沿革▶1954年に星美学園第二小学校として開校。1960年に中学校，1963年に高等学校を開校。2023年度より共学化，サレジアン国際学園世田谷中学校に校名変更。
施設▶ホール，聖堂，ピアノレッスン室，ラウンジ，テニスコート，カフェテリア，サイエンスラボ
学校長▶森下　ワカヨ
生徒数▶総数202名　併設小からの進学者を含む。

	1年（3クラス）	2年（3クラス）	3年（3クラス）
女子	66名	74名	62名
内進生内数	男一名 女36名	女43名	女22名

小田急線一祖師ヶ谷大蔵20分，東急田園都市線一二子玉川よりスクールバス　20分

未来に羽ばたける力「世界市民力」を育む

2023年より校名変更・共学化し，「本科」と「インターナショナル」の2クラス制を導入。実践的な英語教育・探究学習・PBL型授業などを展開。

学習 本科とインターナショナルの2つのクラスを設置。本科クラスでは「ゼミ」を週2実施し，少人数グループで協働しながら専門分野の研究に取り組む。インターナショナルクラスは，基礎英語から始めるスタンダードグループと，英数理社をオールイングリッシュで学ぶアドバンストグループに分かれる。英語の授業は，本科は週8，インターナショナルは週10を用意。国際社会で活躍するための英語・国際教育を実践。全教科でPBL(Problem Based Learning)型授業を実施し，正解のない問いに向き合い「考え続ける力」を培う。さらに，プレゼンテーションやディスカッションなどで発信力，表現力，コミュニケーション能力を高めていく。

●コース表

中1	中2	中3	高1	高2	高3
本科クラス				─理系／文系	
インターナショナルクラス					

キャリア教育 自らテーマを設定し研究を行う「ゼミ」(本科)，国際交流や海外研修（インター），授業・探究活動を通して適性を見出し，ライフキャリアを形づくる。

学校生活 男女合わせて19の部活動がある。共学化に伴い，サッカー部，囲碁将棋部，鉄道研究部なども新設予定。

保護者MEMO

登校時刻▶8：15
最終下校時刻▶17：30
土曜日▶毎週登校，平常授業4時間
昼食▶弁当／食品販売あり
携帯電話▶可
制服▶ブレザー
自転車通学▶不可
カウンセラー▶週2日
保護者面談▶年1回
保護者会▶年2回
必修旅行▶奈良・京都(中3)，九州(高2)
部活動▶活動日は火・金・土

学費　　初年度目安 152万円

(単位:円)	入学金	施設費	授業料	その他	合計
入学手続時	280,000	—	—	—	280,000
1年終了まで	—	150,000	480,000	606,930	1,236,930

[その他] 指定品，制服代，教育充実費，教材積立金，イングリッシュキャンプ，野外活動，後援会費。
[寄付・学債] なし。
※上記は'22年度のもの。新年度について詳細は「受験生応援アプリ」にて公開（2023年5月～）。

●奨学金・特待生
A：入学金，授業料1年間／B：入学金／C：入学金半額

首都圏模試　思考コード（単位：%）

〈第１回午前〉

読み取る力＼考える力	国語 A	国語 B	国語 C	算数 A	算数 B	算数 C
複雑 3						
2	11	9		61		
単純 1	34	46		27	12	

A=知識・理解思考　B=論理的思考　C=創造的思考

2024年度入試　合格の基準

〈①午前本科〉

	首都圏模試 ほぼ確実	首都圏模試 見込あり	首都圏模試 やや見込あり	四谷大塚 ほぼ確実	四谷大塚 見込あり	四谷大塚 やや見込あり
男子	43	38	32	39	34	29
女子	43	38	32	39	34	29

ほぼ確実＝80%～／見込あり＝50～79%／やや見込あり＝20～49%

入試要項　2023年度参考　新年度日程はアプリへGO!

2科　4科　英　他

試験名		試験日（◎午後入試）	出願締切 Web	発表 Web	手続 Web	2科	4科	適	英	他	面接	特待	募集数	応募数	受験数	合格数	実質倍率	偏差値
①午前	本科	2/1	1/31	当日	2/7	●	●						本科60 インター30	61	39	18	2.2	男43 女43
	インターSG		1/31	当日	2/7	●	●							36	25	10	2.5	男44 女44
	インターAG		1/31	当日	2/7				＊1		＊3			13	11	8	1.4	
①午後	本科	2/1 ◎	当日	当日	2/7	●	●							146	126	57	2.2	男44 女44
	インターSG		当日	当日	2/7	●	●							48	40	14	2.9	男45 女45
②特待	本科	2/2 ◎	当日	当日	2/7		●					●		106	50	14	3.6	男49 女49
	インターSG		当日	当日	2/7		●					●		44	19	10	1.9	男43 女43
	インターAG		当日	当日	2/7				＊2		＊3	●		16	14	12	1.2	
③21世紀型	本科	2/3 ◎	当日	当日	2/7	＊4				＊4				184	88	18	4.9	男44 女44
	インターSG		当日	当日	2/7	＊4				＊4				77	36	8	4.5	男45 女45
④	本科	2/5	2/4	当日	2/7		●							148	43	6	7.2	男41 女41
	インターSG		2/4	当日	2/7		●							62	17	3	5.7	男42 女42
	インターAG		2/4	当日	2/7				＊1		＊3			22	5	2	2.5	

＊1　英語（筆記+エッセイ），CEFR　B1 以上は筆記試験免除　＊2　英語（筆記+エッセイ）
＊3　面接　受験生のみ（日本語・英語）　面接は初回受験時のみ　＊4　国算理社から2科選択または思考力問題　＊　インターナショナルAdvancedの対象者は合格証のコピー

【出願方法】Web出願　**【手続方法】**一部Web納入。残額は３月上旬に納入　**【受験料】**①～③25,000円（複数回受験可）　発想力5,000円

【帰国生入試】 11/13，12/11，1/8

中学受験のプロがおすすめ！　併願校の例

特色	男 ICT教育	男 国際理解教育	男 キャリア教育	女 ICT教育	女 国際理解教育	女 キャリア教育
♠男子校 ♥女子校 ♣共学・別学校	♣関東学院	♣八雲学園	♣多摩大聖ヶ丘	♣関東学院	♣八雲学園	♣多摩大聖ヶ丘
	♠佼成学園	♣玉川学園	♣品川翔英	♥横浜女学院	♣玉川学園	♣品川翔英
	♣多摩大目黒	♣文教大付	♣日本工大駒場	♣多摩大目黒	♣文教大付	♣日本工大駒場

併設高校の進路情報

四年制大学進学率86.3%
文系71／理系29／その他０（%）　医歯薬６名合格

指定校推薦▶東京理科大，学習院大，青山学院大，立教大，法政大，帝京大，成蹊大，明治学院大，神奈川大，芝浦工大，東京電機大，東京女子大，日本女子大，立命館大，工学院大，東京都市大，立正大，関東学院大，共立女子大，大妻女子大，聖心女子大，白百合女子大，杏林大，北里大，聖マリアンナ医大，東邦大，国際医療福祉大，東京薬科大，日本歯大，武蔵野大，昭和女子大，恵泉女学園大，麻布大，女子美大，東京工芸大，横浜美大など推薦枠あり。

'22年３月卒業生：80名（女子のみ）

大学69名　短大０名　専門４名　就職０名　他７名

主な大学合格状況　'23年春については主要大学のみ巻末一覧に記載

大学名	'22	'21	'20	大学名	'22	'21	'20	大学名	'22	'21	'20
◇防衛医大	0	0	1	立教大	2	4	4	桜美林大	6	6	1
◇横浜市大	0	0	2	中央大	0	1	1	大妻女子大	2	3	0
◇国立看護大	0	0	1	法政大	1	2	4	聖心女子大	6	5	5
早稲田大	0	1	3	日本大	3	2	2	白百合女子大	4	3	5
慶應大	4	0	7	帝京大	3	2	0	東京女子医大	2	0	1
上智大	5	4	6	成蹊大	1	1	2	北里大	3	1	2
東京理科大	1	1	2	明治学院大	3	4	2	東京薬科大	1	2	2
学習院大	1	4	2	神奈川大	1	2	4	昭和女子大	4	2	2
明治大	0	0	1	東京女子大	0	1	5	フェリス女学院大	2	4	1
青山学院大	3	2	4	日本女子大	0	5	3	東洋英和女学院大	1	4	2

※各大学合格数は既卒生との合計。

見学ガイド　学園祭／説明会／体験会

高校募集 あり　一貫生は中高一貫コースのみ。希望でリベラル，スポーツコースへの編入可。

高1内訳　一貫生 65名　336名　高入生

じっせんがくえん
実践学園 中学校

〒164−0011　東京都中野区中央 2−34−2　☎03−3371−5268

国際 / 海外研修 / 長期留学 / 第2外国語 / online英会話 / 21型 / 1人1台端末 / リモート体制 / プロジェクト型 / 論文執筆 / STEAM / 情操 / 体験学習 / ボランティア / 人間力育成

建学の精神▶学問の修得をとおして，自己実現をめざし，人類・社会に役立つ人材づくりをする。

沿革▶1927年創立の商業学校「東京堂教習所」が前身。1941年東京学園より財団法人実践学園に経営主体を移す。1996年中学校復校。2021年「共学館」完成。

施設▶自由学習館，視聴覚室，茶室，カフェテリア，グラウンド，高尾教育・研修センター，共学館，他。

学校長▶越川　賴知

生徒数▶総数284名

	1年（4クラス）	2年（3クラス）	3年（3クラス）
男子	71名	46名	54名
女子	47名	29名	37名

丸ノ内線・都営大江戸線—中野坂上５分
JR—東中野10分
5分

「一生学び続ける力」を育む6カ年の教育体制

リベラルアーツ＆サイエンス（LA&S）クラスを新たに設置。多様な価値観をもつ人々と理解・協力し合いながら解決する素養を身につける。

学習　中高６年間を３つの期間に分け，それぞれに目標を定めた指導を行う。中１と中２の英語と数学は習熟度別授業を導入。年２回，英検を受験している。中１の「読書科」で読解力・論理力・表現力を養成し，それをもとに中３から「課題論文」に取り組む。屋上に生態系を再現した「実践の森・農園」があり，体験型の環境教育を行う。中学生対象の「ジュニアJ·スクール」では英数国を中心に，放課後や長期休業を活用して基礎講座のほか，学びを活用・応用する標準講座，発展講座を開講。希望者を対象に，ニュージーランドの姉妹校やカナダへの短期留学などを実施。

キャリア教育　グローバル社会に必須のスキルを身につけるための「コミュニケーションデザイン教育科」では，芸術表現体験活動と省察活動を通して創造性・協働性を高める。ICTの活用で生産的思考も育成する。

学校生活　スポーツ練習場と寮施設に学習スペースを併設した「共学館」が完成。学習との両立を念頭に部活動も充実。男子バスケットボール部，卓球部は全国制覇も。

●**コース表**

中1	中2	中3	高1	高2	高3
共通履修			特進クラス 文理クラス		

両コース高２より文系／理系

保護者MEMO

登校時刻▶8：25
最終下校時刻▶18：00
土曜日▶毎週登校。平常授業４時間
昼食▶食堂／食品販売あり
携帯電話▶可
制服▶ブレザー
自転車通学▶可
カウンセラー▶週５日
保護者面談▶年１～２回
保護者会▶年３回
必修旅行▶ニュージーランド（中３）
部活動▶活動日は部による

学費　　初年度目安 146万円

（単位:円）	入学金	施設費	授業料	その他	合計
入学手続時	270,000	120,000	—	—	390,000
1年終了まで	—	—	493,680	572,911	1,066,591

［その他］指定品，制服代，教育充実費，預り金，PTA会費，生徒会費，課外活動助成金。
※LA&Sクラスは授業料673,200円/年
［寄付・学債］なし。
※上記は'23年度予定。詳細は「受験生応援アプリ」にて公開（2023年５月～）。

●**奨学金・特待生**
A：入学金，施設設備費，授業料３年間／B：授業料１年間

首都圏模試 思考コード (単位：%)

読み取る力	〈第1回〉国語 A	国語 B	国語 C	算数 A	算数 B	算数 C	〈適性検査〉Ⅰ A	Ⅰ B	Ⅰ C	Ⅱ A	Ⅱ B	Ⅱ C
複雑 3												
2	22	31		60					60	58		
単純 1		47		40				40			27	15

A=知識・理解思考　B=論理的思考　C=創造的思考

2024年度入試 合格の基準

		首都圏模試 ほぼ確実	首都圏模試 見込あり	四谷大塚 ほぼ確実	四谷大塚 見込あり
男子	〈①〉	42	35 / やや見込あり 31	36	31 / やや見込あり 26
女子	〈①〉	42	35 / やや見込あり 31	37	32 / やや見込あり 27

ほぼ確実＝80%～／見込あり＝50～79%／やや見込あり＝20～49%

入試要項 2023年度参考　新年度日程はアプリへGO!

2科　4科　適性型　英　他

試験名		試験日 ◎午後入試	出願締切 Web	発表 Web	手続 Web	2科	4科	適	英	他	面接	特待	募集数	応募数	受験数	合格数	実質倍率	偏差値
①	2科	2/1	当日	当日	2/2延	●						●	30	58	57	51	1.1	男42 女42
	4科						●					●		40	27	23	1.2	
②	2科	2/2 ◎	当日	当日	2/3延	●						●	10	73	31	27	1.1	男42 女42
	4科						●					●		57	31	26	1.2	
特待生	①	2/1 ◎	当日	当日	2/2延	●						●	10	63	53	7	7.6	男52 女52
	②	2/3 ◎	当日	当日	2/4延	●						●	5	76	33	4	8.3	男54 女52
適性検査		2/2	当日	当日	2/3延			＊1				●	5	26	18	18	1.0	男41 女41
自己PR		2/3	当日	当日	2/4延					＊2	＊3		5	34	7	6	1.2	男40 女40
特別		2/4	当日	当日	2/5延					＊4		●	5	62	20	11	1.8	男41 女41
LA&S	①	2/1	当日	当日	2/2延				＊5		＊5	●	5	6	6	6	1.0	男39 女39
	②	2/2 ◎	当日	当日	2/3延				＊5		＊5	●	5	4	1	1	1.0	男39 女39
Ⅱ期		2/10	当日	当日	2/12	●					＊6	●	若干	25	21	10	2.1	男40 女40

＊1　適性検査ⅠⅡ（Ⅰ作文、Ⅱ合教科型）　＊2　基礎学力検査（国算）＋プレゼンテーション　＊3　保護者面談　＊4　算数　＊5　作文（日本語・英語）＋個人面接と保護者面談　＊6　個人面接
※通知表コピー

【出願方法】Web出願後，書類郵送。ほかに当日窓口可　**【手続方法】**Web納入。第二志望者は2/9まで延納可　**【受験料】**24,000円（Ⅱ期を除き，複数回受験可）

【帰国生入試】12/26（若干名募集）

中学受験のプロがおすすめ! 併願校の例

特色	男 フィールドワーク	男 留学制度	男 論文(自由研究)	女 フィールドワーク	女 留学制度	女 論文(自由研究)
♠男子校 ♥女子校 ♣共学・別学校	♣宝仙学園	♣文化学園杉並	♣淑徳巣鴨	♣宝仙学園	♣文化学園杉並	♣淑徳巣鴨
	♣成立学園	♣聖徳学園	♣日本工大駒場	♣成立学園	♣聖徳学園	♣日本工大駒場
	♣修徳	♣明星	♣明星学園	♣修徳	♣明星	♣明星学園

併設高校の進路情報

四年制大学進学率86.2%
文系61／理系11／その他28（%）　医歯薬12名合格

指定校推薦▶利用状況は東京理科大1，明治大1，青山学院大1，立教大1，中央大3，法政大3，日本大2，東洋大4，駒澤大3，専修大4，帝京大3，成蹊大3，成城大2，明治学院大3，東京電機大1，立命館大1，武蔵大2，玉川大1，東京都市大2，国士舘大1，東京経済大3，大妻女子大4，聖心女子大1など。

海外大学合格状況▶University of Pecs，Semmelweis University（ハンガリー），Masaryk University（チェコ），慶熙大学校（韓国），他。

'22年3月卒業生：354名

大学305名　短大2名／専門26名／就職2名／他19名

主な大学合格状況　'23年春については主要大学のみ巻末一覧に記載

大学名	'22	'21	'20	大学名	'22	'21	'20	大学名	'22	'21	'20
◇千葉大	0	1	2	学習院大	9	4	2	帝京大	32	27	30
◇横浜国大	0	1	0	明治大	14	12	17	國學院大	12	10	11
◇埼玉大	0	1	1	青山学院大	11	10	4	成蹊大	11	8	14
◇北海道大	1	0	0	立教大	15	11	13	成城大	12	8	6
◇東京学芸大	1	0	0	中央大	25	18	20	明治学院大	12	7	9
◇都立大	0	1	2	法政大	17	15	13	獨協大	8	5	10
早稲田大	4	4	3	日本大	72	53	40	武蔵大	26	17	5
慶應大	2	1	2	東洋大	37	26	17	玉川大	3	6	9
上智大	3	5	0	駒澤大	22	10	11	国士舘大	16	10	12
東京理科大	8	2	4	専修大	17	16	19	順天堂大	8	4	6

※各大学合格数は既卒生との合計。

見学ガイド　体育祭／文化祭／説明会／体験授業／個別見学対応

品川翔英中学校

しながわしょうえい

〒140−0015 東京都品川区西大井1−6−13 ☎03−3774−1154（募集対策室直通）

国際 / 海外研修 / 長期留学 / 第2外国語 / online英会話 / 21型 / 1人1台端末 / リモート体制 / プロジェクト型 / 論文執筆 / STEAM / 情操 / 体験学習 / ボランティア / 人間力育成

教育目標▶「自主　創造　貢献」の校訓の下，自主的に愉しみながら「学び続けるLERNER」を育成。
沿革▶1932年京南家政女学校として創立。1957年より小野学園女子中学校。2020年度より共学化し，校名変更。2023年３月新中央校舎完成。
施設▶校内コンビニ，屋上多目的スペース，カフェテリア，グラウンド（2023年８月人工芝に），他。
学校長▶柴田　哲彦
生徒数▶総数308名　併設小からの進学者を含む。

	１年（４クラス）	２年（３クラス）	３年（２クラス）
男子	92名	58名	20名
女子	65名	53名	20名
内進生内数	男0名 女4名	男2名 女2名	男4名 女3名

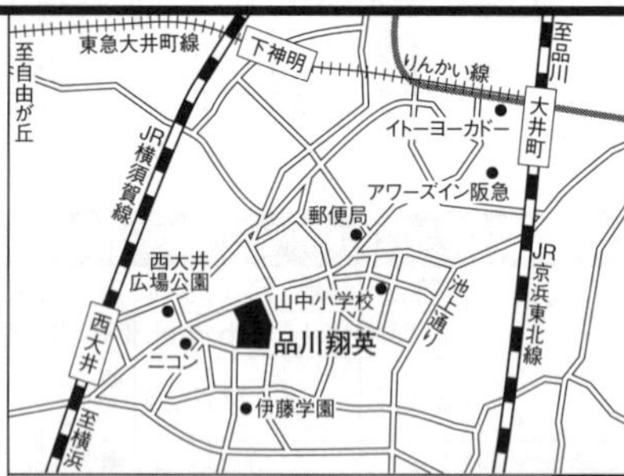

JR―西大井６分　JR・東急大井町線・りんかい線―大井町12分　6分

「学び続けるLEARNER」を育成

LEARNERSとは，あらゆることを自分事としてとらえ，自分を律し，愉しみながら行動できる人。他者や社会に尽力する心をもった人間を育成する。

学習 教科学習ではICTにより，一人ひとりの学力やペースにあった個別最適化学習や生徒が主役のアクティブ・ラーニング授業を多く取り入れている。また，定期テストの代わりに確認テストを数多く行い，自己調整学習を実現している。教科学習以外に週６時間「LERNER'S TIME」を設置。「探究学習」「学び方講座」「プログラミング」といった様々な学びに触れると共に，京都先端科学大学附属高校との教育連携を開始，オンライン英会話による海外との交流，企業とのコラボなど学内にとどまらない活動などで生徒の好奇心を刺激する。

●コース表

中1	中2	中3	高1	高2	高3
共	通	履	修		
			難関進学コース		
			国際教養コース		
			特別進学コース		
			総合進学コース		

キャリア教育 「LERNER'S TIME」の中で行う探究学習で自らの学びをデザインし，キャリア教育で希望の進路が実現できるようなプログラムを実施する。

学校生活 体育祭，文化祭などの行事は生徒が「０」から創り上げる。たとえば研修旅行は業者の選定も生徒が行う。また，生徒が自分の担任を選ぶユニークなメンター制を採用。2023年３月に中央校舎が竣工，８月に人工芝のグラウンドが完成予定。

保護者MEMO

登校時刻▶８：30
最終下校時刻▶18：00
土曜日▶毎週登校。平常授業４時間
昼食▶弁当／食品販売あり
携帯電話▶可
制服▶ブレザー
自転車通学▶不可
カウンセラー▶週１日
保護者面談▶年２回
保護者会▶年１回
必修旅行▶行き先など生徒が決定
部活動▶週２日以上休み

学費　初年度目安 139万円

（単位:円）	入学金	施設費	授業料	その他	合計
入学手続時	250,000	200,000	―	―	450,000
1年終了まで	―	―	456,000	483,000	939,000

［その他］制服・指定品代，維持費，積立金・預り金，PTA会費，後援会費。
［寄付・学債］なし。
※上記は'22年度のもの。新年度について詳細は「受験生応援アプリ」にて公開（2023年５月〜）。

●奨学金・特待生
S：入学金，授業料（年次審査で最長３年）／A：入学金

首都圏模試 思考コード （単位：%）

読み取る力 ＼ 考える力	A	B	C	A	B	C
複雑 3						
2			データなし			
単純 1						

A=知識・理解思考　B=論理的思考　C=創造的思考

2024年度入試 合格の基準

		首都圏模試 ほぼ確実	首都圏模試 見込あり	首都圏模試 やや見込あり	四谷大塚 ほぼ確実	四谷大塚 見込あり	四谷大塚 やや見込あり
男子	〈①2科4科〉	41	35	30	38	34	30
女子	〈①2科4科〉	41	35	30	39	35	31

ほぼ確実＝80%～／見込あり＝50～79%／やや見込あり＝20～49%

入試要項 2023年度予定　新年度日程はアプリへGO!

2科　4科　適性型　英　他

試験名		試験日（◎午後入試）	出願締切 Web	発表 Web	手続 Web	2科	4科	適	英	他	面接	特待	募集数	応募数	受験数	合格数	実質倍率	偏差値
①	2科4科	2/1	1/31	当日	2/11	●	●						40	90	58	52	1.1	男41 女41
	適性検査							＊2				●		130	128	114	1.1	男41 女40
②	2科4科	2/1 ◎	1/31	当日	2/11	●	●					●	10	60	32	3	10.7	男56 女56
	ラーナー型								＊3	＊3			10	43	41	37	1.1	—
③	得意2科	2/2 ◎	2/1	当日	2/11	＊1				＊1			10	138	63	53	1.2	男42 女42
	算数									＊4				11	2	2	1.0	
④	得意2科	2/3 ◎	2/2	当日	2/11	＊1				＊1			10	192	68	57	1.2	男43 女43
⑤	得意2科	2/4 ◎	2/3	当日	2/11	＊1				＊1			10	172	57	47	1.2	男43 女43
	ラーナー型								＊3	＊3				57	9	9	1.0	
⑥	2科4科	2/5	2/4	当日	2/11	●	●					●	10	204	68	51	1.3	男44 女44
	算数									＊4				20	5	3	1.7	

＊1　4科から得意な2科目を選択（理社の2科選択は不可）　＊2　適性検査ⅠⅡ　＊3　自己PRプレゼンテーション，グループワーク，プログラミング，英語インタビューのいずれか　＊4　算数

【出願方法】 Web出願　**【手続方法】** Web納入　**【受験料】** 20,000円（同時出願は複数回受験可。適性検査のみは10,000円）

【帰国生入試】 —

中学受験のプロがおすすめ！ 併願校の例

特色	男 アクティブラーニング	男 ネイティヴ常駐	男 ICT教育	女 アクティブラーニング	女 ネイティヴ常駐	女 ICT教育
♠男子校 ♥女子校 ♣共学・別学校	♣目黒日大	♣玉川学園	♣八雲学園	♣目黒日大	♣玉川学園	♣八雲学園
	♣実践学園	♣日本工大駒場	♣多摩大目黒	♣実践学園	♣日本工大駒場	♣多摩大目黒
	♠京華	♣目黒学院	♣鶴見大附	♥富士見丘	♣目黒学院	♣鶴見大附

併設高校の進路情報

四年制大学進学率52.9%
文系70／理系30／その他0（%）　医歯薬1名合格

指定校推薦▶利用状況は國學院大1，神奈川大3，共立女子大1，大妻女子大1，武蔵野大1，帝京平成大1，城西国際大1，淑徳大1，跡見学園女子大1など。ほかに日本大，大東文化大，東海大，亜細亜大，帝京大，獨協大，日本女子大，玉川大，立正大，国士舘大，桜美林大，関東学院大，杏林大，日本薬科大，東京農大，文教大，産業能率大，フェリス女学院大，相模女子大，東洋英和女学院大など推薦枠あり。

'22年3月卒業生：68名（女子のみ）

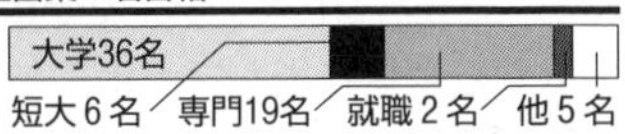

主な大学合格状況　'23年春については主要大学のみ巻末一覧に記載

大学名	'22	'21	'20	大学名	'22	'21	'20	大学名	'22	'21	'20
◇横浜市大	0	1	0	國學院大	1	2	2	武蔵野大	1	3	3
上智大	0	0	1	神奈川大	3	3	6	実践女子大	0	2	3
明治大	0	2	1	東京女子大	0	0	2	帝京平成大	3	3	5
青山学院大	0	0	1	玉川大	2	1	3	東京工科大	3	1	1
法政大	2	1	1	立正大	0	3	1	帝京科学大	1	4	1
日本大	2	0	1	国士舘大	0	5	1	麻布大	3	0	0
東洋大	0	1	6	桜美林大	2	0	1	相模女子大	2	1	3
駒澤大	0	1	4	関東学院大	3	1	1	東洋英和女学院大	0	1	5
東海大	0	0	5	共立女子大	0	1	1	桐蔭横浜大	1	2	0
帝京大	0	1	0	大妻女子大	1	3	3	東京未来大	2	1	1

※各大学合格数は既卒生との合計。

見学ガイド 体育祭／文化祭／説明会／入試体験／授業見学

高校募集 あり 高入生とは3年間別クラス。 高1内訳 一貫生 148名 82名 高入生

芝浦工業大学附属 中学校

しばうらこうぎょうだいがくふぞく

〒135−8139 東京都江東区豊洲6−2−7 ☎03−3520−8501

国際 海外研修 長期留学 第2外国語 online英会話 21型 1人1台端末 リモート体制 プロジェクト型 論文執筆 STEAM 情操 体験学習 ボランティア 人間力育成

教育方針▶「敬愛の誠心を深めよう」「正義につく勇気を養おう」「自律の精神で貫こう」を校訓とする。
沿革▶1922年開校の東京鐵道中学が前身。1953年芝浦学園と合流。2017年に現在地へ移転・校名変更・高校共学化。2021年より中学校共学化。
施設▶ロボット技術室，加工技術室，ファクトリー，鉄道工学ギャラリー，多目的室，自習室，ゴルフ・野球練習場，弓道場，グラウンド，他。
学校長▶佐藤　元哉
生徒数▶総数495名

	1年（4クラス）	2年（4クラス）	3年（4クラス）
男子	112名	121名	171名
女子	53名	38名	—

有楽町線―豊洲7分
ゆりかもめ―新豊洲1分
7分

充実した教育環境で「理工系」を総合的に学ぶ

中学から大学までの連携を強化したSTEAM（科学＋技術＋工学＋芸術＋数学）教育で，世界で活躍できる理工系人材を育てる。2021年度より男子校から共学化。

学習 授業の週2～3時間を，生徒が自ら計画を立てて自学自習する「セルフディベロップメント」としている。また，IT系と国際系の2つの探究型授業「SHIBAURA探究」も実施している。芝浦工業大学と連携し，中1は工学わくわく講座（パスタで橋づくり），中2はロボット入門講座，中3ではものづくり体験講座（段ボール飛行機など）を行う。中3では大がかりな実験・工作・観察を伴う2時間連続授業「サイエンス・テクノロジーアワー」を隔週で実施。技術・情報教育にも注力。全学年全教科で，各教科と科学技術がコラボした特別授業「ショートテックアワー」を行う。日本語4技能を鍛える「ランゲージアワー」を導入し，論理的思考力を育成する。

キャリア教育 身近な職業から様々な職業へと楽しみながら調べ，学ぶ，アクティブ・ラーニング型職業研究に取り組む。オリジナル教材を用いて将来や夢に向け今の自分を客観的に見つめ，自己肯定感を育む。

学校生活 電子技術研究部，工作技術研究部といった校風を映す部なども活動。

●**コース表**

中1	中2	中3	高1	高2	高3
共通履修				一般理系コース	
				特別理系コース	
				文系コース	

保護者MEMO

登校時刻▶8：25
最終下校時刻▶18：30
土曜日▶毎週登校。平常授業4時間
昼食▶食堂（中2より利用可）／食品販売あり
携帯電話▶可
制服▶ブレザー
自転車通学▶不可
カウンセラー▶常駐
保護者面談▶年2回
保護者会▶年4回
必修旅行▶アメリカ(中3)，他
部活動▶活動日は部による

学費　初年度目安 119万円

(単位:円)	入学金	施設費	授業料	その他	合計
入学手続時	280,000	60,000	124,000	163,480	627,480
1年終了まで	—	180,000	372,000	9,000	561,000

●**奨学金・特待生**
なし

［その他］学年費，父母の会費，生徒会費，生徒会入会金，同窓会費，災害共済掛金。※別途タブレットPC代あり。
［寄付・学債］任意の寄付金（教育環境・施設整備費寄付金）1口5万円4口以上あり。
※上記は'22年度のもの。新年度について詳細は「受験生応援アプリ」にて公開（2023年5月～）。

首都圏模試　思考コード　（単位：%）

〈第１回〉

読み取る力＼考える力	国語 A	国語 B	国語 C	算数 A	算数 B	算数 C	理科 A	理科 B	理科 C
複雑 3				8					
2	5	5		14	25		49	3	
単純 1	12	70	8		53		19	23	6

A=知識・理解思考　B=論理的思考　C=創造的思考

2024年度入試　合格の基準

		首都圏模試 ほぼ確実	首都圏模試 見込あり	首都圏模試 やや見込あり	四谷大塚 ほぼ確実	四谷大塚 見込あり	四谷大塚 やや見込あり
男子	①	66	62	58	52	49	45
女子	①	66	62	58	54	51	47

ほぼ確実＝80%～／見込あり＝50～79%／やや見込あり＝20～49%

入試要項　2023年度参考　新年度日程はアプリへGO!　英　他

試験名	試験日 ◎午後入試	出願締切 Web	発表 Web	手続 Web	2科	4科	適	英	他	面接	特待	募集数	応募数	受験数	合格数	実質倍率	偏差値
①	**2/1**	1/31	当日	2/9					＊1			75	男 325	298	70	4.3	66
													女 93	88	27	3.3	66
②	**2/2**	2/1	当日	2/9					＊1			40	男 406	292	48	6.1	68
													女 115	79	22	3.6	67
特色	**2/2** ◎	2/1	当日	2/9				＊2	＊2			15	男 139	108	16	6.8	68
													女 42	31	7	4.4	67
③	**2/4**	2/3	当日	2/9					＊1			25	男 374	240	25	9.6	68
													女 100	49	10	4.9	67

＊1　国算理。３科とも聴解問題（リスニング）あり　＊2　英（英検４～準２級レベル）または言語技術（日本語文章読解）＋算

【出願方法】Web出願　**【手続方法】**Web納入　**【受験料】**25,000円（同時出願は２回37,500円，３回45,000円，４回50,000円）

【帰国生入試】12/10，他にシンガポール会場入試（11/5）あり（計５名募集）

中学受験のプロがおすすめ！　併願校の例

♠男子校　♥女子校　♣共学・別学校

特色	男 半付属校	男 ICT教育	男 STEAM教育	女 半付属校	女 ICT教育	女 STEAM教育
	♠明大中野	♣芝浦工大附柏	♣三田国際学園	♥立教女学院	♣芝浦工大附柏	♣三田国際学園
	♠学習院	♣青稜	♣都市大等々力	♥学習院女子	♣青稜	♣都市大等々力
	♣東洋大京北	♣かえつ有明	♣順天	♣東洋大京北	♣かえつ有明	♣順天

併設高校の進路情報

四年制大学進学率90.7%
文系９／理系91／その他０（%）　医歯薬10名合格

内部推薦▶芝浦工業大学へ99名（工42，システム理工25，デザイン工11，建築21）が内部推薦で進学。

指定校推薦▶早稲田大，上智大，東京理科大，学習院大，明治大，法政大，日本大，東洋大，駒澤大，東海大，明治学院大，神奈川大，東京電機大，工学院大，東京都市大，千葉工大，東邦大，東京薬科大，日本歯大，東京農大，東京工科大，城西大，横浜薬科大，城西国際大など推薦枠あり。

'22年３月卒業生：225名　大学204名　短大０名　専門３名　就職０名　他18名

主な大学合格状況　'23年春については主要大学のみ巻末一覧に記載

大学名	'22	'21	'20	大学名	'22	'21	'20	大学名	'22	'21	'20
◇京都大	0	0	1	東京理科大	20	13	24	専修大	2	4	7
◇東工大	1	1	2	学習院大	4	0	5	東海大	9	5	19
◇一橋大	0	1	0	明治大	16	9	13	帝京大	6	4	5
◇筑波大	2	4	2	青山学院大	5	0	5	明治学院大	5	4	3
◇埼玉大	0	2	1	立教大	10	1	2	芝浦工大	113	109	111
◇東北大	2	0	0	中央大	9	3	19	東京電機大	13	3	6
◇東京学芸大	1	2	1	法政大	8	4	16	北里大	3	2	2
早稲田大	12	5	7	日本大	17	25	35	東京薬科大	4	1	2
慶應大	4	2	2	東洋大	24	3	8	東京工科大	9	10	5
上智大	8	3	4	駒澤大	4	2	3	日本工大	5	5	3

※各大学合格数は既卒生との合計。

見学ガイド　体育祭／文化祭／説明会／オープンキャンパス／見学会

芝国際（しばこくさい）中学校

〒108－0014 東京都港区芝 4－1－30 ☎03－5427－0666

国際 海外研修 長期留学 第２外国語 online英会話 21型 1人1台端末 リモート体制 プロジェクト型 論文執筆 STEAM 情操 体験学習 ボランティア 人間力育成

教育理念▶一人ひとりの可能性を広げる新しい学力を養いながら，世界標準の学びで多様な価値観をもつ人たちと共に，自分の夢を実現できる力を育てる。
沿革▶120年続く東京女子学園を前身に、2023年4月共学校として新規開校。
施設▶カフェ，国際交流室，ステラシアター，プロジェクトゾーン，メイカーズハブ，他。
学校長▶山崎　達雄
生徒数▶総数－名

	1年	2年	3年
男子	－	－	－
女子	－	－	－

都営浅草線・都営三田線―三田２分　JR―田町５分　都営大江戸線―赤羽橋10分　🚶2分

世界標準の教育で，世界に貢献できる人を育む

校舎内にインターナショナルスクールを併設したグローバルな環境。ロボット制作などSTEAM教育にも注力し，自ら未来を切り拓ける“真の国際人”を育成する。

学習 「挑戦・行動・突破」をキーワードに，テキストで学ぶだけでなく，自分で企画しトライする機会を豊富に用意。幅広く隙間なく知識を修得する日本教育に，ハーバード大学で用いられているメソッドを加え，過去の事例などを用いて具体的な課題に取り組む「課題解決のトレーニング」を行う。チェック＆フォロー体制は授業の理解と知識の定着を促進する。STEAM教育にも力を入れており，ロボットやロケットの制作，アプリの作成なども実施。アントレプレナーシップ（起業教育）では，世の中の課題を発見・分析し解決の方法を考え，マーケティングの手法も吸収する。

キャリア教育 興味や適性に基づくインターンシップなど実社会に触れる体験から自らの未来を導き出すプログラムを用意。起業家，社会人と出会う機会を多く作り，個々の夢を叶える進路設計につなげる。

学校生活 校舎内のインターナショナルスクールとは一部の授業や放課後の活動で協働。放課後には部活のほか、STEAM講座や他校生徒との交流など各種活動が充実。

●コース表

中1	中2	中3	高1	高2	高3
本科Ⅱ類コース			最難関選抜コース		
			難関選抜コース		
本科Ⅰ類コース			特別進学コース		
国際生コース ADVANCEDクラス					
国際生コース COREクラス					

保護者MEMO

登校時刻▶８：25
最終下校時刻▶18：30
土曜日▶毎週登校。平常授業４時間
昼食▶弁当／食品販売あり
携帯電話▶可
制服▶ブレザー
自転車通学▶不可
カウンセラー▶週２日
保護者面談▶年10回
保護者会▶年１回
必修旅行▶京都・奈良（中3），他
部活動▶活動日は部による

学費　初年度目安 114万円

（単位:円）	入学金	施設費	授業料	その他	合計
入学手続時	300,000	—	—	—	300,000
1年終了まで	—	70,000	480,000	287,500	837,500

［その他］教育充実費，冷暖房費，水道光熱費，図書費，生徒会費，保護者会費，教材費・模試費。※別途，制服指定品代，旅行積立金，オリエンテーション合宿費等あり。
［寄付・学債］任意の寄付金（教育環境・施設整備費寄付金）1口5万円4口以上あり。
※上記は'22年度のもの。新年度について詳細は「受験生応援アプリ」にて公開（2023年５月～）。

●**奨学金・特待生**
入学金・施設費とＳ：授業料３年／Ａ：授業料１年／Ｂ：授業料半額１年。さらに留学費用免除の特待あり。

首都圏模試 思考コード （単位：%）

読み取る力						
複雑 3						
2			データなし			
単純 1						
考える力	A	B	C	A	B	C

A=知識・理解思考　B=論理的思考　C=創造的思考

2024年度入試 合格の基準

		首都圏模試 ほぼ確実	首都圏模試 見込あり	首都圏模試 やや見込あり	四谷大塚 ほぼ確実	四谷大塚 見込あり	四谷大塚 やや見込あり
男子	〈本科①Ⅰ類〉	48	45	41	47	43	39
女子	〈本科①Ⅰ類〉	48	45	41	47	43	39

ほぼ確実＝80％～／見込あり＝50～79％／やや見込あり＝20～49％

入試要項 2023年度参考　新年度日程は アプリへGO!

2科　適性型　英　他

	試験名	試験日 ◎午後入試	出願 Web	発表 Web	手続 窓口	選抜方法 2科	4科	適	英	他	面接	特待	募集数	応募数	受験数	合格数	実質倍率	偏差値
本科	①2科4科 適性検査	2/1	1/31	当日	2/10	●	●	＊1					Ⅰ15 Ⅱ5	532	328	28	11.7	Ⅰ48 Ⅱ55
本科	②特待	2/1 ◎	1/31	当日	2/10	●	●			＊2		●	Ⅰ15 Ⅱ10	782	597	37	16.1	Ⅰ49 Ⅱ56
本科	③特待	2/2 ◎	2/1	当日	2/10	●				＊3		●	Ⅰ10 Ⅱ5	829	404	30	13.5	Ⅰ50 Ⅱ57
本科	④特待	2/3 ◎	2/2	当日	2/10	●				＊3		●	Ⅰ10 Ⅱ5	1015	530	31	17.1	Ⅰ50 Ⅱ57
本科	⑤特待	2/5 ◎	2/4	当日	2/10	●					＊4	●	Ⅰ10 Ⅱ若干名	835	349	33	10.6	Ⅰ50 Ⅱ57
国際生	CORE	2/1	1/31	当日	2/10	●	●	＊1					AD15 CO20	52	49	0	—	—
国際生	CORE	2/1 ◎	1/31	当日	2/10	●	●			＊2				50	47	1	47.0	—
国際生	ADVANCED CORE	2/2 ◎	2/1	当日	2/10	●				＊5				94	71	12	5.9	—
国際生	CORE	2/3 ◎	2/2	当日	2/10	●				＊3				65	37	5	7.4	—
国際生	ADVANCED CORE	2/5 ◎	2/4	当日	2/10	●					＊4			73	22	4	5.5	—

＊1　2科または4科，適性検査ⅠⅡⅢまたはⅠⅡ　＊2　2科または4科，算理または算1科　＊3　2科または算1科　＊4　2科と個人面接（プレゼン資料・動画持参可）　＊5　ADVANCEDは国算英または算英、COREは2科または算1科　＊　国際生はパスポートのコピーや志望理由書など

【出願方法】 WEB出願後、書類を郵送　**【手続方法】** 手続書類は合格発表翌日から2月6日までに窓口で手渡し　納入金はWEB決済　**【受験料】** 25,000円（複数受験可）

【帰国生入試】　帰国生（国際生）入試は，11/13，12/11にも実施　募集数には11/13，12/11の合格者も含む

中学受験のプロがおすすめ! 併願校の例

特色	男 留学制度	男 STEAM教育	男 表現力育成	女 留学制度	女 STEAM教育	女 表現力育成
♠男子校 ♥女子校 ♣共学・別学校	♣三田国際学園	♣都市大等々力	♣芝浦工大	♣三田国際学園	♣都市大等々力	♣芝浦工大
	♣かえつ有明	♣目黒日大	♣安田学園	♣かえつ有明	♣目黒日大	♣安田学園
	♣駒込	♣淑徳巣鴨	♣八雲学園	♣駒込	♣淑徳巣鴨	♣八雲学園

併設高校の進路情報

校名変更・共学化により新校としてスタート。１期生は2026年３月に卒業を迎える。

見学ガイド　文化祭／説明会／オープンキャンパス

渋谷教育学園渋谷中学校

（しぶやきょういくがくえんしぶや）

〒150－0002　東京都渋谷区渋谷 1－21－18　☎03－3400－6363

国際／海外研修／長期留学／第2外国語／online英会話／21型／1人1台端末／リモート体制／プロジェクト型／論文執筆／STEAM／情操／体験学習／ボランティア／人間力育成

教育目標▶「自調自考」の力を伸ばすことを根幹に，国際人としての資質と高い倫理感を育てる。
沿革▶1996年中学校，1999年高等学校を創立。2002年に高等学校募集停止。
施設▶メモリアルホール，図書室，視聴覚室，ICT室，カフェテリア，テニスコート，グラウンド（クラブハウス併設，校外），他。
学校長▶田村　哲夫
生徒数▶総数639名

	1年（6クラス）	2年（6クラス）	3年（5クラス）
男子	98名	102名	91名
女子	113名	120名	115名

JR・地下鉄・私鉄―渋谷7分
千代田線・副都心線―明治神宮前8分
徒歩7分

国際教育が充実。海外大学への進学実績も豊富

多彩な英語教育に加え，平和や国際的な連携を実践するユネスコスクールに加盟。自調自考を実践し，与えられた知識を深化させ，次の知識に繋げていく力を育む。

学習 6年間の学びを，基礎基本・自己理解・自己実現の3ブロックに分け，独自のシラバス（学習計画図）を活用。「いま学んでいることは何につながるのか」という意識を育てる。英語の授業は「英語で学ぶ」ことを意識したカリキュラムを用意。海外研修は中3より希望制で行う。国語は現代文・古典・表現に分けて授業を実施。表現は作文やプレゼンテーションなどを行い，情報収集・発信能力を高める。高1から2年間かけて興味のあるテーマを「自調自考論文」として10,000字程度にまとめ発表する。放課後には弦楽器講座と第二外国語講座（中国語，仏語など）を開く。

●コース表

中1	中2	中3	高1	高2	高3
共通履修				進路に合わせた選択制	

キャリア教育 高校ではハーバード大学学生寮で行われる「次世代リーダー養成プログラム」に参加（希望制）。海外大学進学説明会など，受験サポート体制が手厚い。

学校生活 大人の社会と同様の生活習慣が身につくよう，ノーチャイム方式を実施。クラブは研究会・同好会を含み，運動系14，文化系30。高校の模擬国連部はニューヨークでの国際大会に出場した経験を持つ。

保護者MEMO

登校時刻▶8：20
最終下校時刻▶17：30
土曜日▶隔週登校。平常授業4時間
昼食▶弁当／食品販売あり
携帯電話▶可
制服▶ブレザー
自転車通学▶許可制
カウンセラー▶週2日
保護者面談▶年1回
保護者会▶年2回
必修旅行▶奈良（中3），中国or九州（高2），他
部活動▶活動日は部による

学費　　初年度目安 137万円

（単位:円）	入学金	施設費	授業料	その他	合計
入学手続時	290,000	―	―	―	290,000
1年終了まで	―	244,000	510,000	329,000	1,083,000

［その他］制服・指定品代，教材費，研修積立金，教育後援会費，生徒会費。
［寄付・学債］なし。
※上記は'22年度のもの。新年度について詳細は「受験生応援アプリ」にて公開（2023年5月～）。

●奨学金・特待生
入学金，施設拡充費・授業料1年（成績により継続可）／家庭事情勘案の特別奨学生制度有

首都圏模試　思考コード　(単位：%)

〈第１回〉

読み取る力 ＼ 考える力	国語 A	国語 B	国語 C	算数 A	算数 B	算数 C	理科 A	理科 B	理科 C	社会 A	社会 B	社会 C
複雑 3		14			26					8	6	
2	7	29		30	32		42			42	8	
単純 1		50			12		22	36		36		

A=知識・理解思考　B=論理的思考　C=創造的思考

2024年度入試　合格の基準

		首都圏模試 ほぼ確実	首都圏模試 見込あり	首都圏模試 やや見込あり	四谷大塚 ほぼ確実	四谷大塚 見込あり	四谷大塚 やや見込あり
男子	①	73	69	65	66	63	59
女子	①	75	72	69	69	66	63

ほぼ確実＝80％～／見込あり＝50～79％／やや見込あり＝20～49％

入試要項　2023年度参考　新年度日程は アプリへGO!　4科

試験名	試験日 ◎午後入試	出願締切 Web	発表 Web	手続 Web	2科	4科	適	英	他	面接	特待	募集数	応募数	受験数	合格数	実質倍率	偏差値
①	2/1	1/27	2/2	2/12		●					●	70	男 163	142	54	2.6	73
													女 283	270	57	4.7	75
②	2/2	1/27	2/3	2/12		●					●	70	男 522	455	149	3.1	75
													女 372	332	72	4.6	77
③	2/5	2/4	2/6	2/12		●					●	23	男 422	301	43	7.0	76
													女 358	275	23	12.0	77

【出願方法】 Web出願　**【手続方法】** 書類受取のうえ，Web納入　**【受験料】** 23,000円（２回同時出願38,000円，３回同時出願53,000円）

【帰国生入試】 1/27（男女計12名募集）

受験情報

国語ではB1，B2，算数ではB2，B3の割合が高く，高度な論理的思考力が求められます。理科ではBが３割程を占めており，社会ではB2，B3が１割程出題されるため，知識の正確な獲得と共に，論理的思考力も必要となります。

年度	試験名	募集数	応募数	受験数	合格数	実質倍率	偏差値
'22	①	70	男148	136	54	2.5	73
			女303	286	62	4.6	75
	②	70	男458	408	169	2.4	75
			女379	345	73	4.7	77
	③	70	男359	264	42	6.3	76
			女381	302	27	11.2	77

中学受験のプロがおすすめ！ 併願校の例

特色	男 リベラル	男 論文(自由研究)	男 進学先(海外大学)	女 リベラル	女 論文(自由研究)	女 進学先(海外大学)
♠男子校 ♥女子校 ♣共学・別学校	♣慶應中等部	♠麻布	♣渋谷教育幕張	♣慶應中等部	♥桜蔭	♣渋谷教育幕張
	♠武蔵	♣早稲田実業	♠海城	♥女子学院	♣早稲田実業	♥洗足学園
	♣青山学院	♣東京農大一	♣広尾学園	♣青山学院	♣東京農大一	♣広尾学園

併設高校の進路情報

四年制大学進学率68.4%
文系・理系割合 未集計　医歯薬19名合格

指定校推薦▶早稲田大，上智大，東京理科大，学習院大，青山学院大，中央大，法政大など推薦枠あり。

海外大学合格状況▶University of Michigan, University of California-Davis/Berkeley/Irvine/San Diego/Santa Barbara, University of Illinois, Knox College（米），University of Toronto, The University of British Columbia（ｶﾅﾀﾞ），The University of Queensland（豪），Semmelweis University, University of Szeged（ﾊﾝｶﾞﾘｰ），他。

'22年３月卒業生：206名　大学141名　他65名
短大０名　専門０名　就職０名

主な大学合格状況　'23年春については主要大学のみ巻末一覧に記載

大学名	'22	'21	'20	大学名	'22	'21	'20	大学名	'22	'21	'20
◇東京大	38	33	35	◇東北大	3	2	4	明治大	67	68	66
◇京都大	7	7	7	◇九州大	0	2	1	青山学院大	19	19	16
◇東工大	4	9	6	◇東京医歯大	4	3	1	立教大	22	18	22
◇一橋大	7	5	8	◇防衛医大	3	2	2	中央大	22	39	48
◇千葉大	3	3	3	◇東京藝術大	2	2	1	法政大	31	22	26
◇筑波大	1	2	2	早稲田大	150	110	125	日本大	10	25	26
◇東京外大	1	1	1	慶應大	115	99	110	専修大	2	12	4
◇横浜国大	12	7	8	上智大	45	37	33	国際基督教大	4	7	3
◇埼玉大	1	0	1	東京理科大	60	64	74	芝浦工大	6	9	4
◇北海道大	5	6	6	学習院大	4	4	3	日本医大	3	4	5

※各大学合格数は既卒生との合計。

見学ガイド　文化祭／説明会

自由学園（じゆうがくえん） 男子部中等科 女子部中等科 【男女別学】

〒203－8521　東京都東久留米市学園町１－８－15　☎042－422－1079（女子部）・428－3636（男子部）

国際　海外研修　長期留学　第２外国語　online英会話　21型　1人1台端末　リモート体制　プロジェクト型　論文執筆　STEAM　情操　体験学習　ボランティア　人間力育成

教育目標▶「思想しつつ 生活しつつ 祈りつつ」をモットーに，真の自由人の育成をめざす。
沿革▶雑誌「婦人之友」を創刊したジャーナリスト・羽仁吉一・もと子夫妻により，1921年に創立。2024年度より共学化予定。
施設▶記念講堂，記念図書館（7.8万冊），テニスコート，グラウンド，畑地，大芝生，他。
学園長▶高橋　和也
生徒数▶総数221名　併設小からの進学者を含む。

	１年（２クラス）	２年（２クラス）	３年（２クラス）
男子	39名	33名	39名
女子	43名	26名	41名
内進生内数	男8名 女10名	男6名 女6名	男11名 女13名

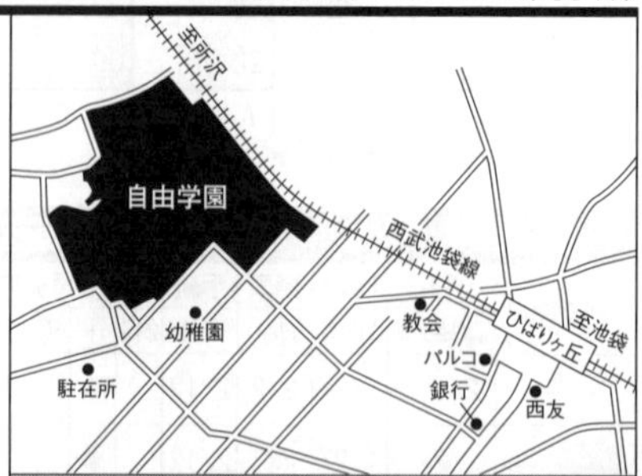

西武池袋線―ひばりヶ丘８分　8分

「生活即教育」の理念のもと，人間の土台を築く

日々の生活を通して人間教育を実践。生活を通して学ぶことを大切にし，食事や毎日使う道具の用意など，身の回りのことを通じて，社会で大切なことを学ぶ

学習 答えのない課題にチームで取り組む「探求」する学習を大切にしている。様々な教科を融合し，一つの課題に取り組み，成果を発表する「学業報告会」を実施。中学では学年ごと，高校では学年を超えたグループを作ってテーマを設定し，学びを深めていく。教室では学べない実学も重視。男子は教室で使う椅子を木材の搬出から加工・製作まで行う。女子は家庭科の一環として毎日の昼食作りに取り組む。男子はリーダーを中心とした組織で臨む２泊３日の登山遠足，女子は昼食作りでプロジェクトのマネジメントについても学ぶ。

●コース表

中１	中２	中３	高１	高２	高３
共通履修					

キャリア教育 学校生活や行事の運営，キャンパスの維持管理など，自分たちでできることは自分たちで行う「自労自治」を実践。学校を一つの社会と捉え，自分に与えられた責任を全うすることの大切さを学ぶ。

学校生活 毎朝の礼拝とは別に，キリスト教価値観や聖書の世界，自校史なども学ぶ。体操館と女子部食堂・講堂は2022年３月に東京都有形文化財に。男女とも寮があり，中１男子は入学後１年間入寮する。

保護者MEMO

登校時刻▶ 8：00
最終下校時刻▶ 17：50
土曜日▶毎週登校。平常授業４時間
昼食▶給食／食品販売あり
携帯電話▶可
制服▶ブレザー
自転車通学▶可
カウンセラー▶常駐
保護者面談▶年１回
保護者会▶年４回
必修旅行▶なし
部活動▶活動日は部による

学費　初年度目安　男（寮）202万円，女（通学）

（単位:円）	入学金	施設費	授業料	その他（男）	その他（女）	合計（男）	合計（女）
入学手続時	250,000	70,000	―	90,000	90,000	410,000	370,000
１年終了まで	―	―	528,000	1,121,400	476,800	1,649,400	1,004,800

［その他］（共通）制服代，維持費，雑費前金，光熱衛生費，遠足費，宿泊学習費，保護者会費　（男＝寮生）寮施設充実費，食費，寮費＆寮食費　（女＝通学生）食費。
［寄付・学債］任意の寄付金１口３千円20口以上，創立100周年記念募金。
※上記は'23年度予定。詳細は「受験生応援アプリ」にて公開（2023年５月～）。

●奨学金・特待生
なし

首都圏模試　思考コード　（単位：%）

	A	B	C	A	B	C
読み取る力						
複雑 3						
2			データなし			
単純 1						
考える力	A	B	C	A	B	C

A=知識・理解思考　B=論理的思考　C=創造的思考

2024年度入試　合格の基準

		首都圏模試		四谷大塚	
男子	〈①〉	ほぼ確実	見込あり	ほぼ確実	見込あり
		—	—	—	—
			やや見込あり		やや見込あり
			-		—
女子	〈①〉	ほぼ確実	見込あり	ほぼ確実	見込あり
		—	—	—	—
			やや見込あり		やや見込あり
			—		—

ほぼ確実＝80%～／見込あり＝50～79%／やや見込あり＝20～49%

入試要項　2023年度参考　新年度日程はアプリへGO!　他

試験名		試験日 ◎午後入試	出願締切 Web	発表 Web	手続 Web	選抜方法 2科	4科	適	英	他	面接	特待	募集数	応募数	受験数	合格数	実質倍率	偏差値
男子部	①	2/1	1/28	2/2	2/10					＊1	＊2		30	34	32	20	1.6	—
	②	2/10	2/7	2/11	2/18					＊1	＊2		若干	2	2	1	2.0	—
女子部	①	2/1	1/28	2/2	2/10					＊1	＊2		40	32	32	24	1.3	—
	②	2/10	2/7	2/11	2/18					＊1	＊2		若干	1	1	0	—	—

＊1　国算＋集団考査（女子部はⅠⅡ）
＊2　個人面接＋保護者面接
※報告書，作文（400字原稿用紙３枚程度）

【出願方法】Web出願
【手続方法】Web納入
【受験料】25,000円（①と②の同時出願不可）

【帰国生入試】11/19，2/1（各若干名募集）

中学受験のプロがおすすめ！　併願校の例

特色	男 プロテスタント系	体験重視	給食制度	女 プロテスタント系	体験重視	給食制度
♠男子校	♠聖学院	♣城西大城西	♣西武台新座	♥女子聖学院	♣城西大城西	♣西武台新座
♥女子校	♣聖望学園	♣目白研心	♣武蔵野東	♣聖望学園	♣目白研心	♣武蔵野東
♣共学・別学校	♣啓明学園	♣東星学園	♣新渡戸文化	♣啓明学園	♣東星学園	♣新渡戸文化

併設高校の進路情報

進学率76.3%
文系65／理系27／その他８（%）　医歯薬２名合格

内部進学▶独自のリベラル・アーツ教育を行う最高学部（大学部）を併設している。４年課程と２年課程を設置。外部募集は行っていない。大学進学者の内訳は文系65%，理系 27%，他８%。国公立大学へ文系１名・理系２名，海外大学へ１名が進学した。

海外大学合格状況▶Victoria University of Wellington（ﾆｭｰｼﾞｰﾗﾝﾄﾞ），他。

'22年３月卒業生：80名

最高学部28名　大学・短大26名　専門７名　就職１名　他18名

主な大学合格状況　'23年春については主要大学のみ巻末一覧に記載

大学名	'22	'21	'20	大学名	'22	'21	'20	大学名	'22	'21	'20
◇千葉大	0	1	0	明治大	8	2	1	津田塾大	2	0	1
◇筑波大	0	1	0	青山学院大	1	0	0	同志社大	3	0	0
◇横浜国大	1	0	0	立教大	3	0	5	武蔵大	2	3	2
◇東北大	1	0	0	中央大	2	1	0	玉川大	2	0	2
◇信州大	1	0	0	法政大	3	1	0	近畿大	1	16	0
早稲田大	2	3	2	日本大	2	8	2	武蔵野大	2	2	3
慶應大	5	0	0	東洋大	4	1	1	東京農大	2	1	0
上智大	2	1	2	専修大	3	6	1	多摩美大	1	1	0
東京理科大	1	0	0	国際基督教大	1	3	0	武蔵野美大	2	0	2
学習院大	4	0	0	明治学院大	2	4	0	日本社会事業大	2	1	2

※各大学合格数は既卒生との合計。

見学ガイド　説明会／個別見学対応

修徳（しゅうとく）中学校

〒125－8507 東京都葛飾区青戸８－10－１ ☎03－3601－0116

建学の精神▶教養を身につけ，社会のために自己を捧げ，感謝の生活を送れる人物を育成する。
沿革▶1904年，中川與志が墨田区本所に開いた教場に始まる。1947年中学校認可。2008年特進クラスを設置。2011年修徳学園中学校より改称。
施設▶プログレス学習センター，ホール，音楽ホール，カフェテリア，生徒ラウンジ，アリーナ，柔道場，剣道場，人工芝グラウンド，備蓄倉庫，他。
学校長▶大多田　泰亘
生徒数▶総数223名

	１年（２クラス）	２年（２クラス）	３年（２クラス）
男子	52名	51名	47名
女子	26名	27名	20名

JR・千代田線―亀有12分
京成本線―青砥17分
12分

徳育・知育・体育の三位一体教育を実践する

「恩に気づき，恩に報いる」をモットーに，徳・知・体の指導で，心身のバランスがとれた人間形成の確立をめざす。きめ細かな学習面の個別サポートが充実。

学習 特進クラスは国公立・難関私立大学，進学クラスは中堅・有名私立大学などへの現役合格をめざす。独自の学習システム「プログレス」で授業での集中力と家庭学習を習慣づける。朝プログレスでは英単語テストと英語学習システム「ELST®」，放課後は学習センターで自律学習を行う。英語では様々なアプローチを用意。入学直後にイングリッシュキャンプを実施する。学校全体で英検取得を推奨し，定期的に英検対策講座を開講する。「気づきの授業」の一環としてトイレ清掃や弁当箱洗いなどを行い，親への恩を感じる心を養う。

●コース表

中1	中2	中3	高1	高2	高3
特進クラス			特進	理系／文系	
進学クラス			文理進学	理系／文系	

キャリア教育 ６年間を通して行う進路指導プログラムを展開。中学では職場体験やキャリアセミナー，社外学習などを通して，社会での仕事の意義や大切さを学び，自らの進路選択につなげていく。

学校生活 サッカー・柔道・野球部などが活躍。クラブ活動を通して判断力や人間性を磨く。大学受験専用学習棟「プログレス学習センター」は，夜９時まで対応しており，クラブ活動後も利用できる。

保護者MEMO

登校時刻▶８：20
最終下校時刻▶18：45
土曜日▶毎週登校。平常授業４時間
昼食▶弁当／食品販売あり
携帯電話▶可
制服▶ブレザー
自転車通学▶可
カウンセラー▶なし
保護者面談▶年３～４回
保護者会▶年３～４回
必修旅行▶北陸地方（中３）
部活動▶活動日は部による

学費　　初年度目安 101万円

（単位:円）	入学金	施設費	授業料	その他	合計
入学手続時	250,000	―	―	40,000	290,000
1年終了まで	―	120,000	360,000	242,000	722,000

［その他］教育充実費，一括徴収金，校外学習及び研修旅行費，後援会（父母会）費，クラブ後援会費，生徒会費。※別途制服・指定品代等あり。
［寄付・学債］なし。
※上記は'22年度のもの。新年度について詳細は「受験生応援アプリ」にて公開（2023年５月～）。

●奨学金・特待生
入学金とⅠ：施設費・授業料１年／Ⅱ：施設費・授業料半額１年／Ⅲ：施設費１年

首都圏模試　思考コード（単位：%）

読み取る力						
複雑 3						
2			データなし			
単純 1						
考える力	A	B	C	A	B	C

A=知識・理解思考　B=論理的思考　C=創造的思考

2024年度入試　合格の基準

		首都圏模試		四谷大塚	
男子	①	ほぼ確実 37	見込あり 32	ほぼ確実 –	見込あり –
			やや見込あり 25		やや見込あり –
女子	①	ほぼ確実 37	見込あり 32	ほぼ確実 –	見込あり –
			やや見込あり 25		やや見込あり –

ほぼ確実＝80%～／見込あり＝50～79%／やや見込あり＝20～49%

入試要項　2023年度参考　新年度日程はアプリへGO!

2科　適性型　英　他

試験名	試験日 ◎午後入試	出願締切 Web	発表 Web	手続 Web	2科	4科	適	英	他	面接	特待	募集数	応募数	受験数	合格数	実質倍率	偏差値
①	2/1	1/30	当日	2/2	＊1					＊1	●	70	68	65	65	1.0	男37 女37
②	2/1 ◎	当日	当日	2/4			＊2	＊3	＊3	＊3	●	若干	11	11	11	1.0	男37 女37
③	2/2	2/1	当日	2/4			＊2	＊3	＊3	＊3	●	若干	4	2	2	1.0	男37 女37
④	2/2 ◎	当日	当日	2/4				＊3	＊3	＊3	●	若干	6	4	4	1.0	男37 女37
⑤	2/3 ◎	当日	当日	2/4				＊3	＊3	＊3	●	若干	5	4	4	1.0	男37 女37
⑥	2/4 ◎	当日	当日	2/7				＊3	＊3	＊3	●	若干	6	5	5	1.0	男37 女37
⑦	2/6 ◎	当日	当日	2/7				＊3	＊3	＊3	●	若干	1	1	1	1.0	男37 女37

＊1　国算英より２科+個人面接　＊2　公立中高一貫入試対応型。総合学力テスト（作文）　＊3　国算英から１科目選択+個人面接
※英検取得者（１次合格可）に加点制度あり　※通知表コピー　※試験当日の成績によりクラス分け

【出願方法】Web出願後，書類を郵送　**【手続方法】**Web納入。公立中高一貫入試対応型受験者の手続きは2/10まで　**【受験料】**20,000円

【帰国生入試】—

中学受験のプロがおすすめ！　併願校の例

特色	男 コース制	男 キャリア教育	男 文武両道	女 コース制	女 キャリア教育	女 文武両道
♠男子校 ♥女子校 ♣共学・別学校	♣駒込	♣光英VERITAS	♣春日部共栄	♣駒込	♣光英VERITAS	♣春日部共栄
	♣郁文館	♣新渡戸文化	♣共栄学園	♣郁文館	♣新渡戸文化	♣共栄学園
	♣上野学園	♣貞静学園	♣西武台千葉	♣上野学園	♣貞静学園	♣西武台千葉

併設高校の進路情報

四年制大学進学率83.3%
文系84／理系15／その他１（%）

指定校推薦▶日本大，東洋大，駒澤大，専修大，大東文化大，東海大，亜細亜大，帝京大，國學院大，獨協大，東京電機大，日本女子大など推薦枠あり。

'22年３月卒業生：227名

大学189名　短大２名／専門29名／就職０名　他７名

主な大学合格状況　'23年春については主要大学のみ巻末一覧に記載

大学名	'22	'21	'20	大学名	'22	'21	'20	大学名	'22	'21	'20
早稲田大	6	5	0	専修大	10	10	6	東京電機大	5	0	2
上智大	0	0	1	大東文化大	5	8	1	立正大	6	10	5
学習院大	1	1	3	東海大	10	7	1	国士舘大	9	6	14
明治大	9	4	0	亜細亜大	5	2	10	東京経済大	3	3	3
立教大	5	0	5	帝京大	8	9	9	共立女子大	2	1	4
中央大	7	2	3	國學院大	3	2	5	順天堂大	5	0	1
法政大	4	0	2	明治学院大	2	1	2	武蔵野大	1	5	6
日本大	28	25	13	獨協大	12	8	5	神田外語大	1	5	5
東洋大	29	28	29	神奈川大	3	2	2	大正大	9	2	3
駒澤大	8	6	3	芝浦工大	3	0	0	拓殖大	17	8	9

※各大学合格数は既卒生との合計。

見学ガイド　説明会／クラブ体験練習

淑徳（しゅくとく）中学校

〒174−8643 東京都板橋区前野町 5−14−1 ☎03−3969−7411

国際 海外研修 長期留学 第2外国語 online英会話 21型 1人1台端末 リモート体制 プロジェクト型 論文執筆 STEAM 情操 体験学習 ボランティア 人間力育成

教育目標▶様々な学びや体験により，利他共生の心と学力を兼ね備え社会に貢献できる人間を育成する。
沿革▶1892年，浄土宗尼僧・輪島聞声により淑徳女学校として創立。1947年現校名に改称。1991年男女共学化。2020年6月新校舎（洗心館）完成。
施設▶講堂，イングリッシュスタジオ，茶道室，ラウンジ，アリーナ，武道場，屋上庭園，他。
学校長▶安居 直樹
生徒数▶総数499名 併設小からの進学者を含む。

	1年（5クラス）	2年（4クラス）	3年（4クラス）
男子	84名	68名	66名
女子	115名	87名	79名
内進生内数	男8名 女6名	男7名 女5名	男5名 女5名

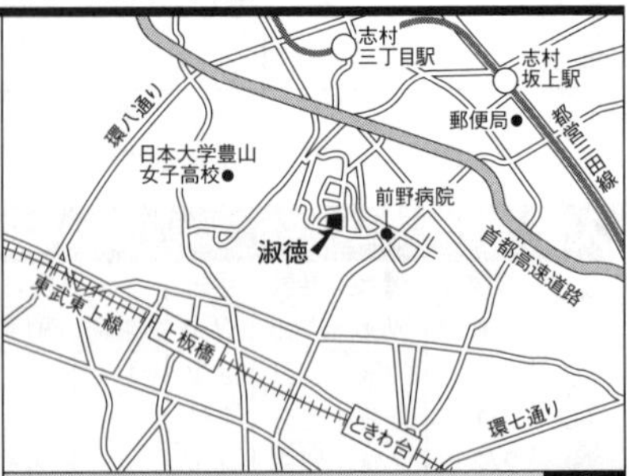

東武東上線―ときわ台15分またはスクールバス 都営三田線―志村三丁目15分 15分

学力の養成と善人の心を育む仏教情操が教育の両輪

「進みゆく世に遅れるな，有為の人となれ」という創立者の教えを受け継ぎ，現代グローバル社会で生命・愛・自由を理解し実践できる生徒を育てる。

学習 スーパー特進東大選抜コースは，ハイレベルな学習に加え，知性やリーダーシップを育成。スーパー特進コースは，きめ細かく手厚い指導が特長。進級時にはコース変更も可能。ICTを活用した授業を展開。中3ではプレゼン形式の卒業論文発表会を行う。英語は週7時間。毎週1回の確認テストで基礎力を定着させ，グループワークなどでも実力を伸ばす。放課後学習や週末課題などを組み合わせた自学自習サイクルで学力向上を図る。また，原則全員参加のゼミや講習で基礎を固める。中3の海外語学研修は3カ月か1週間（アメリカ，オーストラリア，カナダ，ニュージーランドなど）の選択制。ほかに希望制の海外キャンプも用意。

●コース表

中1	中2	中3	高1	高2	高3
スーパー特進東大選抜			スーパー特進東大選抜	各コース内で英文類型と理数類型にわかれる	
スーパー特進			スーパー特進		
			特進選抜		
			留学コース		

キャリア教育 「職業逆算講座」を開催し，今やるべきことや知るべきことを考える。社会で活躍する方々の講演を通じて，大学選びや職業調べへの関心を喚起する。

学校生活 週1回の「淑徳の時間」や仏教行事などで心の教育を行う。体育祭は生徒が企画運営。総割りチームで競い合う。

保護者MEMO

登校時刻▶8：40
最終下校時刻▶17：30
土曜日▶毎週登校。平常授業4時間
昼食▶食堂（中学は土曜のみ利用可）／食品販売あり
携帯電話▶可
制服▶ブレザー，セーラー
自転車通学▶可
カウンセラー▶週4日
保護者面談▶年1回
保護者会▶年2回
必修旅行▶京都・奈良（中2）
部活動▶運動部は週3日

学費 初年度目安 121万円

（単位:円）	入学金	施設費	授業料	その他	合計
入学手続時	250,000	42,000	—	107,000	399,000
1年終了まで	—	—	420,000	390,300	810,300

［その他］制服・指定品代，維持費，諸経費，教材費，オリエンテーション費，林間教室，PTA関係費，生徒会関係費。※別途教材・行事費等あり。
［寄付・学債］任意の寄付金（教育活動・施設設備寄付金）1口5万円1口以上あり。
※上記は'22年度のもの。新年度について詳細は「受験生応援アプリ」にて公開（2023年5月〜）。

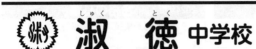

●奨学金・特待生
S：入学金・施設費，授業料（2年次以降継続審査）／A：授業料／B：入学金

首都圏模試 思考コード (単位：%)

〈第１回Ｓ特進〉

読み取る力＼考える力	国語 A	国語 B	国語 C	算数 A	算数 B	算数 C
複雑 3						
2	18			50	10	
単純 1		72	10		40	

A=知識・理解思考　B=論理的思考　C=創造的思考

2024年度入試 合格の基準

		首都圏模試 ほぼ確実	首都圏模試 見込あり	首都圏模試 やや見込あり	四谷大塚 ほぼ確実	四谷大塚 見込あり	四谷大塚 やや見込あり
男子	〈東大①〉	65	62	58	54	50	46
女子	〈東大①〉	66	63	60	56	52	48

ほぼ確実＝80%～／見込あり＝50～79%／やや見込あり＝20～49%

入試要項 2023年度参考　新年度日程はアプリへGO!　2科 4科

試験名		試験日 ◎午後入試	出願締切 Web	発表 W・窓	手続 Web	選抜方法 2科	4科	適	英	他	面接	特待	募集数	応募数	受験数	合格数	実質倍率	偏差値
東大セレクト	①	2/1 ◎	1/31	当日	2/11	●						●	45	320	275	81〈84〉	3.4	男65 女66
東大セレクト	②	2/2 ◎	2/1	当日	2/11	●						●	40	383	245	70〈66〉	3.5	男63 女64
東大セレクト	③	2/5 ◎	当日	当日	2/11	●						●	10	108	91	12	7.6	男65 女66
S特進	① 2科	2/1	1/31	当日	2/11	●							25	99	55	20	2.8	男62 女63
S特進	① 4科						●							127	127	55	2.8	
S特進	②	2/3 ◎	当日	当日	2/11	●							20	424	187	47(6)	4.0	男63 女64

※東大セレクトとS特進②でスライド合格を実施

【出願方法】Web出願　**【手続方法】** Web納入のうえ，窓口手続。3/17までの辞退者には一部返還
【受験料】25,000円（４回まで受験可）

【帰国生入試】12/3（若干名募集）
（注）（　）内は東大セレクト合格で内数。〈　〉内はS特進合格で外数。

中学受験のプロがおすすめ！ 併願校の例

特色	男 近代的校舎	男 留学制度	男 ICT教育	女 近代的校舎	女 留学制度	女 ICT教育
♠男子校	♠巣鴨	♠城北	♣開智日本橋	♥学習院女子	♥富士見	♣開智日本橋
♥女子校	♣東洋大京北	♣大宮開成	♣成城学園	♣東洋大京北	♣大宮開成	♣成城学園
♣共学・別学校	♣日大二	♠獨協	♣目黒日大	♣日大二	♥大妻中野	♣目黒日大

併設高校の進路情報

四年制大学進学率83.2%
文系・理系の内訳 未集計　医学部７名合格

内部推薦▶淑徳大学への内部推薦制度がある。

指定校推薦▶早稲田大，上智大，東京理科大，学習院大，青山学院大，立教大，中央大，法政大，日本大，東洋大，駒澤大，専修大，大東文化大，東海大，亜細亜大，國學院大，成蹊大，成城大など推薦枠あり。

海外大学合格状況▶University of Illinois at Urbana-Champaign（米），University of Exeter（英），University of Toronto（ｶﾅﾀﾞ），Queensland University of Technology（豪），他。

見学ガイド 説明会／見学会

'22年３月卒業生：398名

大学331名　短大２名　専門３名　就職１名　他61名

主な大学合格状況　'23年春については主要大学のみ巻末一覧に記載

大学名	'22	'21	'20	大学名	'22	'21	'20	大学名	'22	'21	'20
◇東京大	0	3	3	◇東京学芸大	2	2	6	中央大	56	55	41
◇京都大	0	0	1	◇都立大	4	11	11	法政大	42	58	37
◇東工大	0	1	1	早稲田大	16	28	39	日本大	63	58	59
◇一橋大	0	0	2	慶應大	22	11	17	東洋大	90	74	101
◇千葉大	1	6	3	上智大	25	26	20	駒澤大	16	13	13
◇筑波大	1	2	0	東京理科大	47	59	37	帝京大	28	18	24
◇東京外大	4	5	4	学習院大	24	13	12	明治学院大	14	16	17
◇横浜国大	3	6	3	明治大	58	61	53	芝浦工大	29	47	38
◇埼玉大	6	8	3	青山学院大	26	31	15	日本女子大	22	15	15
◇防衛医大	2	5	5	立教大	54	39	36	淑徳大	2	4	6

※各大学合格数は既卒生との合計。

淑徳巣鴨（しゅくとくすがも） 中学校

〒170－0001　東京都豊島区西巣鴨 2－22－16　☎03－3918－6451

国際 / 海外研修 / 長期留学 / 第2外国語 / online英会話 / 21型 / 1人1台端末 / リモート体制 / プロジェクト型 / 論文執筆 / STEAM / 情操 / 体験学習 / ボランティア / 人間力育成

教育目標▶「感恩奉仕」を校訓に，感謝の心をもち，世のため人のために生きられる生徒を育む。
沿革▶1919年設立の社会福祉施設を前身として，巣鴨女子商業学校開校。1950年に大乗淑徳学園が形成される。1985年現校名に改称。1996年中学校開校。2020年3月新棟（感恩館）完成。
施設▶多目的ホール，作法室，屋上庭園，他。
学校長▶如木　幸男
生徒数▶総数368名　併設小からの進学者を含む。

	1年（3クラス）	2年（3クラス）	3年（4クラス）
男子	52名	48名	55名
女子	68名	70名	75名
内進生内数	男1名 女10名	男6名 女10名	男5名 女3名

都営三田線―西巣鴨3分　JR―板橋10分　東武東上線―北池袋15分　3分

「気づきの教育」で失敗さえもプラスに転換する

生徒が主体的に学ぶ姿勢を大切にする。単に知識を増やすだけでなく，「気づき」の体験から，教科の枠を超えて「わかる」が連鎖していく授業をめざす。

学習　1年を短く区切った5学期制を導入。スーパー選抜コースでは最難関国立・私立大学への現役合格をめざす。特進コースは幅広い大学への進学をサポートする。理科は「なぜそうなるのか」を追究し，実験・観察を通して，科学的思考力や論理的思考力を育む。また，観察力や創造力を育む多彩な探究型の学びを展開。中2ではタブレット端末を活用した映像制作「ムービーワーク」，中3では自ら設定したテーマで研究を行い，その結果を論文にまとめ発表する。ネイティヴ教員が授業以外でも会話の時間を設けるなど，英会話ができる環境が整う。米国サマーキャンプや3カ月留学などの国際プログラムも用意。

キャリア教育　「スポンサー講座」を開講し，社会で活躍する人を講師に迎え，職業への理解を深めたり，将来の自分をイメージする。中2で職業体験を実施。

学校生活　地域清掃や募金活動などのボランティアを実施。仏教情操教育の時間や花まつり，涅槃会など仏教行事，増上寺研修を通じて心の教育を行う。

●コース表

中1	中2	中3	高1	高2	高3
スーパー特選					
特進コース			選抜コース―アルティメットクラス／プレミアムクラス／選抜クラス		

※プレミアムクラス以外は高2より理科／文科

保護者MEMO

登校時刻▶8：15
最終下校時刻▶18：30
土曜日▶毎週登校。平常授業4時間
昼食▶食堂／食品販売あり（共に中学は利用届提出）
携帯電話▶許可制
制服▶詰襟，セーラー
自転車通学▶許可制
カウンセラー▶常駐
保護者面談▶年1回
保護者会▶年3回
必修旅行▶米国（中3），他
部活動▶活動日は部による

学費　初年度目安 124万円

(単位:円)	入学金	施設費	授業料	その他	合計
入学手続時	250,000	50,000	―	―	300,000
1年終了まで	―	―	378,000	559,800	937,800

[その他] 制服・指定品代，維持費，教材費，タブレットPC，校外学習等，PTA会費，生徒会費。
[寄付・学債] 任意の寄付金（教育環境等整備・充実のための寄附金）1口5万円1口以上あり。
※上記は'22年度のもの。新年度について詳細は「受験生応援アプリ」にて公開（2023年5月～）。

●奨学金・特待生
入学金とA：施設費，授業料・維持費／B：施設費，授業料・維持費の半額／C：施設費

首都圏模試 思考コード (単位：%)

〈第１回スカラ〉

読み取る力	国語 A	国語 B	国語 C	算数 A	算数 B	算数 C
複雑 3				4		
2	15	18		69		
単純 1	20	47		8	19	
考える力	A	B	C	A	B	C

A=知識・理解思考　B=論理的思考　C=創造的思考

2024年度入試 合格の基準

		首都圏模試 ほぼ確実	首都圏模試 見込あり / やや見込あり	四谷大塚 ほぼ確実	四谷大塚 見込あり / やや見込あり
男子	〈一般①〉	50	47 / 44	40	35 / 30
女子	〈一般①〉	52	49 / 46	41	36 / 31

ほぼ確実＝80%～／見込あり＝50～79%／やや見込あり＝20～49%

入試要項 2023年度参考　新年度日程はアプリへGO!

2科　4科　適性型　英　他

試験名		試験日 ◎午後入試	出願締切 Web	発表 Web	手続 Web	2科	4科	適	英	他	面接	特待	募集数	応募数	受験数	合格数	実質倍率	偏差値
スカラ（スーパー選抜）①	2科	2/1 ◎	1/31	2/2	2/4	●						●	15	89	73	9	8.1	男62 女60
	4科						●					●		108	83	17	4.9	
②	2科	2/2 ◎	2/1	2/3	2/9	●						●	10	96	67	7	9.6	男62 女60
	4科						●					●		125	83	15	5.5	
③	2科	2/3 ◎	2/2	2/4	2/9	●						●	10	101	65	8	8.1	男62 女60
	4科						●					●		141	88	12	7.3	
	3科								＊1			●		34	29	6	4.8	
一般（特進）①		2/1	1/31	当日	2/4	●						●	30	182	149	40	3.7	男50 女52
②	未来力	2/2	2/1	2/3	2/9			＊2				●	25	93	85	32	2.7	男52 女54
										＊3		●		93	64	18	3.6	
③		2/4	2/3	当日	2/9	●						●	15	294	172	30	5.7	男55 女56

＊1　国算英（英検５～３級程度)。英検３級以上取得者は英語試験免除　＊2　総合（思考の基礎力検査＋思考の展開力検査）　＊3　算数（計算力，読解力，記述力を問う問題）

【出願方法】Web出願。該当者は合格証書のコピーを当日提出　**【手続方法】**Web納入。公立一貫校受検者の2/9までの辞退には返還。3/31までの辞退者には一部返還　**【受験料】**23,000円（複数回受験可）

【帰国生入試】12/3（若干名募集）

中学受験のプロがおすすめ！ 併願校の例

特色	男 仏教系	男 論文(自由研究)	男 ネイティヴ常駐	女 仏教系	女 論文(自由研究)	女 ネイティヴ常駐
♠男子校	♣淑徳	♠獨協	♠日大豊山	♣淑徳	♥江戸川女子	♥三輪田学園
♥女子校	♣宝仙学園	♣文化学園杉並	♠聖学院	♣宝仙学園	♣文化学園杉並	♥女子聖学院
♣共学・別学校	♣駒込	♣郁文館	♣城西大城西	♣駒込	♣郁文館	♣城西大城西

併設高校の進路情報

四年制大学進学率81.2%
文系71／理系27／その他２(%)　医歯薬21名合格

'22年３月卒業生：421名

大学342名　短大９名　専門12名　就職１名　他57名

内部推薦▶淑徳大学へ３名（人文１，経営２）が内部推薦で進学した。

指定校推薦▶利用状況は早稲田大１，上智大１，東京理科大４，学習院大１，青山学院大１，立教大１，中央大３，日本大４，東洋大11，専修大２，成蹊大３，成城大２，明治学院大２，獨協大２，芝浦工大１，東京女子大３，武蔵大１など。

海外大学合格状況▶Gannon University（米），他。

主な大学合格状況　'23年春については主要大学のみ巻末一覧に記載

大学名	'22	'21	'20	大学名	'22	'21	'20	大学名	'22	'21	'20
◇東京大	1	0	0	上智大	25	14	13	駒澤大	21	34	19
◇千葉大	1	1	1	東京理科大	25	18	20	専修大	36	45	34
◇筑波大	2	1	3	学習院大	8	5	5	大東文化大	35	36	50
◇横浜国大	1	0	1	明治大	38	39	33	帝京大	37	40	32
◇埼玉大	0	1	3	青山学院大	29	35	23	成蹊大	22	14	20
◇東京農工大	0	2	0	立教大	43	46	26	成城大	17	15	13
◇東京学芸大	3	1	0	中央大	45	63	39	明治学院大	23	37	15
◇都立大	3	3	4	法政大	53	25	39	獨協大	37	14	28
早稲田大	14	7	10	日本大	102	94	85	芝浦工大	36	12	15
慶應大	7	7	5	東洋大	98	112	72	淑徳大	25	47	156

※各大学合格数は既卒生との合計。

見学ガイド　文化祭／オープンスクール／体験会／入試体験

順天（じゅんてん）中学校

〒114－0022　東京都北区王子本町１－17－13　☎03－3908－2966

国際 海外研修 長期留学 第２外国語 online英会話 21型 1人1台端末 リモート体制 プロジェクト型 論文執筆 STEAM 情操 体験学習 ボランティア 人間力育成

教育目標▶建学の精神「順天求合」のもと，英知を持って国際社会で活躍できる人間を育成する。

沿革▶1834（天保５）年，数学者・福田理軒が設立した順天堂塾が前身。1995年中学校復活開設。2017年７月，新校舎「理軒館」完成。

施設▶ホール，サイエンスルーム，ラーニングコモンズ，個別学習室，武道場，テニスコート，グラウンド，JSハウス（宿泊室，セミナー室等），他。

学校長▶長塚　篤夫

生徒数▶総数310名

	１年（３クラス）	２年（３クラス）	３年（３クラス）
男子	76名	57名	56名
女子	38名	37名	46名

JR・南北線—王子３分
都電—王子駅前３分
3分

進学・国際・福祉の3つを教育の柱に据える

６年一貫教育で，基本的な資質・能力「創造的学力・国際対話力・人間関係力の３つのスキルと，主体性・多様性・協働性の３つのマインド」を育成する。

学習 英数国は十分な時間をかけて体系的に知識を積み重ねる「系統学習」とし，単元の終了時にテストを実施する。実践的な語学力と国際感覚を育む教育が充実。中３で約11週間のニュージーランド短期留学もある。理科・社会は科学的な思考を身につける「探究学習」と位置づけ，フィールドワークを行う。その他の教科では相互に関連づけた「統合学習」を展開。異年齢，障がい者との交流や手話・点字学習，映像制作などのワークショップも行う。

キャリア教育 グローバル体験やボランティア活動を通して視野を広げ，課題に気づく。地域の子ども食堂やアジアの子どもたちへのバレーボールの寄付，JICAのオンラインセミナー参加など，身近な地域における活動から海外NGOへの協力まで，多くのボランティアプログラムがある。

学校生活 ロングホームルームの多くは，生徒同士が様々なテーマについて語り合う「グループコミュニケーション」の時間に。生徒自らが考え意見を交わすことで，アイデンティティを確立する。

●コース表

中１	中２	中３	高１	高２	高３
標準クラス		教科別習熟度クラス	一貫選抜類型（内進生）		
			理数選抜類型（医学・理系）		
			英語選抜類型（国際・文系）		
			特進選抜類型（高２で文理選択）		

※原則一貫選抜類型に進学する

保護者MEMO

登校時刻▶8：10
最終下校時刻▶18：00
土曜日▶毎週登校。平常授業４時間
昼食▶給食（中１のみ）／食堂／食品販売あり
携帯電話▶可
制服▶ブレザー
自転車通学▶可
カウンセラー▶週１日
保護者面談▶年１～２回
保護者会▶年２回
必修旅行▶沖縄（中３），他
部活動▶週３日以内

学費　初年度目安 128万円

（単位：円）	入学金	施設費	授業料	その他	合計
入学手続時	260,000	140,000	—	40,000	440,000
１年終了まで	—	—	456,000	385,000	841,000

［その他］制服・指定品代，旅行積立金，PTA会費，後援会費，生徒会費。別途諸費用（模擬試験代等），副読本費用，スクールステイ費，給食費（6,900円/月）あり。

［寄付・学債］任意の寄付金１口５万円１口以上あり。

※上記は'22年度のもの。新年度について詳細は「受験生応援アプリ」にて公開（2023年５月～）。

●**奨学金・特待生**
一カ年特待：入学金，施設費・授業料１年（年次選考）／**入学金特待**：入学金，施設費

首都圏模試　思考コード（単位：%）

〈第1回A〉

読み取る力＼考える力	国語 A	国語 B	国語 C	算数 A	算数 B	算数 C
複雑 3						
2	26	24		58	5	
単純 1		50			37	

A=知識・理解思考　B=論理的思考　C=創造的思考

2024年度入試　合格の基準

		首都圏模試 ほぼ確実	首都圏模試 見込あり	首都圏模試 やや見込あり	四谷大塚 ほぼ確実	四谷大塚 見込あり	四谷大塚 やや見込あり
男子	〈①A〉	57	53	48	45	41	36
女子	〈①A〉	57	53	48	44	40	35

ほぼ確実＝80%～／見込あり＝50～79%／やや見込あり＝20～49%

入試要項　2023年度参考　新年度日程はアプリへGO!

2科　4科　英　他

試験名	試験日（◎午後入試）	出願締切 Web	発表 Web	手続 Web	2科	4科	適	英	他	面接	特待	募集数	応募数	受験数	合格数	実質倍率	偏差値
① A	2/1	1/30	当日	2/4延		●					●	25	男 75	68	24	2.8	57
													女 49	44	16	2.8	57
① B	2/1 ◎	1/30	当日	2/4延	●						●	25	男 122	116	39	3.0	61
													女 75	65	27	2.4	61
② A	2/2	2/1	当日	2/4延		●					●	20	男 115	74	28	2.6	57
													女 87	48	17	2.8	57
② B	2/2 ◎	2/1	当日	2/4延	●						●	15	男 138	84	30	2.8	59
													女 103	68	21	3.2	59
③ 多面的	2/4 ◎	2/3	2/5	2/6延				*	*		●	5	男 39	27	6	4.5	57
													女 30	22	5	4.4	57

＊国語または英語（リスニングを含む）＋算数＋プレゼンテーション
※③はプレゼンテーション資料を当日持参

【出願方法】Web出願　**【手続方法】**Web納入。2/10まで一部延納可　**【受験料】**25,000円(同時出願は2回目以降各5,000円追加。追加出願は各10,000円)

【帰国生入試】12/3，2/4（各若干名募集）

中学受験のプロがおすすめ！ 併願校の例

♠男子校　♥女子校　♣共学・別学校

特色	男 留学制度	男 ICT教育	男 ボランティア活動	女 留学制度	女 ICT教育	女 ボランティア活動
	♠学習院	♣芝浦工大	♠城北	♥富士見	♣芝浦工大	♥大妻
	♣淑徳	♣安田学園	♣かえつ有明	♣淑徳	♣安田学園	♣かえつ有明
	♣駒込	♣宝仙学園	♣獨協埼玉	♣駒込	♣宝仙学園	♣獨協埼玉

併設高校の進路情報

四年制大学進学率88.3%
文系50／理系42／その他8（%）　医歯薬19名合格

指定校推薦▶利用状況は早稲田大1，東京理科大2，学習院大1，立教大4，中央大3，法政大1，日本大2，成城大1，芝浦工大2，東京女子大1，工学院大1，東京都市大1，東京薬科大1，明治薬科大1，昭和薬科大1，立命館アジア太平洋大1，昭和女子大1，東京家政大1など。ほかに明治大，東洋大，駒澤大，大東文化大，東海大，明治学院大，獨協大，武蔵大など推薦枠あり。

'22年3月卒業生：188名　大学166名　短大0名　専門2名　就職1名　他19名

主な大学合格状況

'23年春については主要大学のみ巻末一覧に記載

大学名	'22	'21	'20	大学名	'22	'21	'20	大学名	'22	'21	'20
◇東京大	0	2	0	早稲田大	11	24	5	日本大	56	82	61
◇東工大	0	1	1	慶應大	6	4	2	東洋大	46	63	55
◇千葉大	3	3	8	上智大	6	14	9	駒澤大	13	16	3
◇筑波大	2	1	0	東京理科大	34	19	16	専修大	2	20	18
◇横浜国大	1	1	1	学習院大	11	19	5	成蹊大	3	14	10
◇埼玉大	1	2	1	明治大	31	33	19	明治学院大	8	18	15
◇東京医歯大	1	1	0	青山学院大	19	23	17	獨協大	10	15	15
◇都立大	1	4	0	立教大	38	35	16	芝浦工大	23	31	32
◇信州大	1	0	1	中央大	23	40	36	東京電機大	24	20	21
◇金沢大	2	3	0	法政大	39	44	47	立命館大	6	6	8

※各大学合格数は既卒生との合計。

見学ガイド　説明会

高校募集 あり 高1より全体が混合。 高1内訳 一貫生 79名 233名 高入生

城西大学附属城西（じょうさいだいがくふぞくじょうさい）中学校

Josai

〒171−0044 東京都豊島区千早 1−10−26 ☎03−3973−6331

国際 海外研修 長期留学 第2外国語 online英会話 21型 1人1台端末 リモート体制 プロジェクト型 論文執筆 STEAM 情操 体験学習 ボランティア 人間力育成

教育理念▶「報恩感謝」を校訓として掲げ，真の自由が自ら伸びる意志と力を健やかに育む。
沿革▶1918年，中嶋久萬吉により設立された城西実務学校を学園の起源とする。
施設▶図書室，自習室，実験室（3室），コンピュータ室，インターナショナル・ラウンジ，食堂，カウンセラー室，道場，グラウンド，他。
学校長▶神杉　旨宣
生徒数▶総数317名

	1年（3クラス）	2年（3クラス）	3年（3クラス）
男子	81名	60名	67名
女子	32名	35名	42名

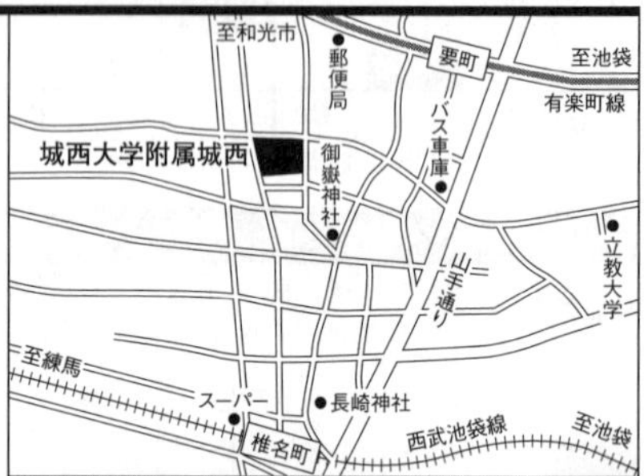

西武池袋線―椎名町7分
有楽町線・副都心線―要町6分
6分

グローバル社会に貢献できる人材を育てる

基礎学力・教養・協働力・異文化相互理解力・課題解決力などに重点をおいた6年一貫の教育プログラムJOSAI Future Global Leader Programを展開中。

学習 中学3年間の学校生活すべてを「オーストラリア海外研修」の準備期間と設定する。英語は，ネイティヴ教員によるオールイングリッシュ授業や，朝学習「English 4 skills」，英単語統一コンテストなどで語彙・文法等をインプット。年1回，体験型英語施設で実践的に英語力を向上させる。オープンクエスチョンを活用した全員参加型の授業も展開。中3では比較文化研究に取り組み，世界規模の社会問題について考える。理科は3年間で100以上の実験・観察を行う。稲作体験や公判傍聴など豊富な体験学習も取り入れ，知的好奇心を刺激し，学びの意欲を喚起する。

●コース表

中1	中2	中3	高1	高2	高3
普通クラス			留学生・高入生混合クラス	理系クラス／文系クラス	学部系統別クラス

キャリア教育 中学ではまず自分の将来を考えることから始め，大学で何を学び，将来にどう活かすのかを描く。高校では系列大学との連携プログラムを設けており，薬学部の最新設備や研究に触れられる

学校生活 中学は33のクラブが活動。ダンス部は全国大会出場の実績を持つ。ボランティア活動や地元の伝統行事に参加するなど，地域との交流を大切にしている。

保護者MEMO

登校時刻▶8：40
最終下校時刻▶18：00
土曜日▶毎週登校。平常授業4時間
昼食▶食堂／食品販売あり
携帯電話▶可
制服▶ブレザー
自転車通学▶可(条件あり)
カウンセラー▶週3日
保護者面談▶年2回
保護者会▶年2回
必修旅行▶オーストラリア（中3），他
部活動▶活動日は部による

学費　初年度目安 115万円

(単位:円)	入学金	施設費	授業料	その他	合計
入学手続時	250,000	—	—	—	250,000
1年終了まで	—	132,000	432,000	332,417	896,417

［その他］制服・指定品代，教育充実費，生徒活動補助費，iPad費用，校外学習費，PTA・生徒会会費。
［寄付・学債］なし。
※上記は'22年度のもの。新年度について詳細は「受験生応援アプリ」にて公開（2023年5月〜）。

●奨学金・特待生
入学金，施設費・授業料3年間（年次審査。高校でも継続可）

首都圏模試　思考コード（単位：%）

〈適性検査型〉

読み取る力 ＼ 考える力	Ⅰ A	Ⅰ B	Ⅰ C	Ⅱ A	Ⅱ B	Ⅱ C
複雑 3						
2			70	8	32	
単純 1		30		8	48	4

A=知識・理解思考　B=論理的思考　C=創造的思考

2024年度入試　合格の基準

		首都圏模試 ほぼ確実	首都圏模試 見込あり	首都圏模試 やや見込あり	四谷大塚 ほぼ確実	四谷大塚 見込あり	四谷大塚 やや見込あり
男子	〈①午前〉	42	38	33	33	28	23
女子	〈①午前〉	42	38	33	33	28	23

ほぼ確実＝80%～／見込あり＝50～79%／やや見込あり＝20～49%

入試要項　2023年度参考　新年度日程はアプリへGO!

2科　4科　適性型　英

試験名		試験日（◎午後入試）	出願締切 Web	発表 Web	手続 Web	2科	4科	適	英	他	面接	特待	募集数	応募数	受験数	合格数	実質倍率	偏差値
① 午前	2科	2/1	当日	当日	2/4	●						●	35	49	44	36	1.2	男42 女42
	4科						●					●		22	17	14	1.2	
	英語Ⅰ								＊2		＊2			3	3	3	1.0	
	英語Ⅱ								＊3		＊3							
① 午後	2科	2/1 ◎	当日	当日	2/6	●						●	20	70	65	50	1.3	男43 女43
	4科						●					●		66	66	55	1.2	
②	適性検査	2/2	当日	当日	2/10			＊1				＊5	15	75	69	68	1.0	男42 女42
②	2科	2/2 ◎	当日	当日	2/10	●						●	15	103	44	25	1.8	男44 女44
	英語Ⅰ								＊2		＊2			3	1	1	1.0	
	英語Ⅱ								＊3		＊3							
	英語Ⅲ								＊4			●						
③	2科	2/7	当日	当日	2/10	●						●	15	77	28	9	3.1	男42 女42
	4科						●					●		50	28	20	1.4	

＊1　共通型（適性検査ⅠⅡ）または大泉型（適性検査ⅠⅡⅢ）　＊2　英語（リスニング+筆記〈英検3級～準2級レベル〉）＋個人面接（日本語）　＊3　個人面接のみ（一部英語によるコミュニケーション含む。筆記試験免除）。CEFR A2以上の英語資格保持者のみ対象　＊4　国算＋英語（リスニング+筆記〈英検3級～準2級レベル〉。面接免除）。CEFR A2以上の英語資格保持者は英語70点保証　＊5　特待認定対象は大泉型のみ
※通知表コピー。ほかに英語Ⅱ，英語資格保持者得点保証制度を利用する場合は資格試験合格証の原本

【出願方法】 Web出願のうえ，書類当日持参　**【手続方法】** Web納入　**【受験料】** 25,000円（複数回受験は45,000円）

【帰国生入試】 12/6，1/11（計5名募集）

中学受験のプロがおすすめ！ 併願校の例

特色	男 体験重視	男 留学制度	男 適性検査型入試	女 体験重視	女 留学制度	女 適性検査型入試
♠男子校 ♥女子校 ♣共学・別学校	♣駒込	♣武蔵野大学	♣都立大泉高校附	♣駒込	♣武蔵野大学	♣都立大泉高校附
	♣桜丘	♣聖徳学園	♣実践学園	♣桜丘	♣聖徳学園	♣実践学園
	♣成立学園	♣目白研心	♣日本工大駒場	♣成立学園	♣目白研心	♣日本工大駒場

併設高校の進路情報

四年制大学進学率86.1%
文系60／理系35／その他5（%）　医歯薬25名合格

内部推薦▶ 城西大学へ15名（経済2，経営8，現代政策2，薬3），城西国際大学へ25名（国際人文1，観光1，経営情報17，メディア6），日本医療科学大学へ7名（保健医療），城西短期大学1名が内部推薦で進学した。

指定校推薦▶ 利用状況は上智大1，明治大1，法政大2，日本大2，東洋大2，専修大1，成蹊大5，獨協大3，東京電機大2，武蔵大2，東京都市大2，東京薬科大3など。ほかに東京理科大など推薦枠あり。

'22年3月卒業生：345名

大学297名　短大7名　専門19名　就職5名　他17名

主な大学合格状況

'23年春については主要大学のみ巻末一覧に記載

大学名	'22	'21	'20	大学名	'22	'21	'20	大学名	'22	'21	'20
◇筑波大	0	1	0	青山学院大	4	1	2	帝京大	22	21	10
◇都立大	0	1	0	立教大	1	1	5	成蹊大	7	8	5
◇防衛大	0	1	0	中央大	0	4	2	明治学院大	5	6	2
◇東京海洋大	0	1	0	法政大	5	5	5	獨協大	18	12	3
早稲田大	0	1	0	日本大	17	12	14	東京電機大	3	9	9
慶應大	0	1	0	東洋大	10	19	23	玉川大	7	5	8
上智大	1	1	2	駒澤大	12	2	7	東京薬科大	7	7	5
東京理科大	1	1	2	専修大	9	9	11	城西大	15	12	34
学習院大	1	1	1	大東文化大	12	9	6	城西国際大	29	25	21
明治大	3	2	1	亜細亜大	6	7	8	日本医療科学大	14	4	0

※各大学合格数は既卒生との合計。

見学ガイド　文化祭／説明会／体験入学

聖徳学園（しょうとくがくえん） 中学校

〒180−8601　東京都武蔵野市境南町２−11−８　☎0422−31−5121

国際 / 海外研修 / 長期留学 / 第２外国語 / online英会話 / 21型 / 1人1台端末 / リモート体制 / プロジェクト型 / 論文執筆 / STEAM / 情操 / 体験学習 / ボランティア / 人間力育成

教育方針▶「個性」「創造性」「国際性」の３つを柱に，自らの強みを伸ばし，世界とつながり，新しい価値を生み出す人を育てる。

沿革▶和田幽玄により1927年に設立された旧制関東中学校が前身。1992年に中高一貫教育を開始。

施設▶ホール，和室(幽玄庵)，図書館，ラーニングコモンズ，スタジオ，アートラボ，他。

学校長▶伊藤　正徳

生徒数▶総数376名　併設小からの進学者を含む。

	１年（４クラス）	２年（４クラス）	３年（３クラス）
男子	111名	110名	60名
女子	36名	22名	37名
内進生内数	男9名 女6名	男13名 女0名	男4名 女1名

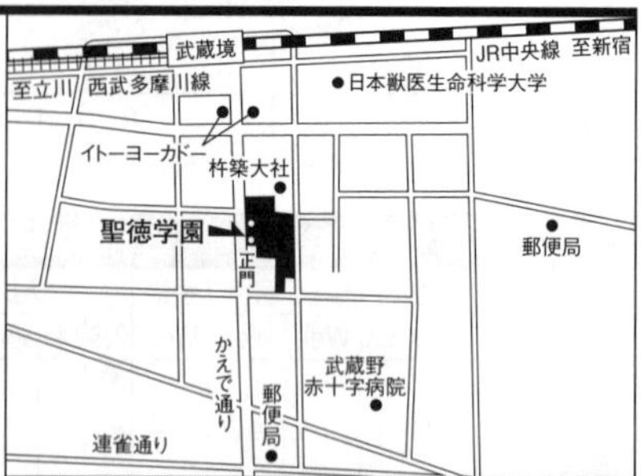

JR・西武多摩川線一武蔵境３分　3分

STEAM教育で未来を創る力を育てる

理数系と独創性を育てる芸術の学びやデザイン思考を深めるSTEAM教育を実践。テクノロジーの進化の中で生きていく力を養い，時代を切り拓く人材を育成する。

学習 中１と中２は２名担任制で，生徒一人ひとりの良さや可能性を引き出す。英語は常駐するネイティヴ教員と交流し国際感覚を養う。中３で全員参加の国際研修旅行（カナダかニュージーランド）を実施。ほかにも多様な海外研修や留学制度がある（希望制）。学校生活で積極的にICTを活用。週１回のSTEAMの授業では情報との関わり方や教科横断型の学びだけでなく，創造的なアウトプットを学ぶ。中１でタブレット端末を使いクレイアニメ映画制作に挑戦。SDGsのテーマから１つ選び国語でシナリオ，美術で撮影小道具，音楽で音声と教科で分担・連携。年度末には審査員に映画監督も参加してコンテストを行う。

●コース表

中１	中２	中３	高１	高２	高３
共通履修		選抜クラス		文理進学コース	
				難関国公立コース	

※両コース高２より文系／理系

キャリア教育 中１・中２は博物館・企業施設訪問，中２は国内英語研修施設での体験で職業観を探る。中３は企業研修や地域貢献プロジェクト，卒業生の体験談を聞く機会を通して将来について考える。

学校生活 約30のクラブが中高共に活動。農家民泊（中１）や，芸術鑑賞会を実施し，日本の食文化や伝統文化を体験する。

保護者MEMO

登校時刻▶8：25
最終下校時刻▶18：00
土曜日▶毎週登校。平常授業４時間
昼食▶食堂／食品販売あり
携帯電話▶可
制服▶ブレザー
自転車通学▶可
カウンセラー▶常駐
保護者面談▶年１回
保護者会▶年４回
必修旅行▶国際研修旅行(中3・高２)，他
部活動▶活動日は部による

学費　　初年度目安 130万円

(単位:円)	入学金	施設費	授業料	その他	合計
入学手続時	330,000	—	—	—	330,000
1年終了まで	—	110,400	495,600	365,058	971,058

●奨学金・特待生
A：入学金，授業料１年間／B・算数奨学生：入学金

［その他］制服代，冷暖房費，ICT教育推進費，iPadに関わる経費，教材費等預り金，図書費，実験実習費，宿泊行事費，生徒会・PTA会費・各入会金，同窓会入会金・クラブ活動後援費，保健衛生費。［寄付・学債］任意の寄付金（施設設備拡充資金）１口10万円１口以上あり。
※上記は'22年度のもの。新年度について詳細は「受験生応援アプリ」にて公開（2023年５月〜）。

首都圏模試 思考コード (単位：%)

読み取る力						
複雑 3						
2			データなし			
単純 1						
考える力	A	B	C	A	B	C

A=知識・理解思考　B=論理的思考　C=創造的思考

2024年度入試 合格の基準

		首都圏模試		四谷大塚	
男子	〈AM①〉	ほぼ確実 43	見込あり 39 / やや見込あり 35	ほぼ確実 32	見込あり 27 / やや見込あり 22
女子	〈AM①〉	ほぼ確実 43	見込あり 39 / やや見込あり 35	ほぼ確実 32	見込あり 27 / やや見込あり 22

ほぼ確実＝80％～／見込あり＝50～79％／やや見込あり＝20～49％

入試要項 2023年度参考　新年度日程はアプリへGO!

2科　4科　適性型　英　他

試験名	試験日 ◎午後入試	出願締切 Web	発表 Web	手続 Web	選抜方法 2科	4科	適	英	他	面接	特待	募集数	応募数	受験数	合格数	実質倍率	偏差値
AO	2/1	1/30	当日	当日	＊1					＊1		30	81	78	59	1.3	男42 女42
適性検査 2科	2/1	1/31	2/2	2/10			＊2					20	249	245	240	1.0	男41 女41
適性検査 3科	2/1	1/31	2/2	2/10			＊3						170	167	165	1.0	男41 女41
PM①	2/1 ◎	当日	当日	2/6	●						●	15	107	94	59	1.6	男44 女44
特別奨学生	2/1 ◎	当日	当日	2/6		●					●	5	26	23	20	1.2	男51 女51
プログラミング	2/2	1/31	当日	2/6					＊4	＊4		5	23	13	7	1.9	男41 女41
PM②	2/2 ◎	当日	当日	2/6	●						●	10	140	44	28	1.6	男44 女44
AM①	2/3	2/2	当日	2/6	＊5			＊5			●	15	140	29	14	2.1	男43 女43
AM②	2/11	2/10	当日	2/11	●						●	5	136	25	15	1.7	男45 女45

＊1　基礎学力（国算）＋個人面接。自己申告書　＊2　適性検査ⅠⅡ　＊3　適性検査ⅠⅡⅢ　＊4　プログラミング（マインクラフト）＋個人面接。アピールシート　＊5　国算英より2科

※各種検定4級以上取得の場合，20点を加点

※AM，PMの各種検定4級以上取得者は合格証明書のコピー

【出願方法】Web出願。該当者は書類を当日持参。AOは書類郵送　**【手続方法】**Web納入　**【受験料】**23,000円（同時出願は28,000円で複数回受験可）

【帰国生入試】11/16，12/14，1/18（若干名募集）

中学受験のプロがおすすめ! 併願校の例

特色	男 STEAM教育	ICT教育	留学制度	女 STEAM教育	ICT教育	留学制度
♠男子校 ♥女子校 ♣共学・別学校	♣穎明館	♣東京電機大	♣工学院大附	♣穎明館	♣東京電機大	♣工学院大附
	♣多摩大聖ヶ丘	♣実践学園	♣城西大城西	♣多摩大聖ヶ丘	♣実践学園	♣城西大城西
	♣明星学園	♣明星	♣啓明学園	♣明星学園	♣明星	♣啓明学園

併設高校の進路情報

四年制大学進学率84.2%
文系61／理系38／その他1（%）　医歯薬6名合格

指定校推薦▶利用状況は上智大1，学習院大4など。ほかに東京理科大，青山学院大，中央大，法政大，日本大，東洋大，駒澤大，専修大，大東文化大，東海大，國學院大，成蹊大，成城大，獨協大，芝浦工大，東京電機大，日本女子大，武蔵大，工学院大，東京都市大，東京経済大，大妻女子大，聖心女子大，白百合女子大，杏林大，北里大，東邦大，東京薬科大，昭和薬科大など推薦枠あり。

海外大学合格状況▶北京外国語大学（中），他。

'22年3月卒業生：196名

大学165名　短大3名　専門9名　就職1名　他18名

主な大学合格状況　'23年春については主要大学のみ巻末一覧に記載

大学名	'22	'21	'20	大学名	'22	'21	'20	大学名	'22	'21	'20
◇東工大	1	1	0	慶應大	5	2	3	東洋大	15	18	15
◇千葉大	2	0	0	上智大	3	5	3	駒澤大	7	18	6
◇筑波大	0	2	0	東京理科大	17	11	8	専修大	9	17	11
◇東京外大	0	1	0	学習院大	12	5	5	帝京大	11	12	16
◇埼玉大	1	0	1	明治大	20	10	4	國學院大	9	7	8
◇防衛医大	1	1	0	青山学院大	14	12	6	成蹊大	8	8	3
◇東京学芸大	2	5	1	立教大	12	14	5	芝浦工大	8	5	8
◇都立大	2	4	1	中央大	18	21	8	工学院大	12	12	5
◇信州大	1	0	1	法政大	23	26	20	東京都市大	6	10	12
早稲田大	5	2	5	日本大	17	31	38	武蔵野大	5	16	10

※各大学合格数は既卒生との合計。

見学ガイド　説明会／プログラミング教室／英語体験教室

駿台学園（すんだいがくえん） 中学校

〒114－0002 東京都北区王子 6－1－10 ☎03－3913－5735

国際 海外研修 長期留学 第2外国語 online英会話 21型 1人1台端末 リモート体制 プロジェクト型 論文執筆 STEAM 情操 体験学習 ボランティア 人間力育成

教育理念▶個性を持ちながらも協調性を持ち，周囲に貢献する人間を育てる「万木一心」の教育を掲げる。
沿革▶1932年創立の駿臺商業学校を母体に1947年創立。2003年に男女共学化。
施設▶ホール，多目的教室，天文台，屋上テニスコート，剣道場，柔道場，ボクシングジム，グラウンド，一心荘（北軽井沢），他。
学校長▶瀬尾　兼秀
生徒数▶総数201名

	1年（3クラス）	2年（3クラス）	3年（3クラス）
男子	62名	50名	45名
女子	18名	14名	12名

JR―王子10分　都電―王子駅前10分
南北線―王子神谷７分，王子８分
10分

「自分らしい」学校生活が見つかる学び舎

2022年度，高校は２つのスペシャリストコース（ハイブリッド，オリジナル）を設置。「置かれた場所の第一人者」を育成するためのサポートが充実。

学習 中学は「特選」と「総合」の２クラスで緩やかな習熟度別授業となる。高校からはGMARCHをめざす「特選」，学習と部活を両立させる「進学」，さらにスポーツに特化した２つのスペシャリストコースの計４コースで学力に応じた指導を行う。中高共に最先端の英語授業を展開。英検・GTECを全員が受験する。中２～高２を対象に海外サマースクールを実施。長期留学生も校内に在籍し，異文化交流が可能な環境が整う。生徒全員がタブレット端末を持ち，日々の学習活動に活用する。学力は年２～３回の模擬試験でチェック。受験後は振り返り指導を行う。３～４人に１人チューターがつき，主要３教科を中心に丁寧に指導。部活動との両立をサポートする。

●コース表

中1	中2	中3	高1	高2	高3
特選クラス			特選コース		
			進学コース		
総合クラス			スペシャリスト・ハイブリッド・コース		
			スペシャリスト・オリジナル・コース		

※特選コースと進学コースは高３より文系／理系

キャリア教育 本物を見せることを目的とした，林間学校や修学旅行，年５回の校外学習（オペラ鑑賞，博物館見学など）を実施。

学校生活 校技はバレーボール。校内バレー大会は全校が熱くなる行事の一つ。野球やサッカーも全国レベル。多くの部が中高合同で活動。施設・設備も充実している。

保護者MEMO

登校時刻▶8：20
最終下校時刻▶19：00
土曜日▶毎週登校。平常授業４時間
昼食▶食堂／食品販売あり
携帯電話▶可
制服▶ブレザー
自転車通学▶可（条件あり）
カウンセラー▶常駐
保護者面談▶年１回
保護者会▶年３回
必修旅行▶愛知・奈良・京都（中３），他
部活動▶活動日は部による

学費

初年度目安 113万円

(単位:円)	入学金	施設費	授業料	その他	合計
入学手続時	250,000	135,000	―	―	385,000
1年終了まで	―	―	396,000	344,600	740,600

●奨学金・特待生
入学金・施設費の半額～全額（特待認定試験を受験する）

［その他］制服・指定品代，諸費，補助教材費等，夏季林間学校，スキー学校，諸会費。※別途ipad関連費あり。
［寄付・学債］任意の寄付金１口１万円５口以上，全国大会出場時１口５千円１口以上あり。
※上記は'22年度のもの。新年度について詳細は「受験生応援アプリ」にて公開（2023年５月～）。

首都圏模試　思考コード　（単位：%）

	A	B	C	A	B	C
読み取る力						
複雑 3						
2			データなし			
単純 1						
考える力	A	B	C	A	B	C

A=知識・理解思考　B=論理的思考　C=創造的思考

2024年度入試　合格の基準

		首都圏模試 ほぼ確実	首都圏模試 見込あり	首都圏模試 やや見込あり	四谷大塚 ほぼ確実	四谷大塚 見込あり	四谷大塚 やや見込あり
男子	〈2科4科①〉	37	32	29	30	25	20
女子	〈2科4科①〉	37	32	29	30	25	20

ほぼ確実＝80%～／見込あり＝50～79%／やや見込あり＝20～49%

入試要項　2023年度参考　新年度日程は アプリへGO!　2科 4科 英 他

試験名	試験日 ◎午後入試	出願締切 Web	発表 Web	手続 振・窓	選抜方法 2科	4科	適	英	他	面接	特待	募集数	応募数	受験数	合格数	実質倍率	偏差値
2科4科 ①	2/1	1/31	当日	2/6	●	●					●	40	48	46	45	1.0	男37 女37
2科4科 ②	2/2	2/1	当日	2/6	●	●					●	40	29	21	20	1.0	男37 女37
1科選択+内進重視または+英語型 ①	2/1 ◎	1/31	当日	2/13				＊1	＊2		●	10	9	3	2	1.5	男37 女37
1科選択+内進重視または+英語型 ②	2/2 ◎	2/1	当日	2/13				＊1	＊2		●	10	5	3	3	1.0	男37 女37
1科選択+内進重視または+英語型 ③	2/4	2/3	当日	2/13				＊1	＊2		●	10	7	2	1	2.0	男37 女37
1科選択+内進重視または+英語型 ④	2/8	2/5	当日	2/13				＊1	＊2		●	10	9	5	5	1.0	男37 女37

＊1　1科選択+英語型。国算より1科目+英語（英検4級程度の選択・記述式問題。約10分のリスニングあり）英検4級以上保持者は英語筆記試験免除。合格証のコピーを受験時に提出。他の資格保持者は加点対象（要相談）
＊2　1科選択+内申重視型。国算より1科目+通知表のコピー
※2/8までの合格者で特待生希望者を対象に特待資格試験（2/11，4科）あり。要Web出願

【出願方法】Web出願後，対象者は通知表コピーを郵送　**【手続方法】**銀行振込のうえ，窓口手続　**【受験料】**23,000円（2回目以降は各2,000円）

【帰国生入試】上記に含む。優遇措置あり。

中学受験のプロがおすすめ！　併願校の例

特色	男 文武両道	男 国際理解教育	男 学習サポート	女 文武両道	女 国際理解教育	女 学習サポート
♠男子校 ♥女子校 ♣共学・別学校	♣実践学園	♣東京成徳大	♣郁文館	♣実践学園	♣東京成徳大	♣郁文館
	♣共栄学園	♣成立学園	♣東京立正	♣共栄学園	♣成立学園	♣東京立正
	♣修徳	♣武蔵野	♣貞静学園	♣修徳	♣武蔵野	♣貞静学園

併設高校の進路情報

四年制大学進学率69.7%
文系73／理系25／その他2（%）

指定校推薦▶上智大，日本大，東洋大，大東文化大，帝京大，獨協大，神奈川大，東京電機大，工学院大，東京都市大，立正大，国士舘大，東京経済大，千葉工大，関東学院大，大妻女子大，杏林大，東邦大，国際医療福祉大，日本薬科大，日本歯大，武蔵野大，東京農大，実践女子大，明星大，文教大，二松學舍大，帝京平成大，東京工科大，大正大，拓殖大，駒沢女子大，産業能率大，城西大など推薦枠あり。

'22年3月卒業生：142名　大学99名　短大1名／専門24名／就職7名／他11名

主な大学合格状況　'23年春については主要大学のみ巻末一覧に記載

大学名	'22	'21	'20	大学名	'22	'21	'20	大学名	'22	'21	'20
◇東京学芸大	1	0	0	東洋大	7	11	9	芝浦工大	0	0	5
早稲田大	0	1	1	駒澤大	6	2	1	東京電機大	0	1	1
上智大	1	7	0	専修大	1	6	3	立命館大	2	0	0
学習院大	0	1	0	大東文化大	15	10	6	国士舘大	5	6	6
明治大	0	2	0	東海大	1	2	2	東京経済大	3	5	3
青山学院大	0	3	1	亜細亜大	2	1	1	桜美林大	2	2	1
立教大	2	3	1	帝京大	1	4	9	順天堂大	1	0	2
中央大	4	0	2	國學院大	0	1	1	城西大	2	3	0
法政大	1	4	4	獨協大	4	3	1	文京学院大	4	2	1
日本大	17	6	14	神奈川大	2	1	3	日本体育大	6	5	3

※各大学合格数は既卒生との合計。

見学ガイド　説明会／個別相談会

ユネスコ　高校募集 あり　高1より全体が混合。　高1内訳　一貫生 250名　90名 高入生

成蹊（せいけい）中学校

〒180−8633　東京都武蔵野市吉祥寺北町 3−10−13　☎0422−37−3818

国際　海外研修　長期留学　第2外国語　online英会話　21型　1人1台端末　リモート体制　プロジェクト型　論文執筆　STEAM　情操　体験学習　ボランティア　人間力育成

教育目標▶創立者・中村春二による建学の理念「個性の尊重」「品性の陶冶」「勤労の実践」を柱とし，自ら課題を発見し，解決できる人を育てる。
沿革▶1906年に開かれた私塾「成蹊園」を前身として1914年開校。1951年に現校地へ移転。
施設▶理科館（天体ドームあり），気象観測所，造形館，テニスコート，野球場，グラウンド，他。
学校長▶仙田　直人
生徒数▶総数811名　併設小からの進学者を含む。

	1年（8クラス）	2年（7クラス）	3年（7クラス）
男子	144名	140名	139名
女子	125名	126名	137名
内進生内数	男53名 女59名	男49名 女59名	男54名 女58名

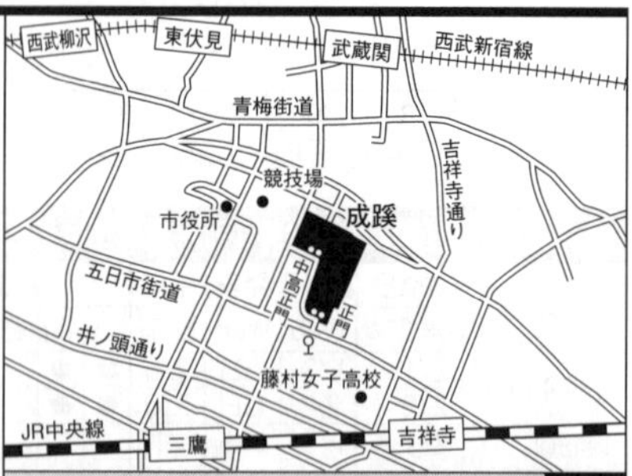

JR・京王井の頭線―吉祥寺よりバス成蹊学園前8分　西武新宿線―武蔵関20分　13分

新たなものを創造する「0 to1」発想を持つ人材を育成

幅広い教養を持たせるリベラルアーツを実践。毎日の授業や学校行事に，「本物に触れる」学びを取り入れ，自分で考える力，知的&科学的好奇心を高めていく。

学習 全科目が主要科目との考えをもとに，生徒の多様な個性と才能を伸ばし，幅広い分野にわたる学びを可能とする。教科内容の細分化に対応した専門教員の指導により，基礎力の向上をめざす。伝統的に実体験をともなう学習を重視。特に理科は校内での植物観察をはじめ，高度な設備が整った専用校舎での本格的実験をもとに授業を進めていく。英語はネイティヴ教員の指導のもと，英語を使いながら身につける。希望制で中1は国内で英語漬けの生活を体験する「イングリッシュシャワー」，中3では海外の大学生と英語で討論する「プレエンパワーメントプログラム」を実施。

キャリア教育 将来や進路を考える機会として，中3で成蹊大学のゼミを体験する。さらに，卒業生を招いて話を聞く会を設けるなど，キャリアづくりに対する意識を醸成し，自分で進路を選択できる力を育む。高校では，大学教員による模擬授業などの進路企画を，1年間を通して展開している。

学校生活 毎日の朝礼では独自の精神集中法「凝念（ぎょうねん）」を行う。中高で35部が活動。

●コース表

中1	中2	中3	高1	高2	高3
共	通	履	修	理系コース	理系10コース
国際学級				文系コース	文系9コース

保護者MEMO

登校時刻▶8：10
最終下校時刻▶17：10
土曜日▶毎週登校
昼食▶食堂（高校より利用可）／食品販売あり
携帯電話▶許可制
制服▶詰襟，セーラー
自転車通学▶許可制
カウンセラー▶2名
保護者面談▶年1回（中1・中2）
保護者会▶年4回
必修旅行▶京都・奈良（中3）
部活動▶原則週4日以内

学費　初年度目安 135万円

（単位:円）	入学金	施設費	授業料	その他	合計
入学手続時	300,000	100,000	334,000	7,300	741,300
1年終了まで	—	100,000	334,000	179,600	613,600

●奨学金・特待生
なし

［その他］制服・指定品代，夏の学校，PTA会費，こみち会費。※国際学級は，別途特別教育費32.8万円あり。
［寄付・学債］任意の寄付金(成蹊学園教育充実資金） 1口10万円3口以上あり。
※上記は'22年度のもの。新年度について詳細は「受験生応援アプリ」にて公開（2023年5月〜）。

首都圏模試 思考コード (単位：%)

読み取る力＼考える力	〈第1回〉国語 A	国語 B	国語 C	算数 A	算数 B	算数 C
複雑 3				7		
2	3	47		29	11	
単純 1	10	40			53	

A=知識・理解思考　B=論理的思考　C=創造的思考

2024年度入試 合格の基準

		首都圏模試 ほぼ確実	首都圏模試 見込あり	首都圏模試 やや見込あり	四谷大塚 ほぼ確実	四谷大塚 見込あり	四谷大塚 やや見込あり
男子	①	63	59	54	51	48	44
女子	①	67	64	59	56	53	49

ほぼ確実＝80%～／見込あり＝50～79%／やや見込あり＝20～49%

入試要項 2023年度参考　新年度日程は アプリへGO!　4科

試験名	試験日 ◎午後入試	出願締切 Web	発表 Web	手続 W・窓	選抜方法 2科	4科	適	英	他	面接	特待	募集数	応募数	受験数	合格数	実質倍率	偏差値
①	**2/1**	1/24	2/2	2/3		●						男 45	182	160	76	2.1	63
												女 45	170	157	57	2.8	67
②	**2/4**	2/3	当日	2/6		●						男 20	328	185	33	5.6	64
												女 20	265	161	45	3.6	68

※通知表のコピー，志願者シート

【出願方法】 Web出願後，書類を①は郵送，②は1/24までの出願は郵送，2/2・3の出願は窓口持参
【手続方法】 書類受取，Web納入のうえ，窓口手続。3/31までの辞退者には一部返還
【受験料】 30,000円（同時出願は50,000円）

【帰国生入試】 2/1（若干名募集），国際学級1/8（約15名募集）

年度	試験名	募集数	応募数	受験数	合格数	実質倍率	偏差値
'22	①	男 45	227	201	72	2.8	62
		女 40	168	149	56	2.7	65
	②	男 25	346	199	45	4.4	64
		女 20	300	193	34	5.7	67
'21	①	男 45	215	191	71	2.7	63
		女 40	140	132	49	2.7	66
	②	男 25	340	190	53	3.6	64
		女 20	285	169	36	4.7	67

中学受験のプロがおすすめ! 併願校の例

特色	男 アカデミック	男 論文(自由研究)	男 第2外国語	女 アカデミック	女 論文(自由研究)	女 第2外国語
♠男子校 ♥女子校 ♣共学・別学校	♠桐朋	♠東京都市大付	♠明大中野	♣中大附属	♥鷗友女子	♥学習院女子
	♣中大附属	♣国学院久我山	♣明大八王子	♣成城学園	♣法政大学	♣明大八王子
	♣成城学園	♣日大二	♣穎明館	♥桐朋女子	♣国学院久我山	♣穎明館

併設高校の進路情報

四年制大学進学率76.5%
文系70／理系27／その他3（%）　医歯薬30名合格

内部推薦▶成蹊大学へ90名（経済11，文24，法14，経営30，理工11）が内部推薦で進学した。

指定校推薦▶利用状況は早稲田大6，慶應大4，上智大7，東京理科大4，学習院大1，明治大1，立教大4，中央大6，法政大1，東海大1，国際基督教大1，東京女子大1，同志社大2，桜美林大1，昭和大1など。

海外大学合格状況▶University of Denver（米），University of Victoria，Bishop's University（ｶﾅﾀﾞ），Hungarian Medical Universities(ﾊﾝｶﾞﾘｰ)，他。

'22年3月卒業生：319名　大学244名　他74名
短大1名　専門0名　就職0名

主な大学合格状況　'23年春については主要大学のみ巻末一覧に記載

大学名	'22	'21	'20	大学名	'22	'21	'20	大学名	'22	'21	'20
◇東京大	1	2	4	◇東京農工大	2	2	2	法政大	23	13	27
◇京都大	1	0	0	早稲田大	41	33	42	日本大	31	30	33
◇東工大	2	1	2	慶應大	24	22	41	東洋大	9	20	11
◇一橋大	0	0	1	上智大	31	35	32	専修大	9	14	4
◇千葉大	0	2	0	東京理科大	13	13	27	成蹊大	106	101	118
◇筑波大	2	1	1	学習院大	7	2	6	芝浦工大	5	12	51
◇東京外大	1	2	3	明治大	34	34	27	立命館大	10	6	15
◇横浜国大	1	1	3	青山学院大	24	25	20	杏林大	9	10	6
◇北海道大	2	0	2	立教大	44	28	36	北里大	8	4	11
◇東北大	1	1	2	中央大	31	36	44	聖マリアンナ医大	3	2	2

※各大学合格数は既卒生との合計。

見学ガイド 文化祭／説明会／クラブ見学／キャンパスツアー

高校募集 あり 高1より全体が混合。　高1内訳 一貫生 230名 60名 高入生

成城学園（せいじょうがくえん） 中学校

〒157－8511　東京都世田谷区成城 6－1－20　☎03－3482－2104

国際 海外研修 長期留学 第2外国語 online英会話 21型 1人1台端末 リモート体制 プロジェクト型 論文執筆 STEAM 情操 体験学習 ボランティア 人間力育成

教育理念▶「自学自習」と「自治自律」の教育精神を尊び，質の高い学びと多様な体験，心身の鍛錬を通じて自らの個性を磨く力を養成する。
沿革▶旧制成城高等学校・成城高等女学校を母体に1947年開設。
施設▶図書室（7万冊），理科実験室（8室），金工室，木工室，テニスコート，プール，グラウンド，他。
学校長▶中村　雅浩
生徒数▶総数726名　併設小からの進学者を含む。

	1年（7クラス）	2年（7クラス）	3年（7クラス）
男子	114名	119名	121名
女子	132名	125名	115名
内進生内数	男50名 女51名	男52名 女54名	男53名 女53名

小田急線―成城学園前8分　8分

本物が学べる環境で，未来を切り拓く力をじっくり育む

最新のICT教育環境，充実した理科実験室を備えた校舎と，豊富な体験学習で，真の教養と生きる力を育む。国際社会の一員となる英語力の育成に力を注ぐ。

学習 中1・中2では考える力・調べる力を育成し，「自学自習」の習慣を身につける。中3では，論理的思考力と説明力を養成する。英数は内容に応じた少人数授業を実施。英語では4技能をバランスよく伸ばすため，独自の英語力分析レポートを作成。生徒が習得状況を把握し目標達成できるようサポートする。数学はクラスごとにオリジナルプリントを配布し，きめ細かに指導する。体験学習では自然や異文化に触れ，経験値を高める機会とする。また中3では実技系の講座を学ぶ「選択授業」，高校は多彩なコースから自由選択で学ぶ「課外教室」を実施。希望者を対象に中学はオーストラリア短期留学を実施。高校は交換留学（短期・長期）がある。

●コース表

中1	中2	中3	高1	高2	高3
共通履修				Aコース（成城大学等）	
				Bコース（他大学・文系）	
				理数コース（他大学・理系）	

キャリア教育 中3の3学期に卒業生による進路ガイダンスを実施。パネルディスカッションなどを通じ，将来について具体的に考えていく。高校では成城大学キャリアセンターと連携したキャリア支援を実施。

学校生活 文芸部やライフセービング部など，中高合わせて約35のクラブが活動中。

保護者MEMO

登校時刻▶8：25
最終下校時刻▶18：00
土曜日▶毎週登校。平常授業4時間
昼食▶食堂／食品販売あり
携帯電話▶可
制服▶ブレザー
自転車通学▶可
カウンセラー▶あり
保護者面談▶年1～2回
保護者会▶年3回
必修旅行▶福島（中3）
部活動▶週3日まで

学費　初年度目安 142万円

（単位:円）	入学金	施設費	授業料	その他	合計
入学手続時	250,000	—	—	—	250,000
1年終了まで	—	300,000	700,000	166,000	1,166,000

●奨学金・特待生
なし

［その他］空調費，ICT経費，教材費等，父母の会費。
［寄付・学債］任意の寄付金（学園教育振興資金）1口10万円2口以上あり。
※上記は'22年度のもの。新年度について詳細は「受験生応援アプリ」にて公開（2023年5月～）。

首都圏模試　思考コード　（単位：%）

〈第１回〉

読み取る力 ＼ 考える力	国語 A	国語 B	国語 C	算数 A	算数 B	算数 C
複雑 3				8		
2	5	13		55	4	
単純 1	16	66			33	

A=知識・理解思考　B=論理的思考　C=創造的思考

2024年度入試　合格の基準

		首都圏模試 ほぼ確実	首都圏模試 見込あり	首都圏模試 やや見込あり	四谷大塚 ほぼ確実	四谷大塚 見込あり	四谷大塚 やや見込あり
男子	①	63	60	56	51	47	43
女子	①	65	62	58	54	50	46

ほぼ確実＝80%～／見込あり＝50～79%／やや見込あり＝20～49%

入試要項　2023年度参考　新年度日程はアプリへGO!　4科

試験名	試験日 ◎午後入試	出願締切 Web	発表 Web	手続 W・窓	選抜方法 2科	4科	適	英	他	面接	特待	募集数	応募数	受験数	合格数	実質倍率	偏差値
①	2/1	1/26	当日	2/8		●						70	男 233	215	66	3.3	63
													女 258	240	53	4.5	65
②	2/3	2/2	当日	2/8		●						50	男 329	208	41	5.1	65
													女 383	280	37	7.6	65

※通知表のコピー

【出願方法】 Web出願のうえ，書類を郵送または窓口持参（②の2/1・2出願者は窓口のみ）
【手続方法】 Web納入のうえ，窓口手続
【受験料】 30,000円（同時出願は40,000円）

【帰国生入試】 1/6（男女約10名募集）

中学受験のプロがおすすめ！　併願校の例

特色	男 リベラル	男 ICT教育	男 半付属校	女 リベラル	女 ICT教育	女 半付属校
♠男子校 ♥女子校 ♣共学・別学校	♠東京都市大付	♣三田国際学園	♣芝浦工大	♥立教女学院	♣三田国際学園	♣芝浦工大
	♣法政大学	♣桐蔭学園	♣日本大学	♣法政大学	♣桐蔭学園	♣日本大学
	♣桜美林	♣ドルトン東京	♣東洋大京北	♣桜美林	♣ドルトン東京	♣東洋大京北

併設高校の進路情報

四年制大学進学率94.4%
文系86／理系10／その他４（%）　医歯薬24名合格

'22年３月卒業生：284名　大学268名　短大０名　専門２名　就職０名　他14名

内部推薦▶成城大学へ181名（経済73，文芸46，法22，社会イノベーション40）が内部推薦で進学した。

指定校推薦▶利用状況は早稲田大１，慶應大２，上智大７，学習院大２，青山学院大２，中央大２，東京都市大１，昭和大１，東京薬科大２など。ほかに東京理科大，立教大，法政大，成蹊大，北里大など推薦枠あり。

海外大学合格状況▶The University of British Columbia(米),University of Birmingham(英)，Queensland University of Technology(豪)，他。

主な大学合格状況　'23年春については主要大学のみ巻末一覧に記載

大学名	'22	'21	'20	大学名	'22	'21	'20	大学名	'22	'21	'20
◇東工大	0	0	1	明治大	6	7	8	國學院大	4	2	3
◇筑波大	0	1	0	青山学院大	6	11	11	成蹊大	4	1	10
◇東京外大	1	0	0	立教大	8	11	17	成城大	181	172	168
◇東京藝術大	0	1	0	中央大	13	12	18	明治学院大	2	8	1
◇国立看護大	0	1	0	法政大	8	10	12	立命館大	7	3	3
早稲田大	8	3	19	日本大	14	10	13	順天堂大	3	1	4
慶應大	10	6	11	東洋大	3	11	5	東京医大	2	0	3
上智大	13	17	19	駒澤大	0	6	1	東京女子医大	2	1	0
東京理科大	0	3	5	専修大	1	1	4	東京薬科大	4	1	2
学習院大	4	5	5	帝京大	5	4	3	多摩美大	5	1	2

※各大学合格数は既卒生との合計。

見学ガイド　体育祭／文化祭／説明会／見学会

清明学園（せいめいがくえん）中学校

〒145−0066　東京都大田区南雪谷 3−12−26　☎03−3726−7139

国際 海外研修 長期留学 第2外国語 online英会話 21型 1人1台端末 リモート体制 プロジェクト型 論文執筆 STEAM 情操 体験学習 ボランティア 人間力育成

教育理念▶「子どもとともに生き，子どもを生かし，子どもを通して生きる」を教育信条として，生徒一人ひとりのよさを見つけ，寄り添って教育する。
沿革▶濱野重郎が1930年に創立した清明学園が母体となり，1951年に開校。
施設▶講堂兼体育館，図書室，コンピュータ室，グラウンド，防災備蓄倉庫，浅間寮（群馬県），他。
学校長▶鈴木　敏弘
生徒数▶総数206名　併設小からの進学者を含む。

	1年（2クラス）	2年（2クラス）	3年（2クラス）
男子	49名	42名	48名
女子	24名	20名	23名
内進生内数	男40名 女24名	男41名 女19名	男43名 女22名

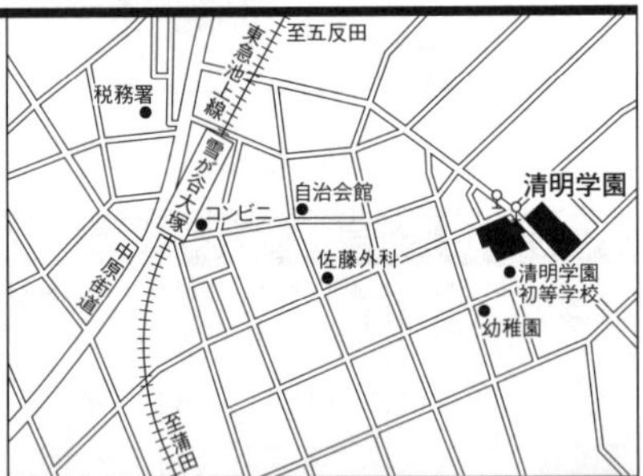

東急池上線―雪が谷大塚7分　東急東横線・東急目黒線―田園調布よりバス清明学園下 7分

生徒と教師が共に育っていく学園

「生徒が主役で，生徒に寄り添う教育」が目標。学校生活のあらゆる面で，生徒と教師が，共に考え，共に悩み，共に励まし合いながら，目標に向かって進んでいく。

学習 併設高校はなく，「全員高等学校進学」を使命とする。中1で自発学習と基礎学力を充実させ，中2以降は高校受験に向けて個々の学力向上を図る。英数では習熟度別授業を展開。各学年，学期ごとに行うテスト結果をもとに毎回クラス替えを行い，生徒のモチベーションを上げるきっかけとしている。国語では受験勉強の一環として漢字検定を受験する。夏期休業に中1・中3は山の学校，中2では海の学校を実施。中1・中2は自然に親しみながら水泳や山登りなどに挑戦する。中3は1日9時間の自学自習を続けることで，受験生に必要な計画性や集中力，忍耐力を養う。

●1週間の授業時間数

		英	数	国	理	社	合計
1コマ50分×1日6時限	中1	4(1)	4	5	4	4	17
	中2	4(1)	4	5	4	4	17
	中3	5(1)	5	5	4	4	18

※( )内は英会話で内数

キャリア教育 中2の夏休みに興味のある職業に就いている人を取材するなど職業調べに取り組み，自己を活かせる生き方や将来の進路を考えるきっかけとする。

学校生活 全国優勝の実績があるソフトテニス部など14の部が活動。技術の習得と心身の鍛錬をめざす。5月の体育祭や10月の発表会は，各クラスから選出された実行委員が中心となって作り上げていく。

保護者MEMO

登校時刻▶8：25
最終下校時刻▶17：45
土曜日▶隔週登校。登校日は平常授業4時間
昼食▶弁当／食品販売なし
携帯電話▶許可制
制服▶ブレザー
自転車通学▶不可
カウンセラー▶週3日
保護者面談▶年1回
保護者会▶年3回
必修旅行▶東北（中3）
部活動▶活動日は部による

学費

初年度目安 **101万円**

（単位:円）	入学金	施設費	授業料	その他	合計
入学手続時	200,000	70,000	—	10,000	280,000
1年終了まで	—	120,000	375,000	237,500	732,500

●奨学金・特待生
なし

［その他］制服・指定品代，学級費，山の学校費用，卒業準備積立金，後援会費。
［寄付・学債］任意の寄付金1口10万円1口以上あり。
※上記は'22年度のもの。新年度について詳細は「受験生応援アプリ」にて公開（2023年5月～）。

首都圏模試　思考コード　(単位：%)

読み取る力						
複雑 3						
2			データなし			
単純 1						
考える力	A	B	C	A	B	C

A=知識・理解思考　B=論理的思考　C=創造的思考

2024年度入試　合格の基準

	首都圏模試		四谷大塚	
男子	ほぼ確実	見込あり	ほぼ確実	見込あり
	ー	ー	ー	ー
		やや見込あり		やや見込あり
		ー		ー
女子	ほぼ確実	見込あり	ほぼ確実	見込あり
	ー	ー	ー	ー
		やや見込あり		やや見込あり
		ー		ー

ほぼ確実＝80％～／見込あり＝50～79％／やや見込あり＝20～49％

入試要項　2023年度参考　新年度日程はアプリへGO!　2科

試験名	試験日 ◎午後入試	出願締切 窓口	発表 郵送	手続 窓口	選抜方法 2科	4科	適	英	他	面接	特待	募集数	応募数	受験数	合格数	実質倍率	偏差値
入学試験	2/6	2/4	2/7	2/10	●					＊		若干	—	—	—	—	—

＊個人面接および保護者面接
※報告書または通知表コピー

【出願方法】窓口受付
【手続方法】一部振込のうえ，残金を窓口納入
【受験料】20,000円

【帰国生入試】—

中学受験のプロがおすすめ！　併願校の例

特色	男 面倒見	男 キャリア教育	男 体験重視	女 面倒見	女 キャリア教育	女 体験重視
♠男子校	♣立正大立正	♣多摩大目黒	♣横浜創英	♣立正大立正	♣多摩大目黒	♣横浜創英
♥女子校	♣聖ヨゼフ	♣鶴見大附	♣文教大付	♣聖ヨゼフ	♣鶴見大附	♣文教大付
♣共学・別学校	♣大西学園	♣目黒学院	♣国士舘	♣大西学園	♣目黒学院	♣国士舘

卒業生の進路情報

(2022年３月卒業生72名)　おもな合格校
国立高校＝筑波大駒場１，東京学芸大附１，東工大科学技術１
都公立高校＝日比谷3，小山台２，上野１，田園調布２，目黒１，雪谷１，横浜翠嵐１，他
私立高校＝**(東京)**玉川聖学院１，開成１，佼成学園１，明大中野３，早大学院１，青山学院１，関東国際１，共栄学園１，京華商業１，國學院２，駒込１，駒澤大学２，品川翔英１，淑徳１，淑徳巣鴨４，昭和一学園１，成蹊１，専修大附１，中大杉並１，東海大高輪台３，東京成徳大１，東京農大一２，東洋１，日大鶴ヶ丘１，文教大付１，法政大学１，豊南３，朋優学院５，明治学院３，明大明治１，目黒学院６，目黒日大２，立正大立正４，早稲田実業２　**(神奈川)**鎌倉学園１，慶應義塾１，法政大学国際２，法政二３，横浜創英１，他　**(千葉)**木更津総合１，渋谷教育幕張１，東京学館浦安１　**(埼玉)**慶應志木３，立教新座２，栄東１，早大本庄２　**(その他)**クラーク記念国際１，Ｓ１，西大和学園１，早稲田佐賀２

見学ガイド　(例年)文化祭／体育祭

成立学園（せいりつがくえん） 中学校

〒114−0001 東京都北区東十条６−９−13 ☎03−3902−5494

教育目標▶校訓「礼節·勤倹·建設」のもと，生徒の自立性·社会性と友愛·協調精神の育成をめざす。
沿革▶1925年開校の成立商業学校を前身とする成立学園高等学校を母体に，2010年開校。
施設▶生徒ホール，理科実験室，視聴覚ホール，柔道場，空手道場，人工芝校庭，総合グラウンド（学外），他。
学校長▶福田 英二
生徒数▶総数151名

	１年（２クラス）	２年（２クラス）	３年（２クラス）
男子	47名	31名	28名
女子	15名	15名	15名

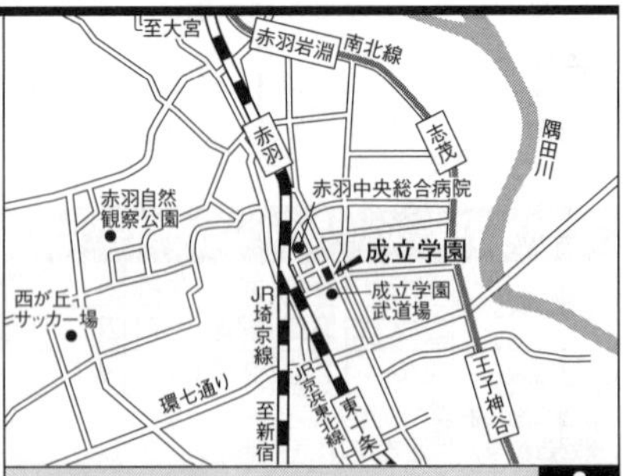

JR－赤羽８分，東十条８分
南北線・埼玉高速鉄道－赤羽岩淵14分
8分

国際 海外研修 長期留学 第２外国語 online英会話 21型 1人1台端末 リモート体制 プロジェクト型 論文執筆 STEAM 情操 体験学習 ボランティア 人間力育成

「見える学力」と「見えない学力」の両輪を鍛える

将来の目標を具体的に達成する「見える学力」と，幅広い教養を身につけ“発信力”を養う「見えない学力」をともに育て，生涯学び続けるための力をつける。

学習 基本的な学習習慣を身につけるため短期（授業の復習テスト）·中期（定期試験前後の復習）·長期（模試受験）の繰り返し学習サイクルを徹底。数学は空間的把握能力や計算的思考力における特性の違いを踏まえ，解への思考順路で分ける授業を行う。日本唯一のナショナル ジオグラフィック教育実験校の取り組みや海のフィールドワークなどを独自の「アース・プロジェクト」として展開。高２からの「探究クラス」はアート思考による自己研鑽，多様なゲストと複数の社会活動を体験し，さらに国際基準の英語能力を養い，グローバルなフィールドで活躍する力を育成する。

キャリア教育 「アース・プロジェクト」などの体験学習を通じて，社会には多くの課題があることに気づき，自分と社会との関わりや将来について深く考える。その総仕上げとして中３・高１では自らの興味・関心に応じて「探究論文」を執筆し，具体的に進むべき道を考察する。

学校生活 運動・文化部，同好会を合わせ約30。一部の運動部は中高別で活動。

●コース表

中1	中2	中3	高1	高2	高3
共通履修			内進クラス	探究クラス	
				難関クラス	
				選抜クラス	
				特進総合クラス	
				アスリートクラス	

保護者MEMO

登校時刻▶８：20
最終下校時刻▶21：00
土曜日▶毎週登校。
昼食▶給食（中１·中２は週３回，中３は希望制）／食品販売あり
携帯電話▶可
制服▶ブレザー
自転車通学▶可
カウンセラー▶週２日
保護者面談▶年２回
保護者会▶年２回
必修旅行▶屋久島・種子島（中３），他
部活動▶平日週３日

学費　初年度目安 135万円

（単位:円）	入学金	施設費	授業料	その他	合計
入学手続時	250,000	―	―	―	250,000
１年終了まで	―	150,000	420,000	534,120	1,104,120

［その他］制服・指定品代，修学旅行費，教育充実費，教材・諸経費，PTA会費，後援会費。
※別途給食費600円/食あり。
［寄付・学債］なし。
※上記は'22年度のもの。新年度について詳細は「受験生応援アプリ」にて公開（2023年５月～）。

●奨学金・特待生
授業料２年間／授業料１年間／入学金

首都圏模試 思考コード (単位：%)

読み取る力 ＼ 考える力	A	B	C	A	B	C
複雑 3						
2			データなし			
単純 1						

A=知識・理解思考　B=論理的思考　C=創造的思考

2024年度入試 合格の基準

		首都圏模試		四谷大塚	
		ほぼ確実	見込あり / やや見込あり	ほぼ確実	見込あり / やや見込あり
男子	①	41	38 / 32	32	27 / 22
女子	①	41	38 / 32	32	27 / 22

ほぼ確実＝80%～／見込あり＝50～79%／やや見込あり＝20～49%

入試要項 2023年度参考　新年度日程は アプリへGO!

2科　4科　適性型　他

試験名		試験日 ◎午後入試	出願締切 Web	発表 Web	手続 振・窓	2科	4科	適	英	他	面接	特待	募集数	応募数	受験数	合格数	実質倍率	偏差値
①	2科	2/1	1/31	当日	2/4	＊1				＊1		●	15	50	43	35	1.2	男41 女41
	4科						●					●		15	14	11	1.3	
	適性検査	2/1	1/31	当日	2/10			＊2				●		18	16	10	1.6	
②	2科	2/1 ◎	当日	当日	2/10	＊1				＊1		●	10	88	81	48	1.7	男42 女42
③	2科	2/2	当日	当日	2/10	＊1				＊1		●	10	60	33	23	1.4	男43 女43
	4科						●					●		20	11	8	1.4	
④	ナショジオ	2/4	当日	当日	2/10					＊3		●	5	55	28	17	1.6	男42 女42

＊1　国算，算理または算社　＊2　適性検査型Ⅰ～Ⅲ（小石川／白鷗タイプ）　＊3　作文・算数

【出願方法】 Web出願
【手続方法】 銀行振込または窓口納入のうえ，書類提出。3/31までの辞退者には一部返還
【受験料】 20,000円（同時出願は複数回受験可）

【帰国生入試】 上記に含む。面接，優遇措置あり

中学受験のプロがおすすめ! 併願校の例

特色	男 フィールドワーク	男 論文(自由研究)	男 留学制度	女 フィールドワーク	女 論文(自由研究)	女 留学制度
♠男子校 ♥女子校 ♣共学・別学校	♣獨協埼玉	♠足立学園	♣東京成徳大学	♣獨協埼玉	♥三輪田学園	♣東京成徳大学
	♣城西大城西	♣郁文館	♣目白研心	♣城西大城西	♣郁文館	♣目白研心
	♣上野学園	♣駿台学園	♣武蔵野	♣上野学園	♣駿台学園	♣武蔵野

併設高校の進路情報

四年制大学進学率86.4%
文系75／理系25／その他0（%）　医歯薬8名合格

指定校推薦▶利用状況は東京理科大1，中央大1，法政大2，日本大3，東洋大10，駒澤大4，國學院大4，成蹊大1，獨協大4，武蔵大1，東京都市大3，白百合女子大1，東京農大1など。ほかに学習院大，大東文化大，亜細亜大，帝京大，神奈川大，東京電機大，立命館大など推薦枠あり。

'22年3月卒業生：295名

大学255名　短大0名　専門23名　就職2名　他15名

主な大学合格状況　'23年春については主要大学のみ巻末一覧に記載

大学名	'22	'21	'20	大学名	'22	'21	'20	大学名	'22	'21	'20
◇筑波大	0	1	1	立教大	27	53	12	國學院大	6	10	5
◇埼玉大	1	0	0	中央大	35	38	38	明治学院大	8	4	12
◇埼玉県立大	1	0	0	法政大	28	22	42	獨協大	13	77	13
早稲田大	1	14	12	日本大	54	48	66	立命館大	2	21	14
慶應大	3	2	1	東洋大	94	67	126	東京都市大	11	14	8
上智大	1	1	1	駒澤大	14	23	11	国士舘大	7	16	9
東京理科大	8	4	9	専修大	9	15	10	順天堂大	4	2	3
学習院大	24	28	24	大東文化大	9	24	9	日本薬科大	5	4	2
明治大	18	23	25	亜細亜大	5	5	9	近畿大	10	11	20
青山学院大	10	5	4	帝京大	39	33	26	武蔵野大	18	9	27

※各大学合格数は既卒生との合計。

見学ガイド 文化祭／説明会／オープンスクール／入試体験／ナショジオアドベンチャー

高校募集 あり 高2より全体が混合。　高1内訳 一貫生 173名 194名 高入生

青稜（せいりょう）中学校

〒142−8550　東京都品川区二葉1−6−6　☎03−3782−1502

国際　海外研修　長期留学　第2外国語　online英会話　21型　1人1台端末　リモート体制　プロジェクト型　論文執筆　STEAM　情操　体験学習　ボランティア　人間力育成

教育目標▶いかなる状況でも希望をもって挑戦的に自らを変え，社会に貢献できる人間を育成する。
沿革▶1938年創立。1995年に共学化し現校名へ改称。
施設▶多目的教室，茶室，図書館，自習室，CAI教室，グラウンド，他。
学校長▶青田　泰明
生徒数▶総数553名

	1年（5クラス）	2年（5クラス）	3年（5クラス）
男子	90名	96名	114名
女子	102名	85名	66名

東急大井町線―下神明1分　JR・りんかい線―大井町7分　JR―西大井10分　1分

学びの衝動を引き出し挑戦する心を育む

テーマは面白さや楽しさとの出会い。手作りの教材や自学自習システムの導入などで，興味・関心をもたせ「もっと学びたい」という衝撃を引き起こす。

学習 週6日7時間制を実施。手厚く楽しい授業で学習の基礎を固める。英語は希望者を対象に，外国人教員による早朝学習を週1回，40分実施。数国社では独自教材を活用し学習内容の一層の充実をめざす。社会科では中学の総仕上げとして，また大学受験でも問われる論述力・表現力を培うため，中3で「卒業論文」を作成。各自で問題提起し，自分の考えや意見をまとめる。理科は物理・化学・生物各分野の専門教員がきめ細かく指導。生物では命の大切さも学ぶ。長期休業中に英数国の特訓講習，定期試験前の月曜の放課後を「質問の日」とし個別指導を行う。中2～高1はフィリピンのセブ島で英語研修を実施。短期・中期留学もあり，中3から参加できる。

キャリア教育 保護者が講師となる「職業理解を深める会」を中1と中2で開く。中3と高校では各界で活躍する卒業生を招いて講演会を行い，キャリア意識を形成する。

学校生活 牧場・農場体験，森林ボランティア活動など，自然と触れ合い，集団生活での協調性を育む自然教室を実施。

●コース表

中1	中2	中3	高1	高2	高3
共通履修				理系	国立理系／私立理系
				文系	国立文系／私立文系

保護者MEMO

登校時刻▶8：20
最終下校時刻▶20：45
土曜日▶毎週登校。平常授業4時間
昼食▶弁当／食品販売あり
携帯電話▶可
制服▶ブレザー
自転車通学▶不可
カウンセラー▶週2日
保護者面談▶年2回
保護者会▶年2回
必修旅行▶京都・広島（中3），沖縄・ポーランドより選択（高2）
部活動▶活動日は部による

学費　初年度目安 130万円

（単位：円）	入学金	施設費	授業料	その他	合計
入学手続時	200,000	—	—	—	200,000
1年終了まで	—	150,000	498,000	455,780	1,103,780

●奨学金・特待生
—

［その他］教育充実費，教材費，ipad使用料，Sラボ，積立金，父母の会費，特別活動費，雑費。
※別途制服・指定品代あり。
［寄付・学債］なし。
※上記は'22年度のもの。新年度について詳細は「受験生応援アプリ」にて公開（2023年5月～）。

首都圏模試 思考コード （単位：%）

〈第１回A〉

読み取る力＼考える力	国語 A	国語 B	国語 C	算数 A	算数 B	算数 C
複雑 3				10		
2	4	12		50	5	
単純 1	28	56		5	30	

A=知識・理解思考　B=論理的思考　C=創造的思考

2024年度入試 合格の基準

		首都圏模試 ほぼ確実	首都圏模試 見込あり	首都圏模試 やや見込あり	四谷大塚 ほぼ確実	四谷大塚 見込あり	四谷大塚 やや見込あり
男子	〈①A〉	64	59	56	50	47	44
女子	〈①A〉	65	60	57	52	49	46

ほぼ確実＝80%～／見込あり＝50～79%／やや見込あり＝20～49%

入試要項 2023年度参考　新年度日程は アプリへGO!　2科 4科

試験名			試験日 ◎午後入試	出願締切 Web	発表 Web	手続 振・窓	選抜方法 2科	4科	適	英	他	面接	特待	募集数	応募数	受験数	合格数	実質倍率	偏差値
①	A	2科	2/1	1/31	当日	2/10延	●						●	50	33	30	3	10.0	男64 女65
		4科						●					●		311	274	92	3.0	
	B	2科	2/1 ◎	1/31	当日	2/10延	●						●	50	41	37	4	9.2	男68 女69
		4科						●					●		512	449	138	3.3	
②	A	2科	2/2	2/1	当日	2/10延	●						●	40	67	52	4	13.0	男66 女66
		4科						●					●		518	353	73	4.8	
	B	2科	2/2 ◎	2/1	当日	2/10延	●						●	40	63	41	10	4.1	男68 女68
		4科						●					●		628	348	87	4.0	

【出願方法】 Web出願
【手続方法】 2/6までに書類受取のうえ，銀行振込後，窓口手続。2/15まで延納可
【受験料】 20,000円（２回可。３回25,000円，４後，回30,000円）

【帰国生入試】 1/4ほか（各若干名募集）。現地入試，オンライン入試あり

中学受験のプロがおすすめ！ 併願校の例

特色	男 近代的校舎	男 オンライン英会話	男 進学先(GMARCH)	女 近代的校舎	女 オンライン英会話	女 進学先(GMARCH)
♠男子校 ♥女子校 ♣共学・別学校	♣法政二	♣青学横浜英和	♣神奈川大附	♣法政二	♣青学横浜英和	♣神奈川大附
	♣芝浦工大	♣都市大等々力	♣開智日本橋	♣芝浦工大	♣都市大等々力	♣開智日本橋
	♣東洋大京北	♣日大藤沢	♣かえつ有明	♣東洋大京北	♣日大藤沢	♣かえつ有明

併設高校の進路情報

四年制大学進学率87.7%
文系52／理系48／その他０（%）　医歯薬36名合格

指定校推薦▶利用状況は横浜市大５，早稲田大４，慶應大２，東京理科大４，学習院大２，明治大３，青山学院大９，立教大２，中央大８，法政大５，日本大１，成城大２，明治学院大８，芝浦工大４，津田塾大１，日本女子大２，同志社大１など。ほかに上智大，東洋大，駒澤大，専修大，帝京大，國學院大，国際基督教大，成蹊大など推薦枠あり。

'22年３月卒業生：332名　大学291名　短大０名　専門２名　就職０名　他39名

主な大学合格状況　'23年春については主要大学のみ巻末一覧に記載

大学名	'22	'21	'20	大学名	'22	'21	'20	大学名	'22	'21	'20
◇東京大	1	0	0	◇横浜市大	8	5	6	法政大	54	55	51
◇東工大	3	1	1	早稲田大	36	21	32	日本大	106	102	98
◇一橋大	0	2	0	慶應大	29	13	20	東洋大	57	52	47
◇千葉大	0	2	3	上智大	16	23	25	駒澤大	17	27	19
◇筑波大	1	1	1	東京理科大	35	35	46	専修大	20	25	22
◇東京外大	1	2	3	学習院大	12	20	15	東海大	33	28	16
◇横浜国大	7	7	10	明治大	75	78	54	成城大	21	21	20
◇埼玉大	2	4	1	青山学院大	43	53	35	明治学院大	27	38	15
◇東京学芸大	3	1	2	立教大	44	45	45	芝浦工大	32	33	38
◇都立大	5	3	5	中央大	46	60	48	日本女子大	5	20	19

※各大学合格数は既卒生との合計。

見学ガイド 文化祭／説明会／体験会／入試相談／個別見学対応

創(そう) 価(か) 中学校

〒187－0032 東京都小平市小川町1－860 ☎042－341－2611

教育目標▶「健康な英才主義」「人間性豊かな実力主義」を掲げ，未来のリーダーを育成する。
沿革▶1968年，創価高等学校とともに開校。1982年に共学化。2023年3月に女子寮完成。
施設▶講堂，ホール，GLS(Global Learning Station)，プレゼンテーションルーム，図書館（プラトン〈中学〉4.4万冊，蛍雪〈高校〉10万冊），寮，他。
学校長▶江間　宏治
生徒数▶総数629名　併設小からの進学者を含む。

	1年（5クラス）	2年（5クラス）	3年（5クラス）
男子	102名	109名	99名
女子	108名	102名	109名
内進生内数	男48名 女46名	男48名 女48名	男一名 女一名

西武国分寺線―鷹の台10分　10分

創造性豊かな「世界市民」を育成

「言語・探究」や「世界市民探究（GCIS）」をはじめ，毎日の授業の中で「学び合い」を取り入れ，未来を創造する生徒の資質・能力の育成をめざす。

学習 生徒同士が意見を交換し合いながら学ぶアクティブ・ラーニングにより「誰も置き去りにしない心」を育む。英語は教科書を違う手法（聞く・読む・書く・話す）で1年間繰り返し学ぶラウンド学習を実践。オンライン英会話は自宅でも利用可能。各学年で週1時間，「言語・探究」の授業を設定。「言語技術」と「探究学習」を融合した教科で，主体的に課題を発見し解決していく力と，目的をもって協働的にコミュニケーションを図る力（対話力）を育てる。高1からは，地球規模の課題を自分ごととして捉え探究する「世界市民探究（GCIS）」プログラムが始まる。

●コース表

中1	中2	中3	高1	高2	高3
共	通	履	修	理系	
				文系	

キャリア教育 社会で活躍する卒業生によるキャリアガイダンスを開催。社会での経験を聴いたり，専門知識の講義を受けたりする。ときにはワークショップ形式で行うことも。2022年は，中2で職場訪問を実施。

学校生活 学校行事による異学年交流が盛んで，多様な価値観に触れる機会が多い。中学では愛好会も含め，約20の団体が活動中。夏期休業中のボランティア活動を推奨。

保護者MEMO

登校時刻▶8：45
最終下校時刻▶17：45
土曜日▶休校。補講や学校行事を行う
昼食▶給食（中学のみ）／食堂
携帯電話▶許可制
制服▶ブレザー
自転車通学▶可
カウンセラー▶週3日
保護者面談▶年1回
保護者会▶年2回
必修旅行▶広島（中3）
部活動▶水曜日は休部日

学費　初年度目安 111万円

（単位:円）	入学金	施設費	授業料	その他	合計
入学手続時	240,000	120,000	—	—	360,000
1年終了まで	—	90,000	465,600	197,000	752,600

●**奨学金・特待生**
なし。年収による牧口奨学制度（年間20万円支給）有

［その他］制服・指定品代，積立金，給食費。
［寄付・学債］なし。
※上記は'22年度のもの。新年度について詳細は「受験生応援アプリ」にて公開（2023年5月～）。

首都圏模試　思考コード（単位：%）

〈入学試験〉

読み取る力＼考える力	国語 A	国語 B	国語 C	算数 A	算数 B	算数 C
複雑 3						
2	14	14		53		
単純 1		60	12	12	35	

A=知識・理解思考　B=論理的思考　C=創造的思考

2024年度入試　合格の基準

		首都圏模試 ほぼ確実	首都圏模試 見込あり	首都圏模試 やや見込あり	四谷大塚 ほぼ確実	四谷大塚 見込あり	四谷大塚 やや見込あり
男子	〈入学試験〉	56	50	43	45	41	37
女子	〈入学試験〉	57	51	44	46	42	38

ほぼ確実＝80%～／見込あり＝50～79%／やや見込あり＝20～49%

入試要項　2023年度参考　新年度日程は アプリへGO!　4科 英

試験名	試験日 ◎午後入試	出願締切 Web	発表 Web	手続 Web	2科	4科	適	英	他	面接	特待	募集数	応募数	受験数	合格数	実質倍率	偏差値
入学試験	2/1	1/19	2/3	2/10		●		＊1		＊2		110	男 119	119	65	1.8	56
													女 103	102	52	2.0	57

＊1　国算英（英は英検準2級・2級レベル。リスニング含む）　＊2　個人面接
※調査書

【出願方法】Web出願後，書類郵送
【手続方法】Web納入
【受験料】18,000円

【帰国生入試】—

中学受験のプロがおすすめ！ 併願校の例

特色	男 キャリア教育	男 高大連携教育	男 読書指導充実	女 キャリア教育	女 高大連携教育	女 読書指導充実
♠男子校 ♥女子校 ♣共学・別学校	♣森村学園	♣明治学院	♣中大附属	♣森村学園	♣明治学院	♣中大附属
	♣桜美林	♣日大二	♣国学院久我山	♣桜美林	♣日大二	♣国学院久我山
	♣日大三	♣東京電機大学	♣八王子学園	♣日大三	♣東京電機大学	♣八王子学園

併設高校の進路情報

四年制大学進学率90.3%
文系・理系割合 未集計

内部推薦▶創価大学へ221名（法43，経済28，経営31，文51，教育28，理工17，看護10，国際教養13），アメリカ創価大学へ11名，創価女子短期大学へ3名が内部推薦で進学した。

指定校推薦▶早稲田大，慶應大，東京理科大，学習院大，明治大，立教大，中央大，芝浦工大，東京電機大，東京女子大など推薦枠あり。

'22年3月卒業生：339名　大学306名　短大3名　専門0名　就職0名　他30名

主な大学合格状況　'23年春については主要大学のみ巻末一覧に記載

大学名	'22	'21	'20	大学名	'22	'21	'20	大学名	'22	'21	'20
◇東京大	0	0	1	早稲田大	9	0	7	日本大	4	6	8
◇京都大	0	1	0	慶應大	5	3	7	東海大	1	1	1
◇東工大	1	0	1	上智大	2	1	3	芝浦工大	1	2	1
◇千葉大	2	3	2	東京理科大	10	9	10	東京電機大	1	1	3
◇筑波大	4	6	1	学習院大	1	0	2	順天堂大	2	1	1
◇横浜国大	1	0	2	明治大	10	12	8	杏林大	1	2	0
◇埼玉大	3	2	0	青山学院大	5	1	1	北里大	2	4	1
◇九州大	1	0	0	立教大	4	2	5	東京薬科大	3	2	1
◇都立大	2	1	1	中央大	13	5	9	明治薬科大	1	2	5
◇国立看護大	1	0	3	法政大	3	13	3	創価大	301	308	281

※各大学合格数は既卒生との合計。

見学ガイド　説明会／オープンキャンパス／体験授業

高校募集 あり　高１より全体が混合。　高１内訳 一貫生 167名 54名 高入生

たまがわがくえん
玉川学園 中学部

〒194−8610　東京都町田市玉川学園６−１−１　☎042−739−8931（学園入試広報課）

国際
海外研修
長期留学
第２外国語
online英会話
21型
1人1台端末
リモート体制
プロジェクト型
論文執筆
STEAM
情操
体験学習
ボランティア
人間力育成

教育目標▶「全人教育」を掲げ，自ら困難に立ち向かう気概のある人材育成をめざす。
沿革▶1929年，小原國芳により幼稚園・小学部とともに現校地に開校。現在に至る。
施設▶礼拝堂，チャペル，サイテックセンター（理科専用校舎，デジタルプラネタリウム），アートセンター，屋内プール，人工芝グラウンド，他。
学園長▶小原　芳明
生徒数▶総数539名　併設小からの進学者を含む。

	１年（６クラス）	２年（６クラス）	３年（５クラス）
男子	87名	90名	79名
女子	109名	99名	75名
内進生内数	男44名 女64名	男44名 女50名	男45名 女42名

小田急線ー玉川学園前15分　東急田園都市線ー青葉台よりバス奈良北団地10分　15分

本物に触れる体験を通して大きな夢を育む

幼稚部から大学，大学院までが61万㎡のワンキャンパスにそろう総合学園という環境の下，五感を使う教育を通して思考力・表現力を伸ばす。

学習 全人，国際，探究型の３つの教育を柱に，思考力・判断力・表現力・探究力を育む。「触れて・感じて・表現する」ことを大切にしており，企業の協力によるプログラムなど，本物に触れて五感を使う仕掛けを取り入れた授業を展開。興味関心のあるテーマを選び研究発表を行う「自由研究」では，CNCルーターなどの最先端機器がそろうArt Labでのモノづくりや，ロボット研究，校舎内の水槽・循環システムを使用したサンゴの研究・飼育養殖活動など，様々な分野の研究に自発的に取り組む。海外大学へのパスポートとなるIBディプロマ資格が取得可能なＩＢ（国際バカロレア）クラスを設置している。

●コース表

中１	中２	中３	高１	高２	高３
共通履修				理系	理系
				文系	文系
					高大連携
IBクラス					

キャリア教育 中２対象の「夢フォーラム」では様々な職業の保護者を講師に迎え，仕事の内容や就職までの道のりなどを聴き，将来像を明確にする。

学校生活 放課後には，教員と大学生メンターが常駐する自学自習の場「Study Hall」に加え，専門講師によるゴルフや日本舞踊，英検対策を行う講座を開講している。

保護者MEMO

登校時刻▶8：20
最終下校時刻▶18：00
土曜日▶休校。行事やクラブ活動を行う
昼食▶弁当／食品販売あり
携帯電話▶可
制服▶あり
自転車通学▶不可
カウンセラー▶あり
保護者面談▶年２～４回
保護者会▶年２～３回
必修旅行▶なし
部活動▶活動日は部による

学費　初年度目安 141万円

（単位:円）	入学金	施設費	授業料	その他	合計
入学手続時	150,000	55,000	212,750	48,175	465,925
1年終了まで	―	165,000	638,250	144,525	947,775

［その他］教育諸料，教育情報料，父母会費。※別途指定品・制服代等あり。※IBクラス：初年度目安190万円
［寄付・学債］任意の寄付金１口10万円２口以上あり。
※上記は'22年度のもの。新年度について詳細は「受験生応援アプリ」にて公開（2023年５月～）。

●奨学金・特待生
なし

首都圏模試 思考コード (単位:%)

読み取る力						
複雑 3						
2			データなし			
単純 1						
考える力	A	B	C	A	B	C

A=知識・理解思考　B=論理的思考　C=創造的思考

2024年度入試 合格の基準

		首都圏模試		四谷大塚	
男子	〈一般①〉	ほぼ確実 44	見込あり 40 / やや見込あり 37	ほぼ確実 35	見込あり 30 / やや見込あり 25
女子	〈一般①〉	ほぼ確実 44	見込あり 40 / やや見込あり 37	ほぼ確実 35	見込あり 30 / やや見込あり 25

ほぼ確実=80%～／見込あり=50～79%／やや見込あり=20～49%

入試要項 2023年度参考　新年度日程はアプリへGO!

2科　4科　英　他

試験名		試験日 ◎午後入試	出願締切 Web	発表 Web	手続 振・窓	2科	4科	適	英	他	面接	特待	募集数	応募数	受験数	合格数	実質倍率	偏差値
一般	①	2/1	1/30	当日	2/6	●	●				＊1		65	83	66	31	2.1	男44 女44
			1/30	当日	2/6				＊2		＊1			10	9	7	1.3	
			1/30	当日	2/6					＊3	＊1			4	2	1	2.0	
	②	2/1 ◎	1/30	当日	2/6	●					＊1			146	128	67	1.9	男47 女47
			1/30	当日	2/6				＊4		＊1			23	23	19	1.2	
	③	2/2	1/30	当日	2/7	●	●				＊1		45	122	41	19	2.2	男46 女46
			1/30	当日	2/7					＊3	＊1			11	3	2	1.5	
	④	2/2 ◎	1/30	当日	2/7	●					＊1			164	64	23	2.8	男47 女47
IB	①	2/1	1/30	当日	2/6				＊5	＊5	＊5		10	10	10	5	2.0	－
	②	2/2	1/30	当日	2/7				＊5	＊5	＊5		10	9	3	1	3.0	－

＊1　個人面接　＊2　国英または算英　＊3　算理　＊4　国または算＋英語資格点（英検3級以上で加点）
＊5　英算理社（出題は，英は英語，算は英語と日本語の併記，理社は日本語）＋個人面接・保護者同伴面接
※通知表コピー

【出願方法】Web出願後，書類郵送または窓口持参　**【手続方法】**合格発表翌日に書類受取，振込のうえ，書類郵送。3/15までの辞退者には一部返還　**【受験料】**30,000円（2回以上同時出願は40,000円。一般の追加出願のは2回以上で40,000円）

【帰国生入試】12/3（10名募集）

中学受験のプロがおすすめ! 併願校の例

特色	男 STEAM教育	男 国際理解教育	男 ICT教育	女 STEAM教育	女 国際理解教育	女 ICT教育
♠男子校 ♥女子校 ♣共学・別学校	♣自修館中等	♣桜美林	♣ドルトン東京	♣自修館中等	♣桜美林	♣ドルトン東京
	♣多摩大聖ヶ丘	♣日大三	♠藤嶺藤沢	♣多摩大聖ヶ丘	♣日大三	♥聖セシリア
	♣横浜翠陵	♣横浜隼人	♣東海大相模	♣横浜翠陵	♣横浜隼人	♣東海大相模

併設高校の進路情報

四年制大学進学率87.8%
文系・理系の割合 未集計

内部推薦▶玉川大学へ55名（教育16，芸術10，文2，リベラルアーツ4，工4，経営6，観光3，農10）が内部推薦で合格した。

指定校推薦▶上智大，学習院大，青山学院大，立教大，中央大，法政大，日本大，東洋大など推薦枠あり。

海外大学合格状況▶University of California(米),King's College London, University of Edinburgh(英), The University of British Columbia, University of Toronto(ｶﾅﾀﾞ), The Australian National University(豪)，他。

'22年3月卒業生：221名

大学194名　短大3名　専門2名　就職0名　他22名

主な大学合格状況　'23年春については主要大学のみ巻末一覧に記載

大学名	'22	'21	'20	大学名	'22	'21	'20	大学名	'22	'21	'20
◇東京大	0	0	1	東京理科大	0	5	5	東海大	14	4	6
◇東工大	0	0	1	学習院大	4	7	4	成蹊大	8	3	4
◇筑波大	0	1	0	明治大	4	0	11	成城大	9	3	5
◇北海道大	1	0	0	青山学院大	13	7	8	明治学院大	10	2	3
◇東京農工大	1	0	2	立教大	15	9	13	玉川大	66	74	81
◇東京学芸大	0	1	0	中央大	10	4	4	北里大	4	5	3
◇都立大	1	0	1	法政大	12	4	8	東京薬科大	1	2	1
早稲田大	10	11	7	日本大	8	12	12	関西学院大	3	2	3
慶應大	6	2	5	東洋大	9	11	9	洗足学園音大	2	2	3
上智大	12	12	10	専修大	5	5	5	横浜薬科大	3	0	2

※各大学合格数は既卒生との合計。

見学ガイド　体育祭／文化祭／説明会／オープンスクール／個別見学対応（平日のみ）

高校募集 あり 高1より全体が混合。 高1内訳 一貫生 115名 6名 高入生

多摩大学附属聖ヶ丘（たまだいがくふぞくひじりがおか）中学校

〒206－0022 東京都多摩市聖ヶ丘4－1－1 ☎042－372－9393

国際 海外研修 長期留学 第2外国語 online英会話 21型 1人1台端末 リモート体制 プロジェクト型 論文執筆 STEAM 情操 体験学習 ボランティア 人間力育成

教育理念▶グローバル化した社会に対応し，平和で平等な社会をめざす，心身ともに健康で豊かな人材を育成する。

沿革▶1988年開校の多摩大学聖ヶ丘高等学校が1991年に併設校として中学校を開設。

施設▶天体観測室，自習ブース式図書館，コンビニエンスストア，屋内プール，人工芝グラウンド，他。

学校長▶石飛　一吉

生徒数▶総数372名

	1年（4クラス）	2年（4クラス）	3年（4クラス）
男子	92名	68名	81名
女子	42名	37名	52名

京王相模原線―京王永山，京王線―聖蹟桜ヶ丘よりバス多摩大学（スクールバスあり） 12分

主体性と協働性の育成を柱にしなやかに変革し続ける学校

学ぶ楽しさ，おもしろさを実感する探究講座「A知探Qの夏」を設定。生徒が「学んで楽しい」，先生が「教えて楽しい」体験型講座・活動を展開している。

学習 少人数できめの細かい指導を行う。毎日放課後にSSR(セルフ･スタディ･ルーム）を開室。大学生メンター指導のもと，「自ら学ぶ姿勢」をサポートする。SSRは中学生は19：00，高校生は20：00まで利用可能。英語は語彙力と文法力を定着させ，4技能5領域の力を伸ばす。中3の海外研修は2週間のホームステイを経験。生きた英語の感覚や国際的視野を身につける。理科は3年間で100以上の実習・実験を通し本質を追究する教育を実践。夏休みには探究型の特別講座「A知探Qの夏」を開催。講座はアクティビティ・文化体験・フィールドワークなど多種にわたる。

●コース表

中1	中2	中3	高1	高2	高3
共通履修				文系	
				理系	

キャリア教育 中1の仕事調べや中2での職業講話など，自分自身や社会について考える行事を用意。中3でOB・OG職場訪問を行う。高校では大学模擬授業や卒業生による進路ガイダンスなどを実施。

学校生活 毎朝10分間読書をする。クラブはダンスドリル部や水泳部，天文部など20団体が活動中。ボランティア活動として，学校近隣の清掃や募金活動を行っている。

保護者MEMO

登校時刻▶8：20
最終下校時刻▶17：45
土曜日▶毎週登校
昼食▶食堂／食品販売あり
携帯電話▶可
制服▶ブレザー
自転車通学▶可
カウンセラー▶週1～2日
保護者面談▶年1～2回
保護者会▶年3～4回
必修旅行▶ニュージーランド（中3），他
部活動▶週4日まで。水曜は休部日

学費　初年度目安 109万円

(単位:円)	入学金	施設費	授業料	その他	合計
入学手続時	250,000	―	―	―	250,000
1年終了まで	―	120,000	468,000	256,499	844,499

●奨学金・特待生
授業料1年（年度毎認定）

[その他] 制服・指定品代，積立金，諸費，教育後援会費，生徒会費。
[寄付・学債] なし。
※上記は'22年度のもの。新年度について詳細は「受験生応援アプリ」にて公開（2023年5月～）。

首都圏模試 思考コード (単位：%)

読み取る力 ＼ 考える力	I A	I B	I C	II A	II B	II C
複雑 3						
2			70	5	10	
単純 1		30			85	

〈適性型〉

A=知識・理解思考　B=論理的思考　C=創造的思考

2024年度入試 合格の基準

		首都圏模試 ほぼ確実	首都圏模試 見込あり	首都圏模試 やや見込あり	四谷大塚 ほぼ確実	四谷大塚 見込あり	四谷大塚 やや見込あり
男子	①	46	43	35	37	32	27
女子	①	46	43	35	37	32	27

ほぼ確実＝80%～／見込あり＝50～79%／やや見込あり＝20～49%

入試要項 2023年度参考　新年度日程は アプリへGO!

2科 4科 適性型 他

試験名	試験日 ◎午後入試	出願締切 Web	発表 Web	手続 Web	選抜方法 2科	4科	適	英	他	面接	特待	募集数	応募数	受験数	合格数	実質倍率	偏差値
①	2/1	1/31	当日	2/6	●	●					●	30	166	52	35	1.5	男46女46
②	2/1 ◎	当日	当日	2/6	●						●	30	217	179	136	1.3	男49女49
③	2/3 ◎	当日	当日	2/6	●						●	10	205	73	35	2.1	男49女49
④	2/4 ◎	当日	当日	2/6	●						●	10	218	59	25	2.4	男48女48
⑤	2/5	当日	当日	2/6	●	●					●	10	207	25	16	1.6	男46女46
適性型	2/2	当日	当日	2/6延			＊1				●	20	50	46	40	1.2	男46女46
リスニング	2/4	当日	当日	2/6	＊2				＊2		●	10	19	16	10	1.6	男45女45

＊1　適性ⅠⅡ（Ⅰ作文型，Ⅱ資料型）
＊2　基礎学力（国語・算数）＋日本語リスニング

【出願方法】 Web出願
【手続方法】 Web納入のうえ，2/11書類提出。適性型の公立中高一貫校受検者は公立発表日まで延納可
【受験料】 20,000円（複数回同時出願は30,000円）

【帰国生入試】 —

中学受験のプロがおすすめ！ 併願校の例

特色	男 フィールドワーク	男 論文（自由研究）	男 キャリア教育	女 フィールドワーク	女 論文（自由研究）	女 キャリア教育
♠男子校 ♥女子校 ♣共学・別学校	♣ドルトン東京	♣穎明館	♣桜美林	♣ドルトン東京	♣穎明館	♣桜美林
	♣日大三	♣玉川学園	♣工学院大附	♣日大三	♣玉川学園	♣工学院大附
	♣和光	♣明星	♣東海大相模	♣和光	♣明星	♣東海大相模

併設高校の進路情報

四年制大学進学率83.5%
文系57／理系43／その他0（%）　医歯薬7名合格

内部推薦▶多摩大学への推薦制度がある。

指定校推薦▶利用状況は東京理科大2，学習院大1，明治大1，青山学院大1，中央大3，法政大1，成蹊大3，成城大1，明治学院大1，日本女子大1，東京都市大1，白百合女子大1など。ほかに日本大，東海大，亜細亜大，帝京大，國學院大，神奈川大，東京電機大，東洋英和女学院大など推薦枠あり。

'22年3月卒業生：97名

大学81名　短大0名　専門2名　就職0名　他14名

主な大学合格状況　'23年春については主要大学のみ巻末一覧に記載

大学名	'22	'21	'20	大学名	'22	'21	'20	大学名	'22	'21	'20
◇東北大	1	0	0	東京理科大	4	1	7	専修大	9	9	7
◇東京農工大	0	0	1	学習院大	2	6	5	東海大	13	30	14
◇都立大	2	1	1	明治大	7	12	6	帝京大	7	15	10
◇信州大	1	0	0	青山学院大	6	9	3	成蹊大	7	4	3
◇茨城大	0	1	0	立教大	4	5	2	成城大	6	3	3
◇国立看護大	0	1	0	中央大	12	13	20	神奈川大	11	6	5
◇川崎市立看護大	1	0	0	法政大	8	5	4	桜美林大	6	12	4
早稲田大	4	1	0	日本大	19	28	15	杏林大	3	7	6
慶應大	1	1	2	東洋大	7	23	5	北里大	2	2	5
上智大	1	1	1	駒澤大	1	9	3	東京薬科大	3	2	5

※各大学合格数は既卒生との合計。

見学ガイド 文化祭／説明会

高校募集 あり 高2より一部が混合。 高1内訳 一貫生 138名 183名 高入生

多摩大学目黒 中学校

たまだいがくめぐろ

〒153－0064 東京都目黒区下目黒 4－10－24 ☎03－3714－2661 ☎0120－099－415(入試担当)

国際 / 海外研修 / 長期留学 / 第2外国語 / online英会話 / 21型 / 1人1台端末 / リモート体制 / プロジェクト型 / 論文執筆 / STEAM / 情操 / 体験学習 / ボランティア / 人間力育成

教育理念▶多くの目標に向かいあふれる向上心を持って努力し，成長し続けられる人材を育てる。

沿革▶1937年設立の目黒商業女学校が前身。1994年に中学校を開校，1995年に現校名へ改称し，1996年共学化。

施設▶オープンスペース，自習室，パソコン室，カフェテリア，武道場，テニスコート・人工芝グラウンド・宿泊施設（あざみ野），他。

学校長▶田村　嘉浩

生徒数▶総数336名

	1年（3クラス）	2年（3クラス）	3年（3クラス）
男子	89名	80名	80名
女子	29名	25名	33名

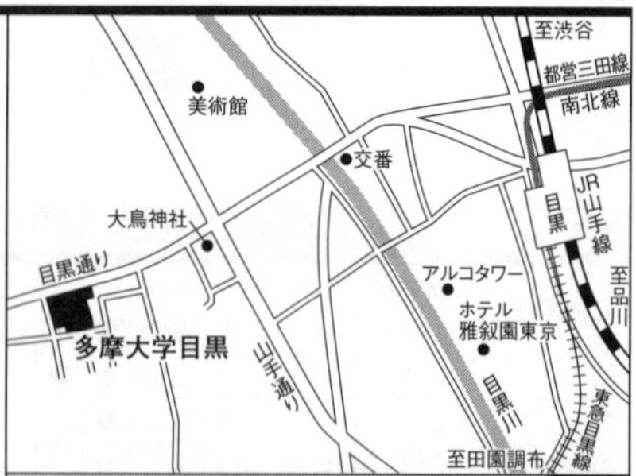

JR・東急目黒線・南北線・都営三田線―目黒12分　東急東横線―中目黒よりスクールバス　12分

向上心に満ちあふれ，常に進化し続ける共学校

教育の3本柱を「校内の学び・校外での学び・国際教育」とし，アクティブ・ラーニング活動，6年で5カ国を訪問できるプログラムなど様々な舞台を用意。

学習 校内の学びでは，教科学習で得た知識を土台に，教科の枠にとらわれないアクティブ・ラーニング活動を積極的に展開。情報収集力や聞く力，伝える力，自ら疑問をもち主体的に学ぶ力を伸ばす。校外での学びでは，アクティブ・ラーニングに先進的に取り組む多摩大学との連携を軸に，企業や公官庁の協力を得て社会活動の最前線を体験する。国際教育では，ネイティヴ教員によるオールイングリッシュの授業や彼らが常駐する国際交流室での活動，語学研修・留学を通じて英語力とグローバルな視野を伸ばす。ホームステイ型のオーストラリア修学旅行など6年間で最大5カ国を訪問，現地の生徒や他国からの留学生とも交流し，国際感覚を磨く。

キャリア教育 あらゆる角度から自己理解と職業理解を深め，幅広い視野で将来を考える。中学では勤労観・職業観を育成する。中1～高1では進路探索プログラムを実施。

学校生活 全国大会で好成績を収めるダンス部やプロの指導者がいるサッカー部，放送部などをはじめ，クラブ活動が盛ん。

●コース表

中1	中2	中3	高1	高2	高3
	特進クラス		―	理系／文系	
	進学クラス		―	理系／文系	

保護者MEMO

登校時刻▶8：25
最終下校時刻▶18：30
土曜日▶毎週登校。平常授業4時間
昼食▶食堂／食品販売あり
携帯電話▶許可制
制服▶ブレザー
自転車通学▶不可
カウンセラー▶週2日
保護者面談▶年1回
保護者会▶年3回
必修旅行▶オーストラリア（中3）
部活動▶週2日は休む

学費　初年度目安 130万円

（単位:円）	入学金	施設費	授業料	その他	合計
入学手続時	250,000	―	―	―	250,000
1年終了まで	―	120,000	444,000	490,000	1,054,000

［その他］制服・指定品代，諸費，積立金，保護者会費，生徒会費。
［寄付・学債］なし。
※上記は'22年度のもの。新年度について詳細は「受験生応援アプリ」にて公開（2023年5月～）。

●奨学金・特待生
入学金，授業料3年または1年（1年は進級時に継続審査）

首都圏模試　思考コード（単位：%）

読み取る力						
複雑 3						
2			データなし			
単純 1						
考える力	A	B	C	A	B	C

A=知識・理解思考　B=論理的思考　C=創造的思考

2024年度入試　合格の基準

		首都圏模試 ほぼ確実	首都圏模試 見込あり	首都圏模試 やや見込あり	四谷大塚 ほぼ確実	四谷大塚 見込あり	四谷大塚 やや見込あり
男子	〈進学①〉	44	38	34	40	35	30
女子	〈進学①〉	44	38	34	41	36	31

ほぼ確実＝80％～／見込あり＝50～79％／やや見込あり＝20～49％

入試要項　2023年度参考　新年度日程は アプリへGO!　2科 4科

試験名		試験日 ◎午後入試	出願締切 Web	発表 Web	手続 W・窓	選抜方法 2科	4科	適	英	他	面接	特待	募集数	応募数	受験数	合格数	実質倍率	偏差値
進学	①	2/1	当日	当日	2/9	●	●						34	73	60	25	7.4	男44 女44
	②	2/2	当日	当日	2/9	●	●							127	76	19	4.0	男51 女51
特待・特進	①	2/1 ◎	当日	当日	2/9		●					●	特待20 特進60	175	153	88(42)	1.7	男54 女54
	②	2/2 ◎	当日	当日	2/9		●					●		131	65	25(3)	2.6	男56 女56
	③	2/3 ◎	当日	当日	2/9	●						●		178	110	46(12)	2.4	男58 女58
	④	2/4	当日	当日	2/9	●						●		161	75	21(5)	3.6	男60 女59
	⑤	2/6	当日	当日	2/9	●						●		189	94	29(2)	3.2	男57 女57

【出願方法】 他に窓口前日まで（特待・特進③～⑤は当日も可）
【手続方法】 2/7までに合格書類受取，2/9までにWeb納入
【受験料】 20,000円（同時出願は２回30,000円，３回以上40,000円）

【帰国生入試】 1/30（若干名募集）　　（注）（　）は特待合格で内数。

中学受験のプロがおすすめ!　併願校の例

特色	男 留学制度	男 近代的校舎	男 ICT教育	女 留学制度	女 近代的校舎	女 ICT教育
♠男子校	♣目黒日大	♣芝国際	♠獨協	♣目黒日大	♣芝国際	♥跡見学園
♥女子校	♣八雲学園	♣鶴見大附	♣桜丘	♣八雲学園	♣鶴見大附	♣桜丘
♣共学・別学校	♣文教大付	♣立正大立正	♣東海大高輪台	♣文教大付	♣立正大立正	♣東海大高輪台

併設高校の進路情報

四年制大学進学率78.6%
文系61／理系35／その他４（%）　医歯薬12名合格

内部推薦▶多摩大学へ１名（経営情報）が内部推薦で進学した。

指定校推薦▶利用状況は東京理科大２，青山学院大２，中央大１，法政大３，日本大１，専修大１，成城大１，明治学院大６，日本女子大１，東京都市大３，東洋英和女学院大２など。ほかに学習院大，東洋大，駒澤大，大東文化大，東海大，亜細亜大，帝京大，國學院大，成蹊大，獨協大，神奈川大など推薦枠あり。

'22年３月卒業生：327名
大学257名　短大１名　専門16名　就職０名　他53名

主な大学合格状況　'23年春については主要大学のみ巻末一覧に記載

大学名	'22	'21	'20	大学名	'22	'21	'20	大学名	'22	'21	'20
◇一橋大	0	0	1	東京理科大	11	7	4	専修大	26	25	23
◇東京外大	0	0	1	学習院大	9	9	5	東海大	47	21	26
◇横浜国大	0	1	1	明治大	22	14	11	帝京大	27	19	16
◇東京農工大	1	0	1	青山学院大	11	18	13	成城大	18	17	3
◇都立大	1	0	2	立教大	5	10	8	明治学院大	12	16	14
◇東京海洋大	1	3	0	中央大	17	18	11	神奈川大	15	24	22
◇山形大	0	1	2	法政大	19	29	22	芝浦工大	6	16	1
早稲田大	3	3	5	日本大	45	38	66	東京都市大	18	42	33
慶應大	1	3	2	東洋大	15	22	33	桜美林大	27	18	14
上智大	2	0	4	駒澤大	26	18	6	多摩大	3	5	6

※各大学合格数は既卒生との合計。

見学ガイド　文化祭／説明会／個別見学対応

高校募集 あり 高２より全体が混合。 高１内訳 一貫生 172名 224名 高入生

中央大学附属（ちゅうおうだいがくふぞく） 中学校

〒184－8575 東京都小金井市貫井北町 3－22－1 ☎042－381－5413

国際 / 海外研修 / 長期留学 / 第２外国語 / online英会話 / 21型 / 1人1台端末 / リモート体制 / プロジェクト型 / 論文執筆 / STEAM / 情操 / 体験学習 / ボランティア / 人間力育成

教育理念▶「自主・自治・自律」を基本に，判断する力と実行する力を磨き，未来を切り拓く力を育む。
沿革▶1909年，東京同文書院内に設置された旧制目白中学校を源流とする中央大学附属高等学校の併設校として，2010年４月に開校。
施設▶講堂，図書館（19万冊），多目的ホール，理理科実験室（８室），和室，LL教室，生徒ラウンジ，プール，柔剣道場，人工芝グラウンド，野球場，他。
学校長▶石田　雄一
生徒数▶総数520名

	１年（５クラス）	２年（５クラス）	３年（５クラス）
男子	87名	72名	79名
女子	88名	99名	95名

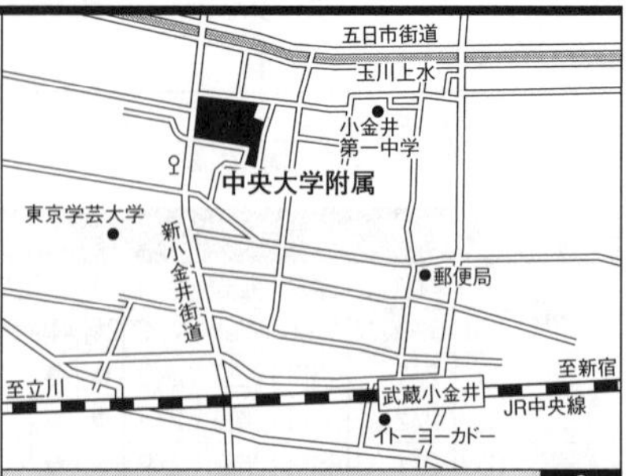

JR―武蔵小金井18分　西武新宿線―小平よりバス中央大学附属中学・高等学校 18分

「自主･自治･自律」の精神と教養を身につける

体験型学習と独自の教科横断型科目「教養総合」により学問の扉を開く。中央大学との連携プログラムは学部選択に役立つ様々な講座を用意。

学習 中学は基礎学力を身につけ，「自主・自治・自律」の土台を作る。英語はテーマをグループで調査して発表するプロジェクト型の授業を中学３年間通じて実施。体験重視の教育活動も盛んで，中学ではフィールドワークや中央大学ロースクールと連携した講義・ディスカッションなどを行う。中３で「教養総合基礎」科目を設け，探究する眼を鍛える。高１より「教養総合」を設定。身近な社会や世界で起きている問題を発見，解決へのアプローチを考え，社会課題解決への能力を身につける。学習の成果は卒業論文・卒業研究として発表する。中高ともに国際交流プログラムが充実。オーストラリアや台湾などに赴く。高校では単位認定留学を採用している。

キャリア教育 大学教授が専門分野の面白さなどについて講義する「ステップ講座」を高２の秋に開催。高３では，企業・団体などによる特別授業も行われる。

学校生活 約30のクラブが活動中。全国レベルで活躍するクラブも多い。テーマに基づいたスクールランチを実施。

●コース表

中１	中２	中３	高１	高２	高３
共通履修					理系 文系

保護者MEMO

登校時刻▶8：35
最終下校時刻▶18：00
土曜日▶毎週登校。平常授業３時間
昼食▶食堂／食品販売あり
携帯電話▶可
制服▶ブレザー
自転車通学▶可
カウンセラー▶常駐
保護者面談▶年１回
保護者会▶年３回
必修旅行▶沖縄（中３）
部活動▶活動日は部による

学費　　初年度目安 147万円

(単位:円)	入学金	施設費	授業料	その他	合計
入学手続時	290,000	―	―	―	290,000
１年終了まで	―	280,000	552,000	344,800	1,176,800

●奨学金・特待生
なし

［その他］制服・指定品代，副教材費，学習用ICT端末，学年費，後援会費，校友会費。
［寄付・学債］任意の寄付金（環境充実資金）１口5万円１口以上あり。
※上記は'22年度のもの。新年度について詳細は「受験生応援アプリ」にて公開（2023年５月～）。

首都圏模試 思考コード (単位：%)

〈第１回〉

読み取る力	国語 A	国語 B	国語 C	算数 A	算数 B	算数 C
複雑 3					5	
2	10			10	29	
単純 1		90			56	
考える力	A	B	C	A	B	C

A=知識・理解思考　B=論理的思考　C=創造的思考

2024年度入試 合格の基準

		首都圏模試 ほぼ確実	首都圏模試 見込あり	首都圏模試 やや見込あり	四谷大塚 ほぼ確実	四谷大塚 見込あり	四谷大塚 やや見込あり
男子	①	68	65	62	57	53	49
女子	①	69	66	63	59	55	51

ほぼ確実＝80%〜／見込あり＝50〜79%／やや見込あり＝20〜49%

入試要項 2023年度参考　新年度日程は アプリへGO!　4科

試験名	試験日 ◎午後入試	出願締切 Web	発表 Web	手続 W・窓	選抜方法 2科	4科	適	英	他	面接	特待	募集数	応募数	受験数	合格数	実質倍率	偏差値
①	2/1	1/24	2/2	2/3		●						100	男 227	195	69	2.8	68
													女 257	239	67	3.6	69
②	2/4	2/3	2/5	2/6		●						50	男 268	206	49	4.2	67
													女 415	336	42	8.0	69

※出欠記録報告書

【出願方法】 Web出願後，書類郵送。②の1/25以降は書類当日持参
【手続方法】 発表日に書類受取のうえ，Web納入
【受験料】 30,000円

【帰国生入試】 1次12/21，2次12/22（2次は1次合格者のみ。若干名募集）

年度	試験名	募集数	応募数	受験数	合格数	実質倍率	偏差値
'22	①	100	男237	216	69	3.1	66
			女277	264	67	3.9	68
	②	50	男254	183	52	3.5	67
			女355	289	50	5.8	68
'21	①	100	男201	170	60	2.8	66
			女259	242	70	3.5	67
	②	50	男268	192	45	4.3	67
			女340	264	34	7.8	68

中学受験のプロがおすすめ! 併願校の例

特色	男 大学付属校	男 リベラル	男 理数教育	女 大学付属校	女 リベラル	女 理数教育
♠男子校	♣明大明治	♣青山学院	♣広尾学園	♣明大明治	♣青山学院	♣広尾学園
♥女子校	♣明大八王子	♣法政大学	♣成蹊	♣明大八王子	♣法政大学	♣成蹊
♣共学・別学校	♣日大二	♣成城学園	♣国学院久我山	♣日大二	♣成城学園	♣国学院久我山

併設高校の進路情報

四年制大学進学率95.3%
文系・理系の割合 未集計

内部推薦▶中央大学へ331名（法106，経済51，商66，文31，総合政策22，理工39，国際経営8，国際情報8）が内部推薦で進学した。

指定校推薦▶早稲田大，慶應大，上智大，東京理科大，明治大，立教大，東京電機大，立命館大，玉川大，杏林大，東京薬科大，明星大，多摩美大など推薦枠あり。

'22年3月卒業生：387名　大学369名
短大0名　専門2名　就職0名　他16名

主な大学合格状況　'23年春については主要大学のみ巻末一覧に記載

大学名	'22	'21	'20	大学名	'22	'21	'20	大学名	'22	'21	'20
◇京都大	0	1	0	慶應大	7	5	7	東洋大	4	3	1
◇東工大	0	0	1	上智大	16	16	14	専修大	1	0	0
◇一橋大	2	0	0	東京理科大	2	3	0	大東文化大	0	4	1
◇東京外大	1	1	1	学習院大	0	0	2	芝浦工大	18	0	2
◇横浜国大	1	1	0	明治大	7	4	2	津田塾大	0	4	3
◇埼玉大	0	1	0	青山学院大	1	2	2	桜美林大	0	3	1
◇九州大	0	1	0	立教大	3	1	3	東京薬科大	1	2	1
◇東京藝術大	1	0	0	中央大	334	346	362	明治薬科大	0	1	2
◇横浜市大	2	0	1	法政大	4	0	0	東京工科大	0	4	0
早稲田大	9	3	2	日本大	7	1	5	東京医療学院大	0	2	0

※各大学合格数は既卒生との合計。

見学ガイド 文化祭／説明会／オープンキャンパス

高校募集 あり 武蔵野大学附属千代田高等学院。混合について未定。 高1内訳 ー

千代田国際(ちよだこくさい) 中学校

〒102−0081 東京都千代田区四番町11 ☎03−3263−6551

国際 / 海外研修 未 / 長期留学 定 / 第2外国語 / online英会話 / 21型 / 1人1台端末 / リモート体制 / プロジェクト型 / 論文執筆 / STEAM / 情操 / 体験学習 / ボランティア / 人間力育成

教育理念▶浄土真宗本願寺派の宗門校として「叡知・温情・真実・健康・謙虚」という学園の心を受け継ぐ「心の教育」を軸とする。

沿革▶1888年島地黙雷により創立された女子文芸学舎を起源とする千代田女学園が母体。2022年千代田国際中学校に校名変更・共学化して，一時休止していた募集を再開。

施設▶ARC，茶室，カフェスペース，他。

学校長▶日野田 直彦

生徒数▶74名

	1年	2年	3年
男子	43名	—	—
女子	31名	—	—

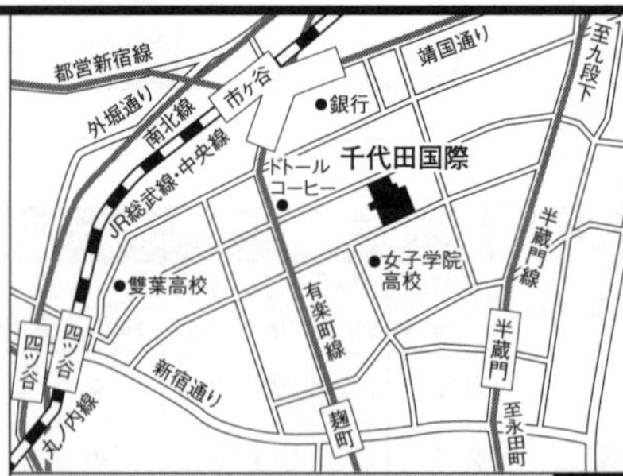

有楽町線―麹町5分 半蔵門線―半蔵門5分 JR・都営新宿線―市ヶ谷7分 5分

幸せな人生を歩むための“未来の学校”

自他ともに心豊かに生きることができる社会の実現を希求する真のオーナーシップとグローバル性をもった生徒の育成をビジョンに，2022年度よりスタート。

学習 様々な教育場面で「守破離（守＝基本フレームの習得，破＝探究による掘り下げ，離＝自分らしさの追求）」を繰り返し，世界に貢献する真のリーダーを育てる。PBL（課題解決型授業）／SBL（講義型授業），English，Scienceを教育の3つの柱に据える。PBL／SBLでは，自分がどのように社会に貢献したいのか，人生の目的を学ぶ。Englishは，国際社会で使える語学力を身につけるとともに，高い視座，幅広い視野で物事を見て多様性を重んじる姿勢を養う。Scienceは，ICTやAIを活用した最先端の学びを追求。挑戦を楽しみ，失敗から学び続けること，データを的確に読み，論理的に物事を考える力を伸ばす。

●コース表

中1	中2	中3	高1	高2	高3
共	通	履	修		
			選抜探究	IB系／グローバル探究系／医進学探究系	
			附属進学	文系／理系	

キャリア教育 土曜日はLAP（Liberal Arts Project／体験型学習）とし，未来の社会とつながるためにできることを考える。

学校生活 週1時間ある宗教の時間では，互いを認め合い，共に生きる“心の教育”を展開。放課後は，部活動に代わり，専門外部機関指導によるアクティビティとして，エスコートダンスや英会話などを実施。

保護者MEMO

登校時刻▶8：20
最終下校時刻▶18：00
土曜日▶毎週登校。平常授業4時間
昼食▶弁当／食品販売あり
携帯電話▶可
制服▶ブレザー
自転車通学▶不可
カウンセラー▶週1回
保護者面談▶年1回
保護者会▶年4回
必修旅行▶（検討中）
部活動▶アクティビティ

学費 初年度目安 122万円

(単位:円)	入学金	施設費	授業料	その他	合計
入学手続時	250,000	—	—	—	250,000
1年終了まで	—	—	590,400	379,600	970,000

［その他］教育充実費，学年費，生徒会費，PTC会費，諸会費入会金。
［寄付・学債］なし。
※上記は'22年度のもの。新年度について詳細は「受験生応援アプリ」にて公開（2023年5月〜）。

●奨学金・特待生
経済的事由者対象の奨学金制度（入学金，授業料相当）あり。出願前申請。試験結果に応じて受給者を決定

首都圏模試　思考コード（単位：%）

読み取る力						
複雑 3						
2			データなし			
単純 1						
考える力	A	B	C	A	B	C

A=知識・理解思考　B=論理的思考　C=創造的思考

2024年度入試　合格の基準

		首都圏模試		四谷大塚	
		ほぼ確実	見込あり／やや見込あり	ほぼ確実	見込あり／やや見込あり
男子	①	47	42／37	41	36／31
女子	①	47	42／37	42	37／32

ほぼ確実＝80%～／見込あり＝50～79%／やや見込あり＝20～49%

入試要項　2023年度参考　新年度日程はアプリへGO!

2科　4科　適性型　英　他

試験名	試験日 ◎午後入試	出願締切 Web	発表 Web	手続 Web	選抜方法 2科	4科	適	英	他	面接	特待	募集数	応募数	受験数	合格数	実質倍率	偏差値
①	2/1	1/31	当日	2/7延	●	●						20	67	50	36	1.4	男47 女47
適性検査	2/1	1/31	当日	2/10			＊3					5	13	12	10	1.2	男44 女44
②	2/1 ◎	当日	2/2	2/7延	●	●				●		25	100	83	64	1.3	男48 女48
③	2/2	2/1	当日	2/7延	＊1			＊1				20	126	72	45	1.6	男47 女47
④	2/2 ◎	当日	当日	2/7延				＊4	＊4			20	93	24	11	2.2	男47 女47
⑤	2/4 ◎	2/3	当日	2/7延	＊2			＊2				5	108	83	37	2.2	男46 女46
思考力型	2/5 ◎	2/2	当日	2/7延					＊5			5	19	10	4	2.5	男45 女45

＊1　国算または算英　＊2　算または国算　＊3　適性検査ⅠⅡⅢ　＊4　算理または算英　＊5　基礎学力試験（国算）＋思考力型試験
※英の筆記試験は，CEFR A2以上で90%，A1は75%以上を保証。出願時に取得証明書のコピーを提出

【出願方法】 Web出願。該当者はCEFR取得証明書のコピーを出願期間内に提出
【手続方法】 Web納入。詳細は決済サイトで案内。公立中高一貫校受検者は延納可
【受験料】 ①～④：25,000円（同時出願は複数回受験可）　⑤，適性検査型：15,000円
思考力型：10,000円

【帰国生入試】 11/19，12/18（若干名募集）

中学受験のプロがおすすめ！　併願校の例

特色	男 探究学習	国際教育	ICT教育	女 探究学習	国際教育	ICT教育
♠男子校	♣目黒日大	♣かえつ有明	♣宝仙学園	♣目黒日大	♣かえつ有明	♣宝仙学園
♥女子校	♣淑徳巣鴨	♣駒込	♠聖学院	♣淑徳巣鴨	♣駒込	♥十文字
♣共学・別学校	♣実践学園	♣サレジアン国際	♣桜丘	♣実践学園	♣サレジアン国際	♣桜丘

併設高校の進路情報

四年制大学進学率87.7%
文系55／理系45／その他0（%）　医歯薬15名合格

内部推薦▶武蔵野大学附属千代田▷武蔵野大学へ50名（法1，文1，グローバル5，経済1，経営5，アントレプレナーシップ2，データサイエンス1，人間科8，工1，教育3，薬9，看護13）が内部推薦で進学した。
指定校推薦▶利用状況は日本女子大2，千葉工大1，東京女子体育大1など。ほかに日本大など推薦枠あり。
海外大学合格状況▶Knox College, The State University of New York, University of Massachusetts Amherst/Boston（米），他。

'22年3月卒業生：106名（武蔵野大学附属千代田高等学院）
大学93名　短大0名　専門4名　就職1名　他8名

主な大学合格状況　'23年春については主要大学のみ巻末一覧に記載

大学名	'22	'21	'20	大学名	'22	'21	'20	大学名	'22	'21	'20
◇東京藝術大	1	0	0	中央大	2	0	0	東京女子大	4	0	0
◇東京学芸大	0	1	0	法政大	1	1	1	日本女子大	2	1	3
◇都立大	0	1	0	日本大	3	3	1	立命館大	3	1	0
◇県立広島大	1	0	0	東洋大	6	2	2	武蔵大	7	0	0
早稲田大	0	2	2	専修大	1	0	3	東京都市大	5	1	0
慶應大	2	0	0	東海大	2	0	0	順天堂大	1	2	0
上智大	2	2	1	帝京大	3	3	1	東京医大	0	2	1
明治大	0	1	1	成蹊大	1	1	0	武蔵野大	53	53	26
青山学院大	2	1	0	明治学院大	2	1	1	文教大	2	2	1
立教大	0	1	2	津田塾大	1	1	0	東京医療保健大	1	2	3

※各大学合格数は既卒生との合計。

見学ガイド　説明会／授業体験会／オープンスクール

帝京大学 中学校

（ていきょうだいがく）

〒192－0361 東京都八王子市越野 322 ☎042－676－9511

国際 / 海外研修 / 長期留学 / 第2外国語 / online英会話 / 21型 / 1人1台端末 / リモート体制 / プロジェクト型 / 論文執筆 / STEAM / 情操 / 体験学習 / ボランティア / 人間力育成

建学の精神▶努力をすべての基とし，偏見を排し，幅広い知識を身につけ，国際的視野に立って判断ができ，実学を通して創造力および人間味豊かな，専門性ある人材を育成する。
沿革▶1931年創立の帝京商業学校を前身とする帝京大学高等学校を母体に，1983年開設。
施設▶図書室（4.8万冊），書道作法室（和室），他。
学校長▶市川　伸一
生徒数▶総数369名　併設小からの進学者を含む。

	1年（4クラス）	2年（4クラス）	3年（4クラス）
男子	70名	57名	50名
女子	51名	68名	73名
内進生内数	男6名 女6名	男7名 女7名	男2名 女2名

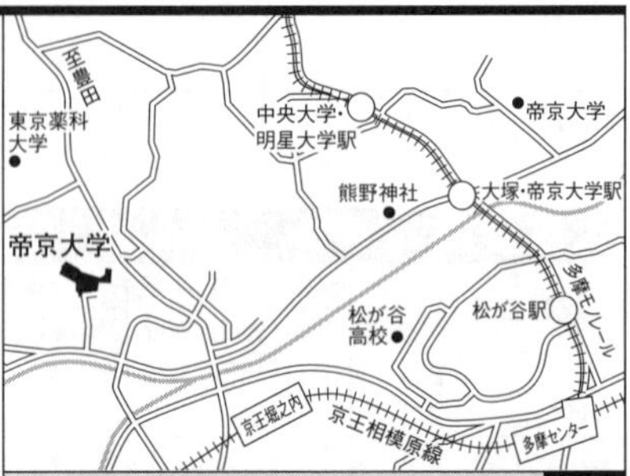

京王相模原線・小田急線―多摩センターよりスクールバス 15分

新時代に挑戦しうる心身と学力を培う

恵まれた自然環境のなか，充実した学校行事などを通してバランスのとれた「こころの教育」を実践。自らの進路目標に向けて努力する積極的な学習態度を育む。

学習 1学年約120名という少人数編成に対して学年担当の教員は8名と手厚く指導。6年間を3期間に分けた一貫カリキュラムになっている。中1の2学期から英数で習熟度別，中3からは類別クラスを設置し，きめ細かい授業を展開する。他者と共生，自然と共生する心を育むため，宿泊研修や林間学校，学校裏山での竹の子掘りなど体験学習にも力を入れている。始業前に毎日「朝講座」を開き，英単語や漢字などの小テストを行う。小テストで基準点に満たない場合は，再テストや補習で基礎を固める。高1でホームステイによるニュージーランド語学研修を実施。

キャリア教育 中2で行う職業調べでは，職場にアポイントを取って訪問し，実地調査を行う。また中学では，大学教授により最先端の学問を知る教養講座も開催。将来，学びたい学問について考える。

学校生活 部活動の加入率は95%。約30のクラブ・同好会のなかには中国拳法部や南米音楽部など，他校には見られない個性的な部もある。

●コース表

中1	中2	中3	高1	高2	高3
共通履修		Ⅰ類クラス		東大・難関国立大コース	
				早慶・国公立コース	
		Ⅱ類クラス		難関私立大コース	

早慶・国公立大コースと難関私立大コースは高2より文系／理系

保護者MEMO

登校時刻▶8：30
最終下校時刻▶17：30
土曜日▶毎週登校。平常授業4時間
昼食▶食堂／食品販売あり
携帯電話▶可
制服▶詰襟，セーラー（中学）
自転車通学▶不可
カウンセラー▶週1～2日
保護者面談▶年1回
保護者会▶年2回
必修旅行▶沖縄（中3），ベトナム（高2）
部活動▶4日以内

学費　初年度目安 118万円

（単位:円）	入学金	施設費	授業料	その他	合計
入学手続時	260,000	―	―	―	260,000
1年終了まで	―	50,000	372,000	502,958	924,958

［その他］制服・指定品代，維持費，副教材費，旅行積立金，後援会費，後援会入会金。
［寄付・学債］任意の寄付金1口10万円以上あり。
※上記は'22年度のもの。新年度について詳細は「受験生応援アプリ」にて公開（2023年5月～）。

●奨学金・特待生
入学金，設備充実費，授業料・維持費6年（1年ごとに学内審査）

首都圏模試　思考コード（単位：%）

読み取る力＼考える力	〈第1回〉国語 A	国語 B	国語 C	算数 A	算数 B	算数 C
複雑 3				5		
2	15	16		40	10	
単純 1	20	49			45	

A＝知識・理解思考　B＝論理的思考　C＝創造的思考

2024年度入試　合格の基準

		首都圏模試 ほぼ確実	首都圏模試 見込あり	首都圏模試 やや見込あり	四谷大塚 ほぼ確実	四谷大塚 見込あり	四谷大塚 やや見込あり
男子	①	64	60	57	53	50	46
女子	①	65	61	58	55	52	48

ほぼ確実＝80%～／見込あり＝50～79%／やや見込あり＝20～49%

入試要項　2023年度参考　新年度日程はアプリへGO!　2科　4科

試験名	試験日（◎午後入試）	出願締切 Web	発表 Web	手続 Web	2科	4科	適	英	他	面接	特待	募集数	応募数	受験数	合格数	実質倍率	偏差値
① 2科	2/1	1/31	当日	2/10	●							40	17	17	3	5.7	男64 女65
① 4科						●					●		124	118	60	2.0	
②	2/2	2/1	当日	2/10		●					●	40	222	165	80	2.1	男64 女65
③	2/3 ◎	当日	当日	2/10	●							30	295	196	68	2.9	男65 女65

【出願方法】Web出願　**【手続方法】**Web納入
【受験料】25,000円（同時出願は2回35,000円，3回45,000円。未受験回分は返還）

【帰国生入試】—

年度	試験名	募集数	応募数	受験数	合格数	実質倍率	偏差値
'22	① 2科	40	15	14	5	2.8	男64 女64
	① 4科		131	128	58	2.2	
	②	40	241	175	77	2.3	男64 女64
	③	30	295	196	63	3.1	男64 女64
'21	① 2科	40	11	11	2	5.5	男64 女64
	① 4科		136	131	60	2.2	
	②	40	218	148	72	2.1	男64 女66
	③	30	303	205	61	3.4	男63 女65

中学受験のプロがおすすめ！　併願校の例

特色	男 進学校的付属校	論文（自由研究）	フィールドワーク	女 進学校的付属校	国際教育	フィールドワーク
♠男子校	♣神奈川大附	♣中大附属	♣成蹊	♣神奈川大附	♣中大附属	♣成蹊
♥女子校	♣国学院久我山	♣明大八王子	♣森村学園	♣国学院久我山	♣明大八王子	♣森村学園
♣共学・別学校	♣多摩大聖ヶ丘	♣穎明館	♣桜美林	♣多摩大聖ヶ丘	♣穎明館	♣桜美林

併設高校の進路情報

四年制大学進学率85.4%
文系・理系の割合 未集計　医歯薬34名合格

内部推薦▶帝京大学へ2名（文1，医療技術1）が内部推薦で進学した。系列各校への推薦制度があるが，例年利用者は少ない。

指定校推薦▶都立大，早稲田大，慶應大，東京理科大，学習院大，明治大，青山学院大，立教大，中央大，法政大，日本大，芝浦工大，東京電機大，東京女子大，東京経済大，北里大，東邦大，東京薬科大，明治薬科大，関西学院大，東京農大など推薦枠あり。

'22年3月卒業生：164名　大学140名　短大0名　専門1名　就職0名　他23名

主な大学合格状況　'23年春については主要大学のみ巻末一覧に記載

大学名	'22	'21	'20	大学名	'22	'21	'20	大学名	'22	'21	'20
◇東京大	0	1	0	慶應大	25	22	22	東洋大	19	27	16
◇京都大	1	1	0	上智大	20	45	22	専修大	9	16	15
◇東工大	6	1	2	東京理科大	35	34	26	東海大	13	15	3
◇一橋大	3	0	3	学習院大	8	4	8	帝京大	8	6	3
◇筑波大	5	0	0	明治大	69	88	55	成蹊大	9	12	6
◇横浜国大	3	5	3	青山学院大	30	24	18	芝浦工大	29	29	20
◇東京農工大	2	4	2	立教大	39	31	29	日本女子大	22	6	15
◇都立大	9	21	16	中央大	66	41	39	工学院大	8	11	12
◇電通大	2	2	3	法政大	45	43	36	東京都市大	19	25	19
早稲田大	36	57	29	日本大	29	53	28	帝京平成大	1	4	1

※各大学合格数は既卒生との合計。

見学ガイド　文化祭／説明会／見学会

帝京大学系属

帝京（ていきょう）中学校

〒173－8555 東京都板橋区稲荷台 27－1 ☎03－3963－6383

国際 / 海外研修 / 長期留学 / 第2外国語 / online英会話 / 21型 / 1人1台端末 / リモート体制 / プロジェクト型 / 論文執筆 / STEAM / 情操 / 体験学習 / ボランティア / 人間力育成

建学の精神▶努力をすべての基とし「正直・礼儀を重んずる」の校訓に則り，前途洋々たる男女を，心身ともに健全で，責任感に富む公民として育成する。
沿革▶1943年，旧制帝京中学校として開校。2001年に現校名となり，2004年に現校地へ移転。
施設▶ITルーム，図書室，キャンティーン（食堂），カウンセリングルーム，人工芝グラウンド，他。
学校長▶東海林　啓造
生徒数▶総数296名　併設小からの進学者を含む。

	1年（3クラス）	2年（3クラス）	3年（3クラス）
男子	64名	72名	61名
女子	32名	33名	34名
内進生内数	男4名 女1名	男1名 女1名	男3名 女1名

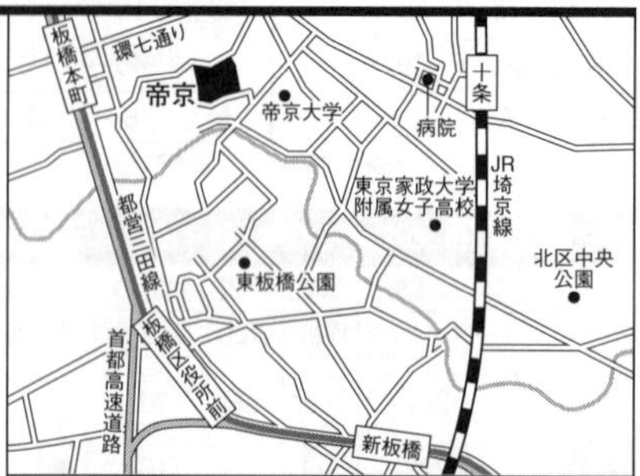

JR―十条12分　JR―王子，板橋よりバス帝京大学病院 3分　都営三田線―板橋本町 8分　12分

目標に向け努力し頑張り続ける生徒に

「諦めない，妥協しない」が伝統の精神。3つのキーワード「計画」「繰り返し」「モチベーション」に基づく多彩な取り組みに加え，探究活動やICT教育も行う。

学習 一貫特進コースは難関大学への現役合格をめざし，長期休業中も授業を継続する。英数国の小テストを毎朝行い，各教科の基礎となる力を身につける。一貫進学コースでは，「進んでは戻る」を繰り返しながら基礎学力の定着を図る。授業に向かう心と頭の準備として朝読書を行う。英数で習熟度別授業を実施。定期考査の結果によりコースの枠を取り払いクラスが編成される。両コースで英数の補習を実施。英語・漢字・数学など様々な検定に挑戦し，準2級以上を目標とする。中3で400字×10枚以上の卒業論文を書き上げる。中1の学習ガイダンスで，主要5教科の学習方法を一から身につける。

●コース表

中1	中2	中3	高1	高2	高3
一貫特進コース					
一貫進学コース					
			インターナショナルコース		

一貫特進コースと一貫進学コースは高2より文系／理系

キャリア教育 中学では進路ガイダンス，職業ガイダンスを実施。企業訪問では，将来の夢に近い企業を自ら選定し，アポイントメントをとって訪問することで，社会人としてのマナーやルールも学ぶ。

学校生活 高校生と一緒に活動する部もあり，居合道など多彩な活動がある。中2と中3でAED・救命救急講習を実施。

保護者MEMO

登校時刻▶8：15
最終下校時刻▶18：00
土曜日▶毎週登校。平常授業 4時間
昼食▶食堂／食品販売あり
携帯電話▶可
制服▶ブレザー
自転車通学▶可（条件あり）
カウンセラー▶週3日
保護者面談▶年2回
保護者会▶年3回
必修旅行▶京都・奈良（中2），北海道，沖縄などコース別（高2）
部活動▶週3日まで

学費　初年度目安 117万円

（単位:円）	入学金	施設費	授業料	その他	合計
入学手続時	260,000	―	―	23,000	283,000
1年終了まで	―	100,000	372,000	418,000	890,000

［その他］制服・指定品代，維持費，諸費用，オリエンテーション，諸会費。
［寄付・学債］なし。
※上記は'22年度のもの。新年度について詳細は「受験生応援アプリ」にて公開（2023年5月～）。

●奨学金・特待生
S：入学金，施設充実費，授業料・維持費／A：入学金，授業料／B：入学金

首都圏模試 思考コード (単位：%)

〈第1回午前〉

読み取る力 ＼ 考える力	国語 A	国語 B	国語 C	算数 A	算数 B	算数 C
複雑 3						
2	20	5		35		
単純 1		75		30	35	

A=知識・理解思考　B=論理的思考　C=創造的思考

2024年度入試 合格の基準

		首都圏模試 ほぼ確実	首都圏模試 見込あり	首都圏模試 やや見込あり	四谷大塚 ほぼ確実	四谷大塚 見込あり	四谷大塚 やや見込あり
男子	〈①午前〉	41	36	29	33	28	23
女子	〈①午前〉	41	36	29	33	28	23

ほぼ確実＝80%～／見込あり＝50～79%／やや見込あり＝20～49%

入試要項 2023年度参考　新年度日程は アプリへGO!

2科 4科 英 他

試験名		試験日 ◎午後入試	出願締切 Web	発表 Web	手続 Web	選抜方法 2科	4科	適	英	他	面接	特待	募集数	応募数	受験数	合格数	実質倍率	偏差値
①	2科	2/1	当日	当日	2/9	＊1			＊1			●	60	52	45	41	1.1	進41 特44
	4科						●					●		28	24	23	1.0	
	2科	2/1 ◎	当日	当日	2/9	＊1			＊1			●		108	72	68	1.1	進41 特44
②	1科	2/2	当日	当日	2/9					＊2		●	30	80	29	27	1.1	進42 特47
	得意	2/2 ◎	当日	当日	2/9	＊1			＊1			●		111	38	36	1.1	進41 特45
③	2科	2/4	当日	当日	2/9	＊1			＊1			●	15	77	31	28	1.1	進41 特44
	4科						●					●		50	12	11	1.1	
④	2科	2/7	当日	当日	2/9	＊1			＊1			●	若干	83	30	29	1.0	進41 特44
	4科						●					●		65	15	13	1.2	

＊1　国算英（英検4級レベル）から2科。②の得意は高得点教科を150点，もう1科を50点換算で判定
＊2　算数ⅠⅡ（Ⅰ計算＋1行問題，Ⅱ文章問題）または国語ⅠⅡ（Ⅰ漢字や熟語，Ⅱ読解問題）
※合格を担保して次回以降特待生にチャレンジ可能。また，特待生のグレードアップにチャレンジも可

【出願方法】Web出願　**【手続方法】**Web納入　**【受験料】**20,000円（複数回受験可）

【帰国生入試】12/15（若干名募集）
※偏差値は男女同数値

中学受験のプロがおすすめ! 併願校の例

特色	男 留学制度	男 コース制	男 キャリア教育	女 留学制度	女 コース制	女 キャリア教育
♠男子校 ♥女子校 ♣共学・別学校	♣東京成徳大学	♣駒込	♣淑徳巣鴨	♣東京成徳大学	♣駒込	♣淑徳巣鴨
	♣サレジアン国際	♣郁文館	♠京華	♣サレジアン国際	♣郁文館	♥京華女子
	♣武蔵野	♣駿台学園	♣修徳	♣武蔵野	♣駿台学園	♣修徳

併設高校の進路情報

四年制大学進学率85.9%
文系54／理系41／その他5（%）　医歯薬11名合格

内部推薦▶帝京大学へ56名（法4，文12，経済18，薬3，医療技術12，外国語3，教育4），帝京平成大学へ22名，帝京科学大学へ13名，帝京短期大学へ2名が内部推薦で進学した。

指定校推薦▶利用状況は上智大4，東京理科大4，日本大2，東洋大2，駒澤大1，専修大1，獨協大1，東京都市大1，白百合女子大2，横浜薬科大1など。ほかに大東文化大，東海大，亜細亜大，帝京大，東京電機大，北里大など推薦枠あり。

'22年3月卒業生：291名

大学250名　短大5名　専門17名　就職3名　他16名

主な大学合格状況　'23年春については主要大学のみ巻末一覧に記載

大学名	'22	'21	'20	大学名	'22	'21	'20	大学名	'22	'21	'20
◇千葉大	1	1	1	明治大	2	4	4	亜細亜大	4	1	8
◇筑波大	0	0	1	青山学院大	6	3	3	帝京大	71	57	56
◇東京医歯大	1	0	0	立教大	5	2	5	國學院大	3	6	5
◇都立大	0	1	1	中央大	8	1	4	獨協大	7	4	6
◇東京海洋大	1	0	0	法政大	10	2	6	芝浦工大	1	5	1
早稲田大	1	1	7	日本大	14	14	22	東京経済大	5	2	6
慶應大	5	1	1	東洋大	7	14	30	順天堂大	4	6	0
上智大	5	3	4	駒澤大	4	2	4	日本薬科大	1	1	2
東京理科大	4	7	2	専修大	4	3	7	帝京平成大	24	25	28
学習院大	1	2	2	大東文化大	8	11	13	帝京科学大	15	11	11

※各大学合格数は既卒生との合計。

見学ガイド　文化祭／説明会／オープンスクール

帝京八王子中学校

（ていきょうはちおうじ） TEIKYOHACHIOJI

〒192－0151　東京都八王子市上川町 3766　☎042－654－6141

国際 / 海外研修 / 長期留学 / 第2外国語 / online英会話 / 21型 / 1人1台端末 / リモート体制 / プロジェクト型 / 論文執筆 / STEAM / 情操 / 体験学習 / ボランティア / 人間力育成

教育目標▶建学の精神「力(つと)むれば必ず達す」を基盤とし，知・徳・体の調和のとれた人間形成をめざす。
沿革▶1959年に帝京女子高等学校として開校した帝京八王子高等学校を母体に，1999年開校。
施設▶自習室，図書室，柔道場，トレーニングルーム，テニスコート，グラウンド，他。
学校長▶木﨑　右成
生徒数▶総数59名

	1年（1クラス）	2年（1クラス）	3年（1クラス）
男子	12名	15名	15名
女子	4名	7名	6名

JR―西八王子・高尾・秋川などよりスクールバス 25分

先を見据えた行動のできる品性のある人間に

講義型の授業に加えて，グループワークやディスカッションを取り入れる。体験学習を通して主体的に学ぶ習慣が養われる。

学習 複数担任制のきめ細やかな指導により，基礎学力をしっかり身につける。国語の授業に読書を導入。読んだ本の記録と感想を書くことで，表現力の向上を図る。理科では学校菜園で，土づくりから始めて収穫までを体験。基礎基本の定着を目標に毎週小テストを行う。また，スタディサプリを活用して自主学習を促し，英検の対策も行う。全員が英検を受験し，高校卒業までに2級取得が目標。中3の修学旅行は帝京ロンドン学園を拠点にホームステイを含めた約2週間の旅程。希望制のカナダ語学研修（隔年）へは中1から参加可能。

●**コース表**

中1	中2	中3	高1	高2	高3
共通履修				国際文化コース	
				言語文化コース	
				人文社会コース	
				科学探究コース	

キャリア教育 年2回「エゴグラム診断」を実施。自身の特徴を分析し，長所を生かしながら課題を改善していく。帝京大学グループと連携し，高校では大学の体験授業や見学会を実施。社会人講話や職業インタビューを行い，社会・職業への理解を深める。

学校生活 柔道部やサッカー部，吹奏楽部などを中心に，数多くの部が活動。地域貢献のひとつとして，清掃などのボランティア活動も行なっている。

保護者MEMO

登校時刻▶8：30
最終下校時刻▶18：30
土曜日▶毎週登校。平常授業4時間
昼食▶弁当／食品販売あり
携帯電話▶許可制
制服▶ブレザー，セーラーブレザー
自転車通学▶不可
カウンセラー▶週1日
保護者面談▶年2回
保護者会▶年2回
必修旅行▶京都・奈良（中2），イギリス（中3）
部活動▶原則週3日

学費　初年度目安 136万円

（単位:円）	入学金	施設費	授業料	その他	合計
入学手続時	300,000	―	―	―	300,000
1年終了まで	―	144,000	420,000	491,605	1,055,605

［その他］制服・指定品代，副教材代金，諸費，修学旅行積立金，新入生オリエンテーション費用，校外遠足，校友会費（生徒会費）。［寄付・学債］なし。
※上記は'22年度のもの。新年度について詳細は「受験生応援アプリ」にて公開（2023年5月～）。

●**奨学金・特待生**
第Ⅰ種：入学金，学則で定める学費／第Ⅱ種：学則の学費／第Ⅲ種：学則の学費の半額

首都圏模試　思考コード　（単位：%）

	A	B	C	A	B	C
読み取る力						
複雑 3						
2			データなし			
単純 1						
考える力	A	B	C	A	B	C

A=知識・理解思考　B=論理的思考　C=創造的思考

2024年度入試　合格の基準

		首都圏模試 ほぼ確実	首都圏模試 見込あり	首都圏模試 やや見込あり	四谷大塚 ほぼ確実	四谷大塚 見込あり	四谷大塚 やや見込あり
男子	〈①A〉	38	33	30	30	25	20
女子	〈①A〉	38	33	30	30	25	20

ほぼ確実＝80%～／見込あり＝50～79%／やや見込あり＝20～49%

入試要項　2023年度参考　新年度日程はアプリへGO!　2科　適性型　他

試験名		試験日 ◎午後入試	出願締切 Web	発表 手渡	手続 W・窓	選抜方法 2科	4科	適	英	他	面接	特待	募集数	応募数	受験数	合格数	実質倍率	偏差値
①	A	2/1	1/31	当日	2/2延	●					＊1	●	20	12	12	11	1.1	男38 女38
	B	2/1 ◎	1/31	当日	2/2延			＊2		＊2	＊1	●		9	6	5	1.2	男38 女38
②	A	2/2	2/1	当日	2/3延	●					＊1	●	10	3	0	0	—	男38 女38
	B	2/2 ◎	2/1	当日	2/3延			＊2		＊2	＊1	●		8	4	4	1.0	男38 女38
③	A	2/5	2/4	当日	2/6延	●					＊1	●	5	9	5	5	1.0	男38 女38
	B	2/5 ◎	2/4	当日	2/6延					＊3	＊1	●		12	7	6	1.2	男39 女39
④		2/7	2/6	当日	2/8延					＊3	＊1	●	5	7	3	2	1.5	男38 女38
2次		2/12	2/11	当日	2/13					＊3	＊1		若干	2	1	1	1.0	男37 女37

＊1　個人面接　＊2　国語・算数・適性検査から1科目選択　＊3　国語・算数から1科目選択

【出願方法】Web出願　**【合格発表】**手渡し。発表時間内のみ電話問合せ可　**【手続方法】**Web納入または金融機関にて振込のうえ，書類を窓口提出または郵送（2次は窓口のみ）。①②は2/4まで延納可。都立中高一貫校の受検者は2/10まで延納可　**【受験料】**20,000円（①～④は同時出願可。2回まで20,000円，4回まで40,000円，7回まで60,000円）

【帰国生入試】—

中学受験のプロがおすすめ！ 併願校の例

特色	男 留学制度	男 面倒見	男 自然環境	女 留学制度	女 面倒見	女 自然環境
♠男子校 ♥女子校 ♣共学・別学校	♣文化学園杉並	♣和光	♣多摩大聖ヶ丘	♣文化学園杉並	♣和光	♣多摩大聖ヶ丘
	♣啓明学園	♣明星	♣横浜翠陵	♣啓明学園	♣明星	♣聖徳学園
	♣明星学園	♣八王子実践	♣東海大菅生	♣明星学園	♣八王子実践	♣東海大菅生

併設高校の進路情報

四年制大学進学率88.3%
文系68／理系32／その他0（%）

内部推薦▶帝京大学へ36名（法8，文3，経済7，教育5，外国語7，医療技術6），帝京平成大学へ24名，帝京科学大学へ2名が内部推薦で進学した。ほかに各系列校への推薦制度がある。

指定校推薦▶利用状況は専修大1，玉川大2，工学院大1，東京都市大1，東京経済大1，関東学院大1，杏林大1，東京薬科大1，麻布大1，駿河台大2など。ほかに東洋大，東海大，成蹊大など推薦枠あり。

'22年3月卒業生：111名

大学98名
短大0名／専門7名／就職1名／他5名

主な大学合格状況　'23年春については主要大学のみ巻末一覧に記載

大学名	'22	'21	'20	大学名	'22	'21	'20	大学名	'22	'21	'20
◇都立大	0	1	0	東海大	0	0	4	桜美林大	0	6	1
◇都留文科大	1	0	0	帝京大	42	48	35	杏林大	2	0	3
早稲田大	0	3	0	國學院大	2	0	0	北里大	1	0	2
学習院大	0	2	0	成蹊大	0	1	0	東京薬科大	1	3	2
明治大	0	1	1	成城大	2	0	0	武蔵野大	2	0	2
中央大	0	6	0	獨協大	0	0	3	明星大	1	1	3
法政大	1	3	0	玉川大	2	0	1	帝京平成大	33	20	21
日本大	0	3	2	工学院大	3	0	1	拓殖大	1	4	1
東洋大	1	8	2	立正大	1	1	1	帝京科学大	5	8	5
専修大	4	2	1	東京経済大	3	2	5	東京医療保健大	1	1	4

※各大学合格数は既卒生との合計。

見学ガイド　文化祭／説明会

貞静学園（ていせいがくえん）中学校

〒112−8625　東京都文京区大塚１−２−10　☎03−3943−3711

国際 / 海外研修 / 長期留学 / 第２外国語 / online英会話 / 21型 / 1人1台端末 / リモート体制 / プロジェクト型 / 論文執筆 / STEAM / 情操 / 体験学習 / ボランティア / 人間力育成

教育目標▶「至誠・和敬・慈愛」の建学精神のもと，礼儀正しく互いに敬愛し，自主的で誠実な社会に役立つ人材の育成。

沿革▶1930年創立の貞静学園を母体に1947年開校。2011年に共学化。

施設▶静心庵（作法室），ピアノレッスン室，カフェテリア，カウンセリング室，体育館（講堂），屋上テニスコート，トレーニングルーム，中庭，他。

学校長▶小幡 法男

生徒数▶総数46名

	１年（１クラス）	２年（１クラス）	３年（１クラス）
男子	13名	11名	7名
女子	4名	4名	7名

丸ノ内線ー茗荷谷１分　1分

一人ひとりが自立するための土台を作る

異文化理解と自国への理解をバランスよく育む国際教育と，ICTなどを活用し楽しく続けられる体系的な理数教育を展開する。

学習 基礎基本の定着を図るため，じっくりと学びを深掘りする教育を展開。各教科でアクティブ・ラーニングの授業を導入し，課題発見・問題解決力などを養う。理科では，教科書に掲載されているすべての実験にトライする。ICTを次世代の必須の学習ツールととらえ，スタディサプリを全生徒に導入。SDGsに基づく教育活動の一環として，「世界の中の日本」を意識した探究活動を実践。総合学習では「環境」「人権」「国際理解」をテーマにした探究学習を設定し，３学年縦割りによるグループ発表と，個人発表に取り組む。また，日本の文化や作法を身につけるため，礼法や華道，茶道なども実施。中３の希望者にニュージーランドホームステイを用意。

キャリア教育 スコラ手帳と「学校生活の記録」でPDCAサイクルを習慣化。それらを担任と共有することで意欲を高め，セルフマネジメント能力の向上をめざす。

学校生活 全員が青少年赤十字に加盟し，地域清掃や赤い羽根共同募金への参加など活発にボランティア活動を実施。

●コース表

中１	中２	中３	高１	高２	高３
共通履修			特別進学コース		
			総合進学コース		
			幼児教育・保育系進学コース		

保護者MEMO

登校時刻▶8：30
最終下校時刻▶18：00
土曜日▶毎週登校。平常授業４時間
昼食▶食堂／食品販売あり
携帯電話▶可
制服▶詰襟，ブレザー
自転車通学▶不可
カウンセラー▶週２日
保護者面談▶年２回
保護者会▶年４回
必修旅行▶京都・奈良（中３），オーストラリア（高２）
部活動▶活動日は部による

学費　初年度目安 134万円

(単位:円)	入学金	施設費	授業料	その他	合計
入学手続時	200,000	57,000	108,000	159,000	524,000
１年終了まで	—	171,000	324,000	322,480	817,480

［その他］制服・指定品代，教材費，ICT教材費，預り金，PTA会費，生徒会費。
［寄付・学債］なし。
※上記は'22年度のもの。新年度について詳細は「受験生応援アプリ」にて公開（2023年５月〜）。

●奨学金・特待生
S：入学金，施設維持費，授業料／A：入学金，授業料／B：入学金，授業料半額／C：入学金

首都圏模試 思考コード (単位:%)

読み取る力						
複雑 3						
2			データなし			
単純 1						
考える力	A	B	C	A	B	C

A=知識・理解思考　B=論理的思考　C=創造的思考

2024年度入試 合格の基準

		首都圏模試		四谷大塚	
		ほぼ確実	見込あり	ほぼ確実	見込あり
男子	〈2科①〉	36	31	―	―
			やや見込あり 28		やや見込あり ―
		ほぼ確実	見込あり	ほぼ確実	見込あり
女子	〈2科①〉	36	31	―	―
			やや見込あり 28		やや見込あり ―

ほぼ確実=80%～／見込あり=50～79%／やや見込あり=20～49%

入試要項 2023年度参考 新年度日程はアプリへGO!

2科　適性型　英　他

試験名		試験日 ◎午後入試	出願締切 Web	発表 Web	手続 振・窓	2科	4科	適	英	他	面接	特待	募集数	応募数	受験数	合格数	実質倍率	偏差値
①	2科	2/1	1/31	当日	2/3	＊1			＊1		＊6	●	15	16	14	10	1.4	男36 女36
	1科	2/1 ◎	1/31	当日	2/3				＊2	＊2	＊6			8	8	4	2.0	男37 女37
②	2科	2/2	2/1	当日	2/6	＊1			＊1		＊6	●	10	22	14	9	1.6	男36 女36
	1科	2/2 ◎	2/1	当日	2/6				＊2	＊2	＊6			11	5	2	2.5	男36 女36
③	2科	2/3	2/2	当日	2/6	＊1			＊1		＊6	●	5	17	6	3	2.0	男36 女36
	1科	2/3 ◎	2/2	当日	2/6				＊2	＊2	＊6			15	2	2	1.0	男36 女36
④	2科	2/5	2/4	当日	2/8	＊1			＊1		＊6	●	若干	5	3	3	1.0	男36 女36
	1科								＊2	＊2	＊6			3	3	1	3.0	男36 女36
⑤	2科	2/10	2/9	2/11	2/14	＊1			＊1		＊6	●	若干	6	5	1	5.0	男36 女36
	1科								＊2	＊2	＊6			3	3	1	3.0	男36 女36
適性検査	①	2/1	1/31	当日	2/10			＊3				●	10	13	13	13	1.0	男36 女36
	②	2/5	2/4	当日	2/10			＊4					若干	1	1	1	1.0	男36 女36
個性発見	①	2/1	1/31	当日	2/3					＊5		●	5	1	1	1	1.0	—
	②	2/3	2/2	当日	2/6					＊5		●	5	0	0	0	—	—

＊1　国算または国英　＊2　国算英より1科　＊3　適性検査ⅠⅡⅢまたは適性検査ⅠⅡ（Ⅰ共通問題型，Ⅱ共通問題型，Ⅲ大泉型）　＊4　適性検査Ⅰ（共通問題型）　＊5　プレゼンテーション発表＋質疑応答。要事前相談　＊6　個人面接　※2科と1科の英検3級以上合格者（要合格証明書〈コピー可〉）は英語試験免除。個性発見型は通知表コピー，エントリーシート

【出願方法】 Web出願。該当者は書類を当日持参。個性発見型は試験前日までに書類を持参，郵送またはメール送信　**【手続方法】** 発表翌日までに書類受取，金融機関振込のうえ，窓口手続　**【受験料】** 20,000円（①～③は複数回受験可），適性検査型10,000円

【帰国生入試】 —

中学受験のプロがおすすめ! 併願校の例

特色	男 ボランティア活動	アクティブラーニング	特待生制度	女 ボランティア活動	アクティブラーニング	特待生制度
♠男子校 ♥女子校 ♣共学・別学校	♠聖学院	♣実践学園	♣成立学園	♥女子聖学院	♣実践学園	♣成立学園
	♣修徳	♣桜丘	♣郁文館	♣修徳	♣桜丘	♣郁文館
	♣駿台学園	♠京華	♣武蔵野	♣駿台学園	♥富士見丘	♣武蔵野

併設高校の進路情報

四年制大学進学率66.3%
文系67／理系22／その他11（%）　医歯薬3名合格

内部推薦▶貞静学園短期大学へ2名が内部推薦で進学した。

指定校推薦▶利用状況は帝京大1，武蔵大1，国士舘大1，千葉工大1，大妻女子大1，武蔵野大1，帝京平成大1，駒沢女子大1，目白大1，帝京科学大1，恵泉女学園大1，横浜薬科大1，城西国際大1，和洋女子大2，江戸川大1，東京国際大1，東京家政大3など。

'22年3月卒業生：166名　大学110名　短大17名／専門32名／就職0名　他7名

主な大学合格状況　'23年春については主要大学のみ巻末一覧に記載

大学名	'22	'21	'20	大学名	'22	'21	'20	大学名	'22	'21	'20
◇国際教養大	1	0	0	東洋大	3	8	4	東邦大	0	5	2
◇東京藝術大	1	0	0	専修大	1	2	2	帝京平成大	7	11	8
◇都立大	1	0	0	大東文化大	1	4	5	大正大	1	2	2
早稲田大	0	0	2	東海大	1	0	10	産業能率大	3	2	1
東京理科大	1	0	0	帝京大	4	7	10	目白大	5	6	4
学習院大	0	0	1	武蔵大	1	1	3	帝京科学大	3	5	8
立教大	0	0	2	東京都市大	1	4	0	文京学院大	6	12	7
中央大	0	0	5	国士舘大	4	2	3	東京家政大	5	8	1
法政大	0	0	2	共立女子大	2	2	0	日本体育大	5	5	0
日本大	13	6	7	大妻女子大	1	2	3	聖徳大	2	2	4

※各大学合格数は既卒生との合計。

見学ガイド　文化祭／説明会／入試対策講座／個別見学対応

東海大学菅生高等学校 中等部

とうかいだいがくすがおこうとうがっこう

〒197－0801 東京都あきる野市菅生 1468 ☎042－559－2411

国際 / 海外研修 / 長期留学 / 第２外国語 / online英会話 / 21型 / 1人1台端末 / リモート体制 / プロジェクト型 / 論文執筆 / STEAM / 情操 / 体験学習 / ボランティア / 人間力育成

教育目標▶「Dream ALL」をスローガンに，自発的な行動や熱意，探究心を伴った生きる力を養う。
沿革▶1983年開校の東京菅生高等学校を母体として，1995年開校。2006年現校地へ移転，2008年現校名に改称。
施設▶メディアセンター，展望ラウンジ(食堂)，テニスコート，弓道場，人工芝グラウンド，他。
学校長▶下平　孝富
生徒数▶総数234名　併設小からの進学者を含む。

	１年（３クラス）	２年（３クラス）	３年（３クラス）
男子	65名	49名	59名
女子	22名	23名	16名
内進生内数	男6名 女0名	男2名 女6名	男1名 女2名

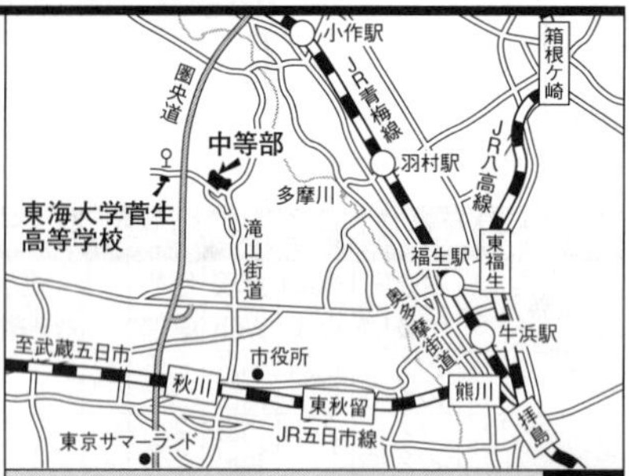

JR―秋川・小作よりバス学びの城１分
JR―八王子よりスクールバス
14分

21世紀 気迫をもって生き抜ける人材を育成

2023年度より，個性を大切に育む一貫進学コースと，STEAM教育・英語教育・環境教育を重視し世界標準をめざす医学・難関大コースの２編成に。

学習 一貫進学クラスでは，東海大学への進学をめざす。少人数制や習熟度別，ティームティーチングを取り入れ，生徒のペースで学べる授業を実践する。医学・難関大コースでは東海大学医学部，国公私立大学の医学部，難関大学への現役合格をめざす。世界に通用する人材の育成を目標に掲げ，放課後に大学生チューターのサポートを受けながらAI教材「すらら」などで学ぶ自学習「Sugao20」，e-kagaku 遠隔講座(実験講座やプログラミング学習)を中心とした「STEAM教育」，ケンブリッジ英検と連動した英語学習やDMM英会話で実践的な英語力を養成する「英語運用力向上」や「異文化理解」など，６つのプログラムを柱に学習を展開している。

●コース表

中１	中２	中３	高１	高２	高３
医学・難関大コース			医学・難関大コース		
一貫進学コース			一貫進学コース		

キャリア教育 働く意義や進路を考える機会として，各界様々な分野で活躍する人を講師に招き「夢育て講座」を開講。職業の話や子どものころの夢について語ってもらう。例年は職業体験も実施している。

学校生活 部活動が盛んで，中等部ではサッカーやテニスなどが全国レベル。

保護者MEMO

登校時刻▶ 8：20
最終下校時刻▶ 18：30
土曜日▶毎週登校。平常授業４時間
昼食▶給食（週５回）／食堂／食品販売あり
携帯電話▶可
制服▶ブレザー
自転車通学▶可
カウンセラー▶週１回
保護者面談▶年３回
保護者会▶年２回
必修旅行▶北海道(中3)，他
部活動▶活動日は部による

学費　初年度目安 126万円

(単位:円)	入学金	施設費	授業料	その他	合計
入学手続時	200,000	150,000	―	―	350,000
1年終了まで	―	90,000	408,000	410,400	908,400

［その他］修学旅行費，教育運営費，教材費，校外学習費，父母の会会費，父母の会入会金，生徒会費，給食費。別途，制服・指定品あり。上記は一貫進学。医難はその他480,228円。［寄付・学債］任意の寄付金１口５万円１口以上あり。
※上記は'22年度のもの。新年度について詳細は「受験生応援アプリ」にて公開（2023年５月～）。

●奨学金・特待生
A類：入学金，授業料／B類：入学金，授業料半額／C類：入学金

首都圏模試　思考コード　（単位：%）

〈第１回Ｂ〉

読み取る力＼考える力	国語 A	国語 B	国語 C	算数 A	算数 B	算数 C
複雑 3				6		
2		16		72		
単純 1	20	64		6	16	

A=知識・理解思考　B=論理的思考　C=創造的思考

2024年度入試　合格の基準

		首都圏模試 ほぼ確実	首都圏模試 見込あり	首都圏模試 やや見込あり	四谷大塚 ほぼ確実	四谷大塚 見込あり	四谷大塚 やや見込あり
男子	〈一貫進学①A〉	37	33	28	31	26	21
女子	〈一貫進学①A〉	37	33	28	31	26	21

ほぼ確実＝80%～／見込あり＝50～79%／やや見込あり＝20～49%

入試要項　2023年度参考　新年度日程は アプリへGO!　2科　他

試験名		試験日（◎午後入試）	出願締切	発表	手続	2科	4科	適	英	他	面接	特待	募集数	応募数	受験数	合格数	実質倍率	偏差値
			Web	Web	Web													
①	A　2科	2/1	1/31	当日	2/5	●					＊2		40	62	55	52	1.1	男43 女43
①	B　算数	2/1 ◎	1/31	当日	2/5					＊1		●	15	6	6	4	1.5	男44 女44
①	B　2科					●					＊2	●		52	33	33	1.0	
②	A　2科	2/2	当日	当日	2/5	●					＊2	●	10	52	10	10	1.0	男43 女43
②	B　2科	2/2 ◎	当日	当日	2/5	●					＊2		5	62	9	8	1.1	男44 女44
③	2科	2/4	当日	当日	2/7	●					＊2		若干	70	5	4	1.3	男47 女47
④	2科	2/6	当日	当日	2/8	●					＊2		若干	68	2	2	1.0	男47 女47

＊1　算数　＊2　グループ面接

【出願方法】 Web出願
【手続方法】 Web納入。2/9までの辞退者には返還
【受験料】 25,000円（同時出願は複数回受験可）

【帰国生入試】 ―
(注) 上記偏差値は医学・難関大コースのもの。一貫進学コースは男女とも37。

中学受験のプロがおすすめ！　併願校の例

特色	男 STEAM教育	男 半付属校	男 自然環境	女 STEAM教育	女 半付属校	女 自然環境
♠男子校 ♥女子校 ♣共学・別学校	♣多摩大聖ヶ丘	♣工学院大附	♣聖望学園	♣多摩大聖ヶ丘	♣工学院大附	♣聖望学園
	♣聖徳学園	♣帝京八王子	♠サレジオ	♣聖徳学園	♣帝京八王子	♥共立女子二
	♣八王子実践	♣国立音大附	♣自由の森	♣八王子実践	♣国立音大附	♣自由の森

併設高校の進路情報

四年制大学進学率81.1%
文系62／理系31／その他７（%）　医歯薬15名合格

内部推薦▶東海大学へ134名（文５，政治経済19，法17，文化社会８，教養９，体育４，理６，情報理工４，工16，観光７，情報通信５，海洋２，経営７，国際文化１，生物２，児童教育６，国際９，建築都市１，医４，人文１，文理融合１）が付属推薦で進学。ハワイ東海インターナショナルカレッジへの推薦制度もある。

指定校推薦▶利用状況は専修大５，國學院大１，東京電機大１，工学院大３，国士舘大２，東京経済大４，東京薬科大３，武蔵野大１など。

'22年３月卒業生：412名

大学334名／短大11名／専門49名／就職５名／他13名

主な大学合格状況　'23年春については主要大学のみ巻末一覧に記載

大学名	'22	'21	'20	大学名	'22	'21	'20	大学名	'22	'21	'20
◇横浜国大	0	1	0	法政大	2	2	2	獨協大	4	0	3
◇信州大	1	0	0	日本大	14	12	17	玉川大	3	6	5
◇電通大	1	0	1	東洋大	6	10	11	工学院大	3	2	5
◇山梨大	1	0	0	駒澤大	1	1	5	国士舘大	7	5	5
上智大	0	2	2	専修大	7	7	11	東京経済大	5	5	6
学習院大	1	0	0	大東文化大	2	6	0	桜美林大	6	16	4
明治大	4	1	3	東海大	136	154	150	杏林大	10	5	4
青山学院大	4	1	1	亜細亜大	9	10	8	北里大	3	5	3
立教大	4	0	4	帝京大	27	19	13	明星大	12	16	18
中央大	5	9	4	國學院大	1	3	2	東京工科大	3	6	5

※各大学合格数は既卒生との合計。

見学ガイド　文化祭／説明会／オープンスクール／理科実験教室／個別見学対応

中 東海大学付属高輪台高等学校 中等部

（とうかいだいがくふぞくたかなわだいこうとうがっこう）

〒108－8587 東京都港区高輪 2－2－16 ☎03－3448－4011

国際 / 海外研修 / 長期留学 / 第2外国語 / online英会話 / 21型 / 1人1台端末 / リモート体制 / プロジェクト型 / 論文執筆 / STEAM / 情操 / 体験学習 / ボランティア / 人間力育成

教育方針▶全人教育によって，知育に偏らない豊かな人間性と社会に対する強い使命感を育む。
沿革▶1944年に松前重義が創立した東海大学付属高輪台高等学校が，2007年に中等部を開設。
施設▶図書館（4万冊），カフェテリア，トレーニングルーム，武道場，総合グラウンド（校外），他。
学校長▶片桐　知己治
生徒数▶総数250名

	1年（2クラス）	2年（2クラス）	3年（2クラス）
男子	60名	65名	59名
女子	24名	18名	24名

都営三田線・南北線―白金高輪6分
JR―高輪ゲートウェイ12分
6分

調和のとれた文明社会の建設をめざし，人材を育成

社会での実践力となる「自ら考える力」「集い力」「挑み力」「成し遂げ力」を育成する。「なぜ？」から始まる自発的な，生徒主体の授業を実践する。

学習 質の高い教育をめざし，年4回生徒による授業評価アンケートを実施。各教室に電子黒板を設置し，生徒が1人1台のタブレット端末を活用する授業を展開。複数教科でティームティーチングを実践。特に英語はネイティヴ教員と日本人教員による少人数分割授業を週1回行う。スーパーサイエンスハイスクールの指定を受ける併設高校と連携し，理科では実験実習を多く取り入れ，最先端の科学技術に触れる。各学年で英語を実践するプログラムを用意。中1で都内英語バスツアー，中2でイングリッシュキャンプ，集大成として中3で10日間の海外英語研修を行う。

●コース表

中1	中2	中3	高1	高2	高3
共通履修			普通クラス	文系／理系	
			サイエンスクラス		

キャリア教育 中等部・高校・大学の10年間一貫教育を通して「現代文明論」「道徳」を中心とする授業を実践。ホームルーム活動を通じて正しい物の見方，考え方を培う。

学校生活 東海大学付属生の才能を伸ばすことを目的とした東海大学学園オリンピックをはじめ歌舞伎鑑賞など多彩な行事がある。部・同好会は約15の団体が活動。併設高校の吹奏楽部は全国でもトップレベル。

保護者MEMO

登校時刻▶8：25
最終下校時刻▶18：30
土曜日▶毎週登校。平常授業4時間
昼食▶食堂／食品販売あり（中学は利用条件あり）
携帯電話▶可
制服▶ブレザー
自転車通学▶不可
カウンセラー▶週3日
保護者面談▶年1回
保護者会▶年2回
必修旅行▶オーストラリア(中3)，他
部活動▶活動日は部による

学費　初年度目安 110万円

(単位:円)	入学金	施設費	授業料	その他	合計
入学手続時	280,000	100,000	―	―	380,000
1年終了まで	―	―	384,000	334,255	718,255

●奨学金・特待生
なし

［その他］教育運営費，建設協力費，行事等積立金，後援会費，後援会入会金，部活動後援会費，部活動後援会入会金，生徒会費，生徒会入会金，登録手数料，振替手数料。※別途指定品・制服代あり。［寄付・学債］任意の寄付金（教育環境整備資金募金）1口5万円2口以上あり。
※上記は'22年度のもの。新年度について詳細は「受験生応援アプリ」にて公開（2023年5月～）。

首都圏模試 思考コード (単位：%)

読み取る力／考える力（複雑 3・2・単純 1／A B C A B C）

データなし

A=知識・理解思考　B=論理的思考　C=創造的思考

2024年度入試 合格の基準

		首都圏模試		四谷大塚	
男子	①	ほぼ確実 43	見込あり 39 / やや見込あり 36	ほぼ確実 37	見込あり 32 / やや見込あり 27
女子	①	ほぼ確実 43	見込あり 39 / やや見込あり 36	ほぼ確実 38	見込あり 33 / やや見込あり 28

ほぼ確実＝80％～／見込あり＝50～79％／やや見込あり＝20～49％

入試要項 2023年度参考　新年度日程は アプリへGO!　4科

試験名	試験日 ◎午後入試	出願締切 Web	発表 Web	手続 Web	2科	4科	適	英	他	面接	特待	募集数	応募数	受験数	合格数	実質倍率	偏差値
①	2/1	1/31	2/2	2/3		●						45	男 74	68	28	2.4	43
													女 45	40	19	2.1	43
②	2/3	2/2	2/4	2/5		●						25	男140	92	20	4.6	45
													女 81	50	7	7.1	45
③	2/5	2/4	2/6	2/7		●						10	男112	60	8	7.5	48
													女 65	33	4	8.3	48

※通知表コピー

【出願方法】 Web出願後，書類を郵送か当日持参
【手続方法】 Web納入。3/31までの辞退者には一部返還
【受験料】 25,000円（1月中の同時出願は2回35,000円，3回45,000円）。合格回以降の未受験回分を入学手続後返還

【帰国生入試】 ―

中学受験のプロがおすすめ！ 併願校の例

特色	男 理数教育	男 大学付属校	男 ICT教育	女 理数教育	女 大学付属校	女 ICT教育
♠男子校	♣玉川学園	♣目黒日大	♣八雲学園	♣玉川学園	♣目黒日大	♣八雲学園
♥女子校	♣品川翔英	♣日大一	♣多摩大目黒	♣品川翔英	♣日大一	♣多摩大目黒
♣共学・別学校	♣日本工大駒場	♣東海大浦安	♣目黒学院	♣日本工大駒場	♣東海大浦安	♣目黒学院

併設高校の進路情報

四年制大学進学率89.4％
文系・理系の割合 未集計　医歯薬10名合格

内部推薦▶東海大学へ376名（文18，観光16，政治経済22，法9，文化社会37，教養15，国際文化3，理14，情報理工24，情報通信9，工72，経営23，海洋16，体育10，医9，健康19，生物1，国際11，児童教育9，建築都市29，人文6，文理融合4），ハワイ東海インターナショナルカレッジへ5名が付属推薦で進学した。

'22年3月卒業生：453名

大学405名　短大7名　専門19名　就職5名　他17名

主な大学合格状況　'23年春については主要大学のみ巻末一覧に記載

大学名	'22	'21	'20	大学名	'22	'21	'20	大学名	'22	'21	'20
◇横浜国大	1	0	0	法政大	1	1	1	神奈川大	1	1	2
早稲田大	1	1	0	日本大	4	5	2	立正大	1	1	0
慶應大	0	1	0	東洋大	6	2	2	順天堂大	0	2	1
上智大	1	0	1	駒澤大	1	1	0	武蔵野大	2	0	4
東京理科大	0	0	1	大東文化大	1	1	1	国立音大	2	3	0
学習院大	0	1	0	東海大	382	354	371	東京音大	1	2	1
明治大	1	4	0	帝京大	4	1	1	武蔵野音大	2	3	1
青山学院大	0	0	1	國學院大	0	1	0	洗足学園音大	7	3	3
立教大	2	8	1	成城大	0	0	2	中央学院大	3	1	0
中央大	1	0	0	明治学院大	0	3	1	国際武道大	2	2	0

※各大学合格数は既卒生との合計。

見学ガイド　体育祭／文化祭／説明会／見学会

TOKYO SEITOKU

東京成徳大学（とうきょうせいとくだいがく） 中学校

〒114－8526　東京都北区豊島 8－26－9　☎03－3911－7109

国際　海外研修　長期留学　第2外国語　online英会話　21型　1人1台端末　リモート体制　プロジェクト型　論文執筆　STEAM　情操　体験学習　ボランティア　人間力育成

教育目標▶建学の精神「徳を成す人間の育成」のもと，「成徳」の精神を国際社会で発揮できるグローバル人材の育成をめざす。

沿革▶1926年設立の王子高等女学校が前身。1947年の学制改革により開学。1998年共学化。

施設▶ホール，図書室（4万冊），和室（茶室），グローバル・ラウンジ，弓道場，屋内プール，人工芝グラウンド，テニスコート，他。

学校長▶木内　秀樹

生徒数▶総数243名

	1年（3クラス）	2年（3クラス）	3年（2クラス）
男子	45名	52名	41名
女子	43名	32名	30名

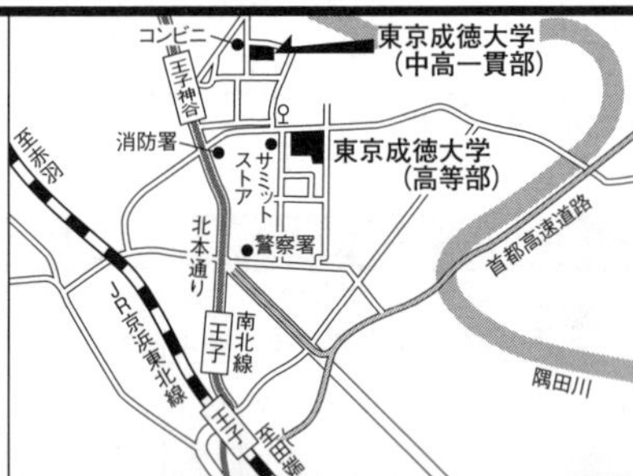

南北線―王子神谷５分
ＪＲ―王子よりバス王子５丁目５分
5分

創造性とグローバル力を育む新カリキュラム

2022年度，カリキュラム刷新。これまでの学力・心身・人間性に加え，創造性・Global Mind・社会の変化に対応できる力を育み，未来を切り開く力を伸ばす。

学習　６年間で幅広い知識を身につける。中学では基礎固めを重視，補習などで手厚くフォローする。中２で２週間の全員留学を実施し，英会話のスキルアップをめざす。現地の語学学校に通いながら自立した生活を体験し，英語力を養う。中３ではニュージーランド留学型と国内型のプログラムから，自分に合った学び方を選択する。高校では「自分を拓く学習」として，SDGsをテーマにした探究ゼミや，少人数グループによる実地踏査型の宿泊研修などを取り入れ，探究学習を充実させる。各授業のほか留学時を含む学校生活全般でタブレット端末を活用。Apple社がiPadによる教育効果の高さを認定した学校（Apple Distinguished School）となっている。

キャリア教育　「自分を深める学習」では人と人のつながり，命のつながりなどをテーマに考える。体験学習やグループ討論を交えながら自己の内面を掘り下げ，どう生きるのかを問いかけ，自身の答えを求めていく。

学校生活　勉強面とともに部活動にも力を注いでおり，文化部も積極的に活動。

●コース表

中1	中2	中3	高1	高2	高3
共通履修				文系 理系	

※高３はさらに進路に応じた自由選択制

保護者MEMO

登校時刻▶8：25
最終下校時刻▶18：30
土曜日▶毎週登校。平常授業４時間
昼食▶食堂／食品販売あり
携帯電話▶可
制服▶ブレザー
自転車通学▶可
カウンセラー▶あり
保護者面談▶年１～３回
保護者会▶年２，３回
必修旅行▶フィリピン・セブ島（中２），他
部活動▶活動日は部による

学費　　初年度目安 148万円

（単位:円）	入学金	施設費	授業料	その他	合計
入学手続時	250,000	98,000	―	―	348,000
1年終了まで	―	72,000	468,000	594,545	1,134,545

［その他］制服・指定品代，教材費等諸経費，旅行等積立金，短期留学積立金，諸会費，傷害保険等。［寄付・学債］任意の寄付金（施設拡充寄付金）１口５万円１口以上あり。
※上記は'22年度のもの。新年度について詳細は「受験生応援アプリ」にて公開（2023年５月～）。

●奨学金・特待生
特待Ａ：入学時納入金，授業料・維持費２年／特待Ｂ：入学時納入金

首都圏模試　思考コード（単位：%）

読み取る力	A	B	C	A	B	C
複雑 3						
2			データなし			
単純 1						

A=知識・理解思考　B=論理的思考　C=創造的思考

2024年度入試　合格の基準

		首都圏模試 ほぼ確実	首都圏模試 見込あり	四谷大塚 ほぼ確実	四谷大塚 見込あり
男子	〈①一般〉	44	40	35	30
			やや見込あり 33		やや見込あり 25
女子	〈①一般〉	44	40	35	30
			やや見込あり 33		やや見込あり 25

ほぼ確実＝80%～／見込あり＝50～79%／やや見込あり＝20～49%

入試要項　2023年度参考　新年度日程はアプリへGO!　2科 4科 英 他

試験名		試験日 ◎午後入試	出願締切 Web	発表 Web	手続 Web	2科	4科	適	英	他	面接	特待	募集数	応募数	受験数	合格数	実質倍率	偏差値
①	一般	2/1	1/30	当日	2/11	●							60	41	39	32	1.2	男44 女44
							●					●		59	53	44	1.2	
	特待	2/1 ◎	1/30	当日	2/11	●						●	20	91	75	55	1.4	男53 女53
②	一般	2/2	2/1	当日	2/11	●							20	40	14	6	2.3	男44 女44
							●					●		66	29	21	1.4	
	特待	2/2 ◎	2/1	当日	2/11	●						●	20	99	59	46	1.3	男54 女54
③	一般	2/3	2/2	当日	2/11	●			＊1				20	53	21	13	1.6	男44 女44
							●		＊1			●		76	37	32	1.2	
	特待	2/4	2/3	当日	2/11	●			＊1			●	20	107	46	32	1.4	男54 女54
DL		2/5	2/4	当日	2/11					＊2	＊2	●	若干	26	9	7	1.3	—

＊1　英検3級以上取得者は加点優遇措置あり
＊2　Distinguished Learner選抜入試＝試験①・②＋面接（試験①：出題課題についての企画書の作成，論述　試験②：グループ討論，企画書の再考，解答をプレゼン　※ルーブリック12項目を5段階にて採点）
※該当者は英検3級以上合格証の原本を当日持参

【出願方法】 Web出願　**【手続方法】** Web納入。3/31までの辞退者には一部返還
【受験料】 25,000円（複数回受験可）

【帰国生入試】 11/27（若干名募集）

中学受験のプロがおすすめ!　併願校の例

特色	男 留学制度	男 キャリア教育	男 ICT教育	女 留学制度	女 キャリア教育	女 ICT教育
♠男子校 ♥女子校 ♣共学・別学校	♣淑徳巣鴨	♣獨協埼玉	♣駒込	♣淑徳巣鴨	♣獨協埼玉	♣駒込
	♣サレジアン国際	♣日大一	♣桜丘	♣サレジアン国際	♣日大一	♣桜丘
	♣城西大城西	♣成立学園	♣武南	♣城西大城西	♣成立学園	♣武南

併設高校の進路情報

四年制大学進学率83.1%
文系59／理系36／その他5（%）　医歯薬7名合格

内部推薦▶東京成徳大学へ10名（子ども6，応用心理3，経営1），東京成徳短期大学へ1名が内部推薦で進学した。

指定校推薦▶利用状況は慶應大1，東京理科大2，学習院大2，青山学院大1，立教大2，中央大2，法政大4，日本大5，東洋大4，駒澤大2，専修大2，成城大2，明治学院大2，獨協大3，芝浦工大5，東京電機大4，東京女子大1など。

'22年3月卒業生：355名　大学295名／短大3名／専門23名／就職2名／他32名

主な大学合格状況　'23年春については主要大学のみ巻末一覧に記載

大学名	'22	'21	'20	大学名	'22	'21	'20	大学名	'22	'21	'20
◇東工大	0	0	1	上智大	6	2	4	駒澤大	17	16	16
◇千葉大	1	2	2	東京理科大	14	9	20	専修大	18	16	23
◇筑波大	1	4	1	学習院大	12	8	9	大東文化大	12	29	19
◇埼玉大	2	4	9	明治大	25	29	26	東海大	16	19	16
◇防衛医大	2	0	0	青山学院大	14	20	6	帝京大	18	44	43
◇東京学芸大	0	1	1	立教大	27	30	12	成蹊大	15	10	10
◇都立大	2	1	4	中央大	19	14	25	獨協大	21	17	22
◇防衛大	0	4	2	法政大	37	28	33	芝浦工大	21	21	26
早稲田大	4	2	5	日本大	68	52	72	東京電機大	22	20	20
慶應大	3	3	2	東洋大	85	60	93	東京成徳大	16	17	17

※各大学合格数は既卒生との合計。

見学ガイド　説明会／オープンスクール／見学会&体験授業／個別見学対応

東京電機大学（とうきょうでんきだいがく） 中学校

〒184−8555　東京都小金井市梶野町 4−8−1　☎0422−37−6441

国際 / 海外研修 / 長期留学 / 第2外国語 / online英会話 / 21型 / 1人1台端末 / リモート体制 / プロジェクト型 / 論文執筆 / STEAM / 情操 / 体験学習 / ボランティア / 人間力育成

教育目標▶「人間らしく生きる」を基とし，「豊かな心・創造力と知性・健やかな身体」を備えた人を育てる。
沿革▶1907年創立の電機学校が学園の起源。1996年に中学校を開校，1999年に共学化。
施設▶小ホール，自習室，図書館(約6.5万冊)，和室，コンピュータ室(3室)，理科実験・演示室(5室)，プール，トレーニングルーム，人工芝グラウンド，他。
学校長▶平川　吉治
生徒数▶総数488名

	1年(5クラス)	2年(5クラス)	3年(5クラス)
男子	114名	116名	104名
女子	55名	56名	43名

JR―東小金井5分　5分

挑戦し，探究し，学び続ける人になる

いろいろな体験型の学習プログラムを用意。視野の広さ，冒険心，向上心，共感力，専門性の5つの力を身につけ，人間らしい生き方をめざす。

学習 中1・中2は均等クラス，中3より習熟度に応じたクラス編成。授業→宿題・課題→小テスト→再試験・補習のサイクルで基礎知識を定着させる。理科では実験・観察を重視。実験室での授業は教員と実験補助員の2人体制でサポートする。週1時間，独自教科「探究」を設定。研究テーマに合わせたフィールドワークも取り入れながら，自立した人に求められる探究力・課題解決能力を育てていく。情報の授業ではプログラミングだけでなく，自分の意図や意思を表現するための様々なスキルを学ぶ。高1・高2では希望制の米国ホームステイやカナダ短期留学を実施する。

キャリア教育 学習結果や課外活動の実績などを記録するポートフォリオを導入。継続的に振り返ることで自己を理解し，将来のキャリアプランにつなげる。高校ではスタートセミナーや卒業生との進路懇談会，進路講話を行い，希望進路の実現へと導く。

学校生活 中高合わせて，スポーツ系17，文化系12のクラブ・同好会が活動。少林寺拳法部や無線部といった珍しいクラブも。

●コース表

中1	中2	中3	高1	高2	高3
共通履修			応用力養成クラス		
			基礎力充実クラス		

※両コース高2より文系／理系

保護者MEMO
登校時刻▶8：30
最終下校時刻▶18：00
土曜日▶毎週登校。平常授業4時間
昼食▶食堂／食品販売あり
携帯電話▶可
制服▶ブレザー
自転車通学▶可
カウンセラー▶常駐
保護者面談▶年1回
保護者会▶年2回
必修旅行▶京都・奈良(中2)，長崎・佐賀・福岡(高2)
部活動▶週4日まで

学費　初年度目安 128万円

(単位:円)	入学金	施設費	授業料	その他	合計
入学手続時	250,000	―	―	―	250,000
1年終了まで	―	204,000	480,000	343,232	1,027,232

●奨学金・特待生
入学金

［その他］制服・指定品代，諸経費（タブレット端末レンタル，生徒会費，PTA会費，校友会費，災害共済掛金等），学年教材費，林間学校。［寄付・学債］任意の寄付金（使途指定可能）1口1万円1口以上あり。
※上記は'23年度予定。詳細は「受験生応援アプリ」にて公開（2023年5月〜）。

首都圏模試　思考コード（単位：%）

読み取る力						
複雑 3						
2			データなし			
単純 1						
考える力	A	B	C	A	B	C

A=知識・理解思考　B=論理的思考　C=創造的思考

2024年度入試　合格の基準

		首都圏模試 ほぼ確実	首都圏模試 見込あり	首都圏模試 やや見込あり	四谷大塚 ほぼ確実	四谷大塚 見込あり	四谷大塚 やや見込あり
男子	①	52	48	44	42	38	34
女子	①	49	45	41	41	37	33

ほぼ確実＝80%～／見込あり＝50～79%／やや見込あり＝20～49%

入試要項　2023年度参考　新年度日程はアプリへGO!

2科　4科　他

試験名	試験日（◎午後入試）	出願締切 Web	発表 Web	手続 Web	2科	4科	適	英	他	面接	特待	募集数	応募数	受験数	合格数	実質倍率	偏差値
①	2/1	1/31	当日	2/2	●	●						50	男 171	150	63	2.4	52
													女 38	32	21	1.5	49
②	2/1 ◎	1/31	当日	2/9					＊1		●	50	男 403	382	141	2.7	58
													女 114	113	76	1.5	55
③	2/2	当日	当日	2/9	●	●					●	20	男 234	118	18	6.6	60
													女 64	25	20	1.3	56
④	2/4 ◎	当日	当日	2/9	＊2				＊2			30	男 368	229	37	6.2	58
													女 104	41	17	2.4	54

＊1　国算のうち１教科を当日選択　＊2　国算理社のうち２教科を当日選択
※重複受験で加点措置あり

【出願方法】 Web出願　**【手続方法】** Web納入。合格後，通知表コピー提出
【受験料】 23,000円（同時出願は２回35,000円，３回以上47,000円）未受験分は入学後返金

【帰国生入試】 —

中学受験のプロがおすすめ！　併願校の例

特色	男 理数教育	男 探究型学習	男 フィールドワーク	女 理数教育	女 探究型学習	女 フィールドワーク
♠男子校	♣日大二	♣ドルトン東京	♣穎明館	♣日大二	♣ドルトン東京	♣穎明館
♥女子校	♣宝仙学園	♣工学院大付	♣八王子学園	♣宝仙学園	♣工学院大付	♣八王子学園
♣共学・別学校	♣多摩大聖ヶ丘	♣聖徳学園	♣明星学園	♣多摩大聖ヶ丘	♣聖徳学園	♣明星学園

併設高校の進路情報

四年制大学進学率87.5%
文系25／理系75／その他０（%）　医歯薬31名合格

'22年３月卒業生：255名
大学223名　短大１名　専門７名　就職１名　他23名

内部推薦▶東京電機大学へ61名（工14，システムデザイン工17，未来科18，理工11，二部１）が内部推薦で進学した。

指定校推薦▶利用状況は早稲田大１，上智大１，東京理科大６，学習院大１，明治大４，青山学院大３，中央大５，法政大１，日本大３，成蹊大２，成城大１，明治学院大１，芝浦工大５，東京女子大１，武蔵大１，玉川大１，工学院大２など。

海外大学合格状況▶Monash University Malaysia，他。

主な大学合格状況　'23年春については主要大学のみ巻末一覧に記載

大学名	'22	'21	'20	大学名	'22	'21	'20	大学名	'22	'21	'20
◇東工大	0	0	1	慶應大	4	1	0	東洋大	14	15	26
◇千葉大	0	0	2	上智大	3	1	2	専修大	8	8	11
◇埼玉大	0	1	0	東京理科大	10	8	19	東海大	8	8	8
◇北海道大	1	0	0	学習院大	4	7	6	帝京大	15	15	10
◇東京農工大	4	2	0	明治大	10	12	18	成蹊大	13	9	10
◇東京学芸大	0	1	3	青山学院大	4	1	10	芝浦工大	5	11	19
◇都立大	3	2	3	立教大	13	4	6	東京電機大	69	65	68
◇電通大	1	0	4	中央大	20	14	14	東京女子大	4	5	4
◇山梨大	0	1	0	法政大	18	13	15	工学院大	15	8	8
早稲田大	3	1	2	日本大	41	33	37	東京都市大	8	3	13

※各大学合格数は既卒生との合計。

見学ガイド　文化祭／説明会／オープンスクール／授業見学ツアー

ユネスコ　高校募集 あり　高2より全体が混合。　高1内訳　一貫生 191名 60名 高入生

東京都市大学等々力（とうきょうとしだいがくとどろき）中学校

〒158－0082　東京都世田谷区等々力 8－10－1　☎03－5962－0104

教育理念▶「高潔・英知・共生」を掲げ，誇り高く高潔な人間性，プリンシプルを持った若者を育てる。
沿革▶1947年開校の等々力中学校が前身。2009年，併設大学の名称変更に伴い現校名へ改称。
施設▶多目的ホール，イングリッシュサロン，自習室，個別指導室，CLACルーム，質問コーナー，ラウンジSo-La，菜園，総合グラウンド（校外），他。
学校長▶原田　豊
生徒数▶総数604名　併設小からの進学者を含む。

	1年（5クラス）	2年（5クラス）	3年（5クラス）
男子	96名	93名	87名
女子	109名	105名	114名
内進生内数	男2名 女4名	男1名 女4名	男3名 女3名

東急大井町線―等々力10分　10分

国際　海外研修　長期留学　第2外国語　online英会話　21型　1人1台端末　リモート体制　プロジェクト型　論文執筆　STEAM　情操　体験学習　ボランティア　人間力育成

ノブレス･オブリージュとグローバルリーダーの育成

夢や目標に向かって高い志を持ち，国際社会で活躍する公正で品格あるリーダーを育てる。国語・リテラシー教育，英語・教養教育，数理・情報教育が3つの柱。

学習 「S特選」と「特選」の2コース制。中3から特選コース内に特選GLクラスを設け，約1年間の留学に向けて英語運用能力を鍛える。独自の理科教育「SST」を展開。中1・中2の授業は実験と調べ学習のみで構成され，2年間で約200本ものテーマを扱う。また，東京都市大学と連携した最先端科学講座や，医療・理系探究型のオーストラリア夏季語学研修（希望者）も実施。英語の授業では「週100回・年間3,500回」を目標に音読を行い，読解力や速読力を身につける。リテラシーと説明力を高めるため「システムLiP」を実施。主にワークショップ型の学習が展開される。

●コース表

中1	中2	中3	高1	高2	高3
S特選コース				S特選コース	
特選コース		特選GLクラス		I類クラス	
		特選クラス		II類クラス	

※全クラス・コース高2より文系／理系

キャリア教育 中1の菜園作り（命のはぐくみ），中2のキャリアフェア，中3の平和と命の旅（修学旅行）などの行事やボランティア活動などを通じて，ノブレス・オブリージュの精神を育成。中3からは将来の夢に向かって具体的なスケジュール・年度目標を作成し，志望大学研究にも着手する。

学校生活 25部が活動中で入部率は約9割。約150席の自習室は20時まで利用可能。

保護者MEMO

登校時刻▶8：30
最終下校時刻▶18：10
土曜日▶毎週登校。平常授業4時間
昼食▶給食／食堂（高校より可）／食品販売あり
携帯電話▶可
制服▶ブレザー
自転車通学▶可（高校～）
カウンセラー▶常駐
保護者面談▶年3回
保護者会▶年3回
必修旅行▶九州（中3），他
部活動▶週4日以内

学費　初年度目安 154万円

（単位:円）	入学金	施設費	授業料	その他	合計
入学手続時	230,000	—	—	—	230,000
1年終了まで	—	150,000	468,000	694,600	1,312,600

［その他］制服・指定品代，維持料，総合費，ICT教育費，図書費，積立金，保護者の会会費，生徒会費，給食費。［寄付・学債］なし。
※上記は'22年度のもの。新年度について詳細は「受験生応援アプリ」にて公開（2023年5月～）。

●奨学金・特待生
A：入学金，施設設備料，維持料，授業料／B：Aの半額（年度審査有）

首都圏模試 思考コード (単位：%)

〈特選第１回〉

読み取る力＼考える力	国語 A	国語 B	国語 C	算数 A	算数 B	算数 C
複雑 3				10		
2	8	3		40	15	
単純 1	20	69			35	

A=知識・理解思考 B=論理的思考 C=創造的思考

2024年度入試 合格の基準

		首都圏模試 ほぼ確実	首都圏模試 見込あり	首都圏模試 やや見込あり	四谷大塚 ほぼ確実	四谷大塚 見込あり	四谷大塚 やや見込あり
男子	〈①特選〉	63	59	55	51	47	43
女子	〈①特選〉	63	59	55	53	49	45

ほぼ確実＝80％／見込あり＝50～79％／やや見込あり＝20～49％

入試要項 2023年度参考 新年度日程はアプリへGO!

4科 英 他

試験名	試験日 ◎午後入試	出願締切 Web	発表 Web	手続 Web	選抜方法 2科	4科	適	英	他	面接	特待	募集数	応募数	受験数	合格数	実質倍率	偏差値
① 特選	2/1	当日	当日	2/10		●						S特選80 特選100	359	208	69	3.0	男63 女63
① S特選	2/1 ◎	当日	当日	2/10		●					●		636	477	155〈107〉	3.1	男67 女69
② S特選	2/2 ◎	当日	当日	2/10		●					●		766	376	109〈87〉	3.4	男68 女68
② 特選	2/3 ◎	当日	当日	2/10		●					●		957	455	180〈107〉	2.5	男65 女65
算数1教科(S特選)	2/2 ◎	当日	当日	2/10					＊1		●		44	24	3〈3〉	8.0	男71 女71
英語１教科	2/4	当日	2/5	2/10				●			●		75	262	7〈2〉	3.7	—
AL	2/4	2/3	2/5	2/10					＊2	＊2	●	20※	85	71	10	7.1	男62 女62
帰国生	12/10	12/3	当日	2/10	＊3			＊3	＊3	＊3		20	192	166	122(24)	1.4	—

＊１ 算数 ＊２ 検査ⅠⅡ（Ⅰ個人ワーク Ⅱグループワーク）
＊３ 国算または英算＋作文（日本語）＋グループ面接。成績証明書または通知表コピー，海外在留証明書，身上書
※AL(アクティブラーニング）型の募集数はS特選・特選に含む

【出願方法】Web出願。帰国生は書類郵送 **【手続方法】**Web納入
【受験料】①②25,000円（算数・英語１教科との組み合わせ含め，同時出願は複数回受験可） 算数・英語１教科10,000円 AL・帰国生25,000円

【帰国生入試】上に記載
(注)（ ）はS特選合格で内数。〈 〉は特選合格で外数。

中学受験のプロがおすすめ! 併願校の例

♠男子校 ♥女子校 ♣共学・別学校

特色	男 論文(自由研究)	男 フィールドワーク	男 留学制度	女 論文(自由研究)	女 フィールドワーク	女 留学制度
	♣東京農大一	♣法政二	♣三田国際学園	♣東京農大一	♣法政二	♣三田国際学園
	♣青稜	♣日本大学	♠高輪	♣青稜	♣日本大学	♥東京女学館
	♣桐光学園	♣目黒日大	♣桜美林	♣桐光学園	♣目黒日大	♣桜美林

併設高校の進路情報

四年制大学進学率93.5%
文系・理系の割合 未集計

内部推薦▶東京都市大学へ８名（情報工２，環境１，メディア情報２，都市生活１，建築都市デザイン２）が内部推薦で進学した。

指定校推薦▶上智大，東京理科大，青山学院大，立教大，中央大，法政大，日本大，東洋大，駒澤大，専修大，大東文化大，東海大，亜細亜大，帝京大，國學院大，成蹊大，成城大，明治学院大など推薦枠あり。

海外大学合格状況▶University of South Florida（米），他。。

'22年３月卒業生：216名 大学202名
短大０名 専門０名 就職０名 他14名

主な大学合格状況 '23年春については主要大学のみ巻末一覧に記載

大学名	'22	'21	'20	大学名	'22	'21	'20	大学名	'22	'21	'20
◇東京大	1	1	0	◇都立大	7	4	2	中央大	91	59	42
◇京都大	1	0	1	◇電通大	1	2	2	法政大	81	50	38
◇東工大	1	1	1	早稲田大	33	17	13	日本大	65	45	48
◇一橋大	2	1	1	慶應大	27	9	15	東洋大	46	26	12
◇千葉大	0	2	1	上智大	38	34	10	駒澤大	22	33	9
◇筑波大	2	2	1	東京理科大	61	28	39	専修大	43	23	16
◇東京外大	2	2	1	学習院大	34	6	4	東海大	16	14	9
◇横浜国大	4	9	5	明治大	68	56	41	明治学院大	19	13	13
◇埼玉大	5	2	0	青山学院大	46	51	24	芝浦工大	36	15	18
◇東京学芸大	3	2	2	立教大	59	29	23	東京都市大	27	26	34

※各大学合格数は既卒生との合計。

見学ガイド 文化祭／説明会／オープンスクール

東京農業大学第一高等学校 中等部

とうきょうのうぎょうだいがくだいいちこうとうがっこう

〒156－0053 東京都世田谷区桜 3－33－1 ☎03－3425－4481

国際 / 海外研修 / 長期留学 / 第2外国語 / online英会話 / 21型 / 1人1台端末 / リモート体制 / プロジェクト型 / 論文執筆 / STEAM / 情操 / 体験学習 / ボランティア / 人間力育成

教育目標▶自分の知を耕し，深める「知耕実学」を掲げ，夢の創造と実現をめざす。

沿革▶1949年設立の東京農業大学第一高等学校が2005年に中等部を開校。

施設▶マルチメディアルーム，ワークスペース，理科実験室，自習室，華道室（和室），屋上庭園，柔道場，トレーニングルーム，人工芝グラウンド，他。

学校長▶幸田　諭昭

生徒数▶総数568名

	1年（5クラス）	2年（6クラス）	3年（5クラス）
男子	69名	96名	53名
女子	114名	110名	126名

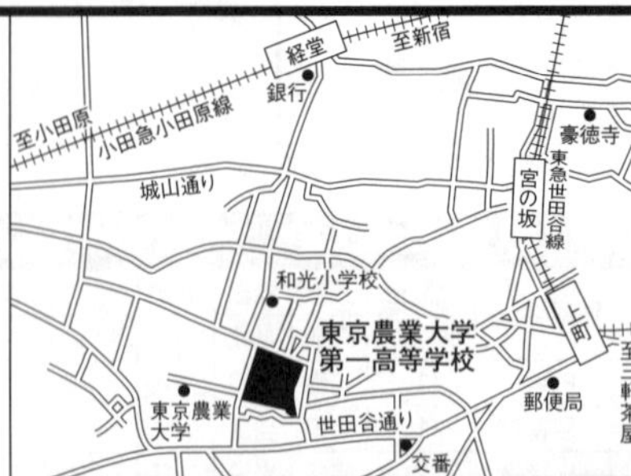

小田急線―経堂15分　東急世田谷線―上町15分　田園都市線―用賀よりバス農大前3分　15分

実学をベースとした学びで活用できる知を養う

人間としての総合的な成長を促す「人間力育成」を目的とし，「座学」と「体験」をベースにした実学教育で，自ら考える力を養う。

学習 実学重視の授業により知識や技能を身につけ，科学的な態度や思考法を養う。主要教科では単元ごとの確認テストを行い，授業内容の定着をめざす。一人ひとりの理解度をより深めるため，英数で少人数・習熟度別授業を展開。体験学習として，東京農業大学の協力のもと中1は稲作，中2はお米の科学，中3は味噌づくりを実施。各自が設定したテーマについて3年間を通して研究・考察し，中3で論文を執筆，プレゼンテーションを行う。全員で中1はEnglish Camp，中2はアチーブイングリッシュキャンプ（英語合宿），中3の希望者は例年，オーストラリア研修に参加。

キャリア教育 中学では自分の意見を積極的に表現し，行動するマインドを育むのに適した教材「エナジード」を使用し，問題解決力を養う。高校では保護者を中心に仕事のやりがいや職業選択について語ってもらう「キャリア授業」を開催する。

学校生活 中学では約30のクラブ・同好会があり，多くが高校生と一緒に活動。全教室に電子黒板付きプロジェクターを設置。

●**コース表**

中1	中2	中3	高1	高2	高3
共通履修				理系	理系
				文系	国立文系
					私立文系

保護者MEMO

登校時刻▶8：00
最終下校時刻▶17：30
土曜日▶毎週登校。平常授業4時間
昼食▶食堂（中学は土曜のみ）／食品販売あり
携帯電話▶許可制
制服▶詰襟，ブレザー
自転車通学▶可
カウンセラー▶常駐
保護者面談▶年1回
保護者会▶年2回
必修旅行▶北海道(中3)，他
部活動▶週5日まで

学費　初年度目安 132万円

(単位:円)	入学金	施設費	授業料	その他	合計
入学手続時	230,000	―	―	―	230,000
1年終了まで	―	90,000	432,000	564,000	1,086,000

［その他］制服・指定品代，維持費，実験・教材費，タブレット，宿泊研修，スキー教室，生徒会行事費，教育後援会費，生徒会費，教育後援会事業援助費，生活協同組合加入出資金。
［寄付・学債］なし。
※上記は'22年度のもの。新年度について詳細は「受験生応援アプリ」にて公開（2023年5月～）。

●**奨学金・特待生**
授業料1年

首都圏模試 思考コード (単位:%)

読み取る力 \ 考える力	〈第1回〉国語 A	国語 B	国語 C	算数 A	算数 B	算数 C
複雑 3	1			15		
2	6	18		40		
単純 1	7	68			45	

A=知識・理解思考 B=論理的思考 C=創造的思考

2024年度入試 合格の基準

		首都圏模試 ほぼ確実	見込あり	やや見込あり	四谷大塚 ほぼ確実	見込あり	やや見込あり
男子	〈首都①・四谷①算理〉	68	65	61	59	56	53
女子	〈首都①・四谷①算理〉	71	67	63	62	59	56

ほぼ確実=80%～／見込あり=50～79%／やや見込あり=20～49%

入試要項 2023年度参考 新年度日程は アプリへGO!

2科 4科 他

試験名	試験日 ◎午後入試	出願締切 Web	発表 Web	手続 W・窓	2科	4科	適	英	他	面接	特待	募集数	応募数	受験数	合格数	実質倍率	偏差値
①	2/1 ◎	1/31	当日	2/6	*				*		●	90	男 406	376	144	2.6	68
													女 436	414	214	1.9	71
②	2/2 ◎	2/1	当日	2/6	*				*		●	60	男 390	295	88	3.4	71
													女 397	230	62	3.7	71
③	2/4	2/3	当日	2/6		●					●	25	男 208	103	13	7.9	70
													女 305	153	21	7.3	70

＊算理または算国 ※集合時間は①14：15／15：15／16：15，②14：30／15：30

【出願方法】Web出願 **【手続方法】**Web納入のうえ，2/8までに書類受取 **【受験料】**25,000円（追加出願は一律プラス10,000円）

【帰国生入試】—

年度	試験名	募集数	応募数	受験数	合格数	実質倍率	偏差値
'22	①	90	男428	408	155	2.6	67
			女451	423	204	2.1	70
	②	60	男452	316	70	4.5	68
			女422	278	84	3.3	71
	③	25	男209	106	7	15.1	68
			女312	154	26	5.9	70

中学受験のプロがおすすめ! 併願校の例

特色	男 理数教育	男 高大連携教育	男 論文(自由研究)	女 理数教育	女 高大連携教育	女 論文(自由研究)
♠男子校 ♥女子校 ♣共学・別学校	♣広尾学園	♣青山学院	♠海城	♣広尾学園	♣青山学院	♥頌栄女子
	♠東京都市大付	♣中大附横浜	♣神奈川大附	♥鷗友女子	♣中大附横浜	♣神奈川大附
	♣国学院久我山	♣日本大学	♠日本学園	♣国学院久我山	♣日本大学	♥日本女子大附

併設高校の進路情報

四年制大学進学率80.7%
文系48／理系52／その他0（%） 医歯薬25名合格

内部推薦▶東京農業大学へ14名（応用生物科7，農3，生命科1，国際食料情報2，地球環境科1）が内部推薦で進学した。東京情報大学への推薦制度もある。

指定校推薦▶利用状況は早稲田大5，慶應大1，東京理科大1，明治大4，青山学院大2，立教大2，法政大2，明治学院大1，芝浦工大2，北里大1など。ほかに学習院大，中央大，日本大など推薦枠あり。

'22年3月卒業生：352名 大学284名 他67名
短大0名 専門1名 就職0名

主な大学合格状況 '23年春については主要大学のみ巻末一覧に記載

大学名	'22	'21	'20	大学名	'22	'21	'20	大学名	'22	'21	'20
◇東京大	1	2	0	◇都立大	5	9	6	法政大	92	67	65
◇京都大	0	1	1	早稲田大	25	35	27	日本大	113	101	113
◇東工大	1	1	3	慶應大	29	23	19	東洋大	64	48	76
◇一橋大	2	0	0	上智大	14	17	15	専修大	36	36	20
◇千葉大	1	2	1	東京理科大	46	37	37	東海大	35	29	29
◇筑波大	2	2	0	学習院大	12	8	2	成蹊大	16	22	18
◇東京外大	1	3	0	明治大	93	104	89	成城大	23	20	22
◇横浜国大	7	4	2	青山学院大	40	29	35	芝浦工大	42	24	57
◇北海道大	1	3	3	立教大	54	59	31	東京都市大	31	9	30
◇東京農工大	6	5	6	中央大	83	83	69	東京農大	90	137	121

※各大学合格数は既卒生との合計。

見学ガイド 文化祭／説明会／オープンキャンパス

ユネスコ　高校募集 あり　イノベーションコースは高１より混合する。　高１内訳　一貫生 16名　186名　高入生

東京立正（とうきょうりっしょう）中学校

〒166－0013　東京都杉並区堀ノ内２－41－15　☎03－3312－1111

国際　海外研修　長期留学　第２外国語　online英会話　21型　1人1台端末　リモート体制　プロジェクト型　論文執筆　STEAM　情操　体験学習　ボランティア　人間力育成

教育理念▶「生命の尊重」と「慈悲・平和」の教えを根底に据え，人間力・知力・国際力・情報力の向上をめざす。

沿革▶岡田日帰上人により1927年に立正高等女学校として開校。2002年に男女共学化。

施設▶講堂，マルチメディア教室，図書室，体育館（２棟），書道室（和室），柔道場，グラウンド，他。

学校長▶梅沢　辰也

生徒数▶総数94名

	１年（２クラス）	２年（１クラス）	３年（２クラス）
男子	14名	5名	6名
女子	27名	16名	26名

丸ノ内線―新高円寺８分　京王井の頭線―永福町よりバス松ノ木公園５分　8分

自分とは違う価値観を尊重する“思いやり精神”を育成

【文部両道の極み・全員レギュラー・「挑戦と失敗」を応援・「なぜ」を追求・教室から世界を変える】を生徒が夢を叶えるための５つの目標として掲げる。

学習 SDGsの学びや体験をカリキュラムに導入。中１の身延山参拝旅行もSDGsを身近に感じる機会。豊かな生態系を知識と体験で理解する。英語は海外とのオンライン英会話やネイティヴ教師による授業で，英語力の向上をめざす。教科横断型のクロスカリキュラムとして，校内の畑で野菜を栽培。植物の成長を観察し，栄養素や，野菜の流通を調べ，調理するまでを実践的に学ぶ。高２では課題解決型海外研修としてカンボジアを訪問。事前に現地の学校とオンライン授業を行い関係を深め，現地での戦争遺産や孤児院の訪問などを通してSDGsへの理解を高める。

キャリア教育 中学では，将来の生き方を考えるきっかけづくりとして，卒業生の話を聞いたり，大学の先生の授業を受ける機会を設定。高１から学習支援ツールClassiを活用して，ポートフォリオを使ったキャリアデザイン教育を実施する。

学校生活 自らが時間を管理するノーチャイム制を採用。「高円寺阿波おどり」の運営への参加などボランティア活動が活発。

●コース表

中１	中２	中３	高１	高２	高３
イノベーションコース（中高一貫）			スタンダードコース		
			イノベーションコース		
			アドバンストコース		

保護者MEMO

登校時刻▶8：25
最終下校時刻▶19：00
土曜日▶毎週登校。平常授業４時間
昼食▶食堂／食品販売あり
携帯電話▶可
制服▶ブレザー
自転車通学▶可
カウンセラー▶週１日
保護者面談▶年２回
保護者会▶年１回
必修旅行▶カナダ(中３)，他
部活動▶活動日は部による

学費　初年度目安 112万円

（単位:円）	入学金	施設費	授業料	その他	合計
入学手続時	240,000	―	―	―	240,000
1年終了まで	―	108,000	384,000	384,750	876,750

［その他］制服・指定品代，修学旅行費，教材費，父母の会費，後援会費，生徒会費。
［寄付・学債］任意の寄付金１口１万円１口以上あり。
※上記は'22年度のもの。新年度について詳細は「受験生応援アプリ」にて公開（2023年５月～）。

●奨学金・特待生
Ａ：中高入学金，授業料／Ｂ：授業料／Ｃ：授業料半額（Ａ～Ｃ６年）／Ｄ：中学入学金／経済的事由者対象の制度有

首都圏模試　思考コード　(単位:%)

読み取る力						
複雑 3						
2			データなし			
単純 1						
考える力	A	B	C	A	B	C

A=知識・理解思考　B=論理的思考　C=創造的思考

2024年度入試　合格の基準

		首都圏模試		四谷大塚	
男子	〈①午前〉	ほぼ確実 40	見込あり 36 / やや見込あり 30	ほぼ確実 —	見込あり — / やや見込あり —
女子	〈①午前〉	ほぼ確実 40	見込あり 36 / やや見込あり 30	ほぼ確実 —	見込あり — / やや見込あり —

ほぼ確実=80%～／見込あり=50～79%／やや見込あり=20～49%

入試要項　2023年度参考　新年度日程はアプリへGO!

2科　適性型　英　他

	試験名	試験日 ◎午後入試	出願締切 Web	発表 Web	手続 W・窓	2科	4科	適	英	他	面接	特待	募集数	応募数	受験数	合格数	実質倍率	偏差値
①	適性奨学生	2/1	1/31	当日	2/9			＊1				●	30	24	24	1〈22〉	24.0	男40
	2科					●						●		34	31	9	3.4	女40
	自己プレゼン	2/1 ◎								＊2	＊2	●		22	20	19	1.1	男38 女38
②	得意2科	2/2	2/1	当日	2/9	＊3			＊3			●	10	36	17	14	1.2	男38 女38
	前期奨学生	2/2 ◎				●						●		16	7	2〈2〉	3.5	男44 女44
③	後期奨学生	2/4	2/3	当日	2/9	●						●		15	6	1〈3〉	6.0	男44
	SDGs									＊4	＊4	●		4	3	1	3.0	女44
	自己プレゼン	2/4 ◎								＊2	＊2	●		15	2	1	2.0	男38 女38
④	適性検査	2/14	2/13	当日	2/15			＊5				●	10	2	0	0	—	男40 女40
	2科					●						●		20	9	6	1.5	
	得意2科					＊3			＊3			●		16	6	3	2.0	
	奨学生					●						●		0	0	0	—	
	自己プレゼン									＊2	＊2	●		19	3	3	1.0	
	SDGs									＊4	＊4	●		0	0	0	—	

＊1　適性検査Ⅰ Ⅱ Ⅲ　＊2　作文＋自己PRプレゼンテーション＋個人面接　＊3　基礎国語，基礎算数，英語より2科を選択。英語試験において英検4級取得者は優遇，英検3級取得者は免除　＊4　SDGsと関連のある授業を受けた後にレポート・SDGsプレゼンテーション＋個人面接　＊5　適性検査Ⅰ
※通知表コピー。ほかに自己プレゼンテーションはエントリーシート，英語選択の該当者は英検合格証コピー

【出願方法】Web出願後，書類を郵送または窓口持参　**【手続方法】**Web納入のうえ，新入生オリエンテーション開始前に書類受取　**【受験料】**20,000円（同時出願は複数回受験可。適性検査は5,000円）

【帰国生入試】—　　　　（注）〈　〉は一般合格で外数。

中学受験のプロがおすすめ!　併願校の例

特色	男 ICT教育	フィールドワーク	オンライン英会話	女 ICT教育	フィールドワーク	オンライン英会話
♠男子校 ♥女子校 ♣共学・別学校	♣聖徳学園	♣武蔵野大学	♣城西大城西	♣聖徳学園	♣武蔵野大学	♣城西大城西
	♣多摩大目黒	♣明星学園	♣明星	♣多摩大目黒	♣明星学園	♣明星
	♣新渡戸文化	♣目黒学院	♣東星学園	♣新渡戸文化	♣目黒学院	♣東星学園

併設高校の進路情報

四年制大学進学率80.7%
文系・理系の割合 未集計

内部推薦▶東京立正短期大学へ2名が内部推薦で進学した。

指定校推薦▶東京理科大，日本大，東洋大，駒澤大，大東文化大，東海大，亜細亜大，帝京大，國學院大，神奈川大，東京電機大，工学院大，立正大，国士舘大，大妻女子大，武蔵野大，東京農大など推薦枠あり。

'22年3月卒業生：161名　大学130名　短大6名　専門23名　就職0名　他2名

主な大学合格状況　'23年春については主要大学のみ巻末一覧に記載

大学名	'22	'21	'20	大学名	'22	'21	'20	大学名	'22	'21	'20
◇防衛大	1	1	0	東洋大	4	3	2	玉川大	6	4	1
◇金沢大	0	1	0	駒澤大	2	3	0	立正大	4	8	7
◇都留文科大	2	0	0	専修大	7	3	4	国士舘大	4	8	6
東京理科大	3	1	0	大東文化大	2	9	3	桜美林大	2	6	2
学習院大	1	1	0	東海大	2	2	10	杏林大	1	4	1
明治大	1	2	0	亜細亜大	5	5	3	武蔵野大	5	7	5
立教大	0	2	0	帝京大	13	19	13	実践女子大	3	4	2
中央大	2	2	0	國學院大	2	5	2	明星大	6	4	10
法政大	1	1	0	成蹊大	6	1	1	帝京平成大	7	8	8
日本大	11	8	11	東京電機大	4	2	2	目白大	2	6	5

※各大学合格数は既卒生との合計。

見学ガイド　体育祭／文化祭／説明会／弁論大会／合唱コンクール

高校募集 あり 高１より全体が混合。 高１内訳 一貫生 29名 14名 高入生

東星学園（とうせいがくえん） 中学校

〒204－0024 東京都清瀬市梅園 3－14－47 ☎042－493－3201

国際 海外研修 長期留学 第２外国語 online英会話 21型 1人1台端末 リモート体制 プロジェクト型 論文執筆 STEAM 情操 体験学習 ボランティア 人間力育成

建学の精神▶キリストの愛の精神（一人ひとりを大切にすること）。人間の価値とその使命を尊ぶこと。
沿革▶1936年創立の東星尋常小学校を母体に，1947年設立。2008年より男女共学化。
施設▶フロジャク館（講堂），フロジャク資料室，パソコンルーム，茶室，カウンセリングルーム，グラウンド，他。
学校長▶大矢　正則
生徒数▶総数72名　併設小からの進学者を含む。

	１年（２クラス）	２年（１クラス）	３年（２クラス）
男子	11名	7名	10名
女子	15名	12名	17名
内進生内数	男6名 女9名	男3名 女8名	男7名 女14名

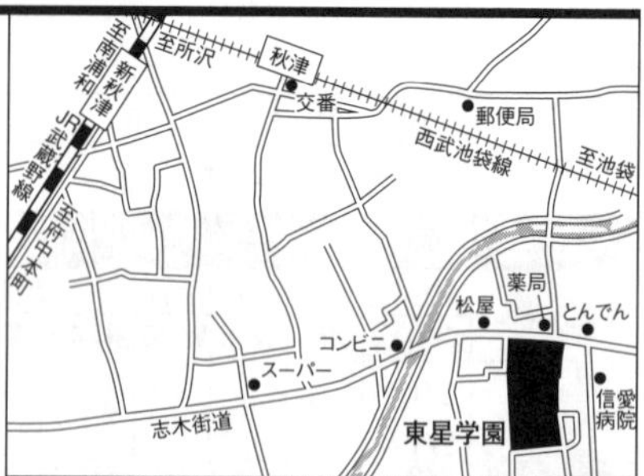

西武池袋線—秋津10分
JR—新秋津15分
10分

あなたにとって一番の学校，自分らしさを発揮

それぞれの個性が表れてくる思春期を共に過ごし，互いを尊重し合う。人も自分も大切にしながら，伸びやかに成長していく。

学習 生徒一人ひとりと向き合い，それぞれのレベルや進路目標を把握。１クラスの人数は20名前後で，担任と副担任がときには１対１でじっくり指導。英語ではオンライン英会話，ESSなど主体的な言語活動を通し４技能の向上をめざす。中高６年間，総合的な学習を実施。梅干し作り（中２）では実の収穫から加工，バザーでの販売まで生徒が手がけ，食育や流通について学ぶ。授業で必要なICT環境を全教室に完備。また，2021年度入学生から１人１台のタブレット端末を導入し，様々な場面で活用している。高１より希望者対象で約３カ月間のアメリカ等への留学を実施。

キャリア教育 中１・中２で個々の資質・能力を発見し，中３からは学力を充実させながら自らの特性を伸ばす。総合的な学習としての校外学習や様々な取り組みを通して，自分の可能性に気づけるように導く。

学校生活 週１時間「キリスト教倫理」の授業があるほか，毎週月曜日の全校朝礼では聖書朗読を行う。昼食後の15分間は，生徒の手で「沈黙の清掃」を行う。

●コース表

中１	中２	中３	高１	高２	高３
共通履修				理系 文系	

保護者MEMO

登校時刻▶8：30
最終下校時刻▶17：20
土曜日▶毎週登校。平常授業４時間
昼食▶弁当／食品販売あり
携帯電話▶許可制
制服▶ブレザー
自転車通学▶可
カウンセラー▶常駐
保護者面談▶年１回
保護者会▶年２回
必修旅行▶行き先は生徒が決定（中３）
部活動▶活動日は部による

学費　　初年度目安 104万円

（単位:円）	入学金	施設費	授業料	その他	合計
入学手続時	220,000	—	—	—	220,000
1年終了まで	—	120,000	420,000	279,729	819,729

●奨学金・特待生
入学金

［その他］修学旅行費，施設冷暖房費，諸費，学習費，父母会費，健診検査費。
※別途制服・指定品代，タブレット購入費(約10万円)あり ［寄付・学債］なし。
※上記は'22年度のもの。新年度について詳細は「受験生応援アプリ」にて公開（2023年５月～）。

首都圏模試 思考コード （単位：%）

読み取る力						
複雑 3						
2			データなし			
単純 1						
考える力	A	B	C	A	B	C

A=知識・理解思考 B=論理的思考 C=創造的思考

2024年度入試 合格の基準

		首都圏模試		四谷大塚	
男子	〈①〉	ほぼ確実 36	見込あり 31 / やや見込あり 25	ほぼ確実 －	見込あり － / やや見込あり －
女子	〈①〉	ほぼ確実 36	見込あり 31 / やや見込あり 25	ほぼ確実 －	見込あり － / やや見込あり －

ほぼ確実＝80%～／見込あり＝50～79%／やや見込あり＝20～49%

入試要項 2023年度参考 新年度日程はアプリへGO! 2科 他

試験名	試験日 ◎午後入試	出願締切 Web	発表 Web	手続 振・窓	2科	4科	適	英	他	面接	特待	募集数		応募数	受験数	合格数	実質倍率	偏差値
①	2/1	1/31	当日	2/4	●					＊2	●	25	男	11	11	4	2.8	36
													女	8	8	7	1.1	36
②	2/2	2/1	当日	2/6	●					＊2	●	10	男	10	5	1	5.0	37
													女	6	2	0	—	37
③	2/2 ◎	当日	当日	2/6	●					＊2	●	5	男	9	3	0	—	38
													女	6	2	0	—	38
国語1教科	2/1 ◎	当日	当日	2/4					＊1	＊2	●	5	男	3	3	1	3.0	37
													女	4	2	1	2.0	37

＊1 国語 ＊2 個人面接
※通知表コピー

【出願方法】 Web出願後，書類を当日持参 **【手続方法】** 銀行振込のうえ，書類を窓口提出
【受験料】 20,000円（同時出願は複数回受験可）

【帰国生入試】 —

中学受験のプロがおすすめ! 併願校の例

特色	男 ボランティア活動	ICT教育	キャリア教育	女 ボランティア活動	ICT教育	キャリア教育
♠男子校 ♥女子校 ♣共学・別学校	♣武蔵野東	♣文化学園杉並	♣明星	♣武蔵野東	♣文化学園杉並	♣明星
	♣実践学園	♣明星学園	♣新渡戸文化	♣実践学園	♣明星学園	♣新渡戸文化
	♣自由学園	♣東京立正	♠サレジオ	♣自由学園	♣東京立正	♥日体大桜華

併設高校の進路情報

四年制大学進学率60%
文系72／理系17／その他１（%） 医歯薬２名合格

指定校推薦▶利用状況は上智大１，立正大１，聖心女子大４，白百合女子大２，東京農大１など。ほかに東京都市大，千葉工大，関東学院大，杏林大，日本薬科大，実践女子大，帝京平成大，駒沢女子大，城西大，清泉女子大，目白大，帝京科学大，東京福祉大，多摩大，恵泉女学園大，東洋英和女学院大，城西国際大，淑徳大，聖徳大，東京情報大，跡見学園女子大，駿河台大など推薦枠あり。

'22年３月卒業生：30名
大学18名／短大３名／専門６名／就職０名／他３名

主な大学合格状況 '23年春については主要大学のみ巻末一覧に記載

大学名	'22	'21	'20	大学名	'22	'21	'20	大学名	'22	'21	'20
◇筑波大	0	0	1	大東文化大	1	0	0	白百合女子大	2	0	1
◇防衛医大	1	0	0	東海大	0	0	2	東京慈恵会医大	1	0	0
◇電通大	0	0	1	帝京大	3	3	2	順天堂大	1	0	0
上智大	3	5	3	成蹊大	0	3	0	自治医大	1	0	0
東京理科大	0	0	4	獨協大	0	2	0	明治薬科大	1	0	1
明治大	0	0	1	芝浦工大	0	0	8	神奈川歯大	0	1	0
立教大	1	0	0	武蔵大	1	2	0	武蔵野大	0	2	0
法政大	0	0	1	立正大	0	1	1	帝京平成大	1	3	0
日本大	0	1	3	桜美林大	1	1	4	城西大	0	1	2
駒澤大	0	1	0	聖心女子大	4	1	1	目白大	1	1	1

※各大学合格数は既卒生との合計。

見学ガイド 体育祭／東星バザー／説明会／公開授業／見学会

東邦音楽大学附属東邦（とうほうおんがくだいがくふぞくとうほう）中学校

〒112−0012 東京都文京区大塚４−46−９ ☎03−3946−9668

国際 / 海外研修 / 長期留学 / 第２外国語 / online英会話 / 21型 / 1人1台端末 / リモート体制 / プロジェクト型 / 論文執筆 / STEAM / 情操 / 体験学習 / ボランティア / 人間力育成

建学の精神▶音楽芸術研鑽の一貫教育を通じ，情操豊かな人格の形成をめざす。
沿革▶1938年発足の東邦音楽学校を母体に，1947年東邦中学校が開校。2001年に現校名に改称。
施設▶音楽ホール，レッスン室，個人練習室，大教室，図書館，コンピューター室，グラウンド，他。
学校長▶林　克幸
生徒数▶非公表

丸ノ内線—新大塚３分
有楽町線—護国寺８分　JR—大塚10分
3分

中学から大学院までの音楽芸術一貫教育を行う

授業時間，個人レッスン，実技時間をそれぞれ充実させ，一般教養と音楽の両立を図る。音楽力の基礎であるソルフェージュの指導にはとくに力を入れている。

学習 １学年１クラスの少人数制をいかし，細やかな指導を実践。音楽科目だけでなく，語学や普通科目にも力を入れている。英会話はネイティヴ教員がより実践的な会話を指導する。音楽力の基礎となるソルフェージュでは経験の浅い生徒も無理なくレベルアップできるよう，習熟度別授業を導入。音楽に関するカリキュラムの柱となる実技教科には，大学教授などの実技担当教員による個人レッスンも含まれる。希望者は副科管弦打楽器のレッスンも受けられる。合奏の授業は中高が合同で実施。授業の成果は定期研究発表演奏会で披露する。

●コース表

中1	中2	中3	高1	高2	高3
普通教科は共通履修					
専門教科は選択あり					

キャリア教育 年に数回の定期研究発表演奏会やクラスコンサート，卒業演奏会など，数々の舞台経験を積むことでステージマナーも身につく。将来の進路としては音楽家のほか，音楽で人を助ける仕事や音楽の技術・知識を生かす仕事などを想定している。

学校生活 音楽を通じた地域交流として，病院や福祉施設などでのボランティアコンサートを定期的に行っている。また，募金活動などにも積極的に参加。

保護者MEMO

登校時刻▶8：30
最終下校時刻▶17：00
土曜日▶毎週登校。平常授業４時間
昼食▶食堂あり
携帯電話▶許可制
制服▶ブレザー，ワンピース
自転車通学▶不可
カウンセラー▶常駐
保護者面談▶年１回
保護者会▶年１回
必修旅行▶京都·奈良·大阪（中３）
部活動▶部活動はなし

学費　初年度目安 113万円

(単位:円)	入学金	施設費	授業料	その他	合計
入学手続時	200,000	230,000	—	—	430,000
1年終了まで	—	—	454,800	240,620	695,420

●奨学金・特待生
入学金減免

[その他] 制服・指定品代，音楽実習費，卒業関連諸費積立金。
[寄付・学債] 任意の寄付金（学校法人三室戸学園21世紀学園整備資金）１口３万円２口以上あり。
※上記は'22年度のもの。新年度について詳細は「受験生応援アプリ」にて公開（2023年５月〜）。

首都圏模試 思考コード (単位:%)

読み取る力 / 考える力	A	B	C	A	B	C
複雑 3						
2			データなし			
単純 1						

A=知識・理解思考 B=論理的思考 C=創造的思考

2024年度入試 合格の基準

		首都圏模試		四谷大塚	
		ほぼ確実	見込あり	ほぼ確実	見込あり
男子	〈入学試験〉	36	31 / やや見込あり 25	−	− / やや見込あり −
女子	〈入学試験〉	36	31 / やや見込あり 25	−	− / やや見込あり −

ほぼ確実=80%~/見込あり=50~79%/やや見込あり=20~49%

入試要項 2023年度参考 新年度日程は アプリへGO! 他

試験名	試験日 ◎午後入試	出願締切 窓口	発表 手渡し	手続 振・窓	選抜方法 2科	4科	適	英	他	面接	特待	募集数	応募数	受験数	合格数	実質倍率	偏差値
入学試験	2/1	1/26	当日	2/2					＊1	＊2	●	40	—	—	—	—	男36 女36

＊1 作文(600~800字)+唱歌+実技 ＊2 保護者同伴面接
※声楽受験は伴奏楽譜，移調する場合は唱歌伴奏楽譜

【出願方法】他に郵送受付。該当者は書類提出
【発表方法】手渡し
【手続方法】振込のうえ，書類窓口提出
【受験料】28,000円

【帰国生入試】随時(若干名募集)

中学受験のプロがおすすめ! 併願校の例

特色	男 芸術教育(音楽)	アットホーム	ボランティア活動	女 芸術教育(音楽)	アットホーム	ボランティア活動
♠男子校 ♥女子校 ♣共学・別学校	♣光英VERITAS	♣桜丘	♣郁文館	♣光英VERITAS	♣桜丘	♣郁文館
	♣上野学園	♠京華	♣駿台学園	♣上野学園	♥京華女子	♣駿台学園
	♣国立音大附	♣武蔵野	♣貞静学園	♣国立音大附	♣武蔵野	♣貞静学園

併設高校の進路情報

四年制大学進学率 非公表
文系・理系の割合 非公表

内部推薦▶東邦音楽大学，東邦音楽短期大学への推薦制度がある。進学状況は非公表。
指定校推薦▶非公表。

'22年3月卒業生：非公表

主な大学合格状況 '23年春については主要大学のみ巻末一覧に記載

大学名	'22	'21	'20	大学名	'22	'21	'20	大学名	'22	'21	'20
非公表											

※各大学合格数は既卒生との合計。

見学ガイド 説明会／体験レッスン／講習会／クラシックコンサート

東洋大学京北（とうようだいがくけいほく）中学校

〒112－8607　東京都文京区白山2－36－5　☎03－3816－6211

国際　海外研修　長期留学　第2外国語　online英会話　21型　1人1台端末　リモート体制　プロジェクト型　論文執筆　STEAM　情操　体験学習　ボランティア　人間力育成

教育目標▶建学の精神「諸学の基礎は哲学にあり」を教育理念として継承し，「より良く生きる」をテーマとして，本当の教養を身につけた国際人を育成する。
沿革▶1899年，教育者・哲学者である井上円了により設立。2015年に東洋大学附属校となる。
施設▶図書室（2万冊），English Conversation Room，和室，自習室，国際センター，剣道場，卓球場，アリーナ，人工芝グラウンド，他。
学校長▶星野　純一郎
生徒数▶総数389名

	1年（4クラス）	2年（4クラス）	3年（4クラス）
男子	56名	62名	63名
女子	72名	75名	61名

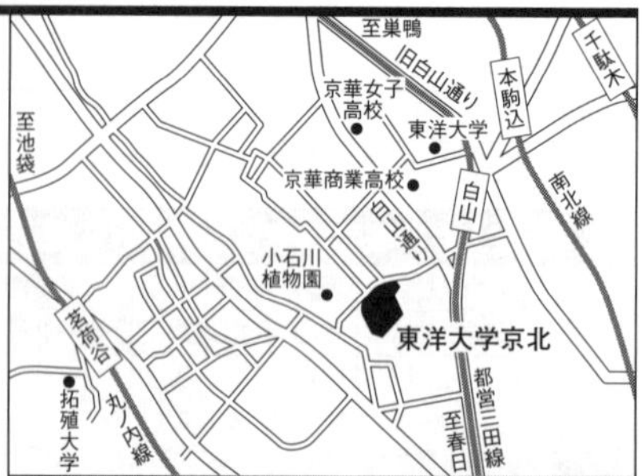

都営三田線―白山6分　南北線―本駒込10分　丸ノ内線―茗荷谷17分　徒歩6分

「本当の教養を身につけた国際人」を育成

核となる哲学教育（生き方教育）に，国際教育，キャリア教育，学習指導を3本柱とし，物事の本質を深く考え，人から愛し愛され社会に貢献できる人材を育成。

学習　日々の朝テスト，放課後に行われる学習プログラム「ASP」，学力定着システム「Cycle4」により反復を繰り返しながら理解度を高め，基礎学力の定着を図る。哲学教育に注力し，週1時間の「哲学」の授業では，哲学対話を通して自己の人生観や価値観を育む。中1～高2で哲学エッセーコンテストを行い，3月の「哲学の日」には優秀者のスピーチや，1年間の学びの成果を発表する。国際教育では実践的な学習プログラムを組む。中1と中2のイングリッシュキャンプなど，体験型学習が充実。東洋大学の留学生と交流する英会話イベントも。希望者にはフィリピン・セブ島への語学研修（中高生対象），アメリカ・オレゴンへのホームステイ（高校生対象）もある。

キャリア教育　職場見学・職業インタビュー（中2）やキャリア講演会，進路面談，東洋大学訪問（中3）を通して，将来へのグランドデザインを描き，大学卒業後の人生を見据えながら自己実現のための力を養う。

学校生活　クラブは21の団体が活動。バスケットボール部や園芸部がある。

●コース表

中1	中2	中3	高1	高2	高3
共	通	履	修	難関進学クラス	
				進学クラス	

※両クラス高3より文系／理系

保護者MEMO

登校時刻▶8：00
最終下校時刻▶19：00
土曜日▶毎週登校。平常授業4時間
昼食▶給食（中1全員，中2・中3は希望制）／食堂／食品販売あり
携帯電話▶可
制服▶ブレザー
自転車通学▶不可
カウンセラー▶週2日
保護者面談▶年1回
保護者会▶年3回
必修旅行▶カナダ（中3），他
部活動▶平日週4日まで

学費　　初年度目安 109万円

(単位:円)	入学金	施設費	授業料	その他	合計
入学手続時	250,000	―	―	―	250,000
1年終了まで	―	120,000	456,000	263,000	839,000

●奨学金・特待生
なし

［その他］制服・指定品代，教育充実費，保護者の会会費，生徒会費，生徒会入会金。※別途教材，実力テスト費，健康診断，宿泊行事費等あり。［寄付・学債］任意の寄付金あり。
※上記は'22年度のもの。新年度について詳細は「受験生応援アプリ」にて公開（2023年5月～）。

首都圏模試　思考コード（単位：%）

〈第１回〉

読み取る力	国語 A	国語 B	国語 C	算数 A	算数 B	算数 C
複雑 3						
2	10	5		60		
単純 1	10	55	20		40	
考える力	A	B	C	A	B	C

A=知識・理解思考　B=論理的思考　C=創造的思考

2024年度入試　合格の基準

		首都圏模試 ほぼ確実	首都圏模試 見込あり／やや見込あり	四谷大塚 ほぼ確実	四谷大塚 見込あり／やや見込あり
男子	〈一般①〉	62	58／53	48	45／41
女子	〈一般①〉	62	58／53	49	46／42

ほぼ確実＝80%～／見込あり＝50～79%／やや見込あり＝20～49%

入試要項　2023年度参考　新年度日程はアプリへGO!　2科 4科 他

試験名		試験日 ◎午後入試	出願締切 Web	発表 Web	手続 Web	2科	4科	適	英	他	面接	特待	募集数	応募数	受験数	合格数	実質倍率	偏差値
一般	①	2/1	1/31	当日	2/3延		●						60	男 98	89	27	3.3	62
														女 118	110	35	3.1	62
	②	2/1 ◎	1/31	当日	2/3延	●							25	男 189	178	36	4.9	64
														女 185	174	33	5.3	64
	③	2/2	2/1	当日	2/4延		●						15	男 131	86	24	3.6	63
														女 141	102	28	3.6	63
	④	2/4	2/3	当日	2/6延		●						20	男 107	66	17	3.9	65
														女 95	63	19	3.3	65
「哲学教育」思考・表現力		2/4	2/3	当日	2/6延					＊				男 17	12	3	4.0	58
														女 25	21	1	21.0	58

＊哲学的思考力問題＋算数
※併願校の受験票コピー（国公立中高一貫校併願者）。複数回受験は加点措置あり

【出願方法】 Web出願。該当者は書類を当日持参
【手続方法】 Web納入。国公立中高一貫校併願者は2/10まで延納可
【受験料】 22,000円（２回目以降は5,000円）

【帰国生入試】 —

中学受験のプロがおすすめ！　併願校の例

特色	男 キャリア教育	男 半付属校	男 思考力型入試	女 キャリア教育	女 半付属校	女 思考力型入試
♠男子校	♣芝浦工大	♣日本大学	♣都市大等々力	♣芝浦工大	♣日本大学	♣都市大等々力
♥女子校	♣順天	♣成城学園	♣かえつ有明	♣順天	♣成城学園	♣かえつ有明
♣共学・別学校	♠日大豊山	♣目黒日大	♣淑徳巣鴨	♥跡見学園	♣目黒日大	♣淑徳巣鴨

併設高校の進路情報

四年制大学進学率91.1%
文系・理系の割合 未集計　医歯薬５名合格

内部推薦▶東洋大学へ146名（法12，文22，経済14，社会17，経営19，理工11，国際７，国際観光10，情報連携３，ライフデザイン14，総合情報６，食環境科６，二部５）が内部推薦で進学した。

指定校推薦▶東京理科大，日本大，大東文化大，亜細亜大，帝京大，國學院大，獨協大，神奈川大，東京電機大，武蔵大，工学院大，立正大，国士舘大，千葉工大など推薦枠あり。

'22年３月卒業生：315名
大学287名　短大１名　専門８名　就職０名　他19名

主な大学合格状況　'23年春については主要大学のみ巻末一覧に記載

大学名	'22	'21	'20	大学名	'22	'21	'20	大学名	'22	'21	'20
◇千葉大	0	1	1	東京理科大	9	7	1	専修大	17	14	8
◇筑波大	2	1	0	学習院大	11	7	2	大東文化大	8	9	6
◇東京外大	0	1	0	明治大	29	17	5	東海大	19	8	0
◇横浜国大	0	1	0	青山学院大	14	11	3	帝京大	15	6	8
◇埼玉大	2	2	2	立教大	13	9	6	國學院大	8	8	1
◇北海道大	0	1	0	中央大	17	17	8	成城大	7	8	2
◇群馬大	3	1	0	法政大	30	19	5	明治学院大	13	7	1
早稲田大	13	5	0	日本大	34	36	21	獨協大	7	13	6
慶應大	5	0	0	東洋大	182	148	90	芝浦工大	15	6	9
上智大	10	5	0	駒澤大	7	8	1	東京電機大	11	10	2

※各大学合格数は既卒生との合計。

見学ガイド　文化祭／説明会／オープンスクール／入試問題対策会

高校募集 なし　　高1内訳 一貫生 134名

ドルトン東京学園 中等部

〒182－0004 東京都調布市入間町 2－28－20　☎03－5787－7945

国際 / 海外研修 / 長期留学 / 第2外国語 / online英会話 / 21型 / 1人1台端末 / リモート体制 / プロジェクト型 / 論文執筆 / STEAM / 情操 / 体験学習 / ボランティア / 人間力育成

教育理念▶「汝自らを求めよ」を掲げる。生徒の探究心を育て，能力を引き出すことを特徴とする教育メソッド・ドルトンプランを実践する。
沿革▶1889年設立の東京学園高等学校を改編し，共学中高一貫校として2019年４月開校。2022年４月高等部発足，６月STEAM校舎竣工。
施設▶講堂，和のラウンジ，自習スペース，屋内運動場，アリーナ，カフェテリア，グラウンド，他。
学校長▶安居　長敏
生徒数▶総数308名

	1年（4クラス）	2年（4クラス）	3年（4クラス）
男子	59名	55名	63名
女子	46名	46名	39名

小田急線―成城学園前駅・京王線―つつじヶ丘よりバスNTT中央研修センタ１分　6分

学ぶ楽しさ，創る喜びを引き出す「学習者中心の教育」

「自由」「協働」の２つの原理を礎に，「ハウス」「アサインメント」「ラボラトリー」の３つの柱で，個性を尊重し，他者とともに自らの意志で進む人を育てる。

学習 主体的に学び，探究・挑戦し続ける姿勢を育むドルトンプランを実践している。学びは学習内容ごとに，目的や方法，課題などが具体的に示されている「アサインメント」を中心に展開。中１・中２の英語では基本的運用能力を身につける。言語能力評価の国際的指標CEFRを６年間でB2まで習得を目標とする。通常授業のほかに「ラボラトリー」と呼ばれる自由に設定できる学びの時間が用意され，個人またはグループで学びを極める。これまでに，「"気象予報士になろう！"ラボ」や「ランチ改善プロジェクト」などが実施された。

●**コース表**

中1	中2	中3	高1	高2	高3
アサインメントに基づく自律的な学び					

キャリア教育 地域コミュニティとの協働や企業人との交流など，従来の科目の枠にとらわれない実践的なプログラムを提供。海外大学への進学支援も行う。中１から海外大学進学の説明会も開催。

学校生活 異学年の生徒で構成される「ハウス」の活動を通じて，多様性の理解や協働を促進し社会性を育む。Dolton Expoは，中等部の修了研究・制作の個人発表などで全校生徒が知的に刺激し合う行事。

保護者MEMO

登校時間▶8：20
最終下校時間▶18：00
土曜日▶休校。
昼食▶弁当／食品販売あり
携帯電話▶可
制服▶ブレザー
自転車通学▶許可制
カウンセラー▶常駐
保護者面談▶年２回
保護者会▶年２回
必修旅行▶オーストラリア（中３），他
部活動▶活動は平日週３日まで

学費　　初年度目安 174万円

（単位:円）	入学金	施設費	授業料	その他	合計
入学手続時	400,000	―	―	―	400,000
1年終了まで	―	120,000	930,000	294,000	1,344,000

●**奨学金・特待生**
授業料（原則３年間。年次審査有）

［その他］制服・指定品代，教育充実費，副教材費，校外学習費，生徒会費。
［寄付・学債］任意の寄付金（二期工事事業寄付金）１口１万円１口以上あり。
※上記は'22年度のもの。新年度について詳細は「受験生応援アプリ」にて公開（2023年５月～）。

首都圏模試　思考コード（単位：%）

読み取る力 ＼ 考える力	A	B	C	A	B	C
複雑 3						
2			データなし			
単純 1						

A=知識・理解思考　B=論理的思考　C=創造的思考

2024年度入試　合格の基準

		首都圏模試 ほぼ確実	首都圏模試 見込あり	首都圏模試 やや見込あり	四谷大塚 ほぼ確実	四谷大塚 見込あり	四谷大塚 やや見込あり
男子	〈①〉	59	55	52	46	41	36
女子	〈①〉	57	53	50	47	42	37

ほぼ確実＝80％～／見込あり＝50～79％／やや見込あり＝20～49％

入試要項　2023年度参考　新年度日程はアプリへGO!

2科　4科　英　他

試験名		試験日 ◎午後入試	出願締切 Web	発表 Web	手続 Web	2科	4科	適	英	他	面接	特待	募集数	応募数	受験数	合格数	実質倍率	偏差値
①	2科	2/1	1/31	当日	2/7	●							30	40	38	5	7.6	男59 女57
	4科						●							109	103	33	3.1	
	特待	2/1 ◎	1/31	当日	2/7	●						●	若干	94	91	6〈12〉	15.2	男69 女68
②	2科	2/2	2/1	当日	2/7	●							35	30	25	2	12.5	男62 女61
	4科						●							116	92	20	4.6	
	思考･表現								＊1	＊1	＊1			66	57	26	2.2	男58 女58
	理数特待	2/2 ◎	2/1	当日	2/7					＊2		●	若干	85	69	6〈9〉	11.5	男69 女69
③	2科	2/4 ◎	2/3	当日	2/7	●							10	184	146	16	9.1	男58 女61

＊1　日本語（作文＋個人面接）または英語（英作文＋英語個人面接）より選択。文化的・社会的な活動やスポーツなど特に興味を持って取り組んできた者，CEFR・B1／英検２級程度の力を持つ者などの出願条件あり
＊2　算数＋理科
※通知表コピー。ほかに思考・表現は出願理由書，活動の成果を証明できるもの（任意）

【出願方法】 Web出願後，思考・表現は書類を郵送，他は当日持参　**【手続方法】** Web納入のうえ，新入生説明会で書類提出　**【受験料】** 30,000円（２回目20,000円，３回目以降は１回10,000円）

【帰国生入試】 12/3（オンライン），12/10，1/7（若干名募集）
（注）〈　〉内は一般合格で外数。

中学受験のプロがおすすめ！　併願校の例

特色	男 国際教育	男 STEAM教育	男 ICT教育	女 国際教育	女 STEAM教育	女 ICT教育
♠男子校	♣成城学園	♣成蹊	♣明治学院	♣成城学園	♣成蹊	♣明治学院
♥女子校	♣目黒日大	♣穎明館	♣桜美林	♣目黒日大	♣穎明館	♣桜美林
♣共学・別学校	♣多摩大聖ヶ丘	♣工学院大附	♣東京電機大	♣多摩大聖ヶ丘	♣工学院大附	♣東京電機大

併設高校の進路情報

2019年4月開校のため，実績はなし。

見学ガイド　文化祭／説明会／オープンスクール／体験授業／見学会

日本工業大学駒場 中学校

（にっぽんこうぎょうだいがくこまば）

〒153－8508 東京都目黒区駒場 1－35－32 ☎03－3467－2130

国際 海外研修 長期留学 第２外国語 online英会話 21型 1人1台端末 リモート体制 プロジェクト型 論文執筆 STEAM 情操 体験学習 ボランティア 人間力育成

教育理念▶旺盛な探究心と共に，優しく勁（つよ）い心を育み，未来社会に生きる力を身につける。

沿革▶1908年に東京工科学校として創立。2008年に現校名に改名し共学化。2021年度高校の理数工学科・創造工学科の募集を停止し，普通科文理未来コース新設。2021年９月に新図書館完成。

施設▶記念ホール，スチューデントホール，図書館（３万冊），和室，トレーニングルーム，屋上，他。

学校長▶大塚　勝之

生徒数▶総数444名

	１年（６クラス）	２年（４クラス）	３年（４クラス）
男子	147名	122名	120名
女子	25名	17名	13名

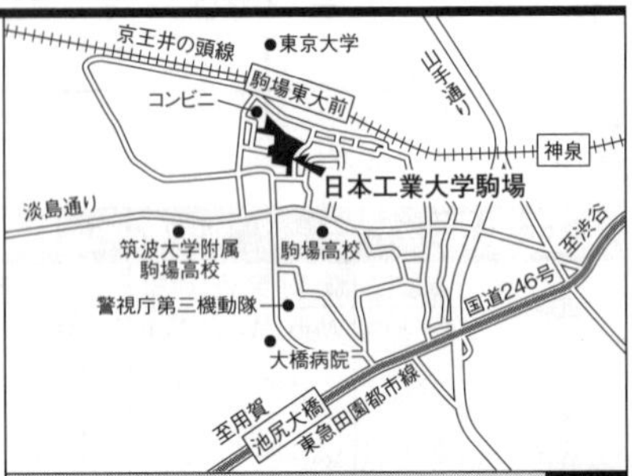

京王井の頭線―駒場東大前３分
東急田園都市線―池尻大橋15分
徒歩 3分

「日駒トリニティ」で最難関大学もめざす進学型学校

教育力，教育姿勢，教育実践を要とする教育制度「日駒トリニティ（三位一体）」を構築し，圧倒的な基礎学力養成の上に，大学進学支援体制の一層の強化充実を図る。

学習 中学では家庭学習用「ファイトノート」，通常朝テスト，放課後補習を連関させ，徹底して基礎学力の定着を図る。英語は週６時間（２時間は英会話）の授業に加え，各学年でイベントを実施。中１・中２で行う寸劇や英語スピーチを通して，暗唱・発表する力や，自身で発表原稿を作る（英作文）力を養う。中３ではこれらの力を総合し，プレゼンテーションに臨む。希望制でカナダへの短期留学も。豊かな語彙力や知識，広い視野をもった思考力を養うため，能動的な読書体験を推進。理数教育では，物理・化学・生物・数学から一つを選んで実験を行う「サイエンスウイーク」を設置。金融・投資教育なども行っている。

●コース表

中１	中２	中３	高１	高２	高３
共通履修		特進クラス	特進コース	特進文系コース	
				特進理系コース	
			理数コース	理数コース	
		標準クラス		進学文系コース	
			進学コース	進学理系コース	

キャリア教育 働くうえで大切にしたい価値観を形成し，コミュニケーション能力や問題解決能力，発想力など社会で活躍するために必要な素養も育む。外部の方々による講演や教育プログラムも充実している。

学校生活 サマーキャンプ，スキー教室など宿泊行事は学校所有の赤倉山荘で実施。園芸養蜂・ものづくりなど珍しい部がある。

保護者MEMO

登校時刻▶8：30
最終下校時刻▶18：30
土曜日▶毎週登校。平常授業４時間
昼食▶弁当／食品販売あり
携帯電話▶可
制服▶ブレザー
自転車通学▶不可
カウンセラー▶週５日
保護者面談▶年１回
保護者会▶年４回
必修旅行▶台湾（中３），沖縄（高２）
部活動▶活動日は部による

学費　初年度目安 121万円

（単位:円）	入学金	施設費	授業料	その他	合計
入学手続時	230,000	—	—	—	230,000
１年終了まで	—	213,200	444,000	322,748	979,948

［その他］制服・指定品代，学園維持費，副読本代，タブレット・classi代，後援会費，生徒会費，同窓会費。［寄付・学債］なし。

※上記は'22年度のもの。新年度について詳細は「受験生応援アプリ」にて公開（2023年５月～）。

●奨学金・特待生
Ａ：入学金，授業料３年／Ｂ：授業料２年／Ｃ：授業料１年／Ｄ：入学金

首都圏模試　思考コード（単位：%）

読み取る力	〈第１回〉国語 A	B	C	算数 A	B	C	〈１回適性検査〉Ⅰタイプ A A	B	C	Ⅱ A	B	C
複雑 3												
2	21	17		65				30	70	58		
単純 1	10	52		25	10						26	16

考える力　A=知識・理解思考　B=論理的思考　C=創造的思考

2024年度入試　合格の基準

		首都圏模試 ほぼ確実	見込あり	やや見込あり	四谷大塚 ほぼ確実	見込あり	やや見込あり
男子	①	41	35	30	37	34	31
女子	①	40	35	30	37	34	31

ほぼ確実＝80%～／見込あり＝50～79%／やや見込あり＝20～49%

入試要項　2023年度参考　新年度日程は アプリへGO!

2科　4科　適性型　英　他

試験名		試験日（◎午後入試）	出願締切 Web	発表 Web	手続 W・窓	2科	4科	適	英	他	面接	特待	募集数	応募数	受験数	合格数	実質倍率	偏差値
①	教科	2/1	1/31	当日	2/10	＊1	●		＊1	＊1		●	40	225	169	92	1.8	男41 女40
	適性検査							＊2				●		81	77	48	1.6	
②	教科	2/1 ◎	当日	当日	2/10	＊1	●		＊1	＊1		●	25	326	279	78	3.6	男43 女42
	自己アピール								＊3	＊3		●		12	11	3	3.7	
	プレゼン									＊4		●		4	4	1	4.0	
③	教科	2/1	当日	当日	2/10	＊5	●			＊5		●	35	314	202	46	4.4	男42 女42
	適性検査							＊2				●		51	42	20	2.1	
④	教科	2/2 ◎	当日	当日	2/10	＊5				＊5		●	20	331	210	32	6.6	男44 女43
	自己アピール								＊3	＊3		●		13	9	2	4.5	
	プレゼン									＊4		●		4	4	1	4.0	
⑤	教科	2/3	当日	当日	2/10	＊5	●			＊5		●	10	381	188	33	5.7	男44 女44
⑥	教科	2/5	当日	当日	2/10	＊5	●			＊5		●	10	430	173	29	6.0	男46 女44
特別選抜	教科	2/7	当日	当日	2/10	＊5	●			＊5		●	10	157	119	14	8.5	男48 女48

＊1　国算理社英より２科（国算より１つ以上）選択　＊2　適性検査ⅠⅡ。ⅠはAタイプ（桜修館）またはBタイプ（標準型）を選択　＊3　国算英より１科選択＋作文＋自己アピール　＊4　朗読への感想＋プレゼンテーション（発表，質疑応答）。与えられたテーマで事前に資料を作成，それを用いて発表　＊5　国算理社より２科（国算より１つ以上）選択

【出願方法】 Web出願　**【手続方法】** Web納入のうえ，窓口で書類受取
【受験料】 23,000円（複数回受験可）

【帰国生入試】 —

中学受験のプロがおすすめ！ 併願校の例

♠男子校　♥女子校　♣共学・別学校

特色	男 理数教育	男 進学校的付属校	男 適性検査型入試	女 理数教育	女 進学校的付属校	女 適性検査型入試
	♣東京電機大	♣多摩大聖ヶ丘	♣都立富士高校附	♣東京電機大	♣多摩大聖ヶ丘	♣都立富士高校附
	♣玉川学園	♣城西大城西	♣立正大立正	♣玉川学園	♣城西大城西	♣立正大立正
	♣明星	♣東京立正	♣目黒学院	♣明星	♣東京立正	♣目黒学院

併設高校の進路情報

四年制大学進学率77.6%
文系37／理系57／その他６（%）　医歯薬16名合格

内部推薦▶日本工業大学へ29名（基幹工３，先進工12，建築14）が内部推薦で進学した。

指定校推薦▶東京理科大，学習院大，明治大，青山学院大，法政大，日本大，専修大，大東文化大，東海大，帝京大，明治学院大，獨協大，神奈川大，芝浦工大，東京電機大，玉川大，工学院大，東京都市大，国士舘大，千葉工大など推薦枠あり。

'22年３月卒業生：464名　大学360名　短大３名／専門53名／就職５名／他43名

主な大学合格状況　'23年春については主要大学のみ巻末一覧に記載

大学名	'22	'21	'20	大学名	'22	'21	'20	大学名	'22	'21	'20
◇横浜国大	1	1	0	明治大	8	11	6	帝京大	38	7	10
◇東京農工大	0	0	1	青山学院大	6	5	7	國學院大	15	5	4
◇東京学芸大	1	1	1	立教大	7	12	8	成蹊大	10	5	4
◇都立大	3	3	2	中央大	17	13	12	成城大	9	2	5
◇横浜市大	1	0	0	法政大	20	19	12	神奈川大	18	14	9
◇電通大	1	0	2	日本大	52	42	37	芝浦工大	7	7	15
早稲田大	8	2	3	東洋大	23	14	12	東京電機大	21	4	10
慶應大	4	1	0	駒澤大	15	5	9	東京都市大	25	7	13
東京理科大	7	6	8	専修大	15	7	8	日本工大	37	31	56
学習院大	6	4	6	東海大	47	31	27	東京工芸大	8	13	19

※各大学合格数は既卒生との合計。

見学ガイド　文化祭／説明会／授業体験会／入試プレテスト／見学会

高校募集 あり 高１より全体が混合。 高１内訳 一貫生 12名 88名 高入生

新渡戸文化（にとべぶんか） 中学校

〒164−8638 東京都中野区本町６−38−１ ☎03−3381−0408

国際 / 海外研修 / 長期留学 / 第２外国語 / online英会話 / 21型 / 1人1台端末 / リモート体制 / プロジェクト型 / 論文執筆 / STEAM / 情操 / 体験学習 / ボランティア / 人間力育成

教育理念▶育てたい生徒像は，自分だけでなく社会の幸せも生み出す「Happiness Creator（しあわせ創造者）」。
沿革▶1927年に女子文化高等学院として創立。2010年に現校名へ改称し，2014年に男女共学化。
施設▶PCラウンジ，ライブラリーラウンジ，カフェテリア，天然芝グラウンド，他。
学校長▶小倉　良之
生徒数▶総数115名　併設小からの進学者を含む。

	１年（２クラス）	２年（２クラス）	３年（１クラス）
男子	29名	21名	12名
女子	21名	17名	16名
内進生内数	男3名 女4名	男―名 女―名	男1名 女6名

丸ノ内線―東高円寺５分
JR・東西線―中野15分
5分

自律型学習者の育成をめざした「3つのC」を掲げる

「Core Learning, Cross Curriculum（CC）, Challenge Based Learning（CBL）」で生徒の幸福度を高め，豊かな人生を歩み続けるための資質を涵養。

学習 チーム担任制を導入。多彩な経歴・肩書きをもつ多数の教員と関われる環境がある。Core Learningでは，多様なICTツールを導入し，個別最適の学びを支援。５教科対応で予習も復習も万全。インターネットで海外の同世代と会話する授業も実施。週に１日，全日を使ったCCは複数教科の教員によって同時に展開し，Core Learningで得た学びを広げる。CCをさらに発展させたCBLでは，SDGsを窓にして社会課題を見つけ行動に移すラボなどを実施。現実に起こっている様々な課題をとらえ，その解決をめざした学びで生徒の「やりたい」をとことん伸ばし社会につなげる。

キャリア教育 オンラインなどで外部の大人とつながる「Happiness Bridge」という対話型の授業では，卒業までに100名を超えるゲストを迎える。将来のロールモデルに出会う機会ともなる。

学校生活 放課後は部活動と同じ位置づけで，様々なプロジェクトも同時進行。学内や学外の他団体とつながる活動，自分たちが関心のあるテーマに取り組む。

●コース表

中1	中2	中3	高1	高2	高3
共通履修			探究進学コース		
			フードデザインコース		
			美術コース		
			音楽コース		

保護者MEMO

登校時刻▶９：00
最終下校時刻▶18：00
土曜日▶毎週登校。平常授業４時間
昼食▶給食（中１～中３と高３）
携帯電話▶可
制服▶ブレザー
自転車通学▶可
カウンセラー▶週３日
保護者面談▶年３回
保護者会▶年８回
必修旅行▶国内・海外の各コースから選択（全学年）
部活動▶活動日は部による

学費　　初年度目安 153万円

（単位:円）	入学金	施設費	授業料	その他	合計
入学手続時	300,000	―	―	5,000	305,000
1年終了まで	―	120,000	540,000	561,600	1,221,600

●奨学金・特待生
なし

［その他］教育充実費，教育活動費（旅行積立），iPad購入費，後援会費，後援会入会金，生徒会費，給食費。別途制服・指定品代あり。［寄付・学債］任意の寄付金１口５万円２口以上あり。
※上記は'22年度のもの。新年度について詳細は「受験生応援アプリ」にて公開（2023年５月～）。

首都圏模試 思考コード （単位：%）

読み取る力 ＼ 考える力	A	B	C	A	B	C
複雑 3						
2			データなし			
単純 1						

A=知識・理解思考　B=論理的思考　C=創造的思考

2024年度入試 合格の基準

		首都圏模試		四谷大塚	
		ほぼ確実	見込あり / やや見込あり	ほぼ確実	見込あり / やや見込あり
男子	〈①2科1〉	39	32 / 27	30	25 / 20
女子	〈①2科1〉	39	32 / 27	30	25 / 20

ほぼ確実＝80%～／見込あり＝50～79%／やや見込あり＝20～49%

入試要項 2023年度参考　新年度日程は アプリへGO!　2科 4科 適性型 他

試験名		試験日 ◎午後入試	出願締切 Web	発表 Web	手続 Web	選抜方法 2科	4科	適	英	他	面接	特待	募集数	応募数	受験数	合格数	実質倍率	偏差値
①	適性検査	2/1	1/31	当日	2/10			＊1					60	9	7	5	1.4	男39 女38
	好きなことA	2/1	1/31	当日	2/3					＊2				20	18	10	2.3	—
	2科（1）	2/1 ◎	1/31	当日	2/3	＊3				＊3				37	33	21	1.6	男39 女39
②	2科（2）	2/2	当日	当日	2/4	＊3				＊3				31	13	6	2.2	男38 女38
	4科	2/2	当日	当日	2/4		●							6	3	2	1.5	男38 女38
	好きなことB	2/2 ◎	当日	当日	2/4					＊2				21	9	3	3.0	—
③	2科（3）	2/3 ◎	当日	当日	2/5	＊3				＊3				42	15	2	7.5	男39 女39
④	2科（4）	2/4 ◎	当日	当日	2/6	＊3				＊3				47	15	2	7.5	男38 女38
⑤	好きなことC	2/11 ◎	2/10	当日	2/13					＊2				31	8	5	1.6	—

＊1　適性検査ⅠⅡ　＊2　スピーチ（アピールタイム）＋口頭試問。Aは対面型，B，Cはライブ型（受験生が選んだ場所よりオンライン接続）　＊3　国算＋グループワーク
※通知表コピー

【出願方法】 Web出願後，書類郵送または当日持参　**【手続方法】** Web納入　**【受験料】** 無料（複数回受験可）

【帰国生入試】 12/15，3/13（若干名募集）

中学受験のプロがおすすめ! 併願校の例

特色	男 理数教育	男 留学制度	男 キャリア教育	女 理数教育	女 留学制度	女 キャリア教育
♠男子校 ♥女子校 ♣共学・別学校	♣宝仙学園	♣城西大城西	♣文化学園杉並	♣宝仙学園	♣城西大城西	♣文化学園杉並
	♣日本工大駒場	♣啓明学園	♣実践学園	♣日本工大駒場	♣啓明学園	♣実践学園
	♣目白研心	♣東京立正	♣貞静学園	♣目白研心	♣東京立正	♣貞静学園

併設高校の進路情報

四年制大学進学率60.9%
文系・理系の割合 未集計

内部推薦▶新渡戸文化短期大学へ1名が内部推薦で進学した。

指定校推薦▶利用状況は日本女子大1，玉川大2，東京経済大1，東洋英和女学院大1，女子栄養大1など。ほかに東洋大，大東文化大，千葉工大，関東学院大，大妻女子大，白百合女子大，杏林大，日本薬科大，武蔵野大，東京農大，昭和女子大，拓殖大，駒沢女子大，城西大，清泉女子大，目白大など推薦枠あり。

'22年3月卒業生：46名

大学28名　短大2名　専門13名　就職0名　他3名

主な大学合格状況　'23年春については主要大学のみ巻末一覧に記載

大学名	'22	'21	'20	大学名	'22	'21	'20	大学名	'22	'21	'20
慶應大	0	1	0	神奈川大	1	0	0	多摩大	0	1	0
上智大	0	1	0	芝浦工大	0	1	0	多摩美大	2	1	0
明治大	0	0	2	日本女子大	1	1	1	東京造形大	1	1	0
青山学院大	0	0	1	玉川大	2	0	2	女子美大	2	1	0
立教大	0	1	1	東京経済大	1	1	1	東京工芸大	0	0	2
日本大	0	0	2	昭和女子大	1	0	0	横浜美大	0	2	0
東洋大	0	1	0	帝京平成大	1	2	0	女子栄養大	1	0	0
帝京大	0	0	2	拓殖大	0	1	2	文化学園大	1	1	1
成城大	0	0	1	城西大	0	1	0	埼玉医大	0	1	0
明治学院大	1	0	0	日本獣医生命科学大	2	0	0	東京医療保健大	0	1	0

※各大学合格数は既卒生との合計。

見学ガイド　文化祭／説明会／オープンスクール／公開授業／個別見学対応

高校募集 あり 習熟クラスを除き，高1より全体が混合。　高1内訳 一貫生 226名 129名 高入生

日本大学第一(にほんだいがくだいいち) 中学校

〒130－0015　東京都墨田区横網 1－5－2　☎03－3625－0026

国際 / 海外研修 / 長期留学 / 第2外国語 / online英会話 / 21型 / 1人1台端末 / リモート体制 / プロジェクト型 / 論文執筆 / STEAM / 情操 / 体験学習 / ボランティア / 人間力育成

教育理念▶「真・健・和」の校訓のもと，絆を重んじ，良き生活習慣をもった次世代人を育成する。
沿革▶1913年，日本大学最初の付属校として創立。1997年より男女共学となる。
施設▶多目的ホール，生徒ホール(自習室)，カウンセリングルーム，講堂兼体育館，柔道場，剣道場，屋上グラウンド，千葉グラウンド，他。
学校長▶熊谷　一弘
生徒数▶総数611名　併設小からの進学者を含む。

	1年(5クラス)	2年(5クラス)	3年(5クラス)
男子	145名	132名	122名
女子	60名	77名	75名
内進生内数	男—名 女—名	男—名 女—名	男—名 女—名

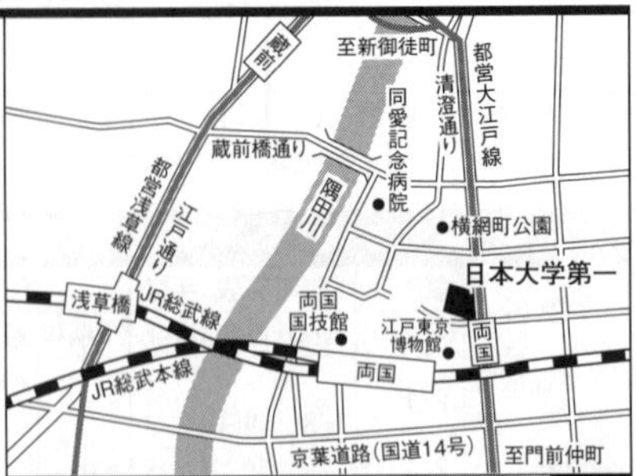

都営大江戸線—両国1分
JR—両国5分
5分

ゆるぎない伝統を礎に，次代を生き抜く人を育成

日本大学だけでなく，難関大学への進学にも対応。基本的な生活習慣，学習習慣を定着させ，勉強のほか部活動，趣味活動への積極的な参加を奨励している。

学習 中学・高校の6年間を，基礎→定着→入試の3期に分け，基礎から応用へと学習内容を深めていく。中2より習熟クラスを1クラス設置。難関大学進学を意識し，早期から応用力を培う。高2から日本大学進学クラスと難関大学進学クラスに分かれる。英語の基礎学力の底上げに向けて，スペリングコンテストやスピーチコンテストを実施。優秀者には盾やメダルが授与される。中2全員がイングリッシュキャンプ，中2・中3の希望者は2週間のオーストラリア語学研修に参加。希望選抜制のケンブリッジ大学語学研修制度もある。

●コース表

中1	中2	中3	高1	高2	高3
通常クラス	通常クラス		内進生高入生混合クラス	日本大学進学クラス	
	習熟クラス		内進生習熟クラス	難関大学進学クラス	

※両クラス高2より文系／理系

キャリア教育 日本大学との連携による高大連携教育を中3から進めている。学部説明会のほか，医学部や薬学部，歯学部，理工学部などの実習型学習にも参加できる。

学校生活 中1の春に行う体験学習型アドベンチャープログラムでは，グループ活動を通して仲間との絆を深め，問題解決に向けた資質を育む。充実した環境の施設で，30近くのクラブ・同好会が活動中。ゴルフ部は全国レベルの実績がある。

保護者MEMO

登校時刻▶8：15
最終下校時刻▶18：00
土曜日▶毎週登校。平常授業4時間
昼食▶弁当／食品販売あり
携帯電話▶許可制
制服▶ブレザー
自転車通学▶不可
カウンセラー▶週2～3日
保護者面談▶年2回
保護者会▶年3回
必修旅行▶奈良・京都方面(中3)，九州方面(高2)
部活動▶活動日は部による

学費　初年度目安 114万円

(単位:円)	入学金	施設費	授業料	その他	合計
入学手続時	240,000	—	—	—	240,000
1年終了まで	—	100,000	456,000	345,800	901,800

●奨学金・特待生
なし

[その他] 教育充実費，実習費，諸経費預り金，記念図書費，修学旅行積立金，父母の会費，校友会費。※別途指定品・制服代等あり。
[寄付・学債] 任意の寄付金（東京校舎教育環境整備資金）1口10万円以上あり。
※上記は'22年度のもの。新年度について詳細は「受験生応援アプリ」にて公開（2023年5月～）。

首都圏模試　思考コード（単位：%）

	A	B	C	A	B	C
読み取る力						
複雑 3						
2			データなし			
単純 1						

A=知識・理解思考　B=論理的思考　C=創造的思考

2024年度入試　合格の基準

		首都圏模試 ほぼ確実	首都圏模試 見込あり	首都圏模試 やや見込あり	四谷大塚 ほぼ確実	四谷大塚 見込あり	四谷大塚 やや見込あり
男子	〈4科①〉	47	43	39	40	35	30
女子	〈4科①〉	48	44	40	41	36	31

ほぼ確実＝80%～／見込あり＝50～79%／やや見込あり＝20～49%

入試要項　2023年度参考　新年度日程はアプリへGO!　2科　4科

試験名		試験日 ◎午後入試	出願締切 Web	発表 Web	手続 Web	2科	4科	適	英	他	面接	特待	募集数	応募数	受験数	合格数	実質倍率	偏差値
4科	①	**2/1**	1/31	当日	2/5		●						110	男 211	189	85	2.2	47
														女 102	93	47	2.0	48
	②	**2/2**	2/1	当日	2/5		●						50	男 311	183	58	3.2	51
														女 125	67	25	2.7	52
2科	①	**2/3**	2/2	当日	2/5	●							20	男 201	98	26	3.8	54
														女 97	46	7	6.6	56
	②	**2/5**	2/4	当日	2/7	●							20	男 236	123	13	9.5	56
														女 106	53	9	5.9	58

【出願方法】 Web出願
【手続方法】 Web納入後，書類ダウンロードのうえ，データ入力
【受験料】 20,000円（同時出願は２回30,000円，３回40,000円，４回50,000円）

【帰国生入試】 —

中学受験のプロがおすすめ！　併願校の例

特色	男 高大連携教育	男 フィールドワーク	男 国際教育	女 高大連携教育	女 フィールドワーク	女 国際教育
♠男子校	♣千葉日大一	♣日出学園	♣目黒日大	♣千葉日大一	♣日出学園	♣目黒日大
♥女子校	♠日大豊山	♣淑徳巣鴨	♣東京成徳大学	♥日大豊山女子	♣淑徳巣鴨	♣東京成徳大学
♣共学・別学校	♣東海大浦安	♣実践学園	♣共栄学園	♣東海大浦安	♣実践学園	♣共栄学園

併設高校の進路情報

四年制大学進学率92.9%
文系・理系の割合未集計

内部推薦▶日本大学へ216名（法46，文理25，経済32，商21，芸術６，国際関係５，危機管理３，スポーツ科１，理工42，工１，生産工14，松戸歯２，生物資源科11，薬１，二部６），日本大学短期大学部へ６名，日本大学医学部附属看護専門学校へ４名が進学した。

指定校推薦▶上智大，東京理科大，学習院大，法政大，成城大，獨協大，芝浦工大，東京電機大，日本女子大，武蔵大，玉川大，工学院大，立正大，千葉工大，東邦大など推薦枠あり。

'22年３月卒業生：351名
大学326名　短大１名　専門９名　就職０名　他15名

主な大学合格状況　'23年春については主要大学のみ巻末一覧に記載

大学名	'22	'21	'20	大学名	'22	'21	'20	大学名	'22	'21	'20
◇千葉大	0	1	2	青山学院大	1	2	1	明治学院大	5	2	2
◇防衛医大	0	0	1	立教大	1	4	4	獨協大	4	4	1
◇東京藝術大	0	1	0	中央大	5	2	3	芝浦工大	6	3	5
◇茨城大	1	0	0	法政大	4	3	4	東京電機大	2	1	2
◇県立保健医療大	1	0	0	日本大	225	247	243	日本女子大	2	1	1
早稲田大	0	3	0	東洋大	3	10	3	武蔵大	7	4	1
上智大	1	1	1	駒澤大	1	3	2	玉川大	2	4	2
東京理科大	7	6	3	専修大	5	1	0	国際医療福祉大	0	3	1
学習院大	6	7	1	成蹊大	4	3	0	東京薬科大	3	1	3
明治大	2	2	4	成城大	3	3	3	東邦大	3	3	2

※各大学合格数は既卒生との合計。

見学ガイド　文化祭／説明会／見学会／オープンスクール

日本大学第二(にほんだいがくだいに)中学校

〒167－0032 東京都杉並区天沼1－45－33 ☎03－3391－0223

国際 海外研修 長期留学 第2外国語 online英会話 21型 1人1台端末 リモート体制 プロジェクト型 論文執筆 STEAM 情操 体験学習 ボランティア 人間力育成

教育目標▶「信頼敬愛・自主協同・熱誠努力」を校訓に掲げ，自分のあり方を積極的に受けとめ，自己吟味しつつ前向きに生きる自己肯定力を育む。

沿革▶1927年開校。創立90周年事業として，2015年に中学校舎・図書館完成。

施設▶ホール，図書館（3万冊），武道館（柔道場，剣道場など），プール，野球場（立川グラウンド），多目的コート，人工芝グラウンド，他。

学校長▶寺西 一清

生徒数▶総数713名

	1年（6クラス）	2年（6クラス）	3年（6クラス）
男子	120名	113名	125名
女子	119名	125名	111名

JR・丸ノ内線―荻窪15分
西武新宿線―下井草20分
15分

自分らしさを活かして勉強に，諸活動に取り組む

おおらかで明るい校風。特進クラスやスポーツクラスなどは設けず，クラスに様々な個性をもった生徒がいる環境のなかで，多様な価値観を養っていく。

学習 どの教科も基礎基本の徹底，底力をつけることを重視。英語は週6時間の授業がある。中学では教科書・演習・英語活用の授業を体系的に行うことで，英語力の基礎を育む。英語活用はクラスを2分割し，ネイティヴと日本人教師がティームティーチングで授業を行い，実践的なコミュニケーション能力を養う。数学は多くの演習を通し，解法を模索する力をつける。理科は実験を重視。最初の授業では実験器具を分解して組み立てることから始め，実験の心構えを身につけていく。中3の卒業研究では，生徒一人ひとりが研究するテーマを選び，2,000字の研究論文にまとめる。希望制で，中3～高2の春休みにアメリカでのホームステイプログラムを実施。

キャリア教育 中1で自分自身を知り，中2では地域調べや職業調べで社会を知る。日本大学理系学部体験学習も実施。中3では平和学習や進路講演会を通して，自分と世界の未来について考える。

学校生活 運動部14，文化部18の多彩な部が活発に活動。施設も充実している。

●コース表

中1	中2	中3	高1	高2	高3
共通履修				人文社会コース	
				理工コース	
				医療コース	

保護者MEMO

登校時刻▶8：35
最終下校時刻▶18：00
土曜日▶毎週登校。平常授業4時間
昼食▶食堂（中学は土のみ利用可）／食品販売あり
携帯電話▶可
制服▶ブレザー
自転車通学▶可
カウンセラー▶週4日
保護者面談▶年1～2回
保護者会▶年3回
必修旅行▶関西，広島(中3)
部活動▶最大週5日

学費

初年度目安 **132万円**

（単位:円）	入学金	施設費	授業料	その他	合計
入学手続時	250,000	100,000	—	—	350,000
1年終了まで	—	90,000	480,000	396,720	966,720

●奨学金・特待生
なし

[その他] 制服・指定品代，施設維持費，教材費，生徒用情報端末機代，実験実習料等，各種入会金・年会費。※例年，別途宿泊関連行事費あり。
[寄付・学債] 任意の寄付金（教育施設拡充募金）1口10万円以上あり。
※上記は'22年度のもの。新年度について詳細は「受験生応援アプリ」にて公開（2023年5月～）。

首都圏模試　思考コード　（単位：%）

〈第１回〉

読み取る力 ＼ 考える力	国語 A	国語 B	国語 C	算数 A	算数 B	算数 C
複雑 3						
2	12			50	15	
単純 1	24	64		5	30	

A＝知識・理解思考　B＝論理的思考　C＝創造的思考

2024年度入試　合格の基準

		首都圏模試 ほぼ確実	首都圏模試 見込あり	首都圏模試 やや見込あり	四谷大塚 ほぼ確実	四谷大塚 見込あり	四谷大塚 やや見込あり
男子	〈①〉	57	53	47	45	41	37
女子	〈①〉	56	52	46	46	42	38

ほぼ確実＝80％～／見込あり＝50～79％／やや見込あり＝20～49％

入試要項　2023年度参考　新年度日程は アプリへGO!　4科

試験名	試験日 ◎午後入試	出願締切 Web	発表 Web	手続 Web	2科	4科	適	英	他	面接	特待	募集数	応募数	受験数	合格数	実質倍率	偏差値
①	2/1	1/31	当日	2/3		●						男80	213	186	89	2.1	57
												女80	200	188	86	2.2	56
②	2/3	2/2	当日	2/5		●						男40	352	204	58	3.5	60
												女40	295	170	51	3.3	59

（選抜方法：2科／4科／適／英／他／面接）

【出願方法】　Web出願
【手続方法】　Web納入。2/10までの辞退者には一部返還
【受験料】　25,000円（同時出願は40,000円）

【帰国生入試】　—

中学受験のプロがおすすめ！　併願校の例

特色	男 キャリア教育	男 半付属校	男 理数教育	女 キャリア教育	女 半付属校	女 理数教育
♠男子校	♣国学院久我山	♣成蹊	♣中大附属	♣国学院久我山	♣成蹊	♣中大附属
♥女子校	♣桜美林	♣東京電機大	♣宝仙学園	♣桜美林	♣東京電機大	♣宝仙学園
♣共学・別学校	♣聖徳学園	♣武蔵野大学	♣工学院附	♣聖徳学園	♣武蔵野大学	♣工学院附

併設高校の進路情報

四年制大学進学率88.7%
文系54／理系39／その他７（%）　医歯薬32名合格

内部推薦▶日本大学へ159名（法15，文理31，経済８，商16，芸術15，国際関係２，危機管理１，スポーツ科２，理工31，生産工８，工１，医１，歯３，松戸歯３，生物資源科19，薬３），日本大学短期大学部へ２名が付属推薦で進学した。系列専門学校への内部推薦制度もある。

指定校推薦▶利用状況は早稲田大３，上智大５，東京理科大８，学習院大７，明治大５，青山学院大５，立教大４，中央大７，法政大８など。

'22年３月卒業生：408名

大学362名　短大３名　専門３名　就職０名　他40名

主な大学合格状況　'23年春については主要大学のみ巻末一覧に記載

大学名	'22	'21	'20	大学名	'22	'21	'20	大学名	'22	'21	'20
◇京都大	1	0	0	上智大	9	10	8	駒澤大	7	5	10
◇一橋大	1	0	0	東京理科大	19	14	12	専修大	8	13	19
◇千葉大	1	1	0	学習院大	14	14	20	帝京大	7	17	14
◇埼玉大	0	1	2	明治大	33	47	28	成蹊大	20	29	20
◇東京医歯大	1	0	0	青山学院大	15	21	18	成城大	10	18	11
◇東京藝術大	1	1	0	立教大	19	25	15	芝浦工大	10	7	14
◇東京農工大	0	1	2	中央大	41	41	20	東京女子大	8	6	8
◇群馬大	1	1	1	法政大	36	45	30	立命館大	7	7	3
早稲田大	11	8	13	日本大	324	291	266	杏林大	6	10	6
慶應大	2	2	3	東洋大	16	28	36	東京薬科大	5	4	6

※各大学合格数は既卒生との合計。

見学ガイド　文化祭／説明会／見学会

日本大学第三 中学校

にほんだいがくだいさん

〒194－0203　東京都町田市図師町 11－2375　☎042－789－5535

国際
海外研修
長期留学
第２外国語
online英会話
21型
1人1台端末
リモート体制
プロジェクト型
論文執筆
STEAM
情操
体験学習
ボランティア
人間力育成

教育目標▶「明・正・強」の建学の精神のもと，自主的精神に充ち，心身共に健康で，気品ある人格と実行力に富む，教養高い人材を育成する。
沿革▶1929年創立。1949年現校名へ改称。1991年より男女共学となる。
施設▶講堂，ICT推進室，図書室，進路学習室，屋内プール，武道場（柔道場・剣道場），テニスコート，野球場，総合グラウンド，他。
学校長▶樋山 克也
生徒数▶総数828名

	1年（7クラス）	2年（7クラス）	3年（7クラス）
男子	156名	150名	171名
女子	123名	120名	108名

JR―町田・淵野辺，京王相模原線・小田急多摩線―多摩センターよりバス日大三高 20分

「明確に正義を貫く強い意志」を持つ人に

基礎学力をしっかりとさせ，勉強・行事・部活動の３つの柱で豊かな人間性を育む。創立90周年を機に，「ICT教育」と「国際交流」をさらに深化させている。

学習 先取り教育はせず，学ぶ姿勢の確立と，基礎学力の徹底的な習得をめざす。生徒全員でタブレット端末を持ち，各教科でリアルタイム，双方向の授業を展開。中３ではより深い知識と高い学力を養う選抜クラスを設置する。中１と中３では，外国人講師２名による英会話の授業を週１回実施。数学も週１時間，３名の教員によるティームティーチングの授業を行い，数学検定に挑戦して成果を試す。理科では実験や野外実習を通して「本物に触れる」機会を多く設ける。各学年で年２回プレゼンテーションを行い発信力を養う。中３の夏に北米で体験学習（希望制）を実施。

●コース表

中1	中2	中3	高1	高2	高3
共通履修		選抜クラス	特進クラス		
		普通クラス	普通クラス		

※高２より文理選択。高校では上記ほかにスポーツクラスもあり

キャリア教育 中１で人との関わり方と他人を思いやる心情を学び，中２では職業別進路ガイダンスや，映像教材を用いた職業教育を通して社会貢献の方法を考える。中３では職業体験学習を実施する。

学校生活 約30のクラブ・同好会に80%以上の生徒が参加。14ある文化部では中高・男女が一緒に活動している。楽しみながらも自主性や礼儀正しさを身につける。

保護者MEMO

登校時刻▶8：40
最終下校時刻▶18：00
土曜日▶毎週登校。平常授業４時間
昼食▶食堂／食品販売あり
携帯電話▶可
制服▶詰襟，ブレザー
自転車通学▶可
カウンセラー▶週４日
保護者面談▶年２回
保護者会▶年２回
必修旅行▶京都・奈良（中３），他
部活動▶週４日まで

学費　初年度目安 120万円

（単位:円）	入学金	施設費	授業料	その他	合計
入学手続時	270,000	―	―	―	270,000
1年終了まで	―	100,000	420,000	414,200	934,200

●奨学金・特待生
特待生制度あり（年度更新）

［その他］制服代，教育充実費，生徒支援会費，副教材費，学級費，夏期学校費，学友会費。
［寄付・学債］なし。
※上記は'22年度のもの。新年度について詳細は「受験生応援アプリ」にて公開（2023年５月～）。

首都圏模試　思考コード　(単位：%)

読み取る力						
複雑 3						
2			データなし			
単純 1						
考える力	A	B	C	A	B	C

A=知識・理解思考　B=論理的思考　C=創造的思考

2024年度入試　合格の基準

		首都圏模試		四谷大塚	
		ほぼ確実	見込あり / やや見込あり	ほぼ確実	見込あり / やや見込あり
男子	①	51	46 / 42	39	34 / 29
女子	①	48	44 / 38	39	34 / 29

ほぼ確実＝80%～／見込あり＝50～79%／やや見込あり＝20～49%

入試要項　2023年度参考　新年度日程はアプリへGO!　2科　4科

試験名	試験日 ◎午後入試	出願締切 Web	発表 Web	手続 Web	2科	4科	適	英	他	面接	特待	募集数	応募数	受験数	合格数	実質倍率	偏差値
①	2/1	1/27	当日	2/10	●	●				*	●	160	男 281	253	121	2.1	51
													女 130	119	89	1.3	48
②	2/2	2/1	当日	2/10	●	●				*	●	60	男 327	207	86	2.4	54
													女 159	70	40	1.8	53
③	2/3	2/2	当日	2/10	●					*	●	20	男 293	114	31	3.7	59
													女 143	32	16	2.0	56

＊東京都，神奈川県以外からの受験は保護者面接あり

【出願方法】 Web出願
【手続方法】 Web納入
【受験料】 25,000円（複数回同時出願は35,000円）

【帰国生入試】 上記に含む。一部考慮あり

中学受験のプロがおすすめ！　併願校の例

特色	男 半付属校	男 読書指導充実	男 論文(自由研究)	女 半付属校	女 読書指導充実	女 論文(自由研究)
♠男子校 ♥女子校 ♣共学・別学校	♣目黒日大	♣桜美林	♣森村学園	♣日本大学	♣桜美林	♣森村学園
	♣東京電機大学	♣八王子学園	♣自修館中等部	♣東京電機大学	♣八王子学園	♣自修館中等部
	♣工学院大附	♣文化学園杉並	♣多摩大聖ヶ丘	♣工学院大附	♣文化学園杉並	♣多摩大聖ヶ丘

併設高校の進路情報

四年制大学進学率87.3%
文系53／理系40／その他7（%）　医歯薬10名合格

'22年3月卒業生：369名　大学322名　短大4名　専門6名　就職1名　他36名

内部推薦▶日本大学へ131名（法7，文理14，経済19，商15，芸術9，国際関係2，危機管理2，スポーツ科1，理工24，工3，生産工5，生物資源科23，薬1，二部6），同短期大学部へ3名，日本大学医学部付属看護専門学校へ2名が内部推薦で進学した。

指定校推薦▶利用状況は都立大2，東京理科大4，学習院大6，明治大7，青山学院大3，立教大1など。

海外大学合格状況▶University of the Cumberlands（米），他。

主な大学合格状況　'23年春については主要大学のみ巻末一覧に記載

大学名	'22	'21	'20	大学名	'22	'21	'20	大学名	'22	'21	'20
◇京都大	0	1	0	慶應大	4	4	0	東洋大	14	10	7
◇東工大	0	1	0	上智大	3	5	1	駒澤大	5	3	2
◇千葉大	0	0	1	東京理科大	6	7	6	専修大	13	5	8
◇東京藝術大	1	0	2	学習院大	10	9	8	東海大	31	13	32
◇東京学芸大	0	1	0	明治大	34	16	17	帝京大	12	9	8
◇都立大	3	1	3	青山学院大	15	15	12	成蹊大	11	5	8
◇信州大	1	0	0	立教大	7	6	6	成城大	6	9	12
◇東京海洋大	1	0	0	中央大	28	13	20	明治学院大	6	3	3
◇静岡大	1	0	0	法政大	22	15	17	神奈川大	18	15	14
早稲田大	10	7	4	日本大	260	213	253	東京薬科大	2	4	5

※各大学合格数は既卒生との合計。

見学ガイド　体育祭／文化祭／説明会／学校体験イベント／個別見学対応

中 八王子学園八王子（はちおうじがくえんはちおうじ）中学校

〒193－0931　東京都八王子市台町 4－35－1　☎042－623－3461

国際 / 海外研修 / 長期留学 / 第2外国語 / online英会話 / 21型 / 1人1台端末 / リモート体制 / プロジェクト型 / 論文執筆 / STEAM / 情操 / 体験学習 / ボランティア / 人間力育成

教育目標▶「人格を尊重しよう，平和を心につちかおう」を理念とし，豊かな人間の育成をめざす。
沿革▶1928年創立の「多摩勤労中学」を前身とする八王子学園八王子高等学校の併設校として，2012年4月に開校。
施設▶講堂，マルチメディア教室，図書館，自習室，カウンセリングルーム，トレーニングルーム，柔道場，グラウンド，他。
学校長▶小山　貢
生徒数▶総数297名

	1年（3クラス）	2年（3クラス）	3年（3クラス）
男子	44名	52名	48名
女子	58名	45名	50名

JR一西八王子5分　徒歩5分

自立した若者を育てる「八学イノベーション」

「高度なアクティブ・ラーニング」「探究ゼミ」「英語4技能を重視した学び」など5本柱で，グローバル社会で求められる能力や生きる力を養う。

学習 難関大学・医学部進学をめざす東大・医進クラスと，人間力育成を主眼とした一貫特進クラスの2編成。進級時にクラス変更が可能。英会話は1クラスを2～3グループに分けて，ネイティヴ教員による授業を行う。中3までに英検準2級取得が目標。体系的なアクティブ・ラーニングプログラム「探究ゼミ」では，自ら課題を設定し，中学3年間で地元の八王子についての調べ学習からプレゼンテーションまでを行う。1人1台のタブレット端末も効率的に活用。例年，中3では全員参加でオーストラリアへ10日間の海外語学研修に赴く。事前学習で，日本の伝統や文化も学ぶ。

キャリア教育 校外職業体験や職業講話など，仕事や生き方を考える多彩なプログラムを用意。主体的に考えて行動する人間，大学で学問をする人間を育成する。

学校生活 難関大学に進学した卒業生がチューターとして進路の悩み，勉強方法などの相談に応じている。クラブ活動は文武両道の精神で頑張る。中学で加入できるクラブは26部。中高合同で行う部もある。

●コース表

中1	中2	中3	高1	高2	高3
東大・医進クラス				文理コース（特選・特進・進学）	
一貫特進				総合コース（リベラルアーツ・美術）	
				アスリートコース	

※一貫生は文理コース特進クラスへ進む

保護者MEMO

登校時刻▶8：25
最終下校時刻▶17：30
土曜日▶毎週登校。平常授業4時間
昼食▶食堂（中学は原則，弁当）／食品販売あり
携帯電話▶可
制服▶ブレザー
自転車通学▶可
カウンセラー▶週1日
保護者面談▶年2回
保護者会▶年3回
必修旅行▶広島・京都・奈良（中2），他
部活動▶活動日は部による

学費　初年度目安 137万円

（単位:円）	入学金	施設費	授業料	その他	合計
入学手続時	250,000	—	—	—	250,000
1年終了まで	—	192,000	432,000	500,400	1,124,400

［その他］制服・指定品代，教育充実費，学年諸経費，冷暖房管理費，図書費。
［寄付・学債］任意の寄付金1口1万円以上あり。
※上記は'22年度のもの。新年度について詳細は「受験生応援アプリ」にて公開（2023年5月～）。

●奨学金・特待生
A特待：入学金，授業料（年次見直有）／B特待：入学金

首都圏模試 思考コード (単位:%)

〈東大・医進 2月1日午前〉

読み取る力＼考える力	I A	I B	I C	II A	II B	II C
複雑 3						
2		20	60		28	
単純 1		20			57	15

A=知識・理解思考　B=論理的思考　C=創造的思考

2024年度入試 合格の基準

〈東大医進①2科4科〉

	首都圏模試 ほぼ確実	首都圏模試 見込あり	首都圏模試 やや見込あり	四谷大塚 ほぼ確実	四谷大塚 見込あり	四谷大塚 やや見込あり
男子	57	53	49	42	38	34
女子	57	53	49	43	39	35

ほぼ確実=80%～／見込あり=50～79%／やや見込あり=20～49%

入試要項 2023年度参考 新年度日程は アプリへGO!

2科 4科 適性型

試験名	試験日 ◎午後入試	出願締切 Web	発表 Web	手続 Web	2科	4科	適	英	他	面接	特待	募集数	応募数	受験数	合格数	実質倍率	偏差値
東大・医進 ①午前	2/1	1/31	当日	2/12	●						●	50	14	14	4〈4〉	3.5	男57 女57
						●					●		35	35	6〈14〉	5.8	
							＊				●		308	307	65〈186〉	4.7	男53 女53
東大・医進 ②午後	2/1 ◎	当日	当日	2/12	●						●	15	130	125	22〈43〉	5.7	男60 女60
東大・医進 ③午前	2/2	2/1	当日	2/12			＊				●	10	90	81	10〈37〉	8.1	男58 女58
東大・医進 ④午後	2/2 ◎	当日	当日	2/12	●						●	10	82	67	8〈17〉	8.4	男60 女60
一貫特進	2/3 ◎	当日	当日	2/12	●							20	73	62	34	1.8	男49 女49

＊適性検査ⅠⅡ（Ⅰ文章を読み質問に対して600字程度の文章を書く，Ⅱ算数・理科・社会の融合問題）

【出願方法】 Web出願。午後入試は当日窓口可
【手続方法】 Web納入
【受験料】 23,000円（2回目以降は1回につき10,000円）

【帰国生入試】 上に含む。優遇または考慮あり　　（注）〈 〉は一貫特進合格で外数。

中学受験のプロがおすすめ！ 併願校の例

♠男子校 ♥女子校 ♣共学・別学校

特色	男 ICT教育	男 留学制度	男 適性検査型入試	女 ICT教育	女 留学制度	女 適性検査型入試
	♣桜美林	♣桐光学園	♣都立南多摩中等	♣桜美林	♣桐光学園	♣都立南多摩中等
	♣東京電機大	♣穎明館	♣多摩大聖ヶ丘	♣東京電機大	♣穎明館	♣多摩大聖ヶ丘
	♣聖徳学園	♣工学院大附	♣文化学園杉並	♣聖徳学園	♣工学院大附	♣文化学園杉並

併設高校の進路情報

四年制大学進学率80.4%
文系・理系の割合 未集計

指定校推薦▶都立大，早稲田大，東京理科大，学習院大，明治大，青山学院大，中央大，法政大，日本大，東洋大，駒澤大，専修大，國學院大，成蹊大，成城大，獨協大，芝浦工大，東京電機大，津田塾大，東京女子大，日本女子大，同志社大，玉川大，工学院大，東京都市大，東京経済大，昭和大，北里大，東邦大，東京薬科大，明治薬科大など推薦枠あり。

'22年3月卒業生：501名
大学403名　短大5名　専門20名　就職4名　他69名

主な大学合格状況 '23年春については主要大学のみ巻末一覧に記載

大学名	'22	'21	'20	大学名	'22	'21	'20	大学名	'22	'21	'20
◇東京大	1	1	0	◇都立大	7	12	9	法政大	66	51	44
◇京都大	0	1	0	早稲田大	20	12	21	日本大	102	79	74
◇東工大	0	0	2	慶應大	7	5	6	東洋大	55	53	41
◇一橋大	1	1	0	上智大	7	5	4	駒澤大	12	24	14
◇千葉大	0	1	2	東京理科大	12	17	13	専修大	40	36	37
◇筑波大	2	1	0	学習院大	11	8	14	東海大	29	22	22
◇横浜国大	2	0	0	明治大	45	48	39	帝京大	32	33	21
◇埼玉大	2	0	0	青山学院大	31	29	22	成蹊大	31	26	20
◇北海道大	1	1	2	立教大	27	19	15	明治学院大	15	22	23
◇東京藝術大	2	2	3	中央大	60	56	42	芝浦工大	25	12	6

※各大学合格数は既卒生との合計。

見学ガイド 文化祭／説明会／オープンキャンパス／見学会

八王子実践(はちおうじじっせん) 中学校

〒193－0931 東京都八王子市台町 1－6－15 ☎042－622－0654(代)・622－1929(入試広報部直通)

国際 / 海外研修 / 長期留学 / 第2外国語 / online英会話 / 21型 / 1人1台端末 / リモート体制 / プロジェクト型 / 論文執筆 / STEAM / 情操 / 体験学習 / ボランティア / 人間力育成

教育目標▶建学の精神「自重・自愛・自制・自立」を基本に，他者を思いやる，世界に貢献できる有為な人材を実践的教育で育む。
沿革▶1926年創立の八王子和洋裁縫女学校が学園の起源。1996年に中学校の募集を再開。
施設▶J-Lab.，コンピュータ教室，多目的ホール，書道室，武道場，ダンス場，卓球場，グラウンド，コンビニエンスストア＆ラウンジ，他。
学校長▶矢野　東
生徒数▶総数63名

	1年(1クラス)	2年(1クラス)	3年(1クラス)
男子	7名	5名	4名
女子	15名	17名	15名

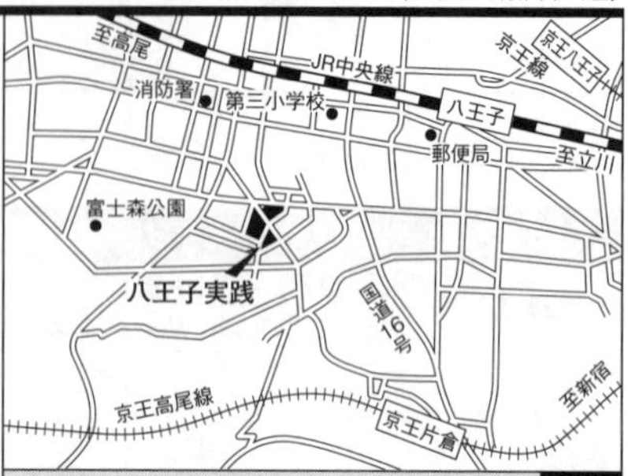

JR—八王子13分
京王線—京王片倉15分
13分

「学び合い」すべての生徒がレギュラー

学年の壁を取り払った3学年協働で学ぶ少人数教育が特色。自分らしさを発揮しながら，個性を認め合い，磨き合うことでお互いの才能を輝かせる。

学習 自国の文化理解，英語教育，探究学習に重きをおいている。英語は中学3年間，週7時間を確保。5時間は日本人教員による授業で文法や読解などの基礎力をつけ，2時間はネイティヴ教員とのティームティーチングで表現力を伸ばす。自国の伝統や文化を理解するための「探究型校外学習」を展開。希望制の特別講座・イベント「J-Trial」も行う。タブレット端末を活用した教育コミュニケーションアプリClassiや学習支援システムを導入し，授業，予復習サポート，調べ学習やプレゼンテーション資料作成などフル活用。中1よりプログラミング授業も取り入れ，ITスキルや，思考力・判断力・表現力などの育成を図る。

キャリア教育 内部進学にこだわらず，本人の希望と学力に応じて難関国公立・私立高校の受験が可能。キャリア・プログラムとして，マナー講座や，中3では東京工科大学・日本工学院八王子専門学校を見学する。

学校生活 全国大会2位の実績をもつ女子バレーボール部など部活動は活発。探究学習など3学年協働でのプログラムも多い。

●コース表

中1	中2	中3	高1	高2	高3
共通履修			特進コース		
			選抜コース		
			総合進学コース		

保護者MEMO

登校時刻▶8：30
最終下校時刻▶18：30
土曜日▶毎週登校。平常授業4時間
昼食▶弁当／食品販売あり
携帯電話▶可
制服▶ブレザー
自転車通学▶可
カウンセラー▶週1日
保護者面談▶年2回
保護者会▶年1～2回
必修旅行▶関西方面(中3)
部活動▶活動日は部による

学費　初年度目安 85万円

(単位:円)	入学金	施設費	授業料	その他	合計
入学手続時	210,000	50,000	—	7,500	267,500
1年終了まで	—	—	252,000	331,758	583,758

●奨学金・特待生
入学金，施設費，授業料・維持費1年

［その他］制服・指定品代，維持費，諸経費，積立金，父母の会費，後援会費，生徒会費。
［寄付・学債］なし。
※上記は'22年度のもの。新年度について詳細は「受験生応援アプリ」にて公開（2023年5月～）。

首都圏模試 思考コード （単位：%）

読み取る力 ＼ 考える力	A	B	C	A	B	C
複雑 3						
2			データなし			
単純 1						

A=知識・理解思考　B=論理的思考　C=創造的思考

2024年度入試 合格の基準

		首都圏模試 ほぼ確実	首都圏模試 見込あり	四谷大塚 ほぼ確実	四谷大塚 見込あり
男子	〈適性①〉	39	34	−	−
			やや見込あり 31		やや見込あり −
女子	〈適性①〉	39	34	−	−
			やや見込あり 31		やや見込あり −

ほぼ確実＝80％〜／見込あり＝50〜79％／やや見込あり＝20〜49％

入試要項 2023年度参考　新年度日程は アプリへGO!

適性型　英　他

試験名	試験日 ◎午後入試	出願締切 Web	発表 Web	手続 Web	選抜方法 2科	4科	適	英	他	面接	特待	募集数	応募数	受験数	合格数	実質倍率	偏差値
適性検査①	2/1	1/30	当日	2/9延			＊1				●	20	24	24	16	1.5	男39 女39
適性検査②	2/1 ◎	1/30	当日	2/9延			＊1				●		11	10	9	1.1	男40 女40
適性検査③	2/5	2/3	当日	2/9延			＊1				●	5	4	4	4	1.0	男39 女39
プレゼンテーション①	2/2	1/30	当日	2/6				＊3	＊2 / ＊4	＊3 / ＊4		10	21	20	20	1.0	男39 女39
プレゼンテーション②	2/5 ◎	2/3	当日	2/9				＊3	＊2 / ＊4	＊3 / ＊4		5	19	5	5	1.0	男39 女39

＊1　適性検査ⅠⅡ　＊2　エントリーシートに従って口頭発表　＊3　個人面接（英語と日本語）。英検３級以上取得者に限る　＊4　個人面接。ジュニア・プログラミング検定Scratch部門取得者に限る
※通知表コピー。ほかに自己表現はエントリーシート，　英語とプログラミングは検定合格書コピー

【出願方法】 Web出願後，書類郵送
【手続方法】 Web納入。適性検査は2/10まで延納可
【受験料】 20,000円（複数回受験可）

【帰国生入試】 —
（注）〈　〉は本科合格で外数。

中学受験のプロがおすすめ! 併願校の例

♠男子校　♥女子校　♣共学・別学校

特色	男 ティームティーチング	男 少人数制	男 ICT教育	女 ティームティーチング	女 少人数制	女 表現力育成
	♣文化学園杉並	♣武蔵野東	♣聖徳学園	♣文化学園杉並	♣武蔵野東	♣明星学園
	♣明星	♣新渡戸文化	♣啓明学園	♣明星	♣新渡戸文化	♣啓明学園
	♣帝京八王子	♠サレジオ	♣新渡戸文化	♣帝京八王子	♥日体大桜華	♣新渡戸文化

併設高校の進路情報

四年制大学進学率66.9%
文系64／理系36／その他０（%）

'22年３月卒業生：459名

大学307名　短大10名　専門88名　就職５名　他49名

指定校推薦▶利用状況は中央大１，東洋大１，東海大２，亜細亜大４，神奈川大１，工学院大４，立正大１，関東学院大１，大妻女子大３，東京工科大４，拓殖大９など。ほかに日本大，専修大，帝京大，國學院大，東京電機大，玉川大，東京都市大，国士舘大，東京経済大，桜美林大，武蔵野大，創価大，東京農大，実践女子大，明星大など推薦枠あり。

主な大学合格状況　'23年春については主要大学のみ巻末一覧に記載

大学名	'22	'21	'20	大学名	'22	'21	'20	大学名	'22	'21	'20
◇東京外大	0	1	0	立教大	6	2	3	神奈川大	15	9	10
◇横浜国大	0	1	0	中央大	8	10	12	玉川大	13	5	4
◇都立大	1	1	0	法政大	12	6	3	国士舘大	10	7	10
早稲田大	0	3	0	日本大	35	11	17	東京経済大	12	6	8
慶應大	1	2	1	東洋大	24	36	19	桜美林大	15	28	24
上智大	1	0	0	駒澤大	12	6	4	杏林大	8	10	2
東京理科大	0	2	1	専修大	37	10	22	北里大	5	10	2
学習院大	3	2	0	東海大	17	25	19	東京薬科大	2	4	4
明治大	6	7	1	亜細亜大	10	6	6	明星大	30	32	32
青山学院大	4	1	0	帝京大	52	42	40	拓殖大	16	12	31

※各大学合格数は既卒生との合計。

見学ガイド 文化祭／説明会／入試問題解説

広尾学園(ひろおがくえん) 中学校

〒106－0047　東京都港区南麻布 5－1－14　☎03－3444－7272

- 国際
- 海外研修
- 長期留学
- 第2外国語
- online英会話
- 21型
- 1人1台端末
- リモート体制
- プロジェクト型
- 論文執筆
- STEAM
- 情操
- 体験学習
- ボランティア
- 人間力育成

教育方針▶「自律と共生」の理念のもと，グローバル時代に活躍できる人材を育成する。

沿革▶1918年，板垣退助の妻絹子らが中心となり，順心女学校を設立。2007年より現校名となり男女共学化。

施設▶ICTルーム，図書館（3.5万冊），サイエンスラボ，カウンセラー室，武道場，トレーニングルーム，テニスコート，グラウンド，他。

学校長▶南風原　朝和

生徒数▶総数823名

	1年（7クラス）	2年（7クラス）	3年（7クラス）
男子	108名	101名	108名
女子	182名	147名	177名

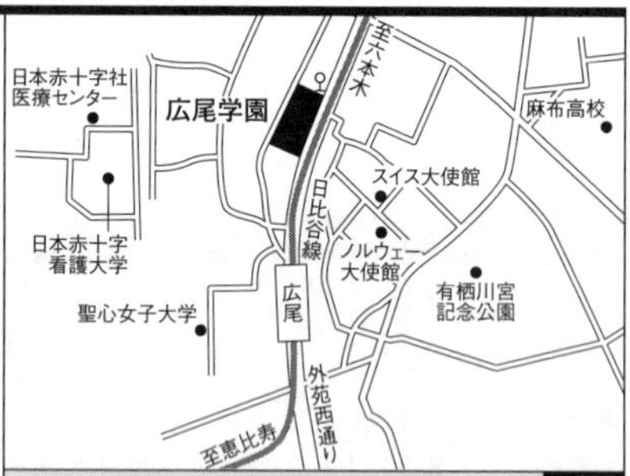

日比谷線―広尾１分　JR―品川・目黒よりバス日赤医療センター下・広尾学園前　徒歩1分

「自律と共生」のもと本質を追究する学びを提供

生徒自身が本当に学びたいことを見出すために，それぞれの個性を尊重し合い，切磋琢磨できる環境を大切にする。自ら進んで学ぶ姿勢を養いより高みをめざす。

学習 本科コースでは難関大学進学をめざし，先取り学習で効率よく学力を伸ばす。医進・サイエンスコースでは国内外の医・理系大学への進学を可能にする実力をつけるとともに，医師，研究者として必要なマインドを養成する。インターナショナルコースでは，基本的な授業をすべて英語で行うアドバンストと，基礎から英語力を伸ばすスタンダードの２グループを設置。中学は１時間，高１では２時間続きの実験を毎週１回実施。自然現象の解析方法を探る。中１から多くの大学入試問題が定期試験に組み込まれ，６年間を通じての入試対策を行う。各自が自分のICT機器を所有し，主体的な学びを実践。例年，中３・高１でオーストラリア短期留学を希望選抜制で実施。

●コース表

中1 ｜ 中2 ｜ 中3 ｜ 高1 ｜ 高2 ｜ 高3

本科コース――――――――――――――――――文系(国・私)／理系(国・私)

医進・サイエンスコース――――――――――――国立／私立

インターナショナルコース

（アドバンスト／スタンダード ※高１からはアドバンストのみ）

キャリア教育 中１から各分野のトップレベルで活躍する人物による特別講演会や，最高レベルの研究に触れるサイエンス講座で，多くの「本物」と出合う機会を設ける。

学校生活 クラブ・同好会は34あり，約８割の生徒が参加。学業との両立を実現。多くの行事は生徒が主体となって行われる。

保護者MEMO

登校時刻▶8：15

最終下校時刻▶18：00

土曜日▶月１回休校。登校日は平常授業４時間

昼食▶食堂／食品販売あり

携帯電話▶可

制服▶ブレザー

自転車通学▶不可

カウンセラー▶常駐

保護者面談▶年１～２回

保護者会▶年２～３回

必修旅行▶広島(中３)，他

部活動▶原則週３日，休日は活動なし

学費　初年度目安 127万円

（単位:円）	入学金	施設費	授業料	その他	合計
入学手続時	388,000	―	―	―	388,000
1年終了まで	―	30,000	480,000	370,200	880,200

●**奨学金・特待生**
授業料１年（中２以降年次審査有）

［その他］制服・指定品代，教育振興費，冷暖房費，図書費，視聴覚費，積立金，諸会費。※上記は本科。初年度目安は，医進・サイとISG141万円，IAG153万円。［寄付・学債］任意の寄付金（学校施設設備拡充資金）１口10万円２口以上あり。

※上記は'22年度のもの。新年度について詳細は「受験生応援アプリ」にて公開（2023年５月～）。

首都圏模試　思考コード　(単位：%)

〈第１回〉

読み取る力＼考える力	国語 A	国語 B	国語 C	算数 A	算数 B	算数 C
複雑 3						
2		27		22	24	
単純 1	20	53			54	

A=知識・理解思考　B=論理的思考　C=創造的思考

2024年度入試　合格の基準

		首都圏模試 ほぼ確実	首都圏模試 見込あり / やや見込あり	四谷大塚 ほぼ確実	四谷大塚 見込あり / やや見込あり
男子	〈一般①〉	70	67 / 64	59	56 / 52
女子	〈一般①〉	73	70 / 67	63	60 / 56

ほぼ確実＝80%～／見込あり＝50～79%／やや見込あり＝20～49%

入試要項　2023年度参考　新年度日程はアプリへGO!　2科　4科　英

試験名		試験日 ◎午後入試	出願締切 Web	発表 Web	手続 W・窓	選抜方法 2科	4科	適	英	他	面接	特待	募集数	応募数	受験数	合格数	実質倍率	偏差値
一般	①本科	2/1	1/31	2/2	2/9延		●					●	50	454	403	76	5.3	男70 女73
一般	②本科	2/1 ◎	1/31	2/2	2/9延		●					●	50	625	555	166	3.3	男72 女74
一般	②ISG	2/1 ◎	1/31	2/2	2/9延		●					●	20	427	395	63〈69〉	6.3	男73 女75
一般	医進・サイ	2/2 ◎	2/1	2/3	2/9延		●					●	35	502	325	99	3.3	男73 女75
一般	IAG	2/2 ◎	2/1	2/3	2/9延				＊1		＊1	●	10	103	95	10	9.5	男70 女70
一般	③本科	2/5	2/4	2/6	2/9延		●					●	20	753	509	63	8.1	男72 女73
一般	③ISG	2/5	2/4	2/6	2/9延		●					●	15	353	225	13〈30〉	17.3	男73 女75
国際生	IAG	12/15	12/2	12/17	12/20延				＊1		＊1	●	30	308	296	72	4.1	—
国際生	本科／ISG／医進・サイ	12/16	12/2	12/17	12/20延	＊2			＊2		＊2	●	10	277	261	77	3.4	—

＊1　English（英語で出題）＋Mathematics（英語で出題）＋Japanese（日本語で出題）＋個人面接（英語・日本語）。TOEFL iBTでスコア90以上の場合はEnglishの試験を免除。英検２級以上が対象　＊2　国算＋個人面接（日本語）。入学後英語取出希望者は別時間帯にEnglishを実施。
※IAGと国際生は通知表コピー，国際生履歴データ，任意でTOEFL表，英検合格証などのコピー

【出願方法】 Web出願後，該当者は書類郵送　**【手続方法】** 一般は，2/9，国際生は12/20までに書類受取，Web納入。一部納入のうえ，残額を2/11までに納入，2/14までに書類を郵送または窓口提出　**【受験料】** 25,000円（一般の同時出願は２回まで可，３回以降は１回につき5,000円。国際生は２回30,000円）

【帰国生入試】 上に記載（国際生入試）
（注）〈　〉内は本科合格で外数。

中学受験のプロがおすすめ！　併願校の例

特色	男 理数教育	男 ダイバーシティ	男 ICT教育	女 理数教育	女 ダイバーシティ	女 ICT教育
♠男子校	♣渋谷教育幕張	♣渋谷教育渋谷	♣慶應中等部	♣渋谷教育幕張	♣渋谷教育渋谷	♣慶應中等部
♥女子校	♣東京農大一	♠攻玉社	♣三田国際学園	♣東京農大一	♥頌栄女子	♣三田国際学園
♣共学・別学校	♣都市大等々力	♣成蹊	♣青稜	♣都市大等々力	♣成蹊	♣青稜

併設高校の進路情報

四年制大学進学率80.5%
文系43／理系52／その他５（%）　医歯薬93名合格

'22年３月卒業生：277名　大学223名　他53名
短大０名　専門１名　就職０名

指定校推薦▶利用状況は横浜市大１，早稲田大１，慶應大１，立教大１，中央大１，国際基督教大１など。ほかに東京理科大など推薦枠あり。

海外大学合格状況▶Harvard University, University of California_Berkeley/Los Angeles/San Diego, Yale University, Columbia University, University of Pennsylvania, Cornell University, Georgia Institute of Technology(米), University of Toronto, University of British Columbia, McGill University(カナダ)，他。

主な大学合格状況　'23年春については主要大学のみ巻末一覧に記載

大学名	'22	'21	'20	大学名	'22	'21	'20	大学名	'22	'21	'20
◇東京大	5	3	3	早稲田大	93	66	73	日本大	40	69	46
◇京都大	3	2	1	慶應大	72	50	48	東洋大	26	41	48
◇東工大	6	1	2	上智大	97	82	45	駒澤大	14	11	16
◇一橋大	5	3	2	東京理科大	77	68	35	専修大	13	6	14
◇千葉大	6	5	5	学習院大	10	11	7	東海大	10	9	18
◇筑波大	4	1	6	明治大	100	68	65	国際基督教大	14	9	8
◇横浜国大	8	8	7	青山学院大	58	44	23	成蹊大	16	14	12
◇北海道大	4	9	4	立教大	67	64	44	明治学院大	19	17	22
◇防衛医大	3	1	1	中央大	72	72	43	芝浦工大	50	31	33
◇都立大	3	3	2	法政大	48	46	50	東京医大	3	6	1

※各大学合格数は既卒生との合計。

見学ガイド　文化祭／説明会／授業体験会

広尾学園小石川中学校

ひろおがくえんこいしかわ

HIROO GAKUEN KOISHIKAWA

〒113−8665 東京都文京区本駒込 2−29−1 ☎03−5940−4187

国際 海外研修 長期留学 第2外国語 online英会話 21型 1人1台端末 リモート体制 プロジェクト型 論文執筆 STEAM 情操 体験学習 ボランティア 人間力育成

教育目標▶「自律と共生」の理念のもと，自らの意志で世界の課題を捉え，柔軟で寛容な精神をもって解決を導き出す力を育てる。

沿革▶1909年村田謙造により村田学園設立。1999年文京区駒込（旧・小石川区駕籠町）に校舎移転。2018年広尾学園と教育連携し，2021年中学校を開設。

施設▶サイエンスラボ，自習室，図書館，カウンセリング室，市川グラウンド・テニスコート，他。

学校長▶松尾　廣茂

生徒数▶総数319名

	1年（3クラス）	2年（5クラス）	3年
男子	51名	86名	—
女子	73名	109名	—

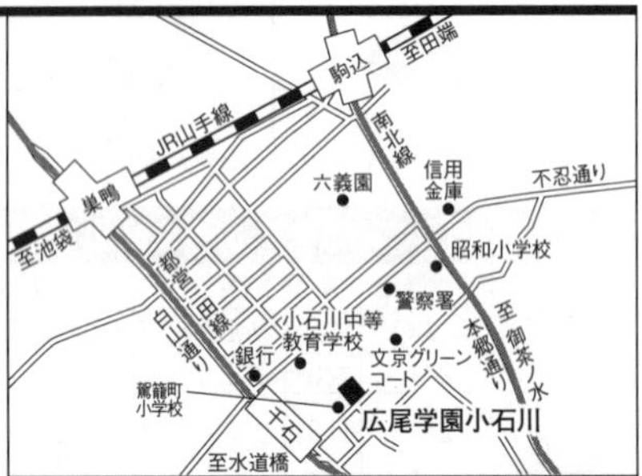

都営三田線—千石２分　南北線—駒込12分　JR—巣鴨13分，駒込13分　🚶2分

ものごとの本質を追究する学びを提供する

教育の根本は「本物にふれ，本物をめざす」。本科では本物に出あいふれる体験で多彩な力を育て，インターナショナルでは世界的視野を持つ次世代のリーダーを育成。

学習 本科コースは高１まではプレゼンテーションや論文執筆に取り組むなど主体的な学習活動を充実させ，読解力と発信力を養う。インターナショナルコースでは，各専門分野の外国人教員が英語で授業を行うアドバンスト，入学してから英語力を伸ばしていくスタンダードの２グループで構成。ディスカッションとプレゼンテーションを組み合わせた授業を展開する。両コースとも０限として朝の10分間，英語小説の読書や英単語，漢字のテストを行う。６年間の学習がそのまま受験学力にもつながるよう，中１から精選された大学入試問題が定期試験に組み込まれている。希望選抜制の海外短期留学プログラムがある。

●コース表

中1	中2	中3	高1	高2	高3
本科コース				文系	
				理系	
インターナショナルクラス（アドバンストグループ/スタンダードグループ）			インターナショナルクラス（アドバンストグループ）		

※高１進学時にコース変更可

キャリア教育 中１の段階から年間を通して実施。「本物との出会い」をテーマに，第一線で活躍する方々による特別講演会や宇宙天文合宿など，様々な分野の本格的プログラムを体験することで，視野を広げていく。

学校生活 いちょう祭，芸術鑑賞，音楽会などの行事がある。インターナショナルコースでは翻訳のボランティア活動を実施。

保護者MEMO

登校時刻▶8：15
最終下校時刻▶18：00
土曜日▶月１回休校。登校日は平常授業４時間
昼食▶弁当／食品販売あり
携帯電話▶可
制服▶ブレザー
自転車通学▶不可
カウンセラー▶週２日
保護者面談▶年３回
保護者会▶年３回
必修旅行▶広島·神戸（中３），幌島·出雲（高２）
部活動▶週３日まで

学費　初年度目安 123万円

(単位:円)	入学金	施設費	授業料	その他	合計
入学手続時	300,000	—	—	—	300,000
1年終了まで	—	30,000	480,000	419,600	929,600

●奨学金・特待生
授業料１年（中２以降年次審査有）

［その他］制服・指定品代，積立金，預り金，冷暖房費，図書視聴覚，同窓会費。
［寄付・学債］任意の寄付金（学校施設設備拡充資金）１口10万円２口以上あり。
※上記は'22年度のもの。新年度について詳細は「受験生応援アプリ」にて公開（2023年５月～）。

首都圏模試　思考コード（単位：%）

〈第１回〉

読み取る力＼考える力	国語 A	国語 B	国語 C	算数 A	算数 B	算数 C
複雑 3				10		
2	8	24		20	33	
単純 1	15	53			37	

A=知識・理解思考　B=論理的思考　C=創造的思考

2024年度入試　合格の基準

		首都圏模試 ほぼ確実	首都圏模試 見込あり	首都圏模試 やや見込あり	四谷大塚 ほぼ確実	四谷大塚 見込あり	四谷大塚 やや見込あり
男子	〈①本科〉	67	64	61	53	49	45
女子	〈①本科〉	67	64	61	55	51	47

ほぼ確実＝80%～／見込あり＝50～79%／やや見込あり＝20～49%

入試要項　2023年度参考　新年度日程はアプリへGO!

2科　4科　英

試験名		試験日 ◎午後入試	出願締切 Web	発表 Web	手続 W・窓	2科	4科	適	英	他	面接	特待	募集数	応募数	受験数	合格数	実質倍率	偏差値
①	本科	2/1	1/31	当日	2/9		●					●	15	123	88	17	5.2	男67 女67
	SG												15	103	65	15〈8〉	4.3	男69 女69
②	本科	2/1 ◎	1/31	当日	2/9	●						●	10	216	161	41	3.9	男68 女68
	SG												10	159	109	17〈18〉	6.4	男70 女70
③	本科	2/2 ◎	2/1	当日	2/9	●						●	5	279	152	24	6.3	男69 女69
	SG												5	211	92	11〈6〉	8.4	男71 女71
④	本科	2/3 ◎	2/2	当日	2/9	●						●	5	318	139	18	7.7	男69 女69
	SG												5	246	128	10〈10〉	12.8	男71 女71
⑤	本科	2/4 ◎	2/3	当日	2/9	●						●	5	360	174	17	10.2	男69 女69
	SG												5	250	117	9〈2〉	13	男71 女71
インターAG		2/4 ◎	2/3	当日	2/9				*		*	●	10	52	44	5	8.8	男67 女67

＊English＋Mathematics＋日本語＋個人面接（英語／日本語）。英検２級以上または同等以上の英語力を有する者に限る。TOEFL iBTのスコア90以上はEnglishの試験免除
※インターAGは，最新１年間の成績表，海外経験者は海外在学最終１年間の成績表，国際生履歴データと任意でTOEFLスコア表などのコピーを提出

【出願方法】 Web出願。インターAGは書類郵送
【手続方法】 Web納入。2/9書類受取・Webにて一部納入，2/11までに残額を納入のうえ，2/14書類郵送
【受験料】 25,000円（同時出願は複数回受験可。追加出願は１回につき5,000円）

【帰国生入試】 ①11/3，②12/12，本科・SG回12/13（①②計35名，本科・SG回若干名）
（注）〈　〉ほ本科合格で外数。

中学受験のプロがおすすめ!　併願校の例

特色	男 国際理解教育	男 ICT教育	男 キャリア教育	女 国際理解教育	女 ICT教育	女 キャリア教育
♠男子校 ♥女子校 ♣共学・別学校	♣広尾学園	♣渋谷教育渋谷	♣青山学院	♣広尾学園	♣渋谷教育渋谷	♣青山学院
	♣三田国際学園	♠城北	♣開智日本橋	♣三田国際学園	♥大妻	♣開智日本橋
	♣かえつ有明	♣順天	♣安田学園	♣かえつ有明	♣順天	♣安田学園

併設高校の進路情報

四年制大学進学率63.5%
文系85／理系15／その他０（%）　医歯薬２名合格

指定校推薦▶利用状況は青山学院大１，日本大１，駒澤大１，専修大１，共立女子大２，大妻女子大１，学習院女子大１など。ほかに東洋大，聖心女子大，白百合女子大，拓殖大，駒沢女子大，女子栄養大，東京家政大など推薦枠あり。

'22年３月卒業生：63名（女子のみ）

大学40名　短大８名　専門６名　就職６名　他３名

主な大学合格状況　'23年春については主要大学のみ巻末一覧に記載

大学名	'22	'21	'20	大学名	'22	'21	'20	大学名	'22	'21	'20
◇東京藝術大	0	1	0	法政大	5	0	0	共立女子大	3	1	0
◇お茶の水女子大	1	0	0	日本大	3	0	2	白百合女子大	4	0	0
◇弘前大	1	0	0	東洋大	7	1	2	星薬科大	1	0	0
慶應大	2	0	0	駒澤大	1	0	1	武蔵野大	1	0	2
東京理科大	1	0	0	専修大	5	1	2	学習院女子大	1	0	1
学習院大	1	0	0	大東文化大	6	2	3	大正大	1	0	1
明治大	6	0	0	國學院大	1	0	3	拓殖大	0	2	5
青山学院大	2	0	0	成蹊大	2	0	0	文京学院大	1	1	4
立教大	6	0	0	獨協大	3	0	0	女子栄養大	0	2	0
中央大	3	0	0	日本女子大	2	0	0	横浜薬科大	4	0	0

※各大学合格数は既卒生との合計。

見学ガイド　文化祭／説明会／授業体験会

高校募集 あり　特進は3年間別クラス。ほかは高1より全体が混合。　高1内訳 一貫生 78名　231名 高入生

文化学園大学杉並（ぶんかがくえんだいがくすぎなみ）中学校

〒166−0004　東京都杉並区阿佐谷南 3−48−16　☎03−3392−6636

国際 / 海外研修 / 長期留学 / 第2外国語 / online英会話 / 21型 / 1人1台端末 / リモート体制 / プロジェクト型 / 論文執筆 / STEAM / 情操 / 体験学習 / ボランティア / 人間力育成

教育方針▶自分の価値観を磨いてくれる日々の「感動」を大切にし，その感動体験を通して，物事の本質を思考し，自分なりの考えをもてる人を育てる。
沿革▶1986年文化女子大学附属杉並中学校として開校。2011年に現校名に改称。2018年より共学化。
施設▶読書自習室，Play Labo，スタジオ，スタディ・ルーム，グラウンド，サッカーグラウンド，他。2023年度までに八王子市に大型グラウンド完成予定。
学校長▶松谷　茂
生徒数▶総数381名

	1年（5クラス）	2年（4クラス）	3年（4クラス）
男子	74名	47名	52名
女子	75名	65名	68名

JR―阿佐ヶ谷10分
JR・丸ノ内線―荻窪10分
10分

価値観を育てる,「感動」を味わえる授業を実践する

中間考査を廃止し，毎日の授業・学習成果による評価を重視することで，生徒の授業に対する熱意を高めていく。2022年度より「DD7」プログラムが発足。

学習 先進的な英語教育を実践。中1の英語はレベル別に行い，初心者はスターター7に，上級者はAdvanced7またはDD7（目安は英検2級以上）に所属する。ネイティヴ教員主導型の授業が多く，DD7では理数科目7時間を含む週17時間を担当。中2で中高一貫コースかダブルディプロマ(DD)準備コースを選択。前者は週8時間，うち6時間はネイティヴ教員の英語を学び，後者はDD7に引き続き週17時間の授業を英語で取り組み，高校から本格的に開始するDDコース(日本とカナダの高校卒業資格を取得可)への接続を強化する。STEAMプロジェクトを導入し，問題解決型学習を展開。中1・中2のSTEAM Play倶楽部ではプログラミングやロボティクスをテーマに，中3からはメイカー，社会課題探究など4部門に分かれ，探究やものづくり活動を行う。

●コース表

中1	中2	中3	高1	高2	高3
共通履修	ダブルディプロマ準備コース		ダブルディプロマコース		
			特進コース		
	中高一貫コース		進学コース		

※全コース高2より文系／理系

キャリア教育 進路決定に向けて無理なく進んでいけるよう，発達段階に応じた計画的指導を実施。保護者との連携も大切にする。

学校生活 様々なスタイルの自習室があり，19時まで利用可。行事や部活動が充実。

保護者MEMO

登校時刻▶8：15
最終下校時刻▶19：00
土曜日▶毎週登校。平常授業4時間
昼食▶給食（中学）／食堂／食品販売あり
携帯電話▶許可制
制服▶ブレザー
自転車通学▶可
カウンセラー▶常駐
保護者面談▶年1回
保護者会▶年4回
必修旅行▶カナダ(中3)，他
部活動▶活動は部による

学費　初年度目安 152万円

(単位:円)	入学金	施設費	授業料	その他	合計
入学手続時	280,000	50,000	―	―	330,000
1年終了まで	―	―	444,000	746,520	1,190,520

［その他］制服・指定品代，管理維持費，学年費，旅行積立金，父母会費，生徒会費，昼食費。
［寄付・学債］なし。
※上記は'22年度のもの。新年度について詳細は「受験生応援アプリ」にて公開（2023年5月〜）。

●**奨学金・特待生**
入学金・施設費とA：授業料1年／B：授業料半額1年，C：入学金・施設費のみ

首都圏模試 思考コード (単位：%)

読み取る力	〈第1回〉国語 A	B	C	算数 A	B	C	〈適性検査型〉I A	B	C	II A	B	C
複雑 3												
2		14		60				15		4	41	
単純 1	20	58	8	20	20			15	70	6	43	6

考える力：A=知識・理解思考 B=論理的思考 C=創造的思考

2024年度入試 合格の基準

		首都圏模試 ほぼ確実	見込あり	やや見込あり	四谷大塚 ほぼ確実	見込あり	やや見込あり
男子	〈①〉	47	44	39	37	33	29
女子	〈①〉	47	44	39	38	34	30

ほぼ確実＝80%〜／見込あり＝50〜79%／やや見込あり＝20〜49%

入試要項 2023年度参考 新年度日程はアプリへGO!

2科 4科 適性型 英 他

試験名	試験日 ◎午後入試	出願締切 Web	発表 Web	手続 W・窓	2科	4科	適	英	他	面接	特待	募集数	応募数	受験数	合格数	実質倍率	偏差値
①	2/1	1/31	当日	2/8	●						●	40	63	45	25	1.8	男47 女47
適性検査	2/1	1/31	当日	2/10			＊1				●		59	59	52	1.1	男46 女46
②	2/1 ◎	1/31	当日	2/8	●	●					●		126	109	49	2.2	男48 女50
③	2/2	当日	当日	2/8	●	●					●	40	117	53	21	2.5	男46 女46
④	2/2 ◎	当日	当日	2/8	●						●		115	56	30	1.9	男47 女47
算数特別 ①									＊2		●		7	4	2	2.0	男48 女48
英語特別 ①								＊3		＊3	●		13	9	7	1.3	男47 女47
⑤	2/3	当日	当日	2/8	●	●					●	20	119	39	23	1.7	男46 女46
算数特別 ②	2/3 ◎	当日	当日	2/8					＊2		●		43	12	5	2.4	男48 女48
英語特別 ②								＊3		＊3	●		10	0	—	—	男47 女47
⑥	2/4	当日	当日	2/8	●						●	若干	142	34	17	2.0	男47 女47

＊1 適性検査ＩⅡまたはＩⅡⅢ ＊2 計算・記述 ＊3 国または算，英（リスニング，リーディング・ライティング，スピーキング） ＊4 プレゼンまたは国語
※通知表コピー，英語資格の証明書コピー（任意。英語特別以外の入試で加点優遇あり）

【出願方法】Web出願後，書類郵送。当日持参も可 **【手続方法】**Web納入のうえ，窓口手続。辞退者には一部返還 **【受験料】**20,000円（複数回同時出願は25,000円）。適性検査型のみは10,000円。算数特別と英語特別は同一入試の複数回出願不可

【帰国生入試】11/6，12/11，1/8（募集数は定めず）

中学受験のプロがおすすめ! 併願校の例

特色	男 留学制度	男 STEAM教育	男 適性検査型入試	女 留学制度	女 STEAM教育	女 適性検査型入試
♠男子校 ♥女子校 ♣共学・別学校	♣宝仙学園	♣工学院大附	♣都立武蔵	♣宝仙学園	♣工学院大附	♣都立武蔵
	♣武蔵野大学	♣聖徳学園	♣都立富士	♣武蔵野大学	♣聖徳学園	♣都立富士
	♣城西大城西	♣明星学園	♣明星	♣城西大城西	♣明星学園	♣明星

併設高校の進路情報

四年制大学進学率81%
文系・理系26の割合未集計 医歯薬７名合格

内部推薦▶文化学園大学へ28名（服装11，造形12，国際文化５），文化服装学院へ１名が内部推薦で進学。
指定校推薦▶利用状況は学習院大１，中央大１，法政大２，駒澤大１，成蹊大１，成城大１，津田塾大１，東京女子大１，白百合女子大１など。
海外大学合格状況▶University of Toronto, Monash University, University of the Fraser Valley, Vancouver Island University, Simon Fraser University, Langara College（ｶﾅﾀﾞ），他。

'22年３月卒業生：379名
大学307名 短大１名 専門32名 就職０名 他39名

主な大学合格状況 '23年春については主要大学のみ巻末一覧に記載

大学名	'22	'21	'20	大学名	'22	'21	'20	大学名	'22	'21	'20
◇千葉大	0	0	1	学習院大	4	2	2	亜細亜大	22	5	2
◇筑波大	0	1	1	明治大	12	13	1	帝京大	31	19	3
◇東京外大	0	1	0	青山学院大	4	2	0	成蹊大	4	3	10
◇東京医歯大	0	1	1	立教大	9	15	4	成城大	8	4	2
◇防衛医大	1	0	0	中央大	8	5	4	東京女子大	3	3	2
◇東京農工大	1	0	1	法政大	11	6	7	日本女子大	7	5	7
早稲田大	3	5	1	日本大	25	23	8	玉川大	9	6	3
慶應大	2	1	0	東洋大	34	16	3	順天堂大	8	13	3
上智大	3	2	0	専修大	16	10	1	杏林大	17	10	3
東京理科大	0	3	1	大東文化大	11	8	2	文化学園大	53	51	16

※各大学合格数は既卒生との合計。

見学ガイド 文化祭／説明会／オープンスクール／授業見学会

文教大学付属（ぶんきょうだいがくふぞく） 中学校

〒142－0064　東京都品川区旗の台 3－2－17　☎03－3783－5511

国際 / 海外研修 / 長期留学 / 第2外国語 / online英会話 / 21型 / 1人1台端末 / リモート体制 / プロジェクト型 / 論文執筆 / STEAM / 情操 / 体験学習 / ボランティア / 人間力育成

教育理念▶「人間愛」を教育の基盤とし，社会奉仕など具体的に行動できる生徒を育成する。
沿革▶1927年開設の立正裁縫女学校を前身に，1947年に立正学園中学校として開校。
施設▶講堂，大講義室，図書室，和室，トレーニングルーム，屋内プール，グラウンド，他。
学校長▶銅谷　新吾
生徒数▶総数477名　併設小からの進学者を含む。

	１年（４クラス）	２年（４クラス）	３年（５クラス）
男子	80名	89名	112名
女子	69名	63名	64名
内進生内数	男3名 女9名	男11名 女9名	男7名 女8名

東急大井町線—旗の台３分，荏原町３分
都営浅草線—中延８分
3分

「人間愛」の伝統に，「進学力」養成のイノベーション

校訓としてきた「人間愛」に加えて，大学進学力をつけるための改革に取り組んでいる。学習習慣の確立や，学力定着のためのサポート体制が整う。

学習 中１・中２は学力均等，中３からは学力到達度に応じたアドバンストとスタンダードの２段階クラス編成。中１の英語は少人数，中２以降は英数で習熟度別授業を行い，きめ細やかな指導を行う。国際理解教育に注力。希望制で，中学から参加できるセブ島やオーストラリアでの語学研修のほか，高校では中期・長期留学がある。また，全学年を対象に，台湾の大学進学に向けた中国語講座も開講。ICTの活用で授業への興味関心や理解度を向上させる。担任がクラス全員と年３回面談し，学力面などのアドバイスを行う。学習習慣の定着を図るため，毎朝10分間小テストを行い，放課後は部活動後も利用できる学習システム「文教ステーション」を用意している。

●**コース表**

中１	中２	中３	高１	高２	高３
学力均等クラス		アドバンストクラス	アルティメット	ハイレベルクラス	
			アドバンスト		
		スタンダードクラス	スタンダード	スタンダードクラス	

※両クラス高２より文系／理系

キャリア教育 リクルートと共同開発した文教版キャリアノート「NEWTON」を活用。各学年の目標に沿って学習していく。中３の職場見学や職業人講演会を，自分の将来を考えるきっかけとする。

学校生活 水泳部やパソコン部など，スポーツ系16，文化系・同好会15が活動。

保護者MEMO

登校時刻▶8：10
最終下校時刻▶18：00
土曜日▶毎週登校。平常授業４時間
昼食▶食堂（中学は土曜のみ）／食品販売あり
携帯電話▶可
制服▶ブレザー
自転車通学▶不可
カウンセラー▶週３日
保護者面談▶年２回
保護者会▶年２回
必修旅行▶京都・奈良・広島(中3)，他
部活動▶活動日は部による

学費　　初年度目安 130万円

(単位:円)	入学金	施設費	授業料	その他	合計
入学手続時	280,000	—	—	—	280,000
1年終了まで	—	170,000	420,000	434,029	1,024,029

［その他］制服・指定品代，学年費，Bステ（学習支援システム）利用料，タブレット端末，白蓉会費，PTA会費。［寄付・学債］なし。
※上記は'22年度のもの。新年度について詳細は「受験生応援アプリ」にて公開（2023年５月～）。

●**奨学金・特待生**
入学金，授業料１年（成績により継続可）

首都圏模試　思考コード　(単位:%)

〈第1回〉

読み取る力＼考える力	国語 A	国語 B	国語 C	算数 A	算数 B	算数 C
複雑 3						
2	21	21		58		
単純 1	20	38		32	10	

A=知識・理解思考　B=論理的思考　C=創造的思考

2024年度入試　合格の基準

		首都圏模試 ほぼ確実	首都圏模試 見込あり	首都圏模試 やや見込あり	四谷大塚 ほぼ確実	四谷大塚 見込あり	四谷大塚 やや見込あり
男子	〈①〉	43	40	36	37	33	29
女子	〈①〉	43	40	36	38	34	30

ほぼ確実＝80%～/見込あり＝50～79%/やや見込あり＝20～49%

入試要項　2023年度参考　新年度日程はアプリへGO!　2科 4科

試験名	試験日 ◎午後入試	出願締切 Web	発表 Web	手続 Web	2科	4科	適	英	他	面接	特待	募集数	応募数	受験数	合格数	実質倍率	偏差値
①	2/1	当日	当日	2/4	●	●					●	64	203	101	54	1.9	男43 女43
②	2/1 ◎	当日	当日	2/4	●	●					●	30	305	225	95	2.4	男45 女45
③	2/2	当日	当日	2/4	●	●					●	20	294	134	46	2.9	男43 女43
④	2/2 ◎	当日	当日	2/4	●	●					●	10	309	116	44	2.6	男44 女44
⑤	2/4	当日	当日	2/8	●	●					●	20	375	118	45	2.6	男52 女52

（選抜方法: 2科・4科・適・英・他・面接）

【出願方法】 Web出願。ほかに窓口にて当日Web出願可
【手続方法】 Web納入
【受験料】 20,000円（同時出願は複数回受験可）

【帰国生入試】 12/18（若干名募集）
(注) ①の募集数に付属小学校からの受験者を含む。

中学受験のプロがおすすめ!　併願校の例

特色	男 ICT教育	男 近代的校舎	男 キャリア教育	女 ICT教育	女 近代的校舎	女 キャリア教育
♠男子校 ♥女子校 ♣共学・別学校	♣目黒日大	♣芝国際	♣関東学院	♣目黒日大	♣芝国際	♣関東学院
	♣東海大高輪台	♣八雲学園	♣立正大立正	♣東海大高輪台	♣八雲学園	♣立正大立正
	♣品川翔英	♣多摩大目黒	♣目黒学院	♣品川翔英	♣多摩大目黒	♣目黒学院

併設高校の進路情報

四年制大学進学率85.5%
文系73／理系27／その他0（%）　医歯薬7名合格

内部推薦▶文教大学へ15名（教育7，文2，情報3，経営3）が内部推薦で進学した。

指定校推薦▶利用状況は法政大1，明治学院大1，東京都市大2，清泉女子大1，東洋英和女学院大1など。ほかに学習院大，日本大，東洋大，専修大，大東文化大，東海大，亜細亜大，帝京大，國學院大，成蹊大，成城大，神奈川大，東京女子大，日本女子大など推薦枠あり。

'22年3月卒業生：255名
大学218名　短大2名／専門12名／就職1名／他22名

主な大学合格状況　'23年春については主要大学のみ巻末一覧に記載

大学名	'22	'21	'20	大学名	'22	'21	'20	大学名	'22	'21	'20
◇千葉大	2	2	0	学習院大	5	1	1	東海大	19	23	14
◇筑波大	0	0	1	明治大	15	21	12	帝京大	14	15	12
◇東京外大	1	1	0	青山学院大	8	5	6	國學院大	20	5	5
◇防衛医大	0	1	0	立教大	4	19	7	成蹊大	6	3	4
◇東京学芸大	1	2	0	中央大	8	18	5	成城大	7	4	6
◇都立大	0	2	1	法政大	16	13	11	明治学院大	19	8	14
早稲田大	7	2	0	日本大	35	36	31	神奈川大	33	17	21
慶應大	0	4	2	東洋大	27	25	30	芝浦工大	7	7	2
上智大	6	2	4	駒澤大	15	7	11	桜美林大	9	7	18
東京理科大	1	9	4	専修大	51	20	19	文教大	56	47	37

※各大学合格数は既卒生との合計。

見学ガイド　文化祭／説明会／オープンスクール／理科実験教室／個別見学対応

法政大学（ほうせいだいがく）中学校

〒181－0002　東京都三鷹市牟礼 4－3－1　☎0422－79－6230（代）・6228（入試担当）

国際 / 海外研修 / 長期留学 / 第2外国語 / online英会話 / 21型 / 1人1台端末 / リモート体制 / プロジェクト型 / 論文執筆 / STEAM / 情操 / 体験学習 / ボランティア / 人間力育成

教育目標▶豊かな知性と教養，健康な心と身体，思考力と判断力を有する人間を育てる。
沿革▶1936年創立。2007年に男子校より共学化し現校地へ移転，現校名に改称。
施設▶ホール，マルチメディア教室，和室，カウンセリングルーム，メインアリーナ，剣道場，プール，トレーニングルーム，人工芝グラウンド，他。
学校長▶松浦　麻紀子
生徒数▶総数419名

	1年（4クラス）	2年（4クラス）	3年（4クラス）
男子	67名	68名	69名
女子	73名	72名	70名

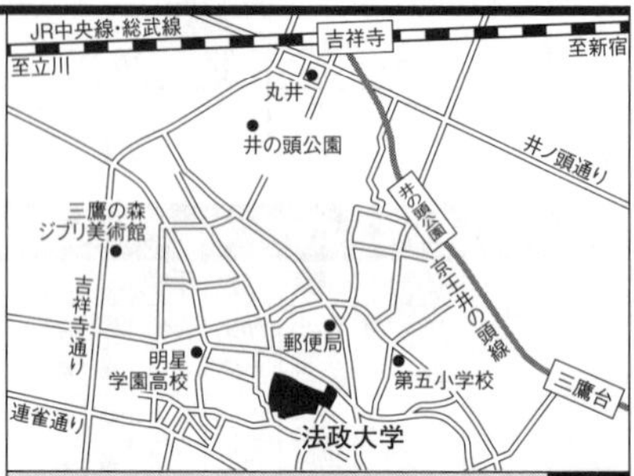

京王井の頭線―井の頭公園12分
JR―三鷹よりバス西ヶ原4分
12分

「自由と進歩」の校風のもと，「自主自律」を育てる学びの場

法政大学の学風である「自由と進歩」の精神を追求。学習だけでなく，行事や生活についても自分たちで考え，仲間とともに主体的に行動することを大切にする。

学習 大学での学びやその先の将来を豊かなものにするための基礎学力と学習習慣の確立に向け，英数国に重点をおく。英語は一部の授業を少人数クラスで展開し，ネイティヴ教員による英会話も導入。各種英語資格試験に積極的に取り組み，英検は中3で準2級合格をめざす。また，英語力プラス国際性を育む機会として，中3の希望者対象にカナダ語学研修を実施（2022年はオンライン）。数学は複数の教員できめ細かな指導を行う「演習」の授業を用意。中2は一部の授業を少人数制，中3では習熟度別で行う。高校ではコース分けをせず5教科を発展的に学ぶ。高3の「3学期プログラム」で，卒業論文（10,000字以上）か卒業レポート（2,000字以上）を作成。

●コース表

中1	中2	中3	高1	高2	高3
共通履修					文系
					理系

キャリア教育 高1で法政大学キャンパス見学会を行い，すべての学部から説明を受ける。また高2で行うOB・OG講演会での話を参考に，将来の進路を具体的にしていく。

学校生活 大学の付属校という環境を生かし，クラブや生徒会，行事など様々な活動にチャレンジし，主体性・創造性を育む。

保護者MEMO

登校時刻▶8：30
最終下校時刻▶18：00
土曜日▶毎週登校。平常授業4時間
昼食▶給食（週1回）／食堂／食品販売あり
携帯電話▶可
制服▶ブレザー
自転車通学▶可
カウンセラー▶週4日
保護者面談▶年1回
保護者会▶年4回
必修旅行▶広島・長崎（中3），他
部活動▶活動日は部による

学費　　初年度目安 140万円

（単位:円）	入学金	施設費	授業料	その他	合計
入学手続時	300,000	―	―	―	300,000
1年終了まで	―	240,000	570,000	286,412	1,096,412

●奨学金・特待生
なし。入学後独自の奨学金制度等有

［その他］制服・指定品代，教材費，副教材費，実験実習費，クラス費，行事費等，PTA会費，生徒会費，スクールランチ，災害共済掛金。
［寄付・学債］任意の寄付金(法政大学中学高等学校教育振興資金）1口10万円1口以上あり。
※上記は'22年度のもの。新年度について詳細は「受験生応援アプリ」にて公開（2023年5月～）。

首都圏模試　思考コード （単位：%）

〈第１回〉

読み取る力＼考える力	国語 A	国語 B	国語 C	算数 A	算数 B	算数 C
複雑 3				5		
2	14	19		36	5	
単純 1		67			54	

A=知識・理解思考　B=論理的思考　C=創造的思考

2024年度入試　合格の基準

		首都圏模試 ほぼ確実	首都圏模試 見込あり	首都圏模試 やや見込あり	四谷大塚 ほぼ確実	四谷大塚 見込あり	四谷大塚 やや見込あり
男子	①	67	64	61	54	50	45
女子	①	68	65	62	56	52	47

ほぼ確実＝80%／見込あり＝50〜79%／やや見込あり＝20〜49%

入試要項　2023年度参考　新年度日程はアプリへGO!　4科

試験名	試験日 ◎午後入試	出願締切 Web	発表 Web	手続 Web	選抜方法 2科	4科	適	英	他	面接	特待	募集数	応募数	受験数	合格数	実質倍率	偏差値
①	2/1	1/24	当日	2/4		●						50	男 99	87	28	3.1	67
													女 133	119	32	3.7	68
②	2/3	2/2	当日	2/6		●						50	男 221	156	40	3.9	67
													女 313	226	44	5.1	68
③	2/5	2/4	当日	2/6		●						40	男 210	135	36	3.8	68
													女 314	248	43	5.8	69

【出願方法】 Web出願　**【手続方法】** 発表後に書類を郵送で受取のうえ，Web納入　**【受験料】** 25,000円（同時出願は２回で45,000円，３回で65,000円）

【帰国生入試】 上記に含む。若干の考慮あり

年度	試験名	募集数	応募数	受験数	合格数	実質倍率	偏差値
'22	①	50	男165	135	34	4.0	65
			女141	126	38	3.3	67
	②	50	男276	190	40	4.8	66
			女256	205	45	4.6	68
	③	40	男310	225	33	6.8	66
			女294	236	33	7.2	68

(注)合格数に繰上含む

中学受験のプロがおすすめ！　併願校の例

特色	男 大学付属校	男 国際理解教育	男 リベラル	女 大学付属校	女 国際理解教育	女 リベラル
♠男子校 ♥女子校 ♣共学・別学校	♣明大明治	♣青山学院	♠桐朋	♣明大明治	♣青山学院	♥学習院女子
	♠立教新座	♣成蹊	♣中大附属	♥立教女学院	♣成蹊	♣中大附属
	♠明大中野	♣国学院久我山	♣成城学園	♥日本女子大附	♣国学院久我山	♣成城学園

併設高校の進路情報

四年制大学進学率100%
文系83／理系17／その他０（%）

内部推薦▶法政大学へ208名（法29，文23，経済23，社会26，経営27，国際文化８，人間環境12，現代福祉４，キャリアデザイン10，スポーツ健康５，グローバル教養３，情報科８，デザイン工12，理工15，生命科３）が内部推薦で進学した。

指定校推薦▶利用状況は上智大５，立教大１，東京薬科大１，横浜美大１など。ほかに学習院大，日本大，大東文化大，東京電機大，武蔵大，東京都市大など推薦枠あり。

'22年３月卒業生：227名　　大学227名
短大０名　専門０名　就職０名　他０名

主な大学合格状況　'23年春については主要大学のみ巻末一覧に記載

大学名	'22	'21	'20	大学名	'22	'21	'20	大学名	'22	'21	'20
◇筑波大	0	1	0	中央大	1	0	2	北里大	0	1	0
◇都立大	0	1	1	法政大	211	210	214	東京薬科大	1	0	0
早稲田大	1	0	0	日本大	2	1	5	明治薬科大	1	0	0
慶應大	1	6	4	東海大	0	0	3	明星大	0	2	0
上智大	7	7	6	国際基督教大	2	0	0	帝京平成大	0	0	2
東京理科大	1	1	4	芝浦工大	5	0	1	東京工科大	0	1	0
学習院大	0	1	1	東京女子大	0	2	0	東京工芸大	0	1	1
明治大	6	0	1	日本女子大	0	2	0	横浜美大	1	0	0
青山学院大	1	0	1	立命館大	2	0	0	昭和音大	1	0	0
立教大	2	1	1	昭和大	0	1	0	鶴見大	1	0	0

※各大学合格数は既卒生との合計。

見学ガイド　説明会／オープンキャンパス／見学会

高校募集 あり 高1より全体が混合。 高1内訳 一貫生 204名 45名 高入生

宝仙学園（ほうせんがくえん） 中学校

〒164－8628 東京都中野区中央 2－28－3 ☎03－3371－7103

国際 / 海外研修 / 長期留学 / 第2外国語 / online英会話 / 21型 / 1人1台端末 / リモート体制 / プロジェクト型 / 論文執筆 / STEAM / 情操 / 体験学習 / ボランティア / 人間力育成

教育目標▶「知的で開放的な広場」を提供。生徒は好きなことで評価される経験を積み重ねることで自己肯定感を高め，他者への思いやりを育む。

沿革▶1928年創立。2007年に理数インター（共学部）を設置。

施設▶講堂，生徒ホール，図書室（2.8万冊），ICT教室，剣道場，屋内プール，グラウンド，他。

学校長▶富士　晴英

生徒数▶総数644名　併設小からの進学者を含む。

	1年（6クラス）	2年（7クラス）	3年（6クラス）
男子	107名	124名	105名
女子	102名	116名	90名
内進生内数	男1名 女1名	男3名 女2名	男3名 女2名

丸ノ内線・都営大江戸線―中野坂上３分　3分

理数的思考力と人と人をつなぐ共学部理数インター

答えのない学びに挑戦する新教科「理数インター」。理数的思考力に基づく，コミュニケーション能力やプレゼンテーション能力を養う授業を展開する。

学習 中学３年間は主要教科をゆっくり学ぶ。サイエンス，ICT，グローバルの３つの教育を盛り込んだ独自の教科「理数インター」に週１時間取り組む。問題を発見し仮説を立て検証・考察する過程を通して，物事を論理的に考える力を身につけていく。中１は週１時間ずつ英数のフォローの授業を実施。各自の理解度に応じた個別の学習指導で，ボトムアップを図る。学習の目標と達成度を書き記す記録帳「マイウェイ」を活用することで学習の様子を客観視し，自己管理能力を高める。中１～高１の全生徒による英語のプレゼンテーションコンテストを実施。発信力だけでなく受信力も養う。高２のアメリカ研修では現地で英語によるプレゼンテーションを行う。

●コース表

中1	中2	中3	高1	高2	高3
共通履修				文理混合選抜	
				文系〈選抜／一般〉	
				理系〈選抜／一般〉	

キャリア教育 生徒一人ひとりが自ら考え自主的に将来を切り開いていけるよう，発達段階に応じたステージマップに基づき，きめ細かな進路支援を行う。

学校生活 年に数回の仏教行事を通して，仏教の考え方や言葉を知り，日本文化への理解も深める。26の部が活動している。

保護者MEMO

登校時刻▶８：20
最終下校時刻▶18：00
土曜日▶毎週登校。平常授業４時間
昼食▶食堂あり
携帯電話▶許可制
制服▶ブレザー
自転車通学▶可（距離制限あり）
カウンセラー▶週３～４日
保護者面談▶状況に応ず
保護者会▶年約３回
必修旅行▶シンガポール(中3)
部活動▶基本は週３日まで

学費　初年度目安 112万円

（単位:円）	入学金	施設費	授業料	その他	合計
入学手続時	300,000	120,000	—	—	420,000
1年終了まで	—	—	483,600	218,000	701,600

［その他］施設維持費，教材・図書・暖房費，父母会年会費，父母会入会金，生徒会費。※別途学年費，指定品・制服代（平均して13～15万円）あり。［寄付・学債］任意の寄付金あり。
※上記は'22年度のもの。新年度について詳細は「受験生応援アプリ」にて公開（2023年５月～）。

●奨学金・特待生
Ｓ：入学金，施設費，授業料／Ａ：入学金，施設費，授業料半額／Ｂ：入学金，施設費（年度更新）

首都圏模試 思考コード (単位:%)

読み取る力＼考える力	〈2月1日午前〉国語 A	B	C	算数 A	B	C	〈公立一貫〉Ⅰ A	B	C	Ⅱ A	B	C
複雑 3								25				
2	3			53	14			25	50		42	
単純 1	20	77		12	21						48	10

A=知識・理解思考　B=論理的思考　C=創造的思考

2024年度入試 合格の基準

		首都圏模試 ほぼ確実	見込あり	やや見込あり	四谷大塚 ほぼ確実	見込あり	やや見込あり
男子	〈2科4科①〉	59	55	45	42	37	33
女子	〈2科4科①〉	59	55	45	43	38	34

ほぼ確実＝80%～／見込あり＝50～79%／やや見込あり＝20～49%

入試要項 2023年度参考　新年度日程は アプリへGO!

2科　4科　適性型　英　他

試験名	試験日 (◎午後入試)	出願締切 Web	発表 Web	手続 Web	2科	4科	適	英	他	面接	特待	募集数	応募数	受験数	合格数	実質倍率	偏差値
2科4科①	2/1	当日	当日	2/5	●	●					＊6	15	81	60	47	1.3	男59 女59
2科4科②	2/2 ◎	当日	当日	2/5	●	●					＊6	10	239	112	85	1.3	男60 女60
新4科	2/1 ◎	当日	当日	2/5			＊1				●	15	130	110	87	1.3	男59 女59
公立一貫①	2/1	当日	当日	2/9			＊2				●	15	454	437	329	1.3	男52 女52
公立一貫②	2/2	当日	当日	2/9			＊2				●	15	313	230	157	1.5	男54 女54
公立一貫③	2/4	当日	当日	2/9			＊2				●	10	272	166	135	1.2	男55 女55
プレゼン(注1)①	2/1 ◎	当日	当日	2/5					＊3		●	35	18	17	14	1.2	男48 女48
プレゼン(注1)②	2/4 ◎	当日	当日	2/5					＊3		●		50	27	19	1.4	(注2)
理数インター①	2/1 ◎	当日	当日	2/5					＊4		●	10	20	20	15	1.3	男49 女49
理数インター②	2/2 ◎	当日	当日	2/5					＊4		●		20	9	5	1.8	男48 女48
英語AL	2/1 ◎	当日	当日	2/5				＊5			●	5	11	11	8	1.4	男48 女48

(注1)「プレゼン」はプレゼンテーション入試で,「リベラルアーツ」「ＡＡＡ（世界標準)」「グローバル」「オピニオン」「読書プレゼン」の5種類。「オピニオン」は2/1のみ実施　＊1 総合問題　＊2 適性検査ⅠⅡ（Ⅰ作文, Ⅱ総合問題）＋調査書　＊3 日本語リスニング＋プレゼンテーション（グローバルは英語)。学習歴報告書・プレゼンテーション申請書, ほかにグローバルは英語エッセイ　＊4 日本語リスニング＋教科「理数インター」。学習歴報告書　＊5 日本語リスニング＋英語（英検3級～準2級程度）　＊6 特待は4科のみ
※通知表コピー（公立一貫を除く）

【出願方法】Web出願後, 書類郵送。事前連絡のうえ, 当日持参可　**【手続方法】**Web納入。2/28までの辞退者には一部返還　**【受験料】**22,000円（同時出願は複数回受験可。ただし, プレゼンの同型入試, 理数インターの複数回受験は不可)。公立一貫は12,000円（公立一貫の複数回受験可。公立一貫以外の追加受験はプラス10,000円）

【帰国生入試】12/10(5名募集)　(注2)リベラルアーツ･読書プレゼンは男女各48, AAA･グローバルは男女各47

中学受験のプロがおすすめ! 併願校の例

特色	男 理数教育	男 留学制度	男 適性検査型入試	女 理数教育	女 留学制度	女 適性検査型入試
♠男子校	♣日大二	♣淑徳	♣都立武蔵高校附	♣日大二	♣淑徳	♣都立武蔵高校附
♥女子校	♣東京電機大	♣八王子学園	♣都立富士高校附	♣東京電機大	♣八王子学園	♣都立富士高校附
♣共学・別学校	♣目白研心	♣城西大城西	♣文化学園杉並	♣目白研心	♣城西大城西	♣文化学園杉並

併設高校の進路情報

四年制大学進学率87.2%
文系・理系の割合 未集計　医学部13名合格

指定校推薦▶非公表。
海外大学合格状況▶同済大学(中), 延世大学校(韓), 他。

'22年3月卒業生：196名
(共学部理数インター)

大学171名　短大0名　専門1名　就職0名　他24名

主な大学合格状況

'23年春については主要大学のみ巻末一覧に記載

大学名	'22	'21	'20	大学名	'22	'21	'20	大学名	'22	'21	'20
◇東京大	0	1	0	◇防衛医大	0	2	1	立教大	35	17	25
◇京都大	1	1	0	◇都立大	1	3	3	中央大	55	27	25
◇東工大	3	0	2	◇電通大	1	1	2	法政大	59	43	29
◇一橋大	0	1	0	早稲田大	20	21	25	日本大	62	49	59
◇千葉大	1	0	3	慶應大	8	10	21	東洋大	41	33	40
◇筑波大	1	4	2	上智大	13	10	20	駒澤大	9	12	13
◇東京外大	1	3	4	東京理科大	16	23	32	東海大	16	8	17
◇横浜国大	1	3	0	学習院大	10	6	13	成蹊大	30	16	14
◇大阪大	0	1	1	明治大	40	43	50	芝浦工大	43	36	27
◇北海道大	1	1	2	青山学院大	18	14	18	こども教育宝仙大	9	14	7

※各大学合格数は女子部を含む既卒生との合計。

見学ガイド　文化祭／説明会／『理数インター』体感授業

 高校募集 なし 国際生のみ募集。 高1内訳 一貫生 232名 3名 高入生

MITA
International
School

三田国際学園（みたこくさいがくえん）中学校

〒158－0097 東京都世田谷区用賀 2－16－1 ☎03－3707－5676

国際 / 海外研修 / 長期留学 / 第2外国語 / online英会話 / 21型 / 1人1台端末 / リモート体制 / プロジェクト型 / 論文執筆 / STEAM / 情操 / 体験学習 / ボランティア / 人間力育成

教育理念▶「世界標準」の教育を標榜し，グローバル時代を生き抜くことができる人を育てる。
沿革▶1902年創立の戸板裁縫学校が起源。1993年現校地へ移転。2015年に共学化し現校名へ改称。
施設▶ホール，多目的室，自習室，サイエンス・ラボ，図書室（4万冊），コミュニケイティブ・スペース，パティオ，グラウンド，他。
学園長▶大橋　清貫
生徒数▶総数724名

	1年（6クラス）	2年（7クラス）	3年（6クラス）
男子	86名	83名	88名
女子	169名	163名	135名

東急田園都市線一用賀5分
小田急線一成城学園前よりバス用賀3分
5分

思考の扉を開き，自律した発想の自由人となるThink&Act

「Think&Act」「International」「Science」，先の見えない時代を生き抜く確かな力を育む「世界標準の教育」を実践。インターナショナルサイエンスクラスも設置。

学習 世界中から集まる帰国生と国内生が多様性を受け入れあいながら学べるInternational環境。英語は習熟度別で展開するため，初歩から学ぶ国内生も迅速に4技能を習得できる。IT教員（ネイティヴ教員。2022年は29名）は様々な教育活動に携わり，英語以外も指導。高校で実施されるDDP（デュアルディプロマプログラム）は校内の授業で，学園と海外の2つの高校卒業資格取得が可能。本質を見極める力がScience。中1でリテラシーを学び，中2・中3のゼミで探究活動を実践し，論文を執筆する。高校では社会・海外へと広げ，探究活動を継続。独自のInternationalとScienceの環境で，すべての学びと活動の根底にあるThink&Actを伸ばしていく。

キャリア教育 中高6年間での自己理解・自己構築の過程をデジタルポートフォリオにまとめ，自己成長を可視化し将来の進路選択をサポートする。

学校生活 中学の部活参加率90%。サッカー・ポップダンス・吹奏楽・サイエンスなど20以上の部があり，中高合同で活動。

●コース表

中1	中2	中3	高1	高2	高3
インターナショナルサイエンスクラス			インターナショナルサイエンスコース		
	メディカルサイエンステクノロジークラス		メディカルサイエンステクノロジーコース		
インターナショナルクラス			インターナショナルコース		

保護者MEMO

登校時刻▶8：30
最終下校時刻▶18：30
土曜日▶毎週登校。平常授業4時間
昼食▶食堂／食品販売あり
携帯電話▶可
制服▶ブレザー
自転車通学▶可（条件あり）
カウンセラー▶常駐
保護者面談▶年2回
保護者会▶年2回
必修旅行▶国内（中2，中3），他
部活動▶週3日まで

学費　初年度目安 104万円

（単位:円）	入学金	施設費	授業料	その他	合計
入学手続時	300,000	—	—	—	300,000
1年終了まで	—	50,000	480,000	214,900	744,900

●奨学金・特待生
なし

［その他］維持管理費，水道光熱費，PTA会費，生徒会費。※別途指定品・制服代，教育充実費，オリエンテーション合宿費，インターナショナルクラスは，副教材費あり。
［寄付・学債］任意の寄付金1口10万円2口以上あり。
※上記は'22年度のもの。新年度について詳細は「受験生応援アプリ」にて公開（2023年5月～）。

首都圏模試 思考コード (単位:%)

〈第１回〉

読み取る力 ＼ 考える力	国語 A	国語 B	国語 C	算数 A	算数 B	算数 C
複雑 3				5		
2	14	6		26	13	
単純 1		62	18	11	45	

A=知識・理解思考　B=論理的思考　C=創造的思考

2024年度入試 合格の基準

		首都圏模試 ほぼ確実	首都圏模試 見込あり	四谷大塚 ほぼ確実	四谷大塚 見込あり
男子	〈①インター〉	65	見込あり 62 / やや見込あり 59	54	見込あり 51 / やや見込あり 47
女子	〈①インター〉	66	見込あり 63 / やや見込あり 60	56	見込あり 53 / やや見込あり 49

ほぼ確実＝80%～／見込あり＝50～79%／やや見込あり＝20～49%

入試要項 2023年度参考 新年度日程はアプリへGO!

4科 英 他

試験名		試験日 ◎午後入試	出願締切 Web	発表 Web	手続 W・窓	2科	4科	適	英	他	面接	特待	募集数	応募数	受験数	合格数	実質倍率	偏差値
①	インターサイ	2/1	1/31	当日	2/7		●						15	207	143	35	4.1	男65 女66
	インター						●						15	72	48	15	3.2	男65 女66
②	インターサイ	2/1 ◎	当日	2/2	2/7		●		＊1		＊1		25	350	249	52	4.8	男66 女67
	インター						●		＊2		＊2		25	184	145	27	5.4	男66 女67
③	インターサイ	2/2 ◎	当日	2/3	2/7		●		＊1		＊1		25	496	275	37	7.4	男69 女69
	インター						●		＊2		＊2		20	182	119	21	5.7	男69 女69
MST		2/3 ◎	当日	2/4	2/7					＊3			30	404	207	48	4.3	男71 女71
④	インターサイ	2/4 ◎	当日	2/5	2/7		●						5	643	282	41	6.9	男69 女69

＊1　国算英（リスニングを含む），個人面接（英語と日本語）　＊2　英（リスニングを含む），個人面接（英語と日本語）　＊3　算理
※面接は志望クラスを問わず1回のみ

【出願方法】Web出願　**【手続方法】**Web納入のうえ，窓口手続　**【受験料】**25,000円(同時出願は５回まで同額)

【国際生入試】11/25，12/13（計30名を募集，募集人員は上記に含む）
(注) MST＝メディカルサイエンステクノロジー

中学受験のプロがおすすめ! 併願校の例

特色	男 イマージョン教育	男 ICT教育	男 理数教育	女 イマージョン教育	女 ICT教育	女 理数教育
♠男子校	♣広尾学園	♠サレジオ学院	♣東京農大一	♣広尾学園	♥鷗友女子	♣東京農大一
♥女子校	♣日本大学	♣神奈川大附	♣青稜	♣日本大学	♣神奈川大附	♣青稜
♣共学・別学校	♣森村学園	♣成城学園	♣帝京大学	♣森村学園	♣成城学園	♣帝京大学

併設高校の進路情報

四年制大学進学率74.8%
文系58／理系19／その他23(%)　医歯薬７名合格

指定校推薦▶利用状況は法政大１，駒澤大１，成城大２，工学院大１，東京都市大１，聖心女子大３，実践女子大２など。ほかに日本大，東洋大，大東文化大，東海大，國學院大，神奈川大，東京電機大，武蔵大，玉川大，千葉工大，桜美林大，共立女子大，白百合女子大，杏林大，昭和女子大，清泉女子大，多摩大，麻布大，フェリス女学院大，東洋英和女学院大，神奈川工科大，聖学院大など推薦枠あり。

'22年３月卒業生：258名

大学193名　他61名
短大１名　専門３名　就職０名

主な大学合格状況　'23年春については主要大学のみ巻末一覧に記載

大学名	'22	'21	'20	大学名	'22	'21	'20	大学名	'22	'21	'20
◇千葉大	0	1	0	東京理科大	1	9	1	専修大	16	5	0
◇筑波大	2	0	1	学習院大	5	0	0	東海大	20	14	4
◇東京外大	2	0	0	明治大	11	10	4	帝京大	7	6	10
◇横浜国大	1	3	0	青山学院大	10	9	3	國學院大	6	7	5
◇大阪大	1	0	0	立教大	23	13	3	成城大	6	10	3
◇北海道大	1	0	0	中央大	19	22	4	明治学院大	10	5	1
◇東京農工大	1	1	0	法政大	22	13	1	神奈川大	4	8	1
早稲田大	16	2	4	日本大	26	17	1	芝浦工大	8	4	4
慶應大	15	5	3	東洋大	6	10	2	玉川大	3	4	4
上智大	12	13	7	駒澤大	8	7	4	北里大	4	5	2

※各大学合格数は既卒生との合計。

見学ガイド　文化祭／説明会／オープンスクール

高校募集 あり 高1より全体が混合。 高1内訳 一貫生 119名 189名 高入生

明星学園(みょうじょうがくえん) 中学校

〒181−0001 東京都三鷹市井の頭 5−7−7 ☎0422−43−2196

国際 海外研修 長期留学 第2外国語 online英会話 21型 1人1台端末 リモート体制 プロジェクト型 論文執筆 STEAM 情操 体験学習 ボランティア 人間力育成

教育目標▶教育理念「個性尊重，自主自立，自由平等」のもと，主体的，創造的に探究する力を養い，仲間と共に高め合っていく共同性を育む。
沿革▶1924年，大正デモクラシーに伴う自由教育運動の中，赤井米吉ら4名の教員により創立。
施設▶いちょうのホール，図書室（3万冊），美術室，工芸室，木工室，グラウンド，他。
学校長▶平野　康弘
生徒数▶総数418名　併設小からの進学者を含む。

	1年（4クラス）	2年（4クラス）	3年（4クラス）
男子	65名	79名	76名
女子	67名	70名	61名
内進生内数	男24名 女25名	男21名 女24名	男24名 女28名

JR—吉祥寺15分またはバス明星学園前
京王井の頭線—井の頭公園10分
15分

武蔵野の自然の中で，自主･自立を育む教育

学園名は輝く星を表し，その星とは個々の夢や目標のこと。それらを実現すべく，探究的な学びを通し，自分の心で感じ，頭で考え，自分で行動していく力を育む。

学習 中学では，疑問を見つけ，自分で考え，対話し，発見する力を育む。独自の教科「総合探究科」を設定し，中1で哲学対話，図書館と情報，中2で探究実践，中3で卒業研究の授業を展開。最後に卒業研究発表会を開催し，全員がプレゼンテーションを行う。英語はネイティヴ教員とのティームティーチングの授業(総合英語)がある。社会はとりわけ東アジアの歴史学習に重点をおき，現代社会を自分の目で見て考える力を養う。芸術教科が充実しており，例えば週1回2時間続きの木工・工芸科では，家具づくりや織り・染めを行う。

●コース表

中1	中2	中3	高1	高2	高3
共通履修				文系	
				理系	
				実技系(美術・音楽・体育・家政)	

希望者には，タイ短期留学やオーストラリア短期留学，高校では長期留学を用意。

キャリア教育 中2で奥阿賀（新潟），中3では伊平屋島（沖縄）で民家泊を行い，豊かな自然と深い歴史に紡がれてきたその地域の文化に触れ，各民家の仕事を体験する。また，中3の卒業研究のフィールドワークでは，研究機関や社会の一端に出会う。

学校生活 校外でも演奏活動を行う和太鼓部や，弓道部，アンサンブル部などが活躍。

保護者MEMO

登校時刻▶8：30
最終下校時刻▶18：00
土曜日▶毎週登校。平常授業4時間
昼食▶食堂（高校から利用可）／食品販売あり
携帯電話▶許可制
制服▶なし
自転車通学▶保留
カウンセラー▶—
保護者面談▶保留
保護者会▶年5～6回
必修旅行▶沖縄（中3）
部活動▶週4日まで

学費

初年度目安 **99万円**

(単位:円)	入学金	施設費	授業料	その他	合計
入学手続時	250,000	—	—	—	250,000
1年終了まで	—	208,000	492,000	37,500	737,500

●奨学金・特待生
なし

[その他] クラス費，PTA会費，自治会費。
[寄付・学債] 任意の寄付金1口5万円あり。
※上記は'22年度のもの。新年度について詳細は「受験生応援アプリ」にて公開（2023年5月～）。

首都圏模試　思考コード（単位：%）

〈A〉

読み取る力＼考える力	国語 A	国語 B	国語 C	算数 A	算数 B	算数 C
複雑 3						
2	9	23		20		
単純 1	20	48		40	40	

A=知識・理解思考　B=論理的思考　C=創造的思考

2024年度入試　合格の基準

		首都圏模試 ほぼ確実	首都圏模試 見込あり	首都圏模試 やや見込あり	四谷大塚 ほぼ確実	四谷大塚 見込あり	四谷大塚 やや見込あり
男子	〈A〉	40	36	33	33	28	23
女子	〈A〉	40	36	33	33	28	23

ほぼ確実＝80%～／見込あり＝50～79%／やや見込あり＝20～49%

入試要項　2023年度参考　新年度日程はアプリへGO!　2科　4科

試験名	試験日 ◎午後入試	出願締切 Web	発表 Web	手続 振込	選抜方法 2科	4科	適	英	他	面接	特待	募集数	応募数	受験数	合格数	実質倍率	偏差値
A	2/1	1/31	当日	2/2	●					＊		50	114	113	55	2.1	男40 女40
B	2/1 ◎	当日	当日	2/6延	●	●				＊		15	34	29	17	1.7	男42 女42
C	2/2 ◎	当日	当日	2/6	●					＊		15	135	66	17	3.9	男43 女43
D	2/4 ◎	当日	当日	2/6	●					＊		10	130	45	11	4.1	男43 女43

＊個人面接

【出願方法】Web出願
【手続方法】書類受取，銀行振込のうえ，書類窓口提出，A入試は書類郵送も可。2/4，5のみ窓口納入可。B入試の公立中高一貫校併願者は2/10まで延納可
【受験料】23,000円（2回以上の同時出願は33,000円。ただしABの同時出願は不可）

【帰国生入試】12/3（若干名募集）

中学受験のプロがおすすめ！　併願校の例

特色	男 フィールドワーク	男 論文(自由研究)	男 ティームティーチング	女 フィールドワーク	女 論文(自由研究)	女 ティームティーチング
♠男子校 ♥女子校 ♣共学・別学校	♣多摩大聖ヶ丘	♣八王子学園	♣武蔵野大学	♣多摩大聖ヶ丘	♣八王子学園	♣武蔵野大学
	♣実践学園	♣目白研心	♣文化学園杉並	♣実践学園	♣目白研心	♣文化学園杉並
	♣帝京八王子	♣啓明学園	♣八王子実践	♣帝京八王子	♣啓明学園	♣八王子実践

併設高校の進路情報

大学進学率63%
文系・理系の割合 未集計

指定校推薦▶利用状況は学習院大1，立教大1，法政大1，日本大2，成蹊大2，成城大1，明治学院大2，獨協大1，武蔵野美大1など。ほかに大東文化大，東海大，亜細亜大，東京電機大，東京都市大，白百合女子大，清泉女子大，東洋英和女学院大，国立音大など推薦枠あり。

'22年3月卒業生：211名
大学133名　短大1名　専門24名　就職3名　他50名

主な大学合格状況　'23年春については主要大学のみ巻末一覧に記載

大学名	'22	'21	'20	大学名	'22	'21	'20	大学名	'22	'21	'20
◇一橋大	0	1	0	明治大	1	8	2	亜細亜大	7	3	5
◇東京外大	0	1	1	青山学院大	5	2	8	帝京大	5	9	12
◇都立大	0	1	1	立教大	4	5	2	成蹊大	7	8	3
◇信州大	0	1	0	中央大	4	11	1	成城大	10	8	2
◇東京海洋大	0	1	0	法政大	10	9	8	明治学院大	3	4	5
早稲田大	1	2	0	日本大	16	21	16	武蔵大	13	7	10
慶應大	0	2	1	東洋大	11	9	3	玉川大	5	2	5
上智大	1	2	2	駒澤大	8	3	2	桜美林大	10	21	3
東京理科大	2	1	2	専修大	2	11	2	多摩美大	5	1	6
学習院大	1	3	3	東海大	5	5	9	武蔵野美大	4	9	12

※各大学合格数は既卒生との合計。

見学ガイド　説明会／体験入学／見学会

高校募集 あり 高入生とは3年間別クラス。 高1内訳 一貫生 17名 171名 高入生

武蔵野(むさしの) 中学校

〒114−0024 東京都北区西ヶ原 4−56−20 ☎03−3910−0151

国際 / 海外研修 / 長期留学 / 第2外国語 / online英会話 / 21型 / 1人1台端末 / リモート体制 / プロジェクト型 / 論文執筆 / STEAM / 情操 / 体験学習 / ボランティア / 人間力育成

教育目標▶「他者理解」の考えを基盤に，社会を生き抜く力を持った有能な個性を育てる。
沿革▶1912年創立の大橋幼稚園を起源とする。1948年に現校名へ改称。2004年より共学化。
施設▶講堂，マルチメディア教室，屋内プール，グラウンド，柔道場，校外施設，他。
学校長▶西久保　栄司
生徒数▶総数86名

	1年（2クラス）	2年（2クラス）	3年（2クラス）
男子	19名	13名	15名
女子	12名	12名	15名

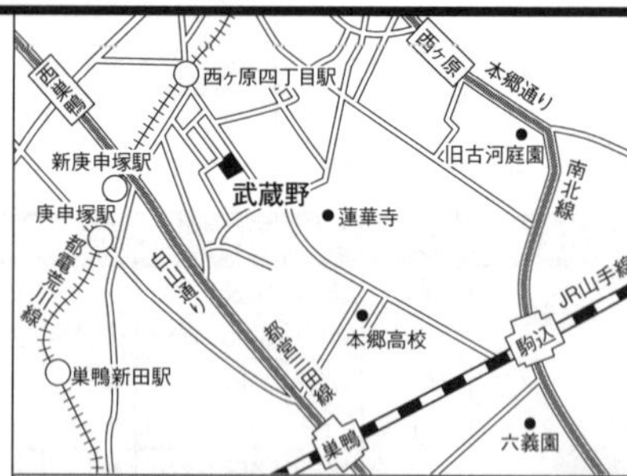

都営三田線―西巣鴨８分
都電―西ヶ原四丁目３分
8分

コミュニケーション力と英語力，自己表現力を養成

独自の多彩な学習プログラムを設定。「10年後の社会で活躍できる力」をテーマに，共有・探求・表現・挑戦・助け合い・自己管理・振り返りの７つのスキルを習得。

学習 中高一貫コースでは，全員が英語に力点を置いた探求型の授業を行う「インテンシブステージ」へ進学する。英語の授業は週10時間。６時間は外国人教師によるオールイングリッシュの授業LTE（Learning Through English）で，実践的英語力やコミュニケーションスキルを身につける。残りの４時間は日本人教師が行い，文法力を鍛える。セルフチェックノートによる学習管理を行い，授業の理解度は毎朝のテストで確認する。生徒全員がタブレット端末を活用し，プレゼンテーション技術の習得をめざす。中３のクロス・カルチュラル・プログラムでは沖縄での国内留学を体験。高１は全員参加で３カ月間，ニュージーランドへの海外留学を行う。

キャリア教育 中１～中３の生徒全員で参加する箱根林間学校では職業体験を実施。自己と他者とのつながり，社会とのつながりを学び，コミュニケーション力を育てる。

学校生活 オリンピック選手を輩出するクラブから，伝統文化やデジタルメディアを扱うクラブまで，多彩な部活がある。

●コース表

中１	中２	中３	高１	高２	高３
共通履修				理系	
				文系	

保護者MEMO

登校時刻▶8：30
最終下校時刻▶17：30
土曜日▶毎週登校。平常授業４時間
昼食▶食堂／食品販売あり
携帯電話▶可
制服▶ブレザー
自転車通学▶不可
カウンセラー▶週１日
保護者面談▶年２回
保護者会▶年３回
必修旅行▶沖縄・宮古島（中３，高２）
部活動▶活動日は部による

学費　初年度目安 142万円

（単位:円）	入学金	施設費	授業料	その他	合計
入学手続時	220,000	150,000	—	50,000	420,000
1年終了まで	—	48,000	456,000	496,295	1,000,295

［その他］制服・指定品代，修学旅行費，海外研修費，冷暖房費，積立金，林間学校費，父母会費，生徒会費。［寄付・学債］なし。
※上記は'22年度のもの。新年度について詳細は「受験生応援アプリ」にて公開（2023年５月～）。

●奨学金・特待生
Ⅰ：入学金，施設設備費，年額42万円／Ⅱ：入学金，年額30万円，Ⅲ：施設設備費，年額15万円／Ⅴ：10万円

首都圏模試　思考コード（単位：%）

読み取る力						
複雑 3						
2			データなし			
単純 1						
考える力	A	B	C	A	B	C

A=知識・理解思考　B=論理的思考　C=創造的思考

2024年度入試　合格の基準

		首都圏模試		四谷大塚	
男子	〈①2科〉	ほぼ確実	見込あり	ほぼ確実	見込あり
		37	30	－	－
			やや見込あり		やや見込あり
			26		－
女子	〈①2科〉	ほぼ確実	見込あり	ほぼ確実	見込あり
		37	30	－	－
			やや見込あり		やや見込あり
			26		－

ほぼ確実＝80%～／見込あり＝50～79%／やや見込あり＝20～49%

入試要項　2023年度参考　新年度日程は アプリへGO!

2科　4科　適性型　他

試験名		試験日	出願締切	発表	手続	選抜方法						特待	募集数	応募数	受験数	合格数	実質倍率	偏差値
		◎午後入試	Web	Web	Web	2科	4科	適	英	他	面接							
①	2科	2/1	1/31	当日	2/7	●					＊3	●	30	14	13	11	1.2	37
	アクティブ									＊1	＊1	●		15	15	15	1.0	37
	適性検査				2/10			＊2				●		4	3	3	1.0	36
②	2科	2/2	2/1	当日	2/7	●					＊3	●	20	12	6	4	1.5	37
	4科						●				＊3	●		1	—	—	—	
	アクティブ									＊1	＊1	●		8	5	5	1.0	38
	適性検査				2/10			＊2				●						36
③	2科	2/3	2/2	当日	2/7	●					＊3	●	10	14	5	2	2.5	36
④	2科	2/4	2/3	当日	2/7	●					＊3	●	10	16	5	4	1.3	37

＊1　国語または算数，アクティブシート記入＋アクティブシートに関する面接　＊2　適性検査ⅠⅡⅢ
＊3　個人面接
※通知表コピー（適性検査は不要）

【出願方法】 Web出願後，書類を当日持参
【手続方法】 Web納入のうえ，書類受取
【受験料】 23,000円（同時出願は2回まで受験可。適性検査は10,000円）

【帰国生入試】 —

中学受験のプロがおすすめ！　併願校の例

特色	男 ICT教育	男 英語4技能育成	男 体験重視	女 ICT教育	女 英語4技能育成	女 体験重視
	♣武南	♣東京成徳大	♣郁文館	♣武南	♣東京成徳大	♣郁文館
	♣桜丘	♣共栄学園	♣駿台学園	♣桜丘	♣共栄学園	♣駿台学園
	♣東京立正	♣上野学園	♣貞静学園	♣東京立正	♣上野学園	♣貞静学園

♠男子校　♥女子校　♣共学・別学校

併設高校の進路情報

四年制大学進学率81.8%
文系44／理系6／その他0（%）

内部推薦▶武蔵野学院大学へ42名（国際コミュニケーション），武蔵野短期大学へ2名が内部推薦で進学。
指定校推薦▶東洋大，大東文化大，東海大，亜細亜大，帝京大，國學院大，東京電機大，武蔵大，立正大，国士舘大，千葉工大，関東学院大，共立女子大，日本薬科大，武蔵野大，東京農大，二松學舍大，帝京平成大，東京工科大，拓殖大，駒沢女子大，城西大，目白大，日本獣医生命科学大，東京福祉大など推薦枠あり。

'22年3月卒業生：192名
大学157名　短大5名　専門26名　就職1名　他3名

主な大学合格状況　'23年春については主要大学のみ巻末一覧に記載

大学名	'22	'21	'20	大学名	'22	'21	'20	大学名	'22	'21	'20
◇埼玉大	0	0	1	駒澤大	2	2	3	立正大	8	2	5
◇茨城大	1	0	0	専修大	8	8	7	国士舘大	4	4	28
◇埼玉県立大	0	1	0	大東文化大	5	21	7	東京経済大	7	2	2
◇鳥取環境大	1	0	0	東海大	12	14	2	共立女子大	5	1	2
明治大	1	1	1	亜細亜大	2	5	4	武蔵野大	1	7	4
青山学院大	0	1	0	帝京大	33	23	19	二松學舍大	4	2	3
中央大	1	2	0	國學院大	5	1	1	大正大	15	6	6
法政大	0	0	2	成城大	0	0	1	拓殖大	9	6	4
日本大	1	9	9	獨協大	7	1	2	文京学院大	2	12	23
東洋大	18	11	3	武蔵大	7	2	1	武蔵野学院大	60	49	86

※各大学合格数は既卒生との合計。

見学ガイド　文化祭／説明会／体験イベント（理科実験教室など）／入試模擬体験

高校募集 あり 高1より全体が混合。 高1内訳 一貫生 119名 215名 高入生

武蔵野大学（むさしのだいがく）中学校

〒202－8585 東京都西東京市新町 1－1－20 ☎042－468－3256（代表）

国際 / 海外研修 / 長期留学 / 第2外国語 / online英会話 / 21型 / 1人1台端末 / リモート体制 / プロジェクト型 / 論文執筆 / STEAM / 情操 / 体験学習 / ボランティア / 人間力育成

教育目標▶仏教精神に基づき，人格形成のための六つの徳目（布施・知恵・精進・忍辱・持戒・禅定）を実践し豊かな人間力を養う。
沿革▶1924年，築地本願寺内に創設。1929年に現在地へ移転。2019年度より校名変更，中学校が女子校より共学化。2020年度より高等学校が共学化。
施設▶講堂，選択教室，フリールーム，研修会館（大広間，茶室，談話室），人工芝グラウンド，他。
学校長▶中村　好孝
生徒数▶総数527名

	1年（5クラス）	2年（5クラス）	3年（5クラス）
男子	62名	60名	70名
女子	122名	109名	104名

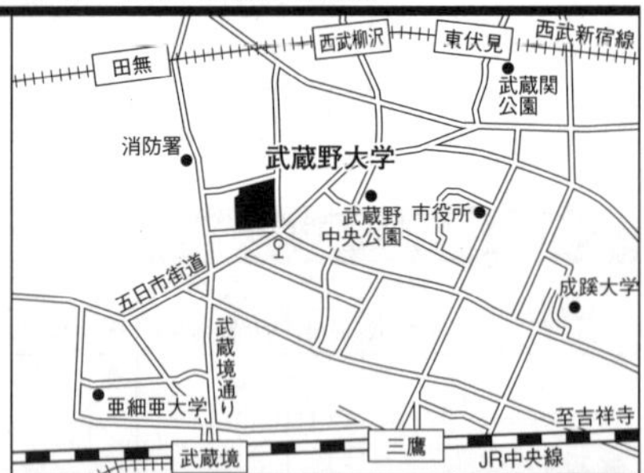

西武新宿線—田無15分　JR—三鷹・吉祥寺・武蔵境よりバス武蔵野大学 15分

最先端のグローバル&サイエンスを習得する

合い言葉は「チャレンジ」。生徒一人ひとりが失敗を恐れず積極的に自ら学ぶ教育をめざす。トライ&エラーを繰り返すことで論理的・科学的思考を育む。

学習 「グローバル＆サイエンス」をテーマに，探究心と自主性を育む教育を実践。「グローバル」では英語をツールに仲間と協働し，問題解決能力を培う。ネイティヴと日本人教員によるティームティーチングで英語４技能を徹底的にサポートし，英検取得をめざす。また，国語科と英語科の教員各１名で展開する言語４技能とアカデミックスキルを身につける「言語活動」も実施。「サイエンス」では大学の設備を利用したハイレベルな実験や，ICTを活用した授業を通して，論理的思考力を養う。高校のハイグレードコースは，医学部，国公立・難関私立大学をめざす。

●コース表

中1	中2	中3	高1	高2	高3
共	通	履	修		
			ハイグレードコース		
			PBLインターナショナルコース		
			本科コース		

キャリア教育 ３年間を通したプログラムPBL（問題解決型授業）を展開。中１は「自己理解」，中２は「他者理解」，中３は「社会貢献」をテーマに考える。高校はコース別で専門分野への関心を深める講座を開講。海外大学進学のサポートも充実。

学校生活 人間力を養う宗教の授業はもとより，日常の学校生活のすべてを通して「こころの教育」を実践。25の部が活動中。

保護者MEMO

登校時刻▶8：20
最終下校時刻▶18：00
土曜日▶毎週登校。平常授業４時間
昼食▶食堂／食品販売あり
携帯電話▶可
制服▶ブレザー，セーラー
自転車通学▶可
カウンセラー▶週２～３日
保護者面談▶年２回
保護者会▶年３回
必修旅行▶奈良・京都（中３），台湾・北海道より選択（高２）
部活動▶活動は週４日まで

学費　初年度目安 129万円

（単位:円）	入学金	施設費	授業料	その他	合計
入学手続時	250,000	—	—	—	250,000
1年終了まで	—	50,000	498,000	487,000	1,035,000

●奨学金・特待生
A：入学金／B：入学金半額

［その他］制服・指定品代，教育充実費，タブレット代，実験実習料，学年費，後援会費，紫紅会費，保健料。
［寄付・学債］任意の寄付金（教育施設設備充実募財）１口３万円１口以上あり。
※上記は'22年度のもの。新年度について詳細は「受験生応援アプリ」にて公開（2023年５月～）。

首都圏模試　思考コード（単位：%）

〈第1回〉

読み取る力 ＼ 考える力	国語 A	国語 B	国語 C	算数 A	算数 B	算数 C
複雑 3						
2	14	10		70		
単純 1	20	56		25	5	

A=知識・理解思考　B=論理的思考　C=創造的思考

2024年度入試　合格の基準

		首都圏模試 ほぼ確実	首都圏模試 見込あり	首都圏模試 やや見込あり	四谷大塚 ほぼ確実	四谷大塚 見込あり	四谷大塚 やや見込あり
男子	①	46	42	37	40	35	30
女子	①	46	42	37	41	36	31

ほぼ確実＝80%～／見込あり＝50～79%／やや見込あり＝20～49%

入試要項　2023年度参考　新年度日程はアプリへGO!

2科　適性型　英　他

試験名	試験日 ◎午後入試	出願締切 Web	発表 Web	手続 Web	2科	4科	適	英	他	面接	特待	募集数	応募数	受験数	合格数	実質倍率	偏差値
①	2/1	1/30	当日	2/6延	●							60	162	138	103	1.3	男46 女46
②	2/1 ◎	1/30	当日	2/6延	＊1			＊1	＊1		●	40	260	237	165	1.4	男51 女51
③	2/2	2/1	当日	2/6延	＊1			＊1	＊1		●	30	232	70	46	1.5	男48 女48
④	2/2 ◎	2/1	当日	2/6延				＊2	＊2	＊2	●	20	201	60	39	1.5	男51 女51
アドベンチャー	2/4 ◎	2/3	当日	2/6延	＊3				＊3			10	28	14	5	2.8	男47 女47
適性検査 I II型	2/1	1/30	当日	2/10			＊4				●	10	46	45	42	1.1	男46 女46
適性検査 I II III型	2/1	1/30	当日	2/10			＊5				●	10	23	23	19	1.2	男46 女46

＊1　国算理社英（リスニング含む）より2科（国算のうち1つ以上）選択　＊2　算数または英語（筆記＋英語面接）　＊3　基礎学力（国算），スカベンジャーハント（グループ活動）　＊4　適性検査 I II（都立三鷹中等教育学校準拠）　＊5　適性検査 I II III（都立武蔵高校附属中学校準拠）
※②～④の英語は，英検3級以上に保証優遇あり。事前に取得証明書のコピー提出

【出願方法】 Web出願後，該当者は書類提出
【手続方法】 Web納入。公立一貫校受検者は延納可
【受験料】 ①～④30,000円（同時出願は複数回受験可），アドベンチャー・適性検査15,000円

【帰国生入試】 11/19，12/17（若干名募集）
※12/17はオンライン入試

中学受験のプロがおすすめ！　併願校の例

特色	男 留学制度	男 ICT教育	男 適性検査型入試	女 留学制度	女 ICT教育	女 適性検査型入試
♠男子校 ♥女子校 ♣共学・別学校	♣八王子学園	♣日大三	♣都立武蔵高校附	♣八王子学園	♣日大三	♣都立武蔵高校附
	♣文化学園杉並	♣工学院大附	♣宝仙学園	♣文化学園杉並	♣工学院大附	♣宝仙学園
	♠明法	♣聖徳学園	♣武蔵野東	♥桐朋女子	♣聖徳学園	♣武蔵野東

併設高校の進路情報

四年制大学進学率88.9%
文系66／理系32／その他2（%）　医歯薬8名合格

内部推薦▶武蔵野大学へ60名（法4，文8，グローバル2，経済2，経営4，アントレプレナーシップ2，データサイエンス3，人間科12，工3，教育3，薬3，看護14）が内部推薦で進学した。
指定校推薦▶非公表。

'22年3月卒業生：216名
大学192名　短大2名　専門12名　就職1名　他9名

主な大学合格状況　'23年春については主要大学のみ巻末一覧に記載

大学名	'22	'21	'20	大学名	'22	'21	'20	大学名	'22	'21	'20
◇東京藝術大	1	0	0	青山学院大	3	2	2	明治学院大	1	2	1
◇東京学芸大	2	0	0	立教大	4	2	1	日本女子大	6	6	5
◇都立大	2	1	0	中央大	5	5	3	武蔵大	6	4	2
◇国立看護大	1	0	0	法政大	5	4	10	桜美林大	3	2	3
◇都留文科大	0	1	0	日本大	6	3	1	共立女子大	6	2	3
早稲田大	1	0	2	東洋大	13	2	3	白百合女子大	3	3	1
慶應大	1	0	0	駒澤大	4	4	1	杏林大	5	4	2
上智大	4	8	5	帝京大	2	2	1	北里大	2	1	1
学習院大	2	1	0	成蹊大	5	3	6	武蔵野大	84	81	53
明治大	1	1	4	成城大	5	3	3	明星大	6	1	2

※各大学合格数は既卒生との合計。

見学ガイド　説明会／オープンスクール／武蔵野フェスティバル

武蔵野東(むさしのひがし) 中学校

〒184－0003 東京都小金井市緑町 2－6－4 ☎042－384－4311

国際 海外研修 長期留学 第2外国語 online英会話 21型 1人1台端末 リモート体制 プロジェクト型 論文執筆 STEAM 情操 体験学習 ボランティア 人間力育成

教育理念▶新たな価値観を創造する本質的な学びにより，新時代のリーダーを育成。自閉症の生徒とのインクルーシブ教育（別入試・別課程）により，グローバルな共生社会への志を養う。
沿革▶1983年開校。2012年に校舎改修。
施設▶スタジオ，多目的ルーム，照明灯設置運動場（全面人工芝），他。全校にWi-Fiを設置。
学校長▶菊地　知恵子
生徒数▶総数302名　併設小からの進学者を含む。

	1年（5クラス）	2年（5クラス）	3年（5クラス）
男子	60名	56名	61名
女子	42名	43名	40名
内進生内数	非公表	非公表	非公表

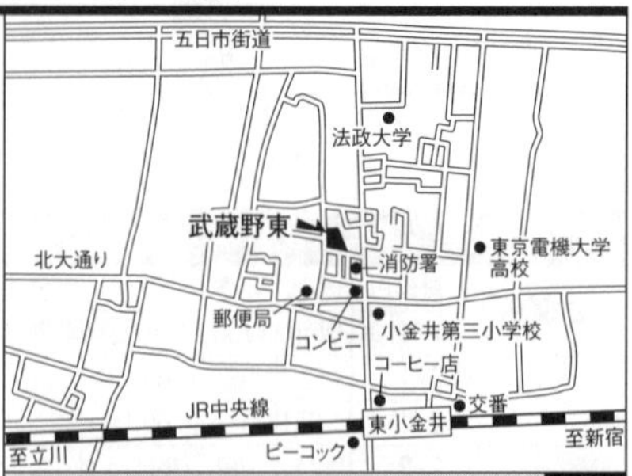

JR―東小金井7分　7分

万全の校内指導で，全員が高校受験に臨む

探究科や教科横断型授業により，思考の幅を広げ内容を深める。高校進学を前提としたカリキュラムや放課後特講に加え，自ら学ぶ力をつけて受験に対応。

学習 高校を併設せず，校内での万全な高校進学態勢で実績をあげる。中1・中2は英数，中3は5教科で3グループ編成の習熟度別授業を展開。放課後「特別進学学習」で実践的な入試対策を行う。英語はオンライン英会話やイマージョン授業も行われ，中3の卒業時に7割近い生徒が英検準2級以上を取得。教科横断型授業（コラボ授業）が頻繁に実施される。「探究科」ではゼミ活動を通して探究の方法を習得し，仕上げに各自がテーマを定めて行う個人探究を実践。オリジナルの問いに生徒独自の答えを追究，最後は全員がプレゼンテーションを行う。全国レベルのコンクールにも出場し，上位入賞している。

●1週間の授業時間数

		英	数	国	理	社	合計
1コマ45分×1日7時限	中1	6	5	4	4	4	23
	中2	6	5	5	4	4	24
	中3	8	7	8	4	4	31

キャリア教育 週1時間の「生命科」は，自分や世界について考える時間。友愛や命の尊厳について考えたり，平和や死生観についてディスカッションしながら，自らの将来像や仕事・進路についての意識も高める。

学校生活 部活動では陸上競技・ダンス部は都大会・全国大会レベルの実力。行事の企画・運営など生徒主体で行っている。

保護者MEMO

登校時刻▶8：20
最終下校時刻▶17：45
土曜日▶休校。部活動や特別講座などを行う
昼食▶給食
携帯電話▶許可制
制服▶詰襟，セーラー
自転車通学▶可
カウンセラー▶保留
保護者面談▶年3回
保護者会▶年3回
必修旅行▶京都·奈良（中3）
部活動▶活動日は部による

学費　初年度目安 115万円

（単位:円）	入学金	施設費	授業料	その他	合計
入学手続時	200,000	230,000	―	―	430,000
1年終了まで	―	―	414,000	310,800	724,800

［その他］指定品，制服代，冷暖房費，教材費，副教材費，後援会費，給食費。
［寄付・学債］任意の学園債1口10万円以上あり。
※上記は'22年度のもの。新年度について詳細は「受験生応援アプリ」にて公開（2023年5月～）。

●奨学金・特待生
S：入学金，授業料半期分／A：入学金／B：年間授業料から10万円

首都圏模試　思考コード　（単位：%）

読み取る力 ／ 考える力	A	B	C	A	B	C
複雑 3						
2			データなし			
単純 1						

A=知識・理解思考　B=論理的思考　C=創造的思考

2023年度入試　合格の基準

		首都圏模試		四谷大塚	
男子	〈A午前とくい2科〉	ほぼ確実 45	見込あり 40 / やや見込あり 34	ほぼ確実 32	見込あり 27 / やや見込あり 22
女子	〈A午前とくい2科〉	ほぼ確実 45	見込あり 40 / やや見込あり 34	ほぼ確実 32	見込あり 27 / やや見込あり 22

ほぼ確実＝80%～／見込あり＝50～79%／やや見込あり＝20～49%

入試要項　2023年度参考　新年度日程は アプリへGO!

2科　4科　適性型　英　他

試験名	試験日 ◎午後入試	出願締切 Web	発表 Web	手続 Web	選抜方法 2科	4科	適	英	他	面接	特待	募集数	応募数	受験数	合格数	実質倍率	偏差値
A とくい2科	2/1	1/26	当日	2/3	＊1				＊1	＊6	●	31	21	21	13	1.6	男45 女45
A 4科①	2/1	1/26	当日	2/3		●				＊6	●		3	3	2	1.5	男45 女45
A 適性型①	2/1	1/26	当日	2/10			＊2			＊6	●		57	57	49	1.2	男45 女45
A 重視型2科	2/1 ◎	1/26	当日	2/5	●					＊6	●	30	4	4	3	1.3	男50 女50
A 4科②	2/1 ◎	1/26	当日	2/5		●				＊6	●		1	1	1	1.0	男50 女50
A EE①	2/1 ◎	1/26	当日	2/5				＊3	＊3	＊3	●		1	1	1	1.0	男46 女46
A 適性型②	2/1 ◎	1/26	当日	2/10			＊2			＊6	●		28	28	25	1.1	男47 女47
B 算数1科	2/2 ◎	2/1	当日	2/5					＊4	＊6	●	若干	23	12	3	4.0	男48 女48
C 2科①特待	2/4	2/3	当日	2/6	●					＊6	●	若干	19	9	2	4.5	男51 女51
C EE②	2/4	2/3	当日	2/6				＊3	＊3	＊3	●		3	3	2	1.5	男49 女49
C 適性型③	2/4 ◎	2/3	当日	2/10			＊2			＊6	●		34	19	9	2.1	男47 女47
D 2科②	2/11	2/10	当日	2/12	●					＊6	●	若干	36	13	4	3.3	男46 女46
AO入試	2/1	1/21	当日	2/3	＊5				＊5	＊5	●	若干	2	2	2	1.0	―

＊1　国算理社より国または算を含む2科選択　＊2　適性検査Ⅰ Ⅱ（Ⅰ表現力，Ⅱ思考力）　＊3　英語(グループ面接)・算数基礎。英検2級取得者は英語免除　＊4　算数　＊5　書類審査・国語基礎・算数基礎・自己アピール面接・保護者面接　＊6　個人面接

※通知表コピー。該当者は英検，漢検，数学検定の取得を証明する書類コピー（加点措置あり）

【出願方法】Web出願のうえ，書類郵送（間に合わない場合は当日持参可）　**【手続方法】**Web納入。3/31までの辞退者には一部返還　**【受験料】**A・AO：22,000円　B～D：10,000円　※同時出願は上限32,000円（ただし，A日程午前・午後の併願不可）

【帰国生入試】1/11（若干名募集）（注）EE＝イングリッシュエキスパート入試

中学受験のプロがおすすめ！　併願校の例

特色	男 キャリア教育	男 STEAM教育	男 適性検査型入試	女 キャリア教育	女 STEAM教育	女 適性検査型入試
♠男子校 ♥女子校 ♣共学・別学校	♣東京電機大学	♣工学院大附	♣都立武蔵高校附	♣東京電機大学	♣工学院大附	♣都立武蔵高校附
	♣文化学園杉並	♣聖徳学園	♠明法	♣文化学園杉並	♣聖徳学園	♥東京純心女子
	♣明星	♣明星学園	♣国立音大附	♣明星	♣明星学園	♣国立音大附

卒業生の進路情報

（2022年3月卒業生96名）合格校

国立高校＝お茶の水女子大附2

都立高校＝戸山1，西1，立川1，国立3，国際1，武蔵野北2，狛江1，総合芸術1

私立高校＝**（東京）**慶應義塾女子1，佼成女子1，女子美術大付1，桐朋女子1，日本女子体育大付二階堂1，富士見丘1，京華1，佼成学園1，桐朋2，保善1，明大中野1，早大学院2，錦城7，国士館1，駒込1，実践学園1，昭和第一学園1，杉並学院3，聖パウロ学園1，大成1，拓殖大第一3，中央大学1，中央大学杉並3，中央大学附属1，日大櫻丘3，日大二1，日大鶴ケ丘1，八王子学園3，広尾学園1，広尾小石川2，文化学園杉並1，法政大学2，宝仙学園理数インター1，明星学園2，武蔵野大学1，明大八王子1，明大明治2，明星2，明法3，他　**（神奈川）**慶應義塾2，法政大学国際1，他　**（埼玉）**慶應義塾志木2，立教新座2，栄東7，西武学園文理4，早稲田大学本庄4，他

見学ガイド　説明会／オープンスクール／スクールツアー

明治学院（めいじがくいん） 中学校

〒189－0024　東京都東村山市富士見町1－12－3　☎042－391－2142

教育理念▶キリスト教に基づく人格教育により「道徳人・実力人・世界人」を育成する。
沿革▶1863年にJ.C.ヘボンが開いた英学塾・ヘボン塾が源流。1887年に明治学院設立。併設高校は明治学院東村山高等学校。
施設▶講堂，チャペル，図書館（6.6万冊），聖書植物園，ビオトープ，テニスコート，道場，プール，人工芝グラウンド，他。
学校長▶伊藤　節子
生徒数▶総数427名

	1年（4クラス）	2年（4クラス）	3年（4クラス）
男子	72名	72名	70名
女子	72名	71名	70名

西武国分寺線・西武拝島線―小川8分
JR―新小平25分
8分

国際 / 海外研修 / 長期留学 / 第2外国語 / online英会話 / 21型 / 1人1台端末 / リモート体制 / プロジェクト型 / 論文執筆 / STEAM / 情操 / 体験学習 / ボランティア / 人間力育成

人への思いやりを持ち，自らの使命を果たせる人に

キリスト教の心の教育をベースに，隣人愛を実践できる人間力を培う。人・知識・自分・神さまとの「出会い」を大切にし，ともに生きる人を育てる。

学習 6年間を2年ずつに分け，段階ごとに着実に実力を養成する。高2で文系・理系，高3では併設大学への推薦進学コースか，受験コースに分かれる。英語はネイティヴ教員が英会話の授業を週2時間，少人数制で行い，耳からの学びを充実させ，英語脳を育成する。数学は中高一貫校に適した教材「体系数学」を採用。中3では一部習熟度別少人数授業を取り入れる。理科は観察・実験を中心とした授業を展開するほか，校外学習も行い，本物に触れる学習を大切にしている。全員にタブレット端末を貸与し，日々の授業で活用。高校では米国で40日間のホームステイを希望制で実施。

キャリア教育 社会で果たすべき使命（ベルーフ）に気づき，人への思いやりを抱くことのできる人生観・職業観の体得を目的とする「ベルーフ・プログラム」を展開。

学校生活 毎朝15分間の礼拝を，また終礼を一日の終わりの礼拝と位置づけ，聖書朗読やお祈りを行う。週1時間は聖書の授業を実施。中学は体験型，高校は支援型のボランティア学習・活動に取り組んでいる。

●コース表

中1	中2	中3	高1	高2	高3
共通履修				理系	受験コース
				文系	推薦進学コース

※受験コースは文系／理系

保護者MEMO

登校時刻▶8：30
最終下校時刻▶18：00
土曜日▶毎週登校。平常授業4時間
昼食▶食堂／食品販売あり（いずれも利用は中2から）
携帯電話▶許可制
制服▶ブレザー
自転車通学▶可
カウンセラー▶週4日
保護者面談▶年1回
保護者会▶年5～6回
必修旅行▶関西方面(中3)，他
部活動▶活動日は部による

学費　初年度目安 126万円

(単位:円)	入学金	施設費	授業料	その他	合計
入学手続時	280,000	—	—	—	280,000
1年終了まで	—	198,000	480,000	298,150	976,150

●奨学金・特待生
なし。入学後独自の奨学金制度等有

[その他] 制服・指定品代，教育維持費，クラス費，PTA会費，生徒会費。
[寄付・学債] 任意の寄付金(教育振興資金) 1口10万円2口以上あり。
※上記は'22年度のもの。新年度について詳細は「受験生応援アプリ」にて公開（2023年5月～）。

首都圏模試　思考コード　（単位：%）

読み取る力						
複雑 3						
2			データなし			
単純 1						
考える力	A	B	C	A	B	C

A=知識・理解思考　B=論理的思考　C=創造的思考

2024年度入試　合格の基準

		首都圏模試 ほぼ確実	首都圏模試 見込あり	四谷大塚 ほぼ確実	四谷大塚 見込あり
男子	①	62	58	46	43
			やや見込あり 53		やや見込あり 39
女子	①	63	59	47	44
			やや見込あり 54		やや見込あり 40

ほぼ確実=80%～／見込あり=50～79%／やや見込あり=20～49%

入試要項　2023年度参考　新年度日程は アプリへGO!　2科　4科

試験名	試験日 ◎午後入試	出願締切 Web	発表 Web	手続 Web	2科	4科	適	英	他	面接	特待	募集数	応募数	受験数	合格数	実質倍率	偏差値
①	2/1 ◎	1/31	当日	2/4	●							男 30	224	214	80	2.7	62
												女 30	223	215	81	2.7	63
②	2/2	当日	当日	2/4		●						男 30	162	113	40	2.8	59
												女 30	190	132	40	3.3	61
③	2/4	当日	当日	2/6		●						男 10	143	77	26	3.0	56
												女 10	173	86	24	3.6	57

【出願方法】Web出願　**【手続方法】**Web納入　**【受験料】**25,000円（同時出願は2回35,000円，3回40,000円）

【帰国生入試】—

年度	試験名	募集数	応募数	受験数	合格数	実質倍率	偏差値
'22	①	男 30	234	227	83	2.7	61
		女 30	234	229	83	2.8	63
	①	男 30	155	97	40	2.4	58
		女 30	199	136	48	2.8	60
	②	男 10	129	58	13	4.5	55
		女 10	154	74	20	3.7	57

中学受験のプロがおすすめ!　併願校の例

特色	男 半付属校	男 ネイティヴ常駐	男 キャリア教育	女 半付属校	女 ネイティヴ常駐	女 キャリア教育
♠男子校	♣成蹊	♣中大附属	♣法政大学	♣成蹊	♣中大附属	♣法政大学
♥女子校	♣日大二	♣帝京大学	♣明大八王子	♣日大二	♣帝京大学	♣明大八王子
♣共学・別学校	♣東京電機大	♣星野学園	♣ドルトン東京	♣東京電機大	♣星野学園	♣ドルトン東京

併設高校の進路情報

四年制大学進学率92.2%
文系86／理系14／その他0（%）　医歯薬8名合格

内部推薦▶明治学院大学へ123名（文19，経済33，社会23，法26，国際8，心理14）が内部推薦で進学。

指定校推薦▶利用状況は上智大1，東京理科大1，学習院大8，青山学院大2，中央大5，法政大2，国際基督教大1，成蹊大3，成城大2，大妻女子大1など。ほかに日本大，東洋大，芝浦工大，東京電機大，東京女子大，工学院大，東京都市大，東京経済大，白百合女子大，杏林大，東京薬科大など推薦枠あり。

'22年3月卒業生：245名（明治学院東村山高校）

大学226名　短大0名　専門5名　就職1名　他13名

主な大学合格状況　'23年春については主要大学のみ巻末一覧に記載

大学名	'22	'21	'20	大学名	'22	'21	'20	大学名	'22	'21	'20
◇千葉大	1	0	0	明治大	9	7	6	成蹊大	9	7	9
◇筑波大	1	0	0	青山学院大	7	5	12	成城大	9	4	3
◇横浜国大	1	0	0	立教大	16	21	8	明治学院大	124	121	112
◇北海道大	0	1	0	中央大	16	15	10	芝浦工大	1	7	12
◇東京学芸大	1	0	1	法政大	22	21	20	東京電機大	2	5	5
早稲田大	4	6	2	日本大	24	16	35	武蔵大	11	5	6
慶應大	2	0	4	東洋大	32	34	21	東京薬科大	1	8	3
上智大	1	3	8	専修大	4	4	9	東京工科大	9	4	3
東京理科大	3	4	7	東海大	2	5	3	多摩美大	1	3	9
学習院大	12	11	7	帝京大	8	6	4	武蔵野美大	8	6	11

※各大学合格数は既卒生との合計。

見学ガイド　体育祭／文化祭／説明会／オープンキャンパス／クリスマスの集い

高校募集 あり　高1より全体が混合。　高1内訳〉一貫生 154名 162名 高入生

明治大学付属八王子中学校

めいじだいがくふぞくはちおうじ

（新校名仮称）

〒192－0001　東京都八王子市戸吹町 1100　☎042－691－0321　現・明治大学付属中野八王子中学校

国際　海外研修　長期留学　第2外国語　online英会話　21型　1人1台端末　リモート体制　プロジェクト型　論文執筆　STEAM　情操　体験学習　ボランティア　人間力育成

教育目標▶世界に羽ばたく「個」の基礎となる人間力を育てる。時代の変化にも揺るがない人生の基盤を築いていける場づくりをめざす。

沿革▶1984年，中野学園創立55周年記念事業として開校。2024年度より明治大学付属八王子中学校に校名変更予定。

施設▶講堂，自習室，和室，テニスコート，プール，武道館，野球場，グラウンド，ゴルフ練習場，他。

学校長▶林　健司

生徒数▶総数497名

	1年（4クラス）	2年（4クラス）	3年（4クラス）
男子	84名	82名	82名
女子	84名	81名	84名

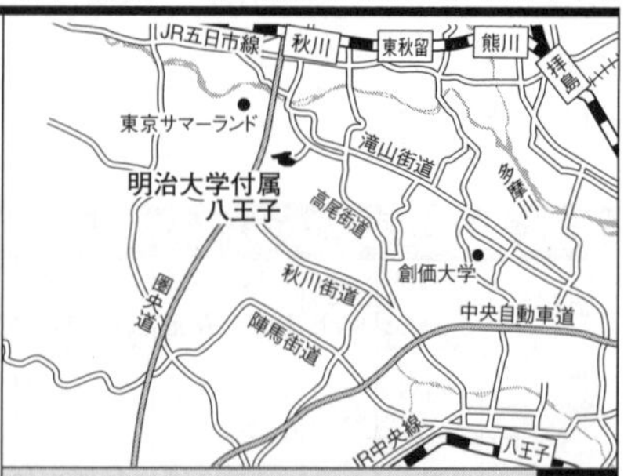

JR―八王子・拝島よりスクールバス　25分

豊かな学びの空間で「自ら伸びる力」を引き出す

生徒の約9割が明治大学に推薦入学。建学の精神「質実剛毅」と「協同自治」に基づき，学業だけでなく部活動や学校行事にも積極的に参加できる校風。

学習 中学では基礎知識の習得や学力の養成とともに，自ら考えをまとめて相手に伝える表現力の養成を重視する。英語は少人数授業で，きめ細かな指導を展開。中1からネイティヴ教員の英会話を，さらに中3ではオンライン英会話も取り入れている。英語・漢字・数学検定への挑戦を奨励。英検では中3全員が3級をクリア。中2・中3の総合的な学習の時間では探究活動を実施。グループや個人ワークを通して，自ら課題を発見・解決する力や論理的思考力，情報発信力を育む。高1・高2で希望制のオーストラリア語学研修を実施。

●コース表

中1	中2	中3	高1	高2	高3
共通履修				理系	
				文系	

キャリア教育 中1では将来のイメージ作りとして，身近な大人の「中学時代」を取材。中2では保護者による職業理解についての講演会や職業インタビューを行う。中3では高校進学への準備とともにその先を見据え，大学のオープンキャンパスに参加し，勉強内容や卒業生の進路などを調査する。

学校生活 毎朝20分間の学活を通して，けじめのある生活を心がける。13の運動部と9の文化部があり，参加率は8割以上。

保護者MEMO

登校時刻▶8：40
最終下校時刻▶18：10
土曜日▶毎週登校。平常授業4時間
昼食▶食堂／食品販売あり
携帯電話▶可
制服▶詰襟，ブレザー
自転車通学▶可(条件あり)
カウンセラー▶保留
保護者面談▶年1回
保護者会▶年5回
必修旅行▶京都・奈良(中3)，沖縄(高2)
部活動▶活動日は部による

学費　初年度目安 129万円

(単位:円)	入学金	施設費	授業料	その他	合計
入学手続時	280,000	―	―	―	280,000
1年終了まで	―	240,000	570,000	195,971	1,005,971

●奨学金・特待生
なし

[その他] 諸費，教材費，副読本代，chromebook諸費用，学力テスト代，校外学習費，諸会費，諸検査代，災害共済掛金，口座振替登録手数料。別途制服・指定品代等あり。 [寄付・学債] 任意の寄付金1口3千円・1万円・5万円（選択）あり。

※上記は'22年度のもの。新年度について詳細は「受験生応援アプリ」にて公開（2023年5月～）。

首都圏模試　思考コード（単位：%）

読み取る力＼考える力	〈A方式①〉国語 A	B	C	算数 A	B	C	〈B方式〉4科総合型 A	B	C
複雑 3				9					
2	20	16		45	12			6	
単純 1		64			34		3	91	

A=知識・理解思考　B=論理的思考　C=創造的思考

2024年度入試　合格の基準

		首都圏模試 ほぼ確実	見込あり	やや見込あり	四谷大塚 ほぼ確実	見込あり	やや見込あり
男子	〈A①〉	64	60	56	52	49	45
女子	〈A①〉	65	61	57	54	51	47

ほぼ確実＝80%～／見込あり＝50～79%／やや見込あり＝20～49%

入試要項　2023年度参考　新年度日程は アプリへGO!　4科　適性型

試験名		試験日 ◎午後入試	出願締切 Web	発表 Web	手続 Web	2科	4科	適	英	他	面接	特待	募集数	応募数	受験数	合格数	実質倍率	偏差値
A	①	2/1	1/31	当日	2/3		●						100	男 229	222	86	2.6	64
														女 177	171	64	2.7	65
	②	2/3	2/2	当日	2/5		●						40	男 253	197	21	9.4	65
														女 207	173	33	5.2	66
B		2/5 ◎	2/4	2/6	2/7			*					20	男 127	111	11	10.0	67
														女 136	106	9	11.8	65

＊4科総合問題

【出願方法】 Web出願
【手続方法】 Web納入
【受験料】 30,000円（B方式は20,000円）

【帰国生入試】 ―

中学受験のプロがおすすめ！ 併願校の例

特色	男 大学付属校	キャリア教育	論文（自由研究）	女 大学付属校	キャリア教育	論文（自由研究）
♠男子校	♣明大明治	♠明大中野	♣法政大学	♣明大明治	♥立教女学院	♣法政大学
♥女子校	♣中大附属	♣帝京大学	♣国学院久我山	♣中大附属	♣帝京大学	♣国学院久我山
♣共学・別学校	♣日大二	♣桜美林	♣桐光学園	♣日大二	♣桜美林	♣桐光学園

併設高校の進路情報

四年制大学進学率98.1%
文系82／理系18／その他0（%）　医歯薬4名合格

内部推薦▶明治大学へ277名（法47，商46，政治経済48，文18，理工23，農16，経営37，情報コミュニケーション23，国際日本10，総合数理9）が内部推薦で進学した。

指定校推薦▶利用状況は東京理科大1，日本大3，関東学院大1，東京薬科大1，明治薬科大1，東京農大1，実践女子大1，城西国際大1など。ほかに成城大，玉川大，工学院大，東京都市大，白百合女子大，昭和薬科大など推薦枠あり。

'22年3月卒業生：310名　大学304名
短大0名　専門0名　就職1名　他5名

主な大学合格状況　'23年春については主要大学のみ巻末一覧に記載

大学名	'22	'21	'20	大学名	'22	'21	'20	大学名	'22	'21	'20
◇東京大	1	0	0	学習院大	0	0	1	成城大	0	1	1
◇筑波大	1	0	0	明治大	281	288	285	玉川大	1	3	0
◇東京外大	0	1	0	青山学院大	0	0	2	国士舘大	1	2	1
◇横浜国大	1	1	0	立教大	0	1	0	東京経済大	3	1	2
◇東京農工大	1	0	1	中央大	0	3	2	関東学院大	1	1	1
◇都立大	1	0	0	法政大	0	0	1	自治医大	1	0	0
◇電通大	0	1	1	日本大	3	5	5	東京薬科大	1	1	0
◇神戸大	1	0	0	東洋大	0	2	3	明治薬科大	2	0	1
慶應大	2	0	1	帝京大	3	0	3	明星大	3	1	3
東京理科大	1	2	2	國學院大	0	1	1	日本獣医生命科学大	0	3	0

※各大学合格数は既卒生との合計。

見学ガイド　体育祭／文化祭／説明会／オープンスクール

明治大学付属明治（めいじだいがくふぞくめいじ）中学校

〒182－0033 東京都調布市富士見町 4－23－25 ☎042－444－9100

国際 / 海外研修 / 長期留学 / 第2外国語 / online英会話 / 21型 / 1人1台端末 / リモート体制 / プロジェクト型 / 論文執筆 / STEAM / 情操 / 体験学習 / ボランティア / 人間力育成

教育方針▶「質実剛健・独立自治」の精神と，創造性や個性を伸ばし21世紀を担う「生きる力」を養う。
沿革▶1912年，明治大学構内に旧制明治中学校として開校。2008年現在地へ移転し共学化。
施設▶ホール，図書室（７万冊＋外書７千冊），作法室，CALL教室，トレーニングルーム，テニスコート，柔道場，剣道場，人工芝グラウンド，他。
学校長▶安藏　伸治
生徒数▶総数542名

	１年（５クラス）	２年（５クラス）	３年（５クラス）
男子	97名	86名	91名
女子	88名	97名	83名

京王線―西調布18分　京王線―調布・飛田給，JR―三鷹・矢野口よりスクールバス 25分

問題解決能力を備えた第一級の人物を育成

「教科指導・生徒指導・進路指導」を教育の柱とし，「個」を成長させていく。基礎学力を強化し，問いを分析し考える力，本質を見抜く力，それを表現する力を育てる。

学習 週６日制で十分な授業時間数を確保し，中学では週１回ずつ英語と数学の補講を実施。英語では少人数・習熟度別指導を行う。音読･暗唱を徹底し英語力の土台を築く。アウトプット活動も取り入れ発信力を伸ばす。数学では問題を解くプロセスや授業に臨む態度の醸成を重視して指導する。理科では実験や観察を多く行い，その結果を整理・考察することで知的好奇心や科学的思考力を養う。４つの実験室，１人１台の顕微鏡など設備が整う。探究的学習を，教科横断的に授業に組み入れ，問題解決能力を育成。中３以上の希望者を対象に，カナダ語学研修などを実施する。

キャリア教育 明治大学と密接に連携して，高２・高３では大学への準備教育を行う「高大連携講座」を実施。週２時間，各学部の教員が年間を通して授業を受け持ち，専門教育の内容にも踏み込んだ講義をする。

学校生活 剣道・野球・ダンス・吹奏楽など38の部・班があり，ほとんどの生徒が所属。中１の５月には六大学野球の応援に行き，付属校の一員であることを意識する。

●**コース表**

中1	中2	中3	高1	高2	高3
共通履修					理系 / 文系

保護者MEMO

登校時刻▶8：35
最終下校時刻▶18：30
土曜日▶毎週登校。平常授業４時間
昼食▶食堂／食品販売あり
携帯電話▶許可制
制服▶詰襟，ブレザー，セーラー
自転車通学▶可
カウンセラー▶週３～４日
保護者面談▶年１回
保護者会▶年４回
必修旅行▶沖縄（高２），他
部活動▶週５日まで

学費　初年度目安 133万円

（単位:円）	入学金	施設費	授業料	その他	合計
入学手続時	300,000	100,000	—	10,000	410,000
1年終了まで	—	140,000	590,400	191,000	921,400

［その他］制服・指定品代，教材費，林間学校費，PTA会費，生徒会費。
［寄付・学債］任意の寄付金（教育振興協力資金） １口10万円２口以上あり。
※上記は'22年度のもの。新年度について詳細は「受験生応援アプリ」にて公開（2023年５月～）。

●**奨学金・特待生**
入学後，成績・人物等優秀者対象の特待生奨学金制度あり

首都圏模試 思考コード (単位:%)

〈第1回〉

読み取る力	国語 A	国語 B	国語 C	算数 A	算数 B	算数 C
複雑 3		8			14	
2	3	28		7	35	
単純 1	20	41			44	
考える力	A	B	C	A	B	C

A=知識・理解思考 B=論理的思考 C=創造的思考

2024年度入試 合格の基準

		首都圏模試 ほぼ確実	首都圏模試 見込あり	四谷大塚 ほぼ確実	四谷大塚 見込あり
男子	①	71	68	60	56
			やや見込あり 65		やや見込あり 52
女子	①	73	69	64	60
			やや見込あり 66		やや見込あり 56

ほぼ確実=80%～／見込あり=50～79%／やや見込あり=20～49%

入試要項 2023年度参考 新年度日程は アプリへGO! 4科

試験名	試験日 ◎午後入試	出願締切 Web	発表 Web	手続 振込	選抜方法 2科	4科	適	英	他	面接	特待	募集数	応募数	受験数	合格数	実質倍率	偏差値
①	2/2	1/25	当日	2/8延		●						男 45	283(2)	252(2)	119	2.1	71
												女 45	290(1)	256(1)	77	3.3	73
②	2/3	1/25	当日	2/8延		●						男 30	269(1)	142(1)	40	3.6	72
												女 30	282	169	46	3.7	74

※②において，①受験者対象に優遇措置あり

【出願方法】 Web出願
【手続方法】 銀行振込のうえ，2/8に窓口手続。併願者は併願校の発表翌日（最長2/10）まで一部延納可
【受験料】 30,000円

【帰国生入試】 上記①②に含む。条件により優遇措置あり
(注)（ ）は帰国生で内数。

年度	試験名	募集数	応募数	受験数	合格数	実質倍率	偏差値
'22	①	男 45	289	247	121	2.0	71
		女 45	298	267	79	3.4	73
	②	男 30	319	168	43	3.9	71
		女 30	306	188	47	4.0	73
'21	①	男 45	360	320	125	2.6	71
		女 45	316	280	81	3.5	73
	②	男 30	331	188	40	4.3	70
		女 30	337	200	47	4.5	73

中学受験のプロがおすすめ! 併願校の例

特色	男 大学付属校	男 理数教育	男 キャリア教育	女 大学付属校	女 理数教育	女 キャリア教育
♠男子校	♣早稲田実業	♠早大学院	♣慶應中等部	♣早稲田実業	♥鷗友女子	♣慶應中等部
♥女子校	♣青山学院	♣東京農大一	♠立教新座	♣青山学院	♣東京農大一	♥立教女学院
♣共学・別学校	♣中大附属	♣成蹊	♣帝京大学	♣中大附属	♣成蹊	♣帝京大学

併設高校の進路情報

四年制大学進学率98.8%
文系・理系の割合未集計

内部推薦▶明治大学へ226名（法16，商51，政治経済54，文8，理工23，農14，経営28，情報コミュニケーション15，国際日本7，総合数理10）が内部推薦で進学した。

'22年3月卒業生：258名　大学255名
短大0名　専門0名　就職0名　他3名

主な大学合格状況 '23年春については主要大学のみ巻末一覧に記載

大学名	'22	'21	'20	大学名	'22	'21	'20	大学名	'22	'21	'20
◇東京大	0	1	0	◇群馬大	1	0	0	専修大	1	2	0
◇一橋大	1	0	1	◇電通大	1	2	1	国士舘大	1	1	0
◇千葉大	1	1	0	早稲田大	7	2	5	昭和大	1	2	0
◇筑波大	0	0	1	慶應大	12	11	13	東京医大	0	0	2
◇東京外大	2	1	1	上智大	13	6	3	北里大	0	1	1
◇東北大	0	1	0	東京理科大	0	0	5	星薬科大	1	1	0
◇東京農工大	1	0	2	明治大	241	242	246	東京薬科大	0	3	0
◇お茶の水女子大	2	1	0	青山学院大	0	0	2	明治薬科大	2	0	0
◇東京学芸大	0	1	0	中央大	1	1	0	多摩美大	0	4	2
◇都立大	1	3	3	日本大	1	7	5	武蔵野美大	0	4	2

※各大学合格数は既卒生との合計。

見学ガイド 体育祭／文化祭／説明会／オープンキャンパス／施設見学会

ユネスコ　高校募集 あり　高１より全体が混合。　高１内訳　一貫生 105名　297名 高入生

明星（めいせい）中学校

MEISEI GAKUEN

〒183−8531　東京都府中市栄町１−１　☎042−368−5201（入学広報室）

国際 / 海外研修 / 長期留学 / 第２外国語 / online英会話 / 21型 / 1人1台端末 / リモート体制 / プロジェクト型 / 論文執筆 / STEAM / 情操 / 体験学習 / ボランティア / 人間力育成

建学の精神▶和の精神のもと，世界に貢献する人を育成する。
沿革▶1923年創立の明星実務学校を前身とする。2003年に男女別学から共学となる。
施設▶講堂，視聴覚ホール，マルチメディアラボラトリー，図書館，和室，屋内プール，武道館，総合体育館，テニスコート，グラウンド，他。
学校長▶福本　眞也
生徒数▶総数420名　併設小からの進学者を含む。

	１年（５クラス）	２年（４クラス）	３年（４クラス）
男子	72名	93名	72名
女子	69名	55名	59名
内進生内数	男21名 女24名	男32名 女20名	男19名 女28名

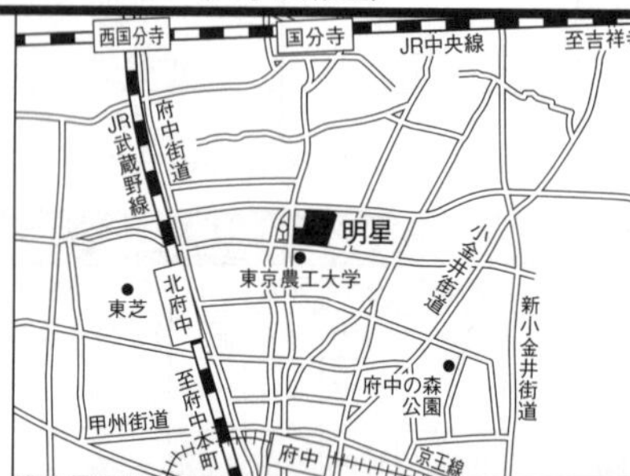

JR―国分寺，京王線―府中20分またはバス明星学苑　JR―北府中15分　15分

明星の6カ年一貫教育で，一人ひとりが希望の進路へ

「てしおの教育」「体験教育」で自律心を持った自立した人を育成。グローバル時代を生きる「活躍力」を身につける。独自の「針路改革」も推進中。

学習　特別選抜クラスでは難関大学合格をめざす。自ら学ぶ力の向上を重視し，予習中心型授業やグループワーク，発表中心の授業を展開。総合クラスでは多彩な体験学習により，自己の可能性を広げる。また，復習中心型授業やスパイラル型学習を取り入れ，基礎学力の徹底を図る。両コースともGCP（ネイティヴによるグローバルコミュニケーションの授業）や海外語学研修などを行い，グローバルマインドを醸成。理数教育ではAIロボットのプログラミングを学び，AIを活用した課題解決を体験する。SDGs推進校として持続可能な社会の実現に向け，企業・地域との協働プロジェクトや探究学習など，各自ができることを考え，実践するプログラムを多数用意。

●コース表

中１	中２	中３	高１	高２	高３
特別選抜クラス			スーパーMGSコース		
総合クラス		総英語	MGSコース		
			本科コース		

高２よりMGSコースMG／MS，本科コース文系／理系

キャリア教育　職業体験学習や近隣大学との連携授業を通して，就きたい仕事や夢について考え，自分の進路に真剣に向き合う。

学校生活　創立当初からの習慣で，「凝念」の掛け声とともに心を落ち着かせ，集中力を高めて授業に入る。部活動は30種類を超え，全国大会出場を果たす部もある。

保護者MEMO

登校時刻▶8：30
最終下校時刻▶18：30
土曜日▶毎週登校。平常授業４時間
昼食▶食堂／食品販売あり
携帯電話▶可
制服▶詰襟，ブレザー
自転車通学▶可
カウンセラー▶常駐
保護者面談▶年１回
保護者会▶年２回
必修旅行▶フィリピン・セブ島（中３），他
部活動▶活動日は部による

学費　初年度目安 125万円

（単位:円）	入学金	施設費	授業料	その他	合計
入学手続時	240,000	―	―	―	240,000
1年終了まで	―	100,000	480,000	429,800	1,009,800

●奨学金・特待生
40万円または20万円給付（年次審査）

［その他］制服・指定品代，教育充実費，副教材費・諸費用，体験・探究学習費等，PTA会費，生徒会費。［寄付・学債］なし。
※上記は'22年度のもの。新年度について詳細は「受験生応援アプリ」にて公開（2023年５月〜）。

首都圏模試 思考コード (単位：%)

〈第１回〉

読み取る力＼考える力	国語 A	国語 B	国語 C	算数 A	算数 B	算数 C
複雑 3				4		
2	12	21		32		
単純 1	10	57		44	20	

A=知識・理解思考　B=論理的思考　C=創造的思考

2024年度入試 合格の基準

		首都圏模試 ほぼ確実	首都圏模試 見込あり	首都圏模試 やや見込あり	四谷大塚 ほぼ確実	四谷大塚 見込あり	四谷大塚 やや見込あり
男子	〈総合①午前〉	40	36	32	31	26	21
女子	〈総合①午前〉	40	36	32	31	26	21

ほぼ確実＝80%～／見込あり＝50～79%／やや見込あり＝20～49%

入試要項 2023年度参考　新年度日程は アプリへGO!

2科　4科　適性型　英

	試験名	試験日 ◎午後入試	出願締切 Web	発表 Web	手続 Web	2科	4科	適	英	他	面接	特待	募集数	応募数	受験数	合格数	実質倍率	偏差値
総合クラス	①午前マルチ	2/1	1/31	当日	2/2	＊1			＊1		＊3		45	78	64	49	1.3	男40 女40
	①午後２科	2/1 ◎	1/31	当日	2/2	●					＊3		10	68	55	44	1.3	男41 女41
	②午前２科	2/2	2/1	当日	2/4	●					＊3		15	96	28	17	1.6	男40 女40
	②午後２科	2/2 ◎	2/1	当日	2/4	●					＊3		5	85	27	12	2.3	男40 女40
	③　２科	2/3 ◎	2/2	当日	2/6	●					＊3		5	113	21	9	2.3	男41 女41
	④　２科	2/4 ◎	2/3	当日	2/6	●					＊3		5	122	21	12	1.8	男41 女41
特別選抜クラス	①午前 ４科	2/1	1/31	当日	2/2		●				＊3	●	5	9	8	6	1.3	男46 女45
	①午前 適性検査				2/10			＊2			＊3	●	5	14	11	8	1.4	男43 女43
	①午後２科	2/1 ◎	1/31	当日	2/2	●					＊3	●	5	28	25	16	1.6	男48 女48
	②午前 ４科	2/2	2/1	当日	2/4		●				＊3	●	5	11	2	2	1.0	男46 女46
	②午前 適性検査							＊2			＊3	●	5	12	9	5	1.8	男43 女43
	②午後２科	2/2 ◎	2/1	当日	2/4	●					＊3	●	5	43	20	7	2.9	男48 女48
	③　２科	2/3 ◎	2/2	当日	2/6	●					＊3	●	5	44	14	6	2.3	男48 女48
	④　２科	2/4 ◎	2/3	当日	2/6	●					＊3	●	5	48	8	5	1.6	男49 女49

＊1　国算英より２科選択　＊2　適性検査ⅠⅡ。南多摩中等教育学校，立川国際中等教育学校志願者に対応
＊3　個人面接　※通知表コピー

【出願方法】Web出願後，書類を郵送または当日持参　**【手続方法】**Web納入　**【受験料】**22,000円（同時出願は複数回受験可）

【帰国生入試】11月（若干名募集）

中学受験のプロがおすすめ！ 併願校の例

特色	男 面倒見	男 国際理解教育	男 体験重視	女 面倒見	女 国際理解教育	女 体験重視
♠男子校 ♥女子校 ♣共学・別学校	♣多摩大聖ヶ丘	♣武蔵野大学	♣工学院大附	♣多摩大聖ヶ丘	♣武蔵野大学	♣工学院大附
	♠明法	♣文化学園杉並	♣聖徳学園	♥共立女子二	♣文化学園杉並	♣聖徳学園
	♣帝京八王子	♣啓明学園	♣東星学園	♣帝京八王子	♣啓明学園	♣東星学園

併設高校の進路情報

四年制大学進学率86.8%
文系65／理系28／その他７（%）

内部推薦▶明星大学へ81名（経済８，情報３，デザイン10，教育19，経営10，人文９，理工12，心理７，建築３）が内部推薦で進学した。

指定校推薦▶利用状況は東京理科大１，学習院大３，中央大３，法政大２，日本大５，東洋大１，駒澤大１，専修大２，成蹊大５，明治学院大１，獨協大２，芝浦工大３，東京都市大２，白百合女子大４など。

'22年３月卒業生：484名

大学420名　短大７名／専門27名／就職１名／他29名

主な大学合格状況　'23年春については主要大学のみ巻末一覧に記載

大学名	'22	'21	'20	大学名	'22	'21	'20	大学名	'22	'21	'20
◇東京大	0	0	1	慶應大	3	2	3	東洋大	32	16	26
◇一橋大	0	0	1	上智大	11	2	5	駒澤大	21	16	9
◇千葉大	1	0	0	東京理科大	7	1	12	専修大	59	14	28
◇東京外大	3	0	0	学習院大	10	11	5	東海大	36	13	10
◇横浜国大	0	1	1	明治大	17	12	10	亜細亜大	20	16	9
◇埼玉大	0	4	1	青山学院大	16	9	12	帝京大	44	19	16
◇東京学芸大	3	1	1	立教大	15	12	8	成蹊大	20	16	10
◇都立大	2	1	1	中央大	42	31	19	芝浦工大	12	3	10
◇電通大	3	1	4	法政大	29	17	25	桜美林大	24	18	28
早稲田大	5	3	8	日本大	45	24	32	明星大	114	103	105

※各大学合格数は既卒生との合計。

見学ガイド　文化祭／説明会／オープンキャンパス

高校募集 あり 高入生とは3年間別クラス。 高1内訳 一貫生 10名 199名 高入生

目黒学院 中学校

（めぐろがくいん）

〒153−8631 東京都目黒区中目黒1−1−50 ☎03−3711−6556

国際 / 海外研修 / 長期留学 / 第2外国語 / online英会話 / 21型 / 1人1台端末 / リモート体制 / プロジェクト型 / 論文執筆 / STEAM / 情操 / 体験学習 / ボランティア / 人間力育成

教育目標▶建学の精神「明朗・勤勉・礼節」に基づき，自主的・積極的に学ぶ心と一人ひとりの個性を育む。

沿革▶1940年創立の目黒高等学校を母体に1995年開校。2011年に男女共学化。

施設▶記念館，多目的ホール，柔剣道場，ウエイトトレーニング室，グラウンド，他。

学校長▶関口　隆司

生徒数▶総数44名

	1年（2クラス）	2年（1クラス）	3年（1クラス）
男子	16名	12名	9名
女子	2名	2名	3名

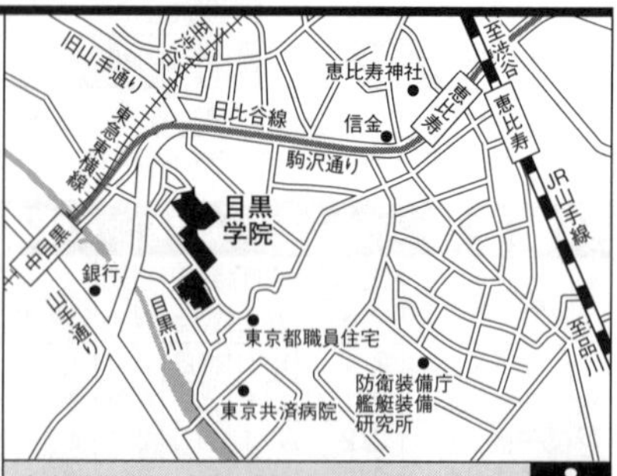

東急東横線・日比谷線―中目黒5分
JR―恵比寿10分
5分

自分らしく社会に貢献していく力を育む

学校生活の中で，さまざまな企画や実践を通して多くのことを体得し，社会人として必要な「真の自立」をめざして主体的，能動的に行動する意欲を養う。

学習 高2までは文系，理系のコース分けを行わず，幅広く教養を身につける。少人数を生かし，生徒一人ひとりの学習をサポート。英数は6年間，習熟度別授業を行う。自分の人生や社会に対する思いや願いを実現する力を育むため「総合的な学習・探究の時間」を実施。中高生で縦割りグループをつくりテーマを設定し，フィールドワークなどを行って調べ，その結果を分析・考察してまとめ発表する。全員にタブレット端末を貸与。授業支援アプリを導入し，各教科の授業や課題提出などにおいても活用。中3で希望制のアメリカセミナーを実施。ホームステイをしながら英語による理解力と表現力を高める。高2でアジア諸国を訪れ，異文化を体験し理解する。

●コース表

中1	中2	中3	高1	高2	高3
共通履修					理系
					文系

キャリア教育 職業を意識するだけでなく，「人生をデザインする力」を養う。様々な体験学習を通して，人と人との関わりの大切さを実感しながら，自分から進んで選択し，実行していく姿勢を身につける。

学校生活 ゴルフ部，鉄道研究同好会など，中高合わせて約25のクラブが活動中。

保護者MEMO

登校時刻▶8：30
最終下校時刻▶18：00
土曜日▶毎週登校。平常授業3または4時間
昼食▶食堂／食品販売あり
携帯電話▶可
制服▶ブレザー
自転車通学▶不可
カウンセラー▶常駐
保護者面談▶年2回
保護者会▶年2回
必修旅行▶なし
部活動▶活動日は部による

学費

初年度目安 **114万円**

(単位:円)	入学金	施設費	授業料	その他	合計
入学手続時	270,000	170,000	—	—	440,000
1年終了まで	—	—	474,000	222,000	696,000

[その他] 維持費，父母の会会費，生徒会費。※別途指定品・制服代等あり。
[寄付・学債] 任意の寄付金あり。
※上記は'22年度のもの。新年度について詳細は「受験生応援アプリ」にて公開（2023年5月～）。

●奨学金・特待生
3年間特待：授業料全額3年間／1年間特待：授業料全額1年間

首都圏模試 思考コード (単位：%)

読み取る力＼考える力	言語系 A	言語系 B	言語系 C	数量系 A	数量系 B	数量系 C
複雑 3						
2		20	20	30	10	
単純 1			60		30	30

〈適性検査〉

A=知識・理解思考　B=論理的思考　C=創造的思考

2024年度入試 合格の基準

		首都圏模試 ほぼ確実	首都圏模試 見込あり	首都圏模試 やや見込あり	四谷大塚 ほぼ確実	四谷大塚 見込あり	四谷大塚 やや見込あり
男子	〈首都①・四谷②〉	39	35	32	30	25	20
女子	〈首都①・四谷②〉	39	35	32	30	25	20

ほぼ確実＝80％～／見込あり＝50～79％／やや見込あり＝20～49％

入試要項 2023年度参考　新年度日程は アプリへGO!

2科 4科 適性型 英 他

試験名	試験日 ◎午後入試	出願締切 Web	発表 Web	手続 Web	2科	4科	適	英	他	面接	特待	募集数	応募数	受験数	合格数	実質倍率	偏差値
① 総合能力	2/1	1/31	当日	2/7					＊1		●	13	11	11	11	1.0	男39 女39
① 適性検査				2/14			＊2				●		5	5	5	1.0	
① 1科								＊3	＊3		●		—	—	—	—	
② 4科	2/1 ◎	当日	当日	2/14		●					●	13	9	9	8	1.2	男39 女39
② 2科					●						●		17	16	14	1.1	
② 1科									＊4		●		—	—	—	—	
③ 2科	2/3 ◎	当日	当日	2/14	●						●	5	25	16	15	1.1	男39 女39
④ 2科	2/5	当日	当日	2/14	●						●	5	21	12	10	1.2	男39 女39

＊1「漢字と計算」・プレゼンテーションまたは実技　※スポーツや芸術文化（音楽，バレエ，舞台演劇等）の活動歴などで評価。要事前相談・エントリーシートやワークシート提出
＊2　適性検査ⅠⅡ（Ⅰ言語系，Ⅱ数量系）
＊3　英語（面接形式をとる場合あり）または数学
＊4　サイエンス（科学に関連する文章題。科学的能力を見出す入試）

【出願方法】 Web出願後、該当者は書類提出。当日出願は窓口のみ
【手続方法】 銀行振込のうえ，窓口手続。3/31までの辞退者には返還
【受験料】 各10,000円

【帰国生入試】 —

中学受験のプロがおすすめ! 併願校の例

特色	男 国際理解教育	男 フィールドワーク	男 表現力育成	女 国際理解教育	女 フィールドワーク	女 表現力育成
♠男子校 ♥女子校 ♣共学・別学校	♣城西大城西	♣文教大付	♣和光	♣城西大城西	♣文教大付	♣和光
	♣目白研心	♣実践学園	♣立正大立正	♣目白研心	♣実践学園	♣立正大立正
	♣東京立正	♣新渡戸文化	♣国士舘	♣東京立正	♣新渡戸文化	♣国士舘

併設高校の進路情報

大学進学率66.5%
文系・理系の割合 未集計

指定校推薦▶東京理科大，日本大，東洋大，駒澤大，専修大，東海大，帝京大，國學院大，成城大，明治学院大，神奈川大，玉川大，東京都市大，関東学院大など推薦枠あり。

'22年3月卒業生：337名

大学224名／短大5名／専門40名／就職2名／他66名

主な大学合格状況 '23年春については主要大学のみ巻末一覧に記載

大学名	'22	'21	'20	大学名	'22	'21	'20	大学名	'22	'21	'20
◇東工大	0	0	2	東京理科大	5	7	1	専修大	9	4	9
◇一橋大	1	0	0	学習院大	4	2	0	東海大	25	5	11
◇千葉大	0	1	0	明治大	14	8	6	帝京大	13	9	11
◇埼玉大	0	2	0	青山学院大	5	6	4	成城大	11	2	6
◇北海道大	1	0	0	立教大	6	2	4	明治学院大	13	11	5
◇都立大	0	1	2	中央大	12	5	3	神奈川大	11	11	9
◇防衛大	3	2	0	法政大	10	7	9	東京都市大	8	8	9
早稲田大	4	1	3	日本大	36	16	28	国士舘大	3	12	3
慶應大	6	1	5	東洋大	33	12	25	桜美林大	21	7	4
上智大	5	0	4	駒澤大	15	8	9	武蔵野大	4	9	2

※各大学合格数は既卒生との合計。

見学ガイド 体育祭／文化祭／説明会／オープンスクール／体験授業

高校募集 あり 高入生とは3年間別クラス。高1内訳 一貫生 76名 251名 高入生

目黒日本大学 中学校
（めぐろにほんだいがく）

〒153－0063　東京都目黒区目黒1－6－15　☎03－3492－3388

国際／海外研修／長期留学／第2外国語／online英会話／21型／1人1台端末／リモート体制／プロジェクト型／論文執筆／STEAM／情操／体験学習／ボランティア／人間力育成

教育理念▶「質実剛健・優美高雅」を建学の精神に掲げ，しなやかな強さをもった自立できる人間を育てる。
沿革▶1903年創立。2005年に高校，2006年に中学が共学化。2019年4月より日本大学の付属校となり，日出中学校から現校名に改称。
施設▶自習室，カフェテリア，屋内プール，屋上運動場，武道場，トレーニングルーム，他。
学校長▶小野　力
生徒数▶総数289名

	1年（3クラス）	2年（3クラス）	3年（3クラス）
男子	52名	40名	36名
女子	54名	47名	60名

JR・東急目黒線・南北線・都営三田線一目黒5分　徒歩5分

一人ひとりが輝き，喜びがひろがる学校

各自の能力・適性・個性に合わせて選択できる幅広いプログラムを用意。問題解決力・相互理解力・進路実現力を複合的に養い，未来へと飛躍する力をつける。

学習 中1・中2では反復学習で基礎力を徹底的に身につけ，中3からの先取り教育にも対応できる力を構築する。全員がタブレット端末を持ち，授業で活用するほか，学習状況や模試の結果なども共有できる学習支援クラウドも利用する。ネイティヴ教員による朝のHR（English HR）や日本人教員とネイティヴ教員とのTeam Teaching，オンライン英会話などを通して，4技能を意識した英語力を鍛える。中1は日本の伝統文化，中2は日本の環境問題，中3はSDGsをテーマに探究学習を実施。自ら課題を発見，調査し，ディスカッションといった活動を通して問題解決力を養う。総仕上げとして発表コンクールを行う。

キャリア教育 日本大学各学部のキャンパス見学は中2で，中3では東京大学のリサーチキャンパスを実施。自身の進路をイメージする貴重な体験となっている。中1対象の和食テーブルマナー研修もある。

学校生活 部活動や生徒会活動への参加を奨励。全国大会で実績のある水泳・ダンス部など，多彩なクラブが活発に活動。

●コース表

中1	中2	中3	高1	高2	高3
	共	通	履	修	

保護者MEMO
登校時刻▶8：15
最終下校時刻▶18：00
土曜日▶毎週登校。平常授業4時間
昼食▶弁当／食品販売あり
携帯電話▶可
制服▶ブレザー
自転車通学▶不可
カウンセラー▶常駐
保護者面談▶年2回
保護者会▶年3回
必修旅行▶オーストラリア（中3）
部活動▶活動日は部による

学費　初年度目安 161万円

（単位:円）	入学金	施設費	授業料	その他	合計
入学手続時	250,000	70,000	—	—	320,000
1年終了まで	—	136,000	444,000	709,570	1,289,570

［その他］制服・指定品代，修学旅行費，海外研修費，教育充実費，補助教材費，ICT費用，オリエンテーション費，すずかけの会会費（後援会費），生徒会費。［寄付・学債］なし。
※上記は'22年度のもの。新年度について詳細は「受験生応援アプリ」にて公開（2023年5月～）。

●**奨学金・特待生**
40万円または20万円給付（年次審査）

首都圏模試　思考コード (単位:%)

読み取る力 \ 考える力	A	B	C	A	B	C
複雑 3						
2			データなし			
単純 1						

A=知識・理解思考　B=論理的思考　C=創造的思考

2024年度入試　合格の基準

		首都圏模試 ほぼ確実	首都圏模試 見込あり	首都圏模試 やや見込あり	四谷大塚 ほぼ確実	四谷大塚 見込あり	四谷大塚 やや見込あり
男子	〈①4科〉	54	51	47	44	41	37
女子	〈①4科〉	54	51	47	45	42	38

ほぼ確実=80%～／見込あり=50～79%／やや見込あり=20～49%

入試要項　2023年度参考　新年度日程は アプリへGO!　2科 4科 適性型 他

試験名		試験日 ◎午後入試	出願締切 Web	発表 Web	手続 Web	選抜方法 2科	4科	適	英	他	面接	特待	募集数	応募数	受験数	合格数	実質倍率	偏差値
①	4科	2/1	1/31	当日	2/4		●						15	252	158	46	3.4	男54 女54
②	算理	2/1 ◎	1/31	当日	2/4					＊1			5	220	114	22	5.2	男58 女60
③	2科	2/2	2/1	当日	2/4	●							10	87	66	7	9.4	男57 女57
	4科						●							336	192	42	4.6	
	適性				2/4延			＊2				●	5	58	56	13	4.3	男60 女60
④	2科	2/4 ◎	2/3	2/5	2/7	●						●	5	509	289	51	5.7	男64 女64

＊1　算数・理科合教科型　＊2　適性検査ⅠⅡ
※英検3級以上の取得者は加点制度あり

【出願方法】 Web出願。該当者は英検の合格証コピーを持参　**【手続方法】** Web納入。一部納入後，書類をダウンロードのうえ，残額を書類に基づき納入。適性検査は公立一貫校の合格発表日まで延納可
【受験料】 25,000円（同時出願は複数回受験可）

【帰国生入試】 上記2科・4科に含む。優遇または考慮

中学受験のプロがおすすめ！　併願校の例

特色	男 近代的校舎	男 ICT教育	男 適性検査型入試	女 近代的校舎	女 ICT教育	女 適性検査型入試
♠男子校 ♥女子校 ♣共学・別学校	♣東洋大京北	♣安田学園	♣都立桜修館中等	♣東洋大京北	♣安田学園	♣都立桜修館中等
	♣日大二	♠獨協	♣かえつ有明	♣日大二	♥江戸川女子	♣かえつ有明
	♣文教大付	♣八雲学園	♣品川翔英	♣文教大付	♣八雲学園	♣品川翔英

併設高校の進路情報

四年制大学進学率91.1%
文系・理系の割合未集計　医歯薬11名合格

内部推薦▶日本大学へ221名（法30，経24，商28，危機管理5，芸術10，国際関係7，スポーツ科2，生産工8，松戸歯1，生物資源科27，文理49，理工25，薬2，二部3），日本大学短期大学部へ1名が内部推薦で進学した。

指定校推薦▶駒澤大，大東文化大，東海大，帝京大など推薦枠あり。

'22年3月卒業生：327名
大学298名　短大4名／専門11名／就職1名／他13名

主な大学合格状況　'23年春については主要大学のみ巻末一覧に記載

大学名	'22	'21	'20	大学名	'22	'21	'20	大学名	'22	'21	'20
◇東京外大	1	0	0	立教大	4	2	0	帝京大	6	6	4
◇広島大	0	1	0	中央大	11	1	0	成城大	7	2	0
◇金沢大	0	1	0	法政大	11	9	2	明治学院大	2	4	1
早稲田大	1	5	2	日本大	266	91	73	玉川大	4	2	1
慶應大	2	3	0	東洋大	6	3	0	立正大	7	2	6
上智大	5	1	0	駒澤大	4	2	1	国士舘大	8	2	3
東京理科大	1	2	0	専修大	3	4	2	桜美林大	4	2	4
学習院大	3	2	0	大東文化大	2	1	4	武蔵野大	3	6	2
明治大	14	10	2	東海大	3	5	2	帝京平成大	6	5	3
青山学院大	2	4	2	亜細亜大	2	1	3	東京工芸大	1	2	6

※各大学合格数は既卒生との合計。

見学ガイド　文化祭／説明会／授業体験／部活動体験／個別見学対応あり

目白研心（めじろけんしん）中学校

〒161－8522　東京都新宿区中落合 4－31－1　☎03－5996－3133（広報部）

国際　海外研修　長期留学　第2外国語　online英会話　21型　1人1台端末　リモート体制　プロジェクト型　論文執筆　STEAM　情操　体験学習　ボランティア　人間力育成

教育方針▶建学の精神は「主・師・親」。「誠実・敬愛・感謝」の校訓のもと，コミュニケーション力，問題発見・解決力，自己肯定力を育む教育を行う。
沿革▶1923年創設。2009年に目白学園中学校より現校名になり，共学化。
施設▶記念館，ラーニングスペース，学習支援センター，PC教室，カフェテリア，グラウンド，他。
学校長▶松下　秀房
生徒数▶総数148名

	1年（2クラス）	2年（2クラス）	3年（3クラス）
男子	24名	13名	17名
女子	42名	24名	28名

西武新宿線・都営大江戸線―中井8分，落合南長崎10分　東西線―落合12分　8分

自らの意志でコースを選択，未来を切り拓く力を育む

6年間で3段階の選択ステージを用意。中1・中2はコース選択に向けた進路指導を実施し，第1の選択をする中3の1年間はトライアル期間と位置づけている。

学習 特進コースは国公立・難関私立大学をめざし，総合コースは学習と部活動のバランスを重視する。Super English Courseは海外の大学を視野に入れたコースで，英語力の強化を中心に，論理的思考力・異文化理解などを深める。英語は週3時間をネイティヴ教員が少人制で指導。海外のテキストを扱い4技能を効率的に伸ばす。中2のイングリッシュキャンプ，45年続く英語スピーチコンテストなど，体験型の英語学習も充実。最新の電子黒板やタブレット端末を活用し，生徒が主体的に学ぶアクティブ・ラーニング型の授業を展開。

●コース表

中1	中2	中3	高1	高2	高3
共通履修 ※英数習熟度別		特進コース		特進文系クラス 特進理系クラス 英語難関クラス 文系クラス 理系クラス	
		進学コース			
		Super English Course			

キャリア教育 グローバル時代に不可欠な3つの力「コミュニケーション力」「問題発見・解決力」「自己肯定力」を体系的に育む。日々の学習を振り返るセルフマネジメントノートを活用する。2人担任制（中1・中2）をとり，勉強だけでなく部活動や行事など個々の成功体験をサポートする。

学校生活 ラクロス・演劇部など，中高合わせて30の部が活動。部活後も中学生は19：00まで学習支援センターを利用できる。

保護者MEMO

登校時刻▶8：30
最終下校時刻▶18：00
土曜日▶毎週登校。平常授業4時間
昼食▶食堂／食品販売あり
携帯電話▶可
制服▶ブレザー
自転車通学▶可
カウンセラー▶週4日
保護者面談▶年1回
保護者会▶年4回
必修旅行▶カナダ（中3），他
部活動▶活動日は部による

学費　初年度目安 118万円

（単位:円）	入学金	施設費	授業料	その他	合計
入学手続時	200,000	―	―	―	200,000
1年終了まで	―	170,000	472,000	338,795	980,795

［その他］制服・指定品代，教育諸活動費，英語特別指導費，実験実習費，林間学校，PTA会費，PTA入会金，生徒会費，生徒会入会金。※別途海外研修積立金あり。
［寄付・学債］任意の寄付金（目白学園教育充実資金）1口10万円1口以上あり。
※上記は'22年度のもの。新年度について詳細は「受験生応援アプリ」にて公開（2023年5月～）。

●奨学金・特待生
入学金と3年間特待：施設費・授業料3年／S：施設費・授業料1年／A：施設費1年　B：施設費のみ1年

首都圏模試　思考コード（単位：%）

〈第１回〉

読み取る力＼考える力	国語 A	国語 B	国語 C	算数 A	算数 B	算数 C
複雑 3						
2	10	22		67		
単純 1	26	42		28	5	

A=知識・理解思考　B=論理的思考　C=創造的思考

2024年度入試　合格の基準

		首都圏模試 ほぼ確実	首都圏模試 見込あり	首都圏模試 やや見込あり	四谷大塚 ほぼ確実	四谷大塚 見込あり	四谷大塚 やや見込あり
男子	〈①2科4科〉	41	35	30	33	28	23
女子	〈①2科4科〉	41	35	30	33	28	23

ほぼ確実＝80%～／見込あり＝50～79%／やや見込あり＝20～49%

入試要項　2023年度参考　新年度日程はアプリへGO!

2科　4科　適性型　英　他

試験名	試験日（◎午後入試）	出願締切 Web	発表 Web	手続 Web	2科	4科	適	英	他	面接	特待	募集数	応募数	受験数	合格数	実質倍率	偏差値
①２科・４科	2/1	1/31	当日	2/7	●	●					●	70	76	65	38	1.7	男41 女41
②２科・４科	2/1 ◎				●	●					●		109	99	43	2.3	男43 女43
適性検査	2/1			2/10			＊1				●		61	61	41	1.5	男42 女42
③２科	2/2	2/1	当日	2/7	●						●	20	100	48	23	2.1	男43 女43
④２科	2/2 ◎				●						●		95	47	12	3.9	男44 女44
英語スピーチ	2/2							＊2			●		10	10	7	1.4	—
英語資格①	2/2 ◎								＊3		●		21	15	4	3.8	男43 女43
⑤２科	2/3	2/2	当日	2/7	●						●	10	101	38	9	4.2	男43 女43
次世代スキル	2/3 ◎								＊4		●		27	14	4	3.5	—
英語資格②	2/3							＊3			●		23	16	6	2.7	男42 女42
算数特別	2/3 ◎								＊5		●		28	5	2	2.5	男45 女45

＊１　適性検査ⅠⅡまたは適性検査ⅠⅡⅢ　＊２　英語スピーチ＋質疑応答（英語）。スピーチ原稿提出　＊３　国語＋英検取得級による換算点。英検以外の資格は要相談　＊４　当日発表のテーマについて，個人ワーク・グループワーク・発表を行う　＊５　算数（計算力問題＋思考力問題）

【出願方法】Web出願。該当者は書類を当日持参　**【手続方法】**Web納入
【受験料】23,000円（同時出願は複数回受験可）

【帰国生入試】10/29，11/29（各若干名募集）

中学受験のプロがおすすめ！　併願校の例

特色	男 留学制度	男 キャリア教育	男 アクティブラーニング	女 留学制度	女 キャリア教育	女 学習サポート
♠男子校	♣東京成徳大学	♣淑徳巣鴨	♣聖徳学園	♣東京成徳大学	♣淑徳巣鴨	♣聖徳学園
♥女子校	♣郁文館	♣成立学園	♠京華	♣郁文館	♣成立学園	♥京華女子
♣共学・別学校	♣帝京	♣新渡戸文化	♣貞静学園	♣帝京	♣新渡戸文化	♣貞静学園

併設高校の進路情報

四年制大学進学率86.9%
文系61／理系29／その他10（%）　医歯薬20名合格

内部推薦▶目白大学へ１名（人間）が内部推薦で進学した。目白大学短期大学部への推薦制度もある。
指定校推薦▶非公表。
海外大学合格状況▶University of Granada（ｽﾍﾟｲﾝ），他。

'22年３月卒業生：222名

大学193名　短大１名　専門10名　就職０名　他18名

主な大学合格状況　'23年春については主要大学のみ巻末一覧に記載

大学名	'22	'21	'20	大学名	'22	'21	'20	大学名	'22	'21	'20
◇横浜国大	0	0	1	明治大	0	11	1	東海大	13	16	7
◇都立大	0	1	1	青山学院大	4	9	4	亜細亜大	17	21	10
◇信州大	1	0	0	立教大	5	15	3	帝京大	23	25	18
◇秋田大	1	1	0	中央大	6	17	5	成蹊大	7	8	8
◇浜松医大	1	0	0	法政大	5	15	3	獨協大	3	12	4
◇県立保健福祉大	1	0	0	日本大	25	37	18	日本女子大	1	5	6
早稲田大	3	6	1	東洋大	28	44	14	国士舘大	6	16	9
慶應大	0	0	2	駒澤大	6	17	5	杏林大	8	4	9
上智大	0	3	1	専修大	16	21	10	東京女子医大	3	2	3
学習院大	1	5	1	大東文化大	13	30	9	目白大	9	22	19

※各大学合格数は既卒生との合計。

見学ガイド　文化祭／説明会／オープンキャンパス／入試体験会

八雲学園(やくもがくえん) 中学校

〒152−0023 東京都目黒区八雲 2−14−1 ☎03−3717−1196

教育理念▶生命主義，健康主義という教育方針を柱に，時代を切り拓く「伝統」と「革新」の確かな調和で次代のグローバルリーダーを育てる。

沿革▶1938年八雲高等女学校として創立。1947年より現校名となる。2018年より中学校が，2021年より高校が共学化。

施設▶メディアセンター（図書館棟），グラウンド，海外研修センター（サンタバーバラ），他。

学校長▶近藤　彰郎

生徒数▶総数450名

	1年（5クラス）	2年（4クラス）	3年（5クラス）
男子	75名	70名	64名
女子	84名	65名	92名

東急東横線—都立大学7分 7分

英語で世界をリードする人を育てる

充実の英語教育に加え，多彩な海外研修や留学制度を用意。英語と異文化を本格的に体験し，ワンランク上の英語レベルをめざす。海外協定大学推薦制度も導入。

学習 定期試験対策学習デー，年5回の実力テストなど，進学を意識した指導を行う。英語は週9（中1は8）時間で，オール·イングリッシュの授業を週4時間実施。英語の各種検定対策も充実し，高校卒業までにCEFRのC1レベル到達をめざす。スピーチコンテストや英語劇などの英語関連行事も多数開催。中3の海外研修では2週間にわたり，特別英語授業を受ける。高校では留学制度もある。理科は実験・観察が中心。夏休みには「一人一研究」と題し，自由研究が課される。月1回，文化体験の日があり，様々な場所に出かけて文化や歴史に触れ，体験を重ねることで感性を磨く。調べ学習やプレゼンテーションでタブレット端末を使用し，情報リテラシーを培う。

キャリア教育 中学では社会人講話を実施。各分野の職業の話を聞くことで職業観を育て，将来を考えるきっかけとする。テーブルマナーやホテルマナー講習も実施する。

学校生活 担任以外に勉強や学校生活のことを個別に相談できるチューター制度がある。29あるクラブ活動の参加率は約8割。

●**コース表**

中1	中2	中3	高1	高2	高3
特進クラス				理系	
共通履修				文系	

保護者MEMO

登校時刻▶8：10
最終下校時刻▶〓：〓
土曜日▶毎週登校。平常授業4時間
昼食▶弁当／食品販売あり
携帯電話▶可
制服▶ブレザー
自転車通学▶不可
カウンセラー▶ー
保護者面談▶年3回
保護者会▶年3回
必修旅行▶アメリカ（中3），九州（高2）
部活動▶活動日は部による

学費

初年度目安 167万円

(単位:円)	入学金	施設費	授業料	その他	合計
入学手続時	330,000	―	―	―	330,000
1年終了まで	―	150,000	552,000	636,000	1,338,000

●**奨学金・特待生**
入学金全額，授業料・施設費1年（2年次以降審査）

[その他] 制服・指定品代，海外研修費，冷暖房費，後援会費，生徒会費。
[寄付・学債] なし。
※上記は'22年度のもの。新年度について詳細は「受験生応援アプリ」にて公開（2023年5月〜）。

首都圏模試　思考コード　(単位：%)

〈第１回〉

読み取る力＼考える力	国語 A	国語 B	国語 C	算数 A	算数 B	算数 C
複雑 3				5		
2	6	12		70		
単純 1	20	62			25	

A=知識・理解思考　B=論理的思考　C=創造的思考

2024年度入試　合格の基準

		首都圏模試 ほぼ確実	首都圏模試 見込あり	四谷大塚 ほぼ確実	四谷大塚 見込あり
男子	①	47	41	38	33
			やや見込あり 35		やや見込あり 28
女子	①	47	42	39	34
			やや見込あり 37		やや見込あり 29

ほぼ確実＝80％～／見込あり＝50～79％／やや見込あり＝20～49％

入試要項　2023年度参考　新年度日程は アプリへGO!　2科 4科 英 他

試験名	試験日 ◎午後入試	出願締切 Web	発表 Web	手続 振・窓	2科	4科	適	英	他	面接	特待	募集数	応募数	受験数	合格数	実質倍率	偏差値
①	2/1	1/31	当日	2/13	●							80	男 39	27	21	1.3	47
						●					●		女 43	25	20	1.3	47
②	2/1 ◎	1/31	当日	2/13	●								男 88	62	45	1.4	52
						●					●		女 74	61	51	1.2	52
③	2/2	2/1	当日	2/13	●							40	男 74	27	20	1.4	46
						●					●		女 69	20	18	1.1	46
④	2/2 ◎	2/1	当日	2/13	●								男 85	35	27	1.3	51
						●					●		女102	30	25	1.2	51
未来発見	2/5	2/4	当日	2/13				*	*			24	男 71	28	23	1.2	51
													女 91	27	24	1.1	50

＊国算英より１科選択＋自己表現文

【出願方法】 Web出願
【手続方法】 2/8までに書類受取，振込のうえ，書類を窓口提出
【受験料】 25,000円（同時出願は複数回受験可）

【帰国生入試】 12/6（募集数は定めず）

中学受験のプロがおすすめ！　併願校の例

特色	男 理数教育	男 ICT教育	男 英語(選択)入試	女 理数教育	女 ICT教育	女 英語(選択)入試
♠男子校 ♥女子校 ♣共学・別学校	♠獨協	♣目黒日大	♣ドルトン東京	♥昭和女子大昭和	♣目黒日大	♣かえつ有明
	♣玉川学園	♣淑徳巣鴨	♣文化学園杉並	♣玉川学園	♣淑徳巣鴨	♣文化学園杉並
	♣品川翔英	♣多摩大目黒	♣立正大立正	♣品川翔英	♣多摩大目黒	♣立正大立正

併設高校の進路情報

四年制大学進学率88%
文系82／理系15／その他３(%)　医歯薬３名合格

指定校推薦▶利用状況は学習院大１，青山学院大３，立教大１，駒澤大２，國學院大１，成蹊大１，成城大１，明治学院大４，東京女子大３，日本女子大１，玉川大１，東京都市大１，大妻女子大３，聖心女子大３，白百合女子大２，実践女子大２，昭和女子大３，学習院女子大１など。ほかに日本大など推薦枠あり。

海外大学合格状況▶The University of Manchester，University of Exeter（英），Illinois State University，Oregon State University（米），他。

'22年３月卒業生：83名（女子のみ）
大学73名　短大１名　専門４名　就職０名　他５名

主な大学合格状況　'23年春については主要大学のみ巻末一覧に記載

大学名	'22	'21	'20	大学名	'22	'21	'20	大学名	'22	'21	'20
◇千葉大	0	0	1	立教大	2	10	8	日本女子大	2	4	4
◇筑波大	0	1	0	中央大	0	0	2	玉川大	1	3	2
◇東京学芸大	0	1	0	法政大	1	5	7	立正大	2	3	6
◇都立大	0	0	2	日本大	2	5	13	共立女子大	3	2	4
早稲田大	1	9	5	駒澤大	4	11	7	大妻女子大	5	1	8
慶應大	0	3	1	専修大	0	2	12	聖心女子大	4	2	3
上智大	0	1	4	成城大	1	3	5	武蔵野大	8	3	5
学習院大	3	1	2	明治学院大	7	7	11	実践女子大	2	1	7
明治大	2	5	4	神奈川大	4	2	10	昭和女子大	6	3	7
青山学院大	4	12	5	東京女子大	6	2	3	東洋英和女学院大	2	1	8

※各大学合格数は既卒生との合計。

見学ガイド　文化祭／説明会／英語祭／個別見学対応あり

高校募集あり 高入生とは3年間別クラス。 **高1内訳** 一貫生 175名 348名 高入生

安田学園 中学校

（やすだがくえん）

〒130−8615 東京都墨田区横網 2−2−25 ☎0120−501−528（入試広報直通）

教育目標▶どんな社会分野においても積極的に適応できる，自主的で行動力に富んだ人物を育成する。
沿革▶安田善次郎により1923年に設立。2014年度より共学化。2023年度より総合コース募集停止。
施設▶講堂，アメニティホール，図書室（7万冊），マルチルーム，自習室，オーディオホール，メディアコーナー，カフェテリア，武道場，他。
学校長▶稲村　隆雄
生徒数▶総数615名

	1年（6クラス）	2年（6クラス）	3年（6クラス）
男子	126名	128名	94名
女子	96名	90名	81名

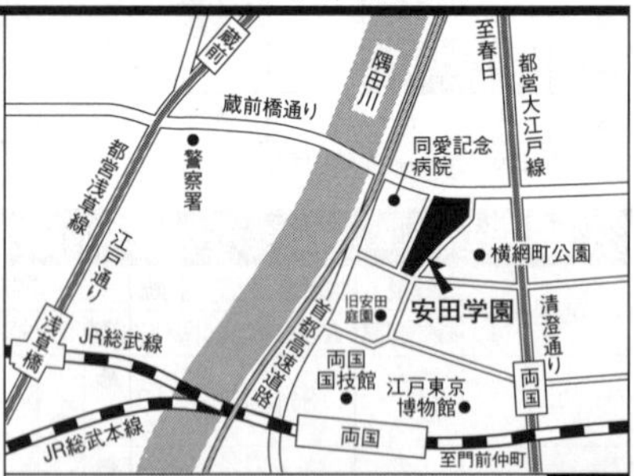

JR─両国6分　都営浅草線─蔵前10分
都営大江戸線─両国3分
6分

国際 / 海外研修 / 長期留学 / 第2外国語 / online英会話 / 21型 / 1人1台端末 / リモート体制 / プロジェクト型 / 論文執筆 / STEAM / 情操 / 体験学習 / ボランティア / 人間力育成

「自学創造」を目標に，自ら考え学ぶ授業を実践

学校独自の「学び力伸長システム」により基礎学力・考え学ぶ力を伸ばし，それを進学力へと転化する。身につけた力を社会に活かすための人間力教育を行う。

学習 グローバルな探究力を育て，生徒全員が最難関国立大・国公立大をめざす。英語はネイティヴ教員による授業を多く取り入れると共に，全学年で週1回・35分間行うオンライン英会話を通して，コミュニケーション能力を身につける。英数それぞれ朝15分間のチェックテストで，日々の授業内容の定着度と学習習慣を確認。中1～高2に，思考力･判断力･表現力を培う「探究プログラム」を設定。グループや個人で気づいた疑問を，根拠を持って論理的に探究する。海外語学研修と高2のグローバル探究・英国（探究活動の集大成）により，生徒全員が6年間で2回以上海外を体験。身につけた学力などを社会に還元できるよう，創立者の生き方を手本に人間力教育を行う。

キャリア教育 中学では企業の協力を得ながら「なりたい自分」を見つけ，高校では「なれる自分」へと自らを高められるように，継続的・計画的に指導する。

学校生活 生物クラブや卓球クラブが全国レベルで活躍。互いに切磋琢磨し合いながら，豊かな人間性を育んでいる。

●コース表

中1	中2	中3	高1	高2	高3
先	進	コ	ー	ス	

保護者MEMO

登校時刻▶8：15
最終下校時刻▶18：00
土曜日▶毎週登校。平常授業4時間
昼食▶食堂（高校から利用可）／食品販売あり
携帯電話▶可
制服▶ブレザー(2023年度～)
自転車通学▶可(中2～)
カウンセラー▶常駐
保護者面談▶年1回
保護者会▶年4回
必修旅行▶カナダ(中3)，他
部活動▶週5日まで

学費

初年度目安 **146万円**

(単位:円)	入学金	施設費	授業料	その他	合計
入学手続時	235,000	100,000	―	190,000	525,000
1年終了まで	―	72,000	420,000	446,056	938,056

［その他］制服・指定品代，教育充実費，学用品・ipad購入費，オンライン英会話，修学旅行積立金，PTA会費，生徒会費，生徒会入会金。［寄付・学債］なし。
※上記は'22年度のもの。新年度について詳細は「受験生応援アプリ」にて公開（2023年5月～）。

●**奨学金・特待生**
入学金半額とA：授業料全額6年／B：授業料全額3年／C：授業料全額1年D：入学金半額

首都圏模試　思考コード　(単位：%)

読み取る力	〈先進特待１回〉国語 A	国語 B	国語 C	算数 A	算数 B	算数 C	〈公立一貫校型１回〉I A	I B	I C	II A	II B	II C
複雑 3												
2	8	21		57					60	15	45	
単純 1	15	56			43			40			40	

考える力：A=知識・理解思考　B=論理的思考　C=創造的思考

2024年度入試　合格の基準

		首都圏模試 ほぼ確実	首都圏模試 見込あり	首都圏模試 やや見込あり	四谷大塚 ほぼ確実	四谷大塚 見込あり	四谷大塚 やや見込あり
男子	〈②〉	63	60	57	52	49	45
女子	〈②〉	63	60	57	54	51	47

ほぼ確実＝80％～／見込あり＝50～79％／やや見込あり＝20～49％

入試要項　2023年度参考　新年度日程は アプリへGO!

2科　4科　適性型　英

試験名	試験日 ◎午後入試	出願締切 Web	発表 Web	手続 Web	選抜方法 2科	4科	適	英	他	面接	特待	募集数	応募数	受験数	合格数	実質倍率	偏差値
① 公立一貫	2/1	1/31	2/2	2/10			＊1				●	45	457	448	187	2.4	男63 女63
① 4科・英語	2/1	1/31	当日	2/10		●		＊2			●	20	230	178	83	2.1	男61 女61
② 4科・英語	2/1 ◎	1/31	当日	2/10		●		＊2			●	35	381	319	124	2.6	男63 女63
③ 公立一貫	2/2	2/1	2/3	2/10			＊1				●	40	381	350	131	2.7	男62 女62
③ 4科・英語	2/2	2/1	当日	2/10		●		＊2			●	10	270	140	28	5.0	男61 女61
④ 4科・英語	2/2 ◎	2/1	当日	2/10		●		＊2			●	20	388	167	25	6.7	男63 女63
⑤ 4科・英語	2/3	2/2	当日	2/10		●		＊2			●	5	312	110	14	7.9	男62 女62
⑥ 公立一貫	2/4	2/3	2/5	2/10			＊1				●	5	318	140	18	7.8	男62 女62

＊１　適性検査ⅠⅡⅢ。公立一貫型　＊２　国語＋算数＋英語

【出願方法】 Web出願
【手続方法】 Web納入。辞退者には一部返還
【受験料】 20,000円（複数回同時出願は30,000円，追加出願は＋10,000円）

【帰国生入試】 ―

中学受験のプロがおすすめ！ 併願校の例

特色	男 探究型学習	男 コース制	男 適性検査型入試	女 探究型学習	女 コース制	女 適性検査型入試
♠男子校	♠城北	♣開智日本橋	♣都立両国高校附	♥大妻	♣開智日本橋	♣都立両国高校附
♥女子校	♣順天	♣麗澤	♣区立九段中等	♣順天	♣麗澤	♣区立九段中等
♣共学・別学校	♣宝仙学園	♠足立学園	♣都立白鷗高校附	♣宝仙学園	♥跡見学園	♣都立白鷗高校附

併設高校の進路情報

四年制大学進学率89.2%
文系・理系の割合未集計　医歯薬18名合格

指定校推薦▶早稲田大，東京理科大，学習院大，中央大，法政大，日本大，東洋大，駒澤大，専修大，東海大，帝京大，國學院大，成蹊大，成城大，明治学院大，獨協大，神奈川大，芝浦工大，東京電機大，東京都市大など推薦枠あり。

'22年３月卒業生：343名

大学306名　短大２名　専門９名　就職０名　他26名

主な大学合格状況　'23年春については主要大学のみ巻末一覧に記載

大学名	'22	'21	'20	大学名	'22	'21	'20	大学名	'22	'21	'20
◇東京大	3	0	2	早稲田大	29	17	15	日本大	106	109	119
◇京都大	0	1	0	慶應大	13	15	13	東洋大	83	94	82
◇東工大	1	3	0	上智大	31	8	12	駒澤大	38	24	21
◇一橋大	3	1	1	東京理科大	49	38	21	専修大	45	44	30
◇千葉大	9	12	10	学習院大	28	10	25	東海大	21	29	20
◇筑波大	0	4	2	明治大	41	42	59	帝京大	31	38	48
◇東京外大	3	0	1	青山学院大	22	21	23	明治学院大	18	21	15
◇横浜国大	1	2	2	立教大	26	19	31	獨協大	38	29	19
◇防衛医大	1	2	1	中央大	45	35	38	芝浦工大	28	31	23
◇防衛大	12	12	11	法政大	68	24	55	東京電機大	18	23	21

※各大学合格数は既卒生との合計。

見学ガイド　文化祭／説明会／入試体験

高校募集 **あり** 高2より全体が混合。 高1内訳 一貫生 105名 300名 高入生

中 立正大学付属立正（りっしょうだいがくふぞくりっしょう）中学校

〒143－8557 東京都大田区西馬込1－5－1 ☎03－6303－7683

国際 / 海外研修 / 長期留学 / 第2外国語 / online英会話 / 21型 / 1人1台端末 / リモート体制 / プロジェクト型 / 論文執筆 / STEAM / 情操 / 体験学習 / ボランティア / 人間力育成

教育目標▶日蓮聖人の教え「行学二道」を体現できる，学びを行動で伝えられる人を育てる。
沿革▶1872年設立の日蓮宗宗教院が起源。2013年，品川区大崎より現在地に移転。
施設▶ホール，礼法室，図書室（5万冊），自習室，屋内プール，武道場，屋上テニスコート，ゴルフ練習場，弓道場，人工芝グラウンド，他。
学校長▶大場 一人
生徒数▶総数469名

	1年（5クラス）	2年（6クラス）	3年（5クラス）
男子	103名	127名	97名
女子	57名	44名	41名

都営浅草線─西馬込5分
JR─大崎よりスクールバス
5分

仲間とともに，社会のために力を発揮できる人を育成する

社会へ巣立つとき，自分を支えてくれる3つのスキル「Research（調べる）・Read（読み取る）・Report（表現する）」を伸ばすR-PROGRAMを実践。

学習 高1までの4年間は,「基礎学力定着の徹底」「基礎学力の充実と強化」をテーマに指導。中1から英数は4段階の習熟度別授業で行い，定期試験ごとに入れ替える。中学で受ける模擬試験は，基礎力テストと応用力テストの2本立て。教科や分野別の得意不得意の把握や，日々の学習計画づくりに活用する。R-PROGRAMの一つとして，1時間目の開始前に「コラムリーディング」「1分間スピーチ」に取り組む。新聞の社説やコラムなどを自分の言葉でまとめ，発表することを繰り返しながら，思考力･表現力を向上させていく。「特別進学」は，早期から発展・応用問題に取り組み，国公立・難関私立大学をめざすクラス。

●コース表

中1	中2	中3	高1	高2	高3
進学クラス	特別進学クラス			文系クラス	
				理系クラス	
	進学クラス			文系クラス	
				理系クラス	

キャリア教育 中1の卒業生による職業講話，中2・中3の職場体験で仕事，職業の知識と理解を深め，少しずつ目標を固めていく。職場体験の前にはマナー講習も。

学校生活 週1時間，宗教の授業がある。充実した施設・設備で，33のクラブが活動している。障がい者マラソンの伴走や地元地域の祭りに，ボランティアとして参加。

保護者MEMO

登校時刻▶8：10
最終下校時刻▶18：30
土曜日▶毎週登校。平常授業4時間
昼食▶食堂(中1･中2は土のみ可)／食品販売あり
携帯電話▶許可制
制服▶ブレザー
自転車通学▶可
カウンセラー▶週2日
保護者面談▶年3回
保護者会▶年3回
必修旅行▶関西(中3)，他
部活動▶平日に1日は休む

学費　初年度目安 128万円

(単位:円)	入学金	施設費	授業料	その他	合計
入学手続時	250,000	—	—	222,518	472,518
1年終了まで	—	165,000	447,000	193,690	805,690

[その他] 制服・指定品代，修学旅行費，各種教材費・ICT教育実習費，師親会（PTA)費，生徒会費，同心基金，災害時被災報告システム，スクールライフプラン保険料，非常用保存食セット。[寄付・学債] 任意の寄付金1口10万円1口以上あり。
※上記は'22年度のもの。新年度について詳細は「受験生応援アプリ」にて公開（2023年5月～)。

●奨学金・特待生
6カ年特待：入学金，授業料6年
A：入学金，授業料3年，施設費1年　B：入学金

首都圏模試　思考コード（単位：%）

〈第１回午前〉

読み取る力＼考える力	国語 A	国語 B	国語 C	算数 A	算数 B	算数 C
複雑 3						
2	18			50		
単純 1	27	45	10	25	25	

A=知識・理解思考　B=論理的思考　C=創造的思考

2024年度入試　合格の基準

		首都圏模試 ほぼ確実	首都圏模試 見込あり	首都圏模試 やや見込あり	四谷大塚 ほぼ確実	四谷大塚 見込あり	四谷大塚 やや見込あり
男子	〈①午前〉	43	40	35	37	32	27
女子	〈①午前〉	41	37	32	38	33	28

ほぼ確実＝80%～／見込あり＝50～79%／やや見込あり＝20～49%

入試要項　2023年度参考　新年度日程はアプリへGO!

2科　4科　適性型　英

試験名		試験日 ◎午後入試	出願締切 Web	発表 Web	手続 Web	選抜方法 2科	4科	適	英	他	面接	特待	募集数	応募数	受験数	合格数	実質倍率	偏差値
①	午前	2/1	当日	当日	2/15	●	●	＊1	＊2			●	110	206	144	123	1.2	男43 女41
①	午後	2/1 ◎	当日	当日	2/15	●	●		＊2			●		249	120	83	1.5	男45 女43
②		2/2	当日	当日	2/15	●	●		＊2			●	20	233	47	22	2.1	男47 女45
③		2/3	当日	当日	2/15	●	●					●	10	246	53	21	2.5	男47 女47
④		2/7	当日	当日	2/15	●	●					●	10	297	48	23	2.1	男47 女47

＊1　適性検査ⅠⅡ　＊2　英語

【出願方法】Web出願
【手続方法】Web納入
【受験料】20,000円（同時出願は複数回受験可）

【帰国生入試】—

中学受験のプロがおすすめ！　併願校の例

特色	男 進学校的付属校	男 表現力育成	男 適性検査型入試	女 進学校的付属校	女 表現力育成	女 適性検査型入試
♠男子校 ♥女子校 ♣共学・別学校	♣多摩大目黒	♣八雲学園	♣都立桜修館中等	♣多摩大目黒	♣八雲学園	♣都立桜修館中等
	♣文教大付	♣日本工大駒場	♣品川翔英	♣文教大付	♣日本工大駒場	♣品川翔英
	♣鶴見大附	♣目黒学院	♣国士舘	♣鶴見大附	♣目黒学院	♣国士舘

併設高校の進路情報

四年制大学進学率88.3%
文系89／理系11／その他０（%）　医歯薬２名合格

内部推薦▶立正大学へ92名（社会福祉４，経営12，法16，文18，心理10，経済14，仏教６，データサイエンス９，地球環境科３）が内部推薦で進学した。

指定校推薦▶利用状況は青山学院大１，日本大８，東洋大１，駒澤大２，専修大６，國學院大１，成蹊大３，明治学院大２，神奈川大９，聖心女子大２など。ほかに上智大，東京理科大，東海大，芝浦工大，東京電機大，東京都市大など推薦枠あり。

'22年３月卒業生：333名

大学294名　短大６名　専門18名　就職１名　他14名

主な大学合格状況　'23年春については主要大学のみ巻末一覧に記載

大学名	'22	'21	'20	大学名	'22	'21	'20	大学名	'22	'21	'20
◇京都大	1	0	0	学習院大	3	2	1	東海大	4	25	17
◇一橋大	1	0	0	明治大	16	6	9	帝京大	29	20	10
◇東京藝術大	0	1	0	青山学院大	4	5	10	國學院大	6	8	5
◇東京学芸大	0	1	0	立教大	12	4	5	成蹊大	6	7	8
◇防衛大	0	1	2	中央大	5	5	4	明治学院大	12	9	15
◇東京海洋大	0	1	2	法政大	7	9	7	獨協大	5	3	10
早稲田大	5	0	0	日本大	30	34	36	神奈川大	22	32	40
慶應大	5	0	1	東洋大	20	15	25	東京電機大	5	6	4
上智大	0	2	2	駒澤大	14	7	11	東京都市大	17	5	35
東京理科大	0	3	8	専修大	27	20	19	立正大	99	94	80

※各大学合格数は既卒生との合計。

見学ガイド　文化祭／説明会／オープンスクール／入試問題解説会

和光（わこう）中学校

〒195－0051　東京都町田市真光寺町 1291　☎042－734－3402・3401（事務室）

国際 / 海外研修 / 長期留学 / 第2外国語 / online英会話 / 21型 / 1人1台端末 / リモート体制 / プロジェクト型 / 論文執筆 / STEAM / 情操 / 体験学習 / ボランティア / 人間力育成

教育目標▶「共に生きる」を掲げ，自由と自治の精神のもと，一人ひとりの人間らしい成長を促す。
沿革▶1933年発足の和光学園を母体に，1947年中学校開校。
施設▶コンピュータ教室，図書館（5万冊），技術室（金工室，木工室），プール，テニスコート，柔道場，トレーニング室，グラウンド，畑，他。
学校長▶橋本　暁
生徒数▶総数400名　併設小からの進学者を含む。

	1年（4クラス）	2年（4クラス）	3年（4クラス）
男子	61名	73名	65名
女子	67名	73名	61名
内進生内数	男42名 女48名	男56名 女56名	男50名 女36名

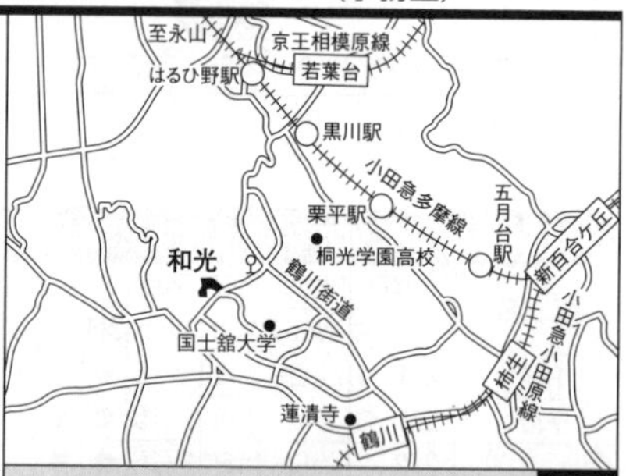

小田急線―鶴川，京王相模原線―若葉台よりバス和光学園前またはスクールバス　10分

仲間と関わりながら，個々が成長できる学校

自由と自治が尊重され，学校生活のルールも生徒同士が納得するまで話し合って決め，実行。生徒一人ひとりがもつ個性や素質を認め合う，豊かな人間性を養う。

学習 生徒一人ひとりが表現し，意見を述べる学習を大切にする。また，生徒同士で意見交換をする機会を大切にし，自分と異なる考えと向き合いながら自分の考えを深め，発展的な思考力を育む。行事とのリンクや他教科との連携を考えたカリキュラムを編成。教科書にとらわれない，オリジナルプリントや独自の教材を用いた授業を展開。英語では音声ソフトや画像編集ソフトを使って，自己紹介のスライドショーを作成する。中2の総合学習では，農業や食について学習を深めた後，秋田で農作業を体験し，働くこと，生きることを考える。

●コース表

中1	中2	中3	高1	高2	高3
	共	通	履	修	

※高2より選択授業あり

キャリア教育 中2の学習旅行で「働く」ことの意味を考え，中3では自分を見つめ直し，今後の人生を考えていくために，まとめレポートを完成させる。世界に目を向けた多彩な学びで自立した地球市民をめざす。

学校生活 学校生活や授業，行事の内容などは生徒・保護者・教職員がそれぞれの立場で意見を出し合いながら運営される。1951年以来続く館山水泳合宿は，約3㎞の遠泳などを目標に，学園全体で臨む。

保護者MEMO

登校時刻▶8：45
最終下校時刻▶17：45
土曜日▶休校
昼食▶食堂／食品販売あり
携帯電話▶可
制服▶なし
自転車通学▶可
カウンセラー▶常駐
保護者面談▶年1回
保護者会▶年6回
必修旅行▶秋田（中2）
部活動▶活動日は月・水・金

学費　初年度目安 104万円

（単位:円）	入学金	施設費	授業料	その他	合計
入学手続時	250,000	150,000	―	―	400,000
1年終了まで	―	―	442,800	201,040	643,840

［その他］教育充実費，学級費，積立金，親和会費，生徒会費。
［寄付・学債］任意の寄付金1口5万円3口以上，教育振興資金・奨学資金・キャンパス整備資金1口1万円1口以上，任意の学校債1口10万円1口以上あり。
※上記は'22年度のもの。新年度について詳細は「受験生応援アプリ」にて公開（2023年5月～）。

●**奨学金・特待生**
なし。家計困難な場合，授業料減免の和光奨学金制度有

首都圏模試　思考コード（単位：%）

読み取る力						
複雑 3						
2	データなし					
単純 1						
考える力	A	B	C	A	B	C

A=知識・理解思考　B=論理的思考　C=創造的思考

2024年度入試　合格の基準

		首都圏模試 ほぼ確実	首都圏模試 見込あり	首都圏模試 やや見込あり	四谷大塚 ほぼ確実	四谷大塚 見込あり	四谷大塚 やや見込あり
男子	①	44	41	36	32	27	22
女子	①	44	41	36	32	27	22

ほぼ確実＝80%～／見込あり＝50～79%／やや見込あり＝20～49%

入試要項　2023年度参考　新年度日程はアプリへGO!　2科

試験名	試験日 ◎午後入試	出願締切 Web	発表 Web	手続 Web	2科	4科	適	英	他	面接	特待	募集数	応募数	受験数	合格数	実質倍率	偏差値
①	2/1	1/26	当日	2/3	●					＊		男 20	40	40	16	2.5	44
												女 20	24	24	15	1.6	44
②	2/3 ◎	2/2	当日	2/5	●					＊		男 5	34	28	7	4.0	48
												女 5	17	8	3	2.7	47
③	2/13 ◎	2/10	当日	2/15	●					＊		男 5	33	19	6	3.2	48
												女 5	11	2	1	2.0	47

＊個人面接
※通知表コピー，自己紹介カード

【出願方法】 Web出願後，書類郵送。（②③は書類を当日持参）
【手続方法】 Web納入
【受験料】 25,000円（同時出願は２回40,000円，３回50,000円）

【帰国生入試】 上記に含む。優遇または考慮あり

中学受験のプロがおすすめ！ 併願校の例

特色	男 近代的校舎	男 表現力育成	男 フィールドワーク	女 近代的校舎	女 表現力育成	女 フィールドワーク
♠男子校 ♥女子校 ♣共学・別学校	♣日大三	♣八雲学園	♣多摩大聖ヶ丘	♣日大三	♣八雲学園	♣多摩大聖ヶ丘
	♣東海大相模	♣横浜創英	♣横浜富士見丘	♣東海大相模	♣横浜創英	♣横浜富士見丘
	♣横浜隼人	♣八王子実践	♣帝京八王子	♣横浜隼人	♣八王子実践	♣帝京八王子

併設高校の進路情報

四年制大学進学率76.2%
文系・理系割合 未集計

内部推薦▶和光大学へ12名（現代人間３，表現７，経済経営２）が内部推薦で進学した。

指定校推薦▶利用状況は上智大１，立教大１，法政大１，日本大５，東洋大１，専修大１，東京都市大３，東洋英和女学院大１など。ほかに大東文化大，東海大，亜細亜大，神奈川大，東京電機大，玉川大，桜美林大，立命館アジア太平洋大，東京造形大など推薦枠あり。

'22年３月卒業生：248名　大学189名　短大４名　専門28名　就職２名　他25名

主な大学合格状況　'23年春については主要大学のみ巻末一覧に記載

大学名	'22	'21	'20	大学名	'22	'21	'20	大学名	'22	'21	'20
◇東京藝術大	0	1	0	立教大	1	3	4	神奈川大	3	3	2
◇都立大	1	1	0	中央大	1	4	5	玉川大	1	6	3
◇山形大	1	0	0	法政大	6	5	3	桜美林大	18	8	2
◇琉球大	1	0	0	日本大	15	11	13	武蔵野大	2	6	2
◇金沢美術工芸大	1	0	0	東洋大	2	3	2	東京農大	4	2	4
早稲田大	1	6	1	駒澤大	2	3	1	明星大	5	10	6
慶應大	0	1	1	専修大	4	1	1	武蔵野美大	1	2	5
上智大	2	6	2	大東文化大	2	2	2	東京造形大	4	7	7
明治大	0	0	1	東海大	16	7	5	東京工芸大	8	10	7
青山学院大	1	0	3	帝京大	3	4	3	和光大	13	39	25

※各大学合格数は既卒生との合計。

見学ガイド　説明会

高校募集 あり 高1より全体が混合。　高1内訳 一貫生 229名 124名 高入生

早稲田大学系属
早稲田実業学校(わせだじつぎょうがっこう) 中等部

〒185－8505　東京都国分寺市本町1－2－1　☎042－300－2121

国際 / 海外研修 / 長期留学 / 第2外国語 / online英会話 / 21型 / 1人1台端末 / リモート体制 / プロジェクト型 / 論文執筆 / STEAM / 情操 / 体験学習 / ボランティア / 人間力育成

教育目標▶「去華就実」を校是,「三敬主義」を校訓に，豊かな個性と高い学力をもち，苦難に打ち克つたくましい精神力を兼ね備えた人物を育成する。

沿革▶大隈重信により1901年創立。2001年に現在地へ移転。2002年より男女共学化。

施設▶ホール，理科実験室，PC教室，食堂，プール，多目的コート，弓道場，人工芝グラウンド，他。

学校長▶村上　公一

生徒数▶総数689名　併設小からの進学者を含む。

	1年（6クラス）	2年（6クラス）	3年（6クラス）
男子	141名	150名	150名
女子	82名	85名	81名
内進生内数	男63名 女39名	男65名 女37名	男70名 女33名

JR・西武国分寺線―国分寺7分　7分

将来を担う，伝統的な「早稲田スピリット」を培う

最新の教育環境で，自身で課題を見つけ出し，自ら考える力を養う授業を展開。見識を広める学校行事，活発なクラブ活動を通じて次世代のタフなリーダを育成する。

学習 基礎学力をしっかり身につけられるよう，主要5教科の授業時間数を充実させている。英語は基礎を固めたうえで，中2・中3では習熟度別授業を展開し，英語力を伸ばす。希望制のイギリス留学（1年間）や各種海外研修へは中3から参加可能。3年間，教科横断的な探究活動（総合的な学習の時間）に取り組む。中3では個人でテーマを選び，情報の整理・考察，まとめ・表現など，中1・中2で学んできた探究のスキルを活かして卒業研究を行う。成果はレポートとしてまとめ，発表する。また，総合的な学習の時間として，学年ごとに校外学習を用意。中3では飛鳥・奈良・京都に赴き，古京教室を3泊4日で行う。

キャリア教育 大半の生徒が早稲田大学への進学を希望。中等部では同大学の教員や，様々な分野で活躍する卒業生による講演会を実施。学習意欲の向上に結び付ける。

学校生活 部活動は，芸術・文化・学術など多様なフィールドの文化系と，全国レベルで活躍する体育系がある。ボランティア活動として，地元・国分寺の清掃を実施。

●コース表

中1	中2	中3	高1	高2	高3
共	通	履	修	文系	
				理系	

保護者MEMO

登校時刻▶8：30
最終下校時刻▶18：00
土曜日▶毎週登校。平常授業4時間
昼食▶食堂／食品販売あり
携帯電話▶不可
制服▶詰襟，ブレザー
自転車通学▶不可
カウンセラー▶常駐
保護者面談▶年1回
保護者会▶年1回
必修旅行▶なし
部活動▶活動日は部による

学費　初年度目安 116万円

(単位:円)	入学金	施設費	授業料	その他	合計
入学手続時	300,000	126,000	—	—	426,000
1年終了まで	—	126,000	552,000	59,600	737,600

●奨学金・特待生
なし

［その他］教育充実費，父母の会費，父母の会入会金，生徒会費。※別途制服・運動着代，校外学校行事等あり。
［寄付・学債］任意の寄付金（教育振興資金募金）1口10万円3口以上あり。
※上記は'22年度のもの。新年度について詳細は「受験生応援アプリ」にて公開（2023年5月～）。

首都圏模試　思考コード　（単位：%）

〈入学試験〉

読み取る力＼考える力	国語 A	国語 B	国語 C	算数 A	算数 B	算数 C	理科 A	理科 B	理科 C	社会 A	社会 B	社会 C
複雑 3				5	6		18			4	4	
2	2	41			53		24			44	14	
単純 1	22	35			36		52	6		34		

A＝知識・理解思考　B＝論理的思考　C＝創造的思考

2024年度入試　合格の基準

〈入学試験〉

	首都圏模試 ほぼ確実	首都圏模試 見込あり	首都圏模試 やや見込あり	四谷大塚 ほぼ確実	四谷大塚 見込あり	四谷大塚 やや見込あり
男子	74	71	68	63	59	55
女子	76	73	70	67	64	59

ほぼ確実＝80%～／見込あり＝50～79%／やや見込あり＝20～49%

入試要項　2023年度参考　新年度日程は アプリへGO!　4科

試験名	試験日 ◎午後入試	出願締切 Web	発表 Web	手続 Web	2科	4科	適	英	他	面接	特待	募集数	応募数	受験数	合格数	実質倍率	偏差値
入学試験	2/1	1/11	2/3	2/4		●						男70	320	295	82	3.6	74
												女40	204	188	48	3.9	76

※報告書

【出願方法】 Web出願後，1/13までに書類郵送
【手続方法】 Web納入。2/15までの辞退者には一部返還
【受験料】 30,000円

【帰国生入試】 上記に含む。優遇または考慮あり

受験情報

国語，算数では，Bの出題が8割程となります。B1，B2の出題が中心となるため，論理的思考力が求められます。一方，理科，社会ではA1，A2の出題が中心となります。知識や技術の正確な再現力が求められます。

年度		募集数	応募数	受験数	合格数	実質倍率	偏差値
'22	男	70	337	308	86	3.6	74
	女	40	210	192	49	3.9	75
'21	男	85	361	329	102	3.2	73
	女	40	213	195	50	3.9	75
'20	男	85	397	356	102	3.5	73
	女	40	241	222	55	4.0	73

中学受験のプロがおすすめ! 併願校の例

特色	男 大学付属校	男 留学制度	男 論文(自由研究)	女 大学付属校	女 留学制度	女 論文(自由研究)
♠男子校	♣慶應中等部	♠海城	♣渋谷教育渋谷	♣慶應中等部	♥豊島岡女子	♣渋谷教育渋谷
♥女子校	♣明大明治	♣広尾学園	♠本郷	♣明大明治	♣広尾学園	♥鷗友女子
♣共学・別学校	♣法政大学	♣中大附属	♣東京農大一	♣法政大学	♣中大附属	♣東京農大一

併設高校の進路情報

四年制大学進学率99%
文系・理系の割合 未集計

内部推薦▶早稲田大学へ409名（法33，文20，商55，政治経済65，文化構想25，教育60，社会科50，基幹理工23，創造理工23，先進理工31，国際教養10，スポーツ科5，人間科9）が内部推薦で進学した。
指定校推薦▶日本医大に推薦枠あり。

'22年3月卒業生：418名　大学414名　短大0名　専門1名　就職0名　他3名

主な大学合格状況　'23年春については主要大学のみ巻末一覧に記載

大学名	'22	'21	'20	大学名	'22	'21	'20	大学名	'22	'21	'20
◇東京大	2	1	0	日本大	1	1	3	国際医療福祉大	0	0	1
◇千葉大	0	0	1	東海大	1	0	0	東京歯大	0	0	1
◇筑波大	0	2	1	帝京大	1	0	1	日本獣医生命科学大	0	3	0
◇東京外大	1	0	0	玉川大	0	0	1	麻布大	0	2	0
◇東京医歯大	0	2	1	東京慈恵会医大	0	0	3	埼玉医大	0	1	1
◇防衛医大	0	0	1	順天堂大	0	2	0	獨協医大	0	0	1
早稲田大	411	423	385	昭和大	1	1	1				
慶應大	5	0	0	日本医大	0	1	1				
上智大	4	0	0	東京医大	0	0	1				
青山学院大	0	1	0	北里大	0	1	0				

※各大学合格数は既卒生との合計。

見学ガイド 体育祭／文化祭／説明会／施設見学会／見学（外観のみ随時）

東京シューレ葛飾（とうきょうシューレかつしか）中学校

〒124－0024　東京都葛飾区新小岩 3－25－1　☎03－5678－8171

国際 / 海外研修 / 長期留学 / 第2外国語 / online英会話 / 21型 / 1人1台端末 / リモート体制 / プロジェクト型 / 論文執筆 / STEAM / 情操 / 体験学習 / ボランティア / 人間力育成

教育方針▶子どもの意志と個性を尊重し，あらゆる活動や生活の中で，生命を原点にすえた教育を行う。
沿革▶2007年に中学校，2020年に江戸川区に小学校を開校。
施設▶個人学習室，技術室，家庭科室，サイエンスルーム，美術室（アトリエ），グラウンド，他。
学校長▶木村　砂織
生徒数▶総数113名

	1年（1クラス）	2年（1クラス）	3年（1クラス）
男子	15名	16名	20名
女子	15名	23名	24名
内進生内数	男8名女5名	男9名女6名	—

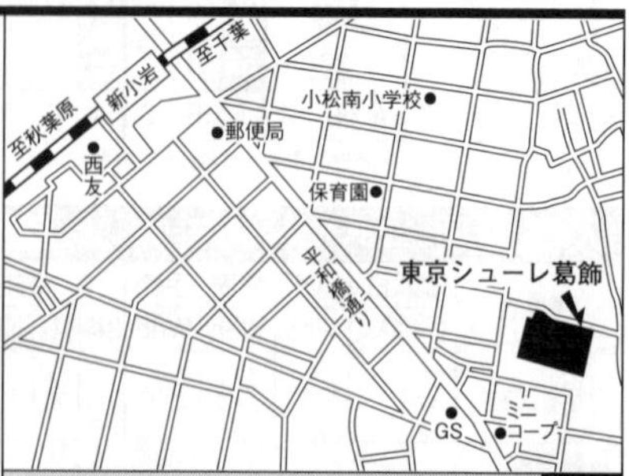

JR一新小岩10分　10分

子どもがつくる，子どもとつくる学校

学習 文部科学省から認可を受けた特別な教育課程で学習する。学校生活の基本となるグループをクラスでなく「ホーム」と呼び，主要5教科の授業は学年別，ほかの教科はホーム別で行う。授業内外の個別対応の体制をとる「マイコース」と，ITを活用した在宅学習を出席扱いにする制度を導入した「ホームスクール」の2部門も設定。自分に合ったペースで学べる。週1回，丸1日を使って行う体験的学びの時間「いろいろタイム」を導入。「プロジェクト」は個々に関心のあることについて掘り下げて調べ，発表するプログラム。1年または半期ごとにテーマを設けて取り組む。

キャリア教育 不登校を経験した人たちの話を聞く「ようこそ先輩」や，仕事体験など，卒業後どう生きるのか，自分らしい生き方を考える機会を設けサポートする。

●1週間の授業時間数

		英	数	国	理	社	合計
1コマ40分 × 1日5時限	中1	2	2	2	2	2	10
	中2	2	2	2	2	2	10
	中3	2	2	2	2	2	10

卒業生の進路（過去5年間）　都立高校・高専＝上野，葛飾総合，竹早，田園調布，紅葉川，産業技術高等専門学校，他。**私立高校**＝京華，自由の森学園，中央大附，広尾学園小石川，武蔵野音楽大附，他。

学校生活 NPO法人と地域が参画し，子どもを中心に全員で創り続ける学校で，生徒自身のペースが尊重される。日常の活動や学校行事などは，生徒主体で話し合いながら決めていく。部活動のように，やりたい活動を選んで参加する時間もある。

保護者MEMO

登校時刻▶9：40
最終下校時刻▶16：30
土曜日▶休校
昼食▶弁当
携帯電話▶可
制服▶なし
自転車通学▶可
カウンセラー▶常駐
保護者面談▶年2回
保護者会▶年10回
必修旅行▶京都（中1～中3）
部活動▶活動日は部による

入試要項　2023年度参考　新年度日程はアプリへGO!　他

試験名	試験日 ◎午後入試	出願締切 郵送	発表 郵送	手続 振込	選抜方法 2科	4科	適	英	他	面接	特待	募集数	応募数	受験数	合格数	実質倍率	偏差値
入学試験	2/1・2	1/18	2/4	2/9					＊	＊		40	—	—	—	—	—

＊作文＋体験授業＋保護者同伴面接
※報告書。出願前に必ず入学相談を受けること

【出願方法】郵送受付　**【手続方法】**振込　**【受験料】**20,000円

見学ガイド　説明会／親の会

※募集数に内進生含む

神奈川県
私立中学校

神奈川県私立・国公立中学校略地図

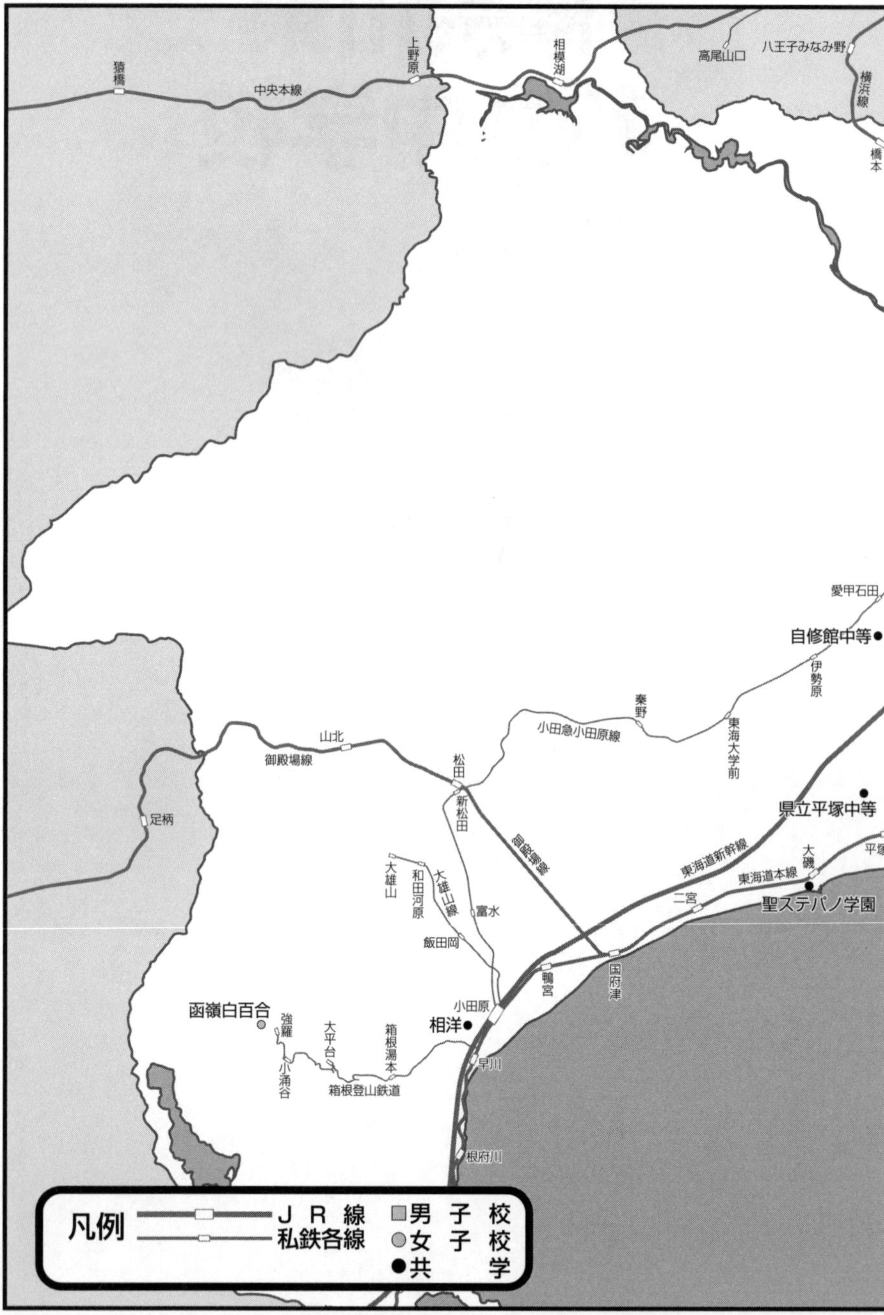

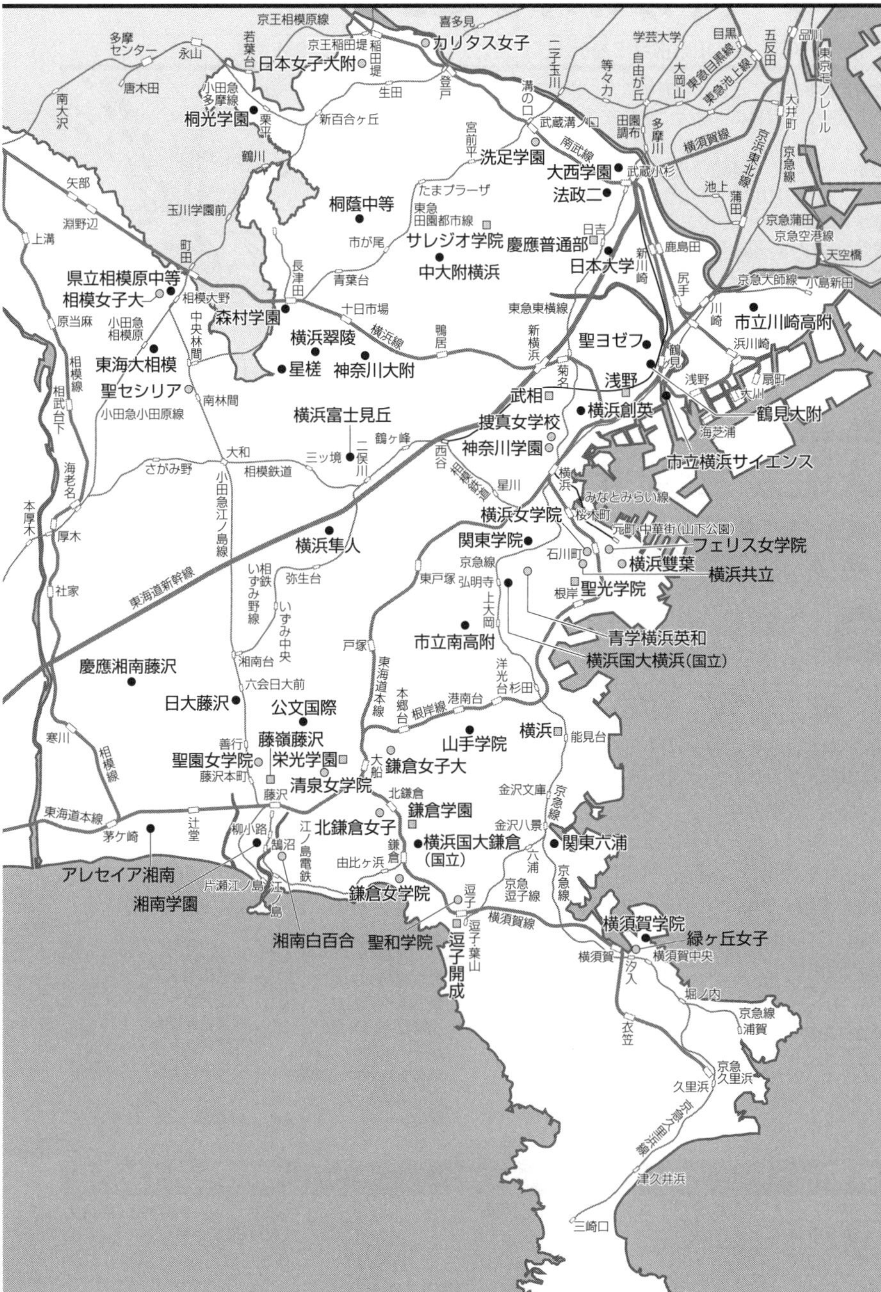
カリタス女子
日本女子大附
桐光学園
洗足学園
大西学園
法政二
桐蔭中等
サレジオ学院
慶應普通部
日本大学
中大附横浜
県立相模原中等
相模女子大
森村学園
横浜翠陵
星槎
神奈川大附
東海大相模
聖セシリア
聖ヨゼフ
浅野
市立川崎高附
鶴見大附
横浜創英
市立横浜サイエンス
武相
捜真女学校
神奈川学園
横浜富士見丘
横浜女学院
関東学院
横浜隼人
フェリス女学院
横浜雙葉
横浜共立
聖光学院
青学横浜英和
横浜国大横浜(国立)
市立南高附
慶應湘南藤沢
日大藤沢
公文国際
藤嶺藤沢
聖園女学院
栄光学園
清泉女学院
山手学院
横浜
鎌倉女子大
鎌倉学園
北鎌倉女子
横浜国大鎌倉
(国立)
関東六浦
アレセイア湘南
湘南学園
鎌倉女学院
湘南白百合
聖和学院
逗子開成
横須賀学院
緑ヶ丘女子
京王相模原線
多摩センター
永山
若葉台
京王稲田堤
稲田堤
喜多見
唐木田
南大沢
小田急多摩線
栗平
生田
登戸
新百合ヶ丘
二子玉川
溝の口
宮前平
武蔵溝ノ口
南武線
武蔵小杉
学芸大学
自由が丘
等々力
大岡山
目黒
五反田
品川
東急目黒線
東急池上線
東京モノレール
大井町
京浜東北線
京急線
横須賀線
田園調布
多摩川
池上
蒲田
京急蒲田
京急空港線
天空橋
鶴川
玉川学園前
矢部
淵野辺
上溝
町田
たまプラーザ
東急田園都市線
市が尾
日吉
鹿島田
新川崎
長津田
青葉台
相模大野
十日市場
横浜線
鴨居
東急東横線
新横浜
尻手
川崎
京急大師線
小島新田
浜川崎
原当麻
小田急相模原
中央林間
相模線
相武台下
南林間
小田急小田原線
菊名
鶴見
浅野
扇町
大川
海芝浦
大和
さがみ野
相模鉄道
三ッ境
二俣川
鶴ヶ峰
西谷
相鉄本線
星川
横浜
みなとみらい線
桜木町
元町・中華街(山下公園)
石川町
根岸
海老名
本厚木
厚木
社家
東海道新幹線
小田急江ノ島線
相鉄いずみ野線
いずみ中央
弥生台
東戸塚
京急線
弘明寺
上大岡
戸塚
東海道本線
湘南台
六会日大前
本郷台
根岸線
港南台
洋光台
杉田
能見台
善行
藤沢本町
大船
藤沢
北鎌倉
金沢文庫
金沢八景
京急線
寒川
茅ケ崎
辻堂
柳小路
鵠沼
江ノ島電鉄
鎌倉
由比ヶ浜
六浦
京急逗子線
片瀬江ノ島
江ノ島
逗子
逗子・葉山
横須賀
横須賀中央
汐入
衣笠
堀ノ内
浦賀
京急久里浜
久里浜
京急久里浜線
津久井浜
三崎口

神奈川学園（かながわがくえん） 中学校

〒221－0844 神奈川県横浜市神奈川区沢渡 18 ☎045－311－2961

国際 / 海外研修 / 長期留学 / 第2外国語 / online英会話 / 21型 / 1人1台端末 / リモート体制 / プロジェクト型 / 論文執筆 / STEAM / 情操 / 体験学習 / ボランティア / 人間力育成

教育目標▶「女子に自ら判断する力を」「女子に生きる力量を」を目標に，社会に生きる一人ひとりを育てる。
沿革▶1914年，佐藤善治郎により横濱実科女学校として創立。2017年1月記念ホール完成。
施設▶講堂，カフェテリア，ラーニングセンター（図書館），室内プール，グラウンド，他。
学校長▶及川　正俊
生徒数▶総数559名　併設小からの進学者を含む。

	1年（5クラス）	2年（5クラス）	3年（5クラス）
女子	169名	202名	188名
内進生内数	―	2名	1名

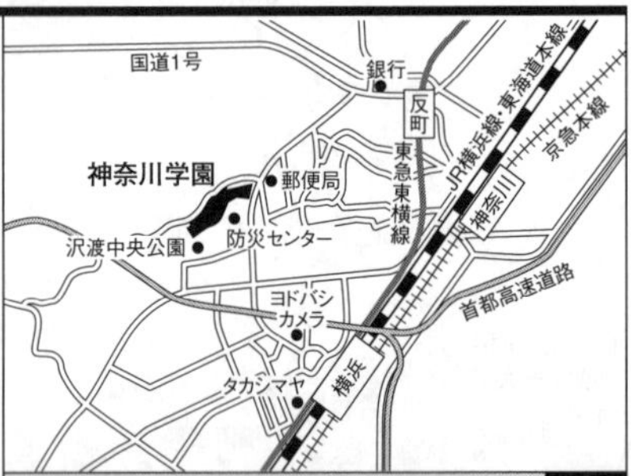

JR・相鉄本線・京急本線・市営地下鉄―横浜10分　東急東横線―反町10分　10分

人・社会・世界と出会い，繋がるなかで夢を見出す

創立以来「自立した女性の育成」「人や社会と出会うこと」を大切にした教育を実践。国内外での多彩な体験型学習など，夢について考える出会いにあふれている。

学習 中学3年間，2人担任制を実施。生徒と担任が毎日やりとりをする「Dairy」で生徒に寄り添った指導を心がける。英語は日々「使って」自然に身につくような仕組みを用意。中1・中2は国内での英語研修，中3では海外研修（約1週間）を実施。数学は中2より習熟度別授業を行い，生徒一人ひとり基礎基本を定着させ，応用力を伸ばす。理科では中学3年間で100の実験・観察や，フィールドワークに取り組む。レポート指導にも力を入れ科学的思考力を磨く。一部の教科ではオリジナルテキストを使用し，家庭学習にも役立てる。

●コース表

中1	中2	中3	高1	高2	高3
共	通	履	修	希望進路に応じた選択制	

キャリア教育 社会の中でどう生きていくのかについて考える学習「Kanagawa プロジェクト」に取り組む。中学は平和・環境・多文化共生について学び，問題意識を深める。高校では自分で問いをつくり1年間かけて研究し，レポートにまとめる。

学校生活 文化祭は生徒が企画・運営する学園最大の行事。各クラスやクラブによる，趣向を凝らした多彩な展示や公演などが披露される。毎朝読書の時間を設ける。

保護者MEMO

登校時刻▶8：25
最終下校時刻▶18：00
土曜日▶毎週登校。50分授業4時間
昼食▶弁当／食品販売あり
携帯電話▶可
制服▶セーラー，ブレザー（高校）
自転車通学▶不可
カウンセラー▶週4日
保護者面談▶年1回
保護者会▶年4～5回
必修旅行▶国内5カ所より選択（高1）
部活動▶活動日は週4日内

学費　初年度目安 126万円

（単位：円）	入学金	施設費	授業料	その他	合計
入学手続時	250,000	―	―	―	250,000
1年終了まで	―	150,000	444,000	414,000	1,008,000

●奨学金・特待生
なし

[その他]制服・指定品代，教育管理費，教材・行事費，PTA関係，生徒会関係。
[寄付・学債] なし。
※上記は'22年度のもの。新年度について詳細は「受験生応援アプリ」にて公開（2023年5月～）。

首都圏模試 思考コード (単位:%)

〈A午前〉

読み取る力＼考える力	国語 A	国語 B	国語 C	算数 A	算数 B	算数 C
複雑 3						
2	2	2		63		
単純 1	22	74			37	

A=知識・理解思考　B=論理的思考　C=創造的思考

2024年度入試 合格の基準

	首都圏模試 ほぼ確実	首都圏模試 見込あり	首都圏模試 やや見込あり	四谷大塚 ほぼ確実	四谷大塚 見込あり	四谷大塚 やや見込あり
女子〈A午前〉	50	46	40	39	35	31

ほぼ確実＝80％～／見込あり＝50～79％／やや見込あり＝20～49％

入試要項 2023年度参考　新年度日程は アプリへGO!　2科 4科 英

試験名		試験日 ◎午後入試	出願締切 Web	発表 Web	手続 Web	2科	4科	適	英	他	面接	特待	募集数	応募数	受験数	合格数	実質倍率	偏差値
A	2科	2/1	1/30	当日	2/6	●							80	49	46	26	1.8	50
	4科						●							115	109	79	1.4	
	2科	2/1 ◎	1/30	当日	2/6	●							30	199	189	109	1.7	58
B	2科	2/2	2/1	当日	2/6	●							60	73	47	22	2.1	51
	3科								＊					178	103	76	1.4	
	4科						●							10	8	5	1.6	
C	2科	2/4	2/3	当日	2/6	●							20	67	36	16	2.3	50
	4科						●							142	52	33	1.6	

＊国語＋算数＋英語（成績の良い２科目で判定）

【出願方法】 Web出願
【手続方法】 Web納入のうえ，窓口手続。2/8までの辞退者には入学金を返還
【受験料】 20,000円（２回目以降は10,000円）。複数回出願し入学した場合はそれ以降の未受験分を返還

【帰国生入試】 12/14（若干名募集）

中学受験のプロがおすすめ! 併願校の例

特色	フィールドワーク	理数教育	国際教育	論文(自由研究)
♠男子校 ♥女子校 ♣共学・別学校	♣湘南学園	♥カリタス女子	♥山脇学園	♣桐光学園
	♥横浜女学院	♥聖園女学院	♥聖セシリア	♣関東学院
	♥トキワ松	♣玉川学園	♣横浜富士見丘	♥捜真女学校

併設高校の進路情報

四年制大学進学率93.2%
文系64／理系35／その他１（%）　医歯薬35名合格

指定校推薦▶利用状況は上智大３，学習院大４，青山学院大４，中央大２，法政大３，成蹊大１，明治学院大４，東京女子大３，東邦大１，昭和女子大３，清泉女子大１，東洋英和女学院大２など。ほかに日本大，東洋大，芝浦工大，東京都市大，聖心女子大，白百合女子大，北里大，東京薬科大，昭和薬科大，フェリス女学院大など推薦枠あり。

'22年３月卒業生：191名
大学178名　短大１名／専門４名／就職０名　他８名

主な大学合格状況　'23年春については主要大学のみ巻末一覧に記載

大学名	'22	'21	'20	大学名	'22	'21	'20	大学名	'22	'21	'20
◇横浜国大	0	0	1	青山学院大	14	8	12	神奈川大	20	10	20
◇東京農工大	1	0	0	立教大	21	9	15	東京女子大	11	4	6
◇都立大	0	0	2	中央大	17	17	16	日本女子大	13	9	22
◇横浜市大	0	1	0	法政大	18	22	25	東京都市大	6	8	7
早稲田大	2	1	8	日本大	14	15	18	桜美林大	24	6	9
慶應大	3	2	4	東洋大	8	6	13	関東学院大	10	8	6
上智大	4	4	5	専修大	11	14	10	共立女子大	13	3	17
東京理科大	2	1	6	東海大	11	11	17	東京農大	14	13	16
学習院大	17	8	11	成城大	7	9	3	昭和女子大	25	8	26
明治大	8	9	10	明治学院大	11	15	15	東洋英和女学院大	11	18	24

※各大学合格数は既卒生との合計。

見学ガイド 文化祭／説明会／オープンキャンパス

鎌倉女学院（かまくらじょがくいん）中学校

〒248−0014 神奈川県鎌倉市由比ガ浜 2−10−4 ☎0467−25−2100

国際 / 海外研修 / 長期留学 / 第2外国語 / online英会話 / 21型 / 1人1台端末 / リモート体制 / プロジェクト型 / 論文執筆 / STEAM / 情操 / 体験学習 / ボランティア / 人間力育成

教育目標▶各人の能力を自らの努力によって伸ばし，社会に貢献する，知的で洗練された女性エリートを育成する。

沿革▶1904年創立の鎌倉女学校が前身。1948年現校名となる。2015年3月新館完成。

施設▶ホール，和室，カウンセリング室，キャリアルーム，自習室，図書館，アリーナ，グラウンド，佐助農地，天城山荘（校外），他。

学校長▶錦　昭江

生徒数▶総数476名

	1年（4クラス）	2年（4クラス）	3年（4クラス）
女子	152名	170名	154名

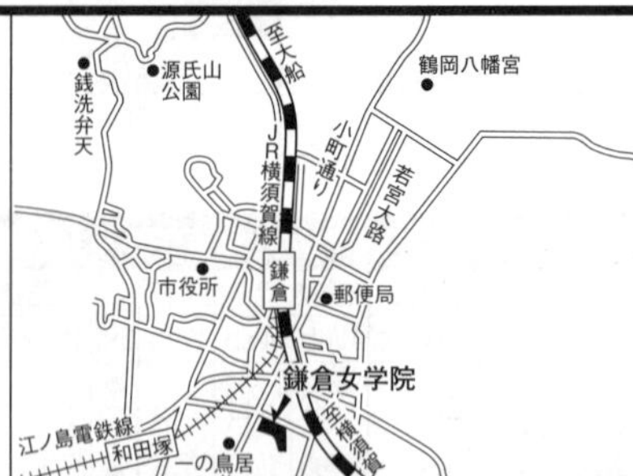

JR・江ノ島電鉄―鎌倉7分　7分

鎌倉から世界へ発信する，キャリア教育

古都鎌倉に位置する環境を生かし，グローバルな視野と社会に貢献する力を育む。異文化に触れ，環境・国際問題などを体験的に学ぶプログラムを用意。

学習 日本人教師と外国人教師による合同授業でコミュニカティブな英語教育を実践。外国人へのインタビューやスピーチコンテストなどを通して，国際社会に積極的に参画できる人材の育成をめざす。数学はトランプやサイコロなど視覚的な教材を使って，抽象的な問題を抵抗なく理解できる授業を展開。国語は現代文と古典を6年間一貫のカリキュラムで学習。日本語・日本文化に対する造詣を深め，知識や経験を創造につなげていく思考力と表現力を養う。サイエンスデイでは，大学講師による本格的な実験などを行う。国際セミナーや希望制で海外研修，留学制度がある。

●コース表

中1	中2	中3	高1	高2	高3
共通履修				文系コース 文理コース 理系コース	

キャリア教育 6年間の段階的キャリア教育を実践。「社会を知ろう」「社会に参画しよう」「未来を切り拓こう」をテーマに，鎌倉職場体験や職業リサーチ，インターンシップやボランティアの事前学習と体験，大学模擬授業体験などを行っている。

学校生活 専門家を招いて教養を深める土曜講座を実施。世界の食文化，弓道入門，ふれあい植物学などの講座がある。

保護者MEMO

登校時刻▶8：15
最終下校時刻▶17：30
土曜日▶休校。講座やクラブ活動を行う
昼食▶弁当／食品販売あり
携帯電話▶許可制
制服▶セーラー
自転車通学▶不可
カウンセラー▶週4日
保護者面談▶年2回
保護者会▶年1～2回
必修旅行▶奈良・京都(中3)，沖縄(高2)
部活動▶日曜日は休み

学費

初年度目安 **127万円**

（単位:円）	入学金	施設費	授業料	その他	合計
入学手続時	340,000	―	―	―	340,000
1年終了まで	―	178,000	450,000	302,120	930,120

[その他] 制服代，教育充実費，積立金，授業料等以外の校納金，家庭会費（PTA），白菊会費（生徒会）。
[寄付・学債] なし。
※上記は'22年度のもの。新年度について詳細は「受験生応援アプリ」にて公開（2023年5月～）。

●奨学金・特待生
なし

首都圏模試　思考コード　(単位：%)

読み取る力＼考える力	〈第1次〉国語 A	国語 B	国語 C	算数 A	算数 B	算数 C
複雑 3						
2	5	6		60	5	
単純 1	22	67			35	

A=知識・理解思考　B=論理的思考　C=創造的思考

2024年度入試　合格の基準

	首都圏模試 ほぼ確実	首都圏模試 見込あり	首都圏模試 やや見込あり	四谷大塚 ほぼ確実	四谷大塚 見込あり	四谷大塚 やや見込あり
女子〈①〉	63	59	53	49	45	40

ほぼ確実＝80%～／見込あり＝50～79%／やや見込あり＝20～49%

入試要項　2023年度参考　新年度日程は アプリへGO!　4科

試験名	試験日 ◎午後入試	出願締切 Web	発表 Web	手続 Web	選抜方法 2科	4科	適	英	他	面接	特待	募集数	応募数	受験数	合格数	実質倍率	偏差値
①	2/2	1/30	2/3	2/5		●						120	386(3)	346(3)	263(1)	1.3	63
②	2/4	2/3	2/5	2/5		●						40	283(3)	121(3)	66(3)	1.8	63

※志望理由書

【出願方法】Web出願。書類は当日持参
【手続方法】Web納入のうえ，窓口にて手続。2/6までの辞退者には返還あり。新入生オリエンテーションで通知表コピーを提出
【受験料】25,000円（同時出願は40,000円）

【帰国生入試】2/2，2/4（若干名募集）　　（注）（　）は帰国生で内数。
※コロナ共通追試参加校

年度	試験名	募集数	応募数	受験数	合格数	実質倍率	偏差値
'22	①	120	427	377	281	1.3	64
	②	40	352	159	72	2.2	63
'21	①	120	475	433	298	1.5	65
	②	40	387	175	75	2.3	64
'20	①	120	477	422	282	1.5	65
	②	40	487	181	85	2.1	64

中学受験のプロがおすすめ！　併願校の例

特色	国際理解教育	ボランティア活動	キャリア教育	伝統文化教育
♠男子校	♣中大附横浜	♥フェリス女学院	♥横浜雙葉	♥横浜共立
♥女子校	♣山手学院	♥清泉女学院	♥湘南白百合	♥品川女子
♣共学・別学校	♥神奈川学園	♥聖園女学院	♥カリタス女子	♥横浜女学院

併設高校の進路情報

四年制大学進学率86%
文系65／理系32／その他3（%）　医歯薬31名合格

指定校推薦▶利用状況は横浜市大3，早稲田大2，慶應大4，東京理科大2，中央大1，国際基督教大1，北里大1など。ほかに学習院大，明治大，青山学院大，立教大，法政大，東洋大，成蹊大，成城大，明治学院大，芝浦工大，津田塾大，東京女子大，日本女子大，東京都市大，聖心女子大，清泉女子大，フェリス女学院大など推薦枠あり。

'22年3月卒業生：164名　大学141名　短大1名　専門0名　就職0名　他22名

主な大学合格状況　'23年春については主要大学のみ巻末一覧に記載

大学名	'22	'21	'20	大学名	'22	'21	'20	大学名	'22	'21	'20
◇京都大	1	0	0	早稲田大	24	33	29	日本大	20	30	30
◇一橋大	0	1	1	慶應大	16	15	21	東洋大	22	14	28
◇千葉大	1	0	1	上智大	23	22	16	専修大	23	24	20
◇筑波大	0	2	0	東京理科大	6	3	4	東海大	16	22	25
◇東京外大	3	2	1	学習院大	13	4	9	成城大	14	4	19
◇横浜国大	4	0	6	明治大	44	43	57	明治学院大	50	34	36
◇東京医歯大	0	1	0	青山学院大	17	27	19	神奈川大	18	11	33
◇都立大	1	2	1	立教大	52	74	50	芝浦工大	9	3	7
◇横浜市大	6	4	9	中央大	15	14	22	東京女子大	15	6	10
◇県立保健福祉大	1	1	3	法政大	22	21	25	日本女子大	22	11	27

※各大学合格数は既卒生との合計。

見学ガイド　文化祭／説明会

鎌倉女子大学 中等部

（かまくらじょしだいがく）

〒247－8511　神奈川県鎌倉市岩瀬 1420　☎0467－44－2113（直通）

国際　海外研修　長期留学　第２外国語　online英会話　21型　1人1台端末　リモート体制　プロジェクト型　論文執筆　STEAM　情操　体験学習　ボランティア　人間力育成

建学の精神▶尊敬と配慮を忘れず自ら進んで知識を探し求める姿勢，感謝する心をもった人間の育成。

沿革▶1943年，学祖・松本生太により京浜女子家政理学専門学校として設立。2015年４月新館完成。2021年７月新校舎完成。

施設▶ホール，和室，ラーニングコモンズ，屋内プール，テニスコート，弓道場，グラウンド，他。

中等部部長▶高橋　正尚

生徒数▶総数143名　併設小からの進学者を含む。

	1年（3クラス）	2年（3クラス）	3年（2クラス）
女子	64名	46名	33名
内進生内数	—	0名	—

JR─大船よりバス鎌倉女子大学前１分
JR─大船23分　JR─本郷台15分
10分

2020年新コース設置。2021年新校舎完成。

「国際教養コース」と「プログレスコース」を設置し，新たな時代の多様な教育ニーズに対応。「なりたい自分」を見つけ，努力する生徒を支える。

学習「国際教養コース」は国公立や早慶上理，海外大学への受験を目標に，高い学力を育成。英検準１級程度の実践的な英語力を身につける。「プログレスコース」は幅広い知識や技能を身につけ，鎌倉女子大への内部進学や難関私大進学をめざす。英語では語彙と文法の習得，音読を積み重ね，英語を英語で理解することをめざす。全員にタブレットを配布し授業や自学自習に活用する。ESD（持続可能な開発のための教育）を展開。中学では鎌倉の文化・環境をテーマにした体験活動を行う。高校の希望者対象にオーストラリア姉妹校での語学研修，ターム留学などを実施。

●コース表

中1	中2	中3	高1	高2	高3
国際教養コース					文系／理系
プログレスコース				文系／理系	

キャリア教育 21世紀型能力向上プログラムとして，「気づき」を目標とした「エンカウンター学習」や，「コミュニケーション講座」を実施。保育園や幼稚園，病院などでの実践的な職業体験も行う。「立居振舞講座」では和室での礼法・作法を学ぶ。

学校生活 全国大会金賞の実績を持つマーチングバンド部のほか，弓道，なぎなたなど18のクラブが活動中。

保護者MEMO

登校時刻▶8：25
最終下校時刻▶18：00
土曜日▶休校。行事や補習などを行う
昼食▶弁当／食品販売あり
携帯電話▶許可制
制服▶ブレザー
自転車通学▶不可
カウンセラー▶常駐
保護者面談▶年２回
保護者会▶年２回
必修旅行▶カナダ（中３）
部活動▶平日に週１日は休む

学費　初年度目安 116万円

（単位:円）	入学金	施設費	授業料	その他	合計
入学手続時	250,000	—	—	—	250,000
1年終了まで	—	278,000	348,000	285,000	911,000

［その他］制服・指定品代，副教材費（預り金），実験実習費，校友会費，校友会入会金。
［寄付・学債］なし。
※上記は'22年度のもの。新年度について詳細は「受験生応援アプリ」にて公開（2023年５月～）。

●奨学金・特待生
授業料，教育環境充実費・実験実習費をA：3年／B：1年　C：入学金

首都圏模試 思考コード (単位：%)

	A	B	C	A	B	C
読み取る力						
複雑 3						
2			データなし			
単純 1						

A=知識・理解思考　B=論理的思考　C=創造的思考

2024年度入試 合格の基準

	首都圏模試 ほぼ確実	首都圏模試 見込あり	首都圏模試 やや見込あり	四谷大塚 ほぼ確実	四谷大塚 見込あり	四谷大塚 やや見込あり
女子 〈国際①〉	42	39	36	37	34	31

ほぼ確実=80%～／見込あり=50～79%／やや見込あり=20～49%

入試要項 2023年度参考　新年度日程はアプリへGO!

2科　4科　適性型

試験名		試験日 ◎午後入試	出願締切 窓口	発表 窓口	手続 振込	選抜方法 2科	4科	適	英	他	面接	特待	募集数	応募数	受験数	合格数	実質倍率	偏差値
国際教養（K）	①	2/1	当日	当日	2/13		●	＊				●	80	77	63	62〈1〉	1.0	42
	②	2/1 ◎	当日	2/2	2/13		●	＊				●		59	34	33〈1〉	1.0	44
	③	2/2	当日	当日	2/13		●	＊				●		74	40	34〈6〉	1.2	41
	④	2/2 ◎	当日	2/3	2/13		●					●		33	5	4〈1〉	1.3	43
	⑤	2/3 ◎	当日	2/4	2/13		●					●		36	4	3〈1〉	1.3	41
	⑥	2/4	当日	当日	2/13		●					●		55	7	3〈4〉	2.3	41
	⑦	2/5	当日	当日	2/13		●					●		59	4	1〈3〉	4.0	41
プログレス（P）	①	2/1	当日	当日	2/13	●						●	40	20	14	14	1.0	41
	②	2/1 ◎	当日	2/2	2/13	●						●		21	8	7	1.1	41
	③	2/2	当日	当日	2/13	●						●		18	3	3	1.0	42
	④	2/2 ◎	当日	2/5	2/13	●						●		21	3	3	1.0	41
	⑤	2/3 ◎	当日	2/6	2/13	●						●		22	2	2	1.0	42

＊適性検査ⅠⅡ
※英検４級以上取得者に加点措置あり

【出願方法】窓口出願。英語資格保持者は合格証明書持参　**【手続方法】**合格書類を受取，銀行振込のうえ，窓口手続　**【受験料】**22,000円（同時出願は複数回受験可）。適性検査のみ5,000円

【帰国生入試】12/16，2/5（若干名募集）　　（注）〈　〉はプログレス合格で外数。

中学受験のプロがおすすめ！ 併願校の例

特色	オンライン英会話	キャリア教育	近代的校舎	適性検査型入試
♠男子校 ♥女子校 ♣共学・別学校	♥横浜女学院	♥聖セシリア	♥神奈川学園	♣県立平塚中等
	♣横浜富士見丘	♥相模女子大	♥北鎌倉女子	♣横須賀学院
	♥緑ヶ丘女子	♣アレセイア湘南	♣横浜隼人	♣横浜翠陵

併設高校の進路情報

四年制大学進学率71.7%
文系80／理系20／その他０（%）

内部推薦▶鎌倉女子大学へ23名（家政９，児童11，教育３），鎌倉女子大学短期大学部へ10名が内部推薦で進学した。

指定校推薦▶立教大，中央大，法政大，日本大，東洋大，神奈川大，立命館大，玉川大，工学院大，文教大，フェリス女学院大など推薦枠あり。

海外大学合格状況▶台湾師範大学（台湾），慶熙大学校，ソウル市立大学（韓国），他。

'22年３月卒業生：99名

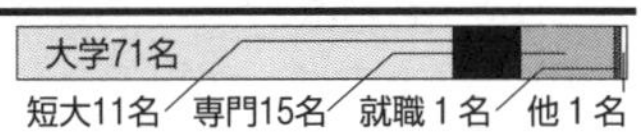

主な大学合格状況　'23年春については主要大学のみ巻末一覧に記載

大学名	'22	'21	'20	大学名	'22	'21	'20	大学名	'22	'21	'20
◇東京学芸大	0	0	1	帝京大	3	2	1	大妻女子大	1	0	1
青山学院大	1	0	0	成城大	4	0	0	北里大	1	1	1
立教大	2	2	4	明治学院大	2	0	4	国際医療福祉大	0	5	1
中央大	3	1	2	神奈川大	5	1	3	日本薬科大	1	0	3
法政大	1	1	1	東京女子大	1	0	1	清泉女子大	4	0	1
日本大	0	1	5	日本女子大	9	0	1	多摩大	2	1	2
東洋大	3	2	3	玉川大	1	0	2	フェリス女学院大	6	3	1
駒澤大	2	0	4	立正大	1	2	0	相模女子大	6	3	6
専修大	1	2	2	桜美林大	6	6	1	東洋英和女学院大	2	1	4
東海大	2	6	1	関東学院大	5	3	7	鎌倉女子大	30	24	25

※各大学合格数は既卒生との合計。

見学ガイド　文化祭／説明会／クラブ活動紹介／入試対策会

高1内訳 一貫生 175名

カリタス女子（じょし）中学校

〒214－0012　神奈川県川崎市多摩区中野島 4－6－1　☎044－911－4656

国際 / 海外研修 / 長期留学 / 第2外国語 / online英会話 / 21型 / 1人1台端末 / リモート体制 / プロジェクト型 / 論文執筆 / STEAM / 情操 / 体験学習 / ボランティア / 人間力育成

教育理念▶キリスト教の教えに基づき，「祈る心」「学ぶ心」「交わる心」「奉仕する心」を身につける。
沿革▶カナダのケベック・カリタス修道女会を母体として1961年に開設。
施設▶講堂，作法室，カウンセリングルーム，聖堂，カフェテリア，図書館（４万冊），人工芝グラウンド，プール，テニスコート，アクティビティールーム，他。
学校長▶萩原　千加子
生徒数▶総数570名　併設小からの進学者を含む。

	1年（5クラス）	2年（5クラス）	3年（5クラス）
女子	194名	191名	185名
内進生内数	60名	74名	73名

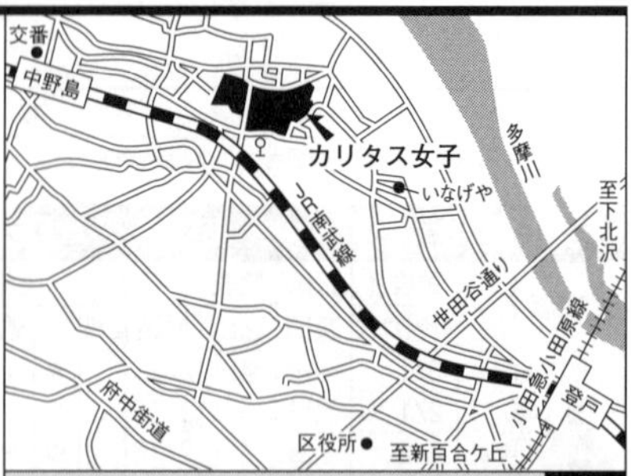

JR―中野島10分　JR・小田急線―登戸よりバスカリタス学園１分　10分

普偏的な愛をもって人に尽くすことができる人間を育成

カトリック教育を指針に，人を思いやり，人のために行動できる存在となるような指導を実践。探究的・主体的な学びで，生徒の好奇心を喚起する。

学習 中１から高２まで週１時間の探究活動「i-Time」はICTを活用し主体的な学びを実現。社会の現状に目を向け，自分自身を深く見つめ直して，将来へとつなげていく。各教科の教室で授業を行う「教科センター方式」で自律的な学習姿勢を育てる。中１より英語のほかに仏語を週２時間学ぶ。仏検にチャレンジし，中３で４級取得をめざす。１月の「外国語発表会」では英語と仏語で学習の成果を披露する。中３で留学生との異文化交流プログラムを実施。数学は少人数指導で各単元の基礎・基本の定着を徹底しながら，ICTで双方向型の授業を展開。放課後には補習や講習を行う。

キャリア教育「夢実現プロジェクト」として，中１で「現在の自分を知る」，中２で「広く社会に関心を持ち，職業に目を向ける」，中３では「自分の将来について考える」を目標に取り組む。

学校生活「朝の祈り」で１日が始まる。全学年で週１時間，カトリック倫理の授業がある。硬式テニス部やダンス部，オーケストラ部など22クラブが活動。

●コース表

中1	中2	中3	高1	高2	高3
共通履修			理数コース		
			文系コース〈英語選択〉	私立文系コース〈英語選択〉／国公立文系コース〈英語選択〉	
			文系コース〈仏語選択〉	私立文系コース〈仏語選択〉／国公立文系コース〈仏語選択〉	

保護者MEMO

登校時刻▶8：20
最終下校時刻▶17：45
土曜日▶休校。行事や希望制の土曜講座を行う
昼食▶弁当／食品販売あり
携帯電話▶許可制
制服▶ブレザー
自転車通学▶可
カウンセラー▶常駐
保護者面談▶年２回
保護者会▶年２～３回
必修旅行▶長崎（中３）
部活動▶活動日は部による。木曜日は休部日。

学費　初年度目安 145万円

（単位:円）	入学金	施設費	授業料	その他	合計
入学手続時	240,000	200,000	―	―	440,000
1年終了まで	―	―	480,000	530,160	1,010,160

●奨学金・特待生
なし

［その他］制服・指定品代，維持費，積立金，後援会費，タブレット端末費，タブレット運用費。
［寄付・学債］任意の寄付金１口５万円２口以上あり。
※上記は'22年度のもの。新年度について詳細は「受験生応援アプリ」にて公開（2023年５月～）。

首都圏模試　思考コード　（単位：%）

〈第１回〉

読み取る力＼考える力	国語 A	国語 B	国語 C	算数 A	算数 B	算数 C
複雑 3				12		
2	7	37		65	3	
単純 1	14	42			20	

A=知識・理解思考　B=論理的思考　C=創造的思考

2024年度入試　合格の基準

		首都圏模試 ほぼ確実	首都圏模試 見込あり	四谷大塚 ほぼ確実	四谷大塚 見込あり
女子	〈①〉	56	50	44	40
			やや見込あり 45		やや見込あり 35

ほぼ確実＝80%～／見込あり＝50～79%／やや見込あり＝20～49%

入試要項　2023年度参考　新年度日程はアプリへGO!

2科　4科　英　他

試験名	試験日 ◎午後入試	出願締切 Web	発表 Web	手続 Web	2科	4科	適	英	他	面接	特待	募集数	応募数	受験数	合格数	実質倍率	偏差値
①	2/1	1/31	当日	2/6		●						30	147	139	42	3.3	56
②	2/1 ◎	1/31	当日	2/6	●							35	310	302	138	2.2	58
③	2/2 ◎	当日	当日	2/6	＊			＊	＊			30	311	234	71	3.3	59
④	2/3	当日	当日	2/6		●						15	177	135	25	5.4	57

＊国算，国理，国英より選択。英はスピーキングあり

【出願方法】 Web出願
【手続方法】 Web納入のうえ，窓口にて手続。また，通知表のコピーを提出。3/31までの辞退者には一部返還
【受験料】 22,000円（①②両方出願は33,000円）

【帰国生入試】 12/17，2/1，2/2，2/3（若干名募集）

中学受験のプロがおすすめ！　併願校の例

特色	カトリック系	留学制度	ICT教育	キャリア教育
♠男子校 ♥女子校 ♣共学・別学校	♥横浜雙葉	♥恵泉女学園	♥日本女子大附	♥横浜共立
	♥聖セシリア	♥昭和女子大昭和	♣ドルトン東京	♥田園調布
	♣聖ヨゼフ	♥大妻多摩	♥神奈川学園	♣サレジアン国際世田谷

併設高校の進路情報

四年制大学進学率88.4%
文系62／理系35／その他３（%）　医歯薬10名合格

指定校推薦▶利用状況は慶應大２，上智大２，東京理科大１，学習院大１，明治大１，青山学院大３，立教大１，中央大１，東海大１，成城大１，明治学院大２，津田塾大１，日本女子大１，白百合女子大１，聖マリアンナ医大２，東京薬科大１など。

海外大学合格状況▶Oregon State University，Macalester College，Mount Holyoke College(米)，University of East Anglia，The University of Manchester(英)，The University of British Columbia(カナダ)，他。

'22年３月卒業生：173名

大学153名　短大２名　専門３名　就職０名　他15名

主な大学合格状況　'23年春については主要大学のみ巻末一覧に記載

大学名	'22	'21	'20	大学名	'22	'21	'20	大学名	'22	'21	'20
◇東京大	1	1	0	早稲田大	16	16	7	日本大	18	19	12
◇一橋大	1	0	0	慶應大	16	15	9	東洋大	16	23	6
◇東京外大	3	1	1	上智大	23	27	21	東海大	6	17	11
◇横浜国大	2	2	1	東京理科大	8	8	5	成城大	9	17	11
◇国際教養大	1	0	1	学習院大	10	6	8	明治学院大	12	19	11
◇東京医歯大	0	1	0	明治大	21	26	10	東京女子大	21	10	12
◇防衛医大	1	0	0	青山学院大	17	21	13	日本女子大	13	11	5
◇お茶の水女子大	3	1	0	立教大	26	21	8	白百合女子大	16	9	14
◇都立大	1	1	0	中央大	13	27	20	北里大	6	11	3
◇横浜市大	1	1	1	法政大	11	19	11	東洋英和女学院大	7	20	11

※各大学合格数は既卒生との合計。

見学ガイド　説明会／見学会

函嶺白百合学園 中学校

かんれいしらゆりがくえん

〒250－0408　神奈川県足柄下郡箱根町強羅 1320　☎0460－87－6611

国際 / 海外研修 / 長期留学 / 第２外国語 / online英会話 / 21型 / 1人1台端末 / リモート体制 / プロジェクト型 / 論文執筆 / STEAM / 情操 / 体験学習 / ボランティア / 人間力育成

教育理念▶「従順」「勤勉」「愛徳」を校訓に掲げ，人類社会に目を向け，人類の真の発展のために奉仕できる人材を育成する。
沿革▶1944年，東京の白百合学園の強羅疎開学園として発足。1949年独立。
施設▶ホール，和室，パソコン室，図書館，視聴覚室，庭園，テニスコート，グラウンド，パウロ館（宿泊施設），マリア寮，他。
学校長▶広瀬　節枝
生徒数▶総数79名　併設小からの進学者を含む。

	1年（1クラス）	2年（1クラス）	3年（1クラス）
女子	22名	32名	25名
内進生内数	16名	23名	14名

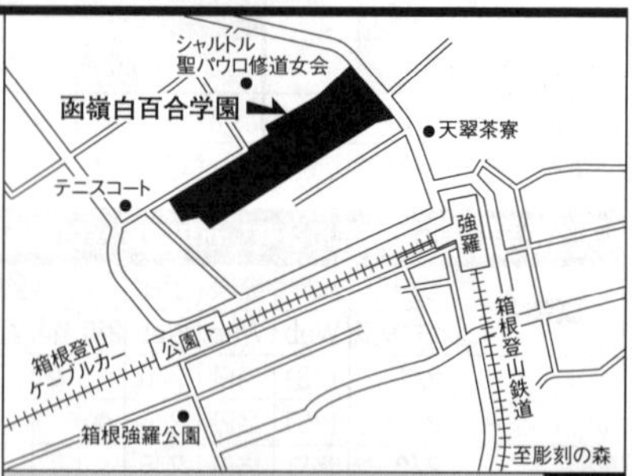

箱根登山鉄道―強羅３分　3分

一流の国際人をめざした学びと実践を大切に

「国や人種を超えて互いの違いを認め合い，愛し合うことのできる人」「自己の才能を伸ばす努力を怠らない人」を国際人の理想に掲げ，めざしている。

学習 一人ひとりの学力を引き出し，伸ばすための少人数教育を導入。英語と数学はティームティーチングや習熟度別授業を行う。外国語教育に力を注ぎ，週１回，校内で英語を使うEnglish Dayやオンライン英会話を実施。また，中１～３は中国語（必修），高２から仏語（選択）を学ぶ。言語学習を通して異文化理解を深め，国際性を養う。円滑な意思疎通を図るための国際コミュニケーションや，マナーと教養を身につける国際礼法のカリキュラムもある。総合学習では箱根に赴き，中１は「植物」「火山」をテーマに自然観察や関連施設を見学。中２では歴史，中３では産業について学ぶ。高３では各自の進路に即したテーマで卒業論文を作成し，発表する。

キャリア教育 高２で総合学習を実施。前期，後期ともアントプレナーシップ教育としてグループごとに解決策を考える。学期末はプレゼンテーションを行う。

学校生活 朝礼で聖書朗読と聖歌斉唱を行う。カトリック研究部やバレーボール部，ダンス同好会などが活動。

●コース表

中１	中２	中３	高１	高２	高３
共	通	履	修	希望進路に応じた選択制	

保護者MEMO

登校時刻▶8：40
最終下校時刻▶17：25
土曜日▶休校。行事や部活動を行う
昼食▶弁当／食品販売あり
携帯電話▶許可制
制服▶セーラー
自転車通学▶可
カウンセラー▶月３回
保護者面談▶年１回
保護者会▶年３回
必修旅行▶京都・奈良（中３），九州（高２）
部活動▶活動日は部による

学費　初年度目安 119万円

(単位:円)	入学金	施設費	授業料	その他	合計
入学手続時	200,000	150,000	―	―	350,000
1年終了まで	―	108,000	324,000	405,040	837,040

●奨学金・特待生
なし

［その他］制服・指定品代，冷暖房費，学用品，諸経費，後援会費。タブレット使用料（本体・設定費・アプリ代）等含む。
［寄付・学債］任意の寄付金１口10万円以上あり。
※上記は'22年度のもの。新年度について詳細は「受験生応援アプリ」にて公開（2023年５月～）。

首都圏模試　思考コード（単位：%）

読み取る力						
複雑 3						
2			データなし			
単純 1						
考える力	A	B	C	A	B	C

A=知識・理解思考　B=論理的思考　C=創造的思考

2024年度入試　合格の基準

	首都圏模試 ほぼ確実	首都圏模試 見込あり	四谷大塚 ほぼ確実	四谷大塚 見込あり
女子〈①〉	40	36	–	–
		やや見込あり 28		やや見込あり –

ほぼ確実＝80%～／見込あり＝50～79%／やや見込あり＝20～49%

入試要項　2023年度参考　新年度日程はアプリへGO!　2科 英 他

試験名	試験日 ◎午後入試	出願締切 郵送	発表 Web	手続 振・窓	選抜方法 2科	4科	適	英	他	面接	特待	募集数	応募数	受験数	合格数	実質倍率	偏差値
①	2/1	1/30	当日	2/6	●					＊1		15	10	10	8	1.3	40
②	2/1 ◎	1/30	当日	2/6				＊2	＊2			15	10	10	9	1.1	41
③	2/2	1/30	当日	2/6					＊3			10	8	2	2	1.0	40

＊1　保護者同伴面接
＊2　国算英または思考力より１科目選択
＊3　国語または算数または自己表現（パフォーマンス＋作文＋インタビュー）
※通知表コピー。②で英語を選択した英検３級以上取得者は筆記試験免除
※②は小田原会場にて実施

【出願方法】 郵送。③は当日可。該当者は英検合格証のコピーを提出
【手続方法】 入学誓約書を提出のうえ，ゆうちょ銀行または郵便局にて一部を振込，2/15までに残額を納入。窓口納入も可。合格書類は郵送にて届く
【受験料】 20,000円

【帰国生入試】 1/6（若干名募集）

中学受験のプロがおすすめ！ 併願校の例

特色	カトリック系	ティームティーチング	面倒見	自然環境
♠男子校 ♥女子校 ♣共学・別学校	♥聖セシリア	♣東海大相模	♣横浜富士見丘	♥鎌倉女子大
	♥東京純心女子	♥北鎌倉女子	♥聖和学院	♣相洋
	♣聖ヨゼフ	♣アレセイア湘南	♣横浜隼人	♥緑ヶ丘女子

併設高校の進路情報

四年制大学進学率96.7%
文系・理系の割合 未集計　医歯薬１名合格

内部推薦▶白百合女子大学へ７名（文３，人間総合４）が内部推薦で進学した。

指定校推薦▶利用状況は横浜市大２，早稲田大４，慶應大６，東京理科大１，中央大１，白百合女子大４，昭和大１，北里大４，日本歯大１，横浜薬科大１など。ほかに上智大，学習院大，青山学院大，立教大，法政大，日本大，東洋大，国際基督教大，成蹊大，成城大，明治学院大，芝浦工大，津田塾大，東京女子大，日本女子大，同志社大など推薦枠あり。

'22年３月卒業生：30名　大学29名
短大０名　専門１名　就職０名　他０名

主な大学合格状況　'23年春については主要大学のみ巻末一覧に記載

大学名	'22	'21	'20	大学名	'22	'21	'20	大学名	'22	'21	'20
◇筑波大	0	1	0	帝京大	1	0	0	自治医大	0	1	0
◇東京医歯大	1	0	0	成城大	1	1	1	北里大	1	0	0
◇都立大	0	0	1	芝浦工大	0	0	2	国際医療福祉大	1	0	0
◇横浜市大	0	1	0	日本女子大	1	0	0	東京薬科大	1	0	0
◇筑波技術大	0	1	0	玉川大	3	3	1	日本薬科大	1	0	1
上智大	2	4	6	桜美林大	1	1	0	恵泉女学園大	4	0	0
明治大	1	0	0	共立女子大	1	0	0	昭和音大	2	0	0
中央大	0	1	2	聖心女子大	0	3	4	麻布大	2	0	0
日本大	2	0	0	白百合女子大	7	12	9	フェリス女学院大	1	2	1
東海大	1	0	1	昭和大	1	0	0	横浜薬科大	0	0	4

※各大学合格数は既卒生との合計。

見学ガイド 説明会／学校見学会／クリスマス会

ユネスコ　高校募集 あり　高1より全体が混合。　高1内訳　一貫生 25名　94名　高入生

北鎌倉女子学園（きたかまくらじょしがくえん） 中学校

〒247－0062　神奈川県鎌倉市山ノ内 913　☎0467－22－6900

国際　海外研修　長期留学　第2外国語　online英会話　21型　1人1台端末　リモート体制　プロジェクト型　論文執筆　STEAM　情操　体験学習　ボランティア　人間力育成

教育理念▶「のびやかな自立した女性」をめざし，自主性を尊重し，自ら考え，判断し，行動する生徒を育てる。

沿革▶1940年，額田豊博士により北鎌倉高等女学校として創立。1978年に現校名へ改称。

施設▶講堂，和室，イングリッシュルーム，プログラミングラボ，ラウンジ，自習室，レッスン室，図書室，グラウンド，他。

学校長▶佐野　朗子

生徒数▶総数121名

	1年（2クラス）	2年（2クラス）	3年（1クラス）
女子	49名	42名	30名

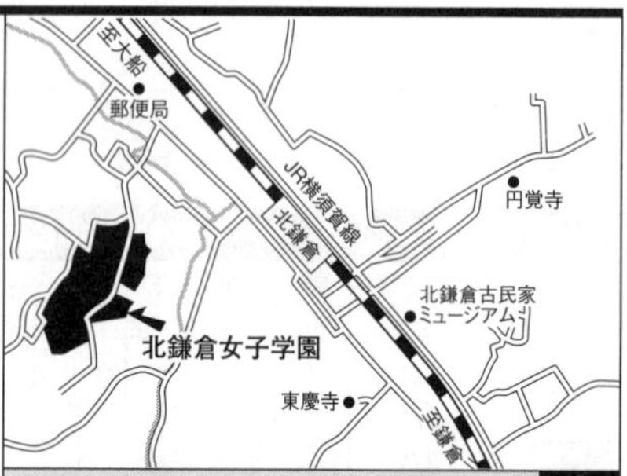

ＪＲ―北鎌倉７分　7分

北鎌倉で学び，のびやかな自立した女性へ

「自主性」「英語教育」「施設・設備」「鎌倉体験学習」を柱に，学校改革を展開。緑豊かなキャンパスで，国際性あふれる学校生活を送る。

学習 中学は「先進」と「音楽」の2コース制で，高校進学時にコース変更が可能。先進コースは高1から先進と特進の2コースに分かれ，多様な大学入試に対応する。日常的にタブレット端末を活用し，生徒の学習意欲とデジタルスキルを伸ばす。音楽コースは正規の義務教育を受けながら音楽を中心とした学習を展開する。英語は日本人とネイティヴのティームティーチングと少人数授業で4技能を強化。2月のEnglish Festivalでは英語での劇や歌，プレゼンテーションを行う。鎌倉の自然と伝統文化を活かした外国人観光客向けの英語ガイドのボランティアにも参加する。

●コース表

中1	中2	中3	高1	高2	高3
先進コース			普通コース	文理進学コース	
			特進コース	特進文系コース	
				特進理系コース	
音楽コース			音楽科		

キャリア教育 中1から実践的に取り組む「KGプロジェクト」を展開。地元鎌倉を通して「社会とつながる」とはどういうことかを知り，世界が抱える問題に対しても関心をもち，国際社会を生き抜く力を養う。

学校生活 施設を一新し，ICT環境も充実。音楽校舎もリニューアルしていつでも個人練習ができる環境が整う。クラブ活動は文化系12，運動系11の部がある。

保護者MEMO

登校時刻▶8：25
最終下校時刻▶18：00
土曜日▶休校。行事や部活動を行う
昼食▶食堂／食品販売あり
携帯電話▶可
制服▶ブレザー
自転車通学▶不可
カウンセラー▶週3日
保護者面談▶年1回
保護者会▶年2回
必修旅行▶京都・奈良（中2），台湾（高2）
部活動▶週3日

学費　　初年度目安 121万円

（単位:円）	入学金	施設費	授業料	その他	合計
入学手続時	200,000	170,000	―	―	370,000
1年終了まで	―	―	354,000	482,230	836,230

●奨学金・特待生
英検3級以上取得者：施設設備費

［その他］制服・指定品代，修学旅行費，教育維持費，副読本・その他，宿泊研修費，諸会費。
※音楽コース：初年度目安146万円
［寄付・学債］なし。
※上記は'22年度のもの。新年度について詳細は「受験生応援アプリ」にて公開（2023年5月～）。

首都圏模試　思考コード（単位：%）

読み取る力 ＼ 考える力	A	B	C	A	B	C
複雑 3						
2			データなし			
単純 1						

A=知識・理解思考　B=論理的思考　C=創造的思考

2024年度入試　合格の基準

	首都圏模試 ほぼ確実	首都圏模試 見込あり	四谷大塚 ほぼ確実	四谷大塚 見込あり
女子〈4教科〉	42	39（やや見込あり 30）	32	27（やや見込あり 22）

ほぼ確実＝80%～／見込あり＝50～79%／やや見込あり＝20～49%

入試要項　2023年度参考　新年度日程は アプリへGO!　2科 4科 英 他

試験名	試験日 ◎午後入試	出願締切 Web	発表 Web	手続 振込	選抜方法 2科	4科	適	英	他	面接	特待	募集数	応募数	受験数	合格数	実質倍率	偏差値
先進コース 2科①	2/1	当日	当日	2/6	●							30	40	39	36	1.1	42
先進コース 4科総合	2/1 ◎	当日	当日	2/9		＊1						10	11	6	6	1.0	41
先進コース 国語①	2/1 ◎	当日	当日	2/9					＊2			10	20	7	7	1.0	42
先進コース 2科②	2/2	当日	当日	2/9	●							10	26	5	5	1.0	40
先進コース 日本語4技能	2/2	当日	当日	2/9					＊3			10	3	1	1	1.0	40
先進コース エッセイ①	2/2 ◎	当日	当日	2/9					＊4			5	9	0	0	—	40
先進コース 英語プレゼン①	2/2 ◎	当日	当日	2/9				＊5				5	6	2	2	1.0	—
先進コース 算数	2/4 ◎	当日	当日	2/9					＊6			3	20	6	3	2.0	42
先進コース プログラミング	2/4 ◎	当日	当日	2/9					＊7			3	3	0	0	—	—
先進コース 国語②	2/5	当日	当日	2/9					＊2			3	24	4	4	1.0	42
先進コース 英語プレゼン②	2/5 ◎	当日	当日	2/9				＊5				3	3	0	0	—	—
先進コース エッセイ②	2/5 ◎	当日	当日	2/9					＊4			3	17	4	4	1.0	40
音楽コース	2/1・2	1/25	2/2	2/7					＊8			25	3	3	3	1.0	40

＊1　4科総合　＊2　国語　＊3　「聞く力・書く力」「読む力・話す力」　＊4　エッセイ・質疑応答　＊5　英語プレゼン・質疑応答　＊6　算数　＊7　プログラミング・質疑応答　＊8　実技および学科（2科②または日本語4技能）
※エッセイ，英語プレゼンは事前に課題（テーマ）発表あり
※日本語4技能の「読む力・話す力」，英語プレゼン・エッセイ・プログラミングの質疑応答は個別試験

【出願方法】Web出願　**【手続方法】**合格証受け取りのうえ，銀行振込。英検3級以上の取得者は施設設備費を全額免除。入学辞退者（先進コース・2科①と音楽コースは2/6まで，先進コース他試験は2/9）には一部返還　**【受験料】**先進コース10,000円（複数回受験は一律20,000円），音楽コース20,000円

【帰国生入試】2科①②に含む　　（注）エッセイはオンライン入試1名合格を含まず

中学受験のプロがおすすめ！ 併願校の例

特色	ICT教育	ティームティーチング	ボランティア活動	自然環境
♠男子校 ♥女子校 ♣共学・別学校	♥横浜女学院	♥聖セシリア	♣横浜創英	♣横須賀学院
	♥捜真女学校	♣東海大相模	♥聖和学院	♥鎌倉女子大
	♣横浜隼人	♣アレセイア湘南	♥函嶺白百合	♥緑ヶ丘女子

併設高校の進路情報

四年制大学進学率91.6%
文系55／理系21／その他24（%）　医歯薬3名合格

指定校推薦▶横浜市大，青山学院大，立教大，法政大，日本大，大東文化大，東海大，帝京大，國學院大，成蹊大，成城大，明治学院大，神奈川大，芝浦工大，東京電機大，日本女子大，立命館大，玉川大，工学院大，東京都市大，立正大，桜美林大，関東学院大，共立女子大，大妻女子大，聖心女子大，白百合女子大，杏林大，東邦大，日本薬科大，東京農大，実践女子大など推薦枠あり。

'22年3月卒業生：119名　大学109名　短大2名　専門8名　就職0名　他0名

主な大学合格状況　'23年春については主要大学のみ巻末一覧に記載

大学名	'22	'21	'20	大学名	'22	'21	'20	大学名	'22	'21	'20
◇筑波大	1	0	0	明治大	2	0	0	神奈川大	2	3	3
◇東京外大	0	0	1	青山学院大	4	3	2	玉川大	1	6	2
◇横浜国大	0	0	1	立教大	2	1	1	関東学院大	5	3	0
◇東京藝術大	1	2	2	中央大	1	1	1	共立女子大	3	2	3
◇横浜市大	2	1	1	法政大	3	1	3	昭和女子大	4	4	6
◇豊橋技術科学大	1	0	0	日本大	2	3	4	国立音大	4	0	6
◇県立保健福祉大	2	0	1	東海大	1	1	1	東京音大	9	7	6
慶應大	1	1	0	國學院大	1	3	1	フェリス女学院大	4	3	2
上智大	1	0	0	成城大	2	3	3	横浜薬科大	1	3	4
学習院大	3	0	0	明治学院大	3	4	4	鎌倉女子大	3	2	2

※各大学合格数は既卒生との合計。

見学ガイド　文化祭／説明会／学園生活体験会／夏の英語教室

 高校募集 あり 高1から全体が混合。 高1内訳 一貫生 68名 331名 高入生

相模女子大学 中学部

さがみじょしだいがく

〒252－0383　神奈川県相模原市南区文京 2－1－1　☎042－742－1442

国際 / 海外研修 / 長期留学 / 第2外国語 / online英会話 / 21型 / 1人1台端末 / リモート体制 / プロジェクト型 / 論文執筆 / STEAM / 情操 / 体験学習 / ボランティア / 人間力育成

教育目標▶建学の精神「高潔善美」を基礎に，「研鑽力」「発想力」「協働力」を教育目標とし，社会に貢献できる女性を育成する。

沿革▶1900年創立の日本女学校を母体とする。1946年，現在地へ校地を移転，1951年現校名に改称。

施設▶ホール，和室，カウンセリング室，自習室，図書室（3.5万冊），陶芸室，ビオトープ，テニスコート，プール，グラウンド，他。

学校長▶武石　輝久

生徒数▶総数217名　併設小からの進学者を含む。

	1年（3クラス）	2年（3クラス）	3年（2クラス）
女子	85名	72名	60名
内進生内数	21名	21名	—

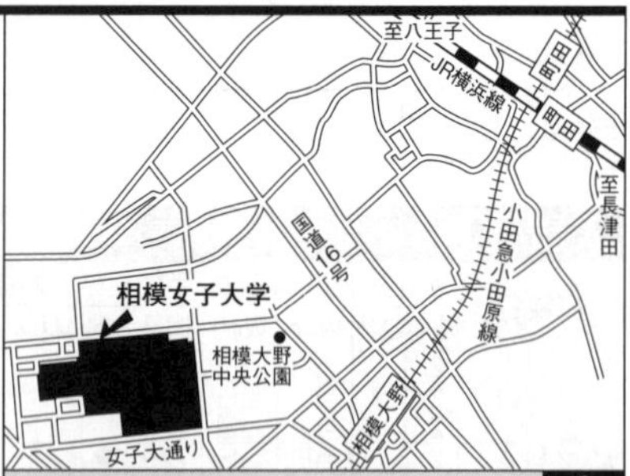

小田急線—相模大野10分　10分

命と向き合う学びを通し自己肯定感と自主性を育む

未来に向かって，豊かな心と自ら学び高める力を培う6年間。「命」と向き合うことで自分の大切さを実感し，自己肯定感を育む学習に特徴がある。

学習 各教科でグループワークやプレゼンテーションに取り組み，思考･判断･表現力を養う。プログラミングの授業では試行錯誤する経験を積み重ね，想像力を伸ばす。Wi-Fi環境が整備されており，パソコンやタブレットの1人1台端末（BYOD）を導入。アプリを活用した授業や，家庭学習，行事などで利用している。高2全員がニュージーランドでファームステイを体験。希望者にはオーストラリア海外研修もある。幼稚部から大学院までがワンキャンパスに集う総合学園の特徴を生かし，食育講座や読み聞かせなどの学園連携プログラムで，社会に必要な発想力も身につける。

キャリア教育「命」と向き合い，人として生きるための学習をする時間を「マーガレットタイム」と名付け，中1では「自分につながる命」，中2は「自然の中の命との向き合い方」について考える。中3では妊婦体験・育児体験などにも取り組む。

学校生活 中学は18の部があり，バスケットボール部・バトントワーリング部・吹奏楽部が全国大会出場の実績を持つ。

●コース表

中1	中2	中3	高1	高2	高3
共通履修			特進	アカデミック〈文系・理系〉	
			進学	グローバル	
				ライフサイエンス	
				リベラルアーツ	

保護者MEMO

登校時刻▶8：15
最終下校時刻▶18：00
土曜日▶毎週登校。平常授業3時間
昼食▶食堂(高校より可)･食品販売あり
携帯電話▶可(担任が預かる)
制服▶セーラー，ブレザー(高校)
自転車通学▶可
カウンセラー▶週5日
保護者面談▶年1回
保護者会▶年3回
必修旅行▶未定
部活動▶月は休部日

学費　初年度目安 123万円

（単位:円）	入学金	施設費	授業料	その他	合計
入学手続時	220,000	200,000	—	—	420,000
1年終了まで	—	84,000	420,000	304,145	808,145

●奨学金・特待生
Ⅰ：授業料1年／Ⅱ：入学金

［その他］制服・指定品代，教材費，放課後学習支援費，PTA会費，後援会費，生徒会費。
［寄付・学債］任意の寄付金（中学部環境整備基金※中学部のみ）1口5万円2口以上あり。
※上記は'22年度のもの。新年度について詳細は「受験生応援アプリ」にて公開（2023年5月～）。

首都圏模試 思考コード (単位：%)

読み取る力	〈第1回〉国語 A	国語 B	国語 C	算数 A	算数 B	算数 C	〈適性検査型〉A	B	C
複雑 3									
2	9			70				20	
単純 1	40	51		15	15			72	8
考える力	A	B	C	A	B	C	A	B	C

A=知識・理解思考 B=論理的思考 C=創造的思考

2024年度入試 合格の基準

		首都圏模試 ほぼ確実	首都圏模試 見込あり	四谷大塚 ほぼ確実	四谷大塚 見込あり
女子	〈①〉	43	38	33	28
			やや見込あり 33		やや見込あり 23

ほぼ確実＝80%～／見込あり＝50～79%／やや見込あり＝20～49%

入試要項 2023年度参考 新年度日程はアプリへGO!

2科 4科 適性型 他

試験名		試験日 ◎午後入試	出願締切 Web	発表 Web	手続 振込	選抜方法 2科	4科	適	英	他	面接	特待	募集数	応募数	受験数	合格数	実質倍率	偏差値
教科型	①	2/1	1/31	当日	2/8延	●						●	120	65	56	36	1.6	43
	②	2/1 ◎	当日	当日	2/8延	●	●					●		93	77	40	1.9	42
	③	2/2 ◎	当日	当日	2/8延	●	●					●		87	45	17	2.6	40
	④	2/5	2/4	当日	2/8延	●						●		94	37	8	4.6	43
適性検査型		2/1	1/31	2/2	2/8延			●				●		67	67	64	1.0	43
プログラミング	①	2/1	1/31	当日	2/8延					＊				15	14	13	1.1	42
	②	2/13	2/12	当日	2/14					＊				19	4	2	2.0	42

＊プログラミング+発表・ディスカッション+基礎計算力テスト

【出願方法】 Web出願 **【手続方法】** 教科型，適性検査型，プログラミング①は2/8までに，プログラミング②は2/14までに書類受取，銀行振込のうえ，窓口にて手続。公立一貫校の受検者は2/13まで延納可。3/31までの入学辞退者には一部返還

【受験料】 20,000円（複数回出願22,000円。適性検査のみは5,000円）

【帰国生入試】 12/18（若干名募集）

中学受験のプロがおすすめ! 併願校の例

特色	国際教育	キャリア教育	表現力育成	適性検査型入試
♠男子校 ♥女子校 ♣共学・別学校	♥聖セシリア	♥神奈川学園	♣自修館中等	♣県立相模原中等
	♣横浜富士見丘	♥捜真女学校	♥聖和学院	♣県立平塚中等
	♥国本女子	♥駒沢女子	♥緑ヶ丘女子	♣横浜翠陵

併設高校の進路情報

四年制大学進学率82.4%
文系68／理系32／その他0（%） 医歯薬6名合格

内部推薦▶相模女子大学へ62名（学芸31，人間社会13，栄養科18）が内部推薦で進学した。相模女子大学短期大学部への推薦制度もある。

指定校推薦▶東京理科大，青山学院大，中央大，法政大，日本大，東洋大，駒澤大，専修大，東海大，亜細亜大，帝京大，國學院大，成蹊大，成城大，明治学院大，神奈川大，芝浦工大，東京電機大，津田塾大，日本女子大，工学院大，東京都市大，白百合女子大など推薦枠あり。

'22年3月卒業生：289名

大学238名 短大10名 専門27名 就職2名 他12名

主な大学合格状況 '23年春については主要大学のみ巻末一覧に記載

大学名	'22	'21	'20	大学名	'22	'21	'20	大学名	'22	'21	'20
◇東京学芸大	1	0	0	中央大	7	3	7	神奈川大	11	11	11
◇都立大	1	0	0	法政大	3	7	4	津田塾大	3	2	1
◇横浜市大	0	0	1	日本大	13	14	5	日本女子大	6	12	10
◇県立保健福祉大	1	1	0	東洋大	6	8	2	玉川大	10	7	5
早稲田大	0	2	0	駒澤大	7	5	1	桜美林大	14	20	6
慶應大	1	0	1	専修大	4	10	9	関東学院大	6	6	5
学習院大	3	1	1	東海大	11	13	8	共立女子大	4	10	9
明治大	4	5	0	國學院大	5	4	6	大妻女子大	5	8	4
青山学院大	1	3	3	成蹊大	4	7	6	フェリス女学院大	6	12	5
立教大	0	5	1	成城大	6	4	8	相模女子大	68	79	94

※各大学合格数は既卒生との合計。

見学ガイド 説明会／プログラミング体験会

 高1内訳 一貫生 169名

湘南白百合学園中学校

〒251−0034　神奈川県藤沢市片瀬目白山4−1　☎0466−27−6211

国際 / 海外研修 / 長期留学 / 第2外国語 / online英会話 / 21型 / 1人1台端末 / リモート体制 / プロジェクト型 / 論文執筆 / STEAM / 情操 / 体験学習 / ボランティア / 人間力育成

教育理念▶「従順・勤勉・愛徳」を校訓に，キリスト教の価値観のもと，愛の心をもって，社会に奉仕できる女性を育成する。

沿革▶1938年に乃木高等女学校設立，1946年に湘南白百合高等女学校に名称変更，1947年中学校設置。

施設▶ホール，聖堂，リリーススペース（カフェテリア），多目的スペース，Media Net Lab，グラウンド，他。

学校長▶林　和

生徒数▶総数495名　併設小からの進学者を含む。

	1年（4クラス）	2年（4クラス）	3年（4クラス）
女子	178名	152名	165名
内進生内数	81名	82名	86名

湘南モノレール―片瀬山7分　JR・小田急―藤沢よりバス片瀬山入口3分　7分

「愛ある人として」他者と共感し合う感性と自立した個をもつ女性に

聖母マリアの清純さ，優しさ，強さを表す白百合の花は学園理念の象徴。キリスト教に根ざした価値観と，他者のために手を差し伸べられる奉仕の心を養う。

学習 英数では習熟度別・少人数授業を行いきめ細やかにサポートする。中1〜高1では英語に堪能な生徒を対象とした特別クラスを設置。海外のテキストを使用しスキルアップをめざす。総合の時間では探究的な学習を通して「一生役立つ学び続ける力」を養う。学年ごとにテーマを設け，中3では環境をテーマに1年間かけて研究を行う。また，長期休暇には創造的な思考を働かせる多様なプログラム「探究講座」を開講している。外国語教育の一つに全学年で仏語に触れる時間がある。校内外の語学研修（必修）や希望者対象の海外研修，ターム留学も実施。

キャリア教育 高1では卒業生を招き，在学中の勉強方法などを語ってもらう座談会を行い，進路選択に役立てる。また年3回，個別相談会も実施している。希望者を対象に職場体験を行う。

学校生活 6年間，宗教の授業や宗教行事を行い，自らの資質を生かして社会に奉仕する姿勢を養う。卓球部，C.C.F.（フランス語同好会）など25の部・同好会が活動中。

●コース表

中1	中2	中3	高1	高2	高3
共通履修 ※英数習熟度別				希望進路に応じた選択制	

保護者MEMO

登校時刻▶8：15
最終下校時刻▶17：30
土曜日▶休校。行事や部活動を行う
昼食▶弁当／食品販売あり
携帯電話▶可
制服▶セーラー
自転車通学▶可（最寄りの駅）
カウンセラー▶週2日
保護者面談▶年1回
保護者会▶年2回
必修旅行▶函館（中3），他
部活動▶活動日は部による

学費　初年度目安 132万円

（単位:円）	入学金	施設費	授業料	その他	合計
入学手続時	300,000	200,000	—	50,000	550,000
1年終了まで	—	92,400	462,000	215,100	769,500

●奨学金・特待生
なし

［その他］制服・指定品代，教材費，教科外活動費。
［寄付・学債］任意の寄付金1口10万円3口以上あり。
※上記は'22年度のもの。新年度について詳細は「受験生応援アプリ」にて公開（2023年5月〜）。

首都圏模試 思考コード (単位:%)

読み取る力 \ 考える力	国語 A	国語 B	国語 C	算数 A	算数 B	算数 C
複雑 3				10		
2		20		10	18	
単純 1	28	52			62	

〈4教科〉

A=知識・理解思考　B=論理的思考　C=創造的思考

2024年度入試 合格の基準

		首都圏模試 ほぼ確実	首都圏模試 見込あり	四谷大塚 ほぼ確実	四谷大塚 見込あり
女子	〈4教科〉	60	55	50	47
			やや見込あり 50		やや見込あり 42

ほぼ確実＝80％～／見込あり＝50～79％／やや見込あり＝20～49％

入試要項 2023年度参考　新年度日程はアプリへGO!　4科 英 他

試験名		試験日 ◎午後入試	出願 Web	発表 Web	手続 Web	2科	4科	適	英	他	面接	特待	募集数	応募数	受験数	合格数	実質倍率	偏差値
1教科	算数	2/1 ◎	1/30	当日	2/4					＊1			20	152	148	60	2.5	66
	国語									＊2				271	261	70	3.7	66
4教科		2/2	1/30	当日	2/4		●						45	332	227	116	2.0	60
英語資格		2/2	1/30	当日	2/4				＊3				若干	23	19	11	1.7	60

＊1　算数　＊2　国語　＊3　国算・英語資格（英検3級以上を取得級に応じて得点化）

【出願方法】 Web納入。該当者は出願時に英検合格証明書をアップロード&当日持参
【手続方法】 Web納入。3/31までの辞退者には一部返還
【受験料】 25,000円。1教科は15,000円（2種類出願は35,000円，3種類出願は45,000円）

【帰国生入試】 12/17（10名募集）
※コロナ共通追試参加校

中学受験のプロがおすすめ! 併願校の例

特色	カトリック系	論文(自由研究)	キャリア教育	留学制度
♠男子校	♥横浜雙葉	♥鎌倉女学院	♣青学横浜英和	♣山手学院
♥女子校	♥聖園女学院	♥清泉女学院	♥日本女子大附	♣湘南学園
♣共学・別学校	♥聖セシリア	♥横浜女学院	♥神奈川学園	♥カリタス女子

併設高校の進路情報

四年制大学進学率91%
文系47／理系49／その他4（%）　医歯薬58名合格

内部推薦▶白百合女子大学へ4名（人間総合）が内部推薦で進学した。
指定校推薦▶利用状況は横浜市大2，早稲田大4，慶應大6，東京理科大1，中央大1，白百合女子大4，昭和大1，北里大4，日本歯大1，横浜薬科大1など。ほかに上智大，学習院大，青山学院大など推薦枠あり。
海外大学合格状況▶Hofstra University, State University of New York at Fredonia, DePauw University（米），University of the Arts London（英），他。

'22年3月卒業生：155名　大学141名
短大0名　専門0名　就職0名　他14名

主な大学合格状況　'23年春については主要大学のみ巻末一覧に記載

大学名	'22	'21	'20	大学名	'22	'21	'20	大学名	'22	'21	'20
◇東京大	2	1	1	◇浜松医大	2	0	1	法政大	27	7	16
◇京都大	1	0	0	早稲田大	28	17	32	日本大	17	23	20
◇東工大	1	0	1	慶應大	27	14	22	成城大	13	5	9
◇千葉大	0	1	1	上智大	15	18	32	明治学院大	24	15	22
◇筑波大	1	0	0	東京理科大	14	8	21	神奈川大	15	15	8
◇東京外大	1	0	2	学習院大	13	3	10	津田塾大	5	5	3
◇横浜国大	1	2	2	明治大	43	15	35	東京女子大	9	17	16
◇東京医歯大	1	0	1	青山学院大	23	13	22	日本女子大	15	11	25
◇お茶の水女子大	1	0	2	立教大	32	13	25	白百合女子大	10	12	20
◇横浜市大	4	2	5	中央大	30	9	21	北里大	13	14	16

※各大学合格数は既卒生との合計。

見学ガイド　文化祭／説明会／オープンスクール／学校見学会

聖(せい)セシリア女子(じょし)中学校

〒242－0006 神奈川県大和市南林間 3－10－1 ☎046－274－7405

国際
海外研修
長期留学
第2外国語
online英会話
21型
1人1台端末
リモート体制
プロジェクト型
論文執筆
STEAM
情操
体験学習
ボランティア
人間力育成

教育目標▶「信じ 希望し 愛深く」を心の糧として，知育・徳育・体育の調和のとれた総合教育をめざす。
沿革▶1929年，伊東静江により大和学園女学校として創立。1980年現校名に改称。2020年度より高校募集再開。
施設▶ホール，和室，図書室（3.5万冊），室内温水プール，テニスコート，グラウンド，バレエスタジオ，他。
学校長▶森永 浩司
生徒数▶総数330名 併設小からの進学者を含む。

	1年（4クラス）	2年（4クラス）	3年（3クラス）
女子	113名	122名	95名
内進生内数	13名	29名	17名

小田急江ノ島線―南林間5分 小田急江ノ島線・東急田園都市線―中央林間10分 5分

生徒の学校満足度が高い，笑顔あふれる学び舎

「心」と「力」のバランスのとれた教育を実践。卒業生対象のアンケートでは，毎年ほぼ100%の生徒が「聖セシリアに入学して良かった」と答えている。

学習 6年間を2年ごとに区切り，成長段階に応じた指導を行う。大学入試に備え「読解力」「論理力」「表現力」の育成に力を入れる。また，各教科でオリジナル副教材を活用して学習効果を上げる。5教科においては指名制，希望制による補習を実施。英語は実践的なコミュニケーション能力の習得を目標に独自科目を設置。中学は4技能の基礎基本，高校では実践力を養う。中1・2で年2回，英語芸術学校と連携しミュージカル発表に取り組む。また，情操教育の一環として，宗教授業のほかにオリジナル科目を設置し，国際や共生社会を題材にした学習に取り組む。

●コース表

中1	中2	中3	高1	高2	高3
共	通	履	修	希望進路に応じた選択制	

キャリア教育 オリジナルテキストを用いて中1～高3まで合計約80時間，キャリアプログラムを実施。学年ごとに設定された実施項目に従って，なりたい自己像を思い描き，目標を実現させる。

学校生活 運動系・文化系計20の部活動がある。バレエ部があるのが特徴。土曜日には，各教科の演習や興味を広める講座など50種類以上の講座を希望制で開講。

保護者MEMO

登校時刻▶8：30
最終下校時刻▶17：30
土曜日▶休校。行事や部活動を行う
昼食▶弁当／食品販売あり
携帯電話▶可
制服▶ブレザー
自転車通学▶可
カウンセラー▶常駐
保護者面談▶年2回
保護者会▶年2～3回
必修旅行▶奈良・京都(中3)，長崎・五島列島(高2)
部活動▶週4日以内

学費 初年度目安 118万円

（単位:円）	入学金	施設費	授業料	その他	合計
入学手続時	250,000	―	―	―	250,000
1年終了まで	―	120,000	396,000	415,000	931,000

［その他］制服・指定品代，冷暖房費，教材費，積立金，父母会費，生徒会費，保健費。
［寄付・学債］任意の寄付金(愛校寄付金) 1口10万円2口以上あり。
※上記は'22年度のもの。新年度について詳細は「受験生応援アプリ」にて公開（2023年5月～）。

●奨学金・特待生
スカラ入試5位：入学金，授業料1年間 スカラ6～10位・他入試：入学金

首都圏模試　思考コード（単位：%）

〈A１次〉

読み取る力＼考える力	国語 A	国語 B	国語 C	算数 A	算数 B	算数 C
複雑 3						
2	14	46		75		
単純 1	10	30			25	

A=知識・理解思考　B=論理的思考　C=創造的思考

2024年度入試　合格の基準

	首都圏模試 ほぼ確実	首都圏模試 見込あり	四谷大塚 ほぼ確実	四谷大塚 見込あり
女子〈A①〉	51	45	38	34
		やや見込あり 41		やや見込あり 30

ほぼ確実＝80%～／見込あり＝50～79%／やや見込あり＝20～49%

入試要項　2023年度参考　新年度日程はアプリへGO!

2科　4科　英　他

試験名		試験日（◎午後入試）	出願締切 Web	発表 Web	手続 Web	2科	4科	適	英	他	面接	特待	募集数	応募数	受験数	合格数	実質倍率	偏差値
A ①	2科	2/1	1/31	当日	2/6延	●						●	30	40	36	14	2.6	51
	4科	2/1	1/31	当日	2/6延		●					●		44	36	16	2.3	
A ②	2科	2/2 ◎	当日	当日	2/6延	●						●	25	59	49	20	2.5	52
	4科	2/2 ◎	当日	当日	2/6延		●					●		72	56	23	2.4	
A ③	2科	2/3 ◎	当日	当日	2/6延	●						●	25	147	85	55	1.5	45
B	①スカラシップ	2/1 ◎	当日	当日	2/6延					＊1		●	10	25	22	11	2.0	60
	②英語	2/2	2/1	当日	2/6延				＊2			●	10	31	25	21	1.2	—
	③英語表現	2/3	2/2	当日	2/6延				＊3			●	5	25	10	9	1.1	—

＊1　算数　＊2　英語（リスニングを含む。英検４級程度）　＊3　英語（個別面接）＋身体表現（グループで行い，与えられた英文に，ジェスチャーやダンスを交えて自由に表現する）
※複数回受験の優遇措置あり

【出願方法】 Web出願　**【手続方法】** Web納入。公立中高一貫校受検者は2/11まで延納可
【受験料】 A方式20,000円（複数回受験可），B方式算数10,000円，②英語・③英語表現は10,000円で両方受験可

【帰国生入試】 12/11（若干名募集）

中学受験のプロがおすすめ!　併願校の例

特色	カトリック系	キャリア教育	アットホーム	表現力育成
♠男子校 ♥女子校 ♣共学・別学校	♥カリタス女子	♣桐光学園	♣森村学園	♥日本女子大附
	♥聖園女学院	♥神奈川学園	♥大妻多摩	♣自修館中等
	♥聖ドミニコ	♥鎌倉女子大	♥相模女子大	♥聖和学院

併設高校の進路情報

四年制大学進学率86.5%
文系58／理系36／その他６（%）　医歯薬14名合格

指定校推薦▶利用状況は青山学院大６，法政大２，成蹊大１，成城大１，日本女子大２，立命館大１，共立女子大１，大妻女子大２，聖心女子大１，昭和薬科大２，東京農大１，昭和女子大２など。ほかに上智大，帝京大，明治学院大，東京電機大，東京都市大，白百合女子大，北里大，拓殖大など推薦枠あり。
海外大学合格状況▶2名進学。

'22年３月卒業生：96名
大学83名　短大２名　専門10名　就職０名　他１名

主な大学合格状況　'23年春については主要大学のみ巻末一覧に記載

大学名	'22	'21	'20	大学名	'22	'21	'20	大学名	'22	'21	'20
◇横浜国大	1	0	0	学習院大	2	1	2	成蹊大	1	3	4
◇東北大	0	1	0	明治大	4	8	14	明治学院大	2	4	8
◇東京藝術大	1	0	0	青山学院大	9	8	12	神奈川大	3	6	2
◇東京学芸大	0	0	2	立教大	7	3	6	日本女子大	3	3	1
◇都立大	1	0	0	中央大	2	3	3	桜美林大	3	9	7
◇横浜市大	0	0	2	法政大	5	5	9	昭和女子大	10	2	4
早稲田大	0	1	10	日本大	2	5	13	恵泉女学園大	3	5	7
慶應大	2	1	1	東洋大	1	4	4	多摩美大	3	10	6
上智大	6	4	4	専修大	4	13	4	フェリス女学院大	6	3	3
東京理科大	1	3	0	帝京大	4	11	5	相模女子大	7	11	15

※各大学合格数は既卒生との合計。

見学ガイド　文化祭／説明会／オープンキャンパス／個別見学対応可

高校募集 なし

高1内訳 一貫生 178名

清泉女学院（せいせんじょがくいん） 中学校

〒247－0074　神奈川県鎌倉市城廻 200　☎0467－46－3171

国際　海外研修　長期留学　第2外国語　online英会話　21型　1人1台端末　リモート体制　プロジェクト型　論文執筆　STEAM　情操　体験学習　ボランティア　人間力育成

教育目標▶カトリックの教えに基づいたリベラルアーツ教育により，生徒一人ひとりが自分の使命を見出す。
沿革▶聖心侍女修道会を母体とし，横須賀に創立。1963年，現在の大船に移転。
施設▶講堂，カフェテラス，図書館（6.5万冊），理科教室，聖堂，テニスコート，グラウンド，他。
学校長▶高倉　芳子
生徒数▶総数572名　併設小からの進学者を含む。

	1年（5クラス）	2年（4クラス）	3年（4クラス）
女子	189名	194名	189名
内進生内数	—	67名	61名

JR，湘南モノレール―大船よりバス清泉女学院　5分

社会に貢献できる知性と，人に喜びを与えられる心を育む

2021年度より3学期制，65分授業を導入。討論・演習・体験型の授業をこれまで以上に展開。思考力・判断力・表現力を伸ばす協働学習が充実。

学習 授業内容のつながりを重視し65分授業を展開。導入からまとめ，振り返りまでを1回に収める。中1から1人1台chromebookを使った授業やグループワークに取り組み「集団の中で自ら学ぶこと」「経験→学習のサイクル」を身につける。授業以外でも探究学習や特別活動で生徒同士の対話時間を設け，理解力・思考力の向上をめざす。英語は入学時より少人数・習熟度別でSE（一般入試合格者），AE（英検3級以上取得），ARE（帰国生・グローバル試験合格者）に分かれる。中3・高1は4つのレベルに分け，学期ごとに再編成する。

●コース表

中1	中2	中3	高1	高2	高3
共通履修				理系 文系	

キャリア教育 中学3年間かけて〈課題の発見→情報収集→分析→まとめ〉のプロセスや，短期・長期的目標の立て方，スケジューリングを段階的に学ぶ。集大成として，自分の興味・関心のある事柄について掘り下げ発表するMy Story Projectを中3で実施。また，自分らしい生き方や他者との共生等をテーマにした講演会を行っている。

学校生活 部活動は23の団体が活動中。生徒主体の様々な委員会活動も盛ん。

保護者MEMO

登校時刻▶8：30
最終下校時刻▶17：00
土曜日▶隔週週登校。平常授業3時間
昼食▶弁当／食品販売あり
携帯電話▶許可制
制服▶ジャンパースカート
自転車通学▶可
カウンセラー▶週3日
保護者面談▶年2回
保護者会▶年3回
必修旅行▶奈良・京都／長崎／沖縄（高2）
部活動▶平日に週1日は休む

学費　初年度目安 110万円

(単位:円)	入学金	施設費	授業料	その他	合計
入学手続時	300,000	120,000	—	—	420,000
1年終了まで	—	—	432,000	252,000	684,000

●奨学金・特待生
なし

[その他] 制服・指定品代，積立金，泉会費(保護者の会)，生徒会費。
[寄付・学債] なし。
※上記は'22年度のもの。新年度について詳細は「受験生応援アプリ」にて公開（2023年5月～）。

首都圏模試　思考コード　（単位：%）

〈1期A〉

読み取る力	国語 A	国語 B	国語 C	算数 A	算数 B	算数 C
複雑 3		6				
2	5	24		66	5	
単純 1	6	59			29	
考える力	A	B	C	A	B	C

A=知識・理解思考　B=論理的思考　C=創造的思考

2024年度入試　合格の基準

	首都圏模試 ほぼ確実	首都圏模試 見込あり	首都圏模試 やや見込あり	四谷大塚 ほぼ確実	四谷大塚 見込あり	四谷大塚 やや見込あり
女子〈①4科〉	57	53	45	45	42	38

ほぼ確実＝80%～／見込あり＝50～79%／やや見込あり＝20～49%

入試要項　2023年度参考　新年度日程はアプリへGO!　2科　4科　英　他

試験名	試験日（◎午後入試）	出願締切 Web	発表 Web	手続 Web	2科	4科	適	英	他	面接	特待	募集数	応募数	受験数	合格数	実質倍率	偏差値
①	2/1	1/30	当日	2/3		●						40	129	127	59	2.2	57
②	2/1 ◎	1/30	当日	2/3	●							20	166	156	73	2.1	65
SP	2/2 ◎	2/1	2/3	2/3					＊1			10	73	39	19	2.1	65
③ 4科	2/3 ◎	2/2	2/4	2/4		●						25	282	142	67	2.1	59
③ 3科								＊2					26	20	10	2.0	58
③ グローバル								＊3		＊3		若干	5	4	2	2.0	—
AP	2/5	2/4	当日	2/10					＊4			10	52	40	11	3.6	59

＊1　算数　＊2　国語＋算数＋英語（英検4級程度）　＊3　英語（英検2級程度）＋英語による面接
＊4　思考力・表現力・総合力を測る試験
※活動報告書

【出願方法】Web出願後，活動報告書を当日持参　**【手続方法】**Web納入のうえ，2/11に書類提出。英検3級以上取得者は合格証明書のコピーを提出　**【受験料】**23,000円（①～③の同時出願は2回40,000円，3回46,000円）

【帰国生入試】12/10，2/3（15名募集）。また，上記①②，SP，APに帰国生含む
※コロナ共通追試参加校

中学受験のプロがおすすめ！ 併願校の例

特色	カトリック系	ICT教育	フィールドワーク	論文（自由研究）
♠男子校 ♥女子校 ♣共学・別学校	♥横浜雙葉	♥鎌倉女学院	♥日本女子大附	♣神奈川大附
	♥聖園女学院	♣湘南学園	♣日大藤沢	♥湘南白百合
	♥聖セシリア	♥横浜女学院	♥神奈川学園	♥神奈川学園

併設高校の進路情報

四年制大学進学率94.5%
文系45／理系44／その他1（%）　医歯薬29名合格

内部推薦▶清泉女子大学へ10名が内部推薦で進学した。

指定校推薦▶利用状況は横浜市大2，慶應大5，上智大1，明治大1，青山学院大5，立教大3，中央大1，東海大1，成城大1，明治学院大4，工学院大1，北里大1，昭和薬科大1，フェリス女学院大1，女子美大1，日本赤十字看護大1など。ほかに東京理科大，学習院大，法政大，日本大，東京都市大，聖マリアンナ医大など推薦枠あり。

'22年3月卒業生：163名
大学154名
短大0名　専門0名　就職0名　他9名

主な大学合格状況　'23年春については主要大学のみ巻末一覧に記載

大学名	'22	'21	'20	大学名	'22	'21	'20	大学名	'22	'21	'20
◇東京大	3	0	0	慶應大	13	8	11	東海大	16	12	21
◇京都大	0	0	1	上智大	24	15	11	成城大	8	12	11
◇筑波大	1	0	0	東京理科大	3	1	6	明治学院大	25	15	4
◇横浜国大	0	0	1	学習院大	2	7	7	芝浦工大	4	3	5
◇大阪大	0	1	0	明治大	20	9	3	東京女子大	2	7	9
◇東京医歯大	1	0	0	青山学院大	17	11	15	日本女子大	5	6	6
◇東京藝術大	1	3	0	立教大	22	14	14	東京都市大	4	6	9
◇都立大	1	1	2	中央大	8	5	8	関東学院大	11	7	4
◇横浜市大	3	2	1	法政大	16	11	9	北里大	6	3	7
早稲田大	14	4	8	日本大	10	8	15	清泉女子大	28	44	47

※各大学合格数は既卒生との合計。

見学ガイド　文化祭／説明会／親子見学会

聖和学院(せいわがくいん) 中学校

〒249−0001 神奈川県逗子市久木 2−2−1 ☎046−871−2670

国際 / 海外研修 / 長期留学 / 第2外国語 / online英会話 / 21型 / 1人1台端末 / リモート体制 / プロジェクト型 / 論文執筆 / STEAM / 情操 / 体験学習 / ボランティア / 人間力育成

建学の精神▶校訓「温順・勤勉・愛」の精神を土台に社会の様々な課題に取り組む女性の育成を行う。
沿革▶1942年，武藤功が創立した湘南女学塾が前身。1949年，現校名に改称。1987年，グローバル教育の一環として神奈川県唯一の英語科を設置。
施設▶チャペル，コ・クリエイションプラザ，茶室，マルチメディアルーム，第二グラウンド（広域避難所），自然農園，他。
学校長▶佐々木　富紀子
生徒数▶総数33名

	1年（1クラス）	2年（1クラス）	3年（1クラス）
女子	10名	11名	12名

JR―逗子８分
京急逗子線―逗子・葉山10分
8分

多様性を引き出し，共創力を育む

校訓「温順・勤勉・愛」を軸に，「将来，なりたい自分」を思い描く。中学よりコース制を導入し，学習とキャリアデザインを連動させたプログラムを実現。

学習 神奈川県で唯一英語科（高校）を設置。中学では英語のレベルアップを図るアドバンストコース，体験や探求活動を通して幅広く学び教養を高めるリベラルアーツコースを設置。学年ごとにコース変更が可能。ネイティヴ教員は英語のほか，プログラミング学習を担当。楽しみながら英語コミュニケーションの向上を図る。国語ではディスカッション，ビブリオバトルを通して論理的な文章で組み立てる力を培う。SDGsをテーマに地域の課題解決を取り入れた授業が特徴。共同作業，共同制作により生徒一人ひとりが力を発揮する。

●コース表

中1	中2	中3	高1	高2	高3
アドバンストイングリッシュコース			英語科		
リベラルアーツコース			普通科		

※英語科・普通科とも高2より文系／理系

キャリア教育 中学は高校進学に向けて「学科選択ガイダンス」や面談を行う。高校では「22歳の夢」を掲げ，実現するためにはどの学問を学ぶかべきかを考える。

学校生活 礼拝や聖書の授業を通して，心の教育を行う。クラブはESSや吹奏楽部，幼児生活研究部，茶道部，調理部，バドミントン部，放送環境部など20の部がある。探究活動やグループワークを活性化させる複合スペースが誕生。（2022年）

保護者MEMO

登校時刻▶8：30
最終下校時刻▶17：00
土曜日▶毎週登校。50分授業４時間
昼食▶弁当／食品販売あり
携帯電話▶許可制
制服▶セーラー
自転車通学▶不可
カウンセラー▶常駐
保護者面談▶年１回
保護者会▶年２回
必修旅行▶京都·奈良·大阪（高２）
部活動▶活動日は部による

学費　初年度目安 109万円

（単位：円）	入学金	施設費	授業料	その他	合計
入学手続時	200,000	200,000	—	—	400,000
1年終了まで	—	—	372,000	315,195	687,195

［その他］制服・指定品代，校費，教材費，イングリッシュキャンプ，生徒会費。
［寄付・学債］なし。
※上記は'22年度のもの。新年度について詳細は「受験生応援アプリ」にて公開（2023年５月〜）。

●奨学金・特待生
入学金，施設拡充費・校費・授業料３年間または１年間

首都圏模試 思考コード (単位:%)

読み取る力						
複雑 3						
2			データなし			
単純 1						
考える力	A	B	C	A	B	C

A=知識・理解思考　B=論理的思考　C=創造的思考

2024年度入試 合格の基準

		首都圏模試		四谷大塚	
		ほぼ確実	見込あり	ほぼ確実	見込あり
女子	〈①〉	42	35	32	27
			やや見込あり 30		やや見込あり 22

ほぼ確実=80%～/見込あり=50～79%/やや見込あり=20～49%

入試要項 2023年度参考　新年度日程はアプリへGO!

2科　4科　英　他

試験名	試験日 ◎午後入試	出願締切 Web	発表 Web	手続 窓口	選抜方法 2科	4科	適	英	他	面接	特待	募集数	応募数	受験数	合格数	実質倍率	偏差値
①	2/1	1/31	当日	2/13	●	●						15	10	8	8	1.0	42
								＊1 ＊2	＊3				1	1	1	1.0	
②	2/2	2/1	当日	2/13	●				＊4			10	12	2	2	1.0	42
③	2/3 ◎	2/2	当日	2/13	●			＊2				5	13	3	3	1.0	41
特待①	2/1 ◎	1/31	当日	2/13	●	●		＊1			●	10	10	8	7	1.1	47
特待②	2/2 ◎	2/1	当日	2/13	●	●		＊1			●	10	12	6	6	1.0	47
特待③	2/4 ◎	2/3	当日	2/13	●	●		＊1			●	10	13	6	6	1.0	47
特別①	2/6 ◎	2/5	当日	2/13	●			＊2	＊3 ＊4			若干	15	1	0	—	41
特別②	2/11 ◎	2/10	当日	2/13				＊2	＊3 ＊4			若干	4	0	0	—	41

＊1　英語（日本語による作文＋イングリッシュスピーチまたは筆記）　＊2　英語プログラミング（事前説明＋プログラミングテスト）　＊3　ビブリオバトル（ビブリオバトル＋振り返り感想文）　＊4　プレゼンテーション（日本語または英語による作文＋日本語または英語による自己PRプレゼンテーション）。プレゼンテーション入試自己紹介書を提出
※英検3級以上で加点措置あり

【出願方法】 Web出願。他に当日まで窓口可。通知表のコピーを提出 **【手続方法】** 書類受取のうえ，窓口にて手続。3/10までの入学辞退者には一部返還 **【受験料】** 第1グループ（2科，4科，英語）は20,000円。第2グループ（その他）は10,000円（グループ内の複数受験可。両グループ受験は30,000円）

【帰国生入試】 12/6，1/11（若干名募集）

中学受験のプロがおすすめ! 併願校の例

特色	プロテスタント系	キャリア教育	STEAM教育	英語(選択)入試
♠男子校	♥横浜女学院	♥神奈川学園	♥聖園女学院	♥聖セシリア
♥女子校	♣関東六浦	♥鎌倉女子大	♥北鎌倉女子	♣横浜富士見丘
♣共学・別学校	♥緑ヶ丘女子	♥捜真女学校	♣聖ヨゼフ	♣アレセイア湘南

併設高校の進路情報

四年制大学進学率85.7%
文系75／理系21／その他4（%）　医歯薬1名合格

指定校推薦▶利用状況は横浜市大1，日本女子大2，関東学院大1，昭和女子大1，清泉女子大1，目白大1，横浜薬科大1，東京未来大1など。ほかに日本大，大東文化大，東海大，神奈川大，立命館大，日本薬科大，東京農大，実践女子大，東京工科大，多摩大など推薦枠あり。

海外大学合格状況▶中国文化大学（台湾），他。

'22年3月卒業生：28名
大学24名　短大0名　専門3名　就職0名　他1名

主な大学合格状況　'23年春については主要大学のみ巻末一覧に記載

大学名	'22	'21	'20	大学名	'22	'21	'20	大学名	'22	'21	'20
◇横浜市大	1	1	2	東洋大	2	0	0	桜美林大	0	3	1
◇東京海洋大	1	1	0	駒澤大	1	2	0	関東学院大	1	0	3
早稲田大	3	0	0	専修大	0	2	0	東京女子医大	1	0	0
上智大	1	0	2	東海大	7	0	1	東京農大	1	1	0
明治大	3	1	0	帝京大	1	2	0	昭和女子大	1	1	0
青山学院大	1	0	0	國學院大	1	1	0	清泉女子大	1	0	3
立教大	2	0	1	明治学院大	1	0	1	恵泉女学園大	1	1	8
中央大	1	0	0	神奈川大	2	4	3	フェリス女学院大	1	3	0
法政大	1	0	0	日本女子大	2	2	1	横浜薬科大	1	1	0
日本大	1	2	2	立命館大	3	0	0	相模女子大	0	4	2

※各大学合格数は既卒生との合計。

見学ガイド 説明会／体験授業

洗足学園(せんぞくがくえん) 中学校

〒213－8580　神奈川県川崎市高津区久本 2－3－1　☎044－856－2985

国際 / 海外研修 / 長期留学 / 第2外国語 / online英会話 / 21型 / 1人1台端末 / リモート体制 / プロジェクト型 / 論文執筆 / STEAM / 情操 / 体験学習 / ボランティア / 人間力育成

教育目標▶「謙愛」の精神のもと，国際社会で活躍できる能力をもった女性の育成をめざす。
沿革▶1924年，前田若尾が私塾として開校。法人組織改変を経て，2002年より現校名となる。
施設▶講堂，自習室，SKYLIGHT READING ROOM（図書室），理科教室，テニスコート，ソフトボール場，グラウンド，他。
学校長▶宮阪　元子
生徒数▶総数776名　併設小からの進学者を含む。

	1年（6クラス）	2年（6クラス）	3年（6クラス）
女子	264名	256名	256名
内進生内数	8名	16名	14名

JR―武蔵溝ノ口８分　東急田園都市線・東急大井町線―溝の口８分　8分

激変する未来社会にも輝き続けられる人へ

チャレンジ・スピリットが根付いた校風。「他流試合」と称する学外活動や多彩な土曜講座など，チャレンジする機会を多く設定し，生徒を後押ししている。

学習 知の「習得」と「活用・発揮」を同時並行的に進める教育が特徴。各教科でICTを活用し，効率的に授業を進めるとともにコミュニケーションの活性化や思考を深めるのに役立てる。中１・中２の理科では「新聞スクラップ」を作成。様々な科学情報から正確な情報，必要なデータを見極め選びとる力を身につける。また，希望者対象に教養講座（中２～高２），中国語･仏語が学べる第二外国語講座（全学年）を設けている。中２～高２の希望者を対象にアメリカ・イギリスなどへの研修，短・長期留学がある。海外大学への進学希望者向けのSAT講座も行う。

●コース表

中1	中2	中3	高1	高2	高3
共通履修				理系コース 文系コース	

キャリア教育 幅広い意識の向上と視野を広げるための「他流試合」として，学外交流活動への参加を奨励。このほか様々な経験から責任感と自律心を育む。

学校生活 楽器習得プログラムでは，中学３年間，優れた講師陣に一から楽器を学ぶ。クラス単位でオーケストラの合奏に取り組む。クラブ活動はスカッシュ部や吹奏楽部など27の部と，８の同好会がある。

保護者MEMO

登校時刻▶8：20
最終下校時刻▶17：00
土曜日▶毎週登校。65分授業３時間
昼食▶食堂／食品販売あり
携帯電話▶可
制服▶ブレザー
自転車通学▶不可
カウンセラー▶週２日
保護者面談▶年１回
保護者会▶年３回
必修旅行▶九州（中３），関西方面（高２）
部活動▶週４日以内

学費　　初年度目安 127万円

（単位:円）	入学金	施設費	授業料	その他	合計
入学手続時	240,000	178,000	―	―	418,000
1年終了まで	―	―	532,400	321,149	853,549

●奨学金・特待生
なし

［その他］制服・指定品代，積立金，Chromebook，PTA/生徒会会費，PTA/生徒会入会金。
［寄付・学債］任意の寄付金（教育振興金）1口2万円1口以上あり。
※上記は'22年度のもの。新年度について詳細は「受験生応援アプリ」にて公開（2023年5月～）。

首都圏模試 思考コード (単位:%)

〈第1回〉

読み取る力	国語 A	国語 B	国語 C	算数 A	算数 B	算数 C	理科 A	理科 B	理科 C	社会 A	社会 B	社会 C
複雑 3				10	20		39					
2	15	55		10	48		17			65	5	
単純 1		30			12		19	25		19	11	
考える力	A	B	C	A	B	C	A	B	C	A	B	C

A=知識・理解思考 B=論理的思考 C=創造的思考

2024年度入試 合格の基準

		首都圏模試 ほぼ確実	首都圏模試 見込あり	四谷大塚 ほぼ確実	四谷大塚 見込あり
女子	〈①〉	74	71	65	61
			やや見込あり 67		やや見込あり 58

ほぼ確実=80%～/見込あり=50～79%/やや見込あり=20～49%

入試要項 2023年度参考 新年度日程はアプリへGO! 4科

試験名	試験日 ◎午後入試	出願締切 Web	発表 Web	手続 Web	2科	4科	適	英	他	面接	特待	募集数	応募数	受験数	合格数	実質倍率	偏差値
①	2/1	1/28	当日	2/10延		●						80	279	265	83	3.2	74
②	2/2	2/1	当日	2/10延		●						100	707	556	179	3.1	75
③	2/5	2/4	当日	2/10延		●						40	499	441	77	5.7	76

【出願方法】 Web出願
【手続方法】 Web納入。一部2/16まで延納可
【受験料】 25,000円

【帰国生入試】 1/14（20名募集）

受験情報

国語ではB2が５割程，算数ではB2，B3が７割程を占め，高度な論理的思考力が求められます。理科，社会では，Bも２割程を占めるため，知識の正確な獲得と共に，論理的思考力も必要となります。

年度	試験名	募集数	応募数	受験数	合格数	実質倍率	偏差値
'22	①	80	331	317	91	3.5	74
	②	100	720	579	169	3.4	75
	③	40	510	438	76	5.8	75
'21	①	80	320	306	91	3.4	73
	②	100	692	563	166	3.4	75
	③	40	500	432	79	5.5	75

中学受験のプロがおすすめ! 併願校の例

特色	第２外国語	ダイバーシティ	芸術教育(音楽)	ボランティア活動
♠男子校 ♥女子校 ♣共学・別学校	♣慶応湘南藤沢	♣渋谷教育渋谷	♥フェリス女学院	♥豊島岡女子
	♥横浜雙葉	♣広尾学園	♥東洋英和	♥鷗友女子
	♣公文国際	♥頌栄女子	♥日本女子大附	♥品川女子学院

併設高校の進路情報

四年制大学進学率91.2%
文系56／理系41／その他３（%） 医学部10名合格

指定校推薦▶利用状況は早稲田大４，慶應大４，上智大１など。

海外大学合格状況▶College of Wooster, Ithaca College, Occidental College,University of California Irvine/San Diego,University of Southern California, Whittier College（米），Erasmus University Rotterdam, Leiden University, Maastricht University（蘭），他。

'22年３月卒業生：228名

大学208名
短大０名 専門０名 就職０名 他20名

主な大学合格状況 '23年春については主要大学のみ巻末一覧に記載

大学名	'22	'21	'20	大学名	'22	'21	'20	大学名	'22	'21	'20
◇東京大	20	10	7	◇横浜市大	4	6	1	法政大	54	52	58
◇京都大	2	3	5	早稲田大	119	103	67	日本大	17	27	37
◇東工大	3	7	6	慶應大	112	90	77	東洋大	11	17	40
◇一橋大	6	6	7	上智大	74	53	34	成城大	14	22	21
◇千葉大	1	2	1	東京理科大	55	46	48	明治学院大	27	28	28
◇筑波大	2	0	2	学習院大	15	11	11	芝浦工大	15	21	28
◇東京外大	3	5	2	明治大	144	143	119	東京女子大	37	8	18
◇横浜国大	9	18	6	青山学院大	54	56	51	日本女子大	25	18	31
◇東北大	2	5	2	立教大	81	69	49	東京都市大	18	38	20
◇都立大	4	7	4	中央大	59	74	53	洗足学園音大	0	1	2

※各大学合格数は既卒生との合計。

見学ガイド 学校見学会

捜真女学校（そうしんじょがっこう） 中学部

〒221－8720 神奈川県横浜市神奈川区中丸8 ☎045－491－3686

国際／海外研修／長期留学／第2外国語／online英会話／21型／1人1台端末／リモート体制／プロジェクト型／論文執筆／STEAM／情操／体験学習／ボランティア／人間力育成

建学の精神▶キリスト教に基づき，真理の探究と共に，人間形成の教育に努める。
沿革▶1886年米国バプテスト派宣教師により創立。1891年現校名に改称。2016年10月自習室棟完成。2018年度より高等学部の募集開始。2026年創立140年を迎える。
施設▶ホール，チャペル，和室，祈祷室，自習室，図書館，テニスコート，屋内プール，他。
中学部校長▶中山　謙一
生徒数▶総数406名　併設小からの進学者を含む。

	1年（4クラス）	2年（4クラス）	3年（3クラス）
女子	135名	154名	117名
内進生内数	—	27名	25名

東急東横線—反町15分　JR・京浜急行・東急東横線—横浜よりバス捜真学院前1分　15分

人を生かし，人と共同できる「やさしさとたくましさ」

2026年に創立140年を迎えるミッションスクール。きめ細やかな指導で学び続ける姿勢と自分で考える力を育て，自ら道を拓き，社会に貢献する人を育成する。

学習 基礎を徹底し，授業→確認テスト→補習・再テストのサイクルに加え，1日の授業終了後15分間の自学自習の時間により学習習慣を身につける。英語の授業は中1から少人数制で，一人ひとりに合わせてきめ細かく対応。「ことば」にフォーカスした教育を進め，国語では文章力検定・小論文テストを行い，意見を論理的に表現できるスキルを養う。放課後，土曜，長期休業中に自習室として開放する「ブラウンセンター」はチューターが常駐し学習相談ができる。中学生を中心に希望制でホームステイ型のアメリカ短期研修を実施。高校ではカンボジア研修，オーストラリア短期・長期（約3カ月）研修がある。

キャリア教育 職業インタビュー（中3）を行い，社会人から話を聴き見聞を広める。またレポートを作成し考えを深める。

学校生活 毎日の礼拝，聖書の授業，自然教室など多くのキリスト教活動を行い，自身の考え方を見つめ直す。クラブは中高合同で活動中。また，茶道，パイプオルガンなど6科目の課外授業（有料）がある。

●コース表

中1	中2	中3	高1	高2	高3
共通履修				希望進路に応じた選択制	

保護者MEMO

登校時刻▶8：05
最終下校時刻▶18：00
土曜日▶休校。行事や部活動を行う
昼食▶食堂／食品販売あり
携帯電話▶可
制服▶ブレザー
自転車通学▶不可
カウンセラー▶常駐
保護者面談▶年1回
保護者会▶年1～2回
必修旅行▶沖縄（高2）
部活動▶平日は4日，土曜日は半日，日曜日は公式戦以外不可

学費　初年度目安 124万円

（単位:円）	入学金	施設費	授業料	その他	合計
入学手続時	250,000	—	—	—	250,000
1年終了まで	—	282,000	450,000	255,580	987,580

［その他］制服・指定品代，教育充実費，学年諸費（教材費），旅行費積立金，PTA会費，共練会（生徒会）費，同窓会費。［寄付・学債］任意の寄付金（教育振興資金）10万円2口以上（創立135周年記念募金）1口5万円以上あり。
※上記は'22年度のもの。新年度について詳細は「受験生応援アプリ」にて公開（2023年5月～）。

●奨学金・特待生
スカラシップ上位3位：入学金，授業料1年間／4～10位：入学金

首都圏模試　思考コード　(単位:%)

〈A試験〉

読み取る力＼考える力	国語 A	国語 B	国語 C	算数 A	算数 B	算数 C
複雑 3						
2	20			72		
単純 1	20	52	8	18	10	

A=知識・理解思考　B=論理的思考　C=創造的思考

2024年度入試　合格の基準

	首都圏模試 ほぼ確実	首都圏模試 見込あり	四谷大塚 ほぼ確実	四谷大塚 見込あり
女子〈A〉	40	36	35	30
(やや見込あり)		32		25

ほぼ確実＝80%～／見込あり＝50～79%／やや見込あり＝20～49%

入試要項　2023年度参考　新年度日程はアプリへGO!　2科　4科　他

試験名	試験日 ◎午後入試	出願締切 Web	発表 Web	手続 Web	選抜方法 2科	4科	適	英	他	面接	特待	募集数	応募数	受験数	合格数	実質倍率	偏差値
A	2/1	1/31	当日	2/4	●	●				＊1		50	102	87	78	1.1	40
スカラシップ①	2/1 ◎	当日	当日	2/4	●					＊1	●	40	172	160	135	1.2	50
スカラシップ②	2/2	2/1	当日	2/5	●	●				＊1	●	20	98	53	36	1.5	50
B	2/2 ◎	当日	当日	2/5	●					＊1		20	126	48	31	1.5	47
C	2/4 ◎	当日	当日	2/5	●					＊1		10	36	6	4	1.5	47
対話学力	2/3	2/2	当日	2/5					＊2	＊1		5	124	29	19	1.5	43

＊1　個人面接。1/28または当日　＊2　対話による学力試験（口頭試問）

【出願方法】 Web出願
【手続方法】 Web納入
【受験料】 20,000円（複数回受験は35,000円。追加出願は15,000円）

【帰国生入試】 12/10，2/1（若干名募集）
※コロナ共通追試参加校
（注）2023年度入試で面接は実施されなかった。

中学受験のプロがおすすめ！　併願校の例

特色	プロテスタント系	論文(自由研究)	留学制度	伝統文化教育
♠男子校 ♥女子校 ♣共学・別学校	♥横浜女学院	♥神奈川学園	♣関東学院	♥実践女子
	♥聖和学院	♣横浜富士見丘	♣関東六浦	♥鎌倉女子大
	♥緑ヶ丘女子	♣横浜翠陵	♣横浜隼人	♥トキワ松

併設高校の進路情報

四年制大学進学率78.9%
文系66／理系25／その他9（%）　医歯薬4名合格

指定校推薦▶利用状況は横浜市大2，慶應大1，上智大3，学習院大1，青山学院大5，立教大3，法政大2，東海大1，明治学院大5，津田塾大1，東京女子大5，日本女子大3，東京都市大2，共立女子大1，聖心女子大1，北里大1，東邦大2，東洋英和女学院大4など。ほかに東京理科大，明治大など推薦枠あり。

'22年3月卒業生：166名

大学131名　短大3名　専門14名　就職0名　他18名

主な大学合格状況　'23年春については主要大学のみ巻末一覧に記載

大学名	'22	'21	'20	大学名	'22	'21	'20	大学名	'22	'21	'20
◇横浜国大	0	0	1	立教大	4	9	5	東京女子大	7	9	5
◇お茶の水女子大	0	1	1	中央大	0	5	2	日本女子大	4	6	5
◇都立大	0	1	0	法政大	7	10	3	桜美林大	6	13	1
◇横浜市大	2	4	2	日本大	7	5	8	関東学院大	12	4	3
早稲田大	1	3	0	東洋大	3	3	1	共立女子大	5	3	8
慶應大	1	4	2	東海大	5	8	6	大妻女子大	4	2	2
上智大	7	9	6	成城大	4	2	0	昭和女子大	5	6	5
学習院大	1	5	1	明治学院大	11	11	5	多摩美大	14	2	5
明治大	3	5	2	神奈川大	8	6	3	武蔵野美大	15	2	6
青山学院大	6	8	6	津田塾大	3	3	2	東洋英和女学院大	13	16	13

※各大学合格数は既卒生との合計。

見学ガイド　文化祭／説明会

日本女子大学附属（にほんじょしだいがくふぞく） 中学校

〒214−8565 神奈川県川崎市多摩区西生田 1−1−1 ☎044−952−6705（入試事務室）

国際 海外研修 長期留学 第2外国語 online英会話 21型 1人1台端末 リモート体制 プロジェクト型 論文執筆 STEAM 情操 体験学習 ボランティア 人間力育成

教育方針▶三綱領「信念徹底・自発創生・共同奉仕」を掲げ，将来自立し，社会に貢献できる人材，人間性豊かな女性の育成に努める。
沿革▶1901年，成瀬仁蔵により創立の日本女子大学校附属高等女学校が母体となり，1947年設立。
施設▶講堂，図書室（5万冊），相談室，理科実験室，声楽器楽室，天体望遠鏡（天文台），テニスコート，屋内プール，グラウンド，他。
中学校校長▶椎野　秀子
生徒数▶総数753名　併設小からの進学者を含む。

	1年（6クラス）	2年（6クラス）	3年（6クラス）
女子	252名	251名	250名
内進生内数	104名	106名	100名

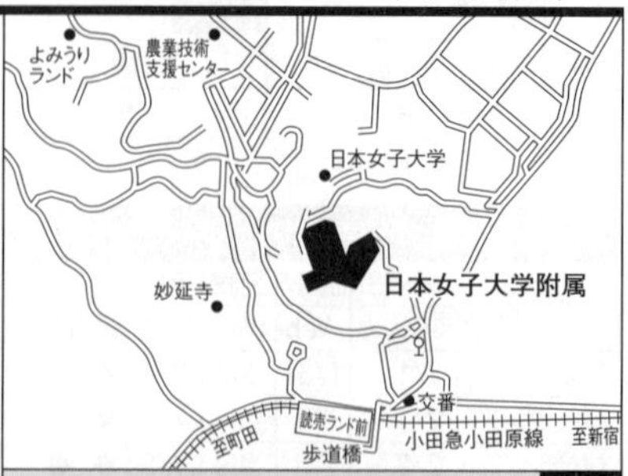

小田急線―読売ランド前10分
京王線―稲田堤 よりバス女子大前
徒歩 10分

個性を尊重し，人を総合的に育てる教育

多摩丘陵の一角に位置する森の中の学校で，豊かな自然が豊かな人間性を育んでいる。学校生活のすべてを学びとして，バランスのとれた真の教養を身につける。

学習 生徒が自主的に学習するなかで，理解を積み重ねながら基礎学力を築く。英語ではネイティヴスピーカーによる英会話やリスニング，多読，ライティングを通して総合的なコミュニケーション力を高める授業を行う。数学では全学年で少人数授業を導入。生徒自らが考え，答えを導き出す過程を大切にしている。国語では感じる心を育て，表現する力を身につける。詩歌の鑑賞や新聞記事の意見文などを題材として，スピーチ発表に取り組む。オリジナル教科書を使った探求学習が特徴的。中学3年間の集大成には自ら決めたテーマについて研究する「年間研究」に取り組み，発表会や展示を行う。高校の希望者対象にニュージーランドへの語学研修を実施。

●コース表

中1	中2	中3	高1	高2	高3
共通履修				希望進路に応じた選択制	

キャリア教育 中3では社会の各分野で活躍する卒業生を招いた「キャリア教室」を実施。興味のある職種を選んで話を聞き，自分の将来について考える。

学校生活 全校生徒による自治活動が生活の柱。ミュージカル部，弦楽合奏部など24のクラブがあり，十月祭で成果発表を行う。

保護者MEMO

登校時刻▶8：50
最終下校時刻▶17：30
土曜日▶休校。行事や部活動を行う
昼食▶食堂／食品販売あり
携帯電話▶許可制
制服▶セーラー，通学服（高校）
自転車通学▶不可
カウンセラー▶常駐
保護者面談▶年1回
保護者会▶年2～3回
必修旅行▶東北（中2），行先選択（中3）
部活動▶活動日は部による

学費　初年度目安 131万円

（単位:円）	入学金	施設費	授業料	その他	合計
入学手続時	250,000	95,000	—	—	345,000
1年終了まで	—	188,000	511,000	265,000	964,000

●奨学金・特待生
なし

［その他］制服・指定品代，予納金，ICT教育推進費，PTA会費・入会金，自治会・クラブ費。
［寄付・学債］任意の寄付金（教育充実資金）1口20万円以上（学園基金拡充）1口3万円以上あり。
※上記は'22年度のもの。新年度について詳細は「受験生応援アプリ」にて公開（2023年5月～）。

首都圏模試　思考コード（単位：%）

〈第１回〉

読み取る力＼考える力	国語 A	国語 B	国語 C	算数 A	算数 B	算数 C
複雑 3				7		
2	7	27		55	7	
単純 1		66			31	

A=知識・理解思考　B=論理的思考　C=創造的思考

2024年度入試　合格の基準

		首都圏模試 ほぼ確実	首都圏模試 見込あり	四谷大塚 ほぼ確実	四谷大塚 見込あり
女子	①	62	57	54	50
			やや見込あり 52		やや見込あり 46

ほぼ確実＝80%～／見込あり＝50～79%／やや見込あり＝20～49%

入試要項　2023年度参考　新年度日程はアプリへGO!　4科

試験名	試験日 ◎午後入試	出願締切 Web	発表 Web	手続 Web	2科	4科	適	英	他	面接	特待	募集数	応募数	受験数	合格数	実質倍率	偏差値
①	2/1	1/26	当日	2/3		●				＊		100	245	213	120	1.8	62
②	2/3	2/2	当日	2/5		●				＊		40	336	163	59	2.8	63

＊個人面接（併願のみ試験当日または1/21）
※通知表コピー，自己紹介書

【出願方法】 Web出願後，書類郵送1/27必着。②2/1以降出願は当日持参。同時出願で事前面接を希望する場合1/12までにWeb出願後，書類郵送1/13必着
【手続方法】 Web納入のうえ，窓口手続。3/31までの入学辞退者には一部返還
【受験料】 25,000円（同時出願は40,000円）

【帰国生入試】 2/1（若干名募集）

年度	試験名	募集数	応募数	受験数	合格数	実質倍率	偏差値
'22	①	100	248	221	120	1.8	62
	②	40	355	183	48	3.8	63
'21	①	100	274	235	112	2.1	62
	②	40	384	195	47	4.1	63
'20	①	90	248	235	97	2.4	62
	②	40	369	209	68	3.1	61

中学受験のプロがおすすめ！　併願校の例

特色	大学附属校	国際理解教育	理数教育	表現力育成
♠男子校	♣中大附横浜	♥恵泉女学園	♣東京農大一	♣青学横浜英和
♥女子校	♣明大八王子	♣国学院久我山	♣都市大等々力	♥清泉女学院
♣共学・別学校	♣日大三	♥大妻多摩	♥神奈川学園	♥カリタス女子

併設高校の進路情報

四年制大学進学率96.8%
文系・理系の割合 未集計　医歯薬16名合格

内部推薦▶日本女子大学へ280名（家政140，理17，文31，人間社会92）が内部推薦で進学した。

指定校推薦▶早稲田大，慶應大，上智大，東京理科大，学習院大，青山学院大，立教大，中央大，法政大，日本大，東海大，芝浦工大，東京電機大，立命館大，東京女子医大，聖マリアンナ医大など推薦枠あり。

海外大学合格状況▶California State University Dominguez Hills/Long Beach（米），Amsterdam University（蘭），他。

'22年３月卒業生：375名　大学363名
短大０名　専門１名　就職０名　他11名

主な大学合格状況　'23年春については主要大学のみ巻末一覧に記載

大学名	'22	'21	'20	大学名	'22	'21	'20	大学名	'22	'21	'20
◇東京大	0	1	0	学習院大	8	0	5	東京女子大	3	2	1
◇東工大	1	1	0	明治大	10	8	3	日本女子大	291	297	284
◇筑波大	1	0	1	青山学院大	12	10	8	東京慈恵会医大	1	0	1
◇東京外大	0	2	1	立教大	18	10	8	順天堂大	4	1	0
◇東京藝術大	1	0	0	中央大	12	15	11	昭和大	2	3	2
◇お茶の水女子大	1	0	0	法政大	9	7	4	東京女子医大	3	0	4
早稲田大	21	11	5	日本大	7	10	3	北里大	4	3	2
慶應大	14	13	11	東洋大	4	2	2	聖マリアンナ医大	0	2	1
上智大	12	18	11	帝京大	3	4	4	東京薬科大	2	2	0
東京理科大	11	6	2	明治学院大	1	5	3	多摩美大	2	2	0

※各大学合格数は既卒生との合計。

見学ガイド　文化祭／説明会／オープンスクール／クラブ体験会／入試問題解説会

フェリス女学院(じょがくいん)中学校

〒231－8660 神奈川県横浜市中区山手町 178 ☎045－641－0242

教育方針▶「For Others」という聖書の教えのもと，「キリスト教信仰・学問の尊重・まことの自由の追求」を大切にしている。
沿革▶1870年，アメリカ改革派教会より派遣されたキダー女史が創立。2015年６月新校舎完成。
施設▶講堂，大教室，小礼拝堂，和室，ラウンジ，図書館（約９万冊），理科教室，視聴覚教室，グラウンド，体育館，他。
学校長▶廣瀬　政明
生徒数▶総数550名

	１年（４クラス）	２年（４クラス）	３年（４クラス）
女子	184名	183名	183名

JR—石川町７分
みなとみらい線—元町・中華街10分
7分

日本で最初の女学校として153年の歴史

キリスト教信仰に基づく教育が創立以来の伝統。しなやかな心を育み，「与えることができる者」への成長，次世代を切り拓く女性の育成をめざす。

学習 中学では自主的な学習姿勢の育成と基礎的知識の習得，高校ではその発展学習に努める。英語は発音を重視する学習で４技能を身に付ける。中３～高２対象で，海外の大学生と英語で交流するエンパワーメントプログラムを実施。数学では具体的な事柄にひそむ本質的な内容を学ぶ。国語では自他や社会について考え理解する力，自分の考えを適切に表現する力を養う。中１で少人数制の作文授業を実施。各自のテーマに基づく研究論文を仕上げる。理科は体感し，知識を深めることを大切にする。中３では三浦半島で野外観察実習を行う。

●コース表

中1	中2	中3	高1	高2	高3
共通履修				希望進路に応じた選択制	

キャリア教育 高２の春休みに２泊３日で卒業準備の会を実施。自らの進路や，将来の生き方，社会との関わりなどについて焦点を当てた活動を行う。また，修養会などの宗教行事を通して個性の大切さを知り，ありのままの自己を受け入れることを学ぶ。

学校生活 毎朝，礼拝を行う。修養会や宗教講演会を開く。26のクラブと，その他同好会・有志活動がある。聖歌隊やハンドベル・クワイアなども活動。

保護者MEMO

登校時刻▶8：20
最終下校時刻▶18：00
土曜日▶休校
昼食▶弁当／食品販売あり
携帯電話▶可
制服▶セーラー(スラックス可)
自転車通学▶不可
カウンセラー▶常駐
保護者面談▶年１回
保護者会▶年１～３回
必修旅行▶信州（中３），広島（高２）
部活動▶活動日は平日週３日，土曜日は月３回まで

学費

初年度目安 **139万円**

(単位:円)	入学金	施設費	授業料	その他	合計
入学手続時	300,000	250,000	—	—	550,000
1年終了まで	—	138,000	516,000	189,565	843,565

●奨学金・特待生
なし

［その他］制服・指定品代，冷暖房費，実験実習費，学年費，旅行積立金，生徒会費，奨学会費。
［寄付・学債］任意の寄付金（維持協力会）１口１万円４口以上，（教育充実資金）１口10万円３口以上あり。
※上記は'22年度のもの。新年度について詳細は「受験生応援アプリ」にて公開（2023年５月～）。

首都圏模試　思考コード　（単位：%）

〈入学試験〉

読み取る力	国語 A	国語 B	国語 C	算数 A	算数 B	算数 C	理科 A	理科 B	理科 C	社会 A	社会 B	社会 C
複雑 3				5	12		7					
2		20		5	61		23			45		5
単純 1	16	49	15		17		41	29		37	13	
考える力	A	B	C	A	B	C	A	B	C	A	B	C

A=知識・理解思考　B=論理的思考　C=創造的思考

2024年度入試　合格の基準

		首都圏模試 ほぼ確実	首都圏模試 見込あり	四谷大塚 ほぼ確実	四谷大塚 見込あり
女子	〈入学試験〉	74	70	65	62
			やや見込あり 66		やや見込あり 58

ほぼ確実＝80%～／見込あり＝50～79%／やや見込あり＝20～49%

入試要項　2023年度参考　新年度日程は アプリへGO!　4科

試験名	試験日 ◎午後入試	出願締切 Web	発表 Web	手続 Web	選抜方法 2科	4科	適	英	他	面接	特待	募集数	応募数	受験数	合格数	実質倍率	偏差値
入学試験	2/1	1/12	2/2	2/3		●				＊		180	450	432	200	2.2	74

＊人物考査　※報告書，通知表のコピー

【出願方法】 Web出願後，1/16までに書類郵送
【手続方法】 発表当日書類受取のうえ，2/3までに入学金，2/9までに校納金前期分を納入
【受験料】 25,000円

【帰国生入試】 —
（注）例年の面接（グループ）の代わりに，筆記による人物考査を実施。

受験情報

国語，算数ではBの問題が，理科，社会はAの問題が中心となります。特に算数ではB2が６割程となるため，高度な論理的思考力が必要となります。また，国語，社会ではCの問題も出題されるため，創造的な思考力も欠かせません。

年度	募集数	応募数	受験数	合格数	実質倍率	偏差値
'22	180	464	435	200	2.2	73
'21	180	435	414	200	2.1	73
'20	180	405	384	195	2.0	73

中学受験のプロがおすすめ！　併願校の例

特色	プロテスタント系	論文（自由研究）	国際教育	芸術教育（音楽）
♠男子校 ♥女子校 ♣共学・別学校	♣青山学院	♣慶応湘南藤沢	♥横浜共立	♣慶應中等部
	♥頌栄女子	♥洗足学園	♣中大附横浜	♥白百合学園
	♥恵泉女学園	♣神奈川大附	♥鎌倉女学院	♥日本女子大附

併設高校の進路情報

四年制大学進学率85.4%
文系54／理系44／その他２（%）　医歯薬65名合格

内部推薦▶フェリス女学院大学への内部推薦制度がある。
指定校推薦▶非公表。
海外大学合格状況▶慶熙大学校，ソウル芸術大学，檀国大学校（韓），他。

'22年３月卒業生：178名　大学152名
短大０名　専門０名　就職０名　他26名

主な大学合格状況　'23年春については主要大学のみ巻末一覧に記載

大学名	'22	'21	'20	大学名	'22	'21	'20	大学名	'22	'21	'20
◇東京大	10	8	8	◇お茶の水女子大	3	1	4	中央大	27	24	32
◇京都大	1	5	2	◇横浜市大	6	4	6	法政大	39	32	22
◇東工大	5	3	3	早稲田大	81	63	59	日本大	32	28	20
◇一橋大	6	3	11	慶應大	69	45	58	明治学院大	12	17	14
◇千葉大	1	1	2	上智大	37	41	31	芝浦工大	6	12	31
◇筑波大	2	5	2	東京理科大	57	30	47	津田塾大	4	4	6
◇東京外大	0	3	1	学習院大	17	4	5	東京女子大	17	9	12
◇横浜国大	7	7	7	明治大	91	92	61	日本女子大	23	10	15
◇北海道大	3	4	4	青山学院大	44	39	19	東京都市大	7	8	47
◇東京医歯大	1	2	2	立教大	71	37	47	フェリス女学院大	1	1	1

※各大学合格数は既卒生との合計。

見学ガイド　文化祭／説明会

 高校募集 なし　　高1内訳 一貫生 73名

聖園女学院 中学校

〒251−0873　神奈川県藤沢市みその台1−4　☎0466−81−3333

国際 / 海外研修 / 長期留学 / 第2外国語 / online英会話 / 21型 / 1人1台端末 / リモート体制 / プロジェクト型 / 論文執筆 / STEAM / 情操 / 体験学習 / ボランティア / 人間力育成

教育目標▶「信念・精励・温順」を校訓とし,「踏み出す人に」なるための力を養う。
沿革▶1946年に女子修道会「聖心の布教姉妹会」により設立。
施設▶講堂,大教室,多目的教室,作法室,面談室,図書館（5万冊),聖堂,文化体育施設,テニスコート,弓道場,グラウンド,他。
学校長▶ミカエル・カルマノ
生徒数▶総数197名

	1年(2クラス)	2年(2クラス)	3年(2クラス)
女子	64名	65名	68名

小田急江ノ島線―藤沢本町10分,善行15分　徒歩10分

人を愛する信念を貫き,勇気を持って社会に貢献する人に

「踏み出す人」になるための,見つける力,磨く力,認め合う力を養う。緑豊かで穏やかな環境のなか,生徒一人ひとりが大切にされている学校。

学習 中学では基礎を身につけ,物事の本質に目を向ける姿勢を養う。英語はネイティヴ教員による少人数授業のほか,帰国生や英語力の高い生徒の取り出し授業もある。英検やGTECには積極的に挑戦し,在学中の英検準1級,2級取得をめざす。「愛といのちの研修」や「プロジェクトアドベンチャー研修」など,授業以外の学びの機会も多い。希望者対象にニュージーランド留学（中3）やカナダ海外研修（高1）も用意。放課後学習支援として女子大学生の学習メンターによる自習支援や,高1以上を対象に受験指導の専門家と教師が連携した大学受験支援を実施している。

●コース表

中1	中2	中3	高1	高2	高3
共通履修				希望進路に応じた選択制	

キャリア教育 自分の使命を見つけるきっかけ作りとして適性診断や職業体験施設での活動に取り組む。中3では新聞記者や弁護士など職業人よる講演を聴き,社会に目を向けて自分の進路の在り方を模索する。

学校生活 聖園子供の家ボランティア活動や赤い羽根共同募金への参加など,ボランティア活動が活発。希望者は聖歌隊やバンドベルクワイヤに参加できる。

保護者MEMO
登校時刻▶8:25
最終下校時刻▶17:30（自習室は18時まで）
土曜日▶休校。行事や部活動を行う
昼食▶弁当／食品販売あり
携帯電話▶可
制服▶ボレロ,ジャンパースカート
自転車通学▶可(最寄り駅)
カウンセラー▶週1回
保護者面談▶年1回
保護者会▶年2～3回
必修旅行▶京都·奈良(中3)
部活動▶活動日は週2～4日

学費　初年度目安 122万円

(単位:円)	入学金	施設費	授業料	その他	合計
入学手続時	240,000	—	—	—	240,000
1年終了まで	—	200,000	480,000	300,893	980,893

●奨学金・特待生
なし

[その他] 制服・指定品代,冷暖房費,預り金,聖園後援会費,聖園後援会入会金,生徒会費。
[寄付・学債] なし。
※上記は'22年度のもの。新年度について詳細は「受験生応援アプリ」にて公開（2023年5月～）。

首都圏模試 思考コード (単位:%)

〈第1回A〉

読み取る力	国語A	国語B	国語C	算数A	算数B	算数C
複雑 3						
2	18	24		75		
単純 1	20	38		10	15	

考える力: A=知識・理解思考 B=論理的思考 C=創造的思考

2024年度入試 合格の基準

	首都圏模試 ほぼ確実	首都圏模試 見込あり	首都圏模試 やや見込あり	四谷大塚 ほぼ確実	四谷大塚 見込あり	四谷大塚 やや見込あり
女子〈①A〉	51	44	38	39	35	31

ほぼ確実=80%～/見込あり=50～79%/やや見込あり=20～49%

入試要項 2023年度参考 新年度日程はアプリへGO!

2科 4科 適性型

試験名			試験日 ◎午後入試	出願締切 Web	発表 Web	手続 Web	2科	4科	適	英	他	面接	特待	募集数	応募数	受験数	合格数	実質倍率	偏差値
①	A	2科	2/1	1/31	当日	2/4	●							30	29	29	14	2.1	51
		4科						●							32	32	21	1.5	
	B	2科	2/1 ◎	1/31	2/2	2/4	●							25	82	60	31	1.9	54
		総合力				2/4延			＊1					5	5	5	4	1.3	52
②	A	2科	2/2	2/1	当日	2/4	●							20	27	21	15	1.4	50
		4科						●							28	18	15	1.2	
	B		2/2 ◎	当日	当日	2/4	＊2				＊2			20	88	43	23	1.9	50
③			2/3	2/2	当日	2/4	●							10	52	19	14	1.4	50
④			2/4 ◎	当日	当日	2/5	●							5	45	10	7	1.4	48

＊1 総合力 ＊2 国算理社より2科選択（国算のどちらかは必須）
※①A・②A・③に英検加点制度あり。第1段階は国算または国算理社の合計点で，第2段階では取得級（5級以上）に応じた点数を加えた合計点で判定

【出願方法】 Web納入 **【手続方法】** Web納入。①B総合力の公立一貫校受検者は2/10まで延納可
【受験料】 20,000円（2回目以降は各10,000円）

【帰国生入試】 12/3（5名募集）
※コロナ共通追試参加校
(注) 2023年度入試で面接は実施されなかった。

中学受験のプロがおすすめ! 併願校の例

特色	カトリック系	理数教育	プログラミング	英語(選択)入試
♠男子校 ♥女子校 ♣共学・別学校	♥清泉女学院	♥カリタス女子	♥湘南白百合	♣公文国際
	♥聖セシリア	♥神奈川学園	♣関東学院	♥横浜女学院
	♥聖ドミニコ	♣東海大相模	♥相模女子大	♣関東六浦

併設高校の進路情報

四年制大学進学率88.8%
文系55／理系37／その他8（%） 医歯薬8名合格

内部推薦▶南山大学へ2名（経営1，人文1）が内部推薦で進学した。

指定校推薦▶利用状況は上智大1，学習院大1，青山学院大4，明治学院大4，東京女子大1，日本女子大1，白百合女子大1，昭和薬科大1，東洋英和女学院大1など。ほかに日本大，立命館大，東京都市大，聖心女子大，清泉女子大，フェリス女学院大など推薦枠あり。

'22年3月卒業生：80名

大学71名 短大1名 専門3名 就職0名 他5名

主な大学合格状況 '23年春については主要大学のみ巻末一覧に記載

大学名	'22	'21	'20	大学名	'22	'21	'20	大学名	'22	'21	'20
◇筑波大	0	0	1	青山学院大	4	4	3	明治学院大	10	5	4
◇横浜市大	0	1	1	立教大	9	0	4	神奈川大	4	3	8
◇室蘭工大	1	0	0	中央大	0	0	2	東京女子大	1	3	2
◇県立保健福祉大	0	1	1	法政大	3	0	3	桜美林大	4	8	10
早稲田大	1	0	0	日本大	3	7	7	関東学院大	1	5	5
慶應大	3	1	0	東洋大	3	6	9	共立女子大	3	8	7
上智大	5	5	6	専修大	2	3	14	北里大	5	6	2
東京理科大	0	0	2	東海大	7	11	5	フェリス女学院大	5	6	10
学習院大	2	0	1	帝京大	4	5	10	相模女子大	4	6	10
明治大	3	1	4	國學院大	7	3	2	東洋英和女学院大	7	14	9

※各大学合格数は既卒生との合計。

見学ガイド 文化祭／説明会／校内見学会／個別見学対応可

高校募集 あり　高入生とは3年間別クラス。　高1内訳　一貫生 8名　93名　高入生

みどりがおかじょし

緑ヶ丘女子 中学校

〒238－0018　神奈川県横須賀市緑が丘 39　☎046－822－1651

国際　海外研修　長期留学　第2外国語　online英会話　21型　1人1台端末　リモート体制　プロジェクト型　論文執筆　STEAM　情操　体験学習　ボランティア　人間力育成

教育目標▶「至誠一貫」「温雅礼節」を建学の精神に掲げ，社会で活躍（貢献）できる「自立した女性」を育成する。

沿革▶1947年，緑ヶ丘中学校として認可。2001年現校名に改称，中学校の募集を再開した。

施設▶図書室・ブランジングルーム，イングリッシュルーム，作法室，学習室，カウンセリング室，トレーニング室，他。

学校長▶平田　幸夫

生徒数▶総数24名

	1年（1クラス）	2年（1クラス）	3年（1クラス）
女子	11名	5名	8名

京急本線―汐入７分　JR―横須賀15分　7分

「なりたい自分」に全力でサポート

国際社会で活躍できる自立した女性の育成をめざし，世界で通用するコミュニケーション能力の育成に注力。総合的な学習では探究的な深い学びを展開。

学習　中学では基礎学力の定着と生活習慣の確立をめざす。英語は週７時間で，そのうち２時間はネイティヴ教員の授業やオンライン英会話を実施し，生きた英語に触れる機会を多く設ける。英検対策の授業や，セミナーを行い，中３で準２級の取得をめざす。３年間の総仕上げとして行う海外研修では，異文化理解を深め英語学習のモチベーションを高める。Classiを教育プラットフォームとして導入。学修記録の蓄積や自学自習の習慣づけに活用する。総合的な学習では進路やSDGsをテーマに学んだことをプレゼンテーションで発表し，発信する力や相手の想いを聴く力を育てる。

キャリア教育　中学までの自分を振り返るところから始め，職業や学問について調べ社会と学問のつながりなどを学ぶ。高校は講演やグループワークで進路探求を深める。

学校生活　週１回，作法の授業を設けおもてなしの心を学ぶ。クラブは文化部会・体育部会・技芸部会・同好会からなり，24の団体がある。昼食は「食は命」をテーマとした給食・マリアランチを利用できる。

●コース表

中1	中2	中3	高1	高2	高3
共通履修				希望進路に応じた選択制	

保護者MEMO

登校時刻▶8：30
最終下校時刻▶18：30
土曜日▶休校
昼食▶食堂／食品販売あり
携帯電話▶可
制服▶ブレザー
自転車通学▶可
カウンセラー▶週２日
保護者面談▶年３回
保護者会▶年２回
必修旅行▶カナダ（中３）
部活動▶活動日は部による

学費　初年度目安 111万円

（単位:円）	入学金	施設費	授業料	その他	合計
入学手続時	200,000	―	―	―	200,000
1年終了まで	―	320,000	360,000	231,500	911,500

●奨学金・特待生
A：入学金，授業料３年間／B：授業料１年間

［その他］制服・指定品代，積立金（預り金），PTA会費，後援会費。
［寄付・学債］なし。
※上記は'22年度のもの。新年度について詳細は「受験生応援アプリ」にて公開（2023年５月～）。

首都圏模試　思考コード（単位：%）

	A	B	C	A	B	C
読み取る力						
複雑 3						
2			データなし			
単純 1						

A=知識・理解思考　B=論理的思考　C=創造的思考

2024年度入試　合格の基準

	首都圏模試 ほぼ確実	首都圏模試 見込あり	四谷大塚 ほぼ確実	四谷大塚 見込あり
女子〈①午前〉	37	32	―	―
		やや見込あり 27		やや見込あり ―

ほぼ確実＝80%～／見込あり＝50～79%／やや見込あり＝20～49%

入試要項　2023年度参考　新年度日程はアプリへGO!　2科

試験名		試験日 ◎午後入試	出願締切 Web	発表 Web	手続 振込	2科	4科	適	英	他	面接	特待	募集数	応募数	受験数	合格数	実質倍率	偏差値
①	午前	2/1	当日	当日	2/9	●							5	6	6	6	1.0	37
	午後	2/1 ◎	当日	当日	2/9	●							5	8	2	2	1.0	37
②		2/2	当日	当日	2/9	●							5	7	0	0	―	37
③		2/4	当日	当日	2/9	●						●	5	10	3	3	1.0	37

【出願方法】 Web出願
【手続方法】 合格書類受取後，銀行振込
【受験料】 20,000円（複数回受験可）

【帰国生入試】 12/14（若干名募集）

中学受験のプロがおすすめ!　併願校の例

特色	プロテスタント系	国際理解教育	キャリア教育	ボランティア活動
♠男子校 ♥女子校 ♣共学・別学校	♥横浜女学院	♣横須賀学院	♣横浜富士見丘	♣関東六浦
	♥聖和学院	♥捜真女学校	♥鎌倉女子大	♥相模女子大
	♣アレセイア湘南	♣目黒学院	♥北鎌倉女子	♣大西学園

併設高校の進路情報

四年制大学進学率51.3%
文系78／理系20／その他２（%）

指定校推薦▶利用状況は神奈川大２，玉川大１，立正大１，清泉女子大１，東京福祉大１，恵泉女学園大１，横浜薬科大１，相模女子大２，東洋英和女学院大３，鎌倉女子大５，横浜商大１，城西国際大１，東京工芸大１，横浜美大１など。ほかに東海大など推薦枠あり。

'22年３月卒業生：80名
大学41名　短大９名　専門20名　就職４名　他６名

主な大学合格状況
'23年春については主要大学のみ巻末一覧に記載

大学名	'22	'21	'20	大学名	'22	'21	'20	大学名	'22	'21	'20
◇県立保健福祉大	2	2	0	国士舘大	1	0	0	日本体育大	1	3	2
上智大	1	0	0	東京経済大	0	1	0	横浜薬科大	1	1	0
日本大	1	0	0	関東学院大	0	1	4	相模女子大	2	0	4
専修大	3	2	0	創価大	4	0	0	東洋英和女学院大	2	0	1
東海大	7	0	1	帝京平成大	0	1	2	鎌倉女子大	5	6	3
帝京大	0	1	0	東京工科大	2	1	0	湘南医療大	1	1	1
神奈川大	2	1	2	清泉女子大	1	1	1	東京医療保健大	1	1	0
玉川大	1	0	2	東京福祉大	1	0	0	湘南工科大	2	0	0
東京都市大	1	0	0	恵泉女学園大	1	0	2	田園調布学園大	1	1	1
立正大	3	0	1	横浜美大	1	1	0	横浜創英大	6	6	2

※各大学合格数は既卒生との合計。

見学ガイド 文化祭／説明会／学校見学会／ジュニアイングリッシュ

横浜共立学園(よこはまきょうりつがくえん) 中学校

〒231－8662 神奈川県横浜市中区山手町 212 ☎045－641－3785

国際 海外研修 非 長期留学 公 第2外国語 表 online英会話
21型 1人1台端末 非 リモート体制
プロジェクト型 公 論文執筆 表 STEAM
情操 体験学習 非 ボランティア 公 人力育成 表

建学の精神▶一人ひとりが神に愛されていることを受けとめ，豊かな人間性を備え，隣人に仕え，世界の平和に貢献する女性の育成をめざす。
沿革▶1871年創立の亜米利加婦人教授所が母体。1951年現校名に改称。
施設▶礼拝堂，交流スペース，自習室，図書館，理科実験室，体育館，テニスコート，グラウンド，他。本校舎など横浜市指定有形文化財。
学校長▶小澤　伸男
生徒数▶総数555名

	1年(4クラス)	2年(4クラス)	3年(4クラス)
女子	189名	181名	185名

JR─石川町10分　JR─保土ヶ谷・桜木町よりバス地蔵坂上1分　10分

他者を思いやる心をもつ，豊かな人間性を育む

プロテスタント・キリスト教に基づく女子教育の伝統がある。真理を探究して，生徒も教師も学び合うという姿勢を創立以来大切にしている。

学習 科学的真理探究を目的とする教科の学習を大切にし，教師と生徒はお互いに学習を通して真理を知る喜びを分かち合う。6年間を2年ごとに3段階に分け，基礎の充実，学業の推進，将来への目標の確立と位置づけ，発達段階に合わせたカリキュラムを組んでいる。英語は中学3年間は予習・復習と小テスト・振り返りを繰り返し，土台を作る。総合学習週間（約1週間）では学年ごとに宿泊を伴う体験授業を行う。課外授業として，茶道，華道を設置。専門家の指導を受け，興味や関心を深める。聖書の授業を週1時間行う。

●コース表

中1	中2	中3	高1	高2	高3
共通履修				Ⅰ類－1 Ⅰ類－2 Ⅱ類	選択制

キャリア教育 人生を通した目標を立てながら，近い将来の具体的な目標に向かって進めるようにサポート。進路選択や進学先の決定に役立てるため，高1・高2で「卒業生に聞く会」を開く。高2を対象とした「大学体験講義」では，大学の先生方による出張講義が受けられる。

学校生活 クラブ活動は文化系15，体育系8の部と，手話，サッカーなどの9つの同好会，3つの宗教系グループが活動。

保護者MEMO

登校時刻▶8：20
最終下校時刻▶17：50
土曜日▶休校。行事や部活動を行う
昼食▶弁当／食品販売あり
携帯電話▶可
制服▶セーラー
自転車通学▶不可
カウンセラー▶常駐
保護者面談▶年1回
保護者会▶年3回
必修旅行▶信州方面(中2)，東北方面(中3)，関西方面(高2)
部活動▶活動日は部による

学費　初年度目安 127万円

(単位:円)	入学金	施設費	授業料	その他	合計
入学手続時	300,000	—	—	—	300,000
1年終了まで	—	368,000	504,000	97,200	969,200

●奨学金・特待生
なし

[その他] 預り金。
[寄付・学債] 任意の寄付金1口10万円2口以上あり。
※上記は'22年度のもの。新年度について詳細は「受験生応援アプリ」にて公開（2023年5月～）。

首都圏模試　思考コード　（単位：%）

〈A方式〉

読み取る力	国語 A	国語 B	国語 C	算数 A	算数 B	算数 C	理科 A	理科 B	理科 C	社会 A	社会 B	社会 C
複雑 3							13			3		
2	2	20		38	36		46			42	6	
単純 1	16	62			26		29	12		46	3	
考える力	A	B	C	A	B	C	A	B	C	A	B	C

A=知識・理解思考　B=論理的思考　C=創造的思考

2024年度入試　合格の基準

		首都圏模試 ほぼ確実	首都圏模試 見込あり	首都圏模試 やや見込あり	四谷大塚 ほぼ確実	四谷大塚 見込あり	四谷大塚 やや見込あり
女子	〈A〉	66	62	56	55	52	48

ほぼ確実＝80%～／見込あり＝50～79%／やや見込あり＝20～49%

入試要項　2023年度参考　新年度日程はアプリへGO!　2科　4科

試験名	試験日 ◎午後入試	出願締切 Web	発表 Web	手続 Web	2科	4科	適	英	他	面接	特待	募集数	応募数	受験数	合格数	実質倍率	偏差値
A	2/1	1/10	2/2	2/3		●				＊		150	237	215	168	1.3	66
B	2/3	1/12	2/3	2/4	●					＊		30	384	161	98	1.6	72

＊個人面接
※通知表コピー

【出願方法】 Web出願後，書類郵送。AB同時出願に限り，A受付期間中Bの出願可
【手続方法】 Web納入
【受験料】 25,000円（入学手続後の未受験回分は返還）

【帰国生入試】 —
（注）2023年度入試で面接は実施されなかった。

受験情報

国語では，8割程がBの問題です。算数では，A2が4割程，B1，B2が6割程を占めており，知識や技術の正確な再現と共に，論理的思考力も必要となります。理科，社会では，Aが9割程を占めています。

年度	試験名	募集数	応募数	受験数	合格数	実質倍率	偏差値
'22	A	150	273	247	176	1.4	66
	B	30	443	212	79	2.7	73
'21	A	150	346	318	173	1.8	66
	B	30	474	228	77	3.0	73
'20	A	150	355	329	178	1.8	65
	B	30	446	216	69	3.1	73

中学受験のプロがおすすめ！　併願校の例

特色	プロテスタント系	キャリア教育	礼儀・マナー	進学先（早慶上理）
♠男子校	♥鷗友女子	♥洗足学園	♥白百合学園	♣慶應湘南藤沢
♥女子校	♥香蘭女学校	♥頌栄女子	♥横浜雙葉	♥鎌倉女学院
♣共学・別学校	♥普連土学園	♥湘南白百合	♥田園調布	♣山手学院

併設高校の進路情報

四年制大学進学率87.4%
文系63／理系36／その他1（%）　医歯薬34名合格

指定校推薦▶非公表。

'22年3月卒業生：175名　大学153名
短大0名　専門0名　就職0名　他22名

主な大学合格状況　'23年春については主要大学のみ巻末一覧に記載

大学名	'22	'21	'20	大学名	'22	'21	'20	大学名	'22	'21	'20
◇東京大	0	0	1	◇お茶の水女子大	0	5	1	中央大	22	30	21
◇京都大	1	1	0	◇横浜市大	4	6	8	法政大	41	31	20
◇東工大	0	0	1	早稲田大	41	64	50	日本大	25	39	28
◇一橋大	1	2	1	慶應大	30	38	39	明治学院大	53	40	23
◇千葉大	2	3	1	上智大	33	33	25	神奈川大	25	17	14
◇筑波大	1	0	1	東京理科大	24	12	19	津田塾大	8	11	8
◇東京外大	2	2	1	学習院大	11	10	19	東京女子大	16	23	35
◇横浜国大	3	6	6	明治大	72	79	63	日本女子大	42	48	41
◇北海道大	2	0	2	青山学院大	37	52	24	東京都市大	12	26	5
◇防衛医大	1	2	2	立教大	72	88	45	北里大	13	12	14

※各大学合格数は既卒生との合計。

見学ガイド　説明会

高1内訳 一貫生 152名

横浜女学院（よこはまじょがくいん） 中学校

〒231－8661　神奈川県横浜市中区山手町 203　☎045－641－3284

国際　海外研修　長期留学　第2外国語　online英会話　21型　1人1台端末　リモート体制　プロジェクト型　論文執筆　STEAM　情操　体験学習　ボランティア　人間力育成

建学の精神▶校訓「愛と誠」と「キリスト教教育・学習指導・共生教育」の教育理念に基づき，女子の人間教育を行う。

沿革▶1886年創立の横浜千歳女子商業学校と1943年創立の神奈川女子商業学校が合併し，1947年創立。

施設▶講堂，作法室，メディアセンター，自習室，カウンセリングルーム，テニスコート，グラウンド，他。

学校長▶平間　宏一

生徒数▶総数478名

	1年(5クラス)	2年(5クラス)	3年(5クラス)
女子	153名	147名	178名

JR―石川町７分
市営地下鉄―伊勢佐木長者町18分
7分

多様な社会に向け，才能を引き出す・伸ばす教育を実践

持続可能な社会の発展のための教育「ESD」と，英語運用能力を高める教育「CLIL」を確立。キリスト教の教えを基に，自己肯定感や思いやりの心を育む。

学習 英語に特化した授業を行う国際教養と，難関大学に対応したアカデミーの２クラス制。高校進学の際にクラス替えが可能。第二外国語を国際教養クラスは必修，アカデミークラスは選択で履修する。ESDとCLILを核とした学習活動をあらゆる授業に取り入れ，体系的な思考力，コミュニケーション能力，リーダーシップなど６つの力を養う。生徒一人ひとりの学習意欲と学力を向上させるため，中１・中２は週１日「勉強クラブ」や補習を実施。１人１台タブレット端末を所持し，授業や教員との交流にICTを活用する。欧米への海外セミナー，各種留学制度も充実。

キャリア教育 中２のボランティア体験では，身近な社会に関する課題を見つけ，自らができることを考える。土曜日の午後は，生活に直結する事例や考え方を学ぶ機会として「土曜日講座」を実施。年間20講座を開講し自由に選択できる。

学校生活 部活動へはほぼ全員が参加。教科学習との両立をテーマに，各部で立てた練習計画に基づき活動している。

●コース表

中1	中2	中3	高1	高2	高3
国際教養クラス					
アカデミークラス〈特進・普通〉			アカデミークラス		

※両クラス高２より文系／理系

保護者MEMO

登校時刻▶8：15
最終下校時刻▶18：00
土曜日▶毎週登校。平常授業３または４時間
昼食▶弁当／食品販売あり
携帯電話▶可
制服▶ブレザー
自転車通学▶可(最寄り駅)
カウンセラー▶週５日
保護者面談▶年２回
保護者会▶年２回
必修旅行▶ニュージーランド(中３)，長崎(高２)
部活動▶水曜日は休部日

学費　初年度目安 119万円

(単位:円)	入学金	施設費	授業料	その他	合計
入学手続時	300,000	―	―	―	300,000
1年終了まで	―	156,000	432,000	306,600	894,600

［その他］制服・指定品代，教材費，PTA・後援会費，生徒会費。※国際教養クラスは初年度目安130万円

［寄付・学債］任意の寄付金(横浜学院教育振興費) １口５万円２口以上あり。

※上記は'22年度のもの。新年度について詳細は「受験生応援アプリ」にて公開（2023年５月～）。

●奨学金・特待生
Ａ：入学金，授業料１年間／Ｂ：入学金

首都圏模試 思考コード (単位：%)

〈A〉

読み取る力＼考える力	国語 A	国語 B	国語 C	算数 A	算数 B	算数 C
複雑 3						
2	20	15		58	6	
単純 1		55	10		36	

A=知識・理解思考　B=論理的思考　C=創造的思考

2024年度入試 合格の基準

	首都圏模試 ほぼ確実	首都圏模試 見込あり	四谷大塚 ほぼ確実	四谷大塚 見込あり
女子〈A−2〉	48	45	40	36
		やや見込あり 40		やや見込あり 31

ほぼ確実＝80%～／見込あり＝50～79%／やや見込あり＝20～49%

入試要項 2023年度参考　新年度日程はアプリへGO!　2科 4科 英

試験名		試験日 ◎午後入試	出願締切 Web	発表 Web	手続 Web	2科	4科	適	英	他	面接	特待	募集数	応募数	受験数	合格数	実質倍率	偏差値
国際教養	A−1	2/1	1/31	当日	2/11		●		*			●	5	134	56	19	3.0	52
	B−1	2/1 ◎	1/31	当日	2/11		●		*			●	10	219	167	52	3.2	52
	C−1	2/2	2/1	当日	2/11		●		*			●	5	192	75	15	5.0	51
	D−1	2/2 ◎	2/1	当日	2/11		●		*			●	5	259	104	36	2.9	52
	E−1	2/3 ◎	2/2	当日	2/11		●		*			●	5	281	87	46	1.9	52
アカデミー	A−2	2/1	1/31	当日	2/11	●	●		*			●	40	173	79	64	1.2	48
	B−2	2/1 ◎	1/31	当日	2/11	●	●		*			●	27	292	221	172	1.3	52
	C−2	2/2	2/1	当日	2/11	●	●		*			●	30	254	102	62	1.6	50
	D−2	2/2 ◎	2/1	当日	2/11	●	●		*			●	25	366	141	87	1.6	50
	E−2	2/3 ◎	2/2	当日	2/11	●	●		*			●	22	396	121	89	1.4	50
特別奨学	Ⅰ	2/1 ◎	1/31	当日	2/11	●	●		*			●	3	382	295	5	59.0	65
	Ⅱ	2/3 ◎	2/2	当日	2/11	●	●		*			●	3	483	154	4	38.5	65

＊特別奨学のみ英語+国語または英語+算数を選択（国際教養は２科を除く）　※複数回受験の優遇措置あり

【出願方法】 Web出願，ほかに当日まで窓口受付あり
【手続方法】 2/4までに合格証および書類を受取。2/11までに銀行振込，またはWeb納入のうえ窓口手続
【受験料】 20,000円（同時出願は複数回受験可）

【帰国生入試】 11/28　※オンライン，12/8，2/21（若干名募集）
※コロナ共通追試参加校

中学受験のプロがおすすめ! 併願校の例

特色	プロテスタント系	ICT教育	理数教育	留学制度
♠男子校	♥普連土学園	♣湘南学園	♥清泉女学院	♥昭和女子大昭和
♥女子校	♣関東学院	♥聖園女学院	♥神奈川学園	♥カリタス女子
♣共学・別学校	♥聖和学院	♥相模女子大	♥トキワ松	♣関東六浦

併設高校の進路情報

四年制大学進学率81.7%
文系70／理系24／その他６（%）　医歯薬５名合格

指定校推薦▶上智大，学習院大，青山学院大，立教大，中央大，法政大，日本大，国際基督教大，成蹊大，成城大，明治学院大，獨協大，芝浦工大，東京女子大，日本女子大，東京都市大，聖心女子大，白百合女子大，清泉女子大，フェリス女学院大，東洋英和女学院大など推薦枠あり。

'22年３月卒業生：93名
大学76名　短大０名　専門７名　就職０名　他10名

主な大学合格状況　'23年春については主要大学のみ巻末一覧に記載

大学名	'22	'21	'20	大学名	'22	'21	'20	大学名	'22	'21	'20
◇東工大	0	0	1	学習院大	1	1	2	成城大	1	4	5
◇東京外大	0	0	1	明治大	3	2	2	明治学院大	4	7	6
◇東京藝術大	0	1	0	青山学院大	5	3	10	神奈川大	6	11	7
◇横浜市大	3	3	3	立教大	6	10	4	東京女子大	2	5	1
◇群馬大	1	0	0	中央大	5	3	6	日本女子大	3	1	2
◇県立保健福祉大	0	1	0	法政大	3	2	7	東京都市大	5	3	5
早稲田大	0	3	1	日本大	9	7	2	桜美林大	8	3	6
慶應大	1	3	1	東洋大	5	4	5	関東学院大	2	6	6
上智大	2	2	5	東海大	5	11	5	フェリス女学院大	3	6	3
東京理科大	0	2	3	成蹊大	1	2	2	東洋英和女学院大	6	9	3

※各大学合格数は既卒生との合計。

見学ガイド 文化祭／説明会／スクールツアー

高校募集 なし　　高1内訳 一貫生 183名

横浜雙葉（よこはまふたば） 中学校

〒231−8653 神奈川県横浜市中区山手町 88 ☎045−641−1004

国際 / 海外研修 / 長期留学 / 第2外国語 / online英会話 / 21型 / 1人1台端末 / リモート体制 / プロジェクト型 / 論文執筆 / STEAM / 情操 / 体験学習 / ボランティア / 人間力育成

教育理念▶「徳においては純真に　義務においては堅実に」を校訓に，高い知性と豊かな感性を磨く。
沿革▶1872年に来日した「幼きイエス会」の修道女マザー・マチルドが基礎を築き，1900年横浜紅蘭女学校として開校。1958年に現校名へ改称。
施設▶講堂，聖堂，宗教室，和室，カウンセリング室，生徒ホール，図書館（6万冊），視聴覚室，テニスコート，グラウンド，他。
学校長▶木下 庸子
生徒数▶総数554名　併設小からの進学者を含む。

	1年（5クラス）	2年（4クラス）	3年（4クラス）
女子	182名	187名	185名
内進生内数	81名	83名	82名

みなとみらい線—元町・中華街6分　6分

他者との絆を大切にし，未来に向けて共に生きる人を

誰もがかけがえのない存在というカトリックの価値観の下，教科で培われた知識と技術を他者との関わりのなかで磨き，自己実現に向けて努力し続ける人を育てる。

学習 教科により先取り学習で高校の内容に入る。英語は中1・中2で少人数授業，中3より習熟度別授業を展開。英会話は全学年で1クラスを2分割。多彩な形態の授業で，読む・書く・話す・聞くの4技能をバランスよく身につける。数学は，中1・中2は計算力の強化と論理的思考の育成に注力し，中3より習熟度別授業となる。問題を解く力だけでなく，論理的に道筋を立てて考える力を養う。中3～高2はフランス語を学べる。中3～高2の希望者は，シンガポール・マレーシアの姉妹校へのツアーに参加。アメリカやオーストラリアでの短期研修もある。

キャリア教育 各学年，総合学習や校外学習を通して価値ある自分を発見し，他者のために自分の能力を役立てるよろこびに気づくよう導く。学校生活や職業の話を卒業生や保護者などから聴く機会を設け，自分の現在と将来について考える。

学校生活 中学と高3で宗教の授業が週1回ある。クラブ活動は中学生は全員参加。土曜講座や課外講座は希望制で行う。

●コース表

中1	中2	中3	高1	高2	高3
共通履修				文系A 文系B 理系	

保護者MEMO

登校時刻▶8：15
最終下校時刻▶17：30
土曜日▶休校。行事や部活動を行う
昼食▶お弁当／食品販売あり
携帯電話▶可
制服▶ジャンパースカート
自転車通学▶不可
カウンセラー▶常駐
保護者面談▶年1回
保護者会▶年2回
必修旅行▶奈良・京都（中3），長崎（高2）
部活動▶活動日は部による

学費　　初年度目安 140万円

（単位:円）	入学金	施設費	授業料	その他	合計
入学手続時	300,000	—	—	—	300,000
1年終了まで	—	392,000	540,000	170,400	1,102,400

●奨学金・特待生
なし

［その他］学園費，共同購入費，校外学習積立金等，保護者の会費，生徒会費。※別途制服・指定品代あり。
［寄付・学債］任意の寄付金1口5万円5口以上あり。
※上記は'22年度のもの。新年度について詳細は「受験生応援アプリ」にて公開（2023年5月～）。

首都圏模試 思考コード (単位：%)

読み取る力	〈入学試験〉 国語 A	国語 B	国語 C	算数 A	算数 B	算数 C	理科 A	理科 B	理科 C	社会 A	社会 B	社会 C
複雑 3		8		5	5		5				3	
2	8	26		20	45		61			9	9	
単純 1	8	50			25		19	15		45	31	3
考える力	A	B	C	A	B	C	A	B	C	A	B	C

A=知識・理解思考　B=論理的思考　C=創造的思考

2024年度入試 合格の基準

	首都圏模試 ほぼ確実	首都圏模試 見込あり	四谷大塚 ほぼ確実	四谷大塚 見込あり
女子〈入学試験〉	64	61	53	48
		やや見込あり 56		やや見込あり 43

ほぼ確実＝80％～／見込あり＝50～79％／やや見込あり＝20～49％

入試要項 2023年度参考　新年度日程は アプリへGO!　4科

試験名	試験日 ◎午後入試	出願締切 Web	発表 Web	手続 Web	2科	4科	適	英	他	面接	特待	募集数	応募数	受験数	合格数	実質倍率	偏差値
入学試験	2/1	1/16	2/2	2/3		●				＊		90	184	168	101	1.7	64

＊ 保護者同伴面接。1/9～25に実施　※通知表のコピー

【出願方法】 Web出願
【手続方法】 Web納入。2/10までに一部納入。3/31までの入学辞退者には一部返還。
【受験料】 25,000円

【帰国生入試】 12/10（若干名）また上記に含む
※コロナ共通追試参加校
(注) 2023年度入試で面接は実施されなかった。

受験情報

国語，算数では８割程がＢの問題です。理科では，Ａが９割程を占めており，知識や技術の正確な再現力が求められます。社会では，Ｂが４割程を占め，論理的思考力が求められるほか，創造的な思考力が必要なＣの問題も見られます。

年度	募集数	応募数	受験数	合格数	実質倍率	偏差値
'22	100	182	173	105	1.6	65
'21	100	168	164	104	1.6	65
20	100	175	166	108	1.5	65

中学受験のプロがおすすめ！ 併願校の例

特色	カトリック系	進学先(早慶上理)	第２外国語	キャリア教育
♠男子校 ♥女子校 ♣共学・別学校	♥白百合学園	♥頌栄女子	♣慶應湘南藤沢	♥洗足学園
	♥湘南白百合	♣神奈川大附	♣公文国際	♥横浜共立
	♥清泉女学院	♣山手学院	♥田園調布	♥山脇学園

併設高校の進路情報

四年制大学進学率89.2%
文系56／理系43／その他１(%)　医歯薬35名合格

指定校推薦▶利用状況は早稲田大５，慶應大６，上智大１，東京理科大１，青山学院大１，立教大１，中央大２，国際基督教大１，芝浦工大１，東京女子大１，同志社大１，東京女子医大１，北里大３，聖マリアンナ医大１，東京歯大１など。ほかに学習院大，成城大，明治学院大，津田塾大，日本女子大，東京都市大，聖心女子大，白百合女子大，昭和大，東京薬科大，昭和薬科大，清泉女子大，フェリス女学院大，東洋英和女学院大など推薦枠あり。

'22年３月卒業生：176名　大学157名　短大１名　専門０名　就職０名　他18名

主な大学合格状況　'23年春については主要大学のみ巻末一覧に記載

大学名	'22	'21	'20	大学名	'22	'21	'20	大学名	'22	'21	'20
◇東京大	4	10	2	◇横浜市大	3	1	7	法政大	8	22	29
◇京都大	0	1	0	早稲田大	41	49	47	日本大	13	15	17
◇東工大	0	0	1	慶應大	45	43	40	成城大	6	12	11
◇一橋大	5	3	1	上智大	20	39	26	明治学院大	16	25	19
◇千葉大	1	1	1	東京理科大	16	10	26	津田塾大	5	10	11
◇東京外大	1	1	3	学習院大	9	13	11	東京女子大	14	20	26
◇横浜国大	2	3	7	明治大	42	43	48	日本女子大	26	31	49
◇防衛医大	3	2	1	青山学院大	29	28	28	東京都市大	15	12	29
◇お茶の水女子大	2	7	9	立教大	41	57	40	北里大	23	16	22
◇都立大	2	1	4	中央大	23	26	23	聖マリアンナ医大	7	5	3

※各大学合格数は既卒生との合計。

見学ガイド 文化祭／説明会／オープンキャンパス

浅野(あさの)中学校

〒221－0012　神奈川県横浜市神奈川区子安台 1－3－1　☎045－421－3281

国際　海外研修　長期留学　第2外国語　online英会話　21型　1人1台端末　リモート体制　プロジェクト型　論文執筆　STEAM　情操　体験学習　ボランティア　人間力育成

教育方針▶「九転十起」「愛と和」を校訓に，健康で創造的な能力を持つ，逞しい人間の育成に努める。
沿革▶1920年，実業家・浅野總一郎により創立された浅野綜合中学校が学園の嚆矢。学制改革を経て現在に至る。2016年グラウンドを全面人工芝化。
施設▶講堂，図書館，テニスコート，ハンドボールコート，屋内プール，柔剣道場，グラウンド，人工芝，創立100周年記念広場，他。
学校長▶古梶　裕之
生徒数▶総数838名

	1年（6クラス）	2年（6クラス）	3年（6クラス）
男子	274名	275名	289名

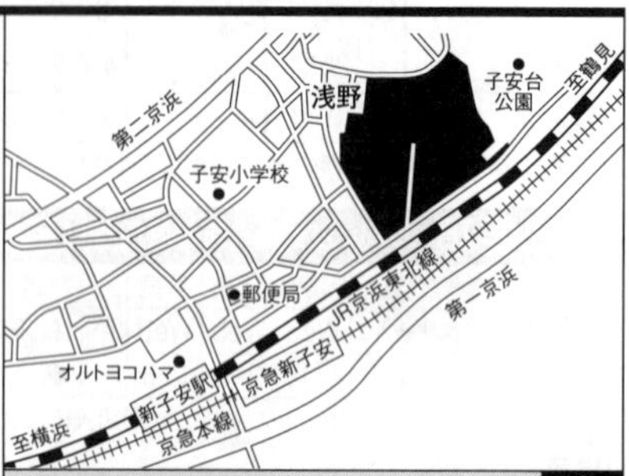

JR―新子安 8 分
京急本線―京急新子安 8 分
徒歩 8分

3本柱の教育で，頭と心と身体をバランスよく育てる

6年間を人間形成の場とし学業・部活動・学校行事を軸に，バランス良く成長をサポート。努力することを評価し，諦めない心を育む。

学習　じっくり時間をかけて自立を見守る指導，日常の授業を大切にし，学習習慣を身につける指導を行う。英数理では中2で中学の内容を終え，中3から高校の教材を取り入れる。高1では英語と数学の成績優秀者による英数クラスを編成し，生徒の学習の励みとする。中学3年間を通じ週1時間のネイティヴスピーカーによる少人数制の英会話授業を設定。系統的に会話力を養う。理解や定着が不十分な生徒には補習や追試，夏期講習で，きめ細かく対応。家庭のPCで自主的に取り組める音読トレーニングシステムを導入している。希望制で米国スタンフォード大学か英国オックスフォード大学への研修プログラムもある。技術家庭ではプログラミングなども学ぶ。

キャリア教育　卒業生や社会で活躍する方々による講演会を開催。希望者による病院訪問も行う。広く社会の動向に耳を傾け，進路について考える機会を設けている。

学校生活　必要に応じて日常的に生徒面談を行い，学習面・生活面の指導を実施。サッカー部や吹奏楽部など32の部が活動。

●コース表

中1	中2	中3	高1	高2	高3
共	通	履	修（英数成績上位者クラス）	理系選抜	
				理系クラス	
				文系クラス	

保護者MEMO

登校時刻▶8：35
最終下校時刻▶18：00
土曜日▶毎週登校。平常授業4時間
昼食▶弁当/食品販売あり
携帯電話▶許可制
制服▶襟詰
自転車通学▶可
カウンセラー▶週2日
保護者面談▶年1回
保護者会▶年5回
必修旅行▶京都・奈良（中3），四国・中国，九州・中国（高2）
部活動▶活動日は部による

学費　初年度目安 118万円

(単位:円)	入学金	施設費	授業料	その他	合計
入学手続時	250,000	―	―	―	250,000
1年終了まで	―	276,000	444,000	209,100	929,100

●奨学金・特待生
なし

［その他］学年会費，校外研修費，PTA会費，PTA入会金，スポーツ・文化後援会費，生徒会費，同窓会費，非常用備蓄食糧費。※個人端末別途分割徴収予定。
［寄付・学債］なし。
※上記は'22年度のもの。新年度について詳細は「受験生応援アプリ」にて公開（2023年5月～）。

首都圏模試 思考コード (単位：%)

〈入学試験〉

読み取る力	国語 A	国語 B	国語 C	算数 A	算数 B	算数 C	理科 A	理科 B	理科 C	社会 A	社会 B	社会 C
複雑 3				3	11		18			4	14	
2	4	27		20	33		53	4		82		
単純 1	17	52			33		14	11				

考える力 A=知識・理解思考 B=論理的思考 C=創造的思考

2024年度入試 合格の基準

		首都圏模試 ほぼ確実	首都圏模試 見込あり	四谷大塚 ほぼ確実	四谷大塚 見込あり
男子	〈入学試験〉	74	70	65	61
			やや見込あり 65		やや見込あり 57

ほぼ確実＝80%～／見込あり＝50～79%／やや見込あり＝20～49%

入試要項 2023年度参考 新年度日程は アプリへGO! 4科

試験名	試験日 ◎午後入試	出願締切	発表	手続	2科	4科	適	英	他	面接	特待	募集数	応募数	受験数	合格数	実質倍率	偏差値
		Web	Web	Web													
入学試験	2/3	1/28	2/4	2/4		●						270	1,734	1,399	608	2.3	74

【出願方法】 Web出願
【手続方法】 Web納入
【受験料】 25,000円

【帰国生入試】 —

受験情報

国語，算数では，Bの問題が8割程を占めており，高度な論理的思考力が求められます。理科では，Aが8割程を占めています。社会では，A2が8割程を占めていますが，B3が1割程出題されるため，論理的思考力も必要となります。

年度	募集数	応募数	受験数	合格数	実質倍率	偏差値
'22	270	1,737	1,474	594	2.5	74
'21	270	1,844	1,534	602	2.5	74
'20	270	1,890	1,573	636	2.5	73

中学受験のプロがおすすめ！ 併願校の例

特色	進学先(国公立)	フィールドワーク	文武両道	高校募集なし
♠男子校	♠麻布	♠聖光学院	♠海城	♠栄光学園
♥女子校	♣渋谷教育渋谷	♠サレジオ学院	♠鎌倉学園	♠駒場東邦
♣共学・別学校	♠逗子開成	♠世田谷学園	♠攻玉社	♠芝

併設高校の進路情報

四年制大学進学率69%
文系40／理系58／その他2（%） 医歯薬42名合格

指定校推薦▶利用状況は早稲田大1，慶應大1など。ほかに東京理科大，学習院大，立教大，法政大，聖マリアンナ医大など推薦枠あり。

海外大学合格状況▶University of California,Santa Barbara，他。

'22年3月卒業生：261名 大学180名 他81名
短大0名 専門0名 就職0名

主な大学合格状況 '23年春については主要大学のみ巻末一覧に記載

大学名	'22	'21	'20	大学名	'22	'21	'20	大学名	'22	'21	'20
◇東京大	36	48	39	◇防衛医大	4	2	2	立教大	14	14	9
◇京都大	4	7	1	◇横浜市大	3	4	5	中央大	28	43	44
◇東工大	24	21	27	◇電通大	4	5	3	法政大	37	33	25
◇一橋大	12	13	17	早稲田大	97	140	114	日本大	25	27	17
◇千葉大	1	7	3	慶應大	134	174	145	専修大	13	5	5
◇筑波大	4	1	3	上智大	26	20	20	神奈川大	5	8	5
◇横浜国大	13	32	14	東京理科大	100	95	84	芝浦工大	18	28	14
◇北海道大	7	6	5	学習院大	5	8	9	東京都市大	7	53	27
◇東北大	6	2	1	明治大	78	113	95	昭和大	4	3	5
◇東京医歯大	1	0	1	青山学院大	26	23	11	日本医大	6	4	2

※各大学合格数は既卒生との合計。

見学ガイド 文化祭／説明会

高校募集 なし　　高1内訳 一貫生 178名

栄光学園（えいこうがくえん） 中学校

〒247－0071　神奈川県鎌倉市玉縄 4－1－1　☎0467－46－7711

国際｜海外研修｜長期留学｜第2外国語｜online英会話｜21型｜1人1台端末｜リモート体制｜プロジェクト型｜論文執筆｜STEAM｜情操｜体験学習｜ボランティア｜人間力育成

教育理念▶一人ひとりが能力を十全にのばし，より人間的な社会の建設に貢献することをたすける。
沿革▶イエズス会により1947年創立。1964年現校地へ移転。2016年に設立母体を同じくする上智学院（上智大学の設置法人）などと法人合併した。2017年に新校舎完成。
施設▶大講堂，小講堂，図書館，理科実験室，聖堂，ラーニングスペース，テニスコート，野球場，他。
学校長▶望月　伸一郎
生徒数▶総数554名

	1年（4クラス）	2年（4クラス）	3年（4クラス）
男子	185名	185名	184名

JR一大船15分，またはバス栄光学園前　15分

キリスト教的価値観で，他者のための自分を育てる

生徒の自立を考え，先回りせず「自分が何をすべきか」を本人がじっくり考えられるように指導する。他者と共に働くことができる精神と心を育てる。

学習 6年間を2学年単位に分け，発達段階に合わせた学習指導で主体的に学ぶ姿勢を引き出す。中1英語は週7時間あり，文法・語彙語法の基礎を固めつつ，コミュニケーション能力を養う。中2から高2では全員がGTECを受験。校内の自然環境を活かしたフィールドワークを多く取り入れ，観察力や発想力を磨く。高1では，週1回小グループ編成の講座「高一ゼミ」で相互協力に基づく自発的学習を行う。中高を通じて独自教科の「倫理」を週1時間設定。国際理解教育として，フィリピン・セブ島のイエズス会校との交流などを行う。

●コース表

中1	中2	中3	高1	高2	高3
共通履修					文系
					理系

キャリア教育 高1では総合学習の一環として，毎週OBの話を聞くゼミナールを開講。卒業後の自らの生き方を考察する機会を設ける。高2以降は進路を意識し10年後，20年後を見据えた指導を実施。

学校生活 始業・終業時の「1分間瞑目」や，2時限と3時限の間に行われる「中間体操」が特色。雨の日以外は毎日，全生徒が校庭で体を動かす。クラブ活動は中3の1学期まで全員参加とする。

保護者MEMO

登校時刻▶8：20
最終下校時刻▶17：00
土曜日▶毎週登校。平常授業4時間
昼食▶弁当/食品販売あり
携帯電話▶許可制
制服▶ブレザー
自転車通学▶可
カウンセラー▶週2回
保護者面談▶適宜
保護者会▶年2回
必修旅行▶沖縄（高2）
部活動▶活動日は週2日

学費　　初年度目安 126万円

（単位:円）	入学金	施設費	授業料	その他	合計
入学手続時	300,000	―	―	―	300,000
1年終了まで	―	250,000	528,000	185,230	963,230

●奨学金・特待生
なし

［その他］制服・指定品代，教科書代金預り金，積立預り金，栄光会費，傷害扶助費。
［寄付・学債］任意の寄付金あり。
※上記は'22年度のもの。新年度について詳細は「受験生応援アプリ」にて公開（2023年5月～）。

首都圏模試 思考コード （単位：%）

〈入学試験〉

読み取る力	国語 A	国語 B	国語 C	算数 A	算数 B	算数 C	理科 A	理科 B	理科 C	社会 A	社会 B	社会 C
複雑 3				4	29		22			4	8	
2		52			44		14	10		36	12	
単純 1	14	34			23		14	40		20	20	

考える力：A=知識・理解思考　B=論理的思考　C=創造的思考

2024年度入試 合格の基準

		首都圏模試 ほぼ確実	首都圏模試 見込あり	四谷大塚 ほぼ確実	四谷大塚 見込あり
男子	〈入学試験〉	76	73	67	63
			やや見込あり 69		やや見込あり 59

ほぼ確実＝80%～／見込あり＝50～79%／やや見込あり＝20～49%

入試要項 2023年度参考　新年度日程はアプリへGO!　4科

試験名	試験日 ◎午後入試	出願締切 Web	発表 Web	手続 Web	選抜方法 2科	4科	適	英	他	面接	特待	募集数	応募数	受験数	合格数	実質倍率	偏差値
入学試験	2/2	1/22	2/3	2/4		●						180	816	760	259	2.9	76

【出願方法】 Web出願
【手続方法】 Web納入。残額は2/24までに納入。2/6までの入学辞退者には，一部返還
【受験料】 25,000円

【帰国生入試】 ―

受験情報

国語，算数では，Bの出題が中心となります。特に算数では，B2が４割程，B3の出題が３割程となります。また，社会でもBが３割程，理科でもBが５割程あるため，科目を問わず，高度な論理的思考力が求められます。

年度	募集数	応募数	受験数	合格数	実質倍率	偏差値
'22	180	750	685	255	2.7	76
'21	180	811	776	254	3.1	76
'20	180	827	780	263	3.0	76

中学受験のプロがおすすめ! 併願校の例

特色	カトリック系	フィールドワーク	近代的校舎	高校募集なし
♠男子校 ♥女子校 ♣共学・別学校	♠聖光学院	♠筑波大駒場	♠慶應普通部	♠麻布
	♠サレジオ学院	♠浅野	♠海城	♠駒場東邦
	♠暁星	♠逗子開成	♠鎌倉学園	♣神奈川大附

併設高校の進路情報

四年制大学進学率63.4%
文系45／理系53／その他２（%）　医歯薬20名合格

指定校推薦▶利用状況は慶應大１，上智大６など。ほかに早稲田大，東京理科大など推薦枠あり。

'22年３月卒業生：172名　大学109名　他63名
短大０名　専門０名　就職０名

主な大学合格状況　'23年春については主要大学のみ巻末一覧に記載

大学名	'22	'21	'20	大学名	'22	'21	'20	大学名	'22	'21	'20
◇東京大	58	47	57	◇東京医歯大	0	2	1	青山学院大	5	6	10
◇京都大	9	4	6	◇防衛医大	2	4	1	立教大	17	19	8
◇東工大	14	4	5	◇東京農工大	2	2	3	中央大	22	49	22
◇一橋大	8	9	10	◇横浜市大	10	4	5	法政大	19	13	15
◇千葉大	1	3	2	早稲田大	100	81	74	日本大	8	5	4
◇筑波大	5	4	5	慶應大	97	73	85	明治学院大	5	3	1
◇東京外大	1	1	1	上智大	36	29	14	芝浦工大	13	12	20
◇横浜国大	5	10	12	東京理科大	54	42	31	東京都市大	4	3	11
◇北海道大	11	4	5	学習院大	2	0	0	東京慈恵会医大	0	2	3
◇東北大	1	5	4	明治大	53	43	40	日本医大	1	2	4

※各大学合格数は既卒生との合計。

見学ガイド 文化祭／説明会／オープンスクール

鎌倉学園（かまくらがくえん） 中学校

〒247－0062　神奈川県鎌倉市山ノ内 110　☎0467－22－0994

教育理念▶「礼義廉恥」を校訓に，禅の精神を受け継ぎ「知・徳・体」のバランスのとれた教育をめざす。
沿革▶1885年に建長寺が創設した宗学林を前身として1921年開校。1975年に現校名へ改称。2017年新校舎完成。
施設▶ホール，相談室，マルチスペース，自習室，図書館，理科実験室，カフェテリア，テニスコート，剣道場，柔道場，グラウンド，他。
学校長▶松下　伸広
生徒数▶総数520名

	1年（4クラス）	2年（4クラス）	3年（4クラス）
男子	174名	175名	171名

JR—北鎌倉13分　13分

古都鎌倉から新しい文化を世界へ発信する人に

歴史的風土に包まれた鎌倉の地で，自主自律を重んじ，今しかできないことに挑戦できるような環境を用意。豊かな人間性を兼ね備えたリーダーを育てる。

学習 英数国に重点をおくカリキュラム。中1で学習習慣を確立し，中2では基礎学力の定着を図る。国語は中1で古典を学習し，数学は中2までに中学課程を修了し中3からは習熟度授業を行う。英語は中3途中から高校英語を学習するなど，先取り学習を実施。国数英は，高2で高校課程を修了し，高3では演習中心の受験対策。土曜日は英数国の特別授業「鎌学セミナー」を実施。通常授業とは一線を画し，多角的な視点から学力向上を図る。書く力・考える力をつける国語，考える力を伸ばす数学，英語では英検対策も行なっている。希望者を対象に，中3～高2は北米研修，ベトナム研修，ヨーロッパ研修，高1ではオーストラリアでの英語研修もある。

●コース表

中1	中2	中3	高1	高2	高3
共	通	履	修	文系英数国クラス 文系クラス 理系英数国クラス 理系クラス	

キャリア教育 高校ではOBによる進路フォーラムや各種講演会，大学出張講義などを開催。より具体的に自己を把握し，実際の職業を調べ，進路を決定する。

学校生活 中1～高1まで，建長寺において年数回の坐禅教室を実施。文武両道のもと，36の部・同好会が活動している。

保護者MEMO

登校時刻▶8：25
最終下校時刻▶17：30
土曜日▶毎週登校。平常授業4時間
昼食▶食堂/食品販売あり
携帯電話▶許可制
制服▶襟詰
自転車通学▶不可
カウンセラー▶常駐（うち4日は2名常駐）
保護者面談▶年3回
保護者会▶年3回
必修旅行▶関西（中3），他
部活動▶中学は週2日休み

学費　初年度目安 132万円

（単位：円）	入学金	施設費	授業料	その他	合計
入学手続時	250,000	—	—	—	250,000
1年終了まで	—	250,000	444,000	371,200	1,065,200

［その他］制服・指定品代，維持費，積立金，PTA会費，生徒会費。
［寄付・学債］なし。
※上記は'22年度のもの。新年度について詳細は「受験生応援アプリ」にて公開（2023年5月～）。

●奨学金・特待生
なし

首都圏模試 思考コード (単位：%)

〈第１次〉

読み取る力 ＼ 考える力	国語 A	国語 B	国語 C	算数 A	算数 B	算数 C
複雑 3				4		
2	24	19		32	8	
単純 1	10	47			56	

A=知識・理解思考　B=論理的思考　C=創造的思考

2024年度入試 合格の基準

		首都圏模試 ほぼ確実	首都圏模試 見込あり	四谷大塚 ほぼ確実	四谷大塚 見込あり
男子	〈①〉	65	61	53	50
			やや見込あり 57		やや見込あり 46

ほぼ確実＝80％～／見込あり＝50～79％／やや見込あり＝20～49％

入試要項 2023年度参考　新年度日程は アプリへGO!　4科 他

試験名	試験日 ◎午後入試	出願締切 Web	発表 Web	手続 Web	2科	4科	適	英	他	面接	特待	募集数	応募数	受験数	合格数	実質倍率	偏差値
①	2/1	1/30	当日	2/2		●						100	265(8)	252(7)	153(2)	1.6	65
算数選抜	2/1 ◎	1/30	2/2	2/3					＊			15	172(3)	163(3)	44(1)	3.7	71
②	2/2	2/1	当日	2/3		●						40	367(3)	290(3)	65(2)	4.5	67
③	2/4	2/3	当日	2/5		●						15	304(7)	248(7)	46(1)	5.4	66

＊算数

【出願方法】Web出願　**【手続方法】**書類受取後，Webにて一部納入。2/18までに残額納入。2/13までおよび入学式前日までの入学辞退者にはそれぞれ一部返還　**【受験料】**25,000円（算数選抜は10,000円）

【帰国生入試】上記募集数に帰国生含む。優遇措置あり
(注)（　）は帰国生で内数。
※コロナ共通追試参加校

年度	試験名	募集数	応募数	受験数	合格数	実質倍率	偏差値
'22	①	60	262	249	86	2.9	65
	算数選抜	20	206	187	85	2.2	71
	②	50	472	431	110	3.9	67
	③	40	398	368	116	3.2	66

中学受験のプロがおすすめ! 併願校の例

特色	仏教系	キャリア教育	進学先(早慶上理)	ICT教育
♠男子校	♠芝	♠サレジオ学院	♠浅野	♠聖光学院
♥女子校	♠世田谷学園	♠高輪	♣神奈川大附	♣青学横浜英和
♣共学・別学校	♠藤嶺藤沢	♣湘南学園	♣山手学院	♣日本大学

併設高校の進路情報

四年制大学進学率49.2%
文系55／理系45／その他０（%）　医歯薬28名合格

指定校推薦▶利用状況は横浜市大１，早稲田大６，慶應大１，上智大１，東京理科大１，明治大３，青山学院大２，中央大５，法政大１，東海大１，明治学院大１，同志社大２，立命館大１，東京都市大１，北里大１，神奈川歯大１，東京農大１など。

海外大学合格状況▶California State University，Beloit College（米），他。

'22年３月卒業生：380名　大学187名　他192名
短大０名　専門１名　就職０名

主な大学合格状況　'23年春については主要大学のみ巻末一覧に記載

大学名	'22	'21	'20	大学名	'22	'21	'20	大学名	'22	'21	'20
◇東京大	0	1	0	◇都立大	6	4	2	中央大	80	76	49
◇京都大	1	0	4	◇横浜市大	4	7	3	法政大	84	58	56
◇東工大	2	3	2	早稲田大	54	58	48	日本大	112	102	87
◇一橋大	2	0	0	慶應大	29	30	18	東洋大	30	33	43
◇千葉大	5	2	3	上智大	18	20	24	駒澤大	21	22	19
◇筑波大	1	1	2	東京理科大	41	64	37	東海大	52	53	37
◇東京外大	1	4	1	学習院大	15	7	14	明治学院大	30	29	20
◇横浜国大	11	14	11	明治大	142	107	102	神奈川大	39	23	35
◇大阪大	2	1	1	青山学院大	43	54	29	芝浦工大	37	26	25
◇北海道大	5	3	1	立教大	33	41	38	東京都市大	49	90	68

※各大学合格数は既卒生との合計。

見学ガイド 文化祭／説明会／ミニ説明会

 高校募集 あり 高1より全体が混合。 高1内訳 内進生 403名 361名 高入生
(慶應義塾高校。内進生に中等部からの進学者含む)

慶應義塾普通部
（けいおうぎじゅくふつうぶ）

〒223－0062 神奈川県横浜市港北区日吉本町1－45－1 ☎045－562－1181

国際 海外研修 長期留学 第2外国語 online英会話 21型 1人1台端末 リモート体制 プロジェクト型 論文執筆 STEAM 情操 体験学習 ボランティア 人間力育成

教育目標▶智徳と気品を持ち，個人として独立し，広く社会の先導者となり社会に貢献する人を育む。
沿革▶1898年を起源とし，幼稚舎から大学までの一貫教育体制に基づき創立。2015年2月新校舎完成。
施設▶ホール，多目的教室，談話室，メディア・ライブラリー，柔道場，剣道場，弓道場，テニスコート，グラウンド，農園，他。
普通部長▶森上　和哲
生徒数▶総数709名　併設小からの進学者を含む。

	1年(10クラス)	2年(6クラス)	3年(6クラス)
男子	237名	235名	237名
内進生内数	—	61名	77名

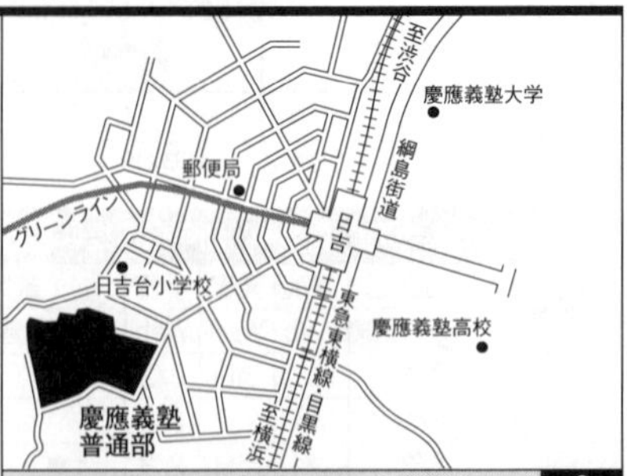

東急東横線・東急目黒線・市営地下鉄グリーンライン―日吉5分　5分

「学び」と「人間交際」を広め，深める場

普通部長の推薦によりほぼ無試験で塾内の高校に進学可。受験から離れ学問の本質を探究できるとともに，仲間と心を通わせるたくさんの機会や時間を持てる。

学習 基礎・基本の定着を図るため，すべての教科をまんべんなく学ぶ。中1では24名学級，中2からは40名学級となる。教科により分割授業を実施。英語ではタブレット端末も使用して多様な言語活動を行い，コミュニケーションスキルも伸ばしていく。数学では基礎力の養成を徹底するとともに，発展的な内容にも挑戦。柔軟な思考力を養う。国語は，中1では文章読解や漢字学習のほか，調べ方学習のための「図書室の時間」を設定。理科では毎週2時間連続の授業があり，通常では扱えないような実験や観察も行う。1927年より続く「労作展」では，各自設定のテーマを追究した成果（論文や芸術作品など）を展示。希望選抜制で，フィンランドやオーストラリアの中学校との相互交流を行う。

●コース表

中1	中2	中3	高1	高2	高3
	共	通	履	修	※高3に選択授業あり

キャリア教育 第一線で活躍する卒業生を講師に招く特別授業「目路はるか教室」があり，卒業生の職場を訪ねることも多い。

学校生活 部活動は教員のほかOBもコーチとして指導。原則，21の運動部会と15の文化部会のいずれかへ入部する。

保護者MEMO

登校時刻▶8：55
最終下校時刻▶18：00
土曜日▶毎週登校。平常授業4時間
昼食▶食堂／食品販売あり
携帯電話▶不可
制服▶襟詰
自転車通学▶不可
カウンセラー▶週2日
保護者面談▶年5～6回（希望制）
保護者会▶年5～6回
必修旅行▶奥日光(中1)，他
部活動▶週3日まで

学費　初年度目安 164万円

(単位:円)	入学金	施設費	授業料	その他	合計
入学手続時	340,000	200,000	870,000	15,000	1,425,000
1年終了まで	—	—	—	210,000	210,000

[その他] 指定品，保有金，普通部会費，林間学校・自然学校費用。別途制服代あり。※授業料は2回の分納可。[寄付・学債] 任意の寄付金（普通部教育充実資金)任意の金額（慶應義塾教育振興資金）1口3万円できれば2口以上，慶應義塾債1口10万円できれば3口以上あり。
※上記は'22年度のもの。新年度について詳細は「受験生応援アプリ」にて公開（2023年5月～)。

●奨学金・特待生
なし

首都圏模試　思考コード　(単位：%)

〈入学試験〉

読み取る力＼考える力	国語 A	国語 B	国語 C	算数 A	算数 B	算数 C	理科 A	理科 B	理科 C	社会 A	社会 B	社会 C
複雑 3				14	8		7			4		
2	3	16		8	55			12		43	10	
単純 1	20	61			15		50	31		43		

A=知識・理解思考　B=論理的思考　C=創造的思考

2024年度入試　合格の基準

	首都圏模試 ほぼ確実	首都圏模試 見込あり	四谷大塚 ほぼ確実	四谷大塚 見込あり
男子〈入学試験〉	74	71	63	60
やや見込あり		68		55

ほぼ確実＝80%～／見込あり＝50～79%／やや見込あり＝20～49%

入試要項　2023年度参考　新年度日程はアプリへGO!　4科　他

試験名	試験日 ◎午後入試	出願締切 Web	発表 Web	手続 窓口	2科	4科	適	英	他	面接	特待	募集数	応募数	受験数	合格数	実質倍率	偏差値
入学試験	2/1	1/12	2/2	2/3		＊1			＊1	＊2		180	587	557	195	2.9	74

＊1　国算理社＋体育実技　＊2　面接試問　※報告書

【出願方法】 Web出願。書類は1/13までに郵送
【手続方法】 合格発表時に書類受取のうえ，窓口納入。2/28までの入学辞退者には一部返還
【受験料】 30,000円

【帰国生入試】 ―
※募集数は内部進学者数により変動
※コロナ共通追試参加校

受験情報

国語，算数では，Bの問題が中心となります。国語ではB1，算数ではB2が中心となるため，論理的思考力が求められます。一方，理科，社会ではAの問題が中心となるため，知識や技術の正確な再現力が必要となります。

年度	募集数	応募数	受験数	合格数	実質倍率	偏差値
'22	180	619	575	205	2.8	74
'21	180	603	563	195	2.9	74
'20	180	634	589	180	3.3	73

中学受験のプロがおすすめ！　併願校の例

特色	大学附属校	ICT教育	近代的新校舎	キャリア教育
♠男子校	♣慶應湘南藤沢	♠聖光学院	♠栄光学園	♣慶應中等部
♥女子校	♣法政二	♠サレジオ学院	♣青山学院	♠浅野
♣共学・別学校	♣青学横浜英和	♠世田谷学園	♠鎌倉学園	♠東京都市大付

併設高校の進路情報

併設大学進学率99%
文系82／理系18／その他0（%）　医歯薬25名合格

（慶應義塾高校）

内部推薦▶慶應義塾大学へ699名（法224，経済211，商93，文12，理工102，医22，総合政策11，環境情報21，薬3）が内部推薦で進学した。進学する学部は，本人の希望を尊重しながら在学中3年間の成績の総合評価，適性，出席状況，授業態度などを考慮して決定する。

'22年3月卒業生：706名　慶應義塾大学699名
（慶應義塾高校）　他7名

主な大学合格状況　'23年春については主要大学のみ巻末一覧に記載

大学名	'22	'21	'20	大学名	'22	'21	'20	大学名	'22	'21	'20
◇千葉大	1	0	1	東海大	0	3	0	星薬科大	0	1	0
◇筑波大	1	0	0	帝京大	1	1	4	東京農大	0	1	0
◇横浜市大	0	1	0	立命館大	0	2	0	国際医療福祉大	0	0	1
早稲田大	1	1	0	東京慈恵会医大	1	0	1	埼玉医大	0	0	1
慶應大	700	727	798	昭和大	3	1	1				
東京理科大	1	4	1	日本医大	2	2	2				
明治大	1	1	0	杏林大	3	2	3				
青山学院大	0	1	0	北里大	1	1	1				
法政大	0	1	3	東邦大	0	2	0				
日本大	1	2	3	聖マリアンナ医大	0	2	1				

※各大学合格数は既卒生との合計。

見学ガイド　労作展／説明会

サレジオ学院(がくいん) 中学校

〒224−0029 神奈川県横浜市都筑区南山田 3−43−1 ☎045−591−8222

教育方針▶設立母体であるサレジオ会創立者ドン・ボスコの精神「信念」「愛情」「道理」に基づいて，豊かな人間形成をめざす。

沿革▶1960年，目黒区碑文谷に目黒サレジオ中学校として創立。1991年，現校名に改称，1995年，現在地に移転。

施設▶ホール，チャペル，コミュニケーションルーム，自習室，テニスコート，グラウンド，他。

学校長▶鳥越　政晴

生徒数▶総数550名

	1年(4クラス)	2年(4クラス)	3年(4クラス)
男子	181名	184名	185名

市営地下鉄―北山田5分 徒歩5分

「奉仕する心」を持つグローバル人材を育成

生徒が自分の使命を実現できる大人になるための全人的成長を促す。アシステンツァ（共にいる）の精神で教員はいつも近い距離でサポートする。

学習 中高6カ年を2カ年ごとに分け，成長に応じた指導を行う。中1・中2では学習習慣を育て，中3・高1では進路意識を高め，高2・高3では受験勉強に努める。実験や実技，プレゼンテーション・ディスカッションを各授業に取り入れ，思考力・判断力・表現力を育成。英語はネイティヴ教員による英会話と，オンライン英会話を実施。中3で準2級取得を目標とする。数学は授業や課題，小テストにより基礎の定着を図り，高度な問題にも対応できる力を養う。放課後に英語・数学を中心とした補習を実施。宗教の授業では，聖書を通して，人生に対する心構えを学ぶ。希望者を対象にカナダホームステイ（中3・高1）やフィリピン語学研修（高1）がある。

キャリア教育 精神的成長のための教育を「25歳の男づくり」と題し，中3で職場訪問，高1では2泊3日の泊まり込みで進路ガイダンスを実施。

学校生活 クラブ活動は剣道・テニス・吹奏楽部など21団体。学業との両立を図るため，活動日を週3日以内に限定。

●コース表

中1	中2	中3	高1	高2	高3
共	通	履	修	理系	
				難関国公立志望クラス	
				文系	
				難関国公立志望クラス	

保護者MEMO

登校時刻▶8：35
最終下校時刻▶18：00
土曜日▶毎週登校。平常授業4時間
昼食▶食堂／食品販売あり
携帯電話▶可
制服▶ブレザー
自転車通学▶不可
カウンセラー▶週5日
保護者面談▶年1回
保護者会▶年2回
必修旅行▶イタリア(中3)
部活動▶週3日以内

学費　初年度目安 136万円

(単位:円)	入学金	施設費	授業料	その他	合計
入学手続時	250,000	—	—	—	250,000
1年終了まで	—	120,000	468,000	521,600	1,109,600

●奨学金・特待生
なし

［その他］制服・指定品代，修学旅行費，維持管理費，副教材費，オリエンテーション，林間学校，保護者会費，生徒会費。
［寄付・学債］なし。
※上記は'22年度のもの。新年度について詳細は「受験生応援アプリ」にて公開（2023年5月〜）。

首都圏模試 思考コード (単位：%)

読み取る力						
複雑 3						
2			データなし			
単純 1						
考える力	A	B	C	A	B	C

A=知識・理解思考 B=論理的思考 C=創造的思考

2024年度入試 合格の基準

	首都圏模試 ほぼ確実	首都圏模試 見込あり	四谷大塚 ほぼ確実	四谷大塚 見込あり
男子〈A〉	70	66 / やや見込あり 62	62	58 / やや見込あり 53

ほぼ確実＝80%～／見込あり＝50～79%／やや見込あり＝20～49%

入試要項 2023年度参考 新年度日程はアプリへGO! 4科

試験名	試験日 ◎午後入試	出願締切 Web	発表 Web	手続 Web	選抜方法 2科	4科	適	英	他	面接	特待	募集数	応募数	受験数	合格数	実質倍率	偏差値
A	2/1	1/30	2/2	2/3		●						110	359	350	167	2.1	70
B	2/4	2/3	2/5	2/5		●						50	487	409	116	3.5	72

【出願方法】Web出願
【手続方法】Web納入
【受験料】25,000円

【帰国生入試】—

年度	試験名	募集数	応募数	受験数	合格数	実質倍率	偏差値
'22	A	110	379	359	165	2.2	70
	B	50	450	356	108	3.3	72
'21	A	110	426	410	170	2.4	70
	B	50	518	435	100	4.4	72
'20	A	120	369	348	172	2.0	69
	B	100	440	356	101	3.5	72

中学受験のプロがおすすめ! 併願校の例

特色	カトリック系	フィールドワーク	留学制度	表現力育成
♠男子校 ♥女子校 ♣共学・別学校	♠聖光学院	♠浅野	♣渋谷教育渋谷	♣慶應湘南藤沢
	♠栄光学園	♠東京都市大付	♠逗子開成	♣法政二
	♠暁星	♣神奈川大附	♣山手学院	♣公文国際

併設高校の進路情報

四年制大学進学率80.9%
文系52／理系48／その他0（%） 医歯薬13名合格

指定校推薦▶利用状況は早稲田大5，慶應大1，青山学院大1など。ほかに東京理科大，学習院大，中央大，明治学院大，北里大，聖マリアンナ医大など推薦枠あり。

'22年3月卒業生：178名
大学144名 短大0名 専門1名 就職0名 他33名

主な大学合格状況 '23年春については主要大学のみ巻末一覧に記載

大学名	'22	'21	'20	大学名	'22	'21	'20	大学名	'22	'21	'20
◇東京大	8	8	10	◇横浜市大	2	4	2	中央大	33	32	53
◇京都大	5	1	1	◇電通大	1	3	5	法政大	42	18	27
◇東工大	6	9	5	早稲田大	82	84	77	日本大	27	37	43
◇一橋大	15	8	12	慶應大	86	71	54	専修大	5	4	12
◇千葉大	1	0	1	上智大	44	47	32	成城大	9	2	7
◇筑波大	1	4	3	東京理科大	71	76	78	明治学院大	19	22	19
◇横浜国大	15	22	10	学習院大	3	2	6	神奈川大	7	5	5
◇北海道大	4	1	8	明治大	112	94	105	芝浦工大	23	13	26
◇東北大	4	2	5	青山学院大	34	27	27	立命館大	8	9	3
◇都立大	5	5	3	立教大	52	36	33	東京都市大	19	8	34

※各大学合格数は既卒生との合計。

見学ガイド 説明会／校内見学

逗子開成（ずしかいせい）中学校

〒249−8510 神奈川県逗子市新宿 2−5−1 ☎046−871−2062

国際 / 海外研修 / 長期留学 / 第2外国語 / online英会話 / 21型 / 1人1台端末 / リモート体制 / プロジェクト型 / 論文執筆 / STEAM / 情操 / 体験学習 / ボランティア / 人間力育成

教育目標▶校名の由来「開物成務」の精神に基づき，深い知識と豊かな教養，時代を切り拓く力を養う。
沿革▶1903年，開成中学校の分校・第二開成学校として創立。1909年に現校名へ改称。
施設▶ホール，和室（宿泊室），図書室，武道館，テニスコート，屋外温水プール，グラウンド，海洋教育センター，他。
学校長▶高橋　純
生徒数▶総数843名

	1年（8クラス）	2年（7クラス）	3年（7クラス）
男子	279名	281名	283名

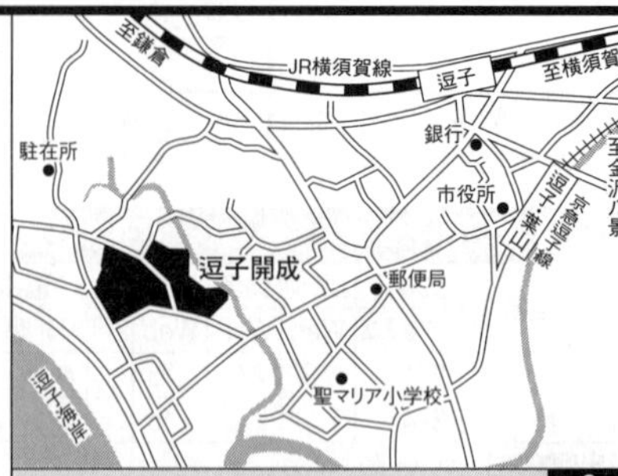

JR—逗子12分
京急逗子線—逗子・葉山12分
12分

独自の「海洋人間学」を柱に教科横断型の教育

自然豊かな逗子で，海を利用した学びをはじめとする実体験を重視した教育プログラムに取り組み，変化の激しい時代に対応し，乗り越える力を身につける。

学習 授業と家庭学習を両輪とした教科教育を実践。Google Classroomを活用し，授業プリントなどに自宅からアクセスできる。中3から選抜クラスを編成。英語はスピーチやエッセイライティングなどの「英語表現」を取り入れ，アウトプットの力を育成する。希望制授業の土曜講座は年間100講座を数え，外部専門家の協力も仰ぎつつ多彩な講座を設定。創立以来，海洋教育を展開。中学では自分たちで製作したヨットで海へ出る。中3の海外研修旅行のほか，希望制による国内外プログラム，高校対象の短・長期留学制度がある。

●**コース表**

中1	中2	中3	高1	高2	高3
一般クラス		選抜クラス		文系選抜	難関国公立文系
				理系選抜	難関国公立理系
		一般クラス		文系	国公立文系 私立文系
				理系	国公立理系 私立理系

キャリア教育 中1～高2まで，自分自身を見つめ，世界に視野を広げる総合学習「人間学」に取り組む。中3では自分史年表の作成や大学訪問，生き方講演会などの自己探求プログラムを用意。

学校生活 文武両道をめざし，平日のうち中学は週2日，高校は週3日に定め，33の部が活動。学校と家庭のコミュニケーションサイト「ゴンズイポータル」や危機・防災意識を高める防災教育も実施。

保護者MEMO

登校時刻▶8：15
最終下校時刻▶18：00
土曜日▶休校。行事やクラブを行う
昼食▶食堂／食品販売あり
携帯電話▶可
制服▶ブレザー
自転車通学▶可
カウンセラー▶週1日
保護者面談▶年2回
保護者会▶年2回
必修旅行▶ニュージーランド（中3），他
部活動▶中学は平日週2日

学費　初年度目安 141万円

(単位:円)	入学金	施設費	授業料	その他	合計
入学手続時	250,000	—	—	—	250,000
1年終了まで	—	180,000	480,000	503,710	1,163,710

●**奨学金・特待生**
なし

［その他］制服・指定品代，海外研修費，維持費，教材費・校外活動費，PTA会費，生徒会費，生徒会入会金。［寄付・学債］任意の寄付金（学校法人逗子開成学園教育環境充実資金「みらい募金」）1口5千円1口以上あり。
※上記は'22年度のもの。新年度について詳細は「受験生応援アプリ」にて公開（2023年5月～）。

首都圏模試　思考コード（単位：％）

〈第１回〉

読み取る力 ＼ 考える力	国語 A	国語 B	国語 C	算数 A	算数 B	算数 C
複雑 3				16		
2	4	44		11	20	
単純 1	13	39			53	

A=知識・理解思考　B=論理的思考　C=創造的思考

2024年度入試　合格の基準

	首都圏模試 ほぼ確実	首都圏模試 見込あり	首都圏模試 やや見込あり	四谷大塚 ほぼ確実	四谷大塚 見込あり	四谷大塚 やや見込あり
男子 〈①〉	69	66	60	57	53	48

ほぼ確実＝80％～／見込あり＝50～79％／やや見込あり＝20～49％

入試要項　2023年度参考　新年度日程はアプリへGO!　4科

試験名	試験日 ◎午後入試	出願締切 Web	発表 Web	手続 Web	2科	4科	適	英	他	面接	特待	募集数	応募数	受験数	合格数	実質倍率	偏差値
①	2/1	1/30	2/2	2/4		●						150	485	464	211	2.2	69
②	2/3	2/2	2/4	2/4		●						50	463	404	86	4.7	70
③	2/5	2/4	2/6	2/6		●						50	496	446	99	4.5	71

【出願方法】Web出願
【手続方法】一部をWeb納入。2/9までに残額納入
【受験料】25,000円

【帰国生入試】12/26（若干名募集）
※コロナ共通追試参加校

年度	試験名	募集数	応募数	受験数	合格数	実質倍率	偏差値
'22	①	150	423	415	205	2.0	69
	②	50	385	348	87	4.0	70
	③	50	390	352	96	3.7	71
'21	①	150	461	446	211	2.1	69
	②	50	417	374	84	4.5	70
	③	50	438	398	97	4.1	71

中学受験のプロがおすすめ！　併願校の例

特色	体験重視	文武両道	進学先（早慶上理）	留学制度
♠男子校 ♥女子校 ♣共学・別学校	♠聖光学院	♠浅野	♠慶應普通部	♣慶應湘南藤沢
	♠世田谷学園	♠鎌倉学園	♠サレジオ学院	♣中大附横浜
	♣神奈川大附	♣日大藤沢	♣公文国際	♣山手学院

併設高校の進路情報

四年制大学進学率73.4%
文系40／理系59／その他１（％）　医歯薬35名合格

指定校推薦▶利用状況は早稲田大３，慶應大２，上智大１，東京理科大２，明治大１，立教大２，中央大１，法政大１，国際基督教大１，北里大１など。ほかに都立大，学習院大，青山学院大，日本大，明治学院大，芝浦工大，立命館大など推薦枠あり。

海外大学合格状況▶Truman State University，Southwestern Oklahoma State University，University of Wisconsin-Superior，Illinois College，Menlo College，Hanover College（米），Charles University（チェコ），他。

'22年３月卒業生：259名　大学190名　他69名
短大０名　専門０名　就職０名

主な大学合格状況　'23年春については主要大学のみ巻末一覧に記載

大学名	'22	'21	'20	大学名	'22	'21	'20	大学名	'22	'21	'20
◇東京大	9	4	9	◇防衛医大	2	1	1	明治大	96	126	119
◇京都大	3	4	2	◇東京農工大	3	2	2	青山学院大	26	41	33
◇東工大	2	7	10	◇都立大	5	9	8	立教大	41	75	41
◇一橋大	7	6	1	◇横浜市大	4	3	2	中央大	49	72	66
◇千葉大	3	7	4	◇電通大	3	8	6	法政大	45	81	56
◇筑波大	2	1	7	早稲田大	62	65	95	日本大	44	90	80
◇横浜国大	14	22	22	慶應大	48	62	50	明治学院大	24	25	14
◇大阪大	1	2	1	上智大	30	41	37	神奈川大	26	24	47
◇北海道大	19	15	6	東京理科大	96	80	94	芝浦工大	50	65	73
◇東北大	8	5	11	学習院大	13	9	7	東京都市大	23	42	83

※各大学合格数は既卒生との合計。

見学ガイド　文化祭／説明会／校内見学会

聖光学院 中学校
（せいこうがくいん）

〒231−0837 神奈川県横浜市中区滝之上100 ☎045−621−2051

国際 / 海外研修 / 長期留学 / 第2外国語 / online英会話 / 21型 / 1人1台端末 / リモート体制 / プロジェクト型 / 論文執筆 / STEAM / 情操 / 体験学習 / ボランティア / 人間力育成

建学の精神▶カトリック的世界観にのっとり，人類普遍の価値を尊重する人格の形成，あわせて，高尚，かつ，有能なる社会の成員を育成する。
沿革▶1958年に創立。1961年高等学校を設置，現在に至る。2014年に新校舎完成。
施設▶講堂，和室，学年ラウンジ，理科実験室，聖堂，陶芸室，窯場，プール，テニスコート，ルーフガーデン，野球場，グラウンド，他。
学校長▶工藤　誠一
生徒数▶総数695名

	1年（5クラス）	2年（5クラス）	3年（5クラス）
男子	231名	235名	229名

JR―山手8分　🚶8分

学力と共に強い意志と優しい心を育む

カトリック的世界観の人格形成は普遍的なものという基本理念に立つ。生きる力を伝える「聖光塾」や社会科演習，芸術講座に力を入れ，豊かな人間性を育む。

学習 英数を中心に先取り教育を行い，一部科目では中3より高校の内容に入る。英語では家庭学習としてオンライン英会話講座を中2（必須）で実施。自分のレベルに合わせて受講できる。理数教育と情報教育を融合させた取り組みが特徴。中3より表計算の手法，データ解析を実践的に学ぶ。中2では土曜日の3・4時限目を使い，外部専門講師による「選択芸術講座」を開講。少人数グループに分かれて声楽や陶芸，演劇などの指導を受ける。中3の希望者対象に，カナダ，ニュージーランドへのホームステイを実施。

●コース表

中1	中2	中3	高1	高2	高3
共	通	履	修	理系（一般2クラス／選抜1クラス） 文系（一般2クラス／選抜1クラス）	

キャリア教育 校外での「選択社会科演習」を中3で行う。農業体験や野生生物観察，郷土芸能体験など3～7日間の講座を設定。プロの指導を受けながらの実地体験が現代社会に触れる機会となっている。

学校生活 全校でのミサや，聖書の教えを学ぶ機会がある。部活動は25の部があり，中1・中2は全員が参加。また部とは別に有志の活動を学校が承認・支援する「公認団体」が現在10～20団体以上ある。

保護者MEMO

登校時刻▶8：20
最終下校時刻▶17：40
土曜日▶毎週登校。平常授業4時間
昼食▶食堂／食品販売あり
携帯電話▶可
制服▶ブレザー
自転車通学▶不可
カウンセラー▶週1日
保護者面談▶年1回
保護者会▶年2回
必修旅行▶奈良・京都（中2），北海道（高2）
部活動▶週3日

学費　初年度目安 146万円

（単位:円）	入学金	施設費	授業料	その他	合計
入学手続時	250,000	—	—	—	250,000
1年終了まで	—	314,000	492,000	401,700	1,207,700

●奨学金・特待生
なし

［その他］制服・指定品代，維持費，旅行積立金，卒業記念積立金，聖光会費等。※別途諸経費（教材費，キャンプ費，検定・模試・講習等）あり。
［寄付・学債］なし。
※上記は'22年度のもの。新年度について詳細は「受験生応援アプリ」にて公開（2023年5月～）。

首都圏模試　思考コード（単位：%）

〈第１回〉

読み取る力＼考える力	国語 A	国語 B	国語 C	算数 A	算数 B	算数 C	理科 A	理科 B	理科 C	社会 A	社会 B	社会 C
複雑 3					18		15			4	9	
2		29		11	27		41			56		
単純 1	20	51			44		32	12		31		

A=知識・理解思考　B=論理的思考　C=創造的思考

2024年度入試　合格の基準

		首都圏模試 ほぼ確実	首都圏模試 見込あり	四谷大塚 ほぼ確実	四谷大塚 見込あり
男子	①	78	75	70	66
			やや見込あり 72		やや見込あり 62

ほぼ確実＝80%～／見込あり＝50～79%／やや見込あり＝20～49%

入試要項　2023年度参考　新年度日程はアプリへGO!　4科

試験名	試験日 ◎午後入試	出願締切 Web	発表 Web	手続 Web	2科	4科	適	英	他	面接	特待	募集数	応募数	受験数	合格数	実質倍率	偏差値
①	**2/2**	2/1	2/3	2/3		●						175	740	711	219	3.2	78
②	**2/4**	2/3	2/5	2/5		●						50	718	587	120	4.9	78

【出願方法】 Web出願
【手続方法】 一部をWeb納入。2/24までに残額納入
【受験料】 30,000円（入学手続者には未受験回分を返還）

【帰国生入試】 1/8（若干名募集）
※コロナ共通追試参加校

受験情報

国語，算数では，Bの問題が中心となります。特に算数ではBが９割程度となり，高度な論理的思考力が求められます。理科，社会ではAが中心となります。社会ではB3の出題もあり，知識や技術の獲得と共に論理的思考力が必要です。

年度	試験名	募集数	応募数	受験数	合格数	実質倍率	偏差値
'22	①	175	650	620	218	2.8	78
	②	50	628	496	121	4.1	78
'21	①	175	623	596	221	2.7	78
	②	50	622	500	124	4.0	78
'20	①	175	746	697	231	3.0	78
	②	50	738	612	105	5.8	78

中学受験のプロがおすすめ！ 併願校の例

特色	カトリック系	進学先(国公立)	フィールドワーク	ICT教育
♠男子校	♠栄光学園	♠筑波大駒場	♠早稲田	♣慶応湘南藤沢
♥女子校	♠サレジオ学院	♠麻布	♠浅野	♣渋谷教育渋谷
♣共学・別学校	♠暁星	♠芝	♠逗子開成	♣中大附横浜

併設高校の進路情報

四年制大学進学率82.5%
文系43／理系57／その他０（%）　医歯薬75名合格

指定校推薦▶利用状況は早稲田大３，上智大１，東京理科大２，国際基督教大１，東京都市大１など。ほかに学習院大，中央大，北里大，聖マリアンナ医大，明治薬科大など推薦枠あり。

海外大学合格状況▶Minerva University，University of California, San Diego，University of Pennsylvania，University of Washington（米），他。

'22年３月卒業生：228名

大学188名

短大０名　専門０名　就職０名　他40名

主な大学合格状況　'23年春については主要大学のみ巻末一覧に記載

大学名	'22	'21	'20	大学名	'22	'21	'20	大学名	'22	'21	'20
◇東京大	91	79	62	◇東京医歯大	4	0	5	立教大	1	11	5
◇京都大	6	4	9	◇防衛医大	6	3	12	中央大	11	28	26
◇東工大	6	6	5	◇横浜市大	10	11	9	法政大	17	18	9
◇一橋大	2	14	13	早稲田大	172	156	191	日本大	7	13	14
◇千葉大	0	2	6	慶應大	131	121	145	国際基督教大	4	2	1
◇筑波大	6	3	2	上智大	20	21	11	東京慈恵会医大	12	4	16
◇東京外大	2	1	2	東京理科大	70	49	65	昭和大	3	8	9
◇横浜国大	11	20	17	学習院大	2	1	0	日本医大	9	3	8
◇北海道大	6	1	6	明治大	44	46	44	国際医療福祉大	4	4	7
◇東北大	5	2	7	青山学院大	3	9	10	順天堂大	23	11	17

※各大学合格数は既卒生との合計。

見学ガイド　文化祭／説明会

藤嶺学園藤沢（とうれいがくえんふじさわ） 中学校

〒251－0001 神奈川県藤沢市西富1－7－1 ☎0466－23－3150

国際 海外研修 長期留学 第2外国語 online英会話 21型 1人1台端末 リモート体制 プロジェクト型 論文執筆 STEAM 情操 体験学習 ボランティア 人間力育成

教育目標▶「勇猛精進」と「質実剛健」を建学の精神とし，国際社会のリーダーの育成をめざす。
沿革▶1915年，財団法人私立藤嶺中學校創立を認可され，2015年に創立100周年を迎えた。
施設▶ホール，ICT教室，カウンセリング室，自習室，茶室，陶芸室，武道場，テニスコート，多目的人工芝グラウンド，宿泊研修室，他。
学校長▶佐野　健
生徒数▶総数295名

	1年（3クラス）	2年（4クラス）	3年（3クラス）
男子	91名	107名	97名

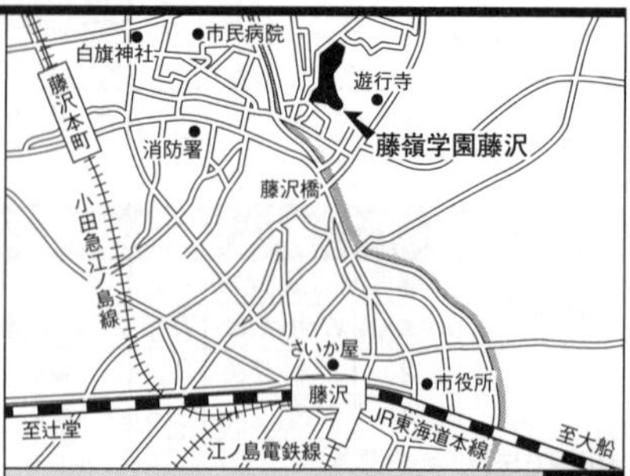

小田急江ノ島線―藤沢本町15分
JR・小田急江ノ島線―藤沢15分
15分

剣道・茶道での学びを礎とし世界へ羽ばたく人に

伝統作法を通して礼節を学び，6年一貫教育の土台をつくる。柔軟な発想と旺盛なチャレンジ精神を持って国際社会に太刀打ちできる，打たれ強い男子を育成。

学習 中高一貫の利点を生かし，中高の学びに継ぎ目のできない段階的なカリキュラムを編成。中1の英語と体育では，ネイティヴ教員と日本人教員とのティームティーチングを導入。中2からはネイティヴ教員による英会話の授業を行う。中3では卒業研究レポートを作成。土曜日の3・4時限に「藤嶺学林」を開講。多様な実践型講座を通じて自らの可能性を引き出し，高めていく。ほかにも体験から学ぶ機会を豊富に用意。希望制で，中3で北京研修，中3・高1では語学研修（オーストラリアまたはニュージーランド）などを実施。

●コース表

中1	中2	中3	高1	高2	高3
	共	通	履	修	理系 文系

キャリア教育 入学時に「夢の作文」を提出。中2では職業講演会を聞き，今何をすべきかを考える機会とする。中3での職業体験をきっかけに，職業観を育む。高校では受験に向けての意識を高めるための進学イベントを用意。大学説明会，大学出張講義などを開催する。

学校生活 剣道と茶道の授業を週1時間設定。中学は宗教の授業がある。柔道部，山岳部，新聞部など約30の部が活動中。

保護者MEMO

登校時刻▶8：30
最終下校時刻▶18：00
土曜日▶登校。平常授業
昼食▶弁当／食堂（中3から可）／食品販売あり
携帯電話▶許可制
制服▶ブレザー
自転車通学▶可
カウンセラー▶週2日
保護者面談▶年1回
保護者会▶年5回
必修旅行▶四国・長崎・沖縄から選択（高2）
部活動▶週3日

学費　　初年度目安 138万円

（単位:円）	入学金	施設費	授業料	その他	合計
入学手続時	200,000	200,000	—	—	400,000
1年終了まで	—	—	408,000	568,530	976,530

●奨学金・特待生
なし

［その他］制服・指定品代，教育推進費，冷暖房料，副教材費，自立学習指導料，実験実習料，行事費用積立金，各種会費，保健，通信等，ロッカー代，振替手数料。
［寄付・学債］なし。
※上記は'22年度のもの。新年度について詳細は「受験生応援アプリ」にて公開（2023年5月～）。

首都圏模試　思考コード　(単位：%)

〈2科4科第1回〉

読み取る力 ＼ 考える力	国語 A	国語 B	国語 C	算数 A	算数 B	算数 C
複雑 3				5		
2				55	5	
単純 1	32	58	10	10	25	

A=知識・理解思考　B=論理的思考　C=創造的思考

2024年度入試　合格の基準

		首都圏模試 ほぼ確実	首都圏模試 見込あり	四谷大塚 ほぼ確実	四谷大塚 見込あり
男子	〈2科4科①〉	45	42	38	35
			やや見込あり 39		やや見込あり 31

ほぼ確実＝80%／見込あり＝50～79%／やや見込あり＝20～49%

入試要項　2023年度参考　新年度日程はアプリへGO!　2科 4科 他

試験名	試験日 ◎午後入試	出願締切 Web	発表 Web	手続 Web	2科	4科	適	英	他	面接	特待	募集数	応募数	受験数	合格数	実質倍率	偏差値
2科・4科①	2/1	1/30	当日	2/4延	●	●						60	37	35	110	1.5	45
2科	2/1 ◎	1/30	当日	2/4延	●								135	132			49
得意2科A	2/2 ◎	当日	当日	2/4延	＊				＊			25	108	63	45	1.4	49
2科・4科②	2/3	当日	当日	2/4延	●	●						10	57	22	11	2.0	47
得意2科B	2/5	当日	当日	2/6延	＊				＊			10	63	18	13	1.4	44

＊国算または国社，国理，算理，算社のいずれかを選択

【出願方法】 Web出願
【手続方法】 Web納入。2/8まで一部延納可。2/11までの入学辞退者には一部返還
【受験料】 20,000円（同時出願は2回30,000円，3回40,000円，4回45,000円，5回50,000円）

【帰国生入試】 12/17（若干名募集）

中学受験のプロがおすすめ!　併願校の例

特色	体験重視	論文(自由研究)	ICT教育	ティームティーチング
♠男子校 ♥女子校 ♣共学・別学校	♣日大藤沢	♣日大三	♣関東学院	♣湘南学園
	♣玉川学園	♣横浜富士見丘	♣自修館中等	♣東海大相模
	♠横浜	♣横浜翠陵	♣鶴見大附	♣聖ヨゼフ

併設高校の進路情報

四年制大学進学率79.7%
文系48／理系52／その他0（%）

指定校推薦▶東京理科大，学習院大，明治大，青山学院大，中央大，日本大，東洋大，駒澤大，専修大，東海大，帝京大，成城大，明治学院大，神奈川大，芝浦工大，東京電機大，武蔵大，玉川大，工学院大，東京都市大，立正大，千葉工大，桜美林大，関東学院大，杏林大，東邦大，昭和薬科大，日本薬科大，東京歯大，日本歯大，神奈川歯大，関西学院大，武蔵野大，東京農大など推薦枠あり。

海外大学合格状況▶Douglas College（カナダ），他。

'22年3月卒業生：177名

大学141名　短大1名／専門7名／就職4名／他24名

主な大学合格状況　'23年春については主要大学のみ巻末一覧に記載

大学名	'22	'21	'20	大学名	'22	'21	'20	大学名	'22	'21	'20
◇千葉大	0	1	0	明治大	6	8	11	帝京大	12	8	9
◇横浜国大	0	2	1	青山学院大	3	8	10	國學院大	10	3	5
◇東北大	0	1	0	立教大	1	10	11	成城大	4	2	2
◇九州大	1	0	0	中央大	11	22	5	明治学院大	11	9	7
◇静岡大	1	0	2	法政大	10	7	4	神奈川大	24	17	15
早稲田大	0	1	1	日本大	29	24	37	芝浦工大	15	9	4
慶應大	0	0	3	東洋大	10	12	15	工学院大	5	10	8
上智大	5	2	5	駒澤大	6	5	4	東京都市大	9	13	13
東京理科大	1	8	3	専修大	32	9	10	関東学院大	19	18	14
学習院大	2	3	2	東海大	35	30	33	東京農大	14	5	11

※各大学合格数は既卒生との合計。

見学ガイド 説明会／オープンスクール／サマースクール

高校募集 あり　高1より全体が混合。　高1内訳　一貫生 5名　279名 高入生

武相（ぶそう）中学校

〒222－0023　神奈川県横浜市港北区仲手原 2－34－1　☎045－401－9042

国際 / 海外研修 / 長期留学 / 第2外国語 / online英会話 / 21型 / 1人1台端末 / リモート体制 / プロジェクト型 / 論文執筆 / STEAM / 情操 / 体験学習 / ボランティア / 人間力育成

建学の精神▶「道義昂揚」「個性伸張」「実行徹底」を掲げ，豊かな人間性を持つ社会人を育成。
沿革▶石野瑛により1942年創立。学制改革により1947年に中学校，1948年に高等学校を設置。
施設▶多目的ホール，情報処理教室，理科教室，マルチアリーナ，トレーニングルーム，テニスコート，柔道場，プール，グラウンド，他。
学校長▶矢口　浩幸
生徒数▶総数46名

	1年（1クラス）	2年（1クラス）	3年（1クラス）
男子	19名	12名	15名

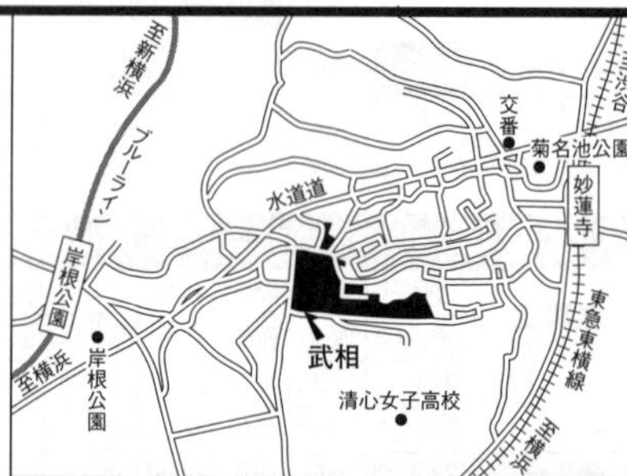

東急東横線―妙蓮寺10分　横浜市営地下鉄―根岸公園10分　JR―鶴見からバス武相台2分　10分

一人ひとりの輝きを認め合い育てる学校

「集団行動」を通じて，互いに助け合う精神を育む。学習面，生活面において生徒一人ひとりに寄り添った指導を行い，個性を伸ばしていく。

学習 各クラスの担任教師を固定せず，複数の教師で指導をする学年担任制を取り入れ，いろいろな角度から生徒一人ひとりの個性を見出し伸ばしていく。通常授業に加えて小テストを実施し，基礎学力の定着と苦手教科の克服をはかる。さらに，通年で補習を，長期休暇中には補講も実施している。英検・数学検定のほか，ニュース時事能力検定などの対策指導も行う。英語はネイティヴ教員による耳から英語に親しむ授業を展開する。体育では「集団行動」を教材の柱とし，率先垂範を身につける安全教育を実施している。

●コース表

中1	中2	中3	高1	高2	高3
共通履修			進学コース特進クラス		
			進学コース ┌文系 └理系		
			総合コース		
			体育コース		

キャリア教育 大学入試改革を念頭におき，高1より「入試のしくみ」「職業理解」「学部・学科理解」など継続的なセミナーを実施。また多種多様な補習や模試を通年・夏期・冬期・春期に開講。生徒が将来の生き方・職業を主体的に考え，選択・決定するための機会を数多く設ける。

学校生活 県内屈指のスポーツ強豪校。中高合同で活動し，切磋琢磨し合う。生徒の自主性を重んじ自己形成につなげる。

保護者MEMO

登校時刻▶8：35
最終下校時刻▶20：00
土曜日▶隔週登校
昼食▶食堂／食品販売あり
携帯電話▶可
制服▶ブレザー
自転車通学▶可（高校）
カウンセラー▶常駐
保護者面談▶年2回
保護者会▶―
必修旅行▶スキー教室（中学）
部活動▶原則週4日

学費　初年度目安 116万円

（単位:円）	入学金	施設費	授業料	その他	合計
入学手続時	200,000	200,000	―	―	400,000
1年終了まで	―	―	420,000	338,815	758,815

［その他］制服・指定品代，修学旅行費，維持費，学年預り金，PTA会費，後援会費，生徒会費。
［寄付・学債］なし。
※上記は'22年度のもの。新年度について詳細は「受験生応援アプリ」にて公開（2023年5月〜）。

●**奨学金・特待生**
S：入学金，施設費，授業料・維持費・各種会費，制服等贈呈／A：授業料・維持費／B：入学金，施設費，他

首都圏模試 思考コード (単位：%)

読み取る力						
複雑 3						
2			データなし			
単純 1						
考える力	A	B	C	A	B	C

A=知識・理解思考　B=論理的思考　C=創造的思考

2024年度入試 合格の基準

		首都圏模試 ほぼ確実	首都圏模試 見込あり	四谷大塚 ほぼ確実	四谷大塚 見込あり
男子	〈①〉	39	33	30	25
			やや見込あり 30		やや見込あり 20

ほぼ確実＝80%～／見込あり＝50～79%／やや見込あり＝20～49%

入試要項 2023年度参考　新年度日程はアプリへGO!　2科 他

試験名	試験日 ◎午後入試	出願締切 Web	発表 Web	手続 Web	選抜方法 2科	4科	適	英	他	面接	特待	募集数	応募数	受験数	合格数	実質倍率	偏差値
①	2/1	2/26	当日	2/7	●						●	15	10	9	9	1.0	39
②(得意1科目)	2/1 ◎	2/26	当日	2/7					＊1	＊2	●	10	15	9	9	1.0	40
③	2/2	2/26	当日	2/7	●						●	15	3	0	0	—	39
④(得意1科目)	2/2 ◎	2/26	当日	2/7					＊1	＊2	●	10	15	7	7	1.0	40
⑤	2/4	2/26	当日	2/7	●						●	10	10	2	2	1.0	39

＊1　国算理社から1科目選択　＊2　個人面接（自己PR）
※通知表コピー

【出願方法】 Web出願後，書類郵送。当日窓口可
【手続方法】 Web納入
【受験料】 20,000円（同時出願は2回まで可）

【帰国生入試】 —

中学受験のプロがおすすめ! 併願校の例

特色	スポーツ強豪校	面倒見	体験重視	特待生制度
♠男子校 ♥女子校 ♣共学・別学校	♠藤嶺藤沢	♣横須賀学院	♣関東六浦	♣横浜創英
	♣東海大相模	♣横浜翠陵	♣鶴見大附	♣文教大付
	♠横浜	♣目黒学院	♣横浜隼人	♣大西学園

併設高校の進路情報

四年制大学進学率64.5%
文系61／理系23／その他16(%)　医歯薬2名合格

指定校推薦▶利用状況は日本大2，東洋大1，駒澤大2，専修大2，亜細亜大4，帝京大3，神奈川大9，東京電機大3，玉川大3，工学院大3，東京都市大4，立正大2，国士舘大3，東京経済大1，千葉工大2，桜美林大1，関東学院大6，杏林大1，国際医療福祉大1，武蔵野大1，明星大2，文教大2，二松學舎大2，帝京平成大3，東京工科大1，産業能率大1，城西大1，目白大1など。

'22年3月卒業生：296名

大学191名　短大8名　専門59名　就職18名　他20名

主な大学合格状況

'23年春については主要大学のみ巻末一覧に記載

大学名	'22	'21	'20	大学名	'22	'21	'20	大学名	'22	'21	'20
◇筑波大	0	0	1	明治大	2	2	1	神奈川大	11	20	7
◇横浜国大	0	0	1	青山学院大	1	1	1	玉川大	6	1	2
◇都立大	0	1	0	中央大	7	4	2	東京都市大	6	5	4
◇電通大	1	0	0	法政大	4	3	4	立正大	5	3	3
◇県立保健福祉大	0	1	1	日本大	12	9	14	国士舘大	9	8	5
早稲田大	2	1	0	東洋大	4	5	4	桜美林大	3	4	4
慶應大	0	0	1	駒澤大	8	5	6	関東学院大	10	12	10
上智大	1	0	0	専修大	5	11	3	東京工科大	3	5	4
東京理科大	1	2	1	東海大	8	15	10	多摩大	7	3	4
学習院大	0	2	0	帝京大	13	4	5	神奈川工科大	4	5	1

※各大学合格数は既卒生との合計。

見学ガイド 説明会／オープンキャンパス／個別相談会

横浜（よこはま）中学校

〒236－0053　神奈川県横浜市金沢区能見台通 47－1　☎045－781－3395

教育理念▶「信頼を受くる人となれ」など三条五訓を掲げ，一流の能力を持つ「文の精鋭」を育成する。
沿革▶1942年に横浜基督教青年会館を仮校舎として創立。中学校は一時休止を経て1985年に再開。2020年より併設高校を共学化。
施設▶小講堂，カウンセリング室，学習室，トレーニングルーム，コモンルーム，グラウンド，他。
学校長▶葛　蔵造
生徒数▶総数66名

	1年（1クラス）	2年（1クラス）	3年（1クラス）
男子	20名	19名	27名

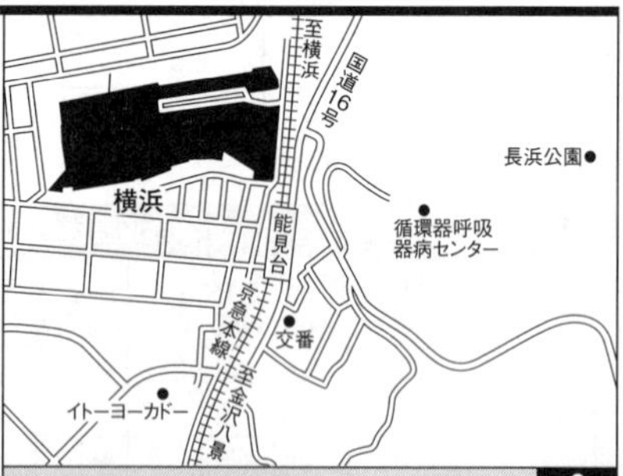

京急本線一能見台２分　徒歩2分

思いやりの心を持ち，グローバルに活躍できる人材へ

グローバル教育・ライフデザイン教育・深い学びを３つの柱に，21世紀を生き抜く力を育成する。柔軟な思考力や発信力，将来を見据える目を養う。

学習 中学では自律的に学習を継続する姿勢と土台となる基礎学力を養う。中１・中２は英数で習熟度別授業を展開。中３・高１では英数国でグレード別クラスを編成。中高６年間を通じ独自の学習支援プログラム「YSAP」を導入。学習室には学習サポーターや大学生チューターを配置し，個々に応じて学習をサポートする。中１（全員）はアメリカンキャンプや隔週で１時間「国際理解」の授業を展開。選抜制でアメリカの提携大学での研修もある。高校ではニュージーランドへの研修・短期留学制度が整う。野外炊飯やラフティング，博物館見学など校外での体験学習も充実。

キャリア教育 独自のライフデザイン教育を実施。中学では職業調べや保護者による職業講座を通じ社会観・職業観を養う。高校では将来のイメージをより具体的なものにし，大学の先を見据えた進路指導を行う。

学校生活 中学のみでは科学，歴史，英語，鉄道研究，アマチュア無線クラブが活動中。運動部など中高合同の部や，中学生が準加入できる高校の部もある。

●コース表

中1	中2	中3	高1	高2	高3
共通履修			アドバンスコース プレミアコース アクティブコース		

※高校は共学。一貫生は原則アドバンスコースに進学。全コース高2より文系／理系

保護者MEMO

登校時刻▶8：30
最終下校時刻▶18：00
土曜日▶隔週登校。平常授業４時間
昼食▶食堂／食品販売あり
携帯電話▶可
制服▶襟詰
自転車通学▶可
カウンセラー▶週３日
保護者面談▶年２回
保護者会▶年３回
必修旅行▶北海道（中３）
部活動▶活動日は部による

学費　　初年度目安 111万円

（単位：円）	入学金	施設費	授業料	その他	合計
入学手続時	200,000	200,000	—	—	400,000
1年終了まで	—	—	444,000	269,000	713,000

●奨学金・特待生
入学金，施設費

［その他］教育環境維持費・諸費，教材費・行事費。※別途制服・指定品代，修学旅行費等あり。
［寄付・学債］なし。
※上記は'22年度のもの。新年度について詳細は「受験生応援アプリ」にて公開（2023年５月～）。

首都圏模試　思考コード　(単位:%)

読み取る力	A	B	C	A	B	C
複雑 3						
2			データなし			
単純 1						

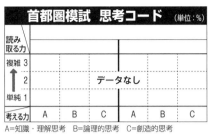

A=知識・理解思考　B=論理的思考　C=創造的思考

2024年度入試　合格の基準

		首都圏模試 ほぼ確実	首都圏模試 見込あり	四谷大塚 ほぼ確実	四谷大塚 見込あり
男子	〈①〉	41	37	33	28
			やや見込あり 32		やや見込あり 23

ほぼ確実＝80%～／見込あり＝50～79%／やや見込あり＝20～49%

入試要項　2023年度参考　新年度日程はアプリへGO!　2科　4科

試験名	試験日 ◎午後入試	出願締切 Web	発表 Web	手続 Web	2科	4科	適	英	他	面接	特待	募集数	応募数	受験数	合格数	実質倍率	偏差値
①	2/1	当日	当日	2/4	●						●	15	10	9	7	1.3	41
						●							4	4	2	2.0	
②	2/2 ◎	当日	当日	2/4	●						●	15	9	4	3	1.3	41
						●							8	7	5	1.4	
③	2/3 ◎	当日	当日	2/4	●						●	5	14	8	8	1.0	41
						●							6	2	2	1.0	

※②③の4科は，万一集合時間に間に合わない事態が生じた場合は，電話連絡のうえ2科に変更可

【出願方法】 Web出願
【手続方法】 Web納入。3/31までの入学辞退者には一部返還
【受験料】 20,000円（2回目以降1回につき10,000円）

【帰国生入試】 ―

中学受験のプロがおすすめ!　併願校の例

特色	キャリア教育	学習サポート	留学制度	ティームティーチング
♠男子校	♣横浜創英	♣関東六浦	♣横須賀学院	♠藤嶺藤沢
♥女子校	♣関東六浦	♣立正大立正	♣横浜翠陵	♣聖ヨゼフ
♣共学・別学校	♣大西学園	♠武相	♣目黒学院	♣アレセイア湘南

併設高校の進路情報

四年制大学進学率65.6%
文系・理系の割合 未集計

指定校推薦▶東京理科大，学習院大，明治大，立教大，法政大，日本大，東洋大，駒澤大，専修大，東海大，亜細亜大，帝京大，國學院大，成蹊大，明治学院大，神奈川大，芝浦工大，東京電機大など推薦枠あり。

海外大学合格状況▶アメリカ，フィリピン，オーストラリア，カナダ，台湾の9大学との高大接続提携による進学制度あり。

'22年3月卒業生：337名
('23年3月まで男子のみ)

大学221名　短大7名　専門55名　就職25名　他29名

主な大学合格状況　'23年春については主要大学のみ巻末一覧に記載

大学名	'22	'21	'20	大学名	'22	'21	'20	大学名	'22	'21	'20
◇横浜国大	1	0	1	青山学院大	0	1	0	國學院大	2	2	2
◇埼玉大	1	0	0	立教大	0	1	2	明治学院大	1	5	6
◇横浜市大	1	0	1	中央大	0	0	3	神奈川大	2	15	13
◇山梨大	1	0	0	法政大	0	2	4	玉川大	7	2	1
◇都留文科大	1	0	0	日本大	8	10	12	国士舘大	3	2	2
慶應大	0	0	1	東洋大	1	0	3	桜美林大	5	9	9
上智大	0	0	1	駒澤大	0	3	9	関東学院大	18	1	14
東京理科大	0	3	5	東海大	4	9	2	帝京平成大	5	4	1
学習院大	0	1	2	亜細亜大	1	1	2	麻布大	5	1	1
明治大	0	2	2	帝京大	6	1	3	神奈川工科大	11	10	2

※各大学合格数は既卒生との合計。

見学ガイド　文化祭／説明会／学校説明会

青山学院横浜英和 中学校

（あおやまがくいんよこはまえいわ）

〒232－8580 神奈川県横浜市南区蒔田町 124 ☎045－731－2862

国際 海外研修 長期留学 第2外国語 online英会話 21型 1人1台端末 リモート体制 プロジェクト型 論文執筆 STEAM 情操 体験学習 ボランティア 人間力育成

教育方針▶「心を清め 人に仕えよ」を校訓に，神を畏れ，自立し，隣人と共に生きることを方針に据える。

沿革▶1880年創立のブリテン女学校が前身。2016年より青山学院大学の系属校となり校名変更，2018年女子校から共学化。

施設▶ホール，礼拝堂，和室，自習室，グローバルルーム，テニスコート，グラウンド，他。

学校長▶小久保 光世

生徒数▶総数568名 併設小からの進学者を含む。

	1年（4クラス）	2年（4クラス）	3年（5クラス）
男子	48名	49名	47名
女子	137名	120名	167名
内進生内数	男12名 女42名	男12名 女46名	男3名 女57名

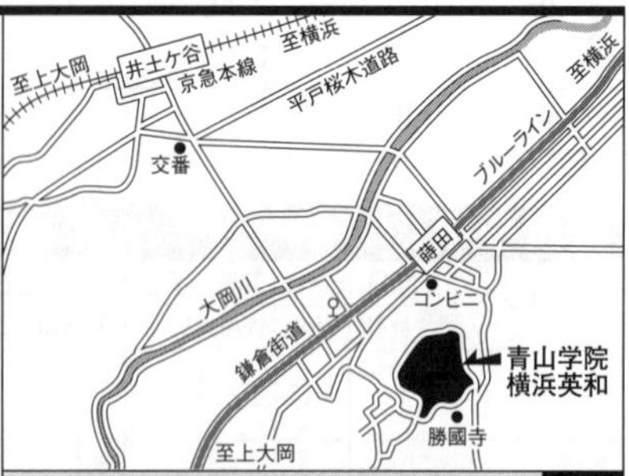

市営地下鉄ー蒔田8分 京急本線ー井土ケ谷18分，またはバス通町1丁目10分 8分

将来を見据え，豊かな人格と確かな学力を育む

キリスト教教育・キャリア教育・グローバル教育を柱とし，時代の変化に対応した学びを実践。国際社会，情報社会に必要な知識とスキルの修得を掲げる。

学習 英語は中学3年間で自身の意見や経験を英語で述べることを目標に音声と語彙，基本的な文法を学ぶ。高校では200語程度の自由英作文やプレゼンテーションに取り組み，発信力を身につける。希望者対象の姉妹校・提携校での海外研修や短期留学制度も充実。科学的に探究する力と態度を養うため，各学年の理科の授業で探究活動を実施。自らがもった疑問について調査・実験・アンケートをまとめ，クラスと学年による研究発表を行う。ICTスキルだけでなく情報でソフトの実践的な活用も学ぶ。

●コース表

中1	中2	中3	高1	高2	高3
共	通	履	修	希望進路に応じた選択制	

キャリア教育 6年間を通したキャリア指導を実施。自己の適性認識と職業意識の育成を図り，社会的自立と他者への貢献をめざして進路を決定。また，青山学院大学との連携プログラムがある。

学校生活 毎日の礼拝や聖書の授業，修養会などの行事を通し，プロテスタントのキリスト教精神を養う。クラブ活動や生徒会活動の拠点となる「スチューデントセンター・オリーブ」が完成（2021年）。

保護者MEMO

登校時刻▶8：15
最終下校時刻▶18：00
土曜日▶休校。行事や部活動を行う
昼食▶給食／食品販売あり
携帯電話▶許可制
制服▶ブレザー
自転車通学▶不可
カウンセラー▶常駐
保護者面談▶年1回
保護者会▶年2回
必修旅行▶広島・京都（中3），カナダ（高1）
部活動▶週4日以内

学費 初年度目安 133万円

（単位:円）	入学金	施設費	授業料	その他	合計
入学手続時	280,000	120,000	―	―	400,000
1年終了まで	―	84,000	528,000	319,300	931,300

●奨学金・特待生
なし

［その他］制服・指定品代，修学旅行費，海外研修費，教育充実費，PTA会費・後援会費，クラブ振興・生徒会費，安全管理費，給食費。
［寄付・学債］任意の寄付金（施設設備寄付金）1口5万円2口以上あり。
※上記は'22年度のもの。新年度について詳細は「受験生応援アプリ」にて公開（2023年5月～）。

首都圏模試　思考コード（単位：%）

読み取る力＼考える力	〈A〉国語 A	国語 B	国語 C	算数 A	算数 B	算数 C
複雑 3				12		
2	6	14		28	12	
単純 1	20	60			48	

A=知識・理解思考　B=論理的思考　C=創造的思考

2024年度入試　合格の基準

		首都圏模試 ほぼ確実	首都圏模試 見込あり／やや見込あり	四谷大塚 ほぼ確実	四谷大塚 見込あり／やや見込あり
男子	〈A〉	66	62／57	55	52／48
女子	〈A〉	67	64／59	57	54／50

ほぼ確実＝80%～／見込あり＝50～79%／やや見込あり＝20～49%

入試要項　2023年度参考　新年度日程は アプリへGO!　2科 4科

試験名	試験日 ◎午後入試	出願締切 Web	発表 Web	手続 Web	2科	4科	適	英	他	面接	特待	募集数	応募数	受験数	合格数	実質倍率	偏差値
A	2/1	1/31	当日	2/5		●						60	男102(8)	90(8)	27(3)	3.3	66
													女226(8)	214(8)	69(3)	3.1	67
B	2/2 ◎	当日	当日	2/5	●							30	男 200	154	24	6.4	68
													女 404	325	65	5.0	69
C	2/3 ◎	当日	当日	2/5	●							30	男 209	155	13	11.9	69
													女 393	276	34	8.1	70

【出願方法】Web出願　**【手続方法】**Web納入。2/5までに入学金，2/10までに施設費を納入。
【受験料】20,000円（同時出願は２回35,000円，３回45,000円）

【帰国生入試】2/1（Ａ日程に10名を含む）　（注）（　）内は帰国生で内数。

年度	試験名	募集数	応募数	受験数	合格数	実質倍率	偏差値
'22	A	60	男 93	85	36	2.4	66
			女 147	135	51	2.6	67
	B	50	男 155	111	24	4.6	68
			女 292	220	70	3.1	70
	C	30	男 211	150	14	10.7	68
			女 331	234	39	6.0	69

中学受験のプロがおすすめ！　併願校の例

特色	男 ICT教育	男 キャリア教育	男 系列大推薦あり	女 ICT教育	女 キャリア教育	女 系列大推薦あり
♠男子校	♣中大附横浜	♠サレジオ学院	♣青山学院	♣中大附横浜	♥横浜共立	♣青山学院
♥女子校	♠鎌倉学園	♣神奈川大附	♣法政二	♥鎌倉女学院	♣神奈川大附	♣法政二
♣共学・別学校	♣日大藤沢	♣関東学院	♣日本大学	♣日大藤沢	♣関東学院	♣日本大学

併設高校の進路情報

四年制大学進学率93%
文系88／理系12／その他０（%）　医歯薬17名合格

内部推薦▶青山学院大学へ84名（文18，教育人間科２，法17，経営13，経済３，国際政治経済９，総合文化政策13，社会情報４，理工１，地球社会共生３，コミュニティ人間科１）が系属校推薦で進学。

指定校推薦▶利用状況は立教大１，日本大２など。ほかに学習院大，法政大，国際基督教大，成城大，明治学院大，芝浦工大，東京女子大，東京都市大，聖心女子大，白百合女子大，清泉女子大，フェリス女学院大，東洋英和女学院大など推薦枠あり。

'22年３月卒業生：157名　大学146名　短大２名　専門２名　就職０名　他７名

主な大学合格状況　'23年春については主要大学のみ巻末一覧に記載

大学名	'22	'21	'20	大学名	'22	'21	'20	大学名	'22	'21	'20
◇横浜国大	2	2	0	青山学院大	86	53	12	明治学院大	3	1	4
◇防衛医大	0	1	0	立教大	2	1	4	神奈川大	3	3	5
◇東京藝術大	1	0	0	中央大	2	0	3	日本女子大	3	5	1
◇都立大	1	0	0	法政大	2	3	3	玉川大	6	2	2
◇横浜市大	1	0	2	日本大	6	7	4	大妻女子大	1	6	6
早稲田大	2	1	0	東洋大	3	1	6	昭和大	1	2	2
慶應大	3	2	0	専修大	2	2	1	星薬科大	1	1	3
上智大	3	0	0	東海大	9	1	12	多摩美大	3	4	3
東京理科大	2	2	0	帝京大	2	4	4	フェリス女学院大	3	6	3
明治大	3	5	1	国際基督教大	1	2	0	東洋英和女学院大	10	12	5

※各大学合格数は既卒生との合計。

見学ガイド　文化祭／説明会／キャンパス見学会

アレセイア湘南（しょうなん）中学校

αληθεια

〒253−0031　神奈川県茅ヶ崎市富士見町 5−2　☎0467−87−7760

国際 / 海外研修 / 長期留学 / 第2外国語 / online英会話 / 21型 / 1人1台端末 / リモート体制 / プロジェクト型 / 論文執筆 / STEAM / 情操 / 体験学習 / ボランティア / 人間力育成

建学の精神▶キリスト教信仰に基づき，隣人を愛する人，真の平和をつくるまことの人を世に送り出す。
沿革▶1946年開校の平和女学校を前身とする。1999年に現校名へ改称し共学化。
施設▶ホール，講堂（パイプオルガン），和室（作法室），図書館，学習室，テニスコート，アーチェリー場，ゴルフ練習場，グラウンド，他。
学校長▶山田　信幸
生徒数▶総数123名　併設小からの進学者を含む。

	1年（2クラス）	2年（2クラス）	3年（2クラス）
男子	27名	28名	26名
女子	11名	12名	19名
内進生内数	男3名 女1名	男1名 女1名	男5名 女3名

JR―辻堂・茅ヶ崎よりバス平和学園前（辻堂よりスクールバスあり） 8分

世界平和の実現に貢献できる人を育てる

「小さな平和」から「大きな平和」をコンセプトに，「言語力」「思考力」「たくましさ」，そして「英語力」の4つの力を伸ばすグローバル教育カリキュラムを実践。

学習 繰り返す体験学習，ワークショップ，プレゼンテーションにより，母国語で考えを伝える「発信力」を養う。全員がタブレット端末を文房具として活用し，これからの時代に必要なスキルを身につける。「実践的な英語力」を伸ばすネイティヴ教員の授業は少人数で週3時間。放課後にはオールイングリッシュで学ぶ国際英語塾にも参加が可能。中学では少人数でしっかりじっくり学び，高校からは「特進」と「探求」の2コースに分かれて目的別に学ぶ。AI学習支援システムも活用して基礎学力を定着させ，学習クリニック・フォローアップ（指名制）とアドバンスト（希望制）で力を伸ばす。高校では土曜，長期休みにセミナーがある。

キャリア教育 中2では社会を知り，人間力をつけるため職業体験を実施。生徒自らが体験したい職業を選択し，会社を調べて体験学習の申し込みをする。

学校生活 ホームルーム後に記念講堂で礼拝を行う。バスケットボール部やアーチェリー部，ハンドベル部などが活発。

●コース表

中1	中2	中3	高1	高2	高3
共通履修			特進	理系クラス	
				文系クラス	
			探求	希望進路に応じた選択制	

保護者MEMO

登校時刻▶8：30
最終下校時刻▶18：00
土曜日▶休校。講習やクラブを行う
昼食▶給食／食品販売あり
携帯電話▶許可制
制服▶ブレザー
自転車通学▶可
カウンセラー▶週1日
保護者面談▶年1回
保護者会▶年3回
必修旅行▶コロナ禍のため，流動的に検討
部活動▶平日は週1日休む

学費　初年度目安 107万円

（単位:円）	入学金	施設費	授業料	その他	合計
入学手続時	210,000	200,000	—	—	410,000
1年終了まで	—	48,000	360,000	252,600	660,600

●奨学金・特待生
入学金・施設拡充費，制服（指定品一式）贈呈

［その他］制服・指定品代，学習費，ICT教育費，修養会費，保護者会費，後援会費，生徒会費。
※別途学年諸費,研修費,修学旅行費等あり。
［寄付・学債］任意の寄付金1口5万円1口以上あり。
※上記は'22年度のもの。新年度について詳細は「受験生応援アプリ」にて公開（2023年5月〜）。

首都圏模試　思考コード（単位：%）

読み取る力

複雑 3 / 2 / 単純 1

データなし

考える力　A　B　C　A　B　C

A=知識・理解思考　B=論理的思考　C=創造的思考

2024年度入試　合格の基準

		首都圏模試			四谷大塚		
		ほぼ確実	見込あり	やや見込あり	ほぼ確実	見込あり	やや見込あり
男子	〈①午前〉	39	34	30	30	25	20
女子	〈①午前〉	39	34	30	30	25	20

ほぼ確実＝80％～／見込あり＝50～79％／やや見込あり＝20～49％

入試要項　2023年度参考　新年度日程はアプリへGO!　2科 4科 英

試験名		試験日 ◎午後入試	出願締切 Web	発表 Web	手続 Web	選抜方法 2科	4科	適	英	他	面接	特待	募集数	応募数	受験数	合格数	実質倍率	偏差値
①	午前	2/1	当日	当日	2/8延	●	●						40	15	15	9	1.7	男39 女39
①	午後	2/1 ◎	当日	当日	2/8延	●	●							12	12	8	1.5	男39 女39
ポテンシャル①		2/1	当日	当日	2/8延	●					＊1			20	20	9	2.2	男39 女39
グローバル		2/1	当日	当日	2/8延				＊2		＊2			5	5	1	5.0	男39 女39
②	午前	2/2	当日	当日	2/8延	●							30	10	8	4	2.0	男38 女38
②	午後	2/2 ◎	当日	当日	2/8延	●								8	5	4	1.3	男39 女39
ポテンシャル②		2/2	当日	当日	2/8延	●					＊1			15	13	5	2.6	男39 女39
③	午前	2/4	当日	当日	2/8延	●							10	14	11	6	1.8	男39 女39
③	午後	2/4 ◎	当日	当日	2/8延	●								14	10	3	3.3	男38 女38
特待生		2/4	当日	当日	2/8延	●						●		32	13	3	4.3	男40 女40

＊1　個人面接　＊2　国英または算英＋面接（日本語）
※①②③で数学検定5級（1次，2次）以上合格者は算数試験を免除

【出願方法】 Web出願。該当者は数学検定合格証のコピーを試験当日集合時間までに提出
【手続方法】 窓口で書類受取のうえWeb納入。2/17まで一部延納可
【受験料】 20,000円（出願は各試験日1回，合計3回まで可。2，3回目は10,000円）

【帰国生入試】 グローバル入試またはポテンシャル入試に含む

中学受験のプロがおすすめ！　併願校の例

特色	男 表現力育成	男 ネイティヴ常駐	男 特待生制度	女 表現力育成	女 ネイティヴ常駐	女 特待生制度
♠男子校 ♥女子校 ♣共学・別学校	♣関東六浦	♠藤嶺藤沢	♣横浜創英	♣横須賀学院	♥聖園女学院	♣横浜創英
	♣鶴見大附	♣横浜富士見丘	♣横浜隼人	♣関東六浦	♣横浜富士見丘	♣横浜隼人
	♠横浜	♣大西学園	♣相洋	♥緑ヶ丘女子	♣大西学園	♣相洋

併設高校の進路情報

四年制大学進学率71.7%
文系・理系割合 非公表　医歯薬3名合格

指定校推薦▶利用状況は横浜市大1，国際基督教大1，明治学院大16，関東学院大10，白百合女子大2，フェリス女学院大4，東洋英和女学院大4など。ほかに日本大，東海大，帝京大，神奈川大，東京電機大，玉川大，桜美林大，大妻女子大，杏林大，実践女子大，文教大，二松學舍大，拓殖大，産業能率大，横浜薬科大，湘南医療大など推薦枠あり。

海外大学合格状況▶De Montfort University,」University of the West of England（英），他。

'22年3月卒業生：251名

大学180名　短大11名　専門36名　就職3名　他21名

主な大学合格状況　'23年春については主要大学のみ巻末一覧に記載

大学名	'22	'21	'20	大学名	'22	'21	'20	大学名	'22	'21	'20
◇東工大	0	0	1	学習院大	3	0	0	東海大	18	18	10
◇横浜国大	1	0	0	明治大	5	1	1	帝京大	9	9	4
◇東京藝術大	1	0	0	青山学院大	4	4	2	明治学院大	22	19	21
◇横浜市大	1	1	1	立教大	5	0	0	神奈川大	15	16	13
◇電通大	0	1	0	中央大	5	5	3	玉川大	8	7	5
◇県立保健福祉大	0	1	0	法政大	8	1	1	桜美林大	15	4	3
早稲田大	0	0	3	日本大	15	13	5	関東学院大	18	26	7
慶應大	0	1	1	東洋大	19	10	0	フェリス女学院大	6	6	6
上智大	4	0	0	駒澤大	9	3	1	相模女子大	4	4	4
東京理科大	0	1	1	専修大	10	9	0	神奈川工科大	7	6	11

※各大学合格数は既卒生との合計。

見学ガイド　文化祭／説明会／学校体験

大西学園 中学校

おおにしがくえん

〒211－0063　神奈川県川崎市中原区小杉町２-284　☎044－722－2332

国際 / 海外研修 / 長期留学 / 第２外国語 / online英会話 / 21型 / 1人1台端末 / リモート体制 / プロジェクト型 / 論文執筆 / STEAM / 情操 / 体験学習 / ボランティア / 人間力育成

教育理念▶創立以来，一貫して「人間教育」第一を実践。礼儀や責任感，人を思いやる美しい心を育んでいけるように，学園生活のあらゆる場面でその都度，きめ細かく指導することを全教員の基本とする。
沿革▶1928年中原高等女学校として設立。中学は2004年，高校は2005年より共学化。
施設▶講堂，調理教室，和作法室，ランチスペース，クラブスペース，カウンセリング室，屋上庭園，野球場，テニスコート，蓼科高原寮（長野），他。
学校長▶大西　亜季
生徒数▶非公表　併設小からの進学者を含む。

	１年（１クラス）	２年（１クラス）	３年（１クラス）
内進生内数	男1名 女0名	男―名 女―名	男―名 女―名

JR―武蔵小杉４分
東急東横線・東急目黒線―武蔵小杉５分
徒歩4分

身も心も健やかで美を愛する調和のとれた「全人教育」

アットホームな校風で生徒は安心して学ぶことができる。互いに励まし，助け，信じ合うことの尊さを知り，豊かな知性と深い思考力，人としての品格を育む。

学習 少人数制を生かし，生徒１人ひとりの習熟度に合わせたきめ細やかな指導に特長がある。中学では生活習慣・学習習慣を身につけることからスタート。授業はもちろん，日々の課題や各種検定，個別に対応する補習体制などで，土台となる基礎学力を着実に積み上げる。国際社会で通用する英語力を育むため，通常授業のほかにネイティヴ講師による英会話や，英検対策授業を実施。総合学習など３学年を縦割りにしたグループワークの機会も多い。高校は進学と生活総合の２コース。進学コースは国立・難関大学をめざす特進クラスと，４年制大学に対応した大学進学クラス。

●コース表

中1	中2	中3	高1	高2	高3
共通履修			普通科〈特進／大学進学〉		
			家庭科		

キャリア教育 あいさつやことば遣い，立ち居振る舞いなど学校生活のあらゆる場面で，きめ細かく，学校全体で豊かな人間性を育む。また，３学年縦割りの活動で社会のコミュニティを体感し，コミュニケーション能力が磨かれる。

学校生活 クラブ活動は体育系８，文科系７で，すべてで中高一緒に活動している。ブラスバンド部やダンス部などが活躍。

保護者MEMO

登校時刻▶8：25
最終下校時刻▶18：00
土曜日▶隔週登校。登校日は平常授業４時間
昼食▶弁当／食品販売あり
携帯電話▶不可
制服▶ブレザー
自転車通学▶不可
カウンセラー▶月２回
保護者面談▶年３回
保護者会▶年１回
必修旅行▶京都・奈（中学），九州（高３）
部活動▶活動日は部による

学費　　初年度目安 97万円

（単位:円）	入学金	施設費	授業料	その他	合計
入学手続時	170,000	140,000	―	―	310,000
1年終了まで	―	―	408,000	252,000	660,000

●奨学金・特待生
入学金，施設費，授業料１年

［その他］制服・指定品代，維持費，教材費等。
［寄付・学債］なし。
※上記は'22年度のもの。新年度について詳細は「受験生応援アプリ」にて公開（2023年５月～）。

首都圏模試　思考コード　(単位：%)

読み取る力						
複雑 3						
2			データなし			
単純 1						
考える力	A	B	C	A	B	C

A=知識・理解思考　B=論理的思考　C=創造的思考

2024年度入試　合格の基準

		首都圏模試		四谷大塚	
		ほぼ確実	見込あり	ほぼ確実	見込あり
男子	〈A〉	36	30	－	－
			やや見込あり 25		やや見込あり －
女子	〈A〉	36	30	－	－
			やや見込あり 25		やや見込あり －

ほぼ確実＝80%～／見込あり＝50～79%／やや見込あり＝20～49%

入試要項　2023年度参考　新年度日程は アプリへGO!　2科

試験名	試験日 ◎午後入試	出願締切 窓口	発表 手渡し	手続 窓口	選抜方法 2科	4科	適	英	他	面接	特待	募集数	応募数	受験数	合格数	実質倍率	偏差値
A	2/1	1/27	2/1	2/1	●					＊	●	30	—	—	—	—	男36 女36
B	2/1 ◎	1/30	2/1	2/2	●					＊	●	10	—	—	—	—	男36 女36
C	2/2	2/1	2/3	2/3	●					＊	●	若干	—	—	—	—	男36 女36

＊個人面接
※通知表コピー

【出願方法】 受験料振込のうえ，窓口出願
【手続方法】 銀行振込のうえ，窓口にて手続き
【受験料】 20,000円

【帰国生入試】

中学受験のプロがおすすめ！ 併願校の例

特色	男 ネイティヴ常駐	男 ボランティア活動	男 近代的校舎	女 ネイティヴ常駐	女 ボランティア活動	女 近代的校舎
♠男子校 ♥女子校 ♣共学・別学校	♣品川翔英	♣横須賀学院	♣多摩大目黒	♣品川翔英	♣横須賀学院	♣多摩大目黒
	♣横浜翠陵	♣聖ヨゼフ	♣鶴見大附	♣横浜翠陵	♣聖ヨゼフ	♣鶴見大附
	♣アレセイア湘南	♣貞静学園	♣横浜隼人	♣アレセイア湘南	♣貞静学園	♣横浜隼人

併設高校の進路情報

四年制大学進学率32.7%
文系78／理系17／その他5（%）

指定校推薦▶県立保健福祉大，東海大，関東学院大，日本薬科大，東京農大，目白大，麻布大，東洋英和女学院大，神奈川工科大，湘南工科大，東京医療保健大など推薦枠あり。

'22年3月卒業生：55名

大学18名　短大4名　専門27名　就職1名　他5名

主な大学合格状況　'23年春については主要大学のみ巻末一覧に記載

大学名	'22	'21	'20	大学名	'22	'21	'20	大学名	'22	'21	'20
日本大	0	0	1	実践女子大	0	1	0	麻布大	0	0	2
東海大	0	1	2	二松學舍大	0	1	0	相模女子大	0	2	0
帝京大	2	0	1	帝京平成大	1	0	0	淑徳大	1	0	0
成蹊大	1	0	0	大正大	0	0	2	東京成徳大	1	0	0
神奈川大	2	0	0	拓殖大	1	0	0	こども教育宝仙大	1	0	0
日本女子大	2	0	0	城西大	1	0	0	東京富士大	3	0	1
玉川大	2	1	1	目白大	1	1	0	東京未来大	1	0	1
桜美林大	0	1	0	文京学院大	0	1	0	神奈川工科大	4	1	1
関東学院大	4	0	0	東京工芸大	0	4	0	湘南工科大	1	0	1
北里大	1	0	0	日本体育大	1	0	0	鶴見大	2	0	0

※各大学合格数は既卒生との合計。

見学ガイド　説明会

神奈川大学附属中学校

（かながわだいがくふぞく）

〒226－0014　神奈川県横浜市緑区台村町 800　☎045－934－6211

国際　海外研修　長期留学　第2外国語　online英会話　21型　1人1台端末　リモート体制　プロジェクト型　論文執筆　STEAM　情操　体験学習　ボランティア　人間力育成

教育目標▶「質実剛健・積極進取・中正堅実」を建学の精神とし，たくましく生きる力を育てる。
沿革▶神奈川大学を母体として1985年開校，1988年に共学化。2004年より中高一貫教育を開始。
施設▶校舎（4），体育館（3），人工芝サッカーグラウンド・人工芝陸上グラウンド・野球場（2）・50mプール・テニスコート・1200mのクロスカントリーコース（全てナイター設備完備），他
学校長▶中野　宏一
生徒数▶総数714名

	1年（6クラス）	2年（7クラス）	3年（6クラス）
男子	104名	142名	118名
女子	124名	114名	112名

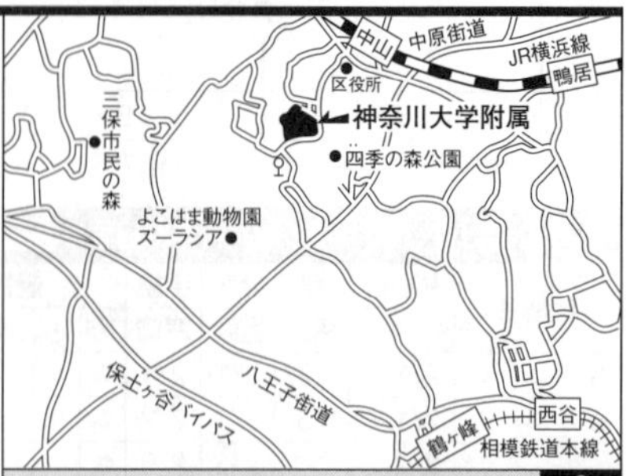

JR・市営地下鉄―中山15分　相鉄本線―鶴ヶ峰よりバス西ひかりが丘３分　15分

「足を大地に，手を大空に」をスローガンに

生徒によって元気を取り戻し，たくましく育つ「くすのき」をシンボルに，きめ細やかなサポートで学び続ける生徒を育てる。

学習　電子黒板，Wi-Fi完備のICT環境で効率的かつ深い学びを展開。中１より１人１台PCを所持し，授業，家庭学習に活用する。英語教育，STEAM教育に重点をおき，中学よりDNA組換え実験，宇宙エレベーターロボット製作やプログラミング学習を実施。英語力と国際感覚を養うため中１～中３で４日間の英語キャンプを実施，海外研修も多彩。毎週確認テスト，朝・放課後・長期休暇の各種講習，放課後の卒業生TA（ティーチングアシスタント）などで個々の学習を支える。中３・高１は，探究の時間でテーマ別研究活動と発表を行う。

●コース表

中1	中2	中3	高1	高2	高3
共通履修				文系 理系	

キャリア教育　自分の夢を描き，夢を実現するためのDREAMS COME TRUE プロジェクトを展開。卒業生が講師として講演やワークショップを行う。大学受験に備え，難関大学合格をめざすセミナーもある。

学校生活　部活動は運動部10部，学芸部8部があり，加入率は９割以上。全国出場のなぎなた部，水球部，音楽部をはじめ，野球・サッカー・演劇などがある。学校行事は文化祭のほか合唱コンクールも。

保護者MEMO

登校時刻▶8：20
最終下校時刻▶17：30
土曜日▶登校。平常授業４時間
昼食▶食堂／食品販売あり
携帯電話▶可
制服▶ブレザー
自転車通学▶可
カウンセラー▶週６日
保護者面談▶年１～２回
保護者会▶年４回
必修旅行▶京都・奈良（中３），沖縄（高１）
部活動▶週４日

学費　初年度目安 119万円

（単位:円）	入学金	施設費	授業料	その他	合計
入学手続時	250,000	—	—	—	250,000
1年終了まで	—	180,000	610,000	147,000	937,000

●奨学金・特待生
授業料１年間

［その他］預り金（学年費，PTA会費，生徒会費）。別途，制服・指定品代等あり。
［寄付・学債］なし。
※上記は'23年度予定。詳細は「受験生応援アプリ」にて公開（2023年５月～）。

首都圏模試　思考コード （単位：%）

読み取る力＼考える力	〈第1回〉国語 A	国語 B	国語 C	算数 A	算数 B	算数 C
複雑 3						
2	8	32		40	15	
単純 1	16	44			45	

A=知識・理解思考　B=論理的思考　C=創造的思考

2024年度入試　合格の基準

		首都圏模試 ほぼ確実	首都圏模試 見込あり	四谷大塚 ほぼ確実	四谷大塚 見込あり
男子	②	67	64	53	48
			やや見込あり 61		やや見込あり 43
女子	②	67	64	55	50
			やや見込あり 61		やや見込あり 45

ほぼ確実＝80％～／見込あり＝50～79％／やや見込あり＝20～49％

入試要項　2023年度参考　新年度日程は アプリへGO!　2科　4科

試験名	試験日 ◎午後入試	出願締切 Web	発表 Web	手続 Web	2科	4科	適	英	他	面接	特待	募集数	応募数	受験数	合格数	実質倍率	偏差値
①	2/1 ◎	当日	当日	2/3	●						●	60	男 324	302	136	2.2	69
													女 329	307	147	2.1	71
②	2/2	当日	当日	2/3		●					●	120	男 371	288	114	2.5	67
													女 378	292	112	2.6	67
③	2/4	当日	当日	2/5		●					●	20	男 271	167	11	15.2	67
													女 294	178	19	9.4	67

【出願方法】Web出願　【手続方法】Web納入
【受験料】25,000円（3日程同時出願は50,000円）

【帰国生入試】12/22（若干名募集）
※コロナ共通追試参加校

年度	試験名	募集数	応募数	受験数	合格数	実質倍率	偏差値
'22	①	60	男389	357	101	3.5	67
			女381	363	159	2.3	69
	②	120	男430	370	122	3.0	64
			女387	310	102	3.0	66
	③	20	男295	179	18	9.9	65
			女285	159	29	5.5	67

注 合格者に繰上含む

中学受験のプロがおすすめ!　併願校の例

特色	男 ICT教育	男 STEAM教育	男 進学先(早慶上理)	女 ICT教育	女 STEAM教育	女 進学先(早慶上理)
♠男子校 ♥女子校 ♣共学・別学校	♣広尾学園	♠逗子開成	♠サレジオ学院	♣広尾学園	♥フェリス女学院	♥洗足学園
	♣中大附横浜	♣青学横浜英和	♣公文国際	♣中大附横浜	♣青学横浜英和	♣公文国際
	♣都市大等々力	♣日本大学	♣山手学院	♣都市大等々力	♣日本大学	♣山手学院

併設高校の進路情報

四年制大学進学率89.5%
文系39／理系57／その他4（%）　医歯薬30名合格

内部推薦▶神奈川大学へ6名（法1，工1，建築2，人間科2）が内部推薦で進学した。
指定校推薦▶非公表。
海外大学合格状況▶Newcastle University, University of East Anglia, University of Exeter(英), University of South Florida（米），他。

'22年3月卒業生：219名　大学196名
短大0名　専門0名　就職0名　他23名

主な大学合格状況　'23年春については主要大学のみ巻末一覧に記載

大学名	'22	'21	'20	大学名	'22	'21	'20	大学名	'22	'21	'20
◇東京大	3	2	0	◇東北大	3	2	1	青山学院大	48	25	39
◇京都大	0	1	0	◇東京農工大	5	4	4	立教大	59	29	27
◇東工大	6	5	1	◇都立大	11	10	5	中央大	40	58	45
◇一橋大	2	2	3	◇横浜市大	4	4	5	法政大	82	46	37
◇千葉大	4	1	2	早稲田大	43	43	40	日本大	49	42	51
◇筑波大	1	2	0	慶應大	29	13	16	専修大	14	17	21
◇東京外大	0	3	1	上智大	16	24	19	明治学院大	41	16	26
◇横浜国大	9	9	10	東京理科大	37	27	26	神奈川大	37	28	68
◇埼玉大	1	0	2	学習院大	4	7	9	芝浦工大	41	44	14
◇北海道大	6	2	6	明治大	131	82	78	東京都市大	68	66	59

※各大学合格数は既卒生との合計。

見学ガイド　文化祭／説明会

関東学院 中学校

かんとうがくいん

〒232－0002　神奈川県横浜市南区三春台４　☎045－231－1001

国際 / 海外研修 / 長期留学 / 第２外国語 / online英会話 / 21型 / 1人1台端末 / リモート体制 / プロジェクト型 / 論文執筆 / STEAM / 情操 / 体験学習 / ボランティア / 人間力育成

教育理念▶校訓は「人になれ 奉仕せよ」。他者に共感し，共に活動することを大切にする人を育てる。
沿革▶1884年創立の横浜バプテスト神学校を源流とし1919年開校。2022年度高校募集停止。
施設▶礼拝堂，理科実験室（物理・生物・地学・化学・総合理科室），情報処理室，カウンセリングセンター，柔剣道場，グラウンド，ビオトープ，他。
学校長▶森田　祐二
生徒数▶総数770名　併設小からの進学者を含む。

	１年（６クラス）	２年（６クラス）	３年（６クラス）
男子	191名	181名	170名
女子	70名	76名	82名
内進生内数	男28名 女21名	男30名 女19名	男37名 女16名

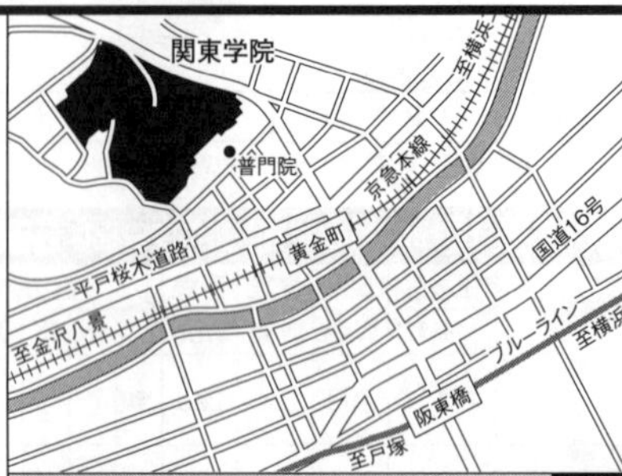

京急本線―黄金町５分
市営地下鉄―阪東橋８分
5分

キリスト教に基づいた校訓を体現できる人物を育成

神や他者との関わりを大切にした教育を実践。自分の力を独り占めすることなく，他の人と共に用いることを大切にする人（サーバント・リーダー）の育成をめざす。

学習 中２～高１で成績上位の選抜クラスを設け，毎年入れ替えをして生徒のモチベーションアップにつなげる。中２～高２まで，週２回外部専門校の外国人講師による英会話授業を少人数で行い，スピーキング力を高める。高１ではリスニングの強化としてオンライン英会話でマンツーマン指導を実施する。校内にハイレベルな理科実験室を５つ完備。好奇心や探究心を刺激しながら，科学の本質の体得をめざす。希望者を対象に，中３～高２ではオーストラリア研修，高校ではハワイへの理科研修旅行など多様な海外研修を用意。

●コース表

中1	中2	中3	高1	高2	高3
	選抜クラス			文系<難関大学受験／推薦・一般>	
共	通	履	修	理系<難関大学受験／推薦・一般>	

キャリア教育 中学では「自分を知り，他者を知る」ためのワークシート作成や仕事についてのインタビューと発表を行い，職業への意識を培う。高校ではインターンシップ制度による体験学習を通じ，より具体的なキャリアデザインを行う。

学校生活 毎朝の礼拝のほか，イースターやクリスマスなど行事に合わせた礼拝も行う。部活動が盛んな校風。マーチングバンド部は60年以上の歴史をもつ。

保護者MEMO

登校時刻▶8：50／8：30時差登校
最終下校時刻▶18：00
土曜日▶毎週登校。平常授業4時間
昼食▶食堂／食品販売あり
携帯電話▶可
制服▶ブレザー
自転車通学▶不可
カウンセラー▶常駐
保護者面談▶年１回
保護者会▶年３回
必修旅行▶沖縄（高２）
部活動▶活動日は部による

学費　初年度目安 130万円

（単位:円）	入学金	施設費	授業料	その他	合計
入学手続時	230,000	200,000	―	―	430,000
1年終了まで	―	168,000	408,000	297,600	873,600

［その他］校費，副教材費，旅行積立金，保護者会費，生徒会費，同窓会費積立金。※別途指定品・制服代あり。
［寄付・学債］任意の寄付金あり。
※上記は'22年度のもの。新年度について詳細は「受験生応援アプリ」にて公開（2023年５月～）。

●奨学金・特待生
―

首都圏模試　思考コード（単位：%）

〈1期A〉

読み取る力＼考える力	国語 A	国語 B	国語 C	算数 A	算数 B	算数 C
複雑 3						
2	10	20		56		
単純 1		70			44	

A＝知識・理解思考　B＝論理的思考　C＝創造的思考

2024年度入試　合格の基準

		首都圏模試 ほぼ確実	見込あり	やや見込あり	四谷大塚 ほぼ確実	見込あり	やや見込あり
男子	〈①A〉	57	53	49	43	39	35
女子	〈①A〉	58	55	50	44	40	36

ほぼ確実＝80%～／見込あり＝50～79%／やや見込あり＝20～49%

入試要項　2023年度参考　新年度日程はアプリへGO!

2科　4科

試験名		試験日 ◎午後入試	出願締切 Web	発表 Web	手続 Web	2科	4科	適	英	他	面接	特待	募集数	応募数		受験数	合格数	実質倍率	偏差値
一期	A	2/1	1/31	当日	2/4		●						50	男	197	187	64	2.9	57
														女	103	99	16	6.2	58
	B	2/1 ◎	当日	当日	2/4	●							65	男	406	376	197	1.9	61
														女	154	146	67	2.2	62
	C	2/3	当日	当日	2/4		●						65	男	285	209	82	2.5	60
														女	162	120	51	2.4	60
二期		2/5	当日	当日	2/7	●							20	男	313	232	23	10.1	64
														女	141	84	4	21.0	64

※CEFR A2以上の資格・級等の取得者には優遇措置あり

【出願方法】 Web出願。該当者は書類郵送
【手続方法】 Web納入。2/15までの辞退者には一部返還
【受験料】 22,000円（2回40,000円，3回以上55,000円）

【帰国生入試】 11/27（若干名募集）
※コロナ共通追試参加校

中学受験のプロがおすすめ！　併願校の例

特色	男 プロテスタント系	国際理解教育	キャリア教育	女 プロテスタント系	国際理解教育	キャリア教育
♠男子校 ♥女子校 ♣共学・別学校	♣青学横浜英和	♣森村学園	♣湘南学園	♣青学横浜英和	♣森村学園	♣湘南学園
	♣桜美林	♠藤嶺藤沢	♣日大藤沢	♣桜美林	♥神奈川学園	♣日大藤沢
	♣関東六浦	♣八雲学園	♣玉川学園	♣関東六浦	♣八雲学園	♣玉川学園

併設高校の進路情報

四年制大学進学率85.8%
文系59／理系37／その他4（%）　医歯薬24名合格

内部推薦▶関東学院大学へ13名（教育1，経営2，国際文化1，人間共生2，法2，社会1，建築・環境2，理工2）が内部推薦で進学した。

指定校推薦▶利用状況は慶應大1，東京理科大4，学習院大2，明治大1，青山学院大7，立教大1，中央大2，法政大1，日本大2，国際基督教大1，成蹊大1，成城大1，明治学院大6，獨協大1，芝浦工大2など。ほかに東洋大，駒澤大，専修大など推薦枠あり。

'22年3月卒業生：246名

大学211名　短大1名　専門7名　就職0名　他27名

主な大学合格状況　'23年春については主要大学のみ巻末一覧に記載

大学名	'22	'21	'20	大学名	'22	'21	'20	大学名	'22	'21	'20
◇東京大	0	1	0	上智大	6	24	7	専修大	11	19	24
◇京都大	0	0	1	東京理科大	10	10	12	東海大	46	45	19
◇東工大	0	1	1	学習院大	5	10	9	帝京大	17	10	7
◇横浜国大	3	0	1	明治大	14	18	19	明治学院大	26	16	18
◇東北大	1	0	0	青山学院大	14	18	22	神奈川大	17	19	28
◇東京藝術大	1	0	0	立教大	16	33	15	芝浦工大	9	13	13
◇横浜市大	1	2	3	中央大	15	30	20	東京電機大	5	11	6
◇県立保健福祉大	1	2	0	法政大	13	23	21	東京都市大	10	18	14
早稲田大	6	11	6	日本大	42	54	35	関東学院大	23	24	39
慶應大	7	14	5	東洋大	30	22	21	北里大	9	14	10

※各大学合格数は既卒生との合計。

見学ガイド　文化祭／説明会／オープンキャンパス

 高校募集 あり 高1から全体が混合。 高1内訳 一貫生 135名 67名 高入生

関東学院六浦 中学校

かんとうがくいんむつうら

〒236－8504 神奈川県横浜市金沢区六浦東1－50－1 ☎045－781－2525

国際 海外研修 長期留学 第2外国語 online英会話 21型 1人1台端末 リモート体制 プロジェクト型 論文執筆 STEAM 情操 体験学習 ボランティア 人間力育成

教育理念▶キリスト教の精神を基本とし，隣人愛を持ち，地球市民として平和の実現のために主体的に考え，行動できる人を育てる。

沿革▶1884年に設立された横浜バプテスト神学校を源流とし，1953年に現在の六浦校地に設立。

施設▶礼拝堂，理科実験室，自習室，図書館，国際センター，Space Labo，弓道場，他。

学校長▶黒畑　勝男

生徒数▶総数544名　併設小からの進学者を含む。

	1年（6クラス）	2年（5クラス）	3年（5クラス）
男子	113名	111名	98名
女子	65名	68名	69名
内進生内数	男―名 女―名	男17名 女16名	男15名 女21名

京急本線―金沢八景15分，またはバス関東学院正門2分　15分

10年，20年後を想像し，力の種を撒き，芽を育む

変わらぬものを以て変わるべきものを見つめ，未来への力を培う教育を実践。1人1台PCを持ち，Wi-Fi環境が整った校内でICTを活かした学びを展開。

学習 基礎学力を養う指導と，英語力の育成に注力。中1より外国人教員と日本人教員とのティームティーチングの授業を行い，生きた英語に触れる。教育の核となる日本語の活用能力を高めることをめざしたオリジナル授業「言語力活用講座」を実施。ノートPCを使ったグループワーク，意見文の作成を通して自分の考えや主張を論理的に他者へ伝える技術を身につける。中1から高3を対象に，選択制による国内外研修旅行を豊富に用意。行き先は京都・奈良，北海道，カナダ，アラスカ，カンボジア，台湾など。研修ごとに事前学習，学習報告会を開きお互いの学びを共有する。

●コース表

中1	中2	中3	高1	高2	高3
共通履修			Global Learning Englishクラス		
			一般クラス	希望進路に応じた選択制	

キャリア教育 中学3年間，世界に目を向けたオリジナル授業「地球市民講座」で，世界の諸問題や宗教について自ら調べ，発信する力を養う。SDGsに関する課題とその解決に触れ，自分なりの意見をまとめる。

学校生活 毎朝の礼拝や，週1時間の聖書の授業を行う。また，多くのボランティア活動を実践。クラブ活動は運動系・文化系共に様々な実績を誇る。

保護者MEMO

登校時刻▶8：25
最終下校時刻▶18：00
土曜日▶休校。補習・補講やクラブ活動を行う。
昼食▶弁当／食堂（中3から可）／食品販売あり
携帯電話▶可
制服▶ブレザー
自転車通学▶可
カウンセラー▶常駐
保護者面談▶年2回
保護者会▶年3回
必修旅行▶国内外より選択
部活動▶火と日午前は休む

学費　初年度目安 133万円

（単位:円）	入学金	施設費	授業料	その他	合計
入学手続時	230,000	200,000	―	55,000	485,000
1年終了まで	―	102,000	408,000	330,750	840,750

●奨学金・特待生
なし

［その他］制服・指定品代，維持費（校費），先進教育振興費，教材費，Chromebook，PTA（六穂会）費，生徒会費，同窓会（六葉会）費。※別途研修費等あり。
［寄付・学債］なし。
※上記は'22年度のもの。新年度について詳細は「受験生応援アプリ」にて公開（2023年5月～）。

首都圏模試　思考コード　(単位：%)

読み取る力						
複雑 3						
2			データなし			
単純 1						
考える力	A	B	C	A	B	C

A=知識・理解思考　B=論理的思考　C=創造的思考

2024年度入試　合格の基準

		首都圏模試		四谷大塚	
男子	〈A①〉	ほぼ確実 42	見込あり 35 / やや見込あり 31	ほぼ確実 35	見込あり 30 / やや見込あり 25
女子	〈A①〉	ほぼ確実 42	見込あり 35 / やや見込あり 31	ほぼ確実 35	見込あり 30 / やや見込あり 25

ほぼ確実＝80%～／見込あり＝50～79%／やや見込あり＝20～49%

入試要項　2023年度参考　新年度日程は アプリへGO!　2科 4科 適性型 英 他

試験名			試験日	出願締切	発表	手続	選抜方法						特待	募集数	応募数	受験数	合格数	実質倍率	偏差値
			◎午後入試	Web	Web	Web	2科	4科	適	英	他	面接							
教科型	A	①	2/1	当日	当日	2/4延	●	●						50	145	121	62	2.0	男42 女42
教科型	A	②	2/1 ◎	当日	当日	2/4延	●							25	207	151	76	2.0	男45 女44
教科型	B	①	2/2	当日	当日	2/4延	●	●						20	201	110	55	2.0	男43 女43
教科型	B	②	2/2 ◎	当日	当日	2/4延	●							10	182	82	34	2.4	男41 女41
教科型	C		2/4	当日	当日	2/6延	●							5	175	49	27	1.8	男44 女44
英語			2/2 ◎	1/27	当日	2/4延				＊1		＊1		10	9	9	7	1.3	—
自己アピール			2/3 ◎	1/27	当日	2/5延					＊2			10	20	11	5	2.2	男42 女42

＊1　英語（リスニング・リーディング・ライティング）＋面接（英語・日本語）。　＊2　総合＋プレゼンテーション。活動報告書
※英検４級以上取得者（英語型受験生は３級以上）と教科型の複数回受験者に優遇措置あり

【出願方法】Web出願のうえ，該当者は英検合格証書のコピーを，自己アピール型は活動報告書を郵送または持参　**【手続方法】**Web納入。2/7までに残額を納入。公立中高一貫校・国立校受検者は2/10まで延納可。2/28までの辞退者には一部返還　**【受験料】**教科型22,000円（複数回出願は44,000円）　英語型・自己アピール型10,000円

【帰国生入試】12/10，1/14（若干名募集）
※コロナ共通追試参加校

中学受験のプロがおすすめ！ 併願校の例

特色	男 プロテスタント系	男 ICT教育	男 留学制度	女 プロテスタント系	女 ICT教育	女 留学制度
♠男子校 ♥女子校 ♣共学・別学校	♣関東学院	♠藤嶺藤沢	♣自修館中等	♣関東学院	♥横浜女学院	♣自修館中等
	♣横須賀学院	♣聖ヨゼフ	♣玉川学園	♣横須賀学院	♣聖ヨゼフ	♣玉川学園
	♣アレセイア湘南	♣横浜翠陵	♣横浜隼人	♣アレセイア湘南	♣横浜翠陵	♣横浜隼人

併設高校の進路情報

四年制大学進学率83.8%
文系・理系割合 未集計

内部推薦▶関東学院大学へ23名（教育４，経営６，経済２，国際文化１，人間共生７，法２，建築・環境１）が内部推薦で進学した。

指定校推薦▶横浜市大，東京理科大，明治大，青山学院大，中央大，法政大，日本大，東海大，帝京大，成城大，明治学院大，獨協大，神奈川大，東京電機大，東京女子大，玉川大，東京都市大，桜美林大，北里大，関西学院大など推薦枠あり。

'22年３月卒業生：179名　大学150名　短大２名／専門９名／就職２名／他16名

主な大学合格状況　'23年春については主要大学のみ巻末一覧に記載

大学名	'22	'21	'20	大学名	'22	'21	'20	大学名	'22	'21	'20
◇九州大	1	0	0	学習院大	1	0	3	帝京大	3	3	6
◇防衛医大	0	1	0	明治大	3	3	7	成城大	5	1	3
◇お茶の水女子大	1	0	0	青山学院大	4	4	8	明治学院大	7	9	8
◇横浜市大	1	2	3	立教大	2	4	7	神奈川大	5	9	13
◇信州大	0	2	0	中央大	3	2	5	玉川大	11	5	7
◇金沢美術工芸大	0	1	1	法政大	3	4	4	東京都市大	3	7	13
早稲田大	2	2	1	日本大	10	9	13	関東学院大	30	42	34
慶應大	0	0	1	東洋大	2	1	12	多摩美大	1	10	1
上智大	0	1	2	専修大	3	7	3	武蔵野美大	0	4	1
東京理科大	1	1	1	東海大	10	9	4	日本体育大	3	4	3

※各大学合格数は既卒生との合計。

見学ガイド　説明会／オープンキャンパス

公文国際学園 中等部

くもんこくさいがくえん

〒244−0004 神奈川県横浜市戸塚区小雀町 777 ☎045−853−8200

国際 / 海外研修 / 長期留学 / 第2外国語 / online英会話 / 21型 / 1人1台端末 / リモート体制 / プロジェクト型 / 論文執筆 / STEAM / 情操 / 体験学習 / ボランティア / 人間力育成

教育方針▶「学校」「公文式」「寮」を教育の三本柱と位置づけ，国際社会で活躍する「有能な人材の育成」を目指す。

沿革▶公文教育研究会の創始者・公文公により中高一貫校として1993年開校。1996年に高等部を開設。

施設▶ホール，講堂，和室，図書館，メディアセンター，武道場，屋内プール，テニスコート，陸上トラック，グラウンド，他。

学校長▶梶原 晃

生徒数▶総数528名

	1年（4クラス）	2年（4クラス）	3年（4クラス）
男子	94名	87名	85名
女子	80名	89名	93名

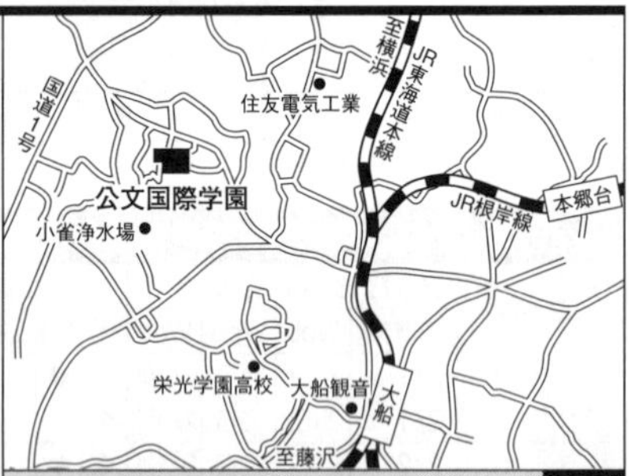

JR・湘南モノレール—大船よりバス公文国際学園2分または小雀5分　10分

21世紀の国際社会に向かってたくましく歩む

高度な学力に加え「自らの判断で行動する」「異なる考え方を受け入れる」「広い視野を持つ」などの姿勢を育てる教育で，リーダーシップと豊かな感受性を養う。

学習 6年間を2年ごとに分けた教育体制を導入。校舎も3つのゾーンに分かれる。英語は入学前の学習状況に応じて中1より日本人とネイティブ教員による少人数多展開授業を行う。数学は中1からグレード別授業を導入。公文式学習は週1回の放課後教室として行われ，英数国から1科目を選択必修とする（中3からはフランス語やドイツ語も選べる）。中3から始まる日本文化体験は企画，体験学習，プレゼンテーションを行い，中3後期には論文を作成する。全学年で国際理解のための学習活動が盛ん。3日間の「国際理解DAYS」や，他校を招いた「校内模擬国連」を開催。

キャリア教育 探究型の「プロジェクトスタディーズ」（高1）は，個々がテーマを見つけ，研究・発表に取り組む，将来を見据え，課題設定，主体的に深く学ぶ姿勢，プレゼンテーション能力を高める。

学校生活 連帯感と協調性を養う場としてクラブ活動を奨励している。運動部系11，文化部系12の団体がある。敷地内に男女寮を設置。寮体験プログラムも実施。

●**コース表**

中1	中2	中3	高1	高2	高3
共通履修				文系 理系	

保護者MEMO

登校時刻▶8：20
最終下校時刻▶18：00
土曜日▶休校。行事やクラブ活動を行う
昼食▶食堂／食品販売あり
携帯電話▶可
制服▶−
自転車通学▶不可
カウンセラー▶常駐
保護者面談▶年1回
保護者会▶年2回
必修旅行▶シンガポール・ニュージーランド・大分より選択(高2)
部活動▶活動日は部による

学費　初年度目安 122万円

(単位:円)	入学金	施設費	授業料	その他	合計
入学手続時	270,000	—	—	—	270,000
1年終了まで	—	210,000	690,000	51,600	951,600

●**奨学金・特待生**
授業料，施設設備費の半額（年度ごと見直し）

［その他］PTA会費，生徒会費，ICT費。
［寄付・学債］なし。
※上記は'22年度のもの。新年度について詳細は「受験生応援アプリ」にて公開（2023年5月〜）。

首都圏模試 思考コード (単位:%)

読み取る力＼考える力	国語 A	国語 B	国語 C	算数 A	算数 B	算数 C
複雑 3		10				
2	12	15		47	15	
単純 1		63		4	34	

〈A〉

A=知識・理解思考 B=論理的思考 C=創造的思考

2024年度入試 合格の基準

〈首都A・四谷A国算〉

	首都圏模試 ほぼ確実	首都圏模試 見込あり	首都圏模試 やや見込あり	四谷大塚 ほぼ確実	四谷大塚 見込あり	四谷大塚 やや見込あり
男子	63	58	53	52	49	45
女子	63	58	53	54	51	47

ほぼ確実＝80%～／見込あり＝50～79%／やや見込あり＝20～49%

入試要項 2023年度参考 新年度日程は アプリへGO!

2科 4科 英 他

試験名		試験日 ◎午後入試	出願締切 Web	発表 Web	手続 振込	2科	4科	適	英	他	面接	特待	募集数	応募数	受験数	合格数	実質倍率	偏差値
A	国算	2/1	1/25	2/2	2/8	●						●	110	男 124	121	77	1.6	63
	①国数									＊1								
	②国英								＊2					女 130	123	79	1.6	63
	③数英								＊3									
B		2/3	2/2	2/4	2/8		●					●	40	男 96	56	17	3.3	63
														女 78	42	23	1.8	63

＊1 国数 ＊2 国英 ＊3 英数
※①②③で，次に該当する希望者は自己推薦入試可。公文式教材修了の認定テスト，数学検定３級以上，英語検定３級またはそれ相当以上

【出願方法】Web出願。Aの自己推薦希望者はWeb出願後，1/26までに書類郵送 **【手続方法】**発表当日，Webにて手続のうえ，銀行振込 **【受験料】**25,000円

【帰国生入試】1/19（10名募集）
※コロナ共通追試参加校

中学受験のプロがおすすめ! 併願校の例

特色	男 国際理解教育	男 表現力育成	男 論文(自由研究)	女 国際理解教育	女 表現力育成	女 論文(自由研究)
♠男子校 ♥女子校 ♣共学・別学校	♣三田国際学園	♣法政二	♣神奈川大附	♣三田国際学園	♣法政二	♣神奈川大附
	♣山手学院	♣日本大学	♣森村学園	♣山手学院	♣日本大学	♣森村学園
	♣関東学院	♣桐光学園	♣桐蔭学園	♣関東学院	♣桐光学園	♣桐蔭学園

併設高校の進路情報

四年制大学進学率74.7%
文系67／理系32／その他１（%） 医歯薬29名合格

指定校推薦▶利用状況は早稲田大５，慶應大１，中央大１，北里大１，田園調布学園大１など。ほかに横浜市大，上智大，東京理科大，学習院大，立教大，法政大，日本大，東洋大，国際基督教大，成城大，獨協大，芝浦工大，東京女子大，東京都市大，東洋英和女学院大など推薦枠あり。
海外大学合格状況▶Fraser International College（ｶﾅﾀﾞ），他。

'22年３月卒業生：146名
大学109名 短大０名 専門１名 就職０名 他36名

主な大学合格状況 '23年春については主要大学のみ巻末一覧に記載

大学名	'22	'21	'20	大学名	'22	'21	'20	大学名	'22	'21	'20
◇東京大	6	3	5	◇東京医歯大	0	1	1	立教大	28	38	10
◇京都大	1	0	0	◇防衛医大	2	0	1	中央大	18	18	12
◇東工大	2	0	0	◇横浜市大	0	2	2	法政大	22	29	17
◇一橋大	3	2	5	早稲田大	33	49	46	日本大	15	35	19
◇千葉大	1	0	1	慶應大	36	32	31	東洋大	12	20	16
◇筑波大	0	5	1	上智大	25	28	23	東海大	8	12	6
◇東京外大	2	3	2	東京理科大	24	24	13	明治学院大	16	11	5
◇横浜国大	5	4	4	学習院大	7	9	4	神奈川大	11	14	14
◇北海道大	4	2	0	明治大	52	33	32	芝浦工大	8	32	7
◇東北大	4	3	3	青山学院大	27	34	16	日本女子大	3	8	10

※各大学合格数は既卒生との合計。

見学ガイド 体育祭／文化祭／説明会／授業見学会

慶應義塾湘南藤沢中等部

けいおうぎじゅくしょうなんふじさわ

〒252−0816　神奈川県藤沢市遠藤 5466　☎0466−49−3585・3586

国際 / 海外研修 / 長期留学 / 第2外国語 / online英会話 / 21型 / 1人1台端末 / リモート体制 / プロジェクト型 / 論文執筆 / STEAM / 情操 / 体験学習 / ボランティア / 人間力育成

教育目標▶歴史と伝統を受け継ぎながら未来を見据える「新しい先導者」にふさわしい人材を育成する。

沿革▶慶應義塾唯一の中高一貫教育校として1992年に開校。2018年に新校舎完成。

施設▶ホール，大教室，和室（茶室），図書館，AVC教室，テニスコート，屋外プール，弓道場，グラウンド，他。

中等部長▶尾上　義和

生徒数▶総数646名　併設小からの進学者を含む。

	1年（6クラス）	2年（6クラス）	3年（6クラス）
男子	108名	112名	109名
女子	110名	105名	102名
内進生内数	男68名 女44名	男62名 女47名	男62名 女44名

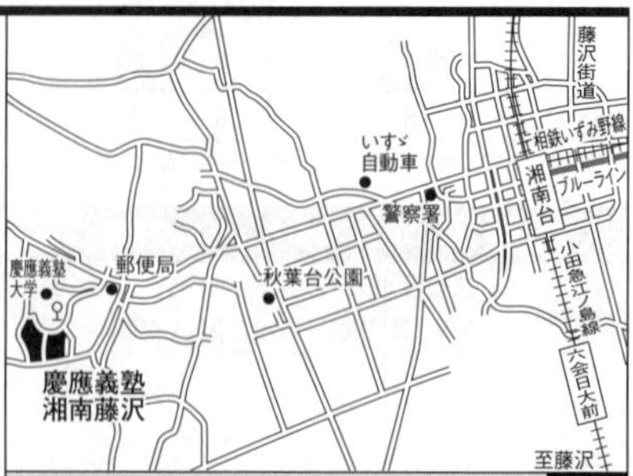

JR―辻堂よりバス慶應中高降車場　小田急・市営地下鉄―湘南台よりバス15分慶應中高等部前　21分

時代をリードする，バランスのとれた教養人に

創造的教育で，知性・感性・体力を併せ持つ教養人を育成。自由な雰囲気の中，あらゆるバックボーンの生徒が集い，活気ある学校生活を送っている。

学習　6年間ですべての科目を幅広く学べるカリキュラムとなっている。英語は，中1・中2は3つの習熟度別クラスに分かれて実施。週2時間はネイティヴスピーカーによる授業を行う。高2から第二外国語を5カ国語から選択履修する。大学進学の準備として高3で取り組む「論文実習」では12,000字の論文を執筆し，客観的な視点で物事を捉える。7カ国12校との短期交換留学のほか，仲介機関を通じての長期留学プログラムも充実。

キャリア教育　中等部から独自に「情報」の授業を設け，早い段階からの教育を実践。情報収集・編集能力とプレゼンテーション能力を養う。高校ではネットワークに関する発展的な内容に踏み込み，情報社会におけるリーダーとしての資質を育む。

●コース表

中1	中2	中3	高1	高2	高3
共通履修					Ⅰ類 Ⅱ類

学校生活　通学時はスラックス，スカートのみ学校指定のものを着用。式典や行事などの際には「式服」を着用する。中等部・高等部合わせて文化系17，体育系30のクラブがあり，活発に活動している。各学年，自然教室・修学旅行がある。

保護者MEMO

登校時刻▶8：40
最終下校時刻▶18：00
土曜日▶毎週登校。平常授業4時間
昼食▶食堂／食品販売あり
携帯電話▶可
制服▶ブレザー
自転車通学▶許可制
カウンセラー▶－
保護者面談▶適宜
保護者会▶年3回
必修旅行▶四国・広島（中3），他
部活動▶週4日

学費

初年度目安 151万円

（単位:円）	入学金	施設費	授業料	その他	合計
入学手続時	340,000	—	870,000	295,000	1,505,000
1年終了まで	—	—	—	—	—

●奨学金・特待生
なし

[その他] 教育充実費，部会費，保護者会費。
[寄付・学債] 任意の寄付金（慶應義塾教育振興資金）1口3万円なるべく2口（1口から可）以上，慶應義塾債1口10万円なるべく3口（1口から可）以上あり。
※上記は'22年度のもの。新年度について詳細は「受験生応援アプリ」にて公開（2023年5月～）。

首都圏模試　思考コード　(単位：%)

〈入学試験〉

読み取る力	国語 A	国語 B	国語 C	算数 A	算数 B	算数 C	理科 A	理科 B	理科 C	社会 A	社会 B	社会 C
複雑 3				10			16			8		
2	44	10		26	24		36			84		
単純 1		36	10	16	24		26	22		8		
考える力	A	B	C	A	B	C	A	B	C	A	B	C

A=知識・理解思考　B=論理的思考　C=創造的思考

2024年度入試　合格の基準

		首都圏模試 ほぼ確実	首都圏模試 見込あり	四谷大塚 ほぼ確実	四谷大塚 見込あり
男子	〈4科〉	74	71	65	62
			やや見込あり 68		やや見込あり 59
女子	〈4科〉	76	73	68	65
			やや見込あり 70		やや見込あり 62

ほぼ確実＝80%～／見込あり＝50～79%／やや見込あり＝20～49%

入試要項　2023年度参考　新年度日程はアプリへGO!　4科　英　他

試験名		試験日 ◎午後入試	出願締切 Web	発表 Web	手続 振込	選抜方法 2科	4科	適	英	他	面接	特待	募集数	応募数	1次受験数	1次合格数	2次受験数	合格数	実質倍率	偏差値
一般	1次	2/2	1/14	2/3	—		●		＊1				70	男179	405	191	174	86	4.7	4科74 英72
	2次	2/4	—	2/5	2/7					＊2	＊3			女275						4科76 英73
帰国	1次	2/2	12/14	2/3	—		●		＊1				30	男 76	106	71	70	40	2.7	—
	2次	2/4	—	2/5	2/7					＊2	＊3			女 58						—

＊1 国算英　＊2 体育実技　＊3 保護者同伴面接　※調査書，活動報告書　※2次は1次合格者のみ

【出願方法】Web出願後，書類郵送　**【手続方法】**銀行振込のうえ，書類窓口提出。2/28までの辞退者には一部返還　**【受験料】**30,000円

(注) 実質倍率＝1次受験数÷合格数。上記人数には，慶應義塾幼稚舎からの内部進学生4名，慶應義塾横浜初等部からの内部進学予定者104名を含まない。

受験情報

国語，算数では，Bを中心とした論理的思考力が求められる問題が出題されます。また，国語ではC1の出題もあるため，創造的な思考力が必要です。一方，理科，社会では，知識や技術の正確な再現力が必要なAが中心となります。

年度	試験名	募集数	応募数	1次受験数	1次合格数	2次受験数	合格数	実質倍率	偏差値
'22	一般	70	男240	481	194	175	79	6.1	74
			女304						76
	帰国	30	男 96	148	85	84	41	3.6	—
			女 95						—

中学受験のプロがおすすめ!　併願校の例

特色	男 大学附属校	男 論文(自由研究)	男 ダイバーシティ	女 大学附属校	女 論文(自由研究)	女 ダイバーシティ
♠男子校	♣慶應中等部	♠慶應普通部	♣渋谷教育渋谷	♣慶應中等部	♥フェリス女学院	♣渋谷教育渋谷
♥女子校	♣中大附横浜	♣法政二	♣広尾学園	♣中大附横浜	♣法政二	♣広尾学園
♣共学・別学校	♣日本大学	♣神奈川大附	♣公文国際	♣日本大学	♣神奈川大附	♣公文国際

併設高校の進路情報

併設大学への進学率99.6%
文系83／理系17／その他0(%)　医歯薬10名合格

内部推薦▶慶應義塾大学へ236名(法64，経済56，商17，文8，理工42，医7，総合政策15，環境情報19，薬4，看護医療4)が内部推薦で進学した。

'22年3月卒業生：237名　慶應義塾大学236名　他1名

主な大学合格状況　'23年春については主要大学のみ巻末一覧に記載

大学名	'22	'21	'20	大学名	'22	'21	'20	大学名	'22	'21	'20
慶應大	236	230	238								
他大学は非公表											

※各大学合格数は既卒生との合計。

見学ガイド　文化祭／説明会

自修館（じしゅうかん） 中等教育学校

〒259−1185　神奈川県伊勢原市見附島 411　☎0463−97−2100

国際　海外研修　長期留学　第2外国語　online英会話　21型　1人1台端末　リモート体制　プロジェクト型　論文執筆　STEAM　情操　体験学習　ボランティア　人間力育成

教育目標▶自主・自律の精神に富み，自学・自修・実践できる「生きる力」を育成。21世紀が求める人間性豊かでグローバルな人材を創出する。
沿革▶1999年，向上学園により自修館中学校が開校。2001年に中等教育学校へ改組。
施設▶ホール，ラウンジ，自習室，図書館，いろり，フィットネスルーム，プール，グラウンド（学外），他。
学校長▶小河　亨
生徒数▶前期課程総数382名

	1年（4クラス）	2年（4クラス）	3年（4クラス）
男子	73名	81名	93名
女子	37名	56名	42名

小田急線—愛甲石田よりスクールバスまたは徒歩18分　5分

生きる力を養い，「こころ」を育てる進学校

考える楽しさを知っていく探究，こころの成熟を促すEQを通して，社会へ羽ばたく「こころの力」を磨く。個々人にスポットを当て，寄り添う教育を実践。

学習 6年を3年間ずつ前・後期とし，学びのリズムをつくる独自の4学期制。前期は複数担任制を採用。総合学習「探究」は1年次より基本を学び，3・4年次は自ら設定したテーマ，5年次では大学での学びに接続する研究活動に取り組む。社会とのつながりを持ち，社会に働きかける資質・能力を育成する。EQ（心の知能指数）理論に基づいた授業「セルフサイエンス」を週1回設定。自分の心や行動を分析・理解し，セルフコントロール力を養う。英語では暗唱コンテストや英語でのプレゼンテーションを行う。希望者を対象にオーストラリア短期研修などを実施。

●コース表

中1	中2	中3	高1	高2	高3
共通履修					希望進路に応じた選択制

キャリア教育 土曜日に開講される土曜講座・セミナーでは授業内容を深く掘り下げた高度な実習体験や，医療・生活・文化・スポーツや「大学へ行こう」「職業体験」などの学習プログラムを用意。知的好奇心を刺激し，見識を広げ，将来設計に役立てる。

学校生活 スポーツ大会・合唱コンクール・文化祭は，生徒自ら企画・運営する。約20のクラブが学年の垣根なく活躍中。

保護者MEMO

登校時刻▶8：25
最終下校時刻▶17：45
土曜日▶登校。平常授業4時間
昼食▶食堂／食品販売あり
携帯電話▶許可制
制服▶ブレザー
自転車通学▶可
カウンセラー▶週2日
保護者面談▶年1回
保護者会▶年4回
必修旅行▶京都・奈良（3年次），カナダ（5年次）
部活動▶水曜日は休部日

学費　初年度目安 137万円

（単位:円）	入学金	施設費	授業料	その他	合計
入学手続時	230,000	134,000	—	—	364,000
1年終了まで	—	40,000	396,000	567,000	1,003,000

［その他］制服・指定品代，修学旅行費，教育充実費，教材料，予納金，スキー教室。
［寄付・学債］任意の寄付金1口3万円1口以上あり。
※上記は'22年度のもの。新年度について詳細は「受験生応援アプリ」にて公開（2023年5月〜）。

●**奨学金・特待生**
入学金と授業料・学校維持費・施設費をA：6年／B：3年／C：1年

首都圏模試　思考コード　(単位：%)

読み取る力	〈A-1〉国語 A	国語 B	国語 C	算数 A	算数 B	算数 C	〈探究〉探求Ⅰ A	探求Ⅰ B	探求Ⅰ C	探求Ⅱ A	探求Ⅱ B	探求Ⅱ C
複雑 3							7					
2		16		70	5			20			25	
単純 1	30	46	8		25			73			65	10
考える力	A	B	C	A	B	C	A	B	C	A	B	C

A=知識・理解思考　B=論理的思考　C=創造的思考

2024年度入試　合格の基準

		首都圏模試 ほぼ確実	首都圏模試 見込あり	首都圏模試 やや見込あり	四谷大塚 ほぼ確実	四谷大塚 見込あり	四谷大塚 やや見込あり
男子	〈A①〉	53	49	42	40	37	33
女子	〈A①〉	53	49	41	41	38	35

ほぼ確実＝80%～／見込あり＝50～79%／やや見込あり＝20～49%

入試要項　2023年度参考　新年度日程はアプリへGO!　2科　4科　適性型

試験名		試験日 ◎午後入試	出願締切 Web	発表 Web	手続 Web	選抜方法 2科	4科	適	英	他	面接	特待	募集数	応募数	受験数	合格数	実質倍率	偏差値
探究		2/1	当日	2/2	2/7延			＊				●	45	男 55	50	34	1.5	53
														女 48	47	29	1.6	53
A	①	2/1	当日	当日	2/7延	●	●					●		男 56	43	22	2.0	53
														女 38	34	19	1.8	53
	②	2/1 ◎	当日	当日	2/7延	●						●	35	男 141	111	53	2.1	55
														女 72	53	19	2.8	55
B	①	2/2	当日	当日	2/7延	●	●					●	10	男 100	44	19	2.3	50
														女 60	27	11	2.5	50
	②	2/2 ◎	当日	当日	2/7延	●						●	15	男 138	56	25	2.2	51
														女 73	24	10	2.4	51
C		2/3 ◎	当日	当日	2/7延	●							10	男 126	44	22	2.0	48
														女 76	19	11	1.7	48
D		2/5	当日	当日	2/7延	●	●					●	5	男 125	22	8	2.8	50
														女 79	10	4	2.5	50

＊探究ⅠⅡ（適性検査型）

【出願方法】Web出願　**【手続方法】**Web手続。2/7までに入学金，2/10までに残金納入。公立中高一貫校・国立校受検者は2/10まで延納可。3/31までの入学辞退者には一部返還　**【受験料】**22,000円（2日程以上の同時出願は33,000円）

【帰国生入試】12/10（募集人員はCに含む）
※コロナ共通追試参加校

中学受験のプロがおすすめ！ 併願校の例

特色	男 フィールドワーク	男 論文(自由研究)	男 留学制度	女 フィールドワーク	女 論文(自由研究)	女 留学制度
♠男子校	♣湘南学園	♣森村学園	♣桐光学園	♣湘南学園	♣森村学園	♣桐光学園
♥女子校	♣多摩大聖ヶ丘	♣八王子学園	♠藤嶺藤沢	♣多摩大聖ヶ丘	♣八王子学園	♥横浜女学院
♣共学・別学校	♣和光	♣玉川学園	♣横浜富士見丘	♣和光	♣玉川学園	♣横浜富士見丘

併設高校の進路情報

四年制大学進学率85.1%
文系54／理系46／その他0（%）　医歯薬28名合格

指定校推薦▶東京理科大，青山学院大，立教大，中央大，法政大など推薦枠あり。

海外大学合格状況▶University of Utah, University of Illinois at Chicago, Gonzaga University（米），他。

'22年3月卒業生：114名

大学97名　短大0名　専門8名　就職0名　他9名

主な大学合格状況　'23年春については主要大学のみ巻末一覧に記載

大学名	'22	'21	'20	大学名	'22	'21	'20	大学名	'22	'21	'20
◇東京大	0	1	0	上智大	0	3	2	専修大	6	12	13
◇東工大	1	0	0	東京理科大	4	2	3	東海大	33	22	14
◇千葉大	1	0	0	明治大	8	11	3	帝京大	13	7	4
◇筑波大	1	0	0	青山学院大	11	9	5	明治学院大	7	3	7
◇横浜国大	1	0	0	立教大	4	3	3	神奈川大	6	13	7
◇防衛医大	1	0	0	中央大	8	6	4	東京電機大	1	3	5
◇東京農工大	1	1	0	法政大	8	2	10	桜美林大	9	13	4
◇横浜市大	1	0	1	日本大	14	14	15	関東学院大	7	9	1
早稲田大	2	5	0	東洋大	5	11	3	北里大	5	3	3
慶應大	1	1	2	駒澤大	6	1	2	国際医療福祉大	4	4	4

※各大学合格数は既卒生との合計。

見学ガイド　文化祭／説明会／入試体験会

高1内訳 一貫生 185名

湘南学園(しょうなんがくえん)中学校

〒251－8505　神奈川県藤沢市鵠沼松が岡4－1－32　☎0466－23－6611

国際 海外研修 長期留学 第2外国語 online英会話 21型 1人1台端末 リモート体制 プロジェクト型 論文執筆 STEAM 情操 体験学習 ボランティア 人間力育成

教育目標▶中高6年間の一貫教育を通して，社会の進歩に貢献する，明朗で実力ある人間を育てる。
沿革▶1933年創立の湘南学園幼稚園・小学校を母体に，1947年中学校が開校。
施設▶ホール，演示室，メディア室，ラウンジ，自習室，アリーナ，トレーニングルーム，テニスコート，グラウンド，他。
学校長▶伊藤　眞哉
生徒数▶総数591名　併設小からの進学者を含む。

	1年（5クラス）	2年（5クラス）	3年（5クラス）
男子	118名	101名	113名
女子	89名	95名	75名
内進生内数	男45名 女45名	男41名 女52名	男43名 女38名

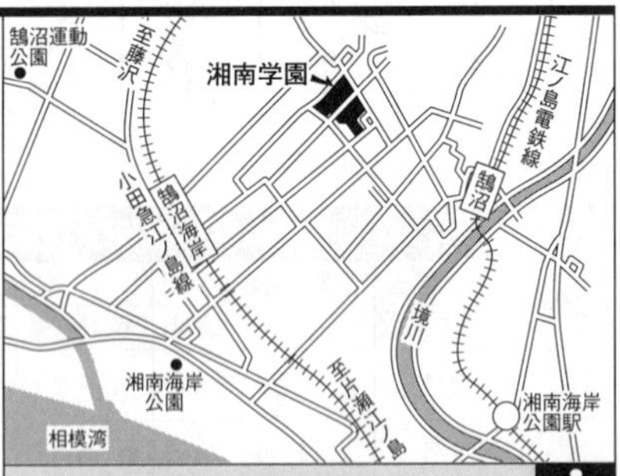

小田急江ノ島線―鵠沼海岸8分
江ノ島電鉄―鵠沼8分
8分

豊かな出会いや交流，共に成長する6年間

グローバルな体験学習，社会を知る総合学習，チームワーク力を高める学校行事を教育の柱とする。「生徒が主役」をモットーに様々な学習活動を行っている。

学習 中学は基礎学力の定着，また，個々の得意科目のレベルアップと弱点の克服に努める。全員が参加する夏期講習（英数）は習熟度別で実施され，到達度に応じた学習で確実な理解をめざす。高2より文系と理系に分かれ，演習問題にも時間を割き，学習内容の深化を図る。高3では豊富な選択科目を設定し，それぞれの願う進路への学びを強化。高校対象の夏期講習は希望制で実施され，多彩な講座が開かれる。海外セミナープログラムも多数用意。

キャリア教育 ユネスコスクール加盟校。ESD（持続可能な社会の担い手を育む教育）を強く意識した独自の総合学習プログラムでキャリア教育を行う。中学では他者や地域との関わりを学び，高校ではSDGsをテーマに視野を社会・世界へと広げ，この社会でどう生きていくのかを考える。

●コース表

中1	中2	中3	高1	高2	高3
共　通　履　修				文系コース 理系コース	

学校生活 学校生活に慣れることを優先するため，クラブ活動参加は中1の前期試験終了後以降。水泳部，ラグビー部，鉄道研究部，野外活動部など約30の団体がある。体育祭は中1～高2まで縦割で実施。

保護者MEMO

登校時刻▶9：00
最終下校時刻▶18：20
土曜日▶毎週登校。平常授業3時間
昼食▶食堂／食品販売あり
携帯電話▶許可制
制服▶ブレザー
自転車通学▶可
カウンセラー▶週1日
保護者面談▶年1回
保護者会▶年2～3回
必修旅行▶テーマ別に分散（高2）
部活動▶活動日は部による

学費　初年度目安 140万円

（単位:円）	入学金	施設費	授業料	その他	合計
入学手続時	250,000	150,000	―	―	400,000
1年終了まで	―	―	528,000	474,200	1,002,200

●奨学金・特待生
なし

［その他］制服・指定品代，修学旅行費，施設維持費，学習費，学年費，YA積立金，PTA会費，生徒会費，食育推進費。［寄付・学債］任意の寄付金（教育充実資金）1口5万円2口以上(松ぼっくり基金）1口5千円1口以上あり。
※上記は'22年度のもの。新年度について詳細は「受験生応援アプリ」にて公開（2023年5月～）。

首都圏模試　思考コード　(単位：%)

読み取る力＼考える力	〈B〉国語 A	国語 B	国語 C	算数 A	算数 B	算数 C
複雑 3						
2	4	16		62	8	
単純 1	13	67		5	25	

A=知識・理解思考　B=論理的思考　C=創造的思考

2024年度入試　合格の基準

		首都圏模試 ほぼ確実	首都圏模試 見込あり／やや見込あり	四谷大塚 ほぼ確実	四谷大塚 見込あり／やや見込あり
男子	〈B〉	60	56／50	49	46／42
女子	〈B〉	59	55／49	50	47／43

ほぼ確実＝80％～／見込あり＝50～79％／やや見込あり＝20～49％

入試要項　2023年度参考　新年度日程はアプリへGO!　2科　4科　他

試験名	試験日 ◎午後入試	出願締切 Web	発表 Web	手続 Web	選抜方法 2科	4科	適	英	他	面接	特待	募集数	応募数	受験数	合格数	実質倍率	偏差値
湘南ESD	2/1 ◎	1/27	2/2	2/4					＊			15	男 17	17	5	3.4	59
													女 22	21	12	1.8	57
A	2/1	1/31	当日	2/4	●	●						30	男 69	66	24	2.8	60
													女 44	52	19	2.7	60
B	2/2	2/1	当日	2/4	●	●						35	男148	121	51	2.4	60
													女104	83	21	4.0	59
C	2/3	2/2	当日	2/4	●							35	男 99	74	12	6.2	59
													女 94	75	23	3.3	59
D	2/5	2/4	当日	2/6	●							15	男 99	74	12	6.2	63
													女 74	52	3	4.3	61

＊記述・論述（SDGsの17のゴールに関する出題）。ほかに事前提出の動画（小学校時代に取り組んだこと，入学後に挑戦したいことについて本人が語ったもの）
※C・D日程で複数回受験者には優遇措置あり

【出願方法】Web出願。出願後，湘南ESD受験者は1/29までに動画提出　**【手続方法】**Web納入。辞退者には一部返還
【受験料】20,000円（同時出願は１回分15,000円）

【帰国生入試】―
※コロナ共通追試参加校

中学受験のプロがおすすめ!　併願校の例

特色	男 国際理解教育	男 STEAM教育	男 論文(自由研究)	女 国際理解教育	女 STEAM教育	女 論文(自由研究)
♠男子校	♣公文国際	♣神奈川大附	♣法政二	♣公文国際	♣神奈川大附	♣法政二
♥女子校	♣日本大学	♣森村学園	♣桐光学園	♣日本大学	♣森村学園	♣桐光学園
♣共学・別学校	♣日大藤沢	♣関東学院	♣自修館中等	♣日大藤沢	♣関東学院	♣自修館中等

併設高校の進路情報

四年制大学進学率75.1%
文系約64／理系36／その他０（%）　医歯薬16名合格

指定校推薦▶利用状況は慶應大１，上智大２，東京理科大２，学習院大４，明治大２，青山学院大２，立教大５，中央大３，法政大３，日本大３，成蹊大２，成城大３，明治学院大２，東京都市大２，東洋英和女学院大１など。ほかに駒澤大，芝浦工大，フェリス女学院大など推薦枠あり。

'22年３月卒業生：189名
大学142名　短大０名　専門３名　就職０名　他44名

主な大学合格状況　'23年春については主要大学のみ巻末一覧に記載

大学名	'22	'21	'20	大学名	'22	'21	'20	大学名	'22	'21	'20
◇筑波大	1	0	0	上智大	3	6	8	駒澤大	10	6	3
◇横浜国大	1	1	2	東京理科大	13	10	7	専修大	22	5	11
◇埼玉大	1	0	0	学習院大	7	9	8	東海大	31	15	26
◇北海道大	1	0	0	明治大	23	15	15	帝京大	8	3	10
◇防衛医大	1	0	0	青山学院大	13	11	11	成城大	11	5	8
◇都立大	1	1	0	立教大	15	19	12	明治学院大	20	6	16
◇横浜市大	4	2	2	中央大	11	10	10	神奈川大	22	10	14
◇信州大	1	0	1	法政大	22	12	13	芝浦工大	13	7	4
早稲田大	7	11	11	日本大	30	20	39	玉川大	3	6	14
慶應大	8	2	9	東洋大	17	6	5	関東学院大	3	11	11

※各大学合格数は既卒生との合計。

見学ガイド　体育祭／文化祭／説明会／オープンキャンパス

高校募集 あり 高1より全体が混合。 高1内訳 一貫生 41名 9名 高入生

聖ヨゼフ学園 中学校

〒230－0016 神奈川県横浜市鶴見区東寺尾北台 11－1 ☎045－581－8808

国際 海外研修 長期留学 第2外国語 online英会話 21型 1人1台端末 リモート体制 プロジェクト型 論文執筆 STEAM 情操 体験学習 ボランティア 人間力育成

教育理念▶「信・望・愛」の3つの力を校訓とし，人々の真の平和と幸福を創り出す人を育てる。
沿革▶男子修道会アトンメントのフランシスコ会が1957年に創立。2019年国際バカロレア（IB）中等教育プログラム（MYP）校の候補校に認定。2020年より共学。
施設▶多目的教室，聖堂，アトリウム，他。
学校長▶多田　信哉
生徒数▶総数179名　併設小からの進学者を含む。

	1年（2クラス）	2年（2クラス）	3年（2クラス）
男子	26名	16名	19名
女子	46名	37名	35名
内進生内数	男12名 女33名	男2名 女25名	男9名 女22名

JR―鶴見15分，またはバス二本木3分 15分

共に学び，共に生きる力を身につける

少人数学級により，生徒一人ひとりと向き合う教育を行う。カトリックの教えに基づき，神から与えられた自己の能力を大切に生かそうとする姿勢を育てる。

学習 授業のなかで個々が得た知識を活かして自分の考えを発信する機会を設定。また，各教科の教員によるフィードバックを通し生徒の成長につなげる。主体性を持った人格形成には，言語教育が重要な役割を果たすという考えのもと，国際標準の母語教育を展開。国語では「言語技術」を取り入れたカリキュラムを設定。中3では中学3年間の総まとめとして「コミュニティー・プロジェクト」を実施。あらゆるコミュニティーを対象とした問題発見→解決型の探究をグループで取り組む。高校は3コースから選択。世の中に目を向け，社会課題に対するアクションを起こすインクワイアリー・ベイスド・ラーニング（IL）コース（2023年度より新設）が加わる。

●コース表

中1	中2	中3	高1	高2	高3
共通履修			総合進学コース		
			インクワイアリー・ベイスド・ラーニング(IL)コース		
			アドバンスト・イングリッシュ(AE)コース		

キャリア教育 「生命尊重学習会」では，講話やワークショップを通し，生命の尊さや自分にできることを考える。様々な経験を通して自分の適性を探る。

学校生活 聖書を通してキリスト教を学ぶ「宗教」の授業が週1回ある。クラブ活動後，学習室は19時まで利用可。

保護者MEMO

登校時刻▶8：15
最終下校時刻▶17：30
土曜日▶休校。特別講座・模試・クラブ・行事を実施
昼食▶弁当／食品販売あり
携帯電話▶許可制
制服▶ブレザー，セーラー
自転車通学▶不可
カウンセラー▶週1日
保護者面談▶年2回
保護者会▶年1～2回
必修旅行▶奈良・京都(中3)，他
部活動▶活動は火・水・金，月1～2回土曜

学費

初年度目安 126万円

(単位:円)	入学金	施設費	授業料	その他	合計
入学手続時	200,000	140,000	—	—	340,000
1年終了まで	—	300,000	324,000	292,000	916,000

●奨学金・特待生
なし

［その他］制服・指定品代，修学旅行費，教材費，教育後援会費，生徒会費。
［寄付・学債］任意の寄付金(教育環境維持・研究振興金) 1口1万円1口以上あり。
※上記は'22年度のもの。新年度について詳細は「受験生応援アプリ」にて公開（2023年5月～）。

首都圏模試 思考コード （単位：%）

読み取る力	A	B	C	A	B	C
複雑 3						
2			データなし			
単純 1						

考える力　A=知識・理解思考　B=論理的思考　C=創造的思考

2024年度入試 合格の基準

		首都圏模試		四谷大塚	
		ほぼ確実	見込あり / やや見込あり	ほぼ確実	見込あり / やや見込あり
男子	①	42	37 / 33	34	30 / 24
女子	①	42	37 / 33	34	30 / 24

ほぼ確実＝80%～／見込あり＝50～79%／やや見込あり＝20～49%

入試要項 2023年度参考 新年度日程はアプリへGO!

2科　4科　適性型

試験名	試験日 ◎午後入試	出願締切 Web	発表 Web	手続 振・窓	2科	4科	適	英	他	面接	特待	募集数	応募数	受験数	合格数	実質倍率	偏差値
①	2/1	1/30	当日	2/10	●	●				＊1		15	21	17	13	1.3	男42 女42
②	2/2	1/30	当日	2/10	●					＊1		10	32	11	6	1.8	男44 女44
③	2/3	2/2	当日	2/10	●					＊1		10	28	5	4	1.3	男44 女44
総合型	2/1 ◎	1/30	当日	2/10			＊2					10	15	13	13	1.0	男44 女44

＊1　保護者同伴面接。1/14，21または試験当日　＊2　総合＋グループワーク
※通知表コピー

【出願方法】 Web出願
【手続方法】 ①総合は2/2，②は2/3，③は2/4までに書類受取後，銀行振込または持参のうえ，窓口手続。3/31までの辞退者には一部返還
【受験料】 ①～③20,000円（複数回受験可）総合型10,000円（①～③との同時出願は20,000円）

【帰国生入試】 12/1，1/6（計5名募集）。また，上記①～③に帰国生含む

中学受験のプロがおすすめ! 併願校の例

特色	男 留学制度	男 少人数制	男 キャリア教育	女 留学制度	女 少人数制	女 キャリア教育
♠男子校	♣八雲学園	♣多摩大聖ヶ丘	♣横浜創英	♣八雲学園	♣多摩大聖ヶ丘	♣横浜創英
♥女子校	♣関東六浦	♣横浜富士見丘	♣鶴見大附	♣関東六浦	♣横浜富士見丘	♣鶴見大附
♣共学・別学校	♣多摩大目黒	♣大西学園	♣目黒学院	♣多摩大目黒	♣大西学園	♣目黒学院

併設高校の進路情報

四年制大学進学率89.4%
文系69／理系24／その他7（%）　医歯薬17名合格

指定校推薦▶利用状況は上智大1，明治学院大1，玉川大2，聖心女子大6，白百合女子大2，帝京平成大1，フェリス女学院大1，東洋英和女学院大1など。ほかに中央大，東海大，東京電機大，立命館大，武蔵大，関東学院大，大妻女子大，東邦大，清泉女子大，麻布大，鎌倉女子大，鶴見大など推薦枠あり。

'22年3月卒業生：47名（女子のみ）
大学42名　短大2名　専門1名　就職0名　他2名

主な大学合格状況　'23年春については主要大学のみ巻末一覧に記載

大学名	'22	'21	'20	大学名	'22	'21	'20	大学名	'22	'21	'20
◇筑波大	0	1	0	明治大	6	3	1	明治学院大	6	4	2
◇東京外大	0	1	0	青山学院大	0	4	0	神奈川大	3	4	3
◇横浜国大	0	0	1	立教大	3	3	0	聖心女子大	10	8	4
◇北海道大	0	1	0	中央大	0	7	1	白百合女子大	2	3	6
◇東京藝術大	0	1	1	法政大	2	0	1	東邦大	0	3	2
早稲田大	2	2	1	日本大	10	2	4	星薬科大	1	2	0
慶應大	0	0	1	東洋大	1	0	1	東京薬科大	2	2	0
上智大	4	7	6	専修大	1	2	3	昭和女子大	2	1	2
東京理科大	0	2	0	東海大	1	2	1	多摩美大	1	3	1
学習院大	0	0	1	國學院大	2	2	2	横浜薬科大	1	6	1

※各大学合格数は既卒生との合計。

見学ガイド 体育祭／文化祭／説明会／オープンスクール

相洋（そうよう）中学校

〒250－0045　神奈川県小田原市城山 4－13－33　☎0465－23－0214

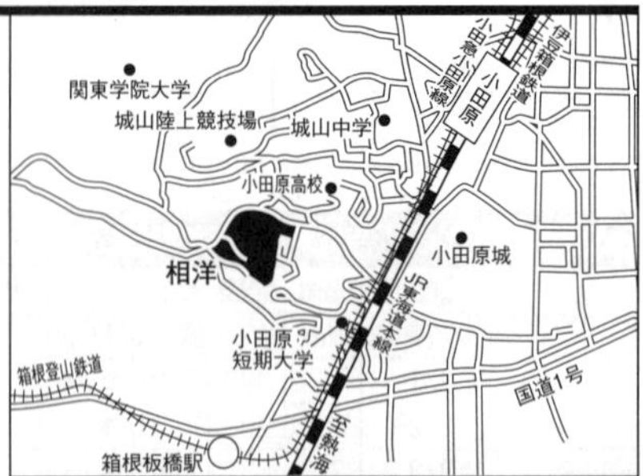

JR・小田急線―小田原15分　15分

教育方針▶校訓「質実剛健 勤勉努力」のもと，次の社会で自信を持って生き生きと生きる力を育む。
沿革▶1938年創立の小田原夜間中学が前身。翌年現校名へ改称し，1941年現校地へ移転。
施設▶ホール，マルチメディアセンター，自習室，図書館，研修会館，相洋ファーム，雨天体育館，テニスコート，グラウンド，他。
学校長▶渡邉　祐一
生徒数▶総数144名

	1年（2クラス）	2年（2クラス）	3年（2クラス）
男子	24名	26名	26名
女子	19名	21名	18名

国際　海外研修　長期留学　第2外国語　online英会話　21型　1人1台端末　リモート体制　プロジェクト型　論文執筆　STEAM　情操　体験学習　ボランティア　人間力育成

次の時代を強く逞しく生きていくための6年間

これまで育まれてきた先人たちの文化に誇りを持ち，継続的な学習を積み重ね，よりよい体験・経験を積み重ねていくことにより，社会を生きる力をつける。

学習 中1から中3の前半までを第1期とし，学習習慣の確立に重きをおく。英語と数学で中2より習熟度別授業を採用。年間5回の定期試験のほか，春と秋の実力試験，夏と冬には課題試験に取り組む。週1回の「放課後講座」では個別対応，検定対策講座を実施。中3の2学期からは，中学校の学習内容（英国数）を定着させつつ新たな学びを始める「KOMINEゼミ」で高校への橋渡しを行う。中2の夏休みの「ディスカバリーキャンプ」では，「仲間との協働」をテーマに集団で課題解決に臨む。中3の希望者対象に約2カ月のニュージーランドターム留学も用意。

●コース表

中1	中2	中3	高1	高2	高3
共通履修				希望進路に応じた選択制	

キャリア教育 中学では職業調査や職場体験，卒業生による進路講演会を開く。高校は大学見学，学部・学科の調査，レポート・発表を通して目標を考える。

学校生活 国語の授業での主張発表のほか，ホームルームでの日直スピーチ，文化祭でのステージ発表など，自分を表現する機会を多く設定。クラブ活動は中高別で行う。中学は全員がいずれかに所属する。

保護者MEMO

登校時刻▶8：40
最終下校時刻▶18：00
土曜日▶隔週登校。平常授業3時間
昼食▶食堂／食品販売あり
携帯電話▶許可制
制服▶ブレザー
自転車通学▶不可
カウンセラー▶月2日
保護者面談▶年3回
保護者会▶年1回
必修旅行▶京都・奈良・大阪・広島(中3)，九州(高2)
部活動▶水曜日は休部日

学費　初年度目安 97万円

(単位:円)	入学金	施設費	授業料	その他	合計
入学手続時	220,000	150,000	—	—	370,000
1年終了まで	—	—	372,000	223,380	595,380

［その他］制服・指定品代，修学旅行費，学級費，小峰会費，生徒会費，防災用具。
［寄付・学債］なし。
※上記は'22年度のもの。新年度について詳細は「受験生応援アプリ」にて公開（2023年5月～）。

●奨学金・特待生
AとB：入学金，施設費，中2・中3の教育充実費。Aはさらに1年次授業料

首都圏模試　思考コード（単位：%）

読み取る力						
複雑 3						
2			データなし			
単純 1						
考える力	A	B	C	A	B	C

A=知識・理解思考　B=論理的思考　C=創造的思考

2024年度入試　合格の基準

		首都圏模試		四谷大塚	
		ほぼ確実	見込あり / やや見込あり	ほぼ確実	見込あり / やや見込あり
男子	〈①A〉	40	36 / 31	32	27 / 22
女子	〈①A〉	40	36 / 31	32	27 / 22

ほぼ確実＝80%～／見込あり＝50～79%／やや見込あり＝20～49%

入試要項　2023年度参考　新年度日程はアプリへGO!　2科 4科

試験名			試験日（◎午後入試）	出願締切 Web	発表 手渡	手続 振込	2科	4科	適	英	他	面接	特待	募集数	応募数	受験数	合格数	実質倍率	偏差値
①	A	2科	2/1	1/31	当日	2/6	●					＊	●	30	40	34	23	1.5	男40 女40
		4科						●							3	3	3	1.0	
	B		2/1 ◎	当日	当日	2/6	●					＊	●	20	45	31	21	1.5	男40 女40
②	A	2科	2/2	当日	当日	2/6	●					＊	●	20	43	27	20	1.4	男40 女40
		4科						●							3	1	1	1.0	
	B		2/2 ◎	当日	当日	2/6	●					＊	●	10	43	19	15	1.3	男40 女40
③		2科	2/4	当日	当日	2/6	●					＊	●	10	43	21	17	1.2	男40 女40
		4科						●							3	1	1	1.0	

＊グループ面接　※通知表コピー

【出願方法】 Web出願後，書類を郵送または窓口持参
【合格発表】 書類手渡
【手続方法】 銀行振込。発表当日は窓口可
【受験料】 24,000円（同時出願は34,000円で複数回受験可）

【帰国生入試】 1/6（若干名募集）また，上記③に帰国生含む

中学受験のプロがおすすめ!　併願校の例

特色	男 表現力育成	男 キャリア教育	男 フィールドワーク	女 表現力育成	女 キャリア教育	女 フィールドワーク
♠男子校	♣自修館中等	♠藤嶺藤沢	♣多摩大聖ヶ丘	♣自修館中等	♥神奈川学園	♣多摩大聖ヶ丘
♥女子校	♣東海大相模	♣横浜翠陵	♣横浜隼人	♣東海大相模	♣横浜翠陵	♣横浜隼人
♣共学・別学校	♣八王子実践	♠武相	♣アレセイア湘南	♣八王子実践	♥函嶺白百合	♣アレセイア湘南

併設高校の進路情報

四年制大学進学率64.3%
文系・理系の割合 非公表

指定校推薦▶東京理科大，学習院大，明治大，青山学院大，日本大，東洋大，駒澤大，専修大，東海大，亜細亜大，帝京大，成蹊大，神奈川大，東京電機大など推薦枠あり。

'22年3月卒業生：395名
大学254名／短大26名／専門76名／就職15名／他24名

主な大学合格状況　'23年春については主要大学のみ巻末一覧に記載

大学名	'22	'21	'20	大学名	'22	'21	'20	大学名	'22	'21	'20
◇筑波大	0	1	0	青山学院大	2	4	5	成城大	3	3	2
◇防衛医大	1	0	0	立教大	2	0	1	明治学院大	8	4	3
◇東京学芸大	0	1	0	中央大	11	3	4	神奈川大	38	34	30
◇横浜市大	1	0	0	法政大	12	3	5	玉川大	11	11	1
◇防衛大	2	0	0	日本大	17	17	13	立正大	4	4	3
◇県立保健福祉大	1	0	0	東洋大	7	5	7	桜美林大	20	11	6
早稲田大	1	0	1	駒澤大	11	10	7	関東学院大	17	11	8
慶應大	2	1	0	専修大	17	21	7	国際医療福祉大	4	9	4
東京理科大	2	2	3	東海大	36	29	19	東京工芸大	1	8	11
明治大	7	4	4	帝京大	27	12	19	神奈川工科大	11	10	11

※各大学合格数は既卒生との合計。

見学ガイド　文化祭／説明会／オープンスクール

中央大学附属横浜中学校
(ちゅうおうだいがくふぞくよこはま)

〒224－8515　神奈川県横浜市都筑区牛久保東1－14－1　☎045－592－0801

国際 / 海外研修 / 長期留学 / 第2外国語 / online英会話 / 21型 / 1人1台端末 / リモート体制 / プロジェクト型 / 論文執筆 / STEAM / 情操 / 体験学習 / ボランティア / 人間力育成

教育理念▶知・徳・体を磨き，人々の幸福と社会の発展に寄与する意欲と行動力のある人間を育てる。
沿革▶1908年創立の横浜女子商業補習学校が起源。2012年に共学化，2013年新校舎へ移転し改称。2014年度に高校が共学化。
施設▶総合学習コーナー，和室，理科実験室，トレーニングルーム，武道場，グラウンド，他。
学校長▶木下　耕児
生徒数▶総数582名

	1年（5クラス）	2年（5クラス）	3年（5クラス）
男子	78名	85名	76名
女子	116名	120名	109名

市営地下鉄―センター北7分　7分

学力・人間力に芯がある人を「中央」で育む

グローバル人材を育む国際理解教育，論理的思考力を高める理数教育などをバランスよく学ぶと共に，人間力を磨くキャンパスライフを通し，確かな力をつける。

学習 中学は英数国の授業時間を多く設定。日常の小テストや課題，長期休業中の講習などにより基礎学力を身につける。英語はネイティヴ教員による少人数制の授業を展開。中央大学の附属中高合同英語スピーチコンテストや，中2のイングリッシュサマーキャンプなど，学習の成果を発揮する行事を設ける。希望制により，中2はニュージーランド，高1はカナダでの海外語学研修を実施。理数系教育にも注力。論理的思考の養成に加え，高度な実験や観察を通じて，自然現象に関する興味や関心，科学リテラシーを育てる。

●コース表

中1	中2	中3	高1	高2	高3
共通履修				文系	私立／国公立
				理系	私立／国公立

キャリア教育 中学では授業，行事，部活動の経験を積み重ねて，人間の土台を築く。高校からは中央大学との連携により，「ステップ講座」「独占禁止法教室」「文学部特別公開講座」や学部・学科のガイダンスなどで，志望に向けて専門性を深めていく。

学校生活 中3の研修旅行では，狂言や坐禅を体験し，日本の伝統文化への理解を深める。全国大会で銀賞を受賞したバトン部をはじめ，30を超える部が活動。

保護者MEMO

登校時刻▶8：30
最終下校時刻▶18：00
土曜日▶登校。平常授業4時間
昼食▶食堂／食品販売あり
携帯電話▶可
制服▶ブレザー
自転車通学▶不可
カウンセラー▶週1～2日
保護者面談▶年1回
保護者会▶年3回
必修旅行▶京都・奈良（中3），シンガポール（高2）
部活動▶活動日は部による

学費　初年度目安 137万円

（単位:円）	入学金	施設費	授業料	その他	合計
入学手続時	290,000	—	—	—	290,000
1年終了まで	—	290,000	588,000	202,200	1,080,200

●奨学金・特待生
なし

［その他］学年費，積立金，奨学会（PTA)会費，生徒会費。　※別途指定品・制服代，副教材費等あり。
［寄付・学債］任意の寄付金あり。
※上記は'22年度のもの。新年度について詳細は「受験生応援アプリ」にて公開（2023年5月～）。

首都圏模試　思考コード　(単位：%)

読み取る力 ＼ 考える力	〈第１回〉国語 A	国語 B	国語 C	算数 A	算数 B	算数 C
複雑 3				4		
2	30	13		24	27	
単純 1		57			45	

A=知識・理解思考　B=論理的思考　C=創造的思考

2024年度入試　合格の基準

		首都圏模試 ほぼ確実	首都圏模試 見込あり	首都圏模試 やや見込あり	四谷大塚 ほぼ確実	四谷大塚 見込あり	四谷大塚 やや見込あり
男子	①	68	64	58	56	52	48
女子	①	69	65	59	58	54	50

ほぼ確実＝80%～／見込あり＝50～79%／やや見込あり＝20～49%

入試要項　2023年度参考　新年度日程は アプリへGO!　4科

試験名	試験日 ◎午後入試	出願締切 Web	発表 Web	手続 Web	選抜方法 2科	4科	適	英	他	面接	特待	募集数	応募数	受験数	合格数	実質倍率	偏差値
①	2/1	1/26	当日	2/5		●						80	男 170	154	58	2.7	68
													女 234	225	89	2.5	69
②	2/2 ◎	1/26	2/3	2/5		●						80	男 483	406	154	2.6	69
													女 497	390	137	2.8	70

【出願方法】 Web出願。ほかに②は2/1・当日出願可
【手続方法】 Web納入
【受験料】 30,000円

【帰国生入試】 ―
※コロナ共通追試参加校

年度	試験名	募集数	応募数	受験数	合格数	実質倍率	偏差値
'22	①	80	男207	193	65	3.0	68
			女309	299	82	3.6	69
	②	80	男506	403	136	3.0	69
			女556	449	160	2.8	70
'21	①	80	男184	176	52	3.4	68
			女307	296	108	2.7	69
	②	80	男467	409	157	2.6	69
			女549	425	114	3.7	70

中学受験のプロがおすすめ!　併願校の例

特色	男 大学附属校	男 理数教育	男 近代的校舎	女 大学附属校	女 理数教育	女 近代的校舎
♠男子校	♣慶應中等部	♣広尾学園	♣慶應湘南藤沢	♣慶應中等部	♣広尾学園	♣慶應湘南藤沢
♥女子校	♣法政二	♣三田国際学園	♣青山学院	♣法政二	♣三田国際学園	♣青山学院
♣共学・別学校	♣日本大学	♣関東学院	♣都市大等々力	♣日本大学	♣関東学院	♣都市大等々力

併設高校の進路情報

四年制大学進学率98.5%
文系・理系割合 未集計

内部推薦▶中央大学へ254名（法79，経済55，商59，文24，総合政策７，理工17，国際経営６，国際情報７）が内部推薦で進学した。

指定校推薦▶早稲田大，上智大，東京理科大，青山学院大など推薦枠あり。

'22年３月卒業生：331名　大学326名
短大０名　専門０名　就職０名　他５名

主な大学合格状況　'23年春については主要大学のみ巻末一覧に記載

大学名	'22	'21	'20	大学名	'22	'21	'20	大学名	'22	'21	'20
◇東京大	2	0	0	◇東京学芸大	1	2	2	立教大	28	22	15
◇東工大	0	3	1	◇都立大	6	3	1	中央大	282	255	302
◇一橋大	4	2	1	◇横浜市大	3	1	7	法政大	9	9	14
◇千葉大	0	2	0	早稲田大	21	18	18	日本大	5	12	12
◇筑波大	0	2	1	慶應大	14	15	10	明治学院大	3	1	4
◇東京外大	1	0	3	上智大	9	15	10	神奈川大	1	1	6
◇横浜国大	6	13	6	東京理科大	7	16	26	芝浦工大	9	18	12
◇大阪大	1	1	0	学習院大	2	1	2	東京都市大	2	1	22
◇北海道大	1	0	1	明治大	23	28	27	北里大	5	6	2
◇防衛医大	1	0	0	青山学院大	14	16	14	星薬科大	1	4	3

※各大学合格数は既卒生との合計。

見学ガイド 文化祭／説明会／見学会

高校募集 あり 高2から全体が混合。　高1内訳 一貫生 91名 143名 高入生

鶴見大学附属（つるみだいがくふぞく） 中学校

〒230－0063　神奈川県横浜市鶴見区鶴見 2－2－1　☎045－581－6325

国際 / 海外研修 / 長期留学 / 第2外国語 / online英会話 / 21型 / 1人1台端末 / リモート体制 / プロジェクト型 / 論文執筆 / STEAM / 情操 / 体験学習 / ボランティア / 人間力育成

教育理念▶感謝を忘れず，自立の精神と心豊かな知性を育み，国際社会に貢献できる人間を育てる。
沿革▶曹洞宗大本山・總持寺が母体となり，1924年設立。2008年に共学化し現校名へ改称。
施設▶講堂，坐禅室，茶道室，カウンセリング室，ラウンジ，教科メディアセンター，図書館，野球場(校外)，グラウンド，他。
学校長▶岸本　力也
生徒数▶総数324名

	1年（4クラス）	2年（3クラス）	3年（4クラス）
男子	78名	54名	75名
女子	46名	32名	39名

京急本線─花月総持寺10分　JR─鶴見15分　東急─綱島よりバス亀甲山　10分

「学びの心で世界を変える。」教育を宣言

学力向上，人間形成，国際教育を3本柱に，新時代の学びを創造。「教科エリア＋ホームベース型」校舎で，学ぶ意欲を刺激しチャレンジ精神を育む。

学習 国公立・難関私立大学をめざす難関進学クラスと中堅大学をめざす進学クラスの2コース制。ICT器機による主体的な学習活動，アクティブ・ラーニングを実践。協働学習を通して物事を多面的にみる力やコミュニケーション力を育てる。難関進学クラスの英数はアドバンスとベーシックの2クラスに分かれ，基礎力・応用力の向上を図る。英検・GTECの受験が必須。中学を対象に対策講座を行う。国際教育の一環として，イングリッシュキャンプやオーストラリア語学研修を実施。校内では外国人留学生との交流行事を行う。

●コース表

中1	中2	中3	高1	高2・高3
難関進学クラス		特進クラス	特進コース	国公立文系・理系／私立文系・理系
進学クラス		総合進学クラス	総合進学コース	国公立文系・理系／私立文系・理系

キャリア教育 中1より生徒や保護者を対象に「進路ガイダンス」を随時開催。鶴見大学や附属幼稚園での体験学習も実施し，職業イメージ喚起の一助とする。現役大学生がチューターとなり進路相談に応じている。

学校生活 毎朝の「こころの時間」や1月の耐寒参禅会参加を通じ，禅の精神に触れる。サッカーとフットサルの両方に取り組むサッカー部，養蜂も行っている自然科学部など，約30のクラブが活動中。

保護者MEMO

登校時刻▶8：30
最終下校時刻▶18：15
土曜日▶毎週登校。平常授業2時間
昼食▶弁当／食品販売あり
携帯電話▶可
制服▶ブレザー
自転車通学▶不可
カウンセラー▶週1日
保護者面談▶年1回
保護者会▶年3回
必修旅行▶オーストラリア（中3）
部活動▶活動日は部による

学費　初年度目安 112万円

(単位:円)	入学金	施設費	授業料	その他	合計
入学手続時	200,000	—	—	—	200,000
1年終了まで	—	308,000	420,000	187,600	915,600

[その他] 制服・指定品代，教育充実費，諸会費。　※別途学年預り金，校外実習費，研修旅行費等あり。
[寄付・学債] 任意の寄付金1口0.2万円1口以上あり。
※上記は'22年度のもの。新年度について詳細は「受験生応援アプリ」にて公開（2023年5月～）。

●奨学金・特待生
入学金と1号：施設費，授業料・施設費・充実費／2号:授業料　3号:入学金・授業料半額

首都圏模試　思考コード　(単位：%)

読み取る力＼考える力	〈難関進学１次〉国語 A	国語 B	国語 C	算数 A	算数 B	算数 C	〈適性検査〉A	〈適性検査〉B	〈適性検査〉C
複雑 3				5					
2	20	15		70			24	12	
単純 1	20	45			25		12	52	

A=知識・理解思考　B=論理的思考　C=創造的思考

2024年度入試　合格の基準

		首都圏模試 ほぼ確実	首都圏模試 見込あり	首都圏模試 やや見込あり	四谷大塚 ほぼ確実	四谷大塚 見込あり	四谷大塚 やや見込あり
男子	〈進学①〉	40	36	33	36	31	26
女子	〈進学①〉	40	36	33	36	31	26

ほぼ確実＝80%～／見込あり＝50～79%／やや見込あり＝20～49%

入試要項　2023年度参考　新年度日程はアプリへGO!　2科 4科 適性型 英 他

試験名		試験日（◎午後入試）	出願締切 Web	発表 Web	手続 窓口	2科	4科	適	英	他	面接	特待	募集数	応募数	受験数	合格数	実質倍率	偏差値
進学	①	2/1	1/31	当日	2/10	●	●						40	86	67	58(1)	1.2	男40 女40
	②	2/2	当日	当日	2/10	●	●						15	138	45	40(10)	1.1	男43 女43
難関進学	①	2/1 ◎	当日	当日	2/10		●					●	30	108	87	70〈8〉	1.2	男47 女46
						●								38	30	8〈6〉	3.8	
	②	2/2 ◎	当日	当日	2/10		●					●	15	110	44	21〈10〉	2.1	男48 女48
						●								55	30	5〈8〉	6.0	
	③	2/4	当日	当日	2/10		●					●	10	123	33	13〈10〉	2.5	男48 女48
						●								49	21	3〈3〉	7.0	
									＊2					12	7	2	3.5	
										＊3				12	4	1〈2〉	4.0	
適性検査		2/1	1/31	当日	2/10			＊1		＊1		●	30	148	146	137(113)	1.1	男43 女43

＊1　適性検査＋算数　＊2　国算英　＊3　算数
※進学クラス入試の複数回受験は優遇制度あり

【出願方法】 Web出願。ほかに窓口出願可
【手続方法】 窓口納入　**【受験料】** 20,000円（同時出願は複数回受験可）

【帰国生入試】 —
(注)(　)は難関進学合格で内数。〈　〉は進学合格で外数。

中学受験のプロがおすすめ！ 併願校の例

特色	男 国際教育	男 進学校的附属校	男 キャリア教育	女 国際教育	女 進学校的附属校	女 キャリア教育
♠男子校	♣八雲学園	♣多摩大聖丘	♣玉川学園	♣八雲学園	♣多摩大聖丘	♣玉川学園
♥女子校	♣文教大付	♣多摩大目黒	♣横浜富士見丘	♣文教大付	♣多摩大目黒	♣横浜富士見丘
♣共学・別学校	♣横浜隼人	♣立正大立正	♣目黒学院	♣横浜隼人	♣立正大立正	♣目黒学院

併設高校の進路情報

四年制大学進学率79.3%
文系50／理系45／その他５(%)　医歯薬８名合格

内部推薦▶鶴見大学へ３名（文），鶴見大学短期大学部へ７名が内部推薦で進学した。

指定校推薦▶利用状況は日本大２，駒澤大３，専修大１，明治学院大１，神奈川大３，玉川大１，関東学院大３，東洋英和女学院大１など。ほかに東海大，帝京大，獨協大，東京電機大，桜美林大，大妻女子大，杏林大，東京農大，清泉女子大，フェリス女学院大など推薦枠あり。

'22年３月卒業生：174名
大学138名　短大14名　専門16名　就職０名　他６名

主な大学合格状況　'23年春については主要大学のみ巻末一覧に記載

大学名	'22	'21	'20	大学名	'22	'21	'20	大学名	'22	'21	'20
◇東工大	1	0	0	学習院大	5	1	2	東海大	17	16	5
◇横浜国大	0	3	2	明治大	9	6	8	帝京大	16	12	12
◇都立大	1	0	0	青山学院大	9	4	6	國學院大	9	7	6
◇防衛大	0	1	0	立教大	3	7	2	成城大	2	6	4
◇東京海洋大	0	1	0	中央大	10	7	6	神奈川大	24	21	36
◇県立保健福祉大	2	0	0	法政大	8	12	4	玉川大	6	8	3
早稲田大	2	2	1	日本大	22	26	27	立正大	3	6	6
慶應大	0	2	1	東洋大	12	9	8	関東学院大	16	15	22
上智大	0	2	1	駒澤大	7	10	8	横浜薬科大	3	7	10
東京理科大	4	6	0	専修大	6	12	6	鶴見大	6	3	6

※各大学合格数は既卒生との合計。

見学ガイド　体育祭／文化祭／説明会

桐蔭学園（とういんがくえん） 中等教育学校

〒225－8502　神奈川県横浜市青葉区鉄町 1614　☎045－971－1411

国際 / 海外研修 / 長期留学 / 第2外国語 / online英会話 / 21型 / 1人1台端末 / リモート体制 / プロジェクト型 / 論文執筆 / STEAM / 情操 / 体験学習 / ボランティア / 人間力育成

建学の精神▶社会の連携を基調とした自由人，求学者，誇り高き人格者を育成する。
沿革▶1966年桐蔭学園中学校，1981年女子部，2001年中等教育学校開設。2019年度より中学校（男子部,女子部）の募集停止，中等教育学校に再編。
施設▶シンフォニーホール，グローバルラウンジ，科学ギャラリー，屋内プール，他を含む。
学校長▶玉田　裕之
生徒数▶前期課程総数894名　併設小からの進学者

	1年（7クラス）	2年（8クラス）	3年（8クラス）
男子	178名	192名	182名
女子	111名	129名	102名
内進生内数	男64名 女32名	男60名 女36名	男64名 女20名

東急田園都市線，市営地下鉄―あざみ野よりバスもみの木台10分　20分

「見える・見えにくい・見えない」学力を育てる

知識・技能を鍛え，ジェンダーにとらわれない協働性を養い，コミュニケーション能力をより伸ばしていく。学ぶ目的に生徒自身が気づくことを大切にしている。

学習　「アクティブ・ラーニング（AL）型授業」「探究」「キャリア教育」を教育の柱に学校改革を推進。AL型授業では知識・技術を使いこなして考え，他者と話し合い，より良い答えを追求し発表する経験を重ねる。探究では社会で要求される「課題の設定→情報収集→整理・分析→まとめ・表現→ふり返り」の活動を行う技法を身につけ，生涯学び続ける力を養う。英語は洋書の多読やネイティヴ教員による授業で4技能を習得。3年次に全員で参加する海外語学研修などを通して経験を積む。海外の学校と提携し，短・長期留学制度が充実。

●コース表

中1	中2	中3	高1	高2	高3
共通履修				理系／文系	

キャリア教育　日頃のスピーチや卒業生講話などの行事を通じて自身を客観的に見つめるとともに，将来めざすところを明らかにして「成長し続ける力」を育成する。

学校生活　「桐蔭学園シンフォニーホール」があり，一流の芸術・文化に触れる機会が多い。部活動への加入率は9割以上。文化系に競技かるた部や電気工作部，運動系に水泳部，ラグビー部などがある。後期課程の模擬国連部は世界大会優勝の実績。

保護者MEMO

登校時刻▶8：30
最終下校時刻▶18：00
土曜日▶毎週登校。平常授業4時間
昼食▶食堂／食品販売あり
携帯電話▶可
制服▶ブレザー
自転車通学▶可
カウンセラー▶週6日
保護者面談▶年1回
保護者会▶年2回
必修旅行▶海外（中3），北九州（高2）
部活動▶週3日以内

学費　　初年度目安 154万円

（単位:円）	入学金	施設費	授業料	その他	合計
入学手続時	240,000	—	—	—	240,000
1年終了まで	—	287,000	612,000	403,600	1,302,600

●奨学金・特待生
授業料1年間（1年ごとに審査あり最長6年間）

［その他］制服・指定品代，教育活動費，空調費，入学準備金，保護者会費，保護者会入会金，生徒会費，同窓会費。［寄付・学債］任意の寄付金（教育振興寄付金）1口14万円2口以上，学園債1口9万円2口以上（卒業時償還）あり。
※上記は'22年度のもの。新年度について詳細は「受験生応援アプリ」にて公開（2023年5月～）。

首都圏模試　思考コード　（単位：%）

〈第1回午前〉

読み取る力	国語 A	国語 B	国語 C	算数 A	算数 B	算数 C
複雑 3				5		
2	10	14		44	9	
単純 1	33	43		9	33	
考える力	A	B	C	A	B	C

A＝知識・理解思考　B＝論理的思考　C＝創造的思考

2024年度入試　合格の基準

		首都圏模試 ほぼ確実	首都圏模試 見込あり	四谷大塚 ほぼ確実	四谷大塚 見込あり
男子	〈①午前〉	60	57	49	45
			やや見込あり 54		やや見込あり 41
女子	〈①午前〉	60	57	50	46
			やや見込あり 54		やや見込あり 42

ほぼ確実＝80%～／見込あり＝50～79%／やや見込あり＝20～49%

入試要項　2023年度参考　新年度日程は アプリへGO!

2科　4科　英　他

試験名	試験日（◎午後入試）	出願締切 Web	発表 Web	手続 振込	2科	4科	適	英	他	面接	特待	募集数	応募数	受験数	合格数	実質倍率	偏差値
① 4科	2/1	1/31	当日	2/8		●					●	男30 女30	男 92	87	30	2.9	60
													女 60	54	33	1.6	60
① 探求型	2/1	1/26	当日	2/8					＊1		●		男 15	14	10	1.4	60
													女 14	14	12	1.2	60
① 午後	2/1 ◎	当日	当日	2/8	●						●	男35	316	299	128	2.3	64
			当日								●	女35	153	148	84	1.8	64
② 2科	2/2 ◎	1/26	当日	2/8	●						●	男30 女30	男 239	188	81	2.3	66
													女 119	85	54	1.6	66
② グローバル	2/2 ◎	当日	当日	2/8					＊2		●		男 49	37	21	1.8	66
													女 38	32	21	1.5	66
③ 2科	2/5	2/4	当日	2/8	●						●	男20	181	129	26	5.0	65
③ 4科	2/5	2/4	当日	2/8		●					●	女20	105	61	22	2.8	64

＊1　総合思考力問題（思考力・判断力・表現力等を評価するテスト）＋算数基礎　＊2　国語＋算数基礎。英検3級以上程度の英語資格者対象

【出願方法】 Web出願。②グローバル入試は英語資格・検定試験等の成績証明書を郵送
【手続方法】 合格書類受取のうえ，入学金を2/8，一部を3/7，残金を3/15までに銀行振込。辞退者には一部返還
【受験料】 25,000円（2回目以降は各10,000円）

【帰国生入試】 1/11（男女各10名募集）
※コロナ共通追試参加校

中学受験のプロがおすすめ！　併願校の例

特色	男 探究型学習	男 理数教育	男 留学制度	女 探究型学習	女 理数教育	女 留学制度
♠男子校	♣三田国際学園	♣中大附横浜	♣法政二	♣三田国際学園	♣中大附横浜	♣法政二
♥女子校	♣都市大等々力	♣日本大学	♣桐光学園	♣都市大等々力	♣日本大学	♣桐光学園
♣共学・別学校	♣目黒日大	♣関東学院	♣穎明館	♣目黒日大	♣関東学院	♣穎明館

卒業生の進路情報

四年制大学進学率63.4%
文系41／理系59／その他0（%）　医歯薬26名合格

指定校推薦▶早稲田大，慶應大，東京理科大など推薦枠あり。

'22年3月卒業生：131名（男子のみ）

大学83名	他48名

短大0名　専門0名　就職0名

主な大学合格状況　'23年春については主要大学のみ巻末一覧に記載

大学名	'22	'21	'20	大学名	'22	'21	'20	大学名	'22	'21	'20
◇東京大	2	4	5	早稲田大	29	16	24	日本大	30	53	47
◇京都大	0	0	1	慶應大	36	26	31	東洋大	23	10	11
◇東工大	2	3	6	上智大	23	13	23	駒澤大	5	12	3
◇一橋大	4	2	4	東京理科大	32	44	19	東海大	26	30	20
◇千葉大	1	3	2	学習院大	0	1	1	芝浦工大	16	14	34
◇筑波大	2	1	2	明治大	41	41	44	立命館大	4	9	15
◇横浜国大	6	5	5	青山学院大	36	34	21	東京都市大	23	86	62
◇東京医歯大	0	1	2	立教大	11	19	7	昭和大	4	7	3
◇防衛医大	2	3	3	中央大	21	20	34	日本医大	1	4	4
◇横浜市大	2	2	3	法政大	26	21	17	聖マリアンナ医大	2	3	5

※各大学合格数は既卒生との合計。

見学ガイド　文化祭／説明会／入試体験

中 東海大学付属相模高等学校 中等部

（とうかいだいがくふぞくさがみこうとうがっこう）

〒252－0395　神奈川県相模原市南区相南3－33－1　☎042－742－1251

国際 / 海外研修 / 長期留学 / 第2外国語 / online英会話 / 21型 / 1人1台端末 / リモート体制 / プロジェクト型 / 論文執筆 / STEAM / 情操 / 体験学習 / ボランティア / 人間力育成

建学の精神▶「若き日に汝の思想を培え」「若き日に汝の体軀を養え」「若き日に汝の智能を磨け」「若き日に汝の希望を星につなげ」の4つの教育指針を基に，社会を担う使命感と豊かな人間性を持った人材を育成。

沿革▶1963年創立の東海大学付属相模高等学校を母体に1980年開校。2008年現校名へ改称。

施設▶ホール，理科実験室，柔道場，野球場，他。

学校長▶土井　崇司

生徒数▶総数408名

	1年（4クラス）	2年（4クラス）	3年（4クラス）
男子	91名	96名	91名
女子	43名	46名	41名

小田急線―小田急相模原8分　8分

中高大の10年一貫教育で，豊かな人間性を育む

将来を見据えた教育環境が整い，約80%が東海大学に進学。受験をゴールとしないバランスのよい学びと，多彩な行事・部活動を通して「生きる力」を培う。

学習 大学とリンクした学習を行うため，大学に合わせた二学期制を採用。英語教育と理数教育に力を入れている。英会話は週2回ネイティヴの教員による授業のほかオンラインのレッスンがある。全学年対象で英語宿泊研修を開催。数学はタブレットでリアルタイムに個々の学習状況をチェックし，生徒の理解を深めていく。理科では東海大学教授による理数科体験授業も交え，実験や観察を多く取り入れた学習を重視。すべての東海大学付属中・高を対象にした「学園オリンピック」に挑戦し審査に合格すると，大学の先生や専門家から直接指導を受けられる。

●コース表

中1	中2	中3	高1	高2	高3
共通履修				希望進路に応じた選択制	

キャリア教育 中2では付属幼稚園での保育実習を行い，他者への思いやりの心を育てる。自分の希望や適性に基づいた半年間の事前学習を経て，中3で職場体験を実施。教室では学べない経験を通し成長する。

学校生活 朝読書，朝学習から1日がスタート。約9割が部活動に参加。高校生と一緒に活動している部も多い。文化部，運動部共に全国レベルで活躍している。

保護者MEMO

登校時刻▶8：25
最終下校時刻▶17：30
土曜日▶月1回登校。平常授業3時間
昼食▶食堂／食品販売あり
携帯電話▶可
制服▶ブレザー
自転車通学▶可
カウンセラー▶常駐
保護者面談▶年1回
保護者会▶年1回
必修旅行▶広島・京都・奈良（中3）
部活動▶活動日は部による

学費　初年度目安 124万円

（単位：円）	入学金	施設費	授業料	その他	合計
入学手続時	200,000	210,000	—	9,000	419,000
1年終了まで	—	96,000	324,000	403,250	823,250

［その他］制服・指定品代，教育運営費，空調費，積立金，後援会・生徒会費・部活会費，諸会入会金。

［寄付・学債］部活動後援会特別会費1口0.5～1万円2口以上あり。

※上記は'23年度予定。詳細は「受験生応援アプリ」にて公開（2023年5月～）。

●奨学金・特待生
なし

首都圏模試 思考コード (単位:%)

〈A〉

読み取る力	国語 A	国語 B	国語 C	算数 A	算数 B	算数 C
複雑 3						
2	3	12		80		
単純 1	10	68	7		20	
考える力	A	B	C	A	B	C

A=知識・理解思考 B=論理的思考 C=創造的思考

2024年度入試 合格の基準

		首都圏模試 ほぼ確実	首都圏模試 見込あり	四谷大塚 ほぼ確実	四谷大塚 見込あり
男子	〈A〉	42	37 / やや見込あり 31	40	35 / やや見込あり 30
女子	〈A〉	42	37 / やや見込あり 34	41	36 / やや見込あり 31

ほぼ確実=80%〜/見込あり=50〜79%/やや見込あり=20〜49%

入試要項 2023年度参考 新年度日程はアプリへGO!

2科 4科 他

試験名	試験日 ◎午後入試	出願締切 Web	発表 Web	手続 振込	2科	4科	適	英	他	面接	特待	募集数	応募数	受験数	合格数	実質倍率	偏差値
A 2科・4科	2/1	1/30	2/2	2/3	●	●				＊2		90	男140	120	95	1.3	42
													女 64	56	46	1.2	42
B 2科	2/3	2/2	当日	2/4	●					＊2		20	男161	63	18	3.5	男46 女46
B 3科									＊1	＊2			女 63	27	11	2.5	
C 2科	2/4	2/3	2/5	2/5	●					＊2		10	男152	38	11	3.5	48
													女 60	9	0	—	46

＊1 国理社または算理社 ＊2 グループ面接

【出願方法】 Web出願。ABC同時出願は1/30まで
【手続方法】 Web納入。3/31までの辞退者には一部返還
【受験料】 23,000円(ABC同時出願は43,000円)

【帰国生入試】 —
※コロナ共通追試参加校

中学受験のプロがおすすめ! 併願校の例

特色	男 ICT教育	男 ネイティヴ常駐	男 理数教育	女 ICT教育	女 ネイティヴ常駐	女 理数教育
♠男子校 ♥女子校 ♣共学・別学校	♣八王子学園	♣日大三	♣工学院大付	♣八王子学園	♣日大三	♣工学院大付
	♣玉川学園	♣横浜創英	♣横浜富士見丘	♣玉川学園	♣横浜創英	♣横浜富士見丘
	♣横浜翠陵	♣横浜隼人	♣横浜翠陵	♣横浜翠陵	♣横浜隼人	♣横浜翠陵

併設高校の進路情報

四年制大学進学率90.5%
文系39/理系43/その他18(%) 医歯薬26名合格

内部推薦▶東海大学へ543名(法24, 文38, 医24, 工78, 理18, 文化社会42, 教養21, 児童教育26, 体育49, 健康30, 情報理工27, 政治経済36, 経営24, 国際21, 観光16, 情報通信12, 建築都市40, 海洋7, 人文3, 農2, 国際文化4, 生物1), ハワイ東海インターナショナルカレッジへ5名が付属推薦で進学した。
指定校推薦▶学習院大, 日本大, 東洋大, 玉川大, 武蔵野大など推薦枠あり。

'22年3月卒業生:687名
大学622名 短大6名 専門40名 就職2名 他17名

主な大学合格状況 '23年春については主要大学のみ巻末一覧に記載

大学名	'22	'21	'20	大学名	'22	'21	'20	大学名	'22	'21	'20
◇筑波大	1	0	0	法政大	1	5	0	芝浦工大	1	2	1
◇横浜国大	1	0	0	日本大	10	2	4	立命館大	1	2	0
早稲田大	0	9	0	東洋大	1	7	1	玉川大	2	4	3
慶應大	0	0	1	駒澤大	4	13	0	東京都市大	1	0	2
東京理科大	0	1	0	専修大	10	7	1	桜美林大	2	2	0
学習院大	1	0	1	東海大	544	487	405	関東学院大	4	4	2
明治大	2	10	0	帝京大	1	4	0	武蔵野大	2	3	1
青山学院大	1	4	3	國學院大	2	1	0	明星大	3	1	5
立教大	2	5	1	明治学院大	2	4	1	横浜薬科大	2	1	3
中央大	2	17	1	神奈川大	3	4	3	神奈川工科大	4	3	2

※各大学合格数は既卒生との合計。

見学ガイド 体育祭/文化祭/説明会/オープンキャンパス/体験授業

桐光学園（とうこうがくえん） 中学校

TOKO

【男女別学】

〒215−8555 神奈川県川崎市麻生区栗木 3−12−1 ☎044−987−0519

教育目標▶他者との関わりの中で自己を高めていこう，失敗を恐れず失敗から学んでいこう，一生続けられる好きなことを見つけよう。

沿革▶1982年に桐光学園高等学校が中学校を併設開校。1991年女子部開設。2018年に全面人工芝サッカー場・屋内プール，屋内アップコート完成。

施設▶ホール，和室，自習室，図書館，他。

学校長▶中野　浩

生徒数▶総数1,173名　併設小からの進学者を含む。

	1年（10クラス）	2年（11クラス）	3年（10クラス）
男子	205名	266名	239名
女子	157名	159名	147名
内進生内数	男32名 女32名	男40名 女27名	男37名 女25名

小田急線―栗平12分　京王相模原線―若葉台などよりスクールバス　12分

1年ごとのテーマに基づいた学習を積み重ねる

成長段階に応じたテーマを1年ごとに掲げ，それに応じた教育活動を，男女それぞれの特質を活かす別学教育で実践。学校行事はお互いに協力し作り上げる。

学習 主要教科でアクティブ・ラーニング型授業を導入。多様性を尊重しながら自分の考えを適切な言葉で表現する力をつける。中1・中2の数学は，1クラス教員2名体制できめ細かい指導を実践。中3からSA（特進）とAのコースに分かれ，高2より文理を選択する。朝のHRに5教科の10分間テストとフォローアップする機会を設け，学習のつまずきをなくし基礎学力を定着させる。指名制のほか，個々の希望や目的に応じて年間600講座の講習を用意。中3では社会の研究論文，理科の自由研究による「卒業研究レポート」を作成する。

●**コース表**

中1	中2	中3	高1	高2	高3
共通履修		SA（特進）クラス Aクラス		文Ⅰ（国公立大学・文系）コース 理Ⅰ（国公立大学・理系）コース 文Ⅱ（私立大学・文系）コース 理Ⅱ（私立大学・理系）コース	

キャリア教育 キャリアデザインを試みる「ディスカバー・マイセルフ」を中3で実施。興味を抱く職種についての調べ学習や卒業生による講演会などを通じ，より具体的・現実的な将来像を描くことをめざす。

学校生活 学校行事は生徒主体で，文化祭や体育祭は中学・高校生，男女が協力して作り上げる。部活動は運動部20，文化部31があり，ほとんどの生徒が参加。総合学習として学校周辺の清掃活動を実施。

保護者MEMO

登校時刻▶8：20
最終下校時刻▶18：00
土曜日▶毎週登校。平常授業3時間
昼食▶食堂／食品販売あり
携帯電話▶許可制
制服▶襟詰，ブレザー
自転車通学▶可
カウンセラー▶常駐
保護者面談▶年1回
保護者会▶年4回
必修旅行▶カナダ（高2），他
部活動▶活動日は部による

学費　初年度目安 130万円

（単位:円）	入学金	施設費	授業料	その他	合計
入学手続時	220,000	—	—	10,000	230,000
1年終了まで	—	180,000	528,000	359,120	1,067,120

［その他］制服・指定品代，空調費，副教材，ノートPC代，WiFi通信費，模試，サマーキャンプ代，スキースクール代，父母会費・生徒会費，父母会入会金，防災用具費。
［寄付・学債］任意の寄付金（施設拡充寄付金）10万円以上あり。
※上記は'22年度のもの。新年度について詳細は「受験生応援アプリ」にて公開（2023年5月～）。

●**奨学金・特待生**
授業料3年間または1年間（2年次以降は年額45万円支給の奨学金制度あり）

国際 海外研修 長期留学 第2外国語 online英会話 21型 1人1台端末 リモート体制 プロジェクト型 論文執筆 STEAM 情操 体験学習 ボランティア 人間力育成

首都圏模試　思考コード　(単位：%)

読み取る力＼考える力	国語 A	国語 B	国語 C	算数 A	算数 B	算数 C
	〈第1回〉					
複雑 3						
2		32		56		
単純 1	10	58		13	31	

A=知識・理解思考　B=論理的思考　C=創造的思考

2024年度入試　合格の基準

		首都圏模試 ほぼ確実	首都圏模試 見込あり	首都圏模試 やや見込あり	四谷大塚 ほぼ確実	四谷大塚 見込あり	四谷大塚 やや見込あり
男子	①	62	56	49	47	44	40
女子	①	55	50	45	43	39	34

ほぼ確実＝80%～／見込あり＝50～79%／やや見込あり＝20～49%

入試要項　2023年度参考　新年度日程はアプリへGO!　2科 4科 英 他

	試験名	試験日 ◎午後入試	出願締切 Web	発表 Web	手続 Web	2科	4科	適	英	他	面接	特待	募集数	応募数	受験数	合格数	実質倍率	偏差値
男子	①	2/1	1/29	当日	2/3		●					●	80	205	181	83	2.2	62
	②	2/2	2/1	当日	2/4		●					●	80	399	288	97	3.0	62
	③A	2/3	2/2	当日	2/5		●					●	60	334	236	81	2.9	60
	③B 英語	2/3	1/29	当日	2/5	＊1			＊1		＊1	●		37	32	12	2.7	55
	③B T&M	2/3	1/29	当日	2/5	＊2				＊2	＊2	●						55
女子	①	2/1	1/29	当日	2/3		●					●	50	111	103	53	1.9	55
	②	2/2	2/1	当日	2/4		●					●	50	194	144	73	2.0	54
	③A	2/3	2/2	当日	2/5		●					●	30	152	90	44	2.0	54
	③B 英語	2/3	1/29	当日	2/5	＊1			＊1		＊1	●		22	16	10	1.6	52
	③B T&M	2/3	1/29	当日	2/5	＊2				＊2	＊2	●						50

＊1　国算＋個人面接。英検3級以上またはそれに準ずる資格を有することが条件
＊2　国算＋自己PR＋エントリーシート
※③Bは資格証明書コピー，エントリーシート

【出願方法】 Web出願。③Bは出願後書類を郵送
【手続方法】 窓口で書類受取のうえ，一部をWeb納入。残金を2/18までに振込
【受験料】 22,000円（複数回同時出願は2回33,000円，3回40,000円）

【帰国生入試】 1/5（男女若干名募集）

中学受験のプロがおすすめ！　併願校の例

特色	男 国際理解教育	男 キャリア教育	男 アクティブラーニング	女 国際理解教育	女 キャリア教育	女 アクティブラーニング
♠男子校 ♥女子校 ♣共学・別学校	♣国学院久我山	♣都市大等々力	♣日本大学	♣国学院久我山	♣都市大等々力	♣日本大学
	♣桐蔭学園	♣桜美林	♣森村学園	♣桐蔭学園	♣桜美林	♣森村学園
	♣多摩大聖ヶ丘	♣八王子学園	♣目黒日大	♣多摩大聖ヶ丘	♣八王子学園	♣目黒日大

併設高校の進路情報

四年制大学進学率77.9%
文系54／理系41／その他5（%）　医歯薬15名合格

指定校推薦▶利用状況は都立大7，横浜市大3，早稲田大8，上智大10，東京理科大8，学習院大4，明治大1，青山学院大7，立教大7，中央大6，法政大3，日本大1，専修大3，大東文化大1，東海大3，国際基督教大1，成蹊大3，成城大1，明治学院大7，神奈川大1，芝浦工大1，津田塾大4，東京女子大3，日本女子大1，同志社大7，武蔵大1，工学院大2，東京都市大2，東京経済大4，桜美林大2など。

'22年3月卒業生：607名
大学473名　短大2名／専門1名／就職0名　他131名

主な大学合格状況　'23年春については主要大学のみ巻末一覧に記載

大学名	'22	'21	'20	大学名	'22	'21	'20	大学名	'22	'21	'20
◇東京大	3	0	5	◇都立大	17	14	16	立教大	61	69	48
◇京都大	1	1	1	◇横浜市大	6	5	4	中央大	122	95	84
◇東工大	3	2	5	◇信州大	3	2	5	法政大	101	90	72
◇一橋大	3	2	4	早稲田大	52	60	46	日本大	108	130	111
◇千葉大	2	4	0	慶應大	40	65	49	東洋大	53	46	30
◇筑波大	5	2	4	上智大	44	47	46	専修大	32	49	31
◇東京外大	8	2	5	東京理科大	59	64	48	東海大	63	50	55
◇横浜国大	13	16	7	学習院大	15	10	12	明治学院大	42	29	17
◇北海道大	2	5	3	明治大	132	124	99	芝浦工大	31	54	29
◇東北大	3	5	5	青山学院大	52	67	80	東京都市大	30	41	57

※各大学合格数は既卒生との合計。

見学ガイド　文化祭／説明会／オープンスクール

高校募集 あり 高1より全体が混合。 高1内訳 一貫生 246名 289名 高入生

日本大学 中学校

（にほんだいがく）

〒223−8566　神奈川県横浜市港北区箕輪町2−9−1　☎045−560−2600

国際 / 海外研修 / 長期留学 / 第2外国語 / online英会話 / 21型 / 1人1台端末 / リモート体制 / プロジェクト型 / 論文執筆 / STEAM / 情操 / 体験学習 / ボランティア / 人間力育成

教育理念▶自主創造の精神に基づき，自分で考え行動し，自分の進む道を自分で切り開く人物を育てる。
沿革▶1930年創立。1947年に現校地へ移転し，1948年現校名へ改称。1999年に共学化。
施設▶ホール，理科実験室（物理・化学・生物），校史資料室，自習室，コンピューター・ガーデン，屋内プール，柔道場，剣道場，グラウンド，他。
学校長▶田村　隆
生徒数▶総数598名

	1年（5クラス）	2年（5クラス）	3年（5クラス）
男子	115名	113名	111名
女子	85名	85名	89名

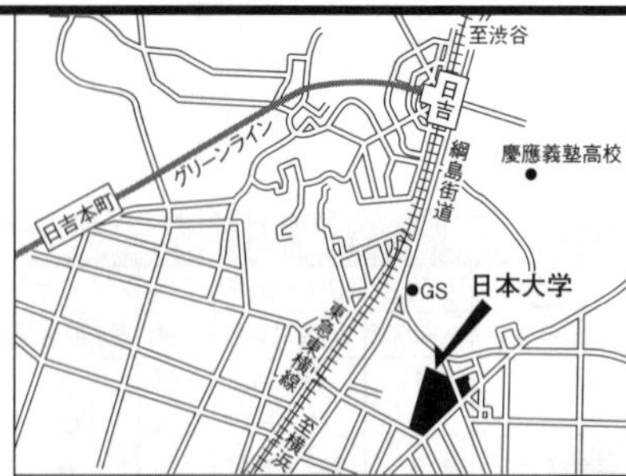

東急東横線・市営地下鉄グリーンライン一日吉12分またはスクールバス　12分

「Aiming high!」の精神で志を高く，高みをめざす

学びの質の変化に対応し，「グローバル教育」「ICT教育」の推進と「人間・キャリア教育」の充実を図るなど，教育システムを進化させながら生徒の夢を育む。

学習 「中高一貫2-1-3システム」(2022年度設置)により，個々の進路目標に応じた学びを実現。中1・中2はアカデミックフロンティア(AF)とグローバルリーダーズ(GL)の2コース。中3は高校からのコース分けに向けた「プレコース」とする。AFは探究・体験学習などのプログラムを通じて，能動的に行動し自ら道をひらく人材をめざす。GLではグローバルな視点をもったリーダーを育成する。タブレット端末を活用し，主体的・対話的で深い学び，協働する学びを実現。生徒が自由に出入りできるイングリッシュ・ラウンジではネイティヴ教員が常駐し，気軽に英会話ができる環境がある。

●コース表

中1	中2	中3	高1	高2	高3
アカデミックフロンティア(AF)コース			特別進学コース		
			総合進学コース		
グローバルリーダー(GL)コース			スーパーグローバルクラス		

※中3は高校のプレコース。全コース高2より文系／理系

キャリア教育 日本大学付属校として「中高大」の連携教育を実践。16学部87学科を擁する総合大学としてのスケールメリットを活かし，最先端の研究や施設に触れて将来の夢につながるような興味関心を引き出す。一部の学部では大学授業の履修も可能。

学校生活 体育祭は中高別で開催。クラブは39の部・同好会が活動している。ラクロス部やチアリーディング部が人気。

保護者MEMO

登校時刻▶8：10
最終下校時刻▶18：00
土曜日▶毎週登校。平常授業4時間
昼食▶食堂／食品販売あり
携帯電話▶可
制服▶襟詰，セーラー
自転車通学▶中3から可
カウンセラー▶週3日
保護者面談▶年1回
保護者会▶年2回
必修旅行▶オーストラリア(高2)，他
部活動▶活動日は部による

学費　　初年度目安 122万円

(単位:円)	入学金	施設費	授業料	その他	合計
入学手続時	230,000	—	—	—	230,000
1年終了まで	—	165,000	516,000	313,787	994,787

［その他］制服・指定品代，副教材費，図書費，厚生費，実験実習料，夏期語学研修，後援会費，生徒会費。※グローバル初年度目安133万円
［寄付・学債］なし。

●**奨学金・特待生**
なし。2学年以上対象の特待制度，地理歴史文化対象の杉山奨励金など有

※上記は'22年度のもの。新年度について詳細は「受験生応援アプリ」にて公開（2023年5月〜）。

首都圏模試 思考コード (単位:%)

〈A-1日程〉

読み取る力 \ 考える力	国語 A	国語 B	国語 C	算数 A	算数 B	算数 C
複雑 3						
2	28	8		53	18	
単純 1		64			29	

A=知識・理解思考 B=論理的思考 C=創造的思考

2024年度入試 合格の基準

		首都圏模試 ほぼ確実	首都圏模試 見込あり	首都圏模試 やや見込あり	四谷大塚 ほぼ確実	四谷大塚 見込あり	四谷大塚 やや見込あり
男子	〈A①-AF〉	61	57	51	47	43	39
女子	〈A①-AF〉	61	57	51	48	44	40

ほぼ確実＝80%～／見込あり＝50～79%／やや見込あり＝20～49%

入試要項 2023年度参考 新年度日程はアプリへGO!

2科 4科 適性型 英

試験名	試験日 ◎午後入試	出願締切 Web	発表 Web	手続 Web	選抜方法 2科	4科	適	英	他	面接	特待	募集数	応募数	受験数	合格数	実質倍率	偏差値
A①	2/1	1/31	当日	2/4		●						90	GL 60	44	17	2.6	男63 女63
													AF 194	152	49	3.1	男61 女61
適性検査	2/1	1/31	2/2	2/10			＊1						GL 61	60	31	1.9	男58 女58
													AF 138	138	69	2.0	男56 女56
A②	2/1 ◎	1/31	当日	2/4	＊2			＊2				50	GL 118	106	46	2.3	男65 女65
													AF 332	303	134	2.3	男63 女63
B	2/2 ◎	当日	当日	2/4	●							40	GL 100	51	13	3.9	男64 女65
													AF 362	239	44	5.4	男62 女63
C	2/5	2/4	当日	2/7		●						20	GL 98	45	13	3.5	男64 女64
													AF 329	180	31	5.8	男62 女62

＊1 適性検査ⅠⅡ（Ⅰ：国語系論述問題，Ⅱ：算数・理科・社会教科横断型総合問題） ＊2 国語または英語（リスニングを含む）＋算数

【出願方法】 Web出願
【手続方法】 合格書類受取後，納入
【受験料】 25,000円（複数回同時出願は50,000円。適性検査型除く）

【帰国生入試】 12/10（若干名募集）

中学受験のプロがおすすめ! 併願校の例

特色	男 ICT教育	男 国際理解教育	男 アクティブラーニング	女 ICT教育	女 国際理解教育	女 アクティブラーニング
♠男子校 ♥女子校 ♣共学・別学校	♣中大附横浜	♣法政二	♣三田国際学園	♣中大附横浜	♣法政二	♣三田国際学園
	♣山手学院	♣都市大等々力	♣森村学園	♣山手学院	♣都市大等々力	♣森村学園
	♣日大藤沢	♣桜美林	♣目黒日大	♣日大藤沢	♣桜美林	♣目黒日大

併設高校の進路情報

四年制大学進学率95.2%
文系・理系割合 非公表 医歯薬13名合格

内部推薦▶日本大学へ220名（法52，文理30，経済32，商17，理工34，芸術4，生産工5，歯2，生物資源科34，危機管理4，スポーツ科3，薬3），同短期大学部や系列専門学校への推薦制度もある。

指定校推薦▶横浜市大，早稲田大，上智大，東京理科大，学習院大，明治大，青山学院大，立教大，中央大，法政大，駒澤大，成蹊大，成城大，明治学院大など推薦枠あり。

'22年3月卒業生：438名

大学417名

短大0名 専門4名 就職0名 他17名

主な大学合格状況

'23年春については主要大学のみ巻末一覧に記載

大学名	'22	'21	'20	大学名	'22	'21	'20	大学名	'22	'21	'20
◇東工大	5	3	1	上智大	4	7	6	駒澤大	8	9	9
◇千葉大	1	2	0	東京理科大	22	31	15	専修大	15	8	20
◇筑波大	1	3	0	学習院大	6	4	4	東海大	15	10	10
◇東京外大	3	2	0	明治大	46	34	34	成城大	5	9	11
◇横浜国大	0	4	5	青山学院大	29	12	22	明治学院大	14	10	24
◇都立大	1	1	3	立教大	10	15	14	神奈川大	22	12	22
◇横浜市大	8	6	9	中央大	27	26	24	芝浦工大	14	16	10
◇県立保健福祉大	1	1	2	法政大	36	10	29	東京都市大	13	10	24
早稲田大	18	13	10	日本大	314	328	396	昭和大	2	4	8
慶應大	16	12	5	東洋大	14	7	22	北里大	6	8	6

※各大学合格数は既卒生との合計。

見学ガイド 文化祭／説明会／学校見学会

日本大学藤沢 中学校

（にほんだいがくふじさわ）

〒252－0885　神奈川県藤沢市亀井野 1866　☎0466－81－0125

国際 / 海外研修 / 長期留学 / 第2外国語 / online英会話 / 21型 / 1人1台端末 / リモート体制 / プロジェクト型 / 論文執筆 / STEAM / 情操 / 体験学習 / ボランティア / 人間力育成

教育目標▶「健康・有為・品格」が校訓。可能性に挑戦を続け，自分の力で世界を生き抜く人を育てる。
沿革▶1949年創立の日本大学藤沢高等学校が，2009年に中学校を併設。
施設▶体育館兼大講堂，中講堂，大教室，作法室，図書室（8万冊），自習室，武道館，プール，グラウンド，他。
学校長▶楠本　文雄
生徒数▶総数363名　併設小からの進学者を含む。

	1年（3クラス）	2年（3クラス）	3年（3クラス）
男子	82名	59名	54名
女子	45名	62名	61名
内進生内数	男一名 女一名	男26名 女18名	男一名 女一名

小田急江ノ島線一六会日大前8分　8分

70年以上の実績に基づく中高一貫教育で生徒を伸ばす

2009年度から開始された中高一貫教育。人間教育で友情を大切にする心と好奇心を育て，学習指導では全員大学合格の目標を実現すべく学習プログラムを展開。

学習 中1・中2は基礎・基本の徹底を図ることで学習に対する姿勢を身につける。理解度に差が出やすい英語・数学は習熟度別授業を導入。長期休業を利用して全員参加の特別授業を実施。その他，指名制も行うなど手厚いサポートが整う。ICT機器を双方向型の授業で使用。予定管理やプレゼンテーションなど，多くの場面でも活用する。中3～高2の希望者対象にオーストラリア語学研修を実施。高校進学時には特別進学クラス選抜試験を行う。

キャリア教育 中2で職業体験を実施。実際の現場での体験を通して，望ましい勤労観・職業観を育てる。中学3年間，毎学期に進路講演会を行い，今後の学習活動や将来について考える。隣接する日本大学生物資源科学部と連携。中1では農場実習，中2では食品加工実習など，専門分野にふれて興味を刺激し，モチベーションを高める。

学校生活 中学では計25のクラブが高校生と共に活動。高校へ進むとさらに12のクラブが加わる。運動系文化系ともに大会などで優秀な成績を収める。

●コース表

中1	中2	中3	高1	高2	高3
共通履修			特別進学クラス	文理特別進学クラス	
			内進・高入生混合クラス	文系特別進学クラス	
				理系特別進学クラス	

保護者MEMO

登校時刻▶8：30
最終下校時刻▶18：00
土曜日▶毎週登校。平常授業4時間
昼食▶食堂／食品販売あり
携帯電話▶可
制服▶ブレザー
自転車通学▶可
カウンセラー▶週3日
保護者面談▶年2回
保護者会▶年2回
必修旅行▶関西・中国地方(中3)，カナダ(高2)
部活動▶活動日は部による

学費　初年度目安 132万円

(単位:円)	入学金	施設費	授業料	その他	合計
入学手続時	230,000	—	—	—	230,000
1年終了まで	—	195,000	492,000	400,000	1,087,000

●奨学金・特待生
なし。2学年以上対象の特待制度有

［その他］制服・指定品代，図書・厚生費，実験実習費，オリエンテーション合宿費，後援会費，後援会入会金，生徒会費，生徒会入会金。
［寄付・学債］なし。
※上記は'23年度予定。詳細は「受験生応援アプリ」にて公開（2023年5月～）。

首都圏模試　思考コード　(単位:%)

〈第1回〉

読み取る力＼考える力	国語 A	国語 B	国語 C	算数 A	算数 B	算数 C
複雑 3				5		
2	8	17		55		
単純 1	18	57			40	

A=知識・理解思考　B=論理的思考　C=創造的思考

2024年度入試　合格の基準

		首都圏模試 ほぼ確実	首都圏模試 見込あり	首都圏模試 やや見込あり	四谷大塚 ほぼ確実	四谷大塚 見込あり	四谷大塚 やや見込あり
男子	①	58	54	48	45	42	38
女子	①	57	53	47	46	43	39

ほぼ確実＝80%～／見込あり＝50～79%／やや見込あり＝20～49%

入試要項　2023年度参考　新年度日程はアプリへGO!　2科 4科

試験名	試験日 ◎午後入試	出願締切 Web	発表 Web	手続 Web	2科	4科	適	英	他	面接	特待	募集数	応募数	受験数	合格数	実質倍率	偏差値
①	2/1	1/30	当日	2/3		●						男20	120	109	40	2.7	58
												女20	91	86	45	1.9	57
②	2/2 ◎	当日	当日	2/4	●							若干	男231	198	23	8.6	63
													女101	79	23	3.4	64
③	2/4	2/3	当日	2/7		●						男10	140	111	20	5.6	60
												女10	76	57	16	3.6	59

【出願方法】 Web出願
【手続方法】 Web納入
【受験料】 20,000円

【帰国生入試】 ―
※コロナ共通追試参加校

中学受験のプロがおすすめ! 併願校の例

特色	男 半附属校	男 キャリア教育	男 フィールドワーク	女 半附属校	女 キャリア教育	女 フィールドワーク
♠男子校 ♥女子校 ♣共学・別学校	♣日本大学	♣山手学院	♣神奈川大附	♣日本大学	♣山手学院	♣神奈川大附
	♣成城学園	♣湘南学園	♣森村学園	♣成城学園	♣湘南学園	♣森村学園
	♣日大三	♠藤嶺藤沢	♣自修館中等	♣日大三	♥聖園女学院	♣自修館中等

併設高校の進路情報

四年制大学進学率93.1%
文系・理系割合 未集計

'22年3月卒業生：435名

大学405名　短大3名／専門7名／就職3名／他17名

内部推薦▶日本大学へ195名（法37，文理53，経済18，商14，理工14，芸術7，国際関係1，生物資源科38，危機管理5，スポーツ科4，薬4），同短期大学部へ3名が内部推薦で進学した。

指定校推薦▶横浜市大，早稲田大，上智大，東京理科大，学習院大，明治大，青山学院大，立教大，中央大，法政大，成蹊大など推薦枠あり。

主な大学合格状況　'23年春については主要大学のみ巻末一覧に記載

大学名	'22	'21	'20	大学名	'22	'21	'20	大学名	'22	'21	'20
◇千葉大	1	0	1	上智大	8	5	6	専修大	11	8	23
◇筑波大	2	2	2	東京理科大	7	17	12	東海大	15	22	26
◇横浜国大	5	3	4	学習院大	13	15	4	成城大	14	8	11
◇名古屋大	1	0	0	明治大	33	35	40	明治学院大	25	40	33
◇東京農工大	1	1	2	青山学院大	24	24	18	神奈川大	10	11	14
◇都立大	4	4	1	立教大	12	23	16	芝浦工大	10	6	11
◇横浜市大	3	5	6	中央大	24	19	34	立命館大	8	9	2
◇県立保健福祉大	2	2	4	法政大	42	28	36	東京都市大	17	10	12
早稲田大	12	14	12	日本大	359	255	352	星薬科大	4	2	4
慶應大	5	7	5	東洋大	17	15	16	昭和薬科大	7	5	5

※各大学合格数は既卒生との合計。

見学ガイド　文化祭／説明会／オープンスクール

法政大学第二 中学校

ほうせいだいがくだいに

〒211－0031 神奈川県川崎市中原区木月大町６－１ ☎044－711－4321

国際 / 海外研修 / 長期留学 / 第２外国語 / online英会話 / 21型 / 1人1台端末 / リモート体制 / プロジェクト型 / 論文執筆 / STEAM / 情操 / 体験学習 / ボランティア / 人間力育成

教育理念▶法政大学の学風である「自由と進歩」を受け継ぎ，平和で民主的な社会の担い手を育成する。
沿革▶1939年創立の法政大学第二高等学校を母体に1986年開校。2016年度より中高同時の共学化。2017年４月に新校舎が完成。
施設▶ホール，図書館（６万冊），学習ラウンジ，カウンセリングルーム，プール，テニスコート，野球場，グラウンド，他。
学校長▶五十嵐　聡
生徒数▶総数685名

	１年（８クラス）	２年（８クラス）	３年（６クラス）
男子	147名	142名	142名
女子	90名	83名	81名

東急東横線・東急目黒線・南北線―武蔵小杉12分　JR―武蔵小杉15分　12分

出会い，向き合い，「自分」をつくる

違いを認め合い，違いから学ぶ経験を積み，自分の考えを他者に向け表現する技術を培う。10年後を見据え，高い学力の修得と豊かな人格形成をめざす。

学習 英数の一部は分割クラスでの少人数授業を行い，基礎学力の定着を徹底。英会話はネイティヴ教員による授業を実施。理科では，毎週１回の実験・実習をティームティーチングで展開し，考察をまとめる。科学的な知識，探求心を育成する。学力定着を１週間単位で確認する「定着」の時間を設置。中１は英語，中２と中３は英数で行う。中１で図書館を活用した資料の集め方，調べ方，まとめ方を習得。中２では行事体験を通して集団生活の基礎を学び，中３の研修旅行で総合的な力へと昇華させる。希望制の語学研修，留学制度も実施。

●コース表

中１	中２	中３	高１	高２	高３
共通履修					理系 / 文系

キャリア教育 付属校の環境を生かし，法政大学主催のイベントへの参加，学部別講演会，卒業生の進路講演会など，自分の将来を具体的に考える機会が多く設けられている。様々な調査研究活動を通して，社会で生き抜く力を養成する。

学校生活 中高合わせて31の体育部と21の文化部があり，一部の高校体育部では中高合同で練習をしている。野球部，サッカー部，科学部は中学のみで活動中。

保護者MEMO

登校時刻▶8：20
最終下校時刻▶18：00
土曜日▶毎週登校。平常授業４時間
昼食▶食堂／食品販売あり
携帯電話▶可
制服▶ブレザー
自転車通学▶可
カウンセラー▶常駐
保護者面談▶年２回
保護者会▶年４回（中１のみ年５回）
必修旅行▶沖縄（高２）
部活動▶活動日は部による

学費　　初年度目安 147万円

（単位:円）	入学金	施設費	授業料	その他	合計
入学手続時	300,000	50,000	—	—	350,000
1年終了まで	—	240,000	558,000	320,280	1,118,280

●奨学金・特待生
なし

［その他］制服・指定品代，教材費，実験料，体育実習料，校外授業費，研修旅行費，スキー教室，育友会費，生徒会費，災害共済掛金，防災セット，入学記念写真費。
［寄付・学債］任意の寄付金（法政大学第二中・高等学校教育振興基金）１口10万円以上あり。
※上記は'22年度のもの。新年度について詳細は「受験生応援アプリ」にて公開（2023年５月～）。

首都圏模試 思考コード (単位:%)

〈第1回〉

読み取る力 \ 考える力	国語 A	国語 B	国語 C	算数 A	算数 B	算数 C
複雑 3		10				
2	12	14		40	10	
単純 1	24	40			50	

A=知識・理解思考　B=論理的思考　C=創造的思考

2024年度入試 合格の基準

		首都圏模試 ほぼ確実	首都圏模試 見込あり	首都圏模試 やや見込あり	四谷大塚 ほぼ確実	四谷大塚 見込あり	四谷大塚 やや見込あり
男子	①	69	65	60	56	52	47
女子	①	70	66	61	58	54	49

ほぼ確実＝80%～／見込あり＝50～79%／やや見込あり＝20～49%

入試要項 2023年度参考　新年度日程はアプリへGO!　4科

試験名	試験日 ◎午後入試	出願締切 Web	発表 Web	手続 Web	2科	4科	適	英	他	面接	特待	募集数	応募数	受験数	合格数	実質倍率	偏差値
①	2/2	1/29	当日	2/4		●						男 90	630	549	144	3.8	69
												女 40	430	323	78	4.1	70
②	2/4	2/3	当日	2/7		●						男 50	491	423	67	6.3	69
												女 30	357	295	43	6.9	70

【出願方法】 Web出願
【手続方法】 合格証受取後，Web納入のうえ，窓口手続または書類郵送。3/31までの辞退者には一部返還
【受験料】 30,000円

【帰国生入試】 1/8（若干名募集）

年度	試験名	募集数	応募数	受験数	合格数	実質倍率	偏差値
'22	①	男 90	630	524	151	3.5	68
		女 40	415	338	81	4.2	69
	②	男 50	489	404	66	6.1	69
		女 30	347	292	56	5.2	70
'21	①	男 90	622	517	143	3.6	68
		女 40	439	346	67	5.2	69
	②	男 50	500	420	73	5.8	67
		女 30	396	328	42	7.7	68

中学受験のプロがおすすめ! 併願校の例

特色	男 大学附属校	男 留学制度	男 近代的校舎	女 大学附属校	女 留学制度	女 近代的校舎
♠男子校 ♥女子校 ♣共学・別学校	♣青山学院	♣渋谷教育渋谷	♣慶應湘南藤沢	♣青山学院	♣渋谷教育渋谷	♣慶應湘南藤沢
	♣中大附横浜	♣三田国際学園	♣青学横浜英和	♣中大附横浜	♣三田国際学園	♣青学横浜英和
	♣日本大学	♣青稜	♣日大藤沢	♣日本大学	♣青稜	♣日大藤沢

併設高校の進路情報

四年制大学進学率97.9%
文系80／理系20／その他0（%）　医歯薬2名合格

内部推薦▶法政大学へ545名（法73，文56，経営69，理工38，生命科13，国際文化23，人間環境31，キャリアデザイン26，デザイン工26，グローバル教養3，経済81，社会60，現代福祉15，情報科15，スポーツ健康16）が内部推薦で進学した。

指定校推薦▶利用状況は東京理科大5，立教大1，中央大2など。

海外大学合格状況▶King's College London，University of Essex（英），University of Alberta（ｶﾅﾀﾞ），The University of Queensland（豪），他。

'22年3月卒業生：620名
大学607名
短大0名　専門1名　就職1名　他11名

主な大学合格状況　'23年春については主要大学のみ巻末一覧に記載

大学名	'22	'21	'20	大学名	'22	'21	'20	大学名	'22	'21	'20
◇千葉大	0	0	1	上智大	7	1	4	東海大	2	0	2
◇筑波大	3	2	1	東京理科大	11	5	6	亜細亜大	3	0	1
◇横浜国大	3	2	3	明治大	14	4	6	帝京大	3	1	2
◇お茶の水女子大	1	0	0	青山学院大	8	2	4	國學院大	1	1	1
◇東京学芸大	1	2	0	立教大	3	2	2	芝浦工大	3	0	0
◇都立大	2	0	1	中央大	8	5	7	国士舘大	0	2	4
◇横浜市大	1	0	2	法政大	567	606	566	桜美林大	3	2	3
◇県立保健福祉大	1	1	1	日本大	4	5	4	関東学院大	1	1	7
早稲田大	4	1	1	東洋大	0	7	1	順天堂大	2	1	0
慶應大	7	5	4	専修大	0	1	4	明星大	7	2	0

※各大学合格数は既卒生との合計。

見学ガイド 文化祭／説明会／学校公開

森村学園（もりむらがくえん） 中等部

〒226－0026　神奈川県横浜市緑区長津田町 2695　☎045－984－2505

国際 / 海外研修 / 長期留学 / 第2外国語 / online英会話 / 21型 / 1人1台端末 / リモート体制 / プロジェクト型 / 論文執筆 / STEAM / 情操 / 体験学習 / ボランティア / 人間力育成

教育目標▶校訓「正直・親切・勤勉」を基とし，真に社会に役立つ人を育てることをめざす。

沿革▶1910年，森村市左衛門が東京高輪に創立した南高輪幼稚園・尋常小学校が起源。1980年より現在地に全学移転。

施設▶ホール，茶道室，自習室，図書館（5.5万冊），テニスコート，グラウンド，他。

学校長▶ブレット　マックスウェル

生徒数▶総数593名　併設小からの進学者を含む。

	1年（5クラス）	2年（5クラス）	3年（5クラス）
男子	98名	88名	82名
女子	108名	111名	106名
内進生内数	男40名 女58名	男38名 女61名	男47名 女65名

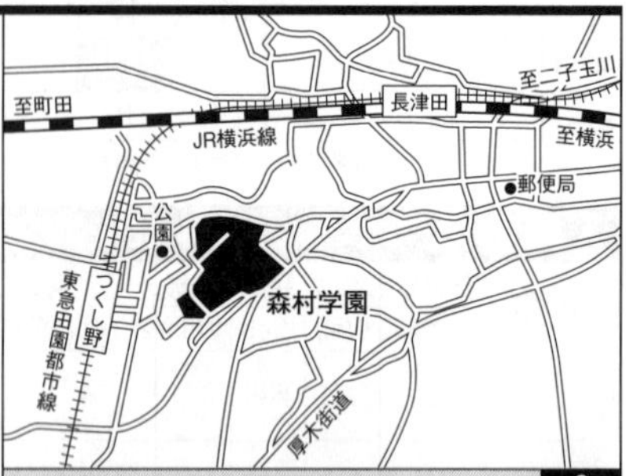

東急田園都市線─つくし野5分
JR・東急田園都市線─長津田13分
5分

100余年続く良き伝統に，新たな教育方針を融合

伝統の家庭的温かさの中，お互いの存在を認め合うことができる校風。「言語技術教育」を軸に，予測困難な社会で「挑戦」「活躍」「貢献」できる人財を育成。

学習 中学では教科の小テストや家庭学習記録，指名制の補習など自学自習を丁寧にサポート。1人1台タブレット端末を所有し，反転授業など主体的で対話的な学びを実現。言語技術教育では「聞く･話す･読む･書く･考える」5技能を鍛える授業を中学3年間実施。グローバルに通用する母語力と思考力を身につける。英語は2年ずつ段階的にアプローチを発展させながら4技能習得をめざす。中1と中2は「基礎から着実に学ぶ」「英語のみで学ぶ」の2ルートに分かれる「ルート別授業」を行う。大学入試に向けて高2より文･理系に。高3の演習は110分授業で解説に十分な時間をとる。

●コース表

中1	中2	中3	高1	高2	高3
共	通	履	修	文系コース	
				理系コース	

キャリア教育 中学では創立者研究や職業調べなどを行い，自分のやってみたいことと，将来を意識した自由課題研究に取り組む。高校ではオープンキャンパスへ参加し，レポートを作成。「進路の手引き」も参考にして具体的な進学先を意識していく。

学校生活 約20のクラブがあり，一部は中高別で活動。毎朝ホームルーム後の約10分間，読書の時間を設けている。

保護者MEMO

登校時刻▶8：30
最終下校時刻▶18：00
土曜日▶毎週登校。平常授業4時間
昼食▶食堂／食品販売あり
携帯電話▶可
制服▶襟詰，セーラー
自転車通学▶不可
カウンセラー▶週3日
保護者面談▶年2回
保護者会▶年2～3回
必修旅行▶奈良･京都(高2)
部活動▶月～土で週3日

学費　　初年度目安 133万円

(単位:円)	入学金	施設費	授業料	その他	合計
入学手続時	250,000	—	—	—	250,000
1年終了まで	—	156,000	582,000	340,109	1,078,109

●奨学金・特待生
入学金，授業料1年間

［その他］制服・指定品代，冷暖房費，預り金，PC（2in 1），PTA会費，生徒会費，生徒会入会金，PTA森村っ子支援金。［寄付・学債］任意の寄付金1口5万円4口以上，任意の森村市左衛門記念未来200募金（個人）1口5千円以上あり。

※上記は'22年度のもの。新年度について詳細は「受験生応援アプリ」にて公開（2023年5月～）。

首都圏模試　思考コード　（単位：%）

〈第１回〉

読み取る力 ＼ 考える力	国語 A	国語 B	国語 C	算数 A	算数 B	算数 C
複雑 3					5	
2		29		40	15	
単純 1	12	59			40	

A=知識・理解思考　B=論理的思考　C=創造的思考

2024年度入試　合格の基準

		首都圏模試 ほぼ確実	首都圏模試 見込あり / やや見込あり	四谷大塚 ほぼ確実	四谷大塚 見込あり / やや見込あり
男子	〈①〉	63	見込あり 59 / やや見込あり 55	49	見込あり 45 / やや見込あり 41
女子	〈①〉	62	見込あり 58 / やや見込あり 53	51	見込あり 47 / やや見込あり 43

ほぼ確実＝80%～／見込あり＝50～79%／やや見込あり＝20～49%

入試要項　2023年度参考　新年度日程は アプリへGO!　2科　4科

試験名		試験日 ◎午後入試	出願締切 Web	発表 Web	手続 Web	2科	4科	適	英	他	面接	特待	募集数	応募数	受験数	合格数	実質倍率	偏差値
①	2科	2/1	1/30	当日	2/6	●						●	40	男 9	6	0	—	男63 女62
														女 23	19	7	2.7	
	4科						●					●		男 76	64	28	2.3	
														女 56	54	29	1.9	
②	2科	2/2	2/1	当日	2/6	●						●	30	男 24	21	3	7.0	男61 女62
														女 32	16	2	8.0	
	4科						●					●		男144	104	34	3.1	
														女100	66	15	4.4	
③	2科	2/4	2/3	当日	2/6	●						●	20	男 19	13	1	13.0	男62 女63
														女 34	23	3	7.7	
	4科						●					●		男180	104	22	4.7	
														女102	53	6	8.8	

【出願方法】 Web出願
【手続方法】 Web納入。2/6までに入学金，2/12までに施設費を納入
【受験料】 25,000円（同時出願は２回30,000円，３回35,000円）

【帰国生入試】 12/18（若干名募集）

中学受験のプロがおすすめ！ 併願校の例

特色	男 アットホーム	男 ICT教育	男 国際理解教育	女 アットホーム	女 ICT教育	女 国際理解教育
♠男子校 ♥女子校 ♣共学・別学校	♠サレジオ学院	♣青学横浜英和	♣山手学院	♥横浜雙葉	♣青学横浜英和	♣山手学院
	♣帝京大学	♣桐蔭学園	♣湘南学園	♣帝京大学	♣桐蔭学園	♣湘南学園
	♣自修館中等	♣桜美林	♣関東学院	♣自修館中等	♣桜美林	♣関東学院

併設高校の進路情報

四年制大学進学率83.3%
文系・理系の割合 未集計　医歯薬19名合格

指定校推薦▶横浜市大，早稲田大，東京理科大，学習院大，青山学院大，立教大，中央大，法政大，日本大，東海大，成蹊大，成城大，明治学院大，芝浦工大，東京電機大，東京女子大，日本女子大，武蔵大，玉川大，工学院大，東京都市大，千葉工大，関東学院大，共立女子大，昭和大，杏林大，北里大，東京薬科大，明治薬科大，昭和薬科大，日本歯大，武蔵野大，東京農大など推薦枠あり。

海外大学合格状況▶Brigham Young University（米），他。

'22年３月卒業生：174名　大学145名　短大１名　専門１名　就職１名　他26名

主な大学合格状況　'23年春については主要大学のみ巻末一覧に記載

大学名	'22	'21	'20	大学名	'22	'21	'20	大学名	'22	'21	'20
◇東京大	1	0	1	◇横浜市大	5	2	1	法政大	28	19	30
◇京都大	0	0	1	早稲田大	20	11	19	日本大	24	27	24
◇東工大	2	1	1	慶應大	10	9	11	東洋大	4	29	11
◇筑波大	0	1	2	上智大	12	14	6	専修大	23	11	14
◇東京外大	1	2	1	東京理科大	17	19	25	東海大	34	15	12
◇横浜国大	2	1	0	学習院大	4	7	8	成蹊大	8	10	10
◇北海道大	1	0	1	明治大	40	24	31	明治学院大	7	17	17
◇東北大	1	3	0	青山学院大	25	20	21	神奈川大	14	13	15
◇東京医歯大	1	0	0	立教大	9	24	18	芝浦工大	8	11	6
◇都立大	2	2	7	中央大	58	31	33	日本女子大	9	6	5

※各大学合格数は既卒生との合計。

見学ガイド 文化祭／説明会／オープンスクール

山手学院（やまてがくいん） 中学校

〒247−0013 神奈川県横浜市栄区上郷町460 ☎045−891−2111

国際 海外研修 長期留学 第2外国語 online英会話 21型 1人1台端末 リモート体制 プロジェクト型 論文執筆 STEAM 情操 体験学習 ボランティア 人間力育成

建学の精神▶未来への夢をはぐくみ，世界を舞台に活躍でき，世界に信頼される人間を育てる。
沿革▶1966年，松信幹男と江守節子により男子校として設立。1969年に高等学校を併設し共学化。2017年4月に新体育館，2020年9月に新校舎完成。
施設▶メインアリーナ，図書館，テニスコート，プール，武道場，グラウンド，他。
学校長▶時乗　洋昭
生徒数▶総数605名

	1年（5クラス）	2年（5クラス）	3年（6クラス）
男子	136名	126名	84名
女子	75名	72名	52名

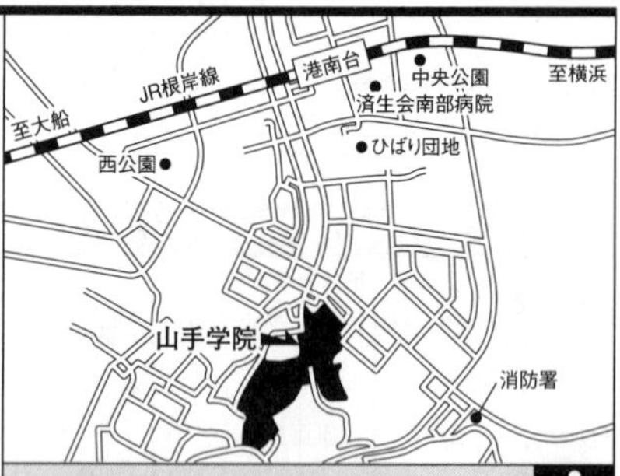

JR一港南台12分
12分

世界を舞台にイノベーションを起こせる人に

建学の精神を実現するため，「国際交流教育」「教科教育・進路指導」に加えて，礼儀正しさ，真心・思いやり・勇気を養う「誠人教育」を柱とした教育を実践する。

学習 中高の6年間を2年ごと3期に分け学習体制を整える。漢字コンテスト(年4回)や模試を通し基礎学力を育成。中1·中2では「理科校外学習」「野外教室」など校外学習を充実させ，生徒の好奇心を引き出す。ネイティヴ教員が指導する「English」を中1から設定。少人数クラスで独自教材を使い，発音や表現など総合的な英語学習を行う。中3から選抜クラスを2クラス編成。高校レベルの内容に取り組む。「国際交流プログラム」のもと，全員がオーストラリア（中3）と北米（高2）でホームステイする。訪れた国の学生を迎えた「リターンビジット」も行う。

キャリア教育 大学進学後の未来を見据え，職業・学部学科について考えながら受験計画・対策を立てる。中3·高1を対象にGLP講座(Global Leader Program) を行う。プログラミングやSDGsについての探究活動を通して非認知能力を育成する。

学校生活 多くの生徒がクラブに所属。全国大会出場実績のあるチアリーダー部や猫好きが集う「ねころ部」などがある。

●コース表

中1	中2	中3	高1	高2	高3
		選抜2クラス〈難関国公立〉			
共	通	履	修	文系 / 理系	

保護者MEMO

登校時刻▶8：30
最終下校時刻▶18：30
土曜日▶休校。講座や補習を行う
昼食▶食堂／食品販売あり
携帯電話▶許可制
制服▶ブレザー
自転車通学▶不可
カウンセラー▶常駐
保護者面談▶年2回
保護者会▶年2回
必修旅行▶豪（中3），北米（高2）
部活動▶活動日は部による

学費　初年度目安 121万円

(単位:円)	入学金	施設費	授業料	その他	合計
入学手続時	200,000	—	—	—	200,000
1年終了まで	—	240,000	480,000	291,800	1,011,800

●奨学金・特待生
施設設備費・授業料3年間（1年ごとに審査あり）

[その他] 維持費，図書館運営費，保健衛生費，タブレット費，教材費等預り金，国際交流費，父母の会費，生徒会費。
[寄付・学債] 任意の寄付金（教育振興費） 1口10万円1口以上あり。
※上記は'22年度のもの。新年度について詳細は「受験生応援アプリ」にて公開（2023年5月〜）。

首都圏模試　思考コード （単位：%）

読み取る力 ＼ 考える力	〈A〉国語 A	国語 B	国語 C	算数 A	算数 B	算数 C
複雑 3				10		
2	4	12		30	5	
単純 1	20	64			55	

A=知識・理解思考　B=論理的思考　C=創造的思考

2024年度入試　合格の基準

		首都圏模試 ほぼ確実	首都圏模試 見込あり	首都圏模試 やや見込あり	四谷大塚 ほぼ確実	四谷大塚 見込あり	四谷大塚 やや見込あり
男子	〈A〉	64	58	54	51	47	42
女子	〈A〉	64	58	54	53	49	43

ほぼ確実＝80%／見込あり＝50～79%／やや見込あり＝20～49%

入試要項　2023年度参考　新年度日程は アプリへGO!　2科 4科

試験名	試験日 ◎午後入試	出願締切 Web	発表 Web	手続 Web	2科	4科	適	英	他	面接	特待	募集数	応募数	受験数	合格数	実質倍率	偏差値
A 2科	2/1	1/31	当日	2/6	●						●	80	男 46	45	14	3.2	男64 女64
													女 32	32	12	2.7	
A 4科						●					●		男164	141	50	2.8	
													女125	110	46	2.4	
特待選抜	2/1 ◎	当日	当日	2/6	●						●	60	男434	380	234	1.6	70
													女206	181	96	1.9	70
B 2科	2/3	2/2	当日	2/6	●							40	男 45	38	8	4.8	男65 女66
													女 35	25	10	2.5	
B 4科						●					●		男224	132	53	2.5	
													女151	69	38	1.8	
後期 2科	2/6	2/5	当日	2/8	●						●	20	男 60	49	6	8.2	男66 女66
													女 45	29	6	4.8	
後期 4科						●					●		男307	194	38	5.1	
													女148	69	10	6.9	

※CEFRのA2レベル（英検準2級またはスコア1728，TOEFL Juniorスコア645）以上取得者は優遇措置あり
※特待選抜の集合時間は16：00と17：00

【出願方法】 Web出願。該当者は証明書のコピーを1/31までに郵送または当日持参
【手続方法】 Web納入　**【受験料】** 25,000円（同時出願は40,000円）

【帰国生入試】 上記に帰国生含む。優遇措置あり
※コロナ共通追試参加校

中学受験のプロがおすすめ！ 併願校の例

特色	男 留学制度	男 体験重視	男 キャリア教育	女 留学制度	女 体験重視	女 キャリア教育
♠男子校 ♥女子校 ♣共学・別学校	♠逗子開成	♣法政二	♣青学横浜英和	♥鎌倉女学院	♣法政二	♣青学横浜英和
	♣湘南学園	♣日本大学	♣神奈川大附	♣湘南学園	♣日本大学	♣神奈川大附
	♣関東学院	♣日大藤沢	♣公文国際	♣関東学院	♣日大藤沢	♣公文国際

併設高校の進路情報

四年制大学進学率86%
文系59／理系40／その他1（%）　医歯薬95名合格

指定校推薦▶ 横浜市大，早稲田大，慶應大，上智大，東京理科大，学習院大，明治大，青山学院大，立教大，中央大，法政大，日本大，専修大，大東文化大，東海大，成城大，明治学院大，獨協大，神奈川大，芝浦工大，東京電機大，津田塾大，東京女子大，日本女子大，玉川大，工学院大，東京都市大，立正大，東京経済大，千葉工大など推薦枠あり。

'22年3月卒業生：591名
大学508名　短大0名　専門3名　就職0名　他80名

主な大学合格状況　'23年春については主要大学のみ巻末一覧に記載

大学名	'22	'21	'20	大学名	'22	'21	'20	大学名	'22	'21	'20
◇東京大	1	0	1	◇横浜市大	11	9	6	中央大	123	127	82
◇京都大	1	0	1	◇信州大	8	2	6	法政大	157	85	132
◇東工大	2	2	1	早稲田大	73	76	63	日本大	143	122	121
◇一橋大	5	0	1	慶應大	48	40	34	専修大	109	68	53
◇千葉大	5	3	0	上智大	30	30	27	東海大	70	44	27
◇筑波大	2	4	2	東京理科大	96	65	56	明治学院大	94	87	76
◇横浜国大	15	13	19	学習院大	26	14	19	神奈川大	136	61	151
◇北海道大	9	5	5	明治大	178	160	144	芝浦工大	86	46	55
◇東北大	4	3	9	青山学院大	108	99	72	日本女子大	47	42	43
◇都立大	11	8	8	立教大	139	119	84	東京都市大	111	89	61

※各大学合格数は既卒生との合計。

見学ガイド 文化祭／説明会／学校見学会

横須賀学院（よこすかがくいん） 中学校

〒238－8511 神奈川県横須賀市稲岡町 82 ☎046－822－3218

国際 / 海外研修 / 長期留学 / 第2外国語 / online英会話 / 21型 / 1人1台端末 / リモート体制 / プロジェクト型 / 論文執筆 / STEAM / 情操 / 体験学習 / ボランティア / 人間力育成

教育目標▶愛と奉仕の精神をもって，社会に，世界に対して自らの使命を果たす人間の育成をめざす。

沿革▶1947年設立の青山学院横須賀分校を引き継ぎ，横須賀学院として1950年開校。

施設▶チャペル，カウンセリング室，カフェテリア，学習室，図書館，テニスコート，柔道場，グラウンド，他。

学校長▶川名　稔

生徒数▶総数345名　併設小からの進学者を含む。

	1年（3クラス）	2年（4クラス）	3年（3クラス）
男子	66名	73名	59名
女子	43名	53名	51名
内進生内数	男15名 女8名	男11名 女9名	男9名 女20名

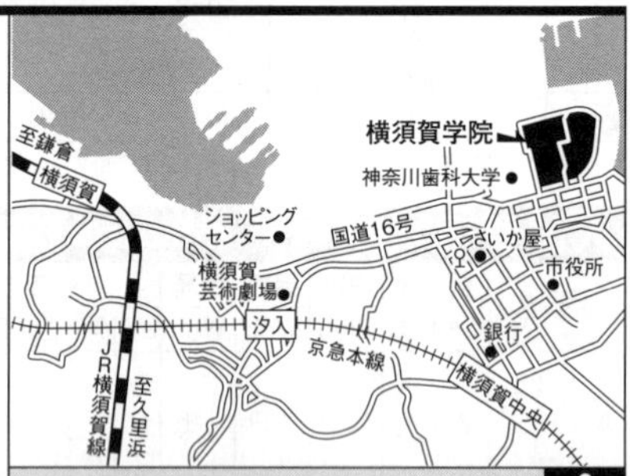

京急本線―横須賀中央10分　JR―横須賀よりバス大滝町５分　10分

「世界の隣人と共に生きる」資質を養う

キリスト教の香りと温かな雰囲気のなか，情操を豊かに育み生き方を学ぶ。多彩なグローバル教育と整った学習環境・手厚い進路指導で，将来への道を拓く。

学習 6年間一貫教育の強みを生かし，グローバル社会に求められる「思考力・人間力・語学力」を身につける。英語は週１時間，ネイティヴ教員と日本人教員のティームティーチングによる英会話や，タブレット端末を活用したオンライン英会話などで実践的な英語力の獲得をめざす。英数と古典は必要に応じて習熟度別授業を展開する。自立学習を促すため「eトレ」を導入。学習室は19時まで利用できる。放課後の指名制補習や，土曜日の特別講座で学習活動をサポートする。希望者を対象にシドニーでのホームステイや，ニュージーランドのターム留学などの海外研修がある。

キャリア教育 中３では１年間にわたる綿密な事前学習の上で職業体験に臨む。高１では大学の学びを体験する学問入門講座を開講。青山学院大学全学部との高大連携授業も多数実施し，自分に適した進路を考える。

学校生活 毎朝の礼拝から１日が始まる。宗教行事も多く，生徒のキリスト教活動も盛ん。部活動や生徒会活動では，規範意識や社会性・自主性も高めていく。

●コース表

中1	中2	中3	高1	高2	高3
共	通	履	修	理系 / 文系	

保護者MEMO

登校時刻▶8：20
最終下校時刻▶18：00
土曜日▶休校。特別講座を行う。
昼食▶食堂／食品販売あり
携帯電話▶許可制
制服▶ブレザー
自転車通学▶不可
カウンセラー▶週２日
保護者面談▶年２回
保護者会▶年４回
必修旅行▶沖縄（中３），宮古島（高２）
部活動▶週４日

学費　初年度目安 130万円

（単位:円）	入学金	施設費	授業料	その他	合計
入学手続時	230,000	200,000	—	—	430,000
1年終了まで	—	—	408,000	465,698	873,698

［その他］制服・指定品代，修学旅行費，維持費，諸費，副教材費，PTA会費，後援会費，生徒会・学級費，同窓会費。

［寄付・学債］任意の寄付金（教育設備近代化教育振興募金）１口３万円１口以上あり。

※上記は'22年度のもの。新年度について詳細は「受験生応援アプリ」にて公開（2023年５月～）。

●奨学金・特待生
対象入試上位10%以内：入学金，施設費／20%以内：入学金／30%以内：入学金半額

首都圏模試 思考コード (単位:%)

読み取る力 ＼ 考える力	〈1次A〉国語 A	国語 B	国語 C	算数 A	算数 B	算数 C
複雑 3				4		
2	16	4		47		
単純 1	14	46	20	13	36	

A=知識・理解思考 B=論理的思考 C=創造的思考

2024年度入試 合格の基準

		首都圏模試 ほぼ確実	首都圏模試 見込あり / やや見込あり	四谷大塚 ほぼ確実	四谷大塚 見込あり / やや見込あり
男子	〈①A〉	47	44 / 41	34	29 / 24
女子	〈①A〉	47	44 / 41	34	29 / 24

ほぼ確実＝80%～／見込あり＝50～79%／やや見込あり＝20～49%

入試要項 2023年度参考 新年度日程は アプリへGO!

2科 4科 適性型 英 他

試験名	試験日 ◎午後入試	出願締切 Web	発表 Web	手続 Web	2科	4科	適	英	他	面接	特待	募集数	応募数	受験数	合格数	実質倍率	偏差値
① A	2/1	当日	当日	2/10	●	●					●	25	男 61	40	20	2.0	47
													女 47	39	14	2.8	47
① B	2/1 ◎	当日	当日	2/10	●							25	男 98	67	34	2.0	45
													女 59	41	10	4.1	45
②	2/2 ◎	当日	当日	2/10	●							20	男106	61	31	2.0	44
													女 75	45	17	2.6	45
③	2/3 ◎	当日	当日	2/10	●							20	男132	68	34	2.0	44
													女 77	31	11	2.8	45
適性検査	2/1	当日	当日	2/10			＊1				●	20	男 25	23	11	2.1	44
													女 25	24	11	2.2	44
英語資格	2/2 ◎	当日	当日	2/10	●			＊2		＊2		若干名	男 7	5	2	2.5	44
													女 2	1	1	1.0	44

＊1 適性検査ⅠⅡ（Ⅰ人文社会科学系，Ⅱ数理自然科学系） ＊2 国算＋保護者同伴面接。出願条件は英検3級以上（他の検定については要相談）

※①～③は英検3級以上取得，活動の実績，複数回受験などにより優遇措置あり。英語資格は通知表コピー

【出願方法】 Web出願。該当者は証明書類などを当日提出。英語資格は証明書類と通知表コピーを郵送
【手続方法】 2/7までに合格書類受取後，一部をWeb納入のうえ書類提出，2/14までに残額を納入
【受験料】 20,000円（複数回受験可）

【帰国生入試】 12/17（若干名募集）
※コロナ共通追試参加校

中学受験のプロがおすすめ! 併願校の例

特色	男 プロテスタント系	男 表現力育成	男 国際理解教育	女 プロテスタント系	女 表現力育成	女 国際理解教育
♠男子校	♣関東学院	♣自修館中等	♣八雲学園	♣関東学院	♣自修館中等	♣八雲学園
♥女子校	♣関東六浦	♠藤嶺藤沢	♣横浜富士見丘	♣関東六浦	♥横浜女学院	♣横浜富士見丘
♣共学・別学校	♣アレセイヤ湘南	♠横浜	♣鶴見大附	♣アレセイア湘南	♥聖和学院	♣鶴見大附

併設高校の進路情報

四年制大学進学率83.3%
文系62／理系33／その他5（%） 医歯薬19名合格

指定校推薦▶利用状況は横浜市大2，東京理科大2，学習院大1，明治大2，青山学院大22，立教大1，法政大3，日本大6，東洋大2，専修大5，東海大4，国際基督教大1，成蹊大5，成城大1，明治学院大3，神奈川大11，芝浦工大1，東京女子大4，同志社大3，武蔵大1，東京都市大7，桜美林大1，白百合女子大1，関西学院大2，フェリス女学院大3，東洋英和女学院大4など。
※青山学院大学へキリスト者推薦あり

'22年3月卒業生：520名

大学433名 短大5名／専門28名／就職1名／他53名

主な大学合格状況

'23年春については主要大学のみ巻末一覧に記載

大学名	'22	'21	'20	大学名	'22	'21	'20	大学名	'22	'21	'20
◇京都大	0	1	0	上智大	5	3	1	駒澤大	15	14	8
◇筑波大	1	0	0	東京理科大	2	6	5	専修大	31	38	26
◇横浜国大	0	2	1	学習院大	7	6	5	東海大	52	34	34
◇東京藝術大	1	0	0	明治大	27	24	18	國學院大	16	14	15
◇東京学芸大	0	1	1	青山学院大	37	27	32	明治学院大	25	19	14
◇横浜市大	2	2	1	立教大	6	15	8	神奈川大	78	55	56
◇信州大	1	0	4	中央大	22	11	16	玉川大	10	14	9
◇県立保健福祉大	3	1	0	法政大	39	20	20	東京都市大	17	3	16
早稲田大	8	4	3	日本大	65	69	40	桜美林大	35	10	11
慶應大	1	3	3	東洋大	29	30	32	関東学院大	50	27	28

※各大学合格数は既卒生との合計。

見学ガイド 文化祭／説明会／オープンスクール

 高校募集 あり 高１より全体が混合。 高１内訳 一貫生 32名 133名 高入生

横浜翠陵（よこはますいりょう）中学校

〒226−0015 神奈川県横浜市緑区三保町１ ☎045−921−0301

国際 / 海外研修 / 長期留学 / 第２外国語 / online英会話 / 21型 / 1人1台端末 / リモート体制 / プロジェクト型 / 論文執筆 / STEAM / 情操 / 体験学習 / ボランティア / 人間力育成

教育目標▶「Think & Challenge!」をモットーに，校訓でもある「考えることのできる人」を育成する。

沿革▶1986年創立の横浜国際女学院翠陵高等学校を母体に1999年開校。2011年に共学化し現校名へ改称。

施設▶ホール，ドリカムコーナー（質問・自習スペース），図書室（3.8万冊），野球場，テニスコート，グラウンド，他。

学校長▶田島　久美子

生徒数▶総数163名

	１年（２クラス）	２年（２クラス）	３年（２クラス）
男子	45名	47名	27名
女子	16名	14名	14名

JR―十日市場20分　JR―十日市場よりバス郵便局前３分　バス 10分

考えるちから・挑戦するこころを育む

自然豊かなキャンパスで「次世代を担う人材」「明日の世界をよりよい世界にするために行動できる人」を養成する。生徒のやる気を引き出す複数の体制が整う。

学習 中学は「定着・積み上げ」を大切にし，興味喚起（D）・理解（U）・演習（T）のサイクルを繰り返すDUT理論を実践し，総復習テストや実力養成試験を行う。高校は特進・国際・文理の３コース制により，希望進路の達成をめざす。国際コースはイギリス研修の参加が必須。理数教育にも力を入れ，授業外にサイエンスラボを開催。専門家の指導のもと実験・実習に取り組む。グローバルな視野で挑む課題解決型の総合学習「翠陵グローバルプロジェクト」を通して情報処理能力や論理的思考力，プレゼンテーションスキルを身につける。学年ごとに学年末発表会を開く。

●コース表

中１	中２	中３	高１	高２	高３
共	通	履修	特進コース 国際コース 文理コース		

キャリア教育 ６年間を通して，各学年の段階に応じた進路指導講話会を実施。中１と高１で将来や進路についての校長・副校長面接，中学で仕事研究やエゴグラム診断，高校では大学出前授業なども行う。

学校生活 １日の学習のウォーミングアップとして，朝の10分間を使って計算演習を行う。サッカー部，ダンス部，サイエンス部，英語部など23のクラブが活動。

保護者MEMO

登校時刻▶8：30
最終下校時刻▶17：45
土曜日▶毎週登校。平常授業４時間
昼食▶食堂／食品販売あり
携帯電話▶可
制服▶ブレザー
自転車通学▶中学不可
カウンセラー▶―
保護者面談▶年２回
保護者会▶年２回
必修旅行▶ニュージーランド（中３），北海道（高２）
部活動▶活動日は部による

学費　初年度目安 123万円

（単位:円）	入学金	施設費	授業料	その他	合計
入学手続時	190,000	170,000	―	25,000	385,000
１年終了まで	―	―	432,000	416,380	848,380

●奨学金・特待生
なし

［その他］制服・指定品代，校費，積立金，宿泊行事費，保護者会費，保護者会入会金，生徒会費，生徒会入会金。

［寄付・学債］なし。

※上記は'22年度のもの。新年度について詳細は「受験生応援アプリ」にて公開（2023年５月〜）。

首都圏模試　思考コード（単位：%）

〈第１回〉

読み取る力	国語 A	国語 B	国語 C	算数 A	算数 B	算数 C
複雑 3						
2	2			55	5	
単純 1	40	58			40	
考える力	A	B	C	A	B	C

A=知識・理解思考　B=論理的思考　C=創造的思考

2024年度入試　合格の基準

		首都圏模試 ほぼ確実	首都圏模試 見込あり	四谷大塚 ほぼ確実	四谷大塚 見込あり
男子	①	42	39	33	28
			やや見込あり 36		やや見込あり 23
女子	①	42	39	33	28
			やや見込あり 36		やや見込あり 23

ほぼ確実＝80%～／見込あり＝50～79%／やや見込あり＝20～49%

入試要項　2023年度参考　新年度日程はアプリへGO!

2科　4科　適性型　英　他

試験名	試験日（◎午後入試）	出願締切 Web	発表 Web	手続 Web	2科	4科	適	英	他	面接	特待	募集数	応募数	受験数	合格数	実質倍率	偏差値
①	2/1	1/31	当日	2/6	●	●						30	57	30	20	1.5	男42 女42
適性検査			2/2	2/10			＊1						22	22	20	1.1	男41 女41
英語資格			当日	2/6				＊2	＊2				1	1	1	1.0	男40 女40
②	2/1 ◎	1/31	当日	2/6	●	●						30	91	63	42	1.5	男40 女40
③	2/2	当日	当日	2/6	●	●						10	79	24	12	2.0	男41 女41
英語資格		1/31						＊2	＊2				4	0	0	—	男40 女40
④	2/3 ◎	当日	当日	2/6					＊3			10	126	58	39	1.5	男41 女43
⑤	2/5	当日	当日	2/6	●	●						10	134	25	18	1.4	男42 女42

＊1　適性検査Ⅰ Ⅱ（Ⅰ人文・社会科学系，Ⅱ数理・自然科学系）
＊2　英検４級以上の資格＋国語または算数　＊3　国語または算数
※複数回受験者は優遇措置あり。

【出願方法】 Web出願。英語資格型受験者は合格証（原本）を当日持参
【手続方法】 Web納入。3/31までの辞退者には一部返還
【受験料】 20,000円（同時出願は複数回受験可）

【帰国生入試】 2/1，2/2（募集人員は上記に含む）

中学受験のプロがおすすめ！　併願校の例

特色	男 留学制度	男 ICT教育	男 適性検査型入試	女 留学制度	女 ICT教育	女 適性検査型入試
♠男子校 ♥女子校 ♣共学・別学校	♣多摩大聖ヶ丘	♣横浜創英	♣県立相模原中等	♣多摩大聖ヶ丘	♣横浜創英	♣県立相模原中等
	♣文教大付	♣東海大相模	♣横浜富士見丘	♣文教大付	♣東海大相模	♣横浜富士見丘
	♣横浜隼人	♣アレセイア湘南	♣鶴見大附	♣横浜隼人	♣アレセイア湘南	♣鶴見大附

併設高校の進路情報

四年制大学進学率81.4%
文系68／理系32／その他０（%）　医歯薬７名合格

内部推薦▶横浜創英大学への推薦制度がある。

指定校推薦▶東京理科大，青山学院大，法政大，日本大，東洋大，駒澤大，専修大，東海大，亜細亜大，帝京大，成蹊大，明治学院大，獨協大，神奈川大，東京電機大，玉川大，工学院大，東京都市大，桜美林大，白百合女子大，東京農大，昭和女子大，学習院女子大，清泉女子大，麻布大など推薦枠あり。

海外大学合格状況▶HELP University（ﾏﾚｰｼｱ），他。

'22年３月卒業生：236名

大学192名　短大５名　専門21名　就職０名　他18名

主な大学合格状況

'23年春については主要大学のみ巻末一覧に記載

大学名	'22	'21	'20	大学名	'22	'21	'20	大学名	'22	'21	'20
◇東工大	1	0	0	学習院大	9	2	3	東海大	27	10	64
◇一橋大	0	0	1	明治大	22	4	15	帝京大	12	8	22
◇横浜国大	1	0	1	青山学院大	9	2	7	國學院大	10	5	16
◇都立大	0	1	4	立教大	5	7	6	明治学院大	13	9	20
◇横浜市大	1	0	2	中央大	14	2	13	神奈川大	24	12	44
◇県立保健福祉大	2	2	1	法政大	11	12	32	武蔵大	4	2	9
早稲田大	3	0	6	日本大	29	19	42	東京都市大	6	8	23
慶應大	0	3	0	東洋大	21	9	29	桜美林大	44	2	18
上智大	3	2	3	駒澤大	18	4	24	関東学院大	9	16	13
東京理科大	5	1	7	専修大	18	10	50	横浜創英大	4	0	5

※各大学合格数は既卒生との合計。

見学ガイド　文化祭／説明会／オープンキャンパス／適性検査説明会

横浜創英（よこはまそうえい）中学校

〒221－0004　神奈川県横浜市神奈川区西大口 28　☎045－421－3121

国際 海外研修 長期留学 第2外国語 online英会話 21型 1人1台端末 リモート体制 プロジェクト型 論文執筆 STEAM 情操 体験学習 ボランティア 人間力育成

教育目標▶３つのコンピテンシー「自律・対話・創造」を会得した「考えて行動のできる人」の育成。
沿革▶1940年創立の京浜高等女学校を起源とする横浜創英高等学校が，2003年に中学校を開校。2020年新校舎完成。
施設▶ホール，カウンセリングルーム，情報室，図書室，トレーニングルーム，グラウンド，他。
学校長▶工藤　勇一
生徒数▶総数267名

	1年（3クラス）	2年（3クラス）	3年（2クラス）
男子	75名	47名	26名
女子	47名	39名	33名

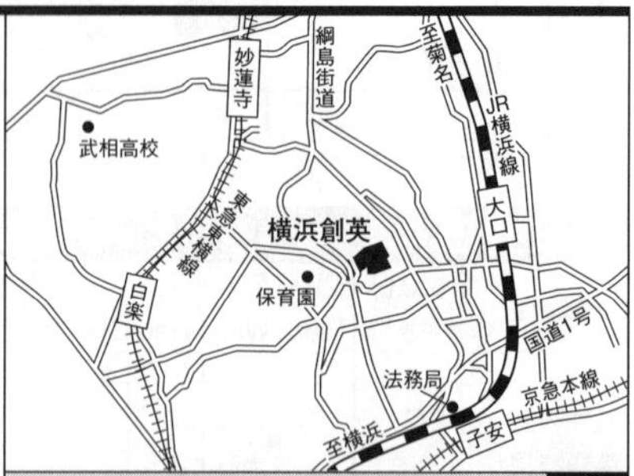

ＪＲ―大口８分　京急本線―子安12分
東急東横線―妙蓮寺17分
8分

「考えて行動のできる人」の育成をめざす

生徒自身が考え，自ら判断し，行動する機会を多く設け，「問題解決能力」を育てる教育を行っている。2022年度サイエンスコース新設，本科との２コース制。

学習 サイエンスコースでは，理数系科目を充実させたカリキュラムと探究活動を通して「科学リテラシー」を身につける。本科コースは１つのクラスを複数の教員で担当する全員担任制を導入し，生徒一人ひとりが自律した学習者になることをめざす。高校進学時に自分の適性に合ったコースを選択する。ICT環境も充実。タブレット端末を活用した授業を積極的に行う。英語・数学では自分に合った学習スタイルを確立させるのに役立てる。道徳の一環でパブリックリレーションズを取り入れた学習活動がある。中２では宿泊研修型のワークショップを通して「創造・コミュニケーション・協働・深い思考力」を養う。

●コース表

中1	中2	中3	高1	高2	高3
本科コース				特進コース／文理コース／普通コース	
		サイエンスコース			

※今後グローバルコース設置予定

キャリア教育 社会で活躍する様々な人と関わる機会を設け，社会の一員として行動する「当事者意識」を育てる。中３でリーダー養成講座を行う。高３は高大連携のある大学の授業に通年で参加できる。

学校生活 一部の運動部を除き，部活動は高校生と一緒に活動。入学後，キャンプやアドベンチャースクールなどの行事がある。

保護者MEMO

登校時刻▶8：25
最終下校時刻▶18：15
土曜日▶毎週登校。平常授業３時間
昼食▶食堂／食品販売あり
携帯電話▶可
制服▶ブレザー
自転車通学▶中学不可
カウンセラー▶週３日
保護者面談▶年１回
保護者会▶年１回
必修旅行▶国内（中２）
部活動▶週１日は休む

学費　初年度目安 111万円

(単位:円)	入学金	施設費	授業料	その他	合計
入学手続時	190,000	150,000	—	28,000	368,000
1年終了まで	—	—	408,000	332,620	740,620

●奨学金・特待生
なし

［その他］制服・指定品代，修学旅行費，校費，生徒会費・後援会費，生徒会・後援会入会金。
［寄付・学債］なし。
※上記は'22年度のもの。新年度について詳細は「受験生応援アプリ」にて公開（2023年５月～）。

首都圏模試 思考コード (単位：%)

〈第１回〉

読み取る力＼考える力	国語 A	国語 B	国語 C	算数 A	算数 B	算数 C
複雑 3						
2	6	11		50	5	
単純 1	30	43	10	24	21	

A=知識・理解思考　B=論理的思考　C=創造的思考

2024年度入試 合格の基準

〈①本科〉

	首都圏模試 ほぼ確実	首都圏模試 見込あり	首都圏模試 やや見込あり	四谷大塚 ほぼ確実	四谷大塚 見込あり	四谷大塚 やや見込あり
男子	42	38	35	37	33	28
女子	42	38	35	38	34	29

ほぼ確実＝80％～／見込あり＝50～79％／やや見込あり＝20～49％

入試要項 2023年度参考　新年度日程はアプリへGO!　2科 4科 他

試験名		試験日 ◎午後入試	出願締切 Web	発表 Web	手続 Web	2科	4科	適	英	他	面接	特待	募集数	応募数	受験数	合格数	実質倍率	偏差値
①	4科	2/1	1/31	当日	2/4		●						40	93	67	31	2.2	サイ43 本科42
	2科					●								146	130	17	7.6	
	算数１科									＊1				13	12	2	6.0	
②	2科	2/1 ◎	1/31	当日	2/4	●							30	277	229	29	7.9	サイ46 本科45
	算数１科									＊1				26	21	1	21.0	
③	4科	2/2	2/1	当日	2/4		●						40	157	99	21	4.7	サイ46 本科45
	2科					●								165	114	8	14.3	
	算数１科									＊1				23	15	7	2.1	
④	コンピテシー	2/2 ◎	2/1	当日	2/4					＊2			10	73	64	10	2.7	—
⑤	2科	2/6	2/5	2/6	2/7	●							20	143	128	19	6.7	サイ53 本科52
	算数１科									＊1				40	35	5	7.0	

＊1　算数　＊2　プレゼンテーションまたはグループワーク。質疑応答，口頭試問
※通知表コピー。２科・４科の複数回受験者には優遇措置あり

【出願方法】 Web出願後，書類を当日持参　**【手続方法】** Web納入。公立中高一貫校受検者は2/10まで延納可。4/1までの入学辞退者には一部返還　**【受験料】** 20,000円（同時出願は複数回受験可）コンピテシー，⑤各20,000円

【帰国生入試】 —

中学受験のプロがおすすめ！ 併願校の例

特色	男 ICT教育	男 キャリア教育	男 国際理解教育	女 ICT教育	女 キャリア教育	女 国際理解教育
♠男子校	♣目黒日大	♣自修館中等	♣関東学院	♣目黒日大	♣自修館中等	♣関東学院
♥女子校	♠藤嶺藤沢	♣横須賀学院	♣関東六浦	♥横浜女学院	♣横須賀学院	♣関東六浦
♣共学・別学校	♣横浜富士見丘	♣アレセイア湘南	♣鶴見大附	♣横浜富士見丘	♣アレセイア湘南	♣鶴見大附

併設高校の進路情報

四年制大学進学率77.5%
文系・理系の割合 未集計

内部推薦▶横浜創英大学へ１名（看護）が内部推薦で進学した。

指定校推薦▶利用状況は上智大１，明治大２，青山学院大３，法政大２，日本大５，駒澤大１，専修大４，國學院大５，神奈川大６，日本女子大３，東京都市２，聖心女子大１，昭和女子大３，清泉女子大１，フェリス女学院大２，東洋英和女学院大１など。ほかに東洋大など推薦枠あり。

海外大学合格状況▶University of Manitoba（ｶﾅﾀﾞ），国立成功大学（台湾），他。

'22年３月卒業生：525名

大学407名　短大15名　専門60名　就職０名　他43名

主な大学合格状況　'23年春については主要大学のみ巻末一覧に記載

大学名	'22	'21	'20	大学名	'22	'21	'20	大学名	'22	'21	'20
◇東工大	1	0	0	学習院大	0	3	1	大東文化大	2	13	6
◇横浜国大	0	0	3	明治大	25	10	10	東海大	60	46	20
◇埼玉大	1	0	0	青山学院大	15	6	12	帝京大	18	29	13
◇東京学芸大	0	3	1	立教大	8	7	14	國學院大	12	11	11
◇横浜市大	2	0	1	中央大	16	9	16	明治学院大	12	11	10
◇県立保健福祉大	2	1	2	法政大	24	14	20	神奈川大	66	38	34
早稲田大	2	6	2	日本大	61	43	22	日本女子大	5	4	12
慶應大	2	2	0	東洋大	37	30	23	東京都市大	10	9	22
上智大	1	1	3	駒澤大	24	10	12	関東学院大	39	35	7
東京理科大	1	2	4	専修大	17	35	13	横浜創英大	3	3	8

※各大学合格数は既卒生との合計。

見学ガイド 文化祭／説明会／学校見学会

高校募集 あり 高１より全体が混合。 高１内訳 一貫生 71名 594名 高入生

横浜隼人（よこはまはやと） 中学校

〒246－0026　神奈川県横浜市瀬谷区阿久和南１－３－１　☎045－364－5101

国際 / 海外研修 / 長期留学 / 第２外国語 / online英会話 / 21型 / 1人1台端末 / リモート体制 / プロジェクト型 / 論文執筆 / STEAM / 情操 / 体験学習 / ボランティア / 人間力育成

教育目標▶校訓「必要で信頼される人となる」を基とし，困難に立ち向かう強い意志を磨く人を育てる。
沿革▶1977年創立の隼人高等学校を母体に1979年開校。1993年現校名に改称。2015年新校舎完成。
施設▶講堂，多目的スペース，コンピュータールーム，特別教室，プール，野球場，グラウンド，他。
学校長▶吉野　純三
生徒数▶総数225名

	１年（３クラス）	２年（３クラス）	３年（３クラス）
男子	41名	36名	43名
女子	42名	31名	32名

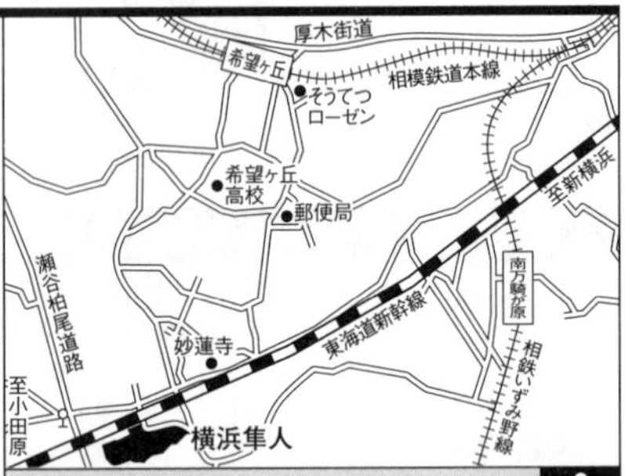

相鉄本線―希望ヶ丘18分またはバス隼人中学・高校　18分

学力・共生・健康を3つの柱に据えた教育を実践

６年間を基礎・発展・深化の３段階に分け，３つの柱それぞれに目標を立てたプログラムを設定。目標に向かって努力を続け，困難に立ち向かう人を育てる。

学習 中学３年間は共通履修，高１より普通科と国際語科に分かれる。すべての教科にアクティブ・ラーニング型の授業を導入。仲間と意見を交わし考えを広める。英数は習熟度別授業で行い，生徒の理解度に合わせて指導する。英語は授業を土台に，英検や校内スピーチコンテスト，オンライン英会話で実践力を身につける。さらに中１は校内語学研修，中２の国内語学研修，中３のカナダ研修で実力を伸ばす。数学では，週１回確認テストを実施。放課後の時間は試験対策のほか，漢字テストや数学の単元補習を行い，学力向上を図る。

●**コース表**

中１	中２	中３	高１	高２	高３
共	通	履	修	普通科〈特別選抜／特進／進学〉	
			国際語科〈文系〉		

※普通科は各コースとも高２より文系／理系

キャリア教育 英語教育や語学研修などを通じ，国際理解とコミュニケーション能力の醸成を図る。また，文化祭や宿泊研修などの行事やクラブ活動に生徒が主体的に取り組むことで，相手の立場を思いやる協調性や行動力，リーダーシップを養う。

学校生活 中高共にクラブ活動は盛ん。元祖ソーラン節の練習をメインとしたレクリエーション部など，40以上の団体が活動中。中学では救急救命講習などを実施。

保護者MEMO

登校時刻▶８：20
最終下校時刻▶17：30
土曜日▶隔週登校。平常授業４時間
昼食▶弁当／食堂（中学は土のみ）／食品販売あり
携帯電話▶可
制服▶襟詰，セーラー
自転車通学▶可
カウンセラー▶週３日
保護者面談▶年２回
保護者会▶年２回
必修旅行▶カナダ(中３)，他
部活動▶活動日は部による

学費　初年度目安 125万円

（単位:円）	入学金	施設費	授業料	その他	合計
入学手続時	200,000	200,000	—	—	400,000
１年終了まで	—	—	438,000	415,960	853,960

［その他］制服・指定品代，生徒活動費，保健・冷房費，教材費，行事費，保護者会費，後援会費。
［寄付・学債］なし。
※上記は'22年度のもの。新年度について詳細は「受験生応援アプリ」にて公開（2023年５月～）。

●**奨学金・特待生**
Ⅰ：入学金・施設費，年間授業料全額／Ⅱ：入学金・施設費，年間授業料半額（ⅠⅡとも原則３年，審査有）

首都圏模試 思考コード (単位:%)

読み取る力	〈2/1午前〉						〈適性検査〉 I			II		
複雑 3												
2	4	35		45			35		50	8	8	
単純 1	25	30	6	43	12		15			30	54	
考える力	A	B	C	A	B	C	A	B	C	A	B	C

A=知識・理解思考　B=論理的思考　C=創造的思考

2024年度入試 合格の基準

		首都圏模試 ほぼ確実	首都圏模試 見込あり	首都圏模試 やや見込あり	四谷大塚 ほぼ確実	四谷大塚 見込あり	四谷大塚 やや見込あり
男子	〈①〉	40	36	36	33	28	23
女子	〈①〉	40	36	30	33	28	23

ほぼ確実=80%~／見込あり=50~79%／やや見込あり=20~49%

入試要項　2023年度参考　新年度日程はアプリへGO!　2科 適性型 他

試験名		試験日 ◎午後入試	出願締切 Web	発表 Web	手続 窓口	選抜方法 2科	4科	適	英	他	面接	特待	募集数	応募数	受験数	合格数	実質倍率	偏差値
一般	①	2/1	1/30	当日	2/4	●						●	40	96	79	66	1.2	男40 女40
	②	2/2	2/1	当日	2/4	●						●	20	98	95	86	1.1	男41 女41
	③	2/6	2/5	当日	2/10	●						●	10	106	34	22	1.5	男40 女40
適性検査	公立中高	2/1 ◎	1/30	2/2	2/10			＊1				●	30	25	13	11	1.2	男42 女42
	自己アピ	2/2 ◎	2/1	当日	2/4					＊2	＊2		20	120	23	12	1.9	男41 女41

＊1　適性検査ⅠⅡ（Ⅰ論述，Ⅱ総合）
＊2　基礎計算＋自己アピール作文＋グループ面接
※適性検査型は，公立中高一貫か自己アピールかいずれか一方のみ

【出願方法】 Web出願
【手続方法】 窓口にて手続。3/31までの入学辞退者には一部返還
【受験料】 一般20,000円（最大3回まで受験可）　適性検査型5,000円

【帰国生入試】 —
※コロナ共通追試参加校

中学受験のプロがおすすめ! 併願校の例

特色	男 留学制度	男 ICT教育	男 適性検査型入試	女 留学制度	女 ICT教育	女 適性検査型入試
♠男子校	♣玉川学園	♠藤嶺藤沢	♣県立平塚中等	♣玉川学園	♥横浜女学院	♣県立平塚中等
♥女子校	♣横浜富士見丘	♣品川翔英	♣鶴見大附	♣横浜富士見丘	♣品川翔英	♣鶴見大附
♣共学・別学校	♣文教大付	♣アレセイア湘南	♣横浜翠陵	♣文教大付	♣アレセイア湘南	♣横浜翠陵

併設高校の進路情報

四年制大学進学率85.4%
文系59／理系35／その他6（%）　医歯薬40名合格

指定校推薦▶9，立教大1，中央大2，法政大3，日本大6，東洋大13，駒澤大2，専修大6，東海大1，國學院大2，成城大3，明治学院大11，獨協大1，神奈川大11，芝浦工大3，玉川大5，東京都市大3，関東学院大5，聖心女子大2など。ほかに明治大，成蹊大，東京女子大など推薦枠あり。

海外大学合格状況▶University of Manitoba（ｶﾅﾀﾞ），国立成功大学（台湾），College of the Desert（米）他。

'22年3月卒業生：684名
大学584名　短大9名／専門46名／就職5名／他40名

主な大学合格状況　'23年春については主要大学のみ巻末一覧に記載

大学名	'22	'21	'20	大学名	'22	'21	'20	大学名	'22	'21	'20
◇東京大	0	0	1	早稲田大	10	2	6	日本大	65	60	64
◇東工大	1	0	4	慶應大	2	3	7	東洋大	76	35	48
◇一橋大	1	0	1	上智大	7	1	4	駒澤大	23	17	21
◇東京外大	2	1	0	東京理科大	11	12	18	専修大	76	32	72
◇横浜国大	6	0	3	学習院大	13	4	5	東海大	89	33	66
◇東京学芸大	1	1	3	明治大	43	18	33	明治学院大	35	26	32
◇都立大	4	0	5	青山学院大	37	17	37	神奈川大	105	60	98
◇横浜市大	7	10	7	立教大	16	14	16	芝浦工大	11	18	16
◇信州大	1	1	4	中央大	33	26	50	桜美林大	38	26	35
◇県立保健福祉大	1	1	1	法政大	45	17	33	関東学院大	41	38	34

※各大学合格数は既卒生との合計。

見学ガイド 文化祭／説明会／オープンキャンパス／個別学校見学会

横浜富士見丘学園（よこはまふじみがおかがくえん） 中学校

〒241−8502 神奈川県横浜市旭区中沢1−24−1 ☎045−367−4380

国際 / 海外研修 / 長期留学 / 第2外国語 / online英会話 / 21型 / 1人1台端末 / リモート体制 / プロジェクト型 / 論文執筆 / STEAM / 情操 / 体験学習 / ボランティア / 人間力育成

教育理念▶建学の精神「魂の教育」を受け継ぎ「敬愛」「誠実」「自主」を校訓とする。
沿革▶1923年，日の出女学校として創立。2018年度より中等教育学校の募集を停止し，中学校・高等学校に改編。2019年度より男女共学化。
施設▶大講堂，ラウンジ，礼法室，自習室，カフェテリア，グラウンド，他。
学校長▶駒嵜　健
生徒数▶総数150名

	1年（3クラス）	2年（3クラス）	3年（3クラス）
男子	23名	29名	29名
女子	21名	21名	27名

※男女別クラス。

相鉄本線一二俣川15分 15分

3ステージ制で，一人ひとりの夢を実現する

6年間を成長段階に適応した3ステージに分け，それぞれに即した学習・体験型プログラムを用意。英語教育，理数教育，課題解決型・探求型学習に力を入れる。

学習 共学でありながら，中学では，女子と男子の精神的な違いをふまえて細やかな指導が行えるよう男女別クラス編成。英語は語彙力や文法重視の授業のほか，中1・中2はネイティヴ教員が副担任を務め英語に親しみやすい環境をつくる。中3・高1のオンライン英会話，3日間留学生と交流するプログラム（グローバル・アイ）で会話力を磨く。理数教育では大学・大学院での最先端の研究について講義を行うなど，AI時代に生きるための力を育む。自学自習力養成をめざし，漢字テストや英数の補講習などを週1回7時間目に設ける。高校進学に向けて，中3の夏休みには自立した学習姿勢の確立，学習意識の再喚起を目的とした2泊3日の勉強合宿がある。

●コース表

中1	中2	中3	高1	高2	高3
女子クラス			女子進学クラス		
男子クラス			特進クラス	文系特進クラス / 理系特進クラス	

※特進クラスは男女混合

キャリア教育 探究力・協働力・プレゼンテーション力を育成するプログラムを展開。生きる力を育むため哲学対話・他人史作成や地域研究など，様々なテーマに沿って調査，研究，発表に取り組む。

学校生活 地理研究部，ダンス部，チアリーディング部などは全国大会の常連。

保護者MEMO

登校時刻▶8：30
最終下校時刻▶18：15
土曜日▶毎週登校。平常授業4時間
昼食▶食堂／食品販売あり
携帯電話▶可
制服▶ブレザー，セーラー
自転車通学▶高校より許可制
カウンセラー▶週1～2日
保護者面談▶年2回
保護者会▶ー
必修旅行▶オーストリア(中3)
部活動▶中学は週3日程度

学費　初年度目安 124万円

(単位:円)	入学金	施設費	授業料	その他	合計
入学手続時	250,000	100,000	―	60,000	410,000
1年終了まで	―	132,000	456,000	240,400	828,400

[その他] 教育充実費，PTA会費，PTA会費入会金，生徒会費，生徒会入会金，宿泊行事積立金。
※別途制服・指定品代，学年費，教材費等あり。
[寄付・学債] なし。
※上記は'22年度のもの。新年度について詳細は「受験生応援アプリ」にて公開（2023年5月～）。

●奨学金・特待生
A：入学金，授業料半額3年（取消規定有）／B：入学金

首都圏模試　思考コード　（単位：%）

〈第１回〉

読み取る力＼考える力	国語 A	国語 B	国語 C	算数 A	算数 B	算数 C
複雑 3						
2	14	8		80		
単純 1	30	48		10	10	

A=知識・理解思考　B=論理的思考　C=創造的思考

2024年度入試　合格の基準

		首都圏模試 ほぼ確実	首都圏模試 見込あり	首都圏模試 やや見込あり	四谷大塚 ほぼ確実	四谷大塚 見込あり	四谷大塚 やや見込あり
男子	①	43	39	35	34	29	24
女子	①	43	39	35	34	29	24

ほぼ確実＝80％～／見込あり＝50～79％／やや見込あり＝20～49％

入試要項　2023年度参考　新年度日程はアプリへGO!

2科　4科　適性型　英　他

試験名	試験日（◎午後入試）	出願締切 Web	発表 Web	手続 振込	2科	4科	適	英	他	面接	特待	募集数	応募数	受験数	合格数	実質倍率	偏差値
① 2科4科	2/1	1/31	当日	2/4	●	●					●	男10 女20	男15	12	11	1.1	男43 女43
① 英語								＊2			●						
① 適性検査			2/2	2/10			＊1				●		女14	11	7	1.6	男43 女43
② 2科	2/1 ◎	当日	当日	2/4	●						●	男10 女20	男21	16	14	1.2	男43 女43
② 英語								＊3			●		女16	12	6	2.0	
② 算数									＊4		●						
③ 2科4科	2/2	当日	当日	2/4	●	●					●	10	30	9	6	1.5	男45 女45
④ 2科	2/2 ◎	当日	当日	2/4	●						●	10	28	9	5	1.8	男44 女44
⑤ 2科4科	2/3	当日	当日	2/4	●	●					●	10	48	19	13	1.5	男43 女43
⑤ 英語								＊2			●						
⑥ 2科4科	2/5	当日	当日	2/7	●	●					●	10	44	11	7	1.6	男44 女44

＊1　適性検査ⅠⅡ　＊2　英語２科（英国または英算）または英語４科（英国または英算＋理社）　＊3　英国または英算　＊4　算数１科
※英検４級以上は加点措置あり　※②④の集合時間は14：40／15：50

【出願方法】 Web出願。該当者は出願時に英検合格証明書のコピーを提出　**【手続方法】** 書類受取後，振込納入。3/31までの入学辞退者には一部返還
【受験料】 20,000円（複数回受験は25,000円。追加出願5,000円）

【帰国生入試】 上記に含む

中学受験のプロがおすすめ！　併願校の例

特色	男 論文(自由研究)	男 理数教育	男 英語(選択)入試	女 論文(自由研究)	女 理数教育	女 英語(選択)入試
♠男子校 ♥女子校 ♣共学・別学校	♠藤嶺藤沢	♣自修館中等	♣八雲学園	♥横浜女学院	♣自修館中等	♣八雲学園
	♣聖ヨゼフ	♣東海大相模	♣関東六浦	♣聖ヨゼフ	♣東海大相模	♣関東六浦
	♣鶴見大附	♣横浜翠陵	♣鶴見大附	♣鶴見大附	♣横浜翠陵	♣鶴見大附

併設高校の進路情報

四年制大学進学率91.5%
文系55／理系36／その他９（%）　医歯薬３名合格

指定校推薦▶ 利用状況は帝京大１，成蹊大１，関東学院大１，杏林大１，実践女子大１，昭和女子大２，東京工科大３，清泉女子大１，フェリス女学院大１，東洋英和女学院大１，鎌倉女子大１，城西国際大１，横浜美大１など。ほかに日本大，東海大，神奈川大，芝浦工大，東京電機大，玉川大，東京都市大，大妻女子大，白百合女子大，東京農大，麻布大など推薦枠あり。

'22年３月卒業生：71名

大学65名　短大１名　専門１名　就職０名　他４名

主な大学合格状況　'23年春については主要大学のみ巻末一覧に記載

大学名	'22	'21	'20	大学名	'22	'21	'20	大学名	'22	'21	'20
◇東京外大	1	0	0	立教大	2	0	1	明治学院大	4	2	0
◇群馬大	1	0	0	中央大	0	3	0	神奈川大	3	0	1
◇宇都宮大	1	0	0	法政大	0	1	1	日本女子大	0	3	0
◇北海道教育大	0	1	1	日本大	4	1	1	玉川大	7	1	2
◇県立保健福祉大	0	2	0	東洋大	2	7	1	東京都市大	4	2	0
慶應大	0	0	1	専修大	2	2	2	桜美林大	7	7	1
上智大	1	0	0	東海大	2	1	0	杏林大	2	1	0
東京理科大	2	0	1	帝京大	3	1	1	北里大	1	1	0
明治大	1	1	3	成蹊大	1	0	1	昭和女子大	3	1	1
青山学院大	3	0	3	成城大	0	2	0	フェリス女学院大	5	1	3

※各大学合格数は既卒生との合計。

見学ガイド　文化祭／説明会／オープンスクール

千葉県
私立中学校

千葉県私立・国公立中学校略地図

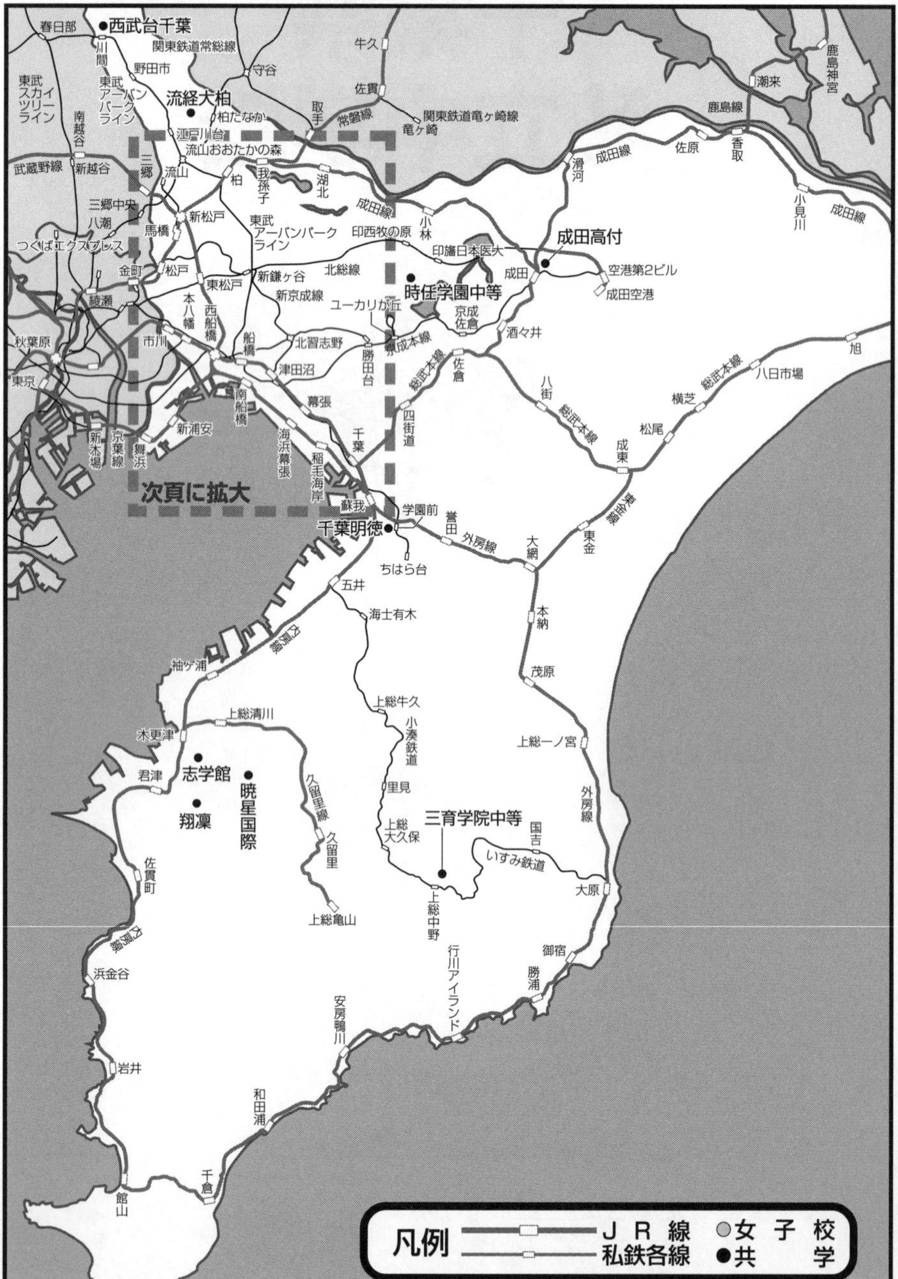

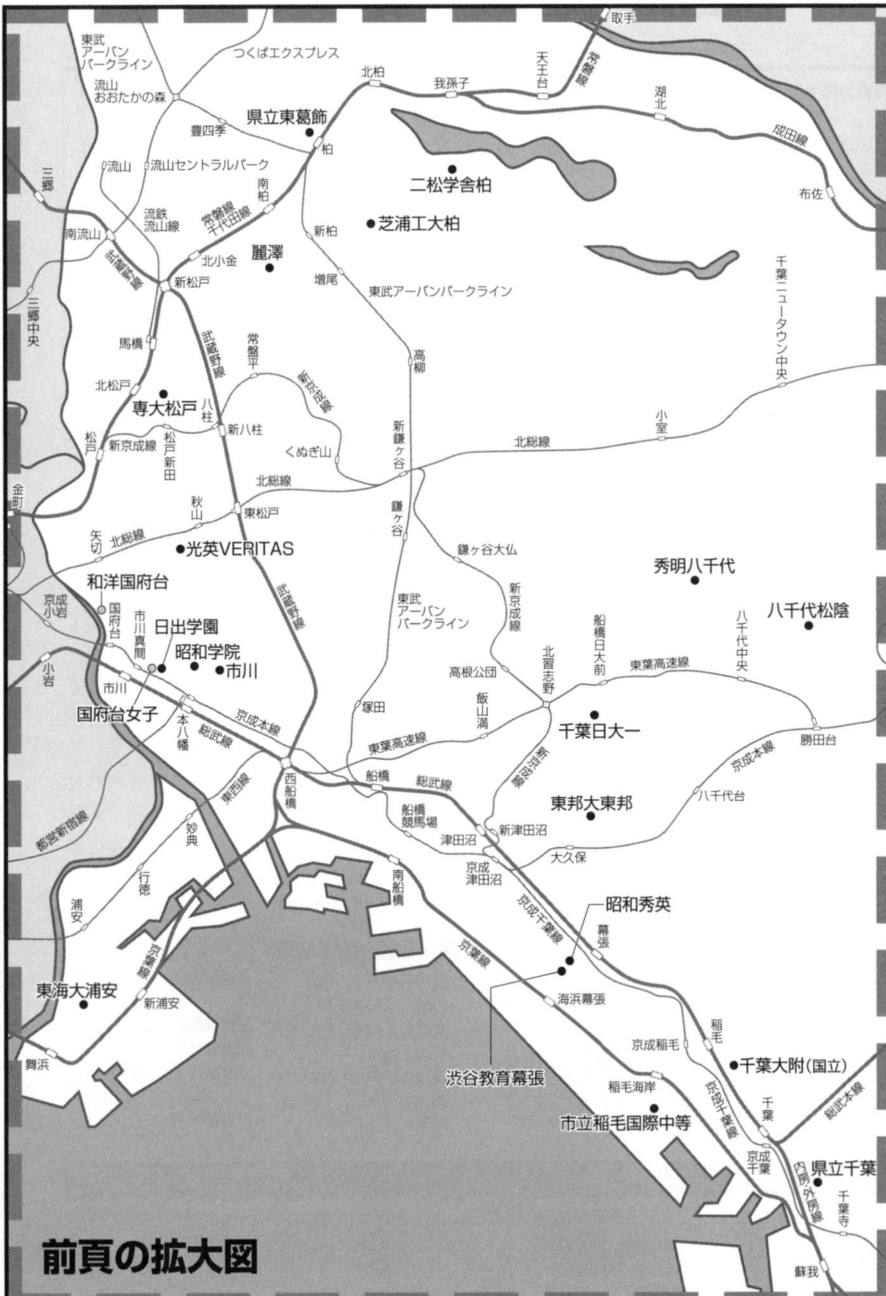
前頁の拡大図
取手
東武
アーバン
パークライン
つくばエクスプレス
流山
おおたかの森
北柏
我孫子
天王台
常磐線
湖北
成田線
布佐
県立東葛飾
豊四季
柏
二松学舎柏
芝浦工大柏
三郷
流山
流山セントラルパーク
南柏
常磐線
千代田線
流鉄
流山線
南流山
新柏
武蔵野線
北小金
麗澤
新松戸
増尾
東武アーバンパークライン
三郷中央
馬橋
武蔵野線
常盤平
高柳
千葉ニュータウン中央
北松戸
専大松戸
新京成線
八柱
新八柱
松戸
新京成線
松戸新田
くぬぎ山
新鎌ヶ谷
小室
北総線
金町
北総線
秋山
東松戸
鎌ヶ谷
矢切
北総線
光英VERITAS
鎌ヶ谷大仏
秀明八千代
和洋国府台
京成小岩
国府台
市川真間
東武
アーバン
パークライン
新京成線
船橋日大前
八千代中央
八千代松陰
日出学園
昭和学院
市川
北習志野
東葉高速線
高根公団
小岩
市川
国府台女子
本八幡
京成本線
塚田
飯山満
千葉日大一
総武線
勝田台
東葉高速線
新京成線
京成本線
西船橋
船橋
総武線
東西線
八千代台
都営新宿線
東邦大東邦
妙典
船橋競馬場
新津田沼
津田沼
大久保
行徳
京成津田沼
南船橋
浦安
京成千葉線
昭和秀英
幕張
京葉線
京葉線
東海大浦安
新浦安
海浜幕張
渋谷教育幕張
稲毛
京成稲毛
舞浜
千葉大附（国立）
稲毛海岸
市立稲毛国際中等
京成千葉線
千葉
総武本線
京成千葉
県立千葉
内房・外房線
千葉寺
蘇我

高校募集 あり 高1より全体が混合。　高1内訳 一貫生 191名 143名 高入生

国府台女子学院（こうのだいじょしがくいん） 中学部

〒272−8567　千葉県市川市菅野 3−24−1　☎047−322−7770

国際 / 海外研修 / 長期留学 / 第2外国語 / online英会話 / 21型 / 1人1台端末 / リモート体制 / プロジェクト型 / 論文執筆 / STEAM / 情操 / 体験学習 / ボランティア / 人間力育成

教育目標▶「智慧」と「慈悲」という仏教精神を礎とし，「敬虔・勤労・高雅」を掲げ，積極的に社会で活躍できる女性を育てる。
沿革▶1926年，国府台高等女学校として創立。1951年より現校名。2011年に新校舎完成。
施設▶講堂，図書館（約5.7万冊），茶室，自習室，プール，テニスコート，グラウンド，他。
学院長▶平田　史郎
生徒数▶総数580名　併設小からの進学者を含む。

	1年（5クラス）	2年（5クラス）	3年（5クラス）
女子	195名	188名	197名
内進生内数	73名	65名	76名

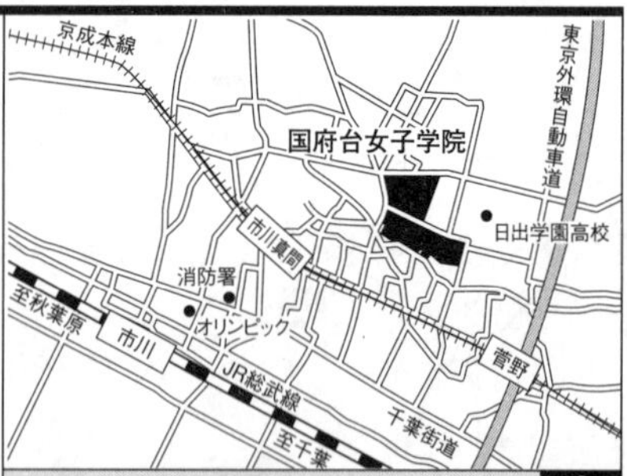

京成本線―市川真間 5 分
JR―市川12分
5分

互いを思いやる優しい心と，より深く学ぶ高い志を養う

仏教の教えに基づく教育で豊かな心をもった人を育て，思い描く自分の将来を実現させる力を養う。時代の変化を見据えた次世代の学びも積極的に展開。

学習 中1では学習・生活両面で基礎・基本を身につける。中2では各教科への関心を深め，課題解決力を高める。中2の成績をもとに中3で選抜クラスを編成する。英語は4技能習得をめざして全学年で少人数授業を実施。英検対策として放課後講習も行う。中3からは数学でも習熟度別授業を展開する。週1時間「仏教」と「情報リテラシー」の授業を行っている。「仏教」では，いかに生きるべきかを仏教だけではなく，キリスト教などの他の宗教からも学び，考えることで，自らの心を高める。夏休みには希望者対象のアメリカ語学研修も実施。

●コース表

中1	中2	中3	高1	高2	高3
共通履修		普通 選抜	普通 選抜	進学理系コース 進学文系コース 選抜理系コース 選抜文系コース	
			美術・デザインコース 英語科		

キャリア教育 中1・中2では自分の適性について考え，職業について文献やインターネットを使って調べ発表する。また中3では各分野で活躍する社会人を講師として招き，進路ガイダンスを行う。

学校生活 朝礼では，お数珠を持ち手を合わせ，短いお経を読んで心を整える。運動会，学院祭，合唱コンクールなど学校行事も盛ん。部活は文化系29，体育系10のクラブが活動している。

保護者MEMO

登校時刻▶8：20
最終下校時刻▶17：30
土曜日▶毎週登校。平常授業4時間
昼食▶弁当／食品販売あり
携帯電話▶可
制服▶ブレザー
自転車通学▶不可
カウンセラー▶週4日
保護者面談▶年1回
保護者会▶年2回
必修旅行▶中部地方（中2），奈良・京都（中3）
部活動▶週4日以内

学費　　初年度目安 130万円

（単位:円）	入学金	施設費	授業料	その他	合計
入学手続時	200,000	150,000	—	36,500	386,500
1年終了まで	—	138,000	360,000	419,860	917,860

●奨学金・特待生
なし

［その他］制服・指定品代，修学旅行費，教材費・学級費，諸会費。
［寄付・学債］任意の寄付金あり。
※上記は'23年度予定。詳細は「受験生応援アプリ」にて公開（2023年5月～）。

首都圏模試 思考コード (単位:%)

読み取る力	〈第1回〉国語 A	国語 B	国語 C	算数 A	算数 B	算数 C
複雑 3	5			10		
2	35	18		49	10	
単純 1		42			31	
考える力	A	B	C	A	B	C

A=知識・理解思考 B=論理的思考 C=創造的思考

2024年度入試 合格の基準

	首都圏模試 ほぼ確実	首都圏模試 見込あり	四谷大塚 ほぼ確実	四谷大塚 見込あり
女子〈①〉	64	59	51	48
		やや見込あり 55		やや見込あり 43

ほぼ確実=80%～/見込あり=50～79%/やや見込あり=20～49%

入試要項 2023年度参考 新年度日程はアプリへGO! 4科

試験名	試験日 ◎午後入試	出願締切 Web	発表 Web	手続 振込	2科	4科	適	英	他	面接	特待	募集数	応募数	受験数	合格数	実質倍率	偏差値
推薦	12/1	11/26	12/2	12/12		●						50	147	147	72	2.0	58
①	1/21	1/18	1/22	1/27延		●						95	856	816	511	1.6	64
②	2/5	2/4	当日	2/8		●						15	90	80	31	2.6	60

※推薦入試不合格者は，再度出願手続をすることなく①受験可

【出願方法】 Web出願。推薦入試は11/29までに推薦書郵送 **【合格発表】** 推薦は郵便で通知
【手続方法】 合格証受取後，銀行振込。①は一部納入し，残額は2/4まで延納可
【受験料】 22,000円（推薦入試受験者は①の受験料免除）

【帰国生入試】 —

年度	試験名	募集数	応募数	受験数	合格数	実質倍率	偏差値
'22	推薦	50	155	154	64	2.4	59
	①	95	803	733	443	1.7	64
	②	15	86	72	22	3.3	60
'21	推薦	50	170	168	64	2.6	59
	①	95	830	776	397	2.0	64
	②	15	102	93	23	4.0	60

中学受験のプロがおすすめ! 併願校の例

特色	国際教育	仏教系	近代的校舎	進学先(GMARCH)
♠男子校 ♥女子校 ♣共学・別学校	♣開智日本橋	♥淑徳与野	♥品川女子	♣芝浦工大柏
	♣麗澤	♣淑徳	♣安田学園	♥共立女子
	♥江戸川女子	♣駒込	♣日出学園	♣かえつ有明

併設高校の進路情報

四年制大学進学率94.1%
文系69／理系28／その他3（%） 医歯薬36名合格

指定校推薦▶日本大，東洋大，駒澤大，専修大，大東文化大，東海大，亜細亜大，帝京大，國學院大，国際基督教大，成蹊大，成城大，明治学院大，獨協大，神奈川大，芝浦工大，東京電機大，同志社大，東京都市大，共立女子大，大妻女子大，聖心女子大，白百合女子大，東邦大，国際医療福祉大，東京薬科大，東京農大，昭和女子大，学習院女子大，神田外語大，清泉女子大，フェリス女学院大など推薦枠あり。

'22年3月卒業生：305名
大学287名 短大1名 専門1名 就職0名 他16名

主な大学合格状況 '23年春については主要大学のみ巻末一覧に記載

大学名	'22	'21	'20	大学名	'22	'21	'20	大学名	'22	'21	'20
◇東工大	0	0	1	慶應大	6	8	8	東洋大	22	31	21
◇一橋大	0	1	0	上智大	6	19	17	成城大	9	10	19
◇千葉大	6	1	4	東京理科大	5	12	14	明治学院大	12	10	11
◇筑波大	1	4	1	学習院大	15	19	24	津田塾大	11	13	4
◇横浜国大	0	1	0	明治大	24	28	25	東京女子大	21	18	28
◇東北大	2	0	0	青山学院大	10	11	12	日本女子大	36	23	53
◇東京藝術大	1	3	1	立教大	33	36	35	共立女子大	19	14	31
◇お茶の水女子大	2	1	0	中央大	14	19	18	多摩美大	5	16	3
◇都立大	2	1	1	法政大	19	21	19	武蔵野美大	11	10	2
早稲田大	23	28	20	日本大	26	24	18	東邦大	23	24	25

※各大学合格数は既卒生との合計。

見学ガイド 説明会／学校見学

和洋国府台女子（わようこうのだいじょし）中学校

〒272−8533 千葉県市川市国府台 2−3−1 ☎047−371−1120

国際 / 海外研修 / 長期留学 / 第2外国語 / online英会話 / 21型 / 1人1台端末 / リモート体制 / プロジェクト型 / 論文執筆 / STEAM / 情操 / 体験学習 / ボランティア / 人間力育成

教育目標▶「凛として生きる」の教育理念のもと，五感を駆使する主体的な学びで教養と品格を育む。
沿革▶1897年，洋裁教師・堀越千代により創設された和洋裁縫女学院が前身。1948年高等学校，翌年中学校開校。2017年中学校舎が国分キャンパスより国府台キャンパスに移転し，高校と統合。
施設▶図書室（約10万冊），礼法室，室内プール，テニスコート，グラウンド，他。
学校長▶宮﨑　康
生徒数▶総数315名

	1年（3クラス）	2年（4クラス）	3年（4クラス）
女子	102名	105名	108名

京成本線―国府台９分
JR―市川・松戸よりバス和洋女子大学前 9分

凛として生きる。夢を持ち成長できる女性に

125周年を迎える伝統校。日本の美意識を守りながら時代の先を行く教育を実践。学ぶ力と人間力を向上させる独自のプログラムを展開している。

学習 反復学習を柱とした，女子の特性を生かす授業を展開し，基礎学力を伸ばす。独自の英語教育「和洋ラウンドシステム」は体験的な学びの繰り返しでバランスよく４技能を養成。インターナショナル教員と連携して自己表現できる英語力を育成する。グローバル化への対応として，毎年海外姉妹校の教員とのティームティーチングによる英語研修合宿の実施や，中３からは海外研修もあり，高校で可能な長期語学留学への道筋が整っている。理科は３年間でおよそ100項目以上の実験を実施する。日本文化の授業では華道，箏，茶道による礼法を専門家に師事し，全員が伝統文化の本質に触れる。探究型の学習に欠かせないICTを使いこなす能力も身につける。

キャリア教育「生きる力」の育成をめざす教育プログラムを展開。自分の特性を知ることから始め，職業調べ，職業講演，学部・学科調べを通して将来像を確立する。

学校生活 同じキャンパス内にある大学の施設も利用可能な快適な学習環境。約９割の生徒がクラブに所属して活動中。

●コース表

中1	中2	中3	高1	高2	高3
共	通	履修		和洋コース 特進コース 進学コース	

保護者MEMO

登校時刻▶８：30
最終下校時刻▶18：00
土曜日▶毎週登校。平常授業４時間
昼食▶食堂(中１の２学期より利用可)／食品販売あり
携帯電話▶許可制
制服▶セーラー
自転車通学▶可
カウンセラー▶週１日
保護者面談▶年１回
保護者会▶年２回
必修旅行▶京都･奈良(中３)
部活動▶水曜は休部日

学費　初年度目安 115万円

（単位:円）	入学金	施設費	授業料	その他	合計
入学手続時	300,000	—	—	—	300,000
1年終了まで	—	169,200	306,000	379,600	854,800

●**奨学金・特待生**
なし。入学後の成績による奨励金10万円制度有

［その他］制服・指定品代，学年積立金，校友会費，後援会費。
［寄付・学債］任意の寄付金あり。
※上記は'22年度のもの。新年度について詳細は「受験生応援アプリ」にて公開（2023年５月〜）。

首都圏模試　思考コード　(単位：%)

〈第１回〉

読み取る力	国語 A	国語 B	国語 C	算数 A	算数 B	算数 C
複雑 3						
2	24	13		81		
単純 1	10	53		4	15	
考える力	A	B	C	A	B	C

A=知識・理解思考　B=論理的思考　C=創造的思考

2024年度入試　合格の基準

	首都圏模試 ほぼ確実	首都圏模試 見込あり	四谷大塚 ほぼ確実	四谷大塚 見込あり
女子〈①〉	45	41	40	35
やや見込あり		36		30

ほぼ確実＝80%〜／見込あり＝50〜79%／やや見込あり＝20〜49%

入試要項　2023年度参考　新年度日程は アプリへGO!　2科 4科 英 他

試験名		試験日 ◎午後入試	出願締切 Web	発表 Web	手続 振込	選抜方法 2科	4科	適	英	他	面接	特待	募集数	応募数	受験数	合格数	実質倍率	偏差値
推薦	基礎学力	12/1	11/24	当日	12/3	＊1			＊1		＊1		45	80	76	55	1.4	42
	探究型									＊2								
①	2科	1/20	1/15	当日	2/7	●							45	149	146	84	1.7	45
	3科								＊3					49	48	46	1.0	
	4科						●							469	448	393	1.1	
②	2科	1/24	1/22	当日	2/7	●							20	138	71	37	1.9	44
	4科						●							228	78	57	1.4	

＊1　基礎学力テスト２科目型（国算）または３科目型（国算+英語リスニング）+グループ面接　＊2　探究課題　＊3　国算英　※推薦は志望理由書・推薦書。推薦と①は英検３級以上で優遇措置あり

【出願方法】 Web出願。推薦は11/26，①は1/18までに書類郵送
【合格発表】 推薦は手渡し
【手続方法】 合格書類受取後，銀行振込または窓口納入。
【受験料】 25,000円（複数回受験可）

【帰国生入試】 —

中学受験のプロがおすすめ！　併願校の例

特色	英語４技能育成	礼儀・マナー	表現力育成	ICT教育
♠男子校 ♥女子校 ♣共学・別学校	♥江戸川女子	♥跡見学園	♣日出学園	♣千葉日大一
	♥女子聖学院	♣光英VERITAS	♣昭和学院	♣日大一
	♥神田女学園	♥愛国	♥中村	♥和洋九段

併設高校の進路情報

四年制大学進学率81.6%
文系71／理系25／その他４（%）　医歯薬２名合格

内部推薦▶和洋女子大学へ46名（人文23，家政11，国際６，看護６）が内部推薦で進学した。

指定校推薦▶利用状況は学習院大１，日本大１，成蹊大２，明治学院大３，芝浦工大２，東京女子大２，日本女子大３，聖心女子大２など。ほかに東京理科大，法政大，東洋大，専修大，大東文化大，帝京大，國學院大，成城大，獨協大，東京電機大，東京女子医大，女子美大など推薦枠あり。

海外大学合格状況▶University of Central Oklahoma（米），他。

'22年３月卒業生：185名

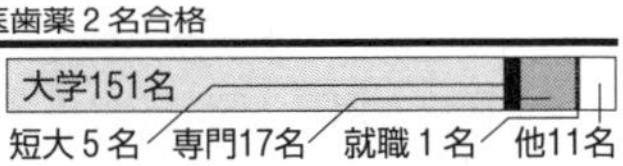

主な大学合格状況　'23年春については主要大学のみ巻末一覧に記載

大学名	'22	'21	'20	大学名	'22	'21	'20	大学名	'22	'21	'20
◇千葉大	0	0	1	明治大	0	0	4	明治学院大	8	1	2
◇埼玉大	0	0	1	青山学院大	1	2	3	獨協大	1	4	3
◇埼玉県立大	1	0	0	立教大	0	0	4	東京女子大	6	1	2
◇釧路公立大	1	0	0	中央大	2	1	0	日本女子大	9	4	4
◇新見公立大	1	0	0	法政大	0	2	4	共立女子大	6	12	4
早稲田大	0	0	4	日本大	6	6	8	大妻女子大	7	6	5
慶應大	0	0	2	東洋大	6	2	10	昭和女子大	8	6	7
上智大	0	1	3	専修大	1	4	5	神田外語大	1	5	4
東京理科大	0	1	0	帝京大	3	2	4	東邦大	6	4	12
学習院大	1	5	2	成蹊大	2	4	4	和洋女子大	68	67	56

※各大学合格数は既卒生との合計。

見学ガイド　説明会／オープンスクール

SSH ユネスコ 高校募集 あり 高3より全体が混合。 高1内訳 一貫生 354名 67名 高入生

市川(いちかわ)中学校

〒272−0816 千葉県市川市本北方2−38−1 ☎047−339−2681

国際 海外研修 長期留学 第2外国語 online英会話 21型 1人1台端末 リモート体制 プロジェクト型 論文執筆 STEAM 情操 体験学習 ボランティア 人間力育成

教育目標▶「個性の尊重と自主自立」を掲げ，国際社会で活躍する品格あるリーダーの育成をめざす。
沿革▶1937年，教育者・古賀米吉により英国パブリックスクールを理想として創立された。2003年男子校より共学化し，校舎を移転。
施設▶ホール，大教室，第三教育センター（約12万冊），理科実験室（7教室），プール，人工芝グラウンド（他3つのグラウンド），他。
学校長▶及川　秀二
生徒数▶総数972名

	1年（8クラス）	2年（8クラス）	3年（8クラス）
男子	203名	201名	208名
女子	120名	127名	113名

京成本線―鬼越20分　JR―本八幡・市川大野よりバス市川学園正門前 12分

自ら学び考える「第三教育」の力を養う

親から受ける「第一教育」，教師から学ぶ「第二教育」，自分で自分を教育する「第三教育」。生涯学ぶ力を養成する「第三教育」を重視した取り組みを実践。

学習 6カ年一貫教育による効率よく密度の高いカリキュラムのもと，中3から高校課程を学ぶ。リベラルアーツ教育を重視した取り組みが特徴。小グループでの学習や議論を通して思考力・判断力・表現力を身につける。毎年「Ichikawa Academic Day」を開催し，全校で学習の成果を発表。グローバルリーダーの育成に向け，中3〜高2の希望者対象に国際研修を実施。ケンブリッジ大学では理系，オックスフォード大学では文系をテーマにした研修を行う。このほかカナダ，ニュージーランドでの研修も用意。国内では外国人学生を招きエンパワーメントプログラムを行う。

キャリア教育 様々な分野・領域の第一線で活躍する有識者を招く「土曜講座」を開講。卒業生（大学生，社会人）によるキャリアガイダンスセミナーや，医学部ガイダンスや海外大学進学者による説明会なども実施。

学校生活 教職員が選定した「市川学園100冊の本」という推薦図書がある。クラブの数は40以上。オーケストラ，応援（チアダンス）などが活動中。

●コース表

中1	中2	中3	高1	高2	高3
共通履修				国立理系選抜 国立文系選抜 理系 文系	

保護者MEMO

登校時刻▶8：10
最終下校時刻▶17：30
土曜日▶毎週登校。平常授業4時間
昼食▶弁当／食品販売あり
携帯電話▶可
制服▶詰襟，セーラー
自転車通学▶可
カウンセラー▶常駐（4名）
保護者面談▶年1回
保護者会▶年2回
必修旅行▶シンガポール（中3）
部活動▶週5日以内

学費　初年度目安 112万円

(単位:円)	入学金	施設費	授業料	その他	合計
入学手続時	330,000	—	—	—	330,000
1年終了まで	—	210,000	420,000	156,600	786,600

［その他］教材・模試費用等，夏期学校・校外学習，後援会費，生徒会費，生徒会・後援会入会金。
［寄付・学債］任意の寄付金（古賀研究基金）1口0.2万円1口以上あり。
※上記は'22年度のもの。新年度について詳細は「受験生応援アプリ」にて公開（2023年5月〜）。

●奨学金・特待生
特別奨学生：入学金，授業料・施設整備運営費1年分相当／特待生：入学金相当額

首都圏模試 思考コード （単位：%）

〈第１回〉

読み取る力＼考える力	国語 A	国語 B	国語 C	算数 A	算数 B	算数 C	理科 A	理科 B	理科 C	社会 A	社会 B	社会 C
複雑 3				5	15		16			8		
2		38		10	45		20			51	18	
単純 1	24	38			25		33	31		20	3	

A=知識・理解思考　B=論理的思考　C=創造的思考

2024年度入試 合格の基準

		首都圏模試 ほぼ確実	首都圏模試 見込あり	四谷大塚 ほぼ確実	四谷大塚 見込あり
男子	〈①〉	74	71	65	61
			やや見込あり 67		やや見込あり 56
女子	〈①〉	75	72	67	63
			やや見込あり 68		やや見込あり 58

ほぼ確実＝80%～／見込あり＝50～79%／やや見込あり＝20～49%

入試要項 2023年度参考　新年度日程は アプリへGO!　4科

試験名	試験日 ◎午後入試	出願締切 Web	発表 Web	手続 Web	2科	4科	適	英	他	面接	特待	募集数	応募数	受験数	合格数	実質倍率	偏差値
①	1/20	1/16	1/22	1/25延		●					●	男180	1,815(48)	1,774(46)	760(22)	2.3	74
												女100	927(15)	895(15)	313(8)	2.9	75
②	2/4	2/3	当日	2/5		●						男 40	326	308	57	5.4	75
												女	238	224	29	7.7	76

※①の試験会場は幕張メッセ国際展示場　展示ホール１～２

【出願方法】 Web出願　**【手続方法】** Web納入。①の希望者は2/3まで延納可
【受験料】　①28,000円，②26,000円

【帰国生入試】 12/4（若干名），1/20（募集人員は①に含む）　　（注）（　）内は帰国生で内数。

受験情報

国語，算数ではB2の割合が高く，高度な論理的思考力が求められます。理科ではBが２割程を占めており，社会ではBが３割程を占めるため，知識の正確な獲得と共に，論理的思考力も必要となります。

年度	試験名	募集数	応募数	受験数	合格数	実質倍率	偏差値
'22	①	男180	1,557	1,512	727	2.1	74
		女100	900	857	325	2.7	75
	②	男 40	248	235	34	6.9	75
		女	196	184	18	10.2	75
'21	①	男180	1,568	1,532	729	2.1	74
		女100	895	867	320	2.7	74
	②	男 40	227	207	30	6.9	75
		女	194	180	21	8.6	75

中学受験のプロがおすすめ！ 併願校の例

特色	男 国際理解教育	男 理数教育	男 アクティブ・ラーニング	女 国際理解教育	女 理数教育	女 アクティブ・ラーニング
♠男子校	♣県立千葉	♠麻布	♣渋谷教育幕張	♣県立千葉	♥女子学院	♣渋谷教育幕張
♥女子校	♣東邦大東邦	♣広尾学園	♣昭和秀英	♣東邦大東邦	♣広尾学園	♣昭和秀英
♣共学・別学校	♣開智日本橋	♣芝浦工大附柏	♣専大松戸	♣開智日本橋	♣芝浦工大附柏	♣専大松戸

併設高校の進路情報

四年制大学進学率71.8%
文系48／理系52／その他０（%）　医歯薬104名合格

指定校推薦▶利用状況は早稲田大９，慶應大４，東京理科大１，学習院大１，青山学院大１，国際基督教大１など。ほかに明治大，立教大，中央大，法政大，日本大など推薦枠あり。

海外大学合格状況▶Harvard University，University of California，Los Angeles/San Diego/Davis，Hamilton College，Kalamazoo College，Washington and Lee University，Williams College，Swarthmore College，Palomar College（米），Masaryk University（ﾁｪｺ），他。

'22年３月卒業生：451名　大学324名　他127名
短大０名　専門０名　就職０名

主な大学合格状況　'23年春については主要大学のみ巻末一覧に記載

大学名	'22	'21	'20	大学名	'22	'21	'20	大学名	'22	'21	'20
◇東京大	23	22	14	◇東北大	9	8	12	青山学院大	59	26	35
◇京都大	7	4	3	◇防衛医大	2	3	7	立教大	93	70	96
◇東工大	8	11	9	◇お茶の水女子大	5	3	4	中央大	66	85	84
◇一橋大	12	15	17	◇東京学芸大	3	3	4	法政大	86	100	96
◇千葉大	48	38	30	早稲田大	149	123	138	日本大	76	71	95
◇筑波大	12	17	26	慶應大	115	108	106	東洋大	45	40	32
◇東京外大	6	8	8	上智大	53	60	44	成城大	20	15	11
◇横浜国大	6	10	6	東京理科大	159	164	165	芝浦工大	64	34	61
◇埼玉大	2	2	6	学習院大	19	18	13	津田塾大	9	10	10
◇北海道大	8	9	7	明治大	169	151	158	日本女子大	17	18	27

※各大学合格数は既卒生との合計。

見学ガイド 体験授業／説明会／スクールツアー

暁星国際中学校

（ぎょうせいこくさい）

〒292－8565　千葉県木更津市矢那 1083　☎0438－52－3291

教育目標▶キリスト教精神に基づき，国境・文化・人種を越えた友愛と相互理解の精神を養い，真理を愛し，深い理解力と正確な判断力の涵養を行う。
沿革▶1979年暁星国際高等学校，'81年中学校開校。'98年中学・高等学校共学化。
施設▶大教室，チャペル，体育館，人工芝サッカー場，野球場，テニスコート（7面），寮，他。
学校長▶田川　茂
生徒数▶総数162名　併設小からの進学者を含む。

	1年（4クラス）	2年（4クラス）	3年（4クラス）
男子	26名	34名	35名
女子	19名	26名	22名
内進生内数	男8名 女11名	男16名 女14名	男11名 女10名

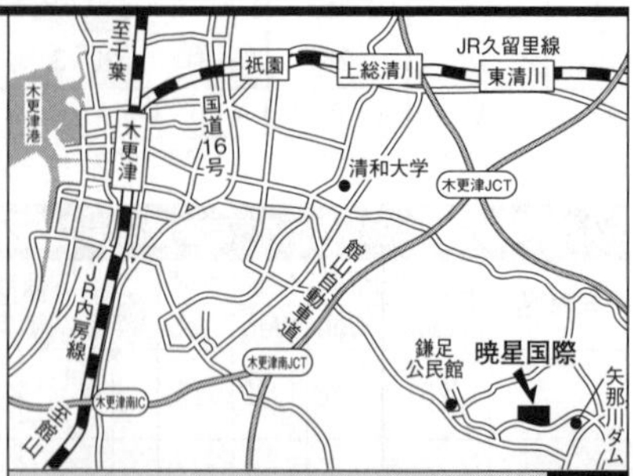

JR―東京よりバス暁星国際学園前15分　ほか木更津・姉崎などよりスクールバスあり　60分

キリスト教精神に基づく人間教育と語学教育が柱

語学教育のプログラムは日々向上が図られている。「個」の時代に対応し，少人数指導の実践と多様なコースを設定。

学習 特進・進学コースは新時代に対応できる，高度な思考力の養成を目標とする。少人数のクラス編成で，個々の希望進路に合わせた指導体制が整う。放課後の補習，長期休業の勉強会で学力向上をめざす。英語の授業には標準の1.5～2倍の時間を充て，4技能を徹底的に磨く。インターナショナルコースでは国語や芸術系以外の授業は英語で行う。中1～高2が対象のサイエンスフェアを毎年開催。グループでスライドや資料を作成し，生徒・保護者の前でプレゼンテーションを行う。ヨハネ研究の森コースはゼミ（教科学習）中心の授業を展開。課題研究に力を入れたカリキュラムで，一人ひとりの問いを大切にする。

キャリア教育 生徒全員に難関大学，海外大学への進学を奨励し，英語関連の資格取得のサポートが充実している。中3からは医療系志望イベントの参加も可能。

学校生活 敷地内に男子寮と女子寮を完備し，中学生の4割は寮生活。寮生活を通して規律を守り，自制心を養い，他人への思いやりや奉仕の心を育む。

●**コース表**

中1　中2　中3　高1　高2　高3
特進・進学コース ―（高2より）文系／理系
インターナショナルコース ―（高1より）アストラインターナショナル
※ほかにヨハネ研究の森コースあり

保護者MEMO

登校時刻▶7：30
最終下校時刻▶18：00
土曜日▶毎週登校。平常授業5時間
昼食▶給食／食堂／食品販売あり
携帯電話▶可
制服▶詰襟，ブレザー
自転車通学▶可（申告制）
カウンセラー▶なし
保護者面談▶年3回
保護者会▶年2回
必修旅行▶オーストラリア（中3）
部活動▶活動日は部による

学費　　初年度目安 127万円

（単位：円）	入学金	施設費	授業料	その他	合計
入学手続時	350,000	135,000	—	—	485,000
1年終了まで	—	120,000	300,000	369,000	789,000

［その他］修学旅行費，後援会費，生徒会費，食費，車両維持費。※寮生：初年度目安234万円［寄付・学債］任意の寄付金（施設改修寄付）1口3万円1口以上，学校債1口50万円1口以上あり。
※上記は'22年度のもの。新年度について詳細は「受験生応援アプリ」にて公開（2023年5月～）。

●**奨学金・特待生**
各入試成績優秀者対象の特別奨学生精度有

首都圏模試 思考コード (単位:%)

	A	B	C	A	B	C
読み取る力						
複雑 3						
2			データなし			
単純 1						

(考える力 A・B・C)

A=知識・理解思考 B=論理的思考 C=創造的思考

2024年度入試 合格の基準

		首都圏模試		四谷大塚	
		ほぼ確実	見込あり	ほぼ確実	見込あり
男子	〈I期A〉	41	38	–	–
			やや見込あり 33		やや見込あり –
女子	〈I期A〉	41	38	–	–
			やや見込あり 33		やや見込あり –

ほぼ確実=80%~/見込あり=50~79%/やや見込あり=20~49%

入試要項 2023年度参考 新年度日程はアプリへGO! 2科 英 他

試験名		試験日 ◎午後入試	出願締切 郵送	発表 郵送	手続 振込	2科	4科	適	英	他	面接	特待	募集数	応募数	受験数	合格数	実質倍率	偏差値
推薦		12/1	11/25	12/6	12/14	＊1			＊1		＊2		35	19	19	18	1.1	—
I期	A	1/20	1/13	1/25	2/7	＊1			＊1		＊2	●	30	11	11	11	1.0	男41 女41
	A2	1/20 ◎	1/18	当日	2/7					＊3		●	20	3	3	3	1.0	男42 女42
	B	1/23	1/18	1/27	2/7				＊4	＊4	＊2	●	20	5	3	3	1.0	男41 女41
II期		2/18	2/11	2/21	2/28	＊1			＊1		＊2		若干	—	—	—	—	男40 女40

＊1 国語または英語+算数（英語表記可） ＊2 個人面接（International Courseは英語） ＊3 算数（英語表記可） ＊4 国算理社英から1科または2科または4科選択
※推薦は推薦書 ※I期A2のみ流山会場

【出願方法】 郵送のほか，窓口可
【手続方法】 銀行振込
【受験料】 20,000円

【帰国生入試】 上記に含む

中学受験のプロがおすすめ! 併願校の例

特色	男 ネイティヴ常駐	論文(自由研究)	寮制度	女 ネイティヴ常駐	論文(自由研究)	寮制度
♠男子校 ♥女子校 ♣共学・別学校	♣東海大浦安	♣八千代松蔭	♣秀明	♣東海大浦安	♣八千代松蔭	♣秀明
	♣千葉明徳	♣二松学舎柏	♣翔凜	♣千葉明徳	♣二松学舎柏	♣翔凜
	♣志学館	♣秀明八千代	♣三育学院	♣志学館	♣秀明八千代	♣三育学院

併設高校の進路情報

四年制大学進学率70.7%
文系57／理系32／その他11（%） 医歯薬10名合格

'22年3月卒業生：92名

大学65名 短大1名／専門12名／就職2名／他12名

指定校推薦▶利用状況は上智大1，学習院大1，立教大1，日本大1，成蹊大1，明治学院大2，立命館大1など。ほかに東京理科大，東洋大，駒澤大，専修大，東海大，帝京大，國學院大，獨協大，芝浦工大，武蔵大，工学院大，東京都市大，順天堂大，北里大，聖マリアンナ医大，日本歯大，神奈川歯大，関西学院大，東京農大，獨協医大など推薦枠あり。

海外大学合格状況▶Capilano University，University of the Fraser Valley（ｶﾅﾀﾞ），他。

主な大学合格状況 '23年春については主要大学のみ巻末一覧に記載

大学名	'22	'21	'20	大学名	'22	'21	'20	大学名	'22	'21	'20
◇東京大	1	0	1	学習院大	4	3	0	成蹊大	1	1	1
◇千葉大	0	0	2	明治大	0	2	3	明治学院大	2	4	3
◇北海道大	0	0	2	青山学院大	0	5	0	神奈川大	1	1	5
◇東京農工大	1	0	0	立教大	2	1	1	芝浦工大	0	2	5
◇都立大	0	1	1	中央大	6	6	0	立命館大	6	0	2
◇京都教育大	1	0	0	法政大	4	8	6	千葉工大	8	1	4
早稲田大	1	7	10	日本大	10	8	11	北里大	3	2	0
慶應大	6	1	4	専修大	2	3	0	関西学院大	0	3	3
上智大	7	5	6	東海大	0	9	8	立命館アジア太平洋大	1	3	1
東京理科大	4	2	8	國學院大	1	1	1	順天堂大	3	2	2

※各大学合格数は既卒生との合計。

見学ガイド 体育祭／文化祭／説明会／見学会

光英VERITAS（こうえいヴェリタス）中学校

〒270−2223 千葉県松戸市秋山600 ☎047−392−8111 ☎0800−800−8442（入試広報室直通）

国際 海外研修 長期留学 第2外国語 online英会話 21型 1人1台端末 リモート体制 プロジェクト型 論文執筆 STEAM 情操 体験学習 ボランティア 人間力育成

教育理念▶「和」とOptima est Veritas「真理こそ最上なり」を建学の精神とする。地球を守る自覚と実践力のある次世代リーダーを育成する。
沿革▶東京聖徳学園を母体として，1983年に開校。2021年，女子校より共学化し，校名変更。
施設▶奏楽堂，ホール，和室，礼法室，屋内プール，テニスコート，グラウンド，ゴルフ練習場，他。
学校長▶川並　芳純
生徒数▶総数279名　併設小からの進学者を含む。

	1年（4クラス）	2年（3クラス）	3年（2クラス）
男子	55名	37名	—
女子	82名	63名	42名
内進生内数	男2名 女10名	男1名 女4名	女7名

JR—松戸・市川よりバス聖徳学園正門前　北総線—北国分10分，秋山10分　10分

「答えを求める学び」から「問いを持つ学び」へ

自ら学ぶ姿勢，真の学力を育む独自の学習スタイルを導入。グローバルとサイエンスに注力し，地球規模で考え，人・社会・自然に貢献するリーダーを育てる。

学習 独自の探究プロジェクト学習「ヴェリタス・トルネード・ラーニング」を展開。テーマを設定し，情報収集・分析を行い，解決策を策定し，プレゼンテーション・評価する学びのサイクルを繰り返すことによって基礎の定着と応用力の向上を図る。英語はオンライン英会話と多読でスキルを高め，「自分の言葉」として自在に使いこなす力を身につける。数学と理科は中3から高校の授業内容を先取り。「数学甲子園」や「全国学芸サイエンスコンクール」などのコンテストにも積極的に参加。希望制で全学年対象のイギリス語学研修，高1からのNZ留学などがある。

●コース表

中1	中2	中3	高1	高2	高3
共	通	履	修	Global Language Artコース Medical Scienceコース	

キャリア教育 6年間をかけて「なりたい未来」を考える。中2で職場見学会や職業研究，保護者による講演会，中3で大学見学会や卒業生講演会を開催する。

学校生活 小笠原流礼法の授業が6年間必須。中2の北蓼科高原体験学習では農作業などに取り組む。クラブは運動部，文化部合わせ35団体。自習室には学習メンターが常駐。部活動終了後19時まで利用可。

保護者MEMO

登校時刻▶8：15
最終下校時刻▶17：30
土曜日▶毎週登校。平常授業4時間
昼食▶食堂／食品販売あり
携帯電話▶可
制服▶ブレザー
自転車通学▶可
カウンセラー▶週2日
保護者面談▶年2～3回
保護者会▶年3回
必修旅行▶オーストラリア（中2）
部活動▶強化部は平日週5日，他は平日週4日以内

学費　初年度目安 140万円

（単位:円）	入学金	施設費	授業料	その他	合計
入学手続時	150,000	150,000	—	—	300,000
1年終了まで	—	—	384,000	713,500	1,097,500

［その他］制服・指定品代，修学旅行費，施設維持費，教養費，副教材費，ICT教育関連費，学習支援費，卒業記念品，諸会費，教育後援会周年事業準備金。※別途校外学習費等あり。
［寄付・学債］なし。
※上記は'22年度のもの。新年度について詳細は「受験生応援アプリ」にて公開（2023年5月～）。

●奨学金・特待生
入学時手続金免除のほか**第1種**：設備維持費・教養費，中2・3設備維持費／**第2種**:中2・3設備維持費半額
第3種:入学金のみ

首都圏模試　思考コード　(単位：%)

〈第１回〉

読み取る力＼考える力	国語 A	国語 B	国語 C	算数 A	算数 B	算数 C
複雑 3						
2	8	18		45		
単純 1	20	54		20	35	

A=知識・理解思考　B=論理的思考　C=創造的思考

2024年度入試　合格の基準

		首都圏模試 ほぼ確実	首都圏模試 見込あり	四谷大塚 ほぼ確実	四谷大塚 見込あり
男子	①	45	40 / やや見込あり 35	37	34 / やや見込あり 31
女子	①	46	41 / やや見込あり 36	37	34 / やや見込あり 31

ほぼ確実＝80%～／見込あり＝50～79%／やや見込あり＝20～49%

入試要項　2023年度参考　新年度日程はアプリへGO!　2科 4科 英 他

試験名	試験日 ◎午後入試	出願締切 Web	発表 Web	手続 Web	2科	4科	適	英	他	面接	特待	募集数	応募数	受験数	合格数	実質倍率	偏差値
第一志望	12/1	11/30	12/2	12/5	●	●				＊3		35	63	61	41	1.5	男40 女40
①	1/20	1/19	当日	2/4延	●	●					●	35	347	325	220	1.5	男45 女46
VERITAS英語	1/20	1/19	当日	2/4延	＊1			＊1			●	10	14	13	7	1.9	男43 女43
VERITAS理数特待	1/20 ◎	1/19	当日	2/4延					＊2		●	10	72	66	21	3.1	男58 女57
特待選抜	1/22	1/21	当日	2/4延	●	●					●	20	172	131	40	3.3	男56 女56
②	1/24	1/23	当日	2/4延	●	●					●	25	181	124	86	1.4	男45 女45
③	2/4	2/3	当日	2/7延	●						●	若干	57	35	23	1.5	男45 女45

＊1　国算+英語（筆記試験〈英検３級～準2級程度〉，インタビューテスト）　＊2　算数+理科　＊3　個人面接
※複数回受験者，帰国生，英語検定合格者（４級以上）には優遇措置あり。該当者は合格証のコピー

【出願方法】 Web出願のうえ，該当者は書類持参
【手続方法】 窓口で書類受取のうえ，Web納入。国公立中高一貫校受検者は合格発表翌日まで延納可
【受験料】 22,000円（複数回受験可）。２回目以降（同時出願者は３回目以降）１回につき5,000円。

【帰国生入試】 12/1（若干名募集）

中学受験のプロがおすすめ!　併願校の例

特色	男 キャリア教育	男 ICT教育	男 探究型学習	女 キャリア教育	女 ICT教育	女 探究型学習
♠男子校 ♥女子校 ♣共学・別学校	♣千葉日大一	♣日出学園	♣安田学園	♣千葉日大一	♣日出学園	♣安田学園
	♣淑徳巣鴨	♣流経大柏	♠足立学園	♣淑徳巣鴨	♣流経大柏	♥日大豊山女子
	♣共栄学園	♣二松学舎柏	♣昭和学院	♣共栄学園	♣二松学舎柏	♣昭和学院

併設高校の進路情報

四年制大学進学率84.5%
文系53／理系35／その他12(%)　医歯薬11名合格

内部推薦▶聖徳大学へ19名（教育７，人間栄養３，文１，看護７，心理・福祉１），同短期大学部へ３名が内部推薦で進学した。

指定校推薦▶利用状況は上智大１，法政大１，日本大１，東洋大１，東京女子大２，日本女子大１，清泉女子大２など。ほかに國學院大，東京電機大，玉川大，工学院大，立正大，杏林大，日本薬科大など推薦枠あり。

※2021年度共学化に伴い，卒業生の進路傾向には今後の変化が予想される。

'22年3月卒業生：116名（女子のみ）

大学98名　短大８名　専門６名　就職０名　他４名

主な大学合格状況　'23年春については主要大学のみ巻末一覧に記載

大学名	'22	'21	'20	大学名	'22	'21	'20	大学名	'22	'21	'20
◇東工大	0	1	0	学習院大	4	0	0	東京女子大	2	1	3
◇千葉大	0	1	1	明治大	3	1	5	日本女子大	6	1	4
◇埼玉大	1	0	0	立教大	3	2	2	共立女子大	2	2	3
◇東京医歯大	0	0	1	中央大	0	4	1	大妻女子大	4	4	2
◇東京藝術大	1	0	0	法政大	1	4	5	聖心女子大	2	4	2
◇都立大	1	1	0	日本大	10	3	5	武蔵野美大	0	4	0
早稲田大	1	0	2	東洋大	3	11	1	国立音大	2	3	0
慶應大	1	0	0	専修大	2	0	1	武蔵野音大	6	2	7
上智大	2	2	2	大東文化大	1	0	1	東邦大	7	1	1
東京理科大	1	2	0	國學院大	2	2	1	聖徳大	25	31	34

※各大学合格数は既卒生との合計。

見学ガイド 文化祭／説明会／オープンスクール

三育学院（さんいくがくいん） 中等教育学校（新校名仮称）

〒298－0271 千葉県夷隅郡大多喜町中野 589 ☎0470－83－0830（中野キャンパス） 旧・三育学院中学校

国際 海外研修 長期留学 第2外国語 online英会話 21型 1人1台端末 リモート体制 プロジェクト型 論文執筆 STEAM 情操 体験学習 ボランティア 人間力育成

教育理念▶建学の精神である「神に仕え人に奉仕する人物の育成」を目標に全人教育を実施。
沿革▶1898年開設の芝和英聖書学校が母体。1969年茨城県行方市に北浦三育中学校設立。2020年現在地に移転，校名変更。2023年より中等教育学校に改編。
施設▶【中野】校舎，体育館，グラウンド 【久我原】チャペル，図書館，カナン寮，シャロン寮，大学施設。
学校長▶尾上 史郎
生徒数▶－ 併設小からの進学者を含む。

	1年	2年	3年
男子	—	—	—
女子	—	—	—
内進生内数	男9名 女8名	男5名 女10名	男—名 女—

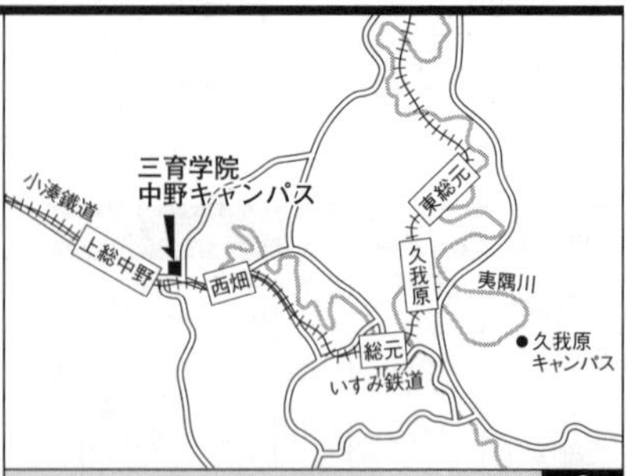

【中野】いすみ鉄道―上総中野より徒歩400m 5分

キリスト教主義に基づく全寮制による全人教育

その人物の身体性，精神性，霊性，社会性の調和ある開発をめざし，寮教育，労作教育，健康教育，国際理解教育という特色ある4つの教育を実践する。

学習 国際理解教育では，世界にある同じ教育理念で実践されている系列校との交流により，ホームステイしながら現地研修に参加するプログラムなどがある。また，全員が放課後から夜の時間にネイティヴとの英会話レッスンをする。各種検定試験の受験も推奨する。一斉授業のほか，それぞれの理解度に応じたオンライン学習などの個別学習や，全寮制の特性をいかした夜の自習時間で学びを支援。社会科の研究授業では，一人一台のタブレット端末を利用しプレゼンテーションを行うなど，ICT機器を活用した授業も展開している。

●コース表

1年次	2年次	3年次	4年次	5年次	6年次
共通履修					

キャリア教育 特色の1つ「労作教育」では，正規カリキュラムのなかに働く授業を取り入れ，寮の維持管理やキャンパスの整備，園芸など全生徒と全教員が一緒になって身体を動かし，働く姿勢を育てる。

学校生活 6年間全寮制。朝6時起床，夜9時半消灯の規則正しい生活を実践，毎学期生活状況をルーブリック評価。1日3食管理栄養士監修の食事で健康的な身体を育む。外部講師による音楽レッスンもある。

保護者MEMO

登校時刻▶7：55
最終下校時刻▶16：45
土曜日▶休校。礼拝など
昼食▶給食
携帯電話▶不可
制服▶ブレザー
自転車通学▶全寮制につきバス送迎
カウンセラー▶常駐
保護者面談▶年2回
保護者会▶年2回
必修旅行▶広島（中2）
部活動▶各種スポーツ部を用意

学費　初年度目安 110万円

(単位:円)	入学金	施設費	授業料	その他	合計
入学手続時	110,000	—	—	—	110,000
1年終了まで	—	95,000	366,000	525,600	986,600

［その他］制服・指定品代，教育充実費，タブレット使用料，実験実習費，研修費積立金，保護者会費，文化部活動費，保証金。 ※別途寮費等あり。
［寄付・学債］任意の寄付金（車両購入等）あり。
※上記は'22年度のもの。新年度について詳細は「受験生応援アプリ」にて公開（2023年5月～）。

●**奨学金・特待生**
なし。経済的事由者対象奨学金制度有（入学後申請）

首都圏模試　思考コード (単位:%)

	A	B	C	A	B	C
読み取る力						
複雑 3						
2			データなし			
単純 1						

A=知識・理解思考　B=論理的思考　C=創造的思考

2024年度入試　合格の基準

	首都圏模試		四谷大塚	
男子	ほぼ確実	見込あり	ほぼ確実	見込あり
	—	—	—	—
		やや見込あり		やや見込あり
		—		—
女子	ほぼ確実	見込あり	ほぼ確実	見込あり
	—	—	—	—
		やや見込あり		やや見込あり
		—		—

ほぼ確実=80%～／見込あり=50～79%／やや見込あり=20～49%

入試要項　2023年度参考　新年度日程は アプリへGO!　2科 他

試験名		試験日 ◎午後入試	出願締切 郵送	発表 郵送	手続 振込	選抜方法 2科	4科	適	英	他	面接	特待	募集数	応募数	受験数	合格数	実質倍率	偏差値
推薦	Ⅰ	12/1	11/16	12/2	1/27					＊1	＊1		35	27	27	26	1.0	—
	Ⅱ	12/18	12/14	12/21	1/27					＊1	＊1			2	2	2	1.0	—
	Ⅲ	1/15	1/13	1/18	1/27					＊1	＊1			2	2	2	1.0	—
一般	①	1/29	1/27	2/1	2/15	＊2				＊2	＊2			0	0	0	—	—
	②	2/5	2/3	2/8	2/22	＊2				＊2	＊2			0	0	0	—	—
	③	2/19	2/17	2/22	3/8	＊2				＊2	＊2			3	2	2	1.0	—

＊1　作文＋面接（保護者同伴）。1/15に学力確認試験　＊2　算国＋作文＋面接（保護者同伴）
※　通知表コピー，健康調査票，報告書

【出願方法】 郵送
【手続方法】 振込。三育小学校卒業生・兄弟姉妹が本校または系列校在学・保護者が国内系列校卒業の場合，各々20,000円割引制度あり
【受験料】 17,000円

【帰国生入試】 随時

中学受験のプロがおすすめ！ 併願校の例

特色	男 国際理解教育	表現力育成	寮制度	女 国際理解教育	表現力育成	寮制度
♠男子校 ♥女子校 ♣共学・別学校	♣光英VERITAS	♣八千代松蔭	♣暁星国際	♣光英VERITAS	♣八千代松蔭	♣暁星国際
	♣千葉明徳	♣二松学舎柏	♣秀明	♣千葉明徳	♣二松学舎柏	♣秀明
	♣志学館	♣秀明八千代	♣翔凜	♣志学館	♣秀明八千代	♣翔凜

卒業生の進路情報

2023年度中等教育学校設置のため，卒業生の実績はなし。

見学ガイド 説明会／寮宿泊体験／個別見学対応

志学館 中等部

（しがくかん）

〒292−8568 千葉県木更津市真舟 3−29−1 ☎0438−37−3450（入試対策室）

国際 / 海外研修 / 長期留学 / 第2外国語 / online英会話 / 21型 / 1人1台端末 / リモート体制 / プロジェクト型 / 論文執筆 / STEAM / 情操 / 体験学習 / ボランティア / 人間力育成

校訓▶「国を愛し郷土を愛し親を敬う」「信頼友愛礼節を守る」「学問を尊び心身を鍛える」を掲げる。
沿革▶1983年設立の志学館高等学校の併設校として，1985年に開校した。2001年，志学館中等部・高等部に校名改称。
施設▶大講義室，図書室，CAI教室，自習室，グラウンド，テニスコート，野球場，他。
学校長▶吉田　義克
生徒数▶総数301名

	1年（4クラス）	2年（4クラス）	3年（4クラス）
男子	36名	50名	45名
女子	58名	52名	60名

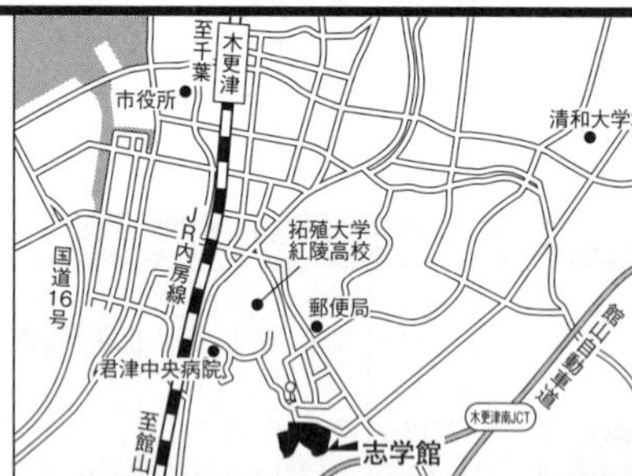

JR−木更津よりバス富士見台3分，またはスクールバス（他路線もあり） 15分

自らの人生を自らの力で開拓していく力を培う

建学の精神「人生開拓」のもと，知・徳・体の調和のとれた人間形成をめざす。豊かな自然に囲まれ，充実した環境の中で自主性と才能をじっくり伸ばす。

学習 中高6年間を3つに分けた計画的なカリキュラムで，全員が大学への現役合格をめざす。中1・中2は基本的な生活習慣の確立を重視。個人差が出やすい数学と英語は習熟度別授業を採用する。主要5教科については全学年を対象とした夏期講習や，得点力アップと教科への興味関心を高めることを目標とした「ステップアップセミナー」も行っている。英語は実際のコミュニケーションで活用できる力の修得をめざす。全校で英検に取り組み，希望者は春休みに「イングリッシュ・スプリング・キャンプ」も実施。また，中2・中3の希望者はイギリス短期留学でホームステイをしながら，英会話を中心に現地の文化を学ぶプログラムの参加も可能。

●**コース表**

中1	中2	中3	高1	高2	高3
共通履修				文系コース 理系コース	

キャリア教育 高1・高2を対象に，卒業生による進路講演会を行う。高1からキャンパスツアーも実施する。

学校生活 クラブの数は，少林寺拳法部やサイエンスクラブなど，運動・文化系合わせて15団体ある。高等部と一緒に活動するクラブもある。

保護者MEMO

登校時刻▶8：40
最終下校時刻▶18：00
土曜日▶休校。
昼食▶食堂／食品販売あり
携帯電話▶許可制
制服▶ブレザー
自転車通学▶可
カウンセラー▶週1日
保護者面談▶年2回
保護者会▶年1回
必修旅行▶北海道（中3）
部活動▶土日どちらかは休み。平日に週1日は休み

学費

初年度目安 **105万円**

（単位:円）	入学金	施設費	授業料	その他	合計
入学手続時	150,000	120,000	—	30,000	300,000
1年終了まで	—	—	426,600	320,052	746,652

［その他］制服・指定品代，教育運営費，教育維持費，冷暖房費，ICT運営費，進路指導費，後援会費，後援会入会金，生徒会費。
［寄付・学債］なし。
※上記は'22年度のもの。新年度について詳細は「受験生応援アプリ」にて公開（2023年5月〜）。

●**奨学金・特待生**
—

首都圏模試 思考コード (単位：%)

読み取る力 / 考える力	A	B	C	A	B	C
複雑 3						
2			データなし			
単純 1						

A=知識・理解思考　B=論理的思考　C=創造的思考

2024年度入試 合格の基準

		首都圏模試 ほぼ確実	首都圏模試 見込あり	首都圏模試 やや見込あり	四谷大塚 ほぼ確実	四谷大塚 見込あり	四谷大塚 やや見込あり
男子	〈A〉	40	35	30	30	25	20
女子	〈A〉	40	35	30	30	25	20

ほぼ確実＝80%～／見込あり＝50～79%／やや見込あり＝20～49%

入試要項 2023年度参考 新年度日程はアプリへGO! 2科 4科

試験名		試験日 ◎午後入試	出願締切 Web	発表 Web	手続 Web	選抜方法 2科	4科	適	英	他	面接	特待	募集数	応募数	受験数	合格数	実質倍率	偏差値
推薦入学		12/1	11/20	12/2	12/7	●					＊		60	85	83	80	1.0	—
一般	A	1/20	1/13	1/23	1/27	●					＊		60	11	10	9	1.1	男40 女40
	B	1/28	1/25	1/30	2/2		●				＊			8	7	7	1.0	男40 女40
	C	2/11	2/9	2/13	2/16	●					＊			3	3	2	1.5	男39 女39

＊ 保護者同伴面接
※調査書または通知表のコピーのほか，推薦入学は自己推薦書

【出願方法】Web出願後，書類郵送
【手続方法】Web納入
【受験料】20,000円

【帰国生入試】—

中学受験のプロがおすすめ! 併願校の例

特色	男 国際教育	男 自然環境	男 学習サポート	女 国際教育	女 自然環境	女 学習サポート
♠男子校 ♥女子校 ♣共学・別学校	♣東海大浦安	♣二松学舎柏	♣八千代松陰	♣東海大浦安	♣二松学舎柏	♣八千代松陰
	♣暁星国際	♣千葉明徳	♣昭和学院	♣暁星国際	♣千葉明徳	♣昭和学院
	♣三育学院	♣翔凜	♣秀明八千代	♣三育学院	♣翔凜	♣秀明八千代

併設高校の進路情報

四年制大学進学率84.3%
文系51／理系49／その他1（%） 医歯薬25名合格

指定校推薦▶利用状況は早稲田大2，明治大1など。ほかに東京理科大，学習院大，青山学院大，立教大，中央大，法政大，日本大，東洋大，駒澤大，亜細亜大，帝京大，國學院大，成蹊大，成城大，明治学院大，神奈川大，芝浦工大，東京電機大，日本女子大，同志社大，玉川大，立正大，千葉工大，東邦大，国際医療福祉大，東京薬科大など推薦枠あり。

'22年3月卒業生：255名　大学215名　短大2名／専門11名／就職3名／他24名

主な大学合格状況 '23年春については主要大学のみ巻末一覧に記載

大学名	'22	'21	'20	大学名	'22	'21	'20	大学名	'22	'21	'20
◇千葉大	10	3	7	上智大	6	0	0	駒澤大	16	11	9
◇筑波大	0	0	2	東京理科大	13	11	14	専修大	13	12	8
◇横浜国大	1	2	1	学習院大	9	8	6	東海大	11	4	7
◇大阪大	0	1	0	明治大	15	20	6	帝京大	9	11	6
◇北海道大	2	1	0	青山学院大	7	19	5	國學院大	8	7	1
◇東北大	1	0	0	立教大	9	10	11	成蹊大	3	7	8
◇防衛医大	1	0	3	中央大	11	11	6	明治学院大	9	4	9
◇県立保健医療大	1	4	4	法政大	11	14	10	日本女子大	7	3	2
早稲田大	7	5	4	日本大	49	42	39	国際医療福祉大	8	3	12
慶應大	0	4	2	東洋大	30	24	23	東邦大	25	22	28

※各大学合格数は既卒生との合計。

見学ガイド 説明会／学校見学会

 高校募集 あり グローバルサイエンスのみ高1より，他は高2より混合。 高1内訳 一貫生 184名 148名 高入生

芝浦工業大学柏中学校

しばうらこうぎょうだいがくかしわ

〒277−0033 千葉県柏市増尾 700 ☎04−7174−3100

国際 / 海外研修 / 長期留学 / 第2外国語 / online英会話 / 21型 / 1人1台端末 / リモート体制 / プロジェクト型 / 論文執筆 / STEAM / 情操 / 体験学習 / ボランティア / 人間力育成

教育目標▶「創造性の開発と個性の発揮」を建学の精神とし，豊かな人間性をそなえた青年を育む。
沿革▶1927年創立の東京高等工商学校（現・芝浦工業大学）を母体とする。1980年高等学校開校。1990年男女共学化。1999年中学校開校。
施設▶ホール，和室，化学実験室（局所排気装置設置），図書室（5万冊），弓道場，開閉式温水プール，テニスコート，人工芝グラウンド，他
学校長▶中根　正義
生徒数▶総数588名

	1年（5クラス）	2年（5クラス）	3年（5クラス）
男子	140名	143名	122名
女子	61名	58名	64名

東武アーバンパークライン―新柏よりスクールバス　JR―新柏よりスクールバス5分　5分

「グローバル・サイエンス力」を磨く新たな学び

世界を知り，関わる「グローバル」と，分析する「サイエンス」をバランスよく高めていくグローバル・サイエンスクラスを設置。未来を切り開く力を育む。

学習 グローバル・サイエンスと一般の2クラス編成。中3進級時に入れ替えを行う。英語は中1からネイティヴの教員による授業を展開。各学年のフロアに洋書を常備し，気軽に英語に親しめる環境が整う。GTECで毎年英語力を測定し，その他の検定にも積極的に挑戦。中3では全員でニュージーランドホームステイに赴く。また，科学・数学オリンピック予選に出場する取り組みや，外部講師による理数系の講義などで科学に対する楽しさや意欲を養う。探究学習（Creative Studious Communicative）として，中1では環境，中2・中3では日本文化などをテーマに，校外学習などと絡めた授業を展開。情報を活用し，発信する力を身につける。

●コース表

中1	中2	中3	高1	高2	高3
グローバル・サイエンスクラス				グローバルコース（文系）／サイエンスコース（理系）	
一般クラス			ジェネラルラーニングクラス	文系／理系	コース制

キャリア教育 共通の手帳と「目標達成シート」で自己管理力をつける。中3～高2で保護者が職業説明をする「仕事塾」を開催。中3より希望者対象の芝浦工業大学との連携プログラムに参加できる。

学校生活 中学は20，高校は29の部活動がある。水泳部が全国大会で活躍している。

保護者MEMO

登校時刻▶8：15
最終下校時刻▶17：15
土曜日▶毎週登校。平常授業4時間
昼食▶食堂／食品販売あり
携帯電話▶許可制
制服▶ブレザー
自転車通学▶可
カウンセラー▶月3～4日
保護者面談▶年1～2回
保護者会▶年3回
必修旅行▶ニュージーランド（中3），他
部活動▶週4日以内

学費

初年度目安 122万円

（単位:円）	入学金	施設費	授業料	その他	合計
入学手続時	250,000	—	—	—	250,000
1年終了まで	—	—	402,000	565,825	967,825

●奨学金・特待生
入学金相当額給付

［その他］制服・指定品代，維持料，学年経費，コンピュータ購入費，PTA会費，生徒会入会金・会費，災害共済掛金。
［寄付・学債］任意の寄付金（教育環境整備資金）1口5万円4口以上あり。
※上記は'22年度のもの。新年度について詳細は「受験生応援アプリ」にて公開（2023年5月～）。

首都圏模試　思考コード　(単位：%)

〈第１回〉

読み取る力＼考える力	国語 A	国語 B	国語 C	算数 A	算数 B	算数 C
複雑 3	2					
2	12	22		22	12	
単純 1	8	56			66	

A=知識・理解思考　B=論理的思考　C=創造的思考

2024年度入試　合格の基準

		首都圏模試 ほぼ確実	首都圏模試 見込あり	首都圏模試 やや見込あり	四谷大塚 ほぼ確実	四谷大塚 見込あり	四谷大塚 やや見込あり
男子	〈①一般〉	66	62	58	53	49	45
女子	〈①一般〉	66	62	58	55	51	47

ほぼ確実＝80%～／見込あり＝50～79%／やや見込あり＝20～49%

入試要項　2023年度参考　新年度日程は アプリへGO!

4科　英　他

試験名	試験日 ◎午後入試	出願締切 Web	発表 Web	手続 Web	2科	4科	適	英	他	面接	特待	募集数	応募数			受験数	合格数	実質倍率	偏差値
①	1/23	1/18	1/24	1/25延		●		＊1			●	110	男	GS	768(1)	673(1)	84	2.2	68
														一般			227		66
													女	GS	371(1)	326(1)	36	2.1	68
														一般			119		66
②	1/27	1/25	1/28	1/30延		●		＊1			●	55	男	GS	501	280	12	3.5	69
														一般			67		67
													女	GS	266(1)	142	5	3.7	69
														一般			33		67
課題作文	2/4	2/3	当日	2/6					＊2	＊2		15	男	一般	240	66	9	7.3	68
													女	一般	146	51	7	7.3	67

＊1　英語入試（英検３級程度以上の英語力を有する旨を出願時に申し出た場合，４科に加えて英語リスニングテストを行い，合否判定に加味する）　＊２　課題作文（人文社会系テーマと理数系テーマの２題）＋グループ面接　※①の会場は本校・船橋・市川，②は本校と船橋会場

【出願方法】 Web出願
【手続方法】 Web納入。①②は2/4まで延納可
【受験料】 22,000円（複数回同時出願は36,000円）

【帰国生入試】 1/23，1/27（募集人員は，上記①②に若干名を含む）
(注1) GS＝グローバル・サイエンス
(注2)（　）は帰国生で内数。

中学受験のプロがおすすめ！ 併願校の例

特色	男 ICT教育	男 理数教育	男 国際理解教育	女 ICT教育	女 理数教育	女 国際理解教育
♠男子校 ♥女子校 ♣共学・別学校	♣市川	♣東邦大東邦	♣渋谷教育幕張	♣市川	♣東邦大東邦	♣渋谷教育幕張
	♣開智	♣江戸川取手	♣専大松戸	♣開智	♣江戸川取手	♣専大松戸
	♣芝浦工大	♣順天	♣開智日本橋	♣芝浦工大	♣順天	♣開智日本橋

併設高校の進路情報

四年制大学進学率81.4%
文系35／理系65／その他０（%）　医歯薬28名合格

内部推薦▶芝浦工業大学へ36名（工21，デザイン工８，建築７）が内部推薦で進学した。

指定校推薦▶都立大，早稲田大，慶應大，上智大，東京理科大，学習院大，明治大，青山学院大，立教大，中央大，法政大，日本大，國學院大，成城大，明治学院大，獨協大，東京電機大，東京女子大，日本女子大，東邦大，明治薬科大など推薦枠あり

海外大学合格状況▶University of Nebraska（米），他。

'22年３月卒業生：285名　大学232名　短大１名　専門１名　就職０名　他51名

主な大学合格状況　'23年春については主要大学のみ巻末一覧に記載

大学名	'22	'21	'20	大学名	'22	'21	'20	大学名	'22	'21	'20
◇東京大	1	2	2	早稲田大	20	30	31	日本大	80	102	80
◇京都大	0	1	1	慶應大	14	22	9	東洋大	48	23	45
◇東工大	4	2	6	上智大	14	13	14	成蹊大	15	17	12
◇一橋大	1	1	0	東京理科大	57	78	66	成城大	12	9	4
◇千葉大	13	13	16	学習院大	13	6	14	明治学院大	17	18	12
◇筑波大	7	7	8	明治大	62	46	30	獨協大	12	7	6
◇横浜国大	1	3	1	青山学院大	12	15	12	芝浦工大	58	92	76
◇埼玉大	2	3	2	立教大	37	37	39	東京電機大	12	16	18
◇都立大	2	3	4	中央大	36	45	23	日本女子大	5	8	6
◇茨城大	2	13	1	法政大	47	44	37	東邦大	18	13	18

※各大学合格数は既卒生との合計。

見学ガイド　文化祭／説明会／学校見学会

渋谷教育学園幕張（しぶやきょういくがくえんまくはり） 中学校

〒261－0014　千葉県千葉市美浜区若葉 1－3　☎043－271－1221

国際 / 海外研修 / 長期留学 / 第2外国語 / online英会話 / 21型 / 1人1台端末 / リモート体制 / プロジェクト型 / 論文執筆 / STEAM / 情操 / 体験学習 / ボランティア / 人間力育成

教育目標▶「自調自考」を掲げる。何事にも諦めることなく，積極的に取り組むことのできる，高い倫理感と国際人の資質を備えた人間を育成する。
沿革▶1983年創立の渋谷教育学園幕張高等学校の附属中学校として，1986年開校。
施設▶講堂，理科棟，天文台，マルチメディア室，茶室，屋内プール，体育館，グラウンド，他。
学校長▶田村　聡明
生徒数▶総数878名

	1年（9クラス）	2年（9クラス）	3年（8クラス）
男子	162名	197名	180名
女子	128名	104名	107名

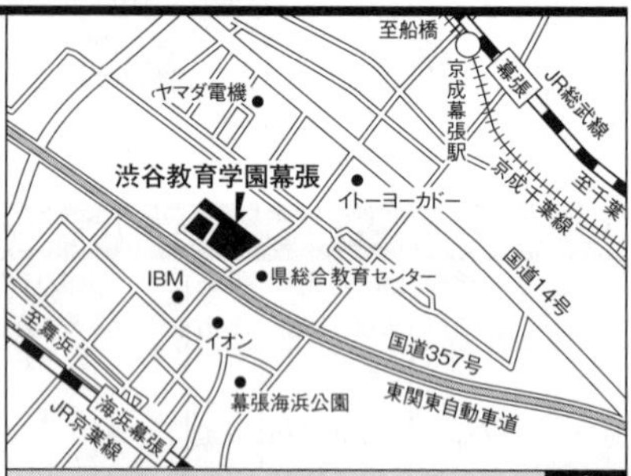

JR―海浜幕張10分，幕張16分
京成千葉線―京成幕張14分
10分

「自らの手で調べ，自らの頭で考える」人間の育成

「自調自考」を具現化するのが学習の羅針盤・シラバスの存在。何を学ぶのかを先に理解することが，どう学んでいくかを自分で考え，自ら学ぶ姿勢につながる。

学習 6年間を3つのブロックに分け，段階に適した指導を実践。中1・中2は30名程度の少人数教育を行う。主要5教科に多くの時間を割き，基礎・基本の徹底を図る。年度始めに1年間の学習計画表「シラバス」を配布。生徒が学びの意味を把握し，授業に主体的に取り組めるよう役立てる。国際教育の一環として，中3から希望制で第二外国語を学べる。全員が中3でニュージーランド，高2で中国へ赴き，研修を行う。高校生対象に希望制で長期交換留学を実施。日頃の学習を発展させ，模擬国連や科学の甲子園全国大会などに参加し，優秀な成績を収めている。

●**コース表**

中1	中2	中3	高1	高2	高3
共通履修				文系 理系	

キャリア教育 中1から海外大学進学説明会を実施。中3からは進路講演会や医薬系進路ガイダンスなど，学年に応じた学習を行う。

学校生活 スポーツフェスティバルや文化祭，宿泊研修まですべて生徒が主体となって作り上げる。中学のクラブ・同好会は体育系16・文化系27。ディベート部や電気部が活躍している。課外授業として希望者対象の弦楽器講座も実施している。

保護者MEMO

登校時刻▶8：25
最終下校時刻▶18：00
土曜日▶毎週登校。平常授業4時間
昼食▶食堂／食品販売あり
携帯電話▶可
制服▶ブレザー
自転車通学▶可
カウンセラー▶週3日
保護者面談▶年1回
保護者会▶年2回
必修旅行▶ニュージーランド(中3)，中国(高2)
部活動▶活動日は部による

学費　初年度目安 125万円

(単位:円)	入学金	施設費	授業料	その他	合計
入学手続時	280,000	―	―	―	280,000
1年終了まで	―	250,000	420,000	296,330	966,330

[その他] 制服・指定品代，修学旅行費，維持費，教材費，後援会費，後援会入会金，生徒会費。
[寄付・学債] なし。
※上記は'22年度のもの。新年度について詳細は「受験生応援アプリ」にて公開（2023年5月～）。

●**奨学金・特待生**
入学金・施設拡充費・授業料相当額を1年（審査により継続，追加認定あり）

首都圏模試　思考コード（単位：%）

〈第１次〉

読み取る力	国語 A	国語 B	国語 C	算数 A	算数 B	算数 C	理科 A	理科 B	理科 C	社会 A	社会 B	社会 C
複雑 3	3	14			30		13	8		3	4	
2	15	29			39		36	8		56	8	
単純 1		39			31		13	22		10	19	

A=知識・理解思考　B=論理的思考　C=創造的思考

2024年度入試　合格の基準

		首都圏模試 ほぼ確実	首都圏模試 見込あり	首都圏模試 やや見込あり	四谷大塚 ほぼ確実	四谷大塚 見込あり	四谷大塚 やや見込あり
男子	〈①〉	77	74	71	70	66	62
女子	〈①〉	77	74	71	72	68	62

ほぼ確実＝80％～／見込あり＝50～79％／やや見込あり＝20～49％

入試要項　2023年度参考　新年度日程はアプリへGO!　4科

試験名	試験日 ◎午後入試	出願締切 Web	発表 Web	手続 Web	2科	4科	適	英	他	面接	特待	募集数		応募数	受験数	合格数	実質倍率	偏差値
①	1/22	1/10	1/24	1/25延		●					●	215	男	1,337	1,282	515	2.5	77
													女	650	616	189	3.3	77
②	2/2	1/27	2/3	2/3		●					●	45	男	332	305	48	6.4	77
													女	190	183	19	9.6	77
帰国生	1/20	1/10	1/24	1/25延				*		*	●	20	男	55	53	10	5.3	—
													女	84	84	24	3.5	—

＊英語（筆記・リスニング・エッセイ）＋面接（英語と日本語）

【出願方法】Web出願　**【手続方法】**Web納入。①，帰国生は一部納入のうえ，2/3まで延納可
【受験料】26,000円

【帰国生入試】上記に記載

受験情報

国語，算数では，論理的思考力が求められるＢの問題が中心となります。一方，理科，社会では，Ａを中心として，A1～B3の問題がそれぞれ出題されているため，知識の正確な獲得と共に，論理的思考力も求められます。

年度	試験名	募集数		応募数	受験数	合格数	実質倍率	偏差値
'22	①	215	男	1,281	1,208	461	2.6	77
			女	640	589	190	3.1	77
	②	45	男	302	295	29	10.2	77
			女	168	155	18	8.6	77
'21	①	215	男	1,211	1,158	502	2.3	77
			女	547	503	180	2.8	77
	②	45	男	312	288	31	9.3	77
			女	151	133	15	8.9	77

中学受験のプロがおすすめ！　併願校の例

特色	男 進学先(海外大学)	男 STEAM教育	男 論文(自由研究)	女 進学先(海外大学)	女 STEAM教育	女 論文(自由研究)
♠男子校	♠開成	♣県立千葉	♠麻布	♥洗足学園	♣県立千葉	♥桜蔭
♥女子校	♣渋谷教育渋谷	♣市川	♣東邦大東邦	♣渋谷教育渋谷	♣市川	♣東邦大東邦
♣共学・別学校	♣広尾学園	♣昭和秀英	♠本郷	♣広尾学園	♣昭和秀英	♥頌栄女子

併設高校の進路情報

四年制大学進学率 66.8%
文系・理系割合 非公表　医学部91名合格

指定校推薦▶非公表。
海外大学合格状況▶Boston College, College of William & Mary, The Pennsylvania State University, Fordham University, University of Massachusetts Amherst, Emerson College, Grinnell College, Smith College, Mount Holyoke College, Vassar College, DePauw University, Union College, Dickinson College（米）, University of Toronto（ｶﾅﾀﾞ）, Trinity College - The University of Melbourne（豪），他。

見学ガイド　文化祭／体育祭／説明会

'22年３月卒業生：349名　大学233名　他116名
短大０名　専門０名　就職０名

主な大学合格状況　'23年春については主要大学のみ巻末一覧に記載

大学名	'22	'21	'20	大学名	'22	'21	'20	大学名	'22	'21	'20
◇東京大	74	67	74	◇東北大	7	6	7	立教大	26	25	19
◇京都大	7	9	13	◇東京医歯大	3	7	4	中央大	36	34	40
◇東工大	9	10	21	◇防衛医大	11	7	3	法政大	43	30	26
◇一橋大	10	13	15	早稲田大	220	212	212	日本大	21	30	28
◇千葉大	32	39	35	慶應大	153	148	137	東洋大	19	23	13
◇筑波大	15	13	9	上智大	59	54	31	芝浦工大	16	20	41
◇東京外大	1	3	1	東京理科大	126	116	116	津田塾大	2	1	8
◇横浜国大	2	12	3	学習院大	5	3	4	東京慈恵会医大	11	3	4
◇国際教養大	1	1	1	明治大	100	88	85	昭和大	5	4	6
◇北海道大	7	9	8	青山学院大	21	10	12	日本医大	10	4	4

※各大学合格数は既卒生との合計。

秀明大学学校教師学部附属

秀明八千代（しゅうめいやちよ）中学校

〒276－0007　千葉県八千代市桑橋 803　☎047－450－7001

国際 海外研修 長期留学 第2外国語 online英会話 21型 1人1台端末 リモート体制 プロジェクト型 論文執筆 STEAM 情操 体験学習 ボランティア 人間力育成

建学の精神▶常に真理を追究し，友情を培い，広く社会に貢献する人間形成を目的とする。

沿革▶全寮制の中高一貫校・秀明学園（埼玉県川越市）の系列校として，1981年通学制の中学校開校。1989年共学化。2015年現校名に改称。2021年４月，中学校校舎リニューアル。

施設▶講堂兼体育館，プール，スポーツセンター，野球場，テニスコート，グラウンド，他。

学校長▶富谷　利光

生徒数▶総数121名

	1年（2クラス）	2年（2クラス）	3年（2クラス）
男子	31名	25名	22名
女子	18名	16名	9名

東葉高速線―八千代緑が丘，JR―柏，京成線・北総線の主な駅よりスクールバス 7分

未来を生きる力となる3要素「実践・国際・伝統」

実践力（Practical skills），国際力（Global skills），伝統力（Traditional skills）を身につける，独自の体験型学習「PGTプログラム」を実践。

学習 一人ひとりに応じたきめ細かい指導で，新大学入試で問われる学力の土台を固める。英数は少人数の到達度別クラスで，理解しやすい授業を展開。学期ごとに組み替える。年３回各種検定に挑戦。成績優秀者は表彰するなど，生徒のモチベーションを支える。弱点克服のための講習や補習を用意。土曜講習で１週間のまとめ学習を行い，午後は希望者対象の特訓ゼミを開講。将来社会貢献できる力を養う独自の「PGTプログラム」は，実践力・国際力・伝統力を培い，体験活動を通じて社会における自分の役割を見つけていく。中２で２週間のイギリス英語研修に全員が参加する。

●コース表

中1	中2	中3	高1	高2	高3
共　通　履　修				文系 理系	

キャリア教育 中１は日本・自分・自然を知る。中２は郷土・世界を学ぶ。中３からは国際問題や社会問題を学び，将来の目標を考える。秀明大学と連携した活動も活発。大学訪問や教授による特別授業を実施。

学校生活 運動系11，文化系17のクラブがある。高校テニス部と空手道部，女子水球部，女子硬式野球部，吹奏楽部は全国レベルの実績をもつ。

保護者MEMO

登校時刻▶8：30
最終下校時刻▶18：00
土曜日▶休校。補習補講，特別講座などを行う
昼食▶給食／食堂／食品販売あり
携帯電話▶可
制服▶ブレザー
自転車通学▶可
カウンセラー▶なし
保護者面談▶年３回
保護者会▶年３回
必修旅行▶イギリス(中２)
部活動▶活動日は部による

学費　初年度目安 110万円

(単位:円)	入学金	施設費	授業料	その他	合計
入学手続時	250,000	100,000	—	—	350,000
1年終了まで	—	—	264,000	488,510	752,510

［その他］制服・指定品代，維持管理費，補助教材費他，新聞・図書費，特別指導費，実験実習費，保護者会会費，保護者会入会金，生徒会費，給食費。

［寄付・学債］なし。

※上記は'22年度のもの。新年度について詳細は「受験生応援アプリ」にて公開（2023年５月～）。

●奨学金・特待生
成績優秀＝Ⅰ：50万円／Ⅱ：30万円
英検＝Ⅰ（2級以上）：50万円／Ⅱ（準2級）：30万円／Ⅲ(3級)：10万円

首都圏模試　思考コード　（単位：%）

〈一般A〉

読み取る力＼考える力	国語 A	国語 B	国語 C	算数 A	算数 B	算数 C
複雑 3						
2	4			39		
単純 1	50	46		61		

A=知識・理解思考　B=論理的思考　C=創造的思考

2024年度入試　合格の基準

		首都圏模試 ほぼ確実	首都圏模試 見込あり	首都圏模試 やや見込あり	四谷大塚 ほぼ確実	四谷大塚 見込あり	四谷大塚 やや見込あり
男子	〈一般A〉	39	33	27	30	25	20
女子	〈一般A〉	39	33	27	30	25	20

ほぼ確実＝80%～／見込あり＝50～79%／やや見込あり＝20～49%

入試要項　2023年度参考　新年度日程はアプリへGO!　2科　英

試験名		試験日 ◎午後入試	出願締切 Web	発表 Web	手続 Web	2科	4科	適	英	他	面接	特待	募集数	応募数	受験数	合格数	実質倍率	偏差値
専願		12/1	11/24	12/2	12/7	＊1			＊1		＊2	●	60	男 22	22	14	1.6	37
														女 21	21	15	1.4	37
一般	A	1/20	1/15	1/21	1/25	●					＊2			26	24	16	1.5	男39 女39
	B	1/28	1/24	1/29	2/2	●					＊2			26	23	17	1.4	男39 女39
	C	2/5	2/3	2/6	2/10	●					＊2			8	4	2	2.0	男38 女38

＊1　適性検査（国語・算数・英語より２科目選択）　＊2　個人面接
※通知表のコピー。専願は賞状や検定試験の合格証などのコピー

【出願方法】 Web出願後，書類郵送。Cは窓口持参も可
【手続方法】 Web納入
【受験料】 15,000円（２回目以降は免除）

【帰国生入試】 —

中学受験のプロがおすすめ！ 併願校の例

特色	男 ネイティヴ常駐	男 ICT教育	男 体験重視	女 ネイティヴ常駐	女 ICT教育	女 体験重視
♠男子校	♣日大一	♣光英VERITAS	♣八千代松蔭	♣日大一	♣光英VERITAS	♣八千代松蔭
♥女子校	♣二松学舎柏	♣東海大浦安	♣千葉明徳	♣二松学舎柏	♣東海大浦安	♣千葉明徳
♣共学・別学校	♣暁星国際	♣上野学園	♣昭和学院	♣暁星国際	♣上野学園	♣昭和学院

併設高校の進路情報

四年制大学進学率67.8%
文系81／理系19／その他０（%）

内部推薦▶秀明大学へ54名（英語情報マネジメント21，総合経営24，看護5，観光ビジネス2，学校教師２）が内部推薦で進学した。

指定校推薦▶利用状況は東京理科大４，学習院大２，日本大８，東洋大２，専修大２，東京電機大２，東京農大１，学習院女子大２など。ほかに東海大，國學院大，獨協大，共立女子大，東邦大など推薦枠あり。

海外大学合格状況▶国立中央大学，台湾師範大学，淡江大学，銘傳大学，世新大学（台湾），他

'22年３月卒業生：357名

大学242名　短大13名　専門74名　就職11名　他17名

主な大学合格状況　'23年春については主要大学のみ巻末一覧に記載

大学名	'22	'21	'20	大学名	'22	'21	'20	大学名	'22	'21	'20
◇千葉大	1	0	0	法政大	1	0	4	東京電機大	4	4	4
◇信州大	1	0	0	日本大	19	4	16	立正大	5	4	5
◇茨城大	0	1	0	東洋大	5	8	15	国士舘大	1	1	4
◇山形大	0	1	0	駒澤大	2	3	2	千葉工大	33	9	12
早稲田大	2	1	1	専修大	3	2	2	大妻女子大	1	1	4
東京理科大	4	3	3	大東文化大	5	2	2	東邦大	2	3	2
学習院大	2	2	2	東海大	2	1	1	二松學舍大	3	1	7
明治大	7	2	2	亜細亜大	2	3	5	日本体育大	3	2	3
立教大	2	1	0	帝京大	4	3	4	千葉商大	4	11	7
中央大	1	0	0	明治学院大	2	1	0	秀明大	54	60	53

※各大学合格数は既卒生との合計。

見学ガイド　説明会／体験学習会／オープンスクール／個別見学対応

翔凜（しょうりん）中学校

〒299－1172　千葉県君津市三直 1348－1　☎0439－55－1200

国際 / 海外研修 / 長期留学 / 第２外国語 / online英会話 / 21型 / 1人1台端末 / リモート体制 / プロジェクト型 / 論文執筆 / STEAM / 情操 / 体験学習 / ボランティア / 人間力育成

校訓▶「英知・精励・自律・協調・気品」を掲げ，21世紀の国際社会を豊かに生きる若者を育成する。

沿革▶1964年，産経新聞や東京タワーを作った実業家・前田久吉により創立。1992年千葉国際中学校・高等学校として開校。2015年現校名に改称。

施設▶ホール，CAI教室，図書館，体育館，テニスコート，人工芝グラウンド，寮(男・女)，カフェテリア，他。

学校長▶栗原　康徳

生徒数▶総数174名

	1年(２クラス)	2年(２クラス)	3年(２クラス)
男子	22名	31名	21名
女子	37名	32名	31名

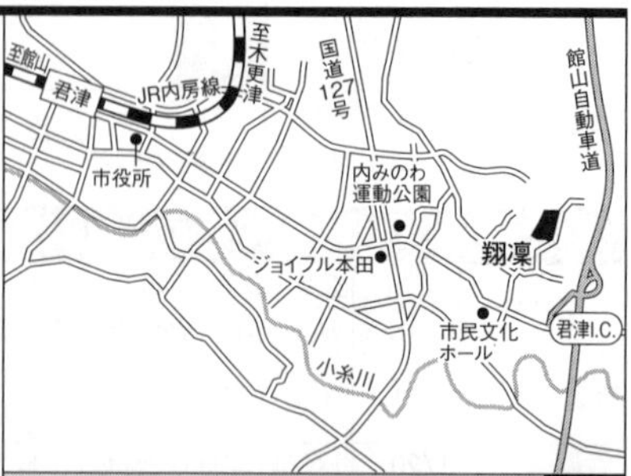

JR―君津バス15分　鴨川・鎌取・久留里などよりスクールバス７路線あり　15分

笑顔あふれる学校で,人類に貢献できるGlobalな人材へ

21世紀の国際社会を豊かに生きる人材育成をビジョンに据えた，未来志向のビジョナリースクール。芯の強い人間力と凛とした国際マインドを育む。

学習 日本の教育や風土のすばらしさを活かし，礼儀正しく，心優しい，周りの人たちに笑顔を分け与えることができるような人材育成をビジョンに掲げた教育活動を実践。６年間の中高一貫教育をいかしたカリキュラムと土曜登校により，英語の授業は公立の２倍の時間を確保。ネイティヴ講師が複数在籍し，英語を積極的に語りたくなる授業を展開。英語コンテストでは地区予選14年連続学校賞を受賞，英検にも積極的に取り組み，中学卒業までに準１級取得者を出すなど成果をあげている。その他，学力向上のための様々な取り組みを行い，生徒の成長を促している。

キャリア教育 多様化する社会で必須の問題解決能力，答えがひとつではない問題に対しての解決策を多面的に考え，言語化できる力をアクティブ・ラーニングで養う。

学校生活 挨拶日本一を掲げ，全生徒・職員が明るく挨拶を交わし合い，いじめが生まれにくい校風。人間力を鍛える文武両道を奨励，部活動も盛ん。剣道・バスケット・バレー・英語部は県・全国大会の実績。

●コース表

中1	中2	中3	高1	高2	高3
共	通	履修	特進／選抜／進学	理系・文系（各コース）	

保護者MEMO

登校時刻▶８：40
最終下校時刻▶19：15
土曜日▶毎週登校。平常授業３時間
昼食▶食堂／食品販売あり
携帯電話▶可
制服▶詰襟，セーラー
自転車通学▶可
カウンセラー▶週２日
保護者面談▶年３回
保護者会▶年３回
必修旅行▶国内(中３)，他
部活動▶週１日は必ず休む

学費　初年度目安 96万円

(単位:円)	入学金	施設費	授業料	その他	合計
入学手続時	110,000	―	―	―	110,000
1年終了まで	―	146,000	396,000	308,041	850,041

[その他] 制服・指定品代，修学旅行費，維持費，教育振興費，CAI使用料，後援会費，生徒会費。
[寄付・学債] 任意の寄付金あり。
※上記は'22年度のもの。新年度について詳細は「受験生応援アプリ」にて公開（2023年５月～）。

●奨学金・特待生
S：施設費・学費等全額／A：施設費・授業料減額／B：授業料減額／C：授業料減額

首都圏模試　思考コード （単位：%）

読み取る力						
複雑 3						
2	データなし					
単純 1						
考える力	A	B	C	A	B	C

A=知識・理解思考　B=論理的思考　C=創造的思考

2024年度入試　合格の基準

		首都圏模試		四谷大塚	
男子	〈一般〉	ほぼ確実 38	見込あり 33 / やや見込あり 27	ほぼ確実 —	見込あり — / やや見込あり —
女子	〈一般〉	ほぼ確実 38	見込あり 33 / やや見込あり 27	ほぼ確実 —	見込あり — / やや見込あり —

ほぼ確実＝80%～／見込あり＝50～79%／やや見込あり＝20～49%

入試要項　2023年度参考　新年度日程はアプリへGO!

2科　英　他

試験名	試験日 ◎午後入試	出願締切 Web	発表 郵送	手続 振込	選抜方法 2科	4科	適	英	他	面接	特待	募集数	応募数	受験数	合格数	実質倍率	偏差値
推薦	12/1	11/25	12/2	12/7	●					＊1	●	40	39	39	35	1.1	男38 女37
一般	1/22	1/20	1/23	1/26	●					＊1	●	20	19	19	19	1.0	男38 女38
特別	2/3	2/2	2/4	2/8	＊2			＊2	＊2	＊2	●		0	0	0	—	男42 女42

＊1　個人面接　＊2　算数＋「国語と面接(個人)」または英語面接(個人)
※通知表コピーのほか，推薦は志願理由書。英検取得者は資格証明書提出で英検特待あり

【出願方法】 Web出願
【手続方法】 振込納入
【受験料】 20,000円

【帰国生入試】 —

中学受験のプロがおすすめ！　併願校の例

特色	男 面倒見	国際教育	寮制度	女 面倒見	国際教育	寮制度
♠男子校 ♥女子校 ♣共学・別学校	♣八千代松陰	♣二松学舎柏	♣暁星国際	♣八千代松陰	♣二松学舎柏	♣暁星国際
	♣千葉明徳	♣昭和学院	♣秀明	♣千葉明徳	♣昭和学院	♣秀明
	♣秀明八千代	♣志学館	♣三育学院	♣秀明八千代	♣志学館	♣三育学院

併設高校の進路情報

四年制大学進学率84.5%
文系80／理系17／その他3（%）

指定校推薦▶利用状況は上智大2，東京理科大2，立教大1，日本大8など。ほかに東洋大，帝京大，神奈川大，清泉女子大など推薦枠あり。

'22年3月卒業生：193名　大学163名　短大5名／専門11名／就職5名／他9名

主な大学合格状況　'23年春については主要大学のみ巻末一覧に記載

大学名	'22	'21	'20	大学名	'22	'21	'20	大学名	'22	'21	'20
◇東京大	1	0	0	上智大	2	8	4	専修大	3	9	4
◇京都大	0	0	1	東京理科大	9	4	1	帝京大	2	2	6
◇一橋大	0	0	1	明治大	3	3	3	神奈川大	2	4	7
◇千葉大	0	1	2	青山学院大	4	1	1	立命館大	5	1	6
◇防衛医大	0	2	0	立教大	3	17	8	国士舘大	6	6	3
◇東京農工大	1	0	0	中央大	1	9	7	千葉工大	6	4	24
◇防衛大	0	9	7	法政大	5	18	11	関西大	4	5	12
◇釧路公立大	1	1	6	日本大	16	9	13	武蔵野大	9	10	15
早稲田大	0	9	4	東洋大	7	5	24	神田外語大	7	11	4
慶應大	0	0	2	駒澤大	6	2	4	千葉商大	8	6	9

※各大学合格数は既卒生との合計。

見学ガイド　説明会／オープンスクール／個別見学対応可

昭和学院（しょうわがくいん） 中学校

〒272－0823 千葉県市川市東菅野 2－17－1 ☎047－323－4171（午後5時以降4174）

教育目標▶「明敏謙譲」の教育理念のもと，教師と生徒の心のふれあいを大切にした全人教育を実践する。
沿革▶1940年，女子の職業教育を重んじた教育者・伊藤友作により昭和女子商業学校として創立。1947年昭和学院中学校開校。2003年より共学化。
施設▶ホール，図書室，プラネタリウム，屋内プール，体育館（アリーナ），グラウンド，他。
学校長▶大井 俊博
生徒数▶総数489名 併設小からの進学者を含む。

	1年（5クラス）	2年（4クラス）	3年（8クラス）
男子	63名	50名	77名
女子	91名	72名	136名
内進生内数	男18名 女20名	男15名 女12名	男5名 女13名

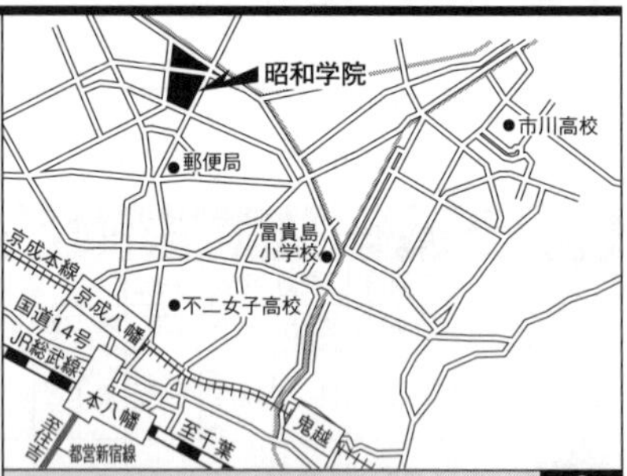

JR・都営新宿線―本八幡15分
京成本線―京成八幡15分
15分

国際 海外研修 長期留学 第2外国語 online英会話 21型 1人1台端末 リモート体制 プロジェクト型 論文執筆 STEAM 情操 体験学習 ボランティア 人間力育成

「ゆけ，新しい世界へ」を合い言葉に個性を伸ばす

個々の可能性をさらに展開できる環境を設けるために，コース制を導入。5つのコースで，生徒一人ひとりの資質をじっくりと育て，夢の実現へと導く。

学習 中1，中2は4コース制。IAでは実践的な英語を身につけ，世界で活躍する人材を育成する。AAは多角的な手厚い指導とフォロー体制で，部活動や学校行事と難関大進学の両方を叶える。GAは豊富な選択科目と充実の探究学習で，「進みたい道」「学びたいこと」を自由に選び，デザインする。SAでは科学リテラシーの根幹を学び，自然科学への探究を通じて論理的思考を養う。中3より最難関国立大学をめざすTAが加わる。SA以外は中3と高2進学時に他コースへの変更が可能。中2・中3で希望制のロサンゼルス海外研修プログラムを用意。英検・数検・漢検などの各種検定にも積極的に取り組む。

●コース表

<table>
<tr><th>中1</th><th>中2</th><th>中3</th><th>高1</th><th>高2</th><th>高3</th></tr>
<tr><td colspan="2">インターナショナルアカデミー(IA)
アドバンストアカデミー(AA)
ジェネラルアカデミー(GA)</td><td colspan="4">インターナショナルアカデミー(IA)
トップグレードアカデミー(TA)
アドバンストアカデミー(AA)
ジェネラルアカデミー(GA)</td></tr>
<tr><td></td><td colspan="5">サイエンスアカデミー(SA)</td></tr>
</table>

キャリア教育 様々な分野で，第一線で活躍する方を講師として招き講演会を行う「未来講座」で，進路に対する意識と将来を展望するモチベーションを高める。

学校生活 運動部・文化部計28の部活に加え，5つの同好会がある。新体操部，水泳部などは全国レベルで活躍。課外活動では華道と茶道を学ぶことができる。

保護者MEMO

登校時刻▶8：20
最終下校時刻▶18：30
土曜日▶毎週登校。平常授業4時間
昼食▶弁当／食品販売あり
携帯電話▶可
制服▶ブレザー
自転車通学▶中学不可
カウンセラー▶週2日
保護者面談▶年1回
保護者会▶年3回
必修旅行▶オーストラリア（中3）
部活動▶活動日は部による

学費 初年度目安 136万円

(単位:円)	入学金	施設費	授業料	その他	合計
入学手続時	160,000	160,000	—	—	320,000
1年終了まで	—	144,000	396,000	502,520	1,042,520

[その他] 制服・指定品代，修学旅行費，教育諸費，預り金，ICT，クラス費，奨学会費，生徒会費。
[寄付・学債] 任意の寄付金（昭和学院教育振興資金）1口0.1万円1口以上あり。
※上記は'22年度のもの。新年度について詳細は「受験生応援アプリ」にて公開（2023年5月～）。

●奨学金・特待生
S：入学時納入金，授業料全額／A：入学時納入金

首都圏模試　思考コード（単位：%）

〈アドバンストチャレンジ〉

読み取る力＼考える力	国語 A	国語 B	国語 C	算数 A	算数 B	算数 C
複雑 3				5		
2	10	24		45		
単純 1	12	54			50	

A=知識・理解思考　B=論理的思考　C=創造的思考

2024年度入試　合格の基準

		首都圏模試 ほぼ確実	首都圏模試 見込あり	首都圏模試 やや見込あり	四谷大塚 ほぼ確実	四谷大塚 見込あり	四谷大塚 やや見込あり
男子	〈一般算数1科〉	55	52	48	43	40	36
女子	〈一般算数1科〉	55	52	48	44	41	37

ほぼ確実＝80%～／見込あり＝50～79%／やや見込あり＝20～49%

入試要項　2023年度参考　新年度日程はアプリへGO!

2科　4科　適性型　英　他

試験名		試験日 ◎午後入試	出願締切 Web	発表 Web	手続 Web	2科	4科	適	英	他	面接	特待	募集数	応募数	受験数	合格数	実質倍率	偏差値
第一志望	2科	12/1	11/26	当日	12/11	＊1			＊1				52	169	167	45	3.7	男43 女43
	マイプレ①	12/1	11/26	当日	12/11					＊2				16	16	14	1.1	男41 女41
一般	国語1科	1/20	1/17	1/21	1/30延					＊3			72	215	212	60	3.5	男56 女56
	マイプレ②	1/20	1/17	1/21	1/30延					＊2				25	25	11	2.3	男44 女44
	算数1科	1/20 ◎	1/17	1/21	1/30延					＊4				293	284	90	3.2	男55 女55
	算数1科オンライン	1/20 ◎	1/13	1/21	1/30延					＊5				15	15	8	1.9	男55 女55
	適性検査	1/22	1/19	1/23	1/30延			＊6				●		192	176	78	2.3	男50 女50
	アドバンスト	1/24	1/21	1/25	1/30延	＊7	＊7		＊7			●		339	266	57	4.7	男58 女58

＊1　国算英より2科選択　＊2　自己表現文＋プレゼンテーションおよび質疑応答　＊3　国語　＊4　算数　＊5　算数。PC，タブレット，スマートフォン等の端末にZOOMをインストールして自宅からオンラインで行う　＊6　適性検査Ⅰ・Ⅱ　＊7　国算英から2科選択または国算英から2科選択＋理社
※2科，マイプレ①，マイプレ②，アドバンストは英語資格取得者に優遇措置あり

【出願方法】 Web出願後，書類を郵送または当日持参（第一志望は郵送のみ）　**【手続方法】** Web納入のうえ，誓約書郵送。一般は一部納入で残額は2/5まで延納可。公立中高一貫校併願者は合格発表まで延納可　**【受験料】** 25,000円。選考にもれた場合，次回以降の入試を受験料免除で再受験可

【帰国生入試】 12/1，1/20，1/24（計20名募集）

中学受験のプロがおすすめ！　併願校の例

♠男子校　♥女子校　♣共学・別学校

特色	男 ICT教育	男 キャリア教育	男 探究型学習	女 ICT教育	女 キャリア教育	女 探究型学習
	♣千葉日大一	♣日出学園	♣安田学園	♣千葉日大一	♣日出学園	♣安田学園
	♣光英VERITAS	♣日大一	♣淑徳巣鴨	♣光英VERITAS	♣二松学舎柏	♣淑徳巣鴨
	♣東海大浦安	♣二松学舎柏	♣品川翔英	♣東海大浦安	♣西武台千葉	♣品川翔英

併設高校の進路情報

四年制大学進学率76.9%
文系71／理系29／その他0（%）　医歯薬1名合格

内部推薦▶ 昭和学院短期大学へ4名が内部推薦で進学した。

指定校推薦▶ 利用状況は駒澤大1，明治学院大1，獨協大1など。ほかに法政大，日本大，東洋大，大東文化大，東海大，亜細亜大，帝京大，國學院大，東京電機大，武蔵大，玉川大，立正大，昭和女子大，学習院女子大，清泉女子大，女子栄養大，日本女子体育大など推薦枠あり。

'22年3月卒業生：286名

大学220名　短大11名　専門27名　就職2名　他26名

主な大学合格状況

'23年春については主要大学のみ巻末一覧に記載

大学名	'22	'21	'20	大学名	'22	'21	'20	大学名	'22	'21	'20
◇一橋大	1	0	0	立教大	9	7	6	帝京大	12	9	11
◇千葉大	2	1	3	中央大	2	3	11	國學院大	8	7	6
◇筑波大	1	1	1	法政大	7	11	9	明治学院大	6	8	4
◇埼玉大	0	1	0	日本大	29	42	38	獨協大	2	6	15
早稲田大	6	1	4	東洋大	18	13	21	東京電機大	5	3	2
上智大	1	0	0	駒澤大	6	10	27	国士舘大	12	8	9
東京理科大	2	0	11	専修大	10	10	12	共立女子大	9	6	4
学習院大	3	1	2	大東文化大	8	7	6	順天堂大	10	5	7
明治大	12	5	11	東海大	2	7	10	帝京平成大	8	20	11
青山学院大	3	5	6	亜細亜大	10	4	4	東邦大	4	5	11

※各大学合格数は既卒生との合計。

見学ガイド　文化祭／説明会／オープンスクール

高校募集 あり 高3より全体が混合。 高1内訳 一貫生 181名 158名 高入生

昭和学院秀英（しょうわがくいんしゅうえい）中学校

〒261－0014　千葉県千葉市美浜区若葉1－2　☎043－272－2481

国際
海外研修
長期留学
第2外国語
online英会話
21型
1人1台端末
リモート体制
プロジェクト型
論文執筆
STEAM
情操
体験学習
ボランティア
人間力育成

教育目標▶「明朗謙虚・勤勉向上」を校訓に掲げ，質の高い授業・きめ細やかな進路指導・豊かな心の育成の実践目標のもと，真の学力を身につける。
沿革▶1983年創立の昭和学院秀英高等学校の付属校として，1985年に開校。
施設▶小講堂，独立図書館（5万冊），階段教室，体育館，プール，武道館，グラウンド，他。
学校長▶石坂　康倫
生徒数▶総数514名　併設小からの進学者を含む。

	1年（5クラス）	2年（5クラス）	3年（5クラス）
男子	84名	65名	72名
女子	97名	103名	93名
内進生内数	男一名 女一名	男一名 女一名	男一名 女一名

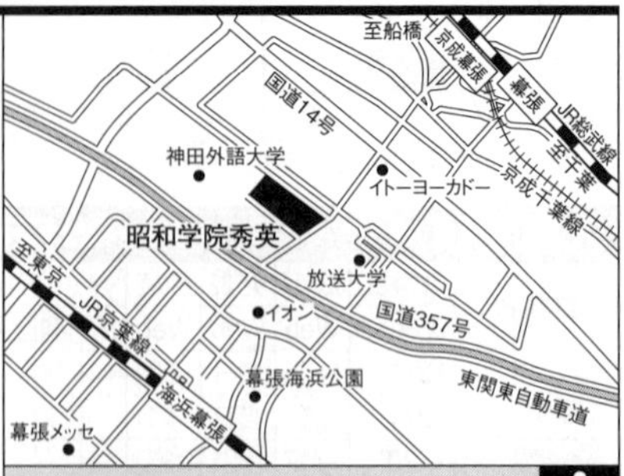

JR—海浜幕張10分，幕張15分
京成千葉線—京成幕張15分
15分

The Sky is the limit, 可能性は無限大

教育目標で掲げる，3つの実践目標のもと，真の学力を得るというあたりまえのことを高いレベルで着実に実践。そのなかで生徒は着々と成長していく。

学習 徹底した教材研究のもとで行う質の高い授業により，生徒一人ひとりの学力を着実に伸ばす。毎日15分間の朝学習や各教科の課題，放課後の補習・講習などを行い，学習習慣の確立と基礎・基本の徹底を図る。作文教育と読書教育が創立以来の伝統。理科の「実験授業」をはじめ，知識の積み重ねだけでない授業を展開。2022年度には，ケニアのスラムとオンラインでつなぎ，現地の同年代の子どもにインタビューを実施した。中3の夏休みに希望者を対象とした約3週間の海外語学研修をアメリカで実施。

●コース表

中1	中2	中3	高1	高2	高3
共通履修				文系 理系	

キャリア教育 大学進学の先にある夢の実現に向けた指導を実施。中1・中2で職業インタビュー，中3・高1では大学生や社会人の卒業生による進路講演会を行う。各界の著名人による文化講演会を毎年開催。将来の進路や生き方のヒントを見出す。

学校生活 芸術鑑賞教室を毎年行う。プールは天井開閉式で5～11月の間，遊泳可能。運動系11・文化系18の部活動・同好会には約8割が加入している。

保護者MEMO

登校時刻▶8：15
最終下校時刻▶18：00
土曜日▶毎週登校。平常授業4時間
昼食▶弁当／食品販売あり
携帯電話▶可
制服▶ブレザー，セーラー
自転車通学▶不可
カウンセラー▶あり
保護者面談▶年1回
保護者会▶年3回
必修旅行▶奈良・京都（中3），沖縄（高2）
部活動▶活動日は部による

学費　初年度目安 111万円

（単位:円）	入学金	施設費	授業料	その他	合計
入学手続時	150,000	150,000	—	—	300,000
1年終了まで	—	168,000	360,000	286,699	814,699

●奨学金・特待生
なし

［その他］制服・指定品代，諸費，学年始め諸費（副教材等），実験実習費，進路指導費，旅行積立金，奨学会・生徒会費。
［寄付・学債］任意の寄付金（昭和学院教育振興資金）1口0.1万円1口以上あり。
※上記は'22年度のもの。新年度について詳細は「受験生応援アプリ」にて公開（2023年5月～）。

首都圏模試　思考コード　（単位：%）

〈第１回〉

読み取る力＼考える力	国語 A	国語 B	国語 C	算数 A	算数 B	算数 C
複雑 3						
2	11	29		12	32	
単純 1		60			56	

A=知識・理解思考　B=論理的思考　C=創造的思考

2024年度入試　合格の基準

		首都圏模試 ほぼ確実	首都圏模試 見込あり	首都圏模試 やや見込あり	四谷大塚 ほぼ確実	四谷大塚 見込あり	四谷大塚 やや見込あり
男子	①	71	68	65	58	54	49
女子	①	72	68	65	60	56	51

ほぼ確実＝80%～／見込あり＝50～79%／やや見込あり＝20～49%

入試要項　2023年度参考　新年度日程はアプリへGO!　2科　4科

試験名	試験日（◎午後入試）	出願締切 Web	発表 Web	手続 Web	2科	4科	適	英	他	面接	特待	募集数	応募数	受験数	合格数	実質倍率	偏差値
午後特別	1/20 ◎	1/15	1/21	1/22延	●							30	男 302	292	80	3.7	72
													女 330	317	67	4.7	73
一般①	1/22	1/15	1/23	1/24延		●						110	男 663	600	204	2.9	71
													女 660	590	189	3.1	72
一般②	2/2	2/1	当日	2/3		●						20	男 126	123	13	9.5	72
													女 186	180	7	25.7	72

【出願方法】Web出願　**【手続方法】**Web納入。午後特別と①は一部納入で，残額は2/3まで延納可
【受験料】25,000円

【帰国生入試】—

年度	試験名	募集数	応募数	受験数	合格数	実質倍率	偏差値
'22	午後特別	30	男339	333	62	5.4	72
			女370	357	71	5.0	73
	①	110	男625	577	220	2.6	71
			女645	572	180	3.2	72
	②	20	男142	129	28	4.6	72
			女178	165	32	5.2	72

中学受験のプロがおすすめ！　併願校の例

特色	男 表現力育成	男 論文（自由研究）	男 進学先（早慶上理）	女 表現力育成	女 論文（自由研究）	女 進学先（早慶上理）
♠男子校 ♥女子校 ♣共学・別学校	♣渋谷教育幕張	♣渋谷教育渋谷	♣市川	♣渋谷教育幕張	♣渋谷教育渋谷	♣市川
	♣芝浦工大	♣東邦大東邦	♣江戸川取手	♣芝浦工大	♣東邦大東邦	♣江戸川取手
	♣麗澤	♣専大松戸	♣芝浦工大附柏	♣麗澤	♣専大松戸	♣芝浦工大附柏

併設高校の進路情報

四年制大学進学率79.6%
文系46／理系41／その他13（%）　医歯薬80名合格

指定校推薦▶利用状況は早稲田大４，慶應大２など。ほかに東京理科大，学習院大，明治大，青山学院大，立教大，中央大，法政大，日本大，明治学院大，芝浦工大，東京電機大，津田塾大，東京女子大，工学院大，東京都市大，北里大，東邦大，東京薬科大，明治薬科大，東京歯大，日本歯大など推薦枠あり。

'22年３月卒業生：289名　大学230名　他59名
短大０名　専門０名　就職０名

主な大学合格状況　'23年春については主要大学のみ巻末一覧に記載

大学名	'22	'21	'20	大学名	'22	'21	'20	大学名	'22	'21	'20
◇東京大	3	4	3	◇防衛医大	3	1	0	中央大	50	67	64
◇京都大	1	0	2	◇お茶の水女子大	1	3	1	法政大	80	78	54
◇東工大	9	6	7	早稲田大	81	79	88	日本大	87	82	61
◇一橋大	9	8	8	慶應大	57	48	41	東洋大	58	32	47
◇千葉大	41	31	44	上智大	51	36	34	成城大	6	21	12
◇筑波大	5	1	8	東京理科大	117	99	108	明治学院大	15	18	16
◇東京外大	2	3	3	学習院大	14	19	8	芝浦工大	36	52	53
◇横浜国大	4	4	3	明治大	109	103	101	東京女子大	23	20	6
◇北海道大	5	4	7	青山学院大	36	30	23	日本女子大	29	35	24
◇東北大	6	11	5	立教大	79	77	63	東邦大	24	27	22

※各大学合格数は既卒生との合計。

見学ガイド　文化祭／体育祭／説明会

西武台千葉（せいぶだいちば）中学校

〒270－0235　千葉県野田市尾崎 2241－2　☎04－7127－1111

国際／海外研修／長期留学／第2外国語／online英会話／21型／1人1台端末／リモート体制／プロジェクト型／論文執筆／STEAM／情操／体験学習／ボランティア／人間力育成

校訓▶「若き日に豊かに知性を磨き，美しく心情を養い，逞しく身体を鍛えよ」を掲げる。
沿革▶1986年創立の西武台千葉高等学校の付属校として，1992年開校。2012年より現校名。
施設▶ホール，図書室，自習室，野球場，テニスコート，武道場，グラウンド，卓球場，他。
学校長▶須田　秀伸
生徒数▶総数127名

	1年（2クラス）	2年（2クラス）	3年（2クラス）
男子	25名	10名	16名
女子	27名	22名	27名

東武アーバンパークライン─川間20分（境・関宿方面，坂東方面へのスクールバスあり）　20分

「道を拓き,未来を育む」を合言葉に全力で取り組む

文武両道の精神を基に「学習活動」「部活動」「体験活動」を展開。成長著しい中高生を全校一体となってサポートし，世界に羽ばたく人材を育成する。

学習 中1・中2の総合コースでは，学習習慣を確立させ，基礎的な知識・技能を定着させる。中3から特選と進学の2コース，高2からはさらに文系・理系に分かれて実力を伸ばす。英語は各学年ごとに教科書を5回繰り返して学ぶ「5ラウンドシステム」を導入。ネイティヴと日本人教員による英会話授業と合わせてコミュニケーション力をつけ，中3での海外語学研修へとつなげていく。英語と数学は理解度によって習熟度別少人数授業を行う。3年間を通じて英検，漢検，数検に取り組み，準2級以上の取得をめざす。中高一貫の特性を活かし，高校生とも学べる「教養講座」を開設。希望者は気象予報士養成講座や手話講座などに参加できる。

●コース表

中1	中2	中3	高1	高2	高3
総合コース		特別選抜コース		文系特選コース／理系特選コース	
		進学コース		文系進学コース／理系進学コース	

キャリア教育 中高6年間にわたる独自の進路指導「C&C教育」を展開。中学は企業見学，講演会を行う。高校は大学見学や個別相談会のほか，医療系学部への進学を希望する生徒を対象に入試対策を実施。

学校生活 20以上のクラブが活動し，生徒の約8割が加入している。

保護者MEMO

登校時刻▶8：35
最終下校時刻▶18：30
土曜日▶隔週登校。平常授業3時間
昼食▶食堂（週2回給食ランチ）／食品販売あり
携帯電話▶可
制服▶ブレザー，セーラー
自転車通学▶可
カウンセラー▶週1日
保護者面談▶年2回
保護者会▶年2回
必修旅行▶カナダ（中3）
部活動▶平日週1日は休む

学費　　初年度目安 113万円

（単位:円）	入学金	施設費	授業料	その他	合計
入学手続時	150,000	160,000	―	―	310,000
1年終了まで	―	―	396,000	422,525	818,525

［その他］制服・指定品代，修学旅行費，維持費，タブレットレンタル代，保護者会費，後援会費，期成会費，生徒会費，特別遠征会費，給食費。
［寄付・学債］なし。
※上記は'22年度のもの。新年度について詳細は「受験生応援アプリ」にて公開（2023年5月～）。

●奨学金・特待生
S：入学金・施設設備費，年額30万円給付（年次審査で3年継続可）／A：入学金・施設設備費／B：入学金／C：入学金半額

首都圏模試　思考コード (単位：%)

〈第１回〉

読み取る力＼考える力	国語 A	国語 B	国語 C	算数 A	算数 B	算数 C
複雑 3						
2	3	9		80		
単純 1	26	62			20	

A=知識・理解思考　B=論理的思考　C=創造的思考

2024年度入試　合格の基準

		首都圏模試 ほぼ確実	首都圏模試 見込あり	四谷大塚 ほぼ確実	四谷大塚 見込あり
男子	①	39	33 / やや見込あり 30	31	26 / やや見込あり 21
女子	①	39	33 / やや見込あり 30	31	26 / やや見込あり 21

ほぼ確実＝80%～／見込あり＝50～79%／やや見込あり＝20～49%

入試要項　2023年度参考　新年度日程はアプリへGO!

2科　英　他

試験名	試験日 ◎午後入試	出願締切 Web	発表 Web	手続 振込	選抜方法 2科	4科	適	英	他	面接	特待	募集数	応募数	受験数	合格数	実質倍率	偏差値
第一志望	12/4	12/2	12/5	12/7	＊1			＊1	＊1	＊3	●	50	42	41	40	1.0	男38 女38
①	1/20	1/18	1/21	2/9	＊1			＊1	＊1		●	30	11	7	6	1.2	男39 女39
特待選抜	1/22	1/21	1/23	2/9				＊2	＊2		●	10	22	19	1	19.0	男44 女44
②	2/4	2/3	2/5	2/9	＊1			＊1	＊1		●	10	3	1	1	1.0	男39 女39

＊1　2科（国算）もしくは3科（国算＋理社英から1科目選択）。英語はリスニングを含む　＊2　算英から1科目選択。英語はリスニング含む　＊3　個人面接
※該当者は英検・漢検・数検の合格証書のコピー，顕著な学業・競技成績が証明できる書類のコピー。第一志望は通知表のコピー，推薦書(該当者のみ)。

【出願方法】 Web出願後，書類を郵送
【手続方法】 Web納入後，書類提出。2/10までの辞退者には一部返還
【受験料】 20,000円（同時出願は複数回受験可），特待選抜のみは10,000円

【帰国生入試】 第一志望に含む

中学受験のプロがおすすめ！　併願校の例

♠男子校　♥女子校　♣共学・別学校

特色	男 文武両道	男 キャリア教育	男 ティームティーチング	女 文武両道	女 キャリア教育	女 ティームティーチング
	♣常総学院	♣春日部共栄	♣浦和実業	♣常総学院	♣春日部共栄	♣浦和実業
	♣共栄学園	♣昭和学院	♣国際学院	♣共栄学園	♣昭和学院	♣国際学院
	♣修徳	♣駿台学園	♣秀明八千代	♣修徳	♣駿台学園	♣秀明八千代

併設高校の進路情報

四年制大学進学率70.9%
文系53／理系35／その他12（%）　医歯薬10名合格

指定校推薦▶利用状況は東京理科大1，日本大8，東洋大3，駒澤大1，成蹊大1，獨協大5など。ほかに大東文化大，東海大，亜細亜大，帝京大，成城大，神奈川大，フェリス女学院大，東洋英和女学院大など推薦枠あり。

海外大学合格状況▶中原大学(台湾)，他。

'22年3月卒業生：327名
大学232名　短大6名／専門53名／就職22名／他14名

主な大学合格状況　'23年春については主要大学のみ巻末一覧に記載

大学名	'22	'21	'20	大学名	'22	'21	'20	大学名	'22	'21	'20
◇東工大	0	0	1	学習院大	2	5	1	大東文化大	7	13	7
◇千葉大	3	0	0	明治大	9	3	0	帝京大	11	7	1
◇筑波大	0	1	2	青山学院大	3	1	0	獨協大	10	4	10
◇埼玉大	1	0	1	立教大	5	3	0	芝浦工大	5	3	3
◇茨城大	0	2	1	中央大	7	1	3	東京電機大	8	3	7
◇埼玉県立大	1	1	1	法政大	10	9	12	立正大	9	11	9
早稲田大	5	0	0	日本大	31	16	19	国士舘大	13	4	5
慶應大	2	0	0	東洋大	13	16	6	日本薬科大	3	2	3
上智大	0	1	1	駒澤大	7	2	7	文教大	13	8	7
東京理科大	3	4	2	専修大	7	1	3	中央学院大	16	12	10

※各大学合格数は既卒生との合計。

見学ガイド　文化祭／説明会／見学会／オープンスクール

中 専修大学松戸（せんしゅうだいがくまつど）中学校

〒271−8585 千葉県松戸市上本郷 2−3621 ☎047−362−9102

国際 / 海外研修 / 長期留学 / 第2外国語 / online英会話 / 21型 / 1人1台端末 / リモート体制 / プロジェクト型 / 論文執筆 / STEAM / 情操 / 体験学習 / ボランティア / 人間力育成

教育目標▶「報恩奉仕・質実剛健・誠実力行」を掲げ，社会に貢献できる知性豊かな人材を育成する。
沿革▶1959年創立の専修大学松戸高等学校の付属校として，2000年開校。
施設▶多目的ホール，アンビションホール，図書室(約3.5万冊)，自習室，グループ学習室，作法室，体育館，テニスコート，グラウンド，他。
学校長▶五味　光
生徒数▶総数491名

	1年(5クラス)	2年(4クラス)	3年(5クラス)
男子	117名	94名	79名
女子	68名	62名	71名

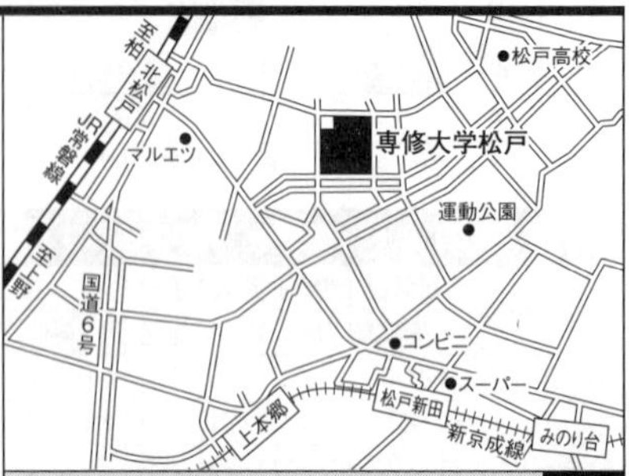

JR・千代田線―北松戸10分
新京成線―松戸新田15分
10分

ハイレベルな国際教育と理数教育で夢を支援

広い世界を舞台に，自主的・創造的に力強く活躍し，社会に貢献できる知性豊かな人材を育成。将来の目標へ，効率的な先取り学習で学力を伸ばす。

学習 中1・中2は全クラス共通履修，中3からⅠ類とⅡ類の2コース編成。中2より英語と数学は習熟度別で行う。毎週火・金曜日には理解度に応じた必修講座や指名制の補習がある。朝読書に洋書の絵本を用意し多読指導を実践。英会話はアメリカの学校を思わせる雰囲気のアンビションホールを利用。ネイティヴ教員を中心に英語の歌や会話を多く取り入れ，楽しく英語を学ぶ。理科は通常授業とは別に週1時間「理科実験」を設置し，理科への興味関心を引き出す。中3で全員参加のアメリカ・ネブラスカ州への修学旅行を実施。

●コース表

中1	中2	中3	高1	高2	高3
共通履修		XⅠ類(選抜クラス)	理系 / 文系		
		XⅡ類(一般クラス)	理系 / 文系		

キャリア教育 興味のある職業や学問について調べ，書くことで将来の職業観を養う。中学では各界の著名人による講演会や，卒業生が体験談を語る会，大学訪問を開催。中2では職業体験を実施。

学校生活 家庭との関係作りに「生活記録ノート」を活用。フィールドワークとして「筑波山登山」や「田植え・稲刈り」などの体験型学習も実施。部活動はラグビーや体操，和太鼓など24の団体がある。

保護者MEMO

登校時刻▶8：10
最終下校時刻▶17：30
土曜日▶毎週登校。平常授業3時間
昼食▶弁当／食堂(高校より利用可)／食品販売あり
携帯電話▶許可制
制服▶ブレザー
自転車通学▶不可
カウンセラー▶常駐
保護者面談▶年2回
保護者会▶年2回
必修旅行▶米国(中3)，他
部活動▶週3日

学費　初年度目安 148万円

(単位:円)	入学金	施設費	授業料	その他	合計
入学手続時	360,000	—	—	—	360,000
1年終了まで	—	48,000	384,000	690,720	1,122,720

●奨学金・特待生
入学金

[その他] 制服・指定品代，修学旅行費，教育充実費，各種検定料，校外活動費・学級諸経費等，後援会費，生徒会費。※例年校外活動費別途あり。
[寄付・学債] なし。
※上記は'22年度のもの。新年度について詳細は「受験生応援アプリ」にて公開（2023年5月〜）。

首都圏模試 思考コード（単位：%）

〈第１回〉

読み取る力＼考える力	国語 A	国語 B	国語 C	算数 A	算数 B	算数 C
複雑 3				5		
2	20	9		35	10	
単純 1	20	51			50	

A＝知識・理解思考　B＝論理的思考　C＝創造的思考

2024年度入試 合格の基準

		首都圏模試 ほぼ確実	首都圏模試 見込あり	四谷大塚 ほぼ確実	四谷大塚 見込あり
男子	①	66	60	52	47
			やや見込あり 54		やや見込あり 42
女子	①	66	60	54	49
			やや見込あり 54		やや見込あり 44

ほぼ確実＝80％～／見込あり＝50～79％／やや見込あり＝20～49％

入試要項 2023年度参考　新年度日程はアプリへGO!　4科

試験名	試験日 ◎午後入試	出願締切 Web	発表 Web	手続 W・窓	2科	4科	適	英	他	面接	特待	募集数	応募数	受験数	合格数	実質倍率	偏差値
①	1/20	1/19	1/21	1/22延		●					●	100	男 962	933	373	2.5	66
													女 601	587	236	2.5	66
②	1/26	1/25	1/27	1/28延		●						30	男 618	401	80	5.0	66
													女 431	271	46	5.9	66
③	2/3	2/2	当日	2/5		●						20	男 380	113	26	4.3	66
													女 264	77	23	3.3	66

※英検３級以上は，取得級に応じて加点優遇あり

【出願方法】Web出願。該当者は英検合格証のコピーを①は1/17，②は1/23，③は1/31までに郵送もしくは当日持参
【手続方法】窓口で書類受取後，Web納入。①②は一部納入のうえ，残額は2/3まで延納可
【受験料】25,000円（同時出願35,000円）

【帰国生入試】1/26（若干名）

中学受験のプロがおすすめ！ 併願校の例

特色	男 進学校的附属校	男 理数教育	男 国際教育	女 進学校的附属校	女 理数教育	女 国際教育
♠男子校 ♥女子校 ♣共学・別学校	♣東邦大東邦	♣市川	♣昭和秀英	♣東邦大東邦	♣市川	♣昭和秀英
	♣芝浦工大附柏	♣芝浦工大	♣開智日本橋	♣芝浦工大附柏	♣芝浦工大	♣開智日本橋
	♣麗澤	♣順天	♣安田学園	♣麗澤	♣順天	♣安田学園

併設高校の進路情報

四年制大学進学率86.3％
文系65／理系35／その他０（％）　医歯薬24名合格

内部推薦▶専修大学へ50名（法16，文１，経済４，商13，経営６，人間科２，ネットワーク情報１，国際コミュニケーション７）が内部推薦で進学した。石巻専修大学への推薦制度もある。

指定校推薦▶利用状況は早稲田大３，上智大８，東京理科大６，学習院大７，明治大３，青山学院大２，立教大７，中央大７，法政大２，日本大１，國學院大１，成蹊大２など。

海外大学合格状況▶２名進学予定。

'22年３月卒業生：417名　大学360名／短大１名／専門２名／就職１名／他53名

主な大学合格状況　'23年春については主要大学のみ巻末一覧に記載

大学名	'22	'21	'20	大学名	'22	'21	'20	大学名	'22	'21	'20
◇東京大	0	1	2	早稲田大	41	32	33	日本大	87	113	119
◇京都大	1	0	1	慶應大	15	12	7	東洋大	67	48	85
◇東工大	3	2	0	上智大	25	21	20	専修大	62	69	54
◇一橋大	1	0	0	東京理科大	56	83	39	成蹊大	23	22	13
◇千葉大	12	18	13	学習院大	22	10	23	成城大	19	15	22
◇筑波大	7	9	8	明治大	89	65	59	獨協大	33	19	9
◇東京外大	1	2	2	青山学院大	22	22	21	芝浦工大	42	42	25
◇横浜国大	3	2	1	立教大	46	50	53	東京電機大	21	37	21
◇埼玉大	2	1	6	中央大	49	48	37	東京女子大	14	16	8
◇茨城大	5	2	1	法政大	76	65	66	東邦大	11	18	20

※各大学合格数は既卒生との合計。

見学ガイド 文化祭／説明会／体験授業

高校募集 あり 高2より全体が混合。 高1内訳 一貫生 235名 202名 高入生

千葉日本大学第一中学校
（ちばにほんだいがくだいいち）

〒274−0063　千葉県船橋市習志野台 8−34−1　☎047−466−5155

国際 / 海外研修 / 長期留学 / 第2外国語 / online英会話 / 21型 / 1人1台端末 / リモート体制 / プロジェクト型 / 論文執筆 / STEAM / 情操 / 体験学習 / ボランティア / 人間力育成

教育目標▶「真」「健」「和」の校訓のもと，絆を重んじ，良き生活習慣を持った次世代人を育成する。
沿革▶日本大学第一高等学校（東京）の兄弟校として1970年開校。'98年共学化。2017年に新校舎完成。
施設▶ホール，図書室（7万冊），サイエンスプラザ，芸術棟，野球場，ミスト付人工芝グラウンド，自習室（100席），ランチルーム，他。
学校長▶村中　隆宏
生徒数▶総数710名　併設小からの進学者を含む。

	1年（6クラス）	2年（6クラス）	3年（6クラス）
男子	142名	144名	149名
女子	90名	97名	88名
内進生内数	男17名 女23名	男女36名	男17名 女22名

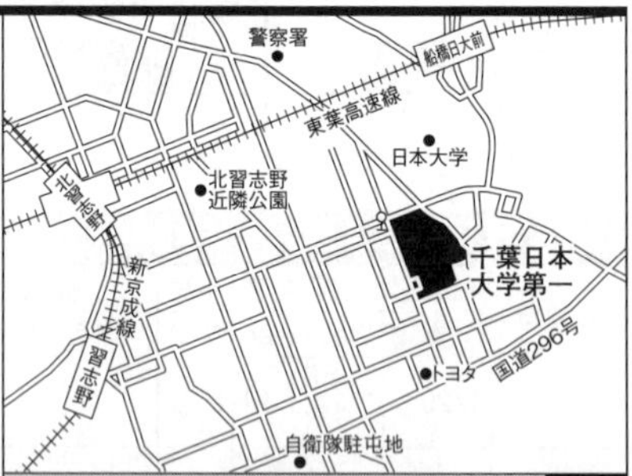

東葉高速線―船橋日大前12分
JR―津田沼よりバス千葉日大一高前
徒歩 12分

「心」「身体」「知識」を伸ばし，夢をカタチに

「起床・家庭学習・就寝」の3つの時間を守る「三点固定」で生活習慣を確立させ，生活習慣を整えることで学力の確実なステップアップをはかる。

学習 中1・2は生活習慣を整え，学力の土台をつくる。英語・数学は，理解度を高めるための宿題提出と，理解度をはかるための小テストをこまめに実施。また，英語と数学に特化した学習サポーター室を週1回70分間開放，大学生チューターが自主学習の手助けをする。英語は「アウトプット(発信)」を重視し，国際化社会で通用するコミュニケーション能力を育成する。全学年でスピーチコンテストを開催。中3より希望者を対象に語学研修を行う。毎年，文化祭で千葉県弁護士会の支援のもと「模擬裁判」を実施。社会問題に目を向けるきっかけとする。

キャリア教育 日本大学との連携教育が充実。中1の理工学部体験や高校の希望者には各学部の説明会，医・歯・薬学部研修，及び看護体験を行う。他大学進学希望者には進路適性検査や卒業生による座談会もある。

学校生活 全学年朝読書を20分間行う。中1の5月に水上高原で2泊3日宿泊研修，中2の2月に菅平で3泊4日のスキー教室を行う。中高合同のクラブは23団体。

●コース表

中1	中2	中3	高1	高2	高3
共	通	履修	進学クラス	文系／理系	
			特進クラス	文系／理系	

保護者MEMO

登校時刻▶8：20
最終下校時刻▶18：00
土曜日▶毎週登校。平常授業4時間
昼食▶食堂／食品販売あり
携帯電話▶許可制
制服▶詰襟，セーラー
自転車通学▶可
カウンセラー▶週2日
保護者面談▶年1回
保護者会▶年2回
必修旅行▶京都・奈良（中3），沖縄（高2）
部活動▶週5日まで

学費　　初年度目安 121万円

(単位:円)	入学金	施設費	授業料	その他	合計
入学手続時	200,000	100,000	—	—	300,000
1年終了まで	—	96,000	366,000	444,400	906,400

●奨学金・特待生
なし

［その他］制服・指定品代，教育充実費，図書費，実験実習費，一括徴収金，父母会費，生徒会費，ロッカー使用料。
［寄付・学債］任意の寄付金（特別給付金）1口2万円2口以上あり。
※上記は'22年度のもの。新年度について詳細は「受験生応援アプリ」にて公開（2023年5月〜）。

首都圏模試　思考コード（単位：%）

読み取る力＼考える力	〈第１期〉国語 A	国語 B	国語 C	算数 A	算数 B	算数 C
複雑 3						
2	32	3		58		
単純 1	10	55		2	40	

A=知識・理解思考　B=論理的思考　C=創造的思考

2024年度入試　合格の基準

		首都圏模試 ほぼ確実	首都圏模試 見込あり	首都圏模試 やや見込あり	四谷大塚 ほぼ確実	四谷大塚 見込あり	四谷大塚 やや見込あり
男子	〈①〉	54	50	45	43	40	36
女子	〈①〉	54	50	45	44	41	37

ほぼ確実＝80％～／見込あり＝50～79％／やや見込あり＝20～49％

入試要項　2023年度参考　新年度日程は アプリへGO!

2科　4科

試験名	試験日 ◎午後入試	出願締切 Web	発表 Web	手続 Web	2科	4科	適	英	他	面接	特待	募集数	応募数	受験数	合格数	実質倍率	偏差値
自己推薦	12/1	11/29	12/2	12/6		●						70	男 125	123	53	2.3	52
													女 85	85	31	2.7	51
①	1/21	1/19	1/22	1/25延		●						150	男 523	513	265	1.9	54
													女 308	299	159	1.9	54
②	1/26	1/24	1/27	2/5	●							20	男 138	122	35	3.5	63
													女 99	88	36	2.4	63

※英検４級以上取得者は加点措置あり
※自己推薦は入学志願書。該当者は検定合格証のコピー

【出願方法】 Web出願後，書類を郵送または窓口持参
【手続方法】 Web納入。①は一部納入で，残額を2/5まで延納可
【受験料】 20,000円

【帰国生入試】 ―
(注) ①募集数に付属小からの推薦40名を含む。

中学受験のプロがおすすめ！　併願校の例

♠男子校　♥女子校　♣共学・別学校

特色	男 フィールドワーク	男 高大連携教育	男 近代的校舎	女 フィールドワーク	女 高大連携教育	女 近代的校舎
	♣成田高校附	♣東洋大京北	♣安田学園	♣成田高校附	♣東洋大京北	♣安田学園
	♣光英VERITAS	♣流経大柏	♣日出学園	♣光英VERITAS	♣流経大柏	♣日出学園
	♣二松学舎柏	♣日大一	♣千葉明徳	♣二松学舎柏	♣日大一	♣千葉明徳

併設高校の進路情報

四年制大学進学率89.1%
文系・理系の割合 非公表　医歯薬28名進学

内部推薦▶日本大学へ202名（法28，文理31，経済25，商13，芸術３，国際関係３，危機管理２，スポーツ科３，理工52，生産工10，工１，歯３，松戸歯４，生物資源科10，薬14）が内部推薦で進学した。

指定校推薦▶上智大，東京理科大，学習院大，明治大，青山学院大，法政大，東洋大，成城大，明治学院大，獨協大，芝浦工大，東京電機大，東京都市大など推薦枠あり。

'22年３月卒業生：359名　大学320名　短大０名　専門３名　就職０名　他36名

主な大学合格状況　'23年春については主要大学のみ巻末一覧に記載

大学名	'22	'21	'20	大学名	'22	'21	'20	大学名	'22	'21	'20
◇東工大	0	1	0	学習院大	15	3	3	成蹊大	12	3	6
◇千葉大	3	2	0	明治大	33	7	18	成城大	16	5	13
◇筑波大	0	1	0	青山学院大	10	7	3	明治学院大	6	5	7
◇横浜国大	2	0	0	立教大	16	13	11	獨協大	12	4	2
◇信州大	1	0	0	中央大	19	7	10	芝浦工大	5	8	8
◇宇都宮大	2	0	0	法政大	30	9	17	東京電機大	4	12	2
早稲田大	6	2	2	日本大	532	253	305	武蔵大	5	1	6
慶應大	2	3	1	東洋大	35	13	5	工学院大	3	5	4
上智大	2	3	5	駒澤大	8	6	2	東京都市大	2	4	2
東京理科大	10	8	11	専修大	25	2	5	東邦大	11	8	9

※各大学合格数は既卒生との合計。

見学ガイド　文化祭／体育祭／説明会／オープンスクール

中 千葉明徳(ちばめいとく) 中学校

〒260−8685 千葉県千葉市中央区南生実町 1412 ☎043−265−1612・1772(入試専用ダイヤル)

国際 海外研修 長期留学 第2外国語 online英会話 21型 1人1台端末 リモート体制 プロジェクト型 論文執筆 STEAM 情操 体験学習 ボランティア 人間力育成

教育目標▶自ら考え，行動し，己の道を切り拓いていく力を持つ「行動する哲人」を育成する。
沿革▶1925年，福中儀之助により創立された千葉淑徳高等女学校が前身。1947年現校名に改称。1965年共学化。2011年中学校開校。
施設▶ホール，天体ドーム，和室，図書館（約2万冊），体育館（武道場），野球場，人工芝グラウンド，トレーニングルーム（新部室棟），他。
学校長▶園部　茂
生徒数▶総数220名

	1年(3クラス)	2年(2クラス)	3年(2クラス)
男子	47名	33名	38名
女子	44名	27名	31名

京成千原線―学園前1分　JR―蘇我よりバス明徳学園，鎌取よりバス北生実3分　1分

グローバルな視野をもつ「行動する哲人」を育成

様々な知識や体験を土台として，自ら課題を見出し，情報を収集・分析・表現する中で，課題を解決する力を身につける。

学習 予習，授業，家庭学習，朝学習，放課後補習をワンセットにして生徒のつまずきに素早く対応する。各教科で「まとめて・書いて・発表する」ことを実践し，伝えるスキルを磨く。日頃から1分間スピーチに取り組む。また，ICTを活用し，質の高いアクティブ・ラーニングを展開。英語はアウトプット重視。高2の修学旅行でハワイを訪れ，現地の学生と交流会を開く。中1と中2は英語レシテーション大会，中3はスキットコンテストを開催する。総合学習の一環として「土と生命」をテーマに，中1・中2合同で稲作や野菜作りを体験し，人と自然のつながりを実感する。中3は個別に課題を設定し8,000字程度の研究論文を作成，発表する。

●コース表

中1	中2	中3	高1	高2	高3
共通履修				文系 理系	

キャリア教育 中1・中2ではSDGsに関するワークショップを行い，中3からは「協働」をより具体的にする企業訪問に取り組む。企業と連携し，「どんな考え・思いをもって働くのか」を探究する。

学校生活 運動系10・文化系7のクラブがある。生徒会活動も盛ん。

保護者MEMO

登校時刻▶8：15
最終下校時刻▶18：00
土曜日▶毎週登校。平常授業3時間
昼食▶給食(中学)／食堂／食品販売あり(高校より可)
携帯電話▶許可制
制服▶ブレザー
自転車通学▶可
カウンセラー▶週1日
保護者面談▶年1回
保護者会▶年2回
必修旅行▶関西（中3）
部活動▶活動日は部による

学費　初年度目安 124万円

(単位:円)	入学金	施設費	授業料	その他	合計
入学手続時	195,000	―	―	―	195,000
1年終了まで	―	130,000	372,000	546,936	1,048,936

[その他] 制服・指定品代，修学旅行費，運営費，学習教材費，ipad関連費，PTA会費，生徒会費，給食費。
[寄付・学債] なし。
※上記は'22年度のもの。新年度について詳細は「受験生応援アプリ」にて公開（2023年5月〜）。

●奨学金・特待生
入学金，初年度施設設備費，3年間授業料をA：全額／B：半額（年2回審査有）

首都圏模試　思考コード　（単位：%）

	A	B	C	A	B	C
読み取る力						
複雑 3						
2			データなし			
単純 1						

A=知識・理解思考　B=論理的思考　C=創造的思考

2024年度入試　合格の基準

	首都圏模試			四谷大塚		
	ほぼ確実	見込あり	やや見込あり	ほぼ確実	見込あり	やや見込あり
男子 ①	41	34	30	32	27	22
女子 ①	41	34	30	32	27	22

ほぼ確実＝80%～／見込あり＝50～79%／やや見込あり＝20～49%

入試要項　2023年度参考　新年度日程は アプリへGO!

2科　4科　適性型　英　他

試験名	試験日 ◎午後入試	出願締切 Web	発表 Web	手続 Web	選抜方法 2科	4科	適	英	他	面接	特待	募集数	応募数	受験数	合格数	実質倍率	偏差値
第一志望	12/1	11/27	12/2	12/6	●					＊1		30	58	56	39	1.4	男41 女41
ルーブリック	12/1 ◎	11/20	12/2	12/6				＊2	＊2	＊2		5	—	—	—	—	—
適性検査 本校	1/20	1/15	1/21	1/30延			＊3			＊4	●	25	41	41	39	1.1	男43 女43
適性検査 市川	1/20	1/15	1/21	1/30延			＊5				●		206	202	185	1.1	
一般①	1/21	1/15	1/22	1/30延	●	●				＊1	●	25	49	44	27	1.6	男41 女41
一般②	1/25	1/24	1/26	1/30延	●	●				＊1	●	10	65	62	24	2.6	男43 女43
一般③	1/28	1/27	1/29	2/2延	●	●				＊1	●	10	32	30	19	1.6	男41 女41
一般④	2/4	2/3	2/5	2/9	●					＊1		若干	7	6	3	2.0	男40 女40

＊1　個人面接　＊2　プレゼンテーション「SDGｓの17テーマから選択」(英語も可)+グループディスカッション　＊3　県立・市立共通一次型：適性検査Ⅰ・Ⅱ，県立二次型：適性検査ⅢＡ・ⅢＢ，市立二次型：適性検査ⅢＣより選択　＊4　グループ面接　＊5　都立型：適性検査ⅠⅡⅢ
※通知表のコピー。ルーブリックは自己ＰＲ活動シート。第一志望と一般は英検５級以上で加点優遇あり

【出願方法】Web出願のうえ，書類を当日持参または郵送も可（簡易書留・試験日の10営業日前までに郵送・必着）**【手続方法】**Web納入。一般①②③は2/5，適性検査は2/12まで延納可　**【受験料】**第一志望・ルーブリック・一般は22,000円（一般に複数回出願する場合は，２回目以降各11,000円），適性検査は12,000円

【帰国生入試】—

中学受験のプロがおすすめ！　併願校の例

特色	男 国際理解教育	男 ICT教育	男 フィールドワーク	女 国際理解教育	女 ICT教育	女 フィールドワーク
♠男子校 ♥女子校 ♣共学・別学校	♣日出学園	♣八千代松蔭	♣流経大柏	♣日出学園	♣八千代松蔭	♣流経大柏
	♣光英VERITAS	♣東海大浦安	♣志学館	♣光英VERITAS	♣東海大浦安	♣志学館
	♣翔凜	♣二松学舎柏	♣秀明八千代	♣翔凜	♣二松学舎柏	♣秀明八千代

併設高校の進路情報

四年制大学進学率73.1%
文系67／理系31／その他２（%）　医歯薬５名合格

内部推薦▶葉明徳短期大学へ２名が内部推薦で進学した。

指定校推薦▶利用状況は東京理科大２，日本大２，東洋大３，駒澤大３，亜細亜大２，帝京大２，獨協大１，工学院大１，立正大５，国士舘大１，千葉工大２，共立女子大１，大妻女子大２，武蔵野大１，実践女子大２，帝京平成大１，大正大１，拓殖大１，産業能率大２，城西国際大３，淑徳大４，麗澤大１など。ほかに東京電機大など推薦枠あり。

海外大学合格状況▶5名進学。

見学ガイド　説明会／体験授業

'22年３月卒業生：376名

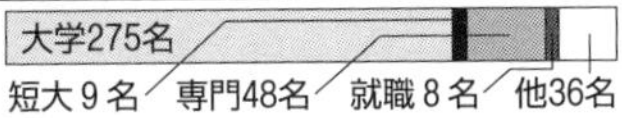

主な大学合格状況　'23年春については主要大学のみ巻末一覧に記載

大学名	'22	'21	'20	大学名	'22	'21	'20	大学名	'22	'21	'20
◇千葉大	5	0	1	学習院大	7	1	1	大東文化大	11	8	2
◇東京藝術大	1	1	1	明治大	12	5	1	亜細亜大	6	5	5
◇東京学芸大	0	1	0	青山学院大	4	3	3	帝京大	19	16	7
◇茨城大	1	2	2	立教大	10	7	2	成蹊大	9	4	1
◇宇都宮大	1	0	0	中央大	6	7	2	獨協大	6	5	3
◇県立保健医療大	1	1	0	法政大	11	10	6	立正大	15	22	8
早稲田大	1	2	0	日本大	62	39	14	国士舘大	10	7	9
慶應大	0	1	0	東洋大	36	30	20	大妻女子大	14	2	3
上智大	1	1	0	駒澤大	13	15	9	東邦大	14	16	8
東京理科大	11	9	2	専修大	19	15	2	千葉商大	9	18	11

※各大学合格数は既卒生との合計。

高校募集 あり 高１より全体が混合。 高１内訳 一貫生 142名 299名 高入生

中 東海大学付属浦安高等学校 中等部

とうかいだいがくふぞくうらやすこうとうがっこう

〒279－8558　千葉県浦安市東野３－11－１　☎047－351－2371

国際
海外研修
長期留学
第２外国語
online英会話
21型
1人1台端末
リモート体制
プロジェクト型
論文執筆
STEAM
情操
体験学習
ボランティア
人間力育成

建学の精神▶創立者の言葉「若き日に汝の思想を培え。若き日に汝の体躯を養え。若き日に汝の知能を磨け。若き日に汝の希望を星につなげ」を掲げる。
沿革▶1955年東海大学付属高等学校創立。1988年に中学校を併設。2008年現校名に改称。
施設▶講堂，図書室（約６万冊），体育館（アリーナ），屋内プール，グラウンド，テニスコート，他。
学校長▶茂泉　吉則
生徒数▶総数449名

	１年（４クラス）	２年（４クラス）	３年（４クラス）
男子	93名	89名	115名
女子	54名	47名	51名

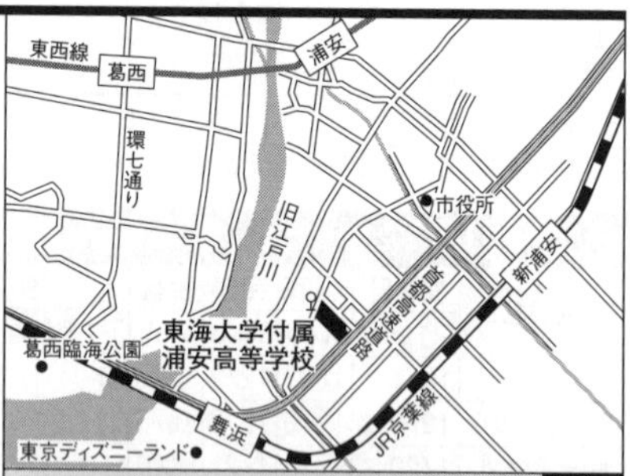

JR―舞浜18分　東西線―浦安，JR―新浦安よりバス東海大浦安高校前　18分

大学の先にある人としての在り方生き方の探究

地域社会から国際社会へ視野を広げ，社会貢献・社会参画していく資質を身につける「シティズンシップ教育」を推進。将来の目標や学ぶ意欲を引き出す。

学習 タブレット端末を全員が所持し，学校生活全般で活用する。英数は全学年で習熟度別・少人数授業を実施。レベルに合わせた細やかな指導で学びを深める。また英語は中２·中３でGTECを受験し，語学力アップをめざす。理科に興味を持つ生徒を対象に，大学や公的研究機関と連携した体験型·探究型授業「サイエンスクラス」を開講。自ら課題を発見し，知的好奇心を伸ばしてゆく。学年進行型語学教育プログラムとして，中１と中２は国内施設での英語研修，集大成として中３でニュージーランド英語研修を実施する。

●コース表

中１	中２	中３	高１	高２	高３
共通履修					

キャリア教育 総合的な学習の時間として「浦安人生学」を設定。「思いやり」「キャリア教育」を軸に，中学では職業研究を行い，働くことの意義を考察する。

学校生活 人工芝グラウンド，武道館などの運動施設が充実。クラブには95%を超える生徒が加入している。剣道部や柔道部，野球部が全国レベル。制服は季節に応じたバリエーションが豊富で，機能性も備えている。

保護者MEMO

登校時刻▶８：35
最終下校時刻▶18：00
土曜日▶毎週登校。平常授業３時間
昼食▶食堂（高校から利用可）／食品販売あり
携帯電話▶許可制
制服▶ブレザー
自転車通学▶可
カウンセラー▶常駐
保護者面談▶年２回
保護者会▶年１回
必修旅行▶ニュージーランド(中3)
部活動▶活動日は部による

学費　初年度目安 123万円

(単位:円)	入学金	施設費	授業料	その他	合計
入学手続時	160,000	160,000	―	―	320,000
1年終了まで	―	168,000	336,000	403,394	907,394

●奨学金・特待生
なし

[その他] 制服・指定品代，海外研修費，学年諸費，ipad関連費用，後援会費，後援会入会金，生徒会費，生徒会入会金。
[寄付・学債] なし。
※上記は'22年度のもの。新年度について詳細は「受験生応援アプリ」にて公開（2023年５月～）。

首都圏模試　思考コード (単位:%)

読み取る力	〈A〉国語 A	国語 B	国語 C	算数 A	算数 B	算数 C
複雑 3						
2	22	4		60		
単純 1	12	62		25	15	
考える力	A	B	C	A	B	C

A=知識・理解思考　B=論理的思考　C=創造的思考

2024年度入試　合格の基準

		首都圏模試 ほぼ確実	見込あり	やや見込あり	四谷大塚 ほぼ確実	見込あり	やや見込あり
男子	〈A〉	49	45	41	39	34	29
女子	〈A〉	49	45	41	40	35	30

ほぼ確実=80%～/見込あり=50～79%/やや見込あり=20～49%

入試要項　2023年度参考　新年度日程はアプリへGO!　2科 4科

試験名		試験日 ◎午後入試	出願締切 Web	発表 Web	手続 Web	2科	4科	適	英	他	面接	特待	募集数	応募数	受験数	合格数	実質倍率	偏差値
推薦		12/1	11/25	12/2	12/5		●				*		70	男 110	110	82	1.3	41
														女 40	40	27	1.5	41
一般	A	1/20	1/14	1/21	1/23延		●						30	男 376	354	170	2.1	49
														女 196	189	108	1.8	49
	B	1/24	1/22	1/25	1/29延	●	●						20	男 201	186	80	2.3	50
														女 75	71	36	2.0	50

＊個人面接　※推薦は自己推薦書

【出願方法】Web出願後，推薦は11/27までに書類郵送
【手続方法】Web納入。一般は一部納入で残額を2/9まで延納可
【受験料】20,000円（一般ABの同時出願は30,000円。Aに合格し，手続き完了の場合は10,000円返還）

【帰国生入試】—

中学受験のプロがおすすめ!　併願校の例

特色	男 国際理解教育	男 大学附属校	男 ICT教育	女 国際理解教育	女 大学附属校	女 ICT教育
	♣日出学園	♣千葉日大一	♣淑徳巣鴨	♣日出学園	♣千葉日大一	♣淑徳巣鴨
	♠聖学院	♣日大一	♣駒込	♥和洋国府台	♣日大一	♣駒込
	♣郁文館	♣東海大高輪台	♣二松学舎柏	♣郁文館	♣東海大高輪台	♣二松学舎柏

♠男子校　♥女子校　♣共学・別学校

併設高校の進路情報

四年制大学進学率91.4%
文系46／理系40／その他14(%)　医歯薬8名合格

内部推薦▶東海大学へ334名（文16，文化社会22，教養10，児童教育8，体育21，健康9，法15，政治経済30，経営12，国際18，観光20，情報通信35，理13，情報理工18，建築都市10，工30，医5，海洋17，人文1，文理融合4，農3，国際文化10，生物7），ハワイ東海インターナショナルカレッジへ7名が付属推薦で進学した。

海外大学合格状況▶慶熙大学校(韓)，他。

'22年3月卒業生：417名

大学381名　短大8名／専門16名／就職3名／他9名

主な大学合格状況　'23年春については主要大学のみ巻末一覧に記載

大学名	'22	'21	'20	大学名	'22	'21	'20	大学名	'22	'21	'20
◇名古屋大	1	0	0	日本大	9	5	5	芝浦工大	4	0	1
早稲田大	1	0	1	東洋大	4	1	1	東京電機大	0	0	3
慶應大	0	0	1	駒澤大	0	1	3	国士舘大	2	0	0
東京理科大	3	1	0	専修大	1	6	1	桜美林大	0	2	1
学習院大	1	0	0	東海大	334	328	302	順天堂大	2	0	0
明治大	7	4	0	帝京大	1	2	4	北里大	1	1	0
青山学院大	2	0	3	成蹊大	1	1	2	東邦大	1	1	3
立教大	5	0	1	成城大	1	3	2	近畿大	0	7	0
中央大	3	2	2	明治学院大	2	0	3	武蔵野大	3	4	4
法政大	1	1	0	獨協大	0	2	0	帝京平成大	2	2	4

※各大学合格数は既卒生との合計。

見学ガイド　文化祭／説明会／オープンスクール

高校募集 なし　　高1内訳 一貫生 301名

とうほうだいがくふぞくとうほう

東邦大学付属東邦中学校

〒275－8511　千葉県習志野市泉町 2－1－37　☎047－472－8191

国際 / 海外研修 / 長期留学 / 第2外国語 / online英会話 / 21型 / 1人1台端末 / リモート体制 / プロジェクト型 / 論文執筆 / STEAM / 情操 / 体験学習 / ボランティア / 人間力育成

建学の精神▶創立者である医学博士・額田豊・晋兄弟の自然観「自然・生命・人間」の尊重に基づく。
沿革▶東邦大学の付属校として，1952年高等学校，1961年中学校開校。2017年より高校募集停止。
施設▶図書室（8万冊），天体観測室，カフェテリア，屋内プール，体育館，理科実験室（9室），他。
学校長▶松本　琢司
生徒数▶総数923名

	1年（8クラス）	2年（8クラス）	3年（8クラス）
男子	181名	171名	197名
女子	126名	132名	116名

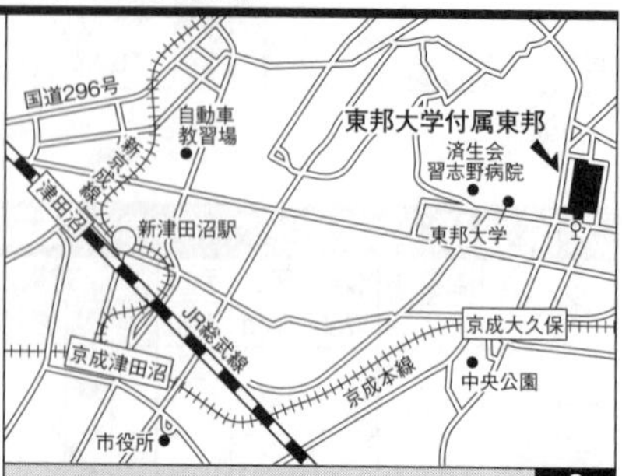

京成本線―京成大久保10分　JR―津田沼よりバス東邦大付属東邦中学・高校前 10分

自主的な学びによる「自分探し学習」が特色

感性で捉えたものを理性に高めて理解するプロセスを重視。東邦リベラルアーツ教育で培った教養を基に，自分の進路や社会に向かって専門性を磨く。

学習 中学3年間は幅広い教養をじっくり修得する。知識を広げるために「読書マラソン」「数学トレーニングマラソン」を行っている。希望者に，文学や物語の舞台を訪れる「物語散歩」も実施。英語ではスピーチコンテストを学年別に実施。「自分探しの学習」と銘打つ総合学習の集大成として，高2で各自テーマを設定し，レポートを作成。理科教育では五感を通して学ぶことを大切にし，実験や観察に時間をかけて学習する。東邦大学ほか多くの大学と連携した「学問体験講座」があり，理学部での実験・実習や医療体験など多彩な講座を行う。オーストラリアやシンガポールでの海外研修は中3から参加可能(希望制)。海外からの留学生の受け入れもさかん。

キャリア教育 中学から卒業生との進学懇談会や保護者による職業講話などを実施。高1・高2では大学見学会も行う。

学校生活 中学は25，高校は29の部活動・同好会が活動中。スキー部，水泳部，陸上競技部，合唱部などが全国大会出場の実績あり。

●コース表

中1	中2	中3	高1	高2	高3
共通履修				文系 理系	

保護者MEMO

登校時刻▶8：25
最終下校時刻▶18：30
土曜日▶毎週登校。平常授業4時間
昼食▶食堂／食品販売あり
携帯電話▶許可制
制服▶詰襟，ブレザー
自転車通学▶可
カウンセラー▶週5日
保護者面談▶年1回
保護者会▶年3回
必修旅行▶長崎（中3），北海道（高2）
部活動▶週5日以内

学費　　初年度目安 114万円

（単位:円）	入学金	施設費	授業料	その他	合計
入学手続時	340,000	―	―	―	340,000
1年終了まで	―	84,000	408,000	304,480	796,480

●奨学金・特待生
授業料1年間

［その他］副教材費，修学旅行積立金，諸会費，校舎等建設期成会費，振替手数料。※指定品，制服代別途あり。
［寄付・学債］なし。
※上記は'22年度のもの。新年度について詳細は「受験生応援アプリ」にて公開（2023年5月～）。

首都圏模試 思考コード （単位：%）

〈前期〉

読み取る力 ＼ 考える力	国語 A	国語 B	国語 C	算数 A	算数 B	算数 C	理科 A	理科 B	理科 C	社会 A	社会 B	社会 C
複雑 3				6	5		35			20		
2	15	5		18	33		45	5		68		
単純 1		80			38		5	10		12		

A=知識・理解思考　B=論理的思考　C=創造的思考

2024年度入試 合格の基準

		首都圏模試 ほぼ確実	首都圏模試 見込あり	四谷大塚 ほぼ確実	四谷大塚 見込あり
男子	〈前期〉	72	68	61	56
			やや見込あり 64		やや見込あり 51
女子	〈前期〉	72	68	64	59
			やや見込あり 64		やや見込あり 54

ほぼ確実＝80%～／見込あり＝50～79%／やや見込あり＝20～49%

入試要項 2023年度参考　新年度日程は アプリへGO!　4科

試験名	試験日 ◎午後入試	出願締切 Web	発表 Web	手続 Web	2科	4科	適	英	他	面接	特待	募集数	応募数	受験数	合格数	実質倍率	偏差値
推薦	12/1	11/11	12/2	12/3		●					●	40	男 313	310	22	14.1	72
													女 262	262	18	14.6	73
前期	1/21	1/10	1/23	1/24延		●					●	240	男1,395	1,329	632	2.1	72
													女 871	818	335	2.4	72
後期	2/3	2/2	2/4	2/4		●					●	20	男 256	235	11	21.4	73
													女 236	222	11	20.2	73

※推薦は自己推薦書

【出願方法】 Web出願後，推薦は書類郵送　**【手続方法】** Web納入。前期は一部納入で2/4まで延納可
【受験料】 25,000円

【帰国生入試】 12/1（募集人員は前期に含む）

年度	試験名	募集数	応募数	受験数	合格数	実質倍率	偏差値
'22	推薦	40	男 346	342	24	14.3	72
			女 293	290	16	18.1	73
	前期	240	男1,393	1,331	639	2.1	72
			女 840	795	330	2.4	72
	後期	20	男 241	220	23	9.6	73
			女 204	177	24	7.4	73

受験情報

国語では，８割程がB1の問題です。算数では，B1，B2の割合が高く，高度な論理的思考力が求められます。理科では，A2，A3の割合が高く，知識や技術の正確な再現力が求められます。社会では，すべてAの問題が出題されます。

中学受験のプロがおすすめ！ 併願校の例

特色	男 理数教育	男 進学先（医学部）	男 表現力育成	女 理数教育	女 進学先（医学部）	女 表現力育成
♠男子校 ♥女子校 ♣共学・別学校	♣渋谷教育幕張	♠開成	♣県立千葉	♣渋谷教育幕張	♥桜蔭	♣県立千葉
	♣市川	♣県立東葛飾	♣昭和秀英	♣市川	♣県立東葛飾	♣昭和秀英
	♣芝浦工大柏	♣江戸川取手	♣開智日本橋	♣芝浦工大柏	♣江戸川取手	♣開智日本橋

併設高校の進路情報

四年制大学進学率－%
文系・理系の割合 非公表

特別推薦▶東邦大学へ15名（医）が特別推薦で進学した。
指定校推薦▶非公表。

'22年3月卒業生：非公表

主な大学合格状況　'23年春については主要大学のみ巻末一覧に記載

大学名	'22	'21	'20	大学名	'22	'21	'20	大学名	'22	'21	'20
◇東京大	0	3	4	◇東京医歯大	0	4	3	明治大	89	76	90
◇京都大	2	5	3	◇防衛医大	5	4	2	青山学院大	19	22	28
◇東工大	16	7	15	◇東京農工大	3	5	4	立教大	55	53	29
◇一橋大	2	1	1	◇群馬大	1	1	2	中央大	48	48	57
◇千葉大	23	25	30	◇信州大	2	5	1	法政大	79	41	74
◇筑波大	8	9	7	早稲田大	63	63	69	日本大	54	75	70
◇東京外大	1	1	0	慶應大	52	45	48	東洋大	33	41	30
◇横浜国大	1	3	4	上智大	32	36	40	芝浦工大	48	44	57
◇北海道大	1	6	5	東京理科大	163	123	127	東京電機大	12	23	11
◇東北大	6	3	12	学習院大	10	7	15	東邦大	38	34	35

※各大学合格数は既卒生との合計。

見学ガイド 文化祭／説明会／見学会

 高校募集 あり 一貫生は3年間別クラス。 高1内訳 一貫生 113名 269名 高入生

成田高等学校付属 中学校

（なりたこうとうがっこうふぞく）

〒286－0023 千葉県成田市成田 27 ☎0476－22－2131

建学の精神▶成田山の宗教的使命の達成と地方文化向上の理念のもと，「挨拶する・正装する・勉強する・運動する・掃除する」を掲げている。
沿革▶1887年創立の成田英漢義塾を前身とする。1948年成田高等学校，1967年付属中学校開校。
施設▶講堂，作法室，ラーニングセンター（図書室，4万冊），プール，グラウンド，武道館，他。
学校長▶田中　康之
生徒数▶総数383名　併設小からの進学者を含む。

	1年（3クラス）	2年（3クラス）	3年（3クラス）
男子	78名	76名	70名
女子	56名	50名	53名
内進生内数	男17名 女15名	男14名 女19名	男15名 女18名

JR―成田15分　京成本線―京成成田15分またはバス松原3分　15分

国際 海外研修 長期留学 第2外国語 online英会話 21型 1人1台端末 リモート体制 プロジェクト型 論文執筆 STEAM 情操 体験学習 ボランティア 人間力育成

文武両道に励み，夢に止まらず，志を高く

中高の一貫性を慎重に配慮した教育課程編成。特に国・数・英では中学から余裕をもった先取り学習を行う。一人ひとりが満足できる進路を実現する。

学習 中1・中2は全生徒が同じ内容を学習し，中3から習熟度別に特進αクラスと進学クラスに分かれる。進学クラスでは，中3・高1の数学と英語を少人数で学ぶ。独自のカリキュラムにより，国数英は中3から高校課程に入る。教科内容を高校との連携により専門化。理科は「物理と化学」「生物と地学」として，専門の教員が指導する。数学・英語は，それぞれ週1回放課後に学力補充講座を開講。長期休業中には特別講座も開かれる。中3～高2の希望者を対象に，夏にカナダ，春にアメリカで約2週間の語学研修を実施。

●コース表

中1	中2	中3	高1	高2	高3
共通履修		特進αクラス 進学クラス		選抜文理クラス 文系クラス 理系クラス	

キャリア教育 各自で行う職業学習，様々な職種の方々を招いて行う講演会やインターン体験等，将来に目を向ける機会を用意。総合学習等でも生徒の興味のある分野を掘り下げる機会や成田山周辺の商店街との連携など多彩な取り組みを行う。生徒・保護者を含めた面談を細かく計画的に行う。

学校生活 中1は5月に宿泊研修，中2は2月にスキー教室を行う。運動部，文化部，同好会25団体が活動中。

保護者MEMO

登校時刻▶8：25
最終下校時刻▶18：00
土曜日▶毎週登校。平常授業4時間
昼食▶食堂／食品販売あり
携帯電話▶許可制
制服▶詰襟，セーラー
自転車通学▶可
カウンセラー▶週3日
保護者面談▶年1回
保護者会▶年2～3回
必修旅行▶京都・奈良（中3）
部活動▶週2日以上休み

学費　　初年度目安 95万円

（単位:円）	入学金	施設費	授業料	その他	合計
入学手続時	120,000	100,000	―	2,000	222,000
1年終了まで	―	84,000	336,000	309,200	729,200

●奨学金・特待生
なし

［その他］制服・指定品代，冷暖房費，図書費，タブレット代，実験実習費，積立金（学級費・修学旅行等），諸会費・入会費。※別途教材費等あり。
［寄付・学債］なし。
※上記は'22年度のもの。新年度について詳細は「受験生応援アプリ」にて公開（2023年5月～）。

首都圏模試 思考コード (単位：%)

読み取る力						
複雑 3						
2			データなし			
単純 1						
考える力	A	B	C	A	B	C

A=知識・理解思考　B=論理的思考　C=創造的思考

2024年度入試 合格の基準

		首都圏模試 ほぼ確実	首都圏模試 見込あり	四谷大塚 ほぼ確実	四谷大塚 見込あり
男子	〈一般〉	57	51 / やや見込あり 48	45	42 / やや見込あり 38
女子	〈一般〉	57	51 / やや見込あり 48	46	43 / やや見込あり 39

ほぼ確実＝80%～／見込あり＝50～79%／やや見込あり＝20～49%

入試要項 2023年度参考　新年度日程は アプリへGO!　4科

試験名	試験日 ◎午後入試	出願締切 Web	発表 Web	手続 W・窓	選抜方法 2科	4科	適	英	他	面接	特待	募集数	応募数	受験数	合格数	実質倍率	偏差値
第一志望	12/1	11/22	12/2	12/3		●						35	129	128	46	2.8	男56 女56
一般	1/25	1/18	1/26	1/27延		●						60	237	185	81	2.3	男57 女57

※英検3級以上は加点措置あり

【出願方法】 Web出願。該当者は出願時に必要な情報を入力
【手続方法】 Web納入のうえ，窓口手続。一般は一部納入で，残額は2/6まで延納可
【受験料】 20,000円

【帰国生入試】 —

中学受験のプロがおすすめ！ 併願校の例

特色	男 礼儀・マナー	男 ICT教育	男 キャリア教育	女 礼儀・マナー	女 ICT教育	女 キャリア教育
♠男子校 ♥女子校 ♣共学・別学校	♣江戸川取手	♣専大松戸	♣芝浦工大附柏	♣江戸川取手	♣専大松戸	♣芝浦工大附柏
	♣安田学園	♣千葉日大一	♣麗澤	♣安田学園	♣千葉日大一	♣麗澤
	♣光英VERITAS	♣八千代松陰	♣茗溪学園	♣光英VERITAS	♣八千代松陰	♣茗溪学園

併設高校の進路情報

四年制大学進学率84.1%
文系・理系の割合 未集計　医歯薬28名合格

指定校推薦▶利用状況は早稲田大1，東京理科大3，学習院大3，明治大1，青山学院大1，立教大3，法政大3，日本大3，駒澤大1，成城大1，明治学院大4，芝浦工大1，武蔵大3，共立女子大1，東邦大4，国際医療福祉大2，東京歯大1，学習院女子大1など。ほかに中央大，東洋大，國學院大，獨協大，東京電機大，東京薬科大など推薦枠あり。
海外大学合格状況▶Deakin University（豪），他。

'22年3月卒業生：321名

大学270名　短大0名　専門6名　就職1名　他44名

主な大学合格状況

'23年春については主要大学のみ巻末一覧に記載

大学名	'22	'21	'20	大学名	'22	'21	'20	大学名	'22	'21	'20
◇東京大	1	0	2	早稲田大	21	12	22	日本大	121	74	103
◇東工大	0	2	1	慶應大	6	10	8	東洋大	57	50	65
◇千葉大	9	8	15	上智大	8	2	15	駒澤大	10	18	7
◇筑波大	1	3	2	東京理科大	27	17	25	専修大	16	9	11
◇東京外大	1	1	2	学習院大	15	7	16	帝京大	10	8	7
◇埼玉大	9	0	2	明治大	45	22	35	國學院大	14	7	20
◇北海道大	2	0	2	青山学院大	24	20	12	明治学院大	9	16	13
◇都立大	3	2	2	立教大	24	16	32	獨協大	15	8	12
◇茨城大	4	7	7	中央大	33	19	20	芝浦工大	14	9	20
◇県立保健医療大	1	1	1	法政大	53	22	49	立命館大	4	6	19

※各大学合格数は既卒生との合計。

見学ガイド 文化祭／説明会／スクールツアー

高校募集 あり 高2より全体が混合。 高1内訳 一貫生 53名 375名 高入生

二松学舎大学附属柏（にしょうがくしゃだいがくふぞくかしわ）中学校

〒277－0902　千葉県柏市大井2590　☎04－7191－5242

国際　海外研修　長期留学　第2外国語　online英会話　21型　1人1台端末　リモート体制　プロジェクト型　論文執筆　STEAM　情操　体験学習　ボランティア　人間力育成

建学の精神▶自ら考え行動できる能力を鍛え，社会のために貢献する人物を養成する。

沿革▶1877年創立の漢学塾・二松學舍に始まる。1969年に二松學舍大学附属沼南高等学校設立。2011年に中学校を開校し，現校名に改称。

施設▶体育館，和室，自習室，大講義室，大学図書館（約15万冊），各種グラウンド，他。

学校長▶七五三　和男

生徒数▶総数252名

	1年（3クラス）	2年（3クラス）	3年（3クラス）
男子	50名	46名	51名
女子	34名	27名	44名

JR・千代田線―柏・我孫子，東武アーバンパークライン―新柏などよりスクールバス 15分

豊かな人間性を育む論語教育と,知的好奇心を深める探究教育が特色

こころの教育読本として「論語」を取り入れ，豊かな心や思いやりを育む。見聞を広げ，多角的に思考する「自問自答プログラム」では主体的で対話的な学びを展開。

学習　教育方針に基づき，論語教育を中高6年間行う。中学では「グローバル探究・総合探究」の2コース体制で学力と人間力の向上を図る。グローバル探究コースは異文化や多様な価値観を認める真のグローバルリーダー育成を目指し，SDGsに関連した学習や，必修の海外語学研修などを行う。総合探究コースでは，難関大学受験に対応できる学力を養成。担任・副担任・教科担当者が情報共有を密に行い，個々の学習を支援する。毎朝25分間，数学は小テスト，英語はスピーキングとリスニングを実施。アクティブラーニング型の学習「自問自答プログラム」を展開。中3で約8,000字の探究論文とプレゼンテーション発表に取り組む。

●コース表

中1	中2	中3	高1	高2	高3
グローバル探究コース 総合探究コース				SGクラス 特進クラス 進学クラス	

※SはスーパーA特進，Gはグローバルの略

キャリア教育　中学でのさまざまな体験をもとに，高校から本格的なキャリアデザインプログラムを開始する。

学校生活　中高生も利用できる大学図書館には2,900種類の雑誌や約3,800タイトルの視聴覚資料がある。部活，同好会合わせて17団体が活動中。

保護者MEMO

登校時刻▶8：15
最終下校時刻▶17：30
土曜日▶毎週登校。平常授業3時間
昼食▶食堂／食品販売あり
携帯電話▶可
制服▶ブレザー
自転車通学▶可
カウンセラー▶週3日
保護者面談▶年1回
保護者会▶年2回
必修旅行▶奈良・京都（中2），沖縄（高2）
部活動▶活動日は部による

学費　初年度目安 121万円

（単位:円）	入学金	施設費	授業料	その他	合計
入学手続時	200,000	―	―	64,400	264,400
1年終了まで	―	330,000	348,000	268,000	946,000

［その他］制服・指定品代，預り金，父母の会年会費，父母の会入会金，諸活動後援費，生徒会年会費，生徒会入会金。
［寄付・学債］なし。
※上記は'22年度のもの。新年度について詳細は「受験生応援アプリ」にて公開（2023年5月～）。

●奨学金・特待生
A：入学金・設備費・授業料1年間／B：入学金・設備費

首都圏模試　思考コード　（単位：%）

読み取る力＼考える力	A	B	C	A	B	C
複雑 3						
2			データなし			
単純 1						

A=知識・理解思考　B=論理的思考　C=創造的思考

2024年度入試　合格の基準

		首都圏模試		四谷大塚	
		ほぼ確実	見込あり	ほぼ確実	見込あり
男子	〈総合①〉	42	39	35	30
			やや見込あり 36		やや見込あり 25
女子	〈総合①〉	42	39	35	30
			やや見込あり 36		やや見込あり 25

ほぼ確実＝80%～／見込あり＝50～79%／やや見込あり＝20～49%

入試要項　2023年度参考　新年度日程はアプリへGO!

2科　4科　適性型　英　他

	試験名	試験日 ◎午後入試	出願締切 Web	発表 Web	手続 Web	選抜方法 2科	4科	適	英	他	面接	特待	募集数	応募数	受験数	合格数	実質倍率	偏差値
第一志望	総合	12/1	11/29	当日	12/4				＊1	＊1	＊1		25	25	25	★32	—	男42 女42
第一志望	グローバル	12/1	11/29	当日	12/4				＊1	＊1	＊1		5	18	18	7	2.6	
一般	総合①	1/20	1/18	1/21	1/27延	●	●						25	134	122	106	1.2	男42 女42
一般	総合②	1/24	1/23	当日	1/30延	●	●						10	125	26	20	1.3	男43 女43
一般	グローバル特待①	1/20 ◎	1/18	1/21	1/27延	●	●		＊2			●	20	126	105	47〈21〉	2.2	男52 女52
一般	グローバル特待②	1/22	1/20	当日	1/30延	●	●	＊3	＊2			●	15	111	53	21〈4〉	2.5	男52 女52
一般	2月全コース入試	2/5	2/5	当日	2/8	●							若干	12	11	7	1.6	男43 女43

＊1　作文型・算数・英語（リスニング含む）より2科目選択＋自己アピール＋個人面接　＊2　国語＋算数＋英語（リスニング含む）　＊3　思考力検査型（検査Ⅰ＋検査Ⅱ）
※第一志望は志望理由書，自己アピール申請書

【出願方法】 Web出願後，第一志望は書類を郵送　**【手続方法】** 書類受取り後，Web納入。総合①②，グローバル特待①②は2/3まで延納可　**【受験料】** 20,000円（一般の総合①②，グローバル特待①②は同時出願で複数回受験可。2月全コース入試を再受験する場合は10,000円）

【帰国生入試】 上記試験に含む（1月以降の入試回では筆記試験後，個人面接）
★第一志望総合の合格者数にグローバルからのスライド合格を含む。
(注)〈　〉は特待なし合格で外数。グローバル特待②は上記他に総合での合格5名。

中学受験のプロがおすすめ!　併願校の例

特色	男 ICT教育	男 オンライン英会話	男 フィールドワーク	女 ICT教育	女 オンライン英会話	女 フィールドワーク
♠男子校 ♥女子校 ♣共学・別学校	♣土浦日大中等	♣八千代松陰	♣千葉日大一	♣土浦日大中等	♣八千代松陰	♣千葉日大一
	♣光英VERITAS	♣千葉明徳	♣常総学院	♣光英VERITAS	♣千葉明徳	♣常総学院
	♣郁文館	♣共栄学園	♣西武台千葉	♣郁文館	♣共栄学園	♣西武台千葉

併設高校の進路情報

四年制大学進学率86.9%
文系55／理系45／その他0（%）

内部推薦▶二松學舍大学へ57名（文29，国際政治経済28）が内部推薦で進学した。

指定校推薦▶利用状況は東京理科大2，日本大10，東洋大4，駒澤大1，専修大1，國學院大1，獨協大5，東京電機大2，日本女子大1，同志社大1，武蔵大2，白百合女子大1，東邦大1，東京農大6，清泉女子大3など。ほかにフェリス女学院大，東洋英和女学院大など推薦枠あり。

'22年3月卒業生：360名　大学313名　短大6名／専門23名／就職2名／他16名

主な大学合格状況　'23年春については主要大学のみ巻末一覧に記載

大学名	'22	'21	'20	大学名	'22	'21	'20	大学名	'22	'21	'20
◇千葉大	5	2	1	東京理科大	8	9	4	専修大	6	5	7
◇筑波大	0	2	2	学習院大	8	0	1	東海大	4	6	2
◇埼玉大	1	2	0	明治大	11	3	3	國學院大	7	9	2
◇東京藝術大	1	0	1	青山学院大	2	5	0	成城大	10	3	2
◇東京学芸大	1	1	0	立教大	4	1	0	獨協大	37	15	8
◇茨城大	2	2	1	中央大	4	6	3	芝浦工大	4	6	1
◇県立保健医療大	2	0	1	法政大	11	9	2	日本女子大	8	10	6
早稲田大	8	0	0	日本大	34	55	30	立正大	7	11	4
慶應大	1	0	1	東洋大	18	33	14	二松學舍大	57	41	28
上智大	2	5	1	駒澤大	14	3	2	東邦大	10	14	6

※各大学合格数は既卒生との合計。

見学ガイド　文化祭／説明会／授業体験会

高校募集 あり 高1より全体が混合。 高1内訳 一貫生 98名 66名 高入生

日出学園（ひのでがくえん） 中学校

〒272－0824 千葉県市川市菅野 3－23－1 ☎047－323－0071

国際 / 海外研修 / 長期留学 / 第2外国語 / online英会話 / 21型 / 1人1台端末 / リモート体制 / プロジェクト型 / 論文執筆 / STEAM / 情操 / 体験学習 / ボランティア / 人間力育成

教育目標▶「誠・明・和」の校訓のもと，生きる力・自ら行動する力を育む。
沿革▶1934年，アメリカの大学に学んだ実業家・青木要吉により，日出学園幼稚園・小学校創立。1947年に中学校，1950年に高等学校を開設した。
施設▶アリーナ，図書館（3.5万冊），茶室，視聴覚室，トレーニング室，プール，グラウンド，他。
学校長▶堀越　克茂
生徒数▶総数384名　併設小からの進学者を含む。

	1年（4クラス）	2年（4クラス）	3年（4クラス）
男子	58名	71名	69名
女子	63名	62名	61名
内進生内数	男9名 女22名	男25名 女13名	男14名 女17名

京成本線―菅野5分
JR―市川15分，またはバス日出学園 5分

「なおく・あかるく・むつまじく」を基本に個性を伸ばす

理想の教育環境をめざして設立された幼稚園から高等学校までの総合学園。「自ら考え，意見を持ち，自己発信できる生徒の育成」を強く進めている。

学習 少人数制による中高一貫教育を実施。計画的な指導で，基礎から応用へと学力を高める。全教科を通して「読む・書く・話す・行動する」を徹底。数学と英語は中2から習熟度別授業を行い，必要に応じて朝学習や放課後補習でフォローする。英語は中1からネイティヴ教員による英会話の授業を実施。中1でTOEFL Primary，中2はTOEFL Bridge，中3はTOEFL Juniorを全員が受験する。校内施設メディアルームには最新のICT機器がそろう。情報科目の開講数は日本屈指を誇り，必修科目に加えて，作曲や3D造形，動画制作，ロボットプログラミングなどを実施。オーストラリアの姉妹校と相互に短期留学を行い，語学や異文化理解を深める。

キャリア教育 「職業を意識する」「10年後の自分を考える」をテーマに学習を行う。様々な業界で活躍する保護者や卒業生による「職業を語る会」を開催。多くの方の話から将来へのヒントを得る。

学校生活 部活動は中高一緒，21の団体が活動中。6年間を通じて切磋琢磨する。

●**コース表**

中1	中2	中3	高1	高2	高3
共	通	履	修		
			特進コース	理系 / 文系	
			進学コース	理系 / 文系	

保護者MEMO

登校時刻▶8：25
最終下校時刻▶18：00
土曜日▶毎週登校。平常授業3時間
昼食▶弁当/食品販売あり
携帯電話▶可
制服▶詰襟，セーラー
自転車通学▶不可
カウンセラー▶常駐
保護者面談▶年1回
保護者会▶年3回
必修旅行▶関西（中2），九州（高2）
部活動▶平日1日休み

学費　初年度目安 122万円

（単位:円）	入学金	施設費	授業料	その他	合計
入学手続時	150,000	200,000	—	—	350,000
1年終了まで	—	—	324,000	549,760	873,760

[その他] 制服・指定品代，教育充実費，光熱費，副教材費，テスト費，実験実習費，旅行費，諸会費，安全対策費。
[寄付・学債] 任意の寄付金1口10万円1口以上あり。
※上記は'22年度のもの。新年度について詳細は「受験生応援アプリ」にて公開（2023年5月～）。

●**奨学金・特待生**
初年度：80万円程度／**3年間**：初年度＋中2・3年額27万円／**6年間**：3年間特待＋高校年額23万円

首都圏模試　思考コード　(単位:%)

〈一般Ⅰ期〉

読み取る力＼考える力	国語 A	国語 B	国語 C	算数 A	算数 B	算数 C
複雑 3						
2		20		60		
単純 1	20	58	2	4	36	

A=知識・理解思考　B=論理的思考　C=創造的思考

2024年度入試　合格の基準

		首都圏模試 ほぼ確実	首都圏模試 見込あり	四谷大塚 ほぼ確実	四谷大塚 見込あり
男子	①	54	50	41	36
			やや見込あり 44		やや見込あり 31
女子	①	54	50	42	37
			やや見込あり 44		やや見込あり 32

ほぼ確実＝80％～／見込あり＝50～79％／やや見込あり＝20～49％

入試要項　2023年度参考　新年度日程はアプリへGO!　2科 4科 他

試験名		試験日 ◎午後入試	出願締切 Web	発表 Web	手続 Web	選抜方法 2科	4科	適	英	他	面接	特待	募集数	応募数	受験数	合格数	実質倍率	偏差値
推薦		12/1	11/18	12/2	12/7	●				＊1	＊2		50	男 49	49	23	2.1	48
														女 29	29	20	1.5	48
一般	Ⅰ期	1/20	1/14	1/21	1/26延	●	●				＊2	●	30	男113	108	56	1.9	54
														女 76	74	53	1.4	54
	Ⅱ期	1/23	1/21	1/24	1/28延	●	●				＊2	●	20	男 99	61	25	2.4	54
														女 66	33	13	2.5	54
サンライズ		2/1 ◎	1/26	2/2	2/7					＊3			若干	男 4	3	0	—	—
														女 1	1	0	—	—

＊1　作文　＊2　個人面接　＊3　口頭試問。漢検5級以上・算数検定6級以上・英検4級以上・TOEFL Primary204点以上・TOEIC Bridge36点以上・ICTプロフィシエンシー検定4級以上・統計検定4級以上・ジュニアプログラミング検定Bronze以上・プレゼンテーション検定3級以上の取得者対象
※推薦入試は推薦書，一般は通知表コピー，サンライズは資格合格証のコピー，第1志望者は第一志望確約書

【出願方法】Web出願後，書類郵送または窓口持参。推薦11/19，Ⅰ期1/14，Ⅱ期1/21，サンライズ1/28まで　**【手続方法】**Web納入。Ⅰ期・Ⅱ期のみ一部納入のうえ,2/7まで延納可
【受験料】25,000円

【帰国生入試】—

中学受験のプロがおすすめ!　併願校の例

特色	男 キャリア教育	男 論文(自由研究)	男 特待生制度	女 キャリア教育	女 論文(自由研究)	女 特待生制度
♠男子校 ♥女子校 ♣共学・別学校	♣かえつ有明	♣順天	♣安田学園	♣かえつ有明	♣順天	♣安田学園
	♣千葉日大一	♣八千代松蔭	♣光英VERITAS	♣千葉日大一	♣八千代松蔭	♣光英VERITAS
	♠足立学園	♣東海大浦安	♣昭和学院	♥江戸川女子	♣東海大浦安	♣昭和学院

併設高校の進路情報

四年制大学進学率83%
文系60／理系37／その他3(%)　医歯薬19名合格

指定校推薦▶利用状況は学習院大2，立教大1，成蹊大3，明治学院大5，昭和女子大1など。ほかに上智大，東京理科大，日本大，東洋大，駒澤大，専修大，大東文化大，帝京大，國學院大，成城大，獨協大，神奈川大，芝浦工大など推薦枠あり。

海外大学合格状況▶The University of Adelaide(豪)，University of Szeged，University of Debrecen，University of Pecs，Semmelweis University (ﾊﾝｶﾞﾘｰ)，University of Phoenix (米on-line)，他。

'22年3月卒業生：182名

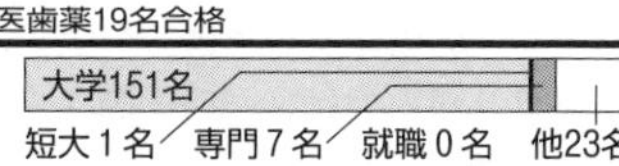

主な大学合格状況　'23年春については主要大学のみ巻末一覧に記載

大学名	'22	'21	'20	大学名	'22	'21	'20	大学名	'22	'21	'20
◇千葉大	6	2	2	慶應大	1	3	2	東洋大	31	22	21
◇筑波大	2	2	0	上智大	2	5	5	駒澤大	12	2	7
◇東京外大	1	0	0	東京理科大	7	7	8	専修大	16	14	16
◇横浜国大	0	1	0	学習院大	7	5	12	帝京大	19	8	8
◇埼玉大	1	0	1	明治大	16	21	13	國學院大	9	6	8
◇東京藝術大	0	1	0	青山学院大	4	2	6	成城大	6	10	9
◇東京学芸大	1	0	0	立教大	4	19	15	明治学院大	6	6	10
◇都立大	0	2	1	中央大	11	12	3	獨協大	6	3	11
◇東京海洋大	1	0	1	法政大	21	17	20	東京電機大	10	8	3
早稲田大	9	10	4	日本大	59	54	27	東邦大	11	20	10

※各大学合格数は既卒生との合計。

見学ガイド　文化祭／体育祭／説明会／個別見学対応可

八千代松陰（やちよしょういん）中学校

〒276−0028 千葉県八千代市村上 727 ☎047−482−1234

教育目標▶心身の鍛錬と社会に感謝する心を育み，明日の国際社会を担う個性豊かな青少年を育成する。
沿革▶アマチュアスポーツ界の発展に貢献した教育者・山口久太により，1978年八千代松陰高等学校設立。1982年中学校開校。
施設▶ホール，和室，自習室，メディアセンター（6万冊），体育館，プール，グラウンド他。
学校長▶櫻井　丸
生徒数▶総数690名

	1年（6クラス）	2年（6クラス）	3年（6クラス）
男子	125名	121名	116名
女子	107名	105名	116名

京成本線―勝田台，東葉高速線―八千代中央よりスクールバス　15分

スクールカラーは，さわやか，はつらつ，ひたむき

生徒一人ひとりの「持ち味を生かす教育」を実践。豊かな自然に囲まれた広大なキャンパスと最新の教育施設で，文武両道の学生生活を。

学習 主要5教科は3～6段階の習熟度別クラス編成。週1回，英語は単元テストを行い学習の定着を図る。また英単語テスト，漢字テストも実施。苦手克服をめざし，必要に応じて個別指導も行う。心の教育として，コミュニケーション特化のプログラム「ESP」がある。〈友だち〉〈国際協力〉〈職業と情熱〉など多岐にわたる学びを通し，豊かな人間性を養う。海外の4つの姉妹校との定期的な国際交流や長期休業中のスタディツアーなどを通して国際感覚を育む。中2の修学旅行では，外国人と観光地を巡りながら対話し，自他の文化理解とグローバルコミュニケーションの土台を築く。

キャリア教育 土曜日に「土曜講座」を開講。国数英の学習系から，陶芸・絵付け教室，プログラミング，中国語など探究系まで，学びを深める講座を展開する。放課後や夏休みには「松陰セミナー」も実施。

学校生活 広大なキャンパスに2つの体育館，複数のサッカー場・野球場を備える。運動系17，文化系11のクラブが活動。女子サッカーやレスリングもある。

●コース表

中1	中2	中3	高1	高2	高3
習熟度別クラス				文理別科目制	選択科目制

保護者MEMO

登校時刻▶8：20
最終下校時刻▶18：30
土曜日▶土曜講座を開講
昼食▶食堂／食品販売あり
携帯電話▶許可制
制服▶ブレザー
自転車通学▶可
カウンセラー▶あり
保護者面談▶年1回
保護者会▶年2回
必修旅行▶京都･奈良（中2），広島・萩（高2）
部活動▶週2日以上休む

学費　初年度目安 106万円

（単位:円）	入学金	施設費	授業料	その他	合計
入学手続時	170,000	140,000	—	—	310,000
1年終了まで	—	108,000	312,000	330,771	750,771

●奨学金・特待生
なし

［その他］制服・指定品代，修学旅行費，冷暖房費，教材等，Chromebook代金，PTA会費，生徒会費。
［寄付・学債］なし。
※上記は'22年度のもの。新年度について詳細は「受験生応援アプリ」にて公開（2023年5月～）。

首都圏模試　思考コード　（単位：%）

〈一般〉

読み取る力＼考える力	国語 A	国語 B	国語 C	算数 A	算数 B	算数 C
複雑 3						
2	18	6		70		
単純 1	20	56		14	16	

A=知識・理解思考　B=論理的思考　C=創造的思考

2024年度入試　合格の基準

		首都圏模試 ほぼ確実	首都圏模試 見込あり／やや見込あり	四谷大塚 ほぼ確実	四谷大塚 見込あり／やや見込あり
男子	〈一般20日〉	49	見込あり 45／やや見込あり 35	38	見込あり 34／やや見込あり 30
女子	〈一般20日〉	49	見込あり 45／やや見込あり 35	38	見込あり 34／やや見込あり 30

ほぼ確実＝80%～／見込あり＝50～79%／やや見込あり＝20～49%

入試要項　2023年度参考　新年度日程は アプリへGO!　2科　4科　他

試験名		試験日 ◎午後入試	出願締切 Web	発表 Web	手続 Web	2科	4科	適	英	他	面接	特待	募集数	応募数	受験数	合格数	実質倍率	偏差値
推薦	自己	12/1	11/15	当日	12/5					＊1	＊2		105	男 218	217	75	2.9	男44
	学科	12/2	11/15	当日	12/5	●					＊2			女 160	157	69	2.3	女44
一般	①	1/20	1/10	当日	1/23延		●						105	101	97	67	1.4	男49 女49
	②	1/21	1/10	当日	1/24延	●	●							85	62	33	1.9	男48 女48
	③	2/5	2/4	当日	2/7	●							若干	31	24	5	4.8	男54 女54

＊1　基礎学力試験。英検４級以上取得者は加点あり　＊2　個人面接
※自己推薦は通知表コピー，該当者は英検合格証明書原本。学科推薦は推薦書

【出願方法】 Web出願のうえ，推薦は書類郵送
【手続方法】 Web納入。一般①②は一部納入で2/4まで延納可
【受験料】 20,000円(一般の同時出願は２回分35,000円，３回分45,000円)

【帰国生入試】 —

中学受験のプロがおすすめ！ 併願校の例

特色	男 留学制度	男 論文(自由研究)	男 文武両道	女 留学制度	女 論文(自由研究)	女 文武両道
♠男子校 ♥女子校 ♣共学・別学校	♣麗澤	♣かえつ有明	♣成田高校付	♣麗澤	♣かえつ有明	♣成田高校付
	♣光英VERITAS	♠獨協	♣春日部共栄	♣光英VERITAS	♥三輪田学園	♣春日部共栄
	♣二松学舎柏	♣千葉明徳	♣共栄学園	♣二松学舎柏	♣千葉明徳	♣共栄学園

併設高校の進路情報

四年制大学進学率79.8%
文系53／理系39／その他８(%)　医歯薬25名合格

指定校推薦▶利用状況は早稲田大１，慶應大２，東京理科大６，学習院大７，明治大４，青山学院大１，立教大２，中央大５，法政大３，日本大８，東洋大２，駒澤大１，専修大１，成蹊大３，成城大５，明治学院大５など。ほかに國學院大，獨協大，芝浦工大，東京電機大，千葉工大，順天堂大など推薦枠あり。

'22年３月卒業生：645名

大学515名　短大８名　専門37名　就職４名　他81名

主な大学合格状況　'23年春については主要大学のみ巻末一覧に記載

大学名	'22	'21	'20	大学名	'22	'21	'20	大学名	'22	'21	'20
◇京都大	1	0	0	慶應大	5	14	4	東洋大	84	110	112
◇東工大	1	0	0	上智大	10	5	4	駒澤大	18	32	22
◇千葉大	6	13	14	東京理科大	25	30	23	専修大	20	27	20
◇筑波大	3	4	0	学習院大	19	17	18	帝京大	24	35	27
◇横浜国大	0	1	1	明治大	34	32	27	國學院大	16	20	27
◇埼玉大	3	1	3	青山学院大	9	14	18	成城大	19	15	17
◇横浜市大	1	1	0	立教大	36	33	25	明治学院大	28	14	16
◇信州大	3	3	2	中央大	36	26	31	獨協大	31	28	30
◇茨城大	5	2	7	法政大	58	66	59	芝浦工大	31	15	28
早稲田大	14	14	6	日本大	163	150	135	日本女子大	14	17	8

※各大学合格数は既卒生との合計。

見学ガイド　文化祭／説明会／オープンスクール／学校見学

流通経済大学付属柏（りゅうつうけいざいだいがくふぞくかしわ） 中学校

〒277－0872　千葉県柏市十余二1－20　☎04－7131－5611

国際 / 海外研修 / 長期留学 / 第2外国語 / online英会話 / 21型 / 1人1台端末 / リモート体制 / プロジェクト型 / 論文執筆 / STEAM / 情操 / 体験学習 / ボランティア / 人間力育成

教育方針▶流通経済大学「世界に雄飛する社会有為な人材の育成」と日本通運株式会社「社会に貢献し，豊かな未来を創る」の理念に基づく教育を実践。

沿革▶1965年学校法人日通学園設立，流通経済大学設置。1985年同大学付属高等学校開設。2023年付属中学校として開校。

施設▶図書・メディア棟，カフェテリア，人工芝グラウンド，テニスコート，野球場，他。

学校長▶赤城　政広

生徒数▶ー

	1年	2年	3年
男子	ー	ー	ー
女子	ー	ー	ー

東武アーバンパークラインー江戸川台，つくばEX.ー柏の葉キャンパスよりスクールバス 10分

未来創造力を育み，新時代を切り拓く人へ

産業界の要請で発足した学園の実学教育をモットーに“未来創造教育”を実践。学園のノウハウとサポートにより高い志を抱き未来を切り拓く力を培う。

学習 ①「グローバルコミュニケーション教育」，②「ICT共創教育」，③「流経リーダーシップ教育」を柱に，それらを融合させた「未来創造教育」により，日本や世界の礎となって活躍できる力を育む。①では，ネイティヴ授業を毎日実施，バーチャル留学ルームなど日常的に英語に接する環境を用意する。②では，一人1台のタブレット端末を活用し，グループ活動やデジタルアート展など，探究する楽しさと創り出す喜びを実感しながらテクノロジースキルを磨く。6年間一貫教育の利点を活かし，英語・数学・理科は先取り学習を実施。高2で文理選択，高3からは様々な演習や講座で難関国私立大学への現役合格をめざす。

●コース表

中1	中2	中3	高1	高2	高3
通常クラス		習熟度展開		理系・文系クラス	

キャリア教育 ③の教育活動を通じ，人との絆の大切さなどを知る。また，企業や大学と連携したキャリア教育などを展開する。

学校生活 高校のサッカー，ラグビー部は全国的に活躍中。高校につながる部活を中学にも用意。全教室マルチメディア設備完備の中学新校舎と，高校校舎は共有の図書・メディア棟RYUKEI LINKSで接続。

保護者MEMO

登校時刻▶8：20
最終下校時刻▶18：30
土曜日▶毎週登校。平常授業4時間
昼食▶食堂/食品販売あり
携帯電話▶〓
制服▶ブレザー
自転車通学▶許可制
カウンセラー▶週2日
保護者面談▶年2回
保護者会▶年1回
必修旅行▶シンガポール・マレーシアを予定(中3)
部活動▶週3～4日

学費　　初年度目安 120万円

(単位:円)	入学金	施設費	授業料	その他	合計
入学手続時	280,000	ー	ー	ー	280,000
1年終了まで	ー	240,000	360,000	324,000	924,000

●奨学金・特待生
入学金，授業料等

［その他］指定品，制服代，行事・教育関係費，父母の会会費，父母の会入会金，生徒会費，生徒会入会金。　［寄付・学債］ー

※上記は'23年度予定。詳細は「受験生応援アプリ」にて公開（2023年5月～）

首都圏模試　思考コード　(単位：%)

読み取る力						
複雑 3						
2			データなし			
単純 1						
考える力	A	B	C	A	B	C

A=知識・理解思考　B=論理的思考　C=創造的思考

2024年度入試　合格の基準

		首都圏模試		四谷大塚	
男子	①	ほぼ確実 49	見込あり 45 / やや見込あり 40	ほぼ確実 44	見込あり 39 / やや見込あり 34
女子	①	ほぼ確実 49	見込あり 45 / やや見込あり 40	ほぼ確実 45	見込あり 40 / やや見込あり 35

ほぼ確実＝80%～／見込あり＝50～79%／やや見込あり＝20～49%

入試要項　2023年度予定　新年度日程は アプリへGO!　2科 4科 他

試験名	試験日 ◎午後入試	出願締切 Web	発表 Web	手続 Web	2科	4科	適	英	他	面接	特待	募集数	応募数	受験数	合格数	実質倍率	偏差値
第一志望	12/1	11/29	12/2	12/3	＊				＊			50	141	140	95	1.5	男46 女46
①	1/22	1/21	1/23	1/24延		●					●	60	226	209	122	1.7	男49 女49
②	1/26	1/25	1/27	1/28延		●						15	151	70	37	1.9	男48 女48
③	1/26 ◎	1/25	1/27	1/28延	●							15	170	83	45	1.8	男49 女49
④	2/4	2/3	2/5	2/6	●							若干	139	20	1	20.0	男48 女48

＊国算+作文
※英語，数学，漢字検定３級以上取得者は優遇措置あり

【出願方法】 Web出願後，該当者は合格証明書のコピーを郵送または当日持参
【手続方法】 Web納入。①②③は2/3まで延納可
【受験料】 22,000円（同時出願は複数回受験可）

【帰国生入試】 —

中学受験のプロがおすすめ！　併願校の例

特色	男 ICT教育	男 国際教育	男 スポーツ強豪校	女 ICT教育	女 国際教育	女 スポーツ強豪校
♠男子校 ♥女子校 ♣共学・別学校	♣千葉日大一	♣日出学園	♣八千代松陰	♣千葉日大一	♣日出学園	♣八千代松陰
	♣光英VERITAS	♣昭和学院	♣常総学院	♣光英VERITAS	♣昭和学院	♣常総学院
	♣二松学舎柏	♣千葉明徳	♣共栄学園	♣二松学舎柏	♣千葉明徳	♣共栄学園

併設高校の進路情報

四年制大学進学率84.9%
文系・理系の割合 未集計

内部推薦▶流通経済大学に83名（経済11，社会13，流通情報２，法20，スポーツ健康科37）が内部推薦で進学した。

指定校推薦▶東京理科大，学習院大，青山学院大，法政大，日本大，東洋大，駒澤大，専修大，成城大，明治学院大，獨協大，芝浦工大，東京電機大，日本女子大など推薦枠あり。

'22年３月卒業生：437名
大学371名　短大３名／専門25名／就職６名／他32名

主な大学合格状況　'23年春については主要大学のみ巻末一覧に記載

大学名	'22	'21	'20	大学名	'22	'21	'20	大学名	'22	'21	'20
◇東工大	1	0	1	上智大	7	1	2	駒澤大	13	4	5
◇一橋大	1	0	1	東京理科大	15	8	2	専修大	7	6	3
◇千葉大	4	1	1	学習院大	7	5	10	帝京大	18	11	11
◇筑波大	2	3	5	明治大	12	9	12	成城大	8	4	6
◇東京外大	1	0	1	青山学院大	3	5	4	明治学院大	9	9	8
◇埼玉大	0	4	1	立教大	17	18	4	獨協大	17	15	12
◇お茶の水女子大	1	1	0	中央大	8	5	9	芝浦工大	8	3	5
◇茨城大	2	3	2	法政大	10	13	12	東京電機大	6	6	6
早稲田大	7	2	4	日本大	34	41	41	東邦大	12	7	8
慶應大	1	0	0	東洋大	41	28	28	流通経済大	83	65	73

見学ガイド　文化祭／説明会／見学会／個別相談会

麗澤(れいたく)中学校

〒277－8686 千葉県柏市光ヶ丘2－1－1 ☎04－7173－3700

国際 / 海外研修 / 長期留学 / 第2外国語 / online英会話 / 21型 / 1人1台端末 / リモート体制 / プロジェクト型 / 論文執筆 / STEAM / 情操 / 体験学習 / ボランティア / 人間力育成

教育目標▶「感謝·思いやり·自立」の3つの心を育て，知・徳・体のバランスのとれた生徒を育成する。
沿革▶1935年，法学博士・廣池千九郎が設立した道徳科学専攻塾に始まる。1948年高等学校を設置し，1951年現校名に改称。2002年中学校開校。
施設▶大教室，メディアセンター，武道館，テニスコート，ゴルフコース，ラグビー場，他。
学校長▶櫻井　讓
生徒数▶総数480名

	1年(5クラス)	2年(5クラス)	3年(4クラス)
男子	68名	88名	75名
女子	98名	80名	71名

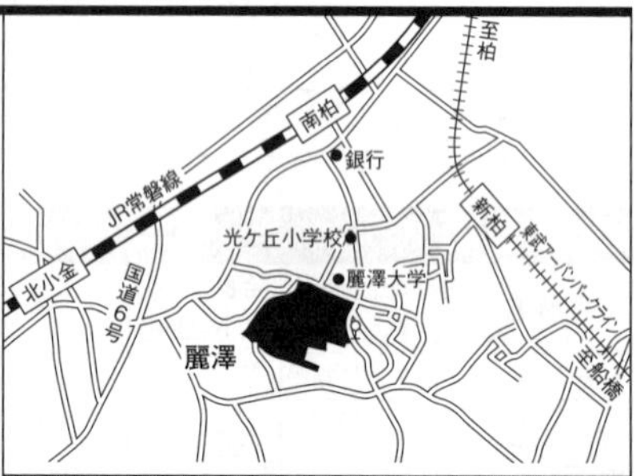

JR―南柏よりバス麗澤幼稚園・麗澤中高前5分　5分

「世界(セカイ)が教室」を合い言葉に本物の叡智を養う

英語力，教養，論理的思考力，情報活用力，リーダーシップを伸ばすことで，世界規模・地球規模で物事を考え，能力を発揮できる人材を育成する。

学習 アドバンスト叡智コースは高度な教科学習を基盤に，東大をはじめとする最難関国立，国立医学部合格に必要な学力と，人間性を磨く。エッセンシャル叡智コースは多様な進路実現に必要な基礎学力の習得と，グローバル社会で求められるスキルを養成する。高1まで週1回，言語技術教育を実施。ディスカッションや作文などを通じて「聞く・話す・読む・書く」力や論理的思考力を育む。英語はオールイングリッシュの少人数制で実践的な英語力を鍛える。中3全員でイギリスに2週間滞在，英会話の研修や現地校との交流を行う。

●コース表

中1	中2	中3	高1	高2	高3
アドバンスト叡智コース(AE) エッセンシャル叡智コース(EE)				アドバンスト叡智コース 叡智TKコース 叡智SKコース	

キャリア教育 中学ではフィールドワークや関西研修，イギリス研修などを通して教養，情報活用力，リーダーシップを育む。高校からは職業別講演会や学部学科研究などで自身が進むべき未来を定め，「行くべき大学をめざす」プログラムを展開する。

学校生活 中学では20のクラブや研究会が活動中。ゴルフ部や空手道部，SDGs研究会がある。心の教育を実践する場として，高校から寮生活を選択できる。

保護者MEMO

登校時刻▶8：30
最終下校時刻▶17：45
土曜日▶毎週登校。平常授業4時間
昼食▶給食（中学·高校）／食堂あり
携帯電話▶可
制服▶ブレザー
自転車通学▶可
カウンセラー▶週2日
保護者面談▶年2回
保護者会▶年2回
必修旅行▶イギリス(中3)
部活動▶週4日以内

学費　初年度目安 142万円

(単位:円)	入学金	施設費	授業料	その他	合計
入学手続時	300,000	—	—	—	300,000
1年終了まで	—	201,000	354,000	564,000	1,119,000

[その他] 制服・指定品代，海外研修費，教育充実費，副教材・模試・検定代，タブレット代，保護者会費，諸会費。※別途給食費あり。
[寄付・学債] 任意の寄付金（麗澤教育充実資金）1口0.1万円以上あり。
※上記は'22年度のもの。新年度について詳細は「受験生応援アプリ」にて公開（2023年5月～）。

●**奨学金・特待生**
入学金と第1種：年額50万円3年／第2種：年額30万円3年（年次審査有） 第3種：入学金のみ

首都圏模試　思考コード　(単位:%)

〈第1回〉

読み取る力＼考える力	国語 A	国語 B	国語 C	算数 A	算数 B	算数 C
複雑 3	4					
2	2	28		60	5	
単純 1	16	50		5	30	

A=知識・理解思考　B=論理的思考　C=創造的思考

2024年度入試　合格の基準

		首都圏模試 ほぼ確実	首都圏模試 見込あり	四谷大塚 ほぼ確実	四谷大塚 見込あり
男子	〈①EE〉	61	57	48	45
			やや見込あり 53		やや見込あり 41
女子	〈①EE〉	61	57	49	46
			やや見込あり 53		やや見込あり 40

ほぼ確実=80%～／見込あり=50～79%／やや見込あり=20～49%

入試要項　2023年度参考　新年度日程は アプリへGO!

2科　4科　英

試験名		試験日 (◎午後入試)	出願締切 Web	発表 Web	手続 Web	選抜方法 2科	4科	適	英	他	面接	特待	募集数	応募数	受験数	合格数	実質倍率	偏差値
AE	①	1/21	当日	1/22	2/3延		●					●	25	392	376	64	5.9	男65 女65
	②	1/25	当日	1/26	2/3延		●					●	20	320	257	64	4.0	男64 女64
	③	1/28 ◎	当日	1/29	2/3延	●						●	5	219	171	25	6.8	男64 女64
	④	2/1 ◎	当日	2/2	2/5延	●							5	89	63	6	10.5	男64 女65
EE	① 4科	1/21	当日	1/22	2/3延		●					●	35	565	483	121	4.0	男61 女61
	① 英		当日						*					12	12	4	3.0	
	② 4科	1/25	当日	1/26	2/3延		●					●	35	489	339	79	4.3	男61 女61
	② 英		当日						*					9	8	2	4.0	
	③	1/28 ◎	当日	1/29	2/3延	●						●	15	357	264	33	8.0	男61 女60
	④	2/1 ◎	当日	2/2	2/5延	●							10	177	123	15	8.2	男62 女62

＊　国算+英。英語選択者の資格は問わない
※本校のほか①②は船橋，③④は市川会場あり（EEの英語受験者は本校のみ）　※AEの４科は国算の点数を1.2倍する傾斜配点。複数回受験で①受験者は②～④のEEコースで優遇あり

【出願方法】 Web出願　**【手続方法】** Web納入。公立中高一貫校の合格発表日翌日まで延納可
【受験料】 22,000円（複数回受験は２回目以降11,000円）

【帰国生入試】 上記に含むが優遇あり

中学受験のプロがおすすめ!　併願校の例

特色	男 進学校的附属校	男 キャリア教育	男 ICT教育	女 進学校的附属校	女 キャリア教育	女 ICT教育
♠男子校	♣芝浦工大附柏	♣昭和秀英	♣江戸川取手	♣芝浦工大附柏	♣昭和秀英	♣江戸川取手
♥女子校	♣専大松戸	♣安田学園	♣大宮開成	♣専大松戸	♣安田学園	♣大宮開成
♣共学・別学校	♣二松学舎柏	♣千葉日大一	♣八千代松陰	♣二松学舎柏	♣千葉日大一	♣八千代松陰

併設高校の進路情報

四年制大学進学率86.5%
文系55／理系40／その他５(%)　医歯薬36名合格

内部推薦▶麗澤大学への内部推薦制度がある。

指定校推薦▶利用状況は早稲田大１，東京理科大３，学習院大３，明治大１，青山学院大１，立教大３，中央大１，法政大３，國學院大２，明治学院大５，芝浦工大１，東京電機大４，東京女子大１，日本女子大２，東邦大２，東京家政大２など。ほかに日本大，東洋大，帝京大，成蹊大，成城大など推薦枠あり。

'22年３月卒業生：244名　大学211名　短大３名　専門４名　就職１名　他25名

主な大学合格状況　'23年春については主要大学のみ巻末一覧に記載

大学名	'22	'21	'20	大学名	'22	'21	'20	大学名	'22	'21	'20
◇東工大	0	1	0	◇茨城大	3	5	1	法政大	48	23	18
◇一橋大	0	0	1	早稲田大	16	14	8	日本大	64	52	38
◇千葉大	3	2	6	慶應大	7	5	4	東洋大	46	55	30
◇筑波大	6	5	4	上智大	7	4	3	駒澤大	6	11	6
◇東京外大	1	1	1	東京理科大	15	15	12	専修大	19	7	10
◇埼玉大	3	1	0	学習院大	15	17	5	國學院大	13	5	10
◇九州大	1	1	0	明治大	24	30	25	明治学院大	11	8	16
◇防衛医大	0	1	1	青山学院大	18	9	21	獨協大	31	8	8
◇信州大	1	1	0	立教大	28	30	21	芝浦工大	20	17	30
◇防衛大	1	2	1	中央大	20	16	6	麗澤大	51	7	47

※各大学合格数は既卒生との合計。

見学ガイド　文化祭／説明会／部活動見学・体験会

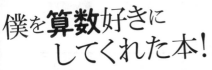

埼玉県
私立中学校

埼玉県私立・国公立中学校略地図

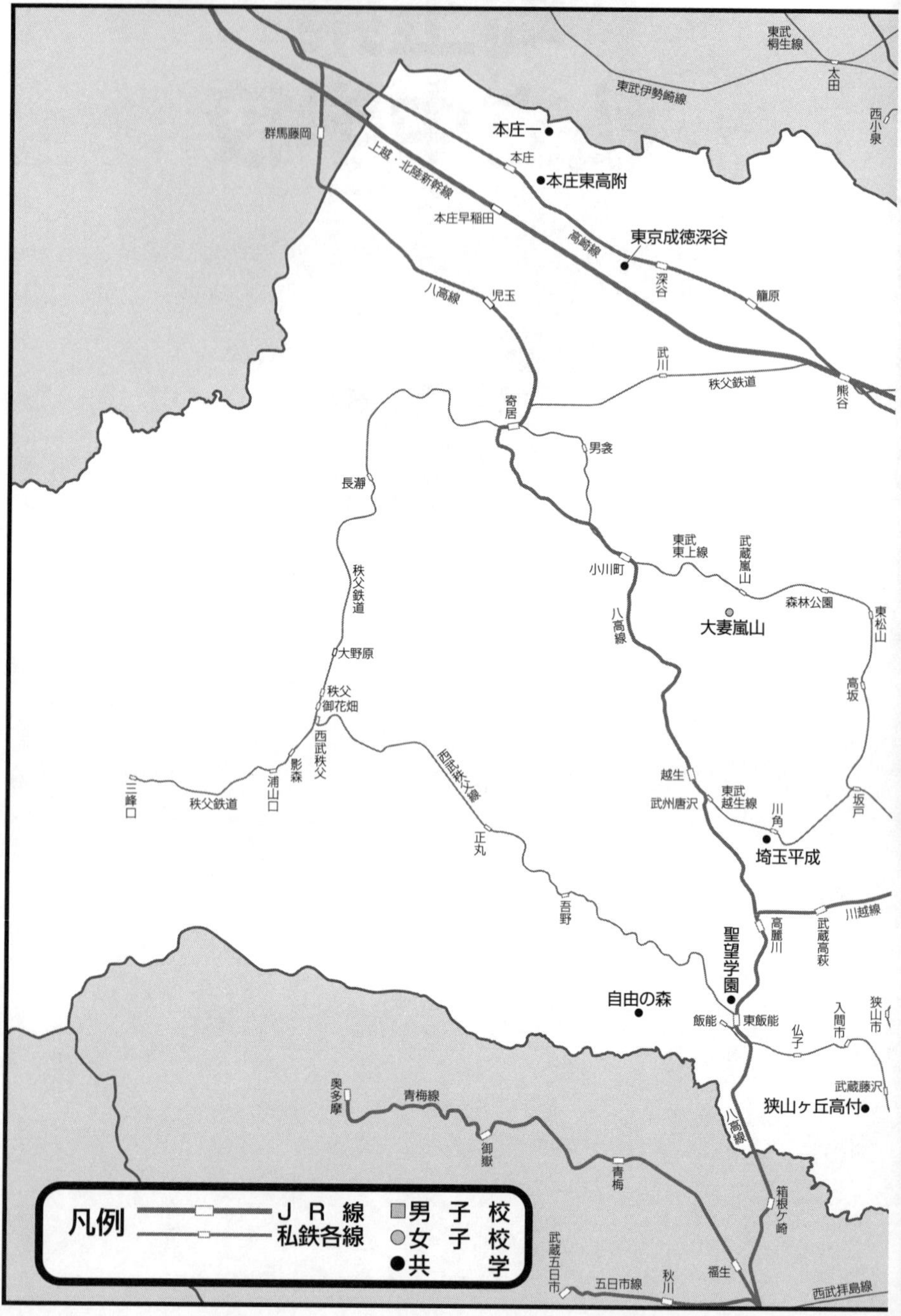

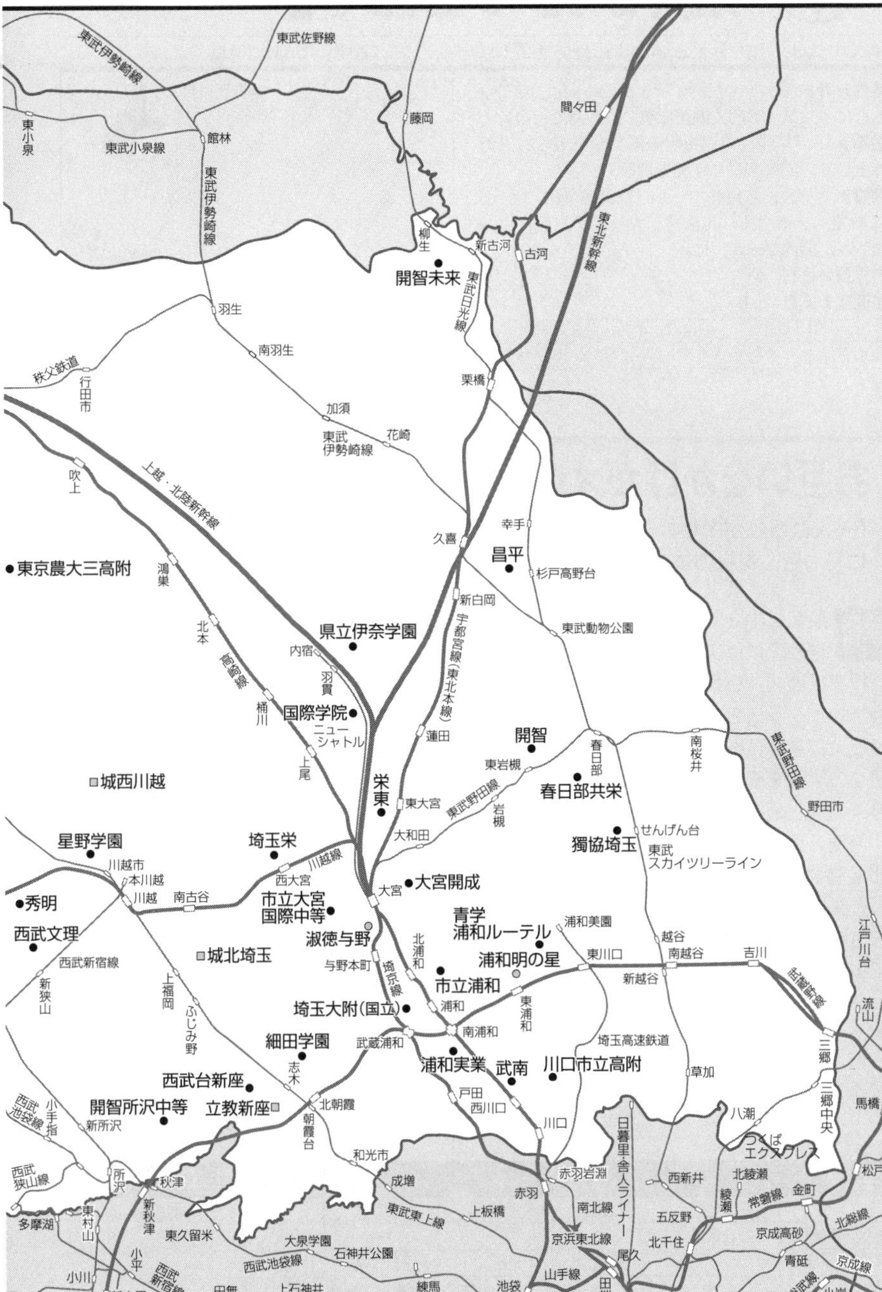
東武伊勢崎線
東武佐野線
東小泉
東武小泉線
館林
藤岡
間々田
柳生
新古河
古河
東北新幹線
開智未来
東武日光線
羽生
南羽生
秩父鉄道
行田市
栗橋
加須
花崎
東武
伊勢崎線
吹上
上越・北陸新幹線
幸手
久喜
昌平
杉戸高野台
●東京農大三高附
鴻巣
新白岡
東武動物公園
北本
高崎線
県立伊奈学園
内宿
羽貫
宇都宮線（東北本線）
桶川
国際学院
ニュー
シャトル
蓮田
開智
春日部
南桜井
東武野田線
東岩槻
上尾
城西川越
春日部共栄
栄東
東大宮
東武野田線
岩槻
野田市
大和田
せんげん台
獨協埼玉
星野学園
埼玉栄
東武
スカイツリーライン
川越市
川越線
本川越
西大宮
大宮
大宮開成
秀明
川越
南古谷
市立大宮
国際中等
青学
浦和ルーテル
浦和美園
西武文理
淑徳与野
越谷
城北埼玉
北浦和
浦和明の星
東川口
南越谷
吉川
西武新宿線
与野本町
新越谷
武蔵野線
新狭山
上福岡
埼京線
市立浦和
東浦和
江戸川台
流山
ふじみ野
埼玉大附（国立）
浦和
南浦和
埼玉高速鉄道
細田学園
武蔵浦和
三郷
志木
浦和実業
武南
川口市立高附
草加
西武台新座
三郷中央
西武池袋線
小手指
北朝霞
戸田
西川口
八潮
開智所沢中等
立教新座
新所沢
朝霞台
川口
日暮里・舎人ライナー
つくば
エクスプレス
馬橋
和光市
西武狭山線
所沢
秋津
成増
赤羽岩淵
西新井
北綾瀬
松戸
新秋津
赤羽
南北線
綾瀬
常磐線
金町
多摩湖
東村山
東武東上線
上板橋
五反野
北総線
東久留米
京浜東北線
北千住
京成高砂
大泉学園
石神井公園
尾久
小平
西武池袋線
青砥
京成線
小川
西武新宿線
練馬
池袋
山手線
田端
総武線
新小平
田無
上石神井
日暮里
小岩

浦和明の星女子中学校

（うらわあけのほしじょし）

〒336−0926 埼玉県さいたま市緑区東浦和 6−4−19 ☎048−873−1160

国際 海外研修 長期留学 第2外国語 online英会話 21型 1人1台端末 リモート体制 プロジェクト型 論文執筆 STEAM 情操 体験学習 ボランティア 人間力育成

教育方針▶「Be your best and truest self.」をモットーにキリスト教的人間観に基づく教育を行う。
沿革▶1967年開校の浦和明の星女子高等学校を母体として，2003年に中学校を開設。
施設▶ホール，多目的ホール，図書館（約10万冊），LL教室，チャペル，礼法室，カフェテリア，グラウンド，屋内プール，他。
学校長▶島村　新
生徒数▶総数525名

	1年（4クラス）	2年（4クラス）	3年（4クラス）
女子	176名	175名	174名

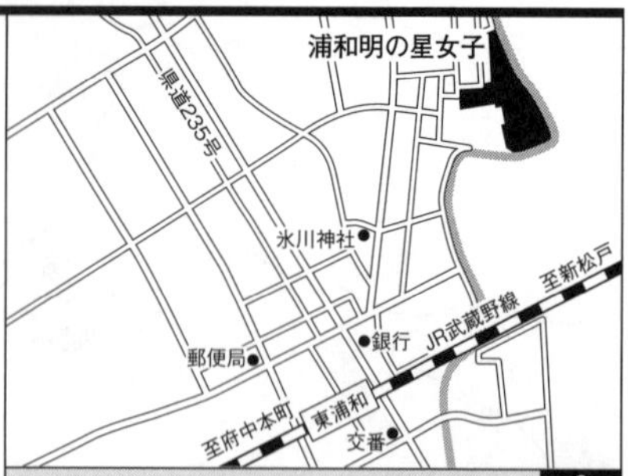

JR―東浦和 8 分　8分

お互いをかけがえのない人間として尊重しあう

「一人ひとりが本物の自分として生きていくこと」をめざすキリスト教の人間観に基づき，ありのままの自分をうけとめ，お互いに助け合って自己実現をめざす。

学習 英数は中３で高校の内容に入り，国理社では逐次高校の内容を取り入れた授業を展開。英会話はネイティヴ教員が担当し，クラスを２分割した少人数授業を実践。数学は宿題やプリントなどにより，日々の学習を確認し，基礎の徹底を図る。月１回，土曜日に「自主の日」を設定。約10万冊の蔵書を誇る図書館での自主学習や部活動などを行う日としている。「礼法」の授業では，小笠原流礼法を基礎から学ぶ。指名制の補習を適宜行い，学習の遅れや苦手科目の克服をサポート。高１の希望者を対象に，カナダへの海外研修を実施。

●コース表

中1	中2	中3	高1	高2	高3
共	通	履	修	文系 / 理系	

キャリア教育 「最善の自分として生きる」道を探すことを進路指導の根幹とする。文化講演会などを通じ，中１から段階的に，自ら将来の生き方を考えるよう指導を行う。

学校生活 週１回「宗教」の授業を設定。中学ではキリスト教の基本を，高校では聖書について学ぶ。また，毎日の放送朝礼では教室で祈りを唱え，聖書の朗読を聞く。百人一首部やエアロビクス部など約30のクラブは，中高合同で活動している。

保護者MEMO

登校時刻▶8：25
最終下校時刻▶17:30，18:00(中3～)
土曜日▶月１回自由登校
昼食▶食堂／食品販売あり（中学は条件あり）
携帯電話▶許可制
制服▶ブレザー
自転車通学▶可(高校～)
カウンセラー▶週１日
保護者面談▶年１回
保護者会▶年３回
必修旅行▶九州(中３)，他
部活動▶土は月１回。日は休み

学費　初年度目安 108万円

(単位:円)	入学金	施設費	授業料	その他	合計
入学手続時	250,000	―	―	―	250,000
1年終了まで	―	250,000	336,000	241,200	827,200

●奨学金・特待生
なし

［その他］維持費，諸会費，各入会費。※別途指定品・制服・教材費・行事費等あり。
［寄付・学債］任意の寄付金１口５万円２口以上あり。
※上記は'22年度のもの。新年度について詳細は「受験生応援アプリ」にて公開（2023年５月～）。

首都圏模試　思考コード　(単位：%)

〈第１回〉

読み取る力	国語 A	国語 B	国語 C	算数 A	算数 B	算数 C	理科 A	理科 B	理科 C	社会 A	社会 B	社会 C
複雑 3				5	10		12			2		
2	4			5	50		44			92		
単純 1	4	92			30		24	20		6		

考える力：A=知識・理解思考　B=論理的思考　C=創造的思考

2024年度入試　合格の基準

	首都圏模試 ほぼ確実	首都圏模試 見込あり	首都圏模試 やや見込あり	四谷大塚 ほぼ確実	四谷大塚 見込あり	四谷大塚 やや見込あり
女子〈①〉	74	71	65	65	62	58

ほぼ確実＝80%～／見込あり＝50～79%／やや見込あり＝20～49%

入試要項　2023年度参考　新年度日程はアプリへGO!　4科

試験名	試験日 ◎午後入試	出願締切 Web	発表 Web	手続 Web	選抜方法 2科	4科	適	英	他	面接	特待	募集数	応募数	受験数	合格数	実質倍率	偏差値
①	**1/14**	1/6	1/16	1/20延		●						120	1,987	1,949	1,047	1.9	74
②	**2/4**	2/3	2/5	2/6		●						40	335	305	69	4.4	72

【出願方法】 Web出願
【手続方法】 Web納入。①は分割で，2/3まで一部返納可，残りは2/6まで。
【受験料】 25,000円

【帰国生入試】 ―

受験情報

国語では，９割程がB1の問題です。算数では，B1，B2の割合が高く，高度な論理的思考力が求められます。理科では，Bが２割程を占めるため，知識の正確な獲得と共に，論理的思考力も必要となります。社会では，９割程がA2の問題です。

年度	試験名	募集数	応募数	受験数	合格数	実質倍率	偏差値
'22	①	120	2,036	2,001	1,022	2.0	74
	②	40	314	293	73	4.0	72
'21	①	120	1,977	1,925	974	2.0	74
	②	40	346	306	51	6.0	73
'20	①	120	2,098	2,053	1,061	1.9	74
	②	40	413	340	40	8.5	72

中学受験のプロがおすすめ！ 併願校の例

特色	カトリック系	進学先(早慶上理)	近代的校舎	礼儀・マナー
♠男子校	♥雙葉	♥豊島岡女子	♣栄東	♥桜蔭
♥女子校	♥白百合学園	♣開智	♥吉祥女子	♥頌栄女子
♣共学・別学校	♥晃華学園	♥淑徳与野	♥学習院女子	♥共立女子

併設高校の進路情報

四年制大学進学率81.8%
文系52／理系47／その他１(%)　医歯薬55名合格

指定校推薦▶利用状況は早稲田大９，慶應大６，東京理科大１，立教大１，国際基督教大１，北里大３，埼玉医大１，獨協医大１など。ほかに上智大，学習院大，青山学院大，中央大，成蹊大，成城大，獨協大，芝浦工大，東京電機大，津田塾大，東京女子大，日本女子大，同志社大，立命館大，武蔵大，工学院大，東京都市大，千葉工大，共立女子大，聖心女子大，白百合女子大，杏林大，聖マリアンナ医大，国際医療福祉大，東京薬科大，明治薬科大など推薦枠あり。

'22年３月卒業生：170名　大学139名　他31名
短大０名　専門０名　就職０名

主な大学合格状況　'23年春については主要大学のみ巻末一覧に記載

大学名	'22	'21	'20	大学名	'22	'21	'20	大学名	'22	'21	'20
◇東京大	7	3	3	◇防衛医大	2	0	3	立教大	43	57	48
◇京都大	2	1	2	◇東京農工大	1	4	5	中央大	29	40	22
◇東工大	2	3	0	◇お茶の水女子大	4	4	2	法政大	29	45	31
◇一橋大	2	3	1	早稲田大	48	62	62	日本大	18	13	19
◇千葉大	4	7	4	慶應大	36	32	27	芝浦工大	20	18	12
◇筑波大	4	4	4	上智大	32	40	38	津田塾大	7	9	11
◇横浜国大	0	3	3	東京理科大	44	31	29	東京女子大	19	18	26
◇埼玉大	2	1	2	学習院大	16	6	12	日本女子大	30	26	36
◇北海道大	2	3	2	明治大	57	68	59	北里大	7	10	5
◇東京医歯大	1	2	0	青山学院大	18	15	25	明治薬科大	6	9	5

※各大学合格数は既卒生との合計。

見学ガイド　文化祭／説明会／見学会

大妻嵐山（おおつまらんざん）中学校

〒355－0221 埼玉県比企郡嵐山町菅谷 558 ☎0493－62－2281

国際 海外研修 長期留学 第2外国語 online英会話 21型 1人1台端末 リモート体制 プロジェクト型 論文執筆 STEAM 情操 体験学習 ボランティア 人間力育成

建学の精神▶学芸を修めて人類のために"Arts for Mankind"。
沿革▶1967年創立の大妻嵐山高等学校が，2003年に中学校を開校。
施設▶ホール，小講堂，パソコン室，閲覧室，茶室，ラーニングコモンズ，生徒ホール，カウンセリングルーム，テニスコート，グラウンド，大妻の森，他。
学校長▶井上　正美
生徒数▶総数153名

	1年（2クラス）	2年（3クラス）	3年（3クラス）
女子	46名	59名	48名

東武東上線一武蔵嵐山13分　JR一熊谷・北上尾・深谷などよりスクールバス　徒歩13分

自学自習の姿勢とチャレンジ精神を養う

自然豊かな環境の下，個人の特性を見極め誰一人取り残さない丁寧な指導を実践。探究する力・表現する力・感じる力・自ら学ぶ力を身につけ，自立した女性を育てる。

学習 全員がタブレット端末を持ち，授業でフルに活用し，主体的な学びを展開。英語は週1回，ネイティヴの授業とオンライン英会話を実施。英会話合宿や，英語劇を行うイングリッシュフェステイバルで「表現する力」を培う。理科では，中1で日本の国蝶オオムラサキの飼育と観察を行い，その成果を中学生全員の前でプレゼンテーション発表する。質疑応答を通して考えを深める。中3は科学論文のポスター発表に取り組む。校内での発表だけでなく「つくばサイエンスエッジ」にも参加。希望制で，中3はイギリス研修，高校では海外修学旅行やオーストラリアへのターム留学がある。

キャリア教育 本人の努力と周囲からのサポートで「自立した女性」に育てることを目標とする。世界各地で活躍する女性を招く「大妻グローバルリンクス」を開催。中1は和室での所作，中2は茶道，中3は着付けを学び，日本女性としての品格を身につける。

学校生活 心の教育に力を入れ，学期ごとに論語講座を開き，また週1回，論語の素読を実施。約20の部・同好会が活動中。

●コース表

中1	中2	中3	高1	高2	高3
共通履修		大妻グローバル／スーパーアドバンス準備クラス	大妻グローバルコース		
		大妻グローバル／スーパーアドバンス準備クラス	スーパーアドバンスコース		文系クラス／理系・国公立クラス
		スーパーアドバンス／スーパーアドバンスSS準備クラス	スーパーアドバンスSSコース		

保護者MEMO

登校時刻▶8：40
最終下校時刻▶18：30
土曜日▶毎週登校。平常授業4時間
昼食▶給食／食品販売あり（中学は条件あり）
携帯電話▶許可制
制服▶セーラー
自転車通学▶可
カウンセラー▶常駐
保護者面談▶年1回
保護者会▶年3回
必修旅行▶ハワイ（高2）
部活動▶活動日は部による

学費　初年度目安 133万円

（単位:円）	入学金	施設費	授業料	その他	合計
入学手続時	250,000	—	—	—	250,000
1年終了まで	—	200,000	380,000	497,592	1,077,592

［その他］制服・指定品代，修学旅行費，積立金，保護者会費，保護者会入会金，生徒会費，給食費。
［寄付・学債］なし。
※上記は'22年度のもの。新年度について詳細は「受験生応援アプリ」にて公開（2023年5月～）。

●奨学金・特待生
A：入学金，授業料1年／B：入学金／C：入学金半額

首都圏模試 思考コード (単位：%)

〈第１回〉

読み取る力＼考える力	国語 A	国語 B	国語 C	算数 A	算数 B	算数 C
複雑 3						
2	5			76		
単純 1	25	70			24	

A=知識・理解思考 B=論理的思考 C=創造的思考

2024年度入試 合格の基準

	首都圏模試 ほぼ確実	首都圏模試 見込あり	首都圏模試 やや見込あり	四谷大塚 ほぼ確実	四谷大塚 見込あり	四谷大塚 やや見込あり
女子 〈①一般〉	46	42	39	36	33	29

ほぼ確実＝80％～／見込あり＝50～79％／やや見込あり＝20～49％

入試要項 2023年度参考 新年度日程はアプリへGO! 2科 4科 英

試験名		試験日 ◎午後入試	出願締切 Web	発表 Web	手続 Web	2科	4科	適	英	他	面接	特待	募集数	応募数	受験数	合格数	実質倍率	偏差値
まなび力		1/10	1/5	当日	1/16延	＊			＊				30	47	43	42	1.0	45
エキスパート														39	39	37	1.1	45
一般	①	1/10 ◎	1/7	1/11	2/6	●	●						30	329	314	230	1.4	46
	②	1/11 ◎	1/7	1/12	2/6	●	●							224	112	78	1.4	46
	③	1/23	1/21	1/23	2/6	●	●						若干	111	28	21	1.3	43
大妻奨学		1/11	1/7	1/12	2/6		●					●	20	125	106	58	1.8	55

＊国算英（英検４～３級程度）より２科選択
※まなび力，エキスパートは通知表コピー
※本校のほか，一般③，帰国生入試以外は大宮会場あり

【出願方法】Web出願。該当者は書類郵送
【手続方法】他に銀行振込，持参も可。まなび力，エキスパートと，埼玉県公立中高一貫校の併願者は2/6まで延納可
【受験料】25,000円（左記検定料の納入により，すべての回に出願可能）

【帰国生入試】12/3（若干名募集）
（注）エキスパート＝まなび力エキスパート

中学受験のプロがおすすめ！ 併願校の例

特色	ICT教育	給食制度	国際理解教育	表現力育成
♠男子校 ♥女子校 ♣共学・別学校	♣細田学園	♣埼玉栄	♥跡見学園	♣獨協埼玉
	♣西武台新座	♥東京家政大附	♣東京農大三校附	♥日大豊山女子
	♥麴町女子	♣東京成徳深谷	♣聖望学園	♣埼玉平成

併設高校の進路情報

四年制大学進学率92％
文系76／理系19／その他５（％）

内部推薦▶大妻女子大学へ38名（家政11，文13，社会情報11，比較文化２，人間関係１）が内部推薦で進学した。大妻女子大学短期大学部への内部推薦制度もある。

指定校推薦▶利用状況は学習院大２，立教大１，東洋大１，帝京大１，成蹊大１，学習院女子大１，埼玉医大２など。ほかに法政大，日本大，駒澤大，専修大，大東文化大，亜細亜大，成城大，明治学院大，獨協大，芝浦工大など推薦枠あり。

'22年３月卒業生：87名

大学80名 短大１名／専門４名／就職０名 他２名

主な大学合格状況 '23年春については主要大学のみ巻末一覧に記載

大学名	'22	'21	'20	大学名	'22	'21	'20	大学名	'22	'21	'20
◇筑波大	0	1	0	中央大	1	3	0	日本女子大	5	2	2
◇埼玉大	0	0	1	法政大	0	2	2	立正大	2	2	1
◇群馬大	0	1	0	日本大	4	1	1	桜美林大	6	0	2
◇茨城大	1	0	0	東洋大	2	5	1	共立女子大	2	1	4
◇弘前大	1	1	0	大東文化大	3	2	2	大妻女子大	41	31	46
◇金沢美術工芸大	1	0	0	帝京大	2	0	4	武蔵野大	3	3	4
上智大	1	1	0	成蹊大	1	1	1	城西大	4	2	7
学習院大	2	3	3	成城大	1	3	2	武蔵野美大	1	1	2
明治大	1	1	3	獨協大	4	10	4	東京家政大	5	3	2
立教大	1	2	1	東京女子大	4	0	0	跡見学園女子大	5	1	5

※各大学合格数は既卒生との合計。

見学ガイド 体育祭／文化祭／説明会／オープンスクール／ワークショップ

淑徳与野（しゅくとくよの）中学校

〒338−0001　埼玉県さいたま市中央区上落合5−19−18　☎048−840−1035

国際　海外研修　長期留学　第2外国語　online英会話　21型　1人1台端末　リモート体制　プロジェクト型　論文執筆　STEAM　情操　体験学習　ボランティア　人間力育成

教育方針▶「清純・礼節・敬虔」を校訓とし，仏教主義に基づいた高い品性を養う心の教育を行う。

沿革▶1946年設立の淑徳与野高等学校により2005年開校。2015年に高校が中学隣接地に移転。2020年度，新校門が完成。

施設▶図書室（5.4万冊），メディアルーム，シアター，利行堂（礼拝堂），和室，エコ・ガーデン，グラウンド，屋上運動場，体育館，他。

学校長▶里見　裕輔

生徒数▶総数397名

	1年（3クラス）	2年（3クラス）	3年（3クラス）
女子	126名	125名	146名

JR―北与野7分，さいたま新都心7分，大宮15分　7分

品性・感性・知性を培い，「夢の実現」をめざす

高い品性を養う「心の教育」，豊かな感性を育む「国際教育」，輝く知性を身につける「中高一貫教育」の3つを核に、生徒たちの「夢の実現」を応援する。

学習　1年を5期に分ける「5ステージ通年制」を採用。各期に「適応・挑戦・確立・変革・未来」の目標をおき，生徒一人ひとりがステップアップすることをめざす。英語は週1回，ネイティヴ教員による授業とオンライン英会話で，「聞く力・話す力」を伸ばす。「創作・研究」では，自分で選んだテーマに1年間かけて取り組み，その成果を「芸術研究発表会」で発表する。土曜講座は箏曲やヨーガなど多彩な講座がそろう。各回2コマ受講し，中1は中2の海外研修に備え，中国語が必修。中3では希望制の英国短期語学研修を実施する。

●コース表

中1	中2	中3	高1	高2	高3
一貫生共通クラス				T類(難関国公立大学コース) SS類(難関理系大学コース) SA類(難関文型大学コース)	

キャリア教育　オリエンテーション合宿の「ドリームワークショップ」で将来について考えたり，「インパクト体験ワークショップ」で自分の体験を振り返るなど，夢の実現につながるプログラムを用意。また，中2で職場体験，中3では大学見学を実施。

学校生活　週1時間の「淑徳の時間」では，仏教だけでなく，広く宗教を通しての情操教育を実践する。部活動は23の団体があり、中学ではほぼ全員が参加している。

保護者MEMO

登校時刻▶8：30
最終下校時刻▶17：30
土曜日▶年14回登校。土曜講座を行う
昼食▶給食（週1～2回）／食堂／食品販売あり
携帯電話▶不可
制服▶ブレザー
自転車通学▶可
カウンセラー▶週3日
保護者面談▶年1回
保護者会▶年3回
必修旅行▶台湾（中2），他
部活動▶原則週3日

学費　初年度目安 104万円

(単位:円)	入学金	施設費	授業料	その他	合計
入学手続時	200,000	50,000	―	2,000	252,000
1年終了まで	―	―	384,000	405,868	789,868

●奨学金・特待生
なし

［その他］制服・指定品代，維持費，副教材費，オリエンテーション合宿，PTA会費，PTA入会金，生徒会費。※別途PC代・アプリ代等，クラス諸費，教材費等あり。
［寄付・学債］任意の寄付金1口5万円以上あり。
※上記は'22年度のもの。新年度について詳細は「受験生応援アプリ」にて公開（2023年5月～）。

首都圏模試　思考コード　(単位：%)

〈第１回〉

読み取る力	国語 A	国語 B	国語 C	算数 A	算数 B	算数 C
複雑 3				12		
2	6	18			30	
単純 1	10	56	10		58	
考える力	A	B	C	A	B	C

A=知識・理解思考　B=論理的思考　C=創造的思考

2024年度入試　合格の基準

		首都圏模試 ほぼ確実	首都圏模試 見込あり	首都圏模試 やや見込あり	四谷大塚 ほぼ確実	四谷大塚 見込あり	四谷大塚 やや見込あり
女子	〈①〉	70	66	62	60	56	51

ほぼ確実＝80%～／見込あり＝50～79%／やや見込あり＝20～49%

入試要項　2023年度参考　新年度日程は アプリへGO!　4科

試験名	試験日 ◎午後入試	出願締切 Web	発表 Web	手続 Web	2科	4科	適	英	他	面接	特待	募集数	応募数	受験数	合格数	実質倍率	偏差値
①	**1/13**	1/8	1/14	2/4		●						95	1,771	1,705	884	1.9	70
②	**2/4**	2/3	2/5	2/5		●						25	242	231	26	8.9	68

※①はさいたまスーパーアリーナ会場もあり

【出願方法】 Web出願
【手続方法】 Web納入。3/17までの辞退者には一部返還
【受験料】 25,000円（②再受験は10,000円）

【帰国生入試】 ―

年度	試験名	募集数	応募数	受験数	合格数	実質倍率	偏差値
'22	①	95	1,752	1,679	875	1.9	69
	②	25	221	201	29	6.9	66
'21	①	95	1,640	1,601	807	2.0	68
	②	25	235	223	40	5.6	66
'20	①	95	1,756	1,690	896	1.9	67
	②	25	221	205	29	7.1	66

中学受験のプロがおすすめ！　併願校の例

特色	留学制度	論文(自由研究)	キャリア教育	進学先(早慶上理)
♠男子校	♥豊島岡女子	♣渋谷教育渋谷	♥白百合学園	♥浦和明の星
♥女子校	♣開智	♥学習院女子	♥東洋英和	♣栄東
♣共学・別学校	♥共立女子	♥大妻	♣青学浦和ルーテル	♥普連土学園

併設高校の進路情報

四年制大学進学率96.3%
文系63／理系33／その他４(%)　医歯薬79名合格

内部推薦▶淑徳大学への内部推薦制度がある。

指定校推薦▶早稲田大，慶應大，東京理科大，学習院大，明治大，青山学院大，立教大，中央大，法政大，日本大，東洋大，明治学院大，獨協大，芝浦工大，津田塾大，東京女子大，日本女子大，東京都市大，聖心女子大，清泉女子大，フェリス女学院大など推薦枠あり。

'22年３月卒業生：405名

大学390名　短大２名　専門４名　就職０名　他９名

主な大学合格状況　'23年春については主要大学のみ巻末一覧に記載

大学名	'22	'21	'20	大学名	'22	'21	'20	大学名	'22	'21	'20
◇一橋大	0	2	1	慶應大	21	16	11	東洋大	70	56	46
◇千葉大	3	5	0	上智大	46	81	47	成城大	21	19	24
◇筑波大	3	3	2	東京理科大	31	34	24	獨協大	31	20	26
◇東京外大	3	3	1	学習院大	55	29	25	芝浦工大	20	14	13
◇横浜国大	1	2	1	明治大	103	73	66	津田塾大	18	21	28
◇埼玉大	8	7	4	青山学院大	27	22	20	東京女子大	64	95	59
◇防衛医大	1	0	2	立教大	152	126	83	日本女子大	157	117	85
◇お茶の水女子大	2	1	2	中央大	42	57	33	明治薬科大	10	12	9
◇埼玉県立大	1	1	4	法政大	56	42	31	昭和女子大	84	73	44
早稲田大	65	55	38	日本大	40	29	23	淑徳大	10	7	2

※各大学合格数は既卒生との合計。

見学ガイド　説明会

高校募集 あり 城西大学付属川越高校 高３で全体が混合。　高１内訳 一貫生 73名 165名 高入生

城西川越（じょうさいかわごえ）中学校

〒350－0822　埼玉県川越市山田東町 1042　☎049－224－5665

国際 / 海外研修 / 長期留学 / 第２外国語 / online英会話 / 21型 / 1人1台端末 / リモート体制 / プロジェクト型 / 論文執筆 / STEAM / 情操 / 体験学習 / ボランティア / 人間力育成

教育理念▶「報恩感謝」を校是とし，「心豊かな人間の育成」と「個性・学力の伸長」が教育方針。
沿革▶1972年開校の城西大学付属川越高等学校が1992年に中学校を併設。
施設▶図書室（４万冊），ICTルーム，テニスコート，トレーニングルーム，武道館，グラウンド，他。
学校長▶渡辺　聡
生徒数▶総数259名

	１年（４クラス）	２年（３クラス）	３年（３クラス）
男子	102名	74名	83名

JR・東武東上線—川越・坂戸，西武新宿線—本川越，JR—桶川よりスクールバス　20分

夢に向かって，生きる力，考える力を身につける

「自分で学習する力」を培うためのカリキュラムを編成。中学では共感力，自律力，自学力を育み，高校での個性・学力の伸長につなげ，夢の実現をめざす。

学習　中１から「総合一貫」と「特別選抜」の２コース編成。30人程度の少人数制，担任・副担任制を取り入れ，きめ細かな指導を実践する。グローバル社会に通ずる英語力を培うため，外国人教員によるクラスを２分割した少人数の英会話，アメリカサマーキャンプ（中２），スピーチコンテストを実施。ほかに特別選抜コースではオンライン英会話も行う。生徒の自主活動を後押しする特別学習会，授業内容に連動した問題に取り組む課外補習，英数国中心の夏期・冬期講習会で知識の定着，学力向上を図る。ICTを活用し，家庭学習のサポートも整う。中３はオーストラリアで，総合一貫コースは語学研修（２週間），特別選抜コースはターム留学（５週間）を実施。

●コース表

中１	中２	中３	高１	高２	高３
特別選抜コース			特別選抜コース		
			特進コース		
総合一貫コース			進学コース		

キャリア教育　中学では３学年合同で職場体験を行い，３年間で異なる３か所の職場を体験する。また第一線で働く卒業生を招いて講演会を開催し，進路の選択肢を増やす。

学校生活　ハンドボール・ラグビー・ロボット部，和太鼓「欅」など20のクラブが文武両道を掲げて活動。加入率はほぼ100%。

保護者MEMO

登校時刻▶8：50
最終下校時刻▶17：40
土曜日▶毎週登校。平常授業４時間
昼食▶食堂／食品販売あり
携帯電話▶許可制
制服▶詰襟
自転車通学▶可（条件あり）
カウンセラー▶学外
保護者面談▶年２回
保護者会▶年２～３回
必修旅行▶京都・奈良（中２），沖縄（高２）
部活動▶活動日は部による

学費　初年度目安 116万円

（単位：円）	入学金	施設費	授業料	その他	合計
入学手続時	250,000	200,000	—	—	450,000
１年終了まで	—	—	372,000	340,457	712,457

［その他］制服・指定品代，特殊教育活動費，補助教材費，城西川越ネット費用，学年諸費，修学旅行積立金，林間学校費用，PTA関係会費，学友会費。※別途iPad購入あり。
［寄付・学債］なし。
※上記は'22年度のもの。新年度について詳細は「受験生応援アプリ」にて公開（2023年５月～）。

●奨学金・特待生
S：入学金，授業料（成績などにより継続可）／A：月額２万円給付１年間

首都圏模試 思考コード （単位：%）

〈総合一貫第１回〉

読み取る力＼考える力	国語 A	国語 B	国語 C	算数 A	算数 B	算数 C
複雑 3						
↑ 2	32			59	6	
単純 1		68			35	

A=知識・理解思考　B=論理的思考　C=創造的思考

2024年度入試 合格の基準

		首都圏模試 ほぼ確実	首都圏模試 見込あり	四谷大塚 ほぼ確実	四谷大塚 見込あり
男子	〈総合一貫①〉	43	39	41	37
			やや見込あり 33		やや見込あり 33

ほぼ確実＝80%～／見込あり＝50～79%／やや見込あり＝20～49%

入試要項 2023年度参考　新年度日程は アプリへGO!　2科 4科

試験名		試験日 ◎午後入試	出願締切 Web	発表 Web	手続 Web	2科	4科	適	英	他	面接	特待	募集数	応募数	受験数	合格数	実質倍率	偏差値
特別選抜	①	1/10 ◎	1/9	当日	2/6	●						●	25	129	128	43	3.0	56
	②	1/11	1/10	当日	2/6		●					●		116	86	63	1.4	53
総合一貫	① 2科	1/10	1/9	当日	2/6	●						●	4科45 2科15	44	44	25	1.8	43
	① 4科						●					●		130	128	108	1.2	
	② 2科	1/11 ◎	1/10	当日	2/6	●								151	83	72	1.2	40
	③ 2科	1/14	1/13	当日	2/6	●								24	7	3	2.3	41
	③ 4科						●							70	20	15	1.3	
	④ 2科	2/5	2/4	当日	2/8	●								20	4	1	4.0	42

※総合一貫①と特別選抜①②は本校のほかに試験会場あり

【出願方法】 Web出願
【手続方法】 Web納入。2/10までの辞退者には一部返還
【受験料】 25,000円（２回受験可。３回目以降１回につき10,000円）

【帰国生入試】 1/10（若干名募集）

中学受験のプロがおすすめ! 併願校の例

特色	オンライン英会話	体験重視	近代的校舎	コース制
♠男子校 ♥女子校 ♣共学・別学校	♣西武学園文理	♠城北埼玉	♣狭山ヶ丘高附	♣埼玉栄
	♣西武台新座	♣桜丘	♣浦和実業	♣駒込
	♣聖望学園	♣埼玉平成	♣東京成徳大深谷	♣駿台学園

併設高校の進路情報

四年制大学進学率85.3%
文系49／理系44／その他７（%）　医歯薬24名合格

内部推薦▶城西大学へ４名（経済２，経営１，現代政策１）が内部推薦で進学。城西国際大学，日本医療科学大学，城西短期大学への推薦制度もある。

指定校推薦▶利用状況は早稲田大１，東京理科大１，学習院大２，明治大１，青山学院大１，立教大２，中央大２，法政大２，日本大４，東洋大１，東海大１，成蹊大１，芝浦工大１，東京薬科大２など。

海外大学合格状況▶University of South Australia, Monash University（豪），他。

'22年３月卒業生：231名
大学197名　短大０名　専門４名　就職１名　他29名

主な大学合格状況　'23年春については主要大学のみ巻末一覧に記載

大学名	'22	'21	'20	大学名	'22	'21	'20	大学名	'22	'21	'20
◇東京大	0	1	0	上智大	1	3	2	駒澤大	11	5	7
◇京都大	1	0	0	東京理科大	7	19	14	大東文化大	37	40	36
◇東工大	0	1	0	学習院大	10	6	15	東海大	24	13	14
◇筑波大	1	0	1	明治大	13	15	20	帝京大	58	32	44
◇埼玉大	0	6	1	青山学院大	4	5	7	成蹊大	6	9	6
◇群馬大	2	1	1	立教大	17	16	12	獨協大	38	20	17
◇防衛大	1	1	0	中央大	19	15	19	芝浦工大	24	27	11
◇電通大	3	1	1	法政大	23	30	17	東京電機大	6	20	17
早稲田大	9	4	5	日本大	79	72	92	武蔵大	22	15	24
慶應大	1	2	3	東洋大	44	40	50	城西大	31	52	51

※各大学合格数は既卒生との合計。

見学ガイド 文化祭／説明会／オープンスクール

城北埼玉（じょうほくさいたま）中学校

〒350－0014　埼玉県川越市古市場 585－1　☎049－235－3222

国際 / 海外研修 / 長期留学 / 第2外国語 / online英会話 / 21型 / 1人1台端末 / リモート体制 / プロジェクト型 / 論文執筆 / STEAM / 情操 / 体験学習 / ボランティア / 人間力育成

教育目標▶「着実・勤勉・自主」を校訓とし，自ら生活を厳しく律する意志をもった人間を育成する。
沿革▶城北学園を母体として1980年に開校した城北埼玉高等学校が，2002年に中学校を併設。
施設▶ホール，パソコン教室，自習室，ゼミ室，カウンセリング室，屋内プール，武道館（柔道場，剣道場，卓球場），テニスコート，グラウンド，他。
学校長▶森泉　秀雄
生徒数▶総数376名

	1年（3クラス）	2年（4クラス）	3年（4クラス）
男子	107名	142名	127名

東武東上線―ふじみ野，JR―南古谷，西武新宿線―本川越よりスクールバス　15分

積極性と主体性，自律した意志をもつ人間の育成

「人間形成」と「大学進学指導」が教育の柱。学校生活では「学び合い，励まし合い，支え合い」を合い言葉に，楽ではないが楽しい学校，おもしろい学校をめざす。

学習　中学は独自の「JSノート」で授業→家庭学習（予習復習）→授業の流れを習慣化させる。「新聞ノート」も作成。新聞記事に対する意見を書くことで文章力を養う。英語教育では，ネイティヴ教員の授業やオンライン英会話，中1から4年連続English Campを行い，コミュニケーション能力を伸ばす。中3～高2はオーストラリアでホームステイを実施。中1は入学試験時の成績，中2・中3は成績上位者による選抜クラスを編成。高校では大学進学に向け学力を徹底的に伸ばす「本科」，生徒の好奇心を最大限に引き出す深い学びを実践する「フロンティア」の2コースに分かれる。

キャリア教育　独自のJS Programでは，弁護士，大学，医師などの協力を得て，実社会の課題に即した様々な学びを実施。自身の興味・適性を把握し，進路選定の助けとする。

学校生活　始業前の「静座」は創立以来の伝統。目を閉じて心を整え，集中力を高める。人間形成の一環として情操教育を大切に考え，芸術鑑賞会では一流のアーチストや芸術を厳選。27の部と多数の同好会あり。

●コース表

中1	中2	中3	高1	高2	高3
選抜クラス 普通クラス			選抜クラス 普通クラス フロンティア	混合選抜 混合普通 文系普通 理系普通 フロンティア	文系Ⅰ型 文系Ⅱ型 理系Ⅰ型 理系Ⅱ型選抜 理系Ⅱ型 フロンティア

保護者MEMO

登校時刻▶8：40
最終下校時刻▶18：10
土曜日▶毎週登校。平常授業4時間
昼食▶食堂／食品販売あり
携帯電話▶許可制
制服▶詰襟
自転車通学▶可
カウンセラー▶週1日
保護者面談▶年1回以上
保護者会▶年4回
必修旅行▶京都・奈良方面（中3）
部活動▶活動日は部による

学費　初年度目安 133万円

（単位:円）	入学金	施設費	授業料	その他	合計
入学手続時	260,000	―	―	―	260,000
1年終了まで	―	180,000	408,000	479,100	1,067,100

●奨学金・特待生
入学金，授業料1年間

［その他］制服・指定品代，タブレット関係費，補助教材，オリエンテーション合宿，イングリッシュキャンプ，スキー教室，各会（父母会・生徒会・後援会）会費，各会入会金。
［寄付・学債］なし。
※上記は'22年度のもの。新年度について詳細は「受験生応援アプリ」にて公開（2023年5月～）。

首都圏模試 思考コード (単位:%)

〈第１回〉

読み取る力 ＼ 考える力	国語 A	国語 B	国語 C	算数 A	算数 B	算数 C
複雑 3	3			6		
2				11	11	
単純 1	10	81	6		72	

A=知識・理解思考 B=論理的思考 C=創造的思考

2024年度入試 合格の基準

	首都圏模試 ほぼ確実	首都圏模試 見込あり	首都圏模試 やや見込あり	四谷大塚 ほぼ確実	四谷大塚 見込あり	四谷大塚 やや見込あり
男子 〈①〉	53	48	43	43	39	35

ほぼ確実＝80%～／見込あり＝50～79%／やや見込あり＝20～49%

入試要項 2023年度参考 新年度日程は アプリへGO!

4科 他

試験名	試験日 ◎午後入試	出願締切 Web	発表 Web	手続 Web	選抜方法 2科	4科	適	英	他	面接	特待	募集数	応募数	受験数	合格数	実質倍率	偏差値
特待	1/10 ◎	1/7	当日	2/6	＊1			＊1	＊1		●	20	400	391	158〈118〉	2.5	63
①	1/10	1/7	当日	2/6		●					●	60	363	354	297(94)	1.2	53
②	1/11	1/10	当日	2/6	＊2	＊2					●	40	391	277	221(31)	1.6	53
③	1/12	1/11	1/13	2/6	＊2	＊2					●	40	343	199	160(21)	1.2	53
④	1/18	1/17	当日	1/20	●							若干	97	52	37	1.4	46
⑤	2/4	2/3	当日	2/6	●							若干	28	5	4	1.6	46

＊1　２科選択（算理，算英）
＊2　②，③は，全受験者から国算２科目の得点順に合格者の75%程度を選抜。さらに４科目受験者から合格者の25%程度を選抜。
※　特待，②，③は２会場（さいたまスーパーアリーナTOIRO，もしくは所沢くすのきホール）で実施。

【出願方法】 Web出願
【手続方法】 Web納入
【受験料】 ２回まで受験する場合は26,000円。以降，出願の追加１回ごとに5,000円の受験料が必要。

【帰国生入試】 ―　　（注）〈　〉は特待なし合格で外数，（　）は特待へのスライド合格で内数。

中学受験のプロがおすすめ! 併願校の例

特色	ICT教育	論文(自由研究)	体験重視	学習サポート
♠男子校 ♥女子校 ♣共学・別学校	♣東洋大京北	♣順天	♣星野学園	♣大宮開成
	♣開智未来	♠獨協	♠日大豊山	♣西武学園文理
	♣西武台新座	♣淑徳巣鴨	♠聖学院	♠城西川越

併設高校の進路情報

四年制大学進学率59.2%
文系54／理系45／その他１(%)

指定校推薦▶利用状況は早稲田大３，慶應大１，上智大１，東京理科大４，学習院大３，明治大２，立教大２，中央大６，日本大１，東洋大３，大東文化大１，東海大１，國學院大１，成城大１，明治学院大３，芝浦工大１，武蔵大１，工学院大１，東京都市大１，東京薬科大１，明治薬科大１など。

海外大学合格状況▶北京大学（中），漢陽大学校，中央大学校，韓国外国語大学校（韓），他。

'22年３月卒業生：174名　大学103名　他68名
短大０名　専門３名／就職０名

主な大学合格状況　'23年春については主要大学のみ巻末一覧に記載

大学名	'22	'21	'20	大学名	'22	'21	'20	大学名	'22	'21	'20
◇一橋大	1	0	0	早稲田大	7	2	17	日本大	44	37	65
◇千葉大	1	0	0	慶應大	6	3	4	東洋大	39	16	31
◇筑波大	0	1	0	上智大	1	6	8	駒澤大	10	9	8
◇横浜国大	0	2	1	東京理科大	8	28	17	専修大	11	20	6
◇埼玉大	1	3	2	学習院大	8	10	12	大東文化大	10	11	17
◇北海道大	0	1	1	明治大	13	19	18	帝京大	12	14	12
◇東京農工大	1	2	1	青山学院大	5	6	5	成城大	3	15	7
◇都立大	1	1	2	立教大	5	11	18	獨協大	3	13	15
◇群馬大	1	1	1	中央大	26	37	22	芝浦工大	16	24	12
◇信州大	1	2	0	法政大	12	20	17	東京電機大	7	8	7

※各大学合格数は既卒生との合計。

見学ガイド 文化祭／説明会／オープンスクール

男 立教新座（りっきょうにいざ）中学校

〒352－8523 埼玉県新座市北野1－2－25 ☎048－471－2323

教育方針▶キリスト教に基づく人間教育を標榜し，「真理を探究する力」「共に生きる力」を育む。
沿革▶1960年に池袋から移転した立教高等学校を母体に2000年開設。
施設▶チャペル，図書館（17万冊），CALL教室，書写・書道室，室内プール，野球場，グラウンド（全天候型400mトラック），人工芝サッカー場，自然観察園，他。
学校長▶佐藤　忠博
生徒数▶総数608名　併設小からの進学者を含む。

	1年（6クラス）	2年（6クラス）	3年（6クラス）
男子	204名	204名	200名
内進生内数	46名	53名	54名

東武東上線―志木15分　JR―新座25分（志木・新座よりスクールバスあり）　15分

国際　海外研修　長期留学　第2外国語　online英会話　21型　1人1台端末　リモート体制　プロジェクト型　論文執筆　STEAM　情操　体験学習　ボランティア　人間力育成

「共に生きる力」を備えたグローバルリーダーを育てる

キリスト教の精神に基づき、生徒一人ひとりが自ら判断する自由な学びと自律を大切にした教育で，世界の人々と協働し，課題解決に取り組む力を育成する。

学習 中学3年間は特定の教科に偏ることなく学習し，基礎的な学習能力と学習習慣を身につけていく。理解に個人差が出やすい英数国では習熟度別少人数授業を行う。中1の「表現・書写」の授業で，作文やスピーチに取り組む。中1で週1時間，中2で週2時間の英会話はネイティヴが担当。自律の姿勢を養うため，中3の英語は「英語1」と，5つの科目から自身の伸ばしたい分野を選択する「英語2」を設定。本物に触れ，自ら体験する機会として，理科実験・観察や校外学習を多く設ける。高2で一般または他大学進学クラスを選択。3学期からは自由テーマによる12,000字以上の卒業論文に取り組む。中3以上の希望者対象に海外研修などを実施。

キャリア教育 生徒が互いに能力を引き出し合う力，チームのなかで自己の強みを生かす力を養うプログラムが充実。立教大学の教員によるキャリア形成の指導も行う。

学校生活 毎朝の始業礼拝のほか，中2・中3では週1回，チャペルアワーを設定。中学生の約95%が26のクラブで活動。

●コース表

中1	中2	中3	高1	高2	高3
共通履修			一般クラス		
			他大学進学クラス		

保護者MEMO

登校時刻▶8：30
最終下校時刻▶18：00
土曜日▶毎週登校。通常授業4時間
昼食▶食堂／食品販売あり
携帯電話▶可
制服▶ブレザー
自転車通学▶可
カウンセラー▶あり
保護者面談▶必要に応じて
保護者会▶年3回
必修旅行▶国内5コースから選択（中3），他
部活動▶活動日は部による

学費　初年度目安 145万円

（単位:円）	入学金	施設費	授業料	その他	合計
入学手続時	300,000	100,000	—	—	400,000
1年終了まで	—	210,000	624,000	216,000	1,050,000

●奨学金・特待生
なし

［その他］制服・指定品代，オリエンテーションキャンプ費，生徒会費，セントポール会費。
［寄付・学債］任意の寄付金（教育研究事業振興資金）1口10万円2口以上あり。
※上記は'22年度のもの。新年度について詳細は「受験生応援アプリ」にて公開（2023年5月～）。

首都圏模試　思考コード　（単位：%）

〈第１回〉

読み取る力＼考える力	国語 A	国語 B	国語 C	算数 A	算数 B	算数 C	理科 A	理科 B	理科 C	社会 A	社会 B	社会 C
複雑 3	12			4	9		12					
2	8	22		12	36		56			46	4	
単純 1		58			39		24	8		42	8	

A=知識・理解思考　B=論理的思考　C=創造的思考

2024年度入試　合格の基準

	首都圏模試 ほぼ確実	首都圏模試 見込あり	四谷大塚 ほぼ確実	四谷大塚 見込あり
男子〈一般①〉	71	67	59	55
		やや見込あり 61		やや見込あり 51

ほぼ確実＝80%～／見込あり＝50～79%／やや見込あり＝20～49%

入試要項　2023年度参考　新年度日程は アプリへGO!　4科

試験名	試験日 ◎午後入試	出願締切 Web	発表 Web	手続 Web	2科	4科	適	英	他	面接	特待	募集数	応募数	受験数	合格数	実質倍率	偏差値
①	1/25	1/18	1/26	2/2		●						100	1,760	1,685	804	2.1	71
②	2/3	2/2	当日	2/4		●						40	280	217	46	4.7	71

【出願方法】 Web出願
【手続方法】 Web納入。2/15までの辞退者には一部返還
【受験料】 30,000円

【帰国生入試】 1/25（若干名募集）

受験情報

国語，算数ではB1，B2が８割程を占めており，高度な論理的思考力が求められます。理科，社会ではAが９割程を占めており，知識や技術の正確な再現力が求められる問題が中心となります。

年度	試験名	募集数	応募数	受験数	合格数	実質倍率	偏差値
'22	①	100	1,802	1,647	804	2.0	70
	②	40	256	203	40	5.1	71
'21	①	100	1,741	1,680	758	2.2	70
	②	40	306	233	40	5.8	69
'20	①	100	1,929	1,871	764	2.4	68
	②	40	284	213	40	5.3	68

中学受験のプロがおすすめ！　併願校の例

特色	大学附属校	国際理解教育	論文（自由研究）	表現力育成
♠男子校	♠早稲田	♣市川	♣早稲田実業	♣栄東
♥女子校	♣青山学院	♣開智	♠本郷	♠明大中野
♣共学・別学校	♠立教池袋	♠城北	♠成城	♣大宮開成

併設高校の進路情報

四年制大学進学率94.6%
文系91／理系９／その他７（%）　医歯薬７名合格

内部推薦▶立教大学へ266名（文31，経済60，理８，社会42，法54，観光13，コミュニティ福祉２，経営36，現代心理８，異文化コミュニケーション12）が内部推薦で進学した。
指定校推薦▶利用状況は早稲田大３，慶應大３，東京理科大２，国際基督教大１など。ほかに学習院大，青山学院大，中央大，北里大など推薦枠あり。

'22年３月卒業生：316名　大学299名
短大０名　専門０名　就職０名　他17名

主な大学合格状況　'23年春については主要大学のみ巻末一覧に記載

大学名	'22	'21	'20	大学名	'22	'21	'20	大学名	'22	'21	'20
◇東京大	0	1	0	慶應大	16	10	9	東洋大	3	2	0
◇東工大	3	0	0	上智大	5	3	4	国際基督教大	2	2	1
◇一橋大	0	3	2	東京理科大	17	12	8	成城大	3	1	0
◇千葉大	1	1	1	学習院大	1	1	0	芝浦工大	2	3	7
◇横浜国大	1	1	0	明治大	16	10	20	東京電機大	1	1	6
◇北海道大	0	1	0	青山学院大	5	4	3	同志社大	2	2	4
◇東北大	1	0	4	立教大	268	276	256	立命館大	1	7	0
◇東京藝術大	0	1	1	中央大	5	8	13	昭和大	1	1	2
◇信州大	1	1	0	法政大	6	10	4	東京医大	1	1	1
早稲田大	23	15	12	日本大	9	8	15	埼玉医大	1	1	2

※各大学合格数は既卒生との合計。

見学ガイド 文化祭／説明会／オープンキャンパス

青山学院大学系属

浦和ルーテル学院(うらわがくいん) 中学校

〒336－0974 埼玉県さいたま市緑区大崎 3642 ☎048－711－8221

教育方針▶神から与えられた個性，可能性，能力を伸ばし，人のために生かせる人間を育てる。
沿革▶1963年創立。1974年に現校名へ改称。2015年，新校舎完成と共に現校地へ移転。2019年4月より青山学院大学系属校となる。
施設▶チャペル，図書メディアスペース（3万冊），グラウンド，屋内プール，テニスコート，他。
学校長▶福島 宏政
生徒数▶総数232名 併設小からの進学者を含む。

	1年（3クラス）	2年（3クラス）	3年（3クラス）
男子	26名	23名	32名
女子	47名	48名	56名
内進生内数	男17名 女30名	男―名 女―名	男―名 女―名

JR―北浦和・東川口よりスクールバス 15分
埼玉高速鉄道―浦和美園20分

国際 海外研修 長期留学 第2外国語 online英会話 21型 1人1台端末 リモート体制 プロジェクト型 論文執筆 STEAM 情操 体験学習 ボランティア 人間力育成

キリスト教教育・ギフト教育で，人間的成長を促す

「才能」「共感」「世界貢献」「自己実現」の4つの要素を満たすギフト教育を実現。アットホームな校風の中で個々の才能と個性を伸ばし世界に貢献する人を育てる。

学習 中学3年間を基礎力構築期と位置づけ，徹底した少人数教育で，確実に基礎を固める。様々な可能性を広げるためフィールドプログラムを導入。週1時間，アーツ，イングリッシュ，サイエンスの3つのフィールドから1つを選択し，1年かけて興味ある分野の学びをとことん深める。英語は授業にディベートやスピーチ，英語劇を取り入れ，世界のどこででも通用する英語による表現力を磨く。夏期米国研修を，寮生活やホームステイをしながら，約1カ月にわたって実施。米国姉妹校からの研修生も積極的に受け入れ，相互交流を図る。

●コース表

中1	中2	中3	高1	高2	高3
共通履修				文系	
				文理系	
				理系	

キャリア教育 高校では年8回以上の面談を重ね，将来の夢・志望校選びをサポート。受験講座もたとえ希望者が一人でも専任教員がつき，最後まで指導する。青山学院大学との系属協定により一定の募集枠の範囲内で進学基準を満たす者は，系属校推薦入学制度により同大学に優先的に入学できる。

学校生活 毎朝の礼拝を，週4日は教室で，週1日はチャペルで行う。赤い羽根共同募金に参加。10月には「奉仕の日」がある。

保護者MEMO

登校時刻▶8：30
最終下校時刻▶18：00
土曜日▶休校。行事，クラブ活動を行う
昼食▶弁当／食品販売あり（高校より利用可）
携帯電話▶許可制
制服▶ブレザー
自転車通学▶不可
カウンセラー▶常駐
保護者面談▶年2回
保護者会▶年3回
必修旅行▶沖縄（高2）
部活動▶活動日は部による

学費 初年度目安 117万円

（単位:円）	入学金	施設費	授業料	その他	合計
入学手続時	300,000	15,000	28,000	23,300	366,300
1年終了まで	―	165,000	308,000	327,690	800,690

●奨学金・特待生
なし

［その他］制服・指定品代，諸費徴収預り金，冷暖房費，教材・図書費，学級費，山の上学校活動費，PTA会費，後援会費，クラブ費，保健衛生費。［寄付・学債］任意の寄付金（校舎移転新築事業寄付金）1口10万円2口以上，学校債1口10万円1口以上あり。
※上記は'22年度のもの。新年度について詳細は「受験生応援アプリ」にて公開（2023年5月～）。

首都圏模試 思考コード (単位：%)

読み取る力						
複雑 3						
2			データなし			
単純 1						
考える力	A	B	C	A	B	C

A=知識・理解思考 B=論理的思考 C=創造的思考

2024年度入試 合格の基準

		首都圏模試		四谷大塚	
男子	①	ほぼ確実 65	見込あり 61 / やや見込あり 58	ほぼ確実 51	見込あり 47 / やや見込あり 42
女子	①	ほぼ確実 66	見込あり 62 / やや見込あり 59	ほぼ確実 53	見込あり 49 / やや見込あり 44

ほぼ確実＝80％～／見込あり＝50～79％／やや見込あり＝20～49％

入試要項 2023年度参考 新年度日程はアプリへGO! 4科 英

試験名		試験日 ◎午後入試	出願締切 Web	発表 Web	手続 振込	2科	4科	適	英	他	面接	特待	募集数	応募数	受験数	合格数	実質倍率	偏差値
①	4科型	1/10	1/5	当日	1/18延		●				＊2		20	211	208	157	1.3	男65 女66
	英検利用型						＊1		＊1		＊2		10	56	55	48	1.1	
②	4科型	1/14	1/12	当日	1/18延		●				＊2		10	69	50	29	1.7	男65 女66
	英検利用型						＊1		＊1		＊2		5	14	9	4	2.3	

＊1 国算理社＋英検取得級換算点（英検３級は40点，準２級45点，２級48点，準１級50点）。英検３級以上取得者対象。英検合格証のコピー ＊2 グループ面接
※通知表コピー

【出願方法】 Web出願後，書類を当日持参
【手続方法】 振込のうえ，書類郵送。2/6まで延納可
【受験料】 25,000円

【帰国生入試】 —

中学受験のプロがおすすめ！ 併願校の例

特色	男 近代的校舎	国際理解教育	ボランティア活動	女 近代的校舎	国際理解教育	ボランティア活動
♠男子校 ♥女子校 ♣共学・別学校	♣青山学院	♣広尾小石川	♠立教新座	♣青山学院	♣広尾小石川	♥学習院女子
	♣淑徳	♣大宮開成	♣順天	♣淑徳	♣大宮開成	♣順天
	♣東洋大学京北	♣星野学園	♠獨協	♣東洋大学京北	♣星野学園	♥三輪田学園

併設高校の進路情報

四年制大学進学率87.5%
文系・理系の割合 未集計

内部推薦▶青山学院大学への系属校推薦入学は2030年度まで経過措置での入学が可能（一定の募集枠，進学基準あり）。2022年春は15名（法１，文３，教育人間科２，国際政治経済２，理工４，総合文化政策１，経済１，地球社会共生１）が推薦で進学した。

指定校推薦▶東京理科大，青山学院大，日本大，東洋大，大東文化大，国際基督教大，明治学院大，東京電機大，工学院大など推薦枠あり。

'22年3月卒業生：56名
大学49名 短大１名 専門０名 就職０名 他６名

主な大学合格状況 '23年春については主要大学のみ巻末一覧に記載

大学名	'22	'21	'20	大学名	'22	'21	'20	大学名	'22	'21	'20
◇東京外大	1	1	0	立教大	7	6	4	成蹊大	0	2	1
◇埼玉大	0	0	1	中央大	0	3	3	明治学院大	2	3	0
◇電通大	0	1	0	法政大	2	1	1	獨協大	5	2	0
早稲田大	5	2	0	日本大	3	7	9	芝浦工大	0	3	3
慶應大	0	1	1	東洋大	2	3	2	東京女子大	2	0	0
上智大	7	0	0	駒澤大	3	1	0	日本女子大	2	0	0
東京理科大	2	4	0	専修大	0	1	2	共立女子大	3	1	2
学習院大	2	2	1	大東文化大	2	7	0	目白大	3	2	3
明治大	4	9	4	帝京大	4	4	3	多摩美大	1	3	2
青山学院大	15	8	7	國學院大	3	0	1	埼玉工大	0	7	2

※各大学合格数は既卒生との合計。

見学ガイド 説明会

浦和実業学園（うらわじつぎょうがくえん） 中学校

〒336−0025 埼玉県さいたま市南区文蔵 3−9−1 ☎048−861−6131

国際 / 海外研修 / 長期留学 / 第2外国語 / online英会話 / 21型 / 1人1台端末 / リモート体制 / プロジェクト型 / 論文執筆 / STEAM / 情操 / 体験学習 / ボランティア / 人間力育成

教育方針▶「実学に勤め徳を養う」を校訓に，実学と徳育を重視しバランスのとれた人間教育に力を注ぐ。
沿革▶1963年創立の浦和実業学園高等学校が，2005年に中学校を開校。2022年３月に新校舎（２号館）竣工，2023年５月に新校舎（１号館）完成予定。
施設▶スチューデントホール，多目的教室，中高一貫部専用自習室，自習室，PCルーム（５室），弓道場，グラウンド，校外・海外教育施設，他。
学校長▶齋藤　清幸
生徒数▶総数219名

	1年（2クラス）	2年（2クラス）	3年（3クラス）
男子	28名	34名	40名
女子	35名	25名	57名

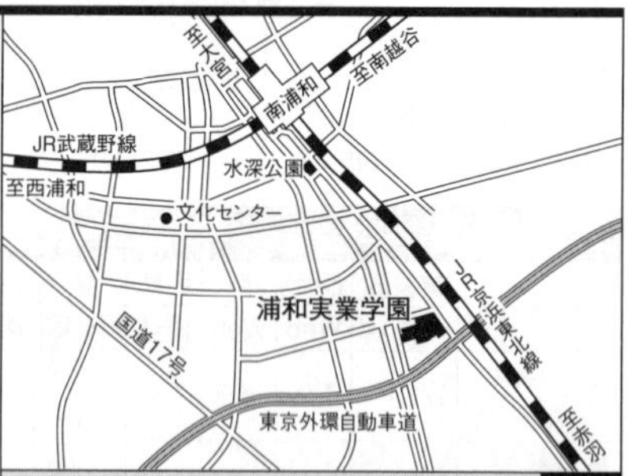

JR—南浦和14分 🚶14分

実践的な英語力と国際感覚を磨き，真の国際人をめざす

「英語イマージョン・キャリアステップ・徳育」を３本の柱に実学教育を展開。社会に出て実際に役立つ学びと，礼儀を身につけた心豊かな人間形成をめざす。

学習 日常的に英語に“浸ること”で真の英語力を身につける「英語イマージョン教育」を実践。中学の副担任はネイティヴ教員が務め，HRなども英語で行う。またネイティヴ教員は英会話だけでなく，体育や音楽，技術・家庭，美術の授業も指導。より専門的で実践的な語学力も磨く。高１では英語イマージョンの集大成として，全員がハワイに短期留学。１人１台のタブレット端末やプロジェクターの活用，動画を使ったオンライン授業を積極的に行う。

キャリア教育 独自のサポート体制「キャリアステップ24」を展開し，６年間で24回のガイダンスを実施。中１は社会見学，中２では福祉体験や職業体験を通して，勤労の意義や社会のなかの役割を，中３は各界で活躍する人物の講演を聴き，将来の夢や職業について考える。年２回，自分の特性を客観的に知るためエゴグラム診断を実施。

●コース表

中1	中2	中3	高1	高2	高3
	共	通	履	修	

※英数は習熟度別

学校生活 運動部，文化部，共にバラエティに富んだ計19のクラブが活動。ハンドボール・空手道・チアダンス部は全国大会出場の実績がある。

保護者MEMO

登校時刻▶8：15
最終下校時刻▶18：30
土曜日▶毎週登校。平常授業４時間
昼食▶食堂（高校から利用可）／食品販売あり
携帯電話▶許可制
制服▶ブレザー
自転車通学▶可
カウンセラー▶週３日
保護者面談▶年２～３回
保護者会▶年４回
必修旅行▶京都・奈良(中３)
部活動▶活動日は部による

学費　初年度目安 120万円

(単位:円)	入学金	施設費	授業料	その他	合計
入学手続時	230,000	120,000	—	32,500	382,500
1年終了まで	—	—	312,000	507,163	819,163

［その他］制服・指定品代，維持費，学用品他，図書館費他，積立金（修学旅行費含む），諸会費。
［寄付・学債］任意の九里育英振興会・育英基金１口２万円あり。
※上記は'22年度のもの。新年度について詳細は「受験生応援アプリ」にて公開（2023年５月～）。

●奨学金・特待生
A：入学手続時納入金，学費相当額の補助(原則３年)／B：入学金

首都圏模試　思考コード　(単位：%)

読み取る力	〈第1回午前〉国語 A	B	C	算数 A	B	C	〈第1回適性検査型〉I A	B	C	II A	B	C
複雑 3												
2	4	18		47				30	60	4	40	
単純 1	15	63		4	49			10		4	52	
考える力	A	B	C	A	B	C	A	B	C	A	B	C

A=知識・理解思考　B=論理的思考　C=創造的思考

2024年度入試　合格の基準

		首都圏模試 ほぼ確実	見込あり	四谷大塚 ほぼ確実	見込あり
男子	〈①午前＝特待〉	54	50	41	38
			やや見込あり 46		やや見込あり 35
女子	〈①午前＝特待〉	54	50	42	38
			やや見込あり 46		やや見込あり 35

ほぼ確実＝80%～／見込あり＝50～79%／やや見込あり＝20～49%

入試要項　2023年度参考　新年度日程はアプリへGO!

2科　4科　適性型　英

試験名		試験日 ◎午後入試	出願締切 Web	発表 Web	手続 W・窓	選抜方法 2科	4科	適	英	他	面接	特待	募集数	応募数	受験数	合格数	実質倍率	偏差値
① 特待	午前	1/10	当日	当日	2/9		●					●	15	536	489	337	1.5	男54 女54
	午後	1/10 ◎	当日	当日	2/9	●						●	15	497	446	287	1.6	男53 女53
① 適性検査		1/11	当日	1/12	2/9			＊1				●	10	494	451	348	1.3	男43 女43
② 特待	午前	1/12	当日	当日	2/9		●					●	10	330	200	135	1.5	男52 女52
	午後	1/12 ◎	当日	当日	2/9				＊2			●	10	155	98	73	1.3	男52 女52
英語		1/17	当日	当日	2/9				＊3		＊3	●	5	62	28	17	1.6	―
② 適性検査		1/19	当日	1/22	2/9			＊4				●	10	546	464	373	1.2	男43 女43
③		1/25	当日	当日	2/9		●					●	5	306	83	51	1.6	男43 女43

＊1　適性検査ⅠⅡ（Ⅰ作文型，Ⅱ算理社の複合型）　＊2　国算＋英語（リスニング含む。英検4級レベル）　＊3　筆記（リスニング・英語記述。英検4～3級レベル）＋英語面接（個人）　＊4　適性検査ⅠⅡⅢ（Ⅰ作文型，Ⅱ算理社の複合型，Ⅲ数理思考型）

【出願方法】 Web出願
【手続方法】 Web納入のうえ，窓口手続。辞退者には一部返還
【受験料】 20,000円（同じ試験日の午前と午後は同時出願可。追加出願は5,000円）。複数回受験は25,000円

【帰国生入試】 ―

中学受験のプロがおすすめ！　併願校の例

特色	男 国際理解教育	キャリア教育	適性検査型入試	女 国際理解教育	キャリア教育	適性検査型入試
♠男子校	♠獨協	♣順天	♣市立浦和	♥大妻中野	♣順天	♣市立浦和
♥女子校	♣獨協埼玉	♣西武学園文理	♣県立伊奈学園	♣獨協埼玉	♣西武学園文理	♣県立伊奈学園
♣共学・別学校	♠聖学院	♣武南	♣国際学院	♥女子聖学院	♣武南	♣国際学院

併設高校の進路情報

四年制大学進学率69.3%
文系・理系割合 未集計　医歯薬11名合格

'22年3月卒業生：877名

大学608名　短大34名　専門165名　就職21名　他49名

内部推薦▶浦和大学へ24名（こども10，社会14）が内部推薦で進学。

指定校推薦▶東京理科大，立教大，中央大，法政大，日本大，東洋大，駒澤大，専修大，國學院大，成蹊大，明治学院大，獨協大，神奈川大，東京電機大，日本女子大，武蔵大，工学院大，東京都市大，東京経済大，白百合女子大，東邦大，武蔵野大，東京農大，文教大，二松學舍大，清泉女子大，東洋英和女学院大，女子栄養大など推薦枠あり。

主な大学合格状況　'23年春については主要大学のみ巻末一覧に記載

大学名	'22	'21	'20	大学名	'22	'21	'20	大学名	'22	'21	'20
◇京都大	1	0	0	学習院大	3	5	9	東海大	19	11	8
◇東京外大	0	1	0	明治大	7	2	3	亜細亜大	38	14	9
◇横浜国大	0	0	1	青山学院大	3	3	2	帝京大	42	28	29
◇埼玉大	5	2	4	立教大	9	5	8	芝浦工大	10	10	9
◇北海道大	2	0	0	中央大	7	4	2	東京電機大	20	26	11
◇信州大	2	1	0	法政大	8	12	5	立正大	25	8	12
早稲田大	1	0	0	日本大	64	58	34	国士舘大	14	24	18
慶應大	3	0	0	東洋大	43	24	20	城西大	47	44	30
上智大	0	2	1	専修大	37	17	10	浦和大	39	34	37
東京理科大	7	1	6	大東文化大	58	60	30	埼玉工大	48	24	30

※各大学合格数は既卒生との合計。

見学ガイド　体育祭／文化祭／説明会／公開授業／夏の体験講座

高校募集 あり 高入生とは3年間別クラス。 高1内訳 一貫生 179名 441名 高入生

大宮開成（おおみやかいせい）中学校

〒330−8567 埼玉県さいたま市大宮区堀の内町1−615 ☎048−641−7161

国際 / 海外研修 / 長期留学 / 第2外国語 / online英会話 / 21型 / 1人1台端末 / リモート体制 / プロジェクト型 / 論文執筆 / STEAM / 情操 / 体験学習 / ボランティア / 人間力育成

教育方針▶校訓「愛・知・和」の精神のもと，正しい知識や情報，思考を駆使し，"80億の他者"を想い，行動できる人づくりをめざす。

沿革▶1942年創立の大宮洋裁女学校を起源とする大宮開成高等学校が，2005年に中学校を開設。

施設▶ホール，図書室（4万冊），自習室，ラーニングコモンズ，音楽専用練習室，テニスコート，アーチェリー場，グラウンド，他。

学校長▶松﨑　慶喜

生徒数▶総数383名

	1年（5クラス）	2年（5クラス）	3年（4クラス）
男子	79名	83名	57名
女子	63名	66名	35名

JR・ニューシャトル—大宮よりバス天沼町（大宮開成中学・高等学校前） 7分

21世紀を担う国際感覚豊かで高い志をもつリーダーを育成

校訓「愛・知・和」のもと，豊かな教養と確かな発信力を培い，実社会で役立つ人間創りをめざす。探究活動を主としたプレゼンテーション教育，英語教育に注力。

学習 英語・数学に比重をおいたカリキュラムの「英数特科コース」で指導を展開。授業・家庭学習・小テストのサイクルを繰り返して基礎基本の徹底を図り，学び合い的授業や「化学実験」で学びへの意欲を高める。発展的内容を扱う「アドバンスト演習」（Tクラス），復習重視の「スタンダード演習」（Sクラス）などプラスαの授業も実施。英語教育ではネイティヴ英会話やオンライン英会話で，4技能をバランスよく伸ばす。また実践力を養うため，国内留学プログラムやホームステイ（米国・中3以上の希望者）など英語行事も豊富。

●コース表

中1	中2	中3	高1	高2	高3
英数特科コース					
Tクラス Sクラス				文系クラス 理系クラス	

キャリア教育 SDGsを切り口にグループで探究活動を行い，その結果を発表する「開成文化週間」など質の高いプレゼンテーション教育で，探究力·発信力·協働力を磨き，社会貢献への意欲を培う。人間としての幅を広げるため，中1·高2の合同合宿「フレッシュマンキャンプ」，牧場体験，伝統文化研修などのフィールドワークも多数企画。

学校生活 チアダンス·ハンドボール·吹奏楽など16部があり，中学生は全員参加。

保護者MEMO

登校時刻▶8：10
最終下校時刻▶18：30
土曜日▶毎週登校
昼食▶給食（中学）／食堂・食品販売あり（中学は土のみ）
携帯電話▶許可制
制服▶ブレザー
自転車通学▶可
カウンセラー▶週3日
保護者面談▶年1回
保護者会▶年3回
必修旅行▶オーストラリア（高1）
部活動▶平日1日と日は休み

学費　初年度目安 132万円

（単位：円）	入学金	施設費	授業料	その他	合計
入学手続時	210,000	150,000	—	—	360,000
1年終了まで	—	—	360,000	595,972	955,972

［その他］制服・指定品代，施設設備維持費，一括預り金，フレッシュマンキャンプ費，父母の会費，父母の会入会金，後援会費，給食費。
［寄付・学債］なし。
※上記は'22年度のもの。新年度について詳細は「受験生応援アプリ」にて公開（2023年5月〜）。

●**奨学金・特待生**
6年特待：授業料原則6年／3年特待：授業料原則3年間

首都圏模試 思考コード (単位：%)

〈第１回〉

読み取る力	国語 A	国語 B	国語 C	算数 A	算数 B	算数 C
複雑 3				10		
2	4			45	15	
単純 1	12	84			30	
考える力	A	B	C	A	B	C

A=知識・理解思考　B=論理的思考　C=創造的思考

2024年度入試 合格の基準

		首都圏模試 ほぼ確実	首都圏模試 見込あり	四谷大塚 ほぼ確実	四谷大塚 見込あり
男子	①	66	61 / やや見込あり 55	55	52 / やや見込あり 48
女子	①	66	62 / やや見込あり 57	57	54 / やや見込あり 50

ほぼ確実＝80％～／見込あり＝50～79％／やや見込あり＝20～49％

入試要項 2023年度参考　新年度日程はアプリへGO!　4科

試験名	試験日 ◎午後入試	出願締切 Web	発表 Web	手続 Web	2科	4科	適	英	他	面接	特待	募集数	応募数	受験数	合格数	実質倍率	偏差値
①	**1/10** ※	1/8	1/11	2/5		●					●	80	男1,207	1,175	679	1.7	66
													女 905	884	486	1.8	66
特待生選抜	**1/12** ※	1/10	1/13	2/5		●					●	50	男 580	457	250	1.8	69
													女 449	356	206	1.7	69
②	**1/14** ※	1/12	1/15	2/5		●					●	20	男 796	512	194	2.6	65
													女 554	356	95	3.7	65

※開始時間に前半・後半あり

【出願方法】 Web出願
【手続方法】 Web納入。3/31までの辞退者には一部返還
【受験料】 25,000円（同時出願は２回目以降１回5,000円）

【帰国生入試】 ―

中学受験のプロがおすすめ! 併願校の例

特色	男 表現力育成	男 留学制度	男 論文(自由研究)	女 表現力育成	女 留学制度	女 論文(自由研究)
♠男子校	♣栄東	♣開智	♠立教新座	♣栄東	♣開智	♥淑徳与野
♥女子校	♠成城	♣青学浦和ルーテル	♣淑徳	♥共立女子	♣青学浦和ルーテル	♣淑徳
♣共学・別学校	♣星野学園	♣順天	♣東洋大京北	♣星野学園	♣順天	♣東洋大京北

併設高校の進路情報

四年制大学進学率93.9%
文系67／理系33／その他０（%）　医歯薬51名合格

指定校推薦▶利用状況は早稲田大３，東京理科大１，学習院大６，明治大２，青山学院大３，立教大４，中央大８，法政大５，日本大２，東洋大１，駒澤大１，成城大１，明治学院大３，芝浦工大２，東京電機大１，津田塾大１，東京女子大１，日本女子大２，武蔵大１など。ほかに専修大，大東文化大，東海大，亜細亜大，帝京大，國學院大，成蹊大，獨協大，神奈川大など推薦枠あり。

'22年３月卒業生：554名
大学520名
短大０名　専門１名　就職２名　他31名

主な大学合格状況　'23年春については主要大学のみ巻末一覧に記載

大学名	'22	'21	'20	大学名	'22	'21	'20	大学名	'22	'21	'20
◇東京大	2	1	2	早稲田大	80	52	38	日本大	213	134	171
◇京都大	1	0	0	慶應大	55	30	29	東洋大	457	169	203
◇東工大	3	1	1	上智大	18	30	23	駒澤大	36	29	29
◇一橋大	3	0	3	東京理科大	75	82	68	専修大	36	26	16
◇千葉大	5	4	7	学習院大	85	50	52	大東文化大	141	92	53
◇筑波大	7	3	4	明治大	105	77	84	帝京大	68	47	69
◇横浜国大	4	4	5	青山学院大	98	46	37	成城大	48	24	23
◇埼玉大	20	29	26	立教大	218	115	88	獨協大	107	71	56
◇東北大	6	3	8	中央大	179	133	98	芝浦工大	37	30	59
◇宇都宮大	5	10	8	法政大	160	118	132	東京電機大	56	33	54

※各大学合格数は既卒生との合計。

見学ガイド 文化祭／説明会／入試対策会

開智（かいち）中学校（中高一貫部）

〒339－0004 埼玉県さいたま市岩槻区徳力186 ☎048－795－0777

教育方針▶高い志を持ち，専門分野で社会貢献できるリーダーを育成する。
沿革▶1983年創立の埼玉第一高等学校を母体として1997年開校。1999年に高校が現校名に改称。
施設▶ホール，自習室，武道場，グラウンド，他。
学校長▶菅沼　健児
生徒数▶総数1,136名　3年は併設小【総合部】からの進学者との合流クラス。

	1年(10クラス)	2年(10クラス)	3年(12クラス)
男子	159名	176名	231名
女子	104名	114名	182名
総合部	男47名 女38名	男52名 女33名	

東武アーバンパークライン―東岩槻15分 15分

心豊かな創造型・発信型の国際的リーダーを育成

「知識を獲得する学び」「探究的な学び」「繰り返しの学び」で創造的学力を育成。入学前に自分のめざす進路，志望大学に沿ってコースを選び，未来に向けて邁進する。

学習 中1～高1では探究的な学びとしっかりした知識学習を行い，高2からは徹底した大学進学力を養う。思考力・問題解決能力を養うため，個人で調べる「探究テーマ」のほか，中1～高2で「フィールドワーク」に取り組む。中1・中2は自然を相手に，中3は人文・社会科学分野のグループ研究を行い，探究の手法を体得する。高1では中3までに積み上げてきた自らの探究を発展させ，発表することで，プレゼンテーションのスキルを伸ばしていく。集大成として，高2で英国に赴き，現地大学生に向けて，全員が英語による発表を行う。道徳授業の一環として「哲学対話」を実施。生活の中で出会う様々な問題について，意見を交わし合いながら考えを深める。

●コース表

中1	中2	中3	高1	高2	高3
	先端ITコース			東大・京大・国公立大〈文系／理系〉	
	先端MDコース			国公立私医系	
	先端FDコース			難関私大〈文系／理系〉	
	先端GBコース			グローバル文系・理系	

※全コース中3・高1は学力別クラス

キャリア教育 中学では自分史作成や職業講演会などでキャリアデザインの基盤を築く。高校では進路適性診断や進路を考える会などを通して，自己の進路適性について見つめ直す。大学訪問，模擬講義も実施。

学校生活 学校行事や生徒会活動は，生徒が主体となって構想し，企画・運営する。

保護者MEMO

登校時刻▶8：10
最終下校時刻▶17：30
土曜日▶毎週登校
昼食▶食堂・食品販売あり（中1・中2は弁当注文のみ）
携帯電話▶可
制服▶ブレザー
自転車通学▶可
カウンセラー▶週2日
保護者面談▶年1回（全体。他に学年ごとにあり）
保護者会▶年1回
必修旅行▶北陸（高2）
部活動▶週4日まで

学費　初年度目安 101万円

(単位:円)	入学金	施設費	授業料	その他	合計
入学手続時	100,000	―	―	―	100,000
1年終了まで	―	―	480,000	430,200	910,200

［その他］制服・指定品代，教育充実費，積立金，保護者会費，後援会費，生徒会費。※初年度タブレット代等あり。
［寄付・学債］任意の寄付金1口5万円4口以上あり。
※上記は'22年度のもの。新年度について詳細は「受験生応援アプリ」にて公開（2023年5月～）。

●奨学金・特待生
S：初年度給付額63.8万円／A：初年度給付額26.8万円／準：給付額10万円

首都圏模試　思考コード　（単位：%）

〈先端１〉

読み取る力 ＼ 考える力	国語 A	国語 B	国語 C	算数 A	算数 B	算数 C
複雑 3						
2	8	30		25	17	
単純 1	20	42			58	

A=知識・理解思考　B=論理的思考　C=創造的思考

2024年度入試　合格の基準

		首都圏模試 ほぼ確実	首都圏模試 見込あり / やや見込あり	四谷大塚 ほぼ確実	四谷大塚 見込あり / やや見込あり
男子	〈先端1〉	67	63 / 60	54	49 / 44
女子	〈先端1〉	67	63 / 60	56	52 / 47

ほぼ確実＝80％〜／見込あり＝50〜79％／やや見込あり＝20〜49％

入試要項　2023年度参考　新年度日程は アプリへGO!　4科　他

試験名	試験日 ◎午後入試	出願締切 Web	発表 Web	手続 Web	2科	4科	適	英	他	面接	特待	募集数	応募数	受験数	合格数	実質倍率	偏差値
先端１	1/10	当日	当日	2/10		●					●	110	男 929	887(3)	558(0)	1.6	67
													女 707	675(1)	396(1)	1.7	67
先端特待	1/11	当日	当日	2/10		●					●	30	男 272	182	65	2.8	72
													女 162	97	29	3.3	72
先端Ａ	1/12	当日	当日	2/10		●					●	90	男 563	398(4)	220(2)	1.8	68
													女 400	262(1)	124(1)	2.1	69
算数特待	1/12 ◎	当日	当日	2/10					＊		●	10	男 308	226	64	3.5	72
													女 102	56	11	5.1	73
先端２	1/15	当日	当日	2/10		●					●	40	男 660	329(3)	119(1)	2.8	64
													女 481	254	84	3.0	64

＊算数
※本校のほか先端１・先端特待はさいたま新都心会場，先端Ａ・算数特待は大宮会場，先端２は開智望会場あり

【出願方法】Web出願　**【手続方法】**Web納入。3/31までの辞退者には一部返還　**【受験料】**20,000円（複数回受験可）。算数特待のみ5,000円。30,000円で開智未来中学・開智日本橋学園中学・開智望中等教育学校の併願受験可

【帰国生入試】11/23（若干名募集）　※１月入試は上記に含む。優遇措置あり
（注）（　）は帰国生で内数。

中学受験のプロがおすすめ！　併願校の例

特色	男 留学制度	男 キャリア教育	男 探究型学習	女 留学制度	女 キャリア教育	女 探究型学習
♠男子校	♣渋谷教育渋谷	♣市川	♠海城	♣渋谷教育渋谷	♣市川	♥豊島岡女子
♥女子校	♠立教新座	♣芝浦工大附柏	♣栄東	♥立教女学院	♣芝浦工大附柏	♣栄東
♣共学・別学校	♣大宮開成	♣順天	♣専大松戸	♣大宮開成	♣順天	♣専大松戸

併設高校の進路情報

四年制大学進学率66.4%
文系52／理系47／その他１（%）　医歯薬113名合格

内部推薦▶開智国際大学へ１名（国際教養）が内部推薦で進学した。
指定校推薦▶非公表。

'22年３月卒業生：348名（中高一貫部）
大学231名　他112名
短大２名　専門３名　就職０名

主な大学合格状況　'23年春については主要大学のみ巻末一覧に記載

大学名	'22	'21	'20	大学名	'22	'21	'20	大学名	'22	'21	'20
◇東京大	6	8	8	◇東北大	2	3	3	中央大	45	50	31
◇京都大	1	0	2	◇お茶の水女子大	6	4	2	法政大	56	56	52
◇東工大	10	8	5	早稲田大	54	59	59	日本大	58	53	61
◇一橋大	1	1	1	慶應大	36	51	26	東洋大	45	41	39
◇千葉大	8	15	6	上智大	31	20	31	帝京大	12	17	19
◇筑波大	8	6	2	東京理科大	105	89	61	獨協大	24	26	13
◇横浜国大	2	0	3	学習院大	18	17	12	芝浦工大	60	51	23
◇埼玉大	3	5	2	明治大	89	98	67	津田塾大	13	8	2
◇大阪大	1	1	2	青山学院大	23	27	18	東京女子大	22	9	6
◇北海道大	3	7	1	立教大	39	58	29	開智国際大	2	24	64

※各大学合格数は既卒生との合計。

見学ガイド　体育祭／文化祭／説明会／体験入学／見学会

開智未来（かいちみらい）中学校

〒349－1212　埼玉県加須市麦倉 1238　☎0280－61－2033

教育方針▶人間と学力を共に伸ばし，国際社会に貢献する心豊かな創造・発信型のリーダーを育てる。
沿革▶開智中学校・高等学校の教育開発校として，2011年に高等学校と同時開校。
施設▶コンピュータ室，大教室，アカデメイア（独習できる大教室），選択教室，作法室，テニスコート，グラウンド，他。
学校長▶藤井　剛
生徒数▶総数280名　併設小からの進学者を含む。

	1年（3クラス）	2年（3クラス）	3年（4クラス）
男子	49名	46名	53名
女子	39名	45名	48名
内進生内数	男一名 女一名	男0名 女0名	男一名 女一名

JR一栗橋・古河・鴻巣，東武伊勢崎線一加須・羽生・館林よりバス　東武日光線一柳生20分　18分

認知能力と非認知能力を共に育て，共に高めていく

それぞれが密接に結びついた，探究・世界水準・ICTで構成される3'Isプログラムで，自制心とやり抜く力，インプット・アウトプットのスキルを伸ばす。

学習　T未来クラスでは高い知性の獲得をめざす。未来クラスは総合的な学力を高め，開智クラスでは個に応じた力を伸ばす。学びの基本「6つの授業姿勢（ねらい，メモ，反応，発表，質問，振り返り）」を徹底させることで，学習スキルを高める。探究活動が盛ん。英語に着目すると，中2は国内英語研修施設で英語合宿，高2はワシントンでフィールドワークを行い，異文化探究や各自のテーマに基づき探究活動に取り組む。英語で発表も行い，英語発信力を磨く。全員がタブレット端末を持ち，発信，プレゼンツールとしても積極的に活用。

●コース表

中1	中2	中3	高1	高2	高3
	T未来クラス			T理系(国立医系)／T文系	
	未来クラス			S理系／S文系	
	開智クラス			理系／文系	

キャリア教育　全学年で月2～4回，学校顧問による「哲学」の授業を行う。人間はどう学ぶか，いかに成長するかについて，各教科とも連動しながら展開。高1では「才能発見プログラム」で自分の将来を見つめる。

学校生活　中1の「里山探究フィールドワーク」は自然・人間体験，共育などがコンセプト。様々なプログラムを体験し，観察・発見・疑問の3技能を養う。貢献活動として地域清掃，あいさつ運動を実施。

保護者MEMO

登校時刻▶8：40
最終下校時刻▶17：45
土曜日▶毎週登校。平常授業4時間
昼食▶食堂（中3から利用可）／食品販売あり
携帯電話▶可
制服▶ブレザー
自転車通学▶可
カウンセラー▶週2日
保護者面談▶年2回
保護者会▶年2回
必修旅行▶米国(高2)，他
部活動▶週5日まで

学費　初年度目安 99万円

(単位:円)	入学金	施設費	授業料	その他	合計
入学手続時	100,000	—	—	—	100,000
1年終了まで	—	58,000	480,000	354,000	892,000

[その他] 制服・指定品代，積立金，ICT推進費，保護者会費，後援会費，生徒会費。
[寄付・学債] 任意の寄付金1口5万円4口以上あり。
※上記は'22年度のもの。新年度について詳細は「受験生応援アプリ」にて公開（2023年5月～）。

●**奨学金・特待生**
S：初年度給付額63.8万円／A：初年度給付額26.8万円／準：給付額10万円

首都圏模試　思考コード（単位：%）

〈T未来〉

読み取る力＼考える力	国語 A	国語 B	国語 C	算数 A	算数 B	算数 C
複雑 3				5		
2	12	16		25	24	
単純 1	18	54			46	

A=知識・理解思考　B=論理的思考　C=創造的思考

2024年度入試　合格の基準

		首都圏模試 ほぼ確実	首都圏模試 見込あり	首都圏模試 やや見込あり	四谷大塚 ほぼ確実	四谷大塚 見込あり	四谷大塚 やや見込あり
男子	〈①〉	53	50	45	42	38	33
女子	〈①〉	53	50	46	43	39	34

ほぼ確実＝80%～／見込あり＝50～79%／やや見込あり＝20～49%

入試要項　2023年度参考　新年度日程は アプリへGO!

2科　4科　英　他

試験名		試験日 ◎午後入試	出願締切 Web	発表 Web	手続 振込	選抜方法 2科	4科	適	英	他	面接	特待	募集数	応募数	受験数	合格数	実質倍率	偏差値
探究①	T未来	1/10	1/8	1/11	2/9					＊1		●	若干	74	65	11	1.2	男48 女48
	未来												10			32		
	開智												10			13		
①	T未来	1/10 ◎	1/8	当日	2/9	●						●	若干	276	256	35	1.1	男53 女53
	未来												15			123		
	開智												5			49		
探究②	T未来	1/11	1/9	1/12	2/9				＊2	＊2		●	若干	93	70	12	1.1	男48 女48
	未来												10			35		
	開智												10			16		
T未来		1/11 ◎	1/9	当日	2/9					＊3		●	15	163	96	52	1.8	男56 女57
算数1科	T未来	1/12 ◎	1/10	当日						＊4		●	5	127	58	22	1.7	男56 女56
	未来												5			13		
②	T未来	1/14	1/12	当日	2/9	●	●		＊5			●	5	164	74	19	1.2	男49 女49
	未来												10			32		
	開智												5			12		

＊1　計算・読解＋探究科学　＊2　計算・読解＋探究社会または英語　＊3　国算理　＊4　算数　＊5　国算英　※本校のほか，①とT未来，算数1科は2会場あり

【出願方法】当日窓口可　**【手続方法】**一部納入，残額を3月に納入。3/31までの辞退者には一部返還
【受験料】20,000円（複数回受験可）。算数1科のみ5,000円
※30,000円で開智中学・開智未来中学・開智日本橋学園中学・開智望中等教育学校のすべて受験可

【帰国生入試】—

中学受験のプロがおすすめ！ 併願校の例

特色	男 フィールドワーク	男 ICT教育	男 論文（自由研究）	女 フィールドワーク	女 ICT教育	女 論文（自由研究）
♠男子校 ♥女子校 ♣共学・別学校	♣青学浦和ルーテル	♣淑徳	♣順天	♣青学浦和ルーテル	♣淑徳	♣順天
	♣獨協埼玉	♣昌平	♣淑徳巣鴨	♣獨協埼玉	♣昌平	♣淑徳巣鴨
	♣東京成徳深谷	♣武南	♣春日部共栄	♣東京成徳深谷	♣武南	♣春日部共栄

併設高校の進路情報

四年制大学進学率88.7%
文系55／理系45／その他0（%）　医歯薬2名合格

内部推薦▶開智国際大学への内部推薦制度がある。

指定校推薦▶利用状況は学習院大1，中央大1，芝浦工大2など。

'22年3月卒業生：159名

大学141名　短大0名　専門2名　就職0名　他16名

主な大学合格状況　'23年春については主要大学のみ巻末一覧に記載

大学名	'22	'21	'20	大学名	'22	'21	'20	大学名	'22	'21	'20
◇東京大	0	2	1	◇都立大	1	2	3	中央大	26	30	10
◇京都大	0	1	0	◇群馬大	2	4	1	法政大	18	15	10
◇東工大	0	1	0	早稲田大	4	5	13	日本大	57	37	32
◇千葉大	2	0	1	慶應大	10	5	2	東洋大	50	50	34
◇筑波大	3	0	4	上智大	12	4	4	専修大	18	16	10
◇東京外大	0	1	1	東京理科大	10	18	11	帝京大	16	32	27
◇横浜国大	3	0	0	学習院大	26	8	5	獨協大	26	22	13
◇埼玉大	3	2	2	明治大	33	20	9	芝浦工大	28	19	17
◇北海道大	3	1	0	青山学院大	6	7	4	東京電機大	19	12	15
◇東北大	1	2	1	立教大	35	14	15	開智国際大	2	16	25

※各大学合格数は既卒生との合計。

見学ガイド　体育祭／文化祭／説明会／体験授業／オープンスクール／探究型入試演習

春日部共栄（かすかべきょうえい）中学校

〒344−0037　埼玉県春日部市上大増新田 213　☎048−737−7611

国際 / 海外研修 / 長期留学 / 第2外国語 / online英会話 / 21型 / 1人1台端末 / リモート体制 / プロジェクト型 / 論文執筆 / STEAM / 情操 / 体験学習 / ボランティア / 人間力育成

教育理念▶「自主自律・明朗勤勉・協調奉仕」の校訓に基づき，未来を切り開いていく人材を育成する。
沿革▶1980年開校の春日部共栄高等学校を母体として，2003年に開校。
施設▶ホール，図書室（4.5万冊，個室ブース式自習室完備），至誠館（体育館兼講堂），屋内プール，テニスコート，野球場，グラウンド，他。
学校長▶小南　久芳
生徒数▶総数325名

	1年（4クラス）	2年（3クラス）	3年（4クラス）
男子	75名	45名	62名
女子	54名	36名	53名

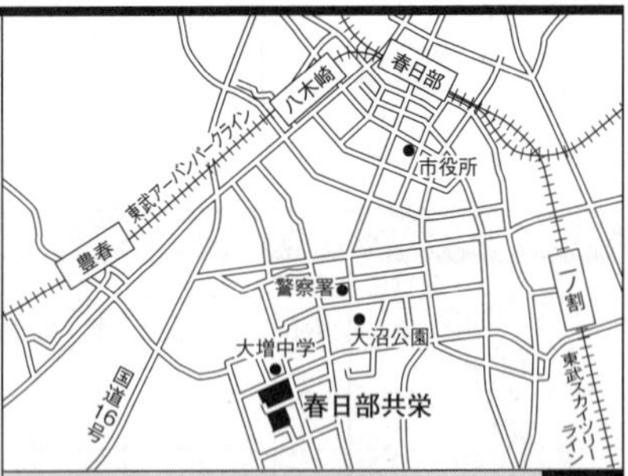

東武スカイツリーライン・東武アーバンパークライン―春日部よりスクールバス 10分

どんな困難にも至高の誠実さを貫く姿勢で取り組む

「表現力・行動力・思考力・自己肯定力・判断力」を育み，未来社会を創造できる人材を育成する。2022年度より，2期制・45分7限授業・完全週5日制を導入。

学習 プログレッシブ政経コースでは，圧倒的な英語力を用いて，国際的な政治やビジネスにおいてリーダーとなり得る人材を育てる。銀行など企業と協力して経済学の基本を学び，ビブリオバトルや模擬国連，ディベートなどを通して，世界のリーダーに求められる知識と発信力を身につける。IT医学サイエンスコースでは，高度な数学力を軸に，各分野の研究者・開発者としてリーダーシップを発揮できる人材を育成。世界に通用する問題解決力や論理的思考力を養うため，プログラミング，実験研究，メディカル論文講習などの学習に取り組む。両コースで，世界のリーダーに必要な人間力を伸ばすプログラムを実施。

●コース表

中1	中2	中3	高1	高2	高3
	プログレッシブ政経コース				
	ITサイエンスコース				

キャリア教育 各界の第一人者を招く年6回の講演会では，各自が事前学習レポートを作成。より深い知識の習得を図る。

学校生活 文武両道をモットーに中学では24部が活動。水泳男子は全国大会優勝も。サンタ大作戦と称し，生徒有志がクッキーを作って全生徒に販売。その売上げを世界の子ども支援のために寄付している。

保護者MEMO

登校時刻▶8：15
最終下校時刻▶18：00
土曜日▶休校
昼食▶食堂・食品販売あり（中学は条件あり）
携帯電話▶許可制
制服▶ブレザー
自転車通学▶可
カウンセラー▶週3日
保護者面談▶年1回
保護者会▶年1回
必修旅行▶神戸・京都(中3)
部活動▶週3日と，土日いずれか1日

学費　　初年度目安 113万円

(単位:円)	入学金	施設費	授業料	その他	合計
入学手続時	250,000	100,000	—	—	350,000
1年終了まで	—	—	384,000	397,600	781,600

［その他］制服・指定品代，維持費，教材費，宿泊研修等積立金，保護者会費，生徒会費，クラブ振興費。
［寄付・学債］任意の寄付金1口5万円1口以上あり。
※上記は'22年度のもの。新年度について詳細は「受験生応援アプリ」にて公開（2023年5月～）。

●**奨学金・特待生**
入学金・施設費とA：授業料・維持費3年間／B：授業料・維持費1年間　C：入学金，施設費

首都圏模試　思考コード　(単位：%)

〈第１回午前〉

読み取る力＼考える力	国語 A	国語 B	国語 C	算数 A	算数 B	算数 C
複雑 3	6					
2	8	12		30		
単純 1	14	60			70	

A=知識・理解思考　B=論理的思考　C=創造的思考

2024年度入試　合格の基準

〈政経①午前〉

	首都圏模試 ほぼ確実	首都圏模試 見込あり	首都圏模試 やや見込あり	四谷大塚 ほぼ確実	四谷大塚 見込あり	四谷大塚 やや見込あり
男子	46	41	36	41	37	32
女子	46	41	36	42	38	33

ほぼ確実＝80%～／見込あり＝50～79%／やや見込あり＝20～49%

入試要項　2023年度参考　新年度日程はアプリへGO!

2科　4科　他

試験名		試験日 ◎午後入試	出願締切 Web	発表 Web	手続 Web	2科	4科	適	英	他	面接	特待	募集数	応募数		受験数	合格数	実質倍率	偏差値
①	午前	1/10	1/9	当日	2/7		●					●	政経80 IT80	政経	119	111	76	1.5	男46 女46
														IT	128	117	73	1.6	男47 女47
	午後	1/10 ◎	1/9	当日	2/7	●	●					●		政経	156	153	106	1.4	男48 女48
														IT	184	168	102	1.6	男49 女49
②	午前	1/11	1/10	当日	2/7		●					●		政経	90	45	22	2.0	男46 女46
														IT	121	53	32	1.7	男47 女47
	特待	1/11 ◎	1/10	当日	2/7	●	●					●		政経	119	84	28	3.0	男53 女53
														IT	163	113	40	2.8	男54 女54
③	算数	1/13 ◎	1/12	当日	2/7					＊		●		IT	41	19	13	1.5	男47 女47
	2科			当日	2/7	●						●		政経	131	68	51	1.3	男46 女46
														IT	126	67	45	1.5	男47 女47
④	特待チャレンジ	1/15	1/14	当日	2/7	●						●		政経	130	64	48	1.3	男50 女50
														IT	166	84	58	1.4	男51 女51

＊算数
※③の算数はIT医学のみ　※本校のほか①午後の２科は大宮会場あり。③は大宮会場のみ

【出願方法】 Web出願
【手続方法】 Web納入のうえ，書類郵送。辞退者には一部返還
【受験料】 23,000円（複数回受験可）

【帰国生入試】 —
(注) 政経＝プログレッシブ政経，IT＝IT医学サイエンス

中学受験のプロがおすすめ！　併願校の例

特色	男 国際理解教育	男 キャリア教育	男 探究型学習	女 国際理解教育	女 キャリア教育	女 探究型学習
♠男子校 ♥女子校 ♣共学・別学校	♣青学浦和ルーテル	♣順天	♣安田学園	♣青学浦和ルーテル	♣順天	♣安田学園
	♣獨協埼玉	♣埼玉栄	♣開智未来	♣獨協埼玉	♣埼玉栄	♣開智未来
	♣西武台新座	♣東京成徳大学	♣桜丘	♣西武台新座	♣東京成徳大学	♣桜丘

併設高校の進路情報

四年制大学進学率81.6%
文系50／理系40／その他10(%)　医歯薬34名合格

内部推薦▶共栄大学へ６名（教育１，国際経営５）が内部推薦で進学。

指定校推薦▶利用状況は上智大１，東京理科大３，学習院大３，明治大１，青山学院大３，立教大５，中央大４，法政大５，日本大７，東洋大８，駒澤大１，成蹊大３，成城大２，明治学院大５，獨協大２，芝浦工大１，東京女子大２，日本女子大１など。ほかに津田塾大，東京都市大，白百合女子大，清泉女子大，フェリス女学院大など推薦枠あり。

'22年３月卒業生：516名
大学421名　短大５名　専門21名　就職１名　他68名

主な大学合格状況　'23年春については主要大学のみ巻末一覧に記載

大学名	'22	'21	'20	大学名	'22	'21	'20	大学名	'22	'21	'20
◇東工大	1	0	0	慶應大	6	5	3	東洋大	98	89	94
◇千葉大	5	4	2	上智大	7	6	7	駒澤大	22	16	16
◇筑波大	3	5	4	東京理科大	32	25	19	専修大	28	23	13
◇横浜国大	3	0	1	学習院大	19	14	10	大東文化大	55	48	25
◇埼玉大	12	5	6	明治大	34	15	32	帝京大	39	38	41
◇防衛大	12	6	1	青山学院大	20	9	15	成蹊大	13	14	9
◇茨城大	4	5	5	立教大	29	58	25	獨協大	34	12	22
◇宇都宮大	4	1	5	中央大	33	47	41	芝浦工大	20	29	17
◇埼玉県立大	11	6	8	法政大	62	51	43	東京電機大	35	24	27
早稲田大	11	4	16	日本大	78	54	54	共栄大	15	9	15

※各大学合格数は既卒生との合計。

見学ガイド　文化祭／説明会／体験授業／見学会（学校，授業，部活動）

国際学院 中学校

こくさいがくいん

〒362－0806　埼玉県北足立郡伊奈町小室 10474　☎048－721－5931

国際 / 海外研修 / 長期留学 / 第2外国語 / online英会話 / 21型 / 1人1台端末 / リモート体制 / プロジェクト型 / 論文執筆 / STEAM / 情操 / 体験学習 / ボランティア / 人間力育成

教育目標▶建学の精神「誠実・研鑽・慈愛・信頼・和睦」を基とし，グローバルリーダーの育成をめざす。
沿革▶1998年創立の国際学院高等学校が，2013年に中学校を併設開校。
施設▶マコトホール（講堂兼体育館），小講堂，敦照殿（日本文化研修館），生徒ホール（食堂），自習室，陸上トラック，テニスコート，グラウンド，他。
学校長▶大野　博之
生徒数▶総数43名

	1年（1クラス）	2年（1クラス）	3年（1クラス）
男子	11名	6名	8名
女子	10名	5名	3名

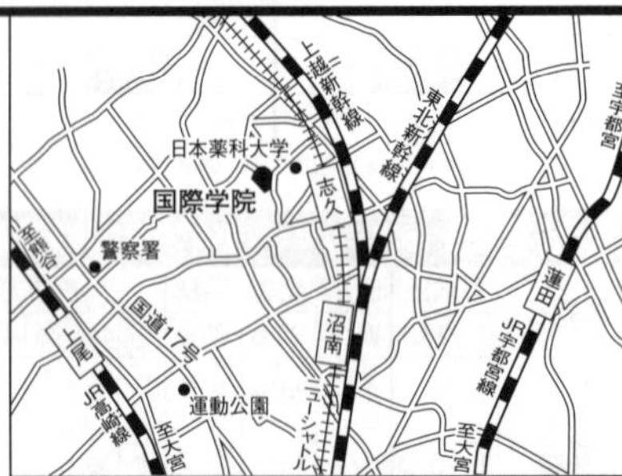

ニューシャトル―志久12分
JR―上尾・蓮田よりスクールバス 10分

未来を創る“真の国際人”の育成をめざす

「英語力」や「問題発見・課題解決能力」を育み、ユネスコスクールとして世界中の中高生と活動を共にしながら，積極的にESD（持続発展教育）に取り組む。

学習 6年間を3つのステージに分け，段階的に学力・人間力を伸ばす。中高一貫の特性を活かし，英数国を中心に先取り学習を実践。英語はティームティーチングの導入，少人数のレベル別授業や放課後の英会話講習（週2回）を行うなど，多角的な学習で，話せる英語を身につける。また，夏期休業中に中1～高1が参加して英語合宿を行う。社会科では地理，歴史の学習を積み重ねた上で，中3で卒業研究に取り組み，異文化理解を深める。タブレット端末や電子黒板などICT機器を活用し，主体的・対話的な授業を展開。数学の一環として，希望制のプログラミング講習を行う。

キャリア教育 ユネスコスクールとしての強みを生かし，加盟校と招致し合い，ホームステイや生徒間交流を実施。また，世界遺産を学ぶ修学旅行、アジア・カナダ研修を行い，国際的な視野で考えることができる力を育む。2017年IFW（ユネスコスクール交流会）の日本初開催のホスト校を務めた。

学校生活 部活動は原則全員加入で，兼部も可能。射撃部は全国制覇の実績がある。

●コース表

中1	中2	中3	高1	高2	高3
共		通	履	修	

※中1・中2の英数は習熟度別

保護者MEMO

登校時刻▶7：45
最終下校時刻▶18：00
土曜日▶月2回登校。登校日は平常授業4時間
昼食▶食堂／食品販売あり
携帯電話▶可
制服▶ブレザー
自転車通学▶可
カウンセラー▶週1日
保護者面談▶年2回
保護者会▶年2回
必修旅行▶京都・奈良・広島（中2），他
部活動▶活動日は部による

学費　初年度目安 112万円

(単位:円)	入学金	施設費	授業料	その他	合計
入学手続時	220,000	―	―	―	220,000
1年終了まで	―	168,000	360,000	370,960	898,960

[その他] 制服・指定品代，積立金，諸会費，各会入会金。
[寄付・学債] 任意の寄付金（国際学院中学校教育振興資金）1口1万円5口以上あり。
※上記は'22年度のもの。新年度について詳細は「受験生応援アプリ」にて公開（2023年5月～）。

●奨学金・特待生
S：授業料，施設費／第Ⅰ種：授業料／第Ⅱ種：授業料半額（審査により継続可）

首都圏模試 思考コード (単位:%)

読み取る力						
複雑 3						
2			データなし			
単純 1						
考える力	A	B	C	A	B	C

A=知識・理解思考 B=論理的思考 C=創造的思考

2024年度入試 合格の基準

		首都圏模試 ほぼ確実	首都圏模試 見込あり	首都圏模試 やや見込あり	四谷大塚 ほぼ確実	四谷大塚 見込あり	四谷大塚 やや見込あり
男子	〈①一般〉	40	35	30	30	25	20
女子	〈①一般〉	40	35	30	30	25	20

ほぼ確実＝80%～／見込あり＝50～79%／やや見込あり＝20～49%

入試要項 2023年度参考 新年度日程はアプリへGO!

2科 4科 適性型 英 他

試験名	試験日 ◎午後入試	出願締切 Web	発表 Web	手続 Web	選抜方法 2科	4科	適	英	他	面接	特待	募集数	応募数	受験数	合格数	実質倍率	偏差値
① 専願	1/10	当日	当日	1/14					＊1	＊1	●	80	2	1	1	1.0	男40 女40
① 一般	1/10	当日	当日	2/13	●	●					●		20	17	14	1.2	男40 女40
① 適性検査	1/10	当日	当日	2/13			＊2				●		22	22	19	1.2	男40 女40
② 特待	1/10 ◎	当日	1/11	2/13	●	●					●		13	11	9	1.2	男42 女42
② 英語	1/10 ◎	当日	1/11	2/13	＊3			＊3		＊3	●		6	6	6	1.0	男40 女40
③ 一般	1/11	当日	当日	2/13	●	●					●		20	11	9	1.2	男40 女40
④ 特待	1/11 ◎	当日	1/12	2/13	●	●					●		16	7	6	1.2	男42 女42
⑤ 一般	1/14	当日	当日	2/13	●	●					●		19	3	2	1.5	男40 女40
⑥ 一般	2/4	当日	当日	2/13	●						●		15	0	0	—	男39 女39

＊1 作文＋算数＋個人面接。志願理由書，通知表コピー ＊2 作文ⅠⅡ（Ⅰ国語・社会融合，Ⅱ算数・理科融合）。伊奈学園中学型 ＊3 国語基礎・算数基礎＋英語（英検５級程度）＋日本語と英語による面接
※英検５級以上，漢検６級以上，算数検定７級以上の取得者には加点制度あり。利用者は合格証明書コピー
※⑥は本校，ほかは大宮会場

【出願方法】 Web出願。該当者は書類を当日持参（ただし，専願は書類郵送1/7まで）
【手続方法】 Web納入
【受験料】 20,000円（複数回受験可）

【帰国生入試】 上記に含む。優遇または考慮あり

中学受験のプロがおすすめ! 併願校の例

特色	男 ICT教育	男 国際理解教育	男 適性検査型入試	女 ICT教育	女 国際理解教育	女 適性検査型入試
♠男子校 ♥女子校 ♣共学・別学校	♣西武台新座	♣駒込	♣県立伊奈学園	♣西武台新座	♣駒込	♣県立伊奈学園
	♣武南	♣東京成徳深谷	♣浦和実業	♣武南	♣東京成徳深谷	♣浦和実業
	♣上野学園	♣聖望学園	♣武南	♣上野学園	♣聖望学園	♣武南

併設高校の進路情報

四年制大学進学率68.4%
文系・理系割合 未集計 医歯薬１名合格

内部推薦▶国際学院埼玉短期大学へ８名が内部推薦で進学した。

指定校推薦▶日本大，東洋大，駒澤大，大東文化大，東海大，亜細亜大，帝京大，獨協大，神奈川大，東京電機大など推薦枠あり。

海外大学合格状況▶Hesston College（米），University of the Sunshine Coast（豪），他。

'22年３月卒業生：215名

大学147名 短大13名 専門41名 就職５名 他９名

主な大学合格状況

'23年春については主要大学のみ巻末一覧に記載

大学名	'22	'21	'20	大学名	'22	'21	'20	大学名	'22	'21	'20
◇東京外大	0	0	1	中央大	3	0	4	武蔵大	4	1	0
◇電通大	0	1	0	法政大	10	0	1	玉川大	5	3	0
◇群馬県立女子大	1	0	0	日本大	12	14	6	立正大	2	0	3
早稲田大	0	0	4	東洋大	10	12	7	国士舘大	8	0	4
上智大	0	0	1	駒澤大	2	1	2	帝京平成大	2	2	3
東京理科大	1	0	1	大東文化大	8	1	9	城西大	8	12	3
学習院大	6	0	0	東海大	2	1	2	文京学院大	8	13	3
明治大	1	1	1	亜細亜大	5	2	6	埼玉工大	13	9	16
青山学院大	2	2	1	帝京大	4	9	4	尚美学園大	7	7	4
立教大	4	0	1	獨協大	3	3	3	聖学院大	11	13	4

※各大学合格数は既卒生との合計。

見学ガイド 文化祭／説明会／オープンスクール／プレテスト／入試問題解説

埼玉栄（さいたまさかえ）中学校

〒331－0078 埼玉県さいたま市西区西大宮3－11－1 ☎048－621－2121

国際 / 海外研修 / 長期留学 / 第2外国語 / online英会話 / 21型 / 1人1台端末 / リモート体制 / プロジェクト型 / 論文執筆 / STEAM / 情操 / 体験学習 / ボランティア / 人間力育成

教育理念▶自ら主体的に学ぶ姿勢を養い，国際社会に貢献できる人材を育成する。
沿革▶1972年創立の埼玉栄高等学校が，2000年に中学校を開校。
施設▶情報室，生物室，食堂（カフェテリア），屋内プール，テニスコート，柔道場，陸上競技場，ゴルフ練習場，グラウンド，校内コンビニ，他。
学校長▶町田 弦
生徒数▶総数432名 併設小からの進学者を含む。

	1年（4クラス）	2年（4クラス）	3年（6クラス）
男子	64名	70名	122名
女子	47名	44名	85名
内進生内数	男ー名 女ー名	男ー名 女ー名	無回答

JR―西大宮4分
JR―宮原よりバス西区役所2分
4分

「人間是宝」「今日学べ」を指針に，個々が持つ良さを磨く

生徒が主体的に学び，自分の未来を自ら創造できる環境をテーマに，一人ひとりが勉強から部活動，学校行事まですべてに全力を尽くせる学校づくりをめざす。

学習 中学では基礎学力の徹底を図り，高校で学ぶ土台を築く。教科指導では，やってみせ，やらせてみる体験学習を重視。朝に「0時限授業」を，放課後に「7時限授業」を設け，理解不足の生徒にはていねいな指導を行い，成績上位者には高度な内容に取り組ませ，向学心を刺激する。デジタル教科書の入った1人1台のタブレット端末を導入。学習ツールとしてClassiを取り入れ，画像や動画を活用したわかりやすい授業を実践。例年は中3で海外修学旅行を行い，ホームステイ先で日本文化についてプレゼンテーションする。自国の文化を理解するため，中2で北陸校外学習を実施。

●コース表

中1	中2	中3	高1	高2	高3
医学クラス			αコース（医学）		
難関大クラス			αコース（難関）		
進学クラス			Sコース		

※希望により高校進学時に特進コース，保健体育科の選択可

キャリア教育 自分の将来の生き方，あり方が描けるよう，すべての教育活動を通して実施。中学では，企業のトップを招いた教育講演会などを設けている。高校の職業体験では，生徒自らが選んだコースで企画・立案・実施・発表を行う。

学校生活 運動部28，文化部12があり，1部活に1施設を用意。食堂では昼食（給食）だけでなく，朝食・夕食も提供する。

保護者MEMO

登校時刻▶8：45
最終下校時刻▶19：00
土曜日▶第3のみ休校。登校日は平常授業4時間
昼食▶給食（中学のみ）／食堂・食品販売あり
携帯電話▶可
制服▶ブレザー
自転車通学▶可
カウンセラー▶常駐
保護者面談▶年1回
保護者会▶年3回
必修旅行▶関西（中3），他
部活動▶活動日は部による

学費

初年度目安 131万円

（単位:円）	入学金	施設費	授業料	その他	合計
入学手続時	250,000	―	―	―	250,000
1年終了まで	―	200,000	300,000	558,070	1,058,070

［その他］制服・指定品代，諸費，修学旅行積立金，保護者会費，後援会費，生徒会費，スポーツ文化振興費。※別途給食費あり。
［寄付・学債］任意の寄付金1口5万円2口以上あり。
※上記は'23年度予定。詳細は「受験生応援アプリ」にて公開（2023年5月～）。

●奨学金・特待生
A：入学金，授業料3年間（年度毎更新）／B：入学金，授業料1年間／C：入学金

首都圏模試 思考コード (単位:%)

読み取る力 ＼ 考える力	〈第1回〉国語 A	国語 B	国語 C	算数 A	算数 B	算数 C
複雑 3				5		
2	12			55		
単純 1	10	78			40	

A=知識・理解思考　B=論理的思考　C=創造的思考

2024年度入試 合格の基準

		首都圏模試 ほぼ確実	首都圏模試 見込あり / やや見込あり	四谷大塚 ほぼ確実	四谷大塚 見込あり / やや見込あり
男子	〈①進学〉	54	50 / 46	42	37 / 32
女子	〈①進学〉	54	50 / 46	43	38 / 33

ほぼ確実=80%～/見込あり=50～79%/やや見込あり=20～49%

入試要項 2023年度参考　新年度日程は アプリへGO!　2科 4科

試験名	試験日 ◎午後入試	出願締切 Web	発表 Web	手続 Web	2科	4科	適	英	他	面接	特待	募集数	応募数	受験数	合格数	実質倍率	偏差値
①	1/10	1/9	当日	2/6		●					●	医学 5	1,710	1,672	640	1.4	男57 女57
												難関大10			305		男56 女56
												進学 40			239		男54 女54
②	1/10 ◎	1/9	当日	2/6	●						●	医学 3	1,231	1,190	407	1.7	男62 女62
												難関大 3			312		男62 女62
③	1/11	1/10	当日	2/6		●					●	医学 5	640	510	142	1.5	男57 女57
												難関大10			108		男56 女56
												進学 15			100		男54 女54
④	1/11 ◎	1/10	当日	2/6	●						●	医学 2	507	386	125	1.6	男62 女62
												難関大 2			120		男61 女61
⑤	1/13	1/12	当日	2/6		●					●	医学 5	496	327	52	2.0	男59 女59
												難関大 5			52		男58 女58
												進学 15			59		男55 女55

※①②は本校のほか大宮会場あり

【出願方法】 Web出願
【手続方法】 Web納入のうえ，書類郵送
【受験料】 20,000円（2回目以降1回5,000円）

【帰国生入試】 1/13（進学クラスのみ各若干名募集）

中学受験のプロがおすすめ! 併願校の例

特色	男 近代的校舎	男 国際理解教育	男 キャリア教育	女 近代的校舎	女 国際理解教育	女 キャリア教育
♠男子校 ♥女子校 ♣共学・別学校	♣青学浦和ルーテル	♣順天	♣淑徳	♣青学浦和ルーテル	♣順天	♣淑徳
	♣狭山ヶ丘高附	♣昌平	♣開智未来	♣狭山ヶ丘高附	♣昌平	♣開智未来
	♣西武台新座	♣春日部共栄	♣浦和実業	♣西武台新座	♣春日部共栄	♣浦和実業

併設高校の進路情報

四年制大学進学率81.5%
文系48／理系27／その他25(%)　医歯薬40名合格

提携校推薦▶日本大学の附属校と同じ試験によって提携校推薦への受験資格が得られる。
指定校推薦▶非公表。

'22年3月卒業生：790名

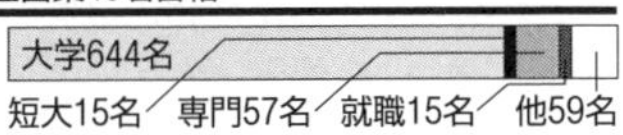

主な大学合格状況　'23年春については主要大学のみ巻末一覧に記載

大学名	'22	'21	'20	大学名	'22	'21	'20	大学名	'22	'21	'20
◇東工大	0	2	0	上智大	1	4	0	駒澤大	14	14	18
◇千葉大	2	0	1	東京理科大	5	7	2	専修大	19	14	20
◇筑波大	1	1	2	学習院大	2	1	4	大東文化大	43	44	44
◇埼玉大	1	5	3	明治大	15	17	15	東海大	27	20	16
◇東京学芸大	3	2	0	青山学院大	5	7	11	亜細亜大	10	14	11
◇茨城大	2	1	1	立教大	11	23	14	帝京大	45	46	38
◇宇都宮大	1	2	1	中央大	17	15	17	獨協大	12	16	13
◇埼玉県立大	5	3	2	法政大	18	17	11	芝浦工大	29	25	16
早稲田大	11	12	3	日本大	86	75	62	東京電機大	6	19	11
慶應大	0	8	2	東洋大	46	39	64	平成国際大	13	7	3

※各大学合格数は既卒生との合計。

見学ガイド 文化祭／説明会／入試問題学習会

 高校募集 あり 高１より全体が混合。 高１内訳 一貫生 7名 225名 高入生

埼玉平成(さいたまへいせい)中学校

〒350−0435　埼玉県入間郡毛呂山町下川原 375　☎049−294−8080

国際 / 海外研修 / 長期留学 / 第２外国語 / online英会話 / 21型 / 1人1台端末 / リモート体制 / プロジェクト型 / 論文執筆 / STEAM / 情操 / 体験学習 / ボランティア / 人間力育成

教育方針▶建学の精神に「為すことによって学ぶ」を，校訓に「創造・自律・親切」を掲げる。
沿革▶1984年創立の埼玉女子高等学校（現埼玉平成高等学校）の併設校として，1997年に開校。
施設▶コンピュータルーム，自習室，サロン，食堂，茶室，テニスコート，ゴルフ練習場，野球場，人工芝グラウンド，他。
学校長▶矢口　秀樹
生徒数▶総数29名

	１年（１クラス）	２年（１クラス）	３年（１クラス）
男子	2名	6名	5名
女子	6名	6名	4名

東武越生線―川角５分　西武池袋線―飯能，JR―高麗川などよりスクールバス　5分

Towards the Future―未来に向かって―

個性・感性を磨きながら，思考力や判断力，表現する力を養い，仲間と協働して課題に取り組む授業を展開。AIの時代だからこそ必要とされる「人間力」を育てる。

学習 「簡単なことをおろそかにしない」を重視した学習指導で，基礎・基本の確立を図る。英語と理数をバランスよく学ぶ。理数教育の一環として，日本科学未来館，理化学研究所，JAXA筑波宇宙センターなど最先端研究機関を訪問して視野を広げる。また，豊富な理科実験や自然観察で科学的思考力を育成。英語教育ではオンライン語学留学や海外研修，検定など多彩なプログラムで，英語４技能を伸ばす。埼玉大学STEM教育研究センターと連携し，複数教科を融合した総合的な教育システム「STEM教育」を導入。生徒の主体性を育みながら創造力，問題解決能力を育てる。そして，１年間かけて全学年で取り組む「研究発表会」では，自分の研究内容を，パワーポイントを使って発表するという経験を積む。

キャリア教育 独自の教育プロジェクト「HEISEI 40」を展開。様々なプログラムを通して，40歳を見据えた人生設計を考える。年に２回，７月と３月にキャリア学習の日がある。

学校生活 12月にボランティア学習の日を設定。福祉施設訪問や車イス体験を行う。

●コース表

中1	中2	中3	高1	高2	高3
共通履修			S特進コース		

※高校進学時に特進コース，進学コース（スーパーサッカーコース含む）の選択可

保護者MEMO

登校時刻▶8：30
最終下校時刻▶18：00
土曜日▶毎週登校。平常授業３時間
昼食▶食堂（中学は弁当購入のみ）／食品販売あり
携帯電話▶可
制服▶詰襟，セーラー
自転車通学▶可
カウンセラー▶週１日
保護者面談▶年１回
保護者会▶年１回
必修旅行▶海外（予定／中３）
部活動▶活動日は部による

学費　初年度目安 139万円

（単位:円）	入学金	施設費	授業料	その他	合計
入学手続時	250,000	120,000	—	—	370,000
1年終了まで	—	—	360,000	661,410	1,021,410

［その他］制服・指定品代，維持費，教育振興費，諸経費，冷暖房費，補助教材費，図書費，実験実習費，一般積立金，旅行積立金，行事費，PTA会費，後援会会費，生徒会会費。
［寄付・学債］任意の学債（山口学院学院債）１口10万円１口以上あり。
※上記は'22年度のもの。新年度について詳細は「受験生応援アプリ」にて公開（2023年５月〜）。

●**奨学金・特待生**
A：入学金，施設費，授業料１年間／B：入学金，授業料１年間の半額／C：入学金

首都圏模試 思考コード (単位：%)

〈第１回〉

読み取る力＼考える力	国語 A	国語 B	国語 C	算数 A	算数 B	算数 C
複雑 3						
2	24	8		40	5	
単純 1	20	48		30	25	

A=知識・理解思考　B=論理的思考　C=創造的思考

2024年度入試 合格の基準

		首都圏模試 ほぼ確実	首都圏模試 見込あり	首都圏模試 やや見込あり	四谷大塚 ほぼ確実	四谷大塚 見込あり	四谷大塚 やや見込あり
男子	①	39	35	30	30	25	20
女子	①	39	35	30	30	25	20

ほぼ確実＝80%～／見込あり＝50～79%／やや見込あり＝20～49%

入試要項 2023年度参考　新年度日程はアプリへGO!

2科 4科 英 他

試験名		試験日（◎午後入試）	出願締切 Web	発表 Web	手続 Web	2科	4科	適	英	他	面接	特待	募集数	応募数	受験数	合格数	実質倍率	偏差値
2科・4科 ①	専願	1/10	1/6	1/11	1/14	●					＊3	●	40	男 69	67	58	1.2	39
	一般				1/14延	●	●							女 71	69	64	1.1	39
2科・4科 ②	専願	1/14	1/13	当日	1/17	●					＊3	●	15	男 27	6	4	1.5	39
	一般				1/17延	●	●							女 20	9	9	1.0	39
STEM	専願	1/12 ◎	1/11	1/13	1/16					＊1	＊3		10	男 7	2	1	2.0	39
	一般				1/16延					＊1				女 1	0	0	—	39
1科 ①	専願	1/12	1/11	当日	1/15				＊2	＊2	＊3	●	5	男 16	5	5	1.0	40
	一般				1/15延				＊2	＊2				女 10	3	3	1.0	40
1科 ②	専願	1/21	1/20	当日	1/24				＊2	＊2	＊3	●	5	男 21	2	1	2.0	40
	一般				1/24延				＊2	＊2				女 12	1	1	1.0	40
1科 ③	専願	2/6	2/4	当日	2/9				＊2	＊2	＊3	●	若干	男 19	1	1	1.0	39
	一般								＊2	＊2				女 10	0	0	—	39

＊1　STEM（基本的なプログラミング）　＊2　国算英より１科選択　＊3　個人面接
※本校のほかに２科・４科の①一般は所沢・大宮会場，②一般は所沢会場あり

【出願方法】Web出願　**【手続方法】**Web納入。一般（１科の③除く）のみ2/6まで延納可。一般のみ3/31までの辞退者には一部返還　**【受験料】**25,000円（同時出願は複数回受験可）

【帰国生入試】上記に含む。優遇または考慮あり

中学受験のプロがおすすめ！ 併願校の例

特色	男 キャリア教育	男 STEM教育	男 特待性制度	女 キャリア教育	女 STEM教育	女 特待性制度
♠男子校	♣東京農大三高附	♣狭山ヶ丘	♣西武台新座	♣東京農大三高附	♣狭山ヶ丘	♣西武台新座
♥女子校	♣東京成徳深谷	♠明法	♣聖望学園	♣東京成徳深谷	♥大妻嵐山	♣聖望学園
♣共学・別学校	♣東星学園	♣八王子実践	♣帝京八王子	♣東星学園	♣八王子実践	♣帝京八王子

併設高校の進路情報

四年制大学進学率65%
文系・理系割合 非公表　医歯薬３名合格

指定校推薦▶利用状況は東京理科大１，立教大１，日本大２，東洋大10，大東文化大11，亜細亜大７，帝京大３，成城大１，獨協大１，東京電機大４，武蔵大１，玉川大１，国士舘大１，東京経済大２，文教大１，拓殖大７など。ほかに工学院大，立正大，千葉工大，武蔵野大，創価大，東京農大，実践女子大，帝京平成大，東京工科大，淑徳大，跡見学園女子大，東京国際大など推薦枠あり。

'22年３月卒業生：263名

大学171名　短大24名　専門51名　就職10名　他７名

主な大学合格状況　'23年春については主要大学のみ巻末一覧に記載

大学名	'22	'21	'20	大学名	'22	'21	'20	大学名	'22	'21	'20
◇横浜国大	0	0	1	日本大	5	5	6	立正大	3	1	2
◇群馬大	0	1	0	東洋大	12	12	14	東京経済大	2	2	3
◇信州大	0	1	0	駒澤大	1	3	1	日本医大	6	0	0
東京理科大	3	1	2	専修大	1	4	0	杏林大	3	4	1
学習院大	1	0	0	大東文化大	27	20	18	帝京平成大	5	5	5
明治大	1	0	2	亜細亜大	8	8	3	拓殖大	8	8	3
青山学院大	2	1	3	帝京大	4	7	11	城西大	17	11	8
立教大	2	0	5	成城大	2	5	2	女子栄養大	1	2	4
中央大	3	5	2	獨協大	1	9	1	日本医療科学大	7	6	6
法政大	2	1	2	東京電機大	6	1	4	東京国際大	18	19	11

※各大学合格数は既卒生との合計。

見学ガイド　体育祭／文化祭／説明会／サマースクール

さかえ ひがし
栄東 中学校

〒337−0054 埼玉県さいたま市見沼区砂町 2−77 ☎048−667−7700

国際 / 海外研修 / 長期留学 / 第2外国語 / online英会話 / 21型 / 1人1台端末 / リモート体制 / プロジェクト型 / 論文執筆 / STEAM / 情操 / 体験学習 / ボランティア / 人間力育成

教育方針▶豊かな心をもち，たくましく生きる人間の育成をめざすと共に，思考力・判断力・表現力など創造的な学力の形成に力を入れる。

沿革▶1978年創立の栄東高等学校の併設中学校として，1992年開校。

施設▶自習スペース，瑞想庵（和室），カフェテリア，屋内プール，剣道場，総合グラウンド，他。

学校長▶田中　淳子

生徒数▶総数902名　併設小からの進学者を含む。

	1年（9クラス）	2年（8クラス）	3年（8クラス）
男子	182名	160名	178名
女子	146名	123名	113名
内進生内数	非公表	非公表	非公表

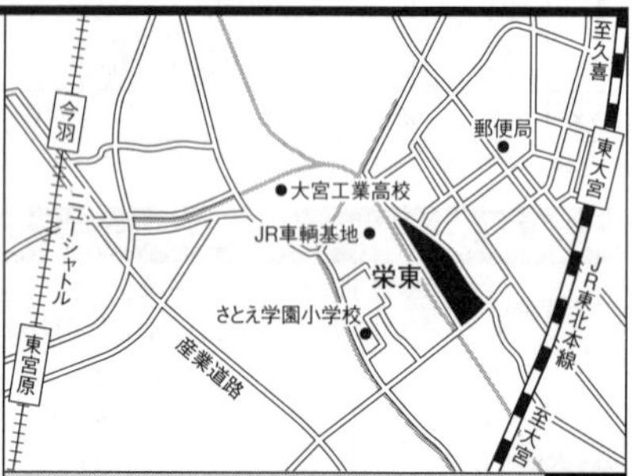

JR—東大宮8分　8分

知識を根幹にしたアクティブ・ラーニングを展開

基礎学力をつけ，さらに個性と応用力を育むという観点から，生徒が能動的に学習するアクティブ・ラーニングを導入し，大学の先を見据えた教育を行っている。

学習 基礎を徹底した上で，アクティブ・ラーニング(AL)を柱に特色あるカリキュラムを展開。生徒による能動的な学習を通して，自立的な学習態度を身につける。教科の枠を超えた横断的授業も導入。英語指導助手による「国際理解」の時間を設定。英会話や英語スピーチ，英文の手紙に取り組み，自分の気持ちを英語で表現する力を養う。中3は全員で，オーストラリアへの海外ALを実施。ホームステイや現地校で英語によるプレゼンテーションを体験する。「栄東の読書百選」を含む様々な本を読み，感動を他者に伝えるためオリジナル読書ノートを使ってビジュアルでアピールする。

キャリア教育 卒業生が仕事の中身を具体的に話す講演「ジョブ・コンテンツ」を中心に据え，職業観を養う。また，「20年後の履歴書」を作成し，そこに至るまでの過程を考え，夢を現実に変えていく。

学校生活 部活動がさかんで，全国大会優勝など輝かしい実績を誇るクラブも。ボランティア活動の一環として，また食品ロス削減のためのフードドライブに取り組む。

●コース表

中1	中2	中3	高1	高2	高3
東大クラス			東大コース	文系	東大
				理系	東大
難関大クラス			難関大コース	医学系	国公立・私立大医学部医学科
				文系	
				理系	

※難関コースの高3は文系・理系とも東大・国公立大・早・慶・上・理。

保護者MEMO

登校時刻▶8：35
最終下校時刻▶18：00
土曜日▶毎週登校。平常授業4時間
昼食▶給食(中学)／食堂・食品販売あり(中学は土のみ)
携帯電話▶可
制服▶詰襟，セーラー
自転車通学▶可
カウンセラー▶週3日
保護者面談▶年1回
保護者会▶年2回
必修旅行▶海外(中3・高2)
部活動▶活動日は部による

学費　初年度目安 93万円

(単位:円)	入学金	施設費	授業料	その他	合計
入学手続時	250,000	—	—	—	250,000
1年終了まで	—	200,000	300,000	181,000	681,000

［その他］修学旅行費，諸会費。※別途指定品・制服代，給食費（中学のみ8,443円/月）等あり。
［寄付・学債］任意の寄付金1口5万円2口以上あり。
※上記は'22年度のもの。新年度について詳細は「受験生応援アプリ」にて公開（2023年5月～）。

●奨学金・特待生
3年間：入学金，授業料・施設費3年／1年間：入学金，授業料・施設費1年

首都圏模試　思考コード　（単位：%）

〈東大特待４科〉

読み取る力 ＼ 考える力	国語 A	国語 B	国語 C	算数 A	算数 B	算数 C	理科 A	理科 B	理科 C	社会 A	社会 B	社会 C
複雑 3					20		32			19	4	
↑ 2	3	25			52		43			64		
単純 1	20	52			28		18	7		8	5	

A=知識・理解思考　B=論理的思考　C=創造的思考

2024年度入試　合格の基準

		首都圏模試 ほぼ確実	首都圏模試 見込あり	首都圏模試 やや見込あり	四谷大塚 ほぼ確実	四谷大塚 見込あり	四谷大塚 やや見込あり
男子	〈A 10日〉	72	68	60	58	54	50
女子	〈A 10日〉	72	68	60	60	56	52

ほぼ確実＝80%～／見込あり＝50～79%／やや見込あり＝20～49%

入試要項　2023年度参考　新年度日程は アプリへGO!　4科　他

試験名	試験日 ◎午後入試	出願締切 Web	発表 Web	手続 Web	選抜方法 2科	4科	適	英	他	面接	特待	募集数		応募数	受験数	合格数	実質倍率	偏差値
A（東大・難関大）	1/10（1/11と選択制）	1/6	1/12	2/10		●					●	東大40 難関大100	男 東大/難関	3,318	3,271	1,285/1,015	1.4	72
													女 東大/難関	1,845	1,812	599/587	1.5	72
	1/11（1/10と選択制）	1/6	1/12	2/10		●					●		男 東大/難関	1,746(7)	1,686(6)	516/430	1.8	72
													女 東大/難関	960(4)	920(4)	228/233	2.0	72
東大特待Ⅰ 4科	1/12	1/11	1/13	2/10		●					●	30	男	1,108	970	501	1.9	75
													女	341	270	103	2.6	75
東大特待Ⅰ 算数									＊				男	119	101	28	3.6	75
													女	31	25	4	6.3	75
B（難関大）	1/16	1/15	1/17	2/10		●						40	男	2,036(5)	1,211(2)	477(0)	2.5	71
													女	1,289(5)	758(3)	313(1)	2.4	71
東大Ⅱ	1/18	1/17	1/19	2/10		●					●	30	男	676	424	229	1.9	74
													女	302	173	68	2.5	74

＊算数①②
※本校のほかにAは埼玉栄中学と栄北高等学校，Bは栄北高等学校あり
※Aの特待は東大のみ

【出願方法】 Web出願　**【手続方法】** Web納入のうえ，窓口手続または書類郵送
【受験料】 25,000円（２回受験可。３回以降は30,000円）

【帰国生入試】 1/11・16（各若干名募集）　（注）（　）は帰国生で内数。

中学受験のプロがおすすめ！ 併願校の例

特色	男 アクティブ・ラーニング	男 進学先(早慶上理)	男 キャリア教育	女 アクティブ・ラーニング	女 進学先(早慶上理)	女 キャリア教育
♠男子校 ♥女子校 ♣共学・別学校	♠海城	♠早稲田	♠開成	♥豊島岡女子	♥浦和明の星	♥桜蔭
	♣広尾学園	♠本郷	♣市川	♣広尾学園	♥淑徳与野	♣市川
	♠城北	♣大宮開成	♣開智	♥大妻	♣大宮開成	♣開智

併設高校の進路情報

四年制大学進学率73.3%
文系47／理系53／その他０（%）　医歯薬139名合格

指定校推薦▶利用状況は早稲田大７，慶應大４，学習院大１，明治大１，北里大２，東京歯大１など。ほかに東京理科大，青山学院大，立教大，中央大，法政大，日本大，成城大，明治学院大，獨協大，芝浦工大，東京電機大，津田塾大，東京女子大，東京都市大，白百合女子大，東京薬科大，明治薬科大，昭和薬科大，日本薬科大など推薦枠あり。

'22年３月卒業生：445名　大学326名　他118名
短大１名　専門０名　就職０名

主な大学合格状況　'23年春については主要大学のみ巻末一覧に記載

大学名	'22	'21	'20	大学名	'22	'21	'20	大学名	'22	'21	'20
◇東京大	14	12	17	◇防衛医大	2	6	4	明治大	137	111	149
◇京都大	1	2	2	◇群馬大	7	13	9	青山学院大	46	44	25
◇東工大	5	3	6	◇信州大	10	12	11	立教大	71	68	33
◇一橋大	2	4	3	◇宇都宮大	3	9	10	中央大	69	112	55
◇千葉大	14	14	11	◇高崎経済大	7	13	7	法政大	67	80	79
◇筑波大	6	10	10	早稲田大	144	122	146	日本大	126	120	112
◇横浜国大	4	7	6	慶應大	78	96	74	東洋大	94	102	97
◇埼玉大	30	17	25	上智大	26	20	17	帝京大	19	25	20
◇北海道大	4	5	7	東京理科大	213	186	202	芝浦工大	83	67	35
◇東北大	16	13	18	学習院大	26	23	18	日本女子大	39	20	15

※各大学合格数は既卒生との合計。

見学ガイド　体育祭／文化祭／説明会

狭山ヶ丘高等学校付属 中学校

（さやまがおかこうとうがっこうふぞく）

〒358－0011　埼玉県入間市下藤沢 981　☎04－2962－3844

国際 / 未定 / 長期留学 / 第2外国語 / online英会話 / 21型 / 1人1台端末 / リモート体制 / プロジェクト型 / 論文執筆 / STEAM / 情操 / 体験学習 / ボランティア / 人間力育成

教育方針▶創立以来の心の教育「内観」を重視することによって，自学自習の姿勢の確立をめざす。
沿革▶近藤ちよにより創立された狭山ヶ丘高等学校（1960年開校）の付属中学校として，2013年に開校。
施設▶講堂，中学生専用図書館・自習室，自習室，茶室（悠久庵），情報室，生徒ホール，弓道場・テニスコート・総合グラウンド（校外），他。
学校長▶小川　義男
生徒数▶総数161名

	1年（2クラス）	2年（2クラス）	3年（2クラス）
男子	30名	32名	30名
女子	28名	19名	22名

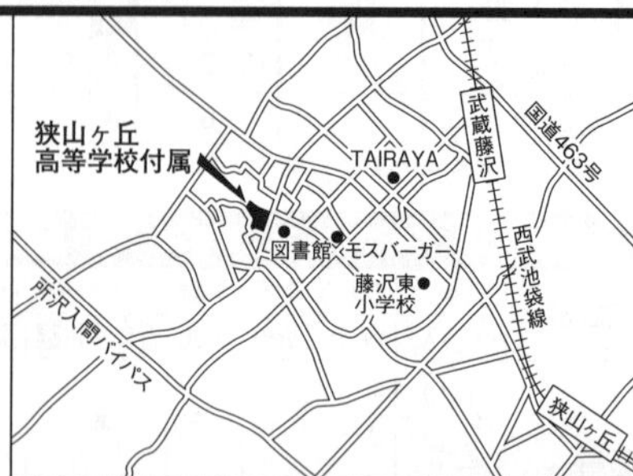

西武池袋線―武蔵藤沢13分　西武新宿線―入曽，JR―川越などよりスクールバス　13分

自らを深く見つめる心の教育で，人間性を深めていく

「自己観察教育」という建学の精神に基づき，内省を育む「黙想教育」を実践。机上で学ぶだけでなく，校外学習や農作業，登山を通して心身を成長させる。

学習　6年間を見通した効率的な一貫教育を行う。中学は主要5教科に十分な授業時間を確保し，英数国では無理のない先取り授業を展開。英語は4技能を総合的に伸ばすことを大切に指導する。日々の授業のほか，スピーチコンテストや文化祭での英語劇また図書館に様々な洋書をそろえるなど，各種技能を高められる機会や場が設けられている。社会科は中1より「文化財と都市」をテーマに校外学習を行い，その報告書の作成などを通して発信力を養う。中3は文章作成アプリを活用して研究レポートを執筆。完成後はポスターセッションを行い，自身の研究成果を発表する。

キャリア教育　年2回の軽登山，宿泊研修など様々な学校行事を実施。やる気を芽生えさせ，自立心を育てる。また，思考ツールを活用した思考訓練を実施。思考力や発想力を向上させ，自己分析へとつなげていく。

学校生活　授業の始めに目を閉じ心を落ち着かせ，テーマに沿って黙想をする。集中力，自らを律する強さが身につく。部活動は合気道・科学部など25の団体が活動。

●コース表

中1	中2	中3	高1	高2	高3
共通履修			Ⅰ類	文系A / 理系A	

保護者MEMO

登校時刻▶8：30
最終下校時刻▶19：00
土曜日▶毎週登校
昼食▶弁当／食品販売あり
携帯電話▶可
制服▶ブレザー
自転車通学▶可
カウンセラー▶－
保護者面談▶年1回
保護者会▶年3回（中1・中2），2回（中3）
必修旅行▶愛知・三重方面（予定／中3），他
部活動▶活動日は部による

学費　　初年度目安 104万円

（単位:円）	入学金	施設費	授業料	その他	合計
入学手続時	250,000	100,000	—	90,000	440,000
1年終了まで	—	60,000	360,000	184,000	604,000

●奨学金・特待生
入学金，授業料1年間

［その他］制服・指定品代，修学旅行費，諸経費，空調費。
［寄付・学債］なし。
※上記は'22年度のもの。新年度について詳細は「受験生応援アプリ」にて公開（2023年5月～）。

首都圏模試　思考コード（単位：%）

〈第1回〉

読み取る力＼考える力	国語 A	国語 B	国語 C	算数 A	算数 B	算数 C
複雑 3						
2	6			65	5	
単純 1	35	59			30	

A=知識・理解思考　B=論理的思考　C=創造的思考

2024年度入試　合格の基準

		首都圏模試 ほぼ確実	首都圏模試 見込あり	首都圏模試 やや見込あり	四谷大塚 ほぼ確実	四谷大塚 見込あり	四谷大塚 やや見込あり
男子	①	48	44	38	39	34	29
女子	①	48	44	38	39	34	29

ほぼ確実＝80%～／見込あり＝50～79%／やや見込あり＝20～49%

入試要項　2023年度参考　新年度日程は アプリへGO!　2科　4科

試験名	試験日 ◎午後入試	出願締切 Web	発表 Web	手続 振込	2科	4科	適	英	他	面接	特待	募集数	応募数	受験数	合格数	実質倍率	偏差値
①	1/10	1/4	1/11	2/4	●	●					●	40	男 39	39	31	1.3	48
													女 63	60	48	1.3	48
②	1/12	1/4	1/13	2/4	●	●					●	25	男 43	30	23	1.3	48
													女 51	30	20	1.5	48
③	1/14	1/7	当日	2/4	●	●					●	15	男 31	18	16	1.1	49
													女 38	15	8	1.9	49
④	2/6	1/31	当日	2/13	●	●					●	若干	男 21	5	4	1.3	44
													女 19	4	3	1.3	44

【出願方法】 他に当日まで窓口可
【手続方法】 振込のうえ，書類郵送または窓口手続（①～③は2/6，④は2/13まで）
【受験料】 20,000円（同時出願は2回まで20,000円，3回25,000円，4回30,000円）

【帰国生入試】 —

中学受験のプロがおすすめ！ 併願校の例

特色	男 近代的校舎	男 フィールドワーク	男 伝統文化教育	女 近代的校舎	女 フィールドワーク	女 伝統文化教育
♠男子校	♣日大二	♣西武学園文理	♣八王子学園	♣日大二	♣西武学園文理	♣八王子学園
♥女子校	♣埼玉栄	♣獨協埼玉	♣東京農大三高附	♣埼玉栄	♣獨協埼玉	♣東京農大三高附
♣共学・別学校	♣西武台新座	♣聖望学園	♣本庄東高校附	♣西武台新座	♣聖望学園	♣本庄東高校附

併設高校の進路情報

四年制大学進学率86.3%
文系・理系割合 未集計　医歯薬23名合格

指定校推薦▶利用状況は東京理科大1，学習院大1，青山学院大3，立教大1，中央大3，法政大1，日本大3，東洋大5，専修大1，成蹊大2，明治学院大4，津田塾大2，東京女子大1，東京都市大2など。ほかに早稲田大，明治大，成城大，獨協大，芝浦工大，白百合女子大，東洋英和女学院大など推薦枠あり。

'22年3月卒業生：379名

大学327名　短大3名　専門7名　就職2名　他40名

主な大学合格状況　'23年春については主要大学のみ巻末一覧に記載

大学名	'22	'21	'20	大学名	'22	'21	'20	大学名	'22	'21	'20
◇東京大	0	0	1	慶應大	4	4	7	東洋大	65	58	58
◇東工大	0	0	2	上智大	10	8	6	専修大	20	14	9
◇千葉大	1	0	2	東京理科大	8	13	16	大東文化大	42	53	46
◇筑波大	2	0	0	学習院大	6	13	6	亜細亜大	16	16	5
◇埼玉大	5	4	1	明治大	27	38	31	帝京大	49	31	27
◇防衛医大	3	3	1	青山学院大	17	11	14	成蹊大	15	15	10
◇都立大	2	1	5	立教大	36	26	19	獨協大	21	37	19
◇防衛大	3	7	3	中央大	49	47	38	芝浦工大	25	27	32
◇茨城大	3	1	3	法政大	28	35	23	東京電機大	13	17	16
早稲田大	11	6	10	日本大	52	45	81	武蔵大	27	14	17

※各大学合格数は既卒生との合計。

見学ガイド　体育祭／文化祭／説明会／オープンスクール

国際 海外研修 長期留学 第2外国語 online英会話 21型 1人1台端末 リモート体制 プロジェクト型 論文執筆 STEAM 情操 体験学習 ボランティア 人間力育成

自由の森学園（じゆうのもりがくえん） 中学校

〒357−8550 埼玉県飯能市小岩井 613 ☎042−972−3131

教育目標▶「点数序列主義」に迎合せず，一人ひとりをかけがえのない「個」として育む教育をめざす。
沿革▶元・明星学園小中学校長の遠藤豊が中心となり，高校と共に1985年創立。
施設▶講堂，音楽ホール，多目的ホール，図書館，和室，PC教室，ゼミ室，陶芸室，木工室，ビオトープ，グラウンド，美術棟，寮，他。
学校長▶菅 香保
生徒数▶総数263名

	1年（3クラス）	2年（3クラス）	3年（3クラス）
男子	52名	39名	41名
女子	38名	55名	38名

西武池袋線—飯能
JR—東飯能・高麗川よりスクールバス 15分

自立した自由を携えた「個」を育む教育

生徒と教師が向き合い，「あなたはどう考える？」を積み重ねて自分なりの答えを見つける。お互いの感動を分かち合い，生きるための授業を作り続ける。

学習 一面的なものの見方にとらわれることなく，生徒と教師が人間として向き合い，授業や行事をつくる。生徒は半年に1回「学習の記録」を提出。自分の学びを自ら振り返ることを目的とする。英語は4技能を培うと共に文学作品にも触れて英語で想像するスキルを養う。芸術教育に力を入れ，音楽は高3まで，美術は高2まで必修。美術は絵画のほか，染織，木工にも時間をかける。2017年度より，ユネスコスクールに加盟。「森の時間」と呼ぶ総合学習では，「ESD／持続可能な世界を実現する意識を育む」をキーワードに，例えば間伐（林業）や稲作の授業を取り入れ，体験的に自然のあり方，環境などについて学ぶ。

キャリア教育 日々の授業を土台とし，一人ひとりが自身の進路を「生き方」として捉え，学びとる過程を大切にする。卒業生や著名人による進路講演会なども開催。

学校生活 中学生全員が学校生活について話し合う中学集会を実施。課外活動は「活動そのものを純粋に楽しむ」ことを第一義として，個人活動や有志活動も認めている。

●コース表

中1	中2	中3	高1	高2	高3
	共	通	履	修	

※高1より選択授業あり

保護者MEMO

登校時刻▶9：10
最終下校時刻▶18：05
土曜日▶休校。特別講座（90分×2コマ）を行う
昼食▶食堂／食品販売あり
携帯電話▶可
制服▶なし
自転車通学▶可
カウンセラー▶週2日
保護者面談▶適宜
保護者会▶年3回（クラスごとに追加あり）
必修旅行▶沖縄（中3）
部活動▶活動日は部による

学費　初年度目安 110万円

（単位:円）	入学金	施設費	授業料	その他	合計
入学手続時	270,000	212,000	147,200	56,160	685,360
1年終了まで	—	24,000	294,400	100,100	418,500

●奨学金・特待生
なし。経済的事由者対象特別軽減制度（授業料の一部免除）有，出願時に申請

［その他］学級費・教材費，課外活動費，スクールバス維持費，災害共済掛金。※寮生初年度目安162万円
［寄付・学債］任意の寄付金1口10万円1口以上，学園債1口50万円1口以上あり。
※上記は'22年度のもの。新年度について詳細は「受験生応援アプリ」にて公開（2023年5月〜）。

首都圏模試　思考コード　(単位:%)

読み取る力						
複雑 3						
2			データなし			
単純 1						
考える力	A	B	C	A	B	C

A=知識・理解思考　B=論理的思考　C=創造的思考

2024年度入試　合格の基準

		首都圏模試		四谷大塚	
男子	〈B〉	ほぼ確実	見込あり	ほぼ確実	見込あり
		37	32	−	−
			やや見込あり		やや見込あり
			25		−
女子		ほぼ確実	見込あり	ほぼ確実	見込あり
		37	31	−	−
			やや見込あり		やや見込あり
			25		−

ほぼ確実＝80%～／見込あり＝50～79%／やや見込あり＝20～49%

入試要項　2023年度参考　新年度日程はアプリへGO!

2科　適性型　他

試験名	試験日 ◎午後入試	出願締切 郵送	発表 郵送	手続 振込	2科	4科	適	英	他	面接	特待	募集数	応募数	受験数	合格数	実質倍率	偏差値
A 第一志望	1/14	1/5	1/16	1/24					＊1	＊3		78	70	70	53	1.3	男37 女37
B	1/14	1/5	1/16	1/24延					＊1	＊4			59	56	28	2.0	男37 女37
X	1/23	1/12	1/24	1/30延			＊2			＊3			15	12	6	2.0	男37 女37
C ①	1/22	1/12	1/24	1/30	●					＊3			15	10	1	10.0	男38 女38
C ②	2/4	1/31	当日	2/10	●					＊3			3	3	1	3.0	男37 女37
C ③	2/23	2/16	当日	3/1	●					＊3			7	7	5	1.4	男37 女37

＊1　国語＋算数＋授業課題（理科・社会・体育・音楽・美術より１教科選択）　＊２　算数・理科・社会の３科総合（環境をテーマに出題）　＊３　グループ面接　＊４　個人面接
※報告書，志望理由書。入寮希望者は入寮同意書および事前個別相談

【出願方法】 郵送出願　**【手続方法】** 振込納入。B・Xは2/1まで延納可。B・X・Cの辞退者には一部返還
【受験料】 20,000円

【帰国生入試】 上記B・X・Cに含む

中学受験のプロがおすすめ！　併願校の例

特色	男 国際理解教育	自然環境	体験重視	女 国際理解教育	自然環境	体験重視
♠男子校 ♥女子校 ♣共学・別学校	♣本庄東高校附	♣東京農大三高附	♣西武台新座	♣本庄東高校附	♣東京農大三高附	♣西武台新座
	♣啓明学園	♣聖望学園	♣埼玉平成	♣啓明学園	♣聖望学園	♣埼玉平成
	♣秀明	♣東海大菅生	♣東星学園	♣秀明	♣東海大菅生	♣東星学園

併設高校の進路情報

四年制大学進学率36.8%
文系・理系割合 未集計

指定校推薦▶立教大，法政大，日本大，東洋大，大東文化大，武蔵大，東京都市大，立正大，東京経済大，千葉工大，桜美林大，関東学院大，日本薬科大，実践女子大，明星大，文教大，拓殖大，駒沢女子大，城西大，目白大，帝京科学大，多摩大，日本工大，文京学院大，ものつくり大，高千穂大，恵泉女学園大，相模女子大，鶴見大など推薦枠あり。

'22年３月卒業生：182名

大学67名　短大３名　専門57名　就職３名　他52名

主な大学合格状況　'23年春については主要大学のみ巻末一覧に記載

大学名	'22	'21	'20	大学名	'22	'21	'20	大学名	'22	'21	'20
◇筑波大	0	1	0	東洋大	0	4	4	東京農大	4	1	0
◇東京藝術大	1	0	0	専修大	1	0	0	文京学院大	1	1	1
上智大	0	1	1	大東文化大	1	3	1	多摩美大	2	0	0
学習院大	1	0	0	東海大	1	1	0	武蔵野美大	1	1	0
明治大	1	0	0	帝京大	2	0	1	昭和音大	1	2	0
青山学院大	0	1	0	獨協大	4	0	0	ルーテル学院大	1	0	1
立教大	1	1	0	立命館大	6	1	0	和光大	6	4	0
中央大	2	0	0	武蔵大	1	1	0	浦和大	0	1	3
法政大	5	1	0	東京経済大	1	1	0	駿河台大	3	9	2
日本大	4	1	0	桜美林大	7	7	3	聖学院大	1	4	1

※各大学合格数は既卒生との合計。

見学ガイド　体育祭／文化祭／説明会／体験授業／入試体験会／学びの森／見学(随時)

秀明（しゅうめい）中学校

〒350－1175　埼玉県川越市笠幡 4792　☎049－232－3311（入試室直通）

建学の精神▶常に真理を追究し，友情を培い，広く社会に貢献する人間形成を目的とする。
沿革▶1978年開校。1979年に高等学校を設立。2014年度より高校からの募集を開始。
施設▶サウンドシアター，コンピュータルーム，図書館，楽器練習室，屋内プール，柔道場，剣道場，トレーニングルーム，寮，他。
学校長▶尾上　純一
生徒数▶総数196名

	1年（2クラス）	2年（2クラス）	3年（2クラス）
男子	50名	43名	35名
女子	20名	22名	26名

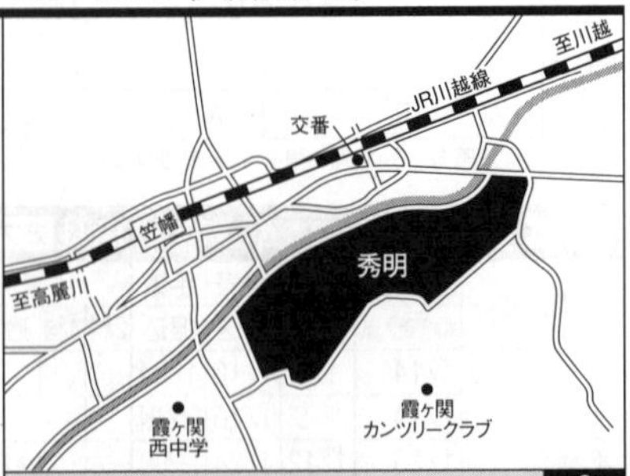

JR―笠幡５分　5分

「全寮制・中高一貫・全人英才教育」が特徴

寮生活を通して，協調性と忍耐力を高め，善悪のけじめをつけ，夜間学習および個別学習で実力を養成する。早期より大学入試を視野に入れた教科指導を実践。

学習 スーパーイングリッシュコースでは週16時間の英語レッスンを実施。また，様々な場面で英語に触れられるよう実技科目にもティームティーチングを導入している。医進・特進コースは卒業生による医療講演会を定期的に開催。総合進学コースでは，週末課題や放課後個別指導により学力向上を図る。各コースとも各自の学習到達度に応じた指導で，一人ひとりの思考・判断・表現力も伸ばす。英語は高い指導力を持つイギリス人の専任教員が６名在籍し，常に生きた英語を学ぶ環境が整う。全員が英検に挑戦し，中２の海外研修では，ホームステイとカレッジでの寮生活を体験。コンピュータ教育も重視し，基本的な技術の習得からＰ検挑戦までサポートする。

●コース表

中1	中2	中3	高1	高2	高3
スーパーイングリッシュコース(SEC)			難関国公立大学進学コース		
医進・特進コース			医学部進学コース		
総合進学コース ———			理系／文系		

キャリア教育「心の学習」の時間を設け，いたわりの心などについて，先人の言葉や新聞記事を題材に教員と生徒が共に学ぶ。自分の意見を言える人物の育成をめざす。

学校生活 中学は全寮制，高校からは寮制か通学制を選択。サッカー・美術・書道など19の部があり，全員がいずれかに所属する。

保護者MEMO

登校時刻▶8：00
最終下校時刻▶18：00
土曜日▶休校
昼食▶給食（中学・高校）／食堂あり
携帯電話▶許可制
制服▶ブレザー
自転車通学▶不可
カウンセラー▶－
保護者面談▶年３回
保護者会▶年３回
必修旅行▶イギリス（中２・高１）
部活動▶活動日は部による

学費　初年度目安 100万円

(単位:円)	入学金	施設費	授業料	その他	合計
入学手続時	250,000	—	—	—	250,000
1年終了まで	—	100,000	300,000	352,000	752,000

［その他］諸経費，光熱冷暖房費，補助教材費，実験実習費，保護者会費，生徒会費。※別途給食費あり。※寮生：入寮費50万円，寮費60万円/年，食費38.2万円/年。
［寄付・学債］任意の寄付金あり。
※上記は'22年度のもの。新年度について詳細は「受験生応援アプリ」にて公開（2023年５月～）。

●奨学金・特待生
入学金と，Ａ：授業料・施設費・実験実習費等３年間／Ｂ：授業料・施設費２年間／Ｃ：授業料１年間

首都圏模試　思考コード (単位：%)

読み取る力						
複雑 3						
2	データなし					
単純 1						
考える力	A	B	C	A	B	C

A=知識・理解思考　B=論理的思考　C=創造的思考

2024年度入試　合格の基準

		首都圏模試 ほぼ確実	首都圏模試 見込あり	首都圏模試 やや見込あり	四谷大塚 ほぼ確実	四谷大塚 見込あり	四谷大塚 やや見込あり
男子	〈一般①〉	39	33	26	35	30	25
女子	〈一般①〉	39	33	26	35	30	25

ほぼ確実＝80％～／見込あり＝50～79％／やや見込あり＝20～49％

入試要項　2023年度参考　新年度日程はアプリへGO!　2科 4科 英

試験名		試験日 ◎午後入試	出願締切 Web	発表 Web	手続 Web	2科	4科	適	英	他	面接	特待	募集数	応募数	受験数	合格数	実質倍率	偏差値
SEC	専願	12/4	12/2	12/6	12/16				＊1		＊5		20	10	10	4	2.5	男－ 女－
	①	1/10	1/8	1/12	1/20									2	2	1	2.0	男39 女39
	②	2/4	2/2	2/7	2/14									1	1	1	1.0	男39 女39
医進・特進	専願	12/4	12/2	12/6	12/16	＊2			＊2		＊5		60	22	22	16	1.4	男－ 女－
	①	1/10	1/8	1/12	1/20									21	21	14	1.5	男39 女39
	②	2/4	2/2	2/7	2/14									3	3	2	1.5	男39 女39
総合進学	専願	12/4	12/2	12/6	12/16	＊2			＊2		＊5			35	35	32	1.1	男－ 女－
	①	1/10	1/8	1/12	1/20									16	16	12	1.3	男39 女39
	②	2/4	2/2	2/7	2/14									2	2	1	2.0	男39 女39
奨学生(専願)	SEC	12/4	12/2	12/6	12/16				＊3		＊5	●	(10)	—	—	—	—	男45 女45
	医・特						＊4		＊4		＊5			—	—	—	—	

＊1　国算英　＊2　国算英より2科選択　＊3　国算英＋理社より1科選択　＊4　国算＋英理社より2科選択　＊5　個人面接＋事前または当日に保護者面談
※通知表コピー。専願は検定試験の合格証や症状のコピーなど

【出願方法】 Web出願
【手続方法】 Web納入または振込
【受験料】 15,000円

【帰国生入試】 —

(注) 募集数計80名に奨学生10名を含む。

中学受験のプロがおすすめ!　併願校の例

特色	男 寮制度	男 ネイティヴ常駐	男 表現力育成	女 寮制度	女 ネイティヴ常駐	女 表現力育成
♠男子校	♣暁星国際	♣西武台新座	♣狭山ヶ丘高附	♣暁星国際	♣西武台新座	♣狭山ヶ丘高附
♥女子校	♣自由学園	♣聖望学園	♣東京農大三高附	♣自由学園	♣聖望学園	♣東京農大三高附
♣共学・別学校	♣自由の森	♣東星学園	♣本庄第一	♣自由の森	♣東星学園	♣本庄第一

併設高校の進路情報

四年制大学進学率67.5%
文系31／理系69／その他0(%)　医歯薬29名合格

内部推薦▶秀明大学への内部推薦制度がある。

指定校推薦▶利用状況は日本大1，北里大1，日本歯大1，埼玉医大2，獨協医大1など。ほかに東洋大，帝京大，東京電機大，玉川大，聖マリアンナ医大，国際医療福祉大，東京薬科大，日本薬科大，東京歯大，神奈川歯大，帝京平成大，城西大，横浜薬科大，東洋英和女学院大，鶴見大，城西国際大など推薦枠あり。

'22年3月卒業生：77名

大学52名　他23名
短大1名／専門1名／就職0名

主な大学合格状況　'23年春については主要大学のみ巻末一覧に記載

大学名	'22	'21	'20	大学名	'22	'21	'20	大学名	'22	'21	'20
◇東京大	1	0	0	東京理科大	1	0	4	昭和大	4	5	8
◇千葉大	0	1	0	明治大	2	0	2	杏林大	1	2	3
◇筑波大	2	0	0	青山学院大	1	0	1	東京女子医大	1	4	2
◇東京外大	2	0	0	立教大	1	0	0	北里大	3	4	2
◇北海道大	1	0	0	法政大	0	2	4	聖マリアンナ医大	1	2	2
◇東北大	0	1	0	日本大	26	22	8	国際医療福祉大	1	2	1
◇防衛医大	0	2	0	専修大	0	4	3	日本薬科大	0	3	4
早稲田大	1	0	1	東海大	5	5	1	日本歯大	4	7	5
慶應大	2	1	1	帝京大	7	11	6	神奈川歯大	2	1	2
上智大	0	0	1	東京電機大	3	2	1	埼玉医大	6	5	7

※各大学合格数は既卒生との合計。

見学ガイド　文化祭／説明会／授業公開／見学（随時）

昌平（しょうへい）中学校

SHOHEI

〒345−0044 埼玉県北葛飾郡杉戸町下野 851 ☎0480−34−3381

教育方針▶「礼儀・勤勉・明朗」を校訓に，夢を探究する力や国際性を備えた，信念をもつ若者を育成。
沿革▶1979年創立の昌平高等学校の併設中学校として，2010年4月に開校。
施設▶作法室，自習室，閲覧室，テニスコート，剣道場，卓球場，トレーニングルーム，室内練習場，サブアリーナ，人工芝グラウンド，他。
学校長▶城川　雅士
生徒数▶総数329名

	1年（4クラス）	2年（3クラス）	3年（3クラス）
男子	56名	57名	60名
女子	64名	51名	41名

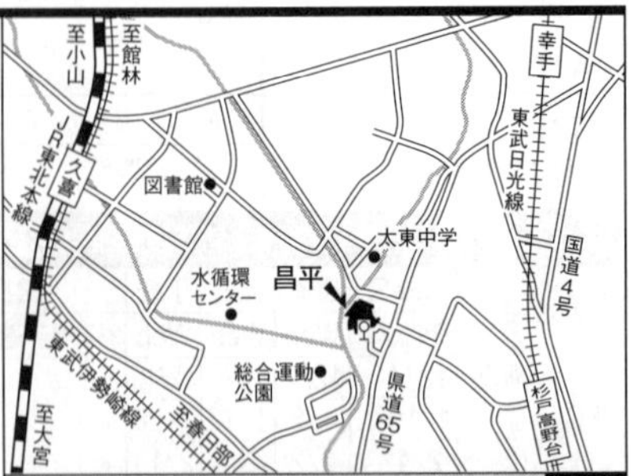

東武日光線—杉戸高野台，JR・東武伊勢崎線—久喜よりスクールバス5～10分　5分

世界基準の授業で6年間鍛えて世界へ送り出す

埼玉県初の国際バカロレア中等教育プログラム（MYP）認定校として，国際教育をさらに強化。英語力＋世界の文化や価値観の違いを理解し，広い視野を身につける。

学習 全生徒・全教科（一部科目除く）において，国際バカロレア（IB）教育を行う。「全校生徒が英語を得意科目に」を合い言葉に，「パワー・イングリッシュ・プロジェクト」に全教職員で取り組む。英検全員受験，レシテーションやボキャブラリーコンテストなどを通して，英語の4技能5領域を系統的に育成。また，国内英語研修施設での語学研修では，外国の文化やマナーにも触れ，異文化への興味も養う。

キャリア教育 「世界」をテーマに，グローバル教育の推進としてSDGsの理念を取り入れた活動を展開。中3は集大成として自身の夢をふまえ，奉仕活動を計画し実行する「コミュニティープロジェクト」に取り組み，その成果を論文にまとめ発表する。中1・中2は準備段階として発展途上国について調べたり，JAICや大使館の訪問などを通じ，今自分達ができることを考える。

●コース表

中1	中2	中3	高1	高2	高3
一般クラス			特進コース	文系	
Tクラス				理系	

※希望により高校進学時にIBコース（[DP]クラス）の選択可

学校生活 日本語禁止部屋「インターナショナル・アリーナ」には，6人のネイティヴ教員が常駐。いつでも楽しみながら英会話ができ，自然と英語力が高まっていく。

保護者MEMO

登校時刻▶8：40
最終下校時刻▶17：55
土曜日▶第4のみ休校。登校日は平常授業4時間
昼食▶牛乳(中)／食堂(中は条件あり)／食品販売あり
携帯電話▶許可制
制服▶ブレザー
自転車通学▶可
カウンセラー▶週1日
保護者面談▶年1回
保護者会▶年2回
必修旅行▶海外(中3)，他
部活動▶月・水・金

学費　　初年度目安 138万円

(単位:円)	入学金	施設費	授業料	その他	合計
入学手続時	250,000	—	—	—	250,000
1年終了まで	—	70,000	345,600	719,400	1,135,000

[その他] 制服・指定品代，修学旅行費，維持管理費，書籍等教材費，諸費用，進路振興費，PTA会費，IB教育推進後援会費，生徒会費。
[寄付・学債] 任意の寄付金1口2万円以上あり。
※上記は'22年度のもの。新年度について詳細は「受験生応援アプリ」にて公開（2023年5月～）。

●奨学金・特待生
入学金とⅠ：施設費・授業料・維持費1年／Ⅱ：授業料・維持費の半額1年　Ⅲ：入学金のみ

首都圏模試　思考コード　（単位：%）

〈一般第1回〉

読み取る力 ＼ 考える力	国語 A	国語 B	国語 C	算数 A	算数 B	算数 C
複雑 3						
2	30			29	5	
単純 1	10	60		32	34	

A=知識・理解思考　B=論理的思考　C=創造的思考

2024年度入試　合格の基準

		首都圏模試 ほぼ確実	首都圏模試 見込あり	四谷大塚 ほぼ確実	四谷大塚 見込あり
男子	〈一般①〉	48	44	39	34
			やや見込あり 40		やや見込あり 29
女子	〈一般①〉	48	44	40	35
			やや見込あり 40		やや見込あり 30

ほぼ確実＝80%～／見込あり＝50～79%／やや見込あり＝20～49%

入試要項　2023年度参考　新年度日程はアプリへGO!　2科 4科 英 他

試験名		試験日 ◎午後入試	出願締切 Web	発表 Web	手続 Web	2科	4科	適	英	他	面接	特待	募集数	応募数	受験数	合格数	実質倍率	偏差値
一般	①	1/10	1/6	当日	2/5	●	●					●	100	223	208	154(11)	1.4	男48 女48
	②	1/11	1/6	当日	2/5	●	●					●		227	112	52(9)	2.2	男52 女52
	③	1/13	当日	当日	2/5	●	●					●		258	89	36(5)	2.5	男52 女52
	④	2/5	当日	当日	2/6	●	●					●		201	36	22	1.6	男52 女52
グローバル	①	1/10	1/6	当日	2/5				＊1			●		23	23	17(1)	1.4	男48 女48
	②	1/11	1/6	当日	2/5				＊1			●		24	11	8(1)	1.4	男50 女50
Tクラス	①	1/10 ◎	1/6	1/11	2/5		●					●		187	175	104	1.7	男57 女57
	②	1/11 ◎	1/6	1/12	2/5					＊2		●		108	49	7	7.0	男64 女64
	③	1/12	当日	当日	2/5		●					●		158	76	14	5.4	男59 女59

＊1　国語＋算数＋英語ⅠⅡ（Ⅰ記述+リスニング，Ⅱグローバルコミュニケーション）。英検3級以上取得者は加点優遇あり。英検合格証のコピー　＊2　算数
※本校のほかに一般①，Tクラス①は大宮・越谷会場，一般②，Tクラス②は大宮会場あり。グローバル②は大宮会場のみ

【出願方法】Web出願。該当者は書類を当日持参　**【手続方法】**Web納入　**【受験料】**20,000円（複数回受験30,000円）

【帰国生入試】12/23（5名募集）　　（注）（　）はTクラス合格で内数。

中学受験のプロがおすすめ！　併願校の例

特色	男 国際理解教育	男 近代的校舎	男 ICT教育	女 国際理解教育	女 近代的校舎	女 ICT教育
♠男子校 ♥女子校 ♣共学・別学校	♣大宮開成	♣青学浦和ルーテル	♣順天	♣大宮開成	♣青学浦和ルーテル	♣順天
	♣獨協埼玉	♣埼玉栄	♣浦和実業	♣獨協埼玉	♣埼玉栄	♣浦和実業
	♣春日部共栄	♣武南	♣桜丘	♣春日部共栄	♣武南	♣桜丘

併設高校の進路情報

四年制大学進学率87.2%
文系55／理系44／その他1（%）　医歯薬20名合格

指定校推薦▶利用状況は早稲田大1，慶應大1，上智大2，東京理科大2，学習院大3，青山学院大1，立教大1，中央大1，法政大3，日本大5，東洋大13，駒澤大2，成城大1，獨協大4，芝浦工大16，津田塾大1，日本女子大1など。ほかに専修大，大東文化大，亜細亜大，帝京大，國學院大など推薦枠あり。

'22年3月卒業生：539名　大学470名　短大2名／専門18名／就職10名／他39名

主な大学合格状況　'23年春については主要大学のみ巻末一覧に記載

大学名	'22	'21	'20	大学名	'22	'21	'20	大学名	'22	'21	'20
◇東京大	2	2	1	◇高崎経済大	4	7	2	中央大	42	48	72
◇東工大	2	1	1	◇埼玉県立大	9	3	7	法政大	63	20	19
◇一橋大	1	0	1	早稲田大	22	26	13	日本大	66	63	47
◇千葉大	3	7	2	慶應大	4	6	7	東洋大	120	73	72
◇筑波大	9	4	5	上智大	7	6	10	駒澤大	31	15	17
◇埼玉大	5	14	11	東京理科大	47	46	48	専修大	21	36	21
◇東北大	4	1	2	学習院大	25	20	23	國學院大	12	12	14
◇東京学芸大	5	5	2	明治大	57	25	35	成蹊大	19	5	10
◇群馬大	6	3	2	青山学院大	6	15	17	成城大	14	15	11
◇宇都宮大	7	8	15	立教大	45	35	37	獨協大	47	54	57

※各大学合格数は既卒生との合計。

見学ガイド　説明会／解説授業体験／腕だめしテスト

 高校募集 あり 高１より全体が混合。 高１内訳 一貫生 97名 204名 高入生

BUNRI'S

西武学園文理（せいぶがくえんぶんり）中学校

〒350－1336 埼玉県狭山市柏原新田 311－1 ☎04－2954－4080

国際
海外研修
長期留学
第２外国語
online英会話
21型
1人1台端末
リモート体制
プロジェクト型
論文執筆
STEAM
情操
体験学習
ボランティア
人間力育成

教育方針▶すべてに誠をつくし，最後までやり抜く強い意志を養う。

沿革▶1981年創立の西武学園文理高等学校が，1993年に中学校を開校。2021年度より柴田誠が中高両校の校長を兼務。

施設▶学習サポートセンター，ホール，多目的ホール，自習コーナー，グラウンド（８面），他。

学校長▶柴田　誠

生徒数▶総数303名　併設小からの進学者を含む。

	１年（４クラス）	２年（４クラス）	３年（４クラス）
男子	59名	66名	62名
女子	35名	37名	44名
内進生内数	男16名 女14名	男31名 女23名	男21名 女19名

西武新宿線―新狭山よりバス西武柏原ニュータウン　スクールバス５系統あり　10分

未来社会をたくましくしなやかに生き抜くために

「グローバル教育」「人間教育」「進学教育」を３本柱とした教育メソッドを実践。グローバルな視野を持ち，自ら課題を設定し，合意形成が行える力を育む。

学習 全学年で，オールイングリッシュによる授業「GCP（GLOBAL COMPETENCE PROGRAM）」を実施。語学力だけでなく，高度な思考力，伝え合う力，行動力など，これからのグローバル社会で活躍しうるコンピテンス（能力）を養う。また，多彩な国際理解・語学教育プログラムを用意。全員参加の海外研修旅行では，異文化を体験し，歴史を学んで国際感覚に磨きをかける。希望制のセブ島語学研修では，実践的な英語力の向上を図る。自主性や創造性を育む「CA（Creative Activity）」を実践。19講座から１講座を選択し，３学年が学年の枠を超えて，１年間をかけて探究活動に取り組むため，協働力も自然と身についていく。

キャリア教育 「職業体験」では，生徒自身が希望する企業へ連絡を取り，職業体験を依頼することからスタート。職に就くことの難しさや，職場での責任や役割，取り組む姿勢や態度の大切さなど，自身も社会の一員であることを自覚する機会となっている。

学校生活 多くの部が中高合同で活動。ライフル射撃・奇術研究など珍しい部も。

●コース表

中１	中２	中３	高１	高２	高３
グローバル選抜クラス（難関国公立文理進学コース）			難関国公立文系進学		
			難関国公立理系進学		
グローバルクラス（文理進学コース）			文系進学		国公立／私立
			理系進学		国公立／私立

※高校進学時に，希望により理数科先端サイエンスクラスへの進学可

保護者MEMO

登校時刻▶8：30
最終下校時刻▶17：30
土曜日▶第２のみ休校。登校日は通常授業４時間
昼食▶給食（希望制）／食品販売あり
携帯電話▶可
制服▶ブレザー
自転車通学▶可
カウンセラー▶週３日
保護者面談▶年１回
保護者会▶年３回
必修旅行▶イタリア（中３）
部活動▶活動日は部による

学費　初年度目安 170万円

（単位：円）	入学金	施設費	授業料	その他	合計
入学手続時	250,000	―	―	―	250,000
1年終了まで	―	150,000	360,000	935,294	1,445,294

［その他］制服・指定品代，海外研修費，教育充実費，諸費用，ICT推進費，副教材費等，給食費。
［寄付・学債］任意の寄付金（教育環境整備事業募金）１口（中）10万円（高）５万円１口以上あり。

●奨学金・特待生
入学金，施設設備費，授業料，教育充実費をＳ：３年／Ａ：1年　Ｃ：入学金

※上記は'22年度のもの。新年度について詳細は「受験生応援アプリ」にて公開（2023年５月～）。

首都圏模試 思考コード（単位：%）

読み取る力＼考える力	〈第1回〉国語 A	国語 B	国語 C	算数 A	算数 B	算数 C	〈適性検査〉Ⅰ A	Ⅰ B	Ⅰ C	Ⅱ A	Ⅱ B	Ⅱ C
複雑 3	4											
2	10	5		56	16			20	60		50	
単純 1	6	75		5	23			20			20	30

A=知識・理解思考　B=論理的思考　C=創造的思考

2024年度入試 合格の基準

		首都圏模試 ほぼ確実	首都圏模試 見込あり	四谷大塚 ほぼ確実	四谷大塚 見込あり
男子	①	50	45 / やや見込あり 39	41	36 / やや見込あり 31
女子	①	50	45 / やや見込あり 39	42	37 / やや見込あり 31

ほぼ確実＝80％～／見込あり＝50～79％／やや見込あり＝20～49％

入試要項 2023年度参考　新年度日程は アプリへGO!

4科　適性型　英

試験名	試験日（◎午後入試）	出願締切 Web	発表 Web	手続 Web	2科	4科	適	英	他	面接	特待	募集数	応募数	受験数	合格数	実質倍率	偏差値
4教科① グロ グロ選抜	1/10	1/8	1/11	1/12		●					 ●	25	905	—	127 708(118)	1.1	男50 女50
4教科② グロ グロ選抜	1/12	1/11	1/13	1/14		●					 ●	10	256	—	38 78(19)	2.2	男47 女47
4教科③ グロ グロ選抜	1/23	1/22	1/24	1/25		●					 ●	5	148	—	20 55(15)	2.0	男47 女47
特待① グロ選抜	1/10 ◎	1/8	1/11	1/12		●					●	10	410	—	86〈71〉	3.8	男60 女61
特待② グロ選抜	1/14	1/12	1/16	1/17								10			22〈31〉		男60 女60
適性検査 グロ グロ選抜	1/14	1/12	1/18	1/19			＊1				 ●	15	537	—	173 233(142)	1.3	男49 女49
英語4技能 グロ グロ選抜	1/22	1/21	1/23	1/24				＊2			 ●	4	17	—	10 6(5)	1.1	—

＊1　適性検査ⅠⅡ　＊2　英語ⅠⅡⅢ（ⅠReading/Writing，ⅡListening，ⅢSpeaking）
※単願，4教科の2回目以降の受験者（いずれも特待生判定は除く），4教科と特待の英検3級以上の取得者に加点優遇あり。英検合格書のコピー

【出願方法】Web出願後，該当者は書類郵送　**【手続方法】**Web納入。併願は2/10まで
【受験料】20,000円（2回目以降は1回ごとに5,000円追加）

【帰国生入試】—　　※実質倍率＝応募数÷合格数合計
(注)（　）内は特待生認定で内数。〈　〉内はグローバル選抜クラス合格で外数。

中学受験のプロがおすすめ! 併願校の例

特色	男 ICT教育	男 コース制	男 論文(自由研究)	女 ICT教育	女 コース制	女 論文(自由研究)
♠男子校 ♥女子校 ♣共学・別学校	♣明治学院	♣星野学園	♣順天	♣明治学院	♣星野学園	♣順天
	♣東京農大三	♣埼玉栄	♣開智未来	♣東京農大三	♣埼玉栄	♣開智未来
	♣西武台新座	♣淑徳巣鴨	♠城西川越	♣西武台新座	♣淑徳巣鴨	♠城西川越

併設高校の進路情報

四年制大学進学率76%
文系59／理系34／その他7（%）　医歯薬34名合格

内部推薦▶西武文理大学へ1名（看護）が内部推薦制度で進学した。

指定校推薦▶利用状況は早稲田大3，上智大1，東京理科大1，学習院大6，明治大1，青山学院大3，立教大4，中央大3，法政大2，日本大4，東洋大2，駒澤大1，専修大2，成蹊大2，成城大2，明治学院大5，芝浦工大3，東京女子大2，明治薬科大1，日本歯大1など。

'22年3月卒業生：263名　大学200名　他53名
短大0名　専門9名　就職1名

主な大学合格状況　'23年春については主要大学のみ巻末一覧に記載

大学名	'22	'21	'20	大学名	'22	'21	'20	大学名	'22	'21	'20
◇東京大	1	2	3	◇東北大	1	1	2	立教大	34	18	21
◇京都大	0	1	0	◇都立大	0	1	4	中央大	21	34	26
◇東工大	1	0	0	◇防衛大	4	2	1	法政大	21	24	12
◇一橋大	1	0	0	早稲田大	11	8	16	日本大	43	64	61
◇千葉大	2	1	3	慶應大	8	9	10	東洋大	54	62	57
◇筑波大	0	1	0	上智大	13	10	5	駒澤大	6	11	11
◇東京外大	1	0	1	東京理科大	9	18	19	専修大	13	9	23
◇横浜国大	2	1	2	学習院大	13	10	14	帝京大	16	15	32
◇埼玉大	4	4	2	明治大	16	28	22	成蹊大	16	8	11
◇北海道大	2	3	2	青山学院大	15	18	14	芝浦工大	24	16	43

※各大学合格数は既卒生との合計。

見学ガイド　文化祭／説明会

西武台新座中学校

せいぶだいにいざ

〒352−8508 埼玉県新座市中野2−9−1 ☎048−481−1701

国際 海外研修 長期留学 第2外国語 online英会話 21型 1人1台端末 リモート体制 プロジェクト型 論文執筆 STEAM 情操 体験学習 ボランティア 人間力育成

校訓▶「若き日に豊かに知性を磨き，美しく心情を養い，たくましく身体を鍛えよ」を掲げる。
沿革▶1981年創立の西武台高等学校の併設中学校として，2012年に開校。
施設▶多目的ホール，サイエンスラボ，特別講義室，SACLA(スタジオ型教室)，Study Pod(個室学習ブース)，カフェテリア，武道場，グラウンド，他。
学園長▶深澤　一博
生徒数▶総数136名

	1年(2クラス)	2年(2クラス)	3年(2クラス)
男子	33名	27名	20名
女子	15名	18名	23名

JR―新座，東武線―柳瀬川25分　新座・柳瀬川，西武線―所沢よりスクールバス 25分

国際社会で活躍する「たくましい人間力」を育む

学力教育・英語教育・人間教育を融合した「総合力活用教育」で，「高い学力」と「グローバル・リテラシー」を養い，地球サイズの「人間力」の基礎をつくる。

学習 特進選抜コースは演習やより深い内容を学び，特進コースでは基礎内容の定着を図る。グローバル化に対応する英語力の育成をめざし，独自の英語教育を実践。中1・中2では「The JINGLES」という音声筋肉を鍛えるプログラムを導入し，発音・発声に特化した授業を行う。その後，英語で考える力をつける授業へと進み，中3の海外旅行では2週間，1家庭1名のホームステイを実施。主体的に問題を解決する力を養うため，ICT機器やアクティブ・ラーニングを取り入れた授業を展開。例えば，国語ではグループディスカッションや発表を積極的に導入。週5日，20分の朝学習「Sタイム」では，英数の復習，小テストなどを行い，授業内容の定着度を高める。

キャリア教育 人間教育プログラム「西武台アカデミア」を開催。研究者や第一線で活躍する社会人を招いた講演会を通じて，知的好奇心や学問・職業への興味を喚起する。

学校生活 2020年全国大会優勝のバトン部など12のクラブが活動。「クリーン大作戦」と称し，年2回，学校周辺の清掃を実施。

●コース表

中1	中2	中3	高1	高2	高3
特進選抜コース				国公立向け／難関私学向け／総合型選抜向け	
特進コース					

※高1進学時にコース変更可

保護者MEMO

登校時刻▶8：20
最終下校時刻▶18：00
土曜日▶毎週登校
昼食▶給食(中学)／食堂／食品販売あり(高校より可)
携帯電話▶可
制服▶詰襟，セーラー
自転車通学▶可
カウンセラー▶常駐
保護者面談▶年3回
保護者会▶年3回
必修旅行▶オーストラリア（中3）
部活動▶活動日は部による

学費

初年度目安 112万円

(単位:円)	入学金	施設費	授業料	その他	合計
入学手続時	250,000	100,000	—	—	350,000
1年終了まで	—	120,000	360,000	287,873	767,873

●奨学金・特待生
A：入学金，授業料（年次審査で継続）／B：入学金

［その他］制服・指定品代，オリエンテーション合宿，スキー教室，保護者会費，後援会費，生徒会費，各入会金，給食費。
［寄付・学債］なし。
※上記は'22年度のもの。新年度について詳細は「受験生応援アプリ」にて公開（2023年5月〜）。

首都圏模試　思考コード（単位：%）

〈第１回特進〉

読み取る力＼考える力	国語 A	国語 B	国語 C	算数 A	算数 B	算数 C
複雑 3						
2	28			85		
単純 1		72		5	10	

A=知識・理解思考　B=論理的思考　C=創造的思考

2024年度入試　合格の基準

		首都圏模試 ほぼ確実	首都圏模試 見込あり	首都圏模試 やや見込あり	四谷大塚 ほぼ確実	四谷大塚 見込あり	四谷大塚 やや見込あり
男子	〈①特進〉	47	43	39	35	30	25
女子	〈①特進〉	47	43	39	35	30	25

ほぼ確実＝80％～／見込あり＝50～79％／やや見込あり＝20～49％

入試要項　2023年度参考　新年度日程は アプリへGO!　2科　4科　適性型

試験名		試験日 ◎午後入試	出願締切 Web	発表 Web	手続 Web	2科	4科	適	英	他	面接	特待	募集数	応募数	受験数	合格数	実質倍率	偏差値
特進①	2科	1/10	当日	当日	2/12	●							20	90	87	51	1.7	男47 女47
	4科						●							140	130	105	1.2	
特進②	2科	1/11	当日	当日	2/12	●							10	72	39	24	1.6	男46 女46
	4科						●							94	34	28	1.2	
特進選抜①	2科	1/10 ◎	当日	当日	2/12	●						●	10	77	72	40	1.8	男51 女51
	4科						●							93	84	48	1.8	
特進選抜②	2科	1/14 ◎	当日	当日	2/12	●						●	10	59	26	12	2.2	男47 女47
	4科						●							83	20	13	1.5	
特待	2科	1/11 ◎	当日	当日	2/12	●						●	10	53	33	5	6.6	男55 女55
	4科						●							71	32	7	4.6	
適性検査		1/14	当日	1/15	2/12			＊				●	10	48	40	33	1.2	男44 女44
チャレンジ	2科	1/25	当日	当日	2/12	●						●	10	56	27	18	1.5	男47 女47
	4科						●							75	12	11	1.1	

＊適性検査Ⅰ Ⅱ（Ⅰ作文型，Ⅱ科目複合型）

【出願方法】Web出願　**【手続方法】**Web納入。早期手続者入学金減額制度あり。2/17までの辞退者には一部返還　**【受験料】**25,000円（複数受験可）

【帰国生入試】12/11（若干名募集）

中学受験のプロがおすすめ！　併願校の例

特色	男 ICT教育	男 英語4技能育成	男 給食制度	女 ICT教育	女 英語4技能育成	女 給食制度
♠男子校	♣星野学園	♣西武学園文理	♣埼玉栄	♣星野学園	♣西武学園文理	♣埼玉栄
♥女子校	♣武南	♣狭山ヶ丘	♣東京農大三高附	♣武南	♣狭山ヶ丘	♣東京農大三高附
♣共学・別学校	♣国際学院	♣埼玉平成	♣東京成徳深谷	♣国際学院	♣埼玉平成	♣東京成徳深谷

併設高校の進路情報

四年制大学進学率72.5%
文系52／理系37／その他11（%）　医歯薬10名合格

指定校推薦▶利用状況は立教大１，日本大１，東洋大８，駒澤大３，専修大１，大東文化大９，亜細亜大５，帝京大４，獨協大４，芝浦工大３，武蔵大２，白百合女子大１など。ほかに東京理科大，東海大，成蹊大，神奈川大，東京都市大，国士舘大など推薦枠あり。

'22年3月卒業生：374名
(西武台高等学校)

大学271名　短大８名／専門74名／就職３名／他18名

主な大学合格状況　'23年春については主要大学のみ巻末一覧に記載

大学名	'22	'21	'20	大学名	'22	'21	'20	大学名	'22	'21	'20
◇東工大	0	1	0	学習院大	2	3	2	大東文化大	23	28	23
◇東京外大	0	1	0	明治大	3	7	9	亜細亜大	9	12	11
◇埼玉大	0	1	1	青山学院大	1	4	5	帝京大	31	38	35
◇東京学芸大	2	0	0	立教大	2	5	8	獨協大	8	7	11
◇防衛大	1	1	0	中央大	2	7	2	芝浦工大	4	2	6
◇電通大	1	0	0	法政大	1	2	3	東京電機大	7	8	7
◇筑波技術大	1	0	0	日本大	16	20	26	立正大	12	12	8
早稲田大	0	6	4	東洋大	18	25	24	国士舘大	7	3	14
慶應大	0	2	1	駒澤大	8	14	6	東京経済大	12	12	12
東京理科大	2	4	3	専修大	2	2	5	城西大	24	18	23

※各大学合格数は既卒生との合計。

見学ガイド　文化祭／説明会／オープンスクール／入試模擬体験会／イングリッシュチャレンジ

聖望学園(せいぼうがくえん) 中学校

〒357－0006　埼玉県飯能市中山 292　☎042－973－1500

教育方針▶キリスト教主義教育を通して神を敬い，人を愛し，正義を重んじ，信仰にたつ人間を育てる。
沿革▶1918年創立の寿多館蚕業学校が前身。1951年，アメリカ・ルーテル教会の学園として開校。
施設▶ホール，礼拝堂，大教室，多目的ホール，研修所，体操競技場，格技場，人工芝グラウンド，グラウンド，下川崎総合グラウンド（校外），他。
学校長▶関　純彦
生徒数▶総数152名

	1年（3クラス）	2年（2クラス）	3年（2クラス）
男子	40名	11名	25名
女子	25名	23名	28名

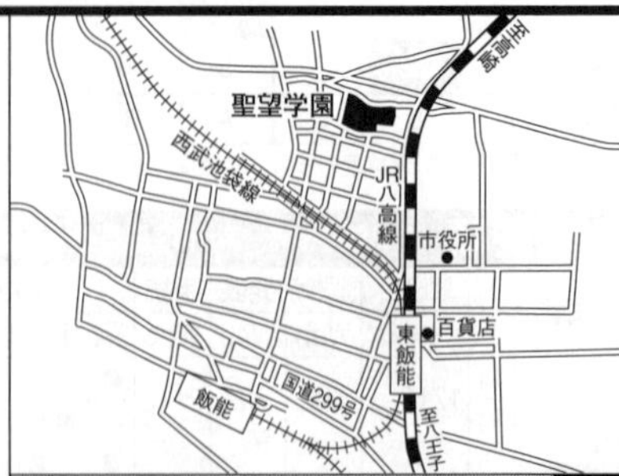

西武池袋線―飯能15分　JR―東飯能13分　スクールバス（3ルート）あり　15分

未来に挑戦する若者を育てるプログラムを実践

キリスト教に基づく「敬・愛・信・義」をモットーに聡明さと協調性を，英語・ICT・グローバル教育を柱に「時代が求める知力・世界で通用する行動力」を身につける。

学習 英語教育ではネイティヴによる英会話やWriting指導，多読，中3から参加できる短期留学・ターム留学などで，4技能5領域をバランスよく身につける。ICT機器を学校生活のあらゆる場面で活用。各教科では電子黒板と1人1台のタブレット端末を連携させ，リアルタイムで情報交換する双方向の授業を実践。グローバル教育では多様な価値観を認め合い，国際的な視点を持つことを目標に，未来デザインキャンプなどを導入。また「ME（数英強化の金曜学習），RISM（学習の振り返り），ISM（独習）」から構成される教育プログラムで，生徒のやる気や意欲を引き出す。

キャリア教育 縦割りで行うワークショップや行事ごとのプレゼンテーション，奉仕活動を行い，社会でリーダーシップを発揮できる人材を育成。総合的な学習の時間に次世代型キャリア教育「ENAGEED」を導入，自己実現力を育むプログラムに取り組む。

学校生活 週1回の礼拝と聖書の授業を実施。16の部があり，原則全員が加入する。体操部は全国大会に出場の実績を持つ。

●コース表

中1	中2	中3	高1	高2	高3
共通履修 ※英数は習熟度別			特進－選抜	特進選抜S〈文系／理系〉	
			特進－一般	特進E〈文系／理系〉	
			進学－選抜	進学Ⅰ〈文系／理系／スポーツ〉	
			進学－一般		

※高1進学の一般にはスポーツクラス含む

保護者MEMO

登校時刻▶8：30
最終下校時刻▶18：30
土曜日▶隔週登校。登校日は平常授業4時間
昼食▶食堂・食品販売あり（高校より利用可）
携帯電話▶許可制
制服▶ブレザー
自転車通学▶可
カウンセラー▶常駐
保護者面談▶年1回
保護者会▶年3回
必修旅行▶熊本・長崎（中2）
部活動▶活動日は部による

学費　初年度目安 113万円

（単位:円）	入学金	施設費	授業料	その他	合計
入学手続時	240,000	100,000	—	2,000	342,000
1年終了まで	—	99,600	372,000	316,600	788,200

［その他］制服・指定品代，修学旅行費，視聴覚・冷暖房費，副教材費，PTA・後援会費，PTA・後援会入会金，生徒会費。※別途給食費あり。
［寄付・学債］任意の学債1口10万円以上あり。
※上記は'22年度のもの。新年度について詳細は「受験生応援アプリ」にて公開（2023年5月～）。

●奨学金・特待生
A：入学金，授業料3年間／B：授業料3年間の全額・半額・1/3

首都圏模試 思考コード (単位:%)

読み取る力	〈第1回〉国語 A	B	C	算数 A	B	C	〈適性検査〉I A	B	C	II A	B	C
複雑 3				10								
2		9		41				30	50		32	
単純 1	20	67	4		49			20			63	5
考える力	A	B	C	A	B	C	A	B	C	A	B	C

A=知識・理解思考　B=論理的思考　C=創造的思考

2024年度入試 合格の基準

		首都圏模試 ほぼ確実	見込あり	やや見込あり	四谷大塚 ほぼ確実	見込あり	やや見込あり
男子	①	40	36	33	33	28	23
女子	①	40	36	33	33	28	23

ほぼ確実＝80%～／見込あり＝50～79%／やや見込あり＝20～49%

入試要項 2023年度参考　新年度日程はアプリへGO!

2科 4科 適性型 英 他

試験名		試験日 ◎午後入試	出願締切 Web	発表 Web	手続 振込	選抜方法 2科	4科	適	英	他	面接	特待	募集数	応募数	受験数	合格数	実質倍率	偏差値
①	2科	1/10	1/9	1/11	1/20	●						●	35	81	78	70	1.1	男40
	4科						●					●		67	65	62	1.0	女40
②	適性検査	1/11	1/10	1/18	1/20			＊1				●	5	239	238	234	1.0	男43 女43
③	2科	1/12 ◎	1/11	1/14	1/20	●						●	20	49	27	26	1.0	男40
	4科						●					●		47	24	24	1.0	女40
④	英語	1/18	1/17	1/20	1/27				＊2		＊2		15	3	3	2	1.5	—
	プレゼンテーション		1/14	1/20						＊3				19	12	11	1.1	—
	2科		1/17	1/19		●						●	5	20	6	6	1.0	男40
	4科						●					●		18	6	5	1.2	女40
⑤	2科	2/4	2/3	2/5	2/10	●						●	若干	10	3	3	1.0	男41
	4科						●					●		6	2	2	1.0	女41

＊1　適性検査ⅠⅡⅢ（Ⅰ国語，Ⅱ社算理，Ⅲ算理）　＊2　筆記（英検4級程度）＋英語面接（個人）
＊3　プレゼンテーション（発表＋質疑応答）。事前にプレゼンテーション資料
※すべての回に専願と一般（併願）あり　※通知表コピー。取得者は英検合格証明書コピー（英語入試以外で加点優遇あり）　※②③は本校のほかに所沢会場あり

【出願方法】 Web出願。書類を当日持参。ただし，プレゼンテーション資料は事前にメールまたは郵送
【手続方法】 銀行振込。①～④の一般は2/10まで。2/17までの辞退者には一部返還
【受験料】 20,000円（同時出願は2回30,000円，以降1回ごとに5,000円追加）

【帰国生入試】 —

中学受験のプロがおすすめ! 併願校の例

特色	男 プロテスタント系	留学制度	ICT教育	女 プロテスタント系	留学制度	ICT教育
♠男子校 ♥女子校 ♣共学・別学校	♠聖学院	♣西武学園文理	♣西武台新座	♥女子聖学院	♣西武学園文理	♣西武台新座
	♣啓明学園	♣細田学園	♣東京農大三高附	♣啓明学園	♣細田学園	♣東京農大三高附
	♣自由学園	♣国際学院	♣東星学園	♣自由学園	♣国際学院	♣東星学園

併設高校の進路情報

四年制大学進学率79.5%
文系63／理系31／その他6（%）　医歯薬3名合格

指定校推薦▶利用状況は上智大1，東京理科大2，青山学院大3，立教大2，中央大3，法政大4，日本大1，東洋大3，駒澤大1，国際基督教大1，成蹊大5，明治学院大6，獨協大2，東京電機大2，東京女子大3，立命館大1，武蔵大2，工学院大2，聖心女子大5，明治薬科大1など。ほかに専修大，大東文化大，東海大，亜細亜大など推薦枠あり。

'22年3月卒業生：307名
大学244名　短大9名　専門30名　就職0名　他24名

主な大学合格状況　'23年春については主要大学のみ巻末一覧に記載

大学名	'22	'21	'20	大学名	'22	'21	'20	大学名	'22	'21	'20
◇東工大	0	1	1	学習院大	3	4	1	大東文化大	9	20	7
◇埼玉大	0	1	2	明治大	8	15	4	亜細亜大	4	4	2
◇大阪大	0	1	0	青山学院大	5	4	5	帝京大	27	31	22
◇お茶の水女子大	1	0	0	立教大	8	6	5	成蹊大	7	6	7
◇東京学芸大	1	0	0	中央大	12	11	8	明治学院大	9	7	6
◇国立看護大	2	1	0	法政大	12	7	12	芝浦工大	3	2	8
早稲田大	3	2	4	日本大	7	12	25	東京電機大	11	2	10
慶應大	2	0	0	東洋大	15	19	19	武蔵大	4	6	3
上智大	3	4	2	駒澤大	6	6	4	立正大	4	11	6
東京理科大	3	3	4	専修大	4	4	6	城西大	13	7	11

※各大学合格数は既卒生との合計。

見学ガイド 体育祭／文化祭／説明会／オープンキャンパス／見学（随時）

東京成徳大学深谷中学校

(とうきょうせいとくだいがくふかや)

TOKYO SEITOKU

〒366－0810 埼玉県深谷市宿根 559 ☎048－571－1303（代表）

国際 / 海外研修 / 長期留学 / 第2外国語 / online英会話 / 21型 / 1人1台端末 / リモート体制 / プロジェクト型 / 論文執筆 / STEAM / 情操 / 体験学習 / ボランティア / 人間力育成

教育目標▶建学の精神「徳を成す人間の育成」を礎に，社会人として自立した，あるべき人格の育成をめざす。

沿革▶1963年創立の東京成徳大学深谷高等学校の併設校として，2013年に開校。

施設▶集会室，イングリッシュラボ（英語教室），サテライン室，コミュニティラウンジ，メインアリーナ，弓道場，テニスコート，グラウンド，他。

学校長▶神田　正

生徒数▶総数38名

	1年（1クラス）	2年（1クラス）	3年（1クラス）
男子	10名	4名	3名
女子	8名	11名	2名

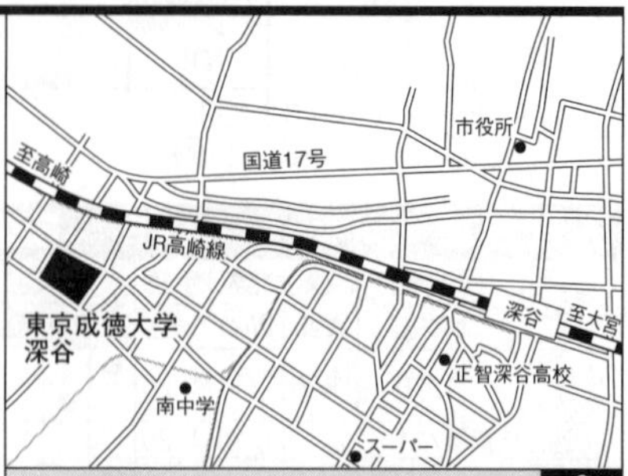

JR―深谷25分　JR－深谷・寄居，東武東上線―森林公園などよりスクールバス　🚶25分

能力と資質を磨く「徹底面倒見教育」を展開

学習意欲を刺激する，見る・聞く・感じる・体験する多彩な授業を実践。生徒＝宝とし，生徒自身が気づいていない魅力を引き出し，磨いて最大限伸ばす。

学習 能動的・主体的に学ぶ力を身につけるアクティブ・ラーニングを中心に据える。英数国のほか，理科の授業時数も多く設けて実験・観察の機会を増やし，知的好奇心や探究心を育んでいく。英語力育成に注力し，ネイティヴによるオールイングリッシュの授業や，「クリル」といった他教科を英語で学ぶ統合型学習を導入。また，３日間英語漬けで過ごすイングリッシュキャンプ，例年６日間の海外修学旅行を行うなど，実践的な英語を学び，実力を試すための環境も用意。中３の希望者にはニュージーランド学期留学も。グループワークなど対話型学習に，ICT機器を積極的に活用。コミュニケーション能力＋情報社会で役立つ基礎力を身につける。

キャリア教育 自己と将来を考えるため，中１・中２の基礎期に「自分の魅力」を作成。自己の特性や思考を把握し，生き方や具体的将来像を描き出していく。

学校生活 日本の伝統文化に触れる芸術鑑賞会，民泊して稲作や食で農村での暮らしを肌で感じる宿泊農村生活体験などを実施。

●コース表

中1	中2	中3	高1	高2	高3
共	通	履	修	文	系
				理	系

保護者MEMO

登校時刻▶8：35
最終下校時刻▶18：30
土曜日▶毎週登校
昼食▶給食（中学）／食堂（高校から可）／食品販売あり
携帯電話▶許可制
制服▶ブレザー
自転車通学▶可
カウンセラー▶月3～4日
保護者面談▶年１回
保護者会▶年１回
必修旅行▶（2020年年度）オーストラリア（中２），他
部活動▶活動日は部による

学費　　初年度目安 99万円

（単位:円）	入学金	施設費	授業料	その他	合計
入学手続時	200,000	—	—	—	200,000
1年終了まで	—	184,000	324,000	286,706	794,706

［その他］制服・指定品代，PTA費，PTA入会金，後援会費，生徒会費，生徒会入会金，PTA支部会費，給食費。

［寄付・学債］任意の寄付金１口５万円１口以上あり。

※上記は'22年度のもの。新年度について詳細は「受験生応援アプリ」にて公開（2023年５月～）。

●奨学金・特待生
入学金・施設費とA：授業料，維持費／B：維持費／C：維持費の半額 D：入学金，施設費

首都圏模試 思考コード (単位：%)

読み取る力	A	B	C	A	B	C
複雑 3						
2			データなし			
単純 1						

考える力：A=知識・理解思考 B=論理的思考 C=創造的思考

2024年度入試 合格の基準

		首都圏模試			四谷大塚		
		ほぼ確実	見込あり	やや見込あり	ほぼ確実	見込あり	やや見込あり
男子	①	42	37	32	30	25	20
女子	①	42	37	32	30	25	20

ほぼ確実＝80%～／見込あり＝50～79%／やや見込あり＝20～49%

入試要項 2023年度参考 新年度日程は アプリへGO!

2科 4科 英

試験名	試験日 ◎午後入試	出願締切 Web	発表 Web	手続 Web	選抜方法 2科	4科	適	英	他	面接	特待	募集数	応募数	受験数	合格数	実質倍率	偏差値
① 2教科	1/10	1/6	当日	1/11延	●						●	70	男 6	5	5	1.0	42
① 4教科						●							女 15	15	14	1.1	42
① 英語Ⅰ								＊1									
① 英語Ⅱ								＊2									
② 2教科	1/11	1/6	当日	1/12延	●						●		男 7	5	5	1.0	41
② 4教科						●							女 14	12	12	1.0	41
② 英語Ⅰ								＊1									
② 英語Ⅱ								＊2									
③ 2教科	1/14	1/6	当日	1/15延	●						●		男 8	4	4	1.0	41
③ 英語Ⅰ								＊1					女 12	10	9	1.1	41
③ 英語Ⅱ								＊2									
④ 2教科	1/28	1/25	当日	1/30	●						●		男 9	4	4	1.0	41
④ 英語Ⅱ								＊2					女 11	7	7	1.0	41

＊1 英語（筆記＋リスニング，英検４級レベル）＋国算 ＊2 英語（筆記＋リスニング，英検準２級レベル）
※通知表のコピー

【出願方法】 Web出願。当日書類提出
【手続方法】 Web納入また振込納入。併願は1/23まで。公立中高一貫校との併願者は合格発表翌日まで延納可
【受験料】 22,000円（２教科・４教科は複数回受験可）。英語ⅠⅡは１回ごとに5,000円

【帰国生入試】 ―

中学受験のプロがおすすめ！ 併願校の例

♠男子校 ♥女子校 ♣共学・別学校

特色	男 国際理解教育	男 面倒見	男 体験重視	女 国際理解教育	女 面倒見	女 体験重視
	♣西武台新座	♣西武学園文理	♣昌平	♣西武台新座	♣西武学園文理	♣昌平
	♣サレジアン国際	♣本庄東高校附	♣武南	♣サレジアン国際	♣本庄東高校附	♣武南
	♣国際学院	♣聖望学園	♣成立学園	♣国際学院	♣聖望学園	♣成立学園

併設高校の進路情報

四年制大学進学率53.7%
文系・理系の割合 未集計 医歯薬４名合格

内部推薦▶東京成徳大学へ７名（国際２，経営２，応用心理３），東京成徳短期大学へ２名が内部推薦で進学した。

指定校推薦▶利用状況は青山学院大１，東洋大８，大東文化大５，獨協大２，東京電機大４，国士舘大４，東京経済大２など。ほかに立教大，亜細亜大，帝京大，立正大，城西大，群馬パース大など推薦枠あり。

'22年３月卒業生：367名

大学197名 短大24名 専門129名 就職８名 他９名

主な大学合格状況 '23年春については主要大学のみ巻末一覧に記載

大学名	'22	'21	'20	大学名	'22	'21	'20	大学名	'22	'21	'20
◇筑波大	1	0	0	中央大	0	4	3	東京電機大	5	5	6
◇埼玉大	0	0	2	法政大	3	1	1	立正大	14	9	8
◇群馬大	1	2	1	日本大	3	1	3	国士舘大	9	8	15
◇茨城大	1	0	0	東洋大	24	8	16	日本薬科大	1	3	1
◇宇都宮大	1	0	0	専修大	4	3	4	拓殖大	5	6	3
◇高知大	0	1	0	大東文化大	15	10	9	城西大	13	10	10
早稲田大	0	2	0	東海大	5	3	2	東京成徳大	8	15	9
明治大	1	1	0	亜細亜大	3	3	4	十文字学園女子大	5	3	6
青山学院大	3	1	1	帝京大	10	6	8	日本医療科学大	3	5	1
立教大	0	0	1	獨協大	3	3	6	高崎健康福祉大	7	4	4

※各大学合格数は既卒生との合計。

見学ガイド 文化祭／説明会／オープンスクール

とうきょうのうぎょうだいがくだいさんこうとうがっこうふぞく

東京農業大学第三高等学校附属 中学校

〒355−0005 埼玉県東松山市大字松山 1400−1 ☎0493−24−4611

国際 海外研修 長期留学 第2外国語 online英会話 21型 1人1台端末 リモート体制 プロジェクト型 論文執筆 STEAM 情操 体験学習 ボランティア 人間力育成

教育方針▶実学を土台とする多彩な教育プログラムを通じて，自ら考え，行動し，未来を拓くたくましい人材を育てる。
沿革▶1985年開校の東京農業大学第三高等学校の附属校として，2009年に開校。
施設▶自習室，屋上菜園，オープンスペース，テニスコート，柔道場，野球場，グラウンド，他。
学校長▶神山 達人
生徒数▶総数186名 併設小からの進学者を含む。

	1年（2クラス）	2年（2クラス）	3年（2クラス）
男子	41名	49名	42名
女子	18名	18名	18名
内進生内数	男—名 女—名	男—名 女—名	男—名 女—名

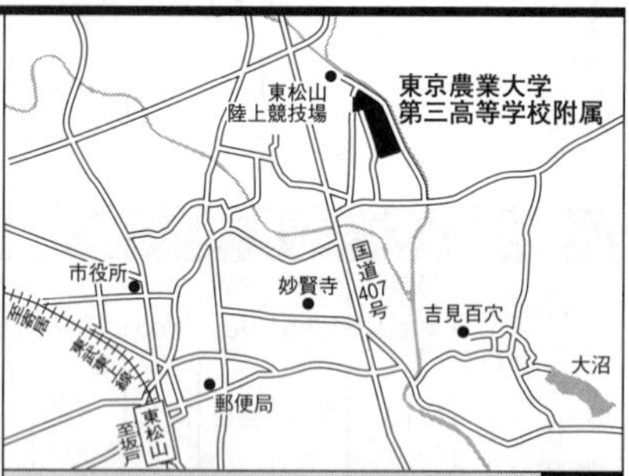

東武東上線—東松山，西武新宿線—本川越，JR—熊谷・鴻巣等よりスクールバス 9分

実学主義をベースに学力・進路選択力・人間力を育成

「次のステージの幕開け」を合い言葉に，大学入試の先を見据えた多面的な教育改革—大胆なグローバル化，実学で真の力を育てる，学内完結型学習体制—に取り組む。

学習 ダイズ栽培から始まる味噌づくりや養殖など様々な体験・実習を取り入れた実学教育を行い，「自ら学ぶ力」を育む。アクティブ・ラーニングの一環として，国語の授業に「論理の時間」を設け，論理的思考力・表現力を高める。電子黒板やタブレット端末も積極的に活用し，効率的な授業を展開。主要5科目の内容を振り返る「サポートテスト」，放課後の自立学習支援プログラム「エドム(EdOM)」も整う。英語を使いこなす高度なコミュニケーション能力を養うための，国際教育が充実。10カ国を超える留学生と英語のみで交流を深めるグローバルイングリッシュプログラム，英語の受信力・発信力を鍛えるオンライン英会話，中3から参加できる語学研修もある。

●コース表

中1	中2	中3	高1	高2	高3
共通履修 ※数学は習熟度別			習熟度別クラス	理系／文系	

キャリア教育 自分史作成やエゴグラム診断をベースに，自分と向き合うことから始め，6年間を通して実学的キャリア教育に取り組む。進路選択の道標となるよう，進路ステップに合わせた講演会が豊富に行われる。

学校生活 部活動は生徒主体。隣接する公園敷地内の清掃のボランティア活動も。

保護者MEMO

登校時刻▶8：35
最終下校時刻▶18：00
土曜日▶毎週登校。平常授業4時間
昼食▶給食(中学)／食堂･食品販売あり(中学は土のみ)
携帯電話▶許可制
制服▶ブレザー
自転車通学▶可
カウンセラー▶週2日
保護者面談▶年1回
保護者会▶年3回
必修旅行▶北海道(中3)，他
部活動▶活動日は部による

学費 初年度目安 111万円

(単位:円)	入学金	施設費	授業料	その他	合計
入学手続時	250,000	—	—	—	250,000
1年終了まで	—	80,000	372,000	405,940	857,940

［その他］制服・指定品代，維持費，実験・教材費，通信費・学年費，保護者会費・生徒会費・後援会費，給食費。※別途修学旅行費積立金等あり。
［寄付・学債］なし。
※上記は'22年度のもの。新年度について詳細は「受験生応援アプリ」にて公開（2023年5月〜）。

●奨学金・特待生
授業料・維持費1年分（次年度以降は前年度の成績により決定）

首都圏模試　思考コード（単位：%）

〈第１回〉

読み取る力 ＼ 考える力	国語 A	国語 B	国語 C	算数 A	算数 B	算数 C
複雑 3						
2	20	12		57	6	
単純 1	20	48			37	

A=知識・理解思考　B=論理的思考　C=創造的思考

2024年度入試　合格の基準

		首都圏模試 ほぼ確実	首都圏模試 見込あり	四谷大塚 ほぼ確実	四谷大塚 見込あり
男子	〈①特待〉	47	見込あり 44 / やや見込あり 41	40	見込あり 36 / やや見込あり 32
女子	〈①特待〉	47	見込あり 44 / やや見込あり 41	40	見込あり 36 / やや見込あり 32

ほぼ確実＝80%～／見込あり＝50～79%／やや見込あり＝20～49%

入試要項　2023年度参考　新年度日程はアプリへGO!　2科　4科　他

試験名	試験日 ◎午後入試	出願締切 Web	発表 Web	手続 Web	2科	4科	適	英	他	面接	特待	募集数	応募数	受験数	合格数	実質倍率	偏差値
①特待 2科	1/10	1/9	当日	2/6	●						●	35	44	42	38	1.1	男47 女47
①特待 4科						●							82	81	77	1.1	
②特待 総合理科	1/10 ◎	1/9	当日	2/6					＊1		●	15	35	35	25	1.4	男49 女49
②特待 ことば力									＊2				47	47	33	1.4	
②特待 世界と日本									＊3				19	18	13	1.4	
③ 2科	1/11	1/10	当日	2/6	●						●	15	30	13	11	1.2	男45 女45
③ 4科						●							53	22	21	1.0	
④	1/28	1/27	当日	2/6	●						●	5	48	11	10	1.1	男45 女45

＊1　総合理科　＊2　ことば力　＊3　世界と日本
※①②は大宮・川越会場で実施（本校なし）

【出願方法】Web出願　**【手続方法】**Web納入　**【受験料】**20,000円（同時出願は２回20,000円，３回25,000円，４回30,000円）

【帰国生入試】12/18（若干名募集）

中学受験のプロがおすすめ！ 併願校の例

特色	男 ICT教育	男 留学制度	男 キャリア教育	女 ICT教育	女 留学制度	女 キャリア教育
♠男子校 ♥女子校 ♣共学・別学校	♣西武学園文理	♣細田学園	♣狭山ヶ丘	♣西武学園文理	♣細田学園	♣狭山ヶ丘
	♣細田学園	♣東京成徳大	♣西武台新座	♣細田学園	♣東京成徳大	♣西武台新座
	♣聖望学園	♣帝京	♣埼玉平成	♣聖望学園	♣帝京	♣埼玉平成

併設高校の進路情報

四年制大学進学率90%
文系42／理系53／その他５（%）　医歯薬41名合格

内部推薦▶東京農業大学へ100名（農13，応用生物科21，生命科７，地域環境科20，国際食料情報32，生物産業７），東京情報大学へ１名（総合情報）が内部推薦で進学した。

指定校推薦▶利用状況は東京理科大１，学習院大２，明治大２，立教大３，中央大２，法政大２，日本大７，東洋大13，駒澤大２，國學院大５，明治学院大２，獨協大５など。

海外大学合格状況▶Sunway University（ﾏﾚｰｼｱ），元智大学（台湾），他。

'22年３月卒業生：520名

大学468名　短大３名　専門28名　就職１名　他20名

主な大学合格状況

'23年春については主要大学のみ巻末一覧に記載

大学名	'22	'21	'20	大学名	'22	'21	'20	大学名	'22	'21	'20
◇東工大	0	0	1	東京理科大	7	8	9	大東文化大	40	16	23
◇千葉大	0	1	0	学習院大	8	8	7	東海大	14	9	19
◇筑波大	3	0	2	明治大	12	10	8	帝京大	29	26	23
◇埼玉大	5	2	1	青山学院大	5	4	6	國學院大	22	18	8
◇群馬大	2	2	1	立教大	19	12	12	獨協大	13	5	19
◇防衛大	6	3	1	中央大	10	11	21	芝浦工大	6	6	14
◇高崎経済大	3	1	4	法政大	18	8	4	東京農大	123	103	121
早稲田大	4	5	3	日本大	52	27	32	城西大	24	10	21
慶應大	3	1	1	東洋大	55	45	60	東京情報大	3	2	0
上智大	0	0	1	駒澤大	24	12	10	日本医療科学大	9	8	3

※各大学合格数は既卒生との合計。

見学ガイド　文化祭／説明会／体験授業／入試模擬体験

高校募集 あり 高3より全体が混合。 高1内訳 一貫生 145名 207名 高入生

獨協埼玉(どっきょうさいたま) 中学校

〒343－0037 埼玉県越谷市恩間新田寺前 316 ☎048－977－5441

国際 海外研修 長期留学 第2外国語 online英会話 21型 1人1台端末 リモート体制 プロジェクト型 論文執筆 STEAM 情操 体験学習 ボランティア 人間力育成

教育方針▶教育理念「自ら考え，判断できる若者を育てる」を軸に，全人格的な人間形成をめざす。

沿革▶1980年創立の獨協埼玉高等学校の併設中学校として，2001年開校。

施設▶多目的ホール，社会科教室，選択教室，コンピュータ室，自習室，プール，テニスコート，野球場，サッカー場兼ラグビー場，実習田，他。

学校長▶尾花 信行

生徒数▶総数511名

	1年(5クラス)	2年(5クラス)	3年(4クラス)
男子	91名	97名	85名
女子	85名	80名	73名

東武スカイツリーライン―せんげん台よりバス獨協埼玉中学・高校 5分

実感して学び得る「帰納的」手法の教育

体験・活動・実験を重視したカリキュラムで，主体的に考えるための知的土台をつくる。自ら考え判断する力と，国際的な視野を持った人材の育成をめざす。

学習 帰納的手法による学習を実践。実際に体験して試行錯誤することで，探究心や好奇心を育てる。中学3年間は基礎を築く「知的ベース養成期」とし，「なぜそうなるのか」を考える力を養う。英語は授業だけでなく，英語漬けの2泊3日を過ごすイングリッシュキャンプ，ニュージーランド語学研修（希望者）など多くのイベントを通して，実践的な英語を身につける。例えば，中3で取り組む卒業論文を目標に，教科と連携して行うガイダンスなど，図書館を積極的に利用した学習を実践。高校の獨協コースは，併設大学進学を前提に探究学習をし，16,000字程度の論文を執筆する。校内Wi-fi，全員が所有するノートPCの導入により，各教科での活用が進んでいる。

●コース表

中1	中2	中3	高1	高2	高3
共通履修				文系	文系Ⅰ 文系Ⅱ
				理系	理系Ⅰ 理系Ⅱ 獨協コース

キャリア教育 中2では将来の自分探しのきっかけづくりとして，ワークショップや講演会を行う。中3の福祉体験では，相手の立場にたって考えることの大切さを学び，夏休みには全員がボランティア活動に参加。

学校生活 中1は近隣の田んぼで田植えから稲刈りまで体験。収穫米の試食会も。

保護者MEMO

登校時刻▶8：20
最終下校時刻▶17：30
土曜日▶毎週登校。平常授業4時間
昼食▶食堂（高校より利用可）／食品販売あり
携帯電話▶可
制服▶詰襟，ブレザー
自転車通学▶可
カウンセラー▶週1～2回
保護者面談▶年1回
保護者会▶年3回
必修旅行▶奈良・京都(中3)
部活動▶月・水・金・土

学費　初年度目安 112万円

(単位:円)	入学金	施設費	授業料	その他	合計
入学手続時	230,000	120,000	—	—	350,000
1年終了まで	—	—	444,000	330,791	774,791

●奨学金・特待生
なし

［その他］制服・指定品代，維持費，教材費，オリエンテーション合宿費，PTA会費，後援会費，生徒会費。
［寄付・学債］任意の寄付金1口10万円1口以上あり。
※上記は'22年度のもの。新年度について詳細は「受験生応援アプリ」にて公開（2023年5月～）。

首都圏模試　思考コード　（単位：%）

〈第１回〉

読み取る力＼考える力	国語 A	国語 B	国語 C	算数 A	算数 B	算数 C
複雑 3	2					
2	8	12		60		
単純 1	10	68			40	

A=知識・理解思考　B=論理的思考　C=創造的思考

2024年度入試　合格の基準

		首都圏模試 ほぼ確実	首都圏模試 見込あり／やや見込あり	四谷大塚 ほぼ確実	四谷大塚 見込あり／やや見込あり
男子	①	53	見込あり 50／やや見込あり 45	41	見込あり 36／やや見込あり 31
女子	①	53	見込あり 50／やや見込あり 45	42	見込あり 37／やや見込あり 32

ほぼ確実＝80%～／見込あり＝50～79%／やや見込あり＝20～49%

入試要項　2023年度参考　新年度日程は アプリへGO!　4科

試験名	試験日 ◎午後入試	出願締切 Web	発表 Web	手続 Web	2科	4科	適	英	他	面接	特待	募集数	応募数	受験数	合格数	実質倍率	偏差値
①	1/11	1/10	当日	1/12延		●						男 50	758	732	488	1.5	53
												女 50	577	559	428	1.3	53
②	1/12	1/11	当日	1/13延		●						男 20	409	190	96	2.0	51
												女 20	280	113	69	1.6	51
③	1/17	1/16	当日	1/18延		●						男 10	404	129	77	1.7	50
												女 10	288	64	42	1.5	50

※①は川口会場あり

【出願方法】Web出願　**【手続方法】**Web納入。一部納入で2/5まで延納可　**【受験料】**20,000円（同時出願は２回25,000円，３回30,000円）

【帰国生入試】上記に含む。優遇または考慮あり

中学受験のプロがおすすめ！　併願校の例

特色	男 フィールドワーク	男 国際理解教育	男 論文（自由研究）	女 フィールドワーク	女 国際理解教育	女 論文（自由研究）
♠男子校	♣順天	♣東洋大京北	♠獨協	♣順天	♣東洋大京北	♥三輪田学園
♥女子校	♣開智未来	♣昌平	♣西武台新座	♣開智未来	♣昌平	♣西武台新座
♣共学・別学校	♣駒込	♣東京成徳大学	♣武南	♣駒込	♣東京成徳大学	♣武南

併設高校の進路情報

四年制大学進学率87.9%
文系66／理系27／その他７（%）　医歯薬27名合格

内部推薦▶獨協大学へ63名（法８，外国語30，経済25），獨協医科大学へ２名（医）が内部推薦で進学した。姫路獨協大学への推薦制度もある。

指定校推薦▶利用状況は早稲田大１，東京理科大３，学習院２，青山学院大５，立教大３，中央大２，法政大１，成蹊大２，成城大１，明治学院大２，埼玉医大１など。ほかに日本大，東洋大，駒澤大，芝浦工大，津田塾大など推薦枠あり。

'22年３月卒業生：340名　大学299名　短大３名／専門４名／就職０名　他34名

主な大学合格状況　'23年春については主要大学のみ巻末一覧に記載

大学名	'22	'21	'20	大学名	'22	'21	'20	大学名	'22	'21	'20
◇千葉大	0	1	1	早稲田大	2	16	10	日本大	56	53	23
◇筑波大	3	2	6	慶應大	5	4	1	東洋大	48	55	40
◇横浜国大	0	1	0	上智大	9	4	4	駒澤大	9	10	12
◇埼玉大	0	0	1	東京理科大	11	12	5	専修大	19	17	16
◇国際教養大	0	1	0	学習院大	16	22	15	大東文化大	8	23	19
◇大阪大	1	0	0	明治大	29	22	13	帝京大	31	23	24
◇名古屋大	1	0	0	青山学院大	24	15	13	獨協大	103	100	111
◇東京学芸大	0	1	2	立教大	41	29	14	芝浦工大	27	19	9
◇宇都宮大	2	2	3	中央大	31	18	18	東京電機大	19	25	7
◇埼玉県立大	2	3	2	法政大	42	21	20	獨協医大	3	3	0

※各大学合格数は既卒生との合計。

見学ガイド　文化祭／説明会／体験授業

武南（ぶなん）中学校

〒335−0002 埼玉県蕨市塚越 5−10−21 ☎048−441−6948

国際 / 海外研修 / 長期留学 / 第2外国語 / online英会話 / 21型 / 1人1台端末 / リモート体制 / プロジェクト型 / 論文執筆 / STEAM / 情操 / 体験学習 / ボランティア / 人間力育成

教育方針▶グローバルリーダーとして必要な，世界に通用する知性を養い，確固たる人間性を育成する。
沿革▶1963年創立の武南高等学校の併設中学校として，2013年4月に開校。
施設▶ラーニングコモンズ，メディアホール，メディアセンター，屋上運動場，グラウンド，他。
学校長▶遠藤　修平
生徒数▶総数112名

	1年（2クラス）	2年（2クラス）	3年（1クラス）
男子	28名	29名	21名
女子	9名	21名	4名

JR一西川口10分　10分

「変革する心」をもって世界に羽ばたく人材を育成

国際社会で活躍する高い知性と探究心，豊かな教養を身につけ，社会をよりよく変革する志をもったグローバルリーダーの育成をめざし，先進的な教育を行う。

学習 日々の授業に，自ら学び·考える「探究型学習」を取り入れ，自立した学習姿勢を育てる。英語は4技能だけではなく，コミュニケーションツールとしての英語習得をめざし，英語プレゼンテーションやディベートに取り組む。真の国際感覚を養うため，全員が6年間で2回の海外研修に参加。2021年度より埼玉大学STEM教育研究センターと連携し，STEM教育を取り入れたプログラミング学習を実施。SDGsプログラムも新たに導入。中2の社会科フィールドワークでJICA地球ひろばを訪問し，発展途上国の現状やSDGsについて学ぶ。

●コース表

中1	中2	中3	高1	高2	高3
共通履修				Ⅰ型	
				Ⅱ型	

※高1より選抜コース，進学コースへの編入可

電子黒板やタブレット端末などICTも積極的に活用し，効率のよい授業進行を実現。

キャリア教育 講演会や書籍を通して職業観を形成し，中3の段階で将来の方向性とそれに向けた進路を固めるように指導する。

学校生活 毎学期「クリーン作戦」と称する地域環境美化活動を全校で実施。部活動を「BACC（BUNAN Advanced Culture Club）」と称し，知・徳・体を磨くと共に，日本文化の理解をめざし活動している。

保護者MEMO

登校時刻▶8：20
最終下校時刻▶18：00
土曜日▶毎週登校。平常授業4時間
昼食▶食堂（高校より利用可）／食品販売あり
携帯電話▶可
制服▶ブレザー
自転車通学▶可
カウンセラー▶週1日
保護者面談▶年3回
保護者会▶年5回
必修旅行▶アジア（中2），他
部活動▶活動日は部による

学費　初年度目安 139万円

（単位:円）	入学金	施設費	授業料	その他	合計
入学手続時	250,000	150,000	―	―	400,000
1年終了まで	―	60,000	360,000	574,152	994,152

［その他］制服・指定品代，修学旅行費，教材費，iPadレンタル代，諸会費，災害共済掛金。
［寄付・学債］なし。
※上記は'22年度のもの。新年度について詳細は「受験生応援アプリ」にて公開（2023年5月～）。

●奨学金・特待生
入学金・施設費・授業料3年間（高校進学時審査で最大6年間）

首都圏模試　思考コード（単位：%）

読み取る力						
複雑 3						
2			データなし			
単純 1						
考える力	A	B	C	A	B	C

A=知識・理解思考　B=論理的思考　C=創造的思考

2024年度入試　合格の基準

		首都圏模試 ほぼ確実	首都圏模試 見込あり	四谷大塚 ほぼ確実	四谷大塚 見込あり
男子	〈①午前〉	45	41 / やや見込あり 38	37	32 / やや見込あり 27
女子	〈①午前〉	45	41 / やや見込あり 38	38	33 / やや見込あり 28

ほぼ確実＝80%～／見込あり＝50～79%／やや見込あり＝20～49%

入試要項　2023年度参考　新年度日程はアプリへGO!

2科　4科　適性型　他

試験名		試験日 ◎午後入試	出願締切 Web	発表 Web	手続 Web	2科	4科	適	英	他	面接	特待	募集数	応募数	受験数	合格数	実質倍率	偏差値
①	午前	1/10	1/9	当日	2/10	●	●	＊1				●	80	男 230	219	168	1.3	45
														女 214	210	156	1.3	45
	午後	1/10 ◎	1/9	1/11	2/10	●	●					●		男 144	138	104	1.3	45
														女 152	140	99	1.4	45
②		1/12	1/11	1/13	2/10	●	●	＊1				●		男 75	66	50	1.3	43
														女 68	57	45	1.3	43
③		1/21	1/20	1/22	2/10	●	●					●		男 45	39	26	1.5	43
														女 39	32	24	1.3	43
④		1/28	1/27	1/29	2/10	●					＊3	●		男 9	5	2	2.5	43
														女 12	7	5	1.4	43
⑤		2/4	2/3	2/5	2/10					＊2	＊3	●		男 6	3	1	3.0	43
														女 4	3	1	3.0	43

＊1　適性検査ⅠⅡ　＊2　国語または算数　＊3　個人面接
※複数回受験は加点あり
※囲碁推薦制度あり。詳細は個別相談へ

【出願方法】Web出願　**【手続方法】**Web納入　**【受験料】**20,000円（①午前・午後の受験可。再受験は5,000円）

【帰国生入試】—

中学受験のプロがおすすめ！ 併願校の例

特色	男 ICT教育	男 近代的校舎	男 学習サポート	女 ICT教育	女 近代的校舎	女 学習サポート
♠男子校 ♥女子校 ♣共学・別学校	♣春日部共栄	♣埼玉栄	♣駒込	♣春日部共栄	♣埼玉栄	♣駒込
	♣桜丘	♣浦和実業	♣東京成徳大	♣桜丘	♣浦和実業	♣東京成徳大
	♣成立学園	♣国際学院	♣駿台学園	♣成立学園	♣国際学院	♣駿台学園

併設高校の進路情報

四年制大学進学率88.1%
文系62／理系31／その他7（%）

指定校推薦▶東京理科大，学習院大，中央大，法政大，日本大，東洋大，駒澤大，専修大，大東文化大，東海大，亜細亜大，帝京大，國學院大，成蹊大，成城大，明治学院大，獨協大，神奈川大，芝浦工大，東京電機大，武蔵大，工学院大，東京都市大，千葉工大，東京農大，文教大など推薦枠あり。

'22年3月卒業生：545名

大学480名　短大6名／専門32名／就職2名／他25名

主な大学合格状況　'23年春については主要大学のみ巻末一覧に記載

大学名	'22	'21	'20	大学名	'22	'21	'20	大学名	'22	'21	'20
◇東京大	0	0	1	東京理科大	5	4	7	専修大	26	23	18
◇千葉大	1	1	0	学習院大	13	2	4	大東文化大	45	32	38
◇筑波大	2	0	0	明治大	22	8	23	亜細亜大	15	7	15
◇埼玉大	9	5	5	青山学院大	10	3	3	帝京大	42	37	29
◇東北大	2	0	0	立教大	11	8	11	成蹊大	22	11	9
◇東京医歯大	2	0	0	中央大	12	8	4	獨協大	68	14	16
◇埼玉県立大	1	2	4	法政大	29	17	20	芝浦工大	20	23	14
早稲田大	6	2	5	日本大	67	49	52	東京電機大	19	14	18
慶應大	0	0	2	東洋大	98	54	82	国士舘大	17	16	11
上智大	1	1	2	駒澤大	31	14	10	城西大	15	22	20

※各大学合格数は既卒生との合計。

見学ガイド　文化祭／説明会／授業公開／オープンスクール／入試体験会

高校募集 あり 理数選抜は3年間内進生のみ，ほかコースは高1より混合。 高1内訳 一貫生124名 425名 高入生

星野学園 中学校

ほしのがくえん

〒350－0824 埼玉県川越市石原町 2－71－11 ☎049－223－2888

教育方針▶高い知性と品性に裏づけられた教養を身につけ，志を持って社会に貢献できる人間の育成。
沿革▶1897年に星野塾（現・星野高等学校）創立，2000年に中学校（共学）を開校。
施設▶講堂，ホール，多目的ルーム，生徒ホール，礼法室，テニスコート，星野ドーム（全天候型グラウンド），屋内プール，弓道場，備蓄倉庫，他。
学校長▶星野　誠
生徒数▶総数538名　併設小からの進学者を含む。

	1年（5クラス）	2年（5クラス）	3年（5クラス）
男子	53名	80名	57名
女子	111名	124名	113名
内進生内数	男19名 女31名	男29名 女25名	男20名 女40名

JR－川越・熊谷・宮原，西武線－本川越・入間市よりスクールバス　20分

良き人格の育成をめざす“全人教育”を展開

創立以来の伝統に培われた教養教育の思想を土台に，「知を築く」「世界につながる」「心を動かす」を3本柱に，中高一貫教育を実践。

学習 理数選抜クラスは応用力を鍛え，進学クラスでは基礎固めに重点をおく。また各自が自分に合ったレベルで学べるように，英語は中1から，数学は中2から習熟度別展開授業を実施。全員がタブレット端末を所有。使い方やマナーを学ぶと共に，デジタル教材を扱ったり，日々の学習記録をポートフォリオとして管理したりして学習効果を高める。英語は実践的な語学力の習得を目標に，ネイティヴのオーラルコミュニケーションの授業を導入。中3のオーストラリア修学旅行では，現地校での交流やホームステイの中で、生きた英語を学ぶ。

●コース表

中1	中2	中3	高1	高2	高3
理数選抜クラス			理数選抜コース（内進生のみ）		
進学クラス			S類特進選抜コース		
			α選抜コース		
			βコース		

※高2より，すべてのコースは文系･理系に分かれる。

キャリア教育 中学では保護者や卒業生から職業の話を聞き，自らの将来を見据える。中高共催で医学部医学科進学ガイダンス，難関大学合格者進路懇談会など大学を視野に入れた進路指導により，自らの進む道を早くから考える。中2から進路ノートを活用。

学校生活 情操教育の一環として，校内のホールを使って，芸術鑑賞会を実施。文武両道を志し，全員が部活動に参加。中高共に約50の部から所属先を選択できる。

保護者MEMO

登校時刻▶8：30
最終下校時刻▶18：00
土曜日▶毎週登校。平常授業4時間
昼食▶弁当／食品販売あり
携帯電話▶申告制
制服▶詰襟，セーラー
自転車通学▶許可制
カウンセラー▶週4回
保護者面談▶年1回
保護者会▶年3回
必修旅行▶海外（中3），他
部活動▶週2～5日。日曜はなし

学費　初年度目安 108万円

（単位:円）	入学金	施設費	授業料	その他	合計
入学手続時	250,000	150,000	―	―	400,000
1年終了まで	―	120,000	360,000	198,200	678,200

●奨学金・特待生
なし

［その他］特色教育費，冷暖房費，図書費，修学旅行積立，生徒会費。　※別途，制服・指定品代，教材費，実習費，諸会費入会金等あり。　［寄付・学債］なし。
※上記は'22年度のもの。新年度について詳細は「受験生応援アプリ」にて公開（2023年5月～）。

国際
海外研修
長期留学
第2外国語
online英会話
21型
1人1台端末
リモート体制
プロジェクト型
論文執筆
STEAM
情操
体験学習
ボランティア
人間力育成

首都圏模試　思考コード　(単位：%)

〈進学第1回〉

読み取る力	国語 A	国語 B	国語 C	算数 A	算数 B	算数 C
複雑 3						
2	10			44		
単純 1	30	60		10	46	
考える力	A	B	C	A	B	C

A=知識・理解思考　B=論理的思考　C=創造的思考

2024年度入試　合格の基準

		首都圏模試 ほぼ確実	首都圏模試 見込あり	四谷大塚 ほぼ確実	四谷大塚 見込あり
男子	〈進学①〉	55	50	42	37
			やや見込あり 44		やや見込あり 32
女子	〈進学①〉	55	50	43	38
			やや見込あり 44		やや見込あり 33

ほぼ確実＝80%～／見込あり＝50～79%／やや見込あり＝20～49%

入試要項　2023年度参考　新年度日程は アプリへGO!　2科　4科　英　他

試験名	試験日 ◎午後入試	出願締切 Web	発表 Web	手続 Web	2科	4科	適	英	他	面接	特待	募集数	応募数	受験数	合格数	実質倍率	偏差値
進学クラス①	1/10	1/9	当日	1/15延	●							100	男 133	99	64	1.5	55
													女 435	373	279	1.3	55
進学クラス②	1/11 ◎	1/10	当日	1/15延	●								男 171	72	40	1.8	56
													女 502	186	93	2.0	56
理数選抜①	1/10 ◎	1/9	当日	1/15延					＊1				男 159	132	34〈35〉	3.9	62
													女 484	424	150〈97〉	2.8	62
理数選抜②	1/11	1/10	当日	1/15延		●							男 171	121	45〈42〉	2.7	61
													女 480	303	103〈96〉	2.9	61
総合選抜	1/14	1/13	当日	1/18延	●	●		＊2					男 157	44	24	1.8	58
													女 438	115	65	1.8	58

＊1　国語+算数+理科　＊2　国語＋算数＋英語（リスニング含む）
※英検3級以上取得者は，加点優遇措置あり。英検合格証コピー
※進学クラス，理数選抜は，本校のほかに大宮会場あり

【出願方法】 Web出願。該当者は書類郵送
【手続方法】 Web納入。2/5まで延納可
【受験料】 25,000円（複数回受験可）

【帰国生入試】 ―　　(注)〈　〉は進学クラス合格で外数。

中学受験のプロがおすすめ！　併願校の例

特色	男 キャリア教育	男 理数教育	男 表現力育成	女 キャリア教育	女 理数教育	女 表現力育成
♠男子校	♣大宮開成	♣順天	♣淑徳	♣大宮開成	♣順天	♣淑徳
♥女子校	♣西武学園文理	♣獨協埼玉	♣東洋大京北	♣西武学園文理	♣獨協埼玉	♣東洋大京北
♣共学・別学校	♣浦和実業	♣東京農大三高附	♣開智未来	♣浦和実業	♣東京農大三高附	♣開智未来

併設高校の進路情報

四年制大学進学率90.7%
文系58／理系42／その他0（%）　医歯薬49名合格

指定校推薦▶上智大，東京理科大，学習院大，明治大，青山学院大，立教大，中央大，法政大，日本大，東洋大，駒澤大，専修大，大東文化大，亜細亜大，帝京大，國學院大，成蹊大，成城大，明治学院大，獨協大，芝浦工大，東京電機大，津田塾大，東京女子大，日本女子大，同志社大，立命館大，聖心女子大，明治薬科大など推薦枠あり。

海外大学合格状況▶淡江大学(台湾)，他。

'22年3月卒業生：558名
（星野高等学校，女子部含む）
大学506名　短大5名　専門17名　就職3名　他27名

主な大学合格状況　'23年春については主要大学のみ巻末一覧に記載

大学名	'22	'21	'20	大学名	'22	'21	'20	大学名	'22	'21	'20
◇東京大	0	0	1	早稲田大	10	3	7	日本大	50	53	55
◇東工大	1	0	0	慶應大	5	4	4	東洋大	85	87	83
◇千葉大	0	0	1	上智大	15	7	6	専修大	15	28	25
◇筑波大	0	4	1	東京理科大	12	11	13	大東文化大	33	62	45
◇横浜国大	1	2	1	学習院大	17	21	17	帝京大	25	45	43
◇埼玉大	8	10	7	明治大	24	20	14	獨協大	27	26	24
◇防衛医大	1	5	2	青山学院大	12	6	11	芝浦工大	15	14	8
◇東京学芸大	5	1	4	立教大	43	30	30	東京女子大	23	27	17
◇群馬大	5	4	4	中央大	30	30	11	日本女子大	40	34	46
◇埼玉県立大	1	3	7	法政大	37	26	26	共立女子大	26	51	35

※各大学合格数は既卒生との合計。

見学ガイド　文化祭／説明会／オープンスクール／学校見学（随時）

細田学園中学校

（ほそだがくえん）

〒353－0004　埼玉県志木市本町2－7－1　☎048－471－3255

国際 / 海外研修 / 長期留学 / 第2外国語 / online英会話 / 21型 / 1人1台端末 / リモート体制 / プロジェクト型 / 論文執筆 / STEAM / 情操 / 体験学習 / ボランティア / 人間力育成

教育理念▶建学の精神「愛と奉仕」。「Never give in.」（挫けるな）をモットーに指導を行う。
沿革▶1921年細田裁縫女学校として開校。1948年に高等学校を設置。2019年4月中学校開校。2021年2月新校舎完成。
施設▶ホール，多目的ホール，ラーニング・コモンズ，和室，テニスコート，サッカー場，野球場，人工芝グラウンド，他。
学校長▶荒井　秀一
生徒数▶総数131名

	1年（2クラス）	2年（1クラス）	3年（2クラス）
男子	30名	12名	22名
女子	29名	19名	19名

東武東上線・有楽町線・副都心線―志木15分　徒歩15分

最高の"dots【原体験】"を手に入れて,未来にはばたく

dotsを通じて自分なりの考え方・生き方を形づくりながら「未来創造力」「国際力・英語力」「人間力」を培い，いかなる状況下でも自分の足で歩んでいく術を学ぶ。

学習 未来を創造するため，独自の次世代型教育「DITO」（定義→入力→熟考→出力）メソッドを採用。すべての学習活動においてこのサイクルを繰り返し，多面的に深く"dots【原体験】"を獲得。年2回，1つのテーマに対し複数の教科でアプローチする授業週間"Subject Week"を設定。個々の学習の幅を広げ自己発見につなげる。英語教育では「英語を学び，英語で学ぶ」ことをめざす。外国人教師によるスピーキング・ライティングの指導，オンライン英会話を行う。イングリッシュキャンプ，長期留学，国際体験学習など，英語力・国際感覚を身につけるためのプログラムも充実。

●コース表

中1	中2	中3	高1	高2	高3
※英数は習熟度別	共 ※英数国は習熟度別	通	履	修	

キャリア教育 各々が納得できる進路選択・実現に向けたモチベーション管理・サポートを柱とする。「未来研究」で未来を，社会人講演会で自己実現に必要なものを発見する。また，独自のリーダー教育も実施。

学校生活 建学の精神「愛と奉仕」に基づき，人間性・意志・勇気を育む。部活動のほか，夏と冬に集中教養講座（選択クラブ）も実施。新たな自分を発見する。

保護者MEMO

登校時刻▶8：20
最終下校時刻▶18：30
土曜日▶休校。行事，クラブを行う
昼食▶食堂・食品販売あり（高校より利用可）
携帯電話▶可
制服▶ブレザー
自転車通学▶可
カウンセラー▶随時
保護者面談▶年1回
保護者会▶年3回
必修旅行▶海外(高2)，他
部活動▶活動日は部による

学費　　初年度目安 116万円

(単位:円)	入学金	教育充実費	授業料	その他	合計
入学手続時	250,000	—	—	—	250,000
1年終了まで	—	90,000	360,000	460,000	910,000

［その他］制服・指定品代，修学旅行費，冷暖房費，諸経費，後援会費。
［寄付・学債］任意の寄付金1口5万円2口以上あり。
※上記は'22年度のもの。新年度について詳細は「受験生応援アプリ」にて公開（2023年5月～）。

●奨学金・特待生
S：入学金，教育充実費・授業料6年間（年次審査有）／Ⅰ：入学金・教育充実費／Ⅱ：入学金

首都圏模試 思考コード (単位：%)

〈第１回〉

読み取る力＼考える力	国語 A	国語 B	国語 C	算数 A	算数 B	算数 C
複雑 3						
2	10	10		35	10	
単純 1	26	44	10	5	50	

A=知識・理解思考　B=論理的思考　C=創造的思考

2024年度入試 合格の基準

		首都圏模試 ほぼ確実	首都圏模試 見込あり	首都圏模試 やや見込あり	四谷大塚 ほぼ確実	四谷大塚 見込あり	四谷大塚 やや見込あり
男子	〈一般①〉	50	45	40	42	37	32
女子	〈一般①〉	50	45	40	43	38	33

ほぼ確実＝80%～／見込あり＝50～79%／やや見込あり＝20～49%

入試要項 2023年度参考 新年度日程はアプリへGO!

2科 4科 適性型 英 他

試験名		試験日 ◎午後入試	出願締切 Web	発表 Web	手続 Web	2科	4科	適	英	他	面接	特待	募集数	応募数	受験数	合格数	実質倍率	偏差値
一般	①	1/10	1/9	1/11	1/14		●					●	45	146	139	112	1.2	男50 女50
	②	1/12	1/11	当日	1/16		●					●	20	153	64	44	1.5	男53 女53
									＊1			●						
	③	2/4	2/3	当日	2/7		●					●	10	105	6	4	1.5	男47 女47
特待生	①	1/10 ◎	1/9	1/11	1/14	●	●					●	10	47	43	3	14.3	男64 女64
	②	1/12	1/11	当日	1/16		●					●	10	23	20	2	10.0	男64 女64
dots(適性検査型)	①	1/10	1/9	当日	1/14			＊2				●	25	132	129	105	1.2	男47 女47
	②							＊3		＊3	＊3	●						

＊1　国算英　＊2　適性検査ⅠⅡⅢ　＊3　適性検査ⅠⅡⅢ＋グループワーク＋面接
※第一志望（特待生除く）・複数回受験（一般のみ）優遇あり
※特待生①は大宮会場で実施

【出願方法】 Web出願
【手続方法】 Web納入。第一志望者以外は一般①②・特待生2/7，dots2/9まで
【受験料】 一般25,000円（同時出願は複数回受験可），特待生10,000円，dotsの①は15,000円，②は20,000円）

【帰国生入試】 12/1，1/5（各若干名募集）

中学受験のプロがおすすめ! 併願校の例

♠男子校　♥女子校　♣共学・別学校

特色	男 留学制度	男 ICT教育	男 適性検査型入試	女 留学制度	女 ICT教育	女 適性検査型入試
	♣順天	♣星野学園	♣市立浦和	♣順天	♣星野学園	♣市立浦和
	♣西武学園文理	♣埼玉栄	♣市立大宮国際	♣西武学園文理	♣埼玉栄	♣市立大宮国際
	♣東京成徳深谷	♣工学院大附	♣浦和実業	♣東京成徳深谷	♣工学院大附	♣浦和実業

併設高校の進路情報

四年制大学進学率88%
文系・理系の割合 未集計

指定校推薦▶東京理科大，学習院大，立教大，日本大，東洋大，大東文化大，亜細亜大，帝京大，國學院大，成城大，獨協大，東京電機大など推薦枠あり。

'22年３月卒業生：391名

大学344名　短大４名　専門32名　就職０名　他11名

主な大学合格状況　'23年春については主要大学のみ巻末一覧に記載

大学名	'22	'21	'20	大学名	'22	'21	'20	大学名	'22	'21	'20
◇千葉大	0	1	0	学習院大	9	2	7	大東文化大	27	38	18
◇筑波大	0	0	1	明治大	10	17	10	東海大	2	7	6
◇埼玉大	0	1	1	青山学院大	10	8	10	亜細亜大	6	6	4
◇東京農工大	1	0	0	立教大	12	15	12	帝京大	47	18	19
◇都立大	1	1	1	中央大	12	12	14	獨協大	21	19	9
◇京都工芸繊維大	1	0	0	法政大	14	19	12	芝浦工大	4	7	6
早稲田大	1	16	6	日本大	25	27	19	東京電機大	5	10	10
慶應大	1	2	0	東洋大	47	35	37	武蔵大	11	9	10
上智大	1	3	2	駒澤大	10	7	4	城西大	14	10	5
東京理科大	9	9	5	専修大	12	9	11	文京学院大	10	11	30

※各大学合格数は既卒生との合計。

見学ガイド 文化祭／説明会／オープンスクール／入試体験会

本庄第一中学校

ほんじょうだいいち

〒367－0002　埼玉県本庄市仁手 2167－1　☎0495－24－1332

国際 / 海外研修 / 長期留学 / 第2外国語 / online英会話 / 21型 / 1人1台端末 / リモート体制 / プロジェクト型 / 論文執筆 / STEAM / 情操 / 体験学習 / ボランティア / 人間力育成

教育目標▶「響生」が学園理念。6つの「もちろん」と3つの「しっかり」のもと,「気力・知力・体力」を備え,チャレンジを継続できる人間を育成する。
沿革▶1925年創立の本庄第一高等学校の併設校として,2016年4月,高校の隣接地に開校。
施設▶パソコン室,図書室,茶道室,スタジオ,剣道場,卓球場,バドミントン場,グラウンド,他。
学校長▶樋口　綾乃
生徒数▶総数118名

	1年(1クラス)	2年(2クラス)	3年(1クラス)
男子	15名	32名	8名
女子	22名	17名	24名

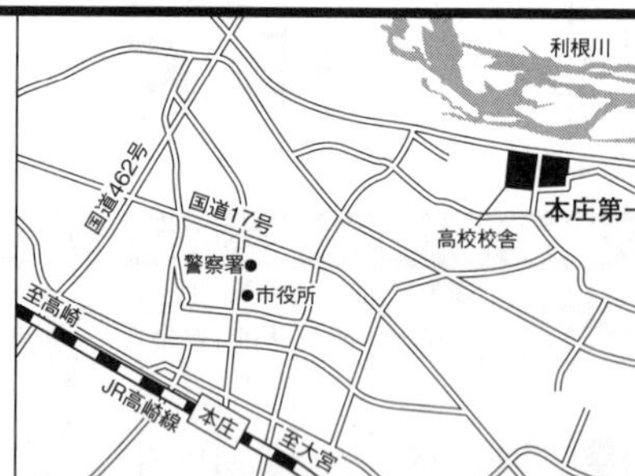

JR―本庄ほか多方面よりスクールバス 10分

生徒と教師が同じ意識を持ちながら響きあう

中学校の学習内容をパーフェクトに習得する3カ年完結型教育を実践。内部進学,難関公立・難関私立高校へ挑戦できる能力を養い,自由な進路選択を可能にする。

学習 9教科バランスのよいカリキュラムで生徒一人ひとりの好奇心の幅を広げ,“知る”きっかけをつくる。授業では教科書と教科書に沿った問題集を扱い,基礎の反復を積み重ね,受験に特化した演習も行う。全員必須で演習・解説・重要項目を確認するためのダイジェスト版授業「TPOゼミ」が毎日ある。総合的な学習の時間は英会話と日本文化を取り入れ,国際化に向けたコミュニケーション能力を養う。また,ICT教育を充実させ,学習支援システム「デジタルキャンパス」を利用した反転授業も実践。在学中に全員が英検3級合格を目標とし,準2級取得にも努める。内部進学規定に基づき,受験して併設高校へ進学できるが外部高校の受験も認め,高校受験をサポートする体制が整っている。

●コース表

中1	中2	中3	高1	高2	高3
共通履修			S類型	文系／理系	
			AⅠ類型	文系Ⅰ型／文系Ⅱ型	
			AⅡ類型	理系Ⅰ型	

※AⅠ類型はアドバンスとスタンダードの2クラス

キャリア教育 中2でキャリアガイダンスを行い,職業への意識を高め,仕事をする上で必要なスキルと専門知識の大切さを学ぶ。

学校生活 礼儀作法,身だしなみの指導を徹底。部活動の加入率は80%。高校と連携しており,より高いレベルの練習ができる。

保護者MEMO
登校時刻▶8：25
最終下校時刻▶19：00
土曜日▶休校
昼食▶食堂(中学は弁当注文のみ)／食品販売あり
携帯電話▶可
制服▶ブレザー
自転車通学▶可
カウンセラー▶常駐
保護者面談▶年1～2回
保護者会▶年1～2回
必修旅行▶兵庫・大阪・京都（中3）
部活動▶活動日は部による

学費　初年度目安 96万円

(単位:円)	入学金	施設費	授業料	その他	合計
入学手続時	220,000	50,000	―	―	270,000
1年終了まで	―	96,000	312,000	286,305	694,305

●奨学金・特待生
奨学金支給3年間

[その他] 制服・指定品代,学習支援費,冷暖房費,教材費・諸費用,Chrombook (PC),Wi-Fi使用料,PTA費・学校教育振興費,PTA特別活動費,生徒会費,手数料,私学振興費。
[寄付・学債] なし。
※上記は'22年度のもの。新年度について詳細は「受験生応援アプリ」にて公開 (2023年5月～)。

首都圏模試 思考コード (単位:%)

読み取る力 / 考える力	A	B	C	A	B	C
複雑 3						
2			データなし			
単純 1						

A=知識・理解思考　B=論理的思考　C=創造的思考

2024年度入試 合格の基準

		首都圏模試 ほぼ確実	首都圏模試 見込あり	首都圏模試 やや見込あり	四谷大塚 ほぼ確実	四谷大塚 見込あり	四谷大塚 やや見込あり
男子	〈②一般〉	41	38	35	32	27	22
女子	〈②一般〉	41	38	35	32	27	22

ほぼ確実=80%〜/見込あり=50〜79%/やや見込あり=20〜49%

入試要項 2023年度参考　新年度日程はアプリへGO!

2科　4科　適性型

試験名		試験日 ◎午後入試	出願締切 Web	発表 Web	手続 振・窓	選抜方法 2科	4科	適	英	他	面接	特待	募集数	応募数	受験数	合格数	実質倍率	偏差値
単願		1/10	1/5	1/11	1/20			*			*	●	70	男 22	22	21	1.0	40
														女 24	24	24	1.0	40
一般	①	1/11	1/5	1/12	2/3	●	●					●		男 26	24	24	1.0	41
														女 14	10	10	1.0	41
	②	1/29	1/26	当日	2/6	●						●		男 27	4	4	1.0	41
														女 15	1	1	1.0	41

＊　総合問題（国語・算数）＋保護者同伴面接。通知表コピー，検定取得，表彰，大会結果などの自己PR書類のコピー

【出願方法】 Web出願後，単願と一般①は1/6，②は1/27までに書類（一般①②は願書のみ）郵送。締切日当日のみ窓口受付あり
【手続方法】 銀行振込のうえ，窓口手続
【受験料】 22,000円（複数回受験可）

【帰国生入試】 —

中学受験のプロがおすすめ! 併願校の例

♠男子校 ♥女子校 ♣共学・別学校

特色	男 学習サポート	男 キャリア教育	男 英語(選択)入試	女 学習サポート	女 キャリア教育	女 英語(選択)入試
	♣狭山ヶ丘	♣東京農大三高附	♣昌平	♣狭山ヶ丘	♣東京農大三高附	♣昌平
	♣本庄東高校附	♣国学院栃木	♣東京成徳深谷	♣本庄東高校附	♣国学院栃木	♣東京成徳深谷
	♣埼玉平成	♣国際学院	♣聖望学園	♣埼玉平成	♣国際学院	♣聖望学園

併設高校の進路情報

四年制大学進学率67%
文系・理系の割合 未集計

指定校推薦▶東京理科大，学習院大，立教大，中央大，法政大，日本大，東洋大，駒澤大，大東文化大，亜細亜大，帝京大，國學院大，明治学院大，獨協大，芝浦工大，東京電機大，津田塾大，玉川大，工学院大，立正大，国士舘大，千葉工大，桜美林大，関東学院大，共立女子大，大妻女子大，白百合女子大，杏林大，北里大，東邦大など推薦枠あり。

'22年3月卒業生：276名

大学185名　短大9名　専門63名　就職13名　他6名

主な大学合格状況 '23年春については主要大学のみ巻末一覧に記載

大学名	'22	'21	'20	大学名	'22	'21	'20	大学名	'22	'21	'20
◇筑波大	0	1	0	明治大	2	9	7	帝京大	16	7	11
◇埼玉大	0	0	1	青山学院大	2	4	3	國學院大	14	45	10
◇東北大	0	3	0	立教大	2	5	9	獨協大	7	12	8
◇群馬大	6	7	2	中央大	2	9	5	芝浦工大	6	5	6
◇信州大	1	1	0	法政大	4	7	6	東京電機大	10	10	11
◇前橋工科大	1	0	5	日本大	12	12	14	立正大	10	7	10
早稲田大	0	2	4	東洋大	21	29	30	順天堂大	2	1	1
慶應大	3	3	3	専修大	12	11	4	東京工科大	4	12	11
東京理科大	1	5	7	大東文化大	14	22	31	城西大	14	22	21
学習院大	1	7	1	亜細亜大	4	6	6	埼玉工大	15	4	10

※各大学合格数は既卒生との合計。

見学ガイド 文化祭／説明会／オープンスクール／入試対策講座

本庄東高等学校附属 中学校
（ほんじょうひがしこうとうがっこうふぞく）

〒367−0025　埼玉県本庄市西五十子大塚 318　☎0495−27−6711

国際 / 海外研修 / 長期留学 / 第２外国語 / online英会話 / 21型 / 1人1台端末 / リモート体制 / プロジェクト型 / 論文執筆 / STEAM / 情操 / 体験学習 / ボランティア / 人間力育成

建学の精神▶人間の尊さを教え，社会に期待される素地を創り，人生に望みと喜びを与える。
沿革▶1947年創立の本庄東高等学校の附属中学校として，2006年に開校。
施設▶多目的ホール，コンピュータ室，図書室（1.8万冊），和室，グラウンド，サブグラウンド，テニスコート，ラウンジ，他。
学校長▶小林　弘斉
生徒数▶総数259名

	1年（3クラス）	2年（3クラス）	3年（4クラス）
男子	35名	35名	51名
女子	38名	45名	55名

JR―岡部，JR・秩父鉄道―寄居などよりスクールバス計５路線あり　8分

知と心を備えた聡明な21世紀のリーダーを育成

「素直・感謝・謙虚」をキーワードとした心の教育を学びの基礎として，個々の可能性を開拓し，将来の飛躍に向けてひたすらに努力できる力を醸成する。

学習 1クラスを約30名とし，習熟度別に編成。クラスの状況や理解度を確認しながら授業を進める。主要教科に十分時間をかけ，「なぜ」を大切にした授業を展開。基礎学力を養う講義形式の学習活動を土台に，ディベートなどのアクティブ・ラーニングを含めた「多元的学習活動」を導入。異学年間でグループをつくり，一つの課題について話し合い，結論を出していくなかで，リーダーシップ・コミュニケーション能力を高める。国際理解の前提として，茶道や和楽器体験，大相撲観戦などを通して日本の伝統・文化を理解すると共に，英語圏の文化・伝統を学ぶための英語特別講座（英語でラッピングなど），海外研修などを実施。

キャリア教育 中学では自分史づくりで自分を深く掘り下げることから始め，職業調べや企業訪問などを通して様々な仕事を知り，職業について理解を深めると共に，働くことの意義を考える。キャリアに対する学習意欲をより高めるため，文化祭で発表。

学校生活 16部があり，社会に必要とされる自主性を伸ばす場として部活動を奨励。

●コース表

中1	中2	中3	高1	高2	高3
特進一貫コース ※習熟度別クラス編成			αコース	文系／理系	
			βコース	文系／理系	

保護者MEMO

登校時刻▶8：40
最終下校時刻▶17：50
土曜日▶毎週登校。平常授業３時間
昼食▶給食(中学のみ)
携帯電話▶許可制
制服▶ブレザー
自転車通学▶可
カウンセラー▶週２日
保護者面談▶年１回
保護者会▶年３回
必修旅行▶奈良・京都(中２)，オーストラリア(中３)
部活動▶活動日は部による

学費　　初年度目安 116万円

(単位:円)	入学金	施設費	授業料	その他	合計
入学手続時	220,000	50,000	—	—	270,000
1年終了まで	—	96,000	312,000	477,200	885,200

［その他］制服・指定品代，修学旅行費，冷暖房費，保健費，特別進路指導費，京都・奈良研修積立金，オリエンテーション費，ＰＴＡ・後援会費，ＰＴＡ支部費，給食費。
［寄付・学債］なし。
※上記は'22年度のもの。新年度について詳細は「受験生応援アプリ」にて公開（2023年５月〜）。

●奨学金・特待生
Ａ：入学金・授業料・施設設備費(毎年度末継続審査有)／Ｂ：入学金／Ｃ：入学金の半額

首都圏模試　思考コード　(単位：%)

読み取る力＼考える力	〈第１回〉国語 A	国語 B	国語 C	算数 A	算数 B	算数 C
複雑 3				10		
2	12	5		55		
単純 1	8	75			35	

A=知識・理解思考　B=論理的思考　C=創造的思考

2024年度入試　合格の基準

		首都圏模試 ほぼ確実	首都圏模試 見込あり	首都圏模試 やや見込あり	四谷大塚 ほぼ確実	四谷大塚 見込あり	四谷大塚 やや見込あり
男子	①	43	40	34	36	31	26
女子	①	43	40	34	36	31	26

ほぼ確実＝80%～／見込あり＝50～79%／やや見込あり＝20～49%

入試要項　2023年度参考　新年度日程は アプリへGO!　2科　4科

試験名		試験日 ◎午後入試	出願締切 Web	発表 Web	手続 W・窓	選抜方法 2科	4科	適	英	他	面接	特待	募集数	応募数	受験数	合格数	実質倍率	偏差値
①	2科	1/10	1/6	当日	1/21延	●						●	60	男 44	40	32	1.3	43
	4科						●					●		女 51	49	44	1.1	43
②	2科	1/13	1/11	当日	1/21延	●						●	40	男 50	42	37	1.1	43
	4科						●					●		女 52	43	41	1.0	43
③		1/21	1/19	当日	2/4	●						●	20	男 43	28	23	1.2	43
														女 47	32	29	1.1	43

※通知表のコピー

【出願方法】Web登録後，書類郵送
【手続方法】Web納入のうえ，窓口手続。①②は2/4まで延納可。2/4までの辞退者には一部返還
【受験料】22,000円（同時出願は複数回受験可）

【帰国生入試】上記に含む

中学受験のプロがおすすめ！ 併願校の例

特色	男 国際理解教育	男 面倒見	男 キャリア教育	女 国際理解教育	女 面倒見	女 キャリア教育
♠男子校	♣東京農大三高附	♣西武学園文理	♣狭山ヶ丘	♣東京農大三高附	♣西武学園文理	♣狭山ヶ丘
♥女子校	♠城西川越	♣東京成徳深谷	♣西武台新座	♥大妻嵐山	♣東京成徳深谷	♣西武台新座
♣共学・別学校	♣国際学院	♣秀明	♣埼玉平成	♣国際学院	♣秀明	♣埼玉平成

併設高校の進路情報

四年制大学進学率83.8%
文系・理系の割合 未集計　医歯薬83名合格

指定校推薦▶利用状況は慶應大１，上智大１，東京理科大６，学習院大７，明治大３，青山学院大１，立教大１，中央大３，法政大４，日本大５，国際基督教大３，成蹊大３，成城大２，明治学院大３，獨協大３，東京女子大２など。ほかに國學院大，芝浦工大など推薦枠あり。

'22年３月卒業生：444名　大学372名　短大３名／専門８名／就職３名／他58名

主な大学合格状況　'23年春については主要大学のみ巻末一覧に記載

大学名	'22	'21	'20	大学名	'22	'21	'20	大学名	'22	'21	'20
◇東京大	1	2	3	早稲田大	16	10	49	日本大	72	82	96
◇京都大	0	1	1	慶應大	13	3	22	東洋大	92	77	75
◇東工大	2	0	2	上智大	8	7	17	専修大	16	24	12
◇千葉大	1	1	3	東京理科大	26	26	32	大東文化大	58	34	37
◇筑波大	2	2	5	学習院大	13	11	14	東海大	27	37	11
◇横浜国大	2	2	1	明治大	58	36	36	帝京大	40	43	37
◇埼玉大	7	3	8	青山学院大	21	9	8	成蹊大	18	18	8
◇東北大	2	3	9	立教大	38	32	39	獨協大	38	19	20
◇群馬大	13	15	16	中央大	42	25	40	芝浦工大	32	36	15
◇高崎経済大	11	3	14	法政大	42	41	94	東京電機大	27	24	35

※各大学合格数は既卒生との合計。

見学ガイド　体育祭／文化祭／説明会／オープンスクール／入試問題解説授業／トライアルテスト

開智所沢(かいちところざわ) 中等教育学校（仮称）

〒359－0027　埼玉県所沢市松郷 169　☎0297－44－8770（準備室）

国際　海外研修　長期留学　第2外国語　online英会話　21型　1人1台端末　リモート体制　プロジェクト型　論文執筆　STEAM　情操　体験学習　ボランティア　人間力育成

教育理念▶世界の人々や文化を理解・尊重し，平和で豊かな社会の実現に貢献できる人材の育成。
沿革▶1983年埼玉第一高等学校開校に始まる学校法人開智学園により，併設小学校と共に2024年4月開校予定。
施設▶開校に合わせ最新設備を備えた新校舎を建設。
学校長▶未公表（2023年１月現在）
生徒数▶１学年240名（１クラス30名）予定

	1年	2年	3年
男子	—名	—名	—名
女子	—名	—名	—名
内進生内数	—名	—名	—名

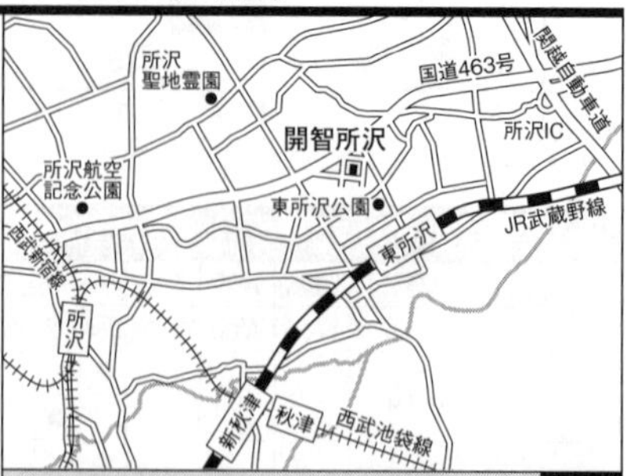

JR—東所沢12分　12分

志高く学び，得意を伸ばして国内外トップレベル大学へ

開智学園で積み重ねられた伝統を基盤に，日本の教育と国際標準のプログラムを融合し21世紀の社会で必要な「戦略的学習力」「心理学的人間関係力」を涵養。

学習 他者との違いを認め合い，自分の得意や独自性を伸ばし，挑戦することを重視。主体的に考え探究し，自らの学びを評価して成長していく学びを実践。１～４年次は，圧倒的な基礎学力を身につけ，それを基盤に，質のよい探究型の授業，フィールドワーク，自分でテーマを決める「探究テーマ」などの学びを通して「知識の活用力」を育成。各学年で文理の枠を超えた教科横断の学術的学びを実践。単元ごとのルーブリック評価で到達度を自己判断，さらに定期・外部テストで学力や理解力を客観的に確認しながら自ら学ぶ力を磨いていく。５・６年次は進路別となり，IB・DPコースでは海外大学への進学をめざす。

●コース表（予定）

中1	中2	中3	高1	高2	高3
TT（東大，医学部，DLC）クラス 標準クラス		TT（東大）クラス MD（医学部）クラス DLC（グローバル）クラス 標準クラス		国立文系・国立理系 私立文系・私大理系 医系クラス・DPクラス	

キャリア教育 ６年間を通したキャリア教育。１年次は自分史を作成し自分の得意を考える。２・３年次は社会と職業を探究，４年次は希望する職業と大学との関連を学び，５・６年次は目標に向けて全力で取り組む。

学校生活 部活動は，将来は社会活動の一環として保護者会・後援会が主体の活動へと移行することを想定した活動となる。

保護者MEMO

登校時刻▶8：10
最終下校時刻▶17：30
土曜日▶毎週登校。平常授業４時間
昼食▶給食（希望制）／食品販売検討中
携帯電話▶可
制服▶ブレザー
自転車通学▶可(条件あり)
カウンセラー▶常駐
保護者面談▶年１～２回
保護者会▶年２～３回
必修旅行▶英(高２)，他
部活動▶未定

学費　初年度目安 117万円

（単位:円）	入学金	施設費	授業料	その他	合計
入学手続時	250,000	—	—	—	250,000
1年終了まで	—	—	540,000	380,000	920,000

［その他］指定品，保護者会費，学園後援会費，学校後援会費，生徒会費。
［寄付・学債］任意の寄付金１口５万円４口以上あり。

●**奨学金・特待生**
未定。家計急変による就学困難者への奨学金制度あり。

その他の地区
私立中学校

茨城県・栃木県私立・国公立中学校略地図

群馬県・山梨県私立・国公立中学校略地図

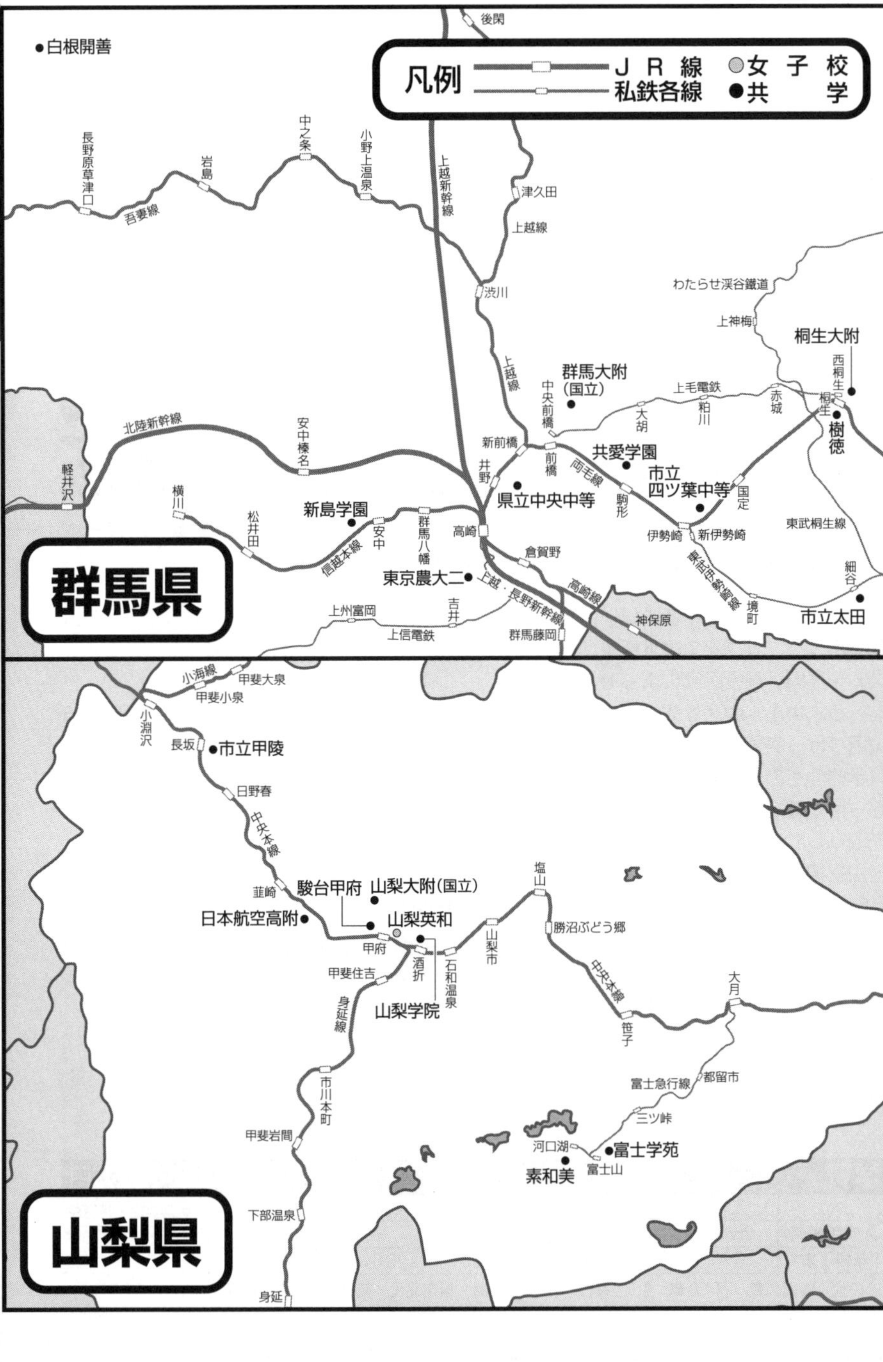

高校募集 あり　国際教養クラスは高１，普通クラスは高３で混合。　高１内訳〉一貫生 146名　99名 高入生

茨城（いばらき）中学校

〒310－0065　茨城県水戸市八幡町 16－1　☎029－221－4936

国際／海外研修／長期留学／第２外国語／online英会話／21型／1人1台端末／リモート体制／プロジェクト型／論文執筆／STEAM／情操／体験学習／ボランティア／人間力育成

教育目標▶建学の精神「報恩感謝」を生かし，社会報恩に厚い真のリーダーの育成をめざす。
沿革▶1927年，飯村丈三郎により創立。1995年の共学化と共に中高一貫教育を開始。
施設▶大ホール，自習室，図書館（6.5万冊），屋内温水プール，グラウンド，他。
学校長▶梶　克治
生徒数▶総数448名

	1年（4クラス）	2年（4クラス）	3年（4クラス）
男子	70名	75名	90名
女子	80名	67名	66名

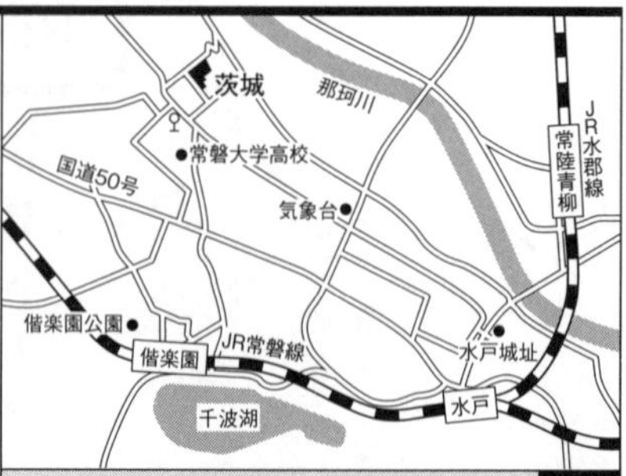

JR―水戸よりバス茨城高校入口３分　20分

協同友愛の精神で切磋琢磨しながら人間形成

2019年度より医学コース，2020年度には高校に国際教養コースを設置。生徒一人ひとりの可能性を最大限引き出し，大きな「夢」の実現をめざす。

学習 医歯薬学部志望者を早い段階からバックアップする課外授業「医学コース」を展開。現役医師によるセミナーなどを行う。中１・中２は知的好奇心育成期と位置づけ，実験や野外学習を多く取り入れ科学的なものの見方や考え方を育成。中３からは知識を深化させ，高校の必修科目を先取りして学ぶ。放課後と長期休業中には自由選択制による課外授業を実施，生徒の“自ら選び，動く姿勢”を大切にする。中３と高１でオンライン英会話を行い，聴く力・話す力を伸ばす。高２の研修旅行はアメリカ・カナダ・シンガポールから選択。

●コース表

<table>
<tr><th>中1</th><th>中2</th><th>中3</th><th>高1</th><th>高2</th><th>高3</th></tr>
<tr><td colspan="2" rowspan="3">共通履修</td><td colspan="2">一般コース</td><td>理系
文系</td><td>進路に応じた科目選択制</td></tr>
<tr><td>プレ国際教養コース</td><td colspan="2">国際教養コース</td><td></td></tr>
<tr><td colspan="3">※（課外授業）医学コース</td><td></td></tr>
</table>

国際教養コースでは，高校のカリキュラムにおいて約６カ月間，全員がニュージーランドまたはカナダに留学する。

キャリア教育 大学教授や社会の第一線で活躍する人物を講師に迎える「職業教育講演会」を毎年数多く開講。聴講は生徒一人ひとりが興味のある講座を選択。現場の話を聞き，将来を考える一助とする。

学校生活 11の運動部と10の文化部があり，多くの生徒が学習とクラブ活動を両立。

保護者MEMO

登校時刻▶8：30
最終下校時刻▶18：00
土曜日▶登校。平常授業４時間
昼食▶弁当／食品販売あり
携帯電話▶許可制
制服▶ブレザー
自転車通学▶可
カウンセラー▶週４日
保護者面談▶年２回
保護者会▶年３回
必修旅行▶京都・奈良（中３）
部活動▶活動日は部による

学費　初年度目安 102万円

(単位:円)	入学金	施設費	授業料	その他	合計
入学手続時	250,000	100,000	―	―	350,000
1年終了まで	―	240,000	408,000	26,640	674,640

●奨学金・特待生
入学時に40万円を給付

［その他］後援会費，PTA会費，生徒会費。　※別途制服・指定品代・教材費・修学旅行積立金あり。
［寄付・学債］なし。
※上記は'22年度のもの。新年度について詳細は「受験生応援アプリ」にて公開（2023年５月～）。

首都圏模試　思考コード　(単位:%)

読み取る力	〈第1回A〉国語 A	B	C	算数 A	B	C	〈第1回B〉適性検査Ⅰ A	B	C	適性検査Ⅱ A	B	C
複雑 3				5								
2	5	8		65			8	22		5	20	
単純 1	27	60			30		4	66		15	24	36
考える力	A	B	C	A	B	C	A	B	C	A	B	C

A=知識・理解思考　B=論理的思考　C=創造的思考

2024年度入試　合格の基準

		首都圏模試 ほぼ確実	見込あり	四谷大塚 ほぼ確実	見込あり
男子	①	—	—	42	38
			やや見込あり —		やや見込あり 34
女子	①	—	—	43	39
			やや見込あり —		やや見込あり 35

ほぼ確実=80%～／見込あり=50～79%／やや見込あり=20～49%

入試要項　2023年度参考　新年度日程は アプリへGO!　4科　適性型

試験名		試験日 ◎午後入試	出願締切 Web	発表 Web	手続 Web	2科	4科	適	英	他	面接	特待	募集数	応募数	受験数	合格数	実質倍率	偏差値
①	A 専願	12/3	11/26	12/9	12/13		●					●	110	266 (2)	265 (2)	192 (2)	1.4	—
	A 一般				12/13延		●											—
	B 一般	12/4			12/13延			＊1			＊2		20	135	133	82	1.6	—
②	A 一般	1/29	11/26 1/25	2/3	2/7		●					●	30	56	41	31	1.3	—
	B 一般							＊1						20	15	10	1.5	—

＊1　適性検査Ⅰ Ⅱ　＊2　個人面接
※専願受験者は一律に基礎点を加点し，さらに英検および算数検定の取得級に応じて加点する
※①は日立会場あり

【出願方法】Web出願。専願は確約書と資格証明書のコピーを郵送（該当者のみ）
【手続方法】銀行振込のうえ，窓口手続。①の一般は一部納入で1/30まで延納可
【受験料】20,000円（複数回同時出願は30,000円。入学者には10,000円を返金）

【帰国生入試】12/3（若干名），1/29（②に含む）

(注)（　）は帰国生で内数。

中学受験のプロがおすすめ!　併願校の例

特色	男			女		
♠男子校 ♥女子校 ♣共学・別学校	データなし					

併設高校の進路情報

四年制大学進学率79.7%
文系・理系の割合非公表　医歯薬40名合格

指定校推薦▶東京理科大，学習院大，明治大，立教大，中央大，法政大，日本大，専修大，東海大，成蹊大，成城大，明治学院大，獨協大，芝浦工大，津田塾大，東京女子大，同志社大，立命館大，武蔵大，東京都市大，自治医大，北里大，聖マリアンナ医大，東邦大，東京薬科大，昭和薬科大，東京歯大，日本歯大，関西学院大，東京農大，麻布大，横浜薬科大，獨協医大など推薦枠あり。

海外大学合格状況▶北京大学，清華大学，復旦大学，武漢大学（中），他。

'22年3月卒業生：232名　大学185名　短大0名　専門1名　就職0名　他46名

主な大学合格状況　'23年春については主要大学のみ巻末一覧に記載

大学名	'22	'21	'20	大学名	'22	'21	'20	大学名	'22	'21	'20
◇東京大	0	1	3	◇信州大	4	4	4	青山学院大	7	10	3
◇京都大	2	0	0	◇茨城大	28	22	20	立教大	11	11	13
◇千葉大	1	3	5	◇秋田大	2	2	4	中央大	23	21	12
◇筑波大	5	6	3	◇茨城県立医療大	2	2	1	法政大	24	20	11
◇東京外大	0	3	1	早稲田大	6	2	10	日本大	25	40	47
◇横浜国大	2	0	2	慶應大	4	2	6	東洋大	31	22	24
◇埼玉大	1	5	0	上智大	6	3	1	専修大	20	9	11
◇北海道大	1	6	4	東京理科大	18	19	18	東海大	39	18	22
◇東北大	3	3	10	学習院大	6	4	2	明治学院大	6	12	6
◇都立大	5	2	1	明治大	10	17	15	芝浦工大	27	56	18

※各大学合格数は既卒生との合計。

見学ガイド　説明会／土曜見学会／個別相談会

茨城(いばら)キリスト(き)教学園(きょうがくえん) 中学校

〒319－1295 茨城県日立市大みか町6－11－1 ☎0294－52－3215

国際 / 海外研修 / 長期留学 / 第2外国語 / online英会話 / 21型 / 1人1台端末 / リモート体制 / プロジェクト型 / 論文執筆 / STEAM / 情操 / 体験学習 / ボランティア / 人間力育成

教育理念▶キリスト教に基づいた全人教育を通じ，心豊かで実力のある，自立した国際人を育てる。

沿革▶1948年創立の茨城キリスト教学園高等学校を母体に1962年開校。2004年より共学化。2020年高校新校舎着工，2022年4月完成。

施設▶講堂，キアラ館（チャペル），小礼拝堂，情報室，英会話教室，テニスコート，グラウンド，他。

学校長▶ランドル W.ヴォス

生徒数▶総数264名

	1年（3クラス）	2年（3クラス）	3年（3クラス）
男子	33名	27名	29名
女子	63名	55名	57名

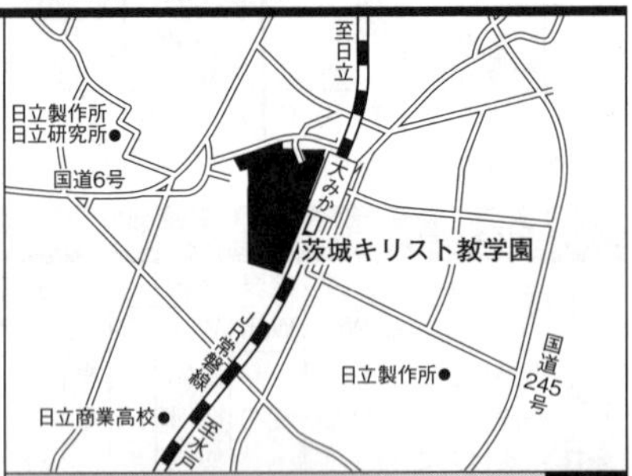

JR―大みか1分または常陸太田などよりスクールバス 1分

与えられた賜物を伸ばし，「生きる力」を磨く

キリスト教に基づいた人間教育，グローバルな視野と思考を育む英語教育が特徴。国際社会に通用する学力と教養を身につけ，希望進路の実現をめざす。

学習 特進SAクラスは応用問題にも挑戦し，英数では高2で高校全課程の修了をめざす。特進Aクラスは学習進度にゆとりのあるカリキュラムで5教科の実力を高める。両クラスは毎年生徒の希望と選考により再編成される。創立当初から力を注ぐ英語教育では，クラスを2分割しネイティヴの専任教員による英会話の授業を行う。また，英会話ゼミや英検対策ゼミを通年開講。高2では英語学習の集大成として，全員でアメリカへ1週間の海外研修旅行に赴く。ICTを取り入れたアクティブ・ラーニングを通し，論理的思考の習得をめざす。毎週火曜・金曜日は7時間授業を実施。

●コース表

中1	中2	中3	高1	高2	高3
特進クラス	特進SAクラス			特進SA文系コース 特進SA理系コース	
	特進Aクラス			特進A文系コース 特進A理系コース	

キャリア教育 5月には全学年で，ディズニー・マナー講習会を行う（3年1度）。ホテルでディズニーキャストからおもてなしについて学んだ後，パーク体験をする。そのほか職業講話や教育講演会などを実施。

学校生活 朝の礼拝や聖書の授業を通して心の教育を行う。クリスマス礼拝やキリスト教講演会もある。中2は「人間関係の構築」をテーマに自然体験キャンプを実施。

保護者MEMO

登校時刻▶8：25
最終下校時刻▶18：20
土曜日▶第2のみ休校。登校日は平常授業4時間
昼食▶弁当／食品販売あり
携帯電話▶許可制
制服▶ブレザー，ボレロ
自転車通学▶可
カウンセラー▶週4日
保護者面談▶年1回
保護者会▶年3回
必修旅行▶広島・京都（中3）
部活動▶活動日は部による

学費　初年度目安 108万円

（単位:円）	入学金	施設費	授業料	その他	合計
入学手続時	210,000	140,000	—	20,000	370,000
1年終了まで	—	156,000	324,000	231,600	711,600

●奨学金・特待生
なし

［その他］制服代，行事積立金，PTA費，後援会費，後援会入会金，生徒会費。　※別途学年別教材費・諸経費等あり。

［寄付・学債］任意の寄付金あり。

※上記は'22年度のもの。新年度について詳細は「受験生応援アプリ」にて公開（2023年5月～）。

首都圏模試　思考コード（単位：%）

読み取る力＼考える力	〈第1回〉国語 A	国語 B	国語 C	算数 A	算数 B	算数 C	〈適性検査型〉I A	I B	I C	II A	II B	II C
複雑 3	2											
2	8	6		44			4	8		8	24	
単純 1	22	54	8	40	16			80	8	12	36	20

A=知識・理解思考　B=論理的思考　C=創造的思考

2024年度入試　合格の基準

		首都圏模試 ほぼ確実	首都圏模試 見込あり	四谷大塚 ほぼ確実	四谷大塚 見込あり
男子	〈A〉	—	見込あり — / やや見込あり —	35	見込あり 31 / やや見込あり 27
女子	〈A〉	—	見込あり — / やや見込あり —	35	見込あり 31 / やや見込あり 27

ほぼ確実＝80%～／見込あり＝50～79%／やや見込あり＝20～49%

入試要項　2023年度参考　新年度日程はアプリへGO!　2科　4科　適性型

試験名	試験日 ◎午後入試	出願締切 Web	発表 郵送	手続 振込	2科	4科	適	英	他	面接	特待	募集数	応募数	受験数	入学数	実質倍率	偏差値
① 単願	11/26	11/11	12/1	12/5	＊1					＊1		50	—	119	67	1.8	—
① 一般A				12/24		●						10					—
② 一般B	12/10	12/2	12/16	12/24	●							20	—	230	8	29.0	—
② 適性検査型				1/20			＊2			＊2							—
③ 一般C	1/21	1/12	1/24	1/28	●							10	—	10	4	2.5	—

＊1　国語＋算数＋個人面接。合格した場合入学を確約できる者　＊2　適性検査ⅠⅡ＋グループ面接
※再受験制度あり，不合格者には次回の一般の受験票が送付される（無料）。ただし，①一般A不合格者が②適性検査型を受験する場合は再手続（有料）が必要

【出願方法】 Web出願
【手続方法】 金融機関で振込のうえ，窓口手続。入学辞退者には一部返還
【受験料】 20,000円（一般は複数回受験可）

【帰国生入試】 11/26（若干名募集）
※実質倍率＝受験数÷入学数

中学受験のプロがおすすめ!　併願校の例

特色	男			女		
♠男子校 ♥女子校 ♣共学・別学校	データなし					

併設高校の進路情報

四年制大学進学率89.1%
文系55／理系35／その他10(%)　医歯薬8名合格

内部推薦▶茨城キリスト教大学へ43名（文14，経営11，看護8，生活科学10）が内部推薦で進学した。
指定校推薦▶利用状況は青山学院大5，立教大2，東洋大1，駒澤大1，国際基督教大1，明治学院大3，獨協大1，芝浦工大1，東京電機大2，津田塾大1，東京女子大3，日本女子大1，玉川大1，工学院大1，東京都市大2，東京薬科大1など。ほかに東京理科大，日本大など推薦枠あり。
海外大学合格状況▶Washington College（米），他。

'22年3月卒業生：248名　大学221名／短大2名／専門14名／就職2名／他9名

主な大学合格状況　'23年春については主要大学のみ巻末一覧に記載

大学名	'22	'21	'20	大学名	'22	'21	'20	大学名	'22	'21	'20
◇千葉大	0	0	1	早稲田大	0	1	0	東洋大	22	4	7
◇筑波大	1	0	2	上智大	2	1	2	専修大	5	7	7
◇埼玉大	3	1	1	東京理科大	4	2	5	東海大	12	12	10
◇群馬大	1	2	0	学習院大	4	0	1	明治学院大	8	4	9
◇信州大	4	0	3	明治大	8	4	4	獨協大	9	7	8
◇茨城大	7	9	13	青山学院大	8	3	3	神奈川大	5	5	1
◇宇都宮大	1	2	0	立教大	4	3	7	東京女子大	4	5	5
◇秋田大	1	1	1	中央大	5	2	1	国際医療福祉大	5	6	4
◇都留文科大	4	4	1	法政大	4	2	3	茨城キリスト教大	68	98	100
◇高崎経済大	3	4	4	日本大	9	14	11	常磐大	6	15	2

※各大学合格数は既卒生との合計。

見学ガイド　文化祭／説明会／見学会／個別見学対応可

高校募集 あり　医科・東大は高1，難関大は高2より混合　高1内訳　一貫生 286名　140名 高入生

江戸川学園取手（えどがわがくえんとりで）中学校

〒302−0025　茨城県取手市西1−37−1　☎0297−74−8771（代）

国際 / 海外研修 / 長期留学 / 第2外国語 / online英会話 / 21型 / 1人1台端末 / リモート体制 / プロジェクト型 / 論文執筆 / STEAM / 情操 / 体験学習 / ボランティア / 人間力育成

教育理念▶「心力・学力・体力」の三位一体の教育を実践し，心豊かなリーダーの育成をめざす。
沿革▶1978年創立の江戸川学園取手高等学校を母体に1987年開校。2014年に小学校が開校。2020年5月に新体育館竣工。
施設▶大ホール，自然科学棟，コミュニティホール，テニスコート、弓道場，武道場，グラウンド，他。
学校長▶山本　宏之
生徒数▶総数925名　併設小からの進学者を含む。

	1年（8クラス）	2年（8クラス）	3年（8クラス）
男子	165名	165名	149名
女子	150名	142名	154名
内進生内数	男43名 女41名	男37名 女34名	男31名 女49名

JR―取手25分またはバス江戸川学園
TX―守谷よりバス江戸川学園正門
25分

「生徒の夢は学校の目標」をスローガンに掲げる

中学は東大・医科・難関大ジュニアの3コース制。生徒一人ひとりの夢に寄り添い，主体性を育む教育とコミュニケーションを土台とした心の教育を行う。

学習 中1から3コース編成。各コースとも教科書を中心に本質を理解し，基礎学力を定着させる。総合学習の一環として，学年ごとに校外実習を行う。中2で自然環境探究学習を実施。放課後は「アフタースクール」を開講。5系統以上の講座があり，例えば英語4技能系ではオンラインスピーキングを行い，医療機関体験などがある。充実した国際教育で，世界型人材の育成をめざす。オーストラリアやニュージーランドへの短期留学，アメリカ・アカデミック・ツアーなどを実施。また，現地で課題解決型学習を行うSDGsスタディーツアー（カンボジア・ベトナム）も。

●コース表

中1	中2	中3	高1	高2	高3
医科ジュニアコース			医科コース		
東大ジュニアコース			東大コース		
難関大ジュニアコース			難関大コース		

キャリア教育「心の教育」を標榜し，独自の道徳授業を展開。事前学習や教師の講話，意見発表などを取り入れ，命の尊さを知る，自由と責任など毎回決められたテーマについて生徒自身が考える。授業内容や感想を「道徳のノート」にまとめ提出後，担当教員がコメントを付してフィードバック。

学校生活 チアリーダー部や陸上競技部など，41の部・同好会が活動する。

保護者MEMO

登校時刻▶8：30
最終下校時刻▶18：00
土曜日▶隔週登校。平常授業4時間
昼食▶食堂／食品販売あり
携帯電話▶許可制
制服▶ブレザー
自転車通学▶許可制
カウンセラー▶週3日
保護者面談▶年2回
保護者会▶年1回(中1のみ)
必修旅行▶関西・中国地方(中3)，カナダ（高2）
部活動▶週2日以上は休む

学費　　初年度目安 122万円

(単位:円)	入学金	施設費	授業料	その他	合計
入学手続時	150,000	200,000	—	—	350,000
1年終了まで	—	204,000	360,000	302,000	866,000

[その他] 制服・指定品代，諸経費，後援会費，生徒会費。
[寄付・学債] なし。
※上記は'22年度のもの。新年度について詳細は「受験生応援アプリ」にて公開（2023年5月〜）。

●奨学金・特待生
A：入学時納入金及び授業料1年間（年度ごと継続審査有）／B：入学時納入金

首都圏模試 思考コード (単位:%)

読み取る力	〈第1回〉国語 A	B	C	算数 A	B	C	〈第1回適性型〉A A	B	C	B A	B	C
複雑 3					4							
2	20	15		40	28			10		3	20	
単純 1		65			28			45	45		77	

A=知識・理解思考 B=論理的思考 C=創造的思考

2024年度入試 合格の基準

		首都圏模試 ほぼ確実	見込あり	四谷大塚 ほぼ確実	見込あり
男子	〈①難関大〉	67	64 / やや見込あり 61	53	48 / やや見込あり 43
女子	〈①難関大〉	67	64 / やや見込あり 58	55	50 / やや見込あり 45

ほぼ確実=80%～/見込あり=50～79%/やや見込あり=20～49%

入試要項 2023年度参考 新年度日程はアプリへGO!

4科 適性型 英

試験名		試験日 ◎午後入試	出願締切 Web	発表 Web	手続 Web	2科	4科	適	英	他	面接	特待	募集数	応募数	受験数	合格数	実質倍率	偏差値
東大	適性型	12/17	12/16	12/20	12/21			＊1	＊1			●	70	195	161	17	9.5	男69女69
	①	1/17	1/16	1/18	1/19		＊2		＊3			●		320	304	101	3.0	男70女70
	②	1/25	1/24	1/27	1/28		＊2	＊1	＊3			●		230	156	44	3.5	男68女68
	③	2/5	2/4	2/6	2/7		＊2		＊3			●		192	71	11	6.5	男67女67
医科	適性型	12/17	12/16	12/20	12/21			＊1	＊1			●	70	104	102	10	10.2	男68女68
	①	1/17	1/16	1/18	1/19		＊2		＊3			●		194	186	62	3.0	男69女69
	②	1/25	1/24	1/27	1/28		＊2	＊1	＊3			●		153	111	31	3.6	男68女68
	③	2/5	2/4	2/6	2/7		＊2		＊3			●		133	64	4	16.0	男67女67
難関大	適性型	12/17	1/5	12/20	12/21			＊1	＊1			●	160	139	137	11〈62〉	12.5	男66女66
	①	1/17	12/16	1/18	1/19		＊2		＊3			●		246	233	87〈151〉	2.7	男67女67
	②	1/25	1/24	1/27	1/28		＊2	＊1	＊3			●		199	136	40〈85〉	3.4	男64女64
	③	2/5	2/4	2/6	2/7		＊2		＊3			●		160	68	5〈5〉	1.0	男64女64

＊1 適性検査AB（A文章・資料等をもとに総合的に出題，B理数的な総合問題）＋英語（リスニングのみ）＋質問シート ＊2 5科目型（国算理社英）。英語はリスニングのみ ＊3 英語型（国算英。英語は英検3級～準2級程度。リスニング含む）
※適性型30名，①180名，②60名，③30名募集（各回帰国生枠，内進生含む）。出願時にコース，受験型を選択

【出願方法】 Web出願。英語型は英語学習履歴書を入力
【手続方法】 書類受取，Web納入のうえ窓口手続。第一志望者以外は一部納入で2/5まで延納可
【受験料】 20,000円（複数回受験30,000円）

【帰国生入試】 11/19（若干名募集） （注）〈 〉は他コースからのスライド合格で外数。

中学受験のプロがおすすめ! 併願校の例

特色	男 進学先(医歯薬系)	オンライン英会話	キャリア教育	女 進学先(医歯薬系)	オンライン英会話	キャリア教育
♠男子校	♣東邦大東邦	♣昭和秀英	♣市川	♣東邦大東邦	♣昭和秀英	♣市川
♥女子校	♣開智	♣専大松戸	♣芝浦工大附柏	♣開智	♣専大松戸	♣芝浦工大附柏
♣共学・別学校	♣茗渓学園	♣麗澤	♣開智日本橋	♣茗渓学園	♣麗澤	♣開智日本橋

併設高校の進路情報

四年制大学進学率80.1%
文系42／理系57／その他1（%） 医歯薬124名合格

指定校推薦▶利用状況は早稲田大8，慶應大3，東京理科大7，学習院大2，明治大2，青山学院大1，立教大7，中央大5，法政大1，国際基督教大1，獨協大1，津田塾大1，東京女子大1，日本女子大1，北里大3，獨協医大2など。ほかに日本大，國學院大，成蹊大，芝浦工大，東京電機大，東京都市大，聖マリアンナ医大，清泉女子大など推薦枠あり。

海外大学合格状況▶Royal Melbourne Institute of Technology（豪），他。

'22年3月卒業生：432名 大学346名 他84名
短大0名 専門2名 就職0名

主な大学合格状況 '23年春については主要大学のみ巻末一覧に記載

大学名	'22	'21	'20	大学名	'22	'21	'20	大学名	'22	'21	'20
◇東京大	6	5	1	◇東京医歯大	1	1	1	立教大	31	36	36
◇京都大	1	0	1	◇防衛医大	10	8	7	中央大	61	57	46
◇東工大	1	4	1	◇茨城大	5	8	6	法政大	40	87	58
◇千葉大	8	10	15	早稲田大	36	53	28	日本大	126	170	110
◇筑波大	19	15	17	慶應大	36	36	18	東洋大	49	47	57
◇横浜国大	4	3	3	上智大	21	24	15	成城大	8	18	13
◇埼玉大	7	3	3	東京理科大	79	87	67	芝浦工大	60	38	58
◇大阪大	1	2	2	学習院大	16	8	14	東京医大	6	6	4
◇北海道大	4	4	3	明治大	48	81	41	東京女子医大	4	4	9
◇東北大	5	1	5	青山学院大	20	24	24	星薬科大	4	4	8

※各大学合格数は既卒生との合計。

見学ガイド 文化祭／説明会

開智望(かいちのぞみ) 中等教育学校

〒300－2435　茨城県つくばみらい市筒戸字諏訪 3400　☎0297-38-8220

教育理念▶世界の人々や文化を理解･尊重し，平和で豊かな国際社会の実現に貢献できるリーダーの育成。
沿革▶1983年設立，1992年改称の学校法人開智学園が2015年に開校した開智望小学校の卒業生を受け入れる中等教育学校として2020年４月開校。
施設▶ホール，共同学習スペース，理科室（４室），グラウンド（人工芝），体育館，自習室，他。
学校長▶青木　徹
生徒数▶前期総数178名　併設小からの進学者を含む。

	１年（４クラス）	２年（２クラス）	３年（２クラス）
男子	48名	26名	23名
女子	34名	27名	20名
内進生内数	男40名 女26名	男16名 女19名	男一名 女一名

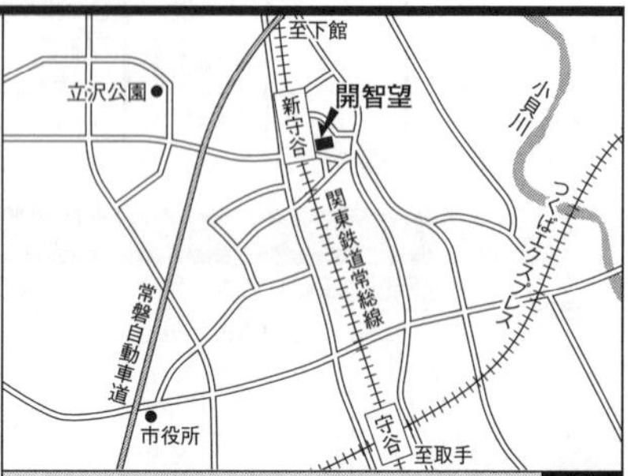

関東鉄道常総線―新守谷１分　1分

国際標準の教育プログラムで世界レベルの学力を

主体的に自分を創る生徒の育成をめざす。学習指導要領に準拠した内容に国際標準の学び方や学習評価を取りいれた独自のプログラムで世界標準の学力を養う。

学習 国際バカロレア(IB) PYP(初等) の認定校である小学校に続き，各教科にMYPとDPを導入。探究型学習，知識習得型学習，反復型学習で基礎力から応用力まで確実に育成。「問題解決に必要な思考力」を身につけることをめざし１人１台端末を使用する。中学の探究活動は自然科学･人文科学系をテーマに行う。中３･高１で自身の疑問や興味関心を出発点に個人探究に取り組む。校内発表を開き，生徒が互いにアドバイスをする。フィールドワークでは，国際社会に目を向けながら実社会につながるテーマについて個人またはグループで考察・発表を行う。高２では学びの総仕上げとして，8,000字の卒業論文を執筆。

キャリア教育 すべての学びは実社会とのつながりを大切にし，学年ごと活動の範囲や規模を広げながら，個人・仲間で他者に貢献する経験を重ねていく。

学校生活 行事は合唱発表，マラソン大会などがある。有志を募って実行委員会を立ち上げ，目標設定から運営まで生徒が自分たちで実施，振り返りまで行う。

●コース表

中１	中２	中３	高１	高２	高３
共	通	履	修 ※学力別クラス編成	国公立大文系／難関大私文系／国公立大理系／難関大私理系／医学系／グローバル文系･理系	

保護者MEMO

登校時刻▶8：10
最終下校時刻▶17：30
土曜日▶毎週登校。平常授業4時間
昼食▶弁当／給食(希望制)
携帯電話▶可
制服▶ブレザー
自転車通学▶可
カウンセラー▶週１日
保護者面談▶年１回
保護者会▶年１回
必修旅行▶行き先選択(中学)
部活動▶活動日は部による

学費　初年度目安 136万円

(単位:円)	入学金	施設費	授業料	その他	合計
入学手続時	250,000	―	―	―	250,000
1年終了まで	―	128,000	540,000	442,000	1,110,000

［その他］制服・指定品代，積立金，保護者会費，学園後援会費，開智望後援会費，生徒会費。
※別途ICT端末購入（個人保有）の代金等あり。
［寄付・学債］任意の寄付金１口５万円４口以上あり。
※上記は'22年度のもの。新年度について詳細は「受験生応援アプリ」にて公開（2023年５月～）。

●奨学金・特待生
S：初年度給付額68.8万円／A：初年度給付額26.8万円／準：入学金

首都圏模試　思考コード (単位：%)

読み取る力						
複雑 3						
2			データなし			
単純 1						
考える力	A	B	C	A	B	C

A=知識・理解思考　B=論理的思考　C=創造的思考

2024年度入試　合格の基準

		首都圏模試 ほぼ確実	首都圏模試 見込あり	四谷大塚 ほぼ確実	四谷大塚 見込あり
男子	①	42	39	42	39
			やや見込あり 35		やや見込あり 35
女子	①	42	39	43	40
			やや見込あり 35		やや見込あり 36

ほぼ確実＝80％～／見込あり＝50～79％／やや見込あり＝20～49％

入試要項　2023年度参考　新年度日程は アプリへGO!　2科　4科　適性型

試験名	試験日 ◎午後入試	出願締切 Web	発表 Web	手続 Web	2科	4科	適	英	他	面接	特待	募集数	応募数	受験数	合格数	実質倍率	偏差値
専願	**12/10**	12/9	当日	12/16	●					＊1	●	10	12	12	10	1.2	男40女40
A　適性検査	**12/17**	12/16	12/21	2/10			＊2			＊2	●	15	53	49	39	1.3	男41女41
開智併願型	**1/15**	1/14	当日	2/10		＊3					●	15	627	341	291	1.2	男42女42
②	**1/17**	1/16	当日	2/10	●	●					●	10	29	18	9	2.0	男42女42
③	**2/5**	2/4	当日	2/10	●	●					●	若干	24	7	3	2.3	—

＊1　個人面接　＊2　適性検査ⅠⅡ＋グループ面接　＊3　開智中学校先端2入試を利用して判定。開智中学校岩槻キャンパスでも受験可。
【定員枠】全体で60名程度募集。つくばみらい市・守谷市を除く茨城県内在住者の募集人数は数名

【出願方法】Web出願
【手続方法】Web納入。3/31までの入学辞退者は一部返還
【受験料】20,000円（全回受験可）　※30,000円開智中学校，開智未来中学校，開智日本橋中学校のすべての受験可

【帰国生入試】11/23　（開智日本橋第一回帰国生入試を利用して判定。募集は若干名）

中学受験のプロがおすすめ！ 併願校の例

特色	男 国際理解教育	男 フィールドワーク	男 ICT教育	女 国際理解教育	女 フィールドワーク	女 ICT教育
♠男子校 ♥女子校 ♣共学・別学校	♣土浦日大中等	♣光英VERITAS	♣流経大柏	♣土浦日大中等	♣光英VERITAS	♣流経大柏
	♣春日部共栄	♣常総学院	♣二松学舎柏	♣春日部共栄	♣常総学院	♣二松学舎柏
	♣清真学園	♣東洋大牛久	♣西武台千葉	♣清真学園	♣東洋大牛久	♣西武台千葉

卒業生の進路情報

2020年度開校のため，実績はなし。

見学ガイド　説明会

じょう そう がく いん

常総学院 中学校

〒300－0849 茨城県土浦市中村西根 1010 ☎029－842－0708

国際 海外研修 長期留学 第2外国語 online英会話 21型 1人1台端末 リモート体制 プロジェクト型 論文執筆 STEAM 情操 体験学習 ボランティア 人間力育成

教育目標▶自分自身に誇りを持ち，勤勉で，困難に直面してもくじけない，強い心を持つ，社会に貢献するリーダーを育てる。
沿革▶1983年創立の常総学院高等学校を母体として，1996年に開校。
施設▶ホール，マルチメディア室，調理室，テニスコート，グラウンド1・2，野球場，弓道場，他。
学校長▶坂田　英一
生徒数▶総数321名

	1年（4クラス）	2年（4クラス）	3年（4クラス）
男子	57名	37名	53名
女子	65名	58名	51名

JR一土浦よりバス常総学院入口5分（スクールバス11路線あり） 15分

「JOSO Core Skill」で社会に貢献できる21世紀型リーダーを育成

「自己肯定力・学力・タフネス」をリーダーとして核となるスキルと捉え，人間関係力・創造力・問題発見力・行動力・プレゼン力など「JOSO未来 Skill」を伸ばしていく。

学習 AD（アドバンスト）とST（スタンダード）の2クラスを設置。さらにADクラス内にスーパーADを選抜し，少人数制でハイレベルな内容の指導を行う。週9時間の英語の授業で4技能をバランスよく身につける。ネイティヴスピーカーによる英会話の授業では1クラスを3分割し，生きた英語に触れる。英検やGTEC（中学生・高校生）を全員が受験し，中3で英検準2級合格をめざす。20分間の朝学習のほか，月・水・金曜日の放課後には英数国の特別講座を実施。ICTを積極的に活用し，スキルとモラルを養う。

●**コース表**

中1	中2	中3	高1	高2	高3
ADクラス					
スーパーADクラス					
STクラス					

キャリア教育 キャリア教育の一環として，探究学習を実施。医学・科学・人文の3つの探究フィールドの1つに所属し，フィールドごとに行う校外学習や職業講話などを通して，将来の進路を具体的にしていく。活動後には自らの興味・疑問を整理・分析してまとめ，探究フィールド別発表会に臨む。

学校生活 中学では陸上，硬式テニス，演劇など13のサークルがあり，加入率は90%以上。活動は週2日，習い事との両立も可能。

保護者MEMO

登校時刻▶8：45
最終下校時刻▶18：00
土曜日▶隔週登校。登校日は平常授業4時間
昼食▶給食／食品販売あり
携帯電話▶許可制
制服▶ブレザー
自転車通学▶可
カウンセラー▶週3日
保護者面談▶年1回
保護者会▶年1～2回
必修旅行▶京都・広島（中2），ニュージーランド（中3）
部活動▶（サークル）火・木に活動

＊サークル活動

学費　初年度目安 132万円

（単位:円）	入学金	施設費	授業料	その他	合計
入学手続時	250,000	150,000	—	—	400,000
1年終了まで	—	84,000	360,000	480,781	924,781

●**奨学金・特待生**
入学手続時納入金，授業料含む月額納入金（年次審査有）

［その他］制服・指定品代，修学旅行費，光熱・水・暖房費，保健衛生費，図書費，教材費，父母の会後援会費，生徒会費，給食費。
［寄付・学債］なし。
※上記は'22年度のもの。新年度について詳細は「受験生応援アプリ」にて公開（2023年5月～）。

首都圏模試　思考コード（単位：%）

読み取る力	〈第１回一般〉国語 A	国語 B	国語 C	算数 A	算数 B	算数 C	〈適性検査型〉Ⅰ A	Ⅰ B	Ⅰ C	Ⅱ A	Ⅱ B	Ⅱ C
複雑 3												
2	26	26		48	10		15	25		5	19	
単純 1	10	38		8	34			48	12	5	35	36
考える力	A	B	C	A	B	C	A	B	C	A	B	C

A=知識・理解思考　B=論理的思考　C=創造的思考

2024年度入試　合格の基準

	首都圏模試 ほぼ確実	首都圏模試 見込あり	首都圏模試 やや見込あり	四谷大塚 ほぼ確実	四谷大塚 見込あり	四谷大塚 やや見込あり
男子〈首都①ST・四谷①AD〉	44	41	38	38	33	28
女子〈首都①ST・四谷①AD〉	44	41	38	38	33	28

ほぼ確実＝80%～／見込あり＝50～79%／やや見込あり＝20～49%

入試要項　2023年度参考　新年度日程はアプリへGO!

2科　4科　適性型　他

試験名		試験日 ◎午後入試	出願締切 Web	発表 Web	手続 Web	2科	4科	適	英	他	面接	特待	募集数	応募数	受験数	合格数	実質倍率	偏差値
適性検査型	AD	12/3	11/28	12/7	2/6			＊1			＊1	●	10	男278	272	128	2.1	47
														女276	272	121	2.2	47
	ST												30	男 98	97	66	1.5	41
														女 97	96	66	1.5	41
推薦・専願	AD	12/10	12/7	12/13	12/19	＊2					＊2	●	15	30	29	7	4.1	男47女47
	ST												55	17	17	13〈20〉	1.3	男41女41
一般①	AD	1/7	12/23	1/11	1/16		●					●	10	男 47	46	28	1.6	53
														女 57	55	36	1.5	53
	ST												30	男 22	21	10〈13〉	2.1	44
														女 18	18	10〈10〉	1.8	44
一般②	AD	1/26	1/24	1/28	2/6	●	●					●	若干	男 22	20	3	6.7	49
														女 23	22	4	7.3	49
	ST												10	男 7	7	1〈12〉	7.0	44
														女 5	5	3〈17〉	1.7	44

＊1　適性検査ⅠⅡ＋グループ面接　＊2　算国（英検４級以上もしくは同等の資格保有者は算数１科）＋個人面接。出願基準あり
※推薦・専願は出願基準ごとに賞状・資格証明書コピー，推薦書・調査書（推薦のみ）
※本校会場のほか，適性検査型はつくば・坂東会場，一般①は取手会場あり。一般②はつくば会場のみ

【出願方法】Web出願後，推薦・専願入試は書類を郵送または窓口持参　**【手続方法】**Web納入のうえ窓口手続。一般①は一部納入で，残額は2/6まで延納可　**【受験料】**20,000円

【帰国生入試】―

（注）〈　〉はST合格で外数。

中学受験のプロがおすすめ！　併願校の例

特色	男 フィールドワーク	男 ネイティヴ常駐	男 特待生制度	女 フィールドワーク	女 ネイティヴ常駐	女 特待生制度
♠男子校 ♥女子校 ♣共学・別学校	♣成田高校附	♣八千代松陰	♣光英VERITAS	♣成田高校附	♣八千代松陰	♣光英VERITAS
	♣土浦日大中等	♣昭和学院	♣共栄学園	♣土浦日大中等	♣昭和学院	♣共栄学園
	♣東洋大牛久	♣二松学舎柏	♣西武台千葉	♣東洋大牛久	♣二松学舎柏	♣西武台千葉

併設高校の進路情報

四年制大学進学率86.4%
文系55／理系45／その他０（%）　医歯薬42名合格

指定校推薦▶利用状況は早稲田大１，上智大１，東京理科大５，学習院大６，明治大３，青山学院大１，立教大２，中央大５，法政大７，日本大９，東洋大２，駒澤大７，専修大３，成蹊大３，成城大１，明治学院大３，獨協大３，芝浦工大２，東京女子大１，日本女子大２，同志社大２など。ほかに大東文化大，東海大，亜細亜大，帝京大，國學院大，神奈川大，武蔵大，東京都市大，聖心女子大など推薦枠あり。

'22年３月卒業生：624名

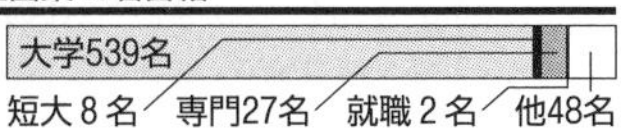

主な大学合格状況　'23年春については主要大学のみ巻末一覧に記載

大学名	'22	'21	'20	大学名	'22	'21	'20	大学名	'22	'21	'20
◇横浜国大	0	0	1	神奈川大	0	1	1	清泉女子大	0	0	1
◇群馬大	1	0	0	東京電機大	0	1	0	ものつくり大	0	1	1
東京理科大	0	1	0	東京女子大	0	0	1	常磐大	0	1	0
明治大	2	1	1	工学院大	0	0	1				
立教大	0	1	2	北里大	0	1	0				
法政大	0	0	1	東京薬科大	1	1	0				
日本大	0	1	1	武蔵野大	0	1	1				
東洋大	0	0	2	東京農大	0	2	0				
東海大	1	0	0	駒沢女子大	1	0	0				
帝京大	1	2	0	城西大	0	3	0				

※各大学合格数は既卒生との合計。

見学ガイド　説明会／オープンスクール／個別見学対応可

青丘学院つくば 中学校

せいきゅうがくいん

〒315−0116　茨城県石岡市柿岡字寺田 1604　☎0299−56−3266

国際 / 海外研修 / 長期留学 / 第２外国語 / online英会話 / 21型 / 1人1台端末 / リモート体制 / プロジェクト型 / 論文執筆 / STEAM / 情操 / 体験学習 / ボランティア / 人間力育成

教育目標▶英語・韓国語・日本語によるトリリンガル教育で，世界で活躍する心豊かな国際人の育成をめざしながら、生徒一人ひとりの夢に寄り添う。

沿革▶全寮制（原則）の中高一貫校として2014年開校。

施設▶情報処理室，生物実験室，図書室，テニスコート，寮，他。

学校長▶金　正龍

生徒数▶非公表

	１年（１クラス）	２年（１クラス）	３年（１クラス）
男子	１名	３名	２名
女子	１名	０名	２名

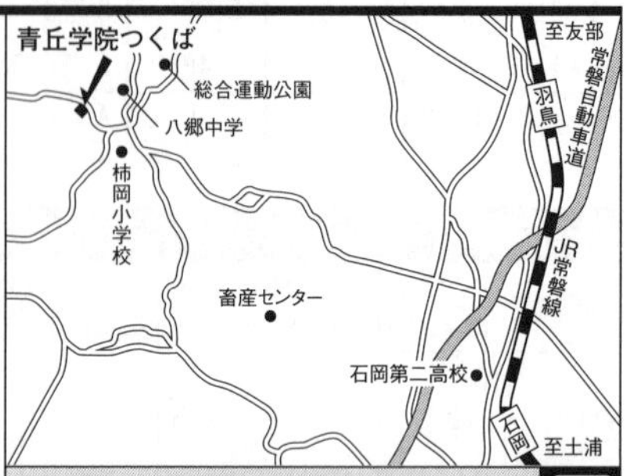

JR─石岡よりバス旭町 25分

3カ国語による国際教育と人間教育に力点をおく

授業は日本語，日常会話は韓国語・英語を中心に行うトリリンガル教育を実践。世界に羽ばたく国際人を育成。寮生活により学習面・生活面で生徒をサポート。

学習 トリリンガル教育により，３言語でコミュニケーションが自由にとれる人材の育成をめざす。３言語によるプレゼンテーション学習を行う。授業数は週39時間。韓国語５時間のほか，英語６時間，数学５時間など主要教科の充実を図り，先取り学習や実践的な英語学習を導入している。英数国では確認テストを行い，苦手分野の克服を図る。また，平日は毎日，主要教科を曜日ごとに割り振った「夜の補習」（２部制）を行い，基礎力の定着から大学受験に必要な力を伸ばす。中３の６月には全員が韓国へ修学旅行に赴く（予定）。

●コース表

中1	中2	中3	高1	高2	高3
共	通	履	修		
			理系進学コース		
			一般コース〈日本語／韓国〉		

キャリア教育 総合学習などでインターンシップ等を積極的に行い，キャリア教育を推進。職場体験学習のほか，中３では進路研究・進路講演会（人生設計）を行う。

学校生活 部活動には全員が参加。すっきりした頭で午後の授業に臨めるよう，昼食後にシエスタ（軽い昼寝タイム）を導入。学校に隣接する学生寮で，原則寮生活を送る。中高生が共に生活することにより，礼儀作法や助け合いの精神が育まれる。

保護者MEMO

登校時刻▶7：50
最終下校時刻▶18：00（夜間学習は20:00）
土曜日▶毎週登校。平常授業４時間
昼食▶給食／食堂
携帯電話▶不可
制服▶ブレザー
自転車通学▶原則全寮制
カウンセラー▶常駐
保護者面談▶年３回
保護者会▶特に定めず
必修旅行▶韓国（中３）
部活動▶活動日は部による

学費　初年度目安 71万円

（単位:円）	入学金	施設費	授業料	その他	合計
入学手続時	150,000	120,000	―	―	270,000
1年終了まで	―	60,000	360,000	20,040	440,040

●奨学金・特待生
なし

［その他］生徒会費，後援会費，保護者会費。
［寄付・学債］任意の寄付金１口５千円以上２口以上あり。
※上記は'22年度のもの。新年度について詳細は「受験生応援アプリ」にて公開（2023年５月～）。

首都圏模試　思考コード　(単位：%)

読み取る力						
複雑 3						
2			データなし			
単純 1						
考える力	A	B	C	A	B	C

A=知識・理解思考　B=論理的思考　C=創造的思考

2024年度入試　合格の基準

	首都圏模試		四谷大塚	
男子	ほぼ確実	見込あり	ほぼ確実	見込あり
	―	―	―	―
		やや見込あり		やや見込あり
		―		―
女子	ほぼ確実	見込あり	ほぼ確実	見込あり
	―	―	―	―
		やや見込あり		やや見込あり
		―		―

ほぼ確実＝80％～／見込あり＝50～79％／やや見込あり＝20～49％

入試要項　2023年度参考　新年度日程は アプリへGO!　2科

試験名		試験日 ◎午後入試	出願締切 窓口	発表 郵送	手続 Web	選抜方法 2科	4科	適	英	他	面接	特待	募集数	応募数	受験数	合格数	実質倍率	偏差値
推薦		1/9	12/24	1/13	1/24	●					＊		100	2	2	2	1.0	―
一般	①	1/21	1/14	1/26	2/7延	●					＊			1	1	1	1.0	―
	②	2/4	2/2	2/9	2/18延	●					＊			1	1	1	1.0	―

＊　個人面接
※推薦は第一志望に限る　※調査書または通知表コピー

【出願方法】 ほかに郵送可
【手続方法】 銀行振込のうえ，書類を郵送または窓口手続。一般①②の併願者は3/16まで延納可
【受験料】 20,000円（再受験は無料）

【帰国生入試】 ―

中学受験のプロがおすすめ！　併願校の例

特色	男			女		
♠男子校 ♥女子校 ♣共学・別学校			データなし			

併設高校の進路情報

四年制大学進学率80%
文系・理系の割合非公表

指定校推薦▶非公表。
海外大学合格状況▶明知大学校，湖原大学校（韓），他。

'22年3月卒業生：10名　大学8名
短大0名　専門2名　就職0名　他0名

主な大学合格状況　'23年春については主要大学のみ巻末一覧に記載

大学名	'22	'21	'20	大学名	'22	'21	'20	大学名	'22	'21	'20
◇東京大	3	0	2	◇東北大	1	3	1	青山学院大	2	8	9
◇京都大	0	1	2	◇東京医歯大	0	2	0	立教大	8	19	12
◇東工大	0	1	2	◇信州大	3	3	3	中央大	12	13	16
◇一橋大	0	1	1	◇茨城大	8	6	7	法政大	8	11	6
◇千葉大	1	3	3	早稲田大	5	8	7	日本大	18	30	32
◇筑波大	11	4	9	慶應大	4	6	7	東洋大	11	21	27
◇東京外大	1	11	0	上智大	1	9	4	駒澤大	4	13	7
◇横浜国大	1	3	0	東京理科大	14	12	10	東海大	16	27	8
◇埼玉大	1	1	4	学習院大	4	8	5	明治学院大	8	9	14
◇北海道大	2	1	1	明治大	17	7	14	芝浦工大	11	12	7

※各大学合格数は既卒生との合計。

見学ガイド　説明会

SSH

高校募集 あり 高2から全体が混合。　高1内訳 一貫生 137名 48名 高入生

清真学園中学校

せいしんがくえん

〒314−0031　茨城県鹿嶋市宮中伏見 4448−5　☎0299−83−1811

国際 / 海外研修 / 長期留学 / 第2外国語 / online英会話 / 21型 / 1人1台端末 / リモート体制 / プロジェクト型 / 論文執筆 / STEAM / 情操 / 体験学習 / ボランティア / 人間力育成

建学の精神▶波荒き鹿島砂丘に，人間性の勝利をめざし，常に心清く，豊かな知性をもって，真理を追求する。
沿革▶1978年創立。
施設▶講堂，理科実験室・講義室，アクティブラーニングルーム，自習室，天文台，テニスコート，プール，剣道場，弓道場，グラウンド，野球場，他。
学校長▶飯山　克則
生徒数▶総数436名

	1年（4クラス）	2年（4クラス）	3年（4クラス）
男子	72名	64名	77名
女子	75名	76名	72名

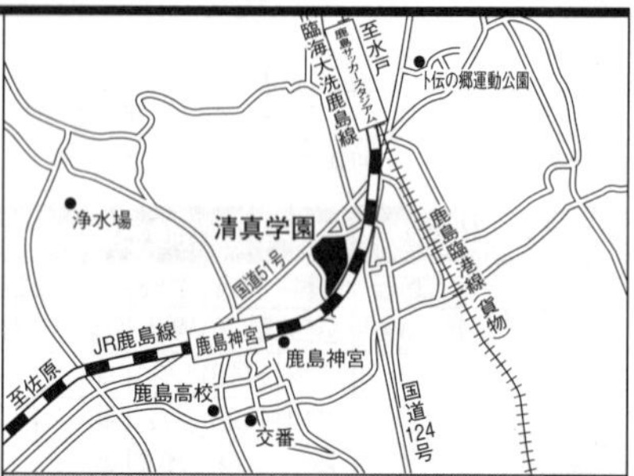

JR─鹿島神宮10分　JR─水戸などよりスクールバス（7路線あり）　10分

師弟同行の伝統のもと，逞しい人間力と真の学力を養う

活気のある授業で学びの楽しさや奥深さを知り，学習意欲を育てる。高校ではSSH指定校としての強みを生かした独自のプログラムを展開。

学習 生徒が主体の授業を実践。英語では教科書での学びを活かして，自己表現したり，アイディアを発表したりする授業で，使える英語の習得をめざす。理科は実験中心の授業を展開。専用の理科棟があり，年30回を超える実験を行う。1人1台のタブレット端末を所持し，各教科で活用。土曜日の選択授業は中国語講座や英検対策講座などがある。高1・高2の希望者を対象に，オーストラリアの姉妹校やタイの提携校との交換留学を実施。

キャリア教育 高校はSSH指定校としての利点を活かし，様々な大学での研修の機会を設定。また「ゼミ活動」を行い，高校生全員が課題研究に取り組む。大学や企業と共同研究を行うゼミもあり，研究成果は学会や大会で発表し，受賞多数。進化学，ロボット，人文科学など約20のゼミがある。今後は「ゼミ活動」を中学でも行う予定。

●コース表

中1	中2	中3	高1	高2	高3
共通履修				理系	
				文系	

学校生活 中学では22の部・同好会が活動。体育祭は中高合同で実施。学年の枠を超え6団に分かれて戦う。圧巻は1時間にわたって繰り広げられる団対抗のダンス。

保護者MEMO

登校時刻▶8：35
最終下校時刻▶18：30
土曜日▶毎週登校。平常授業4時間
昼食▶食堂／食品販売あり
携帯電話▶可
制服▶襟詰／ブレザー
自転車通学▶可
カウンセラー▶週1日
保護者面談▶年2回
保護者会▶年2回程度
必修旅行▶日光（中2），京都・広島（中3），他
部活動▶活動日は部による

学費　初年度目安 112万円

（単位:円）	入学金	施設費	授業料	その他	合計
入学手続時	270,000	150,000	―	18,000	438,000
1年終了まで	―	144,000	378,000	156,960	678,960

●奨学金・特待生
なし

［その他］制服・指定品代，修学旅行費，PTA会費，後援会費，生徒会費，保健衛生費，学生総合保障制度負担金。［寄付・学債］任意の寄付金1口1万円以上あり。学校債1口3万円2口（入学手続時全員納付，卒業時に全額返金）あり。
※上記は'22年度のもの。新年度について詳細は「受験生応援アプリ」にて公開（2023年5月〜）。

首都圏模試 思考コード (単位:%)

読み取る力	A	B	C	A	B	C
複雑 3						
2			データなし			
単純 1						

A=知識・理解思考 B=論理的思考 C=創造的思考

2024年度入試 合格の基準

		首都圏模試 ほぼ確実	首都圏模試 見込あり	四谷大塚 ほぼ確実	四谷大塚 見込あり
男子	〈前期〉	46	42 / やや見込あり 37	43	39 / やや見込あり 35
女子	〈前期〉	46	42 / やや見込あり 37	44	40 / やや見込あり 36

ほぼ確実=80%～/見込あり=50～79%/やや見込あり=20～49%

入試要項 2023年度参考 新年度日程はアプリへGO! 4科 他

試験名	試験日 ◎午後入試	出願締切 窓口	発表 Web	手続 Web	2科	4科	適	英	他	面接	特待	募集数	応募数	受験数	合格数	実質倍率	偏差値
前期	1/6	11/30	1/8	1/13		●						140	男 76	74	61	1.2	46
													女112	111	100	1.1	46
後期	2/4	1/27	2/6	2/9					＊				男 10	10	5	2.0	46
													女 11	11	5	2.2	46

＊作文＋算数＋発想力 ※後期受験者で英検取得者（何級でも可）は合格証明書コピー
※募集数140名のうち後期は若干名

【出願方法】他に郵送可
【手続方法】Web納入または銀行振込のうえ，書類を郵送または窓口手続。入学辞退者には一部返還
【受験料】20,000円（再受験は10,000円）

【帰国生入試】—

中学受験のプロがおすすめ! 併願校の例

特色	男 ICT教育	男 国際理解教育	男 キャリア教育	女 ICT教育	女 国際理解教育	女 キャリア教育
♠男子校 ♥女子校 ♣共学・別学校	♣土浦日大中等	♣麗澤	♣成田高校附	♣土浦日大中等	♣麗澤	♣成田高校附
	♣光英VERITAS	♣常総学院	♣流経大柏	♣光英VERITAS	♣常総学院	♣流経大柏
	♣開智望	♣東洋大牛久	♣二松学舎柏	♣開智望	♣東洋大牛久	♣二松学舎柏

併設高校の進路情報

四年制大学進学率88%
文系48／理系52／その他0（%） 医歯薬25名合格

指定校推薦▶利用状況は早稲田大3，慶應大1，東京理科大3，学習院大2，青山学院大1，立教大1，中央大2，法政大1，国際基督教大1，明治学院大3など。ほかに横浜市大，明治大，芝浦工大，津田塾大，北里大，聖マリアンナ医大，東京薬科大，フェリス女学院大，獨協医大など推薦枠あり。

海外大学合格状況▶成均館大学校，漢陽大学校，韓国外国語大学校（韓），他。

'22年3月卒業生：150名
大学132名 短大0名 専門1名 就職0名 他17名

主な大学合格状況 '23年春については主要大学のみ巻末一覧に記載

大学名	'22	'21	'20	大学名	'22	'21	'20	大学名	'22	'21	'20
◇東京大	3	0	2	◇東北大	1	3	1	青山学院大	2	8	9
◇京都大	0	1	2	◇東京医歯大	0	2	0	立教大	8	19	12
◇東工大	0	1	2	◇信州大	3	3	3	中央大	12	13	16
◇一橋大	0	1	1	◇茨城大	8	6	7	法政大	8	11	6
◇千葉大	1	3	3	早稲田大	5	8	7	日本大	18	30	32
◇筑波大	11	4	9	慶應大	4	6	7	東洋大	11	21	27
◇東京外大	1	11	0	上智大	1	9	4	駒澤大	4	13	7
◇横浜国大	1	3	0	東京理科大	14	12	10	東海大	16	27	8
◇埼玉大	1	1	4	学習院大	4	8	5	明治学院大	8	9	14
◇北海道大	2	1	1	明治大	17	7	14	芝浦工大	11	12	7

※各大学合格数は既卒生との合計。

見学ガイド オープンスクール

土浦日本大学(つちうらにほんだいがく) 中等教育学校

〒300－0826　茨城県土浦市小松ヶ丘町 4－46　☎029－835－3907（情報入試直通）

国際 / 海外研修 / 長期留学 / 第2外国語 / online英会話 / 21型 / 1人1台端末 / リモート体制 / プロジェクト型 / 論文執筆 / STEAM / 情操 / 体験学習 / ボランティア / 人間力育成

教育方針▶６年間の一貫教育を通じ，世界で活躍するための「卓越性」「読み解く力」「相互依存」を育成する。

沿革▶2003年に開設された土浦日本大学中学校を発展的に引き継ぐ形で，2007年開校。

施設▶講堂，理科教室，自習室，オーラルコミュニケーションズルーム，総合体育館，弓道場，テニスコート，グラウンド，他。

学校長▶堀切　浩一

生徒数▶前期課程総数455名

	１年（５クラス）	２年（４クラス）	３年（４クラス）
男子	87名	66名	80名
女子	78名	81名	63名

JR―土浦25分またはバス霞ヶ岡・小松ヶ丘（スクールバス８方面17路線あり）　徒歩25分

国際性と多様性を身につける最高の環境で，明日のリーダーを育成

多角的視点から物事を見て考えるグローバル教育を実践。開校以来の特色である実験や研修・対話といった体験的教育を通して生徒の可能性を引き出す。

学習　３年次より理系インタークラスを設置。医歯薬獣医学部・最難関理系大学・海外大学進学を主としたカリキュラム編成で入試対策も万全。成績，筆記試験，活動実績などで選抜を行う。英語は全学年，数学は３～６年次で習熟度別クラスを編成する。英語は多国籍の講師による英会話の授業が特徴。世界の広がりと多様性を学ぶ。校長先生による授業「Global Ethics」ではグローバルリーダーに必要な世界観や価値観を養う。イギリス研修は２・４年次で全員参加。２年次では全寮制の学校に28日間滞在し，現地の講師による授業やアクティビティ，オックスフォード大学見学などを行う。文化祭では英語スピーチコンテストや研修発表などがある。

キャリア教育　国内外での研修時に各自がテーマを設定して行うリサーチ学習で好奇心を伸ばす。３年次に併設大学を見学し，早い段階で将来をイメージする。全校生徒を対象に卒業生講演会を行う。

学校生活　合気道，演劇サークルなど24クラブが活動。放課後の課外授業も豊富。

●コース表

中1	中2	中3	高1	高2	高3
共通履修				理系	
				文系	

保護者MEMO

登校時刻▶8：40
最終下校時刻▶18：40
土曜日▶毎週登校。平常授業３時間
昼食▶食堂／食品販売あり
携帯電話▶許可制
制服▶ブレザー
自転車通学▶可
カウンセラー▶週３日
保護者面談▶年１回
保護者会▶年１回
必修旅行▶国内研修（中1），イギリス(中2)
部活動▶活動日は部による

学費　　初年度目安 120万円

(単位:円)	入学金	施設費	授業料	その他	合計
入学手続時	250,000	110,000	―	―	360,000
1年終了まで	―	240,000	444,000	156,660	840,660

[その他] 制服・指定品代，体育・保健衛生費，空調費，図書費，保護者会費，生徒会費。
[寄付・学債] 任意の寄付金あり。
※上記は'22年度のもの。新年度について詳細は「受験生応援アプリ」にて公開（2023年５月～）。

●奨学金・特待生
S種：入学金，施設拡充費３年，授業料・施設費／Ⅰ種：入学金，施設拡充費３年／Ⅱ種：入学金

首都圏模試 思考コード（単位：%）

読み取る力	〈第1回一般〉国語 A	国語 B	国語 C	算数 A	算数 B	算数 C	〈ISAT〉Ⅰ A	Ⅰ B	Ⅰ C	Ⅱ A	Ⅱ B	Ⅱ C
複雑 3					4							
2	22			28	16			24			25	
単純 1		64	14	12	40		4	67	5		60	15

考える力　A=知識・理解思考　B=論理的思考　C=創造的思考

2024年度入試 合格の基準

	首都圏模試 ほぼ確実	首都圏模試 見込あり	首都圏模試 やや見込あり	四谷大塚 ほぼ確実	四谷大塚 見込あり	四谷大塚 やや見込あり
男子〈KBT〉	45	42	37	39	35	29
女子〈KBT〉	45	42	37	40	36	30

ほぼ確実＝80%〜／見込あり＝50〜79%／やや見込あり＝20〜49%

入試要項　2023年度参考　新年度日程はアプリへGO!

4科　適性型　英　他

試験名	試験日 ◎午後入試	出願締切 Web	発表 Web	手続 Web	2科	4科	適	英	他	面接	特待	募集数	応募数	受験数	合格数	実質倍率	偏差値
英語運用力	**11/5** ◎	11/1	11/8	11/11				＊1		＊1	●	10	3	3	3	1.0	—
CSAT	**11/26**	11/22	12/2	12/23延			＊2				●	10	350	340	195	1.7	男55女55
推薦	**12/3**	11/30	12/6	12/9					＊3	＊3	●	60	—	—	—	—	男40女40
ISAT	**12/10**	12/7	12/16	12/26延			＊4			＊4	●	20	371	363	250	1.5	男50女50
KBT	**1/6**	12/22	1/8	1/16延		●					●	30	263	244	165	1.5	男45女45
KBT特待	**1/23**	1/19	1/25	2/6		●					●	若干	63	51	33	1.5	男52女52

＊1　英語（リスニング主体）＋英語面接　＊2　CSATⅠⅡ（Ⅰ国社の総合型，Ⅱ算理の総合型）　＊3　総合学力試験＋グループ面接　＊4　ISATⅠⅡ（Ⅰ算理の総合型，Ⅱ国社の総合型）＋グループ面接
※英語運用力，推薦は学習履歴書，調査書。推薦は推薦書　※CSATは取手会場のみ。KBT特待はつくば会場，流山おおたかの森会場のみ。KBTは本校会場のほか，取手会場あり　※英語コンクール・英語資格などで基準を満たしている者は特待判定の参考とされる

【出願方法】 Web出願。該当者は出願後書類を郵送または窓口持参
【手続方法】 Web納入のうえ，書類提出。CSAT，KBTは一部納入で2/6まで，ISATは1/31まで延納可
【受験料】 20,000円（CSAT，ISAT，KBTは3回まで受験可）

【帰国生入試】 帰国・国際生入試1/23（募集数は一般②に含む）

中学受験のプロがおすすめ! 併願校の例

特色	男 国際教育	男 ICT教育	男 適性検査型入試	女 国際教育	女 ICT教育	女 適性検査型入試
♠男子校	♣麗澤	♣茗渓学園	♣県立並木中等	♣麗澤	♣茗渓学園	♣県立並木中等
♥女子校	♣水戸英宏	♣光英VERITAS	♣県立竜ヶ崎第一	♣水戸英宏	♣光英VERITAS	♣県立竜ヶ崎第一
♣共学・別学校	♣開智望	♣東洋大牛久	♣常総学院	♣開智望	♣東洋大牛久	♣常総学院

併設高校の進路情報

四年制大学進学率89%
文系43／理系57／その他0（%）　医歯薬32名合格

内部推薦▶日本大学，同短期大学部，同附属専門学校への推薦制度がある。
指定校推薦▶非公表。

'22年3月卒業生：91名

大学81名　短大4名　専門1名　就職0名　他5名

主な大学合格状況　'23年春については主要大学のみ巻末一覧に記載

大学名	'22	'21	'20	大学名	'22	'21	'20	大学名	'22	'21	'20
◇千葉大	0	1	0	慶應大	3	5	1	國學院大	0	3	0
◇筑波大	2	0	1	上智大	3	1	4	成城大	1	2	0
◇東京外大	1	0	1	東京理科大	1	2	2	明治学院大	4	0	2
◇信州大	1	0	0	明治大	4	0	2	東京電機大	1	1	0
◇防衛大	3	1	0	青山学院大	3	1	3	津田塾大	2	0	1
◇茨城大	3	2	2	立教大	3	3	0	日本女子大	3	3	0
◇山梨大	1	0	0	中央大	1	1	0	北里大	6	2	0
◇山形大	1	0	0	法政大	4	4	5	国際医療福祉大	1	1	2
◇高崎経済大	1	1	0	日本大	209	147	45	東京薬科大	3	1	1
早稲田大	3	3	2	東海大	10	0	3	立命館アジア太平洋大	0	2	3

※各大学合格数は既卒生との合計。

見学ガイド　説明会／オープンスクール／入試問題解説会

東洋大学附属牛久 中学校

（とうようだいがくふぞくうしく）

〒300－1211　茨城県牛久市柏田町 1360－2　☎029－872－0350

国際 / 海外研修 / 長期留学 / 第2外国語 / online英会話 / 21型 / 1人1台端末 / リモート体制 / プロジェクト型 / 論文執筆 / STEAM / 情操 / 体験学習 / ボランティア / 人間力育成

教育方針▶知的好奇心と高い志を持ち，自ら考え，自ら行動する，意欲あふれる生徒を育成する。
沿革▶1964年創立の東洋大学附属牛久高等学校を母体に2015年，新校舎の完成と共に開校。
施設▶講堂，小ホール，All English Zone，学習室，演習室，図書館，体育館，人工芝グラウンド・テニスコート，野球場，弓道場，他。
学校長▶藤田　正美
生徒数▶総数223名

	1年（2クラス）	2年（2クラス）	3年（2クラス）
男子	34名	33名	35名
女子	37名	37名	47名

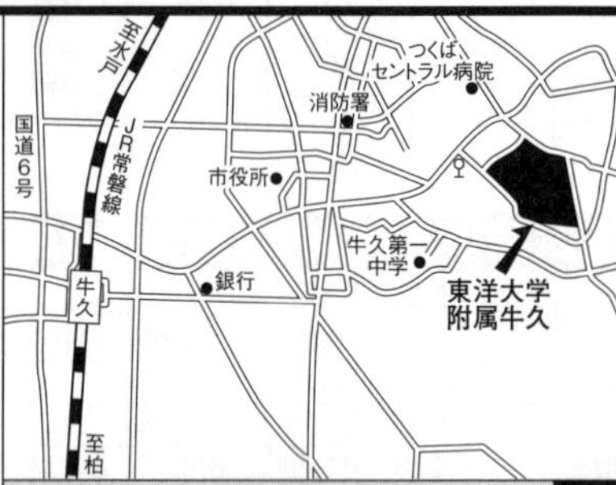

JR―牛久25分またはスクールバス（9路線） 8分

「哲学」を土台に豊かな教養と国際力を築く

創立者の言葉「諸学の基礎は哲学にあり」を受け継ぎ，自分の頭で考え，物事の本質を見極める能力を身につける。独自のプログラム「グローバル探究」に注目。

学習 哲学教育を通じて考える習慣を身につける。1人1台のChromebookを学習ツールに，各教科でアクティブ・ラーニング型の授業を展開。英語はデジタルテキストや多読，ネイティヴ教員の英会話授業などを取り入れ，4技能をバランスよく伸ばす。英語ディベート大会への出場など外部のイベントに参加することも。国語は副教材に「論理エンジン」を使って文章構造を把握することで，論理力を基本から学ぶ。数学は代数と幾何を並行して，社会は地理，歴史，公民の内容を関連づけて学習していく。中3のオーストラリア語学研修では全員が2週間のホームステイを体験。

キャリア教育 独自教科「グローバル探究」では，哲学，教養，キャリア，国際理解，課題研究の各科目を設定。表現力，プレゼンテーション能力などを総合的に育む。

学校生活 週2日，ピアルームでカウンセリングを受けることができる。行事はスポーツフェスティバルや百人一首大会などがある。文化祭では中2生全員が英語落語を披露する。

●コース表

中1	中2	中3	高1	高2	高3
共通履修			中高一貫コース		

保護者MEMO

登校時刻▶8：35
最終下校時刻▶18：30
土曜日▶毎週登校。平常授業4時間
昼食▶弁当／食品販売／食堂（土曜のみ）
携帯電話▶許可制
制服▶ブレザー
自転車通学▶可
カウンセラー▶週2日
保護者面談▶年2回
保護者会▶年1回
必修旅行▶オーストラリア(中3)
部活動▶週3日

学費　初年度目安 144万円

(単位:円)	入学金	施設費	授業料	その他	合計
入学手続時	210,000	190,000	—	—	400,000
1年終了まで	—	168,000	348,000	523,100	1,039,100

［その他］制服・指定品代，諸経費，Chromebook購入代，宿泊行事等積立金，PTA会費，後援会費，生徒会費，PTA支部会費。
［寄付・学債］なし。
※上記は'22年度のもの。新年度について詳細は「受験生応援アプリ」にて公開（2023年5月～）。

●奨学金・特待生
AⅠ：授業料，維持費／Ⅱ：授業料・維持費半額（次年度以降再選考）

首都圏模試　思考コード（単位：%）

読み取る力						
複雑 3						
2	データなし					
単純 1						
考える力	A	B	C	A	B	C

A=知識・理解思考　B=論理的思考　C=創造的思考

2024年度入試　合格の基準

		首都圏模試		四谷大塚	
男子	〈①一般〉	ほぼ確実 41	見込あり 37 / やや見込あり 34	ほぼ確実 —	見込あり — / やや見込あり —
女子		ほぼ確実 41	見込あり 37 / やや見込あり 34	ほぼ確実 —	見込あり — / やや見込あり —

ほぼ確実＝80%～／見込あり＝50～79%／やや見込あり＝20～49%

入試要項　2023年度参考　新年度日程はアプリへGO!

4科　適性型　英　他

試験名	試験日 ◎午後入試	出願締切 Web	発表 Web	手続 振込	選抜方法 2科	4科	適	英	他	面接	特待	募集数	応募数	受験数	合格数	実質倍率	偏差値
専願	12/3	11/30	12/8	12/20		●				＊4	●	30	44	39	35	1.1	男41女41
適性検査型	11/20	11/17	11/24	12/2延			＊1			＊4	●	30	104	101	91	1.1	男41女41
英語	11/20◎	11/17	11/24	12/2延				＊2		＊2	●		5	5	3	1.7	男40女40
一般 ①	1/5	12/19	1/11	1/17延		●				＊4	●		79	74	66	1.1	男41女41
一般 ②	1/22	1/19	1/25	2/3		●				＊4	●		13	13	9	1.4	男43女43
総合	2/9	2/6	2/14	2/16					＊3	＊4	●		3	3	1	3.0	男40女40

＊1　適性検査ⅠⅡ　＊2　課題作文（日本語）＋英語リスニング＋英語スピーキング（グループ面接を含む）
＊3　総合問題ⅠⅡ（Ⅰ国語・社会の基礎問題，Ⅱ算数・理科の基礎問題）　＊4　グループ面接
※自己申告用紙および証明書類，通知表コピー

【出願方法】 Web出願後，書類郵送
【手続方法】 振込納入のうえ，書類郵送（総合型は窓口手続）。適性検査型は1/21，英語と一般①は2/3まで延納可
【受験料】 20,000円（複数回受験は2試験めから10,000円）

【帰国生入試】 —

中学受験のプロがおすすめ！ 併願校の例

特色	男 ICT教育	ネイティヴ常駐	表現力育成	女 ICT教育	ネイティヴ常駐	表現力育成
♠男子校	♣光英VERITAS	♣常総学院	♣土浦日大中等	♣光英VERITAS	♣常総学院	♣土浦日大中等
♥女子校	♣開智望	♣清真学園	♣昭和学院	♣開智望	♣清真学園	♣昭和学院
♣共学・別学校	♣二松学舎柏	♣共栄学園	♣上野学園	♣二松学舎柏	♣共栄学園	♣上野学園

併設高校の進路情報

四年制大学進学率91.4%
文系74／理系25／その他1（%）　医歯薬9名合格

内部推薦▶東洋大学へ258名（法23，文29，経済31，社会39，理工4，経営41，ライフデザイン32，国際15，国際観光20，情報連携1，食環境科6，生命科1，総合情報14，二部2）が内部推薦で進学した。

指定校推薦▶東京理科大，学習院大，明治大，法政大，日本大，大東文化大，東海大，帝京大，成蹊大，成城大，明治学院大，獨協大，東邦大，東京薬科大など推薦枠あり。

'22年3月卒業生：514名

大学470名　短大0名　専門26名　就職4名　他14名

主な大学合格状況　'23年春については主要大学のみ巻末一覧に記載

大学名	'22	'21	'20	大学名	'22	'21	'20	大学名	'22	'21	'20
◇京都大	0	1	0	東京理科大	5	2	6	専修大	11	11	5
◇千葉大	1	1	0	学習院大	2	1	3	大東文化大	10	7	4
◇筑波大	2	2	2	明治大	8	6	3	帝京大	7	9	4
◇北海道大	1	1	0	青山学院大	5	3	3	成城大	5	8	3
◇茨城大	5	12	4	立教大	8	1	6	明治学院大	4	5	5
◇都留文科大	2	1	1	中央大	9	3	1	獨協大	11	9	11
◇茨城県立医療大	1	0	1	法政大	13	12	4	北里大	6	8	0
早稲田大	2	1	2	日本大	34	34	17	国際医療福祉大	2	8	6
慶應大	0	2	0	東洋大	269	241	240	東邦大	4	9	6
上智大	4	0	0	駒澤大	5	2	4	流通経済大	12	9	13

※各大学合格数は既卒生との合計。

見学ガイド　学校見学会／入試説明会／夏休み講座

水戸英宏（みとえいこう） 中学校

〒310－0913 茨城県水戸市見川町 2582－15 ☎029－243－0840

国際 海外研修 長期留学 第2外国語 online英会話 21型 1人1台端末 リモート体制 プロジェクト型 論文執筆 STEAM 情操 体験学習 ボランティア 人間力育成

教育理念▶「知の創造者たれ」を教育理念とし，生徒の優れた才能・資質をひろく大きく伸ばし，国際社会のなかで中心となって活躍する人材を育成。
沿革▶1955年愛宕幼稚園の設立に始まり，2004年に中学校を開校。2012年には小学校を開校。
施設▶講堂，スタディルーム，コンピュータールーム，人工芝グラウンド，テニスコート，体育館，他。
学校長▶田中　久美子
生徒数▶総数－　併設小からの進学者を含む。

	1年	2年	3年
男子	—	—	—
女子	—	—	—
内進生内数	—	—	—

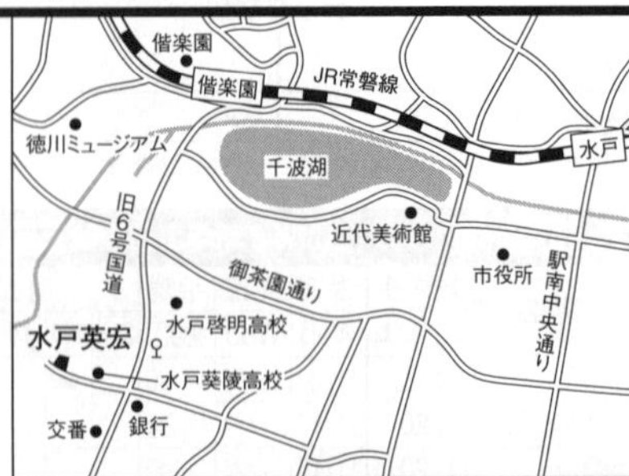

JR―水戸よりバス葵陵高校入口5分 15分

高校入試対策に特化した進学重視型教育を推進

「挑戦から始まる人間形成」をキャッチフレーズに，高い目標に向けて全力で挑戦する学校生活を通して，進路目標実現と人としての大きな成長をめざしている。

学習 主要5教科は公立中学校と比べて多くの授業時間を配当し，基礎力の定着と応用力の養成に力を注ぐ。中2までに中学の学習内容を終了し，中3では総復習と応用問題演習に充て，高校進学に向けて実力を高める。毎週1教科ずつテストを設け，弱点の克服をめざして徹底指導する。基礎学力の確認として各種検定の受検を奨励。学期末・学年末は入試本番を想定した広範囲でのテストを実施する。始業前に朝自習，放課後には個別指導を行う。長期休みにゼミナールを開く。全教室にWi-Fiと電子黒板を備え，生徒全員がタブレット端末を所有。充実したICT環境を活用し，思考・理解のプロセスを大切にしたアクティブ・ラーニングを展開している。

●1週間の授業時間数

		英	数	国	理	社	合計
1コマ50分×1日6時限	中1	6	5	4	4	3	22
	中2	6	5	4	4	3	22
	中3	6	5	4	4	4	23

キャリア教育 SDGsを軸とした国際理解教育に取り組み，グローバルな視点を磨いている。

学校生活 「いじめ・暴力ゼロ」に一丸となって取り組む。規律を重視し，品位ある人格形成をめざす。防災体制も整う。クラブはサッカー部や科学部，eスポーツ部など約10の団体が活動中。

保護者MEMO

登校時刻▶8：30
最終下校時刻▶17：30
土曜日▶休校
昼食▶給食（中学）／食品販売あり
携帯電話▶可
制服▶ブレザー
自転車通学▶可
カウンセラー▶週1日
保護者面談▶年1回
保護者会▶年2回
必修旅行▶ハワイ（中2）
部活動▶活動日は火・木

学費　初年度目安 105万円

(単位:円)	入学金	施設費	授業料	その他	合計
入学手続時	230,000	132,000	27,000	2,000	391,000
1年終了まで	—	132,000	297,000	228,200	657,200

●**奨学金・特待生**
特待制度有

［その他］修学旅行費，教育充実費，卒業準備金，教育後援会費，生徒会費。
［寄付・学債］なし。
※上記は'22年度のもの。新年度について詳細は「受験生応援アプリ」にて公開（2023年5月～）。

首都圏模試 思考コード (単位:%)

読み取る力						
複雑 3						
2			データなし			
単純 1						
考える力	A	B	C	A	B	C

A=知識・理解思考 B=論理的思考 C=創造的思考

2024年度入試 合格の基準

		首都圏模試		四谷大塚	
		ほぼ確実	見込あり	ほぼ確実	見込あり
男子	〈①一般A〉	43	39 / やや見込あり 33	44	40 / やや見込あり 36
女子	〈①一般A〉	43	39 / やや見込あり 33	44	40 / やや見込あり 36

ほぼ確実=80%～/見込あり=50～79%/やや見込あり=20～49%

入試要項 2023年度参考 新年度日程はアプリへGO!

2科 適性型 他

試験名		試験日 ◎午後入試	出願締切 窓口	発表 郵送	手続 窓口	選抜方法 2科	4科	適	英	他	面接	特待	募集数	応募数	受験数	合格数	実質倍率	偏差値
①	専願A	11/19	11/15	11/24	12/2			＊1			＊1	●	80	—	—	—	—	—
	一般A				2/7													男43女43
②	推薦B	11/27	11/15	11/30	12/2	●					＊2	●		—	—	—	—	—
	専願B				12/2	●						●						—
	一般B				12/9延													男45女45
③	専願C	1/4	12/21	1/6	1/13	＊3		＊3			＊3	●		—	—	—	—	—
	一般C				2/7													男44女44
④	専願D	1/28	1/27	1/31	2/3					＊4		●		—	—	—	—	—
	一般D				2/7													男44女44

＊1 適性検査ⅠⅡ＋グループ面接。本校のほか，日立会場あり ＊2 個人面接 ＊3 国算または適性検査ⅠⅡ＋グループ面接 ＊4 作文＋算数
※推薦は推薦書，成績確認書

【出願方法】ほかに郵送①②11/14，③12/20，④1/23も可。窓口出願の受験料は現金納入
【手続方法】窓口手続。②一般Bは一部納入で2/7まで延納可
【受験料】21,000円（再受験10,500円，再々受験5,250円，再々々受験無料）

【帰国生入試】—

中学受験のプロがおすすめ! 併願校の例

特色	男 ICT教育	男 国際理解教育	男 学習サポート	女 ICT教育	女 国際理解教育	女 学習サポート
♠男子校 ♥女子校 ♣共学・別学校	♣土浦日大中等	♣茗渓学園	♣光英VERITAS	♣土浦日大中等	♣茗渓学園	♣光英VERITAS
	♣常総学院	♣流経大柏	♣二松学舎柏	♣常総学院	♣流経大柏	♣二松学舎柏
	♣開智望	♣清真学園	♣東洋大牛久	♣開智望	♣清真学園	♣東洋大牛久

卒業生の進路情報

(2022年3月卒業生) おもな合格高校
国立・高専＝東京学芸大附1，茨城高専5
公立高校＝水戸第一4，緑岡2，竹園1，牛久栄進1，水戸第三1，水戸南1，水戸商業1
私立高校＝青山学院1，慶應湘南藤沢1，流経大柏2，早大本庄1，他。
連携推薦▶水戸啓明高等学校，水戸葵陵高等学校との中高一貫連携により，希望者全員が進学可。連携校への進学権利を保持したまま，他の高校を受験できる。ただし，私立高校は，他県の学校のみ受験可。
主な合格大学▶水戸啓明▷（国公立）東京外大，茨城大，岡山大，浜松医大，長岡技術科学大，防衛大，他 （私立）早稲田大，東京理科大，明治大，青山学院大，中央大，法政大，日本大，東洋大，駒澤大，専修大，大東文化大，東海大，帝京大，國學院大，明治学院大，東京電機大，玉川大，工学院大，立正大，国士舘大，他。**水戸葵陵**▷（国公立）東北大，都立大，茨城大，新潟大，茨城県立医療大，防衛大，他（私立）早稲田大，学習院大，明治大，青山学院大，中央大，法政大，日本大，東洋大，駒澤大，専修大，大東文化大，亜細亜大，帝京大，成蹊大，成城大，獨協大，神奈川大，東京電機大，東京女子大，同志社大，立命館大，玉川大，東京都市大，立正大，国士舘大，千葉工大，獨協医大，他。

見学ガイド 学校説明会／オープンスクール／個別見学対応可

茗溪学園 中学校

（めいけいがくえん）

〒305−8502 茨城県つくば市稲荷前1−1 ☎029−851−6611

国際 / 海外研修 / 長期留学 / 第2外国語 / online英会話 / 21型 / 1人1台端末 / リモート体制 / プロジェクト型 / 論文執筆 / STEAM / 情操 / 体験学習 / ボランティア / 人間力育成

建学の理念▶「世界的日本人」を育成すべく，知・徳・体の調和した創造的思考力に富む人材をつくる。
沿革▶筑波大学・東京教育大学などの同窓会組織である茗溪会を母体として，1979年創立。
施設▶ホール，生物実験室，テニスコート，剣道場，柔道場，プール，ラグビーグラウンド，寮，他。
学校長▶宮崎　涼
生徒数▶総数699名

	1年（6クラス）	2年（6クラス）	3年（6クラス）
男子	120名	116名	108名
女子	116名	113名	126名

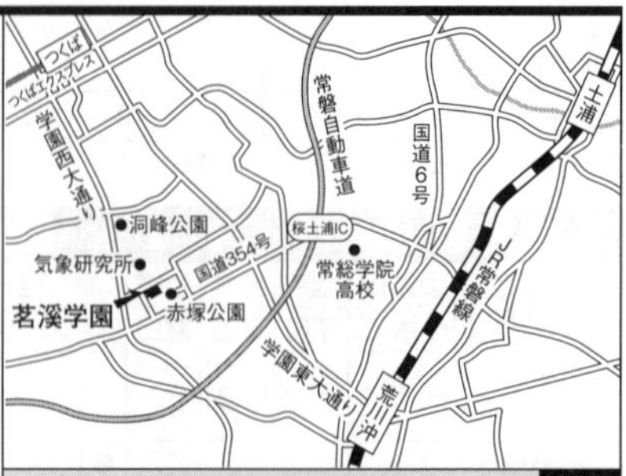

JR―ひたち野うしく，つくばEX.―つくばよりバス（スクールバスあり） 15分

生命尊重の精神を育て，自分で考え行動できる人を育てる

フィールドワーク，国際教育や理数教育に取り組み，「自ら学び，成長していく能力」を育成する。2021年度「アカデミアクラス」を開設。

学習 英語・国際教育に力を注ぎ，国際バカロレア・ディプロマプログラム認定校としてIBDPコース（高校）を設置。中学の英語授業では英語特別クラスG1（英検2級程度以上）とG2（英検3級～準2級程度）を編成し，週6時間（中1は5時間）は外国人教員による授業を受ける。高校進学の際にIBDPコースへの選抜テストがある。また，SSHの指定を受け，探究力育成をめざした独自の教育プログラムの開発を進めている。2021年より新設のアカデミアクラス（AC）では批判的思考力，創造的思考力，実装・実践力を鍛え，難関大学に進学できる実力を養成する。英国への長期留学や，ニュージーランド・オーストラリアへの中・短期留学プログラムを実施。

●コース表

中1	中2	中3	高1	高2	高3
MGクラス			MGクラス		
				IBクラス	
ACクラス			ACクラス		

※2024年度に高校のACコースを開設

キャリア教育 探究活動の集大成として高2で「個人課題研究」を行う。「17歳の卒論」ともいい，各自でテーマを決め，1年間をかけて調査・研究を行うことで，問題把握・分析・まとめる力など総合的な力を育成。

学校生活 一定期間，全員で入寮体験を実施。約9割がクラブ活動に参加。

保護者MEMO

登校時刻▶8：50
最終下校時刻▶18：00
土曜日▶休校
昼食▶弁当／食品販売あり
携帯電話▶可
制服▶ブレザー
自転車通学▶可
カウンセラー▶週4日
保護者面談▶年1回
保護者会▶年2回
必修旅行▶京都・広島（中3）
部活動▶活動日は部による

学費

初年度目安 128万円

（単位:円）	入学金	施設費	授業料	その他	合計
入学手続時	250,000	160,000	—	—	410,000
1年終了まで	—	—	390,000	482,300	872,300

［その他］制服・指定品代，教育充実費，父母会費，生徒会費，給食費。　※別途修学旅行費等あり。　※寮生は初年度目安234万円
［寄付・学債］なし。
※上記は'22年度のもの。新年度について詳細は「受験生応援アプリ」にて公開（2023年5月〜）。

●奨学金・特待生
なし

首都圏模試　思考コード（単位：%）

読み取る力 ＼ 考える力	〈一般第1回〉国語 A	国語 B	国語 C	〈一般第1回〉算数 A	算数 B	算数 C	〈一般第2回〉総合学力 A	総合学力 B	総合学力 C
複雑 3									
2	10	6		38	5		41	13	
単純 1	10	74		8	49			46	

A=知識・理解思考　B=論理的思考　C=創造的思考

2024年度入試　合格の基準

〈首都AC①推薦・四谷②一般〉

	首都圏模試 ほぼ確実	首都圏模試 見込あり	首都圏模試 やや見込あり	四谷大塚 ほぼ確実	四谷大塚 見込あり	四谷大塚 やや見込あり
男子	64	61	58	50	47	43
女子	64	61	58	52	49	45

ほぼ確実＝80%～／見込あり＝50～79%／やや見込あり＝20～49%

入試要項　2023年度参考　新年度日程は アプリへGO!

2科　4科　適性型　英

試験名			試験日 ◎午後入試	出願締切 Web	発表 Web	手続 Web	2科	4科	適	英	他	面接	特待	募集数	応募数	受験数	合格数	実質倍率	偏差値
国際生特別選抜	AC	国際A	11/19	10/21	11/28	12/21				＊2		＊4		25	28	28	4〈10〉	7.0	—
		国際B					●					＊4			26	26	5	5.2	—
	MG	国際A	11/19	10/21	11/28	12/21				＊3		＊4			21	21	6	3.5	—
		国際B					●					＊4			7	7	2	3.5	—
AC	①	推薦	12/17	11/29	12/20	12/21	●					＊5		30	118	114	25〈51〉	4.6	男64女64
		国際B					●					＊4			16	15	5〈6〉	3.0	—
	②	国際A	1/8	12/21	1/11	1/12延				＊2		＊4		※	9	8	2〈1〉	4.0	—
		国際B	1/8	12/21	1/11	1/12延	●					＊4		35	22	14	1〈4〉	14.0	—
		一般4科						●				＊5			307	265	59〈82〉	5.0	男65女65
	③	一般総合	1/21	1/13	1/24	2/5			＊1			＊5		5	224	119	6〈22〉	20.0	男66女66
MG	①	推薦	12/17	11/29	12/20	12/21	●					＊5		65	79	79	40	2.0	男58女58
		国際B					●					＊4			8	8	2	4.0	—
	②	国際A	1/8	12/21	1/11	1/12延				＊2		＊4		※	18	16	7	2.3	—
		国際B	1/8	12/21	1/11	1/12延	●					＊4		55	6	4	0	—	—
		一般4科						●				＊5			156	125	33	3.8	男60女60
	③	一般総合	1/21	1/13	1/24	2/5			＊1			＊5		10	115	78	17	4.6	男61女61

＊1　総合学力試験　＊2　国算＋英語エッセイ。英検準2級以上，TOEFL Junior645点以上，TOEFL Primary 212点以上に該当する者のみ出願可　＊3　英語エッセイ＋日本語エッセイ　＊4　個人面接＋保護者同伴面接　＊5　個人面接。寮生は保護者同伴面接あり　＊6　寮生のみ個人面接＋保護者同伴面接
※報告書。ほかに推薦は推薦書，英語は資格証明資料のコピー　※推薦は専願のみ　※面接はオンラインで実施

【出願方法】 Web出願　**【手続方法】** Web納入。ACの②，MGの②，G併願は一部納入で2/5まで延納可。入学辞退者には一部返還　**【受験料】** 20,000円（同時出願は30,000円。同一試験日内の複数受験不可）

【帰国生入試】 上記国際AB　※の募集数は11/19の25名に含む。　〈注〉〈　〉はMGへのスライド合格で外数。

中学受験のプロがおすすめ! 併願校の例

特色	男 フィールドワーク	男 国際理解教育	男 表現力育成	女 フィールドワーク	女 国際理解教育	女 表現力育成
♠男子校 ♥女子校 ♣共学・別学校	♣芝浦工大附柏	♣江戸川取手	♣専大松戸	♣芝浦工大附柏	♣江戸川取手	♣専大松戸
	♣成田高校付	♣麗澤	♣土浦日大中等	♣成田高校付	♣麗澤	♣土浦日大中等
	♣光英VERITAS	♣流経大柏	♣常総学院	♣光英VERITAS	♣流経大柏	♣常総学院

併設高校の進路情報

四年制大学進学率85.5%
文系43／理系48／その他9（%）　医歯薬32名合格

指定校推薦▶早稲田大，慶應大，上智大，東京理科大，学習院大，明治大，青山学院大，立教大，中央大，法政大，日本大，東洋大，専修大，東海大，国際基督教大，成蹊大，明治学院大，獨協大など推薦枠あり。

海外大学合格状況▶DePauw University, Knox College（米），University College London, King's College London（英），University of Toronto（ｶﾅﾀﾞ），Monash University（豪），Hungarian Medical Universities（ﾊﾝｶﾞﾘｰ），他。

'22年3月卒業生：269名

大学230名　短大0名　専門2名　就職0名　他37名

主な大学合格状況

'23年春については主要大学のみ巻末一覧に記載

大学名	'22	'21	'20	大学名	'22	'21	'20	大学名	'22	'21	'20
◇東京大	1	0	3	◇茨城大	9	9	9	中央大	28	22	20
◇京都大	0	2	0	◇茨城県立医療大	3	2	1	法政大	32	26	26
◇東工大	0	1	1	早稲田大	18	25	21	日本大	33	45	37
◇一橋大	0	1	0	慶應大	12	16	15	東洋大	23	22	22
◇千葉大	3	3	1	上智大	17	14	19	専修大	4	12	8
◇筑波大	15	19	14	東京理科大	28	28	24	東海大	8	21	13
◇横浜国大	1	2	2	学習院大	9	7	10	成蹊大	8	6	6
◇北海道大	3	2	1	明治大	23	40	22	芝浦工大	16	13	7
◇東北大	0	3	3	青山学院大	16	14	12	順天堂大	16	17	12
◇東京医歯大	2	2	2	立教大	27	23	24	北里大	12	10	5

※各大学合格数は既卒生との合計。

見学ガイド　文化祭／説明会／オープンキャンパス

宇都宮短期大学附属中学校

（うつのみやたんきだいがくふぞく）

〒320－8585 栃木県宇都宮市睦町1－35 ☎028－634－4161

教育方針▶「全人教育」を掲げ，生徒の能力，個性，特性を伸ばす教育と生活指導の徹底を実践する。
沿革▶1900年須賀栄子により須賀学園創立。1968年宇都宮短期大学附属高等学校に校名変更。中学校は1983年創設。2017年8月に第3体育館完成。
施設▶大ホール，小ホール，自習室，プール，テニスコート，人工芝サッカー場，野球場，コンビニ，他。
学校長▶須賀　英之
生徒数▶総数161名

	1年（2クラス）	2年（2クラス）	3年（2クラス）
男子	25名	14名	17名
女子	33名	37名	35名

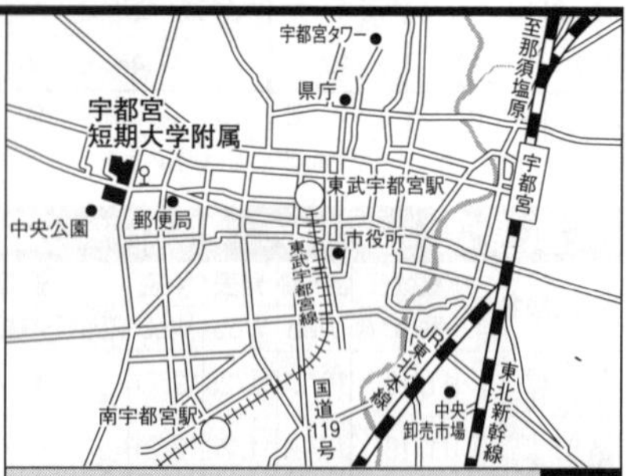

東武宇都宮線―東武宇都宮15分　JR―宇都宮よりバス宇短大附属高校・中学前 10分

ゆとりある6年間で「ものをじっくりと考える心」を育む

気軽に先生に質問・相談ができる環境づくりを大切にし，一人ひとりにあった勉強方法を指導。メリハリのある学校生活を送り，勉学と好きなことに打ち込む。

学習 中1・中2を基礎学力養成課程とし，自学自習の習慣を定着させる。英数国は先取り授業を行い，学力強化を図る。英数は全学年で習熟度別授業を展開。毎週外国人教師による英会話の授業を実施。また，オーストラリアなどへの語学研修制度（希望制）を導入し，生きた英語を学ぶ。模擬テストで実践的な問題に触れ，応用力を高める。土曜日に行う「100分間授業」では，大学入試に対応できる精神力や体力を養う。プレゼンテーション能力を高めるため外部講師を招いた特別授業が年2回ある。基礎から学び，実際に発表を行う。

●コース表

中1	中2	中3	高1	高2	高3
共通履修			理系 / 文系		

キャリア教育 将来「なりたい自分」に向けての第一歩を踏み出すきっかけとして，中2で「自分史」を作成。さらに「自分の夢」「このような人になりたい」などを題材に作文を仕上げる。附属高校への進学者は「普通科中高一貫コース」となるが，希望によっては他学科・コースへの進学が可能。

学校生活 日本の伝統文化に触れる茶道教室やふれあい文化教室を実施。学習強化合宿やサマーキャンプがある。

保護者MEMO

登校時刻▶8：30
最終下校時刻▶18：00
土曜日▶隔週登校。100分授業2コマ
昼食▶給食（中学）／食品販売あり
携帯電話▶可
制服▶ブレザー
自転車通学▶許可制
カウンセラー▶週1日
保護者面談▶年1回
保護者会▶年2回
必修旅行▶関西(中2)，沖縄(高2)
部活動▶活動日は部による

学費

初年度目安 110万円

（単位:円）	入学金	施設費	授業料	その他	合計
入学手続時	130,000	140,000	—	—	270,000
1年終了まで	—	120,000	288,000	426,375	834,375

［その他］制服・指定品代，教育充実費，夏合宿，スキー合宿，PTA会費，生徒会費，給食費。
［寄付・学債］なし。
※上記は'22年度のもの。新年度について詳細は「受験生応援アプリ」にて公開（2023年5月～）。

●奨学金・特待生
スーパー：入学金，施設充実費，授業料全額／1種：授業料全額／2種：入学金半額

首都圏模試 思考コード (単位:%)

読み取る力						
複雑 3						
2			データなし			
単純 1						
考える力	A	B	C	A	B	C

A=知識・理解思考 B=論理的思考 C=創造的思考

2024年度入試 合格の基準

	首都圏模試		四谷大塚	
男子	ほぼ確実	見込あり	ほぼ確実	見込あり
	—	—	—	—
		やや見込あり		やや見込あり
		—		—
女子	ほぼ確実	見込あり	ほぼ確実	見込あり
	—	—	—	—
		やや見込あり		やや見込あり
		—		—

ほぼ確実＝80%～／見込あり＝50～79%／やや見込あり＝20～49%

入試要項 2023年度参考 新年度日程はアプリへGO!

4科 適性型 他

試験名	試験日 ◎午後入試	出願締切 Web	発表 Web	手続 Web	2科	4科	適	英	他	面接	特待	募集数	応募数	受験数	合格数	実質倍率	偏差値
① A	11/23	11/6	11/26	12/1延		●					●	80	男 55	55	53	1.0	—
① B							＊1				●		女 81	81	71	1.1	—
②	12/24	12/12	12/25	1/5延			＊2				●		男 16	16	13	1.2	—
													女 26	25	17	1.5	—

＊1 国算＋適性検査＋作文 ＊2 国算＋適性検査
※調査書 ※英検4級以上取得者は加点あり

【出願方法】Web出願後，書類郵送または窓口持参
【手続方法】Web納入または銀行振込のうえ，窓口手続。併願者は一部納入により残額を1/18まで延納可。東京・埼玉など，県外の併願者は併願校発表の翌日まで延納可
【受験料】13,000円（再受験は5,000円）

【帰国生入試】—

中学受験のプロがおすすめ! 併願校の例

特色	男			女		
♠男子校 ♥女子校 ♣共学・別学校			データなし			

併設高校の進路情報

四年制大学進学率65.6%
文系・理系の割合 未集計

内部推薦▶宇都宮共和大学へ64名，宇都宮短期大学へ47名が内部推薦で進学した。

指定校推薦▶東京理科大，学習院大，青山学院大，中央大，法政大，日本大，東洋大，駒澤大，専修大，大東文化大，東海大，帝京大，成蹊大，成城大，獨協大，神奈川大，芝浦工大，東京電機大，日本女子大，同志社大，武蔵大，国士舘大，千葉工大，共立女子大，大妻女子大，昭和大，杏林大など推薦枠あり。

'22年3月卒業生：765名

大学502名 短大66名 専門118名 就職49名 他30名

主な大学合格状況 '23年春については主要大学のみ巻末一覧に記載

大学名	'22	'21	'20	大学名	'22	'21	'20	大学名	'22	'21	'20
◇京都大	0	0	1	慶應大	3	3	5	東洋大	30	36	44
◇東工大	1	0	0	上智大	1	0	2	駒澤大	10	7	6
◇一橋大	0	1	0	東京理科大	4	5	7	専修大	10	10	10
◇筑波大	0	1	0	学習院大	4	2	2	大東文化大	11	12	8
◇埼玉大	1	0	3	明治大	6	10	12	東海大	16	22	34
◇東京藝術大	1	1	1	青山学院大	6	4	5	帝京大	30	34	33
◇信州大	1	1	4	立教大	3	2	7	神奈川大	7	8	8
◇茨城大	4	3	7	中央大	11	4	17	芝浦工大	14	3	8
◇宇都宮大	13	17	6	法政大	20	7	12	国際医療福祉大	10	16	17
早稲田大	8	1	12	日本大	25	31	41	宇都宮共和大	64	81	55

※各大学合格数は既卒生との合計。

見学ガイド 文化祭／入試説明会／オープンキャンパス

國學院大學栃木 中学校

（こくがくいんだいがくとちぎ）

〒328−8588 栃木県栃木市平井町 608 ☎0282−22−5511（代表）

国際 / 海外研修 / 長期留学 / 第2外国語 / online英会話 / 21型 / 1人1台端末 / リモート体制 / プロジェクト型 / 論文執筆 / STEAM / 情操 / 体験学習 / ボランティア / 人間力育成

教育目標▶校訓「たくましく 直く 明るく さわやかに」を掲げ，頭・心・体をバランスよく鍛える。
沿革▶1960年國學院大學栃木高等学校創立。中学校は，総合学園実現の一環として1996年に開校。
施設▶四十周年記念館，天文台，グラウンド（2面），人工芝ラグビー場，野球場，他。
学校長▶青木　一男
生徒数▶総数172名

	1年（2クラス）	2年（2クラス）	3年（2クラス）
男子	33名	31名	27名
女子	22名	28名	31名

JR・東武日光線—栃木よりバス国学院前 8分

「次世代リーダー」の育成をめざす

社会に貢献する自己実現，異文化コミュニケーション，科学リテラシーの向上を3つの柱に据え，次世代リーダーとなるべく資質を持った人材を育てる。

学習 教員が常に寄り添い，個々の学力向上をサポートする教育を実践。英語では，英会話，ライティング指導にも力を入れ，自己の考えを英語で発信できる力を養う。中3の海外語学研修では，13日間のホームステイと，語学学校で英会話，プレゼンテーション，異文化交流などアクティブに学ぶ。海外校と提携し，希望制のドイツ・韓国・東南アジア国際研修，アメリカ語学研修を実施。理数教育にも力を入れ，科学リテラシー，探究的な姿勢を養うため実験や自然観察・調査，協働学習を行う。数学検定，理科検定への受検を推奨。

●コース表

中1	中2	中3	高1	高2	高3
共	通	履	修	理系 / 文系	

キャリア教育 校外学習や自然体験学習などで得た知識や体験をタブレット端末を活用し，仲間とプレゼンソフトでまとめ・発表することを通して，主体的な進路の選択，実現の方法を身につける。中2ではこれまでを振り返り，これからの人生を考える機会として，保護者の前で将来の目標を語る立志式を実施。ほかに職業体験なども。

学校生活 交換日記「あすなろ」を毎日提出。学習・生活記録に担任がコメントする。

保護者MEMO

登校時刻▶8：50
最終下校時刻▶18：00
土曜日▶第2・4は休校。授業や行事を行う
昼食▶食堂（土曜日のみ）／食品販売あり
携帯電話▶許可制
制服▶ブレザー
自転車通学▶可
カウンセラー▶週3日
保護者面談▶年2回
保護者会▶年4回
必修旅行▶奈良・京都（中3）
部活動▶活動日は部による

学費

初年度目安 **127万円**

（単位:円）	入学金	施設費	授業料	その他	合計
入学手続時	180,000	—	—	—	180,000
1年終了まで	—	170,000	324,000	593,840	1,087,840

［その他］制服・指定品代，維持費，図書費，冷暖房費，補助教材費，行事費(積立含)，父母会費，生徒会費，部活動後援会費，教育研究振興費。
［寄付・学債］なし。
※上記は'22年度のもの。新年度について詳細は「受験生応援アプリ」にて公開（2023年5月〜）。

●**奨学金・特待生**
奨学生Ⅰ：入学金，授業料・施設費・維持費／**奨学生Ⅱ**：授業料（2年次以降審査）

首都圏模試　思考コード（単位：%）

〈第１回〉

読み取る力＼考える力	国語 A	国語 B	国語 C	算数 A	算数 B	算数 C
複雑 3	2					
2	45			55		
単純 1	4	49		29	16	

A=知識・理解思考　B=論理的思考　C=創造的思考

2024年度入試　合格の基準

		首都圏模試 ほぼ確実	見込あり	やや見込あり	四谷大塚 ほぼ確実	見込あり	やや見込あり
男子	〈①一般〉	43	39	32	33	28	23
女子	〈①一般〉	43	39	32	33	28	23

ほぼ確実＝80％～／見込あり＝50～79％／やや見込あり＝20～49％

入試要項　2023年度参考　新年度日程は アプリへGO!

2科　4科　適性型　英

試験名		試験日 ◎午後入試	出願締切 Web	発表 Web	手続 Web	2科	4科	適	英	他	面接	特待	募集数	応募数	受験数	合格数	実質倍率	偏差値
①	自己推薦	11/26	11/21	当日	12/5	●					＊3		80	22	22	20	1.1	—
	一般					●	●				＊3	●		74	73	71	1.0	男43女43
②	自己推薦	12/10	12/5	当日	12/19	●					＊3			4	4	2	2.0	—
	一般					●	●				＊3	●		12	12	10	1.2	男43女43
	英語								＊1		＊3	●		2	2	2	1.0	男43女43
	適性検査							＊2			＊3	●		17	17	16	1.1	男42女42
③	自己推薦	1/21	1/17	当日	1/30	●					＊3			2	2	2	1.0	—
	一般					●	●				＊3	●		5	4	3	1.3	男43女43

＊1　国語基礎＋算数基礎＋英語（筆記＋リスニング）　＊2　適性検査＋作文　＊3　個人面接
※自己推薦は単願のみ，一般・英語・適性検査は単願・併願あり
※自己推薦は報告書，自己推薦書。英語は資格証明書のコピー（保持者のみ）

【出願方法】 Web出願後，書類郵送
【手続方法】 Web納入または銀行振込。併願者は2/10まで
【受験料】 18,000円（再受験は10,000円）

【帰国生入試】 —

中学受験のプロがおすすめ！　併願校の例

特色	男 国際理解教育	男 理数教育	男 アクセス	女 国際理解教育	女 理数教育	女 アクセス
♠男子校 ♥女子校 ♣共学・別学校	♣昌平	♣獨協埼玉	♣佐野日大中等	♣昌平	♣獨協埼玉	♣佐野日大中等
	♣春日部共栄	♣東京農大三高附	♣白鷗大足利	♣春日部共栄	♣東京農大三高附	♣白鷗大足利
	♣国際学院	♣東京成徳大深谷	♣作新学院	♣国際学院	♣東京成徳大深谷	♣作新学院

併設高校の進路情報

四年制大学進学率84.8%
文系・理系の割合 未集計　医歯薬19名合格

内部推薦▶國學院大學へ92名（文17，経済42，人間開発16，法11，神道文化１，観光まちづくり５），國學院大學栃木短期大学へ10名が内部推薦で進学した。

指定校推薦▶利用状況は東京理科大５，学習院大４，青山学院大２，中央大３，日本大１，東洋大４，成蹊大１，成城大２，明治学院大４，獨協大３，芝浦工大３など。ほかに大東文化大，東海大など推薦枠あり。

'22年３月卒業生：467名

大学396名　短大22名　専門34名　就職８名　他7名

主な大学合格状況　'23年春については主要大学のみ巻末一覧に記載

大学名	'22	'21	'20	大学名	'22	'21	'20	大学名	'22	'21	'20
◇東京大	0	1	0	◇茨城大	5	2	1	中央大	13	7	6
◇一橋大	0	1	0	◇宇都宮大	7	9	3	法政大	7	4	3
◇千葉大	1	4	0	早稲田大	2	4	2	日本大	11	12	6
◇筑波大	1	2	0	慶應大	1	3	3	東洋大	7	20	12
◇横浜国大	1	0	1	上智大	2	5	0	専修大	14	9	5
◇埼玉大	4	0	2	東京理科大	10	9	4	大東文化大	10	6	5
◇東北大	1	1	1	学習院大	4	2	4	東海大	3	8	16
◇防衛医大	1	1	0	明治大	6	7	5	帝京大	14	15	8
◇群馬大	1	3	2	青山学院大	3	3	3	國學院大	97	94	92
◇防衛大	8	14	1	立教大	6	3	4	芝浦工大	5	7	5

※各大学合格数は既卒生との合計。

見学ガイド　体育祭／文化祭／説明会／サイエンスセミナー

作新学院（さくしんがくいん） 中等部

〒320－8525 栃木県宇都宮市一の沢1－1－41 ☎028－647－4571（中等部直通）

国際 海外研修 長期留学 第2外国語 online英会話 21型 1人1台端末 リモート体制 プロジェクト型 論文執筆 STEAM 情操 体験学習 ボランティア 人間力育成

教育方針▶学校全体がひとつの家族であるような「一校一家」の校風のもと，「自学自習」に勤しむ気風を養い，「誠実勤労」の習慣を身につける。
沿革▶1885年，船田兵吾ら同志により下野英学校として創立。1947年中等部発足。
施設▶図書館，ダイニング・ラボ，屋内プール，野球場，武道館，グラウンド，食育菜園，コンビニ，他。
学院長▶船田　元
生徒数▶総数465名　併設小からの進学者を含む。

	1年（5クラス）	2年（5クラス）	3年（5クラス）
男子	92名	82名	86名
女子	61名	63名	81名
内進生内数	男28名 女14名	男22名 女26名	男21名 女19名

JR─宇都宮，他よりバス作新学院前（スクールバスあり） 15分

家族のような一体感のなか，学力と人間力を鍛える

互いに切磋琢磨する環境のもとで伸びゆく3年間。毎日変化し続ける世の中の役に立つ最新の知識を持ち，自らを新しくする自律的なこころを育てる。

学習 生徒一人ひとりの学力を最大限に発揮できるよう，週2日の7時間授業，少人数による個別指導，複数教員による教科指導など，独自のカリキュラムを編成。英会話授業は外国人教師とのティームティーチングを行う。外国語を通じて，言語や文化に対する理解を深める。学校行事として英語スピーチコンテストを開催。理科は観察や実験について深く考察し，科学的な思考力の土台を作る。総合学習の時間は，国際理解や情報処理などに充てる。併設高校にトップ英進部，英進部，総合進学部，情報科学部を設置。トップ英進部では最難関大学合格に向けた思考力を深める授業を展開する。

●コース表

中1	中2	中3	高1	高2	高3
共通履修			トップ英進部 英進部 総合進学部 情報科学部		

キャリア教育 植樹やペットボトルキャップ回収，被災地復興支援など様々なボランティアプログラムを組む。社会貢献活動から，社会に能力を還元できる土台を培う。

学校生活 食育の一環として，中1でリンゴの摘果・収穫作業を体験。中1・中2の宿泊体験学習では自然から命の大切さを学ぶ。全国レベルの野球部のほか，水泳部，書道部，英語部などが活躍中。

保護者MEMO

登校時刻▶8：25
最終下校時刻▶18：30
土曜日▶休校
昼食▶給食（中学）
携帯電話▶許可制
制服▶ブレザー
自転車通学▶可
カウンセラー▶学校全体で割り振られている
保護者面談▶年2回
保護者会▶年1回
必修旅行▶神戸・京都・奈良（中3）
部活動▶週1日は休む

学費　初年度目安 98万円

（単位:円）	入学金	施設費	授業料	その他	合計
入学手続時	120,000	150,000	―	―	270,000
1年終了まで	―	―	336,000	376,680	712,680

［その他］教育充実費，補助教材費，実習費，学年行事費，年会費等，給食費。
※別途制服・指定品代あり。
［寄付・学債］なし。
※上記は'22年度のもの。新年度について詳細は「受験生応援アプリ」にて公開（2023年5月～）。

●奨学金・特待生
特別：入学金，施設費・月3万円給付／**奨学**：月3万円給付／**準奨学**：月1万円給付（各1年）

首都圏模試　思考コード (単位:%)

〈第１回〉

読み取る力 ＼ 考える力	国語 A	国語 B	国語 C	算数 A	算数 B	算数 C
複雑 3						
2	4	8		44	10	
単純 1	36	40	12	16	30	

A=知識・理解思考　B=論理的思考　C=創造的思考

2024年度入試　合格の基準

		首都圏模試 ほぼ確実	首都圏模試 見込あり	四谷大塚 ほぼ確実	四谷大塚 見込あり	四谷大塚 やや見込あり
男子	①	–	– / やや見込あり –	34	29	24
女子	①	–	– / やや見込あり –	34	29	24

ほぼ確実＝80%～／見込あり＝50～79%／やや見込あり＝20～49%

入試要項　2023年度参考　新年度日程はアプリへGO!　2科　4科

試験名	試験日 ◎午後入試	出願締切 窓口	発表 郵送	手続 振込	選抜方法 2科	4科	適	英	他	面接	特待	募集数	応募数	受験数	合格数	実質倍率	偏差値
①	11/19	11/2	11/22	11/28		●				＊	●	160	293	249	—	—	—
②	12/11	12/2	12/13	12/16	●					＊	●	20	250	178	—	—	—

＊グループ面接

【出願方法】 ほかに郵送可（申し出ること）
【手続方法】 銀行振込。一括納入または分割納入を選択。分割納入の場合，1/18までに残額を窓口納入。入学辞退者には一部返還
【受験料】 13,000円（同時出願は15,000円）

【帰国生入試】 —

中学受験のプロがおすすめ!　併願校の例

特色	男			女		
♠男子校 ♥女子校 ♣共学・別学校	データなし					

併設高校の進路情報

四年制大学進学率78.7%
文系39／理系61／その他０（%）　医歯薬41名合格（トップ英進部・英進部）

'22年３月卒業生：1,114名　大学534名　短大53名　専門290名　就職168名　他69名

内部推薦▶作新学院大学へ43名（経営30，人間文化13），作新学院大学女子短期大学部へ28名が内部推薦で進学した。

指定校推薦▶利用状況は東京理科大2，明治大１，中央大１，日本大３，東洋大３，駒澤大１，専修大２，帝京大１，明治学院大２，日本女子大１，同志社大１など。

主な大学合格状況　'23年春については主要大学のみ巻末一覧に記載

大学名	'22	'21	'20	大学名	'22	'21	'20	大学名	'22	'21	'20
◇東京大	0	1	0	◇山形大	4	7	5	中央大	9	16	9
◇京都大	0	0	1	◇釧路公立大	13	2	6	法政大	11	10	8
◇一橋大	0	1	1	早稲田大	3	1	4	日本大	43	46	26
◇千葉大	0	1	2	慶應大	2	0	3	東洋大	13	10	14
◇筑波大	1	3	2	上智大	1	5	2	駒澤大	7	11	20
◇埼玉大	1	3	7	東京理科大	14	10	10	専修大	7	14	31
◇東北大	3	7	5	学習院大	2	1	4	東海大	20	17	23
◇茨城大	4	5	2	明治大	9	10	10	帝京大	49	29	31
◇宇都宮大	21	19	17	青山学院大	3	10	1	白鷗大	52	52	41
◇新潟大	3	2	7	立教大	14	5	2	作新学院大	66	58	72

※各大学合格数は既卒生との合計。

見学ガイド　説明会

佐野日本大学(さのにほんだいがく) 中等教育学校

〒327－0192　栃木県佐野市石塚町 2555　☎0283－25－0111

教育目標▶「磨こう心　輝く知性　拓こう未来」を掲げ，21世紀の社会でリーダーとして活躍できる「人間力」を育成する。
沿革▶1964年佐野日本大学高等学校創立。1988年中学校開校。2010年度より中等教育学校に再編。
施設▶講堂，和室，天体ドーム，屋内プール，アクティブスペース（人工芝），グラウンド，他。
学校長▶舩渡川　重幸
生徒数▶前期課程総数193名

	1年（2クラス）	2年（2クラス）	3年（2クラス）
男子	30名	30名	37名
女子	30名	30名	36名

東武線―佐野，吉水，足利市，館林，JR―小山，栃木などよりスクールバス10路線　20分

国際　海外研修　長期留学　第2外国語　online英会話　21型　1人1台端末　リモート体制　プロジェクト型　論文執筆　STEAM　情操　体験学習　ボランティア　人間力育成

志と目標を持って，具体的に動く人へ

基礎から応用まで，無理なく確実に学習を進める独自の先取学習カリキュラムを展開。６年間で地域社会・世界を牽引する人材になる土台づくりを行う。

学習　６年後の大学受験を見据えた，無理のない先取り学習を実施。英語はネイティヴ教員との授業を少人数制で行い，英会話能力の向上を図る。また国際交流にも力を入れ海外研修プログラムを用意。国語では「論理エンジン」を導入し，文章を筋道立てて読む力を養成。「eトレ講座」では個々の学習進度に応じたオーダーメイドの学習プリントによる個別演習を行う。生徒全員がタブレット型PCを所持し，授業や日々の学習で活用。

キャリア教育　６年間の計画的な進路指導プログラムを用意。後期課程で一日医療体験を行うほか，３年次から進学講演会，４年次から大学見学会などを実施。

学校生活　発達段階に応じた校外研修を行い，５年次では全員イギリス研修旅行を行う。ユネスコスクール加盟校。ESD教育の一環として，来日した海外姉妹校の生徒と共に近隣の小中学校を訪問し，本校生徒が通訳しながら海外の生活や文化を紹介する「Share the Wonderプログラム」を行う。12団体の部活動と２つの同好会がある。

●コース表

中1	中2	中3	高1	高2	高3
共	通	履	修	国公立理系 国公立文系 私立理系 私立文系	

保護者MEMO

登校時刻▶8：45
最終下校時刻▶18：00
土曜日▶隔週登校。平常授業4時間
昼食▶弁当／食品販売あり
携帯電話▶可
制服▶ブレザー
自転車通学▶可
カウンセラー▶常駐
保護者面談▶年１回
保護者会▶年１回
必修旅行▶イギリス(高１)
部活動▶活動日は部による

学費　初年度目安 116万円

（単位:円）	入学金	施設費	授業料	その他	合計
入学手続時	100,000	130,000	―	―	230,000
1年終了まで	―	130,000	420,000	381,200	931,200

[その他] 制服・指定品代，教育充実費，諸経費，副教材，宿泊研修，団体諸経費。
[寄付・学債] 任意の寄付金(教育振興資金) 1口3.6万円1口以上あり。
※上記は'22年度のもの。新年度について詳細は「受験生応援アプリ」にて公開（2023年５月～）。

●奨学金・特待生
第１種：入学金，施設設備費，授業料・教育充実費１年／第２種：授業料１年

首都圏模試　思考コード （単位：%）

読み取る力＼考える力	国語 A	国語 B	国語 C	算数 A	算数 B	算数 C
〈第１回〉						
複雑 3						
2	33			20	5	
単純 1	10	57		36	39	

A=知識・理解思考　B=論理的思考　C=創造的思考

2024年度入試　合格の基準

		首都圏模試 ほぼ確実	首都圏模試 見込あり	首都圏模試 やや見込あり	四谷大塚 ほぼ確実	四谷大塚 見込あり	四谷大塚 やや見込あり
男子	①	43	40	37	36	32	26
女子	①	43	40	37	36	32	26

ほぼ確実＝80%～／見込あり＝50～79%／やや見込あり＝20～49%

入試要項　2023年度参考　新年度日程はアプリへGO!　2科 4科 英 他

試験名		試験日 ◎午後入試	出願締切 Web	発表 Web	手続 Web	2科	4科	適	英	他	面接	特待	募集数	応募数	受験数	合格数	実質倍率	偏差値
①	一般	11/20	11/7	当日	11/27延	●					＊3	●	140	132	130	126	1.0	男43 女43
							●				＊3							
	推薦	11/20◎	11/7	当日	11/27延					＊4	＊4							—
②	一般	12/11	12/5	当日	12/18延	●					＊3	●		44	39	35	1.1	男43 女43
							●				＊3							
	英語アドバンス								＊1	＊1	＊1							—
	自己アピール								＊2	＊2	＊2							—
③	一般	1/22	1/16	当日	1/29延	●					＊3			18	13	9	1.4	男42女42
④	一般	2/5	2/3	当日	2/8	●					＊3			4	3	2	1.5	男42女42

＊1　英語（リスニング含む。英検３級程度）＋国語または算数。面接(個人)は一部英語　＊2　自己アピール作文＋国語または算数より１科目選択。英語選択者の面接（個人）は一部英語　＊3　個人面接　＊4　作文＋個人面接

※推薦・自己アピール・④は単願のみ。ほかは単願・併願あり　※志願者調査書，通知表コピー。他に推薦は推薦書　※各種資格保持者は優遇措置あり（合格証・賞状などのコピー提出）

【出願方法】 Web出願後，書類を郵送または窓口持参
【合格発表】 ④は窓口
【手続方法】 Web納入のうえ，窓口手続。併願者は2/6。入学辞退者には一部返還
【受験料】 20,000円（２回目以降は各10,000円。①一般と推薦の同時出願は30,000円）

【帰国生入試】 —

中学受験のプロがおすすめ! 併願校の例

特色	男 フィールドワーク	男 学習サポート	男 アクセス	女 フィールドワーク	女 学習サポート	女 アクセス
♠男子校 ♥女子校 ♣共学・別学校	♣開智未来	♣獨協埼玉	♣国学院栃木	♣開智未来	♣獨協埼玉	♣国学院栃木
	♣東京農大三高附	♣東京成徳深谷	♣白鷗大足利	♣東京農大三高附	♣東京成徳深谷	♣白鷗大足利
	♣埼玉平成	♣聖望学園	♣本庄東高校附	♣埼玉平成	♣聖望学園	♣本庄東高校附

卒業生の進路情報

四年制大学進学率78%
文系40／理系60／その他０%　医歯薬14名合格

内部推薦▶日本大学へ25名（法２，文理７，商２，国際関係１，危機管理１，理工３，生産工３，工１，医１，生物資源科３，薬１），同短期大学部へ２名が内部推薦で進学。同附属専門学校への推薦制度もある。
指定校推薦▶非公表。

'22年３月卒業生：59名

大学46名　短大２名　専門０名　就職０名　他11名

主な大学合格状況　'23年春については主要大学のみ巻末一覧に記載

大学名	'22	'21	'20	大学名	'22	'21	'20	大学名	'22	'21	'20
◇一橋大	0	1	0	早稲田大	0	4	4	日本大	105	151	106
◇千葉大	0	1	0	慶應大	0	3	2	東洋大	6	3	2
◇筑波大	0	0	1	上智大	1	1	0	駒澤大	1	2	3
◇横浜国大	0	1	1	東京理科大	4	1	8	大東文化大	4	3	1
◇埼玉大	0	2	0	学習院大	0	2	3	東海大	11	9	4
◇北海道大	2	0	0	明治大	6	4	13	帝京大	2	4	3
◇防衛医大	0	1	0	青山学院大	4	2	2	獨協大	4	7	0
◇群馬大	2	0	2	立教大	0	1	7	芝浦工大	3	5	0
◇防衛大	4	1	3	中央大	3	4	4	津田塾大	2	1	2
◇山形大	1	1	2	法政大	6	15	2	国際医療福祉大	1	6	1

※各大学合格数は既卒生との合計。

見学ガイド　説明会／一日体験学習

白鷗大学足利 中学校

はくおうだいがくあしかが

〒326−0054 栃木県足利市伊勢南町4−3 ☎0284−42−1131

国際 海外研修 長期留学 第2外国語 online英会話 21型 1人1台端末 リモート体制 プロジェクト型 論文執筆 STEAM 情操 体験学習 ボランティア 人間力育成

教育目標▶友愛と協調の精神を重んじると共に，個性を伸ばし，情操豊かに国際的な感覚を身につける。
沿革▶1915年創立の足利裁縫女学校を母体に，1952年高校，1961年中学校開設。1994年現校名に改称。2024年新校舎竣工予定。
施設▶ホール，図書室，カウンセリング室，テニスコート，他。
学校長▶高久　哲史
生徒数▶総数130名

	1年（2クラス）	2年（2クラス）	3年（2クラス）
男子	21名	23名	21名
女子	21名	23名	21名

JR—足利4分
東武伊勢崎線—足利市12分
4分

「プルスウルトラ～さらに向こうへ～」を校訓に，生徒の天分を引き出す

少人数制のきめ細かい指導で，生徒の可能性を最大限に引き出す教育を実践。卒業時は併設高校への進学資格を持ちつつ自由な進路選択が可能となる。

学習 平日は7時間授業を実施。英数では全学年で習熟度別授業を展開し，能力に応じた先取り学習のほか，難関高校入試対策も行う。ネイティヴによる英語コミュニケーション授業では異文化理解を促進し，国際的な感覚を養う。中2の希望者を対象に，ホームステイを中心としたオーストラリア研修旅行を実施。定期試験の他にも校内実力試験や外部模試を行う。中1から朝や放課後，長期休業中に補習を行い，学力の向上を図る。

キャリア教育 中2で職場体験，中3では卒業生と語る会を実施。また，各学年で進学ガイダンスや個人面談などを行い，生徒自身が高校入試制度を理解した上で，適切な志望校が選択できるように指導。併設高校への進学希望者は，中学での成績，行動をもとに適性を判断し，文理進学・総合進学・特別進学・進学の各コースに分かれる。

●コース表

中1	中2	中3	高1	高2	高3
共	通	履　修	文理進学コース 総合進学コース 特別進学コース 進学コース		

学校生活 10月の体育祭では，中1～中3まで縦割りの組に分け，組対抗で競技や集団演技を行う。サッカー・科学・日本伝統文化などの部・同好会が活動。

保護者MEMO

登校時刻▶8：35
最終下校時刻▶18：10
土曜日▶隔週登校。平常授業3時間
昼食▶弁当／食品販売あり
携帯電話▶許可制
制服▶ブレザー
自転車通学▶可
カウンセラー▶週1回
保護者面談▶年2回
保護者会▶年1回(中3は2回)
必修旅行▶オーストラリア（中2）
部活動▶月曜日は休部日

学費　初年度目安 121万円

(単位:円)	入学金	施設費	授業料	その他	合計
入学手続時	200,000	100,000	—	—	300,000
1年終了まで	—	—	420,000	494,931	914,931

［その他］制服・指定品代，海外研修費，諸経費，冷暖房費，図書費，林間学校，芸術教室費，タブレット端末費，諸会費。※上記男子。女子初年度目安126万円。
［寄付・学債］なし。
※上記は'22年度のもの。新年度について詳細は「受験生応援アプリ」にて公開（2023年5月～）。

●奨学金・特待生
A：入学金，授業料1年間／B：入学金，授業料1年間の半額／C：入学金

首都圏模試 思考コード (単位：%)

〈第１回〉

読み取る力／考える力	国語 A	国語 B	国語 C	算数 A	算数 B	算数 C
複雑 3						
2	16			66		
単純 1	28	46	10	34		

A=知識・理解思考 B=論理的思考 C=創造的思考

2024年度入試 合格の基準

		首都圏模試 ほぼ確実	首都圏模試 見込あり	四谷大塚 ほぼ確実	四谷大塚 見込あり
男子	①	―	―	31	27
			やや見込あり ―		やや見込あり 22
女子	①	―	―	31	27
			やや見込あり ―		やや見込あり 22

ほぼ確実＝80%～／見込あり＝50～79%／やや見込あり＝20～49%

入試要項 2023年度参考 新年度日程は アプリへGO! 2科 他

試験名		試験日 ◎午後入試	出願締切 窓口	発表 宅配	手続 振込	選抜方法 2科	4科	適	英	他	面接	特待	募集数	応募数	受験数	合格数	実質倍率	偏差値
推薦		11/23	11/4	11/25	11/30					＊1	＊2		60	7	7	7	1.0	―
一般	①	11/23	11/4	11/25	11/30	●					＊2	●		62	60	48	1.3	―
	②	1/28	1/25	1/29	2/1	●					＊2			14	14	8	1.8	―

＊1 作文。推薦基準あり。事前に相談が必要 ＊2 個人面接
※通知表コピー。他に推薦は推薦書，志望理由書

【出願方法】 窓口受付
【手続方法】 金融機関振込のうえ，窓口手続。
【受験料】 20,000円。再受験は10,000円

【帰国生入試】 ―

中学受験のプロがおすすめ! 併願校の例

特色	男 理数教育	男 体験重視	男 アクセス	女 理数教育	女 体験重視	女 アクセス
♠男子校	♣獨協埼玉	♣開智未来	♣佐野日大中等	♣獨協埼玉	♣開智未来	♣佐野日大中等
♥女子校	♣東京農大三高附	♣昌平	♣作新学院	♣東京農大三高附	♣昌平	♣作新学院
♣共学・別学校	♣東京成徳深谷	♣開智望	♣国学院栃木	♣東京成徳深谷	♣開智望	♣国学院栃木

併設高校の進路情報

四年制大学進学率64.3%
文系72／理系27／その他１(%) 医歯薬６名合格

'22年３月卒業生：364名
大学234名 短大18名 専門76名 就職26名 他10名

内部推薦▶白鷗大学へ63名（法14，経営27，教育22）が内部推薦で進学した。

指定校推薦▶利用状況は早稲田大２，上智大２，東京理科大２，立教大１，成蹊大１，自治医大１，獨協医大１など。ほかに青山学院大，駒澤大，専修大，大東文化大，東海大，亜細亜大，帝京大，國學院大，明治学院大，獨協大，芝浦工大，東京電機大，津田塾大，文教大，学習院女子大，神田外語大など推薦枠あり。

主な大学合格状況 '23年春については主要大学のみ巻末一覧に記載

大学名	'22	'21	'20	大学名	'22	'21	'20	大学名	'22	'21	'20
◇千葉大	1	1	1	上智大	2	3	3	駒澤大	10	4	4
◇埼玉大	0	2	0	東京理科大	6	3	3	専修大	4	4	2
◇群馬大	6	5	12	学習院大	0	1	2	大東文化大	12	7	6
◇信州大	3	1	2	明治大	3	4	1	東海大	10	5	4
◇茨城大	0	3	2	青山学院大	0	2	1	帝京大	8	5	10
◇宇都宮大	3	4	4	立教大	9	2	1	成蹊大	5	4	3
◇高崎経済大	0	4	2	中央大	7	6	2	獨協大	8	7	9
◇群馬県立女子大	3	4	4	法政大	6	6	0	芝浦工大	3	8	5
◇釧路公立大	0	3	5	日本大	6	8	6	東京電機大	3	5	10
早稲田大	3	2	2	東洋大	9	20	14	白鷗大	152	180	186

※各大学合格数は既卒生との合計。

見学ガイド 説明会／オープンキャンパス

星(ほし)の杜(もり) 中学校

〒321－3233 栃木県宇都宮市上籠谷町 3776 ☎028－667－0700

国際 海外研修 長期留学 第2外国語 online英会話 21型 1人1台端末 リモート体制 プロジェクト型 論文執筆 STEAM 情操 体験学習 ボランティア 人間力育成

教育理念▶新たな価値を創造し，社会に貢献する，チェンジメーカーの育成。
沿革▶1954年マリアの宣教者フランシスコ修道会のシスターたちによって設立された宇都宮海星女子学院がルーツ。2023年４月より共学校・学校法人宇都宮海星学園星の杜中学校・高等学校へ。
施設▶ラウンジ，和室，カウンセリング室，自習室，センターコート，テニスコート，弓道場，聖堂，他。
学校長▶石塚　千恵
生徒数▶総数―名

	1年	2年	3年
男子	―名	―名	―名
女子	―名	―名	―名

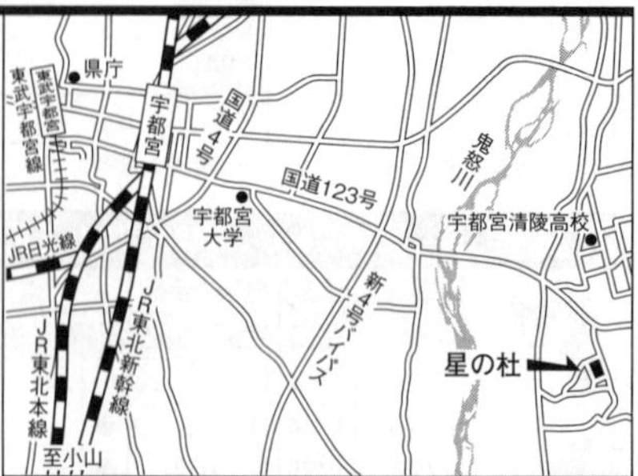

JR宇都宮よりバス海星学院 25分

星の杜メソッド「認知×非認知×デジタル」の実践

VUCAの時代に求められる「チェンジメーカー」の基礎を築く。高い英語力，ICTリテラシーを兼ね備えたデジタルツール活用力，問題発見・解決力を身につける。

学習 これからの社会の諸課題や未来を見据え，社会に出て本当に必要とされる資質・能力を育成するため，学内外の教育資源を最大限活用した教育活動を展開する。国際教育として中３でインドネシア・バリ島にある世界最先端の学校グリーンスクールでアントレプレナーシップ研修を予定。高校のグローバルラーニングコースでは希望制で世界10都市への留学を用意する。自分が感じた気づきを社会の課題解決へとつなげる力を養う探究学習，社会の課題をテクノロジーとデザインで解決するためのSTEAM教育を実践。教科学習は個別最適化を図り，定期テストではなくルーブリック評価で理解度を確認する。

キャリア教育 社会人から進学・進路に関するヒントを学ぶ講座を月１回程度実施。

学校生活 建学の精神を学ぶ授業が隔週１ある。また，リベラルアーツ教育では多岐分野にわたる世界の様々な困難を多面的に捉える柔軟な思考を養う。放課後活動は部活動に加え，外部の総合スポーツクラブへの参加や生徒希望のサークル活動を予定。

●コース表

中1	中2	中3	高1	高2	高3
共	通	履	修	ディープラーニングコース	
				グローバルラーニングコース	

保護者MEMO

登校時刻▶8：30
最終下校時刻▶18：00
土曜日▶休校。特別授業や行事，部活動を行う
昼食▶弁当／食品販売あり
携帯電話▶可
制服▶ブレザー（標準服）
自転車通学▶可
カウンセラー▶週1日
保護者面談▶年2回
保護者会▶年2回
必修旅行▶バリ島（中3），他
部活動▶活動日は部による

学費　初年度目安 102万円

（単位：円）	入学金	施設費	授業料	その他	合計
入学手続時	120,000	100,000	―	―	220,000
1年終了まで	―	―	396,000	409,000	805,000

［その他］制服・指定品代，修学旅行費，保護者の会費，生徒会費，教科書代，教育拡充費，副教材費。
［寄付・学債］―
※上記は'23年度予定。詳細は「受験生応援アプリ」にて公開（2023年５月～）。

●奨学金・特待生
A：入学金，施設設備資金，授業料３年間／B：入学金，施設設備資金，授業料１年間／C：入学金

首都圏模試　思考コード　(単位：%)

読み取る力 ＼ 考える力	A	B	C	A	B	C
複雑 3						
2			データなし			
単純 1						

A=知識・理解思考　B=論理的思考　C=創造的思考

2024年度入試　合格の基準

	首都圏模試		四谷大塚	
男子	ほぼ確実	見込あり	ほぼ確実	見込あり
	—	—	—	—
		やや見込あり		やや見込あり
		—		—
女子	ほぼ確実	見込あり	ほぼ確実	見込あり
	—	—	—	—
		やや見込あり		やや見込あり
		—		—

ほぼ確実＝80%～／見込あり＝50～79%／やや見込あり＝20～49%

入試要項　2023年度参考　新年度日程はアプリへGO!　2科 英 他

試験名		試験日 ◎午後入試	出願締切 Web	発表 Web	手続 Web	選抜方法 2科	4科	適	英	他	面接	特待	募集数	応募数	受験数	合格数	実質倍率	偏差値
① 総合	PBL	11/20	11/11	11/22	11/25延		●			＊1		●	60	32	14	29	1.1	—
	英語表現								＊2		＊2	●			5			
	自己アピール									＊3		●			12			
2科		11/20	11/11	11/22	11/25延	●					＊4	●		35	35	25	1.4	—
② 総合	PBL	12/17	12/12	12/19	12/22延					＊1		●		0	0	0	—	—
	英語表現								＊2		＊2	●		0	0	0	—	—
	自己アピール									＊3		●		2	2	1	2.0	—

＊1　与えられたテーマについて志願者同士が協働して解決するグループワーク
＊2　英語による口頭試問
＊3　自分がこれまで取り組んできたことをアピールするプレゼンテーション
＊4　グループ面接
※調査書。自己アピールは自己申告書
※①は総合と2科の同日受験可。その受験生の総合は午後実施

【出願方法】 Web出願後，書類郵送。期間内必着
【手続方法】 郵便振込。併願者は手続期間内に10,000円，残金を1/19までに納入。他県の私立中学校受験者は，発表日翌日まで延納可
【受験料】 13,000円（同時出願可。再受験は6,500円）

【帰国生入試】 11/20（若干名）

中学受験のプロがおすすめ！　併願校の例

特色	男			女		
♠男子校 ♥女子校 ♣共学・別学校			データなし			

併設高校の進路情報

四年制大学進学率82.3%
文系・理系の割合 未集計

指定校推薦▶利用状況は上智大1，学習院大1，法政大1，立命館大1，聖心女子大8，昭和女子大3，清泉女子大2など。ほかに獨協大，白百合女子大，東洋英和女学院大など推薦枠あり。

'22年3月卒業生：51名　（宇都宮海星女子学院高等学校）
大学42名　短大3名／専門4名／就職1名／他1名

主な大学合格状況　'23年春については主要大学のみ巻末一覧に記載

大学名	'22	'21	'20	大学名	'22	'21	'20	大学名	'22	'21	'20
◇東京藝術大	0	1	0	日本大	1	0	0	日本女子大	1	1	0
◇茨城大	1	0	0	東洋大	1	0	0	千葉工大	4	0	0
◇宇都宮大	1	1	1	東海大	2	0	0	桜美林大	6	0	0
◇長野県立大	1	1	0	亜細亜大	1	0	0	大妻女子大	1	1	0
早稲田大	0	0	2	帝京大	3	1	0	聖心女子大	8	0	1
上智大	4	3	4	成蹊大	3	0	0	国際医療福祉大	1	1	0
東京理科大	1	0	0	神奈川大	1	1	0	昭和女子大	5	0	0
学習院大	2	0	1	東京電機大	1	0	0	神田外語大	1	4	0
明治大	0	0	1	津田塾大	1	1	0	獨協医大	1	0	2
法政大	1	0	0	東京女子大	3	0	2	白鷗大	2	4	0

※各大学合格数は既卒生との合計。

見学ガイド　オープンスクール／個別相談会

共愛学園（きょうあいがくえん）中学校

〒379－2185　群馬県前橋市小屋原町 1115－3　☎027－267－1000

国際 / 海外研修 / 長期留学 / 第2外国語 / online英会話 / 21型 / 1人1台端末 / リモート体制 / プロジェクト型 / 論文執筆 / STEAM / 情操 / 体験学習 / ボランティア / 人間力育成

教育方針▶人に仕えることの尊さを体得し，社会にあって自己のためのみに生きるのではなく，他に奉仕することのできる人を育成する。

沿革▶1888年前橋英和女学校として創立。2001年に共学化。

施設▶大・小礼拝堂，CALL教室，テニスコート，弓道場，柔剣道場，アリーナ，総合グラウンド，他。

学校長▶飽田　哲也

生徒数▶総数291名　併設小からの進学者を含む。

	1年（3クラス）	2年（3クラス）	3年（3クラス）
男子	26名	18名	29名
女子	76名	76名	66名
内進生内数	男一名 女一名	男0名 女0名	—

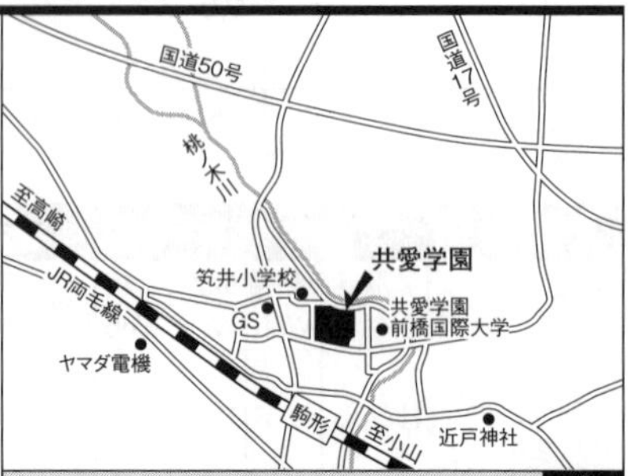

JR一駒形 5 分（前橋北部，JR本庄駅からスクールバスあり）　5分

生徒の「愛」と「個」を育むキリスト教主義教育

キリスト教主義教育・英語教育・人格教育・中高一貫教育を「四本の学びの柱」とする。互いの存在を認め合い，他者に奉仕する生徒を育成する。

学習 6年間全体をひとつの教育の場と捉え，各科目の基礎から応用まで深く学ぶ学習環境を用意。高校の学習にスムーズに移行できるよう主要教科は発展的な内容にも取り組む。生徒自らが学習理解度を確認できるよう，小テストを実施。中3では高校進学を考えて受験用副教材を扱い，年8回の月例テストを課す。創立当初から英語教育に力を注ぐ。ネイティヴ教師による授業のほか，併設高校（普通科，英語科）で学ぶ留学生と交流する機会を設ける。中3の希望者はオーストラリア短期留学に参加できる。中1から全員一人一台タブレット端末を持ち，学習活動で活用している。

キャリア教育 中2の総合学習の時間に外部講師を招き，働く意義や現代社会の課題を学ぶ。また，併設大学にて県内の企業家を招いて協働ワークを行う。

学校生活 毎朝の礼拝は小礼拝堂で行われる。聖書の言葉に耳を傾け，讃美歌を歌う。各学年，週1時間の聖書の授業を実施。中1・中2のキャンプ，中3のハワイ修学旅行などの学年行事がある。

●コース表

中1	中2	中3	高1	高2	高3
共通履修			普通科特進コース		
			普通科進学コース		
			英語科特進コース		
			英語科進学コース		

保護者MEMO

登校時刻▶8：30
最終下校時刻▶18：00
土曜日▶隔週登校。平常授業4時間
昼食▶食堂／食品販売あり
携帯電話▶可
制服▶ブレザー／セーラー
自転車通学▶可
カウンセラー▶週1日
保護者面談▶年2回
保護者会▶年2回
必修旅行▶九州（中3）
部活動▶活動日は部による

学費　初年度目安 84万円

(単位:円)	入学金	施設費	授業料	その他	合計
入学手続時	110,000	110,000	—	—	220,000
1年終了まで	—	—	360,000	264,600	624,600

●奨学金・特待生
なし

［その他］制服・指定品代，諸経費，iPad費用，行事費，保護者後援会費，保護者後援会施設拡充積立金。
［寄付・学債］なし。
※上記は'22年度のもの。新年度について詳細は「受験生応援アプリ」にて公開（2023年5月～）。

首都圏模試 思考コード (単位:%)

読み取る力 ＼ 考える力	A	B	C	A	B	C
複雑 3						
2			データなし			
単純 1						

A=知識・理解思考 B=論理的思考 C=創造的思考

2024年度入試 合格の基準

	首都圏模試		四谷大塚	
男子	ほぼ確実	見込あり	ほぼ確実	見込あり
	—	—	—	—
		やや見込あり		やや見込あり
		—		—
女子	ほぼ確実	見込あり	ほぼ確実	見込あり
	—	—	—	—
		やや見込あり		やや見込あり
		—		—

ほぼ確実=80%～/見込あり=50～79%/やや見込あり=20～49%

入試要項 2023年度参考 新年度日程は アプリへGO! 2科 他

試験名		試験日 ◎午後入試	出願締切 Web	発表 Web	手続 振込	2科	4科	適	英	他	面接	特待	募集数	応募数	受験数	合格数	実質倍率	偏差値
推薦		12/10	11/25	12/15	12/19					＊1	＊2	●	100	47	47	46	1.0	—
一般	①	12/10	11/25	12/15	12/19	●					＊2	●		39	35	14	2.5	—
	②	2/4	1/20	2/8	2/9	●					＊2			28	25	12	1.8	—

＊1 作文＋算数。専願に限る。算数の点数は参考まで。英検４級以上取得者，スポーツに優れた成績を持つ者等の受験資格あり。出願前に事前相談あり ＊2 グループ面接＋保護者面接
※通知表コピー。ほかに，推薦は自己推薦書，受験資格を証明する書類のコピー

【出願方法】Web出願後，書類郵送
【手続方法】Web納入。一般の入学辞退者には一部返還
【受験料】15,000円（①不合格者の②再受験は無料）

【帰国生入試】—
（注）一般②の応募数に再受験・追試者を含む。

中学受験のプロがおすすめ! 併願校の例

特色	男			女		
♠男子校 ♥女子校 ♣共学・別学校			データなし			

併設高校の進路情報

四年制大学進学率70.8%
文系・理系の内訳 非公表

内部推薦▶共愛学園前橋国際大学へ37名，共愛学園前橋国際大学短期大学部へ９名が内部推薦で進学した。
指定校推薦▶非公表。

'22年３月卒業生：319名

大学226名 短大16名 専門56名 就職６名 他12名

主な大学合格状況 '23年春については主要大学のみ巻末一覧に記載

大学名	'22	'21	'20	大学名	'22	'21	'20	大学名	'22	'21	'20
◇千葉大	0	0	1	東京理科大	0	1	1	帝京大	5	1	0
◇筑波大	1	0	0	学習院大	1	0	2	明治学院大	1	9	6
◇東京外大	0	1	0	明治大	3	3	2	獨協大	2	1	6
◇東北大	1	0	0	青山学院大	2	2	6	同志社大	0	6	5
◇群馬大	4	1	2	立教大	1	4	4	武蔵大	2	3	8
◇高崎経済大	3	5	1	中央大	5	2	4	玉川大	1	2	5
◇群馬県立女子大	2	3	3	法政大	0	2	4	立正大	4	2	3
◇県民健康科学大	2	1	1	日本大	1	7	4	桜美林大	5	8	5
慶應大	0	4	1	大東文化大	24	7	3	神田外語大	5	6	2
上智大	1	2	3	東海大	2	1	8	共愛学園前橋国際大	58	60	69

※各大学合格数は既卒生との合計。

見学ガイド 説明会／オープンスクール

東京農業大学第二高等学校 中等部

とうきょうのうぎょうだいがくだいにこうとうがっこう

〒370－0864 群馬県高崎市石原町 3430 ☎027－323－1483

国際 / 海外研修 / 長期留学 / 第2外国語 / online英会話 / 21型 / 1人1台端末 / リモート体制 / プロジェクト型 / 論文執筆 / STEAM / 情操 / 体験学習 / ボランティア / 人間力育成

教育目標▶「開拓と創造」の精神の育成を掲げ，新たな道を切り拓き，「0」から「1」を創り出す力を育む。

沿革▶1962年設立した東京第二高等学校の中等部として2023年開校。2022年5月新校舎完成。

施設▶アクティブ・ラーニングルーム，ICTルーム，ラウンジ，自習室，理科教室（3室），グラウンド，野球場，テニスコート，武道場，他。

学校長▶加藤　秀隆

生徒数▶ー

	1年	2年	3年
男子	ー	ー	ー
女子	ー	ー	ー

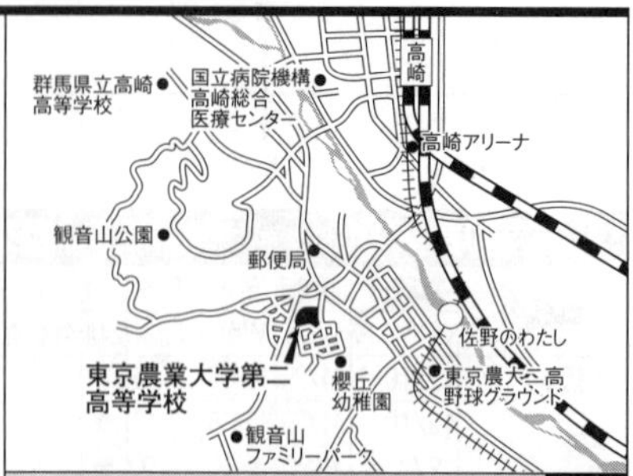

JR―高崎よりバス農大二高前
JR―高崎より自転車15分
15分

「0」から「1」を創造できる力で未来を確かなものに

「開拓と創造」の精神のもと，理数教育と英語教育を重視したカリキュラムが特徴。時代に合わせて変化すべき力を見極めながら，手厚い指導を行う。

学習 併設高校に中高一貫コースを設置し，6年間の一貫教育を実施。教育目標を達成するための3本柱に①「語学・グローバル教育」，②「ICT・プログラミング教育」，③「理科教育」を据える。①では，日本人と外国人教員による指導で，コミュニケーション能力を高め，他国の文化や多様な価値観に触れる。②では情報機器やアプリケーションの使い方，プログラミングなど情報技術を用いた自己表現，問題解決を学ぶ。③では東京農業大学の併設校という特性を活かし，中高大が連携。フィールドワーク，実験を積極的に取り入れ，論理的に考える力や実証精神を養う。

●コース表

中1	中2	中3	高1	高2	高3
共通履修				理系	
				文系	

キャリア教育 社会で活躍できる力を身につけるよう，総合学習や学校行事を通じて表現力や発信力の向上をめざす。また，異文化や多様な価値観にふれる機会を設け，自己のアイデンティティの確立を促す。

学校生活 友好の輪を広げる様々な活動を用意。エンカウンター行事などで協調・協働の精神を涵養する。放課後の活動は、自学習・講習・部活動をバランスよく行う。

保護者MEMO

登校時刻▶8：50
最終下校時刻▶18：00
土曜日▶毎週登校。平常授業4時間
昼食▶弁当／食品販売あり
携帯電話▶可
制服▶ブレザー
自転車通学▶可
カウンセラー▶週3日
保護者面談▶年1～2回
保護者会▶年1～2回
必修旅行▶台湾（中3）
部活動▶週3日

学費　初年度目安 98万円

（単位:円）	入学金	施設費	授業料	その他	合計
入学手続時	150,000	110,000	―	21,000	281,000
1年終了まで	―	―	393,600	305,372	698,972

●奨学金・特待生
授業料1年間（2年次以降審査）

［その他］制服・指定品代，維持費，副教材費，iPad等，学年費，諸会費，保護者会・同窓会・生徒会・後援会入会金。
［寄付・学債］検討中。
※上記は'22年度のもの。新年度について詳細は「受験生応援アプリ」にて公開（2023年5月～）。

首都圏模試　思考コード　(単位：%)

読み取る力						
複雑 3						
2			データなし			
単純 1						
考える力	A	B	C	A	B	C

A=知識・理解思考　B=論理的思考　C=創造的思考

2024年度入試　合格の基準

	首都圏模試		四谷大塚	
男子	ほぼ確実	見込あり	ほぼ確実	見込あり
	—	—	—	—
		やや見込あり		やや見込あり
		—		—
女子	ほぼ確実	見込あり	ほぼ確実	見込あり
	—	—	—	—
		やや見込あり		やや見込あり
		—		—

ほぼ確実＝80%～／見込あり＝50～79%／やや見込あり＝20～49%

入試要項　2023年度参考　新年度日程はアプリへGO!

2科　適性型　他

試験名	試験日 ◎午後入試	出願締切 Web	発表 Web	手続 振込	選抜方法 2科	4科	適	英	他	面接	特待	募集数	応募数	受験数	合格数	実質倍率	偏差値
①	12/11	11/24	12/16	12/18	●						●	70	男105	104	32	3.3	—
													女108	107	48	2.2	—
②	1/15	12/20	1/23	2/3			*						男 53	51	14	3.6	
													女 66	65	18	3.6	
③	2/12	2/3	2/17	2/19	●								男 29	29	3	9.7	
													女 34	32	7	4.6	—

＊　適性検査Ⅰ＋算数
※英検３級以上の取得者は優遇措置あり

【出願方法】 Web出願のうえ，①は11/30，②は12/22，③は2/8までに書類郵送
【手続方法】 Web納入
【受験料】 20,000円（２回目以降は5,000円）

【帰国生入試】 —

中学受験のプロがおすすめ!　併願校の例

特色	男			女		
♠男子校 ♥女子校 ♣共学・別学校			データなし			

併設高校の進路情報

四年制大学進学率79.1%
文系63／理系37／その他０（%）　医学部37名合格

内部推薦▶東京農業大学へ51名（農７，応用生物科３，生命科４，地域環境科６，国際食料情報26，生物産業５），東京情報大学へ３名が内部推薦で進学した。
指定校推薦▶非公表。

'22年３月卒業生：585名
大学463名　短大24名　専門46名　就職９名　他43名

主な大学合格状況　'23年春については主要大学のみ巻末一覧に記載

大学名	'22	'21	'20	大学名	'22	'21	'20	大学名	'22	'21	'20
◇東京大	1	2	0	◇高崎経済大	22	9	6	立教大	9	21	5
◇東工大	0	1	0	◇群馬県立女子大	5	3	8	中央大	13	8	13
◇一橋大	0	1	0	◇前橋工科大	7	2	0	法政大	12	11	10
◇千葉大	0	2	1	早稲田大	5	9	0	日本大	47	54	22
◇筑波大	3	1	0	慶應大	4	2	0	東洋大	45	43	37
◇埼玉大	6	5	1	上智大	4	0	3	専修大	19	14	15
◇東北大	2	2	1	東京理科大	13	12	4	大東文化大	28	32	15
◇群馬大	27	20	16	学習院大	4	2	4	東海大	38	13	21
◇新潟大	6	3	5	明治大	11	17	6	帝京大	62	37	30
◇福島大	0	3	2	青山学院大	4	5	6	明治学院大	14	7	7

※各大学合格数は既卒生との合計。

見学ガイド　文化祭／説明会／プレテスト

 ユネスコ 高校募集 あり キリスト教等の推薦，奨学生のみ。高1より全体が混合。 高1内訳 一貫生 171名 45名 高入生

新島学園 中学校

（にいじまがくえん）

〒379－0116　群馬県安中市安中 3702　☎027－381－0240

国際 海外研修 長期留学 第2外国語 online英会話 21型 1人1台端末 リモート体制 プロジェクト型 論文執筆 STEAM 情操 体験学習 ボランティア 人間力育成

教育理念▶「一国の良心ともいうべき人物を養成する」ため，京都にキリスト教主義の学校（現・同志社大学）を設立した，新島襄の理念を基本とする。
沿革▶新島襄の洗礼を受けた湯浅治郎の孫・湯浅正次により1947年創立。
施設▶ホール，礼拝堂（パイプオルガン），天文台，自習室，ラーニングコモンズ，グラウンド，他。
学校長▶古畑　晶
生徒数▶総数517名

	1年（5クラス）	2年（5クラス）	3年（5クラス）
男子	69名	73名	76名
女子	106名	101名	92名

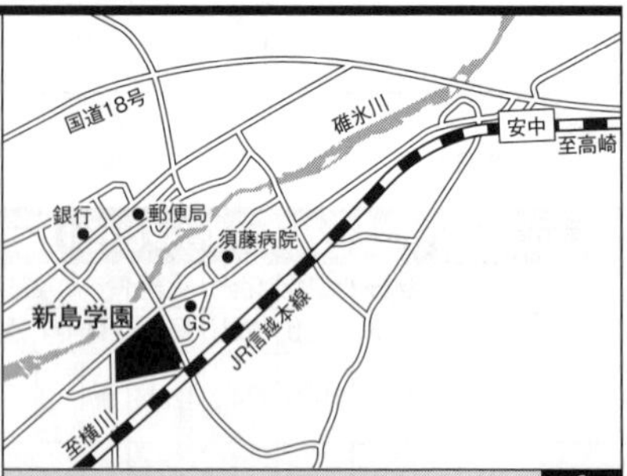

JR一安中15分（富岡・下仁田方面，長野・軽井沢方面に通学バスあり）　15分

「良心の充満した人物」を育てる

「キリスト教精神・生徒の人格の尊重・勉学の喜び・勤労・隣人愛」を教育の五原則に定め，実践する。多彩な教育施策により個々のあらゆる可能性を育てる。

学習　英数国の基礎学力を中学2年間で強化する。授業やテスト，eラーニング教材による反復練習によって一定水準以上の学力の定着を図る。中3からは英数で習熟度別授業を行い，生徒の理解度に合わせた授業を展開。中3・高1を対象に2日間英語でディスカッションを行う「プレエンパワーメントプログラム」や，アメリカなど3カ国での中短期留学を実施するなど，グローバル教育が充実している。知的好奇心を養うため「中高生の科学研究実践活動」を行っており，天文や物理のほか心理など様々なテーマで研究活動を行う。また，プログラミング教育にも力を入れている。

キャリア教育　学園独自の「JOEプログラム」で将来自分はどのような人間になりたいかを探究する。外部講師を招いた座学や，地域企業と連携した商品開発などを行う。

学校生活　キリスト教の精神に基づき礼拝から1日が始まる。イースター礼拝や特別伝道礼拝など宗教行事は中高合同で実施。全国大会常連の陸上競技部や演劇部など約30の部が活動，生徒の多くが参加。

●コース表

中1	中2	中3	高1	高2	高3
共通履修				希望進路に応じた選択制	

保護者MEMO

登校時刻▶8：40
最終下校時刻▶18：30
土曜日▶休校
昼食▶食堂／食品販売あり
携帯電話▶可
制服▶ブレザー
自転車通学▶可
カウンセラー▶常駐
保護者面談▶年3回
保護者会▶年1～2回
必修旅行▶九州方面（高1），他
部活動▶活動日は部による

学費　初年度目安 83万円

(単位:円)	入学金	施設費	授業料	その他	合計
入学手続時	110,000	110,000	―	―	220,000
1年終了まで	―	―	366,600	238,435	605,035

●奨学金・特待生
なし

［その他］制服・指定品代，副教材費，PTA会費，生徒会費，部活動後援会費。
※別途諸雑費あり。
［寄付・学債］寄付金なし。任意の学債1口10万円1口以上あり。
※上記は'22年度のもの。新年度について詳細は「受験生応援アプリ」にて公開（2023年5月～）。

首都圏模試　思考コード（単位：%）

読み取る力						
複雑 3						
2			データなし			
単純 1						
考える力	A	B	C	A	B	C

A=知識・理解思考　B=論理的思考　C=創造的思考

2024年度入試　合格の基準

	首都圏模試		四谷大塚	
男子	ほぼ確実	見込あり	ほぼ確実	見込あり
	－	－	39	34
		やや見込あり		やや見込あり
		－		29
女子	ほぼ確実	見込あり	ほぼ確実	見込あり
	－	－	39	34
		やや見込あり		やや見込あり
		－		29

ほぼ確実＝80%～／見込あり＝50～79%／やや見込あり＝20～49%

入試要項　2023年度参考　新年度日程はアプリへGO!　2科　他

試験名		試験日 ◎午後入試	出願締切 Web	発表 郵送	手続 窓口	選抜方法 2科	4科	適	英	他	面接	特待	募集数	応募数	受験数	合格数	実質倍率	偏差値
①	AO選抜	12/3	11/16	12/8	12/14					＊1	＊2		200	148	148	30	4.9	—
	一般	1/14	1/5	1/19	1/25	●					＊2			98	98	73	1.3	—
②	一般	2/11	2/2	2/15	2/20	●					＊2			—	—	—	—	—

＊1　自己アピール書。第一希望者で，英検・漢検・数学検定の合格者または文化・芸術・スポーツなどに優れた実績をもつ者または日常会話を英語でできる者（帰国児童等）など。該当者は各検定の合格証書・賞状等のコピー　＊2　個人面接
※調査書

【出願方法】Web出願後，書類を郵送または窓口持参。　**【手続方法】**窓口納入　**【受験料】**13,000円

【帰国生入試】上記募集に帰国生含む。優遇措置・考慮あり

中学受験のプロがおすすめ！　併願校の例

特色	男			女		
♠男子校 ♥女子校 ♣共学・別学校			データなし			

併設高校の進路情報

四年制大学進学率75,9%
文系・理系の割合 未集計　医歯薬６名合格

'22年３月卒業生：249名
大学189名　短大11名　専門30名　就職２名　他17名

内部推薦▶新島学園短期大学へ４名が内部推薦で進学した。

指定校推薦▶利用状況は上智大１，東京理科大２，青山学院大２，立教大２，法政大２，日本大８，国際基督教大１，成蹊大２，明治学院大２，獨協大２，芝浦工大３，東京女子大４，同志社大28，玉川大３，南山大１，同志社女子大５，立命館アジア太平洋大１など。ほかに東洋大，武蔵大，東京都市大など推薦枠あり。

海外大学合格状況▶De Montfort University（英），他。

主な大学合格状況　'23年春については主要大学のみ巻末一覧に記載

大学名	'22	'21	'20	大学名	'22	'21	'20	大学名	'22	'21	'20
◇東京外大	0	1	0	学習院大	0	3	0	帝京大	4	3	5
◇横浜国大	0	0	1	明治大	2	2	3	成蹊大	2	4	3
◇東北大	0	0	1	青山学院大	4	5	5	明治学院大	2	4	2
◇群馬大	4	1	1	立教大	5	2	2	獨協大	2	6	1
◇高崎経済大	1	1	4	中央大	1	1	0	芝浦工大	5	7	3
◇県民健康科学大	0	1	2	法政大	3	5	6	東京女子大	4	4	5
早稲田大	0	2	0	日本大	18	8	12	同志社大	30	31	27
慶應大	3	0	3	東洋大	1	3	2	玉川大	6	1	5
上智大	3	2	1	専修大	1	2	1	大妻女子大	1	4	2
東京理科大	4	3	3	東海大	1	3	11	同志社女子大	5	12	7

※各大学合格数は既卒生との合計。

見学ガイド　説明会／オープンスクール

山梨英和（やまなしえいわ）中学校

〒400−8507 山梨県甲府市愛宕町 112 ☎055−254−1590（入試広報部）

国際 / 海外研修 / 長期留学 / 第2外国語 / online英会話 / 21型 / 1人1台端末 / リモート体制 / プロジェクト型 / 論文執筆 / STEAM / 情操 / 体験学習 / ボランティア / 人間力育成

教育目標▶キリスト教信仰を基盤として，校訓に「敬神・愛人・自修」を掲げ，国際的な視野に立ち社会に貢献できる自立した女性を育成する。
沿革▶1889年，カナダのメソジスト教会婦人伝道会とキリスト者青年実業家数名により創立。2019年，校舎改修。全教室にWiFiなどを設置。
施設▶チャペル，CAI教室，カウンセリングルーム，屋内プール，テニスコート，他。
学校長▶三井　貴子
生徒数▶総数－名

	1年	2年	3年
女子	—	—	—

JR―甲府 8 分（スクールバス 2 路線あり） 8分

一人ひとりの芽を大切に育て，豊かな花を咲かす

伝統の英語教育，世界の未来を創造する国際理解教育，探究力・論理的思考力を培うICT教育を実践。国際的視野に立ち社会に貢献できる自立した女性を育てる。

学習 英語では外国人講師を招いた 2 日間のイングリッシュキャンプ，オンライン英会話やイングリッシュコーチングなどに取り組む。中 1 ～高 2 の希望者がSDGs海外研修プログラムに参加。異文化体験やボランティア体験を通じて国際理解を深める。 3 校の海外姉妹校を持つ。語学研修や交換留学のほか，オーストラリアの姉妹校とはタブレット端末を活用し，授業中にライブ交流をする。先進的なICT教育を展開し，論理的思考力を育む。宗教（聖書）の授業がある。高校では英数国に習熟度別授業を導入。自分に合った学習ができる。

●コース表

中1	中2	中3	高1	高2	高3
共	通	履	修	希望進路に応じた選択制	

キャリア教育 中 1 で自分の興味を見つけ，中 2 の自由研究で深めていく。 1 冊のファイルにまとめ，研究成果の発表も。中 3 では職場体験を通して社会を知り，自身の適性や能力を考えて，進路の方向を設定する。

学校生活 1 日は礼拝で始まり，礼拝で終わる。ユネスコ加盟校として，他者や社会，自然環境とのつながりを尊重し，ボランティア活動や国際交流などを通じてESD（持続可能な発展のための教育）に取り組む。

保護者MEMO

登校時刻▶8：25
最終下校時刻▶—
土曜日▶休校
昼食▶弁当／食品販売あり
携帯電話▶許可制
制服▶セーラー
自転車通学▶可
カウンセラー▶—
保護者面談▶年 2 回
保護者会▶年 4 回
必修旅行▶広島・京都（中 3）
部活動▶活動日は部による

学費　初年度目安 103万円

（単位:円）	入学金	施設費	授業料	その他	合計
入学手続時	140,000	140,000	—	—	280,000
1年終了まで	—	—	420,000	328,720	748,720

●奨学金・特待生
授業料 1 年間

［その他］制服・指定品代，教育充実費，教育経費，学年PTA・生徒会費，聖書・賛美歌。
［寄付・学債］任意の寄付金あり。
※上記は'22年度のもの。新年度について詳細は「受験生応援アプリ」にて公開（2023年 5 月～）。

首都圏模試 思考コード (単位:%)

データなし

A=知識・理解思考 B=論理的思考 C=創造的思考

2024年度入試 合格の基準

	首都圏模試		四谷大塚	
	ほぼ確実	見込あり	ほぼ確実	見込あり
男子	—	—	—	—
		やや見込あり		やや見込あり
		—		—
	ほぼ確実	見込あり	ほぼ確実	見込あり
女子	—	—	—	—
		やや見込あり		やや見込あり
		—		—

ほぼ確実=80%〜/見込あり=50〜79%/やや見込あり=20〜49%

入試要項 2023年度参考 新年度日程は アプリへGO!

2科 英 他

試験名	試験日 ◎午後入試	出願締切 Web	発表 Web	手続 振込	選抜方法 2科	4科	適	英	他	面接	特待	募集数	応募数	受験数	合格数	実質倍率	偏差値
自己推薦	1/7	12/9	1/9	1/16					＊1	＊2		70	—	—	—	—	—
専願	1/7	12/9	1/9	1/17	＊3			＊3		＊2	●		—	—	—	—	—
一般 Ⅰ	1/14	1/12	1/16	1/23	●					＊2			—	—	—	—	—
一般 Ⅱ	1/21	1/19	1/23	2/3	●					＊2			—	—	—	—	—

＊1 作文。出願条件あり。出願希望者は事前に相談が必要 ＊2 保護者同伴面接 ＊3 国語・算数は必須。英語選択者は2科または3科のどちらか上位得点を採用する。
※家庭報告書，調査書。ほかに，自己推薦は活動記録報告書，賞状，合格証などのコピー ※専願・自己推薦は合格した場合，必ず入学する者に限る

【出願方法】 Web出願のうえ，書類を郵送または窓口持参
【手続方法】 銀行振込のうえ，書類郵送。入学辞退者には一部返還
【受験料】 15,000円

【帰国生入試】 1/7（上記募集数に含む）

中学受験のプロがおすすめ! 併願校の例

特色 男 / 女

♠男子校 ♥女子校 ♣共学・別学校

データなし

併設高校の進路情報

四年制大学進学率－%
文系・理系の内訳 非公表

内部推薦▶非公表。
指定校推薦▶非公表。

'22年3月卒業生：非公表

主な大学合格状況 '23年春については主要大学のみ巻末一覧に記載

大学名	'22	'21	'20	大学名	'22	'21	'20	大学名	'22	'21	'20
◇北海道大	0	0	1	東京理科大	0	0	1	玉川大	0	3	3
◇九州大	1	0	0	明治大	0	2	2	桜美林大	1	1	2
◇東京農工大	0	1	0	中央大	1	3	7	自治医大	1	0	0
◇お茶の水女子大	1	1	0	法政大	0	2	1	北里大	1	1	1
◇東京学芸大	0	1	1	日本大	0	1	8	昭和薬科大	1	1	1
◇信州大	3	1	1	東洋大	0	1	7	関西学院大	2	0	0
◇山梨大	4	3	2	帝京大	2	1	1	武蔵野大	4	1	1
◇埼玉県立大	1	0	0	津田塾大	0	2	1	帝京科学大	3	2	4
◇山梨県立大	2	4	4	東京女子大	0	3	0	日本女子体育大	2	1	0
早稲田大	0	0	1	立命館大	1	0	0	山梨英和大	-	-	-

※各大学合格数は既卒生との合計。

見学ガイド 説明会／体験授業／クリスマス礼拝

※普通科のみ。
高校募集あり　高入生とは3年間別クラス　高1内訳　一貫生 145名　164名 高入生

駿台甲府中学校

すんだいこうふ

〒400－0026　山梨県甲府市塩部2－8－1　☎055－253－6233

教育目標▶「愛情教育」を教育理念とし，知徳体のバランスがとれた品格ある人格を育成する。
沿革▶1980年駿台甲府高等学校，1993年中学校開校。2019年4月，甲府市上今井町より現校地に移転。
施設▶大ホール，フロンティアホール，ICTルーム，図書室，他。
学校長▶八田　政久
生徒数▶総数487名　併設小からの進学者を含む。

	1年（5クラス）	2年（5クラス）	3年（5クラス）
男子	72名	101名	98名
女子	76名	76名	64名
内進生内数	男ー 女ー	男女72名	男ー 女ー

JR一甲府15分　15分

「愛情教育」で「チャレンジング・スピリット」を育成

2023年度より駿台メソッドによる中高一貫の新カリキュラムがスタート。5年間で高校卒業までの教科書内容を習得し，最後の1年間は大学受験に備える。

学習「授業が真ん中」をモットーに，受験のための詰め込み教育ではなく，学ぶ楽しさや分かる喜びから生徒の学習意欲を引き出す。生徒自身がそれぞれの学習到達度に適した環境で学べるように，複数の教科で習熟度別授業を展開。一部中学の枠を超え，高校領域の内容も学ぶ。駿台グループの"教育のプロのノウハウ"と，最先端のAI教材を融合させた，駿台甲府オリジナルの超・次世代型学習システムを導入。

1人1台のタブレット端末，あるいは自宅PCを使って，いつでも映像講座や学習アプリを利用できる。また，駿台予備学校講師による特別講習のライブ受講，定期的なZ会の添削指導なども用意されている。

●コース表

中1	中2	中3	高1	高2	高3
教科書内容の習得				進路に応じた体制	

※複数の教科で習熟度別授業

キャリア教育　駿台予備学校の有名講師や校舎責任者，卒業したOB・OGによる進路講演会を毎年定期的に開催。学ぶことの意味，自身の進路について考える機会を数多く設けている。

学校生活　めざすは文武芸一体。部活動は自由参加とし，8つの運動部，5つの文化部が活動している。

保護者MEMO

登校時刻▶8：35
最終下校時刻▶17：30
土曜日▶隔週登校。学校行事や講演会を行う
昼食▶給食（希望制）／食品販売あり
携帯電話▶許可制
制服▶ブレザー
自転車通学▶可
カウンセラー▶週1日
保護者面談▶年3回
保護者会▶年3回
必修旅行▶広島・京都(中2)
部活動▶活動日は部による

学費　初年度目安 101万円

(単位:円)	入学金	施設費	授業料	その他	合計
入学手続時	180,000	160,000	—	—	340,000
1年終了まで	—	—	480,000	188,752	668,752

●奨学金・特待生
なし

［その他］教育振興費，冷暖房費，教材費，教育用タブレット費，行事積立金，PTA会費，生徒会費，クラブ振興費，災害共済掛金，互助会費。※別途制服・指定品代あり。
［寄付・学債］なし。
※上記は'22年度のもの。新年度について詳細は「受験生応援アプリ」にて公開（2023年5月～）。

首都圏模試　思考コード（単位：%）

読み取る力 ＼ 考える力	A	B	C	A	B	C
複雑 3						
2			データなし			
単純 1						

A=知識・理解思考　B=論理的思考　C=創造的思考

2024年度入試　合格の基準

	首都圏模試		四谷大塚	
男子	ほぼ確実	見込あり	ほぼ確実	見込あり
	—	—	—	—
		やや見込あり		やや見込あり
		—		—
女子	ほぼ確実	見込あり	ほぼ確実	見込あり
	—	—	—	—
		やや見込あり		やや見込あり
		—		—

ほぼ確実=80%～／見込あり=50～79%／やや見込あり=20～49%

入試要項　2023年度参考　新年度日程は アプリへGO!　4科

試験名	試験日 ◎午後入試	出願締切 Web	発表 郵送	手続 振込	選抜方法 2科	4科	適	英	他	面接	特待	募集数	応募数	受験数	合格数	実質倍率	偏差値
専願	1/7	12/16	1/10	1/12		●				*		175	—	—	—	—	—
一般	1/14	1/12	1/17	1/19		●				*			—	—	—	—	—

＊個人面接
※調査書，家庭調査書。ほかに専願は推薦書

【出願方法】 Web出願のうえ，書類郵送
【手続方法】 銀行振込のうえ，専願は1/13，一般は1/20までに書類郵送
【受験料】 18,000円

【帰国生入試】 —

中学受験のプロがおすすめ！ 併願校の例

特色	男			女		
♠男子校 ♥女子校 ♣共学・別学校			データなし			

併設高校の進路情報

四年制大学進学率－%
文系・理系の割合 非公表

内部推薦▶非公表。
指定校推薦▶非公表。

'22年3月卒業生：非公表
（美術デザイン科を含む）

主な大学合格状況　'23年春については主要大学のみ巻末一覧に記載

大学名	'22	'21	'20	大学名	'22	'21	'20	大学名	'22	'21	'20
◇東京大	1	1	4	◇山梨大	17	20	18	中央大	26	28	16
◇京都大	0	1	0	◇都留文科大	3	5	3	法政大	18	13	8
◇東工大	0	0	1	早稲田大	17	18	12	日本大	21	33	20
◇一橋大	0	1	0	慶應大	9	6	10	東洋大	32	19	5
◇千葉大	3	3	1	上智大	4	5	6	専修大	4	20	6
◇筑波大	0	2	1	東京理科大	17	20	16	帝京大	11	17	10
◇東京外大	3	0	1	学習院大	6	5	6	神奈川大	5	15	5
◇横浜国大	0	4	1	明治大	19	18	9	芝浦工大	3	16	8
◇東北大	1	3	2	青山学院大	10	3	2	東京女子大	8	3	2
◇信州大	3	5	5	立教大	12	7	8	立命館大	7	12	8

※各大学合格数は既卒生との合計。

見学ガイド 説明会／オープンスクール／体験入学／個別相談対応可

高校募集 あり 高1より全体が混合。 高1内訳 一貫生 91名 291名 高入生

山梨学院（やまなしがくいん）中学校

〒400－0805　山梨県甲府市酒折 3－3－1　☎055－224－1616

国際 / 海外研修 / 長期留学 / 第2外国語 / online英会話 / 21型 / 1人1台端末 / リモート体制 / プロジェクト型 / 論文執筆 / STEAM / 情操 / 体験学習 / ボランティア / 人間力育成

教育目標▶「智と情と勇をそなえた人間の育成」をめざし,「自律・思考・表現・共生」の4能力を育む。
沿革▶1946年に始まる山梨学院（山梨実践女子高等学院）創立50周年の1996年に中学校開校。併設高校は2017年より国際バカロレアDP認定校。
施設▶ホール，夢見庵（和室），コミュニティルーム，ラウンジ，グラウンド，武道場，テニスコート，他。
学校長▶吉田　正
生徒数▶総数294名　併設小からの進学者を含む。

	1年（3クラス）	2年（3クラス）	3年（3クラス）
男子	60名	57名	50名
女子	47名	41名	39名
内進生内数	男36名 女23名	男34名 女23名	男32名 女24名

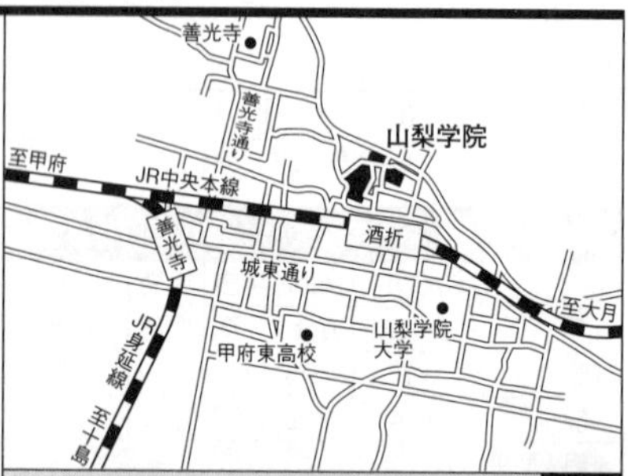

JR一酒折５分，善光寺10分　5分

グローバル時代に対応した新しい学校づくり

「HOPE（High-quality lessons，Open courses，Project activity，Entrance to the world)」を４つの柱に，真のグローバル人材を育成する。

学習 生徒が能動的に授業を受けることを目的とし，教科ごとに生徒が移動する「教科センター方式」を導入。教室の近くには担当教員が常駐する。英語は海外生活ができる英会話力を身につけることをめざし，外国人教員による指導や海外語学研修で話す能力を引き上げる。「理科」ではなく「科学」を設定。見て触れる体験を楽しみ，実験や研究を通じて自然事象を理解する。個々の好奇心を伸ばすために，チームで研究を進める学習と個人で研究する，２つのプロジェクト活動に力を入れている。発表の場はクラスや学年，文化祭など様々。

●コース表

中1	中2	中3	高1	高2	高3
共	通	履修	特進P（プレミアム）コース 特進A（アドバンスト）コース 進学コース		

キャリア教育 進路や生き方を考える機会として，各界で活躍する人物を招いて「トッププランナー講演会」を開催。また，東大や医学部などに進学した先輩による「ホームカミング講演会」もある。全員が中高一貫の特進コースに進学できるが，希望者は進学コースへの進学も可能。

学校生活 クラスが一致団結して取り組む合唱コンクールや，学年の枠を超えて縦割りチームで競い合う体育祭などがある。

保護者MEMO

登校時刻▶8：25
最終下校時刻▶17：30
土曜日▶隔週登校。総合学習や行事を行う
昼食▶弁当／食品販売あり
携帯電話▶可
制服▶襟詰／ブレザー
自転車通学▶可
カウンセラー▶―
保護者面談▶年２回
保護者会▶年１回
必修旅行▶オーストラリア（中3）
部活動▶活動日は部による

学費　初年度目安 118万円

(単位:円)	入学金	施設費	授業料	その他	合計
入学手続時	100,000	200,000	―	―	300,000
1年終了まで	―	―	348,000	528,877	876,877

［その他］制服・指定品代，iPad使用料，海外研修費，教育充実費，学年費・教材費，サマースクール経費，PTA会費，生徒会費。
［寄付・学債］なし。
※上記は'22年度のもの。新年度について詳細は「受験生応援アプリ」にて公開（2023年５月～）。

●奨学金・特待生
A：入学時納付金，授業料全額／B：入学時納付金，授業料半額（1年）／Ⅰ：入学時納付金／Ⅱ：入学金

首都圏模試　思考コード　(単位：%)

読み取る力 ＼ 考える力	A	B	C	A	B	C
複雑 3						
2			データなし			
単純 1						

A=知識・理解思考　B=論理的思考　C=創造的思考

2024年度入試　合格の基準

	首都圏模試		四谷大塚	
男子	ほぼ確実	見込あり	ほぼ確実	見込あり
	―	―	―	―
		やや見込あり		やや見込あり
		―		―
女子	ほぼ確実	見込あり	ほぼ確実	見込あり
	―	―	―	―
		やや見込あり		やや見込あり
		―		―

ほぼ確実＝80％～／見込あり＝50～79％／やや見込あり＝20～49％

入試要項　2023年度参考　新年度日程は アプリへGO!　2科

試験名	試験日 ◎午後入試	出願締切 Web	発表 Web	手続 Web	選抜方法 2科	4科	適	英	他	面接	特待	募集数	応募数	受験数	合格数	実質倍率	偏差値
専願	1/7	12/11	1/9	1/13	●					*	●	111	―	―	―	―	―
一般	1/14	1/13	1/16	1/20	●					*			―	―	―	―	―

＊　保護者同伴面接
※調査書。ほかに，推薦は推薦書・確約書。英検３級以上取得者は合格証明書（優遇措置あり）

【出願方法】 Web出願後，書類を郵送または窓口持参
【手続方法】 Web納入
【受験料】 15,000円

【帰国生入試】 ―

中学受験のプロがおすすめ！　併願校の例

特色	男			女		
♠男子校 ♥女子校 ♣共学・別学校			データなし			

併設高校の進路情報

四年制大学進学率69.2%
文系69／理系19／その他12（%）　医歯薬19名合格

内部推薦▶山梨学院大学へ87名（法28，経営49，スポーツ科８，健康栄養１，国際リベラルアーツ１），山梨学院短期大学へ31名が内部推薦で進学した。

指定校推薦▶非公表。

'22年３月卒業生：321名

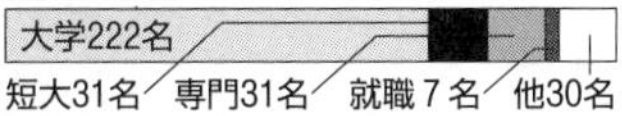

主な大学合格状況　'23年春については主要大学のみ巻末一覧に記載

大学名	'22	'21	'20	大学名	'22	'21	'20	大学名	'22	'21	'20
◇東京大	1	2	2	◇都留文科大	1	2	5	中央大	6	9	6
◇京都大	0	1	1	◇山梨県立大	1	3	4	法政大	3	3	5
◇東工大	1	0	1	早稲田大	5	4	17	日本大	16	11	8
◇一橋大	1	0	3	慶應大	5	4	4	東洋大	8	15	7
◇千葉大	0	1	1	上智大	7	1	2	駒澤大	4	1	4
◇筑波大	2	1	0	東京理科大	5	9	5	専修大	6	5	6
◇北海道大	1	0	1	学習院大	1	2	1	明治学院大	6	3	5
◇東北大	1	1	0	明治大	6	5	12	神奈川大	7	2	3
◇信州大	1	1	1	青山学院大	3	5	6	東京薬科大	2	5	4
◇山梨大	7	6	6	立教大	2	1	8	山梨学院大	94	94	109

※各大学合格数は既卒生との合計。

見学ガイド　説明会／体験入学／個別相談会

国立中学校

筑波大学附属駒場中学校

つくばだいがくふぞくこまば

〒154－0001　東京都世田谷区池尻 4－7－1　☎03－3411－8521

国際 / 海外研修 / 長期留学 / 第2外国語 / online英会話 / 21型 / 1人1台端末 / リモート体制 / プロジェクト型 / 論文執筆 / STEAM / 情操 / 体験学習 / ボランティア / 人間力育成

教育目標▶自由・闊達の校風のもと，挑戦し，創造し，貢献する生き方をめざす。

沿革▶1947年，東京農業教育専門学校附属中学校として創立。1952年東京教育大学附属駒場中学校と改称ののち，1978年，現校名に改称した。

施設▶理科教室，図書スペース（自学自習センター）講堂，ラウンジ，温室，水田，プール，テニスコート，武道場，グラウンド，他。

学校長▶北村　豊

生徒数▶総数368名

	1年（3クラス）	2年（3クラス）	3年（3クラス）
男子	123名	123名	122名

京王井の頭線―駒場東大前７分
東急田園都市線―池尻大橋15分
7分

学校文化と伝統が，生徒を『自分づくり』へといざなう

「学業」「学校行事」「クラブ活動」の３つの教育機能を充実させ，全面的な人格形成を促し，発達させていく。日本，世界から望まれるリーダーを育成。

学習 国や地域の教育を牽引する拠点校として研究開発を実践している。各教科とも「基本事項の習得→応用力の養成→個々人による発展的な学習」という段階をふまえ，高校での学習に対応できる学力を身につける。英語の目標は「コミュニケーション能力」を育てること。「聞く」「話す」に重点をおきながら４技能をバランスよく伸ばす。数学は事象の本質をとらえる活動を重視し，真の学力獲得を促す。理科は日々の観察や実験をレポートにまとめ，自然科学の方法を身につける。中３の秋に，城ヶ島で地層の観察を行う。高１・高２の希望者より選抜で台湾と韓国の高校を訪問。併設高校はSSH指定校として先導的教育の拠点校として研究開発20年の実績。

●コース表

中1	中2	中3	高1	高2	高3
共通履修					希望進路に応じた選択制

キャリア教育 高２で進路懇談会を開催。社会人の卒業生を招き，自分の進路希望と重ねながら，職業の選択などについて話を聞く。

学校生活 土曜日の４時間で取り組む水田稲作・校外学習の準備・テーマ学習等の総合学習，学校行事の準備を通して，生きていく上での判断力を身につける。

保護者MEMO

登校時刻▶8：20
最終下校時刻▶18：00
土曜日▶隔週登校。行事や特別講座を行う
昼食▶弁当
携帯電話▶可（学校基準の指導のもと）
制服▶なし
自転車通学▶可
カウンセラー▶週２日
保護者面談▶年２回
保護者会▶年３回
必修旅行▶東北（中３），他
部活動▶活動日は部による

学費　初年度目安　一万円

（単位：円）	入学金	施設費	授業料	その他	合計
入学手続時	―	―	―	―	―
1年終了まで	―	―	―	―	―

PTA費，生徒会費，教材費等預り金，手数料などの費用あり。
［寄付・学債］任意の寄付金あり。

●奨学金・特待生
―

首都圏模試 思考コード (単位:%)

〈入学試験〉

読み取る力	国語A	国語B	国語C	算数A	算数B	算数C	理科A	理科B	理科C	社会A	社会B	社会C
複雑 3		8			23		11					
2		48			46		57			80		
単純 1	4	40			31		24	8		16	4	

考える力 A=知識・理解思考 B=論理的思考 C=創造的思考

2024年度入試 合格の基準

	首都圏模試 ほぼ確実	首都圏模試 見込あり	四谷大塚 ほぼ確実	四谷大塚 見込あり
男子	78	75 / やや見込あり 72	73	70 / やや見込あり 66

ほぼ確実=80%～/見込あり=50～79%/やや見込あり=20～49%

入試要項 2023年度参考 新年度日程はアプリへGO! 4科

試験名	試験日	出願締切 Web	発表 Web	手続 郵送	2科	4科	適	英	他	面接	特待	募集数	応募数	受検数	合格数	実質倍率	偏差値
1次	1/17	1/11	1/17	—					＊			男120	627	—	—	—	78
2次	2/3	—	2/5	2/17		●							—	521	128	4.1	

＊抽選。募集人員の約８倍を１次合格者とする
※住民票と報告書

【通学区域】東京都▶23区，昭島市，稲城市，清瀬市，国立市，小金井市，国分寺市，小平市，狛江市，立川市，多摩市，調布市，西東京市，八王子市，東久留米市，東村山市，日野市，府中市，町田市，三鷹市，武蔵野市　**神奈川県▶**川崎市，相模原市（南区，中央区，緑区の相原・大島・大山町・上九沢・下九沢・田名・西橋本・二本松・橋本・橋本台・東橋本・元橋本町），大和市，横浜市（青葉区，旭区，神奈川区，港北区，瀬谷区，都筑区，鶴見区，中区，西区，保土ヶ谷区，緑区）　**千葉県▶**市川市，浦安市　**埼玉県▶**朝霞市，川口市，戸田市，新座市，和光市，蕨市

【出願方法】 Web出願，登録のうえ，1/12までに期間内に郵送
【発表方法】 １次の抽選を実施するかしないかを1/13にWebと校内掲示で発表
【手続方法】 2/6～11の期間に窓口にて合格証を受取，2/11の入学手続説明会に出席のうえ，上記期日までに提出書類を郵送
【受験料】 5,000円（１次抽選で選ばれなかった者には手続きにより3,700円を返還）

【帰国生入試】 —
(注) 2023年度入試で抽選は実施されなかった。

中学受験のプロがおすすめ! 併願校の例

特色	リベラル	理数教育	フィールドワーク	進学先(国公立)
♠男子校 ♥女子校 ♣共学・別学校	♠麻布	♠武蔵	♣渋谷教育幕張	♠開成
	♠慶應普通部	♣東邦大東邦	♠早稲田	♠聖光学院
	♠桐朋	♣広尾学園	♠芝	♠巣鴨

併設高校の進路情報

四年制大学進学率59.9%
文系28／理系71／その他１(%)　医歯薬26名合格

主な進学先▶東京大，京都大，東工大，一橋大，大阪大，北海道大，東京医歯大，早稲田大，慶應大，上智大，学習院大，他。
指定校推薦▶非公表。

'22年３月卒業生：162名　大学97名　他64名（専門１名）

主な大学合格状況 '23年春については主要大学のみ巻末一覧に記載

大学名	'22	'21	'20	大学名	'22	'21	'20	大学名	'22	'21	'20
◇東京大	97	89	93	◇北海道大	1	2	1	青山学院大	3	7	5
◇京都大	1	1	1	◇東北大	0	2	0	立教大	5	1	10
◇東工大	2	1	3	◇東京医歯大	6	11	4	中央大	2	8	12
◇一橋大	1	3	3	◇防衛医大	4	4	3	日本大	4	7	3
◇千葉大	2	4	2	◇都立大	1	1	1	東京慈恵会医大	2	6	6
◇筑波大	1	0	3	早稲田大	84	63	80	昭和大	0	1	1
◇東京外大	0	1	0	慶應大	74	79	64	日本医大	2	4	1
◇横浜国大	1	8	4	上智大	18	12	14	東京医大	1	0	1
◇国際教養大	1	0	0	東京理科大	34	22	23	北里大	0	2	0
◇大阪大	1	0	0	明治大	30	14	20	順天堂大	1	4	2

※各大学合格数は既卒生との合計。

見学ガイド 文化祭／説明会

SSH

高校募集 あり 高1より全体が混合。

※女子のみ60名程度進学可。内部試験・高校入試を受験する

高1内訳 一貫生 約60名 約60名 高入生

お茶の水女子大学附属（ちゃみずじょしだいがくふぞく） 中学校

〒112－8610　東京都文京区大塚 2－1－1　☎03－5978－5865

国際 / 海外研修 / 長期留学 / 第2外国語 / online英会話 / 21型 / 1人1台端末 / リモート体制 / プロジェクト型 / 論文執筆 / STEAM / 情操 / 体験学習 / ボランティア / 人間力育成

教育目標▶自主自律の精神を持ち，広い視野に立って行動する生徒を育成する。
沿革▶1875年開校の東京女子師範学校に，1882年創設された附属女学校を前身として，1947年発足。
施設▶講堂・図書館（大学設備も利用可），カウンセリング室，LL教室，理科教室，グラウンド，プール，テニスコート，武道場，中庭（人工芝），他。
学校長▶相川　京子
生徒数▶総数329名

	1年（4クラス）	2年（4クラス）	3年（4クラス）
男子	32名	24名	30名
女子	72名	81名	78名

丸ノ内線―茗荷谷7分
有楽町線―護国寺13分
7分

生徒の自主性を大切に育てる学習や行事活動

大学の研究機関と連携して最新の知見を取り入れた教育活動を行う。教育研究を通じて，個々の生徒の発達に寄り添いながら，変化著しい時期の成長を支える。

学習 教育の3つの柱として「あたたかく深い人間力」「グローバルな視座」「科学的・論理的思考力」の育成を掲げる。英語はグローバルキャンプ（中1），スプリングイングリッシュ（全学年）など多彩な形態で展開。帰国生生徒教育学級があり様々な文化体験をもつ帰国生を受け入れているため，常に多様な文化や考え方を学び合う機会がある。アクティブ・ラーニングが日常的に行われ，主体的な研究活動の時間「自主研究」では課題設定から発表まで長期間かけて取り組み，探究的な力を育む。音楽科では三味線やヴァイオリン演奏もある。併設高校は女子校のため，男子は他校へ進学する。

キャリア教育 お茶の水女子大学と連携し，研究室を訪問して専門分野への関心を高めたり，大学留学生との交流をしたりして，視野を広げる。多様な分野の専門家の話を聴く自主研究課題発掘セミナーもある。

学校生活 生徒会活動で自主自律の姿勢が育まれる。部活動は12の団体が活発に活動している。ユネスコエコパークでの林間学校などを通じてESDの考え方を養う。

●コース表

中1	中2	中3	高1	高2	高3
共通履修			共通履修		希望進路に応じた選択制

保護者MEMO

登校時刻▶8：15
最終下校時刻▶17：00
土曜日▶月1回登校。登校日は平常授業4時間
昼食▶弁当
携帯電話▶許可制
制服▶詰襟，セーラー
自転車通学▶不可
カウンセラー▶週1日
保護者面談▶年3回
保護者会▶年3回
必修旅行▶東北（中3），他
部活動▶平日は週3日，土日はいずれか1日

学費

初年度目安 19万円

(単位:円)	入学金	施設費	授業料	その他	合計
入学手続時	—	—	—	128,200	128,200
1年終了まで	—	—	—	60,000	60,000

●奨学金・特待生
—

［その他］制服・指定品代，学年費，宿泊行事費，PTA会費，PTA会費入会金，生徒会費。
［寄付・学債］任意の寄付金として教育後援会鏡水会入会金3万円，年会費3万円，教育充実金12万円あり。
※上記は'22年度のもの。新年度について詳細は「受験生応援アプリ」にて公開（2023年5月～）。

首都圏模試　思考コード　(単位：%)

読み取る力＼考える力	〈検査〉Ⅱ A	Ⅱ B	Ⅱ C	Ⅲ A	Ⅲ B	Ⅲ C
複雑 3						
2	6	10		54	14	
単純 1		55	29		32	

A=知識・理解思考　B=論理的思考　C=創造的思考

2024年度入試　合格の基準

	首都圏模試 ほぼ確実	首都圏模試 見込あり	首都圏模試 やや見込あり	四谷大塚 ほぼ確実	四谷大塚 見込あり	四谷大塚 やや見込あり
男子	50	44	41	50	45	39
女子	72	69	64	63	58	53

ほぼ確実＝80%～／見込あり＝50～79%／やや見込あり＝20～49%

入試要項　2023年度参考　新年度日程はアプリへGO!　適性型

試験名	試験日	出願締切 Web	発表 Web	手続 窓口	選抜方法 2科	4科	適	英	他	面接	特待	募集数	応募数	受検数	合格数	実質倍率	偏差値
一般	**2/3**	1/7	2/4	2/5			＊					男25	57	45	30	1.5	50
												女35	270	195	41	4.8	72

＊検査Ⅰ・Ⅱ・Ⅲ（国語の知識・技能，情報活用能力・言語運用能力／算数の知識・技能，数理的思考力／理科・社会の知識・技能，自然科学や社会科学からの視点，社会的・科学的な思考・判断・表現等の力，教科の枠を超えた思考・判断・表現等の力
※報告書

【通学区域】東京都▶23区，武蔵野市，三鷹市，府中市，調布市，狛江市，小平市，西東京市，東村山市，清瀬市，東久留米市，小金井市，国分寺市　**千葉県▶**市川市，浦安市，松戸市，流山市　**埼玉県▶**ふじみ野市，富士見市，三芳町，和光市，朝霞市，新座市，志木市，戸田市，蕨市，川口市，草加市，八潮市，三郷市，さいたま市（浦和区・大宮区・桜区・中央区・緑区・南区・北区）

【出願方法】Web出願登録のうえ，1/13までに書類郵送。　**【手続方法】**窓口手続　**【受検料】**5,000円

【帰国生入試】2/7（男女15名募集）

中学受験のプロがおすすめ!　併願校の例

特色	男 国際教育	男 表現力育成	男 論文(自由研究)	女 国際教育	女 表現力育成	女 論文(自由研究)
♠男子校 ♥女子校 ♣共学・別学校	♠東洋大京北	♣安田学園	♣淑徳	♥豊島岡女子	♥女子学院	♣渋谷教育渋谷
	♠日大豊山	♣宝仙学園	♠獨協	♥鷗友女子	♥白百合学園	♥頌栄女子
	♠聖学院	♣駒込	♣淑徳巣鴨	♥淑徳与野	♥学習院女子	♥大妻

併設高校の進路情報

四年制大学進学率74.8%
文系・理系の割合 未集計

主な進学先▶東京大，京都大，東工大，一橋大，名古屋大，東北大，東京医歯大，早稲田大，慶應大，上智大，学習院大，他。

指定校推薦▶早稲田大，慶應大，他。

中学校男子卒業生進学先▶筑波大駒場，筑波大附，東京大学教育学部附属，都立新宿山吹，都立杉並総合，都立練馬，都立白鷗，都立広尾，千葉県立東葛飾，開成，学習院，早大学院，青山学院，淑徳巣鴨，東京成徳大学，広尾学園，広尾学園小石川，慶應義塾，市川，栄東，慶應志木，他。

'22年3月卒業生：119名（高校は女子のみ）　大学89名　他30名

主な大学合格状況　'23年春については主要大学のみ巻末一覧に記載

大学名	'22	'21	'20	大学名	'22	'21	'20	大学名	'22	'21	'20
◇東京大	4	9	3	◇名古屋大	1	0	0	明治大	33	31	35
◇京都大	3	1	4	◇東北大	1	6	2	青山学院大	11	14	11
◇東工大	3	4	4	◇東京医歯大	2	1	1	立教大	21	23	22
◇一橋大	1	3	1	◇東京農工大	4	0	4	中央大	12	39	27
◇千葉大	1	3	4	◇お茶の水女子大	18	11	13	法政大	13	20	20
◇筑波大	1	2	4	早稲田大	25	38	46	東洋大	10	10	17
◇東京外大	2	5	2	慶應大	24	33	25	津田塾大	9	0	10
◇横浜国大	1	3	1	上智大	12	17	18	東京女子大	5	6	8
◇国際教養大	1	0	0	東京理科大	25	32	27	日本女子大	11	3	11
◇北海道大	2	0	1	学習院大	4	6	7	北里大	1	7	4

※各大学合格数は既卒生との合計。

見学ガイド　オープンスクール／説明会

筑波大学附属（つくばだいがくふぞく）中学校

〒112－0012 東京都文京区大塚１－９－１ ☎03－3945－3231

国際 海外研修 長期留学 第２外国語 online英会話 21型 1人1台端末 リモート体制 プロジェクト型 論文執筆 STEAM 情操 体験学習 ボランティア 人間力育成

教育目標▶調和的な心身の発達と確かな知性の育成，豊かな個性の伸張を図るとともに，人生を主体的に開拓し，人類社会の進展に寄与する人間を育成する。
沿革▶1888年，高等師範学校の附属学校として創立。1978年より現校名。
施設▶理科教室，カウンセリング室，プール，テニスコート，武道場，グラウンド，他。
学校長▶水上　勝義
生徒数▶総数613名　併設小からの進学者を含む。

	１年（５クラス）	２年（５クラス）	３年（５クラス）
男子	102名	102名	101名
女子	103名	103名	102名
内進生内数	男54名 女57名	男60名 女57名	男54名 女57名

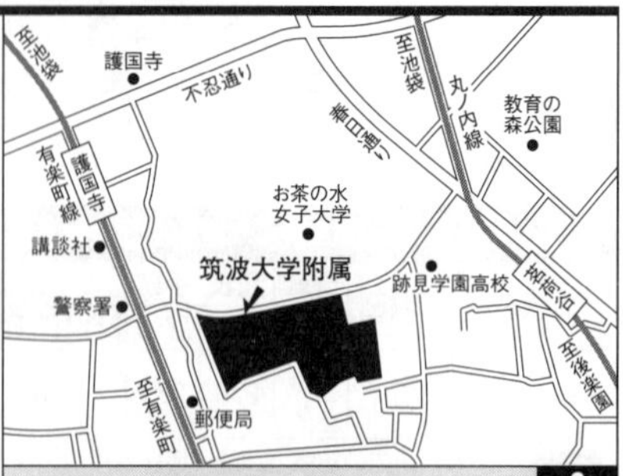

有楽町線―護国寺８分
丸ノ内線―茗荷谷10分
8分

受け継がれる校訓「強く，正しく，朗らかに」

授業を大切にすること，自主的に学ぶことを第一に，調和的な心身の発達と確かな知性の育成，個性の伸長を図る。社会の進展に貢献する人を育てる。

学習 筑波大学と連携しながら，先導的教育拠点，教師教育拠点，国際教育拠点を３つの柱として教育活動を行う。英語では「聞くこと」「話すこと」を中心にコミュニケーション能力の育成に重点をおく。数学では生徒同士で概念や解法を議論しあい，内容を深めながら学習が進められる。総合学習では，教科学習で扱えない問題を自ら追究・解決し，そのプロセスで身につけた力を日常生活にも生かせるようにする。希望者より選抜で，アメリカへの短期留学制度がある。11校ある筑波大学附属校との密接な連携教育を多彩に展開。併設高校へは，内部入試を受験し，約８割の生徒が進学。合否判定は中学校での成績と当日の試験の結果を踏まえて総合的に判断される。

キャリア教育 卒業生による講演会や，交流会などを実施している。

学校生活 特別活動と道徳を融合した「HRH」という取り組みで，道徳的な心を実際の活動を通して身につける。自治を重んじ，上級生が輪番で担当し，全校生徒への伝達や指導を行う「全校週番」がある。

●コース表

中1	中2	中3	高1	高2	高3
共	通	履	修		希望進路に応じた選択制

保護者MEMO

登校時刻▶8：20
最終下校時刻▶17：40
土曜日▶原則隔週登校。登校日は平常授業４時間
昼食▶弁当
携帯電話▶許可制
制服▶詰襟，セーラー
自転車通学▶不可
カウンセラー▶週２回
保護者面談▶年１～３回
保護者会▶年４～５回
必修旅行▶静岡・山梨・長野方面（中３）
部活動▶活動日は部による

学費　初年度目安 32万円

(単位:円)	入学金	施設費	授業料	その他	合計
入学手続時	—	—	—	—	—
１年終了まで	—	—	—	324,300	324,300

●奨学金・特待生
—

[その他] 副教材費，学年費（旅行代金含む），育鳳会（PTA）費，向上会（後援会）費，生徒会費。
※別途指定品・制服代等あり。
[寄付・学債] 任意の寄付金あり。
※上記は'22年度のもの。新年度について詳細は「受験生応援アプリ」にて公開（2023年５月～）。

首都圏模試　思考コード　(単位：%)

〈入学試験〉

読み取る力＼考える力	国語 A	国語 B	国語 C	算数 A	算数 B	算数 C
複雑 3						
2	16	20		20	14	
単純 1		64			66	

A=知識・理解思考　B=論理的思考　C=創造的思考

2024年度入試　合格の基準

	首都圏模試 ほぼ確実	首都圏模試 見込あり	首都圏模試 やや見込あり	四谷大塚 ほぼ確実	四谷大塚 見込あり	四谷大塚 やや見込あり
男子	75	72	69	66	62	57
女子	76	73	70	70	66	62

ほぼ確実＝80％～／見込あり＝50～79％／やや見込あり＝20～49％

入試要項　2023年度参考　新年度日程は アプリへGO!　4科

試験名	試験日	出願締切 Web	発表 Web	手続 窓口	選抜方法 2科	4科	適	英	他	面接	特待	募集数	応募数	受検数	合格数	実質倍率	偏差値
一般	2/3	1/12	2/4	2/5		●						80	男289	209	62	3.4	75
													女320	226	62	3.6	76

※報告書

【通学区域】東京都▶23区，清瀬市，小金井市，国分寺市，小平市，狛江市，調布市，西東京市，東久留米市，東村山市，府中市，三鷹市，武蔵野市　**神奈川県**▶川崎市　**千葉県**▶市川市，浦安市，柏市，松戸市，流山市　**埼玉県**▶和光市，朝霞市，新座市，志木市，川口市，戸田市，蕨市，草加市，八潮市，三郷市，さいたま市，所沢市

【出願方法】Web出願登録のうえ，1/13までに書類郵送
【手続方法】窓口手続。2/11の入学準備説明会にて住民票のコピーを提出
【受験料】5,000円

【帰国生入試】—

中学受験のプロがおすすめ！　併願校の例

特色	男 リベラル	男 国際理解教育	男 進学先(国公立)	女 リベラル	女 国際理解教育	女 進学先(国公立)
♠男子校 ♥女子校 ♣共学・別学校	♣慶應中等部	♣渋谷教育渋谷	♠開成	♣慶應中等部	♣渋谷教育渋谷	♥桜蔭
	♠麻布	♣広尾学園	♠聖光学院	♥女子学院	♣広尾学園	♥豊島岡女子
	♠芝	♠本郷	♠駒場東邦	♥立教女学院	♥頌栄女子	♥雙葉

併設高校の進路情報

四年制大学進学率－％
文系・理系割合 未集計　医学部35名合格

指定校推薦▶東京大，京都大，東工大，一橋大，北海道大，東北大，東京医歯大，早稲田大，慶應大，上智大，東京理科大，他。

'22年3月卒業生：241名　内訳非公表

主な大学合格状況　'23年春については主要大学のみ巻末一覧に記載

大学名	'22	'21	'20	大学名	'22	'21	'20	大学名	'22	'21	'20
◇東京大	42	29	36	◇名古屋大	0	0	1	東京理科大	76	80	63
◇京都大	10	8	6	◇東北大	3	4	3	明治大	58	57	47
◇東工大	9	12	15	◇東京医歯大	3	0	0	青山学院大	12	26	10
◇一橋大	4	7	10	◇防衛医大	5	4	0	立教大	34	38	22
◇千葉大	5	9	11	◇東京農工大	5	4	3	中央大	45	51	43
◇筑波大	8	9	11	◇都立大	3	1	2	法政大	29	18	22
◇東京外大	1	2	2	◇電通大	3	3	2	東京慈恵会医大	3	2	2
◇横浜国大	3	5	1	早稲田大	95	94	132	昭和大	7	8	3
◇大阪大	0	0	1	慶應大	86	73	75	日本医大	6	8	4
◇北海道大	4	4	2	上智大	21	24	38	北里大	7	8	2

※各大学合格数は既卒生との合計。

見学ガイド　運動会／学芸発表会／説明会

※内進生は附属中学３校からの進学者合計。

高校募集 あり 高１より全体が混合。 高１内訳 内進生 202名 120名 高入生

東京学芸大学附属小金井中学校

（とうきょうがくげいだいがくふぞくこがねい）

〒184－8501 東京都小金井市貫井北町 4－1－1 ☎042－329－7833（事務室）

国際 海外研修 長期留学 第2外国語 online英会話 21型 1人1台端末 リモート体制 プロジェクト型 論文執筆 STEAM 情操 体験学習 ボランティア 人間力育成

教育目標▶健康な身体と，すぐれた知性と，豊かな情操とをもち，平和で民主的な社会の発展に貢献できる，自主的で，創造性に富む国民を育成する。

沿革▶1947年，東京第二師範学校男子部附属中学校として創立。2004年，現校名に改称した。

施設▶理科教室，気象観測室，プール，テニスコート，サッカー場，武道場，グラウンド，他。

学校長▶坂口　謙一

生徒数▶総数419名　併設小からの進学者を含む。

	1年（4クラス）	2年（4クラス）	3年（4クラス）
男子	70名	70名	70名
女子	70名	70名	69名
内進生内数	男36名 女39名	—	男36名 女45名

JR―武蔵小金井15分，国分寺15分　15分

他から学び自らを変革できる生徒を育てる

自身の成長と集団の成長を図ることができる生徒の育成に重点をおく。自ら考え実践する力，他を思いやれるやさしい心，的確に表現できる力を養う。

学習 教師それぞれが実践者であり，研究者でもある「学び合い」の授業で，問い・学び・探究を深める。数学では知識や技能の獲得よりも解答にたどり着くまでの過程を重視。その経験を積み重ねることで学ぶ力を伸ばす。国語では思考の基礎となることばを，様々な「話す·聞く」「書く·読む」経験を繰り返して増やし，複雑な思考をする練習をしていく。理科では日常生活のなかで目にする自然の事象・現象を科学の目で捉え直し，論理的・実証的な姿勢を育てる。大学キャンパス内立地という利点を活かし，連携教育が活発。大学教員による専門的内容の授業も。併設の学芸大学附属高校へは内部入試を受験。2022年３月卒業生140名中53名が進学した。

キャリア教育 総合的な学習ではこれからの生き方に目を向け，生徒の興味関心に基づいた職業観を形成し望ましい勤労観を養う。中２で講演会と「私の主張」発表会を行う。

学校生活 各学年で１回，中学３年間で３回修学旅行を実施。生きた本物との出会いで学びの面白さを実感する。

●コース表

中1	中2	中3	高1	高2	高3
共	通	履	修		希望進路に応じた選択制

保護者MEMO

登校時刻▶8：25
最終下校時刻▶17：30
土曜日▶毎週休校
昼食▶弁当
携帯電話▶不可
制服▶なし
自転車通学▶不可
カウンセラー▶週３日
保護者面談▶年１～２回
保護者会▶年５回
必修旅行▶北総・常南（中１），他
部活動▶原則水は休部，土日はいずれか１日

学費　初年度目安 16万円

（単位:円）	入学金	施設費	授業料	その他	合計
入学手続時	—	—	—	—	—
1年終了まで	—	—	—	159,200	159,200

●奨学金・特待生
—

［その他］修学旅行費，学年徴収金，PTA会費，PTA入会金。
［寄付・学債］任意の寄付金（若竹会）入会金13.5万円，年会費４.5万円あり。
※上記は'22年度のもの。新年度について詳細は「受験生応援アプリ」にて公開（2023年５月～）。

首都圏模試　思考コード（単位：%）

〈入学試験〉

読み取る力 ＼ 考える力	国語 A	国語 B	国語 C	算数 A	算数 B	算数 C
複雑 3						
2	11	21		20	13	
単純 1	7	61			67	

A=知識・理解思考　B=論理的思考　C=創造的思考

2024年度入試　合格の基準

	首都圏模試 ほぼ確実	首都圏模試 見込あり	首都圏模試 やや見込あり	四谷大塚 ほぼ確実	四谷大塚 見込あり	四谷大塚 やや見込あり
男子	58	55	50	50	45	40
女子	58	55	50	52	47	42

ほぼ確実＝80%～／見込あり＝50～79%／やや見込あり＝20～49%

入試要項　2023年度参考　新年度日程はアプリへGO!　4科

試験名	試験日	出願締切 郵送	発表 Web	手続 窓口	選抜方法 2科	4科	適	英	他	面接	特待	募集数	応募数	受検数	合格数	実質倍率	偏差値
一般	**2/3**	1/16	2/5	2/8		●						58	83	—	31	2.7	58
													63	—	27	2.3	58

※報告書

【通学区域】 とくに指定はないが，保護者のもとから３年間無理なく通える範囲内

【出願方法】 郵送出願のみ
【手続方法】 発表日当日の説明会に参加のうえ，上記期日までに窓口にて手続
【受験料】 5,000円

【帰国生入試】 —
(注) 実質倍率＝応募数÷合格数

中学受験のプロがおすすめ！　併願校の例

特色	男 自主自立	男 高大連携教育	男 キャリア教育	女 自主自立	女 高大連携教育	女 キャリア教育
♠男子校 ♥女子校 ♣共学・別学校	♣法政大学	♣中大附属	♣明大八王子	♣法政大学	♣中大附属	♣明大八王子
	♠学習院	♣国学院久我山	♣桜美林	♥恵泉女学園	♣国学院久我山	♣桜美林
	♣穎明館	♣日大二	♣東京電機大学	♣穎明館	♣日大二	♣東京電機大学

併設高校の進路情報

四年制大学進学率57.2%
文系・理系の割合 未集計　医歯薬55名合格

内部推薦▶高大接続プログラム特別入試で東京学芸大学へ５名が進学。

大学合格状況▶東京大，京都大，東工大，一橋大，国際教養大，北海道大，名古屋大，他。

指定校推薦▶早稲田大，慶應大，他。

海外大学合格状況▶Brown University, Grinnell College, Harvey Mudd College(米), Monash University(豪), University of Toronto, Mount Allison University（ｶﾅﾀﾞ），他。

併設校以外の進学高校▶筑波大附，都立日比谷，都立西，早大学院，他。

'22年３月卒業生：325名　大学186名　他139名

（東京学芸大学附属高校）

主な大学合格状況　'23年春については主要大学のみ巻末一覧に記載

大学名	'22	'21	'20	大学名	'22	'21	'20	大学名	'22	'21	'20
◇東京大	27	30	28	◇北海道大	6	18	4	早稲田大	138	100	123
◇京都大	10	7	9	◇東北大	5	4	5	慶應大	117	93	102
◇東工大	3	14	11	◇九州大	2	1	0	上智大	44	38	35
◇一橋大	8	12	7	◇東京医歯大	6	6	5	東京理科大	79	79	77
◇千葉大	8	7	10	◇防衛医大	5	4	6	明治大	109	116	80
◇筑波大	4	4	6	◇東京藝術大	2	5	1	青山学院大	39	34	31
◇東京外大	8	4	9	◇東京農工大	2	7	4	立教大	40	45	34
◇横浜国大	12	17	8	◇東京学芸大	6	6	5	中央大	77	56	68
◇国際教養大	2	0	1	◇都立大	5	6	6	法政大	43	35	31
◇大阪大	0	1	7	◇信州大	4	2	3	日本医大	5	8	7

※各大学合格数は既卒生との合計。

見学ガイド　説明会／授業公開／検査問題解説会

東京学芸大学附属国際（とうきょうがくげいだいがくふぞくこくさい） 中等教育学校

〒178－0063　東京都練馬区東大泉 5－22－1　☎03－5905－1326

国際 / 海外研修 / 長期留学 / 第2外国語 / online英会話 / 21型 / 1人1台端末 / リモート体制 / プロジェクト型 / 論文執筆 / STEAM / 情操 / 体験学習 / ボランティア / 人間力育成

教育目標▶世界に生きる学力と教養を持ち，多様性の意義を認識し，知・心・身体のバランスを大切にしながら成長する生徒を育成する。
沿革▶東京学芸大学附属大泉中学校と同附属高等学校大泉校舎を統合・再編し，2007年4月に開校。
施設▶理科教室，和室，カウンセリング室，プール，テニスコート，グラウンド，体育館，他。
学校長▶荻野　勉
生徒数▶前期課程総数338名　併設小からの進学者を含む。

	1年（4クラス）	2年（4クラス）	3年（4クラス）
男子	31名	35名	36名
女子	74名	76名	86名
内進生内数	—	—	—

西武池袋線―大泉学園 8 分
JR―吉祥寺よりバス学芸大附属前 3 分
8分

国際社会を主体的に切り拓いていく生徒を育成

国立学校初の国際バカロレア（IB）認定校。世界で活躍できる高いコミュニケーション能力，主体的社会貢献を重視する。SSH指定校，ユネスコスクール加盟校。

学習 1クラス30名程度の少人数学級編成。IB認定校として，中等教育プログラム（MPY）とディプロマプログラム（DP）を導入。MYPのカリキュラムの一領域である社会貢献活動を「Social Action」と称し，ボランティア活動の企画やNPO・NGOへの参加など生徒は積極的に行動し，社会支援しながら学ぶ。教科学習でも実社会との関連性を重視した授業を展開。5年次からはDP（約15名）と一般プログラムの2コース。独自の探究学習「国際教養」では6年間を通じて各教科の枠を超えた現代的な課題を多様な視点から学び，ディスカッション運営などのスキルを磨く。

●コース表

中1	中2	中3	高1	高2	高3
MYP				一般	
				DP	

キャリア教育「仕事を知る・働くことを考える」ことを目標に，前期では多様な職業の方を学校に招いて話を聴いたり，職場体験を実施。後期になると大学の授業への参加や，卒業生による講演会を開く。

学校生活 指定日以外は私服で登校できる。生徒全体の40%が帰国生や外国籍という環境のなか，対話力を磨き，多様性の意義を認識，寛容性と耐性を育む。

保護者MEMO

登校時刻▶8：25
最終下校時刻▶18：00
土曜日▶休校。不定期に登校日あり
昼食▶弁当／食品販売あり
携帯電話▶不可
制服▶ブレザー
自転車通学▶前期不可
カウンセラー▶週3日
保護者面談▶年1回
保護者会▶年3回
必修旅行▶沖縄（3年次），カナダ（5年次）
部活動▶学則規定あり

学費　初年度目安 17万円

（単位:円）	入学金	施設費	授業料	その他	合計
入学手続時	—	—	—	174,800	174,800
1年終了まで	—	—	—	—	—

［その他］諸経費。※別途学年費あり。
［寄付・学債］－
※上記は'23年度予定。詳細は「受験生応援アプリ」にて公開（2023年5月～）。

●奨学金・特待生
—

首都圏模試　思考コード（単位：%）

〈適性検査〉

読み取る力 ＼ 考える力	I A	I B	I C	II A	II B	II C
複雑 3						
2		40			40	50
単純 1	5	55			10	

A=知識・理解思考　B=論理的思考　C=創造的思考

2024年度入試　合格の基準

	首都圏模試 ほぼ確実	首都圏模試 見込あり	首都圏模試 やや見込あり	四谷大塚 ほぼ確実	四谷大塚 見込あり	四谷大塚 やや見込あり
男子〈B〉	65	61	50	54	51	48
女子〈B〉	65	61	50	56	53	50

ほぼ確実＝80%～／見込あり＝50～79%／やや見込あり＝20～49%

入試要項　2023年度参考　新年度日程はアプリへGO!

適性型　他

試験名	試験日	出願締切 郵送	発表 掲示	手続 振・郵	選抜方法 2科	4科	適	英	他	面接	特待	募集数	応募数	受検数	合格数	実質倍率	偏差値
A方式	**2/3**	1/6	2/8	2/13					＊1	＊3		男女30	160	154	34	4.5	— —
B方式	**2/3**	1/6	2/8	2/13			＊2			＊3		男女30	159	141	34	4.1	男65 女65

＊1　外国語作文＋基礎日本語作文　＊2　適性検査ⅠⅡ　＊3　グループ面接（日本語）
※志願理由書，在校歴申告書，報告書（帰国生，インターナショナルスクール生は成績証明書と履修科目申告書），活動実績申告書

【通学区域】 指定なし

【出願方法】 郵送出願
【手続方法】 発表日当日の説明会に参加，諸経費銀行振込のうえ，上記期日までに郵送または窓口持参
【受験料】 5,000円

【帰国生入試】 2/3，7/4（いずれも若干名募集）

東京学芸大学附属国際

中学受験のプロがおすすめ!　併願校の例

特色	男 留学制度	男 論文(自由研究)	男 フィールドワーク	女 留学制度	女 論文(自由研究)	女 フィールドワーク
♠男子校 ♥女子校 ♣共学・別学校	♠立教新座	♣中大附属	♠早大学院	♥立教女学院	♣中大附属	♥学習院女子
	♣成蹊	♣明治学院	♣国学院久我山	♣成蹊	♣明治学院	♣国学院久我山
	♣順天	♣東京電機大	♣日大二	♣順天	♣東京電機大	♣日大二

卒業生の進路情報

四年制大学進学率－%
文系・理系の割合 非公表　医歯薬合格 非公表

内部推薦▶高大接続プログラムによる東京学芸大学への進学制度あり，毎年若干名が進学。今後の継続については未定。

主な進学先▶東京大，筑波大，他。

海外大学合格状況▶Amherst College, Bowdoin College, Carleton College（米），The University of Manchester, Durham University, University of Sussex（英），University of Toronto, The University of British Columbia（ｶﾅﾀﾞ），The University of Melbourne（豪），他。

'22年3月卒業生：133名　内訳非公表

主な大学合格状況　'23年春については主要大学のみ巻末一覧に記載

大学名	'22	'21	'20	大学名	'22	'21	'20	大学名	'22	'21	'20
◇東京大	4	2	4	◇東京農工大	2	0	0	立教大	16	18	16
◇東工大	1	1	0	◇東京学芸大	8	4	5	中央大	33	15	23
◇一橋大	1	1	2	◇都立大	1	1	1	法政大	15	13	19
◇筑波大	6	1	4	早稲田大	39	30	27	日本大	4	7	10
◇東京外大	0	5	3	慶應大	36	38	30	東洋大	3	15	18
◇横浜国大	3	2	2	上智大	43	21	20	国際基督教大	4	5	2
◇北海道大	2	2	2	東京理科大	22	5	10	成蹊大	3	4	7
◇東北大	0	1	1	学習院大	2	4	6	明治学院大	6	6	0
◇東京医歯大	1	0	0	明治大	27	8	21	芝浦工大	2	7	4
◇東京藝術大	1	1	0	青山学院大	13	14	15	武蔵野美大	10	4	0

※各大学合格数は既卒生との合計。

見学ガイド　文化祭／説明会

※内進生は附属中学3校からの進学者合計。

高校募集 あり 高1より全体が混合。 高1内訳 内進生 202名 120名 高入生

東京学芸大学附属世田谷 中学校

とうきょうがくげいだいがくふぞくせたがや

〒158－0081 東京都世田谷区深沢 4－3－1 ☎03－5706－3301

国際 / 海外研修 / 長期留学 / 第2外国語 / online英会話 / 21型 / 1人1台端末 / リモート体制 / プロジェクト型 / 論文執筆 / STEAM / 情操 / 体験学習 / ボランティア / 人間力育成

教育目標▶個性的で人間性豊かな人格，創造性豊かな人間，敬愛の精神にあふれた人間を育てる。

沿革▶1947年，東京第一師範学校男子部附属中学校として開校。2004年，国立大学の法人化に伴い東京学芸大学附属世田谷中学校となる。

施設▶カウンセリング室，理科教室（2室），プール，図書館，グラウンド，テニスコート，武道場，他。

学校長▶前原　健二

生徒数▶総数419名　併設小からの進学者を含む。

	1年（4クラス）	2年（4クラス）	3年（4クラス）
男子	70名	70名	67名
女子	70名	67名	75名
内進生内数	男41名 女43名	男37名 女44名	男45名 女38名

東急田園都市線―駒沢大学25分　東急東横線―自由が丘よりバス附属世田谷中前 10分

伝統に育まれた，自由で自律的な教育環境

個性的で人間性・創造性豊かな人格をつくることを目標としている。生徒自身の企画・運営による運動会と芸術発表会は，自立のための貴重な体験の場。

学習 各教科，まず基礎・基本を徹底し，それをもとに応用や発展を図ることを大切にする。毎木曜日は2時間続きの授業を設定。実験や実習を行ったり，ペアやグループでの活動に充てるなど各教科ごとに工夫した授業を展開。思考力や判断力を鍛え，表現力やコミュニケーション能力を伸ばし，創造性を培う。中2・中3では総合的な学習を「テーマ研究」「教科総合」に設定。前者は学年や教科の枠を超えてテーマ別に集まり，自ら設定した課題に取り組む。2021年度のテーマは「漢詩をつくる」「音でドラマする」など。「教科総合」では国語や英語のスピーチコンテストや理科の秩父長瀞地学実習などの教科行事的学習もある。2022年3月卒業生137名中82名が併設の東京学芸大学附属高校に進学した。

●コース表

中1	中2	中3	高1	高2	高3
共通履修					希望進路に応じた選択制

キャリア教育 「生活学習」という位置づけで，健康教育や情報教育を行う。また，中2で少人数に分かれて職場見学・体験を実施。

学校生活 クラブは運動系7，文化系5の計12団体が活動している。生徒会は「緑友会」と呼ばれ，学校活動の中心を担う。

保護者MEMO

登校時刻▶8：25
下校時刻▶17：45
土曜日▶休校。クラブ活動，特別講座などを行う
昼食▶弁当／食品販売あり
携帯電話▶不可
制服▶ブレザー
自転車通学▶不可
カウンセラー▶週1日
保護者面談▶年1～2回
保護者会▶年3回
必修旅行▶京都・奈良(中3)，他
部活動▶平日週2日，土は月2回まで

学費　初年度目安 37万円

(単位:円)	入学金	施設費	授業料	その他	合計
入学手続時	―	―	―	145,000	145,000
1年終了まで	―	―	―	220,950	220,950

●奨学金・特待生
―

［その他］制服・指定品代，修学旅行費，学習材料費，学年費，校外宿泊学習費，PTA会費，後援会費。
［寄付・学債］全員の寄付金（後援会費「青深会費」）上記に含む。
※上記は'22年度のもの。新年度について詳細は「受験生応援アプリ」にて公開（2023年5月～）。

首都圏模試　思考コード（単位：%）

〈入学試験〉

読み取る力＼考える力	国語 A	国語 B	国語 C	算数 A	算数 B	算数 C
複雑 3						
2		10		35		
単純 1	15	65	10		65	

A=知識・理解思考　B=論理的思考　C=創造的思考

2024年度入試　合格の基準

	首都圏模試 ほぼ確実	首都圏模試 見込あり	首都圏模試 やや見込あり	四谷大塚 ほぼ確実	四谷大塚 見込あり	四谷大塚 やや見込あり
男子	66	63	59	60	56	52
女子	68	63	58	62	58	53

ほぼ確実＝80%～／見込あり＝50～79%／やや見込あり＝20～49%

入試要項　2023年度参考　新年度日程はアプリへGO!　4科

試験名	試験日	出願締切 郵送	発表 Web	手続 窓口	2科	4科	適	英	他	面接	特待	募集数	応募数	受検数	合格数	実質倍率	偏差値
一般	2/3	1/10	2/4	2/5		●						男女60	男110	79	50	1.6	66
													女126	85	50	1.7	68

※国語と算数は得点を1.5倍とする
※自己推薦書

【通学区域】東京都▶23区，調布市，狛江市，稲城市，町田市，三鷹市，武蔵野市　**神奈川県**▶横浜市，川崎市，大和市，相模原市南区，藤沢市　**埼玉県**▶和光市，朝霞市

【出願方法】郵送出願
【手続方法】発表日当日に合格証明書を受領して説明会に参加のうえ，上記期日に窓口にて手続
【受験料】5,000円

【帰国生入試】―

中学受験のプロがおすすめ！　併願校の例

♠男子校 ♥女子校 ♣共学・別学校

男 リベラル	男 高大連携教育	男 ICT教育	女 リベラル	女 高大連携教育	女 ICT教育
♣渋谷教育渋谷	♣青山学院	♣広尾学園	♣渋谷教育渋谷	♣青山学院	♣広尾学園
♣神奈川大附	♣法政二	♣中大附横浜	♣神奈川大附	♣法政二	♣中大附横浜
♣成城学園	♣都市大等々力	♣日本大学	♣成城学園	♣都市大等々力	♣日本大学

併設高校の進路情報

四年制大学進学率57.2%
文系・理系の割合 未集計　医歯薬55名合格

内部推薦▶高大接続プログラム特別入試で東京学芸大学へ5名が進学。
大学合格状況▶東京大，京都大，東工大，一橋大，国際教養大，他。
指定校推薦▶早稲田大，慶應大，他。
海外大学合格状況▶Brown University, Grinnell College(米), Monash University(豪), University of Toronto, Mount Allison University(ｶﾅﾀﾞ)，他。
併設校以外の合格高校▶筑波大附，東工大科学技術，都立日比谷，県立翠嵐，早大学院，青山学院，国際基督教大学，渋谷教育学園渋谷，他。

'22年3月卒業生：325名　大学186名　他139名
（東京学芸大学附属高校）

主な大学合格状況　'23年春については主要大学のみ巻末一覧に記載

大学名	'22	'21	'20	大学名	'22	'21	'20	大学名	'22	'21	'20
◇東京大	27	30	28	◇北海道大	6	18	4	早稲田大	138	100	123
◇京都大	10	7	9	◇東北大	5	4	5	慶應大	117	93	102
◇東工大	3	14	11	◇九州大	2	1	0	上智大	44	38	35
◇一橋大	8	12	7	◇東京医歯大	6	6	5	東京理科大	79	79	77
◇千葉大	8	7	10	◇防衛医大	5	4	6	明治大	109	116	80
◇筑波大	4	4	6	◇東京藝術大	2	5	1	青山学院大	39	34	31
◇東京外大	8	4	9	◇東京農工大	2	7	4	立教大	40	45	34
◇横浜国大	12	17	8	◇東京学芸大	6	6	5	中央大	77	56	68
◇国際教養大	2	0	1	◇都立大	5	6	6	法政大	43	35	31
◇大阪大	0	1	7	◇信州大	4	2	3	日本医大	5	8	7

※各大学合格数は既卒生との合計。

見学ガイド　体育祭／文化祭／説明会

 高校募集 あり 高１より全体が混合。 高１内訳 内進生 202名 120名 高入生

東京学芸大学附属竹早 中学校

（とうきょうがくげいだいがくふぞくたけはや）

〒112−0002 東京都文京区小石川 4−2−1 ☎03−3816−8601

国際 海外研修 長期留学 第２外国語 online英会話 21型 1人1台端末 リモート体制 プロジェクト型 論文執筆 STEAM 情操 体験学習 ボランティア 人間力育成

教育目標▶自ら求め，考え，表現し，実践できる，視野が広く心身ともに明るくたくましい生徒の育成。

沿革▶1947年，東京第一師範学校女子部附属中学校，東京第二師範学校女子部附属中学校創立。1954年，両校が統合。2004年より現校名となる。

施設▶グループ学習室，理科教室，体育館，武道館，グラウンド，プール，他。

学校長▶藤本　光一郎

生徒数▶総数426名　併設小からの進学者を含む。

	１年（４クラス）	２年（４クラス）	３年（４クラス）
男子	71名	71名	70名
女子	70名	72名	72名
内進生内数	男36名 女31名	男33名 女30名	男36名 女36名

丸ノ内線一茗荷谷12分　都営三田線・大江戸線一春日15分　丸ノ内線・南北線一後楽園15分　12分

真理と正義を愛し，平和で文化的な社会の担い手に

教員養成を目的とする大学の附属中学校としての役割を担う。自ら課題を見つけて，積極的に参加し，創造力を伸ばしていく生徒の育成をめざしている。

学習 中等普通教育を行うほか，教育者の養成を目的とする大学の附属学校として，教育の理論と実践に関する研究，敷地を同じくする幼・小・中連携の公開活動，および学生の教育実習を行っている。研究成果は，11月の文化研究発表会で公開される。中１・中２では学び合いを重視。総合的な学習として各学年で自由研究に取り組む。中３では集大成として卒業研究を行い，論文を作成。2022年３月卒業生143名中67名が併設の東京学芸大学附属高校に進学。

キャリア教育 中１〜中３まで通して活用できるオリジナルの冊子を作成し，学び方学習を展開している。ほかに本校卒業生や様々な職業に就く社会人を講師として招いた講演会を中２で実施。

学校生活 ５月に中１は菅平で自然体験，中２は白馬で田植え・そば打ち・わら細工体験，中３は京都・奈良への修学旅行にて校外学習を行う。９月と10月の２回，東京学芸大学の学生の教育実習がある。部活動は運動部８，文化部はオムニサイエンス部など11団体が活動。

●コース表

中１	中２	中３	高１	高２	高３
共	通	履	修		希望進路に応じた選択制

保護者MEMO

登校時刻▶8：40
最終下校時刻▶17：40
土曜日▶毎週休校。クラブ活動などを行う
昼食▶弁当／食品販売あり
携帯電話▶許可制
制服▶ブレザー
自転車通学▶不可
カウンセラー▶週１〜２日
保護者面談▶年２回
保護者会▶年３回
必修旅行▶関西（中３）
部活動▶活動日は月・木・金と土日のどちらか半日可

学費

初年度目安 20万円

（単位:円）	入学金	施設費	授業料	その他	合計
入学手続時	—	—	—	80,000	80,000
１年終了まで	—	—	—	118,600	118,600

●奨学金・特待生
—

［その他］制服・指定品代，学年・生徒会費，PTA会費，校外学習費。
［寄付・学債］任意の寄付金（教育後援会）入会金18万円，１口２万円１口以上あり。
※上記は'22年度のもの。新年度について詳細は「受験生応援アプリ」にて公開（2023年５月〜）。

首都圏模試　思考コード　（単位：%）

〈入学試験〉

読み取る力 ＼ 考える力	国語 A	国語 B	国語 C	算数 A	算数 B	算数 C
複雑 3						
2	8	12		52	6	
単純 1		80			42	

A=知識・理解思考　B=論理的思考　C=創造的思考

2024年度入試　合格の基準

	首都圏模試 ほぼ確実	首都圏模試 見込あり	四谷大塚 ほぼ確実	四谷大塚 見込あり
男子	66	63	58	53
		やや見込あり 59		やや見込あり 48
女子	66	63	58	53
		やや見込あり 59		やや見込あり 48

ほぼ確実＝80%～／見込あり＝50～79%／やや見込あり＝20～49%

入試要項　2023年度参考　新年度日程は アプリへGO!　4科

試験名	試験日	出願締切 Web	発表 掲示	手続 窓口	2科	4科	適	英	他	面接	特待	募集数	応募数	受検数	合格数	実質倍率	偏差値
一般	2/3	1/6	2/5	2/6		●				＊		男43	151	106	41	2.6	66
												女43	147	113	41	2.8	66

＊グループ面接
※報告書

【通学区域】東京都▶23区，武蔵野市，三鷹市，府中市，調布市，小金井市，小平市，東村山市，国分寺市，西東京市，狛江市，清瀬市，東久留米市，稲城市　**神奈川県**▶横浜市（鶴見区，港北区），川崎市　**千葉県**▶市川市，船橋市，松戸市，習志野市，柏市，流山市，鎌ヶ谷市，浦安市　**埼玉県**▶さいたま市（岩槻区を除く），川越市，川口市，所沢市，狭山市，草加市，越谷市，蕨市，戸田市，入間市，朝霞市，新座市，和光市，志木市，八潮市，富士見市，ふじみ野市，三郷市，入間郡三芳町

【出願方法】 Web出願後1/12までに書類郵送
【発表方法】 Web発表もあり
【手続方法】 発表日当日の説明会に参加のうえ，上記期日に窓口にて手続
【受験料】 5,000円

【帰国生入試】 —
(注) 2023年度入試では，グループ面接を実施せず，代わりとして自己PRカードの記入（15分間）。

中学受験のプロがおすすめ！　併願校の例

特色	男 理数教育	男 論文(自由研究)	男 フィールドワーク	女 理数教育	女 論文(自由研究)	女 フィールドワーク
♠男子校 ♥女子校 ♣共学・別学校	♠本郷	♣広尾学園	♠芝	♥白百合学園	♣広尾学園	♥鷗友女子
	♠城北	♠成城	♠攻玉社	♥学習院女子	♥大妻	♥品川女子
	♣順天	♣淑徳	♣安田学園	♣順天	♣淑徳	♣安田学園

併設高校の進路情報

四年制大学進学率57.2%
文系・理系の割合 未集計　医歯薬55名合格

内部推薦▶高大接続プログラム特別入試で東京学芸大学へ５名が進学。
大学合格状況▶東京大，京都大，東工大，一橋大，国際教養大，他。
指定校推薦▶早稲田大，慶應大，他。
海外大学合格状況▶Brown University, Grinnell College, Harvey Mudd College(米), Monash University(豪), University of Toronto, Mount Allison University（ｶﾅﾀﾞ），他。
併設校以外の進学高校▶筑波大駒場，筑波大附，東工大科学技術，都立日比谷，慶應女子，早稲田実業，他。

'20年３月卒業生：325名　大学186名　他139名
（東京学芸大学附属高校）

主な大学合格状況　'23年春については主要大学のみ巻末一覧に記載

大学名	'22	'21	'20	大学名	'22	'21	'20	大学名	'22	'21	'20
◇東京大	27	30	28	◇北海道大	6	18	4	早稲田大	138	100	123
◇京都大	10	7	9	◇東北大	5	4	5	慶應大	117	93	102
◇東工大	3	14	11	◇九州大	2	1	0	上智大	44	38	35
◇一橋大	8	12	7	◇東京医歯大	6	6	5	東京理科大	79	79	77
◇千葉大	8	7	10	◇防衛医大	5	4	6	明治大	109	116	80
◇筑波大	4	4	6	◇東京藝術大	2	5	1	青山学院大	39	34	31
◇東京外大	8	4	9	◇東京農工大	2	7	4	立教大	40	45	34
◇横浜国大	12	17	8	◇東京学芸大	6	6	5	中央大	77	56	68
◇国際教養大	2	0	1	◇都立大	5	6	6	法政大	43	35	31
◇大阪大	0	1	7	◇信州大	4	2	3	日本医大	5	8	7

※各大学合格数は既卒生との合計。

見学ガイド　文化研究発表会／説明会／校舎見学会

 高校募集 あり 後期課程若干名募集。4年次より混合。

東京大学教育学部附属（とうきょうだいがくきょういくがくぶふぞく） 中等教育学校

〒164－8654 東京都中野区南台 1－15－1 ☎03－5351－9050

国際 / 海外研修 / 長期留学 / 第2外国語 / online英会話 / 21型 / 1人1台端末 / リモート体制 / プロジェクト型 / 論文執筆 / STEAM / 情操 / 体験学習 / ボランティア / 人間力育成

教育目標▶「未来にひらく自己の確立」を掲げ，生徒の豊かな人間性，自主的な思考と判断力，のびやかな表現力を育てる。
沿革▶旧制東京高等学校尋常科を前身として1948年に発足。2000年度より中等教育学校に移行。
施設▶大教室，理科実験室，多目的室，カウンセリング室，プール，グラウンド，ラウンジ，他。
学校長▶山本 義春
生徒数▶前期課程総数359名 併設小からの進学者を含む。

	1年（3クラス）	2年（3クラス）	3年（3クラス）
男子	60名	59名	60名
女子	60名	60名	60名
内進生内数	—	—	—

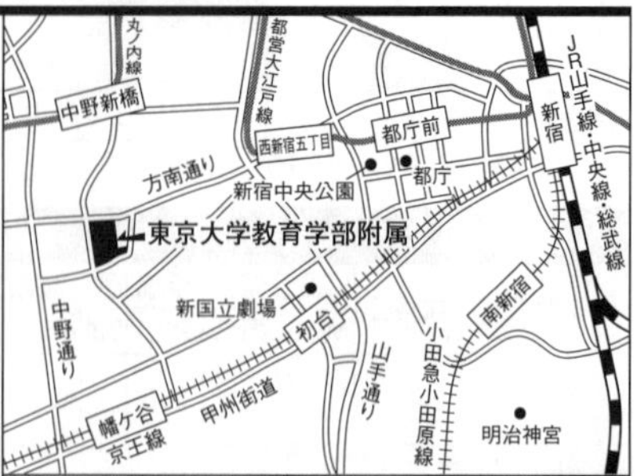

丸ノ内線―中野新橋10分 京王新線―幡ヶ谷15分 JR―新宿・中野よりバスあり 10分

生涯学び続ける姿勢を育てる教育課程をデザイン

東京大学との連携を通じ，社会に貢献できる人材を育成。教科教育と総合学習をはじめとした特別活動により，「ことば，論理，情報，関係，身体・表現」の5つの力を伸ばす。

学習 6年間を2年ごとに「基礎期」「充実期」「発展期」に分ける。それぞれの段階に応じた指導により，教科学習と総合学習に生徒の活動を結びつけた教育を行う。教科学習は，自主的な学習態度の育成と協働性を重視。グループで意見を交換しながら課題を解決する過程で，深い知識と広い視野を身につける。総合学習「探究的な学び」は，宿泊研修や校外行事も取り入れながら，基礎期には総合学習入門，充実期には課題別学習，発展期には卒業研究を行う。

キャリア教育 健全な社会意識と，将来の夢の実現に向けて，校内外の活動を通じ常に自己を高めていこうという認識を持たせる。基礎期・充実期では職業適性検査や職業インタビュー，職業ガイダンスによって自己の将来を具体的に考える。発展期には職業と上級学校との関係を再認識し，自己の適性を自覚し，自信を持てるように導く。

●コース表

中1	中2	中3	高1	高2	高3
共	通	履	修	希望進路に応じた選択制	

学校生活 10の運動部，12の文化部が活動。水曜の7限は全校集会と学級活動，月曜の放課後は委員会の活動を行う。制服はなく，式典時は生徒で決めた基準に沿う。

保護者MEMO

登校時刻▶8：30
最終下校時刻▶18：00
土曜日▶休校
昼食▶弁当／食品販売あり
携帯電話▶許可制
制服▶ブレザー
自転車通学▶可(条件あり)
カウンセラー▶週4日
保護者面談▶年1～2回
保護者会▶年3～4回
必修旅行▶長野（1年次），福井（3年次），他
部活動▶活動日は部による

学費

初年度目安 28万円

(単位:円)	入学金	施設費	授業料	その他	合計
入学手続時	—	—	—	120,000	120,000
1年終了まで	—	—	—	160,000	160,000

●奨学金・特待生
—

[その他] 学年費。
[寄付・学債] 任意の寄付金（ぎんなん基金）1口0.5万円2口以上あり。
※上記は'22年度のもの。新年度について詳細は「受験生応援アプリ」にて公開（2023年5月～）。

首都圏模試　思考コード （単位：%）

〈適性検査〉

読み取る力 ＼ 考える力	I A	I B	I C	II A	II B	II C
複雑 3						
2	15		30	22	13	
単純 1	27	28			65	

A=知識・理解思考　B=論理的思考　C=創造的思考

2024年度入試　合格の基準

		首都圏模試 ほぼ確実	首都圏模試 見込あり	首都圏模試 やや見込あり	四谷大塚 ほぼ確実	四谷大塚 見込あり	四谷大塚 やや見込あり
男子	〈一般〉	64	61	58	51	46	41
女子	〈一般〉	64	61	58	53	48	43

ほぼ確実＝80%～／見込あり＝50～79%／やや見込あり＝20～49%

入試要項　2023年度参考　新年度日程は アプリへGO!　適性型　他

試験名		試験日	出願締切 Web	発表 郵·Web	手続 窓口	選抜方法 2科	4科	適	英	他	面接	特待	募集数	応募数	受検数	合格数	実質倍率	偏差値
推薦	第1次	—	11/4	11/24						＊1			男(100)	218	218	—		
													女(100)	236	236	—		
	第2次	**12/22**	12/2	12/24	12/26			＊2			＊2		男15	—	—	15	14.5	—
													女15	—	—	15	15.7	—
一般		**2/3**	1/4	2/5	2/6			＊3					男45	202(42)	211(38)	55(10)	3.8	64
													女45	250(44)	224(40)	53(8)	4.2	64

＊1　報告書，誓約書・志願理由書を用いて，男女各100名を選考。通過者のみ第2次受検可
＊2　適性検査＋面接　＊3　適性検査ⅠⅡ＋実技
※報告書。推薦はほかに誓約書・志願理由書

【通学区域】 通学時間が片道最大90分程度の区域内

【出願方法】 Web出願のうえ，推薦は出願期間内に，一般は1/11までに書類郵送
【発表方法】 推薦第1次は郵送。推薦第2次と一般はWebと玄関前掲示
【手続方法】 発表日に書類受取のうえ，上記期日までに窓口手続
【受検料】 5,000円　※推薦は，第1次1,384円，第2次3,700円

【帰国生入試】 —
(注) 一般の募集数に双生児〈三つ子〉男女各20組以内を含む。(　) は双生児合格で内数。

中学受験のプロがおすすめ! 併願校の例

特色	男 表現力育成	男 キャリア教育	男 探究型学習	女 表現力育成	女 キャリア教育	女 探究型学習
♠男子校	♣成蹊	♣明大八王子	♣開智日本橋	♣成蹊	♣明大八王子	♣開智日本橋
♥女子校	♣日大二	♣順天	♣淑徳	♣日大二	♣順天	♣淑徳
♣共学・別学校	♣八王子学園	♣宝仙学園	♣安田学園	♣八王子学園	♣宝仙学園	♣安田学園

併設高校の進路情報

四年制大学進学率79.1%
文系・理系の内訳 未集計　医歯薬２名合格

指定校推薦▶利用状況は早稲田大２，慶應大１，東京理科大１，青山学院大３，立教大１，中央大１，法政大３など。ほかに日本大，東洋大，成蹊大，芝浦工大，東京都市大など推薦枠あり。

'22年３月卒業生：115名　大学91名　専門１名　他23名

主な大学合格状況　'23年春については主要大学のみ巻末一覧に記載

大学名	'22	'21	'20	大学名	'22	'21	'20	大学名	'22	'21	'20
◇東京大	0	2	1	◇都立大	2	3	2	立教大	4	17	9
◇東工大	0	1	0	◇茨城大	1	1	0	中央大	13	19	9
◇千葉大	2	0	2	◇電通大	2	1	2	法政大	16	15	12
◇筑波大	1	1	1	早稲田大	7	13	7	日本大	21	22	20
◇埼玉大	0	1	2	慶應大	2	4	3	東洋大	10	12	14
◇北海道大	0	2	1	上智大	6	3	2	駒澤大	12	7	3
◇東北大	1	0	0	東京理科大	4	3	4	専修大	15	9	6
◇東京藝術大	0	4	0	学習院大	3	2	5	東海大	3	13	10
◇東京農工大	1	1	2	明治大	8	7	8	芝浦工大	6	0	8
◇東京学芸大	1	0	0	青山学院大	7	9	2	東京農大	11	6	9

※各大学合格数は既卒生との合計。

見学ガイド　文化祭／説明会／授業公開

よこはまこくりつだいがくきょういくがくぶふぞくかまくら 横浜国立大学教育学部附属鎌倉 中学校

〒248−0005　神奈川県鎌倉市雪ノ下 3−5−10　☎0467−22−2033

教育目標▶小中一貫の目標として「自立に向けてたくましく生きる」を掲げ，資質・能力を育む。

沿革▶1947年，神奈川師範学校男子部附属中学校として開校。今後は小中９年間を一貫した教育課程を編成し，小中一貫教育校への移行をめざす。

施設▶理科教室，マルチメディア教室，国際理解教室，プール，体育館，グラウンド，他。

学校長▶青木　弘

生徒数▶総数約434名

	1年（4クラス）	2年（4クラス）	3年（4クラス）
男子 女子	145名	147名	142名
内進生内数	—	—	—

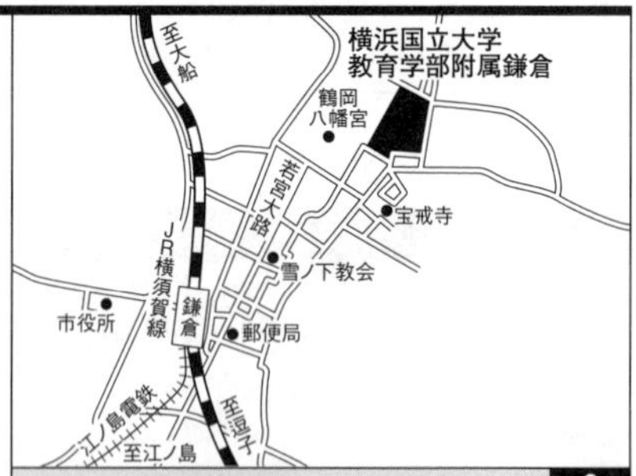

JR・江ノ島電鉄―鎌倉15分またはバス大学前　15分

探究学習「LIFE」で地に足のついた職業観を育む

学習 横浜国立大学教育学部と協力し，教育の理論と実践の研究，および神奈川県や鎌倉市などの地域と連携した研究を行う。教育実習生も多数受け入れる。帰国生徒を受け入れ，一人ひとりに対応した教育活動を展開する。2013年４月ユネスコスクールに認定され，国際教育や環境教育の充実に努めている。併設高校がないため，外部の高校を受験する。

キャリア教育 生き方探究学習「LIFE」を展開。中１は「鎌倉地域を知る」を掲げ，夢を追う人との出会いを通して自己の将来像を描く。中２は「鎌倉を支える人たちの思いを知る」を課題に，職場体験学習を通して，職業への理解を深め，職業観を養う。中３は「鎌倉のためにできることを実行する」と目標を立て，伝統文化を支えてきた職業の社会的責任についての理解を深め，自己の将来を設計する力を身につける。

学校生活 スキー教室，修学旅行など充実した校外学習がある。伝統的に全校で合唱活動に取り組む。10月に合唱祭を盛大に行う。校内ネットワークが整備されている。

●１週間の授業時間数

		英	数	国	理	社	合計
1コマ50分×1日6時限	中1	4	4	4	3	3	18
	中2	4	3	4	4	3	18
	中3	4	4	3	4	4	19

保護者MEMO

登校時刻▶8：30
最終下校時刻▶18：00
土曜日▶毎週休校
昼食▶弁当／食品販売なし
携帯電話▶不可
制服▶詰襟，ブレザー・ジャンパースカート
自転車通学▶－
カウンセラー▶－
保護者面談▶－
保護者会▶－
必修旅行▶京都・奈良（中３）
部活動▶活動日は部による

入試要項　2023年度参考　新年度日程は アプリへGO!　2科

試験名	試験日	出願締切 Web	発表 Web	手続 窓口	選抜方法 2科	4科	適	英	他	面接	特待	募集数	応募数	受検数	合格数	実質倍率	偏差値
一般 一次	2/3	1/13	2/13	2/16	●							男女40	男 —	—	—	—	男57
一般 二次	2/4									*			女 —	—	—	—	女57

＊個人面接等　※報告書，自己PR書。帰国生は家庭報告書

【通学区域】神奈川県

【出願方法】Web出願のうえ，1/20までに書類郵送　【手続方法】2/14の保護者説明会に参加のうえ，上記期日までに窓口にて手続　【受験料】5,000円

【帰国生入試】一般と同日程で，面接は個人および保護者。男女計15名募集　(注) 実質倍率＝応募数÷合格数

見学ガイド 説明会／合唱祭／LIFE発表会

附属 横浜国立大学教育学部附属横浜中学校

(よこはまこくりつだいがくきょういくがくぶふぞくよこはま)

〒232－0061　神奈川県横浜市南区大岡2－31－3　☎045－742－2281

教育目標▶柔軟な思考力と実践力で，これからの社会をよりよく生きるための幅広い能力（リテラシー）を身につけた人間を育成する。

沿革▶1947年，神奈川師範学校女子部附属中学校として発足。2017年，大学改編に伴い，横浜国立大学人間科学部附属中学校より現校名に改称。

施設▶大教室，理科室，プール，テニスコート，他。

学校長▶松原　雅俊

生徒数▶総数357名（1クラス35名に変更予定）

	1年（3クラス）	2年（3クラス）	3年（3クラス）
男子	57名	59名	59名
女子	62名	61名	59名
内進生内数	—	—	—

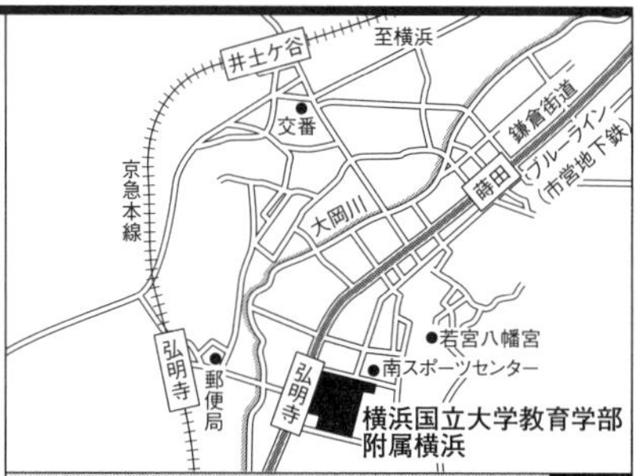

市営地下鉄―弘明寺1分
京急本線―弘明寺8分
1分

「リテラシー」の育成を重視した教育を進める

学習 横浜国立大学教育学部と連携をとり，時代を見据えた新しいテーマを取り上げて意欲的な教育活動を展開。また，県立光陵高校との連携型中高一貫のしくみを活用し，6年間を見通した教育課程を編成する。グループワークや発表を積極的に行い，コミュニケーション力や表現力を高める。すべての教科でICT教育を行い，タブレット端末を1人1台持ち，積極的に活用している。全生徒の1割以上を占める帰国生徒の受け入れ態勢を整えており，留学生や海外使節団との交流会などにも積極的に取り組み，幅広い国際感覚を養う。連携枠として一部が県立光陵高校へ進学。その他の生徒は外部の高校を受験する。

キャリア教育 総合的な学習「TOFY」に取り組む。自ら見いだした問いについて多面的・多角的に考え，調べ，得られた根拠を基に提言や表現することを通して，自己の生き方について考える力をつける。

学校生活 校舎は旧横浜国立大学工学部の建物を受け継ぎ，国の有形文化財指定を受けている。部活動は運動系8，文化系3。

●1週間の授業時間数

		英	数	国	理	社	合計
1コマ50分×1日6時限	中1	4	4	4	3	3	18
	中2	4	3	4	4	3	18
	中3	4	4	3	4	4	19

保護者MEMO

登校時刻▶8：35
最終下校時刻▶18：00
土曜日▶休校。
昼食▶弁当／食品販売あり
携帯電話▶許可制
制服▶ブレザー
自転車通学▶－
カウンセラー▶週1日
保護者面談▶－
保護者会▶－
必修旅行▶広島・奈良・京都（中3）
部活動▶平日放課後は3日以内。土日はどちらか

入試要項　2023年度参考　新年度日程はアプリへGO!　4科

試験名	試験日	出願締切 Web	発表 掲示	手続 窓口	選抜方法 2科	4科	適	英	他	面接	特待	募集数	応募数	受検数	合格数	実質倍率	偏差値
一般	2/3	1/19	2/7	2/9		●						40	202	162	51	3.2	男61女61
帰国生	2/3	1/19	2/7	2/9	＊					＊		15	25	19	15	1.3	—

＊国算＋自己アピール＋保護者面接　※報告書。ほかに帰国生は海外生活期間を証明する書類

【通学区域】川崎市，横浜市，横須賀市，逗子市，鎌倉市，藤沢市，茅ケ崎市，綾瀬市，海老名市，座間市，大和市，寒川市，葉山町，ほか相模原市立と平塚市立の指定小学校学区

【出願方法】Web出願のうえ，1/16までに書類郵送　**【発表方法】**Web発表もあり　**【手続方法】**発表日当日の説明会に参加のうえ，上記日程で本校にて手続　**【受験料】**5,000円

見学ガイド　文化祭／説明会／i-ハーベスト発表会

千葉大学教育学部附属(ちばだいがくきょういくがくぶふぞく) 中学校

〒263－8522　千葉県千葉市稲毛区弥生町１－33　☎043－290－2493

教育目標▶自己理解の上に，自らの行動を自己決定し，自己実現しうる主体的人間を形成する。
沿革▶1947年，千葉師範学校男子部附属中学校，同女子部附属中学校設立。1965年，両校が統合し現校名に改称，男女共学制となる。
施設▶大研修室，体育館，プール，グラウンド，他。
学校長▶藤川　大祐
生徒数▶総数454名　附属小学校からの進学者を含む。

	1年（4クラス）	2年（4クラス）	3年（4クラス）
男子	75名	78名	76名
女子	77名	72名	76名
内進生内数	—	—	—

JR―西千葉11分
京成千葉線―みどり台10分
11分

自分を理解し，自分の考えで責任を持って行動する

学習 前期・後期の二学期制。日々の学びを通して広い視野と思いやりの心を育む。附属中学校として，教育理論の実証的研究開発，研究公開による地域教育への貢献などの使命·役割を担っている。ティームティーチングの授業を，英語は全学年週１時間はネイティヴ教員により，中１は数学・理科・英語でも実施される。中２・中３では選択授業が週１時間ある。習熟度別授業は実施しない。併設高校がないため外部の高校を受験する。2022年３月卒業生151名の進学先は，筑波大附，東工大科学技術，県立千葉，県立船橋，市立千葉，市川，芝浦工大柏，渋谷教育幕張，昭和秀英，日大習志野，慶應女子，開成，早大本庄，他。

●１週間の授業時間数

		英	数	国	理	社	合計
１コマ50分 × １日６時限	中１	4	4	4	3	3	18
	中２	4	3	4	4	3	18
	中３	4	4	3	4	4	19

キャリア教育 「計画する→調べる・体験する→まとめる→発表する→振り返る」という学習過程を身につけるため，職業調べや千葉大学全学部の協力による大学訪問，パネルディスカッションなどを行っている。

学校生活 運動系９，文化系10のクラブが活動中。中１は東京・横浜，中２は上信越，中３は奈良・京都で校外学習。

保護者MEMO

登校時刻▶8：15
一般下校時刻▶16：30
土曜日▶休校
昼食▶弁当／食品販売なし
携帯電話▶不可
制服▶なし
自転車通学▶不可
カウンセラー▶－
保護者面談▶年１回
保護者会▶年３回
必修旅行▶奈良・京都（中３）
部活動▶月・木と土日はどちらか休み

入試要項　2023年度参考　新年度日程は アプリへGO!　他

試験名	試験日	出願締切 窓口	発表 掲示	手続 窓口	選抜方法 2科	4科	適	英	他	面接	特待	募集数	応募数	2次受検数	合格数	実質倍率	偏差値
一般 一次	12/24	12/27	1/6						＊1			男女	男155	58	30	5.2	68
一般 二次	1/20		1/27	2/8					＊2			60	女220	87	42	5.2	68

＊１　総合問題，作文，自己アピール申請書　＊２　プレゼンテーション，集団討論
※自己アピール申請書とその資料，調査書

【通学区域】千葉市，習志野市，船橋市，市川市，八千代市，四街道市，佐倉市，市原市で，通学時間60分以内
【出願方法】窓口出願。住民票の写しを提出　【手続方法】一次は郵送発表。1/6発送。二次はWeb発表もあり
【手続方法】発表日当日に窓口で書類受取のうえ，入学予定者保護者会にて手続き　【受験料】5,000円

（注）募集数に併設小からの進学者は含まれない。実質倍率＝応募数÷合格数
※１次合格者数は男60名女90名。

見学ガイド 文化祭／説明会

埼玉大学教育学部附属（さいたまだいがくきょういくがくぶふぞく）中学校

〒336－0021　埼玉県さいたま市南区別所 4－2－5　☎048－862－2214

教育目標▶正しい判断力とたくましい実践力をもった自主的人間の形成。

沿革▶1947年，埼玉師範学校の附属学校として開校。1951年の新学制に伴い，現校名に改称。

施設▶図書館，LL教室，理科教室，コンピュータ室，中庭，体育館，武道場，プール，運動場，球技コート，教育相談室，他。

学校長▶安藤　聡彦

生徒数▶総数432名　附属小学校からの進学者を含む。

	1年（4クラス）	2年（4クラス）	3年（4クラス）
男子	75名	70名	73名
女子	71名	71名	72名
内進生内数	—	男46名 女43名	—

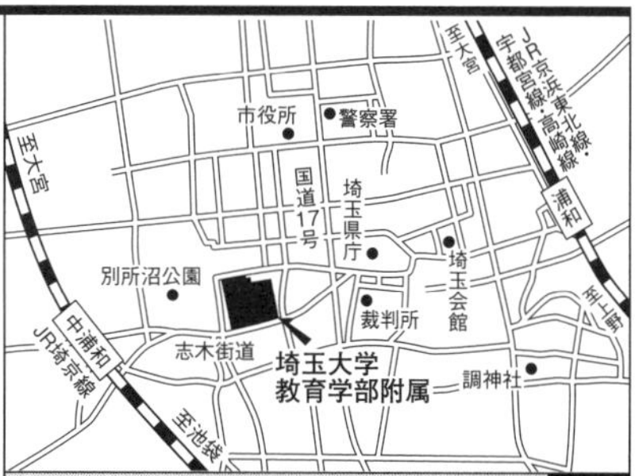

JR—中浦和10分，浦和20分　10分

充実した学びと豊かな交流の場で志を育む

学習 各学年に学校生活の目標を掲げ，経験と成果の結びつきを意識した教育活動を実践。附属中学校として，教員養成のための教育実習の実施，および教育に関する理論と実践について研究する。英語では，英語を実際に使う場面を設定することを重視して，総合的に英語力を育成する。帰国生を受け入れており，特別学級を設置しない混入方式により，一般生徒と相互に学び合いながら海外生活で身につけた特性を伸ばす。総合的な学習の時間を「附中トライアル」と名付け，林間学校や修学旅行といった学校行事と連動させ，主に調べ学習や体験学習を行う。併設高校がないため，外部の高校を受験する。

キャリア教育 「附中トライアル」において，中1で職業や自分の将来についての探究を通して様々な技能を身につけ，職場での体験学習を行う。進路講演会も開催される。

学校生活 運動系13，文化系4のクラブが活動中。中1の4月に行うオリエンテーション合宿で，アドベンチャープログラムなどを通し仲間との絆を深める。

●1週間の授業時間数

		英	数	国	理	社	合計
1コマ50分×1日6時限	中1	4	4	4	3	3	18
	中2	4	3	4	4	3	18
	中3	4	4	3	4	4	19

保護者MEMO

登校時刻▶8：15
最終下校時刻▶17：15
土曜日▶休校
昼食▶弁当
携帯電話▶不可
制服▶詰襟，ブレザー
自転車通学▶不可
カウンセラー▶週2回
保護者面談▶年2～4回
保護者会▶年4～5回
必修旅行▶京都・奈良（中3）
部活動▶平日週1日，日，祝は休み

入試要項　2023年度参考　新年度日程は アプリへGO!　4科

試験名	試験日	出願締切 窓口	発表 掲示	手続 窓口	選抜方法 2科	4科	適	英	他	面接	特待	募集数	応募数	受検数	合格数	実質倍率	偏差値
一般	2/1	1/5	2/2	2/3		●						男70	153	—	29	5.3	60
												女70	182	—	25	7.3	61

※報告書，志願理由書　（注）2024年度入試より入試科目変更予定

【通学区域】 さいたま市，川口市，戸田市，蕨市

【出願方法】 窓口出願　**【手続方法】** 発表当日に入学書を受取，2/3の説明会にて提出

【受験料】 5,000円

【帰国生入試】 2/1（15名募集）　（注）一般募集数に附属小学校からの進学者を含む。実質倍率＝応募÷合格

見学ガイド 文化祭／学校公開／説明会

茨城大学教育学部附属 中学校

〒310－0056　茨城県水戸市文京 1－3－32　☎029－221－5802

教育目標▶「自主・自立・協調」を学校目標に掲げ，目標をもって考え学び続け，よりよい人間関係を築き，他者とともに成長する生徒を育成する。
沿革▶1877年開校の茨城県男子師範学校附属小学校と，1905年開校の女子師範学校附属小学校が，1958年に統合して発足。
施設▶体育館，テニスコート，ICTルーム，他。
学校長▶小口　祐一
生徒数▶総数430名　附属小学校からの進学者を含む。

	1年（4クラス）	2年（4クラス）	3年（4クラス）
男子	72名	72名	72名
女子	72名	71名	71名
内進生内数	男45名 女46名	男47名 女47名	—

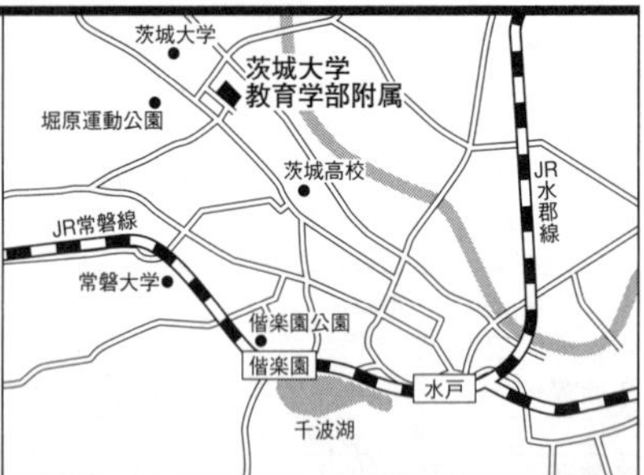

JR―水戸・赤塚よりバス袴塚２丁目３分　20分

学びの価値を実感する生徒の育成

学習 教育学部の附属中学校として，教育の実践研究を行うこと及び教育実習を実施することを設置目的とする。めざす生徒像として，「より高い価値をめざし，たくましく実践し，ともに向上する」を掲げる。1人１台端末時代のICT活用を推進し，機器の基本的な操作の習得，情報活用能力を育成するとともに，情報モラルを身につける。総合的な学習の時間「グローバル市民科」では講座別探究学習を行う。12月にブリティッシュヒルズで英語漬けの研修を実施し，実践的な英語力を養う。併設高校がないため外部の高校を受験する。

●１週間の授業時間数

		英	数	国	理	社	合計
1コマ50分 × 1日6時限	中1	4	4	4	3	3	18
	中2	4	3	4	4	3	18
	中3	4	4	3	4	4	19

キャリア教育 卒業生を講師にキャリア講演会を開催。茨城大学の教授や学生とのつながりに重点をおいた取り組みもある。

学校生活 例年，登山を中心とした自然体験活動を行う宿泊共同学習を行う。すべての活動を生徒全員が協働で創り上げ，自主・自立の精神と周囲への感謝の心を育む。附中スクールボランティア制度があり，保護者や地域ボランティアが生徒の学習・生活面をサポートしている。

保護者MEMO

登校時間▶8：15
最終下校時刻▶17：30
土曜日▶休校
昼食▶弁当
携帯電話▶不可
制服▶ブレザー，ノーカラージャケット
自転車通学▶不可
カウンセラー▶設置あり
保護者面談▶－
保護者会▶－
必修旅行▶－
部活動▶土日のどちらかは休む

入試要項　2023年度参考　新年度日程はアプリへGO!　4科

試験名	試験日	出願締切	発表	手続	選抜方法						特待	募集数	応募数	受検数	合格数	実質倍率	偏差値
		窓口	Web	窓口	2科	4科	適	英	他	面接							
一般	1/8	11/16	1/27	1/31		●				＊		男女 144	男— 女—	— —	— —	— —	55 55

＊個人面接　※報告書
【通学区域】徒歩および公共の交通機関利用による通学時間がおよそ90分以内
【出願方法】窓口出願　【発表方法】Web発表　【手続方法】入学確約書を提出　【受験料】5,000円

(注) 募集数に附属小学校からの進学者を含む。

見学ガイド 文化祭／説明会

宇都宮大学共同教育学部附属 中学校

うつのみやだいがくきょうどうきょういくがくぶふぞく

〒320－8538　栃木県宇都宮市松原 1－7－38　☎028－621－2555

教育目標▶自他の生命を尊重し，自主・合理・創造の精神と豊かな情操をもち，民主的で文化的な社会の進展に努めようとする生徒を育てる。
沿革▶1947年，栃木師範学校男子部および同女子部附属中学校創立。1949年，両校統合。2020年より現校名。
施設▶図書室，理科教室，カウンセリング室，武道場，プール，グラウンド，テニスコート，他。
学校長▶池田　聖
生徒数▶432名　附属小学校からの進学者を含む。

	1年（4クラス）	2年（4クラス）	3年（4クラス）
男子	72名	72名	72名
女子	72名	72名	72名
内進生内数	約100名	約100名	約100名

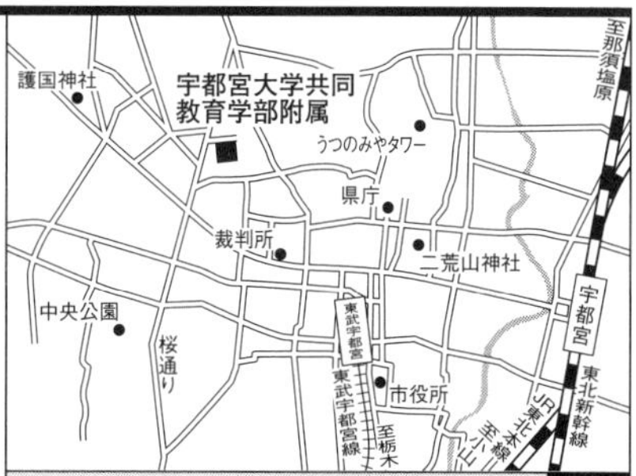

JR―宇都宮よりバス附属学校園入口5分
東武宇都宮線―東武宇都宮15分
徒歩15分

12年間の学びの連続性を考えた授業づくりを研究

学習 宇都宮大学共同教育学部と附属の幼稚園・小・中学校が連携，教育目標実現に必要な資質・能力を「学びをつなげる力」「かかわり合う力」「やり遂げようとする力」と設定し，12年間一貫した教育課程の編成を見据えた授業・教材開発研究を行う。英語では外国語によるコミュニケーションにおける見方・考え方を踏まえた思考力・表現力を育成。理科では知的好奇心や探究心をもって自然に親しみ，目的意識をもって観察・実験を行い，考察する探究的な学習活動を重視。併設高校がないため外部の高校を受験する。

●1週間の授業時間数

		英	数	国	理	社	合計
1コマ50分×1日6時限	中1	4	4	4	3	3	18
	中2	4	3	4	4	3	18
	中3	4	4	3	4	4	19

キャリア教育 特別の教科 道徳では「自他の生命を尊重し，心身の健康の増進を図る」などの目標をもとに生徒の育成を図る。

学校生活 「セルフコントロール」を標榜し，自分たちで考え，判断し，行動する活動を日々実践。制服はなく，生徒自身の判断で学校生活にふさわしい服装を選ぶ。生徒全員が学友会の構成員となり，学校生活をより充実させることを目的に活動。様々な活動は生徒が企画し実施される。

保護者MEMO

登校時刻▶8：20
最終下校時刻▶18：15
土曜日▶休校
昼食▶弁当
携帯電話▶許可制
制服▶なし
自転車通学▶可(条件あり)
カウンセラー▶週1日
保護者面談▶年3回
保護者会▶－
必修旅行▶奈良・京都（中3）
部活動▶水は休部日。土日のどちらかは休む

入試要項　2023年度参考　新年度日程はアプリへGO!　4科

試験名	試験日	出願締切 郵送	発表 Web	手続 窓口	選抜方法 2科	4科	適	英	他	面接	特待	募集数	応募数	受検数	合格数	実質倍率	偏差値
公募 1日め	1/7	12/16	1/12	—		●						男28	80	79	28	2.8	—
公募 2日め	1/11									*		女20	67	67	20	3.3	—

＊グループ面接　※報告書，住民票

【通学区域】栃木県内で，徒歩・自転車および公共交通機関利用で通学可能な地域
【出願方法】窓口出願　【発表方法】合格認定証と入学手続書類を1/13から発送　【手続方法】一部の書類を提出。その他は入学式までに提出　【受験料】5,000円
【帰国生入試】－　（注）応募数に附属小学校からの入学予定者（男女約105名）は含まれない。

見学ガイド　文化祭／説明会

群馬大学共同教育学部附属 中学校

ぐんまだいがくきょうどうきょういくがくぶふぞく

〒371－0052　群馬県前橋市上沖町 612　☎027－231－4651

教育目標▶「共生・創造・健康」を掲げる。

沿革▶1949年，前身である群馬師範学校男子部，同女子部の各附属学校が合併し発足。1951年，群馬大学学芸学部附属中学校となり，2020年より現校名。2015年 8 月新校舎完成。

施設▶自習室，理科教室，カウンセリング室，体育館，プール，テニスコート，野球場，他。

学校長▶上原　永次

生徒数▶総数406名　附属小学校からの進学者を含む。

	1 年（4 クラス）	2 年（4 クラス）	3 年（4 クラス）
男子	75名	63名	72名
女子	61名	71名	64名
内進生内数	男49名 女48名	男38名 女44名	男46名 女44名

JR－前橋よりバス北代田15分　26分

豊かな環境で，知性を高め未来を創る

学習 附属校として，中等普通教育に関する実践的な研究に取り組み，その成果を社会に還元。生徒用タブレット端末と各教室モニター完備の充実したICT環境で学ぶことができる。実践的教育の一環として広い知見と深い専門性に触れることを目的に「特別授業」を実施。中学校教員と大学・学部教員が連携し講義・体験形式で行う。生徒が学問に興味関心を持つきっかけとする。独自科目「未来創造科」で未来や世界に向けた提案を探究する。併設高校がないため外部の高校を受験。高校入試対策特別授業など進路指導も充実している。

●1 週間の授業時間数

		英	数	国	理	社	合計
1 コマ50分 × 1 日 6 時限	中 1	4	4	4	3	3	18
	中 2	4	3	4	4	3	18
	中 3	4	4	3	4	4	19

キャリア教育 様々な職業の方との交流，日本を代表する企業や国連大学との連携を実体験とオンラインを組み合わせて実施。グローバル社会で生きる自覚をもち，持続可能な社会の実現について考える。

学校生活 文化祭をはじめ，校内弁論大会，討論会などの多彩な行事が，生徒の手によって企画運営されている。地元レーシングチームの協力のもと，校庭で自転車技能講習を実施。体育部11と文化部 2 が活動。

保護者MEMO

登校時刻▶8：20
最終下校時刻▶17：50
土曜日▶休校。
昼食▶弁当（牛乳のみあり）／食品販売あり
携帯電話▶許可制
制服▶詰襟，ブレザー
自転車通学▶可
カウンセラー▶週 2 日
保護者面談▶年 2 回
保護者会▶年 3 回
必修旅行▶奈良・京都(中3)，他
部活動▶水は休部日。週 2 日以上と土日どちらかは休む

入試要項　2023年度参考　新年度日程は アプリへGO!　他

試験名		試験日	出願締切 窓口	発表 掲示	手続 窓口	選抜方法 2科	4科	適	英	他	面接	特待	募集数	応募数	受検数	合格数	実質倍率	偏差値
一般	1次	12/3	12/1	1/24	1/27					＊1			男女35	—	—	—	—	—
	2次	1/21									＊2			—	—	—	—	—

＊1　抽選。ただし，応募者が80名を超えない場合は実施しない。実施の有無は12/1に掲示およびWebにて発表。（2023年度は実施なし）　＊2　口頭試問を含む面接
※調査書，入学確約書

【通学区域】群馬県内

【出願方法】窓口出願　【発表方法】Web発表もあり　【手続方法】発表当日の合格者説明会にて入学手続説明。2022年度は動画配信で説明　【受験料】5,000円

見学ガイド 文化祭／学校説明会・入試説明会

山梨大学教育学部附属 中学校

やまなしだいがくきょういくがくぶふぞく

〒400－0005　山梨県甲府市北新 1－4－2　☎055－220－8310

教育目標▶学ぶことに誠実な生徒，健康で情操豊かな生徒，自らの可能性に積極的に挑戦する生徒，互いの良さを認める生徒を育成する。

沿革▶1947年，6・3制による国立新制中学校として創立。2016年山梨大学の学部改組に伴い，山梨大学教育人間科学部附属中学校から現校名に改称。

施設▶コンピュータ室，音楽室，桐華館，他。

学校長▶志村　結美

生徒数▶総数430名　附属小学校からの進学者を含む。

	1年（4クラス）	2年（4クラス）	3年（4クラス）
男子	68名	72名	72名
女子	76名	71名	71名
内進生内数	—	—	男47名 女51名

JR―甲府20分またはバス北新小学校3分　20分

大学の専門分野の講座により夢と可能性を広げる

学習　1クラス36名編成。山梨大学教育学部の附属学校として，中等普通教育を実施すると共に，中学校教育の理論と実際に関する研究および教育実習の実施と指導を行い，その成果をもって地域の中学校教育の推進に寄与することを使命とする。校内研究「創造性に富んだ，未来を切り拓く生徒の育成」を主題として，研究を進めている。先進的教育を実践し，創造性，学びに向かう力の育成をめざし，山梨大附属型「主体的な学びのプロセスモデル」を導入。総合的な学習（SELF）を中心とした探究的な学びを充実させる。また，インクルーシブ教育・人権教育を重視し，ユニバーサルデザインの視点を取り入れた教育環境の整備を進めている。

●1週間の授業時間数

		英	数	国	理	社	合計
1コマ50分×1日6時限	中1	4	4	4	3	3	18
	中2	4	3	4	4	3	18
	中3	4	4	3	4	4	19

キャリア教育　「山梨大学若桐講座」を開催。山梨大学教員の専門分野の授業を受けることによって，自身の将来につながる夢と可能性，興味関心を広げる。

学校生活　桐龍祭や三贈会などの行事は生徒会が運営する。科学部がロボコンに参加するなど部活動も盛ん。

保護者MEMO

登校時刻▶8：30
最終下校時刻▶17：30
土曜日▶休校。
昼食▶弁当
携帯電話▶—
制服▶詰襟，ブレザー
自転車通学▶可
カウンセラー▶—
保護者面談▶年3回
保護者会▶年—
必修旅行▶奈良・京都（中3），他
部活動▶月と，土日どちらかは休む

入試要項　2023年度参考　新年度日程はアプリへGO!　2科

試験名	試験日	出願締切 郵送	発表 郵送	手続 窓口	選抜方法 2科	4科	適	英	他	面接	特待	募集数	応募数	受検数	合格数	実質倍率	偏差値
一般	12/24	11/16	1/11	1/19	＊1					＊2		男女144	—	—	40	—	—

＊1　作文＋国語＋算数。　＊2　個人面接・
※調査書。入学希望者は10月実施の入学生募集説明会に参加すること（2023年度はオンライン実施）

【通学区域】山梨県内で，徒歩・自転車および公共交通機関利用で原則1時間以内（郡内地域および早川町・身延町・南部町を除く）。

【出願方法】郵送出願。書類と住民票の写しを提出　**【発表方法】**1/11に発送。Web発表もあり

【手続方法】窓口にて手続　**【受験料】**5,000円

見学ガイド　説明会／学校公開

（注）募集数に附属小学校からの進学者（2023年度105名見込）を含む。合格数には含まれない。

公立
中高一貫校

東京都立
桜修館(おうしゅうかん) 中等教育学校

〒152－0023 東京都目黒区八雲 1－1－2 ☎03－3723－9966

国際：海外研修／長期留学／第2外国語／online英会話
21型：1人1台端末／リモート体制／プロジェクト型／論文執筆／STEAM
情操：体験学習／ボランティア／人間力育成

教育方針▶６年間の一貫した教育活動の中で，世界の中の日本人としてのアイデンティティをもって国際社会を担う人材を育成する。
沿革▶1929年開校の東京都立大学附属高等学校を再編する形で，2006年に中等教育学校を開校。
施設▶和室，カウンセリング室，自習室，図書館（4.5万冊），屋内プール，テニスコート，柔道場，弓道場，グラウンド，他。
生徒数▶前期課程総数477名

	1年（4クラス）	2年（4クラス）	3年（4クラス）
男子	77名	77名	71名
女子	85名	82名	85名

東急東横線―都立大学10分
JR―目黒よりバス都立大学附属高校前 10分

論理的に考え，表現し，行動するリーダーを育てる

「真理の探究」を校訓に，高い知性と広い視野，強い意志を育てる。論理学習と国際理解教育に注力し，論理的に考え課題を解決できる力を持ち国際社会で貢献できる人材を育成。

学習 ６年間の計画的・継続的教育を通して，幅広い教養と発展的内容の学習を実践し，高い学力の定着を図る。英語は英文を読む，聴くを土台に語彙力を育成し，スキット暗唱やスピーチ，英作文などに取り組むことで，４技能をバランスよく伸ばす。３・４年次は希望制でオーストラリア語学研修，５年次にはシンガポール修学旅行を実施。前期の理科は物理，化学，生物，地学の４分野に分けて，各領域を体系的に学ぶ。１年次より論文作成を全体の指導計画に位置づけている。５年次には集大成として，自分でテーマを決め，担当教員の指導のもと１年間をかけて5,000字の研究論文を執筆し，６年次ではその論文要旨を英訳する。

●コース表

1年次	2年次	3年次	4年次	5年次	6年次
共通履修					※６年次に自由選択科目あり

キャリア教育 論理的思考力を育てるため，前期に独自科目「国語で論理を学ぶ」「数学で論理を学ぶ」を設定。例えば１年次の国語では，問答ゲームや再話などの言語技術教育を取り入れ，論理とは何かを体験する。

学校生活 クラスマッチや記念祭，合唱コンクールなど生徒が考え企画する行事が充実。18ある部の多くが，実績を残している。

保護者MEMO

登校時刻▶8：20
最終下校時刻▶18：00
土曜日▶月２回程度登校
昼食▶給食（前期）／食品販売あり（後期から可）
携帯電話▶許可制
制服▶ブレザー
自転車通学▶可（後期～）
カウンセラー▶週１日
保護者面談▶年１回
保護者会▶年３回
必修旅行▶京都・奈良（3年次）
部活動▶平日週２日と，土日どちらかは休む

学費　初年度目安 26万円

（単位:円）	入学金	施設費	授業料	その他	合計
入学手続時	―	―	―	―	―
1年終了まで	―	―	―	260,320	260,320

●奨学金・特待生
―

［その他］制服・指定品代，積立金，PTA会費，自治会費，給食費。
［寄付・学債］なし。
※上記は'22年度のもの。新年度について詳細は「受験生応援アプリ」にて公開（2023年５月～）。

首都圏模試　思考コード　（単位：%）

読み取る力 ＼ 考える力	〈適性検査〉 I A	I B	I C	II A	II B	II C
複雑 3						
2		20	70		78	
単純 1		10			22	

A=知識・理解思考　B=論理的思考　C=創造的思考

2024年度入試　合格の基準

	首都模試 ほぼ確実	首都模試 見込あり	首都模試 やや見込あり	四谷大塚 ほぼ確実	四谷大塚 見込あり	四谷大塚 やや見込あり
男子	66	63	58	61	56	50
女子	68	64	60	63	58	52

ほぼ確実＝80%～／見込あり＝50～79%／やや見込あり＝20～49%

入試要項　2023年度参考　新年度日程は アプリへGO!　適性型

試験名	試験日 ◎午後入試	出願締切 郵送	発表 Web	手続 窓口	選抜方法 2科	4科	適	英	他	面接	特待	募集数	応募数	受検数	合格数	実質倍率	偏差値
入学試験	2/3	1/18	2/9	2/10			＊					男80	357	340	80	4.3	66
												女80	507	469	80	5.9	68

＊適性検査Ⅰ Ⅱ（Ⅰ与えられた題材の中から課題を見つけ，情報を整理し，自分の考えや意見を正しく表現し，的確に文章にまとめる力をみる。Ⅱ資料から情報を読み取り，課題に対して思考・判断する力，論理的に考察・処理する力，的確に表現する力などをみる）
※報告書

【出願方法】 郵送　**【手続方法】** 入学意思確認書を提出　**【受検料】** 2,200円

【帰国生入試】 ―

中学受験のプロがおすすめ！　併願校の例

特色	男 理数教育	男 フィールドワーク	男 論文（自由研究）	女 理数教育	女 フィールドワーク	女 論文（自由研究）
♠男子校	♣広尾学園	♠東京都市大付	♣渋谷教育渋谷	♣広尾学園	♥鷗友女子	♣渋谷教育渋谷
♥女子校	♣中大附横浜	♣法政二	♣青稜	♣中大附横浜	♣法政二	♣青稜
♣共学・別学校	♣都市大等々力	♣日本大学	♣安田学園	♣都市大等々力	♣日本大学	♣安田学園

卒業生の進路情報

四年制大学進学率88.4%
文系52／理系48／その他0（%）　医歯薬19名合格

指定校推薦▶利用状況は早稲田大5，慶應大1など。

'22年3月卒業生：147名
大学130名　短大0名　専門1名　就職0名　他16名

主な大学合格状況　'23年春については主要大学のみ巻末一覧に記載

大学名	'22	'21	'20	大学名	'22	'21	'20	大学名	'22	'21	'20
◇東京大	0	4	9	◇北海道大	6	3	3	東京理科大	39	30	37
◇京都大	1	2	1	◇東北大	2	2	1	明治大	64	82	63
◇東工大	8	3	7	◇お茶の水女子大	1	2	1	青山学院大	27	31	12
◇一橋大	4	2	2	◇東京学芸大	2	2	1	立教大	26	31	29
◇千葉大	6	3	2	◇都立大	3	2	5	中央大	23	41	24
◇筑波大	2	3	2	◇信州大	1	0	2	法政大	29	21	43
◇東京外大	3	3	2	◇電通大	2	0	0	日本大	31	33	27
◇横浜国大	9	10	11	早稲田大	40	61	49	東洋大	20	25	10
◇埼玉大	3	0	1	慶應大	23	37	34	明治学院大	15	17	12
◇大阪大	0	2	1	上智大	14	33	23	芝浦工大	16	12	28

※各大学合格数は既卒生との合計。

見学ガイド　文化祭／説明会／授業公開

東京都立
大泉高等学校附属 中学校
（おおいずみこうとうがっこうふぞく）

〒178－0063　東京都練馬区東大泉５－３－１　☎03－3924－0318

国際 / 海外研修 / 長期留学 / 第２外国語 / online英会話 / 21型 / 1人1台端末 / リモート体制 / プロジェクト型 / 論文執筆 / STEAM / 情操 / 体験学習 / ボランティア / 人間力育成

教育目標▶自主・自律・創造の教育に則り，高い倫理観とあくなき探究心を兼ね備えた国際社会のリーダーの育成を図る。

沿革▶1941年創立の東京都立大泉高等学校を母体に2010年開校。2022年度より高校募集停止。

施設▶図書室（４万冊），視聴覚ホール，和室，ラウンジ，自習室，天文ドーム，食堂，プール，人工芝グラウンド，野球場，サッカー場，武道館，他。

生徒数▶総数389名

	１年（４クラス）	２年（３クラス）	３年（３クラス）
男子	76名	58名	56名
女子	75名	61名	63名

西武池袋線―大泉学園10分　10分

「探究の大泉」をスローガンに，柔軟な創造力を養う

東京都指定の「知的探究イノベーション推進校」の実績をもとに，ものごとの真理を深く考え，筋道を立てて明らかにしていく探究活動の取り組みを大切にしている。

学習　６年間の系統性とゆとりある中高一貫教育の中で，主体的・対話的で深い学びをめざす。教育の特色は探究活動。中学では様々な分野の専門家から話を聞く課題発掘セミナー，探究遠足などを通して，探究活動に必要な基礎を育てる。高校では「探究と創造（QR）」の授業で創造力を育成する。もう一つの特色は国際理解教育。希望制の海外語学研修や留学生受け入れ，海外姉妹校との交流などに取り組み，国際社会への興味・関心を高める。放課後に教員が待機し，生徒の自主学習を支援する「TIR（Teacher in Readiness）」の時間を設定。

●コース表

中１	中２	中３	高１	高２	高３
共通履修					※高３に選択科目あり

キャリア教育　自らの将来像を想像し，自らの歩む道を創造するため，進路講演会や，中１で職業調べ，中２で職場体験，中３では卒業生による社会人講座などを実施。また，中学の段階から自分の適性をはかる診断（レディネステスト）も行っている。

学校生活　併設高校の文武両道の伝統を継承し，学校行事や部活動も活発に行われている。中高生が一緒に活動する機会を増やし，豊かな感性と人間性を育成する。

保護者MEMO

登校時刻▶8：30
最終下校時刻▶18：30
土曜日▶隔週登校（不定期）
昼食▶給食（中学）／食品販売あり（高校より利用可）
携帯電話▶可（高校～）
制服▶詰襟，セーラー
自転車通学▶可（高校～）
カウンセラー▶月３日
保護者面談▶年２回
保護者会▶年３回
必修旅行▶（予定）大阪・京都（中２），沖縄（中３）
部活動▶活動日は部による

学費　初年度目安 29万円

（単位:円）	入学金	施設費	授業料	その他	合計
入学手続時	―	―	―	―	―
１年終了まで	―	―	―	289,478	289,478

●奨学金・特待生
―

［その他］制服・指定品代，学年積立金，PTA会費，PTA総合補償等，給食費。
［寄付・学債］なし。
※上記は'22年度のもの。新年度について詳細は「受験生応援アプリ」にて公開（2023年５月～）。

首都圏模試 思考コード (単位：%)

読み取る力	〈適性検査〉 Ⅰ A	Ⅰ B	Ⅰ C	Ⅱ A	Ⅱ B	Ⅱ C	Ⅲ A	Ⅲ B	Ⅲ C
複雑 3									
↑ 2		30	60		78			55	
単純 1		10			22			45	
考える力	A	B	C	A	B	C	A	B	C

A=知識・理解思考　B=論理的思考　C=創造的思考

2024年度入試 合格の基準

	首都模試 ほぼ確実	首都模試 見込あり	首都模試 やや見込あり	四谷大塚 ほぼ確実	四谷大塚 見込あり	四谷大塚 やや見込あり
男子	65	60	57	61	56	49
女子	65	60	57	61	56	50

ほぼ確実＝80％～／見込あり＝50～79％／やや見込あり＝20～49％

入試要項 2023年度参考 新年度日程は アプリへGO!

適性型

試験名	試験日 ◎午後入試	出願締切 郵送	発表 Web	手続 窓口	選抜方法 2科	4科	適	英	他	面接	特待	募集数	応募数	受検数	合格数	実質倍率	偏差値
入学試験	2/3	1/18	2/9	2/10			＊					男80	323	312	80	3.9	65
												女80	411	388	80	4.9	65

＊適性検査Ⅰ Ⅱ Ⅲ（Ⅰ文章の内容を的確に読み取ったり，自分の考えを論理的かつ適切に表現したりする力をみる。Ⅱ資料から情報を読み取り，課題に対して思考・判断する力，論理的に考察・処理する力，的確に表現する力などをみる。Ⅲ与えられた課題について，資料などを活用して論理的に考え，的確に解決する力，表現する力などをみる）
※報告書

【出願方法】 郵送
【手続方法】 入学意思確認書を提出
【受検料】 2,200円

【帰国生入試】 ―

中学受験のプロがおすすめ！ 併願校の例

特色	男 オンライン英会話	男 キャリア教育	男 探究型学習	女 オンライン英会話	女 キャリア教育	女 探究型学習
♠男子校	♠本郷	♣中大附属	♠海城	♥豊島岡女子	♣中大附属	♥学習院女子
♥女子校	♠城北	♠成城	♣淑徳	♥大妻	♥富士見	♣淑徳
♣共学・別学校	♣ドルトン東京	♣日大二	♣宝仙学園	♣ドルトン東京	♣日大二	♣宝仙学園

併設高校の進路情報

四年制大学進学率87.9%
文系・理系の割合 未集計　医歯薬１名合格

指定校推薦▶利用状況は都立大２，早稲田大４，学習院大１，明治大１，法政大１，女子栄養大１など。

'22年３月卒業生：190名

大学167名　短大０名　専門４名　就職０名　他19名

主な大学合格状況

'23年春については主要大学のみ巻末一覧に記載

大学名	'22	'21	'20	大学名	'22	'21	'20	大学名	'22	'21	'20
◇東京大	2	6	6	◇東北大	1	0	1	学習院大	10	14	7
◇京都大	1	0	1	◇防衛医大	2	1	0	明治大	43	70	46
◇東工大	1	6	1	◇東京農工大	7	4	0	青山学院大	10	30	13
◇一橋大	1	1	4	◇お茶の水女子大	2	1	2	立教大	45	64	43
◇筑波大	3	1	2	◇東京学芸大	6	3	5	中央大	25	47	40
◇東京外大	1	3	1	◇都立大	5	10	8	法政大	49	59	56
◇横浜国大	3	9	2	早稲田大	42	48	36	日本大	52	51	48
◇埼玉大	5	5	2	慶應大	14	16	12	東洋大	64	72	73
◇国際教養大	1	0	0	上智大	12	20	6	成蹊大	17	26	21
◇北海道大	1	2	2	東京理科大	31	51	20	芝浦工大	42	21	12

※各大学合格数は既卒生との合計。

見学ガイド 文化祭／説明会／授業公開／見学会

千代田区立

九段（くだん） 中等教育学校

〒102－0073 東京都千代田区九段北 2－2－1 ☎03－3263－7190

教育目標▶豊かな心と知の創造と共に，未来に貢献できる，未来志向の責任ある人材を育成する。

沿革▶2006年に開校。2022年，海外６大学と指定校協定を締結。

施設▶多目的ホール，和室，LL教室，自習室，理科教室（６室），天文台，屋内プール，柔道場，剣道場，グラウンド，至大荘（勝浦市）他。

生徒数▶前期課程総数478名

	1年（4クラス）	2年（4クラス）	3年（4クラス）
男子	81名	78名	80名
女子	80名	80名	79名

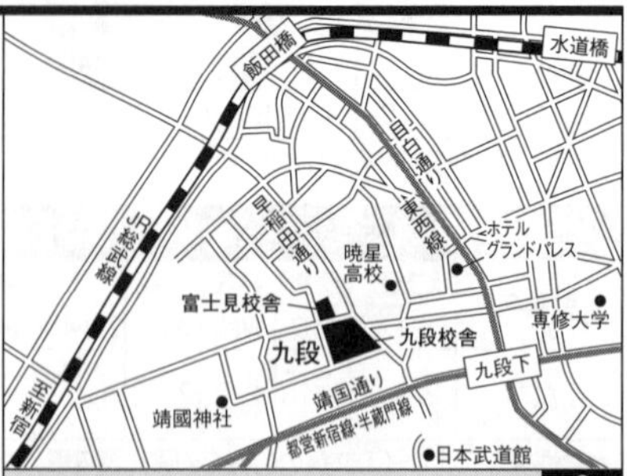

半蔵門線・東西線・都営新宿線―九段下３分 JR・有楽町線・南北線―飯田橋10分 3分

「学ぶ・生きる・鍛える」を柱に，次世代リーダーを育成

「体験を重視し，本物から学ぶ」をモットーに，特色ある教育で探究心を育む。独自の「九段自立プラン」で主体的に学び行動できる力，将来の生き方を考える力を養う。

学習 リベラルアーツ（文理融合）を教育の基本とし，体験や協働的な学びを重視。多くの授業で少人数指導やティームティーチングを導入し，各自の学習進度に合わせて丁寧に指導。理科は設備の整った実験室で，観察・実験中心の授業を行い，探究心を培う。始業前の外国人留学生による「イングリッシュシャワー」，全員参加の１年次の英語村や２年次の英語合宿，３年次の海外研修旅行（休止中）など実践的英語教育で，英語力向上や異文化理解を深める。

キャリア教育 社会で活躍するための力を，６年間かけて育む「九段自立プラン」を実施。学年プロジェクトでは，千代田区の企業・団体，大使館などと連携し，「地域を知る，日本を知る，世界を知る」をテーマに体験を重視した探究活動を行い，後期では卒業研究に取り組み，６年次に研究結果を発表する。進路ワークではキャリア教育講演会，職業や学部学科調べなどを実施。

学校生活 学校行事の企画・運営など学校生活の多くを生徒中心で作り上げる。至大荘行事では遊泳訓練で諦めない心を養う。

●コース表

1年次	2年次	3年次	4年次	5年次	6年次
共通履修					※6年次に選択科目あり

保護者MEMO

登校時刻▶8：00
最終下校時刻▶16：30
土曜日▶毎週登校
昼食▶給食（前期）／食品販売あり（前期は条件あり）
携帯電話▶許可制
制服▶詰襟，セーラー
自転車通学▶不可
カウンセラー▶週４日
保護者面談▶年１回
保護者会▶年２～３回
必修旅行▶（2019年度）オーストラリア（３年次），他
部活動▶週２日以上は休む

学費　初年度目安 34万円

（単位:円）	入学金	施設費	授業料	その他	合計
入学手続時	5,650	―	―	―	5,650
1年終了まで	―	―	―	335,350	335,350

●奨学金・特待生
―

［その他］制服・指定品代，海外研修費，教材・検定費，学校行事費，P.A.会費，給食費。
［寄付・学債］なし。
※上記は'22年度のもの。新年度について詳細は「受験生応援アプリ」にて公開（2023年５月～）。

首都圏模試　思考コード（単位：%）

〈適性検査〉

読み取る力＼考える力	1 A	1 B	1 C	2 A	2 B	2 C	3 A	3 B	3 C
複雑 3									
2			60		20			55	
単純 1		30	10		80			45	

A=知識・理解思考　B=論理的思考　C=創造的思考

2024年度入試　合格の基準

		首都模試 ほぼ確実	首都模試 見込あり	四谷大塚 ほぼ確実	四谷大塚 見込あり
男子	〈区分B〉	66	59	58	52
			やや見込あり 50		やや見込あり 46
女子	〈区分B〉	66	61	60	53
			やや見込あり 55		やや見込あり 46

ほぼ確実＝80%～／見込あり＝50～79%／やや見込あり＝20～49%

入試要項　2023年度参考　新年度日程は アプリへGO!　適性型

試験名	試験日 ◎午後入試	出願締切 窓・郵	発表 Web	手続 窓口	2科	4科	適	英	他	面接	特待	募集数	応募数	受検数	合格数	実質倍率	偏差値
区分A	2/3	1/19	2/9	2/10			＊					男40	104	95	40	2.4	—
												女40	104	91	40	2.3	—
区分B	2/3	1/17	2/9	2/10			＊					男40	177	157	40	3.9	66
												女40	230	219	40	5.5	66

＊適性検査1・2・3
※報告書，志願者カード
※区分Aは千代田区在住者，区分Bは都内在住者対象

【出願方法】 区分Aは窓口，区分Bは郵送
【手続方法】 入学意思確認書を提出後，2/15までに入学金を納入
【受検料】 2,200円

【帰国生入試】 —

公立　男女　〈く〉九段

中学受験のプロがおすすめ！ 併願校の例

特色	男 国際理解教育	男 ICT教育	男 キャリア教育	女 国際理解教育	女 ICT教育	女 キャリア教育
♠男子校 ♥女子校 ♣共学・別学校	♣広尾小石川	♠海城	♠本郷	♣広尾小石川	♥学習院女子	♥白百合学園
	♠成城	♠城北	♣開智日本橋	♥共立女子	♥大妻	♣開智日本橋
	♣東洋大京北	♣順天	♣安田学園	♣東洋大京北	♣順天	♣安田学園

併設高校の進路情報

四年制大学進学率79.7%
文系59／理系36／その他5（%）　医歯薬20名合格

指定校推薦▶非公表。

'22年3月卒業生：143名　大学114名
短大0名　専門0名　就職0名　他29名

主な大学合格状況　'23年春については主要大学のみ巻末一覧に記載

大学名	'22	'21	'20	大学名	'22	'21	'20	大学名	'22	'21	'20
◇東京大	7	4	4	◇東北大	1	3	2	明治大	44	47	62
◇京都大	0	0	1	◇東京医歯大	1	1	0	青山学院大	16	23	19
◇東工大	3	2	3	◇防衛医大	1	1	1	立教大	27	36	24
◇一橋大	2	2	3	◇東京学芸大	2	2	1	中央大	34	23	20
◇千葉大	2	2	2	◇都立大	3	3	6	法政大	40	37	35
◇筑波大	4	3	4	◇電通大	2	1	3	日本大	47	33	43
◇東京外大	2	1	5	早稲田大	24	30	35	東洋大	35	23	53
◇横浜国大	1	2	2	慶應大	18	16	21	専修大	18	13	12
◇埼玉大	1	0	4	上智大	22	11	24	芝浦工大	8	10	9
◇北海道大	1	2	0	東京理科大	22	27	19	日本女子大	14	11	5

※各大学合格数は既卒生との合計。

見学ガイド　文化祭／説明会／天体観望会

SSH　高校募集 なし

東京都立
小石川（こいしかわ）中等教育学校

〒113－0021　東京都文京区本駒込 2－29－29　☎03－3946－7171

国際／海外研修／長期留学／第2外国語／online英会話／21型／1人1台端末／リモート体制／プロジェクト型／論文執筆／STEAM／情操／体験学習／ボランティア／人間力育成

教育目標▶「立志・開拓・創作」の精神を中核に据え，自ら志を立て，自分が進む道を自ら切り拓き，新しい文化を創り出すことのできる人材を育成。
沿革▶1918年創立の東京都立小石川高等学校を母体校として，2006年に中等教育学校を開校。
施設▶多目的ホール，CALL教室，自習室，和室，理科教室（5室），SSHコーナー，テニスコート，プール，剣道場，柔道場，グラウンド，他。
生徒数▶前期課程総数480名

	1年（4クラス）	2年（4クラス）	3年（4クラス）
男子	68名	64名	81名
女子	93名	95名	79名

都営三田線―千石3分　JR・都営三田線―巣鴨10分　JR・南北線―駒込13分　3分

科学的思考力をもったグローバルリーダーの育成

105年の伝統を誇る教育理念のもと，「小石川教養主義」「理数教育」「国際理解教育」に基づくカリキュラムを実践し，主体的で創造的に生きていける人を育てる。

学習　全教科・科目をバランスよく学ぶことで，広く深い知識に裏付けられた教養を育む。6年間を通して課題探究型学習「小石川フィロソフィー」に取り組み，課題発見力，継続的実践力，創造的思考力を養う。6年次には自ら設定したテーマの研究論文を執筆する。理数系カリキュラムが充実。理科は分野ごとに専門教員が指導。観察や実験を多く設け，科学的探究力を培う。また，実験室を開放し，生徒の研究活動を支援。数学は1年次から代数と幾何を学ぶ。全員がオーストラリア，シンガポールへ赴くほか，海外からのの中高生の訪問を受け入れるなど異文化理解の機会を設定。

キャリア教育　1年次に職業人による職業講話「東京寺子屋」，2年次には地元商店街などと連携した職場体験で職業観を養う。3年次からは大学と連携し，大学研究室訪問や校内での分野別大学模擬講義を実施。

学校生活　9月に行事週間があり，芸能祭，体育祭，創作展が行われる。慣例の学校行事で，生徒が企画・運営する。伝統的に部活動が盛んで，9割以上の生徒が参加。

●コース表

1年次	2年次	3年次	4年次	5年次	6年次
共通履修					※6年次に特別選択講座あり

保護者MEMO

登校時刻▶8：25
最終下校時刻▶16：50
土曜日▶休校
昼食▶給食（前期）／食品販売あり（後期から可）
携帯電話▶許可制
制服▶ブレザー
自転車通学▶可（後期～）
カウンセラー▶週2日
保護者面談▶年2～3回
保護者会▶年3回
必修旅行▶海外（3・5年次）
部活動▶平日週1日と，土日どちらかは休む

学費　初年度目安 35万円

(単位:円)	入学金	施設費	授業料	その他	合計
入学手続時	―	―	―	―	―
1年終了まで	―	―	―	348,100	348,100

●奨学金・特待生
―

［その他］制服・指定品代，積立金，PTA会費，生徒会費，牛乳給食費。
［寄付・学債］－
※上記は'22年度のもの。新年度について詳細は「受験生応援アプリ」にて公開（2023年5月～）。

首都圏模試　思考コード　(単位：%)

〈適性検査〉

読み取る力＼考える力	I A	I B	I C	II A	II B	II C	III A	III B	III C
複雑 3									
2		30	60		53			75	
単純 1		10			19	28		25	

A=知識・理解思考　B=論理的思考　C=創造的思考

2024年度入試　合格の基準

		首都模試 ほぼ確実	首都模試 見込あり	四谷大塚 ほぼ確実	四谷大塚 見込あり
男子	〈一般枠〉	72	68	68	64
			やや見込あり 64		やや見込あり 58
女子	〈一般枠〉	74	70	69	65
			やや見込あり 66		やや見込あり 59

ほぼ確実＝80%～／見込あり＝50～79%／やや見込あり＝20～49%

入試要項　2023年度参考　新年度日程は アプリへGO!　適性型　他

試験名	試験日 ◎午後入試	出願締切 郵送	発表 Web	手続 窓口	選抜方法 2科	4科	適	英	他	面接	特待	募集数	応募数	受検数	合格数	実質倍率	偏差値
特別	2/1	1/18	2/2	2/2					＊1	＊1		5以内	男 2	2	0	—	—
													女 0	—	—	—	—
一般	2/3	1/18	2/9	2/10			＊2					男 80	356	325	80	4.1	72
												女 80	389	360	80	4.5	74

＊1　作文＋個人面接。全国科学コンクール個人の部で上位入賞した者　＊2　適性検査Ⅰ Ⅱ Ⅲ（Ⅰ文章の内容を的確に読み取ったり，自分の考えを論理的かつ適切に表現したりする力をみる。Ⅱ資料から情報を読み取り，課題に対して思考・判断する力，論理的に考察・処理する力，的確に表現する力などをみる。Ⅲ身近な事象を通して，分析力や思考力，判断力などを生かして，課題を総合的に解決できる力をみる）
※報告書。ほかに，特別は志願理由書，活動実績報告書，卓越した能力を証明する書類等

【出願方法】 郵送
【手続方法】 入学意思確認書を提出
【受検料】 2,200円

【帰国生入試】 —
(注) 一般枠募集数=男女各80名−特別枠合格数

中学受験のプロがおすすめ!　併願校の例

特色	男 理数教育	男 論文(自由研究)	男 国際理解教育	女 理数教育	女 論文(自由研究)	女 国際理解教育
♠男子校	♣広尾学園	♠麻布	♣渋谷教育渋谷	♣広尾学園	♥桜蔭	♣渋谷教育渋谷
♥女子校	♠城北	♠本郷	♠海城	♥学習院女子	♥頌栄女子	♥白百合学園
♣共学・別学校	♣芝浦工大	♣安田学園	♠学習院	♣芝浦工大	♣安田学園	♥共立女子

併設高校の進路情報

四年制大学進学率85.4%
文系49／理系51／その他0 (%)　医歯薬35名合格

指定校推薦▶早稲田大，慶應大，東京理科大，学習院大，立教大，中央大，法政大，日本国際基督教大など推薦枠あり。

海外大学合格状況▶University of Toronto（ｶﾅﾀﾞ），ソウル大学校，高麗大学校，延世大学校，成均館大学校（韓），他。

'22年3月卒業生：158名

大学135名
短大0名　専門0名　就職0名　他23名

主な大学合格状況　'23年春については主要大学のみ巻末一覧に記載

大学名	'22	'21	'20	大学名	'22	'21	'20	大学名	'22	'21	'20
◇東京大	20	18	10	◇名古屋大	1	0	0	早稲田大	71	96	59
◇京都大	4	5	5	◇東北大	4	4	1	慶應大	38	59	37
◇東工大	5	12	4	◇九州大	3	1	0	上智大	24	18	20
◇一橋大	9	11	8	◇東京医歯大	2	1	0	東京理科大	55	52	46
◇千葉大	3	3	7	◇防衛医大	1	1	1	学習院大	3	11	6
◇筑波大	10	7	4	◇東京農工大	5	0	2	明治大	62	82	50
◇東京外大	4	1	4	◇お茶の水女子大	1	3	1	青山学院大	16	17	8
◇横浜国大	2	9	5	◇都立大	7	6	1	立教大	42	55	31
◇国際教養大	2	1	1	◇信州大	2	0	0	中央大	22	47	37
◇北海道大	1	2	3	◇東京海洋大	2	2	3	法政大	33	27	29

※各大学合格数は既卒生との合計。

見学ガイド　文化祭／説明会／授業公開／部活動見学会／小学生理科教室

東京都立
立川国際（たちかわこくさい） 中等教育学校

〒190－0012 東京都立川市曙町 3－29－37 ☎042－524－3903

国際 / 海外研修 / 長期留学 / 第2外国語 / online英会話 / 21型 / 1人1台端末 / リモート体制 / プロジェクト型 / 論文執筆 / STEAM / 情操 / 体験学習 / ボランティア / 人間力育成

教育目標▶国際社会に貢献できるリーダーとなるために必要な学業を修め，人格を陶冶する。
沿革▶多摩地区初の都立中等教育学校として2008年４月に開校。都立中高一貫校のなかで唯一「国際」を冠する。2022年４月，全国初の公立附属小学校開校。
施設▶カウンセリング室，ラウンジ，LL教室，自習室，プール，テニスコート，射場，グラウンド，他。
生徒数▶前期課程総数479名

	1年（4クラス）	2年（4クラス）	3年（4クラス）
男子	75名	70名	77名
女子	86名	89名	82名

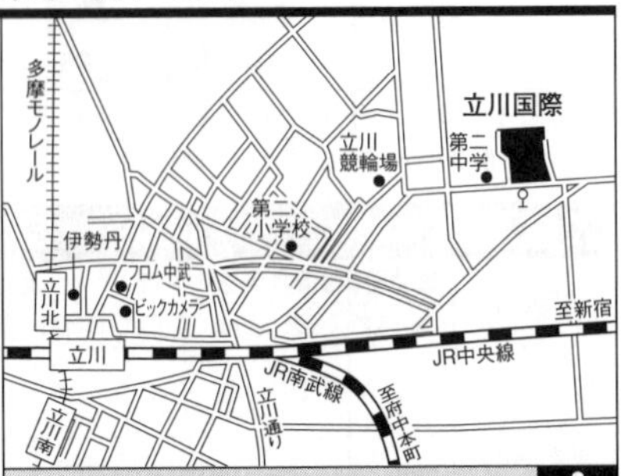

JR―立川・多摩モノレール―立川北20分またはバス立川国際中等教育学校 徒歩20分

多様な文化をもつ生徒が共に認め合い，共に学ぶ

１学年のうち約２割の生徒が海外帰国・在京外国人で，日常から国際感覚を養う。世界で活躍する人の講演会や国際的課題に対する講演会を行い，地球市民としての素地を育む。

学習 一般枠募集のほか，開校当初より海外帰国・在京外国人の生徒枠募集を設けている。世界各地で生活してきた生徒が共に学ぶ国際理解教育を推進。英語はネイティヴ教員による実践的授業のほか，英語発表会（討論，スピーチ）や多読にも取り組む。２年次に英語合宿，３・４年次に希望制の米国エンパワーメント・プログラム，５年次には全員で姉妹校を訪問し，ホームステイを行う海外研修など，英語力を磨く機会が豊富。学年ごとの国際教育講座も。東京大学や東京学芸大学などと連携。大学の高度な授業に触れることができる。

●コース表

1年次	2年次	3年次	4年次	5年次	6年次
共通履修					※6年次に選択科目あり

キャリア教育 生きる力，未来を拓く力を養うため，系統的なキャリア教育を実践。前期では職場理解講座や職業体験により，勤労観・職業観を深める。後期では大学のオープンキャンパス，校内での大学模擬授業などを行い，進学意欲を高めていく。

学校生活 自習室にはチューターが在室。平日は19時，休業中は18時まで利用できる。ラクロス・吹奏楽・英語など約20のクラブがあり，多くの生徒が参加。

保護者MEMO

登校時刻▶8：20
最終下校時刻▶18：00
土曜日▶年３～４回登校。登校日は全員参加の特別授業
昼食▶給食（前期）／食品販売あり（後期から可）
携帯電話▶許可制
制服▶ブレザー
自転車通学▶可（後期～）
カウンセラー▶常駐
保護者面談▶年１回
保護者会▶年２回
必修旅行▶関西（3年次），他
部活動▶活動日は部による

学費　初年度目安 26万円

（単位:円）	入学金	施設費	授業料	その他	合計
入学手続時	—	—	—	—	—
1年終了まで	—	—	—	261,790	261,790

［その他］制服・指定品代，学年積立金，PTA会費，給食費。
［寄付・学債］－
※上記は'22年度のもの。新年度について詳細は「受験生応援アプリ」にて公開（2023年５月～）。

●奨学金・特待生
－

首都圏模試 思考コード （単位：%）

読み取る力＼考える力	〈適性検査〉Ⅰ A	Ⅰ B	Ⅰ C	Ⅱ A	Ⅱ B	Ⅱ C
複雑 3						
2		30	60		78	
単純 1		10			22	

A=知識・理解思考　B=論理的思考　C=創造的思考

2024年度入試 合格の基準

	首都模試 ほぼ確実	首都模試 見込あり	首都模試 やや見込あり	四谷大塚 ほぼ確実	四谷大塚 見込あり	四谷大塚 やや見込あり
男子	63	60	56	57	51	45
女子	63	60	55	59	53	47

ほぼ確実＝80％～／見込あり＝50～79％／やや見込あり＝20～49％

入試要項 2023年度参考　新年度日程は アプリへGO!

適性型 英 他

試験名	試験日 ◎午後入試	出願締切 郵送	発表 Web	手続 窓口	選抜方法 2科	4科	適	英	他	面接	特待	募集数	応募数	受検数	合格数	実質倍率	偏差値
帰国・在京	1/25	1/10	1/31	1/31				＊1	＊1	＊1		30	男 15	15	14	1.1	—
													女 18	18	16	1.1	—
一般	2/3	1/18	2/9	2/10			＊2					男 65	213	204	65	3.1	63
												女 65	281	271	65	4.2	63

＊1　作文（日本語または英語）＋面接（日本語または英語。パーソナル・プレゼンテーションを含む）。指定日に必ず事前相談を受けること　＊2　適性検査ⅠⅡ（Ⅰ文章の内容を的確に読み取ったり，自分の考えを論理的かつ適切に表現したりする力をみる。Ⅱ資料から情報を読み取り，課題に対して思考・判断する力，論理的に考察・処理する力，的確に表現する力などをみる）
※報告書。帰国・在京は報告書または成績証明書，生活の記録等

【出願方法】 郵送。帰国・在京は窓口
【手続方法】 入学意思確認書を提出
【受検料】 2,200円

【帰国生入試】 上記に記載

中学受験のプロがおすすめ! 併願校の例

♠男子校 ♥女子校 ♣共学・別学校

特色	男 国際理解教育	男 キャリア教育	男 高大連携教育	女 国際理解教育	女 キャリア教育	女 高大連携教育
	♣法政大学	♣中大附属	♣成蹊	♣法政大学	♣中大附属	♣成蹊
	♣国学院久我山	♣明大八王子	♣明治学院	♣国学院久我山	♣明大八王子	♣明治学院
	♣桜美林	♣穎明館	♣日大二	♣桜美林	♣穎明館	♣日大二

併設高校の進路情報

四年制大学進学率88.7%
文系・理系の割合 非公表　医歯薬14名合格

指定校推薦▶非公表
海外大学合格状況▶Arizona State University（米），他。

'22年3月卒業生：141名
大学125名　短大0名　専門3名　就職0名　他13名

主な大学合格状況 '23年春については主要大学のみ巻末一覧に記載

大学名	'22	'21	'20	大学名	'22	'21	'20	大学名	'22	'21	'20
◇東京大	4	4	2	◇名古屋大	0	2	0	上智大	14	26	30
◇京都大	0	3	0	◇東北大	2	1	2	東京理科大	14	23	11
◇東工大	1	2	2	◇東京医歯大	2	1	0	明治大	38	43	55
◇一橋大	8	5	8	◇東京農工大	6	4	4	青山学院大	13	11	21
◇千葉大	1	4	1	◇お茶の水女子大	1	3	1	立教大	14	43	30
◇筑波大	2	3	1	◇東京学芸大	4	7	2	中央大	33	69	41
◇東京外大	5	7	2	◇都立大	8	10	3	法政大	29	28	34
◇横浜国大	2	6	0	◇電通大	3	1	0	日本大	17	27	19
◇埼玉大	3	1	0	早稲田大	20	35	32	津田塾大	10	10	8
◇北海道大	0	1	1	慶應大	16	13	15	東京女子大	10	14	9

※各大学合格数は既卒生との合計。

見学ガイド 文化祭／説明会／授業公開

東京都立
白鷗高等学校附属 中学校
（はくおうこうとうがっこうふぞく）

〒111－0041　東京都台東区元浅草３－12－12　☎03－5830－1731

国際 / 海外研修 / 長期留学 / 第２外国語 / online英会話 / 21型 / 1人1台端末 / リモート体制 / プロジェクト型 / 論文執筆 / STEAM / 情操 / 体験学習 / ボランティア / 人間力育成

教育目標▶「開拓精神」を理念に，リーダーとして活躍できる，チャレンジ精神溢れる生徒を育てる。
沿革▶1888年創立の東京都立白鷗高等学校を母体として，2005年に開校。2023年度より高校募集停止。
施設▶ランゲージルーム，CALL教室，和室，自習室スペース，図書室，談話コーナー，プール，剣道場，グラウンド，他。
生徒数▶総数479名

	１年（４クラス）	２年（４クラス）	３年（４クラス）
男子	74名	73名	71名
女子	87名	87名	87名

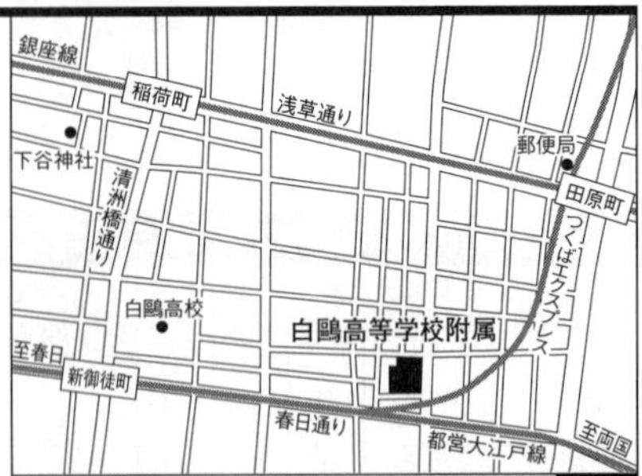

都営大江戸線・つくばEX.―新御徒町７分　銀座線―田原町７分　7分

歴史と伝統を背景に，国際色豊かな学習環境で学ぶ

創立130年を超える伝統校。自己のアイデンティティを有し，多様性の尊重を基に，国際的な競争と協働ができるイノベーティブなグローバル人材を育成。

学習 中高６年間を通した探究学習に力を入れており，中学段階から大学との連携授業を行って探究の基礎を学び，高１・高２で各自のテーマに基づく日本語論文，高３で英語論文を執筆。中学で第二外国語（独・仏・西・中）の必修授業があり，学校独自のオーストラリア研修プログラムなど，国際教育も充実している。高校でアメリカ等に留学する生徒も多い。さらに，浅草・上野地域に学校が位置する利点を活かし，地域の伝統行事への参加，学校独自の科目「日本文化概論」で茶道や将棋等を学ぶ機会もある。2021年度に東京都教育委員会の理数研究校に指定され，理数教育にもさらに注力していく。

●コース表

中1	中2	中3	高1	高2	高3
共通履修				文系	文系
				理系	理数系Ⅰ
					理数系Ⅱ

キャリア教育 中１で様々な分野の専門家による職業講話で職業観を育て，中２で職場体験を通して働くことの意義を学び，勤労観を養う。中３では東京大学を訪問して講義などを受講し，進路意識を高めていく。

学校生活 海外帰国・在京外国人生徒，留学生が在校する国際色豊かな環境。長唄三味線・和太鼓部など中学では18部が活動。

保護者MEMO

登校時刻▶8：10
最終下校時刻▶18：00
土曜日▶休校
昼食▶給食（中学のみ希望制）／食品販売あり（高校～）
携帯電話▶許可制
制服▶詰襟，ボレロ
自転車通学▶可（高校～）
カウンセラー▶週１日
保護者面談▶特に定めず
保護者会▶年３回
研修旅行▶アメリカ（中３），シンガポール（高２）
部活動▶活動日は部による

学費　　初年度目安　一万円

（単位:円）	入学金	施設費	授業料	その他	合計
入学手続時	―	―	―	―	―
１年終了まで	―	―	―	―	―

［その他］－
［寄付・学債］－

●奨学金・特待生
－

首都圏模試　思考コード（単位：%）

読み取る力 ＼ 考える力	〈適性検査〉I A	I B	I C	II A	II B	II C	III A	III B	III C
複雑 3									
2		40	60		73			55	
単純 1					27			45	

A=知識・理解思考　B=論理的思考　C=創造的思考

2024年度入試　合格の基準

〈一般枠〉	首都模試 ほぼ確実	首都模試 見込あり	首都模試 やや見込あり	四谷大塚 ほぼ確実	四谷大塚 見込あり	四谷大塚 やや見込あり
男子	62	59	52	58	52	46
女子	64	61	54	60	54	48

ほぼ確実＝80%～／見込あり＝50～79%／やや見込あり＝20～49%

入試要項　2023年度参考　新年度日程はアプリへGO!

適性型　英　他

試験名	試験日 ◎午後入試	出願締切 郵送	発表 Web	手続 窓口	2科	4科	適	英	他	面接	特待	募集数	応募数	受検数	合格数	実質倍率	偏差値
帰国・在京	1/25	1/10	1/31	1/31				＊1	＊1	＊1		30	男 10	9	9	1.0	—
													女 20	20	20	1.0	—
特別	2/1	1/18	2/2	2/2					＊2	＊2		6	男 4	4	2	2.0	—
													女 2	2	2	1.0	—
一般	2/3	1/18	2/9	2/10			＊3					男 83	307	282	83	3.4	62
												女 83	439	412	83	5.0	64

＊1　作文（日本語または英語）＋個人面接（日本語および英語）。出願前に必ず事前相談を受けること
＊2　実技検査（囲碁・将棋のみ。邦楽，邦舞・演劇は出願時に提出のDVD審査）＋個人面接。囲碁・将棋，邦楽，邦舞・演劇の分野に継続して取り組み，上級の資格や卓越した能力がある者　＊3　適性検査 I II III（I 課題を発見し，それを解決する方法について，自分の考えや意見を正しく表現し，的確に文章にまとめる力をみる。II 資料から情報を読み取り，課題に対して思考・判断する力，論理的に考察・処理する力，的確に表現する力などをみる。III 課題に対して科学的・数理的な分析を行い，総合的に考察し，判断・解決する力をみる）
※帰国・在京は成績証明書または報告書。特別・一般は報告書。ほかに，特別は志願理由書，活動実績報告書，卓越した能力を証明する書類等

【出願方法】郵送。帰国・在京は窓口　**【手続方法】**入学意思確認書を提出　**【受検料】**2,200円

【帰国生入試】上記に記載
(注) 一般枠募集数=男女各85名－特別枠合格数

中学受験のプロがおすすめ!　併願校の例

特色	男 オンライン英会話	男 論文(自由研究)	男 表現力育成	女 オンライン英会話	女 論文(自由研究)	女 表現力育成
♠男子校 ♥女子校 ♣共学・別学校	♣開智日本橋	♠城北	♠東京都市大付	♣開智日本橋	♥大妻	♥学習院女子
	♣淑徳	♣都市大等々力	♣芝浦工大	♣淑徳	♣都市大等々力	♣芝浦工大
	♣宝仙学園	♣順天	♣安田学園	♣宝仙学園	♣順天	♣安田学園

併設高校の進路情報

四年制大学進学率－%
文系・理系の割合 非公表

指定校推薦▶非公表。

'22年3月卒業生：非公表

主な大学合格状況　'23年春については主要大学のみ巻末一覧に記載

大学名	'22	'21	'20	大学名	'22	'21	'20	大学名	'22	'21	'20
◇東京大	3	3	4	◇九州大	1	0	0	上智大	16	24	9
◇東工大	4	3	2	◇東京医歯大	2	1	1	東京理科大	27	30	36
◇一橋大	2	0	0	◇防衛医大	2	0	1	明治大	36	60	52
◇千葉大	8	3	8	◇東京藝術大	1	2	2	青山学院大	35	38	11
◇筑波大	5	7	7	◇東京農工大	1	2	1	立教大	41	52	19
◇東京外大	6	7	0	◇お茶の水女子大	2	2	5	中央大	22	31	21
◇横浜国大	0	7	2	◇東京学芸大	4	3	1	法政大	62	35	43
◇埼玉大	4	5	5	◇都立大	5	4	4	日本大	59	45	54
◇大阪大	0	1	0	早稲田大	24	41	28	東洋大	79	81	52
◇東北大	1	0	1	慶應大	20	22	12	東京医大	3	0	0

※各大学合格数は既卒生との合計。

見学ガイド　文化祭／説明会／体験授業／学校公開／見学会

東京都立

富士高等学校附属 中学校

〒164－0013 東京都中野区弥生町 5－21－1 ☎03－3382－0601

国際 / 海外研修 / 長期留学 / 第2外国語 / online英会話 / 21型 / 1人1台端末 / リモート体制 / プロジェクト型 / 論文執筆 / STEAM / 情操 / 体験学習 / ボランティア / 人間力育成

教育目標▶自主自律，文武両道の精神のもと，高い知性と豊かな感性，自ら判断し挑戦する精神を備えた人材の育成をめざす。

沿革▶1920年創立の東京府立第五高等女学校が母体。1950年東京都立富士高等学校に改称，2010年に附属中学校開校。2021年度より高校募集停止。

施設▶多目的ホール，和室，自習室，図書室（4万冊)，生徒ホール（ラウンジ)，天文台，テニスコート，プール，柔道場，剣道場，グラウンド，他。

生徒数▶総数437名

	1年（4クラス）	2年（4クラス）	3年（3クラス）
男子	78名	77名	59名
女子	83名	80名	60名

丸ノ内線―中野富士見町1分
JR―中野よりバス富士高校1分
1分

新たな価値を創造する科学的グローバルイノベーターを育成

文部科学省指定のスーパーサイエンスハイスクール（2025年度まで）として，世界トップレベルの理数系人材の育成を実現する中高一貫理数カリキュラムを展開。

学習 教育課程の基盤にリベラルアーツ（文理融合）を据え，確かな学力を育む。中1・中2は基礎・定着期として，放課後の補充教室など学習への姿勢と学力の基礎を醸成する。「挑戦力」「理数的発見力」「理数的解決力」の育成をめざし，6年間を通して課題探究「富士未来学」に取り組む。中学では，高校の課題研究に必要な知識や技術を，またプレ課題研究を通して研究の進め方を学ぶ。国際理解教育に注力。米国シリコンバレー，英国バンガー大学などでの研修のほか，海外6大学と指定校提携し，海外大学進学も実現している。

●コース表

中1	中2	中3	高1	高2	高3
共通履修					理系
					文系

キャリア教育 進学の先にある社会を見据え，様々なプログラムを用意。学年ごとに行うキャリアセミナーはじめ，進学ガイダンスや職場体験，東京大学出前授業などを行い，進路に向けた意識づくりや，自分のキャリア形成について考える力を身につける。

学校生活 三大行事の体育祭，文化祭，合唱祭は中高合同で実施。薙刀・剣道・科学探究部など，中学では約20部を開設し，例年100%の生徒が加入している。

保護者MEMO

登校時刻▶8：25
最終下校時刻▶18：00
土曜日▶年間約20回登校。登校日は平常授業4時間
昼食▶給食(中学)／食品販売あり(高校より利用可)
携帯電話▶許可制
制服▶詰襟，セーラー
自転車通学▶可(高校～)
カウンセラー▶週1日
保護者面談▶年1～2回
保護者会▶年3回
必修旅行▶京都·奈良(中3)
部活動▶活動日は部による

学費

初年度目安 **27万円**

(単位:円)	入学金	施設費	授業料	その他	合計
入学手続時	—	—	—	—	—
1年終了まで	—	—	—	271,120	271,120

●奨学金・特待生
—

[その他] 制服・指定品代，学年積立金，PTA会費，生徒会費，給食費。
[寄付・学債] なし。
※上記は'22年度のもの。新年度について詳細は「受験生応援アプリ」にて公開（2023年5月～）。

首都圏模試　思考コード　(単位：%)

読み取る力＼考える力	〈適性検査〉I A	I B	I C	II A	II B	II C	III A	III B	III C
複雑 3								20	
2		30	60		78			35	
単純 1		10			22			45	

A=知識・理解思考　B=論理的思考　C=創造的思考

2024年度入試　合格の基準

	首都模試 ほぼ確実	首都模試 見込あり	首都模試 やや見込あり	四谷大塚 ほぼ確実	四谷大塚 見込あり	四谷大塚 やや見込あり
男子	64	60	50	57	51	45
女子	63	60	47	59	53	47

ほぼ確実＝80%～／見込あり＝50～79%／やや見込あり＝20～49%

入試要項　2023年度参考　新年度日程は アプリへGO!　適性型

試験名	試験日 ◎午後入試	出願締切 郵送	発表 Web	手続 窓口	選抜方法 2科	4科	適	英	他	面接	特待	募集数	応募数	受検数	合格数	実質倍率	偏差値
入学試験	2/3	1/18	2/9	2/10			＊					男80	267	257	80	3.2	64
												女80	307	297	80	3.7	63

＊適性検査ⅠⅡⅢ（Ⅰ文章の内容を的確に読み取ったり，自分の考えを論理的かつ適切に表現したりする力をみる。Ⅱ資料から情報を読み取り，課題に対して思考・判断する力，論理的に考察・処理する力，的確に表現する力などをみる。Ⅲ資料や様々な条件を基に課題を見出したり，課題解決したりする力をみるとともに，計算したり，説明したりする力をみる）
※報告書

【出願方法】 郵送
【手続方法】 入学意思確認書を提出
【受検料】 2,200円

【帰国生入試】 —

中学受験のプロがおすすめ！　併願校の例

特色	男 理数教育	男 オンライン英会話	男 学習サポート	女 理数教育	女 オンライン英会話	女 学習サポート
♠男子校 ♥女子校 ♣共学・別学校	♣中大附属	♠本郷	♣東京農大一	♣中大附属	♥鷗友女子	♣東京農大一
	♣成蹊	♠明大中野	♣都市大等々力	♣成蹊	♥恵泉女学園	♣都市大等々力
	♣東京電機大	♣ドルトン東京	♣宝仙学園	♣東京電機大	♣ドルトン東京	♣宝仙学園

併設高校の進路情報

四年制大学進学率77.7%
文系・理系の割合 未集計　医歯薬４名合格

指定校推薦▶利用状況は早稲田大４，慶應大３，学習院大２，青山学院大１，立教大１，中央大１，法政大１など。ほかに東京理科大，明治大，日本大，東洋大，成蹊大，成城大，明治学院大，獨協大，芝浦工大，津田塾大，東京都市大など推薦枠あり。
海外大学合格状況▶Hungarian Medical Universities（ﾊﾝｶﾞﾘｰ），淡江大学（台湾），他。

'22年３月卒業生：193名
大学150名　他40名
短大０名　専門１名　就職２名

主な大学合格状況　'23年春については主要大学のみ巻末一覧に記載

大学名	'22	'21	'20	大学名	'22	'21	'20	大学名	'22	'21	'20
◇東京大	2	1	2	◇東北大	1	0	1	学習院大	4	7	6
◇京都大	0	0	1	◇九州大	1	0	0	明治大	38	35	43
◇東工大	3	3	2	◇東京農工大	2	4	1	青山学院大	15	20	9
◇一橋大	2	2	2	◇お茶の水女子大	2	0	0	立教大	16	34	21
◇千葉大	3	3	2	◇東京学芸大	1	2	7	中央大	40	37	35
◇筑波大	1	3	0	◇都立大	8	8	4	法政大	36	29	27
◇東京外大	1	4	1	早稲田大	32	31	29	日本大	66	55	56
◇横浜国大	2	3	1	慶應大	13	15	23	東洋大	35	38	28
◇埼玉大	1	3	2	上智大	10	15	13	専修大	25	10	13
◇北海道大	2	1	2	東京理科大	10	28	27	成蹊大	22	21	14

※各大学合格数は既卒生との合計。

見学ガイド　文化祭／説明会／体験授業／授業公開／見学会

東京都立
三鷹(みたか) 中等教育学校

〒181－0004　東京都三鷹市新川６－21－21　☎0422－46－4181

国際 海外研修 長期留学 第２外国語 online英会話 21型 1人1台端末 リモート体制 プロジェクト型 論文執筆 STEAM 情操 体験学習 ボランティア 人間力育成

教育目標▶思いやりと人間愛（ヒューマニティ）を持った社会的リーダーの育成をめざす。
沿革▶1949年創立の東京都立三鷹高等学校を母体校に2010年開校。
施設▶多目的室，和室，カウンセリングルーム，自習室，CALL教室，理科教室（５室），グラウンド，テニスコート，プール，武道場，弓道場，他。
生徒数▶前期課程総数480名

	１年（４クラス）	２年（４クラス）	３年（４クラス）
男子	74名	76名	77名
女子	87名	84名	82名

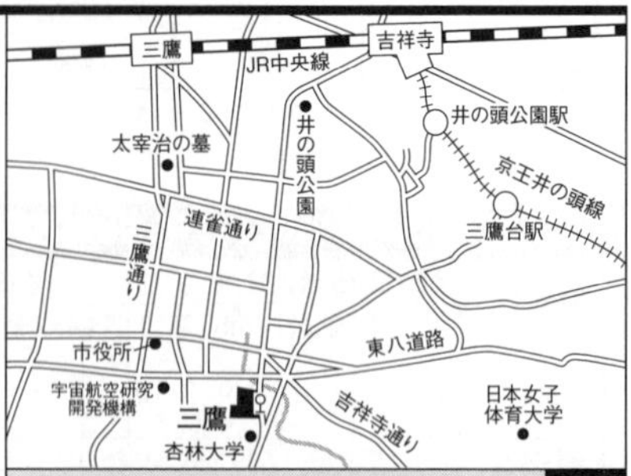

JR―三鷹・吉祥寺，京王線―仙川・調布よりバス三鷹中等教育学校（調布は杏林大学病院前）　20分

幅広いキャリア教育を展開し，将来の社会を担う人材に

高い見識と幅広い視野を養い，将来のあり方・生き方を見据えた教育を行う。多様な人々と協力し，主体性をもって人生を切り拓いていく力を育てる。

学習　独自の学習到達指標「三鷹スタンダード」を設定し，身につけるべき学力を明確にして指導。英数は習熟度別少人数授業を展開し，基礎基本の定着を図る。教科横断的な内容を学ぶ「文化科学」「自然科学」「文化一般」という科目を設定。例えば「文化科学Ⅰ」（１年国語）では，スピーチや討論などを行い，読解力・表現力・コミュニケーション力を養う。６年間を２年ごとに分け，各段階で論文を作成・発表する。学校設定科目「探究」の設置や，ICT機器を活用した「反転授業」を導入し，主体的・対話的で深い学びを実践。

●コース表

１年次	２年次	３年次	４年次	５年次	６年次
共通履修					※６年次に自由選択科目あり

キャリア教育　総合的な学習の時間を「人生設計学」と称し，大学の先にある将来を見据えた，幅広く奥深い系統的・継続的な指導を展開。１・２年次では職場見学や職場体験などを取り入れながら職業観・勤労観を高める。３年次からは大学訪問や大学模擬授業を行い，学ぶ意欲を引き出していく。

学校生活　台湾修学旅行はじめ，グローバル遠足や海外ボランティア研修，海外高校生との校内交流など国際理解行事が充実。

保護者MEMO

登校時刻▶８：25
最終下校時刻▶17：30
土曜日▶月２回程度登校
昼食▶給食(前期のみ)／食堂・食品販売なし
携帯電話▶可
制服▶ブレザー
自転車通学▶可(後期～)
カウンセラー▶週１日
保護者面談▶年１回
保護者会▶年３回
必修旅行▶関西(３年次)，他
部活動▶土日を含め週４日以内で，月曜は休む

学費　　初年度目安 29万円

(単位:円)	入学金	施設費	授業料	その他	合計
入学手続時	―	―	―	―	―
1年終了まで	―	―	―	286,700	286,700

●奨学金・特待生
―

[その他]制服・指定品代，積立金，給食費。
[寄付・学債] なし。
※上記は'22年度のもの。新年度について詳細は「受験生応援アプリ」にて公開（2023年５月～）。

首都圏模試 思考コード (単位：%)

読み取る力 ＼ 考える力	〈適性検査〉I A	I B	I C	II A	II B	II C
複雑 3						
2		30	60		53	
単純 1		10			47	

A=知識・理解思考 B=論理的思考 C=創造的思考

2024年度入試 合格の基準

	首都模試 ほぼ確実	首都模試 見込あり	首都模試 やや見込あり	四谷大塚 ほぼ確実	四谷大塚 見込あり	四谷大塚 やや見込あり
男子	65	62	59	59	53	47
女子	65	62	59	59	53	47

ほぼ確実＝80%～／見込あり＝50～79%／やや見込あり＝20～49%

入試要項 2023年度参考 新年度日程は アプリへGO! 適性型

試験名	試験日 ◎午後入試	出願締切 郵送	発表 Web	手続 窓口	2科	4科	適	英	他	面接	特待	募集数	応募数	受検数	合格数	実質倍率	偏差値
入学試験	2/3	1/18	2/9	2/10			*					男80	404	387	80	4.8	65
												女80	520	500	80	6.3	65

＊適性検査ⅠⅡ（Ⅰ文章を深く読み取り，他者のものの見方や考え方を理解する力，わかりやすく適切に表現する力をみる。Ⅱ資料から情報を読み取り，課題に対して思考・判断する力，論理的に考察・処理する力，的確に表現する力などをみる）
※報告書

【出願方法】 郵送
【手続方法】 入学意思確認書を提出
【受検料】 2,200円

【帰国生入試】 ―

中学受験のプロがおすすめ! 併願校の例

特色	男 国際理解教育	男 キャリア教育	男 ICT教育	女 国際理解教育	女 キャリア教育	女 ICT教育
♠男子校 ♥女子校 ♣共学・別学校	♣法政大学	♠桐朋	♣中大附属	♣法政大学	♥立教女学院	♣中大附属
	♣国学院久我山	♣明治学院	♣成城学園	♣国学院久我山	♣明治学院	♣成城学園
	♣桜美林	♣穎明館	♣宝仙学園	♣桜美林	♣穎明館	♣宝仙学園

併設高校の進路情報

四年制大学進学率87.9%
文系60／理系31／その他９（%） 医歯薬７名合格

指定校推薦▶非公表。

'22年３月卒業生：157名　大学138名　短大０名　専門１名　就職０名　他18名

主な大学合格状況 '23年春については主要大学のみ巻末一覧に記載

大学名	'22	'21	'20	大学名	'22	'21	'20	大学名	'22	'21	'20
◇東京大	0	3	0	◇九州大	0	1	1	東京理科大	25	32	16
◇京都大	3	1	3	◇東京藝術大	1	1	1	明治大	82	81	61
◇東工大	3	2	0	◇東京農工大	8	1	3	青山学院大	25	22	10
◇一橋大	8	4	1	◇東京学芸大	3	6	3	立教大	37	32	20
◇千葉大	1	0	0	◇都立大	7	7	6	中央大	62	75	31
◇筑波大	0	2	2	◇東京海洋大	2	0	1	法政大	43	57	44
◇東京外大	4	8	3	◇電通大	2	0	3	日本大	25	50	35
◇横浜国大	4	8	2	早稲田大	38	44	23	東洋大	29	39	30
◇北海道大	3	5	2	慶應大	24	20	10	國學院大	14	9	8
◇東北大	0	2	4	上智大	30	35	13	芝浦工大	22	14	16

※各大学合格数は既卒生との合計。

見学ガイド 文化祭／説明会／授業公開／部活動見学会／見学会

東京都立
南多摩（みなみたま） 中等教育学校

〒192－8562 東京都八王子市明神町 4－20－1 ☎042－656－7030

国際 / 海外研修 / 長期留学 / 第2外国語 / online英会話 / 21型 / 1人1台端末 / リモート体制 / プロジェクト型 / 論文執筆 / STEAM / 情操 / 体験学習 / ボランティア / 人間力育成

教育理念▶心と知と体の調和から生まれる人間力を育み，国際社会の様々な分野で活躍するリーダーを育成する。
沿革▶1908年創立の東京都立南多摩高等学校を母体校として，2010年に中等教育学校を開校。
施設▶小ホール，和室，多目的室，カウンセリング室，プール，テニスコート，柔道場，剣道場，トレーニングルーム，グラウンド，球技コート，他。
生徒数▶前期課程総数481名

	1年（4クラス）	2年（4クラス）	3年（4クラス）
男子	75名	79名	78名
女子	86名	81名	82名

京王線―京王八王子 3 分
JR―八王子12分
3分

イノベイティブなグローバル人材を育成

心・知・体のバランスのとれた生徒を育てるため教養教育を推進し，学力・突破力・協働力・探究力の育成を図り人間力を育む。

学習 アクティブ・ラーニング型授業を展開し，生徒の主体的学びを引き出す。探究力を培うフィールドワーク活動に推進。1年次は地域調査，2年次はモノに着目した調査，3年次は科学的検証活動に取り組む。4・5年次はライフワークプロジェクトとして各自で設定した課題を探究し，4,000字の論文にまとめる。また，「データ分析」「地球探究」など文理融合科目を3年次から設置し，知識活用型の資質・能力を育成する。大学と連携したSTEAM教育を実践。2022年度は東京工科大学との連携で，プログラミング講座などを開催した。

●コース表

1年次	2年次	3年次	4年次	5年次	6年次
	共	通	履	修 ※5年次・6年次に選択科目あり	

キャリア教育 フィールドワーク活動と連動しているのが特徴。1・2年次の職業人講演や研究所訪問で職業を知り，職業を理解する。3年次からは大学生講演会や大学訪問・授業体験などで，大学や学問についての理解を深め研究し，進路実現を図っていく。

学校生活 全国大会優勝・出場の実績がある太鼓・南多摩フィルハーモニー・薙刀など21部が活動。南魂祭など異年齢集団で行う行事により人間関係調整力などを育む。

保護者MEMO

登校時刻▶8：15
最終下校時刻▶18：00
土曜日▶隔週登校。登校日は平常授業4時間
昼食▶給食（前期）／食品販売あり（後期より利用可）
携帯電話▶可（後期～）
制服▶ブレザー
自転車通学▶可（後期～）
カウンセラー▶－
保護者面談▶年1回
保護者会▶年3回
必修旅行▶奈良（2年次），他
部活動▶平日3日と土日1日

学費　初年度目安 22万円

（単位:円）	入学金	施設費	授業料	その他	合計
入学手続時	—	—	—	—	—
1年終了まで	—	—	—	219,000	219,000

●奨学金・特待生
－

［その他］制服・指定品代，学校徴収金。
［寄付・学債］なし。
※上記は'22年度のもの。新年度について詳細は「受験生応援アプリ」にて公開（2023年5月～）。

首都圏模試　思考コード　(単位:%)

読み取る力＼考える力	〈適性検査〉I A	I B	I C	II A	II B	II C
複雑 3						
2			60		76	
単純 1		40			24	

A=知識・理解思考　B=論理的思考　C=創造的思考

2024年度入試　合格の基準

	首都模試 ほぼ確実	首都模試 見込あり	首都模試 やや見込あり	四谷大塚 ほぼ確実	四谷大塚 見込あり	四谷大塚 やや見込あり
男子	65	60	54	60	54	48
女子	65	60	54	60	54	48

ほぼ確実＝80％～／見込あり＝50～79％／やや見込あり＝20～49％

入試要項　2023年度参考　新年度日程は アプリへGO!　適性型

試験名	試験日 ◎午後入試	出願締切 郵送	発表 Web	手続 窓口	選抜方法 2科	4科	適	英	他	面接	特待	募集数	応募数	受検数	合格数	実質倍率	偏差値
入学試験	2/3	1/18	2/9	2/10			＊					男80	308	303	80	3.8	65
												女80	354	344	80	4.3	65

＊適性検査ⅠⅡ（Ⅰ与えられた文章等を的確に分析・考察するとともに，課題に対する考えや意見を明確かつ論理的に表現する力をみる。Ⅱ資料から情報を読み取り，課題に対して思考・判断する力，論理的に考察・処理する力，的確に表現する力などをみる）
※報告書

【出願方法】郵送　**【手続方法】**入学意思確認書を提出　**【受検料】**2,200円

【帰国生入試】—

中学受験のプロがおすすめ!　併願校の例

特色	男 理数教育	男 フィールドワーク	男 キャリア教育	女 理数教育	女 フィールドワーク	女 キャリア教育
♠男子校	♠桐朋	♣神奈川大附	♠東京都市大付	♥吉祥女子	♣神奈川大附	♥吉祥女子
♥女子校	♣明治学院	♣帝京大学	♣明大八王子	♣明治学院	♣帝京大学	♣明大八王子
♣共学・別学校	♣東京電機大学	♣八王子学園	♣桜美林	♣東京電機大学	♣八王子学園	♣桜美林

卒業生の進路情報

四年制大学進学率89.8%
文系・理系の割合 未集計　医歯薬２名合格

指定校推薦▶利用状況は都立大２，早稲田大１など。ほかに学習院大，青山学院大，中央大，法政大など推薦枠あり。

'22年３月卒業生：147名
大学132名
短大０名　専門２名　就職０名　他13名

主な大学合格状況　'23年春については主要大学のみ巻末一覧に記載

大学名	'22	'21	'20	大学名	'22	'21	'20	大学名	'22	'21	'20
◇東京大	3	0	3	◇東京医歯大	2	0	0	東京理科大	31	28	25
◇京都大	3	1	2	◇防衛医大	0	2	0	明治大	66	52	57
◇東工大	2	1	5	◇東京農工大	3	4	3	青山学院大	21	25	19
◇一橋大	7	3	4	◇お茶の水女子大	1	1	2	立教大	38	23	28
◇千葉大	4	3	2	◇東京学芸大	2	2	5	中央大	61	40	40
◇筑波大	3	1	0	◇都立大	8	4	10	法政大	28	36	42
◇東京外大	0	3	8	◇電通大	1	2	3	日本大	24	27	34
◇横浜国大	5	3	5	早稲田大	38	16	25	東洋大	25	19	13
◇北海道大	3	5	2	慶應大	21	13	14	津田塾大	5	4	5
◇東北大	1	2	2	上智大	22	4	15	日本女子大	5	7	11

※各大学合格数は既卒生との合計。

見学ガイド　文化祭／説明会／授業体験／授業公開

東京都立

武蔵高等学校附属 中学校

〒180－0022 東京都武蔵野市境 4－13－28 ☎0422－51－4554

教育理念▶向上進取の精神で，国際社会に貢献できる知性豊かなリーダーの育成をめざす。

沿革▶1940年創立の東京都立武蔵高等学校を母体として，2008年開校。2021年度より高校募集停止。

施設▶和室，PC教室，PCLL教室，視聴覚室（階段教室），自習室，図書室（4.4万冊），多目的グラウンド，テニスコート，プール，武道棟，他。

生徒数▶総数440名

	1年（4クラス）	2年（4クラス）	3年（3クラス）
男子	70名	79名	53名
女子	91名	81名	66名

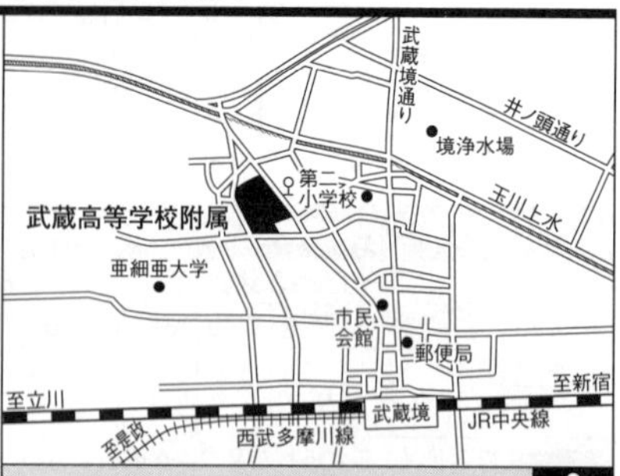

JR─武蔵境10分 西武新宿線─田無，西武池袋線─ひばりヶ丘よりバス桜橋7分 10分

理念を同じくする地球学とSDGsを関連させ学びを深める

独自の学び「地球学」を通して諸課題を地球規模で考え，持続的な課題解決に向けて学び，行動できる人を育てる。2022年度より平日は45分×7時間授業に。

学習 発展的で実践的な授業と共に，対話や協働を通して自らの考えを深めていく授業を展開。英数国を中心に少人数・習熟度別指導を行う。総合的な学習（探究）の時間を利用した「地球学」では，地球規模の課題を自分ごと化して考えながら，自然・社会・人文科学を中心に教科横断的に学ぶ。中1から段階的に調査・研究活動に取り組み，中3は各自でSDGsを取り入れた研究テーマを設定して課題研究を行い，集大成として高1で論文を作成・発表する。全員が，中3で国内英語研修施設での体験学習，高1でオーストラリアでの語学研修を行い，国際理解のきっかけとする。

キャリア教育 中1の社会人講話，中2の職場体験で働くことの意義や喜びを知り，中3のキャンパス訪問では進学意識を高める。中1～高2を対象に，企業・NPOと連携した社会的・職業的自立支援教育プログラムがあり，講演やグループワークを行う。

学校生活 中1のサマーキャンプ，中2の農業体験など学年別の行事や，中高が協力して行う体育祭，音楽祭，文化祭もある。

●コース表

中1	中2	中3	高1	高2	高3
共通履修					※高3に自由選択科目あり

保護者MEMO

登校時刻▶8：30
最終下校時刻▶18：00
土曜日▶休校
昼食▶給食(中学)／食品販売あり(高校より利用可)
携帯電話▶許可制
制服▶ブレザー
自転車通学▶可(高校～)
カウンセラー▶週2日
保護者面談▶年1回
保護者会▶年3回
必修旅行▶京都・奈良(中3)，海外(高1)
部活動▶活動日は部による

学費

初年度目安 16万円

(単位:円)	入学金	施設費	授業料	その他	合計
入学手続時	―	―	―	―	―
1年終了まで	―	―	―	156,712	156,712

●奨学金・特待生
―

［その他］制服・指定品代，積立金。
［寄付・学債］なし。
※上記は'22年度のもの。新年度について詳細は「受験生応援アプリ」にて公開（2023年5月～）。

国際 海外研修 長期留学 第2外国語 online英会話 21型 1人1台端末 リモート体制 プロジェクト型 論文執筆 STEAM 情操 体験学習 ボランティア 人間力育成

首都圏模試 思考コード (単位:%)

読み取る力	〈適性検査〉I A	I B	I C	II A	II B	II C	III A	III B	III C
複雑 3									
2		30	60		70			50	
単純 1		10			15	15		50	
考える力	A	B	C	A	B	C	A	B	C

A=知識・理解思考 B=論理的思考 C=創造的思考

2024年度入試 合格の基準

	首都模試 ほぼ確実	首都模試 見込あり	首都模試 やや見込あり	四谷大塚 ほぼ確実	四谷大塚 見込あり	四谷大塚 やや見込あり
男子	69	65	62	62	57	50
女子	69	65	62	65	60	55

ほぼ確実=80%~/見込あり=50~79%/やや見込あり=20~49%

入試要項 2023年度参考 新年度日程はアプリへGO!

適性型

試験名	試験日 ◎午後入試	出願締切 郵送	発表 Web	手続 窓口	選抜方法 2科	4科	適	英	他	面接	特待	募集数	応募数	受検数	合格数	実質倍率	偏差値
入学試験	2/3	1/18	2/9	2/10			*					男80	246	238	80	3.0	69
												女80	225	215	80	2.7	69

*適性検査I II III(I文章の内容を的確に読み取ったり,自分の考えを論理的かつ適切に表現したりする力をみる。II資料から情報を読み取り,課題に対して思考・判断する力,論理的に考察・処理する力,的確に表現する力などをみる。IIIリーダーとして必要な計画する力,数理的に分析し課題を見出す力および問題を解決する力などをみる)
※報告書

【出願方法】 郵送
【手続方法】 入学意思確認書を提出
【受検料】 2,200円

【帰国生入試】 —

中学受験のプロがおすすめ! 併願校の例

特色	男 国際理解教育	男 論文(自由研究)	男 フィールドワーク	女 国際理解教育	女 論文(自由研究)	女 フィールドワーク
♠男子校 ♥女子校 ♣共学・別学校	♠海城	♠東京都市大付	♠明大中野	♥吉祥女子	♥鷗友女子	♥学習院女子
	♣中大附属	♣明大八王子	♣国学院久我山	♣中大附属	♣明大八王子	♣国学院久我山
	♣桜美林	♣穎明館	♣八王子学園	♣桜美林	♣穎明館	♣八王子学園

併設高校の進路情報

四年制大学進学率83.9%
文系56/理系44/その他0(%) 医歯薬28名合格

指定校推薦▶利用状況は早稲田大4,慶應大1など。

'22年3月卒業生:180名

大学151名
短大1名 専門0名 就職0名 他28名

主な大学合格状況 '23年春については主要大学のみ巻末一覧に記載

大学名	'22	'21	'20	大学名	'22	'21	'20	大学名	'22	'21	'20
◇東京大	11	9	8	◇東北大	2	2	1	上智大	29	20	13
◇京都大	3	4	0	◇九州大	1	0	0	東京理科大	44	35	30
◇東工大	8	9	6	◇東京医歯大	2	1	3	学習院大	5	3	6
◇一橋大	5	10	5	◇防衛医大	3	1	3	明治大	55	78	51
◇千葉大	4	5	0	◇東京農工大	7	5	5	青山学院大	14	18	13
◇筑波大	3	2	6	◇東京学芸大	1	7	3	立教大	29	24	21
◇東京外大	2	1	4	◇都立大	6	12	9	中央大	27	43	29
◇横浜国大	6	6	1	◇電通大	2	6	1	法政大	39	50	51
◇大阪大	0	1	0	早稲田大	53	64	50	日本大	22	34	46
◇北海道大	3	3	7	慶應大	26	28	20	東洋大	31	15	35

※各大学合格数は既卒生との合計。

見学ガイド 説明会/見学会

東京都立
両国高等学校附属（りょうごくこうとうがっこうふぞく） 中学校

〒130－0022 東京都墨田区江東橋 1－7－14 ☎03－3631－1878

国際 / 海外研修 / 長期留学 / 第2外国語 / online英会話 / 21型 / 1人1台端末 / リモート体制 / プロジェクト型 / 論文執筆 / STEAM / 情操 / 体験学習 / ボランティア / 人間力育成

教育目標▶きめ細かな教育により，高い学力と豊かな人間性を育成すると共に，グローバルな視点を持ち，国際社会で活躍できるリーダーの育成をめざす。
沿革▶1901年創立の東京都立両国高等学校を母体に2006年に開校。2022年度より高校募集停止。
施設▶和室，カウンセリング室，ラウンジ，自習室，図書室（3.5万冊），理科教室（４室），グラウンド，プール，テニスコート，武道場，他。
生徒数▶総数399名

	1年（4クラス）	2年（3クラス）	3年（3クラス）
男子	84名	58名	57名
女子	78名	61名	61名

JR・半蔵門線―錦糸町５分
都営新宿線―住吉10分，菊川10分
5分

「自律自修」の精神で，広く深い教養と知性を養う

未来社会を切り拓く資質・能力のある人物の育成をめざす。独自のキャリア学習「志学（こころざしがく）」で，社会に貢献しようとする高い志と使命感を育む。

学習 「授業を大切にする」を基本方針に，学びの土台となる基礎基本をしっかりと固める。全教科でグループ学習やスピーチを用いて，言語能力の育成を図る。英語はオールイングリッシュの授業やオンライン英会話を導入。さらに英語ディベート，中２のEnglish Summer School，中３の海外語学研修（アメリカ・希望制）などを通じて，実践的コミュニケーション能力を育成。理科では観察・実験を多く取り入れ，科学的な考察力・表現力を高める。中３の総合的な学習の時間では個人の探究テーマを決め，卒業研究に取り組む。12月には代表者による卒業研究最終発表会を実施。

●コース表

中1	中2	中3	高1	高2	高3
共通履修					文系①
					文系②
					理系①

キャリア教育 総合的な学習の時間で「志学」と題したキャリア教育を展開。企業訪問や職場体験，第一線で活躍する社会人による講演などを通じ，望ましい職業観・勤労観と共に，社会貢献意識の育成をめざす。

学校生活 体育祭，文化祭，合唱コンクールは中高合同で実施。また，中学にはサッカー部や管弦楽部など15部があり，半数以上が中高一緒に活動している。

保護者MEMO

登校時刻▶8：15
最終下校時刻▶18：00
土曜日▶月２回登校
昼食▶給食（中学）／食品販売あり（高校より利用可）
携帯電話▶許可制
制服▶詰襟，ブレザー
自転車通学▶可（高校～）
カウンセラー▶週２日
保護者面談▶年１回
保護者会▶年３～４回
必修旅行▶関西方面（高２）
部活動▶平日週３日と，土日どちらか半日

学費 初年度目安 44万円

（単位:円）	入学金	施設費	授業料	その他	合計
入学手続時	―	―	―	―	―
1年終了まで	―	―	―	435,760	435,760

●奨学金・特待生
―

［その他］制服・指定品代，教材費，給食費，後援会費，生徒会費。
［寄付・学債］―
※上記は'22年度のもの。新年度について詳細は「受験生応援アプリ」にて公開（2023年５月～）。

首都圏模試　思考コード　(単位：%)

〈適性検査〉

読み取る力 ＼ 考える力	I A	I B	I C	Ⅱ A	Ⅱ B	Ⅱ C	Ⅲ A	Ⅲ B	Ⅲ C
複雑 3									
2		30	60		73		10	45	
単純 1		10			27			45	

A=知識・理解思考　B=論理的思考　C=創造的思考

2024年度入試　合格の基準

	首都模試 ほぼ確実	首都模試 見込あり	首都模試 やや見込あり	四谷大塚 ほぼ確実	四谷大塚 見込あり	四谷大塚 やや見込あり
男子	68	65	62	60	54	48
女子	68	65	62	63	58	52

ほぼ確実＝80%～／見込あり＝50～79%／やや見込あり＝20～49%

入試要項　2023年度参考　新年度日程はアプリへGO!　適性型

試験名	試験日 ◎午後入試	出願締切 郵送	発表 Web	手続 窓口	選抜方法 2科	4科	適	英	他	面接	特待	募集数	応募数	受検数	合格数	実質倍率	偏差値
入学試験	2/3	1/18	2/9	2/10			*					男80	393	373	80	4.7	68
												女80	382	371	80	4.6	68

＊適性検査ⅠⅡⅢ（Ⅰ文章を読み取る力や，自分の意見を文章でわかりやすく表現する力をみる。Ⅱ資料から情報を読み取り，課題に対して思考・判断する力，論理的に考察・処理する力，的確に表現する力などをみる。Ⅲ課題に対して科学的・数理的な分析を行い，総合的に考察し，判断・解決する力をみる）
※報告書

【出願方法】 郵送
【手続方法】 入学意思確認書を提出
【受検料】 2,200円

【帰国生入試】 —

中学受験のプロがおすすめ！　併願校の例

特色	男 理数教育	男 表現力育成	男 ネイティヴ常駐	女 理数教育	女 表現力育成	女 ネイティヴ常駐
♠男子校	♣市川	♣広尾学園	♠本郷	♣市川	♣広尾学園	♥白百合学園
♥女子校	♣広尾小石川	♠成城	♣開智日本橋	♣広尾小石川	♥共立女子	♣開智日本橋
♣共学・別学校	♣順天	♣安田学園	♣かえつ有明	♣順天	♣安田学園	♣かえつ有明

併設高校の進路情報

四年制大学進学率89.2%
文系41／理系56／その他3（%）　医歯薬34名合格

指定校推薦▶利用状況は早稲田大5，慶應大3，東京理科大1，法政大1，日本大1など。ほかに都立大，学習院大，明治大，青山学院大，立教大，中央大，明治学院大，獨協大，芝浦工大，津田塾大，東京女子大，東京都市大，北里大，東邦大，東京薬科大，明治薬科大，東京農大，東洋英和女学院大など推薦枠あり。

'22年3月卒業生：185名　大学165名
短大0名　専門0名　就職0名　他20名

主な大学合格状況　'23年春については主要大学のみ巻末一覧に記載

大学名	'22	'21	'20	大学名	'22	'21	'20	大学名	'22	'21	'20
◇東京大	6	1	6	◇名古屋大	0	2	0	上智大	18	28	19
◇京都大	3	0	0	◇東北大	5	5	4	東京理科大	59	39	77
◇東工大	4	3	9	◇東京医歯大	1	1	3	明治大	49	62	48
◇一橋大	4	3	3	◇防衛医大	2	2	1	青山学院大	22	19	17
◇千葉大	14	15	11	◇東京農工大	1	0	6	立教大	41	39	37
◇筑波大	5	2	2	◇お茶の水女子大	1	1	1	中央大	30	39	19
◇東京外大	4	3	6	◇東京学芸大	0	1	3	法政大	43	44	43
◇横浜国大	5	2	2	◇都立大	7	4	6	日本大	46	57	54
◇埼玉大	1	0	2	早稲田大	46	30	67	東洋大	57	52	54
◇北海道大	3	2	3	慶應大	24	19	19	日本女子大	12	8	8

※各大学合格数は既卒生との合計。

見学ガイド　文化祭／説明会／授業公開／体験授業／見学会

高校募集 なし 生活科学科・福祉科のみ募集。

川崎市立
川崎高等学校附属(かわさきこうとうがっこうふぞく) 中学校

〒210－0806　神奈川県川崎市川崎区中島 3－3－1　☎044－246－7861

国際 / 海外研修 / 長期留学 / 第2外国語 / online英会話 / 21型 / 1人1台端末 / リモート体制 / プロジェクト型 / 論文執筆 / STEAM / 情操 / 体験学習 / ボランティア / 人間力育成

教育目標▶人権感覚豊かで，高い志をもって学び続け，国際都市川崎をリードする人材を育てる。
沿革▶川崎市立川崎高等学校を母体校として2014年に開校。2021年度より高校全日制普通科を募集停止。
施設▶講堂，作法室，自習室，多目的ランチスペース，屋上菜園，トレーニングルーム，格技室，可動屋根付きプール，テニスコート，グラウンド，他。
生徒数▶非公表

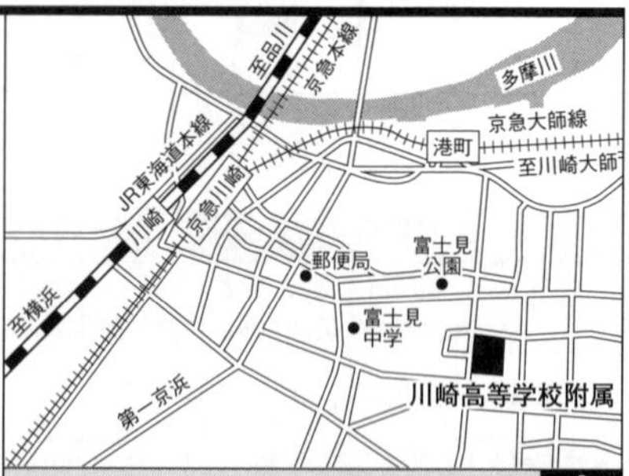

JR―川崎より20分またはバス市立川崎高校前　京急大師線―港町より12分　20分

世の中の変化を前向きに受け止め，社会や人生を切り拓く

教育の柱は「体験・探究」「ICT活用」「英語・国際理解」。生徒の学びが豊かになるよう体験を通した学びを重視し，仲間と協働し高め合う学習や学校生活をめざす。

学習 生徒の夢を支える教育活動として，学び・体験・行動を重視した独自の「かわさきLEADプロジェクト」を策定。中1・中2は定着期とし，学ぶ楽しさをみつけ，充実期の中3は，高校で学ぶ内容とのつながりを大切にする授業を展開する。英語はアウトプットも重視。English CampやEnglish Challengeなどに取り組み，実際に使うことで英語の活用力を高める。総合的な学習の時間「LEADタイム」のまとめとして，1年間の探究学習の成果を発表する学習発表会を実施。併設高校には一貫生だけで編成される普通科のほか，生活科学科・福祉科（各40名募集）などがある。

キャリア教育 中1の農業フィールドワーク，中2の職場体験などを通じて探究的に学び，キャリア発達を促す。また，大学の研究施設との連携や，社会人講話などを行い，社会観・職業観の育成に努める。

学校生活 体育祭や文化祭は中高合同で，部活動も可能な範囲で中高一緒に行う。毎朝，基礎学力向上を目的としたe-ラーニングを実施。水曜日の放課後には学習会も。

●コース表

中1	中2	中3	高1	高2	高3
共	通	履	修	文系	文系Ⅰ（国公立大）
					文系Ⅱ（私立大）
				理系	

保護者MEMO

登校時刻▶8：25
最終下校時刻▶18：00
土曜日▶休校
昼食▶給食（中学）／食堂（高校より可）／食品販売あり（中学条件あり）
携帯電話▶可
制服▶ブレザー
自転車通学▶不可
カウンセラー▶週1日
保護者面談▶年2回
保護者会▶年2回
必修旅行▶長崎（中3），他
部活動▶水と土日1日休む

学費　初年度目安 26万円

（単位:円）	入学金	施設費	授業料	その他	合計
入学手続時	―	―	―	―	―
1年終了まで	―	―	―	262,020	262,020

●奨学金・特待生
―

［その他］制服・指定品代，教育振興費，学年活動費，情報端末代，副教材・実習費，学力情報調査，行事費，積立金，諸会費，災害共済掛金，個人写真代・体育祭Tシャツ代。※別途中学次給食費（4,800円／月）あり。　［寄付・学債］－
※上記は'22年度のもの。新年度について詳細は「受験生応援アプリ」にて公開（2023年5月～）。

首都圏模試 思考コード (単位：%)

〈適性検査〉

読み取る力 ＼ 考える力	I A	I B	I C	II A	II B	II C
複雑 3						
2			38		18	
単純 1	5	57		5	77	

A=知識・理解思考　B=論理的思考　C=創造的思考

2024年度入試 合格の基準

	首都模試 ほぼ確実	首都模試 見込あり	首都模試 やや見込あり	四谷大塚 ほぼ確実	四谷大塚 見込あり	四谷大塚 やや見込あり
男子	61	57	52	56	50	44
女子	61	57	52	58	52	46

ほぼ確実＝80%～／見込あり＝50～79%／やや見込あり＝20～49%

入試要項 2023年度参考　新年度日程はアプリへGO!　適性型

試験名	試験日 ◎午後入試	出願締切 郵送	発表 Web	手続 窓口	選抜方法 2科	4科	適	英	他	面接	特待	募集数	応募数	受検数	合格数	実質倍率	偏差値
入学試験	2/3	1/6	2/10	2/11			＊					120	588	564	120	4.7	男61 女61

＊適性検査ⅠⅡ（Ⅰ文章や図・表・データの内容を的確にとらえて情報を読み解き，分析し表現する力をみる。作文も含む。Ⅱ自然科学的な問題や数理的な問題を分析し考察する力や，解決に向けて思考・判断し，的確に表現する力をみる）
※調査書
※保護者と共に川崎市内に住所を有する者

【出願方法】 郵送　**【手続方法】** 誓約書を提出　**【受検料】** 2,200円

【帰国生入試】 ―

(注) 2022・2023年度入試ではグループ面接は実施されなかった。

中学受験のプロがおすすめ! 併願校の例

♠男子校　♥女子校　♣共学・別学校

特色	男 ICT教育	男 フィールドワーク	男 国際理解教育	女 ICT教育	女 フィールドワーク	女 国際理解教育
	♣神奈川大附	♣青稜	♣山手学院	♣神奈川大附	♣青稜	♣山手学院
	♣桐蔭学園	♣青都市大等々力	♣日大藤沢	♣桐蔭学園	♣都市大等々力	♣日大藤沢
	♣横須賀学院	♣多摩大聖ヶ丘	♠藤嶺藤沢	♣横須賀学院	♣多摩大聖ヶ丘	♥捜真女学校

併設高校の進路情報

四年制大学進学率80.7%
文系69／理系31／その他0（%）　医歯薬1名合格

指定校推薦▶利用状況は東京農大1など。

'22年3月卒業生：140名（普通科）

大学113名　短大4名／専門7名／就職2名／他14名

主な大学合格状況 '23年春については主要大学のみ巻末一覧に記載

大学名	'22	'21	'20	大学名	'22	'21	'20	大学名	'22	'21	'20
◇東京大	0	1	1	◇東京医歯大	1	0	0	青山学院大	19	8	12
◇京都大	1	0	0	◇東京農工大	2	2	1	立教大	16	20	18
◇一橋大	0	1	2	◇都立大	1	2	0	中央大	19	17	23
◇東京外大	3	1	3	◇横浜市大	1	5	2	法政大	34	17	20
◇横浜国大	1	5	3	◇信州大	2	3	0	日本大	35	30	21
◇国際教養大	1	1	0	早稲田大	21	17	11	東洋大	22	11	19
◇大阪大	1	0	0	慶應大	10	9	10	駒澤大	11	18	16
◇北海道大	1	1	0	上智大	18	8	14	神奈川大	38	38	36
◇名古屋大	1	0	0	東京理科大	5	10	8	日本女子大	7	4	5
◇九州大	2	0	0	明治大	37	40	15	東京都市大	6	10	7

見学ガイド 文化祭／説明会／体験授業／施設見学

神奈川県立
相模原（さがみはら）中等教育学校

〒252－0303　神奈川県相模原市南区相模大野４－１－１　☎042－749－1279

国際 / 海外研修 / 長期留学 / 第2外国語 / online英会話 / 21型 / 1人1台端末 / リモート体制 / プロジェクト型 / 論文執筆 / STEAM / 情操 / 体験学習 / ボランティア / 人間力育成

教育目標▶高い知性と豊かな人間性をそなえ，心身ともに健全な，次世代を担う人材を育成する。
沿革▶2009年，神奈川県初の公立中等教育学校として開校。
施設▶和室，カウンセリング室，自習室，理科教室（４室），グラウンド，テニスコート，武道場，他。
生徒数▶前期課程総数479名

	１年（５クラス）	２年（５クラス）	３年（４クラス）
男子	80名	80名	79名
女子	80名	80名	80名

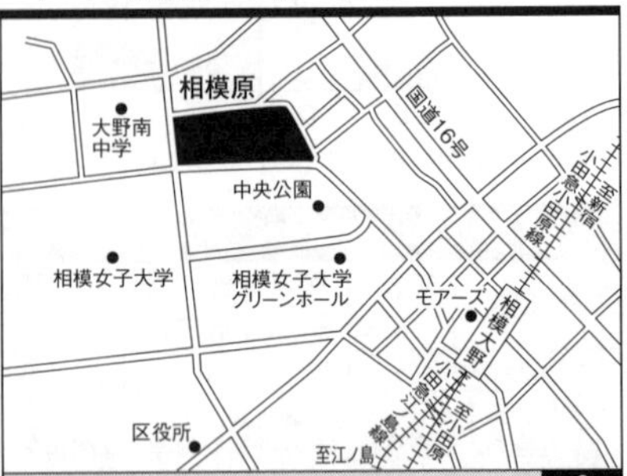

小田急線━相模大野10分　10分

しっかり学び，じっくり育て，ゆっくり探る

「読書・暗唱・ドリル・自由発言・自由質疑」「発表・質疑応答・レポート」「探究・ディベート」を柱とした授業で，次世代に必要な科学・論理的思考力などを育成。

学習　１・２年次では１クラス32人編成によるきめ細かな指導を行う。また，英数国に重点をおいて基礎の定着を図り，３年次では高校相当の学習内容を先取り学習する。「かながわ次世代教養」の内容を，前期では社会，理科，技術，英語の授業で学び，ICTを活用してプレゼンテーション能力，英語コミュニケーション能力を高めると共に，日本の伝統文化や地球環境問題への理解を深め，探究学習を実施。後期では「総合的な探究の時間」として位置づけ，探究活動を行い，5,000字以上の論文にまとめ発表する。３年次に週１回，自らを探究する自学自習の時間「MSS」を設定。

キャリア教育　働く目的や意義を考え，人や社会と関わることの大切さを学ぶため，１年次は社会人による職業講話，「働く」ワークショップ，２年次は宿泊を伴う農業・職業体験を実施。３年次は大学を訪問し，大学での学びや分野別学問研究を深める。

学校生活　蒼碧祭（そうへきさい）には体育・文化部門があり，体育部門では４つの団に分かれて様様な種目で競い合う。20のクラブが活動中。

●コース表

１年次	２年次	３年次	４年次	５年次	６年次
共通履修					※５年次・６年次に自由選択科目あり

保護者MEMO

登校時刻▶8：25
最終下校時刻▶18：00
土曜日▶休校。希望制の特別授業や部活動を行う
昼食▶弁当／食品販売あり（前期は弁当注文のみ）
携帯電話▶許可制
制服▶詰襟，ブレザー
自転車通学▶可（後期～）
カウンセラー▶週２日
保護者面談▶年１～２回
保護者会▶年１～２回
必修旅行▶沖縄（５年次）
部活動▶平日は３日程度

学費　初年度目安 25万円

（単位:円）	入学金	施設費	授業料	その他	合計
入学手続時	5,650	―	―	―	5,650
1年終了まで	―	―	―	248,900	248,900

［その他］制服・指定品代，教育振興費，特別教育振興費，副教材，図書費，学年費，オリエンテーション合宿，PTA会費，生徒会費。
［寄付・学債］なし。
※上記は'22年度のもの。新年度について詳細は「受験生応援アプリ」にて公開（2023年５月～）。

●奨学金・特待生
―

首都圏模試　思考コード　(単位：%)

〈適性検査〉

読み取る力＼考える力	Ⅰ A	Ⅰ B	Ⅰ C	Ⅱ A	Ⅱ B	Ⅱ C
複雑 3						
2		30			34	
単純 1		70			53	13

A=知識・理解思考　B=論理的思考　C=創造的思考

2024年度入試　合格の基準

	首都模試 ほぼ確実	首都模試 見込あり	首都模試 やや見込あり	四谷大塚 ほぼ確実	四谷大塚 見込あり	四谷大塚 やや見込あり
男子	68	65	62	61	56	50
女子	69	66	63	62	57	51

ほぼ確実＝80%～／見込あり＝50～79%／やや見込あり＝20～49%

入試要項　2023年度参考　新年度日程は アプリへGO!　適性型

試験名	試験日 ◎午後入試	出願締切 Web	発表 Web	手続 窓口	選抜方法 2科	4科	適	英	他	面接	特待	募集数	応募数	受検数	合格数	実質倍率	偏差値
入学試験	2/3	1/6	2/10	2/13			＊					160	982	935	160	5.8	男67 女69

＊適性検査Ⅰ Ⅱ
※調査書

【出願方法】 Web出願後，書類郵送
【手続方法】 誓約書を提出。※入学料は指定日までに指定方法で納付
【受検料】 2,200円

【帰国生入試】 —
(注) 2021～2023年度入試では実施されなかったが，例年グループ活動あり。

中学受験のプロがおすすめ！ 併願校の例

特色	男 表現力育成	男 ICT教育	男 ネイティヴ常駐	女 表現力育成	女 ICT教育	女 ネイティヴ常駐
♠男子校 ♥女子校 ♣共学・別学校	♣慶應湘南藤沢	♣神奈川大附	♣中大附横浜	♣慶應湘南藤沢	♣神奈川大附	♣中大附横浜
	♣青学横浜英和	♣桐蔭学園	♣公文国際	♣青学横浜英和	♣桐蔭学園	♣公文国際
	♣桐光学園	♣桜美林	♣森村学園	♣桐光学園	♣桜美林	♣森村学園

卒業生の進路情報

四年制大学進学率89%
文系・理系の割合 未集計　医歯薬41名合格

指定校推薦▶利用状況は早稲田大 4 など。

'22年3月卒業生：146名
大学130名　短大1名／専門2名／就職0名　他13名

主な大学合格状況　'23年春については主要大学のみ巻末一覧に記載

大学名	'22	'21	'20	大学名	'22	'21	'20	大学名	'22	'21	'20
◇東京大	5	6	5	◇東北大	3	2	3	上智大	22	18	17
◇京都大	0	0	3	◇九州大	1	0	1	東京理科大	45	40	32
◇東工大	5	3	10	◇東京医歯大	2	2	2	明治大	67	64	67
◇一橋大	3	4	4	◇東京農工大	3	3	5	青山学院大	24	35	14
◇筑波大	3	1	1	◇お茶の水女子大	1	1	3	立教大	26	21	25
◇東京外大	1	1	4	◇都立大	11	9	8	中央大	58	51	44
◇横浜国大	5	10	5	◇横浜市大	1	5	1	法政大	32	35	44
◇大阪大	0	1	1	◇東京海洋大	3	1	1	日本大	14	39	23
◇北海道大	2	2	4	早稲田大	27	43	38	専修大	17	26	21
◇名古屋大	1	0	0	慶應大	19	30	19	北里大	10	13	3

※各大学合格数は既卒生との合計。

見学ガイド　文化祭／説明会／オープンスクール／学校見学

神奈川県立 平塚(ひらつか) 中等教育学校

〒254−0074 神奈川県平塚市大原 1−13 ☎0463−34−0320

国際 海外研修 長期留学 第2外国語 online英会話 21型 1人1台端末 リモート体制 プロジェクト型 論文執筆 STEAM 情操 体験学習 ボランティア 人間力育成

教育目標▶Live（生きる），Love（慈しむ），Learn（学ぶ）の３つの「L」を理念とし，豊かな人間性とリーダーシップを備えた次世代のリーダーを育てる。

沿革▶2009年神奈川県初の公立中等教育学校として開校。

施設▶多目的教室，多目的ホール，作法室，工芸室，ラウンジ，カウンセリングルーム，自習室，プール，テニスコート，武道場，グラウンド，他。

生徒数▶前期課程総数480名

	1年（5クラス）	2年（4クラス）	3年（4クラス）
男子	61名	80名	80名
女子	99名	80名	80名

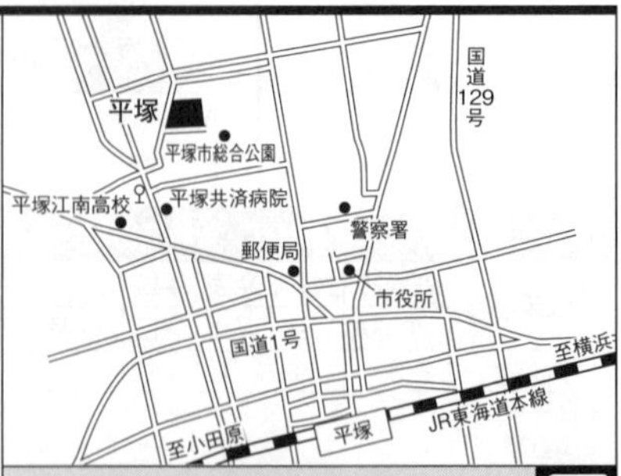

JR―平塚よりバス共済病院前総合公園西７分または徒歩30分　17分

夢を膨らませ「自分らしい生き方」を創造する

生徒一人ひとりの好奇心から主体的な学びを引き出し，夢を膨らませて進路の実現をかなえる。神奈川県の伝統文化体験など，地域に密着した学習活動も展開。

学習 ２年ごとに，「基礎・観察期」「充実・発見期」「発展・伸長期」に分けた教育活動を展開。英数は２年次から小集団または習熟度別学習を行う。６年間を通して学ぶ「かながわ次世代教養」を設定。前期ではネイティヴ教員と共に表現活動を行う「英語コミュニケーション」のほか，１年次でIT活用，２年次で地球環境，３年次で伝統文化・歴史を学び，後期で取り組む課題研究や卒業研究につなげていく。「ことばの力」の育成を大切にし，各教科で討論や論述などの言語活動を重視した授業を実施。４・５年次は希望制のイギリス語学研修，５年次には全員参加の海外研修旅行も。

キャリア教育 「かながわ探究」では１年次に農業や漁業，２年次にもの作り，３年次にはサービス業の現場を訪問し，学んだことを新聞などにまとめる。また，大学訪問や分野（仕事）別進路説明会など，６年間をかけて生き方や進路を考える学習を展開。

学校生活 部活動や委員会活動が活発。2022年は科学部が全国大会出場。相模人形芝居体験など伝統文化に触れる機会も。

●コース表

1年次	2年次	3年次	4年次	5年次	6年次
共通履修					※5・6年次に選択科目あり

保護者MEMO

登校時刻▶8：25
最終下校時刻▶18：30
土曜日▶休校
昼食▶弁当／食品販売あり（前期は許可制）
携帯電話▶可
制服▶ブレザー
自転車通学▶可（後期～）
カウンセラー▶週２日
保護者面談▶年１回
保護者会▶年１回
必修旅行▶国内（行き先は年により異なる／３年次）
部活動▶前期は週３日

学費　初年度目安 19万円

（単位:円）	入学金	施設費	授業料	その他	合計
入学手続時	5,650	―	―	―	5,650
1年終了まで	―	―	―	188,200	188,200

［その他］制服・指定品代，図書費・環境整備費，教育振興費，学年費，PTA会費，生徒会費。
［寄付・学債］なし。
※上記は'22年度のもの。新年度について詳細は「受験生応援アプリ」にて公開（2023年5月～）。

●奨学金・特待生
―

首都圏模試　思考コード　(単位：%)

読み取る力＼考える力	〈適性検査〉I A	I B	I C	II A	II B	II C
複雑 3						
2		30			34	
単純 1		70			53	13

A=知識・理解思考　B=論理的思考　C=創造的思考

2024年度入試　合格の基準

	首都模試 ほぼ確実	首都模試 見込あり	四谷大塚 ほぼ確実	四谷大塚 見込あり
男子	64	見込あり 61／やや見込あり 56	57	見込あり 53／やや見込あり 48
女子	65	見込あり 62／やや見込あり 57	59	見込あり 55／やや見込あり 50

ほぼ確実＝80%～／見込あり＝50～79%／やや見込あり＝20～49%

入試要項　2023年度参考　新年度日程は アプリへGO!　適性型

試験名	試験日 ◎午後入試	出願締切 Web	発表 Web	手続 窓口	選抜方法 2科	4科	適	英	他	面接	特待	募集数	応募数	受検数	合格数	実質倍率	偏差値
入学試験	**2/3**	1/6	2/10	2/13			＊					160	737	725	160	4.5	男64 女65

＊適性検査Ｉ II
※調査書

【出願方法】 Web出願後，書類郵送
【手続方法】 誓約書を提出。※入学料は指定日までに指定方法で納付
【受検料】 2,200円

【帰国生入試】 国内生と同じ入試で，内容などを変更しない程度での適切な取り扱いを講じる
(注) 2021～2023年度入試では実施されなかったが，例年グループ活動あり。

中学受験のプロがおすすめ!　併願校の例

特色	男 論文(自由研究)	男 キャリア教育	男 国際教育	女 論文(自由研究)	女 キャリア教育	女 国際教育
♠男子校	♣神奈川大学附	♠鎌倉学園	♣山手学院	♣神奈川大学附	♥鎌倉女学院	♣山手学院
♥女子校	♣桐光学園	♣湘南学園	♣公文国際	♣桐光学園	♣湘南学園	♣公文国際
♣共学・別学校	♣自修館中等	♣桜美林	♣日大藤沢	♣自修館中等	♣桜美林	♣日大藤沢

卒業生の進路情報

四年制大学進学率82.5%
文系・理系の内訳 未集計　医歯薬24名合格

進路状況▶国立大学へ50名，私立大学へは77名が進学している。
指定校推薦▶非公表。

'22年3月卒業生：154名
大学127名　短大1名　専門3名　就職0名　他23名

主な大学合格状況　'23年春については主要大学のみ巻末一覧に記載

大学名	'22	'21	'20	大学名	'22	'21	'20	大学名	'22	'21	'20
◇東京大	0	2	1	◇東北大	2	1	1	東京理科大	25	22	22
◇京都大	1	1	1	◇九州大	1	0	1	明治大	66	49	37
◇東工大	5	2	1	◇東京医歯大	0	1	1	青山学院大	14	16	20
◇一橋大	3	1	0	◇都立大	5	6	4	立教大	23	26	18
◇千葉大	3	1	0	◇横浜市大	5	5	2	中央大	29	33	15
◇東京外大	2	1	1	◇東京海洋大	3	1	2	法政大	41	25	19
◇横浜国大	8	13	8	◇電通大	5	1	3	日本大	16	32	30
◇国際教養大	1	0	0	早稲田大	20	27	25	東洋大	21	22	18
◇大阪大	3	0	0	慶應大	12	7	15	専修大	19	27	9
◇北海道大	1	1	4	上智大	18	15	7	明治学院大	13	18	6

※各大学合格数は既卒生との合計。

見学ガイド　文化祭／説明会

高校募集 あり '23年度38名。高1より混合。

高1内訳 一貫生 160名 38名 高入生

横浜市立
中 南高等学校附属 中学校
（みなみこうとうがっこうふぞく）

〒233−0011　神奈川県横浜市港南区東永谷 2−1−1　☎045−822−9300

国際 / 海外研修 / 長期留学 / 第2外国語 / online英会話 / 21型 / 1人1台端末 / リモート体制 / プロジェクト型 / 論文執筆 / STEAM / 情操 / 体験学習 / ボランティア / 人間力育成

教育目標▶学びへの飽くなき探究心を持つ人材，自ら考え自ら行動する力，未来を切り拓く力の育成。
沿革▶1954年に創立された横浜市立南高等学校の附属校として，2012年に開校。
施設▶ホール，情報処理教室，CALL教室，選択教室，和室，カウンセリング室，プラネタリウム，柔道場，トレーニングルーム，野球場，グラウンド，他。
生徒数▶総数479名

	1年（4クラス）	2年（4クラス）	3年（4クラス）
男子	81名	80名	70名
女子	80名	79名	89名

市営地下鉄―上永谷より15分　市営地下鉄―上大岡，港南中央よりバス南高校前　15分

高い学力と豊かな人間性を兼ね備える人材の育成

自分と他者を理解し，考えを発信できる力を育てる教育を実践。国際社会で活躍するために必要な人間性を築き，自分の力で将来を切り拓く意欲を育てる。

学習 調べて書く，意見を述べるなどを多く取り入れた授業を展開し，思考力，判断力，表現力の育成をめざす。英語は4技能5領域を総合的に育て伸ばすため，少人数授業と共に，英語指導助手による英会話や多読，ライティング活動が設けられている。また，夏期休業中に英語集中講座を実施。3年間全員が受講する。理数教育の充実を図り，数学は少人数指導を行い，理科ではティームティーチングを取り入れて観察・実験を実施。自宅学習のための「私の週プラン」を作成。計画と振り返りで，家庭学習の習慣や学習の仕方を身につける。

●コース表

中1	中2	中3	高1	高2	高3
	共	通	履	修	※高3に自由選択科目あり

キャリア教育 コミュニケーション力の育成を目的とした総合的な学習「EGG」を実施。グループエンカウンター研修などの体験学習，JAXAやJICAなどと連携した必修・選択講座，調査・研究を行うゼミを3年間通して展開。中3でゼミの集大成として，約20,000字の卒業論文を作成・発表する。

学校生活 南高祭は中高合同で行われる一大イベント。5月は体育祭の部，9月は3日間にわたって舞台の部と展示の部を開催。

保護者MEMO

登校時刻▶8：30
最終下校時刻▶18：00
土曜日▶月1回登校
昼食▶給食（希望制）／食堂・食品販売あり
携帯電話▶許可制
制服▶詰襟，ブレザー
自転車通学▶不可
カウンセラー▶週2日
保護者面談▶年2回
保護者会▶年1回
必修旅行▶京都（中3），他
部活動▶月・水・金と，土日どちらか1日

学費　　初年度目安 13万円

（単位:円）	入学金	施設費	授業料	その他	合計
入学手続時	―	―	―	―	―
1年終了まで	―	―	―	129,000	129,000

●奨学金・特待生
―

［その他］指定品，教材費，諸経費。　※別途制服代，積立金等あり。
［寄付・学債］なし。
※上記は'22年度のもの。新年度について詳細は「受験生応援アプリ」にて公開（2023年5月～）。

首都圏模試　思考コード　(単位：%)

〈適性検査〉

読み取る力＼考える力	Ⅰ A	Ⅰ B	Ⅰ C	Ⅱ A	Ⅱ B	Ⅱ C
複雑 3						
2		60		10	25	
単純 1		40		3	62	

A=知識・理解思考　B=論理的思考　C=創造的思考

2024年度入試　合格の基準

	首都模試 ほぼ確実	首都模試 見込あり	首都模試 やや見込あり	四谷大塚 ほぼ確実	四谷大塚 見込あり	四谷大塚 やや見込あり
男子	68	63	59	62	58	53
女子	71	66	61	63	59	54

ほぼ確実＝80%～／見込あり＝50～79%／やや見込あり＝20～49%

入試要項　2023年度参考　新年度日程はアプリへGO!　適性型

試験名	試験日 ◎午後入試	出願締切 郵送	発表 Web	手続 窓口	選抜方法 2科	4科	適	英	他	面接	特待	募集数	応募数	受検数	合格数	実質倍率	偏差値
入学試験	2/3	1/10	2/10	2/11			＊					160	865	836	160	5.2	男68 女71

＊適性検査ⅠⅡ（Ⅰ文章・図・表やデータなど資料を的確に読み解き，課題をとらえて適切に表現する力をみる。Ⅱ自然科学的な問題や数理的な問題を分析し考察する力や，解決に向けて思考・判断し的確に表現する力をみる）
※調査書
※本人および保護者が神奈川県内に住所を有する者

【出願方法】郵送　**【手続方法】**誓約書を提出　**【受検料】**2,200円

【帰国生入試】―

中学受験のプロがおすすめ！　併願校の例

特色	男 表現力育成	男 理数教育	男 国際理解教育	女 表現力育成	女 理数教育	女 国際理解教育
♠男子校 ♥女子校 ♣共学・別学校	♠サレジオ学院	♠聖光学院	♣慶應湘南藤沢	♥洗足学園	♥横浜共立	♣慶應湘南藤沢
	♣青学横浜英和	♣法政二	♣中大附横浜	♣青学横浜英和	♣法政二	♣中大附横浜
	♣都市大等々力	♣日本大学	♣公文国際	♣都市大等々力	♣日本大学	♣公文国際

併設高校の進路情報

四年制大学進学率89.8%
文系・理系の割合 非公表

指定校推薦▶非公表。

'22年3月卒業生：186名

大学167名　短大0名　専門4名　就職1名　他14名

主な大学合格状況　'23年春については主要大学のみ巻末一覧に記載

大学名	'22	'21	'20	大学名	'22	'21	'20	大学名	'22	'21	'20
◇東京大	6	1	7	◇北海道大	2	4	0	明治大	77	86	86
◇京都大	0	3	0	◇名古屋大	1	0	0	青山学院大	32	33	22
◇東工大	2	2	7	◇東北大	1	3	1	立教大	59	46	28
◇一橋大	7	5	3	◇東京農工大	1	3	0	中央大	26	36	34
◇千葉大	1	1	2	◇都立大	3	3	9	法政大	37	33	44
◇筑波大	5	1	2	◇横浜市大	12	10	8	日本大	23	37	55
◇東京外大	4	2	4	早稲田大	58	61	48	東洋大	9	21	26
◇横浜国大	16	23	15	慶應大	29	30	24	明治学院大	24	24	32
◇埼玉大	2	2	1	上智大	24	14	15	神奈川大	39	22	32
◇国際教養大	1	0	0	東京理科大	23	30	37	芝浦工大	17	25	19

見学ガイド　文化祭／説明会／見学会

SSH　高校募集あり　'23年度158名。高１より混合。　高１内訳 一貫生 80名 158名 高入生

横浜市立
横浜(よこはま)サイエンスフロンティア高等学校附属(こうとうがっこうふぞく) 中学校

〒230－0046　神奈川県横浜市鶴見区小野町６　☎045－511－3654

国際 / 海外研修 / 長期留学 / 第２外国語 / online英会話 / 21型 / 1人1台端末 / リモート体制 / プロジェクト型 / 論文執筆 / STEAM / 情操 / 体験学習 / ボランティア / 人間力育成

教育目標▶教育方針は「驚きと感動による知の探究」。探究力，創造力，自立心，コミュニケーション能力を備えた，グローバルリーダーたるサイエンスエリートを育てる。

沿革▶横浜市立横浜サイエンスフロンティア高等学校の併設校として，2017年４月開校。

施設▶ホール，和室，自習室，実験室，実習室，天体観測ドーム，電子顕微鏡室，クリーンベンチルーム，プール，柔道場，剣道場，グラウンド，他。

生徒数▶総数240名

	１年（２クラス）	２年（２クラス）	３年（２クラス）
男子	40名	40名	40名
女子	40名	40名	40名

JR―鶴見小野３分，鶴見20分
京急本線―花月総持寺17分
3分

高い志・探究心を持った「サイエンスエリート」を育成

充実した施設や高度な実験機器を備えた，サイエンスを学ぶのに最適な学習環境のもと，様々なものの考え方の基本につながる「サイエンスの考え方」を身につける。

学習 中学では内容を深く掘り下げ，生徒の興味・関心を引き出す授業を実施。１日２コマの100分授業を導入し，考察・討議（Discussion），実験（Experiment），体験（Experience），発表（Presentation）を実践するDEEP学習に積極的に取り組む。探究心を養うと共に，最後まで粘り強く課題に向き合う姿勢を身につける。「サイエンススタディーズ」は課題探究型の学習。自然科学や社会科学を核に教科横断型の総合的な学習を展開し，「読解力」「情報活用力」「課題設定力」「課題解決力」「発表力」を育てる。中１・中２で個人，中３ではチームで研究を実施。それぞれ研究発表会も行う。

キャリア教育 生徒自らが決めたテーマをもとに，主体的に活動する時間「フロンティアタイム」を設定。自主研究や読書活動，進路探究，相談・面談といった活動に取り組むことで，自分自身を開拓していく。

学校生活 「日本を知る」を共通テーマに，科学館見学や宮古島研修，東京散策などの校外研修を実施。自己管理能力を養うため，ノーチャイム制を採用。

●コース表

中１	中２	中３	高１	高２	高３
	共	通	履	修	

※高２に６単位，高３に10～20単位の選択科目あり

保護者MEMO

登校時刻▶8：30
最終下校時刻▶18：00
土曜日▶休校
昼食▶給食(中学)／食堂(中学は条件あり)･食品販売あり
携帯電話▶許可制
制服▶ブレザー
自転車通学▶許可制(高校～)
カウンセラー▶週１日
保護者面談▶年２回
保護者会▶年２回
必修旅行▶関西(中３)，他
部活動▶平日３日と，土日どちらか１日

学費　初年度目安 12万円

(単位:円)	入学金	施設費	授業料	その他	合計
入学手続時	―	―	―	―	―
1年終了まで	―	―	―	117,000	117,000

●奨学金・特待生
―

［その他］諸経費。　※別途制服・指定品代等あり。
［寄付・学債］なし。
※上記は'22年度のもの。新年度について詳細は「受験生応援アプリ」にて公開（2023年５月～）。

首都圏模試　思考コード　(単位:%)

読み取る力＼考える力	〈適性検査〉I A	I B	I C	II A	II B	II C
複雑 3						
2		60			45	
単純 1		40			55	

A=知識・理解思考　B=論理的思考　C=創造的思考

2024年度入試　合格の基準

	首都模試 ほぼ確実	首都模試 見込あり	四谷大塚 ほぼ確実	四谷大塚 見込あり
男子	69	見込あり 65 / やや見込あり 60	64	見込あり 60 / やや見込あり 55
女子	72	見込あり 67 / やや見込あり 62	66	見込あり 62 / やや見込あり 57

ほぼ確実＝80%～／見込あり＝50～79%／やや見込あり＝20～49%

入試要項　2023年度参考　新年度日程は アプリへGO!　適性型

試験名	試験日 ◎午後入試	出願締切 郵送	発表 Web	手続 窓口	選抜方法 2科	4科	適	英	他	面接	特待	募集数	応募数	受検数	合格数	実質倍率	偏差値
入学試験	2/3	1/10	2/10	2/11			＊					80	467	446	80	5.6	男69 女72

＊適性検査ⅠⅡ（Ⅰ文章・図・表・データなど与えられた資料を的確に読み解き，課題をとらえて適切に表現する力をみる。Ⅱ与えられた情報を科学的・数理的にとらえ，分析力や思考力，判断力などを生かして課題を解決する力をみる）

※調査書

※本人および保護者が横浜市内に住所を有する者

【出願方法】郵送　**【手続方法】**2/10に合格通知書受取，2/11誓約書を提出　**【受検料】**2,200円

【帰国生入試】—

中学受験のプロがおすすめ!　併願校の例

特色	男 理数教育	男 表現力育成	男 論文(自由研究)	女 理数教育	女 表現力育成	女 論文(自由研究)
♠男子校 ♥女子校 ♣共学・別学校	♠浅野	♣慶應湘南藤沢	♠慶應普通部	♥横浜共立	♣慶應湘南藤沢	♥洗足学園
	♣中大附横浜	♣法政二	♣神奈川大学附	♣中大附横浜	♣法政二	♣神奈川大学附
	♣都市大等々力	♣青学横浜英和	♣公文国際	♣都市大等々力	♣青学横浜英和	♣公文国際

併設高校の進路情報

2017年度中高一貫校開校のため，中高一貫生の実績はなし。

2023年度3月卒業生の主な大学合格状況は巻末に掲載。

見学ガイド　文化祭／説明会／オープンスクール

千葉市立

稲毛国際（いなげこくさい） 中等教育学校

〒261−0003 千葉県千葉市美浜区高浜 3−1−1 ☎043−270−2055

国際 / 海外研修 / 長期留学 / 第2外国語 / online英会話 / 21型 / 1人1台端末 / リモート体制 / プロジェクト型 / 論文執筆 / STEAM / 情操 / 体験学習 / ボランティア / 人間力育成

教育目標▶高い志をもち，幅広い教養を身につけ，未来を切り拓いていく生徒を育てる。
沿革▶1979年開校の千葉市立稲毛高等学校の附属中学校として，2007年に開校。2022年度に改編し，千葉県初の公立中等教育学校として新規開校。
施設▶ホール，和室，カウンセリング室，図書室，理科教室，グラウンド（学内，学外），プール，野球場，テニスコート，サッカー場，武道場，他。
生徒数▶総数319名

	1年（4クラス）	2年（2クラス）	3年（2クラス）
男子	64名	40名	39名
女子	96名	40名	40名

JR―稲毛海岸15分
JR―稲毛よりバス稲毛高校前
15分

地域・世界・未来を切り拓くグローバルリーダーを育成

複雑で予想不可能な時代の中で，生徒自身が未来を切り拓くリーダーとなり，幸せで豊かな人生を生きていくために必要な力を育成。

学習 前期課程は基礎力を徹底的に鍛える。英数は少人数指導を導入し，学習の成果を確認しながら通常よりも高度な内容を扱う。後期課程では興味・関心に応じた深い学び，文理の枠を超えた幅広い教養を習得。全員参加の海外語学研修や前期課程からのネイティヴ教員単独によるオールイングリッシュの授業，後期課程の第二外国語の授業など，世界に触れることのできる機会を充実させ，国際的なコミュニケーション能力の育成を図る。定期試験を年4回から8回に変更。こまめに学習の定着状況を確認し，個々に応じた補充指導を行う。

●コース表

1年次	2年次	3年次	4年次	5年次	6年次
共通履修					※5・6年次に選択科目あり

キャリア教育 1～5年次に探究活動「Inage Quest」を設置。地域や世界の課題を発見し，探究して解決する活動実践を通して，思考力や表現力を伸ばす。地元千葉市への政策提言や日本文化の紹介など，発達段階に応じた活動に取り組んでいる。

学校生活 10分間の朝読書から1日が始まる。稲毛海浜公園にほど近い立地を生かしたヨット部をはじめ，2022年度は25の部が活動。後期生と共に活動する部が多い。

保護者MEMO

登校時刻▶8：25
最終下校時刻▶18：00
土曜日▶休校
昼食▶給食（前期）／食品販売あり（後期より利用可）
携帯電話▶可
制服▶ブレザー
自転車通学▶可
カウンセラー▶週2日
保護者面談▶年1回
保護者会▶年1～2回
必修旅行▶京都・奈良（3年次），他
部活動▶部活動は部による

学費　初年度目安 27万円

（単位:円）	入学金	施設費	授業料	その他	合計
入学手続時	—	—	—	—	—
1年終了まで	—	—	—	274,005	274,005

●奨学金・特待生
—

［その他］制服・指定品代，教材費，積立金，育友会会費，生徒会会費，共済掛金。
［寄付・学債］なし。
※上記は'22年度のもの。新年度について詳細は「受験生応援アプリ」にて公開（2023年5月～）。

首都圏模試　思考コード（単位：%）

〈適性検査〉

読み取る力＼考える力	Ⅰ A	Ⅰ B	Ⅰ C	Ⅱ A	Ⅱ B	Ⅱ C	Ⅲ A	Ⅲ B	Ⅲ C
複雑 3									
2		15			35				
単純 1	5	80			65			60	40

A=知識・理解思考　B=論理的思考　C=創造的思考

2024年度入試　合格の基準

	首都模試 ほぼ確実	首都模試 見込あり	首都模試 やや見込あり	四谷大塚 ほぼ確実	四谷大塚 見込あり	四谷大塚 やや見込あり
男子	62	59	55	59	53	47
女子	63	60	57	60	54	48

ほぼ確実＝80％～／見込あり＝50～79％／やや見込あり＝20～49％

入試要項　2023年度参考　新年度日程はアプリへGO!　適性型

試験名	試験日 ◎午後入試	出願締切 Web	発表 Web	手続 窓口	2科	4科	適	英	他	面接	特待	募集数	応募数	受検数	合格数	実質倍率	偏差値
一次	12/10	11/13	12/16	—			＊1					160	851	831	323	5.2	男62 女63
二次	1/24	1/12	2/1	2/3			＊2			＊2			—	304	160	1.9	

＊1　適性検査ⅠⅡ（Ⅰ文章や図・表・データの内容を的確に読み取り，分析したり，文章で表現したりする力をみる。Ⅱ自然科学的，数理的な問題を分析し考察する力や，解決に向けて思考・判断し，的確に表現する力をみる）　＊2　適性検査Ⅲ（小学校の外国語活動や外国語科の授業で学習した内容をもとに，思考・判断する力をみる。自分の思いや考えが明確になるように，文章の構成や展開を考え，筋道の通った日本語の文章を書く力をみる）＋面接

※二次で報告書，志願理由書

※保護者と共に千葉市内に住所を有する者

【出願方法】一次：Web出願後，書類郵送。二次：郵送
【手続方法】入学確約書を提出
【受験料】2,200円

【帰国生入試】—

※一次倍率＝一次受検数÷募集定員　二次倍率＝二次受検数÷募集定員

中学受験のプロがおすすめ！ 併願校の例

特色	男 国際理解教育	男 論文（自由研究）	男 ICT教育	女 国際理解教育	女 論文（自由研究）	女 ICT教育
♠男子校	♣市川	♣昭和秀英	♣開智日本橋	♣市川	♣昭和秀英	♣開智日本橋
♥女子校	♣麗澤	♣専大松戸	♣安田学園	♣麗澤	♣専大松戸	♣安田学園
♣共学・別学校	♣かえつ有明	♣八千代松陰	♣千葉日大一	♣かえつ有明	♣八千代松陰	♣千葉日大一

併設高校の進路情報

四年制大学進学率88.2%
文系72／理系26／その他2（%）　医歯薬6名合格

指定校推薦▶利用状況は早稲田大3，東京理科大1，学習院大1，青山学院大1，立教大4，国際基督教大1，共立女子大1など。ほかに明治大，中央大，法政大，日本大，東洋大，専修大，成蹊大，成城大，明治学院大，芝浦工大など推薦枠あり。

海外大学合格状況▶Michigan State University（米），University of Sussex（英），延世大学校，成均館大学校，慶熙大学校（韓），他。

'22年3月卒業生：314名
（市立稲毛高等学校）

大学277名　短大0名　専門5名　就職0名　他32名

主な大学合格状況　'23年春については主要大学のみ巻末一覧に記載

大学名	'22	'21	'20	大学名	'22	'21	'20	大学名	'22	'21	'20
◇東京大	3	0	1	◇防衛医大	2	0	0	明治大	95	85	62
◇東工大	1	4	0	◇東京学芸大	1	0	0	青山学院大	34	30	37
◇一橋大	2	4	0	◇都立大	1	1	2	立教大	88	85	71
◇千葉大	21	13	12	◇東京海洋大	1	1	2	中央大	37	32	23
◇筑波大	2	1	1	◇県立保健医療大	3	0	1	法政大	110	86	64
◇東京外大	1	0	0	早稲田大	42	29	31	日本大	120	100	115
◇横浜国大	1	1	2	慶應大	25	10	12	東洋大	168	164	94
◇埼玉大	1	0	2	上智大	23	33	17	専修大	40	23	42
◇国際教養大	0	0	3	東京理科大	33	25	20	武蔵野大	62	34	23
◇東北大	0	0	3	学習院大	28	23	25	神田外語大	27	45	42

※各大学合格数は既卒生との合計。

見学ガイド　説明会

高校募集 あり '23年度240名。高1より混合。

高1内訳 一貫生 80名 239名 高入生

千葉県立
千葉(ちば) 中学校

〒260－0853 千葉県千葉市中央区葛城 1－5－2 ☎043－202－7778

国際 / 海外研修 / 長期留学 / 第2外国語 / online英会話 / 21型 / 1人1台端末 / リモート体制 / プロジェクト型 / 論文執筆 / STEAM / 情操 / 体験学習 / ボランティア / 人間力育成

教育目標▶「自主・自律」の精神を基に高い知性と豊かな人間性，高い志を育み，日本でそして世界で活躍する心豊かな次代のリーダーを育成する。

沿革▶1878年創立の千葉県立千葉高等学校を母体校として，2008年開校。

施設▶講堂，ホール，カウンセリングルーム，ランチルーム，テニスコート，武道場，トレーニングルーム，プール，人工芝グラウンド，他。

生徒数▶総数240名

	1年（2クラス）	2年（2クラス）	3年（2クラス）
男子	40名	40名	40名
女子	40名	40名	40名

JR―本千葉10分
京成千葉線―千葉中央15分
10分

心豊かな，人の痛みのわかるリーダーを育成

千葉高等学校が培ってきた伝統のもと，様々な活動に主体的に取り組むことで人間力をじっくり育てる。生徒たちは互いに認め・刺激し合い，高め合っている。

学習 互いに切磋琢磨する「協同的な学び」と，同じ領域をより高度な内容で学び直し理解を深める「スパイラル学習」が特色。必要に応じ高校・大学レベルの内容も扱う。英数では1クラス20名の少人数授業を，国理ではティームティーチングを導入。学校設定教科「学びのリテラシー」を全学年で週1時間設置し，話の聞き方や気持ちの伝え方などを学び，話し合う力や発表の技術を身につける。課題を発見し追究する力を育てるため，総合的な学習の時間Ⅰに「ゼミ」を開講。各自がテーマを持って研究・発表を行い，中3では論文をまとめる。希望制で中3は海外異文化学習を実施。全員が併設高校へ無選抜で進学できる。

●コース表

中1	中2	中3	高1	高2	高3
共通履修					文系
					理系

キャリア教育 総合的な学習の時間Ⅱ「プロジェクト」を設け，社会に参加する力を育て，社会に共感する力を鍛える。社会人講演会や，中3の夏休みには職場体験を行う。

学校生活 朝読書から1日が始まる。中学では13のクラブを開設。一部は高校生と一緒に活動している。地域清掃やPETボトルのキャプ回収などのボランティア活動も。

保護者MEMO

登校時刻▶8：15
最終下校時刻▶17：30
土曜日▶休校
昼食▶給食（中学）／食品販売あり
携帯電話▶許可制
制服▶詰襟，ブレザー
自転車通学▶不可
カウンセラー▶週1日
保護者面談▶年2回
保護者会▶年1回
必修旅行▶関西方面（中2），他
部活動▶活動日は部による

学費

初年度目安 **25万円**

（単位:円）	入学金	施設費	授業料	その他	合計
入学手続時	—	—	—	—	—
1年終了まで	—	—	—	246,440	246,440

［その他］制服代，冷房費，諸経費。
［寄付・学債］なし。
※上記は'22年度のもの。新年度について詳細は「受験生応援アプリ」にて公開（2023年5月～）。

●奨学金・特待生
—

首都圏模試　思考コード（単位：%）

読み取る力	〈1次〉1 A	1 B	1 C	〈1次〉2 A	2 B	2 C	〈2次〉1 A	1 B	1 C	〈2次〉2 A	2 B	2 C
複雑 3								8				
2		34			42			52			16	26
単純 1		66			58			40			58	

A=知識・理解思考　B=論理的思考　C=創造的思考

2024年度入試　合格の基準

	首都模試 ほぼ確実	首都模試 見込あり	四谷大塚 ほぼ確実	四谷大塚 見込あり
男子	71	66 / やや見込あり 62	65	60 / やや見込あり 55
女子	72	67 / やや見込あり 63	65	60 / やや見込あり 55

ほぼ確実＝80%～／見込あり＝50～79%／やや見込あり＝20～49%

入試要項　2023年度参考　新年度日程は アプリへGO!　適性型

試験名	試験日 ◎午後入試	出願締切 Web	発表 Web	手続 窓口	2科	4科	適	英	他	面接	特待	募集数	応募数	受検数	合格数	実質倍率	偏差値
一般 1次	12/10◎	11/8	12/21	—			＊1					男40	1次 292	288	165	7.2	71
													2次 —	154	40		
一般 2次	1/24	1/12	1/31	2/1			＊2			＊2		女40	1次 278	276	161	6.9	72
													2次 —	151	40		

＊1　適性検査1・2（1は与えられた文章や図・表等資料の読み取りから，2は自然科学的・数理的な分野において，課題をとらえ，解決に向けて筋道を立てて考え，表現する力をみる）＊2　適性検査1・2（1課題を設定する力，資料等を活用する力，解決のために計画・実行する力，自分の考えや意見を筋道立てて表現する力をみる。2聞き取った内容や読み取った内容から，課題を明確にし，経験に基づき，自分の考えや意見を筋道立てて表現する力をみる）＋グループ面接
※2次に志望理由書，報告書

【出願方法】 1次：Web出願後，書類郵送。他に窓口・郵送11/24まで。2次：郵送　**【手続方法】** 入学確約書を提出　**【受検料】** 2,200円

【帰国生入試】 —
(注) 実質倍率＝1次受検数÷2次合格数

中学受験のプロがおすすめ!　併願校の例

特色	男 論文(自由研究)	男 表現力育成	男 キャリア教育	女 論文(自由研究)	女 表現力育成	女 キャリア教育
♠男子校	♣渋谷教育幕張	♠麻布	♠開成	♣渋谷教育幕張	♥女子学院	♥桜蔭
♥女子校	♣昭和秀英	♣市川	♣東邦大東邦	♣昭和秀英	♣市川	♣東邦大東邦
♣共学・別学校	♣開智日本橋	♣芝浦工大附柏	♣千葉大附	♣開智日本橋	♣芝浦工大附柏	♣千葉大附

併設高校の進路情報

四年制大学進学率76.7%
文系・理系の割合 未集計

指定校推薦▶ 早稲田大，慶應大，東京理科大，学習院大，中央大，国際基督教大など推薦枠あり。

'22年3月卒業生：313名　大学240名　他72名
短大0名　専門1名　就職0名

主な大学合格状況　'23年春については主要大学のみ巻末一覧に記載

大学名	'22	'21	'20	大学名	'22	'21	'20	大学名	'22	'21	'20
◇東京大	19	19	20	◇北海道大	9	3	10	慶應大	122	100	106
◇京都大	7	5	9	◇名古屋大	0	0	6	上智大	59	55	48
◇東工大	24	12	20	◇東北大	14	9	10	東京理科大	157	133	142
◇一橋大	20	6	13	◇九州大	0	3	1	明治大	144	93	122
◇千葉大	54	45	45	◇東京医歯大	1	5	1	青山学院大	21	20	21
◇筑波大	6	9	12	◇防衛医大	4	3	5	立教大	36	52	57
◇東京外大	4	4	3	◇東京農工大	1	3	1	中央大	104	55	66
◇横浜国大	3	3	2	◇お茶の水女子大	7	3	6	法政大	87	61	61
◇国際教養大	2	2	1	◇東京海洋大	3	2	0	日本大	48	52	42
◇大阪大	5	2	5	早稲田大	143	120	154	東邦大	23	26	21

※各大学合格数は既卒生との合計。

見学ガイド　文化祭／説明会

高校募集 あり '23年度240名。高1より混合。

高1内訳 一貫生 80名 238名 高入生

千葉県立
東葛飾(ひがしかつしか) 中学校

〒277−8570 千葉県柏市旭町 3−2−1 ☎04−7143−8651

国際 海外研修 長期留学 第2外国語 online英会話 21型 1人1台端末 リモート体制 プロジェクト型 論文執筆 STEAM 情操 体験学習 ボランティア 人間力育成

教育方針▶互いに高め合う，系統化された一貫教育で豊かな人間力を培う。伝統，実績，真の学びで揺るぎない学力を育む。

沿革▶千葉県立東葛飾高等学校の併設校として，2016年4月開校。

施設▶少人数教室，ラウンジ(自習可)，カウンセリング室，テニスコート，プール，グラウンド，他。

生徒数▶総数240名

	1年(2クラス)	2年(2クラス)	3年(2クラス)
男子	40名	40名	41名
女子	40名	40名	39名

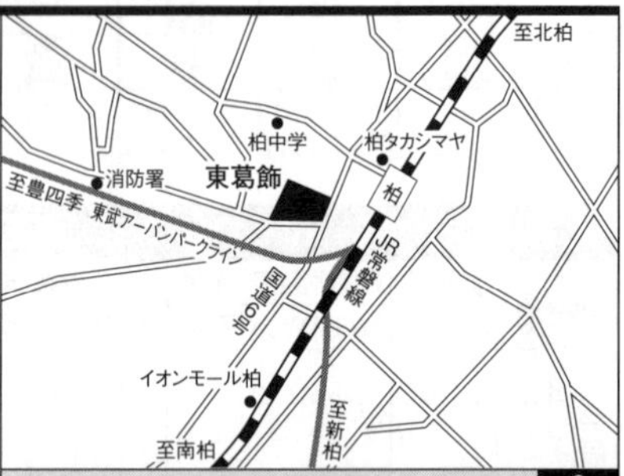

JR・東武アーバンパークライン―柏8分 🚶8分

学力・人間力・教養と国際社会で活躍できる基礎を涵養

「揺るぎない学力」と「自己規律力」を高め，6年間を通した目標である次代のリーダーの基礎を育成する。

学習 input→think&share→output（知識を注入したら考え，共有して深め，人に伝わるように発表する）のサイクルで授業を展開し，学力を固める。英数は少人数制授業を実施。総合的な学習の時間「つなげる力」では，研究論文執筆，職場体験，企業探究などを行う各種プロジェクトへの参加を通して，探究力，社会力，真の教養を養う。全学年で，情報・外国語・社会の分野を統合させた学校設定教科「つながる力」に取り組む。ICTを活用した情報発信や情報共有，英語でのプレゼンテーションなど，グローバル社会の中で人や世界とつながる力を培う。中3の学年末には海外研修を実施。全員が併設高校へ無選抜で進学できる。

●コース表

中1	中2	中3	高1	高2	高3
共通履修			一般	文コース	
				理コース	
			医歯薬コース	医歯薬コース	

キャリア教育 併設高校では「東葛リベラルアーツ講座」を開講。大学教授や各分野の専門家を招いた講座や，体験型の講座があり，中学生も参加できる。中学版「リベラルアーツ講座」も開講。

学校生活 中学の文化祭は「学習発表会」。総合学習で取り組んでいる調べ学習の成果を披露。体育祭，合唱祭などの行事も。

保護者MEMO

登校時刻▶8：15
最終下校時刻▶18：00
土曜日▶休校
昼食▶給食(中学)／食品販売あり(高校より利用可)
携帯電話▶許可制
制服▶ブレザー，セーラー
自転車通学▶可(高校〜)
カウンセラー▶週1日
保護者面談▶年1回
保護者会▶年2回
必修旅行▶京都・奈良(中2)
部活動▶平日は週2程度，土日どちらか1日

学費　　初年度目安 38万円

(単位:円)	入学金	施設費	授業料	その他	合計
入学手続時	—	—	—	—	—
1年終了まで	—	—	—	375,970	375,970

●奨学金・特待生
—

[その他] 制服・指定品代，修学旅行費，海外研修費，副教材費，給食費。
[寄付・学債] なし。
※上記は'22年度のもの。新年度について詳細は「受験生応援アプリ」にて公開（2023年5月〜）。

首都圏模試　思考コード (単位：%)

読み取る力	〈1次〉1 A	1 B	1 C	2 A	2 B	2 C	〈2次〉1 A	1 B	1 C	2 A	2 B	2 C
複雑 3								8				
↑ 2		34			42			52			16	26
単純 1		66			58			40			58	
考える力	A	B	C	A	B	C	A	B	C	A	B	C

A=知識・理解思考　B=論理的思考　C=創造的思考

2024年度入試　合格の基準

	首都模試 ほぼ確実	首都模試 見込あり	首都模試 やや見込あり	四谷大塚 ほぼ確実	四谷大塚 見込あり	四谷大塚 やや見込あり
男子	70	65	61	63	59	54
女子	71	66	62	63	59	54

ほぼ確実=80%～／見込あり=50～79%／やや見込あり=20～49%

入試要項　2023年度参考　新年度日程は アプリへGO!　適性型

試験名	試験日 ◎午後入試	出願締切 Web	発表 Web	手続 窓口	2科	4科	適	英	他	面接	特待	募集数	応募数	受検数	合格数	実質倍率	偏差値
一般 1次	12/10◎	11/8	12/21	—			＊1					男40	1次 396	390	164	9.8	70
													2次 —	157	40		
一般 2次	1/24	1/12	1/31	2/1			＊2			＊2		女40	1次 397	384	160	9.6	71
													2次 —	151	40		

＊1　適性検査1・2（1は与えられた文章や図・表等資料の読み取りから，2は自然科学的・数理的な分野において，課題をとらえ，解決に向けて筋道を立てて考え，表現する力をみる）＊2　適性検査1・2（1課題を設定する力，資料等を活用する力，解決のために計画・実行する力，自分の考えや意見を筋道立てて表現する力をみる。2聞き取った内容や読み取った内容から，課題を明確にし，自分の考えや意見を筋道立てて表現する力をみる）＋グループ面接（プレゼンテーション的内容を含む）

※2次に報告書，志望理由書

【出願方法】 1次：Web出願後，書類郵送。窓口・郵送11/24まで。2次：郵送　**【手続方法】** 入学確約書を提出

【受検料】 2,200円

【帰国生入試】 —

(注) 実質倍率= 1次受検数÷2次合格数

中学受験のプロがおすすめ! 併願校の例

特色	男 国際理解教育	男 アクティブ・ラーニング	男 進学先(医歯薬系)	女 国際理解教育	女 アクティブ・ラーニング	女 進学先(医歯薬系)
♠男子校 ♥女子校 ♣共学・別学校	♣市川	♣栄東	♠開成	♣市川	♣栄東	♥豊島岡女子
	♣芝浦工大附柏	♣昭和秀英	♣東邦大東邦	♣芝浦工大附柏	♣昭和秀英	♣東邦大東邦
	♣専大松戸	♣開智日本橋	♣江戸川取手	♣専大松戸	♣開智日本橋	♣江戸川取手

併設高校の進路情報

四年制大学進学率81.7%
文系54／理系45／その他1（%）　医歯薬31名合格

指定校推薦▶利用状況は早稲田大8，慶應大5，東京理科大1など。

'22年3月卒業生：311名

大学253名　短大0名　専門2名　就職1名　他55名

主な大学合格状況　'23年春については主要大学のみ巻末一覧に記載

大学名	'22	'21	'20	大学名	'22	'21	'20	大学名	'22	'21	'20
◇東京大	9	3	4	◇大阪大	2	2	5	早稲田大	120	90	98
◇京都大	3	7	3	◇北海道大	3	5	1	慶應大	54	42	37
◇東工大	8	9	8	◇名古屋大	1	0	1	上智大	38	28	28
◇一橋大	4	7	1	◇東北大	8	4	3	東京理科大	114	170	98
◇千葉大	26	27	25	◇九州大	2	1	0	明治大	157	112	83
◇筑波大	23	35	27	◇防衛医大	2	0	1	青山学院大	25	31	27
◇東京外大	1	2	2	◇お茶の水女子大	3	3	2	立教大	90	90	52
◇横浜国大	2	2	2	◇東京学芸大	1	5	1	中央大	45	75	54
◇埼玉大	7	5	5	◇都立大	4	1	2	法政大	81	71	59
◇国際教養大	3	1	0	◇電通大	2	2	1	日本大	68	80	70

※各大学合格数は既卒生との合計。

見学ガイド　文化祭／説明会

埼玉県立 伊奈学園(いながくえん) 中学校

〒362－0813 埼玉県北足立郡伊奈町学園 4－1－1 ☎048－729－2882

国際 海外研修 長期留学 第2外国語 online英会話 21型 1人1台端末 リモート体制 プロジェクト型 論文執筆 STEAM 情操 体験学習 ボランティア 人間力育成

教育目標▶「生涯にわたり自ら学び続ける人」「協調性に富み，思いやりの心をもって行動できる人」「高い志を掲げて社会に貢献できる人」を育てる。

沿革▶1984年開校の埼玉県立伊奈学園総合高等学校が，2003年に中学校を開設。

施設▶マルチメディア教室，図書館（11万冊），学習センター，プール，野球場，テニスコート，ラグビー場，サッカー場・陸上競技場，弓道場，他。

生徒数▶総数239名

	1年（2クラス）	2年（2クラス）	3年（2クラス）
男子	28名	22名	27名
女子	52名	58名	52名

ニューシャトル―羽貫10分
JR―上尾・蓮田よりバス伊奈学園 10分

自ら努め励み，自らをも新しく生み出す人になる

努力することによって個性を最大限に発揮して，自己実現することをめざす。その先を見据え，学力の定着・向上を図り，豊かな人間性と健やかな心身を育てる。

学習 問題解決能力や論理的思考力，コミュニケーション能力などを培うため，各教科で協働学習などを取り入れ，主体的・対話的で深い学びを実践。英語は少人数授業やCALLシステムを用いた個別学習を実施。また，日本人教員と外国語指導助手とのティームティーチングも行い，発信力を養う。中3では希望制のオーストラリア語学研修（8月・14日間）を実施。東京大学大学院と連携し，最先端の教育に関する知見を授業に導入すると共に，学習法講座を開講して家庭学習を支援する。併設高校には7（高1は3）つの系がある。

●コース表

中1	中2	中3	高1	高2	高3
共通履修				人文系	
				理数系	

キャリア教育 総合的な学習の時間において，様々な企業と連携したProject Learning型学習を実践。答えのない問いに挑戦する心，社会で活躍するのに必要な思考力・感性・創造力を高める。過去にはコンビニエンスストアチェーンと連携し，「埼玉県×トレンド」をテーマにパンを開発したことも。

学校生活 毎朝10分間のスキルアップタイムを設定。各種検定のための学習などを行う。各学年で宿泊を伴う体験学習を実施。

保護者MEMO

登校時刻▶8：25
最終下校時刻▶18：00
土曜日▶休校
昼食▶給食（中学のみ牛乳）／食品販売あり（中学は利用条件あり）
携帯電話▶許可制
制服▶詰襟，ブレザー
自転車通学▶可
カウンセラー▶週1日
保護者面談▶年2回
保護者会▶年3回
必修旅行▶広島・京都（中3）
部活動▶活動日は部による

学費　初年度目安 11万円

（単位:円）	入学金	施設費	授業料	その他	合計
入学手続時	—	—	—	—	—
1年終了まで	—	—	—	110,670	110,670

［その他］制服・指定品代，冷房費，学年会計，PTA会費，後援会費。　※別途給食（牛乳）費あり。
［寄付・学債］なし。
※上記は'22年度のもの。新年度について詳細は「受験生応援アプリ」にて公開（2023年5月～）。

●奨学金・特待生
—

首都圏模試　思考コード　(単位：%)

〈作文〉

読み取る力＼考える力	Ⅰ A	Ⅰ B	Ⅰ C	Ⅱ A	Ⅱ B	Ⅱ C
複雑 3						
2		14		14	40	
単純 1	4	62	20	14	32	

A=知識・理解思考　B=論理的思考　C=創造的思考

2024年度入試　合格の基準

	首都模試 ほぼ確実	首都模試 見込あり	首都模試 やや見込あり	四谷大塚 ほぼ確実	四谷大塚 見込あり	四谷大塚 やや見込あり
男子	59	55	52	53	47	41
女子	59	55	52	55	49	43

ほぼ確実＝80%～／見込あり＝50～79%／やや見込あり＝20～49%

入試要項　2023年度参考　新年度日程は アプリへGO!　他

試験名	試験日 ◎午後入試	出願締切 窓口	発表 Web	手続 窓口	選抜方法 2科	4科	適	英	他	面接	特待	募集数	応募数	受検数	合格数	実質倍率	偏差値
一般 1次	1/14	12/27	1/19	—					＊1			80	1次 365	361	199	—	男59 女59
一般 2次	1/21	—	1/26	2/7						＊2			2次 —	175	80	4.5	

＊1　作文ⅠⅡ（Ⅰ思考力および表現力をみる。放送による英語を聴いて，日本語で表現する内容を含む。Ⅱ課題を発見し，解決する力をみる）
＊2　個人面接
※調査書

【出願方法】窓口。他に郵送12/23のみ　【合格発表】２次は1/25までに選考結果通知を発送
【手続方法】入学手続に関する確認書を提出　【受検料】2,200円

【帰国生入試】—
(注) 実質倍率＝１次受検数÷２次合格数

中学受験のプロがおすすめ!　併願校の例

特色	男 ネイティヴ常駐	男 体験重視	男 ICT教育	女 ネイティヴ常駐	女 体験重視	女 ICT教育
♠男子校	♠立教新座	♣開智	♣大宮開成	♥淑徳与野	♣開智	♣大宮開成
♥女子校	♣青学浦和ルーテル	♣昌平	♣星野学園	♣青学浦和ルーテル	♣昌平	♣星野学園
♣共学・別学校	♣埼玉栄	♣東京成徳深谷	♣細田学園	♣埼玉栄	♣東京成徳深谷	♣細田学園

併設高校の進路情報

四年制大学進学率78.3%
文系・理系の割合 非公表

指定校推薦▶非公表。

'22年3月卒業生：774名
大学606名　短大16名　専門96名　就職12名　他44名

主な大学合格状況　'23年春については主要大学のみ巻末一覧に記載

大学名	'22	'21	'20	大学名	'22	'21	'20	大学名	'22	'21	'20
◇東京大	1	1	2	◇東京藝術大	2	1	1	明治大	31	29	30
◇京都大	0	0	1	◇都立大	2	0	1	青山学院大	18	16	12
◇東工大	0	1	0	◇宇都宮大	4	3	2	立教大	32	29	29
◇一橋大	0	1	1	◇高崎経済大	4	1	2	中央大	26	30	27
◇千葉大	1	3	5	◇埼玉県立大	8	10	3	法政大	40	32	44
◇筑波大	2	1	4	早稲田大	18	22	12	日本大	93	65	77
◇東京外大	1	2	3	慶應大	8	12	2	東洋大	116	129	96
◇埼玉大	8	9	6	上智大	7	9	5	駒澤大	28	38	27
◇北海道大	2	0	1	東京理科大	13	12	23	大東文化大	96	82	86
◇東北大	1	2	5	学習院大	25	22	14	獨協大	55	51	53

※各大学合格数は既卒生との合計。

見学ガイド　文化祭／説明会／体験授業／授業公開

高校募集あり '23年度240名募集。3年間別クラス。　高1内訳 一貫生 80名 247名 高入生

さいたま市立

浦和（うらわ）中学校

〒330－0073　埼玉県さいたま市浦和区元町1－28－17　☎048－886－8008

国際　海外研修　長期留学　第2外国語　online英会話　21型　1人1台端末　リモート体制　プロジェクト型　論文執筆　STEAM　情操　体験学習　ボランティア　人間力育成

教育目標▶高い知性と豊かな感性・表現力を備えた国際社会に貢献できる生徒を育成する。

沿革▶1950年に開校したさいたま市立浦和高等学校の併設中学校として，2007年に開校。

施設▶スタディホール，コミュニティホール，多目的学習室，少人数指導教室，和室，自習室，ゼミ室，テニスコート，プール，人工芝グラウンド，他。

生徒数▶総数240名

	1年（2クラス）	2年（2クラス）	3年（2クラス）
男子	40名	40名	40名
女子	40名	40名	40名

JR—北浦和12分　12分

知性・活力・創造のバランスのとれた人材を育てる

eラーニングをベースとした独自の教育活動で基礎学力と豊かな教養を養う。また，将来への目的意識を醸成する体験活動で豊かな人間性と社会性を育む。

学習　発展的学習や一部高校の内容を取り入れた，6年間の系統的一貫指導を展開。英数は日常的に，他の教科も学習内容に応じて積極的に少人数指導を行う。基礎学力の向上を図るため1人1台のノートPCを活用し，英数国を20分ずつ学習する独自の教育活動"Morning Skill up Unit（MSU）"を展開。中3全員が海外フィールドワークとしてオーストラリアを訪問。英語学習の集大成として現地校での授業や行事に参加し，異文化や語学への興味・関心を高める。定期テストの1週間前は"Let's Study Week"と称する，質問会や学習会を開催。

●コース表

中1	中2	中3	高1	高2	高3
共	通	履	修	系Ⅰ ※文系に対応	
				系Ⅱ ※理系に対応	

キャリア教育　討論やスピーチ，ディベート，パネルディスカッションなど，自分の言葉で表現する活動を日常の学習に計画的に取り入れ，コミュニケーションスキルやプレゼンテーション能力を伸ばす。

学校生活　歌舞伎鑑賞教室や，ゲストティーチャーを招いての和楽器体験，科学館・博物館実習などを通じて，豊かな人間性を育む。原則，全員が部活動に加入。中学では剣道・吹奏楽など13の部が活動中。

保護者MEMO

登校時刻▶8：20
最終下校時刻▶18：00
土曜日▶原則隔週登校。登校日は平常授業3時間
昼食▶給食（中学）／食堂・食品販売あり（中学は土のみ可）
携帯電話▶許可制
制服▶詰襟，セーラー
自転車通学▶原則不可
カウンセラー▶常駐
保護者面談▶あり
保護者会▶あり
必修旅行▶京都・奈良（中2），他
部活動▶部活動は部による

学費　　初年度目安　一万円

（単位:円）	入学金	施設費	授業料	その他	合計
入学手続時	—	—	—	—	—
1年終了まで	—	—	—	—	—

［その他］－
［寄付・学債］－

●奨学金・特待生
－

首都圏模試　思考コード　(単位:%)

〈適性検査〉

読み取る力＼考える力	I A	I B	I C	Ⅱ A	Ⅱ B	Ⅱ C	Ⅲ A	Ⅲ B	Ⅲ C
複雑 3									
2		22			16				100
単純 1		78			84				

A=知識・理解思考　B=論理的思考　C=創造的思考

2024年度入試　合格の基準

	首都模試 ほぼ確実	首都模試 見込あり	首都模試 やや見込あり	四谷大塚 ほぼ確実	四谷大塚 見込あり	四谷大塚 やや見込あり
男子	66	63	59	60	54	48
女子	67	64	60	62	56	50

ほぼ確実＝80%～／見込あり＝50～79%／やや見込あり＝20～49%

入試要項　2023年度参考　新年度日程はアプリへGO!　適性型

試験名		試験日 ◎午後入試	出願締切 Web	発表 Web	手続 窓口	2科	4科	適	英	他	面接	特待	募集数	応募数	受検数	合格数	実質倍率	偏差値
一般	1次	1/14	12/23	1/18	—			＊1					男40	1次 307	301	120	7.5	66
														2次 —	77	40		
	2次	1/21	1/18	1/25	2/3			＊2			＊2		女40	1次 333	324	120	8.1	67
														2次 —	76	40		

＊1　適性検査Ⅰ Ⅱ（Ⅰ文章，資料をもとに，課題を整理し，論理的に筋道を立てて考え解決する過程を，多様な方法で表現する力をみる。日頃から 身近な問題に疑問をもち，自分の経験や知識で分析し，自ら解決しようとする意欲や課題解決力をみる。社会的事象などを素材とした統計資料から情報を読み取り，適切に判断・表現する力をみる。Ⅱ数理的な事象の分析力，論理的な思考力をみる。身近な自然事象などを素材として科学的に理解し，系統的・合理的に説明する力をみる。数量や図形の意味を的確にとらえ，多面的にものを見たり考えたりする力をみる）　＊2　適性検査Ⅲ（作文。文章や資料などを読み取り，意図にしたがって文章にまとめることを通して，課題の解決に意欲的に取り組み，合理的に説明できる力をみる）＋個人面接＋グループ面接
※調査書　※保護者とともにさいたま市内に住所を有する者

【出願方法】 1次：Web出願後，書類郵送。指定日に郵送提出できない場合は窓口可。2次：窓口。第2次選抜受検届を提出 **【手続方法】** 入学確認書を提出 **【受検料】** 2,200円

【帰国生入試】 —

(注) 実質倍率＝1次受検数÷2次合格数

中学受験のプロがおすすめ!　併願校の例

♠男子校　♥女子校　♣共学・別学校

特色	男 国際理解教育	男 表現力育成	男 フィールドワーク	女 国際理解教育	女 表現力育成	女 フィールドワーク
	♠立教新座	♣栄東	♣開智	♥淑徳与野	♣栄東	♣開智
	♣開智日本橋	♣大宮開成	♣青学浦和ルーテル	♣開智日本橋	♣大宮開成	♣青学浦和ルーテル
	♣星野学園	♣細田学園	♣浦和実業	♣星野学園	♣細田学園	♣浦和実業

併設高校の進路情報

四年制大学進学率89.8%
文系・理系割合　非公表

指定校推薦▶都立大，早稲田大，東京理科大，学習院大，明治大，青山学院大，立教大，他。

'22年3月卒業生：315名

大学283名　短大0名　専門2名　就職0名　他30名

主な大学合格状況　'23年春については主要大学のみ巻末一覧に記載

大学名	'22	'21	'20	大学名	'22	'21	'20	大学名	'22	'21	'20
◇東京大	1	4	3	◇北海道大	2	1	2	◇埼玉県立大	6	5	3
◇京都大	3	1	0	◇名古屋大	1	1	0	早稲田大	76	88	57
◇東工大	4	6	2	◇東北大	9	9	8	慶應大	34	28	14
◇一橋大	5	6	6	◇九州大	1	0	0	上智大	32	28	19
◇千葉大	9	20	15	◇東京農工大	7	4	3	東京理科大	69	69	44
◇筑波大	15	12	9	◇お茶の水女子大	6	3	0	明治大	167	158	85
◇東京外大	3	4	2	◇東京学芸大	6	6	7	青山学院大	40	36	33
◇横浜国大	6	11	4	◇都立大	10	12	8	立教大	133	148	98
◇埼玉大	18	9	16	◇群馬大	1	1	3	中央大	61	91	43
◇大阪大	0	2	2	◇東京海洋大	4	2	3	法政大	134	133	91

※各大学合格数は既卒生との合計。

見学ガイド　文化祭／説明会

さいたま市立
大宮国際（おおみやこくさい） 中等教育学校

〒330－0856 埼玉県さいたま市大宮区三橋 4－96 ☎048－622－8200

教育目標▶生涯にわたって自ら学び続ける力や，自分の頭で考え抜き，新しい価値を生み出す力など，国際的な視野に立って探究し続ける真の学力を育む。
沿革▶さいたま市立大宮西高等学校を2017年度より募集を停止して改編，2019年４月開校。2022年３月後期課程校舎完成。
施設▶ホール，和室，カウンセリング室，ラウンジ，自習室，理科教室（７室），グラウンド，プール，野球場，テニスコート，サッカー場，武道場，他。
生徒数▶前期課程総数473名

	1年（4クラス）	2年（4クラス）	3年（4クラス）
男子	79名	77名	79名
女子	79名	80名	79名

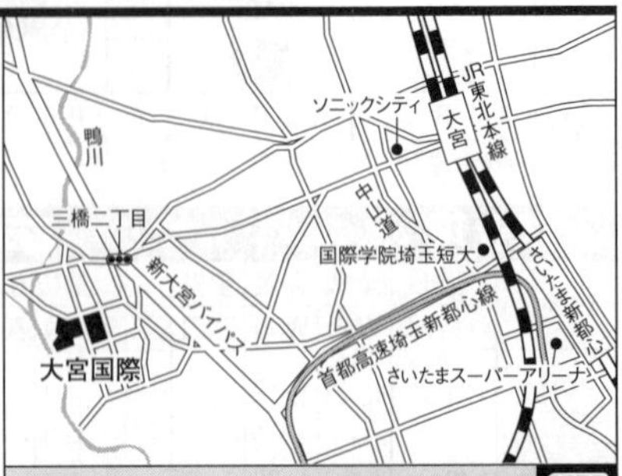

JR・アーバンパークライン―大宮よりバス大宮国際中等教育学校３分またはスクールバスあり 13分

自分と世界のよりよい未来づくりに必要な力をつける

主体的に学んでいく機会を積極的に取り入れ，探究する力，協働する力，表現する力などを育み，６年後，国内外のあらゆる場所で活躍できる人材を育成する。

学習 国際バカロレア教育MYP・DP認定校。１～４年次を「Empowerment Stage」として自律した学習者を育てる。５・６年次を「Achievement Stage」として希望するコースに分かれ，応用力を磨く。未来に通用する学力として，探究力の養成に注力。学校独自の「3Gプロジェクト」で「やり抜く力，成長し続ける力，世界に視野を広げる力」を養う。英語で他教科を学ぶイマージョン教育を行い，深い知識を習得すると共に異文化の世界観を学ぶ。全員が，３年次にニュージーランド語学研修，５年次にアメリカでフィールドワークを体験。

●**コース表**

中1	中2	中3	高1	高2	高3
共	通	履	修	Global Course	
				Liberal Arts Course	
				STEM Course	

キャリア教育 Global CourseはDPに基づいて学び，国際的な感覚と視野，Liberal Arts Courseは文理融合の創造的な教養，STEM CourseはAIを使いこなす教養を身につけ，知の最先端を行く世界中の大学をめざす。

学校生活 火曜を除く毎朝，授業前の15分間を「All English」の時間とし，全員が英語を使う。生徒自らが企画を立て，ボランティア活動に取り組む「Service as Action」など，授業外でのワークショップも充実。

保護者MEMO

登校時刻▶8：30
最終下校時刻▶17：30
土曜日▶隔週登校
昼食▶給食（中学）／食品販売あり（高校より利用可）
携帯電話▶可
制服▶ブレザー
自転車通学▶可
カウンセラー▶－
保護者面談▶年２回
保護者会▶年２回
必修旅行▶東北（４年次），他
部活動▶平日週３日と，土日どちらか３時間

学費

初年度目安 **39万円**

（単位：円）	入学金	施設費	授業料	その他	合計
入学手続時	—	—	—	—	—
1年終了まで	—	—	—	386,000	386,000

●**奨学金・特待生**
－

［その他］制服・指定品代，学年費，旅行積立，後援会費，給食費。
［寄付・学債］なし。
※上記は'22年度のもの。新年度について詳細は「受験生応援アプリ」にて公開（2023年５月～）。

首都圏模試　思考コード　(単位：%)

〈適性検査〉

読み取る力＼考える力	A-A	A-B	A-C	B-A	B-B	B-C	C-A	C-B	C-C
複雑 3									
2		19			40				100
単純 1		81			60				

A=知識・理解思考　B=論理的思考　C=創造的思考

2024年度入試　合格の基準

	首都模試 ほぼ確実	首都模試 見込あり	首都模試 やや見込あり	四谷大塚 ほぼ確実	四谷大塚 見込あり	四谷大塚 やや見込あり
男子	63	59	55	55	50	45
女子	63	59	55	57	52	47

ほぼ確実＝80%～／見込あり＝50～79%／やや見込あり＝20～49%

入試要項　2023年度参考　新年度日程は アプリへGO!　適性型　他

試験名		試験日 ◎午後入試	出願締切 Web	発表 Web	手続 窓口	選抜方法 2科	4科	適	英	他	面接	特待	募集数	応募数	受検数	合格数	実質倍率	偏差値
一般	1次	1/15	12/23	1/18	−			＊1					男80	1次 283	280	200	3.5	63
														2次 —	164	80		
	2次	1/21	1/18	1/25	2/3			＊2		＊2			女80	1次 401	391	200	4.9	63
														2次 —	161	80		

＊1　適性検査ＡＢ（Ａ小学校で身につけた様々な分野の基礎的・基本的な知識を活用する力をみる。「グローバル・スタディ 」の授業で身につけた知識を活用し，適切に判断する力をみる。Ｂ発展的な課題に取り組み，自分の知識を活用して考え，課題を解決する力をみる。文章や資料などを読み取り，適切に判断・表現する力や自然現象・数理的事象などについて科学的に理解し，分析したり合理的に説明したりする力をみる）
＊2　適性検査Ｃ（作文。文章や資料から課題の意図を読み取り，自分の考えをまとまった文章で表現する力をみる）＋集団活動（小学校の「グローバル・スタディ 」で身につけたコミュニケーショ ンをするために必要な力をみる）
※調査書　※保護者とともにさいたま市内に住所を有する者

【出願方法】 1次：Web出願後，書類郵送。指定日に郵送提出できない場合は窓口可。２次：窓口。第２次選抜受検届を提出　**【手続方法】** 入学確認書を提出　**【受検料】** 2,200円

【帰国生入試】 １次1/15，２次1/21（募集数は上記に含み，外国人特別選抜と合わせて定員の10%程度）
(注) 実質倍率＝ １次受検数÷２次合格数

中学受験のプロがおすすめ!　併願校の例

特色	男 国際理解教育	男 ICT教育	男 論文(自由研究)	女 国際理解教育	女 ICT教育	女 論文(自由研究)
♠男子校 ♥女子校 ♣共学・別学校	♣栄東	♣開智	♠城北	♣栄東	♣開智	♥学習院女子
	♣星野学園	♣順天	♣開智日本橋	♣星野学園	♣順天	♣開智日本橋
	♣埼玉栄	♣春日部共栄	♣昌平	♣埼玉栄	♣春日部共栄	♣昌平

卒業生の進路情報

2019年度開校のため，実績はなし。

見学ガイド　説明会／学校公開

川口市立高等学校附属 中学校

〒333−0844　埼玉県川口市上青木 3−1−40　☎048−483−5513

国際 海外研修 長期留学 第2外国語 online英会話 未回答
21型 1人1台端末 リモート体制 プロジェクト型 論文執筆 STEAM 未回答
情操 体験学習 ボランティア 人材育成 未回答

教育理念▶「学習者(生徒)起点」を掲げる。「よき学習者」の根本的基盤をなす「自立・自律」を生活規範とし，生徒自らが主体的に未来を創る場をめざす。
沿革▶旧市立３校を再編統合し，2018年開校した川口市立高等学校の附属中学校として2021年開校。
施設▶ホール，空間UIルーム，ラーニングコモンズ，アリーナ棟，テニスコート，弓道場，プール，野球場，人工芝グラウンド，グラウンド，他。
生徒数▶未回答

JR―西川口25分　JR―西川口・川口，埼玉高速鉄道―鳩ヶ谷よりバス川口市立高校１分　25分

未来を創る，しなやかでたくましい人材の育成

様々な困難や問題に対しても，自らの力と周囲の協力を得ながら解決する柔軟性と実行力を身につけ，未来の担い手となる人材を育成する。

学習 中高６年間を３つに分け，中１・中２は基礎・体験，中３・高１は探究・実践をテーマとし，その後の発展，飛躍へとつなげる。先進的なICT環境を整えており，部屋全体がタッチパネルとして活用できる「空間UIルーム」では，壁面やテーブルを仮想ディスプレイとして使うなど，協調学習で学びを深める。英語はネイティヴ教員による授業を導入。中３では世界の諸課題を英語で学ぶ「Global Issues」を行う。「本物を見て、本物に触れ，本物から学ぶ」ことを大切にし，地層観察や気象観測など，多様なサイエンスフィールドワークを実施。

●コース表

中1	中2	中3	高1	高2	高3
共通履修			理数科		
			普通科		
			特別進学クラス		
			普通科スポーツ科学コース		

※高校課程は川口市立高等学校2023年度のもの。内進生のコース編成は未公表

併設高校には理数科（40名募集），普通科（280名募集），普通科スポーツ科学コース（80名募集）がある。

キャリア教育 大学，研究機関と連携した実践的で専門性の高い特別講義，第一線で活躍する方を招いた進路講演会を実施。進路カウンセラーが常駐している。

学校生活 冷暖房，24時間換気システム，電子黒板機能つきプロジェクターを完備。剣道・英語部など中学には11部がある。

保護者MEMO

登校時刻▶8：20
最終下校時刻▶18：15
土曜日▶―
昼食▶食堂
携帯電話▶―
制服▶詰襟，ブレザー
自転車通学▶許可制
カウンセラー▶―
保護者面談▶―
保護者会▶―
必修旅行▶―
部活動▶平日３日以内と，土日いずれか１日

学費　初年度目安　一万円

(単位:円)	入学金	施設費	授業料	その他	合計
入学手続時	―	―	―	―	―
1年終了まで	―	―	―	―	―

［その他］―
［寄付・学債］―

●奨学金・特待生
―

首都圏模試　思考コード　(単位：%)

読み取る力＼考える力	Ⅰ A	Ⅰ B	Ⅰ C	Ⅱ A	Ⅱ B	Ⅱ C	Ⅲ A	Ⅲ B	Ⅲ C
複雑 3					15				
2		49			37		3	33	
単純 1	12	39			48			64	

〈適性検査〉

A=知識・理解思考　B=論理的思考　C=創造的思考

2024年度入試　合格の基準

	首都模試 ほぼ確実	首都模試 見込あり	首都模試 やや見込あり	四谷大塚 ほぼ確実	四谷大塚 見込あり	四谷大塚 やや見込あり
男子	63	57	50	54	49	44
女子	63	57	50	56	51	46

ほぼ確実＝80%～／見込あり＝50～79%／やや見込あり＝20～49%

入試要項　2023年度参考　新年度日程は アプリへGO!　適性型

試験名	試験日 ◎午後入試	出願締切 Web	発表 Web	手続 窓口	2科	4科	適	英	他	面接	特待	募集数	応募数	受検数	合格数	実質倍率	偏差値
一般 1次	1/14	12/14	1/19	−			＊1					男40	1次211	204	96	5.1	63
													2次　−	93	40		
一般 2次	1/21	1/19	1/26	2/6			＊2			＊3		女40	1次207	203	96	5.1	63
													2次　−	95	40		

＊1　適性検査ⅠⅡ（Ⅰ文章や資料をもとに，課題を把握し，論理的に物事を考え，多面的な方法で表現する力を評価する。身近な社会問題に疑問をもち，自分の知識を活用し，問題解決能力が身についているかを評価する。社会的事象などの統計資料から情報を読み取り，適切に判断し，表現する力を評価する。
Ⅱ数理的な事象の分析力，論理的な思考力を評価する。数量や図形を的確に捉え，多面的な判断力や表現力を評価する。身近な自然事象を科学的に理解し，法則や系統性を見いだし，表現する力を評価する。
＊2　適性検査Ⅲ（文章や資料などを読み取り，指示に従って文章をまとめ，表現できる力を総合的に評価する。数理的，科学的な事象を指示に従って分析し，論理的に表現できる力を評価する）
＊3　グループ面接　※面接の資料のための作文を実施
※調査書
※保護者とともに川口市内に住所を有する者

【出願方法】 1次：Web出願後，書類提出。2次：Web出願　**【手続方法】** 書類をダウンロードのうえ，入学確約書を提出　**【受検料】** 2,200円

【帰国生入試】 —
(注) 実質倍率＝1次受検数÷2次合格数

中学受験のプロがおすすめ！ 併願校の例

特色	男 探究型学習	男 ICT教育	男 留学制度	女 探究型学習	女 ICT教育	女 留学制度
♠男子校 ♥女子校 ♣共学・別学校	♣開智	♣栄東	♠立教新座	♣開智	♣栄東	♥淑徳与野
	♣開智未来	♣大宮開成	♣順天	♣開智未来	♣大宮開成	♣順天
	♣春日部共栄	♣昌平	♣西武学園文理	♣春日部共栄	♣昌平	♣西武学園文理

併設高校の進路情報

2021年開校のため，進学実績なし。

見学ガイド 文化祭／説明会

茨城県立
太田第一高等学校附属 中学校
（おおただいいちこうとうがっこうふぞく）

〒313−0005　茨城県常陸太田市栄町 58　☎0294−72−2115

教育方針▶主体性を尊び，心身共に健康で，社会や国家に貢献し得る有為な人材の育成。校訓は，至誠・剛健・進取。

沿革▶1900年茨城県立水戸中学校の太田分校として発足した茨城県立太田第一高等学校の附属中学校として2020年開校。

施設▶講堂，資料館，スタディルーム，ゼミナール室，和室，カウンセリング室，武道場，弓道場，プール，テニスコート，グラウンド，益習会館，他。

生徒数▶総数120名

	1年（1クラス）	2年（1クラス）	3年（1クラス）
男子	20名	20名	20名
女子	20名	20名	20名

JR─常陸太田20分または，バス太田一高前1分　スクールバスあり　6分

継続的な国際教育と地域資源活用の探究活動

学習 前期・後期の2学期制。英数国理は全学年で授業時間を多く設定し，学力の深化を図る。英数では習熟度別少人数授業や先取り学習を行う。外国語指導助手を副担任に導入し，英語による朝の会などでの日常的な英会話で，英語運用力を涵養する。さらに，理科と音楽ではイマージョン教育を実施。併設高校は伝統的に国際交流が盛んで，海外姉妹校との相互訪問は40年以上続けている。中3では8月に2週間の海外体験留学を実施。ホームステイをしながら現地校で学習する。2020年・2022年開校の県立中学校7校連携の探究学習では，イングリッシュ・スタディ，未来の自分発見講座，探究テーマ意見交換会，探究活動成果発表会の4事業に協働で取り組む。

●コース表

中1	中2	中3	高1	高2	高3
共	通	履	修	人文社会学類型（文系）	
				自然科学類型（理系）	

併設高校 進学重視型単位制。併設中学校からの内進生は，入学者選抜なしで進学できる。高1より高入生と混合し，混合2，高入生3クラス編成。2022年3月卒業生の主な合格大学は，筑波大，茨城大，福島大，宇都宮大，群馬大，電気通信大，慶應大，青山学院大，立教大，法政大，他。

学校生活 学校行事，部活動は可能な限り中高合同で活動。全員の部活加入を推奨。

保護者MEMO

登校時刻▶8：20
最終下校時刻▶18：00
土曜日▶休校
昼食▶給食(中学)／食品販売あり(高校より利用可)
携帯電話▶許可制
制服▶ブレザー
自転車通学▶可
カウンセラー▶月2日
保護者面談▶年2回
保護者会▶年2回
必修旅行▶オーストラリア（中3），他
部活動▶活動日は部による

入試要項　2023年度参考　新年度日程は アプリへGO!　適性型

試験名	試験日（◎午後入試）	出願締切 郵送	発表 Web	手続 窓口	2科	4科	適	英	他	面接	特待	募集数	応募数	受検数	合格数	実質倍率	偏差値
入学試験	1/7	12/5	1/18	1/23			＊			＊		男 20	23	23	20	1.1	49
												女 20	31	26	20	1.3	49

＊適性検査ⅠⅡ（Ⅰ思考力，判断力および課題を発見し解決する力などをみる。Ⅱ文章や資料をもとに，読解力，分析力および自分の考えを表現する力などをみる）＋グループ面接　※調査書，志願理由書

【出願方法】 郵送　**【手続方法】** 他に郵送可。入学確約書を提出　**【受検料】** 2,200円

見学ガイド 文化祭／説明会

茨城県立

鹿島高等学校附属（かしまこうとうがっこうふぞく） 中学校

〒314－0038　茨城県鹿嶋市城山２－２－19　☎0299－82－1903

教育方針▶校訓「自治・勤勉・快活」に基づき，地域のリーダーとなることができる生徒を育成する。

沿革▶1910年組合立農学校として発足し，1949年に現校名に改称した茨城県立鹿島高等学校の附属中学校として2020年開校。併設高校は2023年度入学生より進学重視型単位制に移行。

施設▶講義室，ICTルーム，和室，自習室，理科教室（４室），テニスコート，野球場，プール，武道場，人工芝多目的グラウンド，他。

生徒数▶総数120名

	1年（1クラス）	2年（1クラス）	3年（1クラス）
男子	20名	20名	20名
女子	20名	20名	20名

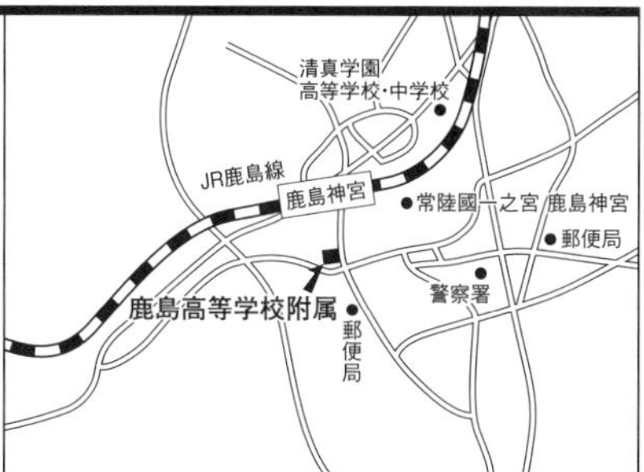

JR―鹿島神宮９分　神栖方面スクールバスあり　9分

国際分野・科学分野で活躍する人財を育成

学習 標準より授業時間を増やしたゆとりある授業で，基礎基本の定着を図る。習熟度別学習やティームティーチングによるきめ細かな指導を行い，わかる授業をめざす。国際教育，科学・情報教育，キャリア教育が充実。英語は外国語指導助手の活用やオンライン英会話，体験型プログラムにより４技能を向上させ，英語実践力を磨く。電子黒板と１人１台のタブレット端末で，主体的な学びを実践。特別理科授業や科学施設への校外学習を地域の研究機関にて実施。地域密着型の職業体験学習も行う。J1鹿島アントラーズと地域教育連携を締結。2020・2022年開校7校の生徒が事業を企画・立案，他校生との協働による課題解決を体験する「探究プロジェクト」に取り組む。

併設高校 進学重視型の普通科単位制。内進生40名１クラス，高入生200名５クラス体制。高２より混合編成となる。2022年３月卒業生の主な合格大学は，筑波大，茨城大，山形大，北見工大，高崎経済大，新潟県立大，中央大，成蹊大，日本大，他。

学校生活 中学は６，高校では23の部が活動。体育祭，文化祭など中高合同で行う学校行事を通して，豊かな人間性を育む。

●コース表

中1	中2	中3	高1	高2	高3
共通履修				理系─医療・理工コース／理数コース	
				文系─国際コース／人文コース	

保護者MEMO

登校時刻▶8：30
最終下校時刻▶18：00
土曜日▶休校
昼食▶給食(中学)／食品販売あり(中学は条件あり)
携帯電話▶許可制
制服▶ブレザー
自転車通学▶可
カウンセラー▶－
保護者面談▶年２回
保護者会▶－
必修旅行▶関西(中３，高２)
部活動▶月水金と，土日のいずれか１日

入試要項 2023年度参考　新年度日程は アプリへGO!　適性型

試験名	試験日 ◎午後入試	出願締切 郵送	発表 Web	手続 窓口	2科	4科	適	英	他	面接	特待	募集数	応募数	受検数	合格数	実質倍率	偏差値
入学試験	1/7	12/5	1/18	1/23			＊			＊		男 20	52	52	20	2.6	47
												女 20	41	41	20	2.1	47

＊適性検査Ⅰ Ⅱ（Ⅰ思考力，判断力および課題を発見し解決する力などをみる。Ⅱ文章や資料をもとに，読解力，分析力および自分の考えを表現する力などをみる）＋グループ面接　※調査書，志願理由書

【出願方法】郵送　【手続方法】他に郵送可。入学確約書を提出　【受検料】2,200円

見学ガイド 文化祭（隔年）／説明会

茨城県立
勝田（かつた） 中等教育学校

〒312−0003 茨城県ひたちなか市足崎 1458 ☎029−273−7411

教育目標▶グローバルな視野と起業家精神を兼ね添え，自ら人生を切り拓くとともに，地域と世界をつないで地域創生に貢献するグローカルリーダーを育成する。

沿革▶1973年開校の茨城県立勝田高等学校を改編し，中等教育学校として2021年開校。勝田高校は2024年度より募集停止予定。

施設▶多目的学習館，和室，LL教室，共同宿泊施設，プール，グラウンド，他。

生徒数▶総数239名

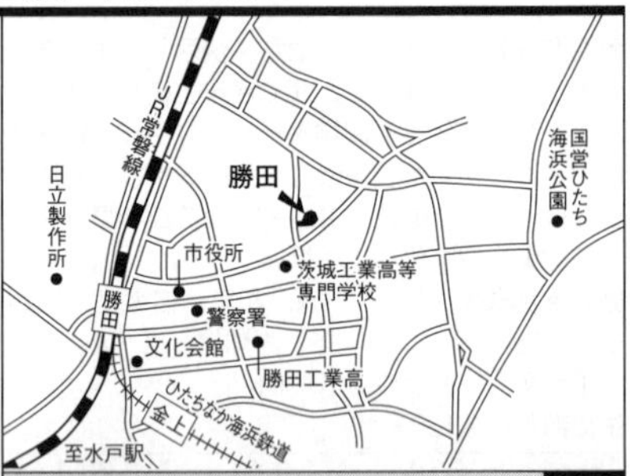

JR―勝田よりスクールバスまたはバス勝田高校前１分 10分

「学びでワクワク」を合い言葉に次世代リーダーを育成

学習 ６年間の計画的・継続的な教育活動を展開。英数では習熟度別学習を導入し，AI型教材で個別最適化学習を実現させる。主要５科目では高校の学習内容の一部を先取り学習し，系統立てて効率よく学び理解を深める。１人１台ノートPCを所持，反転学習も取り入れる。国際教育にも力を入れ，２年次の異文化体験キャンプをはじめ，５年次の海外フィールドスタディ，希望制の海外研修など英語を活用し，海外の人と触れあう機会が豊富。また，TOEFLを軸とした実践的英語教育を行う。

キャリア教育 ６年間継続する「KATSUTAビジョン」では，学校教育活動全体で課題解決型学習に取り組み，課題を発見する力，分析し探究する力，解決に向け実行できる力などを育む。地域や企業，大学との連携も。全学年を対象に，社会で活躍する起業家による講演会などを行うキャリアデイが開催され，２年次には職場体験学習が実施される。

学校生活 学校行事や生徒会活動，部活動，探究活動で６学年縦割り活動をしたり，上級生が下級生に教えたりする機会をつくり，幅広い異年齢交流を通して豊かな人間性とコミュニケーション能力を育成する。

●コース表

1年次	2年次	3年次	4年次	5年次	6年次
共通履修				文系	私立文系
					国公立文系
				理系	理系

保護者MEMO

登校時刻▶8：20
最終下校時刻▶18：15
土曜日▶休校
昼食▶給食（前期）
携帯電話▶許可制
制服▶ブレザー
自転車通学▶可（要申請）
カウンセラー▶−
保護者面談▶年１回
保護者会▶−
必修旅行▶沖縄（予定／３年次），他
部活動▶水曜日と，土日いずれか１日休む

入試要項 2023年度参考 新年度日程は アプリへGO! 適性型

試験名	試験日 ◎午後入試	出願締切 郵送	発表 Web	手続 窓口	2科	4科	適	英	他	面接	特待	募集数	応募数	受検数	合格数	実質倍率	偏差値
入学試験	1/7	12/5	1/18	1/23			＊			＊		男 60	79	77	60	1.3	51
												女 60	98	93	60	1.6	51

＊適性検査ⅠⅡ（Ⅰ思考力，判断力および課題を発見し解決する力などをみる。Ⅱ文章や資料をもとに，読解力，分析力および自分の考えを表現する力などをみる）＋グループ面接 ※調査書，志願理由書

【出願方法】郵送 **【手続方法】**他に郵送可。入学確約書を提出 **【受検料】**2,200円

見学ガイド 説明会／授業公開

茨城県立

古河(こが) 中等教育学校

〒306－0225 茨城県古河市磯部 846 ☎0280－92－4551

校訓▶「創造」「挑戦」「貢献」を掲げ，未来を創造する人間力を育てる。
沿革▶茨城県立総和高等学校の校舎・校地を活用し，2013年開校。
施設▶ホール，和室，カウンセリング室，ラウンジ，自習室，図書室（4万冊)，理科教室（3室)，グラウンド，プール，野球場，テニスコート，武道場，他。
生徒数▶前期課程総数357名

	1年(3クラス)	2年(3クラス)	3年(3クラス)
男子	60名	59名	60名
女子	60名	60名	58名

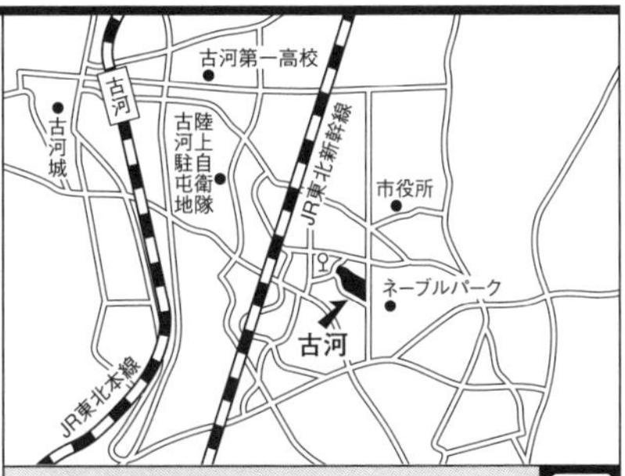

JR―古河(18分)，関東鉄道常総線―下妻(75分)などよりスクールバス7コース　18分

次代のリーダーを育成する「Σソフィア・プロジェクト」

学習 各授業や学校行事と連携した教育プログラム「Σ(シグマ)ソフィア・プロジェクト」を実践。Σアカデミアではティームティーチングや ICT活用など創意工夫を凝らした学びを導入し，弛まぬ学力を育成する。Σコミュニケーションではディベートやプレゼンテーションの機会を多く設け，発信力を培う。また，1・4・5年次は校内，2年次は国内，3年次は海外で語学研修を実施。Σサイエンスでは研究所や大学見学，科学出前講座により，科学的考察力を身につける。課題研究は創造力・探究力の育成が目標。1人1研究を行い，5年次には集大成としてレポートを作成・発表する。

●コース表

1年次	2年次	3年次	4年次	5年次	6年次
共	通	履	修	文型	
				理型	
				医学コース	

卒業生の進路　2022年3月卒業生114名の大学合格実績は，国公立大59名，私立大305名。主な合格大学は，筑波大，東京外大，横浜国大，早稲田大，慶應大，上智大，他。

キャリア教育 キャリア教育講座やトップリーダー講演会，大学生との交流を行い，学びへの動機づけやより深く学ぶ態度を培う。医学コースでは医学進学研究会，医療がテーマの授業などにより医志を育てていく。

学校生活 学校行事は生徒が主体に取り組む。サッカー・吹奏楽など15の部が活動。

保護者MEMO

登校時刻▶8：20
最終下校時刻▶18：50
土曜日▶休校
昼食▶給食(前期)／食品販売あり(後期より利用可)
携帯電話▶許可制
制服▶ブレザー
自転車通学▶可
カウンセラー▶－
保護者面談▶年2回
保護者会▶年2回
必修旅行▶関西(3年次)，他
部活動▶火・木曜日と，土日どちらかは休む

入試要項 2023年度参考　新年度日程は アプリへGO!　適性型

試験名	試験日 ◎午後入試	出願締切 郵送	発表 Web	手続 窓口	選抜方法 2科	4科	適	英	他	面接	特待	募集数	応募数	受検数	合格数	実質倍率	偏差値
入学試験	1/7	12/5	1/18	1/23			＊			＊		男 60	115	115	60	1.9	50
												女 60	106	105	60	1.8	50

＊適性検査ⅠⅡ（Ⅰ思考力，判断力および課題を発見し解決する力などをみる。Ⅱ文章や資料をもとに，読解力，分析力および自分の考えを表現する力などをみる）＋グループ面接　※調査書，志願理由書

【出願方法】郵送　**【手続方法】**他に郵送可。入学確約書を提出　**【受検料】**2,200円

見学ガイド 説明会／オープンタイム／学校公開

茨城県立
下館第一高等学校附属 中学校
（しもだてだいいちこうとうがっこうふぞく）

〒308−0825 茨城県筑西市下中山 590 ☎0296−24−6344

教育方針▶6年間の計画的・継続的な教育活動を柱に，豊かな人間性と起業家精神を備えた地域のリーダーや国際社会で活躍するグローカル人財を育成。
沿革▶1922年に発足した茨城県立下館第一高等学校の附属中学校として2020年開校。
施設▶スタディルーム，時習館，図書館（6万冊），食堂，談話室，体育館兼講堂，テニスコート，弓道場，格技場，グラウンド，他。
生徒数▶総数120名

	1年（1クラス）	2年（1クラス）	3年（1クラス）
男子	20名	20名	20名
女子	20名	20名	20名

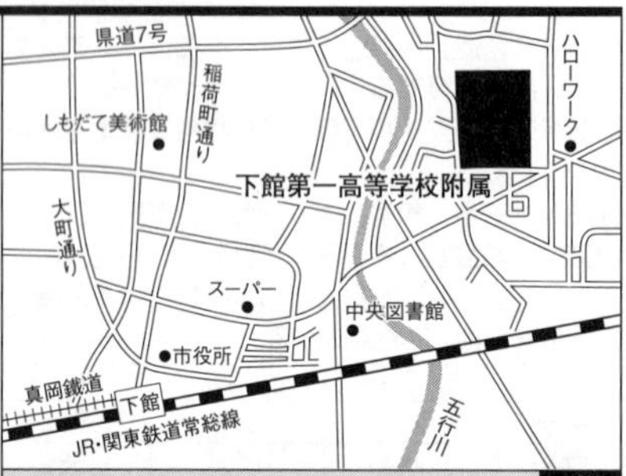

JR・関東鉄道常総線・真岡鐵道—下館12分 🚶12分

自主自立の精神を有する地域や世界のリーダーを育成

学習 1単位授業時間を55分に設定し，学習時間を増加。英数では中学で高校の内容の一部を先取り学習する。英数国は習熟度別少人数授業やティームティーチングで基礎学力の定着と，思考力・判断力・表現力を伸ばす。探究学習「紫西アクティブ・ブライト・プログラム」では，人々との交流により自分・地域・世界を知る活動が実施される。異文化への理解を深めるため，中3から参加できるオーストラリア語学研修（希望制）を用意。2020年・2022年開校の県立高校附属中学校7校連携の探究学習では，遠隔システムを活用して，イングリッシュ・スタディ，未来の自分発見講座，探究意見交換会，探究活動成果発表会の4つの事業に協働で取り組む。

●コース表

中1	中2	中3	高1	高2	高3
共通履修				文型	グローバリゼーション文型 ヒューマニティサイエンス
				理型	グローバリゼーション理型

併設高校 進学重視型単位制。高1より高入生と混合し，混合2，高入生4クラス体制。2022年3月卒業生の大学合格実績は，国公立大87名，私立大579名。主な合格大学は，筑波大，東京外大，埼玉大，茨城大，慶應大，東京理科大，学習院大，他。

学校生活 複数担任制を導入。定期的な面談などで生徒の内面をサポート。挨拶運動，ボランティアとして近隣の清掃活動も。

保護者MEMO

登校時刻▶8：30
最終下校時刻▶18：30
土曜日▶休校
昼食▶給食(中学)／食品販売あり(高校より利用可)
携帯電話▶許可制
制服▶詰襟，ブレザー
自転車通学▶可
カウンセラー▶－
保護者面談▶年2回
保護者会▶年1回
必修旅行▶京都･広島(中3)
部活動▶水曜日と，土日どちらかは休む

入試要項 2023年度参考 新年度日程は アプリへGO! 適性型

試験名	試験日 ◎午後入試	出願締切 郵送	発表 Web	手続 窓口	2科	4科	適	英	他	面接	特待	募集数	応募数	受検数	合格数	実質倍率	偏差値
入学試験	1/7	12/5	1/18	1/23			*			*		男 20	38	36	20	1.8	52
												女 20	49	49	20	2.5	52

＊適性検査ⅠⅡ（Ⅰ思考力，判断力および課題を発見し解決する力などをみる。 Ⅱ文章や資料をもとに，読解力，分析力および自分の考えを表現する力などをみる）＋グループ面接 ※調査書，志願理由書

【出願方法】郵送 【手続方法】他に郵送可。入学確約書を提出 【受検料】2,200円

見学ガイド 文化祭／説明会／学校公開

茨城県立
下妻第一高等学校附属（しもづまだいいちこうとうがっこうふぞく） 中学校

〒304－0067　茨城県下妻市下妻乙 226－1　☎0296－44－5158

教育方針▶「地域社会および国際社会の発展に貢献できる人材の育成」を目標に掲げ，常識にとらわれず新しいことに勇気を持って挑戦できる高い志を持った生徒の育成に努める。

沿革▶1897年に茨城県尋常中学校下妻分校として発足した茨城県下妻第一高等学校の附属中学校として2022年開校。

施設▶為櫻学習館，多目的教室，自習室，情報教室，理科教室，グラウンド，テニスコート，武道場，他。

生徒数▶総数40名

	1年（1クラス）	2年	3年
男子	20名	—	—
女子	20名	—	—

関東鉄道常総線─下妻1分　スクールバスあり　1分

創立125年の伝統ある“為櫻学園（いおう）”

学習　併設型の中高一貫教育校として，教育活動の中心に「なぜ」「どうして」を大切にする「探究的な学び」を据えて，豊かな人間性，たくましさ，確かな学力を養う。6年間の計画的・継続的な教育活動を柱に，探究活動や国際理解・科学的教育などを展開。全員がタブレット端末を持ち，授業内では調べ学習や協働学習，プレゼンテーションなどにとふんだんに活用している。火曜の7時限目に学び直しの時間「＋αタイム」を，年5回，自身の設定した学習課題に取り組む「探究WEEK」を設置。

併設高校　内進生が高校に進学する際には，内進生40名，高入生200名。高入生とは高1より混合する予定。2022年3月卒業生276名の進路内訳は，大学254名，短大1名，専門学校4名，就職3名，その他14名。主な合格大学は，千葉大，筑波大，埼玉大，東京外大，東北大，茨城大，早稲田大，上智大，東京理科大，他。

●コース表（予定）

中1	中2	中3	高1	高2	高3
共通履修				文型	
				理型	

学校生活　学校のすべてで探究的な学びを基盤とした「為櫻CIISメソッド」が展開され，生徒主体の教育活動を行う。特に「探究ゼミ」では生徒がゼミに所属し，自分が学びたい内容をとことん探究している。

保護者MEMO

登校時刻▶8：20
最終下校時刻▶月ごとによる
土曜日▶休校。希望制の特別授業を行う
昼食▶給食（中学）／食品販売あり（高校より利用可）
携帯電話▶可
制服▶詰襟，ブレザー
自転車通学▶許可制
カウンセラー▶月4日
保護者面談▶年2回
保護者会▶年2回
必修旅行▶－
部活動▶活動日は部による

入試要項　2023年度参考　新年度日程はアプリへGO!　適性型

試験名	試験日 ◎午後入試	出願締切 郵送	発表 Web	手続 窓口	選抜方法 2科	4科	適	英	他	面接	特待	募集数	応募数	受検数	合格数	実質倍率	偏差値
入学試験	1/7	12/5	1/18	1/23			＊			＊		男 20	52	50	20	2.5	53
												女 20	58	57	20	2.9	53

＊適性検査ⅠⅡ（Ⅰ思考力，判断力および課題を発見し解決する力などをみる。Ⅱ文章や資料をもとに，読解力，分析力および自分の考えを表現する力などをみる）＋グループ面接　※調査書，志願理由書

【出願方法】郵送　**【手続方法】**他に郵送可。入学確約書を提出　**【受検料】**2,200円

見学ガイド　説明会／学校公開

茨城県立
土浦第一高等学校附属（つちうらだいいちこうとうがっこうふぞく） 中学校

〒300－0051　茨城県土浦市真鍋４－４－２　☎029－822－0137

教育方針▶高い知性と豊かな人間性を兼ね備えた社会の役に立つ人材育成。何事にも主体的・能動的にチャレンジする姿勢「一高スタイル」を定着させる。
沿革▶1897年茨城県尋常中学校土浦分校として開校した土浦第一高等学校が併設型中高一貫教育校となり，2021年中学校開校。
施設▶旧本館，進修記念館・学習館，自習室，グラウンド，プール，テニスコート，武道場，他。
生徒数▶総数160名

	1年（2クラス）	2年（2クラス）	3年
男子	40名	40名	―
女子	40名	40名	―

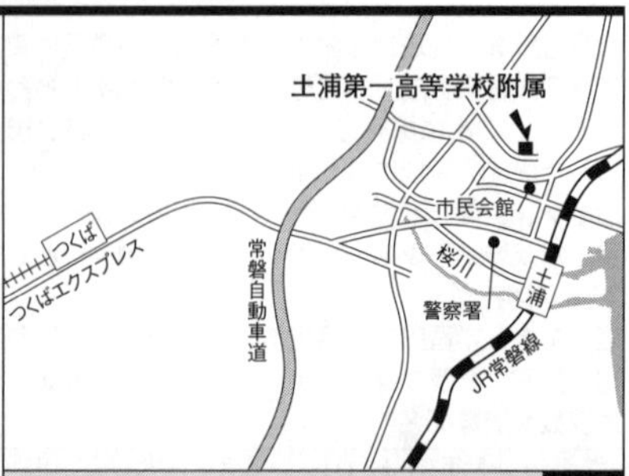

JR―土浦よりバス土浦一高前，つくば駅よりバス　10分

Do it first!　自主・協同・責任がモットー

学習 60分授業のメリットを生かし，ピア・レビュータイムという学習内容を生徒相互で振り返る時間を設定，思考力・判断力・表現力の一層の強化を図る。すべての教科で自分の考えを英語で表現する活動「＋English」などを取り入れ，英語による発信をスキルアップする。学びの内容を深めるため，一部の科目で高校の内容にもふれる体系的学習を実施。探究学習では国内外で活躍する土浦第一高校の卒業生による「土一ネットワーク」を活用して実質的で深い学びを実現させる。

併設高校 授業第一主義を標榜し，濃度の高い授業を展開。併設中学校からの内進生は，入学者選抜なしで進学。内進生80名２クラス，高入生160名４クラス編成となる。高２より混合クラスを編成。2022年３月卒業生の大学合格実績は，国公立大127名，私立大416名。主な合格大学は，東京大，京都大，東工大，一橋大，筑波大，早稲田大，慶應大，上智大，東京理科大，他。

●コース表

中1	中2	中3	高1	高2	高3
共通履修					文系
					理系
				医学コース	

学校生活 旧本館は国の重要文化財に指定されている。一高スタイルが掲げる文武両道を継承し，中学でも部活動が盛ん。加入率は95%を超え，兼部を認めている部も。

保護者MEMO

登校時刻▶８：15
最終下校時刻▶18：30
土曜日▶休校。クラブ活動を行う
昼食▶給食（中学のみ）
携帯電話▶許可制
制服▶詰襟，ブレザー
自転車通学▶可
カウンセラー▶－
保護者面談▶年２回
保護者会▶－
必修旅行▶国内（行き先未定／中３）
部活動▶活動日は部による

入試要項　2023年度参考　新年度日程は アプリへGO!　適性型

試験名	試験日（◎午後入試）	出願締切 郵送	発表 Web	手続 窓口	2科	4科	適	英	他	面接	特待	募集数	応募数	受検数	合格数	実質倍率	偏差値
入学試験	1/7	12/5	1/18	1/23			＊			＊		男 40	118	116	40	2.9	69
												女 40	119	117	40	2.9	69

＊適性検査ⅠⅡ（Ⅰ思考力，判断力および課題を発見し解決する力などをみる。Ⅱ文章や資料をもとに，読解力，分析力および自分の考えを表現する力などをみる）＋グループ面接　※調査書，志願理由書

【出願方法】郵送　【手続方法】他に郵送可。入学確約書を提出　【受検料】2,200円

見学ガイド 文化祭／説明会

茨城県立
並木（なみき） 中等教育学校

〒305−0044　茨城県つくば市並木 4−5−1　☎029−851−1346

教育理念▶「自制・自律・自尊」をすべての教育活動の根本概念とした，次代の日本・世界の発展を担う人間力を備えたグローバルリーダーを育成する。
沿革▶茨城県立並木高等学校を改編し，2008年 4 月に開校。
施設▶ブライトホール（多目的学習館），ラーニング・コモンズ，総合実践室，カウンセリング室，自習室，グラウンド，テニスコート，武道場，他。
生徒数▶前期課程総数480名

	1年（4クラス）	2年（4クラス）	3年（4クラス）
男子	80名	80名	80名
女子	80名	80名	80名

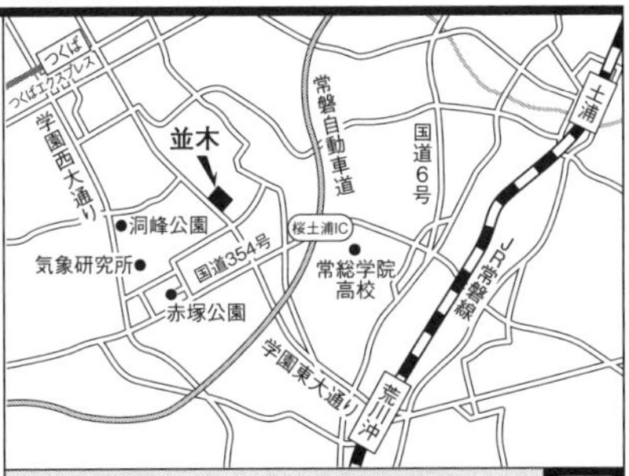

JR―荒川沖，つくばEX.―つくばよりバス学園並木 1 分　🚌11分

次代の発展を担う“Top Learners”を育てる

学習　「科学教育」「国際教育」「人間教育」を教育の柱に据える。研究機関や大学，企業と連携し，理系だけでなく，文系の生徒にも理数系への興味・関心を高める取り組みを多数行う。SSH講座として，例えば「地質学者と筑波山のフィールドワーク」など体験型の多彩なプログラムがある。また，座談会形式の講座・SSHサイエンスカフェも開催。留学生受け入れ，海外語学研修などを通して，異文化理解を深める。体験活動「並木メソッド」では，物事の本質を探究。1～3年次はミニ課題探究の成果をミニ論文にまとめ，4～6年次にはゼミ活動で課題探究を深め，論文を作成・発表する。

●**コース表**

1年次	2年次	3年次	4年次	5年次	6年次
共	通	履	修	文系	
				理系	
				医学コース	

卒業生の進路　2022年 3 月卒業生147名の主な合格大学は，東京大，京都大，東工大，一橋大，千葉大，早稲田大，慶應大，他。

キャリア教育　1・2年次の事業所見学や職場体験，3～5年次の大学訪問，大学出前授業などを通じて，勤労観や職業観を育むと共に，自己を見つめ将来について考える。

学校生活　三大行事のウォークラリー，かえで祭，スポーツデイは前期・後期合同で行う。人間教育の一環として，哲学対話や哲学カフェなども実施。

保護者MEMO

登校時刻▶8：20
最終下校時刻▶18：15
土曜日▶休校
昼食▶給食(前期)／食品販売あり(後期より利用可)
携帯電話▶許可制
制服▶ブレザー
自転車通学▶可
カウンセラー▶－
保護者面談▶年 2 回
保護者会▶年 2 回
必修旅行▶広島・京都(3年次)
部活動▶水曜日は休部日

入試要項　2023年度参考　新年度日程はアプリへGO!　適性型

試験名	試験日	出願締切	発表	手続	選抜方法						特待	募集数	応募数	受検数	合格数	実質倍率	偏差値
	◎午後入試	郵送	Web	窓口	2科	4科	適	英	他	面接							
入学試験	1/7	12/5	1/18	1/23			＊			＊		男 80	268	262	80	3.3	63
												女 80	257	254	80	3.2	64

＊適性検査Ⅰ Ⅱ（Ⅰ思考力，判断力および課題を発見し解決する力などをみる。Ⅱ文章や資料をもとに，読解力，分析力および自分の考えを表現する力などをみる）＋グループ面接　※調査書，志願理由書

【出願方法】郵送　【手続方法】他に郵送可。入学確約書を提出　【受検料】2,200円

見学ガイド　文化祭／説明会／学校公開

SSH 国際 海外研修 長期留学 第2外国語 online英会話 未回答 21型 1人1台端末 リモート体制 未回答 プロジェクト型 論文執筆 STEAM 未回答 情操 体験学習 ボランティア 人間力育成 未回答

茨城県立
日立第一高等学校附属 中学校
(ひたちだいいちこうとうがっこうふぞく)

〒317−0063 茨城県日立市若葉町 3−15−1 ☎0294−22−6488

教育目標▶豊かな人間性と高い知性を有し，日本そして世界の未来を拓く次代のリーダーを育成する。
沿革▶1927年創立の現・茨城県立日立第一高等学校の併設校として，2012年４月に開校。
施設▶カウンセリング室，白壺会館，技術棟，テニスコート，グラウンド，プール，弓道場，他。
生徒数▶未回答

JR—日立15分 15分

高い志，科学する心，未来を拓く力を育てる

学習 2022年度より60分授業を導入。英数は先取り学習を行い，国社理は高校と連携し，深化・発展学習を進める。科学教育を推進。「サイエンスリテラシー」では，科学施設や研究・医療機関で体験活動などを通して，自ら学ぶ豊かな探究心を育む。高校の科学講演会や体験活動にも参加できる。国際教育にも重点をおく。「グローバルコミュニケーション」では，日本語や英語によるスピーチやディベートなどに取り組み言語表現やコミュニケーション能力を育成する。中３の海外語学研修では，現地校との交流会やホームステイなどを実施。ほかに短期留学制度なども。

●コース表

中1	中2	中3	高1	高2	高3
共通履修				普通科〈文系／理系〉	
				サイエンス科〈医学コース／医学系進学コース／理工系進学コース〉	

併設高校 各学年６学級体制で，高入生とは高１より混合。2023年度まで17年間SSH指定校の実績がある。2022年３月卒業生の大学合格実績は，国公立大150名，私立大442名。主な合格大学は，東京大，京都大，東工大，一橋大，筑波大，東北大，早稲田大，慶應大，東京理科大，他。

学校生活 ５時間授業の日は放課後に「イングリッシュタイム」や補習などを実施。サッカー・科学部など中学には10の部があり，文武両道の精神のもと活動中。

保護者MEMO

登校時刻▶8：10
最終下校時刻▶－
土曜日▶休校
昼食▶給食（中学のみ）
携帯電話▶－
制服▶ブレザー
自転車通学▶－
カウンセラー▶－
保護者面談▶－
保護者会▶－
必修旅行▶シンガポール（中３），他
部活動▶木曜日と，土日どちらかは休む

入試要項 2023年度参考　新年度日程は アプリへGO!　適性型

試験名	試験日 ◎午後入試	出願締切 郵送	発表 Web	手続 窓口	選抜方法 2科	4科	適	英	他	面接	特待	募集数	応募数	受検数	合格数	実質倍率	偏差値
入学試験	1/7	12/5	1/18	1/23			*			*		男 40	126	124	40	3.1	56
												女 40	102	99	40	2.5	56

＊適性検査ⅠⅡ（Ⅰ思考力，判断力および課題を発見し解決する力などをみる。Ⅱ文章や資料をもとに，読解力，分析力および自分の考えを表現する力などをみる）＋グループ面接　※調査書，志願理由書

【出願方法】郵送　【手続方法】他に郵送可。入学確約書を提出　【受検料】2,200円

見学ガイド 文化祭―３年に２回（'22年度開催）／説明会／公開授業

茨城県立 鉾田第一高等学校附属 中学校

（ほこただいいちこうとうがっこうふぞく）

〒311－1517 茨城県鉾田市鉾田 1090－2 ☎0291－33－2161

教育方針▶綱領として，剛健勤勉・独立自治・和衷協同を掲げる。思いやりの心や感動する心を持ち，協働して物事に取り組み，確かな学力と広い視野で主体的に課題解決できる生徒を育成する。

沿革▶1922年に創設された茨城県立鉾田第一高等学校の附属中学校として2020年開校。

施設▶尚志館，多目的ホール，学習室，カウンセリング室，カフェテリア，柔道場，剣道場，プール，テニスコート，野球場，グラウンド，他。

生徒数▶総数120名

	1年（1クラス）	2年（1クラス）	3年（1クラス）
男子	20名	20名	20名
女子	20名	20名	20名

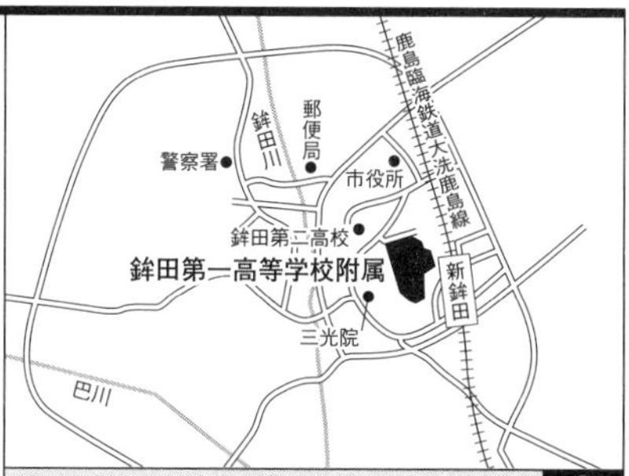

鹿島臨海鉄道大洗鹿島線―新鉾田10分
スクールバス12コースで運行
10分

文武不岐の伝統を継承し，生徒の活気あふれる学校

学習 授業時間は標準より4時間多い編成。英数国はティームティーチング，少人数制，習熟度別学習を展開し，基礎学力の定着と思考力・判断力・表現力を強化する。総合的な学習の時間では地域などに関する課題を自ら見つけ・学び・考える学習活動を行う。生き方や将来のキャリアを探究し，広い視野に立つ課題解決能力を育成。2020・2022年開校の県立高校附属中学校7校連携の探究学習では，イングリッシュ・スタディ，未来の自分発見講座，探究意見交換会，探究活動成果発表会に取り組む。

併設高校 進学重視型単位制。高1より高入生と混合し，高1は混合2，高入生4クラス，高2は混合6クラス編成。2022年3月卒業生272名の進路内訳は，大学214名，短大7名，専門学校35名，就職6名，その他10名。主な合格大学は，筑波大，千葉大，茨城大，東京都立大，茨城県立医療大，早稲田大，明治大，青山学院大，他。

学校生活 文化祭や生徒総会などの行事で異年齢交流を図り，豊かな人間性とコミュニケーション能力を伸ばす。SA研修では中1・中2が共に，アドベンチャープログラムに取り組む。中学では16の部を開設。

●コース表

中1	中2	中3	高1	高2	高3
共	通	履	修	文系	
				理系	

保護者MEMO

登校時刻▶8：35
最終下校時刻▶18：30
土曜日▶休校
昼食▶給食／食品販売あり
携帯電話▶可
制服▶ブレザー
自転車通学▶可
カウンセラー▶－
保護者面談▶年2回
保護者会▶年2回
必修旅行▶京都・奈良（中3），沖縄（高2）
部活動▶平日1日と，土日いずれかは休む

入試要項 2023年度参考 新年度日程はアプリへGO! 適性型

試験名	試験日 ◎午後入試	出願締切 郵送	発表 Web	手続 窓口	選抜方法 2科	4科	適	英	他	面接	特待	募集数	応募数	受検数	合格数	実質倍率	偏差値
入学試験	1/7	12/5	1/18	1/23			＊			＊		男 20	37	37	20	1.9	48
												女 20	45	44	20	2.2	48

＊適性検査ⅠⅡ（Ⅰ思考力，判断力および課題を発見し解決する力などをみる。Ⅱ文章や資料をもとに，読解力，分析力および自分の考えを表現する力などをみる）＋グループ面接 ※調査書，志願理由書

【出願方法】郵送 **【手続方法】**他に郵送可。入学確約書を提出 **【受検料】**2,200円

見学ガイド 文化祭／説明会

茨城県立
水海道第一高等学校附属 中学校
（みつかいどうだいいちこうとうがっこうふぞく）

〒303−0025　茨城県常総市水海道亀岡町 2543　☎0297−23−5030

教育方針▶校訓は「至誠・剛健・快活」。将来を担う人材育成，地域に貢献する学校をめざす。

沿革▶1900年に茨城県下妻中学校水海道分校として発足した茨城県水海道第一高等学校の附属中学校として2022年開校。

施設▶講堂，アッセンブリー（小教室），カウンセリング室，自習室，理科教室（3室），グラウンド，野球場，テニスコート，サッカー場，武道場，他。

生徒数▶総数40名

	1年（1クラス）	2年	3年
男子	20名	—	—
女子	20名	—	—

関東鉄道常総線一水海道5分　坂東市と境町・常総市内スクールバスあり　5分

創立120年以上。進学重視型普通科単位制高校

学習 英数国理は授業時数を増加し，主要3教科では習熟度別学習を取り入れ，きめ細かな指導を行う。6年間を通して「亀陵チャレンジプロジェクト」を実施。中学では探究学習の基礎となる技法を学び，茨城県自然博物館などと連携して地域課題に基づく探究活動を展開。また，国内語学研修や国際交流団体との交流を行い，英語力の向上と異文化理解を深める。ICTを活用した探究学習成果発表会も。キャリア探究としてワークショップや企業・研究所訪問のほか，2020・2022年開校の7校が連携し，意見交換や交流，協働による課題解決を体験する「探究プロジェクト」に取り組む。

●コース表（予定）

中1	中2	中3	高1	高2	高3
共通履修				希望進路に応じた選択制	

併設高校 内進生が高校に入学する際には内進生40名，高入生200名編成。高入生とは高1より混合し，混合2，高入生4クラス予定。2022年3月卒業生の主な合格大学は，東工大，筑波大，埼玉大，茨城大，早稲田大，東京理科大，学習院大，他。

学校生活 中学では6つの部を開設。高校には運動部・文化部各13団体があり，下妻第一高等学校との運動部対抗戦「定期戦」は75年続く伝統行事。ボランティア活動として地域の清掃を行っている。

保護者MEMO

登校時刻▶8：20
最終下校時刻▶18：30
土曜日▶休校
昼食▶給食(中学)／食品販売あり(高校より利用可)
携帯電話▶許可制
制服▶ブレザー
自転車通学▶可
カウンセラー▶月3～4回
保護者面談▶年2回
保護者会▶年1回
必修旅行▶検討中
部活動▶月曜と，土日どちらか休む

入試要項　2023年度参考　新年度日程はアプリへGO!　適性型

試験名	試験日 ◎午後入試	出願締切 郵送	発表 Web	手続 窓口	2科	4科	適	英	他	面接	特待	募集数	応募数	受検数	合格数	実質倍率	偏差値
入学試験	1/7	12/5	1/18	1/23			*			*		男 20	84	81	20	4.1	53
												女 20	89	86	20	4.3	53

（2科〜面接：選抜方法）

＊適性検査ⅠⅡ（Ⅰ思考力，判断力および課題を発見し解決する力などをみる。Ⅱ文章や資料をもとに・読解力・分析力および自分の考えを表現する力などをみる）＋グループ面接　※調査書，志願理由書

【出願方法】郵送　【手続方法】他に郵送可。入学確約書を提出　【受検料】2,200円

見学ガイド 文化祭／説明会

茨城県立

水戸第一高等学校附属(みとだいいちこうとうがっこうふぞく) 中学校

〒310－0011　茨城県水戸市三の丸 3－10－1　☎029－224－2254

教育方針▶「至誠一貫」「堅忍力行」の校是のもと，未来を切り拓く想像力を育みながら，予想困難な社会の変化に対応できる教育を実践する。

沿革▶1878年茨城師範学校予備学科として開校した水戸第一高等学校が併設型中高一貫教育校となり，2021年中学校開校。

施設▶階段教室，理科実験室（3室），地学実習室，地歴公民講義室，コンピュータ室，学習館，武道場，弓道場，テニスコート，グラウンド，他。

生徒数▶総数160名

	1年（2クラス）	2年（2クラス）	3年
男子	40名	40名	—
女子	40名	40名	—

JR—水戸より10分　10分

「挑戦と失敗から学べ」の精神で成長を応援

学習 「知識及び技能」「思考力・判断力・表現力」「学びに向かう力」の3つの資質・能力をバランスよく育成。英数では複数教員を配置，先取り学習も実施する。週1回外国人教員単独による少人数英会話学習を行う。中3で異文化交流の海外研修を実施予定。日本語や英語によるディベート，ICT活用の協働学習，最先端科学に関するワークショップなどで思考力･判断力･表現力を養う。1人1台パソコンを3年間貸与し，授業や家庭学習で活用。定期考査を行わず，単元テストや確認テストにより，知識の定着を図る。また，月～金の毎日，放課後10分間，学習の振り返りを実施。

●コース表

<table>
<tr><th>中1</th><th>中2</th><th>中3</th><th>高1</th><th>高2</th><th>高3</th></tr>
<tr><td colspan="4" rowspan="2">共通履修</td><td rowspan="2">ゆるやかな文理分け</td><td>文系</td></tr>
<tr><td>理系</td></tr>
<tr><td colspan="4"></td><td colspan="2">医学コース</td></tr>
</table>

併設高校 併設中学校からの内進生は，入学者選抜なしで進学。内進生80名2クラス，高入生160名4クラス予定。高2より混合クラスとなる。2022年3月卒業生の大学合格実績は525名。主な合格大学は，東京大，京都大，東工大，一橋大，筑波大，早稲田大，慶應大，上智大，東京理科大，他。

学校生活 水戸城跡に立地し，歴史的建造物がある。日本人初の民間パイロットなど歴史に名を遺す卒業生も。部活動は複数を体験後，中2後半から一つを選択し活動。

保護者MEMO

登校時刻▶8：15
最終下校時刻▶18：00
土曜日▶休校
昼食▶給食（中学のみ）
携帯電話▶許可制
制服▶ブレザー
自転車通学▶許可制
カウンセラー▶－
保護者面談▶年1回
保護者会▶－
必修旅行▶関西（中2），海外（行き先未定／中3）
部活動▶活動日は学年による

入試要項 2023年度参考　新年度日程はアプリへGO!　適性型

試験名	試験日 ◎午後入試	出願締切 郵送	発表 Web	手続 窓口	2科	4科	適	英	他	面接	特待	募集数	応募数	受検数	合格数	実質倍率	偏差値
入学試験	1/7	12/5	1/18	1/23			＊			＊		男 40	153	152	40	3.8	68
												女 40	136	134	40	3.4	68

＊適性検査Ⅰ Ⅱ（Ⅰ思考力，判断力および課題を発見し解決する力などをみる。Ⅱ文章や資料をもとに，読解力，分析力および自分の考えを表現する力などをみる）＋グループ面接　※調査書，志願理由書

【出願方法】郵送　**【手続方法】**他に郵送可。入学確約書を提出　**【受検料】**2,200円

見学ガイド　文化祭／施設見学／説明会

茨城県立

竜ヶ崎第一高等学校附属 中学校

（りゅうがさきだいいちこうとうがっこうふぞく）

〒301－0844 茨城県龍ケ崎市平畑 248 ☎0297－62－2146

教育方針▶「高潔，誠実，剛健，協和」の校訓のもと，生徒の主体性“Student Agency”を原動力として，「問う教育」の進化を図る。

沿革▶1900年土浦中学校龍ヶ崎分校として創立した茨城県立竜ヶ崎第一高等学校の附属中学校として2020年開校。

施設▶自習室，理科教室，コンピュータ室，グラウンド，テニス・ハンドボールコート，武道場，他。

生徒数▶総数120名

	1年（1クラス）	2年（1クラス）	3年（1クラス）
男子	20名	20名	20名
女子	20名	20名	20名

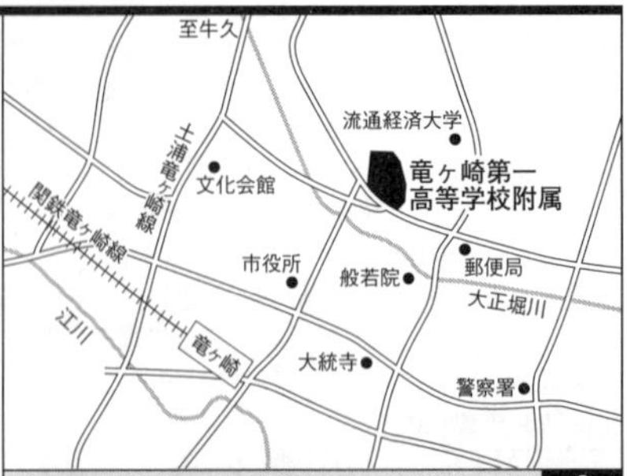

関東鉄道竜ヶ崎線―竜ヶ崎17分 JR龍ケ崎市より附属中学校専用スクールバスあり 17分

21世紀の国際社会に通用する主体的な学び手を育てる

学習 「探究」「デジタル」「グローバル」を柱に，中高6年間の計画的・継続的な教育活動を展開。主要5教科と総合学習の授業時間数を増やし，先取り学習や反復学習で基礎学力の定着と思考力・表現力の育成を図る。自治体や企業と協力した問題解決学習，プログラミングや人工知能といった高度な情報教育実証研究を通して，知識だけでなく新しい価値を創出する姿勢と技能を育てる。中1で宿泊語学研修，中2で課題探究旅行，中3・高1では希望制の海外語学研修を実施。SSH講演会，フィールドワーク探究，英語プレゼン講座や医学ゼミ，大学研究室での課題実験，小笠原探究ツアーなど，課外講座も充実している。

●コース表

中1	中2	中3	高1	高2	高3
共	通	履	修	文系	進路に応じた科目選択制
				理系	

併設高校 2023年度より単位制に移行。高1より高入生と混合し，混合2（アドバンス），高入生4（スタンダード）クラス予定。2022年3月卒業生の主な合格大学は，京都大，東工大，東北大，筑波大，茨城大，早稲田大，東京理科大，学習院大，他。

学校生活 クラス企画を中心とした文化祭，縦割りでの体育祭などの行事や，活動期間や活動内容を企画・運営できる自主課外活動により生徒の主体性を養う。

保護者MEMO

登校時刻▶8：20
最終下校時刻▶18：30
土曜日▶休校
昼食▶給食(中学)／食品販売あり(高校から利用可)
携帯電話▶許可制
制服▶詰襟，ブレザー
自転車通学▶可
カウンセラー▶週1日
保護者面談▶年2回
保護者会▶年1回
必修旅行▶広島・京都(中3)，他
部活動▶活動日は部による

入試要項 2023年度参考 新年度日程はアプリへGO! 適性型

試験名	試験日 ◎午後入試	出願締切 郵送	発表 Web	手続 窓口	選抜方法 2科	4科	適	英	他	面接	特待	募集数	応募数	受検数	合格数	実質倍率	偏差値
入学試験	1/7	12/5	1/18	1/23			*			*		男20	77	76	20	3.8	58
												女20	68	68	20	3.4	58

＊適性検査ⅠⅡ（Ⅰ思考力，判断力および課題を発見し解決する力などをみる。Ⅱ文章や資料をもとに，読解力，分析力および自分の考えを表現する力などをみる）＋グループ面接 ※調査書，志願理由書

【出願方法】郵送 【手続方法】他に郵送可。入学確約書を提出 【受検料】2,200円

見学ガイド 文化祭／説明会

栃木県立

宇都宮東高等学校附属（うつのみやひがしこうとうがっこうふぞく） 中学校

〒321－0912　栃木県宇都宮市石井町 3360－1　☎028－656－5155

教育目標▶社会の発展と新しい知の創造に貢献し，リーダーとして活躍できる生徒を育成する。

沿革▶1963年創立の栃木県立宇都宮東高等学校の附属校として，2007年開校。

施設▶総合学習室，伝統文化室（和室），理科教室（6室），総合創作室，セミナー室，自彊室，プール，テニスコート，武道館，グラウンド，他。

生徒数▶総数312名

	1年（3クラス）	2年（3クラス）	3年（3クラス）
男子	50名	44名	53名
女子	55名	60名	50名

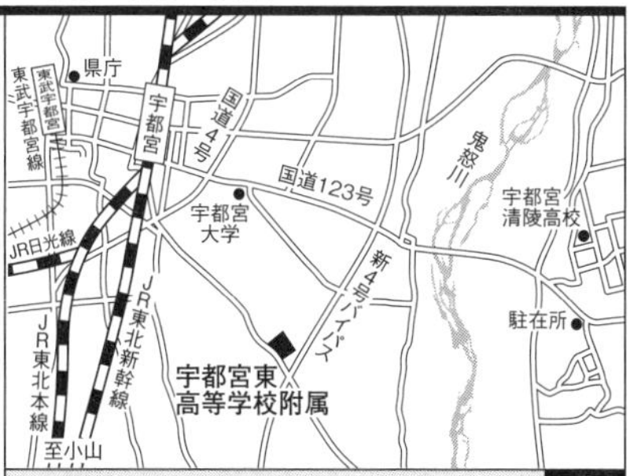

JR―宇都宮よりバス東高校前　東武宇都宮線―東武宇都宮よりバス宇都宮東高校　20分

独自講座「自彊タイム」で幅広い教養を身につける

学習 授業第一主義を軸に，確かな学力および科学的な見方や考え方を身につける。英数は1クラスを2分割し，基礎学力の向上を図る。中1～中3に「自彊（じきょう）タイム」を設け，いのちの授業，宇都宮大学との連携講座（理科実験）や法律教室などの教養講座を行う。中3後期に高校学習の移行準備として「高校へのアプローチ」の時間を設定。「リテラシー総合」では学び方の習得・習熟などを図る。中2では2泊3日でイングリッシュキャンプ，また中3では中高連携の一つとして，高1・高2と共に希望制のオーストラリア語学研修を実施。夏期・春期休業中には課外学習が行われる。

●コース表

中1	中2	中3	高1	高2	高3
共	通	履	修	文型	
				理型	

併設高校 1学年4学級。高入生とは高1より混合。2022年3月卒業生157名の大学合格実績は，国公立大92名，私立大373名。主な合格大学は，東京大，京都大，筑波大，宇都宮大，早稲田大，慶應大，他。

学校生活 行事や生徒会活動を通じてリーダーシップを育成する。特に中1では育成プロジェクトも実施。宿泊学習や社会体験学習，箏の授業など体験学習が充実。中学の部活動は野球，ソフトテニス，吹奏楽など8つ。全国大会に出場した部も。

保護者MEMO

登校時刻▶8：30
最終下校時刻▶18：20
土曜日▶休校
昼食▶弁当／食品販売あり
携帯電話▶許可制
制服▶詰襟，ブレザー
自転車通学▶可
カウンセラー▶－
保護者面談▶年1回
保護者会▶年4回
必修旅行▶広島・奈良・京都（中3），他
部活動▶週2日以上は休む。活動時間は平日2時間程度

入試要項　2023年度参考　新年度日程はアプリへGO!　適性型　他

試験名	試験日 ◎午後入試	出願締切 郵送	発表 Web	手続 窓口	選抜方法 2科	4科	適	英	他	面接	特待	募集数	応募数	受検数	合格数	実質倍率	偏差値
入学試験	1/7	12/1	1/12	1/18			*		*	*		105	男185	184	50	3.7	―
													女186	184	55	3.3	―

＊適性検査（課題解決能力，思考力，表現力など，総合的な力をみる）＋作文＋グループ面接
※学習や生活の記録

【出願方法】郵送　【手続方法】入学意思確認書を提出　【受検料】2,200円

見学ガイド 文化祭／説明会／見学会

栃木県立
矢板東高等学校附属 中学校

〒329−2136 栃木県矢板市東町 4−8 ☎0287−43−1243

教育目標▶高い志を抱き，次代を力強く担うリーダーを育成する。

沿革▶1948年栃木県立矢板農学校が矢板高等学校となり，1972年に同校から矢板東高等学校が分離独立。2012年に附属中学校開校。

施設▶ホール，伝統文化室（和室），工芸室，セミナー室，カウンセリング室，テニスコート，武道場，弓道場，プール，野球場，グラウンド，他。

生徒数▶総数209名

	1年（2クラス）	2年（2クラス）	3年（2クラス）
男子	29名	36名	29名
女子	41名	34名	40名

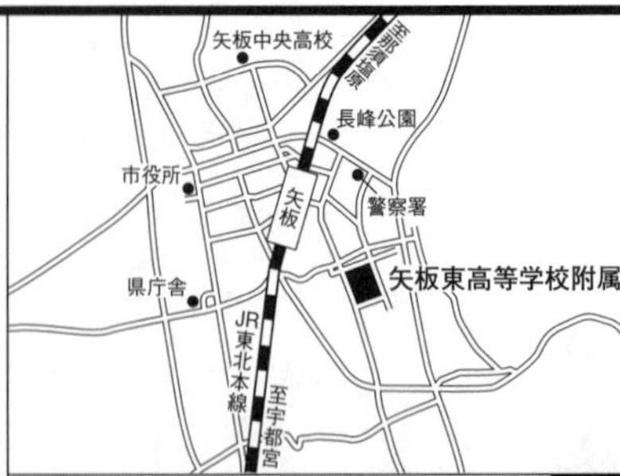

JR—矢板10分 10分

幅広い視野を培い，社会性を育成する「矢東教養教育」

学習 「授業第一主義」を掲げ，中高教員が連携し，６年間を見通した計画的・継続的な教科指導を展開。英数国は標準よりも授業時間を増やし，英数では少人数授業を行う。創造力や探究力を育むため，「矢板クリエイション」という教科横断的学習を実施。中１は地域，中２は職業，コミュニケーションをテーマに自ら調べ考える。中３では「将来に生きる研究に取り組もう」をテーマに設定し，卒業論文を書き上げ発表会を行う。学校推薦図書「矢東附中100選」を定めており，毎朝の読書も。

併設高校 各学年４クラス体制。高入生とは高１より混合クラス編成。2022年３月卒業生139名の進路内訳は，大学121名，短大２名，専門学校９名，就職１名，その他６名。主な合格大学は，京都大，東工大，筑波大，宇都宮大，早稲田大，慶應大，他。

学校生活 伝統文化教室では華道や茶道・陶芸，芸術教室では箏や尺八といった日本の伝統文化を体験し，日本の良さを再発見する。また，自己実現に向け，先端学問を学ぶ校外学習，職業人講話，市内美化プロジェクト，サイエンスキャンプ（大学教授による化学実験教室）などを実施。

●コース表

中1	中2	中3	高1	高2	高3
共	通	履	修	文系	
				理系	

保護者MEMO

登校時刻▶8：20
最終下校時刻▶18：30
土曜日▶休校。全員参加の特別授業や行事などを行う
昼食▶弁当／食品販売あり
携帯電話▶不可
制服▶詰襟，セーラー
自転車通学▶可
カウンセラー▶−
保護者面談▶年１回
保護者会▶年２回
必修旅行▶奈良・京都（中３），他
部活動▶週に２日は休む

入試要項 2023年度参考 新年度日程は アプリへGO! 適性型 他

試験名	試験日 ◎午後入試	出願締切 郵送	発表 Web	手続 窓口	2科	4科	適	英	他	面接	特待	募集数	応募数	受検数	合格数	実質倍率	偏差値
入学試験	1/7	12/1	1/12	1/18			＊		＊	＊		70	男 42	40	28	1.4	—
													女 69	69	42	1.6	—

＊適性検査（課題解決能力，思考力，表現力など，総合的な力をみる）＋作文＋グループ面接
※学習や生活の記録

【出願方法】郵送 【手続方法】入学意思確認書を提出 【受検料】2,200円

見学ガイド 文化祭／説明会／見学会

太田市立
太田(おおた) 中学校

〒373－0842　群馬県太田市細谷町 1510　☎0276－31－3322

教育目標▶確かな知性・豊かな人間性・たくましい心身を備えた，自ら未来を拓く生徒を育成する。

沿革▶1964年創立の太田市立太田高等学校の併設校として，2012年開校。2023年度より高校普通科募集停止。

施設▶ホール，図書室，カウンセリング室，グラウンド，3 on 3 コート，野球場，サッカー場，テニスコート，武道館，ソフトボール場，宿泊棟，他。

生徒数▶総数312名

	1年（3クラス）	2年（3クラス）	3年（3クラス）
男子	51名	51名	54名
女子	51名	54名	51名

東武伊勢崎線―細谷5分　5分

6年間一貫教育で未来を拓く力を育成する

学習 授業時数の増加を活かした補充・深化学習により学力向上を図る。国語は読書指導，小論文作成，討論などを行い，全教科の基礎となる言語能力とコミュニケーション能力を高める。英語では英語で自分の意見や考えを発表できることをめざす。中3では，外国語指導助手を招いてのイングリッシュキャンプや希望制のニュージーランド語学研修を行い，国際的な視野を養う。自らテーマを設定，計画を立ててとことん追究し発表する「創造未来学習」に取り組む。実験・観察重視の理科の授業や，高校や大学などと連携し全学年・各学期で行う「科学教室」で，知的好奇心を育む。

●コース表

中1	中2	中3	高1	高2	高3
共通履修			普通科	文系／理系	
			商業科	流通類型／情報類型	

併設高校 普通科は募集停止，商業科は160名募集。全員が無選抜で進学できる。普通科2022年3月卒業生110名の進路内訳は，大学85名，短大1名，専門学校13名，就職2名，その他9名。主な合格大学は，筑波大，東京外大，埼玉大，東北大，群馬大，早稲田大，慶應大，上智大，東京理科大，他。

学校生活 自ら考え，行動したり追究したりできる生徒の育成をめざす。新入生合宿や体育大会などの行事を通じて，企画力・運営力を磨き，豊かな人間性を育む。

保護者MEMO

登校時刻▶8：30
最終下校時刻▶18：05
土曜日▶休校
昼食▶弁当／食品販売あり（中学は利用条件あり）
携帯電話▶許可制
制服▶詰襟，ブレザー
自転車通学▶可
カウンセラー▶－
保護者面談▶年2回
保護者会▶年3回
必修旅行▶京都・奈良（中3），他
部活動▶活動日は部による

公立　男女

入試要項　2023年度参考　新年度日程はアプリへGO!　適性型　他

試験名	試験日 ◎午後入試	出願締切 窓口	発表 Web	手続 窓口	選抜方法 2科	4科	適	英	他	面接	特待	募集数	応募数	受検数	合格数	実質倍率	偏差値
入学試験	**1/21**	1/12	1/30	1/31			＊		＊	＊		男 51	81	79	63	1.3	—
												女 51	109	107	65	1.6	—

＊適性検査Ⅰ＋作文＋グループ面接　※調査書，志望理由書

【出願方法】 窓口　**【手続方法】** 入学予定証明書の交付を受け，2/3までに居住している市町村の教育委員会に届け出る　**【受検料】** 2,200円

見学ガイド 説明会／オープンスクール

伊勢崎市立

四ツ葉学園（よつばがくえん） 中等教育学校

〒372－0013　群馬県伊勢崎市上植木本町 1702－1　☎0270－21－4151

教育目標▶「自学」「自律」「共同」「共生」を通じて，高い知性・豊かな道徳性をもつ人材を育てる。

沿革▶1954年創立の伊勢崎市立伊勢崎高等学校を改編し，2009年に開校。

施設▶和室，カウンセリング室，自学室，理科教室，テニスコート，サッカー場，野球場，武道場，グラウンド，セミナーハウス（合宿所），他。

生徒数▶前期課程総数383名

	1年（4クラス）	2年（4クラス）	3年（4クラス）
男子	63名	59名	62名
女子	66名	66名	67名

JR―伊勢崎30分・自転車15分
東武伊勢崎線―新伊勢崎自転車15分
30分

先進的グローバル・キャリア教育で未来・世界にはばたく

学習　2年ごとに基礎・充実・発展期に分ける。1学級30名の少人数制，さらに英数は少人数指導を展開。SDGsをテーマにしたグローバル探究を行う。1～3年次ではSDGs・グローバル・地域・伝統文化の4領域について学び，4年次にグローバルスタディーズキャンプ，5年次には米国でグローバルリーダー研修を実施。「みらい探究」では総まとめとして，課題解決に向けた論文作成に取り組む。朝や土曜日などに英数国のスキルアッププログラムも。

卒業生の進路　2022年3月卒業生120名
大学105名，短大1名，専門学校2名，就職1名，その他11名。主な合格大学は，東京大，京都大，早稲田大，慶應大，他。

キャリア教育　6年間を通してキャリア探究を実施。1年次で職業しらべ，2年次で社会人への取材活動，3年次で働くことと学ぶことの関連を気づかせるためキャリアディスカバリー（企業訪問）を行う。4年次からは大学訪問や難関大学ツアーなどを実施。

学校生活　「自分たちの活動は自分たちでつくる」を合い言葉に，学校行事や生徒会活動に主体的に取り組んでいる。部活動は前期14，後期22が活動中。

●コース表

1年次	2年次	3年次	4年次	5年次	6年次
共	通	履	修	文系	
				理系	

保護者MEMO

登校時刻▶8：25
最終下校時刻▶18：45
土曜日▶休校。月1回程度全員参加の課外授業を行う
昼食▶弁当／食品販売あり
携帯電話▶許可制
制服▶ブレザー
自転車通学▶可
カウンセラー▶―
保護者面談▶年2回
保護者会▶年1回
必修旅行▶京都・奈良（3年次），他
部活動▶活動日は部による

入試要項　2023年度参考　新年度日程は アプリへGO!　適性型 英 他

試験名	試験日	出願締切	発表	手続	選抜方法						特待	募集数	応募数	受検数	合格数	実質倍率	偏差値
	◎午後入試	窓口	Web	窓口	2科	4科	適	英	他	面接							
入学試験	1/21	1/12	1/30	1/31			＊	※1	＊			男 60	130	130	51	2.5	―
												女 60	166	166	51	3.3	―

＊適性検査Ⅰ＋パーソナルプレゼンテーション　※1　海外の学校に在籍した経験がある者等には，英語による発表を認める（詳細は要項参照）　※2　調査書，志望理由書

【出願方法】窓口　【手続方法】入学予定者証明書の受領後，2/3までに届出　【受検料】2,200円

見学ガイド　文化祭―3年ごと（'22年度なし）／説明会／体験学習会

中

北杜市立
甲陵（こうりょう）中学校

〒408－0021　山梨県北杜市長坂町長坂上条 2003　☎0551－32－3075

教育目標▶「立志躬行（りっしきゅうこう）」を校訓とし，高い志を持った気骨ある生徒を育成する。
沿革▶併設の北杜市立甲陵高等学校は1957年私立校として開校し，1968年公立に移管。中学校は2004年に開校，2006年に現校名に改称。
施設▶ホール，作法室(和室)，AV教室，カウンセリング室，テニスコート，弓道場，グラウンド，他。
生徒数▶総数120名

	1年(1クラス)	2年(1クラス)	3年(1クラス)
男子	19名	17名	15名
女子	21名	23名	25名

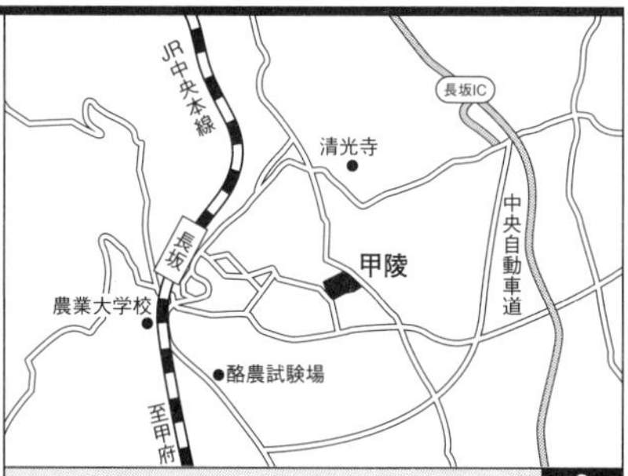

JR―長坂15分　15分

豊かな環境で，可能性を最大限伸ばす

学習 主要5教科はクラスを2分割（英語は3分割）した授業を行い，丁寧に指導。中高教員の連携・協力による効果的な授業，課題追求力，自己開発力，発信型能力を伸ばす授業を展開する。英会話学習が充実。例年，中3全員がオーストラリア語学研修に参加し，より実践的なコミュニケーション能力を身につける。PCを使った情報収集能力や，プレゼンテーションによる表現力の育成に注力。「立志タイム」という補習や再テストの時間を設定。わかるまで学習することが可能。また，学習診断に基づく指導で，学習計画力，自学自習力を養う。「命の授業」「キャリアトーク」など，外部講師による講座を多数設けている。

●コース表

中1	中2	中3	高1	高2	高3
共	通	履	修	文系	
				理系	

併設高校 各学年4クラス体制。高入生とは高1より混合クラス編成。2022年3月卒業生112名の進路内訳は，大学89名，短大1名，その他22名。主な合格大学は，東京大，東工大，北海道大，東北大，名古屋大，山梨大，早稲田大，慶應大，他。

学校生活 自然・歴史・文化を生かした体験活動や福祉・ボランティア活動を推進。たくましさや思いやりの心を育む。作文・弁論大会などで全国入賞，県入賞多数。

保護者MEMO

登校時刻▶8：20
最終下校時刻▶17：30
土曜日▶休校。クラブ活動を行う
昼食▶食堂・食品販売あり（高校より利用可）
携帯電話▶不可
制服▶詰襟，ブレザー
自転車通学▶可
カウンセラー▶－
保護者面談▶年2回
保護者会▶年3回
必修旅行▶奈良・京都(中2)
部活動▶活動日は部による

入試要項　2023年度参考　新年度日程は アプリへGO!　適性型 他

試験名	試験日	出願締切	発表	手続	選抜方法						特待	募集数	応募数	受検数	合格数	実質倍率	偏差値
	◎午後入試	窓口	Web	—	2科	4科	適	英	他	面接							
入学試験	12/25	11/30	1/12	1/16			＊		＊	＊		40	男 —	—	40	—	—
													女 —	—		—	—

＊適性検査，作文，面接等により総合的に選抜

【出願方法】他に郵送可　**【手続方法】**－　**【受検料】**－

見学ガイド 文化祭／説明会

首都圏その他の中学校

《2023年度に募集を行った学校》

〔私立〕

■神奈川県

星槎中学校（共学）

〒226-0016　神奈川県横浜市緑区霧が丘 6-13　☎045-442-8687

聖ステパノ学園中学校（共学）

〒255-0003　神奈川県中郡大磯町大磯868　☎0463-61-1298

■千葉県

時任学園中等教育学校（共学）

〒270-1616　千葉県印西市岩戸 3315　☎0476-99-0314

■栃木県

幸福の科学学園中学校（共学）

〒329-3434　栃木県那須郡那須町梁瀬 487-1　☎0287-75-7777

文星芸術大学附属中学校（共学）

〒320-0865　栃木県宇都宮市睦町 1-4　☎028-636-8000

■群馬県

桐生大学附属中学校（共学）

〒376-0043　群馬県桐生市小曽根町 9-17　☎0277-48-8600

樹徳中学校（共学）

〒376-0022　群馬県桐生市稲荷町 4-12　☎0277-45-2257

白根開善学校中等部（共学）

〒377-1701　群馬県吾妻郡中之条町入山 1-1　☎0279-95-5311

■山梨県

素和美中学校（共学）

〒401-0302　山梨県南都留郡富士河口湖町小立5703　☎0555-72-3031

日本航空高等学校附属中学校（共学）

〒400-0108　山梨県甲斐市宇津谷445　☎0551-28-3355

富士学苑中学校（共学）

〒403-0004　山梨県富士吉田市下吉田 3-28-19　☎0555-21-5500

〔公立〕

■栃木県

県立佐野高等学校附属中学校（共学）

〒327-0847　栃木県佐野市天神町761-1　☎0283-23-0161

■群馬県

県立中央中等教育学校（共学）

〒370-0003　群馬県高崎市新保田中町184　☎027-370-6663

《外部募集を行わない学校》

〔私立〕

■東京都

聖心女子学院中等科（女子）
〒108-0072　東京都港区白金 4-11-1　☎03-3444-7671

田園調布雙葉中学校（女子）
〒158-8511　東京都世田谷区玉川田園調布 1-20-9　☎03-3721-5087

■神奈川県

シュタイナー学園中等部（共学）
〒252-0187　神奈川県相模原市緑区名倉 2805-1　☎042-686-6011

■茨城県

青葉台中等学部（共学）
〒315-0056　茨城県かすみがうら市上稲吉中山1518　☎029-830-2311

■群馬県

ぐんま国際アカデミー中高等部（共学）
〒373-0813　群馬県太田市内ヶ島町1361-4　☎0276-47-7711

■山梨県

南アルプス子どもの村中学校（共学）
〒400-0203　山梨県南アルプス市徳永 1717　☎055-287-8205

《開校予定の学校》

〔私立〕

■東京都

羽田国際中学校（共学）（2025年4月予定）
〒144-8544　東京都大田区本羽田1-4-1　☎03-3742-1511（設置準備室）

学校法人簡野学園が，2024年度より羽田国際高等学校，翌2025年度より羽田国際中学校を新規開校予定。「羽田空港に一番近い私学」をキャッチフレーズに，グローバルな視座と着実な実行力を備えた人材育成をめざす。新たに建設される校舎は，教科専用の教室を設けず，K-Placeという場を中心にそれぞれの活動に応じた場を提供することをコンセプトに設計され，生徒たちの自由な学びのステージを提供する。

資　料

大学付属校の内部進学状況（2022年3月卒業生）

- 各大学付属・提携校の2022年3月卒業生が，内部推薦制度を利用して併設・提携大学へ進学した人数をまとめています。主要大学については学部ごとの内訳を掲載。
- 進学率＝進学者数÷卒業生数です（小数点以下四捨五入）。
- 「進学者」の数値の頭に「＊」が付いている場合は，合格者数を示しています。
- 「○」印の付いた学校は中学校の設置がない学校です。
- 「△」印の付いた高校は高校募集を行っていない学校です。

■早稲田大学	政治経済	法	文	教育	商	基幹理工	創造理工	先進理工	社会科	人間科	スポ科	国際教養	文化構想	進学者計	卒業生	進学率
早稲田（東・男）△	20	13	9	20	15	15	14	16	15	6	1	4	11	159	306	52%
早稲田大学（東・男）	110	76	12	13	45	56	58	32	30	3	2	15	22	474	非公表	—
早稲田実業（東・共）	65	33	20	60	55	23	23	31	50	9	5	10	25	409	418	98%
早稲田大学本庄（埼・共）○	77	42	25	18	36	29	34	15	21	4	1	15	19	336	340	99%

■慶應義塾大学	文	経済	法	商	医	理工	総合政策	環境情報	看護医療	薬	進学者計	卒業生	進学率
慶應義塾女子（東・女）○	15	55	54	25	5	9	7	11	0	8	189	199	95%
慶應義塾（神・男）	12	211	224	93	22	102	11	21	0	3	699	706	99%
慶應義塾湘南藤沢（神・共）	8	56	64	17	7	42	15	19	4	4	236	237	100%
慶應義塾志木（埼・男）○	12	79	74	21	5	39	1	9	0	1	241	243	99%

■学習院大学	法	経済	文	理	国際社会	進学者計	卒業生	進学率
学習院女子（東・女）△	24	30	20	8	23	105	191	55%
学習院（東・男）	41	32	14	9	22	118	204	58%

■明治大学	法	商	政治経済	文	理工	農	経営	情報コミ	国際日本	総合数理	進学者計	卒業生	進学率
明治大学付属中野（東・男）	57	64	60	24	38	16	38	20	10	12	339	414	82%
明治大学付属八王子（東・共）	47	46	48	18	23	16	37	23	10	9	277	310	89%
明治大学付属明治（東・共）	16	51	54	8	23	14	28	15	7	10	226	258	88%

■青山学院大学	文	教育人間	経済	法	経営	国際政経	理工	総合文化	社会情報	地球社会	コミ人間	進学者計	卒業生	進学率
青山学院（東・共）	35	30	44	36	85	60	11	47	10	2	1	361	414	87%
青山学院横浜英和（神・共）△	18	2	3	17	13	9	1	13	4	3	1	84	157	54%
浦和ルーテル学院（埼・共）	3	2	1	1	0	2	4	1	0	1	0	15	56	27%

■立教大学	現代心理	観光	コミ福祉	経営	経済	文	理	社会	法	異文化	GLAP	進学者計	卒業生	進学率
香蘭女学校（東・女） △	3	6	2	12	20	16	0	15	18	5	0	97	168	58%
立教女学院（東・女） △	6	3	1	15	30	17	1	24	23	6	1	127	183	69%
立教池袋（東・男）	7	4	4	16	27	17	4	18	23	6	1	127	148	86%
立教新座（埼・男）	8	13	2	36	60	31	8	42	54	12	0	266	316	84%

■中央大学	法	経済	商	文	総合政策	理工	国際経営	国際情報	進学者計	卒業生	進学率
中央大学（東・共） ○	47	44	15	10	7	26	2	4	155	175	89%
中央大学杉並（東・共） ○	96	65	64	33	20	31	7	8	324	353	92%
中央大学附属（東・共）	106	51	66	31	22	39	8	8	331	387	86%
中央大学附属横浜（神・共）	79	55	59	24	7	17	6	7	254	331	77%

■法政大学	法	文	経営	国際文化	人間環境	キャリア	デザイン	GIS	経済	社会	現代福祉	理工	生命科	情報科	スポ健康	進学者計	卒業生	進学率
法政大学（東・共）	29	23	27	8	12	10	12	3	23	26	4	15	3	8	5	208	227	92%
法政大学国際（神・共） ○	38	32	37	12	16	14	10	2	29	35	11	2	7	5	6	256	311	82%
法政大学第二（神・共）	73	56	69	23	31	26	26	3	81	60	15	38	13	15	16	545	620	88%

■日本大学	法	文理	経済	商	芸術	国際関係	理工	生産工	工	医	歯	松戸歯	生物資源	薬	危機管理	スポ科	二部	進学者計	卒業生	進学率
日本大学豊山女子（東・女）	25	25	27	11	11	1	16	2	1	0	0	0	17	1	2	0	6	145	240	60%
日本大学豊山（東・男）	40	30	50	17	11	4	90	32	3	0	0	3	41	1	8	7	15	352	490	72%
日本大学櫻丘（東・共） ○	67	70	70	31	16	0	45	8	0	0	1	0	32	6	3	6	5	360	488	74%
日本大学第一（東・共）	46	25	32	21	6	5	42	14	1	0	0	2	11	1	3	1	6	216	351	62%
日本大学第二（東・共）	15	31	8	16	15	2	31	8	1	1	3	3	19	3	1	2	0	159	408	39%
日本大学第三（東・共）	7	14	19	15	9	2	24	5	3	0	0	0	23	1	2	1	6	131	369	36%
日本大学鶴ヶ丘（東・共） ○	36	45	46	23	23	4	32	3	0	0	0	0	35	5	4	2	3	261	423	62%
目黒日本大学（東・共）	30	49	24	28	10	7	25	8	0	0	0	1	27	2	5	2	3	221	327	68%
日本大学（神・共）	52	30	32	17	4	0	34	5	0	0	2	0	34	3	4	3	0	220	438	50%
日本大学藤沢（神・共）	37	53	18	14	7	1	14	0	0	0	0	0	38	4	5	4	0	195	435	45%
千葉日本大学第一（千・共）	28	31	25	13	3	3	52	10	1	0	3	4	10	14	2	3	0	202	359	56%
日本大学習志野（千・共） ○	9	12	12	3	5	0	54	2	0	1	2	0	3	6	2	0	0	111	414	27%
岩瀬日本大学（茨・共） ○	3	9	6	8	5	3	10	15	12	0	0	0	9	0	2	0	4	86	156	55%
土浦日本大学（茨・共） ○	26	34	39	27	6	20	44	26	5	0	1	0	27	12	19	2	9	297	586	51%
土浦日本大学中等（茨・共） △	非　公　表																	—	91	—
佐野日本大学（栃・共） ○	10	26	19	13	3	15	36	43	18	0	0	2	18	5	5	1	3	217	383	57%
佐野日本大学中等（栃・共） △	2	7	0	2	0	1	3	3	1	1	0	0	3	1	1	0	0	25	59	42%
日本大学明誠（山・共） ○	23	28	32	42	1	11	34	20	3	0	1	0	44	1	10	0	0	250	347	72%

■東洋大学	文	経済	経営	法	社会	ライフ	理工	総合情報	国際	国際観光	情報連携	生命科	食環境科	二部	進学者計	卒業生	進学率
麹町学園女子(東・女)	11	8	0	7	12	4	1	3	6	5	0	0	1	0	58	131	44%
東洋大学京北(東・共)	22	14	19	12	17	14	11	6	7	10	3	0	6	5	146	315	46%
東洋大学附属牛久(茨・共)	29	31	41	23	39	32	4	14	15	20	1	1	6	2	258	514	50%

■駒澤大学	仏教	文	経済	法	経営	医療健康	GMS	進学者計	卒業生	進学率
駒澤大学(東・共) ○	3	77	90	54	67	8	43	342	530	65%

■専修大学	経済	法	経営	商	文	人間科	ネット情	国際コミ	進学者計	卒業生	進学率
専修大学附属(東・共) ○	33	86	74	91	43	19	24	29	399	427	93%
専修大学松戸(千・共)	4	16	6	13	1	2	1	7	50	417	12%

■大東文化大学	文	外国語	経済	経営	法	国際関係	社会	スポ健康	進学者計	卒業生	進学率
大東文化大学第一(東・共) ○	21	8	13	30	15	5	7	12	111	348	32%

■東海大学	文	政治経済	経営	法	教養	児童教育	人文	国際文化	国際	文化社会	理	情報理工	情報通信	建築都市	工	海洋	生物	農	体育	医	文理融合	健康	観光	進学者計	卒業生	進学率
東海大学菅生(東・共)	5	19	7	17	9	6	1	1	9	8	6	4	5	1	16	2	2	0	4	4	1	0	7	134	412	33%
東海大学付属高輪台(東・共)	18	22	23	9	15	9	6	3	11	37	14	24	9	29	72	16	1	0	10	9	4	19	16	376	453	83%
東海大学付属相模(神・共)	38	36	24	24	21	26	3	4	21	42	18	27	12	40	78	7	1	2	49	24	0	30	16	543	687	79%
東海大学付属市原望洋(千・共) ○	18	21	8	15	6	10	3	11	6	18	8	6	25	19	20	8	1	0	15	2	2	7	9	238	316	75%
東海大学付属浦安(千・共)	16	30	12	15	10	8	1	10	18	22	13	18	35	10	30	17	7	3	21	5	4	9	20	334	417	80%

■帝京大学	医	薬	経済	法	文	外国語	教育	理工	医療技術	福岡医療	進学者計	卒業生	進学率
帝京大学(東・共)	0	0	0	0	1	0	0	0	1	0	2	164	1%
帝京(東・共)	0	3	18	4	12	3	4	0	12	0	56	291	19%
帝京八王子(東・共)	0	0	7	8	3	7	5	0	6	0	36	111	32%

■國學院大學	文	経済	法	神道文化	人間開発	観光まち	進学者計	卒業生	進学率
国学院(東・共) ○	34	40	12	0	14	9	109	617	18%
国学院大学久我山(東・共)	1	5	14	0	6	1	27	439	6%
國學院大學栃木(栃・共)	17	42	11	1	16	5	92	467	20%

■国際基督教大学	教養	進学者計	卒業生	進学率
国際基督教大学(東・共) ○	88	88	251	35%

■成蹊大学	経済	理工	文	法	経営	進学者計	卒業生	進学率
成蹊（東·共）	11	11	24	14	30	90	319	28%

■成城大学	経済	文芸	法	社会イノ	進学者計	卒業生	進学率
成城学園（東·共）	73	46	22	40	181	284	64%

■明治学院大学	文	経済	社会	法	国際	心理	進学者計	卒業生	進学率
明治学院（東·共） ○	14	39	26	15	13	12	119	305	39%
明治学院東村山（東·共）	19	33	23	26	8	14	123	245	50%

■獨協大学	国際教養	外国語	経済	法	進学者計	卒業生	進学率
獨協（東·男） △	0	0	10	1	11	190	6%
獨協埼玉（埼·共）	0	30	25	8	63	340	19%

■神奈川大学	法	経済	経営	外国語	人間科	理	工	国際日本	建築	進学者計	卒業生	進学率
神奈川大学附属（神·共） △	1	0	0	0	2	0	1	0	2	6	219	3%

■芝浦工業大学	工	システム	デザイン	建築	進学者計	卒業生	進学率
芝浦工業大学附属（東·共）	42	25	11	21	99	225	44%
芝浦工業大学柏（千·共）	21	0	8	7	36	285	13%

■東京電機大学	未来科	工	理工	システム	二部	進学者計	卒業生	進学率
東京電機大学（東·共）	18	14	11	17	1	61	255	24%

■日本女子大学	家政	文	理	人間社会	進学者計	卒業生	進学率
日本女子大学附属（神·女）	140	31	17	92	280	375	75%

資料

あ行

■愛国学園大学

	進学者	卒業生	進学率
愛国（東・女）	2	120	2%
愛国学園大学附属四街道（千・女） ○	1	32	3%

■麻布大学

	進学者	卒業生	進学率
麻布大学附属（神・共） ○	14	404	3%

■足利大学

	進学者	卒業生	進学率
足利大学附属（栃・共） ○	33	280	12%

■跡見学園女子大学

	進学者	卒業生	進学率
跡見学園（東・女） △	＊39	220	—

■石巻専修大学

	進学者	卒業生	進学率
専修大学附属（東・共） ○	0	427	0%
専修大学松戸（千・共）	0	417	0%

■茨城キリスト教大学

	進学者	卒業生	進学率
茨城キリスト教学園（茨・共）	43	248	17%

■植草学園大学

	進学者	卒業生	進学率
植草学園大学附属（千・共） ○	25	164	15%

■宇都宮共和大学

	進学者	卒業生	進学率
宇都宮短期大学附属（栃・共）	64	765	8%

■浦和大学

	進学者	卒業生	進学率
浦和実業学園（埼・共）	24	877	3%

■江戸川大学

	進学者	卒業生	進学率
江戸川女子（東・女）	0	305	0%

■桜美林大学

	進学者	卒業生	進学率
桜美林（東・共）	22	405	5%

■大妻女子大学

	進学者	卒業生	進学率
大妻（東・女） △	4	254	2%
大妻多摩（東・女） △	6	148	4%
大妻中野（東・女） △	21	257	8%
大妻嵐山（埼・女）	38	87	44%

■お茶の水女子大学（国立）

	進学者	卒業生	進学率
お茶の水女子大学附属（国・女）	16	119	13%

か行

■開智国際大学

	進学者	卒業生	進学率
開智日本橋学園（東・共） △	2	168	1%
開智未来（埼・共）	0	159	0%
開智（埼・共）	1	588	1%未満
開智　中高一貫部（埼・共） △	1	348	1%未満

■嘉悦大学

	進学者	卒業生	進学率
かえつ有明（東・共）	0	174	0%

■学習院女子大学

	進学者	卒業生	進学率
学習院女子（東・女） △	0	191	0%

■鎌倉女子大学

	進学者	卒業生	進学率
鎌倉女子大学（神・女）	23	99	23%

■川村学園女子大学

	進学者	卒業生	進学率
川村（東・女）	11	73	15%

■関東学院大学

	進学者	卒業生	進学率
関東学院（神・共）	13	246	5%
関東学院六浦（神・共）	23	179	13%

■関東学園大学

	進学者	卒業生	進学率
関東学園大学附属（群・共） ○	11	195	6%

■共愛学園前橋国際大学

	進学者	卒業生	進学率
共愛学園（群・共）	37	319	12%

■共栄大学

	進学者	卒業生	進学率
共栄学園（東・共）	16	334	5%
春日部共栄（埼・共）	6	516	1%

■共立女子大学

	進学者	卒業生	進学率
共立女子（東・女） △	43	311	14%
共立女子第二（東・女）	70	170	41%

■国立音楽大学

	進学者	卒業生	進学率
国立音楽大学附属（東・共）	55	144	38%

■敬愛大学		進学者	卒業生	進学率
敬愛学園（千・共）	○	4	426	1%
敬愛大学八日市場（千・共）	○	4	62	6%
千葉敬愛（千・共）	○	16	479	3%
横芝敬愛（千・共）	○	3	66	5%

■恵泉女学園大学		進学者	卒業生	進学率
恵泉女学園（東・女）	△	0	178	0%

■工学院大学	進学者	卒業生	進学率
工学院大学附属（東・共）	63	234	27%

■国士舘大学	進学者	卒業生	進学率
国士舘（東・共）	163	370	44%

■こども教育宝仙大学		進学者	卒業生	進学率
宝仙学園 女子部（東・女）	○	9	34	26%

■駒沢女子大学	進学者	卒業生	進学率
駒沢学園女子（東・女）	35	173	20%

さ行

■埼玉工業大学		進学者	卒業生	進学率
正智深谷（埼・共）	○	10	316	3%

■相模女子大学	進学者	卒業生	進学率
相模女子大学（神・女）	62	289	21%

■作新学院大学	進学者	卒業生	進学率
作新学院（栃・共）	43	1,114	4%

■実践女子大学		進学者	卒業生	進学率
実践女子学園（東・女）	△	42	214	20%

■秀明大学		進学者	卒業生	進学率
秀明八千代（千・共）		54	357	15%
秀明（埼・共）		0	77	0%
秀明英光（埼・共）	○	14	280	5%

■十文字学園女子大学	進学者	卒業生	進学率
十文字（東・女）	11	233	5%

■淑徳大学	進学者	卒業生	進学率
淑徳（東・共）	0	398	0%
淑徳巣鴨（東・共）	3	421	1%
淑徳与野（埼・女）	0	405	0%

■松蔭大学		進学者	卒業生	進学率
松蔭大学附属松蔭（東・共）	○	2	65	3%

■城西大学	進学者	卒業生	進学率
城西大学附属城西（東・共）	15	345	4%
城西大学付属川越（埼・男）	4	231	2%

■城西国際大学	進学者	卒業生	進学率
城西大学附属城西（東・共）	25	345	7%
城西大学付属川越（埼・男）	0	231	0%

■湘南工科大学		進学者	卒業生	進学率
湘南工科大学附属（神・共）	○	96	616	16%

■昭和女子大学		進学者	卒業生	進学率
昭和女子大学附属昭和（東・女）	△	61	189	32%

■女子美術大学	進学者	卒業生	進学率
女子美術大学付属（東・女）	157	208	75%

■白梅学園大学	進学者	卒業生	進学率
白梅学園（東・女）	44	274	16%
白梅学園 中高一貫部（東・女）	1	24	4%

■白百合女子大学		進学者	卒業生	進学率
函嶺白百合学園（神・女）		7	30	23%
湘南白百合学園（神・女）	△	4	155	3%

■聖学院大学		進学者	卒業生	進学率
女子聖学院（東・女）	△	1	98	1%
聖学院（東・男）		2	136	1%

■清泉女子大学		進学者	卒業生	進学率
清泉女学院（神・女）	△	10	163	6%

■聖徳大学	進学者	卒業生	進学率
光英VERITAS（千・共）	19	116	16%

■西武文理大学		進学者	卒業生	進学率
西武学園文理（埼・共）		1	263	1%未満

■清和大学		進学者	卒業生	進学率
市原中央（千・共）	○	1	296	1%未満
木更津総合（千・共）	○	24	565	4%

■洗足学園音楽大学		進学者	卒業生	進学率
洗足学園（神・女）	△	0	228	0%

■創価大学		進学者	卒業生	進学率
創価（東・共）		221	339	65%

た行

■高崎健康福祉大学		進学者	卒業生	進学率
高崎健康福祉大学高崎（群・共）	○	63	500	13%

■高崎商科大学		進学者	卒業生	進学率
高崎商科大学附属（群・共）	○	34	449	8%

■拓殖大学		進学者	卒業生	進学率
拓殖大学第一（東・共）	○	13	432	3%
拓殖大学紅陵（千・共）	○	35	408	9%

■多摩大学		進学者	卒業生	進学率
多摩大学附属聖ヶ丘（東・共）		0	97	0%
多摩大学目黒（東・共）		1	327	1%未満

■玉川大学		進学者	卒業生	進学率
玉川学園（東・共）		55	221	25%

■千葉経済大学		進学者	卒業生	進学率
千葉経済大学附属（千・共）	○	56	569	10%

■千葉商科大学		進学者	卒業生	進学率
千葉商科大学付属（千・共）	○	82	263	31%

■中央学院大学		進学者	卒業生	進学率
中央学院大学中央（東・共）	○	29	141	21%
中央学院（千・共）	○	62	346	18%

■鶴見大学		進学者	卒業生	進学率
鶴見大学附属（神・共）		3	174	2%

■帝京科学大学		進学者	卒業生	進学率
帝京大学（東・共）		0	164	0%
帝京（東・共）		13	291	4%
帝京八王子（東・共）		2	111	2%

■帝京平成大学		進学者	卒業生	進学率
帝京大学（東・共）		0	164	0%
帝京（東・共）		22	291	8%
帝京八王子（東・共）		24	111	22%

■東京音楽大学		進学者	卒業生	進学率
東京音楽大学付属（東・共）	○	72	86	84%

■東京学芸大学（国立）		進学者	卒業生	進学率
東京学芸大学附属（東・共）		5	325	2%

■東京家政大学		進学者	卒業生	進学率
東京家政大学附属女子（東・女）		72	221	33%

■東京家政学院大学		進学者	卒業生	進学率
東京家政学院（東・女）		11	57	19%

■東京純心大学		進学者	卒業生	進学率
東京純心女子（東・女）		2	71	3%

■東京情報大学		進学者	卒業生	進学率
東京農業大学第一（東・共）		0	352	0%
東京農業大学第三（埼・共）		1	520	1%未満
東京農業大学第二（群・共）		3	585	1%

■東京女子体育大学		進学者	卒業生	進学率
藤村女子（東・女）		4	179	2%

■東京成徳大学		進学者	卒業生	進学率
東京成徳大学（東・共）		10	355	3%
東京成徳大学深谷（埼・共）		7	367	2%

■東京都市大学	進学者	卒業生	進学率
東京都市大学付属(東・男) △	3	232	1%
東京都市大学等々力(東・共)	8	216	4%

■東京農業大学	進学者	卒業生	進学率
東京農業大学第一(東・共)	14	352	4%
東京農業大学第三(埼・共)	100	520	19%
東京農業大学第二(群・共)	51	585	9%

■東邦大学	進学者	卒業生	進学率
駒場東邦(東・男) △	1	226	1%未満
東邦大学付属東邦(千・共) △	15	非公表	—

■東邦音楽大学	進学者	卒業生	進学率
東邦音楽大学附属東邦(東・共)	非公表	非公表	—
東邦音楽大学附属東邦第二(埼・共) ○	非公表	40	—

■桐朋学園大学	進学者	卒業生	進学率
桐朋女子 普通科(東・女)	2	158	1%
桐朋女子 音楽科(東・共) ○	45	48	94%

■東洋英和女学院大学	進学者	卒業生	進学率
東洋英和女学院(東・女) △	3	186	2%

■常磐大学	進学者	卒業生	進学率
常磐大学(茨・共) ○	95	325	29%

■獨協医科大学	進学者	卒業生	進学率
獨協(東・男) △	6	190	3%
獨協埼玉(埼・共)	2	340	1%

な行

■南山大学	進学者	卒業生	進学率
聖園女学院(神・女) △	2	80	3%

■二松學舍大学	進学者	卒業生	進学率
二松学舎大学附属(東・共) ○	50	230	22%
二松学舎大学附属柏(千・共)	57	360	16%

■日本工業大学	進学者	卒業生	進学率
日本工業大学駒場(東・共)	29	464	6%

■日本体育大学	進学者	卒業生	進学率
日本体育大学桜華(東・女)	31	185	17%
日本体育大学荏原(東・共) ○	141	324	44%
日本体育大学柏(千・共) ○	57	401	14%

■日本医療科学大学	進学者	卒業生	進学率
城西大学附属城西(東・共)	7	345	2%
城西大学付属川越(埼・男)	0	231	0%

■日本女子体育大学	進学者	卒業生	進学率
日本女子体育大学附属二階堂(東・女) ○	20	94	21%
我孫子二階堂(千・共) ○	0	171	0%

は行

■白鷗大学	進学者	卒業生	進学率
白鷗大学足利(栃・共)	63	364	17%

■フェリス女学院大学	進学者	卒業生	進学率
フェリス女学院(神・女) △	0	178	0%

■文化学園大学	進学者	卒業生	進学率
文化学園大学杉並(東・共)	28	379	7%

■文教大学	進学者	卒業生	進学率
文教大学付属(東・共)	15	255	6%

■文京学院大学	進学者	卒業生	進学率
文京学院大学女子(東・女)	31	210	15%

■平成国際大学	進学者	卒業生	進学率
栄北(埼・共) ○	1	402	1%未満
花咲徳栄(埼・共) ○	4	508	1%

ま行

■武蔵大学	進学者	卒業生	進学率
武蔵(東・男) △	0	167	0%

■武蔵野大学	進学者	卒業生	進学率
武蔵野大学(東・共)	60	216	28%
武蔵野大学附属千代田(東・共)	50	106	47%

■武蔵野音楽大学	進学者	卒業生	進学率
武蔵野音楽大学附属(埼・共) ○	8	21	38%

■武蔵野学院大学	進学者	卒業生	進学率
武蔵野(東・共)	42	192	22%

■明星大学	進学者	卒業生	進学率
明星(東・共)	81	484	17%

■目白大学	進学者	卒業生	進学率
目白研心(東・共)	1	222	1%未満

や行

■山梨英和大学	進学者	卒業生	進学率
山梨英和(山・女) △	非公表	非公表	—

■山梨学院大学	進学者	卒業生	進学率
山梨学院(山・共)	87	321	27%

■横浜商科大学	進学者	卒業生	進学率
横浜商科大学(神・共) ○	36	355	10%

■横浜創英大学	進学者	卒業生	進学率
横浜翠陵(神・共)	0	236	0%
横浜創英(神・共)	1	525	1%未満

■横浜美術大学	進学者	卒業生	進学率
トキワ松学園(東・女)	10	130	8%

ら行

■立正大学	進学者	卒業生	進学率
立正大学付属立正(東・共)	92	333	28%

■流通経済大学	進学者	卒業生	進学率
流通経済大学付属柏(千・共)	83	437	19%

■麗澤大学	進学者	卒業生	進学率
麗澤(千・共)	0	244	0%

わ行

■和光大学	進学者	卒業生	進学率
和光(東・共)	12	248	5%

■和洋女子大学	進学者	卒業生	進学率
和洋九段女子(東・女)	1	90	1%
和洋国府台女子(千・女)	46	185	25%

主要大学への合格状況 2023年春～2021年春

データ提供：大学通信

(注１)主に，各大学に対して調査を行いました。◆印の大学は2023年春の合格者出身校名を公表していません。東京大，京都大，東工大，一橋大は高校に調査を行い，回答のあった学校を掲載しています。東京外大は大学通信調べ。

(注２)2023年春の数値は３月10日現在の集計であり，最終的な集計が済んでいない学校を含みます。国立大学は前期まで。埼玉大は編集時点でデータ入手できませんでした。芝浦工大は２月13日，明治大・中央大・法政大・東洋大・駒澤大・専修大・東海大・帝京大，國學院大・成蹊大・成城大，明治学院大・神奈川大・津田塾大・日本女子大・立命館大・工学院大・東京都市大・立正大・東京経済大・関東学院大・共立女子大・聖心女子大・白百合女子大は２月，日本大は３月６日，大東文化大・東京電機大は３月８日，立教大は３月9日までの発表分。

(注３)2023年春の数値は昼間課程の合格者を対象とし，原則として，補欠・推薦入試・夜間課程の合格者を除きます。東京大，東工大，一橋大，筑波大，中央大，帝京大は推薦入試等を，上智大は特別入試を含みます。青山学院大は2023年度一般選抜(全学部日程／個別学部日程)における新型コロナウイルスに罹患した出願者の「特別措置」対象者を除きます。

(注４)数値はのべ合格数です(既卒生を含む)。空欄でも合格者が０とは限りません。

(注５)国際基督教大の2023年春合格数は３名以上のみ掲載しています。

(注６)右側の欄の「その他の大学」は以下の13私立大学で，2023年春の合格数を掲載しました。
⇨同志社大，立命館大，武蔵大，工学院大，東京都市大，立正大，東京経済大，千葉工大，関東学院大，共立女子大，大妻女子大，聖心女子大，白百合女子大

東京・私立

女子校

	高校	年	卒業生概数	◆東京大	◆京都大	◆東工大	◆一橋大	千葉大	筑波大	◆東京外大	横浜国大	埼玉大	早稲田大	慶應大	上智大	東京理科大	学習院大	明治大	青山学院大	立教大	中央大
あ	愛国	'23	140																		
		'22	120																		
		'21	170																		
	跡見学園	'23	130										5	1	2		4	8	1	1	3
		'22	220										1	2	4	2	15	11	11	16	8
		'21	220										9	2	17	2	9	7	7	27	6
	安部学院	'23	110																		1
		'22	90																		
		'21	120																		
	江戸川女子	'23	290				1	7	2	1			22	7	14	9	12	27	8	34	14
		'22	310				1	13	4	4		2	21	12	27	17	19	38	11	40	17
		'21	310	1			1	13	5	2		1	4	5	19	19	12	17	13	23	11
	桜蔭	'23	230	72	4	3	1	3	2				148	97	56	75	4	49	24	16	40
		'22	230	77	2	2	2	8	2	1	3	1	126	111	47	74		42	14	15	29
		'21	230	71	4	3	5	10	3		4		147	91	59	49	4	48	13	15	27
	鷗友学園女子	'23	230	3	3	8	3	1	2	8	1		60	57	94	67	13	118	53	116	70
		'22	230	9	1	6	7	2	3	4	4		67	55	59	76	8	120	51	103	60
		'21	210	5	1	3	8	3	6	7	2		94	52	71	73	12	150	55	84	44
	大妻	'23	280		1			6		2	1		27	7	22	30	17	73	22	58	36
		'22	250			1		4	2	4	1	3	42	16	31	23	25	80	22	63	33
		'21	280		1	1		5	2	1		1	40	15	30	29	20	66	35	63	38
	大妻多摩	'23	140							2			3	3	7	1		9	7	10	24
		'22	150	1					2	2		1	24	10	14	4	4	36	5	42	30
		'21	150				1	1		1			12	6	16	10	8	16	6	16	22
	大妻中野	'23	200										5	4	6	2	4	11	3	15	17
		'22	260					1	1	1			17	7	9	9	12	30	20	38	30
		'21	220	1						2		1	1	7	9	4	2	8	9	24	9
か	学習院女子	'23	180	1	1		1				1		24	16	37	9	90	17	17	18	9
		'22	190						1	3		2	22	21	20	7	107	15	5	7	19
		'21	190	3				1		1			9	18	28	5	130	11	4	13	13
	川村	'23	70												1					1	1
		'22	70												1	2	4				
		'21	60												1		5	1			
	神田女学園	'23	100												2			1		1	
		'22	130										1	1	2	1	1	1	6	2	2
		'21	90												1						1
	北豊島	'23	80										1		1		1	1	2	6	
		'22	70															1		4	
		'21	90																1		
	吉祥女子	'23	240	6		2	6	2	3	2	2		70	31	52	47	11	120	33	85	96
		'22	250	3	1	3	8	1	3	5	3	2	82	62	46	49	12	111	59	93	81
		'21	280	2	3	2	7	5	6	3	5	2	80	44	45	66	14	104	40	90	87
	共立女子	'23	310					1		2			10	6	12	14	11	36	19	50	22
		'22	310					2	2	1			51	15	21	22	20	44	36	74	20
		'21	320			4	1	4		2	1		32	13	16	34	13	35	19	53	21
	共立女子第二	'23	150																		4
		'22	170							1			5	1	4		1	3	5	11	10
		'21	140										4			1	3	3	2	2	8
	国本女子	'23	50																		
		'22	60																		
		'21	60												1						

私立																				
日本大	東洋大	駒澤大	専修大	大東文化大	東海大	亜細亜大	帝京大	國學院大	国際基督教大	成蹊大	成城大	明治学院大	獨協大	神奈川大	芝浦工大	東京電機大	津田塾大	東京女子大	日本女子大	その他の大学（この欄はすべて'23年春のもの）
1 6 23	**5** 23 41	**3** 10 5	**6** 6 15	**3** 6 2	**1** 1 6	 2 2	**5** 6 15	 4 4	 1	**1** 4 3	**4** 6 6	**2** 5 14	**2** 18 10	**1** 1	 1 1	**1** 2 6	 3 3	**2** 15 10	**6** 16 17	立正6,聖心6,武蔵3,大妻3,白百合1
	 1 1													 1						
26 27 28	**18** 35 12	**13** 13 5	**16** 12 8	 5 9	**1** 2 3	**5** 4 2	**4** 13 11	**11** 8 6	 1 	**3** 5 3	**10** 8 7	**13** 17 11	**14** 15 6	**1** 	**4** 7 4	**4** 3 4	**10** 14 5	**13** 26 17	**32** 43 20	千葉工49,共立16,大妻15,白百合7,武蔵3,東京経済2,聖心2
5 1 9	**5** 2 2	 3 1	 2 		**1** 1 3		**3** 2 2	 1	 1 5	**1** 5 3	**1** 4 1	**2** 2 	 1 	**2** 	**4** 14 3	 1 	**2** 4 1	**10** 5 2	**9** 1 2	武蔵10,東京都市4,工学院2,同志社1
25 19 19	**14** 16 16	**7** 5 9	**10** 9 4		**6** 7 4		**2** 2 1	**6** 1 	**5** 7 6	**6** 7 15	**10** 8 9	**22** 27 18		**2** 2 4	**25** 21 19	**1** 8 4	**10** 5 13	**23** 36 49	**19** 31 44	東京都市40,立命館6,工学院5,大妻5,武蔵3,共立2,白百合2,同志社1,聖心1
54 57 76	**37** 76 79	**19** 18 23	**17** 23 30	**5** 6	**1** 14 10	**4** 3 3	**9** 13 23	**7** 7 8	 2 1	**9** 20 20	**19** 28 24	**27** 22 19	**4** 7 14	**7** 6 2	**17** 17 39	**8** 6 15	**5** 9 8	**27** 29 33	**38** 46 49	千葉工83,大妻41,共立12,東京都市10,立命館9,工学院8,武蔵5,聖心5,関東学院2,白百合2,立正1
20 19 17	**17** 31 16	**7** 4 8	**19** 16 17	 1 3	**6** 19 13	**2** 1 2	**9** 9 12	**2** 5 5	 1	**6** 13 5	**13** 6 11	**16** 13 6	 1	**9** 9 7	**2** 2 7	**2** 2	**1** 2 7	**10** 13 11	**8** 12 11	大妻10,共立7,東京都市5,東京経済4,白百合4,同志社1,立命館1,聖心1
14 37 22	**22** 38 30	**3** 19 7	**9** 22 13	**2** 4 3	**4** 4 4	**1** 1 1	**11** 9 5	 3 2	 1 2	**9** 12 12	**8** 15 15	**2** 17 6	 6 1	 4 1	**2** 16 2	**2** 16 	**7** 8 1	**7** 25 20	**13** 23 11	大妻35,共立5,聖心3,白百合2,同志社1,立正1,関東学院1
16 6 10	 5 3	**1** 	**2** 1		 1 2		**2** 2	 1 1	 1	**2** 2	 2 1	**4** 3 2			**2** 18 	 2 	**4** 1 	**3** 3 2	 2	武蔵5,立命館2,工学院1,聖心1
1 3 1	**1** 2 	**1** 2		**2** 2	 2	**1** 	**1** 2 1			 1 3	 2 	**2** 					**1** 	 2 	 1	白百合3,立正2,聖心1
 10 	**2** 4 4	 1 	 1 4	 2 	 1		**1** 3 2	 1 		**1** 1	**1** 2 	**1** 	 5 		 2	 2		**1** 2 1	 6 1	共立1,大妻1
6 1 	**1** 5 2	**3** 2	**1** 1 3	**2** 		 3 1	**2** 4 4	**1** 		 1 	**3** 	**1** 4 	**6** 4 2			 1 1	 1 		**2** 1	立正6,東京経済3,武蔵2,千葉工2,聖心2,大妻1
42 55 76	**22** 54 54	**4** 10 7	**11** 16 27	 4	**2** 16 5	 1 1	**11** 7 8	**7** 5 9	**4** 1 6	**19** 8 18	**9** 11 13	**6** 11 9	 2 7	 1 	**22** 34 36	**5** 16 15	**15** 24 12	**59** 60 58	**29** 43 47	工学院12,共立8,武蔵6,関東学院6,千葉工5,立命館4,東京都市4,大妻4,聖心4,立正3,白百合2,同志社1
69 42 35	**54** 50 34	**8** 7 6	**25** 15 8	**2** 2 4	**4** 9 1	**1** 2	**7** 9 12	**15** 15 8	 2 3	**11** 13 6	**21** 22 5	**22** 16 13	**7** 1 5	**4** 3 1	**9** 15 11	**5** 6 6	**5** 9 8	**26** 41 29	**28** 55 41	共立133,千葉工34,立命館7,大妻6,立正4,関東学院3,同志社2,武蔵2,工学院2,聖心2,東京都市1
7 7 4	 3 2	**1** 3 	**8** 4 8	 1 	 2 10	 2 	**3** 2 4	**1** 2 1		 5 6	**5** 7 9	**1** 4 3	 1		 1 1	 1 	**1** 3 2	**6** 10 8	**1** 9 7	共立72,白百合2,大妻1
  1	 1 		 1	 1	 5 3		**1** 2 3							 1				 1 		

東京・私立

高校	年	卒業生概数	◆東京大	◆京都大	◆東工大	◆一橋大	千葉大	筑波大	◆東京外大	横浜国大	埼玉大	早稲田大	慶應大	上智大	東京理科大	学習院大	明治大	青山学院大	立教大	中央大
			国立									私立								
か																				
慶應義塾女子	'23	200										2	1		1					1
	'22	200											189							
	'21	210											202			1	1			
京華女子	'23	140										2	1	5	3	2	1	2	2	2
	'22	120										2		1	1	3	3		3	1
	'21	180										3	2	3		2	2	2	6	2
恵泉女学園	'23	180					1					16	6	10	12	2	23	16	38	10
	'22	180	1						1			9	6	18	4	10	22	20	32	27
	'21	180						1				5	9	9	9	5	33	16	20	8
光塩女子学院	'23	130	1		1							10	9	19	16	6	16	3	12	17
	'22	130	2		1	1	1		2			15	15	27	7	4	20	7	14	5
	'21	130		2		1	2		3		2	18	21	22	10	9	28	9	33	28
晃華学園	'23	140	2			1			1	1		23	4	14	6	3	25	21	48	26
	'22	150	3			1	1		1	2		26	16	24	14	4	19	22	11	30
	'21	150	1			2	1		3	1		26	18	23	8	12	25	14	49	30
麴町学園女子	'23	160																	2	1
	'22	130							1			1		1			1	1	1	3
	'21	90					1													
佼成学園女子	'23	190										5	3	10	5	1	2	1	10	10
	'22	150										5	3	20		2	2	7	6	11
	'21	170						1	1			5	3	2	2	1	2	7	7	11
香蘭女学校	'23	160					1		2			10	1	7	4	1	3	2	101	4
	'22	170								1		4	7	8	5	1	3	4	97	3
	'21	160										3	1	2	2	2	4	5	97	8
駒沢学園女子	'23	140																		1
	'22	170												1						1
	'21	100																		1
さ																				
実践女子学園	'23	190										4				1	2	3	4	8
	'22	210											7	7	4	14	12	11	16	7
	'21	240										6	4	17	4	9	12	16	17	10
品川エトワール女子	'23	180																	1	
	'22	200																		
	'21	200																		
品川女子学院	'23	180				1	1		1			29	13	23	9	8	34	13	56	19
	'22	210	1			1	1		1			41	12	29	6	7	40	28	58	23
	'21	210			1		1	1		3	1	18	9	14	9	10	52	18	89	18
下北沢成徳	'23	90												2						5
	'22	100					1									1	1	2		
	'21	70												1				1		
十文字	'23	210							1			3	2	3	7	2	9	2	12	6
	'22	230						2	1	2		14	4	2	4	9	21	3	19	11
	'21	260					2	1				6		6	9	6	9	3	7	2
淑徳SC	'23	40																		
	'22	50												1						1
	'21	70														1				
潤徳女子	'23	220						1												
	'22	200													1	1				
	'21	160														1				
頌栄女子学院	'23	190	5	1	1	9	4	2	3	3		96	120	123	41	10	130	54	126	47
	'22	210	1		2	8	3	3	11	4	1	106	98	151	38	16	137	68	105	24
	'21	200	3		4	6	1	3	9	3		115	107	138	31	21	129	47	155	53
昭和女子大学附属昭和	'23	180						1	1			2	1	17	1	4	4	20	7	11
	'22	190					1		1			4	4	12	2	2	6	3	8	4
	'21	200										1	4	10	2	2	2	8	10	3

	私立																			
	東洋大	駒澤大	専修大	大東文化大	東海大	亜細亜大	帝京大	國學院大	国際基督教大	成蹊大	成城大	明治学院大	獨協大	神奈川大	芝浦工大	東京電機大	津田塾大	東京女子大	日本女子大	その他の大学（この欄はすべて'23年春のもの）
3							1					1								
1																				
	2																			
	9	5	5	13	6	1	1	2		1			4				3	4	1	
4	14	10	7	5	2		4				1	5	3	3	1	3	6	4	12	千葉工30,大妻4,共立2
2	9	10	14	2	3		6	4				2	3		1	2	5	7	7	
4	23	5	17	1	31	5	6	3		7	7	19	2	5	7	3	12	19	7	
2	34	11	4	2	5	1	3	3	2	8	20	31		4	5		26	25	18	千葉工20,東京都市9,共立9,武蔵8,大妻7,聖心5,東京経済3,白百合3,工学院2,立正2,関東学院2
5	24		15		8	3	7	3	3	3	14	24	3	7	5	3	14	19	28	
5	7	4	3	2		6	3	4		3	2	8			5		8	11	15	
9	13	5	2	2	2	1	8	2	3	5	7	6	1		3	1	8	19	16	聖心8,共立5,大妻5,立命館3,白百合2,武蔵1,東京都市1
9	16	3	5	1	5	2	7		3	6	13	2	2	4	3		13	19	21	
4	8	6	12		3		4			6	14	5			17	2	8	17	14	
4	4	2	3	1	12		5	5	3	8	11	5	3	1	11	3	7	20	14	共立12,工学院8,東京都市7,立命館6,白百合6,千葉工4,聖心3,武蔵1
8	11	5	14		7		8	4	4	6	4	7			6	1	8	37	15	
3	69						2					1						2		
4	61		2				2	2	1	2	3	2	2	4	1			2	1	千葉工33,共立2,東京都市1,大妻1
	29	5		1	1			1		1	2			1				1	2	
4		1			2	6	8			2								2		
4	6	5	2	1	1		5	1		1	3	1			4		1	2	5	大妻4,白百合3,東京都市1,立正1,東京経済1
4	8	3	7	2	4	5	7	1			4	3	1	1	4	1	1	4	6	
6	4	1	1		1	4	1	3		3	3	2	3	2	2			1		
2	7	1	1		1	1	2	3	1	2	1	2	1	2	4			2		東京都市6,工学院3,聖心3,武蔵2,共立2,白百合2,大妻1
9	11				3		1	1	2	1	5	5	1	1	3	1	6	8	5	
							3										2			
1		3	1		2		3				2								1	大妻2
1		2	1			2	2				2				1				1	
7	2	3	3	1	6	1	7	2			2	3	1		4			10	1	
9	28	9	5	4	4	2	3	3	1	5	8	14	2	3	1	2	7	11	15	大妻6,白百合6,立命館5,立正3,聖心3,関東学院2,共立2,武蔵1,千葉工1
6	11	3	6	1	3	1	8	5	1	7	11	8		1	3		3	9	14	
1	1																			
	2	1			2		3					2		1					1	
		1	1											1						
27	42	12	30	4	7	1	11	6		4	7	32	1	6	6		4	13	27	
38	52	17	19	8	14	8	16	16	1	15	17	45	6	10	4		6	12	25	千葉工16,共立15,大妻9,立正5,関東学院5,東京都市4,武蔵2,聖心2,立命館1,工学院1,東京経済1,白百合1
50	44	17	8	3	8	7	12	6	1	9	22	32	6	14	13	3	10	24	33	
3	7	1	4				1	1		1	1			2					4	
4	2	3	2	2	1	2	2	2	1	1	2			1	1		1	6	6	共立3,武蔵2,大妻2,東京都市1,立正1,東京経済1
5	3	2	3	2	2		3		1			1	2	1	1			1	3	
6	9	2	4	5		3	6	3			3	5	1	1	2	5	5	13	8	
24	39	2	6	7	9	1	7	4		9	11	10	7	2	11	2	3	14	21	大妻12,共立11,千葉工4,聖心3
23	23	2	5	9	3		7	7		3	12	9	10	1	2	4	1	16	18	
1	5						1													
		1		1									1					1		
4	2	2		5	3	3	2	1					1							
2	7		1	4	1	2		1			1		1				1	1	3	立正3,共立3,東京経済1,大妻1
7	3	1		2		2													3	
22	11	5	6	1	1		4	5		6	10	25		4	18	1	11	49	29	
23	13	1	2	2	1		2	1	8	2	4	11	1	1	14	3	10	57	53	千葉工10,東京都市6,工学院4,立命館2,共立2,同志社1,立正1,大妻1,聖心1,白百合1
35	20	6	5		4		6	4	4	10	9	31	3	1	8	4	14	75	59	
5	2	3	1	1		1	2			6	1	13		2	1		2	1		
10	4	3	1		3		6	1	1	8	2	8	2	2	1	1	2	1		東京都市5,共立3,関東学院2
9	1		2	2	3		9	1	1	7	1	2		1	1	1	4			

東京・私立

	高校	年	卒業生概数	国立									私立								
				◆東京大	◆京都大	◆東工大	◆一橋大	千葉大	筑波大	◆東京外大	横浜国大	埼玉大	早稲田大	慶應大	上智大	東京理科大	学習院大	明治大	青山学院大	立教大	中央大
さ	女子学院	'23	**210**			**1**		**1**	**1**	**5**	**1**		**140**	**65**	**77**	**83**	**7**	**116**	**38**	**61**	**32**
		'22	220	31	11	4	11	5	2	1	6		176	108	90	81	11	101	31	56	26
		'21	210	22	5	7	7	4	2	3	5		125	75	61	54	7	96	28	61	45
	女子聖学院	'23	**120**										**1**	**2**			**1**	**4**	**2**	**3**	**2**
		'22	100										2	1	2		2	4	3	8	
		'21	130												3		2	2	5	8	
	女子美術大学付属	'23	**200**																		
		'22	210											1			1		2	1	
		'21	210														3		3		
	白梅学園	'23	**250**				**1**		**1**	**1**			**2**	**1**	**3**		**1**	**1**	**1**	**1**	**5**
		'22	300						1					2	4		5	2	2	10	7
		'21	240						1				1		1	2	6	1	1	3	6
	白百合学園	'23	**160**	**5**	**1**		**1**	**2**	**1**	**1**			**48**	**33**	**60**	**23**	**6**	**35**	**18**	**46**	**14**
		'22	160	9	1	2		3	3		1		53	45	69	17	14	27	21	36	22
		'21	180	7			1	3	3	3	1		40	40	50	17	9	36	32	50	26
	成女	'23	**15**																		
		'22	25																		
		'21	20																		
	聖ドミニコ学園	'23	**30**											**1**	**2**		**2**		**1**	**4**	**3**
		'22	70										6	1	2	1	3	13	2	7	3
		'21	50										1	1	5	1	1	3	1	5	1
た	瀧野川女子学園	'23	**110**															**1**			
		'22	110									1			1				2	1	
		'21	120						1						2	1	2				
	立川女子	'23	**200**																		
		'22	160																		
		'21	250																		
	玉川聖学院	'23	**190**												**3**				**3**	**1**	
		'22	190												3		1		6		
		'21	180												3		1		8		
	田園調布学園	'23	**200**							**2**			**14**	**9**	**13**	**12**	**11**	**46**	**27**	**26**	**35**
		'22	190	2						1	2		10	13	15	32	17	44	20	29	37
		'21	190			1		4	1	1			18	13	13	15	5	36	15	20	16
	東京家政学院	'23	**70**												**1**		**1**				
		'22	60																		2
		'21	70													1		1	1		
	東京家政大学附属女子	'23	**270**								**1**					**2**	**1**	**2**		**2**	**2**
		'22	220					1							1		3		1	10	1
		'21	150									1						3	2	1	1
	東京純心女子	'23	**60**					**1**					**3**	**1**	**4**			**8**	**1**	**8**	**3**
		'22	70							1			1	3	2	2	1	3	4	16	12
		'21	80					1							2	1		5	1	10	12
	東京女学館	'23	**200**	**1**						**3**			**14**	**20**	**24**	**14**	**14**	**36**	**26**	**43**	**26**
		'22	220	1		1		1	1			1	24	24	23	10	15	36	41	46	22
		'21	210					1	2		1	1	18	16	16	13	11	33	23	44	20
	東京女子学院	'23	**90**																		**2**
		'22	60																		1
		'21	60																		1
	桐朋女子	'23	**230**						**1**				**4**	**2**	**13**	**5**	**3**	**8**	**5**	**12**	**11**
		'22	210							2	2	1	5	3	5	2	6	9	11	18	7
		'21	220										5	3	4	3	8	12	9	7	14
	東洋英和女学院	'23	**170**	**1**	**1**	**1**		**1**	**1**	**1**	**1**		**22**	**15**	**24**	**15**	**8**	**33**	**27**	**49**	**19**
		'22	190	1	1	1				2	2		48	56	57	12	14	48	37	62	18
		'21	180				1		2	3			40	25	52	13	15	32	28	40	20

私立																				
	東洋大	駒澤大	専修大	大東文化大	東海大	亜細亜大	帝京大	國學院大	国際基督教大	成蹊大	成城大	明治学院大	獨協大	神奈川大	芝浦工大	東京電機大	津田塾大	東京女子大	日本女子大	その他の大学（この欄はすべて'23年春のもの）
1	9	1	1	6	2	2		6	3	6	9	3			3	1	6	19	12	立命館6,工学院4,同志社3,東京都市3,関東学院3,共立1
1	11	5		1	3	1	4	6	5	6	8	4	2		18	2	9	23	11	
3	12		2		1		7	6	9	6	4	12	1		10	3	3	14	17	
3	4			3		1	4	2		2			1					3	2	白百合5,関東学院4,武蔵3,共立3,大妻2,聖心1
4	10		1	2	1		3		1	3	3	2	5			2	1	2	3	
2	13			2	5	2	4		1	1	4	6	1			3	3	5	9	
1	1																			共立1,大妻1
	2							1	1	1				1						
1						1	1	1		1	1							1		
1	5	1	3		2	7	6	1		3	6	1	2				2	10	4	大妻9,千葉工6,共立4,聖心3,武蔵2,立正2,白百合2,工学院1,東京経済1
9	23	3	5	3	1	14	7	2		8	3	3	2	1	1		5	12	7	
1	7	2	1	2		3	6	2	1	3	12	2					6	5	4	
5	3		1		5		5			5	5	8			5		4	12	10	千葉工5,白百合4,工学院3,立命館2,共立2,大妻2,東京都市1,東京経済1,聖心1
8	6	5					4		1	5	6	11	3	1	5		15	23	19	
6	6	4			5		11	6	2	6	8	17	5		7		12	18	15	
							1													
				1		1														
2			2		1			1		2	4	3		2					1	聖心3,白百合2
5	7	4	1	1	13			2		1	7	10	1	4				2	2	
3		2	1					2		3	4	5						1		
1						1	6						2							
1	3			4			4						3							
1	1			4			13	1		1			1					1	6	
1						1	6													大妻1
							2						1				2	1		
	1						1													
1	1	2	1		2		5	3				2		2				1		大妻4,東京都市2,工学院1
1	1	1		1	3		4	3	1	4	1	14		2	1		3	10	4	
1			1		3		1	2	1	6	1	11		1			1	8	6	
33	19	16	14		7		1	8		11	19	48	1	11	3	4	6	11	10	東京都市18,千葉工18,共立7,関東学院4,武蔵3,工学院3,大妻3,立命館2,聖心2
53	15	19	14		21	2	6	8		5	7	36		15	10	6	12	12	13	
25	24	8	11	1	23		8	7		7	10	14	2	14	1	9	4	17	10	
			2							1										
		2	2			1	1	1		3	1							3	4	
										1		1							4	
3	5	4	14	4			6	1		1	4	3			1			1	2	共立6,大妻6,白百合5,聖心4,武蔵3
6	2	1		4	1		3			6		1	2		1		1		8	
8	10	4	2	2			4	1		3	5	3	1					3	12	
2	6					2	1										1	4	1	東京経済5,武蔵2,関東学院2
5	3		1			1	5	1			2		1	1	3	2	8	11	3	
4	6	1	1		2		2			1	2	3					12	10	17	
25	22	7	5	4	10	1	9	1		9	28	34		1	10	3	10	24	38	聖心23,共立13,千葉工7,大妻7,東京都市6,武蔵5,工学院5,白百合4,立命館3,東京経済2
32	18	10	6	2	8	1	9	8	1	14	28	34	3	3	6	1	12	40	29	
28	9	7	12		10	1	6	4	3	8	17	25	4	7	1	1	14	31	42	
2				2	2		2							1						武蔵1,東京経済1
	1		1			2	1				2									
1	1			2		1		1			1									
11	2	1	1		2	2	10	3		5	1	2	1	1	1		1	7	2	千葉工14,武蔵7,立命館3,関東学院3,共立3,東京経済2,聖心2,大妻1
9	4	4	2		2	2	9	5	2	3	5	6		2			11	20	8	
14	13		2		2		6	5	1	5	4	5	1		3	2	2	9	4	
23	6	1	4				2	5		5	11	16	1	1		7	10	29	29	千葉工24,聖心6,同志社5,武蔵5,東京都市3,白百合3,立正2,立命館1,共立1
23	11	5	3		1		5	5	4	10	19	25	2	2	5	1	17	38	24	
24	5	2	9		3	1	6	2	1	9	10	22	9	1	5	4	12	20	18	

合格状況

東京・私立

	高校	年	卒業生概数	国立 ◆東京大	◆京都大	◆東工大	◆一橋大	千葉大	筑波大	◆東京外大	横浜国大	埼玉大	私立 早稲田大	慶應大	上智大	東京理科大	学習院大	明治大	青山学院大	立教大	中央大
た	東洋女子	'23	100															1			
		'22	170														1		1		2
		'21	70																		
	トキワ松学園	'23	110														1	1	3	2	3
		'22	130												2		1	3		1	2
		'21	100										1		2		3	2	1	1	2
	豊島岡女子学園	'23	330	29	13	11	14	2	10		1		146	93	63	112	20	119	41	43	77
		'22	340	14	2	12	11	12	7	5	6		133	100	71	121	30	111	25	67	64
		'21	350	21	7	12	6	15	14	8	7	1	123	81	69	106	18	112	23	51	49
な	中村	'23	40											1				1		1	
		'22	80	1											2		2	1	5	3	1
		'21	60					1					1		3		1	2	2	2	
	日本体育大学桜華	'23	180																		
		'22	190																1		
		'21	220																1		
	日本女子体育大学附属二階堂	'23	110												2						
		'22	90									1									
		'21	120						1												
	日本大学豊山女子	'23	260																	4	
		'22	240									1							6	2	1
		'21	310											2		1	4	2	8	1	
は	フェリシア	'23	150																		
		'22	250																		
		'21	240																		
	富士見	'23	230						2	2	1		22	9	14	35	14	50	23	73	31
		'22	220				2		3	2		1	35	7	32	21	18	68	24	98	32
		'21	240	1				1	1	3		1	48	18	14	21	6	80	26	78	50
	富士見丘	'23	100										6		19	2	3	7	6	20	7
		'22	90										2	1	6		1	2	5	7	7
		'21	80							2		1	2	1	13		6	1	7	18	6
	藤村女子	'23	140															2			
		'22	180																	2	1
		'21	180										1						1		
	雙葉	'23	170	9	1	2	1	2	2	1	1		57	43	33	31	6	36	19	23	22
		'22	180	9	3	1	2	3	2	1	4	1	60	74	42	43	8	37	22	32	25
		'21	170	8	1	5	6	6	3	1	2	1	57	57	33	32	12	54	18	57	29
	普連土学園	'23	120				1		2	2			13	11	15	3	2	24	11	35	5
		'22	120					1		1			20	13	11	9	13	28	8	26	10
		'21	130	1				2	1				6	13	11	10	11	17	8	32	7
	文華女子	'23	70																		
		'22	70													1					
		'21	60																		
	文京学院大学女子	'23	160										1		1		1	2	2	1	1
		'22	210												1		2	2	3	7	
		'21	200					1						1	3	1	4	3	4	5	8
ま	三輪田学園	'23	150														2	8	1	3	1
		'22	150									1	1	4		4	3	4	1	7	7
		'21	160					1	1				9	2	1	5	2	9	4	26	2
や	山脇学園	'23	250	1					1		1		9	3	13	12	12	41	17	38	22
		'22	260										25	21	19	13	17	81	33	96	29
		'21	230			1	1			1			29	12	34	9	10	49	28	66	32
ら	立教女学院	'23	180			1							9	14	12	9	1	11	3	128	1
		'22	180	1			1			1	1		13	12	6	11		12	6	131	9
		'21	180							2	2		16	22	8	10	3	14	14	123	13

私立																				
日本大	東洋大	駒澤大	専修大	大東文化大	東海大	亜細亜大	帝京大	國學院大	国際基督教大	成蹊大	成城大	明治学院大	獨協大	神奈川大	芝浦工大	東京電機大	津田塾大	東京女子大	日本女子大	その他の大学（この欄はすべて'23年春のもの）
1	**3**	**2**					**2**	**1**		**1**	**2**						**1**			関東学院2,白百合2,武蔵1,東京経済1,共立1,大妻1,聖心1
6	13	2	9	3		2	4					2	1	1		2		1	2	
8	3	2	1	1	1	1	1	1					1					1	2	
1		**2**					**2**							**1**						武蔵3,白百合1
1			2		1		2	1		4		3		1		1			4	
1		5	3	2			2	1		1	6	5		2						
9	**13**	**4**	**5**	**4**			**5**	**4**		**9**	**4**	**7**	**5**	**1**	**24**	**5**	**11**	**20**	**18**	同志社5,千葉工5,立命館4,武蔵2,聖心2,工学院1,関東学院1,大妻1,白百合1
3	21	5	10		11		7	8		7	3	11	1	3	41	11	8	28	20	
27	11	1	9		5		5	3	1	4	4	13	1	1	32	12	20	15	14	
2			**1**			**3**	**1**				**1**	**3**	**2**				**2**		**3**	立正5,白百合2,大妻1
4					1		3	1		1	1					1		1	2	
3	5	5			2		2				2				2			2	1	
							8													
				1	1	4	5													
	2						3	1												
							2													
				1			4													
1		1	1	1			1							1						
49	**7**	**1**		**4**	**2**		**2**	**2**			**1**	**5**		**1**		**1**		**1**	**2**	武蔵1,東京経済1,共立1,大妻1,白百合1
97	2	2		1			2	1		2	4	1						1	5	
19	5	2		4			2	1		4	3		1		3			3	5	
					1		2													
1	1						1													
33	**85**	**13**	**9**	**16**	**8**	**5**	**23**	**6**		**14**	**9**	**13**	**9**		**11**	**11**	**6**	**14**	**31**	武蔵34,千葉工20,大妻14,共立9,工学院8,東京都市6,白百合4,立命館3,同志社1,東京経済1
47	117	18	20	12	15	5	15	8	1	33	13	15	2	5	29	16	11	43	27	
30	105	16	13	24	5	13	25	10	3	26	20	18	13	1	38	14	11	42	39	
5	**5**	**2**	**2**				**1**	**2**		**2**	**5**	**2**	**9**				**1**	**3**	**5**	共立6,武蔵4,工学院3,大妻2,白百合2,関東学院1
2	4	2	1					2	1	4	3	3	9	1			2	13	11	
2	1						1		3	4	3	3	9		2		3	7	16	
	3	**1**	**3**				**5**	**1**					**1**				**1**			
2	2	1			3	5	5	2		1	1			1			1		4	
2	2	1	2	1	2	2	2			1		2		3						
2	**2**	**2**			**1**		**5**	**1**		**2**	**7**	**5**	**2**		**12**		**6**	**12**	**5**	立命館5,聖心4,武蔵3,同志社2,工学院1,東京都市1,共立1,白百合1
4	10	8			4	1	3	1	4	5	4	6	3	1	5	1	6	25	18	
9	10		7	2	9		4	7	6	7	11	14			28	4	7	16	20	
3	**13**	**6**	**25**		**5**	**2**	**7**	**3**		**10**	**10**	**21**		**1**	**2**		**6**	**11**	**5**	武蔵6,共立5,東京都市2,聖心2,工学院1,大妻1,白百合1
28	11	5	9	2	15	2	4	5	1	6	4	18	3	5	3	4	4	23	23	
23	9	7	7	4	14	2	7	3	3	8	2	12	2	4		1	4	8	14	
							1													
	2																			
1							1										2	1		
3	**5**	**2**	**2**	**4**			**8**	**4**			**3**			**1**			**2**	**1**	**1**	立正2,立命館1,千葉工1,関東学院1,大妻1
5	13	2	1	1	1	1	4	6		6	3	3	8		3	1	1	2	7	
11	6	4	5	9	2		4	3		6	3	5	3	2		1	1	1	2	
12	**30**	**5**	**3**	**4**		**2**	**8**	**3**		**3**	**3**	**4**	**2**				**1**	**8**	**2**	千葉工28,大妻14,共立6,武蔵5,関東学院5,聖心5,白百合4,立命館3,立正2,東京経済2
23	33	4	9	5	2	1	6	8		1	10	3	1	2	1		2	10	6	
24	30	8	5	3	4	1	8	4		5	2	10	3	2	4	5	1	3	11	
40	**64**	**12**	**25**	**10**	**10**	**5**	**16**	**8**		**9**	**27**	**41**	**12**	**5**	**15**	**9**	**7**	**20**	**21**	千葉工74,共立28,東京都市20,武蔵14,関東学院13,大妻12,工学院8,聖心8,白百合4,立正2,同志社1,立命館1,東京経済1
42	44	11	11	3	20	3	15	13	3	14	29	26	19	6	10	1	11	29	42	
44	48	3	14	4	12	2	17	11	1	14	23	25	2	3	26	6	6	22	27	
1	**5**						**1**					**2**		**1**	**3**		**1**	**2**	**4**	大妻1
6		2					1		2	4	2		1		2		2			
7							3	2	1	4	5	1			5		3	3	4	

東京・私立

高校		年	卒業生概数	◆東京大	◆京都大	◆東工大	◆一橋大	千葉大	筑波大	◆東京外大	横浜国大	埼玉大	早稲田大	慶應大	上智大	東京理科大	学習院大	明治大	青山学院大	立教大	中央大
				国立									私立								
わ	和洋九段女子	'23	80										1								
		'22	90										1		1		3		1	2	
		'21	70														1		2		
男子校																					
あ	麻布	'23	290	78	13	17	10	3	5	1			149	98	74	94		88	15	12	40
		'22	310	64	16	10	10	12	3	2	4	1	108	136	28	79	4	77	20	11	38
		'21	310	86	10	13	14	14	2		17	2	156	145	17	82	2	91	11	17	26
	足立学園	'23	280	1				2	2				6	1	3	4	10	16	5	19	21
		'22	370	1		2			1	1		1	15	7	4	15	5	28	3	13	21
		'21	240			1	1	2	1			1	11	9	1	13	17	24	8	5	19
か	海城	'23	300	43	7	12	9	6	4	1	2		131	105	37	126	2	112	27	21	52
		'22	310	57	8	10	11	15	5		10	1	167	154	43	136	9	99	11	18	43
		'21	320	47	15	14	13	18	6	1	11	3	150	116	40	116	4	120	19	31	57
	開成	'23	390	146	3		4	14	5	1	3		208	179	55	89	10	66	14	5	32
		'22	410	193	22	16	9	22	7		11	1	261	218	34	89	4	97	11	14	38
		'21	390	146	10	10	10	21	4	1	10	1	231	180	32	106	1	46	7	10	28
	科学技術学園	'23	170										1			4		4	1	2	3
		'22	180									1			1	3	2	3	5	4	6
		'21	130															2			
	学習院	'23	200						1				12	4	6	3	116	18		9	9
		'22	200	3		1		1	2	1	3		18	27	13	23	121	17	4	8	15
		'21	200	3		1		5	3	3			27	38	19	21	110	12	12	18	26
	暁星	'23	150	5	2	2	2	1	4				42	37	22	37	3	53	13	14	22
		'22	160	9		3	2	4	2		1		51	43	17	34	6	56	11	12	30
		'21	170	9		1	2	3	6		2		43	42	18	31	6	44	18	20	63
	京華	'23	210										5			10	2	14	5	20	20
		'22	310					3				1	6	5	2	4	11	13	6	24	31
		'21	260				3	2	2		2	1	6	8		7	2	20	2	24	43
	攻玉社	'23	240	12	1	10	5	1	2	1	6		86	86	50	106	3	137	45	34	51
		'22	220	12	1	12	2	2	2		5		101	78	29	96	5	122	31	33	41
		'21	240	17	3	10	6	5	4	3	10		122	123	51	94	5	123	39	28	73
	佼成学園	'23	220			1		1	3				10	4	6	37	12	22	13	9	36
		'22	260		1	1			2	2		1	16	10	17	23	1	31	16	17	27
		'21	200				1	1		1	1	1	1	3	7	9	5	18	14	9	17
	駒場東邦	'23	220	72	11	8	5	2	2		1		125	102	20	87	3	83	13	8	25
		'22	230	60	6	6	5	8	5	1	4		101	99	19	86	2	68	11	11	32
		'21	220	56	6	9	12	9	3		23		110	111	25	63	3	48	10	24	31
さ	芝	'23	280	13	6	11	7	4	2	1	3		110	67	39	147	17	97	19	17	60
		'22	290	14	3	10	11	4	6	1	7	1	89	100	50	125	10	129	21	33	70
		'21	290	12	4	7	4	7	11	1	14	2	115	113	44	126	9	143	30	26	92
	城北	'23	330					2	5	3	1		74	53	34	108	21	117	21	44	66
		'22	330	9	4	3	5	6	4	3	3	2	106	66	33	144	29	160	33	60	79
		'21	380	9	3	9	9	2	4	1	8	3	117	85	25	150	24	159	25	37	87
	巣鴨	'23	220	3	2	1	2	8	4				40	27	4	60	7	53	18	19	49
		'22	270	8	3	2	1	5	4		4	1	42	35	14	52	7	65	13	27	49
		'21	230	8	1	2	3	2	2		2	2	43	52	13	48	6	68	18	9	40
	聖学院	'23	120						1	1			7	1	5	4	1	8	7	6	10
		'22	140										3	5	5	4	8	14	16	14	9
		'21	130		1			1		1		1	13	2	3	5	4	18	7	11	13
	成城	'23	250	2		1	1	2	2				26	22	16	41	9	88	15	32	59
		'22	260	1		4		2	3		6	1	34	23	22	54	12	81	21	40	66
		'21	250	1		1		5	2		2	1	33	14	28	50	7	84	23	46	49

	私立																			
	東洋大	駒澤大	専修大	大東文化大	東海大	亜細亜大	帝京大	國學院大	国際基督教大	成蹊大	成城大	明治学院大	獨協大	神奈川大	芝浦工大	東京電機大	津田塾大	東京女子大	日本女子大	その他の大学（この欄はすべて'23年春のもの）
		1	4			1	2							1						関東学院1,共立1
4		6				1	1			3	3	4	1				1	3	4	
1	3			2	1					2	2							2		
0	3	4	1		11			2	3	4		9	2	2	23	5				千葉工94,東京都市12,工学院9,東京経済3,同志社1,立命館1,関東学院1
6	21	9	10	4	4	1	4	1	4	4	2	5		3	22	4				
1	7	10	8	2	9	6	3	11		3	3	2		2	34	1				
1	33	4	8	11	12	4	7	7		2	9	3	31	4	8	13				千葉工132,関東学院10,立正7,工学院3,東京都市3
3	40	9	21	22	13	4	13	15		13	9	14	39	8	17	20				
8	35	11	9	13	8	1	15	9		9	6	7	15	4	6	15				
4	7	4	1		3		1	2	3	11	4	3	4	2	11	3				千葉工43,工学院3,立命館2,武蔵2,東京都市2
7	15	3	1		3	1	1	2	1	5	2	1	2	1	57	8				
7	8	4	9		13	1	1	2		4	5	3	4		36	10				
6	8	3	2		1		1	1					1		1	1				同志社1,立命館1
4	6	2	1		5		1	3		2		4		3	29	1				
5	4	3		3					1			1		1	8	2				
3			3	4	6		12				2									千葉工33,同志社3,立命館3,工学院1
3		2					7	3			4			2						
2				3	2		3	2												
9		3	2		2		7			4	2	2		1	5	1				同志社1,工学院1,東京都市1
8	5	3		1		1	1	1			2				15	2				
7		2	7	5	1		2	1	2	1	5	6	4		7	3				
3	7	1	4		8		1	5		2	9	2	3	1	5	2				千葉工13,東京都市8,武蔵6,立命館4,関東学院4,東京経済1
3	12	7	10	1	4		5	5	2	12	15	7		1	30	3				
1	10	6	8	5	11		6	2		8	8	5	5	3	12	2				
8	56	7	19	12	9	12	27	8		2	3	4	20	1	11	22				千葉工199,東京都市26,武蔵13,関東学院12,立正11,東京経済7,立命館6,工学院5
5	98	12	22	20	23	8	37	10		11	7	10	16	11	19	18				
8	76	8	29	18	32	13	33	9		14	8	9	23	7	10	11				
5	11	13	7	2	1	3	3	2	3	8	6	11		4	29	11				千葉工67,工学院17,東京都市17,立命館3,同志社2,武蔵2
4	16	13	10	1	8		1	15	1	11	7	21		10	32	7				
3	11	5	11		13	1	4	5	1	8	5	7	1	6	28	3				
8	19	5	7	1	21	11	15	9		12	9	2	11	2	20	14				武蔵11,東京都市10,千葉工9,工学院7,東京経済5,立命館4,同志社3,立正2,関東学院2
4	17	2	11	1	11	3	14	5		6	4	8	5	5	22	5				
3	20	10	29	2	11	5	11	5	1	6	6	9	7	2	8	3				
9	3		6		5			1		6					22	1				東京都市13,千葉工6,工学院4,立命館2
7	8	1	2		1	1	3	3		2	2	1		4	10	4				
5	3	2	3		2		3				1				17	3				
1	10	7	7		15	1	7	6	3	10	4	3	1	5	33	4				千葉工65,工学院21,東京都市14,立命館5,同志社2,武蔵1,東京経済1,関東学院1
4	36	8	15	3	8		2	16	3	8	3	9	12	2	44	20				
3	22	5	8		13		6	10	1	5	6	17	1		64	15				
05	25	10	3	12	9	3	12	17		11	21	9	17	5	66	18				千葉工30,武蔵15,工学院15,立命館7,同志社6,東京都市4,東京経済1
32	35	16	7	6	10	3	9	10	1	12	14	6	4	6	53	19				
32	33	7	8	8	1	2	12	9	2	16	7	7	4		101	23				
57	13	2	14	3	18	2	9	6		7	4	5	11	1	47	14				千葉工97,立命館13,武蔵12,工学院7,東京都市5,同志社4,立正4,東京経済1,関東学院1
35	20	3	6	1	10	4	18	10		5	5	2	5	4	59	6				
65	16	3	6	4	8		15	2		4	1	6		2	25	16				
23	23	2	10	5	16	3	9	2		6	6	4	4	2	5	7				千葉工65,武蔵9,東京都市4,立正4,立命館3,工学院2,同志社1
34	14	5	14	10	13	7	19	11	2	2	12	14	22	2	6	6				
37	16	6	15	6	18	6	15	1	1	10	7	10	5	1	2	8				
90	48	18	25	4	17	8	10	16		20	8	23	17	6	36	8				千葉工72,東京都市27,工学院19,武蔵10,立命館6,関東学院6,同志社4,立正2,東京経済1
19	69	17	19	9	25	7	17	10	1	15	20	11	7	4	60	27				
85	49	9	17	11	26	3	15	14		20	7	18	9	7	44	15				

東京・私立

	高校	年	卒業生概数	国立									私立								
				◆東京大	◆京都大	◆東工大	◆一橋大	千葉大	筑波大	◆東京外大	横浜国大	埼玉大	早稲田大	慶應大	上智大	東京理科大	学習院大	明治大	青山学院大	立教大	中央大
さ	正則学園	'23	190														2	1			
		'22	170														2		2	3	3
		'21	170											1		3	1			2	
	世田谷学園	'23	240	6	1	5		2	1	1	1		48	41	23	92	10	95	33	35	65
		'22	240	3	2	4	4	3	3	3	3		52	63	26	91	18	86	39	32	73
		'21	250	5	2	5	3	1	2	2	5	1	69	51	24	78	4	92	26	31	53
た	高輪	'23	220	2		7		3			6		44	11	22	72	20	115	21	38	52
		'22	210	1	1	5	3	4	4	1	5		58	25	42	55	6	91	33	51	47
		'21	220	1		2	2	6	2	1	11	1	28	13	21	52	13	69	21	33	59
	東京都市大学付属	'23	230	7	1	10	6			3	5		57	52	41	81	3	116	29	36	55
		'22	230	12	4	7	7		2	3	11	1	96	55	19	83	7	122	35	53	54
		'21	290	7	3	4	5	1	1	1	11	2	101	72	34	98	4	209	60	57	111
	桐朋	'23	310	9	4	5	8	1	7	1	4		68	46	31	76	11	120	51	34	82
		'22	310	11	6	6	14	3	2	2	13	2	101	73	36	85	19	130	47	48	97
		'21	310	9	4	10	8	6	4	3	3	2	68	74	21	98	5	117	32	40	122
	獨協	'23	190										12	1	6	8	11	22	1	12	18
		'22	190					1	1			1	7	7	7	7	12	26	7	5	24
		'21	190		1	1		3					6	5	7	21	5	24	8	18	21
な	日本学園	'23	120														2	1			
		'22	180							1			7					12	3	4	8
		'21	180										1		3	1	4	12	3	4	
	日本大学豊山	'23	490	1					2				2	5	4	2	2	17	8	1	13
		'22	490										5	4	4	11	5	7	3	8	9
		'21	500						1				2		4	9	3	7	3	5	7
は	保善	'23	220										1	1	1	2		2	2		2
		'22	210	1					1	1			7	1		7	6	16	4	17	18
		'21	290					1				1	2	2	2	2	2	9	2	5	18
	本郷	'23	310	14	6	5	3	3	6	2	2		120	76	48	130	10	141	21	47	75
		'22	310	13	2	5	5	6	8	1	1	6	110	93	22	135	12	162	22	38	50
		'21	330	9	4	13	8	11	8	1	8	2	121	83	30	132	9	159	25	35	103
ま	武蔵	'23	170	21	8	11	5	4					82	52	21	67	6	59	11	18	46
		'22	170	19	6	3	4	4	5		3	3	43	41	9	50	10	44	9	10	24
		'21	170	28	14	5	8	7	2	2	3		92	53	23	60	5	43	4	4	33
	明治大学付属中野	'23	400		1	5		1	2	1	1		8	7	4	15		14		1	7
		'22	410			1						1	11	8	2	22	1	347	3	3	8
		'21	400	2		1	1				1		8	10	1	18	1	336	4	3	5
ら	立教池袋	'23	140										3	4		6		3		129	1
		'22	150							1			3	8	1			2	2	127	3
		'21	140										1	2						128	
わ	早稲田	'23	320	38	8	10	4	3	2				253	64	19	56		29	5	3	11
		'22	310	29	2	2	2	8	6		2		239	53	12	57	2	63	1	3	23
		'21	300	33	5	10	5	6	4		4	2	237	53	25	56		36	9	5	31
	早稲田大学高等学院	'23	480										3					1			1
		'22	490										474			1		1			1
		'21	500										479								

私立																				
日本大	東洋大	駒澤大	専修大	大東文化大	東海大	亜細亜大	帝京大	國學院大	国際基督教大	成蹊大	成城大	明治学院大	獨協大	神奈川大	芝浦工大	東京電機大	津田塾大	東京女子大	日本女子大	その他の大学（この欄はすべて'23年春のもの）
7	6	2	7		4	3	9	1		1	1					3				千葉工17,立正2,関東学院2,東京経済1
1	7	3		1	6	7	8			1			2	3						
4	5	1	4	2	1	5	2			1			2	2	1	1				
73	16	27	16		19	5	8	16		13	12	7	6	5	54	18				東京都市30,工学院29,千葉工20,立正6,立命館4,武蔵4,関東学院4,東京経済2
71	14	27	13	1	11	4	19	14		8	13	5	2	9	38	9				
54	15	13	9		5	1	10	15		9	10	12	1	6	55	7				
68	28	13	18	6	27		9	19		18	11	10	7	14	36	20				千葉工50,武蔵18,東京都市17,立命館9,関東学院9,立正8,工学院4,同志社2,東京経済1
43	36	26	19	3	20	1	11	15	1	9	10	19	5	21	18	13				
75	33	20	14	6	13	1	3	10		14	14	14		12	33	19				
32	16	14	11	1	7	1	2	5		4	4	6		3	25	4				東京都市22,工学院11,武蔵5,千葉工4,立命館2,立正1
54	13	7	12		17		7	3		7	6	7		4	27	7				
92	30	20	22	2	9	3	6	8		18	10	17	1	8	41	6				
68	24	6	19		4	3	8	9		19	24	20	2	2	29	5				工学院25,武蔵19,東京都市15,東京経済10,関東学院9,立命館4,同志社3,立正2,千葉工2
31	47	11	28		17	3	11	7		21	24	9	8	1	27	14				
31	41	16	28	2	16	8	11	11	1	11	7	6	3	5	37	14				
47	25	13	15	5	20	2	15	2		18	12	7	31	1	7	12				武蔵14,東京都市6,千葉工5,立正2,立命館1,工学院1,東京経済1
96	33	10	8	17	13	2	21	9	1	9	8	5	27	5	18	18				
79	17	10	16	11	15	4	25	8		8	9	13	20	2	17	13				
9	6	3	26	1	15	3	24			2	1	1		2		5				関東学院6,東京経済3,東京都市1,立正1
15	9	6	7	5	2	2	28	3		1	1		4	3	2	2				
16	10	7	18	4	4	7	23	3		1	3		1	3	2	4				
57	9	6		2			2	5		2	7	2	4	2		1				千葉工7,立正3,同志社2,立命館1,武蔵1,工学院1,東京都市1
83	5		2	1		2	2				1	3	1		5	1				
10	16	2	5		1	2	3	6		5	1	1	3	1	4	4				
21	7	6	9	7	22	8	14	1		1	5	3	8	4	2	20				立正11,東京経済10,千葉工6,関東学院5,工学院2,東京都市2
31	18	9	11	3	7	8	17	11		2	3	5	4	4	5	3				
34	24	5	16	7	24	8	21	7		9	5	9	3	3	14	5				
84	34	18	17	5	5	4	6	5		10	6	6	14	1	89	14				千葉工170,立命館24,武蔵18,東京都市18,工学院13,同志社7,東京経済3,立正1
06	46	17	22	4	8	4	12	3	2	17	14	13	11	1	80	20				
04	43	15	17	10	18	4	10	8	1	11	13	9	9	4	61	11				
17	5	3	8				1	3		1	2	2			13	4				千葉工44,工学院11,東京都市7,立命館5,同志社2,武蔵1,東京経済1
17	12	13	5	3	11		4	4	2	6	3	8			13	5				
28	6	2	2		2		1	4	1	7	9			1	40	4				
7	1	3	6	6	1		4			2	5		4	2	3					千葉工8,立命館3,武蔵3,関東学院3,工学院2,立正2,同志社1,東京経済1
25	7		3	1	1	1	5	3		1	1			1	5	1				
12	2	2	6	2	3	1	3	2		2	1	2		1	2	2				
															1					
5			2		1		1		3			1			5					
3									1											
8		2	2				1				1			2	7	6				立命館3,東京都市3,千葉工2,武蔵1,関東学院1
13	6	2	2	3	5	2	2	2		3	1		1	2	20	7				
14		2	2		8		2							1	11					
	1		1																	
1																				

東京・私立

高校		年	卒業生概数	国立									私立									
				◆東京大	◆京都大	◆東工大	◆一橋大	千葉大	筑波大	◆東京外大	横浜国大	埼玉大	早稲田大	慶應大	上智大	東京理科大	学習院大	明治大	青山学院大	立教大	中央大	法政大
共学校																						
あ	青山学院	'23	410										17	20	29	19		8	378	17	10	
		'22	410		1		1	1				1	16	18	9	12	1	13	369	7	15	
		'21	410	1		1	1				3		13	20	7	6	1	12	347	5	2	
	郁文館	'23	250							1	1		5	4	1	5	3	12	4	4	7	1
		'22	210					2				1	4	3	3	3	2	14	2	9	6	
		'21	270					1					4	1	2	16	4	13	1	6	16	1
	郁文館グローバル	'23	80												7	2		1	4	3	6	
		'22	100			1							2	7	5	2		4	5	5	7	
		'21	120										3		7	1	1	2	2	5	9	
	岩倉	'23	440							1		2	2	1	1	3		6	2	3	10	
		'22	440						1				2	1		6	3	4	2		3	
		'21	400													2		4	5		1	
	上野学園	'23	180													1	1	1	1	4	3	
		'22	180													1	1				1	
		'21	190													1		1	2	4	4	
	穎明館	'23	170	3	1	1		1			1		9	7	7	10	4	34	26	24	45	3
		'22	180	2	1		1	1	1	1	1	2	15	13	7	30	3	40	24	21	41	3
		'21	180		1	1	2	3		3	2	2	30	16	20	24	12	73	29	20	47	5
	桜美林	'23	420						2	1			17	6	13	7	8	35	20	29	46	5
		'22	410						1	3	4	2	7	3	16	11	10	50	29	24	75	6
		'21	350		1	1				2	5	1	10	5	17	15	6	31	30	22	43	4
	大森学園	'23	220						1				2	1	1	4		3	2	2	3	
		'22	270												2	4		8	3	5	6	
		'21	320						1				1			6	1	4	2		7	
か	開智日本橋学園	'23	140		1			2					9	4	8	13	4	13	11	21	7	3
		'22	170			1		1			1	4	10	5	8	22	2	28	15	25	20	1
		'21	100	1		1		3			2		15	7	4	13	6	11	5	9	14	1
	かえつ有明	'23	190					1	1		2		9	6	14	12	4	23	8	25	12	2
		'22	170			2		4	1				14	11	16	16	5	18	10	23	14	2
		'21	170		1		1	1	1		1		10	20	20	11	6	19	13	21	10	2
	関東国際	'23	410												11				2	5	3	
		'22	360										1	3	14	1	4	2	12	9	9	1
		'21	440								1		1	5	9	2	2	6	9	7	9	1
	関東第一	'23	700					2		1			3	6	2	3		11	2	4	5	
		'22	760									1	6		1	2	5	6	3	5	11	1
		'21	690					1				1	3		4	4		7		7	11	
	共栄学園	'23	220							1			1				2	8				
		'22	330						2				1	1		2	4	3	1	6	1	
		'21	330					1					1			5	3	4	1	1	2	
	錦城	'23	470	1				3	3	2	2		26	6	20	18	17	77	34	36	84	7
		'22	480			1	1	3		4	2	5	30	8	23	21	25	59	39	44	65	6
		'21	500	1		1		2	2	2	4	7	37	11	26	22	31	49	37	48	77	6
	錦城学園	'23	360																			
		'22	360										1	1		3	5	4	5		3	
		'21	170													1	2	2			3	
	国立音楽大学附属	'23	150														2	2		1	10	
		'22	140										3				2	1		4	1	
		'21	150												5		2	3	1	4	8	
	京華商業	'23	150																			
		'22	150															1				
		'21	160															2				

私立																				
日本大	東洋大	駒澤大	専修大	大東文化大	東海大	亜細亜大	帝京大	國學院大	国際基督教大	成蹊大	成城大	明治学院大	獨協大	神奈川大	芝浦工大	東京電機大	津田塾大	東京女子大	日本女子大	その他の大学（この欄はすべて'23年春のもの）
9	2	2					3			1					1					千葉工3,工学院2,同志社1
9	2	3		1	3		3		1	2	1	3			16		1			
18	1	3	5		1		6		1	3	3	5	2	2	9		1	1		
40	13	5	9	20	12	2	13	7		4	4	6	12	3	1	5		1		千葉工10,東京都市8,武蔵5,関東学院3,工学院2,立正2,東京経済1,共立1,聖心1
39	15	9	10	4	15	3	11	2	1	3	4	2	11	3	12	7	1	1	2	
31	16	7	11	2	10	2	17	6		4	3	11	4	4	9	6		1	1	
1	2	3	1	2			1				1	1			1					東京経済3,共立2,東京都市1,千葉工1
3	4		1		1		3	1	1		1	1	1			2	1		1	
1	12	1	7	3	2	1	2	2	1	1	2	3	1	1	1			1	1	
21	23	7	12	3	5	4	20	3			3	4	9	1		5		1	1	千葉工59,立正7,武蔵6,工学院4,東京都市4,東京経済2,関東学院2,立命館1,大妻1,白百合1
36	14	7	7	13	13	4	18	5		1	2		13	4	18	10	1			
10	10	3	4	7	10	1	17	2		1			4	1	16	2			2	
8	3	2	3	3			10	1		1		2	1		4	4				武蔵10,千葉工3,東京都市2,立正2,東京経済2
9	10	3	1	3	1	1	13	2					3			7			2	
10	5	2	3	1	3	2	13	3			1	1	3	2		4				
47	20	6	11		22	1	5	6		6	9	10	2	5	18	11	7	10	8	東京都市24,工学院14,立命館10,共立6,同志社5,東京経済3,関東学院3,立正2,千葉工2,大妻2,聖心1
57	33	2	21	2	9	4	7	5	3	4	10	8	1	7	20	6	11	13	7	
52	22	9	13	4	17	7	10	17	1	16	13	15	6	12	16	8	7	6	9	
65	32	25	79	4	67	9	29	14		11	21	47		34	3	3	12	9	11	千葉工59,工学院34,東京都市24,関東学院21,立正11,武蔵9,共立8,東京経済6,大妻6,同志社5,立命館4,聖心3,白百合2
72	39	30	111	2	50	2	41	15	2	23	25	43	1	44	12	2	9	16	20	
46	33	21	75		28	2	39	14	2	14	18	39	7	33	23	4	8	12	15	
12		7	2	6	6	3	5			1				6	1					立正9,千葉工7,関東学院7,東京都市2
33	26	13	14	9	13	4	7	1		2	1	4	2	25	3	3				
18	24	6	9	4	10	5	10			5		1	4	16	2	2	2			
28	31	16	9	2	1	2	4	2		3	11	9	19	6	5	1		2	6	千葉工20,武蔵12,立正6,工学院5,共立5,大妻2,立命館1,東京経済1,聖心1
25	42	6	10	2	12	3	3	11	2	6	8	8	1	5	4	6	1	4	4	
11	17	5	9	3	1		5	1		2	1	5	3		16	2				
27	29	12	8	2	10	4	9	2		4	14	8	7	3	15	3	3	5	2	千葉工12,武蔵8,工学院5,東京都市4,関東学院4,共立4,大妻4,白百合4,東京経済2,同志社1,立命館1
14	21	6	2	5	3	2	9	5	3	5	3	7	2		11		2	1	2	
37	51	7	8	2	10	2	12	4	3	9	9	5	8	5	14	13		2	1	
8	6	2	3		1	3	11	1		2	1	2	10		2		1	1		関東学院3,武蔵2,東京都市2,立正2,東京経済2,共立1,大妻1
10	9	3	7	2	8	9	5	3		7	5	8	10	5	1		2	1	3	
10	15	5	7	3	6	10	14	2	2	5	3	7	10	6	1	2	1	2	2	
80	59	15	36	14	10	14	51	6		1	2	7	19	5	11	11			8	千葉工359,大妻14,立正11,共立11,東京経済7,白百合7,工学院6,関東学院4,聖心4,武蔵2,東京都市1
58	20	7	19	10	3	8	45	8		2	1	2	13	4	4	8			1	
47	38	8	12	11	16	4	32	10		3	3	3	5	4	2	3		1	1	
12	2			1	7		2	2		2		1	8	6						千葉工14,同志社3,東京経済2,関東学院2,東京都市1
30	5	3	8	2	2	1	4	5		2			10	1	3	7		1	1	
14	16	2	1	4	3		1	4		2	4		7	1	4	6				
82	69	11	35	20	15	8	17	12		34	25	7	14	2	27	29	26	14	13	武蔵34,東京経済27,千葉工25,工学院22,東京都市10,共立6,立命館5,大妻4,立正2,聖心2,白百合2,同志社1
72	111	22	32	9	16	10	23	9		38	17	8	3	1	23	19	24	30	14	
79	64	15	35	29	19	12	27	16		45	24	7	10	2	17	10	17	19	21	
23	18	9	16	13	5	20	14				1	1	13	5						千葉工20,立正12,大妻5,東京経済4,関東学院4,武蔵2
26	35	5	14	8	6	22	16	6		4	16	10	10	2	3	5			1	
13	4	6	3	1	3	3	8	1		1	3		3			2				
2	4	2	2		8		5	3			5			1		3	1	3	3	千葉工9,武蔵2,立正2,聖心2,白百合2,共立1,大妻1
3	4			1	1		2	1		2	3	1	2		1	1		4	3	
9	15		1				1			2	1		1	3			1	1		
	1						12													
2	4		14	2			7						1	1						
4	4	1	8	4		2	10													

合格状況

東京・私立

	高校	年	卒業生概数	国立 ◆東京大	◆京都大	◆東工大	◆一橋大	千葉大	筑波大	◆東京外大	横浜国大	埼玉大	私立 早稲田大	慶應大	上智大	東京理科大	学習院大	明治大	青山学院大	立教大	中央大	法政大
か	啓明学園	'23	**120**												**5**				**1**		**1**	
		'22	130										7	1	6	1	3	2	5	9	4	
		'21	150						1	1			3		7		1	3	4	1	2	
	工学院大学附属	'23	**260**						**1**					**1**	**2**	**7**		**7**	**4**	**1**	**10**	**1**
		'22	230			1		1					4	12	12	8	2	11	7	15	10	1
		'21	220										2	4	7	1		6	5	4	11	1
	国学院	'23	**570**					**1**			**2**		**28**	**7**	**15**	**23**	**27**	**108**	**38**	**78**	**65**	**12**
		'22	620					2	1			2	40	7	21	19	38	109	52	103	84	9
		'21	540			1			1	2	2		38	10	14	32	31	113	50	84	43	7
	国学院大学久我山	'23	**410**	**4**		**3**	**2**	**2**	**6**	**3**	**3**		**51**	**42**	**62**	**55**	**13**	**130**	**65**	**98**	**99**	**8**
		'22	440	2	1	3	3	6	6	3	3		62	46	25	50	20	100	44	64	75	9
		'21	440	3	2		2	5	2	6	2	2	59	45	37	41	21	137	44	50	108	6
	国際基督教大学	'23	**240**	**2**	**1**	**1**	**1**	**2**	**3**	**2**	**1**		**36**	**23**	**51**	**29**	**3**	**32**	**18**	**23**	**31**	**1**
		'22	250	2	2	1	2			2	1		46	45	76	23	7	27	28	31	27	3
		'21	250	3			2			2	3	1	35	37	48	10	5	22	19	20	20	1
	国士舘	'23	**330**														**1**	**2**	**1**	**4**		
		'22	370													1	1	4	2	1	6	
		'21	320														1	1	2		2	
	駒込	'23	**490**			**1**		**2**	**3**	**1**			**10**	**7**	**10**	**30**	**9**	**36**	**18**	**36**	**20**	**6**
		'22	350	1		1		2		1			16	7	4	24	8	23	23	39	36	5
		'21	440					2	2			3	11	8	7	27	9	33	11	35	25	4
	駒澤大学	'23	**570**						**1**				**7**	**2**	**1**	**2**	**6**	**17**	**6**	**19**	**30**	**3**
		'22	530									1	7	9	2	5		24	11	12	36	3
		'21	500			1			1				9	4		6	10	18	10	11	7	1
	駒場学園	'23	**550**					**1**					**3**	**4**	**2**	**7**	**4**	**26**	**9**	**11**	**11**	**2**
		'22	340											3	1	2		8	8	6	4	1
		'21	310										1	2	1	2		4	1	5	9	1
さ	桜丘	'23	**230**					**1**					**13**	**2**	**6**	**6**	**8**	**29**	**11**	**13**	**25**	**4**
		'22	350					3	1	1		1	12	2	7	12	22	30	18	30	29	6
		'21	420							1	1	7	8	2	3	13	6	17	5	25	28	3
	サレジアン国際学園	'23	**50**												**3**			**2**				
		'22	70							1			1		9	2	2	4	1	6	5	1
		'21	80												5				1	3		2
	サレジアン国際学園世田谷	'23	**50**										**2**	**1**	**6**			**1**	**1**			
		'22	80											4	5	1	1		3	2		1
		'21	80										1		4	1	4		2	4	1	2
	実践学園	'23	**300**						**1**	**1**			**5**	**1**	**3**	**5**	**1**	**9**	**2**	**9**	**17**	**7**
		'22	350										4	2	3	8	9	14	11	15	25	17
		'21	390					1			1	1	4	1	5	2	4	12	10	11	18	15
	品川学藝	'23	**50**																			
		'22	70										1									
		'21	60																			
	品川翔英	'23	**270**												**4**	**1**		**6**		**3**	**3**	**2**
		'22	70																			2
		'21	100															2				1
	芝浦工業大学附属	'23	**200**					**1**	**1**		**1**		**4**	**2**	**7**	**24**	**2**	**10**	**10**	**12**	**11**	**15**
		'22	230			1			2				12	4	8	20	4	16	5	10	9	8
		'21	190			1	1		4			2	5	2	3	13		9		1	3	4
	芝国際	'23		旧・東京女子学園高等学校。芝国際高等学校としての実績はまだない。																		
		'22																				
		'21																				
	渋谷教育学園渋谷	'23	**200**	**40**	**7**	**5**	**5**	**2**			**2**		**109**	**71**	**43**	**57**	**2**	**58**	**16**	**11**	**16**	**15**
		'22	210	38	7	4	7	3	1	1	12	1	150	115	45	60	4	67	19	22	22	31
		'21	210	33	7	9	5	3	2	1	7		110	99	37	64	4	68	19	18	39	22

	私立																				
	東洋大	駒澤大	専修大	大東文化大	東海大	亜細亜大	帝京大	國學院大	国際基督教大	成蹊大	成城大	明治学院大	獨協大	神奈川大	芝浦工大	東京電機大	津田塾大	東京女子大	日本女子大	その他の大学（この欄はすべて'23年春のもの）
4		1		1	3	1	5				3						1			関東学院6,東京経済2,立正1,大妻1,白百合1
4	3	1	4	3	3	2	4	1	3	3	1	4	2	1	12	2		2		
7	8		3	1	4	2	10		1	1		3	2					1		
3	18	6	15	4	14	7	21	1		6	2	2			3	6				東京経済8,立正4,武蔵3,千葉工2,東京都市1,関東学院1
5	7	2	9	4	18	1	14	5	1	4	3	1	5	2	7	2				
6	11	5	15		4	4	19	2	1	6	5		1	4	3	1				
9	74	35	40	4	21	7	12	142		38	35	59	13	3	22	24	6	16	23	千葉工80,東京都市48,工学院25,武蔵24,大妻12,立命館8,共立6,東京経済5,聖心5,立正2,白百合2,同志社1
4	103	35	38	8	28	8	23	230		43	45	36	26	18	23	23	5	34	28	
9	82	31	25	8	26	13	27	181		23	31	32	15	15	19	19	6	14	23	
6	46	18	15	3	17	4	10	59		37	14	28	3	2	22	12	10	23	18	千葉工68,東京都市30,工学院22,立命館16,武蔵7,東京経済7,同志社6,大妻5,聖心3,白百合2,共立1
0	39	20	33	5	14	6	18	62	4	21	13	18	3	5	40	11	11	11	10	
5	47	24	30	9	30	6	31	62	2	17	16	18	3	7	43	6	9	14	17	
5			5		4		1	2	92	6	2	4		2	5	1	1	2	1	千葉工5,武蔵3,工学院3,立命館2,東京都市1,共立1
1	6	2			2	1		3	117	7	2	4	5	2	9	6	7	4	1	
3	4	7	3	9	1	1	1	5	114	8	4	3	4		6	2	3	4		
1	9	3	6	1	3		21	1		4	2	5								聖心3,東京経済2,関東学院2,白百合2,東京都市1,立正1,大妻1
5	7	1	5	1	7	1	15	2		1	1	6	3	6	1	2				
7	5	4	8	2	3		6	1			3	1	3	5						
9	78	31	39	17	6	7	21	30		14	10	30	40	6	17	20	10	8	6	千葉工475,共立16,東京都市10,武蔵9,立正9,大妻7,工学院4,東京経済3,関東学院3,立命館2,聖心2
8	93	16	30	11	19	5	17	10	1	22	17	31	31	3	15	8	6	6	15	
7	59	22	28	10	12	2	21	12	1	11	9	20	23	5	23	22	3	8	5	
1	22	377	8		14	1	7	28		7	13	27	2	10	5	4		2	4	武蔵12,工学院8,関東学院8,東京都市3,白百合2,立正1,共立1,大妻1
0	26	363	12	2	4		6	11		3	9	30	2	6	5	2				
9	6	398	6		10		3	6		12	8	11	2	5	15	9			3	
7	31	30	62	13	59	21	47	12		2	14	14	5	13	6	14		1	2	関東学院17,東京都市14,大妻10,立正9,東京経済9,共立8,武蔵5,工学院4,千葉工4,白百合3,聖心2
6	38	15	57	4	48	12	28	6		5	7	8	1	22	2	2	1	1	2	
9	10	9	28	3	27	8	23	3		3	5	9	2	16	2	4		3		
5	91	23	23	22	3	7	23	7		2	7	5	30	4	19	16		1	1	千葉工16,武蔵12,東京都市8,大妻8,立正6,工学院2,東京経済2,共立2,白百合2
8	140	36	43	28	6	7	47	33		10	33	27	76	6	18	21	1	3	1	
9	117	21	34	29	9	4	37	16	1	7	21	12	26	1	10	12		1	3	
2	4	1		3			6	1			1				4			2	1	立正9,共立5,大妻1,聖心1,白百合1
4	8		3	1			2			2	2	3					1	2	2	
3				2	2		3	1	1	2			2							
8			1				1	1												武蔵3,聖心1
3							3			1		3		1	1	1				
2	1				1		2			1		4		2				1	5	
4	17	4	15		11	7	17	8		2	2	8	3	2	4			4	5	千葉工27,武蔵13,共立11,立命館7,同志社3,東京経済3,大妻3,聖心2,工学院1,東京都市1
72	37	22	17	12	11	18	32	12		11	12	12	8	6	1	6	1	2	3	
53	26	10	16	14	6	5	27	10		8	8	7	5	2	7	5		2	2	
							1													
1																				
7	1	1	4	1	6	7	8	2		1	5	1	2	11	2					関東学院6,立正4,東京都市2,共立2,工学院1,東京経済1,大妻1,聖心1
2								1		1				3						
	1	1		1			1	2						3						
19	11	3	8	1	8	2	3	6		5	5	7			98	1	1			千葉工12,立命館6,関東学院3,武蔵2,立正2,東京都市1
17	24	4	2	6	9	1	6	1		1	1	5	1	1	113	13				
25	3	2	4		5	2	4			2	2	4	1	2	109	3				
2	4		2				1			1		1			25	2	1	1	5	立命館11,武蔵5,東京都市3,同志社2
10	3	5	2		3				4		2	4			6	6	2	1	2	
25	11	6	12		5		1	5	7	4	6	6	1	4	9	5	2	1	2	

東京・私立

高校		年	卒業生概数	国立									私立								
				◆東京大	◆京都大	◆東工大	◆一橋大	千葉大	筑波大	◆東京外大	横浜国大	埼玉大	早稲田大	慶應大	上智大	東京理科大	学習院大	明治大	青山学院大	立教大	中央大
さ	自由ヶ丘学園	'23	190													1		3		2	2
		'22	220													1					2
		'21	250										1						1	1	
	自由学園	'23	70										1	1	2				1		3
		'22	80								1		2	5	2	1	4	8	1	3	2
		'21	80					1	1				3		1			2			1
	修徳	'23	230													2	1			2	1
		'22	230										6				1	9		5	7
		'21	210										5				1	4			2
	淑徳	'23	440	1	1	1		4	2		1		19	13	27	50	8	61	15	56	45
		'22	400					1	1	4	3	6	16	22	25	47	24	58	26	54	56
		'21	360	3		1		6	2	5	6	8	28	11	26	59	13	61	31	39	55
	淑徳巣鴨	'23	360				1	1	1		2		15	3	10	20	14	55	20	41	40
		'22	420	1				1	2		1		14	7	25	25	8	38	29	43	45
		'21	380					1	1	1		1	7	7	14	18	5	38	35	43	63
	順天	'23	250					3	3				21	7	14	19	3	28	13	30	26
		'22	190					3	2		1	1	11	6	6	34	11	31	19	38	23
		'21	250	2		1		3	1		1	2	24	4	14	19	19	33	23	35	40
	松蔭大学附属松蔭	'23	—															1	1	4	
		'22	70													2		2	1	2	2
		'21	—										1			1		2	2	1	2
	城西大学附属城西	'23	250												1		2		2	1	2
		'22	350												1	1	1	3	4	1	
		'21	310						1				1	1	1	1	1	2	1	1	4
	聖徳学園	'23	140				1		1	1	1		5		1	12	3	12	6	15	15
		'22	200			1		2			1	1	5	5	3	17	12	20	14	12	18
		'21	230			1			2	1			2	2	5	11	5	10	12	14	21
	ＳＤＨ昭和第一	'23	290														1	2			5
		'22	350													7	3	6	2	2	6
		'21	290																		
	昭和第一学園	'23	500														4	3	6		8
		'22	500													1		4	3	1	6
		'21	570												3			8	3	6	10
	昭和鉄道	'23	180																		1
		'22	190																		1
		'21	200					1	1												1
	杉並学院	'23	450										5	1	5	7	3	19	12	4	24
		'22	390					1	1	1		1	5	1	6	10	2	19	10	14	29
		'21	270										3			13	5	13	8	6	23
	駿台学園	'23	100												1	1	1				2
		'22	140												1					2	4
		'21	130										1		7		1	2	3	3	
	成蹊	'23	320	2	2	1		1			1		15	20	42	13	4	49	21	34	25
		'22	320	1	1	2			2	1	1		41	24	31	13	7	34	24	44	31
		'21	320	2		1		2	1	2	1		33	22	35	13	2	34	25	28	36
	成城学園	'23	270										6	5	19	1	2	13	5	11	16
		'22	280							1			8	10	13		4	6	6	8	13
		'21	270						1				3	6	17	3	5	7	11	11	12
	正則	'23	230											3		1		1	1		1
		'22	270										2				4	9	2	1	8
		'21	380						1			1				1	2	2	2	1	1
	聖パウロ学園	'23	80												6						
		'22	80												4		1	1			2
		'21	90												4		1	1		1	2

私立																				
日本大	東洋大	駒澤大	専修大	大東文化大	東海大	亜細亜大	帝京大	國學院大	国際基督教大	成蹊大	成城大	明治学院大	獨協大	神奈川大	芝浦工大	東京電機大	津田塾大	東京女子大	日本女子大	その他の大学（この欄はすべて'23年春のもの）
2	1	5	1	2	1	1	24	1		2	2	3	1							立正8,関東学院4,武蔵1,工学院1
27	10	3	1	5	8	5	19	2				1	1	1						
6	7	2	2		3	3	7	4						5						
4	6	3	1		4						5		1		2	3		1		関東学院4,同志社2,工学院1,東京経済1
2	4		3				1		1	2	1	2			1		2			
8	1		6	2			2	1	3			4	1			5				
26	38	2	2	10	2	1	5	1		2			4		3	21				千葉工29,立正4,工学院1,東京経済1
28	29	8	10	5	10	5	8	3				2	11	3	3	5				
25	28	6	10	8	7	2	9	2		1	1	1	8	2					1	
52	83	12	23	30	3	13	21	14		15	20	14	14	1	32	13	4	7	6	工学院45,千葉工30,武蔵29,大妻13,東京経済10,共立9,立正8,同志社7,東京都市6,立命館3,白百合2,聖心1
63	90	16	31	28	12	1	28	18	3	19	10	14	12	2	29	3	5	18	22	
58	74	13	10	14	11	13	18	7	1	19	15	16	7	3	47	9	8	8	15	
56	64	29	41	21	8	13	17	23		16	14	23	39	1	32	10	4	10	3	武蔵28,千葉工17,東京都市12,工学院9,共立9,大妻9,立命館4,東京経済3,関東学院1,白百合1
02	98	21	36	35	9	8	37	15		22	17	23	37	9	36	7	1	12	7	
94	112	34	45	36	13	12	40	13	2	14	15	37	14	4	12	4	4	6	7	
37	57	14	11	6	13	6	10	7		6	6	8	29	2	32	18	1	10	1	千葉工41,共立11,大妻10,立命館8,工学院6,東京都市5,関東学院4,武蔵3,同志社2,東京経済2,聖心2,立正1,白百合1
56	46	13	2	10	14	4	12	7		3	9	8	10	1	23	24	8	9	7	
82	63	16	20	20	17	2	16	18		14	18	18	15	7	31	20	2	4	4	
1	2		1			2	1	4		2		1	2							関東学院3,立命館2
5	1		1		7	2	5	1		1			2	1	4					
5	4	2	2	2	2		5			2	3	3		2						
11	16	12	13	14	21	1	18	4		5	2	3	1		2	4				武蔵4,東京経済2,千葉工2,東京都市1,立正1,関東学院1,共立1
17	10	12	9	12	4	6	22	2		7	1	5	18	2		3				
12	19	2	9	9	4	7	21			8	1	6	12	4		9			2	
22	11	4	8	5	20	2	6			6	5	5	1		8			1	2	東京都市12,千葉工10,立正6,東京経済4,立命館3,武蔵2,聖心1
17	15	7	9	3	5	7	11	9		8	6	1	6		8	6	1	2	5	
31	18	18	17	11	2	6	12	7		8	3	1			5	3	1		3	
10	6	6	13	12		3	10	2		1		1	3	2						千葉工20,立正6,武蔵4,東京経済2,工学院1,東京都市1,大妻1
15	9	4	6	6	5	10	13	3		3	1	3	4	1		5			1	
13	7	4	4	5	3	10	8			1		2	1			4				
23	22	9	11	3	10	10	45	1		4		1		3		8				千葉工45,東京経済8,武蔵7,関東学院6,立正4,工学院3,白百合2,東京都市1,大妻1
26	14	6	20	4	4	16	53	1		6		2	1		1	6				
27	14	8	8	8	10	18	50	2		4		2	1	3		11				
2	1		1			1	4													千葉工4
2							1							1		1				
2	4		3	1			1													
59	48	31	23	13	25	30	39	16		14	5	15	17	8	8	10	1	15	5	千葉工38,東京都市15,東京経済13,立正9,武蔵7,工学院7,共立6,大妻6,立命館4,聖心4,白百合3,同志社2
40	39	22	40	9	20	11	34	9		25	11	10	7	7	6	3		7	5	
57	23	15	20	5	7	18	17	11		15	13	8	2	3	9	7	1	3	7	
7	2		1	4	1		6						2		1					千葉工42
17	7	6	1	15	1	2	1						4	2						
6	11	2	6	10	2	1	4	1					3	1		1				
34	30		2		9		6	4		124	9	17	14		8	6	1	1	5	立命館12,東京都市12,千葉工12,同志社4,工学院4,東京経済1,共立1,大妻1,聖心1
31	9	2	9	3	10		9	5	3	106	5	9	7	4	5	2	2	1	2	
30	20	3	14	2	3		14	3	4	101	7	11	2		12	2	5		10	
9		1	1		1		2	1		2	154	1								立命館5,関東学院5,同志社1,武蔵1
14	3		1		6		5	4	1	4	181	2						1	1	
10	11	6	1				4	2		1	172	8			1	1				
20	20	5	7	6	7	7	11				3	3	3	4	5	5				千葉工71,関東学院8,立命館5,立正5,東京都市4,東京経済3,同志社2,武蔵1,共立1
36	20	14	11	3	12	11	16	6		5		4	6	11		5	1	3		
41	20	11	13	6	4	6	18	3		1		2	7	10		2				
		1	6	2		1	18													立正7,関東学院1
2				1	2	2	16											1		
6	2	1	4			3	6			2						2	1			

合格状況

東京・私立

	高校	年	卒業生概数	国立 ◆東京大	◆京都大	◆東工大	◆一橋大	千葉大	筑波大	◆東京外大	横浜国大	埼玉大	私立 早稲田大	慶應大	上智大	東京理科大	学習院大	明治大	青山学院大	立教大	中央大	法政大
さ	成立学園	'23	330						1				4	2	1	3	16	13	11	14	30	2
		'22	300									1	1	3	1	8	24	18	10	27	35	2
		'21	350						1				14	2	1	4	28	23	5	53	38	2
	青稜	'23	270			1		1	1	1	2		31	7	23	27	7	77	39	41	45	5
		'22	330	1		3			1	1	7	2	36	29	16	35	12	75	43	44	46	5
		'21	370			1	2	2	1	2	7	4	21	13	23	35	20	78	53	45	60	5
	専修大学附属	'23	460													1			5	1	5	
		'22	430													2	1				1	
		'21	430										4	1		1	1	3	1	3	2	
	創価	'23	340	2				2	2	2			13	12	2	7	5	15	6	11	14	1
		'22	340			1		2	4		1	3	9	5	2	10	1	10	5	4	13	
		'21	340		1			3	6			2		3	1	9		12	1	2	5	1
た	大成	'23	400										3	1	1	1		7	9	9	9	1
		'22	410												1	4	2	11	4	1	24	1
		'21	480														1	6	5	4	3	1
	大東学園	'23	260																			
		'22	210																	1		
		'21	310															1		1		
	大東文化大学第一	'23	360										2	1			3	1	5	1	1	
		'22	350							1			3	1	1	2	4	8	5	1	2	
		'21	340													7	2	7		4	5	1
	拓殖大学第一	'23	380					1	2		1		25	2	2	18	11	39	21	26	63	4
		'22	430	1	1			1			1	2	16	6	9	14	19	57	28	26	45	6
		'21	510					1	1	1		1	29	3	7	11	13	39	24	41	54	4
	玉川学園	'23	220						1					4	5	5		9	3	3	8	
		'22	220										10	6	12		4	4	13	15	10	[illegible]
		'21	230						1				11	2	12	5	7		7	9	4	[illegible]
	多摩大学附属聖ヶ丘	'23	100											1	2	1	1	6	6	4	13	[illegible]
		'22	100										4	1	1	4	2	7	6	4	12	8
		'21	130										1	1	1	1	6	12	9	5	13	5
	多摩大学目黒	'23	240						1				12	3	3	7	4	29	13	13	15	37
		'22	330										3	1	2	11	9	22	11	5	17	19
		'21	260								1		3	3		7	9	14	18	10	18	29
	中央学院大学中央	'23	190																			[illegible]
		'22	140																			
		'21	80																			
	中央大学	'23	160								1		4	2	3	2		5	1		149	1
		'22	180					1	1				14	1	6	3	1	1	2	6	159	[illegible]
		'21	160			1		1	1						2	1		1		1	149	1
	中央大学杉並	'23	310					1		2			1	1	3	4	1	2	3		289	1
		'22	350			1				1	1		3	3	9	8		7			328	
		'21	310			1							4	5	6	7		3		3	290	4
	中央大学附属	'23	380						1	1			1	4	16	4		6		1	321	3
		'22	390				2			1	1		9	7	16	2		7	1	3	334	4
		'21	390		1					1	1	1	3	5	16	3		4	2	1	346	
	帝京大学	'23	180	2		3		1		1			40	27	33	44	10	74	35	30	59	48
		'22	160		1	6	3		5	3	3		36	25	20	35	8	69	30	39	66	45
		'21	180	1	1	1		1			5	2	57	22	45	34	4	88	24	31	41	43
	帝京大学系属帝京	'23	350										2		4		5	6	5	2	5	7
		'22	290					1					1	5	5	4	1	2	6	5	8	10
		'21	250					1					1	1	3	7	2	4	3	2	1	2
	帝京八王子	'23	140															2			3	
		'22	110																			1
		'21	110										3				2	1			6	3

	私立																			その他の大学（この欄はすべて'23年春のもの）
	東洋大	駒澤大	専修大	大東文化大	東海大	亜細亜大	帝京大	國學院大	国際基督教大	成蹊大	成城大	明治学院大	獨協大	神奈川大	芝浦工大	東京電機大	津田塾大	東京女子大	日本女子大	
0	**66**	**21**	**9**	**21**	**4**		**43**	**2**				**1**	**5**		**2**			**1**		千葉工462,東京経済9,同志社5,共立5,東京都市4,立正3,武蔵2,大妻2
4	94	14	9	9	6	5	39	6		4		8	13	2	1	2			1	
3	67	23	15	24	3	5	33	10		4		4	77		4	3				
5	**17**	**21**	**28**	**2**	**19**	**3**	**13**	**8**		**13**	**14**	**25**		**31**	**24**	**18**	**2**	**2**	**6**	東京都市43,工学院36,千葉工16,関東学院10,立命館8,立正8,同志社4,武蔵2,東京経済2,共立2
6	57	17	20	4	33	7	17	25		10	21	27	7	33	32	12	5	4	5	
2	52	27	25	11	28	3	22	23	1	6	21	38	3	29	33	9	4	4	20	
0	**7**		**398**	**1**		**3**	**3**	**1**		**1**	**2**			**1**						立正3,立命館2,東京都市2,関東学院2
1	2		399	1			2			1	1			1		1				
3	1	2	390		1		2	3		1			2	1		1				
5	**8**			**1**	**6**		**2**				**1**	**3**	**2**		**4**				**1**	東京都市6,武蔵3,同志社2,工学院2,立命館1,千葉工1,関東学院1,大妻1
4	5	3		4	1		1						1		1	1				
6	4				1		4			1		2			2	1				
6	**33**	**11**	**21**	**6**	**19**	**20**	**69**	**9**		**6**	**4**	**1**	**3**	**3**	**3**	**1**			**1**	武蔵9,東京経済7,東京都市6,立正3,立命館1,工学院1,関東学院1
7	13	14	31	4	8	19	43	9		6	4		5	8	4	5	1	3		
4	22	9	20	6	11	13	46	5		5	2	2		3		1				
							5													
				1			1													
2	3			3		1	5	1								2				
0	**17**	**7**	**13**	**116**	**1**	**8**	**12**	**4**		**1**	**4**		**2**	**2**		**3**			**1**	大妻5,武蔵2,立正2,共立2
1	17	7	11	113	7	3	10	2		4	1	2	4		2	5			1	
7	19	6	5	94		6	14	9		3	4	2	10	1	1	6			1	
1	**53**	**34**	**65**	**14**	**15**	**32**	**58**	**14**		**16**	**20**	**11**	**24**	**3**	**14**	**36**	**3**	**3**	**6**	東京都市32,東京経済32,工学院19,大妻19,武蔵16,立正5,関東学院3,立命館2,共立1
8	105	34	77	19	16	19	63	30		48	26	21	9	6	17	18	5	29	11	
0	109	24	35	19	19	24	52	18		35	18	15	5	7	31	33	8	17	11	
3	**1**	**1**	**3**		**6**		**8**	**2**				**1**	**6**	**2**	**3**	**2**				工学院5,立正3,関東学院2,東京都市1,東京経済1,聖心1
8	9		5	1	14	1	7	3	1	8	9	10	2	2	1	1			1	
2	11	5	5	1	4		5	4		3	3	2		2	1	2		1	1	
4	**8**	**2**	**13**		**7**	**3**	**12**	**5**		**4**	**4**					**3**	**2**	**2**	**1**	関東学院6,工学院4,千葉工4,白百合4,武蔵2,東京都市2,東京経済1
9	7	1	9	3	13	1	7	6		7	6	8		11	3	1	1		2	
8	23	9	9	1	30	7	15	3		4	3	1		6	1	3	3		1	
3	**12**	**13**	**22**	**1**	**19**	**4**	**27**	**9**		**6**	**13**	**17**	**4**	**20**	**11**	**6**	**4**	**5**	**5**	千葉工19,東京都市11,武蔵10,関東学院10,立正9,東京経済4,共立4,同志社2,立命館2,工学院2
5	15	26	26	3	47	5	27	13		13	18	12	8	15	6	6		4	4	
8	22	18	25	5	21	1	19	6		16	17	16	8	24	16	12	2	2	4	
1	**1**					**1**	**1**													
	1					1	3			1						1				
1				2			3													
				2								**1**			**2**	**1**				千葉工2
4	4	1	1	7							1	2								
5	4														2					
2		**1**		**3**		**2**									**4**		**1**			東京都市3,東京経済1
2												1	2	1	2					
5			4				1													
1	**1**		**2**	**2**	**1**	**1**										**1**				白百合1
7	4		1		1			1		2					18	1				
1	3			4			1						2				4			
5	**20**	**13**	**13**	**2**	**6**	**9**	**10**	**7**		**10**	**9**	**24**	**2**	**1**	**12**	**8**	**5**	**14**	**10**	工学院17,東京都市9,武蔵6,立命館1,東京経済1
9	19	9	9		13	2	8	7	2	9	9	4	1	5	29	5	6	10	22	
3	27	5	16	1	15	4	6	6	1	12	6	6	4	2	29	9	2	3	6	
8	**28**	**7**	**1**	**9**	**15**	**5**	**78**	**1**		**2**		**1**	**5**	**7**	**9**	**2**				千葉工45,武蔵9,東京都市8,工学院4,立正4,立命館1,東京経済1,白百合1
4	7	4	4	8	5	4	71	3	1	2	1	4	7	3	1	6				
4	14	2	3	11	5	1	57	6			5		4	1	5	4				
4			**3**		**1**	**2**	**54**								**1**	**1**				東京経済2
	1		4				42	2			2				2					
3	8		2				48			1										

東京・私立

高校	年	卒業生概数	国立 ◆東京大	◆京都大	◆東工大	◆一橋大	千葉大	筑波大	◆東京外大	横浜国大	埼玉大	私立 早稲田大	慶應大	上智大	東京理科大	学習院大	明治大	青山学院大	立教大	中央大
た 貞静学園	'23	**120**																		
	'22	170													1					
	'21	160																		
東亜学園	'23	**190**										**1**					**3**		**4**	**6**
	'22	290										2	1		1	3	4	4	2	8
	'21	350									1				3	2	2		4	3
東海大学菅生	'23	**400**																		**5**
	'22	410														1	4	4	4	5
	'21	520								1				2			1	1		9
東海大学付属高輪台	'23	**520**												**1**						
	'22	450								1		1		1			1		2	1
	'21	460										1	1			1	4		8	
東京	'23	**300**						**1**				**1**					**7**	**3**	**1**	**4**
	'22	290			1							1			2	2	2	3	1	6
	'21	340			1		1			1		1			4	1	3	3	4	11
東京音楽大学付属	'23	**70**																		
	'22	90																		
	'21	80												1						
東京実業	'23	**270**																		
	'22	270															1			
	'21	320												1						
東京成徳大学	'23	**410**					**2**	**3**				**4**	**1**	**7**	**10**	**3**	**17**	**4**	**38**	**10**
	'22	360					1	1			2	4	3	6	14	12	25	14	27	19
	'21	490					2	4			4	2	3	2	9	8	29	20	30	14
東京電機大学	'23	**260**										**3**	**2**	**1**	**4**	**3**	**3**	**4**	**4**	**16**
	'22	260										3	4	3	10	4	10	4	13	20
	'21	270									1	1	1	1	8	7	12	1	4	14
東京都市大学等々力	'23	**280**			**2**	**2**	**1**	**2**	**5**	**5**		**33**	**11**	**24**	**59**	**19**	**118**	**53**	**49**	**108**
	'22	220	1	1	1	2		2	2	4	5	33	27	38	61	34	68	46	59	91
	'21	200	1		1	1	2	2	2	9	2	17	9	34	28	6	56	51	29	59
東京農業大学第一	'23	**320**	**3**	**1**	**1**	**2**		**2**	**2**	**1**		**43**	**25**	**16**	**37**	**7**	**120**	**31**	**50**	**72**
	'22	350	1		1	2	1	2	1	7		25	29	14	46	12	93	40	54	83
	'21	340	2	1	1		2	2	3	4		35	23	17	37	8	104	29	59	83
東京立正	'23	**150**																		**1**
	'22	160													2	1	1			2
	'21	180													1	1	2		2	2
東星学園	'23	**20**												**3**						
	'22	30												3					1	
	'21	25												5						
東邦音楽大学附属東邦	'23	**—**																		
	'22	—																		
	'21	—																		
東洋	'23	**460**					**5**	**7**				**3**		**5**	**5**	**9**	**30**	**13**	**19**	**25**
	'22	300					2	3			3	5	1	5	11	12	20	14	7	15
	'21	280					3	2		2	1	9	2	5	24	9	23	8	22	19
東洋大学京北	'23	**370**							**1**			**14**	**7**		**7**	**12**	**40**	**21**	**21**	**27**
	'22	320						2			2	13	5	10	9	11	29	14	13	17
	'21	270					1	1	1	1	2	5		5	7	7	17	11	9	17
豊島学院	'23	**310**							**1**			**2**		**3**	**2**	**4**	**12**	**3**	**6**	**2**
	'22	320			1				1	1	6	8	1	4	12	6	17	7	18	13
	'21	300							1	1	3	3	1	1	8	3	14	6	10	14

	私												立							
	東洋大	駒澤大	専修大	大東文化大	東海大	亜細亜大	帝京大	國學院大	国際基督教大	成蹊大	成城大	明治学院大	獨協大	神奈川大	芝浦工大	東京電機大	津田塾大	東京女子大	日本女子大	その他の大学（この欄はすべて'23年春のもの）
9	10	3	4	3	1	2	4	1					2			4				
3	3	1	1	1	1		4	1												共立3,立正2,大妻2
6	8		2	4		2	7				1		1							
3	15	3	5	12	1	10	10	1		4	1		2		2					武蔵11,東京経済8,大妻3,共立2,
3	18	16	24	4	6	21	23	5		17	4	4	8	2		6	1	1	3	白百合2,東京都市1,立正1,聖心1
1	14	16	19	7	10	20	23	5		9		4	7	1		8		1	2	
3	1	1	1		149	7	14			1	1			2		7				
4	6	1	7	2	136	9	27	1		2		1	4	2		1		1	2	東京経済6,工学院4,大妻3
2	10	1	7	6	154	10	19	3			1				1	1				
2			1		459		1					3								
4	6	1		1	382		4						1	1						千葉工14
5	2	1	1	1	354		1	1				3		1						
8	3	2	21		11	2	14	3			2	3		7		1		1		東京都市12,立正2,東京経済2,関
5	6	5	13	6	14	3	18	2		3	4	9	2	16	2	1				東学院2,工学院1,大妻1
7	14	10	11	5	24	2	14	4			2	13		25	7	1				
		1			2															
2																				
2							11													
6							6								1					千葉工2,東京都市1
3	1				1		5						1	3		2				
3	59	18	25	48	24	9	29	10		5	6	7	29	1	4	6	1	2	4	千葉工19,立正10,大妻6,武蔵4,
8	85	17	18	12	16	11	18	7		15	6	11	21	4	21	22	1	6	5	工学院3,東京都市3,東京経済1,
2	60	16	16	29	19	10	44	6		10	9	10	17	8	21	20	1		3	関東学院1,聖心1
9	20	2	5		13	5	15	3		6	2	6	5	3	12	81		3	3	東京都市8,東京経済7,工学院6,
1	14	2	8		8	7	15	5	1	13	3	4	1	3	5	69		4	2	武蔵5,立命館3,関東学院3,大妻
3	15	4	8	8	8	2	15	4		9	6		1		11	65	2	5	3	3,立正2,千葉工2,白百合1
5	20	29	28		36	4	6	30		19	7	49	4	14	31	7	4	7	21	東京都市49,工学院18,千葉工15,
5	46	22	43		16	2	8	24	1	11	19	19	4	21	36	7	4	11	4	武蔵10,立命館8,関東学院5,共立
5	26	33	23	9	14	3	14	12		4	19	13	2	9	15	3	2	11	11	2,同志社1,東京経済1
3	57	20	29	1	23	5	11	11		26	21	33	2	20	56	19	4	7	4	東京都市81,工学院54,武蔵13,立
3	64	18	36	2	35	2	13	14		16	23	30	3	25	42	12	9	5	6	命館7,千葉工7,大妻7,関東学院3,
01	48	18	36	4	29	4	19	15	1	22	20	16	5	8	24	3	9	12	9	同志社1,立正1,東京経済1,共立1
7	4		7	4		6	17						1			1				
1	4	2	7	2	2	4	13	2		6	5	2	1	2		3	1			東京経済2,大妻2
8	3	3	3	9	2	5	19	5		1		1		1		2			1	
				1			3													立正1
1		1					3			3			2							
1																				
92	104	44	39	17	30	6	37	14		18	21	29	23	7	20	20	5	7	12	千葉工80,立正26,東京都市13,武蔵
67	68	12	35	8	10	7	23	9		20	11	20	13	12	8	6	1	3	5	12,共立10,工学院9,大妻9,東京経済
49	77	14	12	7	12	4	21	12		11	12	17	13	7	17	8		1		4,白百合4,聖心3,立命館2,関東学院1
88	186	12	26	7	7	5	11	13		13	8	34	16		6	18	2	6	10	千葉工41,武蔵22,共立12,大妻6,工学
34	182	7	17	8	19	5	15	8		12	7	13	7	4	15	11	2	4	6	院5,東京経済4,白百合4,立命館2,立
36	148	8	14	9	8	1	6	8	2	7	8	7	13	2	6	10		2	4	正2,関東学院2,同志社1,東京都市1
40	40	16	17	16	2	14	34	7		9	7	7	23	4		17	1	5		千葉工135,武蔵17,東京経済9,白
37	40	20	20	35	9	15	34	10		14	6	6	18	8	14	21	2	2		百合5,立命館4,立正4,共立4,同志
40	46	23	32	27	7	11	31	12		13	5	6	15	2	6	14	3	3	5	社2,東京都市2,関東学院2,大妻2

合格状況

東京・私立

	高校	年	卒業生概数	国立									私立								
				◆東京大	◆京都大	◆東工大	◆一橋大	千葉大	筑波大	◆東京外大	横浜国大	埼玉大	早稲田大	慶應大	上智大	東京理科大	学習院大	明治大	青山学院大	立教大	中央大
な	二松学舎大学附属	'23	200														1	2	1	1	2
		'22	230										1		1			8	3	3	4
		'21	430										1				1	1	2	3	1
	日本工業大学駒場	'23	270										6		1	1		11	3	5	7
		'22	460								1		8	4		7	6	8	6	7	17
		'21	380								1		2	1		6	4	11	5	12	13
	日本体育大学荏原	'23	370																2		1
		'22	320										1					1		1	1
		'21	320							1				1			2		2		3
	新渡戸文化	'23	40																		
		'22	50																		
		'21	30											1	1					1	
	日本大学櫻丘	'23	480						2				1	2	3		5	9	8	6	19
		'22	490										2	1	2	3	4	3	2	3	7
		'21	500										1	1	3		5	4	6	1	5
	日本大学第一	'23	330										2	2	2	2	5	7	3	2	10
		'22	350												1	7	6	2	1	1	5
		'21	340					1					3		1	6	7	2	2	4	2
	日本大学第二	'23	400										7	5	9	16	3	19	6	8	29
		'22	410		1		1	1					11	2	9	19	14	33	15	19	41
		'21	430					1				1	8	2	10	14	14	47	21	25	41
	日本大学第三	'23	370	1			1		1		1		5	6	8	3	1	8	11	6	22
		'22	370										10	4	3	6	10	34	15	7	28
		'21	370		1	1							7	4	5	7	9	16	15	6	13
	日本大学鶴ヶ丘	'23	420					1	1	1	1		9	2	3	2	3	19	10	11	10
		'22	420					2			2	1	4	1	6	11	8	14	8	12	18
		'21	480				1					2	2	3	3	12	6	11	8	10	17
は	八王子学園八王子	'23	480				1			2	1		12	9	7	16	4	35	21	16	38
		'22	500	1			1		2		2	2	20	7	7	12	11	45	31	27	60
		'21	490	1	1		1	1	1	1			12	5	5	17	8	48	29	19	56
	八王子実践	'23	630						1				1		1	5	3	2	4	4	7
		'22	460											1	1		3	6	4	6	8
		'21	510							1	1		3	2		2	2	7	1	2	10
	羽田国際	'23		現・蒲田女子高等学校。羽田国際高等学校としての実績はまだない。																	
		'22																			
		'21																			
	広尾学園	'23	270	9	3	6	4	5	4	2			84	69	73	83	7	86	37	48	36
		'22	280	5	3	6	5	6	4		8		93	72	97	77	10	100	58	67	72
		'21	320	3	2	1	3	5	1	1	8	6	66	50	82	68	11	68	44	64	72
	広尾学園小石川	'23	50										1								
		'22	60											2		1	1	6	2	6	3
		'21	80																		
	文化学園大学杉並	'23	250					1			1		2	2	5	3	2	3	7	11	12
		'22	380										3	2	3		4	12	3	9	8
		'21	300						1	1			5	1	2	3	2	13	2	15	5
	文教大学付属	'23	230										2	1			1	8	11	2	8
		'22	260					2		1			7		6	1	5	15	8	4	8
		'21	290					2		1			2	4	2	9	1	21	5	19	18
	法政大学	'23	230										6		6			7		2	2
		'22	230										1	1	7	1		6	1	2	1
		'21	230						1					6	7	1	1			1	
	宝仙学園	'23	250	1	1	1				1			12	6	20	20	8	40	12	31	21
		'22	230		1	3		1	1	1	1		20	8	13	16	10	40	18	35	55
		'21	210	1	1		1		4	3	3	1	21	10	10	23	6	43	14	17	27

私立																				
日本大	東洋大	駒澤大	専修大	大東文化大	東海大	亜細亜大	帝京大	國學院大	国際基督教大	成蹊大	成城大	明治学院大	獨協大	神奈川大	芝浦工大	東京電機大	津田塾大	東京女子大	日本女子大	その他の大学（この欄はすべて'23年春のもの）
8 7 9	7 10 10	8 12 10	3 14 16	4 6 10	3 3 8	3 10 5	8 13 21	1 9 12		3 2 5	1 2 4	3 4 4	4 4 4	2 2 5	 1 	1 4 1		 1	2 1 3	千葉工16,立正5,大妻5,共立4,関東学院2,東京経済1,聖心1
2 2 2	7 23 14	2 15 5	2 15 7	7 7 2	16 47 31	5 7 3	10 38 7	2 15 5	 1 	2 10 5	3 9 2	1 2 4	1 2 2	6 18 14	5 7 7	7 21 4			1 2 3	千葉工29,東京都市21,関東学院6,工学院3,東京経済2,大妻2,武蔵1,立正1,共立1
3 8 3	2 4 4	2 1 	6 7 3	1 1 1	3 5 5	1 1 	8 7 8	2 1 1				 6 1	5 	 4 7				2 	1 	武蔵1,東京都市1,関東学院1
	  1											 1 		 1 	 1				 1 1	
59 24 93	19 11 3	6 3 1	8 3	5 2 	11 4 6	4 1 1	4 4 2	9 5 		6 7 5	2 3 9	13 2 1		 2 1	4 2 	2 1 	1 1	2 1 1	4 3	千葉工11,工学院8,東京都市7,立正4,武蔵3,共立2,大妻2,関東学院1
 25 41	14 3 10	1 1 3	2 5 1	2 	1 3 	 2 	2 4	12 1 		2 4 3	5 3 3	6 5 2	4 4 4		1 6 3	1 2 1		 1 	 2 1	立正2,東京都市1,東京経済1
24 21 91	19 16 28	8 7 5	12 8 13	 10 3	4 6 11	3 4 8	12 7 17	11 3 10	 1 	7 20 29	3 9 18	17 7 6	7 2 7	1 2 	10 10 7	4 4 5	 1 	2 8 6	1 4 7	千葉工15,武蔵6,工学院6,大妻5,東京経済3,関東学院2,聖心2,東京都市1,共立1,白百合1
40 60 13	13 14 10	2 5 3	12 13 5		27 31 13	 2 	12 12 9	4 6 4	 1	5 11 5	8 6 9	8 6 3	 5 3	3 18 15	2 2	1 1 2	1 3 	3 2 	1 1 1	工学院10,関東学院6,東京都市4,同志社2,共立1
34 67 56	13 11 17	5 3 4	1 8 9		 6 2		2 6 6	3 2 1	 1	5 7 8	8 10 10	6 2 6	1 4 4	 2 1	1 7 4	 2	2 	11 3 3	 1 2	武蔵8,工学院3,東京都市2,関東学院2,共立2,大妻1
9 02 79	28 55 53	10 12 24	29 40 36	4 2 6	29 29 22	9 10 8	21 32 33	13 18 27		17 31 26	14 20 13	23 15 22	3 8 3	9 10 10	6 25 12	10 11 12	13 17 7	14 19 12	2 6 11	工学院16,大妻15,千葉工10,東京都市8,共立6,白百合6,東京経済4,武蔵3,関東学院3,同志社2,立命館2,立正2
26 35 1	27 24 36	13 12 6	63 37 10	15 4 1	27 17 25	25 10 6	78 52 42	7 3 		7 10 3	5 4 2	6 5 2	6 8 2	18 15 9	2 1 	8 5 4	2 1	5 1 1		東京都市12,武蔵11,東京経済11,工学院5,関東学院5,立正4,大妻3,白百合3,聖心2,立命館1,共立1
40 40 69	18 26 41	10 14 11	7 13 6	 2 	7 10 9	2 2	4 6 7	 8 5	 14 9	10 16 14	5 19 9	8 19 17	2 5 17	 5	34 50 31	8 11 1	 4 4	5 6 7	 5 11	東京都市18,工学院9,千葉工6,立命館5,共立4,同志社2,武蔵2,関東学院2,立正1
3 3 	4 7 1	 1 	3 5 1	 6 2		 1 	 1 	 1 		 2 	 1 		 3 				1 		 2 	共立2,武蔵1,大妻1
26 25 23	17 34 16	11 7 6	11 16 10	2 11 8	3 6 2	13 22 5	10 31 19	6 3 6	 1	1. 4 3	1 8 4	2 11 	6 5 1	 4 	2 1 4	1 2 2	1 1 2	 3 3	 7 5	武蔵10,千葉工4,立正3,立命館2,東京経済2,工学院1,共立1,聖心1,白百合1
25 35 36	18 27 25	28 15 7	16 51 20	2 6 4	11 19 23	2 7 3	15 14 15	7 20 5	 1 	4 6 3	7 7 4	15 19 8	15 5 6	23 33 17	 7 7	1 6 10	1 1	1 1 1	2 4 2	関東学院9,千葉工8,武蔵5,東京都市5,同志社1,立命館1,工学院1,立正1
1 2 1					1 				 2 			1 			 5 			 2	 2	
55 62 49	30 41 33	15 9 12	19 19 10	2 7 7	10 16 8	7 13 5	16 7 12	8 14 8	 4 	12 30 16	9 13 8	17 25 9	13 10 16	2 3 7	12 43 36	15 21 17	3 2 3	8 15 10	6 10 12	工学院13,東京都市12,武蔵7,立正6,東京経済3,千葉工3,共立3,大妻3,同志社1,立命館1

東京・私立

	高校	年	卒業生概数	◆東京大	◆京都大	◆東工大	◆一橋大	千葉大	筑波大	◆東京外大	横浜国大	埼玉大	早稲田大	慶應大	上智大	東京理科大	学習院大	明治大	青山学院大	立教大	中央大
				国立									私立								
は	豊南	'23	310															3	2		5
		'22	250									1	4			1	2	4		3	2
		'21	300														3	3	1	1	1
	朋優学院	'23	330			1	4	2	1	2	4		48	9	40	41	22	124	76	75	70
		'22	530	1	1		1	3		2	4		42	16	34	73	16	105	40	119	112
		'21	460			1		5	3		5	1	28	6	42	42	12	78	34	88	83
	堀越	'23	390															1	1		2
		'22	390												1						2
		'21	380																		1
ま	三田国際学園	'23	160		1						1		16	5	24	14	6	34	20	27	19
		'22	260						2	2	1		16	15	12	1	5	11	10	23	19
		'21	190					1			3		2	5	13	9		10	9	13	22
	明星学園	'23	240						2					1	2	2	4	4	4		5
		'22	210										1		1	2	1	1	5	4	4
		'21	270				1			1			2	2	2	1	3	8	2	5	11
	武蔵野	'23	270															1			
		'22	190															1			1
		'21	230															1	1		2
	武蔵野大学	'23	430										6	1	9	1		5	3	3	12
		'22	220										1	1	4		2	1	3	4	5
		'21	190												8		1	1	2	2	5
	武蔵野大学附属千代田	'23	260												5			1	1	2	2
		'22	110											2	2				2		2
		'21	130										2		2			1	1	1	
	明治学院	'23	300										9	4	11	2	2	32	15	24	22
		'22	310										5	11	12	6	9	25	34	26	25
		'21	320							1	1	1	11	11	8	9	8	26	26	20	25
	明治学院東村山	'23	260										5	3	1	1	4	2	6	11	18
		'22	250					1	1		1		4	2	1	3	12	9	7	16	16
		'21	260										6		3	4	11	7	5	21	15
	明治大学付属八王子	'23	320										3			1		286	3	1	
		'22	310	1					1		1			2		1		281			
		'21	320							1	1					2		288		1	3
	明治大学付属明治	'23	280			1		1					4	15	2	20		265			1
		'22	260				1	1		2			7	12	13			241			1
		'21	260	1				1		1			2	11	6			242			1
	明星	'23	370				2			1			15	2	3	8	3	16	4	15	39
		'22	480					1		3			5	3	11	7	10	17	16	15	42
		'21	390								1	4	3	2	2	1	11	12	9	12	31
	明法	'23	120						1					1	1	3	3	5		2	6
		'22	260					1	1	1			4	3	1	4	7	17	5	16	12
		'21	120						2	1		1	1	3	2	8	3	5	4	7	15
	目黒学院	'23	260										3	2	1	2	1	8	2	6	7
		'22	340				1						4	6	5	5	4	14	5	6	12
		'21	230					1			1	2	1	1		7	2	8	6	2	5
	目黒日本大学	'23	300										3	3	7	7	3	13	1	13	17
		'22	330							1			1	2	5	1	3	14	2	4	11
		'21	270										5	3	1	2	2	10	4	2	1
	目白研心	'23	280					1							2	3	1	9	4	7	4
		'22	220										3				1		4	5	6
		'21	290										6		3		5	11	9	15	17

私										立										
日…大	東洋大	駒澤大	専修大	大東文化大	東海大	亜細亜大	帝京大	國學院大	国際基督教大	成蹊大	成城大	明治学院大	獨協大	神奈川大	芝浦工大	東京電機大	津田塾大	東京女子大	日本女子大	その他の大学（この欄はすべて'23年春のもの）
3	1		8	8		2	24				4	1	7	4		2	1	2	4	武蔵6,立正4,大妻3,東京都市2,関東学院2,共立2,東京経済1
0	14	9	7	5	6	10	19	6		2	1	3	3	2	1	5		2	3	
9	15	8	3	12	11	10	19	7		3	1	3	7			5			1	
1	76	25	28	7	13	3	9	30		23	17	27	41	20	47	14	9	14	18	千葉工123,東京都市88,武蔵12,工学院10,立命館8,関東学院6,大妻5,共立4,同志社3,立正3
33	225	36	79	12	56	4	26	52		50	48	65	69	58	55	24	11	36	39	
3	126	35	39	12	37	6	21	39	1	39	24	53	17	52	51	9		32	51	
2							15						2							東京経済1
4	2	2	2	2	1	10	13	1				2		4						
3	3	1	3	3	1	6	6	2					1	4						
30	41	16	14		14	1	3	3		8	13	21	2	7	11	13	2	1	1	東京都市16,武蔵8,立命館3,千葉工3,工学院2,同志社1,関東学院1,共立1,白百合1
26	6	8	16	4	20	5	7	6	5	8	6	10	1	4	8			3	3	
7	10	7	5	3	14		6	7	1	4	10	5	3	8	4	1			3	
3	6	4			7	4	4			1	1	1				2	1	2	2	武蔵2,東京経済2,白百合2,立命館1,工学院1,立正1
6	11	8	2	3	5	7	5	2	1	7	10	3	4	1	1	1			1	
21	9	3	11	2	5	3	9	2	1	8	8	4	4	1	3	4	2			
2	8	7	4	19		2	19	1					7							立正7,東京経済2,工学院1,千葉工1
1	18	2	8	5	12	2	33	5					7							
9	11	2	8	21	14	5	23	1					1			1				
8	13	7	12	2	5	9	12	1		7		1	18					2	1	武蔵13,東京経済10,立正6,関東学院2,白百合2,工学院1
6	13	4	1	1		1	2	2	2	5	5	1	4	2	1	3	2	2	6	
3	2	4	4	1			2	1	1	3	3	2	2	1		1	4		6	
9	6	1	5	2	1	2	5			4					2	4				千葉工15,武蔵8,立正8,東京経済5,立命館1,工学院1,共立1
3	6		1		2		3	1		1		2		1			1	4	2	
3	2	1				2	3			1	1	1		1			1		1	
42	12	8	7	5	10	1	3	2		12	9	148	4	2	6	3	1	2	8	千葉工14,東京都市7,同志社3,工学院3,武蔵2,立命館1,立正1,東京経済1,大妻1
18	10	15	5	1	14		4	5	2	9	14	130	12	1	4		4	17	12	
26	22	10	4	3	9	4	6	10	1	8	13	144	4	5	4	4	3	11	3	
7	16	5	4	5	9	5	7	1		4	2	135		1		10				千葉工7,大妻7,東京経済6,東京都市5,白百合2,武蔵1,工学院1,共立1
24	32	4	4	2	2	9	8		1	9	9	124	1		1	2	1		1	
16	34	1	4	5	5	1	6	4	2	7	4	121		3	7	5	2	3	3	
2	5				3	1						1	2							武蔵3,関東学院1
3						1	3													
5	2							1			1		1							
1					1															立命館1
1			1																	
7		1	2				1	1		1		1				1		1		
31	30	19	26	3	10	7	31	2		4	3	3		1	4	25	7	2	3	千葉工43,東京経済12,東京都市9,武蔵8,工学院7,大妻6,立正4,同志社1,立命館1,共立1,白百合1
45	32	21	59	8	36	20	44	13	2	20	6	8	6	5	12	8	1	7	2	
24	16	16	14	2	13	16	19	8		16	6	7	11	3	3	7	1	2	3	
14	8	6	8	4	11	12	15	5		7	2	3	5		6		1			千葉工10,立命館8,東京経済8,武蔵3,東京都市1,大妻1,白百合1
37	34	5	21	11	5	15	30	6		10	4	3	10	2	5	9	1	6		
20	13	6	3	8	5	3	15	9		6	3	1	8	1	5	5				
15	11	7	12	6	37	7	14	1		4	5	6		9	5	4	2	3	4	東京都市12,関東学院9,千葉工8,大妻7,立正4,立命館3,東京経済1,聖心1,白百合1
36	33	15	9	14	25	3	13	12		6	11	13	4	11						
16	12	8	4	5	3	2	9	6		2	2	11		7				2	2	
211	9		1	3	2	1	2	4			4	7	2	1	8					武蔵3,東京都市3,工学院2,共立2,聖心2,東京経済1,大妻1,白百合1
266	6	4	3	2	3	2	6	6		2	7	2	5						3	
91	3	2	4	1	5	1	6		1	1	2	4		1	1			1	2	
28	45	12	32	34	15	18	23	5		9	5	5	9	1	5	1	3	3	1	立正15,武蔵12,大妻7,東京都市6,東京経済5,白百合5,工学院3,共立3,聖心1
25	28	6	16	13	13	17	23	2		7	1	10	3	4		2	1	2	1	
37	44	17	21	30	16	21	25	10		8	7	13	12	4	4	3	1	6	5	

東京・私立 高校		年	卒業生概数	国立 ◆東京大	◆京都大	◆東工大	◆一橋大	千葉大	筑波大	◆東京外大	横浜国大	埼玉大	私立 早稲田大	慶應大	上智大	東京理科大	学習院大	明治大	青山学院大	立教大	中央大
や	八雲学園	'23	**80**								**1**				**1**	**1**	**1**				**1**
		'22	80										1				3	2	4	2	
		'21	90						1				9	3	1		1	5	12	10	
	安田学園	'23	**380**	**1**		**2**		**6**	**3**	**1**			**32**	**12**	**36**	**45**	**29**	**61**	**19**	**25**	**27**
		'22	340	3		1	3	9		3	1		29	13	31	49	28	41	22	26	45
		'21	410		1	3	1	12	4		2		17	15	8	38	10	42	21	19	35
ら	立志舎	'23	**230**												**1**						
		'22	170													1			3		1
		'21	220																		
	立正大学付属立正	'23	**310**										**2**		**2**	**2**	**7**	**1**	**1**	**8**	**3**
		'22	330		1		1						5	5			3	16	4	12	5
		'21	360												2	3	2	6	5	4	5
わ	和光	'23	**240**											**1**	**4**			**4**	**1**	**2**	**7**
		'22	250										1		2				1	1	1
		'21	230										6	1	6					3	4
	早稲田大学系属早稲田実業学校	'23	**390**										**378**	**4**		**2**					
		'22	420	2						1			411	5	4						
		'21	440	1					2				423						1		

私立																				
…大	東洋大	駒澤大	専修大	大東文化大	東海大	亜細亜大	帝京大	國學院大	国際基督教大	成蹊大	成城大	明治学院大	獨協大	神奈川大	芝浦工大	東京電機大	津田塾大	東京女子大	日本女子大	その他の大学（この欄はすべて'23年春のもの）
1	**1**	**4**	**2**		**7**		**2**				**2**		**2**	**2**	**1**		**1**			東京都市7,大妻3,関東学院1,共立1
2		4			2		2	3		1	1	7	2	4		1	1	6	2	
5	2	11	2	1	2		5			1	3	7		2				2	4	
7	**73**	**20**	**42**	**24**	**13**	**19**	**20**	**22**	**3**	**6**	**10**	**14**	**40**	**3**	**41**	**18**	**1**			千葉工277,武蔵12,立正11,東京都市10,工学院8,大妻5,共立4,東京経済3,同志社1,立命館1,聖心1,白百合1
06	83	38	45	16	21	13	31	27	1	15	19	18	38	9	28	18	4	3	12	
09	94	24	44	21	29	9	38	30	2	7	17	21	29	2	31	23			4	
					1	**1**														
1	6		1	1			1						5		1					
3					1	1	1				1									
3	**11**	**3**	**24**	**1**	**9**	**2**				**3**	**3**	**7**		**11**	**5**	**2**				立正74,関東学院26,千葉工19,東京都市12,東京経済2,共立2,聖心2,同志社1,立命館1,工学院1
0	20	14	27		4	3	29	6		6	2	12	5	22	1	5				
4	15	7	20	7	25	2	20	8		7	2	9	3	32	2	6			2	
4		**4**	**2**		**4**		**2**	**3**												千葉工6,立命館2,工学院2,東京都市2,大妻2
5	2	2	4	2	16	1	3			2	1	1	2	3	1	1	1			
1	3	3	1	2	7	3	4	2				3		3			1		2	
					1		**1**													白百合1
1					1		1													
1																				

合格状況

神奈川・私立

女子校

	高校	年	卒業生概数	◆東京大	◆京都大	◆東工大	◆一橋大	千葉大	筑波大	◆東京外大	横浜国大	埼玉大	早稲田大	慶應大	上智大	東京理科大	学習院大	明治大	青山学院大	立教大	中央大
				国立									私立								
あ	英理女子学院	'23	160										1				1	1	3	3	3
		'22	170													1	2	1		1	1
		'21	140																		1
か	神奈川学園	'23	170										2	1	7	4	4	5	5	14	9
		'22	190										2	3	4	2	17	8	14	21	17
		'21	170										1	2	4	1	8	9	8	9	17
	鎌倉女学院	'23	150	1				2		2	2		33	13	26	7	14	40	17	40	18
		'22	160		1			1		3	4		24	16	23	6	13	44	17	52	15
		'21	160				1		2	2			33	15	22	3	4	43	27	74	14
	鎌倉女子大学	'23	90													1		1			1
		'22	100																1	2	3
		'21	100																	2	1
	カリタス女子	'23	160	1	1				1				23	10	27	7	3	29	13	16	18
		'22	170	1			1			3	2		16	16	23	8	10	21	17	26	13
		'21	180	1						1	2		16	15	27	8	6	26	21	21	27
	函嶺白百合学園	'23	30												5						
		'22	30												2			1			
		'21	40						1						4						1
	北鎌倉女子学園	'23	100										6		3		1		1	3	3
		'22	120						1					1	1		3	2	4	2	1
		'21	110											1					3	1	1
さ	相模女子大学	'23	290														1	1	1	2	3
		'22	290											1			3	4	1		7
		'21	320										2				1	5	3	5	3
	湘南白百合学園	'23	170	1	1			2	1		2		17	15	22	6	6	18	25	34	25
		'22	160	2	1	1			1	1	1		28	27	15	14	13	43	23	32	30
		'21	170	1				1			2		17	14	18	8	3	15	13	13	9
	聖セシリア女子	'23	80										2		5			4	2		
		'22	100								1			2	6	1	2	4	9	7	2
		'21	110										1	1	4	3	1	8	8	3	3
	清泉女学院	'23	160							1			5	4	22		7	14	12	8	14
		'22	160	3					1				14	13	24	3	2	20	17	22	8
		'21	150										4	8	15	1	7	9	11	14	5
	聖和学院	'23	20							1			3		2		2		1	3	
		'22	30										3		1			3	1	2	1
		'21	30															1			
	洗足学園	'23	220	22	1	2	5	2	5	4	8		115	89	97	60	8	155	62	78	50
		'22	230	20	2	3	6	1	2	3	9		119	112	74	55	15	144	54	81	59
		'21	240	10	3	7	6	2		5	18		103	90	53	46	11	143	56	69	74
	捜真女学校	'23	150											1	6	1	1	6	1	2	4
		'22	170										1	1	7		1	3	6	4	
		'21	160										3	4	9		5	5	8	9	5
な	日本女子大学附属	'23	370										14	10	25			13	8	8	19
		'22	380			1			1				23	14	12	11	8	13	12	18	12
		'21	370	1		1				2			11	13	18	6		8	10	10	22
は	白鵬女子	'23	350															2	2	2	1
		'22	360						1				1	1	1		1		2	1	
		'21	350															1		1	
	フェリス女学院	'23	170						3		1		67	38	57	41	8	59	45	47	27
		'22	180	10	1	5	6	1	2		7	1	81	69	37	57	17	91	44	71	27
		'21	180	8	5	3	3	1	5	3	7		63	45	41	30	4	92	39	37	24

私立

	東洋大	駒澤大	専修大	大東文化大	東海大	亜細亜大	帝京大	國學院大	国際基督教大	成蹊大	成城大	明治学院大	獨協大	神奈川大	芝浦工大	東京電機大	津田塾大	東京女子大	日本女子大	その他の大学（この欄はすべて'23年春のもの）
5	6	3		2	3	1		2			1	5	4	6			1		1	武蔵5,東京都市5,工学院4,関東学院3,立命館1,聖心1
4	5	2	2		1		1							11	1				2	
1		1	1		1									3						
7	20	11	11		7	1	12	8		1	6	15	3	4				4	7	関東学院15,共立14,大妻9,東京都市5,白百合4,同志社2,立命館1
4	8	2	11	1	11		11	5		3	7	11		20	2	2	1	11	13	
5	6	3	14		11	5	10	8		2	9	15		10	2		1	4	9	
5	12	5	8		22		1	5		3	4	27	3	14	5	4	7	17	11	東京都市14,立正6,工学院5,共立4,大妻4,立命館2,白百合2,同志社1,武蔵1,関東学院1,聖心1
0	22	10	23		16	1	3	12	1	13	14	50		18	9	2	3	15	22	
0	14	12	24		22	1	6	7	2	4	4	34		11	3	2	4	6	11	
3	3				1		1							3						関東学院5,共立2,聖心1
	3	2	1		2	1	3				4	2		5				1	9	
1	2		2	1	6	1	2	1						1						
8	20	10	7		18	3	5	6			7	17	1	8	5		3	5	9	千葉工14,大妻10,白百合10,東京都市7,聖心7,工学院6,共立5,立命館3,関東学院2,武蔵1,東京経済1
8	16	6	2	5	6	1	5	4	3	3	9	12	6	1		2	9	21	13	
9	23	3	4		17	1	7	1		2	17	19	8	5	1	1	5	10	11	
																				白百合1
2					1		1				1								1	
											1									
4					9			1						1			2	1	1	千葉工6,関東学院2,東京都市1,立正1
2			2		1		1	1		1	2	3		2	1	2		1		
3					1			3		1	3	4		3			1			
2	3		2	2	6	3	7			4	3	2	3	4	1		2	4	7	東京都市3,関東学院2,共立1,白百合1
3	6	7	4	1	11		7	5		4	6	1		11	1		3		6	
4	8	5	10	3	13		11	4		7	4	5		11			2	2	12	
3	4	7	3		13		2			6	14	23	1	7	9		9	4	10	白百合9,東京都市8,聖心8,工学院2,大妻2,立命館1,武蔵1,共立1
7	4	10	8		7		4	6	1	6	13	24		15	5		5	9	15	
23	5	3	11		7		5	8	3	1	5	15		15	6	2	5	17	11	
1		5			5		1			1			2	1			2	2	1	白百合4,大妻3,立命館2,関東学院1,共立1,聖心1
2	1	1	4		4	2	4			1	2	2		3			1	5	3	
5	4		13				11			3	1	4		6					3	
5	7	2	5		11		1	4		2	8	13		7	2		2	6	19	大妻10,関東学院6,共立4,同志社2,工学院2,千葉工2,東京都市1,聖心1
0	17	6	3	2	16		3	8	1	1	8	25		6	4	1		2	5	
8	2	2	1		12		2	1			12	15		1	3		2	7	6	
1					4							1		1						同志社2,立命館2
1	2	1		1	7		1	1				1		2					2	
2		2	2				2	1						4					2	
27	11	9	17		3	1	1	2	7	4	22	22		1	42		9	14	13	東京都市75,工学院34,関東学院3,大妻2,同志社1,東京経済1
17	11	10	1	2	15		3	5	3	5	14	27		10	15	3	14	37	25	
27	17	15	15		7	1	3	10	2	9	22	28		4	21	1	13	8	18	
9		1			8		2	2				3	1	6			2	2	2	関東学院10,大妻3,武蔵2,共立2,聖心1
7	3	4			5		1	1			4	11	1	8			3	7	4	
5	3			1	8	3	1	3	2		2	11	1	6			3	9	6	
6	1	3	3				3	1		1	3				2	3	3		285	立正2,工学院1
7	4	1	1		1		3		1		2	1			4		2	3	291	
10	2	5	3		2		4	2	1	5	6	5	1	1			2	2	297	
5	7	7	5				4				3	3		1				1		東京経済2,大妻2
3	3	1	4		4	2	3				1	1	1	4					1	
3	3	1	1	1	6		3	1	1	1	1	3		6			1			
13	10	3	5	1	2		1	5		13	8	35		4	10		2	2	15	東京都市6,同志社2,立命館2,工学院2,武蔵1
32	13	5	10		13	1		5	2	2	8	12		8	6	4	4	17	23	
28	10	9	6		3		1	5	1	7	6	17	1	5	12	1	4	9	10	

合格状況

神奈川・私立	高校	年	卒業生概数	◆東京大	◆京都大	◆東工大	◆一橋大	千葉大	筑波大	◆東京外大	横浜国大	埼玉大	早稲田大	慶應大	上智大	東京理科大	学習院大	明治大	青山学院大	立教大	中央大
				国立									私立								
ま	聖園女学院	'23	**90**											**2**	**8**	**1**		**8**	**2**	**4**	**4**
		'22	80										1	3	5		2	3	4	9	
		'21	90											1	5			1	4		
	緑ヶ丘女子	'23	**90**																		
		'22	80												1						
		'21	100																		
や	横浜共立学園	'23	**170**	**2**		**1**	**1**		**1**	**1**	**1**		**40**	**23**	**19**	**20**	**14**	**68**	**39**	**51**	**25**
		'22	180		1		1	2	1	2	3		41	30	33	24	11	72	37	72	22
		'21	180		1		2	3		2	6		64	38	33	12	10	79	52	88	30
	横浜女学院	'23	**90**											**2**	**2**			**1**	**1**	**1**	**4**
		'22	90											1	2		1	3	5	6	5
		'21	110										3	3	2	2	1	2	3	10	3
	横浜雙葉	'23	**170**	**2**			**2**		**3**	**2**	**1**		**25**	**13**	**31**	**27**	**8**	**40**	**35**	**38**	**26**
		'22	180	4			5	1		1	2	1	41	45	20	16	9	42	29	41	23
		'21	180	10	1		3	1		1	3		49	43	39	10	13	43	28	57	26
男子校																					
あ	浅野	'23	**250**	**43**	**6**	**9**	**7**	**1**	**3**		**9**		**118**	**121**	**32**	**109**	**3**	**87**	**33**	**17**	**33**
		'22	260	36	4	24	12	1	4	3	13		97	134	26	100	5	78	26	14	28
		'21	260	48	7	21	13	7	1		32	2	140	174	20	95	8	113	23	14	43
	栄光学園	'23	**170**	**46**	**6**	**14**	**3**	**2**	**1**				**91**	**74**	**35**	**51**		**38**	**12**	**14**	**25**
		'22	170	58	9	14	8	1	5	1	5	1	100	97	36	54	2	53	5	17	22
		'21	180	47	4	4	9	3	4	1	10		81	73	29	42		43	6	19	49
か	鎌倉学園	'23	**330**			**2**		**3**	**4**	**3**	**3**		**38**	**20**	**32**	**40**	**19**	**120**	**48**	**40**	**82**
		'22	380		1	2	2	5	1	1	11		54	29	18	41	15	142	43	33	80
		'21	320	1		3		2	1	4	14		58	30	20	64	7	107	54	41	76
	慶應義塾	'23	**730**										**2**	**2**	**1**	**1**		**1**			
		'22	710					1	1				1	700		1		1			
		'21	730										1	727		4		1	1		
さ	サレジオ学院	'23	**170**	**8**	**3**	**8**	**9**			**1**	**3**		**47**	**47**	**39**	**65**	**7**	**90**	**21**	**46**	**34**
		'22	180	8	5	6	15	1	1	1	15		82	86	44	71	3	112	34	52	33
		'21	170	8	1	9	8		4	3	22		84	71	47	76	2	94	27	36	32
	逗子開成	'23	**270**	**7**	**5**	**7**	**6**	**5**	**4**		**11**		**75**	**51**	**51**	**101**	**6**	**148**	**34**	**45**	**69**
		'22	260	9	3	2	7	3	2	2	14		62	48	30	96	13	96	26	41	49
		'21	270	4	4	7	6	7	1		22		65	62	41	80	9	126	41	75	72
	聖光学院	'23	**220**	**78**	**6**	**6**	**3**		**2**		**3**		**169**	**119**	**53**	**61**		**61**	**10**	**18**	**22**
		'22	230	91	6	6	2		6	2	11		172	131	20	70	2	44	3	1	11
		'21	230	79	4	6	14	2	3	1	20		156	121	21	49	1	46	9	11	28
た	藤嶺学園藤沢	'23	**170**						**1**				**7**	**3**		**2**	**1**	**4**	**1**	**5**	**9**
		'22	180												5	1	2	6	3	1	11
		'21	170					1			2		1		2	8	3	8	8	10	22
は	藤沢翔陵	'23	**190**											**2**					**4**	**2**	**3**
		'22	250												1		1	1	2		4
		'21	240																		1
	武相	'23	**250**										**1**	**1**		**1**	**2**	**3**	**3**		**2**
		'22	300										2		1	1		2	1		7
		'21	360										1			2	2	2	1		4

	私									立										
	東洋大	駒澤大	専修大	大東文化大	東海大	亜細亜大	帝京大	國學院大	国際基督教大	成蹊大	成城大	明治学院大	獨協大	神奈川大	芝浦工大	東京電機大	津田塾大	東京女子大	日本女子大	その他の大学（この欄はすべて'23年春のもの）
	1		3		7		1			1		3							3	関東学院9,大妻4,聖心2,共立1
3	3	2	2		7		4	7			2	10		4		2	3	1	4	
7	6	5	3		11	1	5	3			3	5		3		3		3	4	
	1		1		2	1		1				1								共立3,白百合1
1			3		7									2						
			2				1							1						
4	14	4	13		4		1	6		5	14	63	1	16	5	2	5	21	24	工学院7,東京都市6,関東学院5,大妻4,立命館2,同志社1,共立1
5	12	11	16		9		2	6	1	4	5	53	1	25	3	1	8	16	42	
9	16	1	10		9		6	6		5	9	40		17	10	5	11	23	48	
1		1			15						1		2	4				1	1	関東学院4,工学院1
9	5		1		5	1	1	2	1	1	1	4		6	1			2	3	
7	4	1	2		11		4	3	1	2	4	7		11	1	1		5	1	
0	4	6	4		9		2	6		2	10	21		9	3	7	3	10	15	千葉工48,東京都市12,立命館10,工学院5,聖心5,白百合5,関東学院3,武蔵1,立正1,共立1,大妻1
3	8	7	5		6		1	5	2	7	6	16		26	20	5	5	14	26	
5	3	5	6		7		1	4		6	12	25	1		1	1	10	20	31	
7	8	6	10		8			2		2	5	10		5	9	1				東京都市13,立命館5,武蔵3,関東学院1
25	2	15	13		5	2	1	4		2	1	10		5	18	2				
27	8	2	5		5		3			2	2	2		8	28	5				
5	1	3	3				1	1		5	2	12		6	5	3				千葉工18,東京都市7,関東学院2,武蔵1
8	13	3			10		1			3	2	5			13	4				
5	1	3			3		2	1	1		2	3		3	12	1				
91	43	16	25		42	3	4	33		5	17	43	5	39	29	15				千葉工121,東京都市60,工学院39,関東学院23,立命館8,同志社5,武蔵3,立正1,東京経済1
12	30	21	25	4	52	1	12	22	1	10	14	30		39	37	14				
02	33	22	24		53	1	8	13	1	6	7	29		23	26	15				
2							1													関東学院2
1							1													
2					3		1													
27	15	7	4		6		1	7		1		28	2	7	22					東京都市27,関東学院7,工学院2,同志社1,武蔵1
27	20	4	5		2		7	12	1	1	9	19		7	23	1				
37	12	4	4		7		4	4		2	2	22		5	13	5				
56	24	6	8		23		3	11	3	4	6	18		9	86	4				千葉工81,東京都市21,工学院20,立命館4,関東学院3,同志社1,武蔵1
44	17	11	13	2	26	2	11	8	3	6	9	24		26	50	8				
90	26	16	23		24	2	12	7	8	2	5	25		24	65	10				
10	2	2	9	2	3	1	1	1			1	1	4		7	1				千葉工105,東京都市6,立命館1
7	2	1			1		2		4	5	1	2		2	4	2				
13	4	4	3		9	2	1	3	2	10	1			3	4	4				
20	4	4	5	3	16		12	2				6	7	11	1	2				関東学院25,千葉工8,立正6,東京都市4,武蔵3,工学院1
29	10	6	32	1	35	1	12	10		3	4	11	2	24	15	3				
24	12	5	9		30	2	8	3		3	2	9	4	17	9	6				
4	2	4	9		14	2	3	3			1	2		2						武蔵3,立正2,東京経済2
16	3	1	17		10	2	7	1			2		2	20		1				
6	4		10	1	6	1	2	1				2		17		1				
4	10	5	10		13		5			1	1			1		5				関東学院5,東京都市3,工学院1,立正1
12	4	8	5	4	8	4	13							11		4				
9	5	5	11		15	1	4	1		2	2	2		20	1	1				

合格状況

神奈川・私立

共学校

	高校	年	卒業生概数	国立 ◆東京大	◆京都大	◆東工大	◆一橋大	千葉大	筑波大	◆東京外大	横浜国大	埼玉大	私立 早稲田大	慶應大	上智大	東京理科大	学習院大	明治大	青山学院大	立教大	中央大
あ	青山学院横浜英和	'23	150										4	3	3			10	92	2	5
		'22	160								2		2	3	3	2		3	86	2	2
		'21	160								2		1	2		2		5	53	1	
	旭丘	'23	340											1				1	1		1
		'22	280																		
		'21	340																		
	麻布大学附属	'23	490					1			1		5	3	1	11	4	26	27	11	36
		'22	400								1		1	3		2	5	9	8	3	24
		'21	260															9	1	1	15
	アレセイア湘南	'23	140										6	2	2		3	5	5	1	3
		'22	250								1				4		3	5	4	5	5
		'21	260											1		1		1	4		5
	大西学園	'23	50																		
		'22	60																		
		'21	80																		
か	柏木学園	'23	320																		
		'22	330																		
		'21	310																		
	神奈川大学附属	'23	200	3	2	2	3	2	1	2	4		40	24	20	52	4	92	39	57	41
		'22	220	3		6	2	4	1		9	1	43	29	16	37	4	131	48	59	40
		'21	200	2	1	5	2	1	2	3	9		43	13	24	27	7	82	25	29	58
	関東学院	'23	240					1			1		4	8	2	13	6	18	15	25	18
		'22	250								3		6	7	6	10	5	14	14	16	15
		'21	250	1		1				1			11	14	24	10	10	18	18	33	30
	関東学院六浦	'23	160										1	2	1	2	2	1	6	3	2
		'22	180										2			1	1	3	4	2	3
		'21	170										2		1	1		3	4	4	2
	鵠沼	'23	260								1				2	6		6	9	4	8
		'22	270								1		1		1	1	3	9	4	13	9
		'21	270										2			3	2	4	6	4	1
	公文国際学園	'23	150	5		3		1		1	2		35	26	31	23	4	43	24	32	22
		'22	150	6	1	2	3	1		2	5		33	36	25	24	7	52	27	28	18
		'21	150	3			2		5	3	4	2	49	32	28	24	9	33	34	38	18
	慶應義塾湘南藤沢	'23	230																		
		'22	240											236							
		'21	230											230							
	向上	'23	430							1	1		3		1		5	8	10	6	20
		'22	420								2			1	1		2	10	11	7	16
		'21	420								1		1		4	8	2	10	9	6	17
	光明学園相模原	'23	370																1		3
		'22	470											1					1		1
		'21	600										1								2
さ	自修館中等教育	'23	110	1			1				1		3	4	4	3		13	13		10
		'22	110			1		1	1		1		2	1		4		8	11	4	8
		'21	100	1						1			5	1	3	2		11	9	3	6
	湘南学院	'23	410											3		1	3	1	4		2
		'22	490												1			1	2		6
		'21	490										1	1				3	5	2	1
	湘南学園	'23	170							1	1		14	5	4	1	1	21	7	10	7
		'22	190						1		1	1	7	8	3	13	7	23	13	15	11
		'21	180								1		11	2	6	10	9	15	11	19	10

	私											立								
	東洋大	駒澤大	専修大	大東文化大	東海大	亜細亜大	帝京大	國學院大	国際基督教大	成蹊大	成城大	明治学院大	獨協大	神奈川大	芝浦工大	東京電機大	津田塾大	東京女子大	日本女子大	その他の大学 （この欄はすべて'23年春のもの）
 6 7	 3 1	1 1 	 2 2		2 9 1		2 2 4		 1 2	 1 1	1 	2 3 1		8 3 3	 1	 2		6 3	1 3 5	東京都市6,関東学院4,大妻2,聖心2,白百合2
3 4 2		2 			14 4 2	 2	4 1 2			1 		1 		7 1		2 				関東学院6
0 9 5	45 42 31	27 18 14	72 75 46	2 1 	151 66 70	13 4 3	55 54 43	21 12 7		11 11 4	35 7 6	27 20 3	 1	57 47 35	7 3 	4 		5 3 	1 2 2	関東学院46,東京都市40,武蔵12,工学院12,立正9,大妻8,東京経済5,共立4,白百合4
8 5 3	9 19 10	4 9 3	13 10 9	2 	17 18 18	 1 1	3 9 9	 4 	 1 	 3 1	2 1 1	1 22 19	2 2	7 15 16	 1 2	 3 2	 2 		 4 	東京経済3,東京都市2,関東学院2,武蔵1,工学院1
					  1		1 2 			 1 				 2 					 2 	
2 7 0	 4 5	 1 1			4 6 3	 2 1	5 8 6			 1 				 5 8						関東学院3,東京経済1
33 49 22	17 22 15	4 15 4	18 14 17	 1 	16 9 13	1 	1 1 3	7 8 4	 1 2	15 21 7	21 24 9	28 41 16		24 37 28	18 41 44	7 9 4	4 1	11 1 5	6 3 7	工学院22,東京都市21,立正5,立命館4,武蔵2
35 42 54	14 30 22	2 4 6	14 11 19	 2 1	23 46 45	 3 1	10 17 10	2 8 8	 1 1	4 6 6	18 5 8	10 26 16	 1 4	24 17 19	13 9 13	1 5 11	 1 	3 2	 2	関東学院36,千葉工27,東京都市19,立命館7,工学院7,武蔵2,聖心2,大妻1
8 10 9	5 2 1	2 2 	9 3 7	6 1	19 10 9	 2 	7 3 3	3 3 3	 1 1	2 1 	 5 1	5 7 9	1 1 1	1 5 9	1 2 	 1 		 1 1	 1 	関東学院29,立正3,東京都市2,武蔵1,東京経済1
18 27 19	10 10 12	13 9 7	7 46 25	1 1 	46 30 17	 2	13 8 19	4 2 5		1 	9 1 2	8 32 16	 1 4	24 37 33	3 7 3	13 2 4		1 7 1		関東学院18,東京都市8,千葉工6,立命館2,武蔵2,共立2,同志社1,工学院1,立正1,大妻1
36 15 35	17 12 20	9 9 7	7 6	3 	11 8 12	5 1 	3 1 7	4 1 2	4 2	6 3 2	3 5 3	32 16 11	 4 	5 11 14	8 8 32	4 3 5	1 4 	2 1 2	5 3 8	東京都市29,工学院13,立命館4,武蔵3,関東学院3,千葉工2,同志社1,共立1,大妻1
1 2							 1													
15 20 26	22 7 12	6 2 16	22 12 38	3 	45 53 35	3 	22 34 32	7 4 18		2 1 1	9 6 6	6 4 6	1 	8 12 30	 1 2	8 4 7	 1 	 2	2 	東京都市8,関東学院7,工学院3,立正1,東京経済1,共立1,聖心1
3 5 8	 1 2	 5 1	2 11 3	1 	6 10 3	1 1 2	34 33 22	 1 		 2 	1 	 2		1 14 9		 1				関東学院2,東京都市1
16 14 14	8 5 11	4 6 1	9 6 12	 3 2	55 33 22	 1 1	5 13 7	3 6 1	 1	1 5	5 2 2	15 7 3	 3 	11 6 13	 3 	8 1 3	 1		 1	東京都市19,関東学院14,工学院4,立正3,同志社2,立命館2,千葉工2,大妻1,聖心1
12 17 16	3 11 9	8 5 8	4 7 9	1 3 1	17 12 14	 2 2	12 18 15	5 5 5		1 1 2	1 2 2	5 4 3	1 2 	10 29 28	 2 1	3 3 6			1 	関東学院14,東京都市5,立正5
20 30 20	8 17 6	7 10 6	10 22 5	3 1	17 31 15	1 1	 8 3	4 8 1		1 6 2	3 11 5	13 20 6		13 22 10	5 13 7	5 6 2	 2 1	2 2	5 5 3	関東学院10,立正9,東京都市5,東京経済5,立命館4,共立1

神奈川・私立	高校	年	卒業生概数	国立 ◆東京大	◆京都大	◆東工大	◆一橋大	千葉大	筑波大	◆東京外大	横浜国大	埼玉大	私立 早稲田大	慶應大	上智大	東京理科大	学習院大	明治大	青山学院大	立教大	中央大
さ	湘南工科大学附属	'23	580										1				1	9	2	1	5
		'22	620						1		2		5	1		1	3	16	13	5	4
		'21	440										1			1	1	5	5	4	7
	星槎	'23	110																		
		'22	90									1									
		'21	110																		
	聖ヨゼフ学園	'23	35												7					4	
		'22	50										2		4			6		3	
		'21	60						1	1			2		7	2		3	4	3	7
	相洋	'23	440						1					1				2	2	2	3
		'22	400										1	2		2	1	7	2	2	11
		'21	420						1					1		2		4	4		3
た	立花学園	'23	500													1	4	6	9	8	6
		'22	480												1	2	1	2	6	6	17
		'21	420										1			3			4	2	10
	橘学苑	'23	220															1	2		1
		'22	280										2	1				3	1	4	1
		'21	290													1			1	1	
	中央大学附属横浜	'23	310			6	3		1	1	9		14	18	14	36		38	13	9	262
		'22	330	2			4			1	6		21	14	9	7	2	23	14	28	282
		'21	320			3	2	2	2		13		18	15	15	16	1	28	16	22	255
	鶴見大学附属	'23	190					1	1				3	3	1	1		17	5	2	8
		'22	170			1							2			4	5	9	9	3	10
		'21	200								3		2	2	2	6	1	6	4	7	7
	桐蔭学園	'23	850	3		6	4	3	6	5	6		39	27	33	46	17	120	74	42	113
		'22	1030	3		5	3	5	6	2	20	2	70	63	29	66	42	149	102	80	157
		'21	1500	1	2	4		7	8	2	18	3	62	50	47	90	30	122	121	65	142
	桐蔭学園中等教育	'23	140	5		3	2		1		2		29	33	25	46	8	71	45	27	49
		'22	130	2		2	4	1	2	1	6		29	36	23	32		41	36	11	21
		'21	150	4		3	2	3	1		5		16	26	13	44	1	41	34	19	20
	東海大学付属相模	'23	490													1		1	1	1	
		'22	690						1		1						1	2	1	2	2
		'21	640										9			1		10	4	5	17
	桐光学園	'23	570			1	3	1	5	2	9		51	53	41	52	13	153	84	52	115
		'22	610	3	1	3	3	2	5	8	13	1	52	40	44	59	15	132	52	61	122
		'21	600		1	2	2	4	2	2	16		60	65	47	64	10	124	67	69	95
な	日本大学	'23	520								3		11	4	8	18	3	39	25	26	32
		'22	440			5		1	1	3		1	18	16	4	22	6	46	29	10	27
		'21	530			3		2	3	2	4		13	12	7	31	4	34	12	15	26
	日本大学藤沢	'23	580						1		1		13	2	10	9	10	31	25	12	28
		'22	440					1	2		5		12	5	8	7	13	33	24	12	24
		'21	490						2		3		14	7	5	17	15	35	24	23	19
は	平塚学園	'23	440					1					4		3	5	4	23	20	11	12
		'22	500				1	1		1	4		6	7	7	6	9	26	29	13	47
		'21	520										6	3	5	6	2	11	8	8	25
	法政大学国際	'23	300						1		1		6	5	18	3		3		3	
		'22	310								1		2	9	16			2		6	
		'21	290							1	2			4	15	1		2	1	6	2
	法政大学第二	'23	620			1				2	1		10	12	12	11		16	9	3	9
		'22	620						3		3		4	7	7	11		14	8	3	8
		'21	650						2		2		1	5	1	5		4	2	2	5

	私立																			
大	東洋大	駒澤大	専修大	大東文化大	東海大	亜細亜大	帝京大	國學院大	国際基督教大	成蹊大	成城大	明治学院大	獨協大	神奈川大	芝浦工大	東京電機大	津田塾大	東京女子大	日本女子大	その他の大学（この欄はすべて'23年春のもの）
6	18	6	23	2	64	4	26	5		5		11	3	28	3	5				関東学院30,東京都市5,武蔵4,立正2,東京経済2,大妻2,共立1,聖心1
0	28	18	32	1	58	5	34	4		3	1	12	1	47	5	5	1		2	
7	17	11	27	2	40	3	20	3		1	2	8	3	34	2	4				
1	3	1	3		6							1		1						
1					2		2							2		1				
							2							1						
1					2													2	3	
0	1		1		1		1	2			2	6		3					2	
2			2		2			2				4		4			2			
4	10	3	15		35	2	28				2	4		10						関東学院11,工学院2,立命館1,武蔵1,東京都市1,立正1,東京経済1,大妻1
7	7	11	17	2	36	2	27	3		1	3	8		38	1	1			1	
7	5	10	21		29	2	12	3		3	3	4		34	2	2			1	
5	14	6	15	5	60	3	72	7		2	4	2		22	4	6	1			関東学院14,東京都市12,千葉工12,白百合1
0	40	8	31	3	89	4	84	17		8	5	9		13		2			1	
1	21	4	12	1	79	1	41	11		4	2	7		3		3				
7	2		13		7	1	33	4		1	1	2		8		1				関東学院18,武蔵8,東京都市4,立正2,千葉工2,共立1,大妻1
8	12	8	22		11	2	17	5		1	3	4	1	23		1				
0	7	2	7		4	1	12	4			1	1	2	18						
1					5	2					2	1		1	4	3		1	2	千葉工12,東京都市7,工学院5,関東学院3,立命館2,同志社1,共立1
5	3		1		5					2	1	3		1	9					
2		1	2		2		1	1		2	3	1		1	18					
5	11	4	9		11		4	4		3	2	11		6	3	3				関東学院35,東京都市6,武蔵4,千葉工1,聖心1
2	12	7	6	1	17	3	16	9		4	2	2		24	3	2			2	
6	9	10	12	2	16	4	12	7			6	2	1	21	1	3				
41	70	39	56	8	121	5	36	22		25	36	47	19	54	42	12	8	12	20	東京都市69,千葉工59,工学院23,関東学院15,立命館14,大妻14,武蔵9,東京経済8,共立6,立正4,白百合3,同志社1,聖心1
05	84	77	123	10	201	13	63	41		47	59	73	13	119	68	28	27	29	38	
63	74	74	123	9	160	10	91	37	3	25	53	76	1	79	71	16	10	23	29	
36	17	9	10	2	12		6	1		4	7	14		7	7	1				東京都市24,立命館8,関東学院5,工学院3,千葉工3
30	23	5	8		26		8	6		11	6	2	1	7	16	6				
53	10	12	14	2	30	2	4	3	1	8	6	6		10	14	5				
2	1	1	4		373		2	1			1	1		4						東京都市9,工学院1,東京経済1
0	1	4	10	1	544	1	1	2		2	1	2	3	3	1					
2	7	13	7		487		4	1				4		4	2					
98	45	18	48	5	35	3	13	11		19	24	25	3	16	40	13	1	2	4	東京都市76,工学院20,武蔵13,関東学院10,千葉工8,立命館5,立正2,東京経済1,大妻1,聖心1,白百合1
08	53	28	32	7	63	7	20	8	4	27	15	42	6	35	31	19	11	9	9	
30	46	21	49		50	3	16	22	2	14	20	29	6	25	54	7	11	12	12	
52	27	8	8		29			12		12	20	15	1	14	20	2		2	1	東京都市25,工学院12,千葉工4,立正3,共立2,立命館1,関東学院1,大妻1
14	14	8	15		15	2	7	4	2	5	5	14		22	14	1	1	2	5	
28	7	9	8		10		10	2		3	9	10	1	12	16	5		1	1	
81	10	10	18		26	1	5	10		6	5	22		17	14	6		4	6	工学院22,東京都市15,関東学院14,武蔵7,立命館3,同志社1,立正1,大妻1
59	17	7	11	2	15		3	6		6	14	25		10	10	4	3	2	4	
55	15	2	8		22	1	5	3		7	8	40		11	6	5	1	2		
51	13	10	23	2	86	1	15	7		2	4	23		38	5	9	5	2	13	関東学院52,東京都市30,千葉工18,大妻7,工学院6,武蔵1,共立1,聖心1
39	19	13	45	2	70	3	26	24		9	13	31		67	5	4	5	9	16	
50	12	11	23	2	37	1	20	18	1	7	14	19	1	38	8	8	3	2	9	
	2		2				1							1	1					立命館1,立正1
1	2	1			3		2		2					2						
									2											
6		1	3		3		1			2										
4					2	3	3	1	1			2			3					
5	7	1	1				1	1	1		1			1			1		1	

神奈川・私立

	高校	年	卒業生概数	国立 ◆東京大	◆京都大	◆東工大	◆一橋大	千葉大	筑波大	◆東京外大	横浜国大	埼玉大	私立 早稲田大	慶應大	上智大	東京理科大	学習院大	明治大	青山学院大	立教大	中央大
ま	三浦学苑	'23	370												1	1	2	1	3		5
		'22	390											1	1	1		4	5		
		'21	440										4	1	2	1	4	2	4	10	
	森村学園	'23	160										7	3	8	11	3	14	11	9	21
		'22	170	1		2				1	2		20	10	12	17	4	40	25	9	58
		'21	180			1			1	2	1	1	11	9	14	19	7	24	20	24	31
や	山手学院	'23	490		1	5	5	1	1	1	13		45	44	43	88	20	187	88	111	90
		'22	590	1	1	2	5	5	2	5	15		73	48	30	96	26	178	108	139	123
		'21	490			2		3	4		13	1	76	40	30	65	14	160	99	119	127
	横須賀学院	'23	630								1		11	5	2	5	12	43	37	22	12
		'22	520						1				8	1	5	2	7	27	37	6	22
		'21	400		1						2		4	3	3	6	6	24	27	15	11
	横浜	'23	890										1						1	8	1
		'22	340								1	1									
		'21	220													3	1	2	1	1	
	横浜学園	'23	240																		
		'22	310																		
		'21	420																1		
	横浜商科大学	'23	340										2	1				8	3		2
		'22	360								1								3	2	3
		'21	480													1	1	2	1	1	1
	横浜翠陵	'23	260			1					1		1			3	3	12	7	14	6
		'22	240			1					1	1	3		3	5	9	22	9	5	14
		'21	120											3	2	1	2	4	2	7	2
	横浜清風	'23	410								1		6	1	1		2	15	3	12	7
		'22	340							1		1				1		2	3	2	
		'21	420					1								1		1	1		3
	横浜創英	'23	540										2		2	4	2	22	7	18	13
		'22	530			1						1	2	2	1	1		25	15	8	16
		'21	410										6	2	1	2	3	10	6	7	9
	横浜創学館	'23	400															1			1
		'22	400															1	1	2	4
		'21	440													1			1		
	横浜隼人	'23	530		1	2					2		6	4	6	4	7	13	21	27	23
		'22	680			1	1	1		2	6	1	10	2	7	11	13	43	37	16	33
		'21	430							1			2	3	1	12	4	18	17	14	26
	横浜富士見丘学園	'23	60															1	2		3
		'22	70							1					1	2	1	1	3	2	
		'21	90															1		1	3

	私立																			
	東洋大	駒澤大	専修大	大東文化大	東海大	亜細亜大	帝京大	國學院大	国際基督教大	成蹊大	成城大	明治学院大	獨協大	神奈川大	芝浦工大	東京電機大	津田塾大	東京女子大	日本女子大	その他の大学（この欄はすべて'23年春のもの）
1 3 7	3 5	2 4 9	3 12 9		3 9 9	 1 	9 14 6	1 2 2		1 1 1	 2 2	1 4 5	 1	3 37 28		 1 3	 1		 3	関東学院6,立正2
5 4 7	6 4 29	5 10 7	11 23 11	3 1 	42 34 15		4 8 10	3 6 2	 1 	8 8 10	2 12 15	7 7 17	 2 	3 14 13	19 8 11	10 4 6	1 2 1	1 8 1	10 9 6	東京都市23,工学院5,千葉工4,共立4,立命館2,武蔵2,聖心1
9 3 2	64 110 59	22 27 23	47 109 68	1 4 7	27 70 44	 5 1	9 14 27	18 32 46	 1 1	14 15 25	36 40 32	82 94 87	4 4 4	41 136 61	69 86 46	20 27 22	11 15 17	29 38 13	21 47 42	千葉工172,東京都市117,関東学院34,工学院24,立命館9,武蔵9,立正8,同志社7,共立6,大妻2,東京経済1,聖心1
0 5 9	29 29 30	20 15 14	46 31 38	4 2 1	57 52 34	1 2 1	8 12 15	23 16 14	 1 	10 14 6	9 4 8	14 25 19	6 2 	68 78 55	2 5 1	13 7 4	 1 	 6 5	5 3 1	関東学院89,東京都市19,立正14,大妻10,共立5,千葉工4,工学院3,東京経済3,立命館1,武蔵1,聖心1,白百合1
3 3 0	11 1 	6 3	8 4	3 	18 4 9	 1 1	17 6 1	3 2 2		 1 	1 	6 1 5	2 	26 2 15				1 	2 	関東学院47,立正9,共立4,立命館2,工学院2,東京都市2,武蔵1,聖心1
 1 2	2 3	2 3 	9 3 1	 5 	12 5 2	1 	 1 3							2 8 7						関東学院8,立正2
4 2 2	2 4 2	 1 2	7 7 5		11 8 10	 2 4	22 17 17	 1 2				 1 1	1 1	8 28 28	2 2	 1 4				関東学院9,立命館3,東京経済2,武蔵1,工学院1,東京都市1
0 9 9	41 21 9	11 18 4	41 18 10	3 1 6	65 27 10	11 8 2	18 12 8	10 10 5		5 10 6	9 5 3	17 13 9	 4 	37 24 12	6 4 1	7 4	 4 	2 2 	1 1 2	関東学院33,東京都市29,武蔵12,立正10,東京経済3,工学院2,大妻2
6 5 4	11 8 10	4 3 9	9 19 13	 3 	18 21 26	1 2 1	28 20 27	4 2 3		2 1	1 3 	7 3 2	 2	25 28 46	 9	 1 9	 2 	2 	3 1 1	関東学院39,立正4,武蔵2,東京都市2,東京経済2
1 1 3	55 37 30	21 24 10	40 17 35	2 2 13	56 60 46	12 4 4	23 18 29	11 12 11		8 6 3	3 2 11	28 12 11	 1 2	45 66 38	5 10 1	7 5 2	 1 2	6 7 1	3 5 4	関東学院64,武蔵14,大妻12,東京都市11,立正5,千葉工5,共立5,工学院3,聖心2,白百合2,東京経済1
4 1 7	8 4 3	 6 5	2 5 9	2 3 1	11 12 14	2 3	14 11 11	 2 		2 1 		2 3 3	 1	2 27 18	1 3 	3 3 2	 1			千葉工8,武蔵5,関東学院4,立正1,大妻1
0 5 0	48 76 35	15 23 17	29 76 32	2 2 5	83 89 33	4 5 3	13 24 20	25 17 5		8 9 9	8 13 8	11 35 26	 5 	48 105 60	3 11 18	24 9 10	6 3 	5 5 3	6 2 6	東京都市39,関東学院33,千葉工30,立命館8,工学院6,武蔵4,東京経済4,大妻4,聖心3,立正1
5 4 1	2 2 7	 1 	3 2 2		1 2 3		2 3 	 1 2		 1 	5 	 4 	 1 	2 3 6	3 1	 3 			1 	関東学院4,武蔵3,東京都市1,立正1

合格状況

千葉・私立	高校	年	卒業生概数	国立 ◆東京大	◆京都大	◆東工大	◆一橋大	千葉大	筑波大	◆東京外大	横浜国大	埼玉大	私立 早稲田大	慶應大	上智大	東京理科大	学習院大	明治大	青山学院大	立教大	中央大
女子校																					
あ	愛国学園大学附属四街道	'23	**25**																		
		'22	30																		
		'21	30																		
か	国府台女子学院	'23	**320**					**3**	**1**				**15**	**4**	**11**	**10**	**18**	**29**	**9**	**34**	**11**
		'22	310					6	1				23	6	6	5	15	24	10	33	14
		'21	310				1	1	4		1		28	8	19	12	19	28	11	36	19
た	千葉聖心	'23	**140**																		
		'22	150																		
		'21	170																		
	千葉萌陽	'23	**20**																		
		'22	30																		
		'21	30																		
は	不二女子	'23	**130**																		
		'22	110																		
		'21	130																		
わ	和洋国府台女子	'23	**160**						**1**				**1**		**1**			**1**		**2**	
		'22	190														1		1		2
		'21	190												1	1	5		2		1
共学校																					
あ	我孫子二階堂	'23	**130**																		
		'22	170														1		2		
		'21	230																		
	市川	'23	**420**	**15**	**6**	**17**	**9**	**23**	**13**	**5**	**3**		**128**	**87**	**67**	**240**	**12**	**201**	**37**	**69**	**67**
		'22	450	23	7	8	12	48	12	6	6	2	149	115	53	159	19	169	59	93	66
		'21	430	22	4	11	15	38	17	8	10	2	123	108	60	164	18	151	26	70	85
	市原中央	'23	**210**					**3**					**5**	**1**	**1**	**6**	**12**	**8**	**2**	**9**	**21**
		'22	300				1	11	1			2	1		3	6	6	8	6	14	12
		'21	280					6					1	1		12	4	10	5	4	6
	植草学園大学附属	'23	**180**																		
		'22	160															2	2		
		'21	190												1						
	桜林	'23	**150**																		
		'22	150															10			
		'21	140					1													
か	鴨川令徳	'23	**40**												**1**						
		'22	30															1			
		'21	40																		
	木更津総合	'23	**590**														**2**			**3**	
		'22	570					1									1	2	1		2
		'21	680															2	1	2	2
	暁星国際	'23	**90**											**1**	**4**	**3**		**5**	**4**		
		'22	90	1									1	6	7	4	4			2	6
		'21	110										7	1	5	2	3	2	5	1	6
	敬愛学園	'23	**390**					**2**	**1**				**5**	**3**	**1**	**12**	**3**	**10**	**3**	**4**	**8**
		'22	430			1		1					2	3		11	4	14	1	1	5
		'21	400					2					4	2	1	3	5	1	1	5	1
	敬愛大学八日市場	'23	**90**																		
		'22	60																		
		'21	130																		

	私								立											
	東洋大	駒澤大	専修大	大東文化大	東海大	亜細亜大	帝京大	國學院大	国際基督教大	成蹊大	成城大	明治学院大	獨協大	神奈川大	芝浦工大	東京電機大	津田塾大	東京女子大	日本女子大	その他の大学（この欄はすべて'23年春のもの）
9	**33**	**4**	**11**	**2**	**2**		**8**	**11**			**5**	**9**	**9**		**1**	**2**	**5**	**27**	**21**	大妻15,共立9,千葉工6,聖心5,武蔵4,工学院3,立正3,同志社2,立命館2,白百合2,東京都市1
6	22	6	4			3	7	17		3	9	12	8		4	2	11	21	36	
4	31	5	7	5	2	5	5	20	1	11	10	10	12		3	3	13	18	23	
1	**1**			**1**								**1**	**4**							千葉工13,共立4,立正2,大妻2,工学院1,東京都市1,白百合1
6	6		1	1	1		3	1		2	1	8	1		2	2		6	9	
6	2	2	4	1	7		2			4	2	1	4				2	1	4	
1				**1**		**1**														
5	1	3	2		3	1	1					2	1		1					
2	2			1		1	3								1	5				
7	**20**	**9**	**13**	**7**	**1**		**2**	**7**	**3**	**8**	**12**	**11**	**12**		**43**	**9**	**1**	**11**	**20**	千葉工295,工学院14,東京都市12,立命館7,大妻5,武蔵3,同志社2,共立2,立正1,東京経済1
6	45	15	21		5	2	6	13	5	17	20	9	9	5	64	17	9	12	17	
1	40	10	21	4	3		6	5	2	9	15	13	15	1	34	23	10	13	18	
9	**23**	**10**	**25**	**5**		**8**	**4**	**3**		**5**	**3**	**10**	**9**	**4**	**5**	**7**	**1**	**2**	**4**	千葉工214,立正12,武蔵8,工学院4,立命館2,東京都市2,同志社1,東京経済1,共立1,白百合1
6	42	7	7	9	2		8	8		4	8	6	13	1	1	13	1	3	4	
8	13	9	7	5	9	2	8	4		1	1	2	5	3	9	4	2	5	1	
		1	**3**	**1**								**1**								立正3
	4	2		2	1	1	2	2					1	1		1				
1	2	4	1	2	3		2					1								
						1														立正3
3				1			1				1									
	1	2	1	2	1	2										1				
2	1		3										2							
1																				
9	**3**		**3**	**6**	**2**	**1**	**3**							**6**					**2**	千葉工32,共立1
7	4	3	4	2	2		5	6				1	1	4						
7	5	8	2	5	5		7	6		2	2		4	3						
9	**1**	**2**	**1**				**4**				**2**	**2**	**7**		**1**					千葉工29,関東学院3,立正1
0			2			1		1		1		2		1						
8	1		3		9		1	1		1	1	4		1	2			4	2	
4	**23**	**11**	**6**	**7**	**13**	**7**	**4**	**5**		**10**	**4**	**3**	**6**	**2**	**7**	**3**				千葉工198,立正8,武蔵6,立命館2,東京都市2,大妻2,工学院1,東京経済1,共立1
4	20	10	15	4	2	6	16	3			3	2	17	2	3	3				
6	19	13	17	6	7	2	8	2		1	3		3	2	16	3			2	
					1															
1	3				4															

合格状況

千葉・私立

高校		年	卒業生概数	国立									私立								
				◆東京大	◆京都大	◆東工大	◆一橋大	千葉大	筑波大	◆東京外大	横浜国大	埼玉大	早稲田大	慶應大	上智大	東京理科大	学習院大	明治大	青山学院大	立教大	中央大
か	光英VERITAS	'23	100												1	1		1		2	
		'22	120									1	1	1	2	1	4	3		3	
		'21	130			1		1							2	2		1		2	4
さ	志学館	'23	290					4	3		2		6	1	1	5	9	17	5	21	16
		'22	260					10			1		7		6	13	9	15	7	9	11
		'21	300					3			2		5	4		11	8	20	19	10	11
	芝浦工業大学柏	'23	310	1	1	3	2	10	12				34	15	20	100	9	61	17	33	36
		'22	290	1		4	1	13	7	2	1	2	20	14	14	57	13	62	12	37	36
		'21	290	2	1	2	1	13	7		3	3	30	22	13	78	6	46	15	37	45
	渋谷教育学園幕張	'23	350	74	10	11	16	16	5		1		222	121	67	145	2	97	27	26	35
		'22	350	74	7	9	10	32	15	1	2		220	153	59	126	5	100	21	26	36
		'21	370	67	9	10	13	39	13	3	12	1	212	148	54	116	3	88	10	25	34
	秀明大学学校教師学部附属秀明八千代	'23	360																		
		'22	360					1					2			4	2	7		2	1
		'21	370										1			3	2	2		1	
	翔凜	'23	140												5	1	1	7	9	4	10
		'22	190	1											2	9		3	4	3	1
		'21	210					1					9		8	4	10	3	1	17	9
	昭和学院	'23	330					3	1				3		1	1	1	3	3	8	4
		'22	290				1	2	1				6		1	2	3	12	3	9	2
		'21	310					1	1			1	1				1	5	5	7	3
	昭和学院秀英	'23	230	8		5	5	13	3	2	1		58	35	31	107	10	105	23	82	42
		'22	290	3	1	9	9	41	5	2	4		81	57	51	117	14	109	36	79	50
		'21	290	4		6	8	31	1	3	4	2	79	48	36	99	19	103	30	77	67
	西武台千葉	'23	310					1					3	2	2	8		1	1	3	
		'22	330					3				1	5	2		3	2	9	3	5	7
		'21	300						1						1	4	5	3	1	3	1
	専修大学松戸	'23	410	1				11	5	1			25	7	16	36	14	68	29	63	47
		'22	420		1	3	1	12	7	1	3	2	41	15	25	56	22	89	22	46	49
		'21	420	1		2		18	9	2	2	1	32	12	21	83	10	65	22	50	48
た	拓殖大学紅陵	'23	460														1				
		'22	410										1				1		1		
		'21	330															2	3		1
	千葉英和	'23	410					1					1	1	2	3	1	4	3		3
		'22	370						1				3		3	4	4	6	5	5	4
		'21	460									1		1	3	7	1	2	6	3	7
	千葉学芸	'23	170																		
		'22	180															1		1	4
		'21	170															1			
	千葉敬愛	'23	500					4					5			6	6	7	3	2	8
		'22	480										11		1	3	5	16	5	13	4
		'21	500			1		7			1					4	7	9	2	6	5
	千葉経済大学附属	'23	590						1					2			2	1		3	
		'22	570													1	2	1			
		'21	600										2			1	2			1	1
	千葉県安房西	'23	70																		
		'22	70							1											
		'21	110																		
	千葉商科大学付属	'23	280													2	1	1	2	3	1
		'22	260					1					3	1			2	3	2	8	1
		'21	300						2							1	1	5	1		2
	千葉日本大学第一	'23	330					1	1				7	2	6	14	6	23	8	21	20
		'22	360					3			2		6	2	2	10	15	33	10	16	19
		'21	360			1		2	1				2	3	3	8	3	7	7	13	7

	私立																			
	東洋大	駒澤大	専修大	大東文化大	東海大	亜細亜大	帝京大	國學院大	国際基督教大	成蹊大	成城大	明治学院大	獨協大	神奈川大	芝浦工大	東京電機大	津田塾大	東京女子大	日本女子大	その他の大学（この欄はすべて'23年春のもの）
2												2	2							東京経済3,工学院1,千葉工1,共立1
0	3	2	2	1			2	2	1		1	1				1		2	6	
3	11				4		1	2				2	1					1	1	
5	16	12	6	1	5	2	12	3		3	4	7		7	5	4		1	5	千葉工54,関東学院9,立命館2,工学院2,大妻2,武蔵1,共立1,聖心1
9	30	16	13	6	11	3	9	8		3	3	9		7	2	8	4	2	7	
2	24	11	12		4	5	11	7	1	7	3	4		5	1	2		2	3	
2	28	5	7		14	4	4	5		10	1	7	13		109	26	4	14	6	千葉工372,武蔵21,立命館9,共立6,工学院5,東京都市4,立正4,関東学院3,大妻3,東京経済1
0	48	13	5	5	8	3	5	14		15	12	17	12	4	58	12		9	5	
2	23	4	4	5	5		6	10	1	17	9	18	7		92	16		7	8	
9	20		11		1		1	1		3	1	4	2		17	2		10	4	千葉工105,東京都市8,立命館3,同志社2,工学院1,関東学院1
1	19	5	4		3	2	1	3		7	4	1		4	16	4	2			
0	23	2	2		1		5	5	3	2	2	3	5	1	20	3	1	2	2	
7	1			1	2	2	4				1	1	3	1		1				千葉工30
9	5	2	3	5	2	2	4					2	1			4				
4	8	3	2	2	1	3	3	2				1				4				
1			2		2		3	1			4	2	2		3	3	3			立命館6,東京都市2,関東学院2,千葉工1
6	7	6	3	1	1	4	2	1	1			6	3	2		2				
9	5	2	9	5	4		2	1				1	1	4		2		2	2	
8	31	7	32	2	11	5	11	6		3	3	9	8	2	1	4	2	1		千葉工61,立正15,武蔵8,関東学院6,白百合5,共立4,同志社1,大妻1
9	18	6	10	8	2	10	12	8		2	2	6	2	1	1	5			2	
2	13	10	10	7	7	4	9	7		3	2	8	6	3	2	3				
3	46	14	9				1	7		6	11	18			52	5	4	12	20	千葉工135,武蔵9,工学院5,共立5,東京都市4,大妻3,東京経済2,聖心1,白百合1
7	58	16	4	6	9	5	3	10		10	6	15	6		36	4	5	23	29	
2	32	13	7	4	6	1	6	8	1	17	21	18	1	1	52	16	8	20	35	
2	7	5	8	5		1	1			1			15		3	6			1	千葉工43,大妻5,武蔵3,立正2
1	13	7	7	7	7	7	11	3		1		1	10	3	5	8		1		
6	16	2	1	13	6	2	7	1		1	3		4	2	3	3				
1	73	10	68	5	6	5	8	11		19	30	30	20	3	30	24	1	17	9	千葉工256,武蔵10,大妻8,立命館7,工学院7,共立6,同志社4,東京経済3,東京都市2,聖心1,白百合1
7	67	10	62	4	18	3	6	14	2	23	19	25	33	3	42	21	6	14	13	
3	48	12	69	5	4	9	7	6	1	22	15	18	19	4	42	37	2	16	20	
6		4	6	4		4	2			1			1				2	1	2	共立1,大妻1
2	3			2			2	1			1			1						
3	3	1		1	1	1	2									1				
0	24	8	14	4	1	10	4	8		2	6	2	17	2	1				3	千葉工177,立正12,立命館2,東京経済1,共立1
1	40	10	12	7	5	7	7	6	1	4	3	15	13	2	15	4	1	6	1	
9	17	18	17	3	6	5	10	4	1	4	4	8	8	2	7	1		2		
1	2		1	1				1				1								
1		1		1										1						
1	31	11	27	7	5	4	5	6		2	7	5	14	3	2	4	1	5	1	千葉工147,共立9,関東学院5,武蔵4,東京都市3,立正3,同志社2,東京経済2,大妻2,工学院1,白百合1
1	21	2	19	3	2	5	9	9		5	1	3	6	4	11	6	2		1	
3	38	9	24	7	6	4	8	6		7	2	4	3	4	5	1				
3	5	3			9		6					1	1	2						千葉工46,立正16,関東学院8
6	6	6	3	3	1	3	7						2			2				
3	2	4	2	3	2	2	6	1					2	2		1			2	
1				4										2				2	3	大妻1
		3			12		1													
				1										2						
23	19	10	3	11	2	6	10	7			1	3	9		3	3				千葉工58,工学院4,東京都市4,立命館3,東京経済1,大妻1
36	20	2	9	14	8	6	7	3		1		1	21		4	8				
40	21	7	6	12	3	6	4	6		1	1	2	9	3	7	2			1	
	14	9	11		2	3	3	4		2	10	11	4	1	6	7	2	8	5	千葉工11,東京都市7,立命館5,共立5,同志社3,武蔵2,立正1,大妻1,聖心1
32	35	8	25	3	2	1	3	7	1	12	16	6	12	2	5	4	6	3	4	
53	13	6	2	1	1	1	4	1		3	5	5	4		8	12				

合格状況

千葉・私立

	高校	年	卒業生概数	◆東京大	◆京都大	◆東工大	◆一橋大	千葉大	筑波大	◆東京外大	横浜国大	埼玉大	早稲田大	慶應大	上智大	東京理科大	学習院大	明治大	青山学院大	立教大	中央大
				国立									私立								
た	千葉明徳	'23	290					7							2	3	1	6	1	2	5
		'22	380					5					1		1	11	7	12	4	10	6
		'21	350										2	1	1	9	1	5	3	7	7
	千葉黎明	'23	280			1											2	4		3	4
		'22	270									1	3		2	1	1	2	2	2	
		'21	260													3	1	1			1
	中央学院	'23	280										2				1	2	2	2	2
		'22	350						2									1		1	5
		'21	310															1			1
	東海大学付属市原望洋	'23	310															1		1	
		'22	320					1									1				
		'21	340														1	1			
	東海大学付属浦安	'23	440										1		1			2	1	4	5
		'22	420										1			3	1	7	2	5	3
		'21	410													1		4			2
	東京学館	'23	350												1	1	2	2	1	1	6
		'22	400					3	1				5		1	4	3	1	1	3	
		'21	350						1						2	4	1	3		1	4
	東京学館浦安	'23	490												2	8				1	4
		'22	440					1	2				2		1	4	2	15	5	2	9
		'21	370					1					3	1	2	2	2	4	4	4	2
	東京学館船橋	'23	320												1						1
		'22	290												1		2	1	1	2	2
		'21	290												2						
	東邦大学付属東邦	'23	310	5		10	2	16	7		1		43	33	37	131	10	105	34	43	44
		'22	300		2	16	2	23	8	1	1	1	63	52	32	163	10	89	19	55	48
		'21	270	3	5	7	1	25	9	1	3		63	45	36	123	7	76	22	53	48
	東葉	'23	420											2	3		4	5	3	6	2
		'22	340									1						1	1		1
		'21	330															2			1
な	成田	'23	280					11	2		1		9	9	4	13	5	25	13	21	15
		'22	320	1				9	1	1		9	21	6	8	27	15	45	24	24	33
		'21	320			2		8	3	1	1		12	10	2	17	7	22	20	16	19
	二松学舎大学附属柏	'23	270					2	2				3		2	4	5	2	1	9	3
		'22	360					5				1	8	1	2	8	8	11	2	4	4
		'21	360					2	2			2			5	9		3	5	1	6
	日本体育大学柏	'23	290					1					2	2	1	1	1	4	1		3
		'22	400										3		1	3	3	2	1		7
		'21	460	1					2							5	6			9	4
	日本大学習志野	'23	380					9	5				4	7	13	25	4	28	11	23	39
		'22	410			1	1	13	5	1	1	1	17	10	10	26	17	43	17	17	30
		'21	390			1		19	5	2	1	4	29	10	11	50	22	63	18	38	56
は	日出学園	'23	150					3	1				1		3	5	8	15	4	10	14
		'22	180					6	2	1		1	9	1	2	7	7	16	4	4	11
		'21	140					2	2		1		10	3	5	7	5	21	2	19	12
ま	茂原北陵	'23	160																		
		'22	160										3				1			4	
		'21	150													1		1			
や	八千代松陰	'23	600				1	9	6	1	1		9	6	7	19	14	40	17	33	39
		'22	650		1	1		6	3			3	14	5	10	25	19	34	9	36	36
		'21	670					13	4		1	1	14	14	5	30	17	32	14	33	26
	横芝敬愛	'23	80																		
		'22	70																		
		'21	90																		

私立																				
日本大	東洋大	駒澤大	専修大	大東文化大	東海大	亜細亜大	帝京大	國學院大	国際基督教大	成蹊大	成城大	明治学院大	獨協大	神奈川大	芝浦工大	東京電機大	津田塾大	東京女子大	日本女子大	その他の大学（この欄はすべて'23年春のもの）
44	31	2	19	3	1	1	11	2		3	2	2	12		1	4				千葉工152,立正7,関東学院6,大妻6,武蔵3,共立3,工学院2,白百合1
62	36	13	19	11	3	6	19	9		9	1	2	6	2	2	3	1	1	3	
39	30	15	15	8	9	5	16	7		4	4	2	5		5	2		1		
4	5	1	2			3	7	2		1	1		2		1	1		2	3	武蔵4,東京都市1,立正1,共立1
5	4	3	1	1		3	8	2		1				1	1	1	1			
0	2	7		1	3	2	8	1								1			3	
8	4	6	8	5	3	3	10	2					2			3				千葉工76,武蔵3,立正3,関東学院1,大妻1
31	12	7	11	13		5	10	1		1			3	2		9		3		
8	2	1	4	6	3	2	3			1		3	1	2		5				
4	4			2	209		1					2	2			1				立正2,東京経済1,千葉工1,関東学院1
5					238		1			2			2			2				
1					240		1													
5	13	3	11	3	334	3	3	3		2	2		2			2				千葉工38,立正4,武蔵3,共立1,大妻1
9	4		1		334		1			1	1	2			4					
5	1	1	6	1	328		2	1		1	3		2							
1	14	4	4	3	2	1	4	4				2	5	3				1		千葉工13,武蔵4,東京都市2,立正1,東京経済1,共立1
21	13	4	1	1	6	4	4	7		5		1	2		2	5		5		
18	14	2	2	2	1	3	3	1		1		2	2	1	2	1	1			
6	13	4	2	5	6	12	12	1				1	6		3				1	千葉工87,関東学院5,東京経済4,立命館2,東京都市1,立正1,大妻1
41	28	7	7	2	3	6	20	6		5	11	11	10	5	4	8		1	1	
28	11	9	5	5	1	4	10	4		3	2	5	7	3	7	5				
						1														大妻2
3		1	3			2	1	1		1	1				2	1				
3				5	1															
68	46	4	7	3	18	2	2	3		11	18	12			26	16	5	4	11	千葉工280,東京都市17,立命館6,工学院4,共立4,大妻2,同志社1,武蔵1
54	33	7	4		12		5	9	2	12	11	8	12	2	48	12	2	13	15	
75	41	7	17	2	10	1	8	4	2	10	6	1	7	4	44	23	5	10	17	
26	9	12	11	7	5	3	11	3		2	1	4	12	3	1	5	1	1	1	千葉工21,武蔵14,立正13,共立4,大妻2,聖心2,立命館1,東京都市1,東京経済1,白百合1
32	8	11	10	2	2	6	8	2		1		1	4	1		3				
19	4	8	2	6	5	1	7	6				1	3	1		4				
34	46	16	15	7	9	11	3	16		7	10	2	14		7	15		9	6	千葉工353,東京都市9,大妻6,武蔵4,工学院4,関東学院4,立命館3,東京経済3,立正2,聖心1,白百合1
21	57	10	16	4	11	4	10	14		11	10	9	15	2	14	10	4	8	6	
74	50	18	9	3	1	1	8	7		4	10	16	8	5	9	6	2		6	
21	33	7	8	5	9	2	4	1		3	2	4	11	2	10	4	2	3	1	千葉工54,武蔵8,立正6,共立4,大妻3,立命館1,東京都市1,東京経済1,聖心1
34	18	14	6	9	4	1	12	7		1	10	3	37		4	4		4	8	
55	33	3	5	6	6	4	3	9		4	3	6	15		6	6	1		10	
19	11	1	3	3	4		9					1	12			21		1		千葉工41,大妻3,共立2,立命館1,工学院1,立正1,関東学院1
21	20	1	4	12		5	7	3				1	8			4	1	2	2	
34	27	2	6	6	7	5	24	1		2	3	3	7	2	2	9		2	2	
01	38	4	9	2	9	1	5	7		6	13	14	10	1	15	5	2	8	5	千葉工152,東京都市13,工学院10,共立4,立命館3,武蔵3,大妻3,同志社1,聖心1
25	25	7	3	3	11	1	4	10		12	11	11	10	2	17	16	1	1	3	
14	17	8	4	1	2	1	10	7	3	16	15	14	8	1	30	16	2	3	9	
37	26	12	9	7	1	1	4	4		3	11	11	2	2	16	13		1	3	千葉工181,武蔵12,立正7,共立7,大妻5,立命館3,東京都市2,工学院1,白百合1
59	31	12	16	3	4	6	19	9		10	6	6	6	2	2	10	2	3	8	
54	22	2	14		2		8	6		2	10	6	3	1	1	8	2	2		
2																				千葉工71,立正3
1	3	2					1													
1						1														
23	77	26	28	10	11	10	19	24		8	8	28	27	7	6	9		1	1	千葉工706,立正25,共立12,同志社9,武蔵9,立命館6,東京都市5,東京経済5,関東学院5,大妻4,工学院2,聖心2,白百合1
63	84	18	20	14	20	25	24	16		16	19	28	31	6	31	19	2	6	14	
50	110	32	27	13	12	12	35	20	1	18	15	14	28	6	15	16	1	7	17	
				1																
2				3			1													
							1													

千葉・私立 高校		年	卒業生概数	国立 ◆東京大	◆京都大	◆東工大	◆一橋大	千葉大	筑波大	◆東京外大	横浜国大	埼玉大	私立 早稲田大	慶應大	上智大	東京理科大	学習院大	明治大	青山学院大	立教大	中央大	[illegible]
ら	流通経済大学付属柏	'23	310	1					5				3			6	6	12	1	7	5	
		'22	440			1	1	4	2	1			7	1	1	12	7	12	2	17	8	
		'21	380					1	3		1	4	2		1	8	5	9	5	18	5	[illegible]
	麗澤	'23	210		1	1		3	1				2	1	9	16	5	18	7	15	17	[illegible]
		'22	240					3	6	1		3	16	7	7	15	15	24	18	28	20	[illegible]
		'21	230			1		2	5	1		1	14	5	4	15	17	30	9	30	16	[illegible]

私立																				その他の大学（この欄はすべて'23年春のもの）
日本大	東洋大	駒澤大	専修大	大東文化大	東海大	亜細亜大	帝京大	國學院大	国際基督教大	成蹊大	成城大	明治学院大	獨協大	神奈川大	芝浦工大	東京電機大	津田塾大	東京女子大	日本女子大	
28	**19**	**5**	**10**	**2**	**6**	**3**	**10**			**3**	**1**	**5**	**19**		**6**	**6**		**1**	**2**	千葉工45,武蔵4,立正4,大妻4,立命館3,東京都市3,東京経済3,工学院2,共立2
33	41	11	7	1	1	5	18	4		6	8	4	10	1	7	4	1	2	3	
41	28	4	6	7	3	3	11	5			4	9	15	1	3	6		1	3	
[illegible]7	**17**	**3**	**6**	**13**	**7**	**1**	**15**	**9**		**5**	**13**	**3**	**9**	**1**	**10**	**7**		**4**	**1**	千葉工151,立命館8,関東学院5,武蔵4,大妻4,工学院2,東京都市2,共立2,同志社1,立正1
[illegible]4	46	6	19	9	20		14	13	1	14	10	11	31		20	17	1	10	12	
[illegible]2	55	11	7	3	11	2	6	5		11	9	8	8		17	8	2	11	17	

埼玉・私立				国立									私立									
	高校	年	卒業生概数	◆東京大	◆京都大	◆東工大	◆一橋大	千葉大	筑波大	◆東京外大	横浜国大	埼玉大	早稲田大	慶應大	上智大	東京理科大	学習院大	明治大	青山学院大	立教大	中央大	法政大
女子校																						
あ	秋草学園	'23	230														1	1		1		
		'22	250						1			2						1		10		
		'21	300											1						1	2	
	浦和明の星女子	'23	160	3			1	3	2		1		46	32	33	42	11	64	22	55	18	1
		'22	170	7	2	2	2	4	4	2		2	48	36	32	44	16	57	18	43	29	2
		'21	170	3	1	3	3	7	4		3	1	62	32	40	31	6	68	15	57	40	4
	大妻嵐山	'23	120											1			2	2				
		'22	90												1		2	1		1	1	
		'21	100						1						1		3	1		2	3	
さ	淑徳与野	'23	350					2	3	1			38	3	44	34	26	70	25	119	42	5
		'22	410					3	3	3	1	8	65	21	46	31	55	103	27	152	42	5
		'21	350				2	5	3	3	2	7	55	16	81	34	29	73	22	126	57	4
男子校																						
か	川越東	'23	440	2		1	1	2	4	4	5		35	19	13	58	26	120	18	88	113	9
		'22	470			2	2	5	4	2	5	18	48	20	21	49	47	120	25	89	95	10
		'21	470	1		1	4	5	2	1	3	11	46	22	17	62	39	123	35	99	107	11
	慶應義塾志木	'23	240											234		1						
		'22	240											242								
		'21	260	1									1	253		2						
さ	城西大学付属川越	'23	200			1	1						2	3		22	9	8	3	4	23	3
		'22	230		1				1				9	1	1	7	10	13	4	17	19	2
		'21	180	1		1						6	4	2	3	19	6	15	5	16	15	3
	城北埼玉	'23	220					2					4	2	1	15	5	6	2	1	17	1
		'22	170				1	1				1	7	6	1	8	8	13	5	5	26	1
		'21	180						1	2	2	3	2	3	6	28	10	19	6	11	37	2
ら	立教新座	'23	310										11	12	5	29	1	22	3	262	17	1
		'22	320			3		1			1		23	16	5	17	1	16	5	268	5	6
		'21	330	1			3	1			1		15	10	3	12	1	10	4	276	8	1
共学校																						
あ	青学浦和ルーテル学院	'23	70										3		1	2	1	6	17	10	1	3
		'22	60							1			5		5	1	2	4	15	7		2
		'21	60							1			2	1		4	2	9	8	6	3	1
	浦和学院	'23	710						2	1					3	2	2	2	1	2	8	4
		'22	710					2	1			1	2		4	6	1	4	6	4	10	14
		'21	950									2			1	6	1	3	5	7	10	22
	浦和実業学園	'23	800										3		2	1	2	11	1	7	10	16
		'22	880		1							5	1	3		6	3	7	3	9	7	8
		'21	800							1		2			2	1	5	2	3	5	4	12
	浦和麗明	'23	390					1	2				1	1	1	4	7	7	8	5	12	22
		'22	290									1	5	1	1	5	8	11	4	3	9	23
		'21	440						1			1	2	1	1	2	5	5	2	8	5	16
	叡明	'23	480					1	1				3			1	3	6	3	6	9	4
		'22	650											1		3	9	10	5	16	10	15
		'21	580					2	2						1	9	5	5	3	5	9	15
	大宮開成	'23	630	1		1	2	6	8	1	1		79	51	30	127	72	153	51	227	137	214
		'22	550	2	1	3	3	5	7	1	4	20	80	55	18	75	85	105	98	216	179	160
		'21	450	1		1		4	3	1	4	29	52	30	30	82	50	77	46	115	133	118

私立

	東洋大	駒澤大	専修大	大東文化大	東海大	亜細亜大	帝京大	國學院大	国際基督教大	成蹊大	成城大	明治学院大	獨協大	神奈川大	芝浦工大	東京電機大	津田塾大	東京女子大	日本女子大	その他の大学（この欄はすべて'23年春のもの）
2	2	4		2	5	2	3	2		2	2						1	3	1	
2	7	2		7	1		3	3		2						1	1		1	立正9,東京経済1
2	5	1	3	5	1	3	3	1		2	3		1			1	3	1	1	
7	18	1	7				4	4		3	5	11			12	5	6	13	18	工学院23,千葉工10,東京都市7,共立3,聖心3,立命館2,大妻2,白百合1
8	9	3	3		1		6	4	3	7	7	5	3		20	3	7	19	30	
3	22	6	2	1	4	2	8	10	1	4	2	3	4		18	2	9	18	26	
3	5		2	3			5				1	3	3	1			1		4	大妻34,武蔵4,立正4,共立1,聖心1
4	2		1	3			2			1	1		4			1		4	5	
1	5			2	2					1	3	2	10			4			2	
6	42	10	10	16	1	2	7	15		6	15	15	19	2	11	1	23	49	105	大妻14,共立11,武蔵3,同志社2,東京都市2,東京経済2,白百合2,立命館1,工学院1,立正1,聖心1
0	70	7	14	11	5		15	12	1	18	21	9	31	1	20	9	18	64	157	
9	56	12	8	10	3	2	18	15		12	19	22	20	2	14	9	21	95	117	
4	180	27	33	72	15	4	16	22		26	17	17	36	1	96	55				武蔵50,千葉工49,工学院28,東京都市15,立正11,東京経済11,立命館10,同志社1
6	161	23	39	63	14	1	34	27		32	44	13	54	10	83	40				
8	196	38	13	58	9	8	34	22		25	27	21	24	8	77	41				
1																				
							2													
2	52	10	21	45	13	9	49	7		6	1		31	3	26	9				千葉工71,武蔵20,立命館7,工学院7,東京経済7,東京都市6,立正5,関東学院2
9	44	11	15	37	24	2	58	12		6	4	3	38	1	24	6				
2	40	5	9	40	13	3	32	7		9	3	1	20	1	27	20				
4	32	12	15	24	7	5	15	4		4	1		7		16	15				千葉工75,武蔵8,東京都市6,工学院4,関東学院4,立正3,東京経済3,同志社1,立命館1
4	39	10	11	10	7	4	12	8		7	3	6	3	2	16	7				
7	16	9	20	11	6	1	14	5		14	15	5	13		24	8				
3							2			1	8	1			6	4				工学院8,千葉工4,東京都市2,関東学院1
9	3	1	1				1	2	2	2	3	4	1	1	2	1				
8	2		1	4	2		3	1	2	2	1				3	1				
2	9		2	1	8		2	1		1			2	1		8				大妻3,白百合2,武蔵1,東京経済1,共立1
3	2	3		2			4	2				2	5					2	2	
7	3	1	1	7		1	4			2	1	3	2		3	5				
7	6	1	3	4	1	1	39	1		4		1	5	2		4		1		武蔵3,立正3,千葉工3,東京都市2,立命館1,大妻1
7	45	9	35	28	5	11	65	4		5	4	2	25	1	5	7		2	1	
8	49	8	37	30	5	11	67	7		5	3	6	12	1		10				
72	27	10	10	174	13	35	46	7		7	6	5	51		10	35	1	9	2	千葉工129,東京経済18,立正13,武蔵5,東京都市5,関東学院5,白百合4,共立3,工学院2,大妻1,聖心1
64	43	11	37	58	19	38	42	7		9	2	12	18	4	10	20		2	4	
58	24	13	17	60	11	14	28	6		8	6	2	13	3	10	26		3	4	
27	42	18	5	31	8	12	43	13		6	5	6	63	3	8	16	1	1	2	千葉工79,立正16,武蔵8,大妻7,東京都市5,東京経済4,共立4,関東学院3,立命館2,聖心2,同志社1,白百合1
27	46	10	14	42	5	4	39	10		6		2	37		4	13	1	1	2	
22	25	14	21	22	8	10	46	7		5	2	8	44		4	8		2	3	
34	47	13	5	36	3	7	31	3		1	4	2	30	2	6	10		7		千葉工224,関東学院10,東京都市8,工学院7,東京経済4,大妻4,立正3,武蔵1
47	47	7	15	38	8	10	58	4		7	2	7	51	5	9	22	1	3	2	
46	44	19	7	32	3	12	45	7		2	1		27	2	6	23			3	
03	428	50	40	143	11	18	41	28		23	44	49	96	6	75	68	9	27	63	千葉工150,武蔵34,共立21,立正19,東京都市14,立命館9,工学院8,東京経済8,大妻8,聖心3,白百合2
13	457	36	36	141	24	18	68	23		23	48	36	107	2	37	56	15	30	43	
34	169	29	26	92	18	9	47	10		31	24	10	71	2	30	33	5	24	21	

合格状況

埼玉・私立

	高校	年	卒業生概数	◆東京大	◆京都大	◆東工大	◆一橋大	千葉大	筑波大	◆東京外大	横浜国大	埼玉大	早稲田大	慶應大	上智大	東京理科大	学習院大	明治大	青山学院大	立教大	中央大
				国立									私立								
か	開智	'23	540	8	1	6	1	10	11		3		89	44	25	122	34	157	56	95	88
		'22	590	9	1	12	1	14	10	4	3	16	90	63	49	158	36	154	42	97	103
		'21	590	8		8	1	23	16	1	1	15	106	68	36	132	38	178	39	116	118
	開智未来	'23	110	1		1		1	1				3	7	2	15	6	12	8	6	9
		'22	160					2	3		3	3	4	10	11	10	26	33	6	35	26
		'21	190	2	1	1				1		2	5	5	4	18	8	20	7	14	30
	春日部共栄	'23	450		1	2		8	4	1			15	7	6	13	8	54	10	44	25
		'22	520			1		5	3	1	3	12	11	6	7	32	19	34	20	29	33
		'21	550					4	5			5	4	5	6	25	14	15	9	58	47
	国際学院	'23	230										1				3	2	2		5
		'22	220													1	6	1	2	4	3
		'21	250															1	2		
さ	埼玉栄	'23	840					1			1		1	1	3	7	3	11	5	12	10
		'22	790					2	1			1	11		1	5	2	15	5	11	17
		'21	760			2			1			5	12	8	4	7	1	17	7	23	15
	埼玉平成	'23	320																1		
		'22	260													3	1	1	2	2	3
		'21	260													1			1		5
	栄北	'23	380	1				2					6	2	1	26	10	9	11	22	39
		'22	400					2				4	11	1	1	42	13	24	8	31	28
		'21	330						1			3	7	3	3	18	12	11	4	17	44
	栄東	'23	500	13	3	2	3	5	10	1	3		123	56	21	247	33	105	31	59	49
		'22	450	14	1	5	2	14	6	1	4	30	144	78	26	213	26	137	46	71	69
		'21	470	12	2	3	4	14	10	2	7	17	122	96	20	186	23	111	44	68	112
	狭山ヶ丘	'23	320	2									8	3	1	14	3	23	11	9	16
		'22	380					1	2	1		5	11	4	10	8	6	27	17	36	49
		'21	340							1		4	6	4	8	13	13	38	11	26	47
	自由の森学園	'23	210											1				2		1	1
		'22	180														1	1		1	2
		'21	190						1						1				1	1	
	秀明	'23	60						1												
		'22	80	1					2	2			1	2		1	1	2	1	1	
		'21	80					1						1							
	秀明英光	'23	310																1		1
		'22	280																		1
		'21	400						1				2		1						1
	正智深谷	'23	390								1						3	1	5		1
		'22	320									5		2				1	1		3
		'21	420									1	1			1	1	4	1		5
	昌平	'23	480					3	9				16	3	7	40	13	25	13	19	32
		'22	540	2		2	1	3	9	3	4	5	22	4	7	47	25	57	6	45	42
		'21	530	2		1		7	4			14	26	6	6	46	20	25	15	35	48
	西武学園文理	'23	300	1					1	1			13	3	15	17	8	24	12	26	19
		'22	260	1		1	1	2		1	2	4	11	8	13	9	13	16	15	34	21
		'21	320	2	1			1	1		1	4	8	9	10	18	10	28	18	18	34
	西武台	'23	370						1	1			2		2	4	2	7	3	5	8
		'22	370													2	2	3	1	2	2
		'21	480			1				1		1	6	2		4	3	7	4	5	7
	聖望学園	'23	280												1	1	1	3	2	3	12
		'22	310										3	2	3	3	3	8	5	8	12
		'21	310			1						1	2		4	3	4	15	4	6	11

	私							立												
	東洋大	駒澤大	専修大	大東文化大	東海大	亜細亜大	帝京大	國學院大	国際基督教大	成蹊大	成城大	明治学院大	獨協大	神奈川大	芝浦工大	東京電機大	津田塾大	東京女子大	日本女子大	その他の大学（この欄はすべて'23年春のもの）
1	167	33	29	25	16	9	28	31		35	47	21	73	2	46	60	7	20	46	千葉工141,工学院29,立命館21,武蔵20,東京都市17,大妻16,共立11,白百合7,聖心4,東京経済3,同志社2,立正1
4	175	29	55	30	16	7	32	14	4	42	33	38	49	8	126	58	21	43	35	
1	155	29	46	47	10	5	35	28	4	36	30	24	50	5	121	38	14	21	19	
1	31	6	8	16	3	1	10			2	4	3	36	1	17	10		3	1	工学院12,千葉工12,武蔵8,東京都市6,立正4,共立3,東京経済2,同志社1,聖心1,白百合1
7	50	9	18	12	8	5	16	9		3	3	6	26	1	28	19	5	3	8	
7	50	12	16	29	13	1	32	3		6	4	6	22	2	19	12	1	2	3	
2	59	27	21	45	3	7	14	5		7	13	5	24		16	14	3	5	8	千葉工131,東京経済5,武蔵4,工学院4,立正4,大妻4,立命館3,東京都市3,関東学院3,聖心3,共立1,白百合1
8	98	22	28	55	14	11	39	17		13	7	12	34	2	20	35	9	14	10	
4	89	16	23	48	16	3	38	14	1	14	8	10	12	1	29	24		1	5	
4	10		3	13	2	2	7	4		1		1	4			6			1	立正3
2	10	2		8	2	5	4				2		3	1						
4	12	1	1	1	1	2	9						3			3			1	
8	42	3	18	40	17	6	46	5		8	6	1	14	2	12	17	1	1		千葉工78,東京都市15,立正10,共立5,武蔵3,東京経済3,大妻3,立命館2,工学院2,関東学院2,同志社1
6	46	14	19	43	27	10	45	9		8	2	3	12	4	29	6	2	3	3	
5	39	14	14	44	20	14	46	8		7	3	6	16	3	25	19	2	2		
2	3	2		16			11						2	1		2		2		千葉工17,東京経済7,立正2,武蔵1,共立1
5	12	1	1	27	2	8	4	1			2		1	1		6				
5	12	3	4	20		8	7			2	5	1	9			1				
6	91	9	14	39	8	2	25	10		11	25	4	44		30	40	1	9	22	千葉工359,武蔵27,立正21,東京都市19,東京経済10,工学院8,大妻8,立命館4,同志社2,共立2,聖心1
41	103	10	17	37	14	10	28	11		15	8	8	42	3	67	20	2	10	10	
46	75	7	17	30	9	6	11	2		5	4	10	37	3	31	14		4	7	
13	52	15	17	11	14	5	18	8		8	10	14	22	2	109	36	6	26	21	千葉工156,工学院38,東京都市9,武蔵8,立命館6,関東学院6,東京経済4,大妻4,白百合4,同志社1,立正1,共立1,聖心1
26	94	27	26	8	14	3	19	8		15	9	12	17	2	83	35	6	39	39	
20	102	22	30	30	12	5	25	12	1	21	13	13	48	3	67	31	12	18	20	
57	39	20	24	58	21	14	43	12		10	9	3	31	12	13	12	6	5	5	工学院29,武蔵16,立正11,東京都市8,東京経済7,関東学院5,大妻4,共立3,千葉工1,聖心1,白百合1
52	65	8	20	42	16	16	49	22		15	10	9	21	3	25	13	6	8	10	
45	58	5	14	53	17	16	31	17		15	15	5	37	6	27	17	4	3	5	
3	2	1				1	1	1		1	1	1	1							東京経済4,武蔵2,関東学院2,立命館1
4			1	1	1		2						4	1						
1	4			3	1															
11					2		6													
26	2			1	5		7	1	1		2		1	1		3				
22			4		5	1	11	3								2				
							1													東京経済1
1	8		2	7		6	1						2							
4	10		3	12	1	6	1						1			3				
5	9	3	4	16		4	4	1		2		3	9		1	6				武蔵4,立正2,千葉工2,立命館1,東京経済1
8	31	5	1	22	1	3	7	4		2	1	2	15		4	8				
16	35	9	5	31	3	6	12	6		2	6	2	8	2	4	11		1	1	
39	66	17	20	40	14	4	17	14		12	15	8	30		26	15	4		2	千葉工17,武蔵11,東京経済3,白百合3,東京都市2,立命館1,立正1,関東学院1,大妻1
66	120	31	21	25	37	9	38	12	2	19	14	5	47	5	42	21	6	6	15	
63	73	15	36	29	10	8	21	12		5	15	8	54	2	34	19	4	6	8	
45	42	5	11	25	9	4	18	5		13	20	4	14		9	21	3	5	4	千葉工20,武蔵11,東京都市9,立命館6,大妻5,工学院3,東京経済3,白百合3,関東学院2,共立2,同志社1,立正1,聖心1
43	54	6	13	22	12	3	16	6	1	16	15	12	8	6	24	6	1	8	13	
64	62	11	9	18	4	2	15	6		8	4	10	8	1	16	3	5	4	6	
16	25	9	10	43	2	8	34	1		3	2	3	10	1	3	2		1		武蔵10,東京経済6,工学院4,立正2,聖心2,東京都市1,大妻1
16	18	8	2	23	7	9	31	3		3	3		8	7	4	7			2	
20	25	14	2	28	1	12	38	1		3	2	2	7	1	2	8	1		1	
6	7	7	7	12		3	19	5		3	2					1	4	2	4	武蔵4,立正2,東京経済1,関東学院1
7	15	6	4	9	2	4	27	3	1	7	5	9	2		3	11	3	3		
12	19	6	4	20	2	4	31	1		6	4	7	3		2	2		2		

埼玉・私立	高校	年	卒業生概数	国立									私立								
				◆東京大	◆京都大	◆東工大	◆一橋大	千葉大	筑波大	◆東京外大	横浜国大	埼玉大	早稲田大	慶應大	上智大	東京理科大	学習院大	明治大	青山学院大	立教大	中央大
た	東京成徳大学深谷	'23	**310**										**4**		**1**		**2**	**1**	**1**	**12**	**1**
		'22	370						1									1	3		
		'21	300										2					1	1		4
	東京農業大学第三	'23	**490**					**1**					**2**	**1**		**1**	**2**	**9**	**3**	**7**	**4**
		'22	520						3			5	4	3		7	8	12	5	19	10
		'21	340					1			1	2	5	1		8	8	10	4	12	11
	東邦音楽大学附属東邦第二	'23	**30**																		
		'22	40																		
		'21	40																		
	獨協埼玉	'23	**300**					**1**	**1**				**5**	**2**	**1**	**3**	**8**	**18**	**9**	**8**	**14**
		'22	340						3				2	5	9	11	16	29	24	41	31
		'21	330					1	2		1		16	4	4	12	22	22	15	29	18
は	花咲徳栄	'23	**550**										**1**			**1**		**3**		**2**	**4**
		'22	510						2			4				2		3		1	
		'21	580						2			3	5	2	1	3	1	5	3	4	11
	東野	'23	**280**										**1**					**2**			**2**
		'22	420														2	1	2		5
		'21	320													1	1				
	武南	'23	**450**				**1**						**4**	**2**	**1**	**9**	**7**	**25**	**6**	**12**	**12**
		'22	550					1	2			9	6		1	5	13	22	10	11	12
		'21	510					1				5	2		1	4	2	8	3	8	8
	星野	'23	**740**				**1**	**1**	**1**	**1**			**12**	**5**	**11**	**25**	**15**	**32**	**11**	**34**	**31**
		'22	560			1					1	8	10	5	15	12	17	24	12	43	30
		'21	800						4	1	2	10	3	4	7	11	21	20	6	30	30
	細田学園	'23	**360**			**1**							**11**	**2**	**1**	**6**	**3**	**11**	**5**	**10**	**13**
		'22	390										1	1	1	9	9	10	10	12	12
		'21	320					1		1		1	16	2	3	9	2	17	8	15	12
	本庄第一	'23	**250**														**2**	**1**		**2**	**2**
		'22	280											3		1	1	2	2	2	2
		'21	360						1				2	3		5	7	9	4	5	9
	本庄東	'23	**430**		**1**			**3**	**1**				**21**	**9**	**7**	**32**	**14**	**49**	**20**	**26**	**31**
		'22	440	1		2		1	2		2	7	16	13	8	26	13	58	21	38	42
		'21	500	2	1			1	2	1	2	3	10	3	7	26	11	36	9	32	25
ま	武蔵越生	'23	**320**						**1**						**2**				**1**	**2**	
		'22	340									1	1	1	1		1		1	1	1
		'21	330								1					3		2		1	3
	武蔵野音楽大学附属	'23	**10**																		
		'22	20																		
		'21	20																		
や	山村学園	'23	**310**										**1**		**2**	**1**	**3**	**4**		**2**	**3**
		'22	460						1			6	1	2		7	11	11	2	19	18
		'21	530									1	5	1		1	3	8	2	7	5
	山村国際	'23	**230**														**3**			**1**	**1**
		'22	320							1		1			1		2	2		5	
		'21	360								1		1			4	1	6	5	3	3
わ	早稲田大学本庄	'23	**310**										**303**			**1**					
		'22	340										340								
		'21	320										322	1							

私立																			
東洋大	駒澤大	専修大	大東文化大	東海大	亜細亜大	帝京大	國學院大	国際基督教大	成蹊大	成城大	明治学院大	獨協大	神奈川大	芝浦工大	東京電機大	津田塾大	東京女子大	日本女子大	その他の大学（この欄はすべて'23年春のもの）
9	**2**	**5**	**13**	**3**	**1**	**27**	**1**		**1**		**4**		**1**		**1**				武蔵4,立正2,東京経済1,関東学院1
24	3	4	15	5	3	10	2					3	1	2	5				
8		3	10	3	3	6						3	1		5			1	
27	**11**	**12**	**53**	**25**	**7**	**18**	**9**		**2**	**7**	**3**	**12**	**2**	**1**	**4**		**1**	**2**	千葉工14,立正8,東京経済7,武蔵3,共立3,立命館1,東京都市1,関東学院1,大妻1,白百合1
55	24	9	40	14	5	29	22		6	3	5	13	1	6	5	2	2	4	
45	12	13	16	9	1	26	18		4	3	2	5		6	6			4	
4						2													
31	**12**	**20**	**33**	**17**	**5**	**24**	**4**		**8**	**16**	**12**	**81**	**3**	**10**	**12**	**2**	**4**	**3**	千葉工85,武蔵5,大妻5,工学院4,立正4,共立4,東京経済3,白百合3,東京都市2,聖心2
48	9	19	8	17	1	31	25		16	15	16	103	7	27	19	5	6	11	
55	10	17	23	18	1	23	6		8	5	8	100	5	19	25	3	6	4	
8	**5**	**4**	**32**	**9**	**5**	**23**	**1**		**4**			**17**		**2**	**1**				千葉工27,東京都市6,東京経済3,立命館2,武蔵2,関東学院2,立正1,共立1
22	4	5	34	9	10	22	2		6	2	2	22	3	4	5		2		
44	6	6	35	7	5	24	6		1	5	1	12	1	4	9				
100	**6**	**8**	**12**	**7**	**1**	**19**	**1**		**6**			**7**							武蔵8,東京経済4,千葉工4,立正2,立命館1
85	9	5	26	12	13	40	3		1			7						2	
30	5	1	8	1	5	19			3			4		1					
74	**24**	**34**	**64**	**10**	**22**	**27**	**11**		**11**	**8**	**9**	**49**	**1**	**5**	**13**	**5**	**4**	**8**	千葉工149,武蔵30,大妻12,立正11,東京経済10,共立7,工学院2,関東学院2,白百合2
98	31	26	45	10	15	42	11		22	11	15	68	4	20	19	4	8	12	
54	14	23	32	9	7	37	7	1	11	4	9	14	1	23	14			4	
77	**28**	**37**	**97**	**13**	**13**	**38**	**7**		**14**	**15**	**18**	**33**	**1**	**13**	**7**	**16**	**16**	**24**	武蔵31,立正21,大妻14,共立13,東京経済9,工学院8,立命館7,聖心3,同志社2,千葉工1
85	13	15	33	5	7	25	11	1	20	13	6	27	4	15	16	14	23	40	
87	17	28	62	7	8	45	31		27	17	7	26		14	14	20	27	34	
33	**4**	**8**	**61**	**3**	**7**	**30**	**6**		**3**	**4**	**1**	**11**	**1**	**1**	**4**	**1**	**6**		東京経済15,立正10,武蔵5,千葉工4,東京都市2,共立1
47	10	12	27	2	6	47	8	1	5	3	4	21	2	4	5			2	
35	7	9	38	7	6	18	4			2	2	19		7	10		2	4	
10	**1**	**1**	**15**			**8**	**7**				**1**	**3**					**3**	**2**	武蔵1,立正1,大妻1,聖心1,白百合1
21	6	12	14	4	4	16	14			5	1	7	2	6	10				
29	2	11	22	4	6	7	45		1	3	3	12	2	5	10	1			
73	**11**	**22**	**60**	**19**	**6**	**26**	**11**		**5**	**11**	**15**	**36**	**2**	**26**	**36**	**9**	**5**	**7**	立正26,武蔵21,千葉工15,東京経済9,工学院4,東京都市4,白百合4,立命館3,大妻3,聖心3,関東学院2,同志社1,共立1
92	15	16	58	27	4	40	14		18	14	16	38	11	32	27	7	11	14	
77	25	24	34	37	6	43	8	1	18	10	8	19	9	36	24	8	7	15	
6	**1**		**7**			**49**	**1**		**1**		**2**			**2**					千葉工144,工学院7,武蔵2,聖心2
13	2	1	13	2	5	27	1			4				3	2				
15	3	8	13	2	7	13				1	1			3	5		4	1	
27	**6**	**10**	**34**	**3**	**7**	**21**	**2**		**1**			**3**	**5**	**3**	**10**	**1**	**10**	**8**	東京経済17,共立10,武蔵6,立正6,関東学院4,大妻4,白百合2,工学院1,東京都市1
53	27	11	69	1	12	33	10		3	3	5	14	5	22	23	6	9	5	
41	14	15	60	11	9	34	10		7	3	3	10		40	21	2	2	2	
8	**1**	**1**	**13**	**1**	**1**	**5**			**1**		**1**	**1**			**4**			**2**	武蔵3,大妻2
16	5	7	33		6	15	4		4	2	1	3	1		6	4	3		
22	3		28	3	6	6						1		2	10	1			

その他・私立

茨城県

	高校	年	卒業生概数	国立 ◆東京大	◆京都大	◆東工大	◆一橋大	千葉大	筑波大	◆東京外大	横浜国大	埼玉大	私立 早稲田大	慶應大	上智大	東京理科大	学習院大	明治大	青山学院大	立教大	中央大
共学	茨城	'23	220	1				2	6				10	5	5	5		21	2	19	16
		'22	230		2			1	5		2	1	6	4	6	18	6	10	7	11	23
		'21	220	1				3	6	3		5	2	2	3	19	4	17	10	11	21
	茨城キリスト教学園	'23	240						3				1		1		1	2	3	6	2
		'22	250						1			3			2	4	4	8	8	4	5
		'21	290									1	1		1	2		4	3	3	2
	岩瀬日本大学	'23	210																		1
		'22	160																		1
		'21	170																1		
	江戸川学園取手	'23	410	4		2	1	5	12	2			27	33	12	95	17	72	23	49	34
		'22	430	6	1	1		8	19		4	7	36	36	21	79	16	48	20	31	61
		'21	440	5		4		10	15		3	3	53	36	24	87	8	81	24	36	57
	鹿島学園	'23	250						2				5	2	6	11	9	22	11	7	16
		'22	190						3		1		5	6	4	1	4	22	6	8	18
		'21	200		2				1			1	8	2	2	7	3	7	6	6	2
	霞ヶ浦	'23	390						1							2	4	2	3	6	2
		'22	510													4	5	4	3	6	6
		'21	530					1								10	1	6	3	4	5
	常総学院	'23	570	2				2	12				6	4	7	17	8	15	7	7	17
		'22	620	2				2	11	1		1	13	6	5	17	17	19	7	11	25
		'21	560			2		2	6			1	5	2	6	26	9	20	5	6	12
	水城	'23	540			1	1	2	10	1	3		4	1	1	23	3	29	11	5	23
		'22	550		1		1	5	9	1	1	3	6	4		17	4	12	3	10	20
		'21	580		1	1		5	10		1	3	3	4		19	3	16	5	8	10
	青丘学院つくば	'23	—						1							1		2	1	1	
		'22	10															2			
		'21	10													1		1		1	
	清真学園	'23	160	1	2	2		3	5				7	6	3	13		14	9	6	7
		'22	150	3				1	11	1	1	1	5	4	1	14	4	17	2	8	12
		'21	170		1	1	1	3	4	11	3	1	8	6	9	12	8	7	8	19	13
	土浦日本大学	'23	720	1				1	30				12	2	4	23	3	22	17	18	20
		'22	590	1				2	17	1		1	15	3	8	16	9	17	10	13	10
		'21	640	2				4	19		2	1	11	2	9	14	8	20	10	11	20
	土浦日本大学中等教育	'23	90						1				1	2	2	10	1	6		4	3
		'22	90						2	1			3	3	3	1		4	3	3	1
		'21	110					1					3	5	1	2			1	3	1
	東洋大学附属牛久	'23	650					2	5							1	4	3	4	6	2
		'22	510					1	2				2		4	5	2	8	5	8	9
		'21	560		1			1	2				1	2		2	1	6	3	1	3
	常磐大学	'23	410																	1	
		'22	330						2				1				1		1	1	1
		'21	350						1		1								1		1
	水戸啓明	'23	220						1												
		'22	260							1			1		1	2		1	1		2
		'21	240													1		1			
	茗溪学園	'23	290				3		16		1		6	5	8	19	5	17	14	23	26
		'22	270	1				3	15	1	1	1	18	12	17	28	9	23	16	27	28
		'21	270		2	1	1	3	19	1	2		25	16	14	28	7	40	14	23	22

	私立																			その他の大学
	東洋大	駒澤大	専修大	大東文化大	東海大	亜細亜大	帝京大	國學院大	国際基督教大	成蹊大	成城大	明治学院大	獨協大	神奈川大	芝浦工大	東京電機大	津田塾大	東京女子大	日本女子大	（この欄はすべて'23年春のもの）
4	14	6	8	2	27	1	5	5		1	3	9	4	5	4	4	2			千葉工37,立命館7,東京都市6,工学院4,立正2,同志社1,武蔵1,大妻1
5	31	5	20		39	2	8	4	1	1	3	6	6	2	27	2	2	8	8	
0	22	7	9	3	18		13	3		3	4	12	8	8	56	7	5	2	3	
3	11	2	8		24	2		4			2	6	12	2	1	2	5			千葉工45,関東学院10,東京都市2,聖心2,同志社1,立命館1,武蔵1,立正1,大妻1
9	22	1	5	5	12		5	1	1	2		8	9	5	4	2	2	4	3	
4	4	3	7	4	12		8		1		2	4	7	5	1	1	1	5	4	
7	15	1		5	5		1						4		1	2	2		4	千葉工100,立正5,大妻3,工学院1
2	4	2	1	1	8	1	2					3	6	1				1		
3	3				2		5				2			1						
0	36	12	10	26	7	5	15	8		17	9	18	27	2	27	29	14	17	21	千葉工493,武蔵23,工学院19,立正19,立命館18,共立11,大妻10,東京都市4,東京経済3,同志社1,聖心1,白百合1
6	49	14	21	4	9	3	16	8	1	11	8	12	24	2	60	23	2	8	12	
0	47	18	17	3	26	1	26	7	2	19	18	14	27	4	38	24	8	5	17	
9	21	2	9	15	25	9	23	5		11	4	3	11	4	5	19	3	1	4	千葉工101,立正14,大妻9,関東学院8,武蔵7,東京都市7,同志社4,立命館4,東京経済3,共立1,聖心1,白百合1
0	19	19	15	19	32	5	16	14		11	6	12	11	9		6	2	2	5	
9	30	9	11	16	34	3	15	4	3	5	1	3	11	10	2	10	1		2	
6	18	2	16		3	1	9	11			3	2	15		2	5				千葉工42,東京経済6,立正4,武蔵3
4	16	6	4	8	6	3	13	13		1		3	3	1		1		1	3	
5	25	9	13	9	5		7	13					3	4		2				
8	9	20	12	7	13	2	64	3			1	1	9		35	10	1	2	2	千葉工78,立命館7,大妻7,東京都市4,立正2,武蔵1,工学院1,聖心1
5	15	16	9	9	16		38	7		4	2	5	12	3	15	16	2	4	6	
7	14	9	12	6	18	3	24	5		3	2	4	9	5	4	10		2	3	
2	21	7	18	6	39		10	4		3	3	7	3	2	19	7	2	5	6	千葉工85,東京都市10,工学院8,関東学院7,立正6,武蔵4,東京経済4,同志社2,立命館2
9	24	5	27	18	38	3	24	4		4	2	8	14	7	15	10	2	3	1	
1	34	11	14	13	31	1	16	4		3	1	8	6	5	19	12	3	2	7	
																1				東京都市4,工学院1,千葉工1
					1		1													
1							2							1		1				
1	12	4	11	5	17	3	5	6		1	5	3	4	7	3	3	4		1	千葉工89,立命館11,工学院6,関東学院6,東京経済4,同志社2,共立1
8	11	4	8	6	16		7	1	1	2	1	8	1	1	11	3	3	1	1	
30	21	13	5	4	27	1	11	5		3	7	9	2	4	12	1	2	5		
30	8	6	3	3	12		12	2		6	5	7	22	4	18	24	5	6	10	千葉工149,東京都市12,工学院9,共立5,東京経済4,武蔵2,立正2,立命館1,関東学院1,大妻1,白百合1
35	11	6	2	6	10	1	7	1	1	3	4	7	11	2	21	10	4	5	5	
99	16	5	3	4	14		8	4	1	6	4	9	6	5	21	11	2	5	5	
32		1					1			1	1		1							千葉工3
09	3				10					1	1	4			1	1	2	1	3	
47	2			1				3		1	2		1			1		3	3	
28	296	2	5	8	9	1	12	3		2	6	2	6	1	4	13			4	千葉工129,共立5,大妻5,武蔵4,立正4,工学院3,東京経済2,立命館1,関東学院1
34	269	5	11	10	7	2	7	6		5	5	4	11	1	1	13	1	1	2	
34	241	2	11	7	11	3	9	3		5	8	5	9	4	1	3				
12	30	3	9	17	12	2	8			3	1			6			2			関東学院5,武蔵4,千葉工3,立正1,共立1,大妻1
2	4	2	4	7	8	1	4	1				1	3	3	1	2	1			
6	7		1	1	14	1	2					2	3	4	1	1		1		
3	3	2	1	2	3		1							2	1					
9	5	3	3	2	7		2	4				1				1				
7	1		1		2		1	2						7	2					
32	15	8		5	8	1	7	1		10	7	5	12	4	15	4	6	4	4	千葉工64,武蔵10,立命館8,東京都市5,大妻5,工学院4,立正3,共立2,同志社1,聖心1,白百合1
33	23	6	4	6	8	1	15	4	5	8	3	15	13	3	16	10	9	10	5	
45	22	7	12	4	21		13	3	2	6	3	6	8	7	13	6	4	7	9	

その他・私立	高校	年	卒業生概数	国立									私立									
				◆東京大	◆京都大	◆東工大	◆一橋大	千葉大	筑波大	◆東京外大	横浜国大	埼玉大	早稲田大	慶應大	上智大	東京理科大	学習院大	明治大	青山学院大	立教大	中央大	
栃木県																						
共学	足利大学附属	'23	270						1											1	1	
		'22	280															1				
		'21	300										1					1	1	1		
	宇都宮短期大学附属	'23	780					1			2		6	1	1	1	1	7	6	13	5	
		'22	770			1						1	8	3	1	2	2	6	6	3	11	
		'21	840				1		1				1	3		5	2	10	4	2	4	
	國學院大學栃木	'23	420						1				6			1		6	2	4	9	
		'22	470					1	1		1	4	2	1	2	9	4	6	3	6	12	
		'21	420	1			1	4	2				4	3	5	9	2	7	3	3	7	
	作新学院	'23	1190	1		1		1	3	1			3	1	13	6	2	10	3	5	20	
		'22	1110						1			1	3	2	1	14	2	9	3	14	9	
		'21	1130	1			1	1	3			3	1		5	10	1	10	10	5	16	
	佐野日本大学	'23	430	1		1			1		1		4	3	1	2		4		1	6	
		'22	380					1	1			1	2	2	2	5	1		3		4	
		'21	500	4				1	2		1		4	6	2	8	1	7	4	5	6	
	佐野日本大学中等教育	'23	70					1	1					1	2	3	1	6	2	3	7	
		'22	60												1	4		6	4		3	
		'21	80				1	1			1	2	4	3	1	1	2	4	2	1	4	
	白鷗大学足利	'23	390					1						1	2	5	4	3		1	7	
		'22	360					1					3		2	6		3		9	7	
		'21	410					1				2	2		3	3	1	4	2	2	6	
	星の杜	'23	40												2						1	
		'22	50												4	1	2					
		'21	50												3							
群馬県																						
共学	関東学園大学附属	'23	190																		1	
		'22	200																		1	
		'21	210															2			1	
	共愛学園	'23	350												3	1		2		1	6	
		'22	320						1						1		1	3	2	1	5	
		'21	340							1				4	2	1		3	2	4	2	
	高崎健康福祉大学高崎	'23	470															1			3	
		'22	500					1	2			1	1		1	2					3	
		'21	460								1	1	1		2				2	2	2	
	高崎商科大学附属	'23	450											1				1		2		
		'22	450					2				1	5	1				6		4	3	
		'21	410									1						1	1		2	
	東京農業大学第二	'23	510						2						2	2	2	4	3	7	10	1
		'22	590	1					3			6	5	4	4	13	4	11	4	9	13	1
		'21	550	2		1	1	2	1			5	9	2		12	2	17	5	21	8	1
	新島学園	'23	220						1				1		1	1		4	1		3	
		'22	250											3	3	4		2	4	5	1	
		'21	230							1			2		2	3	3	2	5	2	1	

	私立																			その他の大学 （この欄はすべて'23年春のもの）
	東洋大	駒澤大	専修大	大東文化大	東海大	亜細亜大	帝京大	國學院大	国際基督教大	成蹊大	成城大	明治学院大	獨協大	神奈川大	芝浦工大	東京電機大	津田塾大	東京女子大	日本女子大	
					1		3													千葉工1
		1		2	1															
3		1		1		1	1						1	1						
2	8	1	9	7	24		25	2		1	3	9	12	2	7	2		3	4	千葉工49,立正5,大妻5,共立4,関東学院3,工学院2,東京都市1,白百合1
5	30	9	10	11	16	6	30			5		1	8	7	14	7		4	2	
1	36	7	10	12	22	3	34			2		1	2	8	3	3	1		6	
0	15	5	4	9	4		17	91		1	3	4	13	1	6	4	2			千葉工3,大妻3,関東学院2,東京都市1,立正1,東京経済1,共立1
1	7	3	14	10	3		14	97		2	2	5	3	2	5	3		4	1	
2	20	1	9	6	8		15	94		4	3	4	9	6	7	4	1	4	3	
6	30	18	9	22	36	7	57	2		8	4	4	4	5	7	10	2	1		千葉工386,関東学院21,立命館6,立正6,東京都市3,大妻3,白百合3,同志社2,武蔵2,東京経済1
3	13	7	7	18	20	2	49			4		7	3	10	18	15	5	5	10	
6	10	11	14	12	17	5	29	3		1	1	6	8	14	13	10	4	3	4	
38		4	3	2	3	1	2				1	2			1					千葉工18,武蔵2,大妻2,立命館1
70	5	2	1	1	8	3	5			4		2	6		7	3	3			
36	11	1	2	2	5	2	4	2		3		4	6	2	8		3	3	2	
7	1	1	3	1				1		1	5	3	2	1	3	2				立命館2,武蔵1
05	6	1		4	11		2			2	2	3	4	1	3	2	2		1	
51	3	2		3	9	1	4						7		5	3	1			
7	12	4	2	11	3	1	6	2		1	3	3	9		2	2	1		1	千葉工11,立命館4,同志社2,武蔵2,白百合1
6	9	10	4	12	10	1	8			5		5	8	2	3	3				
8	20	4	4	7	5		5	2		4	1	2	7	2	8	5		1		
							1					2								千葉工3,大妻1,聖心1
1	1				2	1	3			3				1		1	1	3	1	
							1						1	1			1		1	
2				7			2													
					1		3						1	1						
1	4	1	1	1			1	1					3	1		1	2			
4	4	1	2	5	3		3				1	1	3				1			立正2,武蔵1,聖心1,白百合1
1				24	2		5			1		1	2						2	
7	2	2	5	7	1		1	1	1	1		9	1	2		1	3	3		
6			3	3	6	1	5							2						立正4,関東学院1
4	7		1	4	7	3	2	1		2		1	6	6	1	5	1		1	
8	9	2	5	5	8	4	9	2		1		1	4	6	1	1		1	4	
8	5	2		9	2		1	2			1			2						立正8,千葉工1
2	6	2	7	2	4	1		2					6	2	2	5				
8	8		8	5	2		2				1		3	1	1	4				
46	48	12	31	23	30	4	60	2		7		14	28	6	3	11	3	1	2	千葉工285,立正13,武蔵9,東京都市7,立命館6,大妻6,共立5,工学院2,関東学院2,同志社1
47	45	6	19	28	38	4	62	6		6	3	14	5	11	20	8	2	7	2	
54	43	17	14	32	13	4	37	2		8	3	7	8	7	20	16	3	7	5	
4				1	7	2	2	2						3						同志社28,東京都市1
18	1	1	1	3	1		4		1	2	1	2	2	1	5	3		4		
8	3		2	3	3		3		1	4		4	6	1	7	1		4		

その他・私立

山梨県

	高校	年	卒業生概数	◆東京大	◆京都大	◆東工大	◆一橋大	千葉大	筑波大	◆東京外大	横浜国大	埼玉大	早稲田大	慶應大	上智大	東京理科大	学習院大	明治大	青山学院大	立教大	中央大
				国立									私立								
女子	山梨英和	'23	—						1												2
		'22	—																		1
		'21	100															2			3
共学	駿台甲府	'23	—	1	1				3	1	1		10	6	4	10	2	11	4	8	22
		'22	—	1				3		3			17	9	4	17	6	19	10	12	26
		'21	320	1	1		1	3	2		4		18	6	5	20	5	18	3	7	28
	日本大学明誠	'23	370															2			3
		'22	350						1												1
		'21	370										1			2		1	1	1	3
	山梨学院	'23	370					1					2		4	4	1	9		5	7
		'22	320	1		1	1		2	1		1	5	5	7	5	1	6	3	2	6
		'21	330	2	1			1	1		1		4	4	1	9	2	5	5	1	9

国立

	高校	年	卒業生概数	◆東京大	◆京都大	◆東工大	◆一橋大	千葉大	筑波大	◆東京外大	横浜国大	埼玉大	早稲田大	慶應大	上智大	東京理科大	学習院大	明治大	青山学院大	立教大	中央大
				国立									私立								
国立	お茶の水女子大学附属	'23	120	4		2	3	1	3	3	2		31	11	19	34	4	37	9	22	34
		'22	120	4	3	3	1	1	1	2	1		25	24	12	25	4	33	11	21	12
		'21	120	9	1	4	3	3	2	5	3	2	38	33	17	32	6	31	14	23	39
	筑波大学附属駒場	'23	160					3	1				96	67	25	28	5	24	5	3	14
		'22	160	97	1	2	1	2	1		1		84	74	18	34	1	30	3	5	2
		'21	160	89	1	1	3	4		1	8		63	79	12	22	1	14	7	1	8
	筑波大学附属	'23	—	27	5	5	6	4	4	2	1		97	61	45	75	11	64	22	43	36
		'22	240	42	10	9	4	5	8	1	3		95	86	21	76	2	58	12	34	45
		'21	230	29	8	12	7	9	9	2	5	1	94	73	24	80	8	57	26	38	51
	東京学芸大学附属	'23	300	14	10	10	1	3	5	2	7		111	94	73	80	8	107	33	52	69
		'22	330	27	10	3	8	8	4	8	12		138	117	44	79	12	109	39	40	77
		'21	310	30	7	14	12	7	4	4	17		100	93	38	79	8	116	34	45	56
	東京学芸大附属国際中等	'23	120				1		2	2			35	18	30	7	4	21	13	16	25
		'22	130	4		1	1		6		3		39	36	43	22	2	27	13	16	33
		'21	130	2		1	1		1	5	2		30	38	21	5	4	8	14	18	15
	東京藝術大学附属音楽	'23	35																		
		'22	40											1							
		'21	35																		
	東京工業大学附属科学技術	'23	180	1		4			4		1		7	7	3	43	1	11	2	3	12
		'22	190	1		15		4	2		5	1	12	13	11	43		25	13	3	19
		'21	180			10		2	1		5	2	8	12	4	33	2	18	4	6	23
	東京大学附属中等教育	'23	110						4	1			2	1	6	2	1	7	4	1	7
		'22	120					2	1				7	2	6	4	3	8	7	4	13
		'21	110	2		1			1			1	13	4	3	3	2	7	9	17	19
	筑波大学附属坂戸	'23	150						1						1		1	1	1		
		'22	150															2		5	1
		'21	150															1		4	1

私立																				その他の大学（この欄はすべて'23年春のもの）
	東洋大	駒澤大	専修大	大東文化大	東海大	亜細亜大	帝京大	國學院大	国際基督教大	成蹊大	成城大	明治学院大	獨協大	神奈川大	芝浦工大	東京電機大	津田塾大	東京女子大	日本女子大	
1							1							1	2					千葉工1
							2	1												
1	1						1										2	3		
4	13	7	6	10	8	2	10	3		3	2	1	2	5	8	8	2	1		千葉工24,武蔵10,大妻6,東京経済4,関東学院4,東京都市3,立正2,同志社1,立命館1,共立1,白百合1
1	32	2	4	4	8	1	11	6		4	2	3	3	5	3	2	1	8	8	
3	19	8	20	7	12	3	17	4		5	2	6	8	15	16	2		3	1	
1				1								1				2				東京都市2,千葉工2,同志社1
0			2		1		3			6						2				
2	3		2			2	4							1	1	2				
7	4	3	9	1	6	4	4	2		3		6		5	16	4			1	千葉工26,立正4,同志社2,東京都市2,立命館1,武蔵1,工学院1,関東学院1
6	8	4	6	4	1	3	2	4		3	3	6		7	4		1			
1	15	1	5	2	3	2	7	2				3	2	2	1	3			1	

私立																				その他の大学（この欄はすべて'23年春のもの）
	東洋大	駒澤大	専修大	大東文化大	東海大	亜細亜大	帝京大	國學院大	国際基督教大	成蹊大	成城大	明治学院大	獨協大	神奈川大	芝浦工大	東京電機大	津田塾大	東京女子大	日本女子大	
6	2		4		2		3	2		2	1	6			5		4	4	3	立正6,立命館2,同志社1,武蔵1,関東学院1,共立1
1	10	3	2					3	3	7	8	6	1		8	3	9	5	11	
4	10	7			1		2	2		2	4	15	2	1	1	1		6	3	
2											1				7					東京都市5,工学院3,同志社1
4	1							1	1			2			3	3				
7	4	1					1			2					3	1				
9	7	6	7	1			5	1		5	1	13	4	1	19		3	3	7	東京都市8,武蔵5,立命館3,同志社1,工学院1,共立1,大妻1
6	3	3	4		1			5		8	6	2	1		6	5	4	3	6	
2	12	4	2				4	2	3	2	7	2			20	4	4	6	6	
4	16	7	12			2	1			10	7	12	6	1	18	6	11	5	6	千葉工17,工学院9,立命館8,同志社5,武蔵2,東京都市2,東京経済1,大妻1
2	26	7	4		10	1	4	3	3	12	13	9		2	12	1	10	14	4	
7	4	5	10	2	4	2	7	2	7	5	2	12		5	16	2	13	8	8	
4	7	3	2				1			5	2	2	2		1		7	1		武蔵5,東京経済2,立命館1
4	3				2	2			4	3	4	6	4		2	1	2	3	5	
7	15	3	5	7	1	5	3		5	4	4	6	2		7		1	2	5	
9	3		4		13	2	1	1		6		1		5	19	15				千葉工34,東京都市23,関東学院12,工学院3,共立1
0	15				12		1	2	2	4				9	33	26	1	8	4	
0	21	1	1		5		2	1		1			2	9	26	29	1		1	
2	4	2	5	2	8	2	4					5		2	7	1		2		武蔵4,東京都市4,大妻4,同志社2,立命館2,千葉工2,工学院1,立正1,共立1
1	10	12	15	1	3	3	5	6	1	4	3	6	1	3	6	8			1	
2	12	7	9	2	13		7	3	2	5	5	4	1			5	3	9	12	
		1					3						1					1		立正3,大妻1
2	1	2		3	2		2			1				2		4	2	1	1	
4	4		1	3	5	2				1	3	3			1	4	1	1		

合格状況

公立中高一貫

	大学			国立									私立								
	高校	年	卒業生概数	◆東京大	◆京都大	◆東工大	◆一橋大	千葉大	筑波大	◆東京外大	横浜国大	埼玉大	早稲田大	慶應大	上智大	東京理科大	学習院大	明治大	青山学院大	立教大	中央大
東京	桜修館中等教育	'23	150	1	5	3	5	1	1	1	5		56	33	16	44	7	77	31	53	38
		'22	150		1	8	4	6	2	3	9	3	40	23	14	39	4	64	27	26	23
		'21	150	4	2	3	2	3	3	3	10		61	37	33	30	3	82	31	31	41
東京	大泉	'23	170					3	3	2	4		42	16	20	45	13	66	18	40	25
		'22	190	2	1	1	1		3	1	3	5	42	14	12	31	10	43	10	45	25
		'21	190	6		6	1	1	1	3	9	5	48	16	20	51	14	70	30	64	47
東京	区立九段中等教育	'23	140	1	1	4	1	2	1	1			30	12	29	20	5	42	14	40	24
		'22	140	7		3	2	2	4	2	1	1	24	18	22	22	5	44	16	27	34
		'21	150	4		2	2	2	3	1	2		30	16	11	27	11	47	23	36	23
東京	小石川中等教育	'23	150	15	1	6	9	1	3	1	1		76	42	59	56	4	69	20	36	28
		'22	160	20	4	5	9	3	10	4	2	1	71	38	24	55	3	62	16	42	22
		'21	160	18	5	12	11	3	7	1	9	1	96	59	18	52	11	82	17	55	47
東京	立川国際中等教育	'23	140	2	2	2	1	1	3	2	1		39	12	29	35	4	49	25	39	36
		'22	140	4		1	8	1	2	5	2	3	20	16	14	14	1	38	13	14	33
		'21	150	4	3	2	5	4	3	7	6	1	35	13	26	23	3	43	11	43	69
東京	白鷗	'23	220	1	1	3	2	3	4	2	2		18	10	14	32	9	44	15	28	19
		'22	220	3		4	2	8	5	6		4	24	20	16	27	17	36	35	41	22
		'21	220	3		3		3	7	7	7	5	41	22	24	30	13	60	38	52	31
東京	富士	'23	190	2	1	7	3	1	1	3	3		43	17	13	24	14	60	19	44	34
		'22	190	2		3	2	3	1	1	2	1	32	13	10	10	4	38	15	16	40
		'21	190	1		3	2	3	3	4	3	3	31	15	15	28	7	35	20	34	37
東京	三鷹中等教育	'23	150	5	1	4	1	3		5	2		35	23	33	43	7	109	25	39	31
		'22	160		3	3	8	1		4	4		38	24	30	25	8	82	25	37	62
		'21	150	3	1	2	4		2	8	8	1	44	20	35	32	11	81	22	32	75
東京	南多摩中等教育	'23	150	2	1	3	1		3	1	1		11	13	9	13	3	42	17	9	49
		'22	150	3	3	2	7	4	3		5	1	38	21	22	31	4	66	21	38	61
		'21	140		1	1	3	3	1	3	3		16	13	4	28	4	52	25	23	40
東京	武蔵	'23	190	9	2	7	10	1	3	1			58	29	45	41	9	60	25	26	33
		'22	180	11	3	8	5	4	3	2	6		53	26	29	44	5	55	14	29	27
		'21	190	9	4	9	10	5	2	1	6	2	64	28	20	35	3	78	18	24	43
東京	両国	'23	200	6	2			7	10	2	1		38	29	24	50	10	65	20	47	36
		'22	190	6	3	4	4	14	5	4	5	1	46	24	18	59	14	49	22	41	30
		'21	190	1		3	3	15	2	3	2		30	19	28	39	6	62	19	39	39
神奈川	市立川崎	'23	—					1	1	4	1		30	7	22	16	7	52	26	31	23
		'22	280		1					3	1	1	21	10	18	5	7	37	19	16	19
		'21	290	1			1	2	2	1	5	1	17	9	8	10	7	40	8	20	17
神奈川	相模原中等教育	'23	150	3	4	8	1	4			6		29	22	18	37	4	63	29	18	33
		'22	150	5		5	3		3	1	5		27	19	22	45	3	67	24	26	58
		'21	150	6		3	4	1	1	1	10		43	30	18	40	5	64	35	21	51
神奈川	平塚中等教育	'23	150					1	1		4		23	9	11	18	6	51	18	29	30
		'22	150		1	5	3	3		2	8	1	20	12	18	25	2	66	14	23	29
		'21	150	2	1	2	1	1		1	13		27	7	15	22	2	49	16	26	33
神奈川	市立南	'23	190	11	1	3	6	1	3		8		56	39	27	23	3	68	29	64	36
		'22	190	6		2	7	1	5	4	16	2	58	29	24	23	12	77	32	59	26
		'21	190	1	3	2	5	1	1	2	23	2	61	30	14	30	3	86	33	46	36
神奈川	市立横浜サイエンス	'23	220	4		9	3	3	4		13		31	25	9	61	5	66	19	19	29
		'22	230	1	3	8		4	4		18	1	25	15		51	1	51	22	14	26
		'21	230	2		10			8	1	19	3	24	18	8	85	4	85	28	10	38
千葉	市立稲毛	'23	310				1	25	1	2	1		42	10	40	14	21	91	18	99	39
		'22	310	3		1	2	21	2	1	1	1	42	25	23	33	28	95	34	88	37
		'21	320			4	4	13	1		1		29	10	33	25	23	85	30	85	32
千葉	市立千葉	'23	310			3		35	4		2		40	12	15	53	19	103	27	67	60
		'22	320					44			3	1	21	9	8	46	16	75	11	62	65
		'21	320		1	1		28	1		1	1	20	12	10	66	18	61	21	55	41

日本大	東洋大	駒澤大	専修大	大東文化大	東海大	亜細亜大	帝京大	國學院大	国際基督教大	成蹊大	成城大	明治学院大	獨協大	神奈川大	芝浦工大	東京電機大	津田塾大	東京女子大	日本女子大	その他の大学（この欄はすべて'23年春のもの）
私										立										
61	13	16	5	3	4		4	13		9	9	10	4	5	16		1	3	7	東京都市6,武蔵2,工学院2,関東学院2,立命館1,立正1,東京経済1,共立1
31	20	16	6	1	2		1	2	1	9	11	15		3	16	5	3	2	5	
33	25	13	8	4	2		3	2	2	8	8	17	1	5	12		4	5	7	
35	38	10	10	9	1	2	7	7		25	15	6			16	4	7	1	4	武蔵21,千葉工9,大妻6,工学院3,東京経済3,共立3,東京都市2,立正2,同志社1
52	64	4	15	7	8	7	11	5		17	9	7	5	1	42	9	1	14	9	
51	72	14	13	12	5	7	8	7		26	7	10	2	1	21	9	5	22	13	
35	24	6	19	9	3	5	4	4		3	15	6	17	1	10		2	6	4	立命館4,武蔵3,工学院3,同志社2,共立2,大妻2,東京都市1,立正1
47	35	7	18	7	13	2	6	8	4	11	3	7	5	3	8	3	8	8	14	
33	23	7	13	1	4	1	4	8	3	11	5	14	7	4	10	2	2	6	11	
4	15		3	1	2			2	3	2		8			10	2	3		1	工学院14,立命館5,東京都市3,武蔵1,千葉工1
7	7	2	6		3		3	4	4	7	2	5	1	2	12	4	2	2	2	
21	27	5	7	2	1		1	5	2			7	2		10	2	5	3	7	
7	18	3	8		6	3	2	5		8	4	7			7	10	2	9	4	工学院15,東京都市7,東京経済6,武蔵4,大妻4,立正3,共立2,立命館1,白百合1
17	26	1	11		6	2	7	5	2	6	14	8	2		5		10	10	9	
27	18	8	6		8		4	2	3	11	14	7	1		14	1	10	14	8	
32	52	12	10	2	12	4	10	8		7	10	10	8	1	18	12	3	9	6	千葉工63,工学院7,共立7,大妻7,武蔵6,聖心6,立正5,東京都市4,立命館2,白百合1
59	79	12	34	2	9	1	11	10		7	11	8	13		14	7	3	4	7	
45	81	14	25	14	10	2	12	12	1	6	11	11	10		12	10	7	3	13	
33	48	9	13	1	12		2	8		14	6	18	4	6	54	11	1	8	9	千葉工50,工学院26,東京都市18,武蔵10,大妻6,立命館4,東京経済4,立正2,共立2,白百合2
56	35	17	25	3	13	4	7	10	2	22	15	17	1	3	16	2	8	7	17	
55	38	6	10	10	12	1	7	7	4	21	11	5	1		25	10	2	7	6	
22	16	12	14	1	1	3	4	7		8	14	15	4		10	1	5	22	7	工学院8,千葉工8,武蔵6,東京都市4,大妻4,東京経済3,共立3,立命館2,白百合1
25	29	6	10		13	3	2	14	2	30	15	12		3	22	2	11	11	6	
50	39	12	20		3	3	4	9		10	9	9	3	3	14	4	13	9	12	
18	13	9	9	5	4	2	7	8		7	9	3	2	6	3	2	3	3	2	工学院15,東京都市8,武蔵3,共立3,立命館2,大妻2,東京経済1
24	25	5	8		1		8	9	3	8	8	3			11	1	5	3	5	
27	19	13	9	4	5	4	5	7	1	19	11	11	1	4	10	2	4	1	7	
16	30	4	2	1	7	6	1	4		9	2	2		1	21	1	4	17	7	工学院12,東京都市9,大妻4,同志社2,武蔵2,千葉工2,立命館1,東京経済1,聖心1
22	31	8	10		7	1	7	5	1	17	7	9	1	2	10	1	4	4	5	
34	15	6	10		3		6	1	2	18	7	4			22	9	10	13	9	
44	47	10	6			1		11		12	15	16	3		9	16	11	7	9	千葉工129,工学院5,東京都市5,武蔵3,東京経済3,同志社2,立命館1,共立1,聖心1
46	57	5	11	5	8		3	7	1	4	9	16	9	1	20	11	1	1	12	
57	52	7	25	2		2	4	8	1	9	9	10	7		18	13	7	10	8	
23	30	6	20	1	4		2	9		7	5	28		7	7	3	2	3	2	関東学院24,千葉工17,武蔵9,立正6,東京都市4,工学院3,共立2,大妻2,聖心1
35	22	11	22	1	8	1	7	9	1	6	10	13	2	38	9		4	7	7	
30	11	18	19		5		5	15	1	7	13	8	5	38	10	5	1	1	4	
23	8	4	11		6		1	5		7	14	9		10	5	1	4	2	2	東京都市10,工学院5,関東学院5,立正3,武蔵2,東京経済1,大妻1,聖心1,白百合1
14	11	5	17		28		1	8		4	12	8		5	16	4	4	2	15	
39	11	7	26	1	11	5	1	6		9	9	5		28	26	5	1	1	6	
17	18	6	10		18	4	5	9		7	8	31	2	13	4	5	4	5	10	東京都市14,関東学院11,工学院7,立命館6,共立4,大妻2,白百合1
16	21	5	19	2	27	2	2	9	1	7	7	13		15	10	2	2	6	12	
32	22	15	27		23	1	4	5		4	14	18		15	17	5	2		8	
27	26	9	10		9		2	7		4	1	29		11	7	7			11	千葉工25,東京都市15,関東学院12,工学院7,武蔵5,立正2,共立2,大妻2,立命館1
23	9	4	20	1	12		1	7	1	3		24		39	17	1	2	7	5	
37	21	6	11		13		1	5	1	1		24		22	25	7		1	4	
19	10	4	11		16		3	7	1	1	1	4		23	22	10			3	千葉工66,東京都市64,工学院14,関東学院4,立命館3,同志社1,東京経済1
29	14	3	15		24	1	2	1	1	8	1	4		20	52	8	8	3	2	
44	17	8	5		28		3			10		4		28	28	14			4	
29	132	32	47			4	5	30		16	27	24	11	3	23	11	10	18	17	千葉工359,武蔵24,共立17,立正10,大妻9,立命館5,工学院2,東京都市2,東京経済2,聖心2,白百合1
20	168	26	40	3	6	5	7	31	2	14	46	20	32	8	8	6	6	10	18	
00	164	22	23	4	3	3	5	33	2	22	30	16	38	2	26	16	1	10	19	
30	102	12	23		8		3	28		12	10	7	10	2	38	12	4	7	18	千葉工448,工学院11,大妻9,武蔵7,立正6,共立6,東京都市4,立命館3,関東学院2
23	129	29	33		9	4	2	34		17	13	13	15	1	60	12	1	6	20	
27	101	26	23	2	2	2	5	23		10	6	11	2	3	45	20		2	18	

合格状況

公立中高一貫 高校		年	卒業生概数	◆東京大	◆京都大	◆東工大	◆一橋大	千葉大	筑波大	◆東京外大	横浜国大	埼玉大	早稲田大	慶應大	上智大	東京理科大	学習院大	明治大	青山学院大	立教大	中央大
千葉	東葛飾	'23	**310**	**9**	**2**	**10**	**12**	**22**	**31**	**1**	**2**		**111**	**40**	**55**	**157**	**24**	**167**	**19**	**91**	**53**
		'22	310	9	3	8	4	26	23	1	2	7	120	54	38	114	36	157	25	90	45
		'21	320	3	7	9	7	27	35	2	2	5	90	42	28	170	27	112	31	90	75
埼玉	伊奈学園総合	'23	**790**	**1**			**1**		**3**	**3**			**9**	**2**	**5**	**12**	**11**	**27**	**7**	**31**	**33**
		'22	770	1				1	2	1		8	18	8	7	13	25	31	18	32	26
		'21	770	1		1	1	3	1	2	1	9	22	12	9	12	22	29	16	29	30
	市立浦和	'23	**310**	**7**	**2**	**3**	**2**	**3**	**7**	**3**	**3**		**68**	**35**	**17**	**61**	**14**	**130**	**31**	**80**	**46**
		'22	320	1	3	4	5	9	15	3	6	18	76	34	32	69	23	167	40	133	61
		'21	360	4	1	6	6	20	12	4	11	9	88	28	28	69	36	158	36	148	91
茨城	古河中等教育	'23	**110**					**2**	**8**	**1**	**2**		**6**	**3**	**1**	**11**	**4**	**10**	**4**	**8**	**9**
		'22	110						6	1	1	7	4	2	2	10	7	13	3	11	9
		'21	120			2	1		7	1		9	3	2	3	14	4	10	3	10	11
	並木中等教育	'23	**140**	**9**	**5**	**1**	**2**	**3**	**10**		**1**		**30**	**12**	**16**	**47**	**3**	**31**	**6**	**6**	**16**
		'22	150	9	5	5	2	3	25	1		1	20	14	4	49	8	24	12	11	10
		'21	140	4	1	1	2	3	22		3	4	22	10	9	45	4	36	7	20	27
	日立第一	'23	**230**	**2**				**1**	**13**		**2**		**2**	**2**	**2**	**17**	**2**	**13**	**7**	**7**	**10**
		'22	230	2	2	1	2	3	16	1	1	9	8	5		17	3	30	5	12	15
		'21	230	3	1	1		3	16		1	5	13	9	2	12	3	12	8	1	11
栃木	宇都宮東	'23	**150**	**3**	**3**			**5**	**1**		**1**		**8**	**9**	**6**	**12**	**7**	**21**	**13**	**10**	**7**
		'22	160	1	2			4	9	3	2	3	6	9	13	17	2	21	13	15	14
		'21	160	3	2	2	1	2		1	1	3	8	4	3	16	5	15	6	10	17
	矢板東	'23	**130**					**2**	**3**	**1**			**1**		**1**	**5**	**2**	**4**	**3**		**6**
		'22	140		1	1		2	2		1		3	2	1	5		4	1		5
		'21	150					2	3			4	5	1	1	5	2	6	3	5	3
群馬	市立太田	'23	**260**						**1**				**6**	**4**	**5**	**8**	**2**	**12**	**4**	**2**	**7**
		'22	270						2	1		2	3	2	1	5	2	4		4	1
		'21	270					1				2	1			6	2	1	1	1	5
	市立四ツ葉学園中等	'23	**110**					**5**	**1**				**9**	**4**	**2**	**12**		**14**		**10**	**5**
		'22	120	2	1	1		2	2				5	7	1	15	2	12	4	4	10
		'21	120	1	3			2	2		1		7	7	1	14	3	17	5	7	12
山梨	市立甲陵	'23	**110**	**2**	**2**	**1**		**2**	**2**		**2**		**8**	**4**	**2**	**13**	**1**	**20**	**4**	**4**	**17**
		'22	110	1		1			3		1	1	6	5	2	11	1	14	4	4	7
		'21	110	1	1			3	3	1		2	8	5	2	11	1	9	3	6	10

私										立										
日…大	東洋大	駒澤大	専修大	大東文化大	東海大	亜細亜大	帝京大	國學院大	国際基督教大	成蹊大	成城大	明治学院大	獨協大	神奈川大	芝浦工大	東京電機大	津田塾大	東京女子大	日本女子大	その他の大学（この欄はすべて'23年春のもの）
2 8 30	37 40 41	17 9 11	16 13 18	4 2 	2 3 2	 6	2 2 5	12 16 4	 1	7 19 12	20 13 21	13 10 8	3 11 21	2 5	38 30 57	23 14 20	10 9 15	25 30 24	30 47 52	千葉工161,立命館8,大妻7,工学院3,東京都市3,共立3,同志社1,武蔵1,関東学院1
8 3 5	98 116 129	22 28 38	40 24 17	101 96 82	11 33 29	11 9 21	48 68 35	10 20 21	 1 	4 29 13	15 16 16	8 7 6	56 55 51	5 1 8	20 11 20	35 18 18	7 3 5	3 9 8	2 7 11	千葉工61,立正17,武蔵11,東京経済9,共立3,大妻3,関東学院2,工学院1,東京都市1,聖心1,白百合1
1 4 10	93 151 127	15 25 11	11 21 32	5 18 18	2 12 1	4 2 4	1 11 17	11 14 19	 1	9 15 26	22 20 18	23 23 11	12 31 38	1 4 1	29 55 108	22 24 17	24 11 12	20 16 28	28 30 50	千葉工58,武蔵15,工学院10,東京都市8,立命館3,共立3,大妻2,同志社1,立正1,東京経済1,聖心1
8 3 23	30 17 25	6 4 1	9 4 15	8 3 6	10 11 10	4 	4 2 6	2 3 		3 3	9 3	2 4 2	3 9 11	2 3 1	9 9 13	6 23 8	2 1 	1 3 	 5 2	千葉工55,武蔵11,工学院3,東京都市2,東京経済2,立命館1,共立1,大妻1
9 7 2	12 11 18	3 5 13	5 2 8	 4 2	1 7 2	 1	 1 1	2 2		1 1 4	3 3 	2 1	1 7 2	3 2 	7 37 6	5 3 5	6 1 4	5 8 2	4 6 14	大妻5,工学院3,東京都市3,千葉工3,武蔵1,立正1
32 25 32	49 45 50	13 8 5	9 13 11	8 7 5	16 18 25	 1	1 4 4	2 2 3		1 4	3 2 3	1 3 4	3 16 9	7 8 4	19 31 20	4 6 12	4 7 2	2 5 1	3 8 6	千葉工127,東京都市9,立命館3,武蔵3,立正2,東京経済2
9 20 29	16 21 21	10 13 6	6 11 2	11 2 9	14 6 5	 1 	6 3 3	3 1 2		3 2 4	4 6 5	4 2 5	8 5 3	5 9 1	12 34 21	8 4 7	 3 2	5 4	3 3 2	千葉工27,立命館10,同志社7,東京都市4,東京経済4,工学院2
5 9 17	2 8 19	2 4 	3 7 3	2 8 4	2 21 16	1 3 	11 7 10	2 		 6 2	 1 2	1 2 2	3 4 5	3 4 1	6 7 5	5 3 2	 1 1	2 2 	2 1	千葉工51,関東学院8,東京都市3,立命館2,大妻1
6 16 14	9 11 31	5 1 	 1	4 7 7	4 10 2	1 	 2 5	1 2		2 1 1	6 	 2	4 6 10	2 3	16 5 11	2 4	2 3 	2 1		千葉工35,立命館11,同志社3,立正3,共立2,東京経済1,大妻1
7 9 6	20 23 7	6 2 5	4 9 15	10 4 8	2 14 11	1 	2 2 4	2 5 		1 1 1	3 5 2	3 7 4	9 8 3	2 3	9 2 11	5 3 8	 2 1	 4 1	4 2 3	千葉工8,大妻3,立命館2,工学院2,共立2,白百合2,関東学院1
6 8 7	7 7 11	4 5 10	4 3 4	2 2 	1 4 			1 5 1	 1 1	2 1	2 1 	4 2 5	3 2 	2 7 6	7 6 1	2 1	2 2	2 4	 2	千葉工28,立命館6,東京都市3,同志社1,東京経済1

さくいん

東＝東京，神＝神奈川，千＝千葉，埼＝埼玉，茨＝茨城，栃＝栃木，群＝群馬，山＝山梨，
海＝海外，私＝私立，公＝公立です。

さくいん

■ 掲載広告さくいん

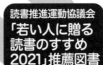

【編集部便り】

本日3月13日より，マスク着用は個人の判断が基本となりました。学校行事も徐々に再開しており，2022年度の文化祭は来場者を受け入れ，校外学習や海外研修も実施されるようになりました。

この書籍編集の終盤，学校へ電話すると「今，修学旅行中で担当の先生が戻るのは来週です」という，以前はよくあったやりとりが復活。しばらく連絡がつかないのは「困ったぞ」と思うものの，生徒の皆さんが今年は修学旅行に行くことができて「良かったなぁ」と嬉しく思います。

子ども達はコロナ禍で出来ないことを嘆くのではなく，置かれた状況で出来ることを見つけていくようになるなど，苦労だけでなく，得るものも多かったはず。この経験は将来に生きることでしょう。 （羽田）

今回，6年間のコース・クラス編成を，中高一貫各校に掲載しました。生徒が希望する進路に柔軟に対応する体制，専門性が求められると予測される将来に向けより得意な分野を磨くことで学びの幅を広げていく体制など，学校の教育理念・校風が反映されています。切磋琢磨で伸びるのか，マイペースで学ぶ方がよいのか，皆さんが希望する環境を見つける参考にしていただけましたら幸いです。学校を選びは「どのような文化の場で過ごしたいのか」を考えることでもあるのかなと思います。コロナ禍では皆さん苦労なさったと思いますが，今後は学校での説明会へ参加する機会も増えそうです。ぜひ，学校に足を運び，その学校の文化に触れて，受験校を決めていただけたらと思います。 （鎌谷）

編集協力
株式会社知恵工場ナレッジ
株式会社ステラ
鈴木優希
竹村末央（イラスト）
〈巻頭特集〉
デザイン
株式会社デジタスファクトリー
ライター
市村幸妙
鈴木直人
千葉実
吉田真理
イラスト
駿高泰子

首都圏（しゅとけん） 中学受験案内（ちゅうがくじゅけんあんない） 2024年度用

2023年4月10日　第1刷発行

編　集　晶文社学校案内編集部
発行者　株式会社　晶文社
〒101−0051　東京都千代田区神田神保町1−11
電話（03）3518−4943（編集）
電話（03）3518−4940（営業）
URL http://www.shobunsha.co.jp

装丁・本文デザイン：山口敦
DTP制作：有限会社修学舎
印刷・製本：中央精版印刷株式会社

ISBN 978-4-7949-9854-5 C 6037